D1628881

KLEIN/ORLOPP
Abgabenordnung

Abgabenordnung
– einschließlich Steuerstrafrecht –

Begründet von

Prof. Dr. Franz Klein
Präsident des
Bundesfinanzhofs

Gerd Orlopp
Ministerialrat im
Bundesministerium der Finanzen

Erläutert von

Prof. Dr. Franz Klein
Präsident des
Bundesfinanzhofs

Gerd Orlopp
Ministerialrat im
Bundesministerium der Finanzen

Hans Bernhard Brockmeyer
Richter am
Bundesfinanzhof

4., völlig neubearbeitete Auflage

C. H. BECK'SCHE VERLAGSBUCHHANDLUNG
MÜNCHEN 1989

Zitierweise: Klein/Orlopp, AO, 4. Auflage 1989, § 1 Anm. 1

CIP-Titelaufnahme der Deutschen Bibliothek

Abgabenordnung / begr. von Franz Klein ;
Gerd Orlopp. Erl. von Franz Klein ; Gerd Orlopp ;
Hans Bernhard Brockmeyer. – 4., völlig neubearb. Aufl. –
München : Beck, 1989
 ISBN 3 406 33518 7
NE: Klein, Franz [Mitverf.]; Orlopp, Gerd [Mitverf.];
Brockmeyer, Hans Bernhard [Mitverf.]

ISBN 3 406 33518 7

Druck der C. H. Beck'schen Buchdruckerei Nördlingen

Vorwort zur 4. Auflage

Die vorangegangene Auflage dieses Kommentars stieß nach ihrem Erscheinen auf reges Interesse und war bereits Ende des Jahres 1987 vergriffen. Mit der Herausgabe der jetzt vorliegenden 4. Auflage haben Verlag und Autoren zunächst gezögert, weil sie die Verabschiedung des Steuerreformgesetzes 1990 abwarten wollten, das zwar wenige aber bedeutsame Änderungen der Abgabenordnung und des Verfahrensrechts vorsieht. Dies gilt namentlich für die Verankerung des früheren Bankenerlasses im Gesetz (§ 30a AO), für die Regelung der Vollverzinsung (§ 233a AO) und für das Gesetz über die strafbefreiende Erklärung von Einkünften aus Kapitalvermögen und von Kapitalvermögen (Artikel 17 des Steuerreformgesetzes 1990).

Die Autoren waren bemüht, den Charakter des Werkes als Handkommentar für die Praxis beizubehalten, zugleich aber in den insoweit vorgegebenen Rahmen auch mehr als bisher auf das Schrifttum zumindest stichwortartig einzugehen und kritisch zu würdigen. Hierbei waren sie sich bewußt, daß sie diesen selbstgestellten Anspruch zum Teil nur mit einem Verzicht auf Vollständigkeit gerecht werden konnten.

Anders als bei der Vorauflage waren Zweifel, ob das Steuerreformgesetz innerhalb des vorgesehenen Zeitplans verabschiedet werden würde, bei den Vorarbeiten nicht gegeben. Daher konnten sich die Autoren neben der Kommentierung der neu hinzugekommenen Vorschriften ganz auf die Aktualisierung des Kommentars konzentrieren und hoffen auch insoweit den Ansprüchen der Benutzer des Werkes gerecht werden zu können. Schwerpunkte der Überarbeitung bilden die Vorschriften über das Steuerschuldverhältnis, über die Verwaltungsakte, die Berichtigungsvorschriften, die Straf- und Strafverfahrensvorschriften sowie die neu hinzugekommenen Regelungen über die Vollverzinsung und die strafbefreiende Erklärung.

Während der Drucklegung der Neuauflage hat die Bundesregierung den Entwurf eines Gesetzes zur Verbesserung und Vereinfachung der Vereinsbesteuerung (Vereinsförderungsgesetz) vorgelegt. Diese Gesetzesnovelle, die Änderungen der §§ 52, 58, 64, 67a und 68 der AO vorsieht, soll nach dem Willen der Bundesregierung noch in diesem Sommer verabschiedet werden und ab 1. 1. 1990 zur Anwendung kommen. Erste Erläuterungen dieser vorgesehenen Neuregelungen bei den betreffenden Paragraphen, die allerdings zwangsläufig nur vom Regierungsentwurf und noch nicht vom endgültigen Gesetzestext ausgehen können, sollen den Benutzer des Kommentars mit der voraussichtlichen neuen Rechtslage ab 1990 vertraut machen. Die Lasche im hinteren Buchdeckel soll evtl. Nachträge nach Inkrafttreten des Vereinsförderungsgesetzes aufnehmen.

Die Autoren danken allen, die mit wertvollen Anregungen, Verbesserungsvorschlägen, aber auch mit Kritik und Fehlerhinweisen zum hoffentlichen Gelingen der 4. Auflage beigetragen haben.

Im April 1989   Die Verfasser

Vorwort zur 1. Auflage

Die erste grundlegende Änderung der RAO von 1919 durch die AO 1977 macht es notwendig, daß alle Erläuterungswerke zur AO völlig neu bearbeitet werden müssen. In der bei den Juristen bekannten Reihe Beck'scher Kurzerläuterungen der Gerichts- und Verwaltungsverfahrensordnungen wird mit der Kommentierung der AO eine wesentliche Lücke für den steuerberatenden Beruf geschlossen. Die Autoren waren bemüht, ein handliches Erläuterungswerk für den täglichen Gebrauch in der Praxis zu schaffen, das sich an Art und Systematik der vorliegenden bewährten Bände der Reihe orientiert.

Bei den Erläuterungen wurde die Begründung des Gesetzentwurfs (BT-Drucks. VI/1982) und der schriftliche Bericht (BT-Drucks. VII/4292) soweit wie möglich aufgenommen. Die gerichtlichen Entscheidungen sind so ausgewählt, daß möglichst nur jeweils die letzte oder die wichtigste zitiert wurde, über die dann der Benutzer zu den früheren Entscheidungen finden kann. Da die Erlasse, Richtlinien und allgemeinen Verwaltungsanweisungen noch einer umfassenden Überprüfung bedürfen, ob und inwieweit sie unter der Geltung der AO 1977 überarbeitet und neu erlassen werden sollen, haben es die Verfasser auf sich genommen, die in den Verwaltungsanweisungen etc. niedergelegten Rechtsgrundsätze auf ihre Vereinbarkeit mit der AO zu überprüfen und, soweit sie als fortgeltend anzusehen sind, bei den betreffenden Bestimmungen in die Erläuterungen eingearbeitet. Die zur Ergänzung der RAO erlassene Beitreibungsordnung ist durch das Einführungsgesetz zur AO 1977 ausdrücklich aufgehoben worden. Eine neue Beitreibungsordnung ist in Vorbereitung.

Der Einführungserlaß zur AO 1977 wurde, soweit erforderlich, bei den einzelnen Paragraphen eingearbeitet und zum Teil im Wortlaut eingefügt.

Das ganze Werk ist von Grund auf neu erstellt und wird eventuell noch bestehende Verbesserungsmöglichkeiten gern in den weiteren Auflagen berücksichtigen. Die Bearbeitung entspricht dem Stande vom Februar 1977 und hat die in der Diskussion befindlichen Verwaltungsanordnungen soweit als möglich berücksichtigt.

Dem Verlag sind wir für die vortreffliche Betreuung und für viele Anregungen zu großem Dank verpflichtet.

Es haben bearbeitet die Paragraphen 1–3, 218–368 Ministerialdirektor Dr. Franz Klein, die Einführung sowie die Paragraphen 4–217 und 369–415 Ministerialrat Gerd Orlopp.

Bonn, im März 1977   Die Verfasser

Bearbeiterverzeichnis

Hans Bernhard Brockmeyer
§§ 16–29, 33–36, 38–50, 69–110, 118–157, 179–190, 241–368

Gerhard Orlopp
§§ 30–32, 37, 111–117, 158–178, 191–240, 369–415

Prof. Dr. Franz Klein
§§ 1–15, 51–68

Inhaltsverzeichnis

Abkürzungsverzeichnis XXIII
Vergleichende Übersicht AO – RAO/Nebengesetze XXXVII
Vergleichende Übersicht RAO/Nebengesetze – AO XLVII
Einführung 1
Änderungen der AO 1977 (Übersicht) 7

Erster Teil
Einleitende Vorschriften

Erster Abschnitt. Anwendungsbereich 9
  § 1 Anwendungsbereich 9
  § 2 Vorrang völkerrechtlicher Vereinbarungen 14

Zweiter Abschnitt. Steuerliche Begriffsbestimmungen 17
  § 3 Steuern, steuerliche Nebenleistungen 17
  § 4 Gesetz 24
  § 5 Ermessen 34
  § 6 Behörden, Finanzbehörden 40
  § 7 Amtsträger 41
  § 8 Wohnsitz 42
  § 9 Gewöhnlicher Aufenthalt 44
  § 10 Geschäftsleitung 46
  § 11 Sitz 46
  § 12 Betriebsstätte 47
  § 13 Ständiger Vertreter 51
  § 14 Wirtschaftlicher Geschäftsbetrieb 51
  § 15 Angehörige 57

Dritter Abschnitt. Zuständigkeit der Finanzbehörden 59
  § 16 Sachliche Zuständigkeit 59
  § 17 Örtliche Zuständigkeit 60
  § 18 Gesonderte Feststellungen 61
  § 19 Steuern vom Einkommen und Vermögen natürlicher Personen . 64
  § 20 Steuern vom Einkommen und Vermögen der Körperschaften,
      Personenvereinigungen, Vermögensmassen 68
  § 21 Umsatzsteuer 68
  § 22 Realsteuern 69
  § 23 Zölle und Verbrauchsteuern 70
  § 24 Ersatzzuständigkeit 71
  § 25 Mehrfache örtliche Zuständigkeit 71
  § 26 Zuständigkeitswechsel 72
  § 27 Zuständigkeitsvereinbarung 74
  § 28 Zuständigkeitsstreit 74
  § 29 Gefahr im Verzug 75

Inhalt Inhaltsverzeichnis

Vierter Abschnitt. Steuergeheimnis 75
  § 30 Steuergeheimnis 75
  § 30a Schutz von Bankkunden 98
  § 31 Mitteilung von Besteuerungsgrundlagen 101
  § 31a Mitteilungen zur Bekämpfung der illegalen Beschäftigung ... 102

Fünfter Abschnitt. Haftungsbeschränkung für Amtsträger 103
  § 32 Haftungsbeschränkung für Amtsträger 103

Zweiter Teil
Steuerschuldrecht

Erster Abschnitt. Steuerpflichtiger 106
  § 33 Steuerpflichtiger 106
  § 34 Pflichten der gesetzlichen Vertreter und der Vermögensverwalter 109
  § 35 Pflichten des Verfügungsberechtigten 113
  § 36 Erlöschen der Vertretungsmacht 115

Zweiter Abschnitt. Steuerschuldverhältnis 115
  § 37 Ansprüche aus dem Steuerschuldverhältnis 115
  § 38 Entstehung der Ansprüche aus dem Steuerschuldverhältnis 121
  § 39 Zurechnung 123
  § 40 Gesetz- oder sittenwidriges Handeln 131
  § 41 Unwirksame Rechtsgeschäfte 133
  § 42 Mißbrauch von rechtlichen Gestaltungsmöglichkeiten ... 137
  § 43 Steuerschuldner, Steuervergütungsgläubiger 149
  § 44 Gesamtschuldner 150
  § 45 Gesamtrechtsnachfolge 154
  § 46 Abtretung, Verpfändung, Pfändung 156
  § 47 Erlöschen 167
  § 48 Leistung durch Dritte, Haftung Dritter 169
  § 49 Verschollenheit 169
  § 50 Erlöschen und Unbedingtwerden der Verbrauchsteuer, Übergang der bedingten Verbrauchsteuerschuld 170

Dritter Abschnitt. Steuerbegünstigte Zwecke 171
  § 51 Allgemeines 176
  § 52 Gemeinnützige Zwecke 178
  § 53 Mildtätige Zwecke 188
  § 54 Kirchliche Zwecke 191
  § 55 Selbstlosigkeit 192
  § 56 Ausschließlichkeit 195
  § 57 Unmittelbarkeit 196
  § 58 Steuerlich unschädliche Betätigungen 197
  § 59 Voraussetzung der Steuervergünstigung 202
  § 60 Anforderungen an die Satzung 203
  § 61 Satzungsmäßige Vermögensbindung 204
  § 62 Ausnahmen von der satzungsmäßigen Vermögensbindung ... 205
  § 63 Anforderungen an die tatsächliche Geschäftsführung 205

Inhalt

§ 64	Umfang der Steuervergünstigung	206
§ 65	Zweckbetrieb	208
§ 66	Wohlfahrtspflege	211
§ 67	Krankenhäuser	212
§ 67a	Sportliche Veranstaltungen	214
§ 68	Einzelne Zweckbetriebe	223

Vierter Abschnitt. Haftung 229

§ 69	Haftung der Vertreter	229
§ 70	Haftung des Vertretenen	235
§ 71	Haftung des Steuerhinterziehers und des Steuerhehlers	237
§ 72	Haftung bei Verletzung der Pflicht zur Kontenwahrheit	239
§ 73	Haftung bei Organschaft	239
§ 74	Haftung des Eigentümers von Gegenständen	240
§ 75	Haftung des Betriebsübernehmers	242
§ 76	Sachhaftung	247
§ 77	Duldungspflicht	248

Dritter Teil
Allgemeine Verfahrensvorschriften

Erster Abschnitt. Verfahrensgrundsätze 250

1. Unterabschnitt. Beteiligung am Verfahren 250

§ 78	Beteiligte	250
§ 79	Handlungsfähigkeit	251
§ 80	Bevollmächtigte und Beistände	252
§ 81	Bestellung eines Vertreters von Amts wegen	256

2. Unterabschnitt. Ausschließung und Ablehnung von Amtsträgern und anderen Personen 257

§ 82	Ausgeschlossene Personen	257
§ 83	Besorgnis der Befangenheit	259
§ 84	Ablehnung von Mitgliedern eines Ausschusses	259

3. Unterabschnitt. Besteuerungsgrundsätze, Beweismittel 260

  I. Allgemeines 260

§ 85	Besteuerungsgrundsätze	260
§ 86	Beginn des Verfahrens	261
§ 87	Amtssprache	261
§ 88	Untersuchungsgrundsatz	263
§ 89	Beratung, Auskunft	266
§ 90	Mitwirkungspflichten der Beteiligten	267
§ 91	Anhörung Beteiligter	269
§ 92	Beweismittel	272

  II. Beweis durch Auskünfte und Sachverständigengutachten 273

§ 93	Auskunftspflicht der Beteiligten und anderer Personen	273
§ 93a	Allgemeine Mitteilungspflichten	277
§ 94	Eidliche Vernehmung	280
§ 95	Versicherung an Eides Statt	281
§ 96	Hinzuziehung von Sachverständigen	283

Inhalt

III. Beweis durch Urkunden und Augenschein 285
  § 97 Vorlage von Urkunden........................... 285
  § 98 Einnahme des Augenscheins 287
  § 99 Betreten von Grundstücken und Räumen 287
  § 100 Vorlage von Wertsachen 289

IV. Auskunfts- und Vorlageverweigerungsrechte 289
  § 101 Auskunfts- und Eidesverweigerungsrechte der Angehörigen .. 289
  § 102 Auskunftsverweigerungsrecht zum Schutz bestimmter Berufsgeheimnisse 290
  § 103 Auskunftsverweigerungsrecht bei Gefahr der Verfolgung wegen einer Straftat oder einer Ordnungswidrigkeit 294
  § 104 Verweigerung der Erstattung eines Gutachtens und der Vorlage von Urkunden 295
  § 105 Verhältnis der Auskunfts- und Vorlagepflicht zur Schweigepflicht öffentlicher Stellen 297
  § 106 Beschränkung der Auskunfts- und Vorlagepflicht bei Beeinträchtigung des staatlichen Wohls 299

V. Entschädigung der Auskunftspflichtigen und der Sachverständigen .. 300
  § 107 Entschädigung der Auskunftspflichtigen und der Sachverständigen 300

4. Unterabschnitt. Fristen, Termine, Wiedereinsetzung 301
  § 108 Fristen und Termine 301
  § 109 Verlängerung von Fristen 304
  § 110 Wiedereinsetzung in den vorigen Stand............... 305

5. Unterabschnitt. Rechts- und Amtshilfe 316
  § 111 Amtshilfepflicht 316
  § 112 Voraussetzungen und Grenzen der Amtshilfe 318
  § 113 Auswahl der Behörde............................ 320
  § 114 Durchführung der Amtshilfe 321
  § 115 Kosten der Amtshilfe 321
  § 116 Anzeige von Steuerstraftaten 322
  § 117 Zwischenstaatliche Rechts- und Amtshilfe in Steuersachen ... 323

Zweiter Abschnitt. Verwaltungsakte 336
  § 118 Begriff des Verwaltungsaktes...................... 336
  § 119 Bestimmtheit und Form des Verwaltungsaktes 342
  § 120 Nebenbestimmungen zum Verwaltungsakt 350
  § 121 Begründung des Verwaltungsaktes 352
  § 122 Bekanntgabe des Verwaltungsaktes 356
  § 123 Bestellung eines Empfangsbevollmächtigten 372
  § 124 Wirksamkeit des Verwaltungsaktes 373
  § 125 Nichtigkeit des Verwaltungsaktes 375
  § 126 Heilung von Verfahrens- und Formfehlern 378
  § 127 Folgen von Verfahrens- und Formfehlern 382
  § 128 Umdeutung eines fehlerhaften Verwaltungsaktes 383
  § 129 Offenbare Unrichtigkeiten beim Erlaß eines Verwaltungsaktes .. 385
  § 130 Rücknahme eines rechtswidrigen Verwaltungsaktes..... 391
  § 131 Widerruf eines rechtmäßigen Verwaltungsaktes 395

Inhalt

Inhaltsverzeichnis

§ 132 Rücknahme, Widerruf, Aufhebung und Änderung im Rechtsbehelfsverfahren 397
§ 133 Rückgabe von Urkunden und Sachen 398

Vierter Teil
Durchführung der Besteuerung

Erster Abschnitt. Erfassung der Steuerpflichtigen 399
  1. Unterabschnitt. Personenstands- und Betriebsaufnahme 399
    § 134 Personenstands- und Betriebsaufnahme 399
    § 135 Mitwirkungspflicht bei der Personenstands- und Betriebsaufnahme 400
    § 136 Änderungsmitteilungen für die Personenstandsaufnahme 400
  2. Unterabschnitt. Anzeigepflichten 401
    § 137 Steuerliche Erfassung von Körperschaften, Vereinigungen und Vermögensmassen 401
    § 138 Anzeigen über die Erwerbstätigkeit 401
    § 139 Anmeldung von Betrieben in besonderen Fällen 402

Zweiter Abschnitt. Mitwirkungspflichten 403
  1. Unterabschnitt. Führung von Büchern und Aufzeichnungen 403
    § 140 Buchführungs- und Aufzeichnungspflichten nach anderen Gesetzen 403
    § 141 Buchführungspflicht bestimmter Steuerpflichtiger 405
    § 142 Ergänzende Vorschriften für Land- und Forstwirte 411
    § 143 Aufzeichnung des Wareneingangs 411
    § 144 Aufzeichnung des Warenausgangs 412
    § 145 Allgemeine Anforderungen an Buchführung und Aufzeichnungen 413
    § 146 Ordnungsvorschriften für die Buchführung und für Aufzeichnungen 414
    § 147 Ordnungsvorschriften für die Aufbewahrung von Unterlagen . 421
    § 148 Bewilligung von Erleichterungen 425
  2. Unterabschnitt. Steuererklärungen 426
    § 149 Abgabe der Steuererklärungen 426
    § 150 Form und Inhalt der Steuererklärungen 428
    § 151 Aufnahme der Steuererklärung an Amtsstelle 433
    § 152 Verspätungszuschlag 433
    § 153 Berichtigung von Erklärungen 441
  3. Unterabschnitt. Kontenwahrheit 443
    § 154 Kontenwahrheit 443

Dritter Abschnitt. Festsetzungs- und Feststellungsverfahren 445
  1. Unterabschnitt. Steuerfestsetzung 445
    I. Allgemeine Vorschriften 445
      § 155 Steuerfestsetzung 445
      § 156 Absehen von Steuerfestsetzung, Abrundung 454

XIII

Inhalt
Inhaltsverzeichnis

§ 157 Form und Inhalt der Steuerbescheide 455
§ 158 Beweiskraft der Buchführung 459
§ 159 Nachweis der Treuhänderschaft 459
§ 160 Benennung von Gläubigern und Zahlungsempfängern 461
§ 161 Fehlmengen bei Bestandsaufnahmen 464
§ 162 Schätzung von Besteuerungsgrundlagen 464
§ 163 Abweichende Festsetzung von Steuern aus Billigkeitsgründen .. 469
§ 164 Steuerfestsetzung unter Vorbehalt der Nachprüfung 480
§ 165 Vorläufige Steuerfestsetzung, Aussetzung der Steuerfestsetzung 490
§ 166 Drittwirkung der Steuerfestsetzung 494
§ 167 Steueranmeldung, Verwendung von Steuerzeichen oder Steuerstemplern 495
§ 168 Wirkung einer Steueranmeldung 497

II. Festsetzungsverjährung 499
§ 169 Festsetzungsfrist 499
§ 170 Beginn der Festsetzungsfrist 504
§ 171 Ablaufhemmung 509

III. Bestandskraft 521
§ 172 Aufhebung und Änderung von Steuerbescheiden 521
§ 173 Aufhebung oder Änderung von Steuerbescheiden wegen neuer Tatsachen oder Beweismittel 537
§ 174 Widerstreitende Steuerfestsetzungen 562
§ 175 Aufhebung oder Änderung von Steuerbescheiden in sonstigen Fällen 575
§ 176 Vertrauensschutz bei der Aufhebung und Änderung von Steuerbescheiden 587
§ 177 Berichtigung von Rechtsfehlern 590

IV. Kosten 593
§ 178 Kosten bei besonderer Inanspruchnahme der Zollbehörden ... 593

2. Unterabschnitt. Gesonderte Feststellung von Besteuerungsgrundlagen, Festsetzung von Steuermeßbeträgen 594

I. Gesonderte Feststellungen 594
§ 179 Feststellung von Besteuerungsgrundlagen 594
§ 180 Gesonderte Feststellung von Besteuerungsgrundlagen 599
§ 181 Verfahrensvorschriften für die gesonderte Feststellung, Feststellungsfrist, Erklärungspflicht 611
§ 182 Wirkungen der gesonderten Feststellung 616
§ 183 Empfangsbevollmächtigte bei der einheitlichen Feststellung ... 619

II. Festsetzung von Steuermeßbeträgen 624
§ 184 Festsetzung von Steuermeßbeträgen 624

3. Unterabschnitt. Zerlegung und Zuteilung 628
§ 185 Geltung der allgemeinen Vorschriften 628
§ 186 Beteiligte 628
§ 187 Akteneinsicht 629
§ 188 Zerlegungsbescheid 629
§ 189 Änderung der Zerlegung 629
§ 190 Zuteilungsverfahren 630

Inhalt

4. Unterabschnitt. Haftung	631
§ 191 Haftungsbescheide, Duldungsbescheide	631
§ 192 Vertragliche Haftung	649

Vierter Abschnitt. Außenprüfung ... 649

1. Unterabschnitt. Allgemeine Vorschriften ... 649
   - § 193 Zulässigkeit einer Außenprüfung ... 649
   - § 194 Sachlicher Umfang einer Außenprüfung ... 670
   - § 195 Zuständigkeit ... 674
   - § 196 Prüfungsanordnung ... 675
   - § 197 Bekanntgabe der Prüfungsanordnung ... 683
   - § 198 Ausweispflicht, Beginn der Außenprüfung ... 685
   - § 199 Prüfungsgrundsätze ... 685
   - § 200 Mitwirkungspflichten des Steuerpflichtigen ... 686
   - § 201 Schlußbesprechung ... 690
   - § 202 Inhalt und Bekanntgabe des Prüfungsberichts ... 692
   - § 203 Abgekürzte Außenprüfung ... 693
2. Unterabschnitt. Verbindliche Zusagen auf Grund einer Außenprüfung ... 694
   - § 204 Voraussetzung der verbindlichen Zusage ... 694
   - § 205 Form der verbindlichen Zusage ... 700
   - § 206 Bindungswirkung ... 701
   - § 207 Außerkrafttreten, Aufhebung und Änderung der verbindlichen Zusage ... 701

Fünfter Abschnitt. Steuerfahndung (Zollfahndung) ... 703
   - § 208 Steuerfahndung (Zollfahndung) ... 703

Sechster Abschnitt. Steueraufsicht in besonderen Fällen ... 711
   - § 209 Gegenstand der Steueraufsicht ... 711
   - § 210 Befugnisse der Finanzbehörde ... 712
   - § 211 Pflichten des Betroffenen ... 714
   - § 212 Durchführungsvorschriften ... 715
   - § 213 Besondere Aufsichtsmaßnahmen ... 716
   - § 214 Beauftragte ... 717
   - § 215 Sicherstellung im Aufsichtsweg ... 717
   - § 216 Überführung in das Eigentum des Bundes ... 719
   - § 217 Steuerhilfspersonen ... 721

Fünfter Teil
Erhebungsverfahren

Erster Abschnitt. Verwirklichung, Fälligkeit und Erlöschen von Ansprüchen aus dem Steuerschuldverhältnis ... 722

1. Unterabschnitt. Verwirklichung und Fälligkeit von Ansprüchen aus dem Steuerschuldverhältnis ... 722
   - § 218 Verwirklichung von Ansprüchen aus dem Steuerschuldverhältnis ... 722
   - § 219 Zahlungsaufforderung bei Haftungsbescheiden ... 727

Inhalt

Inhaltsverzeichnis

§ 220 Fälligkeit.. 728
§ 221 Abweichende Fälligkeitsbestimmung................. 730
§ 222 Stundung... 730
§ 223 Zahlungsaufschub.. 740
2. Unterabschnitt. Zahlung, Aufrechnung, Erlaß............... 741
§ 224 Leistungsort, Tag der Zahlung........................ 741
§ 225 Reihenfolge der Tilgung................................. 744
§ 226 Aufrechnung.. 746
§ 227 Erlaß... 753
3. Unterabschnitt. Zahlungsverjährung............................ 764
§ 228 Gegenstand der Verjährung, Verjährungsfrist... 764
§ 229 Beginn der Verjährung................................... 765
§ 230 Hemmung der Verjährung............................. 766
§ 231 Unterbrechung der Verjährung....................... 767
§ 232 Wirkung der Verjährung................................ 769

Zweiter Abschnitt. Verzinsung, Säumniszuschläge............ 769
1. Unterabschnitt. Verzinsung.. 769
§ 233 Grundsatz... 770
§ 233a Verzinsung von Steuernachforderungen und Steuererstattungen.. 771
§ 234 Stundungszinsen... 779
§ 235 Verzinsung von hinterzogenen Steuern........... 785
§ 236 Prozeßzinsen auf Erstattungsbeträge............. 788
§ 237 Zinsen bei Aussetzung der Vollziehung.......... 793
§ 238 Höhe und Berechnung der Zinsen.................. 796
§ 239 Festsetzung der Zinsen.................................. 797
2. Unterabschnitt. Säumniszuschläge.............................. 799
§ 240 Säumniszuschläge... 799

Dritter Abschnitt. Sicherheitsleistung............................. 806
§ 241 Art der Sicherheitsleistung............................. 806
§ 242 Wirkung der Hinterlegung von Zahlungsmitteln. 811
§ 243 Verpfändung von Wertpapieren..................... 811
§ 244 Taugliche Steuerbürgen................................. 812
§ 245 Sicherheitsleistung durch andere Werte......... 813
§ 246 Annahmewerte... 814
§ 247 Austausch von Sicherheiten........................... 816
§ 248 Nachschußpflicht.. 816

Sechster Teil
Vollstreckung

Erster Abschnitt. Allgemeine Vorschriften....................... 817
§ 249 Vollstreckungsbehörden................................ 818
§ 250 Vollstreckungsersuchen................................. 821
§ 251 Vollstreckbare Verwaltungsakte..................... 823
§ 252 Vollstreckungsgläubiger................................ 832

Inhaltsverzeichnis **Inhalt**

§ 253 Vollstreckungsschuldner 833
§ 254 Voraussetzungen für den Beginn der Vollstreckung 833
§ 255 Vollstreckung gegen juristische Personen des öffentlichen Rechts 835
§ 256 Einwendungen gegen die Vollstreckung 836
§ 257 Einstellung und Beschränkung der Vollstreckung 838
§ 258 Einstweilige Einstellung oder Beschränkung der Vollstreckung 840

Zweiter Abschnitt. Vollstreckung wegen Geldforderungen 843

1. Unterabschnitt. Allgemeine Vorschriften 843
§ 259 Mahnung 843
§ 260 Angabe des Schuldgrundes 844
§ 261 Niederschlagung 845
§ 262 Rechte Dritter 847
§ 263 Vollstreckung gegen Ehegatten 854
§ 264 Vollstreckung gegen Nießbraucher 859
§ 265 Vollstreckung gegen Erben 859
§ 266 Sonstige Fälle beschränkter Haftung 864
§ 267 Vollstreckungsverfahren gegen nichtrechtsfähige Personenvereinigungen 867

2. Unterabschnitt. Aufteilung einer Gesamtschuld 867
§ 268 Grundsatz 868
§ 269 Antrag 869
§ 270 Allgemeiner Aufteilungsmaßstab 870
§ 271 Aufteilungsmaßstab für die Vermögensteuer 871
§ 272 Aufteilungsmaßstab für Vorauszahlungen 872
§ 273 Aufteilungsmaßstab für Steuernachforderungen 873
§ 274 Besonderer Aufteilungsmaßstab 873
§ 275 Abrundung 874
§ 276 Rückständige Steuer, Einleitung der Vollstreckung 874
§ 277 Vollstreckung 876
§ 278 Beschränkung der Vollstreckung 876
§ 279 Form und Inhalt des Aufteilungsbescheides 877
§ 280 Änderung des Aufteilungsbescheides 878

3. Unterabschnitt. Vollstreckung in das bewegliche Vermögen 880
I. Allgemeines 880
§ 281 Pfändung 880
§ 282 Wirkung der Pfändung 881
§ 283 Ausschluß von Gewährleistungsansprüchen 883
§ 284 Eidesstattliche Versicherung 883

II. Vollstreckung in Sachen 890
§ 285 Vollziehungsbeamte 890
§ 286 Vollstreckung in Sachen 891
§ 287 Befugnisse des Vollziehungsbeamten 895
§ 288 Zuziehung von Zeugen 899
§ 289 Zeit der Vollstreckung 900
§ 290 Aufforderungen und Mitteilungen des Vollziehungsbeamten . . 901
§ 291 Niederschrift 901
§ 292 Abwendung der Pfändung 902

Inhalt
Inhaltsverzeichnis

§ 293 Pfand- und Vorzugsrechte Dritter	903
§ 294 Ungetrennte Früchte	904
§ 295 Unpfändbarkeit von Sachen	906
§ 296 Verwertung	910
§ 297 Aussetzung der Verwertung	912
§ 298 Versteigerung	912
§ 299 Zuschlag	913
§ 300 Mindestgebot	915
§ 301 Einstellung der Versteigerung	917
§ 302 Wertpapiere	917
§ 303 Namenspapiere	918
§ 304 Versteigerung ungetrennter Früchte	919
§ 305 Besondere Verwertung	919
§ 306 Vollstreckung in Ersatzteile von Luftfahrzeugen	920
§ 307 Anschlußpfändung	921
§ 308 Verwertung bei mehrfacher Pfändung	922

III. Vollstreckung in Forderungen und andere Vermögensrechte 925
 § 309 Pfändung einer Geldforderung 925
 § 310 Pfändung einer durch Hypothek gesicherten Forderung 934
 § 311 Pfändung einer durch Schiffshypothek oder Registerpfandrecht an einem Luftfahrzeug gesicherten Forderung 936
 § 312 Pfändung einer Forderung aus indossablen Papieren 937
 § 313 Pfändung fortlaufender Bezüge 938
 § 314 Einziehungsverfügung 938
 § 315 Wirkung der Einziehungsverfügung 940
 § 316 Erklärungspflicht des Drittschuldners 941
 § 317 Andere Art der Verwertung 943
 § 318 Ansprüche auf Herausgabe oder Leistung von Sachen 943
 § 319 Unpfändbarkeit von Forderungen 946
 § 320 Mehrfache Pfändung einer Forderung 961
 § 321 Vollstreckung in andere Vermögensrechte 964

4. Unterabschnitt. Vollstreckung in das unbewegliche Vermögen 968
 § 322 Verfahren 968
 § 323 Vollstreckung gegen den Rechtsnachfolger 974

5. Unterabschnitt. Arrest 975
 § 324 Dinglicher Arrest 975
 § 325 Aufhebung des dinglichen Arrestes 981
 § 326 Persönlicher Sicherheitsarrest 981

6. Unterabschnitt. Verwertung von Sicherheiten 983
 § 327 Verwertung von Sicherheiten 983

Dritter Abschnitt. Vollstreckung wegen anderer Leistungen als Geldforderungen 984

1. Unterabschnitt. Vollstreckung wegen Handlungen, Duldungen oder Unterlassungen 984
 § 328 Zwangsmittel 985
 § 329 Zwangsgeld 987
 § 330 Ersatzvornahme 987
 § 331 Unmittelbarer Zwang 988

Inhalt

§ 332 Androhung der Zwangsmittel	988
§ 333 Festsetzung der Zwangsmittel	990
§ 334 Ersatzzwangshaft	991
§ 335 Beendigung des Zwangsverfahrens	993
2. Unterabschnitt. Erzwingung von Sicherheiten	993
§ 336 Erzwingung von Sicherheiten	993

Vierter Abschnitt. Kosten ... 994

§ 337 Kosten der Vollstreckung	994
§ 338 Gebührenarten	995
§ 339 Pfändungsgebühr	995
§ 340 Wegnahmegebühr	998
§ 341 Verwertungsgebühr	999
§ 342 Mehrheit von Schuldnern	1000
§ 343 Abrundung	1001
§ 344 Auslagen	1001
§ 345 Reisekosten und Aufwandsentschädigungen	1002
§ 346 Unrichtige Sachbehandlung, Festsetzungsfrist	1003

Siebenter Teil
Außergerichtliches Rechtsbehelfsverfahren

Erster Abschnitt. Zulässigkeit der Rechtsbehelfe ... 1006

§ 347 Zulässigkeit der Rechtsbehelfe	1006
§ 348 Einspruch	1009
§ 349 Beschwerde	1014
§ 350 Beschwer	1016
§ 351 Bindungswirkung anderer Verwaltungsakte	1018
§ 352 Rechtsbehelfsbefugnis bei einheitlichen Feststellungsbescheiden	1021
§ 353 Rechtsbehelfsbefugnis des Rechtsnachfolgers	1024
§ 354 Rechtsbehelfsverzicht	1025

Zweiter Abschnitt. Allgemeine Verfahrensvorschriften ... 1026

§ 355 Rechtsbehelfsfrist	1026
§ 356 Rechtsbehelfsbelehrung	1029
§ 357 Einlegung der Rechtsbehelfe	1030
§ 358 Prüfung der Zulässigkeitsvoraussetzungen	1033
§ 359 Beteiligte	1034
§ 360 Hinzuziehung zum Verfahren	1035
§ 361 Aussetzung der Vollziehung	1039
§ 362 Rücknahme des Rechtsbehelfs	1048
§ 363 Aussetzung des Verfahrens	1049
§ 364 Mitteilung der Besteuerungsunterlagen	1050
§ 365 Anwendung von Verfahrensvorschriften	1050
§ 366 Zustellung der Rechtsbehelfsentscheidung	1052

Dritter Abschnitt. Besondere Verfahrensvorschriften ... 1053

§ 367 Entscheidung über den Einspruch	1053
§ 368 Entscheidung über die Beschwerde	1057

Inhalt

Achter Teil
Straf- und Bußgeldvorschriften
Straf- und Bußgeldverfahren

Erster Abschnitt. Strafvorschriften 1059
  § 369 Steuerstraftaten.......................... 1059
  § 370 Steuerhinterziehung........................ 1061
  § 371 Selbstanzeige bei Steuerhinterziehung............. 1102
  § 372 Bannbruch 1119
  § 373 Gewerbsmäßiger, gewaltsamer und bandenmäßiger Schmuggel 1122
  § 374 Steuerhehlerei 1126
  § 375 Nebenfolgen 1130
  § 376 Unterbrechung der Verfolgungsverjährung 1132

Zweiter Abschnitt. Bußgeldvorschriften 1137
  § 377 Steuerordnungswidrigkeiten 1137
  § 378 Leichtfertige Steuerverkürzung.................. 1138
  § 379 Steuergefährdung 1143
  § 380 Gefährdung der Abzugsteuern 1146
  § 381 Verbrauchsteuergefährdung.................... 1147
  § 382 Gefährdung der Eingangsabgaben 1149
  § 383 Unzulässiger Erwerb von Steuererstattungs- und Vergütungsansprüchen 1152
  § 384 Verfolgungsverjährung...................... 1153

Dritter Abschnitt. Strafverfahren 1154
  1. Unterabschnitt. Allgemeine Vorschriften 1154
  § 385 Geltung von Verfahrensvorschriften 1154
  § 386 Zuständigkeit der Finanzbehörde bei Steuerstraftaten 1159
  § 387 Sachlich zuständige Finanzbehörde 1163
  § 388 Örtlich zuständige Finanzbehörde 1163
  § 389 Zusammenhängende Strafsachen................. 1164
  § 390 Mehrfache Zuständigkeit 1164
  § 391 Zuständiges Gericht 1165
  § 392 Verteidigung 1167
  § 393 Verhältnis des Strafverfahrens zum Besteuerungsverfahren ... 1172
  § 394 Übergang des Eigentums 1181
  § 395 Akteneinsicht der Finanzbehörde 1183
  § 396 Aussetzung des Verfahrens 1183

  2. Unterabschnitt. Ermittlungsverfahren 1185
  I. Allgemeines 1185
  § 397 Einleitung des Strafverfahrens 1185
  § 398 Einstellung wegen Geringfügigkeit 1189
  II. Verfahren bei der Finanzbehörde bei Steuerstraftaten 1190
  § 399 Rechte und Pflichten der Finanzbehörde 1190
  § 400 Antrag auf Erlaß eines Strafbefehls................ 1220
  § 401 Antrag auf Anordnung von Nebenfolgen im selbständigen Verfahren................................ 1222

Inhaltsverzeichnis **Inhalt**

III. Stellung der Finanzbehörde im Verfahren der Staatsanwaltschaft	1224
§ 402 Allgemeine Rechte und Pflichten der Finanzbehörde	1224
§ 403 Beteiligung der Finanzbehörde	1224
IV. Steuer- und Zollfahndung	1225
§ 404 Steuer- und Zollfahndung	1225
V. Entschädigung der Zeugen und der Sachverständigen	1235
§ 405 Entschädigung der Zeugen und der Sachverständigen	1235
3. Unterabschnitt. Gerichtliches Verfahren	1239
§ 406 Mitwirkung der Finanzbehörde im Strafbefehlsverfahren und im selbständigen Verfahren	1239
§ 407 Beteiligung der Finanzbehörde in sonstigen Fällen	1240
4. Unterabschnitt. Kosten des Verfahrens	1241
§ 408 Kosten des Verfahrens	1241

Vierter Abschnitt. Bußgeldverfahren 1242

§ 409 Zuständige Verwaltungsbehörde	1243
§ 410 Ergänzende Vorschriften für das Bußgeldverfahren	1243
§ 411 Bußgeldverfahren gegen Rechtsanwälte, Steuerberater, Steuerbevollmächtigte, Wirtschaftsprüfer oder vereidigte Buchprüfer	1249
§ 412 Zustellung, Vollstreckung, Kosten	1250

Neunter Teil
Schlußvorschriften

§ 413 Einschränkung von Grundrechten	1253
§ 414 Berlin-Klausel	1253
§ 415 Inkrafttreten	1253

Anhang 1

Einführungsgesetz zur Abgabenordnung (EGAO 1977) – Auszug – 1255

Anhang 2

Gesetz über die strafbefreiende Erklärung von Einkünften aus Kapitalvermögen und von Kapitalvermögen (StrbEG) 1262

Sachverzeichnis 1285

Abkürzungsverzeichnis

Für die allgemein gebräuchlichen Abkürzungen wird auf das Buch von Kirchner „Abkürzungsverzeichnis der Rechtssprache" verwiesen.

aA (AA)	anderer Ansicht
aaO	am angegebenen Ort
ABL (ABl)	Amtsblatt
Abs	Absatz
Abschn	Abschnitt
Abt	Abteilung
AcP	Archiv für civilistische Praxis
aE	am Ende
aF	alte Fassung
AfA	Absetzung für Abnutzung
AFG	Arbeitsförderungsgesetz
AG	Aktiengesellschaft, auch Zeitschrift „Die Aktiengesellschaft"; mit Ortsbezeichnung: Amtsgericht
AKE	Entwurf (Bericht) des Arbeitskreises für die Reform der RAO, Schriftenreihe des BMF, Heft 13
AktG	Aktiengesetz
allg	allgemein
AllGO	Allgemeine Gebührenordnung
Anl	Anlage
Anm	Anmerkung
AO	Abgabenordnung
AöR (AÖR)	Archiv für öffentliches Recht
AO-K	AO Kartei, herausgegeben vom BdF
AOVKG	Gesetz über die Kosten der Zwangsvollstreckung nach der Reichsabgabenordnung vom 12. 4. 1961, BGBl I 429
Ap	Außenprüfung
ArbGG	Arbeitsgerichtsgesetz
Arch	Archiv
arg	argumentum (Argument)
Art	Artikel
AS	Amtliche Sammlung
AÜG	Arbeitnehmerüberlassungsgesetz vom 7. 8. 1972, BGBl I 1393
Aufl	Auflage
AuftVO	Aufteilungs-VO
AusfFördG	Gesetz über steuerliche Maßnahmen zur Förderung der Ausfuhr
AusglStO	Ausgleichsteuerordnung
AVAVG	Gesetz über Arbeitsvermittlung und Arbeitslosenversicherung
AVG	Angestelltenversicherungsgesetz

Abkürzungen

Abkürzungsverzeichnis

AVZ	Allgemeine Verwaltungsvorschriften zum Verwaltungszustellungsgesetz
AWD	Außenwirtschaftsdienst des Betriebs-Beraters
Az	Aktenzeichen
AZO	Allgemeine Zollordnung
B	Der Betrieb
BfF	Bundesamt für Finanzen
BAG	Bundesarbeitsgericht
BAnz	Bundesanzeiger
BAO	Österr. Bundesabgabenordnung
Baumbach/Lauterbach	Zivilprozeßordnung, München und Berlin
Barske/Gapp	Steuerstrafrecht und Steuerstrafverfahrensrecht 3. Aufl 1959 Baumann, Strafrecht, Allg. Teil, 8. Auflage 1977
BaWü	Baden-Württemberg
BayFMBl	Bayerisches Finanzministerialblatt
BayObLG	Bayerisches Oberstes Landesgericht
BayVBl	Bayerische Verwaltungsblätter
BayVerfGH	Bayerischer Verfassungs-Gerichtshof
BayVGH	Bayerischer Verwaltungsgerichtshof
BayVGHE	Entscheidungen des Bayer. Verwaltungsgerichtshofes
BB	Der Betriebs-Berater
BBG	Bundesbeamtengesetz
BBK	Zeitschrift für Buchführung, Bilanz und Kostenrechnung
Bd	Band
BdF	Bundesminister der Finanzen
BdI	Bundesminister des Innern
BdJ	Bundesminister der Justiz
BDSG	Bundesdatenschutzgesetz
Becker	Becker, Kommentar zur Reichsabgabenordnung, Berlin 1930
Becker, Ergänzgsbd	Becker, Ergänzungsband zum Kommentar zur Reichsabgabenordnung, Berlin 1931
BefSt	Beförderungsteuer
BefStDV	Beförderungsteuerdurchführungsverordnung
BefStG	Beförderungsteuergesetz
BEG	Bundesentschädigungsgesetz
BeitrO	Beitreibungsordnung
Bender	Das Zoll- und Verbrauchsteuerstrafrecht mit Verfahrensrecht, 5. Aufl (LBl)
Berger, StProzeß	Berger, Der Steuerprozeß, München/Berlin 1954
bestr	bestritten
betr	betrifft
BewDV	Durchführungsverordnung zum Bewertungsgesetz
BewG	Bewertungsgesetz
BFH	Bundesfinanzhof
BFH BStBl	Entscheidung des Bundesfinanzhofs, abgedruckt Bundessteuerblatt Teil III (bis 1967) bzw Teil II, Jahrgang und Seite

Abkürzungen

BFHE	Sammlung der Entscheidungen des Bundesfinanzhofs
BFHG	Gesetz über den Bundesfinanzhof
BFH/NV	Sammlung amtlicher nicht veröffentlichter Entscheidungen des Bundesfinanzhofs
BFinBl	Amtsblatt des Bundesfinanzministeriums
BFM	Bundesminister(ium) der Finanzen
BFVG	s. BVFG
BGB	Bürgerliches Gesetzbuch
BGBl	Bundesgesetzblatt
BGH	Bundesgerichtshof
BGH LM	Lindenmaier-Möhring: Nachschlagewerk des Bundesgerichtshofes
BGHSt	Amtliche Sammlung von Entscheidungen des Bundesgerichtshofs in Strafsachen
BGHZ	Amtliche Sammlung von Entscheidungen des Bundesgerichtshofs in Zivilsachen
BHG	Berlinhilfegesetz
BierStG	Biersteuergesetz
BKGG	Bundeskindergeldgesetz
BörsUSt	Börsenumsatzsteuer
Bp	Betriebsprüfung
BpO	Betriebsprüfungsordnung
BR, BRAT	Bundesrat
BRAGebO	Bundesgebührenordnung für Rechtsanwälte
BranntwMonG	Gesetz über das Branntweinmonopol
BRAO	Bundesrechtsanwaltsordnung
BRK	Becker-Riewald-Koch, Reichsabgabenordnung, Kommentar in 4 Bänden
BrMonG	Branntweinmonopolgesetz
BSG	Bundessozialgericht
BSGE	Entscheidungen des Bundessozialgerichts
BSHG	Bundessozialhilfegesetz
BSozG	Bundessozialgericht
BStBl	Bundessteuerblatt
BT, BTag	Bundestag
Buchholz	Sammel- und Nachschlagewerk der Rechtsprechung des Bundesverwaltungsgerichts
Bühler/Strickrodt	Bühler/Strickrodt, Allgemeines Steuerrecht
BVerfG	Bundesverfassungsgericht
BVerfGE	Amtliche Sammlung von Entscheidungen des BVerfG
BVerfGG	Gesetz über das Bundesverfassungsgericht
BVerwG	Bundesverwaltungsgericht
BVerwGE	Amtliche Sammlung von Entscheidungen des BVerwG
BVerwGG	Bundesverwaltungsgerichtsgesetz
BVFG	Bundesvertriebenengesetz
BVG	Bundesversorgungsgesetz
BZBl	Bundeszollblatt
bzw	beziehungsweise
Crisolli	Crisolli, Lehrbuch des Steuerrechts, 1. Teil, Berlin 1953

Abkürzungen

DB	Durchführungsbestimmungen
DB	Der Betrieb
DBA	Doppelbesteuerungsabkommen
DBG	Deutsches Beamtengesetz
D'dorf	Düsseldorf
DDR	Deutsche Demokratische Republik
DDZ	Der Deutsche Zollbeamte
DFW	Deutsche Finanzwirtschaft
DGO	Deutsche Gemeindeordnung
DGStZ	Deutsche Gemeindesteuerzeitung
DGVZ	Deutsche Gerichtsvollzieher-Zeitung
dh	das heißt
Diss	Dissertation
DJ	Deutsche Justiz
DJZ	Deutsche Juristenzeitung
DM	Deutsche Mark
DMBG	Gesetz über die Eröffnungsbilanz in Deutscher Mark und die Kapitalneufestsetzung
DNotZ	Deutsche Notar-Zeitschrift
DöV (DÖV)	Die öffentliche Verwaltung
DR	Deutsches Recht
Dreher	Dreher-Tröndle, Strafgesetzbuch, 42. Aufl. 1984
DRiG	Deutsches Richtergesetz
DRiZ	Deutsche Richterzeitung
Drs	Drucksache
DRZ	Deutsche Rechtszeitschrift
DStBl	Deutsches Steuerblatt
DStPr	Deutsche Steuer-Praxis
DStR	Deutsche Steuerrundschau; ab 1962: Deutsches Steuerrecht
DStZ	Deutsche Steuerzeitung
DStZ/A	Deutsche Steuerzeitung Ausgabe A
DStZ/E	Deutsche Steuerzeitung Ausgabe B (Eildienst)
DV (DVO)	Durchführungsverordnung
DVBl	Deutsches Verwaltungsblatt
DVR	Deutsche Verkehrsteuer-Rundschau
DVStbG	Verordnung zur Durchführung des Steuerberatungsgesetzes
E	Entscheidung
EAO	Entwurf einer Abgabenordnung 1974, BT-Drucks VI/1982
EAG	Europäische Atomgemeinschaft
EDV	Elektronische Datenverarbeitung
EFG	Entscheidungen der Finanzgerichte
EG	Einführungsgesetz, Europäische Gemeinschaft
EGAO	Einführungsgesetz zur AO 77
EGBGB	Einführungsgesetz zum Bürgerlichen Gesetzbuch
EGStGB	Einführungsgesetz zum Strafgesetzbuch, BGBl I 74, 469
EGVO	Verordnung der Europäischen Gemeinschaft

Abkürzungen

EinfErl	Einführungserlaß zur AO 77
Engisch, Einführung	Engisch, Einführung in das juristische Denken
Enneccerus/Nipperdey Allg Teil	Enneccerus/Nipperdey, Allgemeiner Teil des bürgerlichen Rechts, 1. Halbband
entspr	entspricht, entsprechend
Entw	Entwurf
ErbStG	Erbschaftsteuergesetz
Erl	Erlaß
ESt	Einkommensteuer
EStDV	Einkommensteuer-Durchführungsverordnung
EStG	Einkommensteuergesetz
EStR	Einkommensteuer-Richtlinien
EuGH	Gerichtshof der Europäischen Gemeinschaften
evtl	eventuell
EVwVerfG 1963	Musterentwurf eines Verwaltungsverfahrensgesetzes, Spich 1964
EW	Einheitswert
EWG	Europäische Wirtschaftsgemeinschaft
Eyermann/Fröhler VwGO	Kommentar zur Verwaltungsgerichtsordnung von Eyermann/Fröhler, München u. Berlin
f	folgende
FA (FÄ)	Finanza(ä)mt(er)
FamRZ	Zeitschrift für das gesamte Familienrecht
FArchiv	Finanzarchiv
FestG	Feststellungsgesetz
FeuerschStG	Feuerschutzsteuergesetz
ff	folgende (Seiten)
FG	Finanzgericht
FGG	Gesetz über Angelegenheiten der freiwilligen Gerichtsbarkeit
FGO	Finanzgerichtsordnung
FinArch	Finanzarchiv
FinBeh	Finanzbehörde
FinMitt	Mitteilungen des Reichsverbandes akademischer Finanz- und Zollbeamter
FinSen	Finanzsenator
FMBl	Finanzministerialblatt
FMin	Finanzminister
Forsthoff	Forsthoff, Lehrbuch des Verwaltungsrechts, 1. Bd., Allgemeiner Teil, München u. Berlin
FR	Finanz-Rundschau/Deutsches Steuerblatt
Franzen/Gast/Samson	Steuerstrafrecht, Kommentar 3. Aufl. 1985
Fußn	Fußnote
FVG	Finanzverwaltungsgesetz
GBl	Gesetzblatt
GBO	Grundbuchordnung

Abkürzungen Abkürzungsverzeichnis

GDL (GdL)	Gesetz über die Ermittlung des Gewinns aus Land- und Forstwirtschaft nach Durchschnittssätzen
GebrMG	Gebrauchsmustergesetz
Geist InsolvSt	Geist, Insolvenzen und Steuern, Herne-Berlin, 3. Aufl 1979, Herne–Berlin
gem	gemäß
GemVO	Gemeinnützigkeits-Verordnung
GenG (GenGes)	Genossenschaftsgesetz
GesBl	Gesetzblatt
GetrSt	Getränkesteuer
GewO	Gewerbeordnung
GewSt	Gewerbesteuer
GewStDV	Gewerbesteuer-Durchführungsverordnung
GewStG	Gewerbesteuergesetz
GewStR	Gewerbesteuerrichtlinien
GG	Grundgesetz
ggf (ggfs)	gegebenenfalls
Giese/Plath	Giese/Plath, Kommentar zur Reichsabgabenordnung
GKG	Gerichtskostengesetz
glA	gleicher Ansicht
GmbH	Gesellschaft mit beschränkter Haftung
GmbHG	Gesetz betreffend die GmbH
GmbHR	GmbH-Rundschau
GMSOBG	Gemeinsamer Senat der obersten Gerichtshöfe des Bundes
GNOFÄ	Grundr z Neuorganis d FA u z Neuordnung d BesteuerungsVerf
GoB	Grundsatz (Grundsätze) ordnungsmäßiger Buchführung
Göhler	Kommentar zum OWiG, 6. Aufl. 1980
GrESt	Grunderwerbsteuer
GrEStDV	Durchführungsverordnung zum Grunderwerbsteuergesetz
GrStG	Grunderwerbsteuergesetz
GrS	Großer Senat
GrSt	Grundsteuer
GrStG	Grundsteuergesetz
GrZS	Großer Senat in Zivilsachen
GS	Preußische Gesetzsammlung
GüKG	Gesetz über den Güterfernverkehr mit Kraftfahrzeugen v. 26. 6. 35, RGBl. I 788, mit Änderungen
GuV-Rechnung	Gewinn- und Verlustrechnung
GVBl	Gesetz- und Verordnungsblatt
GVG	Gerichtsverfassungsgesetz
GVNW	Gesetz- und Verordnungsblatt für das Land Nordrhein-Westfalen
GVOBl	Gesetz- und Verordnungsblatt
HandwO	Handwerksordnung
Hbg	Hamburg
Hdb	Handbuch

Abkürzungen

Hensel	Hensel, Steuerrecht, 2. Aufl., Berlin 1927, 3. Aufl., Berlin 1933
Heßdörfer, Rechtsstaat	Heßdörfer, Der Rechtsstaat, Sein Wesen und Wege zu seiner Verwirklichung, Stuttgart 1961
HFR	Höchstrichterliche Finanzrechtsprechung
HGA	Hypothekengewinnabgabe
HGB	Handelsgesetzbuch
HintlO	Hinterlegungsordnung
HHSp	Kommentar zur Reichsabgabenordnung von Hübschmann/Hepp/Spitaler, bearbeitet von Paulick, v. Wallis, Hartung, Hübner, List, Schwarz, Spanner, ua, 8. Aufl. ab 1981
hM	herrschende Meinung
HO	Hinterlegungsordnung
HRG	Handelsregister
HRR	Höchstrichterliche Rechtsprechung
HZA (HZÄ)	Hauptzollamt (-ämter)
idF	in der Fassung
idR	in der Regel
idS	in dem Sinne
ieS	im engeren Sinne
IHK	Industrie- und Handelskammer
Inf	Die Information über Steuer und Wirtschaft
insb	insbesondere
InsolvSt	Insolvenzen und Steuern
InvZul	Investitionszulage
InvZulG	Investitionszulagengesetz
iS	im Sinne
iV	in Verbindung
IWB	Internationale Wirtschaftsbriefe für Handel, Steuer- und Wirtschaftsrecht
iwS	im weiteren Sinne
JbDeuStG	Jahrbuch der Deutschen Steuerjuristischen Gesellschaft
JbFfSt	Jahrbuch der Fachanwälte für Steuerrecht
JFG	Jahrbuch für Entscheidungen in Angelegenheiten der freiwilligen Gerichtsbarkeit
Jg(e)	Jahrgang (Jahrgänge)
JGG	Jugendgerichtsgesetz
JMBl	Justizministerialblatt
JR	Juristische Rundschau
JuS	Juristische Schulung
JVBl	Justizverwaltungsblatt
JW	Juristische Wochenschrift
JWG	Jugendwohlfahrtsgesetz
JZ	Juristenzeitung

Abkürzungen Abkürzungsverzeichnis

KAG	Kommunalabgabengesetz
KapErtrSt	Kapitalertragsteuer
KapErtrStDV	Verordnung zur Durchführung des Steuerabzugs vom Kapitalertrag
KapVerkSt	Kapitalverkehrsteuer
KartStVO	Verordnung über Körperschaftsteuer, Vermögensteuer und Gewerbesteuer der Kartelle und Syndikate
Kern-Roxin	Strafprozeßrecht, 19. Aufl.
KG	Kammergericht, Kommanditgesellschaft
KGA	Kreditgewinnabgabe
KGaA	Kommanditgesellschaft auf Aktien
KGJ	Jahrbuch der Entscheidungen des Kammergerichts
KiSt	Kirchensteuer
Kleinknecht	Kleinknecht/Meyer, Strafprozeßordnung, Kommentar 36. Aufl 1983
Klinger VwGO	Kommentar zur Verwaltungsgerichtsordnung von Klinger, Göttingen
KO	Konkursordnung
Koch	Kommentar zur Abgabenordnung, 2. Auflage 1979
KÖSDI	Kölner Steuerdialog, herausgegeben von Felix
Koehler VwGO	Kommentar zur Verwaltungsgerichtsordnung von Koehler, Berlin und Frankfurt/M.
Kohlmann	Steuerstrafrecht (LBL)
KommStZ	Kommunale Steuerzeitung
KostO	Kostenordnung
KraftSt	siehe KfzSt
KraftStDV	Kraftfahrzeugsteuer-Durchführungsverordnung
KraftStG	Kraftfahrzeugsteuergesetz
KRG	Kontrollratsgesetz
KSt	Körperschaftsteuer
KStDV	Körperschaftsteuer-Durchführungsverordnung
KStG	Körperschaftsteuergesetz
Kühn/Kutter/ Hofmann (KKH)	Kommentar zur Abgabenordnung, 13. Aufl 1979
KVDB	Kapitalverkehrsteuer-Durchführungsverordnung
KVG	Kapitalverkehrsteuergesetz
KVSt	Kapitalverkehrsteuer
KVStDV	siehe KVDB
KVStG	siehe KVG
KWG	Kreditwesengesetz
LA	Lastenausgleich
Lackner	Strafgesetzbuch mit Erläuterungen, 14. Aufl 1981
LAG	Lastenausgleichsgesetz; mit Ortsbezeichnung Landesarbeitsgericht
LandwBuchfVO	Verordnung über landwirtschaftliche Buchführung
LdF	Landesminister der Finanzen
Lehrb	Lehrbuch
Leise	Steuerverfehlungen 1980
LeuchtmStG	Leuchtmittelsteuergesetz

Abkürzungen

LFA	Landesfinanzamt
Lfg	Lieferung
LG	Landgericht
Liman/Schwarz, VollzA	Liman/Schwarz, Das Steuerbeitreibungsrecht, Band II, Köln-Berlin-München-Bonn
Liman/Schwarz, III	Liman/Schwarz, Das Steuerbeitreibungsrecht, Bd, III, Köln-Berlin-Bonn-München
LM	Nachschlagewerk des Bundesgerichtshofs von Lindenmaier/Möhring
Loep	BFH-Besprechungen, herausgegeben von Loepelmann
Löwe/Rosenberg/Schäfer	Löwe/Rosenberg, Die Strafprozeßordnung und das Gerichtsverfassungsgesetz, 2. Band: Gerichtsverfassungsgesetz, von Schäfer, Berlin
LSt	Lohnsteuer
LStDV	Lohnsteuer-Durchführungsverordnung
LStJA	Lohnsteuerjahresausgleich
LStR	Lohnsteuer-Richtlinien
lt	laut
LSW	Lexikon des Steuer- und Wirtschaftsrechts
Mattern/Wittneben	Mattern/Wittneben, Das Abgabeänderungsgesetz, München 1954
Maunz/Dürig	Kommentar zum Grundgesetz von Maunz/Dürig/Herzog
maW	mit anderen Worten
MDR	Monatsschrift für Deutsches Recht
mE	meines Erachtens
MinBl	Ministerialblatt
MinÖlSt	Mineralölsteuer
MinÖlStG	Mineralölsteuergesetz
MittStb, MStb	Der Steuerberater, Mitteilungsblatt; ab 1962: Der Steuerberater (StB)
Möllinger	AO 77, Systematische Darstellung
MOG	Marktordnungsgesetz
mR	mit Recht
MRegVO	Militärregierungsverordnung
MRVO	Verordnung der Militärregierung
mwN	mit weiteren Nachweisen
NB	Neue Betriebswirtschaft
nF	neue Fassung
NiedersRPflege	Niedersächsische Rechtspflege (Zeitschrift)
NJW	Neue Juristische Wochenschrift
NJW-RR	NJW-Rechtsprechungsreport Zivilrecht
nkr	nicht rechtskräftig
NOB	Notopfer Berlin
NordrhWestf	Nordrhein-Westfalen
NotVO	Notverordnung

Abkürzungen

Abkürzungsverzeichnis

Nr	Nummer
NSt	Neues Steuerrecht von A bis Z
NStZ	Neue Zeitschrift für Strafrecht
nv (NV)	nicht veranlagt
NW	Nordrhein-Westfalen
NWB	Neue Wirtschaftsbriefe Fach ...
NVwZ	Neue Zeitschrift für Verwaltungsrecht
O	Ordnung
oa	oben angeführt
oä	oder ähnlich
OECD	Organization for Economic Cooperation and Development
ÖR	Öffentliches Recht (Österreichische Richterzeitung)
OFD	Oberfinanzdirektion
OFH	Oberster Finanzgerichtshof
OG	Oberster Gerichtshof
OGH	Oberster Gerichtshof für die britische Zone
oHG	offene Handelsgesellschaft
OLG	Oberlandesgericht
OVG	Oberverwaltungsgericht
OVGE	Entscheidungen der OVG Münster und Lüneburg
OWiG	Ordnungswidrigkeitengesetz
Palandt	Palandt, Kommentar zum BGB, 45. Auflage 1986
PatG	Patentgesetz
Pendele/Bock	Das Steuerrecht der Abgabenordnung für das Gebiet der Zölle und Verbrauchsteuer, Köln-Berlin-Bonn-München
prKAG	Preußisches Kommunalabgabengesetz
prKommAbgG	Preußisches Kommunalabgabengesetz
prOVG	preußisches Oberverwaltungsgericht
prVerwBl	Reichs- und Preußisches Verwaltungsblatt
PrVO	Preußische Ordnung betr. das Zwangsverfahren wegen Beitreibung von Geldbeträgen vom 15. 11. 1899, Gesetzsammlung 1899, 545
RAG	Reichsarbeitsgericht
RAGE	Amtliche Sammlung von Entscheidungen des RAG
RAO	Reichsabgabenordnung
RBeratG	Gesetz zur Verhütung von Mißbräuchen auf dem Gebiet der Rechtsberatung
RdErl	Runderlaß
RDF, RdF	Reichsminister der Finanzen
RdVfg	Rundverfügung
Redeker/v. Oertzen	VwGO/Kommentar zur Verwaltungsgerichtsordnung, Münster
RegBl	Regierungsblatt
RegEntw	Regierungsentwurf, BT-Drs VI/1982, unverändert von den Fraktionen der SPD/FDP in der 7. Legislaturperiode wieder eingebracht als BT-Drs. 7/79

Abkürzungsverzeichnis   **Abkürzungen**

Rennw-LottAB	Ausführungsbestimmungen zum Rennwett- und Lotteriegesetz
RFBl	Amtsblatt der Reichsfinanzverwaltung
RFH	Reichsfinanzhof
RFM	Reichsminister(ium) der Finanzen
RG	Reichsgericht
RGBl	Reichsgesetzblatt
RGSt	Amtliche Sammlung von Entscheidungen des Reichsgerichts in Strafsachen
RGZ	Amtliche Sammlung von Entscheidungen des Reichsgerichts in Zivilsachen
RhnPf	Rheinland-Pfalz
Riewald I	Riewald, Kommentar zur AO, Teil I, Berlin
Riewald II	Riewald, Kommentar zur AO, Teil II, Berlin u. Detmold
RiW	Recht der internationalen Wirtschaft
RIW/AWD	Recht der internationalen Wirtschaft/Außenwirtschaftsdienst des Betriebs-Beraters
RKO	Reichskassenordnung
rkr	rechtskräftig
RMBl (RMinBl) ...	Reichsministerialblatt
RNr	Randnummer
Rosenberg	Lehrbuch des deutschen Zivilprozeßrechts, München und Berlin
RPfleger	Der Deutsche Rechtspfleger (Zeitschrift)
Rspr	Rechtsprechung
RStBl	Reichssteuerblatt
RVBl	Reichsverwaltungsblatt
RVerwBl	Reichsverwaltungsblatt
RVerwG	Reichsverwaltungsgericht
RVG	Reichsverwaltungsgericht
RVO	Reichsversicherungsordnung, Rechtsverordnung
RWP	Rechts- und Wirtschaftspraxis
RZBl	Reichszollblatt
S, s	Siehe
sc	(= scilicet) nämlich
SchenkSt	Schenkungsteuer
SchlHol	Schleswig-Holstein
Schönke/Schröder ..	Strafgesetzbuch
Schwarz	Kommentar zur Abgabenordnung (LBl)
SGB	Sozialgesetzbuch
SGG	Sozialgerichtsgesetz
SHA	Soforthilfeabgabe
SHG	Soforthilfegesetz
SJZ	Süddeutsche Juristenzeitung
Slg	Amtliche Sammlung von Entscheidungen des RFH
sog	sogenannt(e)
SparPDV	Durchführungsverordnung zum Sparprämiengesetz
SparPG	Sparprämiengesetz

Abkürzungen

SpielkStG	Spielkartensteuergesetz
St	Steuer
StAnpG	Steueranpassungsgesetz
StAnz	Staatsanzeiger
StB	Der Steuerberater (bis einschl 1974 Organ der Bundessteuerberaterkammer)
StBerG	Steuerberatungsgesetz
Stbg	Die Steuerberatung
StbJb	Steuerberater-Jahrbuch
StBp	Die steuerliche Betriebsprüfung (Zeitschrift)
StEK	Steuererlasse in Karteiform, herausgegeben von Felix
Steufa	Steuerfahndungsstelle (Steuerfahndung)
StGB	Strafgesetzbuch
StLex	Steuer-Lexikon
Stpfl	Steuerpflicht(iger)
stpfl	steuerpflichtig
StPO	Strafprozeßordnung
StQ	Die Quintessenz des steuerlichen Schrifttums
str	streitig
StR	Steuerrecht
Streck	Der Eingriff der Steuerfahndung, 3. Aufl 1981
StRK	Steuerrechtsprechung in Karteiform
StRKAnm	Anmerkungen zur Steuerrechtsprechung in Karteiform
StrVert	Strafverteidiger
StSäumG	Steuersäumnisgesetz
StSäumVO	Steuersäumnis-VO
StuR	Steuer und Recht
StVollstrR	Steuervollstreckungsrecht
StW (StuW)	Steuer und Wirtschaft
StWA (StW)	Steuer-Warte
StWK	Steuer- und Wirtschaftskurzpost
StZBl	Steuer- und Zollblatt
SubvG	Subventionsgesetz
Suhr/Nauman	Steuerstrafrecht, 3. Aufl 1977
TabSt	Tabaksteuer
TabStDV	Tabaksteuer-Durchführungsverordnung
TabStG	Tabaksteuergesetz
Thomas/Putzo	Zivilprozeßordnung, 11. Aufl 1983
TK	Tipke/Kruse, Kommentar zu AO und FGO
Tz	Textziffer
ua	unter anderem
uE	unseres Erachtens
Urt	Urteil
USt	Umsatzsteuer
UStDV	Durchführungsbestimmungen zum Umsatzsteuergesetz
UStG	Umsatzsteuergesetz
UStR	Umsatzsteuer-Rundschau
usw	und so weiter

Abkürzungsverzeichnis # Abkürzungen

uU	unter Umständen
UWG	Umwandlungsgesetz (Gesetz gegen den unlauteren Wettbewerb)
UZwG	Gesetz über den unmittelbaren Zwang bei Ausübung öffentlicher Gewalt durch Vollzugsbeamte des Bundes v. 10. 3. 61, BGBl I, 165
v (V)	von, vom
VereinZG	Vereinszollgesetz
VerfG	Verfassungsgericht
VerglO	Vergleichsordnung
VersSt	Versicherungsteuer
VersStDV	Versicherungsteuer-Durchführungsverordnung
VersStG	Versicherungsteuergesetz
Verw	Verwaltung(s)
VerwGG	Verwaltungsgerichtsgesetz
VerwGO	Verwaltungsgerichtsordnung
Vfg	Verfügung
VG	Verwaltungsgericht
VGH	Verwaltungsgerichtshof
vgl	vergleiche
VglO (VerglO)	Vergleichsordnung
vH	vom Hundert
VO	Verordnung
VOBl	Verordnungsblatt
VOL (Vol)	Verordnung über die Aufstellung von Durchschnittssätzen für die Ermittlung des Gewinns aus Land- und Forstwirtschaft
VollstrA	Vollstreckungsanweisung v. 13. 3. 1980, BStBl I 112
VollzA	Vollziehungsanweisung v. 20. 4. 1980, BStBl I 194
Vorb	Vorbemerkung
VOStSäumG	Durchführungsverordnung zum Steuersäumnisgesetz
VSF	Vorschriftensammlung der Bundesfinanzverwaltung
VSt	Vermögensteuer
VStG	Vermögensteuergesetz
VStPfl	Vermögensteuerpflicht
VStR	Vermögensteuerrichtlinien
vT	vom Tausend
VuG-Rechnung	Verlust- und Gewinn-Rechnung
VwGO	Verwaltungsgerichtsordnung
VwVfG	Verwaltungsverfahrensgesetz
VwVG	Verwaltungsvollstreckungsgesetz
VwZG	Verwaltungszustellungsgesetz
VZ	Veranlagungszeitraum
WechsSt	Wechselsteuer
WechsStDV	Wechselsteuer-Durchführungsverordnung
WertZO	Verordnung zur Durchführung des Art. II des Zolltarifgesetzes (Wertzollordnung)
WEV	VO über die Führung eines Wareneingangsbuches

Abkürzungen

WG	Wechselgesetz
Wi	Wirtschaft
WiKG	Gesetz zur Bekämpfung der Wirtschaftskriminalität
WiStG	Gesetz zur Vereinfachung des Wirtschaftsstrafrechts
wistra	Zeitschrift für Wirtschaft, Steuer, Strafrecht
WoB	Wohnungsbau
WoBauG	Bundeswohnungsbaugesetz
Woerner/Grube	Woerner/Grube, Die Aufhebung und Änderung von Steuerverwaltungsakten (AO 77), 6. Aufl 1981
H. J. Wolff	Hans Julius Wolff, Verwaltungsrecht I
WoP	Wohnungsbauprämie
WoPG	Wohnungsbauprämiengesetz
Wpg	Die Wirtschaftsprüfung
WRV	Weimarer Reichsverfassung
WSt	Wechselsteuer
WStDV	Wechselsteuer-Durchführungsverordnung
WStG (WechsStG)	Wechselsteuergesetz
ZA (ZÄ)	Zollamt, (-ämter)
zB	zum Beispiel
ZBR	Zeitschrift für Beamtenrecht
ZfB	Zeitschrift für die Betriebswirtschaft
ZfZ	Zeitschrift für Zölle und Verbrauchsteuern
ZG (ZollG)	Zollgesetz
Ziff	Ziffer
zit	zitiert
ZIP	Zeitschrift für Wirtschaftsrecht und Insolvenzpraxis
ZKF	Zeitschrift für Kommunalfinanzen
ZNFBl	Zollnachrichten u Fahndungsblatt (NfD)
ZPO	Zivilprozeßordnung
ZPR	Zivilprozeßrecht
ZRP	Zeitschrift für Rechtspolitik
ZSEG	Gesetz über die Entschädigung von Zeugen und Sachverständigen in der Fassung vom 26. 9. 63, BGBl I 758
zT	zum Teil
ZTG	Zolltarifgesetz
ZuckStG	Zuckersteuergesetz
ZündwMonG	Zündwarenmonopolgesetz
ZündwStG	Zündwarensteuergesetz
zutr	zutreffend
ZVG	Gesetz über Zwangsversteigerung und Zwangsverwaltung
ZVMG	Gesetz über Maßnahmen auf dem Gebiete der Zwangsvollstreckung vom 20. 8. 1953, BGBl I 952
ZVollstrVO	Verordnung über Maßnahmen auf dem Gebiete der Zwangsvollstreckung vom 26. 5. 1953, RGBl I 302
zZ (zZt)	zur Zeit
ZZP	Zeitschrift für Zivilprozeß

Übersicht AO – RAO bzw. RAO – AO

Vergleichende Übersicht AO – RAO/Nebengesetze

AO 1977	RAO[1] und Nebengesetze
§ 1 Anwendungsbereich	§ 3 AO; § 12 AOVKG
§ 2 Vorrang völkerrechtlicher Vereinbarungen	§ 9 StAnpG
§ 3 Steuern, steuerliche Nebenleistungen	§ 1 AO; § 6 Abs. 1 und 2 StSäumG
§ 4 Gesetz	§ 2 Abs. 1
§ 5 Ermessen	§ 2 Abs. 1 StAnpG
§ 6 Behörden, Finanzbehörden	–
§ 7 Amtsträger	§ 22 Abs. 3
§ 8 Wohnsitz	§ 13 StAnpG
§ 9 Gewöhnlicher Aufenthalt	§ 14 Abs. 1 StAnpG
§ 10 Geschäftsleitung	§ 15 Abs. 1 StAnpG
§ 11 Sitz	§ 15 Abs. 3 Satz 1 StAnpG
§ 12 Betriebstätte	§ 16 StAnpG
§ 13 Ständiger Vertreter	–
§ 14 Wirtschaftlicher Geschäftsbetrieb	§ 6 Abs. 2, 3 GemV
§ 15 Angehörige	§ 10 StAnpG
§ 16 Sachliche Zuständigkeit	–
§ 17 Örtliche Zuständigkeit	§ 71
§ 18 Gesonderte Feststellungen	§ 72
§ 19 Steuern vom Einkommen und Vermögen natürlicher Personen	§ 73a Abs. 2–5 AO; §§ 1 bis 4 ZustVO
§ 20 Steuern von Einkommen und Vermögen der Körperschaften, Personenvereinigungen, Vermögensmassen	§ 73a Abs. 6
§ 21 Umsatzsteuer	§ 73 Abs. 4
§ 22 Realsteuern	§ 73 Abs. 2, 3
§ 23 Zölle und Verbrauchsteuern	§ 76 Nr. 8 Satz 1
§ 24 Ersatzzuständigkeit	§ 76 Nr. 8 Satz 2; § 77
§ 25 Mehrfache örtliche Zuständigkeit	–
§ 26 Zuständigkeitswechsel	§ 75
§ 27 Zuständigkeitsvereinbarung	§ 78 Abs. 1
§ 28 Zuständigkeitsstreit	§ 78 Abs. 2 Satz 1
§ 29 Gefahr im Verzug	–
§ 30 Steuergeheimnis	§ 22 Abs. 1, 2
§ 30a Schutz von Bankkunden	–
§ 31 Mitteilung von Besteuerungsgrundlagen	§ 18
§ 31a Mitteilungen zur Bekämpfung der illegalen Beschäftigung	–
§ 32 Haftungsbeschränkung für Amtsträger	§ 23
§ 33 Steuerpflichtiger	§ 97 Abs. 1, 2
§ 34 Pflichten der gesetzlichen Vertreter und der Vermögensverwalter	§§ 103 Satz 1; 104; 105 Abs. 1, 2; 106; 219 Abs. 3
§ 35 Pflichten des Verfügungsberechtigten	§§ 106, 108
§ 36 Erlöschen der Vertretungsmacht	§ 110
§ 37 Ansprüche aus dem Steuerschuldverhältnis	§§ 150; 151; 152 Abs. 1, 2

[1] §§ ohne Gesetzesbezeichnung sind solche der Reichsabgabenordnung.

Übersicht — AO – RAO/Nebengesetze

AO 1977	RAO[1] und Nebengesetze
§ 38 Entstehung der Ansprüche aus dem Steuerschuldverhältnis	§ 3 Abs. 1, 3 StAnpG
§ 39 Zurechnung	§ 11 StAnpG
§ 40 Gesetz- oder sittenwidriges Handeln	§ 5 Abs. 2 AnpG
§ 41 Unwirksame Rechtsgeschäfte	§ 5 Abs. 1, 3 StAnpG
§ 42 Mißbrauch von rechtlichen Gestaltungsmöglichkeiten	§ 1 Abs. 3; § 6 StAnpG
§ 43 Steuerschuldner, Steuervergütungsgläubiger	§ 7 Abs. 1, 2
§ 44 Gesamtschuldner	§ 7 Abs. 1, 2, 3 Satz 1 bis 3, Abs. 4 StAnpG
§ 45 Gesamtrechtsnachfolge	§ 8 Abs. 1, 2 StAnpG
§ 46 Abtretung, Verpfändung, Pfändung	§ 159
§ 47 Erlöschen	–
§ 48 Leistung durch Dritte, Haftung Dritter	vgl. § 120 Abs. 2
§ 49 Verschollenheit	§ 3 Abs. 4 StAnpG
§ 50 Erlöschen und Unbedingtwerden der Verbrauchsteuer, Übergang der bedingten Verbrauchsteuerschuld	§ 8 Abs. 3, 4 StAnpG
§ 51 Allgemeines	–
§ 52 Gemeinnützige Zwecke	§ 17 StAnpG
§ 53 Mildtätige Zwecke	§ 18 StAnpG; § 3 GemV
§ 54 Kirchliche Zwecke	§ 19 StAnpG
§ 55 Selbstlosigkeit	§ 17 Abs. 5 StAnpG; § 4 Abs. 2–4 GemV
§ 56 Ausschließlichkeit	§ 4 Abs. 1 GemV
§ 57 Unmittelbarkeit	§ 11 GemV
§ 58 Steuerlich unschädliche Betätigungen	§ 5 AO; § 11 Abs. 4 GemV
§ 59 Voraussetzung der Steuervergünstigung	§ 2 GemV
§ 60 Anforderungen an die Satzung	§ 12 GemV
§ 61 Satzungsmäßige Vermögensbindung	§ 13 GemV
§ 62 Ausnahmen von der satzungsmäßigen Vermögensbindung	§ 14 GemV
§ 63 Anforderungen an die tatsächliche Geschäftsführung	§ 15 GemV
§ 64 Umfang der Steuervergünstigung	§ 6 Abs. 1 GemV
§ 65 Zweckbetrieb	§ 7 GemV
§ 66 Wohlfahrtspflege	§ 8 GemV
§ 67 Krankenhäuser	§ 10 GemV
§ 67a Sportliche Veranstaltungen	–
§ 68 Einzelne Zweckbetriebe	§ 9 GemV
§ 69 Haftung der Vertreter	§ 109 Abs. 1 AO; § 6 Abs. 3 StSäumG
§ 70 Haftung des Vertretenen	§ 111
§ 71 Haftung des Steuerhinterziehers und des Steuerhehlers	§ 112
§ 72 Haftung bei Verletzung der Pflicht zur Kontenwahrheit	§ 163 Abs. 3 Satz 2
§ 73 Haftung bei Organschaft	§ 114
§ 74 Haftung des Eigentümers von Gegenständen	§ 115
§ 75 Haftung des Betriebsübernehmers	§ 116 Abs. 1, 3
§ 76 Sachhaftung	§ 121
§ 77 Duldungspflicht	§§ 120 Abs. 1; 120a; 326 Abs. 1 Satz 2, Abs. 2
§ 78 Beteiligte	–

[1] §§ ohne Gesetzesbezeichnung sind solche der Reichsabgabenordnung.

AO – RAO/Nebengesetze — Übersicht

AO 1977	RAO[1] und Nebengesetze
§ 79 Handlungsfähigkeit	–
§ 80 Bevollmächtigte und Beistände	§§ 107, 240
§ 81 Bestellung eines Vertreters von Amts wegen	–
§ 82 Ausgeschlossene Personen	§ 67
§ 83 Besorgnis der Befangenheit	§ 69
§ 84 Ablehnung von Mitgliedern eines Ausschusses	§ 70
§ 85 Besteuerungsgrundsätze	§ 201 Abs. 1 AO; §§ 14 Abs. 2; 21 Abs. 3 FVG
§ 86 Beginn des Verfahrens	–
§ 87 Amtssprache	§ 205
§ 88 Untersuchungsgrundsatz	§§ 85; 204 Abs. 1 AO; § 2 AuftVO
§ 89 Beratung, Auskunft	§ 205 AO; § 2 AuftVO
§ 90 Mitwirkungspflichten der Beteiligten	§§ 171, 205
§ 91 Anhörung Beteiligter	§§ 205 Abs. 3; 206 Abs. 2; 209 Abs. 1
§ 92 Beweismittel	§§ 171 Abs. 2; 173 Abs. 1; 205 Abs. 2; 206
§ 93 Auskunftspflicht der Beteiligten und anderer Personen	§§ 170; 171 Abs. 1; 175
§ 93a Allgemeine Mitteilungspflichten	–
§ 94 Eidliche Vernehmung	§ 182
§ 95 Versicherung an Eides Statt	§§ 174; 201 Abs. 2, 3; 209 Abs. 2
§ 96 Hinzuziehung von Sachverständigen	§§ 186; 206
§ 97 Vorlage von Urkunden	§§ 171 Abs. 2; 183; 207
§ 98 Einnahme des Augenscheins	§ 173
§ 99 Betreten von Grundstücken und Räumen	§ 173 Abs. 1
§ 100 Vorlage von Wertsachen	§§ 173 Abs. 2; 183; 209 Abs. 1
§ 101 Auskunfts- und Eidesverweigerungsrecht der Angehörigen	§§ 175; 182 Abs. 1 Satz 3
§ 102 Auskunftsverweigerungsrecht zum Schutz bestimmter Berufsgeheimnisse	§ 177
§ 103 Auskunftsverweigerungsrecht bei Gefahr der Verfolgung wegen einer Straftat oder einer Ordnungswidrigkeit	§ 176
§ 104 Verweigerung der Erstattung eines Gutachtens und der Vorlage von Urkunden	§ 183 Satz 3
§ 105 Verhältnis der Auskunfts- und Vorlagepflicht zur Schweigepflicht öffentlicher Stellen	§ 179
§ 106 Beschränkung der Auskunfts- und Vorlagepflicht bei Beeinträchtigung des staatlichen Wohls	§ 180
§ 107 Entschädigung der Auskunftspflichtigen und der Sachverständigen	§§ 181; 186 Abs. 3; 342a Abs. 1, 2
§ 108 Fristen und Termine	§ 82
§ 109 Verlängerung von Fristen	§ 83
§ 110 Wiedereinsetzung in den vorigen Stand	§ 86
§ 111 Amtshilfepflicht	§ 188
§ 112 Voraussetzungen und Grenzen der Amtshilfe	–
§ 113 Auswahl der Behörde	–
§ 114 Durchführung der Amtshilfe	–
§ 115 Kosten der Amtshilfe	–
§ 116 Anzeige von Steuerstraftaten	§ 189

---

[1] §§ ohne Gesetzesbezeichnung sind solche der Reichsabgabenordnung.

Übersicht AO – RAO/Nebengesetze

AO 1977	RAO[1] und Nebengesetze
§ 117 Zwischenstaatliche Rechts- und Amtshilfe in Steuersachen	–
§ 118 Begriff des Verwaltungsaktes	–
§ 119 Bestimmtheit und Form des Verwaltungsaktes	vgl. § 91 Abs. 2
§ 120 Nebenbestimmungen zum Verwaltungsakt	–
§ 121 Begründung des Verwaltungsaktes	–
§ 122 Bekanntgabe des Verwaltungsaktes	§ 91 Abs. 1 AO; § 17 Abs. 2 VwZG
§ 123 Bestellung eines Empfangsbevollmächtigten	§ 89
§ 124 Wirksamkeit des Verwaltungsaktes	§ 91 Abs. 1
§ 125 Nichtigkeit des Verwaltungsaktes	§ 79
§ 126 Heilung von Verfahrens- und Formfehlern	–
§ 127 Folgen von Verfahrens- und Formfehlern	§ 68
§ 128 Umdeutung eines fehlerhaften Verwaltungsaktes	–
§ 129 Offenbare Unrichtigkeit beim Erlaß eines Verwaltungsaktes	§ 92 Abs. 2
§ 130 Rücknahme eines rechtswidrigen Verwaltungsaktes	§§ 93 Abs. 1; 96
§ 131 Widerruf eines rechtmäßigen Verwaltungsaktes	§§ 93 Abs. 1; 95; 96
§ 132 Rücknahme, Widerruf, Aufhebung und Änderung im Rechtsbehelfsverfahren	§ 93 Abs. 2
§ 133 Rückgabe von Urkunden und Sachen	–
§ 134 Personenstands- und Betriebsaufnahme	§§ 165; 165a
§ 135 Mitwirkungspflicht bei der Personenstands- und Betriebsaufnahme	§ 165b
§ 136 Änderungsmitteilungen für die Personenstandsaufnahme	§ 165c
§ 137 Steuerliche Erfassung von Körperschaften, Vereinigungen und Vermögensmassen	§ 165d Abs. 1, 4 AO; § 16 GemV
§ 138 Anzeigen über die Erwerbstätigkeit	§ 165d Abs. 2 bis 4
§ 139 Anmeldung von Betrieben in besonderen Fällen	§ 191
§ 140 Buchführungs- und Aufzeichnungspflichten nach anderen Gesetzen	§ 160 Abs. 1
§ 141 Buchführungspflicht bestimmter Steuerpflichtiger	§ 161 Abs. 1 AO; § 1 VO über landw. Buchführung
§ 142 Ergänzende Vorschriften für Land- und Forstwirte	§§ 4, 5 VO über landw. Buchführung
§ 143 Aufzeichnung des Wareneingangs	§ 1 Abs. 1–11 WEV
§ 144 Aufzeichnung des Warenausgangs	§ 1 Abs. 1–11 WAV
§ 145 Allgemeine Anforderungen an Buchführung und Aufzeichnungen	–
§ 146 Ordnungsvorschriften für die Buchführung und für Aufzeichnungen	§ 162 Abs. 1, 2, 3, 7 AO; §§ 2, 3 VO über landw. Buchführung
§ 147 Ordnungsvorschriften für die Aufbewahrung von Unterlagen	§ 162 Abs. 8, 9
§ 148 Bewilligung von Erleichterungen	§§ 160 Abs. 2; 161 Abs. 2 AO; § 1 Abs. 9 WEV; § 1 Abs. 9 WAV
§ 149 Erklärungspflichtige Personen	§ 167
§ 150 Form und Inhalt der Steuererklärungen	§ 166
§ 151 Aufnahme der Steuererklärung an Amtsstelle	§ 168 Abs. 1
§ 152 Verspätungszuschlag	§ 168 Abs. 2
§ 153 Berichtigung von Erklärungen	§§ 117 Abs. 1, 3; 165e
§ 154 Kontenwahrheit	§ 163 ohne Abs. 3 Satz 2

[1] §§ ohne Gesetzesbezeichnung sind solche der Reichsabgabenordnung.

AO – RAO/Nebengesetze — Übersicht

AO 1977	RAO[1] und Nebengesetze
§ 155 Steuerfestsetzung	§ 210
§ 156 Absehen von Steuerfestsetzung, Abrundung	§§ 14; 130
§ 157 Form und Inhalt der Steuerbescheide	§§ 211; 212; 213 Abs. 1
§ 158 Beweiskraft der Buchführung	§ 208
§ 159 Nachweis der Treuhänderschaft	§ 164 Abs. 1
§ 160 Benennung von Gläubigern und Zahlungsempfängern	§ 205 a
§ 161 Fehlmengen bei Bestandsaufnahmen	§ 196
§ 162 Schätzung von Besteuerungsgrundlagen	§ 217
§ 163 Abweichende Festsetzung von Steuern aus Billigkeitsgründen	§ 131 Abs. 1, 3
§ 164 Steuerfestsetzung unter Vorbehalt der Nachprüfung	§ 100 Abs. 2
§ 165 Vorläufige Steuerfestsetzung, Aussetzung der Steuerfestsetzung	§§ 100 Abs. 1; 225
§ 166 Drittwirkung der Steuerfestsetzung	§ 119
§ 167 Steueranmeldung, Verwendung von Steuerzeichen oder Steuerstempeln	§ 97 Abs. 3
§ 168 Wirkung einer Steueranmeldung	–
§ 169 Festsetzungsfrist	§§ 143; 144; 152 Abs. 1, 2; 153; 158; 225
§ 170 Beginn der Festsetzungsfrist	§ 145
§ 171 Ablaufhemmung	§§ 145 Abs. 2 Nr. 4; 146; 146a; 154
§ 172 Aufhebung und Änderung von Steuerbescheiden	§ 94
§ 173 Aufhebung oder Änderung von Steuerbescheiden wegen neuer Tatsachen oder Beweismittel	§ 222 Abs. 1 Nr. 1 u. 2
§ 174 Widerstreitende Steuerfestsetzungen	§ 78 Abs. 2 Satz 2
§ 175 Aufhebung oder Änderung von Steuerbescheiden in sonstigen Fällen	§§ 212b; 218 Abs. 4 AO; §§ 4 Abs. 2, 3; 5 StAnpG
§ 176 Vertrauensschutz bei der Aufhebung und Änderung von Steuerbescheiden	§ 222 Abs. 2
§ 177 Berichtigung von Rechtsfehlern	–
§ 178 Kosten bei besonderer Inanspruchnahme der Zollbehörden	§ 227
§ 179 Feststellung von Besteuerungsgrundlagen	§§ 213; 215 Abs. 1; 216 Abs. 2; 219 Abs. 1 Satz 1
§ 180 Verfahrensvorschriften für die gesonderte Feststellung, Feststellungsfrist, Erklärungspflicht	§§ 213; 214; 215 AO; § 6 ZustVO
§ 181 Anwendung der Vorschriften über die Steuerfestsetzung	§ 218 Abs. 1
§ 182 Wirkungen der gesonderten Feststellung	§§ 218 Abs. 2, 3; 219 Abs. 2
§ 183 Empfangsbevollmächtigte bei der einheitlichen Feststellung	§ 219 Abs. 1
§ 184 Festsetzung von Steuermeßbeträgen	§§ 131 Abs. 4; 212a; 212b
§ 185 Geltung der allgemeinen Vorschriften	§§ 382; 383
§ 186 Beteiligte	§ 384
§ 187 Akteneinsicht	§ 385 Abs. 1
§ 188 Zerlegungsbescheid	§ 386
§ 189 Änderung der Zerlegung	§ 387 Abs. 3
§ 190 Zuteilungsverfahren	§ 390
§ 191 Haftungsbescheide, Duldungsbescheide	§§ 109 Abs. 2; 118; 120 Abs. 1; 149; 326 Abs. 1 Satz 2; 330
§ 192 Vertragliche Haftung	§ 120 Abs. 2

[1] §§ ohne Gesetzesbezeichnung sind solche der Reichsabgabenordnung.

Übersicht — AO – RAO/Nebengesetze

AO 1977	RAO[1] und Nebengesetze
§ 193 Zulässigkeit einer Außenprüfung	§§ 162 Abs. 10, 11; 193 Abs. 1 AO
§ 194 Sachlicher Umfang einer Außenprüfung	–
§ 195 Zuständigkeit	–
§ 196 Prüfungsanordnung	–
§ 197 Bekanntgabe der Prüfungsanordnung	–
§ 198 Ausweispflicht, Beginn der Außenprüfung	–
§ 199 Prüfungsgrundsätze	–
§ 200 Mitwirkungspflichten des Steuerpflichtigen	§§ 171; 195; 204 Abs. 2 AO
§ 201 Schlußbesprechung	–
§ 202 Inhalt und Bekanntgabe des Prüfungsberichts	–
§ 203 Abgekürzte Außenprüfung	–
§ 204 Voraussetzung der verbindlichen Zusage	–
§ 205 Form der verbindlichen Zusage	–
§ 206 Bindungswirkung	–
§ 207 Außerkrafttreten, Aufhebung und Änderung der verbindlichen Zusage	–
§ 208 Steuerfahndung (Zollfahndung)	–
§ 209 Gegenstand der Steueraufsicht	vgl. §§ 190 ff.
§ 210 Befugnisse der Finanzbehörde	§ 193
§ 211 Pflichten des Betroffenen	§§ 184; 194; 195
§ 212 Durchführungsvorschriften	§ 192
§ 213 Besondere Aufsichtsmaßnahmen	§ 197
§ 214 Beauftragte	§ 190
§ 215 Sicherstellung im Aufsichtsweg	§ 200
§ 216 Überführung in das Eigentum des Bundes	§ 200a
§ 217 Steuerhilfspersonen	–
§ 218 Verwirklichung von Ansprüchen aus dem Steuerschuldverhältnis	§§ 125; 150; 151; 152 Abs. 1, 2; 327 Abs. 2 Satz 1
§ 219 Zahlungsaufforderung bei Haftungsbescheiden	–
§ 220 Fälligkeit	§ 99 AO; § 10 AOVKG
§ 221 Abweichende Fälligkeitsbestimmung	§ 101
§ 222 Stundung	§ 127 Abs. 1
§ 223 Zahlungsaufschub	§ 129
§ 224 Leistungsort, Tag der Zahlung	§ 122 Abs. 1, 2 AO; § 3 StSäumG
§ 225 Reihenfolge der Tilgung	§ 123
§ 226 Aufrechnung	§ 124
§ 227 Erlaß	§ 131 Abs. 1, 3; § 1 Abs. 2 StSäumVO
§ 228 Gegenstand der Verjährung, Verjährungsfrist	§§ 143; 144; 151; 152
§ 229 Beginn der Verjährung	§ 145
§ 230 Hemmung der Verjährung	§ 146
§ 231 Unterbrechung der Verjährung	§ 147
§ 232 Wirkung der Verjährung	§ 148
§ 233 Grundsatz	§ 4 StSäumG
§ 233a Verzinsung von Steuernachforderungen und Steuererstattungen	–
§ 234 Stundungszinsen	§ 127a
§ 235 Verzinsung von hinterzogenen Steuern	§ 4a Abs. 1–3 StSäumG
§ 236 Prozeßzinsen auf Erstattungsbeträge	§ 4b StSäumG
§ 237 Zinsen bei Aussetzung der Vollziehung	§ 4c StSäumG
§ 238 Höhe und Berechnung der Zinsen	§ 5 StSäumG
§ 239 Festsetzung der Zinsen	§§ 4a Abs. 4; 6 Abs. 2 StSäumG
§ 240 Säumniszuschläge	§§ 1, 2 StSäumG; § 1 StSäumVO
§ 241 Art der Sicherheitsleistung	§§ 132; 134; 136

[1] §§ ohne Gesetzesbezeichnung sind solche der Reichsabgabenordnung.

AO – RAO/Nebengesetze — Übersicht

AO 1977	RAO[1] und Nebengesetze
§ 242 Wirkung der Hinterlegung von Zahlungsmitteln	§ 139 AO; § 4 StSäumG
§ 243 Verpfändung von Wertpapieren	§ 133
§ 244 Taugliche Steuerbürgen	§ 136
§ 245 Sicherheitsleistung durch andere Werte	§§ 137; 138
§ 246 Annahmewerte	§ 135
§ 247 Austausch von Sicherheiten	§ 140
§ 248 Nachschußpflicht	§ 141
§ 249 Vollstreckungsbehörden	§ 325
§ 250 Vollstreckungsersuchen	§ 331
§ 251 Vollstreckbare Verwaltungsakte	§ 226a
§ 252 Vollstreckungsgläubiger	–
§ 253 Vollstreckungsschuldner	§ 326 Abs. 1 Satz 1
§ 254 Voraussetzungen für den Beginn der Vollstreckung	§§ 326 Abs. 3; 342 Abs. 1 Satz 2 AO; § 7 StSäumG
§ 255 Vollstreckung gegen juristische Personen des öffentlichen Rechts	§ 202 Abs. 8 AO; § 35 Abs. 2 BeitrO
§ 256 Einwendungen gegen die Vollstreckung	§ 327 Abs. 1
§ 257 Einstellung und Beschränkung der Vollstreckung	§ 327 Abs. 2 AO; §§ 55, 56 BeitrO
§ 258 Einstweilige Einstellung oder Beschränkung der Vollstreckung	§ 333 AO; § 57 BeitrO
§ 259 Mahnung	§ 341
§ 260 Angabe des Schuldgrundes	§ 334a Satz 1
§ 261 Niederschlagung	§ 130
§ 262 Rechte Dritter	§ 328
§ 263 Vollstreckung gegen Ehegatten	§ 37 Abs. 3–7 BeitrO
§ 264 Vollstreckung gegen Nießbraucher	–
§ 265 Vollstreckung gegen Erben	vgl. §§ 327 Abs. 2; 330 Abs. 2
§ 266 Sonstige Fälle beschränkter Haftung	–
§ 267 Vollstreckungsverfahren gegen nichtrechtsfähige Personenvereinigungen	§ 329
§ 268 Grundsatz	§ 7 Abs. 3 Satz 4 StAnpG
§ 269 Antrag	§ 1 Abs. 1–3 AuftVO
§ 270 Allgemeiner Aufteilungsmaßstab	§§ 3; 4 Abs. 1 AuftVO
§ 271 Aufteilungsmaßstab für die Vermögensteuer	§ 5 Nr. 1–3 AuftVO
§ 272 Aufteilungsmaßstab für Vorauszahlungen	§ 6 AuftVO
§ 273 Aufteilungsmaßstab für Steuernachforderungen	§ 7 AuftVO
§ 274 Besonderer Aufteilungsmaßstab	§ 8 AuftVO
§ 275 Abrundung	§ 9 AuftVO
§ 276 Rückständige Steuer, Einleitung der Vollstreckung	§ 11 AuftVO
§ 277 Vollstreckung	§ 12 AuftVO
§ 278 Beschränkung der Vollstreckung	§ 14 AuftVO; § 6 Abs. 4 StAnpG
§ 279 Form und Inhalt des Aufteilungsbescheides	§ 13 Abs. 1, 2 AuftVO
§ 280 Änderung des Aufteilungsbescheides	§ 15 AuftVO
§ 281 Pfändung	§ 343
§ 282 Wirkung der Pfändung	§ 344
§ 283 Ausschluß von Gewährleistungsansprüchen	§ 347
§ 284 Eidesstattliche Versicherung	§ 332
§ 285 Vollziehungsbeamte	§ 334
§ 286 Vollstreckung in Sachen	§ 348
§ 287 Befugnisse des Vollziehungsbeamten	§ 335
§ 288 Zuziehung von Zeugen	§ 336
§ 289 Zeit der Vollstreckung	§ 337

[1] §§ ohne Gesetzesbezeichnung sind solche der Reichsabgabenordnung.

Übersicht AO – RAO/Nebengesetze

AO 1977	RAO[1] und Nebengesetze
§ 290 Aufforderung und Mitteilungen des Vollziehungsbeamten	§ 339
§ 291 Niederschrift	§ 338
§ 292 Abwendung der Pfändung	§ 345
§ 293 Pfand- und Vorzugsrechte Dritter	§ 346
§ 294 Ungetrennte Früchte	§ 349
§ 295 Unpfändbarkeit von Sachen	§ 350
§ 296 Verwertung	§ 351
§ 297 Aussetzung der Verwertung	§ 351a
§ 298 Versteigerung	§§ 352; 353
§ 299 Zuschlag	§ 354
§ 300 Mindestgebot	§ 354
§ 301 Einstellung der Versteigerung	§ 354a
§ 302 Wertpapiere	§ 355
§ 303 Namenspapiere	§ 357
§ 304 Versteigerung ungetrennter Früchte	§ 356
§ 305 Besondere Verwertung	§ 358
§ 306 Vollstreckung in Ersatzteile von Luftfahrzeugen	–
§ 307 Anschlußpfändung	§ 359
§ 308 Verwertung bei mehrfacher Pfändung	§ 360
§ 309 Pfändung einer Geldforderung	§ 361
§ 310 Pfändung einer durch Hypothek gesicherten Forderung	§ 362
§ 311 Pfändung einer durch Schiffshypothek oder Registerpfandrecht an einem Luftfahrzeug gesicherten Forderung	–
§ 312 Pfändung einer Forderung aus indossablen Papieren	§ 363
§ 313 Pfändung fortlaufender Bezüge	§ 364
§ 314 Einziehungsverfügung	§ 361 Satz 2
§ 315 Wirkung der Einziehungsverfügung	§ 365
§ 316 Erklärungspflicht des Drittschuldners	§ 366
§ 317 Andere Art der Verwertung	§ 367
§ 318 Ansprüche auf Herausgabe oder Leistung von Sachen	§§ 368; 342a Abs. 3
§ 319 Unpfändbarkeit von Forderungen	§ 369
§ 320 Mehrfache Pfändung einer Forderung	§ 370
§ 321 Vollstreckung in andere Vermögensrechte	§ 371
§ 322 Verfahren	§ 372 Abs. 1, 2, 4
§ 323 Vollstreckung gegen den Rechtsnachfolger	§ 373
§ 324 Dinglicher Arrest	§ 378
§ 325 Aufhebung des dinglichen Arrestes	–
§ 326 Persönlicher Sicherheitsarrest	§ 379
§ 327 Verwertung von Sicherheiten	§ 381
§ 328 Zwangsmittel	§§ 202 Abs. 1; 374
§ 329 Zwangsgeld	§ 202 Abs. 2 Satz 1
§ 330 Ersatzvornahme	–
§ 331 Unmittelbarer Zwang	§ 202 Abs. 7
§ 332 Androhung der Zwangsmittel	§ 202 Abs. 9
§ 333 Festsetzung der Zwangsmittel	–
§ 334 Ersatzzwangshaft	§ 202 Abs. 2–5 ohne Abs. 2 Satz 1 und Abs. 4 Satz 2
§ 335 Beendigung des Zwangsverfahrens	§ 202 Abs. 4 Satz 2
§ 336 Erzwingung von Sicherheiten	§ 375

[1] §§ ohne Gesetzesbezeichnung sind solche der Reichsabgabenordnung.

AO – RAO/Nebengesetze — Übersicht

AO 1977	RAO[1] und Nebengesetze
§ 337 Kosten der Vollstreckung	§§ 122 Abs. 4 Satz 2; 342
§ 338 Gebührenarten	§ 2 AOVKG
§ 339 Pfändungsgebühr	§ 3 AOVKG
§ 340 Wegnahmegebühr	§ 4 AOVKG
§ 341 Verwertungsgebühr	§ 5 AOVKG
§ 342 Mehrheit von Schuldnern	§ 6 AOVKG
§ 343 Abrundung	§ 7 AOVKG
§ 344 Auslagen	§ 8 AOVKG
§ 345 Reisekosten und Aufwandsentschädigungen	§ 9 AOVKG
§ 346 Unrichtige Sachbehandlung, Festsetzungsfrist	§ 11 AOVKG
§ 347 Zulässigkeit der Rechtsbehelfe	§ 228
§ 348 Einspruch	§ 229
§ 349 Beschwerde	§ 230
§ 350 Beschwer	§ 231
§ 351 Bindungswirkung anderer Verwaltungsakte	§ 232
§ 352 Rechtsbehelfsbefugnis bei einheitlichen Feststellungsbescheiden	§ 233
§ 353 Rechtsbehelfsbefugnis des Rechtsnachfolgers	§ 234
§ 354 Rechtsbehelfsverzicht	§ 235
§ 355 Rechtsbehelfsfrist	§ 236
§ 356 Rechtsbehelfsbelehrung	§ 237
§ 357 Einlegung der Rechtsbehelfe	§ 238
§ 358 Prüfung der Zulässigkeitsvoraussetzungen	§ 239
§ 359 Beteiligte	–
§ 360 Hinzuziehung zum Verfahren	§ 241
§ 361 Aussetzung der Vollziehung	§ 242
§ 362 Rücknahme des Rechtsbehelfs	§ 243
§ 363 Aussetzung des Verfahrens	§ 244
§ 364 Mitteilung der Besteuerungsunterlagen	§ 245
§ 365 Anwendung von Verfahrensvorschriften	§ 246
§ 366 Zustellung der Rechtsbehelfsentscheidung	§ 247
§ 367 Entscheidung über den Einspruch	§ 248
§ 368 Entscheidung über die Beschwerde	§ 249
§ 369 Steuerstraftaten	§ 391
§ 370 Steuerhinterziehung	§§ 392; 393 Abs. 1
§ 371 Selbstanzeige bei Steuerhinterziehung	§ 395
§ 372 Bannbruch	§ 396
§ 373 Gewerbsmäßiger, gewaltsamer und bandenmäßiger Schmuggel	§ 397
§ 374 Steuerhehlerei	§ 398
§ 375 Nebenfolgen	§ 401
§ 376 Unterbrechung der Verfolgungsverjährung	§ 402
§ 377 Steuerordnungswidrigkeiten	§ 403
§ 378 Leichtfertige Steuerverkürzung	§ 404
§ 379 Steuergefährdung	§§ 203; 405
§ 380 Gefährdung der Abzugsteuern	§ 406
§ 381 Verbrauchsteuergefährdung	§ 407
§ 382 Gefährdung der Eingangsabgaben	§ 408
§ 383 Unzulässiger Erwerb von Steuererstattungs- und Vergütungsansprüchen	§ 409a
§ 384 Verfolgungsverjährung	§ 410
§ 385 Geltung von Verfahrensvorschriften	§ 420
§ 386 Zuständigkeit der Finanzbehörde bei Steuerstraftaten	§ 421

---

[1] §§ ohne Gesetzesbezeichnung sind solche der Reichsabgabenordnung.

Übersicht AO – RAO/Nebengesetze

AO 1977	RAO[1] und Nebengesetze
§ 387 Sachlich zuständige Finanzbehörde	§ 422
§ 388 Örtlich zuständige Finanzbehörde	§ 423
§ 389 Zusammenhängende Strafsachen	§ 424
§ 390 Mehrfache Zuständigkeit	§ 425
§ 391 Zuständiges Gericht	§ 426
§ 392 Verteidigung	§ 427
§ 393 Verhältnis des Strafverfahrens zum Besteuerungsverfahren	§ 428
§ 394 Übergang des Eigentums	§ 430
§ 395 Akteneinsicht der Finanzbehörde	§ 431
§ 396 Aussetzung des Verfahrens	§ 442
§ 397 Einleitung des Strafverfahrens	§ 432
§ 398 Einstellung wegen Geringfügigkeit	§ 432a
§ 399 Rechte und Pflichten der Finanzbehörde	§ 433
§ 400 Antrag auf Erlaß eines Strafbefehls	§ 435
§ 401 Antrag auf Anordnung von Nebenfolgen im selbständigen Verfahren	§ 436
§ 402 Allgemeine Rechte und Pflichten der Finanzbehörde	§ 437
§ 403 Beteiligung der Finanzbehörde	§ 438
§ 404 Steuer- und Zollfahndung	§ 439
§ 405 Entschädigung der Zeugen und der Sachverständigen	–
§ 406 Mitwirkung der Finanzbehörde im Strafbefehlsverfahren und im selbständigen Verfahren	§ 440
§ 407 Beteiligung der Finanzbehörde in sonstigen Fällen	§ 441
§ 408 Kosten des Verfahrens	§ 444
§ 409 Zuständige Verwaltungsbehörde	§ 446
§ 410 Ergänzende Vorschriften für das Bußgeldverfahren	§ 447
§ 411 Bußgeldverfahren gegen Rechtsanwälte, Steuerberater, Steuerbevollmächtigte, Wirtschaftsprüfer oder vereidigte Buchprüfer	§ 448
§ 412 Zustellung, Vollstreckung, Kosten	§ 449
§ 413 Einschränkung von Grundrechten	§ 445
§ 414 Geltung im Land Berlin	–
§ 415 Inkrafttreten	–

---

[1] §§ ohne Gesetzesbezeichnung sind solche der Reichsabgabenordnung.

Vergleichende Übersicht RAO/Nebengesetze – AO

Reichsabgabenordnung[1]	AO 1977
§ 1 [Steuern]	§ 3
§ 2 Abs. 1 [Gesetz]	§ 4
Abs. 2 [Steuergesetz]	–
§ 3 [Geltungsbereich der Abgabenordnung]	§ 1
§§ 4 bis 7 *aufgehoben*	
§ 8 [Geltungsbereich einzelner Bestimmungen]	–
§ 8a [Weiterreichendes Anwendungsgebiet der AO]	–
§§ 9 bis 13 *aufgehoben*	
§ 14 [Absehen von Steuerfestsetzung, Abrundung]	§ 156
§§ 15 bis 17 *aufgehoben*	
§ 18 [Mitteilung von Bearbeitungsgrundlagen an öffentlich-rechtliche Körperschaften]	§ 31
§§ 19, 20 *aufgehoben*	
§ 21 [Ausbildung der Finanzbeamten]	–
§ 22 [Steuergeheimnis] Abs. 1, 2	§ 30
Abs. 3	§ 7
§ 23 [Schadensersatz wegen Dienstpflichtverletzung]	§ 32
§§ 24 bis 35 *aufgehoben*	
§ 36 [Mitwirkung von Gemeindebeamten]	–
§§ 36a bis 45 *aufgehoben*	
§ 46 [Aufgaben]	–
§§ 47 bis 66 *aufgehoben*	
§ 67 [Ausschließung]	§ 82
§ 68 [Handlungen eines ausgeschlossenen Amtsträgers]	vgl. § 127
§ 69 [Befangenheit]	§ 83
§ 70 [Ablehnung zur Wahrung von Geschäftsgeheimnissen]	§ 84
§ 71 [Maßgebende Vorschriften]	§ 17
§ 72 [Feststellungen nach §§ 214, 215 und Steueraufsichtsmaßnahmen]	§ 18
§ 73 [Zuständigkeit für die Besteuerung nach Einkommen, Ertrag, Vermögen, Umsatz]	
Abs. 1	–
Abs. 2, 3	§ 22
Abs. 4	§ 21
§ 73a [Zuständigkeit für die Besteuerung nach Einkommen und Vermögen, Maßnahmen nach § 201]	
Abs. 1	–
Abs. 2 bis 5	§ 19
Abs. 6	§ 20
§ 74 *aufgehoben*	
§ 75 [Beginn und Ende der Zuständigkeit]	§ 26
§ 76 [Zuständigkeit für Besteuerung nach sonstigen Steuergesetzen]	
Nr. 1 bis 7	–
Nr. 8 Satz 1	§ 23
Nr. 8 Satz 2	§ 24

[1] §§-Überschriften in eckigen Klammern [] sind nicht amtlich.

Übersicht

RAO/Nebengesetze – AO

Reichsabgabenordnung[1]	AO 1977
§ 77 [Zuständigkeitsbestimmung]	§ 24
§ 78 [Übernahme der Besteuerung, Zuständigkeitsstreit] Abs. 1	§ 27
Abs. 2 Satz 1	§ 28
Abs. 2 Satz 2	§ 174
§ 79 [Handlungen eines unzuständigen Finanzamts, Geltendmachung der Unzuständigkeit]	§ 125 Abs. 3 Nr. 1
§§ 80 und 81 *aufgehoben*	
§ 82 [Berechnung der Fristen]	§ 108
§ 83 [Fristverlängerung, Ausschlußfrist]	§ 109
§ 84 [Fristen für Abwesende]	–
§ 85 [Nachträgliches Vorbringen]	vgl. § 88
§ 86 [Nachsicht wegen Versäumung einer Frist]	§ 110
§§ 87 und 88 *aufgehoben*	
§ 89 [Inlandsvertreter]	§ 123
§ 90 *aufgehoben*	
§ 91 [Bekanntgabe]	§ 122
Abs. 1	§ 124
Abs. 2	§ 119
§ 92 [Zurücknahme, Änderung, Berichtigung]	
Abs. 1	
Abs. 2	§ 129
§ 93 [Nachträglich für ungerechtfertigt erachtete Verfügungen]	§§ 130, 131
Abs. 1	–
Abs. 2	§ 132
§ 94 [Rücknahme und Änderung von Bescheiden]	§ 172
§ 95 [Verfügungen über Ungehorsamsfolgen]	§ 131 Abs. 1
§ 96 [Begünstigende Verfügungen]	§§ 130, 131
§ 97 [Steuerpflichtiger] Abs. 1, 2	§ 33, vgl. § 43
Abs. 3	vgl. § 167
§ 98 *aufgehoben*	
§ 99 [Fälligkeit der Steuerschuld]	§ 220
§ 100 [Vorläufige Steuerfestsetzung]	§ 165
Abs. 1	
Abs. 2	§ 164
Abs. 3, 4	–
§ 101 [Steuerentrichtung vor Fälligkeit, Sicherheitsleistung]	§ 221
§ 102 [Maßgebende Vorschriften]	–
§ 103 [Gesetzliche Vertreter] Satz 1	§ 34
Satz 2	–
§ 104 [Vermögensverwaltung]	§ 34
§ 105 [Personenvereinigung, Zweckvermögen]	
Abs. 1, 2	§ 34
Abs. 3	–
§ 106 [Wegfall eines Steuerpflichtigen]	vgl. §§ 34 und 35
§ 107 [Bevollmächtigte]	§ 80
§ 107a *aufgehoben*	
§ 108 [Pflichten des Bevollmächtigten]	§ 35
§ 109 [Haftung der Hilfspersonen] Abs. 1	§ 69
Abs. 2	vgl. § 191 Abs. 2
§ 110 [Erlöschen der Vertretungsmacht]	§ 36
§ 111 [Haftung der Vertretenen und Geschäftsherrn]	§ 70

[1] §§-Überschriften in eckigen Klammern [ ] sind nicht amtlich.

RAO/Nebengesetze – AO

Reichsabgabenordnung[1]	AO 1977
§ 112 [Haftung der Steuerhinterzieher und Steuerhehler]	§ 71
§ 113 [Haftung der Gesellschafter usw.]	–
§ 114 [Haftung der Organgesellschaften]	§ 73
§ 115 [Haftung Angehöriger und wesentlich Beteiligter]	§ 74
§ 116 [Haftung des Erwerbers] Abs. 1, 3	§ 75
§ 117 [Anzeigepflicht der Testamentsvollstrecker usw.] Abs. 1, 3	§ 153
Abs. 2	–
§§ 118 [Befugnisse des Finanzamts]	§ 191
§ 119 [Rechtsmittel, Wirkung rechtskräftiger Bescheide]	§ 166
§ 120 [Verpflichtung Dritter zur Bezahlung der Steuerschuld] Abs. 1	§§ 77, 191
Abs. 2	vgl. §§ 48, 192
§ 120a [Dingliche Haftung]	vgl. § 77 Abs. 2
§ 121 [Haftung von Waren und Erzeugnissen]	§ 76
§ 122 [Zahlungen] Abs. 1, 2	§ 224
Abs. 3	–
Abs. 4 Satz 2	§ 337 Abs. 2 Satz 2
§ 123 [Reihenfolge der Tilgung]	§ 225
§ 124 [Aufrechnung]	§ 226
§ 125 [Abrechnungsbescheid]	§ 218
§ 126 *aufgehoben*	
§ 127 [Stundung] Abs. 1	§ 222
Abs. 2	–
§ 127a [Stundungszinsen]	§ 234
§ 128 *aufgehoben*	
§ 129 [Zahlungsaufschub bei Verbrauchsteuern]	§ 223
§ 130 [Niederschlagung]	§§ 156, 261
§ 131 [Erlaß] Abs. 1, 3	§§ 163, 227
Abs. 4	§ 184 Abs. 2
Abs. 2, 5	–
§ 132 [Sicherheitsleistung]	§ 241
§ 133 [Hinterlegung von Wertpapieren]	§ 243
§ 134 [Hypothekenforderungen, Grund- und Rentenschulden]	§ 241
§ 135 [Wertbestimmung]	§ 246
§ 136 [Wechsel, Bürgen]	§§ 241, 244
§ 137 [Sicherheitsleistung durch andere Werte]	§ 245
§ 138 [Berücksichtigung von Härten]	§ 245
§ 139 [Wirkung der Hinterlegung]	§ 242
§ 140 [Austausch der Sicherheit]	§ 247
§ 141 [Nachschußpflicht]	§ 248
§ 142 *aufgehoben*	
§ 143 Gegenstand der Verjährung	§§ 169, 228
§ 144 Verjährungsfrist	§§ 169, 228
§ 145 Beginn der Verjährung	§§ 170, 229
Abs. 2 Nr. 4	§ 171 Abs. 8
§ 146 Hemmung der Verjährung	§§ 171 Abs. 1; 230
§ 146a Ablaufhemmung	§ 171
§ 147 Unterbrechung der Verjährung	§ 231
§ 148 Wirkung der Verjährung	§ 232

[1] §§-Überschriften in eckigen Klammern [ ] sind nicht amtlich.

Übersicht

RAO/Nebengesetze – AO

Reichsabgabenordnung[1]	AO 1977
§ 149 Verjährung gegenüber dem Haftenden	§ 191 Abs. 3 bis 5
§ 150 [Erstattungsverfahren]	§§ 37, 218
§ 151 [Erstattungsgründe]	§§ 37, 218, vgl. § 228
§ 152 Abs. 1, 2	§§ 37, 218, vgl. §§ 169, 228
§ 153 [Ausschlußfrist]	vgl. § 169
§ 154 [Hemmung der Frist]	vgl. § 171 Abs. 11, 12
§§ 155 und 156 *aufgehoben*	
§ 157 [Erstattung anderer Geldleistungen]	–
§ 158 [Vergütungsanspruch]	vgl. § 169
§ 159 Abtretung, Verpfändung	§ 46
§ 160 [Buchführungspflicht] Abs. 1	§ 140
Abs. 2	§ 148
§ 161 [Buchführungspflicht] Abs. 1	§ 141
Abs. 2	§ 148
§ 162 [Buchführungsvorschriften, Buch- und Betriebsprüfung] Abs. 1, 2, 3, 7	§ 146
Abs. 4, 5, 6	–
Abs. 8, 9	§ 147
Abs. 10, 11	§ 193
§ 163 [Verbot fingierter Konten]	
ohne Abs. 3 Satz 2	§ 154
Abs. 3 Satz 2	–
§ 164 [Nachweispflicht bei Treuhandverhältnis]	
Abs. 1	§ 159
Abs. 2	
§ 164a [Verbot des geschäftsmäßigen Hinweises auf die Möglichkeit von Steuerersparungen]	–
§ 165 [Personenstands- und Betriebsaufnahme]	§ 134
§ 165a [Aufgabe der Gemeindebehörden]	§ 134
§ 165b [Hilfeleistungspflicht der Grundstücksbesitzer, Haushaltsvorstände usw.]	§ 135
§ 165c [Polizeiliche Personalmeldung]	§ 136
§ 165d [Meldepflicht] Abs. 1, 4	§ 137
Abs. 2 bis 4	§ 138
Abs. 5	
§ 165e [Anzeigepflicht	§ 153
§ 166 [Steuererklärung	§ 150
§ 167 [Erklärungspflicht, Fristen]	§ 149
§ 168 [Form der Steuererklärung, Fristversäumnis]	
Abs. 1	§ 151
Abs. 2	§ 152
§ 169 [Wertangaben]	–
§ 170 [Auskunftspflicht]	§ 93
§ 171 [Nachweispflicht]	§§ 90, 92, 93, 97, 200
§ 172 [Pflichten der buchführenden Seuerpflichtigen]	
§ 173 [Befugnisse der Finanzbeamten]	§§ 92, 98, 99, 100
§ 174 [Eidesstattliche Versicherung]	§ 95
§ 175 [Auskunftspflicht Dritter]	§§ 93, 101
§ 176 [Auskunftsverweigerungsrecht]	§ 103
§ 177 [Auskunftsverweigerungsrecht]	§ 102
§ 178 *aufgehoben*	
§ 179 [Behörden]	§ 105
§ 180 [Nachteil für das Staatswohl]	§ 106
§ 181 [Entschädigung der Auskunftspersonen]	§ 107

[1] §§-Überschriften in eckigen Klammern [] sind nicht amtlich.

RAO/Nebengesetze – AO **Übersicht**

Reichsabgabenordnung[1]	**AO 1977**
§ 182 [Vereidigung]	§§ 94, 101
§ 183 [Pflicht zur Vorlage von Urkunden usw.]	§§ 97, 100, 104
§ 184 [Pflichten bei Weiterverkauf]	vgl. § 211
§ 185 [Nachweispflicht bei Gesellschaften]	–
§ 186 [Sachverständige]	§§ 96, 107
§ 187 [Anzeigepflicht]	–
§ 187a *aufgehoben*	
§ 188 [Beistandspflicht der Behörden und berufsständischen Vertretungen]	§§ 111 bis 115
§ 189 [Mitteilungspflicht von Steuervergehen]	§ 116
§ 189a *aufgehoben*	
§ 189b [Anzeigen]	–
§ 189c [Aushändigung von Urkunden]	–
§ 189d [Eintragung im Grundbuch und Handelsregister]	Artikel 97 § 3 EGAO
§ 189e [Hilfeleistungspflicht der Versicherungsträger]	–
§ 190 [Pflichten der Betriebsinhaber]	§ 214
§ 191 [Anmeldung von Betrieben]	§ 139
§ 192 [Bedingungen zur Steuersicherung]	§ 212
§ 193 [Nachschau]	§§ 193, 210
§ 194 [Pflicht zur Hilfeleistung]	§ 211
§ 195 [Prüfung der Buchführung]	§§ 200, 211
§ 196 [Fehlmengen bei Bestandsaufnahmen]	§ 161
§ 197 [Besondere Aufsichtsmaßnahmen]	§ 213
§§ 198, 199 *aufgehoben*	
§ 200 [Sicherstellung im Aufsichtsweg]	§ 215
§ 200a [Überführung in das Eigentum des Bundes]	§ 216
§ 201 [Überwachungspflicht der Finanzämter, eidesstattliche Versicherung]	
Abs. 1	§ 85
Abs. 2, 3	§ 95
§ 202 [Zwangsmittel] Abs. 1	§ 328
Abs. 2 Satz 1	§ 329
Abs. 2 (ohne Satz 1)	§ 334
Abs. 3, 4 (ohne Satz 2)	–
Abs. 4 (Satz 2)	§ 335
Abs. 5	–
Abs. 6	–
Abs. 7	§ 331
Abs. 8	§ 255
Abs. 9	§ 332
Abs. 10	–
§ 203 [Sicherungsgelder]	vgl. § 379
§ 204 [Allgemeine Ermittlungen, Auskunftspflicht]	§ 88
Abs. 1	
Abs. 2	§ 200
§ 205 [Prüfung der Steuererklärung]	§§ 88–92
§ 205a [Auskünfte des Steuerpflichtigen bei Absetzungen]	§ 160
§ 206 [Hilfspersonen des Finanzamtes]	§§ 91, 92, 96
§ 207 [Vorlage von Büchern, Geschäftspapieren usw.]	§ 97
§ 208 [Ordnungsmäßige Buchführung, Buchbeweis]	§ 158
§ 209 [Ermittlungsmaßnahmen des Finanzamts] Abs. 1	vgl. §§ 91, 100
Abs. 2	§ 95

[1] §§-Überschriften in eckigen Klammern [ ] sind nicht amtlich.

Übersicht RAO/Nebengesetze – AO

Reichsabgabenordnung[1]	AO 1977
§ 210 [Steuerbescheid]	§ 155
§ 210a [Realsteuerbescheid]	–
§ 210b [Förmlicher Steuerbescheid]	–
§ 211 [Inhalt des Steuerbescheids, Zustellung]	§ 157
§ 212 [Nichtförmlicher Steuerbescheid]	vgl. § 157
§ 212a [Steuermeßbescheid]	§ 184
§ 212b [Steuermeßbeträge, Steuermeßbescheid]	vgl. §§ 175, 184
§ 212c [Steuerentscheidung durch das Finanzamt]	–
§ 213 [Feststellung der Besteuerungsgrundlagen, Feststellungsbescheid]	§§ 157, 179, 180
§ 214 [Gesonderte Feststellung der Einheitswerte]	§ 180
§ 215 [Einheitliche Feststellung]	§§ 179, 180
§ 216 [Sonstiger Inhalt des Feststellungsbescheides]	
Abs. 1	–
Abs. 2	§ 179
§ 217 [Schätzung der Besteuerungsgrundlagen]	
Abs. 1, 2	§ 162
Abs. 3	–
§ 218 Abs. 1	§ 181
Abs. 2, 3	§ 182
Abs. 4	§ 175
§ 219 [Wirksamkeit des Feststellungsbescheids]	
Abs. 1	§§ 179, 183
Abs. 2	§ 182
Abs. 3	vgl. § 34
§ 220 [Ermächtigung für Ausführungsbestimmungen]	–
§ 221 *aufgehoben*	
§ 222 [Berichtigungsveranlagung, Berichtigungsfeststellung] Abs. 1 Nr. 1 und 2	§ 173
Abs. 1 Nr. 3 und 4	–
Abs. 2	vgl. § 176
§ 223 [Steuernachforderung]	vgl. § 169
§ 224 [Berichtigung der Steuerfestsetzung]	–
§ 225 [Vorläufige Steuerfestsetzung, Aussetzung der Steuerfestsetzung]	§ 165
§ 225a [Fortschreibungsbescheid]	–
§ 225b [Übergang des Gewerbebetriebes auf einen anderen Unternehmer]	–
§ 226 *aufgehoben*	
§ 226a [Steuerforderung im Konkursverfahren]	§ 251 Abs. 3
§ 227 [Kosten, Gebühren]	§ 178
§ 228 [Zulässigkeit der Rechtsbehelfe]	§ 347
§ 229 [Zulässigkeit des Einspruchs]	§ 348
§ 230 [Zulässigkeit der Beschwerde]	§ 349
§ 231 [Aktivlegitimation]	§ 350
§ 232 [Bindungswirkung anderer Verwaltungsakte]	§ 351
§ 233 [Einspruchsberechtigte]	§ 352
§ 234 [Einspruchsberechtigung des Rechtsnachfolgers]	§ 353
§ 235 [Verzicht auf den Einspruch]	§ 354
§ 236 [Einlegungsfrist]	§ 355
§ 237 [Rechtsbehelfsbelehrung]	§ 356
§ 238 [Form der Einlegung]	§ 357
§ 239 [Verwerfung wegen Unzulässigkeit]	§ 358
§ 240 [Vertretung]	vgl. §§ 80, 359

[1] §§-Überschriften in eckigen Klammern [ ] sind nicht amtlich.

RAO/Nebengesetze – AO — Übersicht

Reichsabgabenordnung[1]	AO 1977
§ 241 [Zuziehung Dritter]	§ 360
§ 242 [Hemmung der Vollziehung]	§ 361
§ 243 [Rücknahme von Rechtsbehelfen]	§ 362
§ 244 [Aussetzung der Entscheidung]	§ 363
§ 245 [Mitteilung der Unterlagen der Besteuerung]	§ 364
§ 246 [Sinngemäße Anwendung von Verfahrensvorschriften]	§ 365
§ 247 [Form der Entscheidung]	§ 366
§ 248 [Entscheidung über den Einspruch]	§ 367
§ 249 [Entscheidung über die Beschwerde]	§ 368
§§ 250 bis 259 [Kosten]	–
§§ 260 bis 324 *aufgehoben*	
§ 325 [Ermittlungen]	§ 249
§ 326 [Zwangsverfahren] Abs. 1	§§ 77, 191, 253
Abs. 2	§ 77
Abs. 3	§ 254
§ 327 [Einwendungen gegen den Anspruch] Abs. 1	§ 256
Abs. 2	§ 218, vgl. §§ 257, 265
§ 328 [Dritt-Widerspruchsklage]	§ 262
§ 329 [Zwangsverfahren gegen Personenvereinigungen]	§ 267
§ 330 [Zwangsverfahren gegen Dritte]	§§ 191, 265
§ 331 Vollstreckungsersuchen	§ 250
§ 332 Eidesstattliche Versicherung	§ 284
§ 333 Unbilligkeit der Zwangsvollstreckung	§ 258
§ 334 Vollziehungsbeamte	§ 285
§ 334a Angabe des Schuldgrundes	
Satz 1	§ 260
Satz 2	–
§ 335 [Befugnisse des Vollziehungsbeamten]	§ 287
§ 336 [Zuziehung von Zeugen]	§ 288
§ 337 [Nachtzeit, Feiertage]	§ 289
§ 338 [Niederschrift]	§ 291
§ 339 [Aufforderungen und Mitteilungen des Vollziehungsbeamten]	§ 290
§ 340 [Zustellung einer Abschrift]	–
§ 341 [Mahnung]	§ 259
§ 342 [Kosten]	§§ 254, 337
§ 342a [Entschädigung der Zeugen usw.]	§§ 107, 318 Abs. 5
§ 343 [Pfändung]	§ 281
§ 344 [Pfändungspfandrecht]	§ 282
§ 345 [Abwendung der Pfändung]	§ 292
§ 346 Klage auf vorzugsweise Befriedigung]	§ 293
§ 347 [Keine Gewährleistung]	§ 283
§ 348 [Verfahren bei der Pfändung]	§ 286
§ 349 [Ungetrennte Früchte]	§ 294
§ 350 Unpfändbarkeit von Sachen	§ 295
§ 351 [Öffentliche Versteigerung, gepfändetes Geld]	§ 296
§ 351a Aussetzung der Verwertung	§ 297
§ 352 [Zeit und Ort der Versteigerung]	§ 298
§ 353 Versteigerung	§§ 298, 299
§ 354 Zuschlag	§ 300
§ 354a Einstellung der Versteigerung	§ 301
§ 355 [Wertpapiere]	§ 302

[1] §§-Überschriften in eckigen Klammern [ ] sind nicht amtlich.

Übersicht   RAO/Nebengesetze – AO

Reichsabgabenordnung[1]	**AO 1977**
§ 356 [Früchte auf dem Halm]	§ 304
§ 357 [Namenpapiere]	§ 303
§ 358 [Andere Verwertung]	§ 305
§ 359 [Anschlußpfändung]	§ 307
§ 360 [Mehrfache Pfändung]	§ 308
§ 361 [Pfändung einer Geldforderung]	§§ 309, 314
§ 362 [Pfändung einer Hypothekenforderung]	§ 310
§ 363 [Pfändung von Forderungen aus Wechseln]	§ 312
§ 364 [Pfändung einer Gehaltsforderung, eines Diensteinkommens]	§ 313
§ 365 [Einziehungsverfügung]	§ 315
§ 366 [Erklärungspflicht des Drittschuldners]	§ 316
§ 367 [Andere Art der Verwertung]	§ 317
§ 368 [Ansprüche auf Herausgabe oder Leistung von Sachen]	§ 318
§ 369 [Pfändungsschutz für Arbeitseinkommen]	§ 319
§ 370 [Mehrfache Pfändung]	§ 320
§ 371 [Zwangsvollstreckung in andere Vermögensrechte]	§ 321
§ 372 [Zwangsvollstreckung in das unbewegliche Vermögen] Abs. 1, 2, 4	§ 322
Abs. 3	–
§ 373 [Sicherungshypothek]	§ 323
§ 374 [Zwangsverfahren, Zwangsmittel]	§ 328
§ 375 [Erzwingung von Sicherheiten]	§ 336
§§ 376, 377 *aufgehoben*	
§ 378 [Dinglicher Arrest]	§ 324
§ 379 [Persönlicher Sicherheitsarrest]	§ 326
§ 380 [Sicherung hinterzogener Eingangsabgaben]	–
§ 381 [Verwertung von Sicherheiten]	§ 327
§ 382 [Anzuwendende Vorschriften	§ 185
§ 383 [Ermittlung des Sachverhalts]	§ 185
§ 384 [Beteiligte]	§ 186
§ 385 [Befugnisse der Gemeinden] Abs. 1	§ 187
Abs. 2	–
§ 386 [Zerlegungsbescheid]	§ 188
§ 387 [Neue Zerlegung]	§ 189
§§ 388, 388a *aufgehoben*	
§ 389 [Gemeindeverbände, selbständige Gutsbezirke]	–
§ 390 [Zuteilungsverfahren]	§ 190
§ 391 Steuerstraftaten	§ 369
§ 392 Steuerhinterziehung	§ 370
§ 393 Versuch der Steuerhinterziehung	
Abs. 1	§ 370
Abs. 2	–
§ 394 Begünstigung bei Steuerhinterziehung	–
§ 395 Selbstanzeige bei Steuerhinterziehung	§ 371
§ 396 Bannbruch	§ 372
§ 397 Gewerbsmäßiger, bandenmäßiger und gewaltsamer Schmuggel	§ 373
§ 398 Steuerhehlerei	§ 374
§ 400 *aufgehoben*	
§ 401 Nebenfolgen	§ 375
§ 402 Unterbrechung der Verfolgungsverjährung	§ 376

---

[1] §§-Überschriften in eckigen Klammern [ ] sind nicht amtlich.

RAO/Nebengesetze – AO

Übersicht

Reichsabgabenordnung[1]	AO 1977
§ 403 Steuerordnungswidrigkeiten	§ 377
§ 404 Leichtfertige Steuerverkürzung	§ 378
§ 405 Steuergefährdung	§ 379
§ 406 Gefährdung der Abzugsteuern	§ 380
§ 407 Verbrauchsteuergefährdung	§ 381
§ 408 Gefährdung der Eingangsabgaben	§ 382
§ 409 *aufgehoben*	
§ 409a Unzulässiger Erwerb von Steuererstattungs- und Vergütungsansprüchen	§ 383
§ 410 Verfolgungsverjährung	§ 384
§§ 411 bis 419 *aufgehoben*	
§ 420 Geltung der allgemeinen Verfahrensvorschriften	§ 385
§ 421 Zuständigkeit des Finanzamts bei Steuerstraftaten	§ 386
§ 422 Sachlich zuständiges Finanzamt	§ 387
§ 423 Örtlich zuständiges Finanzamt	§ 388
§ 424 Zusammenhängende Strafsachen	§ 389
§ 425 Mehrfache Zuständigkeit	§ 390
§ 426 Zuständiges Gericht	§ 391
§ 427 Verteidigung	§ 392
§ 428 Verhältnis des Strafverfahrens zum Besteuerungsverfahren	§ 393
§ 429 *aufgehoben*	
§ 430 Verfall	§ 394
§ 431 Akteneinsicht des Finanzamts	§ 395
§ 432 Einleitung des Strafverfahrens	§ 397
§ 432a Einstellung wegen Geringfügigkeit	§ 398
§ 433 Rechte und Pflichten des Finanzamts	§ 399
§ 434 *aufgehoben*	
§ 435 Antrag auf Erlaß eines Strafbefehls	§ 400
§ 436 Antrag auf Anordnung von Nebenfolgen im selbständigen verfahren	§ 401
§ 437 Allgemeine Rechte und Pflichten des Finanzamts	§ 402
§ 438 Beteiligung des Finanzamts	§ 403
§ 439 [Steuer- und Zollfahndung]	§ 404
§ 440 Mitwirkung des Finanzamts im Strafbefehlsverfahren	§ 406
§ 441 Beteiligung des Finanzamts in sonstigen Fällen	§ 407
§ 442 Aussetzung des Verfahrens	§ 396
§ 443 *aufgehoben*	
§ 444 [Kosten des Verfahrens]	§ 408
§ 445 [Einschränkung von Grundrechten]	§ 413
§ 446 Zuständige Verwaltungsbehörde	§ 409
§ 447 Ergänzende Vorschriften für das Bußgeldverfahren	§ 410
§ 448 Bußgeldverfahren gegen Rechtsanwälte, Steuerberater, Steuerbevollmächtigte, Wirtschaftsprüfer oder vereidigte Buchprüfer	§ 411
§ 449 Zustellung, Vollstreckung	§ 412
§§ 450 bis 477 *aufgehoben*	

Steueranpassungsgesetz (StAnpG)[1]	AO 1977
§ 1 [Auslegung] Abs. 1, 2	–
Abs. 3	vgl. § 42

---

[1] §§-Überschriften in eckigen Klammern [ ] sind nicht amtlich.

LV

Übersicht
RAO/Nebengesetze – AO

Steueranpassungsgesetz (StAnpG)[1]	AO 1977
§ 2 [Ermessen]	§ 5
§ 3 [Entstehung der Steuerschuld] Abs. 1, 3	§ 38
Abs. 4	§ 49
Abs. 2, 5	–
§ 4 Bedingte Steuerschulden]	§ 175
§ 5 [Nichtige und anfechtbare Rechtsgeschäfte]	
Abs. 1	§ 41 Abs. 2
Abs. 2, 3	§§ 40, 41 Abs. 1
Abs. 4	–
Abs. 5	§ 175
§ 6 [Rechtsmißbrauch] Abs. 1, 2, 4	§§ 42, 278
Abs. 3	–
§ 7 [Gesamtschuldner] Abs. 1, 2, 3 Sätze 1 bis 3	§§ 44 Abs. 1; 268
Abs. 3 ohne Sätze 1 bis 3	§ 268
Abs. 4	§ 44 Abs. 2
Abs. 5, 6	–
§ 8 [Rechtsnachfolge] Abs. 1, 2	§ 45
Abs. 3, 4	§ 50
§ 9 [Steuerbefreiung]	§ 2
§ 10 [Angehörige]	§ 15
§ 11 [Zurechnung]	§ 39
§ 12 *aufgehoben*	
§ 13 [Wohnsitz]	§ 8
§ 14 Gewöhnlicher Aufenthalt] Abs. 1	§ 9
Abs. 2	–
§ 15 [Geschäftsleitung] Abs. 1	§ 10
Abs. 2 *aufgehoben*	
Abs. 3 Satz 1	§ 11
Abs. 3 Satz 2	–
§ 16 [Betriebstätte]	§ 12
§ 17 [Gemeinnützige Zwecke]	§§ 52, 55
§ 18 [Mildtätige Zwecke]	§ 53
§ 19 [Kirchliche Zwecke]	§ 54
§ 19a [Ermächtigungsgrundlage]	–

Gesetz über die Kosten der Zwangsvollstreckung nach der Reichsabgabenordnung (AOVKG)	AO 1977
§ 1 Geltungsbereich	–
§ 2 Gebührenarten	§ 338
§ 3 Pfändungsgebühr	§ 339
§ 4 Wegnahmegebühr	§ 340
§ 5 Verwertungsgebühr	§ 341
§ 6 Mehrheit von Schuldnern	§ 342
§ 7 Abrundung	§ 343
§ 8 Auslagen	§ 344
§ 9 Reisekosten und Aufwendungsentschädigungen	§ 345
§ 10 Fälligkeit	vgl. § 220
§ 11 Unrichtige Sachbehandlung, Berichtigung von Kostensätzen	§ 346
§ 12 Anwendung der Reichsabgabenordnung	vgl. § 1 Abs. 3

---

[1] §§-Überschriften in eckigen Klammern [ ] sind nicht amtlich.

RAO/Nebengesetze – AO **Übersicht**

Steuersäumnisgesetz (StSäumG)	**AO 1977**
§ 1 Verwirkung und Höhe des Säumniszuschlags	§ 240
§ 2 Berechnung des Säumniszuschlags	§ 240
§ 3 Tag der Zahlung	§ 224
§ 4 Verzinsliche Ansprüche	§§ 233, 242
§ 4a Verzinsung hinterzogener Steuern	
Abs. 1 bis 3	§ 235
Abs. 4	vgl. § 239
§ 4b Erstattungszinsen	§ 236
§ 4c Aussetzungszinsen	§ 237
§ 5 Höhe und Berechnung der Zinsen	§ 238
§ 6 Rechtsnatur der Säumniszuschläge und der Zinsen; Haftung	
Abs. 1	vgl. § 3 Abs. 4
Abs. 2	§§ 3 Abs. 3; 239
Abs. 3	vgl. § 69
§ 7 Vollstreckung	§ 254 Abs. 2
§ 8 [Ermächtigung]	Artikel 97 § 16 EGAO
§ 9 Übergangsregelung	Artikel 97 § 16 EGAO
§ 10 Anwendung im Land Berlin	–

Verordnung zum Steuersäumnisgesetz (StSäumVO)	**AO 1977**
§ 1 [Schonfristen] Abs. 1	§ 240 Abs. 3
Abs. 2	vgl. § 227
§§ 2 bis 6 [Sonderregelung für Rationalisierungsversuche; gesetzliche Zahdlungstermine, Schlußbestimmungen]	–

Verordnung über die Zuständigkeit im Besteuerungsverfahren (ZustVO)	**AO 1977**
§§ 1 bis 4 [Erweiterung für Zuständigkeit	§ 19 Abs. 3, 4
§ 5 [Zuständigkeit bei Personen in freien Berufen]	–
§ 6 [Gesonderte Feststellung von Besteuerungsgrundlagen]	§ 180

Gemeinnützigkeitsverordnung (GemV)	**AO 1977**
§ 1 Steuerbegünstigte Zwecke	–
§ 2 Steuerbegünstigte Körperschaften	§ 59
§ 3 Bedürftigkeit	§ 53
§ 4 Voraussetzungen	
Abs. 1	§ 56
Abs. 2 bis 4	§ 55
§ 5 Steuerlich unschädliche Nebenzwecke	§ 58
§ 6 Wirtschaftlicher Geschäftsbetrieb	
Abs. 1	§ 64
Abs. 2, 3	§ 14
§ 7 Steuerlich unschädliche Geschäftsbetriebe	§ 65
§ 8 Einrichtungen der Wohlfahrtspflege	§ 66
§ 9 Beispiele für steuerlich unschädliche Geschäftsbetriebe	§ 68

Übersicht

RAO/Nebengesetze – AO

Gemeinnützigkeitsverordnung (GemV)	AO 1977
§ 10 Krankenanstalten	§ 67
§ 11 [Unmittelbarkeit]	§§ 57, 58
§ 12 Genaue und rechtzeitige Satzungsbestimmungen	§ 60
§ 13 Satzungsmäßige Vermögensbindung	§ 61
§ 14 Ausnahmen von der satzungsmäßigen Vermögensbindung	§ 62
§ 15 Tatsächliche Geschäftsführung	§ 63
§ 16 Anzeigepflichten	
§ 17 Steuerfestsetzung	§ 137
	–

Aufteilungsverordnung (AuftVO)	AO 1977
§ 1 Antrag	
Abs. 1 bis 3	§ 269
Abs. 4	–
§ 2 Ermittlung der Aufteilungsgrundlagen	vgl. §§ 88, 89
§ 3 Allgemeiner Aufteilungsmaßstab	§ 270
§ 4 Aufteilungsmaßstab für die Einkommensteuer	
Abs. 1	§ 270
Abs. 2	–
§ 5 Aufteilungsmaßstab für die Vermögensteuer	
Nr. 1 bis 3	§ 271
Nr. 4	–
§ 6 Aufteilungsmaßstab für Vorauszahlungen	§ 272
§ 7 Aufteilungsmaßstab für Steuernachforderungen	§ 273
§ 8 Besonderer Aufteilungsmaßstab	§ 274
§ 9 Abrundung	§ 275
§ 10 Beteiligung der Gesamtschuldner	vgl. § 78
§ 11 Rückständige Steuerschuld; Einleitung der Zwangsvollstreckung	§ 276
§ 12 Zwangsvollstreckung	§ 277
§ 13 Form und Inhalt des Aufteilungsbescheides	
Abs. 1, 2	§ 279
Abs. 3	–
§ 14 Beschränkung der Zwangsvollstreckung	§ 278 Abs. 1
§ 15 Änderung des Aufteilungsbescheides	§ 280

Verordnung über landwirtschaftliche Buchführung	AO 1977
§ 1 Beginn und Ende der Buchführungspflicht	
Abs. 1	§ 141 Abs. 1
Abs. 2 bis 5	§ 141 Abs. 2
§ 2 Ordnungsmäßigkeit der Buchführung	§ 146
§ 3 Buchführungssystem	§ 146
§ 4 Zusammenstellungen und Verzeichnisse über das Vermögen, die Grundstücke und den Anbau	§ 142
§ 5 Viehregister, Naturalienregister und Lohnregister	§ 142

Verordnung zur Durchführung des § 160 Abs. 2 (Aufzeichnungsverordnung)	AO 1977
§§ 1 bis 9	–

RAO/Nebengesetze – AO

Verordnung über die Führung eines Wareneingangsbuches (WEV)   **AO 1977**

§ 1   Abs. 1 bis 11 (ohne Abs. 9)   § 143
        Abs. 9   § 148

Warenausgangsverordnung (WAV)   **AO 1977**

§ 1   Abs. 1 bis 11 (ohne Abs. 9)   § 144
        Abs. 9   § 148

Zur Einführung

Die **Abgabenordnung 1977** löste die Reichsabgabenordnung und einen Teil ihrer Nebengesetze ab. Damit wird ein Reformvorhaben verwirklicht, das im Jahre 1963 eingeleitet wurde. Zugleich mit der Abgabenordnung ist auf dem Gebiete des allgemeinen Verwaltungsrechts das Verwaltungsverfahrensgesetz (BGBl 76 I, 1253) in Kraft getreten, das den Entwurf der Abgabenordnung in einer Reihe von Bestimmungen maßgeblich beeinflußt hat. Bereits am 1. Januar 1976 ist der Allgemeine Teil des Sozialgesetzbuches in Kraft getreten (BGBl 75 I, 3030).

Die **bisherige Reichsabgabenordnung** kann auf eine fast sechzigjährige Tradition zurückblicken. Das damalige Reichsschatzamt hatte im Sommer 1918 den Beschluß gefaßt, ein Mantelgesetz für das Steuerrecht zu schaffen, in dem die allgemeinen und sich zum Teil widersprechenden allgemeinen Vorschriften der Einzelsteuergesetze aufeinander abgestimmt und zusammengefaßt werden sollten. Noch im Herbst gleichen Jahres nahm *Enno Becker,* der Schöpfer der Reichsabgabenordnung, die Arbeiten an diesem Gesetzgebungsvorhaben auf. Schon nach etwas mehr als einem Jahr, am 23. Dezember 1919, ist die Reichsabgabenordnung in Kraft getreten. Die große Eile, in der das Gesetz zustande gekommen war, hatte ihren Grund in der damaligen bedrückenden finanzpolitischen Situation. Deutschland hatte Reparationsverpflichtungen ungeahnten Ausmaßes zu erfüllen. Der Staat sah sich gezwungen, alle Steuerquellen, soweit wie vertretbar, auszuschöpfen. Mit der Schaffung entsprechender materieller Steuergesetze war es aber nicht getan; man mußte Mittel und Wege finden, diese Gesetze auch in der Tat umzusetzen.

Es ist nicht verwunderlich, daß die Reichsabgabenordnung seinerzeit zum Teil auf erhebliche Kritik gestoßen ist. Man warf ihr ua fiskalische Kopflastigkeit vor. Die Wissenschaft hielt zudem den Zeitpunkt für die Schaffung eines derartigen grundlegenden Gesetzes für verfrüht, weil es seinerzeit noch keine weit entwickelte Finanzwissenschaft gab, auf der der Gesetzgeber hätte aufbauen können und weil das Allgemeine Verwaltungsrecht noch in den Anfängen steckte. Bei aller Kritik an der Reichsabgabenordnung kann deren rechtsgeschichtliche Bedeutung nicht bestritten werden. Die Reichsabgabenordnung hat sich bewährt. Die von *Enno Becker* entwickelten Grundsätze gelten heute noch und finden sich in zahlreichen Vorschriften der neuen Abgabenordnung wieder. Diese Beurteilung wird auch nicht dadurch abgeschwächt, daß dem in einer solchen Eile zustande gekommenen Gesetz naturgemäß von Anfang an Mängel in der Systematik und Einheitlichkeit der Begriffsbildung anhafteten. Diese Mängel wurden auch bei den zahlreichen Novellierungen, die die Reichsabgabenordnung erlebt hat, nicht beseitigt. Schwerer dürfte wiegen, daß es in den Jahren nach 1919 nicht gelungen ist, den Charakter der Reichsabgabenordnung als Mantelgesetz zu erhalten. Wichtige Materien des Allgemeinen Verfahrensrechts wurden außerhalb der Reichsabgabenordnung geregelt, zB das Steueranpassungsgesetz, das Steuersäumnisgesetz, die Wareneingangs- und die Warenausgangsverordnung und das Gemeinnützigkeitsrecht. Später richtete sich die Kritik an dem Gesetz zunehmend gegen die in der

Einführung

Reichsabgabenordnung enthaltene Lösung der Abgrenzung zwischen dem Grundsatz der materiellen Gerechtigkeit und dem Grundsatz der Rechtssicherheit oder des Vertrauensschutzes. Die Kritiker weisen insbesondere darauf hin, daß der in § 94 RAO niedergelegte Grundsatz der Bestandskraft von Steuerbescheiden für Besitz- und Verkehrsteuern durch die Vorschriften der §§ 222 und 223 RAO weitgehend durchlöchert wird. Als unbefriedigend wurde vor allem der von der Rechtsprechung entwickelte Grundsatz der Gesamtaufrollung des Steuerfalls bei Bekanntwerden neuer Tatsachen oder Beweismittel empfunden. Dies waren schließlich die Gründe, die den Bundestag in seiner Sitzung vom 13. März 1963 veranlaßt haben, die Bundesregierung zu ersuchen, eine Reform des Allgemeinen Abgabenrechts vorzubereiten (Stenographischer Bericht der 64. Sitzung des Deutschen Bundestages – 4. Wahlperiode, S. 2973 unter C, Schriftlicher Bericht des Finanzausschusses – BT-Drs IV/1005 unter B. 2 vom 2. Februar 1963).
Ziel der Reform sollte es sein,

„die Abgabenordnung wieder zu einem Mantelgesetz für das Allgemeine Abgabenrecht zu machen, dh auch Nebengesetze zur Reichsabgabenordnung wie zB das Steuersäumnisgesetz und das Steueranpassungsgesetz in die Abgabenordnung einzubeziehen. Bei der Reform des Allgemeinen Abgabenrechts wird die Systematik der Reichsabgabenordnung zu verbessern und eine gerechter Ausgleich zwischen den Grundsätzen der Rechtssicherheit und der Gleichmäßigkeit der Besteuerung zu finden sein. Reformbedürftig sind insbesondere die Vorschriften über das Besteuerungsverfahren, bei denen die Rechte der Steuerpflichtigen und der Finanzverwaltung vor allem auch bei Betriebsprüfungen neu abzugrenzen sind. Das gleiche gilt für Vorschriften über die Änderung von Steuerbescheiden."

Im Hinblick auf die Bedeutung und den Umfang dieses Reformwerkes ist dann im Bundesfinanzministerium ein **unabhängiger Arbeitskreis** gebildet worden. Dieser Arbeitskreis ist im Jahre 1964 zu seiner ersten Sitzung zusammengetreten und hat nach insgesamt 21, überwiegend zweitägigen Sitzungen einen Bericht nebst Entwurf einer Abgabenordnung und Begründung vorgelegt (Heft 13 der Schriftenreihe des Bundesfinanzministeriums). Dieser Bericht enthielt jedoch keine Vorschläge zum Steuerstraf- und Ordnungswidrigkeitenrecht sowie zum Steuerstraf- und Bußgeldverfahren, weil diese Materie erst im Jahre 1967 und 1968 reformiert worden war.

Nach Überarbeitung der für die Bundesregierung nicht verbindlichen Vorschläge des Arbeitskreises, nach Einarbeitung der noch fehlenden Vorschriften über das Steuerstraf- und Bußgeldrecht und nach Abstimmung mit den Länderfinanzministern sowie nach Anhörung der Verbände konnte die Bundesregierung bereits ein Jahr später einen entsprechenden Regierungsentwurf in den Bundestag einbringen (BT-Drs VI/1982). Das Gesetz sollte zusammen mit den anderen Steuerreformgesetzen am 1. Januar 1974 in Kraft treten.

Die vom Finanzausschuß (BT) eingesetzte **Arbeitsgruppe „AO-Reform"** stellte im Mai 1972 die weitere Behandlung des Gesetzentwurfes ein, nachdem sich das vorzeitige Ende der 6. Legislaturperiode abzeichnete und vorauszusehen war, daß der Entwurf bis dahin nicht hätte verabschiedet werden können. Nach Neubildung der Bundesregierung brachten zur Beschleunigung der Wiederaufnahme der Beratungen des Entwurfs die Regierungsparteien das Gesetz in unveränderter Fassung des Regierungsentwurfs erneut ein (BT-Drs 7/79). Der dann vom Finanzausschuß einge-

Einführung

setzte Unterausschuß „AO-Reform" konnte bei seinen Beratungen vielfach an die bereits in der 6. Legislaturperiode gefaßten Beschlüsse anknüpfen. Daß es trotz dieser günstigen Voraussetzungen nicht gelang, die Abgabenordnung, wie zunächst vorgesehen, zum 1. Januar 1974 in Kraft treten zu lassen, lag ua daran, daß der Finanzausschuß (BT) mit den Beratungen über die Reform des materiellen Steuerrechts stark belastet war und daher die Beratungen zur Abgabenordnung notgedrungen häufig in den Hintergrund treten mußten. Hinzu kam, daß inzwischen die Beratungen des Entwurfs eines Verwaltungsverfahrensgesetzes (BT-Drs 7/910), die ebenfalls in der 6. Legislaturperiode nicht zu Ende geführt werden konnten, wieder aufgenommen worden waren und insbesondere der für dieses Gesetz federführende Innenausschuß größten Wert auf eine noch weitergehende Vereinheitlichung beider Verfahrensgesetze legte, mit dem Ziel einer möglichst weitgehenden Anpassung der Abgabenordnung an das Verwaltungsverfahrensgesetz. Die Bemühungen um eine Vereinheitlichung beider Gesetze waren letztlich erfolgreich, wirkten sich aber zum Teil hemmend auf den Fortgang der Beratungen des Entwurfs einer Abgabenordnung aus.

Auf dem Gebiet **des Steuerstraf- und Steuerstrafverfahrensrechts** wurde der EAO durch das Einführungsgesetz zum Strafgesetzbuch, das am 1. Januar 1975 in Kraft trat, überholt. Der EAO hatte sich insoweit ohnehin weitgehend auf eine Anpassung der steuerstrafrechtlichen Bestimmungen an das durch das EGStGB eingeführte Tagessatzsystem beschränkt.

Seit der Beschlußfassung des Deutschen Bundestages im Jahre 1963, in der die Bundesregierung ersucht wurde, die Reform des Allgemeinen Abgabenrechts vorzubereiten, waren mehr als 12 Jahre vergangen. Diese Zeit mag, gemessen an der Eile, in der die Reichsabgabenordnung seinerzeit zustandegekommen ist, überaus lang erscheinen, wenn auch ein so überstürztes Gesetzgebungsverfahren, in dem die Reichsabgabenordnung zustandegekommen ist, sicher nicht als Maßstab herangezogen werden sollte. Der heutige Gesetzgeber stand nicht unter einem derartigen Zeitdruck. Zudem ist nicht zu bestreiten, daß es der heutige Gesetzgeber bei der Schaffung eines derart umfangreichen und in seinen Auswirkungen bedeutsamen Gesetzes wesentlich schwerer hat. Das Verhältnis Bürger zum Staat stellt sich heute ungleich differenzierter dar als etwa vor 50 Jahren. Der Bürger sieht sich nicht als Untertan der Verwaltung, sondern als gleichberechtigter Verhandlungspartner. Er ist viel weniger bereit, Eingriffsrechte der Behörden unwidersprochen hinzunehmen. Unter dem Einfluß des Grundgesetzes hat sich bei dem Bürger ein sehr ausgeprägtes Rechtsstaatsbewußtsein gebildet. Zudem sind die Steuerrechtswissenschaft und die Angehörigen der steuerberatenden Berufe außerordentlich kritisch gegenüber jedem Schritt, den der Gesetzgeber einleitet. Der Kreis derjenigen, die bereits im Vorbereitungsstadium eines Gesetzgebungsverfahrens sich zu Worte melden, ist gewachsen.

Der **Reform des Besteuerungsverfahrens** sind zwangsläufig gewisse **Grenzen** gesetzt. Spektakuläre Neuerungen sind auf diesem Gebiet nicht zu erwarten. Nach einer über 50jährigen Geltung der Reichsabgabenordnung kannte der Gesetzgeber auch nicht ohne zwingende Gründe die eingefahrenen Gleise des Besteuerungsverfahrens verlassen, ohne dessen Effektivität zu gefährden. Er mußte sich im wesentlichen an dem Ziel aus-

Einführung

richten, sicherzustellen, daß das materielle Steuerrecht gleichmäßig und dem Gesetz entsprechend, zugleich aber möglichst unbürokratisch, rationell und unter Beachtung rechtsstaatlicher Erfordernisse angewendet werden kann.

Als **wichtigste Neuerungen gegenüber dem früher geltenden Recht** sind hervorzuheben
- Erweiterung der Offenbarungsbefugnisse in der Vorschrift über das Steuergeheimnis, § 30
- Aufnahme von Vorschriften der Gemeinnützigkeitsverordnung in das Gesetz, §§ 51–68
- Milderung der Haftungsbestimmungen, §§ 69–76
- zwischenstaatliche Rechts- und Amtshilfe in Steuersachen, § 117
- Übernahme von Vorschriften aus dem Verwaltungsverfahrensgesetz, §§ 118–133
- Modernisierung der Buchführungsvorschriften, §§ 140–148
- Steuerfestsetzung unter Vorbehalt der Nachprüfung, § 164
- Neuregelung der Verjährungsvorschriften durch Einführung der Festsetzungsfrist, §§ 169–171
- Verkürzung der Verjährungsfrist (Festsetzungsfrist) bei Besitz- und Verkehrsteuern von 5 auf 4 Jahre, § 169
- Beseitigung der Gesamtaufrollung, § 173
- Aufnahme einer Vorschrift über widerstreitende Steuerfestsetzungen, § 174
- Regelung über Vertrauensschutz bei Aufhebung und Änderung von Steuerbescheiden, § 176
- Einführung einer Festsetzungsfrist für gesonderte Feststellungen, § 181
- Aufnahme von Vorschriften über die Außenprüfung, §§ 193–203
- Einführung der verbindlichen Zusage aufgrund einer Außenprüfung, §§ 204–207
- Regelung über Aufgaben und Befugnisse der Steuerfahndung (Zollfahndung), § 208
- Einführung einer besonderen Zahlungsverjährung, §§ 228–232
- Erweiterung der Regelung über Stundungszinsen, § 234
- Neuregelung des Vollstreckungsrechts, §§ 249–346
- Beseitigung der Kostenpflicht des außergerichtlichen Rechtsbehelfsverfahrens
- Neufassung des Hinterziehungstatbestandes, Verschärfung der Strafandrohung bei schweren Fällen der Steuerhinterziehung, § 370.

Die **AO 1977** ist seit ihrer Verabschiedung **mehrfach geändert** worden.

Die wichtigsten Änderungen sind:

Durch das **Gesetz zur Änderung und Vereinfachung des Einkommensteuergesetzes** v 18. 8. 1980 (BGBl I, 1537) sollten ein neuer § 80a eingefügt und die §§ 233 und 236 neu gefaßt werden. Dadurch sollte der Steuerpflichtige nach einem erfolgreichen außergerichtlichen Rechtsbehelfsverfahren unter Umständen die Kosten der Rechtsverfolgung erstattet und Zinsen für zuviel gezahlte Steuern erhalten. Die Änderungen standen im Zusammenhang mit dem Staatshaftungsgesetz v 26. 6. 1981 (BGBl I, 553) und sollten am 1. 1. 1982 in Kraft treten. Nachdem das Staatshaftungsge-

Einführung

setz vom Bundesverfassungsgericht für nichtig erklärt worden war (BVerfG, BGBl I 1982, 1493) sind die AO-Änderungen ebenfalls nicht in Kraft getreten (BdF BStBl 82 I, 900).

Durch das **Gesetz zur Änderung des Parteiengesetzes und anderer Gesetze** v 22. 12. 1983 (BGBl I, 1577) ist der frühere § 49 Abs 1 Nr. 2 EStDV in die AO übernommen worden (s §§ 52 Abs 2 Nr 3 u 55 Abs 1 Nr 1).

Die umfangreichsten Änderungen ergeben sich aus dem **Steuerbereinigungsgesetz 1986** v 19. 12. 1985 (BGBl I, 2436). Schwerpunkte dieser Änderungen sind:
- Sicherung der Gemeinnützigkeit von Amateur-Sportvereinen, die auch Veranstaltungen mit bezahlten Sportlern durchführen (§ 67 a AO),
- Möglichkeit für gemeinnützige Stiftungen u. a., bis zu 25 v. H. der Überschüsse eines Jahres einer Rücklage zuzuführen (§ 58 AO),
- gesetzliche Regelung der Kontrollmitteilungen nach dem sogenannten „Bayerischen Verfahren" (§ 93a AO),
- Anhebung der Buchführungspflichtgrenzen nach dem Umsatz auf 500 000 DM und nach dem Betriebsvermögen auf 125 000 DM (§ 131 AO),
- bei den Verspätungszuschlägen bloße Ermächtigung zu Verwaltungsvorschriften im Interesse einer Vereinheitlichung der Praxis,
- Wiederzulassung der schlichten Änderung von Steuerbescheiden im beiderseitigen Einverständnis (§ 172 AO),
- Umwandlung der verbindlichen Zusage – meist verbindliche Auskunft genannt – nach Betriebsprüfung von einer „Kann-" in eine „Sollvorschrift" (§ 204 AO).

Wenige aber bedeutsame Änderungen brachte auch das **Steuerreformgesetz 1990** vom 25. 7. 1988 (BGBl I, 1093).

Dies gilt namentlich für

- die Aufnahme des sogenannten Bankenerlasses in das Gesetz (§ 30 AO) im Zusammenhang mit der Einführung der kleinen Kapitalertragsteuer
- damit ebenfalls zusammenhängend die Schaffung einer Amnestieregelung für bisher nicht erklärte Kapitaleinkünfte und das zugrunde liegende Kapitalvermögen durch das Gesetz über die strafbefreiende Erklärung von Einkünften aus Kapitalvermögen und vom Kapitalvermögen (Artikel 17 des Steuerreformgesetzes 1990 – kommentiert im Anhang)
- die Einführung der sogenannten Vollverzinsung (§ 233a AO) ab 1989 mit einer Karenzfrist von 15 Monaten.

Weitere Änderungen sind zu erwarten durch die geplante Neuregelung des Gemeinnützigkeitsrechts im Rahmen des Gesetzes zur Verbesserung und Vereinfachung der Vereinsbesteuerung **(Vereinsförderungsgesetz),** das am 1. Januar 1990 in Kraft treten soll. Sämtliche am 31. Dezember 1986 noch geltenden Verwaltungsvorschriften des Bundes, der obersten Finanzbehörden der Länder und der Oberfinanzdirektionen, die zur Reichsabgabenordnung, ihren Verordnungen und Nebengesetzen ergangen sind, sind mit Ausnahme der Verwaltungsanweisung zur Bp und zur FGO aufgehoben – IV A 6 – S 0015 – 5/85 –).

Abgabenordnung (AO 1977)

Vom 16. März 1976
(BGBl. I S. 613, BStBl. I S. 157)
Änderungen des Gesetzes

Lfd. Nr.	Änderndes Gesetz	Datum	Fundstelle	Geänderte Vorschriften
1.	Gesetz über die Annahme als Kind und zur Änderung anderer Vorschriften (Adoptionsgesetz) [Art. 7]	2. 7. 1976	BGBl. I S. 1749	§ 15 Abs. 1 Nr. 8, 9, Abs. 2
2.	Berichtigung	21. 1. 1977	BGBl. I S. 269	§ 29 Satz 1, § 208 Abs. 2, § 285 Abs. 1
3.	Viertes Gesetz zur Änderung der Pfändungsfreigrenzen [Art. 2]	28. 2. 1978	BGBl. I S. 333	§ 314 Abs. 3
4.	Strafverfahrensänderungsgesetz 1979 (StVÄG 1979 [Art. 5]	5. 10. 1978	BGBl. I S. 1645	§ 391 Abs. 3; § 400
5.	Gesetz zur Änderung des Kraftfahrzeugsteuergesetzes [Art. 4]	22. 12. 1978	BGBl. I S. 2063	§ 150 Abs. 6
6.	Gesetz zur Änderung zwangsvollstreckungsrechtlicher Vorschriften [Art. 3]	1. 2. 1979	BGBl. I S. 127	§ 284 Abs. 1
7.	Ges. zur Neufassung des Umsatzsteuergesetzes und zur Änderung anderer Gesetze (2. Kap. Art. 1)	26. 11. 1979	BGBl. I S. 1953	§§ 53 Nr. 2, 68 Nr. 8, 141 Abs. 1 Nr. 1, 149
8.	Ges. zur Änderung der Abgabenordnung und des Einkommensteuergesetzes (Art. 1)	25. 6. 1980	BGBl. I S. 731	§§ 52 Abs. 2 Nr. 2, 58 Nr. 8, 68 Nr. 7
9.	Ges. zur Neuregelung der Einkommensbesteuerung der Land- und Forstwirtschaft(Art. 2)	25. 6. 1980	BGBl. I S. 732	§§ 141 Abs. 1 Satz 1 Nr. 3, 4, 5 Satz 2, Abs. 3, Abs. 4
10.	Ges. zur Steuerentlastung und Familienförderung (Steuerentlastungsgesetz 1981, Art. 5)	16. 8. 1980	BGBl. I S. 1381	§ 31 Abs. 2
11.	Ges. zur Änderung und Vereinfachung des Einkommensteuergesetzes und anderer Gesetze (Art. 2)	18. 8. 1980	BGBl. I S. 1537	§§ 80a, 233, 236 (nicht in Kraft getreten)
12.	Ges. zur Änderung des Einkommensteuergesetzes, des Körperschaftsteuergesetzes und anderer Gesetze (Art. 13)	20. 8. 1980	BGBl. I S. 1544	§§ 46 Abs. 6, 155 Abs. 2, 162 Abs. 3, 287 Abs. 4
13.	Siebentes Ges. zur Änderung des Bundesausbildungsförderungsgesetzes (Art. 3)	13. 7. 1981	BGBl. I S. 625	§ 150 Abs. 5
14.	Ges. zur Neuordnung des Betäubungsmittelrechts (Art. 5)	28. 7. 1981	BGBl. I S. 681	§ 391 Abs. 4
15.	Ges. zur Bekämpfung der illegalen Beschäftigung (Art. 9)	15. 12. 1981	BGBl. I S. 1390	§ 31a
16.	Zweites Ges. zur Verbesserung der Haushaltsstruktur (Art. 8)	22. 12. 1981	BGBl. I S. 1523	§ 175

AO (1977)

Lfd. Nr.	Änderndes Gesetz	Datum	Fundstelle	Geänderte Vorschriften
17.	Ges. zur Änderung des Parteiengesetzes und anderer Gesetze (Art. 3)	22. 12. 1983	BGBl. I S. 1577	§§ 52 Abs. 2 Nr. 3, 55 Abs. 1 Nr. 1, 415 Abs. 1, Abs. 3
18.	Ges. zur Stärkung der Wettbewerbsfähigkeit der Wirtschaft und zur Einschränkung von steuerlichen Vorteilen (Steuerentlastungsgesetz 1984, Art. 4)	22. 12. 1983	BGBl. I S. 1583	§ 180 Abs. 1 Nr. 3
19.	Ges. zur Durchführung der Vierten, Siebenten und Achten Richtlinie des Rates der Europäischen Gemeinschaften zur Koordinierung des Gesellschaftsrechts (Bilanzrichtlinien-Gesetz, Art. 10 Abs. 14)	19. 12. 1985	BGBl I S. 2355	§§ 141 Abs. 1 Satz 2, 145 Abs. 1 Satz 1, 147 Abs. 1 Nr. 1
20.	Steuerbereinigungsgesetz 1986	19. 12. 1985	BGBl I S. 2436	§§ 6, 19 Abs. 1, 30 Abs. 2, Abs. 6, 58 Nr. 7, 61 Abs. 3, 67 Abs. 1, 67a, 68 Nr. 7, 69 Satz 1, 93a, 105 Abs. 1, 111 Abs. 3, 116 Abs. 1, 117 Abs. 2, Abs. 4, 122 Abs. 2, 123 Satz 2, 138 Abs. 1 Satz 1, 141 Abs. 1, 144 Abs. 2 Satz 2, 150 Abs. 6, 152 Abs. 5, 155 Abs. 3 Sätze 2 u. 3, Abs. 4, Abs. 5, 160 Abs. 2, 165 Abs. 1, 167 Abs. 2, 171 Abs. 4, Abs. 7, Abs. 14, 172, Abs. 1 Nr. 2, 173 Abs. 1, 174 Abs. 1, 179 Abs. 2 Satz 2, 180 Abs. 2, Abs. 3, Abs. 5, 181, 182 Abs. 3, 183 Abs. 2, Abs. 3, Abs. 4, 184 Abs. 1, Abs. 3, 185, 196, 204, 207 Abs. 3, 226 Abs. 4, 237 Abs. 1, 309 Abs. 2 Satz 2, 332 Abs. 1 Satz 2, 334 Abs. 3 Satz 2, 339 Abs. 4, Abs. 6, 349 Abs. 3 Nr. 1, 361 Abs. 4 Satz 1, 365
21.	Strafverfahrensänderungsgesetz 1987 (Art. 10)	27. 1. 1987	BGBl I S. 475	§ 406 Abs. 1
22.	Steuerreformgesetz 1990 (Art. 15)	25. 7. 1988	BGBl I S. 1093	§§ 30a, 167 Abs. 1 Satz 1, 233a, 235 Abs. 4, 236 Abs. 4, 237 Abs. 2 Satz 2 u. 3, 241 Abs. 2 Nr. 3

Erster Teil
Einleitende Vorschriften

Erster Abschnitt. Anwendungsbereich

§ 1 Anwendungsbereich

(1) Dieses Gesetz gilt für alle Steuern einschließlich der Steuervergütungen, die durch Bundesrecht oder Recht der Europäischen Gemeinschaften geregelt sind, soweit sie durch Bundesfinanzbehörden oder durch Landesfinanzbehörden verwaltet werden.

(2) Für die Realsteuern gelten, soweit ihre Verwaltung den Gemeinden übertragen worden ist, die folgenden Vorschriften dieses Gesetzes entsprechend:
1. die Vorschriften des Ersten, Zweiten und Vierten Abschnitts des Ersten Teils
   (Anwendungsbereich, Steuerliche Begriffsbestimmungen, Steuergeheimnis),
2. die Vorschriften des Zweiten Teils
   (Steuerschuldrecht),
3. die Vorschriften des Dritten Teils mit Ausnahme der §§ 82 bis 84
   (Allgemeine Verfahrensvorschriften),
4. die Vorschriften des Vierten Teils
   (Durchführung der Besteuerung),
5. die Vorschriften des Fünften Teils
   (Erhebungsverfahren),
6. die §§ 351 und 361 Abs. 1 Satz 2 und Abs. 3,
7. die Vorschriften des Achten Teils
   (Straf- und Bußgeldvorschriften, Straf- und Bußgeldverfahren).

(3) [1]Auf steuerliche Nebenleistungen sind die Vorschriften dieses Gesetzes sinngemäß anzuwenden. [2]Der Dritte bis Sechste Abschnitt des Vierten Teils gilt jedoch nur, soweit dies besonders bestimmt wird.

Übersicht

1. Inhalt der Vorschrift
2. Steuern nach Bundesrecht
3. Anwendungsbereich der AO für landesgesetzlich geregelte Steuern
4. Feuerschutz- und Grunderwerbsteuer
5. Anwendbarkeit auf die Realsteuern
6. Anwendbarkeit auf Nebenleistungen
7. Anwendbarkeit auf sonstige Rechtsgebiete
8. Normenkonflikte: EG-Recht nationales Recht
9. Örtlicher Anwendungsbereich

1. Inhalt. Die Vorschrift regelt den Anwendungsbereich des Gesetzes. Nach Abs 1 gilt die AO für alle Steuern einschließlich Steuervergütungen, die durch Bundesrecht oder Recht der Europäischen Gemeinschaften

§ 1 1. Teil. Einleitende Vorschriften

geregelt sind und durch Bundes- oder Landesfinanzbehörden verwaltet werden. Da AO-AnpG der Länder den Anwendungsbereich auf alle durch Landesrecht geregelte Steuern ausdehnen, Beschränkung ohne Bedeutung. Ein großer Teil der Vorschriften gilt aufgrund Abs 2 auch für die Realsteuern, wenn ihre Verwaltung von den Ländern den Gemeinden übertragen worden ist. In Abs 3 wird klargestellt, daß die Abgabenordnung grundsätzlich auch auf die steuerlichen Nebenleistungen anzuwenden ist (so auch *Möllinger* AO S 46). Da die Anwendung des dritten bis sechsten Abschnitts des Vierten Teils (Festsetzungs- und Feststellungsverfahren, Außenprüfung, Steuerfahndung und Steueraufsicht in besonderen Fällen) nur ausnahmsweise für die Nebenleistungen sinnvoll ist, sollen diese Bestimmungen nur angewendet werden, wenn dies im Einzelfall besonders bestimmt wird. Für Erstattungsverf gilt AO, da Umkehranspruch zum Steueranspruch (so auch zu § 1 Nr 1 AnwErl AO). Auch andere Gebietskörperschaften haben die AO anzuwenden, insb die Gemeinden, soweit sie nach den KAG verfahren, die durch die AO-AnpG der Länder an die AO angeglichen wurden. Das Verfahren in den einzelnen Ländern ist uneinheitlich, teils Generalklausel, teils enumerative Übernahme bestimmter Vorschriften.

Entgegen § 3 I RAO wird der Anwendungsbereich für die Steuern und nicht wie bisher für die öffentlich-rechtlichen Abgaben geregelt. Hierbei ist vor allem berücksichtigt worden, daß die Hauptaufgabe der Bundes- und Landesfinanzbehörden die Verwaltung von Steuern ist (vgl Art 108 GG). Überdies wird durch § 3 I festgelegt, daß Zölle und Abschöpfungen Steuern im Sinne der AO sind. Darüberhinaus gestattet das Abstellen auf die Steuern die weitere Anwendung bewährter Begriffe, wie zB Steuergeheimnis, Steuerpflichtiger, Steuerschuld, Steuerbescheid. Soweit die AO für die Abgaben gelten soll, die keine Steuern sind, muß dies besonders geregelt sein (s unten Anm 6). Dies gilt allerdings nicht für die in der AO selbst geregelten steuerlichen Nebenleistungen.

2. Steuern nach Bundesrecht. In Art 105 GG ist eine sehr umfassende Zuständigkeit des Bundes auf dem Gebiet des Steuerrechts niedergelegt. Dadurch soll verhindert werden, daß regionale Steuerunterschiede durch eine Steuergesetzgebung der Länder auftreten. Dieses umfassende Steuergesetzgebungsrecht des Zentralstaates beruht auf der Erkenntnis, daß gleiche öffentliche Lasten und gleiche Verwaltungsleistungen im ganzen Staatsgebiet die Voraussetzung für eine möglichst weitgehende Wettbewerbsgleichheit, für gleiche wirtschaftliche Startbedingungen sind. Wesentliche regionale Steuerunterschiede würden der nach Art 72 II Nr 3 GG vorausgesetzten und dem Bund zur Wahrung aufgegebenen Wirtschaftseinheit und der Gleichheit der Wettbewerbsbedingungen widersprechen (so *Hettlage/Maunz* Die Finanzverfassung im Rahmen der Staatsverfassung, VVDStRL, Heft 14 S 21). Dies kommt durch die Neufassung des Art 105 II nach dem Finanzreformgesetz vom 12. Mai 1969 (BGBl I, 369) stärker als bisher zum Ausdruck. Gerade die Forderung des Grundgesetzes nach regionaler Gleichheit der Wirtschaftsbedingungen führte dazu, daß den Ländern zu eigener Regelung früher nur die Steuern mit örtlich bedingtem Wirkungskreis belassen wurden, aufgrund der Finanzreform jetzt die örtlichen Verbrauch- und Aufwandsteuern, solange und soweit sie

1. Abschnitt. Anwendungsbereich §1

nicht bundesgesetzlich geregelten Steuern gleichartig sind. Alle anderen die Wirtschaft erheblich berührenden Steuern kann der Bund aufgrund seines konkurrierenden Gesetzgebungsrechts entscheidend beeinflussen.

Der Bund hat nunmehr das ausschließliche Gesetzgebungsrecht über die Zölle, er hat die konkurrierende Gesetzgebung über die übrigen Steuern, wenn ihm das Aufkommen dieser Steuern ganz oder zum Teil zusteht oder die Voraussetzungen des Art 72 II vorliegen. Nach Art 105 II a GG haben die Länder nur noch die Befugnis zur Gesetzgebung über die örtlichen Verbrauch- und Aufwandsteuern, wie Hunde-, Vergnügungs-, Getränke-, Schankerlaubnis-, Jagdsteuer etc, solange sie nicht bundesgesetzlich geregelten Steuern gleichartig sind. Art 105 II a GG beruht auf einer Anregung des Bundesrates während der Beratungen über die Finanzreformgesetzgebung. Der Bundesrat wollte mit diesem Absatz klarstellen, daß auch weiterhin ein Steuerfindungsrecht der Länder und Gemeinden nach Maßgabe der Landesgesetzgebung besteht (vgl BT-Drs V/2861, 87). Demgegenüber vertrat die Bundesregierung den Standpunkt, daß die landesrechtlich geregelten örtlichen Verbrauch- und Aufwandsteuern durch Art 105 II GG nicht berührt werden. Auf diesem Gebiet liegen nämlich die Voraussetzungen des Art 72 II GG nicht vor, weil sie die Rechts- und Wirtschaftseinheit nicht berühren. Jedenfalls ist die Befugnis der Länder zur Regelung der herkömmlichen bei Inkrafttreten der Finanzreform bestehenden Verbrauch- und Aufwandsteuern nicht angetastet worden (BVerfGE 40, 64).

Die Unterscheidungsmerkmale der verschiedenen Steuerarten in Art 105 und Art 106 sind dem traditionellen deutschen Steuerrecht zu entnehmen (BVerfGE 7, 252; 14, 16, 317; 26, 309; 31, 331). Im Bereich der konkurrierenden Gesetzgebung bedeutet das, daß die Inanspruchnahme eines Steuergegenstandes durch den Bundesgesetzgeber eine erschöpfende Regelung iSd Art 72 I GG darstellt (BVerfGE 7, 258 f).

Der Streit, ob Abschöpfungen nach dem Abschöpfungserhebungsgesetz vom 25. 7. 62 (BGBl I, 453) Steuern im Sinne des Art 105 GG sind, ist mit der Fassung des § 1 für die Geltung der Abgabenordnung ausgestanden. Die Abgabenordnung gilt auch für die Abschöpfungen.

Für Investitionszulagen (§ 19 Abs 7), Zulagen nach der BerlFG (§ 29 Abs 1), InvZulG (§ 5 Abs 5), BergPG (§ 5a), SparPG (§ 5b Abs 1), VermBG (§ 14 Abs 1) und WohnPG (§ 8 Abs 1) gilt AO so, als ob es sich um Steuervergütungen handeln würde (so auch *Möllinger* AO S 49).

Die Kirchensteuern unterliegen der Gesetzgebung der Länder. Für Kirchensteuern, die öffrechtl Religionsgemeinschaften erheben, gilt die AO aufgrund der KirchStG der Länder. Rechtsweg jedoch meist zu den Verwaltungs-, nicht zu den Finanzgerichten.

Bei nur teilweiser Verwaltung der Steuern durch Bundes- oder Landesfinanzbehörden gilt die Abgabenordnung unmittelbar nur, soweit die Verwaltung diesen Behörden obliegt.

3. Anwendungsbereich der AO für landesrechtlich geregelte Steuern.
Der Anwendungsbereich der AO erfaßt nicht unmittelbar die landesrechtlich geregelten Steuern. Hinsichtlich der örtlichen Verbrauch- und Aufwandsteuern, die der Gesetzgebungskompetenz der Länder unterstehen, könnte der Bund nach der Verfassung nur verfahrensrechtliche Vorschriften erlassen (Art 108 V GG). Die AO enthält aber nicht nur das Verfahrens-

recht, sondern in erheblichem Umfang auch materielles Recht, dessen Trennung vom Verfahrensrecht nicht immer einfach ist. Im übrigen haben die Länder sich gegen eine Ausdehnung des Anwendungsbereichs der Verfahrensvorschriften auf die kleinen Gemeindesteuern ausgesprochen. Sie halten es für zweckmäßig, wenn es den kommunalen Abgabengesetzen vorbehalten bleibt, die Anwendung der AO auf die kleinen Gemeindesteuern und die übrigen Kommunalabgaben zu regeln. Für letztere hat der Bund ohnehin keinerlei Gesetzgebungskompetenz. Die AO nimmt daher davon Abstand, die Verfahrensvorschriften für die örtlichen Verbrauch- und Aufwandsteuern für anwendbar zu erklären.

4. Feuerschutz- und Grunderwerbsteuer. Die Grunderwerb- und Feuerschutzsteuer, für die dem Bund aufgrund der Neufassung des Art 105 II GG die konkurrierende Gesetzgebungskompetenz zusteht, waren zunächst noch landesgesetzlich geregelt. Gleichwohl galt nach Art 97 § 3 EGAO bereits die AO. Die Vorschrift ist entbehrlich geworden durch die bundesrechtliche Regelung dieser beiden Steuern durch das Feuerschutzsteuergesetz v 21. 12. 1979 (BGBl I, 901) und das Grunderwerbsteuergesetz v 17. 12. 1982 (BGBl I, 1777).

5. Anwendbarkeit auf die Realsteuern. Inwieweit die AO unmittelbar für die Realsteuern gilt, ist in Abs 2 geregelt. Hier hat der Bund die volle Gesetzgebungskompetenz aufgrund der Art 105 II und Art 108 V 2 GG. Hiervon ist im Interesse der Rechtseinheit auch weitestgehend Gebrauch gemacht worden, und zwar auch insoweit, als die Länder die Verwaltung der Realsteuern nach Art 108 IV 2 den Gemeinden übertragen haben. Bundesrecht schließt es deshalb aus, für die Entscheidung über Stundung von GewSt durch die Gemeinden Verwaltungsgebühren zu erheben (BVerwG KStZ 86, 191). Abs 2 bestimmt im einzelnen, inwieweit die AO auf die RealSt anwendbar ist, wenn die Verwaltung den Gemeinden übertragen worden ist. Die AO ist grundsätzlich anwendbar, ausgenommen sind die Vorschriften über die Vollstreckung und das außergerichtliche Rechtsbehelfsverfahren. Es ist zweckmäßig, daß die Gemeinden die Vollstreckung nach den Landesvorschriften durchführen, die sie auch sonst anzuwenden haben. Da der Rechtsweg in Realsteuersachen, soweit die Gemeinden zuständig sind, zu den Verwaltungsgerichten führt, werden auch die Vorschriften der Verwaltungsgerichtsordnung über das Widerspruchsverfahren angewendet. Insoweit tritt § 70 Abs 2 VwGO in Verbindung mit § 60 VwGO an die Stelle der Vorschriften der AO (*KKH* Anm 5).

6. Anwendbarkeit auf Nebenleistungen. Nach Abs 3 gilt die AO ohne weiteres sinngemäß auch für die steuerlichen Nebenleistungen. Lediglich für die Anwendbarkeit des Dritten bis sechsten Abschnitts des Vierten Teils (Festsetzungs- und Feststellungsverfahren, Außenprüfung, Steuerfahndung und Steueraufsicht in besonderen Fällen) bedarf es einer besonderen Bestimmung für die Anwendung. Was steuerliche Nebenleistungen sind, bestimmt § 3 III. Nach Auffassung des VGH München (DÖV 85, 1076) haben für den Anwendungsbereich der VwGO (kleine Gemeindesteuern und Realsteuern, s oben Anm 3 und 5) allerdings Widerspruch und Anfechtungsklage gegen die Festsetzung von Säumniszuschlägen aufschiebende Wirkung. Dies wird daraus hergeleitet, daß Säumniszuschläge nicht

1. Abschnitt. Anwendungsbereich § 1

unter den Begriff der Abgaben nach § 80 Abs 2 Nr 1 VwGO fallen, sondern dem Zwangsgeld verwandt sind. Soweit § 1 III AO auf den inneren Zusammenhang zwischen Abgabe und Säumniszuschlag hinweise, sei diese enge Verknüpfung nur scheinbar und gerade durch die in § 240 I S 4 AO getroffene Regelung aufgehoben. Dieser Auffassung kann für Säumniszuschläge zu Steuern, auf die voll die AO anwendbar ist, nicht gefolgt werden. Nach dem klaren Wortlaut des § 1 III iVm § 3 gilt auch § 361 I.

7. Anwendbarkeit auf sonstige Rechtsgebiete. Für Verfahren nach dem BranntweinMonG gilt die AO sinngemäß, auch das Gesetz zur Durchführung der gemeinsamen Marktorganisationen nimmt auf die AO Bezug. Wie weit die AO allerdings auf Subventionen im Bereich der Agrarmarktorganisationen Anwendung findet, ist problematisch. Der BFH hat die AO zB auch auf **Währungsausgleichsbeträge,** die im innergemeinschaftlichen Handel gewährt werden, angewendet (BFH, HFR 78, 367; aA FG Hamburg EFG 79, 33), obwohl diese Subventionen nicht zu den Fällen gehören, für die das Marktorganisationengesetz die Anwendung der AO ausdrücklich vorschreibt. Die allerdings beschränkte Anwendbarkeit der AO dürfte nunmehr durch die aufgrund § 6 I Nr 16 (nunmehr ausdrückliche Ermächtigungsnorm in Nr 17 des § 6) Marktorganisationsgesetz erlassene AusfuhrwährungsausgleichsVO (s dort § 8 und 10 II) geklärt sein (dazu eingehend *TK* Tz 19). Währungsausgleichs**abgaben** sind keine Abgaben, keine StVergünstigungen und keine Zölle (EGHE 73, 1175, 1191 f). Nach Auffassung des BFH handelt es sich jedoch um Abschöpfungen iS des Abschöpfungsgesetzes, so daß auf sie die Vorschriften über Zölle Anwendung finden (BFHE 142, 340). Damit gelten auch die Bestimmungen der AO insbesondere für Änderungen und Festsetzungsverjährung von Währungsausgleichsabgabenbescheiden (BFH/NV 86, 74).

AO gilt für Lastenausgleich (§ 203 Abs 6 LAG) und für Abgaben nach Benzin-BleiG (§ 3a Abs 2 S 4 aaO).

8. Normenkonflikte: EG-Recht nationales Recht. Ein Rechtssatz ,,EG-Recht bricht das Recht der Mitgliedstaaten", wie er im Grundgesetz für Bundesrecht und Landesrecht enthalten ist, ist bisher nicht anerkannt, wenn auch die Praxis weitgehend darauf hinausläuft. Insbesondere der Europäische Gerichtshof hat sich mehrfach in diesem Sinne geäußert und eine Verpflichtung der Mitgliedstaaten festgestellt, dem EG-Recht möglichst weitgehende Durchsetzung zu verschaffen (vgl dazu *Schumacher,* Normenkonflikte zwischen deutschem und Gemeinschaftsrecht, DB 1970, 1010).

Die EG ist eine im Prozeß fortschreitender Integration stehende Gemeinschaft eigener Art, eine ,,zwischenstaatliche Einrichtung" im Sinne des Art 24 Abs 1 GG, auf die die Bundesrepublik Deutschland – wie die übrigen Mitgliedstaaten – bestimmte Hoheitsrechte ,,übertragen" hat. Damit ist eine neue öffentliche Gewalt entstanden, die gegenüber der Staatsgewalt der einzelnen Mitgliedstaaten selbständig und unabhängig ist; ihre Akte brauchen daher von den Mitgliedstaaten weder bestätigt (ratifiziert) zu werden, noch können sie von ihnen aufgehoben werden. Der EG-Vertrag stellt gewissermaßen die Verfassung dieser Gemeinschaft dar. Die von den Gemeinschaftsorganen im Rahmen ihrer vertragsgemäßen Kompetenzen erlassenen Rechtsvorschriften (s dazu auch § 2 Anm 3), das ,,sekundäre

Gemeinschaftsrecht", bilden eine eigene Rechtsordnung, deren Normen weder Völkerrecht noch nationales Recht der Mitgliedstaaten sind. Das Gemeinschaftsrecht und das innerstaatliche Recht der Mitgliedstaaten sind ,,zwei selbständige, voneinander verschiedene Rechtsordnungen"; das vom EG-Vertrag geschaffene Recht fließt aus einer autonomen Rechtsquelle" (BVerfGE 22, 293, [296]). Was das Rangverhältnis zwischen innerstaatlichem Recht und Gemeinschaftsrecht anbelangt, so haben das Bundesverfassungsgericht und der Europäische Gerichtshof in ihrer Rechtsprechung klargestellt, daß dem Gemeinschaftsrecht der Vorrang gegenüber nationalem Recht im Rang unter Verfassungsrecht zukommt (BVerfGE 31, 145 [173f]; EuGH, Slg Bd X, 1253 [1270]). Der BFH war allerdings entgegen der Rechtspr des EuGH der Auffassung, daß Richtlinien der EG keine unmittelbare Geltung für den Bürger mit Vorrang vor deutschem Recht haben können (BFH, DB 85, 1443; vgl auch BFH BStBl 81, 692). Die betreffenden Entscheidungen des BFH sind aber vom BVerfG aufgehoben worden. Lt BVerfG verletzt der BFH Art 101 I S 2 GG, wenn er sich seiner Bindung zufolge Art 177 III EWGV an eine im selben Verfahren oder auch in einem anderen Ausgangsverfahren ergangene Vorabentscheidung des EuGH entzieht (BVerfG BB 87, 2111).

Das BVerfG hat früher noch die Auffassung vertreten, daß nach Einholung der in Art 177 EWGV geforderten Entscheidung des EuGH die Vorlage eines Gerichts der Bundesrepublik Deutschland an das BVerfG im Normenkontrollverfahren geboten sei, wenn das Gericht die für es entscheidungserhebliche Vorschrift des Gemeinschaftsrechts in der vom EuGH gegebenen Auslegung für unanwendbar halte, wenn und soweit sie mit einem der Grundrechte des GG kollidiere. Diese Rechtslage bestand nach Auffassung des BVerfG, solange der Integrationsprozeß der Gemeinschaft nicht so weit fortgeschritten war, daß das Gemeinschaftsrecht auch einen von einem Parlament beschlossenen und in Geltung stehenden formulierten Katalog von Grundrechten enthielt, der dem Grundrechtskatalog des GG adäquat war (BVerfGE 37, 271). Diesen sogen ,,Solange-Beschluß" hat das BVerfG nunmehr aufgegeben, weil durch die Rechtsprechung des EuGH ein wirksamer Schutz der Grundrechte gegen die Hoheitsgewalt der Gemeinschaften gewährleistet sei (BVerfGE 73, 339).

9. Örtlicher Anwendungsbereich. Die AO regelt nur Rechtsakte im Geltungsbereich des GG einschließlich Westberlin (§ 414). Außerhalb des Geltungsbereichs ist die AO nicht Rechtsgrundlage für hoheitliche Maßnahmen. Zu den Pflichten eines Steuerpflichtigen außerhalb des Geltungsbereichs vgl § 90 Abs 2 und zu den Zollanschlüssen (Zollanschlüsse § 2 Abs 2 S 1 und 2 ZG; vgl *Möllinger* AO S 51).

§ 2 Vorrang völkerrechtlicher Vereinbarungen

Verträge mit anderen Staaten im Sinne des Artikels 59 Abs. 2 Satz 1 des Grundgesetzes über die Besteuerung gehen, soweit sie unmittelbar anwendbares innerstaatliches Recht geworden sind, den Steuergesetzen vor.

Schrifttum: *Korn/Dietz/Debatin* Doppelbesteuerung, LoseblSlg seit 1954; *Vogel* Die Auswirkungen der Abkommen zur Vermeidung der Doppelbesteuerung auf das

1. Abschnitt. Anwendungsbereich § 2

innerstaatliche Steuerrecht, DB 1959, 32; *Hintzen* Das Verhältnis von nationalem Recht und Doppelbesteuerungsabkommen nach § 2 der Abgabenordnung 1977, BB 1978, 401; *Pflugfelder* Nationale Steuergesetzgebung und Doppelbesteuerungsabkommen, FR 1983, 319; *Weigell* Das Verhältnis des § 2a EStG zu den Doppelbesteuerungsabkommen, RiW/AWD 1987, 122.

1. Inhalt. Die Vorschrift stellt klar, daß völkerrechtliche Vereinbarungen, soweit sie innerstaatliches Recht geworden sind, Vorrang vor den innerstaatlichen Steuergesetzen haben und deshalb allein durch spätere innerstaatliche Gesetze nicht abgeändert werden können. Die vorliegende Klarstellung erschien notwendig, weil das deutsche Verfassungsrecht lediglich den Vorrang der allgemeinen Regeln des Völkerrechts, nicht jedoch einen Vorrang völkerrechtlicher Vereinbarungen kennt. Zustimmungsgesetze zu völkerrechtlichen Verträgen, dh die sog Vertragsgesetze haben vielmehr grundsätzlich den Rang eines normalen Gesetzes und werden wie dieses durch spätere Gesetze grundsätzlich abgeändert. Dieser Grundsatz wird durch § 2 außer Kraft gesetzt. Gründe, die eine Durchbrechung dieses Grundsatzes zulassen, rechtfertigen es nicht, solchen Vereinbarungen den Vorrang zuzusprechen, die entgegen Art 59 I 1 GG nicht den für die Gesetzgebung zuständigen Körperschaften zur Zustimmung vorgelegt worden sind, obgleich dies notwendig gewesen wäre. § 9 StAnpG gewährte demgemäß auch nur denjenigen Personen Steuerbefreiung, die nach besonderen Vereinbarungen mit anderen Staaten einen Anspruch auf Steuerbefreiung hatten. Ein derart unmittelbarer Anspruch kann lediglich durch innerstaatliches Recht oder durch eine völkervertragsrechtliche Bestimmung mit self-executing-Charakter, der durch innerdeutsches Gesetz bestimmt worden ist, verliehen werden.

Es soll sichergestellt werden, daß Vertragsgesetze mit anderen Staaten über die Besteuerung nicht durch Änderung der innerstaatlichen Steuergesetze außer Kraft gesetzt werden können (vgl dazu *Möllinger* AO S 51). Eine solche Gefahr ist nicht von der Hand zu weisen, weil Vertragsgesetze als einfache Gesetze ohne Verfassungsrang möglicherweise späteren Steuergesetzen als leges priores nachgehen würden. Ob und inwieweit der Grundsatz der Spezialität einträte, war zumindest im Verhältnis zum Außensteuergesetz, das im wesentlichen die gleiche Materie regelt, zweifelhaft.

2. Anwendungsbereich der Vorschrift. Hauptanwendungsbereich der Vorschrift sind Doppelbesteuerungsabkommen (zum Stand der Doppelbesteuerungsabkommen und der Doppelbesteuerungsverhandlungen am 1. 1. 88 BStBl I 88, 7). Der Begriff der Verträge mit anderen Staaten ist aber weiter. Er erstreckt sich zB auch auf Vereinbarungen über die Erhebung von KfzSteuern, Vereinbarungen über die Behandlung von Angehörigen diplomatischer und konsularischer Vertretungen und von internationalen Organisationen, Vereinbarungen über Nichtdiskriminierung in Handelsabkommen und internationalen Verträgen sowie Vereinbarungen über internationale Rechts- und Amtshilfe (*Koch* Tz 3).

3. Rechtsqualität der Vorschrift. Da die vorliegende Regelung in einem einfachen Gesetz enthalten ist, bindet sie den Gesetzgeber nicht. Spätere Gesetze können also in gezielter Form stets etwas abweichendes anordnen. Sie müssen dann aber ausdrücklich bestimmen, daß sie den völkerrechtlichen Vereinbarungen vorgehen sollen (*TK* Tz 1; *HHSp* RNr 13).

§ 2   1. Teil. Einleitende Vorschriften

Die Bedeutung dieser Bestimmung liegt darin, daß Gesetze, die nach dem Inkrafttreten von Doppelbesteuerungsabkommen ergehen und im Verhältnis zu diesen „gleich speziell" (Fall des lex posterior) oder „noch spezieller" (Fall des lex specialis) sind, im Konfliktsfalle nicht automatisch die Abkommen ändern (und damit Völkerrecht verletzen), sondern im Zweifel hinter dem Abkommen zurücktreten müssen. Bedenklich ist daher die Auffassung, § 2 sei verfassungskonform in dem Sinne auszulegen, daß ein späteres Steuergesetz einem DBA im Kollisionsfall nach allgemeinen Kollisionsregeln jedenfalls dann vorgehe, wenn es die speziellere Regelung enthalte (so aber FG Hamburg 88, 161 mwN). Die Regelungen eines ordnungsgemäß transformierten DBA haben vielmehr Vorrang vor dem bestehenden innerstaatlichen Recht und sind von den Steuerbehörden von Amts wegen zu beachten (vgl BFH BStBl 87, 171).

Schwierig zu beurteilen ist unter diesem Gesichtspunkten zB das Verhältnis von § 2a EStG zu DBA. Ist in einem DBA die Berücksichtigung der ausländischen Einkünfte zwingend vorgeschrieben, so müssen auch die in § 2a EStG genannten Auslandsverluste entgegen dieser Bestimmung gem § 2 AO in Ansatz gebracht werden, nicht jedoch wenn das DBA – wie wohl meistens – nur eine fakultative Berücksichtigung vorsieht (*Hellwig* DB 84, 2264; *Weigell* RiW/AWD 87, 122; für generellen Vorrang des DBA demgegenüber *Haas* BB 84, 907; für generellen Vorrang von § 2a EStG *Schmidt/Heinicke* EStG 7. Aufl § 2a Anm 5 mwN).

Die Einschränkung der Regelung auf Verträge, soweit sie unmittelbar anwendbares innerstaatliches Recht geworden sind, „soll sicherstellen, daß der Vorrang erst mit Inkrafttreten der Verträge entsteht und sich außerdem nur auf den Teil des Vertragsinhalts bezieht, der keiner weiteren Transformierung bedarf" („self-executing"), dessen Transformierung also durch bloßes Zustimmungsgesetz und nicht durch zusätzliche materielle Regelungen erfolgt. Damit wird beispielsweise dem Grundsatz Rechnung getragen, daß vertraglich eingeräumte Besteuerungskompetenzen per se noch kein Besteuerungsrecht gegenüber dem einzelnen Steuerpflichtigen erzeugen (vgl zu dieser Problematik *Horst Vogel,* Die Auswirkungen der Abkommen zur Vermeidung der Doppelbesteuerung auf das innerstaatliche Steuerrecht, DB 1959, 32).

3. Europäisches Gemeinschaftsrecht. Vorschriften des Europäischen Gemeinschaftsrecht werden nicht von § 2 erfaßt. Sie bilden gegenüber dem nationalen Recht eine selbständige Rechtsordnung, die grundsätzlich Vorrang vor dem nationalen Recht hat (s näher § 1 Anm 7). Das gilt allerdings nur, soweit die EG in der Bundesrepublik Deutschland unmittelbar geltendes Recht setzen. Das geschieht grundsätzlich nur durch **Verordnungen** der EG (Art 189 Abs 1 und 2 EWGV). **EG-Richtlinien** richten sich dagegen nur an die Mitgliedstaaten und bedürfen der Transformation in innerstaatliches Recht. Auch Richtlinien können nach der ständigen Rspr des EuGH (vgl EuGHE 1970, 825; 1977, 113; 1982, 53 und 2301) jedoch für den Bürger unmittelbare Ansprüche schaffen, wenn sie unbedingt, hinreichend klar ist und genau sind und von der Sache her zu ihrer Wirksamkeit keiner Handlung der Gemeinschaftsorgane oder der Staaten bedürfen, so daß ihre Transformationsbedürftigkeit lediglich formalen Charakter hat (s dazu auch § 1 Anm 7). Soweit Richtlinien der EG erst durch Transforma-

2. Abschnitt. Steuerliche Begriffsbestimmungen § 3

tion innerstaatliches Recht geworden sind (Regelfall), findet § 2 AO Anwendung. Die Bestimmung gilt daher auch, wenn Rechts- und Amtshilfe aufgrund des EG-Amtshilfegesetzes (s § 117 Anm 12) zu leisten ist (*Koch* Tz 2). So folgt zB aus § 1 Abs 3 EG-Amtshilfegesetz iVm § 2 AO, daß Art 22 Abs 2 DBA-Frankreich 1959 die Auskunfterteilung nach § 2 EG-Amtshilfegesetz nicht einschränkt (BFH BStBl 88, 412).

Zweiter Abschnitt.
Steuerliche Begriffsbestimmungen

§ 3 Steuern, steuerliche Nebenleistungen

(1) ¹Steuern sind Geldleistungen, die nicht eine Gegenleistung für eine besondere Leistung darstellen und von einem öffentlich-rechtlichen Gemeinwesen zur Erzielung von Einnahmen allen auferlegt werden, bei denen der Tatbestand zutrifft, an den das Gesetz die Leistungspflicht knüpft; die Erzielung von Einnahmen kann Nebenzweck sein. ²Zölle und Abschöpfungen sind Steuern im Sinne dieses Gesetzes.

(2) Realsteuern sind die Grundsteuer und die Gewerbesteuer.

(3) Steuerliche Nebenleistungen sind Verspätungszuschläge (§ 152), Zinsen (§§ 233 bis 237), Säumniszuschläge (§ 240), Zwangsgelder (§ 329) und Kosten (§ 178, §§ 337 bis 345).

(4) ⁴Das Aufkommen der Zinsen steht den jeweils steuerberechtigten Körperschaften zu. ²Die übrigen steuerlichen Nebenleistungen fließen den verwaltenden Körperschaften zu.

Schrifttum: *Benda/Kreutzer* Verfassungsrechtliche Grenzen der Besteuerung, DStZ 1973, 49; *Brandt* Bundesverfassungsgericht und Sonderabgaben, NJW 1981, 2103; *Friauf* Verfassungsrechtliche Grenzen der Wirtschaftslenkung und Sozialgestaltung durch Steuergesetze, 1966; *ders* Der Bürger als Objekt der staatlichen Finanzpolitik, Festschr f Haubrichs, 1976, 103; *ders* Die Finanzverfassung in der Rechtsprechung des Bundesverfassungsgerichts, in: Bundesverfassungsgericht und Grundgesetz, Festschr zum 25jährigen Bestehen des BVerfG, 1976, Bd II 103; *Klein* Gleichheitssatz und Steuerrecht, 1966; *ders* zur Abgrenzung von Steuern und sonstigen Abgaben, Blätter für Steuerrecht, Sozialversicherung und Arbeitsrecht 1981, 61; *ders* Zur Verfassungsmäßigkeit von Sonderabgaben – ihre Abgrenzung zu den Steuern, DStZ 1981, 10; *Knies* Steuerzweck und Steuerbegriff, 1976; *Mattern* Der Begriff der Steuern und das Grundgesetz, BB 1970, 1405; *Müller* Der Steuerbegriff des Grundgesetzes, BB 1970, 1105; *Mussgnug* Die zweckgebundene öffentliche Abgabe, Festschr f Forsthoff, 2. Aufl 1974, 259; *Patzig* Steuer – Gebühren – Beiträge und Sonderabgaben, DÖV 1981, 729; *Selmer* Steuerinterventionismus und Verfassungsrecht, 1972; *ders* Der Steuerbegriff im Entwurf der Abgabenordnung, BB 1972, 400; *Starck* Überlegungen zum verfassungsrechtlichen Steuerbegriff, Festschr f Wacke, 1972, 193.

Übersicht

1. Inhalt der Vorschrift
2. Der verfassungsrechtliche Steuerbegriff
3. Der finanzwissenschaftliche Steuerbegriff
4. Herkunft des rechtlichen Steuerbegriffs
5. Die einzelnen Begriffsmerkmale
6. Gebühren

§ 3   1. Teil. Einleitende Vorschriften

7. Beiträge
8. Sonderabgaben
9. Geldleistungen ohne Einnahmeerzielungszweck
10. Erzielen von Einnahmen Nebenzweck
11. Gleichmäßigkeit der Besteuerung
12. Zum Leistungsfähigkeitsprinzip

1. Inhalt. Die Vorschrift definiert in ihrem Abs 1 den Steuerbegriff. Die Abweichungen gegenüber § 1 Abs 1 RAO sind überwiegend redaktioneller Art. Soweit sachliche Änderungen vorgenommen wurden, dienen sie der Anpassung der Begriffsbestimmung an die Entwicklung der Verfassungsrechtsprechung zum Steuerbegriff (vgl dazu BVerfGE 3, 435; 7, 251; 10, 76; 29, 408; 36, 70; 40, 62; 42, 228; 49, 353; 55, 299; 67, 256).

Abs 1 S 2 stellt klar, daß Zölle und Abschöpfungen im Rahmen der Europäischen Gemeinschaft Steuern im Sinne der Abgabenordnung sind. Damit wird jegliche Diskussion darüber ausgeschlossen, ob diese Abgaben auch ohne den S 2 als Steuern anzusehen sind. Unter Abschöpfungen sind solche des Abschöpfungserhebungsgesetzes v 25. 7. 62 (BGBl I, 453) gemeint.

Abs 2 bestimmt, daß unter Realsteuern die Grundsteuer und die Gewerbesteuer zu verstehen sind. Damit wird der Rechtsprechung des Bundesverfassungsgerichts Rechnung getragen, wonach sich der Realsteuerbegriff des Grundgesetzes in diesen beiden Steuern erschöpft (BVerfGE 3, 348; s auch näher *Maunz/Dürig* GG, Art 106 RNr 87).

In Abs 3 wird der Begriff „steuerliche Nebenleistungen" eingeführt. Darunter fallen Verspätungszuschläge, Zinsen, Säumniszuschläge, Zwangsgelder und Kosten. Für die Reihenfolge der Aufzählung ist der Standort der jeweiligen Bestimmungen innerhalb des Gesetzestextes maßgebend. Die Einführung des Begriffs der steuerlichen Nebenleistungen ist zweckmäßig. Er vereinfacht die Gesetzessprache, weil er an den verschiedenen Stellen der AO verwandt werden kann.

Abs 4 regelt die Frage, welchen Körperschaften das Aufkommen der steuerlichen Nebenleistungen zufließt. Wegen der engen Verknüpfung mit den Steuern werden die Zinsen den jeweils steuerberechtigten Körperschaften zugewiesen. Die übrigen steuerlichen Nebenleistungen fließen der verwaltenden Körperschaft zu.

2. Der verfassungsrechtliche Steuerbegriff. Verfassungsrechtliche Bedenken gegen die vorgenommenen Änderungen der überkommenen Begriffsbestimmung des § 1 I RAO, die auch das BVerfG der Auslegung der Art 105 ff GG zugrundegelegt hat, bestehen nicht, da die Änderungen die durch die Rechtsprechung des BVerfG gezogenen Grenzen nicht überschreiten. Das BVerfG hat festgestellt, daß die im deutschen Steuerrecht eingebürgerte Begriffsbestimmung der Steuer, die in der gesetzlichen Definition des § 1 I RAO ihren Niederschlag gefunden hat, auch für das Grundgesetz gilt. Sie muß den Kompetenzvorschriften des Grundgesetzes über die Steuergesetzgebung zugrundegelegt werden (BVerfGE 7, 251; 29, 408; 36, 70, 49, 353; 55, 299; 67, 282, BVerwGE 32, 259, BFHE 78, 124; 140, 396). Für den verfassungsrechtlichen Begriff der Steuer ist es nicht erforderlich, daß eine Abgabe überwiegend oder in erster Linie zur Erzielung von Einkünften dient. Es genügt, daß die Erzielung von Einkünften einer

2. Abschnitt. Steuerliche Begriffsbestimmungen § 3

von mehreren Zwecken ist. Deshalb wäre auch eine als bodenordnende Maßnahme gedachte Wertsteigerungsabgabe, die der Abschöpfung der ohne Aufwand an Arbeit und Kapital durch Maßnahmen der Allgemeinheit – insbesondere durch Auswirkungen der städtebaulichen Planung – entstandenen Wertsteigerungen dienen würde, eine Steuer (BVerfGE 3, 436).

Die Zweckbindung des Aufkommens aus der Abgabe widerspricht nicht dem verfassungsrechtlichen Begriff der Steuer. Die Erfüllung der öffentlichen Aufgaben, zu deren Finanzierung Zwecksteuern dienen, hat nicht den Charakter einer Gegenleistung des Abgabeberechtigten zugunsten des Abgabepflichtigen. Hierdurch unterscheidet sich die Zwecksteuer von den Gebühren und Beiträgen (BVerfGE 7, 254; 9, 300; 49, 353).

3. Der finanzwissenschaftliche Steuerbegriff. Über den Begriff und das Wesen der Steuer besteht in der Finanzwissenschaft keine Übereinstimmung. *Gerloff* (Steuerwirtschaftslehre, Handbuch der Finanzwissenschaft, 2. Aufl 1956, 246) gibt einen Überblick über den Stand des finanzwissenschaftlichen Bemühens um den Begriff der Steuer und definiert Steuern als „die anderen Wirtschaften seitens öffentlicher Körperschaften entweder zur Bestreitung des Finanzbedarfs oder behufs anderer Verwaltungszwecke, insbesondere wirtschafts- und sozialpolitischer Zwecke, zwangsweise und ohne besondere Entgelt auferlegte Leistungen". *Von Eheberg* (Finanzwissenschaft, 14. und 15. Aufl, 168 und Handwörterbuch der Staatswissenschaften, 4. Aufl, Artikel Steuer) sieht in den Steuern die Abgaben an den Staat und die übrigen Körperschaften, die zum Zwecke der Befriedigung hoheitlicher Bedürfnisse kraft hoher öffentlicher Autorität in einseitig bestimmter Weise und Höhe erhoben werden. *Haller* (Artikel Steuer, Staatslexikon, 6. Aufl Bd 7 Sp 688) verbindet die aus dem Gesetzesvorbehalt herrührenden Forderungen gegenüber Eingriffen in Freiheit und Eigentum mit dem finanzwissenschaftlichen Steuerbegriff und definiert die Steuer als eine Abgabe, die vom Staat und seinen Unterverbänden aufgrund der Steuerhoheit zwangsweise erhoben wird, wenn bestimmte gesetzlich festgelegte, die Steuerpflicht begründende Tatbestände vorliegen. *Schmidt* (Handbuch der Finanzwissenschaft II, 3. Aufl 1980, S 123) sieht als Steuern Geldübertragungen (oder auch Sachleistungen) an, die der Steuerschuldner zwangsweise und ohne Anspruch auf Nebenleistung vorzunehmen hat. Empfänger ist danach der Steuergläubiger, der die Modalitäten zur Bestimmung und Bezahlung der individuellen Steuerschuld in autoritativer Weise festlegt.

In ähnlicher Weise hat schon früh *Adolf Wagner* (Finanzwissenschaft, 3. Aufl 1883 Teil I, 499) die Steuern als Zwangsbeiträge der Einzelwirtschaften (einzelnen) zur Deckung der allgemeinen Staatsaufgaben definiert, welche vom Staat kraft der Souveränität (Finanzhoheit) in einer von ihm einseitig bestimmten Weise und Höhe als generelle Entgelte und Kostenansätze der gesamten Staatsleistungen nach allgemeinen Grundsätzen und Maßstäben eingefordert werden. Zu vgl wäre weiter noch *Schmölders* Allgemeine Steuerlehre, 3. Aufl, 49; *Klein* Gleichheitssatz und Steuerrecht, 1966, 27 mit weiteren Hinweisen; *Andel* Finanzwissenschaft, 1983, S 292.

4. Herkunft des rechtlichen Steuerbegriffs. Der Steuerbegriff der Abgabenordnung geht zurück auf *Otto Mayer* (Deutsches Verwaltungsrecht, I 2. Aufl 1914). *Mayer* definiert die Steuer als eine Geldzahlung, welche den Untertanen durch die öffentliche Gewalt auferlegt wird, schlechthin zur

Vermehrung der Staatseinkünfte, aber auch nach einem allgemeinen Maßstab. Steuern, Gebühren und Beiträge fallen unter den Oberbegriff öffentliche Abgaben.

5. Die einzelnen Begriffsmerkmale

a) Geldleistungen. Durch den Begriff Geldleistungen sind die Sach- und Dienstleistungen von vornherein ausgeschieden. Die Geldleistungen können einmalig oder fortlaufend sein. Die Verwendung von Steuerzeichen und Steuerstempeln, wie zB bei Tabak- und Wechselsteuern ändert an Geldleistungspflicht nichts (BFH BStBl 51, 207 und *TK* § 3 RNr 6).

b) Hoheitliche Auferlegung. Die Geldleistung muß auferlegt sein. Nach der grundgesetzlichen Ordnung heißt das, daß die Geldleistung aufgrund eines Gesetzes dem einzelnen Bürger auferlegt sein muß (RFH RStBl 40, 15). Der Grundsatz der Tatbestandsmäßigkeit der Besteuerung fordert dabei, daß die Norm, die eine Steuerpflicht begründet, nach Inhalt, Gegenstand, Zweck und Ausmaß hinreichend bestimmt und begrenzt ist, so daß eine Steuerlast meßbar und in gewissem Umfang für den Staatsbürger voraussehbar und überschaubar wird (BVerfGE 13, 160; 19, 267; 34, 365). Es muß ein Gesetz im materiellen Sinne sein. Soweit es kein Gesetz im formellen Sinne ist, muß die Rechtsverordnung nach Art 80 GG auf einer Verordnungsermächtigung in einem formellen Gesetz beruhen (*Maunz/Dürig* GG, Art. 105 Rdnr 7; aA *TK* RNr 26).

c) Öffentlichrechtliches Gemeinwesen. Unter „öffentlichrechtliches Gemeinwesen" sind alle Arten von juristischen Personen des öffentlichen Rechts zu verstehen (vgl *TK* § 3 RNr 8 mit Hinweis auf *Forsthoff*, Verwaltungsrecht, 10. Aufl 1973 § 25 II). Die Bestimmung versteht unter Gemeinwesen nicht nur Bund, Länder, Landkreise, Gemeinden und Gemeindeverbände, sondern alle Körperschaften, Anstalten und Stiftungen des öffentlichen Rechts, also auch Kirchen (aA *Spanner* in *HHSp* Rdnr 25 und *Koch* Rdnr 7). Die Gegenmeinung würde vielfältige Umgehungsmöglichkeiten der verfassungsrechtlichen Vorschriften über Steuern und der AO eröffnen (s näher jeweils m w Nachw *Maunz/Dürig*, GG, Art 105 Rdnr 4; *TK* Rdnr 8). Die öffentlichrechtlichen Religionsgesellschaften sind juristische Personen und darum öffentliche Gemeinwesen im Sinne des § 3 Abs 1 und aufgrund der Art 140 GG und 137 WRV zur Erhebung von Kirchensteuern berechtigt (so auch *Selmer* Steuerinterventionismus und Verf R 1972, 192; *TK* § 3 RNr 12).

d) Erzielung von Einnahmen. Die Geldleistung muß zur Erzielung von Einnahmen auferlegt sein. Die Einnahmen müssen öffentlichen Gemeinwesen zustehen, nicht anderen Körperschaften oder Personen, wie zB der Strompfennig den Unternehmen der Energieversorgung (vgl BVerfGE 8, 274; 37, 16; *Friauf* Festgabe BVerfG II, 308). Der Steuerbegriff kann aber nicht dadurch umgangen werden, daß ein Abgabeaufkommen, das der Erfüllung von öffentlichen Aufgaben dient, an den staatlichen Haushalten vorbei unmittelbar den begünstigten Rechtsträgern zugewiesen wird. Entscheidend sind inhaltliche Maßstäbe. Immer dann, wenn das Abgabeaufkommen für die Erfüllung öffentlicher Aufgaben verwendet wird, dient es auch der Erzielung von öffentlichen Einnahmen (*Maunz/Dürig* GG, Art 105 RNr 11).

2. Abschnitt. Steuerliche Begriffsbestimmungen § 3

Zwangsanleihen oder Konjunkturzuschläge zählen wegen der Rückzahlung nicht zu den Steuern (BVerfGE 7, 14f; 36, 70). Das Aufkommen aus der Abgabe muß dem öffentlichen Gemeinwesen endgültig zufallen. Auch rückzahlbare Abgaben, die nicht verzinst werden, sind daher keine Steuern (str für die in 1983 und 1984 erhobene Investitionshilfeabgabe, wie hier BVerfGE 67, 283).

6. Gebühren. Gebühren gehören zu den öffentlichen Abgaben, nicht aber zu den Steuern. Sie sind gesetzlich – oder aufgrund eines Gesetzes – festgelegte Entgelte für die Inanspruchnahme der öffentlichen Verwaltung. Dadurch unterscheiden sie sich von den Steuern und Sonderabgaben, die in erster Linie den Finanzbedarf des Staates (oder der Gemeinden) decken, und stehen im Zusammenhang mit einer konkreten Gegenleistung an den Abgabenschuldner. Für die Gebühren gilt außerdem – anders als für die Steuern – das Äquivalenzprinzip (BVerfGE 20, 269). Zur Abgrenzung von Gebühren und Beiträgen vgl BVerfGE 9, 291; BVerwGE 13, 214; *Kloepfer* AÖR 97 [1972], 241; *Knies* Steuerzweck und Steuerbegriff, München 1976, 145; *Rupp* NJW 68, 271.

7. Beiträge. Als Beitrag wird nach der üblichen, auch in § 1 I RAO verwendeten Begriffsbestimmung die Beteiligung der Interessenten an den Kosten einer öffentlichen Einrichtung (Veranstaltung) bezeichnet (BVerfGE 7, 254f; 42, 228); maßgebend: Gegenleistung. Der Gedanke der Gegenleistung, des Ausgleichs von Vorteilen und Lasten ist aber der Beitragspflicht im abgabenrechtlichen Sinne legitimierende Gesichtspunkt: er muß deshalb auch die rechtliche Gestaltung, vor allem die Abgrenzung des Kreises der Beitragspflichtigen und den Veranlagungsmaßstab bestimmen. Für die Beitragspflicht kann es nur auf den Vorteil ankommen, der einem bestimmten Personenkreis aus der sachlichen Zweckbestimmung der öffentlichen Einrichtung erwächst (BVerfGE 9, 291 [287f]).

8. Sonderabgaben. Zwischen den Steuern einerseits und den Gebühren und Beiträgen andererseits hat sich in der Praxis eine ganze Reihe von Abgabearten entwickelt, deren Abgrenzung von den Steuern sehr schwierig sein kann. Die Abgrenzung ist aber notwendig, da es nicht im Belieben des Gesetzgebers steht, ob er eine Abgabe unter die Steuern einordnet oder nicht. Es kommt vielmehr auf den materiellen Gehalt der Abgabe an. Außerdem haben, um die in Art 105 ff GG festgelegte Finanzordnung nicht zu stören, die Sonderabgaben die seltene Ausnahme gegenüber Steuern zu sein (BVerfGE 55, 308; 67, 275). Folgende Sonderabgaben, die neben den Steuern stehen, lassen sich unter Berücksichtigung der neueren Rechtsprechung des BVerfG unterscheiden (s näher *Schmidt-Bleibtreu/Klein* GG, Art 105 RNr 8).

a) Gruppennützige Abgaben. Es handelt sich um Abgaben, die von einer abgrenzbaren homogenen gesellschaftlichen Gruppe (zB Arbeitgeber) erhoben werden für die Erfüllung einer Aufgabe, für die diese Gruppe eine besondere Verantwortung hat. Dabei muß zwischen den Belastungen durch die Abgabe und den Begünstigungen, die die Abgabe bewirkt, eine sachgerechte Verknüpfung bestehen (gruppennützige Verwendung der Abgabe). Fremdnützige Sonderabgaben sind in der Regel unzulässig (BVerfGE 55, 274ff; vgl auch BVerfGE 37, 16). Zu den gruppennützigen

Abgaben gehören auch die Ausgleichsabgaben, insbesondere die wirtschaftsverwaltungsrechtlichen Ausgleichsabgaben, die hauptsächlich den Ausgangspunkt für die Entwicklung der Sonderabgaben gebildet haben (vgl BVerfGE 4, 7 ff; 8, 274 ff; 17, 292; 18, 315 ff; 28, 119 ff).

b) Abgaben mit Antriebs- und Ausgleichsfunktion. Hierunter fallen Abgaben, mit denen zur Erfüllung bestimmter Pflichten angehalten und gleichzeitig eine Gegenleistung für die Nichterfüllung oder Befreiung von dieser Pflicht erhoben werden soll (BVerfGE 13, 167; 57, 167).

c) Verursacherabgaben. Sie werden (insbesondere im Umweltschutz) als Gegenleistung für die Beeinträchtigung der öffentlichen Belange erhoben (vgl *Maunz/Dürig* GG, Art 105 RNr 17).

d) Konzessionsabgaben. Sie knüpfen an die hoheitliche Gewährung von bestimmten Berechtigungen oder Vorteilen an (zB bergrechtliche Förderabgaben, vgl *Maunz/Dürig* GG, Art 105 RNr 15).

e) Verbandslasten und sozialversicherungsrechtliche Abgaben. Hierzu gehören die Kammerbeiträge und die Sozialversicherungsbeiträge, die nicht nur von den Versicherten, sondern auch von den Arbeitgebern erhoben werden. Wie weit über die Arbeitgeber hinaus Gruppen von Nichtversicherten durch Sonderabgaben zur Finanzierung von Sozialversicherungsaufgaben herangezogen werden können, ist äußerst problematisch (s näher *Schmidt-Bleibtreu/Klein* aaO). Die Grenzen sind hier wegen des grundsätzlichen Verbots fremdnütziger Sonderabgaben sehr eng zu ziehen.

9. Erzielen von Einnahmen Nebenzweck. Um den Streit, ob die Erzielung von Einnahmen Hauptzweck einer Steuer sein muß, zu beseitigen, wird jetzt ausdrücklich festgelegt, daß die Erzielung von Einnahmen Nebenzweck sein kann. Damit soll in Übereinstimmung mit der Rechtsprechung des BVerfG klargestellt werden, daß die Einnahmeerzielung Nebenzweck sein kann. Werden zB die ESt und die KSt aus konjunkturpolitischen Gründen nach § 51 II Nr 2 EStG und § 19c KStG erhöht, so sind auch die Erhöhungsbeträge Steuern, obwohl entsprechende Beträge nach § 15 IV des Gesetzes zur Förderung der Stabilität und des Wachstums der Wirtschaft der Konjunkturausgleichsrücklage zuzuführen sind.

Geldleistungen, bei denen – wie bei Geld- und Erzwingungsstrafen – die Einnahmeerzielung als Zweck ausscheidet, fallen nicht unter den Begriff der Steuer (BVerfGE 3, 407 [435]). Zur Erdrosselungssteuer vgl BVerfGE 16, 147 [161]; 31, 8 [23]; 38, 61 [82] und *TK* § 3 RNr 13.

10. Gleichmäßigkeit der Besteuerung. Durch die Bestimmung, daß die Geldleistungen allen auferlegt sein müssen, wird das Merkmal der Gleichmäßigkeit der Besteuerung Bestandteil des Steuerbegriffs (vgl dazu *TK* § 3 RNr 29 ff). Für das BVerfG sind Gleichmäßigkeit der Besteuerung und Gerechtigkeit der Besteuerung inhaltsgleich. Der Gleichheitssatz wird als subjektiv-öffentliches Recht auf Gleichbehandlung mit anderen angesehen, das über Art 19 Abs 4 GG und § 90 BVerfGG gerichtlich gegenüber aller Staatsgewalt durchgesetzt werden kann. Ein umfassendes Gebot, Gleiches gleich, Ungleiches seiner Eigenart entsprechend verschieden zu behandeln und die Gesetze ohne Ansehen der Person anzuwenden, schließt das BVerfG aus Art 3 I GG. Der Gleichheitssatz ist verletzt, wie das BVerfG in ständiger Rechtsprechung ausspricht, wenn sich ein vernünftiger, sich aus

2. Abschnitt. Steuerliche Begriffsbestimmungen §3

der Natur der Sache ergebender oder sonst wie sachlich einleuchtender Grund für die gesetzliche Differenzierung oder Gleichbehandlung nicht finden läßt, wenn also die Bestimmung als willkürlich bezeichnet werden muß (BVerfGE 1, 52; 1, 247; 4, 155; 5, 24; 6, 136; 7, 315; 9, 81; 14, 221; 24, 228; 39, 162; 51, 76 und ständige Rechtsprechung; vgl zu dieser Problematik auch *Klein* Gleichheitssatz und Steuerrecht, 103 ff).

Es reicht nicht aus, daß ein Gesetz in seinem Wortlaut eine ungleiche Behandlung vermeidet und seinen Geltungsbereich abstrakt allgemein umschreibt. Vielmehr kann auch ein solches Gesetz Art 3 I GG widersprechen, wenn sich aus seiner praktischen Auswirkung eine offenbare Ungleichheit ergibt und die ungleiche Auswirkung gerade auf die rechtliche Gestaltung zurückzuführen ist. Nicht die äußere Form, sondern der materiellrechtliche Gehalt ist entscheidend (BVerfGE 8, 51 [64]). Ein Steuergesetz entspricht dem Grundsatz der Gleichmäßigkeit der Besteuerung, wenn in diesem Sinne gleichartige Tatbestände auch gleich besteuert werden (so *Rinck* JöR nF Bd 10, 269 [315] mit Hinweis auf BFHE 57, 473 ff).

11. Zum Leistungsfähigkeitsprinzip. Im Sinne der verhältnismäßigen Gleichheit muß der wirtschaftlich Leistungsfähige einen höheren Prozentsatz seines Einkommens als Steuer zahlen als der wirtschaftlich Schwächere (BVerfGE 8, 51 [58 f]). Allgemeinheit und Gleichmäßigkeit der Besteuerung werden heute zur Verwirklichung der Steuergerechtigkeit in dem Sinne verstanden, daß die Steuerlastverteilung nach dem Maßstab der wirtschaftlichen Leistungsfähigkeit erfolgt, die am besten am Einkommen, als Ausdruck der finanziellen Leistungsfähigkeit, gemessen wird (BVerfGE 43, 120; 61, 343; 66, 214; 68, 143 mwN; vgl auch BFH BStBl 86, 603; 87, 713; *Lang* StuW 83, 103; *Zeidler* StuW 85, 1; *Birk* Das Leistungsfähigkeitsprinzip als Maßstab der Steuernormen, 1983; aA *Kruse* StuW 80, 232; *Leisner* StuW 83, 97; *TK* § 3 RNr 29 ff). Bei der Besteuerung nach dem Leistungsfähigkeitsprinzip wird ohne Berücksichtigung der staatlichen Gegenleistung von dem Grundsatz ausgegangen, daß jeder einzelne an seinen Steuern ein gleich schwer zu tragen hat, daß also die Einschränkung der privaten Bedürfnisbefriedigung nach der Abgabeerhebung für jeden Steuerzahler in gleichem Maße erfolgt (vgl *TK* § 3 RNr 29 ff). Ein relativ gleiches Opfer an privater Bedürfnisbefriedigung erfordert eine nominal stärkere Beschneidung der höheren Bedürfnisbefriedigung eines Bessergestellten im Vergleich mit der eines Schlechtergestellten, da bei dem höheren Einkommen die Verfügungsmöglichkeit über eine bestimmte Gütereinheit eine geringere Bedürfnisbefriedigung liefert als bei einem niedrigeren Einkommen. Dann bleiben die relativen Positionen die gleichen (vgl *Haller* Die Steuern, Tübingen 1964, 13 ff und 39 ff).

Grundlage für die Verwirklichung der Besteuerung nach der Leistungsfähigkeit im Rahmen der Einkommensteuer ist die vollständige Erfassung des Einkommens. Sie erfordert aber auch die Berücksichtigung bestimmter sach- und personenbezogener Verhältnisse des Steuerpflichtigen (BVerfGE 43, 120; 61, 344). Eine ideale Verwirklichung dieses Prinzips ist nicht möglich. Die technischen Schwierigkeiten bei der vollständigen und richtigen Erfassung der Merkmale persönlicher Lei-

§ 4　　　　　　　　　　　　　　　1. Teil. Einleitende Vorschriften

stungsfähigkeit erfordern Typisierungen, Pauschalierungen und Schätzungen, damit die in der Person des Steuerpflichtigen liegenden Umstände, die die steuerliche Leistungsfähigkeit beeinflussen, berücksichtigt werden können.

§ 4 Gesetz

Gesetz ist jede Rechtsnorm.

Schrifttum: *Kassühlke* Gesetzessystematik und Gerechtigkeitsempfinden, Inf 81, 518; *Leisner* Zur Frage der Bindung der Finanzverwaltung an die Rechtsprechung, DStZ 81, 375; *Schöck* Rechtssetzung durch StGericht und StVerwaltung? FR 82, 337 ff. Bericht über die 6. Jahrestagung der Deutschen Steuerjuristischen Gesellschaft; *Schuhmann* Zur Bindung der Verwaltung an die Entscheidungen des BFH, FR 82, 344; *Rößler* Zur normgleichen Präjudizwirkung höchstrichterlicher Urteile und zur Bindung der Verwaltung an diese, Inf 81, 296; *Conze* Analogiedenken und begriffsschematisches Denken im StRecht, FR 80, 283; *Schneider* Bilanzrechtsprechung und wirtschaftliche Betrachtungsweise, BB 80, 1225; *Rath* Die Verwirkung im Steuerrecht, 1981; *Pieroth* Die neue Rechtsprechung des Bundesverfassungsgerichts zum Grundsatz des Vertrauensschutzes, JZ 84, 971; *Offerhaus* Zur Analogie im Steuerrecht, BB 84, 993; *Stüdemann* Über das Wirtschaftliche der wirtschaftlichen Betrachtungsweise, FR 84, 545; *Seuffert* Lückenfüllung und Analogieschlüsse im Steuerrecht, NJW 85, 5; *Jakob* Die Verwirkung von Steueransprüchen bei Spenden an politische Parteien über Spendensammelvereine, DB Beilage 8/85; *Felix* Die Auslegung der Steuergesetze aus dem Blickwinkel der Steuerberatung, Stbg 88, 15; *Carl* Die Verwirkung im Abgabenrecht, DStZ 88, 529; *Thiel* Vertrauensschutz im Besteuerungsverfahren, DB 88, 1343.

Übersicht

1. Inhalt
2. Rechtsnorm, Begriff
3. Gesetz im formellen und materiellen Sinne
4. Rangordnung der Rechtsnormen
5. Einteilung
   a) Gesetze
   b) Verordnungen
   c) Autonome Satzungen
   d) Milderungserlasse
   e) Verwaltungsvorschriften, Richtlinien
   f) Gleichheitsgrundsatz
   g) Gewohnheitsrecht
   h) Treu und Glauben
   i) Verwirkung
   k) Verbindliche Auskünfte und Zusagen
6. Auslegung von Steuergesetzen
7. Auslegungsgrundsätze
8. Auslegung und Rechtsfortbildung
9. Analogie
10. Typisierende Betrachtungsweise

1. Inhalt. Gesetz ist jede Rechtsnorm iS der AO. Rechtsnormen sind danach auch VOen.

2. Rechtsnorm. Begriff. Rechtsnorm bezeichnet den Inhalt der rechtl Sollanforderung (vgl *H. J. Wolff-Bachoff* VerwR I § 24 I c). Rechtssätze haben dagegen nicht immer Normgehalt, man unterscheidet erläuternde, einschränkende, verweisende Rechtsnormen und gesetzliche Fiktionen (vgl

2. Abschnitt. Steuerliche Begriffsbestimmungen § 4

Larenz Methodenlehre, 2. Aufl 193 ff). Zu unterscheiden ist die Rechtsnorm von der **Rechtsquelle**. Rechtsnorm ist die Konkretisierung einer Rechtsquelle. Zu den Rechtsquellen zählen Gesetz, VO, autonome Satzung, Gewohnheitsrecht und Observanzen (vgl *Esser* Grundsatz und Norm 1956, 137 ff).

3. Gesetz im formellen und materiellen Sinne. Gesetz im formellen Sinne ist jeder in einem förmlichen Gesetzgebungsverfahren zustandegekommene Willensakt der Gesetzgebungsorgane ohne Rücksicht auf den materiellen Inhalt der Norm. Gesetz im materiellen Sinne ist jede abstrakte und generelle Anordnung, die gerichtet ist an einen Adressatenkreis.

4. Rangordnung der Rechtsnormen. Die höhere Rechtsnorm geht der niederen vor, dh Verfassungsrecht vor Gesetz, Verordnung, autonomer Satzung. BundesR geht LandesR vor (Art 31 GG). Völkerrecht hat nur ausnahmsweise Verfassungsrang (Art 25 GG), regelmäßig Gesetzesrang (Art 59 II 1 GG). DBA haben nur Gesetzesrang, sie gehen jedoch nach § 2 den Steuergesetzen vor.

5. Einteilung

a) Gesetze. Nach ständiger Rspr des BVerfG sind **belastende** Gesetze, die sich echte **Rückwirkung** beilegen mit dem **GG nicht vereinbar**, BVerfGE 39, 128. Dagegen ist eine sog **unechte Rückwirkung** idR zulässig, BVerfGE 39, 156. Der **verfassungsrechtl Vertrauensschutz** schützt nicht vor jeder „gesetzgeberischen Enttäuschung", vgl hierzu *Schmidt-Bleibtreu* Abbau von StVergünstigungen und Vertrauensschutz, BB 78, 1254.

b) VOen sind generelle Rechtssätze. Voraussetzung ist eine **Ermächtigung** im förmlichen Gesetz (Art 80 GG). Ermächtigung muß nach Inhalt, Zweck und Ausmaß genügend bestimmt sein (Art 80 I 2 GG); vgl hierzu Zusammenstellung die von der Rspr entwickelten Leitsätze in BVerfGE 19, 354, Rspr ist sehr großzügig (vgl *W. Weber* StBJb 67/68, 111). Vorkonstitutionelle Ermächtigungen sind nach Art 129 GG auf die jetzt sachlich zuständigen Stellen übergegangen, sie brauchen den Anforderungen des Art 80 GG nicht zu entsprechen (BVerfGE 2, 307, 326; BFH BStBl 60, 339). Zustimmung des **Bundesrats** ist aber erforderlich.

c) Autonome Satzungen. Rechtsnorm juristischer Personen des öffentl Rechts.

d) Durch **Milderungserlasse** aufgrund § 13 aF RAO konnten die obersten FinBeh allgemein die nach dem Gesetz sich ergebende Steuer aus Billigkeitsgründen mildern. § 13 a ist mit Wirkung v 7. 9. 49 erloschen und formell durch Art 1 Nr 2 Gesetz zur Änderung von Vorschriften der AO v 11. 7. 53 (BGBl I, 511) aufgehoben worden.

e) Verwaltungsvorschriften, Richtlinien, Verwaltungsanweisungen, Erlasse. Rechtsnormqualität ist umstritten. Sie sind jedoch für die nachgeordneten Stellen verbindlich (BFH BStBl 60, 97), nicht jedoch auch für die Gerichte (vgl hierzu *Kurz,* Zur Bindung der Finanzgerichte an Verwaltungsanweisungen unter besonderer Berücksichtigung von Beurteilungsspielräumen, DStZ 82, 26). Eine weitergehende tatsächliche Bindungswirkung kann sich jedoch aus dem **Gleichheitsgrundsatz** ergeben (BFH BStBl 69, 612; 70, 380) vgl hierzu unter f). Dies gilt jedenfalls, wenn in den

VerwVorschriften die Ausübung des Ermessens geregelt wird oder sie die auf Erfahrungen der Verwaltung beruhende Schätzungen wiedergeben, sofern sie nicht zu offensichtl falschen Ergebnissen führen (BFH BStBl 79, 54; 84, 309). Sie enthalten eine sog **Selbstbindung** der Verwaltung (BFH BStBl 72, 649). Richtlinien für die Ermessensausübung sind jedenfalls unter dem Gesichtspunkt der Selbstbindung der Verwaltung und damit der Beachtung des Gleichheitsgrundsatzes auch bei der gerichtlichen Überprüfung von Ermessensentscheidungen als Material für die Rechtsfindung nicht ohne Bedeutung (BFH BStBl 81, 608).

Eine besondere Ermächtigungsgrundlage für den Erlaß von Verwaltungsvorschriften ist nicht erforderlich. Sie folgt aus dem **Weisungsrecht** der vorgesetzten Behörde. Verwaltungsvorschriften der BReg bedürfen jedoch der Zustimmung des BR, wenn es sich um Steuern handelt, die von den Ländern oder Gemeinden verwaltet werden (Art 108 VII GG).

f) Gleichheitsgrundsatz. Es gibt nach der hM keinen Rechtsanspruch auf eine **Gleichbehandlung** im **Unrecht** (*Maunz/Dürig/Herzog/Scholz* Komm GG, Art 3 Abs 1 RNr 170; *HHSp* zu § 5 Anm; BFH BStBl 68 II 19). Unter besonders gravierenden Umständen kann ein Anspruch auf Gleichbehandlung in der Richtung auf die Prüfung eines Wettbewerbers in Betracht kommen (vgl *Maunz/Dürig* Art 3 I RNr 474; *HHSp* § 193, Anm 304. *Eyermann/Fröhler* VwGO § 114 RNr 23). Zur Wahrung des Gleichheitssatzes ist es grundsätzlich geboten, das Ermessen gleichmäßig und nach generellen Gesichtspunkten zu binden (BVerfGE 31, 212).

g) Gewohnheitsrecht: Alle nicht gesetzlich fixierten Rechtsnormen, die sich durch ständige Übung gebildet haben und vom allgemeinen Rechtsbewußtsein getragen werden. Jahrelange Verwaltungsübung schafft jedoch noch nicht ohne weiteres Gewohnheitsrecht (BFH BStBl 69, 310).

h) Treu und Glauben. Eine Bindung der Verwaltung kann sich aus dem Grundsatz von Treu und Glauben ergeben. Behörde und Stpfl sind zu einem konsequenten Verhalten verpflichtet (vgl BGH NJW 60, 2334). Auch im Steuerrecht gilt der allgemeine Rechtsgrundsatz, wonach niemand gegen sein eigenes Verhalten verstoßen darf (venire contra factum proprium). Überweist daher zB das FA einen Steuererstattungsbetrag auf ein Konto, das vom Steuerpflichtigen in der Steuererklärung als das seine bezeichnet, aber schon vorher aufgelöst und von der Bank sodann auf eine andere Person umgeschrieben worden ist, so verstößt es gegen Treu und Glauben und das darin enthaltene Verbot des venire contra factum proprium, wenn der Steuerpflichtige eine weitere Überweisung verlangt (BFH BStBl 88, 41). Dieser Grundsatz findet in einzelnen Bestimmungen der AO seinen Niederschlag, zB §§ 130 II, 131 II, 153, 162 II, 174, 176, 204–207. Desgleichen gilt der Grundsatz, wonach **arglistig** derjenige handelt, der etwas fordert, was er umgehend wieder zurückgeben muß (dolo facit, qui petit, quod statim redditurus sit), BFH BStBl 65, 466. Ein jahrelanges Verhalten der Behörde kann uU eine Bindungswirkung auslösen (BFH BStBl 72, 273; 70, 352). Grundsätzlich wird das Vertrauen eines Steuerpflichtigen auf eine bisherige Verwaltungspraxis oder Rechtsprechung aber nicht geschützt (BFH/NV 85, 62). Verstoß gegen **Treu und Glauben,** wenn FA den **Einspruch** gegen unvollständig bekanntgegebenen StBescheid (Erläuterungen zum Bescheid) zunächst als **wirksam** behandelt,

2. Abschnitt. Steuerliche Begriffsbestimmungen §4

indem es eine Auflage zur Einreichung von Unterlagen macht, und nach Ablauf der nach Meinung des FA laufenden Einspruchsfrist nach Bekanntgabe des eigentlichen Bescheids den **Rechtsbehelf** als **unzulässig** behandelt (FG Berlin EFG 78, 480). Hat das FA in der mündlichen Verhandlung vor dem FG den Erlaß eines Änderungsbescheides zugesagt und erklären daraufhin die Beteiligten den Rechtsstreit für erledigt, so ist das FA nach Treu und Glauben an die Zusage gebunden (BFH BStBl 88, 121). Ebenso besteht Verstoß gegen **Treu und Glauben**, wenn die Zollschuld durch unrichtige Rechtsbelehrung der Zollbehörde entstanden ist (FG Münster EFG 81, 537). Der Nachforderung von Eingangsabgaben wegen zunächst falscher Tarifierung steht der Grundsatz von Treu und Glauben idR aber dann nicht entgegen, wenn es der Stpfl unterlassen hat, vor der Einfuhr eine verbindliche Zolltarifauskunft einzuholen (BFH DStR 82, 451).

Das FA ist andererseits bei der Veranlagung nicht an seine bei den früheren Veranlagungen vertretene Rechtsauffassung gebunden (BFH BStBl 67, 212; 76, 155; 77, 660; 81, 448; 86, 520), auch dann nicht, wenn der Stpfl im Vertrauen auf die Richtigkeit objektiv unrichtiger Entscheidungen disponiert hat (BFHE 103, 77; BFH BStBl 83, 281). Der Grundsatz von der Unzulässigkeit widersprüchlichen Verhaltens soll im Steuerrecht auch nicht uneingeschränkt gelten, FG Bremen EF 82, 518; aA BFH BStBl 65, 270. Umstritten ist, ob und wieweit der Vertrauensschutz auch im Zusammenhang mit mittelbaren **Parteispenden** eingreift, wenn die FinBeh eine Praxis trotz möglicher Kenntnis jahrelang unbeanstandet gelassen haben oder die unmittelbar bedachten Vereinigungen, die die Spenden an die politischen Parteien weitergaben sogar als gemeinnützig anerkannt waren. Der BFH hat nunmehr eine solche Sache ua mit dem Auftrag an das FG zurückverwiesen zu prüfen, ob sich der Spender gegenüber Steuernachforderungen den vollen Abzug seiner Zuwendungen erfolgreich auf Vertrauensschutz berufen kann, dabei kann nach Auffassung des BFH ua die Kenntnis oder Unkenntnis des Spenders von der Weiterleitung der Beträge rechtlich bedeutsam sein (BFH FR 88, 167; dazu *Felix* FR 88, 152; *Woerner* BB 88, 396).

i) Verwirkung ist ein Ausfluß des Grundsatzes von Treu und Glauben (vgl *Fritsch* Die Verwirkung im Steuerrecht, FR 65, 244, *Schmid* Die Verwirkung im Abgabenrecht, KStZ 80, 42). Die Verwirkung führt zum Verlust einer Rechtsposition, zB dann, wenn der Verpflichtete aus dem Verhalten des an sich Berechtigten entnehmen muß, daß dieser sein Recht nicht mehr ausüben wolle, so daß die Rechtsausübung als illoyal erscheint (BFH BStBl 65, 657; 72, 864). **Verwirkung** tritt ein, wenn das FA in Kenntnis des Steueranspruchs längere Zeit dem Stpfl gegenüber untätig bleibt und dieser sich infolge des Verhaltens des FA darauf einrichten darf, daß der **Steueranspruch nicht** mehr **geltend gemacht** wird (BFH BStBl 73, 668; 78, 168). Die Voraussetzungen der Verwirkung können aber nicht für alle Fälle von vornherein festgelegt werden. Sie kann in Ausnahmefällen auch einmal durch bloßen Zeitablauf eintreten (BFH BStBl 79, 121). Die FinBeh muß dann aber während eines sehr langen Zeitraums (zB deutlich über 10 Jahre) untätig geblieben sein. Ein Zeitraum, der lediglich erheblich über eine normale Verjährung hinausgeht, reicht nicht, da die Verwirkung kein Ersatz für eine Verjährung ist. In der Regel gilt daher, daß der StAnspruch allein durch jahrelanges Untätigbleiben der FinBeh nicht verwirkt wird (BFH BStBl 82, 107; 83, 182; 87, 12). Besonders in den Fällen, in denen ein gesonderter Gewinnfeststellungsbescheid ergangen ist und die FinBeh im Anschluß daran untätig geblieben ist, wird jahrelanges Untätigbleiben der FinBeh allein keine Verwirkung herbeiführen, da der StPfl nicht darauf vertrauen kann, nicht mehr zur Steuer herangezogen zu werden (BFH BStBl 80, 368; vgl auch BFH BStBl 72, 331). Für die **Verwirkung** des GewStAnspruchs reicht es auch zB nicht aus, daß das FA die Einkünfte in der Vergangenheit bei der ESt ständig als Einkünfte aus selbständiger Arbeit eingeordnet hat; es muß eine die GewSt verneinende Entscheidung hinzukommen, FG SchlHol EFG 80, 300. Aber ein von der Behörde einmal durch Untätigbleiben erweckter Vertrauensschutz kann nur für die Zukunft unterbrochen werden und nur durch ein Behördenhandeln, aus dem der Stpfl bei verständiger Würdigung entnehmen kann, daß das FA nunmehr eine andere Rechtsauffassung vertritt, FG Saarland EFG 81, 242.

Festzuhalten bleibt, daß es sich auch bei der Verwirkung um einen außergewöhnlichen Rechtsbehelf handelt, der nur in Ausnahmefällen Platz greifen und nicht zu einer Aufweichung der Schuldnerverpflichtung führen darf. Die Verwirkung ist ein Unterfall der unzulässigen Rechtsausübung. Sie gestattet die Abwehr der illoyal verspäteten Geltendmachung eines Anspruch BGH v 7. 3. 66 – VII ZR 274/65. **Verwirkung** setzt neben dem bloßen Zeitmoment (Untätigkeit des Berechtigten) sowohl ein bestimmtes Verhalten des Berechtigten voraus, aus dem der Verpflichtete bei objektiver Beurteilung darauf vertrauen durfte, nicht mehr in Anspruch genommen zu werden, als auch, daß der Verpflichtete tatsächlich auf die Nichtgeltendmachung des Anspruchs vertraut und sich hierauf eingerichtet hat (BFH BStBl 79, 121; 84, 780).

k) Verbindliche Auskünfte und Zusagen vgl Erläuterungen zu §§ 89, 201, 204–207, vgl auch § 113 Anm 5a. Eine Berufung auf **unrichtige Auskünfte** und längerfristige falsche Verzollung kommt nicht in Betracht, wenn der **Betroffene wußte**, daß das Verhalten der Verwaltung nicht dem Gesetz entsprach, BFH BStBl 78, 274.

6. Auslegung von Steuergesetzen. Nicht mehr in die AO aufgenommen sind Vorschriften über die Auslegung von Steuergesetzen (anders § 1 Abs 1 und 2 StAnpG, wonach bei der Auslegung von Steuergesetzen und bei der Beurteilung steuerlicher Sachverhalte ua auch die Volksanschauung, die wirtschaftliche Bedeutung der Gesetze und die Entwicklung der Verhältnisse zu berücksichtigen waren). Der RegEntw enthielt noch einen Absatz 2, wonach bei der Auslegung auch der wirtschaftliche Sinn und der Zweck der Gesetze sowie die Entwicklung der Verhältnisse zu berücksichtigen sind. Dieser Absatz wurde vom BTag als überflüssig gestrichen. Das bedeutet jedoch nicht, daß diese Auslegungsregeln künftig nicht mehr gelten sollen (Schriftl Bericht des Finanzausschusses, BTag-Drs 7/4292, S 15).

Rechtssystematisch war eine derartige Auslegungsnorm verfehlt. Sie findet sich auch sonst nicht in außersteuerlichen Gesetzen. Wie Gesetze auszulegen sind, haben Rechtsprechung und Wissenschaft festzustellen. Problematisch ist es auch, einen von vielen Auslegungsgrundsätzen besonders herauszustellen, wenngleich nicht zu leugnen ist, daß der sog **wirt-**

2. Abschnitt. Steuerliche Begriffsbestimmungen § 4

schaftlichen Betrachtungsweise** im Steuerrecht eine erhöhte Bedeutung im Vergleich zu anderen Rechtsmaterien zukommt. Steuergesetze haben in erster Linie das Ziel, vergleichbare wirtschaftliche Vorgänge ohne Rücksicht auf deren rechtstechnisches Gewand zu erfassen. Sie verwenden nicht selten zur Umschreibung des wirtschaftlichen Vorgangs zivilrechtliche Begriffe, die im Normalfall auch das ausdrücken, was der Gesetzgeber erfassen wollte. Indes gibt es eine Reihe von Möglichkeiten, wirtschaftlich denselben Erfolg zu erreichen, indem man einen anderen, dem Wortlaut des Gesetzes nicht entsprechenden Weg einschlägt. Sofern es sich hierbei nicht um einen Fall der **mißbräuchlichen** Verwendung von rechtlichen **Gestaltungsmöglichkeiten** handelt (vgl § 42, § 6 StAnpG), wird man vielfach schon durch eine an den Sinn des Gesetzes anknüpfende Auslegung zu dem vom Gesetzgeber gewollten, aber nur unvollkommen zum Ausdruck kommenden Ziel gelangen. Der **BFH** ist verschiedentl aus Gründen der **wirtschaftl Betrachtungsweise** auch **zugunsten** des Stpfl von der **zivilrechtl** Gestaltung abgewichen, zB im Zusammenhang mit der Beurteilung von **SpekulatGewinnen** nach § 23 EStG, wo es um die Frage der Einbeziehung des Gebäudes bei der Veräußerung von Grundstücken ging, vgl BFH BStBl 77, 384.

Nicht mehr aufgenommen worden ist auch der § 1 Abs 3 StAnpG, wonach die Auslegungsregeln auch für die Beurteilung von Tatbeständen – gemeint sind Sachverhalte – galten. Die Befürworter dieser Bestimmung gehen offenbar davon aus, daß zwischen der Anwendung des Gesetzes auf einen bestimmten Sachverhalt noch eine Art Zwischenstadium besteht, in dem gleichsam der Sachverhalt auf den gesetzlichen Tatbestand zurechtgeformt wird. Nach der juristischen Methodenlehre ist aber die rechtliche Beurteilung eines bestimmten Sachverhalts allein Frage der Subsumtion. Die Frage, ob ein bestimmter Sachverhalt von einer gesetzlichen Norm erfaßt wird, entscheidet die bei der Subsumtion vorzunehmende Auslegung des Gesetzes. Was nach allen denkbaren Auslegungsregeln nicht durch den Gesetzestext erfaßt wird, kann auch nicht durch Zurechtbiegen dem Gesetz untergeordnet werden (vgl hierzu *Brandt* Beurteilung von Tatbeständen im Steuerrecht nach § 1 III StAnpG, Diss 1967 Hamburg; *TK* Tz 76 ff). Durch die Streichung des im Regierungsentwurf enthaltenen Abs 2 wollte der Gesetzgeber nicht die **Weitergeltung** der bisherigen **Auslegungsregeln** verhindern. Nach seiner Auffassung handelt es sich hierbei um allgemein geltende Auslegungsregeln, die im Steuerrecht ebensowenig der Kodifikation bedürfen wie im übrigen Recht (vgl Bericht des Finanzausschusses, BTag-Drs 7/4292, S 15).

7. Auslegungsgrundsätze. Der Gesetzgeber stellt regelmäßig nur allgemeine Regeln auf und verwendet hierbei häufig abstrakte Begriffe. Diese Begriffe sind notgedrungen mehrdeutig. Es kommt nun bei der Beurteilung eines bestimmten Sachverhaltes darauf an, festzustellen, ob dieser Sachverhalt vom Gesetzestext erfaßt wird. Läßt sich das nicht auf Anhieb bejahen, ist zu prüfen, ob im Wege der Auslegung der Sachverhalt dem abstrakten Gesetzestext zugeordnet werden kann. Der Wortlaut des Gesetzes bringt idR seinen Inhalt nur unvollkommen zum Ausdruck (s BFH BStBl 72, 134). Auslegung ist also Klarstellung des Sinnes einer Rechtsnorm (*TK* Tz 76).

§ 4 — 1. Teil. Einleitende Vorschriften

Es ist selbstverständlich, daß eine weitgehende Auslegung nicht zulässig ist, wenn der Wortsinn der Vorschrift so eindeutig ist, daß für eine weitergehende Interpretation kein Raum mehr ist.

Je konkreter eine gesetzliche Vorschrift gefaßt ist, desto weniger Raum ist für eine über den Wortlaut hinausgehende Auslegung; zB wäre es unzulässig, ein Hundesteuergesetz auch auf Katzen anzuwenden. Der klare Wortlaut läßt keine weitere Auslegung zu. Zweifel könnten schon entstehen, wenn das Gesetz den Begriff Haustier verwenden würde. Hier würde sich die Frage stellen, ob darunter nur Haustiere im herkömmlichen Sinn zu verstehen sind, oder auch Tiere, die lediglich gezähmt und im Hause gehalten werden. Ob eine solche Auslegung zulässig ist, entscheidet sich nach dem Zweck des Gesetzes.

In erster Linie sind der **Wortlaut** und der **Sinnzusammenhang** maßgebend (BVerfGE 1, 299). Abweichung vom Wortlaut nur, wenn zuverlässige Anhaltspunkte dafür vorliegen, daß er den wirklichen Willen nicht zum Ausdruck bringt (BFH BStBl 57, 264; 62, 126). Der Zweck eines Steuergesetzes ist nur soweit maßgeblich, als er im Wortlaut des Gesetzes zum Ausdruck gekommen ist (BVerfGE 13, 261, 267, BFH BStBl 68, 216).

Bei der Auslegung kann man sich verschiedener Methoden bedienen.

a) Die sog **subjektive Theorie** versucht, den Sinn der Norm, so wie ihn sich der Gesetzgeber vorgestellt hat oder bei Kenntnis der Entwicklung vorgestellt haben würde, herauszufinden.

b) Die **objektive Theorie** stellt dagegen auf den vom Willen des Gesetzgebers losgelösten objektivierten Willen des Gesetzes ab, so wie er sich aus dem Wortlaut und dem Sinnzusammenhang ergibt (BVerfG 1, 299 [312]).

c) Die sog **Andeutungstheorie** vertritt etwa eine Mittelmeinung. Sie stellt auf den Sinn der Norm ab, läßt diesen jedoch nur dann gelten, wenn er zumindest andeutungsweise im Gesetz zum Ausdruck gekommen ist (BFH BStBl 70, 119; 74, 22, 769).

d) Die Rechtslehre kennt noch eine Reihe weiterer Auslegungskriterien, zB die **grammatische, logische, historische, systematische und die teleologische Auslegung.** Diese sog klassischen Auslegungsregeln werden zT um weitere Kriterien erweitert, wie „das innere System des oder der Gesetze", die Berücksichtigung der Verkehrssitte, die Betrachtung des Ergebnisses der Auslegung (TK Tz 87 ff). Zum Zwecke der Auslegung wird zT auch auf bevorstehende gesetzliche Regelungen Bezug genommen. Ferner sind zu erwähnen: **Umkehrschluß (argumentum e contrario):** Aus dem Schweigen des Gesetzes wird gefolgert, daß eine bestimmte Rechtsfolge nicht eintreten soll. **Schluß von Weniger auf das Mehr (argumentum a minore ad maius):** Aus dem Umstand, daß das Gesetz ein Weniger geregelt hat, wird geschlossen, daß die Regelung erst recht für ein Mehr gelten soll.

e) Welche der Auslegungsregeln der Gesetzesanwender benutzt, bleibt ihm überlassen. Die Auslegungsregeln haben weitgehend die Funktion einer **Argumentationshilfe** für denjenigen, der ein bestimmtes Ergebnis der Auslegung anstrebt oder im Auge hat. Die verschiedenen Auslegungskriterien kommen notwendigerweise meist zu unterschiedlichen Ergebnissen. Eine am Zweck des Gesetzes ausgerichtete Interpretation wirkt jedoch idR

2. Abschnitt. Steuerliche Begriffsbestimmungen § 4

am überzeugendsten (vgl *Canaris* Systemdenken und Systembegriff in der Jurisprudenz, Berlin 1969, 91), jedenfalls dann, wenn dies eine mögliche Auslegung ist, die dem Wortlaut des Gesetzes und seinem Sinnzusammenhang entspricht.

Eine bestimmte **Rangfolge** für die Auslegungskriterien besteht **nicht**, wenn auch zunächst vom Wortlaut des Gesetzes ausgegangen werden muß (BFH BStBl 73, 182; aA *Tipke* StW 74, 743, der auf den Zweck des Gesetzes abstellt). An den Wortlaut des Gesetzes dürfen aber, insbesondere bei übereilt zustandegekommenen Gesetzen, keine übertriebenen Anforderungen gestellt werden (vgl BVerfGE 35, 263 [278]; BFH BStBl 73, 856). Auch eine **Auslegung gegen den Wortlaut** ist uU möglich (BFH BStBl 73, 182; 75, 12; aA *Felix* Stbg 88, 15): hierbei ist aber große Zurückhaltung geboten. Es besteht weder im Steuerrecht der Auslegungsgrundsatz ,,in dubio pro fisco'' noch der gegenteilige Satz ,,in dubio contra fiscum'' (*Felix* FR 59, 25; *Tipke* StKongrRep 1967, 53 ff).

Im Rahmen der Auslegung von Steuergesetzen kommt deren **wirtschaftlicher Bedeutung** eine nicht geringe Funktion zu. Sie ist Ausdruck der im Steuerrecht herrschenden **wirtschaftlichen Betrachtungsweise**, die bisher in § 1 II und III StAnpG gesetzlich sanktioniert war und die auch jetzt noch im Steuerrecht gilt (vgl BVerfGE 13, 329). Diese findet jedoch, soweit sie sich zu Lasten des Stpfl auswirkt, ihre Grenzen an dem möglichen Wortsinn des Gesetzes (BFH 68, 216; 829; 70, 757; 279 [283]; 419); vgl hierzu unter 8, 9. Nach der wirtschaftlichen Betrachtungsweise ist nicht das formal erklärte oder formalrechtlich bestehende, sondern das wirtschaftlich gewollte und de facto bewirkte (BFH 14. 11. 74 StRK StAnpG § 1 R 457) maßgebend. Die wirtschaftliche Betrachtungsweise ist aber nicht allein ausschlaggebend, vielmehr ist sie bei der Auslegung von Steuergesetzen zu **berücksichtigen** (BFHE 91, 511). Vgl auch *Dornbach* Bedeutung und Funktion der wirtschaftlichen Betrachtungsweise in der Rspr, DStR 77, 3.

f) Die **zivilrechtliche Bedeutung** eines Begriffs ist für das Steuerrecht nicht unbedingt verbindlich (BFH BStBl 68, 781 [783]). Das folgt auch nicht aus dem Begriff der Einheit der Rechtsordnung. Eine solche Einheit gibt es nicht (vgl *TK* § 1 Tz 91). Es ist jedenfalls nicht geboten, daß die Steuergerichte unter dem Gesichtspunkt der **Einheit** der **Rechtsordnung** und der Vorhersehbarkeit der Steuerbelastung die zur Anwendung kommenden steuerrechtl Begriffe und Institute stets und ausschließl entsprechend ihrem **bürgerl-rechtl** Gehalt **auslegen**, BVerfGE 25, 309. Wo aber das Gesetz sich **zivilrechtl Begriffe** bedient, ist bei der Auslegung zunächst von der zivilrechtl Beurteil auszugehen; von dieser kann aber aus sachlich **einleuchtenden Gründen** (BVerfGE 29, 104) ggf **abgewichen** werden. Vgl zur wirtschaftlichen Betrachtungsweise die hervorragende Darstellung von *Grimm* ,,Das Steuerrecht im Spannungsfeld zwischen wirtschaftlicher Betrachtungsweise und Zivilrecht'' DStZA 78, 283 ff. Die Zulässigkeit der **Abweichung** von der **zivilrechtl** Gestaltung ergibt sich aus der unterschiedl Zielrichtung des Zivilrechts und des Steuerrechts. Für das **Steuerrecht** ist die **wirtschaftl Leistungsfähigkeit** maßgebend, dem **Zivilrecht** geht es dagegen um die **Abgrenzung** von **Rechtspositionen** (*Brandt* Die ,,Beurteilung von Tatbeständen'' im Steuerrecht nach § 1 III StAnpG, S 136).

g) Die Auslegungsmöglichkeit endet da, wo der Wortlaut es nicht mehr zuläßt, dh am möglichen Wortsinn (hM; BFH BStBl 71, 509; 72, 455; aA *Kriele,* Theorie der Rechtsgewinnung, Berlin 1967, S. 223). Bei Vergünstigungsvorschriften können weniger strenge Maßstäbe angewandt werden (BFH BStBl 70, 119); vgl hierzu unter 9.

8. Auslegung und Rechtsfortbildung. Eine Auslegung, die über den möglichen Wortsinn hinausgeht, wird als **Rechtsfortbildung** bezeichnet (*Larenz* Methodenlehre der Rechtswissenschaft, 3. Aufl 1975, 342). Rechtsfortbildung ist namentlich die Ausfüllung von **Gesetzeslücken.** Von einer solchen spricht man, wenn ein Gesetz keine Regelung für einen bestimmten Sachverhalt enthält, der jedoch nach dem Gedanken des Gesetzes hätte geregelt werden müssen (BFH BStBl 74, 295). Nach der Rspr sind Lücken so auszufüllen, wie der Gesetzgeber die Frage wahrscheinlich geregelt hätte, wenn er erkannt hätte (BFH BStBl 72, 866; 73, 782 [784]). *TK* (Tz 121) kritisieren an dieser Rechtsprechung, sie sei noch an der subjektiven Auslegungstheorie orientiert und zwinge zu Spekulationen über einen vermeintlichen Willen des Gesetzgebers. An den heute maßgeblichen normativen Gesetzessinn lasse auch dagegen nur anknüpfen, wenn die Rechtsfortbildung darauf ausgerichtet sei, das Gesetz nach der ihm zu entnehmenden Wertordnung und seiner objektiv erkennbaren inneren Systematik fortzuentwickeln. Diesem Zweck dienten die herkömmlichen Methoden der Analogie, des Umkehrschlusses, des argumentum a minore ad maius usw, die heute auch als teleologisch ausgerichtete Argumentationsformen benutzt würden (vgl BFH BStBl 74, 295 [297]). Die Auffassung von *TK* dürfte darauf hinauslaufen, daß man aus dem Gesetz, aus seiner Systematik, seinem Zweck auf einen vermeintlichen Willen des Gesetzgebers schließt, so wie er in dem Gesetz irgendwie zum Ausdruck gekommen ist und wie der Gesetzgeber, müßte er heute entscheiden, mutmaßlich auch entscheiden würde. Für das Steuerrecht ist jedoch eine solche Rechtsfortbildung nur mit Einschränkungen zulässig. Es dürfen dadurch keine neuen Tatbestände geschaffen werden (BVerfGE 13, 318 [328]; BVerfGE 26, 327 [335]; BFH BStBl 69, 550 [552]; 70, 747 [749]; 72, 455), vgl auch *Tipke* StW 72, 268 ff.

Eine Rechtsfortbildung durch Analogie zugunsten des Stpfl ist jedoch möglich (BFH BStBl 74, 295), zuungunsten des Stpfl zumindest nicht ausgeschlossen (BFH BStBl 75, 12).

9. Analogie. Die Grenze zwischen Auslegung und Analogie wird von der Rechtsprechung nur selten scharf gezogen. Es stellt sich die Frage, ob eine scharfe Trennung überhaupt möglich ist. Jede Auslegung eines Gesetzes, dh jede Subsumtion eines Sachverhalts unter einen abstrakten Gesetzesbegriff ist im strengen Sinne bereits Analogie. Die entscheidende Frage ist, wieweit eine solche Auslegung zulässig ist. Die Rspr stellt dafür keine eindeutigen Kriterien auf. In den Entscheidungen des BFH taucht häufig die Formel auf, daß die Auslegung dort zu enden habe, wo sie mit dem möglichen Wortsinn einer Bestimmung nicht vereinbar ist, jedenfalls wo es sich um die Begründung einer Steuerpflicht handelt (BFH 30. 1. 68 BFHE 91, 511). Wortsinn ist aber etwas anderes als Wortlaut. Der Wortsinn kann sich aus dem Zusammenhang der Vorschrift mit anderen Bestimmungen, evtl auch mit anderen Gesetzen ergeben.

2. Abschnitt. Steuerliche Begriffsbestimmungen § 4

Unter Analogie kann die Übertragung eines in einer Rechtsnorm oder einem Rechtssystem enthaltenen Rechtsprinzips oder Rechtsgedankens auf einen ähnlich gelagerten, aber – selbst unter Zugrundelegung aller in Betracht kommenden Auslegungsmethoden – nicht geregelten Sachverhalts verstanden werden. Ein Analogieverbot ist für das Steuerrecht nicht festzustellen (aA für Analogie zu Lasten des StPfl *Felix* Stbg 88, 15). Das BVerfG (vgl BVerfGE 1, 299; 7, 89) hat ausgeführt, daß das strafrechtliche Analogieverbot des Art 103 II GG nicht für das Steuerrecht gilt. Diese Feststellung hat das BVerfG zwar in einer späteren Entscheidung etwas abgeschwächt (BVerfGE 13, 318, 328), eine Analogie jedoch nicht ausdrücklich für unzulässig erklärt. Aus diesen Entscheidungen und denen des BFH kann allenfalls entnommen werden, daß eine Analogie zu Lasten des Steuerpflichtigen im Interesse der Rechtssicherheit nur unter größter Zurückhaltung vorgenommen werden darf, ausgeschlossen ist sie offenbar nicht (vgl BFH BStBl 75, 13). Sie kommt jedoch nur dann in Betracht, wenn die herkömmlichen Auslegungsmethoden offensichtlich zu völlig sinnwidrigen Ergebnissen führen würden und auszuschließen ist, daß der GesGeber diese Ergebnisse in Kauf nehmen wollte (vgl BFH BStBl 62, 126; 62, 187, BFH BStBl 60, 401; 64, 188; 65, 82; 75, 13). **Analoge** Anwendung einer **einschränkenden Klausel** in einer **StBefreiungsvorschrift** soll nicht zulässig sein, FG BaWü EFG 78, 300.

Tipke (StW 72, 364) lehnte bisher die Zulässigkeit einer Analogie zu Lasten des Steuerpflichtigen unter Berufung auf das demokratische Prinzip und das Rechtsstaatprinzip ab. Das Volk bestimme durch seine gewählten Vertreter selbst, was besteuert werden soll. Komme der Wille des Volkes in dem Gesetz nicht genügend zum Ausdruck, dürfe sich daraus für den Stpfl keine Belastung ergeben. Der einzelne müsse darauf vertrauen können, daß der Gesetzgeber das, was er wolle, genügend deutlich zum Ausdruck bringe (vgl auch *Hess* Analogieverbot und Steuerrecht, Diss Köln 1974); vgl aber am Ende dieser Anmerkung.

Dem könnte entgegengehalten werden, daß sich der Wille des Volkes nicht in einer einzigen Bestimmung manifestiert, sondern in dem Gesetz als ganzem und in seiner Stellung in der Gesamtrechtsordnung. Auch die Auslegungsgrundsätze einschließlich der Analogie sind Bestandteil unserer Rechtsordnung. Der einzelne muß damit rechnen, daß ein bestimmter Sachverhalt, den er selbst für steuerunschädlich hält, im Wege der Analogie oder Auslegung doch für steuerbar angesehen wird. Würde man die Auffassung derjenigen, die eine Analogie zu Lasten des Stpfl schlechthin für unzulässig halten, weil sie gegen das Prinzip der Rechtssicherheit verstoße, für richtig halten, müßte man konsequenterweise bei jedem erheblichen Zweifel immer zugunsten des Stpfl entscheiden. Das würde auf die Anerkennung des Grundsatzes ,,in dubio contra fiscum" hinauslaufen, eine Auffassung, die aber von niemandem vertreten wird, ebensowenig wie der Grundsatz ,,in dubio pro fisco" gilt. Wenn die Analogie ein von der Rechtsordnung anerkanntes mögliches Auslegungskriterium ist, dann ist sie auch Bestandteil unserer rechtsstaatlichen Ordnung, es sei denn, die Verfassung stellt ausdrücklich ein Analogieverbot auf, wie dies für das Gebiet des Strafrechts in Art 103 II GG geschehen ist. Gerade aus dem Umstand, daß die Verfassung für ein bestimmtes Gebiet meinte, ein Analogieverbot statuieren zu müssen, ergibt sich, daß im übrigen ein solches

Verbot nicht besteht. Die Analogie im Steuerrecht verstößt nicht gegen das Rechtsstaatsgebot, dh die Bindung an Gesetz und Recht oder gegen das Prinzip der Rechtssicherheit, wenn nämlich eindeutig dem Gesetz trotz entgegenstehenden Wortlauts entnommen werden kann, daß es einen bestimmten, tatsächlich aber nicht geregelten Fall mit Sicherheit hat erfassen wollen. Der Wille des Volkes ist dann eben nicht eindeutig oder nur unvollkommen zum Ausdruck gebracht, er läßt sich aber aus dem Gesetz entnehmen. **Lücken** in den Steuergesetzen können unter gewissen Voraussetzungen auch durch **Analogieschluß** mit **steuerverschärfender** Wirkung gefüllt werden, ohne daß das Gebot der Rechtssicherheit hierdurch verletzt wird, BFH BB 84, 515.

Zu Recht ist *Tipke* (in „Grenzen der Rechtsfortbildung durch Rechtsprechung und Verwaltungsvorschriften im Steuerrecht", 1982, Seite 163) von seiner früher vertretenen Auffassung über die Unzulässigkeit der **Analogie** abgerückt. Er bezeichnet die Auffassung, wonach die begünstigende Analogie zulässig sei, die belastende jedoch nicht, als inkonsequent. Die Analogie verletze das Demokratieprinzip nicht; wenn sie es doch täte, dann gelte das aber auch für die begünstigende Analogie. Das Verwaltungsrecht kenne kein Analogieverbot; seine allgemeinen Grundsätze seien als Richterrecht entwickelt worden.

10. Typisierende Betrachtungsweise. Die typisierende Betrachtungsweise hat gewisse Parallelen zum prima facie – Beweis. Ein bestimmter Sachverhalt wird so gesehen, wie er normalerweise in Erscheinung tritt. Der Gegenbeweis wird aber zugelassen. Die Geltung der typisierenden Betrachtungsweise ist nach 1945 ständig zurückgedrängt worden. BFH (BStBl 70, 498) stellt fest, daß die Steuerpflicht nicht mit Hilfe einer im Gesetz nicht zum Ausdruck gekommenen Sachverhaltsfiktion begründet werden kann. Trotzdem klingt in einigen Entscheidungen des BFH der Gedanke von der typisierenden Betrachtungsweise immer wieder an (BFH BStBl 67, 95; 72, 855; 73, 631). Die Frage der typisierenden Betrachtungsweise spielt insbesondere eine Rolle bei der Abgrenzung zwischen Werbungskosten/Betriebsausgaben und Kosten der Lebenshaltung. Es wird zB bei Kleidung gefordert, daß es sich um typische Berufskleidung handeln muß (BFH BStBl 71, 50). Es handelt sich hierbei wohl in erster Linie um die Interpretation sog unbestimmter Rechtsbegriffe und um eine Frage der **Beweislast**, dh um die Frage, wem letztlich die Unmöglichkeit der Aufklärung angelastet werden kann. Soweit es um Tatsachen geht, die sich steuermindernd auswirken, dürfte es zulässig sein, bei begründeten Zweifeln zuungunsten des Steuerpflichtigen zu entscheiden. Die typisierende Betrachtungsweise ist heute als formelle zu verstehen, dh sie ist zu einer Beweislasttheorie geworden (*Flume* JZ 53, 24 A 8, *Weiss* UStR 63, 135).

§ 5 Ermessen

Ist die Finanzbehörde ermächtigt, nach ihrem Ermessen zu handeln, hat sie ihr Ermessen entsprechend dem Zweck der Ermächtigung auszuüben und die gesetzlichen Grenzen des Ermessens einzuhalten.

Schrifttum: *Bullinger* Das Ermessen der öffentlichen Verwaltung, JZ 84, 1001; *Spanner* Die Prüfung von Ermessensentscheidungen in der Rechtsprechung des Bun-

2. Abschnitt. Steuerliche Begriffsbestimmungen § 5

desfinanzhofs, Festschrift für von Wallis, 1985, S 215; *Lohmeyer* Die Bedeutung steuerlicher Ermessensentscheidungen, KStZ 87, 227.

Übersicht
1. Inhalt
2. Ermessen. Begriff
3. Grenzen des Ermessens
4. Inhalt der Ermessensentscheidung
5. Ermessensvorschriften
6. Unbestimmte Rechtsbegriffe
7. Ermessensfehler
8. Begründung der Ermessensentscheidung
9. Nachprüfbarkeit

1. Inhalt. Die Vorschrift regelt, wie die Behörde ihr Ermessen ausüben soll. Sie stellt abweichend von § 2 StAnpG und vom RegEntw nicht darauf ab, daß die Behörde nach ihrem Ermessen entscheiden, sondern handeln kann. Sie enthält keine ausdrückliche Regelung über das **Übermaßverbot** und betrifft auch nicht den **Verhältnismäßigkeitsgrundsatz;** beide Grundsätze sind aber allgemein anerkannt; vgl zB § 328 II, wonach Zwangsmittel in einem angemessenen Verhältnis zu ihrem Zweck stehen müssen.

2. Ermessen. Begriff. Eine Ermessensvorschrift gibt der Verwaltung einen Spielraum, unter einer Mehrzahl rechtlich zulässiger Verhaltensweisen zu wählen (BFH, BStBl 72, 919 [920]; BFH in BFHE 148, 378). Jede von der Behörde für **sachgerecht** erachtete **Entscheidung** ist insoweit **rechtmäßig,** vgl *Erichsen/Martens,* Allg Verwaltungsrecht 8. Aufl § 12 II 2b. Behörde muß bei allen **Eingriffen** in die **private Rechtssphäre** selbst bei weitgehender Ermächtigung die Maßnahme auf das **unumgänglich Notwendige** beschränken. Sie muß prüfen, welche unter den an sich geeigneten Maßnahmen den Betroffenen am **wenigsten belasten.** Der Ermessensspielraum kann aber im Einzelfall so eingeengt sein, daß nur eine bestimmte Entscheidung richtig ist, selbst wenn die Ermessensvorschrift mit einem unbestimmten Rechtsbegriff gekoppelt ist, wie zB in §§ 163, 227 (vgl GemSOBG BStBl 72, 603).

3. Grenzen des Ermessens. § 102 FGO beschränkt die gerichtliche Nachprüfbarkeit von Ermessensentscheidungen der FinBeh darauf, ob die gesetzlichen Grenzen des Ermessens überschritten oder von dem Ermessen in einer dem Zweck der Ermächtigung nicht entsprechenden Weise Gebrauch gemacht ist (vgl auch unten Anm 9). Daraus ergeben sich folgende Grenzen für die Ermessensentscheidungen der FinBeh.

Die FinBeh müssen die **gesetzlich gezogenen Grenzen** des Ermessens einhalten (zB bei der Anordnung einer Außenprüfung gegen StPfl, die keinen gewerblichen oder land- und forstwirtschaftl Betrieb unterhalten und die auch nicht freiberuflich tätig sind, die Grenzen des § 193 II). Andernfalls kommt es zu rechtswidrigen Ermessensüberschreitungen (äußere Ermessensfehler). Die gesetzlich gezogenen Grenzen werden auch nicht eingehalten, wenn die Behörde von dem ihr zugebilligten Ermessen keinen Gebrauch macht und daher eine Ermessensunterschreitung begeht (*Gräber/ von Groll* FGO, 2. Aufl § 102 Tz 2).

Die jeweilige FinBeh hat ihr Ermessen **entsprechend dem Zweck** der Ermächtigung auszuüben. Andernfalls liegt ein Ermessensmißbrauch oder

§ 5   1. Teil. Einleitende Vorschriften

ein Ermessensfehlgebrauch vor (innerer Ermessensfehler). So legt zB die Verwendung von unbestimmten Rechtsbegriffen (dazu unten Anm 5) iVm einer Ermessensvorschrift die Richtung der Ermessensausübung fest. Allerdings hat der im Gesetz genannte Fall der Zweckverfehlung **nur beispielhafte Bedeutung** (*TK* Tz 23; *Gräber/von Groll* FGO, 2. Aufl § 102 Tz 2). Es kommen daher eine Reihe anderer Gründe für einen Ermessensmißbrauch in Betracht (s dazu unten Anm 7).

Wenn wie oben beschrieben (Anm 2) im Einzelfall das Ermessen so eingeengt ist, daß nur eine bestimmte Entscheidung richtig ist (Ermessensreduzierung auf Null), darf auch nur diese Entscheidung getroffen werden (BFH BStBl 72, 806; 81, 801; 82, 710; vgl auch grundsätzlich BFH BStBl 84, 321).

4. Inhalt der Ermessensentscheidung. Inhaltlich sind bei einer Ermessensentscheidung **zwei Stufen** zu unterscheiden. Auf der ersten Stufe wird darüber befunden, ob die tatbestandsmäßigen Voraussetzungen dafür vorliegen, daß eine Ermessensentscheidung ergeht. Insoweit ist für eine Ermessensausübung kein Raum; vielmehr liegt eine vom FG im vollen Umfang nachprüfbare Rechtsentscheidung vor. Sind die entsprechenden Voraussetzungen erfüllt, so wird auf der zweiten Stufe unter Abwägung des Für und Wider die eigentliche Ermessensentscheidung getroffen, deren Nachprüfung sich im Rahmen des § 102 FGO zu halten hat (BFH BStBl 84, 321). Deshalb gibt es auch kein sog Tatbestandsermessen, sondern das Ermessen der Verwaltung ist immer ein **Rechtsfolgeermessen** (BFH BStBl 76, 800; *TK* Tz 11).

Bei diesem Rechtsfolgeermessen lassen sich zwei Arten des Ermessens unterscheiden, und zwar das **Entschließungs-** und das **Auswahlermessen**. Ein Entschließungsermessen ist gegeben, wenn es im Ermessen der Behörde steht, ob sie eine vom Gesetz vorgesehene Rechtsfolge (zB Festsetzung eines Verspätungszuschlags) eintreten läßt oder nicht. Auswahlermessen besteht, wenn der Behörde eine von mehreren Rechtsfolgen vorgeschrieben ist, es ihr aber freisteht, welche der zugelassenen Rechtsfolgen sie wählt, zB Auswahl unter mehreren Gesamtschuldnern (*TK* Tz 12 mwN). Diese Unterscheidung hat nicht nur theoretische Bedeutung, sondern sie wird gelegentlich auch vom BFH verwendet (vgl zB BFH BStBl 88, 929) mit einer gewissen Neigung, bei einem Entschließungsermessen in Einzelfällen geringere Anforderungen an die Begründung der Ermessensentscheidung zu stellen (s unten Anm 8).

5. Ermessensvorschriften. Ob der Behörde ein Ermessensspielraum zugebilligt wird, ergibt sich regelmäßig aus dem Wortlaut der entsprechenden Bestimmung. Meist wird die Ermächtigung durch das Wort „kann" ausgedrückt. Weitere Ausdrucksformen für Ermessensspielräume können zB die Worte „darf" oder „ist zulässig" sein. Die Wortfassung muß aber nicht ausschlaggebend sein, sondern entscheidend ist die Auslegung nach dem Zweck der betreffenden Gesetzesbestimmung (GemSOBG, BStBl 72, 603; *Gräber/von Groll* FGO, 2. Aufl § 102 Tz 4). Auch das Wort „soll" kann eine Ermessensvorschrift umschreiben. Für eine Sollvorschrift ist charakteristisch, daß sie Tatbestand und Rechtsfolge für die typischen Fälle verknüpft, daß die Verwaltung aber berechtigt ist, in atypischen Fällen von

2. Abschnitt. Steuerliche Begriffsbestimmungen   § 5

der für den Regelfall vorgesehenen Rechtsfolge abzuweichen (BFH BStBl 84, 815).

Neben den Billigkeitsbestimmungen betreffen die wichtigsten Ermessensvorschriften der AO **Duldungs- und Haftungsbescheide** (§ 191, vgl ua BFH BStBl 80, 103; 83, 544; 86, 156), **Prüfungsanordnungen** (§§ 193, 196, vgl ua BFH BStBl 82, 208; 85, 566; 86, 433), die **Auswahl unter mehreren Gesamtschuldnern** (§ 44, vgl BFH BStBl 72, 364; 80, 58; 81, 493; BFH/NV 86, 256) und die **Maßnahmen der Vollstreckung** (§§ 249 ff, vgl BFH BStBl 85, 196; *TK* § 249 Tz 7; *Gräber/von Groll* FGO, 2. Aufl § 102 Tz 12).

6. Unbestimmte Rechtsbegriffe. Von Ermessensbestimmungen sind die sog unbestimmten Rechtsbegriffe zu unterscheiden. Entscheidungen über unbestimmte Rechtsbegriffe sind im Gegensatz zu Ermessensentscheidungen **gerichtlich voll überprüfbar**. So ist zB der Begriff „volkswirtschaftlich wertvoll" in § 3 Nr 1 ErfVO ein unbestimmter Rechtsbegriff. Die Anerkennungsbehörden haben daher weder einen Ermessensspielraum noch einen Beurteilungsspielraum bei der Begriffsauslegung (BFH BStBl 83, 506). Die **unbestimmten Rechtsbegriffe** können in Ausnahmefällen so weit gefaßt sein, daß sie einen gewissen **Beurteilungsspielraum** zulassen (*Bachof* JZ 72, 645; *Kruse* Grundsätze ordnungsmäßiger Buchführung, Köln 1971, 103 ff; BVerwGE 39, 197). Dies ist jedoch erst dann der Fall, wenn das Gericht im konkreten Fall nicht mehr in der Lage ist, die **Subsumtion** eines bestimmten Sachverhalts unter einen **Gesetzesbegriff** zu überprüfen, BFH BStBl 76, 800, zB weil dem Gericht die notwendigen Fachkenntnisse fehlen, die auch durch Sachverständige nicht ersetzt werden können, zB bei **Prüfungsentscheidungen** (BVerwGE 39, 197). Im Steuerrecht sind daher unbestimmte Rechtsbegriffe mit Beurteilungsspielraum kaum denkbar, vgl *TK* Anm 7. Zur Entwickl der Rspr vgl auch *Erichsen/Martens,* Allg Verwaltungsrecht, 8. Aufl § 12 Anm 24. Sind unbestimmte Rechtsbegriffe in einer **Ermessensvorschrift** enthalten, wie zB der Begriff „unbillig" in § 227, wäre es theoretisch möglich, eine **Trennung** zwischen der **Auslegung** des unbestimmten **Rechtsbegriffs** und der **Ermessensentscheidung** zu vollziehen. Dies hätte jedoch zur Folge, daß der Ermessensspielraum praktisch beseitigt würde. Der GemSOBG (BStBl 72, 603) hat in der Vorschrift des § 131 I 1 RAO, die dem § 227 entspricht, eine einheitliche Ermessensvorschrift gesehen und eine weitgehende Nachprüfbarkeit durch die Gerichte für möglich gehalten, sich gleichzeitig aber gegen eine „uferlose Kontrolle" der Verwaltung ausgesprochen. Inhalt und Umfang des Ermessens würden durch den Begriff „unbillig" näher bestimmt. Die Entscheidung ist auf starke **Kritik** gestoßen; danach soll der **unbestimmte Rechtsbegriff** zur **Tatbestandsseite** und das **Ermessen** zur **Rechtsfolgenseite** der Norm gehören. Ein sog Tatbestandsermessen existiert daher nicht, vgl insb *TK* Anm 15. *Tipke/Kruse* halten es insb unter rechtsstaatlichen Gesichtspunkten für bedenklich, wenn im Bereich der **Eingriffsverwaltung** Entscheidungen der Behörde praktisch der gerichtlichen Kontrolle entzogen werden. Dem kann entgegengehalten werden, daß es sich zumind bei den **Billigkeitsentscheidungen** nach §§ 163, 222, 223 quasi um Akte der gewährenden Verwaltung handelt, auch wenn sie im Rahmen der Eingriffsverwaltung getroffen werden.

§ 5 1. Teil. Einleitende Vorschriften

7. Ermessensfehler. Der AnwErl (zu § 5) schreibt außer den gesetzlichen Grenzen des Ermessens (s oben Anm 3) bei der Ausübung des Ermessens die Beachtung der Grundsätze der Gleichmäßigkeit der Besteuerung, der Verhältnismäßigkeit der Mittel, der Erforderlichkeit, der Zumutbarkeit, der Billigkeit und von Treu und Glauben sowie des Willkürverbots und des Übermaßverbots vor.

In Betracht kommen daher zunächst Verstöße gegen den Grundsatz der Gleichmäßigkeit der Besteuerung (Art 3 I GG); ein Verstoß gegen den **Gleichheitssatz** ist grundsätzlich ermessensfehlerhaft. Da durch die Ermächtigung zur Ermessensentscheidung der Finanzbehörde jedoch eine Wahlfreiheit gewährt wird, bedeutet es keinen Ermessensfehler, wenn gleichgelagerte Fälle von verschiedenen Behörden oder auch von derselben Behörde verschieden behandelt werden (BFH BStBl 65, 700 FG RhPf EFG 74, 46). Solche unterschiedlichen Ermessensentscheidungen verstoßen nicht gegen Art 3 Abs 1 GG. Erst die sogenannte **Ermessensabweichung** verletzt den Gleichheitsgrundsatz, wenn nämlich die Behörde ohne zureichenden Grund von einer einheitlich geübten Ermessenspraxis abweicht. Die einheitliche Ermessenspraxis beruht zumeist auf ständiger Wiederholung oder auf Befolgung ermessensregelnder Verwaltungsvorschriften. Hier besteht eine sog Selbstbindung der Verwaltung (BFH BStBl 72, 649; s auch § 4 Anm 5e). Allgemeine Verwaltungsanweisungen eines Landes können allerdings keine Selbstbindung des Ermessens eines anderen Landes herbeiführen (BFH BStBl 86, 36). Eine Abweichung von der einheitlichen Ermessenspraxis ist nur zulässig, wenn sich herausstellt, daß die Verwaltungspraxis rechtswidrig oder ermessensfehlerhaft ist. Ein Anspruch auf Fortsetzung der rechtswidrigen oder ermessensfehlerhaften Verwaltungspraxis besteht nicht (vgl BFH BStBl 58, 356; 65, 73, 494; StRK AO § 131 NF R 118). Der Gleichheitsgrundsatz wird durch Verweigerung der Gleichbehandlung nicht verletzt, wenn die erstrebte Behandlung in sachverhaltsgleichen Fällen zu Unrecht gewährt worden ist (BVerwGE 5, 1). Es würde zur Aufhebung der Gewaltentrennung wie des Vorbehalts und des Vorranges des Gesetzes führen, wenn über den Gleichheitsgrundsatz die Bindung an das Gesetz von der Art und Weise seiner Ausübung abhängig gemacht würde VGH NJW 71, 954. Art 3 Abs 1 GG gewährt keinen **Anspruch** auf gleichmäßige **Falschbehandlung** (FG RhPf EFG 75, 15), *TK* § 3 Textziffer 37.

Verstöße gegen die Grundsätze der **Verhältnismäßigkeit** sind gegeben, wenn zwischen dem angestrebten Zweck und dem angewendeten Mittel kein angemessenes Verhältnis besteht (vgl BVerfGE 23, 127 [133]; BFH BStBl 81, 208); gegen die **Erforderlichkeit der Mittel,** wenn unter verschiedenen zur Auswahl stehenden Mitteln nicht die den StPfl am wenigsten hart treffende Maßnahme gewählt wird (BVerfGE 29, 245 [254]; BFH BStBl 78, 418); gegen **die Zumutbarkeit,** wenn die Existenz des Betroffenen vernichtet wird (vgl BFH BStBl 63, 342); gegen die **Billigkeit,** wenn die Maßnahme nach allgemeiner Auffassung unter Berücksichtigung der Belange der öffentlichen Hand und des Steuerpflichtigen mit den Grundsätzen der Gerechtigkeit unvereinbar ist (BFH BStBl 72, 222; *TK* Tz 31 mwN); gegen **Treu und Glauben** zB, wenn die Behörde in einem Steuerfall gegen ihr eigenes früheres Verhalten verstößt (s § 4 Anm 5h); gegen das **Willkürverbot,** wenn die Entscheidung nicht aus der Sache her-

2. Abschnitt. Steuerliche Begriffsbestimmungen **§ 5**

aus gerechtfertigten (sondern unter sachfremden Erwägungen) getroffen worden ist (vgl BFH BStBl 59, 413) und schließlich gegen das **Übermaßverbot,** wenn die Entscheidung zwar abstrakt durch die gesetzliche Ermächtigung gedeckt, im Einzelfall aber über das im öffentlichen Interesse Gebotene hinausgeht (*TK* Tz 33 mwN). Die Grundsätze, die keinen Anspruch auf Vollständigkeit haben, überschneiden sich zum Teil oder lassen sich teilweise auseinander ableiten.

Allgemein gilt, daß eine fehlerfreie Ermessensausübung durch die FinBeh einen **umfassend und einwandfrei ermittelten Sachverhalt** voraussetzt (BFH BStBl 81, 740; 83, 672; 85, 489; FG Düsseldorf EFG 80, 478; FG Bremen EFG 81, 602). Es ist daher ein Ermessensfehler, wenn die Entscheidung nicht auf einem ordnungsgemäß ermittelten Sachverhalt sondern auf Vermutungen und Annahmen beruht (FG RhPf EFG 81, 341).

Zu **Einzelfällen** von Ermessensfehlern s die Erl zu den jeweiligen Ermessensvorschriften. Hier sei nur auf folgende Beispiele verwiesen: Ob und wie die **Behörde** eine **Auskunft** erteilt, liegt in ihrem pflichtgemäßen Ermessen, wobei Geheimhaltungsinteressen und das Interesse des Auskunftsuchenden gegeneinander abzuwägen sind, FG Hbg EFG 78, 450. Antrag auf Erteilung einer **Zweitschrift** der grunderwerbsteuerlichen Unbedenklichkeitsbescheinigung darf nur ausnahmsweise abgelehnt werden, FG Bremen EFG 78, 187. Es ist nicht ermessensfehlerhaft, wenn das FA bei der Festsetzung von Vorauszahlungen in einer schwierigen, höchstrichterlich noch nicht entschiedenen Rechtsfrage der im Zeitpunkt der Entscheidung allgemein vertretenen Rechtsauffassung folgt, BFH BStBl 82, 446. Wenn im **DBA** ein **Verständigungsverfahren** vorgesehen ist, bedeutet dies, daß bei nachgewiesener Doppelbelastung **grundsätzl** ein solches Verfahren einzuleiten ist; Ablehnung der Einleitung ist nur dann nicht unbillig, wenn beachtliche Belange der öffentl Hand entgegenstehen oder wenn das Begehren des Stpfl gegen Treu und Glauben verstößt, FG Nürnberg EFG 78, 157. FA handelt ermessenswidrig, wenn es **Konkursantrag** wegen noch nicht bestandskräftiger StBescheide stellt, deren Rechtmäßigkeit erhebl zweifelhaft ist, FG BaWü EFG 79, 4. Ein Ermessensfehler liegt auch vor, wenn die Beh sich bei einer Ermessensentscheidung auf Einwendungen gegen einen **vorausgegangenen Bescheid** einläßt und hierbei zu Unrecht von dessen Rechtmäßigkeit ausgeht (BFH BStBl 67, 156; 88, 139).

8. Begründung der Ermessensentscheidungen. Eine Ermessensentscheidung bedarf grundsätzlich einer Begründung. Es müssen die angestellten Erwägungen, die Abwägung des Für und Wider aus der Entscheidung erkennbar sein (s § 121 Anm 2). Unter den Voraussetzungen des § 121 II kann von einer Begründung abgesehen werden, insbesondere, wenn dem Adressaten des Verwaltungsaktes die Auffassung der Behörde über die Sach- und Rechtslage bekannt oder doch ohne weiteres erkennbar ist (BFH BStBl 83, 621). Der BFH hat darüberhinaus für das Entschließungsermessen (s dazu oben Anm 4) der FinBeh, einen Haftungsschuldner in Anspruch zu nehmen, dann keine besondere Begründung gefordert, wenn eine anderweitige Realisierung des Steueranspruchs nicht möglich ist (BFHE 151, 111). Außerdem kann nach der Rspr des BFH von einer Begründung bei Haftungsfällen abgesehen werden, wenn die FinBeh erkennbar von einer Verwirklichung des Haftungstatbestandes in erschwerter

Verschuldensform ausgegangen ist (BFH BStBl 78, 508; BFH in BFHE 149, 511; vgl auch Anm in HFR 88, 92). Im Regelfall ist eine **nichtbegründete Ermessensentscheidung ermessensfehlerhaft** (BFH BStBl 81, 493; 83, 695; BFH in BFHE 151, 111).

Die Begründung kann jedoch gemäß § 126 I Nr 2 in der Einspruchs- oder Beschwerdeentscheidung nachgeholt werden (ua BFHE 151, 111), nicht jedoch erst vor dem FG (s unten Anm 9). Auch in Fällen formloser Inanspruchnahme des Arbeitgebers wegen LohnStHaftung müssen daher zB die für die Ermessensausübung maßgebenden Erwägungen spätestens in der Einspruchsentscheidung dargelegt werden. Dies gilt auch dann, wenn der Arbeitgeber seine Verpflichtung zur Zahlung in derartigen Fällen regelmäßig schriftlich anerkannt hat (FG Hamburg EFG 78, 187).

9. Nachprüfbarkeit. Die Finanzgerichte können eine Ermessensentscheidung nur daraufhin überprüfen, ob eine Ermessensüberschreitung oder ein Ermessensfehlgebrauch vorliegt (§ 102 FGO). Die FG sind daher auf die **Aufhebung** des angefochtenen VA beschränkt, wenn ein Ermessensfehler vorliegt. Sie können nicht ihr Ermessen an die Stelle des Ermessens der FinBeh setzen. Eine eigene ersetzende Entscheidung ist den Gerichten nur dann eröffnet, wenn im Einzelfall das Ermessen so eingeengt ist, daß nur eine bestimmte Entscheidung möglich ist (s oben Anm 3 und BFH BStBl 83, 695; 86, 620).

Vom **Zeitpunkt** her maßgebend für die Prüfung, ob ein Ermessensfehler vorliegt, sind die Verhältnisse bei Erlaß der Einspruchs- oder Beschwerdeentscheidung (BVerwGE 20, 316; BFH BStBl 67, 49; 72, 649; 72, 919; 76, 499; 78, 508; 81, 751; 81, 801). Die FinBeh kann fehlende Ermessenserwägungen daher nicht mehr im Gerichtsverfahren nachholen.

§ 6 Behörden, Finanzbehörden

(1) Behörde ist jede Stelle, die Aufgaben der öffentlichen Verwaltung wahrnimmt.

(2) Finanzbehörden im Sinne dieses Gesetzes sind die folgenden im Gesetz über die Finanzverwaltung genannten Bundes- und Landesfinanzbehörden:
1. **der Bundesminister der Finanzen und die für die Finanzverwaltung zuständigen obersten Landesbehörden als oberste Behörden,**
2. **die Bundesmonopolverwaltung für Branntwein und das Bundesamt für Finanzen als Bundesoberbehörden,**
3. **Rechenzentren als Landesoberbehörden,**
4. **die Oberfinanzdirektionen und die Monopolverwaltung für Branntwein Berlin als Mittelbehörden und**
5. **die Hauptzollämter einschließlich ihrer Dienststellen, das Zollkriminalinstitut, die Zollfahndungsämter, die Finanzämter und die besonderen Landesfinanzbehörden als örtliche Behörden.**

§ 6 neu gefaßt durch StBereinigG 1986 v 19. 12. 1985 BGBl I, 2436.

Nicht alle im FVG als Finanzbehörden bezeichneten Behörden sind FinBeh iS der AO. In der AO wird durchgängig – ausgenommen die Vorschriften über die örtliche Zuständigkeit – der Begriff FinBeh verwendet.

2. Abschnitt. Steuerliche Begriffsbestimmungen **§ 7**

Gemeint ist damit die jeweils zuständige Finanzbehörde, regelmäßig also das FA oder HZÄ. **Besondere LandesFinBeh:** Nach § 2 II FVG können durch RVO der zuständigen Landesregierung für Kassengeschäfte andere örtliche Landesbehörden zu Landesfinanzbehörden bestimmt werden (besondere Landesfinanzbehörden). Nach Art 108 II GG sind die FinBehörden der Länder Bestandteil der unmittelbaren Staatsverwaltung (*Maunz/Dürig/Herzog/Scholtz* Komm zum GG, Art 108 Rdnr. 322). Daraus folgt, daß Steuern nicht von anderen als FinBehörden verwaltet werden dürfen. FinBehörden müssen von den übrigen Staatsbehörden **organisatorisch getrennt** sein; sie dürfen nicht mit anderen, nicht zur StVerwaltung gehörenden Aufgaben in einer Weise betraut werden, daß eine **Mischbehörde** entsteht. Daher müssen auch Rechenzentren, die Aufgaben der StVerwaltung ausüben, FinBehörden sein.

In der Praxis haben sich Zweifel ergeben, welche Stellen der öffentlichen Verwaltung den Finanzbehörden gegenüber zur Leistung von **Amtshilfe** verpflichtet sind. Zur Beseitigung dieser Zweifel ist durch das Steuerbereinigungsgesetz 1986 der Behördenbegriff des § 1 Abs 4 Verwaltungsverfahrensgesetz in § 6 Abs 1 der Abgabenordnung übernommen worden. Klargestellt wird damit, daß auch die mit Aufgaben der öffentlichen Verwaltung betrauten Stellen der selbständigen Körperschaften (Anstalten, Stiftungen) des öffentlichen Rechts zur Amtshilfe verpflichtet sind.

Die ebenfalls durch das Steuerbereinigungsgesetz 1986 eingefügte **neue Nummer 3 des Absatzes 2** soll berücksichtigen, daß den Ländern durch eine Änderung des § 2 des Finanzverwaltungsgesetzes die Möglichkeit eingeräumt wird, Rechenzentren als Landesoberbehörden zu errichten.

§ 386 I 2 enthält als **lex specialis** einen besonderen Begriff der FinBeh. Er gilt nur für die §§ 385 bis 408.

Soweit die **Gemeinden** Lohnsteuerkarten ausstellen, Eintragungen darauf vornehmen oder ändern, sind sie gem der Sondervorschrift des § 39 VI EStG örtliche Landesfinanzbehörden. Wenn eine Gemeinde daher die Ausstellung einer Lohnsteuerkarte, eine Eintragung oder eine Änderung ablehnt, muß sie darüber einen schriftlichen Bescheid erteilen. Dagegen ist der Rechtsbehelf des Einspruchs und dagegen der Finanzrechtsweg gegeben (*Klein/Flockermann/Kühr* EStG, 3. Aufl, § 39 Tz 74).

§ 7 Amtsträger

Amtsträger ist, wer nach deutschem Recht
1. **Beamter oder Richter (§ 11 Abs. 1 Nr. 3 des Strafgesetzbuches) ist,**
2. **in einem sonstigen öffentlich-rechtlichen Amtsverhältnis steht oder**
3. **sonst dazu bestellt ist, bei einer Behörde oder bei einer sonstigen Stelle oder in deren Auftrag Aufgaben der öffentlichen Verwaltung wahrzunehmen.**

Schrifttum: *Schröder* Zum Begriff des Amtsträgers, NJW 84, 2510.

Der Begriff des Amtsträgers ist in der AO im Zusammenhang mit dem Steuergeheimnis (§ 30), der Haftungsbeschränkung (§ 32), der Besorgnis der Befangenheit in einem Verwaltungsverfahren (§ 83), der Akteneinsicht (§ 187) und bei der Selbstanzeige (§ 371 II) von **Bedeutung**.

§ 8 1. Teil. Einleitende Vorschriften

Die Definition des **Amtsträgers** entspricht § 11 Abs 1 Nr 2 und 3 StGB. **Nr 1: Beamter ist,** wer in ein öffentliches Amt durch Aushändigung einer Ernennungsurkunde berufen ist; die Art der übertragenen Aufgaben ist nicht ausschlaggebend. **Richter:** Berufsrichter oder ehrenamtlicher Richter (§ 11 I Nr 3 StGB). **Nr 2:** in einem sonstigen öffentlich-rechtlichen Amtsverhältnis steht (§ 11 Nr 2 StGB), zB Minister und der Wehrbeauftragte des Bundestages (§ 1 BundMinG, BGBl 71 I 1166; § 15 I Gesetz über Wehrbeauftragten vom 26. Juni 57 – BGBl III 50-2), Notare und Notarassessoren (§ 1 BNotO). **Nr 3** erfaßt alle Arten von Dienst- und Auftragsverhältnissen, ohne daß es auf förmliche Bestellung ankommt. **Hilfstätigkeiten** wie die der Schreibkräfte, Boten, Fahrer usw fallen nicht darunter. Dienstherr braucht keine **Behörde** im organisatorischen Sinne zu sein (sonstige Stelle), es können auch Körperschaften oder Anstalten des öffentlichen Rechts sowie Stellen, die Teil einer Behörde im organisatorischen Sinne sind, sein. Ferner sonstige Stellen, die zu **öffentlichen Aufgaben** berufen sind, wie Vereinigungen, Ausschüsse oder Beiräte, die bei der Ausführung von Gesetzen mitwirken. Es muß sich nur um die Wahrnehmung von Aufgaben der öffentlichen Verwaltung handeln (vgl § 1 III VwVfG). Darunter fällt sowohl die Wahrnehmung von Aufgaben der staatlichen Anordnungs- und Zwangsverwaltung sowie die Tätigkeit des Staates zur Daseinsvorsorge, ferner die erwerbswirtschaftlich fiskalische Betätigung des Staates und anderer Körperschaften des öffentlichen Rechts. Der Begriff ,,öffentliche Verwaltung" ist weit zu sehen, er dient als Abgrenzung zu der sonstigen staatlichen Tätigkeit, dh der Rechtsprechung und der Gesetzgebung. Abgeordnete fallen nicht unter den Amtsträgerbegriff, ebenso nicht Soldaten (*Koch* Tz 5). Desgleichen nicht die Träger von Ämtern der Kirchen und anderen Religionsgesellschaften des öffentlichen Rechts, soweit ihnen nicht Aufgaben der öffentlichen Verwaltung besonders übertragen sind. Amtsträger aufgrund ausländischen Rechts oder Beamte, Angestellte und Richter der EG fallen ebenfalls nicht unter die Amtsträger (*TK* Tz 1 mwN). In der Vorschrift über das **Steuergeheimnis** (§ 30) wird der Amtsträgerbegriff noch erweitert (§ 30 Abs 3).

§ 8 Wohnsitz

Einen Wohnsitz hat jemand dort, wo er eine Wohnung unter Umständen innehat, die darauf schließen lassen, daß er die Wohnung beibehalten und benutzen wird.

Schrifttum: *Birkholz* Der Wohnsitz, seine Begründung, seine Aufgabe und deren Bedeutung im Rahmen des Steuerrechts, DStZ/A 79, 247; *App* Zur inländischen Einkommensteuerpflicht von zivilen Angehörigen der Stationierungsstreitkräfte, DStZ 84, 89.

1. Inhalt. Eine Reihe von Gesetzen knüpft an den **Wohnsitz** im Geltungsbereich des Gesetzes an. Der Wohnsitz hat insbesondere Bedeutung für die **örtliche Zuständigkeit** im Besteuerungsverfahren (§ 19) und nach den Einzelsteuergesetzen für die Frage der beschränkten oder unbeschränkten Steuerpflicht. Anders als im bürgerlichen Recht (§§ 7, 8 BGB) ist für den steuerlichen Wohnsitzbegriff die tatsächliche Gestaltung der Verhältnisse maßgebend. Auf den rechtsgeschäftlichen Willen kommt es nicht an

2. Abschnitt. Steuerliche Begriffsbestimmungen § 8

(BFH BStBl 70, 153; BFH/NV 87, 301). Auch Minderjähriger kann ohne Willen des gesetzlichen Vertreters Wohnsitz begründen (RFH RStBl 39, 1209); natürlicher Wille ist aber erforderlich (RFH RStBl 36, 859). Der polizeilichen Anmeldung kommt keine ausschlaggebende Bedeutung zu (BFH BStBl 70, 153; 78, 494; 79, 335; 86, 135; anders bei der Kinderzuordnung nach § 32 VII EStG). Auch mehrfacher Wohnsitz ist möglich (vgl § 19 I 2). Ein StPfl, der mehrfachen Wohnsitz hat, hat aber immer nur einen gewöhnlichen Aufenthalt im Sinne des § 9 (BFH BStBl 84, 11).

2. Wohnung liegt nur dann vor, wenn zum Wohnen geeignete Räume vorhanden sind. Wohnung kann auch ein **Wohnwagen** bei Dauermiete auf Campingplatz sein, FG Hamburg EFG 74, 66. Eine Gemeinschaftsunterkunft auf einer Baustelle kann Wohnung sein, wenn der StPfl zur Ausübung seines Hauptberufs gezwungen ist, ständig eine zweite Wohnung zu unterhalten (BFH BStBl 79, 224). Auch möblierte Zimmer können Wohnung sein (BFH BStBl 70, 153). Bei Studenten kommt es auf den Einzelfall an (vgl RFH RStBl 41, 365 und RStBl 40, 514). Bei **Studenten,** die am Studienort ein Zimmer haben, wird der **Wohnsitz** bei den **Eltern** idR nicht aufgegeben, weil die Bindung ans Elternhaus dadurch idR noch nicht verloren geht, FG Münster EFG 76, 472. Bei vorübergehender Abordnung eines Beamten begründet möbliertes Zimmer am Dienstort keinen Wohnsitz (RFH RStBl 36, 797; 40, 422). Ein Ehemann hat in der Regel seinen Wohnsitz dort, wo sich seine Familie befindet (BFH BStBl 85, 331). Ein Verschollener hat seinen Wohnsitz bei der Ehefrau (FG Düsseldorf EFG 58, 144).

3. Innehaben erfordert tatsächliche Verfügungsmacht. Die Wohnung muß mindestens mit gewisser Regelmäßigkeit aufgesucht werden (BFH BStBl 68, 439). Beibehaltung eines Zimmers im elterlichen Haus zu Besuchszwecken reicht nicht aus (BFH BStBl 61, 298), ebensowenig Zweit- oder Ferienwohnung, die in unregelmäßigen Abständen benutzt wird (BFH BStBl 72, 949). Wohl aber, wenn ein Stpfl seine Eigentumswohnung eingerichtet und unvermietet zurückläßt, um im Ausland einen von Anfang an auf 2 Jahre **befristeten Arbeitsvertrag** zu erfüllen (FG München EFG 82, 628). Am Innehaben einer Wohnung fehlt es jedoch, wenn ein StPfl zusammen mit seiner Familie im Ausland lebt und sich zusammen etwa drei Monate im Jahr in der Wohnung von Angehörigen im Inland aufhält, ohne einen Anspruch auf seinen Verhältnissen entsprechende Räume zu haben (FG Bad-Württ EFG 85, 483).

4. Zusätzliche Umstände. Neben dem Innehaben einer Wohnung setzt der Wohnsitzbegriff zusätzliche Umstände voraus, die darauf schließen lassen, daß diese Wohnung beibehalten und als solche künftig genutzt wird (BFH/NV 87, 301). Die Wohnung muß dem Inhaber jederzeit (wann immer er es wünscht) als Bleibe zur Verfügung stehen und von ihm subjektiv zu entsprechender dauernder Nutzung bestimmt sein. Der Inhaber muß die Wohnung aber nicht dauernd nutzen und sich dauernd oder während einer Mindestzeit darin aufhalten (BFH/NV 87, 301).

5. Aufgabe der Wohnung. Die Wohnung ist aufgegeben, wenn sie aufgelöst oder nicht nur vorübergehend nicht mehr benutzt wird. Durch eine **vorübergehende** Unterbrechung des Innehabens der Wohnung wird dagegen der Wohnsitz nicht beendet, sofern besondere Umstände vorliegen,

§ 9 1. Teil. Einleitende Vorschriften

die auf das Beibehalten der Wohnung schließen lassen (vgl BFH BStBl 72, 949; FG SchlHol EFG 82, 5).

6. Wohnsitz von Ausländern. Die Frage, ob ein die unbeschränkte Steuerpflicht begründender Wohnsitz gegeben ist, ist auch nach § 8 zu beurteilen, soweit ein **DBA** eingreift. Die unbeschränkte oder beschränkte Steuerpflicht bestimmt sich allein nach nationalem Recht. Der Begriff des Wohnsitzes in den DBA hat nur die Bedeutung eines Merkmals, nach dem sich die Verteilung der Steuergüter auf die Vertragsstaaten bestimmt (BFH BStBl 75, 708; FG Bad-Württ EFG 85, 483). Ein Unternehmer mit Wohnsitz im Ausland hat keinen Wohnsitz und auch keinen gewöhnlichen Aufenthalt im Bundesgebiet, wenn er nach Geschäftsschluß regelmäßig von seinem Betrieb in der Bundesrepublik zu seiner Familienwohnung im Ausland zurückkehrt (BFH BStBl 84, 11; 85, 331). Für **US-Streitkräfte** begründet Aufenthalt in BRD regelmäßig noch keinen Wohnsitz (Art X Nato-Truppenstatut), vgl BFH BStBl 70, 153. Etwas anderes gilt jedoch, wenn diese eine berufliche Tätigkeit außerhalb der Truppe im Inland aufnehmen, BFH BStBl 71, 659. Dies gilt auch, wenn der Armeeangehörige nach Heirat mit einer Deutschen Grundbesitz im Inland erwirbt, FG Hessen EFG 82, 192. Die deutsche Ehefrau eines ausländischen Mitgliedes der Natotruppen hat ihren Wohnsitz in der Bundesrepublik, wenn sie die Voraussetzungen des § 8 erfüllt (BFH BStBl 70, 153).

§ 9 Gewöhnlicher Aufenthalt

Den gewöhnlichen Aufenthalt hat jemand dort, wo er sich unter Umständen aufhält, die erkennen lassen, daß er an diesem Ort oder in diesem Gebiet nicht nur vorübergehend verweilt. Als gewöhnlicher Aufenthalt im Geltungsbereich dieses Gesetzes ist stets und von Beginn an ein zeitlich zusammenhängender Aufenthalt von mehr als sechs Monaten Dauer anzusehen; kurzfristige Unterbrechungen bleiben unberücksichtigt. Satz 2 gilt nicht, wenn der Aufenthalt ausschließlich zu Besuchs-, Erholungs-, Kur- oder ähnlichen privaten Zwecken genommen wird und nicht länger als ein Jahr dauert.

Schrifttum: *Deppe* Zur Vorhersehbarkeit von Entscheidungen zum ,,Gewöhnlichen Aufenthalt" (§ 9 AO), StuW 82, 332.

1. Die unbeschränkte Steuerpflicht kann nicht nur durch den Wohnsitz, sondern auch durch den **gewöhnlichen Aufenthalt** begründet werden. An den gewöhnlichen Aufenthalt knüpft auch die **örtliche Zuständigkeit** des FA an, wenn kein Wohnsitz vorhanden ist (§ 19 I 1). S 3 entspricht der Regelung im RdF-Erl v 10. 7. 1939 (RStBl 1939, 826).

2. Die Umstände müssen **erkennen** lassen, daß der Steuerpflichtige im Aufenthaltsgebiet **nicht nur vorübergehend** verweilt. Absichten, die im Widerspruch dazu stehen, sind ohne Bedeutung. **Gastarbeiter,** der vor Ablauf des Jahres in sein Heimatland ausreist, im folgenden Jahr aber zurückkehrt, ist unbeschränkt Stpfl (BFH BStBl 78, 119; vgl auch zu Gastarbeitern, die nach Aufenthalt von unter 6 Monaten in längeren Heimaturlaub fahren und dann wieder zurückkehren FG RhPf EFG 75, 446; FG Bad-Württ EFG 76, 13; NiedersFG EFG 78, 111). Aus seinem Verhalten ist zu

2. Abschnitt. Steuerliche Begriffsbestimmungen § 9

schließen, daß er einen gewöhnlichen Aufenthalt hat begründen wollen. Ein **Ausländer** hat in Bundesrepublik weder Wohnsitz noch gewöhnl Aufenthalt, wenn er sich zwar oft, aber **ausschließlich vorübergehend** und **kurzfristig** hier aufhält, selbst wenn er Postadresse und angemeldeten Wohnsitz hat und dort im Hause eines Freundes gelegentlich übernachtet (FG Nürnberg EFG 78, 548). Wenn ein Stpfl mit seiner Familie im Ausland lebt und sich zusammen etwa drei Monate im Jahr regelmäßig in der Wohnung von Angehörigen im Inland aufhält, ohne einen Anspruch auf seinen Verhältnissen entsprechende Räume zu haben, hat er nicht nur keine Wohnung in der Bundesrepublik (s § 8 Anm 3) sondern auch keinen gewöhnlichen Aufenthalt hier (FG Bad-Württ EFG 85, 483). Ein **Asylbewerber** kann gewöhnlichen Aufenthalt im Bundesgebiet haben (anders nach § 30 III SGB für Kindergeldanspruch, BSG in BSGE 49, 254; BFH in BFHE 151, 46). Zum Verhältnis des Begriffs des gewöhnlichen Aufenthalts zu **DBA** gilt das zu § 8 Anm 6 Ausgeführte. Steuerpfl kann mehrere Wohnsitze, aber nur einen gewöhnlichen Aufenthalt haben (BFH BStBl 66, 522; 84, 11). Geschäftsfähigkeit ist nicht erforderlich, natürlicher Wille genügt. Auf Freiwilligkeit kommt es nicht an, zB Unfallkrankenhaus (BFH BStBl 71, 758), Justizvollzugsanstalt (BFH/NV 87, 262). Grenzgänger haben gewöhnlichen Aufenthalt im Inland nicht schon deswegen, weil sie sich während Arbeitszeit im Inland aufhalten (BFH BStBl 66, 522). Ein Unternehmer mit Wohnsitz im Ausland hat daher keinen Wohnsitz (s § 8 Anm 6) und auch keinen gewöhnlichen Aufenthalt im Bundesgebiet, wenn er nach Geschäftsschluß regelmäßig von seinem Betrieb in der Bundesrepublik zur Familienwohnung zurückkehrt (BFH BStBl 84, 11; 85, 331). Ständige Anwesenheit ist nicht erforderlich (BFH BStBl 62, 429).

3. Bei zeitlich **zusammenhängendem** Aufenthalt von mehr als **6 Monaten** wird gewöhnlicher Aufenthalt unwiderleglich vermutet, sofern nicht Satz 3 eingreift. Die **6-Monatsfrist** braucht nicht in einem **KalJahr** erfüllt zu werden, *TK* Anm 5; aA *Heinemann* FR 64, 26. Es muß sich um einen zeitlich zusammenhängenden Aufenthalt handeln; mehrere kurze Aufenthalte dürfen bei der Berechnung der Frist nicht zusammengerechnet werden. Kurzfristige **Unterbrechungen** hindern zeitlichen Zusammenhang nicht. Auch Aufenthalt, der kürzer als 6 Monate dauert, schließt ausnahmsweise Annahme eines gewöhnlichen Aufenthalts nicht aus (BFH BStBl 62, 429; 78, 118; ebenso AnwErl zu § 9). Einreise zur Erfüllung eines **Arbeitsvertrages** über ein Jahr begründet gewöhnlichen Aufenthalt, auch wenn Ausreise bereits nach wenigen Monaten erfolgt, FG RhPf EFG 75, 446. Bei Auslandsaufenthalt eines deutschen Seemanns von mehr als 6 Monaten Dauer spricht Vermutung dafür, daß Inlandsaufenthalt aufgegeben ist, bei Auslandsaufenthalt von mehr als einem Jahr kann inländischer Aufenthalt nur ausnahmsweise angenommen werden (BFH BStBl 62, 429).

4. Bei **Überschreitung** der Frist gilt nach Satz 3 die Vermutung nicht, wenn Aufenthalt lediglich **nichtgeschäftlichen Zwecken** dient und nicht länger als ein Jahr dauert.

5. Auslandsbeamte. Für Auslandsbeamte fingierte der frühere § 14 II StAnpG gewöhnlichen Aufenthalt. Regelung ist in § 1 II 2 EStG übernommen worden, vgl auch § 1 II VStG. Die örtliche Zuständigkeit richtet sich nach § 19 I 3.

§ 10 Geschäftsleitung

Geschäftsleitung ist der Mittelpunkt der geschäftlichen Oberleitung.

Schrifttum: *Schröder* Gesellschafter und Ort der Geschäftsleitung, StBp 80, 97.

Die Vorschrift entspricht fast wörtlich § 15 I StAnpG, § 15 III StAnpG, vgl § 11. § 15 II StAnpG (Ort der Leitung bei Organgesellschaften) ist durch Art 6 AStG mit Wirkung für Veranlagungszeiträume, die nach 1. 1. 72 liegen, aufgehoben worden.

Ort der Geschäftsleitung ist bedeutsam für die Frage der **unbeschränkten Körperschaft- und Vermögensteuerpflicht** von Körperschaften, Personenvereinigungen oder Vermögensmassen, ferner für **örtliche Zuständigkeit** (vgl § 18 I Nr 2, § 20 I). Mittelpunkt der geschäftlichen Oberleitung ist dort, wo der für die Geschäftsleitung maßgebende Wille gebildet wird (RFH RStBl 38, 949; BFH BStBl 70, 759). Wo dies der Fall ist, ist Tatfrage. In der Regel sind es die Büroräume des Unternehmers (RFHE 36, 244), evtl auch Wohnsitz des Leiters (RFH RStBl 39, 788), aber jedenfalls nicht Ort der Zweigniederlassung, BFH BStBl 76, 708. Der maßgebende Wille kann auch von anderen Personen als den gesetzlich berufenen gebildet werden, zB bei Treuhänderschaft (RFH RStBl 37, 67; RStBl 40, 706). Fehlt geschäftliche Oberleitung, greift uU § 11 ein. Zum Verhältnis zu § 42 und einer danach gebotenen etwaigen anderen Zurechnung der Geschäftstätigkeit vgl § 42 Anm 2.

§ 11 Sitz

Den Sitz hat eine Körperschaft, Personenvereinigung oder Vermögensmasse an dem Ort, der durch Gesetz, Gesellschaftsvertrag, Satzung, Stiftungsgeschäft oder dergleichen bestimmt ist.

Schrifttum: *Wessel* Der Sitz der GmbH, BB 84, 1057.

1. Die Vorschrift entspricht § 15 III 1 StAnpG, § 15 III 2 StAnpG ist, weil entbehrlich, nicht übernommen worden.

2. Neben der Geschäftsleitung hat der Sitz Alternativbedeutung für die Körperschaftsteuer und die Vermögensteuer von Körperschaften. **Zuständigkeit** des FA vgl § 20 II. Die Begriffe Geschäftsleitung und Sitz werden in den Steuergesetzen regelmäßig zusammen verwendet. Für den Ort der Geschäftsleitung sind die **tatsächlichen Verhältnisse** maßgebend; der Sitz einer Körperschaft, Personenvereinigung oder Vermögensmasse kann auch durch **Rechtsgeschäft** (Gesellschaftsvertrag, Satzung, Stiftungsgeschäft) begründet werden. Wenn rechtsgeschäftlicher und tatsächlicher Sitz nachträglich auseinanderfallen (vgl OLG Frankfurt BB 79, 1739; *Wessel* BB 84, 1057), ist der tatsächliche Sitz maßgebend (*Koch* Tz 3). Die Fassung stellt klar, daß der Sitz auch durch Gesetz bestimmt werden kann.

2. Abschnitt. Steuerliche Begriffsbestimmungen § 12

Im Ergebnis stimmt der steuerliche Sitz mit dem zivilrechtlichen überein (§§ 24, 80 BGB, § 17 ZPO). Ein fiktiver Sitz dürfte allerdings nach § 41 II unbeachtlich sein.

§ 12 Betriebstätte

¹**Betriebstätte ist jede feste Geschäftseinrichtung oder Anlage, die der Tätigkeit eines Unternehmens dient.** ²**Als Betriebstätten sind insbesondere anzusehen:**
1. **die Stätte der Geschäftsleitung,**
2. **Zweigniederlassungen,**
3. **Geschäftsstellen,**
4. **Fabrikations- oder Werkstätten,**
5. **Warenlager,**
6. **Ein- oder Verkaufsstellen,**
7. **Bergwerke, Steinbrüche oder andere stehende, örtlich fortschreitende oder schwimmende Stätten der Gewinnung von Bodenschätzen,**
8. **Bauausführungen oder Montagen, auch örtlich fortschreitende oder schwimmende, wenn**
   a) **die einzelne Bauausführung oder Montage oder**
   b) **eine von mehreren zeitlich nebeneinander bestehenden Bauausführungen oder Montagen oder**
   c) **mehrere ohne Unterbrechung aufeinander folgende Bauausführungen oder Montagen**
   länger als sechs Monate dauern.

Schrifttum: *Bopp* Besteuerung von Betriebstätten, DStZA 74, 91; *Schieber* Die Besteuerung von Auslandsbetriebstätten, Grundfragen – Bauausführungen und Montagen – Personalabordnungen in Praxis des internationalen Steuerrechts, 1979; *Bendixen* Betriebstättenproblematik bei ausländischen Beratungs- und ähnlichen Dienstleistungsunternehmen, DB 83, 203; *Schröder* Die Betriebstätte im Steuerrecht, NSt 86/21 Betriebstätte-Darst 1.

Übersicht

1. Inhalt
2. Feste Geschäftseinrichtung oder Anlage
3. Unternehmen
4. Unmittelbarkeit
5. Einzelne Betriebstätten
   a) Geschäftsleitung
   b) Zweigniederlassung
   c) Warenlager
   d) Bergwerke
   e) Bauausführungen
   f) Verkehrsunternehmen
6. Betriebstätten in mehreren Gemeinden
7. OECD-Musterabkommen

I. Inhalt. Die Vorschrift enthält nach dem Vorbild des § 16 StAnpG die Definition der Betriebstätte. Der Betriebstättenbegriff gilt für alle **Steuern,** er hat insbesondere Bedeutung im **Außensteuerrecht** (vgl § 2 Nr 1, §§ 12, 18, 23 III KStG, § 34c I EStG, § 68b Nr 2 EStDV, § 49 I Nr 2 EStG), und

47

§ 12   1. Teil. Einleitende Vorschriften

zwar für die im Rahmen der **unbeschränkten** und **beschränkten** Steuerpflicht notwendige Abgrenzung der inländischen Steuerpflicht gegenüber dem Ausland. Ferner für die Frage der hebeberechtigten **Gemeinde** bei der **Gewerbesteuer** (§ 4 GewStG), im Rahmen des Berlinförderungsgesetzes (§ 1a I, § 5 I Nr 2, II Nr 1, § 14 I, § 19 I Berlinförderungsgesetz) und des Investitionszulagengesetzes (§ 1 I–III, § 2 II InvZulG, vgl dazu BVerwG DB 83, 1342) sowie für Vergünstigungen nach dem Entwicklungshilfesteuergesetz (§ 1 II Nr 4 Entwicklungshilfesteuergesetz). Die bisherigen Absätze 3 und 4 des § 16 StAnpG sind inhaltlich in das GewStG (§ 28 II) aufgenommen worden. Die Definition stellt auch nicht mehr auf ein bestimmtes Hoheitsgebiet (zB Gemeinde) ab. Ihr Anwendungsbereich ist ferner nicht lediglich auf Gewerbebetriebe beschränkt, sondern gilt für alle Unternehmen. Dies entspricht der neueren Praxis bei den DBA. Daß nicht mehr von einem ,,stehenden" Unternehmen bzw Gewerbebetrieb gesprochen wird, ist ohne Bedeutung.

2. Feste Geschäftseinrichtung oder Anlage beinhaltet eine **räumliche** und **zeitliche Komponente,** die in einem gewissen Abhängigkeitsverhältnis zueinander stehen (FG München EFG 86, 259). Räumlich liegt eine feste Geschäftseinrichtung regelmäßig nur bei fester Verbindung mit Erdoberfläche vor. Feste Verbindung muß aber nicht immer gegeben sein (vgl Nr 7 und 8). Durch die Änderung des Begriffs ,,feste örtliche Anlage" (§ 16 I StAnpG) werden auch **bewegliche Geschäftseinrichtungen** mit vorübergehend festem Standort als Betriebstätten erfaßt, zB fahrbare Verkaufsstätten mit wechselndem Standplatz (AnwErl zu § 12). Die Geschäftseinrichtung braucht also nicht festgemauert, festgeschraubt oder einbetoniert zu sein (BFH BStBl 75, 203; *TK* Tz 4). Es kann sich auch um zugewiesene oder überlassene Standplätze (zB für Taxi-Unternehmen, Straßenhändler, Schuhputzer usw) handeln (BFH BStBl 63, 38; *TK* Tz 5). Keine Betriebstätte kann jedoch der ganze Bezirk (zB Stadtbezirk oder Kehrbezirk usw) sein, in dem die Tätigkeit ausgeübt wird (BFH BStBl 63, 38).

Zeitlich muß die Beziehung zur Erdoberläche auf eine gewisse **Dauer** oder Stetigkeit angelegt sein (BFH BStBl 75, 203; BFH/NV 88, 735). Zum Zeitraum der Dauer s auch unten Anm 4. Bewegliche Geschäftseinrichtungen mit wechselndem Standplatz sind daher nur dann Betriebstätten, wenn die einzelnen Standplätze jeweils auf eine gewisse Dauer (zB an bestimmten Wochentagen an der einen Stelle, an anderen Wochentagen an einer bestimmten anderen Stelle) genutzt werden (*TK* Tz 4 mwN). Ständig wechselnde Standplätze (zB von Taxis, ambulanten Händlern) können keine Betriebstätten begründen. Hier kann aber die Wohnung Betriebstätte sein, wenn dort ein fester Bezugspunkt (Anschrift, Beginn und Ende des Einsatzes usw) des Unternehmens ist und keine andere Stätte (Geschäftslokal usw) vorhanden ist, von wo aus das Unternehmen organisiert wird (BFH BStBl 63, 38).

Weitere Voraussetzung für die Annahme einer festen Geschäftseinrichtung ist das Bestehen einer **Verfügungsmacht** des Unternehmers (BFH BStBl 76, 365). Es reicht aus, daß der Stpfl über einen Büro- und Lagerraum verfügt, zu deren ständiger Mitbenutzung er aufgrund vertraglicher Abmachung berechtigt ist und diese Räume auch tatsächlich nutzt (BFH BStBl 82, 624; vgl auch unten Anm 4).

2. Abschnitt. Steuerliche Begriffsbestimmungen **§ 12**

Zu **Einzelfällen** für Betriebstätten auf **Schiffen** sowie für Binnen- und Küstenschiffahrtsbetriebe vgl §§ 5, 6 GewStDV, SchlHol FG EFG 71, 578; bei Bordkantinen, BFH BStBl 74, 361; vgl auch BFH BStBl 66, 548; Lotsenbrüderschaft BFH StRK GewStG § 28 R 9). Auch Straßenhändler (BFH BStBl 63, 38), Wochenmarkthändler (FG Münster EFG 66, 501) können Betriebstätten haben. Plakatsäulen (BFH BStBl 58, 379); Verkaufsautomaten (KStZ 52, 231), Spielautomaten, Abschn 24 IV GewStR, BFH BStBl 65, 668, können ebenfalls Betriebstätten sein. Zu Betriebstätten bei Kraftdroschken s BFH BStBl 63, 38, bei ambulanten Händlern FG Münster EFG 72, 325, bei Filmdreharbeiten FG München EFG 86, 259. Ausländische **Fluggesellschaften** begründen Betriebstätten im Inland, wenn sie bestimmte **Flughäfen** regelmäßig anfliegen, in denen sie sog Catering-**Ersatzteillager** unterhalten, FG Düsseld EFG 78, 503.

3. Unternehmen. „Stehendes Gewerbe" ist nach Neufassung nicht erforderlich (AnwErl zu § 12). Auch land- und forstwirtschaftliche Betriebe und Freiberufler fallen darunter. Unternehmensbegriff ist identisch mit § 2 I UStG.

4. Betriebstätte muß Unternehmen **unmittelbar** dienen (BFH BStBl 66, 548; 76, 365). Damit ist auf ein Moment der organisatorischen Verfestigung und vor allem ebenfalls auf eine zeitliche Dauerhaftigkeit abgestellt (BFH BStBl 87, 162; BFH/NV 88, 735). Es darf sich nicht um eine vorübergehende Verfügungsmacht handeln. Sie muß über die bloße Mitbenutzung hinausgehen und mit der Überlassung einer **Rechtsposition** verbunden sein, die dem Unternehmer ohne seine Mitwirkung nicht mehr entzogen werden kann (BFH BStBl 82, 624; BFH/NV 88, 735). Hinzukommen muß aufgrund des Tatbestandsmerkmals der dienenden Funktion eine von der Geschäftseinrichtung ausgehende **auf Dauer angelegte,** nachhaltige Betätigung, die dem Unternehmen dient bzw auf einen dauerhaften Bezug zum Unternehmen hin ausgerichtet ist (BFH BStBl 76, 365; 79, 18; 87, 162).

Für das zeitliche Moment, kann eine Betätigungsdauer von länger als sechs Monaten, wie sie in Abs 2 Ziff 8 für Bauausführungen und Montagen vorgesehen ist, auch für andere Betätigungsformen einen Anhalt bieten. Es kann aber je nach Besonderheit des Einzelfalls eine kürzere Dauer ausreichen oder eine längere Betätigung erforderlich sein (vgl BFH BStBl 74, 107; FG München EFG 86, 259; *TK* Tz 8).

Die dienende Funktion kann auch für Hilfstätigkeiten oder unwesentliche Tätigkeiten zutreffen (BFH BStBl 72, 289), zB Schutthalden, Anschlußgleise usw. Gewisse Dauer aber erforderlich (BFH BStBl 66, 548). Hierunter fallen auch stillgelegte Anlagen, sofern sie gewartet werden (BFH BStBl 60, 468). Unmittelbarkeit nicht gegeben bei sozialen Einrichtungen (BFH BStBl 61, 52). Vorbereitende Tätigkeiten bilden noch keine Betriebstätte, zB Probelauf eines neuen E-Werks (prOVG v 29. 10. 37, RVerwBl 1938, 40).

5. Einzelne Betriebstätten

a) Geschäftsleitung s § 10.

b) Zweigniederlassung vgl § 13 HGB; Eintragung ins Handelsregister erforderlich. Keine selbständige Kapitalgesellschaft (vgl FG RhPf EFG 73, 195), vgl im übrigen BFH BStBl 60, 248.

§ 12 1. Teil. Einleitende Vorschriften

c) Warenlager, wenn Verfügungsmacht besteht (BFH BStBl 62, 477).

d) Bergwerke, Steinbrüche usw. Auch schwimmende Einrichtungen zur Gewinnung von **Bodenschätzen** (zB Bohrinsel, Bohrschiff). Ob auch Erkundungsstätten nach Bodenschätzen hierunter fallen, ist fraglich. Im Reg-Entw waren Erkundungsstätten ausdrücklich erwähnt; können aber unter die allgemeine Definition des S 1 fallen. Dies gilt jedenfalls dann, wenn Exploration Hauptaufgabe des Unternehmens ist. Nimmt man während der Explorationsphase keine Betriebstätte an, so können die in dieser Zeit entstandenen Verluste vom Gewerbeertrag des inländischen Unternehmens abgesetzt werden (vgl BFH BStBl 71, 743); vgl zur steuerlichen Behandlung von Erdölunternehmen: Hannoversche Grundsätze, DB 70, 1003; vgl auch Erlaß FinBeh Hamburg vom 5. März 1970 – 53 – S 2741 – 27/67, Vfg OFD Hamburg vom 3. Juli 1958 – S 2311 – 3 – St 24; *Schröder,* Auslandsbetriebstätten in steuerlicher Sicht, StBp 71, 228 ff.

e) Bauausführungen oder Montagen sind ua Arbeiten aller Art, die zur Errichtung von Hoch- und Tiefbauten im weitesten Sinn ausgeführt werden, vgl BFH BStBl 79, 527. Hierzu zählen auch Montagearbeiten, nicht aber Instandsetzungs- und Reparaturarbeiten (BFH BStBl 54, 179). Bauausführungen sind auch das Abfahren von Erde, die für die Errichtung eines Gebäudes ausgehoben wurde, und das Verfüllen von Rohrleitungsgräben durch einen Subunternehmer. Eine Betriebstätte kann auch durch das Einfügen von Fenstern und Türen in einen Neubau begründet werden, BFH BStBl 82, 241. Es kommt nach der Neufassung nunmehr darauf an, daß die Bauausführung tatsächlich länger als 6 Monate dauert; witterungs- oder bautechnisch bedingte Unterbrechungen werden in die Berechnung einbezogen (BFH BStBl 79, 479; *Koch* Tz 8; aA FG Nürnberg EFG 72, 198). Auch **Gerüstbauarbeiten** können als Bauausführungen eine **Betriebstätte** bilden, BFH BStBl 78, 140. Eine **ausländische** Betriebstätte wird nicht dadurch begründet, daß Monteure eines inländischen Lieferanten über 6 Monate lang an einem Ort im Ausland mit der Aufstellung einer Maschine beschäftigt sind, BFH FR 79, 385, BStBl 79, 527.

f) Einschränkungen des Betriebstättenbegriffs für **Verkehrsunternehmen,** Bergbauunternehmen und Versorgungsunternehmen in § 28 II GewStG.

6. Betriebstätten in **mehreren** Gemeinden s §§ 28–35 GewStG. Voraussetzung für die Annahme iner mehrgemeindlichen Betriebstätte ist, daß jeder der auf mehrere Gemeinden entfallenden Teile dieser Einheit die Voraussetzungen des § 12 erfüllt (BFH/NV 88, 735). Das bloße **Durchführen** von **Rohrleitungen** einer Pipeline durch das Gebiet einer Gemeinde begründet keine mehrgemeindliche Betriebstätte (BFH DStZ B 78, 72; aA *TK* Tz 19; *Koch* Tz 8). Es muß ein gewisser **räumlicher Zusammenhang** bestehen BFH BStBl 75, 42, zB durch private Straßen oder Schienen.

7. Abweichende Definitionen finden sich in Art 5 OECD – Musterabkommen und häufig in **DBA.** Die Definitionen in DBA gehen in Konfliktsfällen der Definition des § 12 vor (*TK* Tz 22; *Koch* Tz 2). Das die Lohnsteuerabzugspflicht begründende Merkmal der Betriebstätte bestimmt sich aber auch bei ausländischen Arbeitgebern nach § 12 AO und nicht nach den Vorschriften des jeweiligen DBA (BFH BStBl 78, 205; BFH/NV 88, 82).

2. Abschnitt. Steuerliche Begriffsbestimmungen §§ 13, 14

§ 13 Ständiger Vertreter

¹Ständiger Vertreter ist eine Person, die nachhaltig die Geschäfte eines Unternehmens besorgt und dabei dessen Sachweisungen unterliegt. ²Ständiger Vertreter ist insbesondere eine Person, die für ein Unternehmen nachhaltig
1. Verträge abschließt oder vermittelt oder Aufträge einholt oder
2. einen Bestand von Gütern oder Waren unterhält und davon Auslieferungen vornimmt.

Der Begriff „Ständiger Vertreter" wird in einigen Einzelsteuergesetzen (s § 49 I Nr 2a EStG) verwandt; er hat insbesondere Bedeutung für das **Außensteuerrecht** und ergänzt subsidiär den Begriff der Betriebsstätte. Die Fassung lehnt sich an Abschn 222 EStR 1975 und an die neuere Rechtsprechung des BFH (BStBl 72, 785) an. Als ständiger Vertreter ist auch ein inländischer Gewerbetreibender anzusehen, der von einem ausländischen Unternehmen auf gewisse Dauer damit betraut ist, im Inland anstelle des Unternehmers in dessen Betrieb fallende Tätigkeiten auszuüben und der dabei die sachlichen Weisungen des Unternehmers befolgen muß. Dies gilt auch dann, wenn der Vertreter die Tätigkeit im Rahmen seines eigenen Gewerbebetriebes ausübt (BFH BStBl 72, 785). Es muß sich aber um **Geschäfte** handeln, die in den **Betrieb** dieses Unternehmens fallen, BFH BStBl 75, 626. Die frühere Rechtsprechung des BFH, die gefordert hatte, daß der Vertreter eine über den Rahmen des eigenen Gewerbebetriebs hinausgehende Tätigkeit ausüben müsse (BFH BStBl 64, 76), ist damit überholt. Der Vertreter muß den **Sach**weisungen des Unternehmers unterliegen. Der **Pächter** eines inländischen Hotelbetriebs, der zugleich für den ausländischen Verpächter auf dessen **Weisung** nachhaltig tätig wird und es ihm so ermöglicht, im Inland durch die Verpachtung des Hotelbetriebs einen Gewinn zu erwirtschaften, ist **ständiger Vertreter**, FG Hessen EFG 78, 127.

§ 14 Wirtschaftlicher Geschäftsbetrieb

¹Ein wirtschaftlicher Geschäftsbetrieb ist eine selbständige nachhaltige Tätigkeit, durch die Einnahmen oder andere wirtschaftliche Vorteile erzielt werden und die über den Rahmen einer Vermögensverwaltung hinausgeht. ²Die Absicht, Gewinn zu erzielen, ist nicht erforderlich. ³Eine Vermögensverwaltung liegt in der Regel vor, wenn Vermögen genutzt, zum Beispiel Kapitalvermögen verzinslich angelegt oder unbewegliches Vermögen vermietet oder verpachtet wird.

Schrifttum: *Hönik-Schreiner/Viehbeck* Der wirtschaftliche Geschäftsbetrieb nach § 14 AO, 1983; *Geiger* Die Verpachtung von wirtschaftlichen Geschäftsbetrieben bei Vereinen als Betriebsaufgabe oder Betriebsaufspaltung, DB 83, 2489; *Lorenz/Steer* Die steuerliche Behandlung wirtschaftlicher Geschäftsbetriebe bei Verfolgung steuerbegünstigter Zwecke, DB 83, 2657; *Meilicke* Steuerpflicht für Tätigkeit von Erfüllungsgehilfen, DB 88, 779; *Thoma* Altwarensammlungen als fragwürdige Steuerquelle, DStR 84, 641; *Mack* Zur Besteuerung gemeinnütziger Körperschaften – neuere Rechtsprechung, DStR 84, 187; *Roolf* Die Beteiligung einer gemeinnützigen Körperschaft an Personen- und Kapitalgesellschaften und der wirtschaftliche Geschäftsbetrieb, DB 85, 1165; *Schick* Die Beteiligung einer gemeinnützigen Körperschaft an einer GmbH und der wirtschaftliche Geschäftsbetrieb, DB 85, 1812; *Arnold* Steuer-

§ 14 1. Teil. Einleitende Vorschriften

freie Beteiligung einer gemeinnützigen Körperschaft an Gewinnen einer Personengesellschaft, BB 86, 2033; *Wegehenkel* Entgeltliche Zusammenarbeit einer gemeinnützigen Körperschaft mit einem erwerbswirtschaftlich ausgerichteten Unternehmen auf dem Gebiet der Forschung, BB 85, 116, 395, 792; *ders* Die Auslagerung eines wirtschaftlichen Geschäftsbetriebs einer gemeinnützigen Körperschaft durch Einbringung in eine Kapitalgesellschaft und die steuerlichen Folgen, DB 86, 2514.

Übersicht

1. Bedeutung
2. Anwendungsbereich
3. Voraussetzungen
   a) Selbständigkeit
   b) Nachhaltig
   c) Einnahmen oder wirtschaftliche Vorteile
   d) Abgrenzung zur Vermögensverwaltung
4. Getrennte Würdigung und Zurechnung bei Hilfspersonen

1. Bedeutung. Der Begriff **wirtschaftlicher Geschäftsbetrieb** hat über die Gemeinnützigkeitsvorschriften hinausreichende Bedeutung, zB für die Befreiung der Berufsverbände ohne öffentlich-rechtlichen Charakter (§ 5 I Nr 5 KStG, der Parteien § 5 I Nr 6 KStG, vgl ferner § 5 I Nr 9, Nr 12, Nr 13 KStG, § 3 I Nr 8 VStG), für wirtschaftliche Geschäftsbetriebe der sonstigen juristischen Personen des Privatrechts nach § 2 III GewStG; vgl auch Definition in § 14 KStDV, § 8 GewStDV.

Im allgemeinen werden von den verschiedensten Steuervorschriften gewährte Steuerbefreiungen ausgeschlossen, soweit ein wirtschaftlicher Geschäftsbetrieb unterhalten wird. **Steuerbegünstigte Körperschaften** werden also in der Regel mit einem wirtschaftlichen Geschäftsbetrieb **partiell steuerpflichtig** (§ 64). Das gilt nach § 65 jedoch nicht, soweit ein Zweckbetrieb gegeben ist. Da es um eine partielle Steuerpflicht geht, setzt die Annahme eines wirtschaftlichen Geschäftsbetriebs andererseits voraus, daß die Körperschaft im übrigen von der KSt befreit ist (BFH/NV 87, 397).

Juristische Personen des öffentl Rechts sind nur im Rahmen ihrer Betriebe gewerblicher Art iSv § 1 I Nr 6, § 4 KStG und ihrer land- und forstwirtschaftlichen Betriebe Unternehmer. Vgl ferner § 2 III 2 Nr 2 u 3 UStG. Die Annahme eines Betriebs gewerblicher Art setzt eine Einrichtung voraus, die einer **nachhaltigen** wirtschaftlichen **Tätigkeit** zur Erzielung von Einnahmen außerhalb der Land- und Forstwirtschaft dient und die sich innerhalb der Gesamtbetätigung der juristischen Person wirtschaftlich heraushebt (§ 4 I KStG). Das Vorliegen einer Einrichtung kann sich aus einer besonderen Leitung, aus einem geschlossenen Geschäftskreis, aus der Buchführung oder aus einem ähnlichen, auf eine Einheit hindeutenden Merkmal ergeben (Abschn 5 IV 1 KStR). Die Tätigkeit muß sich jedoch wirtschaftlich heraushehen, dh von einigem **Gewicht** sein (BFH BStBl 57, 146, 61, 552). Bei der erforderlichen Abgrenzung stellen die Richtlinien eine Jahresumsatzgrenze von 60 000 DM auf (Abschn 5 V KStR). Hierunter fällt zB die Zentralwäscherei mehrerer Krankenhäuser; Krankenhausapotheke, die auch andere Krankenhäuser beliefert. Wenn eine **Müllverbrennungsanlage** zusätzlich die Erzeugung von elektr Strom oder Fernwärme umfaßt, ist diese Erzeugung als wirtschaftliche Tätigkeit anzusehen, die bei Vorliegen der übrigen Voraussetzungen des § 4 KStG bzw des § 14 AO einen Betrieb gewerblicher Art bzw einen wirtschaftlichen Geschäftsbetrieb darstellt, BdF v 26. 7. 82 BB 81, 1530.

Die genannte Jahresumsatzgrenze von 60000 DM darf nicht verallgemeinert werden. Die Rspr des BFH steht der Grenze schon bei juristischen Personen des öffentlichen Rechts kritisch gegenüber (BFH BStBl 79, 746; vgl andererseits aber auch BFH BStBl 83, 386). Sie läßt sich jedenfalls nicht allgemein auf Körperschaften in der Weise übertragen, daß zur Annahme eines wirtschaftlichen Geschäftsbetriebs eine bestimmte Umsatzhöhe überschritten werden muß (*Koch* Tz 3; aA wohl *Wegehenkel* BB 85, 116). Die vorgesehene Neuregelung in § 64 III AO des RegEntwVereinsförderungsG sieht nunmehr aber eine KSt- und GewSt-Befreiung bei Einnahmen aus wirtschaftlichem Geschäftsbetrieb von nicht über 60000 DM im Jahr vor (s. § 64 Anm. 2).

2. Anwendungsbereich. § 6 I GemVO rechnete zu den wirtschaftlichen Geschäftsbetrieben **Gewerbebetriebe, land- und forstwirtschaftliche Betriebe** sowie **sonstige Geschäftsbetriebe**, die die mit § 14 AO übereinstimmenden Voraussetzungen des § 6 II GemVO erfüllten. An dieser Rechtslage hat § 14 AO nichts geändert. Aus § 2 GewStG läßt sich nichts anderes herleiten. Diese Vorschrift erweitert lediglich die Definition des Gewerbebetriebs. In bestimmten Fällen soll das Betreiben eines wirtschaftlichen Geschäftsbetriebs genügen, obwohl im übrigen die Voraussetzungen des § 2 I 2 GewStG nicht erfüllt sind. Der Heranziehung des § 2 III GewStG bedarf es jedoch nicht, wenn die sonstige juristische Person des Privatrechts bereits einen Gewerbebetrieb iS des § 2 I 2 GewStG betreibt. Der Gewerbebetrieb iS des § 2 I GewStG ist daher ein Unterbegriff zum wirtschaftlichen Geschäftsbetrieb (BFH/NV 86, 433; vgl auch BFH BStBl 72, 63 und *Koch* RNr 7). Zur Definition des Gewerbebetriebs verweist § 2 I 2 GewStG auf **§ 15 II EStG**. Die Definition des land- und forstwirtschaftlichen Betriebs findet sich in § 13 EStG.

3. Voraussetzungen. Die Definition des wirtschaftlichen Geschäftsbetriebs erweitert den Unterbegriff des Gewerbebetriebs wie folgt: Der wirtschaftliche Geschäftsbetrieb erfordert anders als der Gewerbebetrieb **keine Gewinnerzielungsabsicht** und **keine Teilnahme am allgemeinen wirtschaftlichen Verkehr**. Wenn auch keine Gewinnerzielungsabsicht erforderlich ist, so müssen wenigstens Einnahmen oder andere wirtschaftliche Vorteile erzielt werden. Ansonsten stimmen die Voraussetzungen mit denen eines Gewerbebetriebes überein.

a) Das Merkmal der **Selbständigkeit** bedeutet nach der ertragsteuerlichen Rspr zum Gewerbebetrieb persönliche Selbständigkeit. Sie erfordert eine Tätigkeit auf eigene Rechnung und Gefahr (vgl BFH BStBl 80, 106). Es muß ein Unternehmerrisiko getragen werden und eine Unternehmerinitiative entfaltet werden können (BFH BStBl 79, 182; 80, 303; *Schmidt* EStG, 7. Aufl, § 15 Anm 5). Der BFH legt den Begriff der Selbständigkeit in § 14 allerdings als **sachliche Selbständigkeit** im Sinne einer Abgrenzbarkeit von einem steuerbegünstigten Wirkungskreis aus (BFH BStBl 84, 451 mwN zum Meinungsstand). Die Tätigkeit darf danach nicht mit anderen Tätigkeiten dergestalt zusammenhängen, daß ohne ihre Ausübung die andere Tätigkeit nicht möglich wäre (kritisch dazu *Koch* RNr 10). Die Selbständigkeit und damit eine Gewerbesteuerpflicht hat der BFH (aaO) bejaht für die Tätigkeit eines wirtschaftlichen Vereins, der seinen Mitgliedern (Ärzten) Laborleistungen erbringt.

b) Nachhaltig ist eine Tätigkeit, wenn sie von der Absicht getragen ist, sie zu wiederholen und daraus eine ständige Erwerbsquelle zu machen, und wenn sie sich objektiv – in der Regel durch Wiederholung – als nachhaltig darstellt (BFH BStBl 86, 88; BFH/NV 87, 92 mwN). Da die Wiederholungsabsicht eine innere Tatsache darstellt, die nur anhand äußerer Merkmale beurteilt werden kann, kommt den tatsächlichen Umständen für die Beurteilung erhebliche Bedeutung zu. Das Merkmal der Nachhaltigkeit ist daher in der Regel zu bejahen bei einer **Mehrzahl von Handlungen** im Gegensatz zu einer einmaligen Handlung (BFH BStBl 80, 106; BFH in BFHE 148, 480; 151, 399). Nachhaltig ist eine Tätigkeit auch dann, wenn sie auf einem einmaligen Beschluß beruht, aber mehrere Einzeltätigkeiten erfordert (BFH BStBl 84, 139; 86, 88).

Die von einem gemeinnützigen Verein während einer mehrtägigen Sportveranstaltung betriebene **Restauration** ist deshalb nachhaltig (BFH BStBl 86, 88). Ebenso betreibt zB ein gemeinnütziger Verein, der auf den Gebieten der Heimatpflege und Heimatkunde die Allgemeinheit fördert, einen wirtschaftlichen Geschäftsbetrieb, wenn er Waldfeste veranstaltet und dabei selbst die Bewirtung der Besucher übernimmt (BFH BStBl 86, 92). Um eine nachhaltige Tätigkeit handelt es sich ferner, wenn ein Verein über Jahre hinweg in seinem Clubheim immer wieder Getränke und Tabakwaren verkauft. Der BFH hat bei einer solchen Tätigkeit sogar die Teilnahme am allgemeinen wirtschaftlichen Verkehr bejaht, wenn dieser Verkauf nur an Mitglieder und nur in wenigen Fällen an Nichtmitglieder erfolgt (BFH/NV 86, 238). Der BFH beruft sich dabei ausdrücklich auf die Meinung von *Müthling/Fock* (GewStG, 2. Aufl, § 2 Rdnr 3), wonach eine Gewerbesteuerpflicht auch dann gegeben ist, wenn die Leistungen des wirtschaftlichen Geschäftsbetriebs ausschließlich den Mitgliedern angeboten werden (vgl auch die oben zitierte Entscheidung zu den Laborleistungen eines Vereins an seine ärztlichen Mitglieder). Da zu den Voraussetzungen des § 14 nicht die Teilnahme am allgemeinen wirtschaftlichen Verkehr gehört (s oben), ist diese Auffassung konsequent. Bei **Altmaterialsammlungen** liegt eine nachhaltige Betätigung vor, wenn das Altmaterial in einer Mehrzahl von Einzeltätigkeiten mit dem Ziel der Veräußerung gesammelt wird. Werden Kleidungsstücke dagegen für sogen Kleiderkammern gesammelt, um sie unmittelbar für steuerbegünstigte Zwecke zu verwenden, so handelt es sich um einen Zweckbetrieb (Erl FinMin Niedersachsen, AO-Handbuch 1988, Anl zu § 14).

Ausnahmsweise kann sogar eine **einmalige Tätigkeit** nachhaltig sein, wenn sie von Wiederholungsabsicht getragen und auf Wiederholung angelegt ist, die Wiederholung aber wegen unvorhergesehener Hindernisse oder mangels Gelegenheit unterbleibt (BVerwG HFR 81, 127; BFH BStBl 69, 282; *Schmidt* EStG, 7. Aufl, § 15 Anm 6). Nicht entscheidend ist die Dauer des Eingangs der Einnahmen, sondern die Nachhaltigkeit der Tätigkeit (BFH BStBl 64, 139; *Koch* Tz 11).

c) Einnahmen oder wirtschaftliche Vorteile werden nicht erzielt, wenn eine Tätigkeit unentgeltlich geschieht. Einnahmen sind nach § 8 I EStG alle

2. Abschnitt. Steuerliche Begriffsbestimmungen § 14

Güter, die in Geld oder Geldeswert bestehen. Als geldeswerte oder wirtschaftliche Vorteile nennt § 8 II EStG beispielhaft Wohnung, Kost, Waren oder sonstige Sachbezüge. **Spenden** und **Mitgliedsbeiträge** sind **keine Einnahmen** iS des § 14, es sei denn, daß sie verstecktes Entgelt für die Gewährung besonderer wirtschaftlicher Vorteile durch die Körperschaft sind (*Koch* RNr 10). Gewinnerzielungsabsicht ist nicht erforderlich (s oben). Unerheblich ist auch, ob tatsächlich Gewinne erwirtschaftet oder erzielt werden können (*Kühn/Kutter/Hofmann* Anm 2 b).

Die Steuerpflichtigkeit eines Gewinns aus wirtschaftlichem Geschäftsbetrieb wird auch nicht dadurch ausgeschlossen, daß der Gewinn von der Körperschaft für steuerbegünstigte Zwecke verwendet wird (BFH BStBl 86, 88).

d) Die **Abgrenzung zur Vermögensverwaltung** kann schwierig sein. Allgemein wird private Vermögensverwaltung dahin umschrieben, daß sich bei ihr die zu beurteilende Tätigkeit noch als Nutzung von Wirtschaftsgütern durch Fruchtziehung aus zu erhaltender Substanz darstellt und die Ausnutzung substantieller Vermögenswerte nicht entscheidend in den Vordergrund tritt (BFH BStBl 73, 260; 80, 106; BFH in BFHE 148, 480).

Demgemäß liegt grundsätzlich bei der **Vermietung und Verpachtung** von Wirtschaftsgütern (zB einer Vereinsgaststätte) private Vermögensverwaltung vor. So ist zB wirtschaftlicher Geschäftsbetrieb das **Anzeigengeschäft** einer Vereinszeitung (BFH BStBl 62, 73). Würde die Körperschaft das Anzeigengeschäft einem Verlag übertragen, läge steuerfreie Vermögensverwaltung vor (BFH BStBl 67, 373). Auch der Verkauf langjährig durch Vermietung und Verpachtung genutzter Wirtschaftsgüter muß noch nicht über eine Vermögensverwaltung hinausgehen, wenn der Verkauf nur Endpunkt der Vermietung und Verpachtung ist (vgl die Urteile des BFH zu gewerblichem Grundstückshandel in BStBl 84, 137 und in BFHE 151, 399). Die Vermögensverwaltung wird dann überschritten, wenn die bei der Vermögensnutzung entfalteten Tätigkeiten das übliche Maß überschreiten. So können nachhaltige An- und Verkäufe, häufiger Wechsel der Mieter, nicht unbedeutende Nebenleistungen des Vermieters usw zur Überschreitung der Vermögensverwaltung führen (*Kühn/Kutter/Hofmann* Anm 3). **Vermietung** einer Turnhalle als **Tennishalle** an häufig wechselnde Interessenten ist wirtschaftlicher Geschäftsbetrieb, FG D'dorf EFG 79, 308. Ebenso stellt die jährliche Abhaltung von **Schützenfesten** und die sich dabei wiederholende Vermietung von Standplätzen auf dem Schützenplatz an Schausteller einen wirtschaftlichen Geschäftsbetrieb dar (FG Niedersachs EFG 81, 259; vgl auch BFH BStBl 69, 94). Nach FG Saarland (EFG 88, 135) soll ein Tennis-Club keinen wirtschaftlichen Geschäftsbetrieb unterhalten, wenn er Interessenten an den Spielfeldern befindliche Flächen zur Verfügung stellt, damit diese dort für ihre Unternehmen werben. Dieser Auffassung kann nur dann gefolgt werden, wenn es sich um eine einmalige oder jedenfalls nicht öfter wechselnde langfristige Vergabe ohne Interessentenwerbung des Tennis-Clubs handelt (aA *Koch* RNr 21, wo bei Werbung immer wirtschaftlicher Geschäftsbetrieb angenommen wird). Tritt der Verein aber selbst als **Werbeträger** auf (zB durch Reklame auf Trikots, Schuhen usw) liegt stets wirtschaftlicher Geschäftsbetrieb vor (vgl

BFH BStBl 83, 27; FinMin NRW BB 83, 1669; OFD Hannover DStZ/E 84, 267).

Ein wirtschaftlicher Geschäftsbetrieb ist ferner gegeben, wenn eine Vermietung und Verpachtung im Wege der **Betriebsaufspaltung** erfolgt (vgl zur Betriebsaufspaltung BFH BStBl 72, 63; 86, 296; 86, 611; *Schmidt* EStG, 7. Aufl, § 15 Anm 140 ff mwN).

Die in Satz 3 des § 14 als Vermögensverwaltung gewertete verzinsliche Anlage von Kapitalvermögen bedeutet nicht nur die Anlage von verfügbaren Mitteln auf Konten oder die Vergabe von Darlehen. Allgemein wird man den Erwerb und die Verwaltung von **Wertpapieren** nicht als wirtschaftlichen Geschäftsbetrieb ansehen können, auch dann nicht, wenn der Bestand immer wieder durch Verkauf und Zukauf zB zur Vermeidung von Verlusten oder Realisierung der Kursgewinne verändert wird (*Koch* RNr 15). Der An- und Verkauf wird aber dann zum wirtschaftlichen Geschäftsbetrieb, wenn er nachhaltig für Dritte (zB auch für Vereinsmitglieder) betrieben wird und dadurch Einnahmen oder wirtschaftliche Vorteile erzielt werden.

Ebenso wie der Erwerb und die Verwaltung von Wertpapieren in der Regel Vermögensverwaltung darstellt, ist die **Beteiligung** einer steuerbegünstigten Körperschaft **an einer Kapitalgesellschaft** grundsätzlich Vermögensverwaltung (aA *Roolf* DB 85, 1165 für Mehrheitsbeteiligungen). Ein wirtschaftlicher Geschäftsbetrieb ist nur dann gegeben, wenn die steuerbegünstigte Körperschaft auf die laufende Geschäftsführung der Gesellschaft, an der sie beteiligt ist, tatsächlich in erheblichem Maße Einfluß nimmt (BFH BStBl 71, 753; *Schick* DB 85, 1812 mwN). Die mit einer Mitunternehmerschaft verbundene **Beteiligung an einer Personengesellschaft** (OHG, KG) ist dagegen regelmäßig ein wirtschaftlicher Geschäftsbetrieb, es sei denn, daß die Personengesellschaft nur vermögensverwaltend tätig ist (vgl BFH BStBl 84, 751; *Koch* RNr 16; *Wegehenkel* BB 85, 794).

Nach BFH (BStBl 72, 493) soll die Eigenbewirtschaftung eines großen Forstbesitzes Vermögensverwaltung sein, wenn dieser nicht auf andere Weise als durch Selbstbewirtschaftung genutzt werden kann (vgl auch RFH RStBl 34, 377). Dieser Auffassung kann nicht gefolgt werden. Auch der selbstbewirtschaftete Forstbetrieb einer gemeinnützigen Stiftung ist daher keine steuerfreie Vermögensverwaltung sondern wirtschaftlicher Geschäftsbetrieb.

4. Getrennte Würdigung der Tätigkeiten und Zurechnung von Hilfspersonen. Gemischte verschiedenartige **Tätigkeiten** einer steuerbegünstigten Körperschaft sind auch dann, wenn zwischen ihnen bestimmte sachliche Berührungspunkte bestehen, regelmäßig getrennt zu würdigen und zu erfassen. Eine einheitliche Erfassung der gesamten Tätigkeit ist nur dann geboten, wenn die Tätigkeiten sich gegenseitig bedingen und derart miteinander verflochten sind, daß der gesamte Betrieb nach der Verkehrsanschauung als ein einheitlicher Betrieb anzusehen ist (BFH BStBl 84, 129; FG Saarland EFG 88, 135, getrennte Würdigung bei einem Verein für die Gestattung der Aufstellung von Werbeträgern am Sportplatz und Inserentenwerbung in der Vereinszeitung).

Tätigkeiten von **Erfüllungsgehilfen** muß sich eine gemeinnützige Körperschaft bzw ein Berufsverband zurechnen lassen, wenn sie bzw er sich

2. Abschnitt. Steuerliche Begriffsbestimmungen   § 15

bereit findet, bestimmte Leistungen zu erbringen, die einen wirtschaftlichen Geschäftsbetrieb begründen, und sich dabei der Unterstützung von Hilfskräften bedient (FG BadWürtt EFG 88, 88; kritisch *Meilicke* DB 88, 779).

§ 15 Angehörige

(1) **Angehörige sind:**
1. **der Verlobte,**
2. **der Ehegatte,**
3. **Verwandte und Verschwägerte gerader Linie,**
4. **Geschwister,**
5. **Kinder der Geschwister,**
6. **Ehegatten der Geschwister und Geschwister der Ehegatten,**
7. **Geschwister der Eltern,**
8. **Personen, die durch ein auf längere Dauer angelegtes Pflegeverhältnis mit häuslicher Gemeinschaft wie Eltern und Kind miteinander verbunden sind (Pflegeeltern und Pflegekinder).**

(2) **Angehörige sind die in Absatz 1 aufgeführten Personen auch dann, wenn**
1. **in den Fällen der Nummern 2, 3 und 6 die die Beziehung begründende Ehe nicht mehr besteht;**
2. **in den Fällen der Nummern 3 bis 7 die Verwandtschaft oder Schwägerschaft durch Annahme als Kind erloschen ist;**
3. **im Falle der Nummer 8 die häusliche Gemeinschaft nicht mehr besteht, sofern die Personen weiterhin wie Eltern und Kind miteinander verbunden sind.**

Abs. 1 Nrn. 8 und 9 sowie Abs. 2 geändert durch Gesetz v 2. 7. 1976 (BGBl I S. 1749).

Schrifttum: *Oswald* Wer sind Angehörige im Sinne der neuen Abgabeordnung? Bp 78, 162; *Seckelmann* Pflegekinder im Einkommensteuerrecht, DStR 79, 621; *Streck* Wertungswiderspruch bei der Behandlung von Familienangehörigen im steuerlichen Verfahrensrecht und im Steuerstrafrecht, StuW 81, 135.

1. Inhalt. Der Angehörigenbegriff wird in einer Vielzahl von steuerlichen Vorschriften verfahrensrechtlicher und materieller Art verwandt. Nach der Rspr des BFH besteht eine sittliche Pflicht des Stpfl zur Leistung von Unterhalt nach § 33 II 1 EStG zudem in der Regel nur gegenüber Angehörigen im Sinne des § 15, soweit sie nicht einen gesetzlichen Unterhaltsanspruch haben (BFH BStBl 87, 495; BFH/NV 87, 502). Vgl im übrigen § 11 I Nr 1 StGB, § 20 Abs 5 VwVfG. Sachliche Änderungen ergeben sich gegenüber § 11 StAnpG nicht, sieht man von der Definition des Pflegekindbegriffs ab. Nach dem AdoptionsG erlangt das adoptierte Kind die rechtliche Stellung eines gemeinschaftlichen ehel Kindes der Ehegatten, § 1754.

2. a) Verlobte vgl § 1297 BGB.

b) Ehegatten, auch noch, wenn Ehe aufgelöst oder für nichtig erklärt ist (Abs 2).

c) Verwandte in **gerader** Linie: Personen, von denen der eine vom anderen abstammt (§ 1589 I BGB); Verwandte in **Seitenlinie:** Personen, die von derselben dritten Person abstammen (§ 1589 I 2 BGB). Nichteheliche Kinder sind seit 1. 7. 70 auch mit Vater verwandt (Gesetz v 19. 8. 69, BGBl I 1243).

d) Verschwägerte in gerader Linie: Personen, die mit dem Ehegatten in gerader Linie verwandt sind (vgl § 1590 I 2 BGB).

e) Nr 4. Zu den **Geschwistern** gehören auch die Halbgeschwister. Das sind Geschwister, die einen Elternteil gemeinsam haben. Darunter fallen jedoch nicht die mit in eine Ehe gebrachten Kinder, die keinen Elternteil gemeinsam haben, AO-K Karte 1 Nr 3.

f) Nr 5. Das Angehörigenverhältnis besteht lediglich zu den Kindern der Geschwister (Neffen, Nichten), nicht jedoch zwischen den Kindern der Geschwister untereinander (Vettern), AO-K Karte 1 Nr 4.

g) Nr 6. Die Ehegatten mehrerer Geschwister sind im Verhältnis zueinander keine Angehörigen iSd § 15 I Nr 6. Dasselbe gilt für die Geschwister der Ehegatten, AO-Kartei Karte 1 Nr 5.

h) Durch die Adoption erlöschen das Verwandtschaftsverhältnis des Kindes und seiner Abkömmlinge zu den bisherigen Verwandten und die sich aus ihm ergebenden Rechte und Pflichten, § 1755 BGB. Gleichwohl besteht das Angehörigenverhältnis weiter, Abs 2 Nr 2.

i) Pflegeeltern und Pflegekinder. Nach Fassung ist nicht erforderlich, daß Pflegekinder aus der Obhut und Pflege seiner leiblichen oder rechtlichen Eltern ausgeschieden sind (anders BFH BStBl 63, 124; BStBl 71, 274). Daher dürfte ein Pflegekindverhältnis nach der Neufassung auch dann in Betracht kommen, wenn nicht nur das Kind, sondern auch die Mutter in den Haushalt aufgenommen wird, vgl auch Abschn 182 EStR. **Pflegekindverhältnis** setzt idR **Altersunterschied** voraus; bei Behinderten ist dies aber nicht erforderlich FG RhPf EFG 76, 337. Die Voraussetzungen für die steuerliche Zuordnung eines Kindes als **Pflegekind** können auch dann vorliegen, wenn der Stpfl für die Betreuung eines in seinem Haushalt lebenden dauernd pflegebedürftigen Kindes sowohl ein steuerfreies Pflegegeld als auch ein steuerpflichtiges Erziehungsgeld erhält, FG Berlin EFG 82, 519. Die **Unterhaltsgewährung** ist nicht Merkmal des Pflegekindbegriffs (*HHSp* Anm 25, AnwErl Nr 6). Daher kommt es jedenfalls ab 1977 auch einkommensteuerrechtlich für die Annahme eines Pflegekindschaftsverhältnisses nicht darauf an, ob und wieweit die Pflegeeltern für den Unterhalt des Pflegekindes aufkommen. Maßgebend ist vielmehr, daß die genannten Personen durch ein auf längere Dauer angelegtes Pflegeverhältnis mit häuslicher Gemeinschaft wie Eltern und Kind miteinander verbunden sind (BFH BStBl 86, 14; FG Berlin EFG 86, 124). Diese Rechtslage galt allerdings nur bis einschl 1985. Ab 1986 gilt eine Änderung des § 32 I Nr 2 EStG, die wiederum auf die Unterhaltsgewährung abstellt.

Dritter Abschnitt.
Zuständigkeit der Finanzbehörden

§ 16 Sachliche Zuständigkeit

Die sachliche Zuständigkeit der Finanzbehörden richtet sich, soweit nichts anderes bestimmt ist, nach dem Gesetz über die Finanzverwaltung.

1. Inhalt. Die sachliche Zuständigkeit bezieht sich auf die den Behörden zugewiesenen Aufgaben. Sie bestimmt sich nach dem außerhalb der AO bestehen bleibenden **Finanzverwaltungsgesetz.** Daneben enthält jedoch auch die AO in einigen Vorschriften Bestimmungen über die sachliche Zuständigkeit (zB §§ 163 II, 227 II, 208). Von einer Übernahme der Bestimmungen des FVG ist abgesehen worden, weil das FVG auch eine Reihe von Vorschriften enthält, die mit der Finanzverwaltung im engeren Sinne nichts zu tun haben (zB § 1 I Nr 2 FVG Schuldenverwaltung, Bundesbaudirektion, § 1 I Nr 4 FVG Bundesvermögensämter, Bundesforstämter). Begriff FinBeh s § 6.

2. Sachliche Zuständigkeit der Bundesbehörden § 4 FVG, des Bundesamtes für Finanzen § 5 FVG, der Oberfinanzdirektionen § 8 FVG, der Hauptzollämter § 12 FVG, der Finanzämter § 17 FVG. Die Veränderung von Bezirksgrenzen der FÄ ist eine Frage der sachlichen und nicht der örtlichen Zuständigkeit (BFH BStBl 78, 310). Ebenso ist es mit der Übertragung von Zuständigkeiten nach § 17 II 3 FVG (FG BadWürtt EFG 82, 58; FG Nürnberg EFG 85, 273; vgl auch § 18 II 2). Entsprechendes dürfte für die Übertragung von Zuständigkeiten nach § 17 IV FVG durch Staatsvertrag unter den Ländern auf ein bestimmtes FA gelten. Aufgaben der **Steuerfahndung** sind in § 208 geregelt. Die Zollfahndungsämter sind danach mangels sachlicher Zuständigkeit nicht zur Beschlagnahme von Waren nach § 76 III 1 befugt, sondern nur die HZÄ (FG Hamburg EFG 86, 51).

3. Ein **Verwaltungsakt,** der von einer sachlich unzuständigen Behörde erlassen worden ist, ist fehlerhaft (§ 130 II Nr 1), er kann, muß aber nicht gem § 125 I nichtig sein (BFH BStBl 86, 880; 88, 183; BVerwGE 66, 178). Der Verfahrensfehler ist stets beachtlich (§ 127). Er kann nicht nach § 126 I geheilt werden. Heilung ist aber durch nachträgliche Rechtsvorschriften möglich, die die sachliche Zuständigkeit begründen (BFH BStBl 86, 880; 88, 183). Sofern nicht Heilung oder Nichtigkeit anzunehmen ist, ist der Verwaltungsakt, der von einer sachlich unzuständigen Stelle erlassen ist, aufzuheben oder zu ändern (s auch § 172 I Nr 2 b); dies gilt auch, wenn durch den Verwaltungsakt ein rechtlicher Vorteil begründet oder bestätigt worden ist (vgl § 130 II Nr 1, § 172 I Nr 2 b).

4. Funktionelle Zuständigkeit ist eine Unterart der sachlichen Zuständigkeit. Sie bestimmt, welche von verschiedenen Behörden im Einzelfall tätig wird, dh welche Funktion die einzelnen sachlich zuständigen Behörden wahrzunehmen haben, zB Steuerfestsetzung durch FA, Beschwerdeentscheidung gegen Verwaltungsakt des FA durch OFD. Auch bei einem

§ 17   1. Teil. Einleitende Vorschriften

Verstoß gegen die funktionelle Zuständigkeit nimmt der BFH nicht in jedem Fall Nichtigkeit an. So sind verfahrensrechtliche Bedenken gegen die Beauftragung der Großbetriebsprüfungsstelle einer OFD mit der Außenprüfung durch ihre durch Rechtsverordnung erfolgte Umwandlung in ein FA für Großbetriebsprüfung beseitigt worden (BFH BStBl 87, 361; 88, 183). Zur **verbandsmäßigen Zuständigkeit** s unten § 17 Anm 3.

§ 17 Örtliche Zuständigkeit

Die örtliche Zuständigkeit richtet sich, soweit nichts anderes bestimmt ist, nach den folgenden Vorschriften.

1. Inhalt. Die Vorschriften über die örtliche Zuständigkeit regeln die Aufgabenverteilung unter mehreren sachlich zuständigen Behörden unter regionalen Gesichtspunkten. Die Zuständigkeitsvorschriften der AO sind nicht vollständig. Sie beschränken sich auf Regelungen, die entweder mehrere oder besonders wichtige Steuern betreffen. Abweichende Zuständigkeitsregeln, zB in § 1 GrEStDV, §§ 15, 30 Rennw-LottAB, § 2 KVStDV für die Gesellschaftsteuer, §§ 13, 20 KVStDV für Wertpapiersteuer und Börsenumsatzsteuer, § 2 WStDV Wechselsteuer, § 4 KraftStDV, § 1 VersStDV für Versicherungs- und Feuerschutzsteuer, vgl ferner die §§ 195, 367, 388 AO sowie die §§ 42c, 46 VI EStG (s dazu § 19 Anm 2). Zu den **Zuständigkeitsübertragungen** nach § 17 II 3 und § 17 IV FVG s oben § 16 Anm 3. Die örtliche Zuständigkeit hat im übrigen Bedeutung für die Frage der Steuerberechtigung (vgl Art 107 I GG).

Maßgebend für die örtliche Zuständigkeit sind in der Regel nicht die Verhältnisse im Veranlagungszeitraum, sondern es kommt auf den **Zeitpunkt der Veranlagung** (des Verwaltungshandelns) an (BFH BStBl 88, 230; *TK* RNr 2; *Koch* § 18 RNr 2; vgl aber auch unten § 19 Anm 2).

2. Fehler bei der örtlichen Zuständigkeit macht den Verwaltungsakt zwar fehlerhaft; Aufhebung des Verwaltungsakts kann aber nicht allein deswegen beansprucht werden, wenn keine andere Entscheidung in der Sache hätte getroffen werden können (§ 127). Nichtzuständigkeit eines FA wegen Zuständigkeit eines anderen FA kann ggf im Wege der Feststellungsklage nach § 41 I FGO geltend gemacht werden, FG BaWü EFG 80, 514.

3. Verbandsmäßige Zuständigkeit (vgl *Söhn* FR 71, 410; *Felix* StW 61, 423; *Maunz* BB 75, 193; dagegen *von Wallis* DStZA 71, 34). Zum Teil wird die Auffassung vertreten, daß es neben der örtlichen und sachlichen Zuständigkeit noch die sog verbandsmäßige Zuständigkeit gibt. Dies wird aus dem föderalistischen Aufbau der Bundesrepublik geschlossen. Danach endet die Zuständigkeit einer Landesfinanzbehörde an den Landesgrenzen. Ein Übergreifen der Verwaltung in die Zuständigkeit eines anderen Landes würde dessen Gebietshoheit verletzen. Unbestritten ist jedoch, daß die Verwaltungsakte eines Landes im gesamten Bundesgebiet gelten. Nach Auffassung des BFH kann die verbandsmäßige Zuständigkeit allenfalls bei solchen Steuern eine Rolle spielen, bei denen der Ort der Tatbestandsverwirklichung entscheidend ist (BFH BStBl 71, 151; BStBl 73, 198). Der BFH hat festgestellt (BStBl 71, 151 mit weiteren Nachweisen), daß das Wohnsitzfinanzamt für die Besteuerung nach dem Einkommen auch für

3. Abschnitt. Zuständigkeit der Finanzbehörden §18

Veranlagungszeiträume zuständig ist, in denen der Steuerpflichtige zuvor in einem anderen Bundesland wohnte. Der BFH hat die Existenz einer verbandsmäßigen Zuständigkeit im Zusammenhang mit der Einkommensteuer verneint. Die Verwaltungshoheit stehe bei der Einkommensteuer immer den Ländern gemeinsam zu. Den Länderfinanzverwaltungen fehle es bei der Verwaltung von Gemeinschaftssteuern an der Abgeschlossenheit nach außen (BFH BStBl 73, 198). Demgegenüber hat der II. Senat für die Gesellschaftsteuer das Bestehen einer verbandsmäßigen Zuständigkeit bejaht (BStBl 68, 317; BStBl 70, 759). Die Bundesregierung hat von einer Regelung abgesehen, weil es nach ihrer Auffassung bei der Anwendung von Bundesrecht durch die LandesFinBeh neben der sachlichen und örtlichen Zuständigkeit nicht noch eine verbandsmäßige Zuständigkeit gibt (vgl BT-Drs VI/1982 zu § 19). Die verbandsmäßige Zuständigkeit ist stets vor der sachlichen und örtlichen Zuständigkeit zu prüfen. Eine **Verfehlung** der verbandsmäßigen Zuständigkeit führt zur Nichtigkeit des Verwaltungsaktes. Von der Frage der verbandsmäßigen Zuständigkeit ist die Frage zu unterscheiden, ob ein Bediensteter eines zuständigen FA in einem anderen Bundesland an Ort und Stelle Ermittlungen durchführen darf, zB bei Steuerfahndungsmaßnahmem (vgl *Jacob* StW 71, 118), vgl auch *Bopp*, Die Gebietshoheit der Länder bei der Steuerverwaltung mwN, DStR 75, 488 ff.

§ 18 Gesonderte Feststellungen

(1) Für die gesonderten Feststellungen nach § 180 ist örtlich zuständig:
1. bei Betrieben der Land- und Forstwirtschaft, bei Grundstücken, Betriebsgrundstücken und Mineralgewinnungsrechten das Finanzamt, in dessen Bezirk der Betrieb, das Grundstück, das Betriebsgrundstück, das Mineralgewinnungsrecht oder, wenn sich der Betrieb, das Grundstück, das Betriebsgrundstück oder das Mineralgewinnungsrecht auf die Bezirke mehrerer Finanzämter erstreckt, der wertvollste Teil liegt (Lagefinanzamt),
2. bei gewerblichen Betrieben mit Geschäftsleitung im Geltungsbereich dieses Gesetzes das Finanzamt, in dessen Bezirk sich die Geschäftsleitung befindet, bei gewerblichen Betrieben ohne Geschäftsleitung im Geltungsbereich dieses Gesetzes das Finanzamt, in dessen Bezirk eine Betriebstätte – bei mehreren Betriebstätten die wirtschaftlich bedeutendste – unterhalten wird (Betriebsfinanzamt),
3. bei freiberuflicher Tätigkeit das Finanzamt, von dessen Bezirk aus die Berufstätigkeit vorwiegend ausgeübt wird,
4. bei einer Beteiligung mehrerer Personen an anderen Einkünften als Einkünften aus Land- und Forstwirtschaft, aus Gewerbebetrieb oder aus freiberuflicher Tätigkeit, die nach § 180 Abs. 1 Nr. 2 Buchstabe a gesondert festgestellt werden, das Finanzamt, von dessen Bezirk die Verwaltung dieser Einkünfte ausgeht, oder, wenn diese im Geltungsbereich dieses Gesetzes nicht feststellbar ist, das Finanzamt, in dessen Bezirk sich der wertvollste Teil des Vermögens, aus dem die gemeinsamen Einkünfte fließen, befindet. ²Dies gilt sinngemäß auch bei einer gesonderten Feststellung nach § 180 Abs. 1 Nr. 3 oder nach § 180 Abs. 2.

§ 18 1. Teil. Einleitende Vorschriften

(2) ¹Ist eine gesonderte Feststellung mehreren Steuerpflichtigen gegenüber vorzunehmen und läßt sich nach Absatz 1 die örtliche Zuständigkeit nicht bestimmen, so ist jedes Finanzamt örtlich zuständig, das nach den §§ 19 oder 20 für die Steuern vom Einkommen und Vermögen eines Steuerpflichtigen zuständig ist, dem ein Anteil an dem Gegenstand der Feststellung zuzurechnen ist. ²Soweit dieses Finanzamt auf Grund einer Verordnung nach § 17 Abs. 2 Satz 3 und 4 des Finanzverwaltungsgesetzes sachlich nicht für die gesonderte Feststellung zuständig ist, tritt an seine Stelle das sachlich zuständige Finanzamt.

Übersicht

1. Inhalt
2. a) Grundbesitz
   b) Gewerbliche Betriebe
   c) freiberufliche Tätigkeit
   d) Beteiligung mehrerer Personen
3. Unmöglichkeit der Bestimmung
4. Fehler

1. Inhalt. Die Vorschrift steht in engem Zusammenhang mit § 180. § 180 bestimmt, in welchen Fällen **gesonderte Feststellungen** zu treffen sind, § 18 regelt die Frage der örtlichen Zuständigkeit. Durch die gesonderten Feststellungen sollen möglichst divergierende Entscheidungen vermieden werden in den Fällen, in denen bestimmte Besteuerungsgrundlagen Bedeutung für verschiedene Steuerarten oder für mehrere Steuerpflichtige haben. Neu ist insbesondere die Regelung des Abs 2. Weitere Fälle der örtlichen Zuständigkeit bei gesonderten Feststellungen: Feststellung des gemeinsamen Werts von Kuxen, von Anteilen an Bergwerksgesellschaften und Genußscheinen, BetriebsFA, § 65 BewDV, ferner § 1 I 2 ZerlG, § 18 II AußensteuerG, § 35 I 1 ErbStG. Die VO über die erweiterte Zuständigkeit des BetriebsFA v 3. 1. 44 (RGBl 44 I 11) für Städte mit mehreren FÄ ist durch EGAO 77 Art 96 Nr 16 aufgehoben worden. Ihre Regelungen finden sich zT in Abs 1 Nr 3 sowie § 19 III–V wieder.

2. a) Abs 1 Nr 1 knüpft bei den gesonderten Feststellungen, die sich auf **Grundbesitz** im weiteren Sinn beziehen, an die Belegenheit des Objekts an. Sie hat besondere Bedeutung für die Einheitswertfeststellung. An Stelle des herkömmlichen Begriffs ,,Belegenheitsfinanzamt" wird der Begriff ,,Lagefinanzamt" verwendet.

b) Nr 2. Bei **gewerblichen Betrieben** entscheidet der Ort der Geschäftsleitung (§ 10). Befindet sich die Geschäftsleitung nicht im Inland, richtet sich die Zuständigkeit nach dem Ort der Betriebstätte (§ 12), unter mehreren Betriebstätten im Inland nach dem Ort der wirtschaftlich bedeutendsten Betriebstätte. Kann diese nicht festgestellt werden, richtet sich die Zuständigkeit nach Abs 2 sowie den §§ 24, 29. Die Vorschrift hat Bedeutung für die Feststellung der Einheitswerte und für die Gewinnfeststellung. Bei **Wohnsitzwechsel** und damit verbundenem Auseinanderfallen von Betriebsfinanzamt und Wohnsitzfinanzamt kann das Betriebsfinanzamt bei einem Einzelunternehmer, der mit dem Betriebsergebnis seines Unternehmens schon zur ESt für einen bestimmten Veranlagungszeitraum veranlagt ist, erstmalig eine gesonderte Feststellung (zB entsprechend dem Ergebnis

3. Abschnitt. Zuständigkeit der Finanzbehörden § 18

einer Außenprüfung) für diesen Veranlagungszeitraum durchführen, wenn die ESt-Veranlagung vorläufig oder unter Vorbehalt der Nachprüfung erfolgt ist. Andernfalls ist dies nicht möglich, weil sonst die Beschränkung der Änderung von bestandskräftigen Steuerbescheiden umgangen werden könnte (FG Nürnberg EFG 86, 53).

c) Nr 3 freiberufliche Tätigkeit. Die freiberuflich Tätigen werden den Gewerbetreibenden gleichgestellt. Die Vorschrift hat insbesondere Bedeutung für die Gewinnfeststellung. Die Regelung ist sachgerecht, weil Wohnsitz und Ausübung der Berufstätigkeit uU auch bei freiberuflich Tätigen erheblich auseinanderliegen können. Das FA, in dessen Bezirk die Tätigkeit ausgeübt wird, dürfte in der Regel auch für die Feststellung der Einkünfte des Steuerpflichtigen geeigneter sein als das Wohnsitzfinanzamt. Als **Einkünfte aus freiberuflicher Tätigkeit** sind nur die Einkünfte aus § 18 I Nr 1 EStG anzusehen, nicht die übrigen Einkünfte aus selbständiger Arbeit (AnwErl zu § 18 Nr 2).

d) Nr 4 Die Regelung greift ein bei **Beteiligung mehrerer Personen** an gemeinschaftlichen Einkünften, sofern nicht die vorhergehenden Vorschriften der Nrn 1–3 eingreifen; zB bei größeren **Grundstücksgesellschaften** und **Grundstücksfonds;** ferner bei gemeinsamen Zins- und Dividendeneinkünften. Es geht also um die gesonderte Feststellung von Einkünften aus Vermietung und Verpachtung oder aus Kapitalvermögen (AnwErl zu § 18 Nr 3). Ohne diese Regelung müßte nach Nr 1 für jedes Grundstück eine gesonderte Feststellung getroffen werden, wobei jeweils der Anteil jedes der an den Einkünften Beteiligten auszuweisen wäre. Ähnlich wie bei den Gewerbetreibenden werden in diesen Fällen die gesonderten Feststellungen dort getroffen, wo die Einkünfte aus dem gemeinschaftlichen Vermögen verwaltet werden. Geschieht das nicht im Inland, so entscheidet die Lage des wertvollsten Teils des Vermögens, aus dem die gemeinsamen Einkünfte fließen. Bei der gesonderten Feststellung von Einkünften aus nur **einem Grundstück** kann davon ausgegangen werden, daß die **Verwaltung** des Grundstücks von dem Ort ausgeht, in dem das **Grundstück liegt** (AnwErl zu § 18 Nr 4). Dies gilt nicht, wenn ausdrückl ein an einem **anderen Ort** ansässiger **Verwalter** benannt wird. Die Benennung eines **Empfangsbevollmächtigten** ist idR kein zwingend Indiz für die Wahrnehmung der Verwaltung, OFD Bremen StEK § 18 Nr 2.

Die Regelung der Nr 4 gilt nach ihrem Satz 2 entsprechend für die gesonderte Feststellung von sonstigen Vermögen, von Schulden und sonstigen Abzügen nach § 180 I Nr 3 und zB für die Durchführung von Feststellungen bei Bauherrengemeinschaften nach § 180 II (AnwErl zu § 18 Nr 3). Zu § 180 II s VO über die gesonderte Feststellung von Besteuerungsgrundlagen nach § 180 Abs 2 AO v 19. 12. 1986 (BGBl I S 2663, BStBl I 87, 2).

3. Abs 2 hat insbesondere Bedeutung für die **Beteiligung im Ausland.** Danach ist für die gesonderte Feststellung aller Beteiligten jedes FA, das nach §§ 19 oder 20 für die Steuern vom Einkommen und Vermögen auch nur eines Steuerpflichtigen zuständig ist, zuständig. Bei Zuständigkeit mehrerer Finanzbehörden entscheidet jedoch grundsätzlich die Finanzbehörde, die zuerst mit der Sache befaßt worden ist (§ 25). S 2 enthält einen

§ 19   1. Teil. Einleitende Vorschriften

Hinweis auf die in § 17 II S 3 und 4 FVG vorgesehene Möglichkeit, durch Rechtsverordnung der zuständigen Landesregierung die Zuständigkeit für bestimmte Fälle auf ein FA zu konzentrieren.

4. Fehler. Die gesetzlichen Zuständigkeiten nach §§ 18 und 19 können nicht durch eine Zuständigkeitsvereinbarung nach § 27 mit Wirkung für § 180 abgeändert werden. Ein gesonderter Gewinnfeststellungsbescheid, der unter Verletzung der in § 180 herangezogenen Vorschriften über die örtliche Zuständigkeit ergangen ist, ist zwar nicht nichtig. Er ist fehlerhaft, aber wirksam (BFH BStBl 87, 89). Er muß jedoch **aufgehoben werden**, weil die Verletzung der §§ 18, 19 in der gemäß § 180 getroffenen Zuordnung ein nicht heilbarer Rechtsfehler ist. Der Bescheid kann nicht gem § 127 mit der Begründung bestätigt werden, es hätte keine andere Entscheidung getroffen werden können (BFH BStBl 87, 195; 88, 230).

§ 19 Steuern vom Einkommen und Vermögen natürlicher Personen

(1) ¹Für die Besteuerung natürlicher Personen nach dem Einkommen und Vermögen ist das Finanzamt örtlich zuständig, in dessen Bezirk der Steuerpflichtige seinen Wohnsitz oder in Ermangelung eines Wohnsitzes seinen gewöhnlichen Aufenthalt hat (Wohnsitzfinanzamt). ²Bei mehrfachem Wohnsitz im Geltungsbereich des Gesetzes ist der Wohnsitz maßgebend, an dem sich der Steuerpflichtige vorwiegend aufhält; bei mehrfachem Wohnsitz eines verheirateten Steuerpflichtigen, der von seinem Ehegatten nicht dauernd getrennt lebt, ist der Wohnsitz maßgebend, an dem sich die Familie vorwiegend aufhält. ³Für die nach § 1 Abs. 2 und 3 des Einkommensteuergesetzes und nach § 1 Abs. 2 des Vermögensteuergesetzes unbeschränkt steuerpflichtigen Personen ist das Finanzamt örtlich zuständig, in dessen Bezirk sich die zahlende öffentliche Kasse befindet.

(2) ¹Liegen die Voraussetzungen des Absatzes 1 nicht vor, so ist das Finanzamt örtlich zuständig, in dessen Bezirk sich das Vermögen des Steuerpflichtigen und, wenn dies für mehrere Finanzämter zutrifft, in dessen Bezirk sich der wertvollste Teil des Vermögens befindet. ²Hat der Steuerpflichtige kein Vermögen im Geltungsbereich des Gesetzes, so ist das Finanzamt örtlich zuständig, in dessen Bezirk die Tätigkeit im Geltungsbereich des Gesetzes vorwiegend ausgeübt oder verwertet wird oder worden ist.

(3) ¹Gehören zum Bereich der Wohnsitzgemeinde mehrere Finanzämter und übt ein Steuerpflichtiger mit Einkünften aus Land- und Forstwirtschaft, Gewerbebetrieb oder freiberuflicher Tätigkeit diese Tätigkeit innerhalb der Wohnsitzgemeinde, aber im Bezirk eines anderen Finanzamts als dem des Wohnsitzfinanzamts aus, so ist abweichend von Absatz 1 jenes Finanzamt zuständig, wenn es nach § 18 Abs. 1 Nr. 1, 2 oder 3 für eine gesonderte Feststellung dieser Einkünfte zuständig wäre. ²Einkünfte aus Gewinnanteilen sind bei Anwendung des Satzes 1 nur dann zu berücksichtigen, wenn sie die einzigen Einkünfte des Steuerpflichtigen im Sinne des Satzes 1 sind.

3. Abschnitt. Zuständigkeit der Finanzbehörden § 19

(4) Steuerpflichtige, die zusammen zu veranlagen sind oder zusammen veranlagt werden können, sind bei Anwendung des Absatzes 3 so zu behandeln, als seien ihre Einkünfte von einem Steuerpflichtigen bezogen worden.

(5) ¹Durch Rechtsverordnung der Landesregierung kann bestimmt werden, daß als Wohnsitzgemeinde im Sinne des Absatzes 3 ein Gebiet gilt, das mehrere Gemeinden umfaßt, soweit dies mit Rücksicht auf die Wirtschafts- oder Verkehrsverhältnisse, den Aufbau der Verwaltungsbehörden oder andere örtliche Bedürfnisse zweckmäßig erscheint. ²Die Landesregierung kann die Ermächtigung auf die für die Finanzverwaltung zuständige oberste Landesbehörde übertragen.

Abs. 1 redaktionell geändert durch StBereinigG 1986 v 19. 12. 85, BGBl I, 2436.

Übersicht

1. Inhalt
2. Wohnsitz
3. Belegenheit des Vermögens
4. Wohnsitzgemeinde mit mehreren Finanzämtern
5. Zusammenveranlagungsfälle
6. Sonderregelung durch Rechtsverordnung

1. Inhalt. Die Vorschrift regelt die örtliche Zuständigkeit für die Steuer nach dem **Vermögen** und dem **Einkommen** natürlicher Personen. Das jeweils örtlich zuständige FA ist auch für die vorangegangenen Veranlagungszeiträume zuständig, selbst dann, wenn der Steuerpflichtige seinerzeit in einem anderen Bundesland wohnte (BFH BStBl 71, 151); Zuständigkeitswechsel s § 26. Sonderregelungen finden sich in § 42c II EStG für den Lohnsteuerjahresausgleich (letztmalig anwendbar für 1987), in § 8 II KapStDV für die Kapitalertragsteuer, in § 41a EStG für die Abführung von Lohnsteuerabzugsbeträgen. Zur Frage der örtlichen Zuständigkeit für die Veranlagung in den Fällen des § 46 I und II EStG vgl Vfg der OFD Hannover v 23. 6. 1987 (AO-Handbuch 1988, Anlage 2 zu § 19) und nunmehr § 52 Abs 27 EStG idF StRefG 1990.

2. Wohnsitz. Nach Abs 1 richtet sich die Zuständigkeit nach dem **Wohnsitz (§ 8)** oder dem **gewöhnlichen Aufenthalt (§ 9).** Bei mehrfachem Wohnsitz entscheidet derjenige, an dem sich der Steuerpflichtige vorwiegend aufhält. Bei verheirateten Steuerpflichtigen entscheidet der Wohnsitz, an dem sich die Familie vorwiegend aufhält, sofern die Ehegatten nicht dauernd getrennt leben. Insoweit sind für die Bestimmung der örtlichen Zuständigkeit die Kinder mit in die Betrachtung einzubeziehen (AnwErl zu § 19 Nr 1). Diese Regelung gilt auch dann, wenn die Ehegatten getrennte Veranlagung wählen. Die Regelung dient der Verwaltungsvereinfachung. Neu ist die Regelung im letzten Satz. **Auslandsbeamte** und in der DDR tätige Beamte sind nach § 1 II EStG und § 1 II VStG unbeschadet ihres Wohnsitzes im Ausland unbeschränkt steuerpflichtig. Da bei diesen Personen nicht an die Begriffe Wohnsitz oder gewöhnlicher Aufenthalt für die Bestimmung des örtlich zuständigen FA angeknüpft werden kann, wird das FA für zuständig erklärt, in dem sich die **öffentliche Kasse,** die die Dienstbezüge zahlt, befindet.

§ 19 1. Teil. Einleitende Vorschriften

Es kommt jeweils auf den Wohnsitz an, den der Steuerpflichtige gegenwärtig, dh zum Zeitpunkt der Veranlagung (des Verwaltungshandelns), innehat (vgl BFH BStBl 88, 230 und oben § 17 Anm 1). Beim Lohnsteuerjahresausgleich entschied dagegen früher das Stichtagsprinzip; entscheidend war der Wohnsitz, den der Steuerpflichtige am Schluß des Ausgleichsjahres innehatte, auch wenn er später seinen Wohnsitz gewechselt hat; vgl § 42c II EStG. Für die Durchführung des **LStJA** war nach § 42c II EStG das FA örtlich zuständig, in dessen Bezirk der AN am Schluß des Ausgleichsjahres seinen Wohnsitz hatte. Diese Regelung ist letztmals für 1987 anzuwenden. Für Jahre ab 1988 gilt nunmehr ebenfalls § 19 AO (s § 52 Abs 27 idF des StRefG 1990).

Bei Stpfl mit Einkünften aus **nichtselbständiger** Arbeit richtete sich die örtliche Zuständigkeit nach § 46 VI EStG. Das gilt nicht nur, wenn das Einkommen ausschließlich aus Einkünften aus nichtselbständiger Arbeit besteht, sondern auch dann, wenn daneben andere Einkünfte vorhanden sind und eine Veranlagung nach § 46 II EStG erfolgt. Die frühere Verwaltungsauffassung (s das durch den AnwErl aufgehobene BdF-Schreiben v 5. 6. 81 BStBl 81, 488), wonach die Zuständigkeitsregelung des § 46 VI nur in den Fällen der Veranlagung nach § 46 I EStG und § 46 II Nr 4 oder 8 EStG gelte, ist vom BFH verworfen worden. § 46 VI EStG gilt für alle Fälle, in denen nach § 46 I und II EStG Veranlagungen durchzuführen sind (BFH BStBl 87, 202). Die Verwaltungsauffassung, daß die Veranlagung noch von dem FA vorzunehmen ist, das durch die begonnene Bearbeitung des LStJA zuerst mit der Sache befaßt war, wenn sich beim LStJA ergibt, daß der Stpfl zur ESt veranlagt werden muß und hierfür ein anderes FA örtlich zuständig wäre, ist durch die Aufhebung des BdF Schreibens v 5. 6. 81 (BStBl 81, 488) durch den AnwErl (s dort am Ende) hinfällig geworden. In der Regel wird hier § 46 VI EStG eingreifen, so daß sich keine Zuständigkeitsänderung ergibt. Andernfalls gilt § 19. Es kann aber eine Vereinbarung nach § 26 S 2 getroffen werden. § 46 VI EStG ist ebenso wie § 42c II EStG durch das StRefG 1990 aufgehoben worden und letztmalig für 1987 anwendbar (§ 52 Abs 27 EStG). Es gilt nunmehr allgemein § 19 AO.

3. Belegenheit des Vermögens, Abs 2. Ist ein Wohnsitz oder gewöhnlicher Aufenthalt im Geltungsbereich der AO nicht vorhanden, entscheidet die **Belegenheit** des Vermögens oder der Ort, an dem die gewerbliche oder berufliche **Tätigkeit** ausgeübt oder verwertet wird. Unter den Begriff der Verwertung fällt auch insbesondere das sog know-how. Die Entgelte aus der Verwertung des **know-how** sind steuerpflichtig (BFH BStBl 70, 428; vgl auch § 73a EStDV), ferner Verwertung eines im Ausland erstellten Gutachtens im Inland, Filmvorführungsrechte, verlagsrechtliche Lizenzen, Meinungsforschungs- und betriebswirtschaftliche Prüfungen.

4. Abs 3 enthält eine Ausnahmeregelung, die im wesentlichen den §§ 1 bis 4 VO über die Zuständigkeit im Besteuerungsverfahren v. 3. 1. 1944 (RGBl I, 11) entspricht. Diese VO ist durch das EGAO 77 aufgehoben worden. Abs 3 gilt nicht nur für **Gewerbetreibende,** sondern auch für **Land- und Forstwirte** und **freiberuflich Tätige.** Er dient der Verwaltungsvereinfachung und soll die gesonderte Feststellung vermeiden, indem das an sich für eine gesonderte Feststellung zuständige FA gleichzeitig auch für die Einkommen- und Vermögensteuer für zuständig erklärt wird.

3. Abschnitt. Zuständigkeit der Finanzbehörden   § 19

Abs 3 hat nur für Großstädte mit mehreren FÄ Bedeutung. Vgl aber auch Abs 5. Er bezieht sich auf den Fall, daß ein Steuerpflichtiger innerhalb der Großstadt, aber außerhalb seines WohnsitzFA einen Gewerbebetrieb hat, eine freiberufliche Tätigkeit ausübt oder Einkünfte aus Land- und Forstwirtschaft bezieht. Hat er mehrere Betriebe oder übt er mehrere freiberufliche Tätigkeiten aus, so greift die Regelung nicht nur ein, wenn die verschiedenen Betriebe bzw die freiberuflichen Tätigkeiten im Bezirk ein und desselben FA innerhalb der Wohnsitzgemeinde ausgeübt werden. Handelt es sich um mehrere Betriebe oder freiberufliche Tätigkeiten in verschiedenen FA-Bezirken innerhalb der Wohnsitzgemeinde, so können nach § 19 III vielmehr mehrere FÄ zuständig sein. Es ist dann nach § 25 zu verfahren. Die Betriebs-FÄ, die danach nicht für die ESt- und VSt-Veranlagungen zuständig werden, haben die in ihrem Bezirk anfallenden Einkünfte gesondert festzustellen (AnwErl zu § 19 Nr 3; *TK* RNr 6; *Koch* RNr 9; aA *Schwarz* RNr 12). Abs 3 wird im übrigen auch nicht dadurch ausgeschlossen, daß die dort genannten Tätigkeiten **daneben** noch außerhalb der Wohnsitzgemeinde ausgeübt werden. Wegen dieser Einkünfte ist aber weiterhin eine gesonderte Feststellung notwendig. Aus § 180 I Nr 2 b ergibt sich, daß bis in den Fällen des Abs 3 eine gesonderte Gewinnfeststellung stattfindet. Die **Beteiligung** an einem anderen Unternehmen mit Sitz innerhalb der Gemeinde, aber außerhalb des FA-Bezirks des Einzelunternehmens hindert die Anwendung des Abs 3 nicht (S 2), dh, das BetriebsFA ist trotzdem auch für die ESt und VSt zuständig. Die Regelung ist im übrigen aber auch auf die Beteiligung an einem Unternehmen anzuwenden, das sich in derselben Gemeinde, aber außerhalb des Bezirks des WohnsitzFA befindet.

Bei der nach § 19 III begründeten Zuständigkeit bleibt es auch dann, wenn der Stpfl später im Bezirk seines Wohnsitz-FA Einkünfte aus Gewerbebetrieb erzielt oder zu erzielen behauptet. In diesem Fall hat das Wohnsitz-FA im Verfahren der gesonderten Feststellung über die in seinem Bezirk erzielten Einkünfte aus Gewerbebetrieb zu entscheiden (FG Berlin EFG 86, 586; aA *Schwarz* RNr 14). Die Zuständigkeit des Betriebs-FA geht jedoch verloren, wenn der Stpfl vor Durchführung der Veranlagung seinen Betrieb oder seine freiberufliche Tätigkeit aufgegeben hat. In diesem Fall ist das ehemalige Betriebs-FA weder für die Veranlagung gem § 19 III noch für die gesonderte Gewinnfeststellung nach § 180 I Nr 2 b zuständig (BFH BStBl 87, 195; 88, 230).

5. Abs 4. Bei Steuerpflichtigen, die **zusammen veranlagt** werden, gilt Abs 3 nur, wenn sich die Betriebe der Steuerpflichtigen im Bezirk desselben FA befinden. **Beispiel:** A und B mit Wohnsitz im Bezirk des FA X. A betreibt seine Anwaltspraxis im Bezirk des FA Y, B die Arztpraxis im Bezirk des FA Z. Abs 3 ist **nicht** anzuwenden; er würde nur eingreifen, wenn A und B ihre Tätigkeit entweder beide im Bezirk des FA Y oder des FA Z ausüben würden.

6. Abs 5. Die Sonderregelung erlaubt es, die Anwendung des Abs 3 in geeigneten Fällen **auszudehnen.** Der Abs 3 greift nur ein, wenn die einzelnen in Betracht kommenden FÄ für dieselbe Gemeinde zuständig sind. Insbesondere in Ballungs- und Einzugsgebieten der größeren Städte kann es aus Vereinfachungsgründen zweckmäßig sein, die Regelung des Abs 3 auf die **Randzonen** zu erweitern, so daß Abs 3 auch auf FÄ anwendbar ist, die sich außerhalb der Gemeinde befinden.

§ 20 Steuern vom Einkommen und Vermögen der Körperschaften, Personenvereinigungen, Vermögensmassen

(1) Für die Besteuerung von Körperschaften, Personenvereinigungen und Vermögensmassen nach dem Einkommen und Vermögen ist das Finanzamt örtlich zuständig, in dessen Bezirk sich die Geschäftsleitung befindet.

(2) Befindet sich die Geschäftsleitung nicht im Geltungsbereich des Gesetzes oder läßt sich der Ort der Geschäftsleitung nicht feststellen, so ist das Finanzamt örtlich zuständig, in dessen Bezirk die Steuerpflichtige ihren Sitz hat.

(3) Ist weder die Geschäftsleitung noch der Sitz im Geltungsbereich des Gesetzes, so ist das Finanzamt örtlich zuständig, in dessen Bezirk sich Vermögen der Steuerpflichtigen und, wenn dies für mehrere Finanzämter zutrifft, das Finanzamt, in dessen Bezirk sich der wertvollste Teil des Vermögens befindet.

(4) Befindet sich weder die Geschäftsleitung noch der Sitz noch Vermögen der Steuerpflichtigen im Geltungsbereich des Gesetzes, so ist das Finanzamt örtlich zuständig, in dessen Bezirk die Tätigkeit im Geltungsbereich des Gesetzes vorwiegend ausgeübt oder verwertet wird oder worden ist.

Bei den Körperschaften, Personenvereinigungen und Vermögensmassen, die selbständig steuerpflichtig sind, richtet sich die örtliche Zuständigkeit des FA in erster Linie nach dem **Sitz der Geschäftsleitung** (§ 10). Nach Eröffnung des **Konkursverfahrens** über das Vermögen einer Personengesellschaft kann die **Geschäftsleitung** auf den **KV** übergehen, wodurch ein Zuständigkeitswechsel für die Besteuerung eintreten kann. Dieser kann ggf gem § 26 S 2 vermieden werden. Ist eine Geschäftsleitung im Geltungsbereich des Gesetzes nicht vorhanden, entscheidet der Sitz des Steuerpflichtigen (§ 11). Ist auch ein Sitz im Geltungsbereich des Gesetzes nicht vorhanden, richtet sich die Zuständigkeit nach der Belegenheit des Vermögens bzw des wertvollsten Teils des Vermögens. Schließlich kann nach **Abs 4** die Zuständigkeit sich auch aus dem Ort der Ausübung und der Verwertung der Tätigkeit ergeben (vgl hierzu Anm zu § 19 II). Für **Organgesellschaften,** bei denen sich die Geschäftsleitung des Organträgers und des Organs nicht innerhalb desselben Landes befindet, s gleichlautende Erlasse der Länderfinanzminister BStBl 57 II, 140, 142.

Die frühere Regelung des § 73 VI RAO nannte den Sitz des Steuerpflichtigen nicht als zweiten sondern als letzten Anknüpfungspunkt. Diese Regelung war insofern nicht sachgerecht, als der Sitz neben der Geschäftsleitung Anknüpfungspunkt für die unbeschränkte Steuerpflicht ist.

§ 21 Umsatzsteuer

[1]Für die Umsatzsteuer mit Ausnahme der Einfuhrumsatzsteuer ist das Finanzamt zuständig, von dessen Bezirk aus der Unternehmer sein Unternehmen im Geltungsbereich des Gesetzes ganz oder vorwiegend betreibt. [2]Wird das Unternehmen von einem nicht zum Geltungsbereich des Gesetzes gehörenden Ort aus betrieben, so ist das Finanzamt zustän-

3. Abschnitt. Zuständigkeit der Finanzbehörden § 22

dig, in dessen Bezirk der Unternehmer seine Umsätze im Geltungsbereich des Gesetzes ganz oder vorwiegend bewirkt.

1. Die Vorschrift regelt die örtliche Zuständigkeit für die Umsatzsteuer und entspricht weitgehend dem § 73 IV RAO. Sie gilt jedoch **nicht** für die **Einfuhrumsatzsteuer,** die nach der Zuständigkeitsregelung für die Zölle (§ 23) behandelt wird. Eine von der Grundsatzregelung abweichende Zuständigkeitsbestimmung für die **freiberuflich Tätigen** ist nicht mehr vorgesehen (vgl dagegen § 73 IV 3 RAO), weil auch für diesen Personenkreis nunmehr eine gesonderte Gewinnfeststellung stattfindet (vgl § 180 I Nr 2b), sofern nicht das für die gesonderte Feststellung zuständige Finanzamt auch für die Einkommen- und Vermögensteuer zuständig ist (vgl § 19 III). Die besondere Zuständigkeitsbestimmung des § 16 V 3 UStG bleibt unberührt.

2. Die Zuständigkeit richtet sich nach S 1 nach dem Ort, wo die **Tätigkeit ausgeübt wird.** Liegt der Ort der Tätigkeit außerhalb des Geltungsbereichs des Gesetzes, so ist das FA zuständig, in dessen Bezirk der Unternehmer seine Umsätze ganz oder überwiegend **bewirkt.** Beachte aber Sonderregelung nach der UmsatzsteuerabzugsVO. Bei Organgesellschaften ist Organträger der Unternehmer. § 15 VI UStG, wonach für gesondert geführte Betriebe uU getrennte Umsatzsteuerberechnungen durchgeführt werden, hat auf die örtliche Zuständigkeit keinen Einfluß.

3. Läßt sich die Zuständigkeit nicht mit hinreichender Sicherheit bestimmen, greifen die Vorschriften der §§ 24, 28, 29 ein.

§ 22 Realsteuern

(1) Für die Festsetzung und Zerlegung der Steuermeßbeträge ist bei der Grundsteuer das Lagefinanzamt (§ 18 Abs. 1 Nr. 1) und bei der Gewerbesteuer das Betriebsfinanzamt (§ 18 Abs. 1 Nr. 2) örtlich zuständig.

(2) ¹Soweit die Festsetzung, Erhebung und Beitreibung von Realsteuern den Finanzämtern obliegt, ist dafür das Finanzamt örtlich zuständig, zu dessen Bezirk die hebeberechtigte Gemeinde gehört. ²Gehört eine hebeberechtigte Gemeinde zu den Bezirken mehrerer Finanzämter, so ist von diesen Finanzämtern das Finanzamt örtlich zuständig, das nach Absatz 1 zuständig ist oder zuständig wäre, wenn im Geltungsbereich dieses Gesetzes nur die in der hebeberechtigten Gemeinde liegenden Teile des Betriebes, des Grundstückes oder des Betriebsgrundstückes vorhanden wären.

(3) Absatz 2 gilt sinngemäß, soweit einem Land nach Artikel 106 Abs 6 Satz 3 des Grundgesetzes das Aufkommen der Realsteuern zusteht.

1. **Abs 1** berücksichtigt, daß in der Regel sich die Tätigkeit der FÄ bei der Verwaltung der **Realsteuern** (Grundsteuer, Gewerbesteuer) auf die Festsetzung und Zerlegung der Steuermeßbeträge beschränkt (vgl §§ 184–190). Für die Festsetzung und Zerlegung des **Grundsteuermeßbetrages** ist danach das LageFA (§ 18 I Nr 1), bei der **Gewerbesteuer** das BetriebsFA (§ 18 I Nr 2) zuständig. In den meisten Ländern ist die Verwaltung der Realsteuern, soweit es um die Steuerfestsetzung, die Erhebung und die

§ 23 1. Teil. Einleitende Vorschriften

Beitreibung geht, den Gemeinden übertragen worden (vgl Art 108 IV 2 GG). Im übrigen bestimmt sich die Zuständigkeit der Gemeinde nach der Ertragshoheit (vgl § 4 GewStG, § 1 GrStG).

2. Abs 2 regelt den Fall, daß in einem Land von der Möglichkeit der **Übertragung** der Verwaltung der Realsteuern kein Gebrauch gemacht worden ist. In diesem Fall ist für die Festsetzung, Erhebung und Beitreibung das FA zuständig, zu dessen Bezirk die hebeberechtigte Gemeinde gehört. Besonders geregelt ist der Fall, daß eine hebeberechtigte Gemeinde zu den Bezirken verschiedener FÄ gehört.

3. Soweit in einem Land **keine Gemeinden** bestehen und daher das Land selbst nach Art 106 VI 3 GG realsteuerberechtigt ist, ordnet Abs 3 die sinngemäße Anwendung des Abs 2 an (dies gilt für Hamburg und Berlin).

§ 23 Zölle und Verbrauchsteuern

(1) Für die Zölle und Verbrauchsteuern ist das Hauptzollamt örtlich zuständig, in dessen Bezirk der Tatbestand verwirklicht wird, an den das Gesetz die Steuer knüpft.

(2) [1] **Örtlich zuständig ist ferner das Hauptzollamt, von dessen Bezirk aus der Steuerpflichtige sein Unternehmen betreibt.** [2] **§ 21 Satz 2 gilt sinngemäß.**

(3) Werden Zölle und Verbrauchsteuern im Zusammenhang mit einer Steuerstraftat oder einer Steuerordnungswidrigkeit geschuldet, so ist auch das Hauptzollamt örtlich zuständig, das für die Strafsache oder die Bußgeldsache zuständig ist.

1. Inhalt. Die Vorschrift regelt die örtliche Zuständigkeit bei den Zöllen und den Verbrauchsteuern sowie den **Abschöpfungen** (vgl § 3 I 2). Sie gilt ferner für die **Einfuhrumsatzsteuer,** die nach § 21 I UStG den Verbrauchsteuern gleichgestellt ist. Außerdem ist die Vorschrift anwendbar bei den von den Bundesfinanzbehörden verwalteten Abgaben im Rahmen der **EG-Produktionsregelungen,** da nach § 8 II des Gesetzes zur Durchführung der gemeinsamen Marktorganisationen (idF v 27. 8. 86 – BGBl I, 1397) die AO entsprechend gilt. Allerdings sind bestimmte sachliche Zuständigkeiten der HZÄ dem HZA Hamburg-Jonas übertragen (vgl § 5 III Nr 5 Zuständigkeitsverordnung v 21. 9. 1981, BGBl I, 1033). Die örtliche Zuständigkeit der Zollstellen in Fällen, in denen Zollgut der zollamtlichen Überwachung entzogen worden ist, ist in § 87 III der Allgemeinen Zollordnung besonders geregelt, so daß die §§ 17, 23 AO nicht anwendbar sind (BFHE 144, 311).

2. Nach Abs 1 ist das **Hauptzollamt** örtlich zuständig, in dessen Bezirk der steuerliche Tatbestand verwirklicht wird. Die Hilfszuständigkeit des zuerst mit der Sache befaßten FA (vgl § 26 Nr 8 S 2 RAO) ergibt sich jetzt aus den für alle Steuern geltenden § 24 und § 29.

3. Nach **Abs 2** ist neben dem Hauptzollamt der Tatbestandsverwirklichung auch das Hauptzollamt zuständig, von dessen Bezirk aus der Steuerpflichtige sein Unternehmen **betreibt.** Diese Vorschrift hat insbesondere Bedeutung für die Durchführung von **Außenprüfungen,** falls der Steuer-

3. Abschnitt. Zuständigkeit der Finanzbehörden §§ 24, 25

pflichtige grenzüberschreitenden Warenverkehr über verschiedene Zollstellen abwickelt. Mit dieser Regelung soll für die Außenprüfung eine einheitliche Zuständigkeit erreicht werden. Die Vorschrift hat ferner Bedeutung für Steuerpflichtige mit mehreren Betrieben, in denen verbrauchsteuerpflichtige Waren hergestellt werden. Die Frage, welches von mehreren örtlich zuständigen FÄ entscheidet, regelt sich nach § 25.

4. Durch den **Abs 3** wird im Interesse der Verwaltungsvereinfachung die Möglichkeit geschaffen, daß verkürzte Zölle und Verbrauchsteuern auch von dem Hauptzollamt festgesetzt werden können, das für die Strafsache oder Bußgeldsache zuständig ist (§§ 388–390).

§ 24 Ersatzzuständigkeit

Ergibt sich die örtliche Zuständigkeit nicht aus anderen Vorschriften, so ist die Finanzbehörde zuständig, in deren Bezirk der Anlaß für die Amtshandlung hervortritt.

Nach § 77 RAO bestimmte der Finanzminister, welches FA zuständig sein sollte, wenn sich aus anderen Vorschriften eine Zuständigkeit nicht herleiten ließ. Diese Regelung entsprach nicht mehr der Verfassungslage und war nicht zuletzt wegen des Grundsatzes des gesetzlichen Richters nicht unbedenklich. Nach der neuen Regelung ist in diesen Fällen in Übereinstimmung mit § 3 I Nr 4 VwVfG künftig die FinBeh zuständig, in deren Bezirk der Anlaß für die Amtshandlung hervortritt. Regelung kann zB eingreifen bei Geltendmachung von **Haftungsansprüchen** und bei Maßnahmen zur Aufdeckung unbekannter Steuerfälle (§ 208 I Nr 3). Auch im **internationalen Rechts- und Amtshilfeverkehr** kann die Vorschrift von Bedeutung sein. So ist im Rahmen dieses Verkehrs die vom Ausland ersuchte Behörde, bzw die von dieser beauftragte Behörde zuständig (BFH BStBl 79, 268; für Auskünfte im Rahmen der EG s § 1 IV EG-Amtshilfegesetz – unten § 117 Anm 12). Bei der Erfüllung eines Vollstreckungsersuchens der FinBeh eines Mitgliedstaates der EG ist das FA örtlich zuständig, in dessen Bezirk der Drittschuldner seinen Sitz hat (FG Hamburg EFG 86, 608). Vgl auch § 29.

§ 25 Mehrfache örtliche Zuständigkeit

[1] Sind mehrere Finanzbehörden zuständig, so entscheidet die Finanzbehörde, die zuerst mit der Sache befaßt worden ist, es sei denn, die zuständigen Finanzbehörden einigen sich auf eine andere zuständige Finanzbehörde oder die gemeinsame fachlich zuständige Aufsichtsbehörde bestimmt, daß eine andere örtlich zuständige Finanzbehörde zu entscheiden hat. [2] Fehlt eine gemeinsame Aufsichtsbehörde, so treffen die fachlich zuständigen Aufsichtsbehörden die Entscheidung gemeinsam.

Bei **mehrfacher örtlicher** Zuständigkeit entscheidet die Finanzbehörde, die zuerst mit der Sache befaßt ist. Aus der Formulierung geht hervor, daß die örtliche Zuständigkeit der übrigen Finanzbehörden dadurch nicht beseitigt wird. Die örtlich zuständigen Finanzbehörden können sich aber auf die Zuständigkeit einer von ihnen einigen. Es handelt sich hierbei aber

§ 26   1. Teil. Einleitende Vorschriften

nicht um eine Zuständigkeitsvereinbarung nach § 27. Die Zustimmung der Betroffenen ist nicht erforderlich (AnwErl zu § 25). Dies gilt auch über die Ländergrenzen hinaus. Auch die gemeinsame **Aufsichtsbehörde** kann bestimmen, welche Finanzbehörde die Entscheidung treffen soll. Bei Fehlen einer gemeinsamen Aufsichtsbehörde treffen die fachlich zuständigen Aufsichtsbehörden die Entscheidung gemeinsam. Die Vorschrift läßt auch eine sachliche Teilung der Aufgaben zu, zB Außenprüfungen werden vom Hauptzollamt am Sitz des Unternehmens, laufende Zollverwaltungsakte jedoch vom Grenzhauptzollamt erledigt.

§ 26 Zuständigkeitswechsel

¹Geht die örtliche Zuständigkeit durch eine Veränderung der sie begründenden Umstände von einer Finanzbehörde auf eine andere Finanzbehörde über, so tritt der Wechsel der Zuständigkeit in dem Zeitpunkt ein, in dem eine der beiden Finanzbehörden hiervon erfährt. ²Die bisher zuständige Finanzbehörde kann ein Verwaltungsverfahren fortführen, wenn dies unter Wahrung der Interessen der Beteiligten der einfachen und zweckmäßigen Durchführung des Verfahrens dient und die nunmehr zuständige Finanzbehörde zustimmt.

1. Die Vorschrift gilt für alle **laufend veranlagten Steuern,** bei denen sich die die Zuständigkeit begründenden Umstände (Wohnsitz, Geschäftsleitung usw) **ändern** können. Sie stellt ebenso wie § 75 RAO nicht auf die objektiven Umstände ab, sondern auf die Kenntnis einer der beteiligten FinBeh. Nach der Neufassung kommt es im Gegensatz zu § 75 RAO jedoch nicht nur auf die Kenntnis der neu zuständig werdenden Behörde an, sondern es reicht auch die Kenntnis der bisher zuständigen Behörde aus. Vgl auch § 3 III VwVfG. Die Zuständigkeit hat Auswirkungen auf die **Steuerberechtigung** der Länder (vgl Art 107 I GG).

2. Im Interesse der Verwaltungsökonomie sieht **S 2** vor, daß die bisher zuständige Behörde das Verfahren **fortführen** kann, wenn die andere Behörde zustimmt. Zum Verfahren zwischen den beiden Finanzbehörden s im einzelnen das durch den AnwErl nicht aufgehobene BdF-Schreiben v 20. 8. 82 (BStBl I, 658), vgl auch Vfg betr Zuständigkeitswechsel der OFD Hannover, AO-Handbuch 1988, Anl 2 zu § 26. Danach soll das bisher zuständige FA zunächst ermitteln ob das andere FA die Besteuerung übernehmen will. Das bisher zuständige FA hat bis zur Abgabe des StFalles sämtliche StFestsetzungs- und -erhebungsaufgaben fortzuführen.

Das FA darf nicht unter Berufung auf S 2 auch die laufende Einkommens-Besteuerung – für deren Zwecke noch kein Verwaltungsverfahren begonnen ist – an sich ziehen. Hierfür ist die Zustimmung des Stpfl nach § 27 erforderlich, FG Nieders EFG 83, 530. Satz 2 ist eine auf einem unbestimmten Rechtsbegriff aufbauende Ermessensvorschrift, FG RhPf EFG 83, 154; er berechtigt nicht dazu, die Zuständigkeit einer FinBeh zu schaffen, wenn die Zuständigkeit bei Vornahme der Verwaltungsentscheidung noch gar nicht vorhanden war, FG Berlin EFG 83, 268. Abzulehnen ist die Auffassung des FG RhPf (EFG 81, 24), wonach bei Verlegung des Wohnsitzes in ein anderes Bundesland ohne die wirksame Zustimmung des zuständig gewordenen FA das frühere FA absolut unzuständig geworden sei.

3. Abschnitt. Zuständigkeit der Finanzbehörden **§ 26**

Dieser Fehler sei offenkundig und besonders schwerwiegend und führe daher zur Nichtigkeit der von diesem Bescheid nach Zuständigkeitswechsel ergangenen Bescheide (ablehnend auch *Koch* RNr 8). Auf die Steuerberechtigung hat diese Regelung jedoch keinen Einfluß. Bei dieser Regelung ist die **Zustimmung** des Steuerpflichtigen **nicht** erforderlich, weil keine neue Zuständigkeit begründet wird und eine mißbräuchliche Anwendung der Vorschrift kaum in Betracht kommen dürfte, vgl dagegen die Zuständigkeitsvereinbarung nach § 27. Hier geht es lediglich um die zeitliche Abgrenzung von zwei gegebenen Zuständigkeiten. Der Stpfl müßte aber wohl vorher gehört werden, weil nur so sein Interesse gewahrt werden kann (FG RhPf EFG 81, 24; *TK* RNr 3; *Koch* RNr 5). Nr 2 des AnwErl zu § 26 bestimmt nunmehr, daß der Stpfl gehört werden „soll" und daß er von der Fortführung des Verwaltungsverfahrens zu benachrichtigen ist. Der **Zuständigkeitswechsel** wirkt sich auch auf frühere, noch nicht abgeschlossene Veranlagungszeiträume aus; er tritt ein in dem Stadium, in sich das Verfahren jeweils befindet. Mit dem Wechsel der örtlichen Zuständigkeit wird das nunmehr zuständig gewordene FA Verfahrensbeteiligter, BFH BStBl 79, 169. Das bisher zuständige FA darf nicht mehr mit einer ESt-Veranlagung beginnen; eine evt Zuständigkeitsvereinbarung nach § 26 ist unverzüglich zu treffen, FG RhPf EFG 81, 24. Bedenken aus dem Gesichtspunkt der **verbandsmäßigen Zuständigkeit** bestehen nicht (vgl BFH BStBl 71, 151), es sei denn, es handelt sich um sog gebietsgebundene Steuern (zB Grundsteuer).

3. Die 1963 zwischen den Bundesländern getroffene Zuständigkeitsvereinbarung, die nach dem früheren EinfErl § 26 Nr 3 noch als fortgeltend angesehen wurde, bestimmte, daß bei Wohnsitzverlegung unter gleichzeitiger Betriebsaufgabe die noch ausstehenden **BetriebsSt-Veranlagungen** noch von dem bisher zuständigen FA abzuwickeln seien. Diese Rechtslage ergibt sich unmittelbar aus der AO (vgl für die Umsatzsteuer § 21, für die Realsteuern § 22 I und für die Verbrauchsteuern § 23 II) und wird nunmehr durch den AnwErl zu § 26 Nr 3 klargestellt. Bei den Personensteuern wechselt die Zuständigkeit. Lt AnwErl aaO hat aber das bisherige FA im Wege der Amtshilfe noch den Gewinn aus der Zeit bis zur Betriebsaufgabe zu ermitteln und dem neuen Wohnsitz-FA mitzuteilen.

Zu den Auswirkungen des Zuständigkeitswechsels auf das **Rechtsbehelfsverfahren** s § 367. Im außergerichtlichen Rechtsbehelfsverfahren ist auch § 26 Satz 1 anwendbar. Die Verweisung in § 367 I 2 nur auf § 26 Satz 2 bedeutet nicht den Ausschluß des ersten Satzes der Vorschrift. Zieht daher ein Stpfl während des Einspruchsverfahrens um und teilt dies weder dem bislang noch dem nunmehr örtlich zuständigen FA mit und kann der neue Wohnsitz trotz Nachfrage beim Einwohnermeldeamt und beim Steuerberater des Stpfl nicht festgestellt werden, ist das ursprünglich zuständige FA auch für den Erlaß der Einspruchsentscheidung zuständig (Hess FG EFG 88, 60). **Generelle Absprachen** über die Fortführung des Einspruchsverfahrens durch das bisher zuständige FA sind mit § 26 Satz 2 nicht vereinbar, da sonst die Interessen der Beteiligten nicht ordnungsgemäß gewahrt werden könnten (FG Bad-Württ EFG 87, 274).

§§ 27, 28   1. Teil. Einleitende Vorschriften

§ 27 Zuständigkeitsvereinbarung

Im Einvernehmen mit der Finanzbehörde, die nach den Vorschriften der Steuergesetze örtlich zuständig ist, kann eine andere Finanzbehörde die Besteuerung übernehmen, wenn der Betroffene zustimmt.

1. Abweichend von den vorstehenden Vorschriften kann durch **Vereinbarung** mit der an sich örtlich zuständigen FinBeh eine andere FinBeh die Besteuerung übernehmen. Anders als nach § 78 RAO ist hierfür aber **Zustimmung** des Steuerpflichtigen erforderlich. Damit sollen verfassungsrechtliche Bedenken ausgeräumt werden, die sich daraus ergeben könnten, daß sich durch die Zuständigkeitsvereinbarung grundsätzlich auch die Zuständigkeit des FG nach § 38 FGO ändert. Der BFH hat für die frühere Rechtslage allerdings die Zulässigkeit von Zuständigkeitsvereinbarungen auch gegen den Willen des Steuerpflichtigen bejaht (BFH BStBl 71, 422; BStBl 73, 199) und eine Überprüfung der Zuständigkeitsvereinbarung nur nach den Grundsätzen einer Ermessensentscheidung zugelassen. Der RegEntw (§ 39 EAO 1974 aaO) ließ eine Zuständigkeitsvereinbarung auch in den Fällen zu, in denen sie unter Wahrung der Interessen des Steuerpflichtigen der Verwaltungsvereinfachung dient. Die früheren VerwAnweisungen über Sonderregelungen über die örtliche Zuständigkeit gelten weiter (AnwErl zu § 27 Nr 3). Ob man sich damit allerdings so ohne weiteres heute über die nach § 27 eindeutig erforderliche Zustimmung des Betroffenen im Einzelfall hinwegsetzen kann, erscheint zweifelhaft. Nach § 127 kann jedoch die Aufhebung eines Verwaltungsaktes nicht allein deshalb beansprucht werden, weil er unter Verletzung der Vorschriften über die örtliche Zuständigkeit zustande gekommen ist.

2. Die Regelung dürfte auch im außergerichtlichen **Rechtsbehelfsverfahren** anwendbar sein (*TK* RNr 1; anders nach altem Recht FG RhPf EFG 68, 333). Wie im Wortlaut deutlich zum Ausdruck kommt, gilt die Regelung **nur für die örtliche** Zuständigkeit. Zuständigkeitsvereinbarungen über die sachliche oder über die funktionelle Zuständigkeit sind daher nicht möglich, ebenso nicht über die verbandsmäßige Zuständigkeit (*TK* RNr 1; zur verbandsmäßigen Zuständigkeit s oben § 17 Anm 3).

3. Bei mehrfacher Heranziehung eines Steuerpflichtigen zur selben Steuer (vgl § 78 II 2 RAO) greift nunmehr die Vorschrift über die **widerstreitende Steuerfestsetzung** (§ 174) ein.

4. Eine bestimmte **Form** ist für die Zustimmung des Betroffenen nicht vorgeschrieben. Sie muß jedoch ausdrücklich geklärt werden. Schweigen oder fehlender Widerspruch des Betroffenen auf eine entsprechende Anfrage der FinBeh können nicht für sich als Zustimmung gewertet werden. Die Zustimmung ist bedingungsfeindlich und kann nur mit Wirkung für die Zukunft widerrufen werden (AnwErl zu § 27 Nr 2).

§ 28 Zuständigkeitsstreit

(1) ¹Die gemeinsame fachlich zuständige Aufsichtsbehörde entscheidet über die örtliche Zuständigkeit, wenn sich mehrere Finanzbehör-

4. Abschnitt. Steuergeheimnis §§ 29, 30

den für zuständig oder für unzuständig halten oder wenn die Zuständigkeit aus anderen Gründen zweifelhaft ist. ²§ 25 Satz 2 gilt entsprechend.

(2) § 5 Abs. 1 Nr. 7 des Gesetzes über die Finanzverwaltung bleibt unberührt.

1. Die Vorschrift regelt die Fälle des negativen und positiven **Kompetenzkonflikts** und die der Zuständigkeitszweifel. Für die Klärung ist die fachlich zuständige **Aufsichtsbehörde,** also regelmäßig die OFD zuständig. Die entsprechende Anwendung des § 25 S 2 bezieht sich auf die Fälle, in denen eine gemeinsame Aufsichtsbehörde fehlt: Die fachlich zuständigen Aufsichtsbehörden treffen die Entscheidung gemeinsam. Aufsichtsbehörde ist bei Steuern, die im Auftrag des Bundes verwaltet werden, auch der BdF (Art 85 IV iVm Art 108 II 2 GG).
Weisungen im Rahmen des § 28 I müssen sich im Rahmen der bestehenden Gesetze halten. Die Aufsichtsbehörde kann daher keine Weisung dahin erteilen, daß ein nach § 26 nicht mehr zuständiges FA tätig wird (FG Bad-Württ EFG 87, 274).

2. Nach § 5 I Nr 7 FVG bestimmt das **Bundesamt für Finanzen** das zuständige Finanzamt bei Personen, die nicht in der Bundesrepublik ansässig sind, wenn sich mehrere FÄ für örtlich zuständig oder unzuständig halten oder wenn sonst Zweifel über die örtliche Zuständigkeit bestehen.

§ 29 Gefahr im Verzug

¹Bei Gefahr im Verzug ist für unaufschiebbare Maßnahmen jede Finanzbehörde örtlich zuständig, in deren Bezirk der Anlaß für die Amtshandlung hervortritt. ²Die sonst örtlich zuständige Behörde ist unverzüglich zu unterrichten.

Die vorstehenden Vorschriften gelten für den Normalfall. Daneben kann es aber Fälle geben, in denen entweder Unklarheit über die Zuständigkeit besteht oder die an sich zuständige Behörde am Eingreifen gehindert ist, aber unaufschiebbare Maßnahmen notwendig werden, zB bei Fahndungs- oder Vollstreckungsmaßnahmen. Die Vorschrift dürfte für das Steuerrecht nur selten praktisch werden; sie entspricht dem § 3 IV VwVfG.

Vierter Abschnitt. Steuergeheimnis

§ 30 Steuergeheimnis

(1) Amtsträger haben das Steuergeheimnis zu wahren.

(2) Ein Amtsträger verletzt das Steuergeheimnis, wenn er
1. Verhältnisse eines anderen, die ihm
    a) in einem Verwaltungsverfahren oder einem gerichtlichen Verfahren in Steuersachen,
    b) in einem Strafverfahren wegen einer Steuerstraftat oder einem Bußgeldverfahren wegen einer Steuerordnungswidrigkeit,
    c) aus anderem Anlaß durch Mitteilung einer Finanzbehörde oder durch die gesetzlich vorgeschriebene Vorlage eines Steuerbeschei-

§ 30   1. Teil. Einleitende Vorschriften

des oder einer Bescheinigung über die bei der Besteuerung getroffenen Feststellungen
bekanntgeworden sind, oder
2. ein fremdes Betriebs- oder Geschäftsgeheimnis, das ihm in einem der in Nummer 1 genannten Verfahren bekanntgeworden ist,
unbefugt offenbart oder verwertet oder
3. nach Nummer 1 oder Nummer 2 geschützte Daten im automatisierten Verfahren unbefugt abruft, wenn sie für eines der in Nummer 1 genannten Verfahren in einer Datei gespeichert sind

(3) Den Amtsträgern stehen gleich
1. die für den öffentlichen Dienst besonders Verpflichteten (§ 11 Abs. 1 Nr. 4 des Strafgesetzbuches),
2. amtlich zugezogene Sachverständige,
3. die Träger von Ämtern der Kirchen und anderen Religionsgemeinschaften, die Körperschaften des öffentlichen Rechts sind.

(4) Die Offenbarung der nach Absatz 2 erlangten Kenntnisse ist zulässig, soweit
1. sie der Durchführung eines Verfahrens im Sinne des Absatzes 2 Nr. 1 Buchstaben a und b dient,
2. sie durch Gesetz ausdrücklich zugelassen ist,
3. der Betroffene zustimmt,
4. sie der Durchführung eines Strafverfahrens wegen einer Tat dient, die keine Steuerstraftat ist, und die Kenntnisse
   a) in einem Verfahren wegen einer Steuerstraftat oder Steuerordnungswidrigkeit erlangt worden sind; dies gilt jedoch nicht für solche Tatsachen, die der Steuerpflichtige in Unkenntnis der Einleitung des Strafverfahrens oder des Bußgeldverfahrens offenbart hat oder die bereits vor Einleitung des Strafverfahrens oder des Bußgeldverfahrens im Besteuerungsverfahren bekanntgeworden sind, oder
   b) ohne Bestehen einer steuerlichen Verpflichtung oder unter Verzicht auf ein Auskunftsverweigerungsrecht erlangt worden sind,
5. für sie ein zwingendes öffentliches Interesse besteht; ein zwingendes öffentliches Interesse ist namentlich gegeben, wenn
   a) Verbrechen und vorsätzliche schwere Vergehen gegen Leib und Leben oder gegen den Staat und seine Einrichtungen verfolgt werden oder verfolgt werden sollen,
   b) Wirtschaftsstraftaten verfolgt werden oder verfolgt werden sollen, die nach ihrer Begehungsweise oder wegen des Umfangs des durch sie verursachten Schadens geeignet sind, die wirtschaftliche Ordnung erheblich zu stören oder das Vertrauen der Allgemeinheit auf die Redlichkeit des geschäftlichen Verkehrs oder auf die ordnungsgemäße Arbeit der Behörden und der öffentlichen Einrichtungen erheblich zu erschüttern, oder
   c) die Offenbarung erforderlich ist zur Richtigstellung in der Öffentlichkeit verbreiteter unwahrer Tatsachen, die geeignet sind, das Vertrauen in die Verwaltung erheblich zu erschüttern; die Entscheidung trifft die zuständige oberste Finanzbehörde im Einver-

4. Abschnitt. Steuergeheimnis § 30

nehmen mit dem Bundesminister der Finanzen; vor der Richtigstellung soll der Steuerpflichtige gehört werden.

(5) Vorsätzlich falsche Angaben des Betroffenen dürfen den Strafverfolgungsbehörden gegenüber offenbart werden.

(6) Der automatisierte Abruf von Daten die für eines der in Absatz 2 Nr. 1 genannten Verfahren in einer Datei gespeichert sind, ist nur zulässig, soweit er der Durchführung eines Verfahrens im Sinne des Absatzes 2 Nr. 1 Buchstaben a und b oder der zulässigen Weitergabe von Daten dient. Zur Wahrung des Steuergeheimnisses kann der Bundesminister der Finanzen durch Rechtsverordnung mit Zustimmung des Bundesrates bestimmen, welche technischen und organisatorischen Maßnahmen gegen den unbefugten Abruf von Daten zu treffen sind. Insbesondere kann er nähere Regelungen treffen über die Art der Daten, deren Abruf zulässig ist, sowie über den Kreis der Amtsträger, die zum Abruf solcher Daten berechtigt sind. Die Rechtsverordnungen bedürfen nicht der Zustimmung des Bundesrates, soweit sie Zölle und Verbrauchsteuern, mit Ausnahme der Biersteuer, betreffen.

§ 30 Abs 2 Nr 3 (mit Wirkung ab 1. 1. 1987) und Abs 6 eingefügt durch StBereinigG 1986 v 19. 12. 85, BGBl I, 2436.

Schrifttum: *Scholz* Parlamentarischer Untersuchungsausschuß und Steuergeheimnis, AöR 80, 564; *Schuhmann* Das Steuergeheimnis unter besonderer Berücksichtigung der Außenprüfung, StBp 81, 1; *Bilsdorfer* Die Offenbarungsbefugnis der Finanzbehörde in Steuerstraf- und Bußgeldverfahren, wistra 84, 8; *Löwer* Untersuchungsausschuß und Steuergeheimnis, DVBl 84, 757; *Benda* Steuergeheimnis: Kann der Bürger noch darauf vertrauen? DStR 84, 351; *Rüping/Arloth* Steuergeheimnis und Strafverfahren, DB 84, 1795; *Seibert* Parlamentarischer Untersuchungsausschuß und Steuergeheimnis, NJW 84, 1001; *Bogs* Steueraktenvorlage für parlamentarische Untersuchung (Art 44 GG; § 30 AO) JZ 85, 112; *Jekewitz* Die Einsicht in Strafakten durch parlamentarische Untersuchungsausschüsse, NStZ 85, 395; *Hetzer* Denunziantenschutz durch Steuergeheimnis? NJW 85, 2991; *Krause/Steinbach* Steuer- und Sozialgeheimnis im Gewerberecht, DöV 85, 549; *Brenner* Schützt das Steuergeheimnis wirklich Hehler, Bestecher, Weinpanscher und andere Kriminelle, ZFZ 86, 201; *Eilers* Schutz des Steuergeheimnisses zugunsten von Informanten der Finanzverwaltung? DB 86, 19; *Felix* Die Steuerberatung als Schutzbereich des Steuergeheimnisses des Steuerberaters, DStR 86, 176; *Weiyand* Mitteilungen in Strafsachen und Steuergeheimnis, NStZ 87, 399; *Eilers/Roeder* Die Verletzung des Steuergeheimnisses bei der internationalen Rechtshilfe, wistra 87, 92; *App* Auskunftsanspruch eines Ehegatten gegenüber dem FA bezüglich der Feststellungen im Rahmen einer Steuerfahndung bei getrennt lebenden Ehegatten?, FamRZ 87, 888; *Kraemer* Offenbarungsbefugnis der Finanzbehörden im Gewerbeuntersagungsverfahren, DStZ 88, 71; *Quaas/Zuck* Ausgewählte Probleme zum Recht der parlamentarischen Untersuchungsausschusses, NJW 88, 1873; *Weyand* Steuergeheimnis und Offenbarungsbefugnis der Finanzbehörden in Steuerstraf- und Bußgeldverfahren, wistra 88, 9; *Möllinger* Das Steuergeheimnis RWP Sachgeb 2.1 S 273.

Übersicht

1. Inhalt
2. Die zur Wahrung des Steuergeheimnisses verpflichteten Personen
3. Abs 2: Geschütztes Rechtsgut. Formen der Verletzung des Steuergeheimnisses
    a) Verhältnisse
    b) eines anderen
    c) Verwaltungsverfahren in Steuersachen
    d) Strafverfahren

§ 30
1. Teil. Einleitende Vorschriften

 e) aus anderem Anlaß
 f) Geschäfts- oder Betriebsgeheimnisse
 g) Unbefugte Offenbarung oder Verwertung
 h) Nr 3: Unbefugter Abruf von Daten
4. Abs 4: Befugnis zur Offenbarung
 a) Nr 1: Durchführung eines Besteuerungsverfahrens
 b) Nr 2: Offenbarungsbefugnis durch Gesetz
 c) Zustimmung des Betroffenen
 d) Durchführung eines Strafverfahrens
 e) Zwingendes öffentliches Interesse
 f) Zwingendes öffentliches Interesse und Mitwirkungspflicht des Steuerpflichtigen
 g) Nr 5c: Richtigstellung unwahrer Tatsachen
5. Abs 5: Vorsätzlich falsche Angaben
6. Abs 6: Befugter Abruf von Daten
7. Folgen der Verletzung des Steuergeheimnisses
 a) Strafrechtliche Folgen
 b) Disziplinarrechtliche Folgen
 c) Schadensersatz
8. Rechtsbehelfe

1. Inhalt. Die Vorschrift enthält gegenüber der RAO eine Reihe von Änderungen. Die Fälle der zulässigen **Durchbrechung** des Steuergeheimnisses sind **erweitert** und wesentlich ausführlicher dargestellt worden. Die strafrechtlichen Folgen der Verletzung des Steuergeheimnisses ergeben sich seit dem Inkrafttreten des EGStGB (1. 1. 1975) aus § 355 StGB. Die Fassung beginnt nicht mit der grundrechtsähnlichen Formulierung des § 22 („Das Steuergeheimnis ist unverletzlich"); damit soll jedoch nicht die Bedeutung des Steuergeheimnisses gemindert werden. Die Neufassung hatte lediglich sprachliche Gründe. Das Steuergeheimnis hat **keinen** Verfassungsrang. Die Anwendung der Vorschrift ist teilweise in den Kommunalabgabegesetzen der Länder auf andere Abgaben als Steuern erweitert worden. Das Steuergeheimnis gilt ferner, soweit in Prämien- und Zulagengesetzen die entsprechende Anwendung der AO vorgesehen ist (vgl EGAO 77). Neben dem Steuergeheimnis gibt es im **StGB** Vorschriften über den Schutz von **Privatgeheimnissen** vor unbefugter Offenbarung (§ 203 ff StGB). Diese Regelungen erschienen aber für das Steuerrecht nicht ausreichend. Das Steuergeheimnis schützt alle **Verhältnisse** des Steuerpflichtigen, die er offenbart hat oder die im Besteuerungsverfahren im weitesten Sinne bekanntgeworden sind. Der strafrechtliche Schutz des § 203 bezieht sich jedoch nur auf **Geheimnisse** im materiellen Sinn; einem Geheimnis stehen allerdings auch Einzelangaben über persönliche oder sachliche Verhältnisse eines anderen gleich, die für Aufgaben der öffentlichen Verwaltung erfaßt worden sind. Der wesentliche Unterschied zu § 203 StGB ist jedoch, daß nach § 203 StGB eine Offenbarung nach den Grundsätzen der Güter- und Pflichtenabwägung zulässig ist, nach § 30 AO dagegen nur unter den im Gesetz genannten Voraussetzungen. § 30 ist lex specialis gegenüber § 39 BRRG. Die Erteilung einer **Aussagegenehmigung** an den Beamten entbindet ihn nicht von der Beachtung des Steuergeheimnisses (vgl BFH BStBl 67, 572); vgl hierzu – Merkblatt OFD D'dorf v 7. 9. 81 S O 130 ff – St 31 ff.

Im **finanzgerichtlichen** Verfahren ergibt sich die Offenbarungsbefugnis des Amtsträgers aus Abs 4 Nr 1. Das gleiche gilt im **Straf-** und **Bußgeld-**

4. Abschnitt. Steuergeheimnis § 30

verfahren, soweit die Offenbarung der Durchführung des Verfahrens dient. Auch bezüglich allgemeiner Straftaten, wenn sie mit der StStraftat untrennbar verknüpft sind und damit einen einheitlichen Lebensvorgang darstellen. Bei Fragen hat im Zweifel das Gericht zu entscheiden, ob diese im Hinblick auf das StGeheimnis zulässig sind.

Im **allgemeinen Strafverfahren** wegen einer nichtsteuerlichen Straftat sind Zeugenaussagen nur unter den Voraussetzungen des Abs 4 Nr 4 und 5 sowie Abs 5 zulässig.

In **zivilgerichtlichen** Verfahren ist eine Aussage grundsätzlich nur mit Zustimmung des Betroffenen zulässig.

Wird ein **Bediensteter** einer Straftat im Amte **beschuldigt,** kann er die Verhältnisse eines anderen auch ohne dessen Zustimmung offenbaren, soweit dies zu seiner Verteidigung unbedingt erforderlich ist, vgl Abs 4 Nr 5.

Das Steuergeheimnis ist ein Gegenstück zu den weitgehenden **Offenbarungspflichten** des Steuerpflichtigen, der auch strafbare Handlungen, soweit sie steuerlich von Bedeutung sind, dem FA gegenüber offenbaren muß. Über das Verhältnis des Besteuerungsverfahrens zum **Strafverfahren** vgl § 393. Der Steuerpflichtige hat auch – anders als nach sonstigen Auskunftsgesetzen – **kein Auskunftsverweigerungsrecht** wegen der Gefahr einer Strafverfolgung oder Verfolgung wegen einer Ordnungswidrigkeit. Allerdings kann seine Mitwirkungspflicht in bestimmten Fällen nicht erzwungen werden (vgl § 393 I 2), obwohl rechtlich seine Mitwirkungspflicht bestehen bleibt. Das Steuergeheimnis dient auch dem Interesse des Fiskus an einer vollständigen und richtigen Erfassung der Steuerquellen. Durch das Steuergeheimnis soll der Steuerpflichtige veranlaßt werden, seine steuerlichen Verhältnisse dem FA gegenüber rückhaltlos zu offenbaren. Daher kann das FA trotz Vorliegens der Zustimmung des Steuerpflichtigen von einer Offenbarung absehen (aA BGH BStBl 67, 572, der annimmt, daß das Steuergeheimnis nicht weitergeht als der Schutz der Betroffenen erfordert); vgl *Pfaff* Kommentar zum Steuergeheimnis 1977; *Ehlers* Das Steuergeheimnis nach der AO 1977, BB 77, 1361.

2. Die zur Wahrung des Steuergeheimnisses verpflichteten Personen. Abs 1 bestimmt, daß **Amtsträger** (§ 7) das Steuergeheimnis zu wahren haben. Mitglieder der Parlamente sind keine Amtsträger. Den Amtsträgern stehen nach Abs 3 gleich

a) die für den öffentlichen Dienst besonders **verpflichteten** Personen (§ 11 I Nr 4 StGB). Dieser Begriff ist durch das EGStGB eingeführt worden. Erfaßt werden davon solche Personen, die zwar bei einer Behörde oder bei einer sonstigen Stelle, die Aufgaben der öffentlichen Verwaltung wahrnimmt, beschäftigt oder für sie tätig sind, selbst aber keine öffentlichen Aufgaben wahrnehmen, zB Schreib- und Bürokräfte, Boten, Reinigungspersonal. Ferner, wer bei einem Verband oder sonstigen Zusammenschluß, Betrieb oder Unternehmen, die für eine Behörde oder sonstige Stelle Aufgaben der öffentlichen Verwaltung ausführen, beschäftigt oder für sie tätig ist und auf die gewissenhafte Erfüllung seiner Obliegenheiten aufgrund eines Gesetzes förmlich verpflichtet ist; dies gilt zB bei der technischen Durchführung von gesetzlichen Maßnahmen (zB nach §§ 14, 18 Milch- und Fettgesetz), für datenverarbeitende Betriebe zur Erfassung und Auswertung statistischer Unterlagen oder zur Ausstellung von massenhaft vorkommenden Bescheiden. Voraussetzung für die Gleichstellung mit dem Amtsträger ist jedoch eine förmliche Verpflichtung aufgrund eines Gesetzes, dh nach dem **Gesetz** über die **förmliche Verpflichtung nichtbeamteter Personen** (Art 42 EGStGB v 2. 3. 1974 BGBl 74, 469 ff [547]);

b) die amtlich zugezogenen **Sachverständigen**, s § 96. Die FinBeh können im Rahmen des Besteuerungsverfahrens Sachverständige zuziehen. Diese können durch ihre Tätigkeit ebenfalls steuerliche Verhältnisse des Steuerpflichtigen erfahren. Sie sind gleichsam Hilfspersonen der FinBeh und stehen daher den Amtsträgern gleich.

c) Die Träger von Ämtern der **Kirchen** usw, Abs 3 Nr 3. Die von den Kirchen erhobenen Steuern knüpfen an die von den FinBeh festgestellten Besteuerungsgrundlagen an. Die Kirchen haben uU auch ein Recht auf Akteneinsicht. Daher unterstehen sie auch der Vorschrift über die Wahrung des Steuergeheimnisses.

d) Nicht zur Wahrung des Steuergeheimnisses sind die sog **Abzugsverpflichteten** (insbesondere Arbeitgeber im Zusammenhang mit der Einbehaltung und Abführung von Lohnsteuern). Der Kreis der hier in Betracht kommenden ist zu groß, als daß man ihn den strengen Vorschriften über das Steuergeheimnis unterwerfen wollte. Dies gilt namentlich für die Lohnkontenführer und ähnliche Personen.

3. Abs 2: Geschütztes Rechtsgut. Formen der Verletzung des Steuergeheimnisses.

a) Geschützt sind die **Verhältnisse** eines anderen. Verhältnisse sind alle Umstände, die in einem der in Abs 2 genannten Verfahren bekannt werden. Es kommt nicht darauf an, ob der Steuerpflichtige an der Geheimhaltung ein Interesse hat. Der Schutzbereich umfaßt sowohl die Familien- wie auch die beruflichen Verhältnisse, die Zahl der Kinder, das Alter, die steuerliche Behandlung bestimmter Vorgänge uä; auf die steuerliche Bedeutung kommt es nicht an.

b) Verhältnisse eines **anderen.** *Hildebrandt* Die Behandlung vertraulicher Anzeigen im Steuerstrafverfahren wistra 88, 300. Es sind nicht nur Verhältnisse des Steuerpflichtigen, sondern auch die anderer Personen vor der Weitergabe geschützt (Auskunftspersonen, steuerlicher Berater uä). Nach Auffassung des BFH (BStBl 85, 571) soll sich das Steuergeheimnis auch auf die Namen von **Informanten,** V-Männern und ähnlichen Fahndungshelfern der Finanzverwaltung erstrecken. Diese Ansicht erscheint problematisch, weil es sich bei diesen Informanten regelmäßig nicht um auskunftspflichtige Dritte handelt. Auch wird die Finanzverwaltung den Namen des Informanten im allgemeinen nicht in einem Verfahren der in § 30 genannten Art erfahren haben. Im übrigen soll das Steuergeheimnis in erster Linie den privaten Geheimhaltungsinteressen des Steuerpflichtigen dienen (*Eilers* aaO). *Hildebrandt* (aaO) weist darauf hin, daß der **Informant** nur in Ausnahmefällen im Steuerstrafverfahren dem Gericht als Belastungszeuge vorenthalten werden kann. Das Gericht könne auch einen Beweisantrag des Verteidigers, den tatmäßigen Zeugen in der Hauptverhandlung gem § 250 StPO zu vernehmen, nicht ablehnen (vgl BGH wistra 88, 72). Zum Schutz des Informanten dient die allgemeine beamtenrechtliche **Verschwiegenheitspflicht.** Hinzu kommt die Möglichkeit, die Aussagegenehmigung für

4. Abschnitt. Steuergeheimnis § 30

Beamte einzuschränken (§ 39 II und III BRRG, § 31 II BBG) und in besonderen Fällen die Verpflichtung des Staates, das Persönlichkeitsrecht des Informanten zu schützen, vgl BFH BStBl 85, 570. Hildebrandt (aaO) weist darauf hin, daß der **Informant** nur in Ausnahmefällen im Steuerstrafverfahren dem Gericht als Belastungszeuge vorenthalten werden kann. Das Gericht könne auch einen Beweisantrag des Verteidigers, den tatmäßigen Zeugen in der Hauptverhandlung gem § 250 StPO zu vernehmen, nicht ablehnen (vgl BGH wistra 88, 72). Zum Schutz sog V-Männer und Denunzianten vgl auch unter c). Zu den Verhältnissen zählen auch evt schriftliche oder mündliche Bekundungen, die jemand von sich gegeben hat und deren Wiedergabe auf ihn schließen lassen können, FG Nürnberg EFG 82, 392, betr Anzeigeerstatter. Bußgeldverfahren wegen unbefugter Hilfe in StSachen gem § 160 StBerG zählen nicht zu den in Abs 2 genannten Verfahren. Die dabei gewonnenen Erkenntnisse unterliegen daher nicht dem StGeheimnis, BMF-Schreiben v 18. 3. 81, AO-Kartei Karte 9. Etwas anderes gilt dann, wenn die Erkenntnisse die zur Einleitung des Verfahrens wegen unbefugter Hilfe in StSachen geführt haben, in einem Besteuerungsverfahren gewonnen wurden. In diesem Fall ist eine Unterrichtung der StBeraterkammer über den Ausgang des Verfahrens nicht zulässig. Der Name des Anzeigenerstatters ist nach Aufzeichnung des Kammergerichts durch das Steuergeheimnis nicht geschützt; wistra 85, 197.

c) Die Verhältnisse müssen bekannt geworden sein in einem **Verwaltungsverfahren in Steuersachen.** Ein Verwaltungsverfahren in StSachen liegt auch dann vor, wenn Behörden außerhalb der FinVerw Bescheinigungen erteilen, die steuerlichen Zwecken dienen. Das Verwaltungsverfahren beginnt, sobald die Behörde in Richtung auf einen bestimmten Steuerfall oder einen bestimmten Steuerpflichtigen tätig wird (vgl auch § 86), zB Aufforderung zur Abgabe der Steuererklärung, Ermittlung nach dem Wohnsitz oder nach den steuerlichen Verhältnissen des Steuerpflichtigen. Es ist nicht erforderlich, daß die Behörde nach außen handelnd in Erscheinung tritt. Mit der Verweisung in **§ 12 II 1 des 5. VermBG** auf die für Steuervergütungen geltenden Vorschriften der AO wird auch auf § 30 verwiesen und damit das **Arbeitnehmer-Sparzulageverfahren** einem Verwaltungsverfahren in Steuersachen gem § 30 II Nr 1a gleichgestellt. Bei Anzeige eines sog **V-Mannes** ist idR noch kein Verwaltungsverfahren begonnen worden, es beginnt erst, wenn die Behörde aufgrund der Hinweise mit Ermittlungen beginnt. Nach der RAO wurde der V-Mann dadurch geschützt, daß auch der Inhalt von Verhandlungen dem Steuergeheimnis unterlag. Diese Vorschrift ist entfallen. Sie sollte ursprünglich nur das Beratungsgeheimnis schützen, insbesondere den Amtsträger, der in der Beratung eine für den Steuerpflichtigen ungünstige Rechtsansicht vertreten hat. Zum Verwaltungsverfahren gehört auch das **Einspruchs- und Beschwerdeverfahren.**

d) im **Strafverfahren** wegen einer Steuerstraftat (s § 369) oder im Bußgeldverfahren wegen einer Steuerordnungswidrigkeit. Das Steuerstrafverfahren ist **eingeleitet,** sobald die zuständigen Stellen Maßnahmen strafrechtlicher Art treffen (s § 397). Verhältnisse, die der Steuerpflichtige in Erfüllung seiner Offenbarungspflichten vor Einleitung oder in Unkenntnis der Einleitung des Strafverfahrens erklärt hat, dürfen von der Staatsanwal-

81

schaft für ein außersteuerliches Strafverfahren nicht verwertet werden (vgl § 393 II); s Offenbarungsbefugnisse in Abs 4 Nr 4 und 5 sowie in Abs 5.

Beim Bußgeldverfahren wegen **unbefugter Hilfe** in StSachen gem **§ 160 StBerG** handelt es sich nicht um ein Verfahren iSd Abs 2. Die dort gewonnenen Erkenntnisse unterliegen daher nicht dem StGeheimnis. Daher kann die StBeraterkammer, die Anzeige wegen unbefugter Hilfe in StSachen erstattet hat, über den Ausgang des Verfahrens unterrichtet werden. Anders, wenn die Erkenntnisse, die zur Einleitung des Verfahrens geführt haben, im Besteuerungsverfahren gewonnen wurden, BMF AO-Kartei K 6.

e) Aus anderem Anlaß durch **Mitteilung einer FinBeh** usw, **Nr 1 Buchst c).** Die FinBeh sind unter bestimmten Voraussetzungen verpflichtet, anderen Behörden die im Besteuerungsverfahren bekanntgewordenen Steuerverhältnisse weiterzugeben, insbesondere wenn eine entsprechende gesetzliche Vorschrift besteht, die dem Steuergeheimnis vorgeht, vgl hier Abs 4 Nr 2. In diesem Fall ist auch die andere Behörde an das Steuergeheimnis gebunden. Diese Tatsache allein begründet jedoch noch keine Offenbarungsbefugnis. Das gleiche gilt, wenn gesetzlich die Vorlage des Steuerbescheides oder eine Bescheinigung über steuerliche Feststellungen vorzulegen ist. Diese Fälle sind sehr zahlreich. Insbesondere in Gesetzen der leistenden Verwaltung (Studienbeihilfen, Wohngeld, Arbeitslosenunterstützung uä) wird die Vorlage von Steuerbescheiden zum Nachweis der Bedürftigkeit verlangt. Es handelt sich hierbei um eine mittelbare Durchbrechung des Steuergeheimnisses, die aber deswegen gerechtfertigt ist, weil die Betroffenen schließlich vom Staat eine Leistung aus dem Steueraufkommen verlangen.

f) Geschäfts- oder Betriebsgeheimnisse. Geheimhaltungswille des Inhabers muß aus den Umständen erkennbar sein (BGH NJW 63, 2120). Hierunter fallen auch Geheimnisse von nicht geschäftlich Tätigen, wie die der Erfinder und Freiberufler.

g) Unbefugte Offenbarung oder Verwertung. Unbefugt ist alles, was ohne einen Rechtfertigungsgrund geschieht; die Rechtfertigungsgründe sind in Abs 4 abschließend aufgezählt. Eine unbefugte Offenbarung ist auch innerhalb derselben Behörde möglich. Offenbarung setzt begrifflich voraus, daß die Verhältnisse nicht schon bekannt sind (BGH NJW 63, 2120); aber auch Bestätigung eines Gerüchtes oder von Vermutungen kann Offenbarung sein. Ein **Justizpressesprecher** verstößt nicht gegen das StGeheimnis, wenn er den Anzeigenden einer Straftat gegenüber den Medien **bestätigt**, nachdem den Betroffenen die Person des Anzeigerstatters durch Akteneinsicht **bekanntgeworden** war und diese die Öffentlichkeit über den Vorgang unterrichtet hatten, KG NJW 85, 1971; aA FG Nürnberg EFG 82, 392. Ob das, was in einer öffentlichen Verhandlung gesagt worden ist, bereits bekannt ist, ist fraglich. Keinen Geheimschutz nimmt *Koch* in *BRK* § 22 A 3, 9 an, ebenso *Koch* Tz 16; *TK* Tz 31. ME ist auch insoweit eine Offenbarung möglich, weil nicht fingiert werden kann, daß es sich um allgemein bekannte Verhältnisse handelt. Befugt ist die Offenbarung nicht schon dann, wenn auch die Stellen, denen offenbart worden ist, zur Wahrung des Steuergeheimnisses verpflichtet sind, **Abs 2 Nr 1 Buchst c)** (RFH RStBl 31, 329). **Verwertung** ist das Verwenden oder Gebrauchmachen für eigene oder fremde Zwecke; es besteht darin, daß wirtschaftlicher Nutzen

4. Abschnitt. Steuergeheimnis **§ 30**

gezogen wird, entweder durch eigene Verwertung oder durch Verkauf (RGSt Bd 63, 205, 207). Darunter fällt jedes wirtschaftliche Ausnutzen der Verhältnisse eines anderen zum Zwecke der Gewinnerzielung, gleichgültig, ob das Verwerten zum eigenen oder fremden Vorteil geschieht, BayObLG NStZ 84, 169. Der Begriff des Verwertens wird ebenso wie in § 355 StGB sowohl im Zusammenhang mit den in Nr 1 genannten Verhältnissen als auch mit den in Nr 2 genannten Betriebs- oder Geschäftsgeheimnissen verwendet. Er kann sich seinem Sinngehalt nach jedoch nur auf die Nr 2 beziehen. Verhältnisse können nicht verwertet werden; verwertet werden können allenfalls Kenntnisse über Tatsachen. Diese Klarstellung ist wichtig, weil nach Abs 4 nur eine **Offenbarung** für zulässig erklärt wird, dagegen keine Verwertung. Eine andere Auslegung würde dazu führen, daß zB Kenntnisse über steuerliche Vorgänge nicht in einem anderen Besteuerungsverfahren verwertet werden dürften.

h) Nr 3: Unbefugter Abruf von Daten. Durch das StBereinigG 1986 wird **mit Wirkung ab 1. 1. 87** (Art 25 I StBereinigG) auch das unbefugte Abrufen von Daten im automatisierten Verfahren als Verletzung des Steuergeheimnisses behandelt. Insoweit fehlt es aber an einer Strafbewehrung. Geschützt werden nur Daten, die in einer Datei gespeichert sind; andere dürften für einen Abruf im automatisierten Verfahren auch kaum in Frage kommen. Die Speicherung muß ferner in einem der in Nr 1 genannten Verfahren erfolgt sein. Zur Frage des befugten Abrufs vgl Abs 6 S 1.

4. Abs 4: Befugnis zur Offenbarung. *App* Zweckwidrige Verwertung von Kaufvertragsurkunden durch die Finanzämter DNotZ 88, 339. **a) Nr 1:** Das Steuergeheimnis dient nicht nur dem Schutz des Betroffenen, sondern soll gleichzeitig sicherstellen, daß die Besteuerungsgrundlagen richtig und vollständig erfaßt werden und die Steuerpflichtigen nicht etwa aus Furcht vor den Folgen einer Weitergabe ihrer gegenüber den FinBeh gemachten Angaben ihre steuerlichen Verhältnisse nicht oder nicht vollständig offenbaren. Das Steuergeheimnis soll sich aber auch nicht hemmend auf das Besteuerungsverfahren auswirken. Daher ist eine Offenbarung der im Besteuerungsverfahren bekanntgewordenen Verhältnisse immer dann zulässig, wenn dies der **Durchführung** eines anderen **Besteuerungsverfahrens, eines Steuerstrafverfahrens oder eines Verfahrens wegen einer Steuerordnungswidrigkeit** dient. Das gleiche gilt für das **außergerichtliche** oder **gerichtliche Rechtsbehelfsverfahren** in Steuersachen. Dieser Grundsatz gilt namentlich dann, wenn **nur** durch eine solche Offenbarung die Besteuerungsgrundlagen richtig festgestellt oder überprüft werden können. Es ist aber in Beachtung des Grundsatzes der Verhältnismäßigkeit bei der Anwendung der Nr 1 stets zu prüfen, ob die Verletzung des StGeheimnisses zu dem angegebenen Zweck notwendig ist, LG Bremen, NJW 81, 592 betr die Beschlagnahme von StAkten. Daher ist zB die Versendung von Postkartenvordrucken, aus denen steuerliche Verhältnisse des Stpfl ersichtlich sind, unzulässig. Die Vorschrift bietet auch die Grundlage für die Auswertung von **Kontrollmitteilungen** bei anderen Steuerpflichtigen. Wenn die Behörde aber andere Möglichkeiten hat, ohne Offenbarung der Verhältnisse des Steuerpflichtigen und ohne größeren Schwierigkeiten zum Ziel zu kommen, muß sie Zurückhaltung üben; dies gilt namentlich, wenn steuerliche Verhältnisse an dritte Personen bekanntgegeben werden

§ 30   1. Teil. Einleitende Vorschriften

müssen. Beispielsweise braucht eine **geheime Unterbeteiligung** im Feststellungsbescheid über die gemeinschaftlichen Einkünfte der Gesellschafter nicht aufgeführt zu werden; es ergeht dann hinsichtlich der Unterbeteiligung ein weiterer Feststellungsbescheid (BFH GrS BStBl 74, 414) s auch § 179 II 3. Vgl aber BFH BStBl 74, 62; geheimgehaltene Betriebsausgaben eines Gesellschafters werden im einheitlichen und gesonderten Feststellungsbescheid festgestellt; dagegen BFH BStBl 74, 414: Berücksichtigung geheimer Betriebsausgaben im Veranlagungsverfahren des Gesellschafters ist zulässig. **Ausgeschiedener Gesellschafter** hat Einsichtsrecht in **Bp-Bericht** nur insoweit, als die Bp sich auf die Zeit seiner Mitgliedschaft erstreckt, FG Münster EFG 78, 578. Die Bekanntgabe von **Vergleichsbetrieben** ist nicht zulässig; die Identität darf nicht erkennbar werden (BFH BStBl 56, 229); vgl aber BFH BStBl 65, 121 betr Ablehnung eines Erlasses unter Berufung auf ähnlich entschiedene Fälle des BdF. Berichte über Vergleichsbetriebe, die an andere FÄ lediglich für Zwecke des Erfahrungsaustausches übersandt werden, dürfen ebenfalls keine Angaben enthalten, die Rückschlüsse auf die Identität des Vergleichsbetriebs zulassen. Bekanntgabe von **Vergleichsobjekten** zur Prüfung der Rechtmäßigkeit eines **EW-Bescheides** ist uU zulässig BFH BStBl 77, 196. **Vergleichsbetriebe** dürfen auch nicht namentlich in ein **gerichtliches Verfahren** eingebracht werden, BFH BStBl 86, 226. Allerdings hat der Bundesfinanzhof auch die Auffassung vertreten, daß im Zusammenhang mit der Schätzung von Besteuerungsgrundlagen dem FG auch die für Vergleichsbetriebe geführten Steuerakten vorgelegt werden könnten, damit das FG prüfen könne, ob gegen die Zahlen der Vergleichsbetriebe Bedenken bestehen. Da aber der Steuerpflichtige, dessen Besteuerungsgrundlagen geschätzt wurden, grundsätzlich gem § 78 FGO ein Akteneinsichtsrecht beim Gericht hat, können ihm so Vergleichsbetriebe namentlich bekannt werden. Deswegen können dem Gericht die Angaben über Vergleichsbetriebe und Vergleichszahlen nur in **anonymisierter** Form vorgelegt werden, vgl BdF BStBl 86, I, 128. Die Bekanntgabe der **Einkünfte der Ehefrau** an den geschiedenen Ehemann, der für Unterhaltszahlung eine Steuerermäßigung wegen außergewöhnlicher Belastung beantragt, ist nur in der Form zulässig, daß mitgeteilt wird, die Einkünfte der Frau würden die im Gesetz festgelegten Grenzen überschreiten. Bei teilweiser Ablehnung ist die Mitteilung der Höhe der Einkünfte zulässig, AO-Kartei K 3. Dem Konkursverwalter können alle Auskünfte erteilt werden, deren er zur Erfüllung dieser steuerl Pflichten bedarf, AO-Kartei K 4. Zulässig ist die Unterrichtung der Ausländerbehörden über die vorzeitige Durchführung des LStJA und über die Ausschreibung von LSt-Karten für illegal eingereiste Ausländer (Asylbewerber). Über die Zusammenarbeit mit Ausländerbehörden vgl BMF-Schr v 9. 12. 81 AO-Kartei Karte 11. Zur Frage der Verletzung des Steuergeheimnisses, wenn die Gemeinsame Strafsachenstelle eines FA ein StStrafverfahren an die zuständige Staatsanwaltschaft abgibt und die dabei übersandten Akten auch Vorgänge enthalten, die den Verdacht nichtsteuerlicher Delikte begründen, BGH ZIP 81, 661.

App (DNotZ 88, 339) hält die Auswertung **notarieller Urkunden** über Grundstücksveräußerungen für andere als grunderwerbsteuerliche Zwecke für rechtsmißbräuchlich und für einen Verstoß gegen das Steuergeheimnis. Nach unserer Auffassung ist aber die Weitergabe der entsprechenden Urkunden zB an den Veranlagungsbezirk für **ESt** durch § 30 IV Nr 1 gedeckt.

4. Abschnitt. Steuergeheimnis § 30

Aus dieser Vorschrift ergibt sich, daß die Offenbarung zulässig ist, soweit sie der Durchführung **eines** Verfahrens im Sinne des Absatzes 2 Nr 1 Buchstabe a und b dient. Es muß sich daher nicht um ein und dasselbe Verfahren handeln. Wenn man den Gedanken von *App* weiterverfolgen würde, müßte uU auch die Auswertung der USt-Erklärung für die Festsetzung der ESt unzulässig sein; ebenso dürfte die Zollverwaltung Erkenntnisse im Zollverfahren nicht für steuerliche Zwecke weitergeben. Eine derartig enge Auslegung des § 30 IV Nr 1 ist aber uE vom Gesetzgeber nicht gewollt.

Die Offenbarungsbefugnis gegenüber den **Rechnungshöfen** ergibt sich ebenfalls aus Abs 4 Nr 1 AO. Aus dem Wortlaut des Gesetzes läßt sich nicht ableiten, daß es von Bedeutung ist, ob die Behörde, der gegenüber die steuerlichen Kenntnisse offenbart werden, selbst ein Verwaltungsverfahren in Steuersachen durchführt. Entscheidend dürfte sein, daß die Tätigkeit dieser Behörde ihrerseits der Durchführung des von den Finanzbehörden durchzuführenden Verwaltungsverfahrens dient. Dies ist bei der Tätigkeit der Rechnungshöfe der Fall (vgl BFH, BFHE 86, 495 ff).

Um prüfen zu können, ob ein **Drittschuldner** zahlungsfähig ist und deshalb eine Drittschuldnerklage gegen ihn aussichtsreich erscheint, kann dem FA, das Klage erheben will, Auskunft über die steuerlichen Verhältnisse des Drittschuldners gegeben werden. Diese Auskünfte können auch in das gerichtliche Verfahren gegen den Drittschuldner eingeführt werden, jedenfalls, soweit die Auskünfte Rechtsbeziehungen zwischen dem StSchuldner und dem Drittschuldner betreffen, zB wenn der Drittschuldner behauptet, die Forderung gegen ihn sei erloschen, oder wenn der StSchuldner behauptet, er gehe keiner Tätigkeit nach. Das gleiche gilt, wenn jemand die selbstschuldnerische Bürgschaft für die StSchulden übernommen hat und im Prozeß gegen den Bürgen die StForderungen aufgeschlüsselt und im einzelnen belegt werden sollen. Zu Angaben gegenüber den Gemeinden über die **Gemeinnützigkeit** von Vereinen bei Durchlaufspenden, OFD Münster v 12. 12. 78 S 0130 – 12 – St 31–34.

Das gewerberechtliche Untersagungsverfahren ist kein Verfahren in Steuersachen, auch wenn dieses wegen steuerlicher Unzuverlässigkeit eingeleitet worden ist, BVerwG 2. 2. 82 – 1 C 146.80 –. Daher kann sich die FinBeh nicht auf Abs 4 Nr 1 stützen um für dieses Verfahren Auskünfte zu erteilen. Die Befugnis zu Auskünften im **Gewerberechtlichen Untersagungsverfahren** ergibt sich jedoch aus Abs 4 Nr 5, BFH BStBl 87, 547. Abs 4 Nr 1 verlangt einen unmittelbaren funktionellen Zusammenhang zwischen der Offenbarung und der Verfahrensdurchführung BVerwG aaO. Die Offenbarungsbefugnis der FinBeh ergibt sich nach Auffassung des BVerwG ebenfalls aus § 30 IV Nr 5. Gegen die Auffassung des Bundesverwaltungsgerichts insbesondere *Krause/Steinbach*, aaO.

Die Formulierung der Nr 1 (soweit ... dient) trägt dem Grundsatz der Verhältnismäßigkeit Rechnung.

Bei der Aktenvorlage müssen uU schutzwürdige Teile getrennt oder unlesbar gemacht werden. Ist dies nicht möglich, dürfen die Akten nicht vorgelegt werden.

Das Auskunfts- und Vorlagebegehren von **parlamentarischen Untersuchungsausschüssen** geht beim StGeheimnis grundsätzlich nur dann vor, wenn der Untersuchungsausschuß im Rahmen politischer Kontrolle handelt und nicht lediglich Verwaltungskontrolle ausüben will (BVerfGE 67,

§ 30   1. Teil. Einleitende Vorschriften

140, vgl BMF-Schreiben v 13. 5. 87 IV A 5 – S 0130 – 35/87). Die Kontrollbefugnis des Parlaments erstreckt sich grundsätzlich nur auf bereits abgeschlossene Vorgänge; es kann nicht in laufende Verhandlungen und Entscheidungsvorbereitungen eingreifen (BVerfGE 67, 139).

Das Auskunftsbegehren darf den unantastbaren Bereich privater Lebensgestaltung, die Intimsphäre eines Betroffenen nicht berühren. Es darf sich nicht auf solche Informationen erstrecken, deren Weitergabe wegen ihres streng persönlichen Charakters für die Betroffenen unzumutbar ist (BVerfGE 67, 144). Nach Abs 4 Nr 1 ist eine Offenbarung zulässig, wenn sie der Überprüfung des Besteuerungsverfahrens in Einzelfällen dient. Die Überprüfung obliegt jedoch nicht den Parlamenten. Die parlamentarische Kontrolle ist politische Kontrolle, nicht administrative Überkontrolle (BVerfGE 67, 140). Die Überprüfung des Besteuerungsverfahrens obliegt den Rechnungshöfen, die dem Parlamenten zu berichten haben (BVerfGE 67, 144).

Die Verpflichtung zur Geheimhaltung wird durch das Begehren des Untersuchungsausschusses nicht aufgehoben. Die Verwaltung hat festzulegen, welche der Akten im Untersuchungsverfahren wegen des StGeheimnisses geheimzuhalten sind, BVerfGE 67, 138.

b) Nr 2: Offenbarungsbefugnis durch Gesetz. In einer Reihe von Gesetzen wird das Steuergeheimnis ausgeschlossen. Die FÄ werden ausdrücklich verpflichtet, bestimmten Behörden steuerliche Verhältnisse mitzuteilen. Die Formulierung macht deutlich, daß es sich hierbei um Gesetze handeln muß, aus denen eindeutig und unmißverständlich hervorgeht, daß die Auskunftsverpflichtung auch das Steuergeheimnis **durchbrechen soll**. Die Betonung liegt auf dem Wort ,,ausdrücklich". Die Fassung bedeutet nicht, daß auch LandG die **bundesrechtl** Regelung des § 30 durchbrechen können. Die **LandesPrG** gehen dem § 30 nicht vor, vgl Art 31 GG, vgl auch *Felix* NJW 78, 2134, OLG Hamm, NJW 81, 356. Das Landespressegesetz gehört nicht zu den Gesetzen, die Ausnahmen vom Verbot des Offenbarens eines unter das StGeheimnis fallenden Verhältnisses ausdrücklich zulassen, OLG Hamm, NJW 81, 356. Umstritten ist, ob der **Inhalt** von **öffentl Verhandlungen** in einer Presseveröffentlichung wiedergegeben werden darf, so *Schwarz* AO 1977 Anm 30 gegen *Felix* NJW 78, 2134. Zu den geschützten Verhältnissen gehört jedenfalls die Tatsache, daß gegen einen bestimmten Stpfl ein StStrafverfahren anhängig ist. Das BVerfG (NJW 73, 1226) hat zwar die Auffassung vertreten, daß sich aus Art 5 GG in bestimmten Ausnahmefällen ein Anspruch der Presse auf Information durch die Behörden ergebe. Ein Rechtfertigungsgrund iSd § 30 IV ergibt sich uE daraus aber nicht. Art 35 GG, der alle Behörden zur Amtshilfe verpflichtet, geht dem Steuergeheimnis nicht vor; diese Bestimmung enthält nur eine allgemeine Regelung, die die Geheimhaltungsbestimmungen der Behörden unberührt läßt (vgl *TK* Tz 50).

Das **SGB** – Verwaltungsverfahren – v 18. 8. 80 (BGBl I, 1469), verpflichtet in Teil X § 21 IV die FinBeh, Auskunft über die ihnen bekannten Einkommens- oder Vermögensverhältnisse des Antragstellers, Leistungsempfängers, Erstattungspflichtigen, Unterhaltsverpflichteten, Unterhaltsberechtigten oder der zum Haushalt rechnenden Familienmitglieder zu erteilen. Die bisher in Einzelgesetzen enthaltenen Vorschriften über die Auskunftspflicht der FinBeh, zB § 47 III BAföG, § 144 II AFG, sind durch die Generalbestimmung des Art I § 21 IV SGB überholt und außer Kraft ge-

4. Abschnitt. Steuergeheimnis § 30

setzt, vgl Art II des Gesetzes. Die FÄ haben über das steuerliche Verhalten des Stpfl Auskunft zu geben. Die FinBeh sind nur zur Auskunft verpflichtet, soweit es im Verfahren nach dem SGB ,,erforderlich" ist. Erforderlich ist die Einholung einer Auskunft der FinBeh nur, wenn die erbetenen Angaben nicht mit Hilfe der nach dem SGB auskunftpflichtigen Personen festgestellt werden können. Wenn jedoch im Verwaltungsverfahren die Betroffenen selbst nicht zur Auskunft verpflichtet sind, besteht auch keine Verpflichtung der FinBeh über die Betroffenen Auskunft zu erteilen. Zur Auskunftserteilung nach Artikel I § 21 IV **SGB** X vgl AO-Kartei OFD Hannover, § 30 Karte 44 v 31. 8. 84. Nach Artikel II § 1 Nr 13 des ersten Buches des SGB gilt das **BKGG** als besonderer Teil des SGB. Die FÄ haben daher nach Artikel I § 21 V SGB X den für die Gewährung des **Kindergeldes** nach § 24 BKGG zuständigen Arbeitsämtern und Ersuchen Auskunft über die ihnen bekannten Einkommensverhältnisse der Berechtigten zu erteilen, soweit dies in einem Verfahren nach dem BKGG erforderlich ist, vgl AO-Kartei OFD Frankfurt/Main v 30. 5. 85, § 30 IV Nr 2 Karte 5.

Die Verwendung des Wortes ,,Auskunft" soll sicherstellen, daß die Informationen im allgemeinen nur auf Verlangen gegeben werden (vgl *TK* Tz 1 Abs 4 zu § 89 AO). Die Frage der Erforderlichkeit ist in erster Linie vom Empfänger zu beurteilen. Nach §§ 10 I 4, 19 II 3 AuslG, § 8 II KWG, § 78 III GüKG, § 25 III PBefG und § 34 ErdölBevG ist Mitteilung zulässig, soweit dies erforderl ist, um die Erfüllung der Vorrats- und Meldepflichten nach dem G über ErdölBev zu sichern. Ferner sind eine Offenbarungsbefugnis gegenüber dem **BdF** im Rahmen seiner **Aufsichtsbefugnisse** nach Art 85 IV 2, 108 III 2 GG, gegenüber Mietern über Grundsteuervergünstigung des Vermieters nach § 9a I WoBauG, § 94a II. WoBauG, Registergerichten über Eintragungen im Handelsregister nach § 125a II FGG, Mitteilung von StOrdnungswidrigkeiten an Gewerbezentralregister Bremen (StEK § 30 Nr 3), Statistisches Bundesamt nach § 7 II Gesetz über Preisstatistik, nach § 6 HandelszählungsG, den statist Landesämtern nach § 6 Gesetz über **Steuerstatistiken;** ferner nach einigen Hundesteuergesetzen der Länder an die Schadensersatzberechtigten die durch Hunde verursachten Schäden. Dem Steuergeheimnis gehen dagegen ua die Vorschriften der §§ 96, 108, 161 StPO (Mitteilung an die Strafverfolgungsbehörden; vgl *Erdsiek* NJW 63, 2312), § 5 JugendwohlfahrtsG nicht vor.

Zulässig sind ferner Auskünfte der FÄ über Einheitswerte gem §§ 19, 26, 141 KostO. Vorher haben jedoch die Gerichte sich zunächst an den Kostenschuldner zu wenden und diesen zu veranlassen, den Einheitswert durch Vorlage des EW-Bescheides selbst nachzuweisen, vgl § 15d bundeseinheitlichen Kostenverfügung v 1. 3. 76, vgl BMF-Schrb v 17. 3. 81, AO-K Karte 5: Ferner sind zu nennen, § 17 II Gesetz über das gerichtliche Verfahren in Landwirtschaftssachen; § 8 AbschöpfungserhebungsG; § 128 LAG; § 10 StBerG; § 28 I 3 GKG; § 12 GraduiertenförderungsG; § 8 II KWG.

Nach § 6 SubvG haben die Behörden von Bund und Ländern Tatsachen, die sie dienstlich erfahren und die den Verdacht eines Subventionsbetruges (§ 264 StGB) begründen, den Strafverfolgungsbehörden mitzuteilen. Diese Regelung ist aber keine ausdrückliche gesetzl Ermächtigung iSd § 30 IV Nr 2 AO. Anders, wenn es sich um Investitionszulagen nach dem BerlFG

§ 30 1. Teil. Einleitende Vorschriften

oder dem InvZulG handelt. Diese Fälle sind in gleicher Weise wie eine StStraftat zu verfolgen, vgl § 20 BerlFG, § 5a InvZulG, BMF AO-Kartei K 9. Das **Bundesdatenschutzgesetz** (BDSG) berechtigt den Datenschutzbeauftragten nicht, Einsicht in die Steuerakten zu nehmen. Das StGeheimnis gilt auch gegenüber dem Parlament; es wird nicht durch das Fragerecht, durch das den Mitgliedern der BReg eine verfassungsrechtlich begründete Beantwortungspflicht auferlegt wird (vgl BVerfGE 13, 123), durchbrochen. Zur Wahrung des StGeheimnisses gegenüber Parlamenten vgl BMF-Schr v 13. 5. 87 IV A 5 – S 0130 – 35/87. Nach dem **Bundesarchivgesetz** – BGBl I 1988, 62 – darf Archivgut, das sich auf Unterlagen bezieht, die dem Steuergeheimnis unterliegen, grundsätzlich erst 80 Jahre nach Entstehen benutzt werden (§ 5 III Bundesarchivgesetz).

Die Regierung ist auch gegenüber dem **Parlament** an Gesetz und Recht gebunden. Zu den gesetzlichen Bestimmungen gehört ua die Vorschrift über das StGeheimnis. Erkenntnisse dürfen mitgeteilt werden, wenn daraus keine Rückschlüsse auf die Identität des Betroffenen gezogen werden können, ansonsten nur, wenn einer der in § 30 aufgeführten Offenbarungsgründe vorliegt. Nach Nr 1 ist eine Offenbarung zulässig, wenn sie der Überprüfung des Besteuerungsverfahrens in Einzelfällen dient. Diese Überprüfung obliegt jedoch nicht den Parlamenten, sondern den Rechnungshöfen, die den Parlamenten zu berichten haben, vgl zum Problem der **Aktenvorlage** an Parlamentarische **Untersuchungsausschüsse** BVerfG BStBl 84, 634; *HHSp* § 30 RNr 91b ff.

c) Nr 3: Zustimmung des Betroffenen. Wenn der Betroffene zustimmt, hat die FinBeh in der Regel keine Veranlassung, die im Besteuerungsverfahren bekanntgewordenen Verhältnisse des Steuerpflichtigen nicht weiterzugeben. Eine Verpflichtung hierzu ergibt sich aber auch bei Zustimmung des Steuerpflichtigen nicht. Die Verweigerung der Auskunftserteilung kann jedoch uU ermessensfehlerhaft sein, zB wenn der Steuerpflichtige ein berechtigtes Interesse an der Offenbarung hat. Von der Zustimmung kann zB ausgegangen werden, wenn der Betroffene sich mit einer Petition an das Parlament wendet oder einzelne Mitglieder des Parlaments bittet, sich seines Anliegens anzunehmen. Zur Auskunft an **Abgeordnete**, vgl OFD Hannover AO-Kartei v 13. 1. 81 Karte 39. Die Zustimmung des Betroffenen entbindet die FinBeh nicht von der Wahrung des Dienstgeheimnisses. Das Steuergeheimnis geht grundsätzlich nicht weiter, als es der Schutz des Betroffenen erfordert (BFH BStBl 67, 572).

Der **Erbe** tritt in die rechtliche Stellung seines Vorgängers ein. Daher können Auskünfte, die dem Erblasser selbst aus seinen StAkten erteilt werden durften, auch dem Erben erteilt werden. Bei mehreren Erben ist jeder Gesamtrechtsnachfolger. Vermächtnisnehmer, Pflichtteilsberechtigte sowie Ersatzanspruchsberechtigte sind keine Gesamtrechtsnachfolger AO-K Karte 8. Der **Konkursverwalter** hat nach § 34 III, soweit seine Verwaltung reicht, auch die steuerlichen Pflichten des Gemeinschuldners zu erfüllen. Ihm können daher alle Auskünfte über die Verhältnisse des Gemeinschuldners erteilt werden, deren er zur Erfüllung dieser steuerlichen Pflichten bedarf, ist auch kraft seines Amtes befugt, den von ihm in einem gegen den Gesellschafter-Geschäftsführer der Gemeinschuldner-GmbH geführten Masseprozeß als Zeugen benannten ehemaligen StBevollmäch-

4. Abschnitt. Steuergeheimnis § 30

tigten des Gemeinschuldners von seiner Verpflichtung zur Verschwiegenheit zu entbinden, LG Krefeld ZIP 82, 861. Es kommt hierbei darauf an, ob die Aufklärung der Tatsache, über die der Zeuge vernommen werden soll, für die Konkursmasse von Bedeutung ist. Der Vergleichsverwalter hat dagegen keinen Anspruch, daß ihm zur Feststellung etwa bevorrechtigter Forderungen mitgeteilt wird, welche StAnsprüche zu erwarten seien, OFD D'dorf ZIP 82, 503, denn die Verwaltung des Schuldnervermögens geht nicht auf ihn über; der Schuldner bleibt grundsätzlich verwaltungs- und verfügungsberechtigt.

Die Frage, ob eine **Kö gemeinnützig** ist, unterliegt dem **StGeheimnis**; Auskünfte können jedoch zulässig sein, zB gegenüber einem **Spender,** der im BestVerfahren eine Spende geltend macht. Will der Stpfl vorher wissen, ob eine Spende abzugsfähig ist, ist er zunächst an Kö zu verweisen. **Bestätigung der Auskunft** durch FA ist unzulässig. Bei wahrheitswidriger Auskunft der KÖ kann das FA **richtigstellen** und zwar auch öffentl, wenn die Behauptung öffentl verbreitet wird. Wenn KÖ um **Spenden** wirbt, ohne auf Abzugsfähigkeit hinzuweisen, ist Auskunft über Berechtigung grunds mit Zustimmung der Kö zulässig, BdF v 16. 3. 78 BStBl 78 I 169.

d) Nr 4: Offenbarung zur **Durchführung eines Strafverfahrens.** Es muß sich hierbei uE nicht unbedingt um ein deutsches Strafverfahren handeln, sofern die FinBeh zur Amtshilfe befugt ist. Der Regelung liegt der Gedanke zugrunde, daß der bisherige Umfang des Steuergeheimnisses zT über den Rahmen des Schutzzweckes der Vorschrift hinausgeht und häufig zu unbefriedigenden Ergebnissen im Zusammenhang mit der Verfolgung nichtsteuerlicher **Straftaten** führt. Das Steuergeheimnis soll einen Ausgleich zu den umfassenden Offenbarungspflichten des Steuerpflichtigen schaffen. Der Steuerpflichtige muß alle steuerlich erheblichen Tatsachen, dh uU auch strafbare Handlungen, gegenüber den FÄ offenbaren. Dafür sichert ihm das Steuergeheimnis zu, daß seine Angaben grundsätzlich nur für steuerliche Zwecke verwertet werden. Eines solchen Schutzes bedarf der Steuerpflichtige dann nicht, wenn er keine Verpflichtung hatte, Angaben zu machen. Die AO gibt dem Steuerpflichtigen ebensowenig wie die RAO jedoch **kein Auskunftsverweigerungsrecht,** wenn er in eigener Sache aussagen muß (vgl §§ 101, 103). § 393 I 2 und 3 bestimmt lediglich, daß im Besteuerungsverfahren **Zwangsmittel** gegen den Steuerpflichtigen **unzulässig** sind, wenn er dadurch gezwungen würde, sich selbst wegen einer von ihm begangenen Steuerstraftat oder Steuerordnungswidrigkeit **zu belasten.** Zwangsmittel sind stets unzulässig, soweit gegen den Steuerpflichtigen ein Steuerstrafverfahren eingeleitet worden ist. Die AO konnte aus Beweisgründen, soweit es um die Ermittlung zu steuerlichen Zwecken geht, dem Steuerpflichtigen kein Recht auf Auskunftsverweigerung zubilligen (vgl hierzu Anm 2 zu § 393). Andererseits wird der Steuerpflichtige aber **nicht zur** Mitwirkung **gezwungen;** seine Weigerung mitzuwirken kann ihm allerdings zu seinem Nachteil im Besteuerungsverfahren angelastet werden (vgl § 162). Dem in § 136a I 2 StPO enthaltenen Verbot, Zwangsmittel anzuwenden, wird insoweit entsprochen. Daher ist es folgerichtig, wenn in Abs 4 Nr 4 Buchst a die Offenbarung für zulässig erklärt wird.

§ 30 1. Teil. Einleitende Vorschriften

aa) wenn die Kenntnisse in einem **Verfahren** wegen einer **Steuerstraftat** oder **Steuerordnungswidrigkeit erlangt** worden sind. Zur Frage, wann ein solches Verfahren **eingeleitet ist,** vgl §§ 397, 410 I Nr 6. Ob die Kenntnisse in diesem Verfahren erlangt worden sind, kann im Einzelfall strittig sein. Aus § 393 I 1 folgt, daß Besteuerungsverfahren und Steuerstraf-, Bußgeldverfahren gedanklich nebeneinander herlaufen, dh soweit es um die Ermittlung der Besteuerungsgrundlagen geht, dürfte es sich regelmäßig um Ermittlungen im Besteuerungsverfahren handeln, soweit es um die Ermittlung der subjektiven Seite der Tat geht, zB um die Frage der Schuld, handelt es sich um Ermittlungen im Steuerstrafverfahren. Die Trennung ist deswegen schwierig, weil steuerliche und steuerstrafrechtliche Ermittlungen von denselben Personen durchgeführt werden, vgl § 208. Im Steuerstrafverfahren und im steuerlichen Bußgeldverfahren hat der Steuerpflichtige als Beschuldigter das Recht, jede **Aussage zur Sache zu verweigern** (§ 136 StPO). Vorschrift hat insbesondere Bedeutung für sog **Zufallsfunde.** Der 2. Halbsatz bringt gegenüber dem zuvor Gesagten eine Einschränkung. Es dürfen solche Tatsachen nicht offenbart werden, die der Steuerpflichtige in **Unkenntnis** der Einleitung des Straf- oder Bußgeldverfahrens offenbart hat oder die bereits vor derem Einleitung im Besteuerungsverfahren bekannt geworden sind. Grund: Vor **Einleitung des** Straf- oder Bußgeldverfahrens können gegen den Steuerpflichtigen noch Zwangsmittel angewandt werden (vgl § 393 I 3). Die Einschränkung des § 393 I 2 bezieht sich im übrigen nur auf die Gefahr der Strafverfolgung wegen einer Steuerstraftat oder einer Ordnungswidrigkeit. Der Steuerpflichtige würde sich im übrigen wegen **Steuerhinterziehung** strafbar machen, wenn er Straftaten oder Ordnungswidrigkeiten **nicht-steuerlicher** Art, die steuerlich von Bedeutung sind, dem FA vor Einleitung eines Steuerstrafverfahrens oder Bußgeldverfahrens verheimlichen würde, zB Einkünfte aus Betrug, Wucher, Wirtschaftsvergehen usw. Aus der Steuererklärung wird sich jedoch regelmäßig nichts ergeben, was auf die Strafbarkeit bestimmter Einkunftsquellen schließen läßt. Wenn zB der Steuerpflichtige seine Einkünfte aus betrügerischer Handlung dem FA als Einkünfte aus Gewerbebetrieb erklärt hat und das FA wegen eines anderen Punktes gegen den Steuerpflichtigen strafrechtlich ermittelt und hierbei erfährt, daß die Einkünfte aus Gewerbebetrieb aus Betrugshandlungen herrühren, könnte zweifelhaft sein, ob es sich insoweit um Tatsachen handelt, die der Steuerpflichtige bereits offenbart hat. ME ist die Vorschrift jedoch **einschränkend** zugunsten des Steuerpflichtigen auszulegen. Sie soll den Steuerpflichtigen schützen, der seinen steuerlichen Pflichten nachgekommen ist. In dem geschilderten Fall hat der Steuerpflichtige uU das FA erst durch seine Angaben in der Steuererklärung darauf gebracht, die Ermittlungen in eine bestimmte Richtung weiterzuführen. Auf der anderen Seite sind unserer Rechtsordnung aber durchaus nicht Regelungen fremd, wonach ein bestimmtes Verhalten gefordert wird, das zu einer Überführung wegen einer Straftat führen kann, zB die Pflicht, nach einem Verkehrsunfall am Unfallort zu warten (§ 142 StGB). **2. Halbsatz 2. Alternative:** Die Offenbarungsbefugnis besteht ferner nicht für solche Tatsachen, die **vor** Einleitung des Straf- oder Bußgeldverfahrens im Besteuerungsverfahren bekannt geworden sind. Hier kommt es nicht darauf an, von wem das FA die Tatsachen erfahren hat. Vgl aber die Einschränkung unter Nr 4 b). Zulässig ist eine Unterrichtung

4. Abschnitt. Steuergeheimnis **§ 30**

der Staatsanwaltschaft über die im steuerlichen Bereich gewonnenen Erkenntnisse über unrichtige Verlustzuweisungen unter den Voraussetzungen der Nr 4, im übrigen zB wenn nur auf das jedermann zugängliche Prospektmaterial Bezug genommen wird.

bb) **Nr 4b:** Kenntnisse, die ohne Bestehen einer steuerlichen Verpflichtung oder unter Verzicht auf ein **Auskunftsverweigerungsrecht** erlangt worden sind. Unter die erste Alternative fallen insbesondere Kenntnisse, die von sog **V-Männern** oder **Anzeigeerstattern** erlangt worden sind, vgl hierzu aber Anm 3b. Die Offenbarung ist aber jedenfalls zulässig, wenn der Anzeigende vorsätzlich **falsche Angaben** gemacht hat (Abs 5) oder wenn die Anzeige **ohne** Bestehen einer steuerlichen **Verpflichtung** erstattet worden ist und die Unterrichtung der Strafverfolgungsbehörden der Verfolgung einer nichtsteuerlichen Straftat dient (Abs 4 Nr 4b). Ohne Bestehen einer Verpflichtung ist eine Anzeige erstattet worden, wenn der Anzeigende nicht zuvor durch die FinBeh zur Auskunfterteilung aufgefordert worden ist. Verzicht auf Auskunftsverweigerungsrecht: Es kommen eigentlich nur die Fälle des § 101 (Auskunftsverweigerungsrecht der Angehörigen) sowie die des § 103 (Gefahr der Strafverfolgung) und die in § 102 I Nr 4 genannten Personen (Presseangehörige) in Betracht, weil die übrigen in § 102 genannten Personen (Geistliche, Anwälte, Ärzte usw) wegen ihrer aus § 203 IV StGB sich ergebenden Geheimhaltungsverpflichtung ohnehin nicht von sich aus auf das Auskunftsverweigerungsrecht verzichten können. Beachte aber, daß Angehörige ua dann kein Auskunftsverweigerungsrecht haben, wenn sie in eigener Sache befragt werden. Rechtspolitischer Gedanke dieser Vorschrift: Tatsachen, die jemand praktisch ,,freiwillig" offenbart hat, unterliegen insoweit nicht dem Steuergeheimnis.

e) Nr 5: Zwingendes öffentliches Interesse. *Meier,* Verletzung des Steuergeheimnisses, § 30 AO im Rahmen des gewerberechtlichen Untersagungsverfahrens gem § 35 GewO? GewArch 85, 319. Dies ist die sog Achillessehne des Steuergeheimnisses (*TK* Tz 61). Es ist nicht möglich, alle Fälle einer zulässigen Offenbarung im Gesetz aufzuzählen und auf eine generelle Auffangvorschrift zu verzichten. Diese Einschränkung des Steuergeheimnisses birgt für den Steuerpflichtigen allerdings außerordentliche Risiken, weil der Begriff zwingendes öffentliches Interesse äußerst schillernd ist und keine festen Konturen aufweist. Aus der Aufzählung ergibt sich jedenfalls, daß nach dem Willen des Gesetzgebers weder das Informationsinteresse Einzelner noch die allgemeinen Kontrollrechte des **Parlaments** ein zwingendes öffentliches Interesse begründen. Eine gewisse Klarstellung ist durch die AO 77 erreicht worden, insofern, als die **wichtigsten Fälle** des zwingenden öffentlichen Interesses an dieser Stelle aufgeführt werden. Neu gegenüber der RAO sind **Buchst b) und c)** der Nr 5; **Buchst a)** war bisher in § 428 II RAO = § 377 RegEntw enthalten. Die in **Nr 5** enthaltene Aufzählung ist **nicht vollständig**; das ergibt sich aus dem Wort ,,namentlich". Außer in den in Nr 5 geregelten Fällen ist ein **zwingendes öffentliches Interesse** bisher in folgenden Zusammenhängen angenommen worden: Wenn **öffentliche Mittel** zu Unrecht verausgabt oder nicht vereinnahmt würden. Auskunfterteilung zB an Ämter für Verteidigungslasten, an Wiedergutmachungsbehörden, an die Bundesbahn wegen Frachthinterziehung (BdF Erl v 2. 7. 56, DVR 56, 190). Nach der Neufas-

§ 30   1. Teil. Einleitende Vorschriften

sung könnte sich eine Offenbarungsbefugnis in diesen Fällen uU aus Nr 5 Buchst a) oder b) ergeben. **Zwingendes öffentliches Interesse** wird ferner angenommen für Mitteilungen steuerlicher Unzuverlässigkeit an **Gewerbebehörden** für Zwecke des Konzessionsentzugs (*Kröger* FR 71, 92). Die FÄ sind aus zwingendem öffentlichen Interesse befugt, die ihnen bekanntgewordenen Tatsachen für die Durchführung eines Gewerbeuntersagungsverfahrens nach § 35 I GewO an die dafür zuständige Behörde mitzuteilen. Die Befugnis folgt allerdings nicht bereits aus Abs 4 Nr 1, aA *Koch* Rdnr 17 und AnwErl Nr 12, sondern aus Abs 4 Nr 5, vgl Anm 4a. Es würden beträchtliche Einnahmeausfälle des Staates durch unzuverlässige Gewerbetreibende entstehen und das Vertrauen auf die Arbeit würde erschüttert (OVG Hamburg MDR 81, 697). Die Gewerbeuntersagung muß als geeignetes und erforderliches Mittel erscheinen, die künftige Verletzung steuerl Pflichten zu unterbinden, insbesondere das Anwachsen weiterer StRückstände zu verhindern. Zur Auskunfterteilung an **Gewerbebehörden** in gewerberechtlichem Verfahren vgl BdF v 17. 12. 87 BStBl 88, I, 2. Danach kann ein zwingendes öffentliches Interesse an der Mitteilung von steuerlichen Verhältnissen gegenüber den Gewerbebehörden nur anerkannt werden, soweit es sich um Steuern handelt, die mit der Ausübung des Gewerbes in Zusammenhang stehen. Bei Personensteuern besteht ein solcher Zusammenhang in der Regel nicht. Etwas anderes gilt zB, wenn Nichtentrichtung dieser Steuern dafür ursächlich ist, daß der Gewerbetreibende seine Preise günstiger als seine **Mitbewerber** kalkuliert und er sich auf diese Weise **Wettbewerbsvorteile** verschafft. Die Mitteilung im Gewerbeuntersagungsverfahren kommt danach insbesondere für Steuerrückstände bei der Lohnsteuer und der Umsatzsteuer und für den Fall der wiederholten Nichterfüllung betrieblicher Steuererklärungspflichten in Betracht, vgl BFH BStBl 87, 545. Die Nichtabgabe von Steuererklärungen begründet für sich allein eine steuerliche Unzuverlässigkeit nur dann, wenn Erklärungen trotz Erinnerung hartnäckig und über längere Zeit nicht abgegeben werden. Besonderes Gewicht kommt in der Regel der Nichtabgabe von Lohnsteueranmeldungen und Umsatzsteuervoranmeldungen zu. Auch die **Nichtentrichtung** von Steuern kann vielfach die Unzuverlässigkeit begründen, Steuerrückstände unter 5000 DM reichen in der Regel jedoch nicht aus. Von Bedeutung ist allerdings die Entwicklung der Steuerrückstände. In der Regel muß auch das Finanzamt einen Vollstreckungsversuch unternommen haben. Wichtige Anhaltspunkte für die Unzuverlässigkeit können auch steuerliche Straf- und Bußgeldverfahren sein, die im Zusammenhang mit der Ausübung eines Gewerbebetriebes stehen.

Die gewerberechtlichen Bestimmungen (zB §§ 35 GewO, 15 GastG) enthalten keine ausdrückliche Auskunftsermächtigung im Sinne des § 30 IV Nr 2. Auskünfte an die Gewerbebehörden sind daher nur zulässig, wenn der Gewerbebetreibende zustimmt oder die Auskunftserteilung im **zwingenden öffentlichen Interesse** liegt (vgl im einzelnen auch zum Verfahren BdF v 17. 12. 87, BStBl 88 1, 2).

Die FinBeh kann auch ggf von sich aus eine **Gewerbeuntersagung** anregen, insbesondere wenn die Pflichtverstöße des Stpfl derart schwer wiegen, daß ihm die Möglichkeit eigener wirtschaftlicher Betätigung ganz oder teilweise entzogen werden muß: Vorher ist allerdings die Genehmigung der OFD einzuholen. Entscheidend ist das öffentliche Interesse an der

4. Abschnitt. Steuergeheimnis § 30

Eliminierung unzuverlässiger Gewerbetreibender, das weitgehend nicht befriedigt werden kann, wenn die FinBeh als Informationsquelle ausfällt. Daraus folgt aber auch, daß das öffentliche Interesse nur dann zwingend die Offenbarung verlangt, wenn es für die Unzuverlässigkeitsbeurteilung auf die Auskunft der FinBeh ankommt. Es dürfen keine Tatsachen mitgeteilt werden, die mit der Unzuverlässigkeit in keinem Zusammenhang stehen oder die weder allein noch iVm anderen Tatsachen eine Untersagungsentscheidung zu tragen vermögen, BVerwG MDR 82, 873. Die Tätigkeit eines einzelnen unzuverlässigen Gewerbetreibenden wird nur in seltenen Fällen geeignet sein, die wirtschaftliche Ordnung erheblich zu stören. Wäre es aber der Gewerbebehörde verwehrt, im Rahmen des Untersagungsverfahrens auf die Erkenntnisse der FinBeh zurückzugreifen, so könnten in einer Vielzahl von Fällen unzuverlässige Gewerbetreibende nicht von weiterer gewerblicher Tätigkeit ausgeschlossen werden. Dies wäre eine erhebliche Störung der wirtschaftlichen Ordnung. Auskunft an Paßämter (§§ 7 Ic, 8 Gesetz über Paßwesen) vgl AO-Kartei BaWü Karte 17, dag *TK* Anm 46; Mitteilung an **Vollstreckungsgericht** über Steuerrückstände für Zwangsversteigerungsverfahren. Die Befugnis zur Mitteilung über steuerliche Verfehlungen der **Angehörigen der steuerberatenden Berufe** an die zuständigen Berufskammern ergibt sich aus § 10 StBerG. Nach **§ 10 StBerG** haben die Finanzbehörden der zuständigen **Berufskammer** usw Tatsachen mitzuteilen, die den Verdacht begründen, daß eine der in §§ 3 oder 4 StBerG genannten Personen bei der geschäftsmäßigen Hilfeleistung in Steuersachen eine **Berufspflichtverletzung** begangen hat. Wird daraufhin von den Berufskammern Akteneinsicht verlangt, so bestehen dagegen insoweit keine Bedenken, als die Akten zur Beurteilung der Tat erforderlich sind, vgl AO-Kartei OFD Nürnberg § 30 Karte 17 v 17. 5. 85. Ein **zwingendes öffentliches Interesse** ist im übrigen dann anzunehmen, wenn eine gesetzliche Vorschrift ohne die Mitteilung der FÄ sonst **leerlaufen** würde. Hierbei ist allerdings der Grundsatz der **Verhältnismäßigkeit** zu berücksichtigen (*Höppner* StW 69, 210). **Beispiele:** Aktenvorlage an **Rechnungshöfe**, Aufsichtsbehörden und **Finanzgerichte.** Ferner gilt dies für Mitteilungen an Behörden, deren Entscheidungen bindend für die FÄ sind, vgl BVerwG BStBl 69, 304; zB an **Verkehrsbehörden** zur Standortbestimmung (BFH BStBl 63, 396). Nur **mittelbar** einschlägige Vorschriften können nach *TK* (Anm 68) dagegen nicht auf dem Umweg über ein zwingendes öffentliches Interesse die Offenbarung rechtfertigen. **Zulässig** ist ferner **Mitteilung** an **Strafverfolgungsbehörden** im Rahmen eines **Antrags** auf **Strafverfolgung** wegen Verletzung des **Steuergeheimnisses** nach § 355 StGB. Auskunft muß ferner den **Gläubigern** des Steuerschuldners bei Drittschuldnererklärung nach § 840 ZPO erteilt werden (*Breuer* DStR 65, 31).

Die Anordnung über Mitteilungen in Strafsachen (**MISTRA**) ist zum 1. 4. 85 neu gefaßt worden (vgl BAnz 85, Nr 60). Nach der bisherigen Verwaltungsauffassung sollte diese Anordnung die Finanzverwaltung nicht binden, selbst dann nicht, wenn die FinBeh gem § 400 AO einen Strafbefehl wegen einer Steuerstraftat beantragen will. Sollte § 30 AO einer Offenbarung entgegenstehen. Die Neufassung verwendet nicht mehr den Begriff der Justizbehörden, sondern es heißt nunmehr „Gerichte und Staatsanwaltschaften" seien zur Mitteilung in Strafsachen verpflichtet. So-

§ 30   1. Teil. Einleitende Vorschriften

weit die Finanzbehörden Steuerstrafsachen in eigener Zuständigkeit bearbeiten, haben sie auch die Rechte und Pflichten der Staatsanwaltschaften im Ermittlungsverfahren (§ 399 I). Daher gilt für sie grundsätzlich auch die **Unterrichtungsverpflichtung,** die sich aus der MISTRA ergibt. Grenzen der Mitteilungspflicht können sich aber aus dem Steuergeheimnis ergeben. Als Rechtfertigungsgrund kommt im wesentlichen nur § 30 IV Nr 5 in Frage.

Aus der Entscheidung des Bundesverfassungsgerichts und aus der Vorschrift des § 10 StBerG kann entnommen werden, daß das Steuergeheimnis dann **durchbrochen** werden darf, wenn **grundlegende Interessen** des Staates berührt werden, vgl *Weiyand,* aaO. Nach *Weiyand* ist die Vorschrift der Nr 2 I 2 MISTRA dahin auszulegen, daß eine entsprechende Mitteilung nur dann zulässig ist, wenn der betreffende Hinterzieher in einem besonderen Verhältnis zum Staat steht, kraft dessen er in seiner Berufsausübung diesem gegenüber besonderer Vertrauensvorschüsse genießt. Sobald aber eine öffentliche Hauptverhandlung stattgefunden hat, sind die Verhältnisse des betreffenden Steuerpflichtigen bekannt (*TK* § 30 Tz 68) und können nicht mehr durch das Steuergeheimnis geschützt werden.

Dienstliche Verfehlungen von Angehörigen der StVerwaltung können der für die Durchführung des Disziplinarverfahrens zuständigen Stelle mitgeteilt werden. Hierbei dürfen auch die Verhältnisse Dritter mitgeteilt werden, wenn sonst das Disziplinarverfahren nicht durchgeführt werden kann. Außerdienstlich begangene StVerfehlungen dürfen bei Vorliegen eines zwingenden öffentlichen Interesses mitgeteilt werden. Dies ist insbesondere anzunehmen bei Straftaten im Amt, bei StStraftaten, sofern nicht infolge Selbstanzeige Straffreiheit eingetreten ist oder bei unbefugter Hilfeleistung in StSachen, sofern diese nicht nur gelegentlich, zB in Form gelegentlicher Nachbarschaftshilfe ausgeübt wird oder sachlich von geringer Bedeutung ist. Die Entscheidung obliegt dem Vorsteher des zuständigen FA, sofern sich nicht die OFD die Prüfung vorbehalten hat, FM NRW v 22. 11. 82 DB 83, 86.

In **Steuerstrafverfahren** von **erheblicher Bedeutung** und bedeutendem Umfang kann nach OLG Hamm (NJW 81, 356) ein zwingendes öffentliches Interesse gegeben sein, das Mitteilungen der Staatsanwaltschaft an **Presse und Rundfunk** nach Abs 4 Nr 5 rechtfertigt. Das Informationsinteresse, sei ein öffentliches Interesse, das sich zu einem zwingenden öffentlichen Interesse verdichten könne, zB wenn eine bedeutende Partei in einen Hinterziehungsfall verwickelt sei. Bei dem og Zitat ist allerdings eine sehr bedeutsame Einschränkung, die das OLG in seinem Beschluß gemacht hat, nicht mit abgedruckt. Das OLG Hamm hält nämlich trotz allem eine Namensnennung der Beteiligten nicht für zulässig. Insoweit seien die Persönlichkeitsrechte der Beschuldigten überwiegend, unnötige Bloßstellungen seien zu vermeiden. Soweit kein Name genannt wird und die Darstellung auch keine Rückschlüsse auf die Beteiligten zuläßt, stellt sich aber gar nicht die Frage des Steuergeheimnisses. Problematisch wird die Frage der Unterrichtung der Öffentlichkeit dann, wenn bereits durch vorangegangene Presseveröffentlichungen die Namen der Beteiligten bekannt geworden sind und bei einer bloßen Sachverhaltsschilderung für jeden offenbar ist, daß sich diese nur auf ei-

4. Abschnitt. Steuergeheimnis § 30

nen bereits bekannten Personenkreis beziehen kann. Zur Frage, inwieweit die StA den Namen eines **Beschuldigten** der **Presse** mitteilen darf, vgl OLG Koblenz, wistra 87, 359.

aa) **Nr 5a: Offenbarungsbefugnis bei Verbrechen.** Es handelt sich im wesentlichen um die in § 138 StGB enthaltenen **Kapitalverbrechen** und -vergehen, zu deren Anzeige jedermann verpflichtet ist. Hierunter können ua schwerwiegende Verfehlungen, insbesondere Untreue und Unterschlagungshandlungen zu Lasten des Staates, insbesondere im Zusammenhang mit der Beschaffung von Waffen uä fallen. Ferner könnten hiernach den **Verfassungsschutzämtern** Mitteilungen über verfassungsfeindliche Bestrebungen gemacht werden (vgl *Becker/Riewald/Koch* § 22 RAO Anm 4 d). Der **Wortlaut** des Gesetzes geht über seine Zielrichtung **hinaus** („verfolgt werden sollen"); man wird ihn **einschränkend** dahin auslegen müssen, daß eine Offenbarung nur insoweit zulässig ist, als sie sich auf **Erkenntnisse** über die genannten Straftaten bezieht und **geeignet** ist, die **Strafverfolgung** zu unterstützen. Zu Unrecht erlangte **Investitionszulagen** werden nach dem **BerlFG** und dem **InvZulG** als Subventionsbetrug (§ 264 StGB) geahndet, jedoch haben die FÄ insoweit die gleichen **Ermittlungsbefugnisse** wie bei den StStraftaten, s § 370 Anm 3. Hieraus ergibt sich die Befugnis, entsprechende Mitteilung an die Staatsanwaltschaft zu machen, vgl BMF AO-Kartei Karte 7.

bb) **Nr 5 b. Wirtschaftsstraftaten.** Unter den Begriff der Wirtschaftsstraftat fallen Straftaten nicht schon deswegen, weil sie nach I 74c GVG zur Zuständigkeit des LG gehören. Es muß sich um besonders schwerwiegende Wirtschaftsstraftaten handeln, die geeignet sind, die wirtschaftliche Ordnung erheblich zu stören; das kann der Fall sein bei großen Konkursen, betrügerischen **Abschreibungs- und Anlagegesellschaften.** Diese Fälle dürften zumindest aber unter die **2. Alternative fallen** (Erschütterung des Vertrauens der Allgemeinheit auf die Redlichkeit des geschäftlichen Verkehrs). Das Vertrauen in die ordnungsgemäße Arbeit der Behörden kann im Zusammenhang mit großen Bestechungsfällen erschüttert werden. Unter den Begriff „öffentliche Einrichtung" dürfte auch das Parlament fallen.

f) Zwingendes öffentliches Interesse und Mitwirkungspflicht des Steuerpflichtigen. Durch die Offenbarungsbefugnis wegen zwingenden öffentlichen Interesses kann der Fall eintreten, daß Tatsachen, die der Steuerpflichtige in Erfüllung steuerlicher Pflichten offenbart hat, gegen ihn verwendet werden. Dem Steuerpflichtigen steht nach dem Gesetzeswortlaut auch dann kein Auskunftsverweigerungsrecht zu, wenn er selbst erkennt, daß eine Tatsache, die er erklären muß, wegen zwingenden öffentlichen Interesses an die Staatsanwaltschaft weitergegeben werden kann oder wird. Diesen Konflikt hat die AO nicht befriedigend gelöst. ZT wird aus dem allgemein geltenden Grundsatz, daß niemand gezwungen werden kann, sich selbst strafbarer Handlungen zu **bezichtigen,** geschlossen, daß der Steuerpflichtige insoweit ein **Auskunftsverweigerungsrecht** hat. Diese Auslegung findet allerdings im Gesetz keine Stütze. Man wird vom Steuerpflichtigen verlangen können, daß er seine Einnahmen aus Wirtschaftsstraftaten usw erklärt, aber nähere Angaben über die Art der Einkünfte verweigern kann. Von der Verpflichtung zur Vorlage von Unterlagen wird man den Steuerpflichtigen jedoch nicht befreien können. Die Verwal-

§ 30   1. Teil. Einleitende Vorschriften

tung hat aber den Grundsatz der **Verhältnismäßigkeit** zu berücksichtigen. Hierbei kann auch eine Rolle spielen, in welchem Umfang der Steuerpflichtige an dem Bekanntwerden der Tatsachen in Erfüllung seiner steuerlichen Mitwirkungspflichten mitgewirkt hat.

g) **Nr 5 c: Richtigstellung unwahrer Tatsachen.** Die Vorschrift ist als eine Art Notwehrrecht der FinBeh zu verstehen, falls der Steuerpflichtige verleumderische Angaben über die Behörde im Zusammenhang mit seinem Steuerfall macht. Ohne die Vorschrift wäre die FinBeh diesen Angriffen uU schutzlos ausgeliefert, wenn sie sich dagegen nur unter Verletzung des Steuergeheimnisses wehren könnte. Es ist nicht erforderlich, daß die verleumderischen Behauptungen vom Steuerpflichtigen herrühren, obwohl davon in der Regel ausgegangen werden kann. Kommen sie von einer dritten Person, ohne daß der Steuerpflichtige daran beteiligt ist, kann es uU ermessensfehlerhaft sein, zur Widerlegung der Angaben gegen den Willen des Steuerpflichtigen die steuerlichen Verhältnisse offenzulegen. **Beispiel** für Anwendungsfall des Buchst c): Steuerpflichtiger behauptet wahrheitswidrig, das FA habe ihm Steuern gestundet oder erlassen, weil er mit der Veröffentlichung unlauterer Praktiken der Regierung gedroht habe. In Wahrheit hatte aber die Drohung keinen Einfluß auf die Entscheidung. Die Entscheidung über die Richtigstellung trifft die zuständige **oberste** Finanzbehörde im Einvernehmen mit dem **Bundesminister der Finanzen.** Der Steuerpflichtige soll gehört werden.

Der Ausnahmetatbestand des Abs 4 Nr 5 Buchst c ist verfassungskonform so auszulegen, daß er auch den Fall des Aktenvorlageverlangens eines **Untersuchungsausschusses** erfaßt, mit dem der **Bundestag** in der Öffentlichkeit verbreiteten Zweifeln an der Vertrauenswürdigkeit der Exekutive nachgeht, die auch die Steuermoral der Bürger nachhaltig erschüttern könnten, BVerfG BStBl 84, 634.

Das Beweiserhebungsrecht und das Recht auf Aktenvorlage gem Art 44 I GG können durch die Grundrechte eingeschränkt sein, BVerfG aaO.

Das Recht auf Wahrung des **Steuergeheimnisses** ist als solches **kein Grundrecht.** Die Geheimhaltung bestimmter steuerlicher Angaben und Verhältnisse kann jedoch durch grundrechtliche Verbürgungen geboten sein, BVerfG BStBl 84, I 634.

Die Bedeutung des Kontrollrechts des Parlaments gestattet idR dann keine Einschränkung des Aktenherausgabeanspruchs zugunsten des allgemeinen Persönlichkeitsrechts und des Eigentumsschutzes, wenn Parlament und Regierung Vorkehrungen für den Geheimschutz getroffen haben, die das ungestörte Zusammenwirken beider Verfassungsorgane auf diesem Gebiet gewährleisten, und wenn der Grundsatz der Verhältnismäßigkeit gewahrt ist, BVerfG BStBl 84, 634. Bestehen Zweifel, ob die Geheimhaltung gewährleistet ist, dürfen die Auskünfte nicht erteilt und Unterlagen nicht vorgelegt werden, bis die erforderlichen Maßnahmen getroffen worden sind.

5. Abs 5: Vorsätzlich falsche Angaben. Die Vorschrift trägt dem Gedanken Rechnung, daß das Steuergeheimnis den Zweck hat, wahrheitsgemäße Angaben vom Steuerpflichtigen zu erhalten. Wird dieser Zweck nicht erreicht, besteht keine Veranlassung, den Steuerpflichtigen zu schützen. Bedeutung der Vorschrift dürfte gering sein. Für **Prämiengesetze,** die

4. Abschnitt. Steuergeheimnis § 30

von den Finanzämtern verwaltet werden, gelten ohnehin nach Inkrafttreten des EGAO 77 die Strafvorschriften der AO. Offenbarungsbefugnis ergibt sich daher aus entsprechender Anwendung des § 30 IV Nr 1. **Anwendungsfall:** zB Steuerpflichtiger reicht falsche Steuererklärung ein, aus der sich ein Erstattungsanspruch ergibt und erschleicht durch Vorlage der Steuererklärung beim Kreditinstitut ein Darlehen. Die Vorschrift gibt dem FA lediglich die Befugnis, unter bestimmten Umständen Angaben des Betroffenen den Strafverfolgungsbehörden mitzuteilen, nicht aber dem Stpfl, zB den Namen eines Anzeigeerstatters, FG Nürnberg EFG 82, 392. Die Vorschrift dürfte nicht im Falle einer pflichtwidrig unterlassenen Angabe gelten. Die Entscheidung darüber, ob ein Behördeninformant gegenüber dem Beschuldigten genannt wird, steht im Ermessen der Behörde. Ein allgemeiner bundesrechtlicher Anspruch auf Behördenauskunft außerhalb eines Verwaltungsverfahrens besteht nicht. Dies gilt insbesondere, wenn die Informationen im wesentlichen der Wahrheit entsprachen, vgl BVerwG NJW 83, 2954.

In den Fällen des Abs 4 oder 5 ist die FinBeh zur **Offenbarung** nur **befugt, nicht** aber **verpflichtet.** Eine Verpflichtung zur Preisgabe zB des Namens eines Anzeigeerstatters könnte sich uU dann ergeben, wenn der Schutz des allgemeinen Persönlichkeitsrechts des von der Anzeige Betroffenen dies gebietet, BFH NJW 85, 2440.

Eine Offenbarungsbefugnis besteht aber nur dann, wenn durch die falschen Angaben ein Straftatbestand verwirklicht worden ist; die Durchführung eines Strafverfahrens wegen dieser Tat ist nicht Voraussetzung für die Zulässigkeit der Offenbarung, AnwErl Nr 11.

Zur Bekanntgabe des Namens des Anzeigenerstatters vgl BMF-Schrb v 17. 3. 81 AO-K Karte 9.

6. Abs 6: Befugter Abruf von Daten. Zum Datenschutz im Geschäftsbereich des FM NRW vgl FM NRW v 23. 4. 82 O 1037 – 8 – II C 4 –. Die Vorschrift ist durch das St-BereinigG 1986 eingefügt worden und hängt mit der ebenfalls neu eingefügten Regelung in Abs 2 Nr 3 zusammen. Während die Nr 3 des Abs 2 aber erst am 1. 1. 87 in Kraft tritt, ist der Abs 6 bereits mit Verkündung des Gesetzes in Kraft getreten (Art 25 StBereinigG). Der Satz 1 des Absatzes 6 kann aber auch ohne die Nr 3 des Abs 2 selbständige Bedeutung haben. Der automatisierte Abruf von Daten ist unter den gleichen Voraussetzungen zulässig, unter denen auch eine Offenbarung der Verhältnisse gem Abs 4 Nr 1 zulässig wäre. Dem Bundesminister der Finanzen wurde die Ermächtigung erteilt, durch **Rechtsverordnung** mit Zustimmung des Bundesrates zu bestimmen, welche technischen und organisatorischen Maßnahmen gegen den unbefugten Abruf von Daten zu treffen sind. Dabei hat der BdF sowohl die Art der Daten, deren Abruf im automatisierten Verfahren zulässig ist, als auch den Kreis der für einen solchen Abruf in Betracht kommenden Amtsträger näher zu bestimmen. Die Vorschrift dient damit der Konkretisierung und Sicherung des Datenschutzes. Die Verordnung bedarf gem Art 80 Abs 2 GG der Zustimmung des Bundesrates; nach Satz 2 ist bei Rechtsverordnungen, die Zölle und Verbrauchsteuern betreffen, diese Zustimmung nur bei der Biersteuer erforderlich. Die Regelung steht im Einklang mit der entsprechenden Regelung im Entwurf der Koalitionsfraktionen für eine Änderung des Bundesdatenschutzgesetzes.

7. Folgen der Verletzung des Steuergeheimnisses. a) Strafrechtliche Folgen ergeben sich seit dem 1. 1. 75 aus § 355 StGB; Verletzung des Steuergeheimnisses ist daher keine Steuerstraftat mehr (vgl § 369); FinBeh haben insoweit keine selbständigen Ermittlungsbefugnisse. § 355 StGB ist lex specialis zu §§ 203, 204 StGB; als Nebenfolge kommt nach § 358 evt Aberkennung der Fähigkeit, öffentliche Ämter zu bekleiden in Betracht. Tateinheit evt möglich mit § 353b, 353c, 353d StGB; mit § 332 StGB regelmäßig Tatmehrheit. Tat wird nur auf **Antrag** verfolgt (§ 355 III StGB); **antragsberechtigt** sind Dienstvorgesetzter oder Verletzter. Amtsträger kann sich zur Rechtfertigung nicht auf dienstliche Anweisung berufen, evt sind jedoch die Grundsätze des Verbotsirrtums anzuwenden (vgl Bundesdisziplinarhof JZ 58, 706). **Aussagegenehmigung** befreit nur von der Pflicht zur **Amtsverschwiegenheit** (§ 54 StPO), **nicht** aber auch von der Pflicht zur Wahrung des StGeheimnisses. Im Zweifel entscheidet die Stelle, die das Steuerstraf- oder Bußgeldverfahren verantwortl durchführt, dh ggf das Gericht oder das Staatsanwaltschaft, Bremen StEK § 30 Nr 1.

b) Disziplinarrechtliche Folgen nach den Dienstvorschriften.

c) Schadenersatz nach § 839 BGB iVm Art 39 GG. Es haftet die Anstellungskörperschaft. Ein Beamter haftet persönlich nur, wenn er nicht in Ausübung seines Amtes gehandelt hat (nach § 823 II BGB iVm § 30 AO). Die Haftung wird sich künftig nach dem in Vorbereitung befindlichen Staatshaftungsgesetz richten.

8. Rechtsbehelfe. Gegen die Ablehnung der **Einsichtnahme in Steuerakten** und gegen die Weitergabe von Kenntnissen an andere Stellen, zB Staatsanwaltschaft, ist der **Finanzrechtsweg** gegeben, BFH BStBl 72, 284; 73, 119. Im Wege der **einstweiligen Anordnung** nach § 114 I 1 FGO kann dem zuständigen Finanzamt untersagt werden, Mitteilungen über steuerliche Verhältnisse an Dritte weiterzugeben, vgl BFH BStBl 87, 30. Die einstweilige Anordnung ist allerdings ihrem vorläufigen Charakter entsprechend zeitlich befristet. Die endgültige Klärung kann erst in einer vom Beschwerdeführer, ggf noch zu erhebenden auf Unterlassung der Mitteilung gerichteten Klage auf sonstige Leistungen gegen das Finanzamt erfolgen. Andererseits liegt eine Streitigkeit über Abgabeangelegenheiten nicht schon dann vor, wenn die Rechtswidrigkeit einer Maßnahme mit der Verletzung des § 30 begründet wird, BFH BStBl 72, 286; 75, 298. So handelt es sich nicht um eine Abgabenangelegenheit iSd § 33 II 1 FGO, wenn strittig ist, welche Akten das FA im Bußgeld- oder Strafverfahren dem Gericht vorlegen muß.

§ 30a Schutz von Bankkunden

(1) Bei der Ermittlung des Sachverhalts (§ 88) haben die Finanzbehörden auf das Vertrauensverhältnis zwischen den Kreditinstituten und deren Kunden besonders Rücksicht zu nehmen.

(2) Die Finanzbehörden dürfen von den Kreditinstituten zum Zwecke der allgemeinen Überwachung die einmalige oder periodische Mitteilung von Konten bestimmter Art oder bestimmter Höhe nicht verlangen.

4. Abschnitt. Steuergeheimnis § 30a

(3) Die Guthabenkonten oder Depots, bei deren Errichtung eine Legitimationsprüfung nach § 154 Abs. 2 vorgenommen worden ist, dürfen anläßlich der Außenprüfung bei einem Kreditinstitut nicht zwecks Nachprüfung der ordnungsmäßigen Versteuerung festgestellt oder abgeschrieben werden. Die Ausschreibung von Kontrollmitteilungen soll insoweit unterbleiben.

(4) In Vordrucken für Steuererklärungen soll die Angabe der Nummern von Konten und Depots, die der Steuerpflichtige bei Kreditinstituten unterhält, nicht verlangt werden, soweit nicht steuermindernde Ausgaben oder Vergünstigungen geltend gemacht werden oder die Abwicklung des Zahlungsverkehrs mit dem Finanzamt dies bedingt.

(5) Für Auskunftsersuchen an Kreditinstitute gilt § 93. Ist die Person des Steuerpflichtigen bekannt und gegen ihn kein Verfahren wegen einer Steuerstraftat oder einer Steuerordnungswidrigkeit eingeleitet, soll auch im Verfahren nach § 208 Abs. 1 Satz 1 ein Kreditinstitut erst um Auskunft und Vorlage von Urkunden gebeten werden, wenn ein Auskunftsersuchen an den Steuerpflichtigen nicht zum Ziele führt oder keinen Erfolg verspicht.

Eingefügt durch Art 15 Nr 1 des StReformG 1990 v 25. 7. 88, BGBl 88 I 1093.

Schrifttum: *Hoffmann-Riem* Steuerermittlung und Bankgeheimnis StuW 72, 127; *Selmer* Steuerrecht und Bankgeheimnis, 1982; *Ehlers* Der neue Bankenerlaß, BB 79, 1602; *Becker* Der Bankenerlaß, München 1983; *Bilsdorfer* Das Bankgeheimnis, DStR 84, 498; *Lohmeyer* Bankgeheimnis und steuerliche Außenprüfung, StB 84, 377; *Hamacher* Der Bankenerlaß als ermessensgerechte Handhabung von Ermittlungsbefugnissen der Finanzbehörden, DB 85, 1807; *Müller-Brühl* Die Legitimationsprüfung und andere Steuerthemen für Banken, 6. Aufl 1988; *Felix* Bankgeheimnis nach § 30a Abgabenordnung und Anzeigen der Kreditinstitute nach § 33 Nr 1 des Erbschaftsteuergesetzes, BB 88, 2011.

1. Inhalt. Im Regierungsentwurf zum Steuerreformgesetz war in Artikel 14 Nr 3 lediglich eine Regelung vorgesehen, wonach anläßlich von Außenprüfungen bei **Kreditinstituten Kontrollmitteilungen** über Kontoinhaber nicht ausgeschrieben werden sollen. Aus Gründen der Rechtssicherheit und der Voraussehbarkeit von Verwaltungshandeln sowie im Interesse eines vertrauensvollen Verhältnisses des Steuerbürgers hat sich der Gesetzgeber im Laufe der parlamentarischen Beratungen jedoch zu einer weitergehenden Lösung entschlossen. Der sog **Bankenerlaß** (BdF v 31. 8. 79, BStBl I 590) ist vollständig in die Abgabenordnung übernommen worden. Damit soll zugleich das Vertrauensverhältnis zwischen den Banken und ihren Kunden gestärkt werden. Dieses Vertrauensverhältnis ist nach Auffassung des Gesetzgebers eine wichtige Voraussetzung für das Verbleiben der Geldvermögensbildung im Inland. Die Regelung ist im Zusammenhang mit der Einführung der **Kapitalertragsteuer** auf Zinsen und die flankierenden Maßnahmen zur besseren Erfassung von Kapitalerträgen zu sehen.

2. Abs 1. Der Abs 1 entspricht der Nr 1 Satz 1 des Bankenerlasses. Das Vertrauensverhältnis zwischen Bankkunden und Bank wird im übrigen durch das Gesetz nicht geschützt. Während die Einführung eines derartigen Schutzes durch eine Verwaltungsvorschrift rechtlich problematisch sein dürfte (vgl *TK* § 102 Tz 6; *HHSp* § 102 Anm 93), ist der Gesetzgeber grundsätzlich nicht gehindert, durch Gesetz eine entsprechende Schutzvorschrift einzuführen. Hierbei muß der Gesetzgeber jedoch den Gleichheitssatz nach Artikel 3 GG beachten. Rechtsanwendungsgleichheit ist eine Grundforderung des Rechtsstaates (*TK* aaO). Dieser Grundsatz ist auch in § 85 niedergelegt, wonach die Finanzbehörden die Steuern nach Maßgabe der Gesetze gleichmäßig festzusetzen und zu erheben haben.

Nicht übernommen worden ist die Regelung der Nr 1 Satz 2 des Bankenerlasses. Danach kann grundsätzlich davon ausgegangen werden, daß die Angaben in der Steuererklärung vollständig und richtig sind. Mit der Übernahme des Bankenerlasses in das Gesetz kann jedenfalls der Finanzverwaltung nicht mehr der Vorwurf gemacht werden, sie verfahre nicht gesetzmäßig, und dem Gesetzgeber nicht, er habe nicht den Mut, das Bankgeheimnis gesetzlich zu schützen (vgl *TK* aaO).

3. Abs 2. Die Vorschrift entspricht der **Nr 2** des Bankenerlasses. Danach dürfen die Finanzbehörden von den **Kreditinstituten** zum Zwecke der allgemeinen Überwachung die einmalige oder periodische Mitteilung von Konten bestimmter Art oder bestimmter Höhe nicht verlangen. Gegen diese Regelung dürfen keine rechtlichen Bedenken bestehen. Würde die Finanzverwaltung anders verfahren, wären entsprechende Maßnahmen wegen Überschreitung der Ermessensgrenzen wahrscheinlich rechtswidrig (*TK* aaO; *HHSp* aaO Anm 100).

4. Abs 3. Die Regelung entspricht wörtlich der **Nr 3** des Bankenerlasses. Sie verbietet das Ausschreiben von **Kontrollmitteilungen** und steht damit im Widerspruch zu § 194 III. Sie gilt nur für Guthabenkonten oder Depots, bei deren Errichtung eine Legitimationsprüfung nach § 154 II vorgenommen worden ist; sie gilt also nicht für sonstige Konten wie **CpD-Konten** (pro Diverse) und Kreditkonten. Die übrigen Konten dürfen auch nicht stichprobenweise festgestellt oder abgeschrieben werden. Während eine entsprechende Regelung in Erlaßform gegen § 194 III verstößt, dürfte der Gesetzgeber nicht gehindert sein, den § 194 durch eine Sonderregelung einzuschränken. Das Abschreiben von Konten bei Kreditinstituten würde darauf hinauslaufen, daß anläßlich einer Außenprüfung bei einer Bank zur Feststellung der steuerlichen Verhältnisse **Dritter** durchgeführt wird. Das FA ist durch die Regelung aber nicht gehindert, vom Steuerpflichtigen im Rahmen seiner allgemeinen Mitwirkungs- und Auskunftspflicht selbst die Vorlage von Sparbüchern und Depotauszügen zu verlangen.

5. Abs 4. Die Regelung entspricht wörtlich der **Nr 4** des Bankenerlasses. Rechtliche oder verfassungsrechtliche Bedenken bestehen gegen diese Regelung nicht.

6. Abs 5. Der Absatz 5 entspricht der **Nr 5** Satz 2 sowie der **Nr 6** des Bankenerlasses. Der Satz 1 hat lediglich deklaratorische Bedeutung. § 208 I 3 bestimmt, daß § 93 I 3 bei Ermittlungen der Steuerfahndung nicht gilt. Nach § 208 I 3 kann sich die Steuerfahndung sogleich an Dritte wegen einer Auskunft wenden, sie muß nicht zunächst an den Steuerpflichtigen herantreten. Die **Anzeigepflicht** der Banken nach **§ 33 ErbStG** bleibt als Sondervorschrift von § 30a **unberührt**. Zufallserkenntnisse über den Verdacht von Steuerverkürzungen durch Bankkunden dürfen ebenso wie

4. Abschnitt. Steuergeheimnis § 31

nach bisher geltendem Recht durch Ausschreibung von Kontrollmitteilungen verwertet werden (*Krabbe* BB 88, 1673).

Nach *Tipke/Kruse* **mißachtet** der Bankenerlaß – und somit auch § 30a AO – „die jahrhunderte alte Erfahrung, daß eine Steuer ohne Kontrolle zur Spende wird" (*TK* Tz 6). Aufgrund der Regelung kann der Steuerpflichtige davon ausgehen, daß die Nichterklärung von Kapitaleinkünften rechtlich ohne Folgen bleibt. Wer dagegen seine Kapitaleinkünfte korrekt erklärt, wird zur vollen Einkommensbesteuerung herangezogen. Hier stellt sich allerdings zu Recht die Frage, ob insoweit eine Verletzung des Gleichheitsgrundsatzes vorliegt.

§ 31 Mitteilung von Besteuerungsgrundlagen

(1) Die Finanzbehörden sind berechtigt, Besteuerungsgrundlagen, Steuermeßbeträge und Steuerbeträge an Körperschaften des öffentlichen Rechts einschließlich der Religionsgemeinschaften, die Körperschaften des öffentlichen Rechts sind, zur Festsetzung von solchen Abgaben mitzuteilen, die an diese Besteuerungsgrundlagen, Steuermeßbeträge oder Steuerbeträge anknüpfen.

(2) Die Finanzbehörden sind berechtigt, die nach § 30 geschützten Verhältnisse des Betroffenen der Künstlersozialkasse und den Trägern der gesetzlichen Sozialversicherung zum Zwecke der Festsetzung von Beiträgen mitzuteilen.

Abs 2 ergänzt durch Art 5 SteuerEntlG v 16. 8. 80 BGBl I, 1381 mit Wirkung v 22. 8. 1980.

Schrifttum: *Hammer* Steuergeheimnis-Übersendung von GewSt-Meßbescheiden an die Gemeinden, DStR 82, 98.

Die Vorschrift enthält eine Ausnahme und Durchbrechung vom Steuergeheimnis. Eine Reihe von Körperschaften des öffentlichen Rechts knüpft bei der Bemessung ihrer Beiträge an die von den FinBeh ermittelten **Besteuerungsgrundlagen**, zB Kirchen, deren Rechte durch Art 140 GG iVm Art 137 WeimVerf garantiert sind, Industrie- u Handelskammern, Ärztekammern, landwirtschaftl Berufsgenossenschaften, Deichverbände, Gemeinden für Feuerwehrbeiträge und Fremdenverkehrsabgabe. Die FinBeh können diese Besteuerungsgrundlagen den betreffenden Körperschaften mitteilen, zB **Gewerbesteuermeßbeträge, Einheitswerte.** Nach § 21 I u III FVG dürfen sich die Gemeinden bei den FÄ über die Vorgänge unterrichten, die für die Realsteuern im Einzelfall erheblich sind. Hierzu gehört auch das Recht auf Akteneinsicht. Bei der Wahrnehmung dieser Befugnisse können die Gemeinden auch Einblick in die ESt-Akten der Gewerbetreibenden nehmen, sofern die Kenntnis des Akteninhalts für die GewSt für den konkreten Fall erheblich ist, aA *TK* Tz 2. Mitgeteilt werden im übrigen nur bestimmte Ergebniszahlen, nicht aber die gesamten bei der Steuerermittlung bekannt gewordenen Verhältnisse, dh nur diejenigen Daten, die die entsprechenden Körperschaften zur Festsetzung ihrer Beiträge benötigen, nicht auch die Vermögensverhältnisse zum Zwecke der Prüfung von Erlaß- oder Stundungsvoraussetzungen oder der Vollstreckungsmöglichkeiten. Befugnis bezieht sich auch auf **einzelne Sachverhalte,** nicht nur

§ 31a   1. Teil. Einleitende Vorschriften

auf Besteuerungsgrundlagen. Auch den gesetzlichen **Sozialversicherungsträgern** sowie der Künstlersozialkasse können die steuerlichen Verhältnisse mitgeteilt werden. Der Arbeitslohn ist sowohl für die Bemessung der Lohnsteuer, wie auch für die Festsetzung der Beiträge zur Sozialversicherung Besteuerungsgrundlage. Die Vorschrift dient der Verwaltungsvereinfachung, aber auch den Interessen der Steuerpflichtigen. Durch sie können unnötige Doppelprüfungen uU vermieden werden. Auch im umgekehrten Fall leisten die Sozialversicherungsträger Hilfe. Sie haben ebenfalls ähnliche Prüfungsbefugnisse wie die FinBeh. Das FA kann dem Stpfl nicht verbindlich zusagen, dem Sozialversicherungsträger über seine Verhältnisse keine Auskunft zu erteilen, wenn es zur Auskunfterteilung nach Abs 2 berechtigt bzw verpflichtet ist, FG Nürnberg EFG 82, 594.

§ 31a Mitteilungen zur Bekämpfung der illegalen Beschäftigung

(1) ¹**Die Offenbarung der nach § 30 geschützten Verhältnisse des Betroffenen ist zulässig, soweit sie der Bekämpfung der Schwarzarbeit dient und der Betroffene schuldhaft seine steuerlichen Pflichten verletzt hat.** ²**Gleiches gilt, wenn ein Arbeitnehmer ohne die erforderliche Erlaubnis nach § 19 Abs. 1 des Arbeitsförderungsgesetzes beschäftigt oder tätig wird.**

(2) ¹**Die Finanzbehörden sind berechtigt, der Bundesanstalt für Arbeit Tatsachen mitzuteilen, die zu der Versagung, der Rücknahme oder dem Widerruf einer Erlaubnis nach dem Arbeitnehmerüberlassungsgesetz führen können.** ²**Sie dürfen der Bundesanstalt Anhaltspunkte für eine unerlaubte Arbeitnehmerüberlassung mitteilen.**

§ 31a eingefügt durch Art 9 des Gesetzes zur Bekämpfung der illegalen Beschäftigung (BillBG) v 15. 12. 1981 (BGBl I S 1390)

1. Inhalt. Die Vorschrift enthält weitere Gründe, die eine Offenbarung der Verhältnisse des Stpfl zulassen. Sie sagt im Abs 1 nicht ausdrücklich, gegenüber welchen Stellen die Offenbarung vorgenommen werden kann; dies ergibt sich aber aus der Zweckbestimmung der Vorschrift („soweit sie der Bekämpfung der Schwarzarbeit dient"). In Betracht kommen alle Stellen, die für die Bekämpfung der **Schwarzarbeit** zuständig sind, zB die nach Landesrecht gem SGB I oder nach der GewO oder HandwO zuständigen Behörden, vgl FM NRW v 17. 10. 83 S 0130 – 13 – VA 1.

2. Bekämpfung der Schwarzarbeit. Vgl § 1 Gesetz zur Bekämpfung der Schwarzarbeit v 31. 5. 74 BGBl I 1251 idF des Art 5 BillBG. Hierzu zählen ua die Aufnahme einer selbständigen Tätigkeit ohne dies vorher anzuzeigen (§ 14 GewO) oder ohne die Reisegewerbekarte erworben zu haben (§ 55 GewO), die Ausübung eines Handwerks ohne in die Handwerksrolle eingetragen zu sein. Nicht unter den Begriff der Schwarzarbeit fällt die sog **Nachbarschaftshilfe.** Der Schwarzarbeit gleichgestellt ist die Beschäftigung oder Tätigkeit nichtdeutscher Arbeitnehmer ohne die Erlaubnis nach § 19 I des ArbeitsförderungsG v 25. 6. 69 BGBl I 582, geändert durch Art 3 BillBG.

Eine Unterrichtung der zuständigen Stelle ist aber nur möglich, wenn eine schuldhafte Verletzung der steuerlichen Pflichten vorliegt, FM Ba-

Wü 5. 3. 82 DStR 82, 348; vgl Schriftlicher Bericht BT-Drucks 9/975. Dies kommt allerdings im Wortlaut nicht zum Ausdruck.

Die Person, deren Verhältnisse offenbart werden sollen, muß mit derjenigen, die die steuerlichen Pflichten verletzt hat identisch sein, vgl BT-Drs 9/975 S 25. Es muß sich ferner um solche steuerlichen Pflichten handeln, die mit der illegalen Beschäftigung usw im Zusammenhang stehen. Dies gilt also insbesondere für die Verletzung von lohnsteuerlichen Pflichten.

3. Arbeitnehmerüberlassung Abs 2. Nach Abs 2 können die FinBeh der Bundesanstalt für Arbeit Tatsachen mitteilen, die zur Versagung, Rücknahme oder Widerruf einer Erlaubnis nach dem **AÜG** führen können, vgl AÜG idF des Art 1 BillBG. Danach bedarf der Arbeitgeber (Verleiher), der Dritten (Entleihern) Arbeitnehmer (Leiharbeitnehmer) gewerbsmäßig zur Arbeitsleistung überlassen will, ohne damit Arbeitsvermittlung nach § 13 ArbeitsförderungsG zu betreiben, einer Erlaubnis, § 1 I AÜG. Versagung, Rücknahme, Widerruf der Erlaubnis regeln §§ 3–5 AÜG. Zur Frage der Zusammenarbeit zwischen den Dienststellen der **Bundesanstalt für Arbeit** und den Finanzbehörden im Beeich der Arbeitnehmerüberlassung vgl BdF-Schreiben v 29. 2. 88, BStBl I, 106.

Die Erlaubnis zur gewerbsmäßigen Arbeitnehmerüberlassung hängt nach dem ArbeitnehmerüberlassungsG v 7. 8. 72 (BGBl I 1393) ua von der steuerlichen **Zuverlässigkeit** des Verleihers ab. Schon nach dem bisherigen Recht waren die FinBeh berechtigt, der Bundesanstalt für Arbeit Verstöße gegen die StGesetze mitzuteilen, die für sich allein zur Versagungs-Rücknahme oder zum Widerruf einer Erlaubnis nach dem ArbN-ÜberlG führen konnten. Nunmehr dürfen die FinBeh auch dann über Feststellungen im steuerlichen Bereich unterrichten, wenn die Verstöße gegen die Steuergesetze allein noch nicht, jedoch in Verbindung mit Feststellungen der Arbeitsverwaltung für eine Versagung usw ausreichen.

Nach Abs 2 S 2 ist es in Erweiterung des bisherigen Rechts künftig zulässig, daß die FinBeh die Bundesanstalt für Arbeit unterrichten, wenn sie Anhaltspunkte für eine unerlaubte **ArbNÜberlassung** haben. Im Gegensatz zu Abs 1 kommt es hierbei nicht darauf an, ob der Betroffene seine steuerlichen Pflichten verletzt hat. Entscheidend ist, daß die illegale Arbeitnehmer-Überlassung in ihrem Unrechtsgehalt den in § 30 IV Nr 5 genannten Straftaten gleichzusetzen ist, vgl BT-Drs 9/975 S 25.

Fünfter Abschnitt. Haftungsbeschränkung für Amtsträger

§ 32 Haftungsbeschränkung für Amtsträger

Wird infolge der Amts- oder Dienstpflichtverletzung eines Amtsträgers
1. **eine Steuer oder eine steuerliche Nebenleistung nicht, zu niedrig oder zu spät festgesetzt, erhoben oder beigetrieben oder**
2. **eine Steuererstattung oder Steuervergütung zu Unrecht gewährt oder**

§ 32

3. eine Besteuerungsgrundlage oder eine Steuerbeteiligung nicht, zu niedrig oder zu spät festgesetzt,
so kann er nur in Anspruch genommen werden, wenn die Amts- oder Dienstpflichtverletzung mit einer Strafe bedroht ist.

1. Inhalt. Die Vorschrift enthält **keine selbständige** Haftungsregelung, sondern schränkt vielmehr die Haftung ein, sie besteht seit 1930. Die Neufassung regelt nur die Haftungsbeschränkung der **Amtsträger**, nicht die der steuerverwaltenden Körperschaft (anders § 23 RAO). Die Fortgeltung des § 23 RAO war allerdings umstritten. Teilweise wurde die Auffassung vertreten, daß sie durch das Deutsche BeamtenG außer Kraft gesetzt worden sei, vgl auch § 78 BBG, § 46 BRRG. Nach diesen Vorschriften ist ein Rückgriff auf den Beamten bereits bei grober Fahrlässigkeit möglich. Die Regelung einer Haftung der steuerverwaltenden gegenüber der steuerberechtigten Körperschaft bleibt einem Ausführungsgesetz zu **Art 104a GG** vorbehalten. Begriff des **Amtsträgers** vgl § 7. Haftung tritt nur ein bei Dienstpflichtverletzung, die mit Strafe bedroht ist, zB Unterschlagung, Untreue, evtl auch Steuerhinterziehung zugunsten des Steuerpflichtigen.

2. Amtshaftung. Umstritten ist, ob ggf eine Haftung der steuerverwaltenden Körperschaft gegenüber dem Stpfl eintritt, wenn der betreffende Bescheid auf einem Fehler des Sachbearbeiters des FA zurückgeht. Das LG Hannover (BB 77, 1138) hat eine solche Haftung nach § 839 BGB, Art 34 GG bejaht und dem Stpfl einen Teil des Honorars des StBerater als Schadensersatz zugebilligt. Ebenso unter Geltung der AO 77 das LG München v. 17. 8. 79, 9 O 6179/79 – zitiert bei *Klein/Baumann* DStR 80, 103 sowie OLG München BB 79, 1335. Die Tatsache, daß dem im Einspruchsverfahren obsiegenden Steuerpflichtigen nach der AO ein Anspruch auf **Erstattung** seiner **Auslagen** für einen Vertreter des Steuerpflichtigen nicht gewährt wird, ist ohne Bedeutung für einen Anspruch auf Ersatz solcher Kosten, die auf eine **Amtspflichtverletzung** des tätig gewordenen Steuerbeamten gestützt wird, vgl BGH NJW 75, 972; aA LG Kiel vom 1. Dezember 1978, zitiert in BB 79, 829 FN 14. Ein auf § 839 BGB iVm Art 34 GG gestützter Schadensersatzanspruch ist nicht durch die Kostenregelung nach der AO 77 ausgeschlossen. Denn die Vorschriften der AO 77 und der FGO haben die Vorschrift des § 839 BGB über Schadensersatz bei Amtspflichtverletzung weder ausdrücklich außer Kraft gesetzt noch eine ihr vorgehende Sonderregelung getroffen. Vielmehr besteht unabhängig von der verfahrensrechtlichen Regelung ein auf Kostenerstattung gerichteter Schadensersatzanspruch dann, wenn die in § 839 BGB bezeichneten zusätzlichen Tatbestandsvoraussetzungen vorliegen, OLG Frankfurt, BB 81, 228; vgl auch BGH BB 82, 1451: Die bei der Beitreibung von StForderungen zu beachtenden Schuldnerschutzbestimmungen enthalten Amtspflichten, die den zuständigen Amtsträgern dem StSchuldner gegenüber obliegen, zB Beachtung der Wochenfrist, die zwischen Zustellung des Leistungsgebots und der Zwangsvollstreckung liegen muß; Mahnfrist im Regelfall; Fälligkeit; Beachtung der Verhältnismäßigkeit; Prüfung der Voraussetzungen für eine Stundung oder einen Vollstreckungsaufschub. Unrichtige **Prüfungsfeststellungen** eines Betriebsprüfers können **Amtspflichtverletzungen** gegenüber dem Steuerpflichtigen darstellen, BGH NJW 87, 434.

Fünfter Abschnitt. Haftungsbeschränkung für Amtsträger **§ 32**

3. Staatshaftungsgesetz

Schrifttum: *Bender* Staatshaftungsrecht, 3. Aufl 1981; *Dehm* Neuregelung der Staatshaftung, DStR 81, 265; *Rüfner* Zum Staatshaftungsgesetz, AöR 81, 548; *Badura,* Zur Gesetzgebungskompetenz des Bundes für das StaatshaftungsG, NJW 81, 1337; *Papier* Das neue Staatshaftungsrecht, NJW 81, 2321; *Lüdicke* Die Abhängigkeit der §§ 80a, 233 und 236 AO vom Staatshaftungsgesetz, FR 82, 423; *W. Martens* Das neue Staatshaftungsrecht JR 82, 316; *Haarmann* Staatshaftung in Abgabengelegenheiten, DStR 82, 459; *Schmidt-Bleibtreu* Staatshaftungsgesetz 1982; *Schäfer* Die Reform der Staatshaftung und ihre Kritik, DB 82, 1150; *Wochner* Das StaatshaftungsG v. 26. 6. 81 BB 82, 1; *Schumann* Staatshaftungsgesetz und Steuerrecht, BB 82, 42ff.

Die bisherige Regelung über die Amtshaftung geht von der persönlichen und zivilrechtlich begründeten Haftung des Amtsträgers aus, die Verantwortlichkeit trifft aber gem Art 34 GG grundsätzlich den Staat oder die Körperschaft, in deren Diensten der Amtsträger steht. Es handelt sich also um eine nur mittelbare Staatshaftung. Der Gesetzgeber wollte durch das am 1. 1. 82 in Kraft getretene StaatshaftungsG v 26. 6. 81 BGBl I 553 diese Konzeption zugunsten einer unmittelbaren Staatshaftung aufgeben, die gesetzliche Regelung ist aber vom BVerfG (Beschl v 19. 10. 82, DB 82, 2341; MDR 83, 106) wegen fehlender Gesetzgebungskompetenz des Bundes für verfassungswidrig erklärt worden. Nach der Konzeption des Staatshaftungsgesetzes war die Staatshaftung nicht mehr von einer persönlichen Haftung des Beamten abhängig. Der Beamte selbst haftete dem Geschädigten nicht. Die sog Subsidiaritätsklausel des § 839 I 2 BGB (Verweisung auf andere Ersatzmöglichkeiten) war entfallen. Die Beweislast wurde umgekehrt, dh nicht der Geschädigte mußte ein Verschulden des Amtsträgers nachweisen, sondern der Staat mußte beweisen, daß eine Amtsträger die den Umständen nach gebotene Sorgfalt beachtet haben und trotzdem die Pflichtverletzung nicht vermieden werden konnte. Bei rechtswidrigen Eingriffen in grundrechtlich geschützte Rechtspositionen sollte der Staat ausnahmslos und unabhängig vom Verschulden des Amtsträgers haften.

Für die Haftung in Abgabeangelegenheiten sollten nach § 15 Staatshaftungsgesetz allerdings Sondervorschriften gelten. Danach sollten Kosten und sonstige Aufwendungen sowie Zinsaufwendungen und Verluste als Schaden nur ersetzt werden, wenn eine vorsätzliche Pflichtverletzung auf Seiten der öffentlichen Gewalt vorlag (§§ 80a S 3, 233 S 3). Die §§ 80a, 233, 236 AO sind durch Art 2 des Gesetzes zur Änderung und Vereinfachung des EStG und anderer Gesetze v 18. 8. 80 BGBl I 1537 eingefügt bzw geändert worden, aber mit der Nichtigkeitserklärung des Staatshaftungsgesetzes durch das BVerfG ebenfalls unwirksam geworden, vgl BdF-Schrb BStBl 82 I 900. Diese Rechtslage wurde durch Art 6 des **StBereinigG 1986** klargestellt.

Zweiter Teil
Steuerschuldrecht

Erster Abschnitt. Steuerpflichtiger

§ 33 Steuerpflichtiger

(1) Steuerpflichtiger ist, wer eine Steuer schuldet, für eine Steuer haftet, eine Steuer für Rechnung eines Dritten einzubehalten und abzuführen hat, wer eine Steuererklärung abzugeben, Sicherheit zu leisten, Bücher und Aufzeichnungen zu führen oder andere ihm durch die Steuergesetze auferlegte Verpflichtungen zu erfüllen hat.

(2) Steuerpflichtiger ist nicht, wer in einer fremden Steuersache Auskunft zu erteilen, Urkunden vorzulegen, ein Sachverständigengutachten zu erstatten oder das Betreten von Grundstücken, Geschäfts- und Betriebsräumen zu gestatten hat.

Schrifttum: *Birkholz* Zur Aufgabe der Unternehmereinheit und das organschaftsähnlichen Verhältnisses im Umsatzsteuerrecht, DStZ 79, 343; *Reinhold* Steuerschuldnerschaft, Haftung und Verjährung bei der Gewerbesteuer, KStZ 83, 61.

Übersicht

1. Inhalt
2. Auskunftpflichtiger Dritter
3. Haftung
4. Verhältnis zwischen Schuld und Haftung
5. Steuerfähigkeit
6. Unternehmereinheit
7. Steuerzeichen

1. Inhalt. Die Definition des **Steuerpflichtigen** ist so weit gefaßt, daß jeder darunter fällt, der kraft Gesetzes steuerliche Pflichten irgendwelcher Art zu erfüllen hat. Steuerpflichtiger kann auch der Fiskus sein. Beschreitet daher der von einem Steuerverwaltungsakt betroffene Fiskus (zB wegen KfzSt) den Finanzrechtsweg, so handelt es sich nicht um einen unzulässigen Insichprozeß (BFH BStBl 86, 148; 87, 272). Die Definition des Steuerpflichtigen wird jedoch durch den **Abs 2** wieder eingeschränkt. Der Begriff wird in zahlreichen Vorschriften des Gesetzes verwendet. Auch der für eine Steuer **Haftende** ist Steuerpflichtiger; dies entspricht der bereits zur RAO vertretenen hM (vgl *TK* § 97 RAO Anm 5). Stpfl ist auch, wer verpflichtet ist, eine **Steuererklärung** abzugeben; ob er tatsächlich St schuldet, ist nicht maßgebend. Wer zur Abgabe einer StErklärung verpflichtet ist, bestimmt sich gem § 149 nach den Einzelsteuergesetzen. Zur Abgabe der StErklärung ist auch verpflichtet, wer hierzu von der FinBeh aufgefordert wird (§ 149 I 2). Der Begriff des Stpfl dürfte nach § 33 im materiellen Sinne zu verstehen sein. Ihm entspricht der formelle Begriff des Beteiligten in § 78.

2. Stpfl ist nach **Abs 2** nicht, wer in einer **fremden Steuersache** Auskunft zu geben hat usw. Dieser kann aber gem § 78 Beteiligter sein, soweit es um

1. Abschnitt. Steuerpflichtiger **§ 33**

die Frage seiner Auskunftspflicht geht. Ferner nicht der Amtsträger, der zur Festsetzung der Steuer verpflichtet ist, weil sich diese Pflicht nicht aus den Steuergesetzen ergibt. Zur **Haftung** für Steuerschulden eines anderen vgl §§ 69 bis 76; zum **Haftungsverfahren** §§ 191, 192. Eine besondere Zuständigkeitsvorschrift für die Inanspruchnahme von Haftungsschuldnern ist in der neuen AO nicht mehr enthalten (vgl § 118 RAO). Es gelten insoweit die allgemeinen Vorschriften über die örtliche Zuständigkeit, dh zuständig für den Erlaß des Haftungsbescheids ist das für den StSchuldner zuständige FA. Die gem § 119 RAO entsprechende Vorschrift in § 166 enthalten, wonach der Haftungsschuldner eine Steuerfestsetzung gegen den StSchuldner gegen sich gelten lassen muß, wenn er diese als Vertreter, Bevollmächtigter oder Kraft eigenen Rechts hätte anfechten können.

3. Haftung ist grundsätzlich **subsidiär**. Haftender darf nach § 219 auf **Zahlung** erst in Anspruch genommen werden, soweit die Vollstreckung in das bewegliche Vermögen des StSchuldners erfolglos war oder Aussichtslosigkeit der Vollstreckung anzunehmen ist. Der Erlaß eines **Haftungsbescheids** wird danach aber nicht gehindert, sondern lediglich die Inanspruchnahme auf Zahlung.

4. Zwischen **Haftung** und **Schuld** im StRecht besteht insoweit eine **Akzessorietät,** als die Haftungsschuld grundsätzlich nicht höher sein kann als die StSchuld, jedenfalls als die kraft Gesetzes entstandene StSchuld. Nach § 191 V kann jedoch ein Haftungsbescheid nicht mehr ergehen, wenn es das FA versäumt hat, innerhalb der **Festsetzungsfrist** (§ 169 II) die Steuer festzusetzen oder wenn die gegen den StSchuldner festgesetzte **Steuer** (-zahlungsschuld) **verjährt** (§§ 228 bis 232) oder die Steuer erlassen worden ist (§ 227). Zahlungsverjährung gegenüber dem Haftungsschuldner beginnt nach § 229 II spätestens mit Ablauf des Kalenderjahres, in dem der Haftungsbescheid wirksam geworden ist. Schuldner und Haftende sowie Haftende untereinander sind nach § 44 **Gesamtschuldner**. Erfüllung, Aufrechnung und Sicherheitsleistung wirken für und gegen alle Gesamtschuldner (§ 44 II). Der Stpfl im formellen Sinne wird als Beteiligter bezeichnet.

5. Wegen des **Begriffs** Steuerschuldner, Steuervergütungsgläubiger verweist § 43 auf die **Einzelsteuergesetze**. Die Frage, wer steuerlich rechtsfähig ist, dh wer Träger von steuerlichen Rechten und Pflichten sein kann, wird nicht geregelt. Rechtsfähigkeit nach bürgerlichem Recht und nach Steuerrecht decken sich nicht. Die steuerliche **Rechtsfähigkeit** ist eine speziell öffentliche Rechtsfähigkeit. Die StFähigkeit braucht aber auch nicht allgemein zu sein. Eine OHG kann umsatzsteuerfähig sein, aber nicht körperschaft- oder vermögensteuerfähig (*TK* Tz 12). Stfähig kann jede natürliche oder jur Person sein sowie jede rechtsfähige Personenvereinigung, die als solche stpfl ist, ferner sog Zweckvermögen und andere Vermögensmassen, die als solche stpfl sind. Zur steuerl **Handlungsfähigkeit** vgl § 79. StFähigkeit endet bei natürlichen Personen mit dem Tod, die StSchuld erlischt dadurch jedoch nicht, sondern geht auf die Erben über. Zur **Verschollenheit** vgl § 49. StFähigkeit erlischt nicht durch Konkurseröffnung, der Stpfl verliert lediglich die Fähigkeit, über sein Vermögen zu verfügen. Bei anderen StRechtsfähigen als natürlichen Personen (zB Kapital- oder Personengesellschaften) endet die StRechtsfähigkeit noch nicht

§ 33   2. Teil. Steuerschuldrecht

mit der Auflösung sondern in der Regel erst **mit der vollständigen Abwicklung**. Nach der Rspr des BFH ist eine Gesellschaft sogar noch so lange als fortbestehend anzusehen, als sie noch steuerliche Pflichten zu erfüllen hat und gegen sie ergangene StBescheide angreift (BFH BStBl 69, 656; vgl auch BFH BStBl 80, 587; 84, 15; 88, 316; BFH/NV 85, 63; kritisch dazu *TK* RNr 14; aA FG Berlin EFG 87, 313; FG Bremen EFG 88, 95). Bei einer Personengesellschaft führt allerdings ein vollständiger Gesellschafterwechsel zu einer Vollbeendigung der Altgesellschaft. Im Besteuerungsverfahren wegen der Annahme einer Geschäftsveräußerung im ganzen infolge des vollständigen Gesellschafterwechsels treten daher an die Stelle der vollbeendeten Altgesellschaft ihre sämtlichen Altgesellschafter. Ihnen gegenüber ist einheitlich zu entscheiden (BFH BStBl 88, 92; zur Umwandlung einer KG vgl BFH 88, 316). Zur StFähigkeit nicht rechtsfähiger Personenvereinigungen und anderer Vermögensmassen vgl zB für die KSt §§ 1, 3 KStG. Auch Betriebe gewerblicher Art von Körperschaften des öffentl Rechts können als solche stfähig sein, vgl § 4 KStG. Für VSt gilt hinsichtlich der Steuerfähigkeit dasselbe wie für die KSt. Zur steuerl Rechtsfähigkeit einer Kapitalgesellschaft vgl Abschn 10 VStR. Nach UStG kommt es darauf an, wer Unternehmer ist; die Rechtsform ist nicht entscheidend, vgl § 2 UStG. Steuerfähig danach auch OHG (BFH BStBl 65, 130), KG, BGB-Gesellschaft, Parten-Reederei, nicht rechtsfähiger Verein, nicht eingetragene Genossenschaft, ggf Gemeinschaftseinrichtungen (RFHE 26, 348), Zweckvermögen, Gelegenheitsgesellschaft; nach GewStG ist steuerrechtsfähig der Gewerbebetrieb, vgl § 2 GewStG, dh auch OHG, KG, Partenreederei. Eine Miteigentümergemeinschaft an einem Grundstück als solche ist im allgemeinen nicht steuerrechtsfähig. Sie hat weder einen Namen noch kann sie selbst Träger von Rechten und Pflichten sein. Steuerrechtsfähig sind hier nur die einzelnen Mitglieder (BFH/NV 88, 214). Im übrigen vgl Einzelsteuergesetze. Die Einzelsteuergesetze entscheiden auch, ob bei Organgesellschaften oder Unternehmereinheiten die einzelnen Organe oder Unternehmen selbständig stfähig sind oder nicht, zB Organgesellschaften und Organträger bei USt (BFH BStBl 70, 591; vgl *Gliese* Die Organschaft im StVerfahrensrecht, Heidelberg 1973, Diss.; *Vogel* Die Rechtswirkungen der Unternehmereinheit, München/Berlin 1966, 49; vgl hierzu unter 6).

6. Unternehmereinheit. Der BFH hat die vom RFH begründete Rspr zur Unternehmereinheit bei der USt aufgegeben, BFH BStBl 79, 347; 350; 352; 354; 356; 358; 362. Nach § 2 I UStG lag Unternehmereinheit iSd UStG vor, wenn an **mehreren Gesellschaften** dieselben Personen im selben Verhältnis beteiligt waren und eine einheitliche Willensbildung gewährleistet war, vgl BFH BStBl 55, 113. StSchuldner war danach die Personengruppe. Nunmehr ist StSchuldner der einzelne Unternehmer bzw die einzelne Gesellschaft, nicht aber die „Unternehmereinheit". Diese kann auch nicht für die Steuer haften.

Nach der früheren Rspr des BFH konnten auch mehrere Personengesellschaften **gewerbesteuerlich** als Einheit behandelt werden, wenn bei allen in Betracht kommenden Gesellschaften volle Unternehmeridentität und das gleiche Beteiligungsverhältnis bestand. Der BFH hat die frühere Rechtsprechung zur Unternehmenseinheit bei der GewerbeSt ebenfalls aufgege-

1. Abschnitt. Steuerpflichtiger § 34

ben (BStBl 80, 465). Das hat zur Folge, daß die beteiligten Unternehmen künftig unter ihrer eigenen StNummer GewStErklärungen abzugeben haben und je für sich die Freibeträge beim Gewerbeertrag und Gewerbekapital in Anspruch nehmen können. Ein Verlustausgleich ist zwischen den einzelnen Personengesellschaften nicht mehr möglich, vgl gleichlautender Erlaß der obersten FinBeh der Länder betr Übergangsregelung für die gewerbesteuerliche Unternehmenseinheit BStBl I 80, 775.

7. Steuerzeichen: Steuerpflichtiger ist auch, wer nach den SteuerG verpflichtet ist, die Steuer durch Verwendung von Steuerzeichen oder Steuerstemplern zu entrichten (vgl § 10 TabStG, §§ 4, 6 ff WechsStDV, § 21 Nr 2, 27 ff KVStDV betr Börsenumsatzsteuer). Werden Steuerzeichen oder Steuerstempler verwendet, so wird die Steuer nur festgesetzt, wenn die Festsetzung zu einer abweichenden Steuer führt (§ 167). Die vorsätzliche pflichtwidrige Unterlassung der Verwendung von Steuerzeichen oder -stemplern stellt nach § 370 I Nr 3 Steuerhinterziehung dar.

§ 34 Pflichten der gesetzlichen Vertreter und der Vermögensverwalter

(1) ¹Die gesetzlichen Vertreter natürlicher und juristischer Personen und die Geschäftsführer von nichtrechtsfähigen Personenvereinigungen und Vermögensmassen haben deren steuerliche Pflichten zu erfüllen. ²Sie haben insbesondere dafür zu sorgen, daß die Steuern aus den Mitteln entrichtet werden, die sie verwalten.

(2) ¹Soweit nichtrechtsfähige Personenvereinigungen ohne Geschäftsführer sind, haben die Mitglieder oder Gesellschafter die Pflichten im Sinne des Absatzes 1 zu erfüllen. ²Die Finanzbehörde kann sich an jedes Mitglied oder jeden Gesellschafter halten. ³Für nichtrechtsfähige Vermögensmassen gelten die Sätze 1 und 2 mit der Maßgabe, daß diejenigen, denen das Vermögen zusteht, die steuerlichen Pflichten zu erfüllen haben.

(3) Steht eine Vermögensverwaltung anderen Personen als den Eigentümern des Vermögens oder deren gesetzlichen Vertretern zu, so haben die Vermögensverwalter die in Absatz 1 bezeichneten Pflichten, soweit ihre Verwaltung reicht.

Schrifttum: *Mösbauer* Zur steuerrechtlichen Haftung der gesetzlichen Vertreter, Vermögensverwalter und Verfügungsberechtigten, DStR 82, 123; *ders* Die Haftung des Vaters und der Mutter ehelicher Kinder (§ 1626 Abs 1 Satz 1 BGB) sowie der sorgeberechtigten Mütter nichtehelicher Kinder (§ 1705 BGB) im Steuerrecht, DStR 86, 293; *Lamprecht* Ausgewählte Haftungsfälle nach AO, HGB und BGB, Rechtsprechung und Verfahrenspraxis, ZKF 86, 196; *Schulze zur Wiesche* Haftung eines GmbH-Geschäftsführers für Steuerschulden der GmbH, RWP 1987/1156 SG 2.3., 139; *Hein* Haftet der GmbH-Geschäftsführer für Steuerschulden, die erst nach Niederlegung seines Amtes fällig werden? DStR 88, 65.

Übersicht

1. Inhalt
2. Gesetzliche Vertreter
3. Inhalt der Pflichten
4. Mitglieder oder Gesellschafter
5. Vermögensverwalter

§ 34

1. Inhalt. Die Vorschrift begründet für die **gesetzlichen Vertreter** natürlicher und juristischer Personen, für **Geschäftsführer** nichtrechtsfähiger Personenvereinigungen und Vermögensmassen ein eigenes Pflichtverhältnis zur FinBeh. Diese haben die **Pflichten** zu erfüllen, die den von ihnen Vertretenen auferlegt sind, zB Buchführungspflichten, Auskunftspflichten; insbesondere haben sie aus den von ihnen verwalteten Mitteln die Steuern zu zahlen. Sie haben ggf die Vollstreckung in das von ihnen verwaltete Vermögen zu dulden (§ 77), gegen sie können ggf auch Zwangsgelder festgesetzt werden. **StSchuldner** bleiben aber die **Vertretenen** (BFH BStBl 70, 826; Niders FG EFG 83, 390). Die Vertreter iS des § 34 werden Verpflichtete kraft eigenen Rechtes, nicht kraft abgeleiteten Rechtes (*TK* RNr 1). § 105 Abs 3 RAO (bei nichtrechtsfähigen Personenvereinigungen und Zweckvermögen, die keinen Vorstand oder Geschäftsführer haben, können die Beteiligten verpflichtet werden, einen Bevollmächtigten im Inland zu bestellen; bei Unterlassung kann das FA einen oder mehrere Beteiligte als Bevollmächtigte für alle behandeln) ist **nicht** übernommen worden. Möglichkeit nach **Abs 2** zu verfahren, dürfte ausreichend sein. Auf eine spezielle Nachfolgevorschrift für § 106 RAO wurde verzichtet.

2. Gesetzliche Vertreter sind bei **natürlichen Personen** die Eltern von ehelichen Kindern (§ 1629 BGB), die Mutter von einem nichtehelichen Kind (§§ 1705, 1629 BGB), der Vormund für Minderjährige oder Entmündigte (§§ 1793 ff BGB) und der Pfleger (§§ 1909 BGB).

Bei **juristischen Personen** kann Vertreter sein der satzungsmäßig berufene Vertreter (bei juristischen Personen des öffentlichen Rechts), der Vorstand (bei AG, Genossenschaft, eingetragenem Verein und Stiftung), der Geschäftsführer (bei der GmbH) und der Abwickler oder Liquidator (zur Haftung bei Abwicklung einer GmbH vgl BFH BStBl 71, 614; 73, 465; BayOLG GmbHR 82, 274). Ist der Geschäftsführer einer GmbH nicht im Gesellschaftsvertrag benannt, so ist für seine Bestellung ein Beschluß der Gesellschafter erforderlich, aber auch ausreichend, der keiner besonderen Form bedarf, also auch mündlich erfolgen kann. Die Eintragung in das Handelsregister ist daher für die Haftung unerheblich (BFH/NV 88, 683).

Wenn **nichtrechtsfähige Personenvereinigungen** Geschäftsführer haben (zB OHG und KG), haben diese die steuerlichen Pflichten zu erfüllen. Andernfalls gilt Abs 2. Bei einer nicht zur Entstehung gelangten GmbH (Vorgesellschaft) sind die steuerlichen Pflichten (zB zur Abführung der Lohnsteuer) daher ebenfalls von dem bestellten Geschäftsführer zu erfüllen, weil von § 34 I auch nichtrechtsfähige Personenvereinigungen erfaßt werden. § 69 iVm § 34 geht daher hinsichtlich der Haftung den zivilrechtlichen Grundsätzen über die Haftung der Vorgesellschafter (dazu BGH NJW 83, 2822) vor (vgl BFH/NV 86, 71, wo die Frage offen gelassen und als von grundsätzlicher Bedeutung angesehen worden ist). Ist ein Unternehmen dem FA gegenüber jahrelang als Gesellschaft bürgerlichen Rechts aufgetreten, so kann die Inanspruchnahme eines Mitinhabers als Haftungsschudner für die StSchulden der Gesellschaft nicht mit der Begründung abgelehnt werden, die Gesellschaft habe wegen Fehlens eines Gesellschaftsvertrages nicht bestanden (BFH/NV 88, 615).

Bei **mehreren Geschäftsführern** trifft grundsätzlich jeden von ihnen die Verantwortung für die steuerlichen Pflichten. Bei einer KG haben daher die geschäftsführenden persönlich haftenden Gesellschafter die Pflichten zu erfüllen, welche dieser Gesellschaft wegen der Besteuerung auferlegt sind. Ist persönlich haftender Gesellschafter eine GmbH, haben deren Geschäftsführer die steuerlichen Pflichten der Gesellschaft und mit diesen die steuerlichen Pflichten der KG zu erfüllen (BFH BStBl 84, 776). Die Haftung von mehreren Geschäftsführern kann durch eine Verteilung der Geschäfte zwar begrenzt, aber nicht aufgehoben werden (BFH aaO; OLG Hamburg DB 86, 2173). Die Begrenzung der Haftung gilt insoweit und so lange, wie kein Anlaß besteht, an der exakten Erfüllung der steuerlichen Pflichten durch den hierfür zuständigen Geschäftsführer zu zweifeln. Werden im Falle des Fehlens einer schriftlichen Aufgabenverteilung die Geschäfte des laufenden Geschäftsverkehrs (zB Einbehalten und Abführung der Lohnsteuer) regelmäßig von einem bestimmten Geschäftsführer wahrgenommen, so sind die anderen Geschäftsführer nicht zu einer Nachprüfung verpflichtet. Dies gilt nicht, wenn die wirtschaftliche Lage der Gesellschaft oder die Person des handelnden Geschäftsführers oder Gesellschafters zu einer Überprüfung Veranlassung geben (BFH BStBl 86, 384; BFH/NV 87, 349).

Auch der **lediglich nominell** zur Geschäftsführung bestellte und im Handelsregister als solcher eingetragene alleinige Geschäftsführer hat durch geeignete Aufsichtsmaßnahmen dafür zu sorgen, daß ein anderer Gesellschafter, der die Geschäfte tatsächlich führt, die steuerlichen Pflichten ordnungsgemäß erfüllt (BFH/NV 86, 650; 87, 212; 87, 550; 88, 6). Die Geschäftsführerin einer KG kann sich daher auch nicht damit entlasten, daß ihr Ehemann in Wirklichkeit die Geschäftsführertätigkeit wahrgenommen habe (BFH/NV 87, 210; 87, 389). Anders kann es nur in Fällen sein, in denen jemand zur Übernahme der Geschäftsführung gezwungen worden ist (BFH/NV 87, 422; 87, 459; 87, 461; 87, 462). Ebenso wenig können die steuerlichen Pflichten aus § 34 dadurch abbedungen werden, daß fachkundige Mitarbeiter mit der Pflichtenerfüllung betraut werden. Auch hier ist eine Überwachung notwendig (FG RheinPf EFG 86, 322). Ferner tritt keine Entlastung von den Pflichten durch ihre Übertragung auf einen Steuerberater ein (BFH/NV 87, 273).

Die steuerlichen Pflichten des Geschäftsführers **enden mit dem Ausscheiden** als Geschäftsführer. Ein Verhalten nach dem Ausscheiden ist daher nicht geeignet, noch eine Geschäftsführerhaftung zu begründen. Die Geschäftsführereigenschaft endet mit dem Zugang des Widerrufs beim Geschäftsführer oder mit der Erklärung der Amtsniederlegung durch den Geschäftsführer. Auf die Eintragung im Handelsregister kommt es hinsichtlich der Haftung für Steuern nicht an (BFH/NV 88, 485).

3. Inhalt der Pflichten. Die Pflicht zur Entrichtung der Steuern entsteht **nicht erst mit Fälligkeit** der Steuer (BFH BStBl 84, 776). Der gesetzliche Vertreter eines Steuerschuldners ist demgemäß bereits vor Fälligkeit der Steuern verpflichtet, die Mittel des Steuerschuldners so zu verwalten, daß dieser zur pünktlichen Zahlung erst später fällig werdender Steuerschulden in der Lage ist. Er verletzt seine Pflichten deshalb dann, wenn er sich durch Vorwegbefriedigung anderer Gläubiger oder in sonstiger Weise schuldhaft außerstande setzt, künftig fällig werdende Steuern, deren Entstehung ihm bekannt ist, zu tilgen (BFH/NV 87, 2). Die die Haftung auslösende Pflicht-

§ 34
2. Teil. Steuerschuldrecht

verletzung kann auch schon vor der Entstehung der verkürzten Steueransprüche begangen werden, wenn die Steueransprüche zu erwarten sind (BFH BFHE 112, 539; BFH BStBl 80, 526; BFH/NV 87, 2; aA BFH BStBl 84, 776; 84, 779; *TK* 369 Tz 13).

Allerdings ist der Geschäftsführer einer GmbH, die ein **Mineralöllager** unterhält, nicht verpflichtet, organisatorisch sicherzustellen, daß zu den gesetzlichen Terminen für die Fälligkeit der Mineralölsteuer für Mineralöl, das aus dem Steuerlager entnommen worden ist, Gelder zur Verfügung stehen. Besondere Pflichten ergeben sich auch nicht daraus, daß in dem Kaufpreis des Mineralöls Mineralölsteuer als Kalkulationselement enthalten ist. Der Geschäftsführer ist deshalb nicht verpflichtet, von den Erlösen aus dem Weiterverkauf des Mineralöls den Steueranteil jeweils abzuzweigen, als durchlaufende Gelder zu behandeln und für die Bezahung der Steuerschulden bei Fälligkeit bereitzuhalten. Die Entnahme der Gelder kann aber dann pflichtwidrig sein, wenn mit Illiquidität zu rechnen ist oder wenn Maßnahmen ergriffen werden, die die Entrichtung der Mineralölsteuer unmöglich machen (BFH/NV 86, 261; 86, 263). Spekulatives Wirtschaften bewirkt noch nicht ohne weiteres die Nichtzahlung von Steuern am Fälligkeitstag (BFH/NV 88, 485). Die nichtrechtzeitige Stellung eines Konkursantrags ist für sich allein ebenfalls noch nicht haftungsbegründend (BFH/NV 88, 487).

Hinsichtlich der **Reihenfolge der Pflichten,** wenn noch andere Verbindlichkeiten zu erfüllen sind und nicht genug Mittel aufgebracht werden können, gilt, daß die Steuerschulden grundsätzlich im selben Verhältnis zu tilgen sind, wie die anderen Verbindlichkeiten (BFH BStBl 85, 702; s im übrigen näher Erl zu § 69).

Die Verpflichtung des Geschäftsführers zur Abführung der Lohnsteuer gilt auch für seinen **eigenen Arbeitslohn** (BFH BStBl 88, 167).

4. Mitglieder oder Gesellschafter. Sie haben die Pflichten einer nichtrechtsfähigen Personenvereinigung zu erfüllen, wenn keine besonderen Geschäftsführer vorhanden sind oder vorhandene Geschäftsführer bestimmte Handlungen nicht vornehmen dürfen (*TK* RNr 9). Da sie die gesetzlichen Vertreter der Personenvereinigung sind, gelten die obigen Ausführungen für die gesetzlichen Vertreter entsprechend.

5. Abs 3, Vermögensverwalter: entspricht dem § 104 RAO. Es kommt nicht mehr darauf an, wodurch die Vermögensverwaltung begründet worden ist; § 104 RAO stellte dagegen auf Gesetz, Anordnung der Behörde oder letztwillige Verfügung ab. Es handelt sich bei diesen idR nicht um gesetzliche Vertreter, sondern um **Parteien kraft Amtes;** hierzu zählen **Konkursverwalter;** Konkursverwalter ist handelsrechtl und steuerrechtl verpflichtet, Bücher zu führen, StErklärungen abzugeben und unrichtige Erklärungen zu berichtigen und zwar sowohl für den Zeitraum vor der Konkurseröffnung als auch danach, vgl *Klasmeyer/Kübler* BB 78, 369. Konkursverwalter einer PersGesellschaft ist verpflichtet, die Erklärungen zur gesonderten Gewinnfeststellung für die Gesellschaft – auch für die vor Konkurseröffnung liegenden Jahre – beim FA einzureichen (FG Nürnberg EFG 80, 267). Der vom Konkursgericht für die Zeit bis zur Entscheidung über den Konkursantrag zur Sicherung der künftigen Masse eingesetzte Sequester haftet nicht für die Umsatzsteuer, die durch seine im Rahmen der

1. Abschnitt. Steuerpflichtiger   § 35

Anordnung des Gerichts getroffenen Maßnahmen entstehen. Der Sequester handelt nämlich nicht pflichtwidrig, wenn er die Umsatzsteuerforderungen nicht begleicht, denn die im Zeitraum der vorkonkurslichen Sequestration begründeten Umsatzsteuerforderungen sind Konkursforderungen und keine Masseforderungen (BFH BStBl 86, 586). **Zwangsverwalter;** Zwangsverwalter sind Vermögensverwalter, FG Hessen ZIP 81, 1262. Der Zwangsverwalter nach § 155 I ZVG ist verpflichtet, die zu den Mieten und Pachten zusätzlich vereinnahmte USt an das FA abzuführen (SchlHolst FG EFG 87, 151; Fischer BB 78, 116; aA Nieders FG EFG 84, 317), nicht aber auch die ESt-Schulden des Grundstückseigentümers aus den Überschüssen des Grundstücks, weil diese nicht zu den Ausgaben für die Verwaltung des Grundstückes gehören, die vorweg aus den Nutzungen zu bestreiten sind, vgl BFH DB 58, 1203. **Testamentsvollstrecker** (BFH BStBl 70, 926, 71, 119); vgl zur Rechtsfähigkeit des Erben bei Testamentsvollstreckung BFH BStBl 74, 100: Erben müssen ESt-Ansprüche selbst abwehren und ggf im StProzeß vertreten. Der Testamentsvollstrecker ist aber nicht verpflichtet, die steuerl Verpflichtungen der Erben zu erfüllen, sofern es sich nicht um bereits in der Person des Erblassers entstandene StSchulden handelt, vgl BFH BStBl 74, 100; 80, 605. Ist die Erbschaftsteuer aus dem der Testamentsvollstreckung unterliegenden Nachlaß gezahlt worden, so sind bei Überzahlung zwar die Erben Inhaber des Erstattungsanspruchs. Verfügungsberechtigt und daher empfangsberechtigt ist jedoch der Testamentsvollstrecker (BFH BStBl 86, 704). Testamentsvollstrecker eines Gesellschafters einer OHG ist nicht befugt, einen nicht gegen ihn ergangenen Gewinnfeststellungsbescheid an Stelle der Erben anzufechten, wenn dieser Besteuerungsgrundlagen aus der Zeit vor dem Erbfall zum Gegenstand hat, BFH BStBl 78, 491. **Nachlaßverwalter** § 1985 BGB. Der Nachlaßpfleger ist auch im Besteuerungsverfahren der gesetzliche Vertreter der noch unbekannten Erben. Verwaltungsakte sind deshalb bis zur Aufhebung der Nachlaßpflegschaft an ihn zu richten, selbst wenn die Erben inzwischen bekannt wurden, BFH BStBl 82, 687; gerichtlich bestellte **Liquidatoren:** zur Haftung des Abwickelns einer GmbH vgl BFH BStBl 71, 614; BStBl 73, 465, Abwickler ist gesetzlicher Vertreter der Gesellschaft. Nicht darunter fällt der **Vergleichsverwalter** (§ 39 VerglO); er hat lediglich Prüfungs- und Überwachungsaufgaben (aA für vorläufigen Vergleichsverwalter FG BadWürtt EFG 86, 148). Die nach der Fassung des § 104 RAO nicht erfaßten Verfügungsberechtigten, die zB aufgrund Vertrages berechtigt waren, fielen früher unter § 108 RAO; sie sind nunmehr ebenfalls durch Abs 3 erfaßt, aber auch durch § 35.

§ 35 Pflichten des Verfügungsberechtigten

Wer als Verfügungsberechtigter im eigenen oder fremden Namen auftritt, hat die Pflichten eines gesetzlichen Vertreters (§ 34 Abs. 1), soweit er sie rechtlich und tatsächlich erfüllen kann.

1. Inhalt. Wer als **Verfügungsberechtigter** im eigenen oder im fremden Namen auftritt, wird einem gesetzlichen Vertreter iSd § 34 gleichgestellt, soweit er die diesem obliegenden Pflichten rechtlich und tatsächlich erfüllen kann. Die Fassung erwähnt anders als § 108 RAO den **Bevollmächtig-**

§ 35

ten nicht mehr. Nur wenn der Bevollmächtigte gleichzeitig verfügungsberechtigt ist, greift die Bestimmung ein. Die Einschränkung hat insbesondere Bedeutung für die Angehörigen der steuerberatenden Berufe; sie entspricht insoweit auch der früheren Rechtsprechung zu §§ 108, 109 RAO, die den Haftungsgrund allein der Verfügungsberechtigung und nicht in der Bevollmächtigung gesehen hat (RFHE 35, 76; 41, 203 aA RG StW 39 Nr 190, *Teichner* DStR 64, 367), zB nicht für Prozeßbevollmächtigte (RFHE 20, 153).

§ 35 über die Haftung des Verfügungsberechtigten ist als Ergänzungstatbestand zu dem Grundtatbestand des § 34 zu versehen. Er kommt also nur zum Zuge, wenn nicht bereits § 34 eingreift (BFH/NV 88, 139).

2. Verfügungsberechtigt ist jeder, der wirtschaftlich über Mittel, die einem anderen gehören, verfügen kann und als Verfügungsberechtigter auftritt, zB **Gläubiger** eines Gewerbetreibenden, der unter seinem Namen **Bankkonto unterhält**, auf das der überwiegende Teil der Tageseinnahmen des Sch eingezahlt wird, aus dem die **Verbindlichkeiten** des Sch **getilgt** werden, FG Bremen, EFG 77, 508. Auch der nichtgeschäftsführende, aber beherrschende Gesellschafter einer Kapitalgesellschaft kann Verfügungsberechtigter sein, BFH BStBl 80, 526. Die Einfügung der Worte „rechtlich und tatsächlich" vor „erfüllen kann", geschah auf Anregung des BR (vgl BT-DrS VI/1982). Bei der **Abtretung** von Forderungen zur **Sicherung** ist ein Auftreten nach außen zB dann gegeben, wenn dem **Sicherungsnehmer** über sein Einziehungs- und Verwertungsrecht hinausgehende Rechte, zB **Mitspracherechte** im Betrieb, eingeräumt sind und er hiervon auch tatsächl Gebrauch macht (vgl *Kühn/Kutter/Hofmann* Anm 2). Nach der Neufassung dürfte die Vorschrift zB in dem vom BFH entschiedenen Fall (BStBl 60, 185) nicht mehr eingreifen, in dem eine Bevollmächtigung durch konkludentes Handeln bei einem Pkw-Fahrer für die Mitfahrer angenommen war (Fahrer war aus Pkw ausgestiegen, um seine zollpflichtige Waren zu erklären, ohne die diesbezüglichen Verhältnisse der Mitinsassen zu berücksichtigen), *TK* Tz 3, *HHSp* Tz 13, *KKH* Anm 2 b. Ein nur als **Zahlstelle** für die Empfangnahme von LStJA-Beträgen fungierender Dritter ist **nicht Verfügungsberechtigter,** FG Nieders EFG 77, 612.

3. Für die Frage nach dem „**rechtlichen Können**" ist das Außenverhältnis maßgebend: Wenn zB im Innenverhältnis ein Prokurist angewiesen wird, ein bestimmtes Geschäft durchzuführen, die entsprechenden Steuern aber nicht zu zahlen, so ist dies für die Anwendung des § 35 unbeachtlich. Die steuerlichen Pflichten eines Prokuristen werden daher durch den ihm allgemein zugewiesenen Geschäftsbereich begrenzt, soweit der Prokurist nach außen hin nicht darüber hinaus aufgetreten ist (BFH BStBl 85, 147). Die Vorschrift stellt auf das Auftreten nach außen ab, Beschränkungen im Innenverhältnis sind ohne Bedeutung (BFH BStBl 69, 539). Ein Auftreten gegenüber dem FA ist nicht erforderlich. Es genügt, daß der Verfügungsberechtigte irgend jemand gegenüber als solcher aufgetreten ist. Eine Haftung ist allerdings nur insoweit gegeben, als die Steuer aus den von ihm verwalteten Mitteln auch tatsächlich gezahlt werden konnte (BFH/NV 86, 192). Die Einschränkung „soweit er sie rechtlich und tatsächlich erfüllen kann" bezieht sich nur auf das Verhältnis zu Dritten. Das ausdrückliche Verbot, steuerliche Pflichten zu erfüllen, hebt jedenfalls § 35 nicht auf (so für den § 108 RAO *Friedländer* StuW 59, 29 ff.). Wer nicht als Verfügungsberechtigter auftritt, haftet nicht nach § 35, auch wenn er verfügungsberechtigt ist; er kann aber nach § 34 erfaßt werden.

§ 36 Erlöschen der Vertretungsmacht

Das Erlöschen der Vertretungsmacht oder der Verfügungsmacht läßt die nach den §§ 34 und 35 entstandenen Pflichten unberührt, soweit diese den Zeitraum betreffen, in dem die Vertretungsmacht oder Verfügungsmacht bestanden hat und soweit der Verpflichtete sie erfüllen kann.

Die nach §§ 34, 35 während der Zeit der Vertretungs- oder Verfügungsbefugnis entstandenen steuerlichen Pflichten entfallen nicht bereits mit dem Erlöschen der Vertretungs- oder Verfügungsmacht. Insbesondere kann sich der Betreffende **nicht** nach deren Erlöschen auf ein **Auskunftsverweigerungsrecht** nach §§ 101, 102, 103 berufen. Verpflichtung besteht nur soweit fort, als der Vertreter sie erfüllen kann; zB dann nicht wenn er die entspr Unterlagen bereits zurückgegeben hat, *TK* Tz 1. Mit der Vorschrift soll sichergestellt werden, daß die Möglichkeit des Zugriffs auf das Wissen des Ausgeschiedenen bestehen bleibt. Sie hat ua Bedeutung für die nachträgliche Berichtigung einer falschen Steuererklärung. Die **Vollmacht** wird **nicht** mehr erwähnt, weil sie nur ein Unterfall der Vertretungsmacht ist.
Beispiel: Heranziehung wegen Nichtabgabe der StErklärung. Ob das FA von der Möglichkeit, an den früheren Vertreter heranzutreten, Gebrauch macht, liegt in seinem Ermessen; vgl *HHSp* Anm 2.

Durch die Fassung wird klargestellt, daß sie auch für die Parteien kraft Amtes gilt, weil sie neben der Vertretungsmacht auch die Verfügungsmacht erwähnt. Es handelt sich insofern um eine redaktionelle Klarstellung.

Zweiter Abschnitt. Steuerschuldverhältnis

§ 37 Ansprüche aus dem Steuerschuldverhältnis

(1) Ansprüche aus dem Steuerschuldverhältnis sind der Steueranspruch, der Steuervergütungsanspruch, der Haftungsanspruch, der Anspruch auf eine steuerliche Nebenleistung, der Erstattungsanspruch nach Absatz 2 sowie die in Einzelsteuergesetzen geregelten Steuererstattungsansprüche.

(2) ¹Ist eine Steuer, eine Steuervergütung, ein Haftungsbetrag oder eine steuerliche Nebenleistung ohne rechtlichen Grund gezahlt oder zurückgezahlt worden, so hat derjenige, auf dessen Rechnung die Zahlung bewirkt worden ist, an den Leistungsempfänger einen Anspruch auf Erstattung des gezahlten oder zurückgezahlten Betrages. ²Dies gilt auch dann, wenn der rechtliche Grund für die Zahlung oder Rückzahlung später wegfällt.

Schrifttum: *Mihatsch* Der Steuererstattungs- und Steuervergütungsanspruch, FR 79, 526; *Tiedtke* Der Rückforderungsanspruch des Finanzamts als erneuter Steueranspruch, FR 80, 1; *Land* Erstattungsberechtigter bei überzahlter Einkommensteuer, DStZ 88, 307.

Übersicht
1. Inhalt
2. Ansprüche aus dem Steuerschuldverhältnis
3. Erstattungsanspruch
4. Erstattungsberechtigter
5. Mehrheit von Erstattungsberechtigten
6. Rückforderungsanspruch
7. Wegfall der Bereicherung
8. Festsetzungs- und Erstattungsanspruch
9. Erstattungsansprüche in Einzelsteuergesetzen

1. Inhalt. Der Begriff „Ansprüche aus dem StSchuldverhältnis" wird an mehreren Stellen des Gesetzes verwendet. Die Definition dient der Erleichterung der Gesetzestechnik.

2. Ansprüche aus dem Schuldverhältnis sind in erster Linie der **Steueranspruch**, dh der Anspruch des StBerechtigten gegen den StSchuldner. Wer StSchuldner ist, richtet sich nach den EinzelStG, vgl § 43. Ferner der **Vergütungsanspruch**; vgl hierzu Erläut des Begriffs Steuervergütungsgläubiger in § 43. Bei dem **Vergütungsanspruch** ist die St zunächst zu Recht vereinnahmt worden. Der Vergütungsanspruch entsteht, wenn er im Gesetz vorgesehen ist. Das ist insbesondere bei den **Verbrauchsteuern** der Fall (zB Kaffee-MinÖl-Zucker-Salz- und Zündwarensteuer), die auf den Abnehmer überwälzt werden. Hierzu zählen auch die Zollvergütungen bei der Ausfuhr von Kakao und Tabak, ferner der Vorsteuerabzug bei der USt, Bergmannsprämien, Investitionszulagen und die Berlinzulage, aber auch die anrechenbare **KSt** nach §§ 36 b–e EStG. Der VergAnspruch richtet sich gegen den Steuerberechtigten. **Haftungsanspruch** vgl Anm 2–4 zu § 33. Anspruch auf steuerliche **Nebenleistungen** vgl § 3 III und Anm 3 c zu § 38.

3. Erstattungsanspruch nach Abs 2: Nach § 218 sind Grundlage für die Verwirklichung von Ansprüchen aus dem StSchuld-Verhältnis die Verwaltungsakte durch die entsprechenden Ansprüche festgesetzt werden. Der abstrakte Steueranspruch mag zwar bestehen, zu seiner Geltendmachung bedarf er aber der Festsetzung durch Steuerbescheid. Dieser Bescheid ist „**rechtlicher Grund**" iSd Abs 2. Die Rückforderung von erstatteter LSt setzt zB die förmliche Berichtigung des LStJA-Bescheids voraus, FG Köln EFG 82, 101. Fehlt ein solcher rechtlicher Grund, so hat derjenige, auf dessen Rechnung die Zahlung bewirkt worden ist, einen Anspruch auf Rückzahlung. Es handelt sich hierbei um einen sog **reinen Erstattungsanspruch**, der sich ergibt aus einem Vergleich zwischen dem festgesetzten und dem tatsächlich gezahlten Betrag (Überzahlung), ohne daß es darüberhinaus noch eine Änderung der Steuerfestsetzung bedarf. Die Regelung gilt natürlich auch, wenn der zurückzuzahlende Betrag ggf im Vollstreckungswege beigetrieben worden ist. Wenn ein StAnspruch zur Konkurstabelle angemeldet und festgestellt ist, kann eine Erstattung nur nach Berichtigung der Konkurstabelle verlangt werden, weil diese gem § 145 II KO wie ein rkr Urteil wirkt, FG D'dorf EFG 70, 528; *TK* Tz 22. Dies gilt auch nach

2. Abschnitt. Steuerschuldverhältnis § 37

Abschluß des Konkursverfahrens. Auch der Rückzahlungsanspruch des StSchuldners unterliegt den Regelungen über die **Zahlungsverjährung** (§§ 228–232). Besondere **Ausschlußfristen** für die Geltendmachung dieses Erstattungsanspruchs kennt die neue AO nicht mehr.

4. Erstattungsberechtigter: Der Erstattungsanspruch ist die **Umkehrung** des **Steueranspruchs.** Erstattungsberechtigt ist daher derjenige Steuerpflichtige, gegen den der Steuerbescheid ergangen ist und für die Steuerschuld bezahlt worden ist. Unerheblich ist dabei grundsätzlich, wer die Steuerschuld bezahlt hat und aus welchen Mitteln die Zahlung erfolgt ist, wenn nur nach dem erkennbaren Willen des Zahlenden die Zahlung für den Steuerschuldner vorgenommen worden ist (BFH BStBl 71, 119). Forderungsinhaberschaft und Verfügungsbefugnis können jedoch auseinanderfallen. Von der Erstattungsberechtigung ist die **Empfangszuständigkeit** zu unterscheiden. Verfügungsbeschränkungen ergeben sich zB für die Erben, solange und soweit Testamentsvollstreckung besteht und es sich um Rechtsgeschäfte handelt, die das Nachlaßvermögen betreffen. Soweit die Verwaltung des Nachlasses in Frage kommt, werden Rechte und Pflichten der Erben vom Testamentsvollstrecker wahrgenommen, treffen in ihrer Wirkung allerdings die Erben als solche (BFH BStBl 86, 706). Entscheidend ist, wessen StSchuld nach dem Willen des Zahlenden beglichen werden sollte und ob dieser Wille gegenüber dem FA erkennbar hervorgetreten ist, *Mihatsch* aaO.

Ein Haftender erfüllt zwar keine eigene StSchuld, gleichwohl aber einer eigene steuerliche Verpflichtung.

Bewirkt ein dem FA gegenüber nachrangiger Gläubiger durch Bezahlung der StRückstände des StSchuldners die Freigabe gepfändeter Forderungen, so soll er im Falle späterer Herabsetzung der Steuer hinsichtlich des überzahlten Betrages erstattungsberechtigt sein, FG BaWü EFG 78, 202.

Zahlt ein **Dritter** für den Steuerpflichtigen, steht ein entsprechender Erstattungsanspruch nicht dem Dritten, sondern dem Steuerpflichtigen zu. Ist die Steuer von einem **Gesamtschuldner** gezahlt worden, soll sie nur an diesen zurückzuzahlen sein. Der BFH hat in seinem Urteil vom 7. 10. 70 (BStBl 71, 119) beiläufig darauf hingewiesen, daß im Falle einer Gesamtschuldnerschaft der Erstattungsanspruch allein dem zahlenden Gesamtschuldner zustehe.

Begleicht ein **Dritter** vermeintlich bestehende Steuerschulden, so können ihm hieraus nur zivilrechtliche Ansprüche auf Rückzahlung erwachsen, die im ordentlichen Rechtsweg geltend zu machen sind, BFH UR 83, 210. Begleicht ein Dritter eine StForderung, die – wie er weiß – nicht im eigenen sondern in einem fremden abgabenrechtlichen Pflichtverhältnis wurzelt, so begründet diese Zahlung kein StRechtsverhältnis zwischen ihm und der FinBeh.

5. Mehrheit von Erstattungsberechtigten. Nach *Palandt* (BGB zu § 428 BGB) ist **Gesamtgläubigerschaft** die Kehrseite der Gesamtschuld. Dagegen sind die steuerliche Literatur überwiegend (vgl *TK* Tz 20) und die Rspr des BFH der Auffassung, daß anders als nach § 427 BGB bei Gesamtschuld keine Vermutung für die Gesamtgläubigerschaft besteht. Gesamtgläubigerschaft bestehe nur, wenn jeder die ganze Leistung fordern könne. Das setze voraus, daß jedem Erstattungsberechtigten der Erstattungsanspruch in voller Höhe zustehe. Daran fehle es bei Gesamtschuldnern. Wenn nur ein Teil der geleisteten Zahlungen zu erstatten ist, ist jeder im Verhältnis der von ihm geleisteten Zahlungen erstattungsberechtigt, VG Berlin EFG 59, 65. Ist von mehreren mehr als geschuldet gezahlt worden, steht der Erstattungsanspruch demjenigen zu, der zuletzt gezahlt hat, denn dieser hat auf eine Nichtschuld gezahlt.

Wenn beide Gesamtschuldner gleichzeitig gezahlt haben, soll die FinBeh nur an beide gemeinschaftlich leisten können, *TK* Tz 20 unter Hinweis auf *Palandt* § 432 BGB Anm 1.

Auch bei der **Zusammenveranlagung** von Ehegatten zur ESt steht der Anspruch auf Auszahlung von überzahlter LSt idR dem Ehegatten zu, der gezahlt hat. Gegen diesen Anspruch kann daher nicht mit rückständiger StSchuld des anderen Ehegatten aufgerechnet werden, BFH BStBl 83, 162; BStBl 71, 119. **Zusammenveranlagte** Eheleute **bevollmächtigen** sich jedoch durch Angabe eines Kontos in der gemeinsamen unterschriebenen ESt-Erklärung gegenseitig zur Empfangnahme einer Steuererstattung auf diesem Konto.

Aus dem Umstand, daß zusammenveranlagte Eheleute als ein Stpfl behandelt werden, (§ 26b EStG) ist nicht zu entnehmen, Ehegatten seien für entsprechende Erstattungsansprüche Gesamtgläubiger; sie bleiben trotzdem getrennte **StSubjekte**. Die Ehegatten sind zwar hinsichtlich der StSchuld Gesamtschuldner, vgl § 44. Daraus ergibt sich aber keine Gesamtgläubigerschaft hinsichtlich eines Erstattungsanspruchs. Von einer Gesamtgläubigerschaft kann nur ausgegangen werden, wenn eine entsprechende ausdrückliche gesetzliche Regelung vorliegt. Das Bestehen einer Gesamtgläubigerschaft ergibt sich auch nicht aus § 36 IV 3 EStG, wonach die Erstattung an einen Ehegatten auch für und gegen den anderen Ehegatten wirkt. Daraus ergibt sich nur für das FA die Befugnis, FG BaWü EFG 88, 335. Nach § 218 II 2 iVm S 1 entscheidet das FA durch VA über Streitigkeiten, die die Verwirklichung eines Erstattungsanspruchs im Sinne des § 37 II betreffen. § 37 II 1 betrifft auch den Steitfall, daß vom FA einem **Dritten** versehentlich eine Steuer zurückgezahlt wird, die für diesen nicht bestimmt war. Bei **Fehlüberweisung** besteht gegenüber dem Dritten ein **öffentlich-rechtlicher Rückforderungsanspruch**, BFH BStBl 74, 369. Rückforderungsberechtigt ist derjenige, „auf dessen Rechnung" die Zahlung geleistet worden ist, nicht derjenige „auf dessen Kosten" die Zahlung erfolgt ist. Es kommt also nicht darauf an, von wem und mit wessen Mitteln gezahlt worden ist, sondern darauf, wessen (möglicherweise nur vermeintliche) Schuld nach dem erkennbaren Willen des Zahlenden getilgt werden sollte (*Grenzek* aaO, S 78, 86; *TK* Tz 19), an den einen oder anderen Ehegatten zu leisten, nicht aber welcher Ehegatte die Auszahlung fordern darf.

6. Rückforderungsanspruch. Unter einem öffentlich-rechtlichen Rückforderungsanspruch versteht man den umgekehrten Erstattungsanspruch, dh die Rückforderung desjenigen, was vorher erstattet wurde, zB nach Änderung des Bescheids zuungunsten des Erstattungsberechtigten. Grundlage für den Rückforderungsanspruch ist der entsprechend geänderte Be-

2. Abschnitt. Steuerschuldverhältnis § 37

scheid, vgl § 218 I. Der Bescheid stellt allerdings nur den Anspruch fest. Die Rückzahlungsverpflichtung ergibt sich erst aus der Aufforderung an den Schuldner, die Zahlung zu leisten (Leistungsgebot), vgl *TK* Tz 33. **Schuldner** des Rückforderungsanspruchs ist derjenige an den erstattet wurde. Wenn das FA **ohne** rechtlichen **Grund** an einen unbeteiligten **Dritten** zahlt, entsteht durch die fehlgeleitete Zahlung ein ausschließlich auf Beseitigung der unrechtmäßigen Zahlung gerichtetes Steuerschuldverhältnis und mit dem Zugang der fehlgeleiteten Zahlung ein Anspruch auf Rückerstattung gem § 37 Abs 2, BFH BStBl 86, 704.

Wer erkennbar nur als Bote oder als Vertreter des Empfangsberechtigten auftritt, kann dagegen nicht gegen seinen Willen in das Leistungsverhältnis zwischen FA und Stpfl hineingezogen werden. Der öffentlich-rechtliche Rückforderungsanspruch kann sich deshalb nur gegen den Vertretenen und nicht gegen den Vertreter oder Boten richten, BFH BStBl 81, 44; *Tiedtke* FR 80, 1; *Drenseck* Das Erstattungsrecht der AO, 1983. Wenn das FA einen Erstattungsbetrag aufgrund einer **Zahlungsanweisung** des Berechtigten an einen **Dritten** auszahlt, hat dies nicht zur Folge, daß der Erstattungsanspruch auf den Dritten übergegangen ist. Vielmehr erbringt das FA mit seiner Zahlung an den Dritten eine Leistung an den erstattungsberechtigten Steuerpflichtigen, BFH BStBl 86, 511. Zahlungsempfänger und Leistungsempfänger sind also nicht identisch, vgl *Tiedtke* aaO. Nach § 37 II 1 würde sich in diesem Falle ein Rückforderungsanspruch des FA gegen den Leistungsempfänger richten. Das ist auch im Falle der Erstattung aufgrund einer Zahlungsanweisung an einen Dritten der Steuererstattungsberechtigte als der ursprüngliche Gläubiger des FA, vgl auch BFH BStBl 81, 44. Dagegen ist ein **Strohmann,** weil er im eigenen Namen auftritt, sowohl nach zivilrechtlichen als auch nach öffentlich-rechtlichen Grundsätzen (vgl BFH BStBl 68, 295) zur Zurückzahlung der ihn überwiesenen Beträge verpflichtet, die er im Interesse des Hintermannes an sich nimmt, BFH BStBl 81, 44.

Der im zivilrechtlichen Bereicherungsrecht herrschende Grundsatz der Entreicherung nach § 818 III gilt im öffentlichen Recht nicht, BFH BStBl 78, 608. Bei Wegfall der Bereicherung kann sich uU aus Treu und Glauben ergeben, daß die Geltendmachung des Rückforderungsanspruchs unbillig wäre, *HHSp* Tz 51; FG Hessen EFG 74, 391. Wenn das FA den LStJA an einen **Abtretungsempfänger auszahlt,** der LStJA aber durch Fälschung der LStBescheinigung erlangt wurde, kann das FA den **Rückforderungsanspruch** gegen den **Abtretungsempfänger** geltend machen, BFH, BB 78, 1398 mit Anm v *Bornhaupt*. Mit der Antragstellung hat sich der Abtret-Empf in den Bereich des öffentl Rechts begeben. Durch die **Abtretung** des LStJA **verliert** der öffentlrechtl **Erstattungsanspruch** nicht seinen **öffentlrechtl Charakter.** Etwas anderes kann allenfalls gelten, wenn zB das FA versehentl einem bisher **nicht beteiligten Dritten** Steuern zu Unrecht erstattet hat, vgl BFH BStBl 74, 369. UE müßte darüberhinaus auch ein Rückforderungsanspruch gegen den Zedenten bestehen, so auch *Bornhaupt* aaO. Die Richtigkeit der Entscheidung ergibt sich für die AO 77 mE aus § 37 II und § 218 I, aA *TK* Tz 31. Demgegenüber soll sich nach FG Nieders (EFG 82, 496) der Anspruch auf Rückforderung von USt gem § 18 IV 3 UStG gegen den Unternehmer und nicht gegen einen evt Abtretungsempfänger, richten.

§ 37   2. Teil. Steuerschuldrecht

Zahlt das FA in Kenntnis der Unwirksamkeit der **Abtretung** eines StErstattungsanspruchs an den Zessionar, dann ist dieser Leistungsempfänger der Erstattung. Eine Umdeutung der unwirksamen Abtretung in eine Anweisung (des Zedenten an das FA) ist grundsätzlich nicht möglich, FG BaWü EFG 83, 388.

Auch bei Unwirksamkeit der Abtretung muß das FA den an den Zessionar erstatteten Betrag von diesem zurückverlangen, wenn der Erstattungsanspruch zB durch Änderung des StBescheids weggefallen ist. Der Zessionar kann dagegen aus § 46 keine Schutzrechte herleiten. Da das FA grundsätzlich keinen Rückerstattungsanspruch gegen den Zedenten hat, kann der Zessionar zu seiner Entlastung idR nicht auf den steuerpflichtigen Zedenten verweisen, FG BaWü EFG 83, 388.

Der **Abtretungsempfänger** ist auch Leistungsempfänger iSd § 37, weil an ihn willentlich geleistet worden ist und er aus eigenem erworbenen Recht die Leistung verlangen kann, *HHSp* Tz 59 *TK* Tz 31; aA *Drenseck* aaO, 85, 86; FG BaWü EFG 83, 388.

Die fehlgeleitete Zahlung an den Zessionar, kann diesem nicht nachträglich zu einer Sicherheit verhelfen, BFH BStBl 78, 608.

7. Wegfall der Bereicherung. Gegenüber einem öffentlich-rechtlichem Bereicherungsanspruch kann der Empfänger nicht den Wegfall der Bereicherung entgegenhalten, weil § 818 III BGB im öffentlichen Recht keine Anwendung findet, BFH BStBl 81, 44; 74, 369; 78, 608. Allerdings können der Geltendmachung des öffentlich-rechtlichen Rückforderungsanspruchs die Grundsätze von Treu und Glauben entgegenstehen, vgl *Becker* DÖV 73, 388.

8. Festsetzungs- und Erstattungsansprüche. Von den reinen Erstattungsansprüchen zu unterscheiden sind die sog **Festsetzungs- und Erstattungsansprüche.** Bei diesen ergibt sich der Erstattungsanspruch des StSchuldners erst aus einer vorangehenden **Änderung** einer Steuerfestsetzung im weitesten Sinne.

Beispiel: Lohnsteuerjahresausgleich setzt zunächst die **Festsetzung** der zu zahlenden Steuer voraus. Diese wird verglichen mit den Steuerabzugsbeträgen. Ergibt sich, daß die im Wege des StAbzugs entrichteten Beträge höher sind, folgt der entsprechende, auf Zahlung gerichtete Erstattungsanspruch aus **Abs 2 S 2.** Dagegen *Giloy* (DStZ 78, 407): Gegenstand des LStA ist der **Erstattungsanspruch**, die JahresSt und die Abzugsbeträge sind nur unselbständige **Berechnungsgrößen,** so auch FG Köln, EFG 82, 101, vgl auch BFH BStBl 86, 207, 213.

Unterläßt es ein Arbeitnehmer, Erstattungsansprüche im Rahmen des LStJA geltend zu machen, so kann er später eine Erstattung nicht nach § 37 II begehren, BFH BStBl 83, 584. Der **LStJA** ist ein besonderes in einem EinzelStG geregeltes Erstattungsverfahren im Sinne des Abs 1. Er geht daher als lex specialis dem allgemeinen, nicht auf bestimmte StArten beschränkten Erstattungsanspruch des Abs 2 vor. Im LStJA hat der Arbeitnehmer auch solche Ansprüche geltend zu machen, die sich aus einer von Anfang an unrichtigen Einbehaltung von LSt ergeben.

9. In **EinzelStG** geregelte Erstattungsansprüche, zB §§ 36 IV, 42ff EStG, § 18 II VStG, § 34 ErbStG, § 24 II GrStG, § 20 GewStG, § 17 GrErwStG, § 16 KraftStG.

2. Abschnitt. Steuerschuldverhältnis §38

§ 38 Entstehung der Ansprüche aus dem Steuerschuldverhältnis

Die Ansprüche aus dem Steuerschuldverhältnis entstehen, sobald der Tatbestand verwirklicht ist, an den das Gesetz die Leistungspflicht knüpft.

Schrifttum: *Müller* Zollschuldentstehung bei Verbringen von Drittlandswaren in die Bundesrepublik nach Durchschleusung durch die DDR ZfZ 81, 194.

Übersicht

1. Inhalt
2. Einzelsteuergesetze
3. Sonstige Ansprüche aus dem Steuerschuldverhältnis
   a) Steuervergütungsanspruch
   b) Haftungsanspruch
   c) Anspruch auf steuerliche Nebenleistungen
   d) Erstattungsanspruch
4. Rückwirkung
5. Erstattungsansprüche in Einzelsteuergesetzen

1. Inhalt. Die Vorschrift verweist, anders als § 3 StAnpG, auf die Einzelstgesetze. **Ansprüche aus dem StSchuldverhältnis** vgl § 37. Tatbestand ist der abstrakte Gesetzestatbestand. ZB wird **Erwerbsvorgang** bei **Grunderwerbsteuer** verwirklicht, wenn er nicht mehr von einer **Bedingung** oder behördl **Genehmigung** abhängt, FG D'dorf EFG 78, 400. StFestsetzung ist für Entstehen ohne Bedeutung. Entstehen ist nicht gleich Fälligkeit, vgl aber § 220 II. Entstehung hat ua Bedeutung für Beginn der Festsetzungsfrist, § 170. Im Konkurs braucht Steuerforderung noch nicht entstanden zu sein; es reicht aus, wenn sie begründet war (BFH BStBl 88, 124; s näher unten § 251 Anm 2e).

2. EinzelStG regeln meist die Entstehung abweichend von § 38. Überwiegend entsteht die StSchuld danach mit Ablauf des Festsetzungszeitraums. Die bisher in § 3 V StAnpG genannten Beispiele und Ergänzungen sind durch EGAO 77 in den EinzelstG übernommen worden, vgl § 36 I EStG, § 44 I 2–4 EStG für die KapErtrSt; § 48 KStG, § 18 GewStG, § 13 I UStG, § 5 II VStG, § 9 II GrStG, § 9 ErbStG und § 3 SchaumwStG. Bei der sog **Mindest-Istversteuerung** nach § 13 I Nr 1a S 4 UStG 1980 entsteht die Steuer grundsätzlich bereits mit Ablauf des Voranmeldungszeitraums, in dem das Entgelt vereinnahmt worden ist, sofern dieses mindestens 10000 DM beträgt, vgl BdF 16. 5. 80 BStBl 80 I 254. Eine **Zollschuld** entsteht nicht bei der Einfuhr von **Betäubungsmitteln,** die nicht in den Handel gebracht werden können, EuGH JZ 82, 872. Betäubungsmittel, die sich im illegalen Handel befinden, sind nicht zollpflichtig, wenn sie in der Illegalität verbleiben, unabhängig davon, ob sie entdeckt und vernichtet werden oder ob sie der Wachsamkeit der Behörden entgehen. Diese Feststellung berührt in keiner Weise die Zuständigkeit der Mitgliedstaaten, Verstöße gegen ihre Betäubungsmittelvorschriften durch angemessene Sanktionen zu verfolgen, und zwar mit allen Rechtsfolgen auch finanzieller Art, die sich daraus ergeben.

§ 38

3. Sonstige Ansprüche aus dem StSchuldVerh.

a) SteuervergütAnspruch: Für Vorsteuerabzug nach § 5 UStG fehlt eine dem § 13 UStG entsprechende Vorschrift; Vergütungsanspruch entsteht analog § 13 UStG mit Ablauf des VoranmeldZeitraums, in dem der Unternehmer die entspr Rechnung erhalten hat (vgl *Thiel* UStR 68, 178). Der Anspruch auf Erstattung zuviel gezahlter Gewerbesteuervorauszahlungen entsteht in dem Zeitpunkt, in dem die niedrigere GewStSchuld entsteht. § 20 III GewStG regelt nicht das Entstehen des Erstattungsanspruchs, sondern nur dessen Fälligkeit (BVerwG ZKF 85, 60).

b) Haftungsanspruch müßte nach allgemeiner Regel des § 38 entstehen; Haftungstatbestände vgl §§ 69 bis 76.

c) Das gleiche gilt für steuerliche **Nebenleistungen**, vgl § 3 III, das sind Verspätungszuschläge, Zinsen, Säumniszuschläge, Zwangsgelder und Kosten. Nebenleistungen, die nach pflichtigem Ermessen der FinBeh festgesetzt werden, entstehen jedoch nicht vor deren Festsetzung, zB Verspätungszuschlag, Zwangsgelder.

d) Erstattungansprüche in § 37 II. Der Erstattungsanspruch nach §.37 II entsteht in dem Zeitpunkt, in dem die zu erstattende Leistung erbracht wurde oder der rechtliche Grund für die Zahlung entfallen ist (AnwErl zu § 38). Beruht die Überzahlung auf einem fehlerhaften Steuerbescheid, so entsteht der Erstattungsanspruch erst, wenn und soweit die entgegengesetzte Festsetzung des Anspruchs aus dem StSchuldverhältnis aufgehoben oder geändert wird, weil erst dann der rechtliche Grund für die vorherige Zahlung entfällt (BFH BStBl 76, 438; *HHSp* § 37 RNr 49; *Kühn/Kutter/Hofmann* § 37 Anm 6; aA *TK* RNr 14 mwN; offen gelassen in BFH BStBl 86, 872). Zahlung ohne rechtlichen Grund liegt vor, wenn ein entsprechender StBescheid nicht bestanden hat; dies gilt zB für den Fall einer Doppelzahlung; vgl § 218 I 1: Grundlage für die Verwirklichung von Ansprüchen aus dem StSchuldverhältnis sind die StBescheide usw Erstattungsberechtigter ist derjenige, auf dessen Rechnung gezahlt worden ist, dh regelmäßig der Stpfl oder der Fiskus. **Wegfall** des rechtlichen **Grundes:** StBescheid oder Vergütungsbescheid wird aufgehoben oder geändert. Daraus ergibt sich sog reiner Erstattungsanspruch. Dieser unterliegt auch, soweit er dem Stpfl zusteht, den Vorschriften über Zahlungsverjährung, §§ 228 bis 232. Der durch eine BP aufgedeckte StErstattungsanspruch entsteht mit der **Überzahlung** nicht erst durch Bekanntgabe des Berichtigungsbescheides, FG D'dorf EFG 80, 526. Eine bes Frist für Geltendmachung des reinen Erstattungsanspruchs ist nicht mehr vorgesehen, anders §§ 150 ff RAO.

4. Rückwirkung. Da § 38 die Entstehung der Ansprüche aus dem Steuerschuldverhältnis an die Verwirklichung des Tatbestandes knüpft, kann ein Sachverhalt **grundsätzlich nicht** mit steuerrechtlicher Wirkung **rückwirkend** gestaltet werden (*HHSp* RNr 29; *Kühn/Kutter/Hofmann* Anm 2b). Eine solche Einflußnahme wäre ein unzulässiger Eingriff in öffentlichrechtliche Verhältnisse. Das Rückwirkungsverbot gilt auch hinsichtlich eines Merkmals, das zum Tatbestand eines Steueranspruchs gehört, mit dessen Verwirklichung aber der Tatbestand des Steueranspruchs noch nicht vollständig erfüllt ist.

2. Abschnitt. Steuerschuldverhältnis § 39

Die frühere **Ausnahme,** wonach ein Vorgang rückgängig gemacht werden konnte, wenn die Beteiligten sich über steuerliche Auswirkungen geirrt hatten, Manipulationen nicht in Frage kamen und der Vorgang sich nicht bereits anderweitig steuerrechtlich ausgewirkt hatte (BFH BStBl 53, 359; 68, 4), ist aufgegeben worden (BFH BStBl 83, 736). Heute ist nur noch eine Ausnahme gegeben, wenn die Rückwirkung sich nur über eine kurze Zeit erstreckt und den Umständen des Falles nach vertretbar erscheint (vgl BFH BStBl 69, 742). Die Rückwirkung darf lediglich der technischen Vereinfachung der Besteuerung dienen, und es darf sich in der Zwischenzeit nichts ereignet haben, was möglicherweise noch für eine Besteuerung erheblich ist (BFH BStBl 85, 55). Entsteht zB durch den Erwerb weiterer GmbH-Anteile eine wesentliche Beteiligung, so kann diese nicht rückwirkend dadurch beseitigt werden, daß die erworbenen Anteile verschenkt werden (BFH aaO).

Allerdings gibt es **Ungewißheiten,** die sich nicht auf die Verwirklichung eines Lebenssachverhaltes, sondern nur auf die Höhe der Steuer auswirken (zB bilanzielle Wahlrechte, Bedingungen, Befristungen, antragsabhängige Steuervergünstigungen). Derartige Ungewißheiten können auch noch nachträglich (nach Ablauf des Veranlagungszeitraums) durch Wahlrechtsausübung, Bedingungseintritt, Fristablauf oder Antragstellung beseitigt werden. Dadurch kann eine bilanzielle Bewertung nachträglich falsch werden (BFH BStBl 85, 386). Außerdem kommt eine Rückwirkung in Betracht bei einer **zivilrechtlich zwingend rückwirkenden Rechtshandlung** (zB Ausschlagung der Erbschaft). Bei der nachträglichen Genehmigung der vollmachtlosen Vertretung gem § 184 BGB gilt diese Rückwirkung aber nicht, wenn damit besondere steuerliche Vorteile erstrebt werden (vgl BFH BStBl 81, 435).

Nach der RSpr des BGH (BGHZ 55, 267) sind bei **Ausscheiden eines Kommanditisten** diejenigen Schuldverpflichtungen der KG als vor dem Ausscheiden entstanden anzusehen, deren Rechtsgrundlage bereits vor dem Ausscheiden gelegt worden ist. Der Kommanditist kann daher für die Rückzahlungsschuld aus vor seinem Ausscheiden zu Unrecht ausgezahlten Vorsteuerbeträgen bis zur Höhe seiner nicht geleisteten Einlage haften (BFH BStBl 86, 872).

5. Vergleiche über Steueransprüche sind im Hinblick auf § 38 und die Gleichmäßigkeit der Besteuerung grundsätzlich unzulässig. Eine Verständigung über schwierig zu ermittelnde tatsächliche Umstände (insbesondere in Schätzungssachen) ist jedoch zulässig und bindend (BFH BStBl 85, 354 mwN; s auch näher unten Erl zu § 78 Anm 4).

6. In den **EinzelsteuerG** geregelte Steuererstattungsansprüche: vgl Anm 5 zu § 37.

§ 39 Zurechnung

(1) Wirtschaftsgüter sind dem Eigentümer zuzurechnen.

(2) Abweichend von Absatz 1 gelten die folgenden Vorschriften:
1. [1]**Übt ein anderer als der Eigentümer die tatsächliche Herrschaft über ein Wirtschaftsgut in der Weise aus, daß er den Eigentümer im Regelfall für die gewöhnliche Nutzungsdauer von der Einwirkung auf das**

Wirtschaftsgut wirtschaftlich ausschließen kann, so ist ihm das Wirtschaftsgut zuzurechnen. ²Bei Treuhandverhältnissen sind die Wirtschaftsgüter dem Treugeber, beim Sicherungseigentum dem Sicherungsgeber und beim Eigenbesitz dem Eigenbesitzer zuzurechnen.
2. Wirtschaftsgüter, die mehreren zur gesamten Hand zustehen, werden den Beteiligten anteilig zugerechnet, soweit eine getrennte Zurechnung für die Besteuerung erforderlich ist.

Schrifttum: *Mihatsch* Der Nießbrauch an Grundbesitz und Kapitalvermögen, FR 79, 601; *Tiedke* Zur steuerlichen Anerkennung von stillen Beteiligungen minderjähriger Kinder, FR 80, 421 gegen BFH BStBl 80, 242; *Hütz* Das wirtschaftliche Eigentum im Urteil des Bundesfinanzhofs, FR 79, 607; *Friedler* Noch einmal: Nießbrauch an Grundstücken, StWA 80, 173; Einkommensteuerrechtliche Behandlung des Nießbrauchs, OFD Münster v 29. 6. 81, FR 81, 353; *Schellenberg* Nießbrauch im Steuerrecht – eine Standortbestimmung, DStR 81, 395; *Theil* Überlegungen zum Nießbrauch an Wertpapieren aufgrund der neueren Rechtsprechung des BFH, BB 82, 1543; *Hamacher* Zum Nießbrauch an Kapitalvermögen, FR 82, 590; *Plückebaum* Aktuelle Fragen zum Nießbrauch, insbesondere zum vorbehaltenen Nießbrauch an Grundstücken, FR 82, 285; *Scholtz* Die einkommensteuerrechtliche Behandlung des Nießbrauchs aus der Sicht des Bundesfinanzhofs, FR 83, 573; *Stuhrmann* Nießbrauch: Einkommensteuerrechtliche Behandlung bei den Einkünften aus Vermietung und Verpachtung, DStR 84, 3; *Meyer* Die Rechtsprechung des BFH zum Vorbehaltsnießbrauch und ihre Nichtanwendung durch die Verwaltung, DB 83, 11; *Mittelbach* Nießbrauch, 6. Aufl 1983; *Walter* Unternehmensnießbrauch, BB 83, 1151; *Birkenfeld* Treuhandverhältnisse im Steuerrecht, dargestellt im Rahmen von Bauherrengemeinschaften, BB 83, 1087; *Wolff-Diepenbrock* Der Vorbehaltsnießbrauch in der neueren Rechtsprechung des BFH, DStR 83, 250, 291; *Ley* Steuerrechtliche Zurechnung von Nießbrauchsgegenständen, DStR 84, 676; *Rödder* Persönliche Zurechnung und sachliche Qualifikation von Einkünften bei der Treuhandschaft, DB 88, 195; *Schleuder* Ertragsteuerliche Behandlung von Finanzierungs-Leasing-Verträgen über unbewegliche Wirtschaftsgüter, BB 88, 249; *Dillenberger* Vertragsformen des Equipment-Leasing – Vollamortisationsverträge, DB Beilage 1988 Nr 6, 12; *Kronthaler* § 7a EStG und Bruchteilseigentum. Der (ideelle) Sachanteil des Miteigentümers als selbständiges Wirtschaftsgut? DB 88, 676; *Tetens* Die Ermittlung und Aufteilung des Einheitswerts bei der atypischen stillen Gesellschaft, DB 88, 729.

Übersicht

1. Inhalt
2. Anwendung
3. Eigentümer
4. Wirtschaftliches Eigentum
5. Treuhandverhältnisse
6. Sicherungsübereignung
7. Eigenbesitz
8. Gesamthand

1. Inhalt. Die Vorschrift enthält eine Legaldefinition des sog **wirtschaftlichen Eigentums**. Sie ist in Anlehnung an das sog **Leasing-Urteil** des BFH (BStBl 70, 264) entwickelt worden. Eine Änderung gegenüber dem bisherigen Recht war damit nicht beabsichtigt, zB soll es dabei bleiben, daß der landwirtschaftliche Pächter kein wirtschaftlicher Eigentümer ist. In der Neufassung fehlt zwar der in § 11 S 1 StAnpG enthaltene Satz „soweit nichts anderes bestimmt ist", gleichwohl gehen **Spezialregelungen** in den EinzelStG dem § 39 – entgegen *Fischer* BB 78, 1772 – vor. Der § 11 StAnpG enthielt nur eine beispielhafte Aufzählung der Fälle wirtschaftlichen Eigentums; vgl *Seeliger* ,,Der Begriff des wirtschaftlichen Eigentums im Steuerrecht"; kritisch *Littmann* BB 71, 535. *Seeliger* hat für die Neufassung noch folgenden Zusatz vorgeschlagen: „Der nach bürgerlichem Recht Berechtigte ist dann wirtschaftlich von der Entwicklung ausgeschlossen, wenn ihm kein oder nur ein praktisch bedeutungsloser Herausgabeanspruch zusteht oder wenn er das Wirtschaftsgut herauszugeben verpflichtet ist." Dieser Zusatz entspricht im wesentlichen der Rechtsprechung des BFH (vgl RFH RStBl 34, 166; BFH BStBl 54, 194; 71, 133; 79, 466; 85, 126). Das wirtschaftliche Eigentum ist letztlich nur eine Erscheinungsform der im Steuerrecht geltenden **wirtschaftlichen Betrachtungsweise,** die auch ohne eine besondere Regelung für das Steuerrecht weiter eine erhöhte Bedeutung hat.

2. Anwendung. Es kommt im Steuerrecht, soweit dieses an wirtschaftliche Vorgänge anknüpft, nicht darauf an, welcher (zivil-)rechtlichen Form sich die Beteiligten bedient haben, um ein bestimmtes wirtschaftliches Ergebnis zu erreichen. Daher ist für die steuerliche **Zurechnung** eines Gegenstandes auch nicht entscheidend, wer bürgerlich-rechtlich dessen Eigentümer oder Inhaber ist. Auch das Zivilrecht hält sich nicht immer streng an die bürgerlich-rechtliche Form, wie zB die Behandlung des Sicherungseigentums im VollstreckRecht zeigt. Das Sicherungseigentum wird insoweit wie ein besitzloses Pfandrecht behandelt.

Die wirtschaftliche Betrachtungsweise bei der Zurechnung wirkt sich jedoch **nicht bei allen Steuern** in gleicher Weise aus, zB dann nicht, wenn nicht ein wirtschaftlicher Vorgang erfaßt werden soll, sondern die Steuer an Vorgänge des Rechtsverkehrs anknüpft wie zB bei der **Grunderwerbsteuer,** es sei denn, das Gesetz stellt im Einzelfall ausdrücklich auf wirtschaftliche Vorgänge ab (§ 1 II, III GrEStG). Auf Steuerarten, die an bürgerlich-rechtliche Vorgänge anknüpfen, ist die Vorschrift nicht oder zumindest nur nach Lage des Einzelfalls anwendbar (vgl zB für die GrESt BFH BStBl 52, 310; BFH HFR 63, 115; BFH in BFHE 112, 531; 114, 124 und für die KapVerkSt BFH in BFHE 120, 70; 125, 81; BFH BStBl 80, 50). Das gilt auch für die ErbSt (BFH BStBl 83, 179). Insbesondere kann der Vorbehalt des Nießbrauchs an einem Grundstück kein erbschaftsteuerrechtlich bedeutsames wirtschaftliches Eigentum verbleiben lassen (FG Düsseldorf EFG 83, 817). Andernfalls wäre § 25 ErbStG sinnlos (zur ertragsteuerlichen Behandlung des Vorbehaltsnießbrauch s unten Anm 4). Die Grenzen der wirtschaftlichen Betrachtungsweise zeigen sich daher allgemein insbesondere bei den **Verkehrsteuern** (vgl BFH BStBl 72, 226). Kaum Bedeutung hat die Vorschrift auf dem Gebiet des Zollrechts. Zollbeteiligter (§§ 10 III, 12 ZG) und somit Zollschuldner ist derjenige, der das Zollgut bei Entstehung des Zolls im Besitz hat oder diesen Besitz durch einen anderen (Besitzdiener) ausübt (§§ 35 Abs 3, 47 ff, 55, 57 **ZG,** §§ 854, 855 BGB). Die StArten, für die der Begriff des wirtschaftlichen Eigentums einheitlich auszulegen ist, sind folglich nur diejenigen, die wirtschaftlichen Gesichtspunkten folgen, insbesondere die ESt und die VSt. Auch die **Investitionszulage** steht dem wirtschaftlichen Eigentümer zu.

Die Vorschrift gilt ferner nicht im Bereich der **Vollstreckung.** Auch hier kommt es grundsätzlich auf die Zivilrechtslage und nicht auf die tatsächliche Herrschaftslage an (*Kühn/Kutter/Hofmann* Anm 1b). Besonderheiten gibt es insoweit aber bei der Anwendung des § 262 auf Treuhandverhältnisse (vgl Erl zu § 262 Anm 8 b).

3. Abs 1 enthält den Grundsatz, daß Wirtschaftsgüter dem **Eigentümer** zuzurechnen sind. Wer Eigentümer ist, bestimmt sich nach den Vorschriften des BGB. Bei immateriellen Wirtschaftsgütern entspricht dem Eigentum die Inhaberschaft, sodaß diese Wirtschaftsgüter dem Inhaber zuzurechnen sind. Wirtschaftsgut ist jeder Vermögenswert, der selbständig bewertungs- und nutzungsfähig ist. Es fallen darunter nicht nur Sachen und Rechte, sondern zB auch der Geschäftswert, good will uä (näher *Schmidt* EStG, 7. Aufl, § 5 Anm 16).

4. Abs 2 Wirtschaftliches Eigentum.

Nr 1 Satz 1 enthält in Anlehnung an das **Leasing-Urteil** des BFH (BStBl 70, 264) eine allgemeine Umschreibung für den Begriff wirtschaftliches Eigentum. Entscheidend ist danach, daß der wirtschaftliche Eigentümer den zivilrechtlichen Eigentümer im Regelfall für die gewöhnliche Nutzungsdauer von der Einwirkung auf das Grundstück wirtschaftlich ausschließen kann (vgl auch BFH BStBl 83, 631; 83, 690). Diese Voraussetzung ist dann erfüllt, wenn der **Herausgabeanspruch** des eigentlichen Eigentümers **keine wirtschaftliche Bedeutung mehr** hat **oder** ein Herausgabeanspruch **überhaupt nicht besteht** (BFH BStBl 71, 133; 79, 466; 85, 126; zum Übergang des wirtschaftlichen Eigentums an GmbH-Anteilen BFH BStBl 88, 832; zur Frage, unter welchen Voraussetzungen der wirtschaftliche Eigentümer den bürgerlich-rechtlich Berechtigten auf Dauer ausschließen kann vgl auch Nieders FG EFG 74, 544; vgl auch allgemein *Haas* Verhältnis des Zivilrechts zum Steuerrecht und dem wirtschaftlichen Eigentum in der Rechtsprechung des Bundesfinanzhofs, DStZ A 75, 363).

Bei **Leasing** kommt es folglich darauf an, ob der Leasing-Nehmer bei normalem Verlauf den Leasing-Geber für dauernd von der Einwirkung auf den Gegenstand wirtschaftlich ausschließen kann. Bei dem in der Praxis am häufigsten vorkommenden Fall des **Finanzierungsleasings** sind die Leasinggegenstände idR dem Leasingnehmer zuzurechnen, wenn ihre betriebsgewöhnliche Nutzungsdauer erheblich länger ist als die Grundmietzeit und dem Leasingnehmer ein Recht auf Verlängerungs- oder Kaufoption zusteht, bei dessen Ausübung er nur einen einer Anerkennungsgebühr ähnelnden, wesentlich geringeren Betrag zu zahlen hat, als sich bei Berechnung des dann üblichen Mietzinses oder Kaufpreises ergeben würde. Das gleiche gilt ohne Rücksicht auf ein Optionsrecht, wenn die Nutzungsdauer und die Grundmietzeit sich annähernd decken, ferner wenn die Leasinggegenstände speziell auf die Verhältnisse des Leasingnehmers zugeschnitten sind und nach Ablauf der Grundmietzeit nur bei diesem eine wirtschaftlich sinnvolle Verwendung finden können. Zur Behandlung von Leasingverträgen in der Steuerbilanz und in der Handelsbilanz vgl *Bordewin* NWB F 17a, 515, *Flume* DB 72, 1 ff, 53 ff, 109 ff, 152 ff: Rechtsverhältnis des Leasing in zivilrechtl und steuerrechtl Sicht; BdF Schreiben v 22. 12. 75, BB 76, 72; *Leffson* Die Darst von Leasingverträgen im Jahresabschluß, DB 76, 637; *Söffing* Non-pay-out-leasing FR 76, 449. Vgl auch BFH BStBl 73, 285; 75, 354 und zur Frage einer Rückstellung in der Bilanz für die Verpflichtung zur Abführung des Verwertungserlöses (BFH FR 88, 74).

2. Abschnitt. Steuerschuldverhältnis § 39

Bei der **Übertragung von Grundstücken** erlangt der Erwerber im allgemeinen wirtschaftliches Eigentum ab dem Zeitpunkt, von dem ab er nach dem Willen der Vertragspartner wirtschaftlich über das Grundstück verfügen kann. Das ist in der Regel der Fall, sobald Besitz, Nutzungen, Lasten und Gefahr auf den Erwerber übergegangen sind (BFH BStBl 84, 820; BFH/NV 88, 86). Dabei berührt die Tatsache, daß der Käufer andere öffentliche Lasten als Anlieger- und Erschließungsbeiträge nicht schon ab Besitzübergang, sondern erst ab Beginn des der Auflassung folgenden Kalendervierteljahres zu tragen hat, das wirtschaftliche Eigentum nicht. Ebensowenig kommt einem Rücktrittsrecht des Verkäufers eine Bedeutung zu, wenn mit der vertragsgerechten Erfüllung des Vertrages typischerweise gerechnet werden kann (BFH/NV 88, 86). Der Abschluß eines notariellen Kaufvertrages und auch die Zahlung eines Teils des Kaufpreises führen dagegen noch nicht zum Übergang des wirtschaftlichen Eigentums (BFH BStBl 84, 820, 822; BFH/NV 87, 428).

Der **Bau** eines Hauses **auf einem fremden Grundstück** führt nicht ohne weiteres zu wirtschaftlichem Eigentum an dem Gebäude (BFH BStBl 67, 677). Errichtet demnach der Ehemann auf einem Grundstück, das ihm und seiner Ehefrau je zur Hälfte gehört ein Betriebsgebäude, ist wirtschaftliches Eigentum hinsichtlich des Gebäudeanteils der Ehefrau nicht schon deshalb zu bejahen, weil die nicht am Unternehmen beteiligte Ehefrau mit dem Bauvorhaben einverstanden war. Erforderlich ist vielmehr, daß die Ehefrau durch vertragliche Vereinbarung oder aus anderen Gründen von der Einwirkung auf das Wirtschaftsgut ausgeschlossen ist und deshalb ihr Herausgabeanspruch wirtschaftlich keine Bedeutung mehr hat oder ein Herausgabeanspruch überhaupt nicht besteht (BFH BStBl 88, 493). Ebenso geht das wirtschaftliche Eigentum nicht allein dadurch über, daß der mutmaßliche Erbe vor der Übertragung im Wege der vorweggenommenen Erbfolge ein Gebäude ausbaut oder auf dem Grundstück bebaut (FG Köln EFG 86, 558). Ferner kann ein Stpfl nicht als wirtschaftlicher Eigentümer angesehen werden, wenn er auf einem im bürgerlich-rechtlichen Eigentum seines Kindes stehenden Grundstück auf eigene Kosten ein Einfamilienhaus errichtet (Nieders FG EFG 81, 394). Anders ist die Rechtslage aber immer, wenn Gebäude aufgrund dinglichen Rechts errichtet wird, weil dann der Erbauer nach § 95 I BGB bereits privatrechtl Eigentümer des Gebäudes wird.

Auch **Miete und Pacht** begründen allein kein wirtschaftliches Eigentum (RFH RStBl 38, 524; 40, 322). Anders kann dies sein bei 30jähriger Pachtung eines Steinbruchs (RFH RStBl 40, 979), bei langjähriger Pachtung eines Mineralölvorkommens, bei langfristiger und bedingungsfreier Verpachtung eines Mineralölgewinnungsrechts unter Ausschaltung der Verfügungsmacht des Verpächters (BFH BStBl 74, 504). Wirtschaftliches Eigentum kann vorliegen, wenn Eigentum bei Tod des Verpächters auf Pächter übergehen soll (BFH BStBl 75, 281). Hinzukommen muß aber wohl noch, daß Objekt vor dem Tode des Eigentümers dem Mieter oder Verpächter unwiderruflich überlassen ist (BFH v 14. 11. 1974 StRK StAnpG § 1 R 457). Pachtvertrag mit Übernahme von Bauverpflichtungen und Einräumen eines Vorkaufsrechts reicht nicht aus (BFH BStBl 72, 452). Veräußert aber jemand ein bebautes Grundstück mit der Verpflichtung, die aufstehenden Gebäude, die er für eine gewisse Zeit nach Abschluß des Kaufver-

§ 39 2. Teil. Steuerschuldrecht

trages noch nutzen darf, vor Übergabe abzubrechen, ist er wirtschaftlicher Eigentümer der Gebäude (BFH BStBl 85, 126). Im übrigen ist der Ausschluß des bürgerlich-rechtlichen Eigentümers von der Sachherrschaft auf Dauer nicht schon gegeben, wenn der Eigentümer das Wirtschaftsgut einem Dritten zur Nutzung überläßt und dieser die damit verbundenen Lasten trägt. Anders ist es nur, wenn bindende Absprachen dahin bestehen, daß der Eigentümer auf sein Verfügungsrecht auf Dauer verzichtet (BFH BStBl 70, 643; Nieders FG EFG 81, 395).

Nießbrauch an einem Grundstück führt nur dann zu wirtschaftlichem Eigentum, wenn sich die rechtliche und tatsächliche Stellung des Nießbrauchers gegenüber dem Eigentümer von der normalen Stellung eines Nießbrauchers so deutlich unterscheidet, daß der Nießbraucher die tatsächliche Herrschaft über das Grundstück ausübt (BFH BStBl 83, 735; 83, 739; 84, 202; BFH/NV 87, 502). Im Normalfall reicht die Bestellung eines Nießbrauchs also nicht aus, um dem Nießbraucher die Stellung eines wirtschaftlichen Eigentümers zu verschaffen (BFH BStBl 82, 454; BFH/NV 87, 502). Die Grundsätze, daß der Vorbehaltsnießbraucher wirtschaftlicher Eigentümer bleibt, wenn Grundstücke im Rahmen vorweggenommener Erbfolge schenkweise übertragen werden und der Übertragende aufgrund unentgeltlicher, auf Lebenszeit vorbehaltener Nießbrauchsrechte den übertragenen Grundbesitz wirtschaftlich unverändert, insbesondere in gleichem Maße, in gleicher Weise, gegen Entzug gleich gesichert und auf gleiche Dauer wie zuvor nutzt, sind demnach überholt (BFH/NV 87, 502). Der Vorbehaltsnießbrauch begründet folglich auch dann kein wirtschaftliches Eigentum, wenn der Nießbraucher Schuldner der auf dem Grundstück gesicherten Darlehen geworden ist und alle mit der Grundstücksnutzung zusammenhängenden Kosten zu tragen hat (BFH BStBl 82, 454; 83, 627; BFH/NV 86, 149; 87, 502).

Zur einkommensteuerrechtlichen Behandlung des Nießbrauchs bei Einkünften aus Vermietung und Verpachtung vgl BdF-Schreiben v 15. 11. 1984 (BStBl 84 I, 561). Danach kann der Nießbraucher **Werbungskosten** und Betriebsausgaben nur abziehen, wenn er Einnahmen erzielt und die Aufwendungen erbracht hat. Entsprechendes gilt für den Eigentümer. Afa kann nur der in Anspruch nehmen, der Einnahmen erzielt und Anschaffungs- oder Herstellungskosten gehabt hat. Zur erbschaftsteuerlichen Behandlung des Nießbrauchs s oben Anm 1.

Anteile an Kapitalgesellschaften sind in das wirtschaftliche Eigentum übergegangen, wenn aufgrund eines bürgerlich-rechtlichen Rechtsgeschäfts der Käufer des Anteils bereits eine rechtlich geschützte, auf den Erwerb des Rechtes gerichtete Position erworben hat, die ihm gegen seinen Willen nicht mehr entzogen werden kann, und auch die mit den Anteilen verbundenen wesentlichen Rechte sowie das Risiko einer Wertminderung und die Chance einer Wertsteigerung auf ihn übergegangen sind (BFH BStBl 84, 825; 88, 834). Bei gleichzeitiger Vereinbarung eines Kauf- und Verkaufsoptionsrechts an den Anteilen einer Kapitalgesellschaft ist jedenfalls dann noch kein wirtschaftliches Eigentum übergegangen, wenn beide Optionsrechte unter einer aufschiebenden Bedingung stehen, die Fristen noch nicht abgelaufen sind und der bürgerlich-rechtliche Anteilseigner bis zu diesem Zeitpunkt in der Ausübung seiner Eigentumsrechte nicht eingeschränkt ist (FG Hamburg EFG 88, 475).

2. Abschnitt. Steuerschuldverhältnis **§ 39**

Bei **Nießbrauch an Gesellschaftsanteilen** hängt es von den getroffenen Vereinbarungen ab, ob der Nießbraucher die eigentümerähnliche Stellung eines Mitunternehmers erhält oder nur gewinn- bzw verlustbeteiligt ist (RFH RStBl 38, 77; BFH BStBl 73, 528; *KKH* Anm 2b). Unentgeltliche Bestellung des **Nießbrauchs an Wertpapieren** ändert nichts an der Zurechnung der Wertpapiererträge. Die Einnahmen sind von dem Besteller mit ihrem Zufluß beim Nießbraucher bezogen (BFH BStBl 77, 115, unter Abweichung von seiner früheren RSpr, vgl insbes BFH BStBl 66, 584; hierzu kritisch *Philipowski* DB 78, 1145). Zur Steuerumgehung durch Nießbrauch s auch § 42 Anm 9d.

Ein **Erbbaurecht** ist als besondere Berechtigung anzusehen (RFHE 32, 239) und bedeutet daher im Regelfall kein wirtschaftliches Eigentum (BFH BStBl 84, 820). Anders kann es sein, wenn entgeltlich ein Erbbaurecht mit der Abrede bestellt wird, daß der Erbbauberechtigte die unentgeltliche Übertragung des belasteten Grundstücks verlangen kann (BFH BStBl 65, 613).

Die **lediglich formale Übertragung** von Vermögenswerten läßt das wirtschaftliche Eigentum nicht übergehen. Werden daher Wirtschaftsgüter durch bürgerlich-rechtlich wirksamen **Schenkungsvertrag** von Eltern auf die **Kinder** übertragen, verbleibt das wirtschaftliche Eigentum bei den Eltern, wenn diese sich auf Lebenszeit die Verwaltungs- und **Verfügungsbefugnis** über die geschenkten Wirtschaftsgüter und deren Erträge vorbehalten haben, FG BaWü EFG 84, 127.

5. Treuhandverhältnisse. Hier wird dem Treuhänder **nach außen** hin eine Rechtsstellung eingeräumt, die er **intern** nur beschränkt ausüben soll und die auch über den intern verfolgten Zweck hinausgeht. Der Treuhänder soll nur insoweit seine Rechtsstellung ausüben, als es der Zweck des Treuhandverhältnisses erfordert. Bloße Vereinbarung, nunmehr das Eigentum als Treuhandeigentum zu besitzen, genügt nicht (BFH BStBl 69, 19). Wenn sich ein unbeschränkt Vermögensteuerpflichtiger einer im Ausland gegründeten GmbH bedient, deren alleiniger Zweck Erwerb und Verwaltung ausländischer Wertpapiere ist, so kann die GmbH als Treuhänder des Steuerpflichtigen anzusehen sein mit der Folge, daß die Wertpapiere unmittelbar dem inländischen Gesellschafter als Treugeber zuzurechnen sind (BFH BStBl 71, 721). **Kein** Treuhandverhältnis besteht zwischen **Alleingesellsch** und **GmbH,** BFH BStBl 75, 553. Der Treuhänder hat ggf nachzuweisen, daß er Gegenstände lediglich treuhänderisch besitzt. Ist der Treugeber, demgegenüber die Zurechnung zu erfolgen hat, nicht bekannt, so greift regelmäßig die Rechtsfolge des § 159 I 1 Halbsatz 2 ein (BFH/NV 87, 638). Ein Treuhandverhältnis darf aber **nicht** einfach **fingiert** werden, vgl BFH BStBl 75, 553, 584. Ein Treuhandverhältnis setzt daher Abmachungen und tatsächliche Beziehungen voraus, aus denen sich ein Handeln im fremden Interesse und die Abhängigkeit des Treuhänders von den Weisungen des Treugebers unzweideutig ergibt. Die Vorschrift ist im GrErwStR nicht anwendbar (BFH BStBl 74, 643). Ferner kann die Haltereigenschaft eines Kraftfahrzeuges nicht Gegenstand einer Treuhandvereinbarung sein, da es vorwiegend um öffentlich-rechtliche Verpflichtungen geht (FG Köln EFG 86, 498).

6. Sicherungsübereignung. Die Sicherungsübereignung stellt lediglich ein im BGB nicht vorgesehenes **besitzloses Pfandrecht** dar. Hierunter fällt auch die Sicherungsabtretung. Auch hier geht der Zweck der Übereignung nicht so weit wie die Rechtsstellung des Eigentümers. Die Übereignung soll lediglich der Sicherung bestimmter Forderungen dienen.

7. Eigenbesitz. Eigenbesitzer ist, wer die ihm zustehende tatsächliche Gewalt über eine Sache (Besitz) so ausübt, als sei er zugleich deren Eigentümer. Eigentum und tatsächliche Herrschaftsgewalt können auseinanderfallen. Der Fremdbesitzer übt dagegen die tatsächliche Herrschaft in Anerkennung des fremden Eigentums aus. Entscheidend sind die Umstände des Einzelfalles, insbesondere die willenmäßige Einstellung des Besitzers und die vertraglichen Abmachungen; Rechtsstellung des Eigentümers muß lediglich **formal** erscheinen. Wenn jemand zB ein Grundstück in Erwartung des Eigentumserwerbs wie ein Eigenbesitzer besitzt, wird er damit wirtschaftlicher Eigentümer (BFH BStBl 70, 264; 70, 272; BFH/NV 88, 86). Ein Auseinanderfallen von bürgerlich-rechtlichem und wirtschaftlichem Eigentum wird jedoch die Ausnahme bilden (BFH BStBl 57, 126; BStBl 63, 454; HFR 64, 204). Rückwirkende Vereinbarung von Eigenbesitz wird steuerlich nicht anerkannt (BFH BStBl 73, 285). Der Umstand, daß der Eigentümer im Außenverhältnis rechtlich wirksam verfügen kann, spricht nicht gegen wirtschaftliches Eigentum, wenn dies nur unter Verstoß gegen Verpflichtungen im Innenverhältnis geschehen kann und die Möglichkeit einer Verfügung daher wirtschaftlich als fernliegend angesehen werden muß, FG D'dorf EFG 81, 508. Die aufgrund eines wegen Formmangels nichtigen Grundstückskaufvertrages erzielten Gewinne sind dem Erwerber zuzurechnen, wenn er wirtschaftlicher Eigentümer des Grundstücks geworden ist, seinerseits den Vertrag erfüllt hat und der Veräußerer nicht damit zu rechnen braucht, daß der Erwerber unter Berufung auf die Nichtigkeit des Vertrages seine Leistung zurückfordern wird (BFH BStBl 74, 202).

Für ein **besitzloses wirtschaftliches Eigentum** ist Voraussetzung, daß der Inhaber des zivilrechtlichen Eigentums in bezug auf das Wirtschaftsgut allein den Weisungen des anderen zu folgen verpflichtet ist und dieser jederzeit die Herausgabe des Wirtschaftsguts (Übertragung des Eigentums) verlangen kann. Aus den Abreden im Innenverhältnis muß sich ergeben, daß der zivilrechtliche Eigentümer auf Dauer von der Einwirkung auf den Gegenstand ausgeschlossen ist, während der andere für eigene Rechnung zur Verfügung über die Substanz berechtigt ist (BFH/NV 88, 20).

8. Gesamthand. Zurechnung eines Gesamthandvermögens an die Beteiligten hat in erster Linie nach dem Anteil des einzelnen Beteiligten (Vermögensanteil) zu erfolgen. Die Zurechnung nach dem Verhältnis der Liquidationsanteile als Hilfsmaßstab (BFH BStBl 71, 678). Die **Personengesellschaften** OHG und KG können allerdings für Zwecke der Gewinnermittlung eigene Identität haben. So sind von der Gesellschaft aufzuwendende Vermittlungsprovisionen für die Vermittlung des Eintritts von Kommanditisten nicht als Anschaffungskosten der Gesellschafter für ihren Anteil am Betriebsvermögen sondern als eigene Ausgaben der Gesellschaft für die Beschaffung von Eigenkapital anzusehen (BFHE 148, 49). Außerdem sind bei einer KG die sich aus der Kommanditistenstellung ergebenden Rechts-

2. Abschnitt. Steuerschuldverhältnis § 40

folgen nicht in jedem Fall dem jeweiligen Kommanditisten zuzuordnen. Ein Kommanditist, der nach den abgeschlossenen Verträgen vom ständigen Ausschluß zu Buchwerten bedroht ist, ist nämlich nicht Mitunternehmer. In einem solchen Fall können daher die sich aus der Kommanditistenstellung ergebenden Rechtsfolgen dem Gesellschafter, dem die Ausschlußbefugnis wirtschaftlich zusteht, gem § 39 II Nr 1 zuzurechnen sein (FG Saarland EFG 85, 350). Auch aus anderen Gründen kann bei einer Gesamthand die Zurechnung über den Anteil des einzelnen Beteiligten hinausgehen. So kann alleiniges wirtschaftliches Eigentum an einem einzelnen Stellplatz einer Garage bestehen, wenn diese Garage als Teileigentum einer Miteigentümergemeinschaft nach dem Wohnungseigentumsgesetz zusteht und dem Stellplatzinhaber eine in Abteilung II des Grundbuchs eingetragene Nutzungsmöglichkeit für seinen Miteigentumsanteil eingeräumt ist (BFH BStBl 85, 451). Erbengemeinschaft ist für das Grunderwerbsteuerrecht selbständiger Rechtsträger und selbst Steuerschuldner. Die Zurechnungsvorschrift des Abs 2 Nr 2 ist nicht anwendbar (vgl BFHE 108, 261).

§ 40 Gesetz- oder sittenwidriges Handeln

Für die Besteuerung ist es unerheblich, ob ein Verhalten, das den Tatbestand eines Steuergesetzes ganz oder zum Teil erfüllt, gegen ein gesetzliches Gebot oder Verbot oder gegen die guten Sitten verstößt.

Schrifttum: *Schöck* Steuerpflicht für sog ,,Bardamen" oder wie moralisch ist das Steuerrecht FR 83, 449; *Lang* Verfassungsmäßigkeit der rückwirkenden Steuerabzugsverbote für Geldstrafen und Geldbußen, StuW 85, 10; *Kuhlmann* Zur Abzugsfähigkeit von Strafverfahrenskosten, DB 85, 1613.

1. Inhalt. Die Vorschrift stellt klar, daß das Steuerrecht auf das **wirtschaftliche Ergebnis** abstellt, ohne Rücksicht darauf, ob das die Besteuerung auslösende Verhalten evtl gegen ein gesetzliches Verbot oder gegen die guten Sitten verstößt. Die Vorschrift ist nur als Anwendungsfall der sog wirtschaftlichen Betrachtungsweise anzusehen; zur Problematik der Besteuerung sittenwidrigen oder gesetzwidrigen Verhaltens *Kruse* StW 68, 270; NJW 70, 2186. Der Steuerpflichtige soll sich nicht hinsichtlich der Besteuerung auf sein eigenes verbots- oder sittenwidriges Verhalten berufen können; das ist ihm auch nach bürgerlichem Recht verwehrt (§ 817 S 2 BGB). Die Vorschrift dürfte jedoch wegen ihrer allgemeinen Formulierung auch zugunsten des Steuerpflichtigen gelten (vgl *Kruse* FR 62, 5), zB kann der Hehler von den im Erlös aus dem Verkauf der gestohlenen Sache Aufwendungen für den Ankauf steuerlich absetzen (*Becker,* Grundlagen 294; *Martens* FR 70, 151; Schwarzhandelsgeschäfte vgl BFH BStBl 51, 77; **Schwarzarbeit** FG Nbg EFG 76, 453). **Schmiergelder** sind ebenfalls steuerlich absetzbar, wenn sie für eine Gegenleistung gezahlt worden sind (BFH BStBl 56, 336; vgl auch *Becker* StW 36, 667) ebenso **Bestechungsgelder** im Zusammenhang mit **Bundesligaspielen,** FG Berlin EFG 78, 280. Bei verbotswidriger Ausfuhr einer Ware hat dagegen die Rechtspr Anspruch auf USt-Vergütung verneint (BFH BStBl 60, 433; dagegen *TK* Tz 6, *Meilicke* FR 68, 432). **Schulden** aus **Steuerhinterziehung** sollen nach BFH (BStBl 76, 87) nicht abziehbar sein, solange die Tat noch nicht entdeckt war; dagegen uE zu Recht *TK* Tz 6. Kosten der **Strafverteidig** sind

§ 40   2. Teil. Steuerschuldrecht

auch im Fall der Verurteilung wegen einer fahrlässig begangenen Straftat, die ausschließlich beruflich bedingt war, als Werbungskosten zu berücksichtigen, FG D'dorf EFG 78, 220. Zur Nichtigkeit einer Versorgungsregelung wegen Steuerverkürzung, BFH GmbHRdsch 79, 270.

Geldstrafen und Geldbußen: Abzugsfähigkeit zuletzt bejaht durch BFH BStBl 84, 160. Durch Gesetz zur Änderung des EStG und KStG v 25. 7. 84 BGBl I 1006 ist aber die Abzugsfähigkeit beseitigt worden. Das in § 12 Nr 4 EStG normierte Abzugsverbot für Geldstrafen verstößt nicht gegen das verfassungsrechtliche Rückwirkungsverbot, FG Berlin EFG 85, 229. Das Rückwirkungsverbot gilt zB dann nicht, wenn die vor Inkrafttreten des neuen Gesetzes vorhandene Rechtslage unklar, verworren oder lückenhaft war, vgl BVerfGE 18, 429; 30, 367. Denn in einem solchen Fall muß der Bürger damit rechnen, daß der Gesetzgeber eine Klarstellung vornimmt.

Der BFH sieht allerdings in einem Vorlagebeschluß an das BVerfG den Gleichheitssatz des Art 3 I GG dadurch als verletzt an, daß § 4 V Nr 8 EStG idF des Gesetzes v 25. 7. 84 den auf die Abschöpfung des wirtschaftlichen Vorteils (§ 17 IV OWiG) entfallenden Teil der Geldbuße nicht zum Abzug als Betriebsausgabe zuläßt (BFH BStBl 87, 212). Bei Straftaten ist nämlich im Gegensatz zu den Geldbußen bei Ordnungswidrigkeiten der wirtschaftliche Vorteil, dessen Verfall nach §§ 73 ff StGB oder dessen Abführung nach § 8, 10 II WiStG angeordnet ist, abziehbar.

2. Sittenwidriges Verhalten liegt vor, wenn es dem Rechtsgefühl aller billig und gerecht Denkenden widerspricht. Auf das sittliche Empfinden der Beteiligten kommt es nicht an. Rechtsgeschäfte sind bei Sittenverstoß nichtig (§ 138 II BGB). Ob sich steuerliche Folgen aus dem sittenwidrigen Verhalten ergeben, richtet sich nach den Einzelsteuergesetzen. Steuerpflicht bei gewerbsmäßiger Unzucht ist bejaht worden (BFH GrS BStBl 64, 500; zur Umsatzsteuerpflicht BFH BStBl 87, 653). Wenn ein Rechtsgeschäft wegen Sittenwidrigkeit oder wegen Gesetzesverstoß nach den Vorschriften des bürgerlichen Rechts nichtig ist, ergeben sich die Rechtsfolgen aus § 41. § 40 enthält nur den Grundsatz, daß gesetz- oder sittenwidriges Verhalten die Besteuerung nicht hindert. Einnahmen aus **Veruntreuung** sind nicht steuerbar, FG Münch EFG 85, 71. Als sonstige Leistung iSd § 22 Nr 2 EStG kommt nur ein Verhalten in Betracht, das Gegenstand eines entgeltlichen Vertrags sein kann und um des Entgelts willen erbracht wird. Ebenso FG Karlsruhe: Einnahmen aus Veruntreuung, Diebstahl oder Unterschlagung sind nicht einkommensteuerpflichtig, weil damit kein Einkünftetatbestand des EStG erfüllt wird, FG Karlsruhe NJW 85, 344. Anspruch auf **Arbeitnehmersparzulage** besteht nicht für Kinder, die unter Verletzung des **JASchG** mitarbeiten, auch dann nicht, wenn ein arbeitsrechtl und steuerl zu beachtendes Arbeitsverhältnis bestand; die **Arbeitnehmersparzulage** ist eine staatl Lenkungs- u Förderungsmaßnahme zum Zwecke der Vermögensbildung, auf sie ist **§ 40 nicht anzuwenden,** FG Nieders EFG 78, 574. Die **Entscheidung** dürfte jedoch nach der Anpassung des 3. VermBildG im Rahmen des Art 83 EGAO überholt sein, weil danach die Vorschriften der AO **generell** für entsprechend anwendbar erklärt worden sind (vgl jetzt § 14 I 5 VermBG).

2. Abschnitt. Steuerschuldverhältnis **§ 41**

§ 41 Unwirksame Rechtsgeschäfte

(1) ¹Ist ein Rechtsgeschäft unwirksam oder wird es unwirksam, so ist dies für die Besteuerung unerheblich, soweit und solange die Beteiligten das wirtschaftliche Ergebnis dieses Rechtsgeschäfts gleichwohl eintreten und bestehen lassen. ²Dies gilt nicht, soweit sich aus den Steuergesetzen etwas anderes ergibt.

(2) ¹Scheingeschäfte und Scheinhandlungen sind für die Besteuerung unerheblich. ²Wird durch ein Scheingeschäft ein anderes Rechtsgeschäft verdeckt, so ist das verdeckte Rechtsgeschäft für die Besteuerung maßgebend.

Schrifttum: *Benne* Die Anfechtung als Ereignis mit steuerlicher Rückwirkung im Einkommensteuerrecht, BB 80, 1846 ff.; *Barandt* Rückwirkung von Verträgen im Steuerrecht, BB 83, 1293; *Wurster* Das Scheingeschäft bei Basissachverhalten, DB 83, 2057; *Beul/Beul* Steuerliche Anerkennung von Verträgen zwischen nahen Angehörigen, NJW 85, 13; *Jehner* Wann entsteht die Grunderwerbsteuer bei nichtigen Kaufverträgen? – Zugleich eine Einführung in die Grundzüge von § 1 Abs 1–3 GrEStG, DStR 86, 634; *Gebbers* Gesichtspunkte der Sachverhaltsprüfung bei Basisgesellschaften, StBp 87, 99; *Schoor* Arbeitsverhältnisse zwischen Ehegatten, RWP 87/1157 SG 5.2, 1273; *Barth* Bürgerlich-rechtlich unwirksam gewordene Rechtsgeschäfte in steuerlicher Sicht – Für Einschränkungen gegenüber dem Zivilrecht gibt es keine rechtlichen Grundlagen, BB 87, 1397; *ders* Die steuerlichen Auswirkungen nichtiger und später nichtig gewordener Rechtsgeschäfte in Buchführung und Bilanzierung, DB 88, 671, 726.

Übersicht

1. Unwirksame Rechtsgeschäfte
2. Unwirksamkeit kann sich ergeben durch
   a) Formmängel
   b) Einzelfälle
   c) Anfechtung
   d) Abweichende Bestimmungen
3. Scheingeschäfte
4. Scheinhandlungen
5. Umgehungsgeschäfte
6. Verdeckte Geschäfte

1. Abs 1. Unwirksame Rechtsgeschäfte. Die Fassung ist gegenüber der RAO verallgemeinert. Sie zählt nicht die einzelnen Gründe auf, aus denen sich die **Nichtigkeit** eines Rechtsgeschäftes ergibt, und verwendet statt des Begriffs der Nichtigkeit den der **Unwirksamkeit**. Vorschrift erwähnt ferner nicht die **anfechtbaren Rechtsgeschäfte,** weil diese bis zu ihrer Anfechtung wirksam und erst durch die Anfechtung als von Anfang an nichtig anzusehen sind (§ 142 Abs 1 BGB). Dieser Fall wird durch die **2. Alternative** des Abs 1 S 1 erfaßt. Unwirksam iS des § 41 sind nur Rechtsgeschäfte, die **von Anfang an** (ex tunc) unwirksam sind oder werden. Wirkt die Unwirksamkeit nur für die Zukunft (ex nunc), so bleibt der Steuertatbestand erfüllt und der Steueranspruch entstanden. Die Rückabwicklung eines rückgängig gemachten Anschaffungsgeschäfts iS des § 18 KVStG löst daher in der Regel als weiteres Anschaffungsgeschäft Börsenumsatzsteuer aus. Etwas anderes gilt bei rückwirkend unwirksamen Anschaffungsgeschäften, deren wirtschaftliches Ergebnis nicht bestehen bleibt (BFH BStBl

§ 41 2. Teil. Steuerschuldrecht

88, 416). Entsteht durch den Erwerb weiterer GmbH-Anteile eine wesentliche Beteiligung, so kann diese nicht rückwirkend dadurch beseitigt werden, daß die erworbenen Anteile rückwirkend verschenkt werden (BFH BStBl 85, 55). Dieser Vorgang hat lediglich schuldrechtliche Wirkung und nicht die Kraft, dem Veräußerer im Verhältnis zu Dritten rückwirkend die Stellung eines Gesellschafters zu entziehen (vgl zur Frage der Rückwirkung auch oben § 38 Anm 4). Nicht erfaßt wird ferner die Entnahme. Die **Entnahme** ist ein tatsächlicher Vorgang, der nicht mit rückwirkender Kraft steuerlich ungeschehen gemacht werden kann, nur weil das zugrundeliegende Rechtsgeschäft zivilrechtlich mit Erfolg angefochten wurde, FG Hessen EFG 81, 95. Verfahrensrechtliche Folgen aus der Abwicklung der Rückgängigmachung eines wirtschaftlich bereits vollzogenen Rechtsgeschäfts richten sich entweder nach den Sonderregelungen in den Einzelsteuergesetzen zB § 17 UStG, § 11 EStG, § 9 VersStG, §§ 5 II, 7 II BewG, § 29 ErbStG, §§ 1 II 2, 17 GrEStG, im übrigen nach § 175 I Nr 2. Die Frage, ob die Vorschrift für **alle Steuern** gilt (so *TK* Tz 2) oder **nicht** bei **laufend veranlagten** Steuern (so insb BFH BStl 68, 93) ist umstritten. Nach BFH BStBl 71, 375 soll sich die Nichtanwendbarkeit der Vorschrift insb aus dem **Stichtagsprinzip** ergeben, vgl auch BFH 75, 776 unter Hinweis auf § 11 I 1 EStG. Die Auffassung des BFH läßt sich möglicherweise darauf stützen, daß § 41 I 1 auch ein **zeitliches Element** enthält. Die Unwirksamkeit eines Rechtsgeschäfts ist **solange** unerheblich, wie die Beteiligten das wirtschaftl **Ergebnis bestehen** lassen. Bis zu diesem Zeitpunkt muß eben auch das Ergebnis als bestehend in der Bilanz berücksichtigt werden. AA *Benne* aaO, der sich insbesondere gegen die Vorrangigkeit der Grundsätze ordnungsmäßiger Buchführung wendet, ablehnend ferner *Barth*, DB 88, 621, 726, der bei Veranlagungsteuern die Nichtanwendung des § 41 nur in den Fällen der §§ 169 und 173 II für gerechtfertigt hält.

2. Unwirksamkeit eines Rechtsgeschäfts kann sich ergeben durch

a) Formmängel. Für bestimmte Rechtsgeschäfte schreibt das bürgerliche Recht die Einhaltung bestimmter Formen vor, insbesondere die Schriftform oder die gerichtliche oder not Beurkundung. Die Nichtbeachtung führt nach § 125 BGB zur **Nichtigkeit** des Rechtsgeschäfts. Nichtigkeit hat aber für das Steuerrecht keine Bedeutung, wenn die Beteiligten das wirtschaftliche Ergebnis des Rechtsgeschäfts gleichwohl eintreten und bestehen lassen, zB wird **Mitunternehmerschaft** angenommen, auch wenn **Erwerb** der Beteiligung **unwirksam** war, BFH BStBl 74, 100; formnichtige **Testamente** können für wirksam erachtet weden, BFH BStBl 74, 340; das von den Erben erfüllte **unwirksame Testament** ist für die ErbschaftSt-Festsetzung maßgebend; ebenso kann die Erfüllung eines unwirksamen Vermächtnisses steuerlich anzuerkennen sein, FA BaWü EFG 80, 347. Das Rechtsgeschäft kann auch wegen **mangelnder Geschäftsfähigkeit** oder wegen Fehlens der **Rechtsfähigkeit** unwirksam sein. Unwirksam sind im übrigen alle Geschäfte, die wegen **Gesetz- oder Sittenwidrigkeit** nichtig sind (§ 138 BGB, vgl § 40). Die Vorschrift ist ferner anwendbar, solange ein Rechtsgeschäft wegen **fehlender Zustimmung** eines Dritten unwirksam ist; kritisch dagegen *Kurz* § 41 I AO im Verhältnis zum wirtschaftlichen Eigentum nach § 39 II Nr 1 S 1 AO, DStZ 80, 451. Würde man eine formnichtige Übereignung eines Grundstücks steuerlich aufgrund des § 41

2. Abschnitt. Steuerschuldverhältnis **§ 41**

steuerlich anerkennen, könnten die Beteiligten nach Lust und Laune nach Belieben die steuerliche Wirksamkeit jederzeit beseitigen, indem sie das wirtschaftliche Ergebnis nicht mehr bestehen lassen. Eine solche Unsicherheit stehe aber im Widerspruch zu der auf Dauer angelegten und nicht „kündbaren" Zurechnung von Wirtschaftsgütern aufgrund zivilrechtl oder wirtschaftl Eigentums nach § 39. Keine Anwendung findet die Vorschrift zB für die GrESt, wenn für die Wirksamkeit des Rechtsgeschäfts die Genehmigung einer Behörde nötig ist, diese aber nicht erteilt wird (vgl FG Nürnberg EFG 67, 85).

b) Einzelfälle und Verträge zwischen **Familienangehörigen.**
Strengere Anforderungen stellt die Rechtsprechung an die Einhaltung der Form bei Verträgen zwischen FamAngehörigen, zB erkennt der BFH BStBl 63, 476 einen nur privatrechtlich abgeschlossenen Grundstücksübereignungsvertrag unter Angehörigen nicht an (kritisch hierzu vor allem *Grabenhorst* NJW 59, 1296). Im Falle einer **Beteiligung** eines **Minderjährigen** an einer Gesellschaft ohne **vormundschaftsgerichtl Genehmigung** hat der BFH die Anerkennung des Gesellschaftsverhältnisses deswegen versagt, weil dem Minderjährigen daraus zwar gewisse Rechte aber keine Pflichten erwachsen könnten, BFH BStBl 73, 307. Nach BFH BStBl 76, 328 hatte es den Anschein, als ob bei Gesellschaftsverhältnissen zwischen Eltern und Kindern die **Bestellung eines Dauerergänzungspflegers** nicht mehr erforderlich sei; so aber bereits BdF BB 76, 22. Im Gesetz findet diese Rechtsprechung jedenfalls keine Stütze. In neueren Entscheidungen hat der BFH auch wieder Verträgen, die zwischen Eltern und Kindern ohne eine erforderliche Einwilligung eines Ergänzungspflegers abgeschlossen worden waren, die steuerliche Anerkennung versagt (vgl BFH BStBl 81, 435; BFH/NV 87, 159). Nach FG RheinlPf (EFG 87, 234) ist die Nichteinschaltung eines Ergänzungspflegers bei Arbeitsverträgen mit minderjährigen Kindern allerdings für die steuerliche Beurteilung unerheblich, weil nach Zivil- und Arbeitsrecht ein Arbeitnehmer, der aufgrund eines unwirksamen Arbeitsvertrages Arbeit geleistet hat, den dafür vorgesehenen Lohn zu erhalten hat (s auch FG RheinlPf EFG 73, 257). Im übrigen kann die Nichteinhaltung der Form wichtiges Indiz für Scheingeschäfte sein. Der BFH hat bisher an seiner Auffassung, daß zwischen **Familienangehörigen** klare Verhältnisse durch zivrechtl wirksame Verträge bestehen müßten, festgehalten (vgl BFH BStBl 76, 324; 76, 335; 81, 435; 84, 623, bestätigt durch BVerfG HFR 85, 283). Ein mangels Einwilligung eines Ergänzungspflegers unwirksamer Vertrag kann auch keine steuerliche Rückwirkung dadurch erlangen, daß das später volljährig gewordene Kind den Vertrag genehmigt (BFH BStBl 81, 435; BFH/NV 87, 435; vgl zur Rückwirkung auch oben Erl zu § 38 Anm 4). Bei wegen **fehlender notarieller Beurkundung** unwirksamen **Schenkungsverträgen** tritt Wirksamkeit mit Vollzug des Vertrages ein (§ 518 II BGB). Wird jedoch ein Schenkungsvertrag zwischen einem Vater und seinen Kindern dergestalt durchgeführt, daß der Vater die von ihm geschenkten Einlagen im Wege der Umbuchung von seinem Kapitalkonto abbucht und auf dem Beteiligungskonto seiner Kinder gutbringt, ohne daß eine Geldbewegung stattfindet, so stellt dies keine Bewirkung der versprochenen Leistung iS des § 518 II BGB dar (BGHZ 7, 174; 7, 378; BFH/NV 86, 91). Wenn Eltern ihren Kindern Geldbeträge

§ 41 2. Teil. Steuerschuldrecht

zuwenden, die die Kinder vereinbarungsgemäß dann unmittelbar den Eltern **wieder als Darlehen zur Verfügung stellen,** tritt zusätzlich das Problem auf, ob die Hingabe des Geldbetrages durch die Eltern überhaupt als Schenkung anzusehen ist oder ob nicht lediglich hinsichtlich des Kapitals und der Zinsen ein bedingtes Schenkungsversprechen vorliegt. Die Frage stellt sich auch dann, wenn Schenkungsvertrag und Darlehnsvertrag notariell beurkundet sind. Der VIII. Senat des BFH vertritt die letztere Auffassung (s BFH BStBl 84, 705), der III. Senat die erstere (s BFHE 149, 464 mwN).

Über die zivilrechtliche Wirksamkeit hinaus verlangt der BFH bei Verträgen unter Angehörigen, daß sie **tatsächlich durchgeführt** werden und daß sie einem **Fremdvergleich standhalten** (s ua BFH BStBl 82, 119; 87, 121; BFH in BFHE 149, 464; einschränkend zum Erfordernis des Fremdvergleichs HessFG EFG 88, 10). Bedeutung hat diese Rechtsprechung vor allem auch für **Arbeitsverträge unter Ehegatten.** Hier müssen die Verträge nicht nur wirksam sein, sondern es muß sich um klare und eindeutige Vereinbarungen handeln. Tatsächliche Durchführung bedeutet, daß der Lohn wirklich aus der wirtschaftlichen Verfügungsmacht des Unternehmers in den alleinigen Einkommens- und Vermögensbereich des Arbeitnehmerehegatten übergeht (s näher BFH BStBl 80, 350; 82, 119; BVerfG HFR 87, 92). Oderkonto muß aber ausreichen (vgl BFHE 153, 401, Anrufung GrS; aA FG Hamburg EFG 85, 438; 86, 218). Im Fremdvergleich müssen Vertragsinhalt und Vertragsdurchführung dem entsprechen, was zwischen Fremden üblich ist (vgl BFH BStBl 87, 121). Zum Gestaltungsmißbrauch bei Verträgen mit Ehegatten oder Angehörigen s auch § 42 Anm 9 d. *Beul/Beul* (aaO) halten die Rechtsprechung des BFH zu Verträgen zwischen nahen Angehörigen für nicht mit Art 6 I gg vereinbar.

c) Ein Rechtsgeschäft wird unwirksam zB durch **Anfechtung,** und zwar rückwirkend (§ 142 I BGB). Es kann auch durch vertragliche Vereinbarung unwirksam gemacht werden.

d) Etwas anderes ist bestimmt in **§ 14 III UStG,** wonach der Aussteller einer Rechnung den ausgewiesenen StBetrag schuldet, auch wenn die Lieferung gar nicht durchgeführt wurde, vgl BFH BStBl 82, 229. Mit § 14 III UStG soll der Möglichkeit entgegen gewirkt werden, daß eine solche Rechnung mißbräuchlich verwendet wird, um den Vorsteuerabzug zu erreichen. Die Vorschrift greift nicht ein, wenn aus der Sicht des Ausstellers nach den Umständen des Einzelfalles eine Gefährdung des StAufkommens ausgeschlossen ist, wenn also der Aussteller nicht damit rechnen kann, daß der Adressat der Rechnung diese gegenüber dem FA zur Geltendmachung des Vorsteuerabzugs verwendet, FG D'dorf EFG 82, 49; BFH BStBl 80, 283, 287.

3. Scheingeschäfte: Es handelt sich um Rechtsgeschäfte, die nur zum Schein getätigt werden, dh beide Vertragspartner sind sich darin einig, daß sie das Erklärte nicht wollen, der Wille wird nur zum Schein erklärt (RFH StW 30 Nr 383; BFH/NV 88, 151). Gründung einer **Basisgesellschaft** im Ausland ist im Zweifel kein Scheingeschäft, weil sie ernstlich gewollt ist, vgl BFH BStBl 76, 608; es kann sich aber um einen **Mißbrauch** von **Gestaltungsmöglichkeiten** iSd § 42 handeln. Ein geheimer Vorbehalt eines Vertragspartners ist dagegen unbeachtlich (vgl § 116 S 1 BGB). Scheingeschäf-

2. Abschnitt. Steuerschuldverhältnis　　　　　　　　　　　　§ 42

te kommen insbesondere vor bei enger Verbindung beider Vertragspartner, insbesondere unter Familienangehörigen (s dazu oben Anm 2b). Private und betriebl **Vermögenssphäre** muß bei **Ehegatten** getrennt sein, BFH BStBl 74, 294. Nießbrauch am Grundstück des geschiedenen Ehegatten wird nur nach Eintrag im Grundbuch anerkannt, BFH BStBl 74, 351. Ein **faktisches Gesellschaftsverhältnis** unter **Ehegatten** wird nicht anerkannt, BFH BStBl 73, 287; aA hinsichtl faktischen Arbeitsverhältnis FG RhPf EFG 73, 257. **Scherzgeschäfte** sind nach § 118 BGB dagegen nichtig und daher nach Abs 1 zu beurteilen.

4. Scheinhandlungen: Tatsächliche Handlungen, an die Rechtsfolgen geknüpft sind, die jedoch zum Zwecke der Erreichung der Rechtsfolge nur vorgetäuscht sind. Beispiele: Begründung, Beibehaltung eines Wohnsitzes; Standort im Güterkraftverkehr (BFH BStBl 63, 396; 65, 218). Die Fassung des Abs 2, S 2 erwähnt zwar nur Scheingeschäfte. Sie ist jedoch auch auf Scheinhandlungen anzuwenden.

5. Von den Scheingeschäften zu unterscheiden sind die sog **Umgehungsgeschäfte** (dazu § 42). Das Umgehungsgeschäft ist wirklich gewollt. Die Parteien haben das Umgehungsgeschäft gewählt, um eine bei „normaler" Vertragsgestaltung entstehende Steuer zu vermeiden (BFH BStBl 60, 111; 65, 270; 68, 695). Abgrenzung zum Scheingeschäft ist nicht leicht zu ziehen, insbesondere nicht in den Fällen, in denen durch das Scheingeschäft ein anderes Geschäft verdeckt werden soll. **Treuhandgeschäfte** sind regelmäßig keine Schein- oder Umgehungsgeschäfte (vgl RFH Slg 6, 62).

6. Wenn durch ein **Scheingeschäft** oder eine **Scheinhandlung** ein anderes Geschäft oder eine andere Handlung verdeckt werden soll, so ist für die Besteuerung das verdeckte Geschäft oder die verdeckte Handlung maßgebend. Bei unwirksamen Geschäften ist das Geschäft steuerlich als wirksam zu behandeln, soweit und solange die Beteiligten das Geschäft wie ein wirksames behandeln und durchführen. So ist es bei **unerlaubter Arbeitnehmerüberlassung** steuerlich unbeachtlich, daß die Rechtsbeziehungen zwischen Entleiher und Verleiher unwirksam sind (BFH BStBl 82, 502; BFH/NV 87, 756). Die steuerrechtlichen Pflichten einer GmbH, die unerlaubt Arbeitnehmerüberlassung betreibt, werden deshalb nicht dadurch berührt, daß sie nach den Vorschriften des Arbeitnehmerüberlassungsgesetzes nicht als Arbeitgeber anzusehen ist (BGH HFR 87, 268).

Weitere Beispiele: Bei Einschaltung von Strohmännern treten die steuerlichen Folgen für den Hintermann ein (BFH BStBl 70, 127). Bei Kaufvertrag über ein Grundstück geben die Parteien einen niedrigen Kaufpreis an. Dieses Scheingeschäft ist nichtig. Der Kaufvertrag über den höheren von den Parteien gewollten Preis ist ebenfalls nichtig wegen fehlender notarieller Beurkundung. Gleichwohl wird dieser Kaufpreis für die Besteuerung nach Abs 1, 1 zugrundegelegt.

§ 42 Mißbrauch von rechtlichen Gestaltungsmöglichkeiten

[1]Durch Mißbrauch von Gestaltungsmöglichkeiten des Rechts kann das Steuergesetz nicht umgangen werden. [2]Liegt ein Mißbrauch vor, so entsteht der Steueranspruch so, wie er bei einer den wirtschaftlichen Vorgängen angemessenen rechtlichen Gestaltung entsteht.

§ 42 2. Teil. Steuerschuldrecht

Schrifttum: *Danzer* Die Steuerumgehung, Diss Bochum 1981; *Schmidt-Liebig* Die steuerliche Anerkennung unüblicher Vereinbarungen im Ehegattenarbeitsverhältnis, BB 83, 52; *Kaligin* Die Besteuerung von Basisgesellschaften vor und nach dem Außensteuergesetz, RIW/AWD 82, 737; *Ruppel* Die Fragwürdigkeit der steuerrechtlichen Nichtanerkennung handelsrechtlicher Gesellschaftsformen, DStZ 82, 465; *Piltz* Steuerumgehung bei ausländischen Betriebstätten und Personengesellschaften RIW 82, 414; *Wurster* Der Mißbrauchsbegriff bei der Steuerumgehung, BB 83, 570; *Kirchhof* Steuerumgehung und Auslegungsmethoden, StuW 83, 173; *Küster* Zur StPflicht einer Basisgesellschaft DStR 83, 326; *Kottke* Das unechte Tatbestandsmerkmal des ungewöhnlichen Weges in § 42 der Abgabenordnung, BB 83, 1146; *Wurster* Der Mißbrauchsbegriff bei der Steuerumgehung, BB 83, 570; *Breitenbach* Die Eignung der Bauherrenerlasse zur Diagnose von Steuerumgehungen, DB 83, 1788; *Rauer* Mißbrauch von Gestaltungsmöglichkeiten des Rechts durch Einschaltung einer Basisgesellschaft, DB 83, 2276; *Vogel* Steuerumgehung nach innerstaatlichem Recht und nach Abkommensrecht, StuW 85, 369; *Bilsdorfer* Zur Aufteilung von Anschaffungskosten als Steuerhinterziehung - Erwiderung zu Pfleger in DB 85, 2465, DB 86, 923; *Pfleger* Die Beeinflussung der Aufteilung von Anschaffungskosten auf mehrere Wirtschaftsgüter als legale bilanzpolitische Sachverhaltsgestaltung - Replik zu Bilsdorfer (DB 86, 923), DB 86, 925; *Schmidt-Liebig* Bauherrenmodell, wirtschaftliche Betrachtungsweise und Gestaltungsmißbrauch - Zu den steuerlichen Auswirkungen zivilrechtlicher Sachverhaltsgestaltungen und den Grenzen der Relativität steuerlicher Rechtssatzbegriffe, StuW 86, 128; *Ulmer* Steuervermeidung, Steuerumgehung, Steuerhinterziehung, DStZ 86, 292; *Kottke* Sofortabschreibung geringwertiger Einlagegüter - Ein neues Steuersparmodell, FR 86, 337; *Meilicke* Zur Aufteilung von Anschaffungskosten ohne Steuerhinterziehung, DB 86, 2045; *Böttges* Zur Mißbrauchsproblematik bei der umsatzsteuerpflichtigen Vermietung von Ehegatten-Grundstücken an einen Ehegatten, UStR 86, 523; *Baum* Die Neuregelung des UStG zugunsten der deutschen Landwirtschaft - Die Einschaltung von Zwischenhändlern als Zweck des Gesetzes? UStR 86, 255; *Völkel* Die Rechtsfolgen bei mißbräuchlichen Vermietungen im Sinne des § 42 AO, UStR 86, 258; *Fleischmann* Steuerliche Überraschungen bei Zwischenmietverhältnissen, BB Beilage 1986, Nr 16, 34; *Lohmeyer* Mißbrauch von rechtlichen Gestaltungsmöglichkeiten, StBp 86, 321; *Gebbers* Gesichtspunkte der Sachverhaltsprüfung bei Einschaltung von Basisgesellschaften, StBp 87, 99; *Schneeloch* Verdecktes Nennkapital, DStR 87, 458; *Piltz* Doppelbesteuerungsabkommen und Steuerumgehung unter besonderer Berücksichtigung des treaty-shopping, BB Beilage 1987, Nr 14, 1; *Feddersen* Die Nutzung der Verlustvortrags beim Mantelkauf - Folgerungen der wirtschaftsberatenden Praxis aus der Rechtsprechungsänderung des Bundesfinanzhofs, BB 87, 1787; *Günther* Mißbräuchliche Rechtsgestaltungen nach § 42 AO, StBp 87, 198; *Casser* Steuerumgehung und Zwischenvermietung, BB Beilage 1987, Nr 21, 1; *Forgach* Versagung des Vorsteuerabzugs wegen Übergang des Optionsrechts auf eine Mittelsperson - Gedanken zum Gestaltungsmißbrauch und zur Leistungskommission, DStZ 87, 575; *Seer* Gestaltungsmißbrauch nach § 42 AO bei kurz vor Jahresende allein zur Steuerminderung getätigten Ausgaben? sog Torschlußpaniksyndrom, DStR 87, 603; *Richter* Zur Umwandlung von Arbeitslohn in steuerfreie Zinsvergünstigungen und Zinszuschüsse iS des § 3 Nr 68 EStG, FR 87, 63; *Fichtelmann* Der Mantelkauf und seine steuerlichen Auswirkungen, StW 88, 77; *Strunz* Überhöhte Rechnungen aus dem Ausland, StBp 88, 41; *Viskorf* Zur Rückgängigmachung eines Erwerbsvorgangs iS von § 16 GrEStG 1983, DStR 88, 206; *Arndt/Detzel* Gewerbliche Zwischenvermietung und Rechtsmißbrauch bei Bauherrenmodellen, UStR 88, 101; *Fleischmann* Die Zwischenvermietung in aktueller Verwaltungspraxis und nach neuester BFH-Rechtsprechung, DStR 88, 173; *Meyer-Arndt* Leistungsverhältnisse zwischen nahen Angehörigen - von der Rechtsprechung diskriminiert, StBJB 87/88, 167; *Selling* Die Abschirmwirkung ausländischer Basisgesellschaften gegenüber dem deutschen Fiskus, DB 88, 930; *Beul* Verfassungsrechtliche Bedenken gegen die Anwendung des § 42 AO entgegen der Auslegung des § 9 UStG bei Zwischenvermietung, DStR 88, 280; *Maus* Ist der Neuerwerb von Vorbehaltsware durch den Konkursverwalter ein Mißbrauch rechtlicher Gestaltungsmöglichkeiten iS von § 42 AO? DB 88, 1241.

2. Abschnitt. Steuerschuldverhältnis **§ 42**

Übersicht

1. Inhalt
2. Steuerersparnis
3. Keine Auslegungsnorm
4. Mißbrauch
   a) unangemessene rechtliche Gestaltung
   b) Steueroasen
   c) Nachweis
   d) Erstattungs- und Vergütungsansprüche
5. Rechtsfolgen der Steuerumgehung
6. Verhältnis zur Steuerhinterziehung
7. Aufhebung und Änderung von Bescheiden
8. Beweislastverteilung
9. Beispiele für Steuerumgehungen
   a) Bei Kapitalgesellschaften
   b) Mantelkauf
   c) Basisgesellschaften
   d) Verträge mit Ehegatten oder Familienangehörigen
   e) Vereinbarung unangemessener Gebühren
   f) Unzeitgemäße Zahlungen
   g) Umgehung von Grundstückskaufverträgen
   h) Zwischenmietverhältnisse
   i) Weitere Beispiele

1. Inhalt. Die Fassung entspricht weitgehend dem früheren § 6 I und II StAnpG. Von Änderungen ist insbesondere deswegen abgesehen worden, um zu vermeiden, daß einer langjährigen Rechtsprechung der Boden entzogen wird. Deswegen wurden auch Vorstellungen nicht weiter verfolgt, die den Begriff **Mißbrauch** durch das Abstellen auf die **Unangemessenheit** der rechtlichen Gestaltung ersetzen wollten. Auf die Unangemessenheit der rechtlichen Gestaltung stellt aber zB das **Gesetz zur Bekämpfung der Wirtschaftskriminalität** ab, Art 2 § 4 WiKG BGBl 1976, S 2034; auch hier geht es darum, sog Umgehungshandlungen die rechtliche Anerkennung zu versagen. Es wird sich die Frage stellen, ob nicht die AO sich dieser modernen Fassung hätte anschließen sollen.

Es ist zwar Aufgabe des Gesetzgebers, die Steuergesetze so genau zu fassen, daß Umgehungshandlungen möglichst verhindert werden. Diesen Idealvorstellungen wird jedoch der Gesetzgeber nicht immer gerecht werden können. Der Gesetzgeber wäre überfordert, wenn er alle Umgehungsmöglichkeiten voraussehen und durch entsprechende Gestaltung des Gesetzestextes verhindern müßte. Die Vorschrift greift insbesondere dann ein, wenn durch **Auslegung** eine Umgehungshandlung nicht erfaßt werden kann. Während § 6 StAnpG noch darauf abstellte, daß sich der Mißbrauch auf Formen und Gestaltungsmöglichkeiten des **bürgerlichen Rechts** beziehen muß, ist diese Einschränkung fallen gelassen worden. Die Neufassung stellt allgemein auf die **Gestaltungsmöglichkeiten des Rechts** ab. Diese umfassen auch die **Formen** des Rechts, ohne daß dies besonders erwähnt wird. In Betracht kommen hierbei daher auch Gestaltungsmöglichkeiten des öffentlichen Rechts (BFH BStBl 85, 636; 86, 735) einschl des Steuerrechts; aA *TK* Tz 12 unter Hinweis auf die Begründung zum Reg-Entw (BT-Drucks VI/1982 zu § 45), wonach gegenüber dem geltenden Recht eine Änderung nicht eintreten sollte. Diese Äußerung bezog sich aber auf die Frage, ob die Vorschrift **wesentlich** umgestaltet werden sollte. So kann zB ein Mißbrauch von steuerrechtlichen Gestaltungsmöglichkeiten (§ 39a Abs 1 Nr 6 EStG) vorliegen, wenn ein Steuerpflichtiger ausschließlich im Lohnsteuerermäßigungsverfahren von den degressiven Absetzungen nach § 7 Abs 5 EStG zu den erhöhten Absetzungen des § 7b EStG wechselt, um sodann im Veranlagungsverfahren wieder degressive Absetzungen für Abnutzung nach § 7 Abs 5 EStG geltend zu machen (BFH/NV 87, 714).

2. Steuerersparnis. Voraussetzung für die Anwendung des § 42 ist, daß auf dem angemessenen Weg eine **höhere Steuer zu zahlen** wäre als auf dem tatsächlich eingeschlagenen unangemessenen (BFH 140, 129; BFH v 3. 3. 88 VR 183/83). Das darf jedoch im Verhältnis zu § 10 nicht dazu führen, daß bei einer ausländischen Basisgesellschaft die Prüfung unterbleibt, ob die im Inland ausgeübte Tätigkeit nicht wegen Rechtsmißbrauchs einem anderen Steuerpflichtigen zuzurechnen ist, weil die Basisgesellschaft wegen festgestellter Geschäftstätigkeit im Inland unbeschränkt steuerpflichtig ist und die unbeschränkte Steuerpflicht zu einer höheren Steuerbelastung als bei einer beschränkten Steuerpflicht führt (so aber BFHE 140, 129). Eine im Inland festgestellte Geschäftstätigkeit einer ausländischen Körperschaft kann vielmehr nur dann für die Bestimmung der Geschäftsleitung nach § 10 herangezogen werden, wenn sie steuerlich der ausländischen Gesellschaft zuzurechnen ist. Dies ist nicht der Fall, wenn tatsächlich festgestellt wird, die im Inland ausgeübten Tätigkeiten und die daraus erzielten Einkünfte seien wegen Rechtsmißbrauchs nach § 42 einem anderen im Inland ansässigen Steuerpflichtigen zuzurechnen (so mit Recht BFH BStBl 86, 490; BFH/NV 86, 255).

Durch die Vorschrift wird nicht schlechthin jede Gestaltungsmöglichkeit, die zu einer Steuerersparnis führt, unterbunden. Dem Steuerpflichtigen bleibt es grundsätzlich unbenommen, die für ihn günstige Regelung zu wählen (BFH BStBl 83, 272; 88, 942), zB **keine** Umgehung der **Nachversteuerung des** nichtentnommenen Gewinns, wenn sich der Stpfl von einem Mitgesellschafter zu Lasten dessen Kapitalkontos ein privates Darlehen mit der Abrede gewähren läßt, das Darlehen erst nach der dreijährigen Festlegungszeit (§ 10a II EStG) aus seinem Kapitalkonto zurückzuzahlen, BFH BStBl 78, 669. Es kann zB auch nicht als rechtsmißbräuchlich angesehen werden, wenn der Arbeitgeber Beiträge für die Direktversicherung seiner Arbeitnehmer gegen Einmalprämie zahlungs- und buchungsmäßig so auf zwei Kalenderjahre verteilt, daß der Grenzbetrag gem § 40b II 1 EStG nicht überschritten wird (BFH/NV 88, 499). Nur die mißbräuchliche und unangemessene Gestaltung wird vom Gesetzgeber mißbilligt. Wann ein Mißbrauch vorliegt, richtet sich nach den Umständen des Einzelfalles. Die Frage wird von der Rechtsprechung zu entscheiden sein.

Steuerumgehung ist ein Fall der Gesetzesumgehung (*TK* Tz 2). Die Anwendung der Vorschrift kommt da in Betracht, ,,wo die Auslegungskunst zu versagen beginnt" (*Hensel* Festschrift für Zitelmann, S 224). Während man im bürgerlichen Recht insbesondere ggf im Wege der Analogie eine weitere Anwendung einer Rechtsnorm erreichen kann, ist die Anwendung der **Analogie** im Steuerrecht zuungunsten des Steuerpflichtigen zumindest problematisch (Analogieverbot nimmt vor allem *Tipke* StW 72, 268f an; s

2. Abschnitt. Steuerschuldverhältnis § 42

nunmehr aber *Tipke,* Grenzen der Rechtsfortbildung durch Rechtsprechung und Verwaltungsvorschriften im Steuerrecht, S 163; näher dazu oben § 4 Anm 9). Die Vorschrift hat namentlich Bedeutung für die Fälle, in denen das Steuergesetz Begriffe des bürgerlichen Rechts verwendet und damit den wirtschaftlichen Erfolg erfassen will, zu dessen Erreichung normalerweise ein bestimmter zivilrechtlicher Vertragstyp gewählt wird. Die Vertragspartner können aber häufig einen anderen Vertragstyp wählen, um damit wirtschaftlich das gleiche Ergebnis zu erreichen. Grundsätzlich erkennt das Steuerrecht solche atypischen rechtlichen Gestaltungen auch an (BFH BStBl 51, 181; 72, 322; BVerfG 9, 237, 250), sofern es sich um ein angemessenes Mittel handelt.

Die Vorschrift ist schon im Interesse der **gleichmäßigen** Behandlung aller Steuerpflichtigen nötig. Anderenfalls würde der raffinierte Steuerpflichtige besser gestellt werden als ein anderer, obwohl beide wirtschaftlich das gleiche erreicht haben, sich der eine Steuerpflichtige jedoch einer normalen rechtlichen Gestaltung bedient hat, der andere diese Gestaltung bewußt vermieden hat. Steuerumgehung stellt sich dar ,,als die Erreichung einer bestimmten wirtschaftlichen Lage unter Vermeidung des rechtlichen Tatbestandes, welchen der Gesetzgeber hierfür als üblich im Verkehrsleben angesehen und daher zur Voraussetzung der Entstehung des Steueranspruchs erhoben hat" (*Hensel* Festschrift für Zitelmann, S 225).

3. Die Vorschrift ist **keine Auslegungsnorm,** sondern sagt, wie ein Sachverhalt steuerlich zu beurteilen ist (vgl aber BFH BStBl 85, 33, wo eine dem wirtschaftlichen Sachverhalt unangemessene Gestaltung für die Verwirklichung des Tatbestandes einer begünstigenden Norm am Sinn der Norm gemessen wird). Es ist zu prüfen, ob die gewählte rechtliche Gestaltung dem wirtschaftlichen Erfolg angemessen war. War sie das nicht, ist zu prüfen, ob für den gewählten Weg ein vernünftiger Grund vorhanden war (vgl *Tipke* StbJb 72/73, 516, 519).

4. Mißbrauch. Die Vorschrift erfaßt nur den **Mißbrauch rechtlicher** Gestaltungsmöglichkeiten. Mißbräuchliches **tatsächliches Verhalten** fällt aber ebenfalls darunter, wenn es zur Erreichung bestimmter steuersparender Rechtswirkungen gewählt wird (zB Mittelzuführung an Betrieb kurz vor Stichtag und Entnahme wieder sofort nach Stichtag, um wegen Steuerbegünstigung des nicht entnommenen Gewinns die Entnahme vor Stichtag auszugleichen, BFH BStBl 72, 344; vorzeitige Zahlung eines Damnums, um Werbungskostenabzug vor Bezugsfertigkeit des Einfamilienhauses zu erreichen, BFH BStBl 84, 426; weitere Beispiele s unten Anm 9; aA noch die Vorauflage).

a) Mißbrauch liegt vor, wenn eine Gestaltung gewählt worden ist, die gemessen an dem erstrebten Ziel unangemessen ist, der Steuerminderung dienen soll und durch wirtschaftliche oder sonst beachtliche nichtsteuerliche Gründe nicht zu rechtfertigen ist (BFH BStBl 85, 33; 88, 153; 88, 604; 88, 942). Es reicht nicht aus, daß ein nur **ungewöhnlicher** Weg gewählt worden ist. Als unangemessen sind insbesondere abwegige Kniffe und Schliche anzusehen (*TK* Tz 13). Für die Abgrenzung einer zulässigen gegen eine von § 42 mißbilligte Gestaltung ist maßgeblich, ob die Gestaltung von verständigen Parteien in Anbetracht des wirtschaftlichen Sachverhalts und

§ 42　　　　　　　　　　　　　　　　　　　2. Teil. Steuerschuldrecht

der wirtschaftlichen Zielsetzung gewählt würde oder nicht (BFH BStBl 72, 480; 85, 269). **Rechtsmißbrauch,** wenn **Übertragender** eines Vermögens die **volle Verfügungsmacht** über die Einkünfte verbleibt, die **Beschenkten** dagegen nur das **formalrechtliche Eigentum** erhalten haben, FG Nürnberg, EFG 77, 487. Er ist gegeben, wenn die Parteien statt des geraden einfachen Weges einen komplizierten und krummen Weg beschreiten. Wenn jedoch dieser Weg durch beachtliche Gründe außersteuerlicher Art gewählt wurde, ist er regelmäßig auch steuerlich anzuerkennen (BFH BStBl 61, 21; 64, 667, 669). Der Steuerpflichtige kann unter mehreren angemessenen Gestaltungen die für ihn steuerlich günstigste wählen (BFH BStBl 58, 97).

b) Die bisherige Vorschrift des § 6 StAnpG ist von der Rechtsprechung auch herangezogen worden, soweit Vermögen oder Einkommen in sog Steueroasenländer verlagert worden ist (vgl Erlaß der FinVerw BStBl 65 II 72 ff.; *Debatin* DB 65, 1022 BFH BStBl 71, 721). Das AStG enthält nunmehr spezielle Regelungen, die dem § 42 insoweit vorgehen. Dadurch wird § 42 aber nicht im Außensteuerrecht verdrängt (BFH BStBl 84, 605). Das gilt auch gegenüber Doppelbesteuerungsabkommen. Der BFH wendet die Vorschrift an, wenn Inländer Einkünfte über **Basisgesellschaften** in Niedrigsteuerländer leiten, ohne daß dafür wirtschaftliche oder sonst beachtliche Gründe angeführt werden können und wenn die Basisgesellschaften keine eigene wirtschaftliche Tätigkeit entfalten (BFH BStBl 75, 553; 76, 401; 76, 513; 76, 608; 77, 263; 77, 265; 81, 339; BFH/NV 86, 255). Der BFH geht also davon aus, daß § 42 die Anwendung von Doppelbesteuerungsabkommen beschränken kann (einschränkend dazu *Vogel* StuW 85, 369). Bei nicht unbeschränkt steuerpflichtigen **Ausländern, die in einem Drittland** eine Domizilgesellschaft gründen, zieht der BFH § 42 nur heran, wenn ein Bezug zum Inland dadurch hergestellt wird, daß die im Ausland errichtete Kapitalgesellschaft in bestehende oder neu begründete Rechtsbeziehungen des Ausländers im Inland eingeschaltet wird (kritisch dazu *Vogel* aaO mwN; *Selling* DB 88, 930; s im übrigen auch unten Anm 9).

c) Die hM verlangt zur Anwendung der Mißbrauchsvorschrift den **Nachweis der Absicht** der Steuerumgehung (vgl *Hensel* Festschrift für Zitelmann S 272; BFH BStBl 53, 284; aA *von Wallis* FR 60, 9; 63, 190). Die Umgehungsabsicht braucht aber nicht alleiniger Zweck für die rechtliche Gestaltung gewesen zu sein (BFH BStBl 64, 667, 669). Die Tatsache aber, daß der Steuerpflichtige die unangemessene Gestaltung gewählt hat, ist jedoch ein entscheidendes **Indiz** für die Umgehungsabsicht. Der Stpfl muß schon triftige Gründe dafür geltend machen, daß er aus anderen Motiven sich für den von ihm gewählten rechtlichen Weg entschieden hat (zur Beweislastverteilung s im übrigen unten Anm 8).

d) Die Rechtsprechung wendet die Vorschrift auch an auf **Erstattungs-** und **Vergütungsansprüche** sowie auf die Erwirkung von Steuerbefreiungen oder Steuervergünstigungen (vgl BFH BStBl 85, 680; BFH/NV 88, 151). Diese Ansprüche können nicht begründet werden dadurch, daß der Betreffende eine unangemessene Gestaltung wählt, bei der das wirtschaftliche Ergebnis, für das eine Erstattung oder Vergütung gewährt wird, nicht erreicht wird (BFH BStBl 60, 111). Dem ist zuzustimmen, weil die Vorschriften, die für die Steuern gelten, auch auf die Steuererstattungen und

2. Abschnitt. Steuerschuldverhältnis **§ 42**

-vergütungen anwendbar sind. § 42 muß im Wege der Auslegung auch diese Ansprüche erfassen.

5. Rechtsfolge der Steuerumgehung. Die Steuer ist so zu erheben, wie sie bei einer den wirtschaftlichen Vorgängen angemessenen rechtlichen Gestaltung entstanden wäre. Es kann vorkommen, daß die gewählte Gestaltung zwar bei einer Steuerart zu einer niedrigeren Steuerfestsetzung geführt, sich dagegen bei einer anderen Steuerart steuererhöhend ausgewirkt hat. RFH RStBl 35, 382 und BFH BStBl 56, 28 haben die Auffassung vertreten, daß die umgangene Steuer zwar entrichtet werden, die andere zuviel gezahlte Steuer dagegen nicht erstattet werden muß, weil diese Steuer nicht umgangen worden ist. So für § 6 III StAnpG offenbar auch BFH BStBl 77, 265. Dies soll nur dann nicht gelten, wenn zwischen den Steuerarten ein enger Zusammenhang besteht wie zB zwischen ESt und KSt. Gegen diese Auffassung haben sich insb *Kühn* § 6 StAnpG Anm 5, *Waldner* BB 56, 654 und *Ebert* BB 57, 673 gewandt. Die Frage dürfte nunmehr iS des Steuerpflichtigen nach § 174 I zu entscheiden sein, so auch FG BaWü EFG 79, 526: Wird in Bezug auf eine Steuer eine StUmgehung festgestellt, die aber gleichzeitig eine andere Steuer auslöste, so ist auch hinsichtlich dieser St die angemessene Rechtsgestaltung zugrunde zu legen. Stpfl kann dann Änderung nach § 174 verlangen; vgl auch BFH BStBl 81, 339: Bei Erfüllung des Mißbrauchstatbestands durch Einschaltung einer Basisgesellschaft ist der Besteuerung ein Sachverhalt zugrundezulegen, der durch den Mißbrauch umgangen werden sollte (s oben Anm 4b und unten Anm 9).

6. Steuerumgehung ist nicht gleich eine **Steuerhinterziehung** (vgl *Tipke* StbJb 72/73, 520 ff). Steuerhinterziehung liegt nur dann gleichzeitig vor, wenn der Steuerpflichtige pflichtwidrig **unvollständige** oder **unrichtige** Angaben macht, um das Vorliegen einer Steuerumgehung zu verschleiern, OLG Bremen StRK AO 1977 § 370 R 77.

7. Ob die Aufdeckung einer Steuerumgehung zu einer **Aufhebung** oder **Änderung** eines Steuerbescheides führt, richtet sich nach den allgemeinen Berichtigungsvorschriften für Steuerbescheide. Wird die mißbräuchliche Gestaltung dem FA erst nachträglich bekannt, ist daher der Steuerbescheid nach **§ 173 I** zu ändern. Entscheidend ist dabei die Kenntnis des für die Bearbeitung des Steuerfalls organisatorisch berufenen Beamten. Auf die Kenntnis des Betriebsprüfers kommt es grundsätzlich nicht an (BFH/NV 88, 151).

8. Beweislastverteilung. Grundsätzlich gilt hinsichtlich der Feststellungslast, daß der Nachweis der Steuerumgehung von der FinBeh zu führen ist. Zweifel über das Vorliegen einer Steuerumgehung gehen daher **zu Lasten der FinBeh** (BFH BStBl 66, 509; BVerfGE 16, 210). Oben (Anm 4c) ist aber bereits darauf hingewiesen worden, daß die Wahl einer unangemessenen Gestaltung durch den Stpfl ein entscheidendes Indiz für die Umgehungsabsicht ist. Der BFH hat daher trotz grundsätzlicher Bejahung der Feststellungslast der FinBeh bei bestimmten häufig wiederkehrenden mißbräuchlichen Rechtsgestaltungen (insbes bei Zwischenmietverhältnissen bei Bauherrenmodellen zur Erreichung des Vorsteuerabzugs) Vermutungen für eine Steuerumgehung aufgestellt, wenn für die jeweilige Gestaltung wirtschaftliche oder sonst beachtliche Gründe fehlen. Es obliegt

§ 42 2. Teil. Steuerschuldrecht

dann dem Stpfl, im Rahmen seiner Mitwirkungspflichten beachtliche Gründe substantiiert darzulegen. Sind beachtliche Gründe nicht feststellbar oder erweisen sich die geltend gemachten Gründe bei der von der FinBeh oder vom FG nach §§ 88, 89 AO, § 76 FGO vorzunehmenden Prüfung als nicht bedeutsam, so gereicht das dem Stpfl nach den Grundsätzen über die objektive Beweislast (Feststellungslast) zum Nachteil (BFH BStBl 85, 756; 88, 45; 88, 96; FG Münster EFG 88, 540).

9. Beispiele für Steuerumgehungen. Die Anwendung des § 42 ist naturgemäß stark von Kasuistik geprägt (vgl oben Anm 2). Es lassen sich lediglich gewisse **Fallgruppen** aufzeigen, bei denen Steuerumgehungen verhältnismäßig häufig vorkommen.

a) Bei Kapitalgesellschaften. Die **Gründung** einer Kapitalgesellschaft kann mißbräuchlich sein, wenn ein eigentlicher Geschäftsbetrieb nicht stattfindet (RFH RStBl 35, 148). Ein Mißbrauch von rechtlichen Gestaltungsmöglichkeiten liegt zB ferner vor, wenn ein Einzelunternehmer mit einer von ihm beherrschten GmbH nicht nur einen als Werkvertrag bezeichneten Vertrag abschließt, nach dem die GmbH insbes verpflichtet ist, die vom Einzelunternehmer in Auftrag gegebenen Reparaturarbeiten durchzuführen, sondern zusätzlich ausschließlich aus steuerlichen Gründen weitere Verträge, welche die mit dem Erstvertrag verbundenen wirtschaftlichen Folgen wieder aufheben und in ihr Gegenteil verkehren (BFH BStBl 88, 629).

Mißbräuchlich kann eine **Kapitalherabsetzung** zur Vermeidung einer Gewinnausschüttung sein (RFH RStBl 36, 998; 37, 583; vgl auch einerseits BFH BStBl 80, 247, und andererseits BFH BStBl 76, 341); ebenso, wenn eine ermäßigte besteuerte Ausschüttung durch **Auflösung einer freien Rücklage** erfolgt und die Gesellschafter im zeitlichen Zusammenhang mit der Ausschüttung eine Einlage zum Ausgleich der freien Rücklage erbringen (BFH BStBl 73, 806) oder wenn dem Gesellschafter-Geschäftsführer einer Familien-GmbH nicht nur eine Versorgungszusage erteilt wird, die an die Stelle seiner gesamten Barbezüge tritt (BFH BStBl 63, 99).

Die Besteuerung der **Veräußerungsgewinne** aus Anteilen an einer Kapitalgesellschaft nach § 17 EStG kann nicht dadurch umgangen werden, daß der wesentlich Beteiligte die Anteile zunächst verschenkt und diese in unmittelbarem Anschluß daran vom Beschenkten gegen Entgelt veräußert werden (BFH BStBl 72, 322); ebenso nicht dadurch, daß eine GmbH einen neuen Gesellschafter nur zu dem Zweck aufnimmt, die Beteiligung der bisherigen Gesellschafter am Stammkapital auf nominal 25 vH herabzusetzen (BFH BStBl 77, 754).

b) Mantelkauf. Früher war davon auszugehen, daß der Erwerb von wertlosen Anteilen an einer GmbH, die ihren Betrieb eingestellt hat und kein die Fortführung eines Gewerbebetriebs ermöglichendes Vermögen mehr besitzt, Steuerumgehung darstellen kann, wenn der Erwerb ausschließlich erfolgt, um den aus den Vorjahren herrührenden Verlustabzug der GmbH auszunutzen (vgl BFH BStBl 61, 540; *Günther* StBp 87, 201). Der BFH hat jedoch neuerdings (BFH BStBl 87, 308; 87, 310) das Erfordernis der wirtschaftlichen Identität zwischen Veräußerer und Erwerber für den Verlustvortrag aufgegeben. Zu warnen ist vor der Annahme, daß damit die Anwendung des § 42 beim Mantelkauf im wesentlichen ausge-

2. Abschnitt. Steuerschuldverhältnis **§ 42**

schlossen und ein allgemeines Steuersparmodell geschaffen ist. Die Aussagen des BFH zu § 42 in den beiden Entscheidungen können nur auf die Besonderheiten der konkret entschiedenen Fälle bezogen werden (ebenso *Feddersen* BB 87, 1787). Mit Wirkung ab 23. 6. 1988 (s § 54 IV KStG nF) ist durch das StRefG 1990 ohnehin die alte Rechtslage, die vor der Änderung der BFH-Rspr bestand, wiederhergestellt worden (s § 8 IV KStG nF).

c) Einschaltung von **Basisgesellschaften** im Ausland. Wie oben (Anm 4b) bereits dargelegt worden ist, wendet der BFH § 42 auch im Außensteuerrecht bei der Einschaltung von ausländischen Basisgesellschaften durch Inländer und in beschränktem Umfang auch durch Ausländer an, wenn für die Einschaltung wirtschaftliche oder sonst beachtliche Gründe fehlen und die jeweilige Basisgesellschaft keine eigene wirtschaftliche Aktivität entfaltet. Eine **Vermutung** für Rechtsmißbrauch besteht jedoch **nicht** (BFH BStBl 76, 513). Bei der Prüfung sind als sonst beachtliche Gründe für die Errichtung der Gesellschaft nur solche anzuerkennen, die die Wahl des Sitzes und der Rechtsform gerade in diesem Falle rechtfertigen; läßt sich die Wahl nur mit der Absicht der Steuerersparnis begründen, mangelt es an sonst beachtlichen Gründen (BFH BStBl 77, 263; vgl auch BFH BStBl 77, 261, 265 und 268). Ausreichend ist es nicht, wenn eine eingeschaltete Basisgesellschaft ohne sonstige unternehmerische Betätigung geschäftsleitende Funktionen nur gegenüber einer Tochtergesellschaft ausübt oder lediglich Anteile an einer oder mehreren Tochtergesellschaften hält und sich dabei auf die Ausübung der Gesellschafterrechte beschränkt (BFH BStBl 81, 339). Es genügt auch nicht, wenn die Basisgesellschaft sich darauf beschränkt, mit ihrem Nennkapital oder zusätzlichen Darlehnsmitteln eines Gesellschafters angeschaffte Wertpapiere zu halten und zu verwalten (BFH BStBl 77, 263). Eine wirtschaftliche Betätigung ist ferner dann nicht gegeben, wenn die Basisgesellschaft die Gesellschaftsanteile durch die Teilnahme an Neugründungen und/oder Kapitalerhöhungen erwirbt (FG Bad-Württ EFG 82, 250). Anders kann dies sein, wenn die Basisgesellschaft zum Beteiligungserwerb im In- und Ausland unter Ausnutzung der günstigen ausländischen Finanzierungsmöglichkeiten dient (BFH BStBl 77, 268). Beachtliche Gründe können zB auch sein, daß der Stpfl ernsthaft beabsichtigt, seinen Wohnsitz oder seine berufliche Tätigkeit ins Ausland zu verlegen (BFH BStBl 76, 608), oder die Absicht, nur einen kleinen Teil des beträchtlichen Vermögens für etwaige Krisenzeiten in das Ausland zu verlagern (BFH BStBl 71, 721). Ein Mißbrauch liegt jedenfalls immer vor, wenn eine Gesellschaft mit Sitz im Ausland lediglich als Rechtsträger für einen in der Bundesrepublik ansässigen Steuerpflichtigen fungiert, der von der Bundesrepublik aus einer schon vor Errichtung der Basisgesellschaft ausgeübten steuerpflichtigen Tätigkeiten unverändert nachgeht. In einem solchen Fall sind die ausgeübten Tätigkeiten und die daraus erzielten Einkünfte der im Inland ansässigen Person gem § 42 zuzurechnen (BFH/NV 86, 255).

d) Verträge mit Ehegatten oder Familienangehörigen. Hierzu ist zunächst auf die Erl zu § 41 (Anm 2b) zu verweisen. Dort ist näher dargelegt worden, daß zur steuerlichen Anerkennung solcher Verträge hinsichtlich der Einhaltung zivilrechtlich vorgeschriebener Formen strengere Anforderungen zu stellen sind als in sonstigen Fällen. Außerdem fordert die Rspr die tatsächliche Durchführung der Verträge und das Standhalten gegenüber einem Fremdvergleich. Zusätzliche Hindernisse für die steuerliche Anerkennung können sich aus § 42 ergeben. Mißbrauch kann insbesondere vorliegen, wenn durch die Verträge lediglich **Unterhaltsverpflichtungen** mit besonderen Steuerersparnissen erbracht werden sollen. So sind Leistungen aufgrund solcher Verträge nur dann als Betriebsausgaben zu berücksichtigen, wenn sichergestellt ist, daß es sich um Beziehungen im betrieblichen Bereich und nicht um private Unterhaltsleistungen handelt (BFH BStBl 87, 121). Bei Vermietung und Verpachtung liegt zB dann ein Rechtsmißbrauch vor, wenn der Vater eine ihm gehörende Eigentumswohnung an den unterhaltsberechtigten studierenden Sohn vermietet, der den Mietzins nur aus dem vom Vater gewährten Barunterhalt bestreiten kann. Das gilt auch dann, wenn der Mietvertrag bürgerlich-rechtlich wirksam vereinbart und tatsächlich durchgeführt ist (BFH BStBl 88, 604, kritisch *Drenseck* FR 88, 337). Nach FG Köln (EFG 87, 185) soll eine entgeltliche Wohnungsüberlassung an ein verheiratetes Kind allerdings dann unschädlich sein, wenn dessen Mietzahlungen zwar aus Unterhaltsleistungen des Vaters als Vermieter stammen, aber für den Abschluß des Mietvertrages vernünftige außersteuerliche Gründe sprechen. Im übrigen muß zB nicht in jedem Fall ein Gestaltungsmißbrauch vorliegen, wenn ein Ehemann im Zuge der Scheidungsvorbereitungen entgeltlich die Miteigentumshälfte an einem Einfamilienhaus von der Ehefrau erwirbt, nachdem er ihr die Miteigentumshälfte unmittelbar zuvor bürgerlich-rechtlich übertragen hat, obwohl eine solche Gestaltung etwa die Erfüllung eines Zugewinnanspruchs verdecken könnte (FG Hamburg EFG 87, 180). Die unentgeltliche Bestellung eines **Nießbrauchs** an einem Kommanditanteil zugunsten eines Unterhaltsberechtigten ist dann Umgehung, wenn sie lediglich dazu dient, die sich sonst ergebenden laufenden Unterhaltsleistungen zu umgehen (Nieders FG EFG 81, 510). Vgl im übrigen zum Nießbrauch § 39 Anm 4.

e) Vereinbarung unangemessener Gebühren, Honorare und ähnliches. In der Vereinbarung unangemessen hoher Gebühren (zB bei den sogen Bauherrenmodellen) zur Erlangung von sofort abziehbaren Werbungskosten kann ein Mißbrauch von Gestaltungsmöglichkeiten des Rechts liegen (BFH BStBl 86, 217). Sind die bei der Gründung einer Immobilien-KG angefallenen Gebühren, Provisionen usw wegen Unangemessenheit nicht als Werbungskosten sofort abziehbar, so sind diese damit nicht zwangsläufig dem Herstellungs- oder Anschaffungskostenbereich zuzuordnen. Es kann sich im Einzelfall um einkommensteuerrechtlich nicht relevante Aufwendungen handeln (BFH in BFHE 152, 101; aA FG RheinlPf EFG 84, 73; Hess FG EFG 87, 268). Vgl zur einkommensteuerrechtlichen Anerkennung von Vermittlungsprovisionen, Konzeptionsgebühren, Gebühren für eine Plazierungsgarantie und Beratungsgebühren auch BFH 87, 212; zur Provision für die Vermittlung des Beitritts von Gesellschaftern BFHE 149, 233.

f) Unzeitgemäße Zahlungen. Werden **Leitungen** ohne vernünftigen Grund **im Voraus** erbracht, so kann hierin ein Mißbrauch von Gestaltungsmöglichkeiten des Rechts liegen (BFH in BFHE 152, 440). So kann deshalb zB bei Vorauszahlung einer sog Treuhändergebühr für erst später für einen Zeitraum von 30 Jahren zu erbringende Verwaltungsleistungen und einer sog Haftungsgebühr für erst sehr viel später eintretende Haftungsrisiken

2. Abschnitt. Steuerschuldverhältnis **§ 42**

der Abzug als Werbungskosten bei den Einkünften aus Vermietung und Verpachtung im Zahlungsjahr nach § 42 ausgeschlossen sein (BFH BStBl 87, 219). Ein Damnum, das mehr als einen Monat vor Auszahlung des Darlehns gezahlt wird, ist ein Gestaltungsmißbrauch, wenn bei Abfluß des Damnums bei Darlehnsauszahlung ein Werbungskostenabzug nicht möglich wäre, weil das Einfamilienhaus inzwischen bezogen worden ist (BFH BStBl 84, 426; 84, 428). Ansonsten ist ein vorzeitig gezahltes Damnum als Werbungskosten abziehbar, es sei denn, daß die Vorleistung des Damnums von keinen sinnvollen wirtschaftlichen Erwägungen getragen ist (BFH BStBl 87, 492).

Der BFH hat ferner eine Steuerumgehung angenommen, wenn mit dem Ziel der Inanspruchnahme einer Steuervergünstigung kurz vor steuerrechtlich relevanten Stichtagen ohne wirtschaftlich vernünftigen Grund **einem Betrieb Mittel zugeführt** und kurz darauf wieder entnommen werden (BFH 70, 205; 72, 344). Ebenso ist eine Steuerumgehung dann zu bejahen, wenn ein Gesellschafter kurz vor dem Bilanzstichtag Mittel entnommen und kurz danach wieder eingelegt hat (BFH BStBl 69, 232). Solche Mittelverschiebungen um einen Stichtag herum erfolgen häufig zur Verminderung von Dauerschulden und damit zum Zwecke der Gewerbesteuerersparnis. Zahlt deshalb ein Darlehnsschuldner im Einvernehmen mit dem Gläubiger ein zu Beginn des Jahres in Anspruch genommenes Darlehn am Ende eines Kalenderjahres zurück und wird das Darlehen aufgrund einer schon bei der Rückzahlung zwischen Darlehnsschuldner und Darlehnsgläubiger getroffenen Vereinbarung zu Beginn des folgenden Jahres erneut gewährt und ausbezahlt, so kann darin eine mißbräuchliche Umgehung des § 8 Nr 1 GewStG liegen (BFH BStBl 85, 670; vgl auch FG RheinPf EFG 87, 198 zur Anwendung des § 42 auf hintereinanderfolgende Kredite bei verschiedenen Banken). Der vorübergehende Ausgleich eines Kontokorrentkredits zur Vermeidung von Dauerschulden iS von § 8 Nr 1, § 12 Abs 2 Nr 1 GewStG durch kurzfristige Kreditaufnahme bei einer Schwester-KG ist jedenfalls dann rechtsmißbräuchlich, wenn die Schwester-KG den Kredit durch eine vorübergehende Kreditaufnahme refinanzieren muß (BFH/NV 87, 324). Ein Rechtsmißbrauch zur Vermeidung von Dauerschulden ist auch in einem kurzfristigen Kontoausgleich durch Umschichtung innerhalb einer Bankverbindung zu sehen (FG Hamburg EFG 87, 316).

Die **Vorauszahlung des Honorars** an einen freien Mitarbeiter zum Jahresende für die erste Hälfte des Folgejahres ist nicht mißbräuchlich, sofern dies durch betriebliche Gründe, wie zB die Motivierung des Mitarbeiters, veranlaßt ist (FG RhPf EFG 88, 641).

g) Umgehung von Grundstückskaufverträgen. Mißbrauch kann vorliegen, wenn kurzfristig (innerhalb von 12 Tagen) sämtliche Gesellschafter einer BGB-Gesellschaft ausgewechselt werden, deren einziger Zweck es ist, das Eigentum an einem Mietwohngrundstück zu halten und dieses zu verwalten; ggf unterliegt der Vertrag über den Eintritt der neuen und den Austritt der alten Gesellschafter nach § 1 I Nr 1 GrEStG der Grunderwerbst (BFH BStBl 80, 364). Die Übertragung sämtlicher Anteile an einer (nur) Grundbesitz haltenden BGB-Gesellschaft unterliegt auch dann als Steuerumgehung der GrunderwerbSt, wenn der Grundbesitz nach wie vor demselben Unternehmen dient (BFH BStBl 86, 190). Ein Rechtsgeschäft, das auf die Übertragung von Miteigentumsanteilen an einem Grundstück gerichtet ist, unterliegt selbst dann der GrunderwerbSt, wenn es zivilrechtlich noch als Erbteilskauf qualifiziert werden könnte (BFH BStBl 86, 620). Die Veräußerung von 97 vH der Mitgliedschaftsrechte an einer Grundstücks-Gesellschaft des bürgerlichen Rechts steht allerdings noch nicht der Veräußerung eines Gesellschaftsgrundstück gleich (BFH BStBl 87, 722).

Die Bestellung eines **Erbbaurechts** und der gleichzeitige Abschluß eines Erbvertrages kann ggf als Mißbrauch angesehen werden, wenn damit GrunderwerbSt gespart werden sollte (FG Köln EFG 82, 40); ebenso, wenn das Erbbaurecht von einem Ehegatten und der Grund und Boden von dem anderen Ehegatten erworben wird (FG Köln EFG 82, 41).

h) Zwischenmietverhältnisse zur Erreichung des Vorsteuerabzugs. Die Einschaltung eines sog Zwischenmieters zur Erreichung des Vorsteuerabzugs erlaubt den Rückschluß auf eine unangemessene Gestaltung der Vermietungsverhältnisse, wenn für die Zwischenvermietung wirtschaftliche oder sonstige Gründe fehlen (BFH 87, 756; aA FG Köln EFG 88, 90). Wie oben (Anm 8) bereits dargelegt worden ist, nimmt der BFH in diesen Fällen eine Art Umkehrung der Beweislast an. Der Steuerpflichtige muß beachtliche Gründe darlegen. Erweisen sich diese Gründe nicht als bedeutsam, geht dies zu Lasten des Steuerpflichtigen. Daran hat die Einfügung des Satzes 2 in § 9 UStG (heute § 9 Abs 2 UStG) durch das Zweite Haushaltsstrukturgesetz v 22. 12. 1981 (BGBl I, 1523) nichts geändert. Der Gesetzgeber hat damit nicht alle bis zum Inkrafttreten dieser Vorschrift gewählten Gestaltungen zur Einschaltung eines Zwischenmieters gebilligt (BFH BStBl 85, 508).

Die Vermietung von Wohnungen durch den Eigentümer an einen Zwischenvermieter, der die Wohnungen an Wohnungsmieter weitervermietet, stellt keinen Mißbrauch von Gestaltungsmöglichkeiten dar, wenn der Eigentümer **feste gleichbleibende Mieteinnahmen** ohne eigenen Verwaltungsaufwand erzielen will. Diese Gründe dürfen aber nicht bloß vorgeschoben sein (BFH/NV 87, 130). Wird die Einschaltung als Zwischenmieter mit der beabsichtigten Verlagerung des Mietausfallrisikos auf die Mittelsperson begründet, müssen deren wirtschaftliche Verhältnisse so gelagert sein, daß sie die ihr zugedachte Funktion erfüllen kann (BFH BStBl 85, 269). Mit der wirtschaftlichen Zielsetzung, das Mietausfallrisiko zu verlagern, ist auch eine kurzfristige Kündigungsmöglichkeit seitens der Mittelsperson unvereinbar (BFH aaO).

Die **Vermeidung von Arbeitsbelastung** rechtfertigt die Einschaltung eines Zwischenmieters nur, wenn bei vernünftiger Beurteilung der Verhältnisse ernsthaft mit Belastungen durch die Verwaltung der Mietsache zu rechnen ist, die bei Anlegung im Wirtschaftsleben üblicher Maßstäbe sinnvollerweise durch Überlassung der Mietsache an eine Mittelsperson als Mieter und nicht durch die Beauftragung einer fachkundigen Person abgewälzt werden können (BFH BStBl 88, 96; vgl auch FG Münster EFG 88, 540). Die Einschaltung eines Zwischenmieters bei der Vermietung nur einer Wohnung ist unter Anlegung normaler Maßstäbe Gestaltungsmißbrauch (BFH/NV 87, 271), ebenso bei der Vermietung eines einzelnen Einfamilienhauses (BFH/NV 87, 334).

2. Abschnitt. Steuerschuldverhältnis **§ 43**

Da durch den heutigen § 9 II UStG die Möglichkeit genommen worden ist, durch die Zwischenvermietung von Wohnungen Vorsteuerabzüge zu erreichen, wird die Problematik an Bedeutung verlieren (insgesamt kritisch zu der Rspr des BFH zu den Zwischenmietverhältnissen FG Köln EFG 87, 270; verfassungsrechtliche Bedenken äußert *Beul,* DStR 88, 280).

i) Weitere Beispiele. Werden einem **Sportverein** geschuldete Mitgliedsbeiträge als Spenden an einen in Abschn 111 II EStR genannten Dachverband mit der Maßgabe gezahlt, daß dieser die Mitgliedsbeiträge an den zum unmittelbaren Spendenempfang nicht befugten Sportverein weiterleitet, so handelt es sich um eine mißbräuchliche Gestaltung, die den Spendenabzug nach § 10b EStG ausschließt (BFH BStBl 87, 814; BFH/NV 88, 151).

Mißbrauch ist zB ferner gegeben, wenn sich Bauherren – teilweise unter Einschaltung ihrer Ehegatten – reihum zu denselben Bedingungen gleich hohe **Darlehen nach § 17 II BerlFG** gewähren (BFH BStBl 85, 33; vgl auch BFH/NV 87, 417). Außerdem kann in der **Zwischenschaltung einer Schenkung** zur Vermeidung der Versteuerung des Spekulationsgewinns (§ 23 EStG) ein Mißbrauch liegen. Wird daher ein Grundstück nach der Anschaffung unentgeltlich im Wege der Schenkung auf einen Dritten übertragen und veräußert dieser das Grundstück innerhalb der Spekulationsfrist, so sind bei der Bemessung des vom Veräußerer zu versteuernden Spekulationsgewinns die Anschaffungskosten des Schenkers zugrunde zu legen (BFH BStBl 88, 942). Um keinen Gestaltungsmißbrauch handelt es sich, wenn der Bauherr von Parkhäusern dazu übergeht, sich von anderen Bauherren bei Übernahme der Baulast für Kfz-Stellplätze nicht mehr nicht rückzahlbare Zuschüsse, sondern mit 1,5 vH jährlich zu tilgende und mit 2 vH zu verzinsende Darlehen gewähren zu lassen (BFH BStBl 88, 1001).

§ 43 Steuerschuldner, Steuervergütungsgläubiger

¹Die Steuergesetze bestimmen, wer Steuerschuldner oder Gläubiger einer Steuervergütung ist. ²Sie bestimmen auch, ob ein Dritter die Steuer für Rechnung des Steuerschuldners zu entrichten hat.

Die Vorschrift hat lediglich **deklaratorischen** Charakter. Entsprechend der Tendenz der AO 77 wird auf Einzelregelungen für die einzelnen Steuern verzichtet. Die Frage, wer **Steuerschuldner** ist, richtet sich nach den Einzelsteuergesetzen. Allgemein läßt sich sagen, daß in der Regel derjenige Steuerschuldner ist, der die Steuer zu entrichten, dh der für sie mit seinem Vermögen einzustehen hat und an den sich die Finanzbehörde im Beitreibungsverfahren halten kann. Nach Eröffnung eines **Vergleichsverfahrens** bleibt der Vergleichsschuldner StSchuldner, auch hinsichtlich der StSchulden (zB Umsatzsteuer), auch hinsichtlich der steuerbegründenden Tätigkeiten, die der Vergleichsverwalter für den Vergleichsschuldner ausübt (BFH BStBl 88, 716). Dasselbe gilt im **Konkursverfahren** in Bezug auf Gemeinschuldner und Konkursverwalter (BFH BStBl 78, 356; 78, 483; 88, 716). Eine andere Frage ist, an wen während des Vergleichs- oder Konkursverfahrens die StBescheide zu richten sind (s dazu § 251 Anm 2–4). Zur etwaigen Haftung von Vergleichs- oder Konkursverwalter s § 34 Anm 5 und § 69. Zu beachten ist, daß nach § 5 I 3 GewStG die Gesellschaft

Steuerschuldner der GewSt ist. **StSchuldnerschaft** einer **KG** nach § 57 II 2 ZG ist ernstl **zweifelhaft**, FG Hamburg EFG 78, 303. Bei Steuern, die im Wege des **Steuerabzugs** entrichtet werden, ist Steuerschuldner derjenige, für dessen Rechnung der Steuerabzug erfolgt. Der zum Steuerabzug Verpflichtete kann aber ggf als Haftender in Anspruch genommen werden. Unter einer **Steuervergütung** wird im Schrifttum der Fall verstanden, daß eine von einem Dritten gezahlte Steuer an einen anderen, der die Steuer wirtschaftlich getragen hat, vergütet wird, zB der Vorsteuerabzug bei der Umsatzsteuer. Außerdem enthalten **Einzelsteuergesetze** Regelungen über **StVergütungen,** vgl § 18 II 4, 5 UStG, § 9 ZuckStG, § 9 SalzStG, § 43 TabStG, § 7 KaffeeStG, § 7 TeeStG, § 11 MinÖlStG; ferner werden zu den Vergütungsansprüchen gezählt die **Berlinzulage** nach §§ 28, 29 BerlFG, FG Berlin EFG 75, 404, die **Arbeitnehmersparzulage** nach § 13 5. VermBG, FG D'dorf EFG 75, 345, **Bergmannsprämie** nach § 3 Gesetz über Bergmprämien. Wie aus § 43 folgt, kann sich ein Vergütungsanspruch nur aus einer ausdrücklichen Gesetzesvorschrift ergeben (BFH/NV 86, 705). Unter den Vergütungsbegriff fallen allerdings **nicht die Steuererstattungen.** Es handelt sich hierbei um die Rückzahlung bereits entrichteten Steuer. Erstattungsberechtigter ist derjenige, der die Steuer vorher entrichtet hat. Insoweit liegt ein sog reiner Erstattungsanspruch vor, der sich aus einem Vergleich mit der festgesetzten zu der bereits entrichteten Steuer ergibt, vgl Anm 3 zu § 37.

§ 44 Gesamtschuldner

(1) ¹Personen, die nebeneinander dieselbe Leistung aus dem Steuerschuldverhältnis schulden oder für sie haften oder die zusammen zu einer Steuer zu veranlagen sind, sind Gesamtschuldner. ²Soweit nichts anderes bestimmt ist, schuldet jeder Gesamtschuldner die gesamte Leistung.

(2) ²Die Erfüllung durch einen Gesamtschuldner wirkt auch für die übrigen Schuldner. ²Das gleiche gilt für die Aufrechnung und für eine geleistete Sicherheit. ³Andere Tatsachen wirken nur für und gegen den Gesamtschuldner, in dessen Person sie eintreten. ⁴Die Vorschriften der §§ 268 bis 280 über die Beschränkung der Vollstreckung in den Fällen der Zusammenveranlagung bleiben unberührt.

Übersicht

1. Inhalt
2. Einzelsteuergesetze
3. Inanspruchnahme eines Gesamtschuldners
4. Zusammenveranlagung
5. Wirkung von Erfüllungshandlungen
6. Steuerfestsetzung gegen Gesamtschuldner

Schrifttum: *Bergmann* Zusammenveranlagung bei getrennt lebenden Ehegatten, BB 84, 590; *Land* Erstattungsberechtigter bei überzahlter Einkommensteuer, DStZ 88, 307.

2. Abschnitt. Steuerschuldverhältnis **§ 44**

1. Inhalt. Abs 1 entspricht § 7 I und II StAnpG.
Die Gesamtschuld besteht darin, daß der Gläubiger die Leistung zwar nur einmal fordern kann, daß aber jeder Gesamtschuldner die gesamte Leistung zu bewirken verpflichtet ist. Es besteht eine enge Anlehnung an § 421 BGB. Zu Beispielen für die Gesamtschuld s unten Anm 2 und *TK* Tz 6.
Der Wortlaut der Vorschrift betrifft nur die Fälle, in denen mehrere eine Steuer schulden oder mehrere haften oder in denen eine Zusammenveranlagung durchzuführen ist. Nicht ausdrücklich angesprochen ist der Fall, daß neben einem StSchuldner jemand haftet. Trotzdem schließt die Fassung nicht aus, daß zwischen Schuldnern und **Haftenden** Gesamtschuldnerschaft bestehen kann. Der BFH (BStBl 68 II 376, 377 r Sp unter c) hat das Verhältnis zwischen Schuldner und Haftendem als **unechte Gesamtschuld** bezeichnet. Diese Unterscheidung dürfte aber für das StRecht kaum Bedeutung haben; es erscheint auch zweifelhaft, ob man daran – wie der BFH – auf eine Subsidiarität der Haftung schließen kann, vgl *TK* Tz 3. Eine Subsidiarität ergibt sich aber aus § 219 (vgl im übrigen zur Inanspruchnahme eines Haftungsschuldners unten Anm 3).
Die Vorschrift regelt nicht die Frage des internen **Ausgleichs** unter den Haftungsschuldnern. Der Ausgleich erfolgt nach den Vorschriften des BGB über die Gesamtschuld (§§ 421 ff). Die **Gesamtschuldner untereinander** sind nicht wiederum Gesamtschuldner. Grundsätzlich besteht **Ausgleichspflicht zu gleichen Teilen,** sofern sich nicht aus den Umständen etwas anderes ergibt. Es gilt § 426 BGB (BFH BStBl 83, 763). Geht es allerdings um die Gesamtschuldnerschaft von Steuerschuldner und Haftungsschuldner, steht dem Steuerschuldner kein Ausgleichsanspruch gegen den Haftenden zu (BFH aaO). Erfüllt dagegen der Haftungsschuldner die Steuerschuld, so kann er nach bürgerlichem Recht von dem Steuerschuldner Ausgleich verlangen. Für diesen bürgerlich-rechtlichen Ausgleichsanspruch (zum Übergang der Steuerforderung s unten Anm 5) zwischen Gesamtschuldnern ist die Bestandskraft oder rechtskräftige Festsetzung der Haftungsschuld ohne Auswirkung mit der Folge, daß der StSchuldner gegenüber dem Ausgleichsgläubiger die dem StGläubiger gegenüber bestehenden Einwendungen geltend machen kann. Ebenso steht ein bestandskräftiger Haftungsbescheid einem inhaltlich abweichenden Steuerbescheid nicht entgegen und wirkt ein Urteil gegen einen Gesamtschuldner nur diesem gegenüber (BFH BStBl 87, 419). Allgemein kann gegen einen Gesamtschuldner auch dann noch ein **abweichender StBescheid** erlassen werden, wenn der Bescheid gegen den anderen Gesamtschuldner schon bestandkräftig ist (BFH BStBl 74, 757; 88, 188).
Über die Beschränkung der gesamtschuldnerischen Haftung in den Fällen der **Zusammenveranlagung** vgl §§ 268–280.

2. In welchen Fällen Gesamtschuldnerschaft entsteht, richtet sich nach den Einzelsteuergesetzen. Sie kann entstehen durch Tatbestandsverwirklichung. Das ist der Fall, wenn **mehrere Personen** denselben Tatbestand erfüllen, an den das Gesetz die Steuerschuld knüpft, ohne daß dies im Gesetz ausdrücklich geregelt wird (vgl *Martens* StW 70, 608; aA *Lucas* StuW 48, 1006). Einzelsteuergesetze enthalten häufig entsprechende Regelungen. **Haftungsschuldner** wird jemand neben dem Steuerschuldner dagegen nur aufgrund besonderer gesetzlicher Vorschrift, vgl zB §§ 69–76. Gesamtschuldner sind zB Miterben für Nachlaßverbindlichkeiten (BFH BStBl 68, 376; 73, 544). Miterbengemeinschaft kann aber auch selbständiger Rechtsträger sein (BFH BStBl 73, 372). **Vermögensübernehmer** und Erwerber eines Handelsgeschäftes nach § 419 BGB, § 25 HGB, § 120 RAO. Erwerber von Grundstücken je zur Hälfte sind keine Gesamtschuldner (BFH BStBl 59, 98).

3. Inanspruchnahme eines Gesamtschuldners. Der FinBeh steht es frei, an welchen Gesamtschuldner sie sich halten will. Sie muß auch die Forderung nicht in einem Vorgehen geltend machen. Hat sie daher die Steuer gegenüber einem Gesamtschuldner bestandskräftig festgesetzt, so kann sie gegenüber einem anderen Gesamtschuldner diese Steuer höher festsetzen, auch wenn die bestandskräftige Festsetzung fehlerhaft ist und nach §§ 172 ff nicht mehr geändert werden kann (BFH BStBl 88, 188; vgl auch oben Anm 1).

Die Entscheidung der FinBeh, einen der Gesamtschuldner in Anspruch zu nehmen, ist eine **Ermessensentscheidung.** Die FinBeh hat ein Auswahlermessen (FG Hamburg EFG 86, 141). Es gilt daher § 5. Grundsätzlich ist die Ermessensentscheidung über die Auswahl zu begründen (s § 5 Anm 8; bedenklich daher VGH München BayVBl 85, 724, wo eine Begründung nur für erforderlich gehalten wird, wenn statt des StSchuldners ein Haftungsschuldner in Anspruch genommen wird). Die Auswahl bedarf allerdings keiner besonderen Begründung, wenn sich einer der Gesamtschuldner gegenüber der FinBeh bereit erklärt hat, die entstandene Steuer allein zu tragen (FG Hamburg EFG 86, 141).

Ebenso liegt es nach st Rspr des BFH im Ermessen der FinBeh, ob und in welcher Höhe ein Haftender durch Haftungsbescheid in Anspruch genommen wird (BFH BStBl 72, 364; 73, 573; 80, 58; 86, 178). Die **Inanspruchnahme des Haftungsschuldners** erfolgt nach § 191 durch Haftungsbescheid. Für den Haftungsbescheid gilt eine besondere **Verjährungsfrist** (Festsetzungsfrist). Über die besonderen Voraussetzungen für den Erlaß von Haftungsbescheiden gegen Angehörige der **steuerberatenden Berufe** vgl § 191 II. Über die Festsetzungsfrist (§ 169) bei Haftungsbescheiden vgl § 191 III. Auch wer nach nichtsteuerlichen gesetzlichen Vorschriften haftet, kann durch Haftungsbescheid in Anspruch genommen werden (vgl § 191 Abs 4). Auf Zahlung darf der Haftungsschuldner jedoch regelmäßig erst in **Anspruch genommen** werden, soweit die Vollstreckung in das bewegliche Vermögen des Steuerschuldners ohne Erfolg geblieben ist oder anzunehmen ist, daß die Vollstreckung aussichtslos sein würde (s § 219). Der Haftungsbescheid kann aber ohne Zahlungsaufforderung ergehen.

4. Gesamtschuldnerschaft aufgrund von **Zusammenveranlagung.** Zusammenveranlagung liegt vor, wenn mehrere Personen in der Weise zum Einkommen oder Vermögen veranlagt werden, daß die steuerlich maßgeblichen Werte zusammengefaßt und zur Grundlage der Festsetzung einer Steuer gemacht werden. Nach BGH, NJW 77, 378 ist ein Ehegatte **zivilrechtlich** zur gemeinsamen Veranlagung dann **verpflichtet,** wenn die gemeinsame Veranlagung ihm keine steuerlichen Nachteile, dem anderen Ehegatten aber steuerliche Vorteile bringt. Die Verletzung dieser Pflicht macht schadensersatzpflichtig. Die interne Aufteilung einer StRückerstattung infolge gemeinsamer Veranlagung richtet sich, sofern keine anderslautende Vereinbarung getroffen wurde, nach steuerrechtlichen Grundsätzen, AG Schweinfurt NJW 83, 2508. Ein von einem Ehegatten in die gemeinsame Veranlagung eingebrachter Verlust führt nur dann zu einer Ausgleichspflicht, wenn der andere Ehegatte durch ein Verlust einen steuerlichen Vorteil erlangt hat, AG Schweinfurt aaO. Die zusammen veranlagten Personen haben aber die Möglichkeit, zum Zwecke der Beschränkung der Gesamtschuld einen Antrag auf **Aufteilung** dieser Steuerschuld zu beantragen (vgl §§ 268ff). Die ursprüngliche Gesamtschuld wird danach wieder zu einer Teilschuld (BFH BStBl 71, 332). Neuerdings (BFH BStBl 88, 406) folgert der BFH allerdings aus § 44 II 4, daß die Aufteilung nicht zur Umwandlung der Gesamtschuld in Teilschuldverhältnisse führt (ebenso *HHSp* § 268 RNr 8; *TK* RNr 7). In derselben Entscheidung wird dann später jedoch ausdrücklich festgestellt, daß „im Ergebnis" die Gesamtschuld doch in Teilschulden aufgespalten wird. Nach Aufteilung einer Steuergesamtschuld von Ehegatten ist daher die Aufrechnung des FA gegenüber einem Ehegatten, soweit auf ihn kein Rückstand entfällt, unzulässig (BFH aaO; vgl auch unten Erl zu § 268 Anm 3 und § 278 Anm 4). **Ehegatten** sind **nicht Gesamtgläubiger** eines sich bei der Zusammenveranlagung ergebenden **Erstattungsanspruchs** (BFH BStBl 83, 162; aA für den Fall, daß für gemeinsame Rechnung von Gesamtschuldnern gezahlt worden ist AnwErl zu § 37 Abschn 1). Es spricht aber eine – widerlegbare – **Vermutung** dafür, daß sich Ehegatten gegenseitig zur Empfangnahme des Gesamtbetrages bevollmächtigen, FG Hessen EFG 77, 544, rkr; s auch Anm 5 zu § 37.

5. Abs 2. Wirkung von **Erfüllungshandlungen** vgl § 7 Abs 4 StAnpG. Nur die Erfüllung wirkt auch für die übrigen Schuldner. Dies gilt insbesondere für die Zahlung, für die Leistung an Zahlungs Statt sowie für die Aufrechnung. Ob freiwillig erfüllt wird oder im Vollstreckungsverfahren ist gleichgültig. Umstritten ist, ob nach **Befriedigung** des Gläubigers durch einen Gesamtschuldner die **Forderung** auf diesen **übergeht,** vgl § 426 II 1 BGB, bejahend *TK* Tz 12 und BFH BStBl 76, 579. Der Anspruch wird damit aber zu einem bürgerlich-rechtlichen gegen *BRK* § 122 RAO Anm 4, 7. Die Frage hat Bedeutung für die Sicherungs- und Vorzugsrechte. Zu den anderen Tatsachen iS des Satz 3 zählen insbesondere **Stundung** § 222, **Zahlungsaufschub** § 223, bekanntgegebene **Niederschlagung** § 261, **Erlaß** § 227 (vgl hierzu aber § 191), Aussetzung der Vollziehung § 361; zur Verjährung vgl § 191 V. Grundsätzlich läuft gegen jeden Gesamtschuldner eine besondere Festsetzungsfrist und eine besondere Zahlungsverjährung, §§ 228ff Säumniszuschläge entstehen bei jedem Gesamtschuldner besonders; insgesamt dürfen die Säumniszuschläge jedoch nicht höher sein, wie wenn sie bei nur einem entstanden wären (§ 240 IV 2).

6. Steuerfestsetzung gegen Gesamtschuldner. S dazu § 155 III. Da **Ehegatten** im Falle der Zusammenveranlagung Gesamtschuldner sind, kann die Steuerschuld ihnen gegenüber bei Zusammenveranlagung in einem zusammengefaßten Bescheid geltend gemacht werden. Ein zusammengefaßter Bescheid kann auch nach dem Tode eines Ehegatten gegenüber dem überlebenden Ehegatten und den Erben des verstorbenen Ehegatten erlassen werden (BFH BStBl 86, 545). Es muß aber gegen zusammenveranlagte

Ehegatten kein zusammengefaßter Bescheid ergehen. Auch die Neufassung von § 26b EStG ab 1975 hat nichts daran geändert, daß gegen zusammenveranlagte Eheleute wahlweise ein zusammengefaßter Bescheid oder Einzelbescheide ergehen können (BFH BStBl 85, 583). Vollstreckung gegen Gesamtschuldner, § 342 II.

§ 45 Gesamtrechtsnachfolge

(1) ¹**Bei Gesamtrechtsnachfolge gehen die Forderungen und Schulden aus dem Steuerschuldverhältnis auf den Rechtsnachfolger über.** ²**Dies gilt jedoch bei der Erbfolge nicht für Zwangsgelder.**

(2) ¹**Erben haben für die aus dem Nachlaß zu entrichtenden Schulden nach den Vorschriften des bürgerlichen Rechts über die Haftung des Erben für Nachlaßverbindlichkeiten einzustehen.** ²**Vorschriften, durch die eine steuerrechtliche Haftung der Erben begründet wird, bleiben unberührt.**

Schrifttum: *Wassermeyer* Erbauseinandersetzung – ertragsteuerlich gesehen, DStR 86, 771; *App* Beschränkung der Geschäftsführerhaftung nach dem Tode des Geschäftsführers, DStR 87, 152; *Kruse* Die Ansprüche aus dem Steuerschuldverhältnis bei Gesamt- und Einzelrechtsnachfolge, JbDeuStG 1987, 1; *Meincke* Die Auswirkungen der Rechtsnachfolge auf das Steuerrechtsverhältnis, JbDeuStG 1987, 19; *Ruppe* Einkommensteuerliche Positionen bei Rechtsnachfolge, JbDeuStG 1987, 45; *Carl* Die Haftung des Erben für Steuerschulden des Erblassers – Möglichkeiten der Haftungsbeschränkung, ZKF 1987, 187; *Jessen* Rechtsnachfolge und Steuerrechtssystematik, FR 87, 419.

1. **Inhalt.** Bei der Gesamtrechtsnachfolge geht die gesamte **Rechtsposition** auf den Nachfolger über, eines besonderen Übertragungsaktes hinsichtlich einzelner Rechte oder Verbindlichkeiten bedarf es im Gegensatz zur Einzelrechtsnachfolge nicht. Der **Wortlaut** der Vorschrift ist ebenso wie der des § 8 I StAnpG **zu eng.** Nicht nur die Forderungen und Schulden gehen auf den Gesamtrechtsnachfolger über, sondern dieser tritt materiell und verfahrensrechtlich in die abgabenrechtliche Stellung seines Rechtsvorgängers ein (BFH BStBl 69, 622; 73, 9). Eine wesentliche Komponente dieser Rechtslage besteht darin, daß der Rechtsnachfolger alle steuerbegründenden Verhältnisse aus der Person seines Vorgängers gegen sich gelten lassen muß, bzw sich auf bereits dort realisierte Steuerbefreiungsgründe berufen kann (BFH BStBl 72, 80; 84, 31; FG Saarl EFG 87, 435).

2. Die Vorschrift sagt nichts darüber, in welchen Fällen eine Gesamtrechtsnachfolge eintritt. Die Frage beantwortet sich nach zumeist nichtsteuerlichen Vorschriften, zB § 1922 BGB Erbfolge, Verschmelzung von Gesellschaften §§ 339, 346 III, 353 V 2, 355 II 1, 359 II, 360 II AktG, Umwandlung von Gesellschaften nach dem Umwandlungsgesetz (BGBl I 69, 2081). Keine Gesamtrechtsnachfolge jedoch bei Erbschaftskauf nach §§ 2371 ff BGB (vgl unten Anm 3 d).

3. Der Gesamtrechtsnachfolger ist **StSchuldner,** nicht Haftender. Er wird daher durch **Steuerbescheid** in Anspruch genommen (BFH BStBl 73, 544). Der Gesamtrechtsnachfolger muß im StBescheid namentlich genannt werden (BFH BStBl 72, 502). Es genügt nicht, daß der Steuerbescheid an

2. Abschnitt. Steuerschuldverhältnis § 45

„die Erben des X" gerichtet wird. Bei einem einheitlichen Feststellungsbescheid bleibt aber **Zurechnungsobjekt** der Verstorbene, wenn der Bescheid erst nach dem Tode auf einen davor liegenden Stichtag ergeht. Feststellungsbeteiligte sind aber die Erben, und ihnen ist der Bescheid bekanntzugeben (BFH BStBl 88, 410). Wenn jemand in einem StBescheid irrtümlich als Erbe bezeichnet ist, berührt dies die Wirksamkeit des Bescheids nicht, wenn dieser aus einem sonstigen Grund wirksam bekannt gegeben worden ist. Ein nach dem Tode des Ehemanns an „Herrn und Frau . . . (Name der Ehefrau)" gerichteter EStBescheid ist daher jedenfalls dann hinreichend bestimmt, wenn in der Einspruchsentscheidung nachträglich klargestellt wird, daß nur die Ehefrau von dem Bescheid betroffen werden sollte. Unschädlich ist, daß das FA in der Einspruchsentscheidung die Ehefrau auch als Erbin ihres Mannes angesehen und als solche bezeichnet hat (BFH BStBl 86, 545).

a) Ist der Nachlaß noch nicht geteilt, muß der Steuerbescheid ebenfalls an die einzelnen beteiligten Erben gerichtet werden, nicht etwa an die **Erbengemeinschaft**, die keine eigene Rechtspersönlichkeit hat (BFH BStBl 72, 502; 73, 544). Da aber die einzelnen Erben Gesamtschuldner sind, kann der Bescheid auch an nur einen von ihnen gerichtet werden (BFH BStBl 73, 544, aA FG Münster EFG 73, 240); vgl *Schuhmann* Zustellung von EStBescheiden bei Erbfolge, DStZ A 76, 18. Ein einheitlicher Feststellungsbescheid kann schon mit der Bekanntgabe an einzelne Erben diesen gegenüber Wirksamkeit entfalten, unbeschadet der Tatsache, daß er erst mit der Bekanntgabe an alle Feststellungsbeteiligten allen gegenüber wirksam wird (BStBl 88, 410).

b) Bei **Testamentsvollstreckung** nach § 45 II iVm § 2213 BGB kann die StSchuld sowohl gegen die Erben als auch gegen den Testamentsvollstrecker geltend gemacht werden. Für die Vollstreckung setzt § 265 iVm § 748 ZPO allerdings voraus, daß entweder ein StBescheid oder auf Duldung der Vollstreckung gegen den Testamentsvollstrecker gerichteter Bescheid gegen den Testamentsvollstrecker ergangen ist. Zu unbestimmt und daher unwirksam ist ein an den Testamentsvollstrecker adressierter StBescheid mit dem Zusatz als „Testamentsvollstrecker und Zustellungsvertreter der Erben" (BFH BStBl 88, 120).

c) Der Erbe muß Steuerbescheide, die gegen den Erblasser ergangen sind, gegen sich gelten lassen, er kann sie nur anfechten, soweit die Anfechtungsfrist noch nicht abgelaufen ist. In ein schwebendes **Rechtsmittelverfahren** tritt der Erbe ein. Ggf muß für das Jahr des Eintritts des Erbfalles je eine ESt-Festsetzung für den Erblasser und je eine für den Erben durchgeführt werden (BFH BStBl 73, 621). Höchstpersönliche Eigenschaften in der Person des Erblassers gehen jedoch in der steuerlichen Wirkung nicht auf den Erben über; sie wirken sich nur bei der Steuerfestsetzung für den Erblasser aus.

d) Geldstrafen gehen grundsätzlich nicht auf den Erben über, es sei denn, es liegt ein Fall des § 391 AO, 30 StGB vor. Das gleiche gilt für Geldbußen (vgl § 101 OWiG).

e) Nicht zu den Erben zählen **Vermächtnisnehmer** und **Erbschaftskäufer**. Der Erbschaftskäufer haftet aber für Nachlaßverbindlichkeiten nach § 2382 BGB.

f) Der Erbe haftet grundsätzlich **unbeschränkt,** er kann jedoch seine Haftung nach den Vorschriften des bürgerlichen Rechts beschränken (Abs 2 S 1). Die Haftungsbeschränkung tritt ein durch Anordnung der **Nachlaßverwaltung** oder Eröffnung des **Nachlaßkonkurses** (§ 1975 BGB). Die Haftung beschränkt sich danach nur auf den Nachlaß (§ 1984 Abs 2 S 3 BGB). Eine Beschränkung der **Erbenhaftung** durch Einreden der Dürftigkeit oder Unzulänglichkeit des Nachlasses ist weder im StFestsetzungsverfahren noch gegen das Leistungsgebot geltend zu machen, sondern allein im **Zwangsvollstreckungsverfahren,** BFH BStBl 81, 729. Auf Abs 2 können sich die Erben erst im Vollstreckungsverfahren berufen. Ein entsprechender Vorbehalt im StBescheid oder im Leistungsgebot ist nicht erforderlich und auch nicht im Gesetz vorgesehen, vgl § 265, FG Berlin EFG 81, 270.

g) Für die **Vollstreckung** gegen den Erben vgl § 265. Es ist nicht erforderlich, daß die Beschränkung der Haftung im Steuerbescheid gegenüber dem Erben vorbehalten wird; § 780 ZPO gilt für das Vollstreckungsverfahren nach der AO nicht, vgl § 265 (vgl auch FG Nieders EFG 69, 210). Ein dem Erblasser gegenüber ergangenes **Leistungsgebot** muß dem Erben erneut bekanntgegeben werden (§ 254 I 3).

§ 46 Abtretung, Verpfändung, Pfändung

(1) Ansprüche auf Erstattung von Steuern, Haftungsbeträgen, steuerlichen Nebenleistungen und auf Steuervergütungen können abgetreten, verpfändet und gepfändet werden.

(2) Die Abtretung wird jedoch erst wirksam, wenn sie der Gläubiger in der nach Absatz 3 vorgeschriebenen Form der zuständigen Finanzbehörde nach Entstehung des Anspruchs anzeigt.

(3) ¹**Die Abtretung ist der zuständigen Finanzbehörde unter Angabe des Abtretenden, des Abtretungsempfängers sowie der Art und Höhe des abgetretenen Anspruchs und des Abtretungsgrundes auf einem amtlich vorgeschriebenen Vordruck anzuzeigen.** ²**Die Anzeige ist vom Abtretenden und vom Abtretungsempfänger zu unterschreiben.**

(4) ¹**Der geschäftsmäßige Erwerb von Erstattungs- oder Vergütungsansprüchen zum Zwecke der Einziehung oder sonstigen Verwertung auf eigene Rechnung ist nicht zulässig.** ²**Dies gilt nicht für die Fälle der Sicherungsabtretung.** ³**Zum geschäftsmäßigen Erwerb und zur geschäftsmäßigen Einziehung der zur Sicherung abgetretenen Ansprüche sind nur Unternehmen befugt, denen das Betreiben von Bankgeschäften erlaubt ist.**

(5) Wird der Finanzbehörde die Abtretung angezeigt, so müssen Abtretender und Abtretungsempfänger der Finanzbehörde gegenüber die angezeigte Abtretung gegen sich gelten lassen, auch wenn sie nicht erfolgt oder nicht wirksam oder wegen Verstoßes gegen Absatz 4 nichtig ist.

(6) ¹**Ein Pfändungs- und Überweisungsbeschluß oder eine Pfändungs- und Einziehungsverfügung dürfen nicht erlassen werden, bevor der Anspruch entstanden ist.** ²**Ein entgegen diesem Verbot erwirkter Pfän-

2. Abschnitt. Steuerschuldverhältnis § 46

dungs- und Überweisungsbeschluß oder erwirkte Pfändungs- und Einziehungsverfügung sind nichtig. Die Vorschriften der Absätze 2 bis 5 sind auf die Verpfändung sinngemäß anzuwenden.

(7) Bei Pfändung eines Erstattungs- oder Vergütungsanspruchs gilt die Finanzbehörde, die über den Anspruch entschieden oder zu entscheiden hat, als Drittschuldner im Sinne der §§ 829, 845 der Zivilprozeßordnung.

Abs 6 geändert durch Gesetz vom 20. 8. 80, BGBl I 1545

Schrifttum: *Frotscher* Die Pfändung des Lohnsteuererstattungsanspruchs, BB 75, 131; *Noack* Durchführung der Pfändung des LStJA und dessen Vorpfändung, DGVZ 79, 21; *Benkendorff* Zur Abtretung und Verpfändung von StErstattungsansprüchen unter besonderer Berücksichtigung des § 46 III ZfZ 80, 172; *Alisch-Voigt* Ausgewählte Fragen zur Pfändung von StErstattungsansprüchen, Rpfleger 80, 10; *Börsch* Die Pfändung des Erstattungsanspruchs aus dem LStJA für das Kalenderjahr 1980, FR 81, 241; *Halaczinsky* Wirksamkeit von Pfändung und Abtretung im Steuerrecht, BB 81, 1270; *Stober* Zur Abtretung öffentlich rechtlicher Forderungen an Private, JuS 82, 740; *Globig* Die Pfändung von Lohnsteuer- und Einkommensteuererstattungsansprüchen, NJW 82, 915; *Schuhmann* Die Abtretung des Anspruchs auf Steuererstattung, NStR II B 46; *Schulz* Aktuelle Probleme bei Abtretung und Verpfändung, Pfändung und Vorpfändung von Steuererstattungsansprüchen, DStZ 83, 466; *Buciek,* Die Vorpfändung von Steuererstattungsansprüchen, DB 85, 1428; *Grosse* Verwendung „privater Vordrucke" bei Abtretung von Steuererstattungsansprüchen, BB 85, 1662; *Gern* Die Rechtsnatur der Abtretung und Verpfändung von Ansprüchen aus dem Abgabenschuldverhältnis, KStZ 86, 128; *Ronig* Abtretung von Erstattungs- und Vergütungsansprüchen zur Realisierung von Honorarforderungen, Information StW 87, 193; *Pump* Prüfungspflicht des Finanzamts bei Abtretung von Steuererstattungsansprüchen, DStZ 87, 277; *ders* Der Verrechnungsvertrag gemäß § 226 AO, DStZ 87, 616; *Gerber* Abtretung von Steuererstattungs- oder Vergütungsansprüchen – das richtige Kreuz an der richtigen Stelle, DStR 87, 717; *App* Ein verzichtbarer Formalismus bei der Abtretung von Steuererstattungsansprüchen, DStZ 88, 564.

Übersicht

1. Inhalt
2. Bezeichnung der Forderung
3. Anzeige
4. Form der Anzeige
   Unterschrift
5. Rechtsstellung des Abtretungsempfängers
6. Geschäftmäßiger Erwerb
7. Abs 5: Wirkung der Abtretungsanzeige
8. Pfändung
   a) nach Entstehung des Anspruchs
   b) genaue Bezeichnung
   c) Drittschuldner
   d) Zustellung
9. Abs 7: Finanzbehörde als Drittschuldner.

1. Inhalt. Vorschrift regelt nur Abtretung usw, soweit es sich um Ansprüche gegen den **Steuergläubiger** handelt. Die **Anzeige,** die Wirksamkeitsvoraussetzung für die Abtretung gegenüber dem Stgl ist, ist erst nach **Entstehung** des in Betracht kommenden Anspruchs zulässig. Zur Frage, welche verfahrensrechtliche Stellung derjenige hat, an den abgetreten worden ist, vgl unter Anm 5.

Die Höhe des abgetretenen Anspruchs muß **bestimmbar** sein, jedoch nicht ziffernmäßig benannt werden. Abs 3 besagt nur, daß in der Abtretungsanzeige der Anspruch der Höhe nach angegeben sein muß. Im übrigen sind die Vorschriften des BGB über Abtretung und Verpfändung anwendbar, §§ 398 BGB, §§ 1273, 1274, 1279 BGB. Die Abtretung eines **Teilbetrags** eines Steuererstattungsanspruchs ist zulässig (BFH BStBl 86, 565).

Die Vorschrift sagt nichts über die Rechtsnatur der Abtretung. Es handelt sich um einen **privatrechtlichen Vertrag** (*Gern* KStZ 86, 128; offen gelassen in BFH BStBl 83, 123). Es gelten daher die Regeln des bürgerlichen Rechts (BFH BStBl 78, 688). Der privatrechtliche Vertrag hat allerdings öffentlich-rechtliche Wirkungen (*TK* RNr 3).

Nicht geregelt ist ferner die Abtretbarkeit von **Anrechnungsansprüchen.** Der Anspruch auf Anrechnung der Körperschaftsteuer ist nicht abtretbar; ebenso nicht der Vorsteuerabzugsanspruch, weil er in die StBerechnung gem § 16 II UStG eingeht und daher kein selbständiger Anspruch ist (BFH BStBl 83, 612). Der Vorsteuerabzugsanspruch ist lediglich eine unselbständige Besteuerungsgrundlage innerhalb der StBerechnung und -festsetzung und kein Anspruch mit verfahrensrechtlichem Eigenleben.

2. Bezeichnung der abgetretenen, ver- oder gepfändeten **Forderung.** Eine allgemeine **Gehaltsabtretung** ist idR dahin auszulegen, daß sie auch die Vorausabtretung etwa zu erwartender LSt-Erstattungen umfaßt, auch wenn dies im Abtretungsvertrag nicht ausdrücklich gesagt ist, BFH, ZIP 80, 693, BStBl 80, 488. Es reicht aus, daß der **LSt-Erstattungsanspruch** abgetreten oder gepfändet wird; erfaßt wird damit auch ggf der **ESt-Erstattungsanspruch,** so überzeugend BFH BStBl 85, 572; FG Bremen, EFG 79, 292; *Frotscher* BB 75, 131; aA FG Nieders EFG 79, 158. Auch eine Abtretungsanzeige ist auslegungsfähig (FG BadWürtt EFG 88, 607). Dabei kann sich ergeben, daß nicht die Abtretung des LStJA sondern die eines ESt-Erstattungsanspruchs angezeigt werden sollte, BFH BStBl 82, 685. § 133 BGB über die Auslegung von Willenserklärungen ist auch im öffentlichen Recht anzuwenden und gilt auch für Erklärungen des Bürgers gegenüber der Behörde, BVerwGE 16, 198.

3. Anzeige ist einseitige empfangsbedürftige Willenserklärung. Die Einhaltung der in Abs 3 genannten **Form** ist Voraussetzung für die Wirksamkeit der Anzeige und damit der Abtretung oder Verpfändung. Da die Kreditinstitute beim Überweisungsverkehr durch beleglosen Datenträgeraustausch in StErstattungsfällen nicht mehr prüfen, ob Erstattungsberechtigter und Kontoinhaber identisch sind, kann die Regelung in Abs 2 und 3 leicht dadurch umgangen werden, daß der Erstattungsberechtigte in seiner StErklärung nur die Konto-Nr des Abtretungsempfängers einsetzt. Außerdem ist nach der Rspr des BFH auch eine **Zahlungsanweisung** zulässig. Ebenso wie im bürgerlichen Recht mit Einwilligung des Berechtigten an einen Dritten zum Zweck der Erfüllung geleistet werden kann (§ 362 II BGB), so sind auch im Rahmen des Steuerschuldverhältnisses Erstattungen an andere Personen zulässig, wenn der Stpfl eine entsprechende Zahlungsanweisung allgemein oder für den Einzelfall erteilt. Einer wirksamen Abtretung bedarf es dazu nicht (BFH BStBl 86, 511). Die Zahlungsanweisung ist allerdings anders als die Abtretung dem FA gegenüber wieder leicht

2. Abschnitt. Steuerschuldverhältnis § 46

rückgängig zu machen, da sie kein Vertrag ist. Ein etwaiger Rückforderungsanspruch des FA aufgrund eines aufgrund einer Zahlungsanweisung an einen Dritten ausgezahlten Steuererstattungsbetrages richtet sich im übrigen nicht gegen den Dritten, da Leistungsempfänger im Sinne des § 37 II 1 in diesem Falle der Steuererstattungsberechtigte und nicht der Dritte ist (BFH BStBl 86, 511).

Die Anzeige muß vom Gläubiger, dh von dem Abtretenden, der zuständigen (örtlich, sachlich, funktionell) FinBeh, dh idR dem FA, angezeigt werden. Anzeige kann jedoch nach Abs 2 erst nach Entstehung des Anspruchs gemacht werden. Abtretungen, die **vor Ablauf** des Veranlagungszeitraums geschlossen, jedoch erst nach Entstehung des Anspruchs **angezeigt** werden, sind wirksam, *Tiedtke* NJW 79, 1640. Anzeigen muß der Erstattungsberechtigte. Er kann aber den Anzeigeempfänger zur Übermittlung der Anzeige bevollmächtigen (s aber zu den Formerfordernissen unten Anm 4). Anzeige **wirkt nicht** auf Zeitpunkt des Abtretungsgeschäfts **zurück**. Bei Anzeige gegenüber einem **nicht zuständigen FA** leitet dieses die Anzeige weiter; **Wirksamkeit** tritt erst mit **Eingang** bei dem **zuständigen FA** ein. Die Auffassung, daß die bei einem unzuständigen FA erfolgte Anzeige auch durch Weiterleitung an das zuständige FA nicht wirksam werden kann (*HHSp* RNr 28; *Koch* RNr 5), hängt zusehr am Wortlaut des Abs 2 des § 46 und ist vom Zweck der Vorschr her nicht gerechtfertigt (wie hier Vfg OFD Hannover v 16. 1. 86, AO-Handbuch 88, Anl 2 zu § 46, unter 3.2.7; *TK* RNr 5). Die Anzeige muß dem FA **im Original zugehen.** Es genügt nicht, wenn sie dem FA nur gezeigt, aber nicht übergeben oder wenn dem FA lediglich eine Ablichtung davon übersandt wird (BFH/NV 88, 416). Ohne Anzeige ist Abtretung nicht nur gegenüber dem Fiskus sondern allgemein unwirksam, BGH NJW 78, 642. Abtretung ist nur wirksam, wenn sich aus der **Anzeige** zweifelsfrei ein **Abtretungsvertrag** ergibt; dies ist nicht der Fall, wenn eine PersGesellschaft im eigenen und (oder) im Namen ihres Gesellschafters beantragt, StSchulden der Gesellschaft mit Erstattungsansprüchen des Gesellschafters zu **verrechnen.** Durch die Annahme eines solchen Antrags kann aber ein **Verrechnungsvertrag** (s dazu unten § 226 Anm 11) zustande kommen, den ein späterer Gläubiger der Erstattungsansprüche gegen sich gelten lassen muß, BFH BStBl 78, 606.

4. Form der Anzeige. Erforderlich Angabe des Abtretenden, des Abtretungsempfängers, Art und Höhe des abgetretenen Anspruchs, zB LStJA uä, Abtretungsgrund. Anzeige muß auf amtl vorgeschriebenem Vordruck erfolgen (Satz 1 des Abs III). Das Muster dieses Vordrucks ist in Abs V AnwErl zu § 46 bestimmt. Die früher geltenden Vordrucke (BdF-Schr v 25. 8. 82, BStBl I 82, 690) können aber ebenfalls noch benutzt werden (Abs V 2 AnwErl). Die Anzeige kann auch auf einem **privaten Nachdruck** des amtlichen Vordrucks erfolgen, wenn dieser dem amtlichen Vordruck inhaltlich und äußerlich entspricht (FG Berlin EFG 82, 110; 83, 158). Noch ungeklärt durch die Rspr ist, ob solche privaten Nachdrucke auch geringfügige Abweichungen von dem amtlichen Vordruck enthalten dürfen. Der BFH hat jedenfalls solche Änderungen als schädlich angesehen, die relevant sind, dh, die der Schutzfunktion des amtlichen Vordrucks entgegen stehen (BFH BStBl 83, 123; 88, 178). Ob andere als solche relevanten Abweichun-

§ 46

gen zur Unwirksamkeit der Abtretung führen, hat er offen gelassen. UE schadet jede Abweichung (ebenso *Grose* BB 85, 1662; aA Hess FG EFG 86, 210). Andernfalls müßte die FinBeh in eine unter Umständen schwierige Prüfung eintreten, ob die Abweichungen relevant sind. Die Anzeige soll aber der FinBeh die Prüfung ersparen, ob die Abtretung wirksam ist (*TK* RNr 7).

Der Mangel einer formgerechten Abtretungsanzeige läßt sich daher auch **nicht mit** den Grundsätzen von **Treu und Glauben** überbrücken (BFH v 24. 3. 83 VR 8/81 – nv –; aA FG BadWürtt EFG 86, 531, wonach sich Kreditinstitute bei Bankformularen aber auch nicht auf Treu und Glauben berufen können). Nach der Anzeige kann das FA mit befreiender Wirkung an den Abtretungsempfänger zahlen. Diese Folgen sollen erst nach Unterschrift des Abtretenden unter ein mit besonders warnenden Hinweisen versehenes Formular und nach Einreichung dieses Formulars an die FinBeh eintreten können, BFH BStBl 83, 124.

Satz 2 erfordert nicht die **persönliche Unterschrift** des Abtretenden (BFH BStBl 83, 123). Andererseits entspricht die Verwendung eines Faksimilestempels nicht den Anforderungen des Abs 2. Die Unterschrift braucht nicht voll ausgeschrieben zu sein. Paraphe genügt aber nicht (FG Berlin EFG 83, 158). Die AO kennt den Begriff der ,,eigenhändigen" Unterschrift. Sie verwendet ihn, wenn eine Unterzeichnung durch einen Bevollmächtigten ausgeschlossen sein soll, zB in § 150 III. Da § 46 III insoweit keine Einschränkungen enthält, bleibt es bei dem Grundsatz des § 80 I, nach dem grundsätzlich eine Vertretung zulässig ist. Daher ist auch eine Vertretung bei Unterzeichnung der Abtretungsanzeige zulässig, *TK* Tz 4; FG Berlin EFG 81, 542, EFG 82, 110. Eine Vollmacht zur Unterschrift nach Abs 3 ist allerdings nur wirksam, wenn der vom Gesetzgeber mit dem Vordruck und den Erläuterungen verfolgte Zweck sichergestellt ist, dh Schutz unerfahrener Stpfl vor unüberlegten Abtretungen. Dieser Zweck würde vereitelt, wenn der Abtretende die Vollmacht erteilen könnte, ohne von dem Inhalt der Hinweise in dem Vordruck Kenntnis zu erlangen. Die Vollmacht ist daher nur wirksam, wenn sie in nachgewiesener Kenntnis der amtlichen Vordrucks erteilt wird, zB durch Erklärung in der Vollmachtsurkunde. Unerheblich ist dabei, ob die Vollmacht unwiderruflich oder widerruflich erteilt ist (BFH BStBl 88, 178). Daraus ergibt sich die Frage, ob der Nachweis der Kenntnisnahme letztlich nicht dann doch die Unterschrift des Abtretenden erfordert (vgl offiziöse Anm zu der genannten BFH-Entscheidung in HFR 88, 90). Die Unterzeichnung durch den Abtretenden soll die **persönliche Kenntnisnahme** dokumentieren, was nur durch die eigenhändige Unterschrift sichergestellt ist. Daher kann sich der Abtretende zwar bei der Abtretungsanzeige, nicht aber bei der Kenntnisnahme ihres maßgeblichen Inhalts durch einen Bevollmächtigten vertreten lassen, FG Berlin EFG 82, 330. Eine Abtretungsanzeige, die nicht erkennen läßt, daß der Abtretende von ihrem Inhalt persönlich Kenntnis genommen hat, ist daher rechtsunwirksam, FG Berlin EFG 82, 330. Das gilt auch für titulierte Forderungen (BFH BStBl 88, 178).

Abs 2 und 3 sind mit dem GG vereinbar (BVerfG NJW 83, 2435). Die Vertragsfreiheit wird dadurch nicht verletzt, FG Berlin aaO. Die Vertragsfreiheit ist nicht schrankenlos, sie wird vielmehr durch gesetzliche

2. Abschnitt. Steuerschuldverhältnis   **§ 46**

Regelungen, zB §§ 313, 765 BGB, insbesondere aber durch öffentlichrechtliche Regelungen eingeschränkt.

Bei Unwirksamkeit der Abtretung ist das FA nach den Grundsätzen des rechtlichen Gehörs gehalten, den Gläubiger und den Abtretungsempfänger hierauf hinzuweisen. Besteht der Abtretungsempfänger auf seinem vermeintlichen Recht, kann er, wenn das FA Auszahlung an ihn ablehnt, Antrag nach § 218 II stellen. Gegen die entsprechende Entscheidung ist dann der Einspruch zulässig. Im Einspruchsverfahren wäre der Abtretende gem § 360 III hinzuzuziehen. (*HHSp* RNr 33; aA FG Hamburg EFG 85, 252). Die Einspruchsentscheidung kann im Finanzrechtsweg mit der Klage angegriffen werden (FG Berlin EFG 87, 85). Dabei kann es allerdings nur um die Wirksamkeit der Abtretung und nicht um die Berechtigung des Steuererstattungsanspruchs des Zedenten gehen (s unten Anm 5). Liegt noch kein begünstigender Bescheid über die Berechtigung des Steuererstattungsanspruchs vor, so ist die auf Erlaß eines Bescheides nach § 218 II gerichtete Verpflichtungsklage unzulässig. Auch die vom Zessionar erhobene Zahlungsklage (allgemeine Leistungsklage) ist unzulässig, solange kein Bescheid nach § 218 II ergangen ist (FG Berlin aaO).

Es ist uE unschädlich, wenn die Höhe des tats Anspruchs von der Angabe in der Anzeige abweicht. Die genaue Höhe braucht überhaupt nicht angegeben zu sein. Sie muß nur bestimmbar sein (FG BadWürtt EFG 88, 607). **Abtretungsgrund:** zB Sicherungsabtretung, Abtretung zahlungshalber. Solche Angaben reichen aus (FG BadWürtt EFG 88, 607). **Mehrfache Abtretung:** Nur die zuerst angezeigte Abtretung ist wirksam; mehrfache Verpfändung ist wirksam, aber nur derjenige Gläubiger ist zur Einziehung befugt, dessen Pfandrecht zuerst angezeigt worden ist (§ 1290 BGB). Es besteht ggf die Möglichkeit zur Rangsicherung zunächst eine **Vorpfändung** nach § 845 ZPO durchzuführen. Pfändung vgl § 829 ZPO, zusätzlich erforderlich ist aber noch die Überweisung zur Einziehung (vgl § 835 ZPO).

5. Rechtsstellung des Abtretungsempfängers. Eine Abtretung hat nicht zur Folge, daß die gesamte Rechtsstellung auf den Zessionar übergeht. Der Zessionar tritt nur hinsichtlich des reinen **Zahlungsanspruchs** an die Stelle des Zedenten. § 42 EStG geht eindeutig davon aus, daß der Antrag auf Durchführung des LStJA nur vom Arbeitnehmer selbst gestellt werden kann, vgl auch § 150 III AO. Der Abtretungsgläubiger eines LStJA-Erstattungsanspruchs kann daher keinen wirksamen **LStJA** stellen, weder aus eigener noch aus abgeleiteter Rechtsstellung, FG Hamburg EFG 82, 47. Er kann aber die Mitwirkung des Schuldners gem § 883 bzw 888 ZPO erzwingen mit Hilfe eines entsprechenden Vollstreckungstitels, vgl § 829 ZPO. Dem Abtretungsempfänger steht auch kein **Auskunftsrecht** gegenüber dem FA zu, FG Hbg EFG 82, 47. Er ist auch nach stRsp des BFH am Steuerfestsetzungsverfahren nicht beteiligt, vgl BFH BStBl 78, 464; 75, 669; aA *TK* Tz 11; *HHSp* Tz 29. Ihm braucht daher ein evt geänderter Bescheid nicht bekanntgegeben zu werden, er ist in einem Verfahren gegen den geänderten Bescheid auch nicht **beizuladen.** Nach wirksamer Abtretung des Erstattungsanspruchs bleibt der Abtretende (Zedent) Adressat des StBescheides. Die Rechtsstellung als Stpfl ist personengebunden und nicht mit dem Erstattungsanspruch auf den Zessionar übertragbar, vgl BFH

BStBl 75, 669. Der Zessionar tritt nur in die Rechtsstellung des Zedenten im Erhebungsverfahren ein. Er kann daher gegen den StBescheid nicht klagen (aA FG Nürnberg EFG 86, 54). Die wirtschaftliche Interessenlage genügt nicht für die Klagebefugnis, die nur dem zusteht, der in seinen subjektiven Rechten verletzt ist. Die Abtretung eines Steuererstattungsanspruchs hat deshalb auch nicht zur Folge, daß die prozessuale Stellung des Zedenten auf den Zessionar übergeht. Dies ergibt sich allerdings auch schon aus § 155 FGO iVm § 265 ZPO (BFH/NV 86, 4). Gegen eine **Bekanntgabe** des Bescheids an den **Zessionar** bestehen auch wegen des StGeheimnisses Bedenken. Der Zessionar kann aber für den Zedenten die StErklärung einreichen. Es ist allerdings kaum einzusehen, weshalb nicht auch der Abtretungsempfänger, die erforderlichen Anträge auf Steuerfestsetzung usw stellen kann, denn auch im Zivilrecht kann der Zessionar den abgetretenen Anspruch im Klagewege geltend machen. Durch Ablehnung der Erstattung wird der Zessionar ebenso berührt wie der Zedent, vgl *TK* Tz 11. Die Finanzverwaltung geht deshalb offenbar nunmehr davon aus, daß der Zessionar voll in die Rechtsstellung des Zedenten auch im Festsetzungsverfahren eintritt. Nach AnwErl (zu § 46 Abs 4) soll der Zessionar jetzt das Recht haben, innerhalb der Frist des § 42 II EStG den Antrag auf Durchführung des Lohnsteuerjahresausgleichs nach amtlichem Vordruck zu stellen. **Antragsrecht** auf **Durchführung** des **LStJA** kann **nicht selbständig gepfändet** werden, LG Landau, Rechtspfl 78, 107 gegen LG Hamburg, Rechtspfleger 74, 146. Nach BFH, BStBl 61, 170, kann Empfänger jedoch keine Berichtigungsveranlagung beantragen (dagegen *TK* Tz 11) und den Bescheid nicht anfechten (BFH BStBl 75, 669) aA FG D'dorf EFG 78, 500. Auch **Ausfuhrerstatt** nach **EG-Recht** können abgetreten werden, nicht aber die gesamte **Rechtsstellung** aus dem Erstattungsverhältnis; Abtretungsempfänger kann zB nicht ablehnenden Erstattungsbescheid anfechten, auch nicht als Prozeßstandschafter, BFH BStBl 78, 464. Zahlt FA einen durch Fälschung von LStBescheinigungen **erschlichenen Erstattungsbetrag** an einen **Dritten** aus, an den dieser abgetreten wurde, so kann es einen Rückforderungsanspruch gegen den **Zessionar** geltend machen, BFH BStBl 78, 608. Dies soll nach *Tiedtke* (FR 80, 1) auch dann gelten, wenn zwischen dem Abtretenden und dem FA ein StSchuldverhältnis bestanden hat, aA BFH StRK AO § 150 R 17. Der Abtretende könnte dann nur zivilrechtlich aus unerlaubter Handlung in Anspruch genommen werden.

Dem FA wird durch die Abtretung des Erstattungsanspruchs die im Zeitpunkt der Abtretung bestehende **Möglichkeit der Aufrechnung** nicht genommen (BFH BStBl 76, 549). Es hat aber dann keine Aufrechnungsmöglichkeit, wenn es bei dem Erwerb der Forderung von der Abtretung Kenntnis hatte oder wenn die Forderung erst nach der Erlangung der Kenntnis und später als die abgetretene Forderung fällig geworden ist (§ 406 Halbs 2 BGB). Dies gilt nicht, wenn der Abtretungsempfänger sich mit der Aufrechnung einverstanden erklärt hat. Diese Einverständniserklärung kann auch konkludent anläßlich eines Stundungsantrags des Abtretungsempfängers als Bevollmächtigtem des Abtretenden bezüglich der vom FA später in Anrechnung gebrachten Gegenforderung abgegeben werden (BFH BStBl 86, 506).

2. Abschnitt. Steuerschuldverhältnis § 46

6. Abs 4 verbietet den **geschäftsmäßigen Erwerb** von Erstattungs- oder Vergütungsansprüchen. **Geschäftsmäßigkeit** liegt vor bei selbständigem Tätigwerden mit Wiederholungsabsicht (BFH BStBl 86, 124; BFH/NV 88, 9; FG Nieders EFG 82, 222; *HHSp* RNr 21). Nach S 3 sind daher zum geschäftsmäßigen Erwerb und zur geschäftsmäßigen Einziehung sicherungshalber nur Banken befugt (BFH BStBl 86, 124; *HHSp* RNr 37; nunmehr auch *TK* RNr 6; aA Schwarz RNr 22). Steuerberatern und Steuerberatergesellschaften ist es daher nicht gestattet, sich zur Sicherung ihrer Honorarforderungen geschäftsmäßig von ihren Mandanten Steuererstattungsansprüche abtreten zu lassen (BFH/NV 88, 9). Ausgenommen vom Verbot sind Kreditinstitute; diese dürfen aber auch nur Abtretungen zur Sicherheit annehmen. Der Wortlaut des Abs 4 ist insoweit mißverständlich. Die Geschäftsmäßigkeit wird stets zu bejahen sein, wenn für den Erwerb von Erstattungsansprüchen organisatorische Vorkehrungen getroffen werden (zB vorbereitete Formulare, besondere Karten). Es reicht aber nicht aus, daß die – vereinzelte – Abtretung im Rahmen eines Handelsgeschäfts vorgenommen wurde (AnwErl zu § 46 Abs 2). Verstoß kann mit Geldbuße nach § 383 geahndet werden. Verstoß gegen Abs 4 Satz 1 führt zur Nichtigkeit der Abtretung vgl Abs 5.

Verboten ist der **geschäftsmäßige** Erwerb von Erstattungsansprüchen zum Zwecke der Einziehung oder sonstigen Verwertung auf eigene Rechnung. Eine Einziehung auf **eigene** Rechnung liegt nicht vor, wenn der Abtretungsempfänger mit dem Zedenten abrechnen wollte. Nur Kreditinstitute dürfen StErstattungsansprüche geschäftsmäßig zu Sicherungszwecken erwerben. Im Einzelfall kann der Sicherungszweck so weit zurücktreten, daß eine – unzulässige – Abtretung zahlungshalber anzunehmen ist. Bei der Abgrenzung sind die von der Zivilrechtsprechung entwickelten Grundsätze zu beachten (vgl BFH BStBl 84, 178; 84, 183; 84, 411). Die geschäftsmäßige **Vorfinanzierung** von StErstattungsansprüchen durch eine Bank erfolgt nicht lediglich sicherungs- sondern **erfüllungshalber**, wenn die Bank die Kreditgewährung nicht von einer individuellen Kreditwürdigkeitsprüfung abhängig macht, die Rückzahlung aus der abgetretenen StErstattung erfolgt und die Bank sich die Befugnis einräumen läßt, ggf StBerater mit der Einlegung, von Rechtsbehelfen zu beauftragen, LG D'dorf, ZIP 80, 875. Es liegt außerdem ein Verstoß gegen Art 1 § 1 RBerG vor, LG D'dorf aaO. Die geschäftsmäßige Einziehung zahlungshalber abgetretener Forderungen ist **Besorgung fremder Rechtsangelegenheiten** iSd Art 1 § 1 des Rechtsberatungsmißbrauchsgesetzes. Ob hierin auch ein Verstoß gegen Abs 4 liegt, kommt auf den Einzelfall an. Die Verpfändung eines Steuererstattungsanspruchs an eine Kleinkreditbank zu dem vorrangigen Zweck, diese wegen einer gegen den Abtretenden bestehenden Darlehnsforderung zu befriedigen, ist keine Sicherungsabtretung (FG Berlin EFG 85, 530; 85, 532). Bei der **Sicherungsabtretung** hat der Zessionar seine Sicherungsnehmer – zunächst zu versuchen, aus der gesicherten Forderung vorzugehen; nur wenn dies mißlingt kann er auf die zur Sicherheit abgetretene Forderung zurückgreifen, vgl BGH NJW 74, 1244. Bei der Abtretung **erfüllungshalber** ist es umgekehrt. Hier hat der Zessionar zunächst Befriedigung aus der abgetretenen Forderung zu suchen, während die ursprüngliche Forderung so lange als gestundet gilt. Für die Sicherungsabtretung ist es typisch, daß auf die abgetretene Forderung nur

§ 46
2. Teil. Steuerschuldrecht

im Notfall zurückgegriffen wird. Eine **Sicherungsabtretung** liegt nur dann vor, wenn der Abtretungsempfänger nur dann zur Einziehung der abgetretenen Forderung befugt ist, wenn der Abtretende mit der Erfüllung seiner Zahlungspflichten ihm gegenüber in Verzug kommt, RGZ 142, 139, 141. Die Abtretung eines Steuererstattungsanspruchs erfolgt nur dann zur bloßen **Sicherung,** wenn für beide Beteiligten der Sicherungszweck im Vordergrund steht. Dies ist idR nicht der Fall, wenn sich der Abtretende seiner Einwirkungsmöglichkeit auf die abgetretene Forderung weitgehend begibt, BFH BStBl 84, 411.

Abs 4 Satz 2 erscheint nicht folgerichtig, weil eine Sicherungsabtretung ohnehin nicht zur Verwertung auf eigene Rechnung berechtigt, vgl FG Nieders EFG 82, 222. Danach sind also Sicherungsabtretungen zulässig. Die Abtretung des LSt-Erstattungsanspr iVm einer **Darlehensgewährung** ist im Rahmen erlaubter Bankgeschäfte zulässig, da weder ein Verstoß gegen das RBerG noch unerlaubte Hilfe in StSache vorliegen, FG Berlin EFG 83, 158. Darlehensgewährung und Sicherung der Rückzahlung stehen im Vordergrund. Das Verbot des **geschäftsmäßigen** Erwerbs und der Verwertung von Steuererstattungsansprüchen gem Abs 4 kann umgangen werden, zB dadurch, daß ein Bevollmächtigter iS des § 80 die ihm erteilte Vollmacht in der Weise erweitern läßt, daß sie auch die Berechtigung umfaßt, Erstattungen für die jeweiligen Mandanten in Empfang zu nehmen. Durch die Erteilung eines **Inkasso-Mandates** überträgt der Steuerpflichtige seinen Erstattungsanspruch nicht auf den Einzug ermächtigten Mandatar. Rechtlich verbleibt der Erstattungsanspruch beim Steuerpflichtigen. Die Erteilung eines Inkasso-Mandats dürfte aber gleichwohl nicht mit § 46 Abs 4 Satz 1 vereinbar sein (vgl *Länke/Widera* zur Abtretbarkeit von Steuererstattungs- und Vergütungsansprüchen nach § 46 Abs 4 AO, DB 85, 1367). Kein Erwerb von Steuererstattungsansprüchen liegt vor, wenn sich zB der steuerliche Berater über die allgemeine Vollmacht hinaus bevollmächtigen läßt, den Erstattungsanspruch im Namen des Mandanten und für dessen Rechnung gegenüber dem Finanzamt geltend zu machen und entgegenzunehmen (vgl *Länke/Widera* aaO S 1369). Wenn der Bevollmächtigte gegenüber seinem Mandanten aufrechnet, dient dies allein der Realisierung der bereits vorher entstandenen Honorarforderung. Gleichwohl erwirbt der Bevollmächtigte keinen Anspruch gegen die Finanzbehörde. Darüber hinaus dürfte es zulässig sein, den Erstattungsbetrag ohne formelle Abtretung der Forderung auf **Antrag** des Berechtigten auf Steuerschulden eines Dritten **umzubuchen.** Grundlage ist hierbei der öffentlich-rechtliche **Verrechnungsvertrag,** der durch Angebot des Erstattungsberechtigten und Annahme durch das Finanzamt zustande kommt und auch steuerlich zu beachten ist. Das Finanzamt ist aber zur Annahme des Verrechnungsvertrages nicht verpflichtet und kann ihn zB mit der Begründung zurückweisen, daß es nicht zur Umgehung des Abs 4 beitragen könne und wolle.

Abs 4 hat ebenso wie § 26 II StBerG **keine drittschützende Wirkung** in dem Sinne, daß sich ein Lohnsteuerhilfeverein mit der Konkurrentenklage gegen die Duldung einer rechtswidrigen Beratungspraxis eines konkurrierenden Lohnsteuerhilfevereins wehren könnte (BFH BStBl 88, 67).

2. Abschnitt. Steuerschuldverhältnis **§ 46**

7. Abs 5 entspricht dem § 411 BGB. Er dient dem Schutz des Anspruchsgegners. Der Schutz des Abs 5 gilt aber nur gegenüber dem **Abtretenden**. Der Abtretungsempfänger kann sich auf die Vorschrift nicht berufen. Es ist dem FA ausdrücklich gestattet, auch bei Unwirksamkeit der Abtretung an den Abtretungsempfänger zu zahlen. Dies gilt zB auch dann, wenn die **Abtretungsanzeige** nicht der in Abs 3 vorgeschriebenen Form entspricht. Nach anderer Auffassung soll der Schutzgedanke des Abs 5 entfallen, wenn das FA die Fehlerhaftigkeit der Abtretung erkennt, vgl *HHSp* Tz 18; *Urban* DStZ 80, 329. Geht bei dem FA ein unwirksamer Pfändungsbeschluß ein, hat das FA den Gläubiger darauf hinzuweisen, *Halaczinsky* aaO. Besteht der Gläubiger trotzdem auf der Pfändung, muß das FA Erinnerung nach § 766 ZPO einlegen. Ob es die Auszahlung an den Pfändungsgläubiger auch durch Verwaltungsakt ablehnen kann, erscheint fraglich (so aber *Halaczinsky* aaO), weil sich das FA dann über einen gerichtlichen Beschluß hinwegsetzen würde.

8. Pfändung, Abs 6. Pfändungsschutzbestimmungen des §§ 859 ff ZPO sind bei LStJA nicht anzuwenden (LG Braunschweig NJW 72, 2315). Zur Problematik des Pfändens vom LStJA vgl *Schuler* DB 73, 182 ff; systematische Darstellung *Schwarz* NWB F 6 1501; vgl auch OFD Bremen StEK § 46 Nr 1. Der geschäftsmäßige Erwerb von **Pfandrechten** an Steuererstattungsansprüchen ist nur zulässig, wenn der Verpfändungsvertrag dem Pfandgläubiger im wirtschaftlichen Ergebnis keine weitergehenden Rechte an der verpfändeten Forderung als bei einer Sicherungsabtretung verschafft, BFH BStBl 84, 413. Bei verheirateten Stpfl, die **zusammenveranlagt** werden, sind beide Ehegatten Gläubiger des auf sie entfallenden Erstattungsanspruchs; sie sind keine Gesamtgläubiger, vgl § 37 Anm 5, § 44 Anm 4. Daher kann auch nur jeder Ehegatte den auf ihn entfallenden Erstattungsanspruch abtreten. Das gleiche gilt für die Pfändung des Erstattungsanspruchs. In diesen Fällen ist ein Teilerstattungsanspruch zu berechnen, der dann pfändbar ist, vgl *Stöber* Forderungspfändung Rdnr 389 mit Fußn 56 f; *Alisch-Voigt* aaO, 12.

a) Der Abs 6 ist mit Wirkung vom 29. 8. 80 geändert worden. Damit wurde eine vorher bestehende Streitfrage entschieden, ob eine vor Entstehung des Anspruchs ergangene Pfändungsverfügung wirksam, nur anfechtbar oder unwirksam ist. Vgl hierzu die Rechtsprechung zur alten Fassung: Vorherige Pfändung ist schlechthin **nichtig**, OLG Frankfurt MDR 78, 763 und NJW 78, 2397; aA LG Mainz, MDR 78, 764; ferner die LGe Frankenthal v 3. 2. 78, Koblenz v 31. 1. 78, Zweibrücken v 9. 2. 78 sowie OLG Zweibrücken v 14. 3. 78: Pfändung ist nur fehlerhaft und wird durch Entstehung des Anspruchs geheilt, ebenso OLG Düsseldorf v 5. 9. 78, NJW 78, 2603. OLG Hamm v 28. 6. 78 in DB 78, 2117: Verstoß gegen Pfändungsverbote führt im allgemeinen lediglich zur Anfechtbarkeit, nicht zur Nichtigkeit; FA ist durch Möglichkeit der Hinterlegung hinreichend geschützt vgl § 853 ZPO; Pfändung wird aber wirksam, wenn auf die Erinnerung des FA das AG die Pfändung **nach Entstehung** bestätigt. Nach der Neufassung können Pfändungen nur dann wirksam werden, wenn der StErstattungs- bzw der Vergütungsanspruch bereits **entstanden** ist. Zur Entstehung vgl § 38 bzw die EinzelStG. Nach hM entsteht der LSt-Erstattungsanspruch mit Ablauf des Ausgleichsjahres, vgl *Tiedtke* NJW 79, 1640, bzw des Veranlagungszeitraums. Bei Durchführung des LStJA durch den **Arbeitgeber** unterliegt dieser Anspruch allerdings nicht § 46. Er kann daher bereits im laufenden Jahr gepfändet werden (*Stöber* Forderungspfändung RNr 380; *Borggreve* Büro 78, 1592; *Alisch-Voigt* aaO, 12). Dieser ist kein Teil des Arbeitseinkommens und unterliegt daher auch nicht den Beschränkungen der §§ 850 ff ZPO. Ebenso entsteht der Anspruch auf Erstattung von ESt mit Ablauf des Veranlagungsjahres. Unerheblich ist, ob der VollstrSch im Zeitpunkt der Pfändungsverfügung schon eine EStErklärung abgegeben hat, da der Anspruch am 1. 1. nach Ablauf des Veranlagungsjahres entstanden ist (OVG Münster/E 36, 68). Nach S 1 dürfen Pfändungs- und Überweisungsbeschlüsse **vor** Ablauf des **Veranlagungszeitraums** nicht erlassen werden. Erlassen ist der Beschluß letztlich mit der **Zustellung**. Nach S 2 ist ein vor Ablauf des Veranlagungszeitraums erwirkter Beschluß **nichtig**. Es stellt sich die Frage, ob darunter auch ein solcher Beschluß fällt, der vor Ablauf des Veranlagungszeitraums erwirkt, aber erst nach Ablauf des Veranlagungszeitraums zugestellt wurde. Unter Erwirken versteht man den Vollzug des Beschlusses durch abschließende Zeichnung und die Weggabe aus dem Geschäftsgang zum Zwecke der Beförderung, Baumbach-Lauterbach ZPO § 329 Anm 4. Von daher wird man die Auffassung vertreten müssen, daß auch ein Beschluß, der vor Ablauf des Veranlagungszeitraums „erwirkt" und zum Zwecke der Beförderung aus dem Geschäftsgang weggegeben wurde, unwirksam ist, so auch *Halaczinsky* aaO. Entscheidend hierfür ist das **Beschlußdatum** des Gerichts. Die Pfändung ist mit der Zustellung des Pfändungs- und Überweisungsabschlusses bewirkt. Die Zustellung erfolgt im Parteienbetrieb durch den Gerichtsvollzieher (§ 166 Abs 1 ZPO). Dabei kann der Gerichtsvollzieher selbst zustellen oder sich dazu der Bundespost bedienen (§§ 193 ff ZPO). In beiden Fällen erfolgt die Zustellung durch Übergabe des Schriftstücks (§§ 170 Abs 1, 195 Abs 2 ZPO). Nach dem Sinn der Bestimmung müßte sie auch in den Fällen einer sog **Vorpfändung** gem § 845 II ZPO eingreifen. Vorpfändungen sind grundsätzlich zulässig, sie können aber wegen des Abs 6 ebenfalls nicht vor Ablauf des Veranlagungszeitraums ausgebracht werden, *Wilke*, NJW 78, 2381. Sinnvoll kann aber eine Vorpfändung trotzdem sein, um die Zeit zwischen Antrag und Zustellung des Beschlusses zu überbrücken, zumal wenn mehrere Pfändungen zu erwarten sind.

b) Gepfändeter Anspr muß genau **bezeichnet** werden; hierzu gehört Angabe des KalJahres und Art des Erstattungsanspruchs; *Stöber* Forderungspfändung RNr 367. Nach OLG Stuttgart v 7. 12. 78 – 8 W 531/78 – soll es dagegen genügen, „die Erstattungsansprüche" zu pfänden. Pfändungsbeschluß erstreckt sich auch auf sog Annexsteuern, wie Ergänzungsabgabe und Kirchensteuern. Zur Frage, ob die Pfändung des Anspruchs auf **LStJA** auch evt EStErstattungsansprüche erfaßt und umgekehrt s oben Anm 2. Jedenfalls ist auch eine Alternativpfändung (LStJA oder EStErstat) möglich (vgl auch *Klenk* FR 72, 512). Richtet sich **Pfändungsbeschluß** nur gegen einen **Ehegatten** bei **gemeinsamen** LStJA, soll nur der diesem Ehegatten zustehende **Anteil** gepfändet sein, OFD Bremen StEK § 46 Nr 1, OFD Hannover, AO-Handbuch 1988, Anl 1 zu § 46, Abschn 7.3.1.2; die Höhe des Anteils soll sich nach dem Verhältnis der einbehaltenen LSt-Beträge richten (vgl auch oben unter 8).

2. Abschnitt. Steuerschuldverhältnis §47

c) Drittschuldner, FA, muß zutreffend und genau **bezeichnet** sein. Bei falscher FA-Bezeichnung ist Pfändung des LStJA unwirksam, FG D'dorf EFG 82, 576; OFD Hannover, AO-Handbuch 1988, Anlage 1 zu § 46, Abschn 7.1.1.5.

d) Zustellung der Pfändungsbeschlüsse grunds an Vorsteher des FA (vgl § 171 II ZPO), bei dessen Verhinderung Ersatzzustellung an anderen Bediensteten. **Pfändungen** werden durch **Zustellung** des Pfändungs- und Überweisungsbeschlusses an den **Vorsteher** (§ 171 Abs 2 ZPO) bewirkt. Ist der Vorsteher nicht anwesend oder verhindert, so ist Ersatzzustellung an einen anderen Beamten während der allgemeinen Dienststunden möglich (§ 184 ZPO). Die Pfändungs- und Überweisungsbeschlüsse können dem Vorsteher auch außerhalb des Dienstgebäudes und der Dienststunden an jedem Ort übergeben werden, zB in seiner Wohnung (§ 180 ZPO). An andere Personen (zB Familienangehörige) darf nicht zugestellt werden. Eine Niederlegung ist ebenfalls nicht zulässig, da ein besonderes „Geschäftslokal" besteht (§ 184 Abs 2 ZPO). Bei Zustellung an Sonn- und Feiertagen und zur Nachtzeit besteht ein Annahmeverweigerungsrecht, wenn kein entsprechender richterlicher Beschluß vorliegt (§ 188 Abs 1 ZPO). Wird die Annahme nicht verweigert, ist die Zustellung trotzdem gültig (§ 188 Abs 4 ZPO).

Ein dem **unzuständigen** FA zugestellter Pfändungsbeschluß geht ins Leere, *Halaczinsky* aaO. Daran ändert sich auch nichts, wenn das unzuständige FA den Beschluß an das richtige FA weiterleitet. Denn diesem ist der Beschluß nicht ordnungsgemäß zugestellt. Wenn die örtliche **Zuständigkeit nach** wirksamer Zustellung des Pfändungs- und Überweisungsbeschlusses auf ein anderes Finanzamt **übergangen** ist, muß das neu zuständig gewordene Finanzamt auch die Pflichten des Drittschuldners von dem früher zuständigen Finanzamt übernehmen und den Pfändungs- und Überweisungsbeschluß ausführen, weil mit dem Zuständigkeitswechsel die Verwaltungskompetenz mit allen Rechten und Pflichten auf das neu zuständig gewordene Finanzamt übergegangen ist (OFD Hannover, AO-Handbuch 1988, Anlage 1 zu § 46, Abschn 7.2.2.1).

9. Abs 7 entspricht dem § 159 S 2 RAO. Dem neuen Gläubiger sollen daraus keine Nachteile entstehen, daß er evtl den Steuerberechtigten nicht kennt. Als **Drittschuldner,** dh als derjenige, dem die Abtretung anzuzeigen ist und gegen den evtl im Klagewege vorzugehen ist, gilt das FA; vgl auch *Forgach* Bezeichnung des zuständigen FA bei Pfändung des LStJA, BB 76, 266.

§ 47 Erlöschen

Ansprüche aus dem Steuerschuldverhältnis erlöschen insbesondere durch Zahlung (§§ 224, 225), Aufrechnung (§ 226), Erlaß (§§ 163, 227), Verjährung (§§ 169 bis 171, §§ 228 bis 232), ferner durch Eintritt der Bedingung bei auflösend bedingten Ansprüchen.

Schrifttum: *Offerhaus* Erlöschen von Ansprüchen aus dem Steuerschuldverhältnis nach der AO 1977, BB 77, 740; *Kraemer* Erlöschen des Steueranspruchs durch Zahlungsverjährung, DStZ 88, 330.

§ 47 2. Teil. Steuerschuldrecht

1. Inhalt. Die Vorschrift zählt die wichtigsten **Erlöschenstatbestände** auf. Sie ist jedoch nicht erschöpfend. In der AO und im Reg-Entw (BT-DrS IV/1982) sowie in dem mit dem RegEntw identischen Entw der Reg-Parteien fehlte eine entsprechende Vorschrift. Der letzte Halbsatz bezieht sich auf die insbesondere in den Zoll- und Verbrauchsteuergesetzen wichtigen Fälle der **bedingten Steueransprüche.** Nicht genannt wird der Fall, daß durch ein Ereignis, das steuerlich zurückwirkt, ein Anspruch erlischt (vgl § 175 Satz 1 Nr 2). Weitere Erlöschensgründe: Zwangsgelder bei Erbfolge nach § 45 I, Absehen von Steuerfestsetzung nach § 156.

2. Hauptfall der Zahlung. Die Zahlung iSv § 47 ist ein im wesentlichen nach privatrechtlichen Vorschriften zu beurteilender Vorgang, der aus öffentlich-rechtlichem Grund und mit öffentlich-rechtlicher Wirkung erfolgt (BVerwG NJW 84, 2114; BFH BStBl 88, 41 mwN). Bei **Zahlung durch Giroüberweisung** erlischt der Anspruch erst mit der Gutschrift des überwiesenen Betrages auf dem Konto des Gläubigers (BGHZ 58, 108). § 224 III besagt nichts anderes. Diese Vorschrift fingiert einen bestimmten Zahlungszeitpunkt für den Zweck, die Berechnung von Zinsen und Säumniszuschlägen zu erleichtern. Sie setzt aber voraus, daß die Zahlung den Gläubiger auch erreicht hat (BFH BStBl 88, 41).

Die AO kennt keinen der in der Zahlung ausgesprochenen **Zahlungs- oder Rückforderungsvorbehalt.** Wird trotzdem ein solcher Vorbehalt ausgesprochen, hindert das nicht die schuldbefreiende Wirkung der Zahlung (BFH/NV 88, 105).

Das FG des Saarlandes (EFG 86, 322) leitet aus den in der Vorschrift zur Erläuterung angeführten §§ 224, 225 her, daß § 47 nur Zahlungen des Stpfl an den Steuergläubiger betreffe. Für **Zahlungen des Steuergläubigers an den Stpfl** will es dagegen die §§ 362 ff BGB anwenden (ebenso *TK* RNr 2; *Offerhaus* BB 77, 740). Die Einschränkung der Anwendung des § 47 ist wegen § 224 III nicht überzeugend. Der BFH geht daher als selbstverständlich von der Anwendung des § 47 auch bei Steuererstattungsansprüchen aus (BFH BStBl 88, 41), zieht dann für die Beurteilung des Zahlungsvorgangs aber ebenfalls weitgehend privatrechtliche Grundsätze heran (s oben). Leistung an Zahlungs statt (vgl § 362 I BGB) ist daher auch die bargeldlose Überweisung von Konto zu Konto. Sie kann deshalb nur zum Erlöschen des Steuererstattungsanspruchs führen, wenn die Überweisung des Steuergläubigers auf das vom Stpfl angegebene Konto vorgenommen oder bei Überweisung auf ein anderes Konto vom Stpfl genehmigt wird (FG Saarl EFG 86, 322). Der Stpfl trägt dabei die **Verlustgefahr** für einen Steuererstattungsbetrag, den das FA auf eine Konto überwiesen hat, das vom Stpfl in der Steuererklärung als das eine bezeichnet, von ihm aber schon vorher aufgelöst und von der Bank sodann auf eine andere Person umgeschrieben worden ist (BFH BStBl 88, 41).

3. Abrechnungsbescheid bei anderen Erlöschensgründen. Beantragt der Stpfl zB in Umsatzsteuervoranmeldungen, negative Steuern (Vorsteuerüberschüsse) mit Steuerschulden zu verrechnen, so ist seine Forderung mit der diese Steuerschuld tilgenden Gutschrift gem § 267 I BGB iVm § 47 AO erfüllt (BFHE 140, 429). Bei **Streitigkeiten** über die Verwirklichung von Zahlungsansprüchen, bei denen ein Beteiligter geltend macht, der Anspruch sei durch Aufrechnung oder in sonstiger Weise gem § 47 erloschen,

2. Abschnitt. Steuerschuldverhältnis §§ 48, 49

ist in jedem Falle durch Verwaltungsakt gem § 218 II darüber zu entscheiden, ob und in welcher Höhe der geltend gemachte Anspruch noch besteht (BFH BStBl 86, 702; BFH BStBl 88, 41).

§ 48 Leistung durch Dritte, Haftung Dritter

(1) Leistungen aus dem Steuerschuldverhältnis gegenüber der Finanzbehörde können auch durch Dritte bewirkt werden.

(2) Dritte können sich vertraglich verpflichten, für Leistungen im Sinne des Absatzes 1 einzustehen.

Schrifttum: *Birkholz* Die Bürgschaft und die Stellung des Bürgen im Steuerrecht, DStZ 80, 48.

1. Die Vorschrift war weder in der AO noch in den Entwürfen enthalten. Sie ist im Zusammenhang mit § 192 zu sehen. § 192 setzt voraus, daß sich jemand vertraglich verpflichten kann, für die Steuerschulden eines anderen einzustehen. Er kann jedoch nur nach den Vorschriften des bürgerlichen Rechts in Anspruch genommen werden. § 48 stellt klar, daß auch Dritte eine Leistung aus dem Steuerschuldverhältnis erbringen können. Durch die Leistung **erlischt der Anspruch**. Dies gilt nur dann nicht, wenn der Dritte von einem **Ablösungsrecht** Gebrauch macht, zB wenn er durch die Vollstreckung sein Eigentum oder den Besitz an der Sache verlieren würde, vgl §§ 268, 1142, 1150, 1249 BGB. Der **Anspruch** geht dann auf den **Leistenden** über, verliert dabei aber seinen öffentl rechtl Charakter, *TK* Tz 1. Der Dritte ist daher zB nicht befugt, sich gem §§ 34, 69 an den gesetzl Vertreter des Stpfl zu halten, BGH NJW 79, 2198. Allerdings geht das Konkursvorrecht gem § 401 II BGB nach § 61 Abs 1 Nr 2 KO mit über, weil dieses seine Grundlage im privaten Konkursrecht hat, RGZ 135, 25. Zum Begriff Anspruch aus dem **Steuerschuldverhältnis** vgl § 37. Es handelt sich hierbei also lediglich um solche Ansprüche, die auf Zahlung gerichtet sind. Ansprüche aus dem **Steuerpflichtverhältnis** hat der Steuerpflichtige grundsätzlich selbst zu erbringen.

2. Abs 2 bestimmt, daß sich ein Dritter auch vertraglich verpflichten kann, Leistungen aus dem Steuerschuldverhältnis zu erbringen. Der Dritte wird dadurch gegenüber der FinBeh nicht zum Steuerschuldner; vielmehr kann die FinBeh gegen den Dritten nur zivilrechtlich, dh ggf durch Klage vor dem ordentlichen Gericht vorgehen.

§ 49 Verschollenheit

Bei Verschollenheit gilt für die Besteuerung der Tag als Todestag, mit dessen Ablauf der Beschluß über die Todeserklärung des Verschollenen rechtskräftig wird.

Nach bürgerlichem Recht ist für den Zeitpunkt des Todes eines Verschollenen der Tag maßgebend, der als solcher in der **Todeserklärung** bestimmt ist. Steuerlich wird der für tot Erklärte bis zur Rechtskraft der Todeserklärung als lebend behandelt. Folge: Bis zur Rechtskraft der Todeserklärung wird Einkommen und Vermögen usw steuerlich dem Verschollenen und nicht dem Erben zugerechnet. Dadurch wird aber die Frage der Haftung des Erben nicht berührt. Anderenfalls müßten die Veranlagungen für den für tot Erklärten aufgehoben und entsprechende Veranlagungen gegen den Erben vorgenommen werden. Lagen die Voraussetzungen für eine Zusammenveranlagung bei Eintritt der Verschollenheit eines Ehegatten vor, so kann Zusammenveranlagung grundsätzlich weiterhin begehrt werden, solange nicht die Entwicklung der Verhältnisse die Annahme rechtfertigen, die Beziehung zu dem Verschollenen bestehe nicht mehr, FG Köln EFG 84, 551. Für Billigkeitsregelung für die ErbschaftSt vgl FM Nieders v 25. 11. 80 DB 80, 2479. Die Vorschrift gilt nicht, soweit das Verfahren nach dem Verschollenheitsgesetz lediglich zum Zweck der Feststellung des Todeszeitpunktes durchgeführt worden ist (§ 39 VerschG). Der inhaltsgleiche § 203 Abs 4 LAG bleibt durch diese Vorschrift unberührt.

§ 50 Erlöschen und Unbedingtwerden der Verbrauchsteuer, Übergang der bedingten Verbrauchsteuerschuld

(1) Werden nach den Verbrauchsteuergesetzen Steuervergünstigungen unter der Bedingung gewährt, daß verbrauchsteuerpflichtige Waren einer besonderen Zweckbestimmung zugeführt werden, so erlischt die Steuer nach Maßgabe der Vergünstigung ganz oder teilweise, wenn die Bedingung eintritt oder wenn die Waren untergehen, ohne daß vorher die Steuer unbedingt geworden ist.

(2) Die bedingte Steuerschuld geht jeweils auf den berechtigten Erwerber über, wenn die Waren vom Steuerschuldner vor Eintritt der Bedingung im Rahmen der vorgesehenen Zweckbestimmung an ihn weitergegeben werden.

(3) Die Steuer wird unbedingt,
1. ¹wenn die Waren entgegen der vorgesehenen Zweckbestimmung verwendet werden oder ihr nicht mehr zugeführt werden können. ²Kann der Verbleib der Waren nicht festgestellt werden, so gelten sie als nicht der vorgesehenen Zweckbestimmung zugeführt, wenn der Begünstigte nicht nachweist, daß sie ihr zugeführt worden sind,
2. in sonstigen gesetzlich bestimmten Fällen.

Schrifttum: *Benkendorff* Die bedingte Steuerschuld, DDZ 79, F 16; *Schroeder* Mineralölsteuerschuld und Steuerschuldner bei Streckengeschäften, DDZ 81, F 45; *Schroeder* Wann entsteht die Mineralölsteuer bei der Einfuhr von Mineralöl in das Erhebungsgebiet, DZB 84, F 144; *Schrömbges* Der Übergang der bedingten Steuer insbesondere im Mineralölsteuerrecht, ZfZ 87, 194; *Gotterbarm* Verhältnis der Steueraufsicht nach § 8 MinÖStG zu § 50 der Abgabenordnung, ZfZ 87, 326; *Grünberg,* Ortsfeste Anlage, ein umstrittener Begriff, ZfZ 88, 137.

1. Inhalt. Die Verbrauchsteuergesetze verwendeten bisher den Begriff der **bedingten StSchuld.** Die Steuer entsteht regelmäßig mit der Entfernung der Ware aus dem Herstellungsbetrieb oder mit deren Verwendung im Betrieb. Bestimmte Behandlungen der Ware sind jedoch steuerbegünstigt, zB bei Ausfuhr oder Versendung in einen anderen Herstellungsbetrieb oder für bestimmte Verwendungen der Ware, zB Entnahmen zur Probe, Zucker für Fütterung von Tieren. Um in diesen Fällen ein aufwendiges Vergütungsverfahren zu vermeiden, geht man gesetzestechnisch in

3. Abschnitt. Steuerbegünstigte Zwecke **Vor § 51**

der Weise vor, daß die **Steuerschuld** lediglich **bedingt** entsteht und mit Verwendung der Ware zu dem steuerbegünstigten Zweck erlischt. Das gleiche gilt, wenn die Ware **untergeht**, bevor die Steuer unbedingt geworden ist. Die entspr Bestimmungen sind durch das EGAO an § 50 angeglichen worden, zB §§ 7 SalzStG, § 7 BierStG, § 8 SchaumwStG, § 8 LeuchtmStG, § 7 SpielkStG, § 9 ZuckStG.

2. Abs 2 dient der Erleichterung des Verkehrs mit verbrauchsteuerbelasteten Waren. Die Steuer geht auf den jeweiligen Erwerber über, der Veräußerer wird von der Steuer befreit. Voraussetzung dafür ist aber, daß die Steuer noch nicht unbedingt geworden ist und daß die Ware entsprechend den Sicherungsvorschriften (s einzelne VerbrauchStG) weitergeleitet worden ist. Das Vertrauen auf die Richtigkeit des amtlichen **Erlaubnisscheins** trotz Widerrufs der Verwendungserlaubnis im Heizölhandel wird geschützt, wenn die Behörde den Erlaubnisschein noch nicht eingezogen hatte, FG Münster EFG 79, 151. Es handelt sich um eine sog befreiende Schuldübernahme, vgl FG RhPf EFG 72, 612.

3. Abs 3 regelt die Frage, unter welchen Voraussetzungen die Steuer unbedingt wird. Bei nicht aufklärbarem Verbleib der Ware wird der Entlastungsbeweis zugelassen. Entgegen dem bisherigen Recht führt der bloße **Verstoß** gegen **Überwachungsbestimmungen** nicht mehr zum Unbedingtwerden der Steuer; er kann aber eine Ordnungswidrigkeit nach § 381 darstellen; vgl auch § 23 III Nr. 1–4 MinöStDV. Eine bestimmungswidrige Verwendung liegt auch vor, wenn der Besitz an MinÖl von einem angestellten Tankwagenfahrer durch verbotene **Eigenmacht** entzogen wird. Die bedingte StSchuld wird deshalb in der Person des Erlaubnisinhabers unbedingt, BFH BZBl 71, 822; FG München EFG 80, 656; aA OLG Düsseldorf ZfZ 85, 89. Das Gleiche gilt bei sonstigem Diebstahl von MinÖl (FG RheinPf EFG 86, 260).

Dritter Abschnitt. Steuerbegünstigte Zwecke

1. Vorbemerkung. Mit der Gemeinnützigkeit sind zahlreiche Steuervergünstigungen bei allen wichtigen Steuerarten verbunden (vgl BTDrS 9/1945).
Es sind dies:
– Steuerfreiheit bei der Körperschaft-, Gewerbe- und Vermögensteuer
– Besteuerung der Umsätze mit dem ermäßigten (= halben) Steuersatz bei der Umsatzsteuer
– Befreiung von der Grundsteuer, der Erbschaftsteuer
– Empfang steuerbegünstigter Spenden über eine Körperschaft des öffentlichen Rechts.

2. Wirtschaftliche Geschäftsbetriebe. Die Steuervergünstigungen erstrecken sich nicht auf wirtschaftliche Geschäftsbetriebe (s dazu § 14), mit denen sich Körperschaften am allgemeinen Wirtschaftsleben beteiligen und mit denen sie im Wettbewerb zu voll steuerpflichtigen Unternehmen der gewerblichen Wirtschaft stehen. Dies hat seinen Grund darin, daß das Gesetz unter einer gemeinnützigen Tätigkeit die selbstlose Förderung

Allgemeinheit auf materiellem, geistigem oder sittlichem Gebiet versteht (§ 52 Abs 1). Selbstlosigkeit bedeutet aber, daß keine eigenwirtschaftlichen Zwecke, also keine gewerblichen Zwecke oder sonstigen Erwerbszwecke verfolgt werden (§ 55 Abs 1).

3. Zweckbetriebe. Ein wirtschaftlicher Geschäftsbetrieb führt nur dann nicht zur Steuerpflicht eines Vereins, wenn es sich um einen Zweckbetrieb handelt. Die Voraussetzungen für einen Zweckbetrieb sind im einzelnen in § 65 AO bestimmt. Vor allen Dingen darf der Zweckbetrieb zu nicht begünstigten Betrieben nicht in größerem Umfang in Wettbewerb treten, als es bei Erfüllung der steuerbegünstigten Zwecke unvermeidbar ist.

Der Zweckbetrieb ist so eng mit der gemeinnützigen Betätigung verbunden, daß es gerechtfertigt ist, die Steuervergünstigungen auch auf diesen Betrieb auszudehnen. Auf sportlichem Gebiet gehören zu den Zweckbetrieben insbesondere die sportlichen Veranstaltungen, für die in § 68 Nr 7 Sondervorschriften enthalten sind.

4. Vermögensverwaltung. Gemeinnützige Körperschaften genießen gegenüber allen anderen Steuerpflichtigen den Vorteil, daß Erträge aus der Verwaltung des Vereinsvermögens nicht der Besteuerung unterliegen. So bleiben zB Zinseinkünfte aus einem Sparguthaben des Vereins oder die Einkünfte aus der Vermietung oder Verpachtung von Grundvermögen oder von Geschäftsbetrieben steuerfrei. Wenn ein Verein also die Führung der Vereinsgaststätte einem Pächter überläßt, werden die Pachteinkünfte im Rahmen der Vermögensverwaltung bezogen und sind daher steuerfrei. Die mit der Gaststätte selbst verbundenen Steuern hat der Pächter zu tragen.

5. Sportliche und gesellige Veranstaltungen. Eine Zwischenstellung zwischen dem steuerfreien gemeinnützigen Bereich eines Vereins und der uneingeschränkt steuerpflichtigen wirtschaftlichen Betätigung nehmen die sportlichen und geselligen Veranstaltungen des Vereins ein.

Falls dabei Einnahmen in Gestalt von Eintrittsgeldern, Kostenbeiträgen, Startgeldern, Meldegebühren und Ablösungsbeträgen sowie Einnahmen aus dem Verkauf von Festschriften und Festabzeichen usw erzielt werden, gelten auch hier die mit der Gemeinnützigkeit verbundenen Steuervergünstigungen, sofern die erzielten Überschüsse bestimmte Grenzen nicht überschreiten und für die satzungsmäßigen gemeinnützigen Zwecke der Vereine verwendet werden. Man bezeichnet sie in diesem Falle als steuerlich unschädlichen wirtschaftlichen Geschäftsbetrieb oder – kürzer – als Zweckbetrieb. Der von der Bundesregierung vorgelegte **RegEntwVereinsförderungsG** (Entwurf eines Gesetzes zur Verbesserung und Vereinfachung der Vereinsbesteuerung) sieht hier wichtige Änderungen vor (s näher § 67a Anm 8 und § 68 Anm 14c).

Unter sportlichen Veranstaltungen versteht man nicht nur Veranstaltungen, an denen Nichtmitglieder als Zuschauer teilnehmen, sondern auch solche Veranstaltungen, bei denen Nichtmitglieder sich selbst sportlich betätigen (Aktion ,,Sport für alle"). Steuerlich begünstigt sind beispielsweise auch Trimmveranstaltungen oder Volkswettbewerbe, bei denen Startgelder oder Teilnahmegebühren erhoben werden. Ebenfalls zu den steuerbegünstigten sportlichen Veranstaltungen zählen Sportkurse und

3. Abschnitt. Steuerbegünstigte Zwecke   Vor § 51

Sportlehrgänge sowie sog Sportreisen, sofern die sportliche Betätigung wesentlicher und notwendiger Bestandteil der Reise ist (zB Reise zum Wettkampfort).

Unter geselligen Veranstaltungen sind Veranstaltungen zu verstehen, durch die die vereinsinterne Geselligkeit gepflegt, das Zusammengehörigkeitsgefühl der Mitglieder gestärkt und neue Mitglieder geworben werden sollen. Sind sie im Vergleich zu der steuerbegünstigten Tätigkeit des Vereins von untergeordneter Bedeutung, dann sind sie auch wie sportliche Veranstaltungen sog steuerunschädliche Zweckbetriebe.

Veranstaltungen, zu denen Nichtmitglieder unbegrenzt Zutritt haben und die den Zuschnitt gewerblicher Veranstaltungen haben (zB öffentliche Karnevalsbälle, Volksfeste), sind nicht begünstigt.

Der Verkauf von Speisen und Getränken bei sportlichen Veranstaltungen ist als gewerbliche Tätigkeit nicht Bestandteil des Zweckbetriebes. Die Begünstigung der Veranstaltung erstreckt sich infolgedessen nicht auf die Verkaufserlöse.

6. Insbesondere Sportvereine

a) Umsatzsteuer. Sportvereine sind Unternehmer und damit grundsätzlich zur Zahlung von Umsatzsteuer verpflichtet, soweit sie Lieferungen oder sonstige Leistungen gegen Entgelt ausführen. Dabei spielt es keine Rolle, ob die Empfänger dieser entgeltlichen Leistungen Mitglieder oder Dritte sind.

Soweit Sportvereine in Erfüllung des satzungsmäßigen Gemeinschaftszwecks die Gesamtbelange ihrer Mitglieder wahrnehmen, sind sie nicht Unternehmer. Mitgliedsbeiträge sind keine Entgelte für Leistungen und daher nicht steuerpflichtig.

Nach dem Umsatzsteuergesetz (UStG) unterliegen bei Sportvereinen der Umsatzsteuer zB die Umsätze der Vereinsgaststätten und die Werbeumsätze, die sportlichen und geselligen Veranstaltungen, bei denen Eintrittsgelder erhoben werden, sowie der Verkauf von Speisen und Getränken bei sportlichen und geselligen Veranstaltungen, allerdings mit einigen Einschränkungen und Vergünstigungen.

Für kleinere Sportvereine bestehen – wie für jeden anderen Kleinunternehmer – folgende umsatzsteuerliche Vergünstigungen:

1. Der Sportverein braucht keine Umsatzsteuer zu zahlen, wenn sein Umsatz im vorangegangenen Kalenderjahr 20 000 DM nicht überstiegen hat und im laufenden Kalenderjahr voraussichtlich 100 000 DM nicht übersteigen wird (§ 19 Abs 1 UStG).
2. Ist im Vorjahr die Umsatzgrenze von 20 000 DM überschritten worden, beträgt aber der Umsatz des laufenden Kalenderjahres nicht mehr als 60 000 DM, so erhält der Sportverein einen degressiv gestalteten Steuerabzugsbetrag, der bis zu 80 vH der eigentlichen Steuerzahllast ausmachen kann.

Eine Umsatzsteuerbefreiung kommt bei gemeinnützigen Sportvereinen unter bestimmten Voraussetzungen vor allem für belehrende Veranstaltungen in Betracht. Hierunter fällt insbesondere die Erteilung von Sportunterricht, zB Schwimm-, Tennis-, Reit-, Segel- und Skiunterricht.

Außerdem ist bei gemeinnützigen Sportvereinen die Durchführung sportlicher Veranstaltungen insoweit von der Umsatzsteuer befreit, als das

Entgelt hierfür in Teilnehmergebühren besteht (zB Startgelder). Von der Umsatzsteuer ist ferner die Durchführung von sportlichen Veranstaltungen im Rahmen der Jugendhilfe befreit. Diese Steuerbefreiung kommt insbesondere für die als förderungswürdig anerkannten Jugendabteilungen der Sportvereine in Betracht.

Soweit danach noch steuerpflichtige Leistungen vorliegen, ermäßigt sich für die gemeinnützigen Sportvereine die Umsatzsteuer nach § 12 Abs 2 Nr 8 UStG auf 7 vH. Der ermäßigte Steuersatz gilt vor allem für die im Rahmen eines Zweckbetriebs ausgeführten Leistungen eines Sportvereins.

Nicht begünstigt sind die Umsätze, die ein Sportverein im Rahmen eines wirtschaftlichen Geschäftsbetriebs ausführt, der kein Zweckbetrieb ist. Auf diese Umsätze ist der allgemeine Steuersatz von 14 vH anzuwenden. Er gilt zB für die Bewirtungsumsätze in den Vereinsgaststätten und die Werbeumsätze oder für die Sportveranstaltungen der Sportvereine, die Fußballveranstaltungen unter Einsatz ihrer Lizenzspieler nach dem Bundesligastatut des Deutschen Fußballbundes eV durchführen (§ 68 Nr 7b AO).

b) Körperschaftssteuer. Gemeinnützige Sportvereine sind grundsätzlich von der Körperschaftsteuer befreit (§ 5 Abs 1 Nr 9 des Körperschaftsteuergesetzes). Die Steuerbefreiung ist ausgeschlossen, soweit die Vereine wirtschaftliche Geschäftsbetriebe unterhalten, die keine Zweckbetriebe sind.

Eine spürbare Erleichterung bei der Besteuerung der steuerpflichtigen wirtschaftlichen Geschäftsbetriebe hat vom Jahre 1977 an die Körperschaftsteuerreform gebracht:

Für kleinere Körperschaften mit einem Jahreseinkommen bis zu 10 000 DM ist ein Körperschaftsteuerfreibetrag von 5000 DM eingeführt worden. Der Freibetrag soll auf 7500 DM erhöht werden (s § 64 Anm 2c). Diese Regelung ist nur für Körperschaften gedacht, die entweder überhaupt keine Gewinne ausschütten oder deren Ausschüttung bei den Empfängern nicht zur Anrechnung von Körperschaftsteuer berechtigen. Die Regelung kommt vor allem den gemeinnützigen Vereinen zugute. Bei höherem Einkommen wird der Freibetrag schrittweise abgebaut und läuft bei einem Jahreseinkommen von 20 000 DM aus.

Von dieser Regelung profitieren die Vereine nicht nur mit ihren uneingeschränkt steuerpflichtigen wirtschaftlichen Geschäftsbetrieben, sondern auch mit ihren sportlichen und geselligen Veranstaltungen, soweit sie daraus im Dreijahresdurchschnitt Überschüsse von insgesamt mehr als 12 000 DM erzielen.

c) Gewerbesteuer und Vermögensteuer. Gemeinnützige Sportvereine sind grundsätzlich von der Gewerbesteuer befreit (§ 3 Nr 6 des Gewerbesteuergesetzes). Die Steuervergünstigung ist ausgeschlossen, soweit die Vereine wirtschaftliche Geschäftsbetriebe unterhalten, die keine Zweckbetriebe sind. Für die Besteuerung der wirtschaftlichen Geschäftsbetriebe hat das Steueränderungsgesetz 1979 eine Entlastung gebracht: Bis zu einem Gewerbeertrag von 5000 DM entsteht für einen gemeinnützigen Verein keine Gewerbesteuerpflicht. Der Betrag soll unter Umwandlung in einen Freibetrag auf 7500 DM erhöht werden (s § 64 Anm 2c). Liegt der Gewerbeertrag über diesem Betrag ist der Verein allerdings mit dem gesamten Betrag zur Gewerbesteuer heranzuziehen. Diese Regelung gilt seit dem

3. Abschnitt. Steuerbegünstigte Zwecke   **Vor § 51**

Jahre 1980. Den gemeinnützigen Vereinen mit wirtschaftlichem Geschäftsbetrieb kommt außerdem die Erhöhung des Freibetrags bei der Gewerbekapitalsteuer von 60 000 DM auf 120 000 DM vom Jahre 1981 an zugute.

Gemeinnützige Sportvereine sind grundsätzlich von der Vermögensteuer befreit (§ 3 Abs 1 Nr 12 des Vermögensteuergesetzes). Diese Befreiung ist ausgeschlossen, soweit die Vereine wirtschaftliche Geschäftsbetriebe unterhalten, die keine Zweckbetriebe sind. Die Steuerpflicht entsteht jedoch erst, wenn das Gesamtvermögen des wirtschaftlichen Geschäftsbetriebs die Besteuerungsgrenze von 20 000 DM überschreitet.

d) Übungsleiter. In den Katalog steuerfreier Einnahmen des § 3 des Einkommensteuergesetzes ist durch das im Frühjahr 1980 verabschiedete Vereinsbesteuerungsgesetz unter der Nummer 26 eine Vorschrift eingefügt worden, nach der die Einnahmen aus nebenberuflichen Tätigkeiten als Übungsleiter, Ausbilder, Erzieher oder aus vergleichbaren nebenberuflichen Tätigkeiten im gemeinnützigen, mildtätigen und kirchlichen Bereich bis insgesamt 2400 DM im Jahr als Aufwandsentschädigung anzusehen und von der Einkommensteuer befreit sind.

Aus dem Bereich des Sports werden die Übungsleiter ausdrücklich genannt. Die Regelung gilt auch für andere Personen, die in den Sportvereinen nebenberuflich mit Aufgaben der Ausbildung oder Erziehung betraut sind wie zB für nebenberufliche Trainer, Jugendbetreuer und dergl. Die Tätigkeit wird nebenberuflich ausgeübt, wenn aus ihr nicht hauptsächlich der Lebensunterhalt bestritten wird. In diesem Sinne können beispielsweise auch solche Personen „nebenberuflich" tätig sein, die im steuerrechtlichen Sinne streng genommen keinen Hauptberuf ausüben wie beispielsweise Hausfrauen, Studenten, Rentner und Arbeitslose.

Die Steuerfreiheit ist auch bei Einnahmen aus mehreren nebenberuflichen Tätigkeiten für verschiedene Vereine auf einen einmaligen Jahresbetrag von 2400 DM begrenzt („insgesamt" 2400 DM). Hat ein Übungsleiter usw höhere Aufwendungen als 2400 DM im Jahr, so kann er diese wie üblich als Betriebsausgaben/Werbungskosten geltend machen. Er muß dann allerdings die Aufwendungen in vollem Umfang nachweisen. Die Steuerbefreiung hat demnach eine ähnliche Wirkung wie eine Betriebsausgaben/Werbungskosten-Pauschale.

Anders als eine Werbungskosten-Pauschale braucht sie jedoch nicht in eine Lohnsteuerkarte eingetragen zu sein, um vom Arbeitgeber (Verein) berücksichtigt zu werden. Die Steuerbefreiung ersetzt insoweit die früher geltende Betriebsausgaben/Werbungskosten-Pauschale von 25 vH der Einnahmen, höchstens 1200 DM im Jahr.

7. Reformüberlegungen. Das Gemeinnützigkeitsrecht soll nach den Ankündigungen der Bundesregierung noch in dieser Legislaturperiode grundlegend reformiert werden. Eine vom Bundesfinanzminister eingesetzte unabhängige Sachverständigenkommission hat dazu Vorschläge vorgelegt (Gutachten der Unabhängigen Sachverständigenkommission zur Prüfung des Gemeinnützigkeit- und des Spendenrechts, Schriftenreihe des BMF Heft 40, 1988). Die darin vorgeschlagene Streichung der Gemeinnützigkeit der Sportvereine ist besonders umstritten (vgl dazu BMF Finanznachrichten 47/88, S 1). Der nunmehr von der Bundesregierung vorgelegte **Reg-EntwVereinsförderungsG** (Entwurf eines Gesetzes zur Verbesserung und

§ 51 2. Teil. Steuerschuldrecht

Vereinfachung der Vereinsbesteuerung) folgt diesem Vorschlag nicht, lehnt sich aber im übrigen weitgehend an die Sachverständigenkommission an (s näher Erl zu §§ 52, 58, 64, 67a und 68).

§ 51 Allgemeines

¹Gewährt das Gesetz eine Steuervergünstigung, weil eine **Körperschaft ausschließlich und unmittelbar gemeinnützige, mildtätige oder kirchliche Zwecke (steuerbegünstigte Zwecke)** verfolgt, so gelten die folgenden Vorschriften. ²Unter **Körperschaften sind die Körperschaften, Personenvereinigungen und Vermögensmassen im Sinne des Körperschaftsteuergesetzes zu verstehen.**

Schrifttum: *Hardrop* Die steuerliche Förderung gemeinnütziger Zwecke, BB 86, 2341; *Kröger* Steuerrecht und Nächstenliebe, in Festschrift zum 10jährigen Bestehen der Fachhochschule für Finanzen Nordkirchen, S 113; *Schleder* Gemeinnützigkeitsrecht – Änderungen durch den Anwendungserlaß zur Abgabenordnung, RWP 1987/ 1164 SG 2.1., 253; *Lang* Zur steuerlichen Förderung gemeinnütziger Körperschaften, DStZ 88, 18.

Übersicht

1. Inhalt
2. Regelungen in Einzelsteuergesetzen
3. Allgemeine Voraussetzungen
4. Körperschaften

1. Inhalt. In den einzelnen materiellen Steuergesetzen sind **Steuerbefreiungen** oder steuerliche **Vergünstigungen** vorgesehen zugunsten der Erfüllung gemeinnütziger, mildtätiger oder kirchlicher Zwecke. Die AO enthält ebenso wie das frühere Steueranpassungsgesetz (§ 17 StAnpG und die GemV) einheitliche Begriffsbestimmungen für die einzelnen **steuerbegünstigten Zwecke.** Die Frage, ob und inwieweit bei den einzelnen Steuern Vergünstigungen wegen der Verfolgung steuerbegünstigter Zwecke gewährt werden, bestimmt sich nach den Einzelsteuergesetzen. Der Einsatz von Kapital und Arbeit zur Erfüllung dieser Zwecke wird steuerlich begünstigt, sofern dieser Einsatz **selbstlos,** dh nicht zu Erwerbszwecken geschieht. Hierbei ist allerdings zu beachten, daß die Verfolgung steuerbegünstigter Zwecke uU mit anderen Unternehmungen, die etwa gleichartige Leistungen erbringen, aber die Tätigkeit nicht selbstlos ausüben, in Konkurrenz treten kann. Zum Schutze dieser Unternehmen ist es geboten, in den Vorschriften über steuerbegünstigte Zwecke gewisse Einschränkungen vorzunehmen, die eine Begünstigung insbesondere dann ausschließen, wenn der steuerbegünstigte Zweck nicht **unmittelbar,** sondern nur mittelbar verfolgt werden soll. Der Abgrenzung zwischen steuerbegünstigten Zwecken zu nicht steuerlich begünstigten Betätigungen dienen insbesondere die Vorschriften über unschädliche Betätigungen (§ 58), den **wirtschaftlichen Geschäftsbetrieb** (§ 64), den Zweckbetrieb (§ 65). Zur Neuregelung vgl *Scholz* FR 76, 181 ff sowie *Widmann* Ausgewählte Probleme der Gemeinnützigkeit, JbFfSt 1976/77, 383 ff.

2. Steuerbefreiungen und steuerliche Vergünstigungen wegen Verfolgung kirchlicher, gemeinnütziger oder mildtätiger Zwecke enthalten zB

3. Abschnitt. Steuerbegünstigte Zwecke **§ 51**

§ 5 Abs 1 Nr 9, § 9 Nr 3a KStG 77, § 10b EStG, § 3 Abs 1 Nr 6 VStG, § 13 Abs 1 Nr 16 und 17 ErbStG, § 3 Nr 6 GewStG, § 3 Nr 3b, § 4 Nr 6 GrStG, § 4 Nr 16b UStG, § 4 Nr 18 UStG, § 4 Nr 22 UStG, § 7 Abs 1 Nr 1 KapVerkStG, § 18 Nr 2 Rennwett- und LotterieG, § 18 Abs 1 Nr 14 LAG. Das **WohnGemG** enthält bes Regelungen über die Anerkennung als gemeinnützig (vgl dazu *Strobel* Die Wohnungsgemeinnützigkeit in der Bewährung, BB 82, 1001; *Selchert* Folgen einer Beendigung der Körperschaftsteuerbefreiung gemeinnütziger Wohnungsunternehmen – Zu § 13 Abs 2 und 3 KStG, DStR 85, 195); dadurch wird aber das **Prüfungsrecht** der FinBeh nicht berührt, BFH DStZB 77, 287. Durch das Steuerreformgesetz 1990 (s dort Art 21) wird das WohnGemG ersatzlos aufgehoben.

3. Für das Vorliegen der Voraussetzung einer steuerlichen Begünstigung wegen Verfolgung steuerbegünstigter Zwecke gelten im allgemeinen folgende **Voraussetzungen:**
a) Die steuerbegünstigte Tätigkeit muß von einer **Körperschaft** ausgeübt werden,
b) die begünstigte Tätigkeit muß nach der Satzung, Stiftung oder sonstigen Verfassung sowie nach der tatsächlichen Geschäftsführung **verwirklicht werden,**
c) die Tätigkeit muß **ausschließlich** verfolgt werden,
d) es muß **unmittelbar** dem begünstigten Zweck dienen.
Die Entscheidung darüber, ob eine steuerliche Vergünstigung gewährt wird, ist im Veranlagungsverfahren zu treffen. Sie ist grundsätzlich für jede Steuerart und auch für jeden Veranlagungszeitraum oder Stichtag erneut zu prüfen (BFH BStBl 79, 481). Eine besondere förmliche Anerkennung einer Körperschaft als gemeinnützig ist im steuerlichen Gemeinnützigkeitsrecht nicht vorgesehen. Die vorläufige Bescheinigung über die Gemeinnützigkeit stellt daher keinen Verwaltungsakt dar (BFH BStBl 86, 392; ebenso AnwErl zu § 59 Abschn 3; vgl auch unten Erl zu § 59). Sie kann auch nicht durch eine Regelungsanordnung gem § 114 I Satz 2 FGO erreicht werden (BFH aaO).

4. Die Vorschrift stellt klar, daß sich die materiellen Voraussetzungen für die Gewährung von Steuervergünstigungen aus den einzelnen Steuergesetzen ergeben und daß die AO insoweit nur gilt, als in den einzelnen Steuergesetzen Begriffe verwendet werden, die in den §§ 51 ff umschrieben werden. Satz 2 (vgl § 2 GemV) stellt klar, daß unter den in verschiedenen Vorschriften verwendeten Begriff **„Körperschaft"** nicht nur Körperschaften im engeren Sinne, sondern auch **Personenvereinigungen** und **Vermögensmassen** iS des KStG zu verstehen sind. Dazu gehören, wie sich aus § 55 III und § 62 ergibt, auch Betriebe gewerbl Art von Körpersch des öff Rechts (vgl § 1 Abs 1 Nr 6 KStG 77 und BFH BStBl 85, 162), nicht aber die Körpersch des öff Rechts selbst. **Steuervergünstigungen** nach §§ 51 ff können nur **unbeschränkt stpfl Körperschaft** in Anspruch nehmen, BFH BStBl 75, 595, sofern nicht **Doppelbesteuerungsabkommen** etwas anderes bestimmen. Die in den einzelnen Gesetzen vorgesehenen steuerlichen Vergünstigungen setzen idR voraus, daß die steuerbegünstigten Zwecke von Körperschaften verfolgt werden. Dies entspricht der bisher geltenden Rechtsauffassung (*HHSp* Tz 2). Auf **natürliche Personen** und auf Personenvereinigungen, bei denen die einzelnen Mitglieder als Unternehmer anzusehen sind, sind die in den Einzelsteuergesetzen vorgesehenen steuerlichen Vergünstigungen, die an die Verfolgung steuerbegünstigter Zwecke anknüpfen, grundsätzlich nicht anwendbar. Hiervon gibt es jedoch Ausnahmen (vgl BRK § 17 StAnpG Anm 2 Abs 1). Für natürliche Personen hat insbesondere der § 10b EStG Bedeutung, wonach Spenden für steuerbegünstigte Zwecke bis zu einer bestimmten Höhe von dem zu versteuernden Einkommen abgesetzt werden können. **Vorläufige Bescheinigung** über Anerkennung als steuerbegünstigte Körp führt idR zu einer **endgültigen** Entscheidung über die Begünstigung bei **den Spendern,** FG BaWü EFG 78, 191. Zur Frage der **Gemeinnützigkeit** und **StGeheimnis** vgl BdF, BStBl I 78, 169: Dem **Spender** darf mitgeteilt werden, ob die Körp zur Entgegennahme steuerl abzugsfähiger Spenden berechtigt ist oder nicht (§ 30 IV Nr 1 iVm II Nr 1a). Wenn Körp dem Stpfl zutreffend mitteilt, daß sie zur Entgegennahme von Spenden berechtigt ist, darf das FA dies **bestätigen.** Behauptet Körp **wahrheitswidrig,** sie sei zur Entgegennahme steuerlich abzugsfähiger Spenden berechtigt, kann dies ggf auch öffentl **richtig gestellt** werden (§ 30 IV Nr 1 iVm II Nr 1a). Zur Frage der steuerlichen Anerkennung von **Durchlaufspenden,** wenn die StBegünstigung des Sportvereins rückwirkend aufgehoben wird, der Spender insoweit aber gutgläubig war, vgl BFH BStBl 81, 52.

§ 52 Gemeinnützige Zwecke

(1) ¹**Eine Körperschaft verfolgt gemeinnützige Zwecke, wenn ihre Tätigkeit darauf gerichtet ist, die Allgemeinheit auf materiellem, geistigem oder sittlichen Gebiet selbstlos zu fördern.** ²**Eine Förderung der Allgemeinheit ist nicht gegeben, wenn der Kreis der Personen, dem die Förderung zugute kommt, fest abgeschlossen ist, zum Beispiel Zugehörigkeit zu einer Familie oder zur Belegschaft eines Unternehmens, oder infolge seiner Abgrenzung, insbesondere nach räumlichen oder beruflichen Merkmalen, dauernd nur klein sein kann.** ³**Eine Förderung der Allgemeinheit liegt nicht allein deswegen vor, weil eine Körperschaft ihre Mittel einer Körperschaft des öffentlichen Rechts zuführt.**

(2) **Unter den Voraussetzungen des Absatzes 1 sind als Förderung der Allgemeinheit anzuerkennen insbesondere:**
1. **die Förderung von Wissenschaft und Forschung, Bildung und Erziehung, Kunst und Kultur, der Religion, der Völkerverständigung, der Entwicklungshilfe, des Umwelt-, Landschafts- und Denkmalschutzes, des Heimatgedankens,**
2. **die Förderung der Jugendhilfe, der Altenhilfe, des öffentlichen Gesundheitswesens, des Wohlfahrtswesens und des Sports.** ¹**Schach gilt als Sport,**
3. **die allgemeine Förderung des demokratischen Staatswesens im Geltungsbereich des Grundgesetzes und in Berlin (West); hierzu gehören nicht Bestrebungen, die nur bestimmte Einzelinteressen staatsbürgerlicher Art verfolgen oder die auf den kommunalpolitischen Bereich beschränkt sind.**

Geändert durch Art 1 des Gesetzes zur Änderung der AO und des EStG v 25. 6. 80, BGBl I S 731 sowie durch das Parteienfinanzierungsgesetz v 22. 12. 83, BGBl I 1577.

3. Abschnitt. Steuerbegünstigte Zwecke § 52

RegEntw Vereinsförderungsgesetz
Abs. 2 Nr. 3 wird Nr. 2, Nr. 2 wird Nr. 3 und geändert:
...
3. die Förderung der Jugendhilfe, der Altershilfe, des öffentlichen Gesundheitswesens, des Wohlfahrtswesens und des Sports,
...
Abs. 2 Nr. 4 wird angefügt:
...
4. die Förderung dem Sport nahestehender Tätigkeiten, die Förderung der Pflanzen- und Kleintierzucht und ähnlicher Zwecke.

Schrifttum: *von Wallis* Zu den Grundsätzen des Gemeinnützigkeitsrechts, DStZ A79, 339; *Meier/Reich* Sind politische Parteien gemeinnützig?, FR 83, 505; *App* Technologietransfer durch gemeinnützige Forschungsunternehmen, BB 85, 2038; *Boochs* Möglichkeiten der privaten Kunstförderung durch das Steuerrecht, DStZ 85, 576; *Wegehenkel* Entgeltliche Zusammenarbeit einer gemeinnützigen Körperschaft mit einem erwerbswirtschaftlich ausgerichteten Unternehmen auf dem Gebiete der Forschung, BB 85, 116, 395, 792; *Graf/Menzel* Durchlaufspenden – Der Verantwortungsbereich der Gemeinde als rechtlicher Spendenempfänger, DStZ 86, 315; *Trzaskalik* Die steuerliche Förderung von Kunst und Kultur, StuW 86, 219; *Kröger* Steuerrecht und Nächstenliebe, DStZ 86, 419; *Arndt/Immel* Zur Gemeinnützigkeit des organisierten Sports, BB 87, 1153; *Lang* Zur steuerlichen Förderung gemeinnütziger Körperschaften, DStZ 88, 18; *George* Besteuerung der Stiftungen, NSt/10 Stiftungen – Darst 1; *Herrnkind* Die steuerliche Förderung von Freizeitvereinen aufgrund des Gutachtens der Sachverständigenkommission, DStZ 88, 547, 581; *Bauer* Die Steuerpflicht gemeinnütziger Körperschaften nach der Rechtsprechung des Bundesfinanzhofs, FR 89, 61.

Übersicht

1. Inhalt
2. Förderung der Allgemeinheit
   a) Fest abgeschlossener Kreis
   b) Allgemeinheit
3. Rechtsprechung
4. Ausländische Körperschaften
5. Beispielsfälle Abs 2
6. RegEntw Vereinsförderungsgesetz
   a) Inhalt
   b) Förderung dem Sport nahestehender Tätigkeiten
   c) Förderung der Pflanzen- und Kleintierzucht und ähnlicher Zwecke

1. Inhalt. Die Fassung enthält sachlich keine Änderungen gegenüber der RAO, allerdings ist durch die Änderung der Vorschrift im Rahmen des Gesetzes zur Änderung der AO und des EStG der **Schachsport** ausdrücklich als gemeinnützige Sportart anerkannt worden. Die Vorschrift stellt klar, daß die Tätigkeit für die Allgemeinheit **selbstlos** sein muß, um als gemeinnützig gelten zu können. Die weiteren Erfordernisse (Ausschließlichkeit und Unmittelbarkeit) sind in der Vorschrift über die satzungsmäßigen Voraussetzungen der steuerlichen Vergünstigung enthalten (vgl § 59). Die entsprechenden Begriffe werden in den §§ 56 und 57 definiert.

2. Förderung der Allgemeinheit. Es fehlen feststehende klare Merkmale, was darunter zu verstehen ist. Die Vorschrift enthält verschiedene Abgrenzungsmerkmale. Unter „Allgemeinheit" sind nicht notwendig die

§ 52 2. Teil. Steuerschuldrecht

Gesamtheit der Bundesbürger oder deren Mehrheit zu verstehen. Ob die Allgemeinheit gefördert wird, ist nach objektiven Kriterien zu beurteilen. Bei technischen **Großprojekten** können Interessen des Umweltschutzes und andere Interessen aufeinandertreffen, wie zB Interessen der Verkehrsplanung. Auch ein Verein, der sich dafür einsetzt, daß bei der Verkehrsplanung und Verkehrsdurchführung Natur und Umwelt so wenig wie möglich beeinträchtigt werden, kann gemeinnützig sein, BFH, BStBl 79, 482. Der Zweck eines solchen Vereins kann auch zeitlich oder örtlich begrenzt sein. Aber ein Verein zur Förderung des **Umweltschutzes** ist dann nicht gemeinnützig, wenn sich die tatsächliche Geschäftsführung dieses Vereins und seine Förderung der Allgemeinheit nicht im Rahmen der **verfassungsmäßigen Ordnung** gehalten haben. Die Ordnung wird schon mit der Ankündigung von gewaltfreiem Wiederstand und der Nichtbefolgung von polizeilichen Anordnungen durchbrochen, BFH BStBl 85, 106. Bei der Beurteilung ist die Auffassung der Allgemeinheit, dh der Mehrheit des Volkes zu berücksichtigen (RFH BStBl 1930, 62); es ist nicht nur der Zweck entscheidend, sondern auch das Mittel, mit dem der Zweck erreicht werden soll, muß als gemeinnützig anerkannt werden (RFH aaO). Die Auffassungen darüber, was als gemeinnützig anerkannt werden kann, sind allerdings Wandlungen unterworfen (*HHSp* Tz 16; BFH BStBl 1974, 83). Die Rechtsprechung scheint etwas großzügiger in der Anerkennung gemeinnütziger Zwecke zu werden.

Förderung setzt ein eigenes Handeln der Körperschaft voraus. Voraussetzung ist aber nicht erst die Vollendung der Förderung; es genügen uU auch schon vorbereitende Tätigkeiten („darauf gerichtet"). Förderung öffentlicher Interessen ist nicht mit der Verfolgung gemeinnütziger Zwecke gleichzusetzen. Daher sind kommunale Parkhäuser und die Unterhaltung kommunaler **Versorgungs-** und **Verkehrsbetriebe** nicht gemeinnützig, *anders* aber kommunale Badeanstalten. Eine Körperschaft deren Zweck darauf gerichtet ist, durch Angebot von **Arbeit** und **sozialer Betreuung** an schwer zu vermittelnde Arbeitslose deren Eingliederung in das Arbeitsleben zu fördern, kann gemeinnützig sein, FG Nieders EFG 84, 45.

Die Förderung **parteipolitischer** Zwecke ist kein gemeinnütziger Zweck. Dagegen können politische **Bildungsorganisationen** wegen Förderung der Bildung und Erziehung gemeinnützig sein, sofern sie – wenn auch auf der Basis einer politischen Grundhaltung – allgemeine politische Bildungsarbeit leisten. Im Einzelfall kann die Abgrenzung zwischen politischen und gemeinnützigen Zwecken schwierig sein. Für die Gemeinnützigkeit unschädlich ist es noch, wenn die Körperschaft im Interesse ihrer zweifelsfrei gemeinnützigen Zwecke hin und wieder auch in einer politischen Auseinandersetzung Stellung bezieht. Als schädlich ist dagegen die finanzielle oder ideelle Unterstützung einer Partei anzusehen. Ebenso zu beurteilen sind die Bemühungen, ähnlich einer politischen Partei Einfluß auf die politische Meinungsbildung zu nehmen (Schr des BMF v 29. 8. 1983, AO – Handbuch 1988, Anl 1 zu § 52).

a) Fest abgeschlossener Kreis. Abs 1 S 2 grenzt den Begriff der Allgemeinheit dahin negativ ab, daß er feststellt, eine Förderung der Allgemeinheit sei nicht gegeben, wenn der Kreis der Personen, dem die Förderung zugute kommt, fest abgeschlossen ist oder dauernd nur klein sein kann.

3. Abschnitt. Steuerbegünstigte Zwecke § 52

Der Allgemeinheit dient dagegen auch eine Veranstaltung oder Einrichtung, die nur einem örtlich oder beruflich oder nach beiden Richtungen hin begrenzten Kreis zugute kommen sollen, sofern nur dieser Kreis nicht in sich fest abgeschlossen ist durch ein bestehendes Band (RFH RFHE 5, 156). Die Auszubildenden einer Stadt bilden daher keinen fest abgeschlossenen Personenkreis, da die Städte über den eigenen Bedarf hinaus ausbilden und der Zugang nicht auf einen geschlossenen Kreis begrenzt ist (Nieders FG EFG 87, 339; zur Gemeinnützigkeit der nebenamtlichen Prüfungstätigkeit eines Hochschullehrers der Rechtswissenschaft am Landesjustizprüfungsamt s BFH BStBl 87, 783). Die Angehörigen eines großen Unternehmens bilden aber einen fest abgeschlossenen Kreis (s unten Anm 3). Es kommt auf die Zahl der **möglichen Mitglieder** an; EFG 76, 522. Vorübergehende Mitgliedersperre bei einem Verein ist unschädlich, wenn dies nur der Aufrechterhaltung eines geordneten Spielbetriebs dient (*v Wallis* DStZ A 79, 339). Gemeinnützigkeit scheidet aber auch aus, wenn der Kreis der möglichen Mitglieder aus **tatsächl Gründen** nur klein sein kann, zB wegen der **Exklusivität** eines Vereins, wegen sehr hoher Mitgliedsbeiträge **(Golfclub)**, FG Münster EFG 77, 341. Für die Gemeinnützigkeit eines Golfsportvereins ist es aber zB unschädlich, wenn **Mitgliederbeitrag** 1000 DM und **Aufnahmegebühr** 3000 DM nicht überschreiten, vgl BFH BStBl 79, 488. Wenn ein Segelclub von einem Teil der neu aufzunehmenden Mitglieder eine Aufnahmegebühr von 2000 DM verlangt, schließt dies die Gemeinnützigkeit des Clubs nicht aus, BFH BStBl 82, 336. Nach Auffassung und Praxis der Verwaltung sind diese Beträge zu hoch. Sie erkennt eine Förderung der Allgemeinheit nur an, wenn die Mitgliedsbeiträge und sonstige Mitgliedsumlagen zusammen im Durchschnitt 1000 DM je Mitglied und Jahr und die Aufnahmegebühren für die im Jahr aufgenommenen Mitglieder im Durchschnitt 1500 DM nicht übersteigen (Schreiben des BMF v 11. 12. 80, BStBl I 786). Die Auffassung der Rechtsprechung ist nicht einheitlich. Zahlreiche Urteile beschäftigen sich mit der Frage der Gemeinnützigkeit von Unterstützungskassen für notleidende Berufsangehörige oder Vereinsmitglieder (vgl RFH 5, 14; 5, 156; 6, 216; vgl im übrigen *Kraft* Die steuerliche Gemeinnützigkeit, Vierteljahresschrift für Steuer und Finanzrecht, Jahrgang 6/1932 Nr 344 ff; RFH RStBl 1941, 317).

b) Nicht erforderlich ist, daß der Personenkreis, der durch eine gemeinnützige Einrichtung gefördert werden soll, selbst die ,,Allgemeinheit" darstellt, sondern es kommt darauf an, daß ihre Auswahl nicht aus einem Personenkreis getroffen wird, der nicht als ,,Allgemeinheit" angesehen werden kann (BFH BStBl 1956, 22 betr Insassen eines Frauenstifts für Angehörige der evangelischen Kirche in Deutschland: Bei den großen Religionsgemeinschaften ist davon auszugehen, daß die Zahl der in Betracht kommenden Personen nicht nur klein sein kann). Zur Gemeinnützigkeit eines Ordens, der nur gegenüber seinen Mitgliedern tätig wird, BFH BStBl 79, 492. ZB: Keine Förderung der Allgemeinheit bei Studentenverbindungen (FG Hamburg, DStZ E 1964, 524; OFD D'dorf DStZ E 1969, 163). Für großzügige Anwendung der Gemeinnützigkeitsvorschriften auch bei Einschränkungen in sachlicher, regionaler, beruflicher oder standesmäßiger Hinsicht *Felix* (FR 1961, 236 ff; *Herrmann/Heuer/Raupach* Komm zur ESt und KSt § 5 KStG Anm 4). Förderung der Allgemeinheit kann auch

§ 52　　　　　　　　　　　　　　　　2. Teil. Steuerschuldrecht

gegeben sein, wenn sich ein Verein für eine **Minderheit** einsetzt (FG Berlin EFG 85, 146). Es muß aber eine Beziehung des geförderten Zwecks unter hierzu dienenden Mitteln zum Interesse der Allgemeinheit bestehen (*HHSp* Tz 25; zB Hilfe bei den seelischen Problemen und bei der sozialen Integration von Homosexuellen, FG Berlin aaO). Weitere Beispiele bei *Felix* aaO: Gemeinnützige Stiftung zur Bekämpfung einer äußerst gefährlichen aber seltenen Krankheit; die Förderung eines neuen Wissenschaftszweiges, der erst wenige Vertreter hat, aber von großer volkswirtschaftlicher Bedeutung ist; Stiftung, die von einer bestimmten, seltenen, aber schweren Kriegsverletzung betroffenen Personen beruflich fördern soll (*BRK* Bd I, § 17 StAnpG, Anm 3 b).

3. Rechtsprechung. Gemeinnützigkeit verneint bei internationalen Meditationsgesellschaften (BFH BStBl 1964, 380; bei Verein zur Förderung der Yoga Psychologie, BFH/NV 87, 632; anders für Yoga Meditation BFH BStBl 72, 440). **Keine Förderung der Allgemeinheit:** Familienstiftung bei der außerhalb der Familie stehende Personen nur dann als Berechtigte vorgesehen werden, wenn ein geeignetes Familienmitglied nicht vorhanden ist (RFH, RStBl 1943, 316); Betrieb eines Flughafens (BFH BStBl 1952, 112); die Förderung von Investitionsvorhaben von Betrieben eines bestimmten Gebietes, FG Saarl EFG 82, 214; Gefolgschaft eines Unternehmens ist nicht die Allgemeinheit (RFH RStBl 1941, 275); Kleingartenvereine (RFH StRK StAnpG § 17 R 44; s aber unten Anm 6 c); Körperschaft, die ihre Mittel einer anderen Körperschaft zur Verfügung stellt, die gemeinnützig ist (RFH RStBl 1940, 186); Förderung einzelner Künstler (RFH RStBl 1938, 36 im Gegensatz zur Förderung der Kunst); Rennvereine mit Totalisatorbetrieb und verpachteter Gastwirtschaft (RFH, StRK StAnpG § 17 R 21). Dagegen: **Pferderennvereine** sind wegen ausschließlicher, unmittelbarer und selbstloser Förderung der Pferdezucht gemeinnützig. Sie unterliegen lediglich mit den von ihnen unterhaltenen wirtschaftlichen Geschäftsbetrieb (Totalisator, Wettannahme, Inseratenwerbung) der KSt. Es ist nicht der Reitsport, sondern die Pferdezucht als gemeinnütziger Zweck zu beurteilen, FG Nieders EFG 82, 320, vgl aber auch unten Anm 6 c. Dagegen nicht; Förderung des Sparsinns der Bevölkerung oder bestimmter Bevölkerungskreise (RFH RStBl 1936, 1206; FG Berlin EFG 77, 407; FG Bremen EFG 83, 194); Verein, der den sog **Jugendreligionen** zugerechnet wird, FG Hessen EFG 83, 196; Verein zur Förderung der **Freikörperkultur** (BFH BStBl 64, 83; 70, 133; 72, 197; 82, 148; aA FG Düsseldorf EFG 76, 362; vgl auch unten Anm 5); Hundesportverein (BFH BStBl 79, 495; aA FG Bremen EFG 76, 522; s auch unten Anm 6 b); politische Vereine, FG Berlin EFG 83, 197. Die Einschaltung eines sog Vorschaltvereins, der die Bezahlung der Sportler übernimmt führt zum Verlust der Gemeinnützigkeit, OFD Bremen v 2. 12. 82, DStR 83, 169. **Buchstelle** eines Kreisverbandes zur Förderung von Handwerk und Gewerbe, RFH RStBl 34, 970; **Dampfkesselvereine** in Preußen, RFH RStBl 31, 392; Verein der mit seiner Tätigkeit die allgemeine Erholung arbeitender Personen bezweckt, BFH BStBl 73, 251; Einrichtung und Betrieb eines **Regionalflughafens** BFH BStBl 75, 121; **Freimaurerloge,** BFH BStBl 73, 430, vgl unten Anm 6 c; Verein dessen Zweck in Kameradenhilfe unter Angehörigen eines ehemaligen Wehrmachttruppenteils besteht, BFH BStBl 64, 20; **Stadthalle,** in der

3. Abschnitt. Steuerbegünstigte Zwecke **§ 52**

neben kulturellen Veranstaltungen auch Tagungen bestimmter Berufsgruppen stattfinden, BFH BStBl 74, 664.

Gemeinnützigkeit anerkannt für: Fußballsportvereine, auch wenn sie Lizenz aufnehmen; die Spielveranstaltungen sind aber wirtschaftlicher Geschäftsbetrieb und als solche steuerpflichtig (BFH BStBl 54, 386; vgl auch Abschn 11 KStR 1981 und nunmehr vor allem auch § 67a AO); eine von einer Stiftung unterhaltene Ingenieurschule (RFH RStBl 1940, 905); Unterhaltung eines Ledigenheimes nur, wenn die Räume ausschließlich Minderbemittelte zur Verfügung gestellt werden (RFH RStBl 1938, 828); Religionsgemeinschaft privaten Rechts (BFH BStBl 1951, 148); Rundfunkunternehmen (BFH BStBl 54, 362); Unterhaltung eines Heims zur Versorgung alter, kranker und hilfloser Personen, auch wenn für die Versorgung ein Entgelt zu entrichten ist, das jedoch den wirtschaftlichen Verhältnissen des Pfleglings angepaßt werden muß und einen Erwerbszweck ausschließt (RFH RStBl 1943, 796); Förderung der Volksgesundheit durch bestimmte Heilmethoden, wenn diese nach der herrschenden wissenschaftlichen Auffassung der Förderung der öffentlichen Gesundheitspflege dient (RFH RStBl 1941, 813); von einer Kommune als Alleingesellschafter getragene GmbH zur Förderung der Öffentlichkeitsarbeit der Kommune (FG Hamburg EFG 86, 516, bedenklich, nrkr; s im übrigen zur Frage der Gemeinnützigkeit bei der Einschaltung von Kapitalgesellschaften zur Erfüllung öffentlicher Aufgaben Erl zu § 55 Anm 2); Förderung der **Feuerbestattung** und der Friedhofskultur, BFH BStBl 79, 491. Ein Feuerbestattungsverein trägt dazu bei, Grundstücksflächen einzusparen, die anderenfalls für Erdbestattungen beansprucht werden müßten; Betreiben einer überbetrieblichen **Lehrwerkstatt**; schädlich aber, wenn die in der Werkstatt zusammengefaßten Lehrlinge zu mehr als 50 vH von Unternehmen stammen, die an der die Werkstatt betreibenden Person beteiligt sind. Weitere Beispiele in Anl 7 zu Abschn 111 EStR. Zu Bürgerinitiativen gegen die Verwendung von Atomkraft s oben Anm 2.

4. Ausländische Körperschaften. § 52 hat für ausländische Körperschaften ohne Geschäftsleitung oder Sitz im Inland keine Bedeutung (vgl BFH BStBl 67, 116), sofern nicht DBA die Gewährung der Steuervergünstigung auf der Basis der Gegenseitigkeit gewähren (vgl Art XV DBA USA BGBl 1966 II, 745). Das schließt aber Vergünstigung nicht aus, wenn die Tätigkeit für das Ausland ausgeübt wird, zB karikative Maßnahmen zugunsten von Entwicklungsländern.

5. Abs 2 entspricht dem früheren § 17 III StAnpG. In den Katalog ist auch die **Altenhilfe** aufgenommen worden. Die genannten Beispiele enthalten keine abschließende Aufzählung. Es können auch andere als die genannten Zwecke die Förderung der Allgemeinheit darstellen; insbesondere die in Anlage 7 zu den EStR aufgeführten Tätigkeiten (AnwErl zu § 52 Abschn 1). Letztlich geht es nur um eine Auslegungshilfe für den Begriff der Förderung der Allgemeinheit (FG Nürnberg EFG 86, 621).

Der Katalog enthält zT auch Überschneidungen zu anderen gemeinnützigen Zwecken, zB mit den mildtätigen Zwecken, Förderung der Jugendhilfe, Altenhilfe, des Wohlfahrtswesens, der Behindertenfürsorge.

Beispielsfälle:
(1) Förderung der **Wissenschaft und Forschung.** Zum Wissenschaftsbe-

§ 52   2. Teil. Steuerschuldrecht

griff vgl BFH BStBl 76, 464. Auch Forschungseinrichtungen der Industrie können gemeinnützige Zwecke verfolgen, wenn die Forschungsergebnisse durch Veröffentlichung der Allgemeinheit zur Verfügung stehen und die Selbstlosigkeit gewahrt ist (vgl *Wegehenkel* BB 85, 116; *Koch* RNr 22 Stichwort Forschung mwN).

(2) Förderung der **Bildung und Erziehung.** Unter Bildung ist nicht nur die Allgemeinbildung sondern auch die Berufsausbildung zu verstehen (Nieders FG EFG 87, 339; *TK* RNr 9).

(3) Förderung von **Kunst und Kultur.** Hierzu gehören Musik, Literatur, die darstellenden und bildenden Künste, einschließlich der Förderung von kulturellen Einrichtungen (Oper, Theater, Museen, Kunsthallen), kulturellen Veranstaltungen, die Förderung des Denkmalschutzes. Sehr weitgehend ist die Auffassung des Nieders FG (EFG 86, 256). Danach gibt es keinen allgemein gültigen Rechtsbegriff der Kunst. Was Kunst im Sinne des § 52 II Nr 1 ist, soll daher in einem sehr weiten Rahmen der Beurteilung dessen überlassen bleiben, der sich diesem Gegenstand oder seiner Förderung widmet. Zur Kunst soll daher auch die Zauberkunst oder Magie gehören (ebenso für den Begriff der künstlerischen Tätigkeit in § 18 I Nr 1 EStG: FG RheinPf EFG 85, 128). Nach BFH (BFH BStBl 87, 376) übt ein Büttenredner keine künstlerische Tätigkeit iSv § 18 I Nr 1 EStG aus. Der BFH faßt Kunst also mehr im Sinne einer eigenschöpferischen Leistung auf einer gewissen Gestaltungshöhe auf (einengend in Richtung auf das Erfordernis der Förderung der Allgemeinheit Bauer FR 89, 61).

(4) Förderung der **Religion** durch Religionsgesellschaften iSd Art 137 WRV. Es braucht sich nicht um christliche Religionen zu handeln, vgl BFH BStBl 79, 482. Andererseits ist eine Anerkennung als öffentlichrechtliche Religionsgesellschaft nicht erforderlich. Die vertretenen Anschauungen dürfen aber nicht denen des abendländischen Kulturkreises widersprechen, BFH BStBl 73, 850. Obwohl Art 137 WRV in Abs 7 die Weltanschauungsgemeinschaften den Religionsgemeinschaften gleichstellt, kann daraus nicht gefolgert werden, daß die Bestrebungen einer Weltanschauungsgemeinschaft die Religion fördert, BFH BStBl 79, 492. Zu den sogen Jugendreligionen vgl oben Anm 3. Der Verein der Scientologykirche ist schon deshalb nicht gemeinnützig, weil die von ihr verbreitete Weltanschauung in geschäftsmäßiger Form und daher nicht selbstlos angeboten wird (FG Hamburg EFG 85, 525).

(5) Förderung der **Entwicklungshilfe.**

(6) Förderung der **Wiedervereinigung** in Frieden und Freiheit.

(7) Förderung des **Heimatgedankens. Karnevalsvereine** sind idR nicht gemeinnützig, weil sie nicht ausschließlich die Heimatpflege und Heimatkunde fördern.

(8) Förderung des **Naturschutzes,** des **Tierschutzes** und des **Landschaftsschutzes.** Zum Begriff „Naturschutz" s §§ 1 ff Bundesnaturschutzgesetz und die Naturschutzgesetze der Länder. Die Kleintierzucht gehört nicht zum Tierschutz (vgl die Bundesratsinitiative in BTDr 10/1368); zur Pferdezucht s oben Anm 3.

(9) Förderung des **Umweltschutzes.** Zur Anerkennung der Gemeinnützigkeit bei **Umweltschutzorganisationen,** FG BaWü EFG 78, 189,

3. Abschnitt. Steuerbegünstigte Zwecke **§ 52**

DStZ B 78, 102; Dem Nachweis der **Selbstlosigkeit** kommt hierbei besondere Bedeutung zu. Umweltschutz als Satzungszweck umfaßt seinem weiten Bereich entsprechend eine Vielzahl verschiedenartiger und vielgestaltiger Tätigkeiten. Dazu können auch satzungsmäßige Aktivitäten gegen die Vorbereitungen zum Bau einer nuklearen Entsorgungsanlage gehören (BFH BStBl 85, 106; Nieders FG EFG 81, 588; zum Verlust der Gemeinnützigkeit, wenn sich Verein nicht im Rahmen der verfassungsmäßigen Ordnung hält, s oben Anm 3). **Hinterhofsanierung** kann unter dem Gesichtspunkt des Umweltschutzes gemeinnützig sein, sofern die Maßnahmen tatsächlich der Allgemeinheit zugute kommen und nicht nur den betreffenden Anliegern.
(10) Förderung des **Feuerschutzes**.
(11) Förderung des **Zivilschutzes**.
(12) Förderung des **öffentlichen Gesundheitswesens**. Gemeinnützig ist ein Verein, der sich mit Erforschung und Lehrtätigkeit auf dem Gebiet der Akupunktur befaßt; ebenso Förderung der Forschung und Lehre hinsichtlich von Heilmethoden außerhalb der Schulmedizin.
(13) Förderung der **Jugendhilfe**. Jugendhilfe ist nach dem JugendwohlfahrtsG der gesamte Bereich der Jugendpflege und Jugendfürsorge; auf die Organisationsform der Trägerschaft kommt es nicht an.
(14) Förderung der **Altenhilfe** (vgl § 75 I BSHG). Zum Begriff der Altenhilfe vgl § 75 BSHG idF der Bekanntmachung v 20. 1. 1987 (BGBl 1987 I, 401, 494). Die hier aufgeführten Tätigkeiten fielen bereits nach der bisherigen Rechtsauffassung unter den Begriff der gemeinnützigen Zwecke (vgl Anl 7 der EStR). Auch bei den genannten Beispielsfällen müssen die übrigen Voraussetzungen des Abs 1 vorliegen.
(15) Förderung der **Kriegsgräberfürsorge**.
(16) Förderung des **Wohlfahrtswesens** (vgl BFH BStBl 70, 190).
(17) Förderung des **Sports** einschließlich des Motorsports. Der Begriff ,,Sport" wird nicht mehr im Zusammenhang mit ,,körperlicher Ertüchtigung" genannt. Außerdem wird durch die Ergänzung des § 52 nunmehr auch **Schach** als Sport angesehen. Damit können Schachvereine oder Sportvereine mit Schachabteilungen gemeinnützig sein. Dadurch ist fraglich geworden, ob die körperliche Ertüchtigung durch Leibesübungen weiterhin wesentliches Element des Sportbegriffes iSv § 52 ist. Zur vorgesehenen Neuregelung s unten Anm 6b. Vereinzelt hat der BFH daher schon an diesem Element nicht mehr festgehalten und als Sport auch Betätigungen bezeichnet, bei denen eine geistige Tätigkeit im Vordergrund steht (BFHE 147, 565, zu Lenkdrachenwettkämpfen, allerdings zum Gemeinsamen Zoll Tarif, jedoch unter Berufung auf das Gemeinnützigkeitsrecht). In der Regel fordert der BFH in seiner Rechtsprechung aber noch die körperliche Ertüchtigung durch Leibesübungen als Voraussetzung für Sport (ebenso BTDr 7/ 4292 S 20). **Tischfußball** ist danach kein Sport (BFH/NV 87, 705; aA FG Berlin EFG 82, 372). Ebenso wird trotz der Einbeziehung von Schach Bridge nicht zum Sport gezählt (BFH v 16. 12. 1987 I B 86/87 – nv –). Das Gleiche muß für **Skat** gelten. Ferner sind kein Sport der **Modellflugsport** oder der **Amateurfunk** (AnwErl zu § 52 Abschn 2). Sport ist dagegen zB Billard, wenn es sportmäßig

§ 52   2. Teil. Steuerschuldrecht

betrieben wird und die Pflege der Geselligkeit nicht im Vordergrund steht (OFD Düsseldorf DStZE 82, 194).
Nach Auffassung der Verwaltung gehört auch der **Motorsport** in all seinen Erscheinungsformen zum Sport (AnwErl zu § 52 Abschn 2). Nach der vorgesehenen Neuregelung (s unten Anm 6b) kann daran ohnehin kein Zweifel mehr bestehen. Das FG Nürnberg (EFG 86, 621) hat diese Auffassung wegen der Gefährlichkeit des Motorsports und des Zielkonfliktes mit dem Umweltschutz abgelehnt. An der Auffassung der Verwaltung ist festzuhalten, da auch andere Sportarten gefährlich sein und möglicherweise den Umweltschutz beeinträchtigen können (zB Skisport), ohne daß deswegen die Sporteigenschaft angezweifelt werden kann.
Ein **Pferderennverein** mit selbständiger Amateurabteilung kann als gemeinnützig anerkannt werden, wenn die Berufsrenntätigkeit hinreichend abgrenzbar und von untergeordneter Bedeutung ist (FM NRW DStZ B 78, 99).
Dem Sport nahestehende Betätigungen sind für die Gemeinnützigkeit eines Sportvereins unschädlich, wie zB bei Flugsportvereinen, die neben dem Segelflug und dem Motorflug auch den nicht gemeinnützigen **Modellflug** betreiben, ohne dadurch die Gemeinnützigkeit zu gefährden (s § 58 Nr 9 und die Erl dort).
Nicht jede Freizeitbeschäftigung ist förderungswürdig, vgl BT-Drucks 8/3898. Der BTag hat zB abgelehnt, im Rahmen eines VereinsbesteuerungsG die **Pflanzenzucht** durch Zusammenschlüsse nicht berufsmäßiger Züchter zum gemeinnützigen Zweck zu erklären, vgl BT-Drucks 8/3243.
Nicht gemeinnützig sind zB ADAC, Deutscher **Campingclub,** Verband für **FKK** (s oben Anm 3), Kneipp-Bund, Go-Clubs, Film- und Fotoclubs, Amateurfunkvereine, Hundesportvereine (s oben Anm 3; vgl zur vorgesehenen Neuregelung abw auch unten Anm 6), sowie allgemein Einrichtungen, die allgemeine **Erholungszwecke** verfolgen, es sei denn, daß das Gewähren von Erholung einem besonders schutzwürdigem Personenkreis (zB Kranken oder der Jugend) zugute kommen oder in einer bestimmten Art und Weise (zB auf sportlicher Grundlage) vorgenommen wird (BFH BStBl 73, 251; 82, 148; AnwErl zu § 52 Abschn 4). Die Anerkennung als gemeinnützig ist ausgeschlossen, auch wenn neben den Erholungszwecken noch sportliche Zwecke verfolgt werden. Andererseits steht es der Anerkennung eines Vereins als gemeinnützig nicht entgegen, daß der Verein zB *auch* der Pflege der Freikörperkultur dient, FM NRW BB 80, 926.
Politische Zwecke fallen nicht unter § 52, evtl kommt aber Befreiung nach § 5 I Nr 7 KStG 84 in Betracht, ferner für Empfang von Spenden §§ 10b II, 34g EStG. Die **Anerkennung** als gemeinnützig für den Empfang von Spenden kann **allgemein** (Art 108 Abs 7 iVm § 48 IV EStDV) **ausgesprochen** werden. Zur lediglich deklaratorischen Bedeutung der Anerkennung s oben § 51 Anm 3.

6. RegEntw Vereinsförderungsgesetz. Die in dem von der Bundesregierung vorgelegten Entwurf eines Vereinsförderungsgesetzes vorgesehene geänderte Fassung des § 52 soll erstmals ab 1. 1. 1990 angewendet werden (Art 2 des Gesetzentwurfs).

3. Abschnitt. Steuerbegünstigte Zwecke § 52

a) Inhalt. Die Sachverständigenkommission zur Prüfung des Gemeinnützigkeits- und Spendenrechts (vgl dazu oben Vor § 51 Anm 7) hatte zur Vermeidung der oben beschriebenen Abgrenzungsschwierigkeiten des geltenden Rechts vorgeschlagen, alle „Idealkörperschaften" für ihren ideellen Bereich von der Körperschaftsteuer, Gewerbesteuer, Vermögensteuer und Grundsteuer zu befreien. Unter Idealkörperschaften sollten nur solche Körperschaften zu verstehen sein, die unmittelbar gemeinnützige oder andere ideelle Zwecke im Rahmen der Rechtsordnung und der guten Sitten verfolgen. Danach hätten zwar alle Freizeitvereine unter bestimmten Voraussetzungen Steuerfreiheit für ihren ideellen Tätigkeitsbereich erlangen können. Nach dem Verständnis der Kommission waren aber Idealkörperschaften, die die Geselligkeit oder andere Arten der Freizeitbeschäftigung ihrer Mitglieder fördern, nicht selbstlos tätig und daher nicht gemeinnützig. Deshalb wäre allgemein auch die Gemeinnützigkeit der Sportvereine entfallen.

Der Gesetzentwurf der Bundesregierung folgt diesen Vorschlägen nicht. Er zieht vielmehr aus der unbefriedigenden Abgrenzbarkeit zwischen dem Sport und anderen Freizeitbeschäftigungen die Folgerung, daß die **„vergleichbaren sinnvollen" Freizeitbetätigungen** in die Gemeinnützigkeit einbeziehst (Allgemeiner Teil der amtlichen Begründung). Dadurch, daß er die Ausdehnung der Gemeinnützigkeit auf die Förderung „dem Sport nahestehender Tätigkeiten" und „die Förderung der Pflanzen- und Kleintierzucht und ähnlicher Zwecke" beschränkt, bringt er aber zum Ausdruck, daß er auch **nicht alle** Freizeitbetätigungen als gemeinnützig anerkennen will. Damit schafft er zwangsläufig neue Abgrenzungsprobleme.

b) Förderung dem Sport nahestehender Tätigkeiten. Durch die neue Nr 4 erübrigt sich der Hinweis in Nr 2, daß Schach als Sport gilt. Außerdem kann die bisherige Fassung des § 58 Nr 9 entfallen, da die Förderung der dem Sport nahestehenden Tätigkeiten nunmehr selbst die Gemeinnützigkeit begründen soll. Es braucht sich daher nicht mehr um Sportvereine zu handeln, bei denen der dem Sport nahestehenden Tätigkeiten nur untergeordnete Bedeutung haben, sondern es können auch Vereine gemeinnützig sein, die zwar auch Sport, aber **hauptsächlich** dem Sport nahestehende Tätigkeiten, oder die **ausschließlich** solche Tätigkeiten fördern.

Die körperliche Ertüchtigung durch Leibesübungen (s oben Anm 5 (17)) ist somit nicht mehr entscheidend. Es kann auch um **geistige Tätigkeiten** (geistige Ertüchtigung) gehen. Sportähnlich sind solche Tätigkeiten aber nur, wenn sie **sportmäßig** (mit dem Ziel der Ertüchtigung durch Training auch im Hinblick auf vereinsinterne oder -externe Wettkämpfe) betrieben werden. Unter diesen Voraussetzungen sind dem Sport nahestehende Tätigkeiten zB Schach, Modellflug, Skat, Go, Hundesport, Tischfußball (amtl Begründung zu Art 1 Nr 1 Entwurf Vereinsförderungsgesetz) und Bridge. Soweit es bei solchen Vereinen im wesentlichen nur um die Pflege der Geselligkeit geht, sind sie nach wie vor nicht gemeinnützig.

c) Förderung der Pflanzen- und Kleintierzucht und ähnlicher Zwecke. Unter die neue Regelung fällt nur die Förderung der **nichtgewerblichen** Pflanzen- und Kleintierzucht. Dies ergibt sich, ohne daß dies ausdrücklich geregelt ist, aus den Grundsätzen der Gemeinnützigkeit (insbes § 55). Die nichtgewerbliche Pferdezucht (Großtierzucht) wurde bisher schon als gemeinnützig angesehen (s oben Anm 3). **Pferderennvereine** sind nunmehr aber bereits gemeinnützig, weil sie jedenfalls dem Sport nahestehende Tätigkeiten fördern. Eines Rückgriffs auf die Pferdezucht zur Begründung ihrer Gemeinnützigkeit bedarf es daher nicht mehr.

Zu den der Pflanzen- und Kleintierzucht ähnlichen Zwecken zählt die Begründung zum Regierungsentwurf des Vereinsförderungsgesetzes (s zu Art 1 Nr 1) als **Beispiele** die Kleingärtnerei, das Amateurfunken, -filmen und -fotografieren und die Förderung des Brauchtums durch Fastnacht- und Karnevalsvereine. Der Vergleich dieser Tätigkeiten mit der Pflanzen- und Kleintierzucht ist zT überraschend und aus dem Gesetz nicht ohne weiteres abzuleiten, zumal gleichzeitig betont wird, daß reine Geselligkeitsvereine oder Fanclubs weiterhin nicht gemeinnützig sein sollen. Entscheidend für die Abgrenzung wird sein, ob die Vereine **über den jeweiligen Verein hinausweisende allgemeine Zwecke** fördern oder nicht. Im ersteren Fall sind sie gemeinnützig, im zweiten nicht. Vereine für Freikörperkultur dürften daher auch nach neuem Recht nicht gemeinnützig sein. Problematisch wird es zB bei Freimaurerlogen oder Studentenverbindungen. Es bleibt abzuwarten, ob es im Verlauf der Gesetzesberatungen noch zu genaueren Abgrenzungen kommt.

§ 53 Mildtätige Zwecke

Eine Körperschaft verfolgt mildtätige Zwecke, wenn ihre Tätigkeit darauf gerichtet ist, Personen selbstlos zu unterstützen,
1. die infolge ihres körperlichen, geistigen oder seelischen Zustandes auf die Hilfe anderer angewiesen sind oder
2. deren Bezüge nicht höher sind als das Vierfache des Regelsatzes der Sozialhilfe im Sinne des § 22 des Bundessozialhilfegesetzes; beim Alleinstehenden oder Haushaltsvorstand tritt an die Stelle des Vierfachen das Fünffache des Regelsatzes. ²Dies gilt nicht für Personen, deren Vermögen zur nachhaltigen Verbesserung ihres Unterhalts ausreicht und denen zugemutet werden kann, es dafür zu verwenden. ³Bei Personen, deren wirtschaftliche Lage aus besonderen Gründen zu einer Notlage geworden ist, dürfen die Bezüge oder das Vermögen die genannten Grenzen übersteigen. ⁴Bezüge im Sinne dieser Vorschrift sind
   a) Einkünfte im Sinne des § 2 Abs. 1 des Einkommensteuergesetzes und
   b) andere zur Bestreitung des Unterhalts bestimmte oder geeignete Bezüge,
   die der Alleinstehende oder der Haushaltsvorstand und die sonstigen Haushaltsangehörigen haben. ⁵Zu den Bezügen zählen nicht Leistungen der Sozialhilfe und bis zur Höhe der Leistungen der Sozialhilfe Unterhaltsleistungen an Personen, die ohne die Unterhaltsleistungen sozialhilfeberechtigt wären. ⁶Unterhaltsansprüche sind zu berücksichtigen.

Nr 2 S 1 geändert und S 5 eingefügt durch Gesetz v 26. 11. 79, BGBl I 1953.

Schrifttum: *Mack* Steuerbegünstigte Förderung gemeinnütziger Zwecke durch Einzelpersonen, DStZ 83, 321; *Mösbauer* Die Unterstützung von körperlich, geistig oder seelisch Hilfebedürftigen als steuerbegünstigter mildtätiger Zweck sozialer Rehabilitation, Zeitschrift für Sozialhilfe und Sozialgesetzbuch 88, 514.

Übersicht
1. Inhalt
2. Mildtätigkeit
3. Unmittelbarkeit
4. Hilfsbedürftigkeit
5. Wirtschaftliche Hilfsbedürftigkeit

1. Inhalt. Die Vorschrift definiert den Begriff der **Mildtätigkeit**. Die Fassung fordert ausdrücklich auch bei der Verfolgung mildtätiger Zwecke die **Selbstlosigkeit**. Der früher in § 18 I StAnpG verwendete Begriff der **Bedürftigkeit** ist nicht übernommen, sondern durch die in Nr 1 verwendete Definition ersetzt worden. Während es für die Gemeinnützigkeit darauf ankommt, daß eine Förderung der Allgemeinheit vorliegt, ist bei der Verfolgung mildtätiger Zwecke diese Voraussetzung nicht erforderlich (vgl

3. Abschnitt. Steuerbegünstigte Zwecke § 53

RFH RStBl 1940, 190). Daß Mildtätigkeit „selbstlos" ausgeübt werden muß, war bisher aus dem Tatbestand nicht unmittelbar zu entnehmen, nach RFH (RStBl 1942, 349) jedoch ungeschriebene Voraussetzung. Selbstlosigkeit liegt zB nicht vor, wenn nur Angehörige einer bestimmten Firma unterstützt werden sollen (RFH aaO). **Entgeltlichkeit** der mildtätigen Zuwendung schließt die Mildtätigkeit nicht aus; diese darf jedoch nicht nur wegen des Entgeltes erfolgen (RFH RStBl 1938, 21). Bedeutung hat die Vorschrift auch für die Befreiung von der Umsatz- und Gewerbesteuer für Altenheime, die von nicht begünstigten Körperschaften oder von natürlichen Personen betrieben werden (§ 4 Nr 16 UStG, § 3 Nr 20 GewStG idF des EGAO). **Übergangsregelung** für **UStBefreiung** nach § 4 Nr 16 UStG, BStBl 78 I 321. Im Verwaltungswege ist eine auf 5 Jahre befristete **Übergangsregelung** getroffen worden, die Härten bei der Anwendung der neuen Vorschriften vermeiden soll. Danach bleiben **Altersheime**, bei denen die Voraussetzungen für die Steuerfreiheit nach den neuen Vorschriften des USt- bzw GewStRechts nicht mehr vorliegen, obwohl sie bis zum 31. 12. 76 steuerfrei waren, bis zum 31. 12. 81 von diesen Steuern befreit, wenn sie die bis zum 31. 12. 76 geltenden Voraussetzungen weiter erfüllen, vgl. BdF BStBl 77 I 35; *Kühl* Die Besteuerung von Altersheimen, DB 77, 1477.

2. Zwecke, die darauf gerichtet sind, minderbemittelte Personen zu unterstützen, fallen nicht unter den Begriff der Mildtätigkeit (BFH BStBl 56, 22). Im übrigen wird der Begriff der **minderbemittelten** Personen in der neuen AO nicht mehr verwandt, sondern – zumindest teilweise – durch § 53 Nr 2 ersetzt. Eine vergleichbare Regelung war früher in § 3 Nr 2 GemV enthalten. Eine Aufstellung von allen Einrichtungen, deren Mildtätigkeit anerkannt ist, befindet sich in verschiedenen Bekanntmachungen des BdF und in Verwaltungsanordnungen der Bundesregierung (vgl im übrigen EStR 111 und Anl 7 zu Abschn 111 Abs 1 EStR). Nach 1951 sind besondere Anerkennungen der Mildtätigkeit bei einzelnen Einrichtungen nicht mehr veröffentlicht worden. Die Entscheidung darüber, ob eine Körperschaft mildtätige Zwecke verfolgt, hat jeweils das zuständige FA bei der **Veranlagung** zu treffen. Die Abgrenzung zwischen mildtätigen und gemeinnützigen Zwecken kann nicht immer eindeutig festgestellt werden. Teilweise wird bei bestimmten Einrichtungen unterstellt, daß sie die ihnen zufließenden Mittel für einen steuerbegünstigten Zweck verwenden, ohne daß im einzelnen eine Überprüfung vorgenommen wird. Dies gilt insbesondere auch für spontane Sammelaktionen zur Unterstützung der bei einer Naturkatastrophe und ähnlichem Betroffenen.

3. Auch bei der Verfolgung mildtätiger Zwecke muß die entsprechende Tätigkeit **unmittelbar** dem steuerbegünstigten Zweck zugute kommen. So ist zB ein Grundstück, auf dem eine Diakonissanstalt ein Erholungsheim für ihre Schwestern unterhält, keine Einrichtung, die mildtätige Zwecken dient (RFH RStBl 1941, 667). Mildtätig und gleichzeitig gemeinnützig ist die Unterhaltung von Speiseanstalten für mittellose Personen; der in solchen Einrichtungen liegende wirtschaftliche Geschäftsbetrieb ist steuerlich unschädlich, weil nur auf diese Weise der steuerbegünstigte Zweck verfolgt werden kann und ein Wettbewerb mit privaten Gaststätten ausgeschlossen ist.

§ 53

4. Nach **Nr 1** kann die Hilfsbedürftigkeit auch aufgrund des **seelischen** Zustandes gegeben sein, vgl § 39 BSHG, § 32 VI Nr 6 EStG. Es kommt auch **nicht** darauf an, daß die Hilfsbedürftigkeit dauernd oder für längere Zeit besteht. Die Formulierung greift auch für Aktionen wie ,,Essen auf Rädern" oder die Telefonseelsorge ein (AnwErl zu § 53 Abschn 1 und 3). Die Hilfen nach Nr 1 dürfen im übrigen auch ohne Rücksicht auf die wirtschaftliche Unterstützungsbedürftigkeit gewährt werden (*Mösbauer,* Zeitschrift für Sozialhilfe und Sozialgesetzbuch 88, 541).

5. Nach der Gemeinnützigkeitsverordnung konnten wegen wirtschaftlicher Hilfsbedürftigkeit Personen unterstützt werden, deren Einkünfte nicht höher als das **Zweifache** des Richtsatzes der allgemeinen öffentlichen Fürsorge einschließlich der **Mietbeihilfe** waren. Unter den nicht mehr übernommenen Begriff der ,,Minderbemittelten" (§ 8 GemV) wurden Personen verstanden, deren Einkünfte nicht höher waren als das **Dreifache** des Richtsatzes der allgemeinen öffentlichen Fürsorge einschließlich der Mietbeihilfe. Nach § 53 Nr 2 wird dagegen die Mietbeihilfe **nicht** in den Vervielfältiger eingezogen. Wirtschaftlich **hilfsbedürftig** sind solche Personen, deren Bezüge das Vierfache des Regelsatzes der Sozialhilfe (§ 22 BSHG) nicht übersteigen; bei **Alleinstehenden** und beim **Haushaltsvorstand** tritt an die Stelle des Vierfachen das Fünffache des Regelsatzes. Zuschläge für Mehrbedarf nach § 23 BSHG, zB wegen Erwerbsunfähigkeit oder Alters, sind nicht zu berücksichtigen. Für die übrigen Haushaltsangehörigen staffeln sich die Regelsätze je nach Alter zwischen 45 und 80% des Regelsatzes für den Haushaltungsvorstand, vgl § 2 III RegelsatzVO. Bei der Feststellung der Bezüge sind aus Vereinfachungsgründen insgesamt 360 DM im Kalenderjahr abzuziehen, wenn nicht höhere Aufwendungen, die in wirtschaftlichem Zusammenhang mit den entsprechenden Einnahmen stehen, nachgewiesen oder glaubhaft gemacht werden (AnwErl zu § 53 Abschn 7). Die Regelsätze werden von den Landesbehörden entsprechend den wirtschaftlichen Bedürfnissen festgesetzt und sind daher nicht bundeseinheitlich. Überschreitung der festgelegten Grenze ist grundsätzlich steuerschädlich, sofern nicht **§ 53 Nr 2 S 3** eingreift. Der Begriff der Bezüge wird in **Nr 2 S 4** umschrieben; vgl auch § 33a I EStG. Es fallen nicht nur Einkünfte iSd EStG darunter, sondern in Anlehnung an die Rspr des BFH (BStBl 75, 139) auch sonstige einkommensteuerlich nicht erfaßte Bezüge, zB steuerfreie Einnahmen nach §§ 3, 3b EStG, steuerfreie Teile der Versorgungsbezüge nach § 19 II EStG und den Ertragsanteil übersteigende Rentenanteile. Ebenfalls steuerliche Freibeträge oder Kindergeld (AnwErl zu § 53 Abschn 5) sowie Wohngeld (*Koch* Tz 20). Das gleiche gilt nach S 5 für Unterhaltsansprüche. Die Bezüge der Haushaltsangehörigen sind zusammenzurechnen. Die durch Gesetz v 26. 11. 79 eingefügte **Satz 5** bestimmt, daß zu den Bezügen nicht die Leistungen der **Sozialhilfe** und entsprechende Leistungen zählen. Damit wird erreicht, daß zB ein **Heimbewohner,** dessen Pflegekosten ganz oder zum Teil vom Sozialamt übernommen werden, immer als hilfsbedürftig anzusehen ist. Dadurch wird allerdings der Selbstzahler mit gleichen Bezügen bei der Heimaufnahme benachteiligt. Dies ist unter dem Gesichtspunkt der Gleichbehandlung bedenklich, vgl *TK* Tz 3; *Koch* Tz 20/1.

3. Abschnitt. Steuerbegünstigte Zwecke § 54

Bei Vorhandensein eines **Vermögens**, das zur nachhaltigen Verbesserung des Unterhalts ausreicht, ist eine wirtschaftliche Bedürftigkeit nicht gegeben, wenn es zumutbar ist, das Vermögen für den Unterhalt zu verwenden. Ein Vermögen bis zu einem Verkehrswert von 30000 DM ist idR als **geringfügig** anzusehen, vgl Abschn 190 II EStR.

Ein **Überschreiten** der Einkunftsgrenzen ist nach Nr 2 S 3 **unschädlich** bei solchen Personen, die aus besonderen Gründen in eine **Notlage** geraten sind, zB bei Katastrophenfällen, aber evtl auch bei größeren finanziellen Belastungen größeren Umfangs infolge Krankheit. Die Grenzen der wirtschaftl Unterstützungsbedürftigkeit iSd Nr 2 sind ua bedeutsam für **Wohlfahrteinrichtungen**, insb **Alten-, Altenwohn- und Pflegeheime**, Erholungsheime, Mahlzeitendienst uä, wenn die unterstützten Personen nicht oder nicht alle hilfsbedürftig sind. Die Grenzen liegen zZt für Alleinstehende etwa (Maßstab Regelsätze NRW) bei 1970 DM, für Ehepaare bei 3230 DM, für Familien mit 2 Kindern je nach Alter der Kinder zwischen 4663 und 6087 DM.

§ 54 Kirchliche Zwecke

(1) Eine Körperschaft verfolgt kirchliche Zwecke, wenn ihre Tätigkeit darauf gerichtet ist, eine Religionsgemeinschaft, die Körperschaft des öffentlichen Rechts ist, selbstlos zu fördern.

(2) Zu diesen Zwecken gehören insbesondere die Errichtung, Ausschmückung und Unterhaltung von Gotteshäusern und kirchlichen Gemeindehäusern, die Abhaltung von Gottesdiensten, die Ausbildung von Geistlichen, die Erteilung von Religionsunterricht, die Beerdigung und die Pflege des Andenkens der Toten, ferner die Verwaltung des Kirchenvermögens, die Besoldung der Geistlichen, Kirchenbeamten und Kirchendiener, die Alters- und Behindertenversorgung für diese Personen und die Versorgung ihrer Witwen und Waisen.

1. Inhalt. Die Definition der „kirchlichen Zwecke" entspricht fast wörtlich der im § 19 StAnpG enthaltenen; nunmehr wird jedoch ausdrücklich **Selbstlosigkeit** gefordert.

2. Das Gesetz unterscheidet zwischen der Förderung der **Religion** in § 52 II Nr 1 und der Förderung **kirchlicher Zwecke** nach § 54. Beide Zwecke sind nicht gleichbedeutend. Kirchliche Zwecke sind nur Zwecke öffentlich-rechtlicher Religionsgemeinschaften iS des KStG und des VStG (RFH RStBl 1933, 702). Die Förderung der Religion ist aber ebenfalls als Förderung der Allgemeinheit grundsätzlich anerkannt; sie kann als Förderung der Allgemeinheit steuerbegünstigt sein, wenn die religiösen Ziele und die Art ihrer Betätigung nicht den abendländischen Kulturauffassungen zuwiderläuft (BFH BStBl 51, 148). Die Förderung der Religion ist nur dann ein gemeinnütziger Zweck, wenn damit die Allgemeinheit auf materiellem, geistigem oder sittlichem Gebiet selbstlos gefördert wird (vgl § 52 iVm Abs 2 S 1; zu den sog Jugendreligionen vgl Erl zu § 52 Anm 3 und 5). Es braucht sich hierbei aber nicht um die Förderung einer Religionsgemeinschaft zu handeln, die als Körperschaft des öffentlichen Rechts anerkannt ist. Eine Religionsgemeinschaft des Privatrechts kann, wie sich aus

§ 55 2. Teil. Steuerschuldrecht

dem Wortlaut des § 54 ergibt, aber keine kirchlichen Zwecke verfolgen. Dies schließt nicht aus, daß nach Artikel 137 VWRV iVm Art 140 GG auch den bisher nicht als öffentlich-rechtliche Körperschaft anerkannten Religionsgemeinschaften auf ihren Antrag die gleichen Rechte zu gewähren sind. Zuständig für eine derartige Gewährung ist der Landesgesetzgeber (BFH aaO; gegen Zwang von Gleichbehandlung *HHSp* Tz 7; *Koch* Tz 5; wie hier *TK* Tz 1).

3. Die in **Abs 2** enthaltene beispielhafte Aufzählung der kirchlichen Zwecke entspricht dem § 19 II StAnpG. Verfolgt eine Körperschaft **kirchliche Zwecke,** so ist sie stets auch gemeinnützig. Für die Steuerbegünstigung kommt es nicht darauf an, ob die Allgemeinheit gefördert wird (*BRK* § 19 StAnpG Anm 1 Abs 4). Aus der **Rechtsprechung:** Keine Grundsteuerbefreiung für die Wohn-, Schlaf- und Gemeinschaftsräume der Besucher von kirchlichen Bildungsanstalten und des Betreuungspersonals sowie der der Verpflegung und sonstigen Versorgung dienenden Wirtschaftsräume (RFH RStBl 1941, 892). Kein kirchlicher Zweck bei der Unterhaltung eines einem Priesterseminar angeschlossenen Knabenseminars, das nur der Vorbereitung zum Beruf des Priesters dient (RFH RStBl 1941, 892). Kirchturmbesteigung und Kirchenbesichtigung gegen Entgelt ist ein Betrieb gewerblicher Art, der unmittelbar keine steuerbegünstigten Zwecke verfolgt (RFH RStBl 1938, 1189). Dagegen kann eine Stiftung, die an Witwen von Geistlichen zusätzlich zu ihren Versorgungsbezügen Zuschüsse zahlt, kirchliche Zwecke verfolgen, wenn durch die Zuwendungen die Witwenbezüge von Staatsbeamtenwitwen nicht überschritten werden (RFH RStBl 1941, 317).

§ 55 Selbstlosigkeit

(1) Eine Förderung oder Unterstützung geschieht selbstlos, wenn dadurch nicht in erster Linie eigenwirtschaftliche Zwecke – zum Beispiel gewerbliche Zwecke oder sonstige Erwerbszwecke – verfolgt werden und wenn die folgenden Voraussetzungen gegeben sind:
1. **¹Mittel der Körperschaft dürfen nur für die satzungsmäßigen Zwecke verwendet werden. ²Die Mitglieder oder Gesellschafter (Mitglieder im Sinne dieser Vorschriften) dürfen keine Gewinnanteile und in ihrer Eigenschaft als Mitglieder auch keine sonstigen Zuwendungen aus Mitteln der Körperschaft erhalten. ³Die Körperschaft darf ihre Mittel weder für die unmittelbare noch für die mittelbare Unterstützung oder Förderung politischer Parteien verwenden.**
2. **Die Mitglieder dürfen bei ihrem Ausscheiden oder bei Auflösung oder Aufhebung der Körperschaft nicht mehr als ihre eingezahlten Kapitalanteile und den gemeinen Wert ihrer geleisteten Sacheinlagen zurückerhalten.**
3. **Die Körperschaft darf keine Person durch Ausgaben, die dem Zweck der Körperschaft fremd sind, oder durch unverhältnismäßig hohe Vergütungen begünstigen.**
4. **¹Bei Auflösung oder Aufhebung der Körperschaft oder bei Wegfall ihres bisherigen Zwecks darf das Vermögen der Körperschaft, soweit es die eingezahlten Kapitalanteile der Mitglieder und den gemeinen Wert der von den Mitgliedern geleisteten Sacheinlagen übersteigt, nur**

3. Abschnitt. Steuerbegünstigte Zwecke § 55

für steuerbegünstigte Zwecke verwendet werden (Grundsatz der Vermögensbindung). ²Diese Voraussetzung ist auch erfüllt, wenn das Vermögen einer anderen steuerbegünstigten Körperschaft oder einer Körperschaft des öffentlichen Rechts für steuerbegünstigte Zwecke übertragen werden soll.

(2) Bei der Ermittlung des gemeinen Werts (Absatz 1 Nr. 2 und 4) kommt es auf die Verhältnisse zu dem Zeitpunkt an, in dem die Sacheinlagen geleistet worden sind.

(3) Die Vorschriften, die die Mitglieder der Körperschaft betreffen (Absatz 1 Nr. 1, 2 und 4), gelten bei Stiftungen für die Stifter und ihre Erben, bei Betrieben gewerblicher Art von Körperschaften des öffentlichen Rechts für die Körperschaft sinngemäß, jedoch mit der Maßgabe, daß bei Wirtschaftsgütern, die nach § 6 Abs. 1 Ziff. 4 Sätze 2 und 3 des Einkommensteuergesetzes aus einem Betriebsvermögen zum Buchwert entnommen worden sind, an die Stelle des gemeinen Werts der Buchwert der Entnahme tritt.

Abs 1 Nr 1 geändert durch das Parteienfinanzierungsgesetz v 22. 12. 83, BGBl I 1577.

Schrifttum: *Theobald* Umsatzsteuer und Gemeinnützigkeit kommunaler Abfallbeseitigungsgesellschaften – Zum Erlaß des FM NRW v 14. 5. 1985, BB 85, 1911; *Kirchhartz* Zur Gemeinnützigkeit von Abfall- und Abwasserbeseitigungsgesellschaften, ZFK 85, 266; *Wegehenkel* Entgeltliche Zusammenarbeit einer gemeinnützigen Körperschaft mit einem erwerbswirtschaftlich ausgerichteten Unternehmen auf dem Gebiete der Forschung, BB 85, 116, 395, 792.

Übersicht

1. Inhalt
2. Selbstlosigkeit
3. Mittelverwendung
4. Auflösung der Körperschaft
5. Begünstigung von Personen
6. Satzungsgemäße Vermögensbindung
7. Ermittlung des gemeinen Wertes
8. Stiftungen und Betriebe gewerblicher Art

1. Inhalt. Die Vorschrift definiert den ausdrücklich als Tatbestandsmerkmal für die Voraussetzungen der Gewährung von steuerlichen Vergünstigungen genannten Begriff der **Selbstlosigkeit.** Dieses Tatbestandsmerkmal ist allerdings schon von der Rechtsprechung als Voraussetzung für die steuerliche Begünstigung gefordert worden. Es war früher auch, ohne daß der Begriff der Selbstlosigkeit verwendet wurde, dem Sinne nach in § 17 V StAnpG und in § 4 II–IV GemV enthalten. Zu den Problemen des neuen Gemeinnützigkeitsrechts, insb zur gemeinnützigen Unternehmensstiftung vgl *Widmann* Ausgewählte Probleme der Gemeinnützigkeit, JbFfSt 1976/77, 383 ff.

2. Selbstlosigkeit liegt vor, wenn nicht in erster Linie eigenwirtschaftliche Zwecke, zB gewerbliche oder sonstige Erwerbszwecke, verfolgt werden und im übrigen die in den Nrn 1 bis 4 genannten Voraussetzungen gegeben sind. Eine Körperschaft handelt noch nicht eigennützig, wenn sie aus der Verfolgung steuerbegünstigter Zwecke nebenbei auch gewisse in der Bedeutung zurücktretende Vorteile erzielt (FG Köln EFG 86, 144;

§ 55 2. Teil. Steuerschuldrecht

KKH Anm 2). Eine Gewinnerzielung tritt aber nur dann als geringfügig in der Bedeutung zurück, wenn lediglich in einzelnen Wirtschaftsjahren die Einnahmen die Ausgaben übersteigen, die Körperschaft aber keine Gewinnerzielungsabsicht hat und langfristig höchstens ausgeglichene Ergebnisse erzielt (FG Köln aaO). Deshalb ist ein Verein zur Förderung von Arbeitsschutz und Unfallverhütung dann nicht mehr selbstlos, wenn er acht Jahre ununterbrochen Gewinne aus wirtschaftlicher Tätigkeit erzielt hat (FG Köln aaO). Ebenso ist der Verein der Scientology-Kirche nicht selbstlos (FG Hamburg EFG 85, 525).

Eine Kapitalgesellschaft ist auch dann nicht mehr selbstlos, sondern dient eigenwirtschaftlichen Zwecken, wenn sie **Pflichtaufgaben ihrer Gesellschafter** oder einzelner ihrer Gesellschafter wahrnimmt. Kapitalgesellschaften, die von Hoheitsträgern zur Erfüllung der ihnen gesetzlich zugewiesenen Aufgaben der Müll- oder Abwasserbeseitigung eingeschaltet sind, sind daher wegen fehlender Selbstlosigkeit nicht gemeinnützig (FM Schleswig-Holstein, DStR 85, 345). Das Gleiche muß für Kapitalgesellschaften gelten, die mehrheitlich von privaten beseitigungspflichtigen Unternehmen getragen werden, auch dann, wenn die Mehrheitsbeteiligung von Unternehmerverbänden gehalten wird, deren Mitglieder wiederum die beseitigungspflichtigen Unternehmen sind. Zu kommunalen Versorgungs- und Verkehrsbetrieben s § 52 Anm 2.

3. Nr 1 entspricht dem § 4 II Nr 1 GemV, der jedoch darauf abstellt, daß ,,Gewinne" nur für die satzungsmäßigen Zwecke verwendet werden. Die Verwendung von Mitteln einer gemeinnützigen Einrichtung für die Vermögensausstattung von steuerbegünstigten Stiftungen verstößt gegen die Verwendungsregeln der AO (§ 55 I Nr 1, § 58 Nr 6) und führt bei der die Mittel hingebenden Körperschaft zum Verlust der Gemeinnützigkeit. § 55 I Nr 1 stellt auf die **Mittel** der Körperschaft ab; Klarstellung, daß nicht Einkünfte im techn Sinn gemeint sind, sondern auch Spenden usw. Eine sachliche Änderung ist damit nicht verbunden. Selbstlosigkeit wird nicht dadurch ausgeschlossen, daß **Vergütungen** (zB Aufsichtsratvergütungen) oder Gehälter und Vergütungen an Mitglieder für geleistete Arbeit und für die Überlassung von Räumen gezahlt werden (*BRK* § 17 StAnpG Anm 4c Abs 4 und 6). Die Vergütungen müssen aber angemessen sein. Über die Zahlung von Spesen und Vergütungen an Sportler s § 67a und die Erläuterungen dort, s dort auch zur Zahlung von Ablösesummen bei Vereinswechsel. Die unentgeltliche Verteilung von Veröffentlichungen eines gemeinnützigen Vereins an dessen Mitglieder ist nicht unbedingt eine unzulässige sonstige Zuwendung aus den Mitteln der Körperschaft (BFH BStBl 1956, 173). Zur steuerfreien **Aufwandsentschädigung** für **Übungsleiter,** Ausbilder usw zur Förderung gemeinnütziger mildtätiger und kirchlicher Zwecke s § 3 Nr 26 EStG und BdF v 19. 6. 81 BStBl II, 502.

Die Körperschaft muß ihre Mittel grundsätzlich **zeitnah** für ihre steuerbegünstigten Zwecke verwenden (AnwErl zu § 55 Abschn 4). Die Bildung von Rücklagen ist nur nach Maßgabe des § 58 Nrn 6 und 7 zulässig. Das schließt nicht die Bildung freier Rücklagen im wirtschaftlichen Geschäftsbetrieb aus, wenn ein konkreter Anlaß gegeben ist, der aus objektiver unternehmerischer Sicht die Bildung der Rücklage rechtfertigt (AnwErl zu § 52 Abschn 2).

3. Abschnitt. Steuerbegünstigte Zwecke　　　　　　　　　　§ 56

4. Die **Nr 2** entspricht dem § 4 II Nr 2 GemV. Danach dürfen die Mitglieder nach ihrem Ausscheiden oder bei Auflösung oder Aufhebung der Körperschaft nicht mehr als ihre eingezahlten Kapitalanteile und den gemeinen Wert ihrer geleisteten Sacheinlagen zurückerhalten. Bei Rückgabe einer Sacheinlage in natura dürfte es unschädlich sein, wenn die zur Verfügung gestellte Sache in der Zeit der Benutzung durch die Körperschaft eine Wertsteigerung erfahren hat, es sei denn, daß diese Wertsteigerung durch die Körperschaft selbst vorgenommen worden ist, zB durch Renovierung oder Umbau eines Hauses. Wertsteigerungen sind ggf in Geld auszugleichen.

Bei den genannten Sacheinlagen geht es **nur um Einlagen iS des Handelsrechts,** für die dem Mitglied Gesellschaftsrechte eingeräumt worden sind. Es sind also nur Kapitalgesellschaften und keine Vereine betroffen. Unentgeltlich zur Verfügung gestellte Vermögensgegenstände (Leihgaben oder Sachspenden) fallen nicht unter § 55 Nrn 2 und 4 (AnwErl zu § 55 Abschn 5).

5. Nr 3 entspricht § 4 II Nr 3 GemV. Ausgaben sind nicht nur Verwaltungsausgaben.

6. Nr 4 entspricht § 4 II Nr 4 GemV. Grundsatz der **satzungsmäßigen Vermögensbindung.** Das, was nach Abfindung der Mitglieder an Vermögen übrig bleibt, darf nur für steuerbegünstigte Zwecke verwendet werden. Zulässig ist es jedoch, daß die Körperschaft das Vermögen einer anderen steuerbegünstigten Körperschaft zur Verfügung stellt. Grundsatz der Vermögensbindung muß in **Satzung** festgelegt sein.

7. Der **Abs 2** stellt, wie bisher § 4 III GemV, klar, daß es bei der Ermittlung des gemeinen Werts auf die Verhältnisse im Zeitpunkt der Vornahme der Sacheinlage ankommt und nicht auf die Verhältnisse im Zeitpunkt der Rückgabe der Sacheinlage.

8. Abs 3 entspricht dem § 4 III GemV. Die Vorschr bezieht sich nur auf Stiftungen und auf Körperschaften des öffentlichen Rechts. Zur zweiten Satzhälfte vgl *Troll,* Änderung der GemV durch das StÄndG 1969, RWP 14 Steuer-RW, LFG 770 vom 1. 10. 69 S 59.

§ 56 Ausschließlichkeit

Ausschließlichkeit liegt vor, wenn eine Körperschaft nur ihre steuerbegünstigten satzungsmäßigen Zwecke verfolgt.

Die Vorschrift entspricht dem § 4 I GemV mit einer geringfügigen redaktionellen Abweichung. Unter anderem fehlen die Worte „einzeln oder nebeneinander"; eine sachliche Änderung tritt dadurch nicht ein. Es ist auch weiterhin steuerlich unschädlich, wenn mehrere steuerbegünstigte Zwecke nebeneinander verfolgt werden, zB kirchliche oder religiöse Zwecke neben mildtätigen Zwecken (BFH BStBl 56, 22). Schädlich ist dagegen, soweit nicht im Gesetz Ausnahmen zugelassen sind, die Verfolgung eines anderen, nicht begünstigten Zwecks. Das Gesetz enthält eine Reihe von Ausnahmen von dem strikten Ausschließlichkeitsverbot, zB in § 58 (steuerlich unschädliche Betätigungen), § 65 (Zweckbetrieb), § 66

§ 57 2. Teil. Steuerschuldrecht

(Wohlfahrtspflege), § 67 (Krankenanstalten), § 68 (einzelne Zweckbetriebe). Eine **sportliche Betätigung** wird nur dann nach der Satzung ausschließlich gefördert, wenn die Förderung bloßer **Freizeitgestaltung** ohne sportliche Ambitionen nach der Satzung ausgeschlossen ist, FG Berlin EFG 82, 372. Eine in der Satzung festgelegte Verwendung des **Vereinsnamens** als **Werbeträger** führt nicht unbedingt wegen Verstoßes gegen das Ausschließlichkeitsgebot zum Verlust der Gemeinnützigkeit. Die Werbeeinnahmen sind als Einnahmen aus einem steuerschädlichen wirtschaftlichen Geschäftsbetrieb zu beurteilen.

§ 57 Unmittelbarkeit

(1) ¹Eine Körperschaft verfolgt unmittelbar ihre steuerbegünstigten satzungsmäßigen Zwecke, wenn sie selbst diese Zwecke verwirklicht. ²Das kann auch durch Hilfspersonen geschehen, wenn nach den Umständen des Falles, insbesondere nach den rechtlichen und tatsächlichen Beziehungen, die zwischen der Körperschaft und der Hilfsperson bestehen, das Wirken der Hilfsperson wie eigenes Wirken der Körperschaft anzusehen ist.

(2) Eine Körperschaft, in der steuerbegünstigte Körperschaften zusammengefaßt sind, wird einer Körperschaft, die unmittelbar steuerbegünstigte Zwecke verfolgt, gleichgestellt.

1. Inhalt. Die steuerliche Vergünstigung wegen Verfolgung steuerbegünstigter Zwecke wird nur gewährt, wenn die Körperschaft die steuerbegünstigten Zwecke **unmittelbar** verfolgt. Dies ist der Fall, wenn sie selbst diese Zwecke verwirklicht. Sie kann sich dazu auch anderer Personen **(Hilfspersonen)** bedienen, wenn deren Tätigkeit wie eine eigene Tätigkeit der Körperschaft anzusehen ist. Ob dies der Fall ist, hängt von den rechtlichen tatsächlichen Beziehungen zwischen Körperschaft und der Hilfsperson ab. Von diesem Grundsatz gibt es jedoch Ausnahmen (vgl hierzu insbesondere § 58). Vereine zur Förderung der **Denkmalpflege** können auch dann gemeinnützig sein, wenn sich ihre Tätigkeit auf die Vergabe von Zuschüssen für die Pflege von Objekten fremder Eigentümer beschränkt (OFD Köln, DStZ/E 84, 116).

2. Aus der **Rechtsprechung**: Unmittelbarkeit ist an sich nicht gegeben, wenn eine Körperschaft sich darauf beschränkt, einer anderen Körperschaft lediglich Mittel zur Verfügung zu stellen, die von der anderen Körperschaft zu gemeinnützigen Zwecken verwendet werden sollen (RFH RStBl 1942, 982). Es dürfte sich insoweit aber um eine unschädliche Betätigung iS des § 58 Nr 1 handeln. Nach § 58 Nr 2 ist die Tatsache, daß Mittel einer anderen, ebenfalls steuerbegünstigten Körperschaft zur Verfügung gestellt werden, nur dann unschädlich, wenn nicht alle der Körperschaft zur Verfügung stehenden Mittel weitergegeben werden. Es ist nicht erforderlich, daß diese andere Körperschaft die gleichen Zwecke verfolgt wie die Körperschaft, die ihr Mittel zur Verfügung stellt (*Böttcher/Leibrecht* GemV § 5 Anm 2 S 45 f; *BRK* § 17 StAnpG Anm 6 Abs 14), zB Gestellung von Schwestern an einen der Caritas angehörenden Orden, an eine Einrichtung für Zwecke der Wohlfahrtspflege (BFH BStBl 72, 70). Die Tatsache, daß

3. Abschnitt. Steuerbegünstigte Zwecke § 58

die Gewinne eines Unternehmens einer gemeinnützigen Anstalt einer öffentlich-rechtlichen Körperschaft zufließen, stellt noch keine unmittelbare Förderung der Allgemeinheit dar (RFH RStBl 1929, 669, RStBl 1937, 1105). Dagegen dürfte es unschädlich sein, wenn die Körperschaft durch Zurverfügungstellung von Mitteln sich eines anderen Unternehmens nur als Mittelsmann bedient, um ihre eigenen Zwecke, die sie selbst nicht erfüllen kann, durchzusetzen (RFH RStBl 1939, 63). Dieser Auffassung entspricht im übrigen auch § 57 I S 2 (bisher § 11 Abs 2 GemV). Keine Unmittelbarkeit bei Finanzierung einer Festschrift durch Werbeanzeigen, BFH BStBl 76, 472. Eine GmbH, deren Gesellschafter öffentl-rechtl Körperschaften sind und deren Gegenstand in der Entwicklung und dem Betreiben eines Industriebetriebes besteht, fördert, wenn sie zum Zwecke der **Arbeitsplatzbeschaffung** und -erhaltung ein Gewerbebetrieb erschließt, Gewerbegrundstücke an- und verkauft und Gewerbebetriebe anwirbt, die Allgemeinheit nicht unmittelbar, FG Nieders EFG 81, 202. Der **Abs 2** (bisher § 11 Abs 3 GemV) stellt klar, daß auch Spitzenverbände und Spitzenorganisationen von den steuerbegünstigten Körperschaften selbst steuerbegünstigt sind, obwohl sie nicht unmittelbar steuerbegünstigte Zwecke verfolgen. Voraussetzung ist, daß jede der zusammengefaßten Körperschaften gemeinnützig ist. Verfolgt der Spitzenverband oder die Spitzenorganisation selbst steuerbegünstigte Zwecke, ist die bloße Mitgliedschaft einer nicht steuerbegünstigten Organisation für die Steuerbegünstigung unschädlich. Der Spitzenverband oder die Spitzenorganisation darf die nicht steuerbegünstigte Organisation aber nicht mit Rat und Tat, zB durch Zuweisung von Mitteln oder Rechtsberatung, fördern (AnwErl zu § 57 Abschn 2). Der BFH hat mehrfach die steuerliche Begünstigung wegen fehlender Unmittelbarkeit versagt (BStBl 72, 204; BStBl 74, 664 betr Stadthalle, in der Kongresse stattfinden; BStBl 75, 121 betr Flughafen).

§ 58 Steuerlich unschädliche Betätigungen

Die Steuervergünstigung wird nicht dadurch ausgeschlossen, daß
1. eine Körperschaft Mittel für die Verwirklichung der steuerbegünstigten Zwecke einer anderen Körperschaft oder für die Verwirklichung steuerbegünstigter Zwecke durch eine Körperschaft des öffentlichen Rechts beschafft,
2. eine Körperschaft ihre Mittel teilweise einer anderen, ebenfalls steuerbegünstigten Körperschaft oder einer Körperschaft des öffentlichen Rechts zur Verwendung zu steuerbegünstigten Zwecken zuwendet,
3. eine Körperschaft ihre Arbeitskräfte anderen Personen, Unternehmen oder Einrichtungen für steuerbegünstigte Zwecke zur Verfügung stellt,
4. eine Körperschaft ihr gehörende Räume einer anderen steuerbegünstigten Körperschaft zur Benutzung für deren steuerbegünstigte Zwecke überläßt,
5. eine Stiftung einen Teil, jedoch höchstens ein Viertel ihres Einkommens dazu verwendet, um in angemessener Weise den Stifter und seine nächsten Angehörigen zu unterhalten, ihre Gräber zu pflegen und ihre Andenken zu ehren,
6. eine Körperschaft ihre Mittel ganz oder teilweise einer Rücklage zu-

§ 58

führt, soweit dies erforderlich ist, um ihre steuerbegünstigten satzungsmäßigen Zwecke nachhaltig erfüllen zu können,

7. a) eine Körperschaft höchstens ein Viertel des Überschusses der Einnahmen über die Unkosten aus Vermögensverwaltung einer freien Rücklage zuführt,

   b) eine Körperschaft Mittel zum Erwerb von Gesellschaftsrechten zur Erhaltung der prozentualen Beteiligung an Kapitalgesellschaften ansammelt oder im Jahr des Zuflusses verwendet; diese Beträge sind auf die nach Buchstabe a in demselben Jahr oder künftig zulässigen Rücklagen anzurechnen,

8. eine Körperschaft gesellige Zusammenkünfte veranstaltet, die im Vergleich zu ihrer steuerbegünstigten Tätigkeit von untergeordneter Bedeutung sind,

9. ein Sportverein dem Sport nahestehende Tätigkeiten fördert, die im Vergleich zur Förderung des Sports von untergeordneter Bedeutung und nicht als wirtschaftlicher Geschäftsbetrieb anzusehen sind.

Nr 9 angefügt durch Art 1 des Gesetzes zur Änderung der AO und des EStG v 25. 6. 80 BGBl I, 731; Nr 7 eingefügt durch StBereinigG 1986 v 19. 12. 85, BGBl I, 2436.

RegEntw Vereinsförderungsgesetz

Nr. 5 wird geändert:

...

5. eine Stiftung einen Teil, jedoch höchstens ein Drittel ihres Einkommens dazu verwendet, um in angemessener Weise den Stifter und seine nächsten Angehörigen zu unterhalten, ihre Gräber zu pflegen und ihr Andenken zu ehren,

...

Nr. 9 wird neu gefaßt:

...

9. ein Sportverein neben dem unbezahlten auch den bezahlten Sport fördert.

Schrifttum: *Leibrecht* Mittelzuwendungen an eine andere steuerbegünstigte Körperschaft, BB 78, 399; *Brandmüller* Steuerliche Hemmnisse bei der Eigenkapitalbildung gemeinnütziger Körperschaften, BB 78, 542; *Gronemann* Kapitalerhöhungen aus Gesellschaftsmitteln bei einer gemeinnützigen GmbH, DB 81, 1589; *Hardrop* Rücklagen gemeinnütziger Körperschaften, BB 85, 566; *Wegehenkel* Entgeltliche Zusammenarbeit einer gemeinnützigen Körperschaft mit einem erwerbswirtschaftlich ausgerichteten Unternehmen auf dem Gebiete der Forschung, BB 85, 116, 395, 792; *Wochinger* Steuerliche Behandlung von Sportvereinen, NWB Fach 2, 4655 (27/1986); *Jost* Bildung freier Rücklagen durch gemeinnützige, mildtätige und kirchliche Körperschaften zur Erhaltung ihrer Leistungskraft, DB 86, 1593; *Schad/Eversberg* Bildung freier Rücklagen nach § 58 Nr 7 AO, DB 86, 2149; *Thermann* Rücklagenbildung in Zweckbetrieben nach dem Gemeinnützigkeitsrecht, BB 86, 2166; *Neuhoff* Admassierung und Bildung freier Rücklagen nach dem neuen Gemeinnützigkeitsrecht (§ 58 Nr 7 AO), insbesondere bei Stiftungen, DB Beilage 87, Nr 10, 1; *Lex* Admassierung und Bildung freier Rücklagen nach dem neuen Gemeinnützigkeitsrecht (§ 58 Nr 7 AO), insbesondere bei Stiftungen, DB Beilage 87, Nr 10, 4; *Schindler* Admassierung und Bildung freier Rücklagen nach dem neuen Gemeinnützigkeitsrecht (§ 58 Nr 7 AO), insbesondere bei Stiftungen, DB Beilage 87, Nr 10, 6; *George* Besteuerung der Stiftungen, NSt 88/10 – Stiftungen-Darst 1.

3. Abschnitt. Steuerbegünstigte Zwecke **§ 58**

Übersicht
1. Inhalt
2. Nr 1 und Nr 4: Beschaffung von Mitteln und Überlassung von Räumen
3. Nr 2: Teilweise Zuwendung von Mitteln
4. Nr 3: Zurverfügungstellung von Arbeitskräften
5. Nr 5: Unterhaltung des Stifters
6. Rücklagenbildung
7. Freie Rücklagen
8. Gesellige Zusammenkünfte
9. Sportvereine
10. RegEntw VereinsförderungsG
    a) Erhöhung des unschädlichen Unterhaltsanteils bei Stiftungen
    b) Förderung des bezahlten Sports

1. Inhalt. Die Vorschrift faßt steuerlich unschädliche Betätigungen zusammen, die bisher an verschiedenen Stellen in der GemV geregelt waren. Es kommt hierbei nicht darauf an, ob es sich um eine Ausnahme von dem Grundsatz der Ausschließlichkeit oder von dem Grundsatz der Unmittelbarkeit handelt.

2. Nr 1 und Nr 4 bringen eine Erweiterung des bisherigen Rechtszustands; steuerliche Vergünstigungen sind nicht dadurch ausgeschlossen, daß eine Körperschaft einer anderen Körperschaft Mittel für die Verwirklichung steuerbegünstigter Zwecke beschafft oder ihr gehörende Räume (auch Sportstätten, Sportanlagen und Freibäder, vgl AnwErl zu § 58 Nr 4) einer anderen steuerbegünstigten Körperschaft für steuerbegünstigte Zwecke überläßt. Die andere Körperschaft braucht keine steuerbegünstigte Körperschaft zu sein, vgl Formulierung in Nr 2 und Nr 4. Es muß nur sichergestellt sein, daß die Mittel für steuerbegünstigte Zwecke verwendet werden. Die Nrn 1 und 2 des § 58 unterscheiden sich im folgenden: Nach der **Nr 1** kann sie die Körperschaft
a) ihre sämtlichen Mittel einer anderen Körperschaft zur Verfügung stellen, wenn sie dadurch ihren eigenen steuerbegünstigten Zweck verwirklichen will (zB Spendensammelvereine) oder
b) wenn sie die Mittel einer Körperschaft des öffentlichen Rechts zur Verfügung stellt und dadurch die steuerbegünstigten Zwecke, die von der Körperschaft des öffentlichen Rechts verfolgt werden, unterstützt werden sollen.

3. Nach **Nr 2** kommt es nicht darauf an, daß die Körperschaft, der die Mittel zur Verfügung gestellt werden, den gleichen steuerbegünstigten Zweck verfolgt, sofern es sich nur um eine **teilweise** Zurverfügungstellung der Mittel handelt. Die Mittel können auch ebenso wie im Rahmen der Nr 1 durch Gewinnausschüttungen zur Verfügung gestellt werden (AnwErl zu § 58 Nr 2; vgl auch *Koch* Tz 3).

4. Nr 3. Bei der Zurverfügungstellung von **Arbeitskräften** kommt es nicht darauf an, daß diese einer anderen steuerbegünstigten Körperschaft, sondern daß die Arbeitskräfte für **steuerbegünstigte Zwecke** zur Verfügung gestellt werden. Hierbei ist in erster Linie an die Zurverfügungstellung von Krankenschwestern und Pflegepersonal gedacht. Es ist zB steuerlich unschädlich, wenn eine Krankenschwester von einer steuerbegünstigten Körperschaft einer Familie gegen Entgelt zur Pflege eines Kranken zur

§ 58
2. Teil. Steuerschuldrecht

Verfügung gestellt wird. Nach AnwErl (zu § 58 Nr 3) soll es auch unschädlich sein, wenn mit den Arbeitskräften zugleich Arbeitsmittel (zB Krankenwagen) zur Verfügung gestellt werden.

5. Nr 5 entspricht § 5 Nr 3 GemV. Danach kann, ohne daß die steuerliche Vergünstigung wegfällt, eine Stiftung einen Teil ihres Einkommens für die Pflege der Gräber des Stifters und seiner nächsten Angehörigen sowie für deren Unterhalt (neu) verwenden. Der Begriff der „nächsten" Angehörigen ist enger als der Begriff der Angehörigen nach § 15. Die Verwaltung (s AnwErl zu § 58 Nr 5) zählt dazu: Ehegatten, Eltern, Großeltern, Kinder, Enkel (auch im Falle der Adoption), Geschwister, Pflegeeltern und Pflegekinder. Auch langjährige Hausangestellte des Stifters können darüber hinaus und über § 15 hinaus dazugehören (*BRK* § 17 StAnpG Anm 5b Abs 5; aA OFD Köln FR 76, 407; *KKH* Anm 2; *Koch* Tz 7). Es ist nicht erforderlich, daß die Grabpflege usw ausdrücklich als Auflage in der Satzung der Stiftung enthalten ist (*Böttcher/Leibrecht* Gemeinnützigkeitsverordnung S 47; *HHSp* § 5 GemV Anm 9). Aufwendungen müssen aber angemessen sein. Maßstab für die Angemessenheit ist der Lebensstandard des Zuwendungsempfängers (AnwErl zu § 58 Nr 5).

6. Nr 6 entspricht § 5 Nr 4 GemV. Es ist steuerlich unschädlich, daß die Mittel, dh auch Spenden, für die Verwirklichung der steuerbegünstigten Zwecke zunächst nicht verwendet, sondern einer **Rücklage** zugeführt werden (Zweckvermögen). Anders als bei der Rücklagenbildung nach § 58 Nr 7 a kommt es also nicht auf die Herkunft der Mittel an (AnwErl zu § 58 Nr 6). Die Vorschr enthält eine **Ausnahme** von dem Grundsatz, daß die begünstigte Körperschaft ihre Mittel **grundsätzlich zeitnah** für die steuerbegünstigten Zwecke zu verwenden hat (vgl oben § 55 Anm 3). Bei einer Rücklage fordert das Gesetz daher ebenso wie § 5 Nr 4 GemV nicht, daß die angesammelten Beträge in verhältnismäßig kurzer Zeit für die Verfolgung der steuerbegünstigten Zwecke tatsächlich verwendet werden. Es wird hierbei auf den Einzelfall ankommen; steuerschädlich dürfte es aber sein, wenn die Körperschaft mit der Rücklage ein in unabsehbarer Ferne liegendes Ziel verwirklichen will (RFH RStBl 1937, 542; *Böttcher/Leibrecht* GemV S 50; *BRK* § 17 StAnpG Anm 7d Abs 1; *HHSp* Tz 15a). In der Regel wird eine konkrete Zielvorstellung bestehen müssen. Ist das nicht der Fall, ist eine Rücklagenbildung nach § 58 Nr 6 nur zulässig, wenn die Durchführung des Vorhabens glaubhaft und bei den finanziellen Verhältnissen der steuerbegünstigten Körperschaft in einem angemessenen Zeitraum möglich ist (AnwErl zu § 58 Nr 6 Abschn 9). Lediglich zur allgemeinen Erhaltung der Leistungskraft der Körperschaft ist eine Rücklage nach der Nr 6 nicht möglich. Das ergibt sich schon aus der neu eingefügten Nr 7, der eine solche Rücklage nur in bestimmtem Umfang ermöglicht (*Koch* Tz 8/1). Deshalb rechtfertigt auch die allgemeine Geldentwertung keine Rücklagenbildung nach der Nr 6. Private Stiftung, die zur Erfüllung der Satzungszwecke Kapital sammelt, bleibt gemeinnützig, wenn die Mittel in einer besonderen nachprüfbaren und kontrollierbaren Rücklage iSd § 58 Nr 6 gebunden sind, BFH BStBl 79, 496. Schädlich ist es auch, wenn Zinsen dem Kapital zugeschlagen werden, ohne daß ein bestimmtes, eine Steuerbegünstigung begründendes Ziel ins Auge gefaßt wird (RFH RStBl 1943, 259). Eine sog **Betriebsmittelrücklage** für periodisch wieder-

3. Abschnitt. Steuerbegünstigte Zwecke **§ 58**

kehrende Leistungen (zB Löhne, Gehälter, Mieten) in Höhe des Mittelbedarfs für eine angemessene Zeitperiode ist allerdings zulässig (AnwErl zu § 58 Nr 6 Abschn 10).

7. **Die Nr 7** wurde durch das StBereinigG 1986 eingefügt und ist mit Verkündung des Gesetzes in Kraft getreten. Die Änderung geht auf einen Gesetzentwurf des Bundesrates zurück, dem die Bundesregierung nicht widersprochen hat. Die Regelung dient der Erhaltung der Leistungsfähigkeit förderungswürdiger Einrichtungen, indem sie eine angemessene freie Rücklagenbildung zuläßt. Hierbei wurde klargestellt, daß und in welchem Umfange eine Anrechnung mit Mitteln erfolgt, welche die begünstigte Körperschaft zum Erwerb von Gesellschaftsrechten zwecks Erhaltung der prozentualen Beteiligung an Kapitalgesellschaften verwendet oder zurücklegt; die Ansammlung und Verwendung entsprechender Mittel war bisher nur durch Verwaltungsanweisung zugelassen.

Nach **Buchstabe a** dürfen begünstigte Körperschaften **bis zu einem Viertel** des Überschusses ihrer Einnahmen über die Unkosten aus Vermögensverwaltung einer **freien Rücklage** zuführen. Bisher mußten die Einnahmen abgesehen von den Fällen der Nr 6 grundsätzlich vollständig und fortlaufend den begünstigten Zwecken zugeführt werden. Damit war eine Rücklagenbildung zur Sicherung der dauerhaften Zweckerfüllung über konkrete und begrenzte Einzelfälle hinaus ausgeschlossen. Dies beeinträchtigte insbesondere bei forschungsfördernden Stiftungen die Erfüllung förderungswürdiger Zwecke. Die steuerbegünstigte Körperschaft braucht die Rücklage während der Dauer ihres Bestehens nicht aufzulösen (AnwErl zu § 58 Nr 7 Abschn 11). Die Beschränkung der Mittelverwendung zur Kapitalansammlung auf höchstens 25% der Erträge aus der Vermögensverwaltung stellt sicher, daß die Zuführungen zum Vermögen nicht zu stark ausgedehnt werden und daß für die gemeinnützigen Zwecke laufend noch genügend Mittel verbleiben. Wird die Höchstgrenze in einem Jahr nicht ausgeschöpft, ist eine Nachholung in Folgejahren nicht möglich. Es können aber jedes Jahr bis zu 25% der Erträge der Rücklage zugeführt werden, so daß unter Umständen großes Vermögen angesammelt werden kann. Die Höhe der Gesamtrücklage ist nicht begrenzt (*Koch* Tz 8/5).

Durch **Buchstabe b** wird den begünstigten Körperschaften ausdrücklich die **Ansammlung** und **Verwendung** von Mitteln **zur Erhaltung** der prozentualen **Beteiligung an Kapitalgesellschaften** gestattet. Die Herkunft der Mittel ist anders als nach Buchstabe a unerheblich. Eine **Begrenzung** der Höhe nach ist ebenfalls nicht vorgesehen. Es darf aber nur um die Erhaltung der prozentualen Beteiligung und nicht um ihre Erhöhung gehen. Durch die Anrechnungsvorschrift im zweiten Halbsatz wird jedoch im Ergebnis ebenfalls eine Beeinträchtigung der Förderung der begünstigten Zwecke in den Jahren der Vermögensansammlung verhindert (Beispiele für die Technik der Anrechnung s AnwErl zu § 58 Nr 7 Abschn 13).

8. Die **Nr 8** bringt lediglich eine Klarstellung und entspricht der bisher schon geübten Praxis. Schädlich ist es insbesondere, wenn gesellige Veranstaltungen zu den Satzungszwecken gehören (FG Berlin EFG 85, 146).

9. **Nr 9** wurde eingefügt durch Gesetz v 28. 6. 80. Danach ist es unschädlich, wenn ein Sportverein dem Sport nahe stehende Tätigkeiten fördert.

§ 59 2. Teil. Steuerschuldrecht

Diese müssen aber im Vergleich zur Förderung des Sports von untergeordneter Bedeutung und nicht als wirtschaftlicher Geschäftsbetrieb anzusehen sein. Beispiel: Flugsportverein fördert auch den Modellbauflug (vgl *Scholtz* DStZ 80, 404; ferner oben § 52 Anm 5). Zur vorgesehenen Neuregelung s unten Anm 10 b.

10. RegEntw Vereinsförderungsgesetz. Die in dem von der Bundesregierung vorgelegten Entwurf eines Vereinsförderungsgesetzes vorgesehene geänderte Fassung des § 58 soll erstmals ab 1. 1. 1990 angewendet werden (Art 2 des Gesetzentwurfs).

a) Erhöhung des unschädlichen Unterhaltsanteils bei Stiftungen. In Nr 5 wird die Grenze, bis zu der Stiftungen Teile ihres Einkommens zu einem angemessenen Unterhalt oder zur Gräberpflege oder zur Ehrung des Stifters oder seiner nächsten Angehörigen verwenden können, von einem Viertel auf **ein Drittel** erhöht. Anders als nach dem Vorschlag der unabhängigen Sachverständigenkommission zur Prüfung des Gemeinnützigkeits- und Spendenrechts (s Vor § 51 Anm 7) wird die Erhöhung der Grenze nicht von der Anerkennung eines unabweisbaren Bedarfs durch das FA abhängig gemacht (S 99 des Gutachtens), sondern die **Erhöhung gilt allgemein.**

Die Gründung von gemeinnützigen Stiftungen wird durch die vorgesehene Neuregelung wesentlich erleichtert. Soweit der Anteil von einem Drittel zum Unterhalt des Stifters oder seiner nächsten Angehörigen nicht ausreicht, kann der Stifter nach wie vor im Rahmen seiner Gestaltungsfreiheit bei der Errichtung der Stiftung Teile seines Vermögens zurückbehalten oder sich oder seinen nächsten Angehörigen einen **Nießbrauch** an einem Teil des gestifteten Vermögens einräumen. Dadurch wird die Gemeinnützigkeit der Stiftung nicht berührt (vgl Begr zu Art 1 Nr 2 Buchst a des Regierungsentwurfs des Vereinsförderungsgesetzes.

b) Förderung des bezahlten Sports. Durch die neue Nr 4 des § 52 Abs 2 wird die bisherige Fassung des § 58 Nr 9 gegenstandslos (s oben Erl zu § 52 Anm 6 b).

Die vorgesehene Neufassung der Nr 9 des § 58 ist im **Zusammenhang mit** der grundlegenden Neufassung des **§ 67a** (s dort Anm 8) zu sehen. Nach bisherigem Recht konnte auf eine Bestimmung wie nunmehr in Nr 9 verzichtet werden, weil Veranstaltungen mit bezahlten Sportlern als wirtschaftliche Geschäftsbetriebe zu behandeln waren, die die Gemeinnützigkeit des Vereins nicht berühren. Wegen der vorgesehenen Änderung des § 67a, nach der sportliche Veranstaltungen grundsätzlich als Zweckbetrieb anzusehen sind, wenn die Einnahmen 60000 DM im Jahr nicht übersteigen, können in Zukunft Veranstaltungen mit bezahlten Sportlern Zweckbetriebe sein. Die Bezahlung der Sportler würde dann aber nach § 55 zum Verlust der Gemeinnützigkeit führen. Die Ausnahmevorschrift der neuen Nr 9 des § 58 verhindert diese Folge (vgl Begr zum Regierungsentwurf des Vereinsförderungsgesetzes, Art 1 Nr 2 Buchst b). Deshalb muß auch nicht überwacht werden, ob Sportler in einem Zweckbetrieb nach dem neuen § 67a bezahlt worden sind.

§ 59 Voraussetzung der Steuervergünstigung

Die Steuervergünstigung wird gewährt, wenn sich aus der Satzung, dem Stiftungsgeschäft oder der sonstigen Verfassung (Satzung im Sinne dieser Vorschriften) ergibt, welchen Zweck die Körperschaft verfolgt, daß dieser Zweck den Anforderungen der §§ 52 bis 55 entspricht und daß er ausschließlich und unmittelbar verfolgt wird; die tatsächliche Geschäftsführung muß diesen Satzungsbestimmungen entsprechen.

Für die Gewährung der steuerlichen Vergünstigungen ist es notwendig, daß sich der steuerbegünstigte Zweck aus der **Satzung** ergibt, ferner, daß dieser Zweck ausschließlich und unmittelbar verfolgt wird. Die tatsächli-

3. Abschnitt. Steuerbegünstigte Zwecke **§ 60**

che Geschäftsführung muß dieser Satzung entsprechen. In der Vorschrift wird nur auf die Voraussetzung der §§ 52 bis 55 verwiesen. Daraus dürfte zu schließen sein, daß es nicht erforderlich ist, auch die in § 58 genannten steuerlich unschädlichen Betätigungen bereits in der Satzung festzulegen. Folge der Änderung der satzungsmäßigen Vermögensbindung s § 61 III (ebenso AnwErl zu § 58 Abschn 16). Es genügt nicht die allgemeine Zweckangabe, daß gemeinnützige Zwecke verfolgt werden, vielmehr muß gesagt werden, welcher gemeinnützige Zweck verfolgt und wie er verfolgt werden soll (vgl unten § 60). Dies kann sich uU aber auch durch Auslegung der Satzung ergeben.

Ein besonderes **Anerkennungsverfahren** ist in § 59 nicht vorgesehen. Ob eine Körperschaft gemeinnützig ist, entscheidet das FA im Veranlagungsverfahren durch Steuerbescheid (ggf Freistellungsbescheid) von Amts wegen. Auf Antrag kann eine vorläufige Bescheinigung erteilt werden (AnwErl zu § 59 Abschn 3 ff). Hierbei handelt es sich nicht um einen Verwaltungsakt (s näher oben Erl zu § 51 Anm 3).

§ 60 Anforderungen an die Satzung

(1) Die Satzungszwecke und die Art ihrer Verwirklichung müssen so genau bestimmt sein, daß auf Grund der Satzung geprüft werden kann, ob die satzungsmäßigen Voraussetzungen für Steuervergünstigungen gegeben sind.

(2) Die Satzung muß den vorgeschriebenen Erfordernissen bei der Körperschaftsteuer und bei der Gewerbesteuer während des ganzen Veranlagungs- oder Bemessungszeitraums, bei den anderen Steuern im Zeitpunkt der Entstehung der Steuer entsprechen.

Während § 59 den materiellen Inhalt der Satzung festlegt, regelt § 60 die **formellen Anforderungen** an die Satzung. Die Satzung muß so präzise gefaßt sein, daß aus ihr eindeutig zu entnehmen ist, daß die Voraussetzungen für die steuerlichen Vergünstigungen vorliegen. ZB läßt die Verwendung des Begriffs „Yoga Psychologie" keine hinreichenden Schlüsse darüber zu, ob eine Körperschaft gemeinnützige Zwecke verfolgt (BFH/NV 87, 632).

Bei der Körperschaftsteuer und bei der Gewerbesteuer besteht ein Anspruch auf die Vergünstigungen nur, wenn die entsprechenden Satzungsvoraussetzungen in den jeweiligen Veranlagungszeiträumen gegeben sind. Die Steuerbefreiung ist zu versagen, falls die Satzung nur zeitweise den Anforderungen nicht entspricht. Das Bestehen einer Satzung ist jedoch steuerliche ohne Bedeutung, solange eine Steuerpflicht dem Grunde nach nicht in Betracht kommt, weil die Körperschaft erst während des Veranlagungszeitraums errichtet wird. Andernfalls könnte eine solche Körperschaft im ersten Veranlagungszeitraum nie von der Körperschaftsteuer oder Gewerbesteuer befreit werden. Bei den anderen Steuern müssen diese Voraussetzungen im Zeitpunkt der Entstehung der Steuer erfüllt sein. Dies bedeutet, daß eine bereits eingetretene Steuerpflicht durch eine Satzungsänderung nicht rückwirkend beseitigt werden kann (RFH RStBl 1937, 1105). Vgl Mustersatzungen im AnwErl zu § 60 Anlagen 1 bis 3.

§ 61 Satzungsmäßige Vermögensbindung

(1) Eine steuerlich ausreichende Vermögensbindung (§ 55 Abs. 1 Nr. 4) liegt vor, wenn der Zweck, für den das Vermögen bei Auflösung oder Aufhebung der Körperschaft oder bei Wegfall ihres bisherigen Zweckes verwendet werden soll, in der Satzung so genau bestimmt ist, daß auf Grund der Satzung geprüft werden kann, ob der Verwendungszweck steuerbegünstigt ist.

(2) ¹Kann aus zwingenden Gründen der künftige Verwendungszweck des Vermögens bei der Aufstellung der Satzung nach Absatz 1 noch nicht genau angegeben werden, so genügt es, wenn in der Satzung bestimmt wird, daß das Vermögen bei Auflösung oder Aufhebung der Körperschaft oder bei Wegfall ihres bisherigen Zweckes zu steuerbegünstigten Zwecken zu verwenden ist und daß der künftige Beschluß der Körperschaft über die Verwendung erst nach Einwilligung des Finanzamts ausgeführt werden darf. ²Das Finanzamt hat die Einwilligung zu erteilen, wenn der beschlossene Verwendungszweck steuerbegünstigt ist.

(3) ¹Wird die Bestimmung über die Vermögensbindung nachträglich so geändert, daß sie den Anforderungen des § 55 Abs. 1 Nr. 4 nicht mehr entspricht, so gilt sie von Anfang an als steuerlich nicht ausreichend. ²§ 175 Abs. 1 Nr. 2 ist mit der Maßgabe anzuwenden, daß Steuerbescheide erlassen, aufgehoben oder geändert werden können, soweit sie Steuern betreffen, die innerhalb der letzten zehn Kalenderjahre vor der Änderung der Bestimmung über die Vermögensbindung entstanden sind.

Abs 3 redaktionell geändert mit Wirkung ab 1. 1. 87 durch StBereinigG 1986 v 19. 12. 85, BGBl I, 2436.

1. Inhalt. Nach § 55 I Nr 4 muß bei Auflösung oder Aufhebung der Körperschaft oder bei Wegfall ihres bisherigen Zwecks das **Vermögen** der Körperschaft, soweit es nicht an die Mitglieder zurückzuübertragen ist, für steuerbegünstigte Zwecke verwendet werden. Dies darf auch in der Weise geschehen, daß das Vermögen einer anderen steuerbegünstigten Körperschaft oder einer Körperschaft des öffentlichen Rechts für steuerbegünstigte Zwecke übertragen wird. § 61 regelt die Frage, wie genau die Vermögensbindung in der Satzung festgelegt werden muß. Es muß danach aus der Satzung ganz klar hervorgehen, daß der Verwendungszweck steuerbegünstigt ist.

2. Der Abs 2 entspricht dem § 13 III GemV. Falls nicht möglich ist, die Vermögensbindung in der Satzung, wie in Abs 1 gefordert, genau festzulegen, so genügt es zu bestimmen, daß das Vermögen zu steuerbegünstigten Zwecken zu verwenden ist; Voraussetzung ist allerdings, daß der künftige Beschluß der Körperschaft über die Verwendung des Vermögens von der Finanzbehörde bewilligt wird. Die Fassung des Abs 2 stellt klar, daß es sich bei der Entscheidung der FinBeh um eine Rechts- und nicht um eine Ermessensentscheidung handelt. Diese satzungsmäßige Festlegung kann auch nicht durch die Vorschriften der §§ 87, 88 und § 46 BGB ersetzt werden (RFH RStBl 1937, 273). Das Gesetz fordert ausdrücklich eine formelle Festlegung der Vermögensverwendung in der Satzung.

3. Der **Abs 3** gibt an sich nur die bisherige Rechtslage wieder und dient lediglich der Klarstellung. Falls die satzungsmäßige Vermögensbindung aufgehoben wird, bevor sie praktisch wird, so gilt sie als von Anfang an nicht vorhanden. Die Folge ist, daß sämtliche Steuerbescheide, in denen von den vorliegenden Voraussetzungen für die Steuervergünstigung wegen Verfolgung steuerbegünstigter Zwecke ausgegangen worden ist, rückwirkend zu ändern sind. Der Ablauf der Festsetzungsfrist (§ 169) hindert eine solche rückwirkende Aufhebung nicht (vgl § 175 I 2). Dies gilt jedoch nur für die vor der Satzungsänderung liegenden 10 Jahre. § 13 III KStG 77 ist nicht anwendbar (AnwErl zu § 61 Abschn 9). Abs 3 gilt nicht für **gemeinnützige Wohnungsunternehmen**. Bei diesen richtet sich die Abgeltung der durch die Gemeinnützigkeit erlangten Vorteile nach dem WGG, das allerdings ab 1990 aufgehoben wird (vgl oben § 51 Anm 2). Warum der Gesetzgeber die Anpassung der Vorschrift an § 175 erst ab 1. 1. 87 vorgenommen hat, ist nicht ersichtlich.

§ 62 Ausnahmen von der satzungsmäßigen Vermögensbindung

Bei Betrieben gewerblicher Art von Körperschaften des öffentlichen Rechts, bei staatlich beaufsichtigten Stiftungen, bei den von einer Körperschaft des öffentlichen Rechts verwalteten unselbständigen Stiftungen und bei geistlichen Genossenschaften (Orden, Kongregationen) braucht die Vermögensbindung in der Satzung nicht festgelegt zu werden.

Bei bestimmten Körperschaften braucht die Vermögensbindung in der Satzung nicht festgelegt zu werden. Der Gesetzgeber ist der Auffassung, daß auch ohne ausdrückliche Festlegung in der Satzung sichergestellt ist, daß ein evtl Restvermögen für steuerbegünstigte Zwecke verwendet wird. Die Bestimmung befreit allerdings nur von der satzungsmäßigen Festlegung der Vermögensbindung, nicht von der tatsächlichen Bindung selbst (AnwErl zu § 62). Anders als in § 14 GemV befreit die staatliche Genehmigung einer Stiftung nicht von der satzungsmäßigen Vermögensbindung, es sei denn, daß die Stiftung der Staatsaufsicht unterliegt (vgl StiftungsG der Länder). Ein Verzicht auf die satzungsmäßige Vermögensbindung ist auch bei Kirchenstiftungen nicht möglich, auch wenn länderrechtl Regelungen die Weiterverwendung des Vermögens für steuerbegünstigte Zwecke sichern.

§ 63 Anforderungen an die tatsächliche Geschäftsführung

(1) Die tatsächliche Geschäftsführung der Körperschaft muß auf die ausschließliche und unmittelbare Erfüllung der steuerbegünstigten Zwecke gerichtet sein und den Bestimmungen entsprechen, die die Satzung über die Voraussetzungen für Steuervergünstigungen enthält.

(2) Für die tatsächliche Geschäftsführung gilt sinngemäß § 60 Abs. 2, für eine Verletzung der Vorschrift über die Vermögensbindung § 61 Abs. 3.

(3) Die Körperschaft hat den Nachweis, daß ihre tatsächliche Geschäftsführung den Erfordernissen des Absatzes 1 entspricht, durch ord-

§ 64　　　　　　　　　　　　　　　　　2. Teil. Steuerschuldrecht

nungsmäßige Aufzeichnungen über ihre Einnahmen und Ausgaben zu führen.

Schrifttum: *Meier* Die Prüfung der „materiellen **Satzungsmäßigkeit**" eines gemeinnützigen Vereins – neues Aufgabengebiet für den Außenprüfer? StBp 86, 186.

1. Inhalt. Die **tatsächliche Geschäftsführung** muß dem Inhalt der Satzung entsprechen. Um sicherzustellen, daß die tatsächliche Geschäftsführung überprüft werden kann, bestimmt § 63 III, daß die Körperschaft den entsprechenden Nachweis durch ordnungsmäßige **Aufzeichnungen** ihrer Einnahmen und Ausgaben zu führen hat; §§ 140 ff über Führung von Büchern sind anwendbar. Eine kaufmännische Buchführung ist allerdings nicht erforderlich, es sei denn, daß sich eine eigene Verpflichtung aus der Rechtsform ergibt, in der die Körperschaft betrieben wird.

2. Bei Verstoß gegen das Gebot der Übereinstimmung der tatsächlichen Geschäftsführung mit der Satzung ist § 60 Abs 2 anzuwenden, dh es kommt bei der Körperschaftsteuer und bei der Gewerbesteuer auf den gesamten Veranlagungs- oder Bemessungszeitraum an, bei anderen Steuern kommt es auf die Verhältnisse im Zeitpunkt der Entstehung der Steuer an. Dies gilt auch, wenn die tatsächliche Geschäftsführung einen an sich gemeinnützigen Zweck verfolgt. Wird jedoch gegen die Vorschrift über die **Vermögensbindung** verstoßen, entfällt rückwirkend die steuerliche Vergünstigung auch für die früheren Veranlagungs- oder Bemessungszeiträume. Das gleiche gilt bei Steuern, für die nicht ein bestimmter Zeitraum maßgebend ist, sondern ein bestimmter Zeitpunkt für das Entstehen der Steuerschuld. Bei einem Verstoß gegen die satzungsmäßige Vermögensbindung sind auch insoweit etwa gewährte Steuerbefreiungen rückwirkend wieder zu beseitigen (anderer Ansicht offenbar, *BRK* § 17 StAnpG Anm 7d Abs 6).

§ 64 Umfang der Steuervergünstigung

Schließt das Gesetz die Steuervergünstigung insoweit aus, als ein wirtschaftlicher Geschäftsbetrieb (§ 14) unterhalten wird, so verliert die Körperschaft für die Werte (Vermögen, Einkünfte, Umsätze), die zu diesem Betrieb gehören, die Steuervergünstigung, soweit nicht ein Zweckbetrieb (§§ 65 bis 68) gegeben ist.

RegEntw Vereinsförderungsgesetz

§ 64 wird neu gefaßt:

§ 64 *Steuerpflichtige wirtschaftliche Geschäftsbetriebe*

(1) Schließt das Gesetz die Steuervergünstigung insoweit aus, als ein wirtschaftlicher Geschäftsbetrieb (§ 14) unterhalten wird, so verliert die Körperschaft die Steuervergünstigung für die dem Geschäftsbetrieb zuzuordnenden Besteuerungsgrundlagen (Einkünfte, Umsätze, Vermögen), soweit der wirtschaftliche Geschäftsbetrieb kein Zweckbetrieb (§§ 65 bis 68) ist.

(2) Unterhält die Körperschaft mehrere wirtschaftliche Geschäftsbetriebe, die keine Zweckbetriebe (§§ 65 bis 68) sind, werden diese als ein wirtschaftlicher Geschäftsbetrieb behandelt.

3. Abschnitt. Steuerbegünstigte Zwecke § 64

(3) Übersteigen die Einnahmen einschließlich Umsatzsteuer aus wirtschaftlichen Geschäftsbetrieben, die keine Zweckbetriebe sind, insgesamt nicht 60 000 Deutsche Mark im Jahr, so unterliegen die diesen Geschäftsbetrieben zuzuordnenden Besteuerungsgrundlagen nicht der Körperschaftsteuer und der Gewerbesteuer.

1. Geltendes Recht. Die Vorschrift stellt klar, daß, soweit nach den einzelnen Steuergesetzen eine steuerliche Vergünstigung ausgeschlossen ist, weil ein wirtschaftlicher Geschäftsbetrieb (vgl 14) unterhalten wird, die Körperschaft für die Werte, die zu diesem Betrieb gehören, die steuerlichen Vergünstigungen verliert. Dies gilt jedoch nicht, soweit sich aus den folgenden Vorschriften etwas anderes ergibt. Welche Folgen sich aus der Unterhaltung eines wirtschaftlichen Geschäftsbetriebs ergeben, richtet sich nach den EinzelStG; vgl § 5 I Nr 9 KStG, § 3 Nr 6 GewStG, § 4a Nr 6 UStG, § 12 II Nr 8 UStG, § 3 I Nr 12 VStG, § 97 II BewG, § 13 I Nr 16 ErbStG, § 3 I Nr 3 GrStG, § 4 Nr 6 GrStG; zB sind **Krankenfahrten** der anerkannten Sanitätsorganisationen als steuerpflichtiger wirtschaftlicher Geschäftsbetrieb zu behandeln, RhPf DStR 83, 451 (s unten Erl zu § 65 Anm 3). Ergebnisse von mehreren Betrieben sind zusammenzurechnen. Ausgleich mit Verlusten aus Zweckbetrieb ist dagegen nicht möglich (BFH BStBl 76, 472; *Koch* Tz 4/2). Daran ändert nichts, daß gemischte verschiedenartige Tätigkeiten einer steuerbegünstigten Körperschaft regelmäßig getrennt zu würdigen und zu erfassen sind (s oben § 14 Anm 4). Bei dieser getrennten Würdigung geht es lediglich darum, ob bestimmte andere Tätigkeiten mit den Tätigkeiten eines wirtschaftlichen Geschäftsbetriebs als Einheit zu werten und daher in den wirtschaftlichen Geschäftsbetrieb einzubeziehen sind, nicht aber um das Problem der Saldierung der Ergebnisse von mehreren wirtschaftlichen Geschäftsbetrieben.

2. RegEntw Vereinsförderungsgesetz. Die völlige Neufassung des § 64 durch den von der Bundesregierung vorgelegten Entwurf eines Vereinsförderungsgesetzes soll erstmals ab 1. 1. 1990 angewendet werden (Art 2 des Gesetzentwurfs).

a) Inhalt. Der neue **Abs 1** enthält **nur sprachliche Verbesserungen.** Sachliche Änderungen sind damit nicht verbunden.

Abs 2 erlaubt nunmehr eindeutig die **Saldierung** der Ergebnisse mehrerer wirtschaftlicher Geschäftsbetriebe. Der neue **Abs 3** führt eine **Besteuerungsgrenze** für wirtschaftliche Geschäftsbetriebe ein. Wenn die Überschüsse aus wirtschaftlichen Geschäftsbetrieben einer gemeinnützigen Körperschaft insgesamt nicht 60000 DM im Jahr übersteigen, bleiben sie von der KSt und GewSt verschont. Die Bundesregierung folgt damit einem Vorschlag der unabhängigen Sachverständigenkommission zur Prüfung des Gemeinnützigkeits- und Spendenrechts (s Vor § 51 Anm 7), um eine wesentliche Vereinfachung der Vereinsbesteuerung zu erreichen (S 199–217 des Gutachtens der Kommission). Nach der Begründung des Gesetzentwurfs (s zu Art 1 Nr 4) bewirkt die Besteuerungsgrenze, daß rund 95 vH der gemeinnützigen Körperschaften ihre Überschüsse aus wirtschaftlichen Betätigungen nicht mehr zu ermitteln brauchen. Der damit gleichzeitig verbundenen materiellen Verbesserung für die Vereine steht allerdings gegenüber, daß die Zweckbetriebseigenschaft von geselligen Veranstaltungen abgeschafft wird (s unten Erl zu § 68 Anm 14). Zur Sonderregelung für sportliche Veranstaltungen s § 67a.

b) Saldierung der Ergebnisse von mehreren wirtschaftlichen Geschäftsbetrieben. Nach der von der Bundesregierung in der Begründung zu ihrem Gesetzentwurf vertretenen Auffassung (s zu Art 1 Nr 3) bezieht sich der Grundsatz des Gemeinnützigkeitsrechts, daß für die gemeinnützigen Zwecke gebundene Mittel nicht für steuerpflichtige wirtschaftliche Geschäftsbetriebe ausgegeben werden dürfen und auch die Überschüsse aus wirtschaftlichen Geschäftsbetrieben für die gemeinnützigen Zwecke der Körperschaft verwendet werden müssen, auf jeden einzelnen steuerpflichtigen wirtschaftlichen Geschäftsbetrieb. Ein **Ausgleich von Verlusten** eines wirtschaftlichen Geschäftsbetriebs aus den Überschüssen anderer wirtschaftlicher Geschäftsbetriebe soll daher nach bisherigem Recht nicht möglich sein. Nach dieser Auffassung bringt die nunmehrige Zulassung der Saldierung der Ergebnisse von mehreren wirtschaftlichen Geschsäftsbetrieben durch den neuen Abs 2 eine echte Neuregelung.

Dagegen können nach der hier oben unter Anm 1 vertretenen Auffassung schon nach bisherigem Recht Verluste aus einem wirtschaftlichen Geschäftsbetrieb mit Gewinnen aus anderen wirtschaftlichen Geschäftsbetrieben der Körperschaft verrechnet werden. Danach bringt der neue Abs 2 nur eine **Klarstellung.**

Ein Ausgleich mit Gewinnen oder Verlusten von Zweckbetrieben ist weiterhin nicht möglich.

c) Besteuerungsgrenze. Die Besteuerungsgrenze des neuen Abs 3 bedeutet, daß bei Einnahmen aus wirtschaftlichen Geschäftsbetrieben von nicht mehr als 60000 DM im Jahr **KSt und GewSt** nicht erhoben werden. Hinsichtlich der **VStPflicht** tritt keine Änderung ein; es gilt daher weiterhin § 3 I Nr 12 VStG (vgl Vor § 51 Anm 6c). Allerdings wird hier neu ebenso wie in § 5 I Nr 9 KStG neu bestimmt, daß selbstbewirtschaftete Forstbetriebe wie Zweckbetriebe behandelt werden. Für die **USt** wird durch Einfügung eines neuen § 23a in das UStG geregelt, daß für gemeinnützige Körperschaften, die nicht buchführungspflichtig sind und deren steuerpflichtiger Vorjahresumsatz 60000 DM nicht überschritten hat, zur Ermittlung der abziehbaren Vorsteuerbeträge ein Durchschnittsatz in Höhe von 7 vH des steuerpflichtigen Umsatzes festgesetzt wird. Damit wird für kleinere gemeinnützige Körperschaften die Ermittlung der abziehbaren Vorsteuerbeträge erheblich erleichtert. Die Körperschaft hat jedoch ein Wahlrecht, die abziehbaren Vorsteuerbeträge im einzelnen oder nach dem Durchschnittsatz zu ermitteln. An die Entscheidung für den Durchschnittsatz ist sie 5 Jahre gebunden.

Bei der Besteuerungsgrenze geht es um die **Bruttoeinnahmen**, also um die Einnahmen einschl der Umsatzsteuer. Dabei kommt es auf die **Gesamteinnahmen** aus allen wirtschaftlichen Geschäftsbetrieben einer gemeinnützigen Körperschaft an. Wie hoch die Überschüsse der Einnahmen über die Ausgaben sind, ist unerheblich. Allerdings sollen durch eine im Regierungsentwurf des Vereinsförderungsgesetzes vorgesehene Änderung der §§ 24 KStG und 11 GewStG Freibeträge in Höhe von 7500 DM (bisher 5000 DM) des Einkommens eingeführt werden (vgl dazu Vor § 51 Anm 6b und 6c).

Die **Aufzeichnungspflichten** der Körperschaft nach § 63 III werden durch die Besteuerungsgrenze nicht berührt, ebenso nicht eine etwaige Verpflichtung zu einer kaufmännischen Buchführung (vgl oben § 63 Anm 1).

§ 65 Zweckbetrieb

Ein Zweckbetrieb ist gegeben, wenn
1. **der wirtschaftliche Geschäftsbetrieb in seiner Gesamtrichtung dazu dient, die steuerbegünstigten satzungsmäßigen Zwecke der Körperschaft zu verwirklichen,**
2. **die Zwecke nur durch einen solchen Geschäftsbetrieb erreicht werden können und**
3. **der wirtschaftliche Geschäftsbetrieb zu nicht begünstigten Betrieben derselben oder ähnlicher Art nicht in größerem Umfang in Wettbewerb tritt, als es bei Erfüllung der steuerbegünstigten Zwecke unvermeidbar ist.**

3. Abschnitt. Steuerbegünstigte Zwecke **§ 65**

Schrifttum: *Rader* Was ist ein Zweckbetrieb im Sinne von § 65 der Abgabenordnung?, BB 79, 1192; *Viehbeck* Technologietransfer durch gemeinnützige Forschungsunternehmen, BB 85, 2038; *Kalmes* Umsatzsteuersatz für Leistungsentgelte von Nichtmitgliedern bei gemeinnützigen Vereinen, UStR 86, 198; *Clausitzer* Zum steuerschädlichen Wettbewerb bei einem gemeinnützigen Zweckbetrieb, DStR 87, 416.

1. Inhalt. Während grundsätzlich eine an sich steuerbegünstigte Körperschaft mit ihrem **wirtschaftlichen Geschäftsbetrieb** (s dazu die Erl zu § 14) steuerpflichtig ist, so gilt dies nicht, soweit es sich bei dem wirtschaftlichen Geschäftsbetrieb um einen sog **Zweckbetrieb** handelt. Dies ist der Fall, soweit dieser Betrieb dazu dient, die steuerbegünstigten satzungsmäßigen Zwecke der Körperschaft zu verwirklichen. Wenn es sich um einen steuerlich unschädlichen Zweckbetrieb handelt, so entfällt auch eine Besteuerung des Vermögens und der Einkünfte dieses Zweckbetriebes. Ferner ist Voraussetzung, daß die steuerbegünstigten Zwecke nur durch den wirtschaftlichen Geschäftsbetrieb erreicht werden können, daß der Zweckbetrieb zu anderen, nicht steuerlich begünstigten Betrieben derselben oder ähnlichen Art nicht in größerem Umfang in Wettbewerb tritt, als bei Erfüllung der steuerlichen Zwecke unvermeidbar ist. Der BFH faßt die Steuerfreiheit für die Zweckbetriebe als **eng zu sehende Ausnahme** von der durch den Grundsatz der Gleichmäßigkeit der Besteuerung gebotenen Steuerpflichtigkeit eines wirtschaftlichen Geschäftsbetriebs einer gemeinnützigen Körperschaft auf. Eine wirtschaftliche Betätigung führt danach nur dann zur Annahme eines steuerbegünstigten Zweckbetriebes, wenn die steuerbegünstigte Zwecke ohne die wirtschaftliche Betätigung nicht erreichbar wären und deshalb potentielle Konkurrenten, die der Besteuerung unterliegen, dies aus übergeordneten Gesichtspunkten hinzunehmen haben (BFH BStBl 86, 831). Ein Zweckbetrieb muß daher auch tatsächlich und unmittelbar die satzungsmäßigen Zwecke der Körperschaft verwirklichen, die ihn betreibt. Es genügt nicht, wenn er begünstigte Zwecke verfolgt, die nicht satzungsmäßige Zwecke der ihn tragenden Körperschaft sind (Anw-Erl zu § 65 Abschn 2). Ebensowenig ist es ausreichend, wenn der Betrieb der Verwirklichung der satzungsmäßigen Zwecke der Körperschaft nur mittelbar dient, zB durch Abführung der Erträge aus dem Verkauf von Getränken, Lebens- und Genußmitteln anläßlich einer Veranstaltung (BFH BStBl 86, 88; 86, 92).

Die allgemeinen Voraussetzungen des § 65 sind in der Praxis nur schwer zu handhaben. Sie werden daher durch die in §§ 66 bis 68 genannten Beispiele ergänzt und interpretiert. § 68 kann aber für den dort ausdrücklich geregelten Bereich, zB bei der 20 vH-Grenze der Nr 2 für Umsätze an Außenstehende, über § 65 hinausgehen und ist daher insoweit nicht auf andere Beispiele übertragbar (*Koch* Tz 9; aA *Wegehenkel* BB 85, 116).

Beispiele für Zweckbetrieb: Entgeltliche Beköstigung von Sportlern, Schiedsrichtern usw anläßlich einer sportlichen Veranstaltung durch gemeinnützige Sportvereine, sofern die Leistungen nicht durch einen bereits bestehenden steuerpflichtigen wirtschaftlichen Geschäftsbetrieb, zB Vereinsgaststätte, erbracht werden. Nicht dagegen die Beköstigung von Zuschauern, OFD Münster DStR 82, 685. **Kommerzielle Werbung** hingegen ist wirtschaftlicher Geschäftsbetrieb und unterliegt daher der USt, der GewSt und der KSt, sofern die Körperschaft selbst als Werbeträger (zB auf Trikots) auftritt (vgl näher Erl zu § 14 Anm 3 d; dort auch zur Vermietung

§ 65

von Werbeflächen durch Vereine). Eine Tätigkeit, die sich äußerlich als reine **Vermögensverwaltung** darstellt, ist als steuerpflichtige wirtschaftliche Betätigung anzusehen, wenn die eigentliche wirtschaftliche Tätigkeit im Wege der **Betriebsaufspaltung** auf eine selbständige Kapitalgesellschaft **ausgegliedert** worden ist (s ebenfalls näher Erl zu § 14 Anm 3 d).

2. Aus der **Rechtsprechung**: Zweckbetrieb **nicht anerkannt**: Ein eingetragener Verein, der mildtätigen Zwecken dient, gibt jährlich ein Kalenderbuch heraus, das zwar unentgeltlich abgegeben, in der Hauptsache aber durch entgeltliche Inserate finanziert wird (BFH BStBl 1955, 177); zur Erfüllung des Vereinszwecks war die Herausgabe des Kalenders nicht unerläßlich, die Herausgabe des Kalenders tritt in Wettbewerb zu ähnlichen Kalendern und zu dem gewerblichen Inseratengeschäft. Die Einnahmen aus den Inseraten unterliegen daher der Steuerpflicht als wirtschaftlicher Geschäftsbetrieb; Anzeigengeschäft im Rahmen einer Vereinszeitung (BFH BStBl 1962, 73). Totalisatorbetrieb und Gastwirtschaft eines gemeinnützigen Rennvereins (RFH, RStBl 1938, 913), ebenso BFH BStBl 1953, 109; Kirmesveranstaltung eines gemein Schützenvereins, FG D'dorf EFG 74, 34. Produktion von Fernsehfilmen unterhaltenden, belehrenden und informierenden Inhalts über wichtige soziale Fragen durch von einer Kirche getragene steuerbegünstigte Körperschaft im Auftrag einer öffentlich-rechtlichen Rundfunkanstalt (BFH BStBl 86, 831). Die entgeltliche Bootsbergung durch die DLRG oder andere gemeinnützige Rettungseinrichtungen ist nicht als Zweckbetrieb iSd § 65 anzusehen. **Zweckbetrieb anerkannt**: Eigenbewirtschaftung eines Rittergutes durch eine Stiftung (BFH BStBl 1963, 532). Übertragung des Verlagsrechts an einer von einer steuerbegünstigten Körperschaft herausgegebenen Zeitschrift an einen privaten Verlag, weil eine solche Maßnahme nicht über den Rahmen der Vermögensverwaltung hinausgeht; dies gilt selbst dann, wenn der Verlag mit der Zeitschrift ein Anzeigengeschäft betreibt und sich die steuerbegünstigte Körperschaft an den Anzeigenerlösen beteiligen läßt (BFH BStBl 1967, 373). Unterhaltung eines Skilifts durch Skiverein, FG Münster EFG 74, 593. Entgeltliche Gestattung der Ablagerung von Bauschutt, wenn Geländeverfüllung unmittelbar der Erfüllung von Satzungszwecken einer gemeinnützigen Körperschaft dient (FG Saarl EFG 87, 374). Entgeltlicher **Musikunterricht** gemeinnütziger Musikschulen ist Zweckbetrieb (FM Nieders DStR 81, 40); ebenfalls Ladenkette für Konsumwaren aus **Behindertenwerkstätten,** wenn keine anderen Erzeugnisse zugekauft werden. Keine Zweckbetriebe sind sog ,,Dritte-Welt-Läden''.

3. **Wettbewerbsverbot.** Ein Verstoß gegen das Wettbewerbsverbot ist in der Regel nicht gegeben, wenn
a) durch die vereinnahmten Entgelte die Unkosten höchstens gedeckt oder nur wenig überschritten werden,
b) die Einrichtungen der Körperschaft im besonderen Maße der bedürftigen oder minderbemittelten Bevölkerung dienen oder
c) bei Fürsorgeerziehungsanstalten, Blindenwerkstätten und ähnlichen Einrichtungen der Vertrieb der selbsthergestellten Erzeugnisse keinen größeren Umfang erreicht als für die Erfüllung der steuerbegünstigten Zwecke erforderlich (OFD Koblenz, Verfügung v. 27. 4. 1965 – S 2512 A – St 321 – DStZ E 1965, 202).

3. Abschnitt. Steuerbegünstigte Zwecke § 66

Ein Verstoß gegen das Wettbewerbsverbot ist allerdings gegeben bei einem Erholungsheim auf christlicher Grundlage, bei dem der Erholungszweck zu den religiös kirchlichen Betreuungszwecken hinzutritt. Der BFH (BFH BStBl 1961, 109) betont hierbei, daß die kirchlichen Zwecke auch ohne den Betrieb des Erholungsheims erfüllt werden könnten (vgl auch BFH BStBl 86, 831 zu kirchlichen Produktionsgesellschaften von Fernsehfilmen). Vgl im übrigen zu Krankenanstalten gemeinnütziger Körperschaften RFH RStBl 1937, 1103 und unten § 67. Bei einer **Jugendreise,** an der nur Jugendliche unter 18 Jahre teilnehmen, kann idR davon ausgegangen werden, daß damit auch eine erzieherische Betreuung verbunden ist. Die Jugendreise kann deshalb als Zweckbetrieb behandelt werden. Nehmen auch Jugendliche über 18 Jahre teil, kommt es auf den Einzelfall an. Eine Wettbewerbsverletzung iSd Nr 3 liegt vor, wenn die Reise lediglich der Erholung der Jugendlichen dient, zB dann, wenn die Jugendlichen den Urlaub frei gestalten können, BdF DStZ E 81, 107. Die Annahme eines Zweckbetriebs bei **Krankenfahrten** von anerkannten Sanitätsorganisationen ist wegen der Wettbewerbssituation zu den gewerblichen Taxen oder Mietwagen zu verneinen, RhPf DStR 83, 451, s auch unten § 66 Anm 1.

§ 66 Wohlfahrtspflege

(1) Eine Einrichtung der Wohlfahrtspflege ist ein Zweckbetrieb, wenn sie in besonderem Maße den in § 53 genannten Personen dient.

(2) ¹**Wohlfahrtspflege ist die planmäßige, zum Wohle der Allgemeinheit und nicht des Erwerbes wegen ausgeübte Sorge für notleidende oder gefährdete Mitmenschen.** ²**Die Sorge kann sich auf das gesundheitliche, sittliche, erzieherische oder wirtschaftliche Wohl erstrecken und Vorbeugung oder Abhilfe bezwecken.**

(3) ¹**Eine Einrichtung der Wohlfahrtspflege dient in besonderem Maße den in § 53 genannten Personen, wenn diesen mindestens zwei Drittel ihrer Leistungen zugute kommen.** ²**Für Krankenhäuser gilt § 67.**

1. Inhalt. Bei Einrichtungen der **Wohlfahrtspflege,** die im besonderen Maße den in § 53 genannten Personen dienen, wird das Vorhandensein eines Zweckbetriebes, dh eines steuerlich unschädlichen wirtschaftlichen Geschäftsbetriebes als gegeben unterstellt. Für die Frage, welche Einrichtungen als amtlich anerkannte Verbände der freien Wohlfahrtspflege anzusehen sind, kann auf § 23 UStDV 1980 zurückgegriffen werden. Zu den amtlich anerkannten Verbänden der freien Wohlfahrtspflege gehören danach

a) Diakonisches Werk der Evangelischen Kirche in Deutschland,
b) der Deutsche Caritasverband,
c) der Deutsche paritätische Wohlfahrtsverband,
d) das Deutsche Rote Kreuz,
e) der Hauptausschuß für Arbeiterwohlfahrt,
f) Zentralwohlfahrtsstelle der Juden in Deutschland,
g) Deutscher Blindenverband,
h) Bund der Kriegsblinden Deutschlands,
i) Verband deutscher Wohltätigkeitsstiftungen,
k) Bundesarbeitsgemeinschaft „Hilfe für Behinderte".

§ 67 2. Teil. Steuerschuldrecht

Krankenfahrten durch anerkannte Sanitätsorganisationen sind keine Einrichtungen der Wohlfahrtspflege, wenn die Voraussetzungen des Abs 2 nicht erfüllt sind, RhPf DStR 83, 451; FM BaWü DStR 84, 106. Anders ist es, wenn der Transport aus Krankheitsgründen im Krankenwagen, Rettungswagen oder Rettungshubschrauber erforderlich ist (*Koch* Tz 5/1); ebenso, wenn behinderte Personen befördert werden, die im Hinblick auf die Beförderung hilfsbedürftig sind (FM RhPf DStZ/E 87, 162).

2. Abs 3 enthält eine nähere Umschreibung, unter welchen Voraussetzungen eine Einrichtung der Wohlfahrtspflege im besonderen Maße den in § 53 genannten Personen dient. Der in § 8 I und III GemV verwendete Begriff der **minderbemittelten** Personen wird durch die Bezugnahme auf § 53 ersetzt. In besonderem Maße dient eine Einrichtung der Wohlfahrtspflege den in § 53 genannten Personen, wenn diesen mindestens **zwei Drittel** ihrer Leistungen zugute kommen.

3. Die Körperschaft muß den **Nachweis** des Vorliegens dieser Voraussetzung erbringen. Hierzu wird es nicht ausreichen, daß sich die Körperschaft darauf beschränkt, die Berufsangaben der Gäste eines ihrer Erholungsheime anzuführen (BFH BStBl 1961, 109). Allzu strenge Anforderungen sollen aber an den Nachweis nicht gestellt werden. Es kann zB genügen, daß diejenige Organisation, die die betreffenden Personen in das Heim einweist, bereits eine entsprechende Auswahl trifft (*BRK* § 17 StAnpG Anm 11c Abs 8). Im übrigen kann sich auch aus der Art der Einrichtung ergeben, daß die Voraussetzungen vorliegen, zB bei einer studentischen Mensa. *Wiemhoff* (BB 78, 959) bezeichnet es zu Recht als unpraktikabel, daß die Träger der Erholungsheime den Nachweis erbringen müssen, daß die Leistungen mindestens zu 2 Dritteln dem in § 53 genannten Personenkreis zugute kommen.

§ 67 Krankenhäuser

(1) Ein Krankenhaus, das in den Anwendungsbereich der Bundespflegesatzverordnung fällt, ist ein Zweckbetrieb, wenn mindestens 40 vom Hundert der jährlichen Pflegetage auf Patienten entfallen, bei denen nur Entgelte für allgemeine Krankenhausleistungen (§§ 5, 6 und 21 der Bundespflegesatzverordnung) berechnet werden.

(2) Ein Krankenhaus, das nicht in den Anwendungsbereich der Bundespflegesatzverordnung fällt, ist ein Zweckbetrieb, wenn mindestens 40 vom Hundert der jährlichen Pflegetage auf Patienten entfallen, bei denen für die Krankenhausleistungen kein höheres Entgelt als nach Absatz 1 berechnet wird.

Abs 1 redaktionell geändert durch StBereinigG 1986 v 19. 12. 85, BGBl I, 2436.

Übersicht

1. Inhalt
2. Voraussetzungen
   a) Pflegesatzverordnung
   b) Krankenhaus, das in den Anwendungsbereich der Bundespflegesatzverordnung fällt
   c) Krankenhäuser, die nicht unter die Bundespflegesatzverordnung fallen.

3. Abschnitt. Steuerbegünstigte Zwecke § 67

1. Inhalt. Auch bei Krankenanstalten, die von einer steuerbegünstigten Körperschaft unterhalten werden, wird unter den in dieser Vorschrift näher bezeichneten Voraussetzungen das Vorhandensein eines **Zweckbetriebes** unterstellt. Im Gegensatz zum § 10 GemV ist jedoch für die steuerliche Vergünstigung nicht mehr Voraussetzung, daß die von der Körperschaft betriebene Privatkrankenanstalt eine **Konzession** besitzt. Es kommt vielmehr auf die tatsächlichen Verhältnisse an. Im übrigen ist der Begriff Krankenanstalt durch den Begriff **Krankenhaus** ersetzt worden. Hierzu sind zu rechnen neben den Krankenhäusern Kliniken, Heilstätten, Sanatorien, Kurheime, Krankenheime und Entbindungsheime. Bei Sanatorien kommt es auf die näheren Umstände des Einzelfalles an (BFH BStBl 1960, 222). Hierbei ist zu beachten, daß steuerliche Vergünstigungen nur an Körperschaften, nicht aber auch für Krankenanstalten, die von natürlichen Personen oder Personengesellschaften unterhalten werden, gewährt werden; beachte aber die besonderen Vergünstigungsvorschriften in verschiedenen EinzelsteuerG: § 4 Nr 16 UStG, § 3 Nr 20 GewStG, § 7f EStG, § 116 BewG, § 4 Nr 6 GrStG; diese Vorschriften sind durch das **EGAO** an die neue AO angeglichen worden. Zur Steuerbefreiung von **Krankenhäusern**, Altenheimen usw, vgl § 3 Nr 20 GewStG, Abschn 34c GewStR.

2. Voraussetzungen.

a) Nach der Gemeinnützigkeitsverordnung war ein Krankenhaus ein Zweckbetrieb, wenn es in besonderem Maße der **minderbemittelten Bevölkerung** dient. Maßgebend waren hierbei die Höhe der Pflegesätze sowie die Anzahl der auf Kranke der Sozialversicherung, der Kriegsopferversorgung und der öffentlichen Fürsorge entfallenden Verpflegungstage sowie die Höhe der von Selbstzahlern verlangten Pflegesätze und Gebühren. Die AO stellt demgegenüber auf die inzwischen in Kraft getretene **Bundespflegesatzverordnung** (ursprünglich BGBl I 1973, 333; neu BGBl I 1985, 1666) ab. Danach sind für den größten Teil der Krankenhäuser einheitliche Pflegesätze für alle Patienten eingeführt worden. Die Anzahl der auf die genannten Patientengruppen entfallenden Verpflegungstage kann daher nicht mehr als Maßstab für die Steuerbegünstigung herangezogen werden.

b) Nach der Neufassung ist ein Krankenhaus, das in den Anwendungsbereich der **Bundespflegesatzverordnung** fällt, ein Zweckbetrieb, wenn mindestens **40 vH** der jährlichen **Verpflegungstage** auf Patienten entfallen, denen lediglich Entgelte für allgemeine Krankenhausleistungen berechnet werden. Steuerschädlich ist es danach, wenn mehr als 60 vH der jährlichen Verpflegungstage auf Patienten entfallen, die sonstige gesondert berechenbare Leistungen (zB besondere Unterbringungen und Behandlungen durch einen bestimmten Arzt) in Anspruch nehmen. Dazu zählen allerdings nicht geringfügige Annehmlichkeiten wie zB Telefonbenutzung am Krankenbett, obwohl diese ebenfalls unter § 6 BPflV fällt (*Koch* Tz 29). Die Änderung im Rahmen des StBereinigG hat nur redaktionelle Bedeutung. Es handelt sich um eine **Anpassung** an die am 1. Januar 1986 in Kraft getretene **neue Bundespflegesatzverordnung** (BPflV) v 21. 8. 1985 (BGBl I, 1666). Maßgebend sind wie bisher die Entgelte für allgemeine Krankenhausleistungen. Die neue Bundespflegesatzverordnung unterscheidet dabei den **allgemeinen Pflegesatz** und **besondere Pflegesätze** bei vollstationärer Versorgung (§ 5 Abs 1 und 2 BPflV), den allgemeinen und besondere Pflegesätze bei teilstationärer Versorgung (§ 5 Abs 3 BPflV), Pflegesätze für teure Leistungen nach § 6 BPflV (Sonderentgelte) und von den genannten Pflegesätzen abweichende Entgelte nach § 21 BPflV, die ebenfalls nur der Abgeltung allgemeiner Krankenhausleistungen (§ 2 Abs 2 BPflV) dienen.

c) Bei **nicht** unter die **Bundespflegesatzverordnung** fallenden Krankenhäusern (das sind Krankenhäuser, deren Träger der Bund ist, Krankenhäuser im Straf- oder Maßregelvollzug, Polizeikrankenhäuser, Krankenhäuser der Träger der gesetzlichen Rentenversicherung der Arbeiter oder Angestellten oder der gesetzlichen Unfallversicherung, Krankenhäuser, die die in § 67 genannten Voraussetzungen nicht erfüllen, Tuberkulosekrankenhäuser, Kurkrankenhäuser, vgl §§ 3, 20 KHG) liegt nach **Abs 2** ein Zweckbetrieb vor, wenn mindestens 40 vH der jährlichen Verpflegungstage auf Patienten entfallen, bei denen kein höheres Entgelt verlangt wird als von einem der Bundespflegesatzverordnung unterliegenden Krankenhaus, dh, wenn das Krankenhaus ebenfalls nur die Selbstkosten berechnet. Zu den Selbstkosten gehören allerdings auch die in § 19 BPflV genannten Kosten. Der Nachweis, daß die Pflegesätze mit Sozialleistungsträgern vereinbart sind, reicht in der Regel dafür aus, daß die Sätze dem Entgelt nach § 67 I entsprechen. Dies ergibt sich daraus, daß bei nicht öffentlich geförderten Krankenhäusern nach §§ 17 V und 20 des **Krankenhausfinanzierungsgesetzes** von Sozialleistungsträgern keine höheren Pflegesätze gefordert werden dürfen als sie von diesen für Leistungen vergleichbarer öffentlicher Krankenhäuser oder nach dem Krankenhausfinanzierungsgesetz geförderter Krankenhäuser zu entrichten sind. Abs 2 verwendet den Begriff des ,,Patienten" und nicht den des ,,Kranken". Klarstellung, daß Vorschrift auch für Schwangere und lediglich zur Untersuchung aufgenommene Personen gilt.

§ 67a Sportliche Veranstaltungen

Sportliche Veranstaltungen eines Sportvereins, der keine Fußballveranstaltungen unter Einsatz seiner Lizenzspieler nach dem Bundesligastatut des Deutschen Fußballbundes e. V. durchführt, sind ein Zweckbetrieb, wenn
1. kein Sportler des Vereins teilnimmt, der für seine sportliche Betätigung oder für die Benutzung seiner Person, seines Namens, seines Bildes oder seiner sportlichen Betätigung zu Werbezwecken von dem Verein oder einem Dritten über eine Aufwandsentschädigung hinaus Vergütungen oder andere Vorteile erhält und
2. kein anderer Sportler teilnimmt, der für die Teilnahme an der Veranstaltung von dem Verein oder einem Dritten im Zusammenwirken mit dem Verein über eine Aufwandsentschädigung hinaus Vergütungen oder andere Vorteile erhält.

Andere sportliche Veranstaltungen sind ein steuerpflichtiger wirtschaftlicher Geschäftsbetrieb. Dieser schließt die Steuervergünstigung nicht aus, wenn die Vergütungen oder anderen Vorteile ausschließlich aus diesem wirtschaftlichen Geschäftsbetrieb oder von Dritten geleistet werden.

§ 67a eingefügt durch StBereinigG 1986 v 19. 12. 85, BGBl I, 2436.

3. Abschnitt. Steuerbegünstigte Zwecke § 67a

RegEntw Vereinsförderungsgesetz
§ 67a wird neu gefaßt:

§ 67a Sportliche Veranstaltungen

(1) Sportliche Veranstaltungen eines Sportvereins sind ein Zweckbetrieb, wenn die Einnahmen einschließlich Umsatzsteuer insgesamt 60000 DM im Jahr nicht übersteigen. Der Verkauf von Speisen und Getränken gehört nicht zu den sportlichen Veranstaltungen.

(2) Der Sportverein kann dem Finanzamt bis zur Unanfechtbarkeit des Körperschaftsteuerbescheids erklären, daß er auf die Anwendung des Absatzes 1 Satz 1 verzichtet. Die Erklärung bindet den Sportverein für mindestens fünf Veranlagungszeiträume.

(3) Wird auf die Anwendung des Absatzes 1 Satz 1 verzichtet, sind sportliche Veranstaltungen eines Sportvereins ein Zweckbetrieb, wenn
1. kein Sportler des Vereins teilnimmt, der für seine sportliche Betätigung oder für die Benutzung seiner Person, seines Namens, seines Bildes oder seiner sportlichen Betätigung zu Werbezwecken von dem Verein oder einem Dritten über eine Aufwandsentschädigung hinaus Vergütungen oder andere Vorteile erhält und
2. kein anderer Sportler teilnimmt, der für die Teilnahme an der Veranstaltung von dem Verein oder einem Dritten im Zusammenwirken mit dem Verein über eine Aufwandsentschädigung hinaus Vergütungen oder andere Vorteile erhält.
Andere sportliche Veranstaltungen sind ein steuerpflichtiger wirtschaftlicher Geschäftsbetrieb. Dieser schließt die Steuervergünstigung nicht aus, wenn die Vergütungen oder andere Vorteile ausschließlich aus wirtschaftlichen Geschäftsbetrieben, die nicht Zweckbetriebe sind, oder von Dritten geleistet werden.

Schrifttum: *Trzaskalik* Die steuerliche Förderung des Sports, StuW 86, 219; *Kaiser* Der neue § 67a AO – ein Danaergeschenk oder ein Segen für die Sportvereine, DB 86, 1298; *Wochinger* Steuerliche Behandlung von Sportvereinen, NWB Fach 2, 4655 (27/1986); *Schneider-Vontz* Zur Besteuerung der Sportbetriebe nach dem neuen § 67a AO. Erwiderung zu dem Beitrag von Kaiser in DB 1986, S 1298, DB 86, 1950; *Kaiser* Zur Besteuerung der Sportvereine nach dem neuen § 67a AO – Replik auf Schneider-Vontz in DB 1986, S 1950, DB 86, 1950.

Übersicht

1. Inhalt
2. Rechtslage vor dem 1. 1. 1986
3. Sportliche Veranstaltungen
    a) Begriff
    b) Abgrenzung zu anderen Tätigkeiten
4. Steuerbegünstigte sportliche Veranstaltungen
    a) Teilnahme von vereinsangehörigen Sportlern
    b) Teilnahme von nicht vereinszugehörigen Sportlern
    c) Abgrenzung zwischen bezahlten und unbezahlten Sportlern
5. Andere sportliche Veranstaltungen
    a) Sportliche Veranstaltungen als wirtschaftliche Geschäftsbetriebe
    b) Sportliche Veranstaltungen, die die Gemeinnützigkeit ausschließen
    c) Ablösezahlungen und Übungsleiterpauschale

§ 67a
2. Teil. Steuerschuldrecht

6. Verrechnung von Kosten mit den Einnahmen aus Berufssportveranstaltungen
7. Sonderregelung für Bundesligafußballvereine
8. RegEntw VereinsförderungsG
   a) Inhalt
   b) Zweckbetriebsgrenze
   c) Überschreiben der Zweckbetriebsgrenze
   d) Wahlmöglichkeit
   e) Regelung nach Ausübung des Wahlrechts
   f) Bundesligafußballvereine

1. Inhalt. Sportvereine waren früher nur dann gemeinnützig, wenn sie **ausschließlich** den **Amateursport** fördern. Bezahlte ein Verein auch nur einem seiner Sportler mehr als den Ersatz seiner Aufwendungen, war die Behandlung des Vereins als gemeinnützige Körperschaft ausgeschlossen. Eine Ausnahmeregelung gab es nur für **Fußballvereine,** die dem **Bundesligastatut** des Deutschen Fußballbundes e V unterliegen.

Diese Rechtslage hatte dazu geführt, daß zahlreichen Sportvereinen die Gemeinnützigkeit aberkannt worden ist oder die Aberkennung der Gemeinnützigkeit drohte. Viele Vereine wollten zur Erhaltung ihrer Gemeinnützigkeit den Spitzensport, bei dem bezahlte Sportler mitwirken, ausgliedern und auf wirtschaftliche Unternehmen verlagern. Der Gesetzgeber wollte vermeiden, daß aus dem Sport möglicherweise aus steuerlichen Gründen zu ihm nicht gewünschten Strukturveränderungen gezwungen wurde. Die Sportvereine sollten sowohl Träger des **Breitensports** als auch des **Spitzensports** bleiben. Mit der Einfügung des § 67a durch das StBereinigG 1986 sollen Sportvereine, die **teilweise** den **bezahlten Sport** fördern, nicht mehr die Gemeinnützigkeit verlieren. Veranstaltungen, bei denen bezahlte Sportler eingesetzt werden, werden als **steuerpflichtiger wirtschaftlicher Geschäftsbetrieb** behandelt.

2. Rechtslage vor dem 1. 1. 1986. Bis zum Inkrafttreten des durch das StBereinigG 1986 eingefügten § 67a war die Steuerbegünstigung von sportlichen Veranstaltungen in § 68 Nr 7b geregelt. Danach waren Zweckbetriebe „sportliche Veranstaltungen eines Sportvereins, der keine Fußballveranstaltungen unter Einsatz seiner Lizenzspieler nach dem Bundesligastatut des Deutschen Fußballbundes e. V. durchführt". Danach waren **drei Fallgruppen** zu unterscheiden: Wenn der Verein irgendwelche **Sportler** über den Ersatz der Aufwendungen hinaus **bezahlte,** verlor, er damit die Gemeinnützigkeit. Der Grund lag darin, daß die Förderung beruflicher Zwecke grundsätzlich zum Verlust der Steuervergünstigung in vollem Umfang führt (*Koch* Tz 5; dort auch zur jetzigen Ungleichbehandlung anderer wie zB kultureller Bereiche). Bei **reinen Amateursportvereinen** waren die sportlichen Veranstaltungen dagegen Zweckbetriebe. Sie führten auch nicht zu einer partiellen Steuerpflicht. Unerheblich war dabei, ob bei diesen Sportveranstaltungen von anderen Vereinen bezahlte Sportler mitwirkten. Der veranstaltende Amateursportverein durfte lediglich diesen Sportlern keine über eine Aufwandsentschädigung hinausgehende Vergütung oder sonstige Vorteile gewähren. Ein Verstoß führte wiederum zum Verlust der Gemeinnützigkeit. Als dritte Fallgruppe gab es schließlich die **Bundesligafußballvereine.** Nach Abschn 11 KStR läßt die Beschäftigung von Lizenzspielern durch diese Vereine ihre Gemeinnützigkeit unberührt. Die Lizenzspieler dürfen dem Verein allerdings nicht als Mitglieder ange-

3. Abschnitt. Steuerbegünstigte Zwecke § 67a

hören. Die sportlichen Veranstaltungen dieser Vereine sind aber niemals Zweckbetrieb, auch dann nicht, wenn daran nur Amateure teilnehmen. Alle sportliche Veranstaltungen der Bundesligafußballvereine führen also zur partiellen Steuerpflicht.

Eine ausreichende gesetzliche Grundlage für die Sonderbehandlung der Bundesligafußballvereine ist zweifelhaft. Die KStR können dafür nicht ausreichen. § 68 Nr 7b aF besagt nur, daß die sportlichen Veranstaltungen der Bundesligafußballvereine keine Zweckbetriebe sind. Damit ist aber noch nicht der Verlust der Gemeinnützigkeit durch die Bezahlung der Lizenzspieler ausgeschlossen. Es dürfte auch dem Gleichheitssatz des Art 3 I GG widersprechen, daß die Bezahlung von Fußballspielern in der 1. und 2. Bundesliga unschädlich, in anderen Klassen aber schädlich sein soll. Bedenklich ist es vor allem auch, daß andere Sportarten mit bezahlten Spielern in einer Bundesliga nicht die gleichen Rechte beanspruchen können wie die Bundesligafußballvereine.

3. Sportliche Veranstaltungen. Erfaßt werden von § 67a nur sportliche Veranstaltungen von **Sportvereinen.** Das sind solche Vereine, die satzungsgemäß den nach § 52 begünstigten Sport fördern (zur Abgrenzung des begünstigten Sports s daher oben Erl zu § 52 Anm 5 [17]). Das bedeutet aber noch nicht, daß aller Veranstaltungen solcher Vereine sportliche Veranstaltungen sind.

a) Unter den **Begriff** sportliche Veranstaltungen fallen zunächst vor allem die von den Sportvereinen veranstalteten Wettbewerbe. Dabei geht es um die einzelnen Wettbewerbe, die in engem zeitlichen und örtlichen Zusammenhang durchgeführt werden. Bei einer Mannschaftssportart ist folglich **nicht die gesamte Meisterschaftsrunde,** sondern jedes einzelne Meisterschaftsspiel zu beurteilen. Bei einem Turnier ist dann das einzelne Spiel, die Veranstaltung, wenn für jedes Spiel gesondert Eintritt erhoben und die Einnahmen und Ausgaben für jedes Spiel gesondert ermittelt werden (AnwErl zu § 67a Abschn II 1).

Über die Wettbewerbe hinaus werden auch alle Veranstaltungen erfaßt, bei denen Mitglieder und Nichtmitglieder sich selbst sportlich betätigen (wie zB Trimmveranstaltungen, Volksläufe usw) und dafür eine Teilnahmegebühr zahlen. Ebenso sind **Sportkurse und Sportlehrgänge** (Sportunterricht) als sportliche Veranstaltungen zu beurteilen (AnwErl zu § 67a Abschn II 3). Die Konkurrenz zu gewerblichen Sportlehrern ist unerheblich, weil § 67a als speziellere Vorschrift dem § 65 vorgeht. Auch **Sportreisen** sind sportliche Veranstaltungen, wenn die sportliche Betätigung wie zB bei einer Reise zum Wettkampfort wesentlicher und notwendiger Bestandteil der Reise ist, nicht dagegen, wenn touristische Interessen im Vordergrund stehen (AnwErl zu § 67a Abschn II 2).

b) Bei sportlichen Veranstaltungen, die Zweckbetriebe sind, ist die eigentliche sportliche Veranstaltung von dem anläßlich dieser sportlichen Veranstaltung unterhaltenen wirtschaftlichen Geschäftsbetrieb **abzugrenzen. Werbung** bei einer sportlichen Veranstaltung darf daher nicht mit dem Zweckbetrieb zusammengefaßt werden, wenn sie keine bloße Vermögensverwaltung sondern wirtschaftlicher Geschäftsbetrieb ist (AnwErl zu § 67a Abschn III 2; *Koch* Tz 13 unter Hinweis auf die Entstehungsgeschichte der Vorschrift; vgl auch BFH BStBl 86, 424). Zur Abgrenzung zwischen wirtschaftlichem Geschäftsbetrieb und Vermögensverwaltung bei der Werbung s oben § 14 Anm 3d. Ebenso ist der **Verkauf von Speisen, Getränken** und Genußmitteln bei sportlichen Veranstaltungen nicht Teil des Zweckbetriebes sondern ein wirtschaftlicher Geschäftsbetrieb (zur vorgesehenen Klarstellung s unten Anm 8b). Eine Ausnahme läßt die FinVerw nur zu, wenn der Verkauf ausschließlich an Wettkampfteilnehmer, Schiedsrichter, Kampfrichter, Sanitäter usw erfolgt (AnwErl zu § 67a Abschn III 4).

Die **Vermietung** von Sportstätten ist keine sportliche Veranstaltung. Bei längerfristiger Vermietung handelt es sich um Vermögensverwaltung. Die Vermietung auf kurze Dauer schafft lediglich die Voraussetzungen für sportliche Veranstaltungen und ist nicht selbst eine sportliche Veranstaltung. Sie ist jedoch wirtschaftlicher Geschäftsbetrieb. Sind die kurzfristigen Mieter Mitglieder, handelt es sich um einen Zweckbetrieb nach § 65 Nr 3, da der Verein nicht in größerem Umfang in Wettbewerb zu nicht begünstigten Vermietern tritt, als es bei Erfüllung seiner steuerbegünstigten Zwecke unvermeidbar ist (AnwErl zu § 67a Abschn III 6).

4. Steuerbegünstigte sportliche Veranstaltungen. Bei den Voraussetzungen des § 67a für das Vorliegen eines Zweckbetriebes wird unterschieden zwischen der Teilnahme von Sportlern des veranstaltenden Vereins und der Teilnahme von anderen Sportlern an der Veranstaltung.

a) Bei **vereinsangehörigen Sportlern,** die an der Veranstaltung teilnehmen, ist jede über einen Aufwendungsersatz hinausgehende Bezahlung oder sonstige Vergütung steuerschädlich. Dabei ist es unerheblich, ob die Bezahlung oder Vergütung für die jeweilige Veranstaltung, für andere Veranstaltungen oder unabhängig davon erfolgt. Entscheidend ist allein, daß der Sportler in dem Kalender- oder Wirtschaftsjahr für seine sportliche Betätigung oder für die Benutzung seiner Person, seines Namens, seines Bildes oder seiner sportlichen Betätigung eine Bezahlung erhält. Bedeutungslos ist auch, ob die Bezahlung durch den Verein selbst oder einen Dritten erfolgt. Unerheblich ist ferner, ob der Verein die Bezahlung (zB für Werbeeinnahmen) kennt. Es ist deshalb Sache der Vereine, in ihren Beziehungen zu den Sportlern sicherzustellen, daß sie von solchen Bezahlungen Kenntnis erhalten.

Die Steuerschädlichkeit beschränkt sich nicht auf die Teilnahme von bezahlten vereinsangehörigen Sportlern, die formell Mitglied des Vereins sind. Sportler des Vereins sind vielmehr auch solche Sportler, die – **ohne formell Mitglied** zu sein – für den Verein auftreten, zB in einer Mannschaft des Vereins mitwirken (AnwErl zu § 67a Abschn V 1; *Koch* Tz 16).

b) Durch die **Teilnahme von nicht vereinszugehörigen Sportlern** verliert die sportliche Veranstaltung nur dann ihre Eigenschaft als Zweckbetrieb, wenn einer dieser Sportler für die Veranstaltung selbst eine über einen Aufwendungsersatz hinausgehende Bezahlung oder Vergütung durch den veranstaltenden Verein erhält. Die Zahlung durch einen Dritten ist hier nur schädlich, wenn sie im Zusammenwirken mit dem veranstaltenden Verein erfolgt. Die Bezahlung durch den Gastverein für die Veranstaltung oder unabhängig davon oder eigene Werbeeinnahmen des Sportlers sind also unschädlich. Anders ist dies nur, wenn die Bezahlung durch den Gastverein für die Veranstaltung im Zusammenwirken mit dem veranstaltenden Verein geschieht.

3. Abschnitt. Steuerbegünstigte Zwecke **§ 67a**

Nimmt ein Sportler an einer Sportveranstaltung eines **Sportverbandes** teil, dem sein Verein, nicht aber der Sportler unmittelbar angehört, ist der Sportler bei der Beurteilung der Zweckbetriebseigenschaft dieser Sportveranstaltung als anderer Sportler anzusehen (AnwErl zu § 67a Abschn V 8).

c) Schädlich sind Vergütungen oder sonstige Vorteile, die vereinszugehörigen Sportlern überhaupt oder anderen Sportlern für die Veranstaltung gewährt werden, wenn sie über eine Aufwandsentschädigung hinausgehen. Die FinVerw sieht zur **Abgrenzung der bezahlten von den unbezahlten Sportlern** Zahlungen eines Vereins an einen seiner Sportler bis zu 700 DM je Monat im Jahresdurchschnitt noch als Aufwandsentschädigung und daher als unschädlich an. Wenn höhere Aufwendungen erstattet werden, sind die gesamten Aufwendungen im einzelnen nachzuweisen. Zahlungen der Deutschen Sporthilfe und der Sporthilfe Berlin sind nicht auf die Aufwandspauschale von 700 DM je Monat im Jahresdurchschnitt anzurechnen. Die Pauschalregelung gilt im übrigen nur für Sportler des Vereins, nicht aber für Zahlungen an andere Sportler. In den Fällen des § 67a Satz 1 Nr 2 führt vielmehr jede Zahlung, die über eine Erstattung des tatsächlichen Aufwands hinausgeht, zum Verlust der Zweckbetriebseigenschaft der Veranstaltung (s näher zu der VerwRegelung AnwErl zu § 67a Abschn V, dort auch zur Behandlung von Spielertrainern). Auch **Preisgelder** sind schädliche Bezahlungen.

5. Andere sportliche Veranstaltungen. Im Gegensatz zu der Rechtslage vor dem 1. 1. 1986 führt nunmehr die Bezahlung von Sportlern in der Regel nicht mehr zum Verlust der Gemeinnützigkeit schlechthin.

a) Bei Teilnahme von bezahlten vereinszugehörigen Sportlern oder bei Vergütungen an andere Sportler für die jeweilige Veranstaltung, ist die betreffende Sportveranstaltung vielmehr ein **wirtschaftlicher Geschäftsbetrieb**. Ansonsten bleibt der Verein gemeinnützig. Das ergibt sich aus § 67a Sätze 2 und 3. Voraussetzung ist allerdings, daß die Vergütungen oder Zahlungen nicht aus dem gemeinnützigen Bereich geleistet werden, sondern ausschließlich aus dem wirtschaftlichen Geschäftsbetrieb oder von Dritten. Eine **Aufteilung** der Vergütungen ist daher nicht zulässig. Es ist folglich steuerlich nicht zulässig, Vergütungen an bezahlte Sportler bis zu 700 DM im Monat als Ausgaben des steuerbegünstigten Bereichs und nur die 700 DM übersteigenden Vergütungen als Ausgaben des steuerpflichtigen wirtschaftlichen Geschäftsbetriebs „Sportveranstaltungen" zu behandeln (AnwErl zu § 76a Abschn IV 2). An sich ist auch etwaiger Aufwendungsersatz an unbezahlte Sportler für die Teilnahme an einer Veranstaltung mit bezahlten Sportlern als Ausgabe dieser Veranstaltung anzusehen. Die FinVerw läßt es aus Vereinfachungsgründen aber zu, wenn die Aufwendungspauschale von bis zu 700 DM (s oben) für unbezahlte Sportler nicht als Betriebsausgabe des wirtschaftlichen Geschäftsbetriebs behandelt, sondern aus Mitteln des ideellen Bereichs abgedeckt wird (AnwErl zu § 67a Abschn IV 3).

b) Nach wie vor gibt es allerdings auch sportliche Veranstaltungen, die **die Gemeinnützigkeit ausschließen.** Die Steuervergünstigung geht nämlich nicht nur partiell sondern generell verloren, wenn die Vergütungen oder andere Vorteile an Sportler nicht ausschließlich aus dem steuerpflich-

§ 67a   2. Teil. Steuerschuldrecht

tigen wirtschaftlichen Geschäftsbereich oder von Dritten geleistet werden. Schädlich ist zB, Beiträge, Spenden, öffentliche Zuschüsse, Überschüsse aus Zweckbetrieben, Vermögen oder Erträge der Vermögensverwaltung für die Bezahlung von Spielern zu verwenden (AnwErl zu § 67a Abschn I 5). Ferner dürfen keine Überschüsse aus anderen wirtschaftlichen Geschäftsbetrieben (zB aus dem Betrieb einer Vereinsgaststätte) für die Bezahlung von Sportlern eingesetzt werden (*Koch* Tz 34; *Wochinger* NWB Fach 2, 4655; zT aA Kaiser DB 86, 1298). Außerdem können Verluste aus dem wirtschaftlichen Geschäftsbetrieb nicht mit Mitteln des ideellen Bereichs ausgeglichen werden, auch nicht mit Überschüssen aus einem anderen wirtschaftlichen Geschäftsbetrieb (AnwErl zu § 67a Abschn I 5; aA zT *Koch* Tz 34; *Kaiser* DB 86, 1298, die für sonstige Veranstaltungskosten, sogen Rahmenkosten, keine Mittelbindung annehmen).

c) **Ablösezahlungen,** die einem gemeinnützigen Verein für die Freigabe von Sportlern zufließen, sollen nach Auffassung der Verwaltung (s AnwErl zu § 67a Abschn VI) die Gemeinnützigkeit des Vereins niemals beeinträchtigen. Sie sollen zu den Einnahmen aus dem steuerpflichtigen wirtschaftlichen Geschäftsbetrieb „sportliche Veranstaltungen" zählen, wenn der den Verein wechselnde Sportler in den letzten 12 Monaten vor seiner Freigabe bezahlter Sportler war; ansonsten soll es sich um Einnahmen aus dem Zweckbetrieb „sportliche Veranstaltungen" handeln. Die Verwaltungsregelung ist nicht ganz einsichtig. Zwar mögen die letzten 12 Monate für die Frage von Bedeutung sein, ob der Sportler über 700 DM je Monat im Jahresdurchschnitt erhalten hat. Wenn der Sportler aber in weniger als 12 der letzten Monate schon über 8400 DM erhalten hat, kann die Ablösesumme nicht Einnahme aus dem Zweckbetrieb sein.

Zahlungen eines gemeinnützigen Vereins an einen anderen (abgebenden) Verein für die Übernahme eines Sportlers führen dann nicht zum Verlust der Gemeinnützigkeit des zahlenden Vereins, wenn sie aus einem steuerpflichtigen **wirtschaftlichen Geschäftsbetrieb** „sportliche Veranstaltungen" gezahlt werden und der wechselnde Sportler beim zahlenden Verein in den ersten 12 Monaten nach dem Vereinswechsel bezahlter Sportler ist. Bei Sportlern, die beim aufnehmenden Verein nicht als bezahlte Sportler anzusehen sind, dürfen höchstens die Ausbildungskosten gezahlt werden. Die Verwaltung erkennt Zahlungen bis zu 5000 DM noch als Erstattung von Ausbildungskosten an (AnwErl zu § 67a Abschn VI 1).

Übungsleiter, die aus einem wirtschaftlichen Geschäftsbetrieb „sportliche Veranstaltungen" Einnahmen erhalten, haben diese in jedem Fall zu versteuern. § 3 Nr 26 EStG gilt insoweit nicht (AnwErl zu § 67a Abschn VI 2).

6. Verrechnung von Kosten mit den Einnahmen aus Berufssportveranstaltungen. Die Vorschrift läßt es nicht zu, daß die Kosten für die Förderung des Amateursports von den Einnahmen aus Berufssportveranstaltungen abgezogen werden können. Die Überschüsse aus dem wirtschaftlichen Geschäftsbetrieb „sportliche Veranstaltungen" sind dem steuerbegünstigten Bereich daher erst nach Steuern zuzuführen.

7. Sonderregelung für Bundesligafußballvereine. Um den Abschluß der Prüfung der unabhängigen Sachverständigenkommission abzuwarten

3. Abschnitt. Steuerbegünstigte Zwecke § 67a

und eine Verschlechterung der steuerlichen Behandlung von Bundesligafußballvereinen gegenüber dem Rechtszustand vor dem 1. 1. 1986 (s dazu oben Anm 2) zu vermeiden, ist die bisherige Sonderregelung für diese Vereine beibehalten worden. Danach ist in begrenztem Umfang eine Kostenverrechnung zwischen Amateursportveranstaltungen und Berufsfußballveranstaltungen möglich. Nach dem verfassungsrechtlichen Gleichheitsgrundsatz ist es bedenklich, daß diese Vergünstigung nur Bundesligafußballvereinen und nicht anderen Sportvereinen gewährt wird (vgl Anm aaO). Allerdings ist zu berücksichtigen, daß die Bundesligafußballvereine heute zT auch schlechter gestellt sind als die anderen Sportvereine. Bei den Bundesligafußballvereinen sind nämlich auch die sportlichen Veranstaltungen wirtschaftliche Geschäftsbetriebe, bei denen lediglich unbezahlte Sportler eingesetzt werden. § 67a gilt nicht. Unter der vorgesehenen Neuregelung des Gemeinnützigkeitsrechts der Sportvereine (s unten Anm 8) sollen Bundesligafußballvereine den anderen Vereinen gleichgestellt werden.

8. RegEntw VereinsförderungsG. Die erst durch das StBereinigG 1986 eingefügte Vorschrift des § 67a soll durch den von der Bundesregierung vorgelegten Entwurf eines Gesetzes zur Verbesserung und Vereinfachung der Vereinsbesteuerung (Vereinsförderungsgesetz) grundlegend neugefaßt werden. Die Neufassung soll erstmals ab 1. 1. 1990 angewendet werden (Art 2 des Gesetzentwurfs).

a) Inhalt. Die Bundesregierung folgt mit ihrem Gesetzentwurf nicht der von der unabhängigen Sachverständigenkommission zur Prüfung des Gemeinnützigkeits- und Spendenrechts vorgeschlagenen Lösung, die Gemeinnützigung der Sportvereine generell abzuschaffen (vgl Vor § 51 Anm 7). Es wird vielmehr eine auf die Einnahmen bezogene allgemeine **Zweckbetriebsgrenze** von 60000 DM im Jahr eingeführt, bis zu der sportliche Veranstaltungen ohne weitere Voraussetzungen als begünstigte Zweckbetriebe anzusehen sind. Für Fälle, in denen diese Regelung ungünstig ist, wird ein **Wahlrecht** geschaffen zwischen der Zweckbetriebsgrenze und einer Handhabung, die im wesentlichen dem bisherigen § 67a entspricht.

b) Zweckbetriebsgrenze. Die Grenze von bis zu 60000 DM stimmt zwar in der Höhe mit der Besteuerungsgrenze des § 64 III (neu) überein. Anders als in § 64 handelt es sich aber nicht lediglich um eine Besteuerungsgrenze für die KSt und GewSt, sondern um eine Grenze, bis zu der Veranstaltungen ohne weitere Voraussetzungen Zweckbetriebe sind und daher alle Steuervergünstigungen der Gemeinnützigkeit des Vereins teilen.

Ähnlich wie in § 64 ist nicht jede sportliche Veranstaltung für sich zu beurteilen, sondern die **Gesamteinnahmen** aus sportlichen Veranstaltungen im Jahr sind entscheidend. Es geht wiederum um die **Bruttoeinnahmen** einschl der Umsatzsteuer. Wie hoch die Überschüsse sind, ist unerheblich.

Die Grenze beurteilt sich nur aus den Einnahmen aus den **sportlichen Veranstaltungen selbst** (zum Begriff der sportlichen Veranstaltungen s oben Anm 3a). Zu trennen davon sind die anläßlich der sportlichen Veranstaltungen unterhaltenen wirtschaftlichen Geschäftsbetriebe wie zB Werbung (s oben Anm 3b). Aber auch vermögensverwaltende Tätigkeiten anläßlich von Sportveranstaltungen (zB Werbung, die kein wirtschaftlicher Geschäftsbetrieb ist, vgl § 14 Anm 3d) sind mit ihren Einnahmen nicht in die Zweckbetriebsgrenze einzubeziehen. Ausdrücklich klargestellt wird, daß der Verkauf von Speisen und Getränken nicht zu den sportlichen Veranstaltungen zählt. Wie bisher wird man aber eine Ausnahme machen müssen, wenn der Verkauf ausschließlich an Wettkampfteilnehmer, Schiedsrichter, Kampfrichter, Sanitäter usw erfolgt (s oben Anm 3b). Einnahmen aus den getrennt zu beurteilenden Tätigkeiten sind folglich unschädlich für die Berechnung der Zweckbetriebsgrenze der sportlichen Veranstaltungen. Sie können andererseits aber auch nicht dadurch zu steuerbegünstigten gemacht werden, daß sie in die Einnahmen aus den sportlichen Veranstaltungen einberechnet werden, wenn die Einnahmen zusammen dann immer noch die Grenze von 60 000 DM nicht überschreiten.

Wird die Zweckbetriebsgrenze von 60 000 DM nicht überschritten, kommt es nicht darauf an, ob der Verein seinen Sportlern allgemein oder für einzelne der sportlichen Veranstaltungen Vergütungen oder Vorteile gewährt oder ob er Teilnehmer anderer Vereine für die Teilnahme bezahlt oder ihnen mit anderen Vorteilen bedenkt. Die dadurch erfolgende **Förderung des bezahlten Sports** ist nach § 58 Nr 9 (neu) unschädlich (s Erl zu § 58 Anm 10b). Allerdings darf der Verein nicht ausschließlich den bezahlten Sport fördern, sondern er muß auch Amateurabteilungen haben.

c) **Überschreiten der Zweckbetriebsgrenze.** Wenn der Verein Einnahmen aus sportlichen Veranstaltungen von über 60 000 DM im Jahr hat, werden **alle sportlichen Veranstaltungen** zu wirtschaftlichen Geschäftsbetrieben. Es kann also nicht zwischen Zweckbetrieben (bis zu insgesamt 60 000 DM Einnahmen) und wirtschaftlichen Geschäftsbetrieben (Sportveranstaltungen, die auf die Grenze überschreitenden Einnahmen entfallen) getrennt werden. Dann können nach § 64 II (neu) aber auch sowohl die Einnahmen und Ausgaben aus den sportlichen Veranstaltungen (Amateursport- und Berufssportveranstaltungen) untereinander als auch – was noch wichtiger ist – die Einnahmen und Ausgaben der sportlichen Veranstaltungen **mit anderen wirtschaftlichen Geschäftsbetrieben saldiert** werden (vgl oben § 64 Anm 2b).

Ebenso wie innerhalb der Zweckbetriebsgrenze ist es bei Überschreiten der Grenze für die Gemeinnützigkeit eines Vereins unerheblich, ob er seine Sportler oder andere Sportler für die Teilnahme an seinen Veranstaltungen bezahlt. Nach dem Grundsatz des Gemeinnützigkeitsrechts (§ 55), daß für die gemeinnützigen Zwecke gebundene Mittel (Beiträge, Spenden, Vermögenserträge usw) nicht für steuerpflichtige wirtschaftliche Geschäftsbetriebe verwendet werden dürfen, müssen die Mittel für die Bezahlung der Sportler aber aus den wirtschaftlichen Geschäftsbetrieben oder von Dritten stammen. Voraussetzung ist nach § 58 Nr 9 außerdem wiederum, daß der Verein nicht nur den bezahlten sondern auch den unbezahlten Sport fördert. Die Regelung bei Überschreiten der Zweckbetriebsgrenze entspricht etwa der nach Abschn 11 KStR für Bundesligafußballvereine, die damit überholt wird (s unten Anm 8f). Allerdings ist es **nicht wie nach Abschn 11 Abs 2 KStR** erforderlich, daß der bezahlte Sportler nur Angestellter und nicht Mitglied des Vereins ist.

d) **Wahlmöglichkeit** des Vereins. Die Neuregelung ist **ungünstiger** als das bisherige Recht, **wenn** ein Verein kumulativ folgende Voraussetzungen erfüllt (s Begründung zum Gesetzentwurf der Bundesregierung zu Art 1 Nr 4): Der Verein bezahlt seine Sportler; die Einnahmen aus sportlichen Veranstaltungen übersteigen die Zweckbetriebsgrenze; es entstehen Verluste aus sportlichen Veranstaltungen, und die Verluste können nicht auf Dauer mit Überschüssen aus anderen wirtschaftlichen Geschäftsbetrieben oder mit zweckgebundenen Zuschüssen Dritter ausgeglichen werden. Betroffen hiervon können hauptsächlich große Vereine, die den Breitensport fördern, oder Sportverbände sein. Um diese Nachteile zu vermeiden, wird den Vereinen bzw Verbänden ein Wahlrecht zwischen der Anwendung des neuen § 67a Abs 1 oder der Anwendung einer Regelung eingeräumt, die dem bisherigen § 67a entspricht (Abs 2 des § 67a; neu). Der Verzicht auf die Anwendung des Abs 1 muß bis zur Unanfechtbarkeit des KStBescheides erklärt werden und ist für mindestens fünf Veranlagungszeiträume bindend.

e) Die **Regelung, die nach Ausübung des Wahlrechts** gilt, findet sich in Abs 3 des neuen § 67a. Sie stimmt außer dem letzten Satz dieses Abs 3 wörtlich **mit dem bisherigen § 67a überein.** Insoweit gelten weiterhin die obigen Erl unter Anm 3 bis 6. Nach dem letzten Satz des Abs 3 kann anders als bisher (vgl oben Anm 5b) in den Fällen, in denen nach Ausübung des Wahlrechts eine sportliche Veranstaltung wegen der Bezahlung von Sportlern ein wirtschaftlicher Geschäftsbetrieb ist, die Bezahlung der Sportler nicht nur aus diesem wirtschaftlichen Geschäftsbetrieb sondern allgemein aus den wirtschaftlichen Geschäftsbetrieben (zB auch aus Werbung) des Vereins erfolgen. Diese Neuregelung liegt auf der Linie des neuen § 64 II, wonach im Wege der

3. Abschnitt. Steuerbegünstigte Zwecke **§ 68**

Saldierung immer nur das Gesamtergebnis der wirtschaftlichen Geschäftsbetriebe eines Vereins zu sehen ist. Aus Überschüssen aus Zweckbetrieben oder aus den für gemeinnützige Zwecke gebundenen Mitteln darf die Bezahlung aber nach wie vor nicht erfolgen.

f) **Bundesligafußballvereine** sind nicht mehr von der Anwendung des § 67a ausgenommen. Es gelten daher die gleichen Grundsätze wie für andere Sportvereine. Abschn 11 KStR wird deshalb durch die Neuregelung gegenstandslos.

§ 68 Einzelne Zweckbetriebe

Als Zweckbetriebe kommen insbesondere in Betracht:
1. a) Alten-, Altenwohn- und Pflegeheime, Erholungsheime, Mahlzeitendienste, wenn sie in besonderem Maße den in § 53 genannten Personen dienen (§ 66 Abs. 3),
    b) Kindergärten, Kinder-, Jugend- und Studentenheime, Schullandheime und Jugendherbergen,
2. a) landwirtschaftliche Betriebe und Gärtnereien, die der Selbstversorgung von Körperschaften dienen und dadurch die sachgemäße Ernährung und ausreichende Versorgung von Anstaltsangehörigen sichern,
    b) andere Einrichtungen, die für die Selbstversorgung von Körperschaften erforderlich sind, wie Tischlereien, Schlossereien,
    wenn die Lieferungen und sonstigen Leistungen dieser Einrichtungen an Außenstehende dem Wert nach 20 vom Hundert der gesamten Lieferungen und sonstigen Leistungen des Betriebes – einschließlich der an die Körperschaft selbst bewirkten – nicht übersteigen,
3. Werkstätten für Behinderte, die nach den Vorschriften des Arbeitsförderungsgesetzes förderungsfähig sind und Personen Arbeitsplätze bieten, die wegen ihrer Behinderung nicht auf dem allgemeinen Arbeitsmarkt tätig sein können, sowie Einrichtungen für Beschäftigungs- und Arbeitstherapie, die der Eingliederung von Behinderten dienen,
4. Einrichtungen, die zur Durchführung der Blindenfürsorge und zur Durchführung der Fürsorge für Körperbehinderte unterhalten werden,
5. Einrichtungen der Fürsorgeerziehung und der freiwilligen Erziehungshilfe,
6. von den zuständigen Behörden genehmigte Lotterien und Ausspielungen, die eine steuerbegünstigte Körperschaft höchstens zweimal im Jahr zu ausschließlich gemeinnützigen, mildtätigen oder kirchlichen Zwecken veranstaltet,
7. a) kulturelle Einrichtungen, wie Museen, Theater, und kulturelle Veranstaltungen, wie Konzerte, Kunstausstellungen,
    b) gesellige Veranstaltungen einer steuerbegünstigten Körperschaft, wenn der Überschuß der Einnahmen über die Unkosten aus den zu Buchstaben a und b genannten wirtschaftlichen Geschäftsbetrieben im Durchschnitt der letzten drei Jahre einschließlich des Veranlagungsjahres nicht mehr als insgesamt 12 000 Deutsche Mark je Jahr beträgt und nur für die steuerbegünstigten satzungsmäßigen Zwecke der Körperschaft verwendet wird. ²Bei den unter dem Buchstaben a genannten kulturellen Einrichtungen und Veranstaltungen gilt dies mit der

223

§ 68

Maßgabe, daß bei der Ermittlung des Überschusses die gesamten Unkosten zu berücksichtigen sind, die der Körperschaft durch die Erfüllung ihrer steuerbegünstigten Zwecke erwachsen. ³Die Überschreitung der Grenze von 12000 Deutsche Mark ist unschädlich, wenn der Überschuß einer zulässigen Rücklage (§ 58 Nr. 6) zugeführt und innerhalb von drei Jahren für die steuerbegünstigten satzungsmäßigen Zwecke der Körperschaft verwendet wird.

8. Volkshochschulen und andere Einrichtungen, soweit sie selbst Vorträge, Kurse und andere Veranstaltungen wissenschaftlicher oder belehrender Art durchführen; dies gilt auch, soweit die Einrichtungen den Teilnehmern dieser Veranstaltungen selbst Beherbergung und Beköstigung gewähren.

Nr 7 S 2 geändert S 3 angefügt durch Art 1 des Gesetzes zur Änderung der AO und des EStG v 25. 6. 80 (BGBl I S 731); Buchst b aufgehoben, S 2 geändert durch StBereinigG 1986 v 19. 12. 85, BGBl I, 2436; Nr 8 eingefügt durch Gesetz v 26. 11. 79, BGBl I S. 1953.

RegEntw Vereinsförderungsgesetz

Der Einleitungssatz von § 68 wird neu gefaßt:

Zweckbetriebe sind auch: ...

Nr 7 wird neu gefaßt:

...

7. kulturelle Einrichtungen, wie Museen, Theater, und kulturelle Veranstaltungen, wie Konzerte, Kunstausstellungen; dazu gehört nicht der Verkauf von Speisen und Getränken,

...

Schrifttum: *Märkle/Kröller* Die neue Rücklage für Zweckbetriebe im Sinne des § 68 Nr 7 nach dem sog Vereinsbesteuerungsgesetz, DB 81, 1302; *Jost* Rücklagenbildung nach § 68 Nr 7 Satz 3 bei kulturellen, sportlichen und geselligen Veranstaltungen sowie bei kulturellen Einrichtungen steuerbegünstigter Körperschaften, DB 82, 1843 und 1900; *Orth* Als Zweckbetrieb begünstigte Kunstausstellungen gemeinnütziger Körperschaften, DStZ 87, 319.

Übersicht

1. Inhalt
2. Altenheime usw
3. Kinderheime usw
4. Selbstversorgungseinrichtungen
5. Behindertenwerkstätten usw
6. Blindenfürsorge
7. Jugendhilfe
8. Lotterien
9. Kulturelle Einrichtungen
10. Gesellige Veranstaltungen
11. Freigrenze
12. Rücklagenbildung
13. Volkshochschulen
14. RegEntw VereinsförderungsG
    a) Neufassung des Einleitungssatzes
    b) Änderung der Nr 7

3. Abschnitt. Steuerbegünstigte Zwecke § 68

1. Inhalt. Die Vorschrift zählt einzelne **Zweckbetriebe** auf; die Fassung enthält mit Ausnahme der Nr 7 sachlich **keine** wesentlichen Änderungen gegenüber § 9 GemVO. Jedoch ist der **Beispielkatalog** sprachlich überarbeitet worden. Die Aufzählung ist nicht erschöpfend, außerhalb des § 68 sind Zweckbetriebe aber nur dann gegeben, wenn die Voraussetzungen des § 65 vorliegen. Da § 68 die **speziellere Vorschrift** ist (ebenso AnwErl zu § 68 Abschn 1; vgl auch oben § 65 Anm 1 und zu § 67a Anm 3a), brauchen in deren Anwendungsbereich die Voraussetzungen des § 65 nicht vorzuliegen, soweit die besonderen Merkmale greifen (s nunmehr die vorgesehene Klarstellung, unten Anm 14a). Im übrigen muß aber der allgemeine Rahmen des § 65 auch bei den Einrichtungen und Veranstaltungen des § 68 eingehalten werden (differenzierend auch *Koch* Tz 2, wo zwischen konstitutiven und deklaratorischen Merkmalen des § 68 unterschieden wird; Abgrenzung allerdings schwierig und daher nur schwer praktikabel). Außerdem ist zu berücksichtigen, daß die Beispiele des § 68 die allgemeine Vorschrift des § 65 ergänzen und „interpretieren" sollen. § 65 muß daher auch bei der Auslegung der einzelnen Merkmale des § 68 herangezogen werden, so zB die Wettbewerbsklausel des § 65 Nr 3 für die Beurteilung der Frage, ob Einrichtungen wirklich nur zu den in § 68 genannten einzelnen Zwecken unterhalten werden. Zur Änderung der AO durch Gesetz v 25. 6. 1980 (BGBl I 80, 731) vgl BdF-Schreiben v 13. 1. 1982 (BStBl I 300). Als Folge der Neuregelung der steuerlichen Behandlung von **sportlichen Veranstaltungen** in § 67a durch das StBereinigG 1986 wurden die früher in § 68 Nr 7 enthaltenen Vorschriften über die Zweckbetriebseigenschaft von sportlichen Veranstaltungen gestrichen.

2. In **Nr 1 Buchst a** werden auch die **Altenwohnheime** erwähnt (Anpassung an Terminologie in § 1 des Heimgesetzes, BGBl I 74, 1873). Wohnstifte für vornehmlich begüterte Personen fallen nicht darunter. Zu den **Erholungsheimen** zählen zB Heime für erholungsbedürftige Mütter. Mahlzeitendienst: Essen auf Rädern.

3. In **Nr 1 Buchst b** werden auch Kinderheime, Schullandheime, Jugendherbergen genannt; dies dient der Klarstellung. Die Voraussetzung des § 53 brauchen nicht vorzuliegen.

4. Selbstversorgungseinrichtungen. Krankenhausapotheken können nicht als Selbstversorgungseinrichtungen iSd Nr 2 Buchst b behandelt werden, wenn sie überwiegend fertige Medikamente einkaufen und weitergeben.

5. Werkstätten für Behinderte nach **Nr 3,** die förderungsfähig sind, sind ebenfalls Zweckbetriebe. Voraussetzungen für Anerkennung richtet sich nach §§ 52ff SchwerbeschädigtenG (BGBl 74, 1005). Unter den Behindertenbegriff fallen Behinderte iSd ArbeitsförderungG (BGBl 69 I 582). Umsatzgrenze nach **Nr 2** gilt hier nicht. Zu den Zweckbetrieben nach Nr 3 gehören auch die von den Trägern der Behindertenwerkstätten betriebenen Kantinen, weil die besondere Situation der Behinderten auch während der Mahlzeiten eine Betreuung erfordert (AnwErl zu § 68 Abschn 5).

6. Einrichtungen der Blindenfürsorge nach **Nr 4** sind Zweckbetrieb; sie brauchen nicht von einem Blindenverein betrieben zu sein. Die Wettbewerbsgrenze des § 65 Nr 3 ist bei der Auslegung zu beachten (s oben Anm 1).

7. Jugendhilfe (Nr 5). Zu Nr 5, Freiwillige Erziehungsbeihilfe, vgl §§ 62 ff JugendwohlfahrtsG (BGBl 77 I 633).

8. In **Nr 6** ist vorgesehen, daß gemeinnützige Körperschaften **Lotterien** und Ausspielungen nicht nur einmal, sondern zweimal im Jahr veranstalten können. Begrenzung gilt auch für Dachorganisationen, es sei denn, daß deren Unterverbände rechtlich selbständig sind. Die Begrenzung gilt dann für jeden einzelnen Unterverband. Regelung befreit nicht von LotterieSt. Da für den Umfang der jeweiligen Lotterie oder Ausspielung eine besondere Einschränkung fehlt, sind die allgemein durch § 65 gezogenen Grenzen zu beachten (s oben Anm 1). Eine umfangreiche Tätigkeit ist solange unschädlich, als die Körperschaft durch den Umfang der Lotterieveranstaltung oder Ausspielung nicht ihr Gepräge als begünstigte Einrichtung verliert (AnwErl zu § 68 Abschn 6). Unter Veranstaltungen sind außerdem nur innerhalb einer angemessenen Zeit abgewickelte Lotterien und Ausspielungen zu verstehen. Lotterien als Dauerveranstaltungen sind deshalb keine Zweckbetriebe (AnwErl zu § 68 Abschn 7).

9. Unter **Nr 7** fallen **kulturelle Einrichtungen** und Veranstaltungen. Kulturelle Einrichtungen und Veranstaltungen gemeinnütziger Körperschaften sind als steuerbegünstigte **Zweckbetriebe** zu behandeln, wenn der Überschuß der Einnahmen über die Unkosten aus diesen Veranstaltungen im **Durchschnitt** der letzten drei Jahre aus diesen Veranstaltungen einschließlich des Veranstaltungsjahres nicht mehr als 12 000 DM beträgt. Die Grenze soll in Zukunft gestrichen werden (s unten Anm 15 b). Im übrigen bestehen bei gemeinnützigen Vereinen bei den Einzelsteuern folgende Freibeträge bzw Freigrenzen: **KSt:** Freibetrag 5000 DM (nach **RegEntw VereinsförderungsG** 7500 DM); **GewSt:** Freigrenze 5000 DM (nach **RegEntw VereinsförderungsG** 7500 DM); **USt:** Freigrenze 20000 DM; **VSt:** Freigrenze 20000 DM.

Für die Ermittlung des Überschusses gelten die allgemeinen steuerlichen Grundsätze. Es sind sämtliche **Einnahmen** anzusetzen, zB Eintrittsgelder, Programmerlöse, Erlöse aus Festabzeichen, vgl hierzu BFH BStBl 76, 472. Bei den **Ausgaben** dürfen nunmehr nach S 2 der Nr 7 alle Ausgaben berücksichtigt werden, die der Körperschaft durch die Erfüllung ihrer steuerbegünstigten Zwecke entstehen. Hierbei ist es nicht erheblich, ob die Ausgaben aus eigenen Mitteln oder aus öffentlichen Zuschüssen stammen. Die öffentlichen Zuschüsse müssen aber als Einnahmen angesetzt werden.

Nunmehr ist auch bei **Überschreiten** der Grenze von 12 000 DM ein Zweckbetrieb anzunehmen, wenn der Überschuß einer zulässigen **Rücklage** zugeführt und innerhalb von 3 Jahren für die steuerbegünstigten satzungsmäßigen Zwecke verwendet wird. Damit können die kulturellen Einrichtungen und Veranstaltungen gemeinnütziger Körperschaften in aller Regel als Zweckbetrieb behandelt werden (s näher zur Rücklagenbildung unten Anm 12).

3. Abschnitt. Steuerbegünstigte Zwecke § 68

11. Bei den in **Nr 7 Buchst b neu** genannten geselligen Veranstaltungen ist darauf hinzuweisen, daß der Hauptzweck des Vereins nicht in der Veranstaltung von geselligen Zusammenkünften liegen darf (RFH RStBl 1932, 572). Gesellige Veranstaltungen als Satzungszweck verstoßen daher gegen das Ausschließlichkeitsgebot des § 59 iVm § 56 und schließen die Gemeinnützigkeit aus (FG Berlin EFG 85, 146). Sie müssen im Vergleich zu den steuerbegünstigten Tätigkeiten von untergeordneter Bedeutung sein.

Unter dem **Begriff** gesellige Veranstaltungen sind zu verstehen Veranstaltungen, durch die die vereinsinterne Geselligkeit gepflegt, das Zusammengehörigkeitsgefühl der Mitglieder gestärkt und neue Mitglieder geworben werden sollen (AnwErl zu § 68 Abschn 8; *TK* Tz 8; *Koch* Tz 12). Veranstaltungen, bei denen Nichtmitglieder unbegrenzt Zutritt haben und die den Zuschnitt gewerblicher Veranstaltungen haben, rechnen nicht dazu (BFH BStBl 86, 88; 86, 92). Die Veranstaltung einer Kirmes, eines Volksfestes, sog Waldfeste, Wein- oder Bierfeste, öffentliche Faschingsbälle sind daher keine Zweckbetriebe. Ebenso wenig beinhaltet der Verkauf von Speisen und Getränken anläßlich des Heimspiels eines Fußballvereins eine gesellige Veranstaltung (FG Saarl EFG 86, 38). Insoweit liegt auch keine sportliche Veranstaltung vor (s oben § 67a Anm 3 b). Ansonsten umfaßt die Begünstigung der geselligen Veranstaltung auch den Verkauf von Speisen und Getränken, sofern die Veranstaltung in neutralen Räumen oder in der Vereinsgaststätte stattfindet, die Leistung aber nicht von der Vereinsgaststätte erbracht wird. Führt ein gemeinnütziger Verein gesellige Veranstaltungen durch und gibt dabei Festschriften heraus, die durch Werbeanzeigen finanziert werden, können Verluste aus Veranstaltungen nicht mit Gewinnen aus der Festschrift ausgeglichen werden (BFH DB 76, 1313). Die Zweckbetriebseigenschaft von geselligen Veranstaltungen soll in Zukunft gestrichen werden (s unten Anm 14 c).

12. Freigrenze. Für die Ermittlung der Freigrenze wird auf den **Durchschnitt** der letzten **3 Jahre** einschließlich des Veranlagungszeitraums abgestellt; damit sollen Zufallsergebnisse infolge der Zusammenballung von Einnahmen in einem Jahr nicht zum Ausschluß der steuerlichen Vergünstigung führen.

Die 12 000 DM-Grenze ist eine Freigrenze und **kein Freibetrag.** Wird sie auch nur geringfügig überschritten, wird der volle Betrag steuerlich erfaßt. Der Höchstbetrag kann für alle Veranstaltungen nur einmal im Veranlagungszeitraum in Anspruch genommen werden (AnwErl zu § 68 Abschn 10). Die Ergebnisse aus den verschiedenen Veranstaltungen sind zu **saldieren,** sodaß Verluste bei der einen Veranstaltung mit Gewinnen aus der anderen verrechnet werden können. Auf der Einnahmeseite werden alle vereinnahmten Beträge, einschließlich der Erlöse aus dem Verkauf von Festschriften usw erfaßt. Dagegen sind an Unkosten anzurechnen bei den geselligen Veranstaltungen nur die in unmittelbarem Zusammenhang angefallenen Ausgaben, bei den kulturellen Einrichtungen und kulturellen Veranstaltungen außer den unmittelbar entstandenen Ausgaben auch die gesamten anderen Unkosten, die dem Verein durch die steuerbegünstigten Zwecke entstehen. Aus dem Wort ,,insgesamt" folgt, daß für die Ermittlung des Überschusses der Saldo aus den Ergebnissen aller kulturellen und geselligen Veranstaltungen maßgeblich ist. Das Durchschnittsergebnis der

§ 68 2. Teil. Steuerschuldrecht

letzten drei Jahre einschl des Veranlagungsjahres entscheidet lediglich über die Stpfl für das betr Veranlagungsjahr. Ein hoher Überschuß in einem Jahr kann sich daher nur auf die Stpfl für dieses Jahr und evt für die beiden folgenden Jahre, nicht jedoch für die vorangegangenen Jahre auswirken. Die Grenze für die Zweckbetriebseigenschaft von kulturellen Einrichtungen und Veranstaltungen soll in Zukunft entfallen (s unten Anm 15 b).

13. Rücklagenbildung. Nach der Neufassung kann bei Überschreitung der Grenze der Überschuß in eine zulässige Rücklage (§ 58 Nr 6) eingestellt werden. Die Rücklage muß aber binnen 3 Jahren für steuerbegünstigte Satzungsmäßige Zwecke verwendet werden (§ 68 Nr 7 b). Anderenfalls muß nachversteuert werden, vgl *Hoffmann* Steuerliche Behandlung der Veranstaltungen von gemeinnützigen Sportvereinen iSd § 5 I Nr 9 KStG 77, FR 81, 32 ff. Die Überschüsse aus kulturellen Einrichtungen und kulturellen oder geselligen Veranstaltungen von mehr als 12 000 DM im Durchschnitt der letzten 3 Jahre sind nur dann zu besteuern, wenn die Voraussetzungen für die Rücklagenbildung nicht gegeben sind oder die Überschüsse tatsächlich nicht innerhalb von 3 Jahren für die steuerbegünstigten satzungsmäßigen Zwecke des Vereins verwendet werden. Die Rücklage kann auch ein Verein bilden, der nur gesellige Veranstaltungen hat. Die Bildung der Rücklage ist – anders als die Berücksichtigung von Unkosten S 2 – nicht auf bestimmte Veranstaltungen beschränkt (zum Verhältnis Rücklagenbildung zur Durchschnittsberechnung nach Sätze 1 und 2 des § 68 Nr 7 s AnwErl zu § 68 Abschn 17).

14. Volkshochschulen usw. Die Nr 8 wurde eingefügt durch Gesetz v 26. 11. 79, vgl BT-Drucks 8/2827. Vorbild für die Regelung war § 4 Nr 22 UStG, der insoweit eine USt-Befreiung enthält. Ein Zweckbetrieb liegt darüberhinaus auch vor, wenn die Einrichtung den Teilnehmern selbst Beherbergung und Beköstigung gewährt. Zu den Volkshochschulen gehören auch Einrichtungen der sog gebundenen Erwachsenenbildung. Das sind Einrichtungen, die von einer festen politischen, sozialen oder weltanschaulichen Grundeinstellung ausgehen, soweit sie den Kreis der Hörer nicht ausdrücklich einengen und auf das Ganze der zu bildenden Person abzielen, BFH BStBl 62, 458.

15. RegEntw Vereinsförderungsgesetz. Die im Regierungsentwurf eines Gesetzes zur Verbesserung und Vereinfachung der Vereinsbesteuerung vorgesehenen Änderungen des § 68 sollen erstmals ab 1. 1. 1990 angewendet werden (Art 2 des Gesetzentwurfs).

a) Neufassung des Einleitungssatzes. Diese Änderung **soll verdeutlichen,** daß die in § 68 genannten Beispiele Zweckbetriebe sind, ohne daß noch geprüft werden muß, ob auch alle allgemeinen Voraussetzungen für die Annahme eines Zweckbetriebes (§ 65) im Einzelfall erfüllt sind. Diese Auslegung ist auch bisher schon geboten (s oben Anm 1), wird aber durch die Neufassung besser zum Ausdruck gebracht. Sachliche Änderungen sind damit nicht verbunden.

b) Änderung der Nr 7. Die Änderung der Nr 7 hat vor allem die Streichung des Buchst b der Nr 7 zum Inhalt. Dadurch wird die bisherige Regelung, daß **gesellige Veranstaltungen** in bestimmten Grenzen Zweckbetriebe sind, abgeschafft. Sie sind daher in Zukunft als wirtschaftliche Geschäftsbetriebe zu behandeln, wenn die vorgesehene Regelung Gesetz wird. Aber auch hier ist die Besteuerungsgrenze des § 64 III (neu) zu beachten.

4. Abschnitt. Haftung **§ 69**

Kulturelle Einrichtungen und Veranstaltungen sollen nunmehr allgemein zu Zweckbetrieben erklärt werden. Auf das bisherige Abstellen auf eine bestimmte Grenze des Durchschnittsergebnisses der letzten drei Jahre kommt es danach nicht mehr an. Klargestellt wird, daß der Verkauf von Speisen und Getränken nicht zu den kulturellen Einrichtungen und Veranstaltungen zählt.

Vierter Abschnitt. Haftung

§ 69 Haftung der Vertreter

¹Die in den §§ 34 und 35 bezeichneten Personen haften, soweit Ansprüche aus dem Steuerschuldverhältnis (§ 37) infolge vorsätzlicher oder grob fahrlässiger Verletzung der ihnen auferlegten Pflichten nicht oder nicht rechtzeitig festgesetzt oder erfüllt oder soweit infolgedessen Steuervergütungen oder Steuererstattungen ohne rechtlichen Grund gezahlt werden. ²Die Haftung umfaßt auch die infolge der Pflichtverletzung zu zahlenden Säumniszuschläge.

§ 69 Satz 1 (mit Wirkung ab 1. 1. 1987) ergänzt durch StBereinigG 1986 v 19. 12. 85, BGBl I, 2436.

Schrifttum: *Mittelbach* Zur Haftung des gesetzlichen Vertreters für Steuerschulden, DStZ 79, 444; *Lohmeyer* Die Haftungstatbestände der AO 1977, Inf 80, 224; *Giemulla* Die Haftung des StBeraters bei unzulässiger StVermeidung, DStZ 82, 20; *Mösbauer* Steuerrechtl Haftung der gesetzl Vertreter, Vermögensverwalter und Verfügungsberechtigten, DStR 82, 123 ff; *Mittelbach* Haftung der Geschäftsführer für Steuerschulden der GmbH, DStZ 84, 211; *App* Der richtige Rechtsbehelf gegen Haftungsbescheid wegen Verspätungszuschlägen, DStR 85, 147; *Lippross* Zur Vereinbarkeit von Steuerschuld und Haftungsschuld bei „mehrstufigen" Haftungsschulden, DB 85, 339; *Prugger* Geschäftsführerhaftung für zu Unrecht ausgezahlte Vorsteuerabzüge – § 15 UStG 1980 – Ein Beitrag zum Urteil des BFH vom 21. Mai 1985 VII R 191/82, DStZ 85, 421; *Lohmeyer* Die Haftungstatbestände der §§ 69 bis 72 AO, StB 85, 377; *Hoffmann* Haftung des GmbH-Geschäftsführers für einbehaltene Sozialversicherungsbeiträge und Lohnsteuer, DB 86, 456; *Alexander* Haftungsfragen im Rahmen einer Außenprüfung im ersten Blick, StW 86, 31; *Buciek* Erlaßsituation und Haftungsfragen, DB 86, 2254; *Mösbauer* Die Haftung des Vaters und der Mutter ehelicher Kinder (§ 1626 Abs 1 S 1 BGB) sowie der sorgeberechtigten Mutter nichtehelicher Kinder (§ 1705 BGB) im Steuerrecht, DStZ 86, 239; *ders* Die Haftung des Geschäftsführers einer GmbH für Steuerschulden der GmbH, GmbHR 86, 270; *Geimer* Haftung für Rückgewähr von Steuervergütungen und Steuererstattungen – Zur Änderung des § 69 AO durch das Steuerbereinigungsgesetz 1986, DStZ 86, 436; *App* Beschränkung der Geschäftsführerhaftung nach dem Tode des Geschäftsführers, DStR 87, 152; *Nehm* Geschäftsführerhaftung für Steuerschulden – eine Zwischenbilanz, DB 87, 124; *Felix* Die haftungs- und strafrechtlichen Risiken des GmbH-Geschäftsführers als Beratungsfeld, Harzburger Protokolle 86, 105; *Buciek* Mitwirkendes Verschulden durch Unterlassen von Vollstreckungsmaßnahmen? DStR 87, 190; *Schulze zur Wiesche* Haftung eines GmbH-Geschäftsführers für Steuerschulden der GmbH, RWP 1987, 1156 SG 2.3, 139; *Schumann* Zur Haftung des Geschäftsführers für die Umsatzsteuer, UStR 87, 155; *Buyer* Zur Berechnung der Haftungshöhe bei Inanspruchnahme eines GmbH-Geschäftsführers nach § 69 AO, GmbHR 87, 276; *Felix* Die Risiken des GmbH-Geschäftsführers als Tätigkeitsfeld der Steuerberatung, DStZ 87, 455, 471; *Carl* Auswirkungen einer Stundung von Lohn- und Umsatzsteuer auf die Haftung eines GmbH-Geschäftsführers, DB 87, 2120; *Prugger* Die „anteilige" Umsatzsteuer im Haftungsfall, DB 87, 1989; *Braun* Zum Haftungsmaßstab bei der Haftung des Konkursverwalters für Steuerschulden, Zu OLG Frankfurt v. 5. 11. 86, DStZ 88, 93; *Hein* Haftet der GmbH-Geschäftsführer für Steuern, die erst nach Niederlegung seines Amtes fällig werden,

§ 69
2. Teil. Steuerschuldrecht

DStR 88, 65; *Prugger* GmbH-Geschäftsführerhaftung im Stichtagsprinzip, DStR 88, 539; *Harder* Das Auswahlermessen bei der Steuerhaftung, DB 88, 2022; *Richter* Steuerliche Folgen der Haftungsinanspruchnahme bei einem (ehemaligen) GmbH-Geschäftsführer, FR 88, 350.

Übersicht

1. Inhalt
2. Gesetzliche Vertreter
3. Keine Ausfallhaftung
4. Haftender Personenkreis
5. Haftungstatbestand
6. Fassung ab 1. 1. 1987
7. Haftung wofür
8. Kausalzusammenhang
9. Vorsatz und grobe Fahrlässigkeit
10. Geltendmachung der Haftung
11. Übergangsregelung

1. Inhalt. Die Vorschrift begründet für die in §§ 34, 35 bezeichneten Personen eine Haftung, soweit durch **vorsätzliche** oder **grob fahrlässige** Verletzung ihrer Pflichten Ansprüche aus dem Steuerschuldverhältnis (vgl § 37) nicht oder nicht rechtzeitig **festgesetzt** oder **entrichtet** werden. Verstoß gegen **handelsrechtl** Pflichten, zB Konkursanmeldung, führt **nicht** zur **Haftung,** vgl BFH DStR 78, 141. Eine Haftung für **leicht fahrlässiges** Verhalten ist im Gegensatz zu § 109 RAO nicht mehr vorgesehen.

2. Unter die Vorschrift fallen die **gesetzlichen Vertreter** natürlicher und juristischer Personen, die **geschäftsführenden Personen** von nicht rechtsfähigen Personenvereinigungen und Vermögensmassen, Vermögensverwalter und **Verfügungsberechtigte.** Diese treten durch die §§ 34, 35 kraft Gesetzes in ein unmittelbares Pflichtverhältnis zur Finanzbehörde. Abweichend von § 109 RAO verwendet die Fassung nicht mehr den Begriff der verkürzten Steuern, um zu vermeiden, daß daraus geschlossen wird, es müsse sich um hinterzogene Steuern handeln. Die Vorschrift stellt darauf ab, daß infolge der Pflichtverletzung Steuern nicht oder nicht rechtzeitig festgesetzt oder entrichtet werden. Wer nur beauftragt ist, **Tathandlungen** auszuführen, hat **keine steuerl Pflichten** des Auftraggebers zu erfüllen und haftet daher nicht als Bevollmächt oder Verfügungsberechtigter, FG Hbg EFG 78, 251.

3. Es handelt sich bei der Haftung **nicht** um eine sog Ausfallhaftung (vgl RFH 22, 281), dh der Haftende kann nicht einwenden, daß die FinBeh durch schuldhaftes Verhalten, zB durch Nichteinleitung von Vollstreckungsmaßnahmen, den Schaden selbst verursacht (aA *Bühler* Lehrbuch des Steuerrechts I S 144). Vgl aber § 191 V. Zur Frage, ob bei unterlassenen Vollstreckungsmaßnahmen mitwirkendes Verschulden der FinBeh geltend gemacht werden kann, s unten Anm 9.

4. Haftender Personenkreis. Nach § 109 RAO sollten ,,die Vertreter und die übrigen in den §§ 103 bis 108 bezeichneten Personen haften". Die Neufassung führt den **Vertreter** nicht mehr auf. Eine Haftung für die Angehörigen der **steuerberatenden Berufe** kann nur eintreten, wenn sie zu dem in §§ 34, 35 genannten Personenkreis gehören. Im übrigen ist zu dem

4. Abschnitt. Haftung **§ 69**

haftenden Personenkreis auf die Erl oben zu §§ 34 und 35 zu verweisen. Ein **StSchuldner kann** nicht zugleich als **Haftender** in Anspruch genommen werden, BFH BStBl 77, 255.

5. Haftungstatbestand. Haftung, soweit Steuern oder steuerliche Nebenleistungen (§ 3 III) **nicht** oder nicht rechtzeitig festgesetzt oder entrichtet werden. Nicht oder nicht rechtzeitig festgesetzt werden Steuern ua dann, wenn der Vertreter keine oder eine unrichtige oder unvollständige Steuererklärung abgibt. Nicht oder nicht rechtzeitig entrichtet werden Steuern, wenn zB der Vertreter eine Stundung bewilligt bekommt aufgrund unrichtiger Angaben, ferner, wenn der Vertreter die Zahlung der Steuerschuld im Vergleich zu anderen Schuldnern vernachlässigt. Bei der Beurteilung der Frage, ob eine Vernachlässigung vorliegt, ist zwischen den Abzugsteuern, insbesondere der Lohnsteuer, und den anderen Steuern zu unterscheiden.

Bei den Entrichtungssteuern kommt eine Haftung des Vertreters nicht in Betracht, wenn der Vertretene zur Zahlung der Steuer finanziell nicht in der Lage war (vgl BFH BStBl 82, 521; BFH/NV 85, 19; 86, 192; 86, 387; 87, 5). Selbst wenn insoweit der Haftungstatbestand nicht gegeben wäre, würde es jedenfalls am Verschulden des Vertreters fehlen. Maßgebender Zeitpunkt, ob Zahlungsfähigkeit gegeben war, ist grundsätzlich der der Fälligkeit der Steuern (BFH/NV 87, 210; s aber auch oben § 34 Anm 3 zur Haftung für künftig fällig werdende Steuern). Eine die Haftung ausschließende Illiquidität ist aber nicht schon dann anzunehmen, wenn die finanziellen Mittel nicht zur Bezahlung aller Schulden ausreichen. Die Steuerrückstände sind dann vielmehr **etwa in gleicher Weise** zu tilgen **wie die Forderungen anderer Gläubiger** (so für die Umsatzsteuer: BFH BStBl 84, 776; 85, 539; 86, 657; 87, 273; 88, 219; 88, 220; BFH/NV 88, 481; für die Mineralölsteuer: BFH/NV 86, 261). Das gilt auch dann, wenn die Umsatzsteuervoranmeldungen nicht oder nicht ordnungsgemäß abgegeben worden sind (BFH BStBl 88, 980; aA FG München EFG 88, 338; ähnlich wie hier FG München EFG 88, 608, das allerdings das Fehlen ausreichender Mittel im Rahmen der 1. Alternative des § 69 S 1 nicht beim Verschulden sondern erst bei der Ausübung des Ermessens berücksichtigen will). Es ist also eine **Vergleichsrechnung** vorzunehmen, die nicht durch andere Erwägungen (zB überhöhte Gehaltszahlungen) ersetzt werden kann (BFH/NV 87, 212). In die Vergleichsrechnung sind auch die Bankschulden einzubeziehen. Das gleiche gilt für die Personalaufwendungen des Unternehmers (BFH BStBl 88, 172). In die zur Tilgung zur Verfügung stehenden Mittel hat der Vertreter die nur durch seine persönliche Mithaftung erlangten betrieblichen Kreditmittel einzubeziehen (FG Nürnberg EFG 87, 534). Der Grundsatz, daß Umsatzsteuerrückstände mit dem in etwa gleichen Anteil zu tilgen sind wie die Verbindlichkeiten anderer Gläubiger, gilt allerdings dann nicht, wenn eine Bank anläßlich einer von ihr finanzierten Umschuldungsmaßnahme vorrangig befriedigt worden ist (BFH/NV 88, 74). Im übrigen kommt eine Inanspruchnahme als Haftungsschuldner nur in dem Umfang in Betracht, in dem die Steuerschulden während der Vertretung (Geschäftsführertätigkeit) fällig geworden sind (BFH/NV 87, 422).

Die genannte Vergleichsrechnung zur Ermittlung der Haftungssumme ist **zeitraumbezogen** (Haftungszeitraum) **und überschlägig** vorzunehmen.

§ 69   2. Teil. Steuerschuldrecht

Ungleichmäßigkeiten in der Zahlungsfähigkeit des eigentlichen Steuerpflichtigen während des Haftungszeitraums können durch pauschale Abschläge von der überschlägig ermittelten durchschnittlichen Tilgungsquote ausgeglichen werden (BFH BStBl 88, 172). Bei Umsatzsteuerrückständen kann in die Berechnung der Haftungssumme (sog anteilige Umsatzsteuer) auch die Liquiditätslage im Vorauszahlungszeitraum und nicht nur im Veranlagungszeitpunkt einzubeziehen sein, wenn der Steuerrückstand darauf beruht, daß in vorwerfbarer Weise zu niedrige Vorauszahlungen erbracht worden sind (BFH BStBl 88, 742). Für den Umfang der Benachteiligung gegenüber anderen Gläubigern trägt die FinBeh die **Beweislast** (BFH/NV 87, 223). Das FA hat darzutun, daß dem Vertreter hinreichende Mittel zur Verfügung standen, um die von der vertretenen Person geschuldeten Steuern zu entrichten (BFH BStBl 83, 249).

    Strengere Anforderungen sind bei der Verpflichtung zur Entrichtung von **Abzugsteuern** zu stellen (BFH BStBl 72, 364; aA *TK* Tz 12), insbesondere bei der Lohnsteuer. Die Lohnsteuer ist zwar nicht vorrangig vor anderen betrieblichen Verpflichtungen, aber **gleichrangig mit den ausgezahlten Nettolöhnen** zu entrichten (BFH/NV 86, 583). Nichtabführung von Lohnsteuerabzugsbeträgen ist daher unabhängig von der wirtschaftliche Lage des Arbeitgebers in jedem Fall als grobe Pflichtverletzung zu beurteilen (BFH BStBl 82, 521; BFH/NV 87, 273). Liquiditätsschwierigkeiten des Arbeitgebers sind somit kein Entschuldigungsgrund (BFH/NV 87, 550). Ein Arbeitgeber, dessen Mittel zur Bezahlung der vollen vereinbarten Löhne (einschl der Lohnsteuer) nicht ausreichen, darf die Löhne **nur gekürzt** auszahlen, damit er aus den übrigen Mitteln die entsprechende Lohnsteuer an das FA abführen kann. Die Verpflichtung gilt auch für seinen eigenen Arbeitslohn (BFH BStBl 88, 167). Er kann sich nicht damit entschuldigen, daß bei dieser Verfahrensweise die Gefahr einer Arbeitsniederlegung bestanden hätte (BFH/NV 86, 266; 86, 378). Ein Entschuldigungsgrund ist es ferner nicht, daß die Banken die Kreditmittel mit der ausdrücklichen Zweckbestimmung gezahlt haben, diese nur für Lohnzahlungen zu verwenden (BFH BStBl 83, 655; BFH/NV 86, 583). Die Haftung erstreckt sich nur auf die auf die Nettolöhne entfallende Lohnsteuer, wenn die Mittel nur für die Auszahlung der Nettolöhne ausreichten. Denn nur in dieser Höhe hat der Arbeitgeber Lohnsteuer verkürzt, da er nur entsprechend gekürzte Löhne hätte auszahlen dürfen (BFH BStBl 88, 859; BFH/NV 88, 685; 88, 764; FG Düsseld EFG 88, 146; 84, 378; BGH Wistra 85, 104; aA FG RheinPf 87, 330). Diese Haftungsbeschränkung kommt aber im Rahmen eines längeren Haftungszeitraums nur für den letzten Lohnsteueranmeldungszeitraum in Betracht. Wer nämlich in Kenntnis der für den Vormonat entstandenen, noch nicht abgeführten LSt die Nettolöhne für den laufenden Monat in vollem Umfang auszahlt, handelt vorsätzlich seiner Verpflichtung zuwider und haftet insoweit unbeschränkt (BFH BStBl 88, 859; BFH/NV 88, 685, 764; FG Nieders EFG 82, 4). Aber auch für den letzten Lohnzahlungszeitraum greift die Haftungsbeschränkung auf die auf die Nettolöhne entfallende LSt nur in Ausnahmefällen ein. Nach Auffassung des BFH (aaO) ist der Sachverhalt, daß gerade noch die Nettolöhne in voller Höhe ausbezahlt werden konnten, so außergewöhnlich, daß dafür der Haftungsschuldner die Beweislast trägt. Ein nach dem Fälligkeitszeitpunkt für die Abführung der Lohnsteuer gestellter Stundungsantrag ändert nichts daran, daß in der nicht rechtzeitigen Abführung eine schuldhafte – in der Regel vorsätzliche – Pflichtverletzung liegt (BFH/NV 88, 7).

6. Fassung ab 1. 1. 1987. Haftung für **Steuererstattungen** und **Steuervergütungen.** Durch das StBereinigG ist die Haftung erweitert worden, soweit infolge vorsätzlicher oder grob fahrlässiger Pflichtverletzung Steuervergütungen oder Steuererstattungen **ohne rechtlichen Grund** gezahlt werden. Eine entsprechende Regelung enthielt bereits § 109 Abs 1 Reichsabgabenordnung sowie § 69 des Entwurfs einer Abgabenordnung (EAO 1974; BT-Drucksache VI/1982). Bei den parlamentarischen Beratungen des Gesetzentwurfs wurde darauf verzichtet, die Regelung aus der Reichsabgabenordnung zu übernehmen, da die Auffassung bestand, durch die Verweisung in § 69 Satz 1 auf § 37 AO seien sämtliche Ansprüche aus dem Steuerschuldverhältnis, mithin auch zu Unrecht erwirkte Steuervergütungen oder Erstattungen erfaßt. Diese Auffassung ist nach unterschiedlichen Entscheidungen der FG vom BFH erst verhältnismäßig spät bestätigt worden (vgl BFH BStBl 85, 488; 87, 409; BFH/NV 85, 18; 86, 129). Die Änderung soll deshalb der Klarstellung im Sinne der Verwaltungsauffassung dienen. Das Gesetz meint hier offenbar den rechtlichen Grund nach materiellem Recht, dh eine nach materiellem Recht zu Unrecht erfolgte Zahlung und folgt damit der Interpretation von *Tipke/Kruse* zu § 37 II 1 (vgl § 37 Tz 12). Demgegenüber besteht uE der **rechtliche Grund** in der **formellen Festsetzung** des Anspruchs (s Anm 6 zu § 37, Anm 3d zu § 38; *HHSp* § 37 Tz 42; *Koch* § 37 Tz 12; *Schwarz* § 37 Tz 10; FG Köln EFG 82, 101). Damit liefe allerdings die Haftungserweiterung weitgehend ins Leere, sodaß im Rahmen des § 69 auf die materielle Unrechtmäßigkeit der Zahlung abzustellen ist, um die vom Gesetz gewollte Wirkung zu erreichen.

7. Haftung wofür. Die Haftung bezieht sich auf Ansprüche aus dem StSchuldverhältnis (vgl § 37). Haftung daher auch für **Verspätungs- und Säumniszuschläge,** die infolge vorsätzlicher oder grobfahrlässiger Verletzung der Pflichten nicht oder nicht rechtzeitig festgesetzt oder erfüllt worden sind, BFH BStBl 80, 375; 82, 355; BFH/NV 86, 518; 88, 219; 88, 685). Der Grund liegt darin, daß zu den Ansprüchen aus dem Steuerschuldverhältnis auch die steuerlichen Nebenleistungen gehören (§ 3 III). Für davon zu unterscheidende Säumniszuschläge, die nach § 240 entstanden sind, daß der Vertreter die Steuer bis zum Ablauf des Fälligkeitstages nicht entrichtet hat, besteht eine Haftung unmittelbar nach § 69 S 2 (vgl *Koch* Tz 11). Die Haftungsvoraussetzungen für festgesetzte Verspätungszuschläge sind im übrigen **gesondert zu prüfen** (FG München EFG 87, 331). Der Geschäftsführer einer GmbH kann daher nicht für gegen die GmbH festgesetzte Verspätungszuschläge wegen verspäteter LSt-Anmeldung in Anspruch genommen werden, wenn die GmbH im Zeitpunkt der Festsetzung der Verspätungszuschläge bereits zahlungsunfähig war (FG München aaO; FG BadWürtt EFG 88, 94). Außerdem ist die Inanspruchnahme des Geschäftsführers für Säumniszuschläge wegen angemeldeter, nicht abgeführter LSt-Abzugsbeträge ermessensfehlerhaft, wenn die Säumniszuschläge auf Zeiträume entfallen, in denen die GmbH bereits zahlungsunfähig war (BFH/NV 88, 685; FG BadWürtt aaO).

§ 69 2. Teil. Steuerschuldrecht

8. Kausalzusammenhang. Zwischen der Pflichtverletzung und den steuerlichen Wirkungen muß ein **kausaler Zusammenhang** bestehen, ob dies der Fall ist, richtet sich nach allgemeinen Erfahrungssätzen. Der Ursachenzusammenhang darf nicht außerhalb des Wahrscheinlichen sein. Das pflichtwidrige Verhalten kann auch vor Fälligkeit, ggf auch vor Entstehung der später verkürzten StAnsprüche liegen (s näher oben Erl zu § 34 Anm 3).

9. Haftung tritt nur bei Vorsatz oder grober Fahrlässigkeit ein. Vorsätzlich handelt, wer sich bewußt ist, daß sein Handeln oder Unterlassen die Verkürzung der Steuern herbeiführt, und diesen Erfolg entweder will oder doch wenigstens billigend in Kauf nimmt. Grob fahrlässig handelt, wer die im Verkehr erforderliche Sorgfalt in besonders schwerem Maße außer acht läßt. Die Frage, ob auf den strafrechtlichen oder zivilrechtlichen Fahrlässigkeitsbegriff abgestellt werden soll, dürfte nach der Beschränkung auf grobe Fahrlässigkeit nur noch von geringer Bedeutung sein. Die Tatsache, daß in § 378 von Leichtfertigkeit gesprochen wird, spricht dafür, daß hier der zivilrechtliche Fahrlässigkeitsbegriff gilt; aA *TK* Tz 9. Der Vertreter kann sich in der Regel nicht damit entschuldigen, daß er seine Pflichten als Vertreter auf andere (zB Angestellte oder Steuerberater) übertragen oder diesen freie Hand gelassen hat (BFH/NV 85, 18; 86, 61; s auch oben Erl zu § 34 Anm 2) oder daß er (zB als Ausländer) die einschlägigen Vorschriften nicht gekannt habe (FG RheinPf EFG 86, 322; FG BadWürtt EFG 87, 591). Das Unterlassen der Steuerzahlung im Vertrauen auf den Rat eines Rechtsanwalts ist allenfalls dann entschuldigt, wenn der Vertreter den Rechtsanwalt voll und zutreffend in Kenntnis gesetzt und daraufhin die unmißverständliche Auskunft erhalten hat, er habe steuerliche Pflichten im Hinblick auf die betreffenden Steuern nicht zu erfüllen (BFH/NV 86, 133). Nicht zur Entschuldigung kann die Behauptung des Geschäftsführers einer GmbH führen, ihm sei von dem aus Rechtsanwälten und Steuerberatern bestehenden Verwaltungsbeirat geraten worden, zunächst nur die dringendsten Verpflichtungen der Gesellschaft zu erfüllen und die vom Arbeitslohn einbehaltene Lohnsteuer im Vertrauen auf eine Verbesserung der Liquiditätslage vorläufig nicht abzuführen (BFH/NV 86, 126). Bei einem Rechtsirrtum über die steuerlichen Pflichten geht es also immer darum, ob der Rechtsirrtum entschuldbar ist (vgl BFH BStBl 81, 801; BFH/NV 87, 5; 88, 625). Die Geschäftsführerhaftung tritt allerdings nicht ein, wenn die **Rechtslage** hinsichtlich der Steuerpflicht eines Vorgangs **zweifelhaft** ist und nicht anzunehmen ist, daß der Kläger bei Einholung einer Auskunft von sachverständiger Seite eine die Steuerpflicht zweifelsfrei bejahende Antwort erhalten hätte (BFH/NV 86, 189). Der Geschäftsführer einer GmbH haftet auch nicht für nicht abgeführte LSt, wenn er darauf vertrauen konnte, daß die StSchuld aus einem UStGuthaben der GmbH getilgt werde, er einen entsprechenden Verrechnungsantrag gestellt hatte und das FA in der Vergangenheit derartige Verrechnungen vorgenommen hatte (BFH/NV 87, 74).

Das Verschulden ist ein normatives Tatbestandsmerkmal, für dessen Vorliegen dem FA die **Feststellungslast** obliegt und dessen Beurteilung der Revision unterliegt (BFH/NV 86, 189). Der Geschäftsführer einer GmbH haftet für deren Steuerschulden allerdings auch dann, wenn Feststellungen

4. Abschnitt. Haftung § 70

darüber, ob die GmbH bei Fälligkeit der Steuerschulden über ausreichende Mittel zu deren voller oder anteiliger Begleichung verfügt hat, aufgrund des Verhaltens der Vertreter der GmbH fehlen (FG Nürnberg EFG 86, 530).

Das Verschulden iS des § 69 braucht sich **nur auf die Pflichtverletzung** und nicht auf deren Folgen zu beziehen (BFH/NV 88, 7). **Mitwirkendes Verschulden** des FA führt nicht in entsprechender Anwendung des § 254 BGB zur Haftungsminderung (BFH HFR 61, 109; offen gelassen in BFH/NV 85, 18; aA *TK* Tz 11; *Kanzler* DStR 85, 339; *Buciek* DStR 87, 190), sondern kann ggf bei der **Ermessensausübung** berücksichtigt werden (BFH BStBl 78, 683). Nach der Rspr des BFH (BFH/NV 86, 508, 86, 518) ist eine volle Inanspruchnahme unter Ermessensgesichtspunkten regelmäßig gerechtfertigt, wenn das Verschulden des Haftungsschuldners erheblich ist.

10. Geltendmachung der Haftung siehe § 191. Der Fiskus kann Schadensersatzansprüche gegen einen Konkursverwalter wegen Nichtabführung von Lohn- und Umsatzsteuer nicht im Zivilrechtsweg geltend machen. §§ 69, 34 und 191 gehen vor. Er muß den Konkursverwalter daher durch Haftungsbescheid in Anspruch nehmen (LG Frankfurt, DStR 85, 674; OLG Frankfurt, StRK, KO § 82 RNr 3). Haftungsbeschränkung für **Angehörige der steuerberatenden** Berufe siehe dort Abs 2. Es ist nicht mehr erforderlich, daß ein **berufs- oder ehrengerichtliches Verfahren** vor Erlaß des Haftungsbescheides durchgeführt wird; lediglich bekommt die zuständige Berufskammer Gelegenheit zur Stellungnahme. Die Fälle, in denen ein Angehöriger der steuerberatenden Berufe nach § 69 wegen einer Handlung, die er in Ausübung seines Berufes vorgenommen hat, in Anspruch genommen wird, dürften selten sein, weil die in §§ 34, 35 genannten Vertretungsfälle mit der Ausübung des Berufs als Steuerberater und ähnlichem idR nichts zu tun haben.

11. Übergangsregelung in Art 97 § 11 EGAO: Neue Haftungsvorschriften sind anzuwenden, wenn haftungsbegründender Tatbestand nach dem **31. 12. 76** verwirklicht wurde.

§ 70 Haftung des Vertretenen

(1) Wenn die in den §§ 34 und 35 bezeichneten Personen bei Ausübung ihrer Obliegenheiten eine Steuerhinterziehung oder eine leichtfertige Steuerverkürzung begehen oder an einer Steuerhinterziehung teilnehmen und hierdurch Steuerschuldner oder Haftende werden, so haften die Vertretenen, soweit sie nicht Steuerschuldner sind, für die durch die Tat verkürzten Steuern und die zu Unrecht gewährten Steuervorteile.

(2) ¹**Absatz 1 ist nicht anzuwenden bei Taten gesetzlicher Vertreter natürlicher Personen, wenn diese aus der Tat des Vertreters keinen Vermögensvorteil erlangt haben.** ²**Das gleiche gilt, wenn die Vertretenen denjenigen, der die Steuerhinterziehung oder die leichtfertige Steuerverkürzung begangen hat, sorgfältig ausgewählt und beaufsichtigt haben.**

§ 70
2. Teil. Steuerschuldrecht

Schrifttum: *Hartmann/Christians* Die Haftung von Arbeitgeber und Arbeitnehmer für die einbehaltene Lohnsteuer, FR 84, 468; *Lohmeyer* Die Haftungstatbestände der §§ 69 bis 72 AO, StB 85, 377; *Mösbauer* Die Steuerhaftung der Vertretenen (§ 70 AO), Information StW 87, 529; *Lohmeyer* Die Haftungsansprüche aus §§ 70, 71 AO, Information StW 88, 1.

Übersicht
1. Inhalt
2. Steuerliche Verfehlung
3. Steuerhinterziehung
4. Steuerschuldner oder Haftender
5. Vertretener als Steuerschuldner
6. Umfang der Haftung
7. Gesetzliche Vertreter natürlicher Personen
8. Übergangsregelung

1. Inhalt. Die Vorschrift hat insbes Bedeutung für das **Zoll- und Verbrauchsteuerrecht.** Danach können die Vertreter uU, wenn sie für den Vertretenen tätig werden, selbst **Steuerschuldner** werden. Häufig sind sie jedoch nicht in der Lage, die Schuld zu bezahlen. Daher wird hier der **Zugriff** auf den **Vertretenen** eröffnet, in dessen Interesse die Vertreter tätig waren. Die Vorschrift greift jedoch nur ein, wenn der Vertretene ohnehin nicht schon Steuerschuldner ist. Nach der **Neufassung** durch die AO 77 ist eine Haftung für Familien- oder Haushaltsangehörige nicht mehr vorgesehen, ferner nicht ohne weiteres die Haftung des Arbeitgebers für den Arbeitnehmer, sofern dieser nicht zu den in §§ 34, 35 genannten Personen gehört. Die Haftung entfällt nach **Abs 2** für Handlungen gesetzlicher Vertreter natürlicher Personen, wenn diese keinen Vermögensvorteil aus der Tat erlangt haben; das gleiche gilt bei sorgfältiger Auswahl und Beaufsichtigung.

2. Vertreter müssen bei Ausübung ihrer Obliegenheiten eine **steuerliche Verfehlung** begangen haben. Die Vorschrift greift nicht ein, wenn der Vertretene, hätte er selbst gehandelt, selbst nicht haften würde, zB durch fahrlässige Ausstellung einer Bescheinigung durch einen Bankangestellten, die der Stpfl zu einer Steuerhinterziehung verwendet (*Riewald* I, 518). Die Handlung des Vertreters muß **im Zusammenhang** mit seinen Aufgaben stehen; das ist der Fall, wenn sie ohne die Aufgabenübertragung nicht begangen worden wäre (BFH BStBl 52, 16). Ob die Tat in den Rahmen seiner Befugnisse fiel, ist nicht entscheidend.

3. Steuerhinterziehung, leichtfertige Steuerverkürzung, Teilnahme an Steuerhinterziehung vgl §§ 370, 378. **Teilnahme** kann Anstiftung oder Beihilfe sein, vgl §§ 26, 27 StGB. Darunter fallen **nicht** die sog **Anschlußstraftaten** wie Begünstigung und Hehlerei; es handelt sich hierbei um selbständige Taten. Veranlagungsstelle ist an Entscheidung der Strafsachenstelle nicht gebunden und umgekehrt, BFH BStBl 73, 68; aA *TK* Tz 6.

4. Vertretene müssen dadurch **Steuerschuldner** oder **Haftende** werden. Haftung kann zB nach § 69 oder 70 eintreten.

5. Haftung des Vertretenen nur, wenn er **nicht** ohnehin schon **Steuerschuldner** ist. Bei den Betrieb- und Verkehrsteuern ist dies regelmäßig der Fall, ausgenommen jedoch die Steuern, die der Vertretene im Wege des

4. Abschnitt. Haftung　　　　　　　　　　　　　　　　　　　**§ 71**

Steuerabzugs zu entrichten hat (zB LSt, KapErtrSt). Nach dem Wortlaut erfaßt die Vorschrift auch die Abzugsteuer. Insoweit wird die Vorschrift aber durch die Sonderregelungen in §§ 42d, 44, 50a EStG verdrängt, vgl *TK* Tz 1.

6. Umfang der Haftung. Die Vorschriften über die Festsetzungsfrist gelten auch für den Haftungsbescheid. **Festsetzungsfrist** beträgt bei hinterzogenen St 10 Jahre, bei leichtfertiger Steuerverkürzung 5 Jahre (§ 191 III 1). Beginn mit Ablauf des Kalenderjahres, in dem der Haftungstatbestand verwirklicht ist (§ 190 III 2). Haftung auch für Zinsen, vgl § 239.

7. Bei Taten **gesetzlicher Vertreter natürlicher Personen** tritt eine Haftung nur bei Vermögensvorteil ein. **Abs 2 S 1.** Haftung tritt ferner nicht ein, wenn der Vertreter sorgfältig ausgewählt **und** beaufsichtigt wurde. Hierbei ist ein **obj** Maßstab anzulegen (*Koch* Tz 8; aA *TK* Tz 5). **Auswahlverschulden** kommt **nicht** in Betracht, wenn der Vertretene **gezwungen** war, den Betroffenen als Vertreter zu beschäftigen. Fälle dürften jedoch nach Einschränkung der Haftung auf die in §§ 34, 35 genannten Personen nicht praktisch werden. Im Rahmen der Mitwirkungspflicht der Haftenden nach § 90 muß der Haftende Umstände darlegen, aus denen sich der Entlastungsbeweis ergibt. Zweifel gehen jedoch nicht zu seinen Lasten, (*Koch* Tz 8). **Entlastungsbeweis nicht** zugelassen, wenn Vertretener aus Tat einen Vermögensvorteil erlangt hat.

8. Übergangsregelung s § 69 Anm 10.

§ 71 Haftung des Steuerhinterziehers und des Steuerhehlers

Wer eine Steuerhinterziehung oder eine Steuerhehlerei begeht oder an einer solchen Tat teilnimmt, haftet für die verkürzten Steuern und die zu Unrecht gewährten Steuervorteile sowie für die Zinsen nach § 235.

Schrifttum: *Giemulla* Die Haftung des Steuerberaters bei unzulässiger Steuervermeidung, DStZ 82, 20; *Hartmann/Christians* Die Haftung von Arbeitgeber und Arbeitnehmer für die einbehaltene Lohnsteuer, FR 84, 468; *Mösbauer* Die Haftung im Steuerrecht bei Steuerhinterziehung und Steuerhehlerei, NWB Fach 13, 677 (46/85); *Lohmeyer* Die Haftungstatbestände der §§ 69 bis 72 AO, StB 85, 377; *Prugger* Keine „Nullsituation" bei der Umsatzsteuer, DStZ 85, 575; *Maier* Die mittelbare Täterschaft bei Steuerdelikten, MDR 86, 358; *Pump* Psychische Beihilfe des Auftraggebers eines steuerhinterziehenden Auftragnehmers oder Subunternehmers als Grundlage der Haftung gem § 71 AO, StBp 86, 282; *Lohmeyer* Die Haftungsansprüche aus § 70, 71 AO, Information StW 88, 1.

1. Inhalt. Die Vorschrift entspricht fast wörtlich **§ 112 RAO**; die Worte „auch wenn er nicht Steuerschuldner ist" sind als entbehrlich nicht übernommen worden.

2. Als **Haftende** kommen in Betracht zB Angestellte, die für den Steuerpflichtigen tätig sind, Steuerberater. Haftung auch für Arbeitgeber im LSt-Abzugsverfahren. Der Grundsatz, daß Haftungsschuldner und StSchuldner nicht identisch sein können, gilt nicht, wenn eine **Mehrheit** von **StSchuldnern** besteht. Wenn eine Ware von mehreren Beteiligten gemeinschaftlich oder gleichzeitig der zollamtlichen Überwachung vorenthalten oder entzogen worden ist, so entsteht die Zollschuld nach § 57 ZG in der

§ 71
2. Teil. Steuerschuldrecht

Person jedes Beteiligten. In einem solchen Fall ist es begrifflich nicht ausgeschlossen, daß ein Beteiligter, der gem § 57 II ZG selbst Schuldner der Eingangsabgabeforderung geworden ist, zugleich wegen seiner Beteiligung an der Abgabenhinterziehung als Haftungsschuldner für die Abgabenforderung gegen einen anderen Tatbeteiligten eintreten muß. Die Hilfsfunktion des Haftungsanspruchs gilt nicht für die Inanspruchnahme des Abgabehinterziehers, FG Hessen EFG 82, 272.

3. Steuerhinterziehung. Steuerhehlerei oder Teilnahme vgl §§ 370, 374. **Teilnahme** ist Anstiftung (§ 26 StGB) oder Beihilfe. **Wahlfeststellung** zwischen diesen Delikten reicht für Haftung nach § 71 aus (BFH BStBl 55, 215). Objektiver und subjektiver Straftatbestand muß erfüllt sein, Verurteilung aber **nicht** erforderlich (BFH BStBl 73, 68). Im Zweifel ist zugunsten des Haftenden zu entscheiden (*Kühn/Kutter/Hofmann* Anm 2; aA *Koch* Tz 5). Das FA ist jedoch nicht an die strafgerichtlichen Feststellungen gebunden (BFH BStBl 73, 666). Der **Teilnehmer** an einer fortgesetzten StHinterziehung haftet nur dann für die gesamten hinterzogenen Abgaben, wenn sein Vorsatz darauf gerichtet war, sich an der fortgesetzten Hinterziehung in dieser Gesamtheit zu beteiligen, RFH RZBl 1936, 120.

4. Haftung für verkürzte Steuern. Versuchte Steuerhinterziehung scheidet daher aus. Haftung reicht auch nur soweit, wie der Vorsatz des Täters gereicht hat.

Die Haftung begründet weder eine Nebenstrafe noch eine Schadensersatzpflicht, sondern eine Gewährleistung für die hinterzogenen Beträge, BFH BStBl 81, 627 (629). Haftung auch dann, wenn dem StGläubiger die hinterzogenen Beträge auch bei steuerehrlichem Verhalten nicht zugeflossen wären, BFH BStBl 81, 627. Eine Steuerverkürzung liegt auch vor, wenn die Steuer, auf die sich die Haftung bezieht, aus anderen Gründen hätte ermäßigt werden können (§ 370 IV 3). Andere Gründe sind auch unterlassene Vorsteuerabzüge (vgl BGH HFR 78, 421; BayObLG UStR 74, 32; BFH BStBl 85, 688). Die FinBeh handelt auch nicht ermessensfehlerhaft, wenn sie den Hinterzieher als Haftungschuldner in Anspruch nimmt, obwohl die Steuer im Falle ihrer Entrichtung von dem einführenden Unternehmer als Vorsteuer hätte abgezogen werden können (BFH BStBl 85, 688; vgl dazu auch *Prugger* DStZ 85, 575). Die Haftung für verkürzte USt-Vorauszahlungen entfällt aber, soweit die geschuldete USt wegen Änderung der Bemessungsgrundlage oder Uneinbringlichkeit des vereinbarten Entgelts zu berichtigen ist (BFH BStBl 81, 627).

Wenn die Steuerhinterziehung in einer **erschlichenen** Stundung besteht, müßte die Haftung ebenfalls eingreifen. Wer steuerliche Vorgänge **frei erfindet** (zB Erstellung fingierter Rechnungen zur Erlangung von Vorsteuererstattungen) haftet allerdings nicht gem § 71, da er keine Steuerhinterziehung sondern Betrug begeht. Der Rückforderungsanspruch ergibt sich daher allein aus unerlaubter Handlung nach § 823 BGB iVm § 370 (FG München EFG 86, 266).

5. Geltendmachung der Haftung siehe § 191. Festsetzungsfrist 10 Jahre (§ 191 III 2), Ablauf der Festsetzungsfrist oder Erhebungsverjährung im Verhältnis zum Steuerschuldner hindert Haftungsbescheid nicht **(§ 191 V 2).** Steuerschuldner braucht nicht vor dem Haftungsschuldner in An-

4. Abschnitt. Haftung §§ 72, 73

spruch genommen zu werden (§ 219 S 2). Die Inanspruchnahme des StHinterziehers als Haftenden für die **EUSt** ist idR ermessensfehlerfrei, wenn feststeht, daß die St entweder von dem Schuldner der EUSt oder von dem Unternehmer, für dessen Unternehmen die Gegenstände eingeführt worden sind, bezahlt wird, FG Hbg EFG 82, 640. Haftung aufgrund **unerlaubter Handlung** (§ 823 II BGB IV mit § 370) dadurch nicht ausgeschlossen.

6. **Übergangsregelung** siehe § 69 Anm 10.

§ 72 Haftung bei Verletzung der Pflicht zur Kontenwahrheit

Wer vorsätzlich oder grob fahrlässig der Vorschrift des § 154 Abs. 3 zuwiderhandelt, haftet, soweit dadurch die Verwirklichung von Ansprüchen aus dem Steuerschuldverhältnis beeinträchtigt wird.

Schrifttum: *Lohmeyer* Die Haftungstatbestände der §§ 69 bis 72 AO, StB 85, 377.

1. Die Haftung ist gegenüber **§ 163 III 2 RAO** eingeschränkt; sie tritt nur noch bei **Vorsatz** und **grober Fahrlässigkeit** ein. Nach § 154 I darf niemand auf einen falschen oder erdichteten Namen für sich oder einen Dritten ein **Konto errichten** oder **Buchungen** vornehmen lassen, Wertsachen in Verwahrung geben oder sich ein Schließfach geben lassen. Wird hiergegen verstoßen, so dürfen die Guthaben usw nach § 154 III nur mit **Zustimmung** des für die ESt und KSt der Verfügungsberechtigten zuständigen **FA** herausgegeben werden. Wird hiergegen verstoßen, tritt Haftung ein. Die Haftung kann auch eine Personengesellschaft oder eine jur Person, zB eine Bank-AG, treffen, wenn ihr Vertreter oder herausgabeberechtigter Angestellter gegen § 154 III verstößt (*Koch* Tz 2; aA *TK* Tz 2). Andernfalls liefe die Vorschrift weitgehend ins Leere. Außerdem handelt es sich bei den Haftungsvorschriften nicht um Strafbestimmungen, die nur persönlich verwirklicht werden könnten (vgl oben § 71 Anm 4). Haftung, soweit dadurch die Verwirklichung von Ansprüchen aus dem Steuerschuldverhältnis (§ 37) beeinträchtigt wird.

2. **Haftungsmaßstab.** Es gilt der zivilrechtliche Fahrlässigkeitsbegriff, dh es kommt auf die im Verkehr erforderliche Sorgfalt an, maW es gilt der objektive Fahrlässigkeitsbegriff, nicht der subjektive des Strafrechts.

3. **Übergangsregelung** vgl § 69 Anm 10.

§ 73 Haftung bei Organschaft

¹**Eine Organgesellschaft haftet für solche Steuern des Organträgers, für welche die Organschaft zwischen ihnen steuerlich von Bedeutung ist.** ²**Den Steuern stehen die Ansprüche auf Erstattung von Steuervergütungen gleich.**

Schrifttum: *Probst* Die Organgesellschaft im Umsatzsteuerrecht – eine Gesellschaft mit unbeschränkter Haftung? Umfang und Grenzen der Haftung nach § 73 AO, BB 87, 1992.

1. **Inhalt.** Die Fassung begrenzt die Haftung **nicht** mehr auf **Betriebsteuern**, weil der Grund für die Haftung der Organgesellschaften (Töchter) nicht nur für die Betriebsteuern gilt, sondern für alle Steuern, für die die

§ 74 2. Teil. Steuerschuldrecht

Organschaft gilt. Die Haftung der Tochtergesellschaft bezieht sich daher zB nicht auf die Körperschaftsteuer oder Gewerbesteuer der Muttergesellschaft, wenn nur hinsichtlich der Umsatzsteuer Organschaft besteht (AnwErl zu § 73 Abschn 1). **Organgesellschaften** sind solche **juristische Personen**, die dem Willen einer anderen Gesellschaft (**Organträger**) derart **untergeordnet** sind, daß sie **keinen eigenen Willen** haben. Rechtfertigung der Haftungsvorschrift liegt darin, daß ohne die Organschaft die entsprechenden Steuern von der Organgesellschaft (Tochter) zu tragen wären. Es ist anders als nach § 133 ÖsterrBundAO die Haftung nicht auf die Steuern beschränkt, die auf den Betrieb des beherrschten Unternehmens entfallen. Eine solche Feststellung wäre sehr schwierig zu treffen. Der **Organkreis** wird daher als Ganzes betrachtet. Im Einzelfall kann eine Haftungsbeschränkung nach den Grundsätzen der Ermessensausübung geboten sein. *TK* (Tz 3) bezeichnen die Regelung als zu weitgehend.

2. Haftung für Steuern des Organträgers (Mutter). Nach der Neufassung fällt auch die **KSt** darunter. Jedoch **nicht** die **StAbzugsbeträge**, weil diese keine Steuern des Organträgers sind. Regelung nimmt keine Rücksicht auf sog Minderheitengesellschafter. Die Haftung beschränkt sich auch nicht auf solche Beträge, die ohne steuerliche Anerkennung des Organschaftsverhältnisses von der Organgesellschaft zu entrichten wären (*KKH* Anm 3; aA *Koch* Tz 4; einschränkend, allerdings in anderer Weise, auch FG BadWürtt EFG 85, 533).

3. Ob für die entsprechende Steuer die **Organschaft steuerlich** von Bedeutung ist, richtet sich nach den Bestimmungen der **Einzelsteuergesetze** (vgl hierzu AnwErl zu § 73 Abschn 2), vgl § 7a KStG, §§ 14–19 KStG 77, § 2 II Nr 2 UStG, § 2 II Nr 2 GewStG, § 11 Nr 2, 2 GewStG. Vorschrift gilt **nicht** bei **Unternehmereinheit** (FG RhPf, EFG 73, 245) im Verhältnis zu nebengeordneten Gesellschaften.

4. Haftung nur für solche Steuern, die während des **Bestehens** des Organschaftsverhältnisses **entstanden** sind. Ein Organ kann auch noch **nach Beendigung** der Organschaft in Anspruch genommen werden, FG D'dorf EFG 78, 528. Der Umsatzsteuerhaftungsanspruch nach § 73 kann im Konkurs nach § 61 Nr 2 KO bevorrechtigt sein (FG München EFG 86, 583).

5. Übergangsregelung vgl § 69 Anm 9.

§ 74 Haftung des Eigentümers von Gegenständen

(1) ¹**Gehören Gegenstände, die einem Unternehmen dienen, nicht dem Unternehmer, sondern einer an dem Unternehmen wesentlich beteiligten Person, so haftet der Eigentümer der Gegenstände mit diesen für diejenigen Steuern des Unternehmens, bei denen sich die Steuerpflicht auf den Betrieb des Unternehmens gründet.** ²**Die Haftung erstreckt sich jedoch nur auf die Steuern, die während des Bestehens der wesentlichen Beteiligung entstanden sind.** ³**Den Steuern stehen die Ansprüche auf Erstattung von Steuervergütungen gleich.**

(2) ¹**Eine Person ist an dem Unternehmen wesentlich beteiligt, wenn sie unmittelbar oder mittelbar zu mehr als einem Viertel am Grund-**

4. Abschnitt. Haftung **§ 74**

oder Stammkapital oder am Vermögen des Unternehmens beteiligt ist.
²Als wesentlich beteiligt gilt auch, wer auf das Unternehmen einen beherrschenden Einfluß ausübt und durch sein Verhalten dazu beiträgt, daß fällige Steuern im Sinne des Absatzes 1 Satz 1 nicht entrichtet werden.

Schrifttum: *Delcker* Haftung des Eigentümers von Gegenständen für Steuern des Unternehmens bei wesentlicher Beteiligung oder beherrschendem Einfluß, BB 84, 55; *Milatz* Haftung für Steuerschulden eines Unternehmers, StW 85, 320.

Übersicht

1. Inhalt
2. Betriebliche Gegenstände
3. Haftung wofür
4. Wesentliche Beteiligung
5. Geltendmachung der Haftung
6. Übergangsregelung

1. Inhalt. Vorschrift ist gegenüber § 115 RAO erheblich **gemildert** worden. Vorschrift soll die **Vollstreckung von Betriebsteuern** sichern. **Grund für die Haftung** ist nicht die Beteiligung als solche, sondern der objektive Beitrag, den der Eigentümer der Gegenstände für die Weiterführung des Unternehmens leistet. **Haftung** ist **persönlich**, aber **gegenständlich beschränkt;** FG München, EFG 78, 474. Die Haftung wird durch ein auf Zahlung der rückständigen Steuern gerichtetes Leistungsgebot geltend gemacht, verbunden mit der Feststellung, daß die Haftung gegenständlich beschränkt ist, FG Nieders EFG 81, 58: FA muß dingl Haftungsbeschränkung im Haft Bescheid aussprechen. Bei dinglich beschränkter Haftung muß zur Bestimmtheit des Haftungsbescheides die Haftungsbeschränkung aufgenommen werden, FG SchlHol EFG 79, 369. Haftung nur für Betriebsteuern, dh im wesentlichen **USt, GewSt.** Für die wesentliche Beteiligung kommt es nicht mehr auf Anteile der **Familienangehörigen** an (anders § 115 II RAO). Diese Anteile können aber ggf als mittelbare Beteiligung berücksichtigt werden. BFH hat im übrigen § 115 II RAO insoweit für verfassungsgemäß angesehen (StRK StAnpG § 10 R 1).

2. Die Gegenstände dürfen dem Betrieb **nicht nur vorübergehend** dienen und dürfen nicht von untergeordneter Bedeutung für den Betrieb sein (BFH BStBl 57, 279). Die Gegenstände, mit denen der Eigentümer haftet, müssen dem Unternehmen im Zeitpunkt der Entstehung der Steuer gedient haben; es ist nicht erforderlich, daß sie dem Unternehmen noch im Zeitpunkt der Geltendmachung der Haftung dienen, FG Nieders EFG 81, 58. Dies können auch Grundstücksteile sein (BFH BStBl 61, 216). Unter Eigentumsvorbehalt erworbene Gegenstände gehören den Beteiligten nicht (BFH BStBl 57, 279). Für **sicherungsübereignete** Gegenstände dürfte das gleiche gelten. Gegenstände sind nicht nur **Sachen** sondern auch **Rechte** (aA AnwErl zu § 74 Abschn 1, der Haftung des Inhabers von Rechten verneint). Gehaftet wird nicht nur mit Gegenständen, die den Beteiligten allein gehören, sondern auch mit solchen, die ihnen zur **gesamten Hand,** zB als Vermögen einer GbR gehören, FG RhPf EFG 79, 158. Die Haftung des Eigentümers eines Gegenstandes gilt auch dann, wenn der Gegenstand von zwei Unternehmen ohne gegenseitige Beschränkung genutzt wird (FG BadWürtt EFG 85, 533; BFH/NV 88, 617).

§ 75 2. Teil. Steuerschuldrecht

3. Haftung nur für **Betriebsteuern** des Unternehmens, **nicht** zB für **Steuerabzugsbeträge,** Zölle, Abschöpfungen und Personensteuern (AnwErl zu § 74 Abschn 2). Nur für die Steuern, die entstanden sind, während sämtliche Haftungsvoraussetzungen vorlagen, dh wesentliche Beteiligung und Eigentum, wird gehaftet.

4. Wesentliche Beteiligung liegt bei unmittelbarer oder mittelbarer Beteiligung am Grundkapital usw von mehr als einem Viertel vor. Die Vorschrift geht davon aus, daß derjenige, der eine Beteiligung von mehr als 25% an einem Unternehmen hat, nicht ohne **Einflußmöglichkeit** auf das Unternehmen ist. Sie knüpft insoweit an die Bestimmungen des GmbHG und des AktG über die Sperrminorität an. Die Haftung tritt auch ein, wenn zwar die dem Unternehmen dienenden Gegenstände nicht den einzelnen Gesellschaftern als Eigentümer zustehen, sondern einer **Gesellschaft bürgerlichen Rechts,** die ihrerseits nur wesentliche Beteiligte als Gesellschafter hat, BFH BStBl 84, 127. Haftung eines GmbH-Gesellschafters verstößt nicht gegen GG (BVerfG BStBl 67, 166). Es kommt auf die **wirtschaftliche Beteiligung** an, nicht auf die rechtliche, vgl auch S 2. Als wesentlich beteiligt gilt auch, wer einen **beherrschenden Einfluß** ausübt, auch wenn er vermögensmäßig am Unternehmen nicht beteiligt ist, zB Kreditgeber, der praktisch durch Einflußnahme auf das Geschäft die tatsächliche Herrschaft ausübt, insbesondere auch den Geldverkehr nimmt. Haftung jedoch nur, wenn er dazu beiträgt, daß fällige Steuern nicht entrichtet werden. Haftung nach § 74 kommt nur in Betracht, wenn Zwangsvollstreck in Haftungsgegenstand möglich ist, zB nicht bei mehreren vermieteten Kellerräumen eines EinfHauses, FG Bremen, EFG 78, 2.

5. Geltendmachung der Haftung vgl § 191. Das auf Zahlung gerichtete Leistungsgebot kann nicht in ein auf Duldung gerichtetes Leistungsgebot umgedeutet werden, FG RhPf, EFG 78, 254. Haftungstitel iS des § 74 sind Zahlungstitel im Sinne der §§ 259 ff und kommen daher auch für die Pfändung von Grundschulden in Betracht (BGH WM 88, 205).

6. Übergangsregelung siehe § 69 Anm 10. Soweit der haftungsbegründende Tatbestand vor dem 1. 1. 77 verwirklicht worden ist, kann auch Haftungsbescheid nach Inkrafttreten der AO 77 auf § 115 I 1. alt RAO gestützt werden, FG SchlHol, EFG 79, 369.

§ 75 Haftung des Betriebsübernehmers

(1) ¹Wird ein Unternehmen oder ein in der Gliederung eines Unternehmens gesondert geführter Betrieb im ganzen übereignet, so haftet der Erwerber für Steuern, bei denen sich die Steuerpflicht auf den Betrieb des Unternehmens gründet, und für Steuerabzugsbeträge, vorausgesetzt, daß die Steuern seit dem Beginn des letzten, vor der Übereignung liegenden Kalenderjahres entstanden sind und bis zum Ablauf von einem Jahr nach Anmeldung des Betriebes durch den Erwerber festgesetzt oder angemeldet werden. ²Die Haftung beschränkt sich auf den Bestand des übernommenen Vermögens. ³Den Steuern stehen die Ansprüche auf Erstattung von Steuervergütungen gleich.

4. Abschnitt. Haftung **§ 75**

(2) Absatz 1 gilt nicht für Erwerbe aus einer Konkursmasse, für Erwerbe aus dem Vermögen eines Vergleichsschuldners, das auf Grund eines Vergleichsvorschlages nach § 7 Abs. 4 der Vergleichsordnung verwertet wird, und für Erwerbe im Vollstreckungsverfahren.

Schrifttum: *Bilsdorfer* Zur steuerlichen Haftungsproblematik bei Übernahme eines Betriebes durch eine in Gründung befindliche GmbH, GmbHRsch 80, 87; *Heinke* Der Umfang der Haftung des Erwerbers in § 75 AO, DStZ 80, 208; *Mösbauer* Steuerliche Haftungsprobleme bei Erwerb einer Steuerberaterpraxis, StB 86, 53; *Schuhmann* Zur Haftung für die Umsatzsteuer, UStR 87, 155; *Kruse* Die Ansprüche aus dem Steuerschuldverhältnis bei Gesamt- und Einzelrechtsnachfolge, JDeuStG 87, 1; *Lohmeyer* Haftungsfragen der Betriebsübereignung (§ 75 AO) LSW Gruppe 14, 99 (10/87); *Bauwens* Haftung nach § 75 bei Unternehmenskauf vom Sequester, FR 88, 384; *Handzik* Fällt der Erwerb vom Sequester unter den Ausschlußtatbestand des § 75 Abs 2 AO? FR 88, 471; *Urban* Haftungsbefreiung gem § 75 II auch beim Unternehmenserwerb vom Sequester, FR 88, 631.

Übersicht

1. Inhalt
2. Übereignung im Ganzen
3. Unternehmen
4. Lebendes Unternehmen
5. Wesentliche Grundlagen
6. Haftung wofür
7. Zeitraum der Haftung
8. Frist für die Festsetzung
9. Haftungsbeschränkung
10. Erwerb aus Konkursmasse
11. Übergangsregelung

1. Inhalt. Für die Haftung wird nunmehr auch bei **Steuerabzugsbeträgen** darauf abgestellt, ob die Steuer seit **Beginn** des **letzten** vor der Übereignung liegenden **Kalenderjahres entstanden** ist. Haftung auch nur für solche Steuern und Abzugsbeträge, die **innerhalb** eines Kalenderjahres nach Anmeldung des Betriebes durch die Erwerber **festgesetzt** oder angemeldet werden. Haftung wird ferner auf den **Bestand** des übernommenen **Vermögens** beschränkt (vgl § 419 II 1 BGB). **Keine** Haftung für Erwerb aus **Konkursmasse**, Liquidationsmasse, Liquidationsvergleich im gerichtlichen Vergleichsverfahren und für Erwerb im Vollstreckungsverfahren. § 116 II RAO (Haft für Grundsteuer bei Erwerb des Grundstücks) wird im **GrStG** übernommen.

2. Übereignung im Ganzen ist rechtlich eigentlich nicht möglich. Gegenstände müssen einzeln nach § 929 BGB übertragen werden. Gegenüber dem bürgerlich-rechtlichen Recht ist der Begriff „übereignet" weiter zu fassen; er bezieht sich auch auf solche Wirtschaftsgüter, die im bürgerlich-rechtlichen Sinne übereignet werden können, zB Erfahrungen, Geheimnisse, Beziehungen zu Kunden, Lieferern und Mitarbeitern. Hierfür genügt eine Übereignung im wirtschaftlichen Sinne. Es muß ein eigentümerähnliches Herrschaftsverhältnis an den sachlichen Grundlagen des Betriebs auf den Erwerber übergegangen sein (BFH BStBl 86, 589 mwN). Erwerber muß über das Unternehmen verfügen und es fortführen können. Auf das bürgerlich-rechtliche Eigentum kommt es nicht an. Es müssen die wesentlichen Grundlagen übereignet worden sein; maßgebend hierfür sind

§ 75 2. Teil. Steuerschuldrecht

die tatsächlichen Verhältnisse im Zeitpunkt der Übereignung (BFH BStBl 66, 333; 85, 651). **Betriebsveräußerung** im **Ganzen** liegt **nicht** vor, wenn zB ein Reeder sein **einziges Schiff** veräußert und ein anderes Schiff dafür erwirbt (BFH BStBl 76, 670; vgl auch BFH BStBl 77, 42). Haftung wird nicht dadurch ausgeschlossen, daß Erwerber zugleich auch Gegenstände, die ihm vorher sicherungshalber übereignet worden sind, endgültig übernimmt (BFH BStBl 67, 684). Wenn allerdings bei Einstellung des früheren Betriebs wesentliche Betriebsgrundlagen teils im Sicherungseigentum, teils im Vorbehaltseigentum Dritter gestanden haben und von diesen nach der Eröffnung des späteren Betriebs an den neuen Betriebsinhaber veräußert worden sind, liegt keine Betriebsübereignung im Ganzen vor (BFH/NV 88, 479). Ob der Erwerber das Unternehmen selbst **fortführen** oder nur verpachten will, ist für die Haftung belanglos (BFH BStBl 74, 434). **Keine** Haftung bei **Sicherungsübereignung** (BFH BStBl 62, 455; 67, 684). **Vermietung** oder **Verpachtung** reicht ebenfalls nicht für Haftung (RFH RStBl 34, 548; BFH BStBl 80, 259; 86, 589), es sei denn, ein in gemieteten Räumen ausgeübter Betrieb wird übereignet (BFH BStBl 66, 333) oder neben dem Inventar wird das betriebsnotwendige **Pachtrecht** übertragen (FG SchlHol EFG 79, 108). In diesen Fällen ist es für die Haftung ausreichend, daß der Erwerber unter Mitwirkung des Veräußerers einen Miet- oder Pachtvertrag abschließt (BFH BStBl 69, 303; 86, 589), dagegen nicht, wenn die Übertragung des notwendigen Mietrechts an der fehlenden Zustimmung des Vermieters scheitert, selbst wenn der Erwerber über mehrere Jahre den unmittelbaren Besitz an dem Mietobjekt innehatte, FG SchlHol EFG 79, 109. Ein auf einem fremden Grundstück unterhaltener Betrieb ist daher erst dann übereignet iS von § 75, wenn der Pacht- oder Mietvertrag mit dem Grundeigentümer auf den Erwerber übergeht. Das gilt auch dann, wenn andere Betriebsgrundlagen bereits vorher auf den Erwerber übergegangen sind (BFH/NV 88, 755). Das Vorliegen einer Betriebsübereignung im ganzen wird aber nicht dadurch ausgeschlossen, daß der Übernehmer den Betrieb nur dann in der bisherigen Weise fortführen kann, wenn er an der Stelle des Veräußerers in das Vertragsnetz eines anderen Unternehmers (zB Kundendienstverträge des Inhabers einer Kfz-Werkstatt mit Automobilfirmen) eintritt (BFH BStBl 86, 505). Durch Übertragung **sämtl Anteile** an einer KG wird das Unternehmen **nicht** übereignet, FG Nieders EFG 77, 452. Der Übernehmer muß sich die wirtschaftliche Kraft des Unternehmens zu eigen gemacht haben, aus dem Unternehmen Vorteile gezogen haben, die ihrer Natur nach mit dem Bestehen des Unternehmens als solchem in Verbindung stehen, FG BaWü, EFG 80, 422. Wenn das Unternehmen überhaupt **nicht weitergeführt** wird, muß aus der Unternehmenseinstellung Nutzen gezogen worden sein, zB durch Ausschaltung eines Konkurrenten, RFH RStBl 34, 1087.

Haftung bezweckt nicht die Erhaltung der Haftung des Betriebsvermögens auch nach der Betriebsaufgabe. Haftungsgrund liegt darin, die in einem Unternehmen als solchem liegende Sicherung für Betriebssteuern nicht verloren gehen zu lassen, vgl BFH BStBl 78, 241. Übereignung eines Unternehmens liegt auch vor, wenn das Unternehmen zZt der Übereignung **zwangsverwaltet** wird und die Zwangsverwaltung noch einige Zeit fortgeführt wird, nach der ZV der Erwerber den Betrieb aber einstellen oder in seiner Identität ändern will, FG BaWü EFG 80, 422. Keine Über-

4. Abschnitt. Haftung **§ 75**

eignung im ganzen, wenn der frühere Unternehmer den ihm gehörenden Anteil des Betriebsgrundstücks als wesentliche Grundlage des Betriebs nicht an die GmbH als möglicherweise in Betracht kommende Erwerberin, sondern an deren **Alleingesellschafterin** und alleinige Geschäftsführerin übereignet, BFH BStBl 82, 483. Eine Übereignung in mehreren Akten ist dann als eine Übertragung im ganzen anzusehen, wenn die einzelnen Teilakte in wirtschaftlichem Zusammenhang stehen und der Wille auf Erwerb des Unternehmens gerichtet ist, BFH aaO. Wird daher im maßgebenden Zeitpunkt der Übereignung des Unternehmens von dem Betriebsinhaber eine wesentliche Betriebsgrundlage zurückbehalten – gleichgültig aus welchen Gründen – und erst später an den Betriebsübernehmer übereignet, so kommt eine Haftung nach § 75 nicht in Betracht (BFH BStBl 85, 651). Ebenso scheidet zB eine Haftung aus, wenn vor der Veräußerung einer Gaststätte wesentliche Inventargegenstände wie Lüftungs-, Beleuchtungs- und Schankanlage aus der Gaststätte entfernt worden sind (BFH/NV 88, 140).

3. Unternehmen ist jede gewerbliche Tätigkeit, auch landwirtschaftlicher Betrieb (RFH Slg 31, 133). Umstritten, ob auch freiberuflich ausgeübte Tätigkeit darunter fällt (vgl *Barske* DStZ 39, 406 und *BRK* Anm 2, 2; differenzierend *Kühn/Kutter/Hofmann* Anm 2a). Nach BFH ist der Unternehmerbegriff mit dem umsatzsteuerlichen Begriff identisch (BStBl 70, 676). Die Begriffe ,,Unternehmen" und ,,Betrieb" sind im Sinne einer wirtschaftlichen, mindestens aber einer in sich abgeschlossenen technischen Einheit sächlicher und persönlicher Mittel zu verstehen, die bei einer Herauslösung aus der ihr übergeordneten Einheit (Unternehmen) als organisatorisches Unternehmen weitergeführt werden kann, BFH BStBl 80, 258. **Gesondert geführter Betrieb:** zB bei selbständiger Geschäftsführung, ist namentlich gegeben, wenn Betrieb andere Aufgaben wahrnimmt. Dann kann ein Betrieb auch angenommen werden, wenn dafür eine Loslösung vom Hauptunternehmen erforderlich ist, zB Zuckerrübenfabrik eines landwirtschaftlichen Betriebes (vgl auch Rechtsprechung zu § 16 I Nr 1 EStG, insbesondere BFH BStBl 62, 190). **Teilbetrieb** muß für sich allein **lebensfähig** sein, BFH BStBl 76, 415.

4. Es muß ein **lebendes Unternehmen** erworben werden (BFH StRK AO § 116 R 5 und 17). Bei stilliegenden Unternehmen ist entscheidend, ob es seinen Charakter als lebender Organismus verloren hat oder nicht, zB wenn der Erwerber den Betrieb ohne weiteres fortsetzen kann (vgl BFH BStBl 70, 676; 74, 145). Kurzfristige Stillegung schließt Haftung jedenfalls nicht aus (BFH HFR 62, 19; aber Stillegung über zwei Jahre BFH/NV 88, 615). Ein – übereignungsfähiges – Unternehmen liegt nicht vor, wenn die Eröffnung des **Konkursverfahrens** über das Vermögen des veräußernden Unternehmens mangels Masse abgelehnt worden ist und sich die wesentlichen verwertbaren Betriebsgegenstände im **Eigentum Dritter** befunden haben, BFH BStBl 83, 283. Das Gleiche muß gelten, wenn eine Ablehnung des Konkursantrags mangels Masse nur deshalb nicht mehr erfolgt ist, weil der Konkursantrag nach Vorliegen des Sachverständigengutachtens zurückgenommen und das Unternehmen stillgelegt worden ist (FG Hamburg EFG 85, 5). Die **Haftung** des Erwerbers soll **entfallen,** wenn er erhebliche finanzielle Mittel einsetzen muß, um das Unternehmen fortfüh-

§ 75 2. Teil. Steuerschuldrecht

ren zu können (BFH/NV 88, 1; FG Bremen EFG 85, 426). Der Erwerber muß das Unternehmen ohne nennenswerte **finanzielle Aufwendungen** fortführen können (BFH BStBl 83, 282; *Kühn/Kutter/Hofmann* Anm 2b aa).

5. Es müssen die **wesentlichen Grundlagen** des Unternehmens erworben sein (BFH BStBl 69, 303). Das kann auch evtl nur das Geschäftsgrundstück sein (BFH BStBl 66, 333), auch der Kundenstamm (BFH StRK AO § 116 R 5). Bei gemieteten Geschäftsräumen genügt es, wenn der Veräußerer beim Abschluß des neuen Mietvertrages mitwirkt (s oben Anm 2). **Bewegl Wirtschaftsgüter des Anlagevermögens** eines Baubetriebs (Mischer, Bauwagen, Baubuden usw) sind **nicht** die wesentl Grundlagen des Unternehmens, FG Bremen EFG 78, 3.

6. Haft für BetriebSt: GewSt, USt, VerbrauchSt bei Herstellungsbetrieben (jedoch nicht für EUSt und Grenzausgleichsabgaben), VersSt, BefSt, RennwSt, VerbrauchSt bei Herstellungsbetrieben, zB BierSt, ZuckerSt, TabSt. Keine Haftung tritt dagegen für die KfzSt ein, denn diese gründet sich nicht auf das erworbene Unternehmen, sondern auf das Halten eines Kfz, *Heinke* aaO; aA *TK* Tz 11. Es kommt nicht darauf an, daß es sich um Betriebsteuern des Veräußerers handelt. Es können auch Steuern seines Vorgängers sein, für die der Veräußerer seinerseits haftet. Bei **mehrfacher Veräußerung** innerhalb des Haftungszeitraums des letzten Erwerbers haftet dieser auch für die St des Rechtsvorgängers des letzten Veräußerers, BFH HFR 63, 413. Die Haftung erstreckt sich auch auf **steuerliche Nebenleistungen,** vgl § 1 III, § 3 III; anders die RAO. Sie gelten auch für Gemeindesteuern, soweit die Vorschrift für anwendbar erklärt wird. **StAbzugsbeträge:** LSt, KapErtrSt. Geschäftserwerber haftet auch für die bei der Veräußerung des Geschäfts **entstehende USt** des Veräußerers, BFH BStBl 78, 241. Die Haftung umfaßt auch die **USt,** die durch den mit der **Unternehmensveräußerung** bewirkten Umsatz entstanden ist, BFH BStBl 82, 490. Daß die Steuer erst nach der Geschäftsveräußerung entstanden ist, führt zu keinem Wechsel in der Person des StSchuldners. Für das Ende des maßgeblichen Zeitraums ist darauf abzustellen, ob der Umsatz dem Veräußerer oder dem Erwerber zuzurechnen ist; aA *Heinke* aaO. Wird ein Betrieb ohne die betrieblichen StSchulden übernommen, kann der Übernehmer eine Rückstellung bilden, wenn eine Inanspruchnahme durch das FA ernsthaft zu erwarten ist, BFH BStBl 84, 695.

7. Haftung nur, soweit Steuer und Abzugsbeträge **seit Beginn** des letzten **vor Übereignung** liegenden **Kalenderjahres entstanden** sind (vgl § 38). ZB bei Übereignung am 31. 12. 1977 würde Haftung eintreten für Steuern, die seit dem 1. 1. 1976 entstanden sind, auch wenn sie nach dem 31. 12. 1977 fällig werden. Haftung auch für nach der Betriebsübernahme entstandene USt des Veräußerers, FG BaWü EFG 82, 50.

8. Die Beträge, für die gehaftet wird, müssen bis zum **Ablauf von einem Jahr** nach **Anmeldung** des **Betriebes** durch den Erwerber **festgesetzt** oder **angemeldet** sein. Unter der Anmeldung des Betriebes ist grundsätzlich die nach § 138 I vorzunehmende Anzeige des Steuerpflichtigen über die Eröffnung des Betriebes zu verstehen. Wird die Betriebsübernahme nicht angezeigt, erlangt das FA jedoch auf andere Weise (zB Außenprüfung) Kenntnis

4. Abschnitt. Haftung **§ 76**

hiervon, so beginnt mit diesem Zeitpunkt die Frist zu laufen (OFD Bremen v 30. 6. 1980, AO-Handbuch 1988, Anl zu § 75). Für den Beginn der Frist wird der Tag der Anmeldung nicht mitgerechnet, vgl § 108 iV mit § 187 BGB. Es wird **nicht** auf das Kalenderjahr abgestellt. Steueranmeldung vgl §§ 167, 168. Spätere **Nachforderungen** haben auf die Haftung keinen Einfluß, wohl aber Herabsetzung.

9. Haftung **beschränkt** sich auf den **Bestand** des **übernommenen Vermögens.** Die Beschränkung der Haftung des Betriebsübernehmers auf den **Bestand** des übernommenen Vermögens muß in den Haftungsbescheid aufgenommen werden, FG Hbg EFG 81, 162. Der Stpfl muß, um die Tragweite des Verwaltungsakts abschätzen zu können, wissen, ob er mit seinem gesamten Vermögen oder nur mit einem Teil davon haften soll. Die Haftungsbeschränkung ist zumindest dann schon im Festsetzungsverfahren zu berücksichtigen, wenn unzweifelhaft kein verwertbares Vermögen übernommen wurde, FG D'dorf EFG 80, 262. Haftung ist an sich persönlich. Regelung ist aus § 419 II BGB übernommen worden. Haftung nur **mit** dem übernommenen Vermögen, **nicht in Höhe** des übernommenen Vermögens, aA *TK* Tz 16. Wenn der Erwerber nicht zahlen will, hat er die Vermögensgegenstände, mit denen er haftet, zum Zwecke der Zwangsvollstreckung **herauszugeben.** Reicht der Erlös aus der Zwangsvollstreckung nicht aus, entfällt die Haftung des Erwerbers. **Surrogation** tritt ein (RGZ 137, 55; AnwErl zu § 75 Abschn 2). Wenn Vermögensgegenstände nicht mehr im Unternehmen sind, haftet der Übernehmende ggf mit dem **Surrogat** oder mit dem Ersatzanspruch. Die Haftung erstreckt sich aber nicht auch auf die mit dem Erlös aus dem Verkauf des Gegenstandes angeschafften Wirtschaftsgüter.

10. Keine Haftung für Erwerbe aus **Konkursmasse,** aus Vermögen des Vergleichsschuldners und im Vollstreckungsverfahren. Es ist nach dem Wortlaut gleichgültig, auf welche Weise der Erwerb aus Konkursmasse stattfindet; aA für abgesonderte Befriedigung *TK* Tz 9. Erwerb aus Vermögen des **Vergleichsschuldners,** das aufgrund eines **Vergleichsvorschlages** verwendet wird: § 4 IV VerglO; Schuldner überläßt sein Vermögen ganz oder teilweise zur Verwertung mit der Abrede, daß der durch die Verwertung nicht gedeckte Teil der Forderungen erlassen wird. Erwerb im **Vollstreckungsverfahren** entweder durch Zwangsversteigerung oder freihändige Verwertung, vgl §§ 814 ff, § 825 ZPO.

11. Übergangsregelung vgl § 69 Anm 10.

§ 76 Sachhaftung

(1) Verbrauchsteuerpflichtige Waren und zollpflichtige Waren dienen ohne Rücksicht auf die Rechte Dritter als Sicherheit für die darauf ruhenden Steuern (Sachhaftung).

(2) Die Sachhaftung entsteht bei verbrauchsteuerpflichtigen Waren, wenn nichts anderes vorgeschrieben ist, mit Beginn ihrer Herstellung oder mit ihrer Einfuhr, bei zollpflichtigen Waren, sobald die Waren Zollgut werden.

§ 77 2. Teil. Steuerschuldrecht

(3) ¹Solange die Steuer nicht entrichtet ist, kann die Finanzbehörde die Waren mit Beschlag belegen. ²Als Beschlagnahme genügt das Verbot an den, der die Waren im Gewahrsam hat, über sie zu verfügen.

(4) ¹Die Sachhaftung erlischt mit der Steuerschuld. ²Sie erlischt ferner mit der Aufhebung der Beschlagnahme oder dadurch, daß die Waren mit Zustimmung der Finanzbehörde in einen steuerlich nicht beschränkten Verkehr übergehen.

(5) Von der Geltendmachung der Sachhaftung wird abgesehen, wenn die Waren dem Verfügungsberechtigten abhanden gekommen sind und die verbrauchsteuerpflichtigen Waren in einen Herstellungsbetrieb aufgenommen oder die zollpflichtigen Waren einer Zollbehandlung zugeführt werden.

Schrifttum: *Mösbauer* Zur Sachhaftung verbrauchsteuer- und zollpflichtiger Waren, DStZ 87, 397.

1. **Inhalt.** Die Fassung entspricht fast wörtlich der RAO. Vorschrift gilt für Zoll- oder verbrauchsteuerpflichtige Waren. Sachhaftung geht **Rechten Dritter** vor. **Abs 5** sieht Haftungsausschluß vor.

2. **Sachhaft entsteht** uU schon **vor Entstehung der Steuerschuld (Abs 2)**, nicht aber persönliche Haftung. Sie begründet Absonderungsrecht nach § 49 I Nr 1 KO. Die auf eingelagertem Zollgut ruhende Sachhaftung **erlischt** bei Auslagerung aus dem offenen Zollager nur und erst dann, wenn der Lagerinhaber alle einschlägigen wesentlichen Vorschriften bei und nach dem Übergang in den freien Verkehr befolgt hat (FG Düsseldorf EFG 86, 151).

3. **Beschlagnahme nach Abs 3** erst nach Entstehung der Steuer möglich (strittig vgl RFH Slg 20, 255 und *BRK* § 121 RAO A 2, 5). Zollfahndungsämter sind mangels sachlicher Zuständigkeit nicht zur Beschlagnahme befugt (BFH v 26. 7. 88 VII R 194/85; FG Hamburg EFG 86, 51). Gegen Beschlagnahme Beschwerde zulässig. Beschlagnahme eines **Steuerlagers** in der Form, daß dem Inhaber verboten wird, über die eingelagerten Mineralöle zu **verfügen**, ist vollziehbarer Verwaltungsakt, FG Hbg EFG 77, 614.

4. Haftung bleibt in Fällen des **Abs 5** an sich bestehen, von ihrer Geltendmachung wird lediglich abgesehen.

5. **Übergangsregelung** vgl § 69 Anm 9.

§ 77 Duldungspflicht

(1) Wer kraft Gesetzes verpflichtet ist, eine Steuer aus Mitteln, die seiner Verwaltung unterliegen, zu entrichten, ist insoweit verpflichtet, die Vollstreckung in dieses Vermögen zu dulden.

(2) ¹Wegen einer Steuer, die als öffentliche Last auf Grundbesitz ruht, hat der Eigentümer die Zwangsvollstreckung in den Grundbesitz zu dulden. ²Zugunsten der Finanzbehörde gilt als Eigentümer, wer als solcher im Grundbuch eingetragen ist. ³Das Recht des nicht eingetragenen Eigentümers, die ihm gegen die öffentliche Last zustehenden Einwendungen geltend zu machen, bleibt unberührt.

4. Abschnitt. Haftung **§ 77**

1. Inhalt. Die Vorschrift regelt zwei verschiedene Fälle der **Duldungspflicht**. Die in **Abs 1** genannten Personen sind in erster Linie zur **Zahlung** von Steuern aus den von ihnen verwalteten Mitteln **verpflichtet**. Es handelt sich um eine sog unechte Duldungspflicht. Sie betrifft insbesondere die in §§ 34, 35 genannten Personen, soweit sie den Gewahrsam über die von ihnen verwalteten Mittel haben. Üben sie den Gewahrsam **für den Vertretenen** aus oder sind sie nur Besitzdiener (§ 855 BGB), so sind sie auch ohne diese Vorschrift zur Duldung der Vollstreckung verpflichtet, ohne daß es eines Duldungsbescheides bedarf. **Abs 2** enthält eine Duldungspflicht für den Eigentümer von Grundbesitz iS des Bewertungsgesetzes. Er hat die Vollstreckung in den Grundbesitz zu dulden, soweit sich die Vollstreckung auf Steuer bezieht, die als **öffentliche Last** auf dem Grundbesitz ruht.

Duldungsansprüche unterliegen der Festsetzungsverjährung (BVerwG KStZ 87, 112). Die Geltendmachung der dinglichen Haftung durch Duldungsbescheid setzt aber anders als ein Haftungsbescheid voraus, daß der zugrunde liegende Steueranspruch festgesetzt, fällig und vollstreckbar ist (BFH BStBl 87, 475; BVerwG aaO).

2. Unter **Abs 1** fallen die in §§ **34, 35** genannten Personen (gesetzliche Vertreter, Verfügungsberechtigte), der überlebende Ehegatte bei fortgesetzter Gütergemeinschaft nach § 1489 BGB. Nach der Neufassung erscheint es jedoch fraglich, ob zB alle Gesamtrechtsnachfolger wie Erben, Nachfolgegesellschaften bei Umwandlung, Fiskus im Falle des Erlöschens eines Vereins, Erwerber eines Handelsgeschäfts nach § 25 HGB, Vermögensnehmer nach § 419 BGB, Erbschaftskäufer nach §§ 2371 ff, Gesellschaft bei Einbringung eines Handelsgeschäfts noch unter diese Vorschrift fallen, weil aus den Worten „die seiner Verwaltung unterliegen" geschlossen werden kann, daß es sich nicht um das eigene Vermögen des Verpflichteten handeln darf. Im übrigen können alle, die nach bisherigem Recht für die Steuerschulden eines anderen haften, nach § 191 I durch **Haftungsbescheid** in Anspruch genommen werden.

3. Abs 2 bezieht sich auf Steuern, die als **öffentliche Last auf Grundbesitz** ruhen, dh **Grundsteuer, Hypothekengewinnabgabe**. Die Haftung kann, ohne daß dies besonders bestimmt ist, gegen den **jeweiligen Eigentümer** des Grundstücks geltend gemacht werden (vgl § 120a RAO). Der Steuergläubiger ist nicht verpflichtet, dem Erwerber eines Grundstücks von Amts wegen über Grundsteuerrückstände des Voreigentümers oder über vergebliche Beitreibungsversuche gegen den Voreigentümer zu unterrichten (BVerwG KStZ 87, 112). Der Ersteher eines Grundstücks haftet nicht für die infolge einer Wertfortschreibung des Grundstücks nach der Zuschlagserteilung rückwirkend festgesetzten Grundsteuern, mögen diese auch im Zeitpunkt des Zwangsversteigerungstermins nicht anmeldbar gewesen sein, OVG Koblenz KTS 82, 484.

Dritter Teil
Allgemeine Verfahrensvorschriften

Erster Abschnitt. Verfahrensgrundsätze

1. Unterabschnitt. Beteiligung am Verfahren

§ 78 Beteiligte

Beteiligte sind

1. Antragsteller und Antragsgegner,
2. diejenigen, an die die Finanzbehörde den Verwaltungsakt richten will oder gerichtet hat,
3. diejenigen, mit denen die Finanzbehörde einen öffentlich-rechtlichen Vertrag schließen will oder geschlossen hat.

Schrifttum: *Gebbers* Zur steuerlichen Behandlung fragwürdiger „Darlehen", StBp 86, 179, 200; *Knepper* Der Vergleich im Steuerrecht – Zugleich eine Besprechung des Urteils des Bundesfinanzhofs vom 11. 12. 1984 – VIII R 131/76, BB 86, 168; *Lohmeyer* Die Beteiligten am Besteuerungsverfahren, ZKF 87, 106.

1. Inhalt. Entspricht § 13 I Nr 1–3 VwVfG. Der RegEntwurf war allgemeiner gefaßt: Beteiligt sind die Personen, Vereinigungen oder Vermögensmassen, auf die sich das jeweilige Verfahren bezieht. In diesem Sinne ist auch die vorliegende Fassung zu verstehen. Der Beteiligtenbegriff des § 78 gilt **nicht im Zerlegungs-** und **im Rechtsbehelfsverfahren** (s dazu §§ 186 und 359, vgl auch BFH BStBl 79, 538).

2. Beteiligter ist im Besteuerungsverfahren in erster Linie der **Stpfl.** Es können auch mehrere sein, zB bei Ehegatten im Falle der Zusammenveranlagung. Es wird in der AO nicht zwischen Beteiligten und **Hinzugezogenen** unterschieden; die Unterscheidung hat erst im außergerichtlichen Rechtsbehelfsverfahren Bedeutung (vgl § 360). Vgl § 352 zur Frage der Rechtsbehelfsbefugnis der **Gesellschafter** bei einheitlichen Feststellungsbescheiden. Beteiligter kann auch ein **anderer** als der Stpfl sein, zB eine **Auskunftsperson,** wenn die Frage der Verpflichtung zur Auskunftserteilung strittig ist. Außerdem ist im Auskunftsverfahren derjenige Beteiligter gem § 78 Nr 2, an den die FinBeh einen Haftungsbescheid richten will (BFH BStBl 87, 419).

3. Antragsteller und **Antragsgegner.** Antragsgegner ist regelmäßig die FinBeh. Sie ist aber in diesem Sinne nicht Beteiligte am Verfahren. Ferner ist der in erster Linie rechtlich Betroffene Beteiligter, dh regelmäßig der, an den die FinBeh einen **Verwaltungsakt gerichtet** hat oder **richten will.** Die Beteiligteneigenschaft setzt also nicht erst nach Erlaß des Verwaltungsakts ein. Das ist wichtig für die den Beteiligten zustehenden Rechte, zB das Recht auf **Anhörung** uä.

4. Öffentlich-rechtlicher Vertrag. Die Regelung hat im Besteuerungsverfahren nur geringe Bedeutung. Im Steuerrecht – insbesondere in **Schät-**

1. Abschnitt. Verfahrensgrundsätze **§ 79**

zungssachen – ist eine „**tatsächliche Verständigung**" über schwierig zu ermittelnde tatsächliche Umstände zulässig und bindend (BFH BStBl 85, 354; vgl auch oben § 38 Anm 5). Die tatsächlichen Umstände, über die eine Verständigung erzielt worden ist, können dann von Seiten des Stpfl auch nicht mehr mit einem Rechtsmittel angegriffen werden. § 354 steht nicht entgegen, da mit der Verständigung nicht insgesamt auf ein Rechtsmittel in der betreffenden Steuerangelegenheit verzichtet wird (im Ergebnis ebenso *Knepper* BB 86, 168; aA *von Bornhaupt* BB 85, 1591). Allerdings sind **Vergleiche** über StAnsprüche im Hinblick auf die Gesetzmäßigkeit und Gleichmäßigkeit der Besteuerung **unzulässig**. Denkbar ist, daß im **Zollrecht** in grenznahen Gebieten mit Unternehmern, zB Verkehrsunternehmen, oder mit Eigentümern von Grundstücken öffentlich-rechtliche Verträge über Nutzung oder Betretungsrecht ua geschlossen werden. *Mohr* (NJW 78, 790) hält entgegen der überwiegenden Auffassung im Schrifttum sog **Austauschverträge** mit StBehörden nicht grundsätzlich für unzulässig, vgl auch BVerwG BStBl 75, 679.

§ 79 Handlungsfähigkeit

(1) Fähig zur Vornahme von Verfahrenshandlungen sind:
1. **natürliche Personen, die nach bürgerlichem Recht geschäftsfähig sind,**
2. **natürliche Personen, die nach bürgerlichem Recht in der Geschäftsfähigkeit beschränkt sind, soweit sie für den Gegenstand des Verfahrens durch Vorschriften des bürgerlichen Rechts als geschäftsfähig oder durch Vorschriften des öffentlichen Rechts als handlungsfähig anerkannt sind,**
3. **juristische Personen, Vereinigungen oder Vermögensmassen durch ihre gesetzlichen Vertreter oder durch besonders Beauftragte,**
4. **Behörden durch ihre Leiter, deren Vertreter oder Beauftragte.**

(2) Die §§ 53 und 55 der Zivilprozeßordnung gelten entsprechend.

1. Inhalt. Vorschrift entspricht § 12 **VwVfG**. Verfahrenshandlungen vornehmen kann nur, wer **handlungsfähig** ist. Darunter fällt in erster Linie die Abgabe und Entgegennahme von Erklärungen.

2. Natürliche Personen, die nach bürgerlichem Recht **geschäftsfähig** sind, können auch im Besteuerungsverfahren Handlungen vornehmen. Das bürgerliche Recht geht grundsätzlich von der Geschäftsfähigkeit aus. Es kennt nur den Begriff der Geschäftsunfähigkeit (§ 104 BGB) und der beschränkten Geschäftsfähigkeit (§ 106 BGB, dh Minderjähriger, der das 7. Lebensjahr vollendet hat). **Volljährigkeit** und damit Geschäftsfähigkeit tritt nach § 2 BGB mit der Vollendung des 18. Lebensjahres ein.

3. Nach **bürgerlichem Recht beschränkt** geschäftsfähig. Das sind **Minderjährige,** die das 7., aber noch nicht das 18. Lebensjahr vollendet haben (§ 106 BGB). Handlungsfähig, soweit sie nach den Vorschriften des bürgerlichen Rechts für den Gegenstand des Verfahrens als geschäftsfähig anerkannt sind, zB wenn sie zum selbständigen Betrieb eines Erwerbsgeschäfts ermächtigt sind für alle Geschäfte, die der Betrieb mit sich bringt (§ 112 BGB). Es gibt aber auch Vorschriften des **öffentlichen Rechts**, die Minderjährige als handlungsfähig für bestimmte Verfahren anerkennen, zB

251

nach § 5 des Gesetzes über die religiöse Kindererziehung und nach § 19 des WehrpflG. Die Vorschriften haben für das StR aber kaum Bedeutung.

4. Juristische Personen usw handeln durch ihre gesetzlichen Vertreter oder durch besondere Beauftragte, ebenso **Vermögensmassen:** zB Zweckvermögen, dh eine selbständige, einem bestimmten Zweck dienende Vermögensmasse, die aus dem Vermögen des Widmenden ausgeschieden ist und eigene Einkünfte besitzt (RFH RStBl 36, 442; vgl auch *Streck* Stpfl nicht rechtsfähiger Stiftungen und anderer Zweckvermögen, StuW 75, 135). Es fallen hierunter auch alle **nicht rechtsfähigen** Vereinigungen, die Träger steuerlicher Rechte oder Pflichten sein können (vgl § 33).

5. Behörden handeln durch ihre Leiter, deren Vertreter oder Beauftragte. Beauftragte sind die, die sich aus dem Geschäftsverteilungsplan als solche ergeben. Es handelt sich hierbei nicht um einen Fall der Vollmacht.

6. §§ 53 und 55 ZPO gelten entsprechend. Es handelt sich hierbei um eine Regelung über die Prozeßfähigkeit einer durch einen Pfleger vertretenen Person bzw eines Ausländers, der nach dem Recht seines Landes nicht prozeßfähig ist.

§ 80 Bevollmächtigte und Beistände

(1) [1]**Ein Beteiligter kann sich durch einen Bevollmächtigten vertreten lassen.** [2]**Die Vollmacht ermächtigt zu allen das Verwaltungsverfahren betreffenden Verfahrenshandlungen, sofern sich aus ihrem Inhalt nicht etwas anderes ergibt; sie ermächtigt nicht zum Empfang von Steuererstattungen und Steuervergütungen.** [3]**Der Bevollmächtigte hat auf Verlangen seine Vollmacht schriftlich nachzuweisen.** [4]**Ein Widerruf der Vollmacht wird der Behörde gegenüber erst wirksam, wenn er ihr zugeht.**

(2) Die Vollmacht wird weder durch den Tod des Vollmachtgebers noch durch eine Veränderung in seiner Handlungsfähigkeit oder seiner gesetzlichen Vertretung aufgehoben; der Bevollmächtigte hat jedoch, wenn er für den Rechtsnachfolger im Verwaltungsverfahren auftritt, dessen Vollmacht auf Verlangen schriftlich beizubringen.

(3) [1]Ist für das Verfahren ein Bevollmächtigter bestellt, so soll sich die Behörde an ihn wenden. Sie kann sich an den Beteiligten selbst wenden, soweit er zur Mitwirkung verpflichtet ist. [2]Wendet sich die Finanzbehörde an den Beteiligten, so soll der Bevollmächtigte verständigt werden.

(4) [1]Ein Beteiligter kann zu Verhandlungen und Besprechungen mit einem Beistand erscheinen. [2]Das von dem Beistand Vorgetragene gilt als von dem Beteiligten vorgebracht, soweit dieser nicht unverzüglich widerspricht.

(5) Bevollmächtigte und Beistände sind zurückzuweisen, wenn sie geschäftsmäßig Hilfe in Steuersachen leisten, ohne dazu befugt zu sein; dies gilt nicht für Notare und Patentanwälte.

(6) [1]Bevollmächtigte und Beistände können vom schriftlichen Vortrag zurückgewiesen werden, wenn sie hierzu ungeeignet sind; vom

1. Abschnitt. Verfahrensgrundsätze **§ 80**

mündlichen Vortrag können sie zurückgewiesen werden, wenn sie zum sachgemäßen Vortrag nicht fähig sind. ²Dies gilt nicht für die in § 3 und in § 4 Nr. 1 und 2 des Steuerberatungsgesetzes bezeichneten natürlichen Personen.

(7) ¹Die Zurückweisung nach den Absätzen 5 und 6 ist auch dem Beteiligten, dessen Bevollmächtigter oder Beistand zurückgewiesen wird, mitzuteilen. ²Verfahrenshandlungen des zurückgewiesenen Bevollmächtigten oder Beistandes, die dieser nach der Zurückweisung vornimmt, sind unwirksam.

Schrifttum: *Lohmeyer* Vornahme steuerlicher Verfahrenshandlungen durch Dritte, KStZ 83, 44; *Reitz* Die bußgeldrechtliche Verantwortung des steuerlichen Beraters, DStR 84, 91; *Lohmeyer* Die Rechtsstellung des Steuerberaters im Besteuerungs- und Steuerstrafverfahren, Stbg 84, 343.

Übersicht

1. Inhalt
2. Umfang der Vollmacht
3. Finanzbehörde und Bevollmächtigter
4. Beistand
5. Zurückweisung
6. Ungeeignete Bevollmächtigte
7. Schadensersatzansprüche gegen Steuerberater

1. Inhalt. Die Vorschrift stellt klar, daß sich ein Beteiligter (§ 78) durch einen **Bevollmächtigten vertreten** lassen kann. Die in § 107 I RAO enthaltene Einschränkung (wenn der Beteiligte selbst nicht in der Lage ist, seine steuerlichen Angelegenheiten zu regeln) ist nicht übernommen worden; sie hatte ohnehin nur geringe Bedeutung. Für die Unterzeichnung einer **StErklärung** durch Bevollmächtigten vgl § 150 III. Ein LStJA-Antrag, der von einem Bevollmächtigten mit dem Namen des Stpfl ohne einen das Vertretungsverhältnis andeutenden Zusatz unterschrieben ist, ist nicht wirksam. Über die Befugnis zur **Hilfeleistung in StSachen** vgl die Vorschriften des StBerG; vgl im übrigen § 122 I 3: **Verwaltungsakt** kann auch gegenüber einem Bevollmächtigten bekanntgegeben werden.

2. Umfang der Vollmacht. Grundsätzlich umfaßt die Vollmacht alle Verfahrenshandlungen. Eine unter einer bestimmten Steuernummer erteilte Vollmacht bezieht sich allerdings nur auf solche Steuersachen, die unter dieser Steuernummer geführt werden. Der Bevollmächtigte kann also nicht ohne weiteres Rechtsbehelfe in Steuersachen desselben Stpfl einlegen, die unter einer anderen Steuernummer geführt werden (OFD Frankfurt v 18. 3. 1983, AO-Handbuch 1988 Anl 3 zu § 80). Im übrigen wird die Vollmacht gesetzlich durch **Abs 1 S 2**, 2. HS eingeschränkt. Die Vollmacht ermächtigt zum Empfang von **StErstattungen** und **StVergütungen**. Die Vollmacht kann aber durch entsprechenden Zusatz auch hierauf erstreckt werden. Zur Möglichkeit, Zahlungsanweisungen für den Bevollmächtigten zu erteilen s oben Erl zu § 46 Anm 3. Nach der Neufassung erscheint fraglich, ob die Vollmacht auch die Abgabe von **Wissenserklärungen** (so BFH BStBl 62, 493) umfaßt; streng genommen handelt es sich insoweit nicht um eine Verfahrenshandlung, sondern um die Erfüllung einer materiell rechtlichen Pflicht. Aus **Abs 3 S 1** ergibt sich jedoch, daß die

§ 80 3. Teil. Allgemeine Verfahrensvorschriften

Rechtsprechung des BFH (aaO) noch weiter gilt. Eine besondere **Form** für die Erteilung der Vollmacht ist nicht vorgesehen (BFH/NV 88, 3). Schriftlich muß nur ggf der **Nachweis** der Vollmacht geführt werden. Die **Mitwirkung** des StBeraters bei Erstellung der StErklärung läßt nicht ohne weiteres darauf schließen, daß er auch zur Einlegung des Einspruchs **bevollmächtigt** ist, FG Köln EFG 82, 223. Es gibt keine Vorschrift, die einem **Spediteur** die Rechtsmacht einräumt, etwa notwendig werdende Zollanträge mit unmittelbarer Wirkung für und gegen den Auftraggeber zu stellen, FG Münster EFG 81, 319. Nach § 49 I HGB erstreckt sich die Vertretungsmacht von **Prokuristen** auf sämtliche Rechtshandlungen, die im Betrieb des Vertretenen vorkommen. Der Prokurist ist daher gem §§ 80 I 2 AO und 62 FGO zu allen denkbaren Verfahrenshandlungen im außergerichtlichen und gerichtlichen Steuerverfahren ermächtigt, die zum Betrieb gehören (FG BadWürtt EFG 88, 147). Bei zur ESt zusammenveranlagten **Ehegatten** ist in der Regel davon auszugehen, daß sie dazu zur Empfangnahme des Steuerbescheides gegenseitig bevollmächtigt haben (s unten Erl zu § 122 Anm 2b). Damit ist aber noch keine Vollmacht zu sonstigen Verfahrenshandlungen verbunden. Legt aber ein Ehegatte, der zugleich als Steuerberater tätig ist, gegen einen Zusammenveranlagungsbescheid Einspruch ein, so wirkt dies auch für den anderen Ehegatten, wenn er im Einspruchsschreiben als Betroffene beide Ehegatten nennt, gleichwohl im Text aber die Ich-Form benutzt. Denn durch diese Formulierung bringt er zum Ausdruck, daß er für die Ehefrau als bevollmächtigter Steuerberater handelt (FG Nürnberg EFG 86, 474).

Nach **Satz 3 des Abs 1** kann die FinBeh den schriftlichen Nachweis der Vollmacht verlangen, wenn sie begründete Zweifel an der Vertretungsmacht hat (FG Köln EFG 88, 609; *TK* Tz 6). Hat das FA im Einspruchsverfahren zu Recht den schriftlichen Nachweis der Vollmacht verlangt, so kann dieser noch im Klageverfahren nachgeholt werden (FG Köln aaO).

Der **letzte Satz** des Abs 1 dient der Rechtssicherheit. Solange der Widerruf der Vollmacht der FinBeh nicht zugegangen ist, muß der Vertretene die Verfahrenshandlungen des Bevollmächtigten gegen sich gelten lassen. Vollmacht wirkt grundsätzlich über den Tag des Todes oder des Verlustes der Handlungsfähigkeit (zB Entmündigung) hinaus. Dies gilt jedenfalls im Verhältnis zur FinBeh.

3. Die FinBeh soll sich **an den Bevollmächtigten wenden.** Die Vorschrift gilt für den Regelfall und bedeutet für die FinBeh insoweit ein „Muß". Sonderregelungen gelten nach § 122 für die Bekanntgabe und Zustellung von **Verwaltungsakten.** Für die Bekanntgabe stellt es § 122 I 3 in das Ermessen der FinBeh, ob der Verwaltungsakt dem Betroffenen oder dem Bevollmächtigten bekannt gegeben wird. § 122 muß jedoch im Zusammenhang mit § 80 III gesehen werden (FG Bremen EFG 87, 156). Hat der Stpfl daher eine allgemeine Vollmacht erteilt, die auch zur Entgegennahme von rechtsverbindlichen Erklärungen durch den Bevollmächtigten ermächtigt, so wird die Behörde in der Regel den Verwaltungsakt dem Bevollmächtigten bekannt zu geben haben (FG Bremen aaO). Dieser Grundsatz ist im Interesse der Rechtssicherheit aber dahin einzuschränken, daß die Bekanntgabe nur dann an den Bevollmächtigten zu erfolgen hat, wenn der FinBeh eine derartige Vollmacht schriftlich vorliegt (FG Berlin

1. Abschnitt. Verfahrensgrundsätze **§ 80**

EFG 86, 162) oder wenn der Stpfl dies ausdrücklich wünscht (BFH BStBl 81, 3). Beim Fehlen einer schriftlichen Vollmacht müssen nach Auffassung des BFH dagegen **Steuerbescheide** dem Stpfl persönlich bekannt gegeben werden, wenn nicht besondere Umstände des Einzelfalls das Interesse des Stpfl an einer Bekanntgabe gegenüber seinem Bevollmächtigten eindeutig erkennen lassen (BFH BStBl 88, 242). Dies ist zutreffend für **Einspruchsentscheidungen,** für die der BFH (aaO) dieselbe Aussage trifft. Für Einspruchsentscheidungen gilt nämlich § 122 V, da sie zuzustellen sind (§ 366). Die Verweisung des § 122 V 2 für die Zustellung auf das VwZG bezieht § 80 III 3 nicht ein. Es ist daher nicht ohne weiteres einsichtig, wenn der BFH diese Begründung ausdrücklich auch auf Steuerbescheide erstreckt, denn diese müssen nicht zugestellt werden. Trotzdem ist der Auffassung des BFH zu folgen, da sich der Stpfl zweifelsfrei erklären muß, wenn er keine Bekanntgabe des Steuerbescheides an sich selbst sondern an seinen Bevollmächtigten wünscht. Evtl bestehende Unklarheiten gehen daher zu Lasten des Stpfl (BFH aaO). Nur auf diese Weise kann die notwendige Rechtssicherheit hergestellt werden. Eine Verletzung der Vorschriften über die Bekanntgabe oder Zustellung lassen nämlich den Verwaltungsakt häufig nicht wirksam werden (vgl § 122 Anm 2 und 3, § 124). Die Behörde handelt daher in der Regel nicht ermessensfehlerhaft, wenn sie bei Fehlen einer schriftlichen Vollmacht den Steuerbescheid trotz Bestellung eines Bevollmächtigten nicht diesem sondern dem Stpfl zustellt (BFH BStBl 81, 3). Zur Mitwirkung verpflichtet ist der Beteiligte ua dann, wenn es um die Erfüllung von **Erklärungspflichten** geht, dh um die Abgabe von Wissenserklärungen, um Vorlagepflichten insbesondere bei Außenprüfungen. Das FA darf idR **Erzwingungsmaßnahmen** zur Abgabe einer StErklärung nicht gegen den nach § 80 bestellt zu Bevollmächtigten richten, vgl BFH BStBl 80, 605.

4. Beistand. Die Handlungen des Beistands wirken grundsätzlich für und gegen den Beteiligten, es sei denn, daß dieser **unverzüglich** widerspricht (Abs 4).

5. Zurückweisung von Bevollmächtigten und Beiständen ist nach **Abs 5** zwingend vorgeschrieben. **Geschäftsmäßigkeit** liegt vor bei selbständigem Handeln mit Wiederholungsabsicht (BFH BStBl 73, 743; BFH/NV 87, 83). Auf Entgeltlichkeit kommt es nicht an (BFH StRK AO § 107a R 40), ebenso nicht darauf, ob die Hilfeleistung nebenberuflich erfolgt (BFH/NV 87, 83). Die Wiederholungsabsicht kann sich auf denselben Stpfl beziehen (BFH aaO). Die Befugnis zur **geschäftsmäßigen Hilfeleistung** in StSachen bestimmt sich nach **§§ 2, 3 StBerG.** Der Begriff StBerG ist umfassend zu verstehen, vgl hierzu § 1 StBerG. Das **Buchführungsprivileg** für Stberatende Berufe (§ 5 S 1 StBG 1975) ist aber hinsichtlich der laufenden Lohnbuchhaltung mit Art 12 I GG unvereinbar, BVerfG BStBl 82, 281; vgl. auch Beschluß des BVerfG v. 18. 6. 80 BStBl 80, 706; sowie gleichlautende Erlasse der Länder v 1. 7. 82 BStBl 82 I, 586.

6. Der Bevollmächtigte oder Beistand braucht nicht in jedem Fall zur geschäftsmäßigen Hilfeleistung in StSachen befugt zu sein. Der Abs 5 bezieht sich nur auf die unbefugte **geschäftsmäßige** Hilfeleistung. Andere Bevollmächtigte können zurückgewiesen werden, wenn sie **ungeeignet**

255

sind (Abs 6). Verfahrenshandlungen des Zurückgewiesenen, die nach der Zurückweisung vorgenommen sind, sind unwirksam. Zurückweisung ist Verwaltungsakt, der mit Bekanntgabe an den Zurückgewiesenen wirksam wird (§ 124 I 1). Dagegen ist Beschwerde möglich.

7. Schadensersatzansprüche gegen Steuerberater. Verjährung eines Anspruchs gegen den Steuerberater auf Schadensersatz nach § 68 StBerG beginnt mit der Entstehung des Anspruchs; eine Kenntnis des Berechtigten von den den Anspruch begründenden Tatsachen ist nicht erforderlich, BGH NJW 82, 1289. Der StBerater ist aber verpflichtet, seinen Mandanten auf die Möglichkeit der eigenen Haftung hinzuweisen, BGH NJW 82, 1285; vgl auch BGH NJW 82, 1288.

§ 81 Bestellung eines Vertreters von Amts wegen

(1) Ist ein Vertreter nicht vorhanden, so hat das Vormundschaftsgericht auf Ersuchen der Finanzbehörde einen geeigneten Vertreter zu bestellen
1. für einen Beteiligten, dessen Person unbekannt ist,
2. für einen abwesenden Beteiligten, dessen Aufenthalt unbekannt ist oder der an der Besorgung seiner Angelegenheiten verhindert ist,
3. für einen Beteiligten ohne Aufenthalt im Geltungsbereich dieses Gesetzes, wenn er der Aufforderung der Finanzbehörde, einen Vertreter zu bestellen, innerhalb der ihm gesetzten Frist nicht nachgekommen ist,
4. für einen Beteiligten, der infolge körperlicher oder geistiger Gebrechen nicht in der Lage ist, in dem Verwaltungsverfahren selbst tätig zu werden,
5. bei herrenlosen Sachen, auf die sich das Verfahren bezieht, zur Wahrung der sich in bezug auf die Sache ergebenden Rechte und Pflichten.

(2) Für die Bestellung des Vertreters ist das Vormundschaftsgericht zuständig, in dessen Bezirk die ersuchende Finanzbehörde ihren Sitz hat.

(3) ¹Der Vertreter hat gegen den Rechtsträger der Finanzbehörde, die um seine Bestellung ersucht hat, Anspruch auf eine angemessene Vergütung und auf die Erstattung seiner baren Auslagen. ²Die Finanzbehörde kann von dem Vertretenen Ersatz ihrer Aufwendungen verlangen. ³Sie bestimmt die Vergütung und stellt die Auslagen und Aufwendungen fest.

(4) Im übrigen gelten für die Bestellung und für das Amt des Vertreters die Vorschriften über die Pflegschaft entsprechend.

1. Inhalt. Die Vorschrift entspricht § 16 VwVfG. Vergleiche auch § 1911 BGB zum Abwesenheitspfleger.

2. Nr 1 entspricht der 1. Alternative des § 207 Nr 1 BauGB. Gilt insbesondere für Fälle, in denen nicht sicher ist, wer Steuerpflichtiger oder Erstattungsberechtigter ist. **Nr 2** vgl § 207 Nr 2 BauGB und § 1911 BGB. **Nr 3** vgl § 207 Nr 3 BauGB. Die FinBeh kann nach § 123 einen Beteiligten ohne **Wohnsitz** oder **gewöhnlichen Aufenthalt** usw im Geltungsbereich der AO auffordern, innerhalb einer angemessenen Frist einen Empfangsbe-

1. Abschnitt. Verfahrensgrundsätze §82

vollmächtigten zu benennen. **Nr 4** entspricht § 1910 BGB. **Nr 5** vgl § 207 Nr 5 BauBG.

3. Zuständig für die Bestellung des Vertreters ist das **Vormundschaftsgericht**, in dessen Bezirk die ersuchende Finanzbehörde ihren Sitz hat. Diese Regelung ist zweckmäßig, weil das Vormundschaftsgericht in erster Linie mit der antragstellenden Behörde verhandeln muß.

4. Die Regelung über die **Vergütung** des Vertreters in **Abs 3** weicht von der entsprechenden Regelung im BGB ab. Nach § 1836 I 1 BGB hat der Pfleger keinen Anspruch auf Vergütung. Der Vertreter kann nach **Abs 3** eine angemessene Vergütung und die Erstattung seiner baren Auslagen verlangen. Die FinBeh kann wiederum von dem Vertretenen **Ersatz** ihrer Aufwendungen verlangen. Gegen die **Festsetzung** der Vergütung und der Auslagen und Aufwendungen ist die Beschwerde nach § 349 gegeben.

5. Die Verweisung in **Abs 4** auf die Vorschriften über die Pflegschaft macht besondere Vorschriften über die Beendigung und Aufhebung der Vertretung entbehrlich (vgl § 1918 III, §§ 1919, 1921 BGB). Es gelten nicht nur die entsprechenden Bestimmungen des BGB, sondern auch die des FGG und der Kostenordnung.

2. Unterabschnitt. Ausschließung und Ablehnung von Amtsträgern und anderen Personen

§ 82 Ausgeschlossene Personen

(1) ¹In einem Verwaltungsverfahren darf für eine Finanzbehörde nicht tätig werden,
1. wer selbst Beteiligter ist,
2. wer Angehöriger (§ 15) eines Beteiligten ist,
3. wer einen Beteiligten kraft Gesetzes oder Vollmacht allgemein oder in diesem Verfahren vertritt,
4. wer Angehöriger (§ 15) einer Person ist, die für einen Beteiligten in diesem Verfahren Hilfe in Steuersachen leistet,
5. wer bei einem Beteiligten gegen Entgelt beschäftigt ist oder bei ihm als Mitglied des Vorstandes, des Aufsichtsrates oder eines gleichartigen Organs tätig ist; dies gilt nicht für den, dessen Anstellungskörperschaft Beteiligte ist,
6. wer außerhalb seiner amtlichen Eigenschaft in der Angelegenheit ein Gutachten abgegeben hat oder sonst tätig geworden ist.
²Dem Beteiligten steht gleich, wer durch die Tätigkeit oder durch die Entscheidung einen unmittelbaren Vorteil oder Nachteil erlangen kann. ³Dies gilt nicht, wenn der Vor- oder Nachteil nur darauf beruht, daß jemand einer Berufs- oder Bevölkerungsgruppe angehört, deren gemeinsame Interessen durch die Angelegenheit berührt werden.

(2) Wer nach Absatz 1 ausgeschlossen ist, darf bei Gefahr im Verzuge unaufschiebbare Maßnahmen treffen.

(3) ¹Hält sich ein Mitglied eines Ausschusses für ausgeschlossen oder bestehen Zweifel, ob die Voraussetzungen des Absatzes 1 gegeben sind, ist dies dem Vorsitzenden des Ausschusses mitzuteilen. ²Der Ausschuß

§ 82 3. Teil. Allgemeine Verfahrensvorschriften

entscheidet über den Ausschluß. **Der Betroffene darf an dieser Entscheidung nicht mitwirken.** ³**Das ausgeschlossene Mitglied darf bei der weiteren Beratung und Beschlußfassung nicht zugegen sein.**

1. **Inhalt.** Die Vorschrift entspricht § 20 VwVfG. Sie soll Interessenkonflikte vermeiden und das Vertrauen in die Objektivität der Behörde sichern. Vgl § 59 BBG, der jedoch Sonderregelungen unberührt läßt. Die Regelung des § 67 I Nr 5 RAO wurde nicht übernommen. Danach war ausgeschlossen, wer in einer angefochtenen Entscheidung mitgewirkt hat; diese Regelung galt für die Masse der Rechtsbehelfe, die Einsprüche, ohnehin nicht. Die Folgen der Verletzung der Vorschrift ergeben sich aus **§ 127**; evtl kann auch Nichtigkeit nach § 125 angenommen werden.

2. Die in **Abs 1** genannten Personen dürfen für die FinBeh nicht tätig werden. Die Regelung ist einschränkend auszulegen. Es fallen darunter nur solche Tätigkeiten, die für die Bildung des Entscheidungsprozesses irgendwie von Bedeutung sind, nicht jedoch rein mechanische Tätigkeiten wie Führung von Karteien, Ausführung von Schreibarbeiten, Botengänge uä.

3. Ausgeschlossen sind der **Beteiligte (§ 78);** der Angehörige eines Beteiligten (§ 15); es fallen darunter alle Angehörigen, also auch die Verlobten, Pflegeeltern und Pflegekinder. Der **Vertreter** eines **Beteiligten (Nr 3).** Es fallen darunter nicht nur **gesetzliche Vertreter** (zB Eltern bei natürlichen Personen, Geschäftsführer bei juristischen Personen). Dies gilt auch für Vertreter und Bevollmächtigte nicht rechtsfähiger Vereinigungen, da diese ggf auch Beteiligte sein können. **Nr 4** betrifft zB den Vater, dessen Sohn den Beteiligten in dem betreffenden Besteuerungsverfahren vertritt. **Nr 5.** Wer bei einem Beteiligten gegen Entgelt beschäftigt ist usw; diese Regelung gilt jedoch nicht für den, dessen **Anstellungskörperschaft** Beteiligte ist. Dieser Fall kann eintreten, wenn die Anstellungskörperschaft (zB das Land) als Steuerpflichtige beteiligt ist. **Nr 6** betrifft insbesondere die privaten Gutachter. Der Regelung liegt der Gedanke zugrunde, daß diese Personen nicht mehr unbefangen sind.

4. Den Beteiligten **gleichstehende** Personen sind solche, die durch die Tätigkeit oder durch die Entscheidung einen unmittelbaren **Vor- oder Nachteil** erlangen können. Mittelbare Vor- und Nachteile kommen nicht in Betracht. Der Einsatz eines **Betriebsprüfers** ist nicht deshalb rechtswidrig, weil dessen Ehefrau am Ort als Steuerberaterin tätig ist und die geprüften Unternehmer ebenfalls steuerlich beraten werden, BFH BStBl 84, 409.

Ein **unmittelbarer Vorteil** ist nur gegeben, wenn dieser direkt durch die behördliche Tätigkeit oder Entscheidung verursacht wird und nicht nur mittelbar durch Folgeakte oder das Hinzutreten weiterer Umstände eintritt, BFH BStBl 84, 409. Die Zugehörigkeit zu einer Berufs- oder Bevölkerungsgruppe, deren gemeinsame Interessen berührt werden, ist unbeachtlich. Anderenfalls könnte ein zu großer Personenkreis angeschlossen werden. Vgl aber § 83.

5. Die Regelung des Abs 1 tritt nach **Abs 2** zurück, wenn bei **Gefahr im Verzug** unaufschiebbare Maßnahmen zu treffen sind. Gefahr im Verzug liegt zB vor, wenn anderenfalls das Besteuerungsverfahren nicht ordnungsgemäß durchgeführt werden könnte; zB bei Maßnahmen der Steuer-

fahndung, bei Maßnahmen, die den drohenden Eintritt der Verjährung verhindern sollen.

6. Der **Abs 3** hat nach Wegfall der Steuerausschüsse durch das AOStrafÄndG vom 10. August 1967 (BGBl I 877) nur geringe Bedeutung. Er ist allerdings gem § 164a StBerG auf die Prüfungsausschüsse der **Steuerberaterprüfung** sinngemäß anzuwenden (BFH BStBl 83, 344; BFH/NV 86, 57).

§ 83 Besorgnis der Befangenheit

(1) ¹Liegt ein Grund vor, der geeignet ist, Mißtrauen gegen die Unparteilichkeit des Amtsträgers zu rechtfertigen oder wird von einem Beteiligten das Vorliegen eines solchen Grundes behauptet, so hat der Amtsträger den Leiter der Behörde oder den von ihm Beauftragten zu unterrichten und sich auf dessen Anordnung der Mitwirkung zu enthalten. ²Betrifft die Besorgnis der Befangenheit den Leiter der Behörde, so trifft diese Anordnung die Aufsichtsbehörde, sofern sich der Behördenleiter nicht selbst einer Mitwirkung enthält.

(2) Bei Mitgliedern eines Ausschusses ist sinngemäß nach § 82 Abs. 3 zu verfahren.

Vgl § 17 VwVfG. Die Fassung ist an § 42 II ZPO angelehnt worden. Auch der Beteiligte kann das Vorliegen eines Befangenheitsgrundes behaupten, aber dem Leiter der FinBeh kann nicht durch einstweilige Anordnung aufgegeben werden, einen Amtsträger von der Mitwirkung in einem Steuerverfahren wegen der Besorgnis der Befangenheit auszuschließen, BFH BStBl 81, 634. Der § 83 I 1 schafft **kein** förmliches **Ablehnungsrecht**, sondern stellt nur klar, daß der Verfahrensbeteiligte behaupten kann, es liege beim Amtsträger ein Grund vor, der geeignet ist, Mißtrauen in seine Unparteilichkeit zu rechtfertigen. Die Entscheidung des Behördenleiters ergeht nicht als selbständiger Verwaltungsakt gegenüber dem Verfahrensbeteiligten; sie ist eine der endgültigen Entscheidung vorausgehende innerdienstliche Maßnahme. Der Stpfl hat die Möglichkeit, die Handlungen des Amtsträgers im Verfahren gegen den aufgrund dieses Handelns ergangenen Verwaltungsakt gerichtlich nachprüfen zu lassen, FG Nieders EFG 81, 3; BVerwGE 29, 70 und hM im steuerl Schrifttum. Der betreffende Amtsträger wird **nicht automatisch** von der Mitwirkung ausgeschlossen, sondern nur auf entspr Anordnung des Behördenleiters.

§ 84 Ablehnung von Mitgliedern eines Ausschusses

¹Jeder Beteiligte kann ein Mitglied eines in einem Verwaltungsverfahren tätigen Ausschusses ablehnen, das in diesem Verwaltungsverfahren nicht tätig werden darf (§ 82) oder bei dem die Besorgnis der Befangenheit besteht (§ 83). ²Eine Ablehnung vor einer mündlichen Verhandlung ist schriftlich oder zur Niederschrift zu erklären. ³Die Erklärung ist unzulässig, wenn sich der Beteiligte, ohne den ihm bekannten Ablehnungsgrund geltend zu machen, in eine mündliche Verhandlung eingelassen hat. ⁴Für die Entscheidung über die Ablehnung gilt § 82 Abs. 3 Sätze 2 bis

§ 85 3. Teil. Allgemeine Verfahrensvorschriften

4. ⁵Die Entscheidung über das Ablehnungsgesuch kann nur zusammen mit der Entscheidung angefochten werden, die das Verfahren vor dem Ausschuß abschließt.

Vgl § 67 III VwVfG. Schriftform nur bei Ablehnung **vor** mündlicher Verhandlung vorgeschrieben. Bei **Beginn** der mündlichen Verhandlung kann der Antrag mündlich gestellt werden. Die Ablehnung ist unzulässig, wenn sich ein Beteiligter trotz Kenntnis der Ablehnungsgründe auf die mündliche Verhandlung eingelassen hat. Bedeutung der Vorschrift nach Wegfall der Steuerausschüsse gering. Im wesentlichen liegt ihre Bedeutung noch in der sinngemäßen Anwendung auf die Prüfungsausschüsse der **Steuerberaterprüfung** (vgl oben § 82 Anm 6). Deshalb muß die Ablehnung von Mitgliedern des Prüfungsausschusses für die Steuerberaterprüfung grundsätzlich vor dem Beginn der Prüfung geltend gemacht werden. Dies gilt allerdings nicht, wenn sich der Ablehnungsgrund erst aus dem Verhaltern des Prüfers während der Prüfung ergibt (BFH/NV 86, 57).

3. Unterabschnitt. Besteuerungsgrundsätze, Beweismittel

I. Allgemeines

§ 85 Besteuerungsgrundsätze

Die Finanzbehörden haben die Steuern nach Maßgabe der Gesetze gleichmäßig festzusetzen und zu erheben. Insbesondere haben sie sicherzustellen, daß Steuern nicht verkürzt, zu Unrecht erhoben oder Steuererstattungen und Steuervergütungen nicht zu Unrecht gewährt oder versagt werden.

Schrifttum: *Winkeljohann* Zur Rechtsfortbildung im Steuerrecht durch die Rechtsprechung des Bundesfinanzhofs am Beispiel des Nießbrauchs, DB 85, 1258; *Knepper* Der Vergleich im Steuerrecht – Zugleich eine Besprechung des Urteils des Bundesfinanzhofs vom 11. 12. 1984 VIII R 131/76 –, BB 86, 168; *Tipke* Ungleichmäßigkeit der Besteuerung, BB 86, 601; *Carl* Fortbestehende Veranlagungskompetenz und -verpflichtung des Finanzamts trotz gleichzeitig stattfindender Betriebsprüfung, DB 87, 761.

Die Vorschrift ist ebenso wie der § 201 I RAO eine **Aufgabennorm** (*TK* § 201 RAO Anm 2; § 85 Tz 13), vergleichbar etwa den §§ 152 II, 160 I StPO. Sie umreißt die Aufgaben der FinBeh im Besteuerungsverfahren. Aus ihr ist iV mit **§ 86 S 1** zu entnehmen, daß Ermittlungen ins Blaue hinein grundsätzlich unzulässig sind (BFH BStBl 87, 484; 88, 359; FG Bremen EFG 86, 269). Ermittlungsmaßnahmen sind daher unrechtmäßig, wenn irgendwelche Anhaltspunkte für steuererhebliche Umstände fehlen (BFH aaO). Es muß aufgrund konkreter Momente oder aufgrund allgemeiner Erfahrung ein begründeter Anlaß für die Ermittlungen gegeben sein (vgl unten § 93 Anm 1 und Erl zu § 208). Ein konkreter Verdacht, daß Steuern verkürzt werden, ist **nicht** erforderlich (vgl BFH BStBl 68, 365, 369). Die Unterscheidung zwischen **Steueraufsichts-** und **Steuerermittlungsverfahren** hält die AO nicht mehr aufrecht. Es besteht grundsätzlich

1. Abschnitt. Verfahrensgrundsätze §§ 86, 87

kein Unterschied, ob die FinBeh aus bestimmtem Anlaß einen konkreten Steuerfall ermittelt oder ob sie aus gegebenem Anlaß einen weitgehend unbekannten Steuerfall ermittelt. Grenzen ihrer Ermittlungsbefugnis können sich ergeben aus dem Grundsatz der pflichtgemäßen Ermessensausübung und dem Grundsatz der **Verhältnismäßigkeit**. Sog **betriebsnahe Veranlagungen** sind dem StFestsetzungsverfahren zuzuordnen. Es gelten die allgemeinen Verfahrensvorschriften der §§ 85, 88, 90 ff. Die Vorschrift bildet auch die Grundlage für die Verpflichtung anderer Behörden zur Fertigung von **Kontrollmitteilungen** Es gehört zu dem Aufgabenbereich der Finanzbehörden nach § 85 iVm § 88, daß eine örtlich nicht zuständige FinBeh tatsächliche oder rechtliche Kenntnisse, die ihr bei ihrer amtlichen Tätigkeit bekannt geworden sind, der FinBeh mitteilt, die örtlich zuständig ist (BFH BStBl 87, 440). Zu Kontrollmitteilungen anderer Behörden s § 93 a.

Bedenken, die das FG BadWürtt (EFG 86, 451) ua unter dem Gesichtspunkt der Gleichmäßigkeit der Besteuerung nach Maßgabe der Gesetze gegen den sog Bankenerlaß (BStBl I 79, 590) erhoben hatte, dürften durch die nunmehrige gesetzliche Regelung in § 30a ausgeräumt sein (vgl zu den Bedenken auch unten § 102 Anm 7).

§ 86 Beginn des Verfahrens

¹**Die Finanzbehörde entscheidet nach pflichtgemäßem Ermessen, ob und wann sie ein Verwaltungsverfahren durchführt.** ²**Dies gilt nicht, wenn die Finanzbehörde auf Grund von Rechtsvorschriften**
1. **von Amts wegen oder auf Antrag tätig werden muß,**
2. **nur auf Antrag tätig werden darf und ein Antrag nicht vorliegt.**

Grundsätzlich entscheidet die FinBeh nach **pflichtgemäßem Ermessen** (§ 5), ob und wann sie ein Verwaltungsverfahren durchführt. Der **Satz 2** enthält Ausnahmen von diesem Grundsatz. Die Behörde **muß** ein Verwaltungsverfahren durchführen, wenn sie dazu aufgrund von Rechtsvorschr entweder von Amts wegen oder auf Antrag verpflichtet ist. Eine derartige Verpflichtung kann sich zB aus § 85 ergeben. Die FinBeh **darf** ein Verwaltungsverfahren **nicht** einleiten, wenn sie nur auf Antrag tätig werden darf und ein Antrag nicht vorliegt **(Nr 2)**.

§ 87 Amtssprache

(1) Die Amtssprache ist deutsch.

(2) ¹**Werden bei einer Finanzbehörde in einer fremden Sprache Anträge gestellt oder Eingaben, Belege, Urkunden oder sonstige Schriftstücke vorgelegt, kann die Finanzbehörde verlangen, daß unverzüglich eine Übersetzung vorgelegt wird.** ²**In begründeten Fällen kann die Vorlage einer beglaubigten oder von einem öffentlich bestellten oder beeidigten Dolmetscher oder Übersetzer angefertigten Übersetzung verlangt werden.** ³**Wird die verlangte Übersetzung nicht unverzüglich vorgelegt, so kann die Finanzbehörde auf Kosten des Beteiligten selbst eine Übersetzung beschaffen.** ⁴**Hat die Finanzbehörde Dolmetscher oder Übersetzer herangezogen, werden diese in entsprechender Anwendung des Gesetzes über die Entschädigung von Zeugen und Sachverständigen entschädigt.**

(3) Soll durch eine Anzeige, einen Antrag oder die Abgabe einer Willenserklärung eine Frist in Lauf gesetzt werden, innerhalb deren die Finanzbehörde in einer bestimmten Weise tätig werden muß, und gehen diese in einer fremden Sprache ein, so beginnt der Lauf der Frist erst mit dem Zeitpunkt, in dem der Finanzbehörde eine Übersetzung vorliegt.

(4) ¹Soll durch eine Anzeige, einen Antrag oder eine Willenserklärung, die in fremder Sprache eingehen, zugunsten eines Beteiligten eine Frist gegenüber der Finanzbehörde gewahrt, ein öffentlich-rechtlicher Anspruch geltend gemacht oder eine Leistung begehrt werden, so gelten die Anzeige, der Antrag oder die Willenserklärung als zum Zeitpunkt des Eingangs bei der Finanzbehörde abgegeben, wenn auf Verlangen der Finanzbehörde innerhalb einer von dieser zu setzenden angemessenen Frist eine Übersetzung vorgelegt wird. ²Andernfalls ist der Zeitpunkt des Eingangs der Übersetzung maßgebend, soweit sich nicht aus zwischenstaatlichen Vereinbarungen etwas anderes ergibt. ³Auf diese Rechtsfolge ist bei der Fristsetzung hinzuweisen.

1. **Inhalt.** Die Vorschrift entspricht mit Ausnahme des Abs 2 S 1 dem § 19 **VwVfG.** Vgl auch § 184 GVG, in dem für das gerichtliche Verfahren die deutsche Sprache als Gerichtssprache für verbindlich erklärt wird. Entsprechende Regelungen finden sich in einigen nicht-steuerlichen Verwaltungsvorschriften.

2. **Abs 1** stellt klar, daß bei amtlichen Mitteilungen, Entscheidungen, Verwaltungsakten usw die **deutsche Sprache** zu verwenden ist. Aus der Verwendung des Begriffs „Amtssprache" ergibt sich, daß die Angehörigen der Behörde nicht gehindert sind, ggf beim Umgang mit Ausländern sich in deren Sprache zu unterhalten: das gleiche gilt für die Verteilung von Merkblättern in fremden Sprachen.

3. Nach **Abs 2** ist es grundsätzlich unschädlich, wenn bei einer FinBeh **Anträge oder Eingaben in fremder Sprache** gestellt oder sonstige Urkunden vorgelegt werden, jedoch **kann** die FinBeh die unverzügliche Übersetzung verlangen. Nach § 19 II 1 VwVfG **soll** die Behörde die Übersetzung verlangen. Nach der AO sollen dagegen Übersetzungen nur im Rahmen des Notwendigen, nicht aber grundsätzlich gefordert werden. Es steht im **pflichtgemäßen Ermessen** der Behörde, **ob** sie die Übersetzung **verlangt.** Sie kann in begründeten Fällen auch Vorlage einer beglaubigten Übersetzung verlangen. Unverzüglich bedeutet ohne schuldhaftes Zögern. Erst wenn die Übersetzung nicht unverzüglich vorgelegt wird, kann die FinBeh auf Kosten des Beteiligten selbst eine Übersetzung beschaffen.

4. **Abs 3** betrifft den Fall, daß durch eine Anzeige oder einen Antrag eine Frist in Lauf gesetzt werden soll. Diese Vorschrift hat für das Steuerrecht nur eine geringe Bedeutung. Der Fristlauf beginnt erst mit dem Zeitpunkt, in dem der FinBeh eine Übersetzung vorliegt. Aus **Abs 2 S 2** ist zu entnehmen, daß in diesen Fällen die FinBeh die Übersetzung verlangen soll. Es dürfte aber auch zulässig sein, daß die FinBeh auf Kosten des Beteiligten selbst eine Übersetzung beschafft (vgl **Abs 2 S 3**).

5. **Abs 4** betrifft den Fall, daß eine **Frist zugunsten** eines Beteiligten gegenüber der FinBeh **gewahrt** werden soll, zB Antrag auf Lohnsteuerjah-

1. Abschnitt. Verfahrensgrundsätze **§ 88**

resausgleich, Antrag auf StFestsetzung oder Änderung der StFestsetzung vor Ablauf der Festsetzungsverjährung (§ 169). In diesem Fall ist es unschädlich, wenn der entsprechende Antrag innerhalb der Frist in **fremder Sprache** abgegeben wird, vorausgesetzt, daß **innerhalb** einer von der FinBeh gesetzten angemessenen **Frist** eine Übersetzung **vorgelegt** wird. Wird die Übersetzung nicht innerhalb der von der FinBeh gesetzten Frist vorgelegt, gilt der Antrag erst im Zeitpunkt des Eingangs der Übersetzung als gestellt.

§ 88 Untersuchungsgrundsatz

(1) [1]Die Finanzbehörde ermittelt den Sachverhalt von Amts wegen. [2]Sie bestimmt Art und Umfang der Ermittlungen; an das Vorbringen und an die Beweisanträge der Beteiligten ist sie nicht gebunden. [3]Der Umfang dieser Pflichten richtet sich nach den Umständen des Einzelfalles.

(2) Die Finanzbehörde hat alle für den Einzelfall bedeutsamen, auch die für die Beteiligten günstigen Umstände zu berücksichtigen.

Schrifttum: *Herta* Beweislast und Beweiswürdigung im Besteuerungsverfahren, DB 85, 1311; *Mösbauer* Zum Umfang der Mitwirkungspflichten der Beteiligten und anderer Personen im Besteuerungsverfahren, DB 85, 410; *Ritter* Beweislast und Vermutungsregeln bei internationalen Verrechnungspreisen, JbDeuStG 85, 91; *Notthoff* Abgrenzung der Außenprüfung von sonstigen Ermittlungsmaßnahmen, DB 85, 1497; *Papist* Zur Abgrenzung der Außenprüfung von den Ermittlungsmaßnahmen, DStR 86, 356; *Wittmann* Mitwirkungs- und Aufklärungspflicht in der AO – Reduktion der Mitwirkungspflicht durch finanzbehördliches Verhalten, StuW 87, 35; *Braun* Zur Fristsetzungsbefugnis der Finanzbehörden im Steuervermittlungsverfahren, DStZ 86, 481; *Birkenfeld* Sachverhaltsermittlung und Rechtsanwendung bei der Lohnsteuer in- und ausländischer Arbeitnehmer, JbDeuStG 86, 245; *Gebbers* Zur steuerlichen Behandlung fragwürdiger „Darlehen", StBp 86, 179, 200; *Ritter* Die Sachverhaltsermittlung im System der Besteuerungsgrundsätze-Stellungnahme zur neuen Verwaltungsanweisung zu § 88, DB 87, 2331; *Kien-Hümbert* Die Auswertung von Kontrollmitteilungen im Erbfall, DStR 87, 792; *Michel* Verprobung mit Richtsätzen, StBp 88, 59; *Strunz* Die Domizilkartei-Mittel der Finanzverwaltung zur Aufklärung der Verlagerung von Einkünften und Vermögen in Steueroasenländer, StBp 88, 18; *App* Ermittlungsbefugnisse des Finanzamts und ihre Grenzen, StWK Gruppe 2, 2315 (1/1988); *Eppler* Die Beweislast (Feststellungslast) bei der verdeckten Gewinnausschüttung, DStR 88, 339.

Übersicht

1. Inhalt
2. Umfang
3. Folgen der Verletzung
4. Objektive Beweislast
5. Abs 1 S 3
6. Abs 2

1. Inhalt. Vgl § 24 VwVfG. Wie bisher gilt der **Untersuchungsgrundsatz,** der durch die nachfolgenden Vorschriften, insb durch § 90 (Mitwirkungspflicht der Beteiligten) ergänzt wird. Aus der Aufgabenzuweisung in § 85 ist zu entnehmen, daß sich die Vorschrift auf **steuerlich erhebliche** Sachverhalte bezieht. Die Behörde bestimmt auch, **wie** und in welchem

§ 88 3. Teil. Allgemeine Verfahrensvorschriften

Umfang sie ermitteln will. Sie ist an das Vorbringen und die Beweisanträge der Beteiligten **nicht** gebunden; ggf handelt sie aber **ermessensfehlerhaft,** wenn sie den Beweisanträgen der Beteiligten nicht nachgeht. Die **§§ 91, 93 ff** enthalten zT Einschränkungen des Vorgehens der FinBeh. Die FinBeh muß sich grundsätzl zunächst an den **Beteiligten** selbst **wenden** (§ 93 I 3). Vgl auch § 97 II über die Vorlage von Urkunden. § 91 gibt dem Steuerpflichtigen ein Recht auf **Anhörung.** Einschränkungen der Ermittlungspflicht der FinBeh können sich auch aus der **Mitwirkungspflicht** der Beteiligten nach **§ 90** ergeben. Die Ermittlungspflicht der FinBeh zugunsten des Steuerpflichtigen wird geringer, wenn der Steuerpflichtige seiner eigenen Mitwirkungspflicht nicht im zumutbaren Rahmen nachkommt (BFH BStBl 61, 109, 144; vgl auch unten Anm 2 und 3). Aus Abs 1 S 2 ergibt sich auch die Befugnis der Verwaltung, **Richtlinien** für die Art und den Umfang der **Prüfung** von steuerlichen Sachverhalten aufzustellen. Hierbei können auch bestimmte **Fallgruppen** gebildet werden, wie dies in den **GNOFÄ** (BStBl 76 I 88) geschehen ist. Dies gilt jedenfalls soweit die Aufstellung solcher Richtlinien nach **sachlich gerechtfertigten** Unterscheidungsmerkmalen getroffen ist, maW nicht willkürlich erscheint.

Der Gesetzgeber des Steuerbereinigungsgesetzes 1986 hat es abweichend vom Regierungsentwurf (BT-Drs 10/1636) abgelehnt, in § 88 klarzustellen, daß die FinBeh zur Erfüllung der Mitwirkungspflicht eine **Frist** setzen könne. Der Gesetzgeber geht davon aus, daß die FinBeh auch ohne eine solche Regelung eine Frist setzen könne (Bericht des FA BT-Drs 10/4513 S 11); vgl aber BFH BStBl 81, 720; ablehnend *Braun* DStZ 86, 481.

2. Umfang der Ermittlungspflichten. Nach AnwErl zu § 88 (Abschn 2) soll die FinBeh nicht verpflichtet sein, den Sachverhalt auf alle möglichen Fallgestaltungen zu erforschen. Für den Regelfall soll davon ausgegangen werden, daß die **Angaben des Stpfl** in der Steuererklärung vollständig und richtig sind (vgl BFH BStBl 69, 474). Die FinBeh kann danach den Angaben eines Stpfl Glauben schenken, wenn nicht greifbare Umstände vorliegen, die darauf hindeuten, daß seine Angaben falsch oder unvollständig sind (vgl BFH BStBl 79, 57). Ihre Aufklärungspflicht verletzt sie nur, wenn sie Tatsachen und Beweismittel außer acht läßt und offenkundigen Zweifelsfragen nicht nachgeht, die sich ihr den Umständen nach ohne weiteres aufdrängen mußten (BFH BStBl 86, 241; AnwErl aaO). Das FA verletzt daher zB die ihm obliegende Ermittlungspflicht nicht, wenn es vor Erlaß eines Artfeststellungsbescheides nicht Einsicht in die Bauakten nimmt (BFH BStBl 88, 482). Zu den Aufgaben nach § 85 iVm § 88 gehört es, über der FinBeh gekannt gewordene Tatsachen **Kontrollmitteilungen** an die zuständige FinBeh zu machen, wenn sie selbst nicht zuständig ist (s näher oben Erl zu § 85). Es ist der FinBeh ferner nicht verwehrt, innerhalb ihrer Ermittlungspflicht aus der im Rahmen einer rechtmäßigen Außenprüfung **erlangten Kenntnis** bestimmter betrieblicher Verhältnisse eines Stpfl in den Jahren des Prüfungszeitraums **Schlußfolgerungen** auf die tatsächlichen Gegebenheiten **in anderen Jahren** vor oder nach dem Prüfungszeitraum zu ziehen (BFH BStBl 88, 2; FG BadWürtt EFG 86, 323).

Der Untersuchungsgrundsatz findet auch im **Billigkeitsverfahren** Anwendung. Das gilt uneingeschränkt auch für Billigkeitsmaßnahmen, die von den Gemeinden durchzuführen sind (BVerwG Buchholz 401.0 § 88

1. Abschnitt. Verfahrensgrundsätze **§ 88**

Nr 1). Der Verpflichtung, die für die Ermessensausübung wesentlichen Tatsachen festzusterllen, kann die FinBeh hier aber nur unter der Mitwirkung derjenigen nachkommen, die die Billigkeitsmaßnahme begehren. Wenn die FinBeh erfolglos zur Mitwirkung aufgefordert hat und ihr keine weiteren Unterlagen zugänglich gemacht werden, so verletzen die Personen, die den Erlaß aus Billigkeitsgründen begehren, ihre Mitwirkungspflicht nach § 90 I. Unter diesen Umständen ist dann nicht zu beanstanden, daß die FinBeh das Erlaßbegehren mangels ausreichender Substantiierung der für die Ermessensausübung wesentlichen Tatsachen ablehnt (BFH/NV 88, 73; 88, 328).

3. Folgen der Verletzung der Ermittlungspflicht können sich zugunsten des Stpfl nicht nur dadurch ergeben, daß steuerliche Vorgänge ganz oder teilweise unerkannt bleiben. Nach Treu und Glauben ist der FinBeh vielmehr eine **Änderung einer Steuerfestsetzung** gem § 173 I Nr 1 verwehrt, wenn das erst nachträgliche Bekanntwerden einer Tatsache oder eines Beweismittels auf einer Verletzung der der FinBeh obliegenden Ermittlungspflicht beruht (BFH BStBl 86, 241, BFH/NV 86, 131; 86, 713). Voraussetzung ist allerdings, daß der Stpfl seiner Mitwirkungspflicht voll genügt hat (BFH BStBl 86, 241). Lt Nieders FG soll dem FA die Änderung einer Steuerfestsetzung bereits dann verwehrt sein, wenn der Stpfl seiner Mitwirkungspflicht zwar nicht voll genügt hat, diesen Pflichten aber so weit nachgekommen ist, daß das FA dadurch bereits objektiv in die Lage versetzt wurde, offenkundige Zweifelsfragen zu klären (Nieders FG EFG 88, 153; aA offenbar BFH/NV 88, 266). Nach BFH BStBl 88, 115 kommt es bei beiderseitigen Pflichtverletzungen auf eine Abwägung an. Die Änderung des Steuerbescheides ist trotz Verletzung der Ermittlungspflicht durch das FA möglich, wenn die Verletzung der Mitwirkungspflicht des Stpfl erheblich (schwer) ist. Der BFH scheint damit nunmehr ähnlich wie das Nieders FG mehr einen Ausgleich zwischen den Pflichtverletzungen zu suchen.

Bei Änderungen zugunsten des Stpfl gem § 173 I Nr 2 ist die Verletzung der Sachaufklärungspflicht des FA in die Beurteilung der Frage einzubeziehen, ob den Stpfl ein grobes Verschulden daran trifft, daß Tatsachen erst nachträglich bekannt werden (Nieders FG EFG 87, 4).

4. Ist ein Sachverhalt nicht mit hinreichender Sicherheit zu ermitteln, stellt sich die Frage nach der **objektiven Beweislast.** Die FinBeh hat die Beweislast für steuerbegründende und steuererhöhende Tatsachen (BFH BStBl 66, 509). Bei steuermindernden Tatsachen geht die Unaufklärbarkeit grds zu Lasten des Steuerpflichtigen. Nicht um eine Umkehrung der Beweislast oder um eine Verringerung des Beweismaßes geht es bei dem Anscheinsbeweis. Es handelt sich lediglich um einen im Rahmen der freien Beweiswürdigung herangezogenen gleichmäßigen Erfahrungssatz über einen sich stets wiederholenden typischen Geschehensablauf (*Gräber/von Groll* FGO, 2. Aufl, § 96 Tz 17). Der Beweis des ersten **Anscheins** kann durch den **Gegenbeweis** entkräftet werden, BFH BStBl 78, 620; der Stpfl braucht hierbei nicht das Gegenteil zu beweisen, sondern es genügt, daß er die ernstliche **Möglichkeit** darlegt, es könnte auch anders gewesen sein, BFH BStBl 80, 69. Eine erhebliche Rolle innerhalb der freien Beweiswürdigung können auch Indizien spielen (s zB Beweislast bei Zwischenmiet-

§ 89 3. Teil. Allgemeine Verfahrensvorschriften

verhältnissen zur Erreichung des Vorsteuerabzugs oben § 42 Anm 8). Der BFH geht in der Regel von einer Beweislast des Stpfl aus, wenn dieser sich auf einen außergewöhnlichen Sachverhalt beruft (vgl außer den bei § 42 Anm 8 aufgeführten Entscheidungen BFH BStBl 83, 760; 88, 859).

5. Abs 1 S 3 stellt klar, daß die Ermittlungspflicht der FinBeh ihre Grenzen hat. Sie braucht weitere Ermittlungen insbesondere nicht anzustellen, wenn die steuerlichen Folgen des aufzuklärenden Sachverhalts außer Verhältnis zum damit verbundenen Arbeitsaufwand stehen, BFH BStBl 73, 720, 723. Sie kann vom Steuerpflichtigen grunds verlangen, daß er alle für ihn günstigen Umstände im Rahmen des Zumutbaren belegt. Die Vorschrift wird zT auch dadurch modifiziert, daß in **EinzelsteuerG** häufig dem Steuerpflichtigen vorgeschrieben wird, bestimmte Belege der FinBeh vorzulegen. Die FinBeh ist zu weiteren Ermittlungen nicht verpflichtet, soweit es sich um Tatsachen handelt, die bereits von **anderen Behörden verbindlich festgestellt** worden sind. Dies gilt insbesondere für **rechtsgestaltende** Verwaltungsakte.

6. Der **Abs 2** sagt an sich etwas Selbstverständliches. So sind die Finanzbehörden zur Ermittlung und ggf zur Schätzung von Werbungskosten verpflichtet, wenn das Entstehen der Werbungskosten in hohem Maße glaubhaft ist, der Umfang und die Höhe jedoch nur schwer nachweisbar sind (BFH BStBl 87, 185). Er wird aber auch durch den Abs 1 S 3 eingeschränkt. Die FinBeh wäre überfordert, wenn sie alle, auch die für den Steuerfall wenig bedeutsamen Umstände berücksichtigen wollte.

§ 89 Beratung, Auskunft

¹**Die Finanzbehörde soll die Abgabe von Erklärungen, die Stellung von Anträgen oder die Berichtigung von Erklärungen oder Anträgen anregen, wenn diese offensichtlich nur versehentlich oder aus Unkenntnis unterblieben oder unrichtig abgegeben oder gestellt worden sind.** ²**Sie erteilt, soweit erforderlich, Auskunft über die den Beteiligten im Verwaltungsverfahren zustehenden Rechte und die ihnen obliegenden Pflichten.**

1. Inhalt. Die Vorschrift entspricht § 21 **VwVfG**. Sie entspringt einer Art Fürsorgepflicht der FinBeh, die sich auch aus dem Grundsatz von **Treu und Glauben** herleiten läßt.

2. Die FinBeh soll die **Abgabe von Erklärungen usw anregen.** Unter Erklärungen sind überwiegend nur solche verfahrensrechtlicher Art zu verstehen. Die Sachverhaltsaufklärung ist ohnehin nach § 88 Aufgabe der FinBeh. Dies gilt, wenn die Erklärungen, Anträge usw offensichtlich nur versehentlich oder aus Unkenntnis unterblieben oder unrichtig abgegeben worden sind. Es muß ganz **offensichtlich** sein für die FinBeh, daß dem Stpfl nur ein Fehler unterlaufen ist. Die Offenkundigkeit muß praktisch auf der Hand liegen. Bei unkundigen Stpfl kann die FinBeh uU **verpflichtet** sein, auf eine Ergänzung der Angaben des Stpfl hinzuwirken, FG Hessen EFG 77, 128. Die Nichtbeachtung der Vorschrift kann uU **Schadenersatzpflicht** wegen Amtspflichtverletzung auslösen, zumindest dann, wenn die Bedienstete den Stpfl praktisch sehenden Auges in sein eigenes Unglück hat laufen lassen, dh die

1. Abschnitt. Verfahrensgrundsätze **§ 90**

unterlassene Aufklärung einer Schikane gleichkommt. Amtspflicht eines Zollbeamten erstreckt sich nicht auf das Interesse des Stpfl an einer bestimmten Zollbehandlung künftig einzuführender Ware, BGHZ NJW 76, 103. FinBeh muß bei **zweifelhaftem Zollantrag** ggf versuchen, die Zweifel mit dem Zollbeteiligten **aufzuklären;** anderenfalls kann die spätere Inanspruchnahme uU gegen **Treu und Glauben** verstoßen, BFH ZfZ 77, 273.

3. Auskunfterteilung nur über die **verfahrensrechtlichen** Pflichten und Rechte, nicht über das materielle Recht. Über **verbindliche Zusagen** aufgrund einer Außenprüfung vgl §§ 204, 207. Auskunft nur auf entsprechende Anfrage; Belehrung von Amts wegen nicht vorgesehen. Auch nur, soweit **erforderlich,** dh sowie die Frage für das Verfahren irgendwie von Bedeutung ist oder sein kann.

4. Die AO sieht anders als das VwVfG kein Recht auf **Akteneinsicht** vor. Diese Frage regelt sich nach pflichtgemäßem Ermessen. Für Klage auf Unterlassung der Akteneinsicht ist FinRechtsweg gegeben, BFH DB 73, 168.

§ 90 Mitwirkungspflichten der Beteiligten

(1) ¹Die Beteiligten sind zur Mitwirkung bei der Ermittlung des Sachverhaltes verpflichtet. ²Sie kommen der Mitwirkungspflicht insbesondere dadurch nach, daß sie die für die Besteuerung erheblichen Tatsachen vollständig und wahrheitsgemäß offenlegen und die ihnen bekannten Beweismittel angeben. ³Der Umfang dieser Pflichten richtet sich nach den Umständen des Einzelfalles.

(2) ¹Ist ein Sachverhalt zu ermitteln und steuerrechtlich zu beurteilen, der sich auf Vorgänge außerhalb des Geltungsbereichs dieses Gesetzes bezieht, so haben die Beteiligten diesen Sachverhalt aufzuklären und die erforderlichen Beweismittel zu beschaffen. ²Sie haben dabei alle für sie bestehenden rechtlichen und tatsächlichen Möglichkeiten auszuschöpfen. ³Ein Beteiligter kann sich nicht darauf berufen, daß er Sachverhalte nicht aufklären oder Beweismittel nicht beschaffen kann, wenn er sich nach Lage des Falles bei der Gestaltung seiner Verhältnisse die Möglichkeit dazu hätte beschaffen oder einräumen lassen können.

Schrifttum: *Schobert* Wertberichtigung von Auslandsforderungen insbesondere bei Kreditinstituten, StBp 86, 73; *Martin* Wechselwirkung zwischen Mitwirkungspflichten und Untersuchungsgrundsatz im finanzgerichtlichen Verfahren, BB 86, 1021; *Wenzig* Die Mitwirkungspflicht des Steuerpflichtigen und ihre Grenzen, DStZ 86, 375; *Birkenfeld* Sachverhaltsermittlung und Rechtsanwendung bei der Lohnsteuer in- und ausländischer Arbeitnehmer, JbDeuStG 86, 245; *Gebbers* Zur steuerlichen Behandlung fragwürdiger „Darlehen" StBp 86, 179, 200; *Braun* Zur Fristsetzungsbefugnis der Finanzbehörden im Steuerermittlungsverfahren, DStZ 86, 481; *Wittmann* Mitwirkungspflicht und Aufklärungspflicht in der AO – Reduktion der Mitwirkungspflicht durch finanzbehördliches Verhalten, StuW 87, 35; *Blumers* Grenzen der Sachaufklärungspflicht in Steuererklärungen, DB 87, 807; *Seer* Der Konflikt zwischen dem Schweigerecht des Beschuldigten im Steuerstrafverfahren und seiner Mitwirkungspflicht im Besteuerungsverfahren, StB 87, 128; *Pflug* Schwierigkeiten und Zweifelsfragen beim Ausfüllen der Anlage W, Information StW 88, 24; *Bilsdorfer* Auskunftspflichten und Auskunftsrechte des Steuerpflichtigen in der Betriebsprüfung und im Steuerfahndungsverfahren, RWP 1988/1165 SG 2.1.261; *Schmitz* Aufzeichnungspflichten des Freiberuflers bezüglich der Betriebseinnahmen bei Gewinnermittlung nach § 4 Abs 3 EStG, StBp 88, 43.

1. Inhalt. Dem **Untersuchungsgrundsatz des § 88** steht die **Mitwirkungspflicht** der Beteiligten gegenüber. Diese begrenzt uU die Aufklärungspflicht der FinBeh (BFH BStBl 56, 68). Die Mitwirkungspflicht kann erzwungen werden (§§ 328–334). Aus ihrer Verletzung kann die FinBeh auch Schlüsse für die **Beweiswürdigung** ziehen; dies gilt insbes im Falle der Schätzung nach § 162.

2. Die Mitwirkungspflicht bezieht sich nur auf die Ermittlung des **Sachverhalts**. Sie wird in den folgenden Vorschriften (§§ 93–100) konkretisiert; vgl auch § 200 über Mitwirkungspflicht bei Außenprüfung. Auch der **Umfang** der Mitwirkungspflicht richtet sich nach den Umständen des Einzelfalles. Dies ergibt sich eigentlich schon aus dem Grundsatz der Verhältnismäßigkeit. Behauptung eines außergewöhnlichen Sachverhalts muß Stpfl nachweisen. Gelingt ihm das nicht, kann der typische Geschehensablauf zugrundegelegt werden (vgl oben § 42 Anm 8 und § 88 Anm 4). Die Rspr geht außerdem unter Berufung auf § 90, insbesondere auf dessen Abs II, davon aus, daß die objektive Beweislast (Feststellungslast) beim Stpfl liegt, wenn die Möglichkeit der Informationsbeschaffung über die aufzuklärende Tatsache allein in seinem Verantwortungsbereich (in seiner Sphäre) liegt (BFH BStBl 86, 318; 87, 487). Den Stpfl trifft bei **Erlaßfällen** eine erhebliche Mitwirkungspflicht. Dies kann dazu führen, daß er die Kosten eines FG-Verfahrens zu tragen hat, wenn das FA von einem fehlerhaften Sachverhalt ausgegangen ist, der auf Angaben des Stpfl beruht, FG BaWü EFG 82, 115.

Die Mitwirkungspflicht geht nicht so weit, daß der Stpfl einen in sich geschlossenen Nachweis der Herkunft seines **Privatvermögens** führen muß. Kann daher die Herkunft zB eines Sparguthabens nicht aufgeklärt werden, so kann, wenn die Buchführung des Stpfl ordnungsgemäß ist, dem Stpfl in der Regel dieses Vermögen als steuerpflichtige Einkünfte nur zugerechnet werden, wenn mit einer dem Einzelfall angepaßten Vermögenszuwachs- oder Geldverkehrsrechnung ein ungeklärter Vermögenszuwachs oder Ausgabenüberschuß aufgedeckt wird (BFH BStBl 86, 732). Der Stpfl begeht außerdem keine Pflichtverletzung, wenn er dem FA eine Einnahme oder Ausgabe nicht offenbart, die nach ständiger Rspr des BFH unter keinem denkbaren Gesichtspunkt sich auf die Besteuerung auswirkt (FG BadWürtt EFG 88, 33).

3. Folgen der Verletzung der Mitwirkungspflicht. Die Folgen aus einer Verletzung der dem Stpfl obliegenden Mitwirkungspflicht sind bei der **Beweiswürdigung** zu ziehen, FG Berlin EFG 82, 113. Hat ein Stpfl, der einen ungewöhnlichen Sachverhalt vorträgt, nicht für die Beschaffung von geeigneten Beweismitteln gesorgt, obwohl ihm dies möglich und zumutbar ist, so gehen **Zweifel** an der Richtigkeit seiner Behauptungen zu seinen Lasten, auch wenn nicht feststellbar ist, daß dieser in der Absicht der Beweisvereitelung gehandelt hat, FG Berlin EFG 82, 113; ebenso, wenn er Tatsachen nicht aufklärt, die allein in seiner Sphäre liegen (s oben Anm 2). Ein StPfl, der nicht belegen kann, auf welche Weise er über Jahre hinweg

1. Abschnitt. Verfahrensgrundsätze **§ 91**

seinen Lebensunterhalt bestritten hat, kann sich deshalb nicht darauf berufen, das FA müsse ihm steuerpflichtige Einkünfte nachweisen (FG Köln EFG 86, 474).

4. **Abs 2** entspricht § 181 III RAO. Seine Berechtigung ergibt sich daraus, daß die FinBeh bei der Ermittlung des Steuerfalles nicht im Ausland tätig werden darf, sofern DBA dies nicht ausdrücklich zulassen. Den Stpfl trifft in diesen Fällen eine erhöhte Aufklärungspflicht. Der Beteiligte hat danach den Sachverhalt aufzuklären und insb die erforderlichen Beweismittel zu **beschaffen,** nicht nur zu benennen (vgl BFH/NV 88, 12). Er hat darüber hinaus Vorsorge dafür zu treffen, daß er die entsprechenden Beweismittel beschaffen kann, zB durch entsprechende Vertragsgestaltung. Erhöhte Mitwirkungspflichten bestehen zB bei Einschaltung einer ausländischen Domizilgesellschaft (BFH BStBl 87, 481; vgl dazu auch oben § 42 Anm 9c), beim Nachweis von Unterhaltsleistungen der in der Bundesrepublik beschäftigte ausländischen Arbeitnehmer an ihre im Heimatland lebenden Angehörigen (BFH BStBl 87, 675), beim Abzug als Betriebsausgaben von im Rahmen von Geschäftsbeziehungen zu einem ausländischen Finanzmakler gemachten Provisionszahlungen (BFH/NV 87, 486), für Verbleib und Verwendung eines zunächst auf einem Schweizer Bankkonto angelegten Kapitalbetrags (FG Münster EFG 86, 211). § 90 II berechtigt allerdings nicht zu dem Verlangen, bei Auslandsvorgängen Bescheinigungen der ausländischen Steuerbehörde beizubringen, daß sich der Nachweispflichtige im Ausland gesetzestreu verhalten hat (BFH/NV 86, 249). Die Vorschrift beseitigt nicht den Grundsatz der **freien Beweiswürdigung** einschließlich der übrigen allgemeinen Beweisregeln. Es kann daher zugunsten des Steuerpflichtigen auch auf den Anscheinsbeweis (vgl dazu oben § 88 Anm 4) zurückgegriffen werden (BFH/NV 88, 438). Die erhöhte Mitwirkungspflicht entfällt nicht schon deshalb, weil die Mitteilung von **Geschäftsgeheimnissen** nach ausländischem Recht strafbar ist. Dies gilt jedenfalls dann, wenn keine Anhaltspunkte dafür bestehen, daß eine Bestrafung tatsächlich droht, FG D'dorf EFG 81, 148. Aus Abs 2 kann jedoch **keine Berechtigung** der FinBeh zu **allgemeinen Befragungsaktionen** hergeleitet werden, vgl *TK* Tz 6. Zum Verhältnis der Vorschrift zu ausländischen Auskunftsverboten vgl *Großfeld* in Festschrift für Michaelis, Göttingen 1972, 118 ff. Auch insoweit richtet sich die Aufklärungspflicht des Steuerpflichtigen nach den Umständen des Einzelfalles.

§ 90 II findet auch auf **Vorgänge in der DDR** Anwendung (FG Bad-Württ EFG 88, 147).

§91 Anhörung Beteiligter

(1) ¹Bevor ein Verwaltungsakt erlassen wird, der in Rechte eines Beteiligten eingreift, soll diesem Gelegenheit gegeben werden, sich zu den für die Entscheidung erheblichen Tatsachen zu äußern. ²Dies gilt insbesondere, wenn von dem in der Steuererklärung erklärten Sachverhalt zuungunsten des Steuerpflichtigen wesentlich abgewichen werden soll.

(2) Von der Anhörung kann abgesehen werden, wenn sie nach den Umständen des Einzelfalles nicht geboten ist, insbesondere wenn

§ 91 3. Teil. Allgemeine Verfahrensvorschriften

1. eine sofortige Entscheidung wegen Gefahr im Verzug oder im öffentlichen Interesse notwendig erscheint,
2. durch die Anhörung die Einhaltung einer für die Entscheidung maßgeblichen Frist in Frage gestellt würde,
3. von den tatsächlichen Angaben eines Beteiligten, die dieser in einem Antrag oder einer Erklärung gemacht hat, nicht zu seinen Ungunsten abgewichen werden soll,
4. die Finanzbehörde eine Allgemeinverfügung oder gleichartige Verwaltungsakte in größerer Zahl oder Verwaltungsakte mit Hilfe automatischer Einrichtungen erlassen will,
5. Maßnahmen in der Vollstreckung getroffen werden sollen.

(3) Eine Anhörung unterbleibt, wenn ihr ein zwingendes öffentliches Interesse entgegensteht.

Schrifttum: *Horn* Dauernde Rechtsverletzung – Gehör im Besteuerungsverfahren, Information StW 85, 124; *Hendriks* Arbeitsbogen des Außenprüfers: Einsichtsrecht des Steuerpflichtigen und Vorlagepflicht bei Finanzgericht, StBp 85, 67; *Spanner* Parteigehör und Akteneinsicht in der AO und FGO, Festschrift 75 Jahre Süddeutsche Treuhand AG, 1985, S 69; *App* Rechtliches Gehör vor Vollstreckungsmaßnahmen des Finanzamts, Information StW 87, 2; *ders* Rechtliches Gehör vor Vorauszahlungsbescheiden und Verspätungszuschlägen, Information StW 88, 219; *Grothe* Internationaler Auskunftsverkehr, JbFfSt 1987/88, 133.

Übersicht

1. Inhalt
2. Anhörung
3. Wesentliche Abweichung
4. Folgen der Verletzung
5. Ausnahmen
   a) Gefahr im Verzug
   b) Fristeinhaltung
   c) Nach Erklärung
   d) Allgemeinverfügung
   e) Vollstreckungsmaßnahmen
6. Zwingendes öffentliches Interesse

1. Inhalt. Vgl § 28 **VwVfG**. Die Vorschrift folgt aus dem Grundsatz des **rechtlichen Gehörs.** Allerdings soll den Beteiligten nur Gelegenheit gegeben werden, sich zu den für die Entscheidung erheblichen **Tatsachen** zu äußern. Die FinBeh ist danach **nicht** verpflichtet, mit den Beteiligten ein **Rechtsgespräch** zu führen. In § 28 VwVfG ist die Anhörung zwingend vorgeschrieben; die **Sollvorschrift** des § 91 bedeutet jedoch für die Verwaltung eine Verpflichtung für den Regelfall. Durch das Soll wird nur ausgedrückt, daß die Bestimmung Ausnahmen auch außerhalb des **Abs 2** zuläßt.

2. Recht auf Anhörung besteht nur für die entscheidungserheblichen **Tatsachen.** Regelmäßig geschieht dies bereits durch die Steuererklärung. Daher ist in **Abs 1 S 2** ausdrücklich noch ein Anhörungsrecht für den Fall vorgesehen, daß die FinBeh von der StErklärung zuungunsten des Stpfl abweichen will. Das Anhörungsrecht wird in den Vorschriften über die **Außenprüfung** noch näher ausgestaltet, zB in **§ 199, § 201, § 202 II.** Vor Gericht ergibt sich ein Anhörungsrecht aus Art 103 I GG. **Akteneinsichtsrecht** gewährt die AO im Gegensatz zu **§ 29 VwVfG nicht.** Das schließt

1. Abschnitt. Verfahrensgrundsätze **§ 91**

nicht aus, daß die FinBeh ggf den Steuerpflichtigen die Akten einsehen läßt. Hierbei ist jedoch auf die Einhaltung des **Steuergeheimnisses** zu achten. Verhältnisse von **Vergleichsbetrieben** können nicht ohne weiteres mitgeteilt werden (vgl *Geisler,* Das Steuergeheimnis im Widerstreit mit anderen Rechtsgütern, Diss Heidelberg 1968). Mitzuteilen sind zB Vergleichsgrundstücke bei der Bewertung bebauter Grundstücke, nicht jedoch die bei der Bewertung angesetzte Jahresrohmiete (RFH RStBl 34, 245).

3. Wesentliche Abweichung von der Steuererklärung. Vgl hierzu aber die Einschränkung in **Abs 2 Nr 4**. Bei nur geringfügigen Abweichungen kann eine nochmalige Anhörung entfallen, ebenso wenn dem Stpfl offensichtlich nur ein Versehen unterlaufen ist. Die Behörde ist nicht gehalten, vor einer **Schätzung** wegen Nichteinreichung von Unterlagen, mitzuteilen, in welcher Höhe sie voraussichtlich die Besteuerungsgrundlagen schätzen wird, FG Hessen EFG 79, 374.

4. Folgen der Verletzung des § 91 vgl. **§ 126 I Nr 3** und III. Die erforderliche Anhörung kann bis zum Abschluß eines außergerichtlichen Rechtsbehelfsverfahrens **nachgeholt** werden (FG Bremen EFG 86, 319) oder, wenn ein solches nicht stattfindet (Sprungklage), bis zur Erhebung der finanzgerichtlichen Klage (§ 126 II). Die Verletzung des **rechtlichen Gehörs** in außergerichtlichen Rechtsbehelfsverfahren über Ermessensentscheidung kann im FG-Verfahren nur dann mit Erfolg gerügt werden, wenn Stpfl darlegt, daß die Entscheidung sonst möglicherweise anders ausgefallen wäre, BFH BStBl 79, 170. Wird durch die unterlassene Anhörung die rechtzeitige **Anfechtung des Verwaltungsakts versäumt**, gilt die **Säumnis** als **nicht verschuldet (§ 126 II)**.

5. Ausnahmen von Abs 1:

a) Gefahr im Verzug. Nr 1 dürfte im Besteuerungsverfahren selten praktisch werden; sofortige Entscheidung im öffentlichen Interesse notwendig zB dann, wenn durch die Anhörung die Festsetzungsfrist versäumt werden würde. Dieser Fall kann jedoch eher unter

b) Nr 2 geregelt werden.

c) Nr 3 wird an sich bereits durch Abs 1 S 2 erfaßt.

d) Allgemeinverfügung, zB die öffentl Erinnerung an die Fälligkeit. Aufforderung zur Abgabe von StErklärungen. Verwaltungsakte, die mit Hilfe automatischer Einrichtungen erlassen werden, werden im StRecht durch den zunehmenden Einsatz von **EDV-Anlagen** immer häufiger. Die Vorschrift würde bei weiter Auslegung darauf hinauslaufen, daß praktisch bei keinem StBescheid mehr eine vorherige Anhörung notwendig ist. Damit würde die Vorschrift des § 91 ausgehöhlt. Dies kann aber nicht der Sinn der Regelung in Abs 2 Nr 4 sein. Man wird bei einer sinnvollen Auslegung dahin kommen, daß die Nr 4 nur eingreift, wenn die Verwaltungsakte praktisch im wesentlichen ohne manuelles Eingreifen erlassen werden, zB wenn die StErklärungen auch im wesentl maschinell überprüft und korrigiert werden. Wenn aber die Prüfung der StErklärung vom Veranlagungsbeamten durchgeführt wird und die Maschine lediglich den rechnerischen Teil übernimmt, besteht kein Grund, den Stpfl nicht anzuhören.

e) Maßnahmen der **Vollstreckung** könnten durch die vorherige Anhörung wirkungslos bleiben. Der Stpfl wird auch idR durch die vorangehende Mahnung, in der mit der Einleitung von Vollstreckungsmaßnahmen gedroht wird, rechtzeitig auf bevorstehende Vollstreckungshandlungen hingewiesen und kann ggf Gegenvorstellungen erheben.

6. Fälle, in denen der Anhörung ein zwingendes öffentliches Interesse entgegensteht, dürften im StRecht kaum vorkommen.

§ 92 Beweismittel

¹**Die Finanzbehörde bedient sich der Beweismittel, die sie nach pflichtgemäßem Ermessen zur Ermittlung des Sachverhaltes für erforderlich hält.** ²**Sie kann insbesondere**
1. **Auskünfte jeder Art von den Beteiligten und anderen Personen einholen,**
2. **Sachverständige zuziehen,**
3. **Urkunden und Akten beiziehen,**
4. **den Augenschein einnehmen.**

1. Inhalt. Vgl § 26 I VwVfG. Die Vorschrift ist im Zusammenhang mit § 88 und § 86 zu sehen. Es kommt danach auf die subjektive **Auffassung** der FinBeh an, welches Beweismittel sie für erforderlich hält. Die Vorschrift unterstreicht, daß die FinBeh hierbei nach **pflichtgem Ermessen** handeln muß. Die Frage, ob sie Beweise für erforderlich hält, regelt sich nach §§ 88, 86. Das FA kann nicht durch einstweilige Anordnung verpflichtet werden, durch regelmäßigen Augenschein die ausschließliche Nutzung eines Raumes für berufliche Zwecke festzustellen, FG Nieders EFG 80, 6. Das Ermessen des FA kann nicht dadurch eingeschränkt werden, daß das Gericht ihm von vornherein aufgibt, den Beweis in einer ganz bestimmten Art und Weise zu erheben. In § 92 geht es nur um das **Wie**. Es bedarf keiner Regelung, daß es sich bei dem zu ermittelnden Sachverhalt um steuerlich relevante Vorgänge handeln muß; dies ergibt sich schon aus § 85.

2. Die folgenden Vorschriften **schränken** das **Ermessen** der Behörde in einigen Punkten **ein**. Bei der Aufzählung der Beweismittel in **S 2** handelt es sich um die klassischen Beweismittel der ZPO. Die Aufzählung ist nicht erschöpfend. Weitere Pflichten ergeben sich aus § 100 (Vorlage von Wertsachen). Unter **Augenscheinseinnahme** ist jede sinnliche Wahrnehmung zu verstehen, zB auch Geruchs- und Geschmacksproben. Über die Frage, ob **verbotswidrig** erlangte **Beweise verwertet** werden dürfen, sagt die AO nichts. Ein solches allgemeines Verwertungsverbot ist nicht festzustellen (vgl BFH BStBl 67, 273); eine Ausnahme bildet § **136a StPO**. Ebenfalls fehlt eine Vorschrift über die **Beweiswürdigung**; vgl hierzu § **96 FGO:** Das Gericht entscheidet nach seiner freien, aus dem Gesamtergebnis des Verfahrens gewonnenen Überzeugung. Diese Regelung gibt nicht viel her. Bei der Beweiswürdigung sind die allgemeinen Denkgesetze, die anerkannten Regeln für die Beurteilung tatsächlicher Verhältnisse sowie die sich aus der Lebenserfahrung ergebenden Erkenntnismöglichkeiten zu beachten (vgl BFH BStBl 70, 189). Aus einer **Auskunftsverweigerung** können die entsprechenden naheliegenden Schlüsse gezogen werden (RFH Kartei AO aF

1. Abschnitt. Verfahrensgrundsätze **§ 93**

§ 258 22). Ein **Beweisverwertungsverbot** wird man für das steuerl **Ermittlungsverfahren** nur in Ausnahmefällen anerkennen können. Nicht jede Verletzung von Beweisvorschriften hat ein Verwertungsverbot der so gewonnenen Kenntnisse zur Folge. Dies gilt grundsätzlich auch für Verstöße gegen §§ 101, 102, 103, 104, 106, aA *TK* § 88 Tz 7. Ein solches Verwertungsverbot wird man wohl aber **anerkennen** müssen für das Verbot **der Anwendung** von **Zwangsmitteln** nach § 393 I 2–4. Ferner nimmt die Rspr ein Verwertungsverbot für durch eine rechtswidrige Außenprüfung erlangte Kenntnisse aus, wenn die Rechtswidrigkeit gerichtlich rkr festgestellt ist (s näher unten § 193 Anm 6). Vgl im übrigen Anm 3 zu § 101, Anm 3 zu § 103, Anm 2 zu § 196 und hM. Verwertungsverbot auch, wenn die Rechtswidrigkeit der Ermittlungsmaßnahmen des FA statt von einem Gericht der Finanzgerichtsbarkeit von einem Gericht der ordentlichen Gerichtsbarkeit festgestellt wurde (auch hinsichtlich Durchsuchungs- und Beschlagnahmebeschluß vgl BFH BStBl I 79, 704). Die **Auswertung** von **Akten,** die aufgrund einer angeblich rechtswidrigen Anordnung eines Amtsgerichts sichergestellt wurden, kann dem FA nicht – im Wege einer einstweiligen Anordnung – vorläufig untersagt werden. Der Stpfl kann ein mögliches **Verwertungsverbot** allenfalls in einem Rechtsbehelfsverfahren gegen die nach Auswertung der sichergestellten Akten ergehende StBescheide geltend machen, BFH NJW 79, 2584. Auch bei der Änderung vorläufiger StFestsetzungen ist dem FA die Verwertung möglicherweise auf rechtswidrige Weise festgestellter Tatsachen grundsätzlich nicht verwehrt, FG RhPf EFG 83, 100. An Entscheidungen anderer Behörden sind die FinBeh nicht schlechthin gebunden (BFH BStBl 61, 418). Bindung ist aber bei rechtsgestaltenden Verwaltungsakten anzunehmen (BFH BStBl 60, 248; BStBl 66, 528).

II. Beweis durch Auskünfte und Sachverständigengutachten

§ 93 Auskunftspflicht der Beteiligten und anderer Personen

(1) ¹Die Beteiligten und andere Personen haben der Finanzbehörde die zur Feststellung eines für die Besteuerung erheblichen Sachverhaltes erforderlichen Auskünfte zu erteilen. ²Dies gilt auch für nicht rechtsfähige Vereinigungen, Vermögensmassen, Behörden und Betriebe gewerblicher Art der Körperschaften des öffentlichen Rechts. ³Andere Personen als die Beteiligten sollen erst dann zur Auskunft angehalten werden, wenn die Sachverhaltsaufklärung durch die Beteiligten nicht zum Ziele führt oder keinen Erfolg verspricht.

(2) ¹In dem Auskunftsersuchen ist anzugeben, worüber Auskünfte erteilt werden sollen und ob die Auskunft für die Besteuerung des Auskunftspflichtigen oder für die Besteuerung anderer Personen angefordert wird. ²Auskunftsersuchen haben auf Verlangen des Auskunftspflichtigen schriftlich zu ergehen.

(3) ¹Die Auskünfte sind wahrheitsgemäß nach bestem Wissen und Gewissen zu erteilen. ²Auskunftspflichtige, die nicht aus dem Gedächtnis Auskunft geben können, haben Bücher, Aufzeichnungen, Geschäftspapiere und andere Urkunden, die ihnen zur Verfügung stehen, einzusehen und, soweit nötig, Aufzeichnungen daraus zu entnehmen.

§ 93

(4) ¹Der Auskunftspflichtige kann die Auskünfte schriftlich, mündlich oder fernmündlich erteilen. ²Die Finanzbehörde kann verlangen, daß der Auskunftspflichtige schriftlich Auskunft erteilt, wenn dies sachdienlich ist.

(5) ¹Die Finanzbehörde kann anordnen, daß der Auskunftspflichtige eine mündliche Auskunft an Amtsstelle erteilt. ²Hierzu ist sie insbesondere dann befugt, wenn trotz Aufforderung eine schriftliche Auskunft nicht erteilt worden ist oder eine schriftliche Auskunft nicht zu einer Klärung des Sachverhaltes geführt hat. ³Absatz 2 Satz 1 gilt entsprechend.

(6) ¹Auf Antrag des Auskunftspflichtigen ist über die mündliche Auskunft an Amtsstelle eine Niederschrift aufzunehmen. ²Die Niederschrift soll den Namen der anwesenden Personen, den Ort, den Tag und den wesentlichen Inhalt der Auskunft enthalten. ³Sie soll von dem Amtsträger, dem die mündliche Auskunft erteilt wird, und dem Auskunftspflichtigen unterschrieben werden. ⁴Den Beteiligten ist eine Abschrift der Niederschrift zu überlassen.

Schrifttum: *Lohmeyer* Die Auskunftspflicht Dritter im Besteuerungsverfahren, Inf 80, 56; *Lauer* Auskunftspflicht der Kreditinstitute, Inf 81, 137; *Mösbauer* Zum Umfang der Mitwirkungspflichten der Beteiligten und anderer Personen im Besteuerungsverfahren, DB 85, 410; *Rengier* Aushöhlung der Schweigebefugnis des auch steuerlich belangten Beschuldigten durch „nachteilige" Schätzung, BB 85, 720; *Lohmeyer* Die Auskunftspflicht der Beteiligten im Besteuerungsverfahren, KStZ 85, 124; *Northoff* Abgrenzung der Außenprüfung von sonstigen Ermittlungsmaßnahmen, DB 85, 1497; *Pfaff* Verpflichtung des Verlagsunternehmers zur Auskunftserteilung bei Chiffre-Anzeigen, StBp 86, 137; *Lohmeyer* Die Auskunftspflicht Dritter im Besteuerungsverfahren, ZKF 86, 177; *Klos* Steuerfahndung im Rechtsstaat (Bemerkungen zu Mößbauer, DStZ 86, 339), DStZ 86, 505; *Hamacher* Neue Rechtsprechung zu den Voraussetzungen von Ermittlungsmaßnahmen der Finanzbehörden, DStZ 87, 224; *Klos* Die Steueraufsichtsfunktion der Steuerfahndung, NWB Fach 13, 711 (36/1987); *Schmidt-Liebig* Das Mitwirkungsverlangen der Finanzbehörden – ein Verwaltungsakt? DStR 87, 571; *Deutscher Steuerberaterverband* DStV gegen überhandnehmende Kontrollen dort Sammelauskunftsersuchen, Stbg 87, 337; *Frick* Auskunftsersuchen der Steuerfahndung gemäß § 208 Abs 1 Nr 3 AO – zum Grundsatzurteil des BFH vom 24. 3. 1987 VII R 30/86 (BStBl II 1987, 484); BB 88, 109; *Bauer* Der Anspruch auf Herausgabe von Fotokopien während der Betriebsprüfung, DStR 88, 140; *Maier* Kapitalverkehrsteuer-Fragebogen rechtswidrig? DVR 88, 50; *Deutscher Steuerberaterverband* Rechtsunsicherheit bei Sammelauskunftsersuchen dauert an, Stbg 88, 156.

Übersicht

1. Inhalt
2. Beteiligte
3. Folgen der Verletzung
4. Auskunftsverweigerungsrechte
5. Form des Auskunftsverlangens
6. Informationspflicht
7. Form der Auskunfterteilung

1. Inhalt. Die Vorschrift regelt die **Auskunftspflicht** sowohl des **Beteiligten** als auch **anderer Personen.** Auskunftspflichtig sind nicht nur natürliche, sondern auch juristische Personen und nichtrechtsfähige Personenvereinigungen, Vermögensmassen, Behörden, Betriebe gewerblicher Art

1. Abschnitt. Verfahrensgrundsätze **§ 93**

der Körperschaften des öffentlichen Rechts; juristische Personen und nichtrechtsfähige Vereinigungen usw erteilen die Auskunft regelmäßig durch ihre gesetzlichen Vertreter oder durch besonders Beauftragte (§ 79 I Nr 3), Behörden durch ihre Leiter, deren Vertreter oder Beauftragte (§ 79 I Nr 4). Die Worte „erheblichen Sachverhalts" wie „erforderlichen" weisen darauf hin, daß ein **konkreter Anlaß** zur Frage gegeben sein muß. Eine Ermittlung ins Blaue hinein ist nicht zulässig (vgl oben Erl zu § 85). Der BFH hat hierzu in zwei grundlegenden Entscheidungen Stellung genommen (BFH BStBl 87, 484; 88, 359). Danach darf der erforderliche konkrete Anlaß nicht dahin mißverstanden werden, daß er bereits so konkret sein muß, um für den einzelnen Stpfl einen Verdacht der Steuerverkürzung zu rechtfertigen. Es ist lediglich verboten, Auskunftsverlangen zu stellen, wenn irgendwelche Anhaltspunkte für steuererhebliche Umstände fehlen. Ein hinreichender Anlaß für Auskunftsersuchen liegt demnach vor, wenn aufgrund **konkreter Anhaltspunkte** oder aufgrund **allgemeiner Erfahrung** eine solche Anordnung angezeigt ist. Es genügt, wenn die „Möglichkeit" einer objektiven Steuerverkürzung besteht. Der BFH hat daher sowohl Auskunftsersuchen an einen Zeitungsverlag zu Chiffre-Anzeigen über Grundstücksverkäufe (BFH BStBl 88, 349) als auch Sammelersuchen an ein Kreditinstitut über seine Provisionszahlungen an alle in einer bestimmten Zeit für das Kreditinstitut tätig gewordenen Kreditvermittler (BFH BStBl 87, 484; ebenso FG Bremen EFG 86, 269) als zulässig angesehen (ähnlich eingeschaltete Makler: EFG 87, 275). § 93 ist danach nicht nur auf Einzelermittlungen bezüglich bestimmter Sachverhalte zugeschnitten (aA für Fragebogen zur KVSt Nieders FG EFG 87, 472).

§ 93 begründet keine **Auskunftspflicht** für Auskünfte, die nicht für **deutsche StAnsprüche** bedeutsam sein können, FG Hbg EFG 78, 257, s aber § 117. Nach § 45 II Nr 2 und 3 **BundesDatenSchG** gehen die Vorschriften der AO denen des BDSchG vor; daher sind bei Auskunftersuchen der FinBehörden § 32 II und § 41 BDSchG nicht anwendbar.

§ 93 ist eine **allgemeine Beweismittelvorschrift** und gilt daher für alle steuerrechtlichen Verfahrensarten und damit zB auch für das Haftungsverfahren (BFH BStBl 87, 419). Ihre Geltung beschränkt sich demgemäß ferner nicht auf das Steuerermittlungsverfahren, sondern sie gilt auch im Steuererhebungsverfahren (OFD Bremen v 12. 8. 1978, AO-Handbuch 1988, Anl 2 zu § 93). Das ergibt sich schon aus § 249 II (vgl dort Anm 9). Aus dem Charakter als allgemeine Beweismittelvorschrift folgt, daß sie im Rahmen des § 92 zu sehen ist, wonach von den Beweismitteln nach pflichtgemäßem Ermessen der FinBeh Gebrauch zu machen ist. Im Rahmen dieses pflichtgemäßen Ermessens ist der **Verhältnismäßigkeitsgrundsatz** zu beachten. Die Finanzbehörde kann folglich eine Auskunft nur verlangen, wenn sie zur Sachverhaltsaufklärung geeignet und notwendig, die Pflichterfüllung für den Betroffenen möglich und seine Inanspruchnahme erforderlich, verhältnismäßig und zumutbar ist (BFH BStBl 88, 359; FG Nürnberg EFG 86, 154; *TK* Tz 5; *Koch* Tz 4).

2. Die FinBeh soll sich grundsätzlich zunächst an den **Beteiligten** selbst **wenden**. Dritte sollen nach Möglichkeit nicht in das Besteuerungsverfahren hineingezogen werden, zumal die Gefahr besteht, daß sie anderenfalls

§ 93   3. Teil. Allgemeine Verfahrensvorschriften

Kenntnis über die steuerlichen Verhältnisse des Steuerpflichtigen erlangen. Die Regelung des Abs 1 wird für die **Außenprüfung** noch besonders ausgestaltet (§ 200). **Andere** Personen als der Beteiligte sollen erst dann zur Auskunft herangezogen werden, wenn die Sachverhaltsaufklärung durch den Beteiligten nicht zum Ziele führt oder keinen Erfolg verspricht. Dies ist zB der Fall, wenn die Person des Stpflichtigen unbekannt ist oder wenn Zweifel an der Richtigkeit der vom Stpfl erteilten Auskunft bestehen. Der Begriff ,,Sachverhaltsaufklärung" läßt eine weite Auslegung zu; er umfaßt nicht nur die Auskunfterteilung, sondern auch die Vorlage von Urkunden nach § 97. Daher ist davon auszugehen, daß Dritte erst dann um Auskunft ersucht werden sollen, wenn auch die vom Beteiligten vorgelegten Urkunden keine hinreichende Sachverhaltsaufklärung erbringen. Der Dritte ist ebenfalls zunächst um **Auskunft** zu ersuchen; erst wenn die Auskunft nicht genügend erscheint oder nicht erteilt worden ist, soll von Dritten die Vorlage von Urkunden verlangt werden (§ 97 II).

3. Es handelt sich um eine **Sollvorschrift,** die für die Behörde regelmäßig zwingend ist. Bei Verstößen kann Beschwerde eingelegt werden. Verstoß gegen die Vorschrift führt nicht zum Verwertungsverbot der so erlangten Kenntnisse. Folgen für den unter Verletzung des § 93 zustandegekommenen Verwaltungsakts ergeben sich regelmäßig nicht; bei **Ermessensentscheidungen** könnte aber evt § 127 eingreifen. Abs II ist dagegen eine Mußvorschrift. Verstöße hiergegen können gemäß § 126 I Nr 2 und II mit heilender Wirkung nachgeholt werden (FG Hamburg EFG 87, 275).
Verwertungsverbote ergeben sich, wenn der Stpfl oder ein betroffener Dritter erfolgreich gegen das Auskunftsersuchen vorgegangen sind und die Rechtswidrigkeit gerichtlich festgestellt worden ist (BFH/NV 87, 23).

4. Auskunftsverweigerungsrechte vgl **§§ 101–103. Bankgeheimnis** Anm 7 zu § 102.

5. Eine bestimmte **Form** ist für das Auskunftsverlangen **nicht** vorgesehen **(Abs 2).** Der Auskunftsverpflichtete kann jedoch schriftliches Auskunftsersuchen **verlangen;** dies gilt jedoch nicht im Rahmen einer **Außenprüfung** (§ 200 I 5). Die **Frist** in Mitwirkungs- und Auskunftsersuchen soll grundsätzlich **4 Wochen** betragen, OFD Köln StEK § 93 Nr 1. Das **Auskunftsverlangen** ist ein anfechtbarer **VA.** Nach seiner Erledigung kann seine Rechtswidrigkeit nur unter den Voraussetzungen der Fortsetzungsfeststellungsklage festgestellt werden, BFH BStBl 84, 790.

6. Der Auskunftspflichtige hat eine **Informationspflicht,** er muß ggf Urkunden und Geschäftspapiere vor der Auskunftserteilung einsehen **(Abs 3).**

7. Abs 4. Eine bestimmte **Form** für die **Auskunfterteilung** ist ebenfalls nicht vorgesehen, sofern die FinBeh nicht schriftliche Auskunftserteilung verlangt. Sie kann ggf auch verlangen, daß die **mündliche Auskunft** an Amtsstelle erteilt wird (Abs 5). Der Auskunftspflichtige kann wiederum verlangen, daß über die mündliche Auskunft an Amtsstelle eine **Niederschrift** aufgenommen wird **(Abs 6).** Der Beteiligte hat Anspruch auf Erteilung einer **Abschrift** über die Niederschrift. Vgl **§ 80 IV:** Beteiligter kann mit einem Beistand erscheinen. Er kann außerdem die **Herausgabe von**

Fotokopien über Gesprächsprotokolle verlangen, die der Prüfer bei einer Außenprüfung bei Befragung Dritter aufgenommen hat, es sei denn, daß § 199 II im Einzelfall entgegensteht (*Bauer* DStR 88, 140). Die Ablehnung der Herausgabe ist ein Verwaltungsakt. Der Beteiligte kann dagegen mit der Verpflichtungsklage vorgehen (BFH/NV 88, 321).

§ 93a Allgemeine Mitteilungspflichten

(1) Zur Sicherung der Besteuerung (§ 85) kann die Bundesregierung durch Rechtsverordnung mit Zustimmung des Bundesrates Behörden verpflichten,
1. Verwaltungsakte, die die Versagung oder Einschränkung einer steuerlichen Vergünstigung zur Folge haben oder dem Betroffenen steuerpflichtige Einnahmen ermöglichen,
2. Subventionen und ähnliche Förderungsmaßnahmen sowie
3. Anhaltspunkte für Schwarzarbeit, unerlaubte Arbeitnehmerüberlassung oder unerlaubte Ausländerbeschäftigung

den Finanzbehörden mitzuteilen. Durch Rechtsverordnung kann auch bestimmt werden, daß bei Zahlungen von Behörden und öffentlich-rechtlichen Rundfunkanstalten der Zahlungsempfänger zur Erleichterung seiner steuerlichen Aufzeichnungs- und Erklärungspflichten über die Summe der jährlichen Zahlungen sowie über die Auffassung der Finanzbehörden zu den daraus entstehenden Steuerpflichten zu unterrichten ist; der zuständigen Finanzbehörde sind der Empfänger, der Rechtsgrund und der Zeitpunkt der Zahlungen mitzuteilen. Die Verpflichtung der Behörden und der Rundfunkanstalten zu Mitteilungen, Auskünften, Anzeigen und zur Amtshilfe auf Grund anderer Vorschriften bleibt unberührt.

(2) Schuldenverwaltungen, Postgiroämter, Postsparkassenämter, Kreditinstitute, Betriebe gewerblicher Art von juristischen Personen des öffentlichen Rechts im Sinne des Körperschaftsteuergesetzes, Berufskammern und Versicherungsunternehmen sind von der Mitteilungspflicht ausgenommen.

(3) In der Rechtsverordnung sind die mitteilenden Stellen, die Verpflichtung zur Unterrichtung der Betroffenen, die mitzuteilenden Angaben und die für die Entgegennahme der Mitteilungen zuständigen Finanzbehörden näher zu bestimmen sowie der Umfang, der Zeitpunkt und das Verfahren der Mitteilung zu regeln. In der Rechtsverordnung können Ausnahmen von der Mitteilungspflicht, insbesondere für Fälle geringer steuerlicher Bedeutung, zugelassen werden.

§ 93a eingefügt durch StBereinigG 1986 v 19. 12. 85, BGBl I, 2436.

Schrifttum: *Ellers* Die neue Problematik des Steuergeheimnisses, StBp 86, 265; *Pump* Die Beschaffungsmitteilung – Eine Kontrollmitteilung im Sinne des § 93a Abs 1 Satz 3 AO, StBp 87, 128; *Bilsdorfer* Information der Geschäftspartner bei Ankündigung der Außenprüfung, StBp 88, 87.

§ 93a 3. Teil. Allgemeine Verfahrensvorschriften

Übersicht
1. Inhalt
2. Zweck der Kontrollmitteilungen
3. Verpflichtete
4. Mitzuteilende Sachverhalte
   a) Begünstigende Verwaltungsakte
   b) Subventionsmaßnahmen
   c) Schwarzarbeit, Arbeitnehmerüberlassung
   d) Zahlungen
5. Unterrichtungspflicht des Steuerpflichtigen
6. Bagatellgrenzen

1. Inhalt. Die Regelung enthält eine **Verordnungsermächtigung** zur Regelung von **Kontrollmitteilungen.** Sie geht letztlich auf einen Vorschlag des Bundesrates zurück, der die im RegEntwurf enthaltene Fassung für zu umfangreich, kompliziert und bürokratisch hielt. **Kontrollmitteilungen** anderer Behörden an die Finanzämter wurden bisher auf Grund von **Verwaltungserlassen** und Verwaltungsvereinbarungen gefertigt. Nach der Rechtsprechung des Bundesverfassungsgerichts zum Datenschutz bedarf die regelmäßige **Weitergabe personenbezogener Daten** jedoch einer eindeutigen **Rechtsgrundlage,** die mit der in § 93a beschriebenen Ermächtigung zum Erlaß einer Rechtsverordnung und der Rechtsverordnung selbst nunmehr geschaffen worden ist.

Unberührt von der noch zu erlassenden VO bleibt die bestehende Verpflichtung der Behörden zu Mitteilungen, Auskünften (insbesondere Einzelauskünften nach § 93), Anzeigen (zB gem § 116 und zur Amtshilfe (§§ 111 ff) aufgrund anderer Vorschriften. Mitteilungspflichten, die sich aus Verträgen oder Auflagen in Verwaltungsakten ergeben (zB besondere Bedingungen in Zuwendungsbescheiden nach dem Haushaltsrecht), bleiben ebenfalls unberührt (AnwErl zu § 93a).

2. Inhalt und Zweck der Kontrollmitteilungen sind unterschiedlich. Mitteilungen über Zahlungen aus öffentlichen Mitteln sollen vor allem sicherstellen, daß diese Einnahmen vollständig versteuert werden.

3. Verpflichtete. Zur Mitteilung können aufgrund der RechtsVO verpflichtet werden Behörden und Rundfunkanstalten, dh Tonfunk- und Fernsehanstalten. Diese werden neben den Behörden besonders erwähnt, weil umstritten ist, ob sie unter den Behördenbegriff fallen. **Grundsätzlich ausgenommen von dieser Mitteilungspflicht** sind gem Abs 2 in Anlehnung an die Regelung in § 111 Abs 3 AO Schuldenverwaltungen, Postgiroämter, Postsparkassenämter, Kreditinstitute, Betriebe gewerblicher Art von juristischen Personen des öffentlichen Rechts iSd Körperschaftsteuergesetzes, Berufskammern und Versicherungsunternehmen. Ferner besteht keine Mitteilungspflicht, soweit die Behörden verpflichtet sind, das Brief-, Post- und Fernmeldegeheimnis zu wahren (Art 10 Abs 1 GG). Soweit Unternehmen und Einzelpersonen der regelmäßigen **Außenprüfung** (§ 193 Abs 1) unterliegen, bedarf es keiner besonderen Rechtsnorm. Nach § 194 Abs 3 ist die Fertigung von Kontrollmitteilungen während einer Außenprüfung und ihre Auswertung zulässig. Kontrollmitteilungen haben zu unterbleiben, wenn ein Auskunftsverweigerungsrecht nach § 102 besteht (vgl § 8 BpO).

1. Abschnitt. Verfahrensgrundsätze § 93 a

4. Sachverhalte, die mitzuteilen sind (Abs 1). **a) Verwaltungsakte,** die die Versagung oder Einschränkung einer **steuerlichen Vergünstigung** zur Folge haben oder dem Betroffenen steuerpflichtige Einnahmen ermöglichen. Hierunter fallen Verwaltungsakte von Behörden außerhalb der Finanzverwaltung (zB Anerkennungsbescheide oder Bewilligungsbescheide), die unmittelbare Auswirkungen auf nach den Steuergesetzen zu gewährende Vergünstigungen haben können (zB Anerkennung als Flüchtling, Schwerbehinderter uä) oder zB Gaststättenkonzessionen.

b) Subventionen und ähnliche Förderungsmaßnahmen.

c) Anhaltspunkte über **Schwarzarbeit,** unerlaubte **Arbeitnehmerüberlassung** oder unerlaubte **Ausländerbeschäftigung.**

d) Satz 2 Zahlungen. Hierbei sind der Finanzbehörde allerdings nur der **Empfänger,** der **Rechtsgrund** und der **Zeitpunkt** der Zahlungen mitzuteilen, **nicht** aber auch der gezahlte **Betrag.** Der Gesetzgeber wollte hier die Eigenverantwortlichkeit der Steuerzahler für die Richtigkeit der im Besteuerungsverfahren abgegebenen Erklärungen herausstellen,. Deswegen hat er in Satz 2 auch zuerst den **Zahlungsempfänger** erwähnt. Dieser erhält eine **Mitteilung** über die **Höhe** der geleisteten Zahlung und über die Auffassung der FinBeh über die sich daraus ergebenden steuerlichen Pflichten. Der FinBeh werden die Zahlungen jedoch nicht im einzelnen offengelegt. Ein solches Verfahren wurde seit 1983 versuchsweise in Bayern vom Bayerischen Rundfunk angewandt. Es fragt sich allerdings, wie die FinBeh in die Lage versetzt werden kann, die Richtigkeit der Angaben des Stpfl zu überprüfen. Sie müßte wohl im einzelnen Fall an den Stpfl herantreten und ihn zur Vorlage der an ihn ergangenen Mitteilung auffordern (§ 93 I, § 97 II 2).

Nicht vorgesehen ist das Kontrollmitteilungsverfahren über Leistungen nach dem **Bundesrückerstattungsgesetz** sowie über Zahlungen nach dem Gesetz über die **Entschädigung** für **Strafverfolgungsmaßnahmen,** ferner nicht über die Vergabe von **Bauaufträgen.** Diese Mitteilungen haben für umsatzsteuerliche Zwecke an Bedeutung verloren, weil die Mindest-Istversteuerung eingeführt worden ist (§ 13 Abs 1 Nr 1 Buchstabe a UStG). Die Möglichkeit, daß die rechtzeitige Kenntnis von erteilten Bauaufträgen den FinBeh in Einzelfällen die Vollstreckung wegen rückständiger Steuerforderungen erleichtert, rechtfertigt es nicht, Vergabebehörden und Finanzverwaltung mit einem aufwendigen und umfangreichen Mitteilungsverfahren zu belasten.

5. Unterrichtungspflicht des Steuerpflichtigen. Auch bei anderen Kontrollmitteilungen (zB über Verwaltungsakte) ist der **Steuerpflichtige** stets über den **Inhalt** der Information zu unterrichten, die den FinBeh zugeht. Der Gesetzgeber war der Auffassung, daß diese Unterrichtung unabdingbar sei, daß aber nach näherer Bestimmung der **Rechtsverordnung** bei regelmäßig wiederkehrenden Kontrollmitteilungen eine jährliche oder anderweitig vereinfachte Unterrichtung ausreiche, soweit der Bürger danach unzweifelhaft den Inhalt der übermittelten Informationen beurteilen könne. Die FinBeh sollen andererseits über die bestehenden Rechtsbeziehungen nur dem Grunde nach unterrichtet werden. Die Regelung über Mitteilungen im Bewertungsbereich ist in § 29 BewG übernommen worden (Art 17 Nr 1 StBereinigG).

6. Bagatellgrenzen. Der Bundestag hat in seinem Schriftlichen Bericht zum Ausdruck gebracht, daß er es für geboten halte, von der in Abs 3 vorgesehenen Ausnahmeregelung für Fälle geringerer steuerlicher Bedeutung umfassend Gebrauch zu machen. Die Bundesregierung hat während des Gesetzgebungsverfahrens erklärt, daß die VO bei Zahlungsvorgängen unter 1000 DM großzügige Ausnahmen enthalten werde. Aufgrund dieser Erklärung hat der Gesetzgeber davon abgesehen, Betragsgrenzen in die Ermächtigung aufzunehmen.

§ 94 Eidliche Vernehmung

(1) ¹Hält die Finanzbehörde mit Rücksicht auf die Bedeutung der Auskunft oder zur Herbeiführung einer wahrheitsgemäßen Auskunft die Beeidigung einer anderen Person als eines Beteiligten für geboten, so kann sie das für den Wohnsitz oder den Aufenthaltsort der zu beeidigenden Person zuständige Finanzgericht um die eidliche Vernehmung ersuchen. ²Befindet sich der Wohnsitz oder der Aufenthaltsort der zu beeidigenden Person nicht am Sitz eines Finanzgerichts oder eines besonders errichteten Senates, so kann auch das zuständige Amtsgericht um die eidliche Vernehmung ersucht werden.

(2) ¹In dem Ersuchen hat die Finanzbehörde den Gegenstand der Vernehmung sowie die Namen und Anschriften der Beteiligten anzugeben. ²Das Gericht hat die Beteiligten und die ersuchende Finanzbehörde von den Terminen zu benachrichtigen. ³Die Beteiligten und die ersuchende Finanzbehörde sind berechtigt, während der Vernehmung Fragen zu stellen.

(3) Das Gericht entscheidet über die Rechtmäßigkeit der Verweigerung des Zeugnisses oder der Eidesleistung.

1. Inhalt. Nach § 182 RAO konnte das FA den Eid selbst abnehmen. Nach § 94 ist zur Abnahme eines Eides nur das **FG** befugt. Eidliche Vernehmung ist nur für **andere** Personen als die Beteiligten vorgesehen. Der Beteiligte selbst kann nur zur Abgabe einer **eidesstattlichen Versicherung** nach § 95 aufgefordert werden.

2. Die Vereidigung soll grundsätzlich das **letzte Mittel** zur Wahrheitsforschung sein. Nur die Angehörigen eines Beteiligten haben das Recht, die Beeidigung ihrer Auskunft zu verweigern (§ 101 II). Das Gericht muß dem entsprechenden Ersuchen der FinBeh Folge leisten. Auf das Eidesverfahren sind die Vorschriften der **ZPO** anzuwenden (vgl § 82 FGO iVm §§ 478–481, 483, 484 ZPO). Nach Abs 1 S 2 kann ggf auch das **Amtsgericht** um die Eidesabnahme ersucht werden.

3. Die Beteiligten und die FinBeh sind von den Terminen zur Eidesabnahme zu unterrichten **(Abs 1)**; sie können während der Vernehmung Fragen stellen.

4. Das Gericht hat lediglich über die Rechtmäßigkeit der Verweigerung des Zeugnisses oder der Eidesleistung zu entscheiden, nicht jedoch darüber, ob die Voraussetzungen für eine Auskunftserteilung durch den Dritten oder eine Beeidigung der Aussage vorliegen. Die Entscheidung des FG,

1. Abschnitt. Verfahrensgrundsätze § 95

dem Ersuchen um eidliche Vernehmung stattzugeben, ist mit der Beschwerde nach § 128 FGO anfechtbar, allerdings nur von demjenigen, der von einer solchen Entscheidung in seinen Rechten verletzt ist, BFH BStBl 80, 2. Ob dies auch der Stpfl sein kann (so *Kanzler*, DStZ 77, 326) oder nicht (so *HHSp* Anm 24) ist umstritten.

5. Strafrechtliche Folgen eines **Falscheides** vgl §§ 153–163 StGB.

§ 95 Versicherung an Eides Statt

(1) [1]Die Finanzbehörde kann den Beteiligten auffordern, daß er die Richtigkeit von Tatsachen, die er behauptet, an Eides Statt versichert. [2]Eine Versicherung an Eides Statt soll nur gefordert werden, wenn andere Mittel zur Erforschung der Wahrheit nicht vorhanden sind, zu keinem Ergebnis geführt haben oder einen unverhältnismäßigen Aufwand erfordern. [3]Von eidesunfähigen Personen im Sinne des § 393 der Zivilprozeßordnung darf eine eidesstattliche Versicherung nicht verlangt werden.

(2) [1]Die Versicherung an Eides Statt wird von der Finanzbehörde zur Niederschrift aufgenommen. Zur Aufnahme sind der Behördenleiter, sein ständiger Vertreter sowie Angehörige des öffentlichen Dienstes befugt, welche die Befähigung zum Richteramt haben oder die Voraussetzungen des § 110 Satz 1 des Deutschen Richtergesetzes erfüllen. [2]Andere Angehörige des öffentlichen Dienstes kann der Behördenleiter oder sein ständiger Vertreter hierzu allgemein oder im Einzelfall schriftlich ermächtigen.

(3) [1]Die Angaben, deren Richtigkeit versichert werden soll, sind schriftlich festzustellen und dem Beteiligten mindestens eine Woche vor Aufnahme der Versicherung mitzuteilen. [2]Die Versicherung besteht darin, daß der Beteiligte unter Wiederholung der behaupteten Tatsachen erklärt: „Ich versichere an Eides Statt, daß ich nach bestem Wissen die reine Wahrheit gesagt und nichts verschwiegen habe". [3]Bevollmächtigte und Beistände des Beteiligten sind berechtigt, an der Aufnahme der Versicherung an Eides Statt teilzunehmen.

(4) [1]Vor der Aufnahme der Versicherung an Eides Statt ist der Beteiligte über die Bedeutung der eidesstattlichen Versicherung und die strafrechtlichen Folgen einer unrichtigen oder unvollständigen eidesstattlichen Versicherung zu belehren. [2]Die Belehrung ist in der Niederschrift zu vermerken.

(5) [1]Die Niederschrift hat ferner die Namen der anwesenden Personen sowie den Ort und den Tag der Niederschrift zu enthalten. [2]Die Niederschrift ist dem Beteiligten, der die eidesstattliche Versicherung abgibt, zur Genehmigung vorzulesen oder auf Verlangen zur Durchsicht vorzulegen. [3]Die erteilte Genehmigung ist zu vermerken und von dem Beteiligten zu unterschreiben. [4]Die Niederschrift ist sodann von dem Amtsträger, der die Versicherung an Eides Statt aufgenommen hat, sowie von dem Schriftführer zu unterschreiben.

(6) Die Versicherung an Eides Statt kann nicht nach § 328 erzwungen werden.

§ 95 3. Teil. Allgemeine Verfahrensvorschriften

1. Inhalt. Die Versicherung an Eides Statt ist das **letzte Mittel** zur Erforschung der Wahrheit (Abs 1 S 2). Nach dem Wortlaut der Vorschrift müßte sogar vor der Versicherung an Eides Statt die eidliche Vernehmung einer Auskunftsperson nach § 94 durchgeführt werden. Versicherung an Eides Statt kann nur von den **Beteiligten** selbst gefordert werden, nicht von anderen Auskunftspersonen. Der Beteiligte hat **keinen Anspruch** darauf, daß ihm Gelegenheit zur Abgabe einer eidesstattlichen Versicherung gegeben wird (BFH BStBl 56, 68); Ablehnung eines entsprechenden Angebotes des Beteiligten kann uU **ermessensfehlerhaft** sein. Bietet der Beteiligte die eidesstattliche Versicherung selbst an, brauchen nicht die Grenzen des Abs I 2 beachtet zu werden (FG Nürnberg EFG 86, 154).

2. Richtigkeit von Tatsachen, die der Beteiligte **behauptet.** Regelmäßig wird es sich hierbei um für ihn günstige Tatsachen handeln, weil unterstellt werden kann, daß sich der Stpfl nicht zu seinen Ungunsten zu Unrecht steuerlich belastet. Möglich ist aber zB auch, daß das FA, um den ihm obliegenden Nachweis des Zugangs eines Haftungsbescheides zu führen, den Beteiligten auffordert, die Richtigkeit seiner Behauptung, er habe den Haftungsbescheid nicht erhalten, an Eides statt zu versichern. Es sind allerdings die Grenzen des Abs I 2 zu beachten (BFH/NV 86, 591).

3. Es dürfen keine anderen Mittel zur Erforschung der Wahrheit vorhanden sein. Es handelt sich um eine **Sollvorschrift.** Für die Frage, ob eine eidesstattliche Versicherung gefordert wird, sollte auch berücksichtigt werden, ob dem Stpfl die Beweisnot anzulasten ist oder nicht, wenn zB die Buchführungsunterlagen durch Naturkatastrophen verlorengegangen sind, kann es ermessensfehlerhaft sein, eine eidesstattliche Versicherung zu verlangen.

4. Eidesunfähige Personen **(§ 393 ZPO)** sind solche, die zZt der Vernehmung das 16. Lebensjahr noch nicht vollendet oder wegen mangelnder Verstandesreife oder wegen Verstandesschwäche von dem Wesen und der Bedeutung des Eides keine genügende Vorstellung haben, ferner solche, die nach den Vorschriften des StGB unfähig sind, als Zeugen eidlich vernommen zu werden.

5. Die Versicherung an Eides Statt wird zur **Niederschrift** aufgenommen **(Abs 2).** Sie kann nur von den in Abs 2 genannten Bediensteten aufgenommen werden. **Inhalt** der Niederschrift s **Abs 5.** Der Beteiligte hat in entsprechender Anwendung des § 93 VI 3 Anspruch auf Aushändigung einer **Abschrift** der Niederschrift.

6. Dem Schutz des Stpfl dient **Abs 3,** wonach die Angaben, deren Richtigkeit versichert werden soll, schriftlich festzustellen und ihm mindestens eine Woche vor Aufnahme der Versicherung mitzuteilen sind. Der Stpfl ist ferner nach **Abs 4** über die Bedeutung der eidesstattlichen Versicherung und die möglichen strafrechtlichen Folgen zu **belehren.**

7. Abs 6. Die eidesstattliche Versicherung kann **nicht** nach den §§ 328 ff **erzwungen** werden. Die Folgen der Nichtabgabe beschränken sich darauf, daß die Behörde die Unrichtigkeit der zu beweisenden Tat-

1. Abschnitt. Verfahrensgrundsätze § 96

sachen unterstellen darf. Eine abgegebene eidesstattliche Versicherung ist jedoch im allgemeinen als richtig zu unterstellen, wenn nicht neue Gesichtspunkte auf das Gegenteil schließen lassen.

§ 96 Hinzuziehung von Sachverständigen

(1) ¹Die Finanzbehörde bestimmt, ob ein Sachverständiger zuzuziehen ist. ²Soweit nicht Gefahr im Verzug vorliegt, hat sie die Person, die sie zum Sachverständigen ernennen will, den Beteiligten vorher bekanntzugeben.

(2) ¹Die Beteiligten können einen Sachverständigen wegen Besorgnis der Befangenheit ablehnen, wenn ein Grund vorliegt, der geeignet ist, Zweifel an seiner Unparteilichkeit zu rechtfertigen oder wenn von seiner Tätigkeit die Verletzung eines Geschäfts- oder Betriebsgeheimnisses oder Schaden für die geschäftliche Tätigkeit eines Beteiligten zu befürchten ist. ²Die Ablehnung ist der Finanzbehörde gegenüber unverzüglich nach Bekanntgabe der Person des Sachverständigen, jedoch spätestens innerhalb von zwei Wochen unter Glaubhaftmachung der Ablehnungsgründe geltend zu machen. ³Nach diesem Zeitpunkt ist die Ablehnung nur zulässig, wenn glaubhaft gemacht wird, daß der Ablehnungsgrund vorher nicht geltend gemacht werden konnte. ⁴Über die Ablehnung entscheidet die Finanzbehörde, die den Sachverständigen ernannt hat oder ernennen will. ⁵Das Ablehnungsgesuch hat keine aufschiebende Wirkung.

(3) ¹Der zum Sachverständigen Ernannte hat der Ernennung Folge zu leisten, wenn er zur Erstattung von Gutachten der erforderlichen Art öffentlich bestellt ist oder wenn er die Wissenschaft, die Kunst oder das Gewerbe, deren Kenntnis Voraussetzung der Begutachtung ist, öffentlich zum Erwerb ausübt oder wenn er zur Ausübung derselben öffentlich bestellt oder ermächtigt ist. ²Zur Erstattung des Gutachtens ist auch derjenige verpflichtet, der sich hierzu der Finanzbehörde gegenüber bereit erklärt hat.

(4) Der Sachverständige kann die Erstattung des Gutachtens unter Angabe der Gründe wegen Besorgnis der Befangenheit ablehnen.

(5) Angehörige des öffentlichen Dienstes sind als Sachverständige nur dann zuzuziehen, wenn sie die nach dem Dienstrecht erforderliche Genehmigung erhalten.

(6) Die Sachverständigen sind auf die Vorschriften über die Wahrung des Steuergeheimnisses hinzuweisen.

(7) ¹Das Gutachten ist regelmäßig schriftlich zu erstatten. ²Die mündliche Erstattung des Gutachtens kann zugelassen werden. ³Die Beeidigung des Gutachtens darf nur gefordert werden, wenn die Finanzbehörde dies mit Rücksicht auf die Bedeutung des Gutachtens für geboten hält. ⁴Ist der Sachverständige für die Erstattung von Gutachten der betreffenden Art im allgemeinen beeidigt, so genügt die Berufung auf den geleisteten Eid; sie kann auch in einem schriftlichen Gutachten erklärt werden. Anderenfalls gilt für die Beeidigung § 94 sinngemäß.

§ 96　　　　　　3. Teil. Allgemeine Verfahrensvorschriften

1. Inhalt. Soweit die FinBeh nicht aufgrund eigener Sachkunde eine Entscheidung treffen kann, kann sie sich eines **Sachverständigen** bedienen (vgl BFH BStBl 68, 544). Eine Auskunftsperson berichtet über Tatsachen, der Sachverständige liefert Beurteilungshilfe aufgrund seiner besonderen Sachkunde, zB über den Wert von Sachen, Kunstgegenständen usw. Der Sachverständige unterliegt dem **Steuergeheimnis** (§ 30 III Nr 2). Unter den Voraussetzungen des § 104 I kann der Sachverständige die Erstattung eines Gutachtens **verweigern**.

2. Die **Person** des Sachverständigen ist dem Beteiligten vorher **bekanntzugeben**. Dies ist zweckmäßig, damit der Beteiligte rechtzeitig die Gründe für eine evtl Ablehnung des Sachverständigen wegen Befangenheit prüfen und vorbringen kann, vgl hierzu Abs 2.

3. Abs 2. Ablehnung des Sachverständigen unverzüglich nach Bekanntgabe der Person des Sachverständigen, jedoch spätestens innerhalb von 2 Wochen nach Benennung des Sachverständigen. Damit soll verhindert werden, daß Ablehnungsgründe erst geltend gemacht werden, wenn das Gutachten für den Stpfl ungünstig ausgefallen ist. Danach Ablehnung nur möglich, wenn glaubhaft gemacht wird, daß Ablehnungsgrund vorher nicht geltend gemacht werden konnte. Um Verzögerungen des Verfahrens zu verhindern, wird bestimmt, daß das Ablehnungsgesuch **keine aufschiebende** Wirkung hat, auch dann nicht, wenn es rechtzeitig gestellt wurde. Dem Stpfl bleibt es unbenommen, ggf im Rechtsbehelfsverfahren nachzuweisen, daß die Feststellungen des Sachverständigen nicht zutreffen.

4. Unter den Voraussetzungen des **Abs 3** hat der Sachverständige der Aufforderung, ein Gutachten zu bestellen, Folge zu leisten (vgl § 36 GewO). Unter die 2. Alternative des S 1 fallen praktisch alle, die eine entsprechende Tätigkeit ausüben und sich damit am allgemeinen wirtschaftlichen Verkehr beteiligen. Auch Angehörige des öffentl Dienstes können als Sachverständige herangezogen werden **(Abs 5).** Der Sachverständige kann sich auch **selbst** wegen Besorgnis der Befangenheit **ablehnen (Abs 4).** Die Sachverständigen sind verpflichtet, das Steuergeheimnis zu wahren (§ 30 III Nr 2); auf diese Verpflichtung sind sie besonders hinzuweisen (Abs 6).

5. Abs 7 sieht vor, daß das Gutachten regelmäßig **schriftlich** erstellt werden muß, mündliche Erstattung kann jedoch zugelassen werden. Nur ausnahmsweise Beeidigung wegen Bedeutung des Gutachtens, aber auch zur Herbeiführung eines wahrheitsgemäßen Gutachtens Beeidigung nach § 94 durch Finanz- oder Amtsgericht.

6. Entschädigung des Sachverständigen nach **§ 107** in entsprechender Anwendung des Gesetzes über die Entschädigung von Zeugen und Sachverständigen.

1. Abschnitt. Verfahrensgrundsätze § 97

III. Beweis durch Urkunden und Augenschein

§ 97 Vorlage von Urkunden

(1) ¹Die Finanzbehörde kann von den Beteiligten und anderen Personen die Vorlage von Büchern, Aufzeichnungen, Geschäftspapieren und anderen Urkunden zur Einsicht und Prüfung verlangen. ²Dabei ist anzugeben, ob die Urkunden für die Besteuerung des zur Vorlage Aufgeforderten oder für die Besteuerung anderer Personen benötigt werden. ³ § 93 Abs. 1 Satz 2 gilt entsprechend.

(2) ¹Die Vorlage von Büchern, Aufzeichnungen, Geschäftspapieren und anderen Urkunden soll in der Regel erst dann verlangt werden, wenn der Vorlagepflichtige eine Auskunft nicht erteilt hat, wenn die Auskunft unzureichend ist oder Bedenken gegen ihre Richtigkeit bestehen. ²Diese Einschränkungen gelten nicht gegenüber dem Beteiligten, soweit dieser eine steuerliche Vergünstigung geltend macht, oder wenn die Finanzbehörde eine Außenprüfung nicht durchführen will oder wegen der erheblichen steuerlichen Auswirkungen eine baldige Klärung für geboten hält.

(3) ¹Die Finanzbehörde kann die Vorlage der in Absatz 1 genannten Urkunden an Amtsstelle verlangen oder sie bei dem Vorlagepflichtigen einsehen, wenn dieser einverstanden ist oder die Urkunden für eine Vorlage an Amtsstelle ungeeignet sind. ² § 147 Abs. 5 gilt entsprechend.

Schrifttum: *Möllinger* Ist der Steuerpflichtige verpflichtet, dem Außenprüfer Geschäftsunterlagen und Urkunden zwecks Erstellung von Fotokopien an Amtsstelle zu überlassen? StBp 87, 240; *Maier* Ist der Steuerpflichtige verpflichtet, dem Außenprüfer Geschäftsunterlagen und Urkunden zwecks Erstellung von Fotokopien an Amtsstelle zu überlassen? StBp 87, 241.

Übersicht

1. Inhalt
2. Urkunden
3. Voraussetzungen
4. Ort der -Vorlage
5. Datenträger

1. Inhalt. Die Vorschrift regelt die **Vorlage** von **Urkunden** durch die Beteiligten und durch Dritte. Hierbei ist in **Abs 2** eine bestimmte **Reihenfolge** vorgeschrieben. Die Vorschrift gilt für alle schriftlichen Unterlagen, die für die Besteuerung von Bedeutung sein können.

2. Urkunden sind auch **Aufsichtsratsprotokolle** (zur Vorlagepflicht von Aufsichtsratsprotokollen BFH GrS BStBl 68, 365), ihre Vorlage kommt aber außerhalb der Außenprüfung kaum vor, weil die Voraussetzungen des Abs 2 nicht gegeben sind. Eine bestimmte **Reihenfolge** in der Weise, daß zunächst die Vorlage von Büchern, danach die Vorlage von Aufzeichnungen usw verlangt werden kann, ergibt sich aus Abs 1 **nicht**. Bei einer Aufforderung zur Vorlage bestimmter Belege genügt es nicht, mehrere Leitzordner mit ungeordneten Betriebsunterlagen einzureichen, FG Hessen EFG 82, 217. Von dem Steuerpflichtigen darf andererseits nichts Unmögli-

§ 97 3. Teil. Allgemeine Verfahrensvorschriften

ches verlangt werden; die Vorlage kann grundsätzlich von ihm nur verlangt werden, soweit er über die Urkunden usw auch verfügen kann (RFH RStBl 38, 619). Die FinBeh darf Unterlagen, die die Geschäftsführung einer Arbeitsgemeinschaft betreffen, daher nur von dem Geschäftsführer der Arbeitsgemeinschaft verlangen (FG Berlin EFG 86, 426). Der Stpfl muß jedoch sich uU auch eine Urkunde **beschaffen**, indem er einen Herausgabeanspruch gegen einen Dritten, zB Anwalt, geltend macht (RFHE 25, 148). Bei Urkunden, die sich auf eine **ausländische Beteiligung** beziehen, geht die Verpflichtung allerdings weiter; Stpfl muß uU die entsprechenden Urkunden **beschaffen**, er kann sich nicht darauf berufen, daß er dazu nicht in der Lage ist (§ 90 II). Bei Urkunden in einer **fremden Sprache** kann nach § 87 I Übersetzung verlangt werden. Urkunden, die auf **Datenträger** gespeichert sind, müssen ggf in lesbarer Form ausgedruckt werden **(§ 97 III 2 iV mit § 147 V)**. Die Vorlagepflicht gilt auch für nicht rechtsfähige Vereinigungen usw (Hinweis auf § 93 I 2); sie wird in diesen Fällen von den gesetzlichen Vertretern oder den besonders Beauftragten erfüllt (§ 79 I Nr 3).

3. Abs 2. Voraussetzungen für die Vorlage. Grundsätzlich nur, wenn Vorlagepflichtiger keine oder eine unzureichende Auskunft erteilt hat oder Bedenken gegen die Richtigkeit der erteilten Auskunft bestehen. Ohne Einschränkungen bei Geltendmachung von steuerlichen **Vergünstigungen**; darunter fallen zB Sonderausgaben, Sonderabschreibungen, nicht aber normale für den Stpfl günstige Umstände, zB Betriebsausgaben, normale Abschreibungen usw, es sei denn, daß wegen der erheblichen steuerlichen Auswirkungen die FinBeh eine baldige Klärung für geboten hält. FinBeh hat hierbei nach pflichtgemäßem Ermessen zu entscheiden. Ferner, wenn die FinBeh eine Außenprüfung nicht durchführen will; die FinBeh ist jedoch nicht gehindert, entgegen ihrer zunächst bestehenden Absicht eine Außenprüfung durchzuführen. Zum Teil enthalten die **Einzelsteuergesetze Sondervorschriften**, vgl zB § 60 II EStDV (Vorlage der Bilanz).

4. Vorlage der Urkunden entweder **an Amtsstelle** oder mit **Einverständnis** des Stpfl **bei diesem.** Auf das Einverständnis des Stpfl kommt es nicht an, wenn die Urkunden für eine Vorlage an Amtsstelle ungeeignet sind, zB umfangreiche Buchführungsunterlagen. Fraglich ist, was passiert, wenn der Stpfl die Zustimmung nicht erteilt, dh ob die FinBeh befugt ist, die Räume des Stpfl auch ohne Zustimmung des Stpfl zu betreten. **§ 99** trifft diesen Fall nicht. Die Weigerung des Stpfl kann uE nur bei der Beweiswürdigung berücksichtigt werden. Der Stpfl kann nicht verlangen, daß die Prüfung der von ihm vorzulegenden Urkunden nur in seinem Beisein bzw im Beisein seines steuerl Beraters vorgenommen wird. Die Belege sind vielmehr dem FA vorübergehend zu überlassen, FG Hbg EFG 81, 542.

Aus § 97 III läßt sich auch die Verpflichtung ableiten, bei einer Außenprüfung dem Prüfer Geschäftsunterlagen und Urkunden zwecks Erstellung von Fotokopien an Amtsstelle zu überlassen, wenn nicht besondere Umstände entgegenstehen (*Möllinger* StBp 87, 240).

5. Abs 3 S 2. Hinweis auf **§ 147 V:** Wer aufzubewahrende Unterlagen nur in Form einer Wiedergabe auf einem **Bildträger** oder auf anderen **Daten-**

1. Abschnitt. Verfahrensgrundsätze §§ 98, 99

trägern vorlegen kann, hat auf **seine Kosten** diejenigen **Hilfsmittel** zur Verfügung zu stellen, die erforderlich sind, um die Unterlagen lesbar zu machen; der Betroffene hat ggf die **Daten auszudrucken** oder eine ohne Hilfsmittel, zB Vergrößerungsgerät, lesbare **Reproduktion** beizubringen.

§ 98 Einnahme des Augenscheins

(1) Führt die Finanzbehörde einen Augenschein durch, so ist das Ergebnis aktenkundig zu machen.

(2) Bei der Einnahme des Augenscheins können Sachverständige zugezogen werden.

Unter **Augenscheinseinnahme** ist jede **sinnliche** Wahrnehmung zu verstehen, dh nicht nur die Besichtigung, sondern auch die Vornahme von Geschmacks- oder Geruchsproben uä. Die Vorschrift sagt nichts darüber, wo die Augenscheinsinnahme durchzuführen ist. Über Betretung von **Grundstücken** usw vgl § 99. Die FinBeh hat nach den Grundsätzen der **Ermessensausübung** bei der Frage, wo die Augenscheinsinnahme durchzuführen ist, die Interessen des Stpfl zu berücksichtigen. Daß die Augenscheinsinnahme nur im Besteuerungsinteresse durchgeführt werden darf, ist selbstverständlich und ergibt sich bereits aus § 92. Die FinBeh ist uU nicht in der Lage, sich aus eigenem Sachverstand durch die Augenscheinseinnahme ein zutreffendes Bild zu machen; sie kann daher **Sachverständige** hinzuziehen.

§ 99 Betreten von Grundstücken und Räumen

(1) ¹Die von der Finanzbehörde mit der Einnahme des Augenscheins betrauten Amtsträger und die nach den §§ 96 und 98 zugezogenen Sachverständigen sind berechtigt, Grundstücke, Räume, Schiffe, umschlossene Betriebsvorrichtungen und ähnliche Einrichtungen während der üblichen Geschäfts- und Arbeitszeit zu betreten, soweit dies erforderlich ist, um im Besteuerungsinteresse Feststellungen zu treffen. ²Die betroffenen Personen sollen angemessene Zeit vorher benachrichtigt werden. ³Wohnräume dürfen gegen den Willen des Inhabers nur zur Verhütung dringender Gefahren für die öffentliche Sicherheit und Ordnung betreten werden.

(2) Maßnahmen nach Absatz 1 dürfen nicht zu dem Zweck angeordnet werden, nach unbekannten Gegenständen zu forschen.

Schrifttum: *Koch* Befugnisse der Finanzämter zum Betreten von Geschäfts- und Wohnräumen, DStZ 85, 404; *Bruschke* Betretungsrecht der Finanzämter bei der Überprüfung eines steuerlich geltend gemachten Arbeitszimmers, DStZ 85, 404.

1. Inhalt. Die Vorschrift gilt nicht nur für Grundstücke, sondern auch für **Räume** und **Behältnisse**, sofern eine tatsächliche Möglichkeit zum Betreten derselben besteht. Es kommt nicht darauf an, wer Eigentümer des Grundstücks usw ist.

2. Betretungsberechtigt sind nur die mit der Augenscheinsinnahme betrauten **Amtsträger** und die nach §§ 96, 98 hinzugezogenen **Sachver-**

§ 99 3. Teil. Allgemeine Verfahrensvorschriften

ständigen (Amtsträger s § 7). Hierunter fällt auch der **Bewertungsbeirat** (vgl § 7 Nr 3); Beamte der Aufsichtsbehörden nur mit Zustimmung.

3. Betreten werden können **Grundstücke;** dieser Begriff ist nicht im sachenrechtlichen Sinn zu verstehen. **Räume:** Darunter fallen nicht nur Betriebs-, sondern auch Privaträume; **Wohnräume** s Anm 7; **Schiffe,** umschlossene Betriebsvorrichtungen und ähnliche Einrichtungen, wie zB Maschinenräume.

4. Betretungsrecht nur während der üblichen **Geschäfts-** oder **Arbeitszeit;** mit Zustimmung des Stpfl auch zu anderen Zeiten.

5. Die Einschränkung („soweit dies erforderlich ist") ist eigentlich überflüssig und ergibt sich bereits aus § 92.

6. Es dürfen auch Grundstücke, Räume usw betreten werden, die nicht dem Stpfl gehören, sondern im Eigentum oder Besitz einer anderen Person stehen (AnwErl zu § 99). Die betroffenen Personen sollen angemessene Zeit vorher **benachrichtigt** werden. Betroffener ist derjenige, der über den Gegenstand, der betreten werden soll, die tatsächliche Herrschaft, dh den Besitz, ausübt, zB Mieter. Durch die Benachrichtigung soll dem Stpfl Gelegenheit gegeben werden, an der Augenscheinseinnahme **teilzunehmen.** Ein Recht auf Teilnahme sieht das Gesetz nicht ausdrücklich vor, sollte sich jedoch aus dem Anhörungsrecht (§ 91) ergeben. Es ist aber nicht vorgesehen, daß die Augenscheinseinnahme nur in Anwesenheit des Stpfl durchgeführt werden darf.

7. Wohnräume dürfen gegen den Willen des Inhabers nur zur Verhütung dringender Gefahren für die öffentl Sicherheit und Ordnung betreten werden. Diese Regelung entspricht dem **Art 13 III GG.** Nach BVerfG (BVerfGE 32, 54) fallen unter den Begriff Wohnraum iSd § 13 GG auch **Geschäftsräume,** jedoch sei das Schutzbedürfnis des Inhabers von Geschäftsräumen im Verhältnis zu Wohnräumen geringer. Die üblichen **Betretungs-** und **Besichtigungsrechte** der Behörden fallen nach dem BVerfG nicht unter den Begriff der Eingriffe und Beschränkungen iSd Art 13 III GG (vgl auch näher unter § 287 Anm 3). **Dringende Gefahr** ist gegeben, wenn ohne ihre Abwehr sonst wesentliche Rechtsgüter verletzt werden (BVerfGE 17, 232, 251). Zur **öffentlichen Ordnung** zählt auch das Steuerrecht. Im Besteuerungsverfahren dürften die Voraussetzungen des Abs 1 S 3 kaum jemals erfüllt werden, ausgenommen für Zwecke der Einheitsbewertung nach § 29 BewG. Die Voraussetzungen sind nicht erfüllt, wenn das FA ein steuerlich geltend gemachtes häusliches Arbeitszimmer betreten will. Es besteht insoweit kein Betretungsrecht gegen den Willen des Stpfl. Verweigert der Stpfl das Betreten, gehen Unklarheiten aber zu seinen Lasten (*Bruschke* DStZ 85, 404).

8. Abs 2. Zum Zwecke der **Ausforschung** dürfen Grundstücke usw nicht betreten werden. Die Vorschr setzt also voraus, daß der FinBeh steuerbare Gegenstände bereits bekannt sind und die Augenscheinseinnahme nur für Zwecke vorgenommen wird, steuerrechtlich bedeutsame Feststellungen über Art, Beschaffenheit oder Wert, Anzahl oder Vorhandensein zu treffen (AG Saarbrücken KStZ 83, 174). Anders die Regelung bei der Steueraufsicht in bes Fällen nach § 210 (Nachschau), ferner bei Maßnahmen der Steuerfahndung **(§ 208 iV mit § 404).**

§ 100 Vorlage von Wertsachen

(1) ¹Der Beteiligte und andere Personen haben der Finanzbehörde auf Verlangen Wertsachen (Geld, Wertpapiere, Kostbarkeiten) vorzulegen, soweit dies erforderlich ist, um im Besteuerungsinteresse Feststellungen über ihre Beschaffenheit und ihren Wert zu treffen. ²§ 98 Abs. 2 ist anzuwenden.

(2) Die Vorlage von Wertsachen darf nicht angeordnet werden, um nach unbekannten Gegenständen zu forschen.

Wertsachen sind **Geld**, Wertpapiere, Schmuck, Edelsteine, Antiquitäten, Edelmetall usw. Vorlagepflicht besteht nur, soweit dies erforderlich ist, um ihre Beschaffenheit oder ihren Wert zu beurteilen; die Wertsachen müssen daher bereits bekannt sein, vgl auch **Abs 2**. Abweichend von § 173 RAO hat der Steuerpflichtige nicht mehr die Pflicht, **Einsicht** in die Behältnisse zu gewähren oder zu verschaffen. Eine solche Pflicht würde auch der Regelung des Abs 2 zuwiderlaufen. Abs 2 gilt auch im **StFahndungsverfahren** nach § 208 I Nr 2 und 3; soweit die Steufa im Rahmen eines StStrafverfahrens nach § 208 I Nr 1 tätig wird, muß sie ggf nach den Vorschriften der StPO eine **Durchsuchung** durchführen.

IV. Auskunfts- und Vorlageverweigerungsrechte

§ 101 Auskunfts- und Eidesverweigerungsrecht der Angehörigen

(1) ¹Die Angehörigen (§ 15) eines Beteiligten können die Auskunft verweigern, soweit sie nicht selbst als Beteiligte über ihre eigenen steuerlichen Verhältnisse auskunftspflichtig sind oder die Auskunftspflicht für einen Beteiligten zu erfüllen haben. ²Die Angehörigen sind über das Auskunftsverweigerungsrecht zu belehren. ³Die Belehrung ist aktenkundig zu machen.

(2) ¹Die in Absatz 1 genannten Personen haben ferner das Recht, die Beeidigung ihrer Auskunft zu verweigern. ³Absatz 1 Sätze 2 und 3 gelten entsprechend.

Schrifttum: *Mösbauer* Zum Umfang der Mitwirkungspflichten der Beteiligten und anderer Personen im Besteuerungsverfahren, DB 85, 410; *Lohmeyer* Die Auskunftspflicht der Beteiligten im Besteuerungsverfahren, KStZ 85, 124; *Pinne* Steuerrechtliches Verwertungsverbot für Aussagen eines Angehörigen aus einem (Steuer-)Strafverfahren, ZfZ 87, 126; *Ricke* Muß der Zollfahndungsbeamte den Beschuldigten im steuerstrafrechtlichen Ermittlungsverfahren zusätzlich zum Aussageverweigerungsrecht gemäß § 101 AO belehren? ZfZ 87, 254.

1. Inhalt. Die Vorschrift gewährt den **Angehörigen (§ 15)** ein **Auskunftsverweigerungsrecht**, jedoch nur, soweit sie als **Dritte** auskunftspflichtig sind. Die Anwendung der Vorschrift wird für den Fall der **Zusammenveranlagung** von Ehegatten von der hM verneint, vgl *Kühn/Kutter/Hofmann* Anm 2; *Schwarz* Anm 2; *HHSp* Anm 9; aA *TK* Tz 2; *Streck* StuW 81, 137. Es kommt nicht darauf an, ob der Angehörige durch die Auskunft belastet wird.

§ 102   3. Teil. Allgemeine Verfahrensvorschriften

2. Kein Auskunftsverweigerungsrecht, soweit der Auskunftspflichtige selbst als **Beteiligter** über seine eigenen steuerlichen Verhältnisse auskunftspflichtig ist (FG Münster EFG 88, 394). **Beispiel:** Bei der Prüfung eines Stpfl kann dieser seine Mitwirkung nicht verweigern, weil er einen seiner Angehörigen steuerlich belasten würde. Ferner nicht, wenn die Auskunftspflicht **für** einen **Beteiligten** erfüllt wird. In Betracht kommen hier die in **§§ 34, 35** genannten Personen (gesetzliche Vertreter und Verfügungsberechtigte). Auch die Anfertigung von **Kontrollmitteilungen** und deren Auswertung gegen einen Angehörigen wird durch diese Vorschrift nicht gehindert.

3. Belehrungspflicht. Es ist fraglich, ob eine ohne Belehrung über das Aussageverweigerungsrecht gemachte Auskunft gegen den Stpfl **verwertet** werden kann. Mangels einer entsprechenden Vorschrift ist diese Frage jedoch zu bejahen (s BFH BStBl 67, 273). Überwiegend wird jedoch ein Verwertungsverbot für unter Verletzung der Belehrungspflicht über Auskunftsverweigerungsrechte der Angehörigen erlangte Kenntnisse angenommen (*HHSp* Tz 101; *TK* Tz 5; *Kühn/Kutter/Hofmann* Anm 5; *Koch* Tz 12; *Schwarz* Anm 6). Das FG RheinlPf (EFG 85, 266) nimmt sogar ein Verwertungsverbot an, wenn ein Angehöriger eines Beschuldigten in einem steuerstrafrechtlichen Ermittlungsverfahren nicht über das Aussageverweigerungsrecht nach § 101 belehrt worden ist und die Aussage dann im Besteuerungsverfahren gegen den Angehörigen selbst verwendet werden soll (zustimmend *Pinne* ZfZ 87, 126; ablehnend *Ricke* ZfZ 87, 254). FG Münster (EFG 88, 394) lehnt allerdings in solchen Fällen, in denen ein bestimmter Sachverhalt sowohl für die eigene Besteuerung eines Beteiligten als auch für die Besteuerung eines Angehörigen von Bedeutung ist, ein Aussageverweigerungsrecht gem § 101 und § 103 zu Recht überhaupt ab.

4. Grenzen der Auskunftspflicht des Beteiligten s Anm 5 zu § 103.

5. Eine trotz des Auskunftsverweigerungsrechtes gemachte Aussage kann uU gegen den Stpfl auch für die Verfolgung einer nichtsteuerlichen Straftat verwertet werden. **§ 30 IV Nr 4** läßt die Offenbarung derartiger Tatsachen gegenüber den Strafverfolgungsbehörden zu.

§ 102 Auskunftsverweigerungsrecht zum Schutz bestimmter Berufsgeheimnisse

(1) Die Auskunft können ferner verweigern:
1. **Geistliche über das, was ihnen in ihrer Eigenschaft als Seelsorger anvertraut worden oder bekanntgeworden ist,**
2. **Mitglieder des Bundestages, eines Landtages oder einer zweiten Kammer über Personen, die ihnen in ihrer Eigenschaft als Mitglieder dieser Organe oder denen sie in dieser Eigenschaft Tatsachen anvertraut haben, sowie über diese Tatsachen selbst,**
3. **a) Verteidiger,**
    b) Rechtsanwälte, Patentanwälte, Notare, Steuerberater, Wirtschaftsprüfer, Steuerbevollmächtigte, vereidigte Buchprüfer,
    c) Ärzte, Zahnärzte, Apotheker und Hebammen,
    über das, was ihnen in dieser Eigenschaft anvertraut worden oder bekanntgeworden ist,

§ 102

4. Personen, die bei der Vorbereitung, Herstellung oder Verbreitung von periodischen Druckwerken oder Rundfunksendungen berufsmäßig mitwirken oder mitgewirkt haben, über die Person des Verfassers, Einsenders oder Gewahrsams von Beiträgen und Unterlagen sowie über die ihnen im Hinblick auf ihre Tätigkeit gemachten Mitteilungen, soweit es sich um Beiträge, Unterlagen und Mitteilungen für den redaktionellen Teil handelt; § 160 bleibt unberührt.

(2) Den im Absatz 1 Nr. 1 bis 3 genannten Personen stehen ihre Gehilfen und die Personen gleich, die zur Vorbereitung auf den Beruf an der berufsmäßigen Tätigkeit teilnehmen. Über die Ausübung des Rechts dieser Hilfspersonen, die Auskunft zu verweigern, entscheiden die im Absatz 1 Nr. 1 bis 3 genannten Personen, es sei denn, daß diese Entscheidung in absehbarer Zeit nicht herbeigeführt werden kann.

(3) Die in Absatz 1 Nr. 3 genannten Personen dürfen die Auskunft nicht verweigern, wenn sie von der Verpflichtung zur Verschwiegenheit entbunden sind. Die Entbindung von der Verpflichtung zur Verschwiegenheit gilt auch für die Hilfspersonen.

(4) Die gesetzlichen Anzeigepflichten der Notare bleiben unberührt. Soweit die Anzeigepflichten bestehen, sind die Notare auch zur Vorlage von Urkunden und zur Erteilung weiterer Auskünfte verpflichtet.

Schrifttum: *Lohmeyer* Das Auskunftsverweigerungsrecht zum Schutz bestimmter Berufsgeheimnisse, Stbg 83, 316; *Mösbauer* Zum Umfang der Mitwirkungspflichten der Beteiligten und anderer Personen im Besteuerungsverfahren, DB 85, 410; *Hamacher* Der Bankenerlaß als ermessensgerechte Handhabung von Ermittlungsbefugnissen der Finanzbehörden, DB 85, 1807; *Latsch* Der Bankenerlaß aus der Sicht der steuerlichen Betriebsprüfung/Außenprüfung, StBp 86, 121, 145.

Übersicht

1. Inhalt
2. Vorlage von Urkunden
3. Personenkreis
   a) Geistliche
   b) Mitglieder des Bundestages
   c) Verteidiger usw
   d) Rechtsbeistände usw
   e) Presseangehörige
4. Gehilfen
5. Entbindung von der Schweigepflicht
6. Anzeigepflicht der Notare
7. Bankengeheimnis

1. Inhalt. Die Vorschrift regelt die **Auskunftsverweigerungsrechte** zum Schutz bestimmter **Berufsgeheimnisse**. Sie weicht vom Regierungsentwurf insoweit ab, als sie an Art 3 des Gesetzes über das Zeugnisverweigerungsrecht der Mitarbeiter von Presse und Rundfunk v 25. Juli 1975 (BGBl I, 1973) angepaßt worden ist. Die Regelung gilt sowohl für die **Beteiligten**, zB für den Steuerpflichtigen, der in eigener Sache Auskunft geben soll, als auch für den **Dritten**. Zum Bankengeheimnis vgl Anm 7.

2. Soweit die Auskunft verweigert werden kann, kann auch die **Vorlage von Urkunden** oder Wertsachen verweigert werden (**§ 104 I 1**).

§ 102 3. Teil. Allgemeine Verfahrensvorschriften

3. Die zur Weigerung der Auskunft berechtigten Personen.

a) Geistliche, jedoch nur über das, was ihnen in ihrer Eigenschaft als Seelsorger anvertraut worden oder bekanntgeworden ist. Anvertrauen ist das Einweihen in ein Geheimnis unter Umständen, aus denen sich eine Pflicht zur Verschwiegenheit ergibt (RGSt 13, 60). Es kommt nicht darauf an, von wem dem Geistlichen etwas anvertraut worden ist. Bekanntgeworden ist alles, was zB bei Gelegenheit der Ausübung des Amtes als Seelsorger bekanntgeworden ist. Geistliche sind nur solche der **christlichen Kirchen** oder sonstigen staatlich anerkannten Religionsgemeinschaften (Hinweis auf Art 137 WeimRVerf und Art 140 GG). Kein Auskunftsverweigerungsrecht über das, was der Geistliche in ausschließlich verwaltender, caritativer oder unterrichtender Tätigkeit erfahren hat.

b) Mitglieder des **Bundestages** usw, vgl **Art 47 GG.** Auskunftsverweigerungsrecht sowohl über Personen, die ihnen in ihrer Eigenschaft als Abgeordneter etwas anvertraut haben, oder denen sie etwas anvertraut haben. Ferner auch über das, was anvertraut worden ist. Das Verweigerungsrecht besteht weiter, wenn das Mandat endet (*Dallinger* JZ 59, 436).

c) Verteidiger, Rechtsanwälte, Ärzte usw. Verteidiger sind Strafverteidiger (§§ 137 ff StPO), dh Rechtsanwälte, die an deutschen Gerichten zugelassen sind, **Rechtslehrer** an deutschen Hochschulen und im Einzelfall als Verteidiger vom Gericht zugelassene Personen, Referendare (§ 139 StPO). Die Aufzählung ist erschöpfend. Regelung müßte ihrem Sinn nach auch zB für die entspr Verbände gelten, ferner uE auch für Steuerberatungsgesellschaften. Wenn Rechtsanwalt nicht in seiner Eigenschaft als Rechtsanwalt fremde Vermögenswerte sondern allgemein ein **fremdes Vermögen verwaltet,** ist er ebenso wie sein Auftraggeber zur Auskunft **verpflichtet;** *Hartleb* Das Auskunftsverweigerungsrecht Dritter im Steuerverfahren, StWa 63, 187; *Vogelbruch* DStZA 78, 340 ff. Außerdem begründet § 102 I Nr 3 b kein generelles Auskunftsrecht, sondern gilt nur in bezug auf das jeweils betroffene Mandat (FG Berlin EFG 88, 456).

d) Kein Auskunftsverweigerungsrecht haben **Rechtsbeistände** und **Prozeßagenten,** Syndici sowie sonstige Juristen, die nicht als Rechtsanwalt zugelassen sind, Vertreter von **Gewerkschaften;** ferner nicht **Psychologen, Heilpraktiker und Krankenpfleger.** Ferner nicht die obengenannten Personen, soweit sie als **Sachverständige** von der FinBeh herangezogen sind und über das, was ihnen im Zusammenhang mit dem Gutachten bekanntgeworden ist (vgl RGSt 66, 273); nicht Sozialarbeiter (BVerfGE 33, 367). Bei den von den in Abs I Nr 3a und b genannten Berufsangehörigen in dieser Eigenschaft verwalteten fremden Vermögenswerten ist die Anwendung des § 159 I ausgeschlossen (§ 159 II), wenn sie von ihrem Aussageverweigerungsrecht Gebrauch machen. Voraussetzung ist aber, daß die für fremde Personen verwalteten Vermögenswerte als solche erkennbar sind, zB durch Anlegung auf Anderkonten (BFH/NV 88, 424).

e) Presseangehörige (Nr. 4). Es ist nicht Voraussetzung, daß das Druckwerk strafbaren Inhalt hat. Darunter fallen alle, die bei der Herstellung usw mitgewirkt haben; auch kaufmännische oder technische Angestellte. **Berufsmäßig** bedeutet nicht gewerbsmäßig, es kann auch eine Nebentätigkeit sein. Wiederholungsabsicht genügt (BGHSt 7, 129). **Periodisches Druck-**

1. Abschnitt. Verfahrensgrundsätze §102

werk kann auch bei unregelmäßiger Folge vorliegen. **Rundfunksendungen** sind auch Fernsehsendungen (*Hamann* GG S 105). Zeugnisverweigerungsrecht jedoch nur für den **redaktionellen Teil**, dh **nicht** für den **Anzeigenteil**. § 160 bleibt unberührt. Damit soll ua verhindert werden, daß ein Journalist die Angabe von Zahlungsempfängern, von denen er Informationen gegen Geld erlangt hat, im Hinblick auf sein Zeugnisverweigerungsrecht verweigert. Das stl Risiko einer Auskunftsverweigerung trägt der Journalist selbst. Das **selbsterarbeitete Schrift-** und **Bildmaterial** der Redaktion wird nicht geschützt; der Schutz bezieht sich nur auf solche Beiträge, die der Presse usw von **dritter** Seite zugehen, vgl *Löffler* NJW 78, 1617. Der Anzeigenteil oder Werbeteil von Zeitungen oder Rundfunksendungen wird ausdrücklich von dem Auskunftsverweigerungsrecht nicht erfaßt. Zu Auskunftsersuchen, die diesen Teil betreffen, s oben § 93 Anm 1. Zu einem etwaigen Konflikt von Auskunftsersuchen über Zeitungsanzeigen und dem Grundrecht der Pressefreiheit s BVerfGE 64, 108 und BFH BStBl 88, 359.

4. Abs 2. Gehilfen. Vgl § 53 a StPO. Es kommt nicht darauf an, daß es sich um berufsmäßige Gehilfen handelt, zB Familienangehörige. Nicht aber Hausangestellte, Hausmeister uä. Grundsätzlich entscheidet über das Auskunftsverweigerungsrecht der Hauptgeheimnisträger.

5. Abs 3. Entbindung von der Schweigepflicht ist nur für die in **Abs 1 Nr 3** genannten Personen vorgesehen. Die Entbindung führt zur Aussagepflicht; dies gilt auch für die Hilfspersonen. Ein Wirtschaftsprüfer kann auch durch den **Konkursverwalter** von der Pflicht zur Verschwiegenheit entbunden werden, LG Lübeck NJW 78, 1014; OLG Schleswig NJW 81, 294. Die anderen entscheiden über ihr Aussageverweigerungsrecht nach eigenem Ermessen; sie sind trotz der Entbindung von der Schweigepflicht nicht zur Auskunft verpflichtet.

6. Abs 4. Unberührt bleiben die gesetzlichen Anzeigepflichten der Notare, zB nach Art 97, § 5 EGAO 77 über GrESt-Vorgänge. Es handelt sich um weitergehende Verpflichtungen als sie den Notaren ohnedies schon nach anderen gesetzlichen Vorschriften, zB nach Art 97 § 5 EGAO, für das GrEStRecht auferlegt sind; sonst wäre diese Bestimmung überflüssig. Sie modifiziert die in § 18 BNotO begründete Verschwiegenheitspflicht der Notare.
Maßstäbe für die Begrenzung der Auskunftspflicht bzw des entsprechenden Auskunftsverweigerungsrechts fehlen; daher muß nach dem Prinzip der **Güterabwägung** im Einzelfall nach pflichtgemäßem Ermessen entschieden werden, wieweit die Auskunftspflicht geht. Der Notar hat ggf auch die Pflicht, seine **Handakten** vorzulegen, FG SchlHol EFG 82, 151. Das FG kann aber in einem Rechtsstreit über die Rechtmäßigkeit eines GrEStBescheides von dem beurkundenden Notar nicht pauschal die Vorlage der Handakten zu diesem Vertrag fordern, sondern nur die Vorlage einzelner Schriftstücke, die den Inhalt der notariellen Urkunde ergänzen und verdeutlichen, BFH BStBl 82, 510. Merkblatt über die steuerlichen Beistandspflichten der Notare auf dem Gebiet der GrESt, ErbSt, SchenkSt, KVSt und WechsSt s OFD Kiel v Juni 83, AO-Handbuch 1988, Anl zu § 102.

§ 103 3. Teil. Allgemeine Verfahrensvorschriften

7. **Bankengeheimnis.** Die Abgabenordnung enthielt ebenso wie die RAO bis zum Inkrafttreten von Art 15 Steuerreformgesetz 1990 (am 3. 8. 1988) keine Regelung über den Schutz des sog Bankengeheimnisses. Nunmehr ist die Regelung in dem durch das Steuerreformgesetz 1990 eingefügten § 30a enthalten. Die Finanzverwaltung hatte allerdings in dem sog Bankenerlaß vom 2. 8. 1949 (DStZ B 49, 242) Richtlinien herausgegeben, durch die sie sich selbst bei der Einholung von Auskünften im Verhältnis zu Banken Beschränkungen auferlegte. Dieser sog **Bankenerlaß** war im Jahre 1979 trotz der zum Teil daran geübten heftigen Kritik (vgl *Hoffmann-Riem* StuW 72, 127) erneuert worden.

Es stellte sich die Frage, ob die FinVerw nicht durch diesen Erlaß gegen die in der AO aufgestellten Regeln über die Besteuerungsgrundsätze (§ 85) und weitere Vorschriften über das Ermittlungsverfahren verstoßen hat. Zum Teil wurde der Bankenerlaß schlicht für **gesetzwidrig** erklärt (vgl *TK* Tz 6; *Trzaskalik, Möllinger* in *Tipke* (Hrg) Grenzen der Rechtsfortbildung 1982, 319). In der Tat wies der Bankenerlaß die Bediensteten der FÄ an, auf einem bestimmten Gebiet ihre nach dem Gesetz vorgegebenen Ermittlungsmöglichkeiten nicht auszuschöpfen.

§ 103 Auskunftsverweigerungsrecht bei Gefahr der Verfolgung wegen einer Straftat oder einer Ordnungswidrigkeit

Personen, die nicht Beteiligte und nicht für einen Beteiligten auskunftspflichtig sind, können die Auskunft auf solche Fragen verweigern, deren Beantwortung sie selbst oder einen ihrer Angehörigen (§ 15) der Gefahr strafgerichtlicher Verfolgung oder eines Verfahrens nach dem Gesetz über Ordnungswidrigkeiten aussetzen würde. Über das Recht, die Auskunft zu verweigern, sind sie zu belehren. Die Belehrung ist aktenkundig zu machen.

1. Ein Auskunftsverweigerungsrecht wegen der **Gefahr einer Strafverfolgung** haben nur **Dritte.** Wer in seiner eigenen Steuersache Auskunft zu geben hat, kann die Auskunft auch dann nicht verweigern, wenn er sich dadurch selbst wegen einer Straftat oder Ordnungswidrigkeit belasten müßte, vgl Anm 5. Dem Beteiligten stehen diejenigen Personen gleich, die **für** einen **Beteiligten** auskunftspflichtig sind (vgl §§ 34, 35, gesetzl Vertreter, Verfügungsberechtigte).

2. Es muß die **Gefahr** einer Strafverfolgung oder eines Bußgeldverfahrens bestehen. Es kommt auf die **objektive** Gefahr an, nicht auf eine nur eingebildete; entfernte Möglichkeit ist aber ausreichend (BFH BStBl 55, 30). Die entfernte Möglichkeit ist auch gegeben, obwohl auch der Dritte nunmehr unter den Schutz des Steuergeheimnisses fällt. Keine Gefahr besteht zB, wenn die Verfolgungsverjährung eingetreten ist. Angesichts des eindeutigen Wortlauts, der sich nur auf die Gefahr der Strafverfolgung oder eines Bußgeldverfahrens bezieht, reicht die **Gefahr ehrengerichtlicher Verfolgung** für das Auskunftsverweigerungsrecht **nicht** aus (*TK* Tz 3; *HHSp* Tz 12; *Koch* Tz 8; aA FG Berlin EFG 88, 456).

3. Frühere Aussagen können durch Vernehmung der Verhörsperson verwertet werden (BGHSt 17, 245). Durch Unterlassung der **Belehrung** wird

1. Abschnitt. Verfahrensgrundsätze § 104

die Aussage nicht unverwertbar (BGH GrS 11, 213; BGHSt 17, 245; vgl § 101 Anm 3), aA *TK* Tz 3. Wenn Auskunft unter **Verzicht** auf das Auskunftsverweigerungsrecht erteilt wird, steht das **Steuergeheimnis** einer Mitteilung an die Strafverfolgungsbehörden nicht entgegen (§ 30 IV Nr 4).

4. Wer die Auskunft verweigert, muß die **Verweigerungsgründe glaubhaft** machen. Dies gilt nur dann nicht, wenn er sich damit bereits belasten müßte. Mißbrauch des Auskunftsverweigerungsrechts kann uU Begünstigung nach § 257 StGB sein.

5. Auskunftsverweigerungsrecht des **Steuerpflichtigen.** § 103 gilt nicht für den Stpfl, soweit er in seiner eigenen Steuersache Auskunft geben muß. Würde man dem Stpfl ein Auskunftsverweigerungsrecht einräumen, so würde § 40, der bestimmt, daß verbotenes und sittenwidriges Verhalten stl zu erfassen ist, weitgehend auf dem Papier stehen. Es ergäben sich für die Beweiserhebung und -würdigung unannehmbare Folgen. Würde der Stpfl nämlich von seinem **Recht,** die Auskunft zu verweigern, Gebrauch machen, so entfiele insoweit seine Mitwirkungspflicht. Das Gebrauchmachen von einem Recht könnte andererseits bei der Beweiswürdigung auch nicht zum Nachteil des Stpfl verwertet werden. Diesen weitgehenden Offenbarungspflichten des Stpfl entspricht die Regelung über das **Steuergeheimnis** (§ 30). Der Stpfl wird durch das Steuergeheimnis grundsätzl davor geschützt, daß seine für steuerliche Zwecke gemachte Angaben für die Verfolgung nichtsteuerlicher Straftaten verwendet werden. § 30 IV Nr 4 und 5 läßt aber in bestimmten Fällen eine Durchbrechung des Steuergeheimnisses zu. Nach der Gesetzeslage hat der Stpfl selbst dann kein Auskunftsverweigerungsrecht, wenn er erkennt, daß die FinBeh nach **§ 30 IV Nr 5** die von ihm offenbarten Tatsachen wegen Vorliegens eines **zwingenden öffentlichen Interesses** an die Strafverfolgungsbehörden weitergeben wird. Eine andere Frage ist es, ob der Stpfl nach §§ 328 ff **gezwungen** werden kann, zu seiner Überführung wegen einer Straftat oder Ordnungswidrigkeit beizutragen. Nach den Grundsätzen der pflichtgemäßen **Ermessensausübung** kann diese Frage in Einzelfällen verneint werden. Dies ändert nichts daran, daß die Mitwirkungspflicht des Stpfl rechtlich bestehen bleibt und die Tatsache, daß der Stpfl seine Mitwirkung versagt, ggf bei der Beweiswürdigung steuerlich zu seinem Nachteil berücksichtigt werden kann. § 393 enthält eine Regelung, die sich jedoch nur auf die Gefahr der Verfolgung wegen einer Steuerstraftat oder Steuerordnungswidrigkeit bezieht.

§ 104 Verweigerung der Erstattung eines Gutachtens und der Vorlage von Urkunden

(1) Soweit die Auskunft verweigert werden darf, kann auch die Erstattung eines Gutachtens und die Vorlage von Urkunden oder Wertsachen verweigert werden. § 102 Abs. 4 Satz 2 bleibt unberührt.

(2) Nicht verweigert werden kann die Vorlage von Urkunden und Wertsachen, die für den Beteiligten aufbewahrt werden, soweit der Beteiligte bei eigenem Gewahrsam zur Vorlage verpflichtet wäre. Für den Beteiligten aufbewahrt werden auch die für ihn geführten Geschäftsbücher und sonstigen Aufzeichnungen.

§ 104
3. Teil. Allgemeine Verfahrensvorschriften

Schrifttum: *Streck/Mack* DATEV – Eine Datenbank für die Finanzverwaltung? Stbg 88, 82.

1. Inhalt. Wer die Auskunft verweigern darf, kann auch die **Erstattung eines Gutachtens** und die **Vorlage** von Urkunden oder Wertsachen **verweigern.** Mit dem Wort „**Urkunden**" sind nicht nur die notariellen Urkunden gemeint, sondern insbesondere auch sog „Zufallsurkunden", dh sämtliche Datenträger, die nach ihrer Anfertigung für irgendwelche Tatsachen beweiserheblich werden können, vgl § 97 I und II („andere Urkunden"). Diese Regelung gilt **nicht** für **Notare,** soweit sie Anzeigepflichten zu erfüllen haben (Abs 1 S 2 iV mit § 102 IV 2). Der **Beteiligte** selbst, insbesondere also der Steuerpflichtige, hat **kein Auskunftsverweigerungsrecht** und kann daher auch nicht die Vorlage von Urkunden oder Wertsachen verweigern. Dies gilt allerdings nicht für die in § 102 genannten Berufe, denen auch in eigenen steuerlichen Angelegenheiten ein Auskunftsverweigerungsrecht und damit auch ein Vorlageverweigerungsrecht zusteht. **Ärzte** dürfen danach, auch soweit sich ihre Außenprüfung auf die Ermittlung ihrer eigenen stl Verhältnisse bezieht, die Vorlage der Patientenkartei verweigern, insoweit als darin Eintragungen enthalten sind, auf die sich ihr Recht zur Auskunftsverweigerung erstreckt (BFH BStBl 58, 86). Entsprechendes muß auch für die Akten eines **Rechtsanwaltes** oder **Steuerberaters** gelten. Das Vorlageverweigerungsrecht des **Rechtsanwalts** bezieht sich grundsätzlich auch auf seine **Handakten,** RFH Gutachten in RFHE Bd 44, 77. Er muß aber diejenigen Handakten bezeichnen, die unter das Auskunftsverweigerungsrecht fallen. Der BFH hat diese Grundsätze für die Vorlage von Patientenkarteien im wesentlichen übernommen, BFH BStBl 58, 86 ff. Nach dieser Vorschrift muß es auch zulässig sein, daß zB Rechtsanwälte in ihrer eigenen Steuerangelegenheit ihre Akten vorlegen, jedoch die Fertigung von Kontrollmitteilungen und deren Auswertung bei ihrem Mandanten nicht zulassen (vgl *Tipke* Steuerliche Betriebsprüfung im Rechtsstaat, 98). Das Vorlageverweigerungsrecht bezieht sich jeweils auf die **gesamte** Urkunde; die FinBeh kann nicht die Vorlage verlangen, indem sie dem Arzt zB gestattet, die steuerlich nicht relevanten Eintragungen in der Patientenkartei abzudecken (BFH BStBl 58, 86). Das Gebrauchmachen von dem Vorlageverweigerungsrecht berechtigt die FinBeh nicht zu einer Schätzung (BFH aaO).

2. Die in § 102 I Nr 4 für **Presseangehörige** enthaltene Vorschrift, wo § 160 unberührt bleibt, müßte ihrem Sinn nach auch im Zusammenhang mit § 104 Anwendung finden.

3. Der **Abs 2** enthält eine Einschränkung des Vorlageverweigerungsrechts für solche Urkunden und Wertsachen, die **für** den **Beteiligten** aufbewahrt werden. Damit soll verhindert werden, daß der Stpfl der FinBeh die Einsichtnahme in seine Unterlagen dadurch unmöglich macht, daß er zB seine gesamte Buchführung bei seinem Steuerberater hinterlegt.

1. Abschnitt. Verfahrensgrundsätze §105

§ 105 Verhältnis der Auskunfts- und Vorlagepflicht zur Schweigepflicht öffentlicher Stellen

(1) Die Verpflichtung der Behörden oder sonstiger öffentlicher Stellen einschließlich der Deutschen Bundesbank, der Staatsbanken, der Schuldenverwaltungen, der Postgiroämter und der Postsparkassenämter sowie der Organe und Bediensteten dieser Stellen zur Verschwiegenheit gilt nicht für ihre Auskunfts- und Vorlagepflicht gegenüber den Finanzbehörden.

(2) Absatz 1 gilt nicht, soweit die Behörden und die mit postdienstlichen Verrichtungen betrauten Personen gesetzlich verpflichtet sind, das Brief-, Post- und Fernmeldegeheimnis zu wahren.

Abs 1 redaktionell geändert durch StBereinigG 1986 v 19. 12. 85, BGBl I, 2436.

Schrifttum: *Schatzschneider* Die Neuregelung des Schutzes von Sozialdaten im Sozialgesetzbuch, MDR 82, 6.

Übersicht

1. Inhalt
2. Behörden, Beamte
3. Sozialgeheimnis
4. § 203 II StGB
5. Einschränkungen der Auskunftrechte der Finanzbehörden
6. Postgeheimnis

1. Inhalt. Die Vorschrift regelt das Verhältnis zwischen **behördlichen Schweigepflichten** und den Auskunftsbefugnissen der FinBeh. Sie läßt die Verpflichtung öffentlicher Stellen zur Verschwiegenheit grundsätzlich gegenüber den Auskunfts- und Vorlagerechten der FinBeh zurücktreten. Zahlreiche nichtsteuerliche Gesetze enthalten jedoch Regelungen, die die Anwendung des § 105 im Einzelfall ausschließen (s hierzu Anm 5). § 105 AO gilt auch nicht, wenn das nichtsteuerliche Gesetz eine abschließende Regelung über die Auskunfterteilung von Behörden enthält oder die Auskunfterteilung an Finanzbehörden besonders regelt. In diesen Fällen muß die generelle Regelung des § 105 hinter den speziellen Vorschriften der nichtsteuerlichen Gesetze zurücktreten. Ab 1. Januar 1984 wurden die Postscheckämter in Postgiroämter umbenannt.

2. Öffentliche **Behörden** und **Beamte** sind nach den Beamtengesetzen zur Verschwiegenheit verpflichtet. Die Pflicht bezieht sich auf die bei der amtlichen Tätigkeit bekanntgewordenen Tätigkeiten. Die Verschwiegenheitspflicht gilt allerdings nicht für Mitteilungen im dienstlichen Verkehr (§ 61 I 2 BBG). Insofern hat diese Verschwiegenheitspflicht, soweit die Auskünfte gegenüber den FinBeh im dienstlichen Verkehr erteilt werden, nur eine geringe Bedeutung. Der Beamte bedarf zu einer Auskunftserteilung der Genehmigung seines Dienstvorgesetzten. Eine solche Genehmigung ist bei Auskünften gegenüber der FinBeh nach § 105 jedoch nicht erforderlich.

3. Sozialgeheimnis. Nach § 35 I 1 SGB hat jeder Anspruch, daß Einzelangaben über seine persönlichen und sachlichen Verhältnisse von den Leistungsträgern als Sozialgeheimnis gewahrt und nicht unbefugt offenbart werden (personenbezogene Daten).

§ 105   3. Teil. Allgemeine Verfahrensvorschriften

Nach § 35 II SGB I können personenbezogene Daten befugtermaßen nur unter den Voraussetzungen des 2. Kapitels des SGB X offenbart werden. Die §§ 67 ff SGB X stellen eine abschließende Regelung dar, so daß eine weitergehende Auskunftspflicht nicht besteht, § 35 III SGB I.

Nach der Neuregelung des Sozialgeheimnisses bedarf die Offenbarung personenbezogener Daten einer **richterlichen Anordnung.** Sie ist bei Vergehen lediglich auf die in § 72 I 2 SGB X aufgeführten Angaben und auf erbrachte oder demnächst zu erbringende Geldleistungen beschränkt. Medizinische Daten dürfen nicht mehr offenbart werden. § 73 SGB X geht den strafprozessualen **Beschlagnahmevorschriften** vor.

§ 71 Nr 3 SGB X vom 18. 8. 80 (BGBl I, 1469) sieht eine **Durchbrechung** des Sozialgeheimnisses vor zur Sicherung des **Steueraufkommens** nach den §§ 93, 97, 105, 111 I und V und § 116 AO (nach Änderung durch Art 7 des BillBG v 15. 12. 81 BGBl I 1390).

4. § 203 II StGB enthält eine Strafandrohung für Amtsträger und für den öffentlichen Dienst besonders Verpflichteter, wenn sie **unbefugt** ein fremdes **Geheimnis,** namentlich ein zum persönlichen Lebensbereich gehörendes Geschäftsgeheimnis oder ein Betriebs- oder Geschäftsgeheimnis **offenbaren,** das ihnen in ihrer Eigenschaft als Amtsträger usw anvertraut worden oder sonst bekanntgeworden ist. Unbefugt heißt hier soviel wie „ohne Rechtfertigung". Innerhalb derselben Behörde ist danach jede Mitteilung erlaubt, die sich aus der ordnungsgemäßen Behandlung einer Sache ergibt; gegenüber einer anderen Behörde besteht grundsätzlich Verschwiegenheitspflicht, die nicht schon durch den allgemeinen Grundsatz der Rechts- und Amtshilfe durchbrochen wird (*Dreher* Kommentar zum StGB, § 203 StGB Anm 32). Im übrigen ist die Frage einer Befugnis nach den Grundsätzen der Pflichtenkollision zu beurteilen. Die Befugnis zur Offenbarung gegenüber den FinBeh ergibt sich aus § 105.

5. Zahlreiche nichtsteuerliche Gesetze enthalten Einschränkungen der Auskunftsrechte der FinBeh und schließen die Anwendungen des § 105 I, § 111 V und § 116 I der AO aus. Teilweise enthalten sie noch zusätzlich ein Verwertungsverbot für steuerliche Zwecke. Es handelt sich um folgende Gesetze: § 11 III Gesetz zum Schutz gegen Fluglärm (BGBl 1971 I, 228), § 5 IV BenzinbleiG (BGBl 1971 I, 1234), § 27 II, § 52 VII BundesimmissionsschutzG (BGBl 1974 I, 721, 1193), § 12 I 2 Gesetz über Statistik für Bundeszwecke (BGBl 1953 I, 1314), § 15 IV BundesleistungsG (BGBl 1961 I, 1769, ber S 1920), § 46 IX Gesetz gegen Wettbewerbsbeschränkungen idF der Bekanntmachung vom 4. 4. 1974 (BGBl I, 869), § 8 Gesetz über Anzeige der Kapazitäten von Erdölraffinerien und von Erdölrohrleitungen (BGBl 1951 I, 473), § 14 V WirtschaftssicherstellungsG idF der Bekanntmachung v 3. 10. 1968 (BGBl I, 1069), § 12 S 1 Gesetz über Mindestvorräte an Erdölerzeugnissen idF der Bekanntmachung v 4. 9. 1975 (BGBl I, 2471), § 10 IV EnergiesicherungsG (BGBl 1975 I, 3681), § 36 IV Gesetz zur Anpassung und Gesundung des Deutschen Steinkohlebergbaues (BGBl 1968 I, 365), § 21 III WasserhaushaltsG (BGBl 1957 I, 1110), § 18 IV WasserssicherstellungsG (BGBl 1965 I, 1225), § 6 V AltölG (BGBl 1968 I, 1419), § 9 II KreditwesenG (BGBl 1961 I, 881), § 7 I 2 LandwirtschaftsG (BGBl 1955 I, 565), § 16 V ErnährungssicherstellungsG idF v 4. 10. 1968 (BGBl I, 1075), § 8 III MarktstrukturG idF v 26. 11. 1975 (BGBl I, 2943),

1. Abschnitt. Verfahrensgrundsätze § 106

§ 12 IV Weinwirtschaftsgesetz idF v 11. 9. 1980 (BGBl I, 1665), § 24 III ArbeitssicherstellungsG (BGBl 1968 I, 787), § 72 V 2 BerufsbildungsG (BGBl 1969 I, 1112), § 7 IV 2 ArbeitsförderungsG (BGBl 69 I, 582), § 8 IV 2 ArbeitnehmerüberlassungsG (BGBl 1972 I, 1393), § 15 V VerkehrssicherstellungsG idF v 8. 10. 1968 (BGBl I, 1082), § 33 IV BundeswasserstraßenG (BGBl 1968 I, 173), § 12 I 2 LandwZählG 1979 (BGBl I 78, 597). Zur Offenbarungsbefugnis der **Sozialbehörden** bei Auskunftersuchen nach §§ 93, 97 AO gem § 71 Nr 3 Buch X SGB s oben Anm 3. Ein Teil dieser Gesetze, insbesondere die SicherstellungsG, enthalten darüber hinaus noch ein zusätzliches **Verwertungsverbot**, das nur für das Besteuerungsverfahren und das Steuerstraf- und Bußgeldverfahren gilt. Der BT ist dem Wunsch des Bundesrates nach Streichung dieser Bestimmungen nicht gefolgt. Er hat die bestehenden Einschränkungen im wesentlichen übernommen, jedoch mit einer entscheidenden Modifizierung. Der Ausschluß der Auskunfts- und Amtshilfepflichten gilt nicht, soweit die FinBeh die Kenntnisse für die Durchführung eines Verfahrens wegen einer Steuerstraftat sowie wegen eines damit zusammenhängenden Besteuerungsverfahrens benötigen, an deren **Verfolgung ein zwingendes öffentliches** Interesse besteht, oder soweit es sich um **vorsätzlich falsche Angaben** des Auskunftspflichtigen oder der für ihn tätigen Personen handelt. Diese Einschränkung der bisherigen Regelung gilt allerdings nicht für die **Sicherstellungsgesetze** und für das **BundesstatistikG**. Ebenfalls werden mit Ausnahme der Sicherstellungsgesetze die bestehenden Verwertungsverbote aufgehoben. Beibehalten wird im übrigen nur das in **Art 46 IX GWB** bestehende Verwertungsverbot, jedoch auch nur unter der og Einschränkung.

6. Postgeheimnis. Ab 1. 1. 84 wurden die Postscheckämter in Postgiroämter umbenannt. Daß der Gesetzgeber die Anpassung der § 105 erst ab 1. 1. 87 in Kraft treten läßt (Art 25 I StBereinigG 1986), dürfte ein Redaktionsversehen sein. Im Hinblick auf das Postgeheimnis darf ein Postamt Auskünfte über eingezahlte **Auslandspostanweisungen** nur erteilen, wenn das FA das Einverständnis des Absenders der Postanweisung oder des Einzahlers der Zahlkarte mitgeteilt hat. Das FA dürfte aber befugt sein, aus der Tatsache, daß die Zustimmung verweigert wird, für die Beweiswürdigung entsprechende Schlüsse zu ziehen. **Zahlungsbelege** und Buchungsunterlagen, aus denen auch die Namen der Absender bzw Zahlungsempfänger ersichtlich sind, unterliegen nicht mehr dem Postgeheimnis, sobald sie beim PSchA (Postgiroamt) eingegangen sind, LG Frankfurt NJW 80, 1478.

Das PSchA unterliegt nicht dem Postgeheimnis des § 5 PostG sondern dem **Postscheckgeheimnis,** das dem Bankgeheimnis gleichzusetzen ist. Das PSchA ist in gleicher Weise zur Auskunft verpflichtet wie eine Bank.

§ 106 Beschränkung der Auskunfts- und Vorlagepflicht bei Beeinträchtigung des staatlichen Wohls

Eine Auskunft oder die Vorlage von Urkunden darf nicht gefordert werden, wenn die zuständige oberste Bundes- oder Landesbehörde erklärt, daß die Auskunft oder Vorlage dem Wohle des Bundes oder eines Landes erhebliche Nachteile bereiten würde.

§ 107

Die Vorschrift schränkt den § 105 ein. Die (fachlich) zuständige oberste Bundes- oder Landesbehörde kann erklären, daß eine Auskunft dem **Wohle** des **Bundes** oder eines **Landes** erhebliche Nachteile bereiten würde. Es kommt nicht darauf an, von wem die Auskunft gefordert wird; § 106 greift auch bei Auskunftsverlangen gegenüber Privatpersonen ein.

V. Entschädigung der Auskunftspflichtigen und der Sachverständigen

§ 107 Entschädigung der Auskunftspflichtigen und der Sachverständigen

¹Auskunftspflichtige und Sachverständige, die die Finanzbehörde zu Beweiszwecken herangezogen hat, werden auf Antrag in entsprechender Anwendung des Gesetzes über die Entschädigung von Zeugen und Sachverständigen entschädigt. ²Dies gilt nicht für die Beteiligten und für die Personen, die für die Beteiligten die Auskunftspflicht zu erfüllen haben.

Schrifttum: *Saumwald* Entschädigungsansprüche von Kreditinstituten gegen auskunftersuchende Ermittlungsbehörden, NJW 84, 2495

Nach der RAO war eine **Entschädigung** zwingend nur in § 342a für das Vollstreckungsverfahren vorgesehen, im übrigen stand es im Ermessen der Behörde, ob eine Entschädigung gewährt wurde. Diese rechtsstaatlich bedenkliche Regelung wurde aufgegeben. Eine Entschädigung setzt voraus, daß die Auskunftsperson auch tatsächlich Auskunft gegeben hat. Entschädigungspflicht greift auch bei einer **schriftlich** erteilten Auskunft ein, vgl § 93 IV, BFH BStBl 81, 393. Auch **Personalunkosten** von Auskunftspflichtigen sind zu ersetzen, wie sich aus dem Sinn und Zweck des entsprechend anwendbaren § 11 ZSEG ergibt, BFH, aaO. Keine Entschädigung für **Angehörige** einer **Behörde,** wenn sie ein Gutachten in Erfüllung ihrer Dienstaufgaben erstatten (§ 1 III ZSEG). Für die Vorlage von Urkunden wird gem § 97 in der Praxis keine Entschädigung gewährt (vgl OFD Nürnberg v 10. 10. 84, AO-Handbuch 1988, Anl zu § 107), selbst dann nicht, wenn der Vorlagepflichtige Zeit aufwendet, um die Urkunde herauszusuchen (zB bei Banken). Keine Entschädigung auch für die Anfertigung von Fotokopien, weil der Vorlagepflichtige damit im eigenen Interesse verhindert, daß er die Originale uU herausgeben muß. Diese Praxis ist aber uE angreifbar, jedenfalls soweit es um Auskunft- und Vorlagepflichten im **Besteuerungsverfahren** geht. **Banken** sind **als Nichtbeteiligte** nach § 93 und § 97 in erster Linie zur **Auskunft** verpflichtet. Da das ZSEG nach § 107 entsprechend anzuwenden ist, sind die Banken insoweit den **Zeugen** iSd ZSEG gleichzustellen. Die **Vorlage** von Büchern usw kann grundsnach § 97 II 1 erst verlangt werden, wenn **keine** Auskunft erteilt wird, die **Auskunft unzureichend** ist oder **Bedenken** gegen deren **Richtigkeit** bestehen; diese Voraussetzungen dürfen idR bei den Banken nicht vorliegen, so daß die Banken die Unterlagen usw quasi freiwillig und im Interesse der FinBeh vorlegen. Insofern greift auch die Regelung des § 97 III 2 iVm § 147 V, wonach Kosten für die Anfertigung von Kopien nicht ersetzt werden, nicht ein, so auch BFH BStBl 81, 393: **§ 147 V** ist auf die in § 107

1. Abschnitt. Verfahrensgrundsätze § 108

geregelte Entschädigung eines Dritten als **Auskunftpflichtiger** nicht unmittelbar anwendbar, weil sich diese Bestimmung nur auf die dem Stpfl obliegende Pflicht zur Mitwirkung bezieht. Auch eine analoge Anwendung des § 147 V scheidet bei Auskunftersuchen aus. Die sich aus dieser Vorschrift ergebende Verpflichtung zur Kostentragung greift ein, wenn die FinBeh als Beweismittel Urkunden und Akten beizieht, § 97 III 2. Für die in § 93 geregelte Auskunftspflicht ist eine entsprechende Anwendung nicht vorgesehen. Insofern kann nicht von einer Gesetzeslücke ausgegangen werden, BFH BStBl 81, 393 (395). Ebenso für die Urkundenvorlage FG D'dorf (EFG 80, 318). Der BFH (BFH BStBl 88, 163) hat es offen gelassen, ob § 107 im Fall der Vorlagepflicht nach § 97 entsprechend anzuwenden ist. Bei einem kombinierten Auskunfts- und Vorlageersuchen nach § 93 und § 97 hat der BFH jedenfalls dem ersuchten Kreditinstitut einen Anspruch auf Ersatz aller seiner mit dem Ersuchen zusammenhängenden Aufwendungen zuerkannt, das heißt, auch jener, die ihm im Zusammenhang mit der Vorlage von Urkunden entstanden sind (BFH aaO).

Ein Dritter, der seiner Pflicht zur **Urkundenvorlage** im FG-Verfahren nachkommt, hat Anspruch auf Erstattung der für das Heraussuchen der Unterlagen aufgewandten **Personalkosten**, nicht daß der **Fotokopierkosten**, FG D'dorf EFG 80, 318. Erstattung von Kosten einer Bank für **Fotokopien**, die sie auf Veranlassung des **Gerichts** gefertigt hat. OLG D'dorf MDR 78, 781. Für das **Strafverfahren** gilt dagegen das ZSEG unmittelbar; die Pflicht zur Herausgabe usw ergibt sich aus der StPO. Hiernach gibt es keinen Ersatz der Aufwendungen für die Anfertigung von Kopien (s näher *Saumwald* NJW 84, 2459 m Nachw der Rspr der ordentlichen Gerichte; vgl auch OFD Nürnberg v 10. 10. 84, AO-Handbuch 1988, Anl zu § 107).

4. Unterabschnitt. Fristen, Termine, Wiedereinsetzung

§ 108 Fristen und Termine

(1) Für die Berechnung von Fristen und für die Bestimmung von Terminen gelten die §§ 187 bis 193 des Bürgerlichen Gesetzbuches entsprechend, soweit nicht durch die Absätze 2 bis 5 etwas anderes bestimmt ist.

(2) Der Lauf einer Frist, die von einer Behörde gesetzt wird, beginnt mit dem Tag, der auf die Bekanntgabe der Frist folgt, außer wenn dem Betroffenen etwas anderes mitgeteilt wird.

(3) Fällt das Ende einer Frist auf einen Sonntag, einen gesetzlichen Feiertag oder einen Sonnabend, so endet die Frist mit dem Ablauf des nächstfolgenden Werktages.

(4) Hat eine Behörde Leistungen nur für einen bestimmten Zeitraum zu erbringen, so endet dieser Zeitraum auch dann mit dem Ablauf seines letzten Tages, wenn dieser auf einen Sonntag, einen gesetzlichen Feiertag oder einen Sonnabend fällt.

§ 108 3. Teil. Allgemeine Verfahrensvorschriften

(5) Der von einer Behörde gesetzte Termin ist auch dann einzuhalten, wenn er auf einen Sonntag, gesetzlichen Feiertag oder Sonnabend fällt.

(6) Ist eine Frist nach Stunden bestimmt, so werden Sonntage, gesetzliche Feiertage oder Sonnabende mitgerechnet.

Schrifttum: *Lohmeyer* Fristen und Termine im Steuerrecht, ZKF 88, 31.

Übersicht

1. Inhalt
2. BGB-Vorschriften
3. Abs 3 Fristende
4. Leistungen
5. Termine
6. Stundenfrist

1. Inhalt. Die SteuerG enthalten verschiedene Arten von **Fristen,** an deren Nichteinhaltung unterschiedliche Rechtsfolgen geknüpft werden. Die Fristen sind entweder gesetzlich genau bestimmt (zB Mahnfristen, Rechtsbehelfsfristen) oder werden im Einzelfall von der Behörde festgelegt (zB Stundungsfristen). Man unterscheidet ferner zwischen eigentlichen oder **Handlungsfristen,** innerhalb derer eine Handlung vorgenommen werden muß, und sog uneigentlichen Fristen, vor deren Ablauf eine Handlung nicht vorgenommen werden darf, zB Vollstreckungsmaßnahmen (§ 231 Abs 1 Satz 1). Die Versäumung einer Frist löst unterschiedliche Rechtsfolgen aus. Bei verspäteter Abgabe von Steuererklärungen können Verspätungszuschläge erhoben werden (§ 152), bei Überschreitung von Zahlungsfristen entstehen Säumniszuschläge (§ 240). Die Versäumung einer **Antragsfrist** kann zu einem **Rechtsverlust** führen. Wegen der Bedeutung der Fristbestimmungen für den Stpfl begnügt sich das Gesetz nicht mit einer bloßen Verweisung auf die entsprechenden Vorschriften des BGB. Entsprechend dem VwVfG (§ 31 I–III) sind die Regelungen zum Teil ausformuliert worden. Die §§ 187–193 BGB sind ergänzend heranzuziehen. Den Begriff der **Ausschlußfrist** kennt die AO nicht mehr (vgl § 83 I 3 RAO). Es wird nur unterschieden zwischen **a)** Fristen zur **Einreichung** von **Steuererklärungen** und Fristen, die von einer **FinBeh** gesetzt sind, **b) gesetzlichen Fristen.** Die Fristen unter a) können **verlängert** werden (§ 109), sofern ihre Verlängerung nicht ausdrücklich durch Gesetz ausgeschlossen ist; bei Versäumung einer gesetzlichen Frist ist nur **Wiedereinsetzung in den vorigen Stand** möglich (§ 110).

2. Die Vorschrift verzichtet zum Teil auf eine Ausformulierung der Fristbestimmungen und begnügt sich mit der Verweisung auf die BGB-Vorschriften. **Abs 2** entspricht dem § 187 I BGB. Die Vorschrift gilt jedoch nur für Fristen, die von einer Behörde gesetzt sind. Eine ähnliche Regelung erscheint für Fristen, die vom Stpfl gesetzt sind, nicht erforderlich. **Beispiel:** StBescheid wird am 10. 6. bekanntgegeben. Die Rechtsbehelfsfrist beginnt am 11. 6. und endet am 10. 7. Hierbei ist zu beachten: Eine Frist, die nach Monaten bestimmt ist, endet im Falle des § 187 I mit dem Ablauf desjenigen Tages des Monats, welcher durch seine Zahl dem Tag entspricht, in den das Ereignis fällt. Fehlt bei einer nach Monaten

1. Abschnitt. Verfahrensgrundsätze **§ 108**

bestimmten Frist in dem folgenden Monat der für ihren Ablauf maßgebende Tag, endet die Frist mit dem Ablauf des letzten Tages dieses Monats (§ 188 III BGB). **Beispiel:** StBescheid wird am 31. Mai bekanntgegeben. Rechtsbehelfsfrist endet mit dem 30. 6.

3. Abs 3 entspricht **§ 193 BGB.** Er gilt für alle Fristen, zB auch für die Berechnung des Säumniszuschlags, weil dieser an die Versäumung einer Handlungsfrist (Zahlung) anknüpft. Keine Anwendung findet die Vorschr aber auf die Zugangsvermutung des § 122 II, denn dabei handelt es sich weder um eine eigentliche noch um eine uneigentliche Frist, sondern um eine widerlegliche Vermutung iS eines Anscheinsbeweises (s § 88 Anm 4), die durch schlüssig begründetes Vorbringen entkräftet werden kann (BFH BStBl 86, 462; FG Hamburg EFG 85, 378; *TK* Tz 2; *Schwarz* Tz 21). Endet der Dreitageszeitraum an einem Sonnabend und wird das vom FA an diesem Tage übermittelte Schriftstück in ein Postschließfach eingelegt, so kann der Stpfl allerdings die Zugangsvermutung des § 122 II nicht schon dadurch widerlegen, daß seit Einführung der Fünftagewoche Sonnabends in seinem Betrieb nicht gearbeitet wird und daher das Postschließfach nur arbeitstäglich von Montag bis Freitag geleert wird. Die Leerung erst am Montag ist vielmehr sein Risiko (FG Hamburg aaO). Für die Wahrung der Frist reicht es aus, daß die Handlung bis 24 Uhr des Tages des Fristablaufs vorgenommen worden ist. Die Behörde muß **Nachtbriefkasten** einrichten (vgl BVerwG DÖV 62, 317). Trennt der Nachtbriefkasten nicht zwischen den vor und den nach 24 Uhr eingegangenen Schriftstücken, so ist bis zum Beweis des Gegenteils zu vermuten, daß das Schriftstück vor 24 Uhr eingeworfen ist. Im übrigen muß derjenige beweisen, der die Frist zu wahren hat. Bei **Postfach** kommt es auf Zeitpunkt des Einwurfs im Schließfach, nicht auf Zeitpunkt der Abholung an (BFH BStBl 54, 351; FM BadWürtt v 1. 3. 85, AO-Kartei § 108 Karte 2; aA BFH BStBl 78, 649; *Koch* Tz 4). **Einschreibsendungen** gehen erst mit der **Übergabe** zu, nicht dag bereits mit der Hinterlegung eines Benachrichtigungszettels, BFH BStBl 76, 76. Verzögerungen, die als Folge der Unterfrankierung eines Briefes eintreten, liegen in der Verantwortung des Stpfl (BVerfG NJW 76, 513; FM BadWürtt v 1. 3. 85, AO-Kartei § 108 Karte 2).

4. Abs 4 dürfte für die FinBeh kaum eine Bedeutung erlangen. Die Vorschrift ist in Angleichung an die VwVfG übernommen worden und auf die Verhältnisse der leistenden Verwaltung zugeschnitten.

5. Abs 5. Termine haben für die FinBeh im Zusammenhang mit dieser Vorschrift nur geringe Bedeutung. Von einem Termin kann nur gesprochen werden, wenn es der Behörde darauf ankommt, daß eine bestimmte Handlung an einem bestimmten Tag, dh auch nicht früher, vorgenommen wird, zB Besichtigungstermine, Termin für die Schlußbesprechung usw. **Zahlungstermine** sind in diesem Sinne keine Termine, sondern Endzeitpunkte für Zahlungsfristen; der Stpfl kann auch früher zahlen. Abs 5 kommt uU bei der Zoll- und Verbrauchsteuerverwaltung vor.

6. Abs 6 hat ebenfalls für die FinVerw nur geringe Bedeutung. Anwendungsfall zB bei der Aufforderung, im Zollgrenzbezirk ein bestimmtes Hindernis wegzuräumen.

§ 109 Verlängerung von Fristen

(1) ¹Fristen zur Einreichung von Steuererklärungen und Fristen, die von einer Finanzbehörde gesetzt sind, können verlängert werden. ²Sind solche Fristen bereits abgelaufen, so können sie rückwirkend verlängert werden, insbesondere wenn es unbillig wäre, die durch den Fristablauf eingetretenen Rechtsfolgen bestehen zu lassen.

(2) Die Finanzbehörde kann die Verlängerung der Frist von einer Sicherheitsleistung abhängig machen oder sonst nach § 120 mit einer Nebenbestimmung verbinden.

1. Abs 1. Nach S 1 können Fristen zur Einreichung von **Steuer**erklärungen und sog behördliche Fristen **verlängert** werden. Die Vorschrift ist enger als der § 83 RAO, wonach allgemein Erklärungsfristen verlängerbar waren. Was unter dem Begriff „Erklärungen" zu verstehen war, ist jedoch unklar geblieben. Die Einengung der Vorschrift dient daher zugleich der Rechtssicherheit. Nicht mehr verlängerbar sind daher ua die Fristen zur Erfüllung von bestimmten **Anzeigepflichten**. Bei ihrer Verletzung kann jedoch nach dem im Bußgeldverfahren geltenden Opportunitätsprinzip von der Festsetzung eines Bußgeldes auch weiterhin abgesehen werden. § 109 ist auch nicht anwendbar auf sonstige Fristen, die keine Steuererklärungsfristen sind (zB die Ausübung bestimmter Wahlrechte nach dem UStG). Sofern in den betreffenden Einzelsteuergesetzen keine Fristverlängerung vorgesehen ist, besteht in diesen Fällen nur die Möglichkeit der Wiedereinsetzung in den vorigen Stand. Auch eine **stillschweigende** Fristverlängerung ist denkbar, zB wenn rechtzeitig ein entsprechender **Antrag** gestellt und auf **Bekanntgabe verzichtet** wurde.

Auf die Fristverlängerung besteht kein Anspruch. Es handelt sich vielmehr um eine **Ermessensentscheidung** der FinBeh. Die Fristverlängerung kann auch allgemein (zB für Fälle, in denen Steuererklärungen von Angehörigen der steuerberatenden Berufe abgegeben werden) erfolgen. Ein Angehöriger eines steuerberatenden Berufs hat aber keinen Anspruch darauf, daß ihm die gleiche Frist zur Abgabe seiner eigenen Steuererklärung eingeräumt wird wie den von ihm vertretenen Steuerpflichtigen (Nieders FG EFG 86, 2).

2. Eine **rückwirkende** Fristverlängerung wird nach **S 2** ausdrücklich zugelassen. Dies entspricht einer bereits früher geübten Verwaltungspraxis. Damit werden die durch den Fristablauf eingetretenen Wirkungen wieder beseitigt. Eine rückwirkende Fristverlängerung kommt ua in Betracht, wenn der Stpfl zwar vor Ablauf der Frist den Verlängerungsantrag stellt, die FinBeh darüber aber erst nach Fristablauf entscheidet, oder wenn der Stpfl ohne Verschulden den Antrag nicht vor Fristablauf stellen konnte. Entscheidet die FinBeh zB über eine unverzüglich eingelegte Beschwerde gegen die vorzeitige Anforderung einer Steuererklärung erst nach Ablauf der gesetzten Abgabefrist, so ist sie in der Regel gehalten, eine angemessene Nachfrist zu bewilligen (Nieders FG EFG 85, 51). Das Wort „inbesondere" läßt eine flexible Anwendung der Vorschrift zu. **Unbilligkeit** ist nicht Voraussetzung für eine rückwirkende Fristverlängerung. Die neue Frist beginnt nicht etwa mit dem Zugang des VA, durch den die Frist verlängert wird, sondern mit dem Ablauf der alten Frist.

3. Abs 2 dient der Klarstellung. Er ergibt sich bereits aus § 126.

1. Abschnitt. Verfahrensgrundsätze § 110

§ 110 Wiedereinsetzung in den vorigen Stand

(1) ¹War jemand ohne Verschulden verhindert, eine gesetzliche Frist einzuhalten, so ist ihm auf Antrag Wiedereinsetzung in den vorigen Stand zu gewähren. ²Das Verschulden eines Vertreters ist dem Vertretenen zuzurechnen.

(2) ¹Der Antrag ist innerhalb eines Monats nach Wegfall des Hindernisses zu stellen. ²Die Tatsachen zur Begründung des Antrages sind bei der Antragstellung oder im Verfahren über den Antrag glaubhaft zu machen. ³Innerhalb der Antragsfrist ist die versäumte Handlung nachzuholen. ⁴Ist dies geschehen, so kann Wiedereinsetzung auch ohne Antrag gewährt werden.

(3) Nach einem Jahr seit dem Ende der versäumten Frist kann die Wiedereinsetzung nicht mehr beantragt oder die versäumte Handlung nicht mehr nachgeholt werden, außer wenn dies vor Ablauf der Jahresfrist infolge höherer Gewalt unmöglich war.

(4) Über den Antrag auf Wiedereinsetzung entscheidet die Finanzbehörde, die über die versäumte Handlung zu befinden hat.

Schrifttum: *Kammann* Wiedereinsetzung in den vorigen Stand bei Steuersäumnis, DStR 81, 553; *Hennecke* Zur Darlegung von Wiedereinsetzungsgründen innerhalb der Antragsfrist, DB 86, 301; *George* Wiedereinsetzung in den vorigen Stand, NSt 1987/ 1–2 Wiedereinsetzung – Darst 1; *Lohmeyer* Fristen und Termine im Steuerrecht, ZKF 88, 31; *Stahl* Fristen der Abgabenordnung und Finanzgerichtsordnung – Widereinsetzung in den vorigen Stand, KÖSDI 87, Nr 6, 6806.

Übersicht

1. Inhalt
2. Verschulden
3. Fallgruppen
   a) Persönliche Hinderungsgründe
   b) Sorgfältige Prüfung
   c) Irrtum
   d) Falsche Adressierung
   e) Verzögerungen beim Postlauf
   f) Verantwortlichkeit der Behörde
4. Vertreterverschulden
   a) Begriff des Vertreters
   b) Mandatsniederlegung
   c) Organisationsmangel
   d) Büroversehen
   e) Abgrenzung Büroversehen-Falschbearbeitung
   f) Fristenkontrolle
5. Verschulden anderer Personen
   a) Beauftragung eines Laien
   b) Fristversäumung durch Boten
6. Antrag
   a) Frist
   b) Begründung des Antrags
   c) Glaubhaftmachung
   d) Nachholung der versäumten Handlung
   e) Nachsichtgewährung von Amts wegen
7. Ausschlußfrist
8. Entscheidung

§ 110

1. Inhalt. Zur Vermeidung unbilliger Härten besteht die Möglichkeit, bei Versäumung einer **gesetzlichen Frist** die **Wiedereinsetzung in den vorigen Stand** zu gewähren. Der Ausdruck Wiedereinsetzung in den vorigen Stand wurde im Interesse der Rechtseinheitlichkeit (vgl § 56 FGO) gewählt. Die Vorschrift geht über § 86 RAO insofern hinaus, als sie generell bei Versäumung einer gesetzlichen Frist die Wiedereinsetzung zuläßt. Nachsicht kann auch wegen Versäumnis der **Nachsichtfrist** gewährt werden (FG Hessen EFG 79, 528; FG Hamburg EFG 88, 55).

Unter die Vorschr fallen nur Fristen, die „einzuhalten" sind, dh solche, die dem einzelnen Stpfl ein Verhalten innerhalb eines bestimmten Zeitraums gebieten oder eine Rechtsfolge von einer Rechtshandlung innerhalb eines bestimmten Zeitraums (zB von einem Antrag) abhängig machen (sogen Handlungsfristen, vgl oben § 108 Anm 1). Zeiträume, die lediglich den zeitlichen Anwendungsbereich der Norm abgrenzen (zB § 82a IV EStDV, § 27 V UStG, § 4b II Nr 2, IV InvZulG 1975), gehören nicht dazu (FG Saarl EFG 87, 188). Die Vorschr gilt aber auch für **Zahlungsfristen** (*Kammann,* DStR 81, 553; aA *KKH* Anm 2).

Es handelt sich bei den Zahlungsterminen um durch Gesetz bestimmte Fristen. Zahlungsfristen sind auch sog Handlungsfristen. Die Vorschrift ist nicht mehr auf Rechtshandlungsfristen begrenzt.

2. Die Wiedereinsetzung setzt voraus, daß den Stpfl an der Fristüberschreitung **kein Verschulden** trifft. Ein Verschulden liegt vor, wenn die gebotene, nach den besonderen Umständen und persönlichen Verhältnissen des Antragstellers zumutbare Sorgfalt außer acht gelassen wird. Dabei ist die objektiv einem gewissenhaften Beteiligten nach den Umständen zumutbare Sorgfalt zu verlangen. Jedes Verschulden, auch einfache Fahrlässigkeit, schließt die Wiedereinsetzung aus (BFH/NV 86, 190). Der Stpfl muß sein mangelndes Verschulden glaubhaft machen (s unten Anm 6 c). Gelingt ihm dies nicht, hat er nach den Regeln der objektiven Beweislast (Feststellungslast) die Nachteile zu tragen (BFH/NV 87, 77).

3. Diese allgemeinen Maßstäbe führen naturgemäß zu einer umfangreichen Kasuistik für Einzelfälle. Die Kasuistik läßt sich ohne Anspruch auf Vollständigkeit an **Fallgruppen** aufzeigen, um dadurch nähere Maßstäbe zu gewinnen.

a) Persönliche Hinderungsgründe können unverschuldet dazu führen, daß die Frist nicht eingehalten werden kann.

Ein solcher Grund kann die **Abwesenheit** während der einzuhaltenden Frist sein. Das BVerfG hat zu Straf- und Bußgeldsachen entschieden, daß derjenige, der eine ständige Wohnung hat und diese nur vorübergehend und relativ kurzfristig während seines Jahresurlaubs nicht benutzt, für diese Zeit grundsätzlich keine besonderen Vorkehrungen für eventuelle Zustellungen treffen muß (BVerfGE 41, 332). Als vorübergehend bezeichnet das BVerfG eine Frist von **höchstens sechs Wochen,** wobei es nicht darauf ankomme, ob eine urlaubsbedingte Abwesenheit in die allgemeine Ferienzeit oder in die sonstige Jahreszeit falle. Diese Maßstäbe sind im Grundsatz auch auf das Steuerrecht zu übertragen (vgl BFH BStBl 75, 18; 75, 213; 76, 115; FG Düsseldorf EFG 79, 3, 79, 578). Sie gelten nicht nur für den Stpfl selbst sondern

1. Abschnitt. Verfahrensgrundsätze § 110

auch für seinen steuerlichen Berater und nicht nur für urlaubsbedingte Abwesenheit sondern auch bei Abwesenheit wegen einer beruflich veranlaßten Reise (*TK* Tz 7; *Gräber/Koch* FGO, 2. Aufl, § 56 Tz 16, zweifelnd *Koch* Tz 22). Bei längerer als sechswöchiger Abwesenheit wird daher die Wiedereinsetzung in aller Regel zu versagen sein, wenn nicht besondere Gründe (zB erstmalige Abwesenheit, keine gegenteiligen Erfahrungen in den Vorjahren) vorgebracht werden (OFD München v 27. 2. 87, AO-Handbuch 1988, Anl 2 zu § 110). Bei Gastarbeitern, die einmal im Jahr einen Heimaturlaub verbringen, läßt sich die Unschädlichkeit einer etwas längeren Abwesenheit vertreten (ca 8 Wochen: FG Düsseldorf, EFG 81, 4; FG BadWürtt EFG 87, 486, aA FG Düsseldorf EFG 79, 3; vgl auch FG Düsseldorf EFG 79, 578). Strafgefangene, die länger als sechs Wochen inhaftiert sind, müssen Vorkehrungen treffen, daß sie Zustellungen rechtzeitig erreichen (FG Berlin EFG 78, 564). Wird dem Stpfl während eines Umzugs ein Steuerbescheid durch Niederlegung bei der früher zuständigen Postanstalt zugestellt und ist die schriftliche Benachrichtigung des Postbeamten hierüber in der früheren Wohnung nicht mehr auffindbar, so ist Wiedereinsetzung zu gewähren (BFH/NV 87, 749).

Bei einer Abwesenheit unter sechs Wochen ist allerdings nicht in allen Fällen Wiedereinsetzung zu gewähren, sondern es gelten folgende **Einschränkungen:** Ein Stpfl, der sich oft und für längere Zeit auf Reisen befindet, muß auch bei kürzerer Abwesenheit im Einzelfall Vorkehrungen für die Einhaltung von Fristen treffen (FG Düsseldorf EFG 79, 422; *Koch* Tz 22). Eine Abwesenheit ist ferner dann kein Grund für die Wiedereinsetzung in den vorigen Stand, wenn ihr Ende noch in den Lauf der Frist fällt und die Fristwahrung zu diesem Zeitpunkt noch möglich ist (BFH BStBl 87, 303; BFH/NV 88, 614; FG Bad Württ EFG 88, 451). Ein Stpfl kann sich außerdem dann nicht auf die Abwesenheit während der Frist berufen, wenn er während der Abwesenheit zweimal in sein Büro zurückkehrt, um ua eingegangene Post durchzusehen (FG Bremen EFG 88, 214).

Arbeitsüberlastung ist regelmäßig kein entschuldbarer Hinderungsgrund, der zu einer Wiedereinsetzung führt (BFH BStBl 68, 312; 68, 659; 73, 825; 75, 213). Dies gilt auch bei Arbeitsüberlastung durch Ehrenämter (FG Münster EFG 58, 213). Ausnahmsweise kann die Rechtslage anders sein, wenn eine Arbeitsüberlastung unvorhersehbar und unabwendbar (zB bei einer Katastrophe) war (OFD Hannover v 25. 7. 80, AO-Handbuch 1988, Anl 1 zu § 110 Abschn 3.2.3).

Ebenso liegt in der Regel bei **Krankheit** oder schlechtem Gesundheitszustand keine schuldlose Verhinderung vor. Anders ist dies nur, wenn die Krankheit plötzlich und unvorhersehbar und so schwer ist, daß weder Fristwahrung noch die Bestellung eines Vertreters möglich ist (vgl BGH BB 77, 365; BFH BStBl 73, 825). Krankheit kann auch dann Wiedereinsetzungsgrund sein, wenn es der Stpfl in Verkennung der Schwere seiner Erkrankung versäumt, seine bisher von ihm wahrgenommenen Aufgaben auf Dritte zu übertragen (FG Hessen EFG 81, 266).

Vergeßlichkeit ist regelmäßig kein Wiedereinsetzungsgrund (*Gräber/Koch* FGO, 2. Aufl, § 56 Tz 28). Anders kann dies bei altersbedingter Vergeßlichkeit sein (BGH HFR 62, 86). Überhaupt ist bei der Wiedereinsetzung in den vorigen Stand zu berücksichtigen, daß Menschen mit zunehmenden **Alter** entschluß- und mutloser werden und damit eine gewisse Lähmung in der Fassung notwendiger Beschlüsse eintreten kann (OFD Hannover v 25. 7. 80, AO-Handbuch 1988, Anl 1 zu § 110 Abschn 3.2.2).

Ein **Ausländer** kann sich nicht darauf berufen, daß er eine Belehrung über die Frist nicht verstanden habe. Läßt deshalb der ausländische Adressat eine Rechtsbehelfsfrist deshalb verstreichen, weil er sich nicht um eine Übersetzung der Rechtsbehelfsbelehrung bemüht hat, so kann ihm Wiedereinsetzung in den vorigen Stand nicht gewährt werden (BFH BStBl 76, 440). Der Ausländer kann sich auch nicht darauf berufen, er habe sich über das Wesen der Frist als Ausschlußfrist geirrt, weil die Rechtslage in seinem Heimatland anders sei (BFH/NV 86, 103). In solchen Fällen kann lediglich ausnahmsweise ein entschuldbarer Irrtum vorliegen, wenn der Wortlaut der Verfahrensvorschriften trotz unterschiedlicher Rechtslage so weitgehend übereinstimmt, daß sich dem Ausländer Zweifel an der Inhaltsgleichheit der Vorschriften nicht aufzudrängen braucht (BFH HFR 65, 37).

b) Eine Fristversäumung kann nicht unverschuldet iS des § 110 sein, wenn sie bei **sorgfältiger Prüfung** des Verwaltungsaktes oder der zur Einhaltung der Frist erforderlichen Schritte zu vermeiden gewesen wäre. Der Stpfl kann sich daher nicht damit entschuldigen, daß ihm bei der Zuordnung von Bescheiden zu verschiedenen Objekten eine Verwechselung unterlaufen sei, wenn er beim Studium der Bescheide mit der angemessenen und vernünftigerweise zu erwartenden Sorgfalt die richtige Zuordnung hätte erkennen müssen (FG Hamburg EFG 88, 339). Wenn der Stpfl einen Steuerbescheid enthaltenden Brief schuldhaft nicht öffnet und deshalb die Rechtsmittelfrist versäumt, so kann trotz § 126 III bei fehlender vorheriger Anhörung des Stpfl keine Wiedereinsetzung gewährt werden, weil kein ursächlicher Zusammenhang zwischen der unterlassenen Anhörung und der Versäumung der Frist besteht (BFH BStBl 86, 908). Ferner muß der Stpfl sich jeweils vergewissern, daß er alles Erforderliche getan hat, um einen beabsichtigten Einspruch rechtzeitig einzulegen (vgl BFH/NV 86, 190).

c) Wegen unverschuldeten **Rechtsirrtums** kann Wiedereinsetzung in den vorigen Stand nur gewährt werden, wenn sich der Irrtum auf die **Frist selbst** oder die **Form der Fristwahrung bezieht** (BFH BStBl 54, 290; 57, 190; 62, 45; 67, 472; BFH/NV 86, 717). Irrtümer über das Wesen einer Ausschlußfrist oder über materielles Recht begründen dagegen eine Wiedereinsetzung grundsätzlich nicht (BFH HFR 61, 160; BStBl 62, 45; 67, 472; BFH/NV 86, 717). Die Rspr hat daher einen Irrtum über Beginn oder Dauer der Rechtsbehelfsfrist als Wiedereinsetzungsgrund anerkannt (BFH BStBl 54, 290; 57, 190). Ein Irrtum über den Fristbeginn bei postlagernden Sendungen ist im allgemeinen aber nicht unverschuldet (FG Nürnberg EFG 83, 434). Kein Verschulden ist anzunehmen, wenn ein Stpfl bei vordatiertem Bescheid annimmt, die Bekanntgabe könne erst an dem der Datierung folgenden Tag erfolgt sein (FG Düsseld EFG 79, 403). Ein steuerlicher Berater braucht hinsichtlich des Fristbeginns auch bei einem Schätzungsbescheid nicht damit zu rechnen, daß der Bescheid dem Mandanten mit Postzustellungsurkunde zugestellt worden ist (FG Hamburg EFG 88, 339). Will allerdings ein Stpfl eine Frist voll ausschöpfen, hat er aber Zwei-

1. Abschnitt. Verfahrensgrundsätze § 110

fel hinsichtlich des Fristablaufs, so muß er sich beim FA rechtzeitig über das Fristende vergewissern; andernfalls kann ihm bei Fristversäumnis keine Wiedereinsetzung in den vorigen Stand gewährt werden (BFH/NV 87, 412). Die unklare Gesetzesfassung über die Antragsfrist kann jedoch Nachsichtgrund sein (BFH BStBl 78, 45).

Da Irrtum über die **materielle Rechtslage** grundsätzlich kein Wiedereinsetzungsgrund ist, gibt es auch keine Wiedereinsetzung, wenn der Stpfl von der Einlegung eines Rechtsbehelfs absieht, weil die Behörde eine falsche Rechtsauffassung vertritt. Erteilt die FinBeh die Auskunft allerdings unaufgefordert und besteht für den Stpfl kein Anlaß, die Richtigkeit dieser Auffassung zu überprüfen oder überprüfen zu lassen, handelt er ohne Verschulden, wenn er im Vertrauen auf die Richtigkeit der Auskunft die Einspruchsfrist versäumt (FG Hamburg EFG 86, 266). Kein Nachsichtgrund liegt ferner vor, wenn dem Stpfl **materiell rechtserhebliche Tatsachen** nicht bekannt waren und nicht bekannt sein konnten und deshalb kein Rechtsbehelf eingelegt worden ist (BFH BStBl 60, 178). Wird daher in den Erläuterungen des Steuerbescheids auf eine Rücksprache mit dem Steuerberater Bezug genommen, hat es idR der Stpfl zu vertreten, wenn er darauf vertraut, der Steuerberater habe die Besteuerungsgrundlagen gebilligt, und es deshalb unterläßt, den StBescheid rechtzeitig anzufechten (BFH BStBl 81, 3). Hat das FA die Besteuerungsgrundlagen wegen Nichtabgabe der Steuererklärung geschätzt und dem StBescheid eine Erläuterung beigefügt, in der es den Stpfl zur Nachreichung der Steuererklärung auffordert, handelt der Stpfl schuldhaft, wenn er sich darauf verläßt, daß die Abgabe der Steuererklärung nach Ablauf der Einspruchsfrist noch zu einer entsprechenden Änderung des Bescheids führen könne (FG München EFG 83, 434). Nachsichtgrund ist es aber, wenn es das FA unterläßt, die nachzuzahlende ESt im Bescheid auszurechnen, obwohl dies im maschinell vorgefertigten Bescheid vorgesehen ist, und der Stpfl sich deshalb über den Inhalt des Bescheids irrt (Niedersä FG EFG 82, 546).

Eine erhebliche Rolle haben Irrtumsfragen vor 1987 bei Fristüberschreitungen für den **Lohnsteuerjahresausgleich** (LStJA) gespielt, wenn in Erwartung einer EStVeranlagung die Frist für den Antrag auf LStJA überschritten wurde. Nach der RSpr der Finanzgerichte war in solchen Fällen idR Wiedereinsetzung zu gewähren, wenn die Voraussetzungen für die EStVeranlagung tatsächlich nicht vorlagen (FG Düsseldorf EFG 78, 292; SchlHolst FG EFG 83, 86; FG Berlin EFG 76, 524). Die Wiedereinsetzung war danach nur in solchen Fällen zu versagen, in denen für einen verständigen Stpfl oder für seinen Berater auf den ersten Blick erkennbar war, daß eine EStVeranlagung nicht in Betracht kam (FG Bremen EFG 86, 521). Das FG Berlin (EFG 88, 423) hat die Nachsichtgewährung aber davon abhängig gemacht, daß bis zum 30. September des Folgejahres die EStErklärung abgegeben oder ein begründeter Fristverlängerungsantrag hierfür gestellt worden war. Das Problem dürfte durch die Verlängerung der Frist für den Antrag auf LStJA auf zwei Jahre nach dem Ausgleichsjahr durch das EStG 1987 (s dort § 42 II) erheblich an Bedeutung verloren haben.

d) Bei **falscher Adressierung** kann bei verspäteter Weiterleitung des schuldhaft bei der unzuständigen Behörde eingelegten Rechtsbehelfs an die zuständige Behörde keine Wiedereinsetzung in den vorigen Stand gewährt

§ 110 3. Teil. Allgemeine Verfahrensvorschriften

werden (FG RheinlPf EFG 78, 307; vgl auch BFH BStBl 88, 287). Wer das Risiko unrichtiger Adressierung übernimmt, kann nicht zu seiner Entschuldigung geltend machen, daß der unrichtige Adressat bei schnellerer Bearbeitung des Vorgangs die Sache noch rechtzeitig an die richtige Stelle hätte weiterleiten können (BVerwG HFR 78, 298; aA *TK* § 357 Tz 10).

e) Verzögerungen beim Postlauf dürfen dem Bürger nicht als Verschulden angerechnet werden, BVerfG v 4. 12. 79 NJW 80, 769. Die vom BVerfG zu den sog Postlaufzeiten in gerichtlichen Verfahren entwickelten Rechtsgrundsätze gelten auch für befristete Anträge im Verwaltungsverfahren, zB auf Investitionszulagen, BFH BStBl 81, 390. Nach ständiger Rspr des BVerfG darf der Bürger in gerichtlichen Verfahren gegen Akte der öffentlichen Gewalt auf die normalen Postlaufzeiten vertrauen, vgl auch BVerwG NJW 75, 1405. Absender muß jedoch Leerungszeiten der Briefkästen beachten und sich ggf über die normale Dauer des Postlaufs erkundigen. Bei Einwurf einer Fristsache in einen von dem Absender für störungsanfällig gehaltenen Postkasten muß sich der Absender unverzüglich über die Leerungszeiten sowie darüber vergewissern, ob ein nach seiner Vorstellung möglicher Störungsfall eingetreten ist oder nicht (BFH/ NV 86, 226). Ansonsten darf dem Stpfl nicht entgegengehalten werden, er habe nach Sachlage oder erfahrungsgemäß mit einer Verzögerung der Sendung rechnen müssen. Verschulden liegt aber in der Regel vor, wenn an einem Sonnabend die Fristsache per Einschreiben abgesendet wird, deren Frist am Montag abläuft (BFH BStBl 70, 460), da bei Einschreibesendungen mit verzögerter Zustellung gerechnet weden muß. Grundsätzl kann eine Frist bis zum letzten Tage ausgenutzt werden (BFH BStBl 80, 514), jedoch ist hierbei besondere Sorgfalt in der Fristwahrung erforderlich (BFH BStBl 60, 428). Wiedereinsetzung in den vorigen Stand kann deshalb nicht gewährt werden, wenn sich die Fristsache ohne Verzögerung der Postbeförderung zwar am Morgen nach dem Fristablauf bei Abholung der Post durch das FA in dessen Postfach bei der Postanstalt befunden und damit den Eingangsstempel des Vortages erhalten hätte, jedoch ungeklärt bleibt, ob die Fristsache noch vor 24 Uhr in das Postfach eingelegt worden ist (BFH BStBl 88, 11). Bei Übersendung eines fristgebundenen Schriftsatzes im Telebriefverfahren gehört es zu den Sorgfaltspflichten des Absenders, sich bei der Telebriefstelle über die Laufzeiten und Zustellformen eines Telebriefes zu informieren und bei drohendem Fristablauf die besondere Zustellform des Eilbriefes zu wählen (BFH BStBl 86, 563).

f) Nachsichtgründe können sich schließlich durch Umstände im **Verantwortungsbereich der Behörde** ergeben. Nach der Rspr des BVerfG müssen Behörden und Gerichte nämlich geeignete Vorkehrungen treffen, um dem Bürger die volle Ausnutzung der ihm vom Gesetz eingeräumten Fristen zu ermöglichen (BVerfGE 41, 323; 52, 203). Zu diesem Zweck müssen sie **Hausbriefkästen** anbringen, die auch nach Dienstschluß zugänglich sind. Fehlt ein solcher Nachtbriefkasten und kann deshalb die Fristsache bis 24 Uhr des Tages des Fristablaufs nicht eingeworfen werden, ist hinsichtlich der am nächsten Tag eingegangenen Fristsachen Wiedereinsetzung in den vorigen Stand zu gewähren (BFH BStBl 68, 589; 71, 597). Bei den Nachtbriefkästen müssen zudem entweder Vorrichtungen angebracht werden, die eine Kontrolle sicherstellen, welche Schriftstücke noch

1. Abschnitt. Verfahrensgrundsätze **§ 110**

vor 24 Uhr eingeworfen worden sind und welche danach. Oder die Behörde muß, wenn solche Vorrichtungen nicht vorhanden sind, die am Morgen dem Briefkasten entnommenen Schriftstücke so behandeln, als seien sie noch vor Ablauf des Vortrages eingeworfen worden (BFH BStBl 88, 111; *TK* § 47 FGO Tz 7).

Bei **Postfächern** gibt es aber keine Verpflichtung der FinBeh, den postinternen Vorgang zu kontrollieren, ob ein Schriftstück noch vor 24 Uhr in das Postfach eingelegt worden ist. Ebensowenig ist die FinBeh verpflichtet, das Postfach noch vor 24 Uhr zu leeren. Die FinBeh hat es daher nicht zu vertreten, wenn der Stpfl den fristgerechten Zugang des Schreibens nicht nachweisen kann (BFH BStBl 88, 111). Der Stpfl kann sich folglich auch nicht darauf verlassen, daß alle am Morgen von der FinBeh aus dem Postfach entnommenen Schriftstücke noch den Eingangsstempel des Vortages erhalten.

4. Vertreterverschulden. Satz 2 des Abs I der Vorschr stellt klar, daß sich der Vertretene ein Verschulden seines Vertreters zurechnen lassen muß. Für das Verschulden des Vertreters gelten zunächst alle die oben angeführten Maßstäbe. An die Sorgfaltspflichten eines **Anwalts oder eines Angehörigen der steuerberatenden Berufe** stellt die Rspr aber besonders hohe Anforderungen hinsichtlich der von ihnen vertretenen Mandanten (vgl BFH BStBl 68, 585). Sie fordert äußerste, den Umständen des Falles angemessene und vernünftigerweise zu erwartende Sorgfalt. Die Einhaltung dieser Sorgfalt muß der Anwalt oder steuerliche Berater auch durch entsprechende Organisation seines Büros sicherstellen (s unten). Die gewerblichen Betrieben sind hinsichtlich der Organisation bei der Wahrnehmung ihrer steuerlichen Angelegenheiten weniger strenge Anforderungen zu stellen (BFH BStBl 61, 264). Andererseits sind Büroversehen (s dazu unten) bei Gewerbetreibenden schwerer zu entschuldigen als bei den rechts- und steuerberatenden Berufen (BFH BStBl 69, 263). Dies beruht darauf, daß im einzelnen Gewerbebetrieb, selbst wenn er einen größeren Umfang hat, die Zahl der zu beachtenden Rechtsmittelfristen in der Regel im Vergleich mit den rechts- und steuerberatenden Berufen übersehbar ist und der Gewerbetreibende in der Regel nur für sich selbst Fristen zu überwachen hat (FG BadWürtt EFG 88, 147).

a) Der **Begriff des Vertreters** ist weit auszulegen (BFH/NV 86, 717; *HHSp* Tz 72; *TK* Tz 22). Neben den Anwälten, Steuerberatern und Steuerbevollmächtigten, die mit steuerlichen Angelegenheiten eines Stpfl betraut sind, umfaßt er alle gesetzlichen und gewillkürten Vertreter iS des § 80. Dazu gehören auch die Prokuristen (FG BadWürtt EFG 88, 147) einschl der Gesamtprokuristen (§ 48 II HGB), die nur gemeinsam mit dem anderen Gesamtprokuristen zur Vertretung ermächtigt sind. Das Verschulden nur eines dieser Gesamtprokuristen reicht aus, um die Wiedereinsetzung in den vorigen Stand zu versagen (BFH/NV 86, 717). Die Zurechnung des Verschuldens eines Vertreters setzt ein **wirksames Vertretungsverhältnis** voraus (FG Düsseld EFG 88, 451).

b) Bei **Mandatsniederlegung** seines Anwalts oder steuerlichen Beraters ist der Stpfl hinsichtlich einer Fristversäumung entschuldigt, wenn er die Mandatsniederlegung nicht verschuldet hat (OFD Hannover v 25. 7. 80, AO-Handbuch 1988, Anl 1 zu § 110 Abschn 3.2.11). Keine Wiedereinsetzung kann jedoch gewährt werden, wenn der Stpfl so rechtzeitig vor Fristablauf von der Niederlegung des Mandats unterrichtet war, daß er die Frist selbst oder durch einen neuen Bevollmächtigten hätte wahrnehmen können (BFH BStBl 68, 312). Bei **Mandatsübernahme** kurz vor Ablauf einer Frist trifft den Bevollmächtigten kein Verschulden, wenn er die Steuerunterlagen seines neuen Mandanten nicht sogleich auf außergewöhnliche Sachverhalte hin durchsieht und deshalb mit Ablauf der Frist nicht zu rechnen brauchte. Der Stpfl selbst handelt schuldlos, wenn er bei dieser Sachlage vor Ablauf der Frist verreist (FG Berlin EFG 88, 450).

c) Der Anwalt oder steuerliche Berater hat sein Büro so zu organisieren, daß Fristversäumnisse ausgeschlossen sind. Bei **Organisationsmangel** kann er sich nicht darauf berufen, daß er sein Personal sorgfältig ausgewählt und überwacht habe (BGH VersR 82, 45). Das Gleiche gilt für die **FinBeh.** Im Rahmen einer sorgfältigen Organisation kann die Berechnung der üblichen, häufig vorkommenden und einfach zu berechnenden Fristen Angestellten übertragen werden (BFH BStBl 69, 190; BGHZ 43, 148; BGH HFR 83, 79; BVerwG NJW 67, 2026). Nicht häufig vorkommende oder schwieriger zu berechnende Fristen muß der Anwalt oder steuerliche Berater selbst berechnen (vgl BFH BStBl 84, 446; BVerwG HFR 83, 171). In diesem Rahmen kann auch der Beginn und das Ende der einzelnen Frist der Überwachung durch Angestellte übertragen werden (zum Fristenkontrollbuch und zur Pflicht zur täglichen Überwachung s unten). Der Anwalt oder Steuerberater muß bei Unterzeichnung eines Empfangsbekenntnisses aber selbst das Zustellungsdatum auf dem Schriftstück oder sonst vermerken, um die Fristwahrung zu gewährleisten (BGH VersR 79, 161; BFH BStBl 80, 154).

Bei **Erkrankung** muß der Anwalt oder Steuerberater für eine Vertretung sorgen, es sei denn, daß die Erkrankung nicht vorauszusehen war und ihre Wirkung auch nicht durch vorsorgliche Maßnahmen, wie die Sicherung einer Vertretung, zu beseitigen war (BFH BStBl 68, 585; BFH/NV 86, 172; 86, 620). Ähnliches gilt für Fälle **sonstiger Abwesenheit.** Hier kann die erforderliche Sorgfaltspflicht allerdings ggf auch durch einen Nachsendeauftrag erfüllt werden, um die Unterrichtung über die während der Abwesenheit erfolgten Zustellungen zu gewährleisten (BFH BStBl 82, 165; BFH/NV 87, 18). Die Pflichten des Anwalts oder Steuerberaters gehen im Falle der Erkrankung oder Abwesenheit also weiter als die des Stpfl (s dazu oben Anm 3a).

d) Ist der Anwalt oder steuerliche Berater seinen Organisationspflichten sorgfältig nachgekommen, hat er ein **Büroversehen** nicht zu vertreten, wenn er die Angestellten sorgfältig ausgewählt und diese und die Organisation sorgfältig überwacht hat (vgl BFH BStBl 67, 613; BFH/NV 86, 740). Der Anwalt oder steuerliche Berater darf auch grundsätzlich darauf vertrauen, daß diese Angestellten auch ihnen nur mündlich erteilte Weisungen befolgen (vgl BGH HFR 88, 653). Die Weisung muß aber hinreichend konkret und genau sein, so daß deren Befolgung die Einhaltung der Frist auch mit Sicherheit gewährleistet (BGH HFR 88, 357). Wenn sich ein Angestellter bei der Erfüllung der ihm obliegenden Aufgaben bereits als unzuverlässig erwiesen hat, ist besondere Sorgfalt geboten (BGH HFR 84, 594; vgl auch KG Köln EFG 85, 589). Bei FinBeh ist die Verantwortlichkeit für Büroversehen nicht auf Auswahl- und Aufsichtsverschulden beschränkt (*Gräber/Koch*, FGO, 2. Aufl, § 56 Tz 37 mwN). Eine Ausnahme bilden die als Boten in der Poststelle tätigen Bediensteten (BFH BStBl 82, 131).

e) Zu unterscheiden von Büroversehen sind Fehler, die im **Bereich der Fachbearbeitung** unterlaufen. Zum Bereich der Fachbearbeitung gehören die Erarbeitung des Entwurfs des fristwahrenden Schriftstücks oder jede sonstige materielle oder formelle Bearbeitung der Sache durch einen Angestellten. Fehler in diesem Bereich, die zur Fristversäumnis führen, sind stets dem Bevollmächtigten und dem Stpfl zuzurechnen. Das Stadium der Fachbearbeitung beginnt mit der Zuleitung des Vorgangs an den Bearbeiter (vgl BFH BStBl 61, 447; 77, 643; BFH/NV 88, 380).

f) Besonderes Augenmerk muß der Anwalt oder steuerliche Berater nach den Erwägungen oben unter 4c auf die Organisation der **Fristenkontrolle** richten. Zur Überwachung der Fristen verlangt die Rspr die Einrichtung eines **Fristenkontrollbuchs** oder einer gleichwertigen Einrichtung (BFH BStBl 61, 445; 70, 814; 73, 169; BFH/NV 86, 430). Die Fristen müssen täglich in das Fristenkontrollbuch eingetragen und ihr Ablauf muß täglich überwacht werden (BFH/NV 86, 430). Die Eintragungen und die Überwachung können zuverlässigen, sorgfältig ausgewählten Angestellten übertragen werden. Der Anwalt oder Steuerberater muß sich von Zeit zu Zeit von der ordnungsmäßigen Führung des Fristbuchs überzeugen. Die Führung des Fristenbuchs muß so organisiert sein, daß Fristen erst dann gelöscht werden, wenn das fristwahrende Schriftstück gefertigt und abgesandt ist (BGH HFR 88, 357). Zur Organisationspflicht gehört es daher, eine Ausgangskontrolle zu schaffen, durch die zuverlässig verhindert wird, daß fristwahrende Schriftsätze nicht über den Fristablauf hinaus im Büro liegen bleiben. Die Fristenkontrolle ist dann nicht richtig organisiert, wenn Angestellte trotz fehlenden Vermerks im Fristenkontrollbuch ohne weitere Prüfung davon ausgehen, daß eine Fristsache bearbeitet und abgesandt worden ist (BFH/NV 88, 317 mwN; vgl auch BGH HFR 88, 357; 88, 358).

Die Pflicht zur Führung eines Fristenbuchs trifft **auch** den Vorsteher einer **FinBeh** (BFH BStBl 87, 441). Die Überwachung der fristgerechten Absendung des Schriftstücks kann dabei regelmäßig nicht durch die Poststelle erfolgen. Es ist nämlich nicht ausgeschlossen, daß ein zur Versendung bestimmtes Schriftstück die Poststelle überhaupt nicht erreicht. Die Kontrolle muß daher durch jemand erfolgen, der den gesamten Vorgang überwacht, zB durch denjenigen, der das Fristenkontrollbuch führt oder zumindest durch jemand, der den Vorgang zuletzt bearbeitet hat oder an der Bearbeitung beteiligt war (BFH aaO).

5. Verschulden anderer Personen. Das Verschulden nicht vertretungsberechtigter Hilfspersonen (zB Boten, Angestellte eines Gewerbetreibenden, Beauftragte, Familien- und Haushaltsangehörige) ist dem zur Fristwahrung Verpflichteten nicht über § 110 I 2 zuzurechnen. Er bleibt aber für die Fristwahrung soweit persönlich verantwortlich, als er das Verschulden seiner Hilfsperson dann zu vertreten hat, wenn er bei ihrer Auswahl und Beaufsichtigung schuldhaft gehandelt hat (vgl BFH BStBl 68, 238; 83 334; BFH/NV 86, 622). Der Beteiligte darf sich nicht auf unerfah-

§ 110 3. Teil. Allgemeine Verfahrensvorschriften

rene, der Sache nicht gewachsene Dritte verlassen. Zur notwendigen Beaufsichtigung gehört insbesondere die erforderliche Belehrung (BFH/NV 86, 622).

a) Beauftragt der Stpfl einen **steuerlichen Laien** mit der Wahrnehmung seiner steuerlichen Angelegenheiten muß er ihn besonders sorgfältig überwachen. Erkrankt der Beauftragte, ist es Sache des Stpfl, die Sichtung des Posteingangs entweder persönlich vorzunehmen oder durch einen sachkundigen Vertreter durchführen zu lassen (vgl FG BadWürtt EFG 88, 94). Zur Überwachung gehört auch die erforderliche Belehrung und anschließende Information darüber, wie die übertragene Aufgabe ausgeführt bzw auszuführen ist (FG BadWürtt aaO).

b) Ein mit der Überbringung eines fristwahrenden Schriftstücks **beauftragter Bote** muß nachdrücklich auf die Bedeutung seines Auftrags hingewiesen werden, insbesondere wenn es sich um den letzten Tag einer Frist handelt (BFH/NV 87, 138). Wenn die Fristensache einem bestimmten Empfänger persönlich übergeben werden soll, müssen auch Anweisungen für den Fall gegeben werden, daß der Bote den Empfänger nicht antrifft (FG Saarl EFG 87, 154).

6. Antrag. Der Antrag auf Wiedereinsetzung bedarf keiner besonderen Form. Er kann daher auch mündlich oder telefonisch gestellt werden, selbst dann wenn die versäumte Handlung formgebunden ist (*KKH* Anm 6; *HHSp* Tz 125; *Koch* Tz 62; aA *TK* Tz 24).

a) Die **Frist** für den Antrag beträgt einen Monat. Früher betrug die sog Nachsichtfrist 2 Wochen. Die Frist von 1 Monat weicht von sämtl anderen Verfahrensregelungen ab; dies führte ua auch zur Anrufung des Vermittlungsausschusses durch den BR. Die Frist ist nicht verlängerbar; vgl auch FG Hamburg EFG 84, 168. Bei Versäumung der Frist ist jedoch wiederum Wiedereinsetzung möglich. Der Tag, an dem das Hindernis wegfällt, wird bei der Fristberechnung nicht mitgerechnet (§ 108 I iV mit § 187 BGB, § 188 II BGB). Wegfall des Hindernisses setzt nicht voraus, daß Stpfl völlige Klarheit über Fristversäumung hatte (BFH StRK AO § 86 R 67, 72), vgl auch BFGH BStBl 66, 561 BStBl 67, 613. Das Hindernis fällt weg an dem Tag, an dem der Bevollmächtigte die Sache selbst verantwortlich bearbeitet hat und die durch Irrtum des Büropersonals verursachte Fristversäumnis hätte erkennen müssen, FG Nieders EFG 81, 28 (zu § 56 II FGO). Im übrigen fällt das Hindernis immer dann weg, wenn der Beteiligte oder der Bevollmächtigte durch die Behörde oder in sonstiger Weise auf die Fristversäumung hingewiesen wird. Wiedereinsetzung kann auch zu gewähren sein, wenn das Hindernis erst kurz vor Ablauf der Frist weggefallen ist und der StPfl in zumutbarer kurzer Zeit nach Wegfall des Hindernisses, aber nach Ablauf der Frist, die versäumte Handlung nachholt, FG Münster EFG 84, 586.

b) Der Antrag ist zu **begründen,** wie sich aus S 2 ergibt. Die Nachsichtgründe sind **innerhalb** der **Antragsfrist darzulegen,** soweit sie nicht für die Behörde **offenkundig** oder amtsbekannt sind (BFH BStBl 77, 246; 78, 240; 85, 586; BFH/NV 86, 224; 88, 681; Nieders FG EFG 88, 95). Die Behörde ist nicht verpflichtet, von sich aus Wiedereinsetzungsgründe zu ermitteln. Andererseits geht die Einschränkung des Amtsermittlungsprinzips auch

1. Abschnitt. Verfahrensgrundsätze § 110

nicht soweit, daß die Behörde einen unbegründeten Wiedereinsetzungsantrag ablehnen kann, ohne den Antragsteller zur Begründung aufgefordert zu haben. Die Aufforderung hat allerdings nur dann Sinn, wenn der Antrag nicht so gegen Fristende gestellt worden ist, daß für eine Begründung keine Zeit mehr ist. Maßgebend für die Beurteilung, ob ein Verschulden vorliegt oder zu verneinen ist, ist nämlich der Sachverhalt, der in der Einmonatsfrist dargelegt ist (BFH/NV 86, 190). Ein Nachschieben von Wiedereinsetzungsgründen ist nicht zulässig. Nach Ablauf der Frist ist es aber noch möglich, unvollständige Angaben zu erläutern und zu ergänzen (BFH BStBl 85, 586).

c) Die erforderliche **Glaubhaftmachung** ist ein geringerer Grad des Beweises (*Koch* Tz 67). Sie erfordert nicht, daß eine an Sicherheit grenzende Wahrscheinlichkeit für die dargelegte Tatsache spricht, sondern es muß nur eine überwiegende Wahrscheinlichkeit bestehen (vgl BFH BStBl 74, 736; 83, 681; BFH/NV 88, 549; *Gräber/Koch* FGO, 2. Aufl, § 56 Tz 55). Die Gründe für Versäumung der Einspruchsfrist können zumindest dann noch im **Klageverfahren** glaubhaft gemacht werden, wenn das FA den Antragsteller nicht zur Glaubhaftmachung aufgefordert hat, FG BaWü EFG 81, 377. Eine besondere **Form** für den Antrag ist **nicht** vorgesehen. Es ist nicht erforderlich, daß der Stpfl die Tatsachen zur Begründung seines Antrags bereits bei der Antragstellung glaubhaft macht. Er kann die Glaubhaftmachung innerhalb des Verfahrens über seinen Antrag nachholen.

d) Innerhalb der Antragsfrist ist nicht nur die Begründung erforderlich, sondern die **versäumte Rechtshandlung auch nachzuholen.** Bei sachgerechter Auslegung des Wiedereinsetzungsantrags kann sich aber schon aus diesem die Nachholung der versäumten Handlung ergeben (*KKH* Anm 6 c; *Koch* Tz 68).

e) Bei Nachholung der versäumten Handlung kann Wiedereinsetzung **auch ohne Antrag** gewährt werden. Eine Wiedereinsetzung von Amts wegen ist damit im Grunde nicht vorgesehen, da die Nachholung der versäumten Rechtshandlung auch als Antrag auf Wiedereinsetzung angesehen werden kann (aA FG Berlin EFG 80, 578). Jedenfalls müssen zu einer Wiedereinsetzung ohne Antrag die Wiedereinsetzungsgründe innerhalb der Antragsfrist für die Wiedereinsetzung dargelegt werden (BFH/NV 88, 681; FG Hamburg EFG 88, 55; Nieders FG EFG 88, 95).

7. Abs 3. Nach **einem Jahr** seit dem Ablauf der versäumten Frist kann der Antrag nicht mehr gestellt werden, sofern nicht ein Fall von höherer Gewalt vorliegt. Unter höherer Gewalt versteht man ein außergewöhnliches, von außen kommendes Ereignis, das unter den gegebenen Umständen auch durch äußerste nach Lage der Sache anzuwendende Sorgfalt nicht abgewendet werden kann (BGHZ 17, 199). Aus der Formulierung ist zu entnehmen, daß nach Ablauf eines Jahres auch eine Wiedereinsetzung wegen des vor Ablauf des Jahres unterlassenen Wiedereinsetzungsantrags nicht möglich ist (vgl BGH HFR 76, 334; 88, 481). Ebenfalls kann die versäumte Rechtshandlung nicht mehr nachgeholt werden. Die Nachholung der versäumten Rechtshandlung ist, auch dann nicht mehr zulässig, wenn vor Ablauf der Jahresfrist der Antrag auf Wiedereinsetzung gestellt worden ist, innerhalb der in Abs 2 genannten Frist aber die Jahresfrist abläuft, ohne daß die Rechtshandlung nachgeholt ist.

§ 111 3. Teil. Allgemeine Verfahrensvorschriften

8. Abs 4. Entscheidung über Wiedereinsetzung ist **Rechtsentscheidung**, keine Ermessensentscheidung, das ergibt sich bereits aus dem Wortlaut des Abs 1. Sie kann daher von den Gerichten voll nachgeprüft werden (BFH BStBl 87, 12 mwN). Sie ist aber kein selbständig anfechtbarer Verwaltungsakt, da sie unselbständiger Teil der Hauptsacheentscheidung ist (BFH aaO; FG Köln EFG 86, 54). Sie kann daher in der Regel nicht isoliert angefochten werden. Das gilt allerdings dann nicht, wenn das FA tatsächlich isoliert durch VA entschieden hat. In diesem Fall kann es zur Aufhebung der Beschwerdeentscheidung durch das FG kommen, verbunden mit der Verpflichtung des FA, die Hauptsacheentscheidung nachzuholen (FG Köln aaO). Hebt das FG eine den Einspruch verwerfende Einspruchsentscheidung auf, weil das FA den Antrag auf Wiedereinsetzung zu Unrecht abgelehnt habe, so ist die Anfechtung dieser Entscheidung im Wege der Revision nicht ausgeschlossen (BFH BStBl 86, 908). Stillschweigende Entscheidung über den Antrag auf Wiedereinsetzung ist denkbar, der Stpfl muß aber auf den Willen der Behörde schließen können (vgl BFH BStBl 61, 447). Wenn der Rechtsbehelf offensichtlich unbegründet ist, kann dahingestellt bleiben, ob Wiedereinsetzungsgründe gegeben sind (BFH BStBl 58, 352).

5. Unterabschnitt. Rechts- und Amtshilfe

§ 111 Amtshilfepflicht

(1) ¹**Alle Gerichte und Behörden haben die zur Durchführung der Besteuerung erforderliche Amtshilfe zu leisten.** ²**§ 102 bleibt unberührt.**

(2) Amtshilfe liegt nicht vor, wenn
1. **Behörden einander innerhalb eines bestehenden Weisungsverhältnisses Hilfe leisten,**
2. **die Hilfeleistung in Handlungen besteht, die der ersuchten Behörde als eigene Aufgabe obliegen.**

(3) Schuldenverwaltungen, Postgiroämter, Postsparkassenämter, Kreditinstitute sowie Betriebe gewerblicher Art der Körperschaften des öffentlichen Rechts fallen nicht unter diese Vorschrift.

(4) Auf dem Gebiet der Zollverwaltung erstreckt sich die Amtshilfepflicht auch auf diejenigen dem öffentlichen Verkehr oder dem öffentlichen Warenumschlag dienenden Unternehmen, die der Bundesminister der Finanzen als Zollhilfsorgane besonders bestellt hat, und auf die Bediensteten dieser Unternehmen.

(5) Die §§ 105 und 106 sind entsprechend anzuwenden.

Abs 3 redaktionell geändert durch StBereinigG 1986 v 19. 12. 85, BGBl I, 2436.

Schrifttum: *Schnapp* Amtshilfe, behördliche Mitteilungspflichten und Geheimhaltung, NJW 80, 2165; *Hetzer* Behördliche Kontrollrechte und Verschwiegenheitspflichten bei grenzüberschreitenden Bargeldsendungen, wistra 87, 201.

Übersicht
1. Inhalt
2. Behörde
3. Amtshilfe

1. Abschnitt. Verfahrensgrundsätze **§ 111**

4. Keine Amtshilfe
5. Schuldbuchverwaltungen usw
6. Verkehrsverwaltungen
7. Schweigepflicht

1. Inhalt. Die Vorschrift regelt in Anlehnung an § 4 VwVfG die Rechts- und Amtshilfe, jedoch nur inweit, als die Finanzbehörden **andere Behörden** um Amtshilfe ersuchen. Die Amtshilfepflicht der FinBeh kann sich ggf aus § 4 ff VwVfG und den entspr LandesG ergeben. Abweichend von § 188 RAO sind die **Verbände** und **berufsständischen Vertretungen** nicht mehr zur Amtshilfe verpflichtet, sofern sie nicht Behörden sind, sie sind aber im Rahmen der §§ 88, 92 ff zur Auskunfterteilung verpflichtet, AnwErl Nr 2.

2. Behörde ist jede Stelle, die Aufgaben der öffentl Verwaltung wahrnimmt. Diese Definition geht von dem umfassenden Behördenbegriff aus, wie er von der Rspr des BVerwG entwickelt worden ist (vgl BVerwGE 9, 182; 17, 41). Es ist nicht der Behördenbegriff im organisationsrechtl Sinn gemeint, sondern auch natürliche und juristische Personen, die als sog beliehene Unternehmer öffentl-rechtl Verwaltungstätigkeit ausüben (vgl Begründung z Entwurf eines VwVfG, BT-Drs 7/910, 33), werden damit erfaßt. Zu den Behörden iS dieser Vorschrift zählen auch die Sozialversicherungsträger. Nach § 35 SGB I nF hat jeder Anspruch darauf, daß Einzelangaben über seine persönlichen und sachlichen Verhältnisse von den Leistungsträgern als Sozialgeheimnis gewahrt und nicht unbefugt offenbart werden. Eine Offenbarung ist nur unter den Voraussetzungen der §§ 67 bis 77 des Zehnten Buches zulässig, ua nach § 71 Nr 3 SBG SGB X (geändert durch BillBG) zur Sicherung des StAufkommens nach §§ 93, 97, 105, 111 I und 5 und 144 AO. Nicht mehr ausdrücklich erwähnt werden die Beamten. Das Amtshilfeersuchen ist jeweils an die Behörde, nicht an den einzelnen Beamten zu richten.

3. Amtshilfe. Begriff. Die Zuständigkeit der Behörden ist nach regionalen und sachlichen Gesichtspunkten unterteilt. Es kann vorkommen, daß die zuständige Behörde nach ihrer Zuständigkeit nicht in der Lage ist, eine Aufgabe allein durchzuführen. Sie kann daher eine andere Behörde um Amtshilfe ersuchen. Eine **ohne Ersuchen** erfolgende Unterstützung von Behörden durch andere Behörden fällt nicht unter den Begriff der Amtshilfe, zB wenn ein Zollbeamter von sich aus einer anderen Behörde einen Sachverhalt mitteilt, der möglicherweise steuerrechtlich relevant ist, vgl *Hetzer* aaO. Amtshilfe ist nur **ergänzende Hilfe;** keine Behörde ist verpflichtet, ein Verfahren als Ganzes zu übernehmen. Herrin des Verfahrens bleibt nämlich die ersuchende Behörde. In Betracht kommt **Auskunftserteilung;** die Verpflichtung, nach § 105 Auskunft zu erteilen, besteht daneben weiter. Ferner **Übersendung von Akten, Erstattung von Gutachten.** Soweit dem Bediensteten der Behörde, für die er Auskunft erteilt, nach § 102 ein Auskunftsverweigerungsrecht zusteht, gilt dieses Recht auch im Rahmen der Amtshilfe, **Beispiel** Gesundheitsbehörde. Von **Rechtshilfe** spricht man bei der Unterstützung von **Gerichten** in Rechtspflegeangelegenheiten.

4. Abs 2 erwähnt Tatbestände, die eindeutig nicht als Amtshilfe zu qualifizieren sind. Die Aufzählung ist jedoch nicht erschöpfend. Im Hinblick auf Art 35 GG hat der Gesetzgeber hier Zurückhaltung geübt.

Nr 1 Amtshilfe liegt nur vor, wenn gleich- oder nebengeordnete Behör-

§ 112 3. Teil. Allgemeine Verfahrensvorschriften

den einander Amtshilfe leisten, nicht jedoch, wenn Hilfe innerhalb eines einheitlichen Instanzenzugs geleistet wird, wie zB gegenüber der weisungsgebundenen oder weisungsberechtigten Behörde.

Nr 2 scheidet Handlungen aus, zu denen eine Behörde aufgrund besonderer Vorschriften **verpflichtet** ist und die Hilfeleistung daher zu ihrem bestimmungsgemäßen Aufgabenkreis gehört. Von sog gesteigerter Amtshilfe spricht man, wenn die andere Behörde aufgrund spezieller Vorschriften selbst Hoheitsakte im Interesse der anderen Behörde setzt (vgl *Forsthoff*, Lehrbuch des Verwaltungsrechts, 10. Auflage, 105).

5. Abs 3 nimmt bestimmte Bereiche von der Verpflichtung zur Amtshilfe aus. Schuldbuchverwaltungen, Postscheckämter (Postgiroämter) usw sind gegenüber den FinBeh nicht zur Amtshilfe verpflichtet. Diese Institutionen haben, selbst wenn sie als Behörden anzusehen sind, keine anderen Pflichten als die vergleichbaren privatrechtl organisierten Unternehmen. Sie können daher nur nach den Vorschriften über die Auskunftspflicht herangezogen werden. Postgiroämter sind daher nur zu Auskünften nach §§ 93 ff verpflichtet, zB über Postüberweisungen, dh Überweisungen von einem Postgirokonto. Die Entschädigung richtet sich dann nach § 107.

Anders ist es bei Postanweisungen, dh Einzahlung eines Geldbetrages bei einem Postamt und Auszahlung an den Empfänger. Die Post wird insoweit hoheitlich tätig und zur Amtshilfe verpflichtet. Sie kann nach § 115 dafür keine Gebühren verlangen. Ab 1. Januar 1984 wurden die Postscheckämter in Postgiroämter umbenannt (s hierzu § 105 Anm 6).

6. Weitere Beistandspflichten für die **Verkehrsverwaltungen** des Bundes in § 75 II ZG. Zu den Verkehrsverwaltungen des Bundes zählen Bahn und Post. Ihnen können nach § 75 I ZG mit ihrem Einverständnis Hoheitsaufgaben übertragen werden.

7. §§ **105, 106** gelten entsprechend, dh auch, soweit eine Behörde im Wege der Amtshilfepflicht um Auskunft ersucht wird, tritt ihre Schweigepflicht im Verhältnis zur FinBeh zurück. Dies gilt nur dann nicht, wenn nach § 106 die zuständige Bundes- oder Landesbehörde erklärt, daß die Auskunft dem Wohle des Bundes oder eines Landes erhebliche Nachteile bereiten würde.

§ 112 Voraussetzungen und Grenzen der Amtshilfe

(1) Eine Finanzbehörde kann um Amtshilfe insbesondere dann ersuchen, wenn sie
1. **aus rechtlichen Gründen die Amtshandlung nicht selbst vornehmen kann,**
2. **aus tatsächlichen Gründen, besonders weil die zur Vornahme der Amtshandlung erforderlichen Dienstkräfte oder Einrichtungen fehlen, die Amtshandlung nicht selbst vornehmen kann,**
3. **zur Durchführung ihrer Aufgaben auf die Kenntnis von Tatsachen angewiesen ist, die ihr unbekannt sind und die sie selbst nicht ermitteln kann,**
4. **zur Durchführung ihrer Aufgaben Urkunden oder sonstige Beweismittel benötigt, die sich im Besitz der ersuchten Behörde befinden,**

1. Abschnitt. Verfahrensgrundsätze § 112

5. die Amtshandlung nur mit wesentlich größerem Aufwand vornehmen könnte als die ersuchte Behörde.

(2) Die ersuchte Behörde darf Hilfe nicht leisten, wenn sie hierzu aus rechtlichen Gründen nicht in der Lage ist.

(3) Die ersuchte Behörde braucht Hilfe nicht zu leisten, wenn
1. eine andere Behörde die Hilfe wesentlich einfacher oder mit wesentlich geringerem Aufwand leisten kann,
2. sie die Hilfe nur mit unverhältnismäßig großem Aufwand leisten könnte,
3. sie unter Berücksichtigung der Aufgaben der ersuchenden Finanzbehörde durch den Umfang der Hilfeleistung die Erfüllung ihrer eigenen Aufgaben ernstlich gefährden würde.

(4) Die ersuchte Behörde darf die Hilfe nicht deshalb verweigern, weil sie das Ersuchen aus anderen als den in Absatz 3 genannten Gründen oder weil sie die mit der Amtshilfe zu verwirklichende Maßnahme für unzweckmäßig hält.

(5) [1]Hält die ersuchte Behörde sich zur Hilfe nicht für verpflichtet, so teilt sie der ersuchenden Finanzbehörde ihre Auffassung mit. [2]Besteht diese auf der Amtshilfe, so entscheidet über die Verpflichtung zur Amtshilfe die gemeinsame fachlich zuständige Aufsichtsbehörde oder, sofern eine solche nicht besteht, die für die ersuchte Behörde fachlich zuständige Aufsichtsbehörde.

1. Inhalt. Der RegEntwurf verzichtete auf eine entsprechende Vorschrift und begnügte sich mit einem Hinweis auf das **VwVfG** (s dort § 5). Die Vorschrift beruht auf dem Gedanken, daß Art 35 GG keine unbeschränkte Amtshilfepflicht fordert, namentlich dann nicht, wenn sich der Grundgedanke der Verwaltungserleichterung praktisch ins Gegenteil verkehren würde.

2. Die Regelung des **Abs 1** ist **nicht erschöpfend. Nr 1** stellt klar, daß eine Behörde insbesondere dann der Hilfe einer anderen Behörde bedarf, wenn sie selbst zur Vornahme einer Teilhandlung im Rahmen des durchzuführenden Verfahrens rechtlich nicht in der Lage ist. In Betracht kommt hierbei insbesondere das **rechtliche** Unvermögen wegen mangelnder sachlicher oder örtlicher **Zuständigkeit. Nr 2** bezieht sich auf den Fall der tatsächlichen Unmöglichkeit und führt als Beispiel das Fehlen der zur Vornahme der Amtshandlung erforderlichen Dienstkräfte oder Einrichtungen auf. Die Vorschrift könnte für die FinBeh im Zusammenhang mit der Anwendung unmittelbaren Zwanges praktisch werden. **Nr 3 und 4** betreffen ebenfalls den Fall der tatsächlichen Unmöglichkeit. Im Falle der **Nr 3** führt die ersuchte Behörde die erforderlichen Ermittlungen selbst durch, im Falle der **Nr 4** handelt es sich um Maßnahmen behördeninterner Art, die die ersuchende Behörde instandsetzen, das Verwaltungsverfahren weiter durchzuführen. Aus **Nr 5** ergibt sich, daß die Amtshilfe auch für Zwecke der Kostenersparnis eingesetzt werden kann. Die durch die Amtshilfe erzielte Vereinfachung oder Verbilligung muß allerdings wesentlich sein.

3. Abs 2 verbietet es der ersuchten Behörde, Amtshilfe zu leisten, wenn sie hierzu aus rechtl Gründen **nicht in der Lage ist.** Diese Vorschrift greift namentlich dann ein, wenn die ersuchte Behörde durch die Amtshilfe ihre eigene Verschwiegenheitspflicht verletzen würde. Wegen der in § 105 enthaltenen Regelung kann dieser Fall jedoch nur dann eintreten, wenn spezielle Regelungen in anderen Gesetzen den § 105 wiederum ausschalten.

4. Abs 3 bestimmt, unter welchen **Voraussetzungen** die ersuchte Behörde die Leistung von Amtshilfe **ablehnen** kann. Nach **Nr 1** ist dies der Fall, wenn eine andere als die ersuchte Behörde die Hilfe wesentlich **einfacher** oder mit wesentlich **geringerem Aufwand** leisten könnte. Unter dem Begriff der ,,anderen Behörde" ist nicht die ersuchende Behörde zu verstehen. Die ersuchte Behörde kann nach **Nr 2** die Amtshilfe auch ablehnen, wenn der damit verbundene **Aufwand** in einem **Mißverhältnis** zu dem möglichen **Erfolg** der Amtshilfeleistung stehen würde. Das gleiche gilt nach **Nr 3,** wenn die ersuchte Behörde dadurch die **Erfüllung ihrer eigenen Aufgaben** ernstlich **gefährden** würde. Sie muß hierbei allerdings die Wichtigkeit der Aufgaben der ersuchenden Behörde gegen die mögliche Gefährdung abwägen. Unter dieser Vorschrift sind nicht nur Fälle zu verstehen, in denen die ersuchte Behörde durch die Hilfeleistung praktisch bei der Erfüllung ihrer eigenen Aufgaben lahmgelegt werden würde, sondern auch diejenigen, in denen die ersuchte Behörde befürchten muß, daß der von ihr betreute Personenkreis seine Zusammenarbeit mit der Behörde künftig verweigern wird, weil er befürchtet, daß die von den Betroffenen gemachten Angaben auch für Zwecke anderer Behörden verwendet werden. Zum Sozialgeheimnis s oben § 105 Anm 3.

5. Abs 4 macht deutlich, daß die ersuchende Behörde auch weiterhin Herrin des Verfahrens ist; nur sie entscheidet über die Zweckmäßigkeit der Amtshilfe. *Schnapp/Friehe* Prüfungskompetenz und Rechtsschutz bei Streitigkeiten über Amtshilfeverpflichtungen, NJW 82, 1422.

6. Abs 5. Es kann im Einzelfall zweifelhaft sein, ob die Voraussetzungen der vorhergehenden Absätze vorliegen. Abs 5 regelt die Frage, welche Aufsichtsbehörde ggf über die Verpflichtung zur Amtshilfe zu entscheiden hat. Die ersuchende Behörde hat **Anspruch** auf **Amtshilfe,** den sie ggf auch gerichtlich durchsetzen kann. Wenn beide Behörden derselben Fachaufsichtsbehörde unterstehen, entscheidet die Aufsichtsbehörde.

§ 113 Auswahl der Behörde

Kommen für die Amtshilfe mehrere Behörden in Betracht, so soll nach Möglichkeit eine Behörde der untersten Verwaltungsstufe des Verwaltungszweiges ersucht werden, dem die ersuchende Finanzbehörde angehört.

Grundsätzlich steht es der um Amtshilfe ersuchenden Behörde frei, welche Behörde sie um Amtshilfe angehen will. Sie soll jedoch nach Möglichkeit sich an eine Behörde der untersten Verwaltungsstufe des gleichen Verwaltungszweiges wenden, zB Finanzamt oder OFD an Finanzamt.

1. Abschnitt. Verfahrensgrundsätze §§ 114, 115

§ 114 Durchführung der Amtshilfe

(1) Die Zulässigkeit der Maßnahme, die durch die Amtshilfe verwirklicht werden soll, richtet sich nach dem für die ersuchende Finanzbehörde, die Durchführung der Amtshilfe nach dem für die ersuchte Behörde geltenden Recht.

(2) ^{1}Die ersuchende Finanzbehörde trägt gegenüber der ersuchten Behörde die Verantwortung für die Rechtmäßigkeit der zu treffenden Maßnahme. ^{2}Die ersuchte Behörde ist für die Durchführung der Amtshilfe verantwortlich.

1. Abs 1. Herrin des Verfahrens ist stets die ersuchende Behörde. Sie trägt auch die **Verantwortung** für die **Rechtmäßigkeit** der Maßnahmen, die durch die Amtshilfe verwirklicht werden sollen. **Wie** die Amtshilfe durchgeführt wird, richtet sich aber nach dem Recht der **ersuchten** Behörde. Mit dieser Regelung soll verhindert werden, daß der ersuchten Behörde uU über die Amtshilfe Befugnisse zuwachsen, die ihr sonst nicht zustehen würden. Die ersuchte Behörde darf daher nur solche Mittel anwenden, die sie nach ihrem eigenen Recht anwenden könnte.

2. Der Abs 2 bezieht sich auf das Innenverhältnis der beiden an der Amtshilfe beteiligten Behörden. Die Regelung hat insbesondere Bedeutung für das Kostenrisiko, falls durch Amtshilfemaßnahmen Ersatzansprüche Dritter entstehen. Für die Ausführung der Amtshilfe ist aber die ersuchte Behörde verantwortlich. Dies gilt auch im Verhältnis zu dritten Personen, die evtl Schadenersatz fordern. Erwachsen daher aus Amtshilfemaßnahmen Ersatzansprüche Dritter, so bestehen diese nur gegenüber der nach außen tätig gewordenen ersuchten Behörde (BFH/NV 88, 417).

§ 115 Kosten der Amtshilfe

(1) ^{1}Die ersuchende Finanzbehörde hat der ersuchten Behörde für die Amtshilfe keine Verwaltungsgebühr zu entrichten. ^{2}Auslagen hat sie der ersuchten Behörde auf Anforderung zu erstatten, wenn sie im Einzelfall fünfzig Deutsche Mark übersteigen. ^{3}Leisten Behörden desselben Rechtsträgers einander Amtshilfe, so werden die Auslagen nicht erstattet.

(2) Nimmt die ersuchte Behörde zur Durchführung der Amtshilfe eine kostenpflichtige Amtshandlung vor, so stehen ihr die von einem Dritten hierfür geschuldeten Kosten (Verwaltungsgebühren, Benutzungsgebühren und Auslagen) zu.

Abs 1 betrifft das Verhältnis zwischen der **ersuchenden** und der **ersuchten** Behörde. Die ersuchte Behörde kann von der ersuchenden **keine Verwaltungsgebühren** verlangen. Die Geltendmachung von **Benutzungsgebühren** ist jedoch nicht ausgeschlossen in Fällen, in denen die Amtshilfe in Form der Inanspruchnahme von Einrichtungen geleistet wird, deren Aufwand durch Benutzungsgebühren gedeckt werden sollen. Bare **Auslagen** sind grundsätzl zu erstatten.

§ 116 Anzeige von Steuerstraftaten

(1) Gerichte und die Behörden von Bund, Ländern und kommunalen Trägern der öffentlichen Verwaltung haben Tatsachen, die sie dienstlich erfahren und die den Verdacht einer Steuerstraftat begründen, der Finanzbehörde mitzuteilen.

(2) § 105 Abs. 2 gilt entsprechend.

Abs 1 redaktionell geändert durch StBereinigG 1986 v 19. 12. 85, BGBl I, 2436.

Schrifttum: *Hetzer* Zollamtliche Mitteilungsbefugnisse und Postgeheimnis bei Verdacht steuerrechtlich unzulässiger Verlagerung von Einkommens- und Vermögenswerten, ZfZ 87, 226; *Pump* Anzeige von Steuerstraftaten durch Gerichte und Behörden (§ 116 AO), wistra 87, 322.

1. Inhalt. Die Vorschrift ist gegenüber der RAO **eingeschränkt** worden. Zur Anzeige von Steuerstraftaten sind neben den Gerichten nur noch die Behörden von Bund, Ländern und kommunalen Trägern der öffentl Verwaltung verpflichtet, **nicht** dagegen **berufsständische Verwaltungskörperschaften.** FA iSd Abs 1 ist auch das Hauptzollamt. Dies ist durch eine redaktionelle Änderung im Rahmen des StBereinigungsG klargestellt worden; allerdings erst mit Wirkung ab 1. 1. 87.

2. Tatsachen, die den Verdacht einer Steuerstraftat begründen. Es ist nicht erforderlich, daß das Vorliegen einer Steuerstraftat feststeht oder mit einer an Sicherheit grenzenden Wahrscheinlichkeit anzunehmen ist; anders § 189 RAO. Nach **Hetzer** (wistra 87, 101) müssen die Zollbeamten bis auf weiteres davon ausgehen, daß **§ 34 StGB** (rechtfertigender Notstand) ihnen keine Eingriffsermächtigung gewähre, aufgrund derer sie die Finbeh. über Einzelheiten einer **Bargeldsendung** in Kenntnis setzen dürften. Es sei zweifelhaft, ob **§ 6 VII ZG** den Zollbeamten erlaube, die ihnen zum Zweck der Zollbehandlung vorgelegten **Postsendungen** bei begründetem Verdacht einer strafbaren Handlung anzuhalten, den Strafverfolgungsbehörden Mitteilung zu machen und ihnen ggf. die Beschlagnahme der jeweiligen Sendung sowie die Einleitung eines Strafverfahrens zu ermöglichen. Die Bekanntgabe des Namens und der Anschrift des Postempfängers sei ein Eingriff in das Brief- und Postgeheimnis. § 6 VII ZG erlaube zunächst nur die Vorlage der Postsendungen an die **Zollbehörde** durch die Beamten des Postdienstes, vgl LG Wuppertal NJW 69, 2247; LG Kassel, NJW 70, 1934. Andere Gerichte kommen zu dem Ergebnis, daß die Einschränkung des Post- und Briefgeheimnisses nach § 6 VII ZG auch die Zurückhaltung des Zollgutes und die Benachrichtigung der zur Beschlagnahme und Einziehung zuständigen Behörde mit umfasse, vgl OLG Stuttgart, NJW 69, 1545; OLG Hamm, NJW 70, 1754, 1757, vgl aber auch OLG Zweibrücken, NJW 70, 1758, vgl aber auch OLG Karlsruhe, NJW 73, 208. Nach Auffassung des BGH gibt es kein Gesetz, das die Zollbeamten ermächtigt, gestellte Sendungen an die Strafverfolgungsbehörde weiterzuleiten, um zB die Beschlagnahme und Einziehung der Sachen zu ermöglichen, § 6 VII ZG sei als Ausnahmevorschrift eng auszulegen. Das **Postgeheimnis** werde nicht in der Weise durchbrochen, daß neben dem Zoll andere Behörden auf diese Sendung zugreifen dürften, vgl BGHSt 23, 329.

1. Abschnitt. Verfahrensgrundsätze § 117

3. Die Vorschrift wird in zahlreichen nichtsteuerlichen Gesetzen **ausgeschlossen**; vgl Anm 4 zu § 105.

4. Abs 2. Das Post-, Telegrafen- und Fernmeldegeheimnis geht der Anzeigepflicht vor.

§ 117 Zwischenstaatliche Rechts- und Amtshilfe in Steuersachen

(1) Die Finanzbehörden können zwischenstaatliche Rechts- und Amtshilfe nach Maßgabe des deutschen Rechts in Anspruch nehmen.

(2) Die Finanzbehörden können zwischenstaatliche Rechts- und Amtshilfe auf Grund innerstaatlich anwendbarer völkerrechtlicher Vereinbarungen, innerstaatlich anwendbarer Rechtsakte der Europäischen Gemeinschaften sowie des EG-Amtshilfe-Gesetzes leisten.

(3) ¹Die Finanzbehörden können nach pflichtgemäßem Ermessen zwischenstaatliche Rechts- und Amtshilfe auf Ersuchen auch in anderen Fällen leisten, wenn
1. die Gegenseitigkeit verbürgt ist,
2. der ersuchende Staat gewährleistet, daß die übermittelten Auskünfte und Unterlagen nur für Zwecke seines Besteuerungs- oder Steuerstrafverfahrens (einschließlich Ordnungswidrigkeitenverfahren) verwendet werden, und daß die übermittelten Auskünfte und Unterlagen nur solchen Personen, Behörden oder Gerichten zugänglich gemacht werden, die mit der Bearbeitung der Steuersache oder Verfolgung der Steuerstraftat befaßt sind,
3. der ersuchende Staat zusichert, daß er bereit ist, bei den Steuern vom Einkommen, Ertrag und Vermögen eine mögliche Doppelbesteuerung im Verständigungswege durch eine sachgerechte Abgrenzung der Besteuerungsgrundlagen zu vermeiden und
4. die Erledigung des Ersuchens die Souveränität, die Sicherheit, die öffentliche Ordnung oder andere wesentliche Interessen des Bundes oder seiner Gebietskörperschaften nicht beeinträchtigt und keine Gefahr besteht, daß dem inländischen Beteiligten ein mit dem Zweck der Rechts- und Amtshilfe nicht zu vereinbarender Schaden entsteht, falls ein Handels-, Industrie-, Gewerbe- oder Berufsgeheimnis oder ein Geschäftsverfahren, das auf Grund des Ersuchens offenbart werden soll, preisgegeben wird.

²Soweit die zwischenstaatliche Rechts- und Amtshilfe Steuern betrifft, die von den Landesfinanzbehörden verwaltet werden, entscheidet der Bundesminister der Finanzen im Einvernehmen mit der zuständigen obersten Landesbehörde.

(4) ¹Bei der Durchführung der Rechts- und Amtshilfe richten sich die Befugnisse der Finanzbehörden sowie die Rechte und Pflichten der Beteiligten und anderer Personen nach den für Steuern im Sinne von § 1 Abs. 1 geltenden Vorschriften. ² § 114 findet entsprechende Anwendung. ³Bei der Übermittlung von Auskünften und Unterlagen gilt für inländische Beteiligte § 91 entsprechend; soweit die Rechts- und Amtshilfe Steuern betrifft, die von den Landesfinanzbehörden verwaltet werden, hat eine Anhörung des inländischen Beteiligten abweichend von § 91

§ 117 3. Teil. Allgemeine Verfahrensvorschriften

Abs. 1 stets stattzufinden, wenn nicht eine Ausnahme nach § 91 Abs. 2 oder 3 vorliegt.

(5) Der Bundesminister der Finanzen wird ermächtigt, zur Förderung der zwischenstaatlichen Zusammenarbeit durch Rechtsverordnung mit Zustimmung des Bundesrates völkerrechtliche Vereinbarungen über die gegenseitige Rechts- und Amtshilfe auf dem Gebiete des Zollwesens in Kraft zu setzen, wenn sich die darin übernommenen Verpflichtungen im Rahmen der nach diesem Gesetz zulässigen zwischenstaatlichen Rechts- und Amtshilfe halten.

Abs 2 neu gefaßt und Abs 4 ergänzt durch StBereinigG 1986 v 19. 12. 85, BGBl I, 2436.

Schrifttum: *Fischer* Neuere Entwicklungen auf dem Gebiet des zwischenstaatlichen Auskunftverkehrs in Steuersachen, DB 84, 738, *Boochs* Internationale Amts- und Rechtshilfe, DStZ 84, 319; *Zacharias* Über die Zulässigkeit von Auskünften ohne Amtshilfeersuche gem § 117 Abs 2 AO (sog Spontanauskünfte) von deutschen Zollbehörden an ausländische Zollbehörden, ZfZ 86, 66; *Eilers* Das Steuergeheimnis als Grenze des internationalen Auskunftsverkehrs, Köln 1987; *Werra* Die Grenze der zwischenstaatlichen Amtshilfe in Steuersachen, BB 88, 1160; *BMF-Schreiben* betr Zwischenstaatliche Amtshilfe v 1. 12. 88 BStBl 88 I 466.

Übersicht

1. Inhalt
2. Völkerrechtliche Vereinbarungen
3. Auskunftersuchen anderer Staaten
4. Vertragslose Rechts- und Amtshilfe
5. Keine Verpflichtung zur Amtshilfe
6. Gegenseitigkeit
7. Zuständigkeit
8. Durchführung
9. Ermächtigung zum Erlaß von Rechtsverordnungen
10. Weitergabe von Auskünften
11. Spontane Auskünfte
12. EG-Amtshilfe-Gesetz

1. Inhalt. Die Vorschrift regelt die **Amtshilfe** im Verhältnis zu **anderen Staaten.** Abs 1 betrifft die Amtshilfe in Fällen, in denen eine deutsche FinBeh die ersuchende und die ausländische Behörde die ersuchte Behörde ist. Die in § 117 getroffenen Regelungen entsprechen weitgehend der bisherigen Verwaltungspraxis, die von der Rspr als unbedenklich angesehen wurde. Die Strafverfolgung von Wirtschaftsstraftätern wird dadurch erschwert, daß nicht mit allen Staaten entsprechende **Rechtshilfeabkommen** geschlossen worden sind. Zudem wird von vielen Staaten für **Fiskaldelikte** keine Rechtshilfe geleistet. Teilweise wird jedoch auch Rechtshilfe ohne Bestehen eines entsprechenden Abkommens geleistet. Rechtsgrundlage für den Auskunftsaustausch zwischen deutschen Finanzbehörden und ausländischen Behörden bilden meist völkerrechtliche Verträge. Die Bundesrepublik Deutschland hat zur Zeit mit 51 Staaten vertraglich den Austausch von Auskünften und andere Formen der Amtshilfe vereinbart. Die Amtshilfevereinbarungen gelten in aller Regel für die unter die Doppelbesteuerungsabkommen fallenden Steuern, also stets für die Einkommen- und Körperschaftsteuer, meist auch für die Gewerbesteuer und die Vermögensteuer und in vielen Fällen auch für die Lohnsteuer.

1. Abschnitt. Verfahrensgrundsätze **§ 117**

2. Abs 1 sagt an sich etwas Selbstverständliches. Er ist Erscheinungsform des **Amtsermittlungsprinzips** und ergibt sich aus der in § 85 statuierten Verpflichtung der FinBeh zur Erforschung steuerlich relevanter Sachverhalte. Die Inanspruchnahme ausländischer Rechtshilfe bedarf keiner besonderen Rechtsgrundlage. Die Ermittlungspflicht der FinBeh endet nicht an der Staatsgrenze. Die FinBeh ist auch nicht im Hinblick auf das **Steuergeheimnis** gehindert, im Rahmen ihres Auskunftsersuchens, soweit notwendig, Verhältnisse des Steuerpflichtigen gegenüber der ausländischen Behörde zu offenbaren. Das ergibt sich aus § 30 IV Nr 1. Die Regelung des Abs 1 setzt nicht voraus, daß ein entsprechendes **Abkommen** vorliegt (anders *Ritter* DStZ 74, 267–276). Bei der Inanspruchnahme anderer Staaten für Zwecke der inländischen Besteuerung gelten, was sich auch ohne den Abs 1 ergeben würde, die allgemeinen Vorschriften über die Einholung von Auskünften von Dritten. Auch hier gilt der Grundsatz des **§ 93 I 3**, wonach Dritte, dh ausländische Staaten, erst dann um Auskunft ersucht werden sollen, wenn die Sachverhaltsaufklärung durch den Steuerpflichtigen nicht zum Ziele führt oder keinen Erfolg verspricht. Zwischenstaatliche Amtshilfe kommt erst in Betracht, wenn die Beweismöglichkeiten im Inland ausgeschöpft sind, s *TK* Tz 2. Soweit es für das Verständnis des Auskunftsersuchens erforderlich ist, kann die inländische FinBeh auch nach § 30 IV Nr 1 in dem Auskunftsersuchen die Verhältnisse des Steuerpflichtigen offenbaren (BFH BStBl 58, 283). Hier gilt nichts anderes als bei Auskunftsersuchen an Privatpersonen (vgl auch BFH v 3. 8. 72 IV R 13/72 nicht veröffentlicht). Hierbei ist jedoch eine **Güterabwägung** vorzunehmen. Es dürfen dadurch für den Stpfl keine Nachteile erwachsen, die **außer Verhältnis** zu dem durch die gewünschte Auskunft eintretenden steuerlichen Erfolg stehen (*Höppner* StuW 1969, 216), zB bei der Offenbarung von sog Betriebs- oder Geschäftsgeheimnissen (vgl hierzu *Menck* DStZ 71, 61; *Ritter* aaO S 271). Dies gilt auch, wenn das inländische Unternehmen mit dem ausländischen Unternehmen gesellschaftlich eng verbunden ist; denn bei Auskunftsersuchen, die an andere Staaten gerichtet sind, liegt die Gefahr einer Schädigung des Stpfl nicht nur darin, daß dem ausländischen Unternehmen Geschäftsgeheimnisse bekannt werden, sondern ebenso sehr darin, daß diese Geheimnisse dem ausländischen Staat bekannt werden. Nicht geschützt sind jedoch solche Geheimnisse, die mit dem aufzuklärenden steuerlichen Sachverhalt unmittelbar **zusammenhängen**, dh solche Tatsachen, die der Stpfl aus rein steuerlichen Gründen geheimhalten will. (Beispiel: Rechnungen, in denen der zu zahlende Betrag zu niedrig ausgewiesen ist mit der Maßgabe, daß der Differenzbetrag auf ein Schweizer Konto überwiesen werden soll.) Ein Anspruch auf **Anhörung** besteht bei ausgehenden Ersuchen nicht, vgl Abs 4 S 3. Das an den ausländischen Staat gerichtete Auskunftsersuchen ist kein Verwaltungsakt, § 91 greift daher nicht ein. Vorherige Unterrichtung des Stpfl sollte jedoch die Regel sein, damit diesem keine unangemessenen Nachteile durch das Auskunftsersuchen entstehen.

Amtshilfe kann auch beansprucht werden, wenn ein **Steuerstrafverfahren** eingeleitet ist, die Finanzbehörde jedoch ausschließlich im Besteuerungsverfahren tätig wird, BFH BStBl 87, 440. Dies gilt für die Erledigung ausländischer Auskunftsersuchen entsprechend.

§ 117 3. Teil. Allgemeine Verfahrensvorschriften

Wird die Finanzbehörde als Strafverfolgungsbehörde in einem Steuerstrafverfahren zur Erforschung einer Steuerhinterziehung tätig, sind Auskünfte gemäß den Regeln über die internationale **Rechtshilfe** in Strafsachen einzuholen. Bei Streitigkeiten ist in diesen Fällen der ordentliche Rechtsweg gegeben, BFH BStBl 83, 482.

3. Abs 2. Auskunftsersuchen anderer Staaten. Abs 2 wurde durch das StBereinigG 1986 geändert. Die Änderung steht im Zusammenhang mit dem EG-Amtshilfe-Gesetz (s Anm 12). Für die Durchführung der zwischenstaatlichen Rechts- und Amtshilfe auf Grund der innerstaatlich anwendbaren Rechtsakte der Europäischen Gemeinschaften und des EG-Amtshilfe-Gesetzes gilt § 117 Abs 4. Nach dieser Bestimmung regelt sich vor allen Dingen auch der Schutz der Beteiligten, insbesondere ihr Recht auf Anhörung im Rahmen des § 91 AO. Für das Auskunftsverfahren im innerstaatlichen Bereich gilt § 30 IV Nr 1; Auskünfte können für Zwecke des Besteuerungsverfahrens, des Steuerstrafverfahrens oder eines Bußgeldverfahrens wegen einer Steuerordnungswidrigkeit erteilt werden. Die Anwendbarkeit dieses Grundsatzes hat die deutsche Finanzverwaltung auch im Verhältnis zu anderen Staaten bejaht, indem sie wie folgt argumentiert: Wenn die deutschen Finanzbehörden andere Staaten um Auskunft für steuerliche Zwecke ersuchen können, müssen sie auch berechtigt sein, Auskunftsersuchen anderer Staaten zu entsprechen. Diese Auffassung wird ua gestützt auf das BFH-Urteil v 3. 8. 1972 – IV R 13/72 (nicht veröffentlicht), in dem festgestellt wird, daß Rechtshilfe auch ohne vertragliche Regelung geleistet werden kann. Über die Zulässigkeit eines solchen Umkehrschlusses erübrigt sich eine Auseinandersetzung, nachdem in **Abs 3** eine entsprechende Klarstellung erfolgt ist. **Abs 2** sagt insoweit etwas Selbstverständliches. **Völkerrechtliche Vereinbarungen** werden durch Ratifizierung **innerstaatliches Recht.** Fundstellen aller Abkommen BdF v 8. 1. 88 BStBl 88 I 7. Sie erlangen durch die Ratifizierung Gesetzesrang und verpflichten damit die inländischen Steuerbehörden zur Mitwirkung bei der Erhebung von Steuern der anderen Staaten. Insoweit bildet auch das Steuergeheimnis kein Hindernis. Bestehen mit einem anderen Staat mehrere völkerrechtliche Vereinbarungen, so schließen sie einander nicht aus (BFH BStBl 79, 268). Für die Bundesrepublik ergibt sich aus der Vereinbarung eine **völkerrechtliche Rechtspflicht** zur Auskunftserteilung, wenn der andere Staat ein entsprechendes Ersuchen stellt. Die entsprechenden Regelungen halten sich mehr oder weniger an **Art 26 des OECD-Musterabkommens,** wonach die zuständigen Behörden der Vertragsstaaten die Informationen austauschen sollen, die erforderlich sind zur Durchführung des Abkommens und des innerstaatlichen Rechts der Vertragsstaaten betr die unter das Abkommen fallenden Steuern, soweit die diesem Recht entsprechende Besteuerung mit dem Abkommen in Einklang steht. ZZt bestehen mit ca 51 Staaten Abkommen zur Vermeidung der Doppelbesteuerung bei der ESt und VSt sowie rd 4 Abkommen auf dem Gebiet der Erbschaftsteuer. Darüber hinaus existieren besondere Abkommen über Amts- und Rechtshilfe in StSachen: Dänemark v 31. 3. 65 (BStBl I, 170); Finnland v 25. 9. 35 (RStBl 36, 94); Italien v 9. 6. 38 (RStBl 39, 377); Norwegen v 17. 4. 64 (BStBl I, 382); Österreich v 4. 10. 54 (BStBl I 55, 434); Schweden v 14. 5. 35 (RStBl 36, 37) und ferner Abkommen auf dem Gebiet des Zollwesens

1. Abschnitt. Verfahrensgrundsätze **§ 117**

(ca 9, inbes mit Mitgliedstaaten der EG, vgl BZBl 67, 239, mit DVO, BZBl 74, 960). Die **EG-Richtlinie** über die Gegenseitige **Amtshilfe** zwischen den zuständigen Behörden der Mitgliedstaaten im Bereich der **direkten Steuern** ist durch das StBereinigG in nationales Recht umgesetzt worden, vgl *Koch,* Die EG-Richtlinie zur internationalen Rechts- und Amtshilfe und ihre Auswirkungen im internationalen Recht, DStZ 79, 4. Zu den innerstaatlich anwendbaren EG-Rechtsakten gehören unmittelbar geltende Verordnungen. Das **EG-Amtshilfe-Gesetz** setzt die Richtlinie des Rats der Europäischen Gemeinschaften über die gegenseitige Amtshilfe zwischen den zuständigen Behörden im Bereich der direkten Steuern und der Umsatzsteuer in innerstaatlichen Recht um. Die DBA enthalten zum Teil die sog **kleine Auskunftsklausel** (zB Art 27 DBA-Brasilien), wonach nur solche Auskünfte gegeben werden, die zur Durchführung der DBA erforderlich sind. Bei der sog großen Auskunftsklausel (vgl Art XVI DBA-USA) dürfen alle Auskünfte gegeben werden, die der ersuchende Staat für die richtige Erhebung seiner Steuern benötigt. Die **große Auskunftsklausel** beschränkt sich nicht nur auf die Durchführung eines DBA, sondern sie dient auch der Durchsetzung der innerstaatlichen StAnsprüche der Vertragsstaaten, allerdings nur insoweit, als im Abkommen geregelte Steuern betroffen sind. Hierzu zählt auch der Auskunftsaustausch zur Vermeidung der Steuerhinterziehung und der Auskunftsaustausch im Steuerstrafverfahren und gerichtlichen Verfahren. Nach der **großen Auskunftsklausel** können zB Auskünfte über die Richtigkeit behaupteter Tatsachen über die Echtheit von Beweismitteln und über Indizien angefordert werden, soweit es zur steuerlichen Beurteilung erforderlich ist. Im großen Auskunftsverkehr kann Amtshilfe auch dann in Anspruch genommen oder geleistet werden, wenn eine **Doppelbesteuerung** nicht droht. Im Rahmen der großen Auskunftsklausel mit einem Staat können auch Auskünfte über rechtliche und wirtschaftliche Vorgänge ausgetauscht werden, die aus dem Gebiet dieses Staates in **dritte Staaten** hineinreichen. Dies gilt zB dann, wenn ein Steuerpflichtiger des einen Staates seine Geschäftsbeziehung zu einem anderen Staat so gestaltet, daß sie über das Gebiet eines dritten Staates (zB ein sog Steuer-Oasen-Land) abgewickelt werden. In den Abkommen wird regelmäßig die **Geheimhaltung** der gegenseitig erteilten Auskünfte gewährleistet. Regelmäßig unterrichten sich auch die beteiligten Staaten nach Abschluß des Auskunftsverfahrens über bekanntgewordenes neues Material. Der Austausch von **Kontrollmitteilungen** ist zulässig. Es können auch sog **Spontanauskünfte** erteilt werden. Die Abkommen lassen gesetzl geregelte **Auskunftsverweigerungsrechte Dritter** unberührt. Außerdem kann die Erteilung von Auskünften abgelehnt werden, wenn ihr der **ordre public** entgegensteht. Das gleiche gilt, wenn der Verdacht besteht, daß sich der ersuchende Staat nicht an die vereinbarte Geheimhaltungspflicht halten wird. Berufliche oder geschäftliche **Geheimnisse** dürfen nach den Abkommensregelungen nicht mitgeteilt werden, zB Mitteilungen über Herstellungsverfahren, Kundenverzeichnisse, Kalkulation oder geschäftliche Planungen. Gegenstand eines Geschäftsgeheimnisses sind aber nur solche Tatsachen und Umstände, die von erheblicher wirtschaftlicher Bedeutung und praktisch nutzbar sind. Hierunter fallen zB nicht Kenntnisse darüber, welche im Ausland ansässigen Personen bei einer deutschen Bank Wertpapiere unterhalten, BFH BStBl 79, 268. Das gleiche gilt, wenn durch die Aus-

§ 117 3. Teil. Allgemeine Verfahrensvorschriften

kunftserteilung dem Inländer ein unzumutbarer Schaden zugefügt werden könnte (Mitteilungen über Gebietsabsprachen). Ein rein **steuerl Geheimhaltungsinteresse** hindert dagegen die Auskunftserteilung nicht. Anderenfalls würden die Rechtshilfeabkommen weitgehend wirkungslos bleiben.

4. Abs 3 legitimiert die frühere Verwaltungspraxis, die allerdings umstritten ist. Nach **Abs 3** kann eine deutsche Finanzbehörde einem anderen Staat nach pflichtgemäßem Ermessen Rechts- und Amtshilfe auch dann leisten, wenn **keine** entsprechende zwischenstaatliche **Vereinbarung** vorliegt. Der Abs 3 enthält aber eine Reihe von Einschränkungen, die sich im Rahmen des bei einer vertraglich geregelten Amtshilfepflicht Üblichen bewegen. Abs 3 ist nicht nur anzuwenden, wenn eine entsprechende völkerrechtliche Vereinbarung völlig fehlt, sondern auch dann, wenn eine Amtshilfe **über** die **getroffene Vereinbarung hinaus** geleistet werden soll. Der BFH hat in dem bereits zitierten Urteil v 3. 8. 72 ausgeführt, daß ein zwischenstaatliches Rechtshilfeabkommen grundsätzl nur Rechte und Pflichten der beteiligten Staaten, nicht hingegen subjektive Rechte der Stpfl begründet. Der Staatsbürger habe kein subjektives Recht darauf, daß sich zwei Staaten aufgrund eines abgeschlossenen Vertrags Rechtshilfe leisten, ebensowenig daß sich zwei Staaten nur nach Maßgabe der in einem Vertrag niedergelegten Verfahrensvorschriften Rechtshilfe leisten. Rechtshilfe könne auch ohne vertragliche Regelung geleistet werden. Die Finanzverwaltung hat bisher auch ohne Vorliegen einer entsprechenden zwischenstaatlichen Vereinbarung die Auskunftserteilung an andere Staaten unter folgenden Voraussetzungen zugelassen: a) der ausländische Staat darf die Auskunft nur für **steuerl Zwecke** verwenden; b) der ausländische Staat muß eine dem **Steuergeheimnis entsprechende Bestimmung** haben, damit auf dem Wege über die Auskunftserteilung nicht eine Wirtschaftsausspähung erfolgen kann; c) die erbetene Auskunft darf kein **Berufs- oder Geschäftsgeheimnis** tangieren; d) es muß **Gegenseitigkeit gewährleistet** sein. Unproblematisch ist die Unterstützung eines anderen Staates durch Zurverfügungstellung allgemein zugänglichen Materials, zB Adreßbücher, Firmenverzeichnisse, Register, Austausch allgemeiner Erfahrungen ohne Bezug auf einen Einzelfall.

5. Die vorstehenden Grundsätze sind in Abs 3 Nr 1–4 manifestiert. Der Abs 3 schafft **keine Verpflichtung** für die deutsche Finanzverwaltung, ausländischen Ersuchen zu entsprechen. Sie kann entsprechende Ersuchen ohne Begründung ablehnen, zB wenn das Ersuchen für ausländische Abgaben gestellt ist, die im Sinne der deutschen Finanzverfassung keinen Steuercharakter haben, oder wenn das Ersuchen einer Besteuerung dienen soll, die über die anerkannten Grundsätze des internationalen Steuerrechts hinausgeht.

6. Abs 3 setzt voraus, daß a) **die Gegenseitigkeit** verbürgt ist. Es reicht danach nicht aus, daß der ausländische Staat die Gegenseitigkeit **zusichert;** vielmehr muß **verbürgt** sein, daß sich der ausländische Staat auch an diese Zusicherung hält. Hierbei ist allerdings zu berücksichtigen, daß manche Staaten keine vergleichbaren **Möglichkeiten,** den Sachverhalt zu ermitteln, haben. Dies gilt namentlich für die Durchführung von **Bpen** und **Fahndungsprüfungen.** Daher kann eine **Gegenseitigkeit** schon wegen der dem anderen Staat zur Verfügung stehenden **rechtl Möglichkeiten ausgeschlos-**

1. Abschnitt. Verfahrensgrundsätze **§ 117**

sen sein, zur Gegenseitigkeit vgl insb *Reuter* StbJb 75/76, 436, 441. b) Ferner muß der ersuchende Staat **gewährleisten,** daß die Auskünfte nur für steuerl Zwecke verwendet werden. Der Begriff „gewährleisten" geht über eine Zusicherung hinaus. **Zweifel** an solchen Zusagen bestehen uU dann, wenn die ausländische FinBeh auch für andere, **nichtsteuerl Aufgaben** zuständig ist, zB für Devisenüberwachung, Preisüberwachung. c) **Nr 3.** Der ersuchende Staat muß seine Bereitschaft erklären, eine mögliche Doppelbesteuerung bei den Ertrag- und Vermögensteuern im **Verständigungswege** durch eine sachgerechte Abgrenzung der Besteuerungsgrundlagen zu vermeiden. Diese Regelung gilt nicht für den Zoll. Sie hat ihre Rechtfertigung darin, daß es dem Sinn der Doppelbesteuerungsabkommen entspricht, eine doppelte Heranziehung zu Steuern möglichst zu vermeiden. d) **Nr 4.** Eine Auskunft im Kulanzwege kommt nicht in Betracht, wenn hier die **ordre public** entgegensteht, zB bei Verstoß gegen allgemeine Persönlichkeitsrechte, bei Ausspähung. Es darf dem inländischen Beteiligten kein mit dem Zweck der Rechts- und Amtshilfe nicht zu vereinbarender **Schaden** entstehen. Die öffentl Ordnung wäre zB dann beeinträchtigt, wenn die Auskunft für Zwecke verwendet werden soll, die mit der deutschen öffentlichen Ordnung nicht in Einklang gebracht werden können oder lebenswichtige Interessen berühren. Beispiel: Besteuerungsverfahren wird zur politischen Verfolgung betrieben oder zur Festsetzung von Steuern, die anstelle der Einziehung deutschen Vermögens erhoben werden.

Eine zutreffende Besteuerung ist nicht als unzumutbarer Schaden anzusehen. Die Fassung geht offenbar davon aus, daß grundsätzl Geschäfts- oder Berufsgeheimnisse mitgeteilt werden können, es sei denn, daß daraus für den inländischen Beteiligten ein unzumutbarer Schaden entsteht. Die Regelung geht damit über entsprechende Regelungen in Abkommen hinaus.

7. Soweit im Kulanzwege zwischenstaatliche Rechts- und Amtshilfe geleistet werden soll und die zwischenstaatliche Rechts- und Amtshilfe Steuern betrifft, die von den Landesfinanzbehörden verwaltet werden, **entscheidet der BDF** im Einvernehmen mit der zuständigen obersten Landesbehörde. Für eine Klage auf **Unterlassung** einer Auskunft an eine ausländische Steuerbehörde ist das Finanzamt nicht passiv legitimiert, BFH BStBl 87, 92. Für die erstinstanzliche Entscheidung über die Klage des deutschen Exporteurs wegen einer Mitteilung des BdF an die österr Zollbehörde über das Ergebnis einer nachträglichen Prüfung der Warenverkehrsbescheinigung EUR 1 aufgrund eines Ersuchens dieser Behörde ist nicht der BFH sondern das FG sachl zuständig, FG Münster EFG 80, 469.

Nach § 114 I 2 FGO kann das Gericht der Hauptsache unter im einzelnen näher umschriebenen Voraussetzungen eine **einstweilige Anordnung** zur Regelung eines vorläufigen Zustandes in Bezug auf ein streitiges Rechtsverhältnis erlassen. Dazu ist erforderlich, daß ein schlüssig vorgetragener Rechtsanspruch des Antragstellers durch Maßnahmen des BMF gefährdet erscheint, vgl BFH BStBl 76, 118. Ein Anordnungsgrund im Sinne des § 114 I 2 FGO setzt die Darlegung voraus, daß die Regelung „um wesentliche Nachteile abzuwenden oder drohende Gewalt zu verhindern oder aus anderen Gründen" nötig erscheint. Das Verfahren der einstweiligen Anordnung muß auf **Ausnahmefälle** beschränkt bleiben, vgl BFH BStBl 75,

717. Als **Anordnungsgrund** genügen bloße Rechtsnachteile nicht, wie sie von der Erfassung tatsächlich erzielter Einnahmen in einem ausländischen Besteuerungsverfahren ausgehen. Ein Anordnungsgrund ist vielmehr nur dann gegeben, wenn ins Gewicht fallende und über die Besteuerung im Ausland hinausgehende Nachteile glaubhaft gemacht werden, BFH BStBl 88, 412.

Das Nachprüfungsergebnis wird nicht in Form eines Verwaltungsaktes, sondern als Wissenserklärung und Meinungsäußerung mitgeteilt. Die deutsche Zollbehörde ist gesetzlich verpflichtet, einem Nachprüfungsersuchen der österr Zollbehörde nachzukommen, FG Münster aaO. Die Wissenserklärung ist weder für den Stpfl noch für die Behörde rechtlich verbindlich. Sie ist nur Akt der Hilfeleistung bei der Sachverhaltsermittlung.

Zur Problematik der Regelung in Abs 3 vgl *Ritter* DStZ 74, 267; *Thomas* DB 75, 2056; andererseits *Baranowski* DStZ 75, 296; vgl auch *Menck* DStZ 71, 57.

8. Abs 4. Durchführung der Rechts- und Amtshilfe. Die deutschen Finanzbehörden können sich zur Durchführung der Rechts- und Amtshilfe der verfahrensrechtlichen Bestimmungen der **AO** bedienen. Sie können ua Auskünfte einholen oder die Vorlage von Urkunden verlangen (§§ 93, 97). Auch die Vorschriften über Auskunfts- und Vorlageverweigerungsrechte (§§ 101–106) gelten entsprechend. Die Regelung gilt sowohl für Auskunftsersuchen aufgrund eines entsprechenden Abkommens als auch für Kulanzauskünfte nach Abs 3. Führen die deutschen Steuerbehörden zur Erledigung des ausländischen Ersuchens besondere **Ermittlungen** durch, so handelt es sich um Verwaltungsakte, gegen die die Beschwerde der im Inland Betroffenen zulässig ist. Wenn die deutschen Steuerbehörden allerdings auf bereits vorliegende Informationen und Unterlagen zurückgreifen, handelt es sich hierbei nicht um einen Verwaltungsakt. Einen Verwaltungsakt stellt auch nicht die Weitergabe der Informationen oder Unterlagen an die zuständige ausländische Steuerbehörde dar. Der Betroffene könnte allerdings in diesem Fall eine vorbeugende Unterlassungsklage nach § 40 FGO erheben; ggf kommt auch eine einstweilige Anordnung nach § 140 FGO in Betracht.

Die durch die Erledigung des ausländischen Auskunftsersuchens den ersuchten deutschen Behörden entstehende **Kosten** werden von diesen getragen. Soweit durch die Ermittlungen der inländischen Behörde **Entschädigungsansprüche** ausgelöst worden sind (vgl § 107), können diese Kosten, soweit entsprechende Vereinbarungen bestehen, dem **ersuchenden** Staat weiterbelastet werden. Der Abs 4 geht über das, was im Kommentar zum OECD-Musterabkommen ausgeführt ist, hinaus. Danach bezieht sich die Auskunft nur auf solche Angaben, die bereits im Besitz der ersuchten Steuerbehörde sind, nicht aber auf solche, die nur aufgrund besonderer Nachforschungen oder besonderer Prüfungen beschafft werden können. Eine Beteiligung der Beamten des ersuchenden Staates an den Ermittlungen ist grundsätzl nur möglich, falls das entsprechende Abkommen dies zuläßt.

§ 117 Abs 4 bestimmt, daß bei der **Übermittlung** von **Auskünften** und **Unterlagen** an das Ausland für inländische Betroffene § 91 entsprechend gilt; diese sollen vor der Erteilung von Auskünften gehört werden. Durch

1. Abschnitt. Verfahrensgrundsätze **§ 117**

die Ergänzung des Satzes 3 im Rahmen des StBereinigG 1986 wurde die Soll-Bestimmung durch eine Istvorschrift ersetzt soweit es sich um Steuern handelt, die von den Landesfinanzbehörden verwaltet werden. Damit sollen die Interessen der inländischen Betroffenen geschützt werden. Die in § 117 IV 3 aufgenommene Verpflichtung, den inländischen Beteiligten grundsätzlich **anzuhören**, gilt, wenn Rechts- und Amtshilfe an ausländische Staaten und damit für Zwecke der Festsetzung ausländischer Steuern geleistet wird. Die Anknüpfung an die Verwaltungszuständigkeit der Landesfinanzbehörden dient nur dem Zweck, die Zollverwaltung von der Regelung auszunehmen. Die **Pflicht** zur vorhergehenden **Anhörung entfällt,** wenn die Voraussetzungen des § 91 Abs 2 oder 3 vorliegen (den Umständen nach nicht geboten; entgegenstehendes zwingendes öffentliches Interesse). Nicht geklärt ist die Frage, welche **Folgen** sich aus einem **Verstoß** gegen die Pflicht zur **Anhörung** ergeben. Ein **Verwertungsverbot** dürfte nicht in Betracht kommen, weil sich dieses nur an die ausländische Finanzbehörde richten könnte. Der Betroffene dürfte daher nur auf Schadensersatzansprüche und dienstaufsichtsrechtliche Maßnahmen angewiesen sein.

Nach § 5 I Nr 5 FVG kann der BdF den Verkehr mit ausländischen Behörden auf dem Gebiet der Rechts- und Amtshilfe dem **Bundesamt** für **Finanzen** übertragen. Der Bundesminister der Finanzen kann im Einvernehmen mit der obersten Finanzbehörde des Landes zulassen, daß in besonderen Fällen eine **nachgeordnete Dienststelle** zur Durchführung eines oder mehrerer Auskunftsersuchen oder zur Entgegennahme von Informationen mit der zuständigen Behörde des Vertragsstaates oder einer ihr nachgeordneten Dienststelle **unmittelbar** verkehrt. Nach Artikel 4 des **deutsch-österreichischen** Vertrages über Rechtsschutz und Rechtshilfe in Abgabesachen vom 4. 10. 54 und nach Artikel 4 des **deutsch-schwedischen** Vertrages über Amts- und Rechtshilfe in Steuersachen v 14. 5. 35 ist der unmittelbare Verkehr zwischen den Oberfinanzdirektionen und den entsprechenden ausländischen Behörden zulässig.

Im Verhältnis zu den **EG-Mitgliedstaaten** kann die Amtshilfe sowohl auf ein DBA als auch auf das EG-Amtshilfegesetz gestützt werden (vgl § 1 III EG-Amtshilfe). Der Verkehr mit den zuständigen Finanzbehörden der anderen Mitgliedstaaten nach dem EG-Amtshilfegesetz obliegt dem BMF, der lediglich im Einzelfall beim Auskunftsaustausch auf Ersuchen eine Auskunft durch die zuständige oberste Landesfinanzbehörde zulassen kann (§ 1 IV EG-Amtshilfegesetz).

Mit den zuständigen Behörden einiger Vertragsstaaten ist aufgrund des Artikels 9 Abs 2 der EG-Amtshilfe-Richtlinie vereinbart, daß bestimmte Dienststellen in Einzelfällen schon vor der Einleitung eines förmlichen Auskunftsersuchens unmittelbar mit den entsprechenden ausländischen Dienststellen verkehren, um Notwendigkeit, Zweckmäßigkeit und Erfolgsaussichten eines förmlichen Auskunftsersuchens prüfen. Sie können hierzu **Kurzanfragen** stellen und beantworten sowie die zur Einleitung des Verfahrens notwendigen Vorabauskünfte erteilen. Ferner ist vereinbart, daß bei **Gefahr im Verzug** sich die genannten Dienststellen bereits vor der förmlichen Einleitung Auskünfte erteilen können. Art 9 II EG-Amtshilfe-Richtlinie ist jedoch nicht in deutsches Recht übernommen worden.

§ 117 3. Teil. Allgemeine Verfahrensvorschriften

9. Abs 5. Die Ermächtigung, völkerrechtliche Vereinbarungen über die gegenseitige Rechts- und Amtshilfe im **Verordnungswege in Kraft zu setzen,** bezieht sich nur auf **Zollsachen.** Diese Regelung hat den Zweck, den Gesetzgeber nicht mehr mit Dingen zu belasten, die er dem Grundsatz nach bereits gebilligt hat. Ohne sie müßte der Gesetzgeber auch dann für die sonst erforderliche Transformation tätig werden, wenn sich die zwischenstaatliche Vereinbarung im Rahmen der für den innerstaatlichen Rechts- und Amtshilfeverkehr geltenden Rechts- und Verwaltungsvorschriften hält. Die entsprechende Vorschrift in § 124 RE war verfassungsrechtl umstritten, sie dürfte aber wohl mit **Art 59 II GG** vereinbar sein, *Kühn/Kutter/Hofmann* Anm 6; vgl auch *Maunz/Dürig/Herzog* Komm zum GG Art 59 Rnr 45.

10. Der § 117 hindert nicht, daß der ersuchende Staat von dem ersuchten Staat **Auskünfte** erlangt, die dieser wiederum von einem **dritten Staat erlangt hat.** Die beteiligten Stpfl haben jedenfalls keinen Anspruch darauf, daß sich der Auskunftsverkehr nur auf solche Tatsachen beschränkt, die die beteiligten Staaten aufgrund eigener Ermittlungen festgestellt haben. Eine andere Frage ist es, ob die Weitergabe von ausgetauschten Informationen an einen anderen Staat ggf gegen die Verpflichtung zur **Geheimhaltung** verstößt. Auskünfte, die **von deutschen Finanzbehörden** im Kulanzwege erteilt worden sind, dürfen jedenfalls nach **Abs 3 Nr 2** nur für **steuerl Zwecke des ersuchenden Staates** verwendet werden. Es erscheint fraglich, ob es sich noch um die Durchführung des betreffenden Abkommens handelt, wenn der ersuchende Staat die Angaben für die steuerl Überprüfung von Verhältnissen zu Drittländern benötigt (*Ritter* DStZ 74, 270).

11. Spontane Auskünfte. Nach Artikel 4 der AG-Amtshilfe-Richtlinie können spontane Auskünfte erteilt werden, wenn die Steuerbehörde Gründe für die Vermutung einer Steuerverkürzung in dem anderen Staat hat oder ein Steuerpflichtiger eine Steuerbefreiung oder eine Steuerermäßigung erhält, die für ihn eine Besteuerung oder eine Steuererhöhung in dem anderen Staat zur Folge haben müßte. Das gleiche gilt, wenn Geschäftsbeziehungen zwischen einem inländischen Steuerpflichtigen und einem Steuerpflichtigen des anderen Staates über ein oder mehrere weitere Länder in der Weise geleitet werden, die in einem der beiden oder in beiden Staaten zu Steuerersparnissen führen kann. Ferner sind zu nennen in diesem Zusammenhang das Vorliegen von Gründen für die Vermutung einer Steuerersparnis durch künstliche Gewinnverlagerungen zwischen verbundenen oder nahestehenden Unternehmen; vgl hierzu im Einzelnen § 2 Abs 2 und 3 EG-Amtshilfe-Gesetz (Anm 12).

Mit anderen Staaten, mit denen eine große Auskunftsklausel besteht, findet ein spontaner Auskunftsverkehr statt, wenn eine entsprechende **vertragliche Vereinbarung** besteht (zB mit Österreich) oder soweit sich der Bundesminister der Finanzen und die zuständigen ausländischen Steuerbehörden darüber im Rahmen der Gegenseitigkeit geeinigt haben.

1. Abschnitt. Verfahrensgrundsätze § 117

12. EG-Amtshilfe-Gesetz
Gesetz zur Durchführung der EG-Richtlinie über die gegenseitige Amtshilfe im Bereich der direkten Steuern und der Mehrwertsteuer (EG-Amtshilfe-Gesetz)

§ 1 Allgemeine Bestimmungen

(1) Dieses Gesetz gilt für die Amtshilfe, die sich die Mitgliedstaaten der Europäischen Gemeinschaften gegenseitig bei der Festsetzung der Steuern vom Einkommen, Ertrag und Vermögen sowie der Umsatzsteuer, soweit diese nicht als Eingangsabgabe erhoben wird, zur Durchführung der Richtlinie des Rates der Europäischen Gemeinschaften vom 19. Dezember 1977 über die gegenseitige Amtshilfe zwischen den zuständigen Behörden der Mitgliedstaaten im Bereich der direkten Steuern und der Mehrwertsteuer (77/799/EWG, ABl. EG Nr. L 336 S. 15), geändert durch die Richtlinie vom 6. Dezember 1979 (79/1070/EWG, ABl. EG Nr. L 331 S. 8), durch den Austausch von Auskünften zwischen den hierfür zuständigen Finanzbehörden leisten.

(2) Die Finanzbehörden erteilen nach Maßgabe der folgenden Vorschriften und des § 117 Abs. 4 der Abgabenordnung der zuständigen Finanzbehörde eines anderen Mitgliedstaats Auskünfte, die für die zutreffende Festsetzung der Steuern vom Einkommen, Ertrag und Vermögen sowie der Umsatzsteuer in diesem Mitgliedstaat erheblich sein können.

(3) Bestimmungen in innerstaatlich anwendbaren völkerrechtlichen Vereinbarungen und gemeinschaftsrechtliche Vorschriften, die eine weitergehende Amtshilfe zulassen, bleiben unberührt.

(4) Der Verkehr mit den zuständigen Finanzbehörden der Mitgliedstaaten obliegt dem Bundesminister der Finanzen. Er kann seine Zuständigkeit auf das Bundesamt für Finanzen übertragen. Der Bundesminister der Finanzen kann im Einzelfall beim Auskunftsaustausch auf Ersuchen eine Auskunft durch die zuständige oberste Landesfinanzbehörde zulassen.

§ 2 Arten der Auskunftserteilung

(1) Die Finanzbehörden erteilen die in § 1 Abs. 2 bezeichneten Auskünfte, wenn die zuständige Finanzbehörde eines Mitgliedstaats im Einzelfall darum ersucht.

(2) Die Finanzbehörden können der zuständigen Finanzbehörde eines Mitgliedstaats ohne Ersuchen die in § 1 Abs. 2 bezeichneten Auskünfte erteilen, wenn Gründe für die Vermutung bestehen, daß
1. Steuern dieses Mitgliedstaats verkürzt worden sind oder werden könnten;
2. zum Zwecke der Steuerumgehung Geschäftsbeziehungen über Drittstaaten geleitet worden sind;
3. insgesamt eine niedrigere Steuerbelastung dadurch eintreten kann, daß Gewinne zwischen nahestehenden Personen nicht wie zwischen nicht nahestehenden Personen abgegrenzt werden;
4. ein Sachverhalt, auf Grund dessen eine Steuerermäßigung oder Steuerbefreiung gewährt worden ist, für den Steuerpflichtigen zu einer Besteuerung oder Steuererhöhung in dem Mitgliedstaat führen könnte;
5. ein im Zusammenhang mit der Auskunftserteilung eines anderen Mitgliedstaats ermittelter Sachverhalt für die zutreffende Festsetzung der Steuern in diesem Mitgliedstaat erheblich ist.

(3) Um sicherzustellen, daß Steuern nicht verkürzt oder Steuererstattungen und Steuervergütungen nicht zu Unrecht gewährt werden, wird der Bundesminister der Finanzen ermächtigt, durch Rechtsverordnung mit Zustimmung des Bundesrates Vereinbarungen mit den zuständigen Finanzbehörden von Mitgliedstaaten in Kraft zu setzen, nach denen die Finanzbehörden auf der Grundlage der Gegenseitigkeit in einen regelmäßigen Austausch von Auskünften über gleichartige Sachverhalte der folgenden Art eintreten:
1. Überlassung ausländischer Arbeitnehmer und Gestaltungen zur Umgehung deutscher Rechtsvorschriften auf diesem Gebiet;

§ 117   3. Teil. Allgemeine Verfahrensvorschriften

2. inländische Einkünfte nicht im Inland ansässiger Personen, die durch Angaben im Steuerentlastungsverfahren bekannt werden;
3. Vergütung der Vorsteuerbeträge in dem besonderen Verfahren nach § 18 Abs. 9 des Umsatzsteuergesetzes.

§ 3 Grenzen der Auskunftserteilung
(1) Die Finanzbehörden dürfen Auskünfte nicht erteilen,
1. wenn die dazu dienende Amtshandlung in einem Besteuerungsverfahren nach der Abgabenordnung nicht vorgenommen werden könnte oder einer allgemeinen Verwaltungsanweisung zuwiderlaufen würde;
2. wenn dies bei den Steuern vom Einkommen, Ertrag und Vermögen zu einer Besteuerung führen würde, die einem Abkommen zur Vermeidung der Doppelbesteuerung widerspricht;
3. wenn dies die öffentliche Ordnung beeinträchtigt, insbesondere die Geheimhaltung in dem Mitgliedstaat nicht im Umfang des § 4 gewährleistet ist;
4. soweit die Gefahr besteht, daß dem inländischen Beteiligten durch die Preisgabe eines Handels-, Industrie-, Gewerbe- oder Berufsgeheimnisses oder eines Geschäftsverfahrens ein mit dem Zweck der Auskunftserteilung nicht zu vereinbarender Schaden entsteht.

(2) Die Finanzbehörden brauchen Auskünfte nicht zu erteilen, wenn
1. bei einem Ersuchen nach § 2 Abs. 1 Anlaß zu der Annahme besteht, daß der Mitgliedstaat die eigenen Ermittlungsmöglichkeiten nicht ausgeschöpft hat, obwohl er von ihnen hätte Gebrauch machen können, ohne den Ermittlungszweck zu gefährden;
2. keine Gegenseitigkeit besteht;
3. sie die Auskünfte nur mit unverhältnismäßig großem Aufwand erteilen könnten;
4. sie durch die Erteilung der Auskünfte die Erfüllung ihrer eigenen Aufgaben ernstlich gefährden würden.

(3) Falls Schwierigkeiten oder Zweifel bei der Anwendung eines Abkommens zur Vermeidung der Doppelbesteuerung oder eine Doppelbesteuerung zu befürchten und nicht durch vorherige Verständigung zu beseitigen sind, können die Finanzbehörden die Erteilung von Auskünften davon abhängig machen, daß der Mitgliedstaat auf Verlangen einem schiedsgerichtlichen Verfahren zur Beseitigung der Schwierigkeiten oder Zweifel zustimmt.

§ 4 Geheimhaltung
(1) Auskünfte, die den Finanzbehörden von der zuständigen Finanzbehörde eines Mitgliedstaats der Europäischen Gemeinschaften zugehen, dürfen nur für Zwecke der Steuerfestsetzung, der Überprüfung der Steuerfestsetzung durch die Aufsichtsbehörden oder der Rechnungsprüfung verwendet werden und nur solchen Personen offenbart werden, die mit diesen Aufgaben unmittelbar befaßt sind. Dies gilt auch, wenn durch Gesetz eine weitergehende Verwendung oder Offenbarung zugelassen ist, es sei denn, die zuständige Finanzbehörde des anderen Mitgliedstaats stimmt zu. Die Auskünfte dürfen auch in einem gerichtlichen Verfahren oder in einem Straf- oder Bußgeldverfahren für Zwecke dieser Verfahren unmittelbar an diesen Verfahren beteiligten Personen offenbart werden, wenn diese Verfahren im Zusammenhang mit der Steuerfestsetzung oder der Überprüfung der Steuerfestsetzung stehen.

(2) Die Auskünfte dürfen in öffentlichen Gerichtsverhandlungen oder bei der öffentlichen Verkündung von Urteilen nur bekanntgegeben werden, wenn die zuständige Finanzbehörde des anderen Mitgliedstaats nichts dagegen einwendet.

§ 5 Berlin-Klausel
Dieses Gesetz gilt nach Maßgabe des § 12 Abs. 1 und des § 13 Abs. 1 des Dritten Überleitungsgesetzes auch im Land Berlin. Rechtsverordnungen, die auf Grund dieses Gesetzes erlassen werden, gelten im Land Berlin nach § 14 des Dritten Überleitungsgesetzes.

Schrifttum: *Runge* Das Steuerbereinigungsgesetz 1986: EG-Amtshilfegesetz DB 86, 191.

1. Abschnitt. Verfahrensgrundsätze § 117

Erläuterungen:
Durch das EG-Amtshilfe-Gesetz wurde die EG-Amtshilfe-Richtlinie v 19. 12. 1977 in der Fassung v 6. 12. 1979 in innerstaatliches Recht umgesetzt. Die Bundesrepublik Deutschland ist damit ihrer Verpflichtung aus der Richtlinie, wenn auch verspätet, nachgekommen. (Die Umsetzungsfrist war am 1. 1. 1981 abgelaufen.) Die EG-Kommission hat ein Vertragsverletzungsverfahren eingeleitet.

Die **wichtigsten Regelungen** sind:
– Das EG-Amtshilfe-Gesetz gilt **nicht** für die **Einfuhrumsatzsteuer.**
– **Auskünfte** können auch **ohne Ersuchen,** nämlich spontan im Einzelfall und automatisch in bestimmten Fallgruppen, erteilt werden (§ 2 II und III).
– Auskünfte dürfen **nur** für **steuerliche Zwecke** verwendet werden; sie dürfen nur solchen Personen zugänglich gemacht werden, die mit dem Steuerfall oder dem damit zusammenhängenden Strafverfahren unmittelbar befaßt sind (§ 4).
– Eine Auskunft darf nicht erteilt werden, wenn die **Geheimhaltung** und die Verwendung zu ausschließlich steuerlichen Zwecken im Ausland **nicht gewährleistet** sind; sie kann verweigert werden, wenn keine Gegenseitigkeit besteht (§ 3).
– Der **Auskunftsverkehr** mit dem Ausland läuft grundsätzlich nur über das **BMF** bzw. das **Bundesamt für Finanzen;** die Auskunftserteilung kann nicht an das Finanzamt delegiert werden (§ 1 Abs 4).
– **Automatische Auskünfte** ohne Anhörung werden auf drei Fallgruppen beschränkt (Überlassung ausländischer Arbeitnehmer; inländische Einkünfte von Steuerausländern, die im Steuerentlastungsverfahren bekannt werden, insbesondere bei Erstattung von Abzugsteuern; Vergütung von Vorsteuerbeträgen an ausländische Unternehmen, § 2 Abs 3).
– Auskünfte (abgesehen von automatischen Auskünften) werden nur nach **Anhörung** des inländischen Betroffenen erteilt (Änderung des § 117 Abs 4), es sei denn, daß die Ausnahmetatbestände des § 91 Abs 2 oder 3 vorliegen (zB Gefahr in Verzug, Fristablauf oder bei zwingendem öffentlichen Interesse, § 117 Abs 2).

Das **EG-Amtshilfegesetz** stellt ausdrücklich fest, daß weitergehende Bestimmungen über die Amtshilfe in Doppelbesteuerungs- oder Rechtshilfeabkommen nicht eingeschränkt werden. Eine Einschränkung der bisherigen Vertragsinhalte und ihre Anwendung ist im EG-Amtshilfegesetz nicht enthalten.

Der wesentliche **Fortschritt** des EG-Amtshilfegesetzes liegt aus der Sicht der Verwaltung in der Auskunftserteilung ohne Ersuchen nach § 2 II. Danach ist die sog **Spontanauskunft** im wesentlichen in dem Umfang möglich, wie dies auf der Grundlage der Kommentierung zur Auskunftsklausel des OECD-Musterabkommens (Artikel 25) als zulässig angesehen wird.

Nach § 1 III EG-AmtshilfeG dürften die Bestimmungen im innerstaatlich anwendbaren völkerrechtlichen Vereinbarungen unberührt bleiben. Fälle, die ein Rückgreifen auf weitergehende Auskunftsmöglichkeiten nach den DBA und Amtshilfeabkommen notwendig machen könnten, dürften jedoch selten sein. Es stellt sich jedoch die Frage, ob das EG-Amtshilfegesetz allgemein zu einer **Selbstbindung** der Verwaltung führt, wonach diese

§ 118　　　3. Teil. Allgemeine Verfahrensvorschriften

von etwa weitergehenden Auskunftsmöglichkeiten in den DBA keinen Gebrauch machen darf.

Zweiter Abschnitt. Verwaltungsakte

§ 118 Begriff des Verwaltungsaktes

¹Verwaltungsakt ist jede Verfügung, Entscheidung oder andere hoheitliche Maßnahme, die eine Behörde zur Regelung eines Einzelfalles auf dem Gebiet des öffentlichen Rechts trifft und die auf unmittelbare Rechtswirkung nach außen gerichtet ist. ²Allgemeinverfügung ist ein Verwaltungsakt, der sich an einen nach allgemeinen Merkmalen bestimmten oder bestimmbaren Personenkreis richtet oder die öffentlich-rechtliche Eigenschaft einer Sache oder ihre Benutzung durch die Allgemeinheit betrifft.

Schrifttum: *Lange* Die Abgrenzung von öffentlich-rechtlichem und privatrechtlichem Vertrag, JuS 82, 500; *Martus* Der Auskunftsbescheid im Zollrecht, DDZ 85, F 42; *Lippross* Rechtsschutz gegen Konkursanträge der Finanzbehörden, DB 85, 2482; *App* Sind Konkursanträge der Finanzbehörden (auch) Verwaltungsakte? Erwiderung auf den Beitrag von Lippross (DB 85, 2482), DB 86, 990; Lipross, Sind Konkursanträge (auch) Verwaltungsakte? Replik auf die Erwiderung von App (DB 86, 990), DB 86, 991; *Hundt-Eßwein* Stellt der Antrag der Vollstreckungsbehörde auf Eintragung einer Sicherungshypothek beim Grundbuchamt einen Verwaltungsakt dar? DB 86, 1338; *Drenseck* Verwaltungsakte im Lohn- und Einkommensteuerverfahren JbDeuStG 86, 377; *Schuhmann* Der vorläufige Steuerbescheid, BB 87, 383; *Hundt-Eßwein* Die Abnahme der eidesstattlichen Versicherung nach § 284 AO, DStZ 87, 298; *Hundt-Eßwein* Die Aufrechnungserklärung als Verwaltungsakt – zugleich eine Besprechung des BFH-Urteils vom 2. 4. 87 VII R 148/83, DStR 87, 575; *Schmidt-Liebig* Das Mitwirkungsverlangen der Finanzbehörden – ein Verwaltungsakt? DStR 87, 571; *Urban* Müssen Liegenschaftsvollstreckungsanträge des Finanzamts (§ 322 AO) gemäß § 122 AO bekanntgegeben werden? DStR 87, 613; *Schrömges* Kann die Finanzbehörde die Aussetzung der Vollziehung des Steuerbescheids jederzeit aufheben oder ändern? DB 88, 77; *Bremm* Förmliche Rechtsbehelfe gegen einzelne Maßnahmen im Rahmen einer Betriebsprüfung, StW 88, 4; *Schuhmann* Der Abrechnungsbescheid, BB 88, 739.

Übersicht

1. Inhalt
2. Herkömmliche Definition
3. Verfügung
4. Einzelne Verwaltungsakte
5. Keine Verwaltungsakte
   a) Mahnungen, Belehrungen, Hinweise, Auskünfte
   b) Vorbereitende Maßnahmen
   c) Unselbständige Maßnahmen
   d) Maßnahmen innerhalb einer Außenprüfung
   e) Behördeninterne Maßnahmen
   f) Verfahrenshandlungen
   g) Privatrechtliche Maßnahmen
   h) Allgemeine Regelungen
   i) Sonstige Fälle
6. Verwaltungsbehörde
7. Bestimmtheit und Form

2. Abschnitt. Verwaltungsakte § 118

1. Inhalt. Die Vorschrift ist in Angleichung an das **VwVfG** in die AO übernommen worden. Sie dürfte für das Steuerrecht keine überragende Bedeutung haben, weil im Steuerrecht die Einordnung einer Maßnahme der Verwaltung als Verwaltungsakt, anders als im allgemeinen Verwaltungsrecht, regelmäßig keine Schwierigkeiten bereitet. Im übrigen garantiert **Art 19 IV GG** den Rechtsschutz gegenüber jeder Maßnahme der Verwaltung, ohne daß es darauf ankommt, ob es sich insoweit um einen Verwaltungsakt handelt.

2. Die Definition entspricht der herkömmlichen im allgemeinen Verwaltungsrecht (vgl BVerwGE 2, 273) und im Steuerrecht von Rechtsprechung und Lehre entwickelten.

3. § 91 RAO verwendet den Begriff der **Verfügung;** er ist mit dem Verwaltungsaktbegriff identisch, wird aber auch für Maßnahmen verwendet, die keine Verwaltungsakte sind (zB Amtsverfügung, OFD-Verfügung).

4. Einzelne Verwaltungsakte. Verwaltungsakte sind danach: **Steuerbescheide** einschl der Feststellungsbescheide, Steuermeßbescheide, Freistellungsbescheide, Bescheide über Ablehnung eines Antrages auf Steuerfestsetzung (§ 155 I 3). Schwierig kann die **Abgrenzung** der Freistellungsbescheide **von Nichtveranlagungsverfügungen** sein, die normalerweise unverbindliche Auskünfte ohne Regelungscharakter sind (vgl unten Anm 5 a). Auch eine ausdrücklich erklärte Nichtveranlagungsverfügung kann aber einem Freistellungsbescheid gleichkommen, wenn für den Adressaten aus dem Akt selbst oder aus den Umständen seines Erlasses objektiv erkennbar ist, daß eine einseitige, verbindliche, der Rechtsbeständigkeit fähige Regelung kraft hoheitlicher Gewalt gewollt ist. Dabei kann auch die äußere Form (zB Rechtsbehelfsbelehrung) eine Rolle spielen (BFH/NV 88, 10). Was die Behörde wirklich gewollt hat, ist dann unerheblich. Auch **Steuervergütungsbescheide** (§ 155 III) und **Erstattungsbescheide** sind Steuerbescheide, aus denen sich ein Erstattungsanspruch des Stpfl ergibt. Ausdrücklich wird in **§ 218 II** bestimmt, daß die FinBeh bei Streitigkeiten über die Höhe des Zahlungsanspruchs durch Verwaltungsakt entscheidet. Verwaltungsakte sind ferner die sonstigen in § 348 I genannten Bescheide. Ferner **verbindliche Zusagen** (s § 4 Anm 5, §§ 204 ff), **Rechtsbehelfsentscheidungen.** Wohl auch das Leistungsgebot. **Steueranmeldungen** (§ 168) sind keine Verwaltungsakte, sie stehen aber den Steuerbescheiden unter Vorbehalt der Nachprüfung gleich.

5. Keine Verwaltungsakte liegen vor, wenn eines der Merkmale des § 118 fehlt.

a) Daher handelt es sich nicht um Verwaltungsakte bei Maßnahmen ohne unmittelbare Rechtswirkung nach außen wie **Mahnungen, Belehrungen, Hinweise** (vgl BVerwG NJW 61, 844), **unverbindliche Auskünfte.** Während verbindliche **Zusagen,** wie oben bereits erwähnt verbindliche Verwaltungsakte sind, sind andere Zusagen (vgl dazu § 204 Anm 1 und BFH BStBl 86, 520) bisher nach der Rspr nicht als Verwaltungsakte qualifiziert worden, vgl BFH BStBl 56, 352; ihre **Bindungswirkung** soll sich aus **Treu** und **Glauben** ergeben (vgl BFH BStBl 87, 313; 88, 232). *TK*

§ 118   3. Teil. Allgemeine Verfahrensvorschriften

(Tz 4) sehen darin bereits eine **Regelung** für den **Einzelfall;** in der Tat weisen die Zusagen gewisse Parallelen zur gesonderten Feststellung auf. Dagegen ist die **Rechtsauskunft** lediglich eine Äußerung über eine Rechtsansicht. Der **Erledigungsvorschlag** des FA im Einspruchsverfahren stellt grundsätzlich keine verbindliche Zusage dar. Er hat lediglich den Zweck, eine Änderung des angefochtenen Bescheids bzw den Erlaß einer Einspruchsentscheidung vorzubereiten, und entfaltet daher noch keine unmittelbare Rechtswirkung (BFH BStBl 80, 232). Ebenso liegt in der Aufforderung des FA an den Stpfl, zu dem Erledigungsvorschlag Stellung zu nehmen, kein Verwaltungsakt (BFH/NV 86. 65).

Allerdings können Belehrungen, Hinweise oder Meinungsäußerungen der FinBeh in **Ausnahmefällen** auch Verwaltungsakte sein. Es ist daher im Einzelfall jeweils zu prüfen, ob nicht doch eine hoheitliche Maßnahme mit Regelungscharakter vorliegt, die auf unmittelbare Rechtswirkung nach außen gerichtet ist. So ist die Mitteilung, der Stpfl sei nicht Hersteller von Mineralöl und werde auch nicht mehr als Hersteller mit den damit verbundenen Rechten und Pflichten behandelt, ein vollziehbarer Verwaltungsakt (FG Hamburg EFG 78, 618). Ähnlich stellt das mit einer Rechtsbehelfsbelehrung versehene Schreiben einer FinBeh, mit dem einem Stpfl mitgeteilt wird, die Verwendung steuerbegünstigten Mineralöls in einer Stromerzeugungsanlage sei unzulässig, einen Verwaltungsakt dar (FG Düsseldorf EFG 88, 260). Ferner ist die zollamtliche Feststellung, daß eine im vereinfachten Verfahren vom Ausführer selbst ausgefüllte Warenverkehrsbescheinigung zu Unrecht ausgestellt worden sei, ein anfechtbarer Verwaltungsakt (BFHE 148, 372). Als Verwaltungsakt ist weiter ein Schreiben des FA angesehen worden, daß die Frist für die nach früherem Grunderwerbsteuerrecht steuerbegünstigte Verwendung des erworbenen Grundstücks erneut zu laufen begonnen habe (BFH BStBl 87, 592). Schließlich handelt es sich zB bei der Mitteilung des FA an einen Landwirt über den Beginn der Buchführungspflicht um einen Verwaltungsakt, und zwar um einen rechtsgestaltenden mit Dauerwirkung (BFH BStBl 88, 269; s näher § 141 Anm 6a).

b) Keine Verwaltungsakte sind ferner **vorbereitende Maßnahmen** ohne unmittelbare Rechtswirkung nach außen. So ist zB das Verlangen nach § 160 S 1, die Empfänger von Betriebsausgaben, Werbungskosten und anderen Ausgaben genau zu benennen, kein Verwaltungsakt, sondern eine nicht selbständig anfechtbare Vorbereitungshandlung zur gesonderten Feststellung von Besteuerungsgrundlagen oder zur Steuerfestsetzung (BFH BStBl 86, 537). Auch das Verlangen nach Empfängerbenennung gemäß § 16 AStG iVm § 160 AO ist kein Verwaltungsakt (BFH BStBl 88, 927). Ebenso ist die Aufforderung des FA, eine Aufstellung über diejenigen Arbeitsmittel vorzulegen, für die der Werbungskostenabzug bei nichtselbständiger Tätigkeit begehrt wird, kein selbständig anfechtbarer Verwaltungsakt (FG Bad-Württ EFG 88, 101). Solchen Vorbereitungshandlungen ist gemeinsam, daß von ihnen keine unmittelbare Rechtswirkung ausgeht, weil sie keine selbständig erzwingbare Verpflichtung auferlegen, sondern lediglich für den Fall der Nichtbefolgung Nachteile (zB die Nichtberücksichtigung von Betriebsausgaben oder Werbungskosten) in Aussicht stellen. Bei den erzwingbaren **Auskunftsersuchen** nach § 93 gegen den Stpfl

2. Abschnitt. Verwaltungsakte § 118

oder gegen Dritte handelt es sich dagegen um anfechtbare Verwaltungsakte (BFH BStBl 84, 512; 84, 790; vgl auch oben § 93 Anm 5; zu Abgrenzungen bei Maßnahmen im Rahmen einer Außenprüfung s unten Anm 4).

c) Als Verwaltungsakte scheiden auch **unselbständige** Mitteilungen oder Anordnungen aus, die lediglich im Rahmen von Hauptanordnungen ergehen oder andere Verwaltungsakte erläutern. Gibt zB das FA nur die Verfügung einer vorgesetzten Behörde wieder, so ist die vorgesetzte Behörde die verfügende Stelle (FG München EFG 59, 356). Teilt das FA einem gemeinnützigen Verein mit, daß die Prüfungsanordnung betr KSt, GewSt und USt um die Frage der Gemeinnützigkeit ergänzt werden müsse, so liegt darin kein neuer Verwaltungsakt sondern eine wiederholende Verfügung, da die Prüfungsanordnung über die genannten Steuern ohnehin die Gemeinnützigkeit erfaßt (FG RheinPf EFG 85, 158). Die (vorläufige) **Bescheinigung über die Gemeinnützigkeit** einer Körperschaft hat lediglich deklaratorische Bedeutung und ist kein Verwaltungsakt, weil über die Frage, ob eine Körperschaft gemeinnützig ist, nur im Veranlagungsverfahren entschieden wird (vgl oben § 51 Anm 3; § 52 Anm 5 und Erl zu § 59). Ebenso ist die Mitteilung über die Berechtigung zur Ausstellung von Spendenbescheinigungen kein Verwaltungsakt (FG RheinPf EFG 88, 340).

Im Rechtmittelverfahren ist die Entscheidung über die Wiedereinsetzung in den vorigen Stand unselbständiger Teil der Hauptsacheentscheidung und daher kein selbständig anfechtbarer Verwaltungsakt (Niders FG EFG 86, 54). Wird im Steuerfestsetzungsverfahren der Steuerbescheid aus Zweckmäßigkeitsgründen mit der zum Steuererhebungsverfahren gehörenden **Abrechnung bzw Anrechnung** von Vorauszahlungen oder einbehaltenen Steuerabzugsbeträgen verbunden, so handelt es sich aber um zwei selbständige Verwaltungsakte. Die in dem Bescheid enthaltene Anrechnungsverfügung ist daher ein Verwaltungsakt (BFH BStBl 87, 405; BFH/NV 88, 349; s näher § 157, Anm 2). Die Mitteilung der Finanzkasse über die **Reihenfolge der Tilgung** nach § 225 II 2 oder III ist ein Verwaltungsakt (FG RhPf EFG 88, 454; vgl auch § 225 Anm 4).

d) Eine erhebliche Rolle spielt die **Abgrenzung** zwischen Verwaltungsakten einerseits und vorbereitenden oder unselbständigen Maßnahmen **im Rahmen der Außenprüfung** (tabellarische Übersicht s bei *Bremm* StW 88, 4; vgl auch die Erl unten zu §§ 193ff). Unstritig ist die **Anordnung** der Außenprüfung ein Verwaltungsakt (§ 196). Ebenso ist die Anordnung über den Ort der Prüfung ein selbständiger Verwaltungsakt (s näher Erl zu 3 § 196 Anm 3). Außerdem ist die Festlegung des Prüfungsbeginns ein Verwaltungsakt, durch den die Beh zu erkennen gibt, daß der Stpfl die Außenprüfung an dem Tag zu dulden hat, auf den der voraussichtliche **Prüfungsbeginn** festgelegt ist (BFH BStBl 87, 408; 88, 413). Die während der Außenprüfung erfolgenden Prüfungs**handlungen** sind dagegen in der Regel keine Verwaltungsakte, da sie nur tatsächlicher Art sind. Solche Prüfungshandlungen sind daher selbst dann nicht selbständig anfechtbar, wenn das FA eine Außenprüfung über den ursprünglich festgelegten Prüfungszeitraum hinaus ausdehnt, ohne eine entsprechende Prüfungsanordnung zu erlassen (BFH BStBl 86, 2). Verwaltungsakte sind aber gegeben, wenn der Stpfl zu einem bestimmten Tun, Dulden oder Unterlassen aufgefordert wird (BFH aaO). Auskunftsersuchen an den Stpfl oder an Dritte sind daher

§ 118 3. Teil. Allgemeine Verfahrensvorschriften

im Rahmen der Außenprüfung ebenso Verwaltungsakte (vgl BFH BStBl 84, 512; 84, 790) wie außerhalb einer Außenprüfung (s oben Anm 5a). Die mit einer Außenprüfungsanordnung verbundene Anordnung des FA, sich für über die Außenprüfung hinausgehende Ermittlungsmaßnahmen bereitzuhalten (zB für andere Prüfungszeiträume) und bestimmte Unterlagen vorzulegen, ist ebenfalls ein anfechtbarer Verwaltungsakt (BFH/NV 87, 685). Ferner ist die Ablehnung der Herausgabe von Fotokopien über Gesprächsprotokolle, die der Prüfer bei einer Befragung Dritter aufgenommen hat, ein Verwaltungsakt (s näher § 93 Anm 7). Kein Verwaltungsakt ist dagegen der **Prüfungsbericht**, da er nicht auf unmittelbare Rechtswirkung nach außen gerichtet ist. Er dient vielmehr der Gewährung rechtlichen Gehörs und ist im übrigen nur vorbereitende Grundlage für möglicherweise zu erlassende Änderungsbescheide (BFH BStBl 61, 290; 86, 21; 88, 168). Aus den gleichen Gründen ist die Mitteilung nach § 202 S 3 kein Verwaltungsakt. Sie löst daher auch keine allgemeine Änderungssperre für die in der vorangegangenen Außenprüfung festgestellten Sachverhalte aus (BFH BStBl 88, 168).

e) Nicht um Verwaltungsakte handelt es sich zudem bei lediglich **behördeninternen Maßnahmen**. Keine Verwaltungsakte sind daher Auskünfte an andere Behörden (BFH BStBl 57, 221). Anders kann dies bei der Frage sein, ob Auskünfte an ausländische Behörden weitergegeben werden sollen oder nicht. Hat zB die FinBeh dem Stpfl mitgeteilt, daß sie die von ihm bekämpfte Auskunft an eine bestimmte ausländische Behörde weitergeben werde, so ist die vom Stpfl begehrte Korrektur dieser Entscheidung (Verzicht auf die Weitergabe) ein Verwaltungsakt. Der Stpfl muß deshalb eine Verpflichtungsklage erheben, um die Auskunft zu verhindern (FG Düsseldorf EFG 86, 541). Keine Verwaltungsakte sind ferner: die Weisung der vorgesetzten Behörde gegenüber einer nachgeordneten Behörde (BFH BStBl 69, 470), Verwaltungsanordnungen, Wiedervorlageverfügungen, Aktenvermerke usw. Dagegen ist die positive oder negative Entscheidung des FA über das Begehren des Stpfl, ihm Fotokopien aus Steuerakten eines abgeschlossenen Verfahrens herauszugeben, ein Verwaltungsakt (FG Hessen EFG 81, 432).

f) Unübersichtlich anhand der Rspr und zT sehr umstritten ist, ob und wie weit **Verfahrenshandlungen** der FinBeh Verwaltungsakte sein können. Sicher ist, daß Verfahrenshandlungen innerhalb eines FG-Verfahrens wie Klageabweisungsanträge, Beweisanträge, Revisionseinlegung usw keine Verwaltungsakte sind. Die Aussetzung der Vollziehung durch das FA im Rechtsmittelverfahren oder Klageverfahren ist dagegen ein begünstigender Verwaltungsakt. Seine Änderung ist daher nur unter den Voraussetzungen der §§ 130 II und 131 II zulässig (*Koch* § 361 Tz 41; *KKH* § 361 Anm 5e; aA *Schrömbges* DB 88, 77).

Schwieriger noch ist die Verwaltungsakteigenschaft von Verfahrenshandlungen, insbesondere Verfahrenseinleitungen, gegenüber anderen Gerichten und Behörden zu beurteilen. Im Interesse eines größtmöglichen Rechtsschutzes ist hier so weit, wie es eben vertretbar ist, von Verwaltungsakten auszugehen. So ist der **Antrag** des FA **auf Konkurseröffnung** ein Verwaltungsakt (FG Hessen EFG 79, 350; *Lippross* DB 85, 2482; 86, 991; aA *App* DB 86, 990; offen gelassen in BFH/NV 88, 762; vgl auch

2. Abschnitt. Verwaltungsakte **§ 118**

näher unten § 251 Anm 2 mwN). Ebenso ist der Antrag auf Zwangsversteigerung eines Grundstücks zumindest dann ein aussetzungsfähiger Verwaltungsakt, wenn er die Feststellung enthält, daß die gesetzlichen Voraussetzungen für die Vollstreckung vorliegen (BFH BStBl 88, 566). Auch der Antrag der Vollstreckungsbehörde auf Eintragung einer Sicherungshypothek beim Grundbuchamt ist ein Verwaltungsakt (BFH BStBl 86, 236; FG Münster EFG 86, 4. FG Düsseldorf EFG 88, 394, zumindest dann, wenn er Bestätigung nach § 322 II 2 enthält; aA *Hundt-Eßwein* DB 86, 1338; *Urban* DStR 87, 613). Der Antrag auf Anordnung der Ersatzzwangshaft in Fällen, in denen eine Zwangsgeldfestsetzung nicht durchgesetzt werden kann, soll dagegen kein Verwaltungsakt sein (BFH/NV 87, 669), ebenso nicht der Antrag des FA an die Gewerbeaufsichtsbehörde auf Einleitung eines Gewerbeuntersagungsverfahrens (FG BadWürtt EFG 81, 67). Beides ist bedenklich.

g) Verwaltungsakte scheiden auch aus bei **privatrechtlichen Maßnahmen** wie rechtsgeschäftlichen Erklärungen. Zivilrechtliche Verträge des FA können keine Verwaltungsakte sein. Im Gegensatz zu seiner früheren Rechtsprechung (vgl BFH BStBl 68, 384; 83, 162; 83, 514) sieht der BFH nunmehr im Anschluß an die Rspr des BVerwG (StRK § 226 R 4) auch in der **Aufrechnungserklärung** des FA mit Ansprüchen aus dem Steuerschuldverhältnis eine rein rechtsgeschäftliche Erklärung, die kein Verwaltungsakt ist (BFH BStBl 87, 536; 88, 43; 88, 117; BFH/NV 88, 213). Ein Verwaltungsakt ist aber dann der Abrechnungsbescheid, der einen nach Aufrechnung durch das FA geminderten Erstattungsanspruch feststellt (BFH BStBl 88, 43; BFH/NV 88, 617; aA FG BadWürtt EFG 86, 479). Aus ähnlichen Erwägungen ist bei Pfändung eines Steuererstattungsanspruchs die bloße Ablehnung der Drittschuldnererklärung gem § 840 ZPO durch das FA noch kein Verwaltungsakt, sondern erst der Abrechnungsbescheid (FG Berlin EFG 87, 85).

h) Keine Verwaltungsakte sind ferner **allgemeine Regelungen,** die nicht zur Regelung eines Einzelfalles getroffen werden, zB Festsetzung der **Steuerkurswerte nach § 70 BewG** (*Meyer/Arndt* DB 62, 517); im Einzelfall kann aber gegenüber der **Allgemeinverfügung** die Abgrenzung schwierig sein. Die öffentl **Aufforderung** zur **Abgabe** einer StErklärung soll nach *TK* (Anm 110) wegen **Unbestimmtheit** des angesprochenen Personenkreises **keine AllgemeinVfg** sein (vgl hierzu auch *Erichsen/Martens* Allgemeines Verwaltungsrecht 1977 S 143f).

i) Liegt in sonstigen Fällen kein Verwaltungsakt vor, so kann die **äußere Form** allein einer Äußerung der Verwaltung nicht die Eigenschaft eines Verwaltungsaktes verleihen. Auch eine beigefügte Rechtsbehelfsbelehrung verleiht noch nicht die Eigenschaft eines Verwaltungsaktes (BFH BStBl 87, 504; 88, 43). Kein Verwaltungsakt ist daher die Ausstellung eines Ersatzbelegs über zu entrichtende oder entrichtete Einfuhrumsatzsteuer und die Ungültigkeitserklärung eines solchen Ersatzbelegs durch das HZA mit dem Hinweis, Einfuhrumsatzsteuer sei nicht entrichtet worden (BFH BStBl 87, 504). Die äußere Form kann aber dann den Ausschlag geben, wenn bei der Stpfl bei objektiver Würdigung unklar bleiben mußte, ob die FinBeh mit ihrer Äußerung eine verbindliche Regelung des Einzelfalls treffen wollte oder nicht (BFH/NV 88, 10). Außerdem liegt ein materieller, wenngleich rechtswidriger Verwaltungsakt vor, wenn sich die Behörde auf ihre hoheitlichen Befugnisse berufen hat und einen Verwaltungsakt erlassen wollte, auch wenn sie ihn eigentlich nicht hätte erlassen dürfen (BFH BStBl 88, 43).

Übersendet das FA dem Stpfl nur eine mit „Fotokopie" überschriebene Kopie des sog Berechnungsbogens, so liegt kein Steuerbescheid vor, da unklar ist, ob von der Fotokopie eine unmittelbare rechtliche Wirkung ausgehen soll (FG Düsseldorf EFG 86, 55). Wenn das FA allerdings die **Erläuterungen** zum **EStBescheid** übersendet, ist dag eingelegter **Einspr zulässig**, auch wenn restl Teil des Bescheids erst später zugestellt wird, BFH BStBl 83, 543; FG Berlin EFG 78, 470; Erläuterungen sind zwar für sich **kein Verwaltungsakt,** aber **Teil** eines Verwaltungsaktes.

6. Die Verfügung muß von einer **Verwaltungsbehörde** ausgehen. Gibt das FA nur die Verfügung einer vorgesetzten Behörde wieder, so ist die vorgesetzte Behörde die verfügende Stelle (FG München EFG 59, 356). Unerheblich ist, ob der Unterzeichner für die Behörde seine **Zeichnungsbefugnis** eingehalten hat (BFH BStBl 81, 404; 87, 592; s näher Erl zu § 119 Anm 4). Verwaltungsbehörden sind auch die Amtsstellen der Religionsgemeinschaften, soweit sie für die Verwaltung der Kirchensteuern zuständig sind (vgl BVerwG 7, 189).

7. **Bestimmtheit und Form** des Verwaltungsaktes § 119, **Nebenbestimmungen** zum Verwaltungsakt § 120, **Begründung** des Verwaltungsaktes § 121, **Bekanntgabe** von Verwaltungsakten § 122, Bestellung von **Empfangsbevollmächtigten** § 123, **Wirksamkeit** des Verwaltungsaktes § 124.

§ 119 Bestimmtheit und Form des Verwaltungsaktes

(1) Ein Verwaltungsakt muß inhaltlich hinreichend bestimmt sein.

(2) ¹**Ein Verwaltungsakt kann schriftlich, mündlich oder in anderer Weise erlassen werden.** ²**Ein mündlicher Verwaltungsakt ist schriftlich zu bestätigen, wenn hieran ein berechtigtes Interesse besteht und der Betroffene dies unverzüglich verlangt.**

(3) Ein schriftlicher Verwaltungsakt muß die erlassende Behörde erkennen lassen und die Unterschrift oder die Namenswiedergabe des Behördenleiters, seines Vertreters oder seines Beauftragten enthalten.

(4) ¹**Bei einem schriftlichen Verwaltungsakt, der formularmäßig oder mit Hilfe automatischer Einrichtungen erlassen wird, können abweichend von Absatz 3 Unterschrift und Namenswiedergabe fehlen.** ²**Zur Inhaltsangabe können Schlüsselzeichen verwendet werden, wenn derjenige, für den der Verwaltungsakt bestimmt ist oder der von ihm betroffen wird, auf Grund der dazu gegebenen Erläuterungen den Inhalt des Verwaltungsaktes eindeutig erkennen kann.**

Schrifttum: *Fiedler* Allgemeines Verwaltungsrecht und Steuerrecht, NJW 81, 2093.

2. Abschnitt. Verwaltungsakte **§ 119**

Übersicht
1. Inhalt
2. Bestimmtheit
3. Form
4. Mindesterfordernisse
5. Erleichterungen

1. Inhalt. Vgl § 37 VwVfG. Der Verwaltungsakt muß den Willen der Behörde vollständig und **unmißverständlich** wiedergeben, damit der von ihm Betroffene erkennen kann, was von ihm verlangt wird. Mit dieser Forderung ist es nicht vereinbar, wenn einem Stpfl in ein und derselben Angelegenheit zweimal Bescheide bekanntgegeben werden, ohne daß in dem zweiten Bescheid etwas über das Schicksal des ersten Bescheids gesagt wird. Denn in diesem Fall ist für den Betroffenen völlig unklar, woran er ist. Der zweite Bescheid ist deshalb nichtig (FG SchlHolst EFG 85, 211). Ebenso liegt kein StBescheid vor, wenn das FA einem Stpfl eine mit Fotokopie überschriebene Kopie des sog Berechnungsbogens übersendet, da unklar ist, ob von dieser Fotokopie eine unmittelbare rechtliche Wirkung ausgehen soll (FG Düsseldorf EFG 86, 55). Ein EStBescheid ist aber auch ohne Leistungsgebot wirksam, wenn aus ihm klar und eindeutig ersichtlich ist, welchen zu versteuernden Einkommensbetrag das FA festgestellt und welche ESt es festgesetzt hat (FG Bremen EFG 87, 156; vgl auch unten § 157, Anm 2). Allerdings könnte aus einem solchen Bescheid erst nach Ergehen des Leistungsgebots vollstreckt werden (§ 254).

Für die Frage der hinreichenden Bestimmtheit kommt es grundsätzlich auf die **Überschrift** und den **Tenor** (verfügender Teil) des Bescheids an (vgl BFH BStBl 83, 472; 83, 517; 84, 362; 85, 581; FG RheinPf EFG 86, 202). Zur Auslegung von Überschrift und Tenor sind allerdings die Begründung und angeheftete Anlagen heranzuziehen. So ist der Umfang der Vorläufigkeit eines EStBescheids ggf aus der Bescheidanlage zu entnehmen (FG Hamburg EFG 87, 335). Auch ein dem Bescheid angehefteter Prüfungsbericht kann zur Auslegung herangezogen werden (BFH/VN 86, 517). Stehen Tenor und Begründung eines Bescheids in direktem, sich gegenseitig ausschließenden Gegensatz zueinander, so führt dies dazu, daß dem Steuerverwaltungsakt die erforderliche Bestimmtheit fehlt. So ist ein Bescheid, in dessen Tenor der Arbeitgeber vom FA als Haftender in Anspruch genommen wird, dessen Begründung aber eindeutig auf die Festsetzung einer pauschalen LSt hinweist, unwirksam (BFH BStBl 85, 581; BFH/NV 86, 517).

Allgemein ist ein Verwaltungsakt dann **nicht** hinreichend **bestimmt,** wenn auch nicht durch **Auslegung** geklärt werden kann, **wie** er zu **verstehen** ist, vgl BFH BStBl 74, 118. Bei der **Auslegung** von Verfügungen der FinBeh ist § 133 BGB entsprechend anzuwenden. Es kommt nicht darauf an, was die FinBeh mit ihrer Erklärung gewollt hat, sondern darauf, wie der Empfänger nach den ihm bekannten Umständen den materiellen Gehalt der Erklärung unter Berücksichtigung von Treu und Glauben verstehen konnte (BFH BStBl 82, 34; 83, 23; 86, 293; BFH/NV 87, 7; 87, 19; vgl auch unten § 124 Anm 2). Im Zweifel ist das den Betroffenen weniger belastende Auslegungsergebnis vorzuziehen (BFH BStBl 82, 34; *Kopp* § 36 VwVfG § 36 Anm. 5). Erst wenn sich durch Auslegung kein eindeutiges

343

§ 119   3. Teil. Allgemeine Verfahrensvorschriften

Ergebnis gewinnen läßt, kann der Schluß gerechtfertigt sein, daß der Verwaltungsakt nicht hinreichend bestimmt und deswegen nichtig ist (BFH/NV 87, 19). Auch für die Behörde ist die **inhaltliche Bestimmtheit** wichtig, damit sie weiß, was sie ggf mit Zwangsmitteln bei dem Betroffenen durchsetzen kann. Aus dem Verwaltungsakt muß eindeutig zu entnehmen sein, an **wen** er sich **richtet,** gegen wen und für wen er seine Wirkungen entfaltet (BFH/NV 86, 647). Er darf ferner **nicht** in sich **widersprüchlich** sein (vgl oben). Folge der mangelnden Bestimmtheit ist **nicht immer Nichtigkeit.** Ob der inhaltlich nicht hinreichend bestimmte Verwaltungsakt nichtig oder nur anfechtbar ist, hängt davon ab, ob es sich um einen besonders schwerwiegenden und offenkundigen Mangel iS von § 125 handelt oder nicht. Dies kann nur im Einzelfall beurteilt werden (BFHE 154, 439; ferner BFH v 22. 10. 88 VII R 173/85, z Veröffentlichung bestimmt). Der Bestimmtheitsgrundsatz gilt **auch für Nebenbestimmungen** nach § 120 (BFH BStBl 86, 38).

2. Bestimmtheit. Bei einer Mehrheit von zu berichtigenden Bescheiden muß angegeben werden, welche Bescheide geändert werden. Werden zwei Verwaltungsakte **miteinander verbunden,** muß erkennbar sein, daß es sich um verschiedene Verfügungen handelt (FG Nürnberg EFG 82, 112). Bescheide können nur bei erkennbarer inhaltlicher klarer Trennung miteinander verbunden werden (FG RheinPf EFG 86, 202). Die Unterschiede zwischen Pauschalierungsbescheid (Steuerbescheid) und Haftungsbescheid bei der **Nacherhebung von Lohnsteuer** und das Gebot der inhaltlichen Bestimmtheit eines Verwaltungsaktes schließen es daher aus, daß vom Arbeitgeber pauschalierte Lohnsteuer und Lohnsteuer, für die er haftet, mit einheitlichem Bescheid angefordert werden, wenn dieser nur als Haftungsbescheid bezeichnet ist (BFH BStBl BFH BStBl 83, 472) oder wenn nach der Bezeichnung des Bescheides unklar ist, ob das FA eine pauschalierte Lohnsteuer oder eine Lohnsteuerhaftungsschuld festsetzen wollte (BFH BStBl 84, 362). Auch bei Widerspruch zwischen Tenor und Begründung in dieser Frage ist der Bescheid unwirksam (s oben Anm 1). Dagegen ist es zulässig, daß das FA auf einem einheitlichen Vordruck lediglich äußerlich zusammengefaßt einen Pauschalierungs- und Haftungsbescheid erläßt, wenn die zu erhebenden Beträge getrennt ausgewiesen sind und angegeben ist, auf welcher Rechtsgrundlage die Inanspruchnahme jeweils beruht (BFH BStBl 85, 266). Dabei ist es ausreichend, wenn sich aus dem Prüfungsbericht, auf den zur Begründung Bezug genommen ist, eindeutig entnehmen läßt, ob und in welcher Höhe gegen den in Anspruch genommenen Arbeitgeber eine eigene Steuerschuld oder eine Haftungsschuld festgesetzt werden sollte, ohne daß der Betrag im Tenor aufgeteilt ist (BFH BStBl 85, 664; vgl auch oben Anm 1).

Gemäß § 157 I 2 müssen schriftliche Steuerbescheide die festgesetzte Steuer **ihrer Art nach** bezeichnen. Die Verletzung dieser Vorschrift führt zur inhaltlichen Unbestimmtheit des Steuerbescheids im Sinne des § 119 I und damit zur Nichtigkeit (BFH BStBl 86, 42). Die Festsetzung einer Kirchensteuer ist nur dann hinreichend bestimmt, wenn sich aus dem StBescheid ergibt, für welche Konfessionszugehörigkeit Kirchensteuer erhoben wird (BFH aaO). Grundsätzlich ist auch zu fordern, daß die **Erhebungszeiträume** oder die auf **die einzelnen Perioden** oder einzelnen

2. Abschnitt. Verwaltungsakte § 119

Rechtsvorgänge entfallenden Beträge ausgewiesen sind. Ein Nachforderungsbescheid für Monopolausgleich über Vorgänge, die sich über mehrere Kalenderjahre hinziehen, kann nicht in einem ungeteilten Betrag festgesetzt werden, FG Berlin EFG 79, 420. Ein **GesStBescheid** muß idR mehrere steuerpflichtige Rechtsvorgänge aufgliedern, um hinreichend bestimmt zu sein, BFH BStBl 80, 316. Ein **GrEStBescheid** ist allerdings nicht deshalb unwirksam, weil er mehrere zu einem einheitlichen Kaufpreis erworbene Grundstücke in einem einheitlichen zusammengefaßten Bescheid erfaßt, wenn sich durch Bezugnahme auf den Kaufvertrag ergibt, für welche Erwerbsvorgänge die aus dem Gesamtkaufpreis festgesetzte Steuer erhoben worden ist (BFH/NV 87, 738). **Einheitswertbescheide,** die lediglich den Einheitswert betragsmäßig feststellen, sind nicht hinreichend bestimmt. Die bloße Globalverweisung auf einen Außenprüfungsbericht kann diesen Mangel nicht heilen (FG RheinPf EFG 85, 61). Bei einer **Prüfungsanordnung** muß der Zeitraum, auf den sich die Prüfung erstrecken soll, hinreichend bestimmt sein (BFH BStBl 86, 439). Bei einer Einfuhrhandelsprüfung kann nach den Umständen des Falles dieses Erfordernis allerdings durch die Angabe des Prüfungszeitraums mit „nichtverjährter Zeitraum" erfüllt sein (BFH aaO). In einem Duldungsbescheid aufgrund des Anfechtungsgesetzes reicht die Bezeichnung der Abgaberückstände lediglich in einem Saldo quasi aus laufender Rechnung nicht aus (FG Hamburg EFG 85, 476). Die **Arrestanordnung** ist hinreichend bestimmt, wenn aus ihr zu entnehmen ist, in wessen Vermögen der dingliche Arrest angeordnet wird, die Vollstreckung welcher Geldforderung gesichert werden soll und wie hoch die Arrestsumme ist. Die Abgabeforderungen müssen nach der Steuerart und den ihnen zugrunde liegenden Sachverhalten individuell bestimmt sein oder durch Auslegung bestimmbar sein. Die Aufteilung der Arrestsumme auf mehrere von der Arrestanordnung erfaßte Geldforderungen nach verschiedenen Abgabearten oder nach den Einzelansprüchen verlangt das Gesetz dagegen nicht (FG München EFG 85, 478). Werden in einem **formularmäßig erlassenen StBescheid** die vorgedruckten Kästen für bestimmte, nicht in jedem Fall erforderliche Zusätze nicht angekreuzt, ist der Bescheid nicht unbestimmt (FG Hamburg EFG 83, 210).

Das genannte Erfordernis der Bezeichnung der Erhebungszeiträume, Perioden oder Rechtsvorgänge, für die die Steuer erhoben wird, gilt grundsätzlich auch für **Haftungsbescheide.** Ein Haftungsbescheid für nach Zeitabschnitten entstandene Steuern entspricht dem Bestimmtheitserfordernis daher regelmäßig nur dann, wenn die auf die einzelnen Perioden (zB Umsatzsteuervoranmeldungszeiträume) entfallenden Beträge besonders ausgewiesen sind (BFH BStBl 80, 669; 83, 472; FG München EFG 85, 268). Zu weit geht aber das FG München (aaO), wenn es fordert, daß die Aufgliederung im Verfügungsteil (Entscheidungssatz oder Tenor) der Verwaltungsentscheidung erfolgen müsse. Die Bezugnahme auf die Begründung oder klare Auslegungsfähigkeit anhand der Begründung oder anhand von Verweisen auf andere Schreiben müssen genügen (BFH/NV 86, 319). Entsprechend diesen Grundsätzen wird von der Rspr der FG grundsätzlich auch bei LStHaftungsbescheiden die Aufgliederung nach Arbeitnehmern und LStAnmeldungszeiträumen gefordert (FG München EFG 85, 268; FG Düsseldorf EFG 87, 591). Ausnahmen hatte der BFH aber schon anerkannt, wenn sich bei einer LSt-Außenprüfung bei einer Vielzahl von Ar-

§ 119 3. Teil. Allgemeine Verfahrensvorschriften

beitnehmern meist kleinere Nachforderungsbeträge aufgrund von im wesentlichen gleichbleibenden Sachverhalten ergeben (BFH BStBl 85, 170) oder wenn es um eine so hohe Zahl von Arbeitnehmern geht, daß dem FA die Aufgliederung der Beträge nicht mehr zumutbar ist (vgl BFH BStBl 80, 669) oder wenn der LStHaftungsbescheid nach Ablauf des Streitjahres nur für einige Monate eines Jahres ergeht (BFH BStBl 86, 152; BFH/NV 87, 227). Neuerdings hat der BFH das Aufgliederungsgebot bei LStHaftungsbescheiden praktisch aufgegeben. Ein gegen den Geschäftsführer einer GmbH erlassener LStHaftungsbescheid ist danach in der Regel auch dann inhaltlich hinreichend bestimmt, wenn er keine Aufgliederung des Haftungsbetrages nach LSt-Anmeldungszeiträumen enthält (BFH BStBl 88, 480). In dieser Konsequenz kann dem BFH nicht gefolgt werden.

Streitig ist auch, **welche Folgen** sich aus dem einem Haftungsbescheid anhaftenden Mangel ergeben, der darauf beruht, daß mehrere steuerliche Verpflichtungen ohne Aufgliederung in einem Betrag zusammengefaßt sind. Während das FG RheinPf (EFG 80, 210; 80, 360) offenbar Nichtigkeit annimmt, sieht das FG Köln (EFG 85, 213) den Mangel als nicht so schwerwiegend an (vgl oben Anm 1), sodaß lediglich eine Rechtswidrigkeit und damit Aufhebbarkeit gegeben ist. Die Frage läßt sich nicht generell beantworten. Bei LStHaftungsbescheiden, bei denen die Abgrenzung der Aufgliederungserfordernisse schwierig sein kann, wird man zB bei Streit über die Zumutbarkeit der Aufgliederung nicht von einem offenkundig so schwerwiegenden Mangel ausgehen können, daß Nichtigkeit gegeben ist. Anders wird dies in der Regel sein, wenn andere Haftungsbescheide keinerlei Aufgliederung enthalten (vgl im übrigen näher zu Form und Inhalt der Haftungsbescheide Erl zu § 191).

Wie oben (Anm 1) bereits ausgeführt worden ist, muß sich aus dem Verwaltungsakt eindeutig ergeben, gegen wen er sich richtet. Dabei gelten die oben in Anm 1 genannten Grundsätze der Auslegung. Zur Auslegung hinsichtlich der Frage, für wen der VerwAkt bestimmt ist, können daher auch die Begründung oder Anlagen zu dem Bescheid herangezogen werden (BFH BStBl 86, 834; FG RhPf EFG 87, 98). Die **Adressierung** eines Abgabebescheids an einen nicht existierenden Abgabeschuldner macht den Bescheid regelmäßig nichtig. So ist ein an eine „Wohnungseigentümergemeinschaft" ergehender Abgabebescheid nicht hinreichend bestimmt, weil die Eigentümergemeinschaft nicht Eigentümer sein kann (VGH Kassel ZKF 86, 86). Ebenso ist eine Prüfungsanordnung gegen eine Grundstücksgemeinschaft nichtig, wenn sie die Mitglieder nicht erkennen läßt (BFH/NV 88, 3). Aus dem Gesamtinhalt eines Gewinnfeststellungsbescheides muß klar und eindeutig erkennbar sein, für welche Pesonen die Besteuerungsgrundlagen festgestellt werden und wie hoch diese sind (BFH/NV 86, 647). Ein einheitlicher Gewinnfeststellungsbescheid ist dann nicht unrichtig adressiert, wenn er im Anschriftenfeld eine nicht mehr bestehende Personengesellschaft nennt, sich aber aus dem Bescheid die weiteren Angaben über die Gesellschafter entnehmen lassen (BFH aaO; BFH BStBl 77, 221; 79, 89). Eine an den Ehemann und die nicht existierende Ehefrau gerichtete Prüfungsanordnung ist insgesamt nichtig (FG Düsseldorf EFG 84, 534; FG RheinPf EFG 86, 378). Ein nach dem Tode des Ehemannes an „Herrn und Frau ..." (Name der Ehefrau) gerichteter EStBescheid für den letzten Veranlagungszeitraum ist allerdings hinreichend bestimmt und der

2. Abschnitt. Verwaltungsakte § **119**

Ehefrau wirksam bekanntgegeben, wenn in der Einspruchsentscheidung nachträglich klargestellt wird, daß nur diese von dem Bescheid betroffen sein sollte. Dabei ist es unerheblich, wenn das FA die Ehefrau irrtümlich auch als Erbin ihres Mannes angesehen hat, weil es insoweit nur um die Begründung des Bescheides geht (BFH BStBl 86, 545). Ein an den Testamentsvollstrecker gerichteter Schenkungsteuerbescheid für Schenkungsteuerschulden des Erblassers mit dem Zusatz „als Testamentsvollstrecker und Zustellungsvertreter der Erben nach ..." ist inhaltlich zu unbestimmt, weil er nicht erkennen läßt, ob dem Steuerbescheid zulässigerweise (§ 45 AO, § 2213 BGB) gegenüber dem Testamentsvollstrecker eine Steuerschuld des Erblassers geltend gemacht oder ob ihm der Bescheid lediglich als Zustellungsbevollmächtigtem der Erben bekanntgegeben werden sollte (BFH BStBl 88, 120).

Werden **zwei Personen** durch einen Bescheid als **Haftungsschuldner** für einen Betrag in Anspruch genommen, so fehlt dem Bescheid die hinreichende Bestimmtheit, wenn er nicht erkennen läßt, in welchem Umfang der einzelne Haftungsschuldner in Anspruch genommen wird (FG Hamburg EFG 83, 210). Ebenso ist ein GewStMeßbescheid nichtig, der nach einer Betriebsumwandlung an Einzelunternehmer und KG gemeinsam ergeht, ohne die Betriebsergebnisse gesondert auszuweisen (FG RheinPf EFG 86, 305). Zu weitgehend aber FG RhPf: Ein an die Eheleute adressierter EinzelStBescheid über ESt, bei dem die Grundtabelle angewendet worden ist, ist unwirksam, weil sich aus dem Bescheid nicht entnehmen läßt, ob sich der Bescheid an den Mann oder die Frau richten soll, EFG 82, 169. Hier läßt sich in der Regel aus der Begründung des Bescheides durch Auslegung die gewollte richtige Adressierung ermitteln. Ein an Ehegatten adressierter Bescheid, in dem zur **Erzwingung** von Auskünften über ausländische Beteiligungen ein **einheitliches Zwangsgeld** festgesetzt wird, ist nur dann hinreichend bestimmt, wenn er erkennen läßt, welcher Teilbetrag des Zwangsgeldes auf jeden Ehegatten entfällt (FG Düsseldorf EFG 82, 498). Zur richtigen Adressierung von EStBescheiden an **zusammenveranlagte Eheleute** s die Erl zu § 155 (s auch Erl zu § 122 Anm 2b) dort auch zu der Streitfrage, ob vor der Neufassung des § 155 III durch das StBereinigG 1986 mit dem EStZusammenveranlagungsbescheid ein Bescheid über die Festsetzung eines Verspätungszuschlages verbunden werden konnte. Abrechnungsbescheide iS des § 218 II für zusammenveranlagte Eheleute können nicht in der Form eines zusammengefaßten Bescheids ergehen. Hier fehlt es an der hinreichenden Bestimmtheit, wem gegenüber die Behörde was feststellt, was verlangt und was gewährt wird (FG Köln EFG 88, 344).

3. Form des Verwaltungsaktes. Abs 2 schreibt keine bestimmte Form vor. Beachte jedoch Sondervorschriften für Steuerbescheide, gesonderte Feststellungsbescheide, Haftungsbescheide (§§ 157, 181 I, 184 I, 191 I). Verwaltungsakt ergeht **schriftlich,** wenn FinBeh ihren auf die Regelung eines Einzelfalles gerichteten **Willen** gegenüber den Beteiligten erstmals durch ein **Schriftstück** zum Ausdruck bringt, FG Münster EFG 78, 467. In **anderer Weise** erlassen werden zB Verwaltungsakte in Form von **Verkehrszeichen, Handzeichen,** zB bei Heranwinken eines Fahrzeugs an der Grenze. Der Betroffene kann verlangen, daß ein **mündlicher Verwaltungsakt schriftlich bestätigt** wird. Dies muß er jedoch **unverzüglich** ver-

§ 119 3. Teil. Allgemeine Verfahrensvorschriften

langen und ein **berechtigtes Interesse** an der schriftlichen Bestätigung haben, zB wenn er gegenüber Dritten oder gegenüber einer anderen Behörde den Erlaß des Verwaltungsakts nachweisen, den Verwaltungsakt anfechten oder sich rechtlich beraten lassen will. Bei Verwaltungsakten, die auf andere Weise erlassen worden sind, kann keine schriftliche Bestätigung verlangt werden. Formlose Bescheide können auch fernmündlich bekanntgegeben werden, BFH NJW 76, 1471.

4. Abs 3 enthält gewisse **Mindesterfordernisse**, die ein schriftlicher Verwaltungsakt erfüllen muß. Die erlassende **Behörde** muß im Verwaltungsakt **genannt** sein; es gnügt nicht die Nennung der Gebietskörperschaft, der die Behörde angehört. Ferner ist **Unterschrift** oder **Namenswiedergabe** des Behördenleiters, seines Vertreters oder seines Beauftragten vorgeschrieben. Das FG RhPf (EFG 81, 322) nimmt sogar **Nichtigkeit** des Verwaltungsaktes an, wenn Unterschrift oder Namenswiedergabe fehlen. Eine Paraphe auf der Aktenverfügung soll die Unterschrift nicht ersetzen. Auch eine Paraphe auf dem Bescheid soll die Unterschrift nicht ersetzen können (VGH München BayVBl 87, 243). Die Nichtigkeit des Verwaltungsaktes soll außerdem zur Nichtigkeit der Einspruchsentscheidung führen, auch wenn diese nicht unter diesen Mängeln leidet, FG RhPf aaO. Diese strenge Auffassung scheint überzogen. Andererseits läßt nämlich das FG RhPf die Erhebung einer Anfechtungsklage zu, wenn die Einspruchsentscheidung wirksam bekanntgegeben worden und nach den Umständen des Einzelfalles erkennbar ist, daß das Rechtsbehelfsverfahren abgeschlossen werden sollte. Dann soll es unschädlich sein, wenn das Aktenexemplar weder der Vorsteher noch sein Vertreter noch der zuständige Sachgebietsleiter unterschrieben oder mit einem Handzeichen versehen haben und wenn, damit übereinstimmend, das dem Stpfl bekanntgegebene Exemplar nicht den Namen des verantwortlichen Beamten wiedergibt (FG RhPf EFG 86, 349). **Abs 4** enthält überdies insoweit bedeutsame **Ausnahmeregelungen.**

Wer **Beauftragter** ist, richtet sich nach dem Geschäftsverteilungsplan der Behörde. Es ist nicht recht verständlich, warum das Gesetz insoweit die strenge Vorschrift des VwVfG übernommen hat; die Namenswiedergabe des erlassenden Beamten hat für die Frage der Gültigkeit des Verwaltungsakts kaum eine Bedeutung. Der Verwaltungsakt ist nicht deswegen unwirksam, weil Unterschrift oder Namenswiedergabe fehlen. Für den Betroffenen hat die Angabe des Namens ohnehin kaum einen Aussagewert. Er kann daraus nicht erkennen, ob der Unterzeichner intern zum Erlaß des Verwaltungsaktes befugt war; im übrigen ist der Verwaltungsakt nicht deswegen nichtig, weil er von einem unzuständigen Beamten innerhalb der zuständigen Behörde erlassen worden ist (BFH BStBl 61, 342). Denn die abschließende **Zeichnung** der StFestsetzung durch einen Beamten, der zur Mitwirkung bei der StFestsetzung berufen und grundsätzlich zur Zeichnung ermächtigt ist, aber die verwaltungsintern geregelte **Zeichnungsbefugnis** überschreitet, beeinträchtigt die Wirksamkeit des StBescheides nicht (BFH BStBl 81, 404; 87, 592). Ebenso ist die vom Sachgebietsleiter der Amtsbetriebsprüfungsstelle unterschriebene Prüfungsanordnung auch dann wirksam, wenn dieser nicht vom Vorsteher des FA beauftragt war, Prüfungsanordnungen zu erlassen (BFH BStBl 88, 233). Sachgebietsleiter

2. Abschnitt. Verwaltungsakte § 119

und Sachbearbeiter eines FA gehören zum Kreis der Beamten, die zu behördlichen Handlungen im Bereich der StFestsetzung ermächtigt sind. Sie sind Amtswalter, deren Handlungen dem FA zugerechnet werden. Zu Recht hat daher der BFH (86, 169) nunmehr entschieden, daß das Fehlen der Unterschrift oder Namenswiedergabe einer in § 119 III genannten Person die Wirksamkeit des Verwaltungsaktes nicht berühre. Er geht sogar so weit, daß der Verwaltungsakt wegen § 127 **nicht** einmal allein wegen des Fehlens der Unterschrift oder der Namenswiedergabe **aufhebbar** sein soll. Damit läuft Abs III des § 119 insoweit allerdings weitgehend leer (für Aufhebbarkeit daher VGH München, BayVBl 87, 243). Das Fehlen einer **Datumsangabe** auf dem Verwaltungsakt hat keinerlei Auswirkungen auf die Rechtmäßigkeit. Insoweit geht es nicht um einen von § 119 III geforderten Mindestinhalt (BFH/NV 88, 72; vgl auch § 157 Anm 2).

5. Abs 4 enthält **Erleichterungen** gegenüber den Vorschriften der vorstehenden Absätze bei **formularmäßig** oder mit Hilfe **automatischer Einrichtung** erlassenen Verwaltungsakten. **Unterschrift** und **Namenswiedergabe können** hier fehlen. Ein formularmäßiger Bescheid liegt nicht vor, wenn sämtliche vorgedruckte Begründungen für den Bescheid gestrichen und die Gründe handschriftlich eingetragen wurden, FG D'dorf EFG 81, 59. Ein StBescheid aber, der auf dem Formular eines Bescheides mit vorgedruckten Kästen für bestimmte Zusätze fixiert wird, ist auch dann ein formularmäßig erlassener Bescheid, wenn der Text des **Formulars** durch die Daten und Begründungen des Einzelfalls **ergänzt** wird, FG Hbg EFG 83, 210. Bescheide ergehen nämlich immer dann formularmäßig, wenn dabei ein auf den Fall passendes Formular verwendet und ohne wesentliche Änderung oder Ergänzung von Ermessenserwägungen ausgefüllt wird. Die Beifügung kurzer Erläuterungen in dem dafür im Formular vorgesehenen Freiraum von wenigen Zeilen steht der Formularmäßigkeit nicht entgegen (BFH/NV 88, 3). Die Ergänzung durch die für eine Ermessensausübung maßgebenden Erwägungen ist dagegen für die Formularmäßigkeit schädlich (BFH BStBl 86, 169). Eine allgemeine Ausnahmeregelung für **Massenverwaltungsakte** enthält die Vorschrift nicht. **Automatisierte Verwaltungsakte** sind nicht nur solche, die im Entwurf auf herkömmliche Weise hergestellt und dann reproduziert werden, sondern auch solche, bei denen auch die Urschriften automatisch, zB mittels Datenverarbeitungsanlagen hergestellt werden (EVwVfG BT-Drs 7/910, 59). Die Entscheidung wird der Maschine in diesen Fällen zwingend vorgeschrieben. Ferner wird klargestellt, daß sich die **inhaltliche Bestimmtheit** auch aus der Verwendung von **Symbolen** ergeben kann. Die zweifelsfreie Lesbarkeit muß jedoch sichergestellt werden. Dem Adressaten des Verwaltungsaktes wird allerdings zugemutet, daß er die Bedeutung der Zeichen anhand der beizufügenden Erläuterungen entschlüsselt (vgl BVerwG DVBl 72, 955). Die Vorschrift verstößt nicht gegen Verfassungsrecht, BFH BStBl 81, 554. Der Umstand, daß auf dem Bescheid kein Name erscheint, bedeutet nicht, daß der Bescheid von niemand persönlich verantwortet werden muß. Auch bei der elektronischen StFestsetzung übernimmt der Beamte durch Abzeichnung des Eingabewertbogens die Verantwortung für den Inhalt des Bescheids. Das Fehlen der Zeichnung des Eingabewertbogens ändert aber nichts an der Wirksamkeit des Verwaltungsaktes (FG Düsseldorf EFG 85, 590).

§ 120 Nebenbestimmungen zum Verwaltungsakt

(1) Ein Verwaltungsakt, auf den ein Anspruch besteht, darf mit einer Nebenbestimmung nur versehen werden, wenn sie durch Rechtsvorschrift zugelassen ist oder wenn sie sicherstellen soll, daß die gesetzlichen Voraussetzungen des Verwaltungsaktes erfüllt werden.

(2) Unbeschadet des Absatzes 1 darf ein Verwaltungsakt nach pflichtgemäßem Ermessen erlassen werden mit
1. einer Bestimmung, nach der eine Vergünstigung oder Belastung zu einem bestimmten Zeitpunkt beginnt, endet oder für einen bestimmten Zeitraum gilt (Befristung),
2. einer Bestimmung, nach der der Eintritt oder der Wegfall einer Vergünstigung oder einer Belastung von dem ungewissen Eintritt eines zukünftigen Ereignisses abhängt (Bedingung),
3. einem Vorbehalt des Widerrufs

oder verbunden werden mit

4. einer Bestimmung, durch die dem Begünstigten ein Tun, Dulden oder Unterlassen vorgeschrieben wird (Auflage),
5. einem Vorbehalt der nachträglichen Aufnahme, Änderung oder Ergänzung einer Auflage.

(3) Eine Nebenbestimmung darf dem Zweck des Verwaltungsaktes nicht zuwiderlaufen.

Übersicht

1. Inhalt
2. Gebundene Verwaltungsakte
3. Abs 2
4. Zweckbestimmung
5. Anfechtbarkeit von Nebenbestimmungen

1. Inhalt. Die Vorschrift entspricht § 36 VwVfG. Sie unterscheidet zwischen Verwaltungsakten, auf deren Erlaß ein **Rechtsanspruch** besteht und solchen, die nach pflichtgemäßen **Ermessen** erlassen werden. Die Nebenbestimmung wird mit dem Verwaltungsakt, dem sie beigefügt worden ist, bestandskräftig (BFH BStBl 83, 188). Allerdings müssen die Nebenbestimmungen hinreichend bestimmt sein, da für sie ebenfalls § 119 gilt (BFH BStBl 86, 38, s auch § 119 Anm 1). Bei mangelnder Bestimmtheit ist in der Regel Nichtigkeit anzunehmen (AnwErl zu § 120 Abschn 2). Die Rechtsfolgen im Hinblick auf den Hauptteil des Verwaltungsaktes richten sich nach § 125 IV.

2. Abs 1 regelt die Frage der Nebenbestimmungen im Zusammenhang mit **gebundenen Verwaltungsakten.** Nebenbestimmungen bedeuten grundsätzlich eine Einschränkung des Verwaltungsaktes. Sie sind bei Verwaltungsakten, auf die ein Rechtsanspruch besteht, nur zulässig, wenn die Nebenbestimmungen entweder im **Gesetz zugelassen** ist oder die Nebenbestimmung sicherstellen soll, daß die gesetzl **Voraussetzungen** des Verwaltungsaktes **erfüllt** werden. **Beispiel:** Auflage, wonach der Betroffene innerhalb einer bestimmten Frist den Nachweis erbringen soll, daß er ein bestimmtes Wirtschaftsgut nicht veräußert hat. Die Vorschrift **gilt** auch **für Steuerbescheide** und Steuervergütungsbescheide, dürfte aber insoweit

2. Abschnitt. Verwaltungsakte **§ 120**

keine große Bedeutung haben. Die Regelungen über Steuerbescheide enthalten Sonderregelungen zB in §§ **164, 165.** Die Vorschrift dürfte auch anwendbar sein bei Ermessensverwaltungsakten, bei denen im Einzelfall der Ermessensspielraum so eingeengt ist, daß nur eine dem Antrag des Steuerpflichtigen entsprechende Entscheidung richtig ist. Zu den Nebenbestimmungen zählen nicht nur konkrete Anordnungen wie zB Auflagen, sondern auch solche Regelungen, die – wie die Befristung oder Bedingung – Bestandteil des Verwaltungsaktes selbst sind.

3. Abs 2 betrifft nicht nur Verwaltungsakte zugunsten des Betroffenen, sondern auch belastende Verwaltungsakte. Belastende Verwaltungsakte auch, soweit sie gebundene Verwaltungsakte sind. **Nr 1. Befristung.** Von der Frist kann der Beginn oder das Ende der mit dem Verwaltungsakt angestrebten Rechtsfolgen abhängig gemacht werden. **Nr 2. Bedingung** ist ein künftiges ungewisses Ereignis, von dem die gewollte Rechtsfolge abhängt. Der Verwaltungsakt als solcher wird bereits mit seinem Erlaß wirksam, bleibt jedoch in der Schwebe, solange nicht feststeht, ob die Bedingung eintritt oder nicht (BVerwGE 29, 261). **Nr 3. Widerrufsvorbehalt** rechtfertigt zur Rücknahme des Verwaltungsaktes, auch eines begünstigenden. Aufhebung erfolgt nach § 131 II Nr 1. Hinzufügung eines Widerrufsvorbehalts und dessen Ausübung jedoch nur nach pflichtgemäßem **Ermessen.** Wenn sich gegenüber der Sach- und Rechtslage zZt des Erlasses des Verwaltungsaktes keine Veränderungen ergeben haben, verstößt grundsätzlich die Ausübung des Widerrufsrechts gegen pflichtgemäßes Ermessen (vgl BFH BStBl 71, 35). Besteht auf die Erteilung einer Erlaubnis bei Erfüllung der gesetzlichen Voraussetzungen ein **Rechtsanspruch** und ist die Erlaubnis unter Mißachtung der gesetzlichen Voraussetzungen, aber unter Widerrufsvorbehalt erteilt worden, dann ist der Widerrufsvorbehalt nicht rechtswidrig. Die Behörde ist berechtigt und idR auch verpflichtet, die rechtswidrig erteilte Erlaubnis zu widerrufen, sobald sie deren Rechtswidrigkeit erkennt, FG Hbg EFG 81, 483. Umstritten ist, ob die Befristung, Bedingung und der Widerrufsvorbehalt **selbständig** oder nur zusammen mit den Verwaltungsakten **angefochten** werden können, vgl einerseits *TK* Anm 4 gegen *Martens* DVBl 65, 428 und Anm 5.

Nr 4. Die **Auflage** tritt zu dem Verwaltungsakt hinzu. Eine einer Bewilligung hinzugefügte **Auflage** ist eine selbständige **Nebenbestimmung,** weil die Bewilligung in ihrem rechtlichen Gehalt durch das Verlangen nach Sicherheit nicht eingeschränkt wird. Die Bewilligung besteht auch dann fort, wenn die Auflage aufgehoben werden sollte. Die Selbständigkeit der Auflage hat zur Folge, daß sie isoliert vollzogen und **angefochten** werden kann, BFH BStBl 82, 34; BVerwGE 41, 178. Der Verwaltungsakt wird trotz der Auflage wirksam. Auch die Nichterfüllung der Auflage führt nicht automatisch zum Erlöschen des Verwaltungsaktes; die Behörde hat jedoch das Recht, ihn **zurückzunehmen.** Die Auflage ist auch selbständig **erzwingbar** (BVerwGE 29, 261). Auch die **nachträgliche Hinzufügung** einer Auflage ist nach Nr 5 **zulässig.**

4. Abs 3 stellt klar, daß eine Nebenbestimmung dem **Zweck** des Verwaltungsaktes **nicht zuwiderlaufen** darf. Der Verwaltungsakt darf insbesondere durch die Nebenbestimmung nicht soweit eingeschränkt werden, daß er praktisch dadurch völlig ausgehöhlt wird. Die Einschränkung des

Ermessens der Verwaltung geht aber nicht soweit, daß nur solche Nebenbestimmungen zugelassen sind, die in der Zweckbestimmung des Verwaltungsaktes liegen (Begründung zum EVwVfG BT-Drs 7/910, 58). **Sicherheitsleistung** kann nach § 9 S 2 MinÖStG für Bewilligung eines **Steuerlagers** verlangt werden. Eine **sachfremde** Koppelung ist nicht zulässig; BGH BB 55, 9; BFH BStBl 54, 244.

5. Anfechtbarkeit von Nebenbestimmungen. Auflagen, die einem begünstigenden Verwaltungsakt hinzugefügt sind, können grundsätzlich **selbständig** angefochten werden (BVerwG 55, 135; BVerwG NJW 82, 2269; BFH BStBl 82, 34). Etwas anderes gilt für die sog **modifizierten Auflagen.** Bei diesen muß der Betr ggf Verpflichtungsklage auf Gewährung einer uneingeschränkten Begünstigung erheben. Das BVerwG hält aber nicht mehr an der Auffassung fest, daß die selbständige Anfechtbarkeit schon dann ausscheide, wenn die Begünstigung und die ihr hinzugefügte Auflage auf einer einheitlichen Ermessensentscheidung beruhen, vgl BVerwG NJW 82, 2269. BVerwG Buchholz 310 § 113 VwGO Nr 72, S 30 (43). Keine selbständige Anfechtbarkeit wird man zB annehmen müssen, wenn die betr Nebenbestimmung untrennbarer Teil des Verwaltungsaktes ist, vgl BFH BStBl 79, 666 betr Sicherheitsleistung im Zusammenhang mit der Aussetzung der Vollziehung nach § 361 III 3. Untrennbarer Teil des Verwaltungsaktes und damit nicht selbständig anfechtbar sind alle unselbständigen Nebenbestimmungen iS des § 120 II Nr 1 bis 3 (*KKH* Anm 1).

§ 121 Begründung des Verwaltungsaktes

(1) Ein schriftlicher oder schriftlich bestätigter Verwaltungsakt ist schriftlich zu begründen, soweit dies zu seinem Verständnis erforderlich ist.

(2) Einer Begründung bedarf es nicht,
1. soweit die Finanzbehörde einem Antrag entspricht oder einer Erklärung folgt und der Verwaltungsakt nicht in Rechte eines anderen eingreift,
2. soweit demjenigen, für den der Verwaltungsakt bestimmt ist oder der von ihm betroffen wird, die Auffassung der Finanzbehörde über die Sach- und Rechtslage bereits bekannt oder auch ohne schriftliche Begründung für ihn ohne weiteres erkennbar ist,
3. wenn die Finanzbehörde gleichartige Verwaltungsakte in größerer Zahl oder Verwaltungsakte mit Hilfe automatischer Einrichtungen erläßt und die Begründung nach den Umständen des Einzelfalles nicht geboten ist,
4. wenn sich dies aus einer Rechtsvorschrift ergibt,
5. wenn eine Allgemeinverfügung öffentlich bekanntgegeben wird.

1. Inhalt. Früher war für Steuerverwaltungsakte nur in einzelnen Bestimmungen die Begründung vorgeschrieben. Nunmehr gilt der **Begründungszwang** für alle Verwaltungsakte, jedoch sind in **Abs 2** einige bedeutsame **Ausnahmeregelungen** vorgesehen, vgl auch § 39 **VwVfG.** Die Vorschrift **gilt** auch **für Steuerbescheide.** Dem Stpfl muß durch die

2. Abschnitt. Verwaltungsakte **§ 121**

Gestaltung des StBescheides ermöglicht werden, ihn ohne tiefgreifendes Studium der Steuerrechtsliteratur zu verstehen, *Voth*, DStR 81, 291.

2. Abs 1 schreibt die **schriftliche Begründung** bei einem **schriftlichen** oder **schriftlich bestätigten** Verwaltungsakt vor, „soweit dies zu seinem Verständnis erforderlich ist". Bereits das BVerfG (BVerfGE 6, 44) hat entschieden, daß derjenige, in dessen Rechte der Verwaltungsakt eingreift, einen Anspruch auf Begründung hat, weil er nur so seine Rechte wirksam verteidigen könne. Die Vorschrift besagt nichts darüber, welchen **Umfang** die Begründung haben muß. UU kann der Hinweis auf die entsprechende Rechtsvorschrift, auf die der Verwaltungsakt gestützt wird, genügen. Der Betroffene soll durch die Begründung in die Lage versetzt werden, die Rechtmäßigkeit des Verwaltungsaktes zu überprüfen. **§ 39 VwVfG** schreibt vor, daß in der Begründung die wesentlichen tatsächlichen und rechtlichen Gründe mitzuteilen sind, die die Behörde zu ihrer Entscheidung bewogen haben, und daß die Begründung von Ermessensentscheidungen auch die Gesichtspunkte erkennen lassen soll, von denen die Behörde bei der Ausübung ihres Ermessens ausgegangen ist (vgl auch *v Welck,* Die Begründung von Ermessensentscheidungen, ZRP 71, 124). Eine vergleichbare Vorschrift hat der FA-BT für den Bereich des Steuerrechts nicht für erforderlich gehalten. Die Grundsätze des § 39 VwVfG können daher zwar zur Auslegung des § 121 I herangezogen werden, sie sind jedoch im Rahmen des § 121 I abgeschwächt worden (Nieders FG EFG 85, 474). Dies zeigt besonders die in der Vorschrift enthaltene ausdrückliche Einschränkung, „soweit dies zu seinem Verständnis erforderlich ist". Der **2. Halbsatz** des **Abs 1** ist auf Vorschlag des Bundesrates aufgenommen worden, weil nach seiner Auffassung eine besondere Begründung von Steuerbescheiden häufig – auch unter Berücksichtigung der Belange des Steuerpflichtigen – nicht erforderlich sei (Schriftl Bericht des FA-BT BT-Drs 7/4292). Diese Einschränkung ermöglicht sowohl die Möglichkeit der Überpüfung dahingehend, ob der Verwaltungsakt überhaupt zu begründen ist, als auch dahin gehend, welchen Inhalt und Umfang die Begründung haben muß (Nieders FG aaO; *Koch* Tz 7; *HHSp* Tz 8). Entscheidend kommt es dabei auf das Verständnis desjenigen an, für den der Verwaltungsakt bestimmt ist (Nieders FG aaO mwN). Mit Rücksicht auf dessen Verständnisfähigkeit muß jeweils im Einzelfall geprüft werden, welche Anforderungen an die Begründung zu stellen sind (BFH BStBl 81, 3; Nieders FG aaO).

Bei den von Abs 1 auch erfaßten **StBescheiden** (s oben Anm 1) sollte darauf hingewiesen werden, wenn bei der StFestsetzung die Angaben des Stpfl zugrundegelegt werden, weil der Abs 2 Nr 1 den Stpfl meist unbekannt sein dürfte (*Voth* DStR 81, 291). Allerdings gibt die elektronische Datenverarbeitung die Möglichkeit, StBescheide so übersichtlich zu gestalten, daß der StZahler sie ohne große Mühe mit der StErklärung vergleichen kann (*Voth* aaO). Ein Hinweis und eine Erläuterung ist immer erforderlich, wenn die FinBeh **von der Steuererklärung abweicht,** sei es, daß sie von einem anderen Sachverhalt ausgeht, sei es, daß sie zu anderen rechtlichen Schlußfolgerungen kommt (Nieders FG EFG 85, 474; FG Bad-Württ EFG 87, 155). Allerdings ist die Zahlenangabe mit zugehöriger Einkunftsart im Teil „C. Besteuerungsgrundlagen" eines Steuerbescheids oh-

§ 121   3. Teil. Allgemeine Verfahrensvorschriften

ne einen erläuternden Hinweis auf eine diesbezügliche Abweichung von der StErklärung als eine zum Verständnis des Verwaltungsakts ausreichende Begründung anzusehen, wenn sich beim Vergleich des StBescheids mit der StErklärung der zugrunde liegende Sachverhalt und die Abweichung des Bescheids von der Erklärung auf einen Blick erkennen läßt (Nieders FG EFG 85, 268). Ein gegen einen an der Straftat nicht beteiligten Dritten ergangener Bescheid über die Festsetzung von Hinterziehungszinsen gem § 235 muß darlegen, daß eine Hinterziehung vorliegt, wie diese begangen wurde, in welcher Weise der Zinslauf dadurch festgelegt worden, wann die diesen beendende Zahlung erfolgt, bzw daß diese noch nicht erfolgt, wann die hinterzogenen Steuern unanfechtbar festgesetzt und wann das Strafurteil rechtskräftig geworden ist (FG RhPf EFG 85, 534).

Bei **Ermessensentscheidungen** ist grundsätzlich eine Begründung erforderlich, die gerade die Ermessensfrage betrifft (BFH BStBl 81, 493). Geht es zB um die Ablehnung eines auf sachliche Billigkeitsgründe gestützten Erlaßantrags, der StSchulden und Säumniszuschläge betrifft, so muß die Begründung der Entscheidung auch spezielle selbständige Erwägungen zur Frage des Erlasses der Säumniszuschläge enthalten (BFH/NV 88, 546). Es müssen die angestellten Erwägungen, die Abwägung des Für und Wider der sich gegenüberstehenden Belange aus der Entscheidung erkennbar sein (BFH BStBl 81, 493; 88, 176; 88, 322; 88, 413; 88, 929; BVerwGE 22, 215).

Erleichterungen oder sogar den Verzicht auf eine Begründung läßt die Rspr bei den zu den Ermessensentscheidungen zählenden **Haftungsbescheiden** zu, wenn eine anderweitige Realisierung des Steueranspruchs als durch die Inanspruchnahme des Haftungsschuldners nicht möglich ist (BFH BStBl 88, 176) oder wenn die FinBeh erkennbar von einer Verwirklichung des Haftungstatbestandes in erschwerter Verschuldensform ausgegangen ist (BFH BStBl 78, 508; BFH in BFHE 149, 511; s auch oben Erl zu § 5 Anm 8).

Eine große Rolle spielt die Pflicht zur Begründung von Ermessensentscheidungen ferner bei **Prüfungsanordnungen** für eine Außenprüfung (s näher unten § 196 Anm 3b). Wie alle Ermessensentscheidungen sind die Prüfungsanordnungen zu begründen, soweit dies zu ihrem Verständnis erforderlich ist (s ua BFH BStBl 87, 664; BFH/NV 87, 626). Bei auf § 193 I gestützten Prüfungsanordnungen verlangt die Rspr des BFH aber lediglich den Hinweis auf diese Rechtsgrundlage (BFH BStBl 83, 286; 83, 621; 86, 435; 87, 664; BFH/NV 87, 626; aA FG RhPf 87, 5). Anders ist es bei auf § 193 II Nr 2 gestützten Anordnungen. Hier muß die Anordnung erkennen lassen, daß die für die Besteuerung maßgebenden Verhältnisse der Aufklärung bedürfen und warum eine Prüfung an Amtsstelle nach Art und Umfang des zu prüfenden Sachverhalts nicht zweckmäßig ist (BFH BStBl 86, 435; 87, 664). Eine nähere Begründung ist auch erforderlich, wenn eine Prüfung auf mehr als den normalen Zeitraum von drei Jahren iS des § 4 II BpO erstreckt werden soll (vgl BFH BStBl 85, 568) oder wenn ein anderes als das zuständige FA mit der Durchführung der Prüfung beauftragt wird (BFH BStBl 88, 322). Eine Heilung des Begründungsmangels gem § 126 ist möglich. Bedenklich ist aber BFH BStBl 87, 248, wonach die Heilung auch durch mündliche Erläuterungen des Prüfers möglich sein soll. § 121 erfordert eine schriftliche Begründung.

2. Abschnitt. Verwaltungsakte **§ 121**

Bei Prüfungsentscheidungen einer **Steuerberaterprüfung,** für die § 121 gem § 164a StBerG ebenfalls gilt, geht die Begründungspflicht nicht so weit, daß auch die Erkenntnisse und Erwägungen mitgeteilt werden müßten, auf denen die einzelnen Prüfungsnoten beruhen (BFH BStBl 86, 870).

3. Folgen einer unterlassenen Begründung. Die in § 121 I vorgeschriebene Begründung des Verwaltungsaktes ist im wesentlichen ein Ausfluß des Grundsatzes des rechtlichen Gehörs. Der Verwaltungsakt ohne oder mit unzureichender Begründung ist wirksam, aber fehlerhaft (BFH/NV 86, 583). Die Verletzung des § 121 ist nach **§ 126 I Nr 2** jedoch unbeachtlich, wenn die erforderliche Begründung **nachgeholt** wird. Die Nachholung ist nach § 126 II aber nur bis zum Abschluß eines außergerichtl Rechtsbehelfsverfahrens bzw bis zur Erhebung der Klage vor dem FG möglich. Hat die fehlende Begründung dazu geführt, daß der Betroffene die Rechtsbehelfsfrist versäumt hat, so gilt die Versäumung als nicht verschuldet; es ist also **Wiedereinsetzung** in den vorigen Stand möglich (§ 126 III iVm § 110).

4. Abs 2. Die Begründung ist entbehrlich, Nr 1, wenn dem **Antrag** voll **entsprochen** wird. Der Betroffene dürfte in diesen Fällen ohnehin kaum Interesse an einer Begründung haben. Die Begründung ist aber nur dann entbehrlich, wenn der Verwaltungsakt sich nicht etwa zuungunsten eines Dritten auswirkt. **Nr 2.** Wenn dem Betroffenen die Auffassung der Behörde über die Sach- und Rechtslage bereits **bekannt** ist, ist es ebenfalls nicht erforderlich, den Verwaltungsakt zu begründen, weil der Betroffene seine Rechte sachgemäß verteidigen kann. **Begründung** kann **entbehrlich** sein, wenn das FA dem Berater des Stpfl vorher bereits telefonisch die Rechtsauffassung der Behörde mitgeteilt hatte (BFH BStBl 81, 3), jedenfalls, wenn in der Begründung zum Bescheid auf dieses Telefonat hingewiesen wurde. Eine Begründung kann ferner entbehrlich sein, wenn die Auffassung der Finanzverwaltung dem Betr ohne weiteres erkennbar ist, zB wenn ein wegen StHinterziehung Haftender deswegen bereits in Untersuchungshaft genommen war. Dies gilt auch für die Ausübung des Auswahlermessens, FG D'dorf EFG 81, 60. Abs 2 Nr 2 ist als **Ausnahmevorschrift** eng auszulegen; es kommt auf die persönl Verhältnisse und die sonstigen Umstände des Falles an, FG Nürnberg EFG 78, 524. **Nr 3** hat insbesondere Bedeutung für **formulärmäßig** erlassene Verwaltungsakte. Es muß sich jedoch um gleichartige Verwaltungsakte handeln. Fraglich ist, ob damit nur Verwaltungsakte gemeint sind mit gleichem Inhalt, die sich nur durch die Angabe des Adressaten, unterscheiden, oder ob darunter auch Verwaltungsakte fallen, die **gleichgelagerte Sachverhalte** regeln sollen, zB Anliegerbescheide uä. Die weite Auslegung würde den Begründungszwang weitgehend wieder beseitigen. UE können nur solche Verwaltungsakte gemeint sein, die ohne weiteres auch aus sich heraus verständlich sind, denn die Einschränkung gilt nur, soweit die Begründung nach den Umständen des Einzelfalles nicht geboten ist. *TK* halten die Anwendung dieser Bestimmung auf alle **Formularbescheide** für denkbar, wenn ihre **Grundlagen** aus dem Formular erkennbar sind, *TK* Tz 3b. **Nr 4** sagt etwas Selbstverständliches. Die Rechtsvorschrift muß **ausdrücklich** und unmittelbar diese Folge aussprechen, FG Nürnb EFG 78, 524. ZB bestimmt **§ 164 I 1,** daß Steuern unter dem Vorbehalt der Nachprüfung festgesetzt werden können, ohne daß dies einer Begründung bedarf. **Nr 5** betrifft Allgemeinverfügungen, vgl die Definition in § 118, 2.

§ 122 Bekanntgabe des Verwaltungsaktes

(1) ¹Ein Verwaltungsakt ist demjenigen Beteiligten bekanntzugeben, für den er bestimmt ist oder der von ihm betroffen wird. ²§ 34 Abs. 2 ist entsprechend anzuwenden. ³Der Verwaltungsakt kann auch gegenüber einem Bevollmächtigten bekanntgegeben werden.

(2) Ein schriftlicher Verwaltungsakt, der durch die Post übermittelt wird, gilt als bekanntgegeben
1. bei einer Übermittlung im Geltungsbereich dieses Gesetzes am dritten Tage nach der Aufgabe zur Post,
2. bei einer Übermittlung an einen Beteiligten außerhalb des Geltungsbereichs dieses Gesetzes einen Monat nach der Aufgabe zur Post,

außer er ist nicht oder zu einem späteren Zeitpunkt zugegangen ist; im Zweifel hat die Behörde den Zugang des Verwaltungsaktes und den Zeitpunkt des Zugangs nachzuweisen.

(3) ¹Ein Verwaltungsakt darf öffentlich bekanntgegeben werden, wenn dies durch Rechtsvorschrift zugelassen ist. ²Eine Allgemeinverfügung darf auch dann öffentlich bekanntgegeben werden, wenn eine Bekanntgabe an die Beteiligten untunlich ist.

(4) ¹Die öffentliche Bekanntgabe eines schriftlichen Verwaltungsaktes wird dadurch bewirkt, daß sein verfügender Teil ortsüblich bekanntgemacht wird. ²In der ortsüblichen Bekanntmachung ist anzugeben, wo der Verwaltungsakt und seine Begründung eingesehen werden können. ³Der Verwaltungsakt gilt zwei Wochen nach dem Tage der ortsüblichen Bekanntmachung als bekanntgegeben. ⁴In einer Allgemeinverfügung kann ein hiervon abweichender Tag, jedoch frühestens der auf die Bekanntmachung folgende Tag bestimmt werden.

(5) ¹Ein schriftlicher Verwaltungsakt wird zugestellt, wenn dies gesetzlich vorgeschrieben ist oder behördlich angeordnet wird. ²Die Zustellung richtet sich nach den Vorschriften des Verwaltungszustellungsgesetzes.

Abs 2 (mit Wirkung vom 1. 1. 1987) neugefaßt durch StBereinigG 1986 v 19. 12. 85, BGBl I, 2436.

Schrifttum: *Rößler* Beginn der Rechtsbehelfsfrist bei nach § 122 II AO bekanntgegebenen Steuerbescheiden, DStZ 79, 451; *Carl* Leistungsbescheid und Leistungsgebot als Voraussetzungen der Zwangsvollstreckung bei nicht rechtsfähigen Personenvereinigungen, BB 85, 1783; *App* Zum Wahlrecht des Finanzamts nach § 122 Abs. 1 Satz 3 AO, DStR 86, 298; *Rail* Bekanntgabe von Verwaltungsakten nach § 41 Abs. 2 VwVfG und § 4 VwZG, BayVBl 86, 389; *Roemer* Bekanntgabe von Feststellungsbescheiden bei Personengesellschaften, Information StW Heft 14/1986, III; *Geiger* Adressierung und Bekanntgabe von Verwaltungsakten, BB 86, 1428; *Großmann* Die Bekanntgabe von Steuerverwaltungsakten, DStZ 86, 598; *Hundt-Eßwein* Heilung von Zustellungsmängeln bei der Ehegattenzustellung, DB 86, 2460; *Domann* Die Änderung der Bekanntgabevorschriften in der AO durch das Steuerbereinigungsgesetz 1986, DStZ 87, 159; *Harenberg* Bekanntgabe und Adressierung von Verwaltungsakten, NWB Fach 2, 4885 (26/1987); *Urban* Müssen Liegenschaftsvollstreckungsanträge des Finanzamts (§ 322 AO) gemäß § 122 AO bekanntgegeben werden? DStR 87, 613; *Schwarz/Rohwedder* Bekanntgabemängel und ihre Folgen, Steuerberaterkongreß-Report 1987, 373; *Gürsching* Heilung von Mängeln in der Bekanntgabe eines Verwaltungsaktes durch die Einspruchsentscheidung, DStR 88, 636.

2. Abschnitt. Verwaltungsakte **§ 122**

Übersicht
1. Inhalt
2. Bekanntgabe an den Betroffenen
   a) BGB-Gesellschaft
   b) Eheleute
   c) Nichtrechtsfähige Personengemeinschaft/Erbengemeinschaft
   d) Juristische Personen
   e) Rechtsnachfolger
   f) Vertreter
3. Bevollmächtigte
4. Zeitpunkt der Bekanntgabe
   a) Aufgabe zur Post
   b) Fristberechnung
   c) Zugangsvermutung
   d) Postlagernde Sendungen/Postschließfach
   e) Bekanntgabe im Ausland
5. Öffentliche Bekanntgabe
6. Form der öffentlichen Bekanntgabe
7. Zustellung

1. Inhalt. Die Vorschrift gilt für **alle Steuer-Verwaltungsakte,** dh auch für **Steuerbescheide.** Das **VwZG** gilt nur, soweit die förmliche Zustellung des Verwaltungsakts vorgesehen ist. Die Zustellungsfiktion des **§ 17 VwZG** ist durch das EGAO aufgehoben. Vgl *Domann* Zustellung von Verwaltungsakten im Besteuerungsverfahren, BB 75, 507; *Kruse* DStR 74, 395. Ein Bescheidausdruck, der ohne den Willen des zuständigen FinBeamten dem Stpfl zugeht, ist noch kein VA (FG Nürnberg EFG 84, 210). Bekanntgabe setzt vielmehr den Bekanntgabewillen eines zuständigen Bediensteten des FA voraus (BFH BStBl 86, 832). Das gilt nicht nur für die Frage, ob, sondern auch an wen der Verwaltungsakt bekanntzugeben ist (BFH/NV 88, 418; FG Münster EFG 88, 56). Bekanntgabewillen des zuständigen Bediensteten bedeutet nicht, daß der Bedienstete nach der internen Aufgabenverteilung innerhalb der Behörde zuständig sein muß. Ausreichend ist es, wenn der Bekanntgabewille von einem Bediensteten gebildet wurde, der nach seiner Stellung zum Erlaß des Verwaltungsaktes befugt ist (BFH BStBl 88, 233).

2. Abs 1. Ein **Verwaltungsakt** ist demjenigen **bekanntzugeben,** für den er **bestimmt** ist oder der von ihm **betroffen** wird. Auch die Überschreitung der Zeichnungsbefugnis hindert nicht die Wirksamkeit des Verwaltungsaktes (BFH BStBl 87, 592). Richtet sich der Verwaltungsakt gegen mehrere Personen, muß er grundsätzlich jedem einzelnen bekanntgegeben werden (BFH BStBl 72, 287; s auch unten Buchst a) ff). Für wen der Verwaltungsakt bestimmt ist, muß ggf durch Auslegung ermittelt werden. Es gelten die oben zu § 119 Anm 1 beschriebenen Grundsätze.

Läßt sich auch durch Auslegung nicht klar und eindeutig ermitteln, für wen der Verwaltungsakt bestimmt ist oder wer von ihm betroffen sein soll, ist der Verwaltungsakt nichtig. Auch insoweit ist auf die Erl zu § 119 zu verweisen. Ebenso ist ein Verwaltungsakt, der an ein **nicht existierendes** Steuersubjekt (zB an eine nicht existierende GbR, BFH BStBl 88, 165; an eine wegen Umwandlung erloschene GmbH, BFH BStBl 86, 230; an eine durch Übernahme des Gesellschaftsvermögens auf einen Gesellschaf-

§ 122   3. Teil. Allgemeine Verfahrensvorschriften

ter erloschene GbR, BFH BStBl 81, 293; an verstorbenen StSchuldner, BFH BStBl 82, 276) gerichtet ist, nichtig (vgl aber auch unten unter Anm 2a). Daran ändert sich auch nichts, wenn der an einen nicht mehr existierenden StSchuldner gerichtete Bescheid von dem Rechtsnachfolger zur Kenntnis genommen und auf sich bezogen worden ist (BFH BStBl 88, 165).

Wenn der Adressat sich hinreichend klar aus dem Verwaltungsakt ergibt und der Bekanntgabewille der Behörde sich auch auf einen Adressaten richtet (s oben), muß der Verwaltungsakt derart **in den Machtbereich** dieses Adressaten gelangen, daß ihm die Kenntnisnahme normalerweise möglich ist und unter gewöhnlichen Umständen auch erwartet werden kann (vgl BFH BStBl 76, 764; 75, 268; BFH/NV 88, 50; FG München EFG 87, 333). Bekanntgabe setzt also nicht voraus, daß der Betroffene den Verwaltungsakt tatsächlich zur Kenntnis nimmt. An der Bekanntgabe fehlt es aber, wenn die Umstände, unter denen die Bekanntgabe geschieht, es demjenigen, für den der Verwaltungsakt bestimmt ist oder der von ihm betroffen wird, unmöglich machen, von dem Verwaltungsakt Kenntnis zu nehmen. In solchen Fällen erlangt der Verwaltungsakt keine Wirksamkeit (FG Berlin EFG 79, 530; 85, 540). Werden dagegen nur Vorschriften über die **Art und Weise** der Bekanntgabe verletzt und erhält der Betroffene den Verwaltungsakt tatsächlich, so ist der Verwaltungsakt nicht unwirksam. Bekanntgabe an den richtigen Adressaten unter falscher Adresse kann also zB wirksam sein, wenn der Adressat den Verwaltungsakt wirklich erhält. Es wird lediglich der Lauf der Rechtsbehelfsfristen erst mit tatsächlichem Zugang ausgelöst (FG Berlin aaO; FG München EFG 87, 333).

Bei der Zustellung von Verwaltungsakten nimmt die Rspr völlige Heilung und Beginn des Laufs der Fristen in dem Zeitpunkt an, in dem der Betroffene den Verwaltungsakt erhalten hat (GmSOGB BStBl 77, 275; BFH/NV 87, 211; 87, 482). Allerdings ist die Bekanntgabe nach § 122 keine Sonderform der Zustellung nach dem VwZG, so daß auch die Vorschriften der §§ 7–9 VwZG über die Heilung von Zustellungsmängeln nicht entsprechend anzuwenden sind (vgl FG Münster EFG § 88, 56; *Hellinger* BB 78, 496 ff). Heilungen können aber in **Einspruchsentscheidungen** liegen (vgl BFH BStBl 88, 316). So werden durch eine in einer Einspruchsentscheidung erfolgende Berichtigungsveranlagung Bekanntgabemängel des ursprünglichen Bescheids geheilt, weil in der Berichtigungsveranlagung eine wirksame erstmalige Steuerfestsetzung zu sehen ist (BFH/NV 86, 644). Wenn in einem außergerichtlichen Rechtsbehelfsverfahren betreffend einen Feststellungsbescheid ein notwendig Beteiligter hinzugezogen wurde und in der ihm zugestellten Einspruchsentscheidung der Inhalt des angefochtenen Bescheids wiederholt wird, so wird die fehlende Bekanntgabe des Feststellungsbescheids geheilt (BFH BStBl 82, 700; 86, 78). Der BFH neigt immer mehr dazu, Mängel in der Bekanntgabe ordnungsgemäß adressierter und mit Bekanntgabewillen abgesandter Verwaltungsakte durch eine ordnungsgemäße Zustellung der Rechtsbehelfsentscheidung als geheilt anzusehen (so für Prüfungsanordnung BFH v 28. 10. 88 III R 52/86, zur Veröffentlichung bestimmt; allgemein auch FG RhPf EFG 86, 609; kritisch *Gürsching* DStR 88, 636).

Bekanntzugeben sind **alle Verwaltungsakte.** Ob ein Verwaltungsakt vorliegt, richtet sich nach § 118. Insoweit wird auf die Erl zu dieser Vor-

2. Abschnitt. Verwaltungsakte § 122

schrift verwiesen. Auch Verfahrenshandlungen wie der Antrag auf Konkurseröffnung, der Antrag auf Zwangsversteigerung eines Grundstücks oder der Antrag auf Eintragung einer Sicherungshypothek, die Verwaltungsakte sind, müssen also dem Betroffenen bekanntgemacht werden. Der Verwaltungsakt wird auch nur mit dem **Inhalt** wirksam, mit dem er bekanntgegeben wird (§ 214 I 2).

Über die **Form der Bekanntgabe** sagt § 122 nichts. Sie ergibt sich aus anderen Bestimmungen (zB § 157) oder richtet sich danach, ob der Verwaltungsakt schriftlich, mündlich oder in sonstiger Weise erlassen wird (*Koch* Tz 7). Zollbescheide können auch fernmündlich bekanntgegeben werden (BFH ZfZ 77, 57).

Die Verweisung auf § 34 II hat insbesondere Bedeutung für BGB-Gesellschaften, die als solche steuerpfl sein können.

a) BGB-Gesellschaft und andere Personengesellschaften. An sich kann die BGB-Gesellschaft nur durch die Angabe ihrer Gesellschafter bezeichnet werden. Die BGB-Gesellschaft als solche hat keinen eigenen Namen (BFH BStBl 70, 598). Soweit sie jedoch als StSchuldner in Betracht kommt, muß die Bezeichnung der Gesellschaft genügen, denn nach § 267 genügt für die Vollstreckung in deren Vermögen ein vollstreckbarer Verwaltungsakt gegen die Personenvereinigung. Hat sich also die GbR für ihre Teilnahme am Rechtsverkehr einen ihrer Identifizierung dienenden **Namen** zugelegt, so reicht es aus, sie in dem Steuerbescheid mit diesem Namen zu bezeichnen (BFH BStBl 87, 325). Daher ist es auch bei StBescheiden, die an eine Personenvereinigung über Betriebssteuern ergehen, ausreichend, wenn der geschäftsübliche Name der Personenvereinigung angegeben wird (vgl. BFH BStBl 71, 540). Ansonsten müssen, wie gesagt, die GbR und sonstige nichtrechtsfähige Personenvereinigungen durch die Angabe **aller Mitglieder** charakterisiert werden (vgl FG Bad Württ EFG 88, 497). Wenn einer von mehreren Gesellschaftern zutreffend bezeichnet wird, ist ein im übrigen fehlerhaft adressierter Bescheid nicht diesem einen Gesellschafter gegenüber wirksam (FG Düsseldorf EFG 78, 308). In diesem Fall ist nicht nur die Bekanntgabe falsch, sondern auch der Bescheid selbst fehlerhaft. Es genügt allerdings, wenn sich der Adressat bei nicht richtiger Eintragung im Anschriftenfeld aus dem Bescheidinhalt insgesamt mit Sicherheit entnehmen läßt (vgl BFH BStBl 77, 221, und oben unter 2 zur Auslegung). Unschädlich ist es auch, wenn im Anschriftenfeld nicht sämtliche Gesellschafter oder überhaupt kein Gesellschafter sondern nur eine Kurzbezeichnung genannt sind (BdF-Schreiben v 14. 8. 86, BStBl I 458 unter 2.4). Es reicht aus, wenn sich die Person des Adressaten aus dem Inhalt des Bescheides ergibt (BFH BStBl 75, 311; BFH BB 76, 1514). Auch kann die Bekanntgabe an einen einzelnen Adressaten trotz bestehender Gesellschaft wirksam sein, wenn der Empfänger den **Anschein** erweckt oder aufrecht erhält, er betreibe einen Betrieb allein (vgl zur Aufforderung zur Buchführung an Einzelunternehmer gegenüber inzwischen gegründeter Gesellschaft BFH BStBl 88, 238, FG BadWürtt EFG 86, 55; Nieders FG EFG 87, 276). Zur Bekanntgabe an einen Zustellungsvertreter oder Empfangsbevollmächtigten s unten Anm 2f.

Bescheide über einheitliche Feststellungen richten sich niemals an die Personengesellschaft als solche sondern an die einzelnen Gesellschafter

359

§ 122 3. Teil. Allgemeine Verfahrensvorschriften

(BFH/NV 87, 15; BdF-Schreiben v 14. 8. 1986, BStBl I 458 unter 2.5.1). Aber auch hier kann im Anschriftenfeld anstelle aller Gesellschafter die **geschäftsübliche Sammel- oder Kurzbezeichnung** angegeben werden, wenn sich im übrigen aus dem Bescheid alle weiteren Angaben über die Gesellschafter entnehmen lassen (BFH BStBl 84, 318). So ist ein einheitlicher Gewinnfeststellungsbescheid nicht einmal dann unrichtig adressiert, wenn er im Anschriftenfeld eine nicht mehr bestehende Personengesellschaft nennt, sich aus dem Bescheid aber die weiteren Angaben über die Gesellschafter entnehmen lassen (BFH BStBl 77, 221; 79, 89; BFH/NV 87, 15). Die Angabe der Gesellschaft ist nämlich nur als Sammelbegriff für die Gesellschafter zu sehen und bedeutet nicht etwa die Bezeichnung eines falschen StSchuldners (BFH/NV 87, 15). Ein Gewinnfeststellungsbescheid, durch den die Mitunternehmerschaft eines Teils der Gesellschafter einer Personengesellschaft verneint wird und die **Mitunternehmerschaft** eines anderen Teils der Gesellschafter der Personengesellschaft mit Dritten bejaht wird, muß allerdings grundsätzlich in seinem Anschriftenfeld alle Beteiligten einzeln bezeichnen. Die Verwendung von Sammelbezeichnungen im Anschriftenfeld reicht nur dann aus, wenn aus dem die Gewinnverteilung betreffenden Teil des Bescheids bzw dem Teil, der die Ablehnung der Gewinnfeststellung enthält, unzweideutig erkennbar ist, welcher Sammelbezeichnung die einzelnen Beteiligten zuzuordnen sind (BFH BStBl 87, 766). Die Bezeichnung eines falschen Schuldners ist zB auch gegeben, wenn ein Bescheid über den Einheitswert des Betriebsvermögens einer KG, an welcher der Vater und zwei Kinder als Mitunternehmer beteiligt sind, nur an den Vater gerichtet worden ist (BFH/NV 88, 360). Ein solcher Bescheid ist unwirksam. Bei nicht ordnungsgemäßer Bekanntgabe wegen unrichtiger Bezeichnung der Feststellungsbeteiligten kann allerdings eine **Aussetzung des FG-Verfahrens** zur Nachholung der ordnungsgemäßen Bekanntgabe und Adressierung geboten sein (BFH BStBl 78, 503; 87, 766), aber wohl nicht, wenn Feststellungsbeteiligte unbekannt sind (FG Düsseld EFG 88, 542). Im übrigen wird zwar ein an alle Feststellungsbeteiligten gerichteter einheitlicher Feststellungsbescheid erst mit der Bekanntgabe an alle oder an einen Empfangsbevollmächtigten nach § 183 allen gegenüber wirksam. Er entfaltet aber mit der Bekanntgabe **an einzelne** der notwendigen Bekanntgabeempfänger bereits **diesen gegenüber** Wirksamkeit (BFH BStBl 88, 410; 88, 855). Ebenso kann ein nach Umwandlung einer KG in eine GmbH an die KG und ihre Gesellschafter gerichteter Feststellungsbescheid bei Übersendung an den früheren Komplementär der KG dem Komplementär formgerecht bekanntgegeben sein und damit existent werden (BFH/NV 87, 686; vgl insgesamt auch § 179 Anm 4; und zur Bekanntgabe eines Festsetzungsbescheides an einen Empfangsbevollmächtigten § 183 Anm 3).

Grundsätzlich kann an eine erloschene Personengesellschaft, wie oben ausgeführt worden ist, kein Verwaltungsakt mehr bekanntgegeben werden. Allerdings hört eine Personengesellschaft noch nicht ohne weiteres mit der **Liquidation** auf zu existieren. Wenn eine Gesellschaft aufgelöst wird, besteht sie solange fort, bis alle gemeinsamen Rechtsbeziehungen, zu denen auch das Rechtsverhältnis zwischen der Gesellschaft und dem FA gehören, beseitigt sind (BFH BStBl 71, 540; 81, 293; 88, 310). Die formale Auflösung der Gesellschaft hindert also noch nicht die Bekanntgabe von

2. Abschnitt. Verwaltungsakte **§ 122**

Verwaltungsakten an diese (BFH BStBl 77, 221; BdF-Schreiben v 14. 8. 86, BStBl I 548, unter 2.7). Bei Liquidation einer **OHG oder KG** sind Verwaltungsakte dem Liquidator unter Angabe seines Vertretungsverhältnisses bekanntzugeben (BFH BStBl 61, 349). Erst nach vollständiger Abwicklung oder Beendigung der Liquidation können Verwaltungsakte gegenüber der Gesellschaft nicht mehr wirksam bekanntgegeben werden. So kann auch an eine im Handelsregister gelöschte KG, die kein aktives Vermögen besitzt, noch ein USt Bescheid erlassen werden, da die steuerrechtlichen Beziehungen nicht vollständig geregelt sind (vgl BFH BStBl 71, 540; aA FG Düsseldorf EFG 77, 506). Der St Bescheid ist uU wegen § 191 V Nr 1 sogar erforderlich (aA FG Köln EFG 82, 501, wonach die Möglichkeit der Inanspruchnahme durch Haftungsbescheid nicht die Annahme des Fortbestehens einer Personengesellschaft rechtfertigt).

Bei **Umwandlung** einer Personengesellschaft in eine GmbH oder bei Ausscheiden eines Gesellschafters aus einer zweigliedrigen Gesellschaft und Übernahme des Gesamthandsvermögens durch den anderen Gesellschafter ist die Gesellschaft ohne Liquidation mit der Umwandlung bzw der Übernahme voll beendigt. So kann zB ein USt Bescheid in solchen Fällen der Gesellschaft nicht mehr wirksam bekanntgegeben werden (BFH BStBl 81, 293). Soweit nicht eine Inanspruchnahme des Nachfolgers bzw Übernehmers in Betracht kommt, müssen in solchen Fällen die Bescheide an die früheren Gesellschafter gerichtet und diesen bekanntgegeben werden (vgl BFH/NV 87, 15; 87, 686). Die Grundsätze für die Bekanntgabe von Verwaltungsakten an Personengesellschaften gelten auch für die Bekanntgabe an andere Personenvereinigungen (zB nichtrechtsfähige Vereine), soweit sie Steuerschuldner sein können.

b) Eheleute. Bei der **Zusammenveranlagung** von Eheleuten zur ESt und VSt werden die Eheleute Gesamtschuldner (§ 44 I 1). Gem § 155 III können gegen sie dann zusammengefaßte Steuerbescheide ergehen (s daher näher Erl zu § 155). Es handelt sich dabei um zwei inhaltlich und verfahrensrechtlich selbständige, nur der äußeren Form nach zusammengefaßte Verwaltungsakte (BFH BStBl 69, 343; 71, 331; 79, 26; 79, 401; 86, 545). Zur **Adressierung** eines solchen Bescheides genügt es nach der Rspr des BFH, daß nur einer der St Schuldner mit vollem Namen (also Herrn und Frau ... Vor- und Zuname des Ehemannes oder der Ehefrau) im Adreßfeld des Bescheides aufgeführt wird (BFH BStBl 86, 545; BFH/NV 86, 191; aA VGH Mannheim NVwZ 86, 139, wo Nichtigkeit gegenüber dem nicht mit vollem Vor- und Zunamen bezeichneten Ehepartner angenommen wird). Zusammengefaßte Bescheide sind auch noch nach dem Tode eines der Ehepartner möglich. In einem solchen Fall ist ein an Herrn und Frau ... (Name des überlebenden Ehepartners) gerichteter Bescheid jedenfalls dann hinreichend bestimmt und dem überlebenden Partner wirksam bekannt gegeben, wenn in der Einspruchsentscheidung nachträglich klargestellt wird, daß nur dieser von dem Bescheid betroffen wird (BFH BStBl 86, 545; FG Münster EFG 88, 56). Da es sich bei einem zusammengefaßten Bescheid um eine in einem Bescheid zusammengefaßte Mehrheit inhaltsgleicher Steuerfestsetzungen gegenüber mehreren Steuerpflichtigen handelt, sind solche Bescheide an sich **jedem Betroffenen** schriftlich bekanntzugeben. Vor der Änderung des § 155 V ließ die Rspr die Zusendung einer

§ 122 3. Teil. Allgemeine Verfahrensvorschriften

Ausfertigung an beide Ehegatten nur dann ausreichen, wenn eine ausdrückliche oder stillschweigende **gegenseitige Bevollmächtigung** der Ehegatten zur Empfangnahme der StBescheide angenommen werden konnte. Eine solche stillschweigende Bevollmächtigung wurde angenommen, wenn die StErklärung über die Zusammenveranlagung von beiden Ehegatten unterschrieben worden war (BFH BStBl 70, 839, BFH/NV 86, 191; 86, 649). War dies nicht der Fall, war jedem der beiden Ehegatten eine Urschrift des zusammengefaßten Bescheids zu übermitteln (BFH BStBl 86, 474; BFH in BFHE 143, 491; BFH/NV 88, 477). Die Übersendung nur einer Ausfertigung sollte zur Unwirksamkeit gegenüber beiden Ehegatten führen (BFH BStBl 76, 136; 86, 545; BFH/NV 88, 477). Es erscheint zweifelhaft, ob diese strenge Konsequenz gerechtfertigt ist. Wenn beide Eheleute den Bescheid durch Übersendung der einen Ausfertigung wirklich erhalten haben, kann nämlich auch angenommen werden, daß lediglich ein Verstoß gegen die Art und Weise der Bekanntgabe vorliegt und daher die Bekanntgabe wirksam ist und lediglich die Rechtsmittelfristen nicht in Lauf gesetzt werden (s oben). Heute (ab 1. 1. 1986) läßt § 155 V die Übersendung nur einer Ausfertigung immer zu, soweit nicht die Beteiligten die Einzelbekanntgabe beantragt haben oder der FinBeh bekannt ist, daß zwischen den Eheleuten ernstliche Meinungsverschiedenheiten bestehen. Sofern Ehegatten mit ihren Kindern oder Alleinstehende mit Kindern Gesamtschuldner sind, gelten obige Erwägungen entsprechend (s näher BdF-Schreiben 14. 8. 1986, BStBl I 458 unter 2.3).

Auch bei Zusammenveranlagung ist aber nach wie vor der **Erlaß je eines gesonderten Bescheides** statt eines zusammengefaßten Bescheides an die Eheleute möglich. Die Neufassung des § 26 b EStG hat daran nichts geändert (BFH BStBl 85, 583; BFH/NV 86, 644; aA FG RhPf EFG 85, 214). Abrechnungsbescheide gegenüber zusammenveranlagten Eheleuten können nicht in der Form eines zusammengefaßten Bescheids ergehen, sondern müssen immer gesondert erlassen werden (FG Köln 88, 344; vgl auch oben Erl zu § 119 Anm 2). Zusammengefaßte Bescheide sind im übrigen immer nur dann zulässig, wenn tatsächlich Gesamtschuldnerschaft vorliegt. Handelt es sich lediglich um gleichartige Vorgänge wie zB bei der Grunderwerbsteuer, wenn Ehegatten gemeinschaftlich ein Grundstück erwerben, müssen gesonderte StBescheide ergehen (BFH HFR 62, 351; 64, 425).

Die Anordnung einer Außenprüfung gegen beide Ehegatten kann nach stRspr des BFH in einer Verfügung zusammengefaßt werden (BFH StBl 78, 416; 82, 208; 87, 664). Der zusammengefaßte Bescheid ist in diesen Fällen inhaltlich hinreichend bestimmt und beiden Eheleuten gegenüber wirksam bekanntgegeben, wenn sie ihn beide tatsächlich erhalten haben und für die Empfänger klar erkennbar ist, daß und in welchem Umfang sich die Anordnung an jeden einzelnen richtet. Eine Bekanntgabe in nur einer Ausfertigung ist ausreichend, wenn jeder Ehegatte ausdrücklich oder stillschweigende Empfangsvollmacht für den anderen Ehegatten hat. Eine solche stillschweigende Bevollmächtigung ist in der gemeinsamen Unterzeichnung der EStErklärung zu sehen. Es gelten die obigen Erwägungen für die Bekanntgabe von Zusammenveranlagungsbescheiden nach der Rechtslage vor dem 1. 1. 1986. § 155 V gilt hier nicht. Aus § 155 kann aber auch kein Umkehrschluß gezogen werden, daß zusammengefaßte Verwaltungsakte nur in den dort genannten Fällen ergehen können. Ein solcher Umkehrschluß ist nur für StBescheide möglich, da § 155 nur StBescheide betrifft.

c) Erbengemeinschaft. Der BFH verlangt zur Bezeichnung der **Erbengemeinschaft** als Steuerschuldner die Angabe der einzelnen Erben. Es reicht nicht aus, den Verwaltungsakt „an die Erben des X" zu richten (BFH BStBl 73, 372). Mit dem Tod einer Person treten seine Erben in das Steuerschuldverhältnis ein (§ 45). Der entsprechende StBescheid muß dann an die Erben erlassen werden (BFH BStBl 79, 718). Das FA kann Einzelbescheide nach § 155 I oder einen zusammengefaßten Bescheid nach § 155 III erlassen (BFH BStBl 68, 163; 73, 544). Dabei kann das FA (zB bei einer größeren Zahl von Erben) einen zusammengefaßten Bescheid auch an einige ausgewählte Erben richten, da es nicht zwingend erforderlich ist, einen Steuerbescheid an alle Gesamtrechtsnachfolger zu richten (BdF-Schreiben v 14. 8. 1986, BStBl I 458, unter 2.13.3). Ist allerdings eine Erbengemeinschaft Unternehmer oder selbständiger Rechtsträger, so ist ein StBescheid (zB über Umsatzsteuer oder Grunderwerbsteuer) an die als Erbengemeinschaft zu richten (BdF-Schreiben v 14. 8. 1986, BStBl I 458, unter 2.13.6). Wenn die Erbengemeinschaft in diesem Fall keinen Namen und keinen gesetzlichen Vertreter hat, muß die Erbengemeinschaft durch den Namen des Erblassers und der einzelnen Miterben charakterisiert werden (BFH BStBl 73, 372). War der Bescheid noch zu Lebzeiten an den Erblasser ergangen, so braucht keine neue Bekanntgabe an den Erben zu erfolgen; der Erbe tritt in dem Stadium in das StSchuldverhältnis ein, in dem es sich z Zt des Erbfalles befindet. Allerdings ist für Zwecke der **Vollstreckung** ein **Leistungsgebot** an den Erben erforderlich (**§ 254 I 3**). Vgl *Schuhmann* DStZ A 76, 18, Zustellung von EStBescheiden bei Erbfolge. Wird **GbR** nach dem Tod des Gesellschafters mit deren Erben **fortgesetzt**, ist die Gesellschaft mit dem Namen aller Erben zu bezeichnen. **StBescheid,** der nur an die **Erbengemeinschaft** nach den verstorbenen Gesellschaftern adressiert ist, ist **unwirksam** (BFH BStBl 79, 718). Das FA kann Einzelbescheide nach § 155 I oder einen zusammengefaßten Bescheid nach § 155 III erlassen (BFH BStBl 68, 163; 73, 544). Dabei kann das FA (zB bei einer größeren Zahl von Erben) den Bescheid an einige ausgewählte Erben richten, da es nicht zwingend erforderlich ist, einen Steuerbescheid an alle Gesamtrechtsnachfolger zu richten (BdF-Schreiben v 14. 8. 1986, BStBl I 458, unter 2.13.3; s auch BFH BStBl 81, 176; 84, 784). Ist allerdings eine Erbengemeinschaft Unternehmer oder selbständiger Rechtsträger, so ist ein StBescheid (zB über Umsatzsteuer oder Grunderwerbsteuer) an sie als Erbengemeinschaft zu richten (BdF-Schreiben v 14. 8. 1986, BStBl I 458, unter 2.13.6). Wenn die Erbengemeinschaft in diesem Fall keinen Namen und keinen gesetzlichen Vertreter hat, muß die Erbengemeinschaft durch den Namen des Erblassers und der einzelnen Miterben charakterisiert werden (BFH BStBl 73, 372).

d) Juristische Personen. Zur ordnungsgemäßen Adressierung von Bescheiden an juristische Personen ist der Zusatz „zu Händen des Vorstandes/Geschäftsführers" und oder die Angabe in dessen Namen nicht erforderlich (BFH BStBl 85, 307; 88, 932; BdF-Schreiben v 14. 8. 86, BStBl I 458, unter 2.9.1). § 7 II VwZG regelt nur, an welche Person im Betrieb der

§ 122   3. Teil. Allgemeine Verfahrensvorschriften

juristischen Person das Schriftstück auszuhändigen ist; so auch Nr 9 VwV zum VwZG v 13. 12. 66 – BStBl 66, 969; FG Köln EFG 81, 221. Ein an eine Körperschaft des öffentlichen rechts zu richtender StBescheid ist auch dann ordnungsgemäß bekanntgegeben, wenn er statt zu Händen des gesetzlichen Vertreters zu Händen eines für Steuerfragen zuständigen Mitarbeiters zugestellt wird (BFH BStBl 88, 932). Bei einer in **Liquidation** oder Abwicklung befindlichen Kapitalgesellschaft ist aber der Bescheid dem Liquidator (Abwickler) bekanntzugeben, der in der Regel auch Empfangsbevollmächtigter ist (BFH BStBl 68, 279). Dabei muß deutlich gemacht werden, daß er als Liquidator (Abwickler) der Gesellschaft in Anspruch genommen wird (s unten uner 2 f). Dabei besteht die Gesellschaft solange fort, bis sie im Handelsregister gelöscht ist. Dem Geschäftsführer einer zwar als aufgelöst im Handelsregister eingetragenen, jedoch nicht gelöschten GmbH kann daher als gesetzlichem Vertreter oder Liquidator der GmbH eine Prüfungsanordnung noch wirksam bekanntgegeben werden (FG Düsseldorf EFG 88, 214). Aber auch über die Löschung im Handelsregister hinaus wird eine juristische Person so lange als fortbestehend angesehen, wie sie noch steuerrechtliche Pflichten zu erfüllen hat (BFH BStBl 80, 587; vgl auch oben unter Anm 2 a zur Personengesellschaft). Es kann nur zum Zwecke der Entgegennahme eines StBescheides für eine gelöschte GmbH ein Liquidator bestellt werden (BayObLG DB 84, 870).

e) Rechtsnachfolger. Gegen eine nicht mehr existierende natürlichen oder juristischen Person oder eine nicht mehr existierende Personengesellschaft oder Personenvereinigung kann ein Verwaltungsakt nicht erlassen werden. Darauf ist oben (unter 2) schon hingewiesen worden. Der Verwaltungsakt muß an den **Rechtsnachfolger** selbst ausgestellt werden. Die Rspr (BFH BStBl 65, 422) läßt es allerdings zu, daß der Verwaltungsakt auf den Namen des **Rechtsvorgängers** lautet und dem Rechtsnachfolger bekanntgegeben wird. Es muß aber klar erkennbar sein, daß dieser in dieser seiner Eigenschaft in Anspruch genommen wird. Ist das nicht der Fall, ist der Bescheid wirkungslos, BFH BStBl 70, 826. Das gleiche soll nach FG D'dorf (EFG 79, 373) gelten, wenn in einem Bescheid über eine gesonderte und einheitliche Feststellung eine bereits verstorbene Person als Beteiligte aufgeführt ist.

Diese Grundsätze gelten nicht für den Fall, daß noch ungewiß ist, wer Erbe wird und deshalb **Nachlaßpflegschaft** angeordnet wurde, denn hier wird der Nachlaßpfleger als gesetzlicher Vertreter für den oder die Erben tätig, hM vgl BGHZ 49, 1; aA *TK,* § 34 Tz 4. Der BFH hat in BStBl 70, 826 lediglich geäußert, daß der Nachlaßpfleger nicht gesetzlicher Vertreter der Erben im Streit um dessen Erbrecht ist.

Die Notwendigkeit der Bestellung eines Nachlaßpflegers für die Bekanntgabe eines Verwaltungsaktes an noch unbekannte Erben besteht auch bei **Testamentsvollstreckung.** Denn der Testamentsvollstrecker ist nicht Vertreter der Erben (BdF-Schreiben v 14. 8. 1986, BStBl I 458, unter 2.14.1.1). StBescheide sind daher sowohl dann an die Erben zu richten, wenn der Erblasser selbst noch einen StTatbestand verwirklicht hat, gegen ihn selbst aber kein Bescheid mehr ergangen ist (BFH BStBl 78, 491; 79, 501), als auch dann, wenn der StTatbestand erst nach dem Erbfall verwirklicht worden ist und das Nachlaßvermögen betrifft (vgl BFH BStBl 71,

2. Abschnitt. Verwaltungsakte §122

119). Dies gilt auch, wenn der Testamentsvollstrecker ein zum Nachlaß gehörendes Unternehmen im eigenen Namen weiterführt (vgl BFH BStBl 77, 481). Neuerdings hält der BFH allerdings bei StSchulden des Erblassers oder des Nachlasses auch einen StBescheid an den Testamentsvollstrecker für zulässig (BFH BStBl 88, 120).

Abweichend von vorstehenden Grundsätzen bestimmt § 32 I 1 ErbStG, daß **ErbStBescheide** an den Testamentsvollstrecker bekanntgegeben werden, obwohl dieser nicht Vertreter der Erben ist, sondern nur nach § 32 I 1 ErbStG für die Bezahlung der ErbSt zu sorgen hat (vgl BFH BStBl 82, 262). Die Vorschr gilt auch für die Bekanntgabe eines ErbStBescheids wegen des Erwerbs eines Vermächtnisses (FG München EFG 88, 373) oder wegen Erwerbs eines Pflichtteils, letzteres jedenfalls dann, wenn der Testamentsvollstrecker verpflichtet war, diesen Erwerb in die ErbStErklärung aufzunehmen (FG Hamburg EFG 86, 410). Neben der Bekanntgabe an den Testamentsvollstrecker ist aber weiterhin auch eine Bekanntgabe an die Erben, Vermächtnisnehmer oder Pflichtteilsberechtigten erforderlich. Wird dies nicht beachtet, ist der ErbStBescheid den Erben, Vermächtnisnehmern oder Pflichtteilsberechtigten gegenüber nicht unwirksam. Die Rechtsmittelfrist beginnt für sie aber erst mit der Kenntnisnahme zu laufen (FG München EFG 88, 373).

f) Vertreter. Bei Bekanntgabe an einen **Vertreter** muß aus dem Bescheid selbst hervorgehen, wer StSchuldner und Vertreter ist (BFH BStBl 70, 826). Es genügt aber, wenn auf dem Briefumschlag nur der Name des Vertreters erscheint (BFH BStBl 74, 648).

Aus § 122 I 2 iVm § 34 II ist zu entnehmen, daß ein an eine **nichtrechtsfähige Personenvereinigung** gerichteter Verwaltungsakt mit Wirkung für und gegen die Personenvereinigung oder Gesellschaft einem Gesellschafter bekanntgegeben werden kann, wenn die Personenvereinigung keinen Geschäftsführer hat. Andernfalls wird der Verwaltungsakt gegenüber dem Geschäftsführer bekanntgegeben. Auch hier gilt, daß aus dem Bescheid hervorgehen muß, wer StSchuldner ist. Bei mehreren Geschäftsführern, die nur zusammen zur Vertretung befugt sind, genügt die Bekanntgabe an einen dieser Geschäftsführer. Ebenso reicht bei StBescheiden **gegenüber Kindern,** die von ihren Eltern vertreten werden, die Bekanntgabe des Verwaltungsaktes an einen Elternteil aus (BFH BStBl 81, 186; FG RhPf EFG 85, 160).

3. Bevollmächtigte. Nach Abs 1, 3 kann der Verwaltungsakt auch gegenüber einem Bevollmächtigten bekanntgegeben werden. Die Regelung weicht von **§ 8 I 2 VwZG** ab; danach sind, wenn der Bevollmächtigte eine schriftliche Vollmacht vorgelegt hat, Zustellungen ausschließlich an ihn zu richten. Die Regelung des § 8 I 2 VwZG hat die AO nicht übernommen. Nach der AO bleibt es bei dem in § 8 I 1 VwZG niedergelegten Grundsatz, daß Zustellungen an den allgemein oder für bestimmte Angelegenheiten bestellten Vertreter gerichtet werden **können.** An wen bekanntgegeben wird, entscheidet die Behörde nach pflichtgemäßem Ermessen.

Das Ermessen ist durch von der Rspr aufgestellte **Grundsätze** aber weitgehend eingeengt worden. Danach besteht einerseits kein Wahlrecht mehr, wenn der Stpfl der FinBeh ausdrücklich mitteilt, daß er einen bestimmten Vertreter auch zur Entgegennahme von Verwaltungsakten ermächtige

§ 122   3. Teil. Allgemeine Verfahrensvorschriften

(BFH BStBl 54, 327; 63, 600; BFH/NV 86, 320; 88, 274). Als eine solche Empfangsbevollmächtigung ist auch die **schriftliche Erklärung** des Stpfl zu werten, daß der Bevollmächtigte zur Entgegennahme rechtsverbindlicher Erklärungen ermächtigt sei (BFH/NV 86, 320). Die Benennung eines Empfangsbevollmächtigten in der StErklärung gilt allerdings grundsätzlich nur für den StBescheid über die Steuerart und über den Veranlagungszeitraum, auf den sich die StErklärung bezieht. Sie ist nicht als allgemeine Empfangsvollmacht für die Empfangnahme aller künftigen StBescheide anzusehen (FG Hamburg EFG 86, 100). Die bloße Mitwirkung eines StBeraters bei der StErklärung ist noch nicht ohne weiteres als Ermächtigung des StBeraters zur Entgegennahme der für den Stpfl bestimmten Schriftstücke zu werten (BFH BStBl 63, 388). Die Vollmacht für das Klageverfahren umfaßt auch Zustellungen und Bekanntgaben von Bescheiden, die das Klageverfahren betreffen (BFH BStBl 86, 569). Soweit eine ausdrückliche Empfangsbevollmächtigung vorliegt, ist eine Bekanntgabe an den Stpfl selbst nur noch in Ausnahmefällen zulässig; zB wenn die Behörde aus in der Sache liegenden Gründen dies für erforderlich hält. Die Gründe sind aktenkundig zu machen (BFH HFR 62, 551).

Andererseits soll die FinBeh bei **Fehlen einer schriftlichen Empfangsvollmacht** für einen Bevollmächtigten nach BFH BStBl 88, 242 verpflichtet sein, StBescheide und Einspruchsentscheidungen dem Stpfl persönlich bekanntzugeben oder zuzustellen, wenn nicht die besonderen Umstände des Einzelfalles das Interesse des Stpfl an einer Bekanntgabe oder Zustellung gegenüber seinem Bevollmächtigten eindeutig erkennen lassen (vgl auch Erl oben zu § 80 Anm 3). Danach gibt es, wenn nicht besondere Umstände vorliegen, praktisch nur noch zwei Möglichkeiten. Entweder liegt eine schriftliche Empfangsvollmacht vor. Dann ist der jeweilige Verwaltungsakt dem Bevollmächtigten bekanntzugeben. Oder es muß an den Stpfl selbst bekanntgegeben werden. Die Rechtslage unterscheidet sich damit bei der Bekanntgabe nicht von der Rechtslage bei der Zustellung nach § 122 V iVm dem VwZG (vgl dazu BFH/NV 87, 482). Hat allerdings ein Steuerberater gegen einen StBescheid im Namen des Stpfl ohne Nachweis schriftlicher Vollmacht Einspruch eingelegt, so kann das FA ihm als dem bestellten Vertreter iS des § 8 I 1 VwZG die Einspruchsentscheidung wirksam zustellen (BFH BStBl 86, 547).

Die Bekanntgabe eines Verwaltungsaktes an den zur Empfangnahme Bevollmächtigten ist immer dann wirksam, wenn der Verwaltungsakt eindeutig erkennen läßt, daß **Betroffener nicht der Bevollmächtigte** sondern der Stpfl ist (FG Bremen EFG 87, 156). Unter diesen Umständen ist eine im Büro des StBeraters vom Prüfer abgegebene Außenprüfungsanordnung auch dann wirksam bekanntgegeben, wenn der Bevollmächtigte im Anschriftenfeld nicht genannt ist (FG Berlin EFG 86, 3). Ist bei Zusammenveranlagung von Eheleuten der zusammengefaßte StBescheid den Eheleuten einzeln bekanntzugeben (s oben Anm 2 b und § 155 V), so reicht es aus, daß **einem** von den Eheleuten **gemeinsam bevollmächtigten StBerater** zwei inhaltsgleiche Ausfertigungen zugesandt werden, ohne daß ein besonderer Vermerk erforderlich ist, welche Ausfertigung für die Ehefrau und welche für den Ehemann bestimmt ist (HessFG EFG 87, 219).

Bei **Verletzung** der **oben genannten Grundsätze** ist der Verwaltungsakt nicht schlechthin unwirksam. Es handelt sich lediglich um einen Verstoß

2. Abschnitt. Verwaltungsakte § 122

gegen die Art und Weise der Bekanntgabe (s oben unter 2). Hinzukommt, daß der BFH für die Bekanntgabe und die Zustellung an Bevollmächtigte die gleichen Grundsätze anwendet. Dann muß aber auch ebenso wie bei Zustellungen eine Heilung eintreten und der Verwaltungakt wirksam werden, wenn der richtige Bekanntgabeempfänger den Verwaltungsakt nachweislich erhalten hat (§ 9 I VwZG). Wird daher ein StBescheid einem Stpfl trotz Vorliegens einer Empfangsvollmacht für dessen StBerater bekanntgeben, so wird der Bescheid mit der Weiterleitung an den Empfangsbevollmächtigten wirksam (FG Berlin EFG 79, 530; FG Köln EFG 87, 157; vgl auch BFH/NV 87, 482; mißverständlich BFH/NV 86, 320; 88, 274). Mit diesem Zeitpunkt beginnt auch der Lauf der Rechtsbehelfsfrist (FG Köln aaO; aA wohl BFH/NV 86, 320, wo offenbar überhaupt kein Beginn des Laufs der Rechtsbehelfsfrist angenommen wird).

Von einem Empfangsbevollmächtigten zu unterscheiden ist der **Empfangsbote**. Hierbei handelt es sich um Personen (zB Familienangehörige, Angestellte usw) im Machtbereich des Empfängers, denen der Verwaltungsakt nicht selbst (auch nicht als Bevollmächtigten) bekanntgegeben wird, sondern die die Schriftstücke lediglich für den Adressaten annehmen. Empfangsbote kann jemand auch aufgrund von stillschweigender Ermächtigung sein. Nimmt zB der Buchhalter eines Stpfl seit Jahren mit Wissen und Duldung des Stpfl StBescheide für diesen entgegen, muß er aufgrund stillschweigender Ermächtigung als Empfangsbote angesehen werden (BFH/NV 88, 50).

4. Abs. 2 entspricht im wesentlichen der früher in § 17 II VwZG getroffenen Regelung für die Bekanntgabe von StBescheiden. § 17 VwZG ist durch das EGAO 77 aufgehoben worden. Die Zustellung von StBescheiden ist daher nicht mehr vorgeschrieben, die Zustellungsfiktion des § 17 VwZG wird nicht übernommen. **Zustellung** nach dem VwZG nur noch, wenn dies gesetzlich **vorgeschrieben** oder behördlich angeordnet ist **(Abs. 5).** Regelung des Abs 2 gilt nur für Bekanntgabe innerhalb des **Geltungsbereichs der AO, ab 1. 1. 87** auch für **Bekanntgaben außerhalb des Geltungsbereichs** der AO; außerhalb des Geltungsbereichs s im übrigen § 123. Verwaltungakt gilt als am **dritten** Tag nach Aufgabe zur Post als bekanntgegeben.

a) Aufgabe zur Post. Aufgabe zur Post ist **Einwurf** in **Briefkasten** oder **Ablieferung** bei der Post, sofern Leerung noch am gleichen Tag erfolgt. Decken sich Datum des StBescheids und des Aktenvermerks über Aufgabe zur Post nicht, ist das **jüngere Datum** maßgebend, FG Nürnberg EFG 78, 575. Str ist, ob das ausgedruckte Aufgabedatum zur Post oder das maschinell vorgedruckte Datum eines StBescheides einen für die Zugangsvermutung des § 122 II ausreichenden Anscheinsbeweis begründen, wenn die Aufgabe zur Post durch das Rechenzentrum erfolgt (bejahend: FG Düsseldorf EFG 79, 578; FG Hamburg EFG 79, 159). Nach FG RhPf kann der Tag der Aufgabe zur Post nicht im Wege des Anscheinsbeweises bewiesen werden. Danach besteht in RhPf kein Erfahrungssatz, daß die FÄ in RhPf maschinell hergestellte Bescheide am ausgedruckten Tag absenden (FG RhPf EFG 83, 532). Richtig ist, daß § 122 II hinsichtlich der Dreitagesfrist eine Zugangsvermutung enthält. Das muß auch für den Fristbeginn gelten. Das maschinell ausgedruckte Aufgabe- oder Bescheiddatum ist ein starkes

§ 122   3. Teil. Allgemeine Verfahrensvorschriften

Indiz für den Absendetag. Bei Zweifeln hat die FinBeh den Tag der Absendung aber anderweitig nachzuweisen. Zur Begründung solcher Zweifel genügt es, wenn der Stpfl substantiiert Tatsachen vorträgt, welche die Behauptung einer späteren Absendung schlüssig erscheinen lassen (ebenso FG München EFG 87, 438; vgl auch HessFG EFG 85, 215). Letztlich läuft das auf einen Anscheinsbeweis hinaus (vgl § 88 Anm 4). Bestreitet ansonsten ein Stpfl, daß ein StBescheid an dem in den Steuerakten vermerkten Datum zur Post gegeben worden ist, hat das FG das Datum der tatsächlichen Aufgabe zur Post zu ermitteln. Ggf hat es in freier Beweiswürdigung darüber zu befinden, ob der Bearbeiter, der das Datum der Aufgabe zur Post in den Akten vermerkte, angesichts des im FA geregelten Postabsendeverfahrens den vermerkten Absendetag hinreichend sicher voraussagen konnte (BFH BB 85, 1185). Nach FG Düsseldorf (EFG 88, 542) soll eine in unregelmäßigen Abständen wenigstens stichprobenweise durchgeführte Kontrolle des Postabsendeverfahrens unerläßlich sein, wenn dem in den Akten vermerkten Datum der Aufgabe zur Post die erforderliche Verläßlichkeit zukommen soll.

Bei einem Widerspruch zwischen dem Absendevermerk auf dem bei den StAkten verbleibenden Bescheid und dem Poststempel auf dem Briefumschlag ist dem aus dem Poststempel ersichtlichen Datum der Vorzug zu geben, BFH BStBl 77, 523.

b) Fristberechnung. Der Tag der Aufgabe zur Post wird nicht mitgezählt; **Beispiel:** Aufgabe am 10., Zugangsvermutung am 13., auch wenn Verwaltungsakt evtl schon früher zugegangen ist. § 108 III, wonach dann, wenn das Ende einer Frist ua auf einen Sonnabend fällt, die Frist erst mit Ablauf des nächsten Werktages endet, gilt hier nicht. Denn die Vermutung des § 122 II regelt nicht einen Zeitraum sondern einen Zeitpunkt (BFH BStBl 86, 462; FG Münster EFG 81, 483; FG München EFG 82, 442; FG Hamburg EFG 85, 378; aA FG Hbg EFG 81, 488; vgl auch oben Erl zu § 108 Anm 3).

c) Zugangsvermutung. Der Begriff des Zugehens wird nach den Grundsätzen ausgelegt, die von der Literatur und Rspr zu § 130 BGB aufgestellt worden sind. Zugangsvermutung gilt nicht, wenn Verwaltungsakt **nicht** oder zu einem **späteren** Zeitpunkt zugegangen ist. Im Zweifel muß die **Behörde** den rechtzeitigen Zugang **nachweisen.** Stpfl kann sich nicht einfach mit Bestreiten des rechtzeitigen Zugangs begnügen. Er muß schon Umstände dartun, aus denen auf die Möglichkeit geschlossen werden kann, daß der Verwaltungsakt nicht rechtzeitig zugegangen ist, zB weil ein Hausbriefkasten fehlte (substantiiertes Bestreiten: BFH BStBl 77, 321; BFH/NV 87, 274; 87, 412).

Zugangsvermutung gilt als **widerlegt,** wenn der Stpfl geltend macht, daß er umgezogen sei und ihm der Verwaltungsakt aufgrund eines Postnachsendungsantrags nachgesandt worden sei, FG Hbg EFG 81, 111. Ein die Nachweispflicht der Behörde begründender Zweifel am Zeitpunkt des Zugangs ist auch dann gegeben, wenn das entsprechende Vorbringen des Stpfl (substantiiertes Bestreiten) zwar unglaubhaft, aber nicht widerlegbar ist, FG Hbg EFG 82, 275. Es ist nicht erforderlich, daß der Stpfl in jedem Fall die möglichen Ursachen für die Verzögerung des Postzugangs dartun muß. Das FG Hbg (aaO) läßt diesen Grundsatz sogar dann gelten, wenn

2. Abschnitt. Verwaltungsakte § 122

der Stpfl zunächst Wiedereinsetzung in den vorigen Stand beantragt hatte. Es muß aber ua glaubhaft dargelegt werden, daß der Adressat des StBescheides oder ein von ihm Beauftragter innerhalb der Dreitagesfrist täglich den Briefkasten entleert hat. Erfolgt kein entsprechender Vortrag und ist ein solcher auch nicht mehr möglich, weil der Stpfl während des Klageverfahrens stirbt, kann der Rechtsnachfolger nicht mit Erfolg behaupten, der StBescheid sei dem Verstorbenen erst am vierten Tag nach Aufgabe zur Post zugegangen (HessFG EFG 87, 535).

Der Adressat muß substantiiert Tatsachen vortragen, die den Schluß zulassen, daß ein anderer Geschehensablauf als der typische ernstlich in Betracht zu ziehen ist, etwa durch Poststempel des Umschlags, Eingangsvermerk oder Zeugen. Bestreitet er aber, daß das Schriftstück überhaupt zugegangen ist, kann weitere Substantiierung nicht verlangt werden, weil dies objektiv unmöglich ist (BFH BStBl 67, 99; BFH BStBl 74, 70). Das FA muß dann den Zugang nachweisen, wobei allerdings starke Indizien für den Zugang sprechen, da der Verlust einer Sendung während der Postbeförderung selten ist. Um den ihm obliegenden Nachweis des Zugangs eines Verwaltungsaktes zu führen, darf das FA den Beteiligten auffordern, die Richtigkeit seiner Behauptung, er habe den Verwaltungsakt nicht erhalten, an Eides statt zu versichern. Dabei muß es aber die Ermessensgrenze des § 9 I 2 beachten (BFH/NV 8, 591).

Zugegangen sind Sendungen, die derart in den Machtbereich des Empfänges gelangt sind, daß er von dem Schriftstück Kenntnis nehmen konnte und diese Kenntnisnahme nach allgemeinen Gepflogenheiten auch erwartet werden darf vgl. oben unter 2 und **§ 50 I PostO**: Postsendungen sind dem Empfänger, seinem Ehegatten oder Postbevollmächtigten zuzustellen, dh regelmäßig in der Wohnung auszuliefern. Gewöhnliche Briefe gelten als zugestellt, wenns sie in einem für den Empfänger bestimmten Hausbriefkasten eingelegt sind (§ 50 IV PostO). Bei Fehlen eines Hausbriefkastens kann Brief unter der Haustür hindurchgeschoben werden. Niederlegen auf der Treppe oder Fensterbrett genügt nicht, BFH BStBl 75, 282. Sendungen müssen der Verfügungsgewalt Dritter entzogen sein (BVerwG NJW 63, 1394). Um zu verhindern, daß der Stpfl sich uU durch einfache Behauptung, er habe den StBescheid nicht innerhalb der Festsetzungsfrist (§ 169) erhalten, sich der Besteuerung entziehen kann, stellt **§ 169 I 3** für die Wahrung der **Festsetzungsfrist** auf den Zeitpunkt ab, in dem der Bescheid den **Bereich des FA verlassen** hat.

d) Postlagernde Sendungen/Postschließfach. Zugangsvermutung gilt auch bei **postlagernder** Zustellung oder bei Vorhandensein eines **Schließfaches,** BFH BStBl 62, 496; FG Nieders EFG 83, 479; FG Nbg EFG 83, 434. Endet der Dreitageszeitraum an einem Sonnabend und wird das vom FA an diesem Tage übermittelte Schriftstück in ein Postschließfach eingelegt, so kann der Stpfl die Zugangsvermutung nicht schon dadurch widerlegen, daß in seinem Betrieb Sonnabends nicht gearbeitet und daher das Schließfach erst am Montag geleert werde (FG Hamburg EFG 85, 378; vgl auch § 108 Anm 3).

e) Bekanntgabe im Ausland. Im internationalen Rechts- und Amtshilfeverkehr waren in den letzten Jahren in zunehmendem Umfang Verwaltungsakte außerhalb des Geltungsbereichs dieses Gesetzes bekanntzugeben.

Einige Staaten haben sich in Rechtshilfeverhandlungen bereit erklärt, eine direkte Zusendung von Verwaltungsakten durch die Post zuzulassen. Es stellt eine wesentliche Verwaltungsvereinfachung dar, wenn in diesen Fällen statt des aufwendigen formellen Zustellungsverfahrens die Bekanntgabe durch einfachen Brief ermöglicht wird.

Durch die Neuregelung im Rahmen des StBereinigG wurden die bisherigen Bestimmungen über die Bekanntgabe im Inland **mit Wirkung ab 1. 1. 1987** erweitert um eine ähnliche **Zugangsfiktion** bei Übermittlung von Verwaltungsakten durch die Post an Beteiligte, die sich außerhalb des Geltungsbereichs dieses Gesetzes aufhalten. Wegen der längeren Postlaufzeiten bei diesen Sendungen ist eine **Monats-Frist** vorgesehen.

Durch Verwaltungsanweisung wird sichergestellt, daß die postalische Bekanntgabe außerhalb des Geltungsbereichs dieses Gesetzes nur mit **Zustimmung** des jeweils betroffenen **Staates** veranlaßt wird (vgl OFD Hannover v 20. 10. 87, AO-Handbuch 1988 Anl 2 zu § 122; dort auch Aufzählung der Staaten, die Bekanntgabe durch die Post allgemein gestatten). Soweit der vereinfachten Bekanntgabe völkerrechtliche Hindernisse entgegenstehen, wird die Bekanntgabe oder förmliche Zustellung durch das **Bundesamt für Finanzen** oder die sonst dafür zuständigen Finanzbehörden mit Hilfe der deutschen auswärtigen Vertretungen oder zuständiger ausländischer Behörden vorgenommen (zu den Anforderungen an den Inhalt eines Zustellungszeugnisses einer diplomatischen Vertretung im Ausland vgl FG Düsseldorf EFG 88, 267).

5. Abs 3. Öffentliche Bekanntgabe ist nach § 15 VwZG zulässig, wenn Aufenthaltsort des Empfängers unbekannt ist, der Inhaber der Wohnung, in der zugestellt werden müßte, der inländischen Gerichtsbarkeit nicht unterworfen ist oder die Zustellung außerhalb des Geltungsbereichs des GG erfolgen müßte, aber unausführbar ist oder keinen Erfolg verspricht. Die Behörde muß aber alle Möglichkeiten erschöpft haben, das Schriftstück in anderer Weise zu übermitteln (BFH BStBl 71, 555). Bei der nach § 27 III 1 zulässigen Festsetzung der Grundsteuer durch öffentliche Bekanntmachung handelt es sich nicht um einen individuell existierenden Verwaltungsakt. § 122 III und damit auch § 122 IV 2 ist daher hierauf nicht anwendbar (BVerwG BStBl 87, 472). **Allgemeinverfügung** kann bereits dann öffentlich bekanntgegeben werden, wenn Bekanntgabe an Beteiligten untunlich ist, zB weil der Kreis der Beteiligten nicht von vornherein feststeht, vgl **§ 259, 4:** An die Zahlung kann durch öffentliche Bekanntmachung allgemein erinnert werden.

6. Abs 4. Form der öffentlichen Bekanntgabe. Die Regelung lehnt sich an § 15 II–IV VwZG an. Ortsübliche Bekanntmachung zB in Tageszeitung, Aushängekasten usw.

7. Abs 5. Zustellung ist zB vorgeschrieben in § 324 II, § 309 II. Nicht mehr bei StBescheiden. Da somit heute bei StBescheiden regelmäßig die Übersendung durch einfachen Brief erfolgt, braucht ein StBerater nicht damit zu rechnen, daß der Bescheid dem Mandanten mit Postzustellungsurkunde zugestellt worden ist. Dem Mandanten ist daher Wiedereinsetzung in den vorigen Stand zu gewähren, wenn der StBerater sich auf die Dreitagesfrist des § 122 II Nr 1 verläßt. Ist die Zustellungsart aus dem Be-

2. Abschnitt. Verwaltungsakte § 122

scheid selbst nicht ersichtlich, trifft in einem solchen Fall auch den Stpfl kein Verschulden (FG Saarl EFG 88, 55; FG Hamburg EFG 88, 339).

Bei förmlicher Zustellung ist der Verwaltungsakt **im Zeitpunkt der Bewirkung** der Zustellung dem Adressaten bekannt gemacht. Die Dreitagesfrist des § 122 II Nr 1 gilt nämlich nicht (FG Hamburg EFG 87, 99). Bei Niederlegung bei der Postanstalt ist ein Schriftstück auch dann im Zeitpunkt der Niederlegung wirksam zustellt, wenn die Schalter für den Publikumsverkehr bereits geschlossen sind (BFH/NV 86, 644). **Unterläßt** Postbediensteter den nach § 195 II 2 ZPO vorgeschriebenen **Vermerk** des Tages der **Zustellung** auf der Sendung, ist **Zustellung nicht** unwirksam, aber die in § 9 II VwZG genannten **Fristen** werden **nicht** in Lauf gesetzt, BFH GrS BStBl 77, 275; ebenso wenn auf PostzustUrkunde der Vermerk über die Person, der zugestellt ist, unterbleibt, FG D'dorf EFG 78, 529. Diese Fristen werden ferner nicht in Lauf gesetzt, wenn der Vermerk des Tages der Zustellung auf der Sendung von dem Datumsvermerk auf der Zustellungsurkunde abweicht (BFH BStBl 87, 223). Der Lauf anderer Fristen beginnt gem § 9 I VwZG erst in dem Zeitpunkt, in dem der Stpfl den Verwaltungsakt nachweislich erhalten hat (vgl FG Berlin EFG 82, 443).

Zustellung durch die Post mit Zustellungsurkunde ist fehlerhaft, wenn FA auf der Zustellungsurkunde und (oder) auf dem Briefumschlag als **GeschäftsNr** nur die StNr angibt, BFH BStBl 78, 467 oder wenn auf der Zustellungsurkunde ein **anderer** als der tatsächlich zugestellte **Bescheid** angegeben ist. Die Postzustellurkunde bezeugt nicht die Übergabe des Schriftstücks selbst, sondern nur die Übergabe der mit einer Geschäftsnummer bezeichneten verschlossenen Postsendung § 3 I 2 VwZG. Weil die Angabe der Geschäftsnummer auf der Postsendung und der Postzustellurkunde das einzige Beweisanzeichen dafür ist, welches Schriftstück in der verschlossenen Postsendung an den Empfänger bekanntgegeben ist, muß die GeschNr das zugestellte Schriftstück zweifelsfrei bezeichnen (BFH BStBl 72, 127; BFH/NV 86, 644 FG BadWürtt EFG 85, 319). Die **fehlerhafte** Zustellung führt wiederum nicht zur Unwirksamkeit des Bescheides (BFH BStBl 72, 506). Es gilt wiederum § 9 VwZG.

Soweit die Zustellungsurkunde nicht mit Fehlern behaftet ist erbringt sie als **öffentliche Urkunde** den vollen Beweis der in ihr bezeugten Tatsachen (BFH/NV 86, 644). Die **Beweiskraft** erstreckt sich demnach auch darauf, daß die Niederlegung und die Benachrichtigung des Empfängers in der vorgeschriebenen Weise geschehen ist, oder darauf, daß das Schriftstück im Wege der Ersatzzustellung in den Hausbriefkasten eingelegt worden ist (BVerwG HFR 88, 420; aA BFH BStBl 85, 110). Ein Gegenbeweis kann nur durch Beweis der Unrichtigkeit der in der Urkunde bezeugten Tatsachen geführt werden. Eine eidesstattliche Versicherung reicht dazu nicht aus (BFH/NV 88, 170).

Bei Zustellungsmängeln wegen Zustellung an den Stpfl statt an den **Bevollmächtigten** oder umgekehrt gelten die oben unter Anm 3 für die Bekanntgabe aufgezeigten Grundsätze.

Ersatzzustellung kann ggf auch an eine nur stundenweise beschäftigte Raumpflegerin vorgenommen werden, als eine in der Familie dienende erwachsene Person, FG D'dorf EFG 80, 154. Unter **Wohnung** iS des nach § 3 III VwZG anzuwendenden § 181 ZPO ist diejenige Räumlichkeit zu verstehen, die der Adressat zur Zeit der Zustellung tatsächlich, wenn auch

371

§ 123 3. Teil. Allgemeine Verfahrensvorschriften

nur vorübergehend, zum Wohnen und nicht nur zum Aufenthalt benutzt. Maßgebend ist, ob der Zustellungsadressat hauptsächlich in diesen Räumen lebt, insbesondere, ob er dort schläft. Die polizeiliche Anmeldung ist unerheblich (BFH/NV 86, 711). Angabe einer falschen Wohnung in der StErklärung kann aber dazu führen, daß sich Stpfl so behandeln lassen muß, als ob er dort wohnt (BFH/NV 88, 50).

§ 123 Bestellung eines Empfangsbevollmächtigten

¹Ein Beteiligter ohne Wohnsitz oder gewöhnlichen Aufenthalt, Sitz oder Geschäftsleitung im Geltungsbereich dieses Gesetzes hat der Finanzbehörde auf Verlangen innerhalb einer angemessenen Frist einen Empfangsbevollmächtigten im Geltungsbereich dieses Gesetzes zu benennen. ²Unterläßt er dies, so gilt ein ihm gerichtetes Schriftstück einen Monat nach der Aufgabe zur Post als zugegangen, es sei denn, daß feststeht, daß das Schriftstück den Empfänger nicht oder zu einem späteren Zeitpunkt erreicht hat. ³Auf die Rechtsfolgen der Unterlassung ist der Beteiligte hinzuweisen.

S 3 (mit Wirkung ab 1. 1. 1987) geändert durch StBereinigG 1986 v 19. 12. 85, BGBl I, 2436.

1. Inhalt. Vgl § 15 VwVfG. Die Vorschrift enthält gegenüber § 89 RAO einige Erleichterungen. Das Schriftstück gilt nicht bereits mit der Aufgabe zur Post sondern erst **1 Monat** nach der Aufgabe zur Post als zugegangen. Außerdem ist die bisherige unwiderlegliche **Vermutung** des **Zugangs** durch die Zulassung des **Gegenbeweises** ersetzt worden. Die Regelung gilt nur für Bekanntgaben außerhalb des Geltungsbereichs der AO, vgl auch § 14 VwZG: Im Ausland wird mittels Ersuchen der zuständigen Behörde des fremden Staates oder der in diesem Staat befindlichen konsularischen oder diplomatischen Vertretungen des Bundes zugestellt. **Bekanntgabe** stellt ebenso wie die Zustellung ins Ausland eine **Beeinträchtigung** der **Hoheitsrechte** des Empfangsstaates dar, vgl § 14 VwZG. Bekanntgabe auf dem Postweg kann aber durch Vereinbarung zwischen den Staaten gestattet werden (vgl oben § 122 Anm 4e). Deutschen **Auslandsbediensteten** können Verwaltungsakte **unmittelbar** durch die Post ins Ausland übermittelt werden; Bestellung eines Empfangsbevollmächtigten nach § 123 ist nicht erforderlich, BMF 9. 9. 77 AO-K § 122, 2.

2. Die Vorschrift ist anwendbar auf Beteiligte **ohne Wohnsitz** oder **gewöhnlichen Aufenthalt** im Geltungsbereich der AO. Besteht sowohl im Ausland als auch im Inland ein Wohnsitz (§ 8) oder gewöhnlicher Aufenthalt (§ 9), greift die Vorschrift nicht ein.

3. Auf **Verlangen der** Behörde ist ein Empfangsbevollmächtigter zu bestellen. Das Verlangen ist Verwaltungsakt, der bekanntgegeben werden muß; besondere Form nicht erforderlich (FG Hamburg EFG 74, 338). FinBeh hat **Beweislast** für das Zugehen des Verlangens (OFD Hannover v 21. 4. 86, AO-Handbuch 1988 Anl zu § 123 Abschn 1). Die **Aufforderung** zur Bestellung einer Empfangsbevollmächtigten muß **zumutbar** und angemessen sein. Zumutbar ist sie, wenn ein Dauersachverhalt vorliegt. Sie kann auch zu bejahen sein, wenn im Ermittlungsfestsetzungs- oder Erhe-

2. Abschnitt. Verwaltungsakte § 124

bungsverfahren größerer Schriftverkehr zu erwarten ist. Angemessen ist die Aufforderung, wenn für die Bestellung einer Empfangsbevollmächtigten ein berechtigtes Interesse der Finanzverwaltung besteht. Dieses Interesse kann sowohl in der Bedeutung der Sache als auch in den aufgetretenen oder den zu erwartenden Schwierigkeiten liegen (z. B. voraussichtlich spätere Pfändungen). Der Beteiligte muß über die Rechtsfolgen der Nichtbeachtung der Aufforderung unterrichtet werden, zB daß an ihn gerichtete Schriftstücke einen Monat nach der Aufgabe zur Post als zugegangen gelten. Es muß eine **angemessene Frist** gesetzt werden, die es dem Beteiligten ermöglicht, ein Inlandsbevollmächtigten auszuwählen und zu bestellen. Die Aufforderung kann über die Post erfolgen (BFH BStBl 73, 644), weil eine auf andere Weise erfolgte Aufforderung nicht denkbar ist. Das Finanzamt muß den **Nachweis** führen, daß der Beteiligte zur Bestellung eines Inlandsbevollmächtigten aufgefordert wurde. Daher ist es zweckmäßig, den Beweis durch Einschreiben gegen Rückschein zu führen.

4. Der zu bestellende Empfangsbevollmächtigte muß im **Geltungsbereich der AO** seinen Wohnsitz oder gewöhnlichen Aufenthalt haben. Für die Bekanntgabe an ihn gilt § 122 II. Nur ein Empfangsbevollmächtigter, nicht auch ein allgemeiner Bevollmächtigter muß bestellt werden.

5. Wirkung der Nichtbefolgung. Schriftstück gilt **einen Monat** nach der Aufgabe zur Post als zugegangen. Beweislast für das Gegenteil trägt Empfänger. Auf diese Folgen ist der Beteiligte **hinzuweisen.** Bekanntgabe durch einfachen Brief. Wenn Adresse des Beteiligten unbekannt ist, kann öffentlich zugestellt werden nach § 15 VwZG; Bestellung eines Inlandsvertreters muß aber vorher verlangt worden sein (BFH BStBl 73, 644).

§ 124 Wirksamkeit des Verwaltungaktes

(1) ¹**Ein Verwaltungsakt wird gegenüber demjenigen, für den er bestimmt ist oder der von ihm betroffen wird, in dem Zeitpunkt wirksam, in dem er ihm bekanntgegeben wird.** ²**Der Verwaltungsakt wird mit dem Inhalt wirksam, mit dem er bekanntgegeben wird.**

(2) **Ein Verwaltungsakt bleibt wirksam, solange und soweit er nicht zurückgenommen, widerrufen, anderweitig aufgehoben oder durch Zeitablauf oder auf andere Weise erledigt ist.**

(3) **Ein nichtiger Verwaltungsakt ist unwirksam.**

Schrifttum: *Nothnagel* Bestandsschutz für den bekanntgegebenen Inhalt von Steuerverwaltungsakten, StuW 84, 60.

1. Vgl § 43 VwVfG. Verwaltungsakt wird mit Bekanntgabe (§ 122) wirksam. Zu den **Anforderungen an die Bekanntgabe** und zu den **Folgen von Bekanntgabefehlern** ist daher auf die Erl zu § 122 zu verweisen. Bei der Erfordernis der wirksamen Bekanntgabe eines angegriffenen Verwaltungsaktes handelt es sich um eine **Sachurteilsvoraussetzung**. Sie ist vom Revisionsgericht von Amts wegen zu prüfen. Das Revisionsgericht ist insoweit an die Feststellungen des FG nicht gebunden (BFH BStBl 86, 474). § 124 gilt nicht für nichtige Verwaltungsakte (Abs 3).

2. Entstehung des Verwaltungsaktes. Dem Wirksamwerden geht zunächst die Bildung des Entscheidungswillens voraus. Dieser Entscheidungswille wird durch die Abzeichnung der bei den Akten verbleibenden Vfg geäußert (BFH BStBl 67, 682). Es kann aber auch ohne Abzeichnung der Vfg aus den Umständen geschlossen werden, daß die Vfg dem Willen des entscheidungsbefugten Beamten entspricht (BFH BStBl 65, 70). Ebenso ändert bei maschinell gefertigtem StBescheid das Fehlen der Zeichnung des Eingabewertbogens nicht ohne weiteres etwas an der Wirksamkeit des Verwaltungsaktes (vgl FG Düsseldorf EFG 85, 590; vgl insbesondere auch oben § 119 Anm 5).

3. Neu ist gegenüber der RAO, daß der Verwaltungsakt **mit** dem **Inhalt** wirksam wird, mit dem er bekanntgegeben wird, selbst dann, wenn er nicht mit der AktenVfg übereinstimmt, BFH BStBl 79, 606. Die AO hat sich insoweit für die **Erklärungstheorie** entschieden. Es kommt nicht auf dasjenige an, was die Behörde mit ihrer Erklärung gewollt hat, sondern darauf, wie der Stpfl nach den ihm bekannten Umständen den materiellen Gehalt der Erklärung nach Treu und Glauben verstehen konnte. Dabei gehen Unklarheiten zu Lasten der Behörde (BFH BStBl 82, 34; 83, 23; 86, 293). Die oben bei § 119 Anm 1 behandelten **Auslegungsgrundsätze** sind zu beachten. Da der Verwaltungsakt mit dem Inhalt wirksam wird, mit dem er bekanntgegeben wird, muß die Auslegung aber immer einen Anhalt in der bekanntgegebenen Regelung haben (BFH BStBl 86, 293 mwN). Stimmt der Inhalt des dem Betroffenen bekanntgegebenen Bescheides nicht mit der Vfg überein, liegt jedoch eine **offenbare Unrichtigkeit iSd § 129** vor. § 124 I 2 steht dem nicht entgegen, da § 124 und § 129 gleichrangig nebeneinander stehen (BFH BStBl 87, 588; BFH/NV 88, 277). Die Regelung des § 124 I 2 gilt aber nur, wenn überhaupt eine Äußerung eines Entscheidungswillens vorgelegen hat. Anderenfalls liegt nur der Schein eines Verwaltungsaktes vor (*Frenkel* DStR 68, 395), zB wenn eine technische Hilfskraft einen StBescheid erläßt. Bekanntgabe setzt den Bekanntgabewillen eines für den Erlaß von Verwaltungsakten befugten Bediensteten des FA voraus (BFH 86, 832; BFH/NV 88, 418; FG Münster ERFG 88, 56). Abs 1, 2 gilt aber auch, wenn ein an sich nicht zeichnungsberechtigter Beamter den Verwaltungsakt erlassen hat (vgl BFH BStBl 65, 70; 78, 575 BFH BStBl 87, 592; s näher oben § 122 Anm 1); vgl auch *Gmach,* Probleme des Nichtakts nach der alten und neuen Abgabenordnung DStZ A 76, 299.

4. Abs 2 regelt die Frage, wie lange ein Verwaltungsakt wirksam bleibt. Eine entsprechende Regelung fehlt im RE, ist aber aus dem VwVfG übernommen worden. Wegen der Begriffe **Rücknahme, Widerruf, Aufhebung** vgl §§ **130, 131,** § **172.** Anderweitig aufgehoben wird ein Verwaltungsakt ua durch Rechtsbehelfsentscheidung. Auf andere Weise **erledigt** ist ein Verwaltungsakt zB, wenn der Begünstigte auf die Vergünstigung verzichtet hat, zB Zahlung eines gestundeten Betrages. Auf andere Weise erledigt wird auch der Vorauszahlungsbescheid durch den Jahressteuerbescheid (BFH BStBl 85, 370; FG Münster EFG 86, 186).

Bei **Teilrücknahme** gilt der ursprüngliche Verwaltungsakt nach Maßgabe der Beschränkung, die er durch die Teilrücknahme gefunden hat, fort (FG BadWürtt EFG 88, 57; vgl auch BFH/NV 88, 143).

2. Abschnitt. Verwaltungsakte § 125

5. Nichtige Verwaltungsakte (vgl § 125) werden nicht wirksam; sie sind von Nichtverwaltungsakten und Scheinverwaltungsakten, die völlig irrelevant sind, zu unterscheiden. **Nichtakte** sind Handlungen, die der Behörde nicht zuzurechnen sind, weil sie von Personen ausgehen, die unter keinem Gesichtspunkt zu behördlichen Handlungen befugt waren, (s oben Anm 3).

§ 125 Nichtigkeit des Verwaltungsaktes

(1) Ein Verwaltungsakt ist nichtig, soweit er an einem besonders schwerwiegenden Fehler leidet und dies bei verständiger Würdigung aller in Betracht kommenden Umstände offenkundig ist.

(2) Ohne Rücksicht auf das Vorliegen der Voraussetzungen des Absatzes 1 ist ein Verwaltungsakt nichtig,
1. der schriftlich erlassen worden ist, die erlassende Finanzbehörde aber nicht erkennen läßt,
2. den aus tatsächlichen Gründen niemand befolgen kann,
3. der die Begehung einer rechtswidrigen Tat verlangt, die einen Straf- oder Bußgeldtatbestand verwirklicht,
4. der gegen die guten Sitten verstößt.

(3) Ein Verwaltungsakt ist nicht schon deshalb nichtig, weil
1. Vorschriften über die örtliche Zuständigkeit nicht eingehalten worden sind,
2. eine nach § 82 Abs. 1 Satz 1 Nr. 2 bis 6 und Satz 2 ausgeschlossene Person mitgewirkt hat,
3. ein durch Rechtsvorschrift zur Mitwirkung berufener Ausschuß den für den Erlaß des Verwaltungsaktes vorgeschriebenen Beschluß nicht gefaßt hat oder nicht beschlußfähig war,
4. die nach einer Rechtsvorschrift erforderliche Mitwirkung einer anderen Behörde unterblieben ist.

(4) Betrifft die Nichtigkeit nur einen Teil des Verwaltungsaktes, so ist er im ganzen nichtig, wenn der nichtige Teil so wesentlich ist, daß die Finanzbehörde den Verwaltungsakt ohne den nichtigen Teil nicht erlassen hätte.

(5) Die Finanzbehörde kann die Nichtigkeit jederzeit von Amts wegen feststellen; auf Antrag ist sie festzustellen, wenn der Antragsteller hieran ein berechtigtes Interesse hat.

Schrifttum: *Buciek* Nichtige Prüfungsanordnung und Verwertungsverbot, DB 87, 1274; *Lakies* Der vermeintlich unanfechtbare Steuerbescheid, Information StW 87, 341.

1. Vgl § 44 VwVfG. Die Vorschrift über die Nichtigkeit von Verwaltungsakten dürfte im StR nur eine untergeordnete Bedeutung haben. Nichtige StBescheide sind selten.

2. Abs 1 folgt der heute herrschenden **Evidenztheorie** (BVerwGE 19, 284). Der nichtige Verwaltungsakt ist unwirksam, er braucht daher nicht aufgehoben zu werden. Weil er aber trotzdem einen gewissen **Rechtsschein** entfalten kann, hat der Betroffene einen Anspruch darauf, daß die Nichtig-

§ 125 3. Teil. Allgemeine Verfahrensvorschriften

keit festgestellt wird (Abs 5). Nichtig ist der Verwaltungsakt, wenn er an einem schweren offenkundigen Mangel leidet, der die Fehlerhaftigkeit gewissermaßen auf der Stirn trägt (BFH BStBl 69, 250). Besonders schwerwiegend ist nur ein Fehler, der den Verwaltungsakt als schlechtdings unerträglich erscheinen läßt, dh mit tragenden Verfassungsprinzipien oder der Rechtsordnung immanenten wesentlichen Wertvorstellungen unvereinbar ist (BVerwG DVBl 85, 624; BFH BStBl 88, 183). Dabei bezieht sich das Wort „schwerwiegend" auf den Verwaltungsakt und nicht auf das Verhalten der Behörde. Für die Beurteilung des Merkmals „besonders schwerwiegender Fehler" ist daher das Verhalten der Behörde unbeachtlich (FG Bremen EFG 86, 369).

Welche Fehler im einzelnen so schwerwiegend sind, daß sie die Nichtigkeit des Verwaltungsaktes zur Folge haben, läßt sich nur von Fall zu Fall beurteilen. Sie können in der Verletzung von **Zuständigkeitsvorschriften** bei Erlaß des Verwaltungsaktes liegen. Die Verletzung der Vorschriften über die örtliche Zuständigkeit kann allerdings niemals die Nichtigkeit herbeiführen (s unten Anm 4). Aber auch der Erlaß eines Verwaltungsaktes durch eine sachlich oder funktionell unzuständige Behörde ist nicht stets als besonders schwere, dh unerträgliche Rechtsverletzung anzusehen (BFH BStBl 86, 880; 88, 183). Die in NRW geschehene Beauftragung von Großbetriebsprüfungsstellen der OFD'n mit der Außenprüfung war daher nicht nichtig, sondern allenfalls anfechtbar (BFH BStBl 88, 183; FG Köln EFG 87, 221). Ebenso führte die in NRW und BadWürtt früher erfolgte Bekanntgabe von Gewerbesteuermeßbescheiden durch die Gemeinden nicht zur Nichtigkeit der Bescheide (BFH BStBl 86, 880; BFH/NV 87, 146; vgl auch BVerGE 66, 178). Um zur Nichtigkeit zu führen, muß die Verletzung der sachlichen oder funktionellen Zuständigkeit besonders schwerwiegend und offenkundig sein. Das wird angenommen, wenn zB eine Behörde eines anderen Ressorts oder eine verbandsmäßig unzuständige Behörde (zB Gemeinde A erläßt Gewerbesteuerbescheid gegen ausschließlich in Gemeinde B tätigen Unternehmer) erlassen hat (*KKH* Anm 1b). Die Grundsätze der verbandsmäßigen Zuständigkeit greifen allerdings im Steuerrecht nur ein, wenn es sich um Steuern handelt, für die der Ort der Tatbestandswirklichung wesentlich ist, die also gebietsgebunden sind (BFH BStBl 85, 377). Ferner sind Verwaltungsakte, denen es an der nach § 119 erforderlichen Bestimmtheit mangelt, nicht in jedem Fall nichtig (s § 119 Anm 1). Bescheide oder Handlungen, die ohne den Willen eines für den Erlaß von Verwaltungsakten der Behörde zuständigen Bediensteten bekanntgegeben worden sind, sind von vornherein **Nichtakte** (s oben § 124 Anm 5). Verwaltungsakte ohne Unterschrift sind nicht nichtig (BFH BStBl 86, 169), ebenso nicht Verwaltungsakte, die unter Überschreitung der Zeichnungsbefugnis zustande gekommen sind (s näher Erl zu § 122 Anm 1).

Wenn der Verwaltungsakt an den **falschen Adressaten** gerichtet ist, bleibt er unwirksam. Insoweit wird auf die Erl zu § 119 (Anm 2) und § 122 (Anm 2) verwiesen. Ist der Adressat aber eindeutig und zweifelsfrei als StSchuldner bezeichnet, ist der Verwaltungsakt nicht nichtig, sondern nur anfechtbar, wenn die als Adressat angegebene (und existierende) Person tatsächlich nicht StSchuldner sein sollte (BFH/NV 88, 682). Ein an den Konkursverwalter gerichteter Bescheid über Konkursforderungen, die nicht Massekosten sind, ist ebenso nicht nichtig sondern nur anfechtbar

2. Abschnitt. Verwaltungsakte § 125

(FG Hamburg EFG 82, 395). Ist der Adressat, an den sich der Verwaltungsakt richtet, mit einem falschen Namen bezeichnet, führt dies zur Nichtigkeit (Niders FG EFG 87, 219), aber nicht, wenn es sich nur um eine geringfügig falsche Schreibweise des Namens handelt.

Bei **inhaltlichen Mängeln** des Verwaltungsaktes kann Nichtigkeit gegeben sein, wenn er inhaltlich nicht hinreichend bestimmt ist. So ist zB ein Nachforderungsbescheid, der die festgesetzte Steuer ihrer Art nach nicht bezeichnet, nichtig (BFH BStBl 86, 42), ferner ein KiStBescheid, aus dem sich nicht ergibt, für welche Konfessionsangehörigkeit die St erhoben wird (BFH aaO). Wegen näherer Einzelheiten wird auf die Erl zu § 119 verwiesen. Der Verstoß eines Verwaltungsaktes gegen materielles Steuerrecht begründet in der Regel keine Nichtigkeit (BFH BStBl 82, 133; 87, 592; BVerwG in BVerwGE 19, 284). Das FG BadWürtt nimmt allerdings bei schweren Schätzungsfehlern, die einer Willkür gleichkommen, Nichtigkeit des Schätzungsbescheides an (FG BadWürtt EFG 88, 143).

Schließlich können **Formfehler** ausnahmsweise (vgl. § 126) den Verwaltungsakt nichtig machen, zB wenn ein StBescheid entgegen § 157 I nicht schriftlich ergeht. Zur Verletzung der Mindesterfordernisse des § 119 III s Erl zu § 119 Anm 4. **Verfahrensfehler** beim Zustandekommen des Verwaltungsaktes bedeuten in der Regel keine Nichtigkeit. Die Verletzung der Anhörungspflicht bei Abweichung von der StErklärung führt daher nicht zu einem nichtigen StBescheid (FG Hamburg EFG 82, 274; FG Bremen EFG 86, 369). Wird ein bereits unanfechtbarer StBescheid entgegen § 172 I Nr 2a zugunsten des Stpfl und ohne dessen Zustimmung unter dem Vorbehalt der Nachprüfung geändert, ist der Änderungsbescheid lediglich anfechtbar, aber nicht nichtig (FG Hamburg EFG 85, 361).

3. Abs 2 läßt Nichtigkeit eintreten, auch wenn die Fehlerhaftigkeit nicht offenkundig ist, **Nr 1.** Wenn die erlassende Behörde nicht erkennbar ist, wäre dem Betroffenen mit einer Anfechtbarkeit des Verwaltungsaktes nicht geholfen, weil er ja nicht weiß, bei welcher Behörde er anfechten kann. **Nr 2** betrifft nur die objektive tatsächliche, nicht aber die rechtliche oder subjektive Unmöglichkeit. Eine Prüfungsanordnung, die als Prüfungsort nicht mehr bestehende Geschäftsräume bestimmt, ist nach dieser Bestimmung nichtig (FG RhPf EFG 87, 389).

Nr 3. Anders als nach **§ 134 BGB** ist ein Verwaltungsakt wegen Verstoßes gegen ein **Gesetzesverbot** nur dann nichtig, wenn die verlangte Tat einen Straf- oder Bußgeldtatbestand verwirklicht. Der Verwaltungsakt hat grundsätzlich die Vermutung der Gültigkeit für sich, sofern nicht Abs 1 eingreift.

Nr 4 entspricht dem Rechtsgedanken des § 138 I BGB.

4. Abs 3 läßt Nichtigkeit selbst bei Vorliegen der Voraussetzungen des Abs 1 nicht eintreten, **Nr 1,** wenn Vorschriften über die **örtliche Zuständigkeit** nicht eingehalten sind. Gilt aber nicht für sachl Zuständigkeit.

Nr 2. Der Verwaltungsakt als solcher kann fehlerfrei sein. Gilt aber nur für den Fall, daß der Betroffene selbst mitgewirkt hat; aber selbst dann ist der Verwaltungsakt nicht ohne weiteres nichtig.

Nr 3. In diesen Fällen kann nicht ausgeschlossen werden, daß eine andere Entscheidung ergangen wäre; es würde jedoch zu weit gehen, in diesen Fällen grundsätzlich Nichtigkeit anzunehmen.

§ 126 3. Teil. Allgemeine Verfahrensvorschriften

Nr 4. Der Fehler liegt hier im internen Bereich der Behörden.

5. Abs 4 entspricht dem Gedanken des **§ 139 BGB.** Bei **Teilnichtigkeit** wird aber nicht die Nichtigkeit des ganzen Verwaltungsaktes vermutet. Nichtigkeit des ganzen Verwaltungsaktes ist die Ausnahme.

6. Abs 5 dient der Rechtssicherheit, ungeachtet dessen, daß der Verwaltungsakt keine Rechtswirkungen erzeugt. Nach Aufhebung eines nichtigen Bescheides kann ein neuer Bescheid ergehen, ohne daß die Voraussetzungen der §§ 712 ff vorliegen müssen (BFH BStBl 86, 775).
Der Betroffene kann gegen einen nichtigen Verwaltungsakt nicht nur mittels eines Antrags nach § 125 V vorgehen. Er kann den Verwaltungsakt wegen des von ihm ausgehenden Rechtsscheins vielmehr ohne Frist (s BFH BStBl 86, 839; BFH/NV 88, 681 und unten § 355 Anm 1) auch **anfechten** und nach erfolglosem Rechtsbehelfsverfahren die Anfechtungsklage erheben (BFH/NV 86, 587; 87, 19). Er kann aber auch ohne Vorverfahren unmittelbar mit der **Feststellungsklage** die Feststellung der Nichtigkeit des Verwaltungsaktes begehren. Dazu braucht er nicht vorher nach § 125 V vorzugehen (BFH/NV 86, 720; KKH Anm 5).

§ 126 Heilung von Verfahrens- und Formfehlern

(1) Eine Verletzung von Verfahrens- oder Formvorschriften, die nicht den Verwaltungsakt nach § 125 nichtig macht, ist unbeachtlich, wenn
1. **der für den Verwaltungsakt erforderliche Antrag nachträglich gestellt wird,**
2. **die erforderliche Begründung nachträglich gegeben wird,**
3. **die erforderliche Anhörung eines Beteiligten nachgeholt wird,**
4. **der Beschluß eines Ausschusses, dessen Mitwirkung für den Erlaß des Verwaltungsaktes erforderlich ist, nachträglich gefaßt wird,**
5. **die erforderliche Mitwirkung einer anderen Behörde nachgeholt wird.**

(2) Handlungen des Absatzes 1 Nr. 2 bis 5 dürfen nur bis Abschluß eines außergerichtlichen Rechtsbehelfsverfahrens oder, falls ein außergerichtliches Rechtsbehelfsverfahren nicht stattfindet, bis zur Erhebung der finanzgerichtlichen Klage nachgeholt werden.

(3) ¹Fehlt einem Verwaltungsakt die erforderliche Begründung oder ist die erforderliche Anhörung eines Beteiligten vor Erlaß des Verwaltungsaktes unterblieben und ist dadurch die rechtzeitige Anfechtung des Verwaltungsaktes versäumt worden, so gilt die Versäumung der Rechtsbehelfsfrist als nicht verschuldet. ²Das für die Wiedereinsetzungsfrist nach § 110 Abs. 2 maßgebende Ereignis tritt im Zeitpunkt der Nachholung der unterlassenen Verfahrenshandlungen ein.

Schrifttum: *Hufen* Heilung und Unbeachtlichkeit grundrechtsrelevanter Verfahrensfehler? NJW 82, 2160; *Madnelartz,* Anhörung Absehen von der Anhörung, DVBl 83, 112; *Schlücking* Fehlende Begründung eines Verwaltungsakts als Wiedereinsetzungsgrund, BB 82, 1727; *Lohmeyer* Verfahrens- und Formfehler bei steuerlichen Verwaltungsakten, KStZ 86, 87.

2. Abschnitt. Verwaltungsakte § 126

Übersicht
1. Inhalt
2. Unbeachtlichkeit der Verletzung
   a) nachträglicher Antrag
   b) nachgeholte Begründung
   c) Nachholung der Anhörung
   d) Nachholung eines Ausschußbeschlusses
   e) Mitwirkung einer anderen Behörde
3. Zeitpunkt der Nachholung
4. Wiedereinsetzung

1. Inhalt. Vgl § 45 VwVfG: Die Vorschrift dient der **Verfahrensökonomie**. Nicht jeder Verfahrensfehler soll zur Aufhebung des Verwaltungsaktes im Rechtsbehelfsverfahren führen. Ohne die Vorschrift müßte uU ein materiell richtiger Verwaltungsakt allein wegen eines Verfahrensverstoßes aufgehoben werden, obwohl die Behörde danach einen Verwaltungsakt gleichen Inhalts erneut erlassen müßte. Eine Heilung ist jedoch nur möglich, wenn der Verfahrensfehler nicht so schwerwiegend war, daß er die Nichtigkeit (s § 125) des Verwaltungsaktes nach sich gezogen hat. **Abs 2** enthält eine **zeitliche Grenze** für die Möglichkeit der Nachholung der Verfahrenshandlung. **Abs 3** regelt die **Folgen** einer unterlassenen Verfahrenshandlung für die Frage der Versäumung der Rechtsbehelfsfrist; der Abs 3 geht auf eine Anregung des Finanzausschusses BT zurück.

2. Abs 1 entspricht den von Rechtsprechung und Lehre entwickelten Grundsätzen über die Heilung von Verfahrensfehlern. Regelmäßig führt die Verletzung von Formvorschriften nach den allgemeinen verwaltungsrechtlichen Grundsätzen nicht zur Nichtigkeit des Verwaltungsaktes oder gar zu einem Nichtakt. Gleichwohl ist auch ein lediglich formell fehlerhafter Verwaltungsakt rechtswidrig, weil er mit dem Recht nicht im Einklang steht, und daher anfechtbar ist (BVerwGE 24, 23 [32]; 29, 282 [283 ff.]). In den §§ 126, 127 kommt die dienende Funktion der Verfahrensvorschriften zum Ausdruck. Ihr Zweck erschöpft sich im wesentlichen darin, sicherzustellen, daß das Verfahren mit dem Erlaß des materiell richtigen Verwaltungsaktes endet. Verfahrens- und Formfehler sollen grundsätzlich nur dann Auswirkungen auf den Bestand des Verwaltungsaktes haben, wenn durch sie die Entscheidung beeinflußt worden ist. Unter den in Abs 1 genannten Voraussetzungen sind Verfahrens- und Formfehler schlechthin unbeachtlich. Wann die Heilung des Verwaltungsaktes eintritt, ob dadurch der Verwaltungsakt von Anfang an rechtmäßig wird, ist nicht geregelt worden, weil diese Frage allenfalls rechtstheoretische Bedeutung hat. Nach FG Bremen (EFG 86, 363) soll bei Nachholung der Anhörung eines Beteiligten die Rechtslage so sein, als habe der Verfahrensfehler rückwirkend nicht bestanden. Der Verwaltungsakt ist jedenfalls mit seiner Bekanntgabe wirksam geworden und hat von Anfang an die Vermutung der Gültigkeit und Rechtmäßigkeit.

a) Nr 1. Bestimmte Verwaltungsakte werden nur auf **Antrag** des Betroffenen erlassen. Hat dieser keinen Antrag gestellt, muß er die Möglichkeit haben, die Aufhebung des Verwaltungsaktes zu verlangen. Holt er die Antragstellung nach, führt dies zur Heilung des Verfahrensmangels. In der Regel sind die unter Nr 1 fallenden Verwaltungsakte begünstigende

§ 126 3. Teil. Allgemeine Verfahrensvorschriften

Verwaltungsakte. Diese können jedoch auch mit Zustimmung des Betroffenen zurückgenommen oder widerrufen werden (vgl auch § 172 I 2a). Die Behörde ist jedoch in diesen Fällen nicht zum Widerruf oder zur Rücknahme verpflichtet. § 126 gilt im übrigen auch für **Steuerbescheide** und diejenigen Verwaltungsakte, die wie Steuerbescheide zu behandeln sind. Nr 1 ist jedoch nicht anzuwenden auf den Fall, daß der Antrag erst nach Ablauf einer gesetzlichen Ausschlußfrist gestellt wird. Dieser Mangel wird nicht nach Nr 1 geheilt.

b) Nr 2. Nachholung der erforderlichen **Begründung**. Nach § 121 I ist ein schriftlicher oder schriftlich bestätigter Verwaltungsakt schriftlich zu begründen, soweit dies zu seinem Verständnis erforderlich ist. Fehlt Begründung oder ist dem Verwaltungsakt eine unrichtige oder unvollständige Begründung beigefügt worden, hat dies auf die Wirksamkeit des Verwaltungsaktes keinen Einfluß. Eine an sich erforderliche Begründung kann nachgeholt werden. Die Nachholung kann im Beschwerdeverfahren sowohl durch die OFD in der Beschwerdeentscheidung (BFH BStBl 82, 208; BFH/NV 86, 710) als auch durch das FA (BFH BStBl 83, 621; BFH/NV 86, 710) erfolgen. Bedenklich ist BFH in BStBl 87, 248, wonach der Begründungsmangel der Anordnung einer Außenprüfung auch durch mündliche Erläuterungen des Prüfers geheilt werden kann. Damit wird § 121 I, wonach ein schriftlicher Verwaltungsakt auch schriftlich zu begründen ist, außer acht gelassen. Wird sie rechtzeitig nachgeholt (vgl Abs 2), kann ein Rechtsbehelf, der auf die fehlerhafte Begründung gestützt ist, insoweit keinen Erfolg haben. Die fehlende Begründung kann aber nach **Abs 3** ein Grund für die **Wiedereinsetzung** in den vorigen Stand sein. Das Auswechseln oder Nachholen der Begründung darf aber nicht dazu führen, daß der Verwaltungsakt in seinem Wesen verändert wird. Eine inhaltlich völlig **falsche Begründung** steht einer fehlenden Begründung gleich, Fg Nieders EFG 79, 579. Zur Begründung gehört bereits die Bekanntgabe der Besteuerungsgrundlagen, auf denen der StBetrag beruht, BFH BStBl 81, 3. Hierfür ist es uU ausreichend, daß dem Berater des Stpfl die Rechtsauffassung der FinBeh – ggf fernmündlich – bekanntgegeben wurde und hierfür im Bescheid Bezug genommen wird, BFH BStBl 81, 3. Bei auf **Schätzungen** beruhenden StBescheiden sind spätestens in der Einspruchsentscheidung die Schätzungsgrundlagen darzulegen, FG RH-Pf EFG 84, 474.

c) Nr 3. Nachholung der erforderlichen **Anhörung**. Nach § 91 ist dem Beteiligten regelmäßig Gelegenheit zu geben, sich zu den für die Entscheidung erheblichen Tatsachen vor Erlaß des Verwaltungsaktes zu äußern. Ist eine Anhörung unterblieben, kann diese bis zu dem in Abs 2 genannten Zeitpunkt nachgeholt werden. Eine bestimmte Form des Rechts auf Gehör ist nicht vorgeschrieben, FG RhPf EFG 80, 108. Den rechtsstaatlichen Erfordernissen wird entsprochen, wenn die Anhörung überhaupt im Verwaltungsverfahren erfolgt.

d) Nr 4. Nachholung eines **Ausschußbeschlusses**. Die Vorschrift hat für das Steuerrecht zZ keine praktische Bedeutung, weil es keine Ausschüsse gibt, deren Mitwirkung für den Erlaß des Verwaltungsaktes erforderlich ist.

2. Abschnitt. Verwaltungsakte **§ 126**

e) Nr 5. Mitwirkung einer anderen **Behörde.** Auch die Mitwirkung einer anderen Behörde kann nachgeholt werden. Die Vorschrift ist nicht unproblematisch, weil die zur Mitwirkung berufene Behörde möglicherweise geneigt sein wird, evtl bestehende Bedenken gegen den Verwaltungsakt im Hinblick auf die bereits getroffene Entscheidung zurückzustellen.

Im RE war ursprünglich auch vorgesehen, das Fehlen der inhaltlichen hinreichenden **Bestimmtheit** des Verwaltungsaktes heilen zu lassen. Diese Bestimmung ist aber wegen der gegen sie vorgebrachten rechtsstaatlichen Bedenken nicht übernommen worden. Ein inhaltlich nicht hinreichend bestimmter Verwaltungsakt ist in den meisten Fällen nichtig (vgl Erl zu § 119).

3. Abs 2: Verfahrensfehler der in Abs 1 Nr 2–5 bezeichneten Art dürfen nur bis zum Abschluß des **außergerichtlichen Rechtsbehelfsverfahrens** oder, falls dieses nicht stattfindet, bis zur Erhebung der **finanzgerichtlichen Klage nachgeholt** werden. Das FG kann, wenn der Fehler nicht rechtzeitig geheilt worden ist, entweder die Sache zur weiteren Behandlung an das FA zurückverweisen oder in der Sache selbst entscheiden. Im gerichtlichen Verfahren ist ein Nachschieben von Ermessenserwägungen nicht mehr möglich, da die Verhältnisse zum Zeitpunkt der Einspruchs- oder Beschwerdeentscheidung maßgebend sind (s § 5 Anm 9; vgl auch OVG Münster NJW 81, 936).

4. Abs 3 gibt dem Betroffenen unter den dort näher genannten Voraussetzungen einen Anspruch auf **Wiedereinsetzung,** wenn dem Verwaltungsakt die erforderliche Begründung gefehlt hat oder die Anhörung unterblieben ist. Häufig wird der Betr erst anhand der dem Verwaltungsakt beigefügten Begründung in der Lage sein, diesen auf die Rechtmäßigkeit hin zu überprüfen oder dessen Rechtswidrigkeit zu erkennen. Entdeckt er die Rechtswidrigkeit des Verwaltungsaktes erst nach Ablauf der Rechtsbehelfsfrist, weil die Begründung fehlte, soll ihm daraus kein Nachteil erwachsen. Voraussetzung ist jedoch, daß der **Verfahrensfehler ursächlich** für die Versäumung der Rechtsbehelfsfrist war (BFH BStBl 81, 3; BFH in BFHE 143, 106). Da sich häufig nur schwer feststellen läßt, ob das Fehlen der Begründung oder das Unterbleiben der Anhörung ursächlich ist, muß im Zweifel zugunsten des Stpfl entschieden werden (BFHE 143, 106; FG BadWürtt EFG 87, 155). Die bloße Behauptung eines Kausalzusammenhangs zwischen fehlender Begründung oder Anhörung und versäumter rechtzeitiger Anfechtung reicht allerdings ohne Hinzutreten weiterer Umstände nicht aus, die Rechtsfolge des § 126 III 1 eintreten zu lassen (Niedersä FG EFG 87, 334). Der Stpfl hat die Ursächlichkeit der fehlenden Begründung im Verwaltungsakt für die Fristversäumung **schlüssig darzulegen** und glaubhaft zu machen (FG BadWürtt EFG 87, 155). So besteht der erforderliche ursächliche Zusammenhang nicht, wenn die Versäumung der Einspruchsfrist darauf zurückzuführen ist, daß der Stpfl einen den StBescheid enthaltenden Brief schuldhaft nicht öffnet und dies zur Versäumung der Einspruchsfrist führt (BFHE BStBl 86, 108). Erkennt die FinBeh höhere Werbungskosten als beantragt an, stellt eine fehlende Begründung hierfür keine kausale Ursache der Versäumung der Einspruchsfrist dar (FG Berlin EFG 85, 6). Wird in dem unter Verletzung der Anhörungspflicht ergangenen StBescheid die Abweichung von der StErklärung erläutert, kann dem Betroffenen Wiedereinsetzung in den vorigen Stand nicht schon wegen Verletzung der Anhörungspflicht gewährt werden, FG Hbg EFG 82, 274. Keine Wiedereinsetzung, wenn das FA lediglich nicht alle Abweichungspunkte im Bescheid aufgeführt hat, FG BaWü EFG 83, 586. Die Wiedereinsetzung wegen fehlender Begründung führt andererseits nicht zu einer Beschränkung des Vorbringens auf die Punkte, in denen die FinBeh die erforderliche Begründung schuldig geblieben ist (FG BadWürtt EFG 87, 155). Die fehlende Begründung kann nach **Bestandskraft** nicht mehr gerügt werden, FG BaWü EFG 83, 533.

§ 127 Folgen von Verfahrens- und Formfehlern

Die Aufhebung eines Verwaltungsaktes, der nicht nach § 125 nichtig ist, kann nicht allein deshalb beansprucht werden, weil er unter Verletzung von Vorschriften über das Verfahren, die Form oder die örtliche Zuständigkeit zustande gekommen ist, wenn keine andere Entscheidung in der Sache hätte getroffen werden können.

Schrifttum: *Lohmeyer* Verfahrens- und Formfehler bei steuerlichen Verwaltungsakten, KStZ 88, 230; *Bettermann* Anfechtbare und nichtanfechtbare Verfahrensmängel – eine prozeßvergleichende Studie zu § 46 VwVfG, § 127 AO und § 42 SGB, Festschrift für Ch.-F. Menger, 1985, S 709.

1. **Inhalt.** Die Vorschrift dient ebenso wie der § 126 der **Verfahrensökonomie.** Vgl *Bettermann,* Die Anfechtung von Verwaltungsakten wegen Verfahrensfehlern, Festschrift für Ipsen, 1977, 271. Zur Problematik dieser Vorschrift vgl *Rößler* DStZ A 77, 372, der sich gegen die Anwendung bei Verstößen gegen die örtliche Zuständigkeit ausspricht. Der Betroffene soll nicht sachlich richtige Entscheidungen, die gar nicht anders hätten getroffen werden können, mit Erfolg angreifen können, nur weil bei der Entscheidung ein Form- oder Verfahrensfehler unterlaufen ist. Im Gegensatz zu § 126 kommt es hier auch nicht darauf an, ob der Verfahrensfehler geheilt worden ist oder nicht. Entscheidend ist, daß **keine andere Entscheidung** in der Sache hätte getroffen werden können. Daher fallen aus dem Anwendungsbereich dieser Bestimmung alle **Ermessensentscheidungen** heraus (BFH BStBl 85, 377; 88, 322; FG RhPf EFG 83, 154; VGH München BayVBl 87, 243), es sei denn, daß der Ermessensspielraum so eingeengt war, daß nur **eine** Entscheidung möglich war. Eine fehlerhafte Anordnung der Außenprüfung durch die örtlich unzuständige Behörde kann daher nicht nach § 127 geheilt werden (FG Berlin EFG 83, 268). Nach BFH BStBl 86, 169, gilt § 127 aber auch bei Ermessensentscheidungen, wenn der gerügte Mangel (im Urteilsfall: fehlende Unterschrift) unter keinen Umständen die Entscheidung durch die zuständige Behörde beeinflußt haben kann. Keine Ermessenshandlung ist die Schätzung von Besteuerungsgrundlagen. § 127 ist daher auch anwendbar, wenn die Besteuerungsgrundlagen für einen EStBescheid geschätzt werden müssen (BFH BStBl 87, 412; aA FG Hamburg EFG 85, 3). Vorschrift gilt nicht nur für **Aufhebung** sondern auch für **Änderung,** *TK* zu § 127. Die Vorschrift heilt nicht Fehler in der örtlichen Zuständigkeit in einem Bescheid, der vor dem 1. 1. 77 ergangen ist, FG Niedres EFG 79, 474. Ein nicht heilbarer Rechtsfehler

2. Abschnitt. Verwaltungsakte § 128

ist ferner die Verletzung der örtlichen Zuständigkeit nach § 18 für gesonderte Feststellungen und nach § 19 für die Steuern vom Einkommen in der gem § 180 I Nr 2 b getroffenen Zuordnung (BFH BStBl 87, 195; 88, 230). Schließlich findet die Vorschrift keine Anwendung auf eine Verletzung der sachlichen Zuständigkeit (BFH BStBl 86, 880).

Die Aufhebung eines StBescheides **durch das Gericht** wegen fehlender örtlicher Zuständigkeit des FA setzt voraus, daß das FG die materielle Unrichtigkeit des StBescheides feststellt. Denn § 127 ist auch im gerichtlichen Verfahren zu beachten (BFH BStBl 84, 342; 85, 377). Der Mangel der örtlichen Zuständigkeit wird somit geheilt, wenn das FG im Streitfall alle erforderlichen Ermittlungen zur Höhe der geschuldeten Steuer angestellt hat und die rechtliche Beurteilung keinen Rechtsfehler erkennen läßt, der zur Aufhebung der StFestsetzung führen müßte (BFH BStBl 86, 848).

2. Die Vorschrift weist gewisse Parallelen zu vergleichbaren prozessualen Bestimmungen auf. So ist die Revision nach **§ 100 II FGO, § 563 ZPO, § 144 IV VwGO** trotz Gesetzesverletzung zurückzuweisen, wenn die Sachentscheidung richtig ist, vgl auch **§ 126 IV FGO**. Die Vorschrift schließt nur einen Anspruch des Betroffenen auf Aufhebung des Verwaltungsaktes wegen des Verfahrensverstoßes aus; die Behörde selbst ist nicht gehindert, den Verwaltungsakt aufzuheben, aA *Skouris* Die Rücknahme form- und verfahrensfehlerhafter Verwaltungsakte, NJW 80, 1721. Auf die Frage, ob der Verfahrensverstoß die Sachentscheidung nicht beeinflußt hat, kommt es nicht an, wenn es sich um einen Fehler der in § 126 I genannten Art handelt und der Fehler geheilt worden ist. Zweifelhaft ist, ob § 127 eingreift, wenn ein **StBescheid** in **erhebl Umfang** nicht den **Anforderungen** des § 157 I 2 **entspricht**, vgl BFH BStBl 78, 542. Die Änderung eines EStBescheides aufgrund eines geänderten Gewinnfeststellungsbescheides, der dem betr Gesellschafter nicht wirksam bekanntgegeben worden ist, ist nach § 127 nicht aufzuheben, wenn die Bekanntgabe des Grundlagenbescheides nunmehr nachgeholt wird, FG BaWü EFG 80, 158. Nach ersatzloser Aufhebung eines gesonderten Gewinnfeststellungsbescheides, dessen geschätzte Gewinne in einen EStBescheid übernommen worden sind, können die Gewinnschätzungen im Einspruchsverfahren über den EStBescheid mangels eigener besserer Schätzungsmethoden des Wohnsitz-FA aufrecht erhalten werden (FG RhPf EFG 87, 535).

§ 128 Umdeutung eines fehlerhaften Verwaltungsaktes

(1) Ein fehlerhafter Verwaltungsakt kann in einen anderen Verwaltungsakt umgedeutet werden, wenn er auf das gleiche Ziel gerichtet ist, von der erlassenden Finanzbehörde in der geschehenen Verfahrensweise und Form rechtmäßig hätte erlassen werden können und wenn die Voraussetzungen für dessen Erlaß erfüllt sind.

(2) ¹Absatz 1 gilt nicht, wenn der Verwaltungsakt, in den der fehlerhafte Verwaltungsakt umzudeuten wäre, der erkennbaren Absicht der erlassenden Finanzbehörde widerspräche oder seine Rechtsfolgen für den Betroffenen ungünstiger wären als die des fehlerhaften Verwaltungsaktes. ²Eine Umdeutung ist ferner unzulässig, wenn der fehlerhafte Verwaltungsakt nicht zurückgenommen werden dürfte.

§ 128 3. Teil. Allgemeine Verfahrensvorschriften

(3) **Eine Entscheidung, die nur als gesetzlich gebundene Entscheidung ergehen kann, kann nicht in eine Ermessensentscheidung umgedeutet werden.**

(4) **§ 91 ist entsprechend anzuwenden.**

Schrifttum: *Weyreuther* Zur richterlichen Umdeutung von Verwaltungsakten, DÖV 85, 126.

1. Inhalt. Vgl § 47 VwVfG. Die Vorschrift ist aus dem VwVfG übernommen worden, sie dürfte für das Besteuerungsverfahren geringe Bedeutung haben. Auch aus ihr ergibt sich, daß nicht alle fehlerhaften Verwaltungsakte aufgehoben werden müssen. Vor der Rücknahme muß zunächst geprüft werden, **ob** eine **Umdeutung** des fehlerhaften Verwaltungsaktes in einen fehlerfreien **möglich** ist, vgl auch § 140 BGB. Eine einmal getroffene Regelung soll nicht unnötig rückgängig gemacht werden, wenn sie sich auf eine andere Grundlage stützen läßt. Der Gedanke der Umdeutung ist schon frühzeitig auf Verwaltungsakte angewendet worden (vgl RG HRR 31, 858, BVerwGE 12, 9; *H.J. Wolff/Bachof*, VerwR 9. Aufl 1974 § 51 V c). Ersetzung einer falschen **Begründung** durch eine richtige ist keine Umdeutung. Sie kann daher unabhängig von § 128 jederzeit erfolgen, bei Ermessensentscheidungen allerdings nur bis zum Erlaß der Rechtbehelfsentscheidung (vgl § 5 Anm 8 und 9).

2. Abs 1 beschreibt die Voraussetzungen für eine Umdeutung. Es muß ein fehlerhafter Verwaltungsakt, dh evtl auch ein nichtiger Verwaltungsakt, vorliegen. Die Auffassung des FG RhPf (EFG 87, 389), wonach ein nichtiger Verwaltungsakt als nullum nicht in etwas Wirksames umgedeutet werden könne, überzeugt nicht. Die Umdeutung soll dem nichtigen Verwaltungsakt gerade erstmalig Wirkung verschaffen (für Anwendbarkeit der Vorschr auf nichtige Verwaltungsakte auch: *KKH* Anm 3; Koch Anm 2). Nicht in Betracht kommt allerdings die Umdeutung von Verwaltungsakten, die **wegen fehlender Bekanntgabe unwirksam** sind (*Koch* aaO). Hier muß erst einmal eine ordnungsgemäße Bekanntgabe erfolgen. Die Umdeutung eines an einen falschen Adressaten gerichteten Verwaltungsaktes ist auch dann nicht möglich, wenn der richtige Adressat den Verwaltungsakt wirklich erhalten und auf sich bezogen hat (vgl oben § 122 Anm 2). Voraussetzung für die Umdeutung ist nämlich, daß der umgedeutete Verwaltungsakt auf das gleiche Ziel wie der ursprüngliche gerichtet ist. Das gleiche Ziel ist nicht gegeben, wenn der Verwaltungsakt gegen eine andere Person gerichtet werden muß (BFH/NV 86, 587; FG RhPf EFG 87, 98; *TK* Tz 3).

Außer der gleichen Zielrichtung muß der Verwaltungsakt, in den umgedeutet werden soll, die gleiche materiell-rechtliche Tragweite wie der fehlerhafte haben (BVerwG aaO), er muß in der gleichen Weise erlassen werden können und die Voraussetzungen für seinen Erlaß müssen vorliegen. **Beispiel:** Bei Vergnügungsteuer für Automaten kann der Bescheid in Haftungsbescheid umgedeutet werden, weil Haftungsbescheid ein „weniger" bedeutet (OVG Münster VerwRspr 14 Nr 124, 470 ff.). Nach **BFH** BStBl 65, 422 ist dagegen **Umdeutung** eines **StBescheides** in **Haftungsbescheid** grunds **nicht** möglich. **Steuerbescheid** gegen **nicht** mehr **bestehende Personengesellschaft** kann nicht in Haftungsbescheid gegen Gesellschafter

2. Abschnitt. Verwaltungsakte § 129

umgedeutet werden BFH BStBl 73, 372. **Wahlweise** Inanspruchnahme soll dagegen zulässig sein, vgl FG Saarl EFG 74, 400. Umgekehrt kann auch ein Haftungsbescheid nicht in einen StBescheid umgedeutet werden (BFH BStBl 83, 517; BFH/NV 85, 9), weil beide Bescheide auf verschiedene Ziele (einerseits Inanspruchnahme für die StSchuld eines anderen, andererseits Inanspruchnahme für eigene StSchuld) gerichtet sind. Umdeutung eines gegen die in §§ 34, 35 genannten Personen gerichteten **Bescheides, die St mit den Mitteln des Vertretenen zu zahlen, in Duldungsbescheid ist zulässig** (*TK* § 191 Tz 26), ferner die Umdeutung von Aussetzung der Vollziehung in Stundungsverfügung (BFH/NV 86, 11) oder die Umdeutung eines **Änderungsbescheides in** einen **Erstbescheid** (BFH/NV 87, 431).

3. Abs 2 enthält **Einschränkungen** der Umdeutungsmöglichkeit. Umdeutung nicht möglich, wenn der neue Verwaltungsakt ungünstiger wäre als der fehlerhafte oder wenn die FinBeh einen solchen Verwaltungsakt auch bei Kenntnis der Fehlerhaftigkeit erkennbar nicht erlassen hätte.

4. Abs 3 enthält einen Grunds des VerwR, wonach **gebundene** Verwaltungsakte **nicht** in **Ermessensentscheidungen** umgedeutet werden können, weil eine Ermessensentscheidung immer die Betätigung des Ermessens voraussetzt, es sei denn, daß das Ermessen im Einzelfall so eingeengt ist, daß nur eine einzige Entscheidung richtig sein kann (vgl Anm 2 zu § 5). Insoweit sind auch die og BFH-Entscheidungen zur Umdeutung von StBescheiden in Haftungsbescheide zutreffend.

5. Der Hinweis auf § 91 stellt klar, daß auch vor einer Umdeutung die Grundsätze über das **rechtl Gehör** zu beachten sind.

6. Die Umdeutung ist ähnlich wie der Erlaß eines anderen Verwaltungsaktes ein selbständiger **Verwaltungsakt** (*TK* Tz 6; *HHSp* Tz 20; *KKH* Anm 6; aA *Koch* Tz 6). Bei der Umdeutung von nichtigen Verwaltungsakten ist diese Annahme schon deshalb notwendig, weil durch die Umdeutung erst ein wirksamer Verwaltungsakt entsteht. Aber auch bei bloß aufhebbaren Verwaltungsakten kann sich durch die Umdeutung die Rechtsmittelsituation verändern. Ein Verwaltungsakt scheidet allerdings aus, wenn das FG im **gerichtlichen Verfahren** die Umdeutung vornimmt. Eine solche Umdeutung durch das FG ist möglich, wenn ein fehlerhafter Verwaltungsakt in umgedeuteter Form aufrecht erhalten werden kann (vgl BFH/NV 86, 11, wo der BFH eine solche Umdeutung vorgenommen hat). Umdeutung durch das Gericht muß aber bei nichtigen Verwaltungsakten ausscheiden.

§ 129 Offenbare Unrichtigkeiten beim Erlaß eines Verwaltungsaktes

¹**Die Finanzbehörde kann Schreibfehler, Rechenfehler und ähnliche offenbare Unrichtigkeiten, die beim Erlaß eines Verwaltungsaktes unterlaufen sind, jederzeit berichtigen.** ²**Bei berechtigtem Interesse des Beteiligten ist zu berichtigen. Die Finanzbehörde ist berechtigt, die Vorlage des Schriftstückes zu verlangen, das berichtigt werden soll.**

§ 129 3. Teil. Allgemeine Verfahrensvorschriften

Schrifttum: *Friedrich* Berichtigung von Steuerbescheiden wegen offenbarer Unrichtigkeit (§ 129 AO 1977), DStZ 84, 112; *Hering* Die Berichtigung offenbarer Unrichtigkeiten im StBescheid, DStZ 84, 220; *von Wedelstädt* Die Berichtigung von Steuerbescheiden wegen offenbarer Unrichtigkeiten nach § 129 AO, DB 85, 1761; *Lohmeyer* Die Berichtigung offenbarer Unrichtigkeiten im Steuerbescheid, ZKF 85, 11; *Gerber* Berichtigung von Verwaltungsakten wegen offenbarer Unrichtigkeiten – BFH gegen Auffassung von Tipke/Kruse in AO-Kommentar, BB 85, 1597; *Muss/Heinrich/Sebiger* Berichtigung und Änderung von Steuerverwaltungsakten, Steuerberaterkongreß-Report 1985, 347; *Hillenkamp/Müller* Änderung von Einheitswertbescheiden für den Grundbesitz nach den Vorschriften der Abgabenordnung und des Bewertungsgesetzes, StW 87, 43; *Mösbauer* Der Steuerhaftungsbescheid – Berichtigung, Rücknahme und Widerruf, Information StW 87, 505; *Zinn* Versehentlich zugefallene „Steuergeschenke" unbedingt verteidigen? StBp 88, 40; *Günther* Die Berichtigung von Steuerbescheiden, StWK Gruppe 2, 267 (11/1987); *Woerner/Grube* Die Aufhebung und Änderung von Steuerverwaltungsakten, 8. Aufl, 1988.

Übersicht

1. Inhalt
2. Begriff der offenbaren Unrichtigkeit
   a) Ablese- und Übertragungsfehler
   b) Mechanische Veranlagungsverfahren
   c) Nichtberücksichtigung feststehender Tatsachen
   d) Übersehen von anderen Stellen mitgeteilter Tatsachen
   e) Tatsachen- und Rechtsirrtümer
   f) Offenbare Fehler
3. Berichtigung von Verwaltungsakten
4. Jederzeitige Berichtigung
5. Ermessen
6. Fehlerberichtigung

1. Inhalt. Vgl § 42 VwVfG. Die Vorschrift stellt, anders als § 42 VwVfG, nicht darauf ab, daß die **Unrichtigkeit** im Verwaltungsakt enthalten ist, sondern darauf, daß sie **beim Erlaß** eines Verwaltungsaktes unterlaufen ist. Das VwVfG legt für die Berichtigung strengere Maßstäbe an (vgl zur Definition im allg VerwR: BVerwG NVwZ 86, 198), kennt aber nicht die strenge Bestandskraft zB der StBescheide. Es ist also nicht erforderlich, daß die Unrichtigkeit ohne weiteres aus dem Verwaltungsakt erkennbar ist, sozusagen ins Auge springt, sondern jeder **mechanische,** dh außerhalb der Entscheidungsbildung liegende **Fehler** fällt darunter (so bereits BFH BStBl 53, 6). Auch ein vermeidbares Fehlverhalten des FA steht einer Berichtigung wegen offenbarer Unrichtigkeit nicht entgegen. Bei der Anwendung des § 129 kommt es nicht darauf an, ob das FA am Erlaß des unrichtigen Bescheides ein **Verschulden** trifft (BFH BStBl 67, 348; 86, 293; FG Köln EFG 83, 211). Die mat Beweislast für das Vorliegen einer offenbaren Unrichtigkeit liegt bei der FinBeh, bzw bei dem Stpfl, der das Vorliegen einer offenbaren Unrichtigkeit behauptet. Bei Änderung eines Verwaltungsaktes wegen offenbarer Unrichtigkeit zuungunsten des Stpfl gehen daher verbleibende Unklarheiten zu Lasten des FA (BFH BStBl 87, 3).

2. Begriff der offenbaren Unrichtigkeit. Die Vorschrift nennt als Voraussetzung für die Berichtigung ausdrücklich Schreib- und Rechenfehler und stellt daneben „ähnliche offenbare Unrichtigkeiten". Aus diesem Nebeneinander schließt die Rspr des BFH in Anlehnung an die Rspr zu § 92 II RAO, daß es sich um **mechanische Fehler** handeln muß, die ebenso me-

2. Abschnitt. Verwaltungsakte § 129

chanisch wie Schreib- und Rechenfehler, also ohne weitere Prüfung, erkannt und berichtigt werden können (BFH/NV 86, 2). Fehler bei der Auslegung oder Nichtanwendung einer Rechtsnorm, unrichtige Tatsachenwürdigung, unzutreffende Annahme eines in Wirklichkeit nicht vorliegenden Sachverhalts oder Fehler, die auf mangelnder Sachaufklärung beruhen, schließen die Anwendung der Vorschrift dagegen aus (BFH BStBl 68, 191; 79, 458; 85, 569; 87, 834). Die Vorschr erfaßt also Fälle, in denen der bekanntgegebene Inhalt des Verwaltungsaktes vom gewollten materiellen Regelungsinhalt abweicht oder in denen das FA von einem falschen Sachverhalt ausgeht, obwohl ihm der richtige Sachverhalt bekannt ist und übersehen oder rein versehentlich falsch ausgewertet wird (vgl zum Regelungsinhalt der Vorschr *Woerner/Grube,* Die Aufhebung und Änderung von Steuerverwaltungsakten, 8. Aufl, S 16f). Ob ein mechanisches Versehen oder ein die Berichtigung ausschließender Tatsachen- oder Rechtsirrtum vorliegt, ist nach den **Verhältnissen des Einzelfalls** zu beurteilen (BFH BStBl 77, 853; 85, 569). Es lassen sich allenfalls typische Fallgestaltungen aufzeigen.

a) Die Vorschr findet Anwendung auf bloße **Ablese- oder Übertragungsfehler,** zB falsches Ablesen der Steuertabelle RFH RStBl 28, 96; 28, 100). Hierher gehört auch der Fall, daß der Inhalt des dem Betroffenen bekanntgegebenen Bescheides nicht mit der internen Aktenverfügung übereinstimmt (vgl oben § 124 Anm 3). Ebenso fällt darunter der Fall, daß die FinBeh auf einen Einspruch hin den falschen StBescheid ändert (BFH/NV 88, 277).

b) Typische Fehler im heutigen **mechanischen Veranlagungsverfahren** (mit Hilfe elektronischer Rechenanlagen) können zu offenbaren Unrichtigkeiten führen. Sie können in einem unbeabsichtigten, unrichtigen Ausfüllen des Eingabebogens (vgl FG BadWürtt EFG 88, 503) oder in einem Irrtum über den tatsächlichen Programmablauf oder in der Nichtbeachtung der für das maschinelle Veranlagungsverfahren geltenden Dienstanweisung liegen (BFH BStBl 75, 868; 80, 62; BFH/NV 87, 481). So führt das nicht computergerechte Ausfüllen eines Eingabewertbogens zu einem EDV-Versehen mechanischer Art (Hess FG EFG 88, 148). Eine offenbare Unrichtigkeit liegt auch vor, wenn der Bearbeiter bei Veranlagung mittels EDV in der StErklärung enthaltene Beträge zwar abhakt, aber nicht in das Feld für Eingabewerte überträgt (BFH/NV 86, 2). Eine Berichtigung gem § 129 ist ferner möglich, wenn in den Eingabewertbogen eine falsche Zahl eingetragen wird, die das Ergebnis einer vorangegangenen aktenkundigen Berechnung ist (BFH BStBl 88, 164). Die Berichtigung der Ablehnung eines Antrages auf Steuerfestsetzung ist aber unzulässig, wenn das FA aufgrund einer programmgesteuerten Hinweismitteilung über einen Nichtveranlagungsfall den Fall geprüft und im Rahmen dieser Überprüfung die Möglichkeit eines Rechtsirrtums nicht ausgeschlossen ist (BFH BStBl 87, 3). Zeilenverwechselung beim Eingabewertbogen oder Fehler bei der Übertragung der im Eingabewertbogen richtig erfaßten Daten durch die Datenerfassungsstelle sind offenbare Unrichtigkeiten (FG München EFG 80, 578). Ferner können beim Erstellen eines EDV-Programms „mechanische" Fehler auftreten, die eine Berichtigung gem § 129 rechtfertigen (BFH BStBl 85, 32).

§ 129 3. Teil. Allgemeine Verfahrensvorschriften

c) Die Annahme eines mechanischen Fehlers kann ausgeschlossen sein, wenn der Veranlagungsbeamte **feststehende Tatsachen** nicht berücksichtigt (vgl BFH BStBl 77, 853). Das ist aber nur dann der Fall, wenn die Nichtberücksichtigung auf unzureichender Sachaufklärung beruht oder wenn mögliche rechtliche Schlüsse aus den Tatsachen nicht gezogen werden (vgl BFH/NV 87, 480). Hat dagegen die Nichtberücksichtigung einer Tatsache ihren Grund in einer bloßen Unachtsamkeit und liegt die Tatsache offen zutage, so kann von einem auf mangelnder Sachaufklärung beruhenden Nichterkennen der Tatsache oder vom Versehen bei der Anwendung von Rechtsvorschriften keine Rede sein (BFH BStBl 85, 569; 86, 541; BFH/NV 87, 480). So liegt ein mechanischer Fehler zB vor, wenn der Stpfl in der EStErklärung seine im Vorjahr erfolgte Ehescheidung mitteilt, gleichwohl aber ein Zusammenveranlagungsbescheid ergeht (BFH/NV 87, 480). Zur **Übernahme** offenbarer Unrichtigkeiten **aus der StErklärung** in den StBescheid s unten Anm 3.

d) Ein mechanisches Versehen liegt in der Regel vor, wenn der Bearbeiter **von anderen Stellen mitgeteilte Tatsachen** übersieht. Fehler, die auf einem Verlesen im Betriebsprüfungsbericht beruhen, fallen daher in der Regel unter die mechanischen Fehler, nicht dagegen Fehler, die aufgrund eigener Tatsachenwürdigung der Tätigkeit des Stpfl anders als im BpBericht beruhen (BFH BStBl 86, 293). Ebenso kann das Übersehen einer Kontrollmitteilung durch den Bearbeiter eine offenbare Unrichtigkeit sein (BFH BStBl 86, 541; aA FG Berlin EFG 83, 484). Eine offenbare Unrichtigkeit aber nicht vor, wenn dem FA bei der Auswertung eines Grundlagenbescheides ein Fehler unterläuft und nicht auszuschließen ist, daß dieser Fehler auf einem Rechtsirrtum beruht (FG Berlin EFG 83, 322).

e) Wie bereits ausgeführt worden ist, schließen **Tatsachen- und Rechtsirrtümer** die Berichtigung wegen offenbarer Unrichtigkeit aus. Die rein theoretische Möglichkeit, daß der Fehler auf rechtliche Überlegungen zurückgeht, hindert die Fehlerberichtigung nicht (BFH BStBl 75, 868). Die konkrete Möglichkeit eines Rechtsirrtums muß gegeben sein (vgl BFH BStBl 87, 3). Eine offenbare Unrichtigkeit wird noch nicht dadurch zu einem Rechts- oder Tatsachenirrtum, daß sie fortlaufend übernommen worden ist (BFH BStBl 87, 834; vgl auch BFH BStBl 85, 569). Ein aufgrund eines Einspruchs ergangener Änderungsbescheid kann daher auch dann nach § 129 berichtigt werden, wenn das FA im Änderungsbescheid eine offenbare Unrichtigkeit des Erstbescheides übernommen hat (BFH BStBl 85, 569), das gleiche gilt für einen aufgrund einer Außenprüfung ergangenen Änderungsbescheid (BFH BStBl 87, 834).

f) Bei vielen der zuvor behandelten Probleme spielt die Frage eine erhebliche Rolle, ob die offenbare Unrichtigkeit **aus dem Bescheid selbst erkennbar sein muß**. Genannte Beispiele wie das Abweichen des StBescheides von der internen Aktenverfügung zeigen, daß es hierauf nicht ankommen kann. Diese Rechtslage hat der BFH nunmehr unter Berufung auf seine Rspr zu § 107 FGO auch für § 129 klargestellt (BFH BStBl 87, 588). **Offenbar** ist eine Unrichtigkeit vielmehr immer dann, wenn der Fehler **bei Offenlegung des Sachverhalts** für jeden unvoreingenommenen Dritten klar und eindeutig als offenbare Unrichtigkeit erkennbar ist (BFH/NV 88, 277). Es ist daher auch unerheblich, **ob der Stpfl** die Unrichtigkeit anhand

2. Abschnitt. Verwaltungsakte **§ 129**

des Bescheids und der ihm vorliegenden Unterlagen erkennen konnte (BFH in BFHE 149, 413; BFH/NV 88, 277).

3. Berichtigung ist nur bei **Verwaltungsakten** (einschl Einspruchs- oder Beschwerdeentscheidungen, BFH/NV 88, 615), nicht auch bei Willenserklärung des Stpfl möglich. Bei **Selbstberechnungen** macht sich die FinBeh den Fehler des Stpfl zu eigen (*Felix* FR 60, 35; BFH BStBl 69, 474; *Tipke* UStR 57, 174). Ein Rechenfehler des Stpfl bei der Anfertigung der USt-Erklärung, der mangels Nachprüfung der Selbstberechnung durch das FA nicht entdeckt wird, ist daher nach § 129 zu berichtigen, BFH BStBl 80, 18. Die Frage dürfte aber an Bedeutung verlieren, weil Selbstberechnungen nach § 168 einer Steuerfestsetzung unter Vorbehalt der Nachprüfung gleichstehen und auch der Stpfl selbst jederzeit, auch nach Ablauf der Rechtsbehelfsfrist die Änderung der Festsetzung beantragen kann. Ansonsten betrifft § 129 grundsätzlich nur Versehen der FinBeh, nicht des Stpfl (BFH BStBl 72, 550; 84,785; FG BadWürtt EFG 87, 158). Anders ist es aber, wenn die Fehlerhaftigkeit der Angaben des Stpfl für das FA als offenbare Unrichtigkeit erkennbar war. Dann hat das FA die Fehlerhaftigkeit der Angaben als offenbare Unrichtigkeiten übernommen (BFH BStBl 84, 785; BFH in BFHE 149, 491; BFH/NV 88, 342; FG Köln EFG 88, 271).

4. Berichtigung ist jederzeit möglich, jedoch bei StBescheiden nur bis zum Ablauf der **Festsetzungsfrist** (§ 169 I, 2). Die Festsetzungsfrist endet nach **§ 171 II** jedoch insoweit nicht vor Ablauf eines Jahres nach Bekanntgabe des StBescheides. Das gleiche gilt für Bescheide, für die ebenfalls eine Festsetzungsfrist gilt, zB Haftungs- und Duldungsbescheide. Bei **Aufteilungsbescheiden** ist Berichtigung nur bis zur Beendigung der Vollstreckung (§ 280) möglich. Eine offenbare Unrichtigkeit in einem **Feststellungsbescheid** kann, wenn die Feststellungsfrist abgelaufen ist, auch nicht nach § 181 V berichtigt werden (FG Nürnberg EFG 87, 229).

Für die Berichtigung gibt es **keinen Vertrauensschutz.** Sie ist also auch dann möglich, wenn die Kenntnis der offenbaren Unrichtigkeit durch rechtswidrige Maßnahmen der Außenprüfung erlangt worden ist (FG Nürnberg EFG 88, 97).

5. Grundsätzlich steht es im **Ermessen** der Behörde, ob sie berichtigt oder nicht; sie muß bei berechtigtem Interesse der Betroffenen jedoch berichtigen, S 2.

6. Es ist auch dann eine Berichtigung zulässig, wenn sich der Regelungsinhalt des ursprünglichen Bescheides gleichsam in sein Gegenteil verkehrt (BFH BStBl 86, 293). Die Berichtigung ist aber nur zur Beseitigung des Fehlers, nicht auch zur Bereinigung sonstiger Fehler zulässig. Auch die Anfechtung eines solchen Berichtigungsbescheides kann nur soweit reichen, wie die Fehlerberichtigung reicht. Art des Rechtsbehelfs richtet sich nach Art des Verwaltungsaktes, der berichtigt wird. Gegen Berichtigung des Bescheides oder gegen die Ablehnung der Berichtigung ist der **Einspruch** gegeben, vgl *Thiel* DB 78, 1611; BFH BStBl 84, 511. *Thiel* (DB 78, 1611) tritt zu Recht ferner dafür ein, daß auch **§ 177** entsprechend auf Berichtigungen nach § 129 **angewendet** wird, dh die Berichtigung zuungunsten des Stpfl kann ggf mit unterlaufenen **Rechtsfehlern kompensiert** werden, so auch FG Niders EFG 79, 475; 87, 592. Berichtigung auch möglich, wenn Bescheid bereits im FG-Verfahren überprüft worden ist, sofern offenbare Unrichtigkeit nicht Streitpunkt im Prozeß war.

Vorbemerkungen zu §§ 130, 131

1. **Die allgemeinen Vorschriften** über die **Aufhebung und Änderung** von Verwaltungsakten sind auf **Steuerbescheide**, einschließlich der Bescheide über gesonderte Feststellungen, **nicht anwendbar.** Sie gelten ferner nicht, soweit die Vorschriften über Steuerbescheide entsprechend anwendbar sind (zB Zinsbescheide). Sie sind auch nicht anwendbar, soweit Spezialbestimmungen über die Aufhebung oder Änderung von Bescheiden bestehen, zB bei verbindlichen Zusagen aufgrund einer Außenprüfung (§ 207), bei Aufteilungsbescheiden.
2. Unter die Vorschriften der §§ 130, 131 fallen zB folgende Verwaltungsakte: **Billigkeitsmaßnahmen** nach § 227, **Stundungen** nach § 222, Festsetzung von **Verspätungszuschlägen** nach § 152, **Haftungs- und Duldungsbescheide** nach § 191, Verwaltungsakte über Zahlungsanspruch nach **§ 218 II**, Entscheidungen über die Ablehnung eines sog reinen Erstattungsanspruchs (§ 218 II 2), **Verwaltungsakt über Kosten** und Verwaltungsakte nach § 251 III, Vollstreckungsmaßnahmen, Anforderung von SZ, Entscheidung über Aussetzung der Vollziehung nach § 361, Festsetzung von **Zwangsgeldern** nach §§ 328 I, 329, Verwaltungsakte über sonstige Steuervergünstigungen, auf deren Gewährung oder Belassung ein Rechtsanspruch besteht, sofern darin nicht eine gesonderte Feststellung von Besteuerungsgrundlagen liegt, vgl **§ 348 I Nr 3.** Ferner Entscheidungen über Einstellung oder Beschränkung der Vollstreckung nach §§ 257, 258, **Fristverlängerungen** nach § 109, Buchführungserleichterungen nach § 148, Entschädigungen nach § 107, Verlegung des Beginns einer Außenprüfung nach § 197 II, Anrechnung von StAbzugsbeträgen. **Nicht** unter die Vorschriften fallen zB **Vorauszahlungsbescheide;** diese stehen einer StFestsetzung unter Vorbehalt der Nachprüfung gleich (§ 164 I 2). **Ebenfalls nicht der Bescheid über LStJA;** dieser richtet sich zwar auf Rückzahlung, die Rückzahlung folgt aber erst aus der vorangegangenen Steuerfestsetzung, vgl **§ 218.** Bescheide über LStJA unterliegen daher den für StBescheide geltenden Berichtigungsvorschriften.
3. In den §§ 130, 131 werden die Begriffe **Rücknahme** und **Widerruf** verwendet. Die **Rücknahme** bezieht sich auf **rechtswidrige,** der **Widerruf auf rechtmäßige** Verwaltungsakte. Bei StBescheiden spricht man dagegen von **Aufhebung** oder **Änderung** von Bescheiden. Aufhebung ist der Oberbegriff zur Rücknahme und zum Widerruf. Änderung ist die teilweise Rücknahme eines Verwaltungsaktes.
4. Die §§ 130, 131 weisen gewisse Parallelen zu §§ 44, 45 VwVfG auf. Die Bestandskraft allgemeiner Verwaltungsakte ist aber insofern geringer, als nach dem VwVfG eine Rücknahme oder ein Widerruf von Verwaltungsakten auch zugelassen wird, wenn das öffentliche Interesse an der Aufhebung dem privaten Interesse an der Bestandskraft vorgeht. Andererseits kann sich nach dem VwVfG der Betroffene uU auf den Wegfall der Bereicherung berufen oder eine Art Schadensausgleich verlangen. Diese Regelungen übernimmt die neue AO nicht. Sie geht hierbei davon

2. Abschnitt. Verwaltungsakte § 130

aus, daß das Vertrauen der Betroffenen ggf im Rahmen der Ermessensausübung zu berücksichtigen ist.
5. Die §§ 130, 131 sind **ab 1. 1. 1977 anzuwenden,** auch wenn der betreffende Verwaltungsakt vorher erlassen worden ist, Art 97 § 9 EGAO (Anh 1).

§ 130 Rücknahme eines rechtswidrigen Verwaltungsaktes

(1) Ein rechtswidriger Verwaltungsakt kann, auch nachdem er unanfechtbar geworden ist, ganz oder teilweise mit Wirkung für die Zukunft oder für die Vergangenheit zurückgenommen werden.

(2) Ein Verwaltungsakt, der ein Recht oder einen rechtlich erheblichen Vorteil begründet oder bestätigt hat (begünstigender Verwaltungsakt), darf nur dann zurückgenommen werden, wenn
1. er von einer sachlich unzuständigen Behörde erlassen worden ist,
2. er durch unlautere Mittel, wie arglistige Täuschung, Drohung oder Bestechung erwirkt worden ist,
3. ihn der Begünstigte durch Angaben erwirkt hat, die in wesentlicher Beziehung unrichtig oder unvollständig waren,
4. seine Rechtswidrigkeit dem Begünstigten bekannt oder infolge grober Fahrlässigkeit nicht bekannt war.

(3) ¹Erhält die Finanzbehörde von Tatsachen Kenntnis, welche die Rücknahme eines rechtswidrigen begünstigenden Verwaltungsaktes rechtfertigen, so ist die Rücknahme nur innerhalb eines Jahres seit dem Zeitpunkt der Kenntnisnahme zulässig. ²Dies gilt nicht im Falle des Absatzes 2 Nr. 2.

(4) Über die Rücknahme entscheidet nach Unanfechtbarkeit des Verwaltungsaktes die nach den Vorschriften über die örtliche Zuständigkeit zuständige Finanzbehörde; dies gilt auch dann, wenn der zurückzunehmende Verwaltungsakt von einer anderen Finanzbehörde erlassen worden ist; § 26 Satz 2 bleibt unberührt.

Schrifttum: *Schenke* Probleme der Bestandskraft von Verwaltungsakten, DÖV 83, 320; *Merten* Bestandskraft von Verwaltungsakten, NJW 83, 1993; *Muus/Heinrich/Sebiger* Berichtigung und Änderung von Steuerverwaltungsakten, Steuerberaterkongreß-Report 1985, 347; *Pferdmenges* Verspätungszuschlag und Änderung einer Steuerfestsetzung, DStZ 86, 394; *Rößler* Die Rücknahme des Haftungsbescheides und sein anschließender Neuerlaß, DStR 86, 714; *Rosmanith* Die Korrektur von Haftungsbescheiden, DStZ 86, 580; *Lohmeyer* Rücknahme und Widerruf von Steuerverwaltungsakten, ZKF 86, 251; *Streck/Rainer* Erneute Inhaftungnahme für denselben Sachverhalt nach Rücknahme eines Haftungsbescheides, Stbg 87, 53; *Hein* Zum Neuerlaß eines Haftungsbescheides nach „ersatzloser" Aufhebung eines inhaltsgleichen vorangegangenen Bescheids – Besprechung des BFH-Urteils v 25. 7. 86 VI R 216/83, BStBl 86, 779 – DStR 87, 175; *Mösbauer* Die Steuerhaftungsbescheide – Berichtigung, Rücknahme und Widerruf, Information StW 87, 505; *Mösbauer* Zur Korrektur von Steuerhaftungsbescheiden und der mit diesen regelmäßig verbundenen Zahlungsaufforderungen, Stbg 87, 230; *Schrömbges* Kann die Finanzbehörde die Aussetzung der Vollziehung des Steuerbescheides jederzeit aufheben oder ändern? DB 88, 77; *Rößler* Zur Frage der Zulässigkeit wiederholender Außenprüfungen im Lichte der Rechtsprechung, StBp 88, 65; *Scholtz* Zur Anrechnung von Vorauszahlungen und Steuerabzugsbeträgen, FR 88, 158; *Woerner/Grube*, Die Aufhebung und Änderung von Steuerverwaltungsakten, 8. Aufl, 1988.

§ 130 3. Teil. Allgemeine Verfahrensvorschriften

Übersicht

1. Inhalt
2. Rechtswidrige Verwaltungsakte
3. Heilung von Verfahrensfehlern
4. Unanfechtbare Verwaltungsakte
5. Begünstigende Verwaltungsakte
6. Sachlich unzuständige Behörde
7. Unlautere Mittel
8. Unrichtige Angaben
9. Kenntnis der Rechtswidrigkeit
10. Geltung des § 131
11. Frist
12. Zuständige Behörde

1. Inhalt. Vgl **§ 44 VwVfG.** Über Anwendbarkeit der Vorschrift vgl Vorbemerkung unter Nr 2. Die Vorschrift geht zunächst von der freien Rücknehmbarkeit von Verwaltungsakten aus, modifiziert diesen Grundsatz dann aber für begünstigende Verwaltungsakte im Abs 2.

2. Rechtswidrige Verwaltungsakte können zurückgenommen werden. Rechtswidrig ist ein Verwaltungsakt, wenn das im Zeitpunkt seines Erlasses geltende **Recht unrichtig angewendet** oder bei der Entscheidung von einem Sachverhalt ausgegangen worden ist, der sich als unrichtig erweist (BVerwGE 31, 222). **Rechtswidrigkeit** kann auf fehlerhafter Anwendung des **materiellen** wie des **formellen** Rechts beruhen. Dies gilt auch, wenn die von der Behörde beim Erlaß des Verwaltungsaktes zugrunde gelegte Rechtsauffassung sich nach späterer geläuterter Rechtsauffassung als unrichtig erweist (BVerwGE 13, 28). Dem ursprünglichen Verwaltungsakt kann ggf auch durch nachträgliche Änderung der Rechtslage der Boden entzogen werden (BVerwG v 13. 9. 72 VIII C 85/70). Wird der Haftungssumme durch Änderungsbescheid herabgesetzt, weil sich die zugrundeliegende StSchuld vermindert hat, liegt eine **Teilrücknahme** iSd § 130 I vor, die den Bestand des ursprünglichen Haftungsbescheides in dem nicht betroffenen Teil nicht berührt (§ 124 II). Es bedarf daher auch keines Antrages nach § 68 FGO im Rechtsbehelfsverfahren (BFH/NV 88, 387). Der die Teilrücknahme aussprechende Verwaltungsakt ist nicht selbständig anfechtbar (FG BadWürtt EFG 88, 57).

Auch ein **nichtiger Verwaltungsakt** kann von der FinBeh als Rechtswidrig gem § 130 I zurückgenommen werden. Der Grund liegt in dem von dem nichtigen Verwaltungsakt erzeugten Rechtsschein (BFH BStBl 85, 579).

3. Beachte, daß nach **§ 126 bestimmte Verfahrens-** und **Formfehler** nachträglich **geheilt** werden können, sie sind dann unbeachtlich, dh der Verwaltungsakt ist als fehlerfrei anzusehen. Sind die Fehler dagegen nicht geheilt worden oder gar nicht heilbar, ist **§ 130** anwendbar, unabhängig davon, ob der Betroffene nach § 127 die Aufhebung oder Änderung verlangen kann oder nicht. Dies gilt mangels entsprechender Regelung auch für die Verletzung der örtlichen Zuständigkeit.

4. Rücknahme ist zulässig, unabhängig davon, ob Verwaltungsakt noch **angefochten** werden kann oder nicht. Ausschließlich belastende Verwaltungsakte dürfen uneingeschränkt zurückgenommen werden, es sei denn,

2. Abschnitt. Verwaltungsakte § 130

daß die Behörde zu ihrem Erlaß verpflichtet ist. Behörde entscheidet nach **pflichtgemäßem Ermessen** (vgl BVerwGE 11, 124, 28, 122), sie ist nach Unanfechtbarkeit nicht aus dem Grundsatz der **Gesetzmäßigkeit der Verwaltung** zur Rücknahme verpflichtet. Der Antrag auf **Wiederaufgreifen** eines Verwaltungsverfahrens ist begründet, wenn das neue Beweismittel – ggf in Verbindung mit anderen Beweismitteln – tatsächlich eine dem Betroffenen günstigere Entscheidung herbeigeführt hätte, BVerwG DVBl 82, 998.

5. Abs 2. Die freie Rücknahmemöglichkeit wird bei **begünstigenden** Verwaltungsakten eingeschränkt. Die Vorschrift enthält keine Regelung über Verwaltungsakte mit sog **Doppelwirkung,** dh Verwaltungsakte, die sowohl belastend als auch begünstigend sind. **Beispiel: Haftungsbescheid** über zu niedrigen Haftungsbetrag. Es handelt sich hierbei sicher um einen belastenden Verwaltungsakt; nach dem Grundsatz des Abs 1 müßte er frei rücknehmbar sein, dh auch zuungunsten des Betroffenen verbösert werden können. Hier wird man jedoch auch die Einschränkungen des Abs 2 zu beachten haben. Zum gleichen Ergebnis kommt man mit folgender Überlegung: § 130 spricht nur von Rücknahme, nicht von Änderung. Eine Änderung ist praktisch nur durch Rücknahme des Verwaltungsaktes unter gleichzeitigem Erlaß eines neuen Verwaltungsaktes möglich. Die Rücknahme eines Haftungsbescheides stellt aber einen begünstigenden Verwaltungsakt dar. Würde sodann ein neuer Haftungsbescheid erlassen werden, würde dieser gegenüber der vorangegangenen Rücknahme die Rücknahme eines begünstigenden Verwaltungsaktes bedeuten, so daß insoweit Abs 2 wiederum anwendbar wäre (ebenso *Woerner/Grube,* Die Aufhebung und Änderung von Steuerverwaltungsakten, 8. Aufl, S 28; BFH BStBl 85, 562, für den Fall, daß Rücknahme in Einspruchsverfahren erfolgt ist; BFH BStBl 86, 779, sieht bei ersatzloser Rücknahme Vertrauensschutz unter dem Gesichtspunkt von Treu und Glauben als gegeben an). **Rücknahme** eines Verwaltungsaktes ist **selbst Verwaltungsakt.** Bei Rücknahme der Rücknahme soll **ursprüngl** Verwaltungsakt **wiederaufleben,** *TK* Tz 14. Ebenso **können auch** an sich **begünstigende Verwaltungsakte belastend** sein, soweit dem Begehren der Betroffenen nicht voll entsprochen worden ist, zB Stundung über geringeren Betrag als beantragt. Hier wäre es sicher nicht sachgerecht, die Änderung der Stundungsverfügung zugunsten der Betroffenen nur unter den erschwerten Voraussetzungen des Abs 2 zuzulassen. Diese Auffassung weicht allerdings vom AnwErl AO ab, vgl dort Vorbemerkung zu §§ 130, 131 unter 2. Nach st Rspr insbes des Bayer VGH (VGH BayVBl 1963, 119) ist außerhalb des Anwendungsbereichs der AO die Festsetzung einer Abgabe kein (auch) begünstigender, sondern ausschließlich ein belastender Verwaltungsakt. Ein Bescheid über die Heranziehung zu **Beiträgen** ist somit grundsätzlich ein ausschließlich **belastender Verwaltungsakt** und kann nicht insoweit als begünstigender Verwaltungsakt angesehen werden, als er nicht mehr als den festgesetzten Beitrag verlangt, VGH Kassel, NJW 81, 596; so auch *Stelkens-Bonk-Leonhardt* VwVfG, § 48 Rdnr 7; dagegen die Literatur zur AO. Der VGH Kassel will die Regeln über begünstigende Verwaltungsakte auf derartige Bescheide nur anwenden, wenn die Behörde bewußt von einer Mehrforderung absieht. UE wird eine solche Auffassung dem Grundsatz des Vertrauens-

§ 130 3. Teil. Allgemeine Verfahrensvorschriften

schutzes, der den §§ 130, 131 zugrunde liegt, nicht gerecht. *Tipke* hat auf dem Deutschen Steuerkongreß 1976 zu Recht darauf hingewiesen, daß die Unterscheidung zwischen begünstigenden und belastenden Verwaltungsakten im Zusammenhang mit den Änderungsbestimmungen nicht sachgerecht sei, vielmehr danach unterschieden werden müsse, ob sich die Änderung eines Verwaltungsaktes zugunsten oder zuungunsten der Betroffenen auswirke. Zu einem ähnlichen Ergebnis wird man uU kommen, wenn man bei Anwendung des Abs 1 von einer pflichtgemäßen Ermessensausübung ausgeht; vgl auch *TK* Tz 15.

Die mit einem StBescheid verbundene **Abrechnung** von Vorauszahlungen ist ein selbständiger begünstigender Verwaltungsakt (vgl oben § 118 Anm 5c), so daß § 130 II ohne weiteres gilt (BFH BStBl 87, 405). Zu weit geht allerdings FG RhPf, das sogar in der bloßen Kassenmitteilung über das Guthaben nach erfolgreichem Einspruch einen begünstigenden Verwaltungsakt sieht (FG RhPf EFG 88, 279).

6. Nr 1. Ein Verwaltungsakt, der von einer **sachl unzuständigen** Stelle erlassen worden ist, wird vielfach **nichtig** sein (vgl § 125). Die Regelung entspricht insoweit **§ 96 I Nr 1 RAO.**

7. Nr 2 enthält einen selbstverständlichen Grundsatz, wonach der dolos Handelnde **keinen Vertrauensschutz** verdient. Die Regelung gilt auch für StBescheide, vgl **§ 172 I Nr 2c;** vgl auch **§ 96 II RAO.**

8. Nr 3 enthält einen Grundsatz, der auch in der Berichtigungsvorschrift für StBescheide wegen neuer Tatsachen (§ 173) zum Ausdruck kommt. Nicht jede unrichtige Angabe ist aber Aufhebungsgrund, sondern nur solche von wesentlicher Bedeutung; mit anderen Worten: es muß davon auszugehen sein, daß die Behörde den Verwaltungsakt nicht erlassen hätte, wenn sie die Unrichtigkeit gekannt hätte. Es kommt hierbei nicht auf ein Verschulden der Betroffenen an. Nach **BFH** (5. 2. 1975 DB 75, 1251) liegt bereits ein **unlauteres Mittel** vor, wenn Stpfl Angaben macht, deren Unrichtigkeit er kennt. Er braucht nicht zu wissen, daß das FA diesen Angaben besondere Bedeutung beimißt. Es muß nur ein ursächlicher Zusammenhang bestehen. Ohne Bedeutung ist, ob die Vfg auch ohne das unlautere Mittel erlangt worden wäre (BFH BStBl 61, III 488). Vorsatz braucht sich nicht auf Kausalzusammenhang zu beziehen. Evt aber Verwirkung, wenn FA erst 1½ Jahre nach Kenntnis der Unrichtigkeit widerrufen hat.

9. Nr 4 ist Ausfluß des Grundsatzes über den Vertrauensschutz. Wer die **Rechtswidrigkeit kannte** oder infolge **grober Fahrlässigkeit nicht kannte,** verdient keinen Vertrauensschutz. Für StBescheide ist diese Regelung nicht übernommen worden.

10. Rechtswidrige Verwaltungsakte können selbstverständlich auch unter den gleichen Voraussetzungen wie **rechtmäßige Verwaltungsakte** zurückgenommen werden (so auch BFH in BFHE 144, 189, und *TK* Tz 4). Dies folgt aus § 131 argumentum e contrario. Ein rechtswidriger Verwaltungsakt kann zB entsprechend §§ 130, 131 II Nr 1 widerrufen werden, wenn der Widerruf wirksam vorbehalten worden ist, BFH BStBl 83, 187.

11. Abs 3 enthält eine **Frist,** innerhalb deren Rücknahme eines begünstigenden Verwaltungsaktes möglich ist. Daneben ist jedoch zB bei **Haf-**

2. Abschnitt. Verwaltungsakte § 131

tungsbescheiden noch die **Festsetzungsfrist** zu beachten, vgl § 191 III. Bei unlauteren Mitteln ist Rücknahme ohne Befristung zulässig. Hat die Behörde beim Erlaß eines rechtswidrigen Verwaltungsaktes den ihr vollständig bekannten Sachverhalt unrichtig gewürdigt oder den Inhalt des anzuwendenden Rechts verkannt, so beginnt die Ausschlußfrist für die Rücknahme des Verwaltungsaktes mit dem Erlaß des Verwaltungsaktes, BVerwG DVBl 82, 1001.

12. Abs 4. Entscheidung über Rücknahme liegt bei der Behörde, die im Zeitpunkt der Rücknahme örtlich zuständig ist, es sei denn, daß die bisher örtlich zuständige Behörde das Verfahren nach § 26, 2 fortführt.

§ 131 Widerruf eines rechtmäßigen Verwaltungsaktes

(1) Ein rechtmäßiger nicht begünstigender Verwaltungsakt kann, auch nachdem er unanfechtbar geworden ist, ganz oder teilweise mit Wirkung für die Zukunft widerrufen werden, außer wenn ein Verwaltungsakt gleichen Inhalts erneut erlassen werden müßte oder aus anderen Gründen ein Widerruf unzulässig ist.

(2) ¹Ein rechtmäßiger begünstigender Verwaltungsakt darf, auch nachdem er unanfechtbar geworden ist, ganz oder teilweise mit Wirkung für die Zukunft nur widerrufen werden,
1. wenn der Widerruf durch Rechtsvorschrift zugelassen oder im Verwaltungsakt vorbehalten ist,
2. wenn mit dem Verwaltungsakt eine Auflage verbunden ist und der Begünstigte diese nicht oder nicht innerhalb einer ihm gesetzten Frist erfüllt hat,
3. wenn die Finanzbehörde auf Grund nachträglich eingetretener Tatsachen berechtigt wäre, den Verwaltungsakt nicht zu erlassen, und wenn ohne den Widerruf das öffentliche Interesse gefährdet würde.
²§ 130 Abs 3 gilt entsprechend.

(3) Der widerrufene Verwaltungsakt wird mit dem Wirksamwerden des Widerrufs unwirksam, wenn die Finanzbehörde keinen späteren Zeitpunkt bestimmt.

(4) Über den Widerruf entscheidet nach Unanfechtbarkeit des Verwaltungsaktes die nach den Vorschriften über die örtliche Zuständigkeit zuständige Finanzbehörde; dies gilt auch dann, wenn der zu widerrufende Verwaltungsakt von einer anderen Finanzbehörde erlassen worden ist.

Übersicht

1. Inhalt
2. Freie Widerrufbarkeit
3. Begünstigende Verwaltungsakte
4. Nichterfüllung einer Auflage
5. Änderung der Verhältnisse
6. Frist
7. Andere Nebenbestimmungen
8. Ex nunc-Wirkung
9. Zuständige Behörde

§ 131 3. Teil. Allgemeine Verfahrensvorschriften

1. Inhalt. Vgl § 49 VwVfG; vgl auch Vorbemerkung zu §§ 130, 131. Sondergesetzliche Vorschriften gehen vor. Im Gegensatz zu § 130 ist aber ein **Widerruf nur mit Wirkung** für die **Zukunft** zulässig.

2. Abs 1. Auch für rechtmäßige **nicht begünstigende Verwaltungsakte** gilt der Grundsatz der freien **Widerrufbarkeit**; dieser Grundsatz wird aber eingeschränkt durch den Grundsatz der Gesetzmäßigkeit der Verwaltung. Widerruf ist unzulässig, wenn Verwaltungsakt gleichen Inhalts erneut erlassen werden müßte. Die Behörde ist ferner nicht frei, soweit eine entsprechende Weisung (Einzelweisung, Richtlinie) vorliegt. Regelung kommt daher im wesentlichen bei **Ermessensentscheidungen** in Betracht.

3. Abs 2. Zur Frage, wann ein begünstigender Verwaltungsakt vorliegt, vgl Anm 5 zu § 130.

Nr 1 läßt den Widerruf **begünstigender** Verwaltungsakte zu, soweit dies **gesetzlich zugelassen** oder im Verwaltungsakt **vorbehalten** war. Die Hinzufügung eines Widerrufsvorbehalts ist nach **§ 120 II Nr 3** nach pflichtgemäßem Ermessen zulässig. Ob die Hinzufügung im Einzelfall gerechtfertigt war, ist nach dem Wortlaut der Bestimmung nicht entscheidend. Die Behörde wird aber ggf diesen Umstand bei der Ausübung ihres Ermessens berücksichtigen müssen. Die Ausnutzung des Widerrufsvorbehalts ist Ermessensausübung. Gerichtlich kann daher nur geprüft werden, ob die gesetzlichen Grenzen des Ermessens überschritten sind oder von dem Ermessen in einer dem Zweck der Ermächtigung nicht entsprechenden Weise Gebrauch gemacht worden ist (BFHE 144, 189). Trotz Vorbehalt des Widerrufs kann uU der Widerruf rechtswidrig sein, wenn sich die Sach- und Rechtslage seit Erlaß des Verwaltungsaktes nicht geändert hat (vgl Abs 2 Nr 3). Gewährung von **Erleichterungen** beim **VorstAbzug** ist **begünstigender** Verwaltungsakt. Soweit es sich um eine Maßnahme nach § 148 handelt, ist ein **Widerruf** nach § 148 S 2 ohne weitere Voraussetzungen zulässig, jedoch nur mit **Wirkung** für die **Zukunft**.

4. Nr 2. Bei **Nichterfüllung einer Auflage** (vgl § 120 II Nr 4) ist die Behörde zum **Widerruf berechtigt** (vgl BGHZ 24, 100); es kommt nicht darauf an, ob den Betroffenen an der Nichterfüllung ein Verschulden trifft oder nicht. Die Behörde kann aber auch statt des Widerrufs den Betroffenen zur **Erfüllung** der Auflage mit dem Mittel des **VerwZwangs zwingen**.

5. Nr 3 betrifft Widerruf bei **Änderung der tatsächlichen Verhältnisse**, die den Erlaß des Verwaltungsaktes getragen haben. Da dieser Widerrufsgrund für den Betroffenen nicht vorhersehbar ist, kommt Widerruf nur in Betracht, wenn ohne ihn das **öffentliche Interesse** gefährdet wäre.

6. Hinweis auf **§ 130 III** bedeutet, daß auch der **Widerruf** grundsätzlich nur innerhalb **eines Jahres** nach Bekanntwerden der Widerrufsgründe **zulässig** ist.

7. Andere Nebenbestimmungen zum Verwaltungsakt werden in **Abs 2 nicht erwähnt**. Bei **aufschiebenden Bedingungen** wird der Verwaltungsakt ohnehin nicht wirksam, solange die Bedingung nicht eingetreten ist; Verwaltungsakte unter einer **auflösenden Bedingung** werden von selbst unwirksam mit Eintritt der Bedingung. Gleiches gilt für Befristungen.

2. Abschnitt. Verwaltungsakte § 132

8. Abs 3 Widerruf wirkt grundsätzlich **ex nunc**, die Behörde kann jedoch späteren Zeitpunkt bestimmen. Bei **Dauerschuldverhältnis** kann FA Erlaß für die Entrichtungszeiträume zurücknehmen, die auf die Bekanntgabe der RücknahmeVfg folgen, FG Berl EFG 78, 290, betr Kfz-Steuer.

9. Abs 4 entspricht § 130 IV, jedoch fehlt der Hinweis auf § 26, 2. Es handelt sich um ein Redaktionsversehen; § 26, 2 bleibt auch im Rahmen des § 131 IV unberührt.

§ 132 Rücknahme, Widerruf, Aufhebung und Änderung im Rechtsbehelfsverfahren

¹Die Vorschriften über Rücknahme, Widerruf, Aufhebung und Änderung von Verwaltungsakten gelten auch während eines außergerichtlichen Rechtsbehelfsverfahrens und während eines finanzgerichtlichen Verfahrens. ²§ 130 Abs 2 und 3 und § 131 Abs 2 und 3 stehen der Rücknahme und dem Widerruf eines von einem Dritten angefochtenen begünstigenden Verwaltungsaktes während des außergerichtlichen Rechtsbehelfsverfahrens oder des finanzgerichtlichen Verfahrens nicht entgegen, soweit dadurch dem außergerichtlichen Rechtsbehelf oder der Klage abgeholfen wird.

Schrifttum: *Ruppel* Die Heilung des fehlerhaften und die Nachholung des fehlenden Verwaltungsaktes im Rechtmittelverfahren, DStZ 82, 272.

1. Inhalt. Vgl § 50 VwVfG. Die Vorschrift hat **klarstellende** Bedeutung für die Fälle, in denen während eines Rechtsbehelfsverfahrens ein Verwaltungsakt korrigiert werden soll aus Gründen, die außerhalb des Gegenstands des Rechtsbehelfsverfahrens liegen. In derartigen Fällen ist im Bescheid die verfahrensrechtliche Änderungsvorschrift in Verbindung mit § 132 als Rechtsgrundlage anzugeben. Bei abhelfenden Änderungen dagegen kein Hinweis auf § 132, FM Saarl v 14. 10. 80, DStR 80, 685. Während eines finanzgerichtlichen Verfahrens darf ein Änderungsbescheid auch dann ergehen, wenn durch ihn dem Klageantrag nur teilweise entsprochen wird, BFH BStBl 84, 414. Eine nach dem Gesetz bestehende Änderungsmöglichkeit wird durch ein schwebendes gerichtliches Verfahren nicht eingeschränkt. § 132 stellt klar, daß die Grundsätze über den **Vertrauensschutz** in § 130 II und III und § 131 II auch während des Rechtsbehelfsverfahrens zu beachten sind, dh der Betroffene braucht mit einer **Verböserung nur** zu rechnen, soweit entsprechende **Widerrufsgründe** der § 130 II oder § 131 II eingreifen. Für Bescheide, gegen die **Einspruch** zulässig ist (§ 348), gilt diese Einschränkung jedoch nicht, denn der angefochtene Verwaltungsakt kann auch zum Nachteil dessen, der den Einspruch eingelegt hat, geändert werden, vgl **§ 367 II 2**.

2. Für **Verwaltungsakte** mit sog **Drittwirkung** gelten die o g Einschränkungen ebenfalls nicht, wenn der Verwaltungsakt von dem **Dritten angefochten** worden ist und dem Rechtsbehelf **abgeholfen** werden soll, vgl S 2. Drittwirkung liegt z B vor, wenn ein begünstigender Verwaltungsakt einen anderen belastet, z B den Nachbarn bei der Baugenehmigung. Für das Steuerrecht hat diese Bestimmung nur geringe Bedeutung, weil z B bei Haftungs- und Duldungsbescheiden und Aufteilungsbescheiden der Ein-

§ 133

spruch gegeben ist und daher diese Bescheide nach § 367 II 2 auch zum Nachteil eines Beteiligten geändert werden können. Der Gedanke des Satzes 2 ist, daß niemand auf den Bestand eines Verwaltungsaktes vertrauen darf, solange noch die Möglichkeit besteht, daß der Verwaltungsakt von einem Dritten angefochten werden kann. Anderenfalls wäre der Rechtsschutz für den Dritten in Frage gestellt. Umstritten ist, ob nach Klagerhebung der angefochtene Verwaltungsakt nur noch im Wege des Änderungsbescheids, also unter den Voraussetzungen der §§ 172ff geändert werden kann, ob insbesondere der Änderungsbescheid unter den Vorbehalt der Nachprüfung gestellt werden darf. § 173 I und § 172 I Nr 2a lassen an sich die Aufnahme eines Vorbehalts nicht zu.

§ 133 Rückgabe von Urkunden und Sachen

¹Ist ein Verwaltungsakt unanfechtbar widerrufen oder zurückgenommen oder ist seine Wirksamkeit aus einem anderen Grund nicht oder nicht mehr gegeben, so kann die Finanzbehörde die auf Grund dieses Verwaltungsaktes erteilten Urkunden oder Sachen, die zum Nachweis der Rechte aus dem Verwaltungsakt oder zu deren Ausübung bestimmt sind, zurückfordern. ²Der Inhaber und, sofern er nicht der Besitzer ist, auch der Besitzer dieser Urkunden oder Sachen sind zu ihrer Herausgabe verpflichtet. ³Der Inhaber oder der Besitzer kann jedoch verlangen, daß ihm die Urkunden oder Sachen wieder ausgehändigt werden, nachdem sie von der Finanzbehörde als ungültig gekennzeichnet sind; dies gilt nicht bei Sachen, bei denen eine solche Kennzeichnung nicht oder nicht mit der erforderlichen Offensichtlichkeit oder Dauerhaftigkeit möglich ist.

Die Behörde kann bei Widerruf oder Rücknahme die zum Nachweis der Rechte aus dem Verwaltungsakt erteilten **Urkunden** oder **Sachen zurückfordern**. Die Vorschrift hat für das Steuerrecht nur geringe Bedeutung. In Betracht kommt zB Bescheinigung über KSt nach KStG, Rückforderung der LohnstKarte nach Eintragung von Freibeträgen, evt auch die Bescheinigung über Anerkennung als gemeinnützig uä.

Vierter Teil
Durchführung der Besteuerung

Erster Abschnitt. Erfassung der Steuerpflichtigen

1. Unterabschnitt. Personenstands- und Betriebsaufnahme

§ 134 Personenstands- und Betriebsaufnahme

(1) ¹Zur Erfassung von Personen und Unternehmen, die der Besteuerung unterliegen, können die Gemeinden für die Finanzbehörden eine Personenstands- und Betriebsaufnahme durchführen. ²Die Gemeinden haben hierbei die Befugnisse nach den §§ 328 bis 335.

(2) Die Personenstandsaufnahme erstreckt sich nicht auf diejenigen Angehörigen der Bundeswehr, des Bundesgrenzschutzes und der Polizei, die in Dienstunterkünften untergebracht sind und keine andere Wohnung haben.

(3) ¹Die Landesregierungen bestimmen durch Rechtsverordnung den Zeitpunkt der Erhebungen. ²Sie können den Umfang der Erhebungen (§ 135) auf bestimmte Gemeinden und bestimmte Angaben beschränken. ³Die Landesregierungen können diese Ermächtigung durch Rechtsverordnung auf die obersten Finanzbehörden übertragen.

(4) ¹Mit der Personenstands- und Betriebsaufnahme können die Gemeinden für ihre Zwecke besondere Erhebungen verbinden, soweit für diese Erhebungen eine Rechtsgrundlage besteht. ²Für solche Erhebungen gilt Absatz 1 Satz 2 nicht.

1. Inhalt. Die **Gemeinden** werden bei der Durchführung der **Personenstands- und Betriebsaufnahme** für die FinBehen und in deren Auftrag tätig. Ziel ist die Erfassung von Haushalten und Betrieben. Haushaltslisten bilden Grundlage für Ausstellung von LStKarten (§ 39 EStG). Listen dienen gleichzeitig der Überprüfung der sog V-Listen bei den FÄ; vgl auch die durch Art 96 Nr 12 EGAO aufgehobene VO über Auswertung der Personenstands- und Betriebsaufnahme v 16. 5. 1935 (RStBl 35, 769). Verschiedene Länder haben Sonderregelungen erlassen. Einzelheiten bei *Salch* DGStZ 70, 17. Die Vorschriften der §§ 134 bis 136 erscheinen im Hinblick auf das Urteil des BVerfG zum Volkszählungsgesetz 1983 (BVerfGE 65, 1) nicht unproblematisch, insbesondere, was die gesetzliche Regelung der Zweckbestimmung auch im Hinblick auf Verwendungs- und Verknüpfungsmöglichkeiten der Daten anbetrifft (vgl *Koch* vor § 134).

2. Gemeinden können bei Durchführung **Zwangsmittel** nach §§ 328–338 anwenden. Soweit die Gemeinden damit jedoch **Erhebungen für eigene Zwecke** verbinden, stehen ihnen die Zwangsbefugnisse nach der AO nicht zu, evtl aber nach den LandesvollstreckungsG, Abs 4.

3. Die Gemeinden werden **nicht** mehr **als Hilfsstellen** der FÄ tätig, so daß es sich bei ihren Erhebungen auch nicht mehr um Abgabeangelegenheiten handelt und daher nicht der Finanzrechtsweg, sondern der Verwaltungsrechtsweg gegeben ist (vgl § 33 II FGO; str wie hier *TK* Tz 4; *HHSp* Tz 9; *KKH* Anm 5; aA *Koch* Tz 14).

4. Grundsätzlich bestimmen die Landesregierungen den Zeitpunkt der Durchführung durch RVO.

§ 135 Mitwirkungspflicht bei der Personenstands- und Betriebsaufnahme

(1) ¹**Die Grundstückseigentümer sind verpflichtet, bei der Durchführung der Personenstands- und Betriebsaufnahme Hilfe zu leisten.** ²**Sie haben insbesondere die Personen anzugeben, die auf dem Grundstück eine Wohnung, Wohnräume, eine Betriebstätte, Lagerräume oder sonstige Geschäftsräume haben.**

(2) Die Wohnungsinhaber und die Untermieter haben über sich und über die zu ihrem Haushalt gehörenden Personen auf den amtlichen Vordrucken die Angaben zu machen, die für die Personenstands- und Betriebsaufnahme notwendig sind, insbesondere über Namen, Familienstand, Geburtstag und Geburtsort, Religionszugehörigkeit, Wohnsitz, Erwerbstätigkeit oder Beschäftigung, Betriebstätten.

(3) Die Inhaber von Betriebstätten, Lagerräumen oder sonstigen Geschäftsräumen haben über den Betrieb, der in diesen Räumen ausgeübt wird, die Angaben zu machen, die für die Betriebsaufnahme notwendig sind und in den amtlichen Vordrucken verlangt werden, insbesondere über Art und Größe des Betriebes und über die Betriebsinhaber.

Grundstückseigentümer sind zur Mithilfe verpflichtet. Sie müssen Angaben über Dritte machen, die auf dem Grundstück Wohnungen, Betriebstätten usw unterhalten. **Wohnungsinhaber** haben Angaben über ihre eigene Person sowie über die zu ihrem Haushalt gehörenden Personen zu machen. **Untermieter** haben für ihre Person die gleiche, selbständige Pflicht. **Inhaber von Betriebstätten** sind diejenigen, die die Betriebstätte besitzen, zB auch der Mieter, nicht nur der Eigentümer. Grundstückseigentümer fällt ggf nur unter Abs 1.

§ 136 Änderungsmitteilungen für die Personenstandsaufnahme

Die Meldebehörden haben die ihnen nach den Vorschriften über das Meldewesen der Länder bekanntgewordenen Änderungen in den Angaben nach § 135 dem zuständigen Finanzamt mitzuteilen.

Meldebehörden haben die **Meldungen** über Umzug, Wegzug, Zuzug natürlicher Personen **den FÄ mitzuteilen.** Die Personen sind nach den MeldeG der Länder verpflichtet, die entsprechenden Meldungen zu erstatten. Grundlegende Bestimmungen über das Meldewesen enthält auch das am 17. 8. 1980 in Kraft getretene Melderechtsrahmengesetz des Bundes. Die FinBehen sollen aufgrund der Mitteilungen in die Lage versetzt werden, ihre Veranlagungslisten auf dem neuesten Stand zu halten. Die Vor-

1. Abschnitt. Erfassung der Steuerpflichtigen §§ 137, 138

schrift verpflichtet nur die Meldebehörden, nicht aber wie § 165 c RAO die Meldepflichtigen.

2. Unterabschnitt. Anzeigepflichten

§ 137 Steuerliche Erfassung von Körperschaften, Vereinigungen und Vermögensmassen

(1) Steuerpflichtige, die nicht natürliche Personen sind, haben dem nach § 20 zuständigen Finanzamt und den für die Erhebung der Realsteuern zuständigen Gemeinden die Umstände anzuzeigen, die für die steuerliche Erfassung von Bedeutung sind, insbesondere die Gründung, den Erwerb der Rechtsfähigkeit, die Änderung der Rechtsform, die Verlegung der Geschäftsleitung oder des Sitzes und die Auflösung.

(2) Die Mitteilungen sind innerhalb eines Monats seit dem meldepflichtigen Ereignis zu erstatten.

Schrifttum: *Mösbauer* Zum Umfang der Mitwirkungspflichten der Beteiligten und anderer Personen, DB 85, 410.

Während § 136 nur die **Verhältnisse natürlicher Personen** betrifft, bezieht sich § 137 auf **Körperschaften, Vereinigungen und Vermögensmassen**. Anzeigepflicht besteht gegenüber FÄ und den Gemeinden und bezieht sich auf alle Umstände, die für die steuerliche Erfassung von Bedeutung sind. **Frist** für die Meldung beträgt **1 Monat**. Meldepflicht kann erzwungen werden; Verletzung stellt für sich im Gegensatz zu § 138 keine Ordnungswidrigkeit dar, vgl § 379 II Nr 1.

§ 138 Anzeigen über die Erwerbstätigkeit

(1) [1] Wer einen Betrieb der Land- und Forstwirtschaft, einen gewerblichen Betrieb oder eine Betriebstätte eröffnet, hat dies auf amtlich vorgeschriebenem Vordruck der Gemeinde mitzuteilen, in der der Betrieb oder die Betriebstätte eröffnet wird; die Gemeinde unterrichtet unverzüglich das nach § 22 Abs. 1 zuständige Finanzamt von dem Inhalt der Mitteilung. [2] Ist die Festsetzung der Realsteuern den Gemeinden nicht übertragen worden, so tritt an die Stelle der Gemeinde das nach § 22 Abs. 2 zuständige Finanzamt. [3] Wer eine freiberufliche Tätigkeit aufnimmt, hat dies dem nach § 19 zuständigen Finanzamt mitzuteilen. [4] Das gleiche gilt für die Verlegung und die Aufgabe eines Betriebes, einer Betriebstätte oder einer freiberuflichen Tätigkeit.

(2) Steuerpflichtige mit Wohnsitz, gewöhnlichem Aufenthalt, Geschäftsleitung oder Sitz im Geltungsbereich dieses Gesetzes haben dem nach §§ 18 bis 20 zuständigen Finanzamt mitzuteilen:
1. die Gründung und den Erwerb von Betrieben und Betriebstätten im Ausland,
2. die Beteiligung an ausländischen Personengesellschaften,
3. den Erwerb von Beteiligungen an einer Körperschaft, Personenvereinigung oder Vermögensmasse im Sinne des § 2 Abs. 1 Nr. 1 des Körperschaftsteuergesetzes, wenn damit unmittelbar eine Beteiligung

§ 139　　　　　　　　　4. Teil. Durchführung der Besteuerung

von mindestens zehn vom Hundert oder mittelbar eine Beteiligung von mindestens 25 vom Hundert am Kapital oder am Vermögen der Körperschaft, Personenvereinigung oder Vermögensmasse erreicht wird.

(3) Die Mitteilungen sind in den Fällen des Absatzes 1 innerhalb eines Monats seit dem meldepflichtigen Ereignis, in den Fällen des Absatzes 2 spätestens dann zu erstatten, wenn nach dem meldepflichtigen Ereignis eine Einkommen- oder Körperschaftsteuererklärung oder eine Erklärung zur gesonderten Gewinnfeststellung einzureichen ist.

Abs 1 Satz 1 mit Wirkung ab 1. 1. 87 neu gefaßt durch StBereinigG 1986 v 19. 12. 85, BGBl I, 2436.

1. Vorschrift hat den Zweck, die bei der **Betriebsaufnahme** gesammelten Daten auf dem neuesten Stand zu halten. Während nach § 137 die Gründung usw einer jur Person uä gemeldet werden muß, bezieht sich § 138 auf die **Aufnahme einer** gewerblichen, land- und forstwirtschaftlichen oder freiberuflichen **Tätigkeit**. **Abs 2** entspricht § 165d III RAO und betrifft Meldungen über Auslandsbeteiligungen usw.

2. Nur die **Eröffnung des Betriebes** oder die **Aufnahme der freiberuflichen Tätigkeit** ist anzuzeigen, nicht schon Vorbereitungshandlungen. Eröffnung ist auch die selbständige Weiterführung (amtl Begründung RStBl 34, 1417). Auch die Eröffnung einer Betriebstätte (§ 12) ist anzuzeigen, ebenso die Verlegung oder Aufgabe eines Betriebes oder einer Betriebstätte. Die **Neuregelung** sieht **ab 1. 1. 87** vor, daß die Betriebsanmeldung auf amtlich vorgeschriebenem Vordruck **nur** bei der **Gemeinde** einzureichen ist. Die **Gemeinde** hat unverzüglich das zuständige **Finanzamt** von dem Inhalt der Mitteilung zu **unterrichten**. Lediglich wenn der Gemeinde nicht das Recht zur Festsetzung der Realsteuern übertragen worden ist (Art 108 IV 2 GG), ist die Anzeige an das FA zu erstatten. Diese Regelung hat nur in den Stadtstaaten praktische Bedeutung. **Freiberufliche** machen die Anzeige gegenüber WohnsitzFA (§ 19 I) oder TätigkeitsFA (§ 19 III).

3. **Abs 2** betrifft Meldepflicht im Zusammenhang mit Auslandsbeteiligungen, Verletzung der Pflicht ist **Ordnungswidrigkeit (§ 379 II Nr 1)**. FA kann ggf nach §§ 90, 93 **ergänzende Angaben** verlangen, muß hierbei aber den Grundsatz der Erforderlichkeit und der Verhältnismäßigkeit beachten.

4. Nach **Abs 3** beträgt **Frist** für Meldung nach Abs 1 **einen Monat**; für Abs 2 ist keine besondere Frist vorgesehen; Meldung muß jedoch spätestens zusammen mit Abgabe der Steuererklärung gemacht werden.

5. **Strafrechtliche** oder **bußgeldrechtliche Folgen** ergeben sich, außer bei Verletzung der Meldepflicht nach Abs 2 nur, wenn es infolge der unterlassenen Meldung zu einer Steuerverkürzung gekommen ist (vgl §§ 370 I Nr 2, 378 I).

§ 139 Anmeldung von Betrieben in besonderen Fällen

(1) [1]Wer Waren gewinnen oder herstellen will, an deren Gewinnung, Herstellung, Entfernung aus dem Herstellungsbetrieb oder Verbrauch innerhalb des Herstellungsbetriebes eine Verbrauchsteuerpflicht ge-

2. Abschnitt. Mitwirkungspflichten § 140

knüpft ist, hat dies der zuständigen Finanzbehörde vor Eröffnung des Betriebes anzumelden. ²Das gleiche gilt für den, der ein Unternehmen betreiben will, bei dem besondere Verkehrsteuern anfallen.

(2) ¹Durch Rechtsverordnung können Bestimmungen über den Zeitpunkt, die Form und den Inhalt der Anmeldung getroffen werden. ²Die Rechtsverordnung erläßt die Bundesregierung, soweit es sich um Verkehrsteuern handelt, im übrigen der Bundesminister der Finanzen. ³Die Rechtsverordnung des Bundesministers der Finanzen bedarf der Zustimmung des Bundesrates nur, soweit sie die Biersteuer betrifft.

Hersteller **verbrauchsteuerpflichtiger Waren** oder **Unternehmer**, bei denen besondere Verkehrsteuern anfallen, zB Versicherungsteuer, müssen dies der FinBeh vor Eröffnung des Betriebes melden. Es muß sich nicht notwendigerweise um gewerbliche Betriebe handeln. FÄ sind gegenüber Zollbehörden verpflichtet, Kenntnisse über das Bestehen derartiger Betriebe weiterzugeben, vgl hierzu Merkblatt über die Zusammenarbeit zwischen den Dienststellen Steuer und Zoll unter Abschnitt II, VIII, IX.

Zweiter Abschnitt. Mitwirkungspflichten

1. Unterabschnitt. Führung von Büchern und Aufzeichnungen

§ 140 Buchführungs- und Aufzeichnungspflichten nach anderen Gesetzen

Wer nach anderen Gesetzen als den Steuergesetzen Bücher und Aufzeichnungen zu führen hat, die für die Besteuerung von Bedeutung sind, hat die Verpflichtungen, die ihm nach den anderen Gesetzen obliegen, auch für die Besteuerung zu erfüllen.

1. Inhalt. Die in **anderen Gesetzen** als Steuergesetzen begründeten Buchführungs- und Aufzeichnungspflichten werden durch diese Bestimmung zu einer **steuerlichen** Pflicht, soweit diese für die Besteuerung von Bedeutung sind. Bei Verletzung dieser Pflicht treten die Rechtsfolgen ein, die sich aus § 162 II 2, § 328 oder § 379 I Nr 2 ergeben. Zu denken ist hier in erster Linie an die Buchführungsvorschriften des **HGB**, des **AktG**, des **GmbHG**, des **GenG**. Ferner sind für bestimmte Gewerbezweige besondere Bücher vorgeschrieben. Zusammenstellung s Anm 4. Zum Begriff der **Buchführung** s § 138 I HGB.

2. Die Begriffe „Bücher und Aufzeichnungen" werden nicht definiert. Es kommt nicht darauf an, in welcher Form diese geführt werden, sondern welche Funktion sie haben.

3. Die Vorschrift greift nicht ein, wenn aufgrund steuerl Vorschriften, zB aus § 141, aus den Einzelsteuergesetzen einschl der Zollgesetze sich zwingende Buchführungspflichten ergeben.

§ 140   4. Teil. Durchführung der Besteuerung

4. Außersteuerliche Buchführungsvorschriften: Für **Kaufleute** und die ihnen gleichgestellten Handelsgesellschaften (OHG, KG, AG, KGaA, GmbH, Genossenschaft nach § 17 II GenG) nach den §§ 238 ff HGB. Diese haben sog Handelsbücher zu führen; was das sind, entscheidet sich nach den Grundsätzen ordnungsgem Buchführung, vgl *Baumbach/Duden*, HGB § 38 Anm 1 E. Dazu zählen auch Buchführungsunterlagen, soweit sie an die Stelle von Büchern treten. Nach § 240 HGB sind Kaufleute usw verpflichtet, **Vermögensverzeichnisse** (Inventare) und Bilanzen aufzustellen. Beachte die Änderung des § 39 HGB durch das EGAO, wonach die körperliche Bestandsaufnahme ersetzt werden kann durch eine sog geschichtete **Stichprobeninventur,** vgl auch § 241 HGB. Für Kapitalgesellschaften sind besondere **Fristen** für die **Aufstellung** der Bilanz vorgesehen, regelmäßig 3 Monate nach Ende des Geschäftsjahres (vgl § 264 HGB, § 5 Gesetz über Rechnungslegung von bestimmten Unternehmen und Konzernen, § 26 Gesetz über das Kreditwesen, § 55 VersicherungsaufsichtsG, § 42a GmbHG).

Ferner bestehen besondere Aufzeichnungspflichten für einzelne **Gewerbetreibende,** zB für **Altwarenhandel** nach Landesrecht; **Apotheker** über Betriebsbücher (zB Einkaufsbuch, Betäubungsmittelbuch, Giftbuch) nach der Apothekenbetriebsordnung; **Bewachungsgewerbe** nach § 11 VO v 1. 6. 1976, BGBl I, 1341; **Buchmacher** betreff Wettbuch nach § 4d Rennwett- und LotterieStG; **Eigenbetriebe** (Gemeinden, Staat) nach Landesrecht; **Fleischer** nach dem Vieh- und Fleischgesetz § 10 Gesetz v 25. 4. 1951 (BGBl I, 272); **Getreide-, Futtermittelbetriebe,** Getreideeinkaufsbuch, Getreidetauschbuch nach § 16 Gesetz v 24. 11. 1951 (BGBl I, 901); **Güterkraftverkehrsbetriebe:** Fahrtennachweisbücher nach §§ 28, 29, 32 Gesetz v 6. 8. 1975 (BGBl I, 2132), §§ 1 bis 3a VO v 30. 9. 1974 (BGBl I, 2428); **Händler,** Preisauszeichnungen nach der VO PR Nr 1/69 v 18. 9. 1969, BGBl I, 1733 idF v 25. 10. 1971 (BGBl I, 1689); **Hebammen** nach § 10 der 2. DVO v 13. 9. 1939 (RGBl I, 1764); **Heim- und Lohnarbeit:** Entgeltsbuch (§§ 6, 8, 9 HeimarbeiterG v 14. 3. 1951 [BGBl I, 191]); **Hotel-,** Gaststätten- und Pensionsgewerbe nach Landesrecht; Krankenhäuser nach BuchfVO (BGBl I, 78, 473); **Makler** nach der VO v 11. 6. 1975 (BGBl I, 1351); **Milch-** und Milcherzeugnis-Betriebe nach § 25 Gesetz v 22. 6. 1963 (BGBl I, 411); Mühlen nach § 5 MeldeVO Getreide; **Pfandleiher,** Pfandvermittler: Pfandbuch, Pfanderlösbuch nach § 3 VO v 1. 6. 1976 (BGBl I, 1334); **Reisebüros** nach Landesrecht; **Spediteure** und Lagerhalter: Lagerbücher und Lagerscheinregister, §§ 37, 38 VO v 16. 12. 1931 (RGBl I, 763); **Versteigerer:** § 21 VO v 1. 6. 1976 (BGBl I, 1345); Waffenherstellung und Waffenhandel: Waffenherstellungsbuch, Waffenhandelsbuch, § 12 f. BWaffG v 14. 6. 1968 (BGBl I, 633 iV mit VO vom 16. 6. 1970); **Wildbrethändler:** Wildhandelsbuch, § 36 BundesjagdG v 30. 3. 1961 (BGBl I, 304); **Wohnungseigentumsverwalter:** Rechnungslegungspflicht für Verwalter nach §§ 27, 28 Wohnungseigentumsgesetz v 15. 3. 1951, BGBl I, 175; Verwaltung gemeinsamer Mittel; vgl *Muss/Zwank* Buchführungs- und Aufzeichnungsvorschriften iSd § 160 I AO, StBp 74, 188 ff. Ferner Zusammenstellung bei *Peter/von Bornhaupt/Körner* Ordnungsmäßigkeit der Buchführung nach dem Bilanzrichtliniengesetz, 8. Aufl, 1987, Tz 151). Die Aufzeichnungspflicht nach § 162 II RAO ist nicht übernommen worden.

2. Abschnitt. Mitwirkungspflichten § 141

5. Die früheren steuerlichen Sondervorschriften in VO zu § 160 II VO zur Führung eines **Wareneingangsbuches**, eines **Warenausgangsbuches**, VO über landwirtschaftliche Buchführung sind z T in die AO 77 übernommen worden; sie sind mit Wirkung v 1. 1. 1977 außer Kraft getreten nach Art 96 EGAO 77.

§ 141 Buchführungspflicht bestimmter Steuerpflichtiger

(1) ¹Gewerbliche Unternehmer sowie Land- und Forstwirte, die nach den Feststellungen der Finanzbehörde für den einzelnen Betrieb
1. Umsätze einschließlich der steuerfreien Umsätze, ausgenommen die Umsätze nach § 4 Nr. 8 bis 10 des Umsatzsteuergesetzes, von mehr als 500 000 Deutsche Mark im Kalenderjahr oder
2. ein Betriebsvermögen von mehr als 125 000 Deutsche Mark oder
3. selbstbewirtschaftete land- und forstwirtschaftliche Flächen mit einem Wirtschaftswert (§ 46 des Bewertungsgesetzes) von mehr als 40 000 Deutsche Mark oder
4. einen Gewinn aus Gewerbebetrieb von mehr als 36 000 Deutsche Mark im Wirtschaftsjahr oder
5. einen Gewinn aus Land- und Forstwirtschaft von mehr als 36 000 Deutsche Mark im Kalenderjahr

gehabt haben, sind auch dann verpflichtet, für diesen Betrieb Bücher zu führen und auf Grund jährlicher Bestandsaufnahmen Abschlüsse zu machen, wenn sich eine Buchführungspflicht nicht aus § 140 ergibt. ²Die §§ 238, 240 bis 242 Abs. 1 und die §§ 243 bis 256 des Handelsgesetzbuches gelten sinngemäß, sofern sich nicht aus den Steuergesetzen etwas anderes ergibt. ³Bei der Anwendung der Nummer 3 ist der Wirtschaftswert aller vom Land- und Forstwirt selbstbewirtschafteten Flächen maßgebend, unabhängig davon, ob sie in seinem Eigentum stehen oder nicht. ⁴Bei Land- und Forstwirten, die nach Nummern 1, 3 oder 5 zur Buchführung verpflichtet sind, braucht sich die Bestandsaufnahme nicht auf das stehende Holz zu erstrecken.

(2) ¹Die Verpflichtung nach Absatz 1 ist vom Beginn des Wirtschaftsjahres an zu erfüllen, das auf die Bekanntgabe der Mitteilung folgt, durch die die Finanzbehörde auf den Beginn dieser Verpflichtung hingewiesen hat. ²Die Verpflichtung endet mit dem Ablauf des Wirtschaftsjahres, das auf das Wirtschaftsjahr folgt, in dem die Finanzbehörde feststellt, daß die Voraussetzungen nach Absatz 1 nicht mehr vorliegen.

(3) ¹Die Buchführungspflicht geht auf denjenigen über, der den Betrieb im ganzen zur Bewirtschaftung als Eigentümer oder Nutzungsberechtigter übernimmt. ²Ein Hinweis nach Absatz 2 auf den Beginn der Buchführungspflicht ist nicht erforderlich.

(4) Absatz 1 Nr. 5 in der vorstehenden Fassung ist erstmals auf den Gewinn des Kalenderjahrs 1980 anzuwenden.

Abs 1 geändert durch a) Gesetz v 26. 11. 79, BGBl I, 1953 b) Art 2 des Gesetzes zur Neuregelung der Einkommensbesteuerung der Land- und Forstwirtschaft, v 25. 6. 80, BGBl I, 732; c) Abs 1 S 2 mit Wirkung ab 1. 1. 86 geändert durch BilRichtlG v 19. 12. 85, BGBl I, 2355; d) Abs 1 Nr 1, Nr 2 und Abs 1 S 2 mit Wirkung ab 1. 1. 87 geändert durch StBereinigG 1986 v 19. 12. 85, BGBl I, 2436.

§ 141 4. Teil. Durchführung der Besteuerung

Schrifttum: *Mathiak* Zur Rechtsprechung der Besteuerung der Land- und Forstwirte, Inf 80, 73; *Moxter* Die handelsrechtlichen Grundsätze ordnungsgemäßer Buchführung und das neue Bilanzrecht, ZGR 80, 254; *Seeger* Die Rechtsprechung zur Besteuerung der Land- und Forstwirtschaft, Inf 81, 49; *Bichel* Zu der Feststellung der Umsätze für eine Begründung der Buchführungspflicht nach § 141 I Nr 1 AO, StBp 80, 138; *Schuhmann* Die Buchführungspflicht bestimmter Steuerpflichtiger, StBp 80, 14; *Lang* Die Buchführungspflicht der Land- und Forstwirte, Inf 81, 462; *Biedermann* Aufzeichnungs- und Aufbewahrungspflichten der § 13a – Landwirte, DStR 83, 695; *Appel* Zur besonderen Aufzeichnungspflicht nach § 4 Abs 6 EStG, DB 83, 16; *Stein* Das Bilanzrichtliniengesetz aus steuerlicher Sicht, Schmalenbach Zeitschrift für betriebswirtschaftl Forschung 85, 723; *Großfeld* Bilanzrecht für Juristen – Das Bilanzrichtlinien-Gesetz vom 19. 12. 1985, NJW 86, 955; *Brenner* Ordnungsgemäße Buchführung – Feststellung und Folgen bei Verletzung, DZB 85, F 35; F 73; *Zwank* Die Buchführungspflicht nach § 141 AO, StBp 86, 253; *Bichel* Die Aufzeichnungspflicht des Warenausgangs durch Land- und Forstwirte, StBp 86, 262; *Schick* Steuerverfahrensrechtliche Aspekte der Bilanz, BB 87, 133; *Zinn* Rückwirkender Wegfall einer auf Schätzung beruhenden Buchführungspflicht im Billigkeitswege, StBp 87, 284; *Schmitz* Aufzeichnungspflichten des Freiberuflers bezüglich der Betriebseinnahmen bei Gewinnermittlung nach § 4 III EStG, StBp 88, 43.

Übersicht

1. Inhalt
2. Entscheidung
3. Buchführungsgrenzen
4. Freie Berufe
5. Buchführungspflicht
6. Beginn und Ende der Buchführungspflicht
   a) Hinweis
   b) Ende der Pflicht
7. Verstoß gegen Buchführungspflicht

1. Inhalt. Vorschrift hat gegenüber § 140 nur **subsidiäre Bedeutung.** Abweichend von § 161 I Nr 1 RAO sind nur **Gewerbetreibende** sowie **Land- und Forstwirte** nach dieser Vorschrift **buchführungspflichtig.** Für **freie Berufe** besteht danach **keine Aufzeichnungspflicht** mehr; sie sind jedoch aufzeichnungspflichtig für Zwecke der **Umsatzsteuer** (BFH/NV 87, 674; vgl auch unten Erl zu § 145) vgl im übrigen Abschnitt 142 EStR. Im übrigen ist klargestellt, daß es für die Buchführungspflicht auf die **Verhältnisse des einzelnen Betriebes** ankommt, auch wenn der Stpfl mehrere Betriebe gleicher Einkunftsart hat; vgl *Paulick* Fragen zur landwirtschaftl Buchführung nach der AO 77, FR 78, 329.

2. Entscheidung, ob Buchführungsgrenze überschritten wird, **trifft die FinBeh,** und zwar entweder im Steuerbescheid oder durch besondere Feststellung. Die Feststellung, daß eine der Buchführungsgrenzen des § 141 I überschritten ist, stellt einen Verwaltungsakt dar (BFH BStBl 83, 768; aA Nieders FG EFG 86, 268). Von der Feststellung nach Abs 1 zu unterscheiden ist die Mitteilung über den Beginn der Buchführungspflicht nach Abs 2, die ebenfalls einen Verwaltungsakt bildet (s näher unten Anm 6a). Feststellung und Mitteilung können aber auch miteinander verbunden werden. Es handelt sich dann um einen einheitlichen Verwaltungsakt (BFH aaO; AnwErl zu § 141 Abschn 3).

2. Abschnitt. Mitwirkungspflichten § 141

3. Gegenüber dem früheren Recht sind die **Buchführungsgrenzen** erheblich **angehoben** worden. Im Erlaßwege sind die vor dem 1. 1. 1987 geltenden Grenzen bereits vor Inkrafttreten der AO 77 für anwendbar erklärt worden, vgl BdF Schreiben v 4. 6. 1976, BStBl I, 350. **Umsatzgrenze** ist auf 500 000, **Betriebsvermögensgrenze** auf 125 000 DM, **Gewinngrenze** bei **Gewerbebetrieben** auf 36 000 DM erhöht worden. Bei den **Betrieben der Land- und Forstwirtschaft** ist die **Gewinngrenze** auf 36 000 angehoben worden. Übergangsregelung für Wirtschaftsjahre, die nach dem 31. 12. 73 beginnen, in Art 97 § 19 EGAO. Zum **land- und forstwirtschaftlichen Vermögen**, das nach § 141 I Nr 3 für den Beginn der Buchführungspflicht maßgeblich ist, gehören auch die **zugepachteten Flächen**, Bremen StEK § 141 Nr 1; FG Münster EFG 79, 61; s jetzt auch Abs 1 S 3.

a) Nr 1. In die Umsatzgrenze sind auch die nichtsteuerbaren **Auslandsumsätze** mit einzubeziehen; diese sind in entsprechender Anwendung des § 162 ggf zu schätzen. Früher (seit 1972) galt eine Umsatzgrenze von 360 000 DM. Eine Anpassung an die wirtschaftliche Entwicklung war geboten, zumal die Gewinngrenze für Gewerbetreibende im gleichen Zeitraum um 50 v H (von 24 000 DM auf 36 000 DM) erhöht wurde. Die Bundesregierung war der Auffassung, daß die Anhebung der Umsatzgrenze für die Gruppe der betroffenen Unternehmen, bei denen nominale Umsatzzuwächse sonst zur Begründung der Buchführungspflicht führen würden, eine wünschenswerte Erleichterung darstellt. Im Rahmen des StBereinigungsgesetzes ist eine Anhebung auf 500 000 DM erfolgt.
Die neue Grenze tritt zwar nach Art 25 I StBereinigG erst am **1. 1. 87** in Kraft, findet aber gem § 19 II EGAO bereits auf Umsätze, die nach dem 31. 12. 83 beginnen, Anwendung.

b) Betriebsvermögen. Die Buchführungsgrenze von 100 000 DM ist im Rahmen des **StBereinigungsgesetzes** auf 125 000 DM angehoben worden und entspricht damit dem Freibetrag, der durch Artikel 1 Nr 1 StEntlG 1984 mit § 117a Abs 1 BewG beim Ansatz inländischen Betriebsvermögens eingeführt worden ist.
Die neue Fassung tritt gem Art 25 I StBereinigG am **1. 1. 87** in Kraft, ist aber gem § 19 III EGAO bereits auf **Feststellungszeitpunkte**, die **nach** dem **31. 12. 83** liegen, anzuwenden. Der Inkraftsetzungszeitpunkt hätte nämlich sonst zur Folge, daß sich die Änderungen frühestens 1990 auswirken würden, nämlich dann, wenn zB bei den Veranlagungen die Feststellungen über das Über- oder Unterschreiten der Grenzen getroffen worden sind und die Frist gem § 141 II abgelaufen ist. Mit der Übergangsregelung wird erreicht, daß die praktischen Auswirkungen der Gesetzesänderung schwerpunktmäßig bereits ab 1987 einsetzen.

c) Nr 3. Land- und forstwirtschaftliche Vermögen. Die Entscheidung des BFH BStBl 80, 423, wonach zum land- und forstwirtschaftlichen Vermögen nur das Eigenland und – forstwirtschaftliche Vermögen, das dem Landwirt nach dem Bewertungsgesetz zuzurechnen ist, nicht das von ihm bewirtschaftete Vermögen des Verpächters gehört, ist durch die Gesetzesänderung überholt. Zur Anwendung des BFH Urteils vgl FM Nieders v 17. 2. 81, DStZ E 81, 107; FM Nieders v 15. 12. 80, DStR 81, 105. Bei der Ermittlung des für die Buchführungspflicht maßgebenden Wirt-

§ 141

schaftswert dürfen die Zuschläge nicht außer acht gelassen werden, FG Nieders EFG 83, 535.

d) Nr 5. Gewinngrenze bei Land- und Forstwirten. Die Gewinngrenze bei Land- und Forstwirten stellt auf den Gewinn des **Kalenderjahres,** nicht auf den des Wirtschaftsjahres ab. Es müssen daher die anteiligen Gewinne aus zwei Wirtschaftsjahren angesetzt werden.

Die im Zuge der Neuregelung der Einkommensbesteuerung der Land- und Forstwirtschaft erfolgte Anhebung der Gewinngrenze für die Buchführungspflicht ist nach § 141 Abs 4 erstmals auf den Gewinn des Kalenderjahres 1980 anzuwenden. Danach können Betriebe mit einem für 1979 oder früher festgestellten Gewinn von mehr als 15000 DM (alte Grenze) noch zur Buchführung aufgefordert werden. Eine Neuverpflichtung zur Buchführung soll jedoch nur vorgenommen werden, wenn auch auf der Grundlage des neuen Rechts zu erwarten ist, daß Buchführungspflicht besteht.

Zur Buchführungspflicht der Landwirte vgl Einführungsschreiben des BdF v 27. 3. 81 betr Gesetz zur Neuregelung der Einkommensbesteuerung der Land- und Forstwirtschaft v 25. 6. 80, BStBl 81 I 282 ff, 286.

4. Freie Berufe. Für freie Berufe hat die Vorschrift keine Bedeutung (s oben Anm 1). Diese Regelung galt jedoch schon aufgrund § 142 I EStR. Sie brauchten nur ihre Einnahmen, nicht aber auch ihre Ausgaben aufzuzeichnen. Macht ein Angehöriger der freien Berufe jedoch laufend Aufzeichnungen für eine Gewinnermittlung nach § 4 III EStG, reicht er auch Bilanzen ein und erklärt dem FA, er habe den Gewinn durch Vermögensvergleich ermittelt, muß er das grundsätzlich gegen sich gelten lassen (BFH BStBl 60, 291; 67, 288). Im übrigen können Freiberufler wählen, ob sie den Gewinn durch Vermögensvergleich nach § 4 I EStG oder durch Überschußrechnung nach § 4 III EStG ermitteln wollen; vgl *Lohmeyer* Buchführung und Bilanzierung bei freiberufl Tätigkeiten, DStZ 75, 424. Zur **Aufzeichnungspflicht** der Angehörigen der **freien Berufe** vgl Bp-Kartei OFD D'dorf, Köln und Münster, DB 78, 1371 und unten § 146.

5. Liegen die Voraussetzungen für die **Buchführungspflicht** vor, hat der Stpfl **Bücher zu führen** und aufgrund jährlicher Bestandsaufnahmen **Abschlüsse** zu machen. §§ 238 ff HGB sind dabei entsprechend anzuwenden, sofern sich nicht aus den Steuergesetzen etwas anderes ergibt. Durch die Änderung des Satzes 2 im Rahmen des StBereinigG wurde klargestellt, daß die in den §§ 246 bis 256 HGB idF des BiRiLiG enthaltenen Bilanzierungsgrundsätze auch für die Steuerpflichtigen anzuwenden sind, die nach § 141 AO buchführungspflichtig sind und ihren Gewinn nach § 4 Abs 1 EStG ermitteln. Für die **Anwendung** der neuen **HGB-Vorschriften** gelten nach § 19 VI EGAO idF des **StBereinigG** die in Art 23 I und 5, Art 24 I bis 5 und Art 28 I des EGHGB enthaltenen Übergangsvorschriften zum BiRiLiG entsprechend. An die Stelle des **Geschäftsjahres** tritt das **Wirtschaftsjahr.** Danach ist ua die Fassung der Vorschriften über den Jahresabschluß erstmals auf das nach dem 31. 12. 86 beginnende Geschäftsjahr anzuwenden. Die neuen Vorschriften können auch auf ein früheres Geschäftsjahr angewendet werden, aber nur insgesamt.

2. Abschnitt. Mitwirkungspflichten § 141

6. Abs 2. Beginn und Ende der Buchführungspflicht
a) Abweichend von der RAO kommt es für den Beginn der Buchführungspflicht nicht darauf an, ob in einer Veranlagung oder gesondert (s oben Anm 2) die Überschreitung der Buchführungsgrenzen festgestellt wird. Vielmehr ist es darüber hinaus notwendig, daß der Stpfl **auf** den Beginn der **Verpflichtung hingewiesen wird.** Das kann im **Bescheid** über die Steuerfestsetzung; in der gesonderten Feststellung über das Überschreiten der Buchführungsgrenze, aber auch außerhalb dieser in einer **besonderen Mitteilung** geschehen. Die Rspr ist früher bereits bei Land- und Forstwirten so verfahren (BFH BStBl 57, 291; vgl zur Rechtslage unter Geltung der RAO auch BFH 85, 486). Aufforderung zur Buchführung ist ein **rechtsgestaltender** belastender **Verwaltungsakt** mit Dauerwirkung, der den Beginn der Buchführungspflicht konstitutiv auslöst (BFH BStBl 83, 768; 86, 39; 86, 539; 88, 269). Er ist daher nach § 121 I grundsätzlich zu begründen (Nieders FG EFG 79, 60). Nach § 122 I ist er demjenigen **bekanntzugeben,** der von ihm betroffen ist. Bei **Mitunternehmerschaft** (zB von Ehegatten) kann die Bekanntgabe an einen Mitunternehmer aber genügen, wenn dieser nach außen gegenüber dem FA als alleiniger Betriebsinhaber aufgetreten ist und dadurch den Anschein erweckt oder aufrecht erhalten hat, er sei alleiniger Unternehmer (BFH BStBl 86, 539; 88, 238; Nieders FG EFG 87, 276; vgl auch oben § 122 Anm 2a). Das Vorliegen der Mitunternehmerschaft kann auch nicht erstmals im Verfahren betreffend die Mitteilung über den Beginn der Buchführungspflicht geltend gemacht und entschieden werden, sondern nur im gesonderten Gewinnfeststellungsverfahren nach § 180 (BFH aaO).

Bei **Land- und Forstwirten** gehört **zum Inhalt** der Mitteilung jedenfalls dann, wenn mehrere Möglichkeiten für die Periode eines Wirtschaftsjahres in Betracht kommen (vgl § 8c EStDV), die Angabe, wann die Buchführungspflicht beginnt. Der in Buchführungsfragen unerfahrene Landwirt muß vom FA Aufklärung darüber erhalten, ob für ihn das im Gesetz als Regelfall vorgesehene Wirtschaftsjahr 1. Juli bis 30. Juni oder ausnahmsweise ein anderer Zeitraum maßgeblich ist. Eine darüberhinausgehenden Festlegung, in welchem Kalenderjahr die Buchführungspflicht beginnen soll, ist nicht erforderlich, wenn der Betroffene darüber nicht im unklaren sein kann (BFH BStBl 88, 269; vgl auch BFH BStBl 86, 39). Ist daher zB irrtümlich ein zurückliegendes oder ein unsinniges Kalenderjahr angegeben, so ist dies unschädlich (BFH BStBl 86, 39; BFH/NV 87, 547). Im übrigen ist eine Mitteilung nicht unwirksam sondern insoweit nur aufhebbar, wenn sich eine der als Nebenbestimmungen der Mitteilung anzusehenden Zeitangaben als falsch erweist (BFH BStBl 88, 269).

Da die Mitteilung ein Verwaltungsakt ist, kann auch ihre Vollziehung ausgesetzt werden (BFH BStBl 80, 427; aA Nieders FG EFG 79, 424). Die Mitteilung kann mit der **Beschwerde** angefochten werden. Wird die Mitteilung nicht angefochten, zurückgenommen oder widerrufen, beginnt die Buchführungspflicht auch dann, wenn die Gründe in der Mitteilung nicht mehr zutreffen (BFH BStBl 83, 254).

Die **Buchführungspflicht geht** ohne besondere Feststellung auf den Betriebsübernehmer **über;** dies gilt auch, wenn Betrieb in eine zu grün-

§ 141 4. Teil. Durchführung der Besteuerung

dende Personengesellschaft eingebracht wird, vgl BFH FR 78, 327; so bereits unter der Geltung des § 161 RAO, BFH BStBl 78, 477. Voraussetzung ist aber, daß jemand den Betrieb im ganzen übernimmt; Buchführungspflicht des Verpächters geht nicht auf Pächter über, FG SchlHol EFG 80, 212, BFH BStBl 83, 617, gegen FG Nieders EFG 80, 213 und EEAO. Auch eine **einmalige** auf besondere Ereignisse zurückzuführende **Überschreitung** der Buchführungsgrenze, löst die Buchführungspflicht aus; die im früheren EinfErl zur AO vertretene und im jetzigen AnwErl nicht mehr wiederholte abweichende Regelung ist ohne gesetzliche Grundlage, FG SchlHol EFG 81, 484. Geholfen werden kann hier aber nach § 148 (s Erl dort). Stellt sich nach der Mitteilung heraus, daß die entsprechende Grenze für die Buchführungspflicht doch nicht überschritten worden ist, kann dieser Fehler auch nicht durch das Nachschieben einer Mitteilung vom Überschreiten einer anderen in Abs 1 aufgeführten Grenze gem § 126 I Nr 2 geheilt werden. Zwar kann die Fehlerhaftigkeit eines Bescheids auch durch das Nachbessern einer Begründung geheilt werden; bei den Feststellungen iSd § 141 I handelt es sich jedoch nicht um Begründungen der Mitteilung nach Abs 2, sondern um für die Wirksamkeit der Anordnung unabdingbare Tatbestandsmerkmale in Gestalt rechtsbegründender Verwaltungsakte. Allenfalls könnte eine nach § 121 I erforderliche aber zunächst fehlende oder fehlerhafte Berechnungsgrundlage für die Feststellung nach § 126 I Nr 2, II geheilt werden, FG München EFG 82, 276.

Durch eine **Übergangsregelung** in § 19 V EGAO idF des **StBereinigG 1986** soll vermieden werden, daß eine **Mitteilung** über den Beginn der Buchführungspflicht ergeht, wenn zwar die bisherigen Buchführungsgrenzen überschritten werden, nicht aber die durch das StBereinigG erhöhten Grenzen.

b) Die **Buchführungspflicht endet** mit dem Ablauf des Wirtschaftsjahres, das auf das Wj folgt, in dem die FinBeh feststellt, daß die Voraussetzungen des Absatzes 1 nicht mehr vorliegen. Ein besonderer Hinweis wird vom Gesetz nicht gefordert. Es dürfte daher genügen, daß die FinBeh im StBescheid eine entsprechende niedrigere Steuer festsetzt. Die Verpflichtung zur Buchführung fällt aber nicht automatisch fort, wenn sich die Sach- oder Rechtslage nachträglich zugunsten des Betroffenen ändert, FG München EFG 82, 167. § 7a VII EStG verhindert, daß gewerbliche Unternehmer, Land und Forstwirte, nur wegen unter Umständen einmaliger Inanspruchnahme erhöhter Absetzungen und Sonderabschreibungen aus der Buchführungspflicht ausscheiden. Durch die **Eröffnung** des **Konkurses** endet die Buchführungspflicht nicht. Zwar sind nach § 122 II KO die Geschäftsbücher des Gemeinschuldners zu schließen, der Stpfl selbst ist danach nicht mehr buchführungspflichtig. Jedoch hat der KV diese Verpflichtung zu erfüllen (BFH BStBl 72, 784). Da die Buchführungspflicht auf den einzelnen Betrieb bezogen ist, endet sie, wenn der gewerbliche Unternehmer seinen Betrieb aufgibt oder an jemand anderen übergibt. In letzterem Fall geht die Pflicht zur Buchführung auf den Übernehmer über (s oben Anm 6a). Die Buchführungspflicht endet auch dann, wenn ein Pachtverhältnis abläuft und anschließend ein neuer Betrieb gepachtet wird (vgl zur Rechtslage unter der RAO BFH BStBl 86, 431).

2. Abschnitt. Mitwirkungspflichten §§ 142, 143

Durch § 19 IV EGAO idF des **StBereinigG** ist klargestellt worden, daß durch die **Anhebung** der **Buchführungsgrenzen** im Rahmen des StBereinigungsgesetzes die Buchführungspflicht nicht automatisch endet. Auch dann, wenn durch die neuen Grenzen die Buchführungspflicht eigentlich wegfallen würde, endet diese Pflicht erst mit Ablauf des Wirtschaftsjahres, das auf das Wj folgt, in dem die FinBeh feststellt, daß die Voraussetzungen des § 141 I idF des StBereinigG 1986 nicht mehr vorliegen. Die Regelung war im Hinblick auf die Entscheidung des BFH v 28. 6. 84 (BStBl 84, 782) erforderlich.

7. Rechtsfolgen des **Verstoßes** gegen § 141. Das FA kann nach § 162 die **Besteuerungsgrundlagen schätzen** (vgl BFH BStBl 85, 352), auch die Buchführungspflicht nach §§ 328 ff erzwingen. Die vorsätzliche Nichtführung von Büchern stellt eine **Ordnungswidrigkeit** nach § 379 I Nr 2 dar.

§ 142 Ergänzende Vorschriften für Land- und Forstwirte

¹Land- und Forstwirte, die nach § 141 Abs. 1 Nr. 1, 3 oder 5 zur Buchführung verpflichtet sind, haben neben den jährlichen Bestandsaufnahmen und den jährlichen Abschlüssen ein Anbauverzeichnis zu führen. ²In dem Anbauverzeichnis ist nachzuweisen, mit welchen Fruchtarten die selbstbewirtschafteten Flächen im abgelaufenen Wirtschaftsjahr bestellt waren.

Die Vorschrift ersetzt die VO über landwirtschaftliche Buchführung v 5. Juli 1935, die durch das EGAO (Art 96 Nr 14) aufgehoben worden ist. Von dieser VO galt vorher schon lediglich die Vorschrift über die Führung eines Anbauverzeichnisses.

§ 143 Aufzeichnung des Wareneingangs

(1) Gewerbliche Unternehmer müssen den Wareneingang gesondert aufzeichnen.

(2) ¹Aufzuzeichnen sind alle Waren einschließlich der Rohstoffe, unfertigen Erzeugnisse, Hilfsstoffe und Zutaten, die der Unternehmer im Rahmen seines Gewerbebetriebes zur Weiterveräußerung oder zum Verbrauch entgeltlich oder unentgeltlich, für eigene oder für fremde Rechnung, erwirbt; dies gilt auch dann, wenn die Waren vor der Weiterveräußerung oder dem Verbrauch be- oder verarbeitet werden sollen. ²Waren, die nach Art des Betriebes üblicherweise für den Betrieb zur Weiterveräußerung oder zum Verbrauch erworben werden, sind auch dann aufzuzeichnen, wenn sie für betriebsfremde Zwecke verwendet werden.

(3) Die Aufzeichnungen müssen die folgenden Angaben enthalten:
1. den Tag des Wareneingangs oder das Datum der Rechnung,
2. den Namen oder die Firma und die Anschrift des Lieferers,
3. die handelsübliche Bezeichnung der Ware,
4. den Preis der Ware,
5. einen Hinweis auf den Beleg.

§ 144

Schrifttum: *Bichel* Ist ein Wareneingangsbuch noch erforderlich? StW 85, 557.

Die Vorschrift faßt die Bestimmungen der früheren WareneingangsVO zusammen. Es ist nicht erforderlich, daß ein besonderes Wareneingangsbuch geführt wird. Der Wareneingang muß nur gesondert aufgezeichnet werden. Die Aufzeichnung kann auch in einer geordneten Ablage von Belegen bestehen (§ 146 V 1), vgl *Stier* Das Wareneingangsbuch nach § 161 AO, StBp 63, 322. Es reicht auch aus, wenn sich die geforderten Angaben aus der Buchführung ergeben (AnwErl zu § 143 Abschn 1). Besondere Aufzeichnungspflichten, zB nach § 22 III UStG, bleiben daneben bestehen. Landwirte und Forstwirte fallen nicht unter die Bestimmung.

Der einem gewerbetreibenden Stpfl obliegenden Verpflichtung, den Namen oder die Firma und die Anschrift des Lieferers aufzuzeichnen, kann regelmäßig dadurch genügt werden, daß die betreffenden Angaben aus den von den Lieferanten erstellten Rechnungen übernommen werden. Werden jedoch Lieferrechnungen von dem Empfänger der Ware selbst ausgeschrieben (zB im Altpapierhandel) gehört es zu den Pflichten des gewerbetreibenden Stpfl, sich in Zweifelsfällen Gewißheit über die Richtigkeit der von Lieferanten gemachten Angaben zu verschaffen (FG Berlin EFG 88, 272).

§ 144 Aufzeichnung des Warenausgangs

(1) Gewerbliche Unternehmer, die nach der Art ihres Geschäftsbetriebes Waren regelmäßig an andere gewerbliche Unternehmer zur Weiterveräußerung oder zum Verbrauch als Hilfsstoffe liefern, müssen den erkennbar für diese Zwecke bestimmten Warenausgang gesondert aufzeichnen.

(2) ¹Aufzuzeichnen sind auch alle Waren, die der Unternehmer
1. auf Rechnung (auf Ziel, Kredit, Abrechnung oder Gegenrechnung), durch Tausch oder unentgeltlich liefert, oder
2. gegen Barzahlung liefert, wenn die Ware wegen der abgenommenen Menge zu einem Preis veräußert wird, der niedriger ist als der übliche Preis für Verbraucher.

²Dies gilt nicht, wenn die Ware erkennbar nicht zur gewerblichen Weiterverwendung bestimmt ist.

(3) Die Aufzeichnungen müssen die folgenden Angaben enthalten:
1. den Tag des Warenausgangs oder das Datum der Rechnung,
2. den Namen oder die Firma und die Anschrift des Abnehmers,
3. die handelsübliche Bezeichnung der Ware,
4. den Preis der Ware,
5. einen Hinweis auf den Beleg.

(4) ¹Der Unternehmer muß über jeden Ausgang der in den Absätzen 1 und 2 genannten Waren einen Beleg erteilen, der die in Absatz 3 bezeichneten Angaben sowie seinen Namen oder die Firma und seine Anschrift enthält. ²Dies gilt insoweit nicht, als nach § 14 Abs. 5 des Umsatzsteuergesetzes eine Gutschrift an die Stelle einer Rechnung tritt oder auf Grund des § 14 Abs. 6 des Umsatzsteuergesetzes Erleichterungen gewährt werden.

2. Abschnitt. Mitwirkungspflichten § 145

(5) Absätze 1 bis 4 gelten auch für Land- und Forstwirte, die nach § 141 buchführungspflichtig sind.

Abs 4 S 2 mit Wirkung ab 1. 1. 87 geändert durch StBereinigG 1986 v 19. 12. 85, BGBl I, 2436.

Schrifttum: *Bichel* Die Aufzeichnungspflicht des Warenausgangs durch Land- und Forstwirte, StBp 86, 262.

1. Inhalt: Die Vorschrift verpflichtet im Gegensatz zu § 143 nur **Großhändler.** Sie wird jedoch abweichend vom früheren Recht auf buchführungspflichtige **Land- und Forstwirte** ausgedehnt (Abs 5). Sie dient der Kontrolle der Betriebsvorgänge, daneben aber auch der Kontrolle des Wareneingangs bei den Abnehmern des Unternehmers.

2. Um Zweifel auszuräumen, ob im Einzelfall die Voraussetzungen für die Aufzeichnung des Warenausgangs erfüllt sind, ordnet **Abs 2** an, welche Lieferungen in jedem Fall aufzuzeichnen sind, es sei denn, daß die Waren erkennbar nicht zur gewerblichen Weiterverwendung bestimmt sind.

3. Abs 3 regelt die Frage, welche Angaben in den Aufzeichnungen enthalten sein müssen. Bei buchführenden Unternehmern können die Aufzeichnungen auch im Rahmen der Buchführungspflicht erfüllt werden. Auch hier gilt die Vorschrift des **§ 145 V,** wonach die Aufzeichnungen durch die geordnete Ablage von Belegen ersetzt werden können.

4. Abs 4 regelt die Pflicht zur **Belegerteilung.** Erleichterungen, die nach dem UStG (§ 14 Abs 4) zugelassen sind, gelten auch im Rahmen dieser Vorschrift; zB wird nach § 33 UStDV v 21. 2. 79 (BGBl I 2359) zugelassen, daß bei Rechnungen bis zu 200 DM auf die Angabe des Namens und der Anschrift des Abnehmers verzichtet wird. Die Änderung des **Satzes 2** stellt eine **Anpassung** an die Änderung des **UStG** dar. Sie tritt am **1. 1. 87** in Kraft (Art 25 I StBereinigG 1986).

5. Die Ausdehnung der Vorschrift auf die **Land- und Forstwirte** in **Abs 5** ist neu. Sie erschien wegen der Gleichbehandlung mit den gewerblichen Unternehmern gerechtfertigt. Sie bezieht sich aber nur auf solche Land- und Forstwirte, die buchführungspflichtig sind.

§ 145 Allgemeine Anforderungen an Buchführung und Aufzeichnungen

(1) ¹**Die Buchführung muß so beschaffen sein, daß sie einem sachverständigen Dritten innerhalb angemessener Zeit einen Überblick über die Geschäftsvorfälle und über die Lage des Unternehmens vermitteln kann.** ²**Die Geschäftsvorfälle müssen sich in ihrer Entstehung und Abwicklung verfolgen lassen.**

(2) Aufzeichnungen sind so vorzunehmen, daß der Zweck, den sie für die Besteuerung erfüllen sollen, erreicht wird.

Abs 1 S 1 geändert durch BilRichtG v 19. 12. 85, BGBl I, 2355.

Schrifttum: *Schmidtmann* Steuerliche Betriebsprüfung bei automatischer Datenverarbeitung – Eine Bestandsaufnahme, StBp 88, 33; *Schmitz* Aufzeichnungspflicht des Freiberuflers bezüglich der Betriebseinnahmen bei Gewinnermittlung nach § 4 III EStG, StBp 88, 43.

§ 146

Die Vorschrift faßt die **allgemeinen Grundsätze** über die Anforderungen an die Buchführung zusammen. Unter Buchführung ist die planmäßige **Darstellung** der **Geschäftsvorfälle** zu verstehen. **Aufzeichnungen** sind dagegen nur die Verbuchung von Geschäftsvorfällen, und zwar ohne Bilanz und Inventur. Es sind alle Aufzeichnungen darunter zu verstehen, die für die Besteuerung von Bedeutung sind, insbesondere auch solche, zu denen der Stpfl aufgrund anderer Gesetze verpflichtet ist (§ 140), also auch die sog Nebenbücher, zB Schrottbücher, Weinbücher, Waffenbücher usw vgl Anm 4 zu § 140, vgl im einzelnen zur Frage der Ordnungsmäßigkeit der Buchführung Anm 9–12 zu § 146. Für **Freiberufler** ergibt sich der Umfang der Aufzeichnungspflicht bereits aus § 22 UStG (vgl oben § 141 Anm 1). Dies wirkt sich auch auf die Aufzeichnungspflicht eines Freiberuflers bezüglich der Betriebseinnahmen bei Gewinnermittlung nach § 4 III EStG aus. Auf die Anwendbarkeit der §§ 145 und 146 kommt es daher insoweit nicht an (*Schmitz* StBp 88, 43).

Buchführung eines Einzelkaufmanns ist jedenfalls nicht ordnungsmäßig, wenn die **Jahresbilanz** erst mehr als zwei Jahre nach Ablauf des Geschäftsjahres **aufgestellt** wird, BFH DB 78, 1672. Eine **Bilanz** liegt erst dann vor wenn der Kaufmann der ihm zustehenden Bewertungswahlrechte endgültig und abschließend ausgeübt hat. Dies kommt grundsätzlich dadurch zum Ausdruck, daß der Kaufmann die Bilanz in der erkennbaren Absicht **unterzeichnet,** sie als endgültig zu billigen, FG Nieders EFG 82, 234. Zur Frage, wann ein sachverständiger Dritter in der Lage ist, sich einen Überblick über die Geschäftsvorfälle zu machen, BFH BStBl 72, 400.

§ 146 Ordnungsvorschriften für die Buchführung und für Aufzeichnungen

(1) ¹Die Buchungen und die sonst erforderlichen Aufzeichnungen sind vollständig, richtig, zeitgerecht und geordnet vorzunehmen. ²Kasseneinnahmen und Kassenausgaben sollen täglich festgehalten werden.

(2) ¹Bücher und die sonst erforderlichen Aufzeichnungen sind im Geltungsbereich dieses Gesetzes zu führen und aufzubewahren. ²Dies gilt nicht, soweit für Betriebstätten außerhalb des Geltungsbereichs dieses Gesetzes nach dortigem Recht eine Verpflichtung besteht, Bücher und Aufzeichnungen zu führen, und diese Verpflichtung erfüllt wird. ³In diesem Falle sowie bei Organgesellschaften außerhalb des Geltungsbereichs dieses Gesetzes müssen die Ergebnisse der dortigen Buchführung in die Buchführung des hiesigen Unternehmens übernommen werden, soweit sie für die Besteuerung von Bedeutung sind. ⁴Dabei sind die erforderlichen Anpassungen an die steuerrechtlichen Vorschriften im Geltungsbereich dieses Gesetzes vorzunehmen und kenntlich zu machen.

(3) ¹Die Buchungen und die sonst erforderlichen Aufzeichnungen sind in einer lebenden Sprache vorzunehmen. ²Wird eine andere als die deutsche Sprache verwendet, so kann die Finanzbehörde Übersetzungen verlangen. ³Werden Abkürzungen, Ziffern, Buchstaben oder Symbole verwendet, muß im Einzelfall deren Bedeutung eindeutig festliegen.

(4) ¹Eine Buchung oder eine Aufzeichnung darf nicht in einer Weise verändert werden, daß der ursprüngliche Inhalt nicht mehr feststellbar

2. Abschnitt. Mitwirkungspflichten § 146

ist. ²Auch solche Veränderungen dürfen nicht vorgenommen werden, deren Beschaffenheit es ungewiß läßt, ob sie ursprünglich oder erst später gemacht worden sind.

(5) ¹Die Bücher und die sonst erforderlichen Aufzeichnungen können auch in der geordneten Ablage von Belegen bestehen oder auf Datenträgern geführt werden, soweit diese Formen der Buchführung einschließlich des dabei angewandten Verfahrens den Grundsätzen ordnungsmäßiger Buchführung entsprechen; bei Aufzeichnungen, die allein nach den Steuergesetzen vorzunehmen sind, bestimmt sich die Zulässigkeit des angewendeten Verfahrens nach dem Zweck, den die Aufzeichnungen für die Besteuerung erfüllen sollen. ²Bei der Führung der Bücher und der sonst erforderlichen Aufzeichnungen auf Datenträgern muß insbesondere sichergestellt sein, daß die Daten während der Dauer der Aufbewahrungsfrist verfügbar sind und jederzeit innerhalb angemessener Frist lesbar gemacht werden können. ³Absätze 1 bis 4 gelten sinngemäß.

(6) Die Ordnungsvorschriften gelten auch dann, wenn der Unternehmer Bücher und Aufzeichnungen, die für die Besteuerung von Bedeutung sind, führt, ohne hierzu verpflichtet zu sein.

Schrifttum: *Zwank* Steuerliche Anforderungen an die Prüfbarkeit einer EDV-Buchführung, StBp 80, 100; *Leffson* Grundsätze ordnungsmäßiger Buchführung, 5. Aufl 1980; *Schmidtmann* Die Bedeutung von Dokumentationsunterlagen bei Prüfung computergestützter Buchführung, StBp 81, 103; *Harms/Küting* Das Konzept der Wertaufholung nach dem Regierungsentwurf des Bilanzrichtlinie-Gesetzes, BB 82, 1459; *Hofbauer* Die Grundzüge der Bilanzierungsvorschriften des Bilanzrichtlinie-Gesetzes, DStR 82, Heft 15, Sonderbeilage; *Moxter* Bilanzierung nach der Rechtsprechung des Bundesfinanzhofs, Tübingen 1982; *Herber* Zum Regierungsentwurf eines Bilanzrichtlinie-Gesetzes, BB 82, 959; *von Wysocki* Neun Thesen zum Regierungsentwurf eines Bilanzrichtlinie-Gesetzes, DB 82, 1473; *Schwark* Grundsätzliche rechtliche Aspekte des Bilanzrichtlinie-Gesetzentwurfs, BB 82, 1149; *Moxter* Gefahren des neuen Bilanzrechts, BB 82, 1030; *Lauth* Buchhaltungs- und Bilanzierungsprobleme im Gefolge des geplanten Bilanzrichtliniegesetzes, BB 82, 2022; *Buchner* Vier Thesen zur Weiterentwicklung von Grundsätzen ordnungsmäßer EDV-Buchführung, DB 82, 1837; *Freund* Buchführung in land- und forstwirtschaftlichen Betrieben, RWP SG 2.1, 11–19; *Schneider* Rechtsfindung durch Deduktion von Grundsätzen ordnungsgemäßer Buchführung aus gesetzlichen Jahresabschlußzwecken?, StuW 83, 141; *Harms/Küting* Zur Problematik der Ertragssteuerspaltung nach § 271 Abs 5 Bilanzrichtlinie-Gesetz, BB 83, 1257; *Anders* EG-Bilanzrichtlinien für Bank StW 82, 90; *Biedermann* Das Anbauverzeichnis in der Teichwirtschaft, Inf 82, 53; *Pape* Zur Buchführungspflicht land- und forstwirtschaftlicher Betriebe, Inf 82, 154; *Lang* Die Buchführungspflicht der Land- und Forstwirte, Inf 81, 462; *Riebell* Bilanzrichtlinie: Künftige Bilanzanalyse mit Problemen? Zeitschrift für das gesamte KredWesen 85, 386; *Großfeld* Bilanzrecht für Juristen – Das Bilanzrichtlinien-Gesetz vom 19. 12. 1985, NJW 86, 995; *Eisenach* Währungsumrechnung bei Verlustabzug nach § 2 Auslandsinvestitionsgesetz, DB 87, 2279; *Peter/von Bornhaupt/Körner* Ordnungsmäßigkeit bei der Buchführung nach dem Bilanzrichtlinien-Gesetz, 8. Aufl, 1987; *Schmidtmann* Steuerliche Betriebsprüfung bei automatisierter Datenverarbeitung – Eine Bestandsaufnahme, StBp 88, 33; *Schmitz* Aufzeichnungspflichten des Freiberuflers bezüglich der Betriebseinnahmen bei Gewinnermittlung nach § 4 III EStG, StBp 88, 43; *Bordewin* Aufzeichnungspflichten bei Bewirtungsaufwendungen – Neue Rechtsprechung des Bundesfinanzhofs, NWB Fach 3, 6887 (30/1988).

§ 146 4. Teil. Durchführung der Besteuerung

Übersicht

1. Inhalt
2. Allgemeine Anforderungen
3. Ort der Buchführung
4. Lebende Sprache
5. Veränderungen
6. Offene-Posten-Buchhaltung
7. Verfügbarkeit
8. Freiwillige Buchführung
9. Unbestimmter Rechtsbegriff
10. Einzelne Grundsätze
11. Mängel der Buchführung
12. Folgen einer fehlerhaften Buchführung

1. Inhalt: vgl §§ 238–256 HGB. Die Vorschrift regelt die **formellen** Anforderungen an die Buchführung. Sie ist gegenüber der RAO an die technische Entwicklung, insbesondere an die Buchführung mittels **Datenverarbeitung** angeglichen worden. Hierbei ist auf die Aufnahme überflüssiger und nicht mehr zeitgemäßer Anforderungen an die Buchführung verzichtet worden. Das HGB in seiner früheren Fassung (s §§ 38–44 HGB aF) ist durch das EGAO 77 entsprechend angepaßt worden, vgl *Offerhaus* Zur bevorstehenden Änderung handelsrechtlicher Buchführungsvorschriften, BB 76, 373; *Grau* GoB bei integrierter Datenverarbeitung, DB 76, 1171. Durch die Einfügung des Abs 2a in § 39 HGB idF des EGAO (s nunmehr § 241 HGB) ist ein weiteres Verfahren zur Rationalisierung der Inventur für zulässig erklärt worden, die sog geschichtete **Stichprobeninventur.** Dieses Verfahren erfordert eine sinnvolle Bildung von Gruppen von Gegenständen, deren Mittelwert durch Stichproben festgestellt wird, ferner die Festlegung eines Stichprobenplans für die einzelnen Gruppen, wobei der unterschiedlichen Menge der Gruppen Rechnung getragen werden muß. Ein bestimmtes mathematisch-statistisches Verfahren wird nicht gefordert. Es muß jedoch gesichert sein, daß der Genauigkeitsgrad einer Stichprobeninventur dem einer körperlichen Bestandsaufnahme entspricht. Die als Vergleichsmaßstab dienende körperliche Bestandsaufnahme muß vollständig sein (vgl zur Stichprobeninventur: Stellungnahme des Hauptfachausschusses des Instituts der Wirtschaftsprüfer, Wpg 81, 479).

Eine grundlegende Neugestaltung haben die Buchführungsvorschriften des HGB nunmehr durch das **Bilanzrichtlinien-Gesetz** v 15. 12. 1985 (BGBl I, 2355) erfahren (vgl *Großfeld* NJW 86, 955). Danach sind im Dritten Buch des HGB die für alle Kaufleute geltenden Buchführungsvorschriften im Ersten Abschnitt (§§ 238–263) zusammengefaßt. Der Zweite Abschnitt des Dritten Buches ist klar davon abgegrenzt und gilt nur für Kapitalgesellschaften (also auch nicht für die GmbH & Co. KG, vgl *Großfeld* NJW 86, 955), der Dritte Abschnitt betrifft nur die eingetragenen Genossenschaften. Der Erste Abschnitt führt das vorher geltende Recht weitgehend fort und übernimmt die allgemein anerkannten Grundsätze ordnungsgemäßer Buchführung (*Peter/von Bornhaupt/Körner,* Ordnungsmäßigkeit der Buchführung nach dem Bilanzrichtlinien-Gesetz, Tz 358). Wegen der weiterhin geltenden **Maßgeblichkeit der Handelsbilanz** für die steuerliche Gewinnermittlung (§ 140 AO, § 5 EStG) und der Verweisung in § 146 (vgl Abs 5 Satz 1) auf die Grundsätze ordnungsmäßiger Buchfüh-

2. Abschnitt. Mitwirkungspflichten § 146

rung haben die Buchführungsvorschriften des HGB auch erhebliche Bedeutung im Rahmen des § 146.

2. Abs 1 S 1 enthält den wichtigen Grundsatz, daß die Buchungen und sonst erforderlichen Aufzeichnungen **vollständig, richtig, zeitgerecht** und **geordnet** vorzunehmen sind. Auf die Anforderung der **Ordnung** der **Zeitfolge** nach ist **verzichtet** worden, um klarzustellen, daß eine sinnvolle Ordnung ausreichend ist, die es einem sachverständigen Dritten gestattet, sich in angemessener Zeit einen Überblick über die Geschäftsvorfälle und den Vermögensstand zu verschaffen. Diese Änderung gegenüber der RAO und dem RE hat insbesondere Bedeutung für die sog Speicherbuchführung. Für die **Zeitnähe** der Verbuchung ist entscheidend, wann der Geschäftsvorfall in den **Grundbüchern** aufgezeichnet ist, vgl BFH BStBl 68, 527; Abschn 29 II Nr 2 EStR 69; Grundbuchmäßige Erfassung der unbaren Geschäftsvorfälle eines Monats bis zum Ablauf des Folgemonats ist nicht zu beanstanden, wenn sichergestellt ist, daß die Buchführungsunterlagen bis dahin nicht verloren gehen. **Übertragung** auf **Lochstreifen** und gleichzeitige Erstellung einer Primanota (Protokoll mit Einzelheiten des erfaßten Buchungsstoffs) hat **Grundbuchfunktion**, BFH, BStBl 79, 20. Erfassung auf Lochstreifen ist bereits Speichern wie das Aufzeichnen von Daten im Speicher einer EDV-Anlage. Es ist nicht erforderlich, daß der Lochstreifen auch innerhalb des Monats an die Datenverarbeitung (Datev) weitergeleitet wird, BFH aaO. Ferner bestimmt der **Satz 2**, daß **Kasseneinnahmen** und Kassenausgaben täglich festgehalten werden sollen. Die Fassung stellt sicher, daß nicht in jedem Fall die tägliche Aufzeichnung von Kasseneinnahmen und -ausgaben erforderlich ist, insbesondere dann nicht, wenn die Kassengeschäfte gegenüber den Bankgeschäften nicht ins Gewicht fallen. Ferner genügt es nach der Fassung, daß diese Einnahmen und Ausgaben **festgehalten werden. Es wird daher nicht unbedingt die Aufzeichnung verlangt. Kassenaufzeichnungen** müssen so beschaffen sein, daß der Sollbestand jederzeit mit dem Istbestand der Kasse verglichen werden kann (Kassensturzfähigkeit). Auch Geldverschiebungen zwischen mehreren Geschäftskassen eines Stpfl sind buchmäßig festzuhalten, BFH BStBl 82, 430.

3. Abs 2 bestimmt, daß Bücher und Aufzeichnungen im **Geltungsbereich der AO** zu führen und aufzubewahren sind. Für Betriebstätten, die außerhalb der AO gelegen sind und für die nach dem dortigen Recht eine Buchführungspflicht besteht und erfüllt wird, gilt dies nicht. Die Buchführungsergebnisse müssen aber in die inländische Buchführung übernommen werden. Hierbei sind ggf Anpassungen an die hiesigen steuerlichen Bestimmungen vorzunehmen. Die Vorschrift soll sicherstellen, daß die Buchführung jederzeit für die FinBeh greifbar ist. Die Grundsätze der ordnungsmäßigen Buchführung erfordern aber nicht, daß die Bücher für die inländische Betriebstätte einer ausländischen Gesellschaft im Inland geführt und aufbewahrt werden. Die Bücher müssen lediglich auf Anforderung im Inland vorgelegt werden, FG Köln EFG 82, 422.

4. Abs 3 fordert, daß die Buchführung in einer **lebenden Sprache** vorzunehmen ist. Die Verwendung der deutschen Sprache wird danach nicht zwingend vorgeschrieben, jedoch kann die FinBeh ggf **Übersetzungen**

§ 146   4. Teil. Durchführung der Besteuerung

verlangen. Es ist auch nicht erforderlich, daß bei der Buchführung der Sprache entsprechende Schriftzeichen verwendet werden.

5. Abs 4 entspricht § 239 III idF des Bilanzrichtlinien-Gesetzes. Die Vorschrift gilt auch bei der Buchführung mittels Datenverarbeitung. Danach dürfen gespeicherte Buchungsdaten nicht gelöscht werden. Auch beim **Überspielen** von Daten muß der ursprüngliche Inhalt erkennbar sein. Wenn Veränderungen vorgenommen werden, muß ferner erkennnbar sein, **wann** sie vorgenommen worden sind.

6. Abs 5 S 1 gestattet die sog **Offene-Posten-Buchhaltung** und die Buchführung in der Form der **Speicherung** auf Datenträgern, soweit diese Formen der Buchführung den Grundsätzen ordnungsmäßiger Buchführung entsprechen. Hierfür sind Grundsätze ausgearbeitet worden; vgl die **Grundsätze ordnungsmäßiger Speicherbuchführung (GoS)**, BStBl 78 I, 250. Eine geordnete Sammlung von Belegen nach den Grundsätzen der Offene-Posten-Buchhaltung genügt allerdings nicht den Anforderungen an die gesonderte Aufzeichnung der Aufwendungen nach § 4 VII EStG insbesondere für **Bewirtungsaufwendungen.** Diese besondere Aufzeichnungspflicht, bei deren Verletzung der Abzug der Aufwendungen als Betriebsausgaben ausgeschlossen ist, gelten unabhängig von der Art der Gewinnermittlung und somit auch für Stpfl, die ihren Gewinn nach § 4 III EStG ermitteln (BFH BStBl 68, 651; 88, 611). Sie sollen die Verwaltungsarbeit bei der Prüfung der Betriebsausgaben erleichtern (BFH BStBl 74, 211; 88, 611). Nach diesem Zweck bestimmt sich nach § 146 V 1 zweiter Halbsatz die Zulässigkeit des angewendeten Verfahrens. Danach müssen die Aufwendungen auf einem besonderen Konto oder auf mehreren besonderen Konten im Rahmen der Buchführung oder in einer besonderen Spalte der Ausgabenaufzeichnungen verbucht bzw ausgewiesen werden (BFH BStBl 74, 497; 80, 745; 88, 611). Die besondere Aufzeichnung muß periodisch und zeitnah erfolgen (BFH BStBl 88, 613). Die summenmäßige Erfassung erstmals nach Ablauf des Geschäftsjahres reicht jedenfalls nicht aus (BFH BStBl 88, 535).

7. Bei der Führung von Büchern und Aufzeichnungen muß sichergestellt werden, daß die Daten während der Aufbewahrungszeit **verfügbar** sind und jederzeit **innerhalb angemessener Frist** lesbar gemacht werden können. Die Form, in der sie lesbar gemacht werden, ist nicht vorgeschrieben. Es kann der Ausdruck der Daten, es kann aber zB auch die unmittelbare Ausgabe der Daten auf Mikrofilm oder ein Lesegerät sein.

8. Nach **Abs 6** gelten die Grundsätze auch für Bücher und Aufzeichnungen, die der Stpfl **freiwillig** führt. Die Vorschrift will die FinBeh vor Täuschungsmanövern des Stpfl schützen. Nachteile können sich für den Stpfl aber nur dann ergeben, wenn er auch die Bücher, zu deren Führung er verpflichtet ist, nicht richtig führt, dagegen nicht, wenn er mit den freiwillig geführten Büchern keine Täuschung versucht und die Behörde rechtzeitig auf deren Mängel aufmerksam gemacht hat (*HHSp* Anm 6).

9. Der Begriff **Ordnungsmäßigkeit der Buchführung** ist ein **unbestimmter Rechtsbegriff,** vgl BFH BStBl 68, 527; vgl auch *Kruse* GoB, 1970, 73 ff. Über die Rechtsnatur der GoB besteht weitgehend Unklarheit,

2. Abschnitt. Mitwirkungspflichten § 146

zT werden sie als Handelsbräuche, als ein Teil der Verkehrsanschauung (BFH BStBl 68, 527), auch als Rechtsquellen, Rechtsnormen, auch als Tatsachen mit abgeleiteter Rechtssatzwirkung bezeichnet, vgl *Kruse* aaO, 5 ff. Unabhängig von diesen Einordnungsversuchen kommt es darauf an, unter welchen Voraussetzungen eine Buchführung als ordnungsmäßig zu bezeichnen ist. Eine Buchführung ist ordnungsmäßig, wenn sie den Vorschriften des Gesetzes und den allg Regeln einer kaufmännischen Buchführung entspricht (BFH BStBl 66, 487; 73, 114). Die Rspr hat hierfür verschiedene Grundsätze aufgestellt. Bei **Beurteilung** der Ordnungsmäßigkeit der Buchführung kommt es nicht auf die **formale** Bedeutung des Mangels an, sondern auf dessen **sachliches Gewicht;** dies gilt auch für die zeitnahe Verbuchung von **Kassenausgaben,** BFH BStBl 78, 307.

10. **Einzelne Grundsätze** der Ordnungsmäßigkeit der Buchführung. Für jede Buchung muß ein **Beleg** vorhanden sein, BFH StRK RAO § 217 R 74. Es muß jeder Geschäftsvorgang in der Buchführung **verfolgbar** sein, BFH BStBl 68, 527. Der Kaufmann muß in der Lage sein, zu jedem Zeitpunkt einen Abschluß zu machen, dh die Bilanz zu erstellen.

Außerdem sind folgende **Grundsätze** zu beachten: Grundsatz der **Wahrheit,** dh der Vollständigkeit und sachlichen Richtigkeit. Grundsatz der **Klarheit,** dh Buchungstexte und -anweisungen müssen eindeutig sein; dazu gehört Angabe des Buchungsdatums (RFH RStBl 38, 355), Beleghinweis (RFH RStBl 30, 131) sowie Angabe des Gegenkontos. Über sonstige Anforderungen, wie fortlaufende Verbuchung, Verbot der Veränderung, Verwendung der Sprache vgl § 146 III, IV. Verwendung von **Datenträgern** vgl § 146 V. Es ist **nicht** mehr erforderlich, daß die Buchungen „**der Zeitfolge nach**" geordnet sind, es reicht jede sinnvolle Ordnung aus, vgl § 145. **Aus der Rspr: Wahrheit** und **Klarheit** BFH BStBl 68, 341; **Vollständigkeit** und **Richtigkeit** BFH BStBl 70, 125. Zur Ordnungsmäßigkeit der Buchführung gehört grundsätzlich die volle **Aufzeichnung** eines jeden **Geschäftsvorfalles** mit Gegenstand, Kaufpreis und Namen des Vertragspartners, nicht nur bei Kreditgeschäften sondern auch bei Bargeschäften. Diese Einzelaufzeichnung ist nur dann unzumutbar, wenn in Einzelhandelsbetrieben Waren von geringem Wert an eine unbestimmte Vielzahl nicht bekannter Personen verkauft werden, BFH BStBl 66, 371. **Zeitnahe** Verbuchung BFH BStBl 70, 540, vgl auch Abschn 29 II Nr 2 EStR; **Frist** für **Bilanzaufstellung** BFH BStBl 73, 555, *Harzt* DB 73, 1717 ff; vgl auch § 243 III HGB: innerhalb eines ordnungsgemäßen Geschäftsvorgangs, § 264 HGB: 3–6 Monate, § 290 HGB: innerhalb von 5 Monaten, § 336 HGB: innerhalb von 5 Monaten.

Tägliche Aufzeichnung des **Barverkehrs** BFH BStBl 72, 273. **Belegzwang** BFH HFR 62, 265. **Belegsammlung** als **Grundbuchersatz** bei kleineren Betrieben (BFH BStBl 70, 540) kommt auch in Betracht, wenn bei überschaubaren Verhältnissen die Möglichkeit nachträgl **Manipulation ausgeschlossen** werden kann, BFH BStBl 78, 307. Verbot der Errichtung von **Konten** auf **falschen Namen** § 154. **Verlust** von Buchführungsunterlagen durch höhere Gewalt BFH BStBl 72, 819; vgl auch Abschn 29 VI EStR. **Fehlen** einer **Geschäftskasse** und des **Kassenbuchs** BFH BStBl 68, 340. Fehlen der **Kasse** BFH BStBl 52, 298. **Fehlerhafte Kassenbuchführung** bei nur geringem Umfang der Kassengeschäfte BFH BStBl 56, 3.

§ 146
4. Teil. Durchführung der Besteuerung

Tägliche Verbuchung BFH BStBl 66, 371; 68, 655; 86, 226. Kassenbericht vgl Abschn 18 II EStR; BFH BStBl 66, 371; 70, 45. **Fortlaufende** Verbuchung der Kasseneinnahmen BFH BStBl 70, 45; Aufbewahrung der angefallenen Kassenstreifen, Kassenzettel und Bons bei nur einmal täglicher Eintragung der Kasseneinnahmen in einer Summe BFH/NV 85, 12; **Kasseneinlagen** und -entnahmen BFH BStBl 86, 226; **Kassenfehlbeträge** BFH HFR 65, 472. **Kassenmehrbeträge** BFH StRK RAO § 217 R 56. **Kassenverluste** BFH BStBl 68, 746. **Nachprüfbarkeit** des Soll/Ist-Bestandes der **Kasse** BFH StRK RAO § 222 R 172. **Nebenkassen** BFH BStBl 72, 273. **Kassenbelege** BFH BStBl 71, 729. Aufbewahrungsfrist für Registrierstreifen grundsätzlich 6 Jahre, vgl BFH BStBl 70, 45, es sei denn, daß Sicherung auf andere Weise erfolgt, BFH BStBl 66, 372; vgl auch Abschn 29 IV EStR. Schwere **formelle Mängel** bei Bleistiftaufzeichnungen, Rasuren, Überschreibungen BFH HFR 64, 9. Kleinere Fehlbeträge der Kasse, die auf menschliche Unzulänglichkeit zurückzuführen sind, führen nicht zur Nichtordnungsmäßigkeit der Buchf BFH BStBl 67, 247. **Bestandsaufnahme,** vgl Abschn 30 EStR. Zulässig **körperliche Aufnahme** nach Abschn 30 I EStR, permanente Inventur nach Abschn 30 II EStR, durch jährliche körperliche Aufnahme innerhalb der letzten 3 Monate vor oder der ersten 2 Monate nach Bilanzstichtag unter Fortschreibung der wertmäßigen Änderung, Abschn 30 II a EStR; durch sog **geschichtete Stichprobeninventur** nach § 241 HGB idF des Bilanzrichtlinien-Gesetzes. Inventur kann unterbleiben, wenn Arbeit in keinem Verhältnis zum erzielten Effekt steht BFH BStBl 56, 82. Muß mengenmäßige Angaben enthalten BFH BStBl 71, 709. Über Bestände, die mit **Festwert** angesetzt sind, vgl Abschn 36 IV. Gewähr der Vollständigkeit und Kontrollmöglichkeit BFH BStBl 56, 82. Angaben über Qualität, Einkaufspreis, Rechnungsbezeichnung nicht erforderlich RFH RStBl 36, 1217. **Unterschrift** der Bilanz mit Datumsangabe erforderlich nach § 245 HGB idF des Bilanzrichtlinien-Gesetzes. Kann eine mittels **Fotografien** durchgeführte **Inventur** nur von Sachverständigen des betreffenden Geschäftszweiges innerhalb einer angemessenen Frist nachgeprüft werden, ist die Buchführung nicht ordnungsmäßig, BFH BStBl 81, 9.

11. Einfluß von Mängeln auf die Ordnungsmäßigkeit der Buchführung.

a) Materielle Mängel vgl Abschn 29 II Nr 6 EStR: unwesentliche Mängel sind unschädlich, ggf erfolgt eine Hinzuschätzung. Bei schweren Mängeln dagegen nichtordnungsgemäße Buchführung, auch wenn FA Fehler beseitigt. Ob Fehler bewußt oder unbewußt gemacht worden sind, ist nicht von Bedeutung, BFH BStBl 70, 125. Wird die Prüfung der sachlichen Ergebnisse durch Buchführungsmängel nicht wesentlich beeinträchtigt, so ist im allgemeinen bei überschaubaren Verhältnissen kleinerer Betriebe die Ordnungsmäßigkeit der Buchführung zu bejahen, BFH DB 76, 320.

b) Formelle Mängel vgl Abschn 29 V EStR. Unerhebliche Mängel sind unbeachtlich, bei schweren Mängeln ist die Buchf nicht ordnungsgemäß. Entscheidend sind die Verhältnisse des Einzelfalles.

2. Abschnitt. Mitwirkungspflichten   § 147

Beispiele:
Nur mit Schwierigkeiten nachprüfbarer Kassenbestand BFH BStBl 58, 350. Zahlreiche oder sehr hohe Kassenfehlbeträge BFH BStBl 64, 385. Fehlendes Kontokorrentkonto, BFH HFR 65 Nr 82. Fehlendes Kontokorrentbuch BFH BStBl 63, 381. Unterlassene körperliche Bestandsaufnahme des Vorratsvermögens und der halbfertigen Arbeiten BFH BStBl 54, 213. Unvollständige Belegaufbewahrung BFH BStBl 56, 82. Rekonstruktion einer Buchführung BFH BStBl 65, 285.

12. Folgen einer fehlerhaften Buchführung. Bei einer unschädlichen Fehlerberichtigung ist das **Buchführungsergebnis** anhand von Belegen und Unterlagen zu **korrigieren**, z B bei formellen oder sachlichen Mängeln geringen Umfangs BFH BStBl 52, 122; geringe **Abstimmungsdifferenzen** BFH BStBl 53, 3; nichtverbuchte Nebengeschäfte geringen Umfangs, BFH BStBl 53, 92. Dagegen bei falscher Darstellung wesentlicher Vorgänge BFH BStBl 70, 125. Evtl ist unschädliche Ergebnisschätzung bei nicht erheblichen Fehlern vorzunehmen, insb wenn Geschäftsvorfälle nicht mehr einwandfrei ermittelt werden können BFH BStBl 55, 393, BFH StRK § 5 EStG R 239; BFH BStBl 70, 125, BStBl 71, 709. Ferner Schätzung privater Pkw-Benutzung usw. Schädliche Schätzung z B bei Rechnung auf fingierte Kunden BFH HFR 62, 160.

Nach § 158 kommt nur der ordnungsmäßigen Buchführung Beweiskraft zu. Eine nicht ordnungsmäßige Buchführung kann zu einer Schätzung nach § 162, zu Zwangsmitteln nach § 328 oder zu einer Ahndung nach § 379 I führen. Bei Zahlungseinstellung oder Konkurs kann es auch zur Bestrafung nach §§ 283, 283b StGB kommen.

§ 147 Ordnungsvorschriften für die Aufbewahrung von Unterlagen

(1) Die folgenden Unterlagen sind geordnet aufzubewahren:
1. Bücher und Aufzeichnungen, Inventare, Jahresabschlüsse, Lageberichte, die Eröffnungsbilanz sowie die zu ihrem Verständnis erforderlichen Arbeitsanweisungen und sonstigen Organisationsunterlagen,
2. die empfangenen Handels- oder Geschäftsbriefe,
3. Wiedergaben der abgesandten Handels- oder Geschäftsbriefe,
4. Buchungsbelege,
5. sonstige Unterlagen, soweit sie für die Besteuerung von Bedeutung sind.

(2) ¹Mit Ausnahme der Jahresabschlüsse und der Eröffnungsbilanz können die in Absatz 1 aufgeführten Unterlagen auch als Wiedergabe auf einem Bildträger oder auf anderen Datenträgern aufbewahrt werden, wenn dies den Grundsätzen ordnungsmäßiger Buchführung entspricht und sichergestellt ist, daß die Wiedergabe oder die Daten
1. mit den empfangenen Handels- oder Geschäftsbriefen und den Buchungsbelegen bildlich und mit den anderen Unterlagen inhaltlich übereinstimmen, wenn sie lesbar gemacht werden,
2. während der Dauer der Aufbewahrungsfrist verfügbar sind und jederzeit innerhalb angemessener Frist lesbar gemacht werden können.

§ 147 4. Teil. Durchführung der Besteuerung

²Sind Unterlagen auf Grund des § 146 Abs. 5 auf Datenträgern hergestellt worden, können statt der Datenträger die Daten auch ausgedruckt aufbewahrt werden; die ausgedruckten Unterlagen können auch nach Satz 1 aufbewahrt werden.

(3) ¹Die in Absatz 1 Nr. 1 aufgeführten Unterlagen sind zehn Jahre, die sonstigen in Absatz 1 aufgeführten Unterlagen sechs Jahre aufzubewahren, sofern nicht in anderen Steuergesetzen kürzere Aufbewahrungsfristen zugelassen sind. ²Die Aufbewahrungsfrist läuft jedoch nicht ab, soweit und solange die Unterlagen für Steuern von Bedeutung sind, für welche die Festsetzungsfrist noch nicht abgelaufen ist; § 169 Abs. 2 Satz 2 gilt nicht.

(4) Die Aufbewahrungsfrist beginnt mit dem Schluß des Kalenderjahres, in dem die letzte Eintragung in das Buch gemacht, das Inventar, die Eröffnungsbilanz, der Jahresabschluß oder der Lagebericht aufgestellt, der Handels- oder Geschäftsbrief empfangen oder abgesandt worden oder der Buchungsbeleg entstanden ist, ferner die Aufzeichnung vorgenommen worden ist oder die sonstigen Unterlagen entstanden sind.

(5) Wer aufzubewahrende Unterlagen nur in der Form einer Wiedergabe auf einem Bildträger oder auf anderen Datenträgern vorlegen kann, ist verpflichtet, auf seine Kosten diejenigen Hilfsmittel zur Verfügung zu stellen, die erforderlich sind, um die Unterlagen lesbar zu machen; auf Verlangen der Finanzbehörde hat er auf seine Kosten die Unterlagen unverzüglich ganz oder teilweise auszudrucken oder ohne Hilfsmittel lesbare Reproduktionen beizubringen.

Abs 1, 2 und 4 geändert durch BilRichtlG v 19. 12. 85, BGBl I, 2355.

Schrifttum: *Wittkowski/Wittkowski* Aufbewahrungsfristen nach Handels- und Steuerrecht, BBK Fach 8, 1033 (17/1986); *Schmidtmann* Steuerliche Betriebsprüfung bei automatisierter Datenverarbeitung – Eine Bestandsaufnahme, StBp 88, 33; *Günther* Aufbewahrungspflichten, StWK Gruppe 2, 2321 (2/1988).

Übersicht

1. Inhalt
2. Aufzubewahrende Unterlagen
3. Handels- und Geschäftsbriefe
4. Buchungsbelege
5. Sonstige Unterlagen
6. Form der Aufbewahrung
7. Aufbewahrungsfrist
8. Beginn der Aufbewahrungsfrist
9. Lesbarmachung der Unterlagen
10. Verletzung der Aufbewahrungsfrist

1. Inhalt. Aufbewahrungspflicht ist Bestandteil der **Buchungspflicht.** Nur wenn die Bücher und Unterlagen über einen gewissen Zeitraum aufbewahrt werden, können die FÄ deren formelle und sachliche Richtigkeit überprüfen. Die Vorschrift ist abgestimmt mit §§ **44, 47a HGB** idF des EGAO 77, jetzt §§ 257ff. HGB. Sie hat nicht nur Bedeutung für Vollkaufleute, sondern für alle, die nach Steuergesetzen einem anderen Gesetzen zur Führung von Büchern und Aufzeichnungen verpflichtet sind, soweit diese für die Besteuerung von Bedeutung sind, aA *Lammerding* DB 79, 2454: Aufbewahrungspflichtig sind nur die nach §§ 140–144 Buchführungs-

2. Abschnitt. Mitwirkungspflichten § 147

pflichtigen, nicht aber Freiberufler mit Überschußrechnung. Beachte, daß nach § 3 II des Gesetzes über Kaufmannseigenschaft von Land- und Forstwirten v 13. 5. 1976 (BGBl I, 1197) auch Land- und Forstwirte berechtigt sind, sich in das Handelsregister eintragen zu lassen.

2. Abs 1. Aufzubewahrende Unterlagen. Aufbewahrungspflichtig sind nur solche Unterlagen, die Bestandteil der Buchführung sind, nicht dagegen Unterlagen aus dem Privatbereich, mit denen z B Werbungskosten, Sonderausgaben und außergewöhnliche Belastungen belegt werden, oder Auszüge eines rein privaten Bankkontos (FG RhPf EFG 88, 502). Insoweit stellt das Nichtaufbewahren keine Pflichtwidrigkeit dar und kann auch nicht bei einer Schätzung zum Nachteil des Stpfl berücksichtigt werden, vgl *Lammerding* DB 79, 2452. Eine solche Pflicht kann sich auch nicht ggf aus § 200 ergeben. **a) Bücher** und **Aufzeichnungen** sind nicht nur Handelsbücher, sondern auch alle anderen Geschäftsbücher z B Haupt-, Grund-, Nebenbücher, Kontokorrentbücher oder Kontenkarten usw, gleichgültig, in welcher Form sie geführt werden. Es kommt nur darauf an, ob die Bücher für die Besteuerung irgendwie von Bedeutung sein können. Über **Form** vgl Abs 2. Auch **Offene-Posten-Buchhaltung** (§ 146 V) ist zulässig. **b) Aufzeichnungen:** z B bei nichtbuchführenden Stpfl für Zwecke der **Umsatzsteuer**, oder auch vorläufige Aufzeichnungen. **c) Inventare** sind Aufzeichnungen über die körperliche Bestandsaufnahme. Beachte, daß nach § 39 IIa HGB idF des EGAO 77 (jetzt § 241 HGB) die körperliche **Bestandsaufnahme** durch eine **geschichtete Stichprobeninventur** ersetzt werden kann. Bestand kann auch mit Hilfe einer Lagerkartei festgestellt werden (vgl Abschn 30 V EStR). Davon zu unterscheiden sind Grund- oder Uraufzeichnungen, die in das Inventar übernommen werden (BFH BStBl 71, 709; *Falkenberg* StBp 64, 116). **d) Bilanzen.** Dazu gehört auch die GuV-Rechnung. **e) Arbeitsanweisungen,** Organisationsunterlagen, insbesondere bei Verwendung von EDV-Anlagen, z B Programm- und Systemdokumentationen, Ablaufdiagramme, Blockdiagramme. Diese Unterlagen sind nötig, damit ein sachverständiger Dritter die Buchführung überprüfen kann (§ 145 I). Aufbau und Ablauf des Abrechnungsverfahrens müssen schlüssig dokumentiert werden.

3. Nr 2 und 3. Handels- und Geschäftsbriefe. Bei einem Kaufmann können nur Handelsbriefe, bei einem Landwirt oder Freiberufler nur Geschäftsbriefe vorkommen, z B Rechnungen, Lieferscheine, Frachtbriefe, Auftragszettel, Kostenvoranschläge, Verträge usw. Form der Aufbewahrung vgl Abs 2.

4. Nr 4. Buchungsbelege, Rechnungen, Lieferscheine, Quittungen, Auftragszettel, Warenbestandsaufnahmen, Bankauszüge, Betriebskostenrechnungen, Bewertungsunterlagen, Buchungsanweisungen, Gehaltslisten, Kassenberichte, Portokassenbücher, Prozeßakten, Speise- und Getränkekarten bei Gaststätten (vgl StBp 61, 97).

5. Nr 5. Sonstige Unterlagen nur, soweit sie für die Besteuerung von Bedeutung sind, z B Kassenstreifen und Kassenzettel. Wenn gesichert ist, daß die Zahlen aus dem Kassenstreifen richtig und vollständig in die Buchführung übernommen werden, z B bei größeren Betrieben durch Angestellte, kann auf Kassenstreifen verzichtet werden (BFH BStBl 66, 371).

§ 147 4. Teil. Durchführung der Besteuerung

Unter Nr 5 fallen nach *Lammerding* (DB 79, 2454) nur solche Unterlagen, die Bestandteil der Buchführung sind. Über **Rabattsparbücher** (6 Jahre) vgl aber Abschn 29 IV EStR; Akkordzettel, Stundenlohnzettel; Lohnkonto vgl § 41 EStG, BdF BB 58, 331. **Lochkarten,** Magnetbänder usw verlieren mit Auflistung der Daten ihre Belegfunktion, falls nicht das Material verdichtet wird.

6. Abs 2 regelt die **Form** der **Aufbewahrung.** Die **Bilanz** muß im **Original** aufbewahrt werden, dazu gehört auch die **GuV-Rechnung,** vgl § 257 III HGB idF des Bilanzrichtlinien-Gesetzes. Es wird praktisch **jedes Aufbewahrungssystem** zugelassen, dh verkleinerte **Wiedergabe** auf **Bildträgern** oder auf anderen **Datenträgern,** z B Fotokopien, Mikrofilm, Lochkarten, Magnetbänder, Magnetplatten. Auch das sog **COM-Verfahren** (Computer-Output-on-Microfilm) wird zugelassen; hierbei werden die gespeicherten Daten unmittelbar auf Mikrofilm bildlich übertragen. Das angewandte **Verfahren** muß aber den **Grundsätzen ordnungsmäßiger Buchführung** entsprechen; vgl hierzu die **Grundsätze ordnungsmäßiger Speicherbuchführung** v 5. 7. 78, BStBl 78, 250, vgl *Zwank* Der Mikrofilm im Steuer- und Handelsrecht (Neue Mikrofilm-Grundsätze) BB 84, 1245; zur Kritik an den GoS vgl *Feuerbaum* DB 78, 1943. Ferner muß sichergestellt sein, daß die **Wiedergabe** oder die Daten mit den **empfangenen Handels-** oder **Geschäftsbriefen bildlich** übereinstimmen; bei **anderen Unterlagen** genügt **inhaltliche Übereinstimmung** bei Lesbarmachung. Differenzierung ist erforderlich, weil den empfangenen Handelsbriefen eine bedeutende Beweis- und Belegfunktion zukommt. Ferner müssen die Daten während der Aufbewahrungsfrist (Abs 3) **verfügbar** sein und **jederzeit** innerhalb **angemessener Frist lesbar** gemacht werden können. Das Gesetz fordert nicht die sofortige Verfügbarkeit; danach müßten die Unterlagen auch bei einem Dritten z B Datenverarbeitungsbetrieb aufbewahrt werden können. Werden Unterlagen nach § 146 V in Urschrift auf einem Datenträger hergestellt, kann statt des Datenträgers auch ein Ausdruck auf Papier aufbewahrt werden. Die ausgedruckten Unterlagen können wiederum auch auf Bildträger oder anderem Datenträger aufbewahrt werden. **Neuregelung** soll bereits auf Unterlagen angewendet werden, die vor dem 1. 1. 77 entstanden sind.

7. Abs 3. Aufbewahrungsfrist beträgt für **Bücher** und Aufzeichnungen, Inventare, Bilanzen und Arbeitsunterlagen **10 Jahre. Andere Unterlagen** sind **6 Jahre** aufzubewahren; die Steuergesetze können kürzere Fristen zulassen. Frist läuft nicht ab, soweit Festsetzungsfrist (§ 169) noch nicht abgelaufen ist. Die verlängerte Festsetzungsfrist bei Steuerhinterziehung oder leichtfertiger StVerkürzung wirkt sich auf die Aufbewahrungsfrist nicht aus, wohl aber die Ablaufhemmung nach § 171. Handelsrecht sieht ebenfalls 10jährige Frist vor. Aufbewahrungsfrist für Belege des **Postscheckdienstes** ist ab 1. 1. 79 ebenfalls durch Erlaß des BPostM v 9. 10. 78 auf **6 Jahre** verlängert worden. In anderen Steuergesetzen zugelassene **kürzere Aufbewahrungsfristen:** § 41 I 6 EStG Lohnkonto, 6 Jahre; § 15 WechsStDV, Wechsel, 5 Jahre; §§ 11–13 RennwettLottAB Wettscheine, 3 Jahre. Die **Aufbewahrungsfristen** gelten erstmals für Unterlagen, die nach dem 31. 12. 76 **entstanden sind,** BdF StEK § 147 Nr 1. Nach **Ablauf** der in § 147 III 1 genannten oder in anderen Gesetzen zugelassenen kürze-

2. Abschnitt. Mitwirkungspflichten **§ 148**

ren Aufbewahrungsfristen brauchen die Unterlagen nur noch aufbewahrt zu werden, wenn und soweit sie für eine **begonnene Außenprüfung,** für eine **vorläufige StFestsetzung** nach § 165, für anhängige **steuerstraf-** oder **bußgeldrechtliche Ermittlungen,** für ein schwebendes oder auf Grund einer Außenprüfung zu erwartendes **Rechtsbehelfsverfahren** oder zur **Begründung** von **Anträgen** des Stpfl von Bedeutung sind, BdF StEK § 147 Nr 1 = BStBl 77 I 487. Sind Bücher und Aufzeichnungen nach **anderen** Gesetzen auch im Interesse der Besteuerung zu führen, sind für das StRecht die ggf kürzeren **Aufbewahrungsfristen** der anderen Gesetze maßgeblich, BFH BStBl 82, 409.

8. Abs 4 entspricht § 162 VIII 2 RAO. Da die letzten Aufzeichnungen und Eintragungen regelmäßig erst im folgenden Kalenderjahr gemacht werden, beginnt die Aufbewahrungsfrist erst mit Ablauf des folgenden Kalenderjahres (nicht des Geschäftsjahres).

9. Abs 5. Wer sich der Erleichterungen für die Aufbewahrung nach Abs 2 bedient, muß auf **seine Kosten** diejenigen **Hilfsmittel** zur Verfügung stellen, mit denen die Unterlagen lesbar gemacht werden können. Eine Verpflichtung zur Erstellung von Prüfprogrammen mit Hilfe der Datenanlage ergibt sich daraus nicht. Die FinBeh kann auch im Rahmen des pflichtgemäßen Ermessens verlangen, daß der Steuerpfl unverzüglich die Unterlagen ausdruckt oder ohne Hilfsmittel lesbare Reproduktionen beibringt. Er ist nicht verpflichtet, die Daten jährlich auszudrucken.

10. Folgen der Verletzung der Aufbewahrungsfrist. Die Buchführung ist **nicht ordnungsgemäß** (BFH BStBl 56, 82; BStBl 72, 819). FA ist zur **Schätzung** nach § 162 berechtigt. Bei unverschuldetem Verlust, zB bei Hochwasserschäden, kann aber nach § 163 darauf verzichtet werden, nachteilige steuerl Folgen zu ziehen (BFH BStBl 72, 819). **Strafrechtliche** oder bußgeldrechtliche Folgen ergeben sich allein aus der Verletzung der Aufbewahrungspflicht für das Steuerrecht nicht, vgl aber § 283 I Nr 6 StGB idF des WiKG.

§ 148 Bewilligung von Erleichterungen

¹Die Finanzbehörden können für einzelne Fälle oder für bestimmte Gruppen von Fällen Erleichterungen bewilligen, wenn die Einhaltung der durch die Steuergesetze begründeten Buchführungs-, Aufzeichnungs- und Aufbewahrungspflichten Härten mit sich bringt und die Besteuerung durch die Erleichterung nicht beeinträchtigt wird. ²Erleichterungen nach Satz 1 können rückwirkend bewilligt werden. Die Bewilligung kann widerrufen werden.

Schrifttum: *Zwank* Die Buchführungspflicht nach § 141 AO, StBp 86, 253; *Zinn* Rückwirkender Wegfall einer auf Schätzung beruhenden Buchführungspflicht im Billigkeitswege, StBp 87, 284.

Im **Einzelfall** oder für **bestimmte Gruppen** von Fällen können die Finanzbehörden Erleichterungen hinsichtlich der sich aus den §§ 140ff ergebenden Pflichten bewilligen. Voraussetzung ist, daß die Einhaltung der Verpflichtung **Härten** mit sich bringen würde und die Besteuerung durch die Erleichterung nicht beeinträchtigt wird. Solche Härten können sich

§ 149 4. Teil. Durchführung der Besteuerung

insbesondere ergeben, wenn die Überschreitung der Gewinn- oder Umsatzgrenze durch einen außergewöhnlichen und einmaligen Geschäftsvorfall wie zB die Veräußerung von Grund und Boden oder die Zahlung einer einmaligen Entschädigungsleistung ausgelöst wird (BFH BStBl 88, 20). Persönliche Gründe (Alter oder Krankheit) rechtfertigen idR keine Erleichterung (BFH BStBl 54, 253). Die Erleichterung bezieht sich jedoch nur auf die **steuerlichen** Verpflichtungen; sie befreit **nicht** zugleich von der **handelsrechtlichen** Buchführungsverpflichtung. Folge der Erleichterung ist, daß steuerlich aus der teilweisen Nichterfüllung der Pflichten keine Folgen gezogen werden. Eine Bewilligung nach § 148 kommt solange nicht in Betracht, wie die Mitteilung der FinBeh, durch die auf den Beginn der Buchführungspflicht in den Fällen des § 141 II 1 hingewiesen wird, noch angefochten werden kann und ein Antrag auf Aussetzung der Vollziehung möglich ist. Ausdrücklich wird bestimmt, daß die Bewilligung **rückwirkend** ausgesprochen werden kann. Sie steht nach S 3 kraft Gesetzes unter Widerrufsvorbehalt. Eine volle Befreiung von der Buchführungspflicht sieht die Vorschrift nicht vor, FG Nieders EFG 80, 475.

Die Entscheidung über einen Antrag nach § 148 ist eine **Ermessensentscheidung**. Der Umfang der von der Behörde zu bewilligenden Erleichterungen richtet sich danach, welche Maßnahme im Einzelfall zur Vermeidung von Härten erforderlich ist. Dazu kann auch die vorübergehende völlige **Befreiung** von der Buchführungspflicht gehören (BFH BStBl 88, 20).

2. Unterabschnitt. Steuererklärungen

§ 149 Abgabe der Steuererklärungen

(1) ¹Die Steuergesetze bestimmen, wer zur Abgabe einer Steuererklärung verpflichtet ist. ²Zur Abgabe einer Steuererklärung ist auch verpflichtet, wer hierzu von der Finanzbehörde aufgefordert wird. ³Die Aufforderung kann durch öffentliche Bekanntmachung erfolgen. ⁴Die Verpflichtung zur Abgabe einer Steuererklärung bleibt auch dann bestehen, wenn die Finanzbehörde die Besteuerungsgrundlagen geschätzt hat (§ 162).

(2) ¹Soweit die Steuergesetze nichts anderes bestimmen, sind Steuererklärungen, die sich auf ein Kalenderjahr oder einen gesetzlich bestimmten Zeitpunkt beziehen, spätestens fünf Monate danach abzugeben. ²Bei Steuerpflichtigen, die den Gewinn aus Land- und Forstwirtschaft nach einem vom Kalenderjahr abweichenden Wirtschaftsjahr ermitteln, endet die Frist nicht vor Ablauf des dritten Monats, der auf den Schluß des in dem Kalenderjahr begonnenen Wirtschaftsjahrs folgt.

§ 149 neu gefaßt durch Gesetz v 26. 11. 79, BGBl I, 1953.

Schrifttum: *Höllig* Steuererklärungsfristen-Ergänzung der AO 1977, Inf 80, 49.

2. Abschnitt. Mitwirkungspflichten **§ 149**

Übersicht
1. Inhalt
2. Aufforderung zur Abgabe von Steuererklärungen
3. Frist für die Abgabe von Steuererklärungen

1. Inhalt. Die Fassung vom 26. 11. 79 gilt bereits für StErklärungen des Jahres 1979. Daher kann bei Versäumung der gesetzlichen oder behördlichen Frist ein Verspätungszuschlag nach § 152 festgesetzt werden, FG Münster EFG 83, 323. Der Gesetzgeber hat in der Anordnung über die Geltung der Neufassung nicht an den Zeitpunkt des Entstehens der Steuer, sondern an den Zeitpunkt des Beginns der Verpflichtung zur Abgabe einer StErklärung angeknüpft. Wer zur Abgabe von StErklärungen verpflichtet ist, bestimmt sich nach den **Einzelsteuergesetzen**, zB §§ 56–59 EStDV, § 49 KStG 84, § 25 GewStDV, § 19 VStG, § 31 ErbStG, § 18 UStG. § 18 VI UStG 80 enthält eine Ermächtigung für den BdF, durch RVO mit Zustimmung des BR zur Vermeidung von Härten die Fristen für die Voranmeldung und Vorauszahlungen der USt um einen Monat zu verlängern, vgl §§ 46, 48 UStDV 80. Nach § 47 I UStDV ist die Fristverlängerung mit der Auflage zu verbinden, daß der Unternehmer eine Sondervorauszahlung entrichtet in Höhe von $\frac{1}{11}$ der Vorauszahlungen für das vorangegangene Kalenderjahr. Die Sondervorauszahlung ist eine StAnmeldung iSd § 150 I 2 AO. StErklärungen sind auch **StAnmeldungen** (§ 167), zB nach den Verbrauchsteuergesetzen, nach UStG usw. Gesetzliche Vertreter, Vermögensverwalter usw haben für den Stpfl (§§ 33, 34) die Erklärungspflicht zu erfüllen. Die **Antragsfrist** für den **LStJA** ist durch Gesetz v 27. 9. 78 – BGBl I 1597 – auf den **30. 9.** mit Wirkung vom 1. 10. 78 und durch **Art 7 StBereinigG 1986** bis zum Ablauf des auf das Ausgleichsjahr folgenden **zweiten Kal-Jahres** mit Wirkung vom **1. 1. 1987 verlängert** worden.

2. Auch wer zur Abgabe der StErklärung **aufgefordert** wird, ist zu deren Abgabe verpflichtet, S 2, unabhängig davon, ob er tatsächlich Steuern schuldet oder nicht, oder ob er überhaupt als StSchuldner in Betracht kommen kann (BFH/NV 87, 669). Die Vorschrift gibt der FinBeh aber kein Steuererklärungs-Erfindungsrecht. Es können nur solche StErklärungen angefordert werden, die in dem betreffenden Einzelsteuergesetz grundsätzlich vorgesehen sind (Nieders FG EFG 87, 473). Zusendung von Erklärungsvordrucken ist Aufforderung. Aufforderung steht im **pflichtigen Ermessen** der FinBeh; hierbei sind §§ 85, 86, 88, 90 zu beachten. Ermessensverletzung ist nur anzunehmen, wenn zweifelsfrei und eindeutig feststeht, daß keine StSchuld bestehen kann oder wenn Frist zu kurz bemessen ist. Frist kann ggf nach § 109 verlängert werden. Erzwingung nach §§ 328 ff möglich (BFH/NV 87, 669), FA kann auch ohne vorherige Erzwingungsmaßnahmen sofort schätzen (RFH RStBl 31, 672). Bei Fristüberschreitung ggf Verspätungszuschlag nach § 152; strafrechtliche oder bußgeldrechtliche Folgen ergeben sich nicht allein aus der bloßen Nichtabgabe, ggf kann aber StHinterziehung vorliegen oder leichtfertige StVerkürzung, vgl §§ 370, 378; *Franzen* DStR 64, 384, 416. Die Verpflichtung zur Abgabe einer StErklärung wird in den Fällen des Satz 2 von Abs 1 nicht unmittelbar durch das Gesetz sondern erst durch die behördliche Aufforderung begründet. Daneben kann aber auch eine unmittelbare gesetzliche

§ 150 4. Teil. Durchführung der Besteuerung

Verpflichtung bestehen. Ergibt sich die Pflicht allein aus der Aufforderung, so richtet sich die Festsetzungsverjährung nach § 170 I und nicht nach § 170 II Nr 1, da § 149 I 2 keine gesetzliche Vorschr im Sinne von § 170 II Nr 1 ist (vgl FG München EFG 87, 99).

3. Frist für die Abgabe von St-Erklärungen. Die Vorschrift ist mit Wirkung v 1. 1. 1980 geändert worden. Die bis zum 31. 12. 1979 geltende Regelung verwies hinsichtlich der Erklärungsfristen auf die Einzelsteuergesetze. Teilweise waren die entsprechenden Fristenregelungen in Rechtsverordnungen enthalten (z B § 56 Abs. 3 EStDV, § 25 Abs. 2 GewStDV), die aber mangels entsprechender Ermächtigung ungültig waren. Zum Teil hat die Verwaltung von der Ermächtigung zum Erlaß von Rechtsverordnungen auch keinen Gebrauch gemacht (z. B. § 28 Abs. 3 BewG, § 19 Abs. 4 VStG). Soweit Fristenregelungen in Verwaltungsanordnungen enthalten waren, waren diese für die Steuerpflichtigen nicht verbindlich. Die Rechtsprechung hat daher zunehmend eine Rechtsgrundlage für die Erklärungsfristen verneint, z. B. FG SchlHol EFG 79, 499; FG Berlin EFG 79, 478 gegen FG Berlin EFG 79, 372; und z. B. die Festsetzung von Zwangsgeld wegen Nichteinhaltung der in Verwaltungsvorschriften bestimmten Fristen für unzulässig erklärt (FG RhPf EFG 80, 207). Schließlich hat es der BFH in einem Aussetzungsverfahren ebenfalls als ernstlich zweifelhaft angesehen, ob es für die Anordnung, die Einkommensteuererklärung innerhalb einer gesetzten Frist abzugeben, eine gesetzliche Grundlage gibt und ob das Finanzamt bei Fehlen einer solchen Grundlage gem § 149 Satz 2 (aF) eine Frist im Einzelfall setzen kann, BFH BStBl 79, 167.

Mit Wirkung vom 1. 1. 1980 ist in § 149 Abs. 2 eine gesetzliche Grundlage für die Erklärungsfristen geschaffen worden. Danach sind Steuererklärungen spätestens **5 Monate** nach Ablauf des jeweiligen Kalenderjahres oder nach dem jeweiligen Stichtag oder Zeitpunkt abzugeben. Eine Verlängerung der Frist gem. § 109 Abs. 1 ist möglich. Für die Abgabe von StErklärungen durch steuerliche Berater für ihre Mandanten erfolgt regelmäßig eine Verlängerung bis zum 30. 9. (vgl für das Kalenderjahr 1986: Gleichlautender Ländererlaß v 15. 1. 1987, BStBl 87, 177). Ein Angehöriger eines steuerberatenden Berufes hat aber keinen Anspruch darauf, daß ihm die gleiche Frist zur Abgabe seiner StErklärung eingeräumt wird wie den von ihm vertretenen Stpfl (Nieders FG EFG 86, 2). Trotz der Fristverlängerung für die StErklärungen der Mandanten kann den betr Erlassen im Einzelfall eine vorzeitige Anforderung erfolgen (vgl oben § 109 Anm 1). Entscheidet die FinBeh über eine unverzüglich eingelegte Beschwerde gegen die vorzeitige Anforderung von StErklärungen erst nach Ablauf der gesetzten Abgabefrist, so ist sie idR gehalten eine angemessene Nachfrist zu bewilligen, FG Nieders EFG 85, 51.

§ 150 Form und Inhalt der Steuererklärungen

(1) ¹Die Steuererklärungen sind nach amtlich vorgeschriebenem Vordruck abzugeben, soweit nicht eine mündliche Steuererklärung zugelassen ist. ²Der Steuerpflichtige hat in der Steuererklärung die Steuer selbst zu berechnen, soweit dies gesetzlich vorgeschrieben ist (Steueranmeldung).

2. Abschnitt. Mitwirkungspflichten § 150

(2) ¹Die Angaben in den Steuererklärungen sind wahrheitsgemäß nach bestem Wissen und Gewissen zu machen. ²Dies ist, wenn der Vordruck dies vorsieht, schriftlich zu versichern.

(3) ¹Ordnen die Steuergesetze an, daß der Steuerpflichtige die Steuererklärung eigenhändig zu unterschreiben hat, so ist die Unterzeichnung durch einen Bevollmächtigten nur dann zulässig, wenn der Steuerpflichtige infolge seines körperlichen oder geistigen Zustandes oder durch längere Abwesenheit an der Unterschrift gehindert ist. ²Die eigenhändige Unterschrift kann nachträglich verlangt werden, wenn der Hinderungsgrund weggefallen ist.

(4) ¹Den Steuererklärungen müssen die Unterlagen beigefügt werden, die nach den Steuergesetzen vorzulegen sind. ²Dritte Personen sind verpflichtet, hierfür erforderliche Bescheinigungen auszustellen.

(5) ¹In die Vordrucke der Steuererklärung können auch Fragen aufgenommen werden, die zur Ergänzung der Besteuerungsunterlagen für Zwecke einer Statistik nach dem Gesetz über Steuerstatistiken erforderlich sind. ²Die Finanzbehörden können ferner von Steuerpflichtigen Auskünfte verlangen, die für die Durchführung des Bundesausbildungsförderungsgesetzes erforderlich sind. ³Die Finanzbehörden haben bei der Überprüfung der Angaben dieselben Befugnisse wie bei der Aufklärung der für die Besteuerung erheblichen Verhältnisse.

(6) ¹Zur Erleichterung und Vereinfachung des automatisierten Besteuerungsverfahrens kann der Bundesminister der Finanzen durch Rechtsverordnung mit Zustimmung des Bundesrates bestimmen, daß Steueranmeldungen, Steuererklärungen im Sinne des Kraftfahrzeugsteuergesetzes oder sonstige für das Besteuerungsverfahren erforderliche Daten ganz oder teilweise auf maschinell verwertbaren Datenträgern oder durch Datenfernübertragung übermittelt werden können. ²Dabei können insbesondere geregelt werden:
1. die Voraussetzungen für die Anwendung des Verfahrens,
2. das Nähere über Form, Inhalt, Verarbeitung und Sicherung der zu übermittelnden Daten,
3. die Art und Weise der Übermittlung der Daten,
4. die Zuständigkeit für die Entgegennahme der zu übermittelnden Daten,
5. die Haftung von Dritten für Steuern oder Steuervorteile, die auf Grund unrichtiger Verarbeitung oder Übermittlung der Daten verkürzt oder erlangt werden,
6. der Umfang und die Form der für dieses Verfahren erforderlichen besonderen Erklärungspflichten des Steuerpflichtigen.

³Zur Regelung der Datenübermittlung kann in der Rechtsverordnung auf Veröffentlichungen sachverständiger Stellen verwiesen werden; hierbei sind das Datum der Veröffentlichung, die Bezugsquelle und eine Stelle zu bezeichnen, bei der die Veröffentlichung archivmäßig gesichert niedergelegt ist.

Abs 5 geändert durch Gesetz v 13. 7. 81, BGBl I, 625; Abs 6 S 3 angefügt durch StBereinigG 1986 v 19. 12. 85, BGBl I, 2436.

Schrifttum: *Drensek* Verwaltungsakte im Lohn- und Einkommensteuerverfahren, JbDeuStG 86, 377; *Blumers* Grenzen der Sachaufklärungspflicht in Steuererklärungen,

§ 150 4. Teil. Durchführung der Besteuerung

DB 87, 807; *Niemann* Welche Rechtsauffassung ist der Steuererklärung zugrunde zu legen? Bericht über die Sitzung des Fachinstituts der Steuerberater am 7. 2. 1987 in Köln, FR 88, 70; *Irrgang* Steuerhinterziehung durch Abweichung von der Auffassung der Finanzverwaltung oder höchstrichterlicher Rechtsprechung? DB 88, 781; *Pflug* Schwierigkeiten und Zweifelsfragen beim Ausfüllen der Anlage W, Information StW 88, 24; *Söffing* Der Antrag auf Investitionszulage, DB 88, 928.

Übersicht

1. Inhalt
2. Vordrucke
3. Steueranmeldungen
4. Versicherung der Wahrheit
5. Eigenhändige Unterschrift
6. Beifügung von Unterlagen
7. Statistische Fragen
8. Datenübertragung

1. Inhalt: Die Vorschrift bestimmt **Form** und **Inhalt** der StErklärungen. Eine Definition der StErklärung enthält die Vorschrift nicht.

2. Die Erklärungen sind **nach amtlich vorgeschriebenem Vordruck** abzugeben, vgl die Grundsätze für die Verwendung von Steuererklärungsvordrucken, BdF v 9. 8. 84 BStBl I 454. Zulässig ist danach auch die Abgabe auf selbst gefertigten Vordrucken, sofern diese den amtlichen Vordrucken drucktechnisch und in den Abmessungen entsprechen. Verwendung von Ablichtungen ebenfalls zulässig. Diese müssen aber in Form, Format, Farbe mit amtl Vordrucken übereinstimmen, beidseitig belichtet, gelocht und mindestens 15 Jahre lesbar sein. Ablichtungen müssen handschriftlich unterzeichnet sein. Bei Verwendung eines **Erklärungsvordrucks** für ein **früheres Jahr** liegt keine ordnungsgemäße Erklärung vor, FG Berl EFG 78, 309. Ohne daß dies im Gesetz zum Ausdruck kommt, wird als selbstverständlich vorausgesetzt, daß die Vordrucke so zu gestalten sind, daß die besteuerungserheblichen Tatsachen möglichst vollständig erfaßt werden. StErklärungen sind überwiegend Wissenserklärungen, aber auch Willenserklärungen, soweit der Stpfl Gestaltungsmöglichkeiten hat. Stpfl muß auch gleichzeitig rechtliche Würdigung vornehmen (vgl BFH BStBl 71, 726; *TK* § Tz 3). Problematisch ist, ob er dabei die Rechtsauffassung der Finanzverwaltung, wie sie insbesondere in den StRichtlinien zum Ausdruck kommt, und die höchstrichterliche Rspr zugrunde zu legen hat (vgl die kontroverse Diskussion auf der Sitzung des Fachinstituts der Steuerberater am 7. 12. 1987, FR 88, 70). Zwar kann niemand dem Stpfl oder seinem steuerlichen Berater eine abweichende Meinung verbieten. Möglicherweise muß diese abweichende Meinung aber kenntlich gemacht werden. Das ist zumindest dann anzunehmen, wenn von den StErklärungsvordrucken beigefügten Erläuterungen abgewichen wird (*Koch* Tz 2). Einem Angehörigen der steuerberatenden Berufe wird man auch zumuten können, daß er die StRichtlinien beachtet und auf Abweichungen hinweist. Im übrigen kann aber auch von einem Fachmann nicht erwartet werden, daß er die höchstrichterliche Rspr und alle Verwaltungserlasse zu allen möglichen Problemen kennt (*TK* aaO). Steuerhinterziehung wird bei Zugrundelegung einer anderen Rechtsauffassung also nur in Ausnahmefällen in Be-

2. Abschnitt. Mitwirkungspflichten § 150

tracht kommen. Dem Stpfl kann ein Verhalten seines Steuerberaters in diesen Fragen ohnehin nicht ohne weiteres zugerechnet werden (s unten Anm 5). In bewußten Zweifelsfragen empfiehlt es sich allerdings auf die eigene Rechtsauffassung hinzuweisen, um jedes Risiko auszuschließen (vgl *Irrgang* DB 88, 781). Mangelnde Mitwirkung des Stpfl oder seines steuerlichen Beraters bei der Sachverhaltsaufklärung berechtigt die Behörde jedenfalls zu einer nachträglichen Änderung des StBescheids nach § 173 I Nr 1 (vgl Erl zu § 173 und BFH BStBl 72, 106). **Vorläufige** StErklärungen sind nicht vorgesehen; der Stpfl muß die Erklärung vollständig ausfüllen. Bei Ungewißheit über einzelne Punkte muß er ggf auch auf die Ungewißheit hinweisen, vgl Erlaß NRW StEK AO § 100 Nr 2.

3. StAnmeldungen sind StErklärungen, in denen der Stpfl kraft gesetzlicher Vorschrift verpflichtet ist, die Steuer **selbst zu berechnen**. StAnmeldung steht einer **StFestsetzung unter Vorbehalt der Nachprüfung** (§ 164) gleich, § 168, 1. Aus ihr kann vollstreckt werden, § 254 I 4, nach § 164 II 2 kann, solange der Vorbehalt wirksam ist, jederzeit Änderung der Vorbehaltsfestsetzung beantragt werden. Der Vorbehalt der Nachprüfung fällt automatisch weg, wenn das FA auf die StErklärung hin erstmals einen StBescheid ohne Nachprüfungsvorbehalt erläßt (vgl BFH BStBl 88, 45). StAnmeldungen sind im UStG und in zahlreichen VerbrauchStGesetzen vorgesehen, vgl EGAO (Anh 1). Auch USt-Jahreserklärung ist StAnmeldung (BFH BStBl 88, 45, AnwErl zu § 150).

4. Abs 2. Versicherung der Wahrheit hat strafrechtl keine Bedeutung, *Franzen* DStR 64, 382.

5. Abs 3. Sofern die EinzelStG **eigenhändige Unterschrift** des Stpfl verlangen, kann die Erklärung durch Bevollmächtigte nur unterschrieben werden, wenn Stpfl aus den aufgeführten Gründen an eigenhändiger Unterschrift gehindert ist. Eine eigenhändige Unterschrift ist zB vorgeschrieben bei dem Antrag auf LStJA (§ 42 II EStG), bei der EStErklärung und der Erklärung zur gesonderten und einheitlichen Feststellung der Einkünfte (§ 25 III EStG), bei der Gewerbesteuererklärung (§ 14a GewStG), bei der Umsatzsteuer-Jahreserklärung (§ 18 III UStG) und bei der Vermögensteuererklärung (§ 19 I VStG). Eine **eigenhändige Unterschrift** liegt nicht vor, wenn der Stpfl auf einem Unterschriftstreifen unterschreibt, der vom steuerlichen Berater auf die für die Unterschriftsleistung vorgesehene Stelle des amtlichen Vordrucks geklebt wird, BFH BStBl 84, 13, auch dann nicht, wenn dem Steuerpflichtigen vor Absendung der Steuererklärung an das FA eine „Vorausberechnung" seines Steuerberaters, aus der die Besteuerungsgrundlagen ersichtlich sind, zugegangen ist mit der Aufforderung, dem Berater etwaige Änderungen unverzüglich mitzuteilen, BFH BStBl 84, 436. Die Unterschrift muß den Urkundentext räumlich abschließen. Durch die Eigenhändigkeit der Unterschrift soll dem Stpfl die Bedeutung seiner Erklärung als Wissenserklärung bewußt gemacht werden; aA FG Bremen EFG 82, 135. Ein in sein Heimatland zurückgekehrter **ausländischer Arbeitnehmer** kann LStJA durch Bevollmächtigten unterschreiben lassen (FG Düsseldorf EFG 78, 24; FG Berlin EFG 86, 326). Eigenhändige Unterschrift kann nach Wegfall des Hindernisses nachgefordert werden. Ist Unterschrift nicht vorgeschrieben, richtet sich die Frage der Ver-

§ 150 4. Teil. Durchführung der Besteuerung

tretungsmöglichkeit nach § 80 III 2. Eigenhändige Unterschrift auf **USt-Voranmeldungen nicht** erforderlich, vgl § 18 II UStG, FM BadWürtt v 1. 4. 1985, AO-Kartei § 150 Karte 2. Auf Antrag für InvZul ist eigenhändige Unterschrift nicht erforderlich; daher gilt die Regel des § 80 I, wonach bei wirksamer Vollmacht die Unterschrift auch durch einen Vertreter geleistet werden kann, FG Berlin EFG 82, 174. Die FinBeh **kann** sich an Stpfl selbst wenden, weil er auch in den Fällen, in denen keine eigenhändige Unterschrift erforderlich ist, zur Mitwirkung verpflichtet ist. Die Voraussetzungen für Unterschrift durch Bevollmächtigten dürfte aber in diesen Fällen weniger streng sein als nach § 150 III. Stpfl kann durch die Unterschrift nicht die volle Verantwortung für die Richtigkeit einer vom StBerater ausgefüllten StErklärung übernehmen, weil er hinsichtlich deren rechtlicher Würdigung regelmäßig überfordert sein dürfte, vgl *TK* Tz 7. Etwas anderes gilt nur, wenn er Fehler der StErklärung erkennt und sie gleichwohl unterschreibt. Im übrigen kann ihm nur Verantwortung für die dem StBerater mitgeteilten steuerl relevanten Tatsachen zugeschoben werden. Auch die Unterschrift hat insoweit allein keine strafrechtl Bedeutung. Stpfl dokumentiert damit nur, daß er die StErklärung vor Abgang gesehen hat. Im übrigen sind die zivilrechtlichen Vorschriften über Willensmängel im StRecht nicht anwendbar, vgl BFH BStBl 75, 616; *Kurz* Rückgängigmachung steuerrechtlich relevanter Willenserklärungen von Steuerpflichtigen, StuW 79, 243.

6. Abs 4. Beifügung von **Unterlagen** nur, soweit die StGesetze dies vorschreiben. Ausnahme vom Grundsatz des § 97, wonach Urkunden erst nach Befragung des Stpfl vorgelegt werden müssen. Für Dritte besteht steuerliche Verpflichtung zum **Ausstellen von Bescheinigungen.**

7. Abs 5. Aufnahme von Fragen für Zwecke der **Statistik.** Vorschrift stellt sicher, daß StErklärungen entsprechend gestaltet werden können. Nur Fragen zur **Ergänzung** der Angaben über **Besteuerungsgrundlagen**, also nicht solche, die völlig außerhalb steuerlichen Interesses liegen, zB nicht Fragen, die einer Statistik iSd § 6 des Gesetzes über die Statistik für Bundeszwecke dienen, sind zulässig. Daher kann die Beantwortung der Fragen auch nach §§ 328 ff erzwungen werden.

8. Abs 6. StErklärung durch **Datenübertragung.** Die Vorschrift soll das automatisierte Besteuerungsverfahren erleichtern und weiterentwickeln helfen. Rechenzentren können danach Daten von Steueranmeldungen, zB USt-Voranmeldungen auf **maschinell verwertbaren Datenträgern**, zB Lochband, Magnetband, zur Verfügung stellen oder aber die Daten durch Fernübertragung unmittelbar überspielen. Durch das KfzStÄndGes v 22. 12. 78 sind im S 1 die Worte „StErklärungen iSd KfzStG" eingefügt worden. Damit werden Fehler bei der nochmaligen Datenerfassung bei der FinBeh, zB Übertragungsfehler, Ablochfehler, vermieden. Eine nochmalige Erfassung der Daten bei der FinBeh wird damit überflüssig. Vgl hierzu die Steueranmeldungs-Datenträger-Verordnung (StADV) v 22. 8. 80, BStBl I 712 = BGBl 80 I 1617. Hier ist auch geregelt, inwieweit das Rechenzentrum für die unrichtige Erfassung oder Übermittlung haftet, falls es dadurch zu Steuerverkürzungen kommt, und wie die **Verantwortlichkeit** des Rechenzentrums von der des Steuerpflichtigen abzugrenzen ist

2. Abschnitt. Mitwirkungspflichten §§ 151, 152

(vgl § 9 der VO). Abs. 6 enthält nur die Ermächtigungsgrundlage. Die Anfügung des letzten Satzes durch das StBereinigG 1986 soll es erleichtern, die Verwendung von DIN-Normen durch Rechtsverordnung vorzusehen. Die **Änderung** ist mit Verkündung des StBereinigG in Kraft getreten (Art 25 II 1).

§ 151 Aufnahme der Steuererklärung an Amtsstelle

Steuererklärungen, die schriftlich abzugeben sind, können bei der zuständigen Finanzbehörde zur Niederschrift erklärt werden, wenn die Schriftform dem Steuerpflichtigen nach seinen persönlichen Verhältnissen nicht zugemutet werden kann, insbesondere, wenn er nicht in der Lage ist, eine gesetzlich vorgeschriebene Selbstberechnung der Steuer vorzunehmen oder durch einen Dritten vornehmen zu lassen.

Die Vorschrift entspricht der bisher zu § 168 I RAO vertretenen Auffassung, wonach eine **mündliche Abgabe** der StErklärung idR nur dann in Betracht kommt, wenn der Stpfl unerfahren oder zu unbeholfen ist, um die Erklärung selbst auszufüllen (*BRK* § 168 Anm 1). Nicht zuzumuten ist die Schriftform zB, wenn der Stpfl finanziell nicht in der Lage ist, die Hilfe eines Steuerberaters in Anspruch zu nehmen. Trifft dies jedoch nicht zu, wäre es nicht ermessensfehlerhaft, wenn die FinBeh den Stpfl auf die Möglichkeit der Inanspruchnahme der Hilfe eines **Angehörigen der steuerberatenden** Berufe verweist, deren eigenste Aufgabe es ist, die Stpfl zu beraten.

§ 152 Verspätungszuschlag

(1) ¹Gegen denjenigen, der seiner Verpflichtung zur Abgabe einer Steuererklärung nicht oder nicht fristgemäß nachkommt, kann ein Verspätungszuschlag festgesetzt werden. ²Von der Festsetzung eines Verspätungszuschlages ist abzusehen, wenn die Versäumnis entschuldbar erscheint. ³Das Verschulden eines gesetzlichen Vertreters oder eines Erfüllungsgehilfen steht dem eigenen Verschulden gleich.

(2) ¹Der Verspätungszuschlag darf zehn vom Hundert der festgesetzten Steuer oder des festgesetzten Meßbetrages nicht übersteigen und höchstens zehntausend Deutsche Mark betragen. ²Bei der Bemessung des Verspätungszuschlages sind neben seinem Zweck, den Steuerpflichtigen zur rechtzeitigen Abgabe der Steuererklärung anzuhalten, die Dauer der Fristüberschreitung, die Höhe des sich aus der Steuerfestsetzung ergebenden Zahlungsanspruches, die aus der verspäteten Abgabe der Steuererklärung gezogenen Vorteile, sowie das Verschulden und die wirtschaftliche Leistungsfähigkeit des Steuerpflichtigen zu berücksichtigen.

(3) Der Verspätungszuschlag ist regelmäßig mit der Steuer oder dem Steuermeßbetrag festzusetzen.

(4) Bei Steuererklärungen für gesondert festzustellende Besteuerungsgrundlagen gelten die Absätze 1 bis 3 mit der Maßgabe, daß bei Anwendung des Absatzes 2 Satz 1 die steuerlichen Auswirkungen zu schätzen sind.

(5) ¹Der Bundesminister der Finanzen kann zum Verspätungszuschlag, insbesondere über die Festsetzung im automatisierten Besteue-

§ 152   4. Teil. Durchführung der Besteuerung

rungsverfahren, allgemeine Verwaltungsvorschriften mit Zustimmung des Bundesrates erlassen. ²Diese können auch bestimmen, unter welchen Voraussetzungen von der Festsetzung eines Verspätungszuschlags abgesehen werden soll. ³Die allgemeinen Verwaltungsvorschriften bedürfen nicht der Zustimmung des Bundesrates, soweit sie Zölle und Verbrauchsteuern betreffen.

Abs 5 angefügt durch StBereinigG 1986 v 19. 12. 85, BGBl I, 2436.

Schrifttum: *Wilke* Wiederholung eines Verspätungszuschlags aus Anlaß eines Änderungsbescheids: wiederholende Verfügung oder Zweitbescheid?, BB 79, 933; *Mösbauer* Zur Festsetzung von Verspätungszuschlägen bei Nichterfüllung steuerlicher Erklärungspflichten, BB 82, 1294; *Schmitz* Rücknahme und Widerruf von Verspätungszuschlägen, StW 79, 180; *Dumke* Änderung des Verspätungszuschlags bei nachträglicher Änderung des StBescheids, BB 80, 826; *Pferdemenges* Verspätungszuschlag und Änderung einer Steuerfestsetzung, DStZ 86, 394; *Geimer* Verspätungszuschlag gegen Eheleute in einem zusammengefaßten Einkommensteuerbescheid, DStR 87, 224; *App* Herabsetzung eines Verspätungszuschlags wegen Verminderung der bestandskräftig festgesetzten Einkommensteuerschuld durch Verlustrücktrag? FR 87, 224; *App* Rechtliches Gehör vor Vorauszahlungsbescheiden und Verspätungszuschlägen, Information StW 88, 219.

Übersicht

1. Inhalt
2. Nichtabgabe der Steuererklärung
3. Berechnung des Verspätungszuschlags
4. Festsetzung
5. Entstehung, Fälligkeit
6. Schuldner
7. Rücknahme, Änderung
8. Rechtsbehelf
9. Verhältnis zu anderen Maßnahmen
10. Gesonderte Feststellungen
11. Allgemeine Verwaltungsvorschriften
12. Übergangsregelung

1. Inhalt. Bei verspäteter Abgabe oder bei Nichtabgabe der StErklärung kann ein **Verspätungszuschlag** festgesetzt werden. Der Verspätungszuschlag ist keine Strafe, sondern ein **Druckmittel** eigener Art, etwa vergleichbar mit einem gesetzlich angedrohten Erzwingungsgeld (vgl BVerfG BStBl 67, 166). Eine Gleichsetzung von Verspätungszuschlag und Erzwingungsgeld (heutige Bezeichnung: Zwangsgeld) ist allerdings nicht möglich (BFH/NV 86, 175). Verfassungsrechtliche Bedenken bestehen gegen § 152 nicht (BFH BStBl 87, 543, unter Hinweis auf eine unveröffentlichte Entscheidung des BVerfG v 19. 2. 87). In **Abs 2** werden Einzelheiten der Berechnung des Verspätungszuschlags genannt. Der Verspätungszuschlag darf **höchstens 10000 DM** betragen. Ferner kann nach **Abs 4** ein Verspätungszuschlag auch im Zusammenhang mit Erklärungen zu **gesonderter Feststellung** von Besteuerungsgrundlagen festgesetzt werden. Da es den Finanzbehörden in der Praxis erhebliche Schwierigkeiten bereitet, eine derartige Häufung unbestimmter Rechtsbegriffe, wie sie in Abs 2 vorgesehen sind, bei der Ausübung des Ermessens sachgerecht und ordnungsgemäß zu berücksichtigen, führt dies dazu, daß Verspätungszuschläge von Finanzamt

2. Abschnitt. Mitwirkungspflichten § 152

zu Finanzamt nach unterschiedlichen Grundsätzen bemessen und festgesetzt und zahlreiche Rechtsbehelfe eingelegt werden. Durch die Änderung des § 152 im Rahmen des **StBereinigG** sollte die Zahl der Tatbestandsmerkmale verringert werden, die zur Festsetzung eines Verspätungszuschlags führen. Es dient der Rechtssicherheit, wenn Tatbestandsmerkmale möglichst einfach, nachvollziehbar und überschaubar sind. Sie lassen sich auch besser als bisher mit dem Charakter einer steuerlichen Nebenleistung (§ 3 Abs. 3 AO) vereinbaren; bei keiner der sonstigen Nebenleistungen (Zinsen, Säumniszuschläge, Zwangsgelder und Kosten) hat der Gesetzgeber in der AO 1977 eine solche Häufung von unbestimmten Rechtsbegriffen zur Bindung des Ermessens vorgesehen. Der Gesetzgeber hat diese Regelung aber nicht übernommen.

2. Abs. 1. Bei der Entscheidung, ob ein Verspätungszuschlag festzusetzen ist, gilt das **Verschuldensprinzip.** Die Ursachen und die Entschuldbarkeit einer Fristüberschreitung sollen bei den Veranlagungssteuern bei der Entscheidung, ob ein Verspätungszuschlag festgesetzt wird, berücksichtigt werden. Die Festsetzung eines Verspätungszuschlages ist daher nur möglich, wenn das Versäumnis entschuldbar erscheint. Da Versäumnis nur entschuldbar **erscheinen** muß, ist Nichtverschulden vom Stpfl nur darzulegen, nicht nachzuweisen. Darzulegen sind die aus den Akten nicht ersichtlichen Gründe, aus denen sich ergibt, daß das Versäumnis entschuldbar erscheint (BFH BStBl 88, 929). Ein **Irrtum** über die Pflicht zur Abgabe oder über die Frist ist nicht ohne weiteres entschuldbar, ggf muß sich der Stpfl erkundigen. Der Verschuldensmaßstab richtet sich nach den persönlichen Verhältnissen des Stpfl, nicht nach objektiven Kriterien (vgl BFH StRK RAO § 168 R 4).
Das Verschulden von **Vertretern oder Erfüllungsgehilfen** steht eigenem Verschulden des Stpfl gleich. Der Stpfl muß auch ein evtl Verschulden seines Bevollmächtigten (steuerlichen Beraters) gegen sich gelten lassen (Niedes FG EFG 78, 416). Ein **StBerater,** der nicht zur fristgemäßen Erledigung erteilter Aufträge imstande ist, muß ggf zusätzliche Kräfte einstellen oder neue Mandate ablehnen bzw vorhandene Mandate zurückgeben. Das Argument der Arbeitsüberlastung steuerberatender Berufe kann insbesondere auch dann keine Beachtung finden, wenn dem Berater bekannt ist, daß das FA wegen zu erwartender hoher Abschlußzahlungen auf die Einhaltung der Abgabefrist dringt. Es ist dem Berater zuzumuten, die Reihenfolge seiner Arbeit nach Maßgabe der ihm bekannten Dringlichkeit zu ordnen (BFH BStBl 87, 543). Etwas anderes gilt bei längerer **Arbeitsunfähigkeit** des StBeraters; in diesem Fall ist der Minderung der Leistungsfähigkeit durch angemessene Verlängerung der Abgabefristen Rechnung zu tragen (Niedes FG EFG 78, 416).
Verspätungszuschlag setzt **Nichtabgabe** der StErklärung **innerhalb der Erklärungsfrist** voraus. **Kein** Verspätungszuschlag bei **Zurechnungsfortschreibung,** weil keine gesonderte Verpflichtung zur Abgabe der Erklärung besteht. Die Vorschr ist ferner nicht anwendbar auf **Anzeigen** (zB nach § 138 II u III), die lediglich den Zweck haben, das FA auf einen StFall aufmerksam zu machen, um dann von dem Stpfl die Abgabe einer StErklärung verlangen zu können (*HHSp* Tz 5). Ein Verspätungszuschlag kann daher nicht festgesetzt werden, wenn der Stpfl einen Schenkungsvorgang

§ 152 4. Teil. Durchführung der Besteuerung

nicht gem § 30 ErbStG angezeigt hat (FG BadWürtt EFG 85, 52). Auch die unvollständige, für die StFestsetzung unbrauchbare StErklärung kann einer Nichtabgabe gleichgestellt werden (BFH BStBl 70, 168). **Beifügung von Unterlagen** nach § 150 IV gehört nicht zu eigentl Erklärungspflicht, *TK* Tz 4a.

Bei den **Anmeldungssteuern** (insbesondere Lohnsteuer und Umsatzsteuer) kennt der Erklärungspflichtige den gesetzlichen Abgabetermin. Die Steueranmeldungen sind zu festen Terminen und periodisch abzugeben. Für die Umsatzsteuer-Voranmeldung werden Einzel- und Dauerfristverlängerungen gewährt (§§ 46 ff. der Umsatzsteuer-Durchführungsverordnung), für die Lohnsteuer-Anmeldung Einzelfristverlängerungen. Kann die Frist gleichwohl nicht bewahrt werden, werden etwaige Entschuldigungsgründe vom Erklärungspflichtigen im allgemeinen selbst vorgebracht, spätestens wenn er die Anmeldung abgibt.

Geringfügige Verspätungen, die sich ohne Kenntnis des Steuerpflichtigen durch verzögerte Brieflaufzeiten oder Fehler bei der Fristberechnung (§ 108 AO) ergeben können, führen ohnehin nicht zu einem Verspätungszuschlag. Bei Steueranmeldungen wie der monatlich oder vierteljährlich abzugebenden Umsatzsteuer-Voranmeldung und der monatlich, vierteljährlich oder jährlich abzugebenden Lohnsteuer-Anmeldung wird nach Abschn 7 AnwErl zu § 152 bei einer bis zu fünf Tagen verspäteten Abgabe grundsätzlich von einem Verspätungszuschlag abgesehen, ohne daß es der Darlegung von Entschuldigungsgründen bedarf. Die Gründe für eine entschuldbare Verspätung von mehr als fünf Tagen sind dem Steuerpflichtigen bereits bei Absendung der Anmeldung bekannt, so daß er sie dem Finanzamt sogleich mitteilen kann. Er ist aber auch nicht gehindert, die Gründe später vorzutragen. Er kann, falls ein Verspätungszuschlag aufgrund der festgestellten Verspätung festgesetzt worden sein sollte, seine Rechte noch im Rechtsbehelfsverfahren geltend machen.

Bei Abgabe von **Jahressteuererklärungen** soll nach FM BadWürtt v 1. 3. 1986 (AO-Kartei Karte 3) bei steuerlich nicht beratenen Stpfl ein Verspätungszuschlag erst dann festgesetzt werden, wenn sie die StErklärung nicht nach dem 28. 2. des übernächsten auf das Besteuerungsjahr folgenden Jahres abgeben. Dies gilt allerdings nicht für Fälle der Vorabanforderung von StErklärungen und für solche Fälle, in denen nach erfolgloser vorheriger Mahnung unter Fristsetzung die Festsetzung eines Zwangsgeldes oder die Schätzung der Besteuerungsgrundlagen angedroht worden ist.

Im übrigen ist die Festsetzung eines Verspätungszuschlages auch bei **erstmaliger Fristüberschreitung** nicht ermessensfehlerhaft (BFH/NV 87, 416). Die Festsetzung eines Verspätungszuschlags wird ferner nicht dadurch ausgeschlossen, daß die aufgrund der verspätet abgegebenen StErklärung durchgeführte Veranlagung **zu einer Erstattung führt** (BFH/NV 88, 282; FG Münster EFG 87, 486; nach FG BadWürtt EFG 88, 58 erst bei wiederholter Fristüberschreitung).

3. Abs 2. Berechnung des Verspätungszuschlags. Auszugehen ist zunächst von der **festgesetzten St** oder dem StMeßbetrag. Höchstbetrag des Verspätungszuschlags ist **10 vH** der Bemessungsgrundlage und **höchstens 10 000 DM.** Für eine Erhöhung der Grenze besteht kein praktisches Bedürfnis. Welcher Prozentsatz im Einzelfall angemessen ist, richtet sich nach

2. Abschnitt. Mitwirkungspflichten § 152

Satz 2. Die Höchstgrenze darf nur in außergewöhnlichen Fällen bei Zusammentreffen mehrerer erschwerender Umstände festgesetzt werden (BVerfG BStBl 67, 166; BFH BStBl 87, 543). Bei einem mittelschweren Fall ist daher ein Verspätungszuschlag von 5 vH gerechtfertigt. Der absolute Höchstbetrag ist nur ein Korrektiv. Die 5 vH dürfen daher auch festgesetzt werden, wenn der sich daraus ergebende Zuschlag die 10 000 DM-Grenze erreicht (FG Berlin EFG 85, 429). Bei Stpfl, die bereits mehrfach säumig waren, kann der Prozentsatz höher als 5 vH liegen. Ausmaß der **Fristüberschreitung** ist ebenfalls entscheidungserheblich, weil sich daraus Anhaltspunkte für die Vorteile ergeben, die der Stpfl aus der verspäteten Abgabe evtl ziehen konnte. Für die Bemessung des Verspätungszuschlags ist der aus der Verspätung gezogene Vorteil von besonderer Bedeutung. Kein Ermessensfehler, wenn Zuschlag erheblich höher ist als der mögliche Zinsgewinn (BFH/NV 88, 750; aA FG Düsseldorf EFG 81, 215). Die erhebliche Überschreitung des Vorteils ist aber dann nicht ermessensfehlerhaft, wenn die Abschlußzahlung sehr hoch und die StErklärung bewußt mehrere Monate zurückgehalten worden ist (BFH/NV 87, 416). Außerdem darf (auch verschärfend) die wirtschaftliche Leistungsfähigkeit des Stpfl nicht außer acht gelassen werden (BFH BStBl 87, 543). Solche maschinell vorgefertigten Begründungen für eine Ermessensentscheidung sind unbedenklich, solange die FinBeh durch ihren Amtsträger unter Abwägung aller Beurteilungsmerkmale des § 152 II selbst entscheidet, ob der Vorschlag und welche von mehreren Begründungen mit § 152 vereinbar sind (BFH BStBl 88, 929). Wenn ein negativer Zahlungsanspruch ermittelt wird, soll der Verspätungszuschlag (obwohl grundsätzlich zulässig, s oben Anm 2) nur nach sorgfältiger Prüfung der Verschuldensfrage festgesetzt werden. Bei geringem Verschulden soll in diesen Fällen kein Verspätungszuschlag festgesetzt werden. Nach FM BadWürtt v 1. 3. 1985 (AO-Kartei Karte 3) soll im allgemeinen überhaupt von der Festsetzung eines Verspätungszuschlags abgesehen werden, wenn sich eine StErstattung oder -Vergütung ergibt (s. aber oben Anm 2). Bei Verspätungszuschlägen wegen der Nichtabgabe oder verspäteter Abgabe von Erklärungen für die **gesonderte Feststellung** von Besteuerungsgrundlagen sind bei der Bemessung die steuerlichen Auswirkungen nach den Grundsätzen zu schätzen, die die Rspr zu der Bemessung des Streitwerts entwickelt hat (AnwErl zu § 152 Abschn 4; s dazu näher FM BadWürtt v 1. 3. 1985, AO-Kartei Karte 3, Abschn 2.4). Auch in durch elektronische Datenverarbeitungsanlagen erstellten Bescheiden über die Festsetzung von Verspätungszuschlägen müssen die nach § 152 II 2 erforderlichen Tatsachen festgestellt und das Für und Wider anhand des konkreten Falles abgewogen werden, FG RhPf DStR 82, 260. Die FinBeh muß sämtliche in § 152 II erwähnten Beurteilungsmerkmale beachten und das Für und Wider abwägen (BFH BStBl 83, 672; 88, 170; 88, 929). Dabei kann nach den Umständen des Einzelfalls ein Merkmal stärker als ein anderes hervortreten (BFH BStBl 88, 929). Die Festsetzung eines Verspätungszuschlags von nur 10 DM ist nicht grundsätzlich fehlerhaft. Bei Festsetzung eines Betrages unterhalb der Kleinbetragsgrenze von 20 DM kann jedoch auf eine Begründung des Auswahlermessens verzichtet werden (BFH aaO).

§ 152

4. Nach **Abs 3** ist Verspätungszuschlag regelmäßig mit der Steuer oder dem StMeßbetrag **festzusetzen.** Eine Festsetzung außerhalb der Steuerfestsetzung ist also möglich. Sie kommt zB in Betracht, wenn der Stpfl sich allein gegen die Festsetzung des Verspätungszuschlags, nicht aber gegen die StFestsetzung wendet. Bei verspäteter Abgabe einer StAnmeldung kommt Festsetzung des Verspätungszuschlags nur außerhalb der StFestsetzung (Anmeldung) in Betracht. In diesen Fällen soll regelmäßig für Zahlung des Verspätungszuschlags Frist eingeräumt werden (AnwErl § 152 Abschn 6). StFestsetzung ohne gleichzeitige Festsetzung des Verspätungszuschlags wird regelmäßig als **Verzicht** auf die Festsetzung angesehen werden müssen, mit der Folge, daß eine nachträgliche Festsetzung nicht mehr möglich sein dürfte; es handelt sich uE insoweit um einen **begünstigenden** Verwaltungsakt, der nur unter den Voraussetzungen der §§ 130, 131 II zurückgenommen oder widerrufen werden kann, vgl Anm 5 zu § 130. § 95 RAO, wonach Verfügungen über Ungehorsamsfolgen nur zugunsten der Betroffenen zurückgenommen oder geändert werden dürfen, ist nicht übernommen worden; aus den Gesetzesmaterialien ist aber nichts zu entnehmen, was darauf schließen läßt, der Gesetzgeber der AO 77 habe diesen Grundsatz nicht übernehmen wollen. Eine **Festsetzungsfrist** ist für Verspätungszuschläge **nicht** vorgesehen. Theoretisch können daher Verspätungszuschläge bis zum Eintritt der Verwirkung noch festgesetzt werden, falls man nicht der oben vertretenen Auffassung folgt, daß die Nichtfestsetzung regelmäßig als Verzicht auf Verspätungszuschlag anzusehen ist. Nach Ablauf der FestsFrist für die Steuer ist Festsetzung des Verspätungszuschlags unzulässig (AnwErl § 152 Abschn 3).

5. Entstehung, Fälligkeit, Verjährung. Nach § 38 entstehen Ansprüche aus dem StSchuldverhältnis, sobald der Tatbestand verwirklicht ist, an den das Gesetz die Leistungspflicht knüpft. § 152 I regelt jedoch nur, unter welchen Voraussetzungen ein Verspätungszuschlag festgesetzt werden **kann.** Die Leistungspflicht ist insoweit an eine entsprechende Ermessensentscheidung der FinBeh geknüpft. Verspätungszuschlag **entsteht** daher **mit** seiner **Festsetzung.** Er wird nach § 220 II grundsätzlich mit seiner Entstehung **fällig,** sofern keine Zahlungsfrist eingeräumt worden ist. **Verjährungsfrist** beträgt in § 228 für den sich aus der Festsetzung des Verspätungszuschlags ergebenden **Zahlungsanspruch 5 Jahre** (bisher 1 Jahr § 145 RAO). **Verjährungsbeginn** nach § 229 I 1 mit Ablauf des Kalenderjahres, in dem der Anspruch erstmals fällig geworden ist.

6. Schuldner ist der zur Abgabe der StErklärung Verpflichtete, dh der **Stpfl** oder derjenigen, der seine steuerlichen Pflichten zu erfüllen hat, zB **gesetzlicher Vertreter,** Verfügungsberechtigter nach §§ 34, 35 oder die Gesellschaft. Es ist kein Ermessensfehlgebrauch darin zu sehen, von mehreren Gesellschafter-Geschäftsführern denjenigen Vertreter iS des § 34 mit einem Verspätungszuschlag zu belegen, der in Erledigung der steuerlichen Angelegenheiten bzw als Empfangsbevollmächtigter gem § 183 gegenüber dem FA hervorgetreten ist (BFH BStBl 87, 764; BFH/NV 88, 760). Der Verspätungszuschlag kann aber auch gegen eine jur Person oder Personengesellschaft selbst festgesetzt werden, soweit diese (zB als Unternehmer bei der USt) erklärungspflichtig sind (FG RhPf EFG 83, 390; 88, 610), ebenso gegen eine Behörde (*Koch* Tz 7). Das Verschulden des Vertreters

2. Abschnitt. Mitwirkungspflichten § 152

muß sich in diesen Fällen der Vertretene nach Abs 1 Satz 3 zurechnen lassen.

Zur Festsetzung von Verspätungszuschlägen für **Gesamtschuldner** s unten § 155 Anm 5; zur **Haftung** für Verspätungszuschläge s § 69 Anm 6.

7. Rücknahme oder **Änderung** richtet sich nach §§ 130, 131. Änderung zum Nachteil der Betroffenen uE daher nur unter den Voraussetzungen der §§ 130, 131 II zulässig. Hierbei ist jedoch zu beachten, daß nach § **131 II Nr 3** bei Änderung der Steuerfestsetzung zum Nachteil der Betroffenen dieser Umstand als nachträglich eingetretene Tatsache, die die FinBeh berechtigen würde, den Verwaltungsakt nicht zu erlassen, angesehen werden könnte. Man wird aber kaum sagen können, daß ohne Anpassung des Verspätungszuschlags das öffentliche Interesse gefährdet würde, wie es § 131 II Nr 3 erfordert. FA handelt **ermessensfehlerhaft,** wenn es nach **Einreichung** der StErklär die vorher festgesetzten Verspätungszuschläge nicht nochmals **überprüft,** FG Berlin EFG 77, 453. Auch die bestandskräftige Festsetzung eines Verspätungszuschlages ist von der FinBeh in vollem Umfang erneut zu überprüfen, wenn im Einspruchverfahren die entspr StFestsetzung zugunsten des Stpfl geändert wird, BFH BStBl 79, 641. Die Pflicht zur erneuten Überprüfung besteht auch bei Verminderung der bestandskräftig festgesetzten EStSchuld durch Verlustrücktrag (vgl. *App* FR 87, 224). Die früher im EinfErl (Nr 7 zu § 152) von der Verwaltung vertretene Auffassung, daß bei Änderung der StFestsetzung zugunsten des Stpfl der Verspätungszuschlag unverändert bleibe, es sei denn, daß durch die niedrigere Festsetzung die 10% Grenze überschritten werde, ist im AnwErl nicht wiederholt worden. Es besteht keine automatische Pflicht zur Herabsetzung des Verspätungszuschlages (aA *Schmitz* StW 79, 180; *Dumke* BB 80, 826; *Pferdmenges* DStZ 86, 394; *App* FR 87, 224; *TK* Tz 13). Da sogar bei StFestsetzung auf 0 oder bei negativer StFestsetzung ein Verspätungszuschlag zulässig ist (s oben Anm 2), braucht eine niedrigere StFestsetzung nicht ohne weiteres auch zu einem niedrigeren Verspätungszuschlag zu führen. Die FinBeh muß in diesen Fällen daher nur eine neue Ermessensentscheidung treffen und den Stpfl hinsichtlich des Verspätungszuschlages erneut bescheiden (aA *Koch* Tz 17, wonach nur die Möglichkeit einer erneuten Entscheidung besteht).

8. Rechtsbehelf: Beschwerde. Festsetzung des Verspätungszuschlags ist **Ermessensentscheidung,** soweit Voraussetzungen vorliegen, Entscheidung ist nur nach den Grundsätzen der Überprüfung von Ermessensentscheidungen überprüfbar, wobei die im Gesetz genannten Kriterien Umfang und Grenzen des Ermessens umschreiben (vgl Anm 2 zu § 5). **Rücknahme** auch während des Rechtsbehelfsverfahrens möglich (§ 132).

9. Festsetzung des Verspätungszuschlags wird nicht dadurch ausgeschlossen, daß **Erzwingungsgeld** nach § 328 ff festgesetzt worden ist. Führt verspätete Abgabe der StErklärung zu **Steuerhinterziehung** nach § **370,** kann trotzdem Verspätungszuschlag festgesetzt werden (BVerfG BStBl 67, 177), ist aber ggf bei der Berechnung des Verfalls nach § 40 StGB zu berücksichtigen.

Schätzung nach § 162 sowie **Selbstanzeige** hindern Verspätungszuschlag nicht. Verspätungszuschlag ist bei BetriebsSt Betriebsausgabe.

§ 152   4. Teil. Durchführung der Besteuerung

10. Abs 4. Bei **gesonderten Feststellungen** ist ebenfalls Verspätungszuschlag zulässig. Dies soll für GewStMeßbescheide bereits nach der RAO so gewesen sein, BFH DB 77, 1492. Sie haben regelmäßig für mehrere Steuerarten Bedeutung. Daneben ist eine nochmalige Festsetzung von Verspätungszuschlägen allein wegen der Abgabe der Erklärung zu gesonderten Feststellungen nicht zulässig. Verspätungszuschläge bei **Erklärung** zur **gesonderten** und **einheitlichen Feststellung** sind grundsätzlich gegen die **Gesellschaft** selbst festzusetzen, Bremen StEK § 152 Nr 2. Festsetzung soll aber nicht im Feststellungsbesch sondern durch bes Bescheid erfolgen, Köln StEK § 152 Nr 3. Zur Abgabe sämtlicher StErklärungen einer KG ist die KG selbst und nicht einer der Gesellschafter verpflichtet. Die KG ist als solche zwar handlungsunfähig; ihre steuerlichen Pflichten werden von dem geschäftsführenden Gesellschafter wahrgenommen. Es bleiben aber gleichwohl die Pflichten der KG, FG Nieders EFG 83, 390. Soweit den Gemeinden die Festsetzung der Realsteuern übertragen worden ist (Art 108 IV 2 GG), gehört im Rahmen des Abs 4 die Festsetzung des Verspätungszuschlags zum **StMeßbetragsverfahren,** so daß diese nach **§ 3 IV** dem Land und nicht den Gemeinden zufließen; anders nach früherem Recht GewStDV.

11. Allgemeine Verwaltungsvorschriften. Der Abs 5 wurde durch das StBereinigG 1986 angefügt und ist am 25. 12. 85 in Kraft getreten. Danach ist der Bundesminister der Finanzen ermächtigt, zu den Verspätungszuschlägen allgemeine Verwaltungsvorschriften zu erlassen.

Dadurch soll bei der Festsetzung von Verspätungszuschlägen eine gleichmäßige Rechtsanwendung sichergestellt werden. Dies gilt auch für eine Unterstützung durch ein automatisiertes Verfahren, für welches bundeseinheitliche Grundsätze von besonderer Bedeutung sind.

Bereits jetzt wird ein automatisationsgestütztes Verfahren bei der Festsetzung von Verspätungszuschlägen im Umsatzsteuer-Voranmeldungsverfahren angewendet. Anhand der Häufigkeit und der Dauer der Verspätung wird ein Vorschlag für einen festzusetzenden Verspätungszuschlag programmgesteuert berechnet. Dabei wird berücksichtigt, daß frühere Fristversäumnisse bei der Beurteilung des Verschuldens eine Rolle spielen. Die Höhe des v. H.-Satzes, nach dem der vorgeschlagene Verspätungszuschlag berechnet wird, steigt entsprechend der Häufigkeit der Verspätungen. Der Bearbeiter ist an den Vorschlag nicht gebunden. Er kann ihn dem Grunde nach ablehnen oder der Höhe nach ändern.

Der Bundesminister der Finanzen wird besonders ermächtigt, allgemeine Regelungen über einen **Verzicht** auf Verspätungszuschläge zu treffen. So liegt es z. B. nahe, allgemein von der Festsetzung von Verspätungszuschlägen abzusehen, wenn Steuerpflichtige ihre Erklärung **erstmalig** verspätet abgegeben haben. Weiterhin könnte innerhalb des üblichen Zeitraums von Fristverlängerungen oder aus sonstigen besonderen Gründen allgemein von der Erhebung von Verspätungszuschlägen abgesehen werden. Als sonstiger Grund käme z. B. die Tatsache in Betracht, daß die Verwaltung selbst die Bearbeitung einer Gruppe von Fällen zurückgestellt hat oder aus internen Gründen erst lange Zeit nach Eingang der geringfügig verspätet abgegebenen Steuererklärung die Steuerfestsetzung vornimmt.

2. Abschnitt. Mitwirkungspflichten **§ 153**

12. Übergangsregelung Art 97 § 8 EGAO. Vorschrift ist erstmals auf Erklärungen anzuwenden, die nach dem 31. 12. 76 einzureichen sind; Verlängerung der Erklärungsfrist wirkt sich nicht aus. Höchstbetrag von 10 000 DM gilt für alle Fälle, in denen nach dem 31. 12. 76 ein Verspätungszuschlag festgesetzt wird.

§ 153 Berichtigung von Erklärungen

(1) ¹Erkennt ein Steuerpflichtiger nachträglich vor Ablauf der Festsetzungsfrist,
1. daß eine von ihm oder für ihn abgegebene Erklärung unrichtig oder unvollständig ist und daß es dadurch zu einer Verkürzung von Steuern kommen kann oder bereits gekommen ist oder
2. daß eine durch Verwendung von Steuerzeichen oder Steuerstemplern zu entrichtende Steuer nicht in der richtigen Höhe entrichtet worden ist,

so ist er verpflichtet, dies unverzüglich anzuzeigen und die erforderliche Richtigstellung vorzunehmen. ²Die Verpflichtung trifft auch den Gesamtrechtsnachfolger eines Steuerpflichtigen und die nach den §§ 34 und 35 für den Gesamtrechtsnachfolger oder den Steuerpflichtigen handelnden Personen.

(2) Die Anzeigepflicht besteht ferner, wenn die Voraussetzungen für eine Steuerbefreiung, Steuerermäßigung oder sonstige Steuervergünstigung nachträglich ganz oder teilweise wegfallen.

(3) Wer Waren, für die eine Steuervergünstigung unter einer Bedingung gewährt worden ist, in einer Weise verwenden will, die der Bedingung nicht entspricht, hat dies vorher der Finanzbehörde anzuzeigen.

Schrifttum: *Brenner* Von der Strafbarkeit des steuerlichen Garanten, DRiZ 81, 412; *Streck* Praxis der Selbstanzeige, DStR 85, 9; *Meier* Obliegt dem Steuerberater eine Korrekturpflicht gem § 153 I AO, StB 85, 329; *Schick* Steuerverfahrensrechtliche Aspekte der Bilanz, BB 87, 133; *App* Anzeigepflicht gemäß § 153 Abs 1 Nr 1 AO von Einkünften des Ehegatten nach Zusammenveranlagung, BB 87, 1444; *Brenner* Muß der Steuerberater die Steuererklärung berichtigen, wenn er zugunsten seines Mandanten Steuern verkürzt hat? BB 87, 1856; *Brenner* Die Zollhinterziehung durch Unterlassen der Berichtigungspflicht durch den Zolldeklaranten, ZfZ 88, 66; *Thoma* Bilanzberichtigung und Bestandskraft – Buchführungsgrundsätze und Abgabenrecht im Widerspruch, DStR 88, 346.

Übersicht

1. Inhalt
2. Anzeigepflicht
3. Nachträgliches Erkennen der Unrichtigkeit
4. Erkennenmüssen
5. Unverzüglich
6. Wegfall einer Steuerbefreiung
7. Bedingte Steuervergünstigung
8. Verstoß gegen Anzeigepflicht

1. Inhalt. Die Vorschrift bezieht sich auf **alle Erklärungen,** nicht nur auf StErklärungen. Klargestellt wird, daß die Verpflichtung nicht nur bei **Gefahr einer StVerkürzung** besteht, sondern auch, wenn StVerkürzung be-

§ 153   4. Teil. Durchführung der Besteuerung

reits eingetreten ist. Pflicht entfällt nach Abs 1 nach Ablauf der Festsetzungsfrist (§ 169), weil dann keine steuerl Konsequenzen aus der Erklärung gezogen werden können. Nicht erwähnt wird der Fall, daß überhaupt keine Erkl abgegeben worden ist, denn die Erklärungspflicht besteht weiter fort und muß vom Stpfl oder denjenigen, die seine Pflichten zu erfüllen haben, erfüllt werden.

2. Abs 1. Anzeigepflicht besteht für den Stpfl, seinen Gesamtrechtsnachfolger sowie für die für ihn oder den Gesamtrechtsnachfolger nach **§§ 34 und 35** handelnden Personen (s dort). Gilt **nicht für Dritte**, insbesondere nicht für Auskunftspersonen, Sachverständige usw. Ihre Pflicht kann sich aber ggf aus dem Grundsatz der Haftung für vorangegangenes Tun ergeben. Problematisch ist, ob **Eheleute** anzeigepflichtig sind, wenn einer von ihnen nach **Zusammenveranlagung** erfährt, daß der andere Ehepartner einen Teil seiner Einkünfte verschwiegen hat. Wenn man auch zusammenveranlagte Eheleute nur hinsichtlich ihrer eigenen Einkünfte als Beteiligte am Besteuerungsverfahren ansieht, ist die Anzeigepflicht von vornherein zu verneinen. Hält man allerdings mit der hM (s oben § 101 Anm 1) § 101 auf zusammenveranlagte Eheleute nicht für anwendbar, weil die Zusammenrechnung der Einkünfte bzw des Vermögens der Ehegatten zwangsläufig den einen Ehegatten auch zum Beteiligten in der Steuersache des anderen Ehegatten macht, so könnte dies auch auf § 153 durchschlagen. Zu berücksichtigen ist aber, daß die spezifische Privatsphäre von Ehe und Familie nach Art 6 I GG geschützt ist. Deshalb ist eine Anzeigepflicht eines Ehegatten für Einkünfte des anderen Ehegatten zu verneinen (*App* BB 87, 1444).

Für **Steuerberater** gilt § 153 hinsichtlich der Angelegenheiten der Mandanten nach dem eindeutigen Wortlaut nicht. Trotzdem geht die Rspr davon aus, daß die Berichtigungspflicht nach § 153 I Nr 1 auch diejenigen trifft, die iSd des § 378 die steuerlichen Angelegenheiten eines Stpfl wahrnehmen (OLG Koblenz, wistra 83, 270; für das Recht nach RAO auch BGH DStZ B 67, 32). Die Steuerhinterziehung und die Steuerverkürzung sind aber unmittelbar nach §§ 370 und 378 zu beurteilen. Eines Rückgriffs auf § 153 bedarf es dazu nicht (ebenso *Brenner* BB 87, 1856). Die §§ 370 und 378 können auch Steuerberater treffen (s Erl dort).

3. Anzeigepflichtiger muß **nachträglich Unrichtigkeit** oder **Unvollständigkeit** einer Erklärung erkennen. Kannte er bei Abgabe der Erklärung die Unrichtigkeit oder Unvollständigkeit, liegt ohnehin schon StHinterziehung vor; eine Anzeigepflicht besteht insoweit aber nicht. Unter den Voraussetzungen des § 371 kann aber ggf strafbefreiende **Selbstanzeige** erstattet werden. Umstritten ist, ob die Verpflichtung nach § 153 auch besteht, wenn die Abgabe der unrichtigen oder unvollständigen Erklärung **leichtfertig** oder mit **bedingtem Vorsatz** geschah. In beiden Fällen läge einer StHinterziehung bzw eine leichtfertige StVerkürzung vor, vgl **§§ 370, 378**. Durch die Anzeige würde sich der Stpfl also selbst bezichtigen. Vielfach wird die Auffassung vertreten, daß gleichwohl die Anzeigepflicht besteht (*Lohmeyer* StB 62, 129; OLG Hamm BB 59, 1051, NJW 59, 1504, OLG Karlsruhe BB 66, 1379). Richtig dürfte sein, daß der Hinweis, der Stpfl könne ja durch Selbstanzeige nach § 371 Strafbefreiung erlangen und entgehe daher der Gefahr einer Selbstbezichtigung, die gegenteilige Argumen-

2. Abschnitt. Mitwirkungspflichten § 154

tation nicht aus der Welt räumt, weil für den Stpfl meist schwer zu beurteilen ist, ob Selbstanzeige noch möglich ist, und weil Strafbefreiung im übrigen **Nachzahlung** der verkürzten St voraussetzt. Allerdings wird auch im allgemeinen Strafrecht das Verbot der Selbstbezichtigung nicht immer astrein durchgeführt, zB ist der an einem Autounfall Schuldige verpflichtet, bis zum Eintreffen der Polizei am Unfallort zu bleiben; jemand, der eine fahrlässige Körperverletzung begeht, ist wegen seiner daraus folgenden **Garantenpflicht** verpflichtet, weitere Verletzungen zu verhindern, selbst auf die Gefahr hin entdeckt zu werden.

4. Stpfl **muß erkennen;** erkennen müssen reicht nicht aus. Fehler, die das FA gemacht hat, braucht der Stpfl nicht zu berichtigen (*HHSp* § 153 Anm 14).

5. Anzeige muß **unverzüglich** erfolgen, dh ohne schuldhaftes Zögern. Anzeige allein genügt nicht, Stpfl muß auch die erforderliche Richtigstellung vornehmen. Anzeigepflicht besteht **nicht** mehr für **Erwerber** eines Unternehmens, anders § 117 II RAO.

6. Abs 2 verallgemeinert die früher in § 165 e III, IV RAO enthaltenden Grundsätze. Die unrichtige Abgabe einer Erklärung betr eine Steuervergütung fällt unter Abs 1. Abs 2 müßte aber auch entsprechend anwendbar sein, wenn nachträglich die **Voraussetzungen** für die **Steuervergütung wegfallen.** Anzeigepflicht besteht **nach Wegfall** der Voraussetzungen. Die Anzeigepflicht müßte uE auch ggf gegenüber einer **anderen Behörde** bestehen, die in das Besteuerungsverfahren eingeschaltet ist, zB bei der Erteilung einer Bescheinigung nach § 6b VIII EStG.

7. Abs 3 enthält Vorschrift über sog **bedingte Steuern,** vgl § 50. Zahlreiche VerbrauchStG enthalten Vorschriften über die **StBefreiung** bei Verwendung der Waren für bestimmte **steuerbegünstigte Zwecke,** vgl hierzu die entsprechenden Vorschriften im EGAO. In diesen Fällen ist die **Anzeige vor** der **steuerschädlichen Verwendung** zu erstatten. Anzeigepflicht trifft jeden, nicht nur den Hersteller der Waren.

8. Folgen bei Verstoß gegen Anzeigepflicht. Stpfl macht sich wegen StHinterziehung nach § **370 strafbar.** Nur dann, wenn die unrichtige Abgabe der StErklärung bedingt vorsätzlich geschah, kann eine nochmalige StHinterziehung nicht begangen werden. Es handelt sich um eine straflose Nachtat.

3. Unterabschnitt. Kontenwahrheit

§ 154 Kontenwahrheit

(1) Niemand darf auf einen falschen oder erdichteten Namen für sich oder einen Dritten ein Konto errichten oder Buchungen vornehmen lassen, Wertsachen (Geld, Wertpapiere, Kostbarkeiten) in Verwahrung geben oder verpfänden oder sich ein Schließfach geben lassen.

(2) [1]**Wer ein Konto führt, Wertsachen verwahrt oder als Pfand nimmt oder ein Schließfach überläßt, hat sich zuvor Gewißheit über die Person**

§ 154

und Anschrift des Verfügungsberechtigten zu verschaffen und die entsprechenden Angaben in geeigneter Form, bei Konten auf dem Konto, festzuhalten. ²Er hat sicherzustellen, daß er jederzeit Auskunft darüber geben kann, über welche Konten oder Schließfächer eine Person verfügungsberechtigt ist.

(3) Ist gegen Absatz 1 verstoßen worden, so dürfen Guthaben, Wertsachen und der Inhalt eines Schließfachs nur mit Zustimmung des für die Einkommen- und Körperschaftsteuer des Verfügungsberechtigten zuständigen Finanzamts herausgegeben werden.

Schrifttum: *Hamacher* Umfang der Pflicht zur Legitimationsprüfung nach § 154 Abs 2 AO, DB 87, 1324; *Wallach* Zur aktuellen Diskussion um die Neuregelung der Legitimationsprüfungspflicht gem § 154 Abs 2 AO, DB 87, 2497.

Übersicht

1. Inhalt
2. Verwendung von Konten
3. Kenntnisnahme über den Verfügungsberechtigten
4. Verpflichtung im einzelnen
5. Kontensperre

1. Inhalt. Vorschrift verbietet **Kontenerrichtung** unter **falschem Namen.** Verboten ist auch, **Wertsachen** unter falschem oder erdichtetem Namen in **Verwahrung zu geben,** zu **verpfänden** oder in ein **Schließfach** zu geben. Damit soll verhindert werden, daß die Nachprüfung steuerlicher Verhältnisse erschwert wird. **Abs 2** verbietet ferner die Errichtung sog **Nummernkonten.**

2. Abs 1. Das Verbot richtet sich an denjenigen, der als Kunde oder Geschäftspartner bei einem anderen ein Konto errichtet (AnwErl zu § 154 Abschn 1). Errichtung eines Kontos betrifft nicht nur Bankkonten, sondern auch den Fall, daß jemand zu einem anderen in laufende Geschäftsbeziehungen tritt und deren jeweiligen Stand buch- und rechnungsmäßig festhält (RFH-Gutachten RFHE 24, 203). **Kostbarkeiten** sind Sachen, deren Wert im Verhältnis zu ihrer Größe unverhältnismäßig hoch ist, z B Edelmetall, Schmuck, Kunstgegenstände usw. Verwendung eines **Künstlernamens** ist **zulässig,** wenn **Identität** sichergestellt ist (*HHSp* § 154 Anm 6).

3. Abs 2 betrifft denjenigen, bei dem das Konto besteht usw. Es fallen darunter nicht nur Kreditinstitute. Bei **juristischen Personen** trifft die Verpflichtung die juristische Person als solche und nicht etwa nur die für sie handelnden Personen, weil die juristische Person (die Bank) Kontenführer, Verwahrer usw ist. Sie muß sich daher ebenso wie zB eine natürliche Person als Inhaber einer Bank das Handeln ihrer Organe oder ihrer handlungsberechtigten Angestellten zurechnen lassen (aA FG Köln EFG 85, 270). Wieweit aus dem Handeln der Organe oder Angestellten eine Haftung entsteht, richtet sich nach § 72 (s Erl dort). Der Kontenführer muß sich Gewißheit über **Verfügungsberechtigten** verschaffen, z B durch Einsicht in den Ausweis. Verfügungsberechtigter ist derjenige, der befugt ist, von dem Konto usw Geld abzuheben, ohne lediglich als Vertreter aufzutreten, z B **Treuhänder, ges Vertreter.** Gläubiger und Verfügungsberechtig-

3. Abschnitt. Festsetzungs- und Feststellungsverfahren § 155

ter brauchen nicht identisch zu sein (vgl RFH RStBl 36, 148; wie hier *Koch* Tz 8; aA *TK* Tz 5; *Hamacher* DB 87, 1324 mwN). Es gibt keine Anhaltspunkte für ein anderes Verständnis des Begriffs „Verfügungsberechtigter" als in § 35, sodaß auch rechtsgeschäftliche und gesetzliche Vertreter darunter fallen (vgl zu der kontroversen Diskussion in der Finanzverwaltung *Wallach* DB 87, 2497). Es ist zulässig, Konten auf den Namen Dritter zu errichten, zB als Treuhänder, jedoch muß die Existenz des Dritten nachgewiesen werden. Zustimmung des Dritten nicht erforderlich (AnwErl § 154 Nr 2). Verboten ist die Abwicklung des GeschVerkehrs über CpD-Konten, wenn Name des Beteiligten bekannt ist oder unschwer ermittelt werden kann und für ihn bereits ein entspr Konto geführt wird, AnwErl Nr 3. Verfügungsberechtigt ist auch jede Person, die gegenüber dem Kreditinstitut ausdrücklich als Verfügungsberechtigter bezeichnet ist, sog Kontovollmacht. Einen Verstoß gegen das Gebot der **Kontenwahrheit** stellt es auch dar, wenn betriebliche **Verrechnungsschecks bar** ausgezahlt und nicht auf das betriebliche Girokonto verbucht werden. Die **Barauszahlung** von **betrieblichen Schecks** ohne Verbuchung auf dem betrieblichen Girokonto indiziert den Tatverdacht gegen Mitarbeiter einer Bank wegen Beihilfe zur Steuerhinterziehung.

4. Die **Angaben** über den Verfügungsberechtigten sind **in geeigneter Form festzuhalten,** zB in einer Kartei usw. Bei **Konten** müssen die **Angaben auf dem Konto,** dh auf dem Kontenblatt erscheinen. Sog **Nummernkonten** sind danach nicht zulässig, selbst wenn der Name des Konteninhabers aus einer besonderen Liste entnommen werden kann. Zulässig dürfte es aber sein, wenn bestimmte Konten lediglich bestimmten Personen der Geschäftsleitung zur Einsicht zur Verfügung stehen. Der Kontenführer hat sicherzustellen, daß er **jederzeit Auskunft** darüber geben kann, **über welche Konten** usw jemand **verfügungsberechtigt** ist. Wegen des Bankengeheimnisses s Anm 4 zu § 102. Angabe einer Hoteladresse reicht idR nicht aus.

5. Abs 3 betrifft die sog **Kontensperre.** Hat jemand unter falschem oder erdichtetem Namen Konto errichtet usw, so darf der Kontenführer oder Verwahrer das Geld oder die Wertsachen nur **mit Zustimmung des zuständigen FA** herausgeben. **Haftung nach § 72** tritt bei Verstoß gegen Abs 3 jedoch nur bei **Vorsatz** oder **grober Fahrlässigkeit** ein, dh der Kontenführer usw muß **wissen** oder **infolge grober Fahrlässigkeit** nicht wissen, daß ein falscher oder erdichteter Name verwendet wurde.

Dritter Abschnitt. Festsetzungs- und Feststellungsverfahren

1. Unterabschnitt. Steuerfestsetzung

I. Allgemeine Vorschriften

§ 155 Steuerfestsetzung

(1) ¹Die Steuern werden, soweit nichts anderes vorgeschrieben ist, von der Finanzbehörde durch Steuerbescheid festgesetzt. ²Steuerbescheid ist

§ 155
4. Teil. Durchführung der Besteuerung

der nach § 122 Abs. 1 bekanntgegebene Verwaltungsakt. ³Dies gilt auch für die volle oder teilweise Freistellung von einer Steuer und für die Ablehnung eines Antrages auf Steuerfestsetzung.

(2) Ein Steuerbescheid kann erteilt werden, auch wenn ein Grundlagenbescheid noch nicht erlassen wurde.

(3) ¹Schulden mehrere Steuerpflichtige eine Steuer als Gesamtschuldner, so können gegen sie zusammengefaßte Steuerbescheide ergehen. ²Mit zusammengefaßten Steuerbescheiden können Verwaltungsakte über steuerliche Nebenleistungen oder sonstige Ansprüche, auf die dieses Gesetz anzuwenden ist, gegen einen oder mehrere der Steuerpflichtigen verbunden werden. ³Das gilt auch dann, wenn festgesetzte Steuern, steuerliche Nebenleistungen oder sonstige Ansprüche nach dem zwischen den Steuerpflichtigen bestehenden Rechtsverhältnis nicht von allen Beteiligten zu tragen sind.

(4) Die Bekanntgabe eines Steuerbescheides an einen Beteiligten zugleich mit Wirkung für und gegen andere Beteiligte ist zulässig, soweit die Beteiligten einverstanden sind; diese Beteiligten können nachträglich eine Abschrift des Bescheides verlangen.

(5) ¹Betrifft ein zusammengefaßter schriftlicher Bescheid Ehegatten oder Ehegatten mit ihren Kindern oder Alleinstehende mit ihren Kindern, so reicht es für die Bekanntgabe an alle Beteiligten aus, wenn ihnen eine Ausfertigung unter ihrer gemeinsamen Anschrift übermittelt wird. ²Der Bescheid ist den Beteiligten einzeln bekanntzugeben, soweit sie dies beantragt haben oder soweit der Finanzbehörde bekannt ist, daß zwischen ihnen ernstliche Meinungsverschiedenheiten bestehen.

(6) Die für die Steuerfestsetzung geltenden Vorschriften sind auf die Festsetzung einer Steuervergütung sinngemäß anzuwenden.

Abs 2 eingefügt durch Gesetz v 20. 8. 80, BGBl I, 1545; Abs 3 geändert, Abs 4 und 5 eingefügt, Abs 4 wird Abs 6 durch StBereinigG 1986 v 19. 12. 85, BGBl I, 2436.

Schrifttum: *Greulich* Zur Bekanntgabe von Steuerbescheiden an zusammenveranlagte Ehegatten, BB 79, 1189; *Hein* Erwiderung auf die Ausführung von Greulich, BB 79, 1191; *Guth* Lohnsteuerliche Verwaltungsakte, ihre verfahrensrechtliche Einordnung und Behandlung, FR 82, 157; *Püschel* Zweifel an der Rechtmäßigkeit computererrichteter StBescheide, DStR 81, 651, gegen *Rößler* DStR 81, 305; *von Carmer* Erteilung eines Folgebescheides unter Vorbehalt der Nachprüfung (§ 164 AO) vor Ergehen des Grundlagenbescheides, DB 82, 2209; *Rößler* Einkommensteuerbescheid bei Zusammenveranlagung von Ehegatten, BB 83, 626; *Kohlhaas* Grundlagenbescheid und Folgebescheide, FR 84, 305; *Späth* Voraussetzungen der wirksamen Bekanntgabe zusammengefaßter StBescheide gegenüber Ehegatten, DStZ 83, 517; *Seibold* Der Lohnsteuerjahresausgleichs-Bescheid, BB 85, 1787; *Wilhelm* NV-Verfügung als Verwaltungsakt? DStZ 85, 360; *App* Kein Leistungsgebot gegen Gesellschafter einer Gesellschaft des bürgerlichen Rechts aufgrund eines gegen die Gesellschaft gerichteten Steuerbescheids, DB 85, 2319; *ders* Regelungsinhalt und Bestandskraft des Lohnsteuerjahresausgleichsbescheids – zu den Beschlüssen des Großen Senats des Bundesfinanzhofs vom 21. 10. 1986 – GrS 2/84 und 3/84, DB 86, 1552; *Drenseck* Verwaltungsakte im Lohn- und Einkommensteuerverfahren, JbDeuStG 86, 377; *Carl* Fortbestehende Veranlagungskompetenz und -verpflichtung trotz gleichzeitig stattfindender Betriebsprüfung, DB 87, 761; *Großmann* Die Bekanntgabe von Steuerverwaltungsakten, DStZ 86, 598; *Geimer* Verspätungszuschlag gegen Eheleute im zusammengefaßten Einkommensteuerbescheid, DStR 87, 224; *Domann* Die Änderung der Bekanntga-

446

3. Abschnitt. Festsetzungs- und Feststellungsverfahren § 155

bevorschriften in der AO durch das Steuerbereinigungsgesetz 1986, DStZ 87, 159; *Preißer* Die Bekanntgabe von Steuerverwaltungsakten gegenüber Ehegatten: Ein Problem des öffentlichen Rechts? NVwZ 87, 867; *Alexander* Steueranmeldung als Teil des Steuerfestsetzungsverfahrens (§§ 155 ff AO), StW 88, 166.

Übersicht

1. Inhalt
2. Anspruch auf Steuerbescheid
3. Erstattungsansprüche
4. Steuerbescheid und Grundlagenbescheid
5. Gesamtschuldner
6. Abs 4 Bekanntgabe eines Bescheids mit Wirkung für und gegen einen anderen Beteiligten
7. Abs 5 Bekanntgabe an Ehegatten oder Ehegatten mit Kindern
8. Steuervergütungsbescheide
9. Wirksamkeit des Bescheids usw
10. NV-Mitteilung
11. Entsprechende Anwendung auf andere Bescheide
12. Abweichende Festsetzung aus Billigkeitsgründen
13. Rechtsbehelf
14. Übergangsregelung.

1. Inhalt. Steuern werden durch **StBescheid festgesetzt;** etwas anderes gilt nach §§ 167, 168 bei Steueranmeldungen oder Verwendung von StStemplern. StBescheid ist nicht der abschließend gezeichnete Berechnungsbogen (vgl § 118 Anm 5i), sondern erst der aufgrund des Berechnungsbogens dem Stpfl zugehende Bescheid. StFestsetzung ist auch die volle oder teilweise **Freistellung** von einer Steuer, Abs 1 S 3, ebenfalls die **Ablehnung** eines **Antrags** auf **Steuerfestsetzung.** Die Regelung hat insbesondere Bedeutung für die Frage der **Anfechtbarkeit** dieser Verwaltungsakte sowie für die Frage, unter welchen Voraussetzungen die Bescheide **aufgehoben** oder **geändert** werden können. Sie unterliegen insoweit den gleichen Regelungen wie die eigentlichen Steuerbescheide. StFestsetzung ist **deklaratorischer** Verwaltungsakt, er stellt lediglich fest, welche Steuer geschuldet wird. Soweit die Feststellung jedoch von tatsächlich entstandener Steuer abweicht, wirkt er konstitutiv, dies zeigt sich § 218 I.

Zu unterscheiden von den nach § 155 zu erlassenden StBescheiden sind die **Haftungsbescheide,** für die § 191 gilt. Der StBescheid dient der Festsetzung einer StSchuld gegenüber dem Stpfl. Dagegen wird durch einen Haftungsbescheid eine Person für die StSchuld eines anderen in Anspruch genommen. Bescheide, die nicht hinreichend klar erkennen lassen, ob der Betroffene als StSchuldner oder als Haftungsschuldner in Anspruch genommen werden soll, sind daher mangels Bestimmtheit unwirksam (BFH BstBl 85, 581; BFH/NV 86, 308).

2. § 155 gibt dem Stpfl keinen **Anspruch** auf einen Steuerbescheid, bzw eine Freistellung von einer Steuer. Wann ein solcher Anspruch gegeben ist, richtet sich grundsätzlich nach den **Einzelsteuergesetzen.** Im Einzelfall kann jedoch die Ablehnung einer Steuerfestsetzung gegen Treu und Glauben oder gegen Ermessensgrundsätze verstoßen, zB wenn Steuerpfl damit einen Anspruch auf Erstattung von Kapitalertragsteuern geltend machen will.

§ 155 4. Teil. Durchführung der Besteuerung

3. Die in den §§ 150 bis 155 RAO erwähnten **Erstattungsansprüche** sind zT **Freistellungsansprüche,** dh der Stpfl hat nur einen Anspruch auf einen Freistellungsbescheid, aus dem sich dann erst ein auf Zahlung gerichteter Erstattungsanspruch ergibt. Die neue AO sieht eine strenge Trennung zwischen dem Anspruch auf (niedrigere) Steuerfestsetzung und dem daraus folgenden Erstattungsanspruch vor. Beide Ansprüche unterliegen unterschiedlichen **Verjährungs-** und **Berichtigungsvorschriften.** Der Bescheid über den **LStjA** ist, wenn er dem Antrag des Stpfl ganz oder teilweise stattgibt, ein Freistellungsbescheid (BFH BStBl 86, 207). Er ist nicht auf Festsetzung einer Steuer sondern auf die Ermittlung eines Erstattungsbetrages gerichtet (vgl BFH BStBl 68, 287), den er durch die Freistellung von der Lohnsteuer auslöst. Der Umfang seiner Bestandskraft wird daher durch den Tenor bestimmt, daß die Voraussetzungen für die Freistellung von der LSt ganz, zum Teil oder nicht gegeben sind. Er unterscheidet sich demgemäß grundlegend von dem EStBescheid, in dem über den gesamten EStAnspruch entschieden wird. Die Bestandskraft eines LStjA-Bescheides hindert das FA daher nicht, denselben Stpfl für dasselbe Kalenderjahr unter den Voraussetzungen des § 46 EStG zu veranlagen und dabei den gleichbleibenden Sachverhalt rechtlich anders zu würdigen. Unerheblich ist also, daß das FA aufgrund des ihm von vornherein bekannten Sachverhalts hätte eine Veranlagung durchführen müssen. Diese zunächst vom VIII. Senat des BFH gegen Bedenken im Schrifttum (vgl Giloy DStZA 78, 407; Rößler DStZ 84, 515; *Heinke* DStZ 80, 308; *Seibold* BB 85, 1787) vertretene Auffassung (BFH BStBl 84, 416) ist vom Großen Senat des BFH in zwei Entscheidungen bestätigt worden (BFH BStBl 86, 207 mwN; 86, 213) und kann nunmehr als ständige Rspr des BFH angesehen werden (vgl BFH/NV 88, 234; 88, 362). Danach ist zwar auch im LStjA-Verfahren stets ein StBescheid zu erteilen. Hierbei handelt es sich aber um einen StBescheid über den LStjA und somit nicht um einen EStBescheid. Daran ändert sich auch nichts, wenn der Stpfl keinen LStjA-Antrag stellt, sondern eine EStErklärung abgibt, darauf aber ein LStjA-Bescheid ergeht und in den Erläuterungen hierzu ausgesprochen wird, daß eine Veranlagung zur ESt nicht in Betracht komme (BFH/NV 88, 362).

Die **Abgabe einer EStErklärung** stellt ansonsten bei erkennbar berechtigtem Interesse (zB Ansatz eines Werbungskostenüberschusses bei den Einkünften aus Vermietung und Verpachtung und Angabe, daß mit einer Erstattung gerechnet wird) einen **Antrag auf StFestsetzung** iSv § 155 I 3 auch dann dar, wenn eine Veranlagung von Amts wegen durchzuführen ist (BFH BStBl 87, 3). Teilt das FA daraufhin dem Stpfl in ähnlicher Form wie in einem StBescheid mit Rechtsbehelfsbelehrung die Ablehnung der Veranlagung mit, so liegt darin ein Freistellungsbescheid, auch wenn dieser nicht als Bescheid sondern nur als Mitteilung bezeichnet ist (BFH aaO).

In der ersatzlosen **Rücknahme eines StBescheides** liegt noch kein Freistellungsbescheid. Freistellungsbescheide lauten auf null DM. Sie sind StBescheide, durch die das FA dem Stpfl mitteilt, daß eine Steuer von ihm aufgrund des geprüften Sachverhalts dem Grunde nach überhaupt nicht oder für einen bestimmten Veranlagungszeitraum nicht gefordert wird bzw für ein bestimmtes Wirtschaftsjahr kein Gewinn festgestellt wird (vgl BFH BStBl 69, 473). Wird nicht erkennbar zum Ausdruck gebracht, daß die Steuer oder der Gewinn auf null DM festgesetzt bzw festgestellt wird,

3. Abschnitt. Festsetzungs- und Feststellungsverfahren § 155

so ist demnach kein Freistellungsbescheid gegeben (BFH/NV 85, 13; vgl auch BFH BStBl 86, 775). Anders kann dies sein, wenn ein Stpfl mit einem Bescheid aufgrund der Ausübung eines Auswahlermessens durch das FA in Anspruch genommen wird (zB Haftungsbescheid). Hier kann die ohne ersichtlichen Grund im Einspruchsverfahren erfolgende und ausdrücklich als ersatzlos bezeichnete Aufhebung so zu verstehen sein, daß gegen den Stpfl kein neuer Bescheid mehr als Ersatz ergehen soll (BFH BStBl 86, 779).

Im übrigen kommt es auch nicht darauf an, ob die Steuer ausdrücklich auf null festgesetzt wird. Entscheidend ist allein, ob für den Adressaten aus dem Akt selbst oder aus den Umständen seines Erlasses **objektiv erkennbar** ist, daß eine einseitige, verbindliche, der Rechtsbeständigkeit fähige Regelung kraft hoheitlicher Gewalt gewollt ist. Nach diesen Grundsätzen ist auch die **NV Verfügung**, die kein Verwaltungsakt ist (BFH BStBl 64, 215; vgl auch oben § 118 Anm 4), von einem Freistellungsbescheid abzugrenzen, s dazu näher unten Anm 10.

Ein Antrag auf Steuerfestsetzung oder Berichtigung einer StFestsetzung mit dem Ziel eines auf Zahlung gerichteten Erstattungsanspruchs kann nur innerhalb der **Festsetzungsfrist** gestellt werden, vgl §§ 169 I, 171 III. **Die Festsetzungsfrist** beträgt 4 Jahre, § 169 II Nr 2, bei Zöllen und Verbrauchsteuern 1 Jahr. Der sich aus der Festsetzung ergebende **Zahlungsanspruch** verjährt dagegen – gleichgültig, welche Steuern er betrifft – innerhalb von 5 Jahren, beginnend mit Ablauf des Kalenderjahres, in dem die beantragte Steuerfestsetzung bekannt gegeben worden ist, vgl § 220 II 2 iVm § 229 I 2. Inwieweit besondere Ausschlußfristen für die Geltendmachung eines solchen Freistellungs- und Erstattungsanspruchs bestehen, ergibt sich aus den Einzelsteuergesetzen.

4. Steuerbescheid und Grundlagenbescheid. § 155 II und § 162 III idF des Gesetzes zur Änderung des EStG ua v 20. 8. 80 (BGBl I 1980, 1545) schreiben vor, daß ein StBescheid erteilt werden kann, auch wenn ein **Grundlagenbescheid** noch nicht erlassen wurde, und daß in diesem Fall die in einem Grundlagenbescheid festzustellenden **Besteuerungsgrundlagen geschätzt** werden können. Diese Änderung ist auch in einem anhängigen Gerichtsverfahren zu berücksichtigen, BFH BStBl 81, 416; kritisch zur Änderung der Vorschrift und zur Möglichkeit der Schätzung *Roggan* BB 82, 111 ff. Die Vorschr setzt voraus, daß ein Grundlagenbescheid nicht erlassen worden ist. Das FA kann im StBescheid seine Zuständigkeit für eine **vorläufige Entscheidung** einer in das gesonderte Feststellungsverfahren gehörenden Frage daher nur in Anspruch nehmen, solange hierüber noch nicht in einem Feststellungsbescheid entschieden worden ist (BFH BStBl 84, 290; 88, 660). Wie § 175 I Nr 1 zeigt, kann es sich dabei immer nur um die vorläufige Entscheidung einer solchen Frage handeln. Das FA muß dabei alle geltend gemachten Besteuerungsgrundlagen (also auch geltend gemachte Verluste) berücksichtigen und selbst überprüfen, wenn es den Folgebescheid vor dem Grundlagenbescheid erlassen will (BFH BStBl 81, 416; FG RhPf EFG 86, 297). Es muß sich grundsätzlich **an der StErklärung orientieren.** Im Fall des Abweichens von der StErklärung muß im einzelnen festgestellt werden, welche Besteuerungsgrundlagen streitig sind, aus welchem Grund die Anerkennung versagt werden soll und mit

§ 155

4. Teil. Durchführung der Besteuerung

welchen Gründen der Stpfl sich gegen die Nichtanerkennung wendet (vgl FG Münster EFG 87, 3 mwN). Eine Bindung an eine bloße, nicht näher begründete Mitteilung des für die gesonderte Feststellung zuständigen FA besteht nicht (FG Münster aaO). Das kann aber nicht so weit gehen, daß das FA die streitigen Besteuerungsgrundlagen entweder ganz außer acht lassen oder in der in der StErklärung angegebenen Höhe ansetzen muß (aA FG RhPf EFG 81, 2). Dem steht entgegen, daß die in einem Grundlagenbescheid festzustellenden Besteuerungsgrundlagen nach § 162 II auch geschätzt werden können. Setzt allerdings ein nachträglich ergangener Gewinnfeststellungsbescheid den Gewinn in derselben Höhe fest, die im vorausgegangenen EStBescheid berücksichtigt worden ist, kann gegenüber dem EStBescheid nicht mehr geltend gemacht werden, das FA habe den Gewinn in unzulässiger Weise ermittelt. Die den Gewinn betreffenden Einwendungen können dann nur gegenüber dem Feststellungsbescheid erhoben werden (BFH BStBl 85, 3).

Die vorläufige Entscheidung über die in einem Grundlagenbescheid festzustellenden Besteuerungsgrundlagen durch Schätzung darf nicht erfolgen, wenn der Grundlagenbescheid ohne weiteres erlassen werden könnte (BFH/NV 87, 564). Der Erlaß eines Folgebescheides vor dem Grundlagenbescheid ist vielmehr nur zulässig, wenn sich der Grundlagenbescheid verzögert. Der Erlaß des Grundlagenbescheides muß aber **noch beabsichtigt sein** (BFH BStBl 84, 290; BFH/NV 87, 629). Das FA, das den Folgebescheid erläßt, muß sich der Notwendigkeit eines noch zu erlassenden Grundlagenbescheides bewußt sein. Geht daher das FA irrtümlich davon aus, daß ein Grundlagenbescheid nicht erforderlich ist und erläßt es daher einen endgültigen Bescheid, so ist dieser Bescheid durch § 155 II nicht gedeckt. Er ist rechtswidrig (BFH 84, 290; BFH/NV 86, 316; 87, 549; 87, 629; FG Münster EFG 87, 281; FG Hamburg EFG 87, 593; FG Münster EFG 88, 149). Allerdings besteht die Möglichkeit, die Rechtswidrigkeit durch Nachholung des Grundlagenbescheides zu heilen (BFH/NV 87, 629; vgl auch BFH/NV 86, 319; 87, 549). Besteht daher vor dem Finanzgericht Streit über Fragen in einem solchen Bescheid, deren Prüfung dem Verfahren über den Grundlagenbescheid vorbehalten sind, so muß das FG das Klageverfahren nach § 74 FGO aussetzen, um den Abschluß des Grundlagenverfahrens abzuwarten (BFH aaO; aA FG Münster EFG 87, 281; 88, 149; vgl. auch FG Hamburg EFG 87, 593). Nach Ergehen des Grundlagenbescheides gilt § 175 I Nr 1, dh, der ursprünglich rechtswidrige StBescheid muß dem nachträglich ergangenen Grundlagenbescheid angepaßt werden.

Dies gilt auch für einen **bestandskräftigen Bescheid**, der irrtümlich als endgültiger Bescheid vor dem Grundlagenbescheid erlassen worden ist. Auch nach Bestandskraft eines solchen Bescheids kann also noch der Grundlagenbescheid nachgeholt werden, es sei denn, daß die Steuer, für deren Veranlagung die Feststellung zugrunde zu legen wäre, bereits verjährt ist (vgl zu dieser Grenze BFH BStBl 65, 52; aber auch 79, 265). Der BFH hat diese Nachholungsmöglichkeit und -pflicht bei bestandskräftigen Bescheiden „jedenfalls" für den Fall bejaht, daß die Bescheide unter dem Vorbehalt der Nachprüfung stehen (BFH BStBl 85, 189; abzulehnen daher die Auffassung von *von Carmer* DB 82, 2209, wonach ein Prüfungsvorbehalt wegen der noch nicht gesondert festgestellten Besteuerungsgrundlagen nicht zulässig ist).

3. Abschnitt. Festsetzungs- und Feststellungsverfahren **§ 155**

§ 155 II bezieht sich nur auf den Fall, daß **noch kein Grundlagenbescheid vorliegt.** Ist dagegen bereits ein Grundlagenbescheid ergangen und eine Änderung dieses Grundlagenbescheides zu erwarten (zB aufgrund einer Außenprüfung), so darf der Folgebescheid nicht geändert werden, bevor der Grundlagenbescheid geändert worden ist (FG Berlin EFG 88, 386; *TK* Tz 9). Dagegen dürfte eine Änderung des Folgebescheids zulässig sein, soweit er noch nicht bestandskräftig oder seine Änderung im Rahmen der §§ 173 ff möglich ist, solange noch kein Grundlagenbescheid vorliegt (ernstlich zweifelhaft nach FG RhPf EFG 83, 392).

5. Abs 3 ist Sondervorschrift für die Fälle, in denen mehrere Steuerpflichtige eine Steuer als **Gesamtschuldner** schulden (zB Ehegatten bei der Zusammenveranlagung, Schenker und Beschenkter bei der Erbschaftsteuer, Verkäufer und Erwerber bei der Grunderwerbsteuer). Hier wird aus Gründen der Verwaltungsvereinfachung zugelassen, daß zusammengefaßte Bescheide ergehen. In diesen Bescheiden können sämtliche Steuerschuldner aufgeführt werden. Ohne diese Regelung würde ein solches Verfahren uU gegen das Steuergeheimnis verstoßen. Die Vorschr bedeutet daher nicht, daß außerhalb ihres Anwendungsbereiches (zB bei Außenprüfungsanordnungen) keine zusammengefaßten Verwaltungsakte möglich sind (vgl oben § 122 Anm 5 b). Soweit eine Verletzung des Steuergeheimnisses nicht in Betracht kommt, bestehen auch keine Bedenken gegen zusammengefaßte Verwaltungsakte. **Abrechnungsbescheide** gegenüber zusammenveranlagten Eheleuten sind aber nicht als zusammengefaßte Bescheide möglich, da die Eheleute nicht Gesamtgläubiger des Erstattungsanspruchs sind. Der Bescheid muß also erkennen lassen, wem was zusteht (FG Köln EFG 88, 344). Die Regelung bedeutet jedoch nicht ohne weiteres, daß der Bescheid nur einem der Betroffenen bekanntgegeben werden kann, vgl aber Abs 4 und 5 in der Fassung des **StBereinigG**. Sie läßt nur die Aufführung aller StSchuldner im Bescheid zu. Es handelt sich um in einem Bescheid zusammengefaßte **inhaltsgleiche Steuerfestsetzungen** gegenüber mehreren Steuerpflichtigen (BFH BStBl 68, 163; 86, 474; vgl. auch näher oben § 122 Anm 2b), nicht um einen einheitlichen Bescheid, der bei der einheitlichen Feststellung an einen Empfangsbevollmächtigten gerichtet wird, § 183. Grundsätzlich muß auch an jeden Gesamtschuldner bekanntgegeben werden, BFH Beschluß BStBl 76, 136, BStBl 72, 287, 70, 839, es sei denn, daß einer den anderen zur Empfangnahme bevollmächtigt hat, vgl im übrigen Anm 26 zu § 122. Der Bescheid wird grundsätzlich nur gegenüber demjenigen wirksam, an den bekanntgegeben worden ist.

Durch eine Ergänzung im Rahmen des Steuerbereinigungsgesetzes ist klargestellt worden, daß andere Bescheide (z. B. Bescheide über steuerliche **Nebenleistungen**, Kirchensteuerbescheide oder Prämienbescheide) mit einem zusammengefaßten Steuerbescheid verbunden werden können. Als Bescheide über Nebenleistungen, die mit dem zusammengefaßten StBescheid verbunden werden können, sind vor allem die Festsetzungen von **Verspätungszuschlägen** zu nennen. Die Rspr der FG hat für die frühere Rechtslage der Auffassung zugeneigt, daß der Verspätungszuschlag nicht in einem Betrag und in einem zusammengefaßten Bescheid festgesetzt werden könne (FG BadWürtt EFG 83, 156; FG SchlHol EFG 85, 98; FG RhPf EFG 84, 3; aA Nieders FG EFG 84, 266; Hess FG EFG 84, 3). Der BFH hat

§ 155 4. Teil. Durchführung der Besteuerung

entschieden, daß die Bekanntgabe eines Bescheides über die Festsetzung eines Verspätungszuschlags gegenüber zusammenveranlagten Ehegatten in der Ausfertigung eines zusammengefaßten Bescheides wirksam erfolgen konnte, wenn der EStBescheid selbst in dieser Weise wirksam bekanntgemacht werden konnte (BFH BStBl 87, 540; 87, 590; BFH/NV 88, 545). § 155 II S 2 und 3 haben daher insoweit nur klarstellende Bedeutung.

Die Regelung hat jedoch auch Bedeutung, wenn sich, wie zB bei der Festsetzung von Kirchensteuer für glaubensverschiedene Ehegatten, die Festsetzung der Nebenleistung nur gegen einen der Ehegatten richtet. Die bewährte Verwaltungspraxis, Steuerbescheide gegenüber Einzelpersonen mit Verwaltungsakten über sonstige Ansprüche zu verbinden, wird durch diese Klarstellung nicht berührt.

6. Absatz 4. Bekanntgabe eines Bescheids mit Wirkung für und gegen einen anderen Beteiligten. Die Vorschrift ist durch das **StBereinigG** mit Wirkung ab 1. 1. 86 eingefügt worden. Durch sie wird zugelassen, daß die Übersendung einer **Ausfertigung** eines Bescheides an einen Beteiligten mit Wirkung für und gegen andere Beteiligte möglich ist, wenn die Beteiligten **einverstanden** sind. So ist bisher bereits bei der Bekanntgabe von Grundsteuerbescheiden bei einer Vielzahl von Eigentümern (zB Erbengemeinschaft) verfahren worden. Regelmäßig erhält nur der Verwalter des Grundstücks den Bescheid, obwohl es sich steuerrechtlich im Grundsatz um eine Vielzahl gleich berechtigter und gleich verpflichteter Gesamtschuldner handelt. Da in Einzelfällen der Beteiligte ein berechtigtes Interesse an der Prüfung des Bescheids haben kann, wird sichergestellt, daß ihm ggf. eine Ausfertigung übersandt wird.

7. Absatz 5. Bekanntgabe an Ehegatten oder Ehegatten mit Kindern. Die Regelung ist ebenfalls durch das **StBereinigG** eingefügt worden. Sie hat Bedeutung für die Fälle der **Zusammenveranlagung**, einschließlich der Fälle der Zusammenveranlagung von Ehegatten oder Alleinstehenden mit ihren Kindern, und für die damit verbundene Bekanntgabe von Verwaltungsakten über Nebenleistungen.

In den Erl zu § 122 (s dort Anm 2 b) ist bereits dargelegt worden, daß die Rspr vor Einfügung des § 155 V die Zusendung einer Ausfertigung des zusammengefaßten Bescheids an beide Ehegatten nur zuließ, wenn eine ausdrückliche oder stillschweigende gegenseitige Ermächtigung der Ehegatten zur Empfangnahme des StBescheids angenommen werden konnte. Zu Einzelheiten kann daher auf die Erl zu § 122 verwiesen werden. Nunmehr ist die ausdrückliche oder stillschweigende gegenseitige Bevollmächtigung nicht mehr erforderlich. Einzelbekanntgabe muß nur noch in den Fällen des § 115 V 2 erfolgen. Dieses Bekanntgabeverfahren dient der Verwaltungsvereinfachung und der Kostenersparnis. Die durch die Rechtsprechung weitgehend gefüllte Gesetzeslücke wird damit geschlossen.

Die Vereinfachung gemäß dem neu eingefügten Abs 5 darf allerdings nicht so weit gehen, daß ein Beteiligter in seinen Rechten eingeschränkt wird. Für den Fall, daß im Einzelfall die **Interessenlage** der Beteiligten eine gesonderte Bekanntgabe erfordert, sind sowohl eine § 183 Abs 2 AO entsprechende allgemeine Ausnahme als auch ein besonderer Antrag auf **Einzelbekanntgabe** vorgesehen. Die gesonderte Bekanntgabe ist jedoch, abgesehen vom Antragsfall, nur erforderlich, „soweit" Meinungsverschie-

3. Abschnitt. Festsetzungs- und Feststellungsverfahren § 155

denheiten bekannt sind. Bestehen zB **Meinungsverschiedenheiten** zwischen den Eltern und einem von mehreren mit ihnen zusammenveranlagten Kindern, so ist keine Einzelbekanntgabe an jeden Beteiligten erforderlich; für die Wirksamkeit des Verwaltungsakts reicht die Übermittlung je einer Ausfertigung an die Eltern einerseits und das Kind andererseits aus.

8. Abs. 6. Die Vorschriften über die Steuerbescheide gelten entsprechend für die Festsetzung einer **Steuervergütung** (zum Begriff s Anm zu § 43). Sie sind im übrigen anwendbar auf Bescheide über die **Investitionszulagen** nach dem Gesetz über Auslandsinvestitionen, auf die Zulagen nach dem **Berlinhilfegesetz**, auf die **Bergmannsprämien** und auf die **Sparprämien** nach den Prämiengesetzen. Der Antrag auf Erteilung eines **Prämienbescheides** kann bis zum Eintritt der Unanfechtbarkeit gestellt werden, Abschn 24a II SparPR. Über das **Anhörungsrecht** des Steuerpflichtigen, wenn von seiner Erklärung in wesentlichen Punkten abgewichen werden soll, vgl § 91 I.

9. Wegen **Wirksamkeit** des Steuerbescheids s **§ 124,** wegen formeller Fehler §§ **126–129,** Form, Inhalt und Bekanntgabe §§ **119, 122, 157,** wegen Aufhebung und Änderung §§ **172ff, Anhörung** bei Abweichen von der StErkl § 91 I 2. Die allgemeinen Vorschriften über Verwaltungsakte (§§ **118–133**) sind mit Ausnahme der §§ **130, 131** anzuwenden. Bei Inanspruchnahme eines von mehreren Miterben, ist es nicht erforderlich, daß die übrigen Erben im StBescheid erwähnt werden (BFH BStBl 84, 784; 81, 176; s näher oben § 122 Anm 2c).

10. Sog **NV-Mitteilung,** durch die dem Stpfl mitgeteilt wird, daß die Voraussetzungen für eine StFestsetzung nicht vorliegen, ist zu unterscheiden von der bloßen innerdienstlichen Verfügung, daß keine Veranlagung durchgeführt werde. Letztere ist keinesfalls ein StBescheid. Die frühere Rspr des BFH zur Rechtslage nach der RAO hat aber auch bei der NV-Mitteilung an den Stpfl regelmäßig die Annahme eines Freistellungsbescheides verneint (vgl BFH BStBl 64, 215; 69, 473). Es wurde dabei entscheidend darauf abgestellt, daß eine solche Mitteilung in der Regel nicht vom Willen des FA getragen sei, die St auf null festzusetzen. Diese Rspr stimmt nicht mehr uneingeschränkt mit § 124 I 2 überein, wonach der Verwaltungsakt mit dem Inhalt wirksam wird, mit dem er bekanntgegeben wird. Entscheidend ist daher nicht mehr der innere Wille des FA, sondern der nach außen durch die Mitteilung erweckte Eindruck (BFH/NV 88, 10). Ob die NV-Mitteilung als Freistellungsbescheid anzusehen ist, ist nach dem **objektiven Erklärungsinhalt** dieser Mitteilung zu beurteilen. Maßgebend ist, ob für den Adressaten aus der Mitteilung selbst oder aus den Umständen ihres Ergehens objektiv erkennbar ist, daß eine einseitige, verbindliche, der Rechtsbeständigkeit fähige Regelung kraft hoheitlicher Gewalt gewollt ist (BFH aaO; vgl auch oben Anm 3 und § 118 Anm 4). Bei dem nach außen erweckten Eindruck spielt die äußere Form, in der die Mitteilung ergeht, eine erhebliche Rolle. Bedeutsam ist dabei vor allem, ob die Mitteilung mit einer **Rechtsbehelfsbelehrung** versehen ist. Denn mit einer derartigen Belehrung gibt die Behörde unmißverständlich zu erkennen, daß sie eine Mitteilung als Regelungsverfügung verstanden wissen will (BFH aaO; BVerwGE 44, 1; 57, 26; FG Saarland EFG 82, 386). **NV-**

§ 156

Vfg über die Nichtveranlagung zur ESt, die die elektronische Rechenlage aufgrund eines Eingabewertbogens mit den Besteuerungsgrundlagen **ausdruckt,** ist StBescheid, FG Nieders EFG 77, 615. Es handelt sich hier um einen **Freistellungsbescheid,** der dem Stpfl auch bekanntgegeben worden und der nach einer förmlichen Prüfung ergangen ist, FG RhPf EFG 84, 101.

11. Vorschriften über StBescheide sind entsprechend anzuwenden auf **gesonderte Feststellungen,** § 181 I, Festsetzung von **StMeßbeträgen,** § 184 I, **Zerlegungs- und Zuteilungsbescheide,** §§ 185, 195, **Zinsbescheide** § 239. Für die Frage, ob **Steueranspruch** oder **Haftungsanspruch** geltend gemacht wird, kommt es nur auf den **Willen** an, den die FinBeh unter Berücksichtigung der Umstände durch den Bescheid bekundet hat; BFH BStBl 77, 255. **Anrechnung** geleisteter **Vorauszahlungen** stellt einen selbständigen Verwaltungsakt dar, BFH BStBl 80, 195; vgl § 118 Anm 5 c und § 157 Anm 2.

12. Über **abweichende StFestsetzung** aus **Billigkeitsgründen** § 163, StFestsetzung unter **Vorbehalt** der Nachprüfung § 164, vorläufige StFestsetzung § 165.

13. **Rechtsbehelf.** Eine Aufhebung der Vollziehung darf nicht hinsichtlich angerechneter LSt-Abzugsbeträge oder anderer Vorleistungen angeordnet werden, BFH BStBl 82, 657; § 69 III 4 FGO darf nicht zur Erstattung von Leistungen aufgrund vorangegangener Leistungsgebote, zB Abzugsbeträge oder Vorauszahlungen führen. Die **Anrechnung** von Vorleistungen ist **keine Vollziehung.** Die festgesetzte St wird nur in dem Ausmaß vollziehbar, in dem sie einen Geldanspruch zur Folge hat, aA FG Köln EFG 81, 379: Jeder der in § 47 AO genannten Erlöschensgründe bedeutet die Vollziehung eines StBescheides, soweit dieser belastender Art ist, FG Köln aaO.
Die wirksame **Bekanntgabe** eines StBescheides ist vom Revisionsgericht **von Amts wegen zu prüfen,** da es sich um eine Sachurteilsvoraussetzung handelt (BFH BStBl 86, 474).

14. **Übergangsregelung** in Art 97 § 1 EGAO 77, Anh 1: Vorschrift ist auf alle anhängigen Verfahren anzuwenden ohne Rücksicht auf Entstehung der Steuer.

§ 156 Absehen von Steuerfestsetzung, Abrundung

(1) [1]**Der Bundesminister der Finanzen kann zur Vereinfachung der Verwaltung durch Rechtsverordnung bestimmen, daß**
1. **Steuern und steuerliche Nebenleistungen nicht festgesetzt werden, wenn der Betrag, der festzusetzen ist, einen durch diese Rechtsverordnung zu bestimmenden Betrag voraussichtlich nicht übersteigt; der zu bestimmende Betrag darf 20 Deutsche Mark nicht überschreiten,**
2. **Steuern und steuerliche Nebenleistungen abgerundet werden, es ist mindestens auf zehn Deutsche Pfennige abzurunden, der Abrundungsbetrag darf fünf Deutsche Mark nicht überschreiten.**

[2]**Die Rechtsverordnungen bedürfen nicht der Zustimmung des Bundesrates, soweit sie Zölle und Verbrauchsteuern mit Ausnahme der Biersteuer betreffen.**

3. Abschnitt. Festsetzungs- und Feststellungsverfahren § 157

(2) Die Festsetzung von Steuern und steuerlichen Nebenleistungen kann unterbleiben, wenn feststeht, daß die Einziehung keinen Erfolg haben wird, oder wenn die Kosten der Einziehung einschließlich der Festsetzung außer Verhältnis zu dem Betrag stehen.

Schrifttum: *Horn* Die steuerliche Kleinbetragsverordnung, Inf 81, 545; *Sturm* Kleinbetragsregelungen im Steuerrecht, WM 81, 506; *Muus* Die Kleinbetragsverordnung, DStZ 81, 226; *Domann* Die Kleinbetragsverordnung, BB 81, 292; *Kraemer* Der Festsetzungserlaß und seine Bedeutung für das Vollstreckungsverfahren, DStZ 86, 300; *ders* Absehen von Steuerfestsetzungen wegen Uneinbringlichkeit, NWB Fach 2, 4869 (8/1987); *Eggesiecker* Steuerliche Abrundungsvorschriften als ständiges Ärgernis in der Praxis – Ein Beitrag zur Vereinfachung der Steuergesetze, DB 88, 719.

1. Die Vorschrift dient der **Verwaltungsvereinfachung.** Sie ermächtigt den BdF, durch VO zu bestimmen, daß Steuern und steuerliche Nebenleistungen **nicht festgesetzt** werden, wenn bestimmte **Mindestgrenzen** nicht überschritten werden. Ebenfalls kann in der VO bestimmt werden, daß Steuern und steuerliche Nebenleistungen **abgerundet** werden dürfen, vgl KleinbetragsVO v 10. 12. 80 BGBl I 2255 = BStBl 80, 784, geändert durch Art 2 des Steuerbereinigungsgesetzes 1985 v 14. 12. 84 BGBl I 1493 = BStBl 80, 659. Danach werden StFestsetzungen zum Nachteil des Stpfl idR nur geändert, wenn der Mehrbetrag höher als 20 DM ist. Zum Teil enthalten die EinzelStGesetze Abrundungsbestimmungen. Für einzelne Steuern sind auch Erlasse über die Nichtfestsetzung von Kleinbeträgen ergangen.

2. Abs 2 dient ebenfalls der **Verwaltungsvereinfachung.** Hier kann, ohne daß es einer entsprechenden VO bedarf, bereits die Festsetzung von Steuern und steuerlichen Nebenleistungen unterbleiben, wenn entweder die **Einziehung keinen Erfolg** haben wird oder wenn die **Kosten der Einziehung** einschließlich der Festsetzung außer **Verhältnis zu dem Betrag** stehen. Im Gegensatz zu Abs 1 sind hier keine absoluten Grenzen aufgestellt. Die Regelung entspricht der Vorschrift über die Niederschlagung, § 261. Absehen von StFestsetzung bringt **StAnspruch nicht zum Erlöschen;** Nachholung ist jederzeit innerhalb der Festsetzungsfrist (§ 169 II) zulässig. Außer Verhältnis stehen die Kosten Festsetzung und Einziehung, wenn Steuerbetrag weniger als 20 DM, in Fällen unbekannten Aufenthalts des Stpfl weniger als 100 DM beträgt, vgl früheren EinfErl zu § 261 (BStBl I 76, 622), unter 2. Bei Vereinen, Stiftungen und Genossenschaften, bei **juristischen Personen des öffentlichen Rechts** sowie bei **wirtschaftlichen Geschäftsbetrieben** sonstiger **steuerbefreiter Unternehmen** können die Voraussetzungen vorliegen, wenn der **Gewinn** im Einzelfall offensichtl **1000 DM** nicht übersteigt. Von der Festsetzung eines einheitlichen GewStMeßbetrags kann insoweit abgesehen werden, vgl Abschn 45 GewStR 84.

§ 157 Form und Inhalt der Steuerbescheide

(1) ¹**Steuerbescheide sind schriftlich zu erteilen,** soweit nichts anderes bestimmt ist. ²**Schriftliche Steuerbescheide müssen die festgesetzte Steuer nach Art und Betrag bezeichnen und angeben, wer die Steuer**

schuldet. ³Ihnen ist außerdem eine Belehrung darüber beizufügen, welcher Rechtsbehelf zulässig ist und binnen welcher Frist und bei welcher Behörde er einzulegen ist.

(2) Die Feststellung der Besteuerungsgrundlagen bildet einen mit Rechtsbehelfen nicht selbständig anfechtbaren Teil des Steuerbescheides, soweit die Besteuerungsgrundlagen nicht gesondert festgestellt werden.

Schrifttum: *Gast-de Haan* Lohnsteuerschuld und Arbeitgeberhaftung, JbDeuStG 86, 141; *Schick* Steuerverfahrensrechtliche Aspekte der Bilanz, BB 87, 133; *Klenk* Die Bindung an die fehlerhafte Feststellung von Einkünften bei einem mehrere Einkunftsarten umfassenden Sachverhalt, DB 88, 152; *Schuhmann* Der vorläufige Steuerbescheid, BB 87, 383; *Kutschka* Der Einheitswertbescheid als Zusammenfassung mehrerer Verwaltungsakte – Anmerkung zum Urteil des Bundesfinanzhofs vom 10. 12. 1986 II R 88/85; DStR 87, 578.

Übersicht

1. Inhalt der Vorschrift
2. Notwendiger Inhalt der Steuerbescheide
3. Keine Anfechtung einzelner Besteuerungsgrundlagen
4. Folgen eines Verstoßes gegen Abs. 1

1. Inhalt. Abs 1 entspricht im wesentlichen § 211 RAO. StBescheide sind danach **schriftlich** zu erteilen, sofern nichts anderes bestimmt ist, zB bei Zollbescheiden im grenzüberschreitenden Verkehr. **Verstoß** gegen Gebot der **Schriftform** hat **Nichtigkeit** zur Folge (*KKH* Anm 5 a). **Zollbescheid** kann **mündlich** oder schriftlich ergehen, § 37 III ZG. Das von der Zollstelle ausgefüllte und dem Beteiligten übergebene Zollantrags- und **Zollanmeldungsformular** ist kein schriftlicher StBescheid, BFH ZfZ 80, 148. Nicht mehr erwähnt, aber selbstverständlich ist, daß schriftliche StBescheide verschlossen bekanntzugeben sind (s AnwErl zu § 157 Abschn 1).

Ein **LSt-Nachforderungsbescheid** kann mündlich erlassen werden, FG Berlin EFG 80, 521. Die schriftliche Anerkennung eines LSt-Haftungsanspruchs stellt keinen schriftlichen StBescheid dar, *Blümich-Falk* EStG 12. Aufl § 42 d Anm 20. Die vom Arbeitgeber geschuldete **pauschale Lohnsteuer** ist eine Unternehmenssteuer eigener Art. Daher ist die pauschale Lohnsteuer durch **Steuer-** und nicht durch **Haftungsbescheid** unter Beachtung des § 157 I 2 festzusetzen, BFH BStBl 84, 362.

Hat das FA durch Übersendung der Anlage mit Erläuterungen zum EStBescheid den Anschein erweckt, als ob es den Bescheid habe bekanntgeben wollen, so ist der dagegen erhobene Einspruch zulässig, auch wenn der restliche Teil des Bescheids erst später zugestellt wird (BFH BStBl 83, 543; vgl auch oben § 119 Anm 4 i). Der Einspruch braucht dann nicht wiederholt zu werden.

2. Abs 1 S 2: Zwingend vorgeschrieben ist, daß die Steuerbescheide die festgesetzte **Steuer** nach **Art** und **Betrag** bezeichnen und ferner angeben müssen, **wer** die Steuer **schuldet**. Über die Bescheide an **falsche Adresse** vgl oben § 122 Anm 2 und *Oltersdorf* StWa 66, 26. Diese Grundsätze ergeben sich an sich bereits aus § 119, wonach Verwaltungsakte **inhaltlich hinreichend** bestimmt sein müssen (s daher näher Erl dort). Bei **Berichtigungsbescheid** kann sich uU der StSchuldner durch Heranziehung des **Erstbescheides** ergeben, BFH BStBl 73, 544. Steuer ist nicht eine unaufge-

3. Abschnitt. Festsetzungs- und Feststellungsverfahren **§ 157**

gliederte Zusammenfassung mehrerer StSchulden, sondern die einzelne StSchuld, BFH BStBl 80, 316. Bei mangelnder **Bestimmtheit** des StBescheides kann das Gericht nicht die Abgabe mit ihren Einzelelementen selbst festsetzen (FG Hamburg EFG 79, 479). So ist ein **GesellschaftsStBescheid**, in dem mehrere stpflichtige Rechtsvorgänge unaufgegliedert zusammengefaßt worden sind, idR nicht hinreichend bestimmt; der Mangel wird auch nicht durch § 127 geheilt, BFH BStBl 81, 84.

Begründungszwang ergibt sich aus § 121, der jedoch zahlreiche Ausnahmen zuläßt. Verletzung von Verfahrens- und Formfehlern kann nach § **126** geheilt werden und begründet nicht in jedem Fall Anspruch auf Aufhebung des Bescheides, vgl § 127. Zur Begründung zählt regelmäßig Mitteilung der Besteuerungsgrundlagen.

Das **Leistungsgebot** gehört nach § 157 nicht zum Bestandteil des StBescheides, ist aber nach § 234 Voraussetzung für Beginn der Vollstreckung. Leistungsgebot ist Aufforderung zur Zahlung. Unklar ist, ob **fehlendes Leistungsgebot** den StBescheid mangels hinreichender **Bestimmtheit** praktisch wirkungslos macht. UE ist diese Frage nur dann zu bejahen, wenn die Behörde dem Stpfl nicht sagt, was sie von ihm erwartet (vgl FG Bremen EFG 87, 156; s auch oben § 119 Anm 1). **Fälligkeit** der Steuer ergibt sich entweder aus dem **Bescheid,** aus dem EinzelStGesetz oder aus § 220 II 1. § 157 ist jedenfalls **keine abschließende** Regelung.

Die **Anrechnung** von Vorauszahlungen, die mit einem StBescheid verbunden wird, ist ein selbständiger Verwaltungsakt (BFH BStBl 87, 405; vgl auch § 118 Anm 5c). Allerdings handelt es sich nicht um eine StFestsetzung. Für Rücknahme und Widerruf gelten daher die §§ 130 und 131: Zweifelhaft ist, ob dies auch für die **Abrechnung** über StAbzugsbeträge im StBescheid gilt. Die genannte BFH-Entscheidung (BStBl 87, 405) deutet darauf hin. Allerdings wird diese Frage in einer späteren Entscheidung desselben Senats des BFH wieder in Frage gestellt (BFH/NV 88, 349). Man wird die Abrechnung über StAbzugsbeträge jedoch kaum anders behandeln können als die Anrechnung von Vorauszahlungen (für Annahme eines Verwaltungsakts auch FG Düsseldorf EFG 78, 436). Jedenfalls kann man die Anwendung der §§ 130 und 131 nicht mehr damit in Frage stellen, daß die Abrechnung lediglich ein deklaratorischer Verwaltungsakt sei, der bis zum Ablauf der Verjährungsfrist ohne weiteres geändert werden könne (so aber FG Bremen EFG 81, 296, und die Vorauflage), da in § 130 II ein begünstigender Verwaltungsakt als solcher definiert wird, der ein Recht oder einen rechtlich erheblichen Vorteil begründet oder „bestätigt" hat (BFH BStBl 87, 405). Bei Anwendung des § 130 II würde jemand, der die unrichtigen Angaben über den LSt-Abzug aus der LSt-Karte in die StErklärung übernimmt und dadurch eine zu hohe StAnrechnung erreicht, einen begünstigenden Verwaltungsakt durch unrichtige Angaben erwirken (FG Bremen EFG 81, 296). Eine etwaige zusätzliche Abrechnung der Finanzkasse hat aber keine VerwaltungsaktQualität.

Eine unterlassene oder fehlerhafte **Rechtsbehelfsbelehrung** führt nicht zur Fehlerhaftigkeit des Bescheides. Folgen ergeben sich ausschließlich aus § 356 II: Die Rechtsbehelfsfrist beginnt nicht zu laufen. Die Zustellung eines StBescheides setzt die Rechtsbehelfsfrist auch dann nicht in Lauf, wenn in dem StBescheid von der StErklärung abgewichen wird und Erläuterungen darüber fehlen, BFH BStBl 80, 343. Die Erläuterungen gehören

§ 157   4. Teil. Durchführung der Besteuerung

allerdings nicht zu den wesentlichen Bestandteilen eines StBescheides, die die Wirksamkeit des Bescheides in Frage stellen könnten. Rechtsbehelfsbelehrung braucht bei Ausländer nicht in seiner Landessprache zu erfolgen, BFH NJW 76, 1335; braucht auch keinen Hinweis darauf zu enthalten, wann Bescheid zur Post gegeben worden ist. Das Fehlen einer Datumsangabe auf dem StBescheid berührt weder seine Wirksamkeit (s § 119 Anm 4) noch beeinflußt es den Lauf der Rechtsbehelfsfrist. Es ist Sache des Stpfl, das Datum des Eingangs des StBescheides festzuhalten. Versäumt er dies, so kann ihm auch keine Wiedereinsetzung in den vorigen Stand gewährt werden (BFH/NV 88, 72). Der Lauf der Rechtsbehelfsfrist wird demgemäß auch durch maschinell gefertigte StBescheide mit dem Aufdruck „Datum des Poststempels" in Gang gesetzt (BFH/NV 87, 12; aA Nieders FG EFG 81, 216). Unterschrift ist nicht erforderlich. Über StBescheide, die mittels Datenverarbeitungsanlagen erstellt werden vgl §§ 119 IV, 121 II Nr 3.

3. Abs 2 vgl § 213 RAO: Die einzelnen **Besteuerungsgrundlagen** können nicht selbständig angegriffen werden. Daraus folgt, daß die FinBeh in der Regel die einzelnen Besteuerungsgrundlagen eines StBescheids **für jede StFestsetzung selbständig** und ohne Bindung an ihren Ansatz in anderen StBescheiden ermitteln und berücksichtigen muß. Deshalb wird zB durch den Ansatz eines Verlustes in dem das Verlustentstehungsjahr betreffenden Körperschaftsteuerbescheid keine Besteuerungsgrundlage mit Bindungswirkung für die Körperschaftsteuer im Verlustabzugsjahr festgestellt. Über die Höhe des Verlustabzugs ist vielmehr in dem Körperschaftsteuerbescheid zu befinden, der das Verlustabzugsjahr betrifft (BFH BStBl 88, 463; Abweichung von BFH BStBl 83, 602).

Etwas anderes gilt, soweit Besteuerungsgrundlagen nach §§ 179 ff gesondert festgestellt werden. Dann ist Rechtsbehelf gegen Feststellungsbescheid zu richten. Feststellungen, die in einem gesonderten Bescheid getroffen worden sind, können grundsätzlich nur im Verfahren gegen diesen Bescheid angegriffen werden. Das gleiche gilt, wenn in diesem gesonderten Bescheid Feststellungen zugunsten des Steuerpflichtigen unterblieben sind, sofern nicht die Einzelsteuergesetze noch eine Berücksichtigung außerhalb des gesonderten Feststellungsverfahrens zulassen. Auch bei gesonderten Feststellungen ist aber wieder zwischen den eigentlichen Feststellungen und den Grundlagen dieser Feststellungen zu unterscheiden. Letztere können ebenfalls nicht selbständig angefochten werden. Die Abgrenzung kann aber im Einzelfall schwierig sein. So sind nach § 19 III BewG zB auch Feststellungen zu treffen über die Art der wirtschaftlichen Einheit, bei Grundstücken über die Grundstücksart, bei Betriebsgrundstücken, die zu einem Betrieb gehören, über den gewerblichen Betrieb und über die Zurechnung. Die in einem Einheitswertbescheid über ein Grundstück getroffene Feststellung, daß es ein Betriebsgrundstück ist, kann daher gesondert angefochten werden (BFH BStBl 83, 88; 87, 292); vgl zu den Feststellungen aber der Art der Einkünfte in gesonderten Feststellungsbescheiden auch § 179 Anm 3. Ist für eine Vielzahl von durch mehrere Zollbescheide erfaßten Einfuhren Zoll nachzufordern, so kann dies auch mit Zustimmung des Stpfl nicht pauschal durch einen Bescheid in einer Summe ohne Bezeichnung der Bescheide erfolgen, die zu ändern sind. § 79 III ZG läßt zwar

3. Abschnitt. Festsetzungs- und Feststellungsverfahren §§ 158, 159

Vereinfachungen für die Zollbehandlung zu, berechtigt aber nicht die Behörde, von den Vorschriften der AO über die Änderung von StBescheiden abzuweichen, FG Hbg EFG 80, 367.

4. Enthält StBescheid die aufgeführten Mindesterfordernisse nicht, so ist er **unwirksam**; ob er nichtig ist, ist nicht entscheidend, er hat jedenfalls, solange dieser Mangel nicht behoben ist, keine Wirkung, FG Düsseldorf EFG 63, 577; vgl näher Erl zu § 119.

§ 158 Beweiskraft der Buchführung

Die Buchführung und die Aufzeichnungen des Steuerpflichtigen, die den Vorschriften der §§ 140 bis 148 entsprechen, sind der Besteuerung zugrunde zu legen, soweit nach den Umständen des Einzelfalles kein Anlaß ist, ihre sachliche Richtigkeit zu beanstanden.

Die Vorschrift stellt klar, daß, falls die **Vermutung der Ordnungsmäßigkeit entkräftet** wird, damit nicht unbedingt die gesamte Buchführung verworfen werden muß. Dies kommt durch das Wort „soweit" zum Ausdruck. Soweit die Beanstandung reicht, ist das Buchführungsergebnis nicht zu übernehmen, sondern durch **Hinzuschätzung** zu korrigieren. Auch führen nicht schon formelle Fehler zu einer Verwerfung der Buchführung, sondern nur, soweit die sachliche Richtigkeit zu beanstanden ist oder hierzu Anlaß ist, zB wenn sie nach einer **Verprobung** nicht richtig sein kann, vgl BFH HFR 62, 353; BStBl 53, 323, 64, 381. Bei einer **formell ordnungsmäßigen** Buchführung ist auch ein von den **Richtsätzen** abweichender Gewinn oder Umsatz für sich **allein** kein Grund, die **sachliche Richtigkeit** in Frage zu stellen; es müssen noch sonstige Umstände hinzukommen, insbes wenn der Stpfl beachtl Gründe für die Abweichungen vorbringt, BFH BStBl 75, 217, BStBl 84, 88. Kann jedoch die Finanzbehörde nicht in zumutbarer Zeit sich einen Überblick über die Vermögens- und Ertragslage des Steuerpflichtigen verschaffen, kann sie von der Möglichkeit der **Vollschätzung** nach § 162 Gebrauch machen. **Formell** ordnungsmäßig geführte Bücher haben die **Vermutung** ihrer sachlichen **Richtigkeit**. Diese Vermutung kann aber **widerlegt** werden. **Hinreichende Wahrscheinlichkeit** der sachlichen Unrichtigkeit genügt. Ergeben sich Anzeichen für die sachliche Unrichtigkeit, ist der Stpfl zur **Mitwirkung** bei deren Aufklärung verpflichtet. Die **Beweislast** liegt aber bei der **FinBeh**, vgl *TK* Anm 2. Ist die Buchführung bereits **formell nicht richtig**, kann die FinBeh grundsätzlich **schätzen;** der **Stpfl** müßte dann **beweisen,** daß trotzdem das **sachliche** Ergebnis der Buchführung **richtig** ist. Treten beim **Jahresabschluß** größere nicht aufklärbare **Differenzbeträge** auf, dürfen diese nur dann erfolgswirksam **ausgebucht** werden, wenn dies den steuerrechtl Grundsätzen für eine ergänzende Schätzung des Ergebnisses entspricht, BFH BStBl 77, 260.

§ 159 Nachweis der Treuhänderschaft

(1)[1] Wer behauptet, daß er Rechte, die auf seinen Namen lauten, oder Sachen, die er besitzt, nur als Treuhänder, Vertreter eines anderen oder

§ 159   4. Teil. Durchführung der Besteuerung

Pfandgläubiger innehabe oder besitze, hat auf Verlangen nachzuweisen, wem die Rechte oder Sachen gehören; anderenfalls sind sie ihm regelmäßig zuzurechnen. ²Das Recht der Finanzbehörde, den Sachverhalt zu ermitteln, wird dadurch nicht eingeschränkt.

(2) § 102 bleibt unberührt.

1. Inhalt. Im Gegensatz zu § 164 RAO muß nach der Neufassung derjenige, der behauptet, daß er nur für einen anderen Gegenstände als Treuhänder besitzt, **nachweisen, wem** die Gegenstände **gehören.** Der Nachweis, daß sie ihm nicht gehören, reicht grundsätzlich nicht aus. Regelmäßig wird der Nachweis, die Gegenstände gehörten nicht dem Treuhänder, auch nur dadurch zu führen sein, daß der wirkliche Eigentümer benannt wird. Elastische Handhabung der Vorschrift wird dadurch gewährleistet, daß andernfalls die Sachen dem Treuhänder nur **regelmäßig** zuzurechnen sind. Die Behörde kann daher, auch wenn der Nachweis, daß die Sachen einer bestimmten anderen Person gehören, nicht gelingt oder der Treuhänder aus triftigen Gründen diese Person nicht preisgeben will, von der Zurechnung bei dem Treuhänder absehen. Die Vorschrift erfaßt nicht den Fall, daß jemand eine Sache oder ein Recht unter einer Auflage innehat; dieser ist kein Treuhänder, sondern voller Rechtsinhaber.

2. Die Finanzbehörde wird durch diese Vorschrift nicht gehindert, den **Sachverhalt** weiter zu **ermitteln,** etwa wenn der Treuhänder die Zurechnung der Sache bei ihm in Kauf nimmt, nur um den Treugeber vor einer Besteuerung zu schützen.

3. Verhältnis zu § 102: Abs 2 schreibt ausdrücklich vor, daß § 102 unberührt bleibt. Die in § 102 genannten Personen haben ein Auskunftsverweigerungsrecht auch, soweit sie in ihrer eigenen Steuersache aussagen müssen. § 102 ist jedenfalls nicht auf die Fälle beschränkt, wo die betreffenden Personen als Dritte im Besteuerungsverfahren eines anderen Auskunft geben sollen. Daher kann zB einem Anwalt bei Anwendung des § 159 daraus kein Nachteil etwachsen, daß er seinen Mandanten, der ihm in seiner Eigenschaft als Anwalt Gelder anvertraut hat, nicht benennt. Er hat allerdings alles Zumutbare zu tun, um den Nachweis zu erbringen, daß es sich bei diesem Geld nicht um sein eigenes handelt, so auch *TK* Anm 3. *TK* verlangen den **Nachweis,** daß es sich um fremdes Geld handelt, (*TK* aaO). Angehörige der dort Berufszweige können, sofern nicht die Voraussetzungen des § 102 III vorliegen, die Auskunft darüber verweigern, **wem** die von ihnen verwahrten **Fremdgelder** gehören, ohne daß zugleich die Rechtsfolgen des Abs 1 S 1 eintreten. Sie sind aber verpflichtet, alles Zumutbare zu unternehmen, um den Nachweis zu erbringen, daß es sich bei den Geldern nicht um eigenes, sondern um anvertrautes Vermögen handelt. Die Behauptung, es handele sich um Fremdgelder, reicht dafür nicht aus. Die Gelder müssen auf einem **Anderkonto** eingezahlt sein. In diesem Fall können die FinBeh, soweit hierzu Anlaß besteht, weitere Auskünfte und eine Vorlage von Urkunden, wie Zahlungsbelege oder Kontoauszüge verlangen, sofern sich hieraus keine Rückschlüsse auf Mandanten ergeben. Die FinBeh ist uE aber nicht gehindert, durch **Auskunftersuchen** an die Bank und Einsichtnahme in deren Unterlagen nachzuprüfen, ob es sich tatsächlich nur um **Fremdgeld** auf dem Anderkonto handelt. § 104 II ist

3. Abschnitt. Festsetzungs- und Feststellungsverfahren   § 160

dagegen uE nicht einschlägig; es handelt sich weder um Wertsachen noch um sonstige Aufzeichnungen, die für einen Beteiligten aufbewahrt werden.

§ 160 Benennung von Gläubigern und Zahlungsempfängern

(1) ¹Schulden und andere Lasten, Betriebsausgaben, Werbungskosten und andere Ausgaben sind steuerlich regelmäßig nicht zu berücksichtigen, wenn der Steuerpflichtige dem Verlangen der Finanzbehörde nicht nachkommt, die Gläubiger oder die Empfänger genau zu benennen. ²Das Recht der Finanzbehörde, den Sachverhalt zu ermitteln, bleibt unberührt.

(2) § 102 bleibt unberührt.

§ 160 bish Wortlaut wird Abs 1, Abs 2 angefügt mit Wirkung ab 1. 1. 87 durch StBereinigG 1986 v 19. 12. 85, BGBl I, 2436.

Schrifttum: *Padberg* Die Bedeutung der sinngemäßen Geltung des § 160 AO 1977 nach § 96 Abs 1 S 1 zweiter Halbsatz FGO, StuW 78, 47; *Apitz* Schmiergeldzahlungen als Betriebsausgaben, FR 83, 261; *Jüptner* Zum Telos einer materiellen Verfahrensnorm: § 160, FR 85, 12; *Günther* Ermessensfehlerfreie und ermessensfehlerhafte Entscheidung bei Anwendung des § 160 AO – die wichtigsten Rechtsprechungsgrundsätze – Die Steuerwarte 85, 37; *Lohmeyer* Die Bedeutung des § 160 AO im Rahmen der Sachverhaltsermittlung, Inf 85, 220; *Baur* Zur Anwendbarkeit des § 160 AO – Benennung von Gläubigern – auf Darlehenszuflüsse, DStR 88, 413.

1. Inhalt. Wenn der Steuerpflichtige bei **Schulden** und anderen Lasten, **Betriebsausgaben** und Werbungskosten, die bei ihm zu einer Minderung der Steuerschuld führen, die **Gläubiger** oder die Empfänger der Zahlungen **nicht benennt**, sind sie ihm regelmäßig **zuzurechnen**. Hierzu gehören alle Angaben, die bei ordnungsgemäßer Verbuchung erforderlich gewesen wären, dh Namen, Adressen, Art der Lieferung, Ankaufspreise usw. **Empfänger** ist derjenige, der das Geld erhalten hat, unerheblich ist, ob er hierzu berechtigt war, FG Hessen EFG 81, 323; BFH BStBl 72, 442. Zum Empfängerbegriff bei Honorar- und Zinszahlungen an eine Schweizer AG ohne erkennbare eigene wirtschaftliche Betätigung, vgl BFH-Beschluß v 25. 8. 86, BFH NV 87, 13. Ausnahmen gelten für Hilfspersonen des Geldgebers. Verlangen nach Benennung der Empfänger verstößt nicht gegen Treu und Glauben, wenn FA bei früheren Prüfungen dies nicht verlangt hatte, FG BaWü EFG 79, 110. Die Behörde entscheidet nach pflichtgemäßem Ermessen („regelmäßig"). Bei der Anwendung dieser Vorschriften sind die allgemeinen **Ermessensgrenzen** des Übermaßverbots und der Zumutbarkeit zu beachten, vgl hierzu BFH BStBl 87, 286. Unzumutbar ist zB die Benennung, wenn der Stpfl begründete Furcht vor Gewalttaten hat, falls der Empfänger von der Finanzverwaltung herangezogen wird, FG Hessen EFG 81, 571. Der Abzug von Betriebsausgaben ist aber wegen Nichtbenennung des Empfängers auch dann zu versagen, wenn der Stpfl die Geschäfte nur unter ungewöhnlichen Marktbedingungen abschließen konnte, BFH BStBl 81, 333. FA handelt ermessensfehlerhaft, wenn es trotz Benennung den Abzug versagt, FG Münster EFG 80, 159. Wenn feststeht, daß der Empfänger der Leistung diese ordnungsgemäß versteuert oder wenn er im Inland nicht steuerpflichtig ist, so dürfte von dieser Vorschrift regelmäßig kein Gebrauch gemacht werden. Das Verlangen nach genauer Empfän-

§ 160

gerangabe ist nicht deshalb fehlerhaft, weil davon auszugehen ist, daß dem Steuerpflichtigen irgendwelche Betriebsausgaben entstanden sein müssen. Auf die Empfängerbezeichnung kann nur dann verzichtet werden, wenn dieser mit an Sicherheit grenzender Wahrscheinlichkeit im Inland **nicht steuerpflichtig** ist, BFH BStBl 86, 318. Die bloße Möglichkeit einer im Inland für den Empfänger nicht bestehenden Steuerpflicht reicht allein nicht aus, um von den Rechtsfolgen des § 160 abzusehen, BFH BStBl 86, 318.

Die Vorschrift kann bei der Festsetzung von Ertragsteuern nicht auf **Schulden** angewendet werden, deren Ansatz sich in der Jahresbilanz erfolgsneutral vollzogen hat, BGH BStBl 88, 759. Es ist nicht der Sinn der Vorschrift, beliebige, in der Vergangenheit liegende steuerliche Unregelmäßigkeiten eines Darlehensgebers durch eine Steuererhöhung beim Darlehensnehmer auszugleichen. Eine verdeckte Betriebseinnahme kann steuerrechtlich auch dann nicht gem § 160 erfaßt werden, wenn sie als zugeflossenes Darlehen bezeichnet wird. Rechtsgrundlage für eine Zuschätzung ist nur § 162, BGH BStBl 88, 759. Nach Auffassung von *Baur* (aaO) kann § 160 weder auf fingierte noch auf echte Darlehenszuflüsse mit der Folge angewendet werden, daß die Zuflüsse beim Darlehensnehmer gewinnerhöhend zugerechnet werden, wenn dieser dem Benennungsverlangen des FA nicht entspricht. Falls auszuschließen ist, daß der Zahlungsempfänger usw die Zahlung usw nicht richtig versteuert, ist Verlangen der FinBeh nach Benennung uU ermessensfehlerhaft (BFH BStBl 52, 275; BStBl 56, 206), so auch *Koch* Tz 4; *TK* Anm 2; *Schwarz/ Frotscher* Tz 4. Das Verlangen, den Zahlungsempfänger zu benennen ist rechtmäßig, wenn kein Anhaltspunkt dafür besteht, daß der Empfänger nicht stpfl ist oder die Zahlungen ordnungsgemäß versteuert hat, BFH BStBl 83, 654. Das Verlangen als solches ist kein selbständiger Verwaltungsakt, sondern eine Vorbereitungsmaßnahme für einen zu erlassenden Verwaltungsakt, BFH BStBl 86, 537; BStBl 88, 927. Es fehlt insoweit an dem Merkmal der **rechtlichen Regelung.** Das Benennungsverlangen ist unselbständiger Bestandteil der Steuerfestsetzung ohne Regelungscharakter. Es ist als solches auch nicht nach §§ 328 ff erzwingbar (BFH BStBl 81, 333; *HHSP* Anmerkung 25; *Kühn/Kutter/Hofmann* Anmerkung 9). Entscheidung über die Abzugsfähigkeit von BetrAusgaben kann im Rahmen der **Anfechtungsklage** gegen die StFestsetzung nach Maßgabe des § 102 FGO überprüft werden; es handelt sich insoweit um eine Ermessensentscheidung, FG Hbg EFG 79, 66. Hierbei ist die Rechtmäßigkeit des Verlangens als auch die Versagung des Abzugs von Ausgaben und Schulden zu prüfen, BFH BStBl 88, 927. Die Ermessensentscheidung kann, wie sich aus § 96 FGO ergibt, vom Gericht getroffen werden, FG Homburg aaO. Grundsätzlich ist es dem auskunftspflichtigen Stpfl jedoch in jedem Fall zuzumuten, daß er den Empfänger usw benennt; hat er sich auf unsaubere Geschäfte eingelassen, muß er ggf auch nachteilige steuerl Folgen in Kauf nehmen, BFH BStBl 57, 364; BStBl 56, 206. Von der Rechtsfolge des § 160 kann nur **ausnahmsweise abgesehen** werden. Auskünfte werden jeweils von dem Beteiligten verlangt, der über die erforderlichen Kenntnisse verfügt, insbesondere dann, wenn die Informationsbeschaffung in seiner Sphäre liegt. Nach § 90 II ist bei Sachverhalten mit Auslandsberührung die Informationsbeschaffung Sache des Steuerpflichtigen, der die Verhältnisse gestaltet, BFH BStBl 86,

3. Abschnitt. Festsetzungs- und Feststellungsverfahren § 160

318. Der Zumutbarkeit sind jedoch zB bei **Schmiergeldzahlungen** an Ausländer Grenzen gesetzt, vgl *Klinger* DB 63, 245. **Schmiergeldzahlungen im Ausland** sind nicht grundsätzlich sittenwidrig, BGH ZIP 80, 1088. Schmiergelder, die auf **Auslandsgeschäftsreisen** für beschränkt Stpfl aufgewendet werden, sind auch dann als **Betriebsausgaben** anzuerkennen, wenn der Stpfl die Empfänger nicht namentlich bezeichnet und auch keine besonderen Aufzeichnungen iSd § 4 VI EStG führt, FG Hessen EFG 78, 160. Auf **Verschulden** des Stpfl kommt es nicht an, zB wenn er den Empfänger nicht kennt, weil dieser ihm einen falschen Namen genannt hat. Wenn die Existenz des Empfängers nicht feststellbar ist, fehlt es an der genauen Bezeichnung, BFH BStBl 72, 442. Der Nichtbenennung steht es gleich, wenn der Stpfl erklärt, er habe mit einer ihm **unbekannten Person** abgeschlossen, BFH BStBl 63, 342. Die Angaben des Steuerpflichtigen sind dann ausreichend, wenn sie das FA in die Lage versetzen, eigene erfolgversprechende Ermittlungen anzustellen. Wenn der **Stpfl** den Zahlungsempfänger **benennt**, das FA sich damit begnügt und die Aufwendungen zum Abzug zuläßt, so soll es an diese seine Ermessensentscheidung **gebunden** sein und den Bescheid nicht nach § 173 I 1 ändern können, wenn sich herausstellt, daß der **Name** des Empfängers **fingiert** ist, FG D'dorf EFG 78, 108; diese Entscheidung erscheint bedenklich, weil sie gegen den Grundsatz verstößt, daß niemand sich auf sein eigenes unredliches Verhalten berufen kann. Zur Bedeutung des § 160 insb zur Frage der Nichtanerkennung von Betriebsausgaben vgl *Padberg* FR 77, 566 und 591. Als Empfänger kann uU anstelle der ausländischen Domizilgesellschaft die hinter ihr stehende Person anzusehen sein, BFH BStBl 87, 481. Angabe des Gläubigers oder Empfängers kann noch im **finanzgerichtl Verfahren nachgeholt** werden, vgl *TK* § 96 FGO Tz 6; vgl auch *Padberg* StuW 78, 47.

2. Auch hier bleibt § 102 (Auskunftsverweigerungsrecht zum Schutz bestimmter Berufsgeheimnisse) unberührt (vgl hierzu Erläuterung zu § 159). Dies ist durch das **StBereinigG** – allerdings mit Wirkung ab **1. 1. 87** – klargestellt worden. Steht fest, daß die Ausgaben tatsächlich gemacht worden sind, ist es uU ermessensfehlerhaft, wenn FA trotzdem Zurechnung vornimmt; aA *TK* Tz 4; *Schwarz/Frotscher* Tz 7. Zu beachten ist, daß zB die Angehörigen der **steuerberatenden Berufe** die Vorlage von Urkunden usw, die für den Stpfl aufbewahrt werden, nicht verweigern können, dh weigern sie sich trotzdem, kann von der Hinzuschätzung Gebrauch gemacht werden. Für **Journalisten** usw, die nach § 102 I Nr 4 ebenfalls ein Auskunftsverweigerungsrecht haben, ist in § 102 I Nr 4 ausdrücklich bestimmt, daß § 160 unberührt bleibt, dh trotz des Gebrauchmachens von einem Recht kann das FA Hinzurechnung nach § 160 vornehmen; dies gilt selbst dann, wenn an den Angaben der Auskunftsperson keine Zweifel bestehen, denn die Vorschrift dient auch dazu, Dritte steuerlich zu kontrollieren (amtl Begründung zum RStBl 34, 1420), vgl auch BFH BStBl 55, 30. Anders § 16 AußenStG, bei dem es nur um die richtige Besteuerung im Inland geht. § 102 wird aber im Zusammenhang mit § 160 nur selten praktisch werden.

3. Zu den **verfassungsrechtlichen** Bedenken gegen diese Bestimmung vgl *Scheuffele* FR 1971, 259 ff, der darauf hinweist, daß § 160 eigentlich straf- oder bußgeldrechtlichen Charakter habe.

§ 161 Fehlmengen bei Bestandsaufnahmen

¹Ergeben sich bei einer vorgeschriebenen oder amtlich durchgeführten Bestandsaufnahme Fehlmengen an verbrauchsteuerpflichtigen Waren, so wird vermutet, daß hinsichtlich der Fehlmengen eine Verbrauchsteuer entstanden oder eine bedingt entstandene Verbrauchsteuer unbedingt geworden ist, soweit nicht glaubhaft gemacht wird, daß die Fehlmengen auf Umstände zurückzuführen sind, die eine Steuer nicht begründen oder eine bedingte Steuer nicht unbedingt werden lassen. ²Die Steuer gilt im Zweifel im Zeitpunkt der Bestandsaufnahme als entstanden oder unbedingt geworden.

Nach den **Verbrauchsteuergesetzen** sind die Betriebsinhaber und die sog begünstigten Verwender verpflichtet, Anschreibungen über den Zu- und Abgang verbrauchsteuerpflichtiger Waren zu führen zum Charakter von **Bestandsaufnahme** BFH HFR 82, 395. § 161 stellt eine **Vermutung** auf, falls der sich aus den Anschreibungen ergebende Sollbestand nicht mit dem Istbestand übereinstimmt. Es wird vermutet, daß insoweit, als sich Fehlmengen ergeben, eine Verbrauchsteuer entstanden oder daß eine nur bedingt entstandene Verbrauchsteuer (§ 50) unbedingt geworden ist. Der Steuerpflichtige kann diese **Vermutung entkräften**: Glaubhaftmachung reicht aus, hierfür genügt ein geringerer Grad von Wahrscheinlichkeit als zum Beweis, BFH HFR 81, 406. Zweifel gehen zu Lasten des Stpfl, BFH HFR 81, 406. Es handelt sich hier um eine gesetzliche **Umkehr der Beweislast**. Bescheid, daß keine VerbrauchSt entstanden ist, ist StBescheid und unterliegt insoweit den Berichtigungsvorschriften für StBescheide; §§ 130, 131 sind nicht anzuwenden, vgl. BFH BStBl 61, 9. Eine Fehlmengenbesteuerung kann nicht darauf gestützt werden, daß sich bei einer im Anschluß an die Bestandsaufnahme durchgeführten Bp Fehlbestände an verbrauchsteuerpflichtigen Waren ergeben, FG Hessen EFG 83, 374.

§ 162 Schätzung von Besteuerungsgrundlagen

(1) ¹Soweit die Finanzbehörde die Besteuerungsgrundlagen nicht ermitteln oder berechnen kann, hat sie sie zu schätzen. ²Dabei sind alle Umstände zu berücksichtigen, die für die Schätzung von Bedeutung sind.

(2) ¹Zu schätzen ist insbesondere dann, wenn der Steuerpflichtige über seine Angaben keine ausreichenden Aufklärungen zu geben vermag oder weitere Auskunft oder eine Versicherung an Eides Statt verweigert oder seine Mitwirkungspflicht nach § 90 Abs. 2 verletzt. ²Das gleiche gilt, wenn der Steuerpflichtige Bücher oder Aufzeichnungen, die er nach den Steuergesetzen zu führen hat, nicht vorlegen kann oder wenn die Buchführung oder die Aufzeichnungen der Besteuerung nicht nach § 158 zugrunde gelegt werden.

(3) In den Fällen des § 155 Abs. 2 können die in einem Grundlagenbescheid festzustellenden Besteuerungsgrundlagen geschätzt werden.

Abs 3 angefügt durch Gesetz v 20. 8. 80, BGBl I, 1545.

Schrifttum: *Reichel* Schätzung bei formell ordnungsmäßiger Buchführung, BB 83, 1272; *ders.* Die Abgabenordnung kennt keinen Schätzungszwang, BB 82, 1981;

3. Abschnitt. Festsetzungs- und Feststellungsverfahren **§ 162**

Apitz Schätzungen im Rahmen einer Außenprüfung, DStR 85, 304; *Schuhmann* Billigkeitsmaßnahmen im Lohnsteuerverfahren, Stellungnahme zu Schick, DB 84, 733; 85, 184; *ders* Schätzung der Besteuerungsgrundlagen unter dem Vorbehalt der Nachprüfung, DStZ 86, 161; *Rößler* Tatsächliche Verständigung in Schätzungsfällen, BB 86, 1075; *Gosch* Erlaß und Pauschalierung nach §§ 34c Abs 5, 50 Abs 7 EStG als Billigkeitsmaßnahme, DStZ 88, 136; *Rößler* Zur Schätzung wegen Nichtabgabe der Steuererklärungen, DStZ 88, 199.

Übersicht

1. Inhalt
2. Umstände, die für die Schätzung von Bedeutung sind
3. Unsicherheitszuschlag
4. Voraussetzungen im Einzelnen
5. Einzelne Schätzungsgründe
6. Anhörungsrecht
7. Vereinfachungsschätzung
8. Abs 3: Fehlen eines Grundlagenbescheides

1. Inhalt. Die Fassung entspricht mit geringen Abweichungen dem § 217 RAO. Nur soweit die FinBeh die **Besteuerungsgrundlagen** nicht ermitteln oder berechnen kann, sind diese zu **schätzen.** Die hM versteht unter **Besteuerungsgrundlagen** auch die **Fakten** des Sachverhalts, *TK* (Tz 2) dagegen nur die **Berechnungsgrundlagen** einer Steuer. Auch bei Schätzung nicht angemeldeter **LSt** dürfen nur die **Besteuerungsgrundlagen** geschätzt werden; Schätzung soll unter Vorbehalt der Nachprüfung ergehen, OFD Bremen StEK § 162 Nr 1. **Teilschätzung** ist möglich, sogar zwingend vorgeschrieben, wenn sich die fehlende Ermittlungsmöglichkeit nur auf einen Teilkomplex bezieht, „soweit". Nicht erforderlich ist, daß die Ermittlung überhaupt unmöglich ist. Die FinBeh hat nur im Rahmen des ihr **Zumutbaren** die Besteuerungsgrundlagen zu ermitteln (vgl § 88 I 3). Nur wenn es ihr innerhalb angemessener Zeit nicht möglich ist, diese Ermittlungen durchzuführen, kann sie von der Möglichkeit der Schätzung Gebrauch machen. Hierbei hat sie **alle Umstände** zu **berücksichtigen,** die für die Höhe der Steuerschuld entscheidend sein können. Das Schätzungsergebnis soll dem wahren Sachverhalt möglichst nahe kommen. Schätzungen dürfen keinen **Strafcharakter** haben. Wenn mit Sicherheit nachzuweisende Mehreinnahmen auf weitere unverbuchte Betriebsergebnisse schließen lassen, muß der Stpfl allerdings hinnehmen, daß die darin liegende Unsicherheit mit einem **Zuschlag** ausgeglichen wird, *Erhard* Steuerliche Bp 4. Aufl. S 300. Auch der beruflich bedingte Anteil an **Gesprächsgebühren** eines privaten **Telefonanschlusses** kann geschätzt werden, BFH BStBl 79, 149; der Stpfl trägt insoweit die objektive Beweislast. Umstritten ist, ob **Schätzung** der **Vorsteuern** zulässig ist oder nur im Rahmen von Billigkeitsmaßnahmen vorgenommen werden kann; bejahend BdF; Hess FG, EFG 76, 426; verneinend FG RhPf EFG 75, 608; FG Münster EFG 77, 140; unentschieden FG SchlHol EFG 77, 406. Eine Schätzung von **Vorsteuerbeträgen** ist nicht zulässig, wenn die materiell-rechtl Voraussetzungen für einen Vorsteuerabzug nach § 15 I Nr 1 UStG 67 nicht gegeben sind. Hierzu gehört auch, daß die USt gesondert in Rechnung gestellt worden ist, FG Hbg EFG 80, 103. Beweislast liegt beim Stpfl für das Vorliegen der Voraussetzungen für den Vorsteuerabzug BFH BStBl 79,

§ 162   4. Teil. Durchführung der Besteuerung

345; es besteht kein Anspruch auf Vorsteuerabzug, wenn auf Scheinfirma lautende Rechnungen vorgelegt werden. BFH BStBl 79, 345.

2. Abs 1 S 2. Bei der Schätzung sind **alle Umstände** zu berücksichtigen, die für die Schätzung von Bedeutung sind, vgl BFH BStBl 67, 686. Auch hier ist der Grunds der **Verhältnismäßigkeit** zu beachten. Die Ersetzung einer **Schätzungsveranlagung** durch eine höhere Schätzungsveranlagung nach § 173 I Nr 1 ist nur im Ausmaß der nachträglich bekanntgewordenen Schätzungsunterlagen zulässig, BFH BStBl 84, 504. FinBeh braucht sich die Zahlen nicht aus den Unterlagen des Stpfl herauszusuchen, BFH BStBl 59, 16. Andererseits werden große Anforderungen an die Ermittlungspflicht des FA gestellt, jedenfalls dann, wenn der Stpfl substantiierte Behauptungen aufstellt, zB Spielgewinne (BFH StRK AO § 217 RAO R 45), evtl müssen Zahlungsempfänger vernommen werden, BFH StRK § 217 RAO R 42. Ungeeigneten Beweisanträgen braucht nicht nachgegangen zu werden. BFH HFR 64, 437. Das Gesetz verlangt im übrigen nur, daß alle Umstände berücksichtigt, nicht, daß sie zugrundegelegt werden müssen. Es soll jedoch auch vermieden werden, daß der nachlässige Stpfl besser wegkommt als der ordentliche. Fehlende Möglichkeit der Sachaufklärung darf sich zuungunsten des Stpfl auswirken, andererseits darf FinBeh auch nicht bewußt zu hoch schätzen, um den Stpfl zu strafen, vgl RFH RStBl 35, 898, BFH BStBl 67, 349, BStBl 67, 687, wobei auch der Grad des Verschuldens des Stpfl berücksichtigt werden kann. BFH BStBl 67, 349. Nach Auffassung von *Schuhmann* (aaO) setzt § 162 anders als § 164 eine vollständige Erfüllung der dem FA obliegenden Ermittlungs- und Prüfungspflicht voraus. Daher bestehe für eine generelle **Vorbehaltsfestsetzung** von derartig geprüften Schätzungsfällen kein Raum, weil § 164 nur die nicht geprüften Sachverhalte erfassen wolle. Vorbehaltsschätzungen seien daher nur zulässig, wenn sich für eine zutreffende Schätzung keine oder kaum ausreichende Anhaltspunkte aus den Steuerakten ergeben oder eine Außenprüfung vorgesehen sei. Diese Auffassung erscheint überspitzt. § 164 setzt nur voraus, daß der Steuerfall nicht **abschließend** geprüft ist. Von einer derartigen abschließenden Prüfung kann bei einer Schätzung nach § 162 jedoch kaum gesprochen werden. Bei geringfügigen Mängeln der Buchführung kann uU **ergänzende Schätzung** vorgenommen werden, BFH BStBl 55, 393. Welche **Schätzungsmethode** angewendet wird, richtet sich nach den Verhältnissen im Einzelfall. Schätzungsanlaß und Schätzungshöhe müssen so begründet werden, daß ihre Nachprüfung möglich ist. Das zahlenmäßige Ergebnis der Schätzung muß auf einen möglichen inneren Zusammenhalt hin kontrollierbar sein. In Betracht kommen der innere und äußere **Betriebsvergleich,** Anwendung von **Richtsätzen** für Betriebe bis 12000 DM Gewinn aus Gewerbe, Schätzung einzelner Bilanzposten wie Rohgewinn, Kasseneinnahmen, Privatentnahmen usw. Hierbei ist zu beachten, daß beim äußeren Betriebsvergleich beachtliche Unterschiede auftreten können. Lebensaufwand vgl BFH BStBl 74, 591. **Abweichung** von amtlichen **Richtsätzen** berechtigt auch dann nicht zur Schätzung, wenn deren Anwendung auf wesentl kleinere Betriebe als den Stpfl begrenzt ist, BFH BStBl 78, 278. Das Unterschreiten des untersten Rohgewinnsatzes der **Richtsatzsammlung** rechtfertigt bei formell ordnungsgemäßer Buchführung eine Schätzung nur dann, wenn das FA kon-

3. Abschnitt. Festsetzungs- und Feststellungsverfahren **§ 162**

krete Hinweise auf die **sachliche Unrichtigkeit** der Buchführung geben kann oder der Stpfl selbst Unredlichkeiten zugesteht, BFH BStBl 84, 88. Über **Schätzungsmethoden** vgl *Mittelbach* StBp 62, 60; *Mathiak* StuW 76, 30; vgl auch BFH StRK AO § 217 R 21, R 22, R 46; BFH HFR 65, 472.

3. Bei der Schätzung kann die FinBeh auch berücksichtigen, auf welchen Umständen die verbleibende Ungewissenheit beruht. Hat der **Steuerpflichtige** die Schätzung **verschuldet,** so wird die FinBeh regelmäßig berechtigt sein, diesen Umstand zu Lasten des Stpfl bei der Schätzung zu berücksichtigen (vgl zur belastenden Unterstellung *BRK* § 217 RAO Anm 1, 2). Schätzungen und Unsicherheitszuschläge müssen in sich schlüssig und ihre Ergebnisse wirtschaftlich vernünftig und möglich sein. Bei einer geringen Hinzuschätzung dürfen indes die Anforderungen an die Begründung nicht überspannt werden. Schwerwiegende **Buchführungsmängel** rechtfertigen ein verhältnismäßig grobes Schätzungsverfahren, BFH BStBl 82, 413. Schätzung darf allerdings **nicht** zu einer **StrafSt** führen, jedoch ist ein **Unsicherheitszuschlag** angebracht, s *TK* Tz 6. Die Hinzuschätzung von Unsicherheitszuschlägen ist nur zulässig, wenn zur Begründung nachprüfbare Anhaltspunkte festgestellt werden, FG Berlin EFG 83, 32.

4. Voraussetzungen im einzelnen: **Abs 2** bringt nur Beispiele. Er setzt das Vorliegen des Abs 1 voraus. Bei den in Abs 2 genannten Fällen ist die Ungewißheit vom Steuerpflichtigen verschuldet oder mindestens verursacht worden, zB bei nicht ausreichender Aufklärung, Verweigerung einer **Versicherung an Eides Statt,** Verletzung der Mitwirkungspflicht nach § 90 II, Nichtvorlage von **Büchern** und Aufzeichnungen oder sachliche **Mängel** in der **Buchführung,** vgl § 158. Wenn die **Herkunft** eines bestimmten **Vermögens** nicht aufgeklärt werden kann, die Buchführung des Steuerpflichtigen aber ordnungsmäßig ist, so ist nach den Grundsätzen der objektiven Beweislast darüber zu befinden, wer den Nachteil der Unaufgeklärtheit des Sachverhalt zu tragen hat, BFH BStBl 86, 732. Ein Steuerpflichtiger muß für seine privaten Sparkonten weder eine Buchführung einrichten noch einen Richtigkeitsnachweis erbringen. Ebensowenig besteht ein Rechtsgrund für die Annahme, daß alle Einzahlungen, für die kein Buch- oder Richtigkeitsnachweis erbracht wird, als aus einkommensteuerpflichtigen Einkünften stammen gelten. Den Steuerpflichtigen trifft nicht die Verpflichtung, einen in sich geschlossenen Nachweis über die **Herkunft** seines **Privatvermögens** zu führen. Der Steuerpflichtige trägt die objektive Beweislast in der Regel nur dann, wenn mit einer dem Einzelfall angepaßten Vermögenszuwachs und Geldverkehrsrechnung ein **ungeklärter Vermögenszuwachs** oder Ausgabenüberschuß aufgedeckt wird. Auf die Aufstellung einer Vermögenszuwachs- oder Geldverkehrsrechnung kann nur dann verzichtet werden, wenn die Verhältnisse einfach gelagert und leicht überschaubar sind, zB wenn der Steuerpflichtige Einkünfte nur aus einer Quelle bezieht und diese durch Einnahmeüberschußrechnung nach § 4 III EStG ermittelt, BFH aaO. Gesetzl Schätzungsregeln finden sich in § 1 III AußenStG, § 11 II 2 BewG. Nicht nur Quantitäten, sondern auch Sachverhalte können geschätzt werden, zB die Frage, ob jemand einen Gewerbebetrieb hat uä, aA *TK* Tz 1. Keine Schätzung für ein in Wirklichkeit nicht vorliegendes Tatbestandsmerkmal als vorliegend, vgl

§ 162   4. Teil. Durchführung der Besteuerung

TK § 162 Tz 1, 2. **Anteil** von **TelefKosten** für berufl Gespräche vom privaten Telefon kann geschätzt werden, BFH BStBl 78, 287. Nach RFH RStBl 37, 1088 gibt es eine Schätzung dem Grunde nach. Bei der Auslegung der Vorschrift wird nicht immer sauber getrennt zwischen Schätzung und Beweiswürdigung.

5. Einzelne Schätzungsgründe. a) Unzureichende Sachaufklärung durch den Stpfl, zB indem er keine StErklärung abgibt oder weitere Auskünfte verweigert, vgl RFH RStBl 31, 672. Das Fehlen von Erklärungsfristen hindert das FA nicht daran, ggf die Besteuerungsgrundlagen zu schätzen, FG RhPf EFG 81, 62. Bei Verweigerung einer eidesstattlichen Versicherung vgl § 95. Es müssen aber im übrigen immer alle Voraussetzungen des Abs 1 vorliegen, dh die FinBeh muß außerstande sein, die Besteuerungsgrundlagen zu ermitteln. Die FinBeh braucht aber nur zu ermitteln, soweit es den Umständen nach **erforderlich** und **zumutbar** ist. Sie kann von der Schätzung Gebrauch machen, auch bevor sie Zwangsmittel angedroht oder Dritte um Auskunft ersucht hat. **b) Nichtvorlage von Büchern und Aufzeichnungen** (BFH BStBl 61, 321; BStBl 61, 144). Aus welchem Grund Stpfl Bücher und Aufzeichnungen nicht vorlegen kann, ist nicht entscheidend. Trifft ihn daran jedoch kein Verschulden, zB bei Hochwasserschäden uä, darf die Nichtvorlage nicht zu Lasten des Stpfl berücksichtigt werden. Bei buchführungspflichtigen **Landwirten,** die keine Bücher und Aufzeichnungen führen, ist für die Veranlagungsstelle des FA die Schätzung nach **Richtsätzen,** die bei einer Vielzahl buchführender Vergleichsbetriebe ermittelt werden, in der Regel die brauchbarste Methode in einer Höhe zu schätzen, die dem wirklichen Gewinn möglichst nahekommt, BFH BStBl 85, 252. **c) Buchführung ist sachlich unrichtig,** vgl § 158, und kann nicht der Besteuerung zugrundegelegt werden. Bei Nachkalkulation sind an den Nachweis der nicht ordnungsmäßigen Buchführung strenge Anforderungen zu stellen, BFH BStBl 70, 838. Beim Vergleich mit anderen Betrieben ist zu berücksichtigen, daß Rohgewinn, je nach Branche und Betriebsstruktur außerordentlich unterschiedlich sein kann, vgl RFH RStBl 24, 120, RStBl 36, 996, RStBl 37, 317; BFH 53, 323, BStBl 64, 381. Eine **Nachkalkulation** kann den Nachweis erbringen, daß selbst ein formell ordnungsmäßig ermitteltes Buchführungsergebnis unrichtig ist. Bei Handelsbetrieben ist hierfür eine ausreichende Aufgliederung des Wareneinsatzes und eine sorgfältige Ermittlung der Aufschlagsätze erforderlich. Der Stpfl ist nicht verpflichtet, selbst eine Nachkalkulation zu erstellen; er muß aber gezielte Fragen, zB nach Einkaufspreisen, beantworten und weitere sachdienliche Unterlagen vorlegen. Erstellt das FA eine Nachkalkulation ohne Mitwirkung des Stpfl, sind diesem auf Verlangen die Kalkulationsgrundlagen offenzulegen, BFH BStBl 82, 430.

6. Stpfl hat vor Schätzung grundsätzlich **Anhörungsrecht,** § 91. Stpfl muß Richtigkeit der Schätzung substantiiert bestreiten, BFH BStBl 61, 322. Schätzung ist vom Gericht voll überprüfbar, weil sie keine Ermessensentscheidung ist (BFH BStBl 68, 332), gewisse Unsicherheiten müssen aber in Kauf genommen werden. An die von der FinBeh angewandte Schätzungsmethode ist das FG nicht gebunden (*Tipke* VerwArch Bd 60, 137, 145). Andererseits ist die Anwendung einer anderen Schätzungsmethode durch die FinBeh keine neue Tatsache, BFH BStBl 61, 322.

3. Abschnitt. Festsetzungs- und Feststellungsverfahren § 163

7. Die Regelung über die sog **Vereinfachungsschätzung** nach § 217 III RAO ist nicht übernommen worden.

8. Abs 3: Fehlen eines Grundlagenbescheides. Wenn und soweit noch ein Grundlagenbescheid fehlt, so muß die im Grundlagenbescheid festzustellende Besteuerungsgrundlage gemäß Abs 3 geschätzt werden, BFH BStBl 86, 584.

§ 163 Abweichende Festsetzung von Steuern aus Billigkeitsgründen

(1) ¹Steuern können niedriger festgesetzt werden, und einzelne Besteuerungsgrundlagen, die die Steuer erhöhen, können bei der Festsetzung der Steuer unberücksichtigt bleiben, wenn die Erhebung der Steuer nach Lage des einzelnen Falles unbillig wäre. ²Mit Zustimmung des Steuerpflichtigen kann bei Steuern vom Einkommen zugelassen werden, daß einzelne Besteuerungsgrundlagen, soweit sie die Steuer erhöhen, bei der Steuerfestsetzung erst zu einer späteren Zeit und, soweit sie die Steuer mindern, schon zu einer früheren Zeit berücksichtigt werden. ³Die Entscheidung über die abweichende Festsetzung kann mit der Steuerfestsetzung verbunden werden.

(2) ¹Die Befugnisse nach Absatz 1 stehen der obersten Finanzbehörde der Körperschaft, die die Steuer verwaltet, oder den von ihr bestimmten Finanzbehörden zu. ² § 203 Abs. 5 des Lastenausgleichsgesetzes bleibt unberührt.

Schrifttum: *Lohmeyer* Die abweichende Festsetzung von Steuern aus Billigkeitsgründen, DStZ 82; 257*Schick* Billigkeitsmaßnahmen im Lohnsteuerverfahren, BB 84, 733; *Gosch* Erlaß und Pauschalierung §§ 34c Abs 5, 50 Abs 7 EStG als Billigkeitsmaßnahme, DStZ 88; 136.

Übersicht

1. Inhalt
2. Steuerliche Nebenleistungen
3. Anwendung auf Steuervergütungen
4. Begriff der Billigkeit
5. Sachliche und Persönliche Unbilligkeit
6. Einzelne sachliche Unbilligkeitsgründe
7. Persönliche Billigkeitsgründe
8. Niedrigere Steuerfestsetzung
9. Spätere Berücksichtigung steuererhöhender Besteuerungsgrundlagen
10. Form und Inhalt der Billigkeitsverfügung
    a) Form
    b) Nebenbestimmungen
11. Ermessensentscheidung
12. Unanfechtbarkeit
13. Antrag
14. Zeitpunkt der Unbilligkeit
15. Rechtsbehelf
16. Zuständigkeit
17. Richtlinien
18. Billigkeitsregelungen in Einzelsteuergesetzen

§ 163
4. Teil. Durchführung der Besteuerung

1. Inhalt. Wegen der in der AO vorgenommenen Trennung zwischen dem **Festsetzungs-** und dem **Erhebungsverfahren** mußte der Inhalt des § 131 RAO aufgeteilt werden. § 163 bezieht sich auf Billigkeitsmaßnahmen, die bereits bei der Steuerfestsetzung getroffen werden. Die Parallelvorschrift für das Erhebungsverfahren ist **§ 227 (Erlaß)**. § 163 dürfte vorwiegend bei **sachlicher Unbilligkeit** in Betracht kommen; bei persönlicher Unbilligkeit wird regelmäßig nach § 227 zu verfahren sein. Es kann aber auch Fälle geben, in denen schon bei der Festsetzung der Steuer erkennbar ist, daß die spätere Erhebung der Steuer unbillig sein wird, etwa weil der Stpfl unverschuldet in eine finanzielle Notlage gekommen ist. Dies kann auch schon nach § 163 berücksichtigt werden. Die FinBeh ist nicht gehalten, eine Steuer zunächst festzusetzen, von der feststeht, daß sie später doch erlassen werden müßte. Für Entscheidung nach § 163 ist immer dann Raum, wenn das StFestsetzungsverfahren noch nicht rechtskräftig abgeschlossen ist. § 227 ist anzuwenden, wenn eine bereits verbindlich festgesetzte Steuer nicht erhoben werden soll, FG Berlin EFG 79, 395. § 163 I 1 ist anders als § 131 I 2 **nicht** mehr **auf Besitz- und VerkehrSt beschränkt**, er kann daher auch bei **Zöllen** und **VerbrauchSt** angewendet werden, vgl *Riedmaier* Grundsätze der Billigkeit im Zoll- und Verbrauchsteuerrecht, ZfZ 77, 101. Das Zollgemeinschaftsrecht geht als supranationales Recht dem nationalen Recht vor, vgl *Krockauer* Zollwert-Gemeinschaftsrecht und Abgabenordnung 1977, ZfZ 77, 75; EuGH NJW 77, 1584. Billigkeitsmaßnahmen nach § 163 dürfen entgegen BFH BStBl 75, 106 auch bei der Festsetzung von **Einheitswerten** zulässig sein, so auch *TK* Tz 2.

2. Steuerliche Nebenleistungen. Die Vorschrift erwähnt nicht die steuerlichen Nebenleistungen, dh Verspätungszuschläge, Zinsen, Säumniszuschläge, Zwangsgelder und Kosten (§ 3 III). Die §§ 155 bis 217 sind auf steuerl Nebenleistungen nur anzuwenden, soweit dies besonders bestimmt ist, § 1 III 2. Etwas besonders bestimmt ist nur in § 239 I 1 für die **Zinsen**, so daß von deren Festsetzung ebenfalls aus Billigkeitsgründen abgesehen werden kann. Bei den anderen Nebenleistungen handelt es sich entweder um solche, bei denen Billigkeitsgründe bereits bei der Ausübung des Ermessens berücksichtigt werden können (zB Verspätungszuschläge, Zwangsgelder), teils um solche, bei denen ggf durch einen Erlaß nach § 227 unbillige Ergebnisse vermieden werden können. Hinzu kommt, daß zB Säumniszuschläge kraft Gesetzes entstehen, ohne daß sie festgesetzt werden, so daß insoweit bereits die Anwendung des § 163 nicht in Betracht kommen kann.

3. Anwendung der Vorschrift auf Steuervergütungen. Nach **§ 155 VI (neu)** sind die für die Steuerfestsetzung geltenden Vorschriften sinngemäß auf die Festsetzung einer **Steuervergütung** anzuwenden. Zollvergütungen und Verbrauchsteuervergütungen können, wie schon nach bisherigem Recht, auch aus Billigkeitsgründen gewährt werden, wenn zwar die sachlichen Voraussetzungen für die Vergütung gegeben sind, aber gewisse formelle Mängel vorliegen. Das gleiche gilt im Agrarrecht der EG. Die **Prämiengesetze und Investitionszulagengesetze** sehen die Anwendung der Vorschriften über die Steuervergütung auf die Prämien- und Zulagengesetze vor. Die Anwendung des **§ 163** ist jedoch in diesen Bestimmungen **ausdrücklich ausgeschlossen.** Eine **Investitionszulage** kann **nicht** aus **Bil-**

3. Abschnitt. Festsetzungs- und Feststellungsverfahren § 163

ligkeitsgründen gewährt werden, BFH BStBl 78, 272. **Nicht ausgeschlossen** ist dagegen die Anwendung des § 227, dh, daß auf Rückforderungsansprüche wegen zu Unrecht gewährter Investitionszulagen oder Prämien verzichtet werden kann.

4. Billigkeit ist Gerechtigkeit im Einzelfall, BFH BStBl 72, 83. Sie soll ein vom Gesetz gedecktes, aber vom Gesetzgeber nicht gewolltes Ergebnis vermeiden, vgl BFH BStBl 59, 69; BStBl 72, 503, 918. Tatbestand ist kaum konkreter zu fassen, weil jeweils auf den Einzelfall abzustellen ist. Grundsätze darüber, was unbillig ist, können je nach StArt verschieden sein, vgl BFH HFR 62, 276, zB können Unterschiede danach gemacht werden, ob der StSchuldner die Steuer noch überwälzen kann oder nicht. Dies gilt jedenfalls bei persönlichen Billigkeitsgründen, zB wegen schlechter Liquidität, BFH DStR 52, 448; BFH BStBl 69, 92; 400, 602; 72, 649. Aus **berichtigter Vorsteuer** stammende Umsatzsteuerschulden können weder aus **sachlichen** noch aus **wirtschaftlichen** Billigkeitsgründen erlassen werden. Die Zuwendung von Vorsteuerbeträgen stellt sich wegen des Gleichgewichts zwischen Vorsteuerabzug und Vorsteuerschulden als ungerechtfertigte Bereicherung des Leistungsempfängers dar, wenn der Leistungsempfänger durch Nichtzahlung dieses Gleichgewicht verändert (BFH BStBl 84, 71). Die Verwaltungspraxis geht allerdings davon aus, daß Steueransprüche jeglicher Art jedenfalls aus persönlichen Billigkeitsgründen ohne Ansehen ihrer Entstehung erlaßfähig sind. Die Auffassung, daß bei sog ObjektSt persönliche Billigkeitsgründe nicht zu berücksichtigen sind (so BVerwG DöV 59, 357), erscheint unzutreffend.

5. Sachliche und **persönliche Unbilligkeit.** Man unterscheidet zwischen sachlichen und persönlichen Billigkeitsgründen. **Sachliche** Unbilligkeit liegt vor, wenn nach dem erklärten oder mutmaßlichen Willen des Gesetzgebers angenommen werden kann, daß der Gesetzgeber die im Billigkeitsweg zu entscheidende Frage, hätte er sie geregelt, iS der Billigkeitsmaßnahme entschieden hätte, vgl BFH BStBl 73, 271. Hatte der Gesetzgeber die Härte allerdings gewollt oder in Kauf genommen, scheidet eine Billigkeitsmaßnahme aus (BFH 70, 503); sie kann nicht dazu dienen, das Gesetz zu korrigieren. Sachliche Unbilligkeit nur, wenn ein Überhang des gesetzlichen Tatbestandes über die Wertungen des Gesetzgebers feststellbar ist, BFH BStBl 73, 466, BStBl 75, 727; 79, 539. Wenn der Gesetzgeber Besteuerungsmaßnahmen angeordnet hat, obwohl in bestimmt gelagerten Fällen der Eintritt von Härten in der Sache selbst voraussehbar war, und sind diese Härten bei Erlaß des Gesetzes in Kauf genommen worden, so kann die Gewährung eines Steuererlasses wegen sachlicher Härte grundsätzlich nicht in Betracht gezogen werden (BFH BStBl 1967 III, 415). Eine Regelung, die der Gesetzgeber hätte abstrakt treffen können, fällt nicht unter § 163. Dieser meint vielmehr Einzelfälle, bei denen insbesondere das Ausmaß einer Billigkeitsmaßnahme nicht von vornherein festgelegt werden kann, BFH BStBl 70, 701. Dagegen stellt BFH BStBl 72, 918 darauf ab, ob es nach Lage der Verhältnisse unangebracht ist, eine nach dem Gesetz geschuldete Steuer zu erheben. UU kann ein unbilliges Ergebnis aber bereits durch **Auslegung des Gesetzes** vermieden werden, BFH BStBl 72, 806. Umstände, die bei der StFestsetzung durch **Auslegung** des StTatbestandes nach dem objektivierten Willen des Gesetzgebers nicht be-

§ 163   4. Teil. Durchführung der Besteuerung

rücksichtigt werden, die aber sich als Verstöße gegen fundamentale Gerechtigkeitsprinzipien darstellen, rechtfertigen einen Erlaß BFH BStBl 81, 505. ZB das entschuldbare Verhalten des Stpfl beim Entstehen der Steuer, ein ungerechtfertigtes Verhalten von Behörden als Ursache für das Entstehen der Steuer (*TK* § 227 Tz 28–32). Da Billigkeitsmaßnahmen bereits im Festsetzungsverfahren getroffen werden können, kann die Entscheidung über Billigkeitsmaßnahme nicht erst bis zum Abschluß eines Rechtsbehelfsverfahrens hinausgeschoben werden. Nach Unanfechtbarkeit der Entscheidung kann uE nunmehr nur noch ggf über einen Erlaß nach § 227 geholfen werden, ebenso *TK* Tz 7. Soweit das vom Stpfl angestrebte Ergebnis bereits im Auslegungswege hätte erreicht werden können, muß sich der Stpfl regelmäßig entgegenhalten lassen, er hätte die Gründe im Rechtsbehelfsverfahren geltend machen können (BFH BStBl 70, 503). Ein solcher Hinweis kann uU jedoch gegen Treu und Glauben verstoßen, wenn die Verwaltung den Stpfl zur Rücknahme eines Rechtsbehelfs veranlaßt hat mit der Begründung, die Gründe könnten nur im Billigkeitswege geprüft werden. Die Fassung bringt jedenfalls deutlich zum Ausdruck, daß Billigkeitserwägungen bereits bei der StFestsetzung zu berücksichtigen sind.

Die gesetzliche Ermächtigung in § 163 AO rechtfertigt es nur, im Einzelfall einen ungewollt über die **Wertungen** des Gesetzgebers **hinausgehenden Überhang** des gesetzlichen Tatbestandes auf das mit Sinn und Zweck des Steuergesetzes zu vereinbarende Maß zurückzuführen (BVerfG BStBl 1978 II, 441). Die Vorschrift des § 163 AO berechtigt aber **nicht** dazu, in einer die Wertung des Gesetzgebers **korrigierenden** Weise von einer dem Sinn und dem Zweck des Gesetzes entsprechenden Besteuerung abzusehen. Es ist zB Aufgabe des Gesetzgebers, eine von ihm gewünschte **Übergangsregelung** zu treffen, und das Fehlen einer Übergangsregelung regelmäßig nicht auf eine Gesetzeslücke, sondern auf einen bewußten Verzicht hindeutet und die Verwaltung auch im Rahmen der Ermächtigung zu einzelfallbezogener Billigkeitsentscheidung bei Vorliegen besonderer Ausnahmetatbestände gehindert ist, eine eigene generelle Regelung für alle von der Gesetzesänderung betroffenen Übergangsfälle zu schaffen. Allerdings kann es beim Gesetzesvollzug in besonders gelagerten Einzelfällen oder für eine Gruppe von Fällen zu einem mit der Verfassung nicht zu vereinbarenden Eingriff in **verfassungsrechtlich geschützte** Güter kommen, der ungeachtet eines entgegenstehenden Willens des Gesetzgebers eine Steuermilderung aus Billigkeitsgründen rechtfertigen kann (BVerfG BStBl 78 II, 441, 445 mit weiteren Nachweisen). Dies würde jedoch voraussetzen, daß die gesetzliche Regelung verfassungsrechtlich zu beanstanden ist und die Erhebung der Steuer im Einzelfall Folgen mit sich bringt, die unter Berücksichtigung der gesetzgeberischen Planvorstellungen nicht mehr gerechtfertigt sind (BVerfG aaO).

Das Fehlen einer **Übergangsregelung** ist verfassungsrechtlich nicht zu beanstanden, wenn es sich um eine sogenannte **unechte Rückwirkung** eines Steuergesetzes handelt, die nicht gegen das aus dem Rechtsstaatsgebot folgende Prinzip der Rechtssicherheit und des **Vertrauensschutzes** verstößt. Die Verfassung schützt nicht die bloße Erwartung, das geltende Steuerrecht werde fortbestehen, und macht Steuererhöhungen oder den Wegfall von Steuervergünstigungen auch dann nicht unzulässig, wenn die Betroffenen bei ihren Dispositionen in der Regel von der bisherigen

3. Abschnitt. Festsetzungs- und Feststellungsverfahren **§ 163**

Rechtslage ausgegangen sind (BVerfGE 27, 375, 385; BVerfGE 30, 250, 269).

Unzulässig ist es nur, an einen bereits abgeschlossenen Tatbestand nachträglich belastende steuerliche Folgen zu knüpfen. Zwar zieht das Bundesverfassungsgericht auch für die **unechte Rückwirkung** verfassungsrechtliche Grenzen (vgl BVerfGE 24, 220, 230). Diese sollen aber nur dann überschritten sein, wenn das Rechtsgut der Rechtssicherheit und das Rechtsgut des Vertrauensschutzes der betroffenen Bürger den Erfordernissen des Allgemeinwohls bei sorgfältiger Abwägung der Interessenlage untergeordnet werden müssen.

Darüber hinaus hat das Bundesverfassungsgericht zur Frage der **Rückwirkung** nachteiliger Steueränderungsgesetze, die den laufenden Veranlagungszeitraum betrifft, betont, daß es sich bei noch laufenden Veranlagungszeiträumen um Steuertatbestände handelt, deren Verwirklichung bereits begonnen hat, daß die Bürger angesichts der Erfordernisse der öffentlichen Finanzwirtschaft unter anderem nicht darauf vertrauen können, daß der zu Beginn eines Veranlagungszeitraums geltende Steuertarif bis zu dessen Ende unverändert bleibt (vgl BVerfGE 13, 274, 278).

Der Bundesfinanzhof hat zwar die Vorschrift des § 163 AO (= § 131 AO aF) als geeignete Grundlage für Übergangsregelungen angesehen, die im Falle geänderter höchstrichterlicher Rechtsprechung aus Gründen der Rechtssicherheit und des Vertrauensschutzes erforderlich werden können, um Auswirkungen plötzlicher Rechtsänderungen abzuschwächen (vgl BFH BStBl 1979 II, 660 mit weiteren Nachweisen). Hieraus kann aber eine entsprechende Befugnis der Verwaltung im Falle einer Gesetzesänderung nicht hergeleitet werden.

Der BFH hat einen Erlaß zT bereits dann für geboten gehalten, wenn die StFestsetzung offensichtlich und eindeutig fehlerhaft ist (vgl BFH BStBl 66, 57).

6. Einzelne sachliche Unbilligkeitsgründe. Änderung der Dispositionsgrundlagen für Stpfl durch **Gesetzesänderung** oder Feststellung der **Verfassungswidrigkeit** der für ihn günstigen Normen; vgl Änderung der Rspr BFH BStBl 73, 94; BVerfG 27, 375. Vgl auch die Regelung in § 175, die sich jedoch nur auf bereits festgesetzte Steuer bezieht. Die Verwaltung erläßt in den betreffenden Fällen regelmäßig **Übergangsregelungen**, die nach den Grundsätzen der Gleichbehandlung auch für die Gerichte bindend sind, vgl BFH BStBl 71, 321 aber auch andererseits BFH BStBl 72, 503, der darauf hinweist, daß die Rechtsgrundlage für die allgemeine Billigkeitsregelung § 131 I = 163 I sei und nicht die allgemeine Verwaltungsanordnung. In BStBl 79, 455 hat der BFH die Grundsätze zusammengestellt, die für sog **Anpassungsregelungen** bei Verschärfung der Rechtsprechung zu Gesetzen mit wirtschaftslenkendem Inhalt maßgeblich sind. Bei **Verlust der Buchführungsunterlagen** durch höhere Gewalt sind nachteilige steuerliche Folgen regelmäßig unbillig (BFH BStBl 72, 819). Auch Erhebung von Säumniszuschlägen kann unbillig sein, wenn Aussetzung der Vollziehung abgelehnt worden ist, Stpfl aber obsiegt; dies gilt trotz der entgegenstehenden Regelung in § 240 I 4. Fall der **doppelten** steuerlichen **Berücksichtigung** eines Sachverhalts ist regelmäßig nach § 174 zu entscheiden. Erhebung der GrErwSt ist unbillig, wenn erworbenes Gebäude durch Feu-

§ 163 4. Teil. Durchführung der Besteuerung

er vernichtet wird (BFH BStBl 72, 649). **Außersteuerliche Gesichtspunkte** dürfen im Rahmen der Sachunbilligkeit nicht berücksichtigt werden; § 163 ist nicht dazu da, Konjunkturpolitik oä zu betreiben (BFH BStBl 64, 589; 72, 754; 70, 696). Entsprechende Richtlinien verstoßen daher gegen das Gesetz. Die Vorschrift ist nicht dazu bestimmt, der Verwaltung die Verfolgung **politischer** Ziele zu ermöglichen, BFH BStBl 70, 701. Aus sachlichen Billigkeitsgründen kann uU in einem **Erbfall** auch die Anwendung der **Steuerklasse III** auf Verlobte geboten sein, FG BaWü EFG 85, 249.

Versagung von Steuervergünstigungen ist unbillig, wenn Verlust der Buchführung durch höhere Gewalt verursacht ist, BFH BStBl 78, 169. Billigkeitserweis ist nicht gerechtfertigt, wenn wegen Zahlungsunfähigkeit des Abnehmers die Überwälzung der Abgabebelastung mißlingt, BFH BStBl 75, 462 betr MinÖl. Unvermögen der **Abwälzung** einer **VerbrauchSt** ist auch bei **Nachversteuerung** durch den Gesetzgeber nicht in jedem Fall **Billigkeitsgrund** BFH ZfZ 77, 337. Einziehung der **Grundst** ist unbillig, wenn Hauseigentümer die **rückwirkend erhöhte** Grundst nicht mehr auf die Mieter abwälzen kann, weil er den GrStBescheid erst nach Ablauf der sich aus Art 3 § 4 III 2 2WohnrkündschG ergebenden Zeitraum von höchst 2 Jahren erhält, VG Frankfurt NJW 78, 1020. Sachlich unbillig und daher zu korrigieren ist die Erhebung **von Säumniszuschlägen** für die Zeit nach Eintritt der **Überschuldung** bzw **Zahlungsunfähigkeit,** BFH BStBl 75, 727. Über den **Erlaß** der **GrunderwerbSt** bei der Begründung von **Treuhandverhältnissen** vgl BdF BStBl 78 I 214 unter Tz 1.3.1.3 und BStBl 78 I 217 unter Tz 1.3; 4.3; 4.5. Sachl **Unbilligkeit,** wenn **Erhebung** der Steuer einem vertrauensschaffenden früheren Verhalten der Behörde **(Verwaltungsübung) widerspricht** und Stpfl dadurch **wirtschaftl** Nachteile erleiden würde, die ohne die Verwaltungsübung nicht eingetreten wären; Stpfl muß aber zu bestimmten Dispositionen veranlaßt werden und darlegen, daß es ihm gelungen wäre, die höhere Belastung im Verkaufspreis abzuwälzen (GewSt), BVerwG DB 78, 1620. Das **Vertrauen** auf **Verfügung** einer **unzuständigen OFD** wird aber nicht geschützt, FG Münster EFG 78, 197.

Nach der Entscheidung des BVerfG v 31. 12. 78 (BStBl 79, 308) verstößt die Besteuerung von **Zinsen** aus Einlagen bei Kreditinstituten nach ihrem Nennwert nicht gegen den Gleichheitsgrundsatz und nicht gegen die Eigentumsgarantie. Steuerzahler, die allein von Zinserträgen leben oder auf die Erträge hieraus angewiesen sind, haben auch nach Ansicht des BVerfG allerdings je nach ihrer sozialen Lage ggf einen Anspruch auf Billigkeitsmaßnahmen nach § 163.

Verlust privater **Einlagen** auf Sparkonto durch Zusammenbruch der Bank rechtfertigt keinen Erlaß aus sachlichen Billigkeitsgründen, BFH BStBl 81, 505. Die **Hinzurechnungsbesteuerung** von Zwischeneinkünften nach § 7 I AStG ist nicht sachlich unbillig, wenn dadurch gezielte ausländische StVergünstigungen neutralisiert werden, BFH BStBl 88, 981.

Keine unbillige Härte aus sachl Gründen, wenn die **Lohnsummensteuer** aus der Vermögenssubstanz bestritten werden muß, FG Berlin EFG 80, 353. Die Verwaltung kann uU aus dem nach den Grundsätzen über den Vertrauensschutz verpflichtet sein, bei verschärfender Rspr auf dem Gebiet der InvZulage Übergangsregelungen zu erlassen, BFH BStBl 79, 455. Die Abgabenerhebung bei Drogenabhängigen ist neu geregelt worden. Die

3. Abschnitt. Festsetzungs- und Feststellungsverfahren **§ 163**

Erhebung darf weder die therapeutische Behandlung noch die Resozialisierung des Täters gefährden. Die Abgabenfestsetzung soll daher grundsätzlich zunächst ausgesetzt werden, BdF-Schreiben v 23. 9. 80 in BMF-Finanznachrichten 80, 43 v 8. 10. 80.

7. Persönliche Billigkeitsgründe sind solche, die in den persönlichen Verhältnissen des Stpfl liegen, zB **unverschuldete finanzielle Notlage**. Im Verfahren nach § 163 I dürfen auch persönliche Billigkeitsgründe geprüft werden, FG Berlin EFG 83, 259. Diese haben insbesondere Bedeutung bei St, die an der Leistungsfähigkeit des einzelnen orientiert sind, vgl BFH BStBl 70, 402; 72, 649. Soweit die Leistungsfähigkeit bereits durch gesetzl Regelungen berücksichtigt worden ist, kommen regelmäßig Billigkeitsgründe nicht in Betracht, BFH BStBl 62, 31. Zu beachten ist jedoch, daß eine an der Leistungsfähigkeit orientierte Steuer regelmäßig wesentlich später als sie entstanden ist, erhoben wird, dh zu einem Zeitpunkt, wo sich die Vermögenslage des Stpfl schon grundlegend geändert haben kann. Erlaß kommt insb in Betracht, wenn durch StErhebung **Existenz** des Stpfl **gefährdet** würde, BFH BStBl 72, 918. Zur Erlaßbedürftigkeit muß bei Billigkeitsgründen noch die **Erlaßwürdigkeit** hinzutreten. Stpfl ist zB nicht erlaßwürdig, wenn er ständig seine steuerlichen Pflichten vernachlässigt hat, BFH StRK § 131 AO R 13, wenn er durch aufwendige Lebensführung seine Notlage selbst verschuldet, BFH BStBl 58, 153. Bei **Gesamtschuldnern** kann Erlaß gegenüber einzelnen Schuldnern in Betracht kommen. Der Erlaß wirkt nicht gegenüber anderen Schuldnern, § 44 II 3.

8. Nach Abs 1 S 1 können Steuern **niedriger festgesetzt** und **steuererhöhende** Besteuerungsgrundlagen **unberücksichtigt** gelassen werden. Nach *TK* (Tz 5) ist es danach nicht zulässig, **steuermindernde** Besteuerungsgrundlagen als vorhanden zu unterstellen. Die Rspr ist trotzdem teilweise anders verfahren, zB bei der Annahme der tatsächl nicht gegebenen Gemeinnützigkeit eines Vereins, vgl BFH BStBl 75, 458. Die Rspr läßt sich aber damit begründen, daß sie die Umstände, die einer Anerkennung als gemeinnützig entgegenstehen, als steuererhöhend ansieht; im übrigen läßt sich die Rspr auch auf § 163 I 1 stützen, so auch *TK* aaO. Die Finanzbehörden dürfen den zeitlichen Beginn einer gesetzlichen Regelung nicht aus vermeintlichen Billigkeitsgründen vorverlegen.

9. Abs 1 S 2. Spätere Berücksichtigung steuererhöhender Besteuerungsgrundlagen, **frühere Berücksichtigung** stmindernder Besteuerungsgrundlagen. Nur bei **Steuern vom Einkommen** und mit Zustimmung des Stpfl zulässig. Hat im Ergebnis lediglich Stundungswirkung. Das verfassungsrechtliche **Übermaßverbot** kann im Einzelfall eine zeitlich frühere Berücksichtigung von Besteuerungsgrundlagen im Erlaßwege gebieten, FG München EFG 84, 555 (betr Ausgaben im Rahmen der Einnahme/Überschußrechnung).

10. Form und Inhalt der BilligkeitsVfG

a) Form. StBescheide und Entscheidungen über **abweichende Festsetzung** aus Billigkeitsgründen sind **selbst Verwaltungsakte**, die mit unterschiedl Rechtsbehelfen anfechtbar sind, BFH BStBl 78, 305. Billigkeitsentscheidung ist für die **Festsetzung** der St **verbindlich;** vgl § 348 I Nr 2. Es

§ 163
4. Teil. Durchführung der Besteuerung

handelt sich um einen Akt der **StFestsetzung**. Dies ergibt sich aus der Einordnung des § 163 in den Unterabschnitt „Steuerfestsetzung" und aus der Überschrift zu § 163; aA OFD Bremen StEK § 163 Nr 1. Damit dürfte auch die Frage entschieden sein, nach welchen **Vorschriften** eine Billigkeitsmaßnahme nach § 163 **aufgehoben** oder **geändert** werden kann. UE richtet sich diese Frage nach den §§ 164, 165, 172–177 (so auch *TK* Tz 7), anders die 1. Auflage, in der die §§ 130, 131 für anwendbar erklärt wurden. Der StErlaß, der im Rahmen des StFestsetzungsverfahrens beantragt, über den aber erst nach Erlaß des StBescheides entschieden wird, ist **Grundlagenbescheid** iSd § 175 I Nr 1 FG Berlin EFG 82, 595. Die Entscheidung im StFestsetzungsverfahren berührt nicht unmittelbar die Entscheidung im Verfahren nach § 163. Diese Entscheidung kann auch noch nach rechtskräftiger Steuerfestsetzung ergehen, sofern nur der Antrag vor Bestandskraft des StBescheides gestellt ist, FG Hessen EFG 80, 215.

Bestimmte Form ist nicht vorgeschrieben. Da aber Billigkeitsmaßnahmen nach § 163 **mit der StFestsetzung verbunden** werden können (s I 3), dürften insoweit die für StBescheide geltenden Formvorschriften gelten. In jedem Fall ist die **Billigkeitsentscheidung selbständig anfechtbar**, und zwar mit der Beschwerde, auch wenn sie mit dem StBescheid ausgesprochen wird, vgl § 348 I Nr 2. Entscheidet das FA durch Einspruchsentscheidung, so ist diese ohne Sachentscheidung im Klageverfahren aufzuheben, FG München EFG 82, 58.

b) Billigkeitsmaßnahme kann mit Nebenbestimmung nach § 120 versehen werden. Einen Erlaß unter **Widerrufsvorbehalt** hält BFH für begrifflich ausgeschlossen (BStBl 72, 83). Zweckmäßig wäre es wohl, in einschlägigen Fällen zunächst eine Stundung zu bewilligen. Rechtl zulässig müßte es aber wohl sein, die **Billigkeitsmaßnahme** nach § 164 unter **Vorbehalt** der **Nachprüfung** auszusprechen oder nach § 165 **vorläufig** zu erlassen. Ggf kann Billigkeitsmaßnahme nach § 175 Nr 2 aufgehoben oder geändert werden; fraglich erscheint allerdings, ob insoweit ein „rückwirkendes Ereignis" vorliegt, vgl zum alten Recht BFH BStBl 67, 381.

Unlautere Mittel iS von § 92 II RAO = § 172 I 20 sind gegeben, wenn Abgaben bewußt unrichtig gemacht worden sind. Ob FA den Angaben besondere Bedeutung beimißt, ist nicht entscheidend, BFH DB 75, 1251.

11. Die frühere Streitfrage, ob die Billigkeitsentscheidung **Ermessensentscheidung** ist oder ob es sich um die Koppelung von unbestimmten Rechtsbegriffen mit einer Ermessensentscheidung handelt (BVerwGE 35, 69), ist durch den Gemeinsamen Senat der obersten Gerichtshöfe des Bundes (BStBl 72, 603) dahin entschieden worden, daß es sich um eine Ermessensentscheidung handelt, bei der **Inhalt** und **Grenzen** des pflichtgem Ermessens durch den Begriff der Unbilligkeit bestimmt werden; hierzu kritisch *TK* Tz 7. Hierbei ist jedoch zu bemerken, daß, wenn die Unbilligkeit im Einzelfall bejaht wird, kaum noch Platz für eine Ermessensentscheidung sein dürfte. Die Entscheidung des Gemeinsamen Senats läuft darauf hinaus, daß der Verwaltung bei der Frage der Unbilligkeit ein relativ weiter Beurteilungsspielraum zugebilligt wird. Die Gerichte können nur nachprüfen, ob die FinBeh mit ihrer Entscheidung die Grenzen der pflichtgem Ermessensausübung überschritten haben. Grundsätzlich ist davon auszugehen, daß eine vom Gesetz geschuldete Steuer nicht unbillig ist. Bei der Billig-

3. Abschnitt. Festsetzungs- und Feststellungsverfahren **§ 163**

keitsentscheidung ist das öffentliche Interesse gegen das Interesse des Stpfl abzuwägen. Hierbei spielt auch die Haushaltslage der stberechtigten Körperschaft eine Rolle, vgl *Gast* ABC, 160, BVerwG BB 57, 1211, BFH BStBl 59, 471. Ein Ermessensfehlgebrauch liegt vor, wenn die Behörde sich auf Einwendungen gegen einen vorangegangenen Bescheid einläßt und hierbei zu Unrecht von dessen Rechtmäßigkeit ausgeht, BFH BStBl 88, 139; BStBl III 67, 156.

12. Niedrigere StFestsetzung ist grundsätzlich nur bis zur **Unanfechtbarkeit** des Bescheides möglich (BFH BStBl 65, 121). Das gleiche gilt für die Berücksichtigung von steuererhöhenden Umständen zu einem späteren, von stmindernden zu einem früheren Zeitpunkt (vgl BFH BStBl 56, 190). Nachträgliche Berücksichtigung evtl nach § 175 Nr 2 möglich, vgl BFH BStBl 63, 143. Die Bestandskraft einer StFestsetzung schließt aber die Entscheidung über einen vorher gestellten Antrag auf niedrigere StFestsetzung aus Billigkeitsgründen nicht aus. Die Billigkeitsentscheidung ist als Grundlagenbescheid Änderungsgrundlage nach § 175 I Nr 1 für die Änderung der StFestsetzung, FG Berlin EFG 83, 259. Ablehnung einer Billigkeitsmaßnahme kann nicht zusammen mit StBescheid durch Einspruch angefochten werden, vgl § 348 I Nr 2. Abweichende StFestsetzung bei **StMeßbescheiden** ist regelmäßig vom FA durchzuführen, soweit allg Verwaltungsanweisungen bestehen, vgl 184 II. Sachliche Billigkeitsgründe spielen bei anschließender StFestsetzung durch die Gemeinde regelmäßig eine Rolle.

13. Entscheidung über Billigkeitsmaßnahme ist **nicht** von einem entsprechenden **Antrag** abhängig. Entsprechender Antrag ist ggf in Stundungsantrag umzudeuten, obwohl auch Stundung nicht notwendig Antrag voraussetzt. Ein Antrag nach § 163 kann nur bis zur Unanfechtbarkeit der Festsetzung gestellt werden. Über einen vorher gestellten Antrag kann aber auch noch nach Bestandskraft der StFestsetzung entschieden werden.

14. Bei **Erstattung** aus Billigkeitsgründen ist aus der Sicht der Verhältnisse im Zeitpunkt der **letzten Verwaltungsentscheidung** zu entscheiden. In diesem Zeitpunkt muß die Entrichtung unbillig gewesen sein, BFH BStBl 69, 29. Vgl aber unten 15.

15. Rechtsbehelf gegen Ablehnung einer Billigkeitsregelung ist **Beschwerde**. Aussetzung der Vollziehung des ablehnenden Bescheides nicht möglich, evtl aber einstweilige Anordnung nach § 114 FGO. **Aussetzung der Vollziehung** evtl gegen Rücknahme oder Widerruf einer Billigkeitsentscheidung, vgl BFH BStBl 68, 743. Für Frage, ob Ablehnung der Billigkeitsmaßnahme rechtmäßig war, kommt es auf Zeitpunkt der letzten VerwEntscheidung an, vgl BFH BStBl 72, 649; maßgebend ist der Sachverhalt, der zu diesem Zeitpunkt bekannt war oder hätte bekannt sein müssen, BFH BStBl 76, 499. Zu Recht weisen jedoch *TK* darauf hin, daß es sich bei der Klage gegen die Ablehnung um eine **Verpflichtungsklage** handelt, bei der nicht entscheidend ist, ob der Verwaltungsakt rechtmäßig ist, sondern ob dem Betroffenen ein Anspruch zusteht; daher komme es auf den Zeitp der letzten mündlichen Verhandlung an, vgl *TK* Tz 36. Eine **wesentliche Änderung** der Verhältnisse kann aber auch zu einem **erneuten Erlaßantrag** berechtigen, ohne daß ihm entgegengehalten werden könnte,

§ 163   4. Teil. Durchführung der Besteuerung

die Sache sei bereits entschieden. **Verfassungsgericht** kann ablehnende Billigkeitsentscheidungen **nur** insoweit **nachprüfen,** ob dadurch die **Grundrechte** des Stpfl **verletzt** worden sind, BVerfG BStBl 78, 441.

16. Zuständigkeit. Zuständig für Erlaßmaßnahmen ist die oberste FinBeh der Körperschaft, die die Steuern verwaltet. Diese kann die Befugnis delegieren. Für den Übertragungsakt ist keine Rechtsform vorgeschrieben. Delegation ist also nicht nur in Form eines Rechtssatzes möglich. Form richtet sich nach den Landesverfassungen (vgl *Groß* Zur originären Rechtsetzung der Exekutive, DÖV 1971, S 186; *Ossenbühl* Verwaltungsvorschriften und Grundgesetz). Zuständigkeitsregelung des § 163 gilt auch für die Realsteuern. Die FÄ sind für die Festsetzung der **Steuermeßbeträge** zuständig. Nur in Hamburg, Bremen, Berlin und Lippe werden auch die Festsetzung und Erhebung der **Realsteuern** durch die Finanzämter vorgenommen. Inwieweit die Befugnis zu Billigkeitsmaßnahmen bei StMeßbeträgen auf die Gemeinden übertragen werden, ist Sache des Landesgesetzgebers. Nach **§ 184 II** schließt die Befugnis zur Festsetzung der **Steuermeßbeträge** auch die Befugnis zu **Billigkeitsmaßnahmen** ein, soweit für diese Maßnahmen durch eine allgemeine Verwaltungsvorschrift der Bundesregierung oder einer obersten Landesbehörde Richtlinien aufgestellt worden sind.

Ist die Festsetzung **der RealSt** den Gemeinden übertragen worden (Art 108 IV 2 GG), so verbleibt die **Festsetzung der StMeßbeträge** bei den FÄ. Sind für die Festsetzung und Erhebung der **GewSt** die **Gemeinden** zuständig, sind die FÄ grundsätzlich nicht befugt, gemäß § 163 I 1 den einheitl StMeßbetrag niedriger festzusetzen; anders jedoch, wenn die zuständige **Gemeinde** dieser Maßnahme **zugestimmt** hat, Abschn 6 GewStR 1978, vgl auch BFH BStBl 73, 233. Vgl aber § 184 II, soweit die Maßnahme einer Richtlinie der Bundesregierung oder einer obersten Landesbehörde entspricht. Billigkeitsmaßnahmen der **Gemeinden** dürften regelmäßig nur bei **persönlicher Unbilligkeit** in Betracht kommen. Gegen deren ablehnende Entscheidung ist VerwRechtsweg gegeben (BFH BStBl 62, 238). Die **Zuständigkeit** ist im übrigen weitgehend auf nachgeordnete Behörden **delegiert.** Zur Ablehnung einer Billigkeitsentscheidung sind die FÄ und OFDen immer befugt (vgl BFH BStBl 70, 445). **Zölle** und **VerbrauchSt: BdF-Erlaß v 7. 12. 53 BZBl 53, 810. USt** und **BefSt** werden seit 1. 1. 70 von den Landesfinanzbehörden verwaltet. Ebenfalls die **StrGüVerkSt** und die **BefSt.** Für diese gelten seit 1. 1. 70 die Regelungen über die von den Ländern verwalteten Bundes- und GemeinschaftsSt. Die bei den **Besitz-** und **VerkehrsSt** bestehenden unterschiedlichen **Länderregelungen** sind vereinheitlicht worden. Nunmehr gelten allgemein folgende Grenzen: Für **Erlasse** nach § 227, 163 I 1 ist zuständig das **FA** bis 30 000 DM, die **OFD** bis 150 000 DM die **oberste** LandesFinBeh bis 300 000 DM, darüber Zustimmung des BdF; für die **Verlagerung** von Besteuerungsgrundlagen nach § 163 I 2 ist zuständig das **FA** bis 60 000 DM, die **OFD** bis 300 000 DM, die **oberste** LandesFinBeh bis 600 000 DM, darüber der BdF. Es wird hinsichtlich der Zuständigkeitsgrenzen nicht mehr unterschieden zwischen **sachlichen** und **persönlichen** Billigkeitsgründen. Gleichlautende Erlasse der obersten Finanzbehörden v 2. 8. 82 der Länder betr Zuständigkeit für Stundung, Erlaß, Billigkeitsmaßnahmen nach § 163, § 243 II, § 237 IV AO,

3. Abschnitt. Festsetzungs- und Feststellungsverfahren § 163

Absehen von Festsetzungen nach § 156 II AO und Niederschlagung der Landessteuern und der sonstigen durch Landesfinanzbehörden verwalteten Steuern und Abgaben, BStBl 82 I 688. Nach dem Schreiben des BdF v 15. 12. 82 (BStBl I 901) haben die Länder bei Steuern, die von den Landesfinanzbehörden im Auftrag des Bundes verwaltet werden (USt, ESt, ErgänzAbgabe, KapVerkSt, VersSt, WechselSt, auslaufende BeförderSt, StraßenGüVerkSt) die **Zustimmung des BdF** einzuholen bei Erlassen, wenn der Betrag, der erlassen werden soll (vgl § 227), oder der Betrag, um den die Steuer niedriger festgesetzt werden soll (§ 163 I 1) 300000 DM übersteigt; bei Maßnahmen nach § 163 I 2, wenn die Höhe der Besteuerungsgrundlagen, die nicht in dem gesetzlich bestimmten Veranlagungszeitraum berücksichtigt werden sollen, 600000 DM übersteigt; bei **Stundungen,** wenn der zu stundende Betrag höher ist als 750000 DM und für länger als 24 Monate gestundet werden soll; bei **Billigkeitsrichtlinien** der obersten Finanzbehörden der Länder, die sich auf eine Mehrzahl von Fällen beziehen.

Zuständigkeitsgrenzen des **BfF** vgl BdF-Schreiben vom 28. 10. 82 (BStBl 82 I 809) Zustimmung des BdF, wenn zu **stundender** Betrag **höher** ist als **450000 DM** und für einen Zeitraum von **mehr** als **12 Monaten** gestundet werden soll. **Billigkeitsmaßnahmen** nach §§ 163 I 1 und 227: Zuständig für Beträge bis **200000 DM.** Für **Ablehnung** von Anträgen ist das BfF ohne Begrenzung zuständig.

Die Grenzen gelten auch im gerichtlichen oder außergerichtlichen Vergleichsverfahren, zB nach der KonkursO oder der VergleichO. Für die Ermittlung der Zuständigkeitsgrenzen ist jeder Veranlagungszeitraum für sich zu betrachten. Hierbei sind evtl vorher ausgesprochene Billigkeitsmaßnahmen mit einzubeziehen. Steuerliche Nebenleistungen sind nicht mit einzubeziehen. Vorauszahlungen dürfen nicht in einen Jahresbetrag umgerechnet werden. Für **Kirchensteuern** bestehen unterschiedl Regelungen. Soweit die KiSt von den Landesfinanzbehörden verwaltet werden, steht diesen auch die Befugnis zur Stundung und zum Erlaß zu. Unabhängig davon können aber auch die Kirchen selbst Erlaß bewilligen. Im übrigen regelt sich die Frage nach den KirchenStGesetzen der Länder.

17. Von der Aufnahme dem § 131 II und IV RAO entsprechender Regelungen über die Aufstellung von **Richtlinien** und Verwaltungsanweisungen sieht die AO 77 ab. Es ist selbstverständlich, daß die jeweils vorgesetzte Behörde im Rahmen ihrer **Weisungsbefugnis** Regelungen über die Ermessensausübung im Rahmen des § 163 aufstellen kann. Der Erlaß von Billigkeitsrichtlinien gehört zur Kompetenz der Verwaltung, die keiner besonderen Ermächtigung durch das Gesetz bedarf, BFH BStBl 81, 204. Diese Richtlinien sind auch von den Gerichten zu beachten, wenn sich die in ihnen getroffenen Regelungen in den Grenzen halten, die das GG und die einfachen Gesetze der Ausübung des Ermessens setzen, BFH BStBl 73, 770. Die Richtlinien können aber nur Grundsätze für die Ermessensausübung aufstellen, nicht aber Billigkeitsmaßnahmen ohne Rücksicht auf die Verhältnisse des Einzelfalls anordnen, vgl BFH BStBl 72, 503. Auch bei einer Gruppenregelung ist auf den Einzelfall abzustellen. Eine Bindung für die Gerichte ergibt sich daraus auch aus dem Grundsatz der Gleichbehandlung, vgl BFH BStBl 72, 649. Das Gesetz läßt es ausdrücklich, entgegen einem Änderungsvorschlag der BR im zweiten Durchgang, offen, in welcher Form Richtli-

§ 164   4. Teil. Durchführung der Besteuerung

nien der Bundesregierung erlassen werden können. Der BdF vertritt die Auffassung, daß ihm ein allgemeines Weisungsrecht nach Art 85 III GG zustehe, die Länder vertreten dagegen den Standpunkt, Richtlinien der BReg bedürften der Zustimmung der BR gemäß Art 108 VI GG. Die Frage ist dadurch obsolet geworden, daß nach einer **Vereinbarung** zwischen dem BdF und den Finanzministern (-senatoren) der Länder (BStBl 77 I 296) die Länder bei der Aufstellung von Richtlinien die Zustimmung des BdF einholen, der BdF dagegen nach Abstimmung mit den Ländern lediglich ein gemeinsames Rundschreiben herausgibt. **Richtlinie** der FinBeh Hamburg über **Erlaß** der **GrunderwerbSt** für Verfolgte und Vertriebene v 10. 7. 58 hält sich **nicht** in den **Ermessensgrenzen** des § 131 I 1, II RAO, BFH BStBl 78, 42.

18. Verschiedene EinzelStG enthalten selbständige Billigkeitsregelungen, § 163 gilt daneben jedoch weiter, zB §§ 14 III, 16 V, 34 EStG, § 3 KfzStG, §§ 26 III, IV, 29 I UStG, §§ 29 II, 30 IX UStG. Nach **§ 34 c V EStG** können die obersten Finanzbehörden der Länder mit Zustimmung des Bundesministers der Finanzen die auf ausländische Einkünfte entfallende deutsche Einkommensteuer ganz oder zum Teil erlassen oder in einem **Pauschbetrag** festsetzen, wenn es aus volkswirtschaftlichen Gründen zweckmäßig oder die Anwendung des in § 34 c I EStG geregelten Steueranrechnungsverfahrens besonders schwierig ist. Eine ähnliche Vorschrift findet sich in § 50 VII EStG für beschränkt Steuerpflichtige. **§ 20 II BewG** verbietet die Anwendung des § 163 bei der Ermittlung der Einheitswerte. Dies gilt auch für die Ermittlung der Grundstücksart, BFHE 147, 267; anders noch BFH BStBl 85, 319.

§ 164 Steuerfestsetzung unter Vorbehalt der Nachprüfung

(1) ¹Die Steuern können, solange der Steuerfall nicht abschließend geprüft ist, allgemein oder im Einzelfall unter dem Vorbehalt der Nachprüfung festgesetzt werden, ohne daß dies einer Begründung bedarf. ²Die Festsetzung einer Vorauszahlung ist stets eine Steuerfestsetzung unter Vorbehalt der Nachprüfung.

(2) ¹Solange der Vorbehalt wirksam ist, kann die Steuerfestsetzung aufgehoben oder geändert werden. ²Der Steuerpflichtige kann die Aufhebung oder Änderung der Steuerfestsetzung jederzeit beantragen. ³Die Entscheidung hierüber kann jedoch bis zur abschließenden Prüfung des Steuerfalles, die innerhalb angemessener Frist vorzunehmen ist, hinausgeschoben werden.

(3) ¹Der Vorbehalt der Nachprüfung kann jederzeit aufgehoben werden. ²Die Aufhebung steht einer Steuerfestsetzung ohne Vorbehalt der Nachprüfung gleich; § 157 Abs. 1 Satz 1 und 3 gilt sinngemäß. ³Nach einer Außenprüfung ist der Vorbehalt aufzuheben, wenn sich Änderungen gegenüber der Steuerfestsetzung unter Vorbehalt der Nachprüfung nicht ergeben.

(4) ¹Der Vorbehalt der Nachprüfung entfällt, wenn die Festsetzungsfrist abläuft. ²§ 169 Abs. 2 Satz 2 und § 171 Abs. 7, 8 und 10 sind nicht anzuwenden.

3. Abschnitt. Festsetzungs- und Feststellungsverfahren **§ 164**

Schrifttum: *Kammann* Die vorbehaltlose Steuerfestsetzung im Verhältnis zur Steuerfestsetzung unter Vorbehalt der Nachprüfung, StuW 82, 149; *Daumke* Zur Verböserung bei Einsprüchen gegen Vorbehaltsbescheide, DStR 84, 517; *Apitz* Die Handhabung des Vorbehalts der Nachprüfung in der Praxis, StBp 86, 35; *Dünkel* Vertrauensschutz bei Steuerbescheiden unter dem Vorbehalt der Nachprüfung, FR 87, 522; *Scholtz* Steuerfestsetzung unter Vorbehalt der Nachprüfung trotz Außenprüfung DStZ 88, 459; *Schick* Die Steuererklärung StuW 88, 301, 329.

Übersicht

1. Inhalt
2. Zulässigkeit
3. Wirkung
3a. Grenzen der Änderbarkeit
4. Anfechtbarkeit
5. Berichtigungsantrag
6. Aufhebung des Vorbehalts
   a) nach Außenprüfung
   b) Sonderprüfungen
   c) Voranmeldungen
   d) nach einem Rechtsbehelf
   e) Änderung des Aufhebungsbescheids
7. Entfallen des Vorbehalts
8. Verlängerung des Vorbehalts
9. Anfechtung des Vorbehalts
10. Übergangsregelung

1. Inhalt. Bei dieser Vorschrift hat das in den USA übliche Verfahren der StSelbstberechnung Pate gestanden; zur **Selbstberechnung** (StAnmeldung) vgl §§ 167, 168. Sie ist im Zusammenhang mit den Bemühungen um eine Beschleunigung des Veranlagungsverfahrens zu sehen. Sie eröffnet über den Rahmen des bisher zulässigen Verfahrens hinaus Möglichkeiten zur **Neuorganisation** der FÄ, insbesondere zu einer Verlagerung der finanzamtlichen Prüfungstätigkeit auf die **Außenprüfung** (vgl §§ 193 ff). Vgl *Manke,* Neuorganisation der Finanzämter und Neuordnung des Besteuerungsverfahrens, DStZ A 76, 83; GNOFÄ BStBl 76 I, 88. Neufassung der GNOFÄ vgl gleichlautende Ländererlasse v 4. 3. 81, BStBl 81, 270. Sie enthebt den Sachbearbeiter der Verpflichtung zur umfassenden Prüfung der StErklärung vor der StFestsetzung, beschleunigt damit das Festsetzungsverfahren nach Einreichen der StErklärung und sorgt damit für einen zeitnahen Eingang zumindest derjenigen Abschlußzahlungen, die sich aus der Erklärung des Stpfl selbst ergeben. **Gegen** die **GNOFÄ** sind zT erhebliche Bedenken auch verfassungsrechtl Art erhoben worden, vgl *TK* Tz 2; *Huss* Stbtg 77, 4; *Schmidt* Rechtsschutz gegen GNOFÄ und deren Folgen für den StBürger, DB 78, 174; *Schmid* Die Reform der FÄ nach den GNOFÄ, BB 78, 598; *Schmidt-Bleibtreu* Zum verfassungsgerichtl Rechtsschutz gegen GNOFÄ, DB 78, 2193. Erlaß der GNOFÄ stellt aber **innerdienstliche** Maßnahme dar, die sich nicht an den einzelnen Bürger richtet, so daß dieser insoweit nicht durch die öffentl Gewalt in seinen **Grundrechten** verletzt sein kann. Die Finanzbehörden halten sich insoweit an das ihnen nach § 88 eingeräumte **Ermessen,** BVerfG DStZ 78, 366. Die Berichtigung der Vorbehaltsfests ist nicht davon abhängig, ob **neue Tatsachen** oder Beweismittel aufgedeckt werden (vgl § 172 I 1), auch **Rechtsfehler** können bei einer Vorbehaltsfestsetzung grundsätzlich jederzeit bereinigt

§ 164   4. Teil. Durchführung der Besteuerung

werden, sofern nicht § 176 eingreift. Der Vorbehalt ist unselbständiger Bestandteil des StBescheides, *HHSp* Anm 12; *TK* Tz 10; *Kühn-Kutter* Anm 6a, BFH BStBl 81, 150. Entsprechendes gilt für eine Einspruchsentscheidung, die insofern einem StBescheid gleichzusetzen ist, vgl § 365 I.

2. Zulässigkeit der Vorbehaltsfestsetzung. Einzige Voraussetzung ist, daß der **StFall** noch **nicht abschließend** geprüft ist, weder an Amtsstelle noch im Wege einer Außenprüfung. Das FA darf **nicht** trotz **abschließender Prüfung** eine Vorbehaltsfestsetzung vornehmen, nur um den Fall offen zu halten, *Schick* aaO, 329. Das FA muß aber die Angaben in der StErklärung nicht ungeprüft übernehmen, sondern kann davon abweichen; zu eng FG RhPf EFG 83, 325, wonach sich aus der verfassungskonformen Auslegung des Abs 1 ergeben soll, daß Vorbehaltsbescheide nur bei offensichtlicher Fehlerhaftigkeit der StErklärung von dieser abweichen dürfen; vgl auch FG Münster EFG 81, 324. Dem wird man nur insoweit folgen können, als das FA nicht ohne Grund zunächst einen anderen als den erklärten Sachverhalt der StFestsetzung zugrundelegen darf. Es ist aber sicher nicht gehindert, im Rahmen einer groben Prüfung evtl eine andere rechtliche Würdigung vorzunehmen. Nach Auffassung des BFH darf es bei einer Veranlagung unter Nachprüfungsvorbehalt von der StErklärung abweichen, BFH BStBl 84, 6. Die Auffassung von *Schick,* das FA dürfe eine StErklärung trotz § 164 nicht ganz ungeprüft übernehmen, findet uE im Gesetz keine Stütze. Insbesondere kann diese Auffassung nicht aus dem Prinzip der Gesetzmäßigkeit der Verwaltung hergeleitet werden (so aber Schick aaO, 329), weil § 164 ein solches Verfahren zumindest nicht ausschließt; aA auch *Martens,* StuW 88, 105. Auch nach **Durchführung** des Einspruchsverfahrens darf FA den Vorbehalt aufrechterhalten (FG Münster EFG 78, 524) oder ihn erst im **Einspruchsverfahren** hinzufügen; es handelt sich um eine nach § 367 II 2 zulässige **Verböserung,** *Thiel* StuW 77, 239. Vorbehalt der Nachprüfung kann auch erstmals im **Änderungsbescheid** nach § 172 I Nr 2a aufgenommen werden, wenn die Änderung nach vorangegangener Schätzung auf den nicht abschließend geprüften Angaben des Stpfl beruht, FG München EFG 79, 475. Dagegen BFH BStBl 81, 150: Ist ein Bescheid, der auf einer Schätzung beruht, ohne Nachprüfungsvorbehalt ergangen und wird nach Klageerhebung die StErklärung eingereicht, so kann der daraufhin ergehende Änderungsbescheid nur mit Zustimmung des Stpfl unter Nachprüfungsvorbehalt gestellt werden. Beachte, daß nach § 193 II eine Außenprüfung auch bei anderen als Gewerbetreibenden oder freiberuflich Tätigen durchgeführt werden kann. Es können ganze **Gruppen** (allgemein) vom Stpfl, zB mit bestimmten Einkünften, mit Einkünften in bestimmter Höhe uä unter Vorbehalt der Nachprüfung veranlagt werden, ohne daß dies begründet zu werden braucht. Ebenso ist es möglich, in **Einzelfällen** von der Vorbehaltsfestsetzung Gebrauch zu machen, und zwar ebenfalls ohne Begründung. Vorbehalt der Nachprüfung kann sich in einem StBescheid ggf auch auf einzelne **AnnexSt,** zB KirchenSt, beziehen, AO-K § 164, 2. Da der Stpfl regelmäßig nicht übersehen kann, ob und inwieweit die FinBeh seinen StFall bereits überprüft hat, ist das FA praktisch in seiner Entscheidung, ob unter Vorbehalt der Nachprüfung veranlagt wird oder nicht, frei. Im Einzelfall kann ggf die Entscheidung wegen Ermessensmißbrauch angefochten werden, sofern ein solcher

3. Abschnitt. Festsetzungs- und Feststellungsverfahren **§ 164**

Nachweis gelingt. Einzige Schranke ergibt sich aus **Abs 3 S 3**, wonach **nach einer Außenprüfung** ein Vorbehalt der Nachprüfung nicht mehr möglich ist. Zu beachten ist aber, daß sich die Außenprüfung uU auf einzelne Besteuerungsgrundlagen beschränken kann und insoweit möglicherweise diese Bestimmung nicht eingreift. Ein trotz **abschließender Prüfung** unter Vorbehalt ergangener StBescheid kann gem Abs 2 geändert werden, FG Nürnberg EFG 84, 54. Der Festsetzung unter Vorbehalt der Nachprüfung braucht keine **Endgültigkeitserklärung** zu folgen; die FinBeh kann die Wirkung dadurch eintreten lassen, daß sie bis zum Ablauf der Festsetzungsfrist nichts mehr unternimmt. Sofern kein Fall der Ablaufhemmung vorliegt (§ 171), ist damit die StFestsetzung nicht mehr änderbar. Kraft Gesetzes unter Vorbehalt der Nachprüfung stehen die Festsetzungen von Vorauszahlungen und StAnmeldungen. Die Festsetzung von **Vorauszahlung** steht **immer** unter Vorbehalt der Nachprüfung, dh insoweit kann der Vorbehalt **nicht aufgehoben werden. Voranmeldungen** stehen stets unter Vorbehalt der Nachprüfung, auch wenn sie zB durch **USt-Sonderprüfungen** überprüft worden sind; § 164 III 3 ist trotz entgegenstehenden Wortlauts nicht anzuwenden, *Metzmaier* DStR 78, 461.

Allerdings kann aufgrund von § 173 I kein Änderungsbescheid unter Nachprüfungsvorbehalt ergehen. Eine Berichtigung ist auf die steuerlichen Auswirkungen der nachträglich bekanntgewordenen Tatsachen und Beweismittel beschränkt. Die Regelung bewirkt eine Verstärkung der Bestandskraft des ursprünglichen Bescheides. Dieser Gesetzeszweck würde unterlaufen, wenn das FA anläßlich einer Änderung des Erstbescheids aufgrund von § 173 I den Änderungsbescheid unter Nachprüfungsvorbehalt stellen könnte. Da der Änderungsbescheid an die Stelle des Erstbescheides tritt (BFH BStBl 73, 231) könnte das FA nunmehr den gesamten StFall gem § 164 I neu überprüfen, und zwar hinsichtlich solcher Umstände, für die keine neuen Tatsachen bekanntgeworden sind. Damit würde im Ergebnis eine Wiederaufrollung des gesamten StFalles erreicht, die durch die Gesetzesfassung beseitigt werden sollte. Das FA kann andererseits im StFestsetzungsverfahren noch den Einspruchsbescheid unter Nachprüfungsvorbehalt stellen, auch wenn der angefochtene Bescheid vorbehaltlos ergangen war, BFH BStBl 80, 527. Ist das Einspruchsverfahren jedoch abgeschlossen und macht das FA deshalb von den Änderungsmöglichkeiten des § 172 II Nr 2a und des § 173 I Gebrauch, besteht keine Möglichkeit, den Nachprüfungsvorbehalt nachträglich einzufügen, BFH BStBl 81, 150.

3. Wirkung. Der **Steuerfall** bleibt nach allen Seiten **offen.** Einschränkungen ergeben sich nur aus § 176 und evtl aus einer erteilten **verbindlichen Zusage** oder einer verbindlichen Auskunft. Das gilt auch, wenn die FinBeh bereits bestimmte Punkte anhand der Erklärung aufgegriffen hat oder von der Erklärung abgewichen ist. Änderung des Bescheids ist auch aufgrund von Tatsachen möglich, die schon bei Erlaß des Vorbehaltsbescheids erkennbar waren, falls das FA nicht im Zusammenhang mit dem Vorbehaltsbescheid die Absicht einer bestimmten endgültigen Sachbehandlung ausdrücklich geäußert hat, FG BaWü EFG 83, 212. Im endgültigen StBescheid darf die FinBeh die im vorläufigen Bescheid gewährte StErmäßigung auch aufgrund einer geänderten Rechtsauffassung versagen, FG BaWü EFG 83, 533. Der Stpfl kann jederzeit eine Änderung der Vorbe-

§ 164   4. Teil. Durchführung der Besteuerung

haltsfestsetzung beantragen, die FinBeh kann jedoch die Änderung der Steuerfestsetzung bis zu einer abschließenden Prüfung des Steuerfalles hinausschieben. Ist der Umfang der Vorläufigkeit im StBescheid nicht geregelt und läßt er sich auch nicht aus den Umständen erschließen, ist der Vorläufigkeitsvorbehalt nichtig. Unklarheiten über den angegebenen Umfang gehen zu Lasten der FinBeh. Der Umfang der Vorläufigkeit kann allerdings auch in den Erläuterungen des Bescheids angegeben werden, FG BaWü EFG 83, 533.

Die **Unanfechtbarkeit** eines unter Vorbehalt erlassenen GrunderwerbSt-Bescheids steht dem Erfolg eines späteren (ersten) Antrags auf GrunderwerbStBefreiung entgegen. Nach Unanfechtbarkeit eines unter Vorbehalt erlassenen GrunderwerbStBescheids kann kein **Antrag** auf Grunderwerb**StBefreiung** mehr gestellt werden, BFH BStBl 83, 164. Der Vorbehaltsbescheid hat ungeachtet seiner Verbindlichkeit keine materielle Bestandskraftwirkung. § 1 III GrEStEigWoG stellt jedoch nicht auf die materielle Bestandskraft sondern auf die formelle Unanfechtbarkeit ab. Diese ist von der materiellen Bestandskraft unabhängig und mit der materiellen Bestandskraft nicht gleichzusetzen.

    3a. Grenzen der Änderbarkeit. Wenn FA nach **Einspruch** gegen einen im vollen Umfang vorläufigen Bescheid nach Prüfung des Sachverhalts einen ebenfalls **vorläufigen Abhilfebescheid** erläßt, kann es idR bei Erlaß des endgültigen StBescheides die im Einspruch streitig gewesene **Rechtsfrage nicht anders** beurteilen, FG D'dorf EFG 77, gegen FG Nürnberg EFG 76, 520. Das FA kann sich nach dem Grunds von **Treu** und **Glauben** dann nicht auf die Vorläufigkeit eines Bescheids berufen, wenn es durch bestimmtes Verhalten zu **erkennen** gegeben hat, daß eine Rechtsfrage **zugunsten** des **Stpfl** endgültig entschieden sein sollte, BFH BStBl 67, 212. Bei Vorbehaltsbescheiden nach § 164 soll nach einer Entscheidung des BFH (BStBl 77, 126) die zu § 100 RAO ergangen war, die Rechtskraft eines **Urteils,** das im Verfahren über einen in vollem Umfang vorläufigen Steuerbescheid ergangen sei, die **Anfechtung** des endgültigen Bescheides nicht ausschließen, selbst dann nicht, wenn dieser mit dem vorläufigen Bescheid inhaltsgleich ist und sich der Streit auf die bereits im Urteil entschiedenen Fragen bezieht. Der BFH weist in dieser Entscheidung darauf hin, daß ein in vollem Umfang vorläufiger Bescheid, keine materielle Bestandskraft erlangen könne. UE wird diese Entscheidung dem Sinn der Regelung des § 110 I FGO nicht gerecht; ebenso *TK* § 110 FGO Tz 19. Kommt es zu einer gerichtlichen Entscheidung zugunsten des Stpfl, so kann das FA bei einer abschließenden Prüfung des StFalles von dieser Entscheidung nicht wieder zuungunsten des Stpfl abweichen; es ist insoweit an die **gerichtliche Entscheidung** gebunden, jedenfalls, soweit sich die Entscheidung des Gerichts auf die vom FA zu beurteilende Frage bezieht. Rechtskräftige Urteile und Entscheidungen binden die Beteiligten, § 110 FGO. Das FA kann die StFestsetzung nur noch insoweit aufheben oder ändern, wie über die Streitsache noch nicht entschieden worden ist. Es darf sich nicht in Widerspruch setzen zu der Beurteilung durch das Gericht. Das FA ist an die rechtl Auffassung des BFH gebunden, die der Aufhebung des StBescheides zugrundelag, BFH DB 76, 1364. Diese zur RAO ergangene Rspr ist uE auf die Fälle der Vorbehaltsfestsetzung anzuwenden; vgl.

3. Abschnitt. Festsetzungs- und Feststellungsverfahren **§ 164**

auch FG Köln, EFG 80, 474; vgl auch Anm 3b zu § 172. Zur Bindungswirkung von Entscheidungen der Gerichte vgl BFH BStBl 60, 524; 65, 124; 67, 34; *von Wallis* FR 61, 53; *Tipke* FR 61, 73; *ders* FR 67, 141; *Voege* StRK Anm AO § 92 R 18.

Die Einschränkung der Änderungsbefugnis nach § 176 II ist auch bei der Aufhebung oder Änderung von Bescheiden zu beachten, die unter dem Vorbehalt der **Nachprüfung** stehen, BFH BStBl 88, 40; *Dünkel* aaO.

4. Anfechtbarkeit.

Schrifttum: *Rössler* Nur summarische gerichtl Prüfung von Vorbehaltsbescheiden?, FR 81, 37ff.; Jessen, FR 80, 508; *ders* Zum Umfang der gerichtlichen Überprüfung von Vorbehaltsbescheiden: Anmerkung zu den Ausführungen Gorskis in DStR 1979, 683, Inf 80, 303.

Trotz der jederzeitigen Änderbarkeit der Vorbehaltsfestsetzung und der Möglichkeit, einen Änderungsantrag zu stellen, ist die **StFestsetzung unter dem Vorbehalt der Nachprüfung anfechtbar,** selbst wenn sie von den Angaben in der StErklärung nicht abweicht. Im Einspruchsverfahren gegen einen Vorbehaltsbescheid ist keine abschließende Prüfung des StFalls erforderlich, vielmehr kann der Vorbehalt aufrechterhalten werden. Im Einspruchsverfahren gegen den Vorbehaltsbescheid steht nur dessen besondere Rechtmäßigkeit in Frage, dh die Berechtigung des Vorbehalts und der festgesetzten Steuer, vgl *Kammann* aaO, 161. Wenn der Vorbehalt berechtigt ist, kann auch nicht im Wege des Einspruchs eine abschließende Prüfung erzwungen werden. Das FA ist bei einer Anfechtung einer StFestsetzung unter Vorbehalt der Nachprüfung nicht verpflichtet, im Rechtsbehelfsverfahren den Steuerfall abschließend zu prüfen. Es ist auch nicht Sache des **Gerichts,** den Sachverhalt weiter aufzuklären, denn sonst würde das Gericht Aufgaben der Verwaltung übernehmen, FG RhPf EFG 78, 109, FG Berlin EFG 80, 301. Gegen die eingeschränkte Prüfung durch die Gerichte *Jessen* FR 80, 508; ebenso *Rössler* aaO. Aus der Vorbehaltsfestsetzung folgt, daß, soweit sich das Gericht mit der Frage nicht befaßt hat, das FA noch alle sich aus § 164 II ergebenden Änderungsmöglichkeiten ausschöpfen kann. Das FA darf sich uE aber nicht in Widerspruch zu seinem eigenen Verhalten setzen, indem es von einer zugunsten des Stpfl im Einspruchsverfahren ergangenen Entscheidung bei der späteren abschließenden Prüfung abweicht, sofern nicht neue, bisher nicht berücksichtigte Tatsachen oder Beweismittel auftauchen. Die **Überprüfung** des StFalles im **Einspruchsverfahren** nach § 367 II in vollem Umfang, schließt nicht aus, daß der Bescheid **weiterhin** unter **Vorbehalt der Nachprüfung** bestehen bleibt, OFD Bremen StEK § 164 Nr 1; denn die Überprüfung geschieht nur in gleichem Umfang wie im vorhergehenden Veranlagungsverfahren; vgl auch BFH BStBl 70, 11.

5. Berichtigungsantrag des Steuerpflichtigen. Die Einschränkung des Abs 2, wonach eine vom Stpfl begehrte Änderung bis zur abschließenden Prüfung des Steuerfalles hinausgeschoben werden kann, soll die Verwaltungen davon schützen, daß der Stpfl laufend mit Änderungsanträgen kommt und damit den mit der Vorschrift beabsichtigten Rationalisierungseffekt praktisch wieder zunichte macht. Wenn der Stpfl eine alsbaldige Änderung der Steuerfestsetzung erreichen will, muß er **anfechten.** Durch

§ 164 4. Teil. Durchführung der Besteuerung

den Antrag nach **Abs 2** wird gemäß § 171 III 1 die **Festsetzungsfrist hinausgeschoben,** bis über den Antrag rechtmäßig entschieden worden ist. Theoretisch könnte damit der Ablauf der Festsetzungsfrist ad infinitum gehemmt werden. Ein Hinausschieben bis zum Ablauf der regelmäßigen Festsetzungsfrist dürfte idR zulässig sein, ebenso, wenn die FinBeh vor Ablauf der regelmäßigen Festsetzungsfrist mit einer Außenprüfung beginnen und im Rahmen dieser umfassenden Prüfung auch über den Antrag befinden will. **Abs 2 S 3 bestimmt aber,** daß die Entscheidung über den Antrag **innerhalb angemessener Frist** vorzunehmen ist. Für die **Angemessenheit** der Frist kann auch von Bedeutung sein, ob der **Stpfl** sein Anliegen billigerweise hätte **früher** geltend machen können, *TK* Tz 8. Durch den Antrag kann der Stpfl **keine Vollziehungsaussetzung** begehren. Evtl wird eine Stundung des entsprechenden Betrages zweckmäßig sein.

6. Abs 3. Aufhebung des Vorbehalts ist jederzeit zulässig. Nach der Rechtsprechung des BFH bleibt der **Vorbehalt** der Nachprüfung grundsätzlich solange wirksam, bis er ausdrücklich **aufgehoben** wird (vgl BFH BStBl 85, 448). Eine isolierte Aufhebung des Vorbehalts ist als eine inhaltliche Änderung des Bescheids dem Gericht versagt, denn die FGO läßt in § 100 II 1 Inhaltsänderungen nur in Form von StBetragsänderungen zu, *Kammann* aaO, 162. Wenn der Stpfl nur die Aufhebung des Vorbehalts erreichen will, muß er auf Aufhebung der StFestsetzung insgesamt und auf die Verpflichtung der Behörde zum Erlaß eines im Betrag identischen, aber vorbehaltslosen Bescheids klagen, *Kammann* aaO, 162. Nach hM soll es allerdings ausreichen, wenn im Einspruchsverfahren die Rechtswidrigkeit der Vorbehaltsanbringung geltend gemacht wird, *Koch* Anm 43; *Schwarz* Anm 2a; *Kammann* aaO, 164. Unklar ist, ob der Stpfl Aufhebung des Vorbehalts verlangen kann (vgl Abs 2 S 2), wenn er es versäumt hat, gegen einen fehlerhaften Vorbehalt rechtzeitig Einspruch einzulegen. Nach Abs 2 S 2 kann er jederzeit Änderung der Vorbehaltsfestsetzung verlangen. Eine Änderung der Vorbehaltsfestsetzung müßte auch in einer vorbehaltlosen Festsetzung gesehen werden. Daher wird man mit *Kammann* (aaO, 164) davon ausgehen können, daß ein entsprechender Antrag zulässig ist. Ob, wie *Kammann* meint, über den Antrag sofort und nicht erst entsprechend Abs 2 S 3 in angemessener Frist entschieden werden muß, erscheint zweifelhaft. Immerhin hat der Stpfl es versäumt, rechtzeitig Einspruch gegen den Bescheid einzulegen. Dies müßte ihm auch bei einem Antrag auf Aufhebung eines von vornherein unzulässigen Vorbehalts entgegengehalten werden können. Der Bescheid über die Aufhebung des Vorbehalts ist ein vollziehbarer Verwaltungsakt, BFH BStBl 83, 622. Die Aufhebung des Vorbehalts steht einer nachfolgenden Betriebsprüfung nicht entgeg, FG Nürnberg EFG 84, 7. Gegen die **Aufhebung** des Nachprüfungsvorbehalts in der **Einspruchsentscheidung** ist die **Klage** und nicht ein erneuter Einspruch gegeben, BFH BStBl 84, 85.

a) Nach einer **Außenprüfung,** die zu keinem Ergebnis geführt hat, ist der Vorbehalt aufzuheben. **Unterläßt** das FA nach einer Außenprüfung die in Abs 3 Satz 3 vorgeschriebene **Aufhebung** des Vorbehalts, so steht der Steuerbescheid auch weiterhin unter dem Vorbehalt der Nachprüfung und kann noch nach § 164 II geändert werden, BFH BStBl 88, 168. Die Einschränkung des § 173 II 2 (Änderungssperre) gilt nur für den Bereich des

3. Abschnitt. Festsetzungs- und Feststellungsverfahren § 164

§ 173, nicht aber auch für andere Änderungsvorschriften, wie zB § 164. Auf dieses unbefriedigende Ergebnis weist *Günther* (FR 88, 279) hin. Aufhebung steht einer Steuerfestsetzung ohne Vorbehalt der Nachprüfung gleich, dh durch die Aufhebung wird die Rechtsbehelfsfrist erneut in Gang gesetzt. Anfechtung ist ohne Schranken des § 351 möglich, vgl BFH BStBl 72, 195. Ob die FinBeh auch nach einer abschließenden Prüfung an Amtsstelle den Vorbehalt aufheben muß, wird nicht gesagt, obwohl dies dem Gedanken des Abs 1 S 1 entsprechen würde, vgl *Thiel* StUW 77, 239. Dies gilt jedenfalls dann, wenn die abschließende Prüfung zu einer **Änderung** führt. UE ist es sachlich nicht gerechtfertigt, in dieser Weise eine Differenzierung vorzunehmen.

b) Bei **Sonderprüfungen** (zB UmsatzSt, LohnSt) kommt es darauf an, ob es sich um abschließende **Prüfungen** handelt oder nicht.

Wenn eine **Umsatzsteuersonderprüfung** auf den Vorsteuerabzug **beschränkt** ist, darf das Finanzamt den Umsatzsteuerbescheid weiterhin unter dem Vorbehalt der Nachprüfung stehen lassen, BFH BStBl 87, 486; ebenso *Hildebrandt* Die Bestandskraft von StBescheiden nach durchgeführter USt-Sonderprüfung und LSt-Außenprüfung, BB 80, 1687.

c) Bei der Prüfung von **USt-Voranmeldungen** kann der **Vorbehalt nicht** aufgehoben werden, weil es sich insoweit um **Vorauszahlungsbescheide** handelt, die stets unter dem Vorbehalt der Nachprüfung stehen; daher greift auch die Änderungssperre des § 173 II nicht ein. **USt-Voranmeldungen** bzw **Vorauszahlungsbescheide** stehen auch nach einer **Außenprüfung** weiter unter Vorbehalt, FG Nieders EFG 81, 648. Eine nachfolgende Betriebsprüfung kann die unter dem Vorbehalt der Nachprüfung stehende USt-Festsetzung in vollem Umfang nachprüfen. Die Änderungssperre tritt nicht ein, nach *Hildebrandt* (BB 80, 1688) ist allerdings eine Selbstbeschränkung der Verwaltung insoweit angebracht, OFD D'dorf v 18. 3. 77 DB 77, 874. Auch wenn eine Steueranmeldung einer Steuerfestsetzung unter dem Vorbehalt der Nachprüfung gleichsteht, kann nicht davon ausgegangen werden, daß der dieser Steueranmeldung anhaftende Vorbehalt wirksam bleibt, wenn das FA nach der Steuererklärung ihn erstmals einen Steuerbescheid ohne Vorbehalt erläßt, BFH BStBl 88, 45. Entscheidend ist vielmehr der bekanntgegebene Inhalt des Bescheides. Dabei gehen Unklarheiten zulasten des FA, BFH BStBl 86, 293. Anders ist es bei der **LStAnmeldung**. Eine **LSt-Außenprüfung** ist stets eine abschließende Prüfung, so daß der Vorbehalt der Nachprüfung insoweit stets aufzuheben ist. Haftungsbescheide und schriftliche Anerkennungen der Zahlungsverpflichtung gem § 42d IV Nr 2 EStG können unter den Voraussetzungen der §§ 130ff geändert werden, **Nachforderungsbescheide** bei pauschalierter LSt unter den Voraussetzungen der §§ 172ff, vgl *Metzmaier* DStR 78, 464. Die **LStAnmeldung** bleibt dabei **unberührt**. Die LohnAußenprüfung führt zwar zu einer abschließenden Prüfung des StFalles und damit zur Aufhebung des Vorbehalts, nicht aber auch zu einer Änderungssperre nach § 173 II, vgl *Domann* BB 77, 1695; wenn bei einer späteren Betriebsprüfung ein anderer lohnsteuerlicher Sachverhalt neu aufgedeckt wird, soll ein **weiterer Haftungsbescheid** erlassen werden können, weil § 173 II auf Haftungsbescheide nicht anwendbar sei. Dieses Ergebnis erscheint uE etwas gekünstelt und jedenfalls mit dem Sinn der Regelung des § 173 II

§ 164 4. Teil. Durchführung der Besteuerung

kaum vereinbar. Das gleiche soll gelten für den Erlaß eines **Nachforderungsbescheides** wegen **pauschalierter Lohnsteuer.** Ein neu aufgedeckter anderer lohnsteuerlicher Sachverhalt soll zum Erlaß eines neuen zusätzlichen **Nachforderungsbescheides** führen können, „da dieser sachverhalts- und nicht zeitraumbezogen" sei, vgl *Domann* BB 77, 1696. Nur der dem früheren Haftungs- oder Nachforderungsbescheid zugrundeliegende Sachverhalt kann nicht wieder aufgegriffen werden, *Metzmaier* DStR 78, 464. Aus dem Gesetz ist keine Verpflichtung herzuleiten, wonach die FinBeh nach abschließender Prüfung an Amtsstelle den Vorbehalt aufheben muß. Selbst wenn dies im Gesetz vorgesehen wäre, wäre das für den Stpfl ohne praktische Bedeutung, weil er nicht nachprüfen kann, ob eine solche abschließende Prüfung schon stattgefunden hat oder nicht. Durch die Aufhebung des Vorbehalts würde aber auch der Stpfl Rechte verlieren, er könnte dann nicht mehr uneingeschränkt die Änderung des Bescheides verlangen. Aufhebung bedarf der Schriftform gemäß § 157 I 1 und 3.

d) Nach einem Rechtsbehelf. Der Vorbehalt kann auch im **Einspruchsverfahren** aufrechterhalten werden, BFH BStBl 80, 527. Ersetzt aber das FA im Einspruchsverfahren einen vorläufigen Bescheid durch einen neuen Bescheid ohne Vorbehalt, ist dieser Bescheid endgültig, FG Nieders EFG 80, 530; aA BFH BStBl 64, 436. Die Aufrechterhaltung des Vorbehalts im Einspruchsverfahren setzt eine entsprechende ausdrückliche Erklärung über dessen Fortbestehen voraus, FG Berlin EFG 81, 63, insbesondere dann, wenn sich der Einspruch auch gegen den Vorbehalt richtete und der Bescheid geändert wird. Der **Vorbehalt** der Nachprüfung bleibt trotz Durchführung eines **außergerichtlichen** Rechtsbehelfsverfahrens **wirksam,** wenn er nicht ausdrücklich aufgehoben wird, BFH BStBl 84, 788. Dies gilt insbesondere bei Zurückverweisung des Einspruchs, FG Münster EFG 84, 211. *TK* Tz 8 halten auch eine stillschweigende Aufhebung des Vorbehalts für denkbar. Es stellt sich die Frage, ob nach Ersatz eines Vorbehaltsbescheides durch einen endgültigen Bescheid dieser auch noch insoweit angefochten werden kann, als die entsprechenden Einwendungen bereits Gegenstand eines Rechtsbehelfsverfahrens gegen den Vorbehaltsbescheid waren. Der BFH hat diese Frage in einer noch zur RAO ergangenen Entscheidung bejaht, vgl BFH BStBl 77, 126; so auch *Kammann* aaO; aA *Schwarz* Anm 2 c. *Kammann* hält die Entscheidung des BFH ua deswegen für richtig, weil es sich bei dem Vorbehaltsbescheid um einen qualitativ anderen Verwaltungsakt als bei dem endgültigen Bescheid gehandelt habe; daher könne dem Stpfl nicht die „res judicata" entgegengehalten werden.

e) Änderung des Aufhebungsbescheids. Wenn ein Vorbehaltsbescheid unter Aufhebung des Vorbehalts geändert wird, dieser **Änderungsbescheid** aber wiederum **aufgehoben** wird, wird auch die Aufhebung des Vorbehalts wieder beseitigt, so daß der Vorbehalt wieder wirksam wird, vgl BFH BStBl 82, 524 aE FG Köln, EFG 85, 216; einschränkend FG Köln EFG 83, 54.

Will das FA einen Berichtigungsbescheid, in dem ua der Vorbehalt der Nachprüfung aufgehoben worden ist, im Rechtsbehelfsverfahren erneut zuungunsten des Stpfl ändern und steht ihm dafür keine der Korrekturvorschriften der §§ 172 ff zur Seite, kann dies nur nach Hinweis auf die Verböserungsabsicht oder mit ausdrücklicher Zustimmung des Stpfl geschehen.

3. Abschnitt. Festsetzungs- und Feststellungsverfahren § 164

Das Erfordernis der Zustimmung des Stpfl kann nicht dadurch umgangen werden, daß das FA den den Nachprüfungsvorbehalt aufhebenden Berichtigungsbescheid aufhebt, um dann den an die Stelle tretenden ursprünglichen Bescheid nach § 164 II berichtigen zu können, FG Köln EFG 83, 54. Eine Rückgängigmachung der Aufhebung des Vorbehalts ist nur zulässig, wenn sie von einer Korrekturvorschrift gedeckt ist.

7. Abs 4. Entfallen des Vorbehalts. Nach Ablauf der Festsetzungsfrist ist eine Änderung der Steuerfestsetzung nicht mehr möglich (§ 169 I). Infolgedessen verliert auch ein Vorbehalt nach § 164 seinen Sinn. Entscheidend ist hier der Ablauf der „normalen" Festsetzungsfrist, die längere Festsetzungsfrist des § 169 II 2 (Steuerhinterziehung oder leichtfertige Steuerverkürzung) wirkt sich nicht aus. Zu berücksichtigen ist aber das Hinausschieben des Ablaufs der Festsetzungsfrist in den Fällen des § 171 I–VI, IX–XII. Wegen rechtsstaatlicher Bedenken gegen die Regelung vgl *Friedländer* DB 1971, 696 ff.

8. Verlängerung des Vorbehalts. Die Wirkung des Vorbehalts wird **verlängert,** wenn der Stpfl vor Ablauf der Festsetzungsfrist einen **Antrag** auf Aufhebung oder Änderung der StFestsetzung gestellt hat, vgl § 164 II iVm § 171 III 1, ferner bei **Anfechtung** eines vor Ablauf der Festsetzungsfrist erlassenen Steuerbescheides, § 171 III 2, bei vor Ablauf der Festsetzungsfrist begonnener **Außenprüfung,** § 171 IV 1; vgl *Metzmaier* Steuerfestsetzung unter Vorbehalt der Nachprüfung in der Praxis der Finanzämter, DStR 78, 461.

9. Der Bescheid ist auch insoweit **anfechtbar,** als sich der Stpfl durch den **Vorbehalt** selbst **beschwert** fühlt. Die Erfolgsaussichten eines entsprechenden Einspruchs dürften aber im Hinblick auf die geringen Voraussetzungen, unter denen der Vorbehalt beigefügt werden kann, nur gering sein. Hat der Stpfl allerdings den Bescheid unanfechtbar werden lassen, so kann er gegen den endgültigen Bescheid nicht einwenden, der Vorbehalt sei zu Unrecht beigefügt worden, BFH BStBl 74, 142. Von der überwiegenden Meinung in der Literatur (vgl *TK* Tz 10a, *Koch* Tz 43, *HHSp* Anm 17) wird die Auffassung vertreten, daß der Vorbehalt als Nebenbestimmung, dh als unselbständiger Teil des StBescheides, nicht selbständig angefochten werden kann. Stpfl müßte also den StBescheid als ganzes anfechten. Er kann aber auch Antrag auf Aufhebung nach § 164 III stellen und gegen die Ablehnung Einspruch einlegen, vgl § 348 II. Gegen die Aufhebung, bzw Nichtaufhebung des Vorbehalts in der Einspruchentscheidung ist die Klage gegeben, vgl OFD D'dorf DB 80, 1004. Der BFH dagegen erklärt eine Anfechtungsklage, mit der allein die **Aufhebung** des Nachprüfungsvorbehalts erstrebt wird, für **unzulässig,** BFH BStBl 81, 150. Aus § 100 I FGO ergebe sich, daß die Gerichte im Rahmen einer Anfechtungsklage einen rechtswidrigen Verwaltungsakt ganz oder teilweise aufheben, nicht aber in seinem Inhalt verändern könnten. Lediglich bei den in § 100 II 1 FGO bezeichneten Verwaltungsakten, zu denen auch ein StBescheid gehöre, könne das Gericht eine Änderung insoweit vornehmen, als es einen abweichenden Betrag festsetzen könne. Aufhebung des Nachprüfungsvorbehalts sei aber eine inhaltliche Änderung des angefochtenen Bescheides. Da der Nachprüfungsvorbehalt untrennbar mit dem

§ 165   4. Teil. Durchführung der Besteuerung

sonstigen Inhalt des StBescheides verbunden sei, handele es sich dabei um eine unselbständige Nebenbestimmung des Verwaltungsaktes, *Koch* § 164 Anm 43. Eine solche unselbständige Nebenbestimmung kann wie ein anderer Bestandteil des Verwaltungsaktes nicht selbständig sondern nur mit der Anfechtungsklage gegen den gesamten Verwaltungsakt angegriffen werden, BFH BStBl 79, 666. Ist eine unselbständige Nebenbestimmung rechtswidrig, kann mit der Anfechtungsklage nur die Aufhebung des Verwaltungsaktes samt Nebenbestimmung nicht aber der Fortbestand des Verwaltungsaktes ohne Nebenbestimmung erreicht werden, BVerwGE 29, 261, 264 f; BFH BStBl 81, 150.

Gegen die **Aufhebung** des Vorbehalts ist in jedem Fall der Einspruch gegeben, weil diese einer StFestsetzung gleichsteht und anderenfalls man dem Stpfl eine Tatsacheninstanz nehmen würde, FG Köln EFG 83, 98. Gegen die Aufhebung des Vorbehalts kann auch Aussetzung der Vollziehung in Frage kommen, soweit die Leistung aus dem ursprünglichen Bescheid noch nicht bewirkt worden ist, FG Hbg EFG 83, 160.

Die Aufhebung ist selbständiger StBescheid. Er tritt an die Stelle des ursprünglichen Vorbehaltsbescheides. Erläßt das FA während des Revisionsverfahrens gegen einen Vorbehaltsbescheid einen geänderten Bescheid, durch den der Vorbehalt aufgehoben und die Steuer herabgesetzt wird unter dem ausdrücklichen Hinweis, daß dieser Bescheid an die Stelle des ursprünglichen Bescheids tritt, und läßt der Stpfl diesen Bescheid bestandskräftig werden, ohne einen Antrag nach § 68 FGO zu stellen, ist die Revision unzulässig, BFH BStBl 83, 237. Es fehlt dann am Rechtsschutzbedürfnis für das Revisionsverfahren. Wenn der Stpfl im **Klagewege** das FA verpflichten will, einen Vorbehaltsbescheid zu ändern, **erledigt** sich dieses Verfahren, wenn das FA den Vorbehalt **aufhebt,** BFH BStBl 84, 789. Damit ist auch dem Begehren des Klägers der Boden entzogen.

10. Übergangsregelung vgl Art 97 § 9 EGAO. Vorläufige Bescheide nach § 100 II RAO, § 28 ErbStG gelten als Festsetzung unter Vorbehalt der Nachprüfung.

§ 165 Vorläufige Steuerfestsetzung, Aussetzung der Steuerfestsetzung

(1) ¹Soweit ungewiß ist, ob die Voraussetzungen für die Entstehung einer Steuer eingetreten sind, kann sie vorläufig festgesetzt werden. ²Diese Regelung ist auch anzuwenden, wenn ungewiß ist, ob und wann Verträge mit anderen Staaten über die Besteuerung (§ 2), die sich zugunsten des Steuerschuldners auswirken, für die Steuerfestsetzung wirksam werden. ³Umfang und Grund der Vorläufigkeit sind anzugeben. ⁴Unter den Voraussetzungen der Sätze 1 oder 2 kann die Steuerfestsetzung auch gegen oder ohne Sicherheitsleistung ausgesetzt werden.

(2) ¹Soweit die Finanzbehörde eine Steuer vorläufig festgesetzt hat, kann sie die Festsetzung aufheben oder ändern. ²Wenn die Ungewißheit beseitigt ist, ist eine vorläufige Steuerfestsetzung aufzuheben, zu ändern oder für endgültig zu erklären; eine ausgesetzte Steuerfestsetzung ist nachzuholen.

(3) Die vorläufige Steuerfestsetzung kann mit einer Steuerfestsetzung unter Vorbehalt der Nachprüfung verbunden werden.

3. Abschnitt. Festsetzungs- und Feststellungsverfahren   § 165

Abs 1 neu gefaßt mit Wirkung ab 1. 1. 87 durch StBereinigG 1986 v 19. 12. 85, BGBl I, 2436.

Schrifttum: *Huxol* Anmerkung zur vorläufigen Steuerfestsetzung, DStR 84, 24; *Schuhmann* Der vorläufige Steuerbescheid, BB 87, 383.

Übersicht
1. Inhalt
2. Bedeutung des Vorschrift; Verhältnis zu § 164
2a. Ungewisse Tatsachen
3. Angabe des Grundes der Vorläufigkeit
4. Subjektive Ungewißheit
5. Aussetzung
5a. Wirkung der Vorläufigkeit
6. Rechtsbehelf
7. Übergangsregelung

1. Inhalt. Während nach § 164 der ganze Steuerfall offengelassen werden kann, solange er noch nicht abschließend geprüft ist, ist eine **vorläufige Steuerfestsetzung** von besonderen Voraussetzungen abhängig. Es muß **ungewiß** sein, ob und inwieweit die **Voraussetzungen** für die Entstehung der Steuer eingetreten ist; sie ist auch auf die Festsetzung einer Steuervergütung anwendbar (§ 155 III). Vorläufiger Bescheid kann jederzeit durch anderen vorläufigen Bescheid ersetzt werden, BFH BStBl 73, 516. Die Vorschrift ist auch auf **gesonderte Feststellungen** usw anwendbar, nicht dagegen auf **Haftungsbescheide**, vgl §§ 181 I 1; 191 III 1. Zu den StBescheiden zählen auch sog **Erstattungsbescheide**, dh StBescheide, die zu einer StErstattung führen. Die Vorschrift wird in der Praxis auch angewandt, wenn ein **Doppelbesteuerungsabkommen** bevorsteht, um den Stpfl die Vorteile dieses Abkommens zu sichern. Diese Praxis ist nunmehr durch Änderung des Abs 1 im Rahmen des StBereinigungsgesetzes abgesichert worden **(ab 1. 1. 87).**

2. Auch neben der Vorschrift des § 164 besteht ein Bedürfnis für die Vorschrift. Es ist nicht nötig, den ganzen Steuerfall offenzulassen, wenn nur wegen eines Teilkomplexes eine Ungewißheit besteht. Die vorläufige Steuerfestsetzung führt zu einer **Hemmung der Festsetzungsfrist,** § 171 VIII. Die FinBeh kann noch ein Jahr, nachdem die Ungewißheit beseitigt ist und die FinBeh davon erfahren hat, diesen Umstand bei der Steuerfestsetzung berücksichtigen. Die Ablaufhemmung bezieht sich jedoch nur auf den Teilkomplex, der zu der vorläufigen Steuerfestsetzung Anlaß gegeben hat. Vorläufige Steuerfestsetzung kann mit einer **Festsetzung unter Vorbehalt der Nachprüfung verbunden** werden. Der Vorbehalt der Nachprüfung entfällt im Gegensatz zu dem Vorläufigkeitsvermerk automatisch mit Ablauf der regelmäßigen Festsetzungsfrist (vgl § 164 III).

2a. Ungewisse Tatsachen. Eine Steuerfestsetzung kann nur im Hinblick auf ungewisse Tatsachen, nicht im Hinblick auf die **steuerrechtliche Beurteilung** von Tatsachen für vorläufig erklärt werden, BFH BStBl 85, 648. Die steuerrechtliche Würdigung der Tatsache ist selbst keine Tatsache und daher keine Voraussetzung, von der die Steuerfestsetzung abhängig gemacht werden könnte.

§ 165   4. Teil. Durchführung der Besteuerung

3. Umfang und **Grund** der Vorläufigkeit sind anzugeben. Fehlt diese Angabe, so ist der Vorbehalt unwirksam (§ 119 I). Der Steuerpflichtige kann den **Vorläufigkeitsvermerk anfechten.** Jedenfalls kann das Fehlen der Angabe nicht dazu führen, daß die FinBeh nun unbeschränkt eine Möglichkeit hat, den Bescheid aufzuheben oder zu ändern, so auch *TK* Tz 8; aA *Kühn/Kutter/Hoffmann* Anm 4; *Schwarz/Frotscher* Tz 7. Insbesondere treten dann nicht die Wirkungen der Ablaufhemmung ein. Der Verwaltungsakt ist nicht hinreichend bestimmt. Bei Zweifeln über den **Umfang** einer Vorläufigkeitserklärung ist nur zugunsten des Stpfl Vorläufigkeit zur Gänze anzuzehmen, FG Saarland EFG 82, 596. Ein inhaltlich **unbestimmter** Vorbehalt führt dazu, daß der betroffene Bescheid als in vollem Umfang vorläufig anzusehen ist und damit keine materielle Bestandskraft entfaltet (BFH BStBl 86, 38; 86, 241). Der BFH hat in dieser Entscheidung auch darauf hingewiesen, daß im Vorläufigkeitsvermerk nicht nur Angaben zum Umfang der Vorläufigkeit zu machen sind (zB Einkünfte aus Vermietung und Verpachtung) sondern auch die Tatsachen angegeben werden müssen, die als ungewiß betrachtet werden und deren Überprüfung sich das FA vorbehält (vgl BFH BStBl 85, 648). Der Umfang der Vorläufigkeit wird durch die Tatsachen bestimmt, die die Finanzbehörde als ungewiß ansieht, BFH aaO. Der Umfang der Vorläufigkeit kann sich auch aus der **Begründung** ergeben, FG Nürnberg EFG 80, 530. Die Angaben über den Umfang der Vorläufigkeit können nicht durch einen Hinweis auf den Bp-Bericht ersetzt werden. Ist der Umfang der Vorläufigkeit nicht angegeben, so soll der Vorläufigkeitsvermerk nichtig sein, dh der Bescheid endgültig, FG RhPf EFG 83, 99. Es fehlt insoweit an der inhaltlich hinreichenden Bestimmtheit des Bescheids. Fehlende Angabe des Grundes kann nachgeholt werden.

Stpfl darf bei zunächst nicht weiter aufklärbaren tatsächlichen Verhältnissen **nicht** darauf **vertrauen,** daß das FA zunächst einen vorläufigen Bescheid erläßt; das FA kann, wenn es einen endgültigen Bescheid erläßt, später bekanntwerdende Tatsachen für eine Berichtigung verwerten, BFH DB 78, 2347.

Fehlt der Vorläufigkeitsvermerk auf dem Bescheid, ist er aber auf der Verfügung vorhanden, so ist der Bescheid nach neuem Recht als endgültiger wirksam geworden; es handelt sich jedoch um eine **offenbare Unrichtigkeit** iSd **§ 129,** die jederzeit, allerdings innerhalb der Festsetzungsfrist, vgl § 169 I 2, berichtigt werden kann. Ein **Vorläufigkeitsvermerk** verliert seine Wirkung, wenn er in einem Änderungsbescheid nicht **wiederholt** wird; eine ausdrückliche Aufhebung des Vorläufigkeitsvermerks ist nicht erforderlich, FG Köln, EFG 85, 323 gegen BFH BStBl 84, 788.

Bei Vorläufigkeit eines **Grundlagenbescheides** braucht der **Folgebescheid** nicht auch vorläufig zu ergehen, denn der evtl geänderte Grundlagenbescheid führt zu einer entsprechenden Änderung des Folgebescheides, selbst, wenn für diesen die Festsetzungsfrist bereits abgelaufen sein sollte, vgl § 171 X. UE wäre es sogar unzulässig, den Folgebescheid aus demselben Grund wie den Grundlagenbescheid für vorläufig zu erklären.

Die Vorläufigkeit kann ggf auch erst im Einspruchsverfahren ausgesprochen werden, vgl § 367 II.

3. Abschnitt. Festsetzungs- und Feststellungsverfahren § 165

4. § 165 I stellt auf die **subjektive Ungewißheit** der FinBeh ab, die mit verhältnismäßigem Aufwand nicht beseitigt werden kann, so *TK* Tz 3; anders noch die Vorauflage. Anhängiger **Rechtsstreit** im **Vorjahr** kann ungewisse Verhältnisse im Folgejahr begründen, BFH BStBl 77, 392. Ungewißheit über die **Auslegung** von StG berechtigt nicht zur Aussetzung, vgl BFH BStBl 74, 142; zB nicht, wenn Klärung der Rechtsfrage durch BFH bevorsteht oder ein Verfahren vor dem BVerfG schwebt. Für Verhandlungen über **Doppelbesteuerung** ist in Abs 1 S 2 eine ausdrückliche Regelung getroffen worden. In der Praxis wurden auch vorher schon Steuerfestsetzungen häufig im Hinblick auf ein zu erwartendes Doppelbesteuerungsabkommen vorläufig durchgeführt, um dem Steuerpflichtigen die Vorteile dieses Doppelbesteuerungsabkommens zu sichern. Gegen dieses Verfahren wurden rechtliche Bedenken erhoben, vgl *Koch* Tz 2. Durch Gesetzesänderung sind diese Zweifel beseitigt worden. Wenn Ungewißheit besteht, ob überhaupt eine **Steuer entstanden** ist, muß ggf **ausgesetzt** werden, so *TK* Tz 6 unter Hinweis auf Verbot der Entscheidung in dubio pro fisco; aA *Koch* Tz 4. Wenn die **Ungewißheit** nicht behoben werden kann, muß die FinBeh **schätzen** und aufgrund der Schätzung endgültig verlangen BFH JFR 63, 374; *Frenkel* DStR 78, 466. Stpfl kann aber StBescheid mit Vorläufigkeitsvermerk unanfechtbar werden lassen mit der Folge, daß insoweit eine Änderung des StBescheides noch zulässig ist. Das ist für ihn uU günstiger, als wenn das FA zunächst eine für ihn ungünstigere Rechtsauffassung vertritt und den Stpfl zwingt, den Bescheid anzufechten und Aussetzung der Vollziehung zu beantragen.

5. Die **Aussetzung** kann auch von einer **Sicherheitsleistung** abhängig gemacht werden. Davon wird in der Praxis kaum Gebrauch gemacht. Unter welchen Voraussetzungen Sicherheit verlangt werden kann, wird nicht gesagt. Die Behörde entscheidet nach pflichtgemäßem Ermessen. Dieses wird in der Regel aber nur dann richtig ausgeübt, wenn die Sicherheitsleistung zur Sicherung des Anspruchs erforderlich ist. Eine **stillschweigende Aussetzung** kann nicht angenommen werden, BFH BStBl 78, 120. Das Nichttätigwerden der FinBeh stellt keine Aussetzung dar.

5a. Wirkung der Vorläufigkeit. Eine vorläufige Steuerfestsetzung kann nicht im Hinblick auf eine veränderte steuerliche Beurteilung geändert werden. Dies gilt auch dann, wenn das FA einen entsprechenden Vorbehalt aufgenommen hat und dieser Vorbehalt wirksam sein sollte, BFH BStBl 85, 648. Wenn der Vermerk über die Vorläufigkeit nur **rechtswidrig** ist, aber **unanfechtbar** geworden ist, hätte dies trotzdem nur zur Folge, daß der Steuerbescheid im angegebenen Umfang wegen des Wegfalls tatsächlicher Ungewißheiten, nicht aber wegen veränderten **rechtlichen Beurteilung** geändert werden kann. Das FA kann seinen durch Satz 2 begrenzten Handlungsspielraum nicht durch einen erweiterten oder unbestimmt gefaßten Vorläufigkeitsvermerk ausdehnen, BFH BStBl 85, 648. Die **rechtliche Überprüfung** des Bescheids kann sich das FA nur dadurch vorbehalten, daß es die Steuerfestsetzung gemäß § 164 unter den **Vorbehalt** der **Nachprüfung** stellt.

Eine inhaltlich nicht näher beschränkte vorläufige Steuerfestsetzung erfaßt anders als nach § 100 I RAO nicht den ganzen Steuerbescheid.

§ 166 4. Teil. Durchführung der Besteuerung

Wenn die Ungewißheit **beseitigt** ist, kann die Finanzbehörde nach Satz 1 auch alle zunächst hingenommenen **rechtlichen Fehlbeurteilungen** des Steuerpflichtigen, deren Nachprüfung zunächst zurückgestellt war, **korrigieren,** und zwar ohne Rücksicht darauf, ob diese mit tatsächlichen Ungewißheiten behaftet waren oder nicht, BFH BStBl 88, 234 aA *TK* Tz 11. Wenn sich die tatsächliche Ungewißheit ausschließlich auf eine **Vorrangfrage** bezieht und das FA deswegen die Prüfung aller nachrangigen und von der Vorfrage abhängigen Folgefragen zurückstellt, kann die Änderung des vorläufigen Bescheides insoweit nicht auf Satz 2 gestützt werden, sondern allein auf Satz 1.

6. Der vorläufige Bescheid kann wie jeder andere StBescheid mit **Einspruch** angefochten werden. Mit dem Einspruch kann geltend gemacht werden, daß die Voraussetzungen für eine Vorläufigkeitserklärung nicht vorgelegen hätten, weil keine Ungewißheit bestand, ferner, daß der Bescheid im übrigen unrichtig sei. Der vorläufige Bescheid kann auch während des gerichtl Verfahrens für endgültig erklärt oder berichtigt werden. Wird der vorliegende Bescheid unanfechtbar, kann der Stpfl nach hM trotzdem noch im Rahmen der Anfechtung des endgültigen Bescheides Einwendungen gegen den ganzen Bescheid geltend machen; diese Auffassung steht allerdings nicht im Einklang mit § 351 I. Es ist dem Stpfl jedoch verwehrt, geltend zu machen, die Voraussetzungen für die Vorläufigkeit hätten nicht vorgelegen, vgl BFH BStBl 74, 142; BFH BStBl 75, 281. Bei Wegfall der Ungewißheit kann Stpfl Endgültigkeitserklärung bzw Änderung des Bescheides beantragen und bei Ablehnung Einspruch einlegen. Nach hM soll gegen **Endgültigkeitserklärung** Anfecht nach § 351 I möglich sein; aA *TK* Tz 14 mit Hinweis, daß keine Änderung vorliegt. Erläßt das FA auf **Einspruch** gegen vorläufigen StBescheid nach **Prüfung** des **Sachverhalts** einen ebenfalls vorläufigen Abhilfebescheid, kann es idR **dieselbe Rechtsfrage** beim endgültigen Besch **nicht anders** beurteilen. FG D'dorf EFG 77, 507; anders FG Nürnberg EFG 76, 520.

7. Übergangsregelung in Art 97 § 9 EGAO.

§ 166 Drittwirkung der Steuerfestsetzung

Ist die Steuer dem Steuerpflichtigen gegenüber unanfechtbar festgesetzt, so hat dies neben einem Gesamtrechtsnachfolger auch gegen sich gelten zu lassen, wer in der Lage gewesen wäre, den gegen den Steuerpflichtigen erlassenen Bescheid als dessen Vertreter, Bevollmächtigter oder kraft eigenen Rechts anzufechten.

1. Inhalt. Eine Steuerfestsetzung wirkt auch gegenüber dem **Gesamtrechtsnachfolger.** Er übernimmt die Schulden und das Vermögen, auch die Steuerschulden. Vor einer Vollstreckung gegen den Gesamtrechtsnachfolger muß diesem jedoch ein **Leistungsgebot** bekanntgegeben werden (vgl § 254 I 3). Der Gesamtrechtsnachfolger kann den Bescheid nicht mehr anfechten, wenn dieser bereits unanfechtbar war. Eine noch nicht abgelaufene Rechtsbehelfsfrist läuft ihm gegenüber weiter (vgl § 353).

2. Vorschrift gilt zunächst für den **Gesamtrechtsnachfolger,** zB für den Erben, ferner bei Verschmelzung von AktienG, Umwandlungen, Eintritt der Gütergemeinschaft, Zusammenschluß öffentlrechtl Körperschaften, Anwachsung, vgl Anm zu § 45. Nicht darunter fallen Vermögensübernehmer nach § 419 BGB, Geschäftsübernehmer nach § 25 HGB bzw der Geschäftsübernehmer nach § 75, vgl BFH BStBl 63, 371.

3. StFestsetzung wirkt auch gegenüber demjenigen, der als **Vertreter,** Bevollmächtigter oder kraft eigenen Rechts den Bescheid – rechtlich – hätte anfechten können. Auf die tatsächliche Möglichkeit kommt es nicht an (BFH BStBl 66, 610). Kraft eigenen Rechts anfechten kann zB der Konkursverwalter, usw. Die Regelung hat insbes Bedeutung für die Fälle, in denen die entsprechenden Personen als Haftende für die Steuer der von ihnen Vertretenen in Anspruch genommen werden; sie können dann keine Einwendungen gegen die Richtigkeit des dem Haftungsbescheid zugrundeliegenden StBescheids mehr erheben. Grundsätzlich kann der Haftende, soweit nicht § 166 eingreift, alle **Einwendungen** gegen den zugrundeliegenden StBescheid geltend machen. Beachte, daß nach § 182 II Einheitswertbescheide auch gegenüber jedem Rechtsnachfolger wirken. Den in § 166 genannten Personen sind die Einwendungen abgeschnitten.

4. Nach BFH BStBl 71, 589, BStBl 73, 780 hat **Arbeitnehmer** Anfechtungsrecht gegen einen an den **Arbeitgeber gerichteten Haftungsbescheid.** Ebenso der Schuldner der Kapitalerträge bei Haftungsbescheid wegen Nichteinhaltung von KapErtragSt; dagegen *Fichtelmann* FR 74, 291, der darauf hinweist, daß dann der Haftungsbescheid auch dem Arbeitnehmer bekanntgegeben werden muß, daß für den Arbeitnehmer eine selbständige Anfechtungsfrist läuft, Arbeitnehmer und Arbeitgeber in dem jeweiligen Verfahren hinzugezogen werden müßten.

§ 167 Steueranmeldung, Verwendung von Steuerzeichen oder Steuerstemplern

(1) ¹Ist eine Steuer auf Grund gesetzlicher Verpflichtung anzumelden (§ 150 Abs. 1 Satz 2), so ist eine Festsetzung der Steuer nach § 155 nur erforderlich, wenn die Festsetzung zu einer abweichenden Steuer führt oder der Steuer- oder Haftungsschuldner die Steueranmeldung nicht abgibt. ²Satz 1 gilt sinngemäß, wenn die Steuer auf Grund gesetzlicher Verpflichtung durch Verwendung von Steuerzeichen oder Steuerstemplern zu entrichten ist.

(2) ¹Steueranmeldungen gelten auch dann als rechtzeitig abgegeben, wenn sie fristgerecht bei der zuständigen Kasse eingehen. ²Dies gilt nicht für Zölle und Verbrauchsteuern.

§ 167 bisherigen Wortlaut wird Abs 1, Abs 2 angefügt mit Wirkung ab 1. 1. 87 durch StBerG 1986 v 19. 12. 85, BGBl I, 2436. Abs 1 Satz 1 ergänzt durch Art 15 des SteuerreformG 1990, BGBl 88 I, 1093.

1. Inhalt. Die Vorschrift regelt gewisse Besonderheiten bei der **Steueranmeldung** (§ 150 I 2). Steueranmeldung ist eine **Steuererklärung,** in der der Stpfl die Steuer selbst zu berechnen und den von ihm errechneten Betrag an das FA abzuführen hat. Die AO enthält keine Bestimmung darüber, welche Steuern anzumelden sind. Dies regeln die EinzelStG (vgl § 27 II 2 GewStG, § 6 ZuckStG, § 4 SalzStG, § 5a BierStG, § 5

§ 167 4. Teil. Durchführung der Besteuerung

SchaumwStG, 3 5 LeuchtmStG, §§ 4, 14 SpielkStG, § 5 MinÖlStG, § 36 IV ZollG, § 41a II ZollG, § 19 I VStG, § 18 I UStG). Nach §§ 42d IV EStG iVm §§ 167, 168 AO wirkt die Anmeldung der LSt bzw die Anerkennung der Zahlungsverpflichtung des Arbeitgebers nach einer LSt-Außenprüfung wie ein StBescheid. Diese Regelung ist aber nach BFH (BStBl 87, 198) mit der AO 77 nicht vereinbar.

2. Nach S 1 ist eine **Steuerfestsetzung** nur dann erforderlich, wenn das FA von einer StAnmeldung abweichen will (zugunsten wie zuungunsten des Stpfl). Im übrigen hat eine StAnmeldung die gleichen Wirkungen wie eine StFestsetzung (vgl § 168). Eines besonderen **Leistungsgebotes** bedarf es nicht, die FinBeh kann aufgrund der eingereichten Anmeldung die Steuer erheben.

3. Satz 1 ist auch anzuwenden, wenn der Stpfl zwar verpflichtet war, eine StAnmeldung einzureichen, dieser Verpflichtung aber nicht nachgekommen ist. S 1 stellt nur darauf ab, ob eine solche Verpflichtung besteht. Das FA kann daher bei **Nichteinreichung** der StAnmeldung ggf die Steuer im Schätzungswege festsetzen (vgl. § 162). Im Rahmen des Steuerreformgesetzes 1990 ist klargestellt worden, daß der Steuerpflichtige auch im Wege einer **Steuerfestsetzung** in Anspruch genommen werden kann, wenn er die Steuer für Rechnung eines anderen **einzubehalten** hat und dies nicht oder nicht ordnungsgemäß tut.

Durch die Änderung der Übergangsregelung in Artikel 87 § 1 EGAO durch Artikel 16 des Steuerreformgesetzes 1990 wird bestimmt, daß die geänderten Verfahrensvorschriften der Abgabenordnung auf alle bei Inkrafttreten des Steuerreformgesetzes 1990 noch anhängigen Verfahren anzuwenden sind, soweit nichts anderes bestimmt ist.

4. Die gleichen Grundsätze gelten, wenn die Steuer aufgrund gesetzlicher Verpflichtung durch Verwendung von **Steuerzeichen** und Verwendung von Steuerstemplern zu entrichten ist. Wird die Steuer in der richtigen Höhe entrichtet, so verbleibt es dabei; anderenfalls ist eine StFestsetzung vorzunehmen.

5. Absatz 2. Einreichung der Steueranmeldung bei der Kasse. Steueranmeldungen sind bei dem für die Durchführung der Besteuerung zuständigen Finanzamt einzureichen, Steuerzahlungen aber an die zuständige Finanzkasse zu entrichten. Durch Zentralisierung der Finanzkassen sind in einigen Ländern das Kassen- und das Besteuerungsfinanzamt nicht in allen Fällen identisch. Das hat zur Folge, daß der Steuerpflichtige bei Zahlung mit Scheck zwei Finanzämter anschreiben muß. Gibt er seine Anmeldung und den Scheck bei demselben Finanzamt ab, besteht die Gefahr, daß entweder die Abgabe der Anmeldung nicht fristgerecht ist oder aber die Zahlung verspätet erfolgt.

Nach einer im **StBereinigungG** geschaffenen Neuregelung treten keine Verspätungsfolgen ein, wenn der Steuerpflichtige die Steueranmeldung zusammen mit dem Scheck fristgemäß bei dem Kassenamt einreicht. Andererseits soll nicht zugelassen werden, daß Schecks auch fristwahrend beim Veranlagungs- oder Betriebsfinanzamt eingereicht werden können. Der Sinn des Steueranmeldungsverfahrens ist, aus Haushaltsgründen einen möglichst frühzeitigen Eingang der Steuern zu bewirken. Der Eingang

3. Abschnitt. Festsetzungs- und Feststellungsverfahren § **168**

eines Schecks bei einer Behörde ohne Kassenführung führt wegen der Postlaufzeiten und der ohnehin gegebenen Verzögerung des Zahlungseingangs durch die erforderliche Scheckeinlösung zu Zinsausfällen. Die Regelung gibt ab **1.1.87**, wurde aber im Billigkeitswege bereits vorher praktiziert. Die Ergänzung regelt, daß **zeitraumbezogene Nachforderungen** von nicht angemeldeten Abzugsteuern durch Steuerfestsetzung nach § 155 möglich sind. Gibt zB der Arbeitgeber eine **LSt-Anmeldung** nicht ab, kann er im Wege einer Schätzung durch **Steuerbescheid** in Anspruch genommen werden. Diese Frage war nach der früheren Fassung des § 167 zweifelhaft, nämlich ob ein **Steuer-** oder ein **Haftungsbescheid** ergehen muß. Nach Abschnitt 99 IV LStR 1987 sollte der Arbeitgeber durch Haftungsbescheid in Anspruch genommen werden (vgl auch FG BaWü EFG 82, 587). Auf Haftungsbescheide sind jedoch die für Steuerbescheide geltenden Vorschriften nicht anzuwenden. Ihre Berichtigung konnte daher nur nach den Vorschriften der §§ 129ff erfolgen. Wenn der Arbeitgeber zB nachträglich die Steueranmeldung abgab, traten erhebliche verfahrensmäßige Schwierigkeiten auf, insbesondere bei Abweichung der angemeldeten Beträge von den im Haftungsbescheid genannten. Zeitraumbezogene Nachforderungen sind solche, die einen bestimmten **Anmeldungszeitraum** betreffen. Hiervon sind die **sachverhaltsbezogenen** Nachforderungen zu unterscheiden, die sich aufgrund einer **LSt-Außenprüfung** ergeben können. In diesen Fällen kann ein Haftungsschuldner für die einzubehaltende und abzuführende LSt auch nach der Änderung nur durch **Haftungsbescheid** in Anspruch genommen werden.

Die Anwendung der Regelung auf **Zölle und Verbrauchsteuern** wurde im Hinblick auf die Besonderheiten bei der Zahlungsabwicklung ausgeschlossen.

§ 168 Wirkung einer Steueranmeldung

[1] **Eine Steueranmeldung steht einer Steuerfestsetzung unter Vorbehalt der Nachprüfung gleich.** [2] **Führt die Steueranmeldung zu einer Herabsetzung der bisher zu entrichtenden Steuer oder zu einer Steuervergütung, so gilt Satz 1 erst, wenn die Finanzbehörde zustimmt.** [3] **Die Zustimmung bedarf keiner Form.**

Schrifttum: *Schwarz* Zur verfahrensrechtlichen Situation des Arbeitgebers im LohnStAnmeldungsverfahren, DStR 80, 480.

1. Inhalt. Die Vorschrift enthält eine **Rechtsfolgenverweisung**. Die StAnmeldung steht danach in ihren Wirkungen einer StFestsetzung unter dem Vorbehalt der Nachprüfung gleich (vgl § 164). Dies gilt allerdings **nicht**, wenn die FinBeh die St **abweichend festsetzt**. Der Stpfl wird durch die StAnmeldung in gleicher Weise verpflichtet, als wenn die Steuer durch die FinBeh festgesetzt worden wäre. StAnmeldungen können formell bestandskräftig, dh unanfechtbar werden. Eines **Leistungsgebotes** bedarf es darüberhinaus nicht. Eine StFestsetzung ist nur erforderlich, wenn eine Festsetzung zu einer abweichenden Steuer führt (vgl § 167, 1). Die Vorschrift soll der Beschleunigung des Steuerfestsetzungsverfahrens dienen und sicherstellen, daß schon mit Eingang der StErklärung, die eine Selbstberechnung der Steuer enthalten muß, die entsprechende Steuer entrichtet wird.

§ 168 4. Teil. Durchführung der Besteuerung

2. Durch die StAnmeldung treten die gleichen Rechtswirkungen wie bei der sog **Vorbehaltsfestsetzung** (§ 164) ein. Die FinBeh kann die wie eine StFestsetzung wirkende Anmeldung jederzeit **ändern,** der Stpfl kann jederzeit eine solche Änderung beantragen. Nach Ablauf der Festsetzungsfrist ist aber auch die StAnmeldung nicht mehr abänderbar (vgl § 169 I 1), sofern nicht die Voraussetzungen für eine Ablaufhemmung nach § 171 vorliegen. Durch die Fassung des § 168 bedarf es auch nicht mehr der vom RFH und vom BVerwG aufgestellten Konstruktion, wonach in der widerspruchslosen Annahme einer StAnmeldung ein Verwaltungsakt zu sehen sei (vgl BVerwGE Bd 19, 68). Es ist aber ernstlich **zweifelhaft,** ob der nach Satz 1 für eine **Steueranmeldung** geltende Vorbehalt der Nachprüfung auch dann noch **fortbesteht,** wenn das FA nach Eingang der Steuererklärung erstmals einen Steuerbescheid ohne Nachprüfungsvorbehalt erlassen hat, BFH BStBl 88, 45. Wenn der Steuerbescheid einen Nachprüfungsvorbehalt nicht enthält, kann sich der Steuerpflichtige darauf verlassen, daß eine abschließende Prüfung durch das FA erfolgt ist. Eine Änderung des Bescheids zum Nachteil des Steuerpflichtigen ist in diesem Falle nicht mehr zulässig, BFH BStBl 86, 241.

3. Satz 2 enthält eine wichtige **Einschränkung** von dem in S 1 aufgestellten Grundsatz. Führt die StAnmeldung zu einer **Steuererstattung** oder zu einer **Steuervergütung,** so bedarf es zum Wirksamwerden der StAnmeldung der **Zustimmung** der FinBeh. Die Zustimmung bedarf **keiner Form.** Sie kann auch durch Gutschrift auf dem Konto des Stpfl erklärt werden. Satz 2 erklärt sich daraus, daß es dem öffentlichen Recht fremd ist, daß Dritte durch einfache Erklärung gegenüber dem Staat diesen zu einer Geldzahlung verpflichten könnten. Da die StAnmeldung wie eine StFestsetzung unter Vorbehalt der Nachprüfung wirkt, kann sie ebenfalls vom Stpfl angefochten werden, vgl Anm 4 zu § 164. Der Stpfl kann auch jederzeit **Änderung** der StAnmeldung, dh der StFestsetzung **beantragen.**

4. Eine **Frist** für die nach S 2 erforderliche **Zustimmung** sieht das Gesetz nicht vor. Die FinBeh darf jedoch nicht ohne Grund die Zustimmung über Gebühr hinauszögern. Wird die Erstattung oder Vergütung zur **Umbuchung** auf andere **rückständige** Steuern verwendet, gilt insoweit auch bei verspäteter Zustimmung der Tag der **Einreichung** der StAnmeldung als **Fälligkeitstag,** dh von da an entstehen **keine** weiteren **Säumniszuschläge,** vgl § 109 BuchO. UE muß die FinBeh evtl auch zunächst eine vorläufige StFestsetzung vornehmen, vgl § 165. Der Stpfl könnte daher uU gut daran tun, zunächst eine StAnmeldung einzureichen, für die eine Zustimmung nicht erforderlich ist, und danach eine Änderung dieser wie eine StFestsetzung unter Vorbehalt der Nachprüfung wirkenden Anmeldung beantragen, denn über den Änderungsantrag muß die FinBeh nach § 164 innerhalb angemessener Frist entscheiden. Führt die **Anmeldung** zu einer **StVergütung** oder zu einem **Mindersoll,** beginnt die **Rechtsbehelfsfrist** erst mit der Bekanntgabe der **Zustimmung** der FinBeh zu laufen. Wenn die Zustimmung allgemein erteilt wurde, beginnt trotzdem die Frist frühestens mit der **Auszahlung** der Vergütung oder des Mindersolls.

5. Auch die zu niedrige Anmeldung einer Steuer ist bereits **StHinterziehung,** vgl § 370 IV 1.

3. Abschnitt. Festsetzungs- und Feststellungsverfahren **§ 169**

II. Festsetzungsverjährung

§ 169 Festsetzungsfrist

(1) ¹Eine Steuerfestsetzung sowie ihre Aufhebung oder Änderung sind nicht mehr zulässig, wenn die Festsetzungsfrist abgelaufen ist. ²Dies gilt auch für die Berichtigung wegen offenbarer Unrichtigkeit nach § 129. ³Die Frist ist gewahrt, wenn vor Ablauf der Festsetzungsfrist
1. der Steuerbescheid den Bereich der für die Steuerfestsetzung zuständigen Finanzbehörde verlassen hat oder
2. bei öffentlicher Zustellung der Steuerbescheid oder eine Benachrichtigung nach § 15 Abs. 2 des Verwaltungszustellungsgesetzes ausgehändigt wird.

(2) ¹Die Festsetzungsfrist beträgt:
1. ein Jahr
für Zölle, Verbrauchsteuern, Zollvergütungen und Verbrauchsteuervergütungen,
2. vier Jahre
für die nicht in Nummer 1 genannten Steuern und Steuervergütungen.

²Die Festsetzungsfrist beträgt zehn Jahre, soweit eine Steuer hinterzogen, und fünf Jahre, soweit sie leichtfertig verkürzt worden ist. ³Dies gilt auch dann, wenn die Steuerhinterziehung oder leichtfertige Steuerverkürzung nicht durch den Steuerschuldner oder eine Person begangen worden ist, deren er sich zur Erfüllung seiner steuerlichen Pflichten bedient, es sei denn, der Steuerschuldner weist nach, daß er durch die Tat keinen Vermögensvorteil erlangt hat und daß sie auch nicht darauf beruht, daß er die im Verkehr erforderlichen Vorkehrungen zur Verhinderung von Steuerverkürzungen unterlassen hat.

Schrifttum: *Höllig* Die Neuregelung der Verjährung im Besteuerungsverfahren, Inf 79, 481; *Hartmann* Die Struktur der neuen Vorschriften zur Festsetzungs- und Zahlungsverjährung, FR 80, 11; *Lohneyer* Die Festsetzungsfrist bei hinterzogenen und bei leichtfertig verkürzten Steuern StuW 84, 201.

Übersicht

1. Inhalt
2. Festsetzungsverjährung/Zahlungsverjährung
3. Bedeutung für Steuerschuldner und Steuergläubiger
4. Erstattungsanspruch
5. Offenbare Unrichtigkeiten
6. Anwendungsbereich
7. Dauer der Festsetzungsfrist
   a) Zölle und Verbrauchssteuern
   b) Übrige Steuern
   c) Steuerhinterziehung
   d) Leichtfertige Steuerverkürzung
   e) Verschulden des Vertreters
8. Wahrung der Festsetzungsfrist
9. Folgen des Ablaufs der Festsetzungsfrist
10. Übergangsregelung

§ 169

1. Inhalt. In dieser Vorschrift werden die Unterschiede zwischen der **Verjährung** des noch **nicht festgesetzten** (noch nicht titulierten) und des bereits **festgesetzten StAnspruchs,** der sich zu einem Zahlungsanspr konkretisiert hat, deutlich. Die RAO hat diese Unterscheidung nicht getroffen. Sie hat allerdings durch die Neufassung der Verjährungsvorschriften durch das StÄnderungsgesetz 1966 die **Verjährungsunterbrechungshandlungen** beschränkt auf die sog reinen **Zahlungsansprüche,** dh auf die titulierten StAnsprüche. Für die **nicht titulierten StAnsprüche** sah die RAO nur eine **Verjährungshemmung** vor; Unterbrechungshandlungen waren nicht mehr möglich. Die vor 1966 bestehende Regelung, wonach praktisch jede Ermittlungshandlung des FA zu einer Unterbrechung der (5jährigen) Verjährungsfrist führte, lief im Ergebnis darauf hinaus, daß bei den Besitz- und Verkehrsteuern StAnsprüche, seien sie nun festgesetzt oder nicht, praktisch überhaupt nicht verjährten.

2. Die Fassung des § 169 AO 77 geht insofern noch einen Schritt weiter, als nunmehr eine klare **Trennung** der **Verjährungsregelungen** durchgeführt wird, je nachdem, ob es sich um die Verjährung einer noch nicht festgesetzten Steuer oder eines sich aus einer StFestsetzung ergebenden Zahlungsanspruchs handelt (für den letzteren vgl § 228 ff). Die Trennung war schon deswegen erforderlich, weil die **Verjährungsfrist** für noch nicht titulierte Steuern auf 4 Jahre verkürzt wird, die Verjährungsfrist für den reinen **Zahlungsanspruch** aber weiterhin regelmäßig **5 Jahre** beträgt (vgl §§ 228 ff). Hierbei ist darauf hinzuweisen, daß die 5jährige Zahlungsverjährung künftig für alle Steuern gilt, dh auch für **Zölle** und **VerbrauchSt** sowie für hinterzogene oder leichtfertig verkürzte StAnsprüche.

Entsprechend der in der Gesetzesgliederung zutage tretenden Unterscheidung wird auch in der Terminologie unterschieden. Die Verjährungsfrist für den noch nicht festgesetzten StAnspruch heißt „**Festsetzungsverjährung**" im Gegensatz zu der „**Zahlungsverjährung**" nach §§ 228 ff.

3. Abweichend von der RAO gelten die **Verjährungsvorschriften** sowohl **für den StGläubiger** wie auch für den **StSchuldner.** Nach Ablauf der Festsetzungsverjährung kann eine Steuer nicht mehr **festgesetzt** werden. Auch die **Aufhebung** oder **Änderung** einer StFestsetzung ist danach grundsätzlich nicht mehr möglich, sofern nicht besondere Vorschriften über die **Ablaufhemmung** eingreifen. Auch der **Stpfl** kann nach Ablauf der Festsetzungsverjährung keine StFestsetzung (etwa zur Erlangung einer StErstattung) oder die Festsetzung einer StVergütung **beantragen.** Ein vor Ablauf der Festsetzungsfrist gestellter Antrag muß allerdings noch beschieden werden (vgl § 171 III).

Die RAO sah für Anspr des Stpfl gegenüber der FinBeh keine besonderen Verjährungsvorschriften vor, enthielt jedoch in den §§ 150 ff RAO besondere **Ausschlußfristen,** innerhalb derer der Stpfl seinen Anspruch geltend machen mußte. Diese Regelung ist fallengelassen worden. Es erscheint nicht sachgerecht und auch nicht mit dem Grundsatz der Chancengleichheit zu vereinbaren, für diese Ansprüche Ausschlußfristen beizubehalten. Sofern im Einzelfall für deren Beibehaltung doch noch ein Bedürfnis besteht, ergeben sich die entsprechende Regelungen aus den EinzelStGesetzen.

3. Abschnitt. Festsetzungs- und Feststellungsverfahren § 169

4. Die RAO unterschied auch nicht klar zwischen dem **reinen Erstattungsanspruch** und dem **Freistellungs- und Erstattungsanspruch.** Bei dem reinen Erstattungsanspr bedurfte es keiner weiteren Entscheidung der FinBeh. Es handelt sich hierbei um solche Fälle, in denen ohne weiteres ersichtlich ist, daß der Stpfl mehr gezahlt hat, als er nach einer StFestsetzung zu zahlen hatte. Diese Fälle regeln sich nunmehr nach den Vorschriften über die **Zahlungsverjährung** (§§ 228 ff). Bei den sog **Freistellungs- und Erstattungsansprüchen** bedarf es dagegen zunächst einer **StFestsetzung**, um den sich daraus ergebenden Zahlungsanspruch zu ermitteln zB Erstattung von KapErtrSt.

5. Die Regelung über die **FestsFrist** gilt auch für **Berichtigungen** wegen **offenbarer Unrichtigkeit** nach § 129, vgl Abs 1 S 2. Beachte aber Ablaufhemmung nach § 171 II.

6. Anwendungsbereich. Die Bestimmungen über die Festsetzungsverjährung gelten im übrigen sinngemäß für die **gesonderten Feststellungen** von Besteuerungsgrundlagen, § 181 I, für die Festsetzung von **StMeßbeträgen,** §§ 184 I, für **Zerlegungs-** und **Zuteilungsbescheide,** §§ 185, 190, sowie für **Zinsbescheide,** § 239. Für Vollstreckungskosten gilt Sonderregelung des § 346; für Verspätungszuschläge fehlt bes Bestimmung, (§ 152) diese sind jedoch spätestens nach Ablauf der Festsetzungsfrist für den StBescheid nicht mehr festzusetzen. Für Säumniszuschläge hat die Festsetzungsfrist keine Bedeutung, weil sie ohne Festsetzung verwirkt werden, sie unterliegen lediglich der Zahlungsverjährung. Auch die **Haftungsbescheide** unterliegen der Regelung über die **Festsetzungsverjährung.** Für den Beginn der Festsetzungsverjährung gelten aber zT abweichende Regelungen (vgl § 191 III). Es kann erforderlich sein, zur Wahrung der Festsetzungsfrist bei Haftungsbescheiden zunächst einen Haftungsbescheid dem Grunde nach zu erlassen, ohne daß der Haftende gleichzeitig zur Zahlung aufgefordert wird (vgl § 219). In diesen Fällen beginnt jedoch die Verjährung des sich aus dem Haftungsbescheid ergebenden **Zahlungsanspruchs** bereits mit dem Wirksamwerden des Haftungsbescheides (vgl § 229 II). Die Festsetzungsfrist gilt ferner, soweit die Vorschrift der AO in Einzelgesetzen für anwendbar erklärt werden, zB nach dem **InvestZulG, BerlFördG, Prämien-** und **ZulagenG.** Antrag auf **Vergütung** des KöSt-Erhöhungsbetrages nach § 52 KStG bzw § 36 e EStG ist **nicht fristgebunden** und kann daher bis zum Ablauf der Festsetzungsfrist gestellt werden.

7. Abs. 2. Dauer der Festsetzungsfrist. **a) Nr. 1; Sie beträgt bei Zöllen** und **VerbrauchSt** sowie bei Zoll- und VerbrauchStVergütungen wie bisher **ein Jahr.** Nach Ablauf der Festsetzungsfrist können VerbrauchStBescheide auch nicht zugunsten des Stpfl geändert werden, BFH BStBl 87, 413. Hierzu zählen auch die **Abschöpfungen** nach den EG- Marktordnungen. Soweit sich in diesem Bereich ein sog reiner Zahlungsanspruch ergibt, verjährt dieser im Gegensatz zum bisher geltenden Recht ebenso wie die Zahlungsansprüche bei den übrigen Steuern in 5 Jahren (§§ 228 ff), regelmäßig nach Bescheiderteilung. Beachte, daß nach Abs. 2 S 2 sich auch bei Zöllen und VerbrauchSt die Festsetzungsfrist bei **leichtfertiger StVerkürzung** auf **5 Jahre,** bei **StHinterziehung** auf **10 Jahre** verlängert.

§ 169

b) Nr 2. Bei den übrigen Steuern und StVergütungen beträgt die **Festsetzungsfrist 4 Jahre;** das ist gegenüber der RAO eine Verkürzung um ein Jahr. Die Verkürzung der Verjährungsfrist für nicht tituliierte StAnsprüche hängt eng mit der Einschränkung der Bestandskraft der StBescheide durch die Vorbehaltsfestsetzung nach § 164 zusammen. Gegen diese Einschränkung der Bestandskraft sind ohnehin rechtsstaatliche Bedenken geltend gemacht worden. Der Arbeitskreis für eine Reform der RAO stellte seine diesbezüglichen Bedenken nur im Hinblick auf die gleichzeitig vorgenommene Verkürzung der Verjährungsfrist zurück, vgl Heft 13 der Schriftenreihe des BMF. Die Festsetzungsfrist von vier Jahren gilt auch für die **Umsatzsteuer,** denn sie gehört iSd allgemeinen Abgabenrechts **nicht** zu den **Verbrauchsteuern** sondern zu den übrigen Steuern, BFH BStBl 87, 95.

c) Abs 2 S 2. Steuerhinterziehung. Wie bisher beträgt die **Verjährung** des noch nicht festgesetzten StAnspruchs **10 Jahre,** soweit eine Steuer hinterzogen ist. Ist nicht die ganze Steuer hinterzogen, so gilt Abs 2 S 2 nur für den hinterzogenen Teil. 10jährige Verjährungsfrist gilt auch bei **Steuerhehlerei,** BFH BStBl 76, 384; aA FG D'dorf DStZ B 78, 39. Die verlängerte Festsetzungsfrist hat keinen Einfluß auf die **Vorbehaltsfestsetzung** nach § 164: Nach Ablauf der normalen Festsetzungsfrist gem Abs 2 S 1 ist eine Vorbehaltsfestsetzung nicht mehr möglich, auch nicht, soweit eine StHinterziehung vorliegt. Ebenfalls enthält mit Ablauf der normalen Frist automatisch der Vorbehalt (vgl § 164 IV). Der **Verdacht** einer **StHinterziehung** reicht nicht aus, um die längere Frist nach Abs 2 S 2 eintreten zu lassen, FG Nieders EFG 72, 243. Beachte aber, daß Maßnahmen der **Steuerfahndung** uU zu einer **Ablaufhemmung** führen, § 171 V. Wenn es für die Rechtmäßigkeit eines StBescheides darauf ankommt, ob der Stpfl **StHinterziehung** begangen hat, müssen die **objektiven** und **subjektiven Tatbestandsmerkmale** einer StHinterziehung vorliegen, BFH BStBl 73, 273. Ob diese Vorliegen, ist nicht nach den Vorschriften der StPO, sondern nach den Vorschriften der AO und ggf der FGO zu prüfen. Es handelt sich insoweit um eine strafrechtliche Vorfrage im Rahmen der Entscheidung über die Rechtmäßigkeit eines StBescheids (BFH BStBl 79, 570), die ggf das Gericht nach seiner freien, aus dem Gesamtergebnis gewonnenen Überzeugung zu entscheiden hat. Die längere Verjährungsfrist gilt nicht, wenn dem Stpfl nicht alle Tatbestandsmerkmale einer StHinterziehung nachgewiesen werden können. Die Schuldfähigkeit kann zB durch Cerebralsklerose ausgeschlossen sein, FG BaWü EFG 82, 499. Auf die Frage, wer die Hinterziehung begangen hat, kommt es allerdings nicht an, BFH DStR 80, 538. Das FG D'dorf hält es jedoch für ernstlich zweifelhaft, ob die 10jährige Verjährungsfrist bereits dann gilt, wenn ein Dritter die StHinterziehung begangen hat. Bestehe zwischen Abgabenschuldner und Hinterzieher keine Verbindung, sei diesem entsprechend Abs 2 S 3 eine Exkulpationsmöglichkeit zu geben, FG D'dorf EFG 84, 8 betr Heizölverdieselung.

Nach Festsetzung einer hinterzogenen Steuer gilt für den **Zahlungsanspruch** auch hinsichtlich der hinterzogenen Beträge die normale Verjährungsfrist von 5 Jahren. Damit würde die bereits zum früheren Recht von *Riewald* (*Riewald,* Komm zur RAO Anm 2 zu § 144, Anm 1 Abs 1 und Anm 2 Abs 4 zu § 145) vertretene Ansicht, daß sich die Verlängerung der

3. Abschnitt. Festsetzungs- und Feststellungsverfahren § 169

Verjährungsfrist in erster Linie auf den eigentlichen StAnspruch, nicht aber auf den Zahlungsanspruch auswirkt, in das Gesetz übernommen.

d) Leichtfertige Steuerverkürzung. Die besondere Verjährungsfrist bei leichtfertiger StVerkürzung (5 Jahre) ist bisher in der RAO nicht enthalten gewesen. Ihre Einführung ergab sich daraus, daß die bisherige 5jährige allgemeine Festsetzungsfrist auf 4 Jahre verkürzt worden ist.

e) Verschulden des Vertreters oder eines **Bevollmächtigten.** Die längere Festsetzungsfrist bei StHinterziehung und bei leichtfertiger StVerkürzung greift auch dann ein, wenn die StHinterziehung oder leichtfertige StVerkürzung nicht durch den StSchuldner, sondern durch eine andere Person, deren Handeln sich der Stpfl zurechnen lassen muß, begangen worden ist.

8. Für die **Wahrung der Festsetzungsfrist** kommt es nach Abs 1 S 2 nicht auf den Zeitpunkt an, in dem der **Bescheid** dem Stpfl **zugeht,** sondern wann der Bescheid den **Bereich** der **FinBeh verlassen** hat, bzw bei öffentl Zustellung der StBescheid oder eine entspr Benachrichtigung ausgehängt wird (Nr 2). Unter den Begriff FinBeh fallen auch die für sie arbeitenden **Rechenzentren** (§§ 2, 17 FVG), wenn sie die Absendung vornehmen (AnwErl Nr 1). Wenn man auf den Zeitpunkt des Wirksamwerdens des Bescheides abgestellt hätte, wäre die Folge, daß uU zahlreiche StBescheide ohne Wirkung blieben, wenn die FinBeh den rechtzeitigen Zugang nicht beweisen kann (vgl § 122). Die **StBescheide** werden idR nicht zugestellt, sondern durch Zusendung als einfacher Brief **bekanntgegeben,** § 122 II, die **FinBeh** hat im Zweifel den rechtzeitigen **Zugang** zu **beweisen.** Die Vermutung des § 122 II, wonach der Brief als am dritten Tag nach seiner Aufgabe zur Post als zugegangen gilt, kann uU der Stpfl durch die Behauptung, er habe den Brief nicht oder erst zu einem späteren Zeitpunkt erhalten, entkräften. Damit könnte er sich ohne eine Abs 1 S 2 entsprechende Regelung praktisch einer Besteuerung entziehen. Ist ein Bescheid dem Stpfl nicht zugegangen und sendet die FinBeh den Bescheid ggf an die neue Adresse zu, dann ist die Festsetzungsfrist gewahrt, wenn die erste Absendung noch vor dem Ablauf der Festsetzungsfrist erfolgt ist. Dies gilt auch bei Zusendung in das Ausland (vgl § 123).

Fraglich ist, ob bei Absendung eines StBescheids die Festsetzungsfrist gewahrt ist, wenn der Bescheid an eine **unrichtige Adresse** gesandt worden ist. Nach BFH (DB 76, 1362) könnte diese Frage wohl bejaht werden. Der BFH hat entschieden, daß auch ein StBescheid, der an eine nicht mehr bestehende GmbH gerichtet ist, die Verjährung „unterbricht". Bei **StMeßbeträgen** wird die Frist durch Absender der Mitteilungen an die Gemeinden nach § 184 III nicht gewahrt.

9. Folgen des Ablaufs der Festsetzungsverjährung. Ein StBescheid, der nach Ablauf der Festsetzungsfrist erlassen wird, ist **fehlerhaft.** Wird er vom Stpfl nicht angefochten, stellt sich die Frage, ob der StBescheid trotzdem wirksam geworden ist. § 147 RAO sah vor, daß nach Ablauf der Verjährung der StAnspruch erloschen ist. Aus der Formulierung des § 169 I 1 kann uE entnommen werden, daß ein StBescheid, der nach Ablauf der Festsetzungsfrist ergeht, nach § 125 nichtig sein kann; er leidet zumindest an einem schweren Mangel. Ob dieser allerdings offenkundig ist, ist zwei-

§ 170

felhaft, verneinend AnwErl vor §§ 169–171 Nr 4; *TK* Tz 15. Wird aufgrund eines unwirksamen StBescheides die Steuer gezahlt, bevor die Verjährungsfrist abgelaufen ist, so ist die FinBeh nach Ablauf der Festsetzungsfrist gleichwohl an der Festsetzung dieser Steuer gehindert, vgl BFH BStBl 82, 276. Nach Ablauf der Festsetzungsverjährung sind **Ermittlungshandlungen** des FA **nicht unzulässig**, vgl §§ 88, 92f, namentl dann nicht, wenn sie im Rahmen der Steuerfahndung vorgenommen werden, vgl § 208 I Nr 2.

10. Übergangsregelung. Die Vorschrift über die Festsetzungsverjährung gilt erstmals für Ansprüche, die nach dem 31. 12. 1976 entstehen. Für vorher entstandene Ansprüche gelten die Vorschriften der RAO über Verjährung und Ausschlußfristen weiter (Art 97 § 10 EGAO).

§ 170 Beginn der Festsetzungsfrist

(1) Die Festsetzungsfrist beginnt mit Ablauf des Kalenderjahres, in dem die Steuer entstanden ist oder eine bedingt entstandene Steuer unbedingt geworden ist.

(2) ¹Abweichend von Absatz 1 beginnt die Festsetzungsfrist, wenn
1. auf Grund gesetzlicher Vorschrift eine Steuererklärung oder eine Steueranmeldung einzureichen oder eine Anzeige zu erstatten ist, mit Ablauf des Kalenderjahres, in dem die Steuererklärung, die Steueranmeldung oder die Anzeige eingereicht wird, spätestens jedoch mit Ablauf des dritten Kalenderjahres, das auf das Kalenderjahr folgt, in dem die Steuer entstanden ist, es sei denn, daß die Festsetzungsfrist nach Absatz 1 später beginnt,
2. eine Steuer durch Verwendung von Steuerzeichen oder Steuerstemplern zu zahlen ist, mit Ablauf des Kalenderjahres, in dem für den Steuerfall Steuerzeichen oder Steuerstempler verwendet worden sind, spätestens jedoch mit Ablauf des dritten Kalenderjahres, das auf das Kalenderjahr folgt, in dem die Steuerzeichen oder Steuerstempler hätten verwendet werden müssen.
²Dies gilt nicht für Zölle und Verbrauchsteuern.

(3) Wird eine Steuer oder eine Steuervergütung nur auf Antrag festgesetzt, so beginnt die Frist für die Aufhebung oder Änderung dieser Festsetzung nicht vor Ablauf des Kalenderjahres, in dem der Antrag gestellt wird.

(4) Wird durch Anwendung des Absatzes 2 Nr. 1 auf die Vermögensteuer oder die Grundsteuer der Beginn der Festsetzungsfrist für das erste Kalenderjahr des Hauptveranlagungszeitraumes oder für das erste Kalenderjahr, auf das sich eine gesetzlich vorgeschriebene Anzeige auswirkt, hinausgeschoben, so wird der Beginn der Festsetzungsfrist für die weiteren Kalenderjahre des Hauptveranlagungszeitraumes jeweils um die gleiche Zeit hinausgeschoben.

(5) Für die Erbschaftsteuer (Schenkungsteuer) beginnt die Festsetzungsfrist nach den Absätzen 1 oder 2
1. bei einem Erwerb von Todes wegen nicht vor Ablauf des Kalenderjahres, in dem der Erwerber Kenntnis von dem Erwerb erlangt hat,

3. Abschnitt. Festsetzungs- und Feststellungsverfahren **§ 170**

2. bei einer **Schenkung** nicht vor Ablauf des Kalenderjahres, in dem der Schenker gestorben ist oder die Finanzbehörde von der vollzogenen Schenkung Kenntnis erlangt hat,
3. bei einer **Zweckzuwendung unter Lebenden** nicht vor Ablauf des Kalenderjahres, in dem die Verpflichtung erfüllt worden ist.

(6) Für die **Wechselsteuer** beginnt die Festsetzungsfrist nicht vor Ablauf des Kalenderjahres, in dem der Wechsel fällig geworden ist.

Übersicht

1. Inhalt
2. Ausnahmen
3. Abs 2: Pflicht zur Abgabe einer Steuererklärung
   a) Grundsatz
   b) Dauer des Hinausschiebens
   c) Steuerzeichen
   d) Zölle und Verbrauchsteuern
4. Abs 3: Festsetzung auf Antrag
5. Abs 4: Vermögensteuer, Grundsteuer
6. Abs 5: Erbschaftsteuer
7. Abs 6: Wechselsteuer

1. Inhalt. Die Regelungen entsprechen im wesentlichen dem bisherigen **§ 146 RAO.** Die **Festsetzungsfrist beginnt** mit **Ablauf** des **Kalenderjahres,** in dem die Steuer oder die StVergütung **entstanden** ist. Über Entstehungszeitpunkt vgl **§ 38.** Entstehungszeitpunkt ist nicht zu verwechseln mit Fälligkeit (§ 220). Der Grundsatz des Abs 1 wird jedoch durch die Regelungen der folgenden Absätze praktisch zur Ausnahme. Er gilt im wesentl nur dann, wenn keine gesetzliche Pflicht zur **Abgabe** einer **StErklärung** besteht, zB bei **Haftungsbescheiden,** auf die die Vorschriften über die Festsetzungsfrist entsprechend ansetzbar sind, § 191 III. Beginn der Festsetzungsfrist für **gesonderte Festsetzung von Einheitswerten** § 181 II und III; **Zinsen** und **Kosten** der Vollstreckung §§ 239 I 2 und 346 II 2. **Verspätungszuschlag** vgl § 152. § 145 II Nr 4 RAO (bei vorläufiger StFestsetzung Verjährungsbeginn mit Ablauf des Kalenderjahres, in dem die Ungewißheit beseitigt worden ist) ist nicht übernommen worden. Diese Fälle regeln sich nach § 171 VIII, dh innerhalb eines Jahres nach Beseitigung der Ungewißheit kann StBescheid noch geändert werden. Die Fälle des § 145 II Nr 5 RAO (**Rückforderungsansprüche**) regeln sich nach §§ 228 ff, dh der Anspruch auf Rückzahlung eines zuviel gezahlten Betrages verjährt binnen 5 Jahren seit der Auszahlung; ergibt sich der Rückzahlungsanspruch erst aus einer vorhergehenden Änderung der bisherigen StFestsetzung, beginnt die Verjährung des entsprechenden **Erstattungsanspruchs** mit Ablauf des Jahres, in dem die Änderung der StFestsetzung vorgenommen wird, § 229 I 2.

2. Ausnahmen in Abs 2–6. Die **Abs 2 bis 6** enthalten wichtige **Ausnahmen** von dem Grundsatz des Abs 1. Bei den laufend veranlagten Steuern ist regelmäßig eine **StErklärung** oder eine **StAnmeldung** einzureichen, so daß bei diesen der Abs 1 nicht eingreift. Die Regelungen der Abs 4 bis 6 ergeben sich aus gewissen Besonderheiten der dort genannten Steuern.

§ 170 4. Teil. Durchführung der Besteuerung

3. Abs 2. Pflicht zur Abgabe einer StErklärung. a) Wenn der Stpfl aufgrund ges Vorschrift zur **Abgabe** einer **StErklärung verpflichtet** war, beginnt die Festsetzungsfrist **nicht** vor **Ablauf** des **Kalenderjahres,** in dem die Erklärung eingereicht worden ist. Dieser Grundsatz gilt allerdings nicht für **Zölle** und **Verbrauchsteuern,** Abs 2 S 2. Zweck der Bestimmung ist es, zu vermeiden, daß die Festsetzungsfrist schon zu laufen beginnt, bevor die FinBeh etwas über das Entstehen und die Höhe des Anspruchs erfahren hat. Der Stpfl soll nicht durch eine verspätete Abgabe der Erklärung die der FinBeh zur Prüfung des StFalles zur Verfügung stehende Zeit verkürzen können. Es kommt **nicht** darauf an, ob die verspätete Abgabe der Erklärung auf ein **Verschulden** des Stpfl zurückzuführen ist.

Die Verpflichtung zur Abgabe einer **StErklärung** muß sich bei Anwendung des Abs 2 aus einer **gesetzlichen Vorschrift** (Gesetz oder VO – vgl hierzu BFH BStBl 85, 199 –) ergeben. Aufgrund gesetzl Vorschrift sind StErklärungen abzugeben zB nach §§ 56–59 EStDV, § 20 I KStG 1975, § 49 I KStG 1981, § 18 UStG, § 25 GewStDV, § 19 VStG, § 28 I BewG. Die **Aufforderung** (vgl zB § 31 ErbStG) durch die FinBeh nach § 149 Abs 1 S 2 reicht dafür nicht aus, falls sich die Pflicht nicht bereits aus dem Gesetz ergibt. Das gleiche gilt für den Fall, daß eine **Anzeige** zu erstatten ist, wie zB bei der GrunderwerbSt oder der SchenkSt (vgl hierzu Anm 6). Eine Mitteilung, über den Wegfall der Voraussetzungen für eine StBefreiung usw nach § 153 II ist nicht als StErklärung iSd § 171 II anzusehen. Hierunter fällt nur eine vorgeschriebene Gesamterklärung, BFH BStBl 81, 57. Ist die eingereichte StErklärung **unvollständig,** so wird dadurch die Festsetzungsfrist ebenfalls in Gang gesetzt, es sei denn, daß sie derart lückenhaft ist, daß sie praktisch auf die Nichteinreichung der Erklärung hinausläuft.

b) Dauer der Hinausschiebung des Beginns der **Frist.** Abs 2 Nr 1 schiebt den Beginn der Festsetzungsfrist nicht bis in alle Zeiten hinaus, sondern legt einen äußersten Zeitpunkt fest: Die Festsetzungsfrist beginnt **spätestens** mit Ablauf des **dritten Kalenderjahres** nach **Entstehung** der Steuer. **Beispiel:** Entstehung der ESt 1977 am 31. 12. 1977; das dritte auf die Entstehung folgende Kalenderjahr wäre das Jahr 1980. Die Festsetzungsfrist beginnt daher spätestens mit Ablauf des Jahres 1980, dh mit dem 1. 1. 1981. Die StFestsetzung wäre danach noch möglich bis zum Ablauf des Jahres 1984. In den meisten Fällen der **Nichtabgabe** der StErklärung dürfte allerdings eine **StHinterziehung** vorliegen, so daß die 10jährige Festsetzungsfrist nach § 169 II 2 mit dem 1. 1. 1981 beginnen und am 31. 12. 1990 enden würde.

c) Abs 2 Nr 2. Verwendung von **StZeichen** und **Stemplern.** Die für Abs 2 Nr 1 bei der StErklärung geltenden Grundsätze gelten sinngemäß für die Fälle, in denen die Steuer durch Verwendung von StZeichen oder StStemplern zu entrichten ist. Über diese Fälle vgl § 164.

d) Abs 2 S 2. Zölle und Verbrauchsteuern. Die Anwendung des **Abs 2,** dh auch dessen Nr 2, wird für den Bereich der Zölle und der VerbrauchSt **ausgeschlossen.** Grund: Die verbrauchsteuerpflichtigen Betriebe unterliegen einer intensiven steuerlichen Überwachung und sind idR der FinBeh bekannt. Die StAnmeldungen sind regelmäßig bis zum 10. des nächsten Kalendermonats einzureichen. Bei den Erklärungen, die sich auf den Mo-

3. Abschnitt. Festsetzungs- und Feststellungsverfahren § 170

nat Dezember beziehen, würde sich bei Anwendung des Abs 2 eine Verlängerung der Festsetzungsfrist gegenüber den anderen Kalendermonaten um fast ein Jahr ergeben. Wird eine StErklärung nicht eingereicht, so liegt regelmäßig eine StHinterziehung oder eine leichtfertige StVerkürzung vor, so daß insoweit wieder ein Ausgleich durch die längere Festsetzungsfrist geschaffen wird.

4. Abs 3. StFestsetzungen auf **Antrag** oder Antrag auf StVergütung. Sonderregelung für den Fall, daß eine Steuer oder eine StVergütung nur auf Antrag festgesetzt wird. Es handelt sich hierbei insbes um folgende Fälle: Antrag auf **Investitionszulage, Prämien** und **Zulagen,** LStJA, nach § 46 II Nr 8 EStG, § 9 VersStG, § 13 III UStG. Hier würde der **Abs 2 nicht** eingreifen, weil dieser eine **Pflicht** zur Abgabe einer StErklärung voraussetzt. Trotzdem soll der Stpfl in diesen Fällen nicht die Möglichkeit haben, die der FinBeh zur Verfügung stehende Zeit für die Überprüfung des StFalles dadurch abzukürzen, daß er den entsprechenden Antrag möglichst spät stellt. **Frist** für die **Aufhebung** oder **Änderung** der aufgrund des Antrags ergangenen StFestsetzung beginnt nicht vor Ablauf des Kalenderjahres, in dem der Antrag gestellt wird. Die **Antragstellung** hat im übrigen die Wirkung, daß die **Festsetzungsfrist nicht abläuft,** bevor über den Antrag unanfechtbar entschieden worden ist (vgl § 171 III), vorausgesetzt, der Antrag ist vor Ablauf der nach § 170 in Lauf gesetzten Frist gestellt worden.

5. Abs 4. Vermögensteuer, Grundsteuer. Die Sonderregelung für die VermögenSt und die GrundSt ergibt sich daraus, daß bei diesen Steuern, soweit eine Erklärungspflicht in Betracht kommt, sich die Erklärung auf die Steuer für **mehrere Kalenderjahre** bezieht (Erklärung zur Hauptfeststellung). Die **Vermögensteuer** entsteht jedoch für jedes Kalenderjahr wieder neu, sie entsteht nicht für den gesamten Hauptveranlagungszeitraum bereits am Beginn des Hauptveranlagungszeitraums, dh mit dem Hauptveranlagungszeitpunkt. Ohne den Abs 4 könnte der Fall eintreten, daß die Festsetzungsfrist für ein Kalenderjahr des Hauptveranlagungszeitraums, das nach dem ersten Jahr des Hauptveranlagungszeitraums liegt, früher beginnen und daher auch früher ablaufen würde als die Festsetzungsfrist für das erste Jahr des Hauptveranlagungszeitraums. **Beispiel:** Hauptveranlagung auf den 1. 1. 1978. Abgabe der Erklärung im Laufe des Jahres 1980. Beginn der Festsetzungsfrist nach Abs 2 mit Ablauf des Jahres 1980, dh am 1. 1. 1981. Die Festsetzungsfrist für das Kalenderjahr 1978 würde nach Abs 1 beginnen mit Ablauf des Jahres 1978, dh am 1. 1. 1979. Die Sonderregelung des Abs 4 führt dazu, daß um die gleiche Zeit, wie die Festsetzungsfrist für die Hauptveranlagung hinausgeschoben wird, jeweils auch die **Festsetzungsfrist** für die **folgenden Jahre** des Hauptveranlagungszeitraums **hinausgeschoben** wird, dh in unserem **Beispiel:** Beginn der Festsetzungsfrist für die VermögenSt 1979 am 1. 1. 1982. VSt-Erklärungen, die **Neuveranlagungszeitpunkte** betreffen und zu deren Abgabe das FA den Stpfl gemäß § 149 I 2 AO, § 19 I 2 VStG aufgefordert hat, rechnen nicht zu den gesetzlich vorgeschriebenen StErklärungen iSd § 170 II Nr 1 AO. Gesetzlich vorgeschrieben ist nur die Erklärung zum Hauptveranlagungszeitpunkt; nur diese Erklärung schiebt ggf die Festsetzungsfrist sowohl für das erste Jahr des Hauptveranlagungszeitraums als auch die folgenden Jahre

§ 170

hinaus. Die Regelung soll im übrigen auch sicherstellen, daß, selbst wenn die Festsetzungsfrist für den Hauptfestsetzungszeitpunkt verstrichen ist, eine Festsetzung auf einen späteren Zeitpunkt, für den die Frist noch nicht abgelaufen ist, nachgeholt werden kann. Hierbei können ggf die für den Hauptfestellungszeitpunkt gültigen Werte angesetzt werden, wenn die Voraussetzungen für eine Fortschreibung nicht gegeben wären. Diese Veranlagung hat aber nur Wirkung für die noch nicht verjährten Kalenderjahre, vgl die besondere Bestimmung in § 15 III VStG, § 16 III GrStG idF die EGAO: Wenn die Festsetzungsfrist bereits abgelaufen ist, kann die Hauptveranlagung unter Zugrundelegung der Verhältnisse des Hauptveranlagungszeitpunkts mit Wirkung für einen späteren Veranlagungszeitraum vorgenommen werden, für den diese Frist noch nicht abgelaufen ist.

6. Abs 5. Erbschaftsteuer. Die Sonderregelung für die Erbschaftsteuer war bereits in der RAO enthalten.

a) Nr 1. Erwerb von **Todes wegen:** Beginn der Festsetzungsfrist nicht vor Ablauf des Kalenderjahres, in dem der Erwerber von dem Erwerb erfahren hat. Für die **Kenntnis** von Erwerb iS des Abs 5 Nr 1 reicht es idR aus, daß jemand sichere Kenntnis von seiner Erbeinsetzung erlangt (vgl BFH BStBl 82, 276). Dies gilt jedoch dann nicht, wenn nach den erkennbaren objektiven Umständen ernstlich zweifelhaft ist, ob die Einsetzung als Erbe mit dem daraus folgenden Vermögensübergang Bestand haben wird. Der Erbe muß auch die **sichere Kenntnis** davon haben, daß keine Umstände vorliegen, die geeignet sein können, ernstliche Zweifel an dem Bestand einer letztwilligen Verfügung aufkommen zu lassen, BFH BStBl 88, 819. Die Regelung soll vermeiden, daß bei unbekannten Erben die Verjährungsfrist abläuft, bevor der Erbe gefunden ist. Der Erbe hat nach Kenntniserlangung der Pflicht, den Erwerb dem FA anzuzeigen, § 30 ErbStG. Versäumt er das, so greift Abs 2 Nr 1 ein. Da nicht auszuschließen ist, daß der Erblasser ein bekanntes Testament widerrufen oder geändert hat, ist idR davon auszugehen, daß der durch Testament eingesetzte Erbe zuverlässige Kenntnis erst mit der Eröffnung des Testaments erlangt hat, BFH BStBl 82, 276. Hierfür spricht auch, daß der Erbe, solange er noch ausschlagen kann, nur vorläufiger Erbe ist, vgl §§ 1942, 1958 BGB.

b) Nr 2. Schenkung: Beginn der Festsetzungsfrist erst mit Ablauf des Jahres, in dem der Schenker gestorben ist. Erst nach Tod des Schenkers werden häufig die Schenkungsfälle aufgedeckt, wenn nämlich die Vorausschenkungen auf Erbschaft angerechnet werden sollen. Für die Vorschrift besteht jedoch dann kein Bedürfnis, wenn die FinBeh schon vorher, etwa aufgrund einer Anzeige über den Schenkungsfall (vgl § 30 ErbStG) von der Schenkung erfahren hat. Für **nicht natürliche** Personen fehlt eine entsprechende Regelung, so daß der Beginn der Festsetzungsfrist möglicherweise ad infinitum hinausgeschoben werden kann. Überlegungen, die Festsetzungsfrist spätestens nach Ablauf von zehn Jahren nach Ausführung der Schenkung beginnen zu lassen, sind im Rahmen des Steuerreformgesetzes 1990 nicht weiterverfolgt worden.

c) Nr 3. Zweckzuwendung: Erst wenn die Verpflichtung erfüllt worden ist, kann festgestellt werden, ob der Beschenkte tatsächlich zur ErbSt herangezogen werden kann.

3. Abschnitt. Festsetzungs- und Feststellungsverfahren § 171

7. Abs 6. **Wechselsteuer:** Häufig werden Wechsel mit langer Laufzeit nicht mit Wechselsteuermarken versehen. Sie sind idR solange auch nicht dritten Personen oder dem FA zugänglich oder bekannt. Hier soll die Festsetzungsfrist solange nicht beginnen, wie auch der aus dem Wechsel Berechtigte noch Rechte aus dem Wechsel geltend machen kann. Er ist neben dem Verpflichteten StSchuldner (§ 9 II WechsStG).

§ 171 Ablaufhemmung

(1) Die Festsetzungsfrist läuft nicht ab, solange die Steuerfestsetzung wegen höherer Gewalt innerhalb der letzten sechs Monate des Fristlaufes nicht erfolgen kann.

(2) Ist beim Erlaß eines Steuerbescheides eine offenbare Unrichtigkeit unterlaufen, so endet die Festsetzungsfrist insoweit nicht vor Ablauf eines Jahres nach Bekanntgabe dieses Steuerbescheides.

(3) ¹Wird vor Ablauf der Festsetzungsfrist ein Antrag auf Steuerfestsetzung oder auf Aufhebung oder Änderung einer Steuerfestsetzung gestellt, so läuft die Festsetzungsfrist insoweit nicht ab, bevor über den Antrag unanfechtbar entschieden worden ist. ²Dem Antrag nach Satz 1 steht die Anfechtung eines vor Ablauf der Festsetzungsfrist erlassenen Steuerbescheides (§ 169 Abs. 1) auch dann gleich, wenn der Rechtsbehelf nach Ablauf der Festsetzungsfrist eingelegt wird. ³In den Fällen des § 100 Abs. 1 Satz 1, Abs. 2 Satz 2, § 101 der Finanzgerichtsordnung ist über den Antrag erst dann unanfechtbar entschieden, wenn ein auf Grund der genannten Vorschriften erlassener Steuerbescheid unanfechtbar geworden ist.

(4) ¹Wird vor Ablauf der Festsetzungsfrist mit einer Außenprüfung begonnen oder wird deren Beginn auf Antrag des Steuerpflichtigen hinausgeschoben, so läuft die Festsetzungsfrist für die Steuern, auf die sich die Außenprüfung erstreckt oder im Falle der Hinausschiebung der Außenprüfung erstrecken sollte, nicht ab, bevor die auf Grund der Außenprüfung zu erlassenden Steuerbescheide unanfechtbar geworden sind oder nach Bekanntgabe der Mitteilung nach § 202 Abs. 1 Satz 3 drei Monate verstrichen sind. ²Dies gilt nicht, wenn eine Außenprüfung unmittelbar nach ihrem Beginn für die Dauer von mehr als sechs Monaten aus Gründen unterbrochen wird, die die Finanzbehörde zu vertreten hat. ³Die Festsetzungsfrist endet spätestens, wenn seit Ablauf des Kalenderjahres, in dem die Schlußbesprechung stattgefunden hat, oder, wenn sie unterblieben ist, seit Ablauf des Kalenderjahres, in dem die letzten Ermittlungen im Rahmen der Außenprüfung stattgefunden haben, die in § 169 Abs. 2 genannten Fristen verstrichen sind; eine Ablaufhemmung nach anderen Vorschriften bleibt unberührt.

(5) ¹Beginnen die Zollfahndungsämter oder die mit der Steuerfahndung betrauten Dienststellen der Landesfinanzbehörden vor Ablauf der Festsetzungsfrist beim Steuerpflichtigen mit Ermittlungen der Besteuerungsgrundlagen, so läuft die Festsetzungsfrist insoweit nicht ab, bevor die auf Grund der Ermittlungen zu erlassenden Steuerbescheide unanfechtbar geworden sind; Absatz 4 Satz 2 gilt sinngemäß. ²Das gleiche gilt, wenn dem Steuerpflichtigen vor Ablauf der Festsetzungsfrist die

§ 171

Einleitung des Steuerstrafverfahrens oder des Bußgeldverfahrens wegen einer Steuerordnungswidrigkeit bekanntgegeben worden ist; § 169 Abs. 1 Satz 3 gilt sinngemäß.

(6) ¹Ist bei Steuerpflichtigen eine Außenprüfung im Geltungsbereich dieses Gesetzes nicht durchführbar, wird der Ablauf der Festsetzungsfrist auch durch sonstige Ermittlungshandlungen im Sinne des § 92 gehemmt, bis die auf Grund dieser Ermittlungen erlassenen Steuerbescheide unanfechtbar geworden sind. ²Die Ablaufhemmung tritt jedoch nur dann ein, wenn der Steuerpflichtige vor Ablauf der Festsetzungsfrist auf den Beginn der Ermittlungen nach Satz 1 hingewiesen worden ist; § 169 Abs. 1 Satz 3 gilt sinngemäß.

(7) In den Fällen des § 169 Abs. 2 Satz 2 endet die Festsetzungsfrist nicht, bevor die Verfolgung der Steuerstraftat oder der Steuerordnungswidrigkeit verjährt ist.

(8) Ist die Festsetzung einer Steuer nach § 165 ausgesetzt oder die Steuer vorläufig festgesetzt worden, so endet die Festsetzungsfrist nicht vor dem Ablauf eines Jahres, nachdem die Ungewißheit beseitigt ist und die Finanzbehörde hiervon Kenntnis erhalten hat.

(9) Erstattet der Steuerpflichtige vor Ablauf der Festsetzungsfrist eine Anzeige nach den §§ 153, 371 und 378 Abs. 3, so endet die Festsetzungsfrist nicht vor Ablauf eines Jahres nach Eingang der Anzeige.

(10) Soweit für die Festsetzung einer Steuer ein Feststellungsbescheid, ein Steuermeßbescheid oder ein anderer Verwaltungsakt bindend ist (Grundlagenbescheid), endet die Festsetzungsfrist nicht vor Ablauf eines Jahres nach Bekanntgabe des Grundlagenbescheides.

(11) Ist eine geschäftsunfähige oder in der Geschäftsfähigkeit beschränkte Person ohne gesetzlichen Vertreter, so endet die Festsetzungsfrist nicht vor Ablauf von sechs Monaten nach dem Zeitpunkt, in dem die Person unbeschränkt geschäftsfähig wird oder der Mangel der Vertretung aufhört.

(12) Richtet sich die Steuer gegen einen Nachlaß, so endet die Festsetzungsfrist nicht vor dem Ablauf von sechs Monaten nach dem Zeitpunkt, in dem die Erbschaft von dem Erben angenommen oder der Konkurs über den Nachlaß eröffnet wird oder von dem an die Steuer gegen einen Vertreter festgesetzt werden kann.

(13) Wird vor Ablauf der Festsetzungsfrist eine noch nicht festgesetzte Steuer im Konkursverfahren angemeldet, so läuft die Festsetzungsfrist insoweit nicht vor Ablauf von drei Monaten nach Beendigung des Konkursverfahrens ab.

(14) Die Festsetzungsfrist für einen Steueranspruch endet nicht, soweit ein damit zusammenhängender Erstattungsanspruch nach § 37 Abs. 2 noch nicht verjährt ist (§ 228).

Abs 4 S 3 angefügt, Abs 7 geändert, Abs 14 angefügt mit Wirkung ab 1. 1. 87 durch StBereinigG 1986 v 19. 12. 85, BGBl I, 2436.

Schrifttum: *Brandis* Feststellungsverjährung und Festsetzungsverjährung – geänderte Rechtslage durch das Steuerbereinigungsgesetz 1986, DStR 86, 174; *Gosch* Teilverjährung und Außenprüfung, DStR 88, 416.

3. Abschnitt. Festsetzungs- und Feststellungsverfahren **§ 171**

Übersicht

1. Inhalt
2. Höhere Gewalt
3. Offenbare Unrichtigkeit
4. Antrag auf Steuerfestsetzung
   a) Eingeschränkte Ablaufhemmung
   b) Unanfechtbare Entscheidung
5. Abs 4: Beginn einer Außenprüfung
   a) Außenprüfung
   b) Beginn der Prüfung
   c) Umfang der Ablaufhemmung
   d) Wirkung gegenüber Dritten
   e) Dauer der Ablaufhemmung
   f) Mitteilung nach § 202 I 3
   g) Hinausschieben des Beginns der Außenprüfung
   h) Unterbrechung der Außenprüfung
6. Abs 5: Steuer und Zollfahndung
7. Abs 6: Sonstige Ermittlungshandlungen
8. Steuerstraftaten und -Ordnungswidrigkeiten
9. Abs 8: Vorläufige Steuerfestsetzung, Aussetzung der Steuerfestsetzung
10. Abs 9: Anzeige durch den Steuerpflichtigen
11. Abs 10: Grundlagenbescheid
12. Abs 11: Geschäftsunfähiger
13. Abs 12: Erbschaftsannahme
14. Abs 13: Anmeldung im Konkurs
15. Abs 14: Mit der Festsetzung zusammenhängender Erstattungsanspruch
16. Übergangsregelung

1. Inhalt. § 171 regelt ähnlich wie §§ 146, 146a RAO die Fälle der **Ablaufhemmung.** Die Fälle, in denen der Ablauf der Festsetzungsfrist gehemmt wird, sind jedoch gegenüber der RAO nicht unerheblich **erweitert** worden. Dies gilt zB für den **Abs 2,** dessen Notwendigkeit sich daraus ergibt, daß auch eine offenbare Unrichtigkeit iSd § 129 nur innerhalb der Festsetzungsfrist berichtigt werden kann. Durch die Ergänzung des **Abs 4** wird sichergestellt, daß Außenprüfungen nicht lediglich pro forma begonnen werden allein zu dem Zweck, eine Ablaufhemmung herbeizuführen. **Abs 5** enthält eine dem Abs 4 vergleichbare, wenn auch modifizierte Regelung für **Steuerfahndungsprüfungen.** Ähnliches gilt für die Regelung des **Abs 6. Abs 8** tritt an die Stelle des § 146 II Nr 4 RAO. Neu ist auch gegenüber der RAO der **Abs 9. Abs 10** ist die Konsequenz aus der Regelung des § 181 I, II, der bestimmt, daß auch gesonderte Feststellungen einer Festsetzungsfrist unterliegen. Die **Abs 11** bis **13** sind zT Regelungen, die ihre Entsprechung im BGB haben. **Abs 13** schließt an das Konkursrecht an und ergibt sich daraus, daß während des Konkursverfahrens keine StBescheide gegen den Stpfl ergehen können. **Abs 14** ist durch das **StBereinigG** eingefügt worden.

2. Abs 1, vgl § 146 RAO. **Höhere Gewalt.** Es ist ein selbstverständlicher Grundsatz, daß die Verjährung solange gehemmt wird, wie der Berechtigte wegen höherer Gewalt nicht in der Lage ist, seine Ansprüche geltend zu machen. Höhere Gewalt ist ein von außen kommendes Ereignis, das nicht vom menschlichen Willen gesteuert ist, zB Krieg, Katastrophen usw. Voraussetzung ist, daß die höhere Gewalt innerh der letzten sechs Monate der

§ 171 4. Teil. Durchführung der Besteuerung

Festsetzungsfrist vorgelegen hat. Solange, wie die höhere Gewalt gedauert hat, wird die Frist hinausgeschoben.

Beispiel:
Ablauf der Festsetzungsfrist am 31. 12. 1977. Eintritt der höheren Gewalt am 1. 11. 1977. Beendigung des Hindernisses am 14. 12. 1977. Dieser Zeitraum wird bei der Berechnung der Frist nicht mitgerechnet. Ablauf der Festsetzungsfrist am 15. 2. 1978. Endet die höhere Gewalt erst am 15. 1. 1978, läuft die Festsetzungsfrist erst am 16. 3. 1978 ab.

3. Abs 2. Nach § 169 I 2 ist die Berichtigung eines StBescheides wegen **offenbarer Unrichtigkeit** nur innerhalb der Festsetzungsfrist möglich. Da uU der StBescheid erst am Ende der Festsetzungsfrist erlassen wird, soll durch die Regel in Abs 2 die Möglichkeit eröffnet werden, derartige Fehler noch innerhalb eines Jahres seit Bekanntgabe des Bescheides zu bereinigen. Die Vorschrift kann insbes für StBescheide im Anschluß an eine Außenprüfung praktisch werden. Sie gilt auch für offenbare Unrichtigkeiten, die zu Lasten des Stpfl unterlaufen sind. Der Stpfl tut daher gut daran, wenn er eine solche Unrichtigkeit entdeckt, einen Antrag nach Abs 3 zu stellen, damit insoweit eine Ablaufhemmung eintritt.

4. Abs 3. Antrag auf **Steuerfestsetzung** oder **Aufhebung** oder **Änderung.** Nach Auffassung des FG Saarland (EFG 88, 149) beinhaltet die **Abgabe** einer Steuererklärung einen **Antrag** auf Steuerfestsetzung im Sinne des Abs 3 und unterbricht somit den Verlauf der Festsetzungsverjährung. Diese Auffassung wird uE dem Wesen und dem Sinn der Festsetzungsverjährung nicht gerecht. Die Festsetzungsverjährung soll dem FA eine angemessene Frist geben zur Überprüfung der eingereichten Steuererklärungen und zur Festsetzung der Steuer. Die Auffassung des FG Saarland würde bedeuten, daß die vierjährige Festsetzungsverjährung, die grundsätzlich mit Ablauf des Jahres, in dem die Steuererklärung eingereicht worden ist, beginnt, in diesen Fällen keine Bedeutung mehr hätte. Man muß vielmehr mit dem BFH (BStBl 87, 3) die Abgabe einer ESt-Erklärung nur bei erkennbar berechtigtem **Interesse** auf **Veranlagung** als Antrag auf Steuerfestsetzung ansehen. Es kann sich hierbei im übrigen um einen schlichten Änderungsantrag nach § 172 I Nr 2a handeln, aber auch um einen Antrag im Rechtsbehelfsverfahren. Es kommt nicht darauf an, ob und inwieweit der Antrag begründet ist. Anders als § 146a Abs 2 RAO stellt die Fassung nicht auf den Sachverhalt ab, der dem Rechtsbehelfsverfahren zugrunde gelegen hat, sondern allein darauf, daß über den Antrag entschieden wird. § 146a RAO hatte noch andere Fälle im Auge, die nunmehr durch die Regelung über die widerstreitende StFestsetzung geregelt sein dürften (vgl § 174). Nach § 146a RAO verjährten die Ansprüche, die sich aus dem Rechtsbehelfsverfahren zugrunde liegenden Sachverhalt ergaben, nicht vor Ablauf von sechs Monaten seit rechtskräftigem Abschluß des Rechtsbehelfsverfahrens. Damit sollte die Verjährung zB in solchen Fällen verhindert werden, in denen eine bestimmte Einnahme im falschen Jahr erfaßt war und der Stpfl mit seinem Rechtsbehelf gegen die entspr Veranlagung obsiegte. Bei längerer Dauer des Rechtsbehelfsverfahrens konnte es geschehen, daß im Augenblick der Entscheidung über den Rechtsbehelf die Einnahme auch in dem „richtigen" Kalenderjahr nicht mehr erfaßt werden konnte, weil insoweit bereits Verjährung eingetreten war. Hierfür ist in

3. Abschnitt. Festsetzungs- und Feststellungsverfahren § 171

§ 174 II nunmehr eine spezielle Regelung getroffen worden, die auch die Frage der Festsetzungsverjährung mit regelt. Der **Antrag** muß **vor Ablauf** der **Festsetzungsfrist** gestellt werden. Wird Bescheid angefochten, genügt es, wenn die Anfechtung innerhalb der **Rechtsbehelfsfrist** erfolgt ist, Satz 2.

Beispiel:
Erlaß des StBescheides am 20. 12. 1977. Ablauf der (regelmäßigen) Festsetzungsfrist am 31. 12. 1977. Anfechtung des Bescheides am 15. 1. 1978. Die Grundsätze des Abs 2 gelten auch in diesem Fall.

a) Eingeschränkte Ablaufhemmung: Nur **insoweit** läuft die Festsetzungsfrist nicht ab, bevor über den Antrag entschieden worden ist. Für alle Umstände, die mit dem Antrag oder dem Rechtsbehelfsverfahren nichts zu tun haben, tritt die Wirkung des Abs 2 nicht ein. Die FinBeh kann zB nicht nach Ablauf der **regelmäßigen** Frist noch eine Berichtigung wegen neuer Tatsachen zu ungunsten des Stpfl durchführen. Auch der Vorbehalt bei einer StFestsetzung unter Vorbehalt der Nachprüfung wirkt nicht weiter als der Antrag geht, soweit es sich nicht um Tatsachen oder Rechtsfragen handelt, die mit dem Antrag im Zusammenhang stehen. Ablaufhemmung nur, **soweit** angefochten oder Änderung beantragt ist. Maßgebend ist der **Sachverhalt,** der dem Rechtsbehelf oder dem Antrag zugrundegelegt wird, vgl BFH Slg 112, 324. Keine Ablaufhemmung durch **Erlaßantrag** nach § 227, vgl BFH BStBl 74, 620. Abs 3 bewirkt **keine Hemmung** gegenüber **Dritten** (BFH BStBl 74, 722), vgl aber § 174 V, wonach ggf der Dritte anstelle des Rechtsbehelfsführers in Anspruch genommen werden kann, wenn er hinzugezogen worden ist. Die FinBeh ist durch die eingeschränkte Wirkung des Abs 3 aber nicht gehindert, gegen den Antrag des Stpfl mit anderen Tatsachen oder **Rechtsfehlern „aufzurechnen".** Sie hat nur nicht die Möglichkeit, nach Ablauf der regelmäßigen Frist die vom Stpfl angefochtene Entscheidung zu **verbösern,** sofern nicht noch besondere Bestimmungen eine Berücksichtigung verbösernder Umstände nach Ablauf der regelmäßigen Festsetzungsfrist zulassen (zB Abs 4 bis 10) *TK* Tz 10. Die Auffassung von der **eingeschränkten** Ablaufhemmung steht allerdings nicht im Einklang mit § 367 II 2, wonach der Verwaltungsakt auch zum **Nachteil** des **Einspruchsführers** geändert werden kann. Die Ablaufhemmung wirkt aber nur im Interesse des **Antragstellers** (so *TK* Tz 10). Nach der **VerwAuffassung** wird auch durch die Einlegung eines **Rechtsbehelfs** durch Ablauf der Festsetzungsverjährung grundsätzl im **Umfang** der zutreffenderweise **festzusetzenden Abgabe** gehemmt. Etwas anderes könne angenommen werden, wenn es sich um einen abtrennbaren Teil eines Verwaltungsaktes handelt, zB Gewinnfeststellungsbescheid.

b) Unanfechtbare Entscheidung: Der letzte Satz stellt klar, daß in den Fällen der §§ 100 I 1, II 2, 101 FGO erst dann eine unanfechtbare Entscheidung vorliegt, wenn der von der FinBeh aufgrund der Entscheidung des Gerichts zu erlassende Bescheid unanfechtbar geworden ist. Ablaufhemmung durch Einlegung eines Rechtsbehelfs entfällt nicht rückwirkend, wenn die Festsetzung durch gerichtlichen Entscheid selbst aufgehoben wird (BFH DB 75, 2260). IdR entscheiden die FG schon in der Sache selbst. Nur wenn schwere Verfahrensfehler festgestellt werden, oder wenn noch weitere Sachaufklärung erforderlich ist, verweist das Gericht unter Aufhe-

§ 171 4. Teil. Durchführung der Besteuerung

bung des Vorbescheides die Sache an das FA zurück, das dann einen Bescheid unter Zugrundelegung der Rechtsauffassung des Gerichts zu erlassen hat. Solange dieser neue Bescheid noch nicht unanfechtbar geworden ist, läuft insoweit, wie der Antrag des Stpfl reicht, die Festsetzungsfrist nicht ab. Die Grundsätze gelten auch dann, wenn der Stpfl im Laufe des Rechtsbehelfsverfahrens zulässigerweise seinen ursprünglichen Antrag erweitert.

5. Abs 4. Beginn einer Außenprüfung. Die Vorschrift entspricht 146a III RAO. Auch der Beginn einer Außenprüfung führt zur Hemmung des Ablaufs der Festsetzungsfrist. **Keine** Ablaufhemmung, wenn Bp gegenüber einer Person durchgeführt wird, die **nicht der Bp** unterliegt, BFH BStBl 77, 652, oder wenn die Bp aufgrund einer **unwirksamen** Prüfungsanordnung erfolgt, BFH BStBl 88, 165. Dies gilt zB dann, wenn sich die Prüfungsanordnung gegen eine nicht existente Firma richtete. Für die unterschiedliche Verjährungsregelung für Ansprüche, auf die sich eine Betriebsprüfung erstreckt und solche, bei denen das nicht zutrifft, sprechen sachliche Gründe BVerfG 1 BvR 154/81 v 29. 6. 81. Anordnung einer Bp durch eine LandesFinBeh, der die **Finanzhoheit** nicht zusteht, führt nicht zur Ablaufhemmung, BFH BStBl 78, 666 betr GrundErwSt. Die Außenprüfung muß jedoch **vor Ablauf** der **normalen Festsetzungsfrist** begonnen haben oder auf Antrag des Stpfl hinausgeschoben sein. Scheinhandlungen lassen die Wirkung des Abs 3 nicht eintreten, S 2. Die FinBeh kann nicht zum Schein eine Außenprüfung beginnen, wenn sie diese nicht zu Ende führen will, sondern damit nur ein Hinausschieben des Ablaufs der Festsetzungsfrist bezweckt. **Prüfung** ist **begonnen**, wenn Prüfer die Prüfung ernsthaft aufnimmt, *Loose* BB 65, 1066; vgl auch *Schuhmann* Ablaufhemmung Bp, DStZA 76, 99. Ermittlungen des Betriebsprüfers, die durch Prüfungsauftrag nicht gedeckt sind, unterbrechen Verjährung auch dann nicht, wenn sich die Prüfung auf die als Arbeitnehmer bei der geprüften GmbH tätigen Gesellschafter richtet, BFH 12. 2. 72 VIII R 65/68. Die FinBeh kann die Außenprüfung auch auf einzelne Punkte des StFalles beschränken, zB auf die Einkünfte aus Gewerbebetrieb oder aus Kapitalvermögen. Dann tritt auch nur insoweit die Ablaufhemmung ein.

a) Außenprüfung. Abs 4 gilt nur für die **Außenprüfung;** dh auch für eingeschränkte Außenprüfungen. Zur Abgrenzung von sonstigen Ermittlungsmaßnahmen vgl BFH BStBl 84, 700. Wesentlich für die Außenprüfung ist die **Prüfungsanordnung.** Die Wirkungen treten daher nicht ein bei anderen Ermittlungshandlungen des FA außerhalb der Außenprüfung, vgl aber Abs 5 und 6. Die Durchführung einer **Bestandsaufnahme** durch einen Zollkommissar ist idR eine Ap iSd § 171 IV, vgl FG Münster, EFG 80, 147. Auch Handlungen eines **unzuständigen FA** unterbrechen die Verjährung, es sei denn, daß die Handlungen als unwirksam aufgehoben werden, BFH BStBl 81, 787. Daran ändert auch nicht der Gesichtspunkt der verbandsmäßigen Zuständigkeit, weil eine solche Zuständigkeit der AO fremd ist, vgl zur RAO BFH BStBl 81, 787 aaO; BStBl 71, 151; 73, 198. Dies gilt auch für Handlungen eines Berliner FA, BFH aaO.

b) Beginn der Prüfung. Das Tätigwerden des Prüfers braucht nach einer zu § 146a RAO ergangenen Entscheidung des BFH nicht stets dem Betroffenen gegenüber sofort evident werden; es genügt vielmehr, daß der

3. Abschnitt. Festsetzungs- und Feststellungsverfahren **§ 171**

Prüfer mit dem Studium der StAkten beginnt, BFH BStBl 81, 409. Aber nicht jedes Aktenstudium nach Übergabe der Prüfungsanordnung stellt schon einen Beginn der Bp dar, FG Bremen EFG 85, 101. Bei einer konzernleitenden PersonenGesellschaft, die das Schicksal der zum Konzern gehörenden Unternehmen dadurch bestimmt, daß sie durch eine von ihr beherrschte Verwaltungs-GmbH in diesen Unternehmen die Funktion eines Komplementärs ausübt, kann der Beginn der Betriebsprüfung bereits der Zeitpunkt sein, in dem mit der Prüfung eines zum Konzern gehörenden Unternehmens begonnen wird, FG Bremen EFG 82, 226.

c) Umfang der Ablaufhemmung. Der **Umfang** der **Ablaufhemmung** richtet sich danach, auf welche Ansprüche sich die Prüfung tatsächlich erstreckt (BFH BStBl 72, 331; 73, 130) oder bei Hinausschieben der Außenprüfung erstrecken sollte. **Keine** Ablaufhemmung tritt ein für solche Tatsachen, die nicht Gegenstand des Prüfungsauftrags sind, auf die jedoch der Prüfer laut Anweisung achten soll, soweit sie für andere Steuer von Bedeutung sein können, BFH BB 79, 204. **Konzernprüfung** ist selbständige Bp der zu dem Konzern gehörenden Unternehmen; **Ablaufhemmung** tritt erst ein, wenn Prüfer mit der Prüfung der steuerl Verhältnisse des betreffenden Unternehmens ernsthaft beginnt, FG Hbg EFG 78, 56 nrkr. Der Umfang der Außenprüfung ergibt sich aus dem Prüfungsauftrag (vgl § 196). Fraglich ist, ob diese Auslegung der nunmehr auch durch die Aufnahme in das Gesetz ersichtlichen durch die Prüfungsordnung formalisierten Außenprüfung entspricht. Handlungen der Betriebsprüfer hemmen die Verjährung, wenn sie sich im Rahmen des erteilten **Prüfungsauftrags** halten, vgl BFH BStBl 78, 277. Prüfungsauftrag für **Gewinnfeststellung** einer gewerblichen Personengesellschaft umfaßt nur die **gewerblichen Einkünfte** der Gesellschafter aus dem Gesellschaftsverhältnis, nicht aber andere steuerliche Verhältnisse der Gter, BFH BStBl 79, 529. Bezieht sich die Bp gegenüber der Prüfungsanordnung auf einen weiteren Zeitraum, so tritt insoweit eine Ablaufhemmung nur dann ein, wenn das Überschreiten des Prüfungsauftrags erkennbar war, FG D'dorf EFG 82, 547. Bei **Erweiterung** des Prüfungszeitraums wird die Verjährungsfrist erst mit Beginn der erweiterten Prüfung gehemmt, FG Berlin EFG 79, 427. Die Ablaufhemmung gilt aber auch für Sachverhalte, die durch die Bp nicht aufgedeckt wurden, sofern sich die Prüfung auf den Sachverhalt bezog, FG Köln EFG 82, 597.

d) Wirkung gegenüber Dritten. *Meier* Führt die Durchführung einer Lohnsteuer-Außenprüfung bei einem Arbeitgeber zur Verjährungshemmung (§ 171 IV AO) der Steueransprüche gegen den Arbeitnehmern? StBp 86, 431. Prüfung bei **Dritten** hemmt nicht die Verjährung gegenüber dem Stpfl. BFH BStBl 75, 723; 77, 223. Nach Auffassung des BFH (BStBl 76, 3) wird durch eine **Lohnsteuer-Außenprüfung** die Verjährung sowohl gegen den Arbeitnehmer als auch gegen den Arbeitgeber gehemmt. Das FG Köln (EFG 86, 431) ist jedoch der Auffassung, daß eine Verjährungshemmung gegen den Arbeitnehmer in diesem Falle nicht eingreift. Die Entscheidung des BFH ist zur RAO ergangen, es erscheint fraglich, ob sie nach Inkrafttreten der AO 77 noch Bestand haben kann, *Koch* Tz 20, aA *TK* Tz 16. Durch Bp bei einer **GmbH** wird die Verjährung der ESt des **Gesellschafters** nicht gehemmt, auch nicht soweit die ESt auf einer verdeckten

§ 171   4. Teil. Durchführung der Besteuerung

Gewinnausschüttung beruht, BFH BStBl 79, 744. Die Verjährung von KapErtragSt auf Kapitalerträge beschränkt steuerpflichtiger Gesellschafter einer GmbH wird durch eine (sich auf die KapESt erstreckende) Bp bei der GmbH gehemmt, da sie auf solche Erträge den Charakter einer ObjektSt hat, FG Saarland EFG 82, 629; FG Berlin EFG 80, 516. Eine Bp beim **Haftungsschuldner** hemmt nicht den Ablauf der Verjährung gegenüber dem StSchuldner, FG BaWü EFG 83, 326. Der Beginn einer Bp bei einem **Konzernunternehmen** (Personengesellschaft) hemmt nicht den Ablauf der Verjährung von ESt-Ansprüchen, die sich aus der Beteiligung eines Gesellschafters an einer anderen zum Konzern gehörenden Personengesellschaft ergeben, BFH BStBl 84, 125.

    e) Dauer der Ablaufhemmung: Bis die aufgrund der Außenprüfung zu erlassenden **Bescheide unanfechtbar** geworden sind oder **3 Monate** nach Bekanntgabe der **Mitteilung** nach § 202 I. Der Gesetzgeber hat hier nicht auf den Zeitpunkt des Wirksamwerdens der entspr Bescheide abgestellt, sondern darauf, daß diese Bescheide unanfechtbar geworden sind. Ohne diese Regelung würde bei Anfechtung des Bescheides der Abs 3 eingreifen. Das hätte zur Folge, daß der Bescheid im Rechtsbehelfsverfahren nur zugunsten des Stpfl, auf keinen Fall aber auch zu seinen Ungunsten hätte geändert werden können; einer Änderung zuungunsten des Stpfl würde der Ablauf der Festsetzungsfrist entgegenstehen (vgl die Ausführungen zu Abs 3). Die Regelung hat ihren Grund auch darin, daß sich Stpfl u FA häufig auch über die Behandlung rechtlich schwieriger Fragen und über tatsächliche Fragen im Wege des gegenseitigen Nachgebens einigen. Der Stpfl ist trotz derartiger – im Gesetz übrigens nicht vorgesehener – **Vereinbarungen** nicht gehindert, auch die Punkte, über die die Einigkeit erzielt worden ist, im Rechtsbehelfsverfahren anzugreifen. Würde man in diesen Fällen allein den Abs 3 anwenden, könnte die FinBeh nicht dem Stpfl die Punkte entgegenhalten, in denen sie nachgegeben hat. Im übrigen kann es vorkommen, daß sich im Laufe eines sich anschließenden Rechtsbehelfsverfahrens die Notwendigkeit ergibt, die an sich abgeschlossene **Außenprüfung** nochmals **wieder aufzunehmen**. Eine **zeitliche Begrenzung** für den **Erlaß** der StBescheide war bisher nicht vorgesehen, BFH BStBl 74, 308; FG Hbg EFG 78, 4. Der klare Wortlaut dieser Bestimmung ließ bisher nicht die Auslegung zu, daß die Ablaufhemmung auch durch andere Ereignisse, wie zB Zeitablauf, beendet werden könnte, vgl BFH BStBl 79, 738. Durch das **Steuerbereinigungsgesetz 1985** ist aber insoweit eine **Änderung** eingetreten. Ab 1. 1. 87 endet demnach die Festsetzungsfrist für die Auswertung von Prüfungsfeststellungen spätestens, wenn die im § 169 Abs 2 AO genannten Fristen verstrichen sind. Die nach dieser Vorschrift maßgebende Frist für die Auswertung der Prüfungsfeststellungen beginnt mit Ablauf des Jahres, in dem die Schlußbesprechung oder die letzten tatsächlichen Ermittlungen stattgefunden haben. In einer **Übergangsregelung** (§ 10 III EGAO) wird bestimmt, daß in den Fällen, in denen die **Schlußbesprechung** oder die letzten Ermittlungen **vor dem 1. 1. 87** stattgefunden haben, die **Festsetzungsfrist** nach Satz 3 am 1. 1. 87 beginnt.

    Solange die aufgrund der Außenprüfung ergangenen **Bescheide** noch **nicht unanfechtbar** geworden sind, bleibt auch der einem Bescheid evtl

3. Abschnitt. Festsetzungs- und Feststellungsverfahren **§ 171**

hinzugefügte **Vorbehalt** der **Nachprüfung** wirksam (vgl § 164, insbes Abs 4).

f) Mitteilung nach § 202 I 3. Wenn die Außenprüfung zu keinen gegenüber der bisherigen StFestsetzung abweichenden Feststellungen führt, dann ergeht nach § 202 I 3 eine entspr einfache Mitteilung. Der Stpfl kann geltend machen, daß die FinBeh bei der Prüfung Gesichtspunkte, die zu einer Herabsetzung der bisherigen Steuer führen würden, nicht berücksichtigt habe. Er kann daher uU einen Anspruch auf Änderung des Bescheides geltend machen (vgl zB § 173 I Nr 2). Nach § 171 IV hat der Stpfl in diesen Fällen nicht die nur verhältnismäßig kurze einmonatige Rechtsbehelfsfrist, sondern noch **drei Monate** Zeit, um einen Antrag auf Änderung des ursprünglichen Bescheides zu stellen.

g) Hinausschieben des Beginns der Ap. Die **Anfechtung** der Prüfungsanordnung steht dem Antrag, den Beginn einer Bp hinauszuschieben nicht gleich, FG D'dorf EFG 82, 598; aA *HHSp* § 198 Anm 208. Die **Anfechtung** der **Prüfungsanordnung** hemmt nicht den Eintritt der Festsetzungsverjährung, FG Nieders EFG 84, 590. Die Hemmung tritt nicht ein, weil die Anfechtung nicht auf eine zeitliche Verschiebung der Prüfung abzielt, sondern die Prüfung als solche verhindern will, FG Nieders EFG 84, 591. Ein Antrag auf Aussetzung der Vollziehung der Prüfungsanordnung kann dem Antrag auf Hinausschieben des Prüfungsbeginns, ebenfalls nicht gleichgestellt werden.

h) Unterbrechung der **Außenprüfung.** Der vorletzte Satz des Abs 4 will einer mißbräuchlichen Ausnutzung der Möglichkeit der Ablaufhemmung durch die FinBeh entgegentreten. Wenn die FinBeh eine begonnene Außenprüfung nicht spätestens innerhalb von **sechs Monaten** fortsetzt, entfällt die Wirkung des Abs 4, und zwar von Anfang an. Dies gilt jedoch nur, wenn die FinBeh die nicht fristgemäße Fortsetzung zu vertreten hat, zB nicht, wenn Stpfl verreist ist, oder die Buchführung verschwunden ist o ä.

6. Abs 5, Steuer und **Zollfahndung.** Nach der früher geltenden Auffassung standen Steuer und Zollfahndungsmaßnahmen hinsichtlich ihrer Wirkung auf die Verjährung einer **Außenprüfung** gleich, vgl. *TK* § 146a RAO Anm 4 mwN; BFH BStBl 63, 49. Die Entscheidung des BFH, wonach als Betriebsprüfer auch im Sinne der Verjährungsvorschriften auch **Maßnahmen** von **Steufa**-Bediensteten nach § 193 angesehen werden können, ist damit vom Gesetzgeber bestätigt, vgl BFH BStBl 78, 361. Die Notwendigkeit der Regelung des Abs 5 ergab sich daraus, daß in den §§ 193ff die Außenprüfung gesrtzlich besonders geregelt ist und aus § 208 zu entnehmen ist, daß **Ermittlungshandlungen** der Steufa keine Außenprüfung darstellen. Daher wurde zweifelhaft, ob auf diese der Abs 4 anwendbar sei. Gegen eine dem Abs 4 entsprechende Regelung ist eingewandt worden, daß Fahndungsmaßnahmen idR ohne entspr Unterrichtung der Stpfl, auf den sich die Maßnahme bezieht, durchgeführt werden. Unter dem Gesichtspunkt des Vertrauensschutzes ist es nicht vertretbar, bei jeder Fahndungsmaßnahme, zB bei der Auskunft durch Dritte, die Wirkung der Ablaufhemmung eintreten zu lassen. Eine **Ablaufhemmung** ist daher nur für die Fälle vorgesehen, in denen StFahnder vor Ablauf der „normalen FestsFrist" beim Stpfl **mit Ermittlungen begonnen** haben oder diesem die

Einleitung eines **StStrafVerfahrens** oder **Bußgeldverfahrens** wegen einer StOrdnungswidrigkeit bekanntgegeben worden ist. Für die rechtzeitige Bekanntgabe kommt es auf den Zeitpunkt der Absendung der Mitteilung an, § 169 I 3.

7. Abs 6 enthält eine ähnliche Regelung wie Abs 5. Bei Stpfl bei denen eine Außenprüfung innerhalb der BRD nicht möglich ist, zB bei beschränkt Stpfl oder bei Stpfl, die ins Ausland verzogen sind, führen auch **sonstige Ermittlungshandlungen** zu einer Ablaufhemmung, auch solche die bei Dritten durchgeführt werden. Dies gilt jedoch nur, wenn die FinBeh den Stpfl auf den Beginn der Ermittlungen vor Ablauf der Festsetzungsfrist hinweist. Auch hier genügt zur Wahrung der Frist die Absendung der Mitteilung durch die FinBeh. Es besteht nach Auffassung des FG Berlin keine rechtl Möglichkeit, eine den Ablauf hemmende Handlung gegen den **beschränkt stpfl** Gläubiger der **KapErträge** zu richten, FG Berlin EFG 80, 516. Das Schrifttum sieht in der KapErtrStseuer eine Art Objektsteuer (*Herrmann/Heuer/Raupach* Anm 8 zu § 50 EStG). Das kann nur soviel bedeuten, daß unabhängig von den persönlichen Verhältnissen des Beziehers der KapErträge die Steuer beim Schuldner erhoben wird.

8. Abs 7, Steuerstraftaten und **Steuerordnungswidrigkeiten.** Die Vorschrift soll verhindern, daß die Täter einer StStraftat oder einer Ordnungswidrigkeit zwar noch wegen dieser Zuwiderhandlung straf- oder bußgeldrechtlich belangt werden kann, aber die entspr Steuern nicht nachgefordert werden dürfen. Sie gewinnt Bedeutung eigentlich nur bei **fortgesetzten Handlungen.** Bei diesen beginnt die Verfolgungsverjährung erst mit Begehung der letzten Tathandlung. Theoretisch könnte danach die Steuer für ein ganzes Leben nachgefordert werden. **Ablaufhemmung endet** mit **Tod** des Steuerhinterziehers, BFH BStBl 78, 359.

9. Abs 8, Vorläufige Steuerfestsetzung, Aussetzung der StFestsetzung. Sinn der vorläufigen StFestsetzung nach § 165 ist es, die StFestsetzung wegen bestimmter Punkte, die nicht aufgeklärt werden können, offenzuhalten. Nur wegen dieser Punkte ist auch noch eine Änderung des vorläufigen Bescheides möglich; nur **insoweit** läuft die Festsetzungsfrist nicht ab. Die Festsetzungsfrist endet jedoch spätestens mit **Ablauf eines Jahres,** nachdem die Ungewißheit beseitigt ist und die FinBeh hiervon **Kenntnis** erhalten hat. In vielen Fällen kann die FinBeh nicht ohne Mitwirkung des Stpfl feststellen, ob die Voraussetzungen für eine Änderung des vorläufigen Bescheides gegeben sind oder nicht. Daher stellt Abs 8 auf die Kenntnis der FinBeh ab. Der Stpfl hat die Möglichkeit, die FinBeh in Kenntnis zu setzen, um zu erreichen, daß nach einem Jahr eine Änderung des vorläufigen Festsetzung nicht mehr möglich ist. Nach Ablauf des Jahres entfällt die Vorläufigkeit. Die FinBeh muß nach § 165 II 2 bei Änderung des Bescheides insoweit die Vorläufigkeit beseitigen.

10. Abs 9, Anzeige durch den Stpfl. Nach § 153 ist der Stpfl verpflichtet, eine von ihm abgegebene **Erklärung** zu **berichtigen,** sobald er deren Fehlerhaftigkeit erkennt. Außerdem hat er nach §§ 371, 378 III die Möglichkeit der **strafbefreienden Selbstanzeige.** Um zu verhindern, daß in diesen Fällen die FinBeh uU bis zum Ablauf der Festsetzungsfrist nicht mehr in der Lage ist, die entspr Steuer festzusetzen, wird bestimmt, daß die Festset-

3. Abschnitt. Festsetzungs- und Feststellungsverfahren § 171

zungsfrist nicht vor Ablauf eines Jahres seit Eingang der Anzeige endet. UE ist es möglich, daß die FinBeh aufgrund der Anzeige innerhalb der Jahresfrist eine **Außenprüfung** nach Abs 4, bzw mit Fahndungsmaßnahmen nach Abs 5 beginnt und damit eine weitere Ablaufhemmung erreicht. Durch die Anzeige wird auch verhindert, daß der Vorbehalt der Nachprüfung nach § 164 IV entfällt.

11. Abs 10, Grundlagenbescheid. Abs 10 ist eine Folge der **Bindungswirkung** bestimmter Bescheide auf die StBescheide. Es handelt sich hierbei regelmäßig um die gesonderten Feststellungen von Besteuerungsgrundlagen nach §§ 181 ff. Aber auch andere Bescheide kommen in Betracht, zB über die Bindungswirkung anderer Verwaltungsakte gegenüber den FinBehen, s Anm 4 zu § 175. Nach der **VerwAuffassung** sollen hierunter jedoch nur **steuerliche** Verwaltungsakte fallen; Verwaltungsakte anderer Behörden deswegen nicht, weil für diese keine Festsetzungsverjährung bestehe. Die im **LSt-Abzugsverfahren** im Verhältnis zwischen Arbeitgeber und Betriebsstätten-FA getroffenen Feststellungen binden das **VeranlagungsFA** des **Arbeitnehmers** nicht, BFH BStBl 88, 981. **Anerkennungsbescheid** nach §§ 83, 93 II. WoBauG ist Grundlagenbescheid, der zu einer Änderung des StMeßbescheides n § 175 Nr 1 führen kann, BFH BStBl 80, 682; ebenso Feststellung des **Versorgungsamts** gem § 3 I SchwbG, BFH BStBl 86, 245; Feststellung der **Zulassungsbehörde** über **Kfz**Steuervergünstigung für schadstoffarme Pkw, BFH BStBl 86, 865. Der Begriff Grundlagenbescheid ist nicht beschränkt auf Verwaltungsakte, für die die StFestsetzungsregeln gelten, *HHSp* § 175 Rdnr 5. Dagegen FG BaWü: Der **Anerkennungsbescheid** nach § 82 II. WoBauG ist kein Grundlagenbescheid für den nach den Regeln des Ertragswertverfahrens erlassenen EW-Bescheid, FG BaWü EFG 83, 540. Die FinBeh muß die Möglichkeit haben, die im **Grundlagenbescheid** getroffenen Feststellungen beim Erlaß der **Folgebescheide** noch zu verwerten. Der Regelung entspr, daß auch Grundlagenbescheide einer Festsetzungsfrist unterliegen. Die Ablaufhemmung bezieht sich aber nur auf die Folgewirkung aus dem Grundlagenbescheid („insoweit"). Ablaufhemmung bis zu einem Jahr seit Bekanntgabe des Grundlagenbescheides. Entscheidend ist der Zeitpunkt der Bekanntgabe an den Stpfl. Die FinBeh wird infolge des Abs 10 in die Lage versetzt, die gesonderte Feststellung unabhängig von der Überlegung zu prüfen, ob evtl der Festsetzungsfrist für einen Folgebescheid abgelaufen ist. Der Abs 10 bewirkt, daß der Ablauf der Festsetzungsfrist für den Folgebescheid **insoweit gehemmt** ist, als die Folgesteuer auf einem Grundlagenbescheid beruht oder beruhen kann. Er bewirkt nicht, daß eine zunächst abgelaufene Festsetzungsfrist beim Folgebescheid durch den Erlaß eines Grundlagenbescheides im Umfang der von diesem ausgehenden Bindungswirkung wieder erneut in Lauf gesetzt wird. Soweit und solange die Feststellungsfrist für den Feststellungsbescheid noch nicht abgelaufen ist, ist der Ablauf der Festsetzungsfrist für die Folgesteuer im Ausmaß der Bindung dieses Grundlagenbescheides **gehemmt**. Diese Hemmung wird durch § 171 V auf die Frist von einem Jahr nach Bekanntgabe des Grundlagenbescheides ausgedehnt, BFH BStBl 88, 318.

Abs 10 gilt auch in den Fällen des § 181 IV, vorausgesetzt, daß der Grundlagenbescheid rechtzeitig, dh vor Ablauf der Festsetzungsfrist des

§ 171   4. Teil. Durchführung der Besteuerung

Folgebescheides ergangen ist. Die Festsetzungsfrist gilt auch, wenn der Grundlagenbescheid noch nicht unanfechtbar geworden ist. Die FinBeh hat beim Erlaß des Folgebescheides nicht zu prüfen, ob der Grundlagenbescheid innerhalb der für diesen geltenden Festsetzungsfrist ergangen ist. Dies gilt jedoch nicht in den Fällen des § 181 IV, wo allein auf den Ablauf der Festsetzungsfrist für den Folgebescheid abgestellt wird.

12. Abs 11 enthält nach dem Vorbild des **§ 206 BGB** eine Regelung über die Ablaufhemmung für den Fall eines **Geschäftsunfähigen** oder eines in der Geschäftsfähigkeit Beschränkten. Solange dieser ohne **gesetzl Vertreter** ist, kann an ihn kein Verwaltungsakt wirksam bekanntgegeben werden. Über die Begriffe vgl § 79. Soweit ein beschränkt Geschäftsfähiger nach §§ 112, 113 BGB unbeschränkt geschäftsfähig ist, zB für den Betrieb eines Unternehmens mit Genehmigung seines gesetzlichen Vertreters, gilt die Vorschrift nicht.

13. Abs 12 entspricht **§ 207 BGB.** Er schützt **Erben** und **Nachlaßgläubiger.** Die 6-Monatsfrist beginnt mit Annahme der Erbschaften nach § 1943 BGB, mit Eröffnung des Nachlaßkonkurses, § 214 ff KO oder mit Eintritt eines Nachlaßvertreters, zB Nachlaßverwalter nach § 1975, Nachlaßpfleger § 1960, Abwesenheitspfleger § 1911, Testamentsvollstrecker § 2197.

14. Abs 13, Anmeldung im **Konkurs.** Die Wirkungen der Konkursanmeldung einer Forderung sind verschieden, je nachdem, ob es sich um eine festgesetzte oder um eine noch nicht festgesetzte Steuer handelt. Die Anmeldung einer bereits festgesetzten Steuer führt zur **Unterbrechung** der nach § 229 I begonnenen **Zahlungsverjährung** (vgl § 231 I). Bei einer noch nicht festgesetzten Steuer kann die Anmeldung nicht zu einer Unterbrechung der Zahlungsverjährung führen, weil der Zahlungsanspruch noch nicht fällig war, vgl § 220. Meldet das FA eine noch nicht festgesetzte Steuer im Konkurs an, kann es sein, daß der Konkursverwalter die Forderung nicht bestreitet, wohl aber der Gemeinschuldner. Das hat zur Folge, daß die FinBeh nach Beendigung des Konkursverfahrens nicht aus der Konkurstabelle gegen den Geschäftsführer wegen der im Konkurs ausgefallenen Forderung vollstrecken kann. Die FinBeh muß daher die Steuer insoweit festsetzen. Solange die Konkursverfahren lief, war das FA gehindert, die StFestsetzung vorzunehmen. Nach Abs 13 hat die FinBeh drei Monate nach Beendigung des Konkursverfahrens Zeit, diese Steuer festzusetzen. Bei Anfechtung des Bescheides durch den Vollstreckungsschuldner gilt § 171 III.

15. Abs 14, Erstattungsansprüche. Die Vorschrift wurde durch das **StBereinigG** eingefügt. Anwendung **ab 1. 1. 87.** Sind **Festsetzungsfristen** bei Inkrafttreten des StBereinigG noch nicht abgelaufen, verlängern sie sich unter den Voraussetzungen des Abs 14, vgl § 10 IV EGAO. Sind die Fristen dagegen abgelaufen, bleibt es bei der eingetretenen Festsetzungsverjährung. An die Bekanntgabe von Steuerbescheiden werden besondere formelle Anforderungen gestellt. Das hat zur Folge, daß Steuerbescheide durch **Bekanntgabefehler** nicht wirksam werden. Macht der Steuerpflichtige die unwirksame Bekanntgabe geltend, sind die aufgrund des Steuerbescheids geleisteten **Zahlungen** innerhalb der **Zahlungsverjährungsfrist** zu **erstatten.** Dieser Erstattungsanspruch erlischt nach §§ 228, 232 AO durch

3. Abschnitt. Festsetzungs- und Feststellungsverfahren § 172

Zahlungsverjährung erst fünf Jahre nach Ablauf des Kalenderjahres, in dem der Anspruch durch die rechtsgrundlose Zahlung entstanden ist (§§ 229 Abs 1, 220 Abs 2 AO). Dagegen kann die FinBeh die Bekanntgabe der Steuerfestsetzung nur innerhalb der vierjährigen Festsetzungsfrist (§§ 169 ff AO) nachholen. Um zu vermeiden, daß Steuerpflichtige mit der Begründung, der Steuerbescheid sei unwirksam bekanntgegeben worden, Erstattung des rechtsgrundlos gezahlten Betrags verlangen können, ohne daß das FA die Steuerfestsetzung durch wirksame Bekanntgabe des Steuerbescheids nachholen kann, ist im Entwurf eines Steuerbereinigungsgesetzes bestimmt worden, daß der Ablauf der **Festsetzungsfrist** bis zum Ablauf der Zahlungsverjährungsfrist hinausgeschoben wird. Dadurch wird sichergestellt, daß innerhalb der Zahlungsverjährungsfrist notwendige Steuerfestsetzungen **nachgeholt** werden können.

16. Übergangsregelung nach Art 97 § 10 EGAO. Die Vorschrift des § 171 gilt erstmals für **Ansprüche**, die seit dem **1. 1. 77 entstehen.** Für vorher entstandene Ansprüche bleibt es bei der bisherigen Regelung der RAO über die Ablaufhemmung in § 146. Es gelten insoweit auch die Ausschlußfristen der §§ 150 ff RAO. Die Übergangsregelung kann zu Schwierigkeiten führen, wenn nach Inkrafttreten der AO 77 eine StFahndungsmaßnahme eingeleitet wird, die sich auf vor dem 1. 1. 77 entstandene Ansprüche bezieht, weil § 171 IV nicht eingreift.

III. Bestandskraft

§ 172 Aufhebung und Änderung von Steuerbescheiden

(1) ¹Ein Steuerbescheid darf, soweit er nicht vorläufig oder unter dem Vorbehalt der Nachprüfung ergangen ist, nur aufgehoben oder geändert werden,
1. wenn er Zölle oder Verbrauchsteuern betrifft,
2. wenn er andere Steuern betrifft,
   a) soweit der Steuerpflichtige zustimmt oder seinem Antrag der Sache nach entsprochen wird; dies gilt jedoch zugunsten des Steuerpflichtigen nur, soweit er vor Ablauf der Rechtsbehelfsfrist zugestimmt oder den Antrag gestellt hat,
   b) soweit er von einer sachlich unzuständigen Behörde erlassen worden ist,
   c) soweit er durch unlautere Mittel, wie arglistige Täuschung, Drohung oder Bestechung erwirkt worden ist,
   d) soweit dies sonst gesetzlich zugelassen ist; die §§ 130 und 131 gelten nicht.

²Dies gilt auch dann, wenn der Steuerbescheid durch Einspruchsentscheidung bestätigt oder geändert worden ist.

(2) Absatz 1 gilt auch für einen Verwaltungsakt, durch den ein Antrag auf Erlaß, Aufhebung oder Änderung eines Steuerbescheides ganz oder teilweise abgelehnt wird.

Abs 1 Nr 2 Buchst a neu gefaßt mit Wirkung ab 1. 1. 87 durch StBereinigG 1986 v 19. 12. 85, BGBl I, 2436.

§ 172   4. Teil. Durchführung der Besteuerung

Schrifttum: *Lauer* Die Korrekturvorschriften in der AO 77, Inf 79, 511; *Brandt-Pollmann* Bestandskraft und Streitgegenstand im Besteuerungsverfahren, BB 81, 172; *Kirchhof* Der Bestandskräftige Steuerbescheid im Steuerverfahren und im Steuerstrafverfahren, NJW 85, 2977; *Martens* Zum allgemeinen Steuerrecht, StuW 87, 343; *Heinke* Rechtsbehelfe und Ermessen bei der Änderung eines Steuerbescheides nach § 172 Abs 1 Nr 2a AO, DStZ 88, 406.

Übersicht

1. Inhalt
2. Vorläufige Bescheide, Vorbehaltsbescheide
3. Abs 1 Nr 1: Zölle und Verbrauchsteuerbescheide
   a) Ermessensentscheidung
   b) Änderung von Verbrauchsteuerbescheiden nach Einspruchentscheidung
4. Sonderregelung für die EG
5. Abs 1 Nr 2: Andere Steuern
   a) Zustimmung
      aa) Rechtslage ab 1. 1. 87
      bb) Vor- und Nachteile des Änderungsantrags
      cc) Änderung ohne Zustimmung
   b) Sachlich unzuständige Behörde
   c) Unlautere Mittel
   d) Sonstige Fälle
   e) Bestätigung oder Änderung durch Einspruchsentscheidung
   f) Änderung und Aufhebung von Bescheiden nach rechtskräftigem Urteil
6. Abs 2: Antrag auf Erlaß
7. Übergangsregelung

1. Inhalt. StBescheide und die ihnen gleichstehenden Bescheide (vgl § 155 I 3, III) unterliegen einer besonderen **Bestandskraft.** Während die übrigen Verwaltungsakte grundsätzlich frei abänderbar oder aufhebbar sind, sofern nicht die Einschränkungen der §§ 130 II, 131 II eingreifen, gelten für StBescheide besondere Regelungen. Diese entsprechen allerdings zT den Grundsätzen, die in §§ 130 II, 131 II aufgestellt sind. Nicht mehr vorgesehen ist in der AO die sog **Fehleraufdeckung** gem § 222 I Nr 3 und 4 RAO. Die FinBeh kann jedoch im Einzelfall zugunsten des Stpfl evtl einen **Erlaß** aussprechen oder aber auch **Wiedereinsetzung** in den vorigen Stand bewilligen (vgl §§ 110, 227). Die frühere Problematik der Abgrenzung von Bescheiden, die unter § 94 RAO fallen, von denen, die dem § 96 RAO zuzuordnen sind, stellt sich nicht mehr. Die Vorschrift gilt auch für **Vorauszahlungsbescheide**, die jedoch stets Bescheide unter Vorbehalt der Nachprüfung sind, § 164. Sie gilt **nicht** für **Haftungs-** und **Duldungsbescheide,** vgl § 191. Wohl aber für den **LStJA.** Dieser ist ein sog Freistellungs- und Erstattungsbescheid. Es wird die tatsächlich entstandene Steuer festgestellt und verglichen mit den StAbzugsbeträgen. Der Saldo zugunsten des Stpfl stellt den eigentl LStJA dar, aA BFH BStBl 82, 215: Bescheid über LStJA hat nicht Festsetzung der Steuer, sondern des Erstattungsbetrages zum Gegenstand. Er entscheidet nicht über einen Steueranspruch, sondern über einen Anspruch auf volle oder teilweise Freistellung von einer Steuer, BFH BStBl 86, 207. Der **Einkommensteuerbescheid** hat einen anderen Regelungsinhalt, der durch die unterschiedliche Zielsetzung beider Verfahren bestimmt wird. Der Einkommensteuerbescheid entscheidet über den gesamten Steueranspruch, während sich die teilweise oder völlige Freistellung nach § 42 V EStG allein auf die Lohnsteuer als einer besonde-

3. Abschnitt. Festsetzungs- und Feststellungsverfahren **§ 172**

ren Erhebungsform der Einkommensteuer bezieht. Daher solle nach Auffassung des BFH auch noch nach bestandskräftigen Lohnsteuer-Jahresausgleichsbescheiden eine Einkommensteuerveranlagung möglich sein; kritisch hierzu Martens, StuW 87, 343. **Abrechnungsbescheide** kennt die AO nicht mehr. Ggf ist bei Meinungsverschiedenheiten über den Zahlungsanspruch durch Verwaltungsakt zu entscheiden, § 218 II, gegen den nach § 348 I Nr 9 der Einspruch gegeben ist. Fraglich ist, ob die Bestimmung für **verbindliche Zolltarifauskünfte** und **Kontingentbescheide** gilt. § 172 I Nr 1 ist auf **Zolltarifauskünfte** nicht unmittelbar anwendbar, *TK* Tz 7. Es soll daher § 130 II gelten. Es dürfte sich insoweit nicht um StBescheide handeln, ggf aber um die gesonderte Feststellung einer Besteuerungsgrundlage; dagegen *TK* Tz 7; *Müller* ZfZ 77, 163.

Über die Begriffe **Änderung, Ersetzung** und **Berichtigung** von StBescheiden vgl *Woerner* in BB 69, 1391. Wird ein noch **nicht bestandskräftiger** Bescheid geändert, so können alle gegen den vorhergehenden Bescheid möglichen Einwendungen im Verfahren gegen den Änderungsbescheid vorgebracht werden, BFH BStBl 81, 5. Durch Aufhebung des Änderungsbescheides lebt der ursprüngliche Bescheid wieder auf.

2. Vorläufige Bescheide, Bescheide unter **Vorbehalt** der **Nachprüfung.** Im Abs 1 wird klargestellt, daß die Einschränkungen des § 172 nicht für vorläufige und sog Vorbehaltsbescheide gelten (vgl hierzu §§ 164, 165). Bei diesen wird die Bestandskraft in dem dort vorgesehenen Umfang aufgehoben oder eingeschränkt. Aber auch für diese Bescheide gelten die Einschränkungen des **§ 176.**

3. Abs 1 Nr 1. a) Ermessensentscheidung. Wie nach § 94 Nr 1 RAO sind die **Zölle** und **VerbrauchStBescheide** frei abänderbar, vgl aber Anm 4. Eine Aufhebung oder Änderung zugunsten der Stpfl ist allerdings nach Unanfechtbarkeit des Bescheids von der Ausübung pflichtgemäßen Ermessens abhängig (vgl BFH E 94, 91). Voraussetzung ist aber, daß die Festsetzungsfrist noch nicht abgelaufen ist, BFH BStBl 87, 413. Der Stpfl hat nach Unanfechtbarkeit grundsätzlich keinen Anspruch auf Änderung des Bescheides (BFH BStBl 61, 84; 73, 714; aA FG Freiburg EFG 60, 486). Die Ablehnung der Änderung eines bestandskräftigen VerbrauchStBescheids zugunsten des Stpfl ist idR nicht ermessensfehlerhaft, wenn der Stpfl in der Lage war, die Gründe für die Berichtigung im Rechtsbehelfsverfahren geltend zu machen; dies gilt nur dann nicht, wenn dies unter Berücksichtigung aller Umstände billigerweise vom Stpfl nicht erwartet werden konnte, BFH BStBl 81, 507. Abs 1 Nr 1 soll nicht die Vorschriften über das Rechtsbehelfsverfahren für die Zölle und VerbrauchSt durch eine großzügigere Regelung grundsätzlich überflüssig machen, BFH BStBl 81, 507. Abs 1 Nr 1 verstößt auch nicht gegen EGRecht, BFH BStBl 81, 507 (509). **Treu** und **Glauben** stehen einer StNachforderung nur entgegen, wenn der Stpfl im Vertrauen auf das Verhalten der Verwaltung nicht mehr rückgängig zu machende **Vermögensdispositionen** getroffen hat, BFH ZfZ 80, 278. **Kritik** an der einseitig fiskalisch ausgerichteten Rspr äußert insb *TK* (Tz 4), der den **Gedanken** des **§ 173 I Nr 2** im Rahmen der **Ermessensausübung** berücksichtigen will, ebenso FG Münster EFG 78, 466; vgl auch § 173 Anm 2. Nach § 102 FGO haben die Gerichte insoweit nur zu prüfen, ob die Grenzen des Ermessens eingehalten sind oder von dem

523

§ 172 4. Teil. Durchführung der Besteuerung

Ermessen in einer dem Zweck der Ermächtigung nicht entsprechenden Weise Gebrauch gemacht worden ist. Die Ablehnung einer Berichtigung ist regelmäßig dann nicht ermessensmißbräuchlich, wenn der Stpfl den Bescheid hat unanfechtbar werden lassen, obwohl ihm der Grund für die Anfechtung oder Berichtigung bekannt oder erkennbar war. Es ist ermessensfehlerhaft, die Berichtigung eines Eingabeabgabebescheides nur deshalb abzulehnen, weil der Stpfl den nach Ablauf der Rechtsbehelfsfrist erkannten Sachmangel der Zollverwaltung nicht mitgeteilt hat, BFH, BStBl 74, 312. Die Regelung des § 172 Abs 1 Nr 1 soll nicht dazu führen, daß dem Stpfl praktisch noch bis zum Ablauf der Verjährungsfrist eine Anfechtungsmöglichkeit gegeben ist. Daher hat auch für Zoll- und VerbrauchStBescheide die Vorschrift über die Vorbehaltsfestsetzung eine gewisse Bedeutung. Erläßt die FinBeh einen Zoll- oder VerbrauchStBescheid unter dem Vorbehalt der Nachprüfung (§ 164), so hat auch der Stpfl, solange der Vorbehalt wirksam ist, Anspruch auf Änderung. Er kann jederzeit einen entspr Antrag stellen, vgl § 164; vgl hierzu TK § 164 Tz 2a: Der Nachprüfungsvorbehalt geht ins Leere; § 164 II bis IV sind nicht mehr relevant. Fraglich ist, ob die Vorschrift über die **Berichtigung** wegen **neuer Tatsachen** (§ 173) nunmehr auch für die Zoll- und VerbrauchStBescheide gilt. § 173 ist jedenfalls nicht mehr auf Steuern beschränkt, bei denen die Verjährungsfrist mehr als 1 Jahr beträgt. Der Stpfl hätte evtl einen Rechtsanspruch auf Änderung des Zoll- oder VerbrauchStBescheides, wenn sich nach der Zollabfertigung herausstellt, daß die Ware verdorben war oder nicht dem zugrundegelegten Zolltarif entspricht. Damit würden in Zukunft zahlreiche Fälle, die ständig Anlaß zu Ärgernissen zwischen der Finanzverwaltung und den Stpfl gaben, weil die Verwaltung nach Unanfechtbarkeit der Bescheide eine Berichtigung der Bescheide ablehnte, nicht mehr auftreten. Nach Auffassung des BFH (ZfZ 86, 175) ist bei Vorliegen der Voraussetzungen des § 173 I Nr 2 der **Ermessensspielraum** auf Null gesunken, vgl hierzu § 173 Anm 2. Das Vertrauen des Zollbeteiligten in die Richtigkeit der Tarifauffassung einer Zollstelle ist gegenüber einem Berichtigungsbescheid nicht schutzwürdig, wenn der Zollbeteiligte wußte, daß eine andere Zollstelle, die im Berichtigungsbescheid vertretene Tarifauffassung vertrat und er weder deren Bescheid angefochten noch eine verbindliche Zolltarifauskunft eingeholt hat, BFH ZfZ 80, 340. Soll bei **vereinfachter Tarifierung** nach § 79 II ZG (Anwendung der Tarifstelle mit der höchsten Eingabebelastung, insbesondere bei Einfuhrsendungen mit umfangreichen und stark unterschiedlichen Warensortimenten aus Vereinfachungsgründen) die Nacherhebung darauf gestützt werden daß die angewandte TarifNr nicht zur höchsten Zollbelastung geführt hat, sind besondere Ermessenserwägungen erforderlich, FG D'dorf EFG 82, 271.

Wird festgestellt, daß für eine Vielzahl von durch mehrere Zollbescheide erfaßten Einfuhren Zoll nachzufordern ist, so kann dies auch mit Zustimmung des Stpfl nicht pauschal durch einen Bescheid in einer Summe ohne Bezeichnung der Bescheide erfolgen, die zu ändern sind; daran ändert auch § 79 III ZG nichts, wonach Vereinfachungen für die Zollbehandlung zugelassen werden, FG Hbg EFG 80, 367.

b) Änderung von Verbrauchsteuerbescheiden nach Einspruchentscheidung. Ein Verbrauchsteuerbescheid kann grundsätzlich auch nach ei-

3. Abschnitt. Festsetzungs- und Feststellungsverfahren § 172

ner für den Steuerpflichtigen günstigen **Einspruchsentscheidung** zu dessen **Nachteil** geändert werden, BFH BStBl 88, 517. Der Satz 2 des Abs 1 kann nur dahin verstanden werden, daß Satz 1 uneingeschränkt auch in Fällen gelten soll, in denen ein Steuerbescheid zunächst durch eine Einspruchsentscheidung geändert worden ist und sodann erneut eine Änderung vorgenommen wird. Damit soll eine Änderung des Steuerbescheides nach Entscheidung über den Einspruch in gleicher Weise möglich sein wie vor Erlaß der Einspruchsentscheidung. Einspruchsentscheidungen sollen nicht die Kraft von **Gerichtsurteilen** oder anderen Entscheidungen über Rechtsbehelfe erhalten, vgl *TK Tz 19.* Steuerbescheid und Einspruchsentscheidung sind auch dann, wenn der Steuerbescheid durch die Einspruchsentscheidung geändert worden ist, im Rahmen der Anwendung des § 172 so zu behandeln, als sei nur ein Steuerbescheid mit dem durch die Einspruchsentscheidung geänderten Inhalt ergangen. Dies schließt allerdings nicht aus, daß andere Normen, wie etwa die Grundsätze des **Vertrauensschutzes** oder der **Rechtssicherheit** dazu zwingen können, wegen der Änderung eines Steuerbescheides zugunsten des Steuerpflichtigen durch eine Einspruchsentscheidung von einer weiteren Änderung des Steuerbescheides abzusehen. Derartige Normen können aber bei der Entscheidung über die Rechtmäßigkeit eines Änderungsbescheides durch das Gericht aber nur bei der gerichtlichen Nachprüfung des **Ermessens** nach § 102 FGO berücksichtigt werden, in dem geprüft wird, ob die Ermessensgrenzen gewahrt worden sind.

Nach Auffassung des BFH (BStBl 85, 562) entspricht es der ständigen Rechtsprechung des BFH, daß Einspruchsentscheidungen und Abhilfebescheide, die nach erneuter Prüfung der Sache im Einspruchsverfahren ergangen seien, wegen des durch sie begründeten Vertrauens des Steuerpflichtigen einer erhöhten **Bestandsgarantie** unterliegen. Diese Ausführungen betreffen die Frage des Vertrauensschutzes aufgrund von Einspruchsentscheidungen und Abhilfebescheiden, setzen also voraus, daß die Rechtslage das von dem Betroffenen angestrebte Ergebnis nicht zu rechtfertigen vermag, es sei denn, der Grundsatz des Vertrauensschutzes greift sein.

Die Ausführungen des BFH in BStBl 85, 562 betrafen einen Fall, in dem erneut ein **Haftungsbescheid** ergangen war, nachdem zuvor ein solcher Bescheid auf den Einspruch des Haftungsschuldners zurückgenommen worden war. Der Rücknahme dieses ursprünglichen Haftungsbescheids hat der BFH die Begründung eines Vertrauenstatbestandes zugunsten des Haftungsschuldners entnommen und dazu weiter ausgeführt, daß die Begründung des Vertrauenstatbestandes den Haftungsschuldner dazu berechtigt habe, davon auszugehen, nicht mehr als Haftungsschuldner in Anspruch genommen zu werden. Der BFH hat aber ausdrücklich die Frage offen gelassen, ob jede Korrektur eines von der Verwaltung als rechtswidrig angesehenen Haftungsbescheids einen derartigen Vertrauensschutz rechtfertigt.

Auch in der früheren Rechtsprechung des BFH ist eine erneute Inanspruchnahme des Steuerschuldners aus Gründen des Vertrauensschutzes lediglich in den Fällen abgelehnt worden, in denen der **Streit** um einen Bescheid durch dessen Aufhebung zum **Abschluß** gekommen war und ein erneuter Bescheid zur „Wiederaufrollung des Falles" geführt hätte, vgl BFH BStBl 71, 450.

§ 172   4. Teil. Durchführung der Besteuerung

In späteren Entscheidungen (vgl BFH BStBl 86, 775) hat der BFH wiederholt zum Ausdruck gebracht, daß ein Vertrauensschutz, der dem Erlaß eines erneuten Bescheides zum Nachteil des Steuerpflichtigen entgegensteht, nur entstehen kann, wenn **Umstände** vorhanden sind, aus denen der Steuerpflichtige im Zusammenhang mit der Aufhebung des ursprünglichen Bescheids hätte schließen können, das FA werde keine Steuer mehr festsetzen. Allein die Herabsetzung eines Steuerbetrages auf einen Einspruch hin vermag einen Vertrauensschutz nicht zu rechtfertigen, BFH BStBl 88, 517. Aus Abs 1 Satz 2 ist zu entnehmen, daß allein die Tatsache, daß ein Steuerbescheid in der Einspruchsentscheidung zugunsten des Steuerpflichtigen geändert worden ist, nicht dazu führt, daß eine **weitere** Änderung auch zuungunsten des Steuerpflichtigen unterbleibt. Nach der bisherigen Rechtsprechung des BFH kann das allenfalls dann in Betracht kommen, wenn ein Streit zwischen der Verwaltung und dem Steuerpflichtigen über eine Steuerfestsetzung dadurch seinen Abschluß gefunden hat, daß die Verwaltung den durch Einspruch oder Klage geltend gemachten Begehren des Steuerpflichtigen entsprochen hat.

Im Schrifttum (vgl *TK* Tz 19) wird allerdings die Auffassung vertreten, es könne ermessensfehlerhaft sein, wenn ein Sachverhalt, der in der Einspruchsentscheidung eingehend gewürdigt worden sei, nochmals zum Gegenstand einer Berichtigung gemacht werde. Zur Begründung wird geltend gemacht, daß der Sinn für die Regelung in Abs 1 Satz 1 Nr 1 darin bestehe, im öffentlichen Interesse bei einer fehlerfreien Abgabenerhebung die Überprüfung und Berichtigung solcher Bescheide zu ermöglichen, die wegen der nur **summarischen Prüfung** unter Zeitdruck fehlerhaft erlassen worden seien. Dies treffe jedoch auf Einspruchsentscheidungen im allgemeinen nicht zu. Nach Auffassung des BFH werde bei dieser Betrachtungsweise nicht hinreichend berücksichtigt, daß nach der AO die Änderung von Bescheiden, die **Zölle** oder **Verbrauchsteuern** betreffen, und die bereits durch eine Einspruchsentscheidung geändert worden seien in gleicher Weise zulässig sei, wie die Änderung derartiger Steuerbescheide vor der Einspruchsentscheidung.

Es erscheine nicht gerechtfertigt, den Zweck der Ermächtigung zur Änderung von Steuerbescheiden nach Einspruchsentscheidung grundsätzlich anders zu beurteilen und insbesondere enger zu begrenzen als den Zweck der Ermächtigung zur Änderung von Steuerbescheiden vor deren Änderung durch eine Einspruchsentscheidung.

4. Sonderregelung für die EG

Schrifttum: *Christiansen* Erlaß, Erstattung und Nacherhebung von Eingangs- und Ausfuhrabgaben, ZfZ 80 354; *Müller* Nacherhebung von Eingangs- und Ausfuhrabgaben nach neuem Gemeinschaftsrecht, ZfZ 80, 98 ff; *Müller* Erstattung und Erlaß nach Eingangs- und Ausfuhrabgaben nach neuem Gemeinschaftsrecht, ZfZ 79, 290; *Hampel* Ein Überblick über die Rechtsprechung zur Nacherhebungs- und Erstattungs-Erlaßverordnung, ZfZ 86, 98.

Vgl. dazu VO (EWG) Nr 1430/79 v. 2. 7. 79 über Erstattung oder den Erlaß von Eingangs- und Ausfuhrabgaben – ABl EG Nr L 175/1 (ErstattungsVO) und die DurchführungsVOen -VOen EWG) Nrn 1573/80 und 1575/80 v 20. 6. 80 ABl EG Nr L 161.

3. Abschnitt. Festsetzungs- und Feststellungsverfahren **§ 172**

Seit dem 1. 7. 80 wird die **Nacherhebung** von Eingangsabgaben, und Ausfuhrabgaben, die auf **EWG-Recht** beruhen, nicht mehr nach den Bestimmungen der AO geregelt, sondern nach der VO (EWG) Nr 1697/79 des Rates von 24. 7. 79 – ABl EG Nr L 197 v 3. 8. 79 S 1. Die EG-Regelung entspricht in den Grundzügen dem deutschen Recht. Damit sind in diesem Bereich die §§ 129, 169 ff AO weitgehend obsolet geworden. Anwendbar ist weiterhin die verlängerte **Festsetzungsfrist** für **hinterzogene** und leichtfertig verkürzte Abgaben, vgl § 3 EGV; ferner auch § 177 AO.

Die VO gilt für **Eingangs-** und **Ausfuhrabgaben**. Eingangsabgaben sind Zölle, Abgaben gleicher Wirkung, Abschöpfung und sonstige bei der Einfuhr zu erhebende Marktordnungsabgaben; **nicht** dazu zählen die **Einfuhr-USt** und die anderen bei der Einfuhr ggf anfallenden VerbrauchSt; anders aber § 1 III ZG.

Ausfuhrabgaben sind nach der EGVO Abschöpfungen und die sonstigen bei der Ausfuhr zu erhebenden Marktordnungsabgaben. Die in den EWG-VOen für Marktordnungswaren vorgesehenen Erstattungen bei der Ausfuhr sind durch die EGVO-Nacherhebung nicht tangiert worden. Für ihre Korrektur ist daher weiter § 14 der VO Ausfuhrerstattung EWG maßgebend (idF der Bekanntmachung v 29. 3. 77 – BGBl I 525 – geändert durch VO v 11. 8. 78 – BGBl I 1373).

Die VO macht keinen Unterschied zwischen Festsetzung- und Erhebungsverjährung. Allerdings regelt die EGVO nur die Frage der Festsetzungsverjährung; hinsichtlich der Erhebungsverjährung bleibt es bei den §§ 228 ff AO.

Die **Nachforderung** ist grundsätzlich innerhalb von **3 Jahren** geltend zu machen, vgl Art 2 I 2 EGVO Nacherhebung. Die **Frist** beginnt mit der **Bekanntgabe** des ursprünglichen Abgabebescheides oder der Abgabe einer **StAnmeldung**. Die deutsche Regelung der Kalendarverjährung ist nicht übernommen worden. Es fehlen ebenfalls Vorschriften über die **Hemmung** der Verjährung, vgl § 171 AO. Anwendbar dürfte lediglich § 171 I AO sein, vgl *Müller* aaO, 100. Anders als nach § 169 I 3 AO wird die Frist nur durch **Zugang** gewahrt; der Zeitpunkt, in dem der Bescheid den Bereich der Behörde verlassen hat, spielt keine Rolle. Nach Art 8 EGVO Nacherhebung werden Abgaben nicht nacherhoben, wenn die weniger als 10 ERE im Einzelfall betragen, dh ca 25 DM.

Für **Ausfuhrerstattungsbescheide** sind die §§ 119 bis 132 AO sinngemäß anzuwenden, § 14 II VO AusfErst EWG.

Ebenfalls am 1. Juli 1980 ist die **EGVO-Erstattung/Erlaß** in Kraft getreten. Während auf diesem Gebiet vorher nicht die Bestimmungen des ZG oder der AZO, sondern die allgemeinen steuerlichen Bestimmungen der Abgabenordnung maßgebend waren, werden diese Regelungen seit dem 1. Juli 1980 von dem unmittelbar anwendbaren EG-Verordnungsrecht überlagert und sind insoweit obsolet geworden. Die Verordnung zeichnet sich allerdings nicht durch besondere sprachliche Klarheit und begriffliche Präzision aus. Zum Teil liegt es daran, daß auf diesem Gebiet noch ein Mangel an einheitlichen Begriffen festzustellen ist. Dies kommt in einer gewissen Holprigkeit der Formulierungen zum Ausdruck.

Die VO gilt sowohl für **Eingangs-** als auch für **Ausfuhrabgaben.** Der Begriff der **Eingangsabgaben** deckt sich allerdings nicht vollständig mit dem § 1 Abs 3 ZG. Eingangsabgaben im Sinne der Verordnung sind Zölle,

§ 172   4. Teil. Durchführung der Besteuerung

Abgaben mit gleicher Wirkung, Abschöpfung und sonstige bei der Einfuhr zu erhebenden Marktordnungsabgaben (Artikel 1 Abs 1 Buchstabe a). Im Gegensatz zum deutschen Recht sind daher die Einfuhrumsatzsteuer und die bei der Einfuhr zu erhebenden Verbrauchsteuern nicht als Eingangsabgaben im Sinne der Verordnung anzusehen. **Ausfuhrabgaben** sind die Abschöpfungen und sonstige bei der Ausfuhr zu erhebenden Marktordnungsabgaben (Artikel 1 Abs 2 Buchstabe b).

Eine **Erstattung** kommt in Betracht, wenn Abgaben bereits entrichtet sind. Ein **Erlaß** kommt in Betracht, wenn bereits ein Abgabebescheid erlassen, die Abgaben aber noch nicht entrichtet sind. Eine abweichende Steuerfestsetzung gem § 163 AO ist nach der VO nicht vorgesehen. Ein Erlaß bzw eine Erstattung kommt nur in Betracht, wenn die Abgabe 10 europäische Rechnungseinheiten, dh ca 25,– DM übersteigt (Artikel 20). Eine Erstattung oder ein Erlaß kommt in Betracht bei **fehlerhafter Abgabenfestsetzung** (Artikel 2), bei **irrtümlicher** Überführung von Waren im freien Verkehr (Artikel 3 und 4), bei **Wiederausfuhr** von Waren wegen Fehlerhaftigkeit (Artikel 5 bis 7), in Sonderfällen (Artikel 10 bis 12) sowie aus **Billigkeitsgründen** (Artikel 13). Eventuelle **Irrtümer** oder Unzulänglichkeiten der **Verwaltungsbehörden** können nur dann zur Anwendung der allgemeinen Billigkeitsklausel des Art 13 I VO Nr 143/79 führen, wenn durch sie einem Wirtschaftsteilnehmer eine finanzielle Belastung auferlegt worden ist, die er mit keinem Rechtsbehelf anfechten konnte, EuGH ZfZ 88, 45.

Eine **fehlerhafte Abgabenfestsetzung** liegt vor, wenn Eingangsabgaben ganz oder zum Teil **ohne rechtlichen** Grund festgesetzt oder entrichtet worden sind. Das kann der Fall sein bei Annahme von unrichtigen **tatsächlichen Voraussetzungen** oder bei Anwendung **unrichtiger Rechtsvorschriften**, ferner in Fällen, in denen ein **Schreib-** oder **Rechenfehler** oder eine andere offensichtliche Unrichtigkeit vorgekommen ist. Die entsprechenden Tatbestände decken sich weitgehend mit den Bestimmungen der §§ 129, 172 und 37 Abs 2 AO, die aber insoweit obsolet werden. Im Verhältnis zum deutschen Recht ergeben sich aber folgende Unterschiede. Die **Verjährung** ist abweichend geregelt; der Zollbeteiligte hat nach der EGVO ein subjektives **Recht** auf Korrektur und es bestehen Abweichungen bei der Fehlerberichtigung von Amts wegen.

Im Gegensatz zu § 169 Abs 2 Nr 1 beträgt die **Verjährungsfrist** nach der VO **drei** Jahre (Artikel 2 Abs 2). Nach Artikel 2 Abs 2 Satz 1 zweiter Halbsatz der VO beginnt die Verjährung mit der buchmäßigen Erfassung der Abgaben durch die für die Erhebung zuständige Behörde, dh mit der Bekanntgabe des Bescheides. Die Verjährungsfrist beginnt also nicht erst mit Ablauf des betreffenden Kalenderjahres.

Nach deutschem Recht liegt die **Korrektur eines fehlerhaften Zollbescheides** gem § 172 Abs 1 Satz 1 im Ermessen der Behörde. Nach ständiger Rechtsprechung des Bundesfinanzhofs besteht hierbei eine Berichtigungsmöglichkeit grundsätzlich nur zugunsten des Fiskus, während der Zollbeteiligte grundsätzlich auf das Rechtsbehelfsverfahren angewiesen ist. Von diesem Grundsatz soll zugunsten des Zollbeteiligten regelmäßig nur dann abgewichen werden, wenn dieser die tatsächlichen Umstände, die Fehlerhaftigkeit des Bescheides begründen, erst nach Ablauf der Rechtsbehelfsfrist erkannt hat und auch bei Anwendung der im Verkehr erforderlichen Sorgfalt nicht hätte früher erkennen können, BFHE 102, 2.

3. Abschnitt. Festsetzungs- und Feststellungsverfahren　　　　§ 172

Nach der EGVO hat dagegen der Zollbeteiligte innerhalb der Verjährungsfrist einen **Anspruch** auf **Erstattung** oder **Erlaß,** den er ggf auch gerichtlich durchsetzen kann. Der Ablauf der **Rechtsmittelfrist** ist hierbei ohne Bedeutung. Dies ist eine erhebliche Durchbrechung der Bestandskraft von Abgabenbescheiden. Nach der EGVO ist der Zollbeteiligte auch nicht gehalten, seinen Anspruch unverzüglich geltend zu machen. Es genügt, wenn er vor Ablauf der Verjährungsfrist den Anspruch geltend macht. Einschränkungen dieses Grundsatzes ergeben sich ebenfalls durch das Rechtsinstitut der **Verwirkung**.

Im Gegensatz zum deutschen Recht ist nach Artikel 2 Abs 2 Satz 2 der VO auch die **Zollbehörde verpflichtet,** die Erstattung bzw den Erlaß von Amts wegen vorzunehmen, wenn sie innerhalb der dreijährigen Verjährungsfrist den fehlerhaften Bescheid selbst entdeckt. Die Verwaltung ist allerdings nicht verpflichtet, Nachprüfungen zugunsten der Zollbeteiligten durchzuführen. Umstritten ist, ob der Grundsatz der Fehlerberichtigung von Amts wegen auch dann gilt, wenn die Fehlerhaftigkeit des Bescheides auf vorsätzliches oder leichtfertiges Verhalten des Zollbeteiligten zurückzuführen ist (verneinend *Müller* ZfZ 79, 292).

In Fällen, in denen **Waren irrtümlich in den zollrechtlich freien Verkehr überführt** worden sind, obwohl sie zunächst für ein anderes Zollverfahren bestimmt waren, wird ebenfalls auf Antrag eine Erstattung oder Erlaß durchgeführt, wenn nachgewiesen wird, daß ein Versehen vorliegt und daß die Waren tatsächlich der ursprünglich vorgesehenen Bestimmung zugeführt worden sind. Der Zollbeteiligte muß allerdings unverzüglich nach Entdeckung seines Irrtums die Waren in das ursprünglich beabsichtigte Zollverfahren überführt haben. Ferner muß der **Antrag** innerhalb von **drei Monaten** nach Bekanntgabe des Zollbescheides gestellt werden. Diese Frist kann jedoch in begründeten Ausnahmefällen verlängert werden.

Die Artikel 5 bis 12 der VO betreffen Regelungen für Fälle, in denen eingeführte **Waren nicht der ursprünglichen Zweckbestimmung zugeführt** werden können und daher wieder ausgeführt oder in anderer Weise dem Wirtschaftsverkehr der Gemeinschaft entzogen werden. Der Zollbeteiligte muß zB die Schadhaftigkeit der Waren oder ihre nicht vertragsgemäße Beschaffenheit nachweisen. Die Waren dürfen ferner nicht im Zollgebiet verwendet worden sein, es sei denn, daß erst nach der Verwendung die Fehlerhaftigkeit festgestellt werden konnte. Der **Antrag** auf Erstattung/ Erlaß muß in diesen Fällen innerhalb von **12 Monaten** nach der Abgabenfestsetzung gestellt werden. Eine Fristverlängerung ist möglich.

Artikel 5 II VO Nr 1697/79 stellt drei eindeutige Voraussetzungen auf, unter denen die Behörden von einer **Nacherhebung** absehen können. Die Vorschrift ist daher so auszulegen, daß der Abgabenschuldner einen **Anspruch** darauf hat, daß von einer Nacherhebung abgesehen wird, wenn alle diese Voraussetzungen erfüllt sind, EuGH ZfZ 88, 43. Dies gilt zB dann, wenn die Nichterhebung der Abgaben auf einen **Irrtum** der Behörden zurückzuführen ist und der Abgabenschuldner gutgläubig gehandelt hat, dh den Irrtum der Zollbehörden nicht erkennen konnte. Ferner muß der Abgabenschuldner alle geltenden Bestimmungen über die Zollerklärung beachtet haben.

§ 172 4. Teil. Durchführung der Besteuerung

Nach Artikel 10 der Verordnung kommt eine **Erstattung** oder ein **Erlaß** in folgenden Fällen in Betracht: Bei Waren, die dem Empfänger nicht **zugestellt** werden können, bei **irrtümlicher** Warenlieferung, bei offensichtlicher **Falschbestellung,** bei einer **Gesetzesänderung,** die die ordnungsgemäße Verwendung der Ware unmöglich macht oder wesentlich beeinträchtigt, bei Antrag auf Abfertigung zum **freien Verkehr** und gleichzeitigem Antrag auf eine Abgabenvergünstigung, die zwar rechtlich vorgesehen, im Einzelfall nicht anwendbar ist, ferner bei Lieferung nach der vertraglich vorgeschriebenen Bindungsfrist sowie bei **Unverkäuflichkeit** der Waren, wenn sie unentgeltlich bestimmten Wohlfahrtseinrichtungen überlassen werden. Der **Antrag** auf Erstattung/Erlaß ist in diesen Fällen innerhalb von **drei Monaten** nach der Abgabenfestsetzung zu stellen. Auch hier ist in begründeten Ausnahmefällen eine Fristverlängerung möglich.

Außer in den genannten Fällen, in denen ein Rechtsanspruch auf Erstattung/Erlaß besteht, ist auch noch ein **Billigkeitserlaß bzw. eine Billigkeitserstattung** vorgesehen. Voraussetzung dafür ist allerdings, daß die Beteiligten nicht fahrlässig oder in betrügerischer Absicht gehandelt haben.

Erstattungs- bzw. **erlaßberechtigt** ist derjenige, der Abgabeschuldner war, aber auch derjenige, der die Abgaben tatsächlich entrichtet hat.

5. Abs 1 Nr 2, Andere Steuern. Über die Einteilung der Steuern vgl § 3. **a) Zustimmung** des Stpfl. Die Vorschrift läßt Möglichkeiten der „schlichten" Änderung zu. Der Stpfl ist nicht unbedingt darauf angewiesen, gegen den Bescheid einen Rechtsbehelf einzulegen, wenn zwischen ihm und der FinBeh Einigkeit über die Änderung des Bescheides besteht. Die Zustimmung oder der Antrag kann formlos erfolgen, auch telefonisch. Nach Unanfechtbarkeit kannte der Bescheid bis zum 31. 12. 86 jedoch nur zuungunsten des Stpfl aufgehoben oder geändert werden. Insoweit ist aber durch das StBereinigG eine **Änderung** eingetreten. Buchstabe a wurde sprachlich gestrafft. Außerdem läßt es die Änderung des 2. Halbsatzes nunmehr zu, einen Steuerbescheid auch dann noch zugunsten des Steuerpflichtigen zu ändern, wenn die **Rechtsbehelfsfrist** bereits **abgelaufen** ist. Voraussetzung ist jedoch, daß der Steuerpflichtige seinen **Antrag** auf Änderung bereits **vor Ablauf** der Rechtsbehelfsfrist gestellt bzw seine Zustimmung zur Änderung vor Ablauf dieser Frist erteilt hat. Diese Gesetzesänderung ermöglicht es, in Zukunft in vielen Fällen auf die Durchführung eines förmlichen Rechtsbehelfsverfahrens zu verzichten. Für den Stpfl besteht auch nicht die Gefahr einer **Verböserung.** Wenn das FA den Bescheid nicht ändert, muß es einen entsprechenden Bescheid erlassen, gegen den der Stpfl dann Einspruch einlegen kann, vgl Abs 2.

Die **Ergänzung** des Buchstaben a ist am **1. 1. 87** in Kraft getreten. Sie ist dann aber gem § 1 II EGAO auf alle noch bei Inkrafttreten der Vorschrift anhängigen Verfahren anzuwenden.

§ 172 ist **nicht** anwendbar und damit ein Antrag auf schlichte Änderung ausgeschlossen bei **Vorbehaltsbescheiden** (wegen § 164 II), **Haftungs-** und **Duldungsbescheiden** (§ 191), Abrechnungsbescheiden nach § 218 II und Aufteilungsbescheiden wegen der speziellen Regelung in § 280.

3. Abschnitt. Festsetzungs- und Feststellungsverfahren § 172

Bis zum **Inkrafttreten** der Änderung galt folgendes: Abweichend von der Rechtslage nach der RAO reicht es zur rechtzeitigen **Durchführung** einer schlichten Änderung nicht aus, daß der Berechnungsbogen von zuständigen Beamten unterzeichnet wird; maßgebend ist der **Zugang** des **Bescheides**, Bremen StEK § 172 Nr 1.

Ändert das FA den streitbefangenen Bescheid, so muß der Kläger innerhalb der Rechtsbehelfsfrist gegen den **Änderungsbescheid** tätig werden. Er kann auch gemäß § 68 FGO den Änderungsbescheid zum Gegenstand des anhängigen Verfahrens machen. Er kann aber auch den Rechtsbehelf gegen den Änderungsbescheid selbständig durchführen. Er muß den Antrag nach § 68 FGO aber innerhalb der für den Änderungsbescheid geltenden Rechtsbehelfsfrist stellen. Der Änderungsbescheid umfaßt den ursprünglichen Bescheid, er nimmt ihn in seinen Regelungsinhalt mit auf. Nach Berichtigung ist FA an seine Entscheidung gebunden, BFH BStBl 65, 388. Änderung zB wegen § 173 I Nr 1 ist nicht mehr möglich, vgl auch FG Bremen EFG 68, 147; bei unveränderter Sachlage dürfen nicht nach erfolgreichem Einspruch Abgaben wegen Änderung des Rechtsstandpunktes nachgefordert werden, BFH BStBl 63, 390; 71, 450; ggf verstößt nochmalige Prüfung und Änderung gegen Treu und Glauben. Dieser Auffassung steht uE Abs 1 S 2 nicht unbedingt entgegen, jedenfalls nicht, soweit über eine bestimmte Streitfrage bereits im Einspruch zugunsten des Stpfl entschieden worden ist. Dadurch, daß dem Antrag des Stpfl während des Rechtsbehelfsverfahrens voll entsprochen wird, ist die Hauptsache erledigt, BFH BStBl 72, 2; Antrag und Berichtigung müssen übereinstimmen. Das FA darf weder über den Antrag hinausgehen, noch etwas anderes gewähren, als der Stpfl beantragt hat. FG Münster EFG 81, 430. Beachte, daß das außergerichtliche Rechtsbehelfsverfahren kostenfrei ist, so daß schlichter Änderungsantrag kaum Vorteile mehr bietet.

aa) Rechtslage ab 1. 1. 1987

Schrifttum: *Heinke* Die Änderung des § 172 Abs 1 Nr 2 AO durch das Steuerbereinigungsgesetz 1986, DStZ 86, 187; *Lüdicke* „Schlichte" Änderung von Steuerbescheiden, DB 86, 1266; *Guth* Die Änderung nach § 172 Abs 1 Nr 2a AO, DStZ 87, 90; *Unvricht* Aufhebung und Änderung von Steuerbescheiden zugunsten des Steuerpflichtigen nach § 172 Abs 1 Nr 2a nF AO, DStR 87, 279; *Diekhake* Änderung durch bestandskräftige Einspruchsentscheidung bestätigter Steuerbescheide nach § 172 Abs 1 Nr 2a AO, DStR 88, 21; *Krumsiek* Die schlichte Änderung nach § 172 Abs 1 Nr 2a nF, DStZ 88, 85; *Mihatsch* Die „schlichte Änderung" von Steuerbescheiden nach § 172 Abs 1 Nr 2a AO nF, StBp 88, 149.

Ein Antrag auf schlichte Änderung kann auch in Bezug auf einen bereits durch Einspruchentscheidung bestätigten oder geänderten Bescheid zulässig sein, vgl Krumsiek aaO, 86. Der Antrag muß **vor Ablauf** der Rechtsbehelfsfrist gestellt worden sein. Wenn die Frist wegen unterlassener oder unrichtiger **Rechtsbehelfsbelehrung** nicht zu laufen beginnt (vgl § 356 I), so soll nach Auffassung von Krumsiek (aaO, 87) an ihre Stelle nicht die Jahresfrist nach § 356 II treten, weil diese keine Rechtsbehelfsfrist sei. Der Änderungsantrag könne deshalb ggf bis zum Ablauf der Festsetzungsfrist gestellt werden (Muuss, NWB Fach 2 S 4615). Aus § 356 II dürfte sich aber uE ergeben, daß es sich um eine Frist handelt, innerhalb derer ein Rechtsbehelf unter den dort beschriebenen Voraus-

§ 172 4. Teil. Durchführung der Besteuerung

setzungen eingelegt werden kann. Es ist nicht einzusehen, daß man insoweit nicht von einer – verlängerten – Rechtsbehelfsfrist reden sollte.

Gegenstand des Antrages kann auch die erstmalige Ausübung eines **Wahlrechts** oder die Geltendmachung einer antragsabhängigen Steuervergünstigung sein, Krumsiek aaO unter Hinweis auf BFH BStBl 85, 117. Falls jedoch das Wahlrecht wirksam ausgeübt worden war, kann nicht der Antrag gestellt werden, den Bescheid aufgrund einer anderweitigen Ausübung des Wahlrechts zu ändern, Krumsiek aaO, 87; Schwarz, AO, Anmerkung 7 b.

Nach Fristablauf können die bisher vorgebrachten **Gründe** nicht gegen andere Gründe **ausgetauscht** werden, denn der Austausch der Begründung stellt die Rücknahme des ersten und das (verspätete) Stellen eines zweiten Antrags dar, Krumsiek aaO, Lüdicke BB 86, 1766.

Ist der Antrag auf Änderung begründet, kann der Steuerpflichtige gegen den Abhilfebescheid **erneut Einspruch** einlegen, um weitere Änderungsgründe geltend zu machen, vgl BFH BStBl 81, 5. Dies gilt allerdings nur, wenn das Vorbringen des Steuerpflichtigen als Einspruch behandelt worden ist.

Wenn der Steuerpflichtige im Hinblick auf eine mögliche Verböserung im Einspruchsverfahren den **Einspruch zurücknimmt,** kann er klarstellen, daß sein Vorbringen von vornherein als Antrag auf schlichte Änderung aufgefaßt werden sollte. In dieser Klarstellung nach Ablauf der Rechtsbehelfsfrist liegt keine unzulässige Antragserweiterung oder Antragsänderung, vgl Heinke aaO.

Die Änderung darf nicht über den **Antrag** hinausgehen. Es kommt hierbei nicht auf die rein betragsmäßige Auswirkung der Änderung an, sondern auf ihren sachlichen Gehalt, vgl Krumsiek aaO; Lüdicke aaO. Das FA darf den Bescheid nicht aus anderen, vom Steuerpflichtigen nicht vorgebrachten Gründen ändern. **Rechtsfehler** im früheren Bescheid, die sich zugunsten des Steuerpflichtigen ausgewirkt haben, können nach § 177 II berichtigt werden, Krumsiek aaO. Dies gilt auch, wenn über den Antrag erst nach Ablauf der Regelfestsetzungsfrist entschieden wird.

Bei einer **(teilweisen) Ablehnung** des Antrages kann der Steuerpflichtige anstelle eines Einspruchs auch gegen den Änderungsbescheid einen **Änderungsantrag** stellen. In diesem Falle muß aber § 351 I entsprechend angewendet werden, weil sonst die Rechtsposition des Steuerpflichtigen in nicht gerechtfertigter Weise erweitert würde, vgl Heinke aaO; Krumsiek aaO. Mit Eintritt der Bestandskraft des Ausgangsbescheides ist das Antragserweiterungsrecht erloschen und kann durch den Erlaß des Änderungsbescheides nicht wieder aufleben. Im Einspruchsverfahren wird nur geprüft, ob die Ablehnung der Änderung rechtmäßig war.

Wenn das Finanzamt über den Antrag auf schlichte Änderung ohne Mitteilung eines zureichenden Grundes binnen angemessener Frist sachlich nicht entschieden hat, kann der Steuerpflichtige nach § 349 II **Untätigkeitsbeschwerde** erheben. Diese Möglichkeit hat er nicht im Falle der Nichtentscheidung über einen Einspruch.

bb) Vor- und Nachteile des Änderungsantrags. Die Entscheidung des Finanzamts erfolgt möglicherweise **schneller** als im herkömmlichen Rechtsbehelfsverfahren.

3. Abschnitt. Festsetzungs- und Feststellungsverfahren § 172

Insofern entfällt zunächst jedenfalls die mit dem **Kostenrisiko** belastete Klage.
Auf der anderen Seite sind **erweiternde** Anträge nach Ablauf der Rechtsbehelfsfrist nicht mehr möglich. Es kann auch keine **Aussetzung** der Vollziehung gewährt werden, aber es kann ggf **gestundet** werden, AnwErl Nr 2. Wird der Antrag nur **teilweise abgelehnt**, ist in einem eventuellen Rechtsbehelfsverfahren nur die Frage zu entscheiden, ob die teilweise Ablehnung zu Recht erfolgte. Nach § 367 II 2 kann es in einem Rechtsbehelfsverfahren zu einer **Verböserung** kommen, wenn bei einer teilweisen Ablehnung des Antrages dieser im Rechtsbehelfsverfahren vollständig abgelehnt werden soll. Der Steuerpflichtige könnte dann aber seinen Rechtsbehelf zurücknehmen und hätte insoweit eine teilweise Änderung zu seinen Gunsten erreicht, vgl. Heinke aaO, S. 190.

Es dürfte auch möglich sein, den Antrag auf schlichte Änderung **neben** einen **Rechtsbehelf** zu stellen, mit der Folge, daß er im Falle der Gefahr einer Verbösung bei Rücknahme des Rechtsbehelfs weiter verfolgt werden kann.

cc) Änderung ohne Zustimmung. Berichtigung **zuungunsten** des **Stpfl ohne Einwilligung** führt nicht zur Nichtigkeit, BFH BStBl 66, 325; aA *TK* Tz 15 geg hM. Für die Auffassung v *TK* spricht der gegenüber § 94 RAO strengere Wortlaut der Bestimmung („kann" zurücknehmen/„darf nur" aufgehoben werden, wenn). Dem steht auch § 126 Nr 1 nicht entgegen, der ja voraussetzt, daß der Verwaltungsakt nicht nichtig ist. Nichtigkeit müßte dann evtl aber auch bei Änderung zugunsten des Stpfl angenommen werden, sofern man nicht Zustimmung als gegeben unterstellt. In diesem Fall nehmen aber auch *TK* Tz 15 keine Nichtigkeit an, falls der Antrag lediglich zu spät gestellt wurde. Auch teilweises Entsprechen ist möglich („soweit"). Änderung ist nur bis zum **Ablauf** der **Festsetzungsfrist** möglich, § 169 I, bei Antrag des Stpfl tritt aber nach § 171 III **Ablaufhemmung** ein. Ggf ist der Antrag als Einspruch zu behandeln; hierbei ist aber zu beachten, daß im Einspruchsverfahren uU eine Verböserung vorgenommen werden kann, vgl § 347. Auch während eines Rechtsbehelfsverfahrens ist Änderung des Bescheides möglich, vgl § 132, der auch für StBescheide gilt.

b) Sachlich unzuständige Behörde. Die Vorschrift war in der RAO nur im Zusammenhang mit begünstigender Verfügung iSd § 96 enthalten. Sie entspricht § 130 II Nr 1. Wann eine sachliche Unzuständigkeit vorliegt, entscheiden die Organisationsgesetze, zB FVG. Sachliche Unzuständigkeit wäre gegeben, wenn zB die OFD oder das Ministerium eine Steuer festsetzt, oder ein nur für die VerkehrSt zuständiges FA die ESt. In vielen Fällen der sachlichen Unzuständigkeit wird jedoch **Nichtigkeit** des Verwaltungsaktes vorliegen, vgl hierzu §§ 16, 125.

Die sachliche Zuständigkeit wird jedoch nicht betroffen, wenn innerhalb eines an sich zuständigen FA der nach dem Geschäftsverteilungsplan nicht zuständige Beamte oder ein nicht zeichnungsberechtigter Beamter tätig geworden ist, RFH RStBl 31, 15.

c) Unlautere Mittel. Der Grundsatz, daß ein Verwaltungsakt, der durch unlautere Mittel erwirkt worden ist, aufgehoben und geändert werden kann, war früher nur für die begünstigende Vfg nach § 96 RAO ausgesprochen. Er enthält einen allgemein geltenden Rechtsgedanken, der auch für die StBescheide gilt. Es ist unerhebl, ob der Verwaltungsakt auch ohne die unlauteren Mittel erlassen worden wäre, BFH BStBl 61, 488. Aus dem Sinn dieser Bestimmung ist zu entnehmen, daß bei Vorliegen dieser Voraussetzungen nur eine Änderung oder Aufhebung zum Nachteil des Betroffenen in Betracht kommt. Der Betroffene selbst kann aus seiner eigenen unlauteren Handlung keine Vorteile ziehen. Eine Änderung oder Aufhebung zugunsten des Stpfl käme allerdings dann in Betracht, wenn ein Dritter durch die unlautere Handlung den Beamten veranlaßt hat, den Stpfl zu benachteiligen. Es kommt nach dem Wortlaut nicht darauf an, durch wen die unlauteren Mittel angewandt worden sind. Der Stpfl muß sich **Handeln dritter** Personen grundsätzlich zurechnen lassen, zumindest dann, wenn er daraus einen Vermögensvorteil gezogen hat. Wenn sein Bevollmächtigter die unlautere Handlung begangen hat, um daraus für sich selbst einen Vorteil zu erlangen (Bevollmächtigter behält den durch die Täuschung usw erlangten Betrag ein und führt an den Mandanten nur den zu Recht erstatteten Betrag ab), dann dürfte es nicht rechtens sein, diesen Betrag vom Mandanten zurückzufordern.

d) In sonstigen gesetzlich zugelassenen Fällen. Diese Bestimmung enthält einen Hinweis auf die folgenden und zT in den EinzelStGesetzen enthaltenen Aufhebungs- und Änderungsvorschriften. Hierbei wird die Anwendung der §§ 130, 131 ausdrücklich ausgeschlossen. Anwendbar sind danach §§ 129, 132, 164, 165, 172–175; ferner zB nach § 35b GewStG, § 18 VStG, § 24, 24a BewG, § 20 GrStG.

e) Bestätigung oder **Änderung** durch **Einspruchsentscheidung.** Der letzte Satz des Abs 1 stellt klar, daß die Grundsätze des Abs 1 auch dann gelten, wenn der zu ändernde Bescheid durch Einspruchsentscheidung bestätigt oder geändert worden ist. Evtl kann sich aber, insbesondere bei den Zoll- und VerbrauchStBescheiden, eine Einschränkung dieses Grundsatzes ergeben; vgl im übrigen Anm 5a und 3b.

Aus der Rechtsprechung: Erläßt das FA auf Einspruch gegen einen Bescheid unter Vorbehalt der Nachprüfung einen **Abhilfebescheid** ebenfalls unter Vorbehalt der Nachprüfung, so ist es idR bei der endgültigen Veranlagung gehindert, auf der Grundlage desselben Sachverhalts die streitig gewesene Rechtsfrage zuungunsten des Stpfl anders zu beurteilen, FG Köln EFG 80, 499. Die Berufung auf den uneingeschränkten Vorläufigkeitsvermerk würde gegen den Grundsatz von Treu und Glauben verstoßen, BFH BStBl 67, 212. Der BFH hat in ständiger Rspr die Auffassung vertreten, daß das FA, wenn es auf einen Rechtsbehelf nach Prüfung des StFalles eine für den Stpfl günstige Einspruchsentscheidung oder einen Änderungsbescheid erlassen hat, bei einer späteren Wiederaufrollung des StFalles gem § 222 I Nr 1 und 2 RAO und einer Berichtigung n § 223 RAO an seine im Rechtsbehelfsverfahren vertretene Rechtsauffassung gebunden sei. Durch die Prüfung im Einspruchsverfahren werde der Steuerfall aus der Masse der routinemäßig zu erledigenden Verfahren herausgehoben. Damit erhalte die den Einspruch erledigende Vfg eine erhöhte **Bestandsgarantie.** Der Stpfl müsse sich darauf verlassen können, daß es bei der einmal getroffenen Entscheidung verbleibe, vgl BFH BStBl 70, 2, BStBl 85, 562. Der BFH hat aber in einer VerbrauchStEntscheidung diese Rechtsauffas-

3. Abschnitt. Festsetzungs- und Feststellungsverfahren § 172

sung erheblich eingeschränkt, BFH BStBl 88, 517, vgl hierzu Anm 3a. Ob diese Entscheidung in vollem Umfang auch auf Besitz- und Verkehrsteuern anzuwenden ist, erscheint nicht völlig zweifelsfrei.

Wenn das FA einen Rückforderungsbescheid wegen Nichtigkeit **aufhebt,** ist es nicht gehindert, danach **neue** Rückforderungs**bescheide** in einer Form zu erlassen, die nach seiner Auffassung rechtmäßig ist, BFH BStBl 86, 775. Das FA ist zum Erlaß neuer Steuerbescheide bei Rücknahme der ursprünglichen Bescheide allerdings dann nicht berechtigt, wenn in der Rücknahme ein **Freistellungsbescheid** im Sinne des § 155 I 3 zu sehen ist oder wenn durch die Aufhebung der ursprünglichen Bescheide ein **Vertrauensschutz** entstanden ist, der dem Erlaß der neuen Steuerbescheide entgegenstehen würde (vgl BFH/NV 1985, 13); BFH BStBl 86, 779.

f) Änderung und Aufhebung von Bescheiden nach rechtskräftigem Urteil, vgl §§ 110 II FGO. § 110 II FGO läßt die Vorschriften der AO über die **Aufhebung** und **Änderung** von Verwaltungsakten **unberührt,** soweit sich aus § 110 I 1 nichts anderes ergibt. Daraus ist zu entnehmen, daß die Entscheidung über den Streitgegenstand den Korrekturvorschriften der AO vorgeht. Die Korrektur darf sich nicht in Widerspruch setzen zu einer rechtlichen **Beurteilung** des **Gerichts,** die der Aufhebung, Änderung oder Bestätigung des ursprünglichen VA zugrundelag, *TK* § 110 FGO Tz 14. § 110 I 1 FGO lautet: „Rechtskräftige Urteile binden die Beteiligten ... so weit, als über den Streitgegenstand entschieden worden ist." Es stellt sich hierbei allerdings die Frage, wieweit die **Bindungswirkung** des Urteils geht, dh wieweit über den Streitgegenstand entschieden worden ist. Nach dem Beschluß des GrS des BFH v 17. 7. 67 (BFH BStBl 68, 344) bildet die **Festsetzung** und **Anforderung** eines bestimmten StBetrages den **Streitgegenstand** des finanzgerichtlichen Verfahrens. Der angefochtene StBescheid wird von den Gerichten seinem gesamten Umfang und Inhalt nach dahin überprüft, ob der festgesetzte StBetrag nach den gesetzlichen Bestimmungen zu Recht festgesetzt worden ist. Daher ist im Rechtsmittelverfahren über einen berichtigten Abgabebescheid auch der Gesamtinhalt dieses Bescheides Gegenstand des Rechtsstreites. Wenn der berichtigte Bescheid durch das Gericht bestätigt wird, wird damit zugleich auch die materielle Richtigkeit des Bescheides festgestellt, vgl auch BFH, BStBl 1972, 740.

Bei sehr weiter Auslegung dieser Entscheidung könnte man daraus schließen, daß nach einem FG-Urteil eine Änderung des Bescheides überhaupt nicht mehr in Betracht kommt, dies widerspricht aber eindeutig dem § 110 II FGO. Die Rechtskraft eines FG-Urteils reicht nur soweit, als das FG über den Rechtsstreit entschieden hatte, zB, daß die Voraussetzungen für die Berichtigung wegen neuer Tatsachen und Beweismittel nicht vorgelegen hatten, BFH BStBl 79, 197. Die hM geht davon aus, daß im Falle der Berichtigung wegen **neuer Tatsachen** eine Änderung des Bescheides nur dann zulässig ist, wenn diese Tatsachen nach Schluß der mündlichen Verhandlung neu bekanntgeworden sind, vgl *Stockhausen* StBp 66, 260; FR 67, 352; *TK* § 110 FGO Tz 15; aA *Kötting* StBp 67, 31. Bei einer Berichtigung des Bescheides gemäß § 173 AO kommt es darauf an, was in dem finanzgerichtlichen Prozeß **Entscheidungsgegenstand** war. Wenn im Prozeß bereits darüber gestritten wurde, ob die entsprechende Tatsache vorlag oder nicht, scheidet uE nach einem Urteil eine Berichtigung gemäß § 173

§ 172 4. Teil. Durchführung der Besteuerung

AO aus. Das gleiche müßte eigentlich gelten für Ereignisse, die auf die Entstehung des Anspruches zurückwirken, vgl **§ 175 I Nr 2**. Die hM hält in diesen Fällen jedoch eine Korrektur nach § 110 II für zulässig, vgl *TK* § 110 FGO Tz 16; *Wörner/Grube* 163; *Wichtelmann* DStR, 75, 398. Folgeänderungen nach §§ 175 I Nr 1, 184 I 3 sind nach *TK* (§ 110 FGO Tz 17) unbeschränkt zulässig. **Offenbare Unrichtigkeiten** können jederzeit berichtigt werden. Wenn das Gericht die offenbare Unrichtigkeit übernommen hat, kann auch nach § 107 FGO berichtigt werden. Das FA ist jedenfalls nicht gehindert, während des finanzgerichtl Verfahrens den Bescheid zu ändern, vgl § 132, der auch für StBescheide gilt. Ändert es nicht, hat an sich das Gericht über diese Tatsachen nicht mitentschieden. Die hM verneint jedoch eine Änderungsmöglichkeit, unter Hinweis auf den Grundgedanken des § 100 Abs 1 S 1 2. Halbs FGO: „Die Finanzbehörde ist an die rechtliche Beurteilung gebunden, die der Aufhebung (durch das Gericht) zugrundeliegt, an die tatsächliche so weit, als nicht neu bekanntwerdende Tatsachen und Beweismittel eine andere Beurteilung rechtfertigen". Vgl *Barske/Woerner* S 115, *Gräber* DStR 68, 492, *Woerner* BB 68, 1032. Nach wohl hM konnte auch eine Berichtigung aufgrund Fehleraufdeckung nach § 222 I Nr 3 und 4 RAO durchgeführt werden, soweit die Berichtigung sich nicht mit der Rechtsauffassung des Gerichts in Widerspruch setzt. Vgl im übrigen *Prugger* Berichtigung von Eingangsabgabebescheiden zugunsten des Steuerpflichtigen BB 69, 352; *Woerner* Die „Änderung, Ersetzung und Berichtigung" von StBescheiden BB 69, 1391; *Mittelbach* Probleme bei Änderung angefochtener Bescheide DStZ A 69, 345; *Oswald* Zur Berichtigung rechtskräftiger StBescheide zugunsten des Stpfl, DStZ 69, 326; *Woerner* Erlaß eines Berichtigungsbescheides im Revisionsverfahren, BB 72, 738.

6. Abs 2, Antrag auf **Erlaß, Aufhebung** oder **Änderung** eines StBescheides. Abs 2 stellt klar, daß ein Verwaltungsakt, durch den ein Antrag auf Erlaß, Aufhebung oder Änderung eines StBescheides ganz oder teilweise abgelehnt wird, den gleichen Bestandskraftregeln unterliegt wie die StBescheide. Zugleich ergibt sich aus dieser Vorschrift auch, daß in den Fällen des Abs 2 der Stpfl seinen Anspruch in der Form der Leistungsklage, sondern durch Anfechtung des ablehnenden Bescheides verfolgen muß.

7. Übergangsregelung. Die neuen Vorschriften sind anzuwenden, wenn ein Bescheid, der unter § 172 fällt, **nach dem 31. 12. 1976 geändert** werden soll, auch wenn die zu ändernde StFestsetzung vor dem 1. 1. 77 bekanntgegeben, dh wirksam geworden ist, Art 97 § 9 EGAO 77 (Anhang). Die Vorschriften über die Aufhebung und Änderung von Verwaltungsakten nach der AO 77 sind nicht anzuwenden, wenn das FG erst nach dem 31. 12. 76 über die Rechtmäßigkeit eines vom FA vor diesem Zeitpunkt erlassenen Änderungsbescheids befindet, BFH BStBl 81, 552. Ist mit Ablauf des 31. 12. 76 ein Verfahren über den Einspruch gegen einen Aufhebungs- oder Änderungsbescheid noch nicht abgeschlossen, so hat die FinBeh ihrer Einspruchsentscheidung die Vorschriften der AO über die Aufhebung und Änderung von Verwaltungsakten zugrundezulegen, vorausgesetzt, der Einspruch war zulässig, BFH BStBl 82, 682. Nach § 9 EGAO sind die Vorschriften über die Aufhebung und Änderung von Verwaltungsakten erstmals anzuwenden, wenn **nach** dem 31. 12. 76 ein Verwaltungsakt **aufgehoben** oder **geändert** wird. Wenn ein FA nach dem 31. 12. 76 während

3. Abschnitt. Festsetzungs- und Feststellungsverfahren **§ 173**

des Einspruchsverfahrens einen Änderungsbescheid erläßt, so kann es diesen nur auf die Vorschriften der neuen AO stützen.

§ 173 Aufhebung oder Änderung von Steuerbescheiden wegen neuer Tatsachen oder Beweismittel

(1) ¹Steuerbescheide sind aufzuheben oder zu ändern,
1. soweit Tatsachen oder Beweismittel nachträglich bekanntwerden, die zu einer höheren Steuer führen,
2. soweit Tatsachen oder Beweismittel nachträglich bekanntwerden, die zu einer niedrigeren Steuer führen und den Steuerpflichtigen kein grobes Verschulden daran trifft, daß die Tatsachen oder Beweismittel erst nachträglich bekanntwerden. ²Das Verschulden ist unbeachtlich, wenn die Tatsachen oder Beweismittel in einem unmittelbaren oder mittelbaren Zusammenhang mit Tatsachen oder Beweismitteln im Sinne der Nummer 1 stehen.

²Eine Änderung unterbleibt, sofern die Abweichung im Falle der Festsetzung eines Betrages geringer als eins vom Hundert des bisherigen Betrages ist und weniger als fünfhundert Deutsche Mark beträgt.

(2) ¹Abweichend von Absatz 1 können Steuerbescheide, soweit sie auf Grund einer Außenprüfung ergangen sind, nur aufgehoben oder geändert werden, wenn eine Steuerhinterziehung oder eine leichtfertige Steuerverkürzung vorliegt. ²Dies gilt auch in den Fällen, in denen eine Mitteilung nach § 202 Abs. 1 Satz 3 ergangen ist.

Abs 1 S 2 angefügt mit Wirkung ab 1. 1. 87 durch StBereinigG 1986 v 19. 12. 85, BGBl I, 2436.

Schrifttum: *Meenacher* Berichtigung von Steuerbescheiden, die auf Grund einer Außenprüfung ergangen sind, nur zuungunsten des Steuerpflichtigen?, DB 79, 2202; *Kühnel* Die Änderungssperre des § 173 Abs 2 als Schutzvorschrift für den Steuerpflichtigen, DB 80, 2010; *Boorberg* Erfahrungen mit der Änderung von Steuerbescheiden nach § 173 Abs 1 Nr 2 AO, DB 82, 72; *Federmann* Zur Nachholbarkeit eines Antrags auf Gewährung einer Steuervergünstigung im Rahmen des § 173 Abs 1 Nr 2, DB 83, 76; *Schuhmann* Zum Begriff des „groben Verschuldens" des Steuerpflichtigen bei nachträglichem Bekanntwerden neuer Tatsachen oder Beweismittel, BB 73, 438; *Günther* Verletzung der Ermittlungspflicht als Hinderungsgrund bei der Aufhebung oder Änderung von Steuerbescheiden nach § 173 AO FR 83, 36; *Marfels* Nachgeholte Anträge auf Gewährung einer StVergünstigung als „neue Tatsache" iSd § 173 I Nr 2 AO?, DB 83, 2109; *Beck* Anwendung des § 73 Abs 1 Nr 2 AO auf Fälle, in denen die Angabe der betreffenden Tatsache wegen eines Irrtums über materielles Steuerrecht bewußt unterlassen wurde, DStR 84, 671; *Wedelstädt* Zeitpunkt des Bekanntwerdens von Tatsachen und Verhältnis der Änderung von Bescheiden nach § 173 I Nr 1 und Nr 2 S 2 zueinander, DB 84, 1215; *Federmann* Zur Nachholbarkeit eines Antrags auf Gewährung einer Steuervergünstigung im Rahmen des § 173 Abs 1 Nr 2 AO DB 84, 1215; *Mittelbach* Änderungen von Bescheiden zugunsten der Steuerpflichtigen wegen neuer Tatsachen und Beweismittel, DStR 84, 319; *Harder* Kleinstbetragsgrenze bei Änderungen von Bescheiden wegen neuer Tatsachen (§ 173 Abs 1 Satz 2 AO nF), StWa 87, 205; *Günther* Änderung von Steuerbescheiden bei neuen Tatsachen und Beweisen, Inf 87, 63; *Buchbinder* Zur Änderung von Schätzungsbescheiden, Steuer und Studium, 87, 239; *Bock* Steuerliche Korrekturprobleme bei verspätetem Auftauchen des wahren Erben, DStZ 87, 564; *Thoma* Bilanzberichtigung und Bestandskraft, Buchführungsgrundsätze und Abgabenrecht im Widerstreit, DStR 88, 346.

§ 173   4. Teil. Durchführung der Besteuerung

Übersicht

1. Inhalt
2. Zölle und Verbrauchsteuerbescheide
3. Steuerbescheide
4. Pflicht zur Aufhebung oder Änderung
   a) Ausnahmen von der Änderungspflicht
   b) Abs 1 Satz 2: Änderungsgrenze
5. Tatsachen und Beweismittel
   a) Abgrenzung
   b) Arten von Beweismitteln
6. Neue Tatsachen
7. Tatsachen die als bekannt gelten
8. Kenntnis wessen?
9. Neue Tatsachen in neuorganisierten Finanzämtern
10. Verwertungsverbote
11. Tatsachen von einigem Gewicht
12. Abs 1 Nr 1: Tatsachen die zu einer höheren Steuer führen
13. Abs 1 Nr 2: Tatsachen die zu einer niedrigeren Steuer führen
13a. Änderung der Rechtsprechung und neue Tatsachen
14. Grobes Verschulden des Steuerpflichtigen
    a) Einzelfälle des groben Verschuldens
    b) Einzelfälle mangelnden Verschuldens
    c) Vertreterverschulden
    d) Rechtsmittel und Verschulden
15. Unbeachtlichkeit des Verschuldens
16. Abs 2: Steuerbescheide aufgrund einer Außenprüfung
17. Umfang der Außenprüfung
    a) Anwendung des Abs 2 auf Lohnsteuerhaftungsbescheide
    b) Anwendung des Abs 2 auf Nachforderungsbescheide
18. Geltung des Abs 2 für den Steuerpflichtigen
19. Frist für die Aufhebung oder Änderung
20. Übergangsregelung

1. Inhalt. Die Vorschrift ist gegenüber § 222 I Nr 1, 2 RAO **zugunsten des Stpfl** erheblich **eingeschränkt.** Einmal ist die von der Rspr entwickelte sog **Gesamtaufrollung** des StFalles (vgl hierzu BFH BStBl 66, 156) beseitigt worden; dies kommt durch die Verwendung des Wortes **„soweit"** am Beginn der Nr 1 und 2 des Abs 1 zum Ausdruck. Die Aufhebung oder Änderung ist nur zulässig, **soweit** sich die neu bekannt gewordenen Tatsachen auswirken. Zum anderen ist eine **Änderung zugunsten** des Stpfl nicht mehr davon abhängig, daß die neuen Tatsachen durch eine **Betriebsprüfung**, jetzt **Außenprüfung**, aufgedeckt werden. Damit entfällt auch im wesentlichen die Forderung nach Einführung eines Rechtsanspruches des Stpfl auf Durchführung einer Betriebsprüfung. Allerdings ist für eine Änderung zugunsten des Stpfl Voraussetzung, daß den Stpfl kein **grobes Verschulden** an dem verspäteten Bekanntwerden der Tatsachen trifft. Nicht übernommen wurde die Vorschr des § 222 I Nr 3 und 4 RAO, dh die Regelung über die sog Fehleraufdeckung.

2. Anwendungsbereich. Zoll- und **VerbrauchStBescheid uä.** *Hampel* Änderung bestandskräftiger Zollbescheide bei nachträglich bekanntgewordenen Tatsachen, ZfZ 86, 175. Die Fassung des § 173 enthält keine Beschränkung der Anwendung auf bestimmte StArten. Zur Frage, ob er auch auf die Zoll- und VerbrauchStBescheide anzuwenden ist, vgl § 172 Anm 3

3. Abschnitt. Festsetzungs- und Feststellungsverfahren **§ 173**

und 4; bejahend für Abs 1 Nr 2 FG Münster EFG 78, 466. Wegen der Sonderregelung für Zölle durch die EGVO Erstattung (Erlaß und Nacherhebung vgl § 172 Anm 4). Aus der Entscheidung des BFH vom 25. 2. 86 (ZfZ 86, 175) ist zu entnehmen, daß bei Vorliegen der Voraussetzungen des § 173 I Nr 2 der bestandskräftige **Zollbescheid** nach § 172 I Nr 1 zu berichtigen ist. Der **Ermessensspielraum** ist in diesem Falle auf null gesunken; damit hat der Steuerpflichtige im Ergebnis einen Rechtsanspruch auf Berichtigung ähnlich wie bei einer unmittelbaren Anwendbarkeit des § 173 auf Zollbescheide. Hampel (aaO) tritt für eine unmittelbare Anwendung des § 173 auch auf Zölle und Verbrauchsteuern ein. Auf **StVergütungen** sind die für die Steuern geltenden Vorschr sinngemäß anzuwenden (§ 155 III). Die sinngemäße Anwendung im Zusammenhang mit § 173 bedeutet, daß Abs 1 Nr 1 eingreift, wenn die neuen Tatsachen zu einer niedrigeren StVergütung führen, und Abs 1 Nr 2, wenn die Tatsachen zu einer höheren Vergütung führen. Das gleiche gilt für die **Prämien-** und **Zulagengesetze** einschl der Investitionszulagen nach dem BerlinFG und dem InvZulG.

3. Steuerbescheide sind aufzuheben oder zu ändern. Zum Begriff vgl § 155 I 2, § 157. Hierzu zählen auch **Vorauszahlungsbescheide.** Für diese hat § 173 jedoch deswegen keine Bedeutung, weil sie kraft Gesetzes unter **Vorbehalt** der **Nachprüfung** stehen und als solche grundsätzlich frei abänderbar sind, vgl § 164 I 2.

§ 173 ist aber anwendbar, soweit auf die Berichtigungsvorschriften für StBescheide verwiesen wird. Dies gilt zB für **Ablehnungsbescheide** nach § 172 II, für **Feststellungsbescheide** nach § 181 I 1, für **Freistellungsbescheide** nach § 155 I 3, für Bescheide über **StJA** (vgl § 172 Anm 1). Die Rechtslage hat sich allerdings durch die AO 77 geändert. Ein bestandskräftiger **LStJA-Bescheid** darf nicht durch eine ESt-Veranlagung ersetzt werden, wenn die Überschreitung der Veranlagungsgrenzen lediglich auf geänderter rechtlicher Beurteilung des bereits im LStJA berücksichtigten Sachverhalts beruht, FG Münster EFG 82, 572; vgl auch FG SchlHol EFG 80, 23. Für **StMeßbescheide** nach § 184 I 3, für **Vergütungsbescheide** nach § 19 VII BerlFG, § 5 V InvZG, § 13 III. VermBildG, § 5b SparPGm § 8 I WoPG, § 5a I BergPG, für **Zerlegungsbescheide** nach § 185, für **Zinsscheide** nach § 239 I 1, für **Zuteilungsbescheide** nach § 190 II nicht für **Haftungs-** und **Duldungsbescheide** nach § 191. § 173 ist **nicht** anwendbar auf sog **Abrechnungsbescheide** nach § 282 II, **Aufteilungsbescheide** vgl § 280.

Auch nach Durchführung eines LStJA kann ein **LSt-Nachforderungsbescheid** ergehen. Ein neuer Bescheid über den LStJA und ein Rückforderungsbescheid gem § 37 II sind daneben entbehrlich, FG Köln EFG 83, 520. Es sind keine Bedenken ersichtlich, zum Regelungsinhalt eines Nachforderungsbescheides auch die entsprechende Änderung des LStJA-Bescheids zu zählen. Dagegen FG Köln EFG 83, 521: Die Rückforderung von erstatteter LSt nach Durchführung eines LStJA setzt die förmliche **Berichtigung** des **LStJA-Bescheids** voraus. Der Erlaß eines selbständigen Nachforderungsbescheids kommt dann in Betracht, wenn über die Rückgängigmachung der LSt-Erstattung hinaus LSt nachzufordern verbleibt oder kein LStJA durchgeführt wurde. Solange die Voraussetzungen für eine Änderung ei-

§ 173

nes LStJA-Bescheides nicht vorliegen, kann eine Veranlagung zur ESt für denselben Zeitraum nicht durchgeführt werden, FG RhPf EFG 83, 452. Auch der ESt-Bescheid ändert stets den bereits für denselben Zeitraum erlassenen Bescheid über den LStJA FG SchlHol EFG 84, 556. Ist ein Arbeitnehmer bestandskräftig zur ESt veranlagt worden, so kann für das betr. Kalenderjahr ihm gegenüber die Nachforderung nicht vorschriftsmäßig einbehaltener LSt nicht durch Nachforderungsbescheid, sondern nur durch Änderung des ESt-Bescheids geltend gemacht werden, FG Hessen EFG 83, 475.

4. Steuerbescheide sind **aufzuheben oder zu ändern.** Aus der Formulierung ergibt sich zwingend, daß bei Vorliegen der tatsächlichen Voraussetzungen der **StBescheid aufgehoben** oder **geändert** werden **muß**, soweit nicht evtl aus **Billigkeitsvorschriften** oder aus § 176 **(Vertrauensschutz)** oder § 177 (Berichtigung von **Rechtsfehlern**) sich etwas anderes ergibt. Der Stpfl hat ggf einen **Rechtsanspruch** auf Aufhebung oder Änderung. Änderung verstößt gegen **Treu** und **Glauben**, wenn die FinBeh zu erkennen gegeben hat, daß der Stpfl mit Änderung wegen neuer Tatsachen nicht mehr zu rechnen brauchte, vgl BFH BStBl 74, 67.

a) Ausnahmen von der Änderungspflicht. Eine Aufhebung oder Änderung des StBescheides würde gegen **Treu** und **Glauben** verstoßen, wenn die Finanzbehörde seinerzeit bei Kenntnis der neuen Tatsachen zu keiner anderen Entscheidung gekommen wäre, etwa weil sie die Tatsache für **rechtlich unerheblich** hielt oder weil sie nach damaliger Rechtsauffassung ihr steuerlich keine Bedeutung beigemessen hätte, vgl BFH BStBl 74, 67; aA BFH DB 61, 425. Es genügt aber nicht, daß die FinBeh einen bestimmten Fehler bereits in früheren Jahren gemacht und der Stpfl sich darauf eingestellt hat, BFH BStBl 69, 314.

Eine Änderung des Bescheides ist aber nicht schon deswegen unzulässig, weil **FA** in **Kenntnis** des vollen Sachverhalts **möglicherweise**, sondern nur, wenn es **mit an Sicherheit grenzender Wahrscheinlichkeit ebenso entschieden** hätte, BFH DB 73, 113; aA BFH HFR 65, 122; vgl auch § 176 I und Anm 2 zu § 176. Weitere Einschränkungen der Änderungsmöglichkeiten können sich daraus ergeben, daß die FinBeh sich die **Kenntnis** bestimmter Tatsachen **zurechnen,** lassen muß, etwa weil ihre Unkenntnis auf einer **Verletzung** ihrer **Ermittlungspflichten** beruhte, vgl hierzu unter Anm 7. Denn die Änderung nach Nr 1 unterliegt dem Grundsatz von Treu und Glauben. Bei Verletzung der Ermittlungspflicht sind die nach Erlaß des Bescheides bekanntgewordenen Tatsachen nicht neu, FG Hbg EFG 80, 54.

Die Änderung eines StBescheides ist nicht allein deshalb unzulässig, weil das FA die ihm nachträglich bekanntgewordenen Tatsachen bei gehöriger Erfüllung seiner Sachaufklärungspflicht schon vor Erlaß dieses Bescheides hätte ermitteln müssen. Die Änderung ist nur dann ausgeschlossen, wenn das FA durch sein Verhalten ein **schutzwürdiges Vertrauen** beim Stpfl erzeugt und dieser im Vertrauen auf das Verhalten der Verwaltung nicht mehr rückgängig zu machende Vermögensdispositionen getroffen hat, FG München EFG 83, 55. Stpfl kann sich nur dann auf **Treu** und **Glauben** berufen, wenn er seinerseits die ihm obliegenden **Mitwirkungspflichten** erfüllt und im Rahmen des Zumutbaren die bei objektiver Betrachtung

3. Abschnitt. Festsetzungs- und Feststellungsverfahren   § 173

wesentlichen Tatsachen vorgetragen hat, FG Hbg EFG 81, 37; *TK* Tz 30. Führen buchführungspflichtige Landwirte keine Bücher, und werden ihre Gewinne mangels genauerer Unterlagen in Anlehnung an die Gewinnermittlung nach Durchschnittssätzen geschätzt, ist das FA nach den Grundsätzen von Treu und Glauben nicht gehindert, bei einer Bp festgestellte erhebliche Mehrgewinne als neue Tatsachen anzusehen, auch wenn bekannt war, daß die ursprünglich geschätzten Gewinne nicht den tatsächlichen entsprechen, BFH BStBl 82, 273.

Die **Rechtsbehelfsstelle** eines FA muß bei der Entscheidung über den Einspruch grundsätzlich alle Tatsachen verwerten, die der Veranlagungsdienststelle bekannt sind. Geschieht dies nicht, weil erforderlich gewesene Rückfragen unterblieben sind, so können die in der Einspruchsentscheidung nicht berücksichtigten Tatsachen nicht mehr Gegenstand eines Änderungsbescheides nach Nr 1 sein, BFH BStBl 83, 548.

b) Abs 1 Satz 2 Änderungsgrenze. Der Satz 2 wurde durch das **StBereinigG** angefügt, er war im RegE nicht enthalten. Der Deutsche Bundestag sieht darin eine Verwaltungsvereinfachung. Die Änderung von Bescheiden auf Grund neuer Tatsachen oder Beweismittel sei sowohl für die Finanzverwaltung als auch für die Beteiligten mit zT erheblichem zusätzlichen Aufwand verbunden. Bei Abwägung des Grundsatzes der Rechtssicherheit einerseits gegenüber dem Grundsatz materieller Gerechtigkeit andererseits ist es nach Auffassung des Deutschen Bundestages geboten, bei geringen finanziellen Auswirkungen von einer Änderung abzusehen. Diesem Grundgedanken entsprechen zB auch die allgemein geltende Kleinbetragsregelung (§ 156 AO und Kleinbetragsverordnung) und die Änderungsgrenzen im Bewertungsrecht (§ 22 BewG) sowie bei der Vermögensteuer (§ 16 VStG).

Nach den Ausführungen im Schriftlichen Bericht des Deutschen Bundestages (BT-Drucks 10/4513) wirkt sich die Änderungsgrenze so aus, daß die Änderung bei einer zu ändernden Festsetzung von **weniger als 50 000 DM** mindestens **1 vH** des bisher festgesetzten Betrages erreichen muß. Die – zusätzliche – 500 DM-Grenze soll erst bei einer zu ändernden Festsetzung von mehr als 50 000 DM eingreifen. Wenn die Änderungsgrenzen nicht erreicht werden, ist eine Änderung aufgrund des § 173 nicht mehr möglich. Änderungsmöglichkeiten nach anderen Vorschriften werden davon aber nicht betroffen, zB nach §§ 164, 174, 175. Bei neuen Tatsachen zugunsten und zuungunsten des Stpfl kommt es wegen der Änderungsgrenzen auf den **saldierten Betrag** an. Ist zunächst wegen Nichterreichens der Änderungsgrenzen eine Änderung unterblieben und werden danach weitere neue Tatsachen bekannt, die zusammen mit den bereits bekannten zu einem Überschreiten der Änderungsgrenzen führen, ist die Änderung vorzunehmen.

Um die Änderungsgrenzen auch im automatisierten Verfahren berücksichtigen zu können, war es erforderlich, nicht die gesamte steuerliche Auswirkung der Änderung als Anknüpfungspunkt zu wählen, sondern lediglich die betragsmäßige Auswirkung im jeweiligen Festsetzungs- oder Feststellungsverfahren (§ 179 AO) zu berücksichtigen. Berechnungsgrundlage ist demgemäß bei der Festsetzung von Steuern die bisher festgesetzte Steuer, bei der Festsetzung von Erstattungsbeträgen (zB im Lohnsteuerjah-

§ 173

resausgleich) der bisherige Erstattungsbetrag, bei gesonderten Feststellungen oder Meßbeträgen der festgestellte Betrag ohne Rücksicht auf eine ggf. erforderliche Zurechnung oder Zerlegung, vgl AnwErl Nr 5. Die **Bagatellgrenze** des § 173 ist auch bei der gesonderten Feststellung nach § 47 KStG zu beachten, vgl FM Schleswig-Holstein vom 17. 12. 87, DStR 88, 114.

Die **Neuregelung** tritt zwar erst am **1. 1. 87** in Kraft, ist dann aber gem § 1 II EGAO auf alle dann noch anhängigen Verfahren anzuwenden.

5. Es müssen neue **Tatsachen** oder **Beweismittel** vorliegen. **a)** Im Einzelfall kann die **Abgrenzung** zwischen **Tatsachen** und **Rechtsfolgen** nicht einfach sein. ZB ist der **Wert** eines Gegenstandes keine Tatsache sondern nur das Ergebnis von Schlußfolgerungen, vgl BFH BStBl 70, 296. Tatsache kann der Wert sein, wenn der Stpfl in seiner Erklärung den Wert angesetzt hat, ohne die wertbegründenden Eigenschaften zu erläutern. Nachträgliche **Antragstellung** bei antragsgebundenen Steuervergünstigungen ist **keine** neue Tatsache; es muß sich um objektive vom Willen des Stpfl unabhängige Tatsachen handeln, BFH BStBl 74, 317; BFH BStBl 82, 491; 82, 80; aA FG Hbg EFG 81, 606; *Federmann* aaO; dies gilt auch dann, wenn sich erst nachträglich herausstellt, daß die Voraussetzungen für eine StVergünstigung vorliegen. Tatsachen sind auch neue **Schätzungsgrundlagen**, die erst durch eine Außenprüfung nachträglich bekannt werden, BFH BStBl 86, 233. Die Schätzungen nichtbuchführender, jedoch buchführungspflichtiger Landwirte unter Zuhilfenahme einer pauschalen Schätzungsmethode stellen einen Notbehelf dar; sie können nicht als ein genereller Verzicht auf die Erfassung der tatsächlichen Gewinne im Rahmen einer Betriebsprüfung gewertet werden, BFH aaO. Die erstmalige **Ausübung** eines nicht fristgebundenen steuerlichen **Wahlrechts** steht einer Änderung eines bestandskräftigen Bescheides nicht entgegen, BFH BStBl 85, 117. Voraussetzung ist allerdings, daß der **Sachverhalt**, auf den sich die antragsgebundene Vergünstigung bezieht, nachträglich bekannt geworden ist und den Steuerpflichtigen daran kein grobes Verschulden trifft. Beantragt ein Stpfl die Berücksichtigung eines Pauschbetrages wegen **Körperbehinderung** nach § 33b EStG, ist eine Änderung nicht nach § 173 sondern nach **§ 175 I 1 Nr 1** durchzuführen, weil der Anerkennungsbescheid der Versorgungsbehörde **Grundlagenbescheid** im Sinne des § 171 X und 175 darstellt. **Vorgreifliche Rechtsverhältnisse**, die als solche Tatbestandselement einer steuerlichen Norm sind, zB Kauf, Miete usw, hat die Rspr dagegen als Tatsachen angesehen. Ein Berichtigungsgrund ist auch, wenn die von den Angaben des Stpfl übernommene rechtliche Würdigung nicht zutrifft, BFH StRK RAO § 222 R 30, ebenso wie der Ausgang von Zivilprozessen, BFH BStBl 69, 445. Eine neue Tatsache kann auch die nachträgliche **Kenntnisnahme** von einem **ausländischen StGesetz** sein, wenn die ausländische Regelung für die inländische Besteuerung von Bedeutung war, FG Münster EFG 79, 269. Aber die Versagung des Verlustabzugs nach österreichischem Recht soll keine neue Tatsache sein, BFH BStBl 84, 181.

Mehrbeträge an BetriebSt, die sich durch Betriebsprüfungen ergeben, sind idR keine neuen Tatsachen vgl BFH BStBl 73, 860. Rückstellung für Mehrsteuern kann aber im Rahmen des § 177 berücksichtigt werden, OFD Bremen StEK § 173 Nr 3.

3. Abschnitt. Festsetzungs- und Feststellungsverfahren **§ 173**

Erläßt FA an einen **Verstorbenen** StBescheide, die von den Erben als wirksam behandelt werden, kann FA nicht später zugleich mit der Richtigstellung der Adresse eine sachlich andere Veranlagung vornehmen, wenn der **Adressierungsfehler** allein auf das Verschulden des FA zurückgeht, FG Hessen EFG 79, 474.

b) Zu den **Beweismitteln** zählen zB Urkunden, Auskünfte, eidesstattl Versicherungen, Bescheinigungen uä.

6. Es muß sich um **neue Tatsachen** handeln, vgl *Ehlers* Neue Tatsachen und Beweismittel iSd AO 1977, DStR 77, 528; *Günther* Neue Tatsachen als Grundlagen für die Änderung von Schätzungsbescheiden, StBp 86, 235; *Müller* Zum maßgeblichen Zeitpunkt für die „Rechtserheblichkeit" nachträglich bekanntgewordener Tatsachen und Beweismittel, StbG 88, 328. Das Gesetz stellt darauf ab, daß die Tatsachen **nachträglich bekanntwerden**. Nachträglich werden Tatsachen oder Beweismittel bekannt, wenn die **Willensbildung** des für die StFestsetzung **zuständigen Beamten** bereits **abgeschlossen** war (Unterzeichnung der Vfg, abschließende Zeichnung des Berechnungsbogens, *Ehlers* DStR 77, 531). Für die Frage, wann Tatsachen nachträglich bekannt werden, kommt es auf den Zeitpunkt der **abschließenden Zeichnung** des Eingabewertbogens an, BFH BStBl 87, 416, gegen Hessen 84, 587 (Zeitpunkt, in dem der StBescheid den Bereich der FinBeh verlassen hat). Wird im maschinellen Verfahren der StBescheid nach Ausdruck durch die Maschine noch einer materiell-rechtlichen Kontrolle unterzogen, zB aufgrund eines entspr maschinellen Hinweises, sind alle bis dahin bekannt gewordenen Tatsachen zu berücksichtigen. Kontrolle idS ist nicht die Zuleitung des Bescheides an die Finanzkasse lediglich zur Abrechnung oder nur Berichtigung offenbarer Unrichtigkeiten, zB bei falscher Anschrift usw, vgl AnwErlaß § 173 Nr 2.

Neu ist auch eine Tatsache, wenn sie dem FA erst **nach Bekanntgabe** des ursprüngl Bescheides, aber vor Erlaß eines Änderungsbescheides nach § 218 IV RAO (§ 175 Nr 1) bekannt wurde. Schließt sich dem StFestsetzungs- ein Einspruchsverfahren an, so ist maßgebender Zeitpunkt für die Frage, ob eine Tatsache nachträglich bekanntgeworden ist, der Erlaß der **Einspruchsentscheidung**, FG Bremen EFG 83, 101 LS. Folgeänderung nach § 175 Nr 1 ist ohne sachl Prüfung des zu ändernden Bescheides vorzunehmen. FA braucht nicht bei jeder Folgeänderung den ganzen Fall neu darauf zu prüfen, ob neue Tatsachen bekannt geworden sind, BFH BStBl 75, 892. Bei einer vorgenommenen **Schätzung**, die ebenfalls lediglich Schlußfolgerung ist, können neu aufgefundene **Schätzungsunterlagen** eine neue Tatsache bilden, BFH BStBl 74, 74. Bei einer Schätzung ist die Schätzung selbst keine Tatsache, Tatsachen sind hingegen die schätzungsbegründenden Umstände. Neue Tatsache kann daher sein, daß im Rahmen einer Außenprüfung ein hoher, bisher nicht bekannter Vermögenszuwachs festgestellt wird, der im Widerspruch zu der bisherigen Schätzung steht. Wird der ESt-Veranlagung ein **geschätzter** Gewinn zugrundegelegt, weil der Stpfl keine StErklärung eingereicht hat, kann die Änderung des Bescheids rechtfertigende neue Tatsache nur eine vollständige neue Gewinnermittlung sein, die einen von der Schätzung abweichenden Gewinn ausweist. Auf die einzelnen gewinnhöhenden oder gewinnmindernden Bestandteile der Gewinnerhöhung kann nicht abgestellt

§ 173 4. Teil. Durchführung der Besteuerung

werden, FG BaWü EFG 83, 326. Bei der Vollschätzung des Gewinns sind, wenn auch mit der Unsicherheit der Schätzung belastet, die steuererhöhenden und die steuermindernden Bestandteile der Gewinnermittlung in vollem Umfang berücksichtigt. Die Feststellung, daß **Forderungen nicht aktiviert** sind, ist für jeden Bilanzstichtag eine selbständig wirkende **neue Tatsache** und nicht Feststellung ein und derselben Tatsache mit „vorverlegter Folgewirkung", BFH BStBl 73, 65. Der Nachweis, daß sich die Behörde „verschätzt" hat, reicht zur Änderung nicht aus, FG Berl EFG 85, 53. Die Feststellung abzugsfähiger **Mehrsteuern** durch eine Bp ist neue Tatsache, wenn hinsichtlich der Passivierung kein Wahlrecht besteht, BFH BStBl 73, 860.

7. Tatsachen, die als bekannt gelten. *Friedel* Die Verletzung der Ermittlungspflicht – ein Kriterium für die Änderung von Steuerbescheiden aufgrund neuer Tatsachen und Beweismittel?, DStR 88, 98. Nach den Grundsätzen von **Treu** und **Glauben** gelten zB **Tatsachen** als **bekannt,** wenn die Veranlagungsstelle des FA sie bei **sorgfältiger Erfüllung** der ihr obliegenden **Ermittlungspflicht** (vgl §§ 85, 88) festgestellt hätte. Ggf müssen auch Akten anderer Arbeitsgebiete herangezogen werden, wenn hierzu ein Anlaß besteht, BFH BStBl 71, 610. Nach Auffassung von *Friedel* (aaO) schließt die Verletzung der Ermittlungspflicht und ein darauf beruhendes nachträgliches Bekanntwerden von Tatsachen oder Beweismitteln, die zu einer höheren Steuer führen, die Änderung der Steuerfestsetzung nicht aus, allerdings könne im Einzelfall Treu und Glauben einer Änderung entgegenstehen. Dies setze allerdings voraus, daß das Finanzamt nachhaltig und ausdrücklich sich so verhalten habe, daß es einen dadurch begründeten **Vertrauenstatbestand** und nicht mehr rückgängig zu machende Vermögensdispositionen des Steuerpflichtigen verursacht habe. Diese Voraussetzungen dürften jedoch kaum einmal erfüllt sein. Das FA ist zB nicht verpflichtet, von Amts wegen Feststellungen oder Heranziehung der **Bauakten** zu treffen. Dies könnte nur dann erforderlich werden, wenn die Erklärung des Steuerpflichtigen unvollständig oder widersprüchlich ist oder sich aus „den sonst dem FA bekannten Umständen" Zweifel an der Richtigkeit der abgegebenen Erklärung aufdrängen, BFH BStBl 88, 482. Den **Angaben** des Stpfl ist aber nach Möglichkeit Vertrauen zu schenken. Die ungeprüfte Übernahme erklärter Beteiligungsverluste ist auch dann nicht fehlerhaft, wenn eine Feststellung gemäß § 180 III unterbleibt, FG Köln EFG 83, 267. Der auch im Steuerschuldrecht geltende Grundsatz von Treu und Glauben verbietet es dem FA, einen Änderungsbescheid nach § 173 I Nr 1 zuungunsten des Steuerpflichtigen zu erlassen, wenn dem FA die Tatsache vor dem Erlaß des zu ändernden Bescheids infolge Verletzung der ihm obliegenden Ermittlungspflicht unbekannt geblieben ist, BFH BStBl 88, 115, mit weiteren Nachweisen. Dies setzt allerdings voraus, daß der Steuerpflichtige seinerseits die ihn treffende **Mitwirkungspflicht** in zumutbarem Umfang **erfüllt** hat. Bei einer Verletzung der Ermittlungspflicht sowie der Mitwirkungspflicht, sind die beiderseitigen Pflichtverletzungen grundsätzlich gegeneinander abzuwägen, BFH BStBl 88, 115; BFH BStBl 74, 538. **Ermittlungsfehler** des FA sind **unschädlich,** wenn der Stpfl seinerseits seine Mitwirkungs- und Erklärungspflicht grob fehlerhaft verletzt hat, FG Nieders EFG 83, 212. Die Änderung einer Steuerfestsetzung nach

3. Abschnitt. Festsetzungs- und Feststellungsverfahren § 173

Abs 1 Nr 1 setzt voraus, daß das nachträgliche Bekanntwerden einer Tatsache oder eines Beweismittels nicht auf einer Verletzung der Ermittlungspflicht des FA beruht, sofern der Steuerpflichtige seiner Mitwirkungspflicht voll genügt hat, BFH BStBl 86, 241. Der Steuerpflichtige, der seiner Mitwirkungspflicht voll genügt hat, kann sich bei einer Steuerfestsetzung ohne Vorbehalt der Nachprüfung darauf verlassen, daß eine abschließende Prüfung durch die Finanzbehörde erfolgt ist. Eine Änderung zum Nachteil des Steuerpflichtigen ist in diesem Falle auch dann nicht zulässig, wenn der Steuerpflichtige **nicht schutzwürdig** ist, weil er die **Rechtswidrigkeit** des Bescheides **kannte** oder kennen mußte, vgl *Kühn/Kutter/Hofmann* § 130 Anm 3e. Die Feststellungslast dafür, daß eine **Kontrollmitteilung,** die sieben Monate vor Durchführung der Veranlagung beim FA eingegangen ist, erst danach in den Veranlagungsbereich gelangt ist, trägt das FA, FG Münster EFG 83, 100.

Nur wer seine **StErklärung** klar und **einwandfrei** abgegeben hat, kann sich ggf auf eine Pflichtverletzung des FA berufen, BFH BStBl 72, 106, und ständige Rspr. Die Rspr des BFH, wonach sich der Stpfl auf eine Pflichtverletzung der FinBeh nur berufen kann, wenn er seinerseits seiner Mitwirkungspflicht vollständig nachgekommen ist, erscheint zu eng, vgl *TK* Tz 30. Bei Inanspruchnahme von **Steuervergünstigungen** sind an die **Mitwirkungspflicht** des Stpfl erhöhte Anforderungen zu stellen, BFH BStBl 74, 538. An die **Ermittlungspflicht** des **FA** sind **keine** zu hohen **Anforderungen** zu stellen, BFH BStBl 70, 296. Bei **unklaren** und zunächst nicht aufklärbaren **Verhältnissen** kann endgültiger StBescheid erlassen werden; Stpfl darf nicht darauf vertrauen, das FA werde später bekanntwerdende Tatsachen nicht verwerten, BFH BStBl 79, 57. Der Änderung des Bescheids steht auch nicht entgegen, daß dem FA im **Einspruchsverfahren** Tatsachen zuungunsten des Stpfl bekannt werden, auch wenn der Einspruch zurückgenommen wird, BFH BStBl 87, 417.

8. Wessen Kenntnis ist entscheidend? Es ist stets auf den **Zeitpunkt** der Kenntnisnahme durch das **FA** abzustellen, BFH BStBl 84, 694. UE kann nicht generell unterstellt werden, daß der **Inhalt aller Akten,** die beim FA geführt werden dem jeweiligen Bearbeiter bekannt ist; aA *TK* Tz 19. Dies läßt sich nur sagen hinsichtlich derjenigen Akten, die **denselben Stpfl** betreffen und vom **selben Bearbeiter** betreut werden. Es kommt grundsätzlich auf den **Kenntnisstand** der Personen an, die innerhalb des FA dazu berufen sind, den betreffenden Steuerfall zu **bearbeiten,** BFH BStBl 85, 492. Bei der **Veranlagung ohne Beiziehung** der Akten (vgl GNOFÄ, BStBl 76 I 88 Tz 1.3.2.2) muß sich das FA aber grundsätzlich die Kenntnis des Akteninhalts zurechnen lassen, *TK* Tz 19; vgl hierzu Anm 9.

Bei einer organisatorischen Aufteilung der einzelnen FÄ und der Veranlagungsbezirke kann nicht davon ausgegangen werden, daß der Sachbearbeiter des einen Bezirks auch die im anderen Bezirk bekannten Tatsachen kennt. Dies gilt auch, wenn sich die Tatsachen auf denselben Stpfl beziehen. Das FA muß sich außer den aktenkundigen Tatsachen lediglich die Kenntnis des FA-Vorstehers, des Sachgebietsleiters und des Sachbearbeiters und in engem Rahmen ausnahmsweise auch die Kenntnis des Betriebsprüfers zurechnen lassen (BFH BStBl 74, 525). Abzustellen ist auf die **Kenntnis desjenigen** Beamten, der den **StFall bearbeitet** hat, auch wenn er

§ 173   4. Teil. Durchführung der Besteuerung

nach den Grundsätzen der GNOFÄ den Fall nur überschlägig zu prüfen hatte. Ein **Wechsel** in der **Person** des **Bearbeiters** hat nicht zur Folge, daß die ihm bekannten Tatsachen wieder unbekannt werden; es muß sich uE aber um Tatsachen handeln, die aktenkundig sind. Das FA braucht sich nicht die **Kenntnis** nur eines **Mitarbeiters** zurechnen zu lassen, BFH BStBl 72, 558, selbst dann nicht, wenn dieser den betr Steuerfall bearbeitet hat; die Auffassung des BFH erscheint nicht bedenkenfrei, vgl *TK* Tz 17. Ebenso braucht sich eine **Dienststelle** des FA nicht die **Kenntnis** einer **anderen Dienststelle** zurechnen zu lassen, BFH BStBl 75, 166. Die Beamten der Veranlagungsdienststelle brauchen den Inhalt der Einheitswertakten idR nicht zu kennen. Der **Veranlagungsstelle** bekannte Tatsachen gelten auch der **Rechtsbehelfsstelle** als bekannt, FG Hamburg EFG 83, 5. An die Aufklärungspflicht des Veranlagungsbeamten sind keine zu strengen Anforderungen zu stellen, BFH BStBl 66, 209. Entscheidend ist die Kenntnis der für die Veranlagung zuständigen Beamten des FA, **nicht** die des **Betriebsprüfers**, BFH BStBl 69, 118; 72, 672; dagegen *TK* Tz 16 und 18. Etwas **anderes** gilt nur, wenn **der Betriebsprüfer** auch die **Steuer festsetzt**, wie bei der veranlagenden Betriebsprüfung. Wenn allerdings ein Betriebsprüfer die Buchführung als ordnungsgemäß bezeichnet, ohne diese seine Ansicht im Prüfungsbericht im einzelnen darzulegen, muß das FA das Wissen des Prüfers über die Form und den Zustand der Buchführung gegen sich gelten lassen, BFH BStBl 74, 525. **Tatsachen,** die auf der **Schlußbesprechung,** an der der Sachbearbeiter teilgenommen hat, angesprochen worden sind, müssen als **bekannt** gelten, auch wenn über sie kein Aktenvermerk gefertigt wurde, *TK* Tz 21; aA BFH StRK RAO § 222 I 1 R 14. Bei der Kfz-Steuer braucht sich FA nicht Kenntnis der **Zulassungsstelle** zurechnen zu lassen, FG München EFG 78, 405; 80, 518. Die **Änderungstexte** in den Änderungsvorschriften des Abs 1 zwingen das FA, **sämtliche** vorliegenden **neuen Tatsachen** und Beweismittel gleichzeitig in einem Änderungsbescheid zur Geltung zu bringen. Einem auf Abs 1 gestützten Änderungsbescheid kommt Präklusionswirkung hinsichtlich sämtlicher im maßgebenden Zeitpunkt vorliegenden Tatsachen und Beweismitteln zu, FG BaWü EFG 88, 152. Handelt es sich bei dem zu ändernden Steuerbescheid um einen Änderungsbescheid, so sind Tatsachen nur dann neu, wenn sie nach dessen Ergehen bekannt werden.

9. Neue Tatsachen in neuorganisierten Finanzämtern. Bei einer Veranlagung **ohne Beiziehung der Akten** (vgl GNOFÄ, BStBl 76 I 88 Tz 1.3.2.2) muß sich FA grundsätzlich Kenntnis des Akteninhalts zurechnen lassen, vgl *TK* Tz 19; *Furkel* DStR 78, 308. Dies dürfte zumindest für solche Tatsachen gelten, die als bekannt gelten müßten, wenn die Akten beigezogen worden wären. Daher zB **keine Berichtigung** einer von der **Übernahmestelle** vorgenommenen USt-Veranlagung wegen neuer Tatsachen, die zwar für die Übernahmestelle neu sind, der **Amtsprüfungsstelle** jedoch bekannt waren, FG D'dorf EFG 78, 204, vgl im übrigen *Schneider* Neue Tatsachen im neuorganisierten FA, BB 77, 942.

10. Verwertungsverbot bei rechtswidrig erlangten Kenntnissen. *Bienenfels* Die Verwertbarkeit von Prüfungsfeststellungen im Parteispendenverfahren für Änderungsveranlagungen nach § 173 I Nr 1 AO, StBp 85, 280. Ernstliche Zweifel an der Rechtmäßigkeit eines Berichtigungsbeschei-

3. Abschnitt. Festsetzungs- und Feststellungsverfahren § 173

des können nicht daraus hergeleitet werden, daß neue Tatsachen oder Beweismittel durch **rechtswidrige Maßnahmen** der Bp festgestellt worden sind, BFH BStBl 69, 636; vgl aber BFH BStBl 73, 716: Die Verwertung von neuen Tatsachen, die bei einer Bp festgestellt wurden, deren Anordnung **rechtskräftig** für **rechtswidrig** erklärt wurde (gegen diese Einschränkung *TK* Tz 22), ist unzulässig. In diesem Fall war die Prüfung rechtswidrig auf ein weiteres Jahr ausgedehnt worden. Eine andere Auffassung würde darauf hinauslaufen, daß der Rechtsschutz gegen die Anordnung einer Bp unterlaufen würde. Ein Verwertungsverbot besteht auch, wenn Rechtswidrigkeit der Ermittlungsmaßnahmen des FA statt von einem Finanzgericht von einem solchen der ordentlichen Gerichtsbarkeit rechtskräftig festgestellt wurde, BFH BStBl 79, 704. Tatsachen, die anläßlich einer Außenprüfung für einen Zeitraum bekannt werden für den ein **Verwertungsverbot** besteht, können dennoch in Änderungsbescheiden für diesen Zeitraum berücksichtigt werden, wenn ohne sie die Steuerpflicht für einen zeitraumübergreifenden **Gesamtkomplex** (gewerblicher Grundstückshandel) nicht begründet werden könnte, BFH BStBl 87, 284. Es ist dem FA nicht verwehrt, im Rahmen seiner Ermittlungsbefugnisse für verwertungsverbotfreie Zeiträume auch Umstände aus Zeiten zu berücksichtigen, für die ein Verwertungsverbot besteht, sofern seine Ermittlungen ansonsten unvollständig bleiben müßten. Die Verwertung von Feststellungen, die bei einer **Außenprüfung** getroffen werden, sich aber auf vor dem Prüfungszeitraum liegende Sachverhalte beziehen, in endgültigen Veranlagungen ist uneingeschränkt zulässig. Der Prüfungszeitraum wird dadurch nicht „unterlaufen". Die Selbstbindung der Verwaltung durch § 4 III BpO verbietet der Verwaltung nur, über den Dreijahreszeitraum hinaus ohne Prüfungserweiterung Außenprüfungen anzuordnen und durchzuführen. Die Auswertung von Erkenntnissen, die bei der Außenprüfung gewonnen wurden, ist nicht eingeschränkt, FG Nieders EFG 83, 266. Das Änderungsrecht des FA unterliegt nur einer zeitlichen, nicht aber auch einer inhaltlichen Beschränkung. Wird die **Anordnung** einer LSt-Außenprüfung auf die Klage des Arbeitgebers rechtskräftig **aufgehoben**, ergibt sich daraus weder eine Änderungssperre noch ein Verwertungsverbot gegenüber Arbeitnehmern, FG Nieders EFG 84, 56. Das Steuerrecht – außer im Zusammenhang mit Strafverfahren – enthält keine Vorschriften über ein Beweismittelverwertungsverbot. Der BFH hat ein Verwertungsverbot auch nicht aus allgemeinen Rechtsgrundsätzen oder einer Analogie zu § 136a StPO abgeleitet. Nach Auffassung des BFH ist es im allgemeinen gleichgültig, auf welchem Wege neue Tatsachen bekannt werden. Erst mit der Aufhebung der Beweisanordnung verbietet sich die Verwertung der aufgrund der Anordnung beschafften Beweismittel und Kenntnisse, BFH BStBl 82, 659.

11. Tatsachen von einigem Gewicht. Der BFH hat bei der Auslegung des § 222 I und II RAO eine Berichtigung des StBescheides nur zugelassen, wenn die neu bekanntgewordenen Tatsachen von „einigem Gewicht" waren, vgl BFH BStBl 66, 635; 69, 423. Wurde diese Frage bejaht, so konnte der StFall insgesamt wieder „**aufgerollt werden**", dh bei Berichtigung zuungunsten des Stpfl konnte die FinBeh auch im vorhergehenden Bescheid enthaltene Rechtsfehler zum Nachteil des Stpfl „bereinigen", BFH 59, 409 (zur Problematik dieser Rechtsprechung vgl *Tipke* FR 63, 476; FG

§ 173

RhPf EFG 66, 144). § 173 enthält, wie im übrigen auch § 222 RAO, keine derartige Regelung. StBescheide sind daher auch dann zu ändern, wenn die neu bekanntgewordenen Tatsachen **nicht** von einigem Gewicht iSd Rspr des BFH zu § 222 sind, so FG D'dorf EFG 78, 436, BFH BStBl 82, 100. Für eine derartige Einschränkung der Anwendung des § 173 besteht uE auch nunmehr kein Grund (so auch *Berger* DStR 71, 615 (620), weil die Gesamtaufrollung im Rahmen des § 173 nicht mehr zulässig ist. Die einschränkende Auslegung des § 222 RAO hatte deswegen ihre Berechtigung, weil die Rspr die sog Gesamtaufrollung für zulässig gehalten hat. Nicht jede geringfügige neu bekanntgewordene Tatsache sollte daher die Gesamtaufrollung des ganzen StFalles auslösen können, jedenfalls dann nicht, wenn die steuerlichen Auswirkungen der neuen Tatsache in keinerlei Verhältnis zu dem Ergebnis der Gesamtaufrollung standen. Die sog **Kleinbetrags VO** schließt aber die Berichtigung aus, wenn bestimmte Bagatellgrenzen (idR 20 DM) nicht überschritten werden, vgl aber **ab 1. 1. 87 Abs 1 Satz 2;** vgl im übrigen Anm 4b.

12. Abs 1 Nr 1. Tatsachen, die zu einer höheren Steuer führen. Die Tatsachen oder Beweismittel müssen nachträglich bekanntgeworden sein. Nachträglich bedeutet, daß sie dem FA bei Festsetzung der St nicht bekannt waren und sich auch nicht aus den StAkten entnehmen ließen (vgl Anm 6 und 7). Die Frage, ob sich Tatsachen zuungunsten oder zugunsten des Stpfl auswirken, ist für jede einzelne Tatsache sowie für jede einzelne StArt und jeden StAbschnitt getrennt zu beantworten, BFH BStBl 73, 860; entscheidend ist also nicht das Gesamtergebnis. Eine Tatsache kann sich sehr wohl in einem StAbschnitt zuungunsten, in einem anderen jedoch zugunsten des Stpfl auswirken. Auf **Wegfall** der **Bereicherung** kann sich Stpfl nicht berufen, BFH BStBl 74, 369. Ist ein auf Nr 1 gestützter Änderungsbescheid aus formellen Gründen (inhaltliche Unbestimmtheit) durch rechtskräftiges Urteil aufgehoben worden, so steht dieser Bescheid der erneuten Änderung nach Nr 1 des ursprünglichen Bescheides nicht entgegen, BFH BStBl 82, 524. Entschieden ist in diesem Fall nur die Frage, ob die damals angefochtenen Bescheide in formeller Hinsicht den Anforderungen entsprachen. Die materielle Rechtsfrage wird dadurch nicht präjudiziert. Änderung eines Investitionszulagenbescheids ist schon zulässig, wenn durch neue Tatsachen oder Beweismittel eine der Voraussetzungen in Frage gestellt ist, das Fehlen der Voraussetzungen aber nicht bewiesen werden kann, FG RhPf EFG 82, 94.

13. Abs 1 Nr 2. Neue Tatsachen od Beweismittel, die zu einer niedrigeren Steuer führen.

Schrifttum: *Guth* Antragsbedingte Tatsachen und durch sie ausgelöste Änderungen, DB 85, 2274; *Spaeth* Zur Auslegung des § 173 I Nr 2 AO, Stbg 85, 193; *Buciek* Rechtsirrtum des Steuerpflichtigen und Berichtigung nach § 173 I Nr 2 AO, DStZ 85, 580; *Emmerich* Über den Begriff der Rechtserheblichkeit im Sinne des § 173 I Nr 2 der Abgabenordnung, DB 86, 1755.

Zum Begriff des nachträglichen Bekanntwerdens vgl Anm 6 und 7. Auch hier kommt es auf die Kenntnis des FA und nicht die des Stpfl an. Nach Auffassung der herrschenden Meinung sind **neu** im Sinne des Abs 1 Nr 2 alle diejenigen Tatsachen, die im Zeitpunkt der Steuerfestsetzung dem

3. Abschnitt. Festsetzungs- und Feststellungsverfahren **§ 173**

FA nicht bekannt gewesen seien. Auf die Kenntnis des Steuerpflichtigen komme es insoweit nicht an, ua weil sonst die Berichtigungsmöglichkeit nach Abs 1 Nr 2 weitgehend bedeutungslos wäre, BFH BStBl 84, 694. Daher sei eine Tatsache, die der Steuerpflichtige zunächst für unerheblich gehalten habe und erst später dem FA mitteile, neu. Außerdem könne bei **Irrtum** in steuerlicher Hinsicht nicht der Vorwurf groben Verschuldens gemacht werden, *Beck* DStR 84, 671; *TK* Tz 31. Nur bei Hinzutreten besonderer Umstände handele ein nicht beratener Steuerpflichtiger, der eine für ihn günstige Tatsache für unbedeutend hält, grob schuldhaft, vgl FG Köln EFG 84, 55; FG Hamburg EFG 82, 225. Dies müsse erst recht dann gelten, wenn die neue Tatsache nach bisher herrschender Auslegung unerheblich gewesen sei und erst durch eine **Änderung** der **Rechtsprechung** oder der Verwaltungsanweisungen Bedeutung erlangt habe, vgl *Huxol* DStR 82, 220; *Beck* DStR 84, 671; *TK* Tz 13. Gegen die hM mit ausführlicher Begründung vgl *Buciek* DStZ 85, 580; vgl auch Anm 13a. Hat das FA eine Tatsache, die zu einer niedrigeren Steuer führt, übersehen, so hätte der Stpfl gegen den Bescheid Einspruch einlegen müssen. Das **Kennenmüssen** des FA ist einer Berichtigung nach § 173 Abs 1 Nr 2 nicht der Kenntnis des FA gleichzusetzen, BFH BStBl 67, 519. Der Grundsatz, daß eine Tatsache für das FA dann nicht neu ist, wenn sie sich zwar nicht ausdrücklich aus den Akten ergibt, aber bei ausreichender Erfüllung der Ermittlungspflichten hätte bekannt sein müssen, kann auf den Fall des Abs 1 Nr 2 bei der Berichtigung zugunsten des Stpfl nicht ausgedehnt werden. Das FA darf sich nicht zum Nachteil des Stpfl auf sein eigenes pflichtwidriges Verhalten (Nichterfüllung der Ermittlungspflichten) berufen können. Dies wäre mit dem Grundsatz von Treu und Glauben nicht vereinbar. Das **FA** kann eine Berichtigung zugunsten des Steuerpflichtigen nicht mit dem Hinweis auf eigene **Pflichtverletzung** ablehnen, BFH BStBl 67 III 519.

Nach einer **Schätzung** liegen nachträglich bekannt gewordene Tatsachen, die zu einer Steuerminderung führen, dann vor, wenn sich aus einer Gesamtwürdigung der Tatsachen eine niedrigere Steuer ergibt, BFH BStBl 87, 161 im Anschluß an BFH BStBl 86, 120.

Wenn der **laufende Gewinn** und der **Veräußerungsgewinn** geschätzt worden sind, so sind beide Beträge je eine Tatsache iSd Abs 1 Nr 1 und Nr 2, BFH BStBl 87, 161. Die Höhe des laufenden Gewinns und die Höhe des Veräußerungsgewinns sind Tatsachen, die für die Frage, ob sie zu einer höheren oder niedrigeren Steuer führen, gesondert zu beurteilen sind. Ein **Zusammenhang** iSd **Nr 2 S 2** liegt nur dann vor, wenn der steuererhöhende Vorgang nicht ohne den steuermindernden Vorgang denkbar ist, BFH BStBl 86, 120. Die Höhe des laufenden Gewinns bedingt jedoch nicht ursächlich die Höhe des Veräußerungsgewinns.

Eine unmittelbare Anwendung des § 173 I Nr 2 auf Bescheide über **Zölle** und **Verbrauchsteuern** scheidet aus, BFH DB 86, 1808. Dies bedeutet jedoch nicht, daß diese Vorschrift für die Ermessensentscheidung der Zollverwaltung nach § 172 I Nr 1 bedeutungslos sei. Der BFH ist der Meinung, daß diese Bestimmung eine Wertentscheidung des Gesetzgebers enthalte, die das HZA bei seiner Ermessensentscheidung zu berücksichtigen habe.

Das HZA habe daher im Rahmen seiner Ermessensentscheidung nach § 172 I Nr 1 die Kriterien des § 173 I Nr 2 zu berücksichtigen, BFH DB 86, 1808.

§ 173   4. Teil. Durchführung der Besteuerung

Antrags- und **Wahlrechte,** die das Verwaltungsverfahren erst in Gang setzen, sind als solche **keine Tatsachen,** die zu einer Änderung berechtigen. Der ursprüngliche Bescheid ist wegen der unterlassenen Antragstellung rechtmäßig. Ein **Investitionszulagenbescheid** ist jedenfalls dann nicht entsprechend Abs 1 Nr 2 zu ändern, wenn der Steuerpflichtige erst nach Ablauf der **Antragsfrist** die Gewährung einer Investitionszulage für weitere Wirtschaftsgüter beantragt, BFH BStBl 87, 307. Einen **Antrag** nach Abs 1 Nr 2 **auf Änderung** des **LStJA-Bescheids** kann nur der Ehegatte stellen, demgegenüber der Erstbescheid ergangen ist und der Einkünfte aus nichtselbständiger Tätigkeit erzielt hat, BFH BStBl 88, 928, gegen Köln EFG 86, 103.

Wenn FA den Bescheid nach § 173 I Nr 2 im Klageverfahren berichtigt, muß es die Kosten tragen, wenn zwar der Einspruch verspätet war, aber es bereits während des Einspruchsverfahrens Kenntnis von den die Berichtigung rechtfertigenden neuen Tatsachen hatte, FG Nieders EFG 78, 360.

13a. Änderung der Rechtsprechung und neue Tatsachen: *Von Wedelstädt* Aufhebung oder Änderung von Steuerbescheiden nach § 173 I Nr 2 nach Änderung der Rechtsprechung?, DB 86, 2571; *Wilhelm* § 173 I Nr 2 AO nach Änderung der Rechtsprechung, DStZ 87, 117. Eine **geänderte Rechtsauffassung** kann auch dann nicht zur Änderung eines StBescheids führen, wenn der Stpfl unter Hinweis auf die Änderung der Rechtsauffassung nunmehr Tatsachen vorbringt, die er für rechtlich bedeutungslos gehalten hat und daher sie dem FA nicht unterbreitete, FG Berlin EFG 81, 269; 81, 217. Andernfalls würde ein Bescheid geändert werden, der im Zeitpunkt seines Erlasses bei Berücksichtigung der später bekanntgewordenen Tatsachen nicht anders als der ursprüngliche Bescheid ausgesehen hätte.

Eine **neue Tatsache** liegt nur dann vor, wenn das FA bei Kenntnis der Tatsache im Zeitpunkt seiner Entscheidung nach damaligen Rechtserkenntnissen die Steuer niedriger festgesetzt hätte. Tatsachen die erst durch eine spätere Änderung der Rspr relevant werden, führen nicht zu einer Änderung zugunsten des Stpfl, BayerFM v 20. 7. 82 DStZ E 82, 243 unter Aufgabe der Rechtsauffassung im BdFSchreiben vom 15. 10. 80. Die neuen Tatsachen und Beweismittel müssen für die Veranlagung des betreffenden Steuerpflichtigen rechtserheblich sein. Dies ist der Fall, wenn das Finanzamt bei rechtzeitiger Erkenntnis der Tatsachen schon bei der ursprünglichen Veranlagung mit an Sicherheit grenzender Wahrscheinlichkeit zu einer niedigeren Steuer gelangt wäre (BFH BStBl 1982, 100; Kühn/Kutter Anm 2c; *Wörner Grube,* Die Aufhebung und Änderung von Steuerverwaltungsakten, **7. Auflage,** S. 87/88, FG Hessen EFG 85, 154). Würde man auf die neuere Rechtsauffassung der Behörde abstellen, wäre im Ergebnis das Rechtsinstitut der **Bestandskraft** ausgehölt. Falls nämlich ein Steuerpflichtiger von einer für ihn günstigen Änderung in der Rechtsauffassung des Finanzamts erfährt, braucht er nur ein passendes Tatbestandselement „nachzuschieben" und könnte auf diese Weise die Änderung aller noch nicht verjährten Steuerfestsetzungen erreichen. Er würde damit in der Tendenz sogar veranlaßt, dem Finanzamt vor der Erstveranlagung möglichst unvollständige Angaben zu machen, um später uU solche „neue Tatsachen" hervorholen zu können (FG Berlin EFG 81, 269, 217). Nur dann,

3. Abschnitt. Festsetzungs- und Feststellungsverfahren **§ 173**

wenn lediglich „neue Tatsachen", also nicht „neue Rechtsansichten" den Anlaß für die Korrektur eines Steuerbescheides nach § 173 AO bilden dürfen, würde auch § 177 AO seine Bedeutung erhalten. Wenn der Steuerpflichtige bei einer **Änderung** der **Rechtsprechung** nachträgliche Tatsachen nachschieben könnte, würde damit ein unkalkulierbarer rechtlicher Schwebezustand eintreten, der dem Grundsatz der **Rechtssicherheit** widerspräche. Das wäre aber der Fall, wenn nach der bei Prüfung der Berichtigungsvoraussetzungen maßgebenden Rechtslage eine niedrigere Steuer, festzusetzen wäre. Darauf, wie das FA bei ursprünglicher Kenntnis entschieden hätte, stellt das Gesetz allerdings nicht ab. Dem Wortlaut ist auch nicht zu entnehmen, daß eine Berichtigung ausgeschlossen ist, wenn das Bekanntwerden neuer Tatsachen durch eine geänderte Rechtsprechung ausgelöst worden ist. Es genügt, daß der nunmehr unterbreitete Sachverhalt eine niedrigere Steuer zur Folge hat (Vorlagebeschluß des VI. Senats beim BFH an den Großen Senat des BFH, BStBl 86, 707).

Die Regelung hat nicht den Sinn, dem Steuerpflichtigen das Risiko eines Rechtsbehelfsverfahrens dadurch abzunehmen, daß ihm gestattet wird, sich auf Tatsachen gegenüber dem FA erst dann zu berufen, wenn eine Änderung der BFH-Rechtsprechung zugunsten des Steuerpflichtigen eintritt. Es handelt sich nicht um eine Fehlerberichtigungsvorschrift, BFH BStBl 88, 180. Die **Unkenntnis** von Tatsachen oder Beweismitteln muß für die ursprüngliche Veranlagung **ursächlich** gewesen sein.

Demgegenüber eröffnet § 48 VwVfG allgemein die Möglichkeit, auch eine nachträgliche Änderung der Rechtsauffassung zum Anlaß für die Durchbrechung der Bestandskraft zu nehmen. Im Fall einer Änderung der Rechtsauffassung zum **Nachteil** des Steuerpflichtigen steht § 176 AO der Aufhebung der Bestandskraft ausdrücklich entgegen; eine parallele Regelung bei Änderungen zum Vorteil des Steuerpflichtigen fehlt. Der Gesetzgeber hat der Bestandskraft von Bescheiden hohe Bedeutung beigemessen. In zahlreichen Gesetzesvorschriften (zB in § 79 BVerfGG) kommt der Rechtsgedanke zum Ausdruck, daß die Bestandskraft auch bei nachteiligen Verwaltungsakten im Falle eines Rechtsfehlers nur im Ausnahmefall durchbrochen werden darf. Auch ein materiell falscher Verwaltungsakt erlangt mit Ablauf der **Rechtsbehelfsfrist Bestandskraft** und bleibt wirksam; dies muß erst recht gelten, wenn die Beteiligten ursprünglich übereinstimmend von der materiellen Richtigkeit des Verwaltungsaktes ausgegangen sind. Zur Klarstellung war eine Ergänzung des Abs 1 Nr 2 im Rahmen des Steuerbereinigungsgesetzes vorgesehen. Der Regelungsbereich schloß dabei – entsprechend § 176 AO – nur die Rechtsprechung eines obersten **Bundesgerichts** und allgemeine **Verwaltungsvorschriften** einer obersten Finanzbehörde ein, weil nur insoweit ein einwandfreier Nachweis der Rechtsanwendung bei der erstmaligen Steuerfestsetzung geführt werden kann. Eine Änderung der Rechtsprechung anderer Gerichte (zB Finanzgerichte) oder eine Änderung der Rechtsansicht anderer Finanzbehörden (zB Finanzamt) sollte der Änderung des Bescheids nicht entgegen stehen.

Die Frage hat erhebliche fiskalische und verwaltungstechnische Bedeutung. Müßten zB bei einer Änderung der Rechtsprechung des Bundesfinanzhofs zugunsten eines Steuerpflichtigen alle Parallelfälle wieder aufgerollt werden, würde dies zu erheblichen Verwaltungsbelastungen führen weil nicht nur der Sachvortrag im Einzelfall, sondern auch die Kompensa-

§ 173   4. Teil. Durchführung der Besteuerung

tion gem § 177 AO von Amts wegen geprüft werden müßte. Je nach der entschiedenen Rechtsfrage könnte die Wiederaufrollung aller noch nicht verjährten Steuerfälle und die damit verbundene Erstattung mit nicht vertretbaren Haushaltsrisiken verbunden sein (vgl zB die neuere Rechtsprechung des Bundesfinanzhofs zur steuerlichen Abzugsfähigkeit von Strafen und Geldbußen).

Der Gesetzgeber des StBereinigungsgesetzes hat die im RegEntwurf vorgesehene Regelung jedoch nicht übernommen. Er war der Auffassung, daß die Frage, ob das nachträgliche Vorbringen von bisher unbekannten Tatsachen und Beweismitteln zur Durchbrechung der Bestandskraft von Bescheiden führen muß, wenn die Tatsachen oder Beweismittel nur wegen einer Änderung der höchstrichterlichen Rechtsprechung Bedeutung erlangt haben, von der Rechtsprechung entschieden werden müsse (vgl BT Drucks 10/4513).

Dies ist inzwischen durch den Großen Senat des BFH geschehen: Nachträglich bekanntgewordene Tatsachen und Beweismittel führen nur dann zu einer niedrigen Steuer iSd Abs 1 Nr 2, wenn das FA bei **rechtzeitiger Kenntnis** der Tatsachen oder Beweismittel schon bei der **ursprünglichen** Veranlagung mit an Sicherheit grenzender Wahrscheinlichkeit zu einer anderen Steuer gelangt wäre, BFH GrS BStBl 88, 180. Ist dies streitig, muß das FG im Rahmen seiner tatsächlichen Feststellungen ermitteln, **welche** das FA bindenden **Verwaltungsanweisungen** im Zeitpunkt des ursprünglichen Bescheiderlasses durch das FA für die materiellen Streitfrage bestanden, BFH BStBl 88, 80; 88, 715. Für die Feststellung der mutmaßlichen Entscheidung des FA sind **subjektive Fehler unbeachtlich,** wie sie den FÄ in Parallelverfahren sowohl in rechtlicher als auch in tatsächlicher Hinsicht unterlaufen sein mögen, BFH BStBl 88, 715.

14. Grobes Verschulden des Stpfl. *Elwisser* Grobes Verschulden des Steuerpflichtigen, FR 85, 409. Den Stpfl darf **kein grobes Verschulden** daran treffen, daß die neuen Tatsachen oder Beweismittel erst nachträglich bekannt werden. **Grobes Verschulden** liegt vor, wenn der Stpfl in einem **besonders starken Maße** die sonst übliche **Sorgfalt** außer Acht gelassen hat. Abgestellt werden soll hier auf den **persönlichen,** nicht auf den objektiven **Verschuldensmaßstab,** vgl *TK* Tz 31; *Schwarz* Tz 13a; *Domann* BB 79, 518 und hM aA *Eggesiecker* DStR 80, 161, der von einem objektivierten für alle gleichen Verschuldensmaßstab ausgeht, weil anderenfalls ggf das FA Intelligenztests beim Stpfl machen müßte. Grobes Verschulden liegt vor, wenn die jeweilig in Pflicht genommene Person die sie treffenden Pflichten in besonders schweren Maße verletzt oder in besonders schwerwiegender Weise außer acht läßt, wenn sie ein ungewöhnlich großes Maß von Sorglosigkeit walten läßt (vgl *Palandt* BGB, 36. Aufl § 277 Anm 2, FG BaWü EFG 78, 417). Den Steuerpflichtigen trifft jedenfalls kein grobes Verschulden daran, wenn Tatsachen oder Beweismittel, die zu einer niedrigeren Steuer führen, erst nachträglich bekannt werden, weil er die betreffenden Umstände bewußt nicht vorgebracht hatte, weil sie nach der damaligen höchstrichterlichen **Rechtsprechung** unerheblich waren (Vorlagebeschluß des VI. Senats an den Großen Senat des BFH, BStBl 86, 707); s aber Anm 3 aE.

Die Rspr der Finanzgerichte lehnt sich mehr oder weniger stark an den Begriff der groben **Fahrlässigkeit** im **Zivilrecht** an, das jedoch einen ob-

3. Abschnitt. Festsetzungs- und Feststellungsverfahren **§ 173**

jektivierten oder typisierten Fahrlässigkeitsbegriff kennt. Dagegen *Schuhmann* aaO, der auf den Steuerpflichtigen des konkreten Einzelfalles mit seinen individuellen Kenntnissen und Fähigkeiten abstellen will. Grobes Verschulden könne dem Stpfl nur dann angelastet werden, wenn er unter Zugrundelegung seiner **persönlichen Fähigkeiten** gegen seine steuerlichen Pflichten im hohen Maße nachlässig war. Es stellt sich hierbei allerdings die Frage, wie die FÄ diese Feststellungen treffen sollen. Sie wären uU nur möglich anhand eines psychologischen Gutachtens. Das Merkmal des groben Verschuldens ist nach den allgemeinen für diesen Begriff verwendeten Maßstäben und nicht im Hinblick auf die Bestandskraft von StBescheiden enger auszulegen, FG Berlin EFG 80, 3; anders FG Berlin EFG 78, 580. Die Vorschrift trägt dem allgemeinen Grundsatz Rechnung, daß Rechtsfolgen, die wegen Irrtums über den wahren Sachverhalt unrichtig festgestellt wurden, nur ausnahmsweise Bestand haben sollen, EFG 80, 3. Eine Orientierung an den Vorschriften über die Restitutionsklage ist abzulehnen, weil Verwaltungsakte in weit größerem Umfang nachträglich geändert werden können als rechtskräftige Urteile. **Beispiele:** Stpfl gibt trotz Aufforderung keine StErklärung ab, verletzt allgemeine Grundsätze der Buchführung, beachtet nicht ausdrückliche Hinweise in Vordrucken, Merkblättern (vgl FG SH EFG 78, 359) usw. Unkenntnis allein der steuerl Bestimmungen reicht für sich allein nicht aus, vgl Einf Erl Nr 4. Beachte, daß sich aus § 177 uU Einschränkungen der Berichtigungsmöglichkeit bei neuen Tatsachen zuungunsten des Stpfl ergeben können. **Stpfl** muß im Rahmen seiner Möglichkeiten die **vom Steuerberater** gefertigten **StErklärungen** auf sachl Richtigkeit **überprüfen,** vgl *TK* Tz 31. Die Prüfungspflicht des Stpfl vor der Unterzeichnung der von seinem StBerater ausgefüllten StErklärung erfordert aber nicht, daß er den gesamten Erklärungsvordruck in allen Einzelheiten durchliest. Es kann vom Steuerpflichtigen nicht uneingeschränkt verlangt werden, daß er die ihm zugänglichen **Zahlenangaben** in der Steuererklärung **überprüft.** Dies gilt insbesondere dann, wenn die Zahlenangaben von einer als zuverlässig bekannten und vom Steuerpflichtigen unter dieser **Buchhalterin** gefertigt worden sind, BFH BStBl 88, 713.

Bestandskräftige **Schätzungen** sollen bei späterer Abgabe der **StErklärung** idR **nicht** zu einer Änderung zugunsten des Stpfl führen, weil den Stpfl insoweit **grobes Verschulden** trifft, OFD Bremen StEK § 173 Nr 4; EFG Niders EFG 78, 527; *Kühn/Kutter* Anm 6 FG Münster EFG 80, 476; kritisch hierzu *TK* Tz 31. Bei der Beurteilung des Verschuldens des Stpfl soll **nicht kleinlich** verfahren werden. Verschulden kommt nur in Betracht, wenn Stpfl im konkreten Fall zu einer größeren Sorgfalt überhaupt in der Lage gewesen wäre. Hierbei sind die **besonderen Umstände** des **Einzelfalles** sowie die persönlichen Verhältnisse des Stpfl zu berücksichtigen. Der **rechtsunkundige** Stpfl soll nicht benachteiligt werden. Die Vorschrift kann andererseits **nicht** dazu dienen, nach Eintritt der **Bestandskraft** eines StBescheides den Stpfl einen Anspruch einzuräumen, jegliches Versehen ihrerseits zum Anlaß einer neuen StFestsetzung zu machen, FG Berlin EFG 78, 580, sonst würden alle **Bestandskraftvorschriften** des StRechts praktisch **bedeutungslos.**

Gibt der Stpfl steuerlich erhebliche Tatsachen nicht an, muß er die Gründe darlegen, warum er seiner Mitwirkungspflicht nicht entsprochen hat.

§ 173   4. Teil. Durchführung der Besteuerung

Die bloße Behauptung, er habe die Angabe der Tatsachen vergessen, reicht nicht aus. Führt die **Schätzung** eines zur Buchführung verpflichteten **Landwirts,** der sich bisher regelmäßig nach Richtsätzen schätzen ließ, im Rahmen einer Betriebsprüfung durch Vermögensvergleich zu einem niedrigeren Gewinn, so trifft den Landwirt am Bekanntwerden der neuen Schätzungsgrundlagen ein grobes Verschulden, das eine Änderung des Bescheids ausschließt, FG Niders EFG 83, 327. Die **Bindungswirkung** eines rechtskräftigen klagabweisenden **Urteils** erstreckt sich auch auf solche Tatsachen, die das Gericht nur deshalb nicht berücksichtigen konnte, weil einer der Beteiligten seinen Prozessualen Mitwirkungspflichten nicht nachgekommen ist. Mit dem Sinn des § 134 FGO wäre es nicht vereinbar, wenn diese Tatsachen über § 173 I Nr 2 berücksichtigt werden könnten, FG D'dorf EFG 80, 579.

a) Einzelfälle des groben Verschuldens. Grobes Verschulden liegt vor, wenn Stpfl trotz Kenntnis der Abzugsfähigkeit von **Sonderausgaben** es unterläßt, diese geltend zu machen, weil er sich über den Zeitpunkt der Zahlung nicht vergewissert hat. FG BaWü EFG 80, 56; oder wenn der Stpfl die ihm selbst zugänglichen tatsächlichen Angaben in der vom StBerater vorbereiteten StErklärung nicht überprüft, obwohl er dies ohne weiteres könnte, FG Münst EFG 82, 55, wenn er eine im StErklärungsformular ausdrücklich gestellte, auf einen ganz bestimmten Vorgang gezogene Frage nicht beachtet, BFH BStBl 84, 693, wenn er seinen **Erklärungspflichten** bis zum Erlaß des StBescheides nicht nachgekommen ist, BFH BStBl 87, 161. Auch das Unterlassen des **Einspruchs** kann grobes Verschulden sein, BFH BStBl 84, 256. Grobes Verschulden, wenn der Steuerpflichtige trotz dreimaliger Aufforderung keine Steuererklärung einreicht und es **unterläßt,** die Unrichtigkeit eines **Schätzungsbescheides** innerhalb der Rechtsbehelfsfrist geltend zu machen, FG Bremen EFG 88, 277. Der **steuerlich beratene** Steuerpflichtige handelt idR selbst grob schuldhaft, wenn er nicht rechtzeitig die den **Antrag** auf **Verlustberücksichtigung** nach § 2 I 1 AIG rechtfertigenden Tatsachen angibt, BFH BStBl 88, 863. **StBerater** handelt grob fahrlässig, wenn er bei der Aufstellung des Jahresabschlusses bzw der StErklärungen die Entwürfe seines Gehilfen übernimmt, ohne die einfachsten Stimmigkeitsprüfungen zwischen Buchführung, GuV-Rechnung und Bilanz vorzunehmen, FG BaWü EFG 80, 263.

Grobe Fahrlässigkeit kann auch durch die Häufung bzw Fortsetzung einzelner, für sich betrachtet nicht weiter ins Gewicht fallender Fälle mangelnder Sorgfalt bewirkt werden, FG Köln EFG 84, 55.

b) Einzelfälle mangelnden Verschuldens. Bloßes **Vergessen, Aufwendungen** geltend zu machen, die in Vordrucken, Merkblättern oder sonstigen Mitteilungen der FinBeh nicht besonders benannt sind, stellt **kein** grobes **Verschulden** dar, FG Nürnberg EFG 78, 525; ebenfalls nicht das bloße **Verwechseln** von **Zahlen,** FG Nürnberg EFG 78, 526 oder ein unbeabsichtigter **Rechenfehler,** der jedem einmal unterlaufen kann. Wenn ein Steuerpflichtiger wegen **Irrtums** seiner **Buchhalterin** in der Umsatzsteuererklärung die Bruttoumsätze als Bemessungsgrundlage erklärt, so liegt darin noch nicht ohne weiteres ein grobes Verschulden, BFH BStBl 88, 713. Wenn der Stpfl davon ausgehen konnte, daß nach der bisherigen ständigen Rspr eine bestimmte Tatsache nicht zu einer StErmäßigung führ-

3. Abschnitt. Festsetzungs- und Feststellungsverfahren § 173

te, und es deswegen unterläßt, in seiner StErklärung auf diese Tatsache hinzuweisen, dürfte ein grobes Verschulden nicht vorliegen; vgl aber Anm 13a. Anders aber, wenn er es aus **mangelnder Sorgfalt** unterläßt, eine bestimmte Tatsache, deren für ihn günstige steuerliche Auswirkung auf der Hand lag, mitzuteilen. Das gleiche gilt, wenn der Stpfl aus **Schludrigkeit** wichtige Beweismittel, wie zB Urkunden, nicht vorgelegt hat. Bloße Flüchtigkeitsfehler, die jedem einmal passieren können, sollten im allg nicht unter den Begriff des groben Verschuldens fallen. Es ist die Auffassung vertretbar, daß das Verschulden ebenfalls beachtlich ist, wenn der Stpfl die Möglichkeit hatte, die Tatsachen innerhalb der Rechtsbehelfsfrist vorzubringen, so FG Berlin EFG 78, 580.

Grobes Verschulden wird nicht dadurch ausgeschlossen, daß das FA seinerseits möglicherweise seinen Ermittlungspflichten nach § 88 nicht nachgekommen ist, BFH BStBl 87, 161. Zur Nichtbeachtung der **Erläuterungen** zu den ESt-Erklärungen (Werbungskosten vor Bezug des Einfamilienhauses), FG D'dorf EFG 82, 443. Im übrigen ist **steuerliche Unkenntnis** idR kein grobes Verschulden, FG Nieders EFG 81, 216, zB dann nicht, wenn Stpfl bei erstmaliger Hingabe eines Berlin-Darlehens das Ausfüllen der entsprechenden Frage im ESt-Erklärungsvordruck aus Unkenntnis des Antragserfordernisses unterläßt, FG Hessen EFG 80, 531 (wegen der Besonderheit der Ausgestaltung des Antragsformulars). Es kann dem Stpfl nicht zum Vorwurf gemacht werden, wenn es der Stpfl versäumt, das ESt-Erklärungsformular und den hierzu gehörenden vielseitigen Erläuterungstext in jedem einzelnen Punkt durchzulesen und sämtliche Erläuterungen, die den Erklärungsformularen beigefügt sind, bis ins einzelne zu beachten.

Hat ein **Antragberechtigter** in seinem fristgerecht eingereichten Investitionsantrag im Hinblick auf die früher geltende Rechtsprechung und Verwaltungsanweisung (vgl Tz 29 S 2 BMF-Schreiben v 5. 5. 77, BStBl I, 246) die kurzlebigen Wirtschaftsgüter nicht aufgeführt und wird dem FA das Vorhandensein solcher Wirtschaftsgüter bekannt, kann der InvZulBescheid § 173 I Nr 2 geändert werden. Dabei ist davon auszugehen, daß den Antragsberechtigten im Hinblick auf die bis zur Änderung der Rechtsprechung bestehende Rechtsauffassung kein grobes Verschulden an dem nachträglichen Bekanntwerden trifft, vgl BFH BStBl 79, 578; FM NRW v 4. 11. 80, DB 80, 2261. Andererseits ist das Stellen eines **Antrags** auf StBefreiung nach Unanfechtbarkeit des StBescheides keine neue Tatsache, die nachträglich bekanntgeworden ist, sondern die nachträglich eingetreten ist, BFH BStBl 82, 80.

c) Vertreterverschulden. Das Verschulden seines Vertreters, seines steuerlichen Beraters oder Bevollmächtigten muß sich der Steuerpflichtige zurechnen lassen, BFH BStBl 83, 324; BStBl 84, 2; BStBl 84, 256; so bereits mit überzeugender Begründung *Mittmann* Zur Zurechnung des groben Beraterverschuldens im Rahmen des § 173 Abs 1 Nr 2 AO, DStZ 81, 121; ebenso FG SchlHol, 81, 430; FG BaWü, EFG 80, 107, 263; FG Saarland EFG 1981, 164; FG Nbg, EFG 1979, 476; aA FG Berlin, EFG 82, 387; *HHp* Anmerkung 18; *Späth* DStZ 82, 513; FG RhPf EFG 80, 264; EFG 82, 279; FG Niedersachsen EFG 80, 265. Dabei sind an den steuerlichen Berater erhöhte Anforderungen zu stellen, BFH BStBl 84, 256. Das Verschulden des steuerlichen Beraters wird auch nicht dadurch unbeachtlich, daß

§ 173

das Finanzamt möglicherweise seine diesbezüglichen Aufklärungspflichten nicht erfüllt hat, vgl BFH BStBl 87, 161. Wenn der Steuerpflichtige einen steuerlichen **Berater** mit der Erstellung des Jahresabschlusses und der Steuererklärung beauftragt, muß auch dieser sich um eine sachgerechte und gewissenhafte Erfüllung der Erklärungspflichten bemühen. Wenn der steuerliche Berater Mitarbeiter zur Vorbereitung des Jahresabschlusses und der Steuererklärung einsetzt, muß er **Sorgfaltspflichten** hinsichtlich der Auswahl seiner Mitarbeiter, der Organisation, der Arbeiten in seinem Büro und der Kontrolle der Arbeitsergebnisse beachten, BFH BStBl 88, 109. Dies bedeutet jedoch nicht, daß der Steuerberater verpflichtet ist, die **Arbeitsergebnisse** eines bewährten und qualifizierten Mitarbeiters in allen Einzelheiten zu **überprüfen** und nachzuvollziehen, BFH aaO. Dies gilt auch, wenn der Angehörige der steuerberatenden Berufe nur beratend tätig war, FG München EFG 83, 156. Entscheidend ist, daß der Fehler im **Verantwortungsbereich** des Steuerpflichtigen, dh in seiner Rechtssphäre gelegen hat. Der Grundgedanke des § 278 BGB durchzieht die gesamte Rechtsordnung. Der Berater wird für den Steuerpflichtigen als Erfüllungsgehilfe tätig. Ob er auch Vertreter im Sinne des Gesetzes ist, dürfte nicht entscheidend sein. Gegen eine Zurechnung des Vertreterverschuldens wird eingewandt, daß der steuerliche Berater eben nicht Vertreter der Steuerpflichtigen und es zweifelhaft sei, ob hinsichtlich der Tätigkeit von Erfüllungsgehilfen im öffentlichen Abgaberecht sich ein allgemeiner Rechtsgedanke dahin begründen lasse, daß ihr Verschulden dem Geschäftsherrn zuzurechnen sei (FG RhPf aaO), *Eggesieker* (DStR 80, 161) weist darauf hin, daß ein Steuerpflichtiger, der sich eines Beraters bedient, noch gerade besonders sorgfältig handele und ihm dieser Umstand nicht zur Last gelegt werden könne. Dem ist entgegenzuhalten, daß dann der Stpfl, der seine gesamten steuerlichen Angelegenheiten seinem Berater überläßt, hinsichtlich der Berichtigungsmöglichkeit besser gestellt wäre, als jemand, der seine Steuerpflichten selbst erledigt. Grobes Verschulden liegt vor, wenn der Steuerpflichtige die ihm zuzumutende Sorgfalt im ungewöhnlichen Maße und in nicht entschuldbarer Weise verletzt. Nach diesen Grundsätzen ist auch zu entscheiden, ob ein grobes Verschulden des Steuerberaters vorliegt. Hierbei ist zu beachten, daß von einem Angehörigen der steuerberatenden Berufe die **Kenntnis** und sachgemäße Anwendung der steuerrechtlichen **Vorschriften** erwartet wird, BFH BStBl 83, 324.

d) Rechtsmittel und Verschulden. Im Rahmen der Verschuldensprüfung ist auch zu berücksichtigen, daß der Steuerpflichtige die Möglichkeit hat, sich gegen den Steuerbescheid mit Rechtsbehelfen zur Wehr zu setzen. Es kommt zwar für die Frage, ob eine Tatsache neu ist, grundsätzlich auf den Zeitpunkt der abschließenden Zeichnung des Bescheides an. Erkennt der Steuerpflichtige aber innerhalb der Einspruchsfrist den Fehler, muß er gegen den Bescheid Einspruch einlegen. Das die Berichtigung ausschließende Verschulden kann auch in der **Versäumung** der **Einspruchsfrist** liegen (FG BaWü, EFG 78, 417, FG Berlin EFG 79, 579), obwohl sich die Geltendmachung von neuen Tatsachen innerhalb der Einspruchsfrist hätte aufdrängen müssen, BFH BStBl 84, 256. Es kann nicht davon ausgegangen werden, daß durch die Nummer 2 dem Steuerpflichtigen insofern weitere Rechte eingeräumt werden sollen, als er im Wege des Einspruchsverfah-

3. Abschnitt. Festsetzungs- und Feststellungsverfahren § 173

rens hätte geltend machen können (*Buchheister* Rechtsbehelfsverfahren und Berichtigungsanspruch nach § 173 Abs 1 Nr 2, DStZ 80, 446). Erkennt der Steuerpflichtige aus dem Bescheid, daß er dem Finanzamt eine Tatsache zur Berichtigung mitteilen muß, ist dafür das Einspruchsverfahren gegeben. Erkennt er dies erst nach Unanfechtbarkeit, ist dafür der Berichtigungsantrag nach Nummer 2 gegeben; ebenso FG Hbg EFG 82 (278); aA FG Nbg, EFG 78, 526 mit dem Hinweis, der Steuerpflichtige könne uU gute Gründe haben, keinen Einspruch einzulegen, weil dies ggf nach entsprechendem Hinweis zu einer Verböserung (§ 367) führen könne. Für die Verschuldensfrage ist auch das Verhalten des Stpfl im Zeitraum für die Stellung eines **Wiedereinsetzungsantrags** wegen Versäumung der Einspruchsfrist von Bedeutung, FG Berl EFG 85, 53.

15. Unbeachtlichkeit des Verschuldens. Wenn die neuen Tatsachen oder Beweismittel in einem unmittelbaren **Zusammenhang** mit Tatsachen oder Beweismittel stehen, die zu einer höheren Steuer führen, ist das Verschulden unbeachtlich. Dem Stpfl soll nicht verwehrt werden, bei einer Änderung wegen neuer Tatsachen zu seinem Nachteil geltend zu machen, daß diese Tatsachen in einem anderen Punkt zu einer StMinderung führen. Ein unmittelbarer oder mittelbarer **Zusammenhang** zwischen Tatsachen, die zu einer höheren und Tatsachen, die zu einer niedrigeren Steuer führen liegt dann vor, wenn der steuererhöhende Vorgang nicht ohne den steuermindernden Vorgang denkbar ist, BFH BStBl 86, 120. Bei einer **Schätzung** liegt der Besteuerung kein bestimmter Tatsachenstoff zugrunde. Erst nach Kenntnis aller den Veranlagungszeitraum berührenden Vorgänge und ihrer steuerlichen Auswirkungen kann gesagt werden, ob die bisher festgesetzte Steuer zu erhöhen oder zu ermäßigen ist. Es reicht auch ein Zusammenhang zwischen in unterschiedlichen **Steuerabschnitten** wirksamen Tatsachen aus, BFH BStBl 86, 120. So kann ein Mindergewinn des einen Jahres ursächlich auf den Mehrgewinn des vorhergehenden Jahres zurückgehen. Wenn ein solcher Zusammenhang nicht besteht, können **Rechtsfehler**, die zuungunsten des Stpfl unterlaufen sind, ggf im Rahmen des § 177 I bereinigt werden, vgl auch *Kulla* Gedanken zur Auswirkung der §§ 177 und 351 AO auf geänderte StBescheide, DStZ 80, 51; BFH BStBl 87, 297. Der Zusammenhang muß **sachl Art** sein, nicht zeitlich, *Koch* Tz 8, *TK* Tz 33. **Beispiel:** FA deckt nicht erfaßte Einnahmen auf. Nichtberücksichtigte Ausgaben in diesem Zusammenhang, wie zB Wareneinkäufe, müßten bei der Gewinnermittlung abgezogen werden. Wird ein Unternehmer mit geschätzten Umsätzen ohne Vorsteuerabzug rechtskräftig zur USt veranlagt, sind die in der nachträglich abgegebenen USt-Erklärung ausgewiesenen Vorsteuern bei Unbeachtlichkeit des in der verspäteten Abgabe liegenden groben Verschuldens (Nr 2 S 2) nur entsprechend ihrem Anteil am erklärten Mehrumsatz abzugsfähig, FG Münster EFG 80, 475. Die nach einer Schätzungsveranlagung zur USt bekannt gewordenen höheren Vorsteuerbeträge stehen mit dem gleichzeitig nachträglich festgestellten höheren Umsatz in einem unmittelbaren Zusammenhang, so daß das grobe Verschulden des Steuerpflichtigen unbeachtlich ist, FG Düsseldorf EFG 85, 590.

Umstritten ist, ob eine Änderung insgesamt zu einer **niedrigeren StFestsetzung** führen kann, wenn eine in ihrer Wirkung geringfügige Tat-

§ 173   4. Teil. Durchführung der Besteuerung

sache zuungunsten des Stpfl mit gewichtigen steuermindernden Tatsachen zusammentrifft. Diese Frage wird von der FinVerw uE zu Recht verneint, vgl *Domann* BB 79, 516. Eine andere Auffassung, wie sie zB *von Boorberg* (aaO) und *TK* (Anm 33) vertreten wird, hätte zur Folge, daß derjenige, der objektiv seiner steuerlichen Erklärungspflicht nicht genügt hat, besser gestellt wäre, als der gewissenhafte Stpfl. Diese Konsequenz nimmt aber der **BFH** in Kauf: Bei einer Änderung des StBescheids nach § 173 I Nr 2 S 2 sind die steuermindernden Tatsachen oder Beweismittel nicht nur bis zur steuerlichen Auswirkung der steuererhöhenden Tatsachen oder Beweismittel, sondern **uneingeschränkt** zu berücksichtigen, BFH BStBl 84, 4. Diese Auslegung der Vorschrift allein nach dem Wortlaut der Vorschrift ist befremdlich, weil sie offenbar mit dem Sinn nicht vereinbar ist. Die Auslegung führt zu einer nicht gerechtfertigten Besserstellung desjenigen, der die steuererhöhenden Tatsachen jedenfalls objektiv pflichtwidrig nicht vollständig angegeben hat gegenüber dem gewissenhaften Stpfl.

Die Vorschrift des Abs 1 Nr 2 S 2 ist nicht mehr anwendbar, wenn die Änderung nach § 173 Abs 1 Nr 1 bereits bestandskräftig war, BFH BStBl 84, 48. Nr 2 S 2 greift nach seinem Sinn und Zweck nicht ein, wenn die erneute Änderung eines bereits nach Nr 1 geänderten StBescheides beantragt wird. Wird ein StBescheid nach Nr 1 geändert, so sollen gleichzeitig inzwischen bekanntgewordene Tatsachen oder Beweismittel zugunsten des Stpfl berücksichtigt werden, ohne daß es auf die Umstände, die zum nachträglichen Bekanntwerden geführt haben, ankommt.

Ist ein **Änderungsbescheid bereits ergangen,** so können deshalb Tatsachen oder Beweismittel zugunsten des Stpfl in erleichterter Form nur noch in einem Rechtsbehelfs- oder Klageverfahren über den Änderungsbescheid geltend gemacht werden.

16. Abs 2, StBescheide aufgrund einer Außenprüfung

Schrifttum: *Weber-Grellet* Die Änderungssperre gemäß § 173 II AO, StBp 80, 49; *Hampel* Zur Sperrwirkung des § 173 II AO, ZfZ 85, 63; *Zinn* Kann ein aufgrund einer Außenprüfung ergangener Investitionszulagenbescheid nachträglich aufgehoben werden?, StBp 85, 137; *Heinke* Nochmals: Zur Sperrwirkung des § 173 II AO, DStZ 85, 415; *App* Durchbrechung der Änderungssperre von § 173 II 1 AO wegen Steuerdelikte Dritter, BB 87, 313; *Gerber* Neue Tatsache und Verjährung, DStR 87, 225.

Grundgedanke dieser Vorschr ist, daß nach Durchführung einer Außenprüfung davon auszugehen ist, daß der FinBeh alle Tatsachen, die für die Festsetzung der St von Bedeutung sind, bekannt sind. Die FinBeh hatte jedenfalls bei der Außenprüfung die Möglichkeit, diese umfassenden Ermittlungen durchzuführen. Ergeben sich nach Auswertung des Ergebnisses dann noch neue Tatsachen, so hat insoweit die FinBeh ihre Möglichkeit, diese Tatsachen bei der StFestsetzung noch zu verwerten, verwirkt. Dies gilt nur dann nicht, wenn eine **StHinterziehung** (§ 370) oder **leichtfertige StVerkürzung** (§ 378) vorliegt. Hier besteht keine Veranlassung, den Stpfl, der seine steuerlichen Pflichten nicht erfüllt hat, gegen StNachforderungen zu schützen. Ein Vertrauenstatbestand ist nicht gegeben. Entscheidung, ob StHinterziehung oder leichtf StVerkürzung vorliegt, ist im Benehmen mit Straf- und Bußgeldstelle zu treffen, AnwErl Nr 6. Aus dem Wortlaut des Abs 2 ist nicht zu entnehmen, daß die **Steuerhinterziehung** oder die leichtfertige Steuerverkürzung durch den **Steuer-**

3. Abschnitt. Festsetzungs- und Feststellungsverfahren § **173**

pflichtigen selbst begangen sein muß. Danach dürfte es genügen, wenn die Handlung durch einen **Dritten** zugunsten des Steuerpflichtigen begangen wurde (so *TK* Tz 37; *Gerber* aaO). Dagegen will *App* (aaO) in den Fällen des Abs 2 eine Änderung zum Nachteil der Steuerpflichtigen nur dann zulassen, wenn der Steuerpflichtige selbst als Täter oder Teilnehmer an der Hinterziehung oder leichtfertigen Steuerverkürzung beteiligt war. Daß eine Bestrafung stattfindet, ist nicht erforderlich. **Selbstanzeige** nach § 371 oder **Verfolgungsverjährung** nach § 384 schließt Anwendung des Abs 2 nicht aus. Die Änderungssperre wird durch die Begehung eines **Subventionsbetrugs** nicht wieder aufgehoben (FG Rheinl-Pfalz EFG 85, 431), denn insoweit handelt es sich um ein Betrugsdelikt gem § 264 StGB; ebenso *Rößler* StBp 85, 232: Einer erweiternden Auslegung stehe das Analogieverbot entgegen. Dagegen *Zinn* StBp 85, 232.

In den Fällen des **Subventionsbetruges** nach §§ 263 und 264 StGB wäre eine Rückforderung zu Unrecht gewährter Investitionszulagen nach dem Wortlaut des Abs 2 nicht möglich. Diese Vorschrift muß aber auch auf Bescheide nichtsteuerlicher Art angewendet werden, mit der Folge, daß die Änderungssperre des Abs 2 im Falle des Subventionsbetruges nicht greift, vgl *Zinn* aaO.

Die Grundsätze gelten auch dann, wenn eine Außenprüfung **ohne** steuerliche **Auswirkung** geblieben ist, S 2; in diesem Fall ergeht kein besonderer StBescheid, sondern nur eine Mitteilung gem § 202 I 3. **Teilfeststellungen** durch die Bp können wegen der in Abs 2 enthaltenen Änderungssperre nicht durch mehrfache Änderung nach § 173 ausgewertet werden. Aufgrund einer Außenprüfung sind auch StBescheide ergangen, denen Feststellungen einer Bp vor dem 1. 1. 77 zugrundeliegen, FG Köln EFG 83, 101, vgl Art 97 § 9 EGAO. Außenprüfung ist auch die **abgekürzte Außenprüfung** nach § 203, vgl AnwErl Nr 5.

Ein im **LSt-Außenprüfungsverfahren** neu aufgedeckter lohnsteuerlicher Sachverhalt kann einen neuen **Haftungsbescheid** gegen den Arbeitgeber auslösen, OFD Köln StEK § 173 Nr 2.

Abs 2 greift nicht ein, wenn die geprüften StBescheide noch unter Vorbehalt der **Nachprüfung** stehen, wie zB die USt-Voranmeldung, *Hildebrandt* BB 80, 1687.

Eine **zweite** Bp liegt nicht vor, wenn eine einheitliche Prüfung mit zwischenzeitlichem Prüferwechsel gegeben ist.

Eine **Fahndungsprüfung** steht einer Bp iSd Abs 2 nicht gleich (aA FG Münster EFG 81, 486), weil sie keine umfassende Prüfung sei.

Die Änderungssperre des Abs 2 gilt auch für Bescheide, die unter der Geltung der RAO aufgrund einer Bp ergangen sind, BFH BStBl 84, 49. Aber: Die Änderungssperre des Abs 2 greift nicht gegenüber StBescheiden ein, die vor Inkrafttreten der AO 77 ergangen sind, BFH BStBl 84, 504.

17. Umfang der Außenprüfung. Ein völliger Ausschluß der Änderung wegen neuer Tatsachen ist nur gegeben – abgesehen von den Fällen der StHinterziehung oder der leichtfertigen StVerkürzung –, wenn die Außenprüfung tatsächlich umfassend war, dh wenn sie sich auf alle Umstände bezog, die für die Festsetzung der St maßgebend sind. Feststellungen zB bei der USt-Sonderprüfung wirken sich nicht als Änderungssperre zB bei der ESt usw aus, *Metzmaier* DStR 78, 461. Die FinBeh kann die Außenprü-

§ 173   4. Teil. Durchführung der Besteuerung

fung auf bestimmte Punkte beschränken (vgl § 194 I 1). In diesem Fall gilt Abs 2 nur für den Teil, der von der Außenprüfung erfaßt wurde. Für den Umfang der Außenprüfung ist der – schriftlich zu erteilende – Prüfungsauftrag maßgebend, sofern der Prüfer nicht über diesen Rahmen hinausgegangen ist, so auch *TK* Tz 35; *Koch* Tz 14.

Die **Änderungssperre** tritt nur immer hinsichtlich der **geprüften Steuer** ein, sie erfaßt darüberhinaus keine weiteren StArten, zB wenn bei einer USt-Sonderprüfung ein ertragsteuerlich relevanter Sachverhalt geprüft wurde und daraufhin der ESt-Bescheid geändert wurde, unterliegt der ESt-Bescheid nicht der Änderungssperre, vgl *Hildebrandt* BB 80, 1687. AA FG RhPf EFG 83, 157. Danach soll die Änderungssperre auch dann eingreifen, wenn die Außenprüfung ein bestimmtes Prüfungsfeld nicht umfaßt hat und hinsichtlich dieses Prüfungsfeldes neue Tatsachen bekannt werden. Dies dürfte mE nur dann gelten, wenn der betr Sachverhalt in den Bereich der Prüfungsanordnung fiel. Es darf nur nicht auf die tatsächlichen Prüfungshandlungen abgestellt werden. Eine **Umsatzsteuersonderprüfung,** mit der die Umsatzsteuervoranmeldungen und insbesondere der Vorsteuerabzug geprüft wird, bewirkt keine Änderungssperre nach Abs 2, BFH BStBl 88, 307.

Bei einer **Prüfungskombination,** bei der im Rahmen der LSt-Prüfung gleichzeitig umsatzsteuerliche Sachverhalte geprüft werden greift die Änderungssperre auch für die USt ein, *Zwank* BB 82, 984. Etwas anderes gilt, wenn die lohnsteuerlichen Feststellungen lediglich durch Kontrollmitteilungen auch für umsatzsteuerliche Zwecke ausgewertet werden.

      a) Anwendung des Abs 2 auf LSt-Haftungsbescheide. Nach § 42 III EStG kann der **Arbeitnehmer** als Gesamtschuldner neben dem **Haftenden Arbeitgeber** in Anspruch genommen werden, wenn der Arbeitgeber die LSt nicht vorschriftsmäßig einbehalten hat oder der Arbeitnehmer weiß, daß die LSt nicht vorschriftsmäßig angemeldet worden ist. Das FA entscheidet nach pflichtgemäßem Ermessen, ob es den Arbeitnehmer oder den Arbeitgeber in Anspruch nehmen will. Gegen den **Arbeitnehmer** geschieht dies grundsätzlich durch **Nachforderungsbescheid,** vgl *Hartz/Meesen/Wolff – ABC-Führer der LSt* S 194. Nach Ansicht der FinVerw gilt die Änderungssperre weder bei **LSt-Haftungsbescheiden** (Abschn 110 VIII LStR 87) noch bei **Nachforderungsbescheiden** (Abschn 110 IX LStR 87), weil sich diese Bescheide nur auf bestimmte Sachverhalte, nicht aber auf **Zeiträume** beziehen, vgl *Thiel* StuW 77, 237; aA *HHSp* Anm 48; *TK* Tz 36. Für eine entsprechende Anwendung des § 173 II auf LSt-Haftungsbescheide *Schlarb* DStR 79, 709, *TK* Tz 36; *Giloy* hält den Erlaß eines weiteren Haftungsbescheides nach § 130 II für ermessensfehlerhaft, FR 77, 292.

Nach Auffassung des FG Nieders (EFG 82, 280) erstreckt sich bei LSt-Außenprüfungen die Sperrwirkung des Abs 2 auch auf die steuerl Verhältnisse der Arbeitnehmer.

Aus dem Grundsatz des **Vertrauensschutzes** kann sich aber uU im Rahmen der Ermessensprüfung eine Einschränkung hinsichtlich des Erlasses eines weiteren Haftungsbescheides ergeben, *Hildebrandt* aaO, 1689. Liegt kein neuer Sachverhalt vor, sondern ist die Haftungsschuld irrtümlich zu niedrig festgesetzt worden, richtet sich die Korrekturmöglichkeit nach

3. Abschnitt. Festsetzungs- und Feststellungsverfahren **§ 173**

§ 130. Hiergegen wird geltend gemacht, daß ein begünstigender Verwaltungsakt nur dann in Betracht kommt, wenn ein vom Recht anerkannter und geschützter Vorteil durch den Regelungsgehalt des Verwaltungsakts gewährt und bestätigt wird, *Möllinger* AO 77, 258, 259; *Schwarz/Frotscher* § 130 Tz 6; VSF v 22. 2. 77 allgemeines StRecht Fach Verwaltungsakte Abs 39: Der Umstand, daß vom Haftungsschuldner zu wenig angefordert wurde, mache den Haftungsbescheid nicht zu einem begünstigenden Verwaltungsakt, denn sein Inhalt beschränke sich auf die Geltendmachung einer StForderung, also auf die Belastung des Beteiligten; ebenso *Hildebrandt* aaO, 1689, mit dem Hinweis, die Rechtsordnung enthalte keinen Rechtssatz, nach dem eine Belastung nicht erhöht werden dürfte.

Hildebrandt aaO, 1689, will allerdings die Möglichkeit, weitere Nachforderungsbescheide erlassen zu können, aus dem Gesichtspunkt der Verwirkung nicht zulassen.

Nach Auffassung des FG Köln (EFG 82, 101) kommt nach Ergehen eines **LStJA-Bescheids** ein **Nachforderungsbescheid** nur in Betracht, wenn über die Rückgängigmachung der LSt-Erstattung hinaus LSt nachzufordern ist. Die im LStJA erstattete LSt soll dagegen durch einen Rückforderungsbescheid nach § 37 II AO zurückgefordert werden. Das setze aber eine Berichtigung des LStJA-Bescheids voraus. Dagegen *Stöcker* (DStZ 83, 83), der zum Regelungsinhalt eines Nachforderungsbescheides auch die entsprechende Änderung des LStJA-Bescheides zählen will.

b) Anwendung des Abs 2 auf Nachforderungsbescheide. Führt die **LSt-Außenprüfung** zu einer Nachforderung pauschaler LSt, die der Arbeitgeber zu übernehmen hat (§ 40 III EStG) wird nach § 40 I EStG ein Nachforderungsbescheid erlassen, der die LStAnmeldung unberührt läßt und sich nur auf bestimmte lohnsteuerpflichtige Sachverhalte bezieht. Die Änderung des Nachforderungsbescheides ist nur bei StHinterziehung oder leichtfertiger StVerkürzung möglich. Nach Auffassung der FinVerw soll es dagegen zulässig sein, wegen eines Sachverhalts, der von einem Nachforderungsbescheid noch nicht erfaßt worden ist, einen weiteren Nachforderungsbescheid zu erlassen, der von dem früheren Nachforderungsbescheid unabhängig ist (Abschn 110 IX LStR 87).

18. Geltung des Abs 2 für den Steuerpflichtigen. Abs 2 dient in erster Linie dem **Schutz** des **Steuerpflichtigen**. Er soll nach Durchführung und Auswertung einer Außenprüfung vor StNachforderungen aufgrund von neuen Tatsachen sicher sein. Auf den Fall neuer Tatsachen usw zugunsten des Stpfl ist die Änderungssperre – teleologisch gesehen – nicht anwendbar, *Kühnel* aaO. Daher gilt Abs 2 nicht, soweit nach einer Ap neue Tatsachen zugunsten des Stpfl entdeckt werden, so auch *Mennacher* DB 79, 2203, der allerdings für eine Neufassung der Vorschrift eintritt; aA *TK* Tz 34 unter Hinweis auf die Gesetzessystematik, sowie *Weber-Grellet* aaO 50, mit dem Hinweis, Abs 2 diene nur dem Schutz des Rechtsfriedens. Andererseits ist aus dem Wortlaut des Abs 2 die hier vertretene Auffassung nicht ohne weiteres zu entnehmen. Von daher könnte auch argumentiert werden, daß Abs 2 auch anzuwenden ist, wenn der Stpfl neue Tatsachen zu seinen Gunsten vorbringt, so FG München EFG 85, 431. Diese Auffassung ließe sich damit begründen, daß die Außenprüfung die abschließende Prüfung des StFalles darstellt, und zwar zugunsten wie zuungunsten des Stpfl. Man

§ 174 4. Teil. Durchführung der Besteuerung

müsse daher vom Stpfl erwarten, daß er bei einer Außenprüfung alle Umstände geltend macht, die evt zu einer niedrigeren Steuer führen würden, zumal auch er sich zwangsläufig schon aufgrund der Fragen des Betriebsprüfers wieder intensiv mit dem StFall befassen muß. Man wird aber in aller Regel ein grobes Verschulden des Stpfl annehmen müssen, wenn er die in Betracht kommenden Tatsachen nicht spätestens bei der Prüfung aufdeckt. Der BFH schloß nach seiner früheren Rechtsprechung eine **Durchbrechung der Änderungssperre zugunsten des Stpfl** für den Fall jedenfalls nicht aus, wenn trotz gehöriger Erfüllung der beiderseitigen Pflichten im Besteuerungsverfahren nachträglich für die Besteuerung erhebliche Tatsachen und Beweismittel zutage treten, auf deren Bekanntwerden vorher keiner der Beteiligten einwirken konnte, BFH BStBl 85, 146; aA FG München EFG 85, 431.

Hampel (aaO) hält diese Entscheidung vom Ergebnis her für richtig aber vom Wortlaut der Vorschrift nicht gedeckt. Nach Auffassung von *Heinke* (aaO) verletzte der BFH damit die Waffengleichheit zwischen FA und dem Steuerpflichtigen, weil er die Sperrwirkung des § 173 II nur gegenüber der Finanzbehörde zuläßt. Der BFH ist schließlich dieser Auffassung unter Aufgabe seiner bisherigen Rechtsprechung (BStBl 85, 146) gefolgt (BFH BStBl 87, 410; BStBl 88, 934).

19. Frist für die Aufhebung oder Änderung. Die Aufhebung oder Änderung ist nur innerhalb der Festsetzungsfrist (§ 169) möglich. Der Ablauf der Festsetzungsfrist kann aber gehemmt sein, zB nach § 171 IV–VII, IX; bei neuen Tatsachen zugunsten des Stpfl, die außerhalb einer Ap entdeckt werden, tut der Stpfl gut daran, einen Änderungsantrag zu stellen, der ebenfalls nach § 171 III zur Ablaufhemmung führt. Beachte aber, daß nach Art 97 § 10 EGAO die Vorschriften über die Ablaufhemmung nur für Steuern gelten, die nach dem 31. 12. 1976 entstanden sind. Soweit sie vorher entstanden sind, gelten die Verjährungsvorschriften der RAO (§§ 143–146a) sowie die Vorschriften über Ausschlußfristen (§§ 150–158) weiter.

20. Übergangsregelung. Art 97 § 9 EGAO. Vorschr ist anzuwenden, wenn Bescheid nach dem 31. 12. 76 **aufgehoben** oder **geändert** wird, gilt also auch für Bescheide, die vor Inkrafttreten der neuen AO erlassen wurden. Die Vorschrift ist auch dann maßgebend, wenn die neuen Tatsachen vor dem 31. 12. 76 festgestellt worden sind, die Berichtigung aber nach diesem Zeitpunkt erfolgt, FG Köln EFG 82, 277. Die Vorschriften der AO 77 über die Aufhebung und Änderung von Verwaltungsakten sind auch dann anzuwenden, wenn das FA den Änderungsbescheid vor dem 1. 1. 77 erlassen hat, jedoch erst nach diesem Zeitpunkt über einen dag erhobenen Einspruch entscheidet. FG München EFG 79, 314.

§ 174 Widerstreitende Steuerfestsetzungen

(1) ¹Ist ein bestimmter Sachverhalt in mehreren Steuerbescheiden zuungunsten eines oder mehrerer Steuerpflichtiger berücksichtigt worden, **obwohl er nur einmal hätte berücksichtigt werden dürfen, so ist der fehlerhafte Steuerbescheid auf Antrag aufzuheben oder zu ändern.** ²Ist **die Festsetzungsfrist für diese Steuerfestsetzung bereits abgelaufen, so**

3. Abschnitt. Festsetzungs- und Feststellungsverfahren § 174

kann der Antrag noch bis zum Ablauf eines Jahres gestellt werden, nachdem der letzte der betroffenen Steuerbescheide unanfechtbar geworden ist. ³Wird der Antrag rechtzeitig gestellt, steht der Aufhebung oder Änderung des Steuerbescheides insoweit keine Frist entgegen.

(2) ¹Absatz 1 gilt sinngemäß, wenn ein bestimmter Sachverhalt in unvereinbarer Weise mehrfach zugunsten eines oder mehrerer Steuerpflichtiger berücksichtigt worden ist; ein Antrag ist nicht erforderlich. ²Der fehlerhafte Steuerbescheid darf jedoch nur dann geändert werden, wenn die Berücksichtigung des Sachverhaltes auf einen Antrag oder eine Erklärung des Steuerpflichtigen zurückzuführen ist.

(3) ¹Ist ein bestimmter Sachverhalt in einem Steuerbescheid erkennbar in der Annahme nicht berücksichtigt worden, daß er in einem anderen Steuerbescheid zu berücksichtigen sei, und stellt sich diese Annahme als unrichtig heraus, so kann die Steuerfestsetzung, bei der die Berücksichtigung des Sachverhaltes unterblieben ist, insoweit nachgeholt, aufgehoben oder geändert werden. ²Die Nachholung, Aufhebung oder Änderung ist nur zulässig bis zum Ablauf der für die andere Steuerfestsetzung geltenden Festsetzungsfrist.

(4) ¹Ist auf Grund irriger Beurteilung eines bestimmten Sachverhaltes ein Steuerbescheid ergangen, der auf Grund eines Rechtsbehelfs oder sonst auf Antrag des Steuerpflichtigen durch die Finanzbehörde zu seinen Gunsten aufgehoben oder geändert wird, so können aus dem Sachverhalt nachträglich durch Erlaß oder Änderung eines Steuerbescheides die richtigen steuerlichen Folgerungen gezogen werden. ²Dies gilt auch dann, wenn der Steuerbescheid durch das Gericht aufgehoben oder geändert wird. ³Der Ablauf der Festsetzungsfrist ist unbeachtlich, wenn die steuerlichen Folgerungen innerhalb eines Jahres nach Aufhebung oder Änderung des fehlerhaften Steuerbescheides gezogen werden. ⁴War die Festsetzungsfrist bereits abgelaufen, als der später aufgehobene oder geänderte Steuerbescheid erlassen wurde, gilt dies nur unter den Voraussetzungen des Absatzes 3 Satz 1.

(5) ¹Gegenüber Dritten gilt Absatz 4, wenn sie an dem Verfahren, das zur Aufhebung oder Änderung des fehlerhaften Steuerbescheides geführt hat, beteiligt waren. ²Ihre Hinzuziehung oder Beiladung zu diesem Verfahren ist zulässig.

Abs 1 S 3 angefügt mit Wirkung ab 1. 1. 87 durch StBereinigG 1986 v 19. 12. 85, BGBl I, 2436.

Schrifttum: *v. Wedelstädt* Vertrauensschutz als Voraussetzung und Beschränkung der Aufhebung und Änderung nach § 174 AO, DB 81, 2574; *Macher* Die Aufhebung und Änderung von widerstreitenden Steuerfestsetzungen, DStR 79, 548; *v. Wedelstädt* Begriff des „Sachverhalts" bei widerstreitenden Steuerfestsetzungen iS des § 174 Abgabenordnung, DB 81, 1254; *Gosse* Widerstreitende Steuerfestsetzung bei verschiedenen Steuerarten, FR 83, 164; *Meyer* Zur „widerstreitenden" steuerlichen Beurteilung von zweiseitigen Rechtsgeschäften, DStR 85, 73; *Haug-Adrion/App* Ist § 174 AO auf grenzüberschreitende Sachverhalte anwendbar? – Erwiderung und Replik zu dem Beitrag von App in DB 85, 939, DB 85, 1969; *von Gamm* Aufhebungsbescheid und Änderungsvorschriften – kritische Anmerkungen zum BFH-Urteil v 1. 8. 84, DStR 85, 472; *Günther* Widerstreitende Steuerfestsetzungen (§ 174 AO), Inf 86, 217; *v Wedelstädt* Widerstreitende Steuerfestsetzung iS § 174 AO, DB 88, 2228 – Anmerkungen zum BFH-Urteil vom 24. 11. 1987.

§ 174   4. Teil. Durchführung der Besteuerung

Übersicht

1. Inhalt
2. Widerstreitende Steuerfestsetzung
3. Begriff des „bestimmten" Sachverhalts
4. Abs 1: Doppelte Berücksichtigung
5. Widerstreitende gerichtlich bestätigte Festsetzungen
6. Ablauf der Festsetzungsfrist
6a. Regelung ab 1. 1. 87
7. Abs 2: Mehrfache Berücksichtigung
8. Abs 3: Nichtberücksichtigung
9. Abs 4: Aufhebung einer Festsetzung
10. Abs 5: Anwendung gegenüber Dritten
11. Übergangsregelung

1. Inhalt. Die Vorschr war in der RAO nicht enthalten. Gleichwohl waren bestimmte Grundsätze, die in das Gesetz aufgenommen worden sind, auch ohne eine entspr Vorschrift anerkannt (vgl die ausführl Einführung in die Problematik bei **BRK** § 152 Anm 5). Aus der Rspr: Es verstößt gegen den Grundsatz von **Treu** und **Glauben,** wenn ein Stpfl in zwei zusammenhängenden StVerfahren eine Tatsache verschieden behandelt wissen will, je nachdem, wie es für ihn günstiger ist, BFH StRK AO § 218 R 37. Wenn ein Organträger über die Tochtergesellschaft den Wegfall der StSchuld bei dieser erkämpft, der automatischen Erhöhung der eigenen StSchuld aber widerspricht bzw einen früher selbst gestellten Antrag auf Erhöhung widerruft, obwohl ihm die Zusammenhänge von Anfang an klar waren und der Streit mit dem FA in Wirklichkeit nur um die Besteuerung oder Nichtbesteuerung der zwischen ihm und der Tochtergesellschaft bewirkten Leistung ging, so verstößt sein Verhalten gegen die Forderung der **Folgerichtigkeit steuerlichen Verhaltens,** BFH BStBl 66, 613. Die Grundsätze von **Treu** und **Glauben** erfordern es, daß nicht eine den Bestimmungen des EinkommenStG widersprechende Doppelbesteuerung eines in der Bilanz aktivierten Betrages im Wege der Durchbrechung des Grundsatzes der Bilanzidentität durchgeführt wird, BFH BStBl 53, 158. Lediglich in § 78 II RAO war bestimmt, daß die doppelte Heranziehung eines Stpfl zur selben Steuer durch verschiedene FÄ, die beide ihre Zuständigkeit bejahten, zu beseitigen sei.

§ 174 enthält gewisse Anlehnungen an den Grundsatz von Treu und Glauben. Er soll insbesondere verhindern, daß bestimmte Sachverhalte nur deswegen nicht steuerl erfaßt werden können, weil sie zB in einem anderen Veranlagungszeitraum bereits erfaßt worden sind, soweit feststeht, daß der Sachverhalt überhaupt steuerlich relevant ist und nur Zweifel bestehen, bei welcher StArt oder in welchem Besteuerungszeitraum sie erfaßt werden müssen. Die Änderungsmöglichkeit beschränkt sich auf die **Beseitigung des Fehlers;** andere Fehler können nur im Rahmen des § 177 berücksichtigt werden.

2. Widerstreitende Steuerfestsetzung. Widerstreitende StFestsetzungen sind auch bei **verschiedenen Steuern** möglich, zB ESt und SchenkungsSt, FG Münster EFG 82, 352. Auch wenn es sich um verschiedene **StSubjekte** und um verschiedene StArten handelt, darf der Fiskus bei der Besteuerung nur eine der sich gegenseitig ausschließenden Wertungsalternativen des Sachverhaltes zugrundelegen, FG Münster EFG 82, 352. Werden **Betriebs-**

ausgaben einer Gemeinschaft in einem einheitlichen und gesonderten Gewinnfeststellungsverfahren erfaßt, bei der ESt-Veranlagung eines Gemeinschafters aber diese Betriebsausgaben nochmals berücksichtigt, liegt eine widerstreitende StFestsetzung vor, FG BaWü EFG 82, 56. Die Übernahme der Ergebnisse aus dem Feststellungsbescheid in den Folgebescheid bedeutet nicht, daß damit die Betriebsausgaben nochmals im Folgebescheid berücksichtigt worden sind, da insoweit eine steuerrechtliche Beurteilung wegen der Selbständigkeit des Feststellungsverfahrens nicht mehr möglich war, FG BaWü EFG 82, 56.

Nach Auffassung von *App* (DB 85, 939) sollen inländische Steuerbescheide, die in Widerstreit mit Steuerbescheiden **ausländischer Finanzbehörden** in **DBA-Staaten** stehen, nach § 174 korrigiert werden können. Demgegenüber weist *Haug-Adrion* mE zu Recht darauf hin, daß § 174 nur dann eine Korrektur ermöglicht, wenn der Widerstreit aus mehreren Steuerfestsetzungen **inländischer Finanzbehörden** resultiert. § 174 bezieht sich auf Steuerfestsetzungen iSv § 155. Das sind Steuerbescheide, die von Finanzbehörden im Sinne der Abgabenordnung erlassen worden sind. Nach § 6 AO fallen hierunter aber nur Bundes- oder Landesfinanzbehörden, nicht jedoch ausländische Behörden; aA *App* DB 85, 1969: § 174 schafft die Voraussetzung dafür, abkommenswidrige Steuerfestsetzungen nach dem DBA zu beseitigen.

3. Begriff des „bestimmten" Sachverhalts. Widerstreitende StFestsetzungen liegen vor, wenn sie sich hinsichtlich ihrer wesentlichen Besteuerungsgrundlagen und damit hinsichtlich eines „bestimmten Sachverhalts" überschneiden, *v. Wedelstädt* DB 81, 1255. Der Begriff „bestimmter Sachverhalt" soll gleichgesetzt werden mit **„derselbe Sachverhalt"**, *TK* Tz 2; *Koch* Anm 3; *Woerner/Grube* aaO, 91. Der Sachverhalt muß in mehreren Bescheiden – im wesentlichen – **deckungsgleich** und identisch berücksichtigt oder nicht berücksichtigt worden sein, um von einer widerstreitenden StFestsetzung sprechen zu können. Der **BFH** dagegen geht von einer extensiven Definition des Sachverhaltsbegriffs aus (BFH BStBl 81, 103). Unter Sachverhalt ist daher nicht der in mehreren StFestsetzungen steuerlich zu beurteilende einheitliche **Lebensvorgang** zu verstehen, sondern vielmehr der Teil eines Lebensvorgangs, der die für die konkrete StFestsetzung relevanten Besteuerungsgrundlagen enthält. Eine widerstreitende StFestsetzung liegt daher nur dann vor, wenn derselbe Sachverhalt in mehreren Bescheiden berücksichtigt oder nicht berücksichtigt worden ist, obwohl er nur einmal oder mindestens einmal hätte berücksichtigt werden dürfen bzw müssen. Die Vorschrift betrifft ausschließlich die Durchbrechung der Bestandskraft von solchen Bescheiden, die **denselben** Sachverhalt betreffen. Wenn die Sachverhalte hinsichtlich der erfüllten Tatbestände nicht **deckungsgleich** sind, greift § 174 nicht ein, BFH BStBl 85, 282. § 174 dient nach *v. Wedelstädt* (aaO) nicht dazu, bei divergierenden Bescheiden die **korrespondierende** Behandlung verschiedener (in einem Lebensvorgang enthaltener) Sachverhalte sicherzustellen, vgl *v. Wedelstädt* DB 81, 1256.

Die Frage hat insbesondere Bedeutung für Fälle, in denen ein Lebensvorgang bei dem einen Stpfl zu einer Einnahme und bei dem anderen zu einer Ausgabe führt. **Verträge** betreffen zB idR Lebenssachverhalte, die von

§ 174   4. Teil. Durchführung der Besteuerung

Natur aus mehrfach, dh bei beiden Vertragspartnern steuerliche Folgen zeitigen, Meyer aaO.

Der BFH geht uE zu Recht von einem umfassenderen Sachverhaltsbegriff aus: Ist aufgrund eines Rechtsbehelfs in Steuerbescheid zugunsten des Steuerpflichtigen geändert worden, so kann das FA nach Abs 4 und 5 eine bestandskräftige Steuerfestsetzung zu Lasten eines anderen Steuerpflichtigen ändern, damit der zugrundeliegende **einheitliche Lebenssachverhalt** bei beiden Steuerpflichtigen übereinstimmend beurteilt wird. Dies gilt insbesondere für die einkommensteuerrechtliche Würdigung wiederkehrender Leistungen auf Seiten des **Verpflichteten** nach § 10 I Nr 1 EStG 75 und auf Seiten des **Berechtigten** nach § 22 Nr 1 EStG 75; BFH BStBl 88, 404. Der BFH ist damit der Auffassung von *v. Wedelstädt* (DB 81, 1254) entgegengetreten, wonach unter bestimmten Tatsachen nur diejenigen zu verstehen sind, die für die **Subsumtion** unter einer Steuerrechtsnorm erheblich sind. Nach Auffassung des BFH braucht der bestimmte Sachverhalt **nicht** beim Steuerpflichtigen und dem Dritten vollen Umfangs **inhaltsgleich** zu sein. Es muß sich vielmehr um einen **einheitlichen Lebensvorgang** handeln, aus dem steuerrechtliche Folgen sowohl bei dem Steuerpflichtigen als auch bei dem Dritten zu ziehen sind, vgl BFH BStBl 80, 314. Die steuerrechtlichen Folgen brauchen bei beiden nicht die gleichen zu sein. Aufgrund ein und desselben Sachverhalts kann beim Steuerpflichtigen eine abziehbare **Ausgabe** und beim Dritten eine **Einnahme** in Betracht kommen, BFH BStBl 80, 314, BStBl 81, 101, BStBl 81, 633. Nach dem Wortlaut der Abs 4 und 5 genügt es, daß ein und derselbe Sachverhalt sowohl beim Steuerpflichtigen als auch bei dem Dritten erfaßt und dabei steuerlich beurteilt worden ist, ohne daß dabei die **Rechtsfolgen übereinzustimmen** brauchen. Nach einer Richtigstellung der rechtlichen Beurteilung zugunsten des einen Steuerpflichtigen kann damit **korrespondierend** aus dem einheitlichen Lebenssachverhalt die rechtliche Folgerung auch bei dem anderen Steuerpflichtigen gezogen werden. Ein und derselbe Sachverhalt sollen nach Abs 4 und 5 bei beiden Steuerpflichtigen deckungsgleich beurteilt werden können. Der einheitliche Lebenssachverhalt und das Bestreben nach seiner übereinstimmenden steuerrechtlichen Beurteilung bei zwei verschiedenen Steuerpflichtigen erlauben es, einer zutreffenden Besteuerung den Vorrang vor dem Schutze des Vertrauens auf die Bestandskraft der Steuerfestsetzung zu geben. Wenn sich im materiellen Steuerrecht das **Korrespondenzprinzip** finde (zB bei den dauernden Lasten und den wiederkehrenden Bezügen) könne es dem Gesetzgeber nicht verwehrt sein, hierauf auch bei den Vorschriften über die Änderung von Steuerverwaltungsakten zurückzugreifen.

In der Praxis ist die Bestimmung immer schon ganz allgemein angewandt worden, wenn mehrere StFestsetzungen, die materiell-rechtlich in der Behandlung eines Gesamtvorgangs nicht übereinstimmen, auf eine korrespondierende Linie gebracht werden sollen, vgl *v. Wedelstädt* DB 81, 1254.

Beispiele für die Anwendungen des § 174 finden sich in den Entscheidungen des BFH in BStBl 81, 101 und des FG Münster in EFG 79, 64.

Nach *TK* (Tz 2) bedeutet Sachverhalt jeder **einzelne** Lebensvorgang, an den das Gesetz steuerliche Folgen knüpft, vgl auch *HHSp* Anm 5.

3. Abschnitt. Festsetzungs- und Feststellungsverfahren § 174

4. Abs 1. Doppelte Berücksichtigung eines Sachverhalts **zuungunsten des Stpfl.** Abs 1 regelt den Fall, daß ein bestimmter Sachverhalt mehrfach zuungunsten des Stpfl steuerl berücksichtigt worden ist. Als Sachverhalt iSv Abs 1 ist der einzelne identische Lebensvorgang zu verstehen. Die Vorschrift greift nicht ein, wenn der Sachverhalt im **selben StBescheid** doppelt erfaßt wird, *TK* Tz 3; FG Münster EFG 78, 579. Es braucht sich nicht um denselben Stpfl zu handeln. Entscheidend ist, daß es den Denkgesetzen widerspricht, den Sachverhalt mehrfach zu erfassen. Eine der StFestsetzungen muß daher falsch sein.

1. Beispiel:
Eine bestimmte Einnahme wird im Veranlagungszeitraum 1977 erfaßt. Der Stpfl hält diese steuerl Behandlung für richtig und legt keinen Rechtsbehelf ein. Bei der Veranlagung 1978 vertritt die FinBeh die Auffassung, die Einnahme gehöre in das Kalenderjahr 1978; früher konnte in diesem Fall ggf eine **Fehlerberichtigung** des Bescheides 1977 nach § 222 I Nr 4 vorgenommen oder der StBetrag für 1977 nach § 131 RAO ermäßigt werden. Der Stpfl legt gegen den Bescheid 1978 Einspruch ein mit der Begründung, die Einnahme gehöre in das Jahr 1977, wo sie auch bereits berücksichtigt sei. Einspr und Klage bleiben erfolglos; die Veranlagung 1977 ist falsch, aber unanfechtbar. Neue Tatsachen iSd § 173 I Nr 2 liegen nicht vor. Eine Änderung des Bescheides 1977 ist ohne den § 174 nicht mehr möglich; die FinBeh könnte allenfalls insoweit die Steuer erlassen.

Allerdings hat der BFH mehrfach betont, daß die periodengerechte Gewinnermittlung weniger wichtig sei als die richtige Besteuerung des einzelnen Geschäftsvorfalls, auch wenn dies im falschen Jahr geschehe (BFH BStBl 60, 137; 65, 48; 65, 179; 66, 142 GrS). Wenn ein Fehler nicht durch Berichtigung der früheren Bilanzen bis zur Fehlerquelle berichtigt werden kann, ist er in den folgenden Jahren durch einen gleich großen entgegengesetzten Fehler auszugleichen (BFH BStBl 58, 444). Der Grundsatz der periodengerechten Gewinnermittlung tritt im allgemeinen hinter den Grundsatz der richtigen Besteuerung aller Geschäftsvorfälle zurück, BFH BStBl 77, 866. Nach BFH ist die **Berichtigung** einer **Steuerbilanz** nur soweit zulässig, als auch der StBescheid noch aufgehoben oder geändert werden kann, vgl BFH BStBl 74, 179; 77, 472; 66, 142. Der **falsche Bilanzansatz** wird danach erst in der **Schlußbilanz** des ersten noch nicht verjährten Veranlagungszeitraums berichtigt; gegen die Rspr des BFH insb *TK* Tz 40 mit weiteren Nachweisen. Vgl im übrigen *Herrmann/Heuer/Raupach*, Kommentar zum EStG, § 4 Anm 77 ff. *Riewald* (*BRK* aaO) hat mit Recht darauf hingewiesen, daß die Verweisung des Stpfl auf **Billigkeitsmaßnahmen** mit heutigen rechtsstaatlichen Anforderungen nicht vereinbar ist.

2. Beispiel:
Ein Stpfl wird wegen eines bestimmten Sachverhaltes zur **SchenkungSt** herangezogen. Später vertritt das FA die Auffassung, der Vorgang sei bei der **Einkommensteuer** zu erfassen. Hat der Stpfl den ErbStBescheid unanfechtbar werden lassen, und ist die Erfassung des Sachverhalts bei der ESt richtig, ist nach § 174 I der ErbStBescheid insoweit aufzuheben oder zu ändern. Dies gilt auch dann, wenn der Stpfl den EStBescheid hat unanfechtbar werden lassen in der Überzeugung, die Erfassung bei der ESt sei richtig und sein Rechtsbehelf daher ohne Aussicht auf Erfolg.

Demgegenüber ist ein StBescheid über **EUSt** nicht nach Abs 1 aufzuheben, wenn die EUSt nicht als **Vorsteuer** abgezogen werden kann. EUSt-Bescheid und USt-Bescheid führen insoweit nicht zu widerstreitenden

§ 174   4. Teil. Durchführung der Besteuerung

StFestsetzungen (FG RhPf EFG 82, 590), weil ihnen nicht **derselbe Sachverhalt** zugrundeliegt. Rechtsgrund für die EUSt ist ein rein tatsächlicher Vorgang, nämlich die Einfuhr von Gegenständen; bei der USt geht es darum, ob die EUSt für Gegenstände entrichtet wurde, die der Stpfl für sein Unternehmen eingeführt hat. Es erscheint fraglich, ob die Auffassung nach der Entscheidung des BFH in BStBl 88, 404 aufrechterhalten werden kann, vgl Anm 3 aE. Eine Korrektur nach § 174 I ist grundsätzlich auch dann möglich, wenn die Besteuerungsgrundlagen **geschätzt** wurden, FG Hbg EFG 84, 384.

5. Widerstreitende gerichtlich bestätigte Festsetzungen. a) Es stellt sich die Frage, ob das FA noch eine Berücksichtigung der Einnahmen im Jahre 1978 vornehmen kann, wenn der Bescheid 77 bereits **gerichtlich überprüft** worden ist und das Gericht die Berücksichtigung der Einnahme im Jahre 1977 nicht beanstandet hat. Hier wird man, um eine sachgerechte Lösung zu erreichen, unterscheiden müssen, ob im Rechtsbehelfsverfahren über den Bescheid 77 die Frage der Zuordnung der Einnahme streitig war oder nicht. War der Bescheid wegen eines anderen Punktes angefochten und hatte das Gericht nicht gesehen, daß die Frage der richtigen Zuordnung der Einnahme strittig sein könnte, ist uE das FA nicht gehindert, den Bescheid 77 zu berichtigen. Fraglich erscheint allerdings, ob die hier vertretene Auffassung mit den Grundsätzen des Beschlusses v 17. 7. 67 (BStBl 68, 344) vereinbart ist, vgl hierzu § 172 Anm 5f. Die hier vertretene Auffassung stützt sich auf § 110 FGO, wonach rkt Urteile die Beteiligten binden, soweit über den **Streitgegenstand** entschieden worden ist. Da Streitgegenstand der sich aus der StFestsetzung ergebende StBetrag ist, muß es offenbar Fälle geben, in denen nur „teilweise" über den StBetrag entschieden worden ist. Dies ergibt sich ua auch daraus, daß im gerichtlichen Verfahren das Gericht keine **verbösernde** Entscheidung treffen und im übrigen über das Klagebegehren nicht hinausgehen kann (§ 96 I 2 FGO). Außerdem bestimmt § 110 II FGO, daß die Berichtigungsvorschriften der AO unberührt bleiben, soweit sich nicht aus § 110 I 1 FGO etwas anderes ergibt. War hingegen in dem og Beispiel die Frage der **Zuordnung** Gegenstand des gerichtl Verfahrens in 1977, wäre uE eine nochmalige Berücksichtigung desselben Sachverhalts in 1978 unzulässig, obwohl die Rechtskraft des Urteils sich lediglich auf den Bescheid 1977 erstreckt und die **Urteilsgründe** nicht in Rechtskraft erwachsen. Man muß die Vorschriften §§ 110, 96 I 2 FGO im Zusammenhang mit § 174 sehen und nicht isoliert betrachten, um zu einem vernünftigen, vom Gesetzgeber gewollten Ergebnis zu kommen, vgl auch FG Münster, EFG 1982, 352; aA *Gosse,* FR 83, 164.

b) Es ist auch denkbar, daß der Stpfl sich bereits gegen die erste StFestsetzung gewandt hat mit der Begründung, der Sachverhalt sei erst bei der zweiten Festsetzung zu berücksichtigen. Er hat aber mit seiner schließlich eingelegten Revision keinen Erfolg. Trotz dieser Entscheidung berücksichtigt die FinBeh denselben Sachverhalt aber auch in der folgenden Festsetzung, dh im nächsten Veranlagungsjahr, weil es zu einer besseren Erkenntnis gekommen ist. Auch hier kann es geschehen, daß der Stpfl mit seinem Rechtsbehelf unterliegt und der BFH die Stpflicht auch für den nächsten Veranlagungszeitraum bejaht. Hier stellt sich die Frage, welche der beiden Entscheidungen fehlerhaft und daher aufzuheben ist. Evt müßte der BFH

3. Abschnitt. Festsetzungs- und Feststellungsverfahren **§ 174**

hier den gemeinsamen Senat anrufen, weil er von der Entscheidung eines anderen Senats abweichen will, jedenfalls dann, wenn die Frage der Zuordnung in dem ersten Verfahren strittig war. UU ist dem entscheidenden Senat aber die abweichende Entscheidung des anderen Senats gar nicht bekannt. Es wäre auch dran zu denken, beide Rechtsbehelfe miteinander zu verbinden und von einem gemeinsamen Senat entscheiden zu lassen.

Ungeklärt ist auch das Verhältnis einer FG-Entscheidung zu einer BFH-Entscheidung. Die Frage ist, ob die Entscheidung des höherrangigen Gerichts in einer anderen Sache, zB über ESt 77, der Entscheidung des FG für ESt 1978 vorgeht. Die Frage kann allenfalls dann bejaht werden, wenn sich das höherrangige Gericht auch gerade mit dieser Frage der Widersprüchlichkeit der beiden Entscheidungen befaßt hat.

Aus der gesetzlichen **Bindungswirkung** des zuerst rechtskräftig gewordenen Urteils folgt, daß auch bei der anderen StFestsetzung diese Entscheidung berücksichtigt werden muß (FG Münster, EFG 82, 352). Die Bindung der Beteiligten nach § 110 FGO durch das Urteil bedeutet, daß grundsätzlich kein Beteiligter gegenüber einem anderen Beteiligten eine dem Urteil widersprechende Entscheidung herbeiführen kann, *TK* § 110 FGO Tz 9. **Streitgegenstand** ist ua der in der Klage substantiierte, zur Entscheidung gestellte Sachverhaltsausschnitt. Maßgeblich für den in Rechtskraft erwachsenden Inhalt der gerichtlichen Feststellung ist nicht nur die Urteilsformel, sondern auch der Tatbestand und die Entscheidungsgründe, vgl *HHSp* Anm 23 und 24.

Der Gesetzgeber hat diese Problematik offengelassen und sie der Klärung durch die Rspr überlassen. Eine gesetzliche Formulierung wäre außerordentlich kompliziert geworden und hätte alle Zweifelsfragen wohl auch nicht lösen können.

6. Ablauf der Festsetzungsfrist. Nach § 169 I 1 ist eine Aufhebung oder Änderung des StFestsetzung nach Ablauf der Festsetzungsfrist nicht mehr zulässig. Diese Vorschr könnte einer Änderung nach § 174 I entgegenstehen.

Beispiel:
Erfassung der Einnahme im Jahr 1977; rkr. Danach nochmalige Erfassung desselben Sachverhalts im Jahre 1978. Hiergegen Rechtsbehelfe ohne Erfolg. Bis zur endgültigen Erledigung des Rechtsbehelfs für 1978 können uU Jahre vergangen sein, so daß die Festsetzungsfrist für die StFestsetzung 1977 bereits abgelaufen ist.

Deswegen sieht Abs 1 S 2 vor, daß der **Antrag** auf Änderung oder Aufhebung der Festsetzung 1977 noch bis zum **Ablauf eines Jahres** gestellt werden kann, nachdem die StFestsetzung 1978 **unanfechtbar** geworden ist; es handelt sich um eine gesetzl Frist iSd § 110. Da der Stpfl uU nicht erkennen kann, welcher Bescheid unrichtig ist, empfehlen *TK* (Tz 7) ggf die Stellung eines **Hilfsantrags.** § 171 III 1 ist auf den Antrag entspr anzuwenden (*TK* Tz 8; *Kühn/Kutter/Hofmann* Anm 2).

6a. Regelung ab 1. 1. 87. Zweifelhaft ist, ob die Jahresfrist auch für die Entscheidung über den Antrag gilt und welche Bedeutung der Ablauf der Festsetzungsfrist in diesen Fällen hat. Um sicherzustellen, daß über den Antrag noch sachgerecht entschieden werden kann, ist der Abs 1 im Rahmen des **Steuerbereinigungsgesetzes** ergänzt worden. Dadurch soll einer-

§ 174 4. Teil. Durchführung der Besteuerung

seits klargestellt werden, daß die **Entscheidung** über den Antrag auch nach Ablauf der **Jahresfrist** erfolgen kann. Außerdem wird geregelt, daß eine möglicherweise abgelaufene oder zwischenzeitlich ablaufende Festsetzungsfrist (§ 169 Abs 1 AO) sich auf die Zulässigkeit der Aufhebung oder Änderung nicht auswirkt. Dies entspricht dem bereits in § 171 Abs 3 AO enthaltenen Rechtsgedanken. **Die Regelung gilt ab 1. 1. 87.**

7. Abs 2. Mehrfache Berücksichtigung eines Sachverhalts **zugunsten** des Stpfl. Auch der umgekehrte Fall kann eintreten, daß nämlich ein bestimmter Sachverhalt mehrfach zugunsten des Stpfl berücksichtigt worden ist, und zwar in einer Weise, die mit den Denkgesetzen nicht vereinbar ist. Abs 2 ist nicht anwendbar, wenn ein Sachverhalt im **selben Bescheid** doppelt erfaßt wird, *HHSp* Anm 6; *TK* Tz 3.

Beispiel:
Eine bestimmte **Ausgabe** ist im Jahre 1977 steuermindernd berücksichtigt worden. Bei der Veranlagung 1978 vertritt die FinBeh die Auffassung, die Ausgabe sei im Jahre 1978 zu berücksichtigen. Die Veranlagung 1977 kann, abgesehen von den Fällen der Vorbehaltsfestsetzung nach § 164, nicht mehr geändert werden. Neue Tatsachen iSd § 173 I Nr 1 liegen nicht vor. Es steht aber fest, daß die Ausgabe nur einmal hätte berücksichtigt werden dürfen.

Hier könnte man die Auffassung vertreten, daß der Stpfl gegen **Treu** und **Glauben** verstoßen würde, wenn er seine Zustimmung zu einer Änderung des Bescheides 1977 gem § 172 I Nr 2a verweigert (vgl BFH FR 76, 152). Abs 2 gibt für die Behandlung dieser Fälle jedoch eine klare Anweisung. Der Bescheid 1977 ist aufzuheben oder zu ändern, soweit der Stpfl die Widersprüchlichkeit der beiden StFestsetzungen verursacht hat, maW, wenn diese auf einen Antrag oder eine Erklärung des Stpfl zurückzuführen ist; das sind auch formlose Mitteilungen, auch solche, die für den Beteiligten von einem Dritten abgegeben sind, zB nach § 80 I, II, § 200 I. Abs 2 greift zB dann nicht ein, wenn der Stpfl dem FA den **richtigen** Sachverhalt bekanntgegeben hat, dieses aber der Rechtsauffassung des Stpfl entsprechende, aber rechtl **unzutreffende** steuerl **Folgerungen** gezogen hat. In diesem Fall beruht die fehlerhafte StFestsetzung nicht auf einer Erklärung des Stpfl sondern auf der unrichtigen Beurteilung durch das FA, FG Münster EFG 79, 64, BFH BStBl 81, 388. *V. Wedelstädt* (aaO) stellt darauf ab, ob der Stpfl seiner Verpflichtung gemäß, den Sachverhalt zutreffend und richtig dargestellt hat. Wenn er gleichzeitig eine unzutreffende Beurteilung vorgenommen hat, die von der FinBeh übernommen wurde, dann soll die fehlerhafte StFestsetzung nicht auf einer Erklärung des Stpfl zurückzuführen sein. Der Stpfl nimmt aber regelmäßig bei der Abgabe der StErklärung gleichzeitig eine rechtliche Würdigung vor und subsumiert den Sachverhalt unter bestimmte steuerliche Normen. Eine Mitverursachung des Fehlers reicht bereits aus, *TK* Tz 9; *HHSp* Anm 10. Aber wohl nicht jede Mitverursachung, sondern nur eine überwiegende Mitverursachung, *Woerner-Grube* aaO S 94. Eine Änderung ist jedenfalls ausgeschlossen, wenn der **Stpfl** den Sachverhalt **vollständig** und **richtig** dargestellt hat. Eine **Mitverursachung** des fehlerhaften Bescheides durch das FA schließt die Änderung nicht aus, BFH BStBl 84, 510. Unerheblich ist, ob die rechtliche Beurteilung des Sachverhalts durch den Stpfl falsch war, BFH BStBl 81, 388. Diese Grundsätze gelten auch für gerichtl bestätigte Bescheide. Hatte

3. Abschnitt. Festsetzungs- und Feststellungsverfahren § 174

die FinBeh die Berücksichtigung des Sachverhalts im Veranlagungsjahr 1978 abgelehnt, war der Stpfl aber im Rechtsbehelfsverfahren mit seinem Antrag durchgedrungen, so kann die FinBeh die Festsetzung 1977 entspr ändern. Die sinngemäße Anwendung des Abs 1 bedeutet, daß die Änderung noch innerhalb eines Jahres nach Unanfechtbarkeit des Bescheids 1978 zulässig ist.

Fraglich ist, ob auch S 2 des Abs 1 **sinngemäß** anzuwenden oder ob die Aufhebung oder Änderung im Falle des Abs 2 unbefristet zulässig ist. An sich paßt die Bestimmung des Abs 1 S 2 nicht für den Abs 2, weil nach Abs 2 die Änderung nicht von einem Antrag abhängig ist. Für den Fall, daß der Stpfl durch einen Rechtsbehelf gegen den zweiten Bescheid die doppelte Berücksichtigung des für ihn günstigen Sachverhalts erreicht, würde Abs 4 eingreifen. Die sinngemäße Anwendung des Abs 1 ist aber wohl so zu verstehen, daß noch innerhalb eines Jahres nach Unanfechtbarkeit des zweiten Bescheides die Änderung des ersten Bescheides möglich ist; der zweite Bescheid wäre insoweit quasi Grundlagenbescheid für den ersten (§ 175 Nr 1); die Bindungswirkung ergibt sich aus § 174 II.

8. Abs 3. Nichtberücksichtigung eines bestimmten **Sachverhalts.** Abs 3 stellt die Änderung der Steuerfestsetzung **nicht** in das **Ermessen** der Finanzbehörde, BFH BStBl 86, 241. Er regelt den Fall, daß ein bestimmter Sachverhalt überhaupt nicht berücksichtigt worden ist, und zwar weder zugunsten oder zuungunsten des Stpfl.

Beispiel:
Bei der Veranlagung 1977 bestehen Zweifel, ob eine bestimmte Einnahme zu berücksichtigen ist oder erst im Jahre 1978. Die FinBeh entscheidet sich dahin, daß der Sachverhalt dem Jahre 1978 zuzurechnen sei. Bei der Veranlagung 1978 stellt sich heraus, daß der Sachverhalt doch bereits 1977 hätte berücksichtigt werden müssen. Eine Berichtigung wegen neuer Tatsachen kommt nicht in Betracht. Ohne § 174 III könnte die Aufhebung oder Änderung des Bescheides 1977 nicht mehr durchgeführt werden.

Das Ergebnis ist unbefriedigend, wenn die Frage der Zuordnung streitig und dies dem Stpfl auch bekannt war. Das gleiche gilt für die Nichtberücksichtigung von steuermindernden Sachverhalten. **Voraussetzung** für die **Aufhebung** oder **Änderung:** Es muß erkennbar sein, daß die Berücksichtigung des Sachverhalts nur im Hinblick auf die spätere StFestsetzung unterblieben ist. Die Erkennbarkeit kann sich ergeben aus einem Vermerk im StBescheid, evt auch aus der StErklärung, wenn der Stpfl darauf hingewiesen und die FinBeh dies akzeptiert hat. Ferner kann sie sich ergeben aufgrund von Erörterungen mit dem Stpfl im Rahmen des rechtl Gehörs (vgl § 91 I). Für die Frage der **Erkennbarkeit** kommt es auf den gesamten **Sachverhaltsablauf** an, BFH BStBl 84, 788; DB 85, 1379. Nach Auffassung *von Gams* (aaO) hat der BFH zu Unrecht geprüft, ob die Änderungsvorschrift des § 174 III eingreift. Werde die Steuer auf null festgesetzt mit der Begründung, es liege keine Steuerrechtsfähigkeit des Adressaten vor, so handele es sich um einen Aufhebungsbescheid in der Form eines Freistellungsbescheids. Dieser Ansicht kann jedoch nicht gefolgt werden. Für den Stpfl ist die Annahme auch dann **erkennbar,** wenn er selbst in seiner Erklärung auf die Nichtberücksichtigung des bestimmten Sachverhalts in dieser und Berücksichtigung in einer anderen StFestsetzung hingewiesen hat und die

§ 174

FinBeh seiner Ansicht folgt, auch ohne dies ausdrücklich zu erläutern, *Koch* Kommentar zur AO Rz 16; *v. Wedelstädt* aaO, 2575. Auch wenn Stpfl den Sachverhalt vollständig und richtig erklärt, aber rechtlich **falsch beurteilt** hat und die FinBeh dem folgt, hindert dies nicht die Aufhebung oder Änderung des StBescheids nach Abs 3, *v. Wedelstädt* aaO, 2575. Es wäre nicht gerechtfertigt, dem Stpfl im Falle einer Änderung zu seinen Gunsten entgegenzuhalten, die fehlerhafte Annahme der FinBeh, der Sachverhalt sei in einer anderen StFestsetzung zu berücksichtigen, sei ihm nicht erkennbar gemacht worden. Das Erkennbarmachen kann auch noch nachträglich geschehen, jedenfalls, soweit der Bescheid unter dem Vorbehalt der Nachprüfung steht, oder in der Einspruchsentscheidung. Eine Heilung nach § 126 I Nr 2 ist dagegen ausgeschlossen, FG Hbg EFG 80, 54. Der andere Bescheid muß von einer inländischen StBehörde erlassen worden sein. Die Vorschrift gilt selbst dann nicht, wenn ein **ausländischer StBescheid** vorliegt, und ein DBA durch eine Freistellungs- oder Anrechnungsklausel eine Verbindung zwischen den beiden Besteuerungsverfahren herstellt. Erfüllt nach Auffassung des FA ein bestimmter Sachverhalt nicht alle Voraussetzungen eines steuerrechtl Tatbestandes und stellt sich die Annahme später als falsch heraus, so kann eine Änderung der unrichtigen StFestsetzung nicht auf § 174 III 1 AO gestützt werden, FG Münster EFG 80, 315. Die **Nachholung** ist nur zulässig bis zum Ablauf der **Festsetzungsfrist** derjenigen Steuer, bei der der Sachverhalt nach der zunächst geäußerten Auffassung hätte berücksichtigt werden sollen, im Beispielsfall bis zum Ablauf der **Festsetzungsfrist** für 1978. Berücksichtigt die FinBeh bei der zweiten StFestsetzung (1978) entgegen ihrer zunächst erklärten Absicht den steuermindernden Sachverhalt nicht und führt sie auch entgegen § 174 III keine Änderungen des ersten Bescheides durch, sollte der Stpfl nicht den Bescheid 1978 anfechten, sondern Änderung des ersten Bescheides beantragen. Dann läuft in entspr Anwendung des § 171 III die Festsetzungsfrist für den ersten Bescheid solange nicht ab, bis über den Antrag entschieden worden ist. Ficht er dagegen den Bescheid 1978 an, so ist die Auffassung vertretbar, daß nach rechtskräftiger Abweisung seines Antrags gem § 171 III die Festsetzungsfrist für den zweiten Bescheid abgelaufen ist und daher danach auch keine Änderung des ersten Bescheides mehr möglich ist. Im Gegensatz zu Abs 1 sieht Abs 3 keine Verlängerung der für die Änderung erforderlichen Festsetzungsfrist um ein Jahr vor. „Andere Steuerfestsetzung" iSd § 174 III 2 ist im Beispielsfall die Festsetzung für 1978.

Die Änderung nach Abs 3 gegenüber einem **Dritten** nach Einlegung eines Rechtsbehelfs durch den anderen Steuerpflichtigen setzt **nicht** die Beteiligung des Dritten am Verfahren des anderen voraus, BFH BStBl 84, 788.

9. Abs 4. Aufhebung einer Festsetzung **zugunsten** des **Steuerpflichtigen.** Abs 4 entspricht in mancher Beziehung dem Gedanken des Abs 2. Wenn der Stpfl zu seinen Gunsten einen bestimmten Rechtsstandpunkt vertreten hat, dann soll er auch im Falle seines Obsiegens an seiner Auffassung festgehalten werden; die FinBeh kann das Ergebnis seiner Prüfung oder eines evtl Rechtsbehelfsverfahrens dann bei einer anderen StFestsetzung berücksichtigen. Der Gedanke war bereits im § 146a II RAO enthalten, wo vorgesehen war, daß noch innerhalb eines halben Jahres nach

3. Abschnitt. Festsetzungs- und Feststellungsverfahren § 174

Beendigung eines Rechtsbehelfsverfahrens Konsequenzen aus der Entscheidung gezogen werden konnten. S 1 bleibt auch dann anwendbar, wenn der **Saldo** zwischen den Auswirkungen der Änderung (Aufhebung) zugunsten des Stpfl und der Wirkung der Änderung zu seinen Ungunsten zu einer **Stmehrbelastung** führt. FG Hbg EFG 80, 54. Abs 4 S 1 ist auch anzuwenden, wenn der Gewinn eines Jahres ermäßigt wird, weil das Endvermögen zu hoch angesetzt war. Änderung für das Folgejahr nach Abs 4 S 1, vgl FG Hbg EFG 79, 392.

Beispiel:
Die FinBeh hat eine Einnahme im Jahre 1977 erfaßt. Der Stpfl wendet sich insoweit gegen die StFestsetzung. Bei Überprüfung stellt sich heraus, daß die Einnahme in das Jahr 1978 gehört und die Festsetzung 1977 insoweit aufzuheben oder zu ändern ist.

Abs 4 eröffnet die Möglichkeit einer evtl Änderung der Festsetzung 1978. Die Regelung gilt sowohl für die Aufhebung und Änderung im Rechtsbehelfsverfahren – auch durch die Gerichte – wie für die sog schlichte Änderung nach § 172 I Nr 2a. Aufhebung oder Änderung durch das Gericht vgl **Abs 4 S 2**. Die Anpassung des Bescheides 1977 muß innerhalb **eines Jahres** nach Aufhebung oder Änderung des **fehlerhaften Bescheides** 1978 erfolgen, Abs 4 S 3.

Beispiel:
Für Ausnahmen in Abs 4 S 4: Einnahme wird im Jahr 1978 erfaßt. Stpfl ficht an und obsiegt. Die Einnahme hätte 1977 erfaßt werden müssen.

Nach Abs 4 S 3 kann der Sachverhalt im Jahr 1977 noch innerhalb eines Jahres nach Aufhebung oder Änderung des Bescheides 1978 berücksichtigt werden. Satz 4 enthält von diesem Grundsatz eine Ausnahme. Wenn zZt der Festsetzung 1978 bereits die Festsetzungsfrist für 1977 abgelaufen war, so gilt Satz 3 nur, wenn bei der Festsetzung 1977 die Berücksichtigung der Einnahme im Jahr 1977 erkennbar in der Annahme unterblieben ist, die Einnahme würde im Jahre 1978 erfaßt werden.

Beispiel:
ESt; Abgabe der StErklärung 1977 im Laufe des Jahres 1978. Ablauf der Festsetzungsfrist Ende 1982. Abgabe der StErklärung 1978 im Jahre 1981. Ende der Festsetzungsfrist für 1978 am 31. 12. 85. Wenn die Festsetzung für das Jahr 1978 erst nach dem 31. 12. 82 durchgeführt wird, gilt Abs 4 nur unter den Voraussetzungen des Abs 3 S 1.

Soweit im Rahmen einer Berichtigung nach § 174 IV auch frühere – der widerstreitenden Festsetzung vorangegangene – Fehler korrigiert werden sollen, ist dies nur zulässig, wenn eine solche Korrektur ursprünglich möglich war und nur infolge der irrigen Beurteilung unterlassen wurde, FG RhPf EFG 80, 532.

Bei einer Aufhebung durch das Gericht soll nach FG Nieders das **Verböserungsverbot** eingreifen, vgl FG Nieders EFG 83, 391. Das FA soll gehindert sein, den anderen Bescheid in der Weise zu ändern, daß sich die steuerliche Belastung des Vorgangs gegenüber dem Zustand vor Erhebung der Klage verdoppelt. Wegen des Verböserungsverbots sei eine Berichtigung nur insoweit zulässig, als der Stpfl im Vorprozeß durch die Stattgabe der Klage steuerlich entlastet worden sei. Der Garantie des Art 19 IV GG würde es widersprechen, wenn der Staatsbürger nur deshalb mit einer höheren

Steuer „bestraft" werden könnte, weil er sich durch die öffentliche Gewalt in seinen Rechten verletzt fühlt und deshalb den Rechtsweg beschreitet.

10. Abs 5 Anwendung des Abs 4 gegenüber **Dritten.** Abs 5 läßt die entspr Anwendung des Abs 4 auch gegenüber Dritten zu. Dies gilt jedoch nur, wenn der Dritte an dem Verfahren, das zur Aufhebung des Bescheides geführt hat, beteiligt war. Satz 2 stellt klar, daß seine Hinzuziehung oder Beiladung zu diesem Verfahren zulässig ist. Eine Hinzuziehung des Dritten halten *TK* (Tz 18) nur im RechtsbehVerf für zulässig, vgl § 360. Schon die **Möglichkeit,** daß ein StBescheid wegen irriger Beurteilung eines Sachverhalts zugunsten des Stpfl aufzuheben oder zu ändern ist und hieraus Folgen bei einem Dritten zu ziehen sind, rechtfertigt die Beiladung des Dritten. Bei der Beiladung ist nicht zu prüfen, ob die Bescheide des Dritten geändert werden können, BFH BStBl 81, 633. Für eine **Beiladung** reicht es aus, daß sich bei einem Erfolg der Klage eine Folgeänderung iSd Abs 4, 5 ergeben **kann.** Hierbei ist nicht zu prüfen, ob eine etwaige Folgeänderung Bestand haben wird; BFH BStBl 81, 633; BStBl 87, 268. Eine **Unterlassung** der Hinzuziehung des Beigeladenen zum Einspruchsverfahren hindert die Beiladung im Klageverfahren jedenfalls nicht, BFH BStBl 85, 675.

Beispiel:
Es ist die Frage strittig, wem ein bestimmter Gegenst zuzurechnen ist. Feststeht, daß er einer von mehreren Personen gehört. Ohne den Abs 5 könnte uU dann, wenn der zunächst in Anspr Genommene im Rechtsbehelfsverfahren obsiegt, der Dritte, dem der Gegenstand zugerechnet werden müßte, nicht mehr belangt werden. Im Interesse des Vertrauensschutzes greift dieser Abs aber nur ein, wenn der Dritte hinzugezogen war. Damit wird der Dritte auch über die möglichen steuerl Folgen eines für den Rechtsbehelfsführer günstigen Ausganges des Verfahrens gewarnt. Für Abs 1 bis 3 gilt diese Einschränkung aber nicht! Im Falle des Abs 2 wäre der Dritte ggf durch Abs 2 S 2 geschützt.

Der Beigeladene ist durch das Urteil des FG in seinen rechtlichen Interessen berührt – und damit beschwert –, wenn das FA auf grund der Beurteilung eines bestimmten Sachverhalts in der finanzgerichtlichen Entscheidung berechtigt ist, einen gegenüber dem Beigeladenen ergangenen StBescheid gem § 174 IV und V zu seinen Ungunsten zu ändern, BFH BStBl 81, 101. Die Beiladung eines Dritten gem § 60 I FGO iVm § 174 IV und V ist dagegen nicht zulässig, wenn das FA sie nicht beantragt oder veranlaßt hat, BFH BStBl 82, 239. Ob der Dritte beigeladen wird, entscheidet die FinBeh nach ihrem Ermessen. Es kann im Rechtsbehelfsverfahren nicht Sache des FG sein, anstelle der FinBeh diese Entscheidung zu treffen, um der FinBeh ggf die Möglichkeit einer späteren Inanspruchnahme des Dritten zu schaffen.

Aus Abs 4 und 5 ergibt sich, daß eine Beiladung auch zulässig ist, wenn die Voraussetzungen einer notwendigen Beiladung nach § 60 III FGO nicht gegeben sind, BFH BStBl 80, 314. Das StGeheimnis steht insoweit nicht entgegen, *TK* Rdnr 18.

Eine Beiladung nach Abs 5 setzt aber voraus, daß die **Möglichkeit** der Tatbestandsverwirklichung des Abs 4 besteht und sich steuerliche Auswirkungen gegenüber dem Hinzuzuziehenden oder Beizuladenden ergeben können, FG Münster EFG 80, 161.

Der **Beigeladene** hat die gleiche Verfahrensrechtliche Stellung wie ein nach § 60 III FGO notwendig Beigeladener, BFH BStBl 88, 344. Nur dann

3. Abschnitt. Festsetzungs- und Feststellungsverfahren § 175

wenn dem Beigeladenen ausreichendes rechtliches Gehör gewährt, ihm die Antragsbefugnis wie einem notwendig Beigeladenen eingeräumt wird, ihm die Entscheidung zugestellt wird und er auch sonst die gleichen Rechte wie ein notwendig Beigeladener hat, wird der Zweck des Abs 5 S 2 erfüllt.

Die Beiladung eines Dritten im Klageverfahren ist allein schon deshalb gerechtfertigt, weil das FA den Dritten später in Anspruch nehmen könnte. Dem steht nicht entgegen, daß die Festsetzungsverjährung gegenüber dem Dritten noch auf Jahre hinaus nicht abläuft und deshalb das FA den Dritten auch ohne Beiladung in Anspruch nehmen kann, FG Hessen EFG 83, 213.

11. Übergangsregelung. Die Änderung eines vor dem 1. 1. 77 erlassenen StBescheids nach Abs 3 oder 4 ist nicht mehr zulässig, wenn der StAnspruch, der mit dem Änderungsbescheid geltend gemacht werden soll, nach den Vorschriften der RAO in den vor dem 1. 1. 77 geltenden Fassungen verjährt war, BFH BStBl 81, 245.

Nach Art 97 § 9 S 1 und 2 EGAO 77 sind die Vorschriften über die **Festsetzungsverjährung** erstmals für Festsetzungen für Steuern, die nach dem 31. 12. 76 entstanden sind anzuwenden. Für früher entstandene StAnsprüche gelten die Vorschriften der RAO über die Verjährung weiter; die durch die AO 77 eingeführte Festsetzungsfrist hat insoweit keine Bedeutung. Dies gilt auch, soweit für die Aufhebung oder Änderung ab 1977 die neuen Verfahrensvorschriften anzuwenden sind.

Die Anwendung der Absätze 3 und 4 würde auch gegen das verfassungsrechtliche Rückwirkungsverbot verstoßen, wenn dies dazu führen würde, daß ein bereits vor 1977 erloschener StAnspruch neu entstehen würde.

§ 175 Aufhebung oder Änderung von Steuerbescheiden in sonstigen Fällen

(1) ¹**Ein Steuerbescheid ist zu erlassen, aufzuheben oder zu ändern,**
1. **soweit ein Grundlagenbescheid (§ 171 Abs. 10), dem Bindungswirkung für diesen Steuerbescheid zukommt, erlassen, aufgehoben oder geändert wird,**
2. **soweit ein Ereignis eintritt, das steuerliche Wirkung für die Vergangenheit hat (rückwirkendes Ereignis).**

²**In den Fällen des Satzes 1 Nr. 2 beginnt die Festsetzungsfrist mit Ablauf des Kalenderjahres, in dem das Ereignis eintritt.**

(2) Als rückwirkendes Ereignis gilt auch der Wegfall einer Voraussetzung für eine Steuervergünstigung, wenn gesetzlich bestimmt ist, daß diese Voraussetzung für eine bestimmte Zeit gegeben sein muß, oder wenn durch Verwaltungsakt festgestellt worden ist, daß sie die Grundlage für die Gewährung der Steuervergünstigung bildet.

Mit Wirkung vom 1. 1. 82 geändert durch Art 37 des 2. Haushaltsstrukturgesetzes v 22. 12. 81, BGBl I, 1523. Das BMF Schreiben vom 2. 1. 79 BStBl I 2 ist durch Gesetz zur Änderung des ESt, Kö Art 13 Nr 2 und 3 überholt.

Schrifttum: *Lauer* Unwirksame Rechtsgeschäfte im Anwendungsbereich des § 175 S 1 Nr 2 AO 77, Inf 81, 169: *Kottke* Zur Rückwirkung von Ereignissen bei laufend veranlagten Steuern, DStR 82, 545; *Carmer* Erteilung eines Folgebescheides unter Vorbehalt der Nachprüfung (§ 164 AO) vor Ergehen des Grundlagenbescheides

§ 175   4. Teil. Durchführung der Besteuerung

DB 82, 2209; *Horlemann* Der Schwerbehindertenausweis als Grundlage für steuerrechtliche Vergünstigungen, DStZ 82, 469; *Boorberg* Zum Abhängigkeitsverhältnis zwischen Grundlagenbescheid und Folgebescheid nach § 175 I Nr 1 AO, DB 83, 1170; *Giloy* Grundlagenbescheide im Lohnsteuerverfahren, FR 83, 528; *Lauer* Die Korrekturvorschrift des § 175 Abs 1 Satz 1 Nr 2 Abgabenordnung, Berlin/München 1984; *Zinn* Uneingeschränkte Rückwirkung von Grundlagenbescheiden gegenüber bestandskräftigen Folgebescheiden? StBp 87, 256; *Dötsch* Der Körperschaftsteuerbescheid als Grundlagenbescheid, DB 88, 1516.

Übersicht

1. Inhalt
2. Grundlagenbescheide
3. Bindungswirkung anderer Verwaltungsakte
4. Erlaß, Aufhebung oder Änderung eines Steuerbescheides
5. Rückwirkendes Ereignis
6. Abs 2: Wegfall der Voraussetzungen für eine Steuervergünstigung
7. Rechtsprechung zu § 4 StAnpG
8. Steuerklauseln

    1. Inhalt. Die Vorschr entspricht in Nr 1 den §§ 218 IV, 225 RAO, in Nr 2 dem § 4 I Nr 2 StAnpG. **Grundlagenbescheid:** § 171 X. Entscheidend für die Qualifikation als Grundlagenbescheid ist die Bindungswirkung für StBescheide. Der Grundlagenbescheid kann auch wiederum Grundlagenbescheid für einen anderen Grundlagenbescheid sein. Es handelt sich um ein ergänzendes Veranlagungsverfahren, innerhalb dessen das FA eine Besteuerungsgrundlage auch nachschieben darf, um der Änderung Rechnung zu tragen, jedenfalls soweit als das FA bisher durch die zuvorige Bindung an den ursprünglichen Feststellungsbescheid an der eigenen steuerrechtlichen Ermittlung und Wertung gehindert war, FG Münster EFG 81, 66. Es ist zweifelhaft, ob bestandskräftige StFestsetzungen aufgrund rückwirkend ergänzter oder geänderter **DBA** geändert werden können. Zur Vermeidung von Zweifeln wird in die Ratifikationsgesetze zunehmend eine entsprechende Regelung aufgenommen, vgl zB BDA Japan Art 2 I BStBl 80 I 649.

    2. Als **Grundlagenbescheide** sind in § 171 X genannt: **Feststellungsbescheide** (§ 182 I), **Steuermeßbescheide** (§ 184 I) und **andere Verwaltungsakte,** deren Bindungswirkung zukommt. Hierzu dürften zählen besondere Anerkennungen und Genehmigungen, deren Vorliegen die StGesetze für die Bewilligung von steuerl Vergünstigungen vorsehen (Anerkennung als Flüchtling, Anerkennung als Schwerbeschädigten usw). Es entspr der Bindungswirkung dieser Bescheide, daß sich ihre Änderung oder Aufhebung auf die StFestsetzung auswirkt. Über die **Ablaufhemmung** für den Folgebescheid vgl § 171 X: Die Anpassung des Folgebescheides kann noch innerhalb **eines Jahres** nach **Bekanntgabe** des Grundlagenbescheides durchgeführt werden. **Sonderregelung** in § 35 b GewStG, wonach der **GewSt-Meßbescheid** vAw durch neuen Bescheid zu **ersetzen** ist, wenn ESt-, KöSt- oder GewinnfeststellBesch geändert wird und die Änderung die Höhe des Gewinns oder den EinhWert des Betriebes berührt. Aus § 35 b GewStG ergibt sich, daß ESt-Bescheid usw Bindungswirkung für die Meßbescheide hat und daher Grundlagenbescheid iSd § 175 Nr 1 ist; folgerichtig bestimmt § 35 b GewStG idF des EGAO, daß § 171 X entspr anzuwenden ist, vgl ferner § 61 III AO, § 10 d EStG idF des StRefG 1990, § 29

3. Abschnitt. Festsetzungs- und Feststellungsverfahren § **175**

ErbStG, § 17 GrEStG, § 17 UStG, § 11 EStG, §§ 5 II, 7 II BewG, § 9 VersStG, § 7 FeuerschStG. Zur Bindungswirkung von **Gewinnfeststellungsbescheiden** auf **spätere** Veranlagungszeiträume, BFH BB 75, 1374. Grundlagenbescheide sind auch **selbständige Entscheidungen über Billigkeitsmaßnahmen** iSd § 163, wie sich aus § 348 I Nr 2 ergibt, ebenso *Kühn/Kutter/Hofmann* Anm 2; *TK* Tz 1.

Auf der **LSt-Karte** eingetragener **Freibetrag** ist Grundlagenbescheid iSd § 171 X, BFH BStBl 83, 60. Der eingetragene Freibetrag steht als Besteuerungsgrundlage unter dem Vorbehalt der Nachprüfung und kann deshalb jederzeit, auch rückwirkend, geändert werden, vgl § 39a IV 1 EStG.

Bei Körperschaften, die ins **Anrechnungsverfahren** einbezogen sind, ist ab 1. 1. 77 zur KSt-Veranlagung ein zweites getrenntes Verfahren hinzugekommen, nämlich die gesonderte Feststellung von Teilbeträgen des verwendbaren Eigenkapitals nach § 47 KStG. Nach § 47 II KStG ist der Feststellungsbescheid zu ändern, wenn der KSt-Bescheid geändert wird und die Änderung die Höhe des Einkommens oder der Tarifbelastung berührt. Der **KSt-Bescheid** ist insoweit nach § 47 II KStG **Grundlagenbescheid** für die gesonderte Feststellung. § 47 II KStG ist lex specialis gegenüber § 175 Nr 1 AO, vgl *Dötsch*, Verfahrensfragen im Zusammenhang mit den neuen StRecht, DB 80, 1186.

Die Feststellung der Anlieferungsreferenzmenge im Sinne der **Milchgarantiemengenverordnung** (MGVO vom 25. 5. 84, BGBl I, 720) ist ein **Feststellungsbescheid** über eine Besteuerungsgrundlage für die **Milchabgabe** und daher Grundlagenbescheid im Sinne des § 171 X, BFH, DStR 87, 57.

3. Bindungswirkung anderer Verwaltungsakte. Bindungswirkung kann eine behördliche Bescheinigung über die Voraussetzung einer StBefreiung nur dann entfalten, wenn zuvor ein entsprechender Antrag auf StBefreiung gestellt worden war, BFH BStBl 82, 491. ZB Erwerbsunfähigkeit wird rückwirkend neu festgesetzt, vgl BFH BStBl 65, 391; 69, 681. Ein Fall der Bindungswirkung dürfte in analoger Anwendung des § 175 Nr 1 auch vorliegen, wenn nach einem DBA unanfechtbare Bescheide berichtigt werden, Institut FSt Brief 97. Bindung an Verwaltungsakte anderer Behörden besteht, soweit die StG an die Entscheidungen der anderen Behörden anknüpfen. Dies gilt insbesondere, wenn diese Entscheidungen **Gestaltungswirkung** haben, zB **rechtsbegründende** Verwaltungsakte, BFH BStBl 56, 20; ferner bei Anknüpfung an Verwaltungsakte anderer Behörden, vgl BFH BStBl 61, 418; an Ehescheidungsurteil, BFH BStBl 67, 300; Genehmigung zum Güterfernverkehr, BFH BStBl 60, 228; Standortbestimmung nach GüKG, BFH BStBl 65, 218; Erbschein BFH BStBl 62, 444; Rentenbescheid BFH BStBl 66, 19; Anerkennungsbescheid über Voraussetzung der Befreiung von GrSt und GrESt nach §§ 82, 83, 92 II 2. WohnbauG BFH BStBl 67, 706, BFH BB 80, 1572. Bei **nachtr** Vorlage des **Anerkennungsbescheids** über GrSt-Vergünstig ist GrSt-Meßbescheid nach Nr 1 zu ändern, Nieders FG EFG 78, 237; Entscheidung des BMWi gem § 1 InZulG, BFH BStBl 86, 920; 87, 506, 507. Bei **Bescheinigungen** von Behörden ist uU darauf abzustellen, ob diese lediglich **Beweismittel** sind oder **konstitutiv** wirken, vgl *TK* Tz 20. Die FinBeh sind an **amtsärztliche** Bescheinigungen des Gesundheitsamtes für den Nachweis der Körperbe-

577

§ 175

hinderung gebunden, BFH BStBl 77, 300, BFH BStBl 86, 245. Vgl auch *Mattern* BB 63, 1009; *Paulick* StbJb 64/65, 531; *Wagner* Bindung der FinBeh und FG an Entscheidungen anderer Behörden und Gerichte, Diss Würzburg 1967. Die Feststellung des **Versorgungsamtes** über das Vorliegen einer Behinderung ist gemäß § 175 I 1 Nr 1 auch dann zu berücksichtigen, wenn sie bereits vor Erlaß des Steuerbescheides getroffen war und der Steuerpflichtige den **Antrag** auf Gewährung eines Körperbehinderten-Pauschbetrages erst nach Eintritt der **Bestandskraft** des Steuerbescheides gestellt hat, BFH BStBl 86, 245. Anders als bei § 173 ist in § 175 I 1 Nr 1 keine Einschränkung der Berichtigungsmöglichkeit des Folgebescheides vorgesehen.

Die Bescheinigung des Berliner Senators für Bau- und Wohnungswesen zum Nachweis dafür, daß ein Grundstück im Rahmen eines Zukunftsinvestitionsprogramms zur Durchführung städtebaulicher Erneuerungsmaßnahmen erworben worden ist, ist kein Grundlagenbescheid, BFH BStBl 82, 80. Die Bescheinigung des Kohlebeauftragten nach § 32 II KohleG ist für die FinBeh bindend, soweit sie außersteuerliche Werturteile enthält, nicht hingegen, soweit speziell steuerrechtliche Fragen beurteilt werden, BFH BStBl 81, 538.

4. Erlaß, Aufhebung oder Änderung eines StBescheides. Die früher umstrittene Frage, ob ein sog **Folgebescheid** auch schon **vor** Ergehen des **Grundlagenbescheids** erlassen werden kann und ob er ggf die noch im Grundlagenbescheid festzustellenden **Besteuerungsgrundlagen berücksichtigen** muß oder **nicht,** ist durch Änderung des § 155 II geklärt worden. Die Frage hat insb Bedeutung im Zusammenhang mit der Beteiligung an sog **Abschreibungsgesellschaften.** Der BFH hatte in der Entscheidung vom 17. 5. 79 (BStBl 78, 579) zu erkennen gegeben, daß er es grundsätzlich für **unzulässig** hält, wenn ein **Folgebescheid vor** einem notwendigen **Grundlagenbescheid** erlassen wird. Dies wird durch § 155 II nunmehr ausdrücklich zugelassen. In diesem Fall kann aber ein vorab erlassener Folgebescheid vor Ergehen des Grundlagenbescheids nicht geändert werden, FG RhPf EFG 83, 392; zumindest nicht insoweit, als die Änderung Feststellungen betrifft, die dem Grundlagenbescheid vorbehalten sind.

Ein **Unanfechtbarer Verwaltungsakt** kann auch aufgrund eines **erstmals** ergangenen FeststBescheides geändert werden, BFH BStBl 77, 119. Läßt das WohnsFA die bei ihm eingegang Mitteilung über einheitl Feststellung bewußt **unberücksichtigt,** weil sie diese erst nach **Rechtskraft** des **angefochtenen EStBesch** berücksichtigen will, ist **spätere** Auswert durch **ÄnderungsBescheid** unzulässig, FG Nieders EFG 77, 454. Wird beim Erlaß eines Folgebescheides ein vorliegender Grundlagenbescheid **übersehen,** wird dadurch der Erlaß eines auf Abs 1 Nr 1 gestützten Änderungsbescheides nicht unzulässig, BFH BStBl 86, 168. Durch Nr 1 soll die **Bindungswirkung** eines Grundlagenbescheides verfahrensrechtlich zur Geltung gebracht werden. Daraus folgt, daß das gesetzliche Gebot zur entsprechenden Änderung eines Folgebescheides solange besteht, als ein Grundlagenbescheid in dem Folgebescheid noch nicht berücksichtigt ist, BFH aaO. Werden die in einem Grundlagenbescheid festgestellten **Besteuerungsgrundlagen** in einem Folgebescheid **nicht** zutreffend **berücksichtigt,** so ist der **Folgebescheid** nach Abs 1 Nr 1 zu **ändern,** BFH BStBl 88, 711. Wortlaut

3. Abschnitt. Festsetzungs- und Feststellungsverfahren § 175

und Zweck der Regelung in Nr 1 erfordern, daß auch **Fehler,** die bei der **Auswertung** eines Grundlagenbescheides unterlaufen sind nachträglich **richtiggestellt** werden. Wegen der Bindungswirkung eines Grundlagenbescheides ist das für den Erlaß des Folgebescheides zuständige **FA verpflichtet,** die Folgerungen aus dem Grundlagenbescheid zu ziehen, BFH BStBl 86, 168. Eines **Vertrauensschutzes** bedarf es nicht, wenn bereits ein Grundlagenbescheid ergangen ist und der Steuerpflichtige mit einer Auswertung dieses Bescheides rechnen muß. Eine zeitliche Beschränkung für die Anwendung der Nr 1 ergibt sich lediglich aus den Vorschriften über die **Festsetzungsverjährung** und die Feststellungsverjährung (BFH BStBl 88, 318). Im übrigen ist eine Änderung des Folgebescheides nur ausgeschlossen, wenn die Voraussetzungen für eine **Verwirkung** vorliegen.

Der Antrag auf **Aussetzung der Vollziehung** eines Folgebescheides ist ausnahmsweise zulässig bei überlanger Dauer des Verfahrens zur Erlangung einstweiligen Rechtsschutzes hinsichtlich des Grundlagenbescheides, FG Hbg EFG 83, 104. Bei jahrelanger Ungewißheit über die Rechtmäßigkeit des Grundlagenbescheides kann die Vollziehung des Folgebescheides eine unbillige Härte sein, FG Hbg EFG 83, 104.

Wird bei einem unter Vorbehalt der Nachprüfung stehenden Grundlagenbescheid der **Vorbehalt** aufgehoben, ist ein bereits bestandskräftiger Folgebescheid nach Nr 1 in dem Umfang anzupassen, daß die zu berücksichtigenden Besteuerungsgrundlagen dem endgültigen Grundlagenbescheid entsprechen. Hierbei können auch Fehler, die bei der Übernahme der Besteuerungsgrundlagen in den Folgebescheid gemacht worden sind, berichtigt werden, auch wenn sich die Besteuerungsgrundlagen gegenüber dem Vorbehaltsbescheid nicht geändert haben. Wenn die Grundlagenbescheide **aufgehoben** werden und daher ihre Bindungswirkung entfällt, können die erforderlichen Berichtigungen der bestandskräftigen Einkommensteuerbescheide vorgenommen werden. Der **Nachprüfungsvorbehalt** bei den Grundlagenbescheiden schlägt nach deren ersatzloser Aufhebung auf die **Einkommensteuerbescheide** als ursprüngliche Folgebescheide durch; ihre Bestandskraft steht dem nicht entgegen, BFH BStBl 87, 91; *TK* Tz 4. Wenn der Nachprüfungsvorbehalt für den Grundlagenbescheid aufgehoben wird, ist das FA verpflichtet zu prüfen, ob eine Anpassung des Folgebescheides vorzunehmen ist, *TK* Tz 2; FG Münster EFG 81, 65.

Die **Folgeberichtigung** dient aber nicht zur Beseitigung von sonstigen Fehlern des Folgebescheides, sondern nur zu dessen Ergänzung um die selbständig festgestellten Besteuerungsgrundlagen. Die die Änderungssperre bewirkenden Vorschriften können nicht durch erstmaligen Erlaß eines Grundlagenbescheids und die anschließende Folgeberichtigung umgangen werden, FG BaWü EFG 82, 549. Im Rahmen einer Änderung nach § 175 Abs 1 Nr 1 dürfte aber wohl ein **Rechtsfehler,** der bei der vorangegangenen Veranlagung zugunsten des Steuerpflichtigen unterlaufen ist, auch dann noch gem. § 177 AO berichtigt werden, wenn die Änderung der Jahresfrist des § 171 Abs 10, aber nach Ablauf der allgemeinen Festsetzungsfrist gem. §§ 179, 170 vorgenommen wird.

Die Endgültigkeitserklärung eines Vorbehaltsbescheides (§ 164) ohne Berücksichtigung eines Grundlagenbescheides hindert nicht die Änderung des Bescheides nach § 175 S 1 Nr 1, FG D'dorf EFG 80, 423. Die Endgültigkeitserklärung nach § 164 II bewirkt nur, daß die StFestsetzung nicht

§ 175   4. Teil. Durchführung der Besteuerung

mehr jederzeit geändert werden kann. Eine Berichtigung auf Grund anderer Vorschriften ist damit nicht ausgeschlossen. Für § 175 ist im übrigen – anders als bei § 173 der Zeitpunkt des Bekanntwerdens des Grundlagenbescheids nicht maßgebend, FG EFG 80, 424.

Aus Nr 1 ergibt sich nicht, daß eine StFestsetzung aufgrund einer in einem Feststellungsbescheid getroffenen Feststellung auch dann vorzunehmen ist, wenn der StAnspruch oder der Erstattungsanspruch aus anderen Gründen nicht durchsetzbar ist, zB infolge Verjährung oder Fristversäumung.

Die betragsmäßige Änderung des Grundlagenbescheids berechtigt nicht dazu, eine bisher unterlassene zeitliche Aufteilung der festgestellten Einkünfte nach Maßgabe teils unbeschränkter, teils beschränkter StPflicht nachzuholen, FG Köln EFG 82, 192.

Anpassung an den Grundlagenbescheid auch dann, wenn der Grundlagenbescheid bei Erlaß des StBescheides bereits vorlag, jedoch nicht berücksichtigt wurde. Die Anpassung wird nicht dadurch unzulässig, daß sie bereits in einem früheren Stadium hätte vorgenommen werden können, FG BaWü EFG 82, 113, BFH BStBl 84, 86; *TK* Tz 3.

Lag dem FA erst bei Bekanntgabe des StBescheids, nicht aber bereits bei Zeichnung des Eingabebogens die Mitteilung über den Erlaß eines Grundlagenbescheids vor, ist es zulässig, den StBescheid nach § 175 Nr 1 zu ändern, BFH BStBl 82, 99. Es wäre aber wohl in jedem Fall eine Änderung nach § 129 möglich gewesen.

An einen nichtigen Grundlagenbescheid darf der Folgebescheid nicht angepaßt werden, *TK* Tz 3. Im Verfahren gegen den Folgebescheid sind die Voraussetzungen der Nr 1 und damit auch das wirksame Ergehen des Grundlagenbescheides zu prüfen. Diese Prüfung wird sich idR aber darauf beschränken, ob ein mit einem entsprechenden Rechtsschein ausgestatteter Feststellungsbescheid vorliegt. Wird im Verfahren gegen den Folgebescheid die **Unwirksamkeit** des **Grundlagenbescheides** festgestellt, dann ist der Folgebescheid ohne Rücksicht auf eine entsprechende Änderung des Grundlagenbescheids aufzuheben, FG Saarland EFG 83, 392.

Erhebt der Stpfl Einwände gegen die Wirksamkeit des Feststellungsbescheids, muß das VeranlagungsFA ggf durch Beiziehung der Feststellungsakten klären, ob ein gegenüber dem Stpfl wirksamer Feststellungsbescheid vorliegt, FG RhPf EFG 83, 392.

5. Nr 2. Rückwirkendes Ereignis. Die Vorschrift entspr dem Grundsatz des Wegfalls der Geschäftsgrundlage. Eine Änderung gem **§ 173 I** und eine Änderung gem **§ 175 I 1 Nr 2 schließen** einander grundsätzlich **aus**, BFH 88, 863. In welchen Fällen das entspr Ereignis auch steuerl zurückwirkt, muß sich aus dem jeweiligen StG ergeben. Soweit ausdrückliche Regelungen dieser Art fehlen, kann sich die Rückwirkung aus dem Sinn des Gesetzes ergeben. Ob ein Ereignis steuerliche Wirkung für die Vergangenheit hat, beurteilt sich nach dem jeweils anzuwendenden Gesetz, BFH BStBl 84, 786. Daher müssen zB nachträgliche Ereignisse, die die Höhe eines **Veräußerungsgewinns** beeinflussen, auf den Zeitpunkt der Veräußerung zurückbezogen werden. Nach Auflösung einer Kapitalgesellschaft können noch Aufwendungen anfallen, die **nachträgliche Anschaffungskosten** der Beteiligung im Sinne des § 17 II 1 EStG sind. Derartige Anschaf-

3. Abschnitt. Festsetzungs- und Feststellungsverfahren **§ 175**

fungskosten sind bei der Ermittlung des Gewinns nach § 17 II 1 EStG zu berücksichtigen. Es handelt sich dann um ein nachträgliches **Ereignis,** das die Höhe des Veräußerungsgewinns beeinflußt und auf den Zeitpunkt der Veräußerung zurückzubeziehen ist. Dadurch wird die Steuerschuld des Jahres der Veräußerung beeinflußt mit der Folge, daß dies nach Abs 1 Nr 2 zu berücksichtigen ist, BFH BStBl 85, 428. Ein **Ereignis** im Sinne des § 175 I 1 Nr 2 muß **nachträglich** eintreten, dh nach Entstehung des Steueranspruchs.

Die Vorschrift greift aber nur ein, wenn das wirtschaftliche Ergebnis tatsächlich beseitigt wird; die Nr 2 wird durch § 41 I eingeschränkt. Bei **VeranlagSt** wirken sich Ereignisse, die sich nach **Ablauf** des **VeranlagZtraums** abspielen idR **nicht** auf die Vergangenheit **aus** (*TK* Tz 10). Diese Ansicht geht zurück auf die Rspr des RFH (RStBl 36, 116), wonach das Stichtagsprinzip und die erheblichen praktischen Schwierigkeiten, die bei einer Anwendung des früheren § 4 StAnpG auf laufend veranlagte Steuer entstünden, eine rückwirkende Berichtigung der ESt-Veranlagung nicht zuließen. So würde es dem Wesen des LStVerfahrens widersprechen, im Falle der Rückzahlung von Lohn, der in einem vorangegangenen Jahr bezogen wurde, die LSt für dieses Jahr wiederaufzurollen und ggf noch ein LStErstattungsverfahren durchzuführen. Vielmehr ist bei Steuern, die auf den Zeitpunkt des Zufließens abstellen, die Berücksichtigung derartiger Vorgänge in dem Jahr vorzunehmen, in denen die Beträge wieder zurückgezahlt werden. Nachträglicher **Wegfall** eines **Merkmals** bedeutet, daß der richtig ermittelte und beurteilte Sachverhalt durch eine später eingetretene Entwicklung verändert worden ist (*Woerner* Die Zurücknahme, Änderung und Ersetzung von Verfügungen der Steuerverwaltungsbehörden, 1965, 57).

Beispiele für Nr 2:
Anfechtung einer letztwilligen Verfügung oder einer Erbschaftsannahme (in § 214 II AO 1919 ausdrücklich erwähnt). Bilanzielle Folgewirkungen nach Änderung der Vorjahresbilanz, BFH StRK § 4 StAnpG R 19; BVerfG StRK § 4 StAnpG R 52, Anfechtung der Ehelichkeit, Anfechtung von Willenserklärungen, Nichtigkeitserklärung einer Ehe. AA FG Düsseldorf: Die Nichtigkeitserklärung einer Ehe stellt regelmäßig kein rückwirkendes Ereignis dar. Sie rechtfertigt es deshalb nicht nachträglich die Zusammenveranlagung der bisherigen Ehegatten in Einzelveranlagungen zu ändern, FG D'dorf EFG 83, 504. Diese Ehe wird bis zur Nichtigkeitserklärung wie eine gültige Ehe behandelt, vgl RGZ 120, 35, 37; § 23 EheG. Rückwirkende **Anerkennung** der Ehe **rassisch Verfolgter** aufgrund besonderen Gesetzes, BFH BStBl 61, 77; **Gewinnverteilungsbeschluß** der berücksichtigungsfähigen Ausschüttungen, BFH BStBl 85, 225; Berücksichtigung von **Vorsteuerbeträgen,** BFH BStBl 87, 522.

Die **Anfechtungserklärung** allein ist aber kein Ereignis, das steuerliche Wirkung für die Vergangenheit hat. Es genügt nicht, daß zB ein Vertrag nach § 142 I BGB als von Anfang an nichtig anzusehen war. Es ist darüberhinaus erforderlich, daß der Vertrag rückgängig gemacht wird, denn nach § 41 I ist die Unwirksamkeit eines Rechtsgeschäfts solange unbeachtlich, als die Beteiligten das wirtschaftliche Ergebnis des Rechtsgeschäfts gleichwohl eintreten und bestehen lassen, BFH BStBl 82, 425. Dies muß erst recht dann gelten, wenn die Beteiligten von Anfang an so verfahren sind. Dies gilt auch dann, wenn der Rückgängigmachung des Rechtsgeschäfts rechtliche oder tatsächliche Hindernisse entgegenstehen. Ein **Veräuße-**

§ 175 4. Teil. Durchführung der Besteuerung

rungsgewinn aus der Übertragung eines Mitunternehmeranteils gilt als mit der Übertragung realisiert; die spätere vergleichsweise Festlegung eines bisher strittigen Abfindungsanspruchs bedeutet daher ein Ereignis mit steuerlicher Wirkung für die Vergangenheit, BFH BStBl 84, 786.

Zinsen sind ein Entgelt für den Gebrauch eines überlassenen oder vorenthaltenen Geldkapitals und insoweit **laufzeitabhängig,** *TK* § 233 Tz 1. Sie sind daher ihrem Charakter nach grundsätzlich abhängig vom Bestehen einer **Steuerschuld.** Soweit eine Steuerschuld dem Grunde und der Höhe ausdrücklich unter **Vorbehalt** einer endgültigen Prüfung festgesetzt worden ist, die Steuerfestsetzung also keine materielle Bestandskraft hat, ist die spätere **Herabsetzung** der Steuerschuld ein **Ereignis,** das auch Auswirkungen auf einen vorher ergangenen **Zinsbescheid** hat, BFH BStBl 88, 229. Dies gilt zB dann, wenn ein Vorbehaltsbescheid erfolglos angefochten war und Aussetzungszinsen festgesetzt wurden.

Auch die **Änderung** eines **DBA** ist ein Ereignis, das zur Änderung eines bereits bestandskräftigen StBescheids führen kann, FG RhPf EFG 82, 500. Es ist im übrigen fraglich, ob es in diesem Fall überhaupt einer Berichtigungsvorschrift der AO bedarf, weil ein DBA und das Zusatzprotokoll selbst Gesetzeskraft haben und gem § 2 AO den StGesetzen vorgehen, vgl *Teichner* DStR 67, 507; Inf 69, 23. Hierunter fällt auch die Änderung einer bestandskräftigen StFestsetzung über GrESt, wenn eine zunächst aufgegebene, später aber wieder aufgenommene Absicht zur Eigennutzung innerhalb der 5-Jahresfrist zur GrESt-Befreiung führt, FG München EFG 82, 364.

Nicht unter **Nr 2** fällt: Nichtigkeitserklärung von StGesetzen durch das BVerfG, weil nach § 79 II BVerfGG nicht mehr anfechtbare Bescheide unberührt bleiben (StRK BVerfGG § 79 R 16); **reale** Lebensvorgänge, weil tatsächliches Geschehen nicht rückgängig gemacht werden kann. Hierzu gehören auch Realakte, dh Handlungen, an die das Gesetz eine bestimmte Rechtsfolge knüpft (Wohnsitzbegründung, Einfuhr, Beförderung). Soweit die Besteuerung allerdings an Rechtsgeschäfte anknüpft und mit dieser Anknüpfung nicht allein das Vollzugsgeschäft umschrieben werden soll, sondern tatsächlich das eigentliche Rechtsgeschäft, müßte Nr 2 eingreifen. Für die besonderen Fälle der Anfechtung, der Minderung, des Wegfalls der Geschäftsgrundlage usw vgl auch §§ 40, 41; vgl im übrigen die abweichenden Regelungen in § 17 UStG, § 11 EStG, § 5 II, § 7 II BewG, § 29 ErbStG, § 17 GrEStG, § 61 III 2 AO.

Durch Gesetz zur Änderung und Vereinfachung des EinkStG und anderer Gesetze v 18. 8. 80 – BGBl I, 1537 – wurden die §§ 10 und 15 ErbschStG mit Wirkung v 1. 1. 80 geändert. Soweit ErbschSt für einen Erwerb nach dem 31. 12. 79 unter Anwendung der §§ 10, 15 ErbStG aF bereits bestandskräftig festgesetzt wurde, ist der Bescheid nach § 175 Nr 2 nach Maßgabe der §§ 10 und 15 ErbStG zugunsten des Stpfl zu ändern, FM Nieders DB 80, 2480.

6. Abs 2. Wegfall der Voraussetzungen für eine Steuerbegünstigung. Der Abs 2 regelt die bis dahin bestehenden Schwierigkeiten in der Beurteilung, ob bei Wegfall der Voraussetzungen für eine StVergünstigung der StBescheid zu ändern ist.

Voraussetzung ist, daß das Gesetz eine steuerl Vergünstigung davon abhängig macht, daß die Voraussetzung für die Vergünstigung eine be-

3. Abschnitt. Festsetzungs- und Feststellungsverfahren   **§ 175**

stimmte Zeit lang gegeben sein muß (zB Verbleiben eines Wirtschaftsguts im Betriebsvermögen) oder daß durch einen Verwaltungsakt ausdrücklich festgestellt wird, daß das entsprechende Tatbestandsmerkmal die Grundlage für die StVergünstigung darstellt. Die Voraussetzung kann auch in einer VO festgelegt werden.

Soweit der bestimmende Verwaltungsakt ein steuerl Verwaltungsakt ist, wird durch § 175 II die Befugnis für die Anordnung einer entsprechenden Nebenbestimmung gegeben (§ 120 I). Die Regelung in Abs 1 letzter Satz über die Festsetzungsfrist gilt auch hier; vgl hierzu *Muus*, DStZ 82, 87.

7. Aus der **Rechtsprechung** zu § 4 StAnpG: **Verdeckte Gewinnausschüttungen** können nicht nach ihrem Aufgriff durch die Bp aufgrund nachträglich erfaßter gesellschaftsrechtlicher Beschlüsse durch eine Bilanzänderung nach § 4 Abs 2 EStG in offene Gewinnausschüttungen umgewandelt werden, BFH StRK, StAnpG § 4 R 39. Eine steuerl **Wirkung** für die **Vergangenheit** ist **ausgeschlossen**, wenn die **wirtschaftl Folgen** eines Rechtsgeschäfts nicht rückgängig gemacht werden können (*TK* Tz 11 unter Hinweis auf BFH BStBl 76, 656), jedenfalls wenn das Gesetz an wirtschaftl Folgen anknüpft. Vergleichen sich die Erben nach Anfechtung eines Testaments in der Weise, daß dem Testamenterben und dem Anfechtenden jeweils ein Teil der Erbmasse vom Tage des Erballs an einschließlich der inzwischen erzielten Einkünfte zustehen soll, so ist dieser Vergleich grunds einkommensteuerrechtl zu beachten, BFH StRK StAnpG § 1 R 390. Wird die **Vorjahres-Bilanz** geändert, so ist die Gewinnminderung des Vorjahres in Anwendung des § 4 III Nr 2 StAnpG zu berücksichtigen, BFH StRK AO § 222 R 266 c. Unanfechtbare USt Veranlagungen können nur dann nach § 4 III Nr 2 StAnpG berichtigt werden, wenn nachträglich ein konkretes Sachverhaltsmerkmal weggefallen ist, dessen Vorliegen das UStG für die StPflicht fordert, BFH, UStR 70, 52. Der **Sonderausgabenabzug** steht unter der **auflösenden** Bedingung, daß die Spenden tatsächlich zur Förderung eines begünstigten Zwecks verwendet werden. Ist dies nicht der Fall, sind die entspr Veranlagungen nach § 4 Abs 2 zu ändern, BFH 19. 3. 1976, StRK § 4 StAnpG R 55. Anfechtung eines vollzogenen GesellschVertrages und damit zusammenhängender Prozeßvergleich haben grunds nicht zur Folge, daß damit nachträgl ein BestMerkmal mit Wirk für die Vergangenheit wegfällt, BFH BStBl 76, 656.

Bestimmungen über Rückwirkung von Ereignissen enthalten ua § 19 VIII BerlFördG, § 5 VI InvestZulG idF des EGAO.

8. Steuerklauseln

Schrifttum: *Flick* Steuerklauseln, StKongRep 74, 429; *Sauer* Steuerklauseln, StuW 75, 19; *Theisen* Steuerklauseln im Gesellschaftsvertrag der GmbH, GmbHR 80, 132, 182; *Jonas* Steuerliche Anerkennung von Satzungsklauseln, FR 85, 285; *Zenthöfer* Steuerklauseln und Satzungsklauseln – eine Zwischenbilanz, DStZ 1987, 185, 217, 273.

Nr 2 kann Bedeutung haben im Zusammenhang mit zwei **Steuer-** oder **Satzungsklauseln.** Unter einer StKlausel versteht man eine Abmachung, nach der die Wirkungen eines Rechtsgeschäfts davon abhängig gemacht werden, daß das FA eine bestimmte Rechtsauffassung, von der die Parteien ausgegangen sind, teilt. Satzungsklauseln sind häufig im Zusammenhang mit verdeckten Gewinnausschüttungen in Satzungen enthalten. Nach In-

§ 175

krafttreten des KStG 77 haben sie jedoch praktisch keine Bedeutung mehr, weil sich aus verdeckten Gewinnausschüttungen keine nachteiligen steuerl Folgen ergeben. Grundsätzlich kann mit steuerlicher Wirkung ein **Sachverhalt nicht rückwirkend** gestaltet werden, weil der Steuerpflichtige auf einen entstandenen StAnspruch nicht rückwirkend Einfluß nehmen kann, BFH BStBl 85, 56. Die Rechtsprechung hat allerdings von dem Rückwirkungsverbot Ausnahmen zugelassen zB wenn ein Vorgang rückgängig gemacht worden war, weil die Beteiligten sich über steuerliche Auswirkungen geirrt haben, Manipulationen nicht in Frage kamen und der Vorgang nicht sich bereits anderweit steuerlich ausgewirkt hatte, BFH BStBl 68, 4. Diese Auffassung hat der BFH aber später aufgegeben, vgl BFH BStBl 83, 736. Die Rechtsprechung läßt aber auch heute noch eine Ausnahme vom Rückwirkungsverbot zu, wenn die Rückwirkung sich nur über eine kurze Zeit erstreckt und den Umständen des Falles nach vertretbar erscheint (BFH BStBl 69, 742) insbesondere, wenn mit der Rückwirkung kein steuerlicher Vorteil erstrebt wird (BFH BStBl 79, 581). Rspr und Literatur haben sich seit langem mit der Frage der Anerkennung von StKlauseln befaßt, ohne allerdings alle damit zusammenhängenden Fragen klären zu können. Wegen dieser noch nicht geklärten Rechtsfrage ist vielfach die Forderung nach einer gesetzl Regelung über die Anerkennung von StKlauseln gestellt worden. Der GesGeber hat jedoch hiervon abgesehen. In der Begründung zum RE – BT DrS VI/1982 – S 28 wird hierzu ausgeführt, daß der GesGeber davon ausgehe, daß die Vorschr über **unwirksame Rechtsgeschäfte** (§ 41) es der Rspr ermöglichen werde, die Frage der Anerkennung der StKlauseln einer Lösung zuzuführen. Der GesGeber wolle nicht eine noch in der Entwicklung befindliche Frage durch eine gesetzl Lösung festschreiben, zumal eine wirklich zwingende Notwendigkeit für eine solche Regelung nicht erkennbar sei. Der Finanzausschuß des BT hat ebenfalls keine Notwendigkeit gesehen, sich für die Regelung der StKlauseln in der AO einzusetzen. Auch im Rahmen der Beratungen des **StBereinigG** hat sich der Bundestags-Finanzausschuß nochmals mit der Problematik der Steuer- und Satzungsklauseln befaßt, jedoch insoweit ebenfalls von einer gesetzlichen Regelung abgesehen. Allerdings hat der Deutsche Bundestag die Bundesregierung aufgefordert, unverzüglich einen Gesetzentwurf zur Regelung der **verbindlichen Zusage** außerhalb einer Außenprüfung vorzulegen, vgl Beschlußempfehlung unter 2a BT-Drucks 10/4498.

Die Literatur befaßt sich zT überwiegend mit der Frage, ob StKlauseln **Bedingungen** iSd §§ 158, 159 BGB oder aber unechte **Gegenwartsbedingungen** seien. Diese Frage scheint aber für den Bereich des StRechts wenig bedeutsam zu sein, weil es allein auf die steuerl Anerkennung dieser Klauseln ankommt. Von ihrem Zweck her gesehen, soll durch die StKlauseln erreicht werden, daß eine Maßnahme mit Wirkung ex tunc als aufgehoben oder als überhaupt nicht existent gewesen betrachtet werden soll; vgl *HHSp* Anm 19, *Flume* DB 70, 77.

Es wird unterschieden zwischen **positiven** und **negativen StKlauseln,** je nachdem, ob das Rechtsgeschäft nur zT oder im ganzen seine Wirkung verlieren soll.

Eine einheitliche Auffassung über die steuerl **Anerkennung** von StKlauseln hat sich noch nicht gebildet. Der BFH hat in dem sog **Schiffsverkaufs-**

3. Abschnitt. Festsetzungs- und Feststellungsverfahren **§ 175**

fall (BStBl 62, 112) eine StKlausel anerkannt. Der Leitsatz der Entscheidung lautet: Wenn die Parteien eines Vertrages vereinbaren, daß der Vertrag seine Wirksamkeit verlieren soll, falls über die tariflichen Begünstigungen des sich aus dem Veräußerungsgeschäft ergebenden Gewinns (§ 16, 34 EStG) bis zu einem bestimmten Zeitpunkt eine positive rechtskräftige Entscheidung des Finanzamtes nicht ergangen ist, so handelt es sich um eine auflösende Bedingung im Sinne des § 4 I StAnpG. Die entsprechenden Steuerbescheide sind nach § 4 II StAnpG zu ändern.

Von einer gefestigten Rspr zu diesem Thema kann aber nicht gesprochen werden, vgl *Littmann* Information 69, 505. Auch die Auffassungen im Schrifttum gehen auseinander. Das Meinungsspektrum reicht von der uneingeschränkten Anerkennung (*Herrmann/Heuer/Raupach*, § 4 EStG, Anm 34f mit Nachweisen; *Flume* DB 70, 77) bis zu deren Ablehnung (*Grass* StW 67, 449 ff). Zum Teil werden bei rein **tatsächlichen Vorgängen**, wie zB Entnahmen, die Möglichkeit der Anerkennung von StKlausel verneint (*Littmann* aaO). Auch können Regelungen des EStG, zB über die **Gewinnermittlung,** uU der Anerkennung von StKlauseln entgegenstehen, zB BFH (BStBl 74, 540): Muß ein bereits vereinnahmter Kaufpreis nach Minderung durch den Käufer teilweise wieder zurückbezahlt werden, so ist der Spekulationsgewinn gleichwohl voll im Jahre der Vereinnahmung des Spekulationserlöses zu versteuern, wenn die Rückzahlung erst in ein späteres Jahr fällt. Der BFH erklärt hierzu, daß Spekulationsgewinne im Veranlagungszeitraum des Zuflusses zu versteuern sind. § 11 EStG schließe die Anwendung des § 4 III Nr 2 StAnpG aus. Die teilweise Rückzahlung des Kaufpreises sei ein Vorgang, der sich in Form negativer Einkünfte im Jahr der Rückzahlung auswirke.

Die Frage der Anerkennung von StKlauseln ist bisher auch nicht eindeutig durch **Erlaßregelungen** geklärt worden. Aus den koordinierten Ländererlassen zB BaWü v 16. 8. 65 (– S 2520 A – 4/63 – KSt-Kartei zu § 6 KStG Abs 1, Karte 34) wird man schwerlich auf eine generelle Anerkennung der StKlauseln schließen können, aA *Schwardt* DB 67, 139. Der BFH hat in dem oben erwähnten **Schiffsverkaufsfall** ausgeführt, in der StKlausel sei keine mißbräuchliche Rechtsgestaltung zu sehen. Ebenso wie es den Stpfl grunds gestattet sein müsse, bei der Gestaltung ihrer rechtlichen und wirtschaftlichen Maßnahmen deren steuerl Auswirkungen in Rechnung zu stellen, müsse ihnen auch die Möglichkeit gegeben sein, die endgültige Wirksamkeit von Verträgen von deren – für sie zunächst unübersehbaren oder jedenfalls ungewissen – steuerl Auswirkung bzw Behandlung abhängig zu machen. Es handele sich bei der Klausel um eine zulässige auflösende Bedingung iSd § 4 I und II StAnpG. Auf § 158 II BGB konnte der BFH seine Auffassung nicht stützen, denn nach § 159 BGB hat der Eintritt der Bedingung keine dinglich rückwirkende Aufhebung des Vertrages, sondern nur eine schuldrechtl Verpflichtung zur Rückgewähr des Erlangten zur Folge. Auch auf § 4 I und II StAnpG läßt sich die Auffassung des BFH nicht stützen (vgl *TK* StAnpG § 4 Anm 2; *HHSp* § 4 StAnpG Anm 3 a). Fraglich ist auch, ob § 4 III Nr 2 StAnpG eingreift (so *HHSp*). Aus diesen Vorschriften ergibt sich nämlich nicht, in welchen Fällen eine Bedingung eintritt oder ein Merkmal als weggefallen anzusehen ist, vgl *Beckmann* BB 67, 532.

§ 175

ZT enthalten die **EinzelsteuerG Sonderregelungen.** ZB geht § 17 GrEStG von einer zulässigen Rückgängigmachung des Geschäfts aus. Ebenso erkennen §§ 5 und 7 BewG auflösende Bedingungen an. Bei den ErtragSt, die an die Abschnittsbesteuerung anknüpfen, ist aber fraglich, ob die Einkommensgestaltung rückwirkend wieder geändert werden kann. Aus der Rspr kann allenfalls entnommen werden, daß von dieser Feststellung dann Ausnahmen gemacht werden können, wenn der Zusammenhang mit einer Ungewißheit über die steuerl Behandlung klar nachgewiesen ist, Schiebungen nicht in Frage kommen und sich die Maßnahme nicht bereits anderweitig steuerl ausgewirkt hat (*Littmann,* Das EStR 1969, § 2 Anm 129). Bei **zweiseitigen Rechtsgeschäften** mit entgegengesetzten Interessenlagen dürfte die Annahme von mißbräuchlicher Verwendung von StKlauseln regelmäßig nicht begründet sein. Insofern könnte es gerechtfertigt sein, uU bei Satzungsklauseln wegen der gleichgerichteten Interessen von Gesellschaft und Gesellschaftern strengere Maßstäbe anzulegen. Angesichts der Tatsache, daß auch die AO 77 dem Stpfl keinen Anspruch auf Erteilung einer **verbindlichen Auskunft** gibt, kann es Fälle geben, in denen der Stpfl wegen der Rechtsunsicherheit gehalten ist, sich gegen nicht berücksichtigte steuerschädliche Folgen durch eine StKlausel zu schützen. Die **Nichtanerkennung** der Klausel kann uU einen Verstoß gegen **Treu und Glauben** darstellen. In diesem Sinne hat auch der **BFH** (BStBl 57, 400) formuliert: Bei der **Schwierigkeit** und **Unübersichtlichkeit** des heutigen **Steuerrechts** sind Fälle denkbar, in denen das ausnahmslose Festhalten an dem Grundsatz, daß der Stpfl das StR kennen muß, daß Rechtsirrtümer zu seinen Lasten gehen, daß die einmal eingetretene StPflicht durch einen Irrtum die steuerl Auswirkungen des Verhaltens des Stpfl nicht mehr beeinflußt werden könne, mit **Treu und Glauben** nicht vereinbar ist. Der BFH sagt aber gleichzeitig, daß sich allgemeine Grundsätze darüber, wann ein solcher Ausnahmefall anerkannt werden kann, nicht aufstellen lassen. Sie hingen von den Umständen des Einzelfalles ab. In einem späteren Urteil (BStBl 62, 255) stellt derselbe Senat folgende Thesen auf für die Anerkennung von StKlauseln: Die Beteiligten haben offensichtlich nicht die **steuerl Folgen** ihres Verhaltens übersehen; sie hätten bei Kenntnis der steuerl Folgen den **Tatbestand nicht verwirklicht;** der Sachverhalt wurde bis zum Aufstellen der Bilanz endgültig klargestellt und der frühere Zustand wieder hergestellt; die Bilanz wurde innerhalb einer angemessenen Frist aufgestellt. Ähnlich äußert sich der BFH in dem Urt BStBl 67, 152, wobei er hervorhebt, daß die **steuerlichen Folgen** für die Betroffenen **ungewöhnlich hart** sein müssen.

Rspr zur Frage der Anerkennung von StKlauseln: BFH BStBl 62, 112; 62, 255; 64, 184; 64, 308; 65, 196; 66, 250; 67, 152; 68, 292; 71, 65; Literatur außer den bereits zitierten Kommentaren: InstitFSt Brief 165, Steuerklauseln, Zulässigkeit, Wirkungen und Anwendungsbereich; *Kottke* Eine Bestandsaufnahme des Rechts der Steuerklauseln, DStR 67, 446; *Nolte* Zur Problematik der Steuerklauseln, DB 70, 507; *Tipke* Steuerklauseln, NJW 68, 865 und FR 70, 261.

3. Abschnitt. Festsetzungs- und Feststellungsverfahren § 176

§ 176 Vertrauensschutz bei der Aufhebung und Änderung von Steuerbescheiden

(1) ¹Bei der Aufhebung oder Änderung eines Steuerbescheides darf nicht zuungunsten des Steuerpflichtigen berücksichtigt werden, daß
1. das Bundesverfassungsgericht die Nichtigkeit eines Gesetzes feststellt, auf der die bisherige Steuerfestsetzung beruht,
2. ein oberster Gerichtshof des Bundes eine Norm, auf der die bisherige Steuerfestsetzung beruht, nicht anwendet, weil er sie für verfassungswidrig hält,
3. sich die Rechtsprechung eines obersten Gerichtshofes des Bundes geändert hat, die bei der bisherigen Steuerfestsetzung von der Finanzbehörde angewandt worden ist.

²Ist die bisherige Rechtsprechung bereits in einer Steuererklärung oder einer Steueranmeldung berücksichtigt worden, ohne daß das für die Finanzbehörde erkennbar war, so gilt Nummer 3 nur, wenn anzunehmen ist, daß die Finanzbehörde bei Kenntnis der Umstände die bisherige Rechtsprechung angewandt hätte.

(2) Bei der Aufhebung oder Änderung eines Steuerbescheides darf nicht zuungunsten des Steuerpflichtigen berücksichtigt werden, daß eine allgemeine Verwaltungsvorschrift der Bundesregierung, einer obersten Bundes- oder Landesbehörde von einem obersten Gerichtshof des Bundes als nicht mit dem geltenden Recht in Einklang stehend bezeichnet worden ist.

Schrifttum: *Felix* Änderungssperre wegen Vertrauensschutzes, § 176 AO, Kölner Steuerdialog 9/86, 6509; *Lohmeyer* Vertrauensschutz bei der Aufhebung und Änderung von Steuerbescheiden, Inf 86, 506; *Thiel* Vertrauensschutz im Besteuerungsverfahren DB 88, 1343.

Übersicht

1. Inhalt
2. Bedeutung
3. Abs 1 Nr 1: Nichtigkeit
4. Abs 1 Nr 2: Nichtanwendung einer Norm
5. Abs 1 Nr 3: Änderung der Rechtsprechung
6. Abs 2: Allgemeine Verwaltungsvorschriften
7. Sondervorschriften

1. Inhalt. Die Vorschr schützt das **Vertrauen** des Stpfl in eine ihm günstige **Gesetzgebung, Rechtsprechung** oder **Verwaltungsvorschrift**. Sie stellt eine erhebliche Erweiterung des bisher in § 222 II RAO enthaltenen Rechtsgedankens dar. Der Vertrauensschutz des § 176 greift nur bei der Aufhebung und Änderung von StBescheiden ein; mit der Vorschrift kann nicht die Änderung eines StBescheid begehrt werden, FG Nieders EFG 82, 160. Teilweise wurden in den nunmehr ausdrücklich geregelten Fällen durch Übergangsregelungen im Billigkeitswege Härten vermieden. Über den Wortlaut der Vorschr hinaus kann es aber immer noch weitere Fälle geben, bei denen die Schutzvorschrift des § 176 versagt; es ist zB denkbar, daß der Stpfl im Vertrauen auf die Verfassungsmäßigkeit von Gesetzen, auf das Weiterbestehen der Rspr und die Gültigkeit von VerwAnweisungen **Dispositionen** getroffen hat, denen plötzlich die Grundlage entzogen wird.

§ 176   4. Teil. Durchführung der Besteuerung

Er wird durch § 176 nur geschützt, soweit bereits eine entspr **Steuerfests** vorliegt. War dies nicht der Fall, greift § 176 nicht ein. In derartigen Fällen ist es jedoch Aufgabe der Verwaltung, durch entspr Richtlinien festzulegen, daß die bisherige Rechtsauffassung bis zum Ergehen der entspr Entscheidung weitergelten soll. Soweit eine verschärfte Rechtsprechung nachteilige Folgen für den Steuerpflichtigen haben kann, weil § 176 AO nicht greift, sind die Finanzbehörden idR gehalten, **Übergangsregelungen** zu erlassen (*Felix* aaO). § 176 schützt eigentlich nicht das Vertrauen in die Gesetzgebung usw, sondern das Vertrauen in die Bestandskraft der StFestsetzung.

2. Die Vorschr hat **Bedeutung** für **alle Fälle** der **Änderung** von **StBescheiden**, ganz gleich auf welchen Vorschriften sie beruht. Vorschr gilt nicht für Verwaltungsakte, die keine StBescheide sind und auf die die Vorschr über StBescheide auch nicht entspr anwendbar sind. Hauptanwendungsgebiet des § 176 sind die in § 172 I besonders erwähnten Fälle der Steuerfestsetzung unter **Vorbehalt** der **Nachprüfung** und der vorläufigen Steuerfestsetzung. Da § 173 die Aufhebung oder Änderung eines Bescheids nicht vom Eintritt besserer Rechtserkenntnis abhängig macht, hat § 176 insoweit nur eine begrenzte Bedeutung, vgl HHSp Anm 11; BFH BStBl 88, 180. Werden nachträglich Tatsachen bekannt, die eine niedrigere Steuer rechtfertigen, so können zum Nachteil der Steuerpflichtigen keine Rechtsfehler berichtigt werden, die auf Ereignisse der in § 176 I genannten Art zurückgehen, BFH BStBl 88, 180. Zum Teil wird jedoch die Auffassung vertreten, daß der Vertrauensschutz des § 176 nicht bei vorläufigen oder unter Nachprüfungsvorbehalt stehenden Bescheiden eingreift, weil in diesen Fällen der Stpfl mit der Möglichkeit von Änderungen rechnen muß, die sich auch aus einer Veränderung der Rechtsprechung ergeben kann, FG RhPf EFG 81, 511, im Gesetz findet diese Auffassung jedenfalls keine Stütze. Im Gegenteil kann behauptet werden, daß dem Vertrauensschutz gerade bei sog **Festsetzungen** unter **Vorbehalt** der **Nachprüfung** (§ 164) besondere Bedeutung zukommt. Daher ist auch der Ansicht des FG Hbg (EFG 83, 393) zu folgen, wonach die Vorschrift nur das Vertrauen in eine **bestandskräftige** Steuerfestsetzung schützen soll. § 176 stehe daher einer Korrektur im Einspruchsverfahren gegen einen bisher nicht bekannten bestandskräftig gewordenen Steuerbescheid nicht entgegen, aA *TK* § 365 Tz 4; *Kühn/Kutter/Hofman* 15. Aufl. § 365 Bemerkung 2d; *Koch* § 176 Rz 2. Die Vorschr hat auch Bedeutung für die Aufhebung oder Änderung wegen **neuer Tatsachen** zuungunsten des Stpfl nach § 173 I Nr 1. Auch hier kann einer Aufhebung oder Änderung der StFestsetzung § 176 entgegenstehen. Es kommt nicht darauf an, ob der Stpfl die neu aufgedeckten Tatsachen versehentlich oder aber bewußt im Hinblick auf die für ihn günstigere Gesetzeslage oder VerwPraxis nicht angegeben hat. Es muß darauf abgestellt werden, wie diese Tatsachen damals behandelt worden wären, wären sie bekannt gewesen. Die Stpfl werden durch diese Vorschrift praktisch so gestellt, als sei die StFestsetzung in diesem Punkte unabänderlich, jedenfalls soweit sie auf der bisherigen Rechtsauffassung beruht.

Nicht geklärt ist die Frage, ob § 176 auch anwendbar ist auf die **Eintragung** eines **Freibetrages** auf der **LSt-Karte** nach § 39 a IV EStG. Nach

3. Abschnitt. Festsetzungs- und Feststellungsverfahren § 176

dieser Bestimmung stellt die Eintragung eine **gesonderte Feststellung** gem § 179 unter **Vorbehalt** der **Nachprüfung** dar. Daher müßte der Vertrauensschutz des § 176 ebenfalls eingreifen, so auch *TK* Tz 2. Die Auffassung, daß die Eintragung des Freibetrags keine **Bindungswirkung** gegenüber dem **Stpfl** sondern nur gegenüber dem zum StAbzug verpflichteten **Arbeitgeber** auslöst, erscheint dagegen gekünstelt und vom Ergebnis her konstruiert zu sein.

3. Abs 1 Nr 1 Feststellung der **Nichtigkeit** durch das **Bundesverfassungsgericht**. Ausgangslage ist der § 79 II 1 BVerfGG, wonach nicht mehr anfechtbare Entscheidungen von der Nichtigkeitserklärung unberührt bleiben. Die Vorschr legt den Begriff der nicht mehr anfechtbaren Entscheidung dahin aus, daß iSd § 79 II 1 BVerfGG alle Bescheide insoweit unanfechtbar sind, als ein dem Stpfl günstiges Gesetz angewendet worden ist, das später für nichtig erklärt wird (Begründung in BT DrS VI/1982, 155).

4. Nr 2 Nichtanwendung einer **Norm** durch einen **obersten Gerichtshof** des Bundes. Die Regelung entspr der in Nr 1 getroffenen. Die Normenkontrolle des BVerfG nach Art 100 I GG beschränkt sich auf **nachkonstitutionelles** Recht, dh auf R, das nach Inkrafttreten des GG entstanden ist. Im übrigen haben die Gerichte in eigener Zuständigkeit über die Vereinbarkeit von vorkonstitutionellen Normen mit dem GG zu entscheiden (BVerfGE 1, 128), sofern der GesGeber diese Normen nicht nach Inkrafttreten des GG in seinen Willen aufgenommen hat, BVerfGE 6, 65.

5. Nr 3. Änderung der **Rechtsprechung** eines obersten Gerichtshofes des Bundes. Die Nr 3 regelt den Vertrauensschutz in eine für den Stpfl günstige Rspr. Es ist **nicht** erforderlich, daß es sich bei dieser Rspr um eine „ständige" handelt (anders noch RegEntwurf, vgl BT Drs VI/1982 – § 157 I Nr 3), es kommt nur darauf an, daß die FinBeh diese Rspr **angewendet** hat oder angewendet hätte (vgl hierzu S 2). Eine Änderung der Rspr liegt nur vor, wenn der gleiche Sachverhalt, der bereits in einem höchstrichterlichen Urteil beurteilt worden ist, in einem späteren höchstrichterlichen Urteil anders beurteilt wird. Eine Änderung des Gesamtbildes der Rechtsprechung, Verfeinerungen und Abwandlungen begründen noch keinen Vertrauensschutz, FG BaWü EFG 83, 55. Der Stpfl soll so gestellt werden, wie er gestanden hätte, wenn eine geänderte Rspr eines Obersten Gerichtshofs des Bundes nicht geändert worden wäre. Die Änderung der Rspr muß also kausal für die Änderung des StBescheides gewesen sein. Der Vertrauensschutz greift auch bei **nichtveröffentlichten** Entscheidungen des BFH ein, wenn diese von der FinBeh verwertet werden. Satz 2 betrifft den Fall, daß für die FinBeh die Anwendung der Rspr nicht erkennbar war. Der Vertrauensschutz greift ein, wenn anzunehmen ist, daß die FinBeh bei Kenntnis der Umstände die bisherige Rspr angewandt hätte. Davon ist auszugehen, wenn die Finanzverwaltung die Rspr ohne Einschränkungen akzeptiert hätte. Dies gilt nicht, wenn die vorgesetzten Dienststellen die FÄ angewiesen haben, die Rspr nicht anzuwenden.

6. Abs 2. Allgemeine Verwaltungsvorschriften der Bundesregierung, einer obersten Bundes- oder Landesbehörde (zB Einkommensteuerrichtlinien). Wird in diesen eine für den Stpfl günstige Auffassung vertreten und erklärt ein oberster Gerichtshof des Bundes diese Auffassung als nicht mit dem geltenden Recht im Einklang stehend, so darf dies bei der Aufhebung oder Änderung des Bescheides nicht zuungunsten des Stpfl berücksichtigt werden. Abs 2 bezieht sich nicht nur auf die Fälle, in denen ein oberster Gerichtshof des Bundes eine allgemeine Verwaltungsvorschrift **ausdrücklich** als nicht mit dem geltenden Recht in Einklang stehend bezeichnet, sondern auch auf solche Entscheidungen, in denen dies **sinngemäß** zum Ausdruck kommt, BFH BStBl 88, 40. Es reicht aus, daß sich die sachlichrechtlichen Aussagen der allgemeinen Verwaltungsanweisung einerseits und des Urteils des obersten Gerichtshofs des Bundes andererseits widersprechen.

Abs 1 Nr 3 und Abs 2 greifen weder unmittelbar noch analog ein, wenn ein vor dem 1. 1. 77 erlassener erstmaliger StBescheid nach dem 31. 12. 76 durch Einspruchsentscheidung verbösert wird, FG Hbg EFG 83, 393. Nur bei der Aufhebung und Änderung eines bestandskräftigen StBescheids greift der Vertrauensschutz des § 176 ein.

7. Wegen der sinngem aber eingeschränkten Anwendung des § 176 auf **Neuveranlagungen** bei der **VSt** vgl § 16 II 2, 3 VStG idF der EGAO, auf Neuveranlagung der **GrundstMeßbeträge** § 17 II Nr 2 GrStG idF des EGAO, auf **Fortschreibungen** der **Einheitswerte** § 22 III 2, 3 BewG idF der EGAO.

§ 177 Berichtigung von Rechtsfehlern

(1) Liegen die Voraussetzungen für die Aufhebung oder Änderung eines Steuerbescheides zuungunsten des Steuerpflichtigen vor, so sind, soweit die Änderung reicht, zugunsten und zuungunsten des Steuerpflichtigen solche Rechtsfehler zu berichtigen, die nicht Anlaß der Aufhebung oder Änderung sind.

(2) Liegen die Voraussetzungen für die Aufhebung oder Änderung eines Steuerbescheides zugunsten des Steuerpflichtigen vor, so sind, soweit die Änderung reicht, zuungunsten und zugunsten des Steuerpflichtigen solche Rechtsfehler zu berichtigen, die nicht Anlaß der Aufhebung oder Änderung sind.

(3) § 164 Abs. 2, § 165 Abs. 2 und § 176 bleiben unberührt.

Schrifttum: *Guth* Anwendung des § 177 AO-Berichtigung von Rechtsfehlern, StBp 82, 298.

Übersicht

1. Inhalt
2. Saldierung
3. Berichtigung zugunsten und zuungunsten
4. Aufhebung oder Änderung zugunsten des Steuerpflichtigen
5. Verhältnis zu § 164 II, § 165 II und § 176

1. Inhalt. Grundsätzlich können **Rechtsfehler,** die in StBescheiden enthalten sind, nur berichtigt werden, soweit dies im Gesetz vorgesehen ist. Auch wenn sich aus anderen Vorschr die Möglichkeit oder die Notwendigkeit einer Aufhebung oder Änderung eines StBescheides ergibt, können

3. Abschnitt. Festsetzungs- und Feststellungsverfahren **§ 177**

grunds nicht gleichzeitig in einem Gang Rechtsfehler, die bei der früheren StFestsetzung unterlaufen sind, mit bereinigt werden. Etwas anderes galt in eingeschränktem Maße für die die sog **Gesamtaufrollung** nach § 222 I Nr 1, 2 RAO, vgl zur Gesamtaufrollung § 173 Anm 4. Die StFestsetzung genießt insoweit, als nicht aufgrund besonderer Vorschr ihre Änderung zulässig ist, Bestandsschutz. Dieser Bestandsschutz zeigt sich ua darin, daß nach § 351 der Stpfl bei Änderung eines Bescheides zu seinen Ungunsten nur den sich aus der Änderung ergebenden „Mehrbetrag" anfechten kann. § 177 betrifft alle Fälle, in denen die Bestandskraft eines StBescheides durchbrochen werden kann, unabhängig davon ob dies aufgrund der §§ 172 ff oder anderer gesetzlicher Änderungsvorschriften geschieht, *Kühn-Kutter* Anm 1; *TK* Tz 1. Die FinBeh soll nicht bei einer Änderung des Bescheides den ursprünglichen Bescheid nochmals vollständig neu überprüfen müssen. Diese Einschränkungen gelten nur dort nicht, wo das Gesetz eine jederzeitige Änderung des Bescheides auch nach dessen Unanfechtbarkeit zuläßt, wie zB bei der sog **Vorbehaltsfestsetzung** nach § 164.

2. Die oben aufgezeigten Grundsätze schränkt § 177 ein. Die Regelung beschränkt sich allerdings darauf, daß sie eine Art **Saldierung** zuläßt: Nur soweit aufgrund anderer Vorschr eine Änderung durchgeführt werden kann, dh nur soweit sich aus dieser Änderung Auswirkungen auf die Höhe der festgesetzten Steuer ergeben, können **Rechtsfehler,** die bei der ursprünglichen Festsetzung unterlaufen sind, **gegengerechnet** werden. Ein Rechtsfehler liegt vor, wenn die in ihm festgesetzte Steuer höher ist als die nach § 38 entstandene Steuer, FG München EFG 82, 332. Er umfaßt jede objektive **Unrichtigkeit** des StBescheids, *Woerner-Grube,* Die Aufhebung und Änderung von StVerwaltungsakten, 7. Aufl S 124 ff.

Beispiel:
Das FA will einen Bescheid wegen Aufdeckung neuer Tatsachen zuungunsten des Stpfl ändern. Durch diese Änderung würde sich eine Mehrsteuer in Höhe von 1000 DM ergeben. Der frühere Bescheid enthielt jedoch zuungunsten des Stpfl einen Rechtsfehler, der sich steuerl in Höhe von 1500 DM ausgewirkt hat. Dieser Rechtsfehler ist gegen die sich aus den neuen Tatsachen ergebenden Auswirkungen auf den Bescheid aufzurechnen, aber nur bis zur Höhe von 1000 DM. Der Stpfl kann aufgrund dieser Vorschrift nur erreichen, daß die Steuer um 500 DM unter der ursprünglich festgesetzten Steuer festgesetzt wird.

Werden nachträglich **steuererhöhende** und **steuermindernde** Tatsachen oder Beweismittel bekannt und führen die steuererhöhenden Tatsachen und Beweismittel zur Berichtigung nach § 173 I Nr 1, so sind unabhängig von einem groben Verschulden des Steuerpflichtigen im Rahmen der Änderung die steuermindernden Tatsachen gemäß § 177 zu berücksichtigen, BFH BStBl 87, 297. Bei der Zusammenveranlagung von Ehegatten gilt dies auch, wenn bei dem einen Ehegatten steuererhöhende und bei dem anderen Ehegatten steuermindernde Tatsachen oder Beweismittel bekannt werden, BFH aaO. Jede objektive **materielle** Unrichtigkeit eines Steuerbescheids beinhaltet zugleich einen **Rechtsfehler** iSd § 177 I. Dies gilt nicht nur, wenn geltendes Recht unrichtig angewendet wurde sondern auch dann, wenn der Steuerfestsetzung ein **Sachverhalt** zugrundegelegt worden ist, der sich als **unrichtig** erweist (BFH BStBl 87, 297; *TK* § 177 Anm 3).

§ 177
4. Teil. Durchführung der Besteuerung

§ 117 müßte auch in den Fällen der **Berichtigung** eines Bescheides nach § 129 angewendet werden, vgl *Thiel* DB 78, 1611.

3. Berichtigung zugunsten und **zuungunsten.** Gegen die Berücksichtigung des früheren Rechtsfehlers, der sich zuungunsten des Stpfl ausgewirkt hat, kann die FinBeh aber auch wiederum mit Rechtsfehlern aufrechnen, die sich seinerzeit zugunsten des Stpfl ausgewirkt haben. Sie kann im **Beispielsfall** geltend machen und bei der Änderung berücksichtigen, daß der ursprüngliche Bescheid auch einen Rechtsfehler zugunsten des Stpfl enthält, der sich in Höhe von 800 DM ausgewirkt hat. Danach würde der geänderte Bescheid eine Mehrsteuer in Höhe von $1000 - 1500 + 800 = 300$ ergeben. Entscheidend ist, daß bei dem Änderungsbescheid der sich aus anderen Änderungsvorschr ergebende Berichtigungsspielraum (hier Nachforderung von 1000) eingehalten wird.

Weiteres **Beispiel** aus AnwErl Nr 2b: Es werden nachträglich Tatsachen bekannt, die zu einer um 10 000 DM **höheren** Steuer führen. Außerdem ist ein geänderter **Grundlagenbescheid** zu berücksichtigen, der zu einer um 11 000 DM **niedrigeren** St führt. Gleichzeitig werden **Rechtsfehler** festgestellt, die sich seinerzeit in Höhe von 17 000 DM **zugunsten** und in Höhe von 12 000 DM **zuungunsten** des Stpfl ausgewirkt hatten. Zunächst sind die Auswirkungen der Rechtsfehler gegeneinander zu saldieren (Differenz: 5000 DM zugunsten des Stpfl). Die 5000 DM-Differenz ist mit den Auswirkungen, die sich aus dem Grundlagenbescheid ergeben (11 000 DM zugunsten des Stpfl) zu verrechnen. Der sich daraus ergebende Betrag von 6000 DM ist mit der Nachforderung wegen Bekanntwerdens neuer Tatsachen (10 000 DM zuungunsten des Stpfl) zu saldieren, so daß sich daraus eine Änderung des Bescheides in Höhe von 4000 DM zuungunsten des Stpfl ergibt.

Die Vorschrift soll auch bei der Durchführung eines **Verlustrücktrages** iSd § 10d EStG gelten. Dann können bis zur Höhe des rücktragsfähigen Verlustes in der bestandskräftigen Veranlagung enthaltene Rechtsfehler berichtigt werden, FG Münster EFG 82, 523.

4. Abs 2. Aufhebung oder **Änderung** eines Bescheides **zugunsten** des Stpfl. Abs 2 enthält die dem Abs 1 entsprechende Regelung für den Fall, daß sich aufgrund anderer Vorschr ein Grund für eine Aufhebung oder Änderung des Bescheides zugunsten des Stpfl ergibt. Auch hiergegen kann die FinBeh mit Rechtsfehlern, die dem früheren Bescheid anhaften und die sich zugunsten des Stpfl ausgewirkt haben, „aufrechnen". Der Stpfl wiederum kann gegen diese Aufrechnung seinerseits mit Rechtsfehlern, die sich zu seinem Nachteil ausgewirkt haben, aufrechnen. Wichtige Einschränkungen und Erweiterungen ergeben sich aus Abs 3.

5. Verhältnis zu § 164 II, § 165 II und § 176. Abs 3 stellt klar, daß die og Vorschriften unberührt bleiben. Im Falle der Vorbehaltsfestsetzung (§ 164) ergibt es sich aus deren Wesen, daß sie keine Einschränkungen hinsichtlich der Änderungsmöglichkeit, insbesondere auch nicht hinsichtlich der Bereinigung von Rechtsfehlern, enthält. Auch bei einer vorläufigen Festsetzung (§ 165) ist eine Bereinigung von Rechtsfehlern noch möglich, jedenfalls soweit die Vorläufigkeit reicht: Hat die FinBeh zB einen bestimmten Sachverhalt steuermindernd berücksichtigt, wegen dieses Punktes aber die

3. Abschnitt. Festsetzungs- und Feststellungsverfahren **§ 178**

StFestsetzung für vorläufig erklärt, so kann sie nach Beseitigung der Ungewißheit trotzdem die Anerkennung der StMinderung versagen, wenn sie damit einen ihr unterlaufenen Rechtsfehler bereinigen will.

Auch **§ 176 bleibt unberührt.** Diese Bestimmung wirkt sich nur zum Vorteil des Stpfl aus. Der Stpfl wird auch bei Anwendung des § 177 nach den Grundsätzen des § 176 im Rahmen der „Saldierung" geschützt. Die FinBeh kann daher nicht mit Rechtsfehlern „aufrechnen", die als solche erst durch eine Entscheidung des BVerfG oder eines obersten Gerichtshofes des Bundes erkennbar werden.

IV. Kosten

§ 178 Kosten bei besonderer Inanspruchnahme der Zollbehörden

(1) Die Behörden der Bundeszollverwaltung sowie die Behörden, denen die Wahrnehmung von Aufgaben der Bundeszollverwaltung übertragen worden ist, können für eine besondere Inanspruchnahme oder Leistung (kostenpflichtige Amtshandlung) Gebühren erheben und die Erstattung von Auslagen verlangen.

(2) Eine besondere Inanspruchnahme oder Leistung im Sinne des Absatzes 1 liegt insbesondere vor bei
1. Amtshandlungen außerhalb des Amtsplatzes und außerhalb der Öffnungszeiten, soweit es sich nicht um Maßnahmen der Steueraufsicht handelt,
2. Amtshandlungen, die zu einer Diensterschwernis führen, weil sie antragsgemäß zu einer bestimmten Zeit vorgenommen werden sollen,
3. Untersuchungen von Waren, wenn
   a) sie durch einen Antrag auf Erteilung einer verbindlichen Zolltarifauskunft, Gewährung einer Steuervergütung oder sonstigen Vergünstigungen veranlaßt sind oder
   b) bei Untersuchungen von Amts wegen Angaben oder Einwendungen des Verfügungsberechtigten sich als unrichtig oder unbegründet erweisen oder
   c) die untersuchten Waren den an sie gestellten Anforderungen nicht entsprechen,
4. Überwachungsmaßnahmen in Betrieben und bei Betriebsvorgängen, wenn sie durch Zuwiderhandlungen gegen die zur Sicherung des Steueraufkommens erlassenen Rechtsvorschriften veranlaßt sind,
5. amtlichen Bewachungen und Begleitungen von Beförderungsmitteln oder Waren,
6. Verwahrung von Zollgut, die von Amts wegen oder auf Antrag vorgenommen wird,
7. Schreibarbeiten (Fertigung von Schriftstücken, Abschriften und Ablichtungen), die auf Antrag ausgeführt werden.

(3) Der Bundesminister der Finanzen wird ermächtigt, durch Rechtsverordnung, die der Zustimmung des Bundesrates nicht bedarf, die kostenpflichtigen Amtshandlungen näher festzulegen, die für sie zu erhebenden Kosten nach dem auf sie entfallenden durchschnittlichen Verwaltungsaufwand zu bemessen und zu pauschalieren, sowie die Voraus-

§ 179

4. Teil. Durchführung der Besteuerung

setzungen zu bestimmen, unter denen von ihrer Erhebung wegen Geringfügigkeit, zur Vermeidung von Härten oder aus ähnlichen Gründen ganz oder teilweise abgesehen werden kann.

(4) ¹Auf die Festsetzung der Kosten sind die für Zölle und Verbrauchsteuern geltenden Vorschriften entsprechend anzuwenden. ²Die §§ 18 bis 22 des Verwaltungskostengesetzes gelten für diese Kosten nicht.

1. Die Behörden der **Bundeszollverwaltung** sowie Behörden, die Aufgaben der Bundeszollverwaltung wahrnehmen, können nach Maßgabe einer RechtsVO **Kosten** für die besondere Inanspruchnahme der Zollbehörden erheben. Der Begriff der Kosten umfaßt **Gebühren** und **Auslagen**.

2. Die **Aufzählung** in Abs 2 ist nur **beispielhaft** („insbesondere"). Sie ist aber so erschöpfend, daß kaum Fälle denkbar sind, die nicht durch Abs 2 erfaßt sind.

3. **Zuständig** für den Erlaß einer entspr **Verordnung** ist der Bundesminister der Finanzen. Es wird ausdrücklich klargestellt, daß diese Verordnung nicht der Zustimmung des BR bedarf.

4. Auf die **Festsetzung** der Kosten sind die für Zölle und VerbrauchSt geltenden Vorschriften entspr anzuwenden, dh insbes §§ 155, 169, 172. Auf die Kosten ist das **VerwaltKostenG** (BGBl I 70, 821) anzuwenden mit Ausnahme der §§ 18 bis 22. Diese Vorschriften enthalten Regelungen über **Säumniszuschl, Stundung, Niederschlag, Erlass**. Insoweit sollen die Vorschriften der AO gelten, dh ua, daß auf Kosten **keine SZ und keine Zinsen** zu erheben sind (§ 233, 2, § 240 II).

2. Unterabschnitt. Gesonderte Feststellung von Besteuerungsgrundlagen, Festsetzung von Steuermeßbeträgen

I. Gesonderte Feststellungen

§ 179 Feststellung von Besteuerungsgrundlagen

(1) Abweichend von § 157 Abs. 2 werden die Besteuerungsgrundlagen durch Feststellungsbescheid gesondert festgestellt, soweit dies in diesem Gesetz oder sonst in den Steuergesetzen bestimmt ist.

(2) ¹Ein Feststellungsbescheid richtet sich gegen den Steuerpflichtigen, dem der Gegenstand der Feststellung bei der Besteuerung zuzurechnen ist. ²Die gesonderte Feststellung wird gegenüber mehreren Beteiligten einheitlich vorgenommen, wenn dies gesetzlich bestimmt ist oder der Gegenstand der Feststellung mehreren Personen zuzurechnen ist. ³Ist eine dieser Personen an dem Gegenstand der Feststellung nur über eine andere Person beteiligt, so kann insoweit eine besondere gesonderte Feststellung vorgenommen werden.

(3) Soweit in einem Feststellungsbescheid eine notwendige Feststellung unterblieben ist, ist sie in einem Ergänzungsbescheid nachzuholen.

Abs 2 S 2 neu gefaßt mit Wirkung ab 1. 1. 87 durch StBereinigG 1986 v 19. 12. 85, BGBl I, 2436.

3. Abschnitt. Festsetzungs- und Feststellungsverfahren § 179

Schrifttum: *Beckerath* Die einheitliche Feststellung von Einkünften im Veranlagungs- und Einspruchsverfahren, DStR 83, 475; *Milatz* Das Feststellungsverfahren bei einer atypischen stillen Unterbeteiligung, StW 86, 18; *Nieland/Dietrich* Unterschiede zwischen verbuchten und zu versteuernden Erträgen aus inländischen Investmentfonds und ihre steuerliche Behandlung, StBp 87, 66; *Schulze zur Wiesche* Sonderbetriebsausgaben eines Gesellschafters, DB 88, 1466.

Übersicht

1. Inhalt
2. Gesonderte Feststellungen
3. Wirkung
4. Abs 2: Adressat
5. Nachholung

1. Inhalt. Die Vorschrift enthält eine Abweichung von dem in § 157 II aufgestellten Grundsatz, daß die **Besteuerungsgrundlagen** nur einen **unselbständigen** Teil der StFestsetzung bilden. Für **gesonderte Feststellungen gelten** nach § 181 I die gleichen Vorschr wie für StBescheide, dh sie unterliegen – der **Festsetzungsverjährung** (§ 169), für sie gelten die Regeln über die **Anlaufhemmung** (§ 170) sowie über die **Ablaufhemmung** (§ 171). Sie können unter **Vorbehalt** der **Nachprüfung** (§ 164) oder **vorläufig** (§ 165) festgesetzt werden, für sie gelten ferner die Regelungen über die **Bestandskraft** von StBescheiden (§§ 172 bis 177). Fälle der gesonderten Feststellung in § 180, ferner nach §§ 19, 22 IV 1, § 113a BewG, § 18 I 3 AußenStG, § 39 III 4, § 39a IV 1 EStG (Eintragung des FamStands bzw eines Freibetrags auf LSt-Karte, FG Berlin EFG 87, 54), § 55 V 4 EStG, § 12 III, IV Erb- und VerkStG, § 47 KStG 77, zT idF der EGAO. FA darf auch während eines **Konkursverf** Besteuerungsgrundlagen für StForderungen, die Konkursforderungen sind, durch **Bescheid gegenüber dem Gemeinschuldner** feststellen, aA FG RhPf EFG 78, 473 rkr; vgl näher § 251 Anm 3.

2. Abs. 1 stellt klar, daß nur in den im Gesetz besonders geregelten Fällen eine gesonderte Feststellung von Besteuerungsgrundlagen vorzunehmen ist. Diese besondere gesetzl Regelung kann sich aus der AO (§ 180) oder auch aus anderen EinzelStG (s Anm 1) ergeben. Die Festsetzung der Besteuerungsgrundlagen geschieht durch **Feststellungsbescheid.** Für diesen gelten die Vorschr über die StFestsetzung entspr (vgl § 181 Abs 1).

3. Wirkung der gesonderten Feststellung (§ 182). Entspr ihrem Wesen ist die gesonderte Feststellung **selbständig anfechtbar.** Sie unterliegt hinsichtlich der Vorschr über die Aufhebung oder Änderung den gleichen Einschränkungen wie die StFestsetzung. Der Stpfl kann die in der gesonderten Feststellung getroffenen Feststellungen nur mit einem Rechtsbehelf gegen diese, nicht aber mit einem Rechtsbehelf gegen die Festsetzung der Steuer angreifen (§ 351 I). Auch die FinBeh ist an die gesonderte Feststellung gebunden. Die **Bindungswirkung** bezieht sich grunds auf alle Feststellungen, die Gegenstand der gesonderten Feststellung bilden. Durch die gesonderte Feststellung wird auch bindend über die **Art** der **Einkünfte** entschieden; daher kann gegen einen bestandskräftigen Feststellungsbescheid, in dem **Einkünfte aus Gewerbebetrieb** festgestellt wurden, bei einer Änderung des Bescheides, bei der die Einkünfte höher festgestellt wurden, nicht

§ 179

mehr im Rechtsbehelfsverfahren geltend gemacht werden, daß es sich um **Einkünfte aus Vermietung und Verpachtung** gehandelt habe, BFH BStBl 78, 44; vgl auch FG Berlin EFG 88, 345. Die Entscheidung über die **Tarifbegünstigung von Mehrentnahmen** iSd § 10a EStG ist im Feststellungsverfahren zu treffen und kann nicht in einem Ergänzungsbescheid nachgeholt werden; nachgeholt werden können nur solche Feststellungen, die in dem vorausgegangenen Feststellungsbescheid „unterblieben" sind. Dies können aber nur solche Feststellungen sein, die zwar hätten getroffen werden müssen, aber nicht getroffen worden sind, BFH BStBl 78, 152; 73, 387. Auch die **Höhe** der **vermögenswirks Leistungen,** die eine Personen-Gesellsch ihren Arbeitnehmern gewährt, muß im einheitl Gewinnfestst-Verfahren festgestellt werden; ggf ist diese Festell durch **Ergänzungsbesch** nachzuholen, BFH BStBl 78, 479. Die in einem EW-Bescheid über ein bebautes Grundstück getroffenen Feststellungen zum Wert, zur Art und zur Zurechnung sind selbständige Feststellungen, die gesondert angefochten werden und bestandskräftig werden können, BFH BStBl 83, 88; 87, 292; BFH/NV 88, 690; vgl auch oben § 157 Anm 3 und unten § 180 Anm 3. Es handelt sich bei diesen Feststellungen um mehrere Verwaltungsakte, die selbständig anfechtbar sind. Sind Feststellungen zur Art oder Zurechnung versehentlich unterblieben, wird nicht der Wertfeststellungsbescheid berichtigt, sondern die unterbliebenen Feststellungen werden in einem **Ergänzungsbescheid** nachgeholt; dieser ist selbständig anfechtbar. Die gesonderte Feststellung kann sich auf die **Ablaufhemmung** auswirken. Nach § 171 X können noch innerhalb eines Jahres nach Bekanntgabe der gesonderten Feststellung die darin getroffenen Feststellungen bei der Festsetzung der Steuer berücksichtigt werden. Auch die gesonderten Feststellungen unterliegen einer **Feststellungsverjährung** (vgl hierzu § 181).

4. Abs. 2. Adressat der gesonderten Feststellung. Die Feststellung richtet sich gegen den, dem der Gegenstand der Feststellung zuzurechnen ist. **Zurechnungsfortschreibungen** müssen notwendig den bisherigen Zurechnungsempfänger sowie dem nunmehrigen Zurechnungsträger gegenüber einheitlich erfolgen. Ebenso ist über das Begehren, eine Zurechnungsfortschreibung vorzunehmen, auch dann dem bisherigen Zurechnungsträger und dem Zurechnungsprätendenten gegenüber einheitlich zu entscheiden, wenn ein dahingehender Antrag abgelehnt wird (BFH BStBl 88, 760). Was Gegenstand der Feststellung ist, richtet sich nach den Vorschriften der EinzelStG. Die Regelung, daß eine gesonderte Feststellung für mehrere Personen einheitlich erfolgt, wenn ihnen der Gegenstand der Feststellung zuzurechnen ist, ist im Rahmen des **Steuerbereinigungsgesetzes** erweitert worden. **Ab 1. 1. 87** soll eine gesonderte Feststellung auch dann einheitlich gegenüber den Feststellungsbeteiligten vorgenommen werden, wenn die **Abgabenordnung** oder ein **Einzelsteuergesetz** dies besonders **vorschreiben.** Die Frage der Zurechnung des Gegenstandes beurteilt sich nach § 39, soweit sich nicht aus dem EinzelStG etwas anderes ergibt.

Ist **mehr als eine Person** an dem Gegenstand der Feststellung **beteiligt,** so wird die gesonderte Feststellung ihnen gegenüber **einheitlich** vorgenommen. Es ist nicht erforderlich, daß eine Erklärung zur gesonderten und einheitlichen Feststellung von allen zur Geschäftsführung oder Vertretung berechtigten Personen unterschrieben wird. Keine gesonderte Gewinnfest-

3. Abschnitt. Festsetzungs- und Feststellungsverfahren § 179

stellung, wenn zwischen dem alleinigen Komplementär einer KG und deren alleinigen Kommanditisten ein wirksames Treuhandverhältnis besteht, FG Saarland EFG 82, 281. Gehören Wirtschaftsgüter zum Teil dem einen zum Teil dem anderen Ehegatten, so ist nicht schon deshalb der landwirtschaftliche Betrieb beiden Ehegatten zuzurechnen, FG RhPf EFG 82, 63. Sinn dieser Bestimmung ist, sicherzustellen, daß nicht über den gleichen Feststellungsgegenstand unterschiedliche Feststellungen getroffen werden. Jeder der Feststellungsbeteiligten kann den einheitlichen Feststellungsbescheid mit einem Rechtsbehelf angreifen. Hiervon enthält jedoch § 352 I einige gewichtige Ausnahmen. Wer den Feststellungsbescheid anfechten kann, ist auch Beteiligter im Rechtsbehelfsverfahren und muß zu diesem hinzugezogen werden (§ 360). Über die Adressierung und **Bekanntgabe** einer einheitlichen Feststellung vgl § 183 und oben § 122 Anm 2a. Sie muß grundsätzlich an alle Feststellungsbeteiligten gerichtet werden. Mit Bekanntgabe an einen Beteiligten entfaltet sie aber bereits Wirksamkeit (BFH BStBl 88, 410) und wird dadurch existent. Mit diesem Zeitpunkt kann der Verwaltungsakt von allen Personen angegriffen werden, für die er bestimmt ist, mag er ihnen auch nicht oder nicht formgerecht bekanntgegeben worden sein (BFH BStBl 81, 33; 86, 509). Die Klage eines Beteiligten, dem der Feststellungsbescheid nicht bekanntgegeben worden ist, auf förmliche Bekanntgabe kann daher mangels Rechtsschutzinteresse unzulässig sein (BFH BStBl 86, 509). Wenn der Bescheid denjenigen Personen zugeht, an die er seinem Inhalt nach gerichtet ist, wird damit die Rechtsbehelfsfrist in Lauf gesetzt, BFH BStBl 79, 89. Wird der Einheitswert eines Grundstücks, das durch Vorerbschaft erworben wurde, nach dem Tode des Vorerben auf einen Zeitpunkt fortgeschrieben, zu dem der Vorerbe noch lebte, so ist der Fortschreibungsbescheid sowohl dem Erben des Vorerben als auch dem Nacherben bekanntzugeben, FG Hbg EFG 82, 62. Sind mehrere Personen unterbeteiligt, so ist auch hier wiederum eine einheitliche gesonderte Feststellung zu treffen.

Bei **atypischer stiller Unterbeteiligung** (Mitunternehmerschaft des Unterbeteiligten) am **Anteil** eines **Gesellschafters** ist über die Frage der Unterbeteiligung und den Anteil des Unterbeteiligten in einem besonderen Gewinnfeststellungsverfahren zu entscheiden (BFH GrS 74, 414). Das ergibt sich nunmehr auch aus § 179 II 3, der erstmals ausdrücklich die verfahrensmäßige Behandlung stiller Unterbeteiligungen regelt (BFH BStBl 86, 311). Diese Vorschrift stellt es jetzt in das Ermessen des FA, ob bei mittelbarer Beteiligung ein einheitliches Verfahren, in das sowohl das Rechtsverhältnis des Beteiligten als auch das Rechtsverhältnis des Unterbeteiligten einbezogen sind, oder zwei getrennte Feststellungsverfahren durchgeführt werden (BFH aaO; nach *TK* Tz 2 soll sich die Ausübung des Ermessens daran orientieren, ob die Beteiligten gesonderte Erklärungen eingereicht haben oder nicht). Die Unterbeteiligung kann aber auch im Verfahren für die Hauptgesellschaft berücksichtigt werden, wenn keiner der Beteiligten Einwendungen dagegen erhebt und ein schutzwürdiges Interesse an der Durchführung getrennter Verfahren nicht besteht (BFH BStBl 85, 247).

Das Erfordernis der einheitlichen Feststellung des Gewinns und auch des Einheitswerts gilt nicht nur für die genannte atypische stille Unterbeteiligung sondern auch für die **unmittelbare atypische stille Beteiligung**. Auch hier steht es im Ermessen des FA, ob es ein einheitliches Feststellungsverfahren, in das beide Rechtsverhältnisse einbezogen sind, oder zwei getrennte Feststellungsverfahren durchführt. Es kann insoweit nichts anderes gelten als für die atypische Unterbeteiligung (BFH BStBl 86, 311). Ebenso ist bei **Treuhandverhältnissen** zu verfahren (BFH BStBl 77, 737; 79, 607; 85, 247). Eine atypische stille Gesellschaft, deren Gesellschafter Einkünfte aus Gewerbebetrieb beziehen, kann allerdings **nicht Beteiligte am finanzgerichtlichen Verfahren** sein, das die Gewerbesteuer oder die einheitliche Feststellung der Einkünfte aus Gewerbebetrieb oder des Einheitswerts des gewerblichen Betriebs betrifft (BFH BStBl 86, 311).

Bei einer **typischen Unterbeteiligung** (keine Mitunternehmerstellung des Unterbeteiligten) sind Hauptbeteiligter und Unterbeteiligter nicht an denselben Einkünften beteiligt. Eine gesonderte Feststellung solcher Einkünfte findet daher nicht statt (BFH BStBl 88, 186). Dasselbe muß bei typischer unmittelbarer stiller Beteiligung gelten (vgl BFH BStBl 86, 311). Eine ähnliche Unterscheidung wie zwischen atypischer und typischer Beteiligung bzw Unterbeteiligung läßt sich bei **Treuhandverhältnissen** nicht treffen. Hier ist wegen der Zurechnung (vgl § 39 II Nr 1 S 2) immer von denselben Einkünften auszugehen, so daß es auch grundsätzlich zu einer gesonderten Feststellung kommen muß. Sind zB an einer KG Treugeber über einen Treuhandkommanditisten beteiligt, so muß der Gewinn der KG auf die Gesellschafter einschließlich des Treuhandkommanditisten aufgeteilt werden. In einer weiteren Feststellung muß der Gewinnanteil des Treuhänders auf die Treugeber aufgeteilt werden. Beide Feststellungen können miteinander verbunden werden, falls das Treuhandverhältnis allen Beteiligten bekannt ist (BFH BStBl 86, 584).

Ein Gewinnfeststellungsbescheid muß nach dem **Tod** eines **Gesellschafters** den noch zu seinen Lebzeiten erzielten auf ihn entfallenden Gewinn als seinen Gewinn (unter seinem Namen) feststellen, zugleich aber auch die **Erben** angeben, die anstelle des Verstorbenen von dem Bescheid betroffen sind, FG RhPf. EFG 80, 370. Die Erbin schuldet die ESt als Rechtsnachfolger, daher kann auch der Gewinnanteil des Erblassers nur gegenüber der Erbin festgestellt werden. Sie ist Adressatin des Gewinnanteils unter Angabe des Zurechnungsgrundes („als Erbin").

5. Nachholung einer unterbliebenen Feststellung. Vgl. *Hahn* Auslegung von StBescheiden und Ergänzungsbescheid, BB 79, 1448. Bei der Auslegung kann der StBescheid mit herangezogen werden. Abs 3 erlaubt es, eine unterbliebene Feststellung in einem Feststellungsbescheid nachzuholen, wenn diese Feststellung notwendig ist. Die Nachholung geschieht in Form eines **Ergänzungsbescheids.** Es handelt sich hierbei um eine besondere Form der Berichtigung wegen offenbarer Unrichtigkeit (vgl § 129). Der **Ergänzungsbescheid** kann die Substanz des ersten Feststellungsbescheids nicht ändern, sondern lediglich **ergänzen,** *Koch* Rdnr 13; *TK* Tz 3. Sämtliche weitere Überlegungen sind – wegen einer fehlenden Berichtigungsmöglichkeit – abgeschnitten, FG Münster EFG 82, 471. Auch der Nachholungsbescheid dürfte nur innerhalb der für die gesonderte Feststellung geltenden Feststellungsfrist zulässig sein. Abs 3 ist nur anwendbar, wenn an sich eine gesonderte Feststellung vorgenommen worden, diese aber **unvollständig** ist. Er ist nicht anwendbar, wenn bewußt auf die Aufnahme einer bestimmten Feststellung verzichtet wurde in der Annahme, diese

3. Abschnitt. Festsetzungs- und Feststellungsverfahren § 180

Feststellung bilde nicht Gegenstand der Feststellung. Voraussetzung für den Erlaß eines Ergänzungsbescheids ist im übrigen nicht, daß der FA den nachgeholten Feststellungen zugrunde liegende Sachverhalt dem FA zumindest dem Grunde nach bekannt war (FG Köln EFG 85, 379). Zum **Verhältnis Grundlagenbesch** zum **Folgebesch** § 155 Anm 4 und § 180 Anm 4; unterbliebene Feststellungen, die zu einer Ergänz des Grundlagenbescheids führen würden, liegen nicht vor, wenn das FA bereits eine – wenn auch negative – Feststellung getroffen hatte, so auch FG Köln EFG 85, 379. Die Frage, ob die **Nachversteuerung** von **Mehrentnahmen** (§ 10a II 1 EStG) tarifbegünstigt ist, weil sich die Entn durch eine Veräußerung des Betriebs ergaben, ist im **einheitl GewinnfeststellVerfahren** zu entscheiden. Sind die Entnahmen im einheitl FeststellBescheid als laufende Entnahmen ausgewiesen, ist insoweit eine **Ergänzung** des Besch **nicht zulässig**, BFH DB 78, 775. Wenn eine **behauptete** Beteiligung im einheitl Bescheid **nicht berücksichtigt** wird, liegt darin eine **Beschwer**, BFH in stRspr BStBl 78, 510. Gegenstand eines Ergänzungsbescheids kann auch die im Gewinnfeststellungsbescheid unterlassene Feststellung sein, daß die Buchführung nicht ordnungsgemäß war, BFH BStBl 82, 485.

§ 180 Gesonderte Feststellung von Besteuerungsgrundlagen

(1) Gesondert festgestellt werden insbesondere:
1. die Einheitswerte nach Maßgabe des Bewertungsgesetzes,
2. a) die einkommensteuerpflichtigen und körperschaftsteuerpflichtigen Einkünfte, wenn an den Einkünften mehrere Personen beteiligt sind und die Einkünfte diesen Personen steuerlich zuzurechnen sind,
   b) in anderen als den in Buchstabe a genannten Fällen die Einkünfte aus Land- und Forstwirtschaft, Gewerbebetrieb oder einer freiberuflichen Tätigkeit, wenn das für die gesonderte Feststellung zuständige Finanzamt nicht auch für die Steuern vom Einkommen zuständig ist,
3. der Wert der vermögensteuerpflichtigen Wirtschaftsgüter (§§ 114 bis 117a des Bewertungsgesetzes) und der Wert der Schulden und sonstigen Abzüge (§ 118 des Bewertungsgesetzes), wenn die Wirtschaftsgüter, Schulden und sonstigen Abzüge mehreren Personen zuzurechnen sind und die Feststellungen für die Besteuerung von Bedeutung sind.

(2) ¹Zur Sicherstellung einer einheitlichen Rechtsanwendung bei gleichen Sachverhalten und zur Erleichterung des Besteuerungsverfahrens kann der Bundesminister der Finanzen durch Rechtsverordnung mit Zustimmung des Bundesrates bestimmen, daß in anderen als den in Absatz 1 genannten Fällen Besteuerungsgrundlagen gesondert und für mehrere Personen einheitlich festgestellt werden. ²Dabei können insbesondere geregelt werden
1. der Gegenstand und der Umfang der gesonderten Feststellung,
2. die Voraussetzungen für das Feststellungsverfahren,
3. die örtliche Zuständigkeit der Finanzbehörden,
4. die Bestimmung der am Feststellungsverfahren beteiligten Personen (Verfahrensbeteiligte) und der Umfang ihrer steuerlichen Pflichten

§ 180

und Rechte einschließlich der Vertretung Beteiligter durch andere Beteiligte,
5. die Bekanntgabe von Verwaltungsakten an die Verfahrensbeteiligten und Empfangsbevollmächtigte,
6. die Zulässigkeit, der Umfang und die Durchführung von Außenprüfungen zur Ermittlung der Besteuerungsgrundlagen.

³Durch Rechtsverordnung kann der Bundesminister der Finanzen mit Zustimmung des Bundesrates bestimmen, daß Besteuerungsgrundlagen, die sich erst später auswirken, zur Sicherung der späteren zutreffenden Besteuerung gesondert und für mehrere Personen einheitlich festgestellt werden; Satz 2 Nr. 1 und 2 gilt entsprechend. ⁴Die Rechtsverordnungen bedürfen nicht der Zustimmung des Bundesrates, soweit sie Zölle und Verbrauchsteuern, mit Ausnahme der Biersteuer, betreffen.

(3) ¹Absatz 1 Nr. 2 Buchstabe a gilt nicht, wenn
1. nur eine der an den Einkünften beteiligten Personen mit ihren Einkünften im Geltungsbereich dieses Gesetzes einkommensteuerpflichtig oder körperschaftsteuerpflichtig ist, oder
2. es sich um einen Fall von geringer Bedeutung handelt, insbesondere weil die Höhe des festgestellten Betrages und die Aufteilung feststehen. ²Dies gilt sinngemäß auch für die Fälle des Absatzes 1 Nr. 3.

²Das nach § 18 Abs. 1 Nr. 4 zuständige Finanzamt kann durch Bescheid feststellen, daß eine gesonderte Feststellung nicht durchzuführen ist. ³Der Bescheid gilt als Steuerbescheid.

(4) Absatz 1 Nr 2 Buchstabe a gilt ferner nicht für Arbeitsgemeinschaften, deren alleiniger Zweck sich auf die Erfüllung eines einzigen Werkvertrages oder Werklieferungsvertrages beschränkt, es sei denn, daß bei Abschluß des Vertrages anzunehmen ist, daß er nicht innerhalb von drei Jahren erfüllt wird.

(5) Absatz 1 Nr. 2 Buchstabe a, Absatz 2 und 3 sind entsprechend anzuwenden, soweit die nach einem Abkommen zur Vermeidung der Doppelbesteuerung von der Bemessungsgrundlage ausgenommenen Einkünfte bei der Festsetzung der Steuern der beteiligten Personen von Bedeutung sind.

Abs 1 Nr 3 geändert durch Gesetz v 22. 12. 83, BGBl I, 1583; Abs 2 neu gefaßt durch StBereinigG 1986 v 19. 12. 85, BGBl I, 2436; Abs 3 neu gefaßt, Abs 5 geändert mit Wirkung ab 1. 1. 87 durch StBereinigG 1986 v 19. 12. 85, BGBl I, 2436.

Schrifttum: *Ostendorf* Nur noch nichtige Feststellungsbescheide über Einheitswerte? FR 82, 1639; *Bacher* Die Stellung des persönlich haftenden Gesellschafters einer Kommanditgesellschaft auf Aktien (KGaA) im Steuerrecht, DB 85, 2117; *Lohmeyer* Die gesonderte Feststellung von Besteuerungsgrundlagen, RWP 86, 1143 SG 2.2, 147; *Uhrmann* Unterschiede zwischen verbuchten und zu versteuernden Erträgen aus inländischen Investmentfonds und ihre steuerliche Behandlung, StBp 86, 155; *Reiß* Einkunftsart und Einkunftsermittlung für die Gesellschafter einer vermögensverwaltenden Gesamthandsgesellschaft, Festschrift 10jähr. Bestehen der Fachhochschule für Finanzen Nordkirchen, 1986, 197; *Nieland/Dietrich* Unterschiede zwischen verbuchten und zu versteuernden Erträgen aus inländischen Investmentfonds und ihre steuerliche Behandlung, StBp 87, 66; *Domann* Die Änderung der Bekanntgabevorschriften in der AO durch das Steuerbereinigungsgesetz 1986, DStZ 87, 159; *Westerfelhaus* Umfang der gesonderten Feststellung von Besteuerungsgrundlagen mehrerer Beteiligter für Einkommen- und Vermögensteuerzwecke, DB 87, 907; *Hild* Unterlassung

3. Abschnitt. Festsetzungs- und Feststellungsverfahren **§ 180**

gesonderter Umsatzsteuerfeststellungen entgegen der Verordnung zu § 180 Abs. 2 AO, UStR 87, 197; *Schulze zur Wiesche* Einkunftsermittlung nichtgewerblicher Grundstücksgemeinschaften, RWP 1987/1162 SG 5.2, 1335; *Streck/Mack* Grundsatzprobleme der Verordnung über die gesonderte Feststellung von Besteuerungsgrundlagen, DStR 87, 707; *Möllinger* Die gesonderte Feststellung von Besteuerungsgrundlagen bei gleichen Sachverhalten und beim Übergang zur Liebhaberei – Verordnung zu § 180 Abs 2 RWP 1987/1155 S. G 2.2, 165; *Wilke* Die Rechtsverordnung zu § 180 Abs 2 AO, NWB Fach 2, 4895 (28/1987); *Schoor* Zusammenarbeit von Freiberuflern, StWK Gruppe 7, 77 (22/1987); *Sarrazin* Einheitliche und gesonderte Feststellung von Einkünften vermögensverwaltender Personengesellschaften, FR 88, 68; *Schulze zur Wiesche* Sonderbetriebsausgaben eines Gesellschafters, DB 88, 1466; *Sieversen* Rückwirkungsprobleme der Feststellungsverordnung bei Bauherren und Erwerbermodellen, DB 88, 1504; *Jünger* Zur Stellung eines persönlich haftenden Gesellschafters einer KGaA im Steuerrecht, DB 88, 1969; *Anders* Die Einkunftsarten der sog. Zebragesellschaften, Information StW 88, 175; *Streck/Mack* Noch einmal – Grundsatzprobleme der Verordnung über die gesonderte Feststellung von Besteuerungsgrundlagen nach § 180 Abs 2 AO 1977, DStR 88, 475.

Übersicht

1. Inhalt
2. Einheitswerte
3. Abs 1 Nr 1: Bewertungsrecht
4. Abs 1 Nr 2 Buchst a: ESt- und körperschaftsteuerliche Einkünfte
5. Gesonderte Feststellung von Verlusten
6. Abs 1 Nr 2 Buchst b: Andere Fälle
7. Abs 1 Nr 3: Sonstiges Vermögen
8. Abs 2 Fehlen gemeinschaftlicher Einkünfte
9. Änderung durch das Steuerbereinigungsgesetz 1986
10. Ausnahmen
11. Regelung ab 1. 1. 87
12. Abs 4: Arbeitsgemeinschaften
13. Abs 5: Progressionsvorbehalt
14. Regelung ab 1. 1. 87
15. Übergangsregelung

1. Inhalt. In dieser Vorschrift werden einige wichtige Fälle, in denen Besteuerungsgrundlagen gesondert festgestellt werden, genannt. Im wesentlichen ergibt sich die Notwendigkeit einer gesonderten Feststellung jedoch aus den EinzelStG, vgl § 179 Anm 1.

Zum Verhältnis zwischen Feststellungsbescheid und Folgebescheid s oben § 155 Anm 4.

2. Einheitswerte nach dem Bewertungsgesetz Abs 1 Nr 1. Bei den wohl wichtigsten Fällen der gesonderten Feststellung verweist das Gesetz auf das BewertungsG. Nach dem BewG werden Einheitswerte gesondert festgestellt nach §§ 19, 22 IV 1, 113a.

EW braucht nicht festgestellt zu werden, wenn eine ges **Befreiung** von der VSt und der GewSt gegeben ist, Abschn 3 VStR.

3. Abs 1 Nr 1 verweist auf das Bewertungsgesetz. § 19 dieses Gesetzes regelt, wofür Einheitswerte festgestellt werden. Nach Abs 3 dieser Vorschr sind in dem Einheitswertbescheid auch Feststellungen zu treffen über die **Art der wirtschaftlichen** Einheit, bei Grundstücken auch über die Grundstücksart, bei Betriebsgrundstücken, die zu einem Betrieb gehören, auch über den gewerblichen Betrieb und über die Zurechnung. Die einzelnen

§ 180

erforderlichen Feststellungen sind Gegenstand je eines Verwaltungsaktes, der selbständig mit Rechtsbehelfen anfechtbar ist und selbständig bestandskräftig werden kann (BFH BStBl 87, 292; BFH/NV 88, 690; FG Hamburg EFG 88, 345).

4. Abs 1 Nr 2 Buchst a. ESt- und KSt-pflichtige Einkünfte bei mehreren Beteiligten. Die Vorschrift entspr dem § 215 II RAO. Sie wird jedoch nicht auf bestimmte **Einkunftsarten** beschränkt. Es sind daher auch zB die Einkünfte aus Vermietung und Verpachtung gesondert festzustellen. Schließen sich daher mehrere Personen zu einer Personengesellschaft zusammen, um Einkünfte aus Vermietung und Verpachtung zu erzielen, so sind diese Einkünfte den Gesellschaftern zuzurechnen, wenn sie in ihrer gesamthänderischen Verbundenheit den Tatbestand der Einkunftsart verwirklichen (BFH BStBl 86, 792; 87, 322; 87, 707). Den Tatbestand der Einkunftsart Vermietung und Verpachtung verwirklicht als Gesellschafter auch derjenige, der zwar keine Einlage geleistet hat und auch nicht am Gesellschaftsvermögen beteiligt ist, der jedoch nach außen die persönliche Haftung für die Schulden der Gesellschaft übernommen hat (BFH BStBl 87, 707; dort auch zur Unterscheidung zwischen aufgrund des Gesellschaftsverhältnisses zuzurechnenden Bezügen und schuldrechtlichem Leistungsaustausch zwischen Gesellschaft und Gesellschafter). Handelt es sich bei der Personenmehrheit um eine Miteigentümergemeinschaft, dh eine Bruchteilsgemeinschaft iSv §§ 741 ff BGB, so sind es ebenfalls die Mitglieder der Gemeinschaft, die den Tatbestand der Einkunftsart Vermietung und Verpachtung verwirklichen (BFH BStBl 87, 322). Ein Grundlagenbescheid, mit dem Einkünfte aus Vermietung und Verpachtung gesondert festgestellt werden, vermag aber den nach § 46 II Nr 8 b und S 2 EStG notwendigen Antrag auf Veranlagung nicht zu ersetzen (BFH BStBl 86, 790; FG SchlHolst EFG 85, 24).

Zur Einkunftsermittlung bei einem in Miteigentum stehenden Einfamilienhaus, das nicht von allen Miteigentümern bewohnt wird, BFH BStBl 79, 476.

Der Zweck des besonderen, vom Veranlagungsverfahren des einzelnen Stpfl abgetrennten Verfahrens liegt darin, in Fällen der Beteiligung mehrerer eine einheitliche Sachbehandlung durch die Finanzbehörden sicherzustellen (BFH BStBl 79, 159; 86, 239; 87, 764). Eine gesonderte und einheitliche Feststellung ist auch dann erforderlich, wenn zweifelhaft ist, ob überhaupt einkommensteuerpflichtige Einkünfte vorliegen, an denen mehrere Personen beteiligt bzw. die mehreren Personen zuzurechnen sind, oder wenn zweifelhaft ist, ob für diese Personen überhaupt eine Einkommensteuerveranlagung durchgeführt werden darf (BFH BStBl 86, 239). Eine einheitliche **Gewinnfeststellung** ist grundsätzl für das ganze Wirtschaftsjahr durchzuführen, auch wenn ein Gesellschafter während des Wirtschaftsjahres ausscheidet, BFH BStBl 79, 159. Bei vom Kalenderjahr abweichenden Wirtschaftsjahr, insbesondere bei Einkünften aus Land- und Forstwirtschaft, ist Feststellungszeitraum das Kalenderjahr nicht das Wirtschaftsjahr (BFH BStBl 85, 148). Die gesonderte Feststellung ist zugleich eine einheitliche (vgl § 179 II 2). Voraussetzung ist jedoch, daß die Einkünfte den Beteiligten steuerl zugerechnet werden. Die Bestimmung ist daher nicht anwendbar auf die Einkünfte an einer jur Person, an der mehre-

3. Abschnitt. Festsetzungs- und Feststellungsverfahren **§ 180**

re Kapitalseigner beteiligt sind. In diesem Fall werden die Einkünfte der jur Person zugerechnet. Das Gesetz verwendet hier den nicht ganz genau zutreffenden Begriff der steuerpflichtigen Einkünfte; es handelt sich hierbei nicht um steuerpflichtige, sondern um steuerbelastete Einkünfte. Steuerpflichtig ist der, dem die Einkünfte zugerechnet werden (vgl *Tipke* FR 1971, 174). Ausnahmen von Nr 2 Buchst a in Abs 3. Vgl auch *Kruse*, Über Feststellungs- und Steuerbescheide an Gesamthandsgemeinschaften, DStR 74, 395. Von Angehörigen der **freien Berufe** werden Einkünfte gemeinsam erzielt, wenn sie sich zu einer Sozietät zusammenschließen (BFH BStBl 85, 577). Zu den im Rahmen einer einheitlichen Gewinnfeststellung zu erfassenden Einkünften einer Steuerberatersozietät gehören auch solche Einkünfte, die ein Mitglied der Sozietät zwar im eigenen Namen, aber mit Unterstützung des von der Sozietät angestellten Personals bezieht (BFH aaO). Über die Frage, ob eine Personengesellschaft, die ihr Betriebsvermögen gegen Gewährung von Gesellschaftsrechten in eine KapGesellschaft **eingebracht** hat, bei der Veräußerung der Gesellschaftsrechte nachträgliche gewerbliche Einkünfte iS von §§ 15, 16 EStG erzielt hat, ist im gesonderten **Gewinnfeststellungsverfahren** nach § 180 I Nr 2 a zu entscheiden, BFH BStBl 79, 724. Ebenso ist über die Frage der verdeckten gewinnausschüttung im Verfahren über die einheitliche Gewinnfeststellung für eine GmbH & Co KG zu entscheiden, wenn die an der KG als Komplementärin beteiligte GmbH zugunsten der an ihr als Gesellschafter beteiligten Kommanditisten eine Verminderung ihrer Rechte hinnimmt (BFH/NV 88, 761). Dagegen ist über die Höhe des Freibetrags nach § 16 IV EStG bei der Veranlagung zur ESt zu entscheiden, da es um nur den jeweiligen Gesellschafter persönlich betreffende Steuermerkmale geht. Im Gewinnfeststellungsverfahren ist nur der Umfang der Beteiligung des Gesellschafters am Freibetrag festzustellen (BFH BStBl 86, 811; Abweichung von BFH BStBl 74, 459; 80, 721; aA auch FG Berlin EFG 86, 428). Über die Frage, in welchem Umfang Einkünfte der Gesellschaft aus einer in **Berlin** gelegenen **Betriebstätte** bezogen worden sind, muß einheitlich entschieden werden, weil hiervon für die Gesellschafter abhängt, wie hoch ihre StErmäßigung aus § 21 BHG bzw BerlFG ist. Ein Feststellungsbescheid, in dem neben dem (Gesamt-)gewinn nur die von **einem** Beteiligten erzielten -einkünfte festgestellt werden, ist wegen Unvollständigkeit fehlerhaft, FG Berlin EFG 82, 170. Bei **land- und forstwirtschaftlichen Betrieben** kann die Frage der Mitunternehmerschaft von Eheleuten anstelle einer bisher angenommenen Alleinunternehmerschaft des Ehemanns nicht erstmals im Verfahren betreffend die Mitteilung über den Beginn der Buchführungspflicht nach § 141 II geltend gemacht und entschieden werden, sondern nur im gesonderten Feststellungsverfahren oder in Fällen von geringerer Bedeutung (§ 180 III) im EStVeranlagungsverfahren (BFH BStBl 86, 539). Gegen **Ablehnung** einer gesonderten Feststellung von Einkünften wegen Nichtbestehens einer Mitunternehmerschaft kann vorläufiger Rechtsschutz nur im Wege einstweiliger Anordnung nach § 114 FGO gewährt werden, BFH BStBl 80, 212.

5. Gesonderte Feststellung von Verlusten an Abschreibungsgesellschaften. Die sog Abschreibungsgesellschaften haben durch die Entscheidung des GrS des BFH v 25. 6. 1984 (BStBl 84, 751) und dann durch die

§ 180 4. Teil. Durchführung der Besteuerung

Regelung in § 15 II 2 EStG, wonach das bloße Streben nach Steuervorteilen noch keine Gewinnerzielungsabsicht ausmacht, im wesentlichen an Bedeutung verloren. Frühere Streitfragen betrafen vor allem die Frage, ob ein Folgebescheid vor dem Grundlagenbescheid ergehen durfte (vgl dazu einerseits BFH BStBl 78, 579, und andererseits FG Düsseldorf EFG 77, 442) und die Frage, wie weit sich das FA bei einem Folgebescheid vor dem Grundlagenbescheid an die erklärten Verluste halten mußte (vgl Nieders FG EFG 77, 375). Erstere Frage ist durch die Einfügung des § 155 II und letztere durch die Einfügung des § 162 III und die Rspr (s oben § 155 Anm 4) weitgehend geklärt worden. Zum Verfahren bei der Geltendmachung von negativen Einkünften aus der Beteiligung an Verlustzuweisungsgesellschaften vgl BdF-Schreiben v 14. 5. 82, BStBl 82 I 550f.

6. Abs 1 Nr 2 Buchst b. In anderen Fällen. Die Vorschr ist aus § 6 I der Verordnung über die Zuständigkeit im Besteuerungsverfahren v 3. 1. 1944 (RGBl I S 11) entwickelt und erweitert worden auf Einkünfte aus **Land- und Forstwirtschaft** und aus **freiberuflicher Tätigkeit.** Hiernach wird auch eine gesonderte Feststellung vorgenommen, wenn das **Wohnsitz-FA** nicht mit dem **BetriebsFA** im weiteren Sinne identisch ist. **Örtliche Zuständigkeit** vgl §§ 17–29. Zu beachten ist, daß nach § 19 V der sog GroßstadtFÄ die Zuständigkeit im Wege der VO ausgedehnt werden kann auf sog Randgebiete. Der Regelung des Abs 1 Nr 2b liegt der Gedanke zugrunde, daß das BetriebsFA idR über die örtlichen Verhältnisse besser informiert ist als das uU entferntere WohnsitzFA und daher auch eher in der Lage ist, die steuerl Verhältnisse des Betriebes zu beurteilen (BFH BStBl 79, 330; 87, 195; 88, 230). Für die Frage der Zuständigkeit ist nicht auf die Verhältnisse im Veranlagungszeitraum, sondern auf den **Zeitpunkt der der Veranlagung abzustellen** (BFH BStBl 71, 151; 87, 195; 88, 230). Eine gesonderte Gewinnfeststellung ist daher nur zulässig, wenn im Zeitpunkt der Veranlagung das Betriebs-FA nicht auch für die Steuern vom Einkommen zuständig ist (BFH BStBl 87, 195). Hat der Stpfl vor Durchführung der Veranlagung sein **Einzelunternehmen aufgegeben,** ist das ehemalige Betriebs-FA weder für die EStVeranlagung gem § 19 III noch für die gesonderte Gewinnfeststellung nach § 180 I Nr 1 b zuständig (BFH BStBl 88, 230). Eine Heilung nach § 127 kommt nicht in Betracht (BFH aaO, vgl. auch § 127 Anm 1 und im übrigen auch § 119 Anm 4). Wird das Betriebsstätten-FA durch Umzug des Stpfl nach Ergehen der Einspruchsentscheidung gleichzeitig Wohnsitz-FA, bleibt es berechtigt, den Gewinnfeststellungsbescheid während des Klageverfahrens zu ändern (FG Düsseldorf EFG 88, 452).

7. Abs 1 Nr 3. Sonstiges Vermögen. Hier wird eine gesonderte Feststellung des sonstigen Vermögens iSd BewG vorgesehen sowie der Schulden und sonstigen Abzüge, wenn diese mehreren Personen zustehen. Die Feststellung dient der VermögenSt und hat insbesondere Bedeutung für die sog geschlossenen Immobilienfonds.

8. Abs 2 hat für die Fälle Bedeutung, in denen **keine gemeinschaftlichen Einkünfte** iSd Abs 1 Nr 2a vorliegen. Hier kann eine gesonderte Feststellung durchgeführt werden, wenn an dem Gegenstand der Einkunftserzielung mehrere Personen beteiligt sind. Das Gesetz stellt **nicht** auf ein **einzel-**

3. Abschnitt. Festsetzungs- und Feststellungsverfahren § 180

nes Wirtschaftsgut ab, sondern verwendet einen allgemeinen Begriff. Gegenstand kann daher auch eine **Reihenhaussiedlung** sein, bei der die einzelnen Bauherren in gleicher Beziehung zum selben Bauträger stehen. **Zuständig** ist FA des **Betreuungsunternehmens.**
Die Praxis hat dieses Verfahren bereits vor Inkrafttreten der AO 77 angewandt (vgl hierzu die zur RAO ergangenen Verwaltungserlasse, BdF-Schreiben v 24. 11. 75, BStBl I 75, 1124; v 10. 2. 76, BStBl I, 125 und die gleichlautenden Erlasse der Länder). Der **Anwendungsbereich** des § 180 Abs 2 aF ist aber seit Inkrafttreten der Vorschrift **umstritten.** Die Vorschr wird von den Steuergerichten (BFH- Urteil v 27. April 1982, BStBl II S 636; vgl auch HessFG EFG 86, 159) nicht auf alle Fälle angewendet, die nach der Gesetzesbegründung unter die Vorschrift erfaßt werden sollten. Nach Auffassung des BFH greift Abs 2 aF nicht ein, wenn eine Einzelperson auf einem ihr gehörigen Grundstück als Bauherr für sich ein Einfamilienhaus errichten läßt. Dies gilt auch dann, wenn das Bauvorhaben von einem Dritten durchgeführt wird und dieser Dritte für eine Vielzahl von Auftraggebern räumlich benachbarte Einfamilienhäuser errichtet und dem Auftrag gleichartige oder gleiche Verträge zugrundeliegen. Dann sind die einzelnen Bauherren nicht Mitglieder einer **Bauherrengemeinschaft.** Die einzelnen Bauherren haben weder ganz noch teilweise gemeinsame Einnahmen oder Werbungskosten. Daher fehlt es an einem Gegenstand der Einkunftserzielung, an dem mehrere Pesonen beteiligt sind, BFH BStBl 82, 636. Eine gesonderte Feststellung von Einkünften setzt voraus, daß zwischen den Beteiligten in Bezug auf den Gegenstand der Einkunftserzielung ein **gemeinschaftsrechtliches** oder **gesellschaftsrechtliches Band** besteht, BFH BStBl 82, 636. Gegenstand der Einkunfterzielung können nicht mehrere selbständige Wirtschaftsgüter sein, falls diese aufgrund ihrer Gleichartigkeit und wegen ihres räumlichen Zusammenhangs im Gesamtobjekt bilden. Der BFH hat es auch als ernstlich zweifelhaft angesehen, ob bei einer sog Erwerbergemeinschaft von Eigentumswohnungen eine gesonderte und einheitliche Feststellung der Einkünfte nach § 180 II durchgeführt werden darf (BFH BStBl 87, 10; 88, 345; ablehnend auch FG Berlin EFG 88, 399. Bei Wohnungseigentümern ist der einzelne Wohnungseigentümer aber insgesamt an dem Teil des Gegenstandes der Einkunftserzielung, der gemeinschaftliches Eigentum iSd WEG ist, beteiligt, § 1 V WEG. Es muß sich nach dem Gesetzeswortlaut um Gemeinschaftseigentum iSd WohnungseigentumsG handeln. Zur Zulässigkeit der gesonderten Feststellung bei Bauherrengemeinschaften vgl BdF-Schreiben v 12 10. 82, BStBl 82, I 808.

9. Änderung durch das Steuerbereinigungsgesetz 1986. Um eine einheitliche Rechtsanwendung sicherzustellen, war es erforderlich, im Rahmen des **SteuerbereinigG** eine einwandfreie Rechtsgrundlage für die gesonderte und einheitliche Feststellung von Besteuerungsgrundlagen bei gleichen Sachverhalten zu schaffen. Bei der Vielzahl der zu regelnden Fragen hätte eine knapp formulierte gesetzliche Regelung wiederum das Risiko einer vom Willen des Gesetzgebers abweichenden Interpretation durch die Gerichte in sich tragen. Daher sollten Einzelheiten des **Verfahrens** durch **Verordnung** geregelt werden. Dabei ist bei Rechtsverordnungen, die Zölle und Verbrauchsteuern betreffen, die Zustimmung des Bundesrates nicht erforderlich.

§ 180
4. Teil. Durchführung der Besteuerung

Mit Wirkung der Verkündung des **StBereinigG** sollen daher einzelne **Besteuerungsgrundlagen** und nicht nur **Einkünfte** gesondert festgestellt werden können. Dies bedeutet eine **Erweiterung** der bisherigen Rechtslage. Hierdurch wird die Feststellungsmöglichkeit auf nicht ertragsteuerliche Sachverhalte (zB **Umsatzsteuer**) ausgedehnt.

Im einzelnen sieht die Verordnungsermächtigung im Rahmen des Steuerbereinigungsgesetzes folgende Regelungen vor

1. Es ist abzugrenzen, welche Tatbestandsmerkmale durch eine gesonderte Feststellung und in welchem Umfang sie erfaßt werden sollen. **Besteuerungsgrundlagen** sollen auch **teilweise** gesondert festgestellt werden können.
2. Es sollen nicht nur der **Einkunftserzielung** dienende Wirtschaftsgüter, Anlagen oder Einrichtungen, die von mehreren Personen genutzt oder betrieben werden, die gesonderte Feststellung ermöglichen, sondern auch **gleichartige Rechtsbeziehungen zu Dritten.** Ob und in welchem Umfang die Finanzbehörde ein Feststellungsverfahren durchführt, entscheidet sie nach pflichtgemäßem Ermessen.
3. Um für die am Feststellungsverfahren beteiligten und steuererklärungspflichtigen Personen einen eindeutigen **Ansprechpartner** zu haben, ist eine Bestimmung über die **örtliche Zuständigkeit** erforderlich.
4. Die steuerlich bedeutsamen Sachverhalte werden in der Regel nicht von den materiell betroffenen Steuerpflichtigen, sondern von den Initiatoren des Gesamtobjekts gestaltet. Daher werden besondere Regelungen erforderlich, wer als an dem Feststellungsverfahren **Beteiligter** gelten und zur **Abgabe** der **Feststellungserklärung** verpflichtet sein soll und wer befugt ist, die **Beteiligten** zu **vertreten.** Dies ist insbesondere im Falle eines Rechtsbehelfsverfahrens von Bedeutung.
5. Für die praktische Durchführung des Feststellungsverfahrens sind Regelungen, wem Verwaltungsakte bekanntzugeben sind, unerläßlich. Dabei ist der unterschiedlichen rechtlichen Stellung der von der Feststellung materiell Betroffenen und der Initiatoren, die die Interessen der Beteiligten wesentlich vertreten, Rechnung zu tragen.
6. Die Rechtsgrundlage für eine **Außenprüfung** ist § 193 Abs 2 Nr 2 AO. In bestimmten Fällen bestehen zwischen den an den Besteuerungsgrundlagen Beteiligten untereinander keine rechtlichen Beziehungen. Um der Finanzbehörde eine zusammenfassende Außenprüfung aller einheitlich festzustellenden Sachverhalte zu ermöglichen, sind Sonderregelungen erforderlich.

Aus Gründen der Arbeitsvereinfachung sollte durch die Rechtsverordnung auch die **Verbindung** von **Feststellungsverfahren** geregelt werden können. Dies hätte insbesondere Bedeutung für Feststellungsverfahren nach **§ 15a Abs 4 EStG** gehabt. Nach dieser Vorschrift ist der nicht ausgleichs- oder abzugsfähige **Verlust** eines Kommanditisten jährlich **gesondert** festzustellen. Diese Regelung ist jedoch in das **EStG** übernommen worden. Der Satz 3 schafft die Möglichkeit, Besteuerungsgrundlagen, die sich erst in späteren Jahren steuerlich auswirken, zeitnah festzustellen. Die zeitnahe Feststellung und Entscheidung über den Sachverhalt dient der Rechtssicherheit, weil die sachgerechte Ermittlung und Beurteilung eines zeitlich länger zurückliegenden Sachverhalts häufig auf Schwierigkeiten stößt. Praktische Bedeutung hat diese Vorschrift insbesondere für die

3. Abschnitt. Festsetzungs- und Feststellungsverfahren **§ 180**

Wertfeststellung der Gegenstände des Betriebsvermögens bei Übergang von der Gewinnermittlung nach § 2 Satz 1 Nr. 1 bis 3 EStG zur nicht steuerpflichtigen Liebhaberei (vgl. BFH-Urteil vom 29. Oktober 1981, BStBl 1982 II S 381); s nunmehr auch § 8 der VO zu § 180 II).

Durch die neue Vorschr iVm § 1 der am 19. 12. 86 erlassenen **VO zu § 180 II** (BGBl I, 2663) ist nunmehr eindeutig geklärt, daß auch bei **Bauherren- und Erwerbermodellen** eine gesonderte Gewinnfeststellung durchgeführt werden kann, auch wenn ein Gesellschaftsverhältnis oder ein bürgerlich-rechtliches Gemeinschaftsverhältnis fehlt (s BdF-Schreiben v 27. 2. 87, AO-Handbuch 1988, Anl 2 zu § 180). Nach § 3 I Nr 2 der VO zu § 180 II sind erklärungspflichtig – jedenfalls in erster Linie – nicht die Erwerber und zukünftigen Wohnungseigentümer, sondern die an der Planung und dem Erwerb des Gesamtobjekts beteiligten Personen (vgl BFH/NV 88, 618). Eine gesonderte Feststellung ist zB auch möglich hinsichtlich der Höhe der Vorsteuer aus Umsätzen, die Hersteller oder Erwerber im Rahmen eines Gesamtprojekts empfangen haben, soweit ein Vorsteuerabzug nach § 15 UStG oder eine Berichtigung des Vorsteuerabzugs nach § 15a UStG in Betracht kommt. Die Neufassung des § 180 II iVm mit der dazu ergangenen VO ist auch für solche Feststellungszeiträume anzuwenden, die vor dem Inkrafttreten der Neuregelung liegen (BFH BStBl 88, 319; FG Münster EFG 87, 539; aA FG Berlin EFG 88, 399; 88, 504; BFH/NV 88, 618). Verfassungsrechtliche Bedenken gegen die VO (s *Streck/Mack* DStR 87, 707; 88, 475) teilt der BFH nicht (BFH aaO).

Die VO ist im Anschluß an diese Erläuterungen zu § 180 abgedruckt.

10. Abs 3. Ausnahmen vom Grundsatz des **Abs 1 Nr 2 Buchst a.** Abs 3 will verhindern, daß gesonderte Feststellungen durchgeführt werden, für die in der Praxis kein Bedürfnis besteht. Die gesonderte Feststellung ist nicht Selbstzweck, sondern dient der Erleichterung des Besteuerungsverfahrens. Wenn in den Fällen des Abs 1 Nr 2 Buchst a nur einer der Beteiligten im Geltungsbereich dieses Gesetzes einkommen- oder körperschaftsteuerpflichtig ist, besteht kein Bedürfnis für eine gesonderte Feststellung, sofern sich nicht die Notwendigkeit der gesonderten Feststellung evt aus Abs 1 Nr 2 Buchst b ergibt. Das gleiche gilt, wenn es sich um Fälle von **geringer Bedeutung** handelt, etwa, wenn die Einkünfte so niedrig sind, daß sie für die Veranlagung des Stpfl ohne Bedeutung sind oder wenn es sich um **Ehegatten** handelt, die ohnehin zusammenveranlagt werden. Nach der Rspr des BFH ist allgemein ein Fall von geringer Bedeutung anzunehmen, wenn die Einkünfte leicht zu ermitteln und nach einfachem Schlüssel auf die Beteiligten zu verteilen sind und wenn vor allem die Gefahr widersprüchlicher Entscheidungen bei den Beteiligten gering oder nahezu ausgeschlossen ist (BFH BStBl 76, 396; 85, 576). Ein Fall von geringer Bedeutung liegt daher nicht vor, wenn bei der Feststellung der Einkünfte aus Vermietung und Verpachtung (Mietwohngrundstück), an denen Eheleute je zur Hälfte beteiligt sind, über Fragen außergewöhnlicher technischer Abnutzung und die Verteilung erheblicher Schuldzinsen auf zwei Jahre zu entscheiden ist (FG Berlin EFG 86, 4). Diese Grundsätze gelten auch für die Fälle des Abs 1 Nr 3. Eine einheitliche Gewinnfeststellung kommt nicht in Betracht, wenn sich mehrere zu einer Gesellschaft zusammenschließen (Flugzeugerwerb), wenn feststeht, daß durch den Be-

§ 180 4. Teil. Durchführung der Besteuerung

trieb des Flugzeugs keine Gewinne erzielt werden können, BFH BStBl 72, 599. Dies schließt jedoch die Berücksichtigung von Verlusten bei der ESt des einzelnen Gesellschafters nicht aus. Die **gesetzliche Feststellung** einkommenstpfl und körperschaftspfl Einkünfte, an denen mehrere beteiligt sind, **unterbleibt nicht** deshalb, weil die **StAnsprüche** gegen die Beteiligt, mit Ausnahme eines Beteiligten, **verjährt** sind, BFH BStBl 78, 265. Wer eine unstreitig und unzweifelhaft für ihn allenfalls steuerlich nachteilige gesonderte und einheitliche Feststellung von Einkünften begehrt, ist durch deren Ablehnung nicht **beschwert,** FG Hessen EFG 82, 336. Kann die positive Feststellung für keine StFestsetzung von Bedeutung sein, weil sie sich – leicht und eindeutig erkennbar – überhaupt nicht steuerlich auswirken würde, so ist das FA auch objektiv dazu nicht verpflichtet, FG Hessen EFG 82, 336.

11. Regelung ab 1. 1. 87. Durch die Ergänzung des Abs 3 im Rahmen der **StBereinigg** ist sichergestellt worden, daß ein Feststellungsverfahren nur in verfahrensmäßig bedeutsamen Fällen durchgeführt wird. Die Finanzbehörde soll von der Einleitung eines Feststellungsverfahrens absehen können, wenn es zur einheitlichen Rechtsanwendung und zur Erleichterung des Besteuerungsverfahrens **nicht erforderlich** ist. Zur Klärung von Zweifeln, ob noch ein Feststellungsverfahren erfolgt, ist ein **Negativbescheid** vorgesehen. Die bestehende Ermittlungs- und ggf Schätzungspflicht geht in diesem Fall in vollem Umfang auf die beteiligten Wohnsitzfinanzämter über.

12. Abs 4. Arbeitsgemeinschaften. Abs 4 entspr dem früheren § 215 V RAO und korrespondiert mit § 2a GewStG. Auch in diesen Fällen besteht nach Auffassung des GesGebers kein Bedürfnis für eine gesonderte Feststellung.

13. Abs 5. Sieht die gesonderte Feststellung auch für Zwecke der Ermittlung des anzuwendenden **StSatzes** bei einem zu beachtenden **Progressionsvorbehalt** und in den Fällen des § 2d Gesetz über steuerl Maßnahmen bei Auslandsinvestitionen vor. Unterliegen ausländische Einkünfte als solche nicht der inländischen Besteuerung, kann ihre Feststellung aber für die Anwendung des Progressionsvorbehalts von Bedeutung sein.

14. Regelung ab 1. 1. 87. Durch eine Ergänzung im Rahmen des StBereinigG wird es möglich, eine Feststellung auch in den Fällen des Absatzes 2 nur zum Zwecke der Ermittlung des anzuwendenden Steuersatzes durchzuführen.

15. Übergangsregelung in Art 97 § 1 EGAO. Die Vorschr gilt für alle Festsetzungen, bei denen die entspr Erklärungen zur gesetzlichen Feststellung nach dem 31. 12. 76 abgegeben werden.

Verordnung über die gesonderte Feststellung von Besteuerungsgrundlagen nach § 180 Abs. 2 der Abgabenordnung

Vom 19. Dezember 1986 (BGBl. I S. 2663, BStBl. 1987 I S. 2)

Auf Grund des § 180 Abs. 2 der Abgabenordnung vom 16. März 1976 (BGBl. I S. 613), der durch Artikel 1 Nr. 31 des Steuerbereinigungsgesetzes 1986 vom 19. Dezember 1985 (BGBl. I S. 2436) neu gefaßt worden ist, wird mit Zustimmung des Bundesrates verordnet:

3. Abschnitt. Festsetzungs- und Feststellungsverfahren **§ 180**

Erster Abschnitt. Feststellungsverfahren bei gleichen Sachverhalten

§ 1 Gegenstand, Umfang und Voraussetzungen der Feststellung

(1) Besteuerungsgrundlagen, insbesondere einkommensteuerpflichtige oder körperschaftsteuerpflichtige Einkünfte, können ganz oder teilweise gesondert festgestellt werden, wenn der Einkunftserzielung dienende Wirtschaftsgüter, Anlagen oder Einrichtungen
1. von mehreren Personen betrieben, genutzt oder gehalten werden oder
2. mehreren Personen getrennt zuzurechnen sind, die bei der Planung, Herstellung, Erhaltung oder dem Erwerb dieser Wirtschaftsgüter, Anlagen oder Einrichtungen gleichartige Rechtsbeziehungen zu Dritten hergestellt oder unterhalten haben (Gesamtobjekt).

(2) Absatz 1 gilt für die Umsatzsteuer nur, wenn mehrere Unternehmer im Rahmen eines Gesamtobjekts Umsätze ausführen oder empfangen.

(3) Die Feststellung ist gegenüber den in Absatz 1 genannten Personen einheitlich vorzunehmen. Sie kann auf bestimmte Personen beschränkt werden.

§ 2 Örtliche Zuständigkeit

(1) Für Feststellungen in den Fällen des § 1 Abs. 1 Nr. 1 richtet sich die örtliche Zuständigkeit nach § 18 Abs. 1 Nr. 2 der Abgabenordnung. Die Wirtschaftsgüter, Anlagen oder Einrichtungen gelten als gewerblicher Betrieb im Sinne dieser Vorschrift.

(2) Für Feststellungen in den Fällen des § 1 Abs. 1 Nr. 2 ist das Finanzamt zuständig, das nach § 19 oder § 20 der Abgabenordnung für die Steuern vom Einkommen und Vermögen des Erklärungspflichtigen zuständig ist.

(3) Feststellungen nach § 1 Abs. 2 hat das für die Feststellungen nach § 1 Abs. 1 Nr. 2 zuständige Finanzamt zu treffen.

(4) § 18 Abs. 2 der Abgabenordnung gilt entsprechend.

§ 3 Erklärungspflicht

(1) Eine Erklärung zur gesonderten Feststellung der Besteuerungsgrundlagen haben nach Aufforderung durch die Finanzbehörde abzugeben:
1. in den Fällen des § 1 Abs. 1 Nr. 1 die Personen, die im Feststellungszeitraum die Wirtschaftsgüter, Anlagen oder Einrichtungen betrieben, genutzt oder gehalten haben.
2. in den Fällen des § 1 Abs. 1 Nr. 2 die Personen, die bei der Planung, Herstellung, Erhaltung, dem Erwerb, der Betreuung, Geschäftsführung oder Verwaltung des Gesamtobjekts für die Feststellungsbeteiligten handeln oder im Feststellungszeitraum gehandelt haben; dies gilt in den Fällen des § 1 Abs. 2 entsprechend.

§ 34 der Abgabenordnung bleibt unberührt.

(2) Die Erklärung ist nach amtlich vorgeschriebenem Vordruck abzugeben und von der zur Abgabe verpflichteten Person eigenhändig zu unterschreiben. Name und Anschrift der Feststellungsbeteiligten sind anzugeben. Der Erklärung ist eine Ermittlung der Besteuerungsgrundlagen beizufügen.

(3) Die Finanzbehörde kann entsprechend der vorgesehenen Feststellung den Umfang der Erklärung und die zum Nachweis erforderlichen Unterlagen bestimmen.

(4) Hat ein Erklärungspflichtiger eine Erklärung zur gesonderten Feststellung der Besteuerungsgrundlagen abgegeben, sind andere Erklärungspflichtige insoweit von der Erklärungspflicht befreit.

§ 4 Einleitung des Feststellungsverfahrens

Die Finanzbehörde entscheidet nach pflichtgemäßem Ermessen, ob und in welchem Umfang sie ein Feststellungsverfahren durchführt. Hält sie eine gesonderte Feststellung nicht für erforderlich, insbesondere weil das Feststellungsverfahren nicht der einheitlichen Rechtsanwendung und auch nicht der Erleichterung des Besteuerungsverfahrens dient, kann sie dies durch Bescheid feststellen. Der Bescheid gilt als Steuerbescheid.

§ 5 Verfahrensbeteiligte

Als an dem Feststellungsverfahren Beteiligte gelten neben den Beteiligten nach § 78 der Abgabenordnung auch die in § 3 Abs. 1 Nr. 2 genannten Personen.

§ 6 Bekanntgabe

(1) Die am Gegenstand der Feststellung beteiligten Personen sollen einen gemeinsamen Empfangsbevollmächtigten bestellen, der ermächtigt ist, für sie alle Verwaltungsakte und Mitteilungen in Empfang zu nehmen, die mit dem Feststellungsverfahren und dem anschließenden Verfahren über einen außergerichtlichen Rechtsbehelf zusammenhängen. Ein Widerruf der Empfangsvollmacht wird der Finanzbehörde gegenüber erst wirksam, wenn er ihr zugeht. Ist ein Empfangsbevollmächtigter nicht bestellt, kann die Finanzbehörde die Beteiligten auffordern, innerhalb einer angemessenen Frist einen Empfangsbevollmächtigten zu benennen. Hierbei ist ein Beteiligter vorzuschlagen und darauf hinzuweisen, daß diesem die in Satz 1 genannten Verwaltungsakte und Mitteilungen mit Wirkung für und gegen alle Beteiligten bekanntgegeben werden, soweit nicht ein anderer Empfangsbevollmächtigter benannt wird. Bei der Bekanntgabe an den Empfangsbevollmächtigten ist darauf hinzuweisen, daß die Bekanntgabe mit Wirkung für und gegen alle Feststellungsbeteiligten erfolgt.

(2) Der Feststellungsbescheid ist auch den in § 3 Abs. 1 Nr. 2 genannten Personen bekanntzugeben, wenn sie die Erklärung abgegeben haben, aber nicht zum Empfangsbevollmächtigten bestellt sind.

(3) Absatz 1 Sätze 3 und 4 ist insoweit nicht anzuwenden, als der Finanzbehörde bekannt ist, daß zwischen den Feststellungsbeteiligten und dem Empfangsbevollmächtigten ernstliche Meinungsverschiedenheiten bestehen.

(4) Ist Einzelbekanntgabe erforderlich, sind dem Beteiligten nur die ihn betreffenden Besteuerungsgrundlagen bekanntzugeben.

§ 7 Außenprüfung

(1) Eine Außenprüfung zur Ermittlung der Besteuerungsgrundlagen ist bei jedem Verfahrensbeteiligten zulässig.

(2) Die Prüfungsanordnung ist dem Verfahrensbeteiligten bekanntzugeben, bei dem die Außenprüfung durchgeführt werden soll.

Zweiter Abschnitt. Feststellungsverfahren beim Übergang zur Liebhaberei

§ 8 Feststellungsgegenstand beim Übergang zur Liebhaberei

Dient ein Betrieb von einem bestimmten Zeitpunkt an nicht mehr der Erzielung von Einkünften im Sinne des § 2 Abs. 1 Nr. 1 bis 3 des Einkommensteuergesetzes und liegt deshalb ein Übergang zur Liebhaberei vor, so ist auf diesen Zeitpunkt unabhängig von der Gewinnermittlungsart für jedes Wirtschaftsgut des Anlagevermögens der Unterschiedsbetrag zwischen dem gemeinen Wert und dem Wert, der nach § 4 Abs. 1 oder nach § 5 des Einkommensteuergesetzes anzusetzen wäre, gesondert und bei mehreren Beteiligten einheitlich festzustellen.

3. Abschnitt. Festsetzungs- und Feststellungsverfahren § 181

Dritter Abschnitt. Schlußvorschriften

§ 9 Berlin-Klausel

Diese Verordnung gilt nach § 14 des Dritten Überleitungsgesetzes in Verbindung mit § 414 der Abgabenordnung auch im Land Berlin.

§ 10 Inkrafttreten

Diese Verordnung tritt am Tage nach der Verkündung in Kraft. Sie tritt mit Wirkung vom 25. Dezember 1985 in Kraft, soweit einheitliche und gesonderte Feststellungen nach § 180 Abs. 2 der Abgabenordnung in der bis zum 24. Dezember 1985 geltenden Fassung zulässig waren.

§ 181 Verfahrensvorschriften für die gesonderte Feststellung, Feststellungsfrist, Erklärungspflicht

(1) ¹Für die gesonderte Feststellung gelten die Vorschriften über die Durchführung der Besteuerung sinngemäß. ²Steuererklärung im Sinne des § 170 Abs. 2 Nr. 1 ist die Erklärung zur gesonderten Feststellung.

(2) ¹Eine Erklärung zur gesonderten Feststellung hat abzugeben, wem der Gegenstand der Feststellung ganz oder teilweise zuzurechnen ist. ²Erklärungspflichtig sind insbesondere
1. in den Fällen des § 180 Abs. 1 Nr. 2 Buchstabe a jeder Feststellungsbeteiligte, dem ein Anteil an den einkommen- oder körperschaftsteuerpflichtigen Einkünften zuzurechnen ist;
2. in den Fällen des § 180 Abs. 1 Nr. 2 Buchstabe b der Unternehmer;
3. in den Fällen des § 180 Abs. 1 Nr. 3 jeder Feststellungsbeteiligte, dem ein Anteil an den Wirtschaftsgütern, Schulen oder sonstigen Abzügen zuzurechnen ist;
4. in den Fällen des § 180 Abs. 1 Nr. 2 Buchstabe a und Nr. 3 auch die in § 34 bezeichneten Personen.

³Hat ein Erklärungspflichtiger eine Erklärung zur gesonderten Feststellung abgegeben, sind andere Beteiligte insoweit von der Erklärungspflicht befreit.

(3) ¹Die Frist für die gesonderte Feststellung von Einheitswerten (Feststellungsfrist) beginnt mit Ablauf des Kalenderjahres, auf dessen Beginn die Hauptfeststellung, die Fortschreibung, die Nachfeststellung oder die Aufhebung eines Einheitswertes vorzunehmen ist. ²Wird eine für den Hauptfeststellungszeitpunkt einzureichende Erklärung zur gesonderten Feststellung des Einheitswertes nach Ablauf des ersten Kalenderjahres des Hauptfeststellungszeitraumes abgegeben, so beginnt die Frist für die gesonderte Feststellung für den Hauptfeststellungszeitpunkt mit Ablauf des Kalenderjahres, in dem die Erklärung eingereicht wird, spätestens jedoch mit Ablauf des dritten Kalenderjahres, das auf das Kalenderjahr folgt, auf dessen Beginn die Hauptfeststellung vorgenommen wird. ³Wird der Beginn der Feststellungsfrist nach Satz 2 hinausgeschoben, so wird der Beginn der Feststellungsfrist für die gesonderte Feststellung auf einen Fortschreibungszeitpunkt jeweils um die gleiche Zeit hinausgeschoben.

(4) In den Fällen des Absatzes 3 beginnt die Feststellungsfrist nicht vor Ablauf des Kalenderjahres, auf dessen Beginn der Einheitswert erstmals steuerlich anzuwenden ist.

§ 181

(5) ¹Eine gesonderte Feststellung kann auch nach Ablauf der für sie geltenden Feststellungsfrist insoweit erfolgen, als die gesonderte Feststellung für eine Steuerfestsetzung von Bedeutung ist, für die die Festsetzungsfrist im Zeitpunkt der gesonderten Feststellung noch nicht abgelaufen ist; hierbei bleibt § 171 Abs. 10 außer Betracht. ²Hierauf ist im Feststellungsbescheid hinzuweisen. ³§ 169 Abs. 1 Satz 3 gilt sinngemäß.

Überschrift neu gefaßt, Abs 2 S 1 neu gefaßt, Abs 2 eingefügt, bish Abs 2 bis 4 werden Abs 3, 4 geändert und 5 mit Wirkung ab 1. 1. 87 durch StBereinigG 1986 v 19. 12. 85, BGBl I, 2436.

Schrifttum: Görg Änderung von Artfeststellungen nach § 181 Abs 1 Nr 1 iV mit § 173 Abs 1 Nr 1, StBp 86, 19; Horlemann Geklärte Steuererklärungspflicht? Zum Steuerbereinigungsgesetz 1986, BB 86, 586; Kutschka Der Einheitswertbescheid als Zusammenfassung mehrerer Verwaltungsakte – Anmerkung zum Urteil des Bundesfinanzhofs vom 10. 12. 1986 II R 88/85, DStR 87. 578.

Übersicht

1. Inhalt
2. Abs 2: Erklärungspflichtiger
3. Regelung durch das StBereinigG 1986
4. Abs 3: Einheitswerte
5. Festsetzungsfrist
6. Abs 4: Festsetzung von Einheitswerten auf einen früheren Zeitpunkt
7. Abs 5: Festsetzungsfrist für Folgebescheide

1. Inhalt. § 181 bestimmt die sinngemäße **Anwendung** der Vorschriften über die Durchführung der Besteuerung auf die gesonderte Feststellung von Besteuerungsgrundlagen. Anzuwenden sind namentlich die Vorschr über die StBescheide (§§ 155, 157), über die Schätzung (§ 162), über Billigkeitsmaßnahmen im Festsetzungsverfahren (§ 163), StFestsetzung unter Vorbehalt der Nachprüfung (§ 164), Aussetzung der StFestsetzung, vorläufige StFestsetzung (§ 165), Drittwirkung der StFestsetzung (§ 166), StAnmeldung (§§ 167, 168); ferner die Berichtigungsvorschriften (§§ 172–177). Gem sinngemäßer Anwendung des § 173 I kann auch eine bei der Einheitswertfeststellung getroffene Artfeststellung geändert werden (BFH BStBl 88, 174; 88, 482; BFH/NV 88, 689; FG Nürnberg EFG 88, 216; aA FG RhPf EFG 85, 485). Anzuwenden sind auch die Vorschrift über die Festsetzungsfrist (§§ 169–171). Die daraus abzuleitende Feststellungspflicht bedeutet, daß die Frage der Festsetzungsverjährung der Folgesteuer in keinem Fall (auch nicht im Fall der Änderung eines Grundlagenbescheides) Auswirkungen auf den Erlaß eines Feststellungsbescheids haben soll, vielmehr dieser innerhalb der Feststellungsfrist ohne Rücksicht auf feststehende oder nicht feststehende Verjährung zulässig bleiben soll (FG Düsseldorf EFG 88, 452). Anders war die Rechtslage nach der RAO, nach der sich die Verjährung bei gesonderten Feststellungen allein nach der Verjährung der abhängigen Steuer richtete. Die Notwendigkeit der Einführung einer besonderen **Festsetzungsfrist** für ges Feststellungen ergab sich ua aus der Verkürzung der Verjährungsfrist für noch nicht festgesetzte Steuer von 5 auf 4 Jahre. Durch die Feststellungsfrist soll verhindert werden, daß StAnsprüche verjähren, bevor die FinBeh die Möglichkeit hatte, die für die StFestsetzung notwendigen gesonderten Feststellungen durchzuführen.

Beispiel:
Ein Gesellschafter einer OHG gibt seine EStErklärung rechtzeitig ab, die Erklärung zur gesonderten und einheitlichen Feststellung des Gewinns wird jedoch erst zwei Jahre später abgegeben. Das BetriebsFA geht davon aus, daß auch die einzelnen Gesellschafter ihre ESt-Erklärungen zu diesem Zeitpunkt abgegeben haben. Die gesonderte Gewinnfeststellung wird daher erst kurz vor Ende der nach dem Zeitpunkt der Abgabe der gesonderten Erklärung berechneten Frist (vgl § 170 II) durchgeführt. In diesem Zeitpunkt wäre aber die Festsetzungsfrist für die ESt bereits abgelaufen.

Dies soll durch § 181 verhindert werden. Abs 1 S 2 bestimmt daher, daß **Steuererklärung** iSd § 170 II Nr 1 die **Erklärung** zur **gesonderten Feststellung** ist. Der **Beginn** der **Feststellungsfrist** richtet sich daher auch bei den gesonderten Feststellungen nach dem Zeitpunkt der Abgabe der Erklärung zur gesonderten Feststellung. Die FinBeh kann daher in dem Beispielsfall das Ergebnis zur gesonderten Feststellung, aber nur dieses (vgl § 175 1 Nr 1), der gesonderten Gewinnfeststellung bis zum Ablauf eines Jahres nach Bekanntgabe des Feststellungsbescheides bei der ESt der Gesellschafter berücksichtigen (vgl § 171 X), auch wenn die Festsetzungsfrist für die von der Feststellung abhängigen Steuer bereits abgelaufen ist (BFHE 150, 319).

Die Vorschrift wurde durch das StBereinigG 1986 mit Wirkung ab **1. 1. 87** geändert. Hierbei wurde auch die Überschrift dem neuen Regelungsinhalt angepaßt. Es hatte sich gezeigt, daß die Bezugnahme auf die Vorschriften über die Steuerfestsetzung (vgl III. Abschnitt, 1. Unterabschnitt der AO, §§ 155 bis 168) zu eng ist. Durch eine Änderung im Rahmen des StBereinigG ist insbesondere klargestellt worden, daß auch die Vorschriften über die **Steuererklärungen** (§§ 149 ff. AO) für gesonderte Feststellungen gelten.

2. Erklärungspflichtiger. Es war bisher nicht eindeutig gesetzlich geregelt, wer bei gesonderten Feststellungen zur Abgabe der Erklärung zur gesonderten Feststellung verpflichtet ist. Nach § 149 AO ist diese Bestimmung durch Steuergesetz zu treffen. Nach der bisherigen Praxis ist **jeder Beteiligte**, dem das Ergebnis der gesonderten Feststellung ganz oder teilweise zugerechnet wird, **erklärungspflichtig** ist (ebenso zur alter Rechtslage BFH/NV 88, 760). Dies ist durch Änderung im Rahmen des Steuerbereinigungsgesetzes klargestellt worden.

3. Regelung durch das StBereinigG mit Wirkung ab 1. 1. 87. Durch die Neufassung des Abs 2 wird entsprechend der bisherigen Praxis festgelegt, daß grundsätzlich **jeder Beteiligte**, dem das Ergebnis der gesonderten Feststellung ganz oder zum Teil zuzurechnen ist, **erklärungspflichtig** ist. Hierbei werden die wichtigsten **Anwendungsfälle** besonders genannt. Durch EinzelStGesetze können für Sonderfälle abweichende Regelungen getroffen werden. Für Fälle des § 180 II (neu) ist ausdrücklich eine Regelung des Umfangs der steuerlichen Pflichten der Feststellungsbeteiligten vorgesehen.

Unter den Begriff des **Unternehmers** iSd Nr 2 fällt sowohl der gewerbliche Unternehmer als auch der Land- und Forstwirt. Dies entspricht dem in § 2 UStG verwendeten Unternehmerbegriff. Wenn ein Beteiligter die Erklärung zur gesonderten Feststellung abgegeben hat, sind die übrigen Beteiligten von der Erklärungspflicht befreit, soweit die abgegebene Erklä-

§ 181

rung vollständig war. Dies gilt auch bei Abgabe der Erklärung durch eine der in § 34 AO genannten Personen (zB durch den Geschäftsführer einer Gesellschaft). Die Rechtsgrundlagen für diese Erklärungspflicht waren bisher in den §§ 58 und 59 EStDV enthalten. Um Zweifel zu beseitigen, ob in einer **Übergangszeit** sich die Erklärungspflicht aus der EStDV oder dem neuen Abs 2 ergibt, wird in § 10a EGAO bestimmt, daß **Rechtsgrundlage** für die Abgabe der Erklärungen nach Inkrafttreten des StBereinigG in jedem Fall **§ 181 II** ist, unabhängig davon, welchen Besteuerungszeitraum die Erklärungen betreffen.

4. Abs 3 enthält eine klarstellende Regelung für die Feststellung von **Einheitswerten.** An die Stelle der Entstehung des StAnspruchs – wie in § 170 I – tritt hier der Zeitpunkt, auf den die Einheitswerte festzustellen sind (Hauptfeststellung, Fortschreibung, Nachfeststellung oder Aufhebung). S 2 sagt das gleiche von der Erklärung zur Hauptfeststellung; es gelten hier die Regeln des § 170 II Nr 1. Der Beginn der Feststellungsfrist wird durch eine verspätete Abgabe der Erkärung zur Hauptfeststellung hinausgeschoben. Die Hinausschiebung beträgt jedoch im Höchstfall, dh auch wenn keine Erklärung eingereicht wird, drei Jahre. Die Feststellungsfrist auf den 1. 1. 1977 für eine Hauptfeststellung würde daher spätestens am 1. 1. 1981 beginnen.

5. Abs 3 Satz 3 enthält eine besondere Regelung, die sich daraus ergibt, daß die Einheitswerte regelmäßig für mehrere Jahre gelten. Er soll verhindern, daß evt die Feststellungsfrist für die nach dem **ersten** Jahr des **Hauptfeststellungszeitraums** zu treffenden Feststellungen **(Fortschreibungen)** früher abläuft (infolge des Abs 2 Satz 1) als die Frist für die Hauptfeststellung (infolge des Abs 2 S 2). Das Hinausschieben des Beginns der gesonderten Feststellung zum Hauptfeststellungszeitpunkt infolge verspäteter Abgabe der entspr Erklärung schiebt daher den Beginn der Feststellungsfrist für die folgenden Feststellungszeitpunkte um die gleiche Zeit hinaus.

Beispiel:
Abgabe der Erklärung zur Hauptfeststellung auf den 1. 1. 1977 im Laufe des Jahres 1978; Beginn der Feststellungsfrist am 1. 1. 1979. Fortschreibung auf den 1. 1. 1978. Beginn der Feststellungsfrist für die Fortschreibung wäre nach Abs 2 S 1 der 1. 1. 1979. Infolge des Absatzes 2 Satz 3 verschiebt sich der Beginn der Feststellungsfrist für die Fortschreibung jedoch auf den 1. 1. 1980.

Fortschreibung eines **Einheitswerts** zur **Fehlerbeseitigung** ist von Amts wegen auf den Beginn des Kalenderjahres durchzuführen, in dem der Fehler dem FA bekannt wird. **Wiedereinsetzung** in den vorigen Stand wegen verspäteten Hinweises auf den Fehler durch den Stpfl ist deshalb nicht möglich, BFH BStBl 78, 642.

6. Abs 4 enthält eine besondere Bestimmung für die Fälle, in denen **Einheitswerte auf einen früheren Zeitpunkt festgestellt werden, als sie angewendet** werden (zuletzt die Einheitswerte des Grundbesitzes auf den 1. 1. 1964, Anwendung erst ab 1. 1. 1974). Hier soll die Feststellungsfrist nicht früher ablaufen, bevor die Einheitswerte angewendet werden. Die Feststellungsfrist beginnt nicht vor Ablauf des Kalenderjahres, auf dessen Beginn der Einheitswert erstmals steuerl angewendet wird.

3. Abschnitt. Festsetzungs- und Feststellungsverfahren **§ 181**

7. Abs 5 enthält eine besondere Regelung für den Fall, daß zwar die Feststellungsfrist für die gesonderte Feststellung abgelaufen ist, aber nicht die Feststellungsfrist für die davon **abhängige Steuer.** Diese Regelung gilt für alle gesonderten Feststellungen. Soweit danach noch gesonderte Feststellungen zulässig sind, müssen auch noch Änderungen oder Berichtigungen von gesonderten Feststellungen möglich sein, da es sich um ein weniger gegenüber einer erstmals erlassenen gesonderten Feststellung handelt (aA FG Nürnberg EFG 87, 229). Der Fall des Abs 5 kann eintreten, wenn bei einer OHG zwar die OHG die Erklärung zur gesonderten Feststellung des Gewinns und die Anteile der einzelnen Gesellschafter rechtzeitig, dh im Jahr nach der Entstehung des StAnspruchs, abgegeben hat, einer oder mehrere, evtl auch alle Gesellschafter ihre Erkärungen zur ESt aber erst in den nachfolgenden Jahren. Die Möglichkeit der StFestsetzung nur gegenüber einem der Beteiligten reicht für den Erlaß des Feststellungsbescheides aus (*Schwarz* Tz 5; aA FG Berlin EFG 87, 278; *TK* Tz 4; *HHSp* Tz 33; *KKH* Anm 4). Abs 5 entspr im wesentlichen der Regelung der RAO, die keine besondere Verjährungsfrist für die gesonderten Feststellungen kannte. Hier kommt die Hilfsfunktion der gesonderten Feststellung zum Ausdruck: Erst dann, wenn alle Erklärungen, die sich auf die Ermittlung des Gewinns beziehen, eingereicht sind, hat der Stpfl seine Erklärungspflichten erfüllt. Die Wirkung tritt aber nur bei demjenigen Stpfl ein, bei dem die Voraussetzungen des Abs 5 vorliegen. Haben *alle* Gesellschafter ihre ESt entspr verspätet abgegeben, so kann auch noch die Bilanz der Gesellschaft insoweit geändert werden. Im übrigen dürfte Abs 5 dort seine Grenze haben, wo eine Bilanzänderung praktisch zur Durchbrechung des Bilanzzusammenhangs führen würde: Liegen die Voraussetzungen des Abs 5 nur bei einem Gesellschafter vor, so können nicht die Abschreibungssätze bei der Gesellschaft geändert werden, auch nicht mit Wirkung für diesen einen Gesellschafter. Anderenfalls müßte man für diesen Gesellschafter dann eine Sonderbilanz aufstellen, damit nicht ein bereits versteuerter Gewinn bei diesem Gesellschafter nochmals erfaßt wird. Für eine andere Regelung besteht auch insoweit kein Bedürfnis, weil sich die Bilanzansätze ohnehin im Laufe der Jahre ausgleichen. Etwas anderes gilt nur dann, wenn die Berücksichtigung ohne Durchbrechung des Bilanzbündels möglich ist, zB bei der Nichtanerkennung von Betriebsausgaben und der Erhöhung der Privatentnahmen. Voraussetzung ist zB, daß die Festsetzungsfrist für ESt im Zeitpunkt des Ergehens der (nachgeholten) gesonderten Feststellung noch nicht abgelaufen ist. Hierbei ist der § 169 I, 3 sinngemäß anzuwenden, dh für die Beurteilung der Rechtzeitigkeit der gesonderten Feststellung kommt es auf den Zeitpunkt der **Absendung** des Bescheides an.

§ 171 X **(Ablaufhemmung)** bleibt außer Betracht, jedoch nur für die Gesellschafter, für die die Festsetzungsfrist bei der ESt abgelaufen ist. Für die anderen Gesellschafter, auf die Abs 5 zutrifft, bleibt es dabei, daß nach Ergehen der gesonderten Feststellung die FinBeh mindestens noch 1 Kalenderjahr Zeit hat, um die sich aus der gesonderten Feststellung ergebenden Folgerungen bei dem Folgebescheid zu ziehen. Eine gesonderte Feststellung kann auch noch insoweit erfolgen, als die **Festsetzungsfrist** für bestimmte **Feststellungszeiträume** noch **nicht abgelaufen** ist. An dem **Feststellungszeitpunkt** ändert sich dadurch nichts, jedoch tritt die Wirkung der gesonderten Feststellung erst zu einem späteren Zeitpunkt ein. Der Bescheid hat daher den Vermerk zu enthalten: Feststellung auf den 1. 1. X mit Wirkung vom 1. 1. Y. Dadurch soll verhindert werden, daß bestimmte Steuern evt überhaupt nicht mehr festgesetzt werden können, nur weil die gesonderte Feststellung unterblieben ist (zB weil der Einheitswert vorher keine Bedeutung hatte). **Sonderregelungen** ferner in § 21 III BewG idF des EGAO. Wenn die Feststellungsfrist bereits abgelaufen ist, kann die Hauptfeststellung von Einheitswerten unter Zugrundelegung der Verhältnisse der Hauptfeststellungszeitpunkt mit Wirkung für einen späteren Feststellungszeitpunkt vorgenommen werden, für den diese Frist noch nicht abgelaufen ist. § 181 V bleibt hierbei unberührt.

Der gem Satz 2 des Abs 5 **erforderliche Hinweis**, daß trotz des Ablaufs der Feststellungsfrist eine gesonderte Feststellung erfolgt, hat nicht nur deklaratorische Bedeutung. Das Fehlen dieses Hinweises führt daher zur Fehlerhaftigkeit des Bescheides, sodaß er aufzuheben ist (FG Berlin EFG 87, 278).

§ 182 Wirkungen der gesonderten Feststellung

(1) Feststellungsbescheide sind, auch wenn sie noch nicht unanfechtbar sind, für andere Feststellungsbescheide, für Steuermeßbescheide, für Steuerbescheide und für Steueranmeldungen (Folgebescheide) bindend, soweit die in den Feststellungsbescheiden getroffenen Feststellungen für diese Folgebescheide von Bedeutung sind.

(2) ¹Ein Feststellungsbescheid über einen Einheitswert (§ 180 Abs. 1 Nr. 1) wirkt auch gegenüber dem Rechtsnachfolger, auf den der Gegenstand der Feststellung nach dem Feststellungszeitpunkt mit steuerlicher Wirkung übergeht. ²Tritt die Rechtsnachfolge jedoch ein, bevor der Feststellungsbescheid ergangen ist, so wirkt er gegen den Rechtsnachfolger nur dann, wenn er ihm bekanntgegeben wird.

(3) Ist in einem Feststellungsbescheid im Sinne des § 180 Abs. 1 Nr. 2 und Abs. 2 ein Beteiligter unrichtig bezeichnet, weil Rechtsnachfolge eingetreten ist, kann dies durch besonderen Bescheid gegenüber dem betroffenen Beteiligten berichtigt werden.

Abs 3 angefügt mit Wirkung ab 1. 1. 87 durch StBereinigG 1986 v 19. 12. 85, BGBl I, 2436.

Schrifttum: *Klenk* Die Bindung an die Feststellung von Einkünften bei einem mehrere Einkunftsarten umfassenden Sachverhalt, DB 88, 152; *Orth* Steuerbescheide für Verlustentstehungs- und Verlustabzugsjahre von Körperschaften – Bindungswirkung, Änderung und Anfechtbarkeit – Eine Zwischenbilanz nach dem BFH-Urteil vom 9. 12. 1987, FR 88, 317.

Übersicht

1. Inhalt
2. Abs 2: Wirkung gegenüber dem Rechtsnachfolger
3. Abs 3: Berichtigung bei unrichtiger Bezeichnung

1. Inhalt. Die **gesonderten Feststellungen** sind für sog **Folgebescheide bindend,** vgl hierzu Anm 4 zu § 175. Beachte aber, daß die Bindungswirkung ggf ohne Bedeutung sein kann, zB wenn der Stpfl es versäumt hat, fristgemäß einen Antrag auf Veranlagung gem § 46 II Nr 8 EStG zu stellen

3. Abschnitt. Festsetzungs- und Feststellungsverfahren **§ 182**

(vgl BFH BStBl 79, 676; 86, 790; vgl auch oben § 180 Anm 3). Die Bindungswirkung beschränkt sich nicht auf eine StArt oder einzelne StArten. Es geht auch nicht nur darum, daß die für den Erlaß des Folgebescheides zuständige FA den im Feststellungsbescheid festgestellten Betrag unverändert in den Folgebescheid übernimmt. Die Bindungswirkung schließt es vielmehr auch aus, daß über einen **Sachverhalt,** über den im Feststellungsverfahren entschieden worden ist, im Folgeverfahren in einem damit unvereinbaren Sinne anders entschieden wird. Werden daher zB bei der Feststellung von Einkünften aus Vermietung und Verpachtung Zahlungen für Leistungen, die ein Bauherr im Rahmen seines Betriebs für die Bauherrengemeinschaft empfängt, als Werbungskosten abgezogen, so ergibt sich aus der Bindungswirkung des Feststellungsbescheids, daß der Empfänger die Zahlung auch insoweit als Betriebseinnahme erfassen muß (BFH BStBl 88, 342; ablehnend *Klenk* DB 88, 152). Wenn zB nach Abschluß eines Grundstückskaufvertrages das FA das Grundstück dem Käufer zurechnet, so enthält dieser Fortschreibungsbescheid die bindende Feststellung, daß dem Verkäufer die noch nicht getilgte Kaufpreisforderung zusteht (BFH BStBl 86, 41; BFH/NV 86, 389). Das Feststellungsverfahren dient dazu, den Streit über Besteuerungsgrundlagen in ein **gesondertes Verfahren** zu verlagern, damit er in allen Folgeverfahren nicht erneut entfacht werden kann, vgl § 351 II. Die Bindungswirkung beschränkt sich daher nicht auf **ein bestimmtes Jahr.** Ist ein Verlust aus Gewerbebetrieb einheitlich und gesondert festgestellt, so bindet diese Feststellung das FA nicht nur für das Jahr der Entstehung des Verlustes, sondern auch für die folgenden Jahre hinsichtlich des Verlustabzugs (FG Münster EFG 86, 588 mwN). Durch den Ansatz eines Verlustes in dem das Verlustentstehungsjahr betreffenden Körperschaftsteuerbescheid wird allerdings keine Besteuerungsgrundlage mit Bindungswirkung für das Verlustabzugsjahr festgestellt (BFH BStBl 88, 463; vgl dazu *Orth* FR 88, 317).

Zum Verhältnis zwischen Grundlagenbescheid und Folgebescheid s auch oben § 155 Anm 4.

Die Genehmigung eines **Pauschalsteuersatzes** ist kein Grundlagenbescheid. Sie hindert den Arbeitgeber nicht, im Verfahren gegen den Nachforderungsbescheid Einwendungen gegen die Höhe des StSatzes zu erheben, FG Nbg EFG 83, 255. Ein Feststellungsbescheid, in dem Einkünfte eines Stpfl statt als Arbeitslohn als solche aus der Beteiligung an einer gewerblichen **Mitunternehmerschaft** festgestellt worden sind, hat Bindungswirkung auch für den Rückforderungsbescheid über die Arbeitnehmerzulage, FG Berlin EFG 83, 219. Bezüglich des Ansatzes der Höhe des Einkommens und der Tarifbelastung ist der Körperschaftsteuerbescheid Grundlagenbescheid für den nach § 47 KStG zu erlassenden Feststellungsbescheid (BFH BStBl 86, 93). Entscheidung über **Billigkeitsmaßnahme** im Rahmen eines einheitl und gesonderten Gewinnfeststellungsverfahrens kann nur im Wege des **Einspruchs** gegen den **Feststellungsbescheid** angegriffen werden, FG Hbg EFG 78, 151. Die Folgebescheide können wiederum auch **Grundlagenbescheide** (§ 171 X) für andere Bescheide sein, zB für StMeßbescheide. Die in dem Feststellungsbescheid getroffenen Feststellungen können nur mit einem **Rechtsbehelf** gegen den Feststellungsbescheid, nicht aber auch mit einem Rechtsbehelf gegen den Folgebescheid angegriffen werden (§ 351 II). Die Bindungswirkung tritt unabhängig von der

§ 182 4. Teil. Durchführung der Besteuerung

Unanfechtbarkeit des Feststellungsbescheides ein. Wird jedoch die **Vollziehung** des Feststellungsbescheides **ausgesetzt,** so ist auch insoweit die Vollziehung des Folgebescheides auszusetzen (vgl § 361 III). Der **Erlaß** des **Folgebescheides** ist aber auch bei Aussetzung der Vollziehung des Feststellungsbescheides noch zulässig (vgl § 361 III 2). Besteht Streit über die **Wirksamkeit** der Zustellung eines Gewinnfeststellungsbescheides, darf dieser bei der ESt-Veranlagung vor endgültiger Klärung nicht zugrunde gelegt werden, FG SchlHol EFG 80, 317.

2. Abs 2: Wirkung gegenüber dem Rechtsnachfolger. Feststellungen über einen **Einheitswert** haben nach Abs 2 quasi **dingliche Wirkung.** Sie wirken auch gegenüber einem **Rechtsnachfolger,** auf den der Gegenstand nach dem Feststellungszeitpunkt mit steuerl Wirkung übergeht. Dies gilt jedoch nur für die Feststellungen, die vor dem Übergang gegenüber dem Rechtsvorgänger wirksam geworden sind. Anderenfalls ist der Feststellungsbescheid dem Rechtsnachfolger bekanntzugeben. Das bedeutet allerdings nicht, daß der Rechtsnachfolger auch immer **Zurechnungssubjekt** ist. Ergeht vielmehr ein Einheitswertfeststellungsbescheid erst nach dem Tode eines Beteiligten auf einen davor liegenden Stichtag, so bleibt der Verstorbene Zurechnungssubjekt unbeschadet des Umstandes, daß seine Erben Feststellungsbeteiligte sind und ihnen der Bescheid bekanntzugeben ist (BFH BStBl 88, 410). Der Bescheid wird dann mit Bekanntgabe einem der lebenden Beteiligten diesem gegenüber wirksam (vgl oben § 122 Anm 2a).

Eine **Rechtsbehelfsfrist,** die vor dem Übergang in Lauf gesetzt worden ist, wirkt auch gegenüber dem **Rechtsnachfolger.** Er kann nur innerhalb der bisher gegenüber seinem Rechtsvorgänger laufenden Frist den Bescheid anfechten. Ist ein Einheitswertbescheid unanfechtbar geworden, so kann uU aber der Rechtsnachfolger, wie auch der Rechtsvorgänger, eine berichtigende Fortschreibung des Einheitswerts auf den nächst folgenden Zeitpunkt innerhalb des Feststellungszeitraums beantragen (vgl hierzu § 181 IV; § 21 III BewG). Der Stpfl kann aber eine **Wertfortschreibung** nach § 22 BewG nur dann begehren, wenn ihm gegenüber zuvor überhaupt ein EW festgestellt worden ist, BFH BStBl 70, 301; FG Hessen EFG 82, 117.

Der BFH wendet § 182 Abs 2 auch auf Feststellungsbescheide nach § 45 I 1 ZG an. Sie wirken daher grundsätzlich auch gegenüber den Zollbeteiligten der folgenden Zollbehandlungen des Zollguts (BFHE 146, 291).

3. Abs 3: Berichtigung bei unrichtiger Bezeichnung. Der Abs 3 wurde mit Wirkung **ab 1. 1. 87** durch das **StBereinigG** angefügt. Durch Finanzgerichts-Rechtsprechung ist zweifelhaft geworden, ob ein Feststellungsbescheid **wirksam** wird, wenn **vor Bekanntgabe** des Bescheids bei einem der Beteiligten **Rechtsnachfolge** eingetreten ist. Nach der – von der Verwaltung bestrittenen – Rechtsauffassung soll die unrichtige Bezeichnung des Beteiligten zur **Unwirksamkeit** (Nichtigkeit) des gesamten Bescheids führen. Da insbesondere bei **Publikumsgesellschaften** mit einer Vielzahl von Gesellschaftern Fälle der Rechtsnachfolge häufig eintreten (Veräußerung von Anteilen, Erbfolge), ohne daß dies dem Finanzamt bekannt wird, besteht die Gefahr, daß eine große Zahl von Feststellungsbescheiden nicht wirksam wird. Durch die Ergänzung soll der oben angeführten Rechtsauffassung die Grundlage dadurch entzogen werden, daß im Gesetz selbst bestimmt wird, daß die **falsche Bezeichnung** eines Beteiligten **richtiggestellt** werden kann. Vorgesehen ist ein **Bescheid eigener Art**, der ähnlich wie ein **Ergänzungsbescheid**, nicht den gesamten Bescheidinhalt wiederholt, sondern sich lediglich auf den zu berichtigenden Teil erstreckt. Da es sich nicht um eine Änderung der zuzurechnenden Besteuerungsgrundlagen mit Wirkung für und gegen alle Beteiligten handelt, sondern nur um den Austausch einer offensichtlich unrichtigen Bezeichnung eines Beteiligten, ist es ausreichend, diesen besonderen Bescheid nur an die betroffenen Beteiligten (Rechtsvorgänger und Rechtsnachfolger) zu richten. Die Bekanntgabe des besonderen Bescheids ist nach den üblichen Grundsätzen (auch ggf an den Empfangsbevollmächtigten) vorzunehmen.

§ 183 Empfangsbevollmächtigte bei der einheitlichen Feststellung

(1) ¹Richtet sich ein Feststellungsbescheid gegen mehrere Personen, die an dem Gegenstand der Feststellung als Gesellschafter oder Gemeinschafter beteiligt sind (Feststellungsbeteiligte), so sollen sie einen gemeinsamen Empfangsbevollmächtigten bestellen, der ermächtigt ist, für sie alle Verwaltungsakte und Mitteilungen in Empfang zu nehmen, die mit dem Feststellungsverfahren und dem anschließenden Verfahren über einen außergerichtlichen Rechtsbehelf zusammenhängen. ²Ist ein gemeinsamer Empfangsbevollmächtigter nicht vorhanden, so gilt ein zur Vertretung der Gesellschaft oder der Feststellungsbeteiligten oder ein zur Verwaltung des Gegenstandes der Feststellung Berechtigter als Empfangsbevollmächtigter. ³Anderenfalls kann die Finanzbehörde die Beteiligten auffordern, innerhalb einer bestimmten angemessenen Frist einen Empfangsbevollmächtigten zu benennen. ⁴Hierbei ist ein Beteiligter vorzuschlagen und darauf hinzuweisen, daß diesem die in Satz 1 genannten Verwaltungsakte und Mitteilungen mit Wirkung für und gegen alle Beteiligten bekanntgegeben werden, soweit nicht ein anderer Empfangsbevollmächtigter benannt wird. ⁵Bei der Bekanntgabe an den Empfangsbevollmächtigten ist darauf hinzuweisen, daß die Bekanntgabe mit Wirkung für und gegen alle Feststellungsbeteiligten erfolgt.

(2) ¹Absatz 1 ist insoweit nicht anzuwenden, als der Finanzbehörde bekannt ist, daß die Gesellschaft oder Gemeinschaft nicht mehr besteht, daß ein Beteiligter aus der Gesellschaft oder der Gemeinschaft ausgeschieden ist oder daß zwischen den Beteiligten ernstliche Meinungsverschiedenheiten bestehen. ²Ist bei Gesellschaften oder Gemeinschaften mit mehr als 100 Beteiligten Einzelbekanntgabe erforderlich, so sind dem Beteiligten der Gegenstand der Feststellung, die alle Gesellschafter betreffenden Besteuerungsgrundlagen, sein Anteil, die Zahl der Beteiligten und die ihn persönlich betreffenden Besteuerungsgrundlagen bekanntzugeben. ³Bei berechtigtem Interesse ist dem Beteiligten der gesamte Inhalt des Feststellungsbescheides mitzuteilen.

(3) ¹Ist ein Empfangsbevollmächtigter nach Absatz 1 Satz 1 vorhanden, können Feststellungsbescheide ihm gegenüber auch mit Wirkung für einen in Absatz 2 Satz 1 genannten Beteiligten bekanntgegeben werden, soweit und solange dieser Beteiligte oder der Empfangsbevoll-

mächtigte nicht widersprochen hat. ²Der Widerruf der Vollmacht wird der Finanzbehörde gegenüber erst wirksam, wenn er ihr zugeht.

(4) Wird eine wirtschaftliche Einheit Ehegatten oder Ehegatten mit ihren Kindern oder Alleinstehenden mit ihren Kindern zugerechnet und haben die Beteiligten keinen gemeinsamen Empfangsbevollmächtigten bestellt, so gelten für die Bekanntgabe von Feststellungsbescheiden über den Einheitswert die Regelung über zusammengefaßte Bescheide in § 155 Abs. 5 entsprechend.

Abs 2 S 2 und 3 angefügt mit Wirkung ab 1. 1. 1987, Abs 3 und 4 angefügt durch StBereinigG 1986 v 19. 12. 85, BGBl I, 2436.

Schrifttum: *Geiger* Adressierung und Bekanntgabe von Verwaltungsakten, DB 86, 1428; *Hundt-Eßwein* Bekanntgabe von schriftlichen Verwaltungsakten – Zum BdF-Schreiben vom 14. 8. 1986 – IV A 5 – S 0284-20/86, BB 86, 2027; *Domann* Die Änderung der Bekanntgabevorschriften in der AO durch das Steuerbereinigungsgesetz 1986, DStZ 87, 159.

Übersicht

1. Inhalt
2. Abs 1 Satz 1: Gemeinsamer Empfangsbevollmächtigter
3. Abs 1 Satz 2: Fiktion des Empfangsbevollmächtigten
4. Abs 1 Satz 3: Fehlen eines Empfangsbevollmächtigten
5. Abs 2: Ausnahmen
6. Großgesellschaften
7. Abs 3: Weiterbestehen der Empfangsvollmacht
8. Feststellungen gegenüber Ehegatten

1. Inhalt. Die Vorschr regelt die **Bekanntgabe** von **Feststellungsbescheiden** an mehrere Beteiligte. Es handelt sich um eine Ergänzung zu § 122. Zur Adressierung der Bescheide ist daher auf die Erl zu § 122 (dort insbesondere Anm 2a) zu verweisen. § 183 soll eine Komplizierung des Bekanntgabeverfahrens vermeiden. Würde die FinBeh verpflichtet sein, in diesen Fällen die Bescheide an jeden einzelnen Beteiligten bekanntzugeben, so würde dadurch nicht nur ein erheblicher Verwaltungsaufwand, sondern auch eine nicht unerhebliche Unsicherheit entstehen, weil nicht mit Sicherheit gesagt werden kann, wann der Bescheid allen Beteiligten zugegangen und wann der Bescheid unanfechtbar geworden ist. Verfassungsrechtliche Zweifel dürften nach der Zurückweisung einer gegen § 219 I, 2 bis 4 RAO gerichteten Verfassungsbeschwerde (BFH BStBl 70, 170) nicht mehr bestehen. Das Gebot der **Einheitlichkeit** der Gewinnfeststellung bewirkt, daß ein einheitlicher Bescheid, sobald er **einem** der **Beteiligten bekanntgegeben** worden ist, auch den anderen Beteiligten gegenüber **nicht** mehr **geändert** werden kann, BFH BStBl 78, 600. Ein einheitlicher Feststellungsbescheid wird bereits mit der Bekanntgabe gegenüber einzelnen Beteiligten diesen gegenüber wirksam, HHSp Anm 71; Kruse DStR 74, 399; BFH BStBl 78, 600; 79, 440; 81, 33; 88, 480. Eine **Einspruchsentscheidung** über eine einheitliche Feststellung ist **unwirksam**, wenn sie nicht **einheitlich** gegen alle Beteiligten ergeht. In den Folgen unterlassener notwendiger Hinzuziehungen zum Einspruchsverfahren s § 360 Anm 6.

3. Abschnitt. Festsetzungs- und Feststellungsverfahren § 183

2. Abs 1 Satz 1. Gemeinsamer Empfangsbevollmächtigter. Bei mehreren Beteiligten soll ein gemeinsamer **Empfangsbevollmächtigter** bestellt werden. Dieser soll VerwAkte und Mitteilungen, die mit dem Feststellungsbescheid oder mit dem Feststellungsverfahren zusammenhängen, für die Beteiligten in Empfang nehmen können. Die Bekanntgabe an ihn wirkt **für** und **gegen** alle **Beteiligten.** Auf die Wirkung muß im Bescheid unmißverständlich hingewiesen werden (FG Düsseldorf EFG 81, 544); dem genügt ein Hinweis, daß der Feststellungsbescheid Wirkung für und gegen alle Beteiligten hat (BFH BStBl 83, 544; 86, 123). Es ist auch ausreichend, wenn der Hinweis in der Rechtsmittelbelehrung des zugesandten Bescheids wiedergegeben ist (BFH/NV 88, 3,4). Vom Zeitpunkt der Bekanntgabe an den Empfangsbevollmächtigten hängt die **Rechtsbehelfsfrist** ab. Es ist Sache des Empfangsbevollmächtigten, die anderen Beteiligten entspr zu unterrichten.

3. Abs 1 Satz 2. Fiktion des **Empfangsbevollmächtigten.** Haben die Beteiligten **keinen** Empfangsbevollmächtigten benannt, so stellt S 2 eine **unwiderlegbare Vermutung** auf, die jedoch durch Abs 2 eingeschränkt wird. Danach gilt ein zur **Vertretung** der **Gesellschaft** oder der **Feststellungsbeteiligten** oder zur Verwaltung des Feststellungsgegenstandes Berechtigter als Empfangsbevollmächtigter. Diese Vorschr geht von dem Gedanken aus, daß der zur Vertretung im allgemeinen Berechtigte auch zur Empfangnahme von VerwAkten, die sich auf den Feststellungsgegenstand beziehen, bevollmächtigt ist und auch insoweit das Vertrauen der anderen Beteiligten hat. Weil auf dieses Vertrauen abgestellt wird, hält es der BFH für ernstlich zweifelhaft, ob ein nach Löschung der Komplementär-GmbH bestellter Nachtragsliquidator als Empfangsbevollmächtigter iS der Vorschr gilt (BFH BStBl 86, 477). Wird der Gewinn einer KG, an der die Mutter als Komplementärin und ihre minderjährigen Kinder als Kommanditisten beteiligt sind, durch einen einheitlichen Gewinnfeststellungsbescheid festgestellt, genügt es zur wirksamen Bekanntgabe, daß der Bescheid der Komplementärin zugeht (BFH BStBl 81, 186). Sind mehrere nur **gemeinsam** zur Vertretung der Gesellschaft oder der Feststellungsbeteiligten berechtigt (wie zB bei einer Gesellschaft des bürgerlichen Rechts), so genügt die **Bekanntgabe an einen** der Vertretungsberechtigten. Diese Auffassung vertritt der BFH (BFH BStBl 88, 979 mwN) gegen die ganz überwiegende Meinung im Schrifttum (*TK* Tz 10; *HHSp* Tz 43; *KKH* Anm 3b; *Ziemer/Haarman/Lohse/Beermann,* Rechtsschutz in Steuersachen, Tz 404/5). Schließen sich daher zB Rechtsanwälte oder StBerater zu einer Sozietät zusammen, so kann das FA in dem Fall, daß kein gemeinsamer Empfangsbevollmächtigter bestellt worden ist, Bescheide über die einheitliche Feststellung der Einkünfte aus selbständiger Arbeit einem der Partner als Empfangsbevollmächtigten bekanntgeben.

4. Abs 1 S 3. Fehlen eines **Empfangsbevollmächtigten.** Erst wenn ein Empfangsbevollmächtigter nach den Sätzen 1 und 2 nicht vorhanden ist, kann die FinBeh von der in S 3 vorgesehenen Möglichkeit Gebrauch machen und die **Beteiligten auffordern,** einen solchen zu **benennen.** Die Aufforderung muß an alle einzelnen Beteiligten gerichtet sein; die Grundsätze der Sätze 1 und 2 gelten für die Aufforderung nicht. In der Aufforderung ist einer der Beteiligten als Empfangsbevollmächtigter **vorzuschlagen.** Bei

§ 183 4. Teil. Durchführung der Besteuerung

der Auswahl der Beteiligten, die die FinBeh vorschlagen will, hat die FinBeh die Grundsätze der Ermessensausübung zu beachten. Ist bereits einer der Beteiligten häufiger mit der FinBeh in Verbindung getreten oder führt einer der Beteiligten die Geschäfte der Gesellschaft durch, sollte die FinBeh diesen Beteiligten vorschlagen. Äußern sich die Beteiligten nicht innerhalb einer angemessenen, in der Aufforderung zu benennenden Frist, so **gilt** der von der FinBeh **Vorgeschlagene** als **Empfangsbevollmächtigter.** Dies gilt jedoch nur insoweit, als nicht ein anderer von den Beteiligten benannt worden ist. Die Formulierung läßt die Möglichkeit offen, daß einer oder mehrere der Beteiligten **für sich** einen anderen als Empfangsbevollmächtigten benennen. Nach S 3 ist nicht Voraussetzung, daß sich die Beteiligten auf einen anderen Zustellungsbevollmächtigten zu einigen haben. Auch S 3 wird durch Abs 2 wiederum eingeschränkt.

5. Abs 2 gilt für alle in Abs 1 genannten Fälle. **a)** Danach **gilt** die Regelung des **Abs 1 nicht,** wenn der FinBeh **bekannt** ist, daß die **Gesellschaft** oder **Gemeinschaft** nicht mehr besteht. Es ist eigentlich nicht einzusehen, warum in diesem Fall nicht wenigstens nach dem Grunds des Abs 1 S 1 verfahren werden kann. Das gleiche gilt, wenn ein Beteiligter gem Abs 1 S 3 einen **anderen** als Empfangsbevollmächtigten benannt hat.

b) Ausscheiden aus der **Gesellschaft** oder **Gemeinschaft.** Die Grundsätze des Abs 1 gelten ferner insoweit nicht, als der **FinBeh bekannt** ist, daß jemand aus der Gesellschaft oder Gemeinschaft **ausgeschieden** ist. In diesem Fall muß die FinBeh unmittelbar an den **Ausgeschiedenen** bekanntgeben (vgl auch BFH BStBl 81, 33; 88, 855). Auch hier ist nicht einzusehen, warum nicht wenigstens die Sätze 1 und 3 des Abs 1 weitergelten sollen, solange der Ausgeschiedene keinen anderen als Empfangsbevollmächtigten benannt oder Bekanntgabe an sich persönlich beantragt hat.

c) Auch bei **ernstlichen Meinungsverschiedenheiten** unter den Beteiligten ist Abs 1 nicht anwendbar. Auch für diese sehr weitgehende Regelung besteht eigentlich nur ein Bedürfnis, soweit sich die Meinungsverschiedenheiten auf den Empfangsbevollmächtigten und den jeweiligen Beteiligten beziehen.

d) Das Schreiben des BdF betr Bekanntgabe von schriftlichen Verwaltungsakten v 18. 8. 86 (BStBl I, 458) enthält zT aufgrund der Rspr noch weitere Einschränkungen. Danach ist die **Bekanntgabe** an einen von allen Beteiligten bestellten Empfangsbevollmächtigten ua **nicht** vorzunehmen, wenn 1. ein Gesellschafter im Zeitpunkt der Bekanntgabe des Feststellungsbescheides bereits **ausgeschieden** und dem FA dies bekannt oder – bei Handelsgesellschaften – das Ausscheiden im HaReg eingetragen ist (BFH BStBl 58, 285; 60, 96); 2. die Bekanntgabe eines Feststellungsbescheides an einen **Erben** erforderlich ist, der nicht in die Gesellschafterstellung des Rechtsvorgängers eintritt; 3. die **Gesellschaft** (Gemeinschaft) im Zeitpunkt der Bekanntgabe **nicht mehr besteht** (BFH BStBl 77, 221; 78, 507; BFH/NV 87, 15; 88, 343), sich in Liquidation oder Konkurs befindet. Der Gesellschafter einer PersGesellschaft wird im Konkurs der Gesellschaft nicht durch den Konkursverwalter vertreten (BFH BStBl 67, 790). 4. durch Bescheid das Bestehen oder Nichtbestehen einer Gesellschaft (Gemeinschaft) **erstmals** mit st Wirkung festgestellt wird und die Gesellschaf-

3. Abschnitt. Festsetzungs- und Feststellungsverfahren § 183

ter noch keinen Vertreter iSd Abs 1 benannt haben. Die gleichlautenden Ländererlasse zur Frage der Anwendung des § 219 I, 3 RAO sind damit überholt (BStBl 61, II 81).

6. Abs 2 (ab 1. 1. 87) Groß-Gesellschaften. Nach bisherigem Recht ist bei Feststellungsbescheiden jedem Gesellschafter der **gesamte Inhalt** des Bescheides bekanntzugeben, auch soweit er von den Feststellungen nicht unmittelbar betroffen ist. Sofern bei der Auflösung von Gesellschaften/Gemeinschaften, dem Ausscheiden von Gesellschaftern, Gemeinschaftern und bei Meinungsverschiedenheiten zwischen den Beteiligten nach § 183 II **Einzelbekanntgabe** erforderlich ist, führt die Bekanntgabe des vollständigen Feststellungsbescheids an alle Beteiligten bzw an die betroffenen Beteiligten zu einem sehr hohen Verwaltungs- und Kostenaufwand. Die Bekanntgabe des vollständigen Inhalts des Feststellungsbescheids ist indessen aus Gründen des Rechtsschutzes nicht zwingend erforderlich und vielfach nicht im Sinne des einzelnen Beteiligten, da er zur Prüfung von Feststellungen veranlaßt wird, die für ihn nicht von Interesse und zum Verständnis des Feststellungsbescheids nicht unbedingt erforderlich sind.

Zur Vereinfachung des Verfahrens müssen daher künftig bei größeren Gesellschaften und Gemeinschaften mit mehr als **100 Beteiligten,** insbesondere bei **Verlustzuweisungsgesellschaften,** soweit kein Empfangsbevollmächtigter benannt ist (§ 183 I AO), nur diejenigen tatsächlichen und rechtlichen Feststellungen bekanntgegeben werden, die den jeweiligen **Beteiligten unmittelbar** betreffen. Dies entspricht auch dem Inhalt der behördeninternen Mitteilungen (zB ESt 4 – Mitteilung). Sofern im Einzelfall der Beteiligte ein berechtigtes Interesse an der Prüfung des gesamten Feststellungsbescheids haben sollte, insbesondere im Rechtsbehelfsverfahren, kann auch der gesamte Inhalt des Feststellungsbescheids mitgeteilt werden. Mit dieser Regelung ist eine erhebliche Einsparung an Verwaltungskosten verbunden, ohne daß die Rechtsstellung der Beteiligten beeinträchtigt wird.

7. Abs 3: Weiterbestehen der Empfangsvollmacht. Die Regelung wurde durch das **StBereinigG** angefügt und ist am **1. 1. 86** in Kraft getreten. Nach § 183 II AO ist in bestimmten Fällen selbst dann **Einzelbekanntgabe** des Feststellungsbescheides erforderlich, wenn ein gemeinsamer **Empfangsbevollmächtigter** bestellt worden war (bei Auflösung der Gesellschaft oder Gemeinschaft, bei Ausscheiden von Beteiligten oder bei Meinungsverschiedenheiten unter den Beteiligten). In Abweichung von dem bisherigen Regelungsinhalt bleiben künftig nach dem Steuerbereinigungsgesetz **rechtsgeschäftlich** begründete Empfangsvollmachten **bestehen,** bis sie von dem vertretenen Beteiligten oder dem Empfangsbevollmächtigten ausdrücklich **widerrufen** werden. Die Neuregelung gilt nicht, wenn sich die Empfangsvollmacht aus der Vertretungsbefugnis für die Gesellschaft ergeben hat oder durch Verwaltungsakt des Finanzamts begründet wurde.

Die Regelung über das Fortwirken der Empfangsvollmacht bis zum Widerruf entspricht der allgemeinen Vollmachtregelung in § 80 AO. Hinzuweisen ist in diesem Zusammenhang auf das BFH-Urteil v 27. 11. 1968 (BStBl 1969 II 250) und den dieses Urteil bestätigenden Beschluß des BVerfG v 7. 7. 1969 (BVerfG 2 BvR 216/69; StRK AO § 219 R 15). Die österreichische Bundesabgabenordnung enthält in § 81 eine entsprechende

§ 184   4. Teil. Durchführung der Besteuerung

Fiktion der Fortwirkung der Empfangsvollmacht. Durch diese Regelung wird sichergestellt, daß der Feststellungsbescheid jedenfalls bei erteilter Empfangsvollmacht wirksam bekanntgegeben wird, auch wenn ohne Wissen des Finanzamts einer der in § 183 II AO genannten Tatbestände eingetreten ist.

Nunmehr kann danach insbesondere beim **Ausscheiden** einzelner Gesellschafter die gesonderte Bekanntgabe des Feststellungsbescheids und ggf auch eines begründenden Prüfungsberichtes in denjenigen Fällen entfallen, in denen die Interessenlage der Beteiligten keine Einzelbekanntgabe erfordert. Sofern die für die Verwaltung arbeits- und kostenaufwendige Einzelbekanntgabe jedoch von den Beteiligten **gewünscht** wird, ist ein hinreichender Rechtsschutz durch die eingeräumte **Widerrufsmöglichkeit** gegeben. Die Pflicht zum Widerruf für den Fall, daß die Wirkungen der erteilten Empfangsvollmacht nicht fortdauern sollen, ergibt sich aus dem allgemeinen System der Mitwirkungspflichten im Besteuerungsverfahren.

8. Abs 4. Feststellungen gegenüber Ehegatten. Die Regelung wurde durch das **StBereinigG** angefügt und ist am **1. 1. 86** in Kraft getreten. In der Praxis der Finanzämter werden Bescheide über Einheitswerte des Grundbesitzes an Eheleute, die gemeinsam Eigentümer sind, ebenso wie Einkommensteuerbescheide durch Übersendung **einer Ausfertigung** des Bescheids an die gemeinsame Anschrift der Ehegatten bekanntgegeben. Dieses Verfahren hat sich bewährt, ist kostensparend und durch das Steuerbereinigungsgesetz gesetzlich abgesichert worden. Auch bei der **Einheitsbewertung** soll – wegen des der Zusammenveranlagung im Prinzip ähnlichen Verfahrens der anteiligen Zurechnung eines einheitlichen Wirtschaftsgutes – die Bekanntgabe nur eines Einheitswertbescheides (zB über ein gemeinsames Haus) an die Ehegatten unter der gemeinsamen Anschrift ausreichen. Dies gilt auch dann, wenn **Kinder** an der wirtschaftlichen Einheit beteiligt sind. Die Regelung schließt sich an die Neuregelung zu § 155 AO an. Die vereinfachte Bekanntgabe ist danach ausgeschlossen, soweit die Ehegatten oder sonstigen Beteiligten keine gemeinsame Anschrift haben. Da nicht auszuschließen ist, daß auch in anderen Fällen die Interessenlage der Eheleute eine gesonderte Bekanntgabe erfordert, sollen auch bei der Bekanntgabe von Einheitswertbescheiden die Ausnahmeregelungen des § 155 III AO gelten. Abgesehen von dem **Antrag** auf **Einzelbekanntgabe** steht es den Ehegatten im übrigen frei, entsprechend der Regelung in § 183 I AO einen **Empfangsbevollmächtigten** zu bestellen.

II. Festsetzung von Steuermeßbeträgen

§ 184 Festsetzung von Steuermeßbeträgen

(1) ¹**Steuermeßbeträge, die nach den Steuergesetzen zu ermitteln sind, werden durch Steuermeßbescheid festgesetzt.** ²**Mit der Festsetzung der Steuermeßbeträge wird auch über die persönliche und sachliche Steuerpflicht entschieden.** ³**Die Vorschriften über Durchführung der Besteuerung sind sinngemäß anzuwenden.** ⁴**Ferner sind § 182 Abs. 1 und für Grundsteuermeßbescheide auch Abs. 2 und § 183 sinngemäß anzuwenden.**

3. Abschnitt. Festsetzungs- und Feststellungsverfahren § 184

(2) ¹Die Befugnis, Realsteuermeßbeträge festzusetzen, schließt auch die Befugnis zu Maßnahmen nach § 163 Abs. 1 Satz 1 ein, soweit für solche Maßnahmen in einer allgemeinen Verwaltungsvorschrift der Bundesregierung oder einer obersten Landesfinanzbehörde Richtlinien aufgestellt worden sind. ²Eine Maßnahme nach § 163 Abs. 1 Satz 2 wirkt, soweit sie die gewerblichen Einkünfte als Grundlage für die Festsetzung der Steuer vom Einkommen beeinflußt, auch für den Gewerbeertrag als Grundlage für die Festsetzung des Gewerbesteuermeßbetrages.

(3) Die Finanzbehörden teilen den Inhalt des Steuermeßbescheides sowie die nach Absatz 2 getroffenen Maßnahmen den Gemeinden mit, denen die Steuerfestsetzung (der Erlaß des Realsteuerbescheids) obliegt.

Abs 1 S 3 und 4 neu gefaßt mit Wirkung ab 1. 1. 86, Abs 3 geändert mit Wirkung ab 1. 1. 87 durch StBereinigG 1986 v 19. 12. 85, BGBl I, 2436.

Schrifttum: *Tess* Erfolgsvorschriften bei der Grundsteuer, DStR 79, 639; *Gefaeller* Mitteilung des Steuermeßbetrags oder des Steuermeßbescheids an die Gemeinden, ZKF 86, 4.

Übersicht

1. Inhalt
2. Abs 1 Satz 2: Entscheidung über persönliche oder sachliche Steuerpflicht
3. Sinngemäße Anwendung der Vorschriften über die Durchführung der Besteuerung
4. Anwendung des § 182
5. Anwendung des § 183 bei Grundsteuermeßbescheiden
6. Abs 2: Billigkeitsmaßnahmen
7. Auswirkung von Billigkeitsmaßnahmen bei der Einkommensteuer auf die Festsetzung von Steuermeßbeträgen
8. Abs 3: Mitteilungspflicht an die Gemeinden

1. Inhalt. Die Vorschr stellt klar, daß die **StMeßbeträge** durch **StMeßbescheid** festgesetzt werden. **StMeßbescheide** sind **Folgebescheide** iSd § 182 I, soweit sie auf gesonderten Feststellungen aufbauen, und zugleich Grundlagenbescheide für die von ihnen abhängigen StBescheide und auch für die Zerlegungsbescheide (BFH BStBl 88, 456). Es handelt sich hier um eine besondere Form der gesonderten Feststellung von Besteuerungsgrundlagen (vgl hierzu Anm zu § 179).

2. Abs 1 S 2. Entscheidung über die persönliche und sachliche **StPflicht.** Die Entscheidung darüber, wer für die vom StMeßbesch abhängige Steuer **StSchuldner** ist, wird im StMeßbescheid getroffen. Der Stpfl kann den Folgebescheid insoweit nicht mehr angreifen, als er den StMeßbesch hat unanfechtbar werden lassen (§ 351 II). Das gleiche gilt für die Entscheidung über die **sachliche** StPflicht. Der Stpfl kann sich zB gegen den GewStBescheid nicht mit der Begründung zur Wehr setzen, daß die FinBeh zu Unrecht von dem Bestehen eines Gewerbebetriebes ausgegangen sei, wenn eine entspr Feststellung im Meßbescheid getroffen ist. Ein GewSt-Meßbescheid bestimmt auch die hebeberechtigte Gemeinde, soweit er diese Entscheidung nicht einem besonderen Zuteilungs- oder Zerlegungsbescheid vorbehält (aA FG München EFG 88, 381). Der Meßbescheid leidet an einem unheilbaren Fehler, wenn die in ihm allein genannte Gemeinde überhaupt nicht oder nur anteilig hebeberechtigt ist, FG RhPf EFG 81, 640.

§ 184   4. Teil. Durchführung der Besteuerung

3. Abs 1 Satz 3. Sinngemäße Anwendung der Vorschriften über die Steuerfestsetzung, ab 1. 1. 86 über die **Durchführung** der **Besteuerung.** Nach der bisherigen Fassung waren nur die Vorschriften über die Steuerfestsetzung, nicht aber auch die über die Durchführung der Besteuerung sinngemäß anwendbar. Dies bedeutete lediglich die Anwendung der §§ 155 bis 168, außer zB der Vorschriften über StErklärungen (§§ 149 ff). Durch eine Änderung im Rahmen des StBereinigG ist insbesondere klargestellt worden, daß auch die Vorschriften über die Ermittlung der Steuern und über die Steuererklärungen (§§ 149 ff AO) gelten. In Betracht kommen hierbei hauptsächlich die Vorschr über die **Aufhebung** und **Änderung** von **StFestsetzungen** (§§ 172–177). Ferner die Vorschr über die **Festsetzungsfrist** (§§ 169–172), namentlich die Vorschr über die **Ablaufhemmung** beim sog Folgebescheid (§ 171 X), die Vorschriften über **Vorbehaltsfestsetzung** (§ 164) und die **vorläufige Festsetzung.** Die **Vollziehung** des StMeßbescheides kann im Rechtsbehelfsverfahren nach § 361 II **ausgesetzt werden (vgl § 361 III, 1).**

4. Abs 1 Satz 4. Anwendung des § 182. Der StMeßbescheid äußert ähnliche Wirkungen wie der Feststellungsbescheid. Die im StMeßbescheid getroffenen Feststellungen sind für sog Folgebescheide bindend. **§ 182 II** ist nur auf **GrundStMeßbescheide** sinngemäß anwendbar. Nur die GrundSt-Meßbescheide haben wie die FeststBescheide über Einheitswerte eine quasi dingliche Wirkung. Der Rechtsnachfolger ist an den GrundStMeßbescheid des Rechtsvorgängers gebunden.

5. Anwendung des § 183 bei Grundsteuermeßbescheiden. Die Vorschrift wurde durch das **StBereinigG** mit Wirkung vom **1. 1. 86** um die Anwendung des § 183 bei Grundsteuermeßbescheiden erweitert.

Wenn ein Grundstück im Eigentum mehrerer Personen steht, wird in der Praxis der Einheitswertbescheid und der häufig damit verbundene Grundsteuermeßbescheid einem gemeinsamen **Empfangsbevollmächtigten** mit Wirkung für und gegen alle Beteiligten bekanntgegeben. Dieses Verfahren der „vereinfachten Bekanntgabe" entspricht der für Feststellungsbescheide und damit auch für Einheitswertbescheide vorgesehenen Regelung in § 183 AO. Die Anwendung dieser Vorschrift auf die Bekanntgabe von **Grundsteuermeßbescheiden** ergibt sich aus dem Wortlaut des § 183 AO nicht. Sie ist allerdings zweckmäßig, da andernfalls jedem Beteiligten der Grundsteuermeßbescheid bekanntgegeben werden müßte. Die Änderung im Rahmen des Steuerbereinigungsgesetzes sichert das in der Praxis angewandte Verfahren ab.

6. Abs 2. Befugnis zu **Billigkeitsmaßnahmen** nach § 163 I 1. Wer für die Festsetzung von **RealStMeßbescheiden** zuständig ist, ist auch zuständig für die ihm Rahmen dieses Verfahrens zu treffenden **Billigkeitsentscheidungen** nach § 163 I 1. Bei § 163 handelt es sich um eine Billigkeitsregelung, die es gestattet, abweichend von dem nach dem Gesetz entstandenen Steuer eine **niedrigere** Steuer festzusetzen, wenn die Erhebung der tatsächlichen entstandenen Steuer unbillig wäre (vgl Anm zu § 163). Im Gegensatz zu den Erlaßvorschriften nach § 227 wird bei § 163 der Billigkeitsentscheidung bereits bei der **StFestsetzung** getroffen. Sie wirkt sich, ebenso wie ein Erlaß der Steuer nach § 227, auf das StAufkommen aus. Insofern wird das

3. Abschnitt. Festsetzungs- und Feststellungsverfahren **§ 184**

Interesse des StBerechtigten durch eine Billigkeitsentscheidung nach § 163 unmittelbar berührt. Es hätte daher nahegelegen, die Befugnis zu Billigkeitsentscheidungen bei RealStMeßbeträgen auf die Gemeinden zu übertragen, denen die Realsteuern zufließen (Art 106 VI GG). Dieses Verfahren wäre allerdings sehr umständlich. Entscheidend für die in § 184 II getroffene Regelung war, daß sich der Bundesgesetzgeber durch **Art 108 IV 2 GG** gehindert sah, eine andere Regelung zu treffen. Inwieweit den Gemeinden die Verwaltung der Realsteuern übertragen wird, ist Sache des **Landesgesetzgebers.** Zur Sicherung der Interessen der Gemeinden schränkt Abs 2 jedoch die Anwendung des § 163 I, 1 insoweit ein, als die **Billigkeitsmaßnahme** durch eine **allgemeine VerwVorschrift** der **Bundesregierung** oder einer obersten LandesFinBeh gedeckt sein muß. Der Gesetzgeber hat die Frage offengelassen, in welcher Form die Richtlinien ergehen müssen. In der Praxis dürften sich die Billigkeitsentscheidungen iSd Abs 2 auf sog **Sachunbilligkeitsfälle** beschränken (zum Begriff der Sachunbilligkeit vgl § 163 Anm 3). Ob das FA ohne die Voraussetzung des Abs 2 S 1 mit **Zustimmung** der **Gemeinde** Billigkeitmaßnahmen nach § 163 I 1 treffen kann (so die frühere BFH-Rspr zur RAO, vgl BFH BStBl 63, 497 und Abschn 6 GewStR) erscheint fraglich, weil das FA insoweit seine **sachl Zuständigkeit** überschreiten dürfte. Eine Billigkeitsentscheidung entgegen § 184 II 1 durch das FA dürfte aber wohl nicht nichtig sein, glA *TK* § 163 Tz 7. Die Rspr des BFH, wonach bei **fehlender Zustimmung** oder bei nachträgl Zustimmung der Gemeinde der Meßbescheid geändert werden muß (vgl BFH BStBl 63, 143), dürfte nicht mehr aufrechtzuerhalten sein, glA *TK* § 163 Tz 7.

7. Nach § 163 I 2 können einzelne **Besteuerungsgrundlagen,** die die **Steuern erhöhen,** mit **Zustimmung** des Stpfl zu einem **späteren** Zeitpunkt berücksichtigt werden. Entspr gilt für **Besteuerungsgrundlagen,** die die Steuer **mindern.** Soweit eine solche Maßnahme in bezug auf die **ESt** getroffen wird, wirkt sich diese Maßnahme auch auf die Festsetzung von **StMeßbeträgen** beim **Gewerbeertrag** und bei der Festsetzung des GewSt-Meßbetrages aus. Die Regelung entspr dem § 131 IV RAO. Anderenfalls würde der für die GewSt maßgebliche Gewinn nicht mit dem einkommensteuerl Gewinn übereinstimmen.

8. **Abs 3. Mitteilungspflicht an die Gemeinden.** In Abs 3 ist bestimmt, daß die FinBeh den Gemeinden die festgesetzten **Steuermeßbeträge** mitteilen. Aus Gründen der Verwaltungsvereinfachung wird in der Praxis jedoch entweder der **Steuermeßbescheid** selbst oder der Inhalt des Steuermeßbescheides den Gemeinden übermittelt (zum Teil durch Datenträgeraustausch.). Die **Gemeinden** geben in diesen Fällen den **Steuermeßbescheid** zusammen mit dem Steuerbescheid bekannt. Dieses kostensparende Verfahren wird **(ab 1. 1. 87)** durch das **Steuerbereinigungsgesetz** abgesichert. Erläßt ein FA sowohl den Gewerbesteuermeßbescheid als auch den Gewerbesteuerbescheid (in den Stadtstaaten), so muß der Stpfl den Gewerbesteuermeßbescheid anfechten, wenn er Einwendungen gegen die Höhe des angesetzten Gewerbesteuerertrags geltend machen will (BFH BStBl 87, 816).

Durch die Mitteilung wird zugleich die Gemeinde, an die die Mitteilung ergeht, zum Erlaß des Gewerbesteuerbescheids ermächtigt. Hat daher ein

§§ 185, 186   4. Teil. Durchführung der Besteuerung

örtlich unzuständiges FA die Mitteilung erlassen, so ist das FG verpflichtet, den Meßbescheid ersatzlos aufzuheben (BFH BStBl 85, 607; aA FG München EFG 88, 381 rkr).

Wegen der zulässigen **Rechtsbehelfe** vgl § 348 I Nr 2, wegen der **Bindungswirkung** § 351 II iVm § 171 X (zur Rechtmäßigkeit der Bekanntgabe von Gewerbesteuermeßbescheiden durch die Gemeinden vgl FG BadWürtt EFG 86, 306).

3. Unterabschnitt. Zerlegung und Zuteilung

§ 185 Geltung der allgemeinen Vorschriften

Auf die in den Steuergesetzen vorgesehene Zerlegung von Steuermeßbeträgen sind die für die Steuermeßbeträge geltenden Vorschriften entsprechend anzuwenden, soweit im folgenden nichts anderes bestimmt ist.

§ 185 neu gefaßt mit Wirkung ab 1. 1. 87 durch StBereinigG 1986 v 19. 12. 85, BGBl I, 2436.

Schrifttum: *Loberg* Berichtigung von Zerlegungsbescheiden für die Gewerbesteuer, ZKF 84, 237; *Reiff* §§ 186, 187 Berichtigung von Zerlegungsbescheiden für die Gewerbesteuer – Eine Erwiderung zu ZKF 84, 237, ZKF 85, 82; *Seitrich* Die Änderung der Zerlegung des einheitlichen GewSt-Meßbetrags, DStZ 85, 401; *Kohlbecker* Änderung von Zerlegungsbescheiden bei der Gewerbesteuer – Fortsetzung der Diskussion Loberg/Reiff nach Änderung des § 173 AO durch das Steuerbereinigungsgesetz 1986, ZKF 87, 248.

1. Ermittlung und Festsetzung der Steuermeßbeträge. Die Vorschrift verweist auf die Vorschriften über die **Ermittlung und Festsetzung der StMeßträge** (§ 184). Dies bedeutet, daß auch die Vorschriften über die **StFestsetzung** sinngemäß anzuwenden sind. Für den **Zerlegungsbescheid** ist der StMeßbescheid Grundlagenbescheid (BFH BStBl 88, 456), mit der Folge, daß bei Änderung des StMeßbescheides der Zerlegungsbescheid zu ändern ist (§ 175 Nr 1). Zerlegung von StMeßbescheiden ist vorgesehen in §§ 28–35 GewStG idF des EGAO, §§ 17–20 GrStG. Die §§ 185–190 gelten unmittelbar nur für die **Zerlegung** von **Meßbeträgen**. Wegen Zerlegung der KSt vgl § 3 II 1 ZerlG idF des EGAO, Zerlegung von LohnSt vgl § 5 VIII ZerlG idF des EGAO (Art 3).

2. Fassung durch das Steuerbereinigungsgesetz ab 1. 1. 87. Die bisherige Fassung verweist lediglich auf die Vorschriften über die Ermittlung und Festsetzung von Steuermeßbeträgen. Die Neufassung verweist dagegen auf die für die **Steuermeßbeträge** geltenden Vorschriften. Damit sind auch die Vorschriften über die **Durchführung** der **Besteuerung** mit eingeschlossen.

§ 186 Beteiligte

Am Zerlegungsverfahren sind beteiligt:
1. **der Steuerpflichtige,**
2. **die Steuerberechtigten, denen ein Anteil an dem Steuermeßbetrag zugeteilt worden ist oder die einen Anteil beanspruchen. Soweit die**

3. Abschnitt. Festsetzungs- und Feststellungsverfahren §§ 187–189

Festsetzung der Steuer dem Steuerberechtigten nicht obliegt, tritt an seine Stelle die für die Festsetzung der Steuer zuständige Behörde.

Beteiligte sind der **Stpfl** und die **StBerechtigten.** Für den Stpfl hat die Frage der Zerlegung wegen der unterschiedlichen RealStHebesätze der Gemeinden eine nicht unerhebliche Bedeutung. Die Änderung der Beteiligungsverhältnisse wirkt sich daher auch auf die vom Stpfl zu zahlenden St aus. Auch diejenigen StBerechtigten, die einen **Anteil** am StMeßbetrag **beanspruchen,** gehören zu den Beteiligten am Zerlegungsverfahren. Satz 2 bezieht sich auf den Fall, daß die StFestsetzung aufgrund des Zerlegungsbescheides nicht den Gemeinden übertragen worden ist, wie zB in Hamburg, vgl Art 108 IV 2 GG.

§ 187 Akteneinsicht

Die beteiligten Steuerberechtigten können von der zuständigen Finanzbehörde Auskunft über die Zerlegungsgrundlagen verlangen und durch ihre Amtsträger Einsicht in die Zerlegungsunterlagen nehmen.

Akteneinsichtsrecht und Recht auf Auskunft haben nur die beteiligten **Steuerberechtigten,** vgl § 186, nicht aber der Stpfl.

§ 188 Zerlegungsbescheid

(1) Über die Zerlegung ergeht ein schriftlicher Bescheid (Zerlegungsbescheid), der den Beteiligten bekanntzugeben ist, soweit sie betroffen sind.

(2) ¹Der Zerlegungsbescheid muß die Höhe des zu zerlegenden Steuermeßbetrages angeben und bestimmen, welche Anteile den beteiligten Steuerberechtigten zugeteilt werden. ²Er muß ferner die Zerlegungsgrundlagen angeben.

Die Vorschr enthält sachlich keine Änderungen gegenüber der RAO, sie konnte jedoch wegen der Verweisung in § 185 auf die Vorschrift über StMeßbeträge kürzer gefaßt werden. Der Bescheid ist den **Beteiligten bekanntzugeben,** soweit sie **betroffen** sind. Damit wird klargestellt, daß der **Stpfl** den **vollständigen** Zerlegungsbescheid, die Gemeinden dagegen nur einen **kurzgefaßten** Zerlegungsbescheid mit den sie betreffenden Daten erhalten. **Delegation** der Bekanntgabe an den Stpfl auf andere Stellen, zB auf die Gemeinden, sollte nach Einführungserlaß (in AnwErl nicht wiederholt) zulässig sein; dag *TK* Tz 5.

§ 175 Nr 1 berücksichtigt nicht den **Zerlegungsbescheid** und ist nach *TK* Tz 6 zu § 184 insofern **lückenhaft.**

§ 189 Änderung der Zerlegung

¹Ist der Anspruch eines Steuerberechtigten auf einen Anteil am Steuermeßbetrag nicht berücksichtigt und auch nicht zurückgewiesen worden, so wird die Zerlegung von Amts wegen oder auf Antrag geändert

§ 190   4. Teil. Durchführung der Besteuerung

oder nachgeholt. ²Ist der bisherige Zerlegungsbescheid gegenüber denjenigen Steuerberechtigten, die an dem Zerlegungsverfahren bereits beteiligt waren, unanfechtbar geworden, so dürfen bei der Änderung der Zerlegung nur solche Änderungen vorgenommen werden, die sich aus der nachträglichen Berücksichtigung der bisher übergangenen Steuerberechtigten ergeben. ³Eine Änderung oder Nachholung der Zerlegung unterbleibt, wenn ein Jahr vergangen ist, seitdem der Steuermeßbescheid unanfechtbar geworden ist, es sei denn, daß der übergangene Steuerberechtigte die Änderung oder Nachholung der Zerlegung vor Ablauf des Jahres beantragt hatte.

Die Vorschr enthält eine **Sonderregelung** über die **Änderung von Zerlegungsbescheiden**. Sie setzt nicht voraus, daß der dem Zerlegungsbescheid zugrundeliegende StMeßbetrag sich geändert hat, sondern daß einer der **StBerechtigten** nicht berücksichtigt worden ist. Der Fall der Änderung des StMeßbetrages regelt sich nach § 175 Nr 1 iVm § 171 X. Der § 387 II RAO ist daher nicht übernommen worden. Nach FG Köln (EFG 86, 195) soll demgemäß bei Änderung des Meßbetrags in dem Änderungsbescheid zu einem unanfechtbaren Zerlegungsbescheid nur eine Zerlegung nach dem bisherigen Maßstab zulässig sein. Eine Änderung des Zerlegungsmaßstabs soll nur insoweit möglich sein, als sie erforderlich ist, um bisher übergangene Steuerberechtigte zu berücksichtigen. Die Entscheidung hält allerdings § 173 nicht für anwendbar. Das stimmt mit der Neufassung des § 185 durch das Steuerbereinigungsgesetz 1986 nicht mehr überein (gegen Anwendung des § 173 auch nach Neufassung des § 185 *Kohlbecker* ZKF 87, 248; s Schrifttum zu § 185). **Voraussetzung** für die Änderung ist jedoch, daß **nicht** die Berücksichtigung des StBerechtigten, zu dessen Gunsten die Änderung vorgenommen werden soll, bereits **abgelehnt** worden ist. Die Änderung ist unzulässig, wenn seit **Unanfechtbarkeit** des Bescheides bereits 1 Jahr vergangen ist, es sei denn, daß vorher ein entspr Antrag gestellt worden ist. Für die **Anhörung** der Beteiligten gilt § 91. **Zerlegungssperre** nach S 3 greift ua **nicht** ein, wenn eine Zerlegung schon vor Erlaß des StMeßbescheides beantragt wurde, BFH BStBl 78, 1201; zur mehrgemeindlichen Betriebstätte vgl BFH BStBl 78, 111; BFH in BFHE 152, 138.

§ 190 Zuteilungsverfahren

¹Ist ein Steuermeßbetrag in voller Höhe einem Steuerberechtigten zuzuteilen, besteht aber Streit darüber, welchem Steuerberechtigten der Steuermeßbetrag zusteht, so entscheidet die Finanzbehörde auf Antrag eines Beteiligten durch Zuteilungsbescheid. ²Die für das Zerlegungsverfahren geltenden Vorschriften sind entsprechend anzuwenden.

Die Vorschrift greift ein, wenn lediglich streitig ist, **welchem** der in Betracht kommenden **StBerechtigten** der StMeßbetrag (in voller Höhe) zuzuteilen ist. Die FinBeh entscheidet hier durch **Zuteilungsbescheid,** gegen den der **Einspr** zulässig ist. Im übrigen wird auf der Vorschrift über das Zerlegungsverfahren verwiesen, die wiederum auf das StMeßbetragsverfahren und diese wiederum auf das StFestsVerfahren verweisen. Am Zuteilungsverfahren ist neben den betreffenden Gemeinden auch der **Stpfl beteiligt,** § 186.

3. Abschnitt. Festsetzungs- und Feststellungsverfahren **§ 191**

4. Unterabschnitt. Haftung

§ 191 Haftungsbescheide, Duldungsbescheide

(1) ¹Wer kraft Gesetzes für eine Steuer haftet (Haftungsschuldner), kann durch Haftungsbescheid, wer kraft Gesetzes verpflichtet ist, die Vollstreckung zu dulden, kann durch Duldungsbescheid in Anspruch genommen werden. ²Die Bescheide sind schriftlich zu erteilen.

(2) Bevor gegen einen Rechtsanwalt, Patentanwalt, Notar, Steuerberater, Steuerbevollmächtigten, Wirtschaftsprüfer oder vereidigten Buchprüfer wegen einer Handlung im Sinne des § 69, die er in Ausübung seines Berufes vorgenommen hat, ein Haftungsbescheid erlassen wird, gibt die Finanzbehörde der zuständigen Berufskammer Gelegenheit, die Gesichtspunkte vorzubringen, die von ihrem Standpunkt für die Entscheidung von Bedeutung sind.

(3) ¹Die Vorschriften über die Festsetzungsfrist sind auf den Erlaß von Haftungsbescheiden entsprechend anzuwenden. ²Die Festsetzungsfrist beträgt vier Jahre, in den Fällen des § 70 bei Steuerhinterziehung zehn Jahre, bei leichtfertiger Steuerverkürzung fünf Jahre, in den Fällen des § 71 zehn Jahre. ³Die Festsetzungsfrist beginnt mit Ablauf des Kalenderjahres, in dem der Tatbestand verwirklicht worden ist, an den das Gesetz die Haftungsfolge knüpft. ⁴Ist die Steuer, für die gehaftet wird, noch nicht festgesetzt worden, so endet die Festsetzungsfrist für den Haftungsbescheid nicht vor Ablauf der für die Steuerfestsetzung geltenden Festsetzungsfrist; andernfalls gilt § 171 Abs. 10 sinngemäß. ⁵In den Fällen der §§ 73 und 74 endet die Festsetzungsfrist nicht, bevor die gegen den Steuerschuldner festgesetzte Steuer verjährt (§ 228) ist.

(4) Ergibt sich die Haftung nicht aus den Steuergesetzen, so kann ein Haftungsbescheid ergehen, solange die Haftungsansprüche nach dem für sie maßgebenden Recht noch nicht verjährt sind.

(5) ¹Ein Haftungsbescheid kann nicht mehr ergehen,
1. soweit die Steuer gegen den Steuerschuldner nicht festgesetzt worden ist und wegen Ablaufs der Festsetzungsfrist auch nicht mehr festgesetzt werden kann,
2. soweit die gegen den Steuerschuldner festgesetzte Steuer verjährt ist oder die Steuer erlassen worden ist.

²Dies gilt nicht, wenn die Haftung darauf beruht, daß der Haftungsschuldner Steuerhinterziehung oder Steuerhehlerei begangen hat.

Schrifttum: Literatur: *App* Die verfahrensrechtliche Stellung des Anfechtungsgegners bei der Gläubigeranfechtung durch das Finanzamt, BB 83, 309; *Schick* Steuerschuld und Steuerhaftung im Lohnsteuerverfahren, BB 83, 1041; *Martens* Keine Lohnsteuerhaftung des Entleihers bei unerlaubter Arbeitnehmerüberlassung?, BB 83, 1408; *Grossmann* Die ermessensfehlerfrei geltendgemachte Haftung im Steuerrecht, BB 83, 185; *Mösbauer* Inanspruchnahme durch Steuerhaftungsbescheid, DStR 84, 94; *Dumke* Geltendmachung der Haftung für Anspruch aus dem Steuerschuldverhältnis durch die Finanzbehörde, Inf 83, 317; *Mösbauer* Haftung im Steuerrecht, DB 83, 1893; *Rößler* Die Inanspruchnahme durch Duldungsbescheid, Inf 82, 688. *Schuster* Verfahrensrechtliche Voraussetzungen eines Haftungsbescheids, DStR 84, 322; *Mösbauer* Zur Rechtswirksamkeit von Steuerhaftungsbescheiden DStZ 84, 371; *App* Tenorierung

§ 191 4. Teil. Durchführung der Besteuerung

und Begründung von Haftungs- und Duldungsbescheiden, DStZ 84, 534; *ders* Der richtige Rechtsbehelf gegen Haftungsbescheide wegen verspätungszuschlägen, DStR 85, 147; *Röckl* Die Anfechtung von Lohnsteuerhaftungsbescheiden durch den Arbeitnehmer, BB 85, 265; *App* Nochmals: Duldungsbescheide nach dem Gläubigeranfechtungsgesetz, BB 85, 728; *ders* Inanspruchnahme eines Haftungsschuldners bei Vorliegen eines bestandskräftigen Steuerbescheids nach Erkennen von Rechtsfehlern zugunsten des Steuerpflichtigen, DStR 85, 109; *Buciek* Erlaßsituation und Haftungsverfahren, DB 86, 2254; *Carl* Auswirkungen der Stundung von Lohn- und Umsatzsteuer auf die Haftung eines GmbH-Geschäftsführers DB 87, 2120; *Lück* Anfechtungsgesetz und Duldungsbescheid des Finanzamts BB 88, 1095.

Übersicht

1. Inhalt
2. Haftung kraft Gesetzes
   a) Steuerliche Vorschriften
   b) Haftung kraft bürgerlichen Rechts
   c) Haftung für Lohnsteuern
   d) Haftung der Gesellschafter
   e) Duldungspflichten
3. Form und Inhalt des Haftungsbescheides/Duldungsbescheides
4. Änderung von Haftungsbescheiden
5. Festsetzungsfrist
6. Festsetzungsfrist bei Haftung kraft bürgerlichen Rechts
7. Abs 5: Nichtfestsetzung des Steueranspruchs
8. Ermessensentscheidung
9. Abs 2: Haftungsbescheide gegen Rechtsanwälte, Steuerberater usw
10. Rechtsbehelfe

1. Inhalt. Die Vorschr regelt den **Erlaß** von **Haftungs-** und **Duldungsbescheiden.** Sie stellt fest, daß diejenigen, die **kraft Gesetzes** zur Haftung oder Duldung verpflichtet sind, durch **Haftungs- oder Duldungsbescheid** in Anspruch genommen werden können. Ob die FinBeh von der Möglichkeit Gebrauch macht, liegt in ihrem **Ermessen.** Die Vorschrift stellt allein darauf ab, ob sich die Haftung/Duldung aus dem Gesetz ergibt; es kommt nicht darauf an, ob es sich um ein **StG** oder **nicht steuerliches Gesetz** handelt, sondern allein darauf, ob sich die Haftung auch auf StSchulden erstreckt, BFH BStBl 86, 156. Sie setzt das Bestehen entspr materieller Haftungsvorschriften voraus. Haftung nach StR vgl §§ 69–76 sowie EinzelStG. Nach Abs 1 Satz 1 kann, „wer kraft Gesetzes für eine Steuer haftet", durch schriftlichen Haftungsbescheid in Anspruch genommen werden. Es hat sich gezeigt, daß die Bezugnahme auf „Steuern" zu eng ist, da die Abgabenordnung auch haftungsbegründende Normen für steuerliche Nebenleistungen enthält (§ 69 AO). Dies sollte durch die Verwendung des weitergehenden Begriffs „Anspruch aus dem Steuerschuldverhältnis" (§ 37 AO) im Rahmen des Steuerbereinigungsgesetzes klargestellt werden. Der Deutsche Bundestag hat aber die im Entwurf eines **StBereinigungsgesetzes** vorgesehene Regelung nicht übernommen. Er teilt nicht die Auffassung der Bundesregierung, die bisherige Fassung sei zu eng und umfasse nicht die Haftung von steuerlichen Nebenleistungen. Bei verständiger Auslegung der Vorschrift lasse sich aus Sinn und Zweck der Haftungsbescheide schon jetzt eine Anwendung auf steuerliche Nebenleistungen herleiten. Dieser Auffassung ist auch der BFH gefolgt: Die Haftung erfaßt auch die steuerlichen *Nebenleistungen,* wie zB SZ, auch im Fall der Gesell-

3. Abschnitt. Festsetzungs- und Feststellungsverfahren § 191

schafterhaftung nach § 128 HGB, BFH BStBl 87, 363. Auf Haftungsbescheide sind die Vorschrift über die **Aufhebung** und **Änderung** von StBescheiden (§§ 172–177), ferner die Vorschrift über die **Vorbehaltsfestsetzung** und die **vorläufige Festsetzung** (§§ 164, 165) nicht anwendbar. Haftungsbescheide zählen verfahrensmäßig zu den Verwaltungsakten, für die bei Rücknahme oder Widerruf die §§ 130, 131 AO gelten. Diese Zuordnung wird den Erfordernissen des Besteuerungsverfahrens nicht gerecht. Durch die im Rahmen des Steuerbereinigungsgesetzes vorgesehene Änderung sollte dem Umstand Rechnung getragen werden, daß steuerliche Haftungsbescheide in ihrer Wirkung vielfach den Steuerbescheiden nahekommen. Sie sollten deshalb wie Steuerbescheide behandelt werden. Hinsichtlich des Rechtsbehelfsverfahrens besteht ohnehin bereits eine Gleichstellung, da gegen beide Arten von Verwaltungsakten nach § 348 AO der Einspruch gegeben ist.

Eine starke Annäherung ergibt sich vor allem auch im **Lohnsteuerverfahren**. Die unterschiedliche verfahrensmäßige Behandlung von Steuer- und Haftungsbescheiden erschwert die Handhabung des Lohnsteuer-Anmeldungsverfahrens.

Auf Grund von **Lohnsteuer-Außenprüfungen** kommt es häufig zu Nachforderungen. Diese betreffen zT den Arbeitgeber und den Arbeitnehmer, teilweise aber auch nur den Arbeitgeber, wobei sowohl die Inanspruchnahme als Haftungsschuldner als auch die Inanspruchnahme als Steuerschuldner in Betracht kommt (zB bei **Lohnsteuer-Pauschalierung gem §§ 40 ff EStG**). Nach § 42 d EStG haftet der Arbeitgeber zB in bestimmten Fällen für die Lohnsteuer des Arbeitnehmers mit der Folge, daß nur der Arbeitgeber in Anspruch genommen wird, ohne daß die Steuerschuld gegenüber dem Steuerpflichtigen festgesetzt werden kann oder wird. Ergeht zur Konkretisierung dieses Anspruchs ein Bescheid, so soll dieser Haftungsbescheid künftig wie ein Steuerbescheid behandelt werden. Auch für die **verfahrensmäßige Gleichstellung** von Steuer- und Haftungsbescheiden sah der Deutsche Bundestag kein Bedürfnis, weil auf die Wirksamkeit und Anfechtung der Bescheide ohnehin dieselben Vorschriften anzuwenden seien und dies auch im Hinblick auf den bei LSt-Nacherhebungsverfahren geltend gemachten Verwaltungsaufwand keine andere Wertung nach sich ziehe (vgl Schriftlicher Bericht BT-Drucks 10/4513, S 11).

Die **Heranziehung** des Haftungsschuldners zur **Zahlung** ist von den in § 219 genannten Voraussetzungen abhängig. Es kann daher geboten sein, uU zur Wahrung der Festsetzungsfrist für den Haftungsbescheid zunächst einen **Haftungsbescheid „dem Grunde nach"** zu erlassen und die **Zahlungsaufforderung** nach § 219 erst folgen zu lassen, wenn die **Vollstreckung** beim StSchuldner ohne Erfolg geblieben ist. Für die Frage, in welcher Höhe die Haftung besteht, kommt es auf die Höhe der StSchuld im Zeitpunkt der letzten Verwaltungsentscheidung an, dh ggf im Zeitpunkt der Einspruchsentscheidung, BFH BStBl 80, 58.

Die Haftung erfaßt auch die steuerlichen **Nebenleistungen** wie zB SZ, auch bei der Gesellschafterhaftung nach § 128 HGB, BFH BStBl 87, 363. Die **Haftung** nach §§ 69–77 erstreckt sich zT ohnehin auf steuerliche Nebenleistungen, zB § 69, 2 für SZ, § 71 für Zinsen.

In § 120 RAO war bestimmt, daß, wer nach bürgerlichem R verpflichtet ist, die Verbindlichkeiten eines anderen zu erfüllen, diese Pflicht auch in bezug auf die StSchulden hat. Der BFH hat dieser Vorschr lediglich deklaratorische Bedeutung beigemessen, BStBl 72, 296. Eine bürgerlich-rechtliche Haftung konnte vor Inkrafttreten der AO 77 nicht durch Erlaß eines Haftungsbescheides, sondern nach § 120 I iVm § 330 RAO nur durch Anordnung des Zwangsverfahrens geltend gemacht werden.

2. Abs 1. Haftung kraft Gesetzes.

Schrifttum: *Späth* Haftung des Konkursverwalters für Steuerschulden nur nach § 191 AO, DStR 85, 675; *Weiss* Keine Umsatzsteuer-Haftung des vom Konkursgericht eingesetzten Sequesters?, UStR 86, 207; *Braun* Zum Haftungsmaßstab bei der Haftung des Konkursverwalters für Steuerschulden, DStZ 88, 93; *Prugger* GmbH-Geschäftsführerhaftung für Umsatzsteuer und Lohnsteuer Inf 88, 265.

a) Hierunter fallen zunächst alle diejenigen, die auf Grund der **§§ 69–76** haften. Ein vom Konkursgericht für die Zeit bis zur Entscheidung über den Kursantrag zur Sicherung der zukünftigen Masse eingesetzter **Sequester** haftet nicht für Umsatzsteuern, die durch seine im Rahmen der Anordnung des Gerichts getroffenen Maßnahmen entstehen, BFH BStBl 86, 586. Ein Sequester ist in dieser Eigenschaft zwar Vermögensverwalter iSd § 34 III. Da seine Aufgabe aber nur in der Sicherung der zukünftigen Konkursmasse liegt, ist der Sequester an sich nur berechtigt, die insoweit notwendigen Maßnahmen zu ergreifen, ohne daß ihm schon umfassende Verwaltungs- und Verfügungsbefugnisse zustehen, vgl BGH NJW 83, 887. Auch wenn der Sequester durch das Amtsgericht ausdrücklich ermächtigt wurde, einen Geschäftsbetrieb zu übernehmen, folgt daraus lediglich, daß der Sequester verpflichtet ist, über die unter seiner Geschäftsführung getätigten Umsätze eine **Umsatzsteuervoranmeldung** abzugeben. Die **Begleichung** der Umsatzsteuervorauszahlungen ist jedoch keine zur Aufrechterhaltung des Betriebes unabweisbar erforderliche Notmaßnahme. Der Sequester wäre zur Entrichtung der Umsatzsteuervorauszahlung auch deswegen nicht verpflichtet gewesen, da diese Maßnahme als Rechtshandlung im Sinne von § 30 Nr 1 Halbsatz 2 KO durch den Konkursverwalter hätte angefochten werden können. Ferner bestehen **Sonderhaftungsbestimmungen** in den **EinzelStG:** Haftung für **LohnSt** nach § 42d EStG, Haftung des **Entleihers** bei gewerbsmäßiger Arbeitnehmerüberlassung gem § 42d VI–VIII EStG (eingefügt durch Art 6 Nr 17 des **SteuerbereinigG**), für **KapErtrSt** nach § 45 VI EStG, für **StAbzug** bei beschränkt Stpfl nach § 50a VI EStG, für **Zollschulden** nach §§ 6, 8, 40a I, 41 ZG, **Haftung nach** § 3 BergprämienG, nach § 39 IV 1 BerlFG, § 20 III **ErbStG**, §§ 11, 12 GrStG, § 10 II KVStG, § 7 VersStG § 9 WStG, § 5 FeuerschStG, §§ 61, 71, 111 LAG, § 110 BranntwMonG, § 6a BierStG. Ferner enthalten verschiedene VerbrauchStG Haftungsbestimmungen, indem sie auf die entspr Vorschrift des ZG verweisen. Eine Haftung ist auch durch **§ 9 StADV** für datenverarbeitende Unternehmen begründet worden, soweit auf Grund unrichtiger Verarbeitung oder Übermittlung Steuern verkürzt oder zu Unrecht steuerliche Vorteile erlangt werden. Die in § 34 genannten **gesetzlichen Vertreter** und **Geschäftsführer** haften nach § 69 S 1 auch für die **Säumniszuschläge,** die in Folge vorsätzlicher oder grob fahrlässiger Verletzung ihrer Pflichten nicht oder nicht rechtzeitig festgesetzt oder erfüllt worden sind, BFH BStBl 80, 375; BStBl 88, 859. **§ 69 S 2** erweitert nur die Haftung auch auf solche Säumniszuschläge, die in Folge von Pflichtverletzungen nach

§ 240 **entstanden** sind, weil die Vertreter der Gesellschaften pflichtwidrig nicht dafür sorgten, daß die Steuern rechtzeitig entrichtet wurden. Es kommt hier im Gegensatz zu Satz 1 des § 69 nur auf Pflichtverletzungen bei Entstehen von Sz und nicht darauf an, ob die Verwirklichung des Anspruchs auf Säumniszuschläge pflichtwidrig verhindert oder verzögert wurde. Die Auffassung des FG Hamburg, EFG 82, 600 wird abgelehnt. Die Heranziehung des Haftungsschuldners gem § 69 für Sz, die nach Eintritt der Überschuldung und Zahlungsunfähigkeit des Hauptschuldners entstanden sind, ist allerdings nicht zulässig.

b) Haftung kraft bürgerlichen Rechts.

Schrifttum: *App* Nochmals: Duldungsbescheide nach dem Gläubigeranfechtungsgesetz, BB 85, 728; *Tiedtke* Die Bedeutung der Vermögensübernahme im Steuerrecht, BB 86, 1830; *Lohmeyer* Zur Haftung der Prokuristen für betriebliche Steuerschulden, Inf 88, 268.

Abs 1. Kraft Gesetzes haftet der **Erwerber** eines **Handelsgeschäftes** nach § 25 HGB. Die Haftung kann jedoch nach § 25 III HGB beschränkt werden; in diesem Fall würde § 75 eingreifen; Haftung nach § 25 HGB kann ggf auch durch Erklärung gegenüber dem FA gem § 25 II HGB ausgeschlossen werden. Vgl *Würdinger* Komm z HGB § 25 Anm 10, 10a. Haftung nach **§ 25 HGB** kommt nur in Betracht, wenn zB die Firma eines Einzelkaufmanns durch den Erwerber fortgeführt wird, dh, wenn der wesentliche Kern der dem § 18 HGB entsprechenden Firma des Einzelkaufmanns in die Firma des Erwerbers übernommen worden ist. Für eine Firmenfortführung iSd § 25 HGB reicht es aus, wenn ein Vollkaufmann sein Unternehmen auf eine GmbH & Co KG überträgt und die Firma der KG seinen Familiennamen enthält, BGH NJW 82, 577; BFH BStBl 86, 383. Ein **Kommanditist** haftet nach § 76 II HGB nicht für StAnsprüche, FG Berlin EFG 83, 396. § 176 HGB gilt nur im Geschäftsverkehr und ist auf StAnsprüche daher nicht anwendbar. Haftung des **Erben** bei **Fortführung** eines **Handelsgeschäfts** nach § 27 HGB; **Vermögensübernehmer** nach § 419 BGB. Das FA kann den hierauf gegründeten Anspruch auf Duldung der Zwangsvollstreckung in das Vermögen des Erwerbers im Verwaltungsverfahren durch ein **Leistungsgebot** durchsetzen, BFH BStBl 86, 504; *TK* vor § 69 Tz 10, 14. Die Übertragung eines Vermögens von einer GmbH auf andere gegen Gewährung von Gesellschaftsrechten kann eine Vermögensübernahme im Sinne des § 419 BGB sein. Wenn jemand durch Vertrag das Vermögen eines anderen übernimmt, so können dessen Gläubiger, unbeschadet der Fortdauer der Haftung des bisherigen Schuldners, vom Abschluß des Vertrages an ihre zu dieser Zeit bestehenden Ansprüche auch gegen den Übernehmer geltend machen (§ 419 BGB). Unter **Vermögen** im Sinne dieser Vorschrift können nur die im Zeitpunkt der Vermögensübertragung vorhandenen **aktiven** Vermögenswerte verstanden werden. Diese sind mit den Schulden des Übergebers belastet. An die Vermögenswerte soll sich der Gläubiger halten können. Trotz der gegen diese Auffassung vorgebrachten Einwände (siehe Schricker, JZ 1970, 265 ff) hat der BGH an der Haftung des **Aktivvermögens** (ohne Abzug der Schulden) grundsätzlich festgehalten und eine Ausnahme nur dann zugelassen, wenn am Bestandteil des übernommenen Vermögens **dingliche Si-**

§ 191

cherungsrechte Dritter bestehen. Der **BFH** hält eine eine einschränkende Auslegung des § 419 BGB in dem Sinne für erwägenswert, daß die Haftung dann nicht eingreift, wenn eine dem veräußerten Aktivvermögen (abzüglich dinglich gesicherter Schulden) entsprechende Gegenleistung gewährt wird und die Gläubiger nach der Vermögensübertragung die gleichen Sicherheiten und Befriedigungsmöglichkeiten haben wie zuvor, BFH BStBl 86, 504. Dessen Haftung beschränkt sich aber auf den Bestand des übernommenen Vermögens; die **Gesellsch** bei **Einbringung** eines **Handelsgeschäfts** nach § 28 HGB; **Erbschaftskäufer** nach §§ 2371 ff BGB; **Hauptgesellschaft** für Schulden der eingegliederten Gesellschaft nach § 322 I AktG.

c) Haftung für Lohnsteuern

Schrifttum: *Sebottendorf* Lohnsteuerhaftung des Entleihers bei illegaler Arbeitnehmerüberlassung, DStZ 82, 492; *Bornhaupt* Zur Haftung des Arbeitgebers im Lohnsteuerverfahren, BB 82, 1539; *Offerhaus* Zur Haftung des Arbeitgebers im Lohnsteuerverfahren, BB 82, 793; *Goydke* Lohnsteuerhaftung des Entleihers bei unerlaubter Arbeitnehmerüberlassung, DStZ 82, 277; *Goydke* Lohnsteuerhaftung des Entleihers bei Arbeitnehmerüberlassung nach dem Steuerbereinigungsgesetz 1986, DStZ 86, 68; *Wurster* Die Lohnsteuerhaftung bei Arbeitnehmerüberlassungen, StBp 86, 97; *Milatz* Das Anerkenntnis der Lohnsteuer-Haftung des Arbeitgebers Inf 87, 538; *Institut Finanzen und Steuern* Für eine sachgemäße Begrenzung der Haftung des Arbeitgebers für einzubehaltende Lohnsteuer, FSt. Brief Nr 257.

Nach Auffassung des BFH haftet der Entleiher von **Leiharbeitern** nicht für die LSt, wenn der illegale Verleiher diese bei der Lohnzahlung nicht einbehalten und nicht an das FA abgeführt hat, BFH BStBl 82, 502. Kritisch hierzu *Martens* aaO und *Goydke* DStZ 82, 277. Insoweit ist aber durch Art 6 Abs 17 **StBereinigG** eine Änderung eingetreten.

Bei einer **illegalen Arbeitnehmerüberlassung** haftete der **Entleiher** bisher grundsätzlich nicht für die LSt der Leiharbeitnehmer, wenn der Verleiher die Leiharbeitnehmer entlohnt, die LSt aber nicht einbehält und nicht abführt, BFH aaO. Nach Art 1 § 1 des Arbeitnehmerüberlassungsgesetzes ist sowohl das zwischen Verleiher und Leiharbeitnehmer abgeschlossene Arbeitsverhältnis als auch der zwischen Verleiher und Entleiher zustandegekommene Vertrag unwirksam. Anstelle des unwirksamen Arbeitsverhältnisses gilt ein Arbeitsverhältnis zwischen Entleiher und Leiharbeitnehmer als zustandegekommen (Art 1 § 10 AÜG). Diese gesetzliche Fiktion hat für das StRecht insoweit und solange keine Bedeutung, wie die Beteiligten das wirtschaftliche Ergebnis des unwirksamen Arbeitsverhältnisses zwischen Verleiher und Leiharbeitnehmer eintreten und bestehen lassen, weil insoweit nach der für das StRecht geltenden Sonderregelung des § 41 I die Unwirksamkeit des Arbeitsverhältnisses für Zwecke der Besteuerung nicht berücksichtigt werden darf. Die Folge ist, daß der **Entleiher** im steuerrechtlichen Sinn insoweit und solange **kein Arbeitgeber** des Leiharbeitnehmers ist, weil nicht er, sondern der Verleiher die Arbeitnehmer entlohnt. Daher fehlt es an der Voraussetzung für eine Haftung des Entleihers.

Dagegen ist in diesen Fällen Arbeitgeber iSd §§ 529 I, 1428 I RVO, § 235 I AFG allein der Entleiher. Der unerlaubt handelnde Verleiher kann wegen seiner Unterlassung, Arbeitnehmer-Beitragsteile an die berechtigte Kasse abzuführen, nicht nach diesen Vorschriften bestraft werden, BGH

3. Abschnitt. Festsetzungs- und Feststellungsverfahren **§ 191**

NStZ 82, 383. Dagegen bleibt in Fällen der erlaubten Arbeitnehmerüberlassung der Verleiher Arbeitgeber.

Kein Haftungs- sondern **Nachforderungsbescheid** liegt vor, wenn der Arbeitgeber wegen ausschließlich im **Pauschalierungsverfahren** erhobener LSt in Anspruch genommen wird, denn insoweit ist der Arbeitgeber Schuldner der LSt und nicht der Arbeitnehmer, FG SchlHol EFG 81, 260. In einem gegen den ArbGeber ergangenen LSt-Haftungsbescheid sind die auf die einzelnen Arbeitnehmer entfallenden Stb-Schulden nur dann anzugeben, wenn dies möglich und für das FA zumutbar ist. Das FA kann davon idR absehen, wenn es den Arbeitgeber als Haftenden deshalb in Anspruch nehmen darf, weil sich aufgrund einer LSt-Außerprüfung bei vielen Arbeitnehmern meist kleine LSt-Nachforderungsbeträge aufgrund von im wesentlichen gleichliegenden Sachverhalten ergeben haben, BFH BStBl 80, 669. Gegen die Auffassung des BFH *Milatz* (aaO). **Einzelangaben** nur, wenn dies nach den Grundsätzen von Recht und Billigkeit erwartet werden muß.

Es ist bei einem LStHaftungsbescheid nicht erforderlich, daß die für die **einzelnen Monate** geltend gemachten Beträge auch auf die einzelnen Monate aufzuteilen sind, BFH BStBl 82, 226; BStBl 86, 152. Im LSt-Haftungsbescheid ist die LSt grundsätzlich nach KalJahren aufzugliedern, (FG D'dorf EFG 79, 309) nicht auf die Lohnzahlungszeiträume; aA FG RhPf: LSt muß im Haftungsbescheid so festgesetzt werden, wie sie hätte angemeldet und abgeführt werden müssen, dh aufgeteilt auf die Anmeldungszeiträume, FG RhPf EFG 80, 360. Ebenso *Nieland* DStZ 81, 119: Der LSt-Haftungsbescheid sollte wenigstens die LSt-Anmeldungszeiträume und die auf sie entfallenden abzuführenden LSt ergeben, Zur inhaltlichen Bestimmtheit eines LSt-Haftungsbescheides sollten die Angaben ausreichen, aber auch erforderlich sein, die eine LSt-Anmeldung enthalten muß, Nieland aaO 120. Nieland schließt hieraus, das im LSt-Haftungsbescheid die Haftungssumme nicht nur nach Art der einzelnen LSt-Abzugsbeträge gesondert aufzuführen, sondern auch nach LSt-Anmeldungszeiträumen; ein LSt-Haftungsbescheid soll daher dann nicht inhaltlich hinreichend bestimmt sein, wenn die Haftungssumme nur nach KalJahren aufgeteilt ist. Bei der Haftung des **Geschäftsführers** kann im Regelfall auf eine Aufgliederung des im Bescheid in einer Summe angegebenen Lohnsteuerhaftungsbetrages nach Anmeldungszeiträumen verzichtet werden BFH BStBl 88, 480. Dem Geschäftsführer als dem zur Einbehaltung und Abführung der Lohnsteuer Verpflichteten sind in der Regel die Verhältnisse bekannt, die im Haftungsbescheid mit einem einzigen Lohnsteuerbetrag für den Gesamtzeitraum angesprochen werden, vgl auch BFH BStBl 86, 152. Das gleiche muß gelten, wenn ein nach den §§ 69, 35 haftender **Verfügungsberechtigter** innerhalb der Gesellschaft dieselbe Stellung einnimmt, wie ein Geschäftsführer. Fragen der **Verjährung** oder des Erlöschens des Anspruchs bei Zahlung eines Teilbetrages sind materieller Art. Materiell rechtliche Gesichtspunkte betreffen aber die Frage der Begründetheit des geltendgemachten Haftungsanspruchs. Sie haben keinen Einfluß auf die mit dem **Bestimmtheitsgebot** des § 119 I verbundene Frage nach dem formellen Bestand des Verwaltungsaktes.

Ein Bescheid, mit dem vom Arbeitgeber nicht angemeldete und nicht abgeführte LSt-Abzugsbeträge im **Schätzungswege** festgesetzt werden, muß den Anforderungen eines Haftungsbescheids iSd § 42d EStG genügen, FG BaWü EFG 82, 587. Im **Lohnsteuerhaftungsverfahren** darf die vom Arbeitgeber nachzufordernde LSt jedenfalls dann unter Anwendung eines **durchschnittlichen** Steuersatzes ermittelt werden, wenn das FA aufgrund einer fehlerhaften Unterlassung des Arbeitgebers nicht in der Lage ist, die Namen der Arbeitnehmer, die einen lohnsteuerlichen Vorteil erlangt haben, und den von den einzelnen Arbeitnehmern jeweils erlangten geldwerten Vorteil festzustellen, BFH BStBl 86, 274; DB 85, 630 mit Anm von Offerhaus.

Eine Ausnahme von dem Gebot zur Aufschlüsselung des Haftungsbescheides auf die einzelnen Arbeitnehmer ist auch dann gerechtfertigt, wenn der Arbeitgeber von einem **Rückgriff** gegenüber seinen Arbeitnehmern absieht. In diesen Fällen ist ein Interesse des Arbeitgebers, die Lohnsteuerschulden der einzelnen Arbeitnehmer zu kennen, nicht gegeben, vgl BFH BStBl 85, 170. Ein solches Interesse kann auch dann fehlen, wenn zwischen dem Arbeitnehmer und dem Arbeitgeber eine **Nettolohnvereinbarung** getroffen worden ist oder der Arbeitgeber sich später zur Übernahme der Lohnsteuer bereit erklärt hat.

Haftungsbescheid, mit dem FA vom ArbGeber zu Unrecht gezahlte Arbeitnehmer-Sparzulage zurückfordert, muß erkennen lassen, an welche Arbeitn welche Beträge zu Unrecht gezahlt worden sind, FG RhPf EFG 80, 207. Übernimmt der Arbeitgeber die aufgrund einer Außenprüfung nachzufordernde LSt nicht, kann die LSt auch bei einer Vielzahl von Fällen grundsätzlich nicht in Anlehnung an Abschn 93 LStR pauschaliert werden.

In einem LSt-Haftungsbescheid müssen **monatlich angemeldete,** aber nicht abgeführte LSt-Beträge nach Monaten getrennt aufgeführt werden, um dem Bestimmtheitserfordernis zu genügen, FG Köln EFG 83, 256 gegen BFH BStBl 82, 226.

Hat ein Arbeitgeber nach Abschluß einer Lohnsteuer-Außenprüfung seine **Zahlungsverpflichtung** nach § 42b IV Nr 2 EStG schriftlich **anerkannt,** so muß das Finanzamt seit Inkrafttreten der AO 77 gegen ihn einen schriftlichen **Haftungsbescheid** erlassen, wenn er seiner Zahlungsverpflichtung nicht nachkommen will, BFH, BStBl 87, 198. § 42b IV Nr 2 EStG kann nach Inkrafttreten der AO 77 nicht mehr angewendet werden, weil er mit den Vorschriften der AO nicht übereinstimmt. Die AO geht den Verfahrensvorschriften des EStG im Range vor, soweit sich aus der AO oder dem EStG nichts anderes ergibt. Nach **§ 218** I 1 sind Grundlagen für die Verwirklichung von Ansprüchen aus dem Steuerschuldverhältnis **Steuerbescheide** usw. Nach Satz 2 dieser Vorschrift stehen Steueranmeldungen den Steuerbescheiden gleich. Eine die den Satz 2 entsprechende Vorschrift für ein Arbeitgeberanerkenntnis im Sinne des § 42b EStG ist in § 218 I jedoch nicht enthalten. Das vom Arbeitgeber unterschriebene Anerkenntnis kann auch nicht als rechtswirksamer, formloser Haftungsbescheid angesehen werden, vgl *TK* § 218 Tz 2. Die Ausführungen des BFH (BStBl 87, 198, 200) haben auch für die **Kapitalertragsteuer** (§ 44 V EStG) die künftig eine größere Rolle spielen wird, Bedeutung.

d) Haftung der Gesellschafter

Schrifttum: *Hundt-Eßwein* Haftet ein GBR-Gesellschafter für die Umsatzsteuerschulden der Gesellschaft?, Rechts- und Wirtschaftspraxis, SG 2.1 86, 203; *Tiedtke* Die

3. Abschnitt. Festsetzungs- und Feststellungsverfahren § 191

Haftung der Gesellschafter für die Umsatzsteuerschuld der Gesellschaft des bürgerlichen Rechts, DStR 86, 415; *Schneider* Zur Haftung der Gesellschafter einer Gesellschaft des bürgerlichen Rechts für Umsatzsteuerschulden, ZfZ 86, 362.

Gesellschafter einer **OHG** haften für alle Verbindlichkeiten persönlich (§ 128 HGB) auch für die Zeit nach ihrem Ausscheiden (§ 159 HGB), jedenfalls soweit die Verbindlichkeiten zZt ihrer Zugehörigkeit zur Gesellschaft entstanden sind. Dies ergibt sich schon aus Abs 4, BFH BStBl 85, 541. Das gleiche gilt für **Komplementäre** einer **KG** (§ 161 HGB). Der aus einer KG **ausgeschiedene Komplementär** haftet für die **nach** seinem **Ausscheiden entstandenen** StSchulden der KG nicht allein deshalb, weil sein Ausscheiden noch nicht im HaReg **eingetragen** war, BFH BStBl 78, 490; § 15 HGB ist nicht anwendbar, weil ein Zusammenhang zwischen Entstehung des StAnspruchs und des Haftungsanspruchs einerseits sowie der HaReg-Eintragung undenkbar ist. Wer sich gegenüber dem FA als **Gesellschafter geriert**, muß sich nach dem Maß des von ihm erzeugten **Rechtsscheins** auch als solcher behandeln lassen, BFH BStBl 77, 364. Das FG Köln (EFG 87, 393) hält es für ernstlich zweifelhaft, ob die AO eine Rechtsgrundlage für eine Haftung der Gesellschafter einer Gesellschaft bürgerlichen Rechts für steuerliche Verbindlichkeiten der Gesellschafter enthält (anders BFH BStBl 86, 156, 158). Hierzu *App* BB 88, 125. Der **Kommanditist** haftet bis zur Höhe seiner **Einlage** unmittelbar; Haftung ist ausgeschlossen, soweit Einlage geleistet ist (§ 171 I HGB). Beim Ausscheiden eines **Kommanditisten** sind diejenigen Schuldverpflichtungen der KG als vor dem Ausscheiden entstanden anzusehen, deren **Rechtsgrundlage** bereits vor diesem Zeitpunkt gelegt worden ist, BFH BStBl 86, 872 unter Hinweis auf BGHZ 55, 267. Scheidet ein Kommanditist aus der KG aus, so haftet er für Rückzahlungsschulden der KG insoweit, als deren Rechtsgrundlage bereits vor dem Ausscheiden gelegt worden ist. Dies gilt zB insoweit, als das FA vor dem Ausscheiden zu Unrecht Auszahlungen auf **Vorsteuerüberschüsse** gemacht hat.

Haftung der Kommanditisten für **USt** einer KG **vor Eintrag** der KG im HaReg kann nicht durch Anfecht des GesellschVertrages angefochten werden, FG Bremen EFG 78, 256. **Stiller Gesellschafter** ist nicht Gesellschafter und haftet nicht, vgl § 335 II HGB. Gesellschafter einer **BGB-Gesellschaft** (vgl FG München EFG 72, 611); Mitglieder eines **nichtrechtsfähigen Vereins** haften grunds wie BGB-Gesellschafter, **Haftung** kann aber durch Satzung auf Anteil an Vereinsvermögen **beschränkt** werden; der für einen nichtrechtsfähigen Verein Handelnde haftet persönlich nach § 54 BGB. Die Vorschriften des bürgerl Rechts kennen **keine Haftung** für sog. **Unternehmereinheiten**, BFH BStBl 65, 337; FG Niders EFG 78, 464. Die UE ist nicht Trägerin von Rechten und Pflichten iSd Zivilrechts; es gibt bei ihr weder ein GesellschVermögen noch GesellschAnteile. Haftung kann sich aber ggf aus § 69 iVm §§ 34, 35 ergeben. Haftungsbescheid muß erkennen lassen, ob und in welcher Weise das FA sein Ermessen ausgeübt hat, FG Niders EFG 78, 464.

Bei **jur Personen** haftet grunds nur das **Gesellschaftsvermögen**, vgl § 1 I 2 AktG, § 278 I **AktG**; § 13 II **GmbHG**. Das Gleiche gilt für **rechtsfähige Vereine**. Bei **Genossenschaften** ist zu unterscheiden zwischen solchen mit **unbeschränkter Nachschußpflicht** und solchen mit **beschränkter Nachschußpflicht**, vgl § 105 GenG. Eine unmittelbare **Haftung** der Genossen gegenüber den **Gläubigern** der Genossenschaft besteht **nicht**.

§ 191   4. Teil. Durchführung der Besteuerung

e) Duldungspflichten haben: **Nießbraucher** nach §§ 1086, 1059, **Eheleute** nach §§ 740–745, 774, 860, 999 ZPO, **Nachlaßverwalter** nach § 1984 II, **Testamentsvollstrecker** nach §§ 2213f BGB, **Nacherben** nach § 2115, ggf auch **Pächter** nach § 581 BGB, **Vormund** und **Pfleger** nach §§ 1793, 1909 ff BGB; **Liquidatoren** nach §§ 149 HGB, 268 I AktG, 70 GmbHG; **Anfechtungsgegner** nach § 7 AnfechtG, vgl BFH BStBl 78, 663, hierzu *Lück* Anfechtungsgesetz und Duldungsbescheid des Finanzamts BB 88, 1095.

Wer nach dem **AnfG** verpflichtet ist, die Vollstreckung zu dulden, kann durch **Duldungsbescheid** in Anspruch genommen werden, BFH BStBl 83, 545; 88, 313. Die Verpflichtung des Anfechtungsgegners zur Duldung der ZV aufgrund des § 7 AnfG ergibt sich unmittelbar aus dem gesetzlichen Schuldverhältnis, auf dem der Rückgewähranspruch beruht, BFH BStBl 83, 398. Der Anfechtungsgegner muß sich vom Gläubiger so behandeln lassen, als gehöre der Gegenstand noch zum Vermögen des Schuldners, BFH BStBl 79, 756. Dem Anspruch des Gläubigers auf Rückgewähr steht die Pflicht des Anfechtungsgegners gegenüber, die Zwangsvollstreckung zu dulden, vgl BGH NJW 61, 1463. § 191 enthält eine **Spezialregelung** gegenüber **§ 9 AnfG,** wonach die Verfolgung des Rückgewähranspruchs durch Klage vorgesehen ist; so auch FG RhPf EFG 83, 216; aA FG München EFG 82, 227. Es ist eine ganz grundsätzliche Besonderheit des Verwaltungszwangsverfahrens, daß es auf von der FinBeh selbst geschaffenen Vollstreckungstiteln aufbaut; dies gilt auch für Titel, die sich aus einem Tatbestand des AnfG ergeben. Aus einem Duldungsbescheid nach dem **AnfechtungsG** muß zu ersehen sein, was in anfechtbarer Weise erlangt worden ist und bis zur Höhe welchen Betrages der Anfechtungsgegner die Vollstreckung in das Erlangte zu dulden hat, FG Nbg EFG 80, 56. Der Bescheid muß aber die Forderung den Anfechtungsgrund, den zurückzugewährenden Gegenstand sowie die Art und Weise der Rückgewähr angeben. Nicht erforderlich ist dagegen die Angabe, wie sich die Zwangsvollstreckung im einzelnen gestalten wird, BFH BStBl 79, 756. Durch **Duldungsbescheid** kann als **Rückgewähr** nach § 7 I AnfG auch **Wertersatz** gefordert werden, BFH BStBl 85, 31. Der Wertersatz ist als Modalität der Rückgewähr anzusehen, die nicht von besonderen Anfechtungsvoraussetzungen abhängig ist. Wenn ein Ehegatte von dem anderen Ehegatten einen Vermögensgegenstand anfechtbar durch unentgeltliche Verfügung erworben hat, können die Eheleute nicht durch eine nachträgliche Vereinbarung die unentgeltliche Zuwendung in eine entgeltliche Verfügung umwandeln, BFH BStBl 88, 313.

Der Grundsatz, daß sich der Anfechtungsgegner mit Einwendungen gegen die StFestsetzung verteidigen kann, wird durch § 2 AnfG eingeschränkt. Danach genügt für die Anfechtung ein **vollstreckbarer Schuldtitel,** ohne daß auf die Rechtmäßigkeit des Titels zurückgegriffen werden muß, vgl *App* aaO.

3. Form und Inhalt des Haftungsbescheides/Duldungsbescheides

Schrifttum: *Buciek* Der Lohnsteuerhaftungsbescheid als „Sammelhaftungsbescheid" BB 87, 800; *App* Abrundungsvorteile durch die Aufgliederung von Haftungsbescheiden, DStZ 88, 119.

3. Abschnitt. Festsetzungs- und Feststellungsverfahren § 191

Über Form und Inhalt des Haftungsbescheides sagt die Bestimmung lediglich, daß er schriftlich zu erteilen ist. **Inhalt** des Haftungsbescheides ergibt sich danach aus allgemeinen Grundsätzen, vgl § 119.

Formvorschriften für Steuer- und Haftungsbescheide haben keinen Selbstzweck, BFH BStBl 88, 480. Die Anforderungen an den Inhalt eines Haftungsbescheids können deshalb nicht anhand allgemeiner, für alle Fälle geltenden Kriterien bestimmt werden. Die Frage, inwieweit in einem Haftungsbescheid die Haftungsschuld selbst bestimmt und insbesondere auf die einzelnen Haftungszeiträume **aufgegliedert** sein muß, muß vielmehr nach Art des Haftungsbescheides unter Berücksichtigung aller Umstände des einzelnen Falles beantwortet werden, vgl BFH BStBl 80, 669. An die **Begründung** sind idR erhöhte Anforderungen zu stellen, insbes, wenn die Haftung auf eine schuldhafte Pflichtverletzung gestützt wird. In einem Haftungsbescheid muß die genaue Höhe der **Haftungssumme** angegeben werden. Es genügt zB nicht, wenn bei der Inanspruchnahme eines Kommanditisten nur die Formulierung verwendet wird, er werde bis zur Höhe seiner noch nicht geleisteten Einlage in Anspruch genommen, FG Bremen EFG 82, 600. Ein Haftungsbescheid ist aber ohne konkrete Angabe des Schuldbetrages nicht nichtig, BFH BStBl 72, 181; *TK* Tz 14; *HHSp* Anm 86. Ein Haftungsbescheid kann in einen (unter Nachprüfungsvorbehalt stehenden) **Nachforderungsbescheid** umgedeutet werden, wenn ein dahin gehender Wille des FA eindeutig und klar ersichtlich ist, FG Nbg EFG 83, 255. Die Angabe der Namen **anderer** mit herangezogener **Gesamtschuldner** ist allenfalls eine Ordnungspflicht; ein Verstoß hiergegen berührt nicht die Wirksamkeit des Bescheides, BFH BStBl 81, 176. **Rechtsbehelfsbelehrung** ist nicht vorgesehen; Haftungsbescheid muß die **Besteuerungsgrundlagen** in einem für die **Rechtsverteidigung** ausreichendem Umfang enthalten, BFH BStBl 78, 402.

Bei **AbschnittSt** ist eine **Aufgliederung** auf die StAbschnitte im Haftungsbescheid erforderl. FG Düss EFG 78, 207, FG Saarland EFG 79, 526. Bei Anforderung von **SZ** im **Haftungsbescheid** muß sich aus dem Bescheid ergeben, auf welche **StArten** und auf welche **Zeiträume** die einzelnen Säumniszuschläge entfallen, FG Bremen, EFG 78, 209; BFH BStBl 77, 366. Es reicht aus, wenn Haftender aus der Einspruchsentscheidung im Zusammenhang mit den von ihm abgegebenen Voranmeldungen ersehen kann, wofür er in Anspruch genommen wird, FG RhPf EFG 79, 262. Zur Zulässigkeit eines **Sammelhaftungsbescheids**, BFH BStBl 86, 921. Die örtliche Zuständigkeit zum Erlaß von Haftungsbescheiden regelt sich nach § 24 (Ersatzzuständigkeit) FG Hbg EFG 82, 591.

Zur **Begründung** des Haftungsbescheides reichen **floskelhafte Feststellungen** über **Billigkeit** und **Zweckmäßigkeit** der Inanspruchnahme eines HaftSchuldners **nicht** aus. Über **Umdeutung** eines Haftungsbescheides im StBescheid und umgekehrt vgl Anm 2 zu § 128.

Ist ein Haftungsbescheid auf einen bestimmten Sachverhalt gestützt und ist der StBescheid aufgrund dieses selben Sachverhalts aufzuheben, so kann der StBescheid nicht mit der Begründung aufrechterhalten bleiben, derselbe Stpfl sei für eine MinölSt in gleicher Höhe aufgrund eines anderen Sachverhalts StSchuldner (Haftender), FG Hbg EFG 80, 361. Der auf einem unzutreffenden Sachverhalt beruhende StBescheid kann nicht durch Auswechslung des einen anderen StAnspruch betreffenden Sachverhalts aufrecht er-

§ 191 4. Teil. Durchführung der Besteuerung

halten werden. Dies wäre ein Nachschieben von Gründen, das unzulässig ist, wenn sich der Verwaltungsakt in seinem Wesen ändern würde. Dies ist bei Ersetzung eines StAnspruchs durch einen anderen innerhalb des Bescheids der Fall.

Haftungsbescheid ist nicht rechtswidrig, weil er andere **Gesamtschuldner,** die ebenfalls in Anspruch genommen worden sind, **nicht aufführt,** FG D'dorf EFG 78, 528.

Der **Duldungsbescheid** muß (ähnlich wie nach § 9 AnfG) grundsätzlich folgendes enthalten: Die zugrundeliegende Forderung, den Anfechtungsgrund, den zurück zu gewährenden Gegenstand und die Art und Weise, wie die Rückgewähr zu erfolgen hat (zB durch Duldung der Zwangsvollstreckung). Außerdem müssen die beteiligten Personen, die Steuerschulden und der Anfechtungsgrund (§ 3 AnfG) genannt werden.

4. Änderung von Haftungsbescheiden

Schrifttum: *Rossmanith* Die Korrektur von Haftungsbescheiden, DStZ 86, 580; *Rößler* Die Rücknahme eines Haftungsbescheides und sein anschließender Neuerlaß – Gedanken zum Urteil des BFH vom 22. Januar 1985 (BStBl 85, 562), DStR 86, 714; *Hein* Zum Neuerlaß eines Haftungsbescheids nach „ersatzloser" Aufhebung eines inhaltsgleichen vorangegangenen Bescheids, DStR 87, 175.

Die herrschende Meinung im Schrifttum sieht Verwaltungsakte mit **Mischwirkung,** die ein und dieselbe Person teils begünstigen und teils belasten, hinsichtlich ihres begünstigenden Teils als begünstigenden Verwaltungsakt an. Für die Annahme und Änderung eines fehlerhaften Haftungsbescheides hat das nach dieser Ansicht zur Folge, daß er über den festgesetzten Haftungsbetrag hinaus zum Nachteil des Haftungsschuldners nur unter den Voraussetzungen des § 130 Abs 2 aufgehoben oder geändert werden kann (BFH BStBl 85, 562).

Nimmt das FA auf Einspruch den Haftungsbescheid zurück, kann es einen erneuten Haftungsbescheid nur unter den Voraussetzungen des § 130 II (Rücknahme eines begünstigenden Verwaltungsakts) erlassen, BFH BStBl 85, 562. Die **Rücknahme eines Haftungsbescheids** stellt selbst einen begünstigenden VA dar, BFH BStBl 85, 562. Die Rücknahme ist geeignet, einen **Vertrauenstatbestand** zu begründen, denn der Inanspruchgenommene kann nunmehr davon ausgehen, nicht als Haftungsschuldner in Anspruch genommen zu werden (BFH aaO). Nur wenn sein Vertrauen nicht schutzwürdig ist, ist es zulässig, ihn erneut in Anspruch zu nehmen; vgl BFH BStBl 86, 779. Das bedeutet, daß die Rücknahmeverfügung nur zurückgenommen und durch einen Haftungsbescheid ersetzt werden darf, wenn die Voraussetzungen des § 130 Abs 2 vorliegen. Der BFH erkennt allerdings an, daß streng genommen in dem Erlaß eines neuen Haftungsbescheides keine Rücknahme der Rücknahmeverfügung des vorangegangenen Haftungsbescheides liegt, weil der begünstigende Verwaltungsakt, die Rücknahmeverfügung, formell bestehen bleibt und der später ergangene Haftungsbescheid einen eigenständigen, von der Rücknahmeverfügung unabhängigen Verwaltungsakt darstellt. Unter Berücksichtigung von **Sinn** und **Zweck des § 130 Abs 2,** das Vertrauen des Betroffenen auf eine ihm günstige Verwaltungsregelung zu schützen, hat der BFH aber keine Bedenken, den § 130 Abs 2 auch auf neu ergehende Haftungsbescheide anzuwenden. Dies gilt jedenfalls dann, wenn der ursprüngliche Haftungsbescheid im Rechtsbehelfsverfahren zurückgenommen worden ist. Es entspricht der ständigen Rechtsprechung des BFH, daß Einspruchsentscheidungen und Abhilfebescheide die nach erneuter Prüfung der Sache im Einspruchsverfahren ergangen sind, wegen des durch sie begründeten Vertrauens des Stpfl einer erhöhten Bestandsgarantie unterliegen. Sie können bei unverändertem Sachverhalt in der Regel nicht lediglich aufgrund geänderter Rechtsauffassung der Verwaltung abgeändert werden. Die **Rücknahme** eines Haftungsbescheides unterliegt damit nicht dem Vertrauensgrundsatz, wenn die **erneute Inanspruchnahme** in derselben Verfügung erfolgt, FG Köln EFG 86, 216; Rossmanith aaO. Wenn jedoch der ursprüngliche Haftungsbescheid ausdrücklich **ersatzlos** aufgehoben wird, so kann darin ein Bescheid über die **Freistellung** von der Haftung erblickt werden, der nur unter den erschwerten Voraussetzungen des § 130 II zurückgenommen werden kann, FG Köln EFG 84, 99.

5. Abs. 3. Entspr der Regelung für StBescheide (§ 170 I) **beginnt** die **Festsetzungsfrist** grunds mit Ablauf des Kalenderjahres, in dem der haftungsbegründende Tatbestand verwirklicht worden ist. Dieser Zeitpunkt kann mit der Entstehung der Steuer zeitlich zusammenfallen. Während aber für **StBescheide** grunds eine **Anlaufhemmung** nach § 171 II eintritt, trifft das gleiche nicht zu für Haftungsbescheide, weil der Haftungsschuldner nicht verpflichtet ist, eine der StErkl vergleichbare Erklärung abzugeben. Daher wird in Abs 3 S 3 bestimmt, daß die **Festsetzungsfrist** für den Haftungsbescheid **nicht vor Ablauf** der für die **StFestsetzung** geltenden **Festsetzungsfrist** endet, vgl BFH BStBl 71, 614. Damit wird vermieden, daß die Festsetzungsfrist für den Haftungsbescheid abläuft, bevor die Steuer überhaupt festgesetzt werden kann. Durch den Hinweis auf § 171 X wird erreicht, daß der **Haftungsbescheid** noch **innerhalb eines Jahres** nach Erlaß des entspr StBescheides erlassen werden kann. In den Fällen der §§ 73 (Haftung bei Organschaft) und 74 (Haftung des Eigentümers) wird der Ablauf der **Festsetzungsfrist** noch weiter hinausgeschoben: Die **Festsetzungsfrist** endet nicht, bevor der aus der StFestsetzung ergebende **Zahlungsanspruch** verjährt ist. Der Grund für diese Regelung liegt darin, daß es sich bei den genannten Vorschriften um eine echte Ausfallhaftung handelt, dh die Frage, ob gehaftet werden soll, stellt sich erst, wenn von dem StSchuldner keine Zahlung erreicht werden konnte. Die für den Stpfl und den Haftenden laufenden **VerjFristen** laufen ansonsten **getrennt**. Dies gilt insbesondere hinsichtlich der Zahlungsverjährung. Die Verjährung eines Haftungsanspruchs aus Abs 3 kann nur durch eine gegen den Haftungsschuldner selbst gerichtete Maßnahme unterbrochen werden, vgl BFH BStBl 82, 226. Hat das FA durch **Duldungsbescheid** einen Rückgewähranspruch nach Ablauf der Jahresfrist des § 3 Abs 1 Nr 2 AnfG geltend gemacht, kann es sich nicht mit Erfolg darauf berufen, es habe noch innerhalb der Jahresfrist denselben Rückgewähranspruch durch Haftungsbescheid geltend gemacht, der jedoch durch das FG aus materiell-rechtlichen Gründen ersatzlos aufgehoben worden sei, BFH BStBl 84, 576.

6. Abs 4. Soweit sich die Haftung nicht aus steuerl Vorschrift ergibt, richtet sich die **Festsetzungsfrist** für den Haftungsbescheid nach den entspr **zivilrechtlichen** Vorschriften über die Verjährung.

§ 191   4. Teil. Durchführung der Besteuerung

7. *Meier* Haftung für erlassene Steueransprüche, StWa 86, 37. **Abs 5** ergibt sich daraus, daß der StBescheid den Haftungsanspr lediglich nach oben begrenzt, dh der Haftungsschuldner schuldet höchstens die Steuer die gegen den StSch festgesetzt worden ist. Der Haftungsanspruch kann nur solange geltend gemacht werden, wie der StAnspruch besteht, BFH BStBl 83, 544. Hat die FinBeh gegen den StSchuldner keine Steuer festgesetzt und durch Verstreichenlassen der Festsetzungsfrist auch keine Möglichkeit mehr, eine solche Festsetzung vorzunehmen, dann soll dieser Umstand nicht zu Lasten des Haftenden gehen, vgl BFH BStBl 87, 419; daß die St bereits festgesetzt ist, ist aber nicht erforderlich, BFH aaO. Das gleiche gilt, wenn im Verhältnis zum **StSchuldner** die **Zahlungsverjährung** (§ 228) eingetreten ist (BFH BStBl 87, 293) oder die **geschuldete Steuer erlassen** worden ist. Der zuletzt genannte Fall hat darin seine Berechtigung, daß ein Erlaß gegenüber dem StSchuldner diesem nichts nützt, wenn er anschließend im Regreßwege vom Haftenden in gleicher Höhe herangezogen wird. Lediglich in den Fällen, in denen die Haftung darauf beruht, daß der **Haftende Steuerhinterziehung** oder **StHehlerei** hat, gelten diese Einschränkungen nicht. Diese Haftenden können noch herangezogen werden, auch wenn entweder die Festsetzungsfrist gegen den StSchuldner abgelaufen oder die Zahlungsverjährung eingetreten ist. Die Haftungseinschränkung gilt aber wohl für denjenigen, der an der **Steuerhinterziehung** oder **Steuerhehlerei** teilgenommen hat.

8. Ermessensentscheidung.

Schrifttum: *Kanzler* Der Einwand finanzbehördlichen Mitverschuldens gegenüber Haftungsansprüchen aus dem Steuerschuldverhältnis, DStR 85, 339; *Buciek* Mitwirkendes Verschulden durch Unterlassung von Vollstreckungsmaßnahmen? DStR 87, 190; *Harder* Das Auswahlermessen bei der Steuerhaftung, BB 88, 2222.

Die **Entscheidung** über die Inanspruchnahme eines Haftungsschuldners ist **zweigliedrig**. Das FA muß zunächst prüfen, ob die **tatbestandlichen Voraussetzungen** einer Haftungsvorschrift vorliegen. Dies ist eine im vollen Umfang überprüfbare **Rechtsentscheidung;** in der zweiten Entscheidungsstufe wird dagegen entschieden, ob der als Haftender in Betracht Kommende auch **in Anspruch genommen werden soll,** vgl BFH BStBl 78, 509 Beim Erlaß eines Haftungsbescheides ist neben dem **Auswahlermessen** idR auch das **Entschließungsermessen** zu beachten und spätestens in der Einspruchsentscheidung zu begründen, FG Köln EFG 83, 214. Zum Auswahlermessen vgl BFH BStBl 86, 178. Haftungsschuldner kann nicht entgegenhalten, daß das FA über einen **längeren Zeitraum** (1½ Jahre) von seinen Befugnissen zur Überwachung des **LSt-Abzugs** und zur Beitreibung der LStAbzugsbeträge keinen Gebrauch gemacht hat, BFH BStBl 78, 683. Bei der Ermessensprüfung, ob ein **LSt-Haftungsbescheid** erlassen werden soll, ist nach Billigkeitsgesichtspunkten abzuwägen, ob Rechtsverstöße des mit der Bearbeitung für LSt für den Fiskus belegten Arbeitgebers so erheblich sind, daß seine persönliche Inanspruchnahme gerechtfertigt ist. Der Arbeitgeber hat auftauchenden rechtlichen Zweifeln zwar nachzugehen; ihm kann jedoch nicht vorgeworfen werden, daß ihm solche Zweifel nicht kamen, wenn er sich auf eine vertragliche Regelung verlassen hat, FG Köln EFG 83, 426. Wenn der Arbeitgeber den *Lohnsteuerabzug* entsprechend der von einer OFD in einer Verfügung geäußerten

3. Abschnitt. Festsetzungs- und Feststellungsverfahren §191

Auffassung durchführt, ist seine Inanspruchnahme als Haftender in der Regel unabhängig davon *ermessensfehlerhaft,* ob er die Verfügung gekannt hat oder nicht, BFH vom 25. Oktober 1985, StBp 86, 43 mit Anmerkung von Offerhaus. Die Inanspruchnahme des *Arbeitnehmers* für nicht einbehaltene und abgeführte Lohnsteuer durch einen Einkommensteueränderungsbescheid ist dagegen keine Ermessensentscheidung, BFH BStBl 85, 660, *TK* § 173 Tz 41; *Kühn/Kutter/Hofmann,* § 173 Anm 9. Die von der Rechtsprechung zur Inanspruchnahme des Arbeitgebers ermittelten Ermessungskriterien sind auf die Inanspruchnahme des Arbeitnehmers im Einkommensteuerbescheid nicht anwendbar.

Bei Inanspruchnahme eines Haftungsschuldners sind im Rahmen des **Ermessens** auch die aus dem **Rechtsstaatprinzip** abzuleitenden Grundsätze der **Verhältnismäßigkeit** und **Sozialstaatlichkeit** zu berücksichtigen, FG Hbg, nrkr, ZfZ 77, 239 (MinÖl). Inanspruchnahme für **Vorauszahlungen** ist **ermessensfehlerhaft,** wenn zu erkennen ist, daß eine endgültige JahresSt nicht entstanden ist, FG RhPf EFG 77, 570. Der Erlaß eines Haftungsbescheides ist nicht allein deswegen ermessensfehlerhaft, weil sich möglicherweise noch aufrechenbare Erstattungsansprüche ergeben können. Ggf ist hier aber eine Stundung angebracht, vgl BFH BStBl 83, 592.

Soweit die **Verwaltung** der **GewSt** den **Gemeinden** übertragen ist, sind diese auch für die Geltendmachung von **Haftungsansprüchen** nach § 191 zuständig, vgl Abschn 38 GewStR.

Kriterium für die Rechtmäßigkeit der Ermessensausübung ist ua, ob die Behörde mit ausreichendem Nachdruck und ohne pflichtwidrige Verzögerung die Verwirklichung des Anspruchs gegen den persönl Abgabenschuldner betrieben hat, VGH Kassel NJW 81, 476. Der Haftungsschuldner trägt grundsätzlich das Risiko, daß die StForderung beim StSchuldner nicht beigetrieben werden kann, BFH BStBl 80, 126. Inanspruchnahme des Haftenden verstößt nur dann ggf gegen **Treu und Glauben,** wenn infolge vorsätzlicher oder besonders grober Pflichtverletzung **Beitreibung fehlgeschlagen** ist; anders noch BFH BStBl 73, 573, wonach bei Vermögensverfall des StSchuldners das FA den StSchuldner rechtzeitig in Anspruch nehmen müsse. Für große Zurückhaltung bei der Annahme eines *mitwirkenden Verschuldens* der Behörde wegen unterlassener Vollstreckung auch *Buciek,* DStR 87, 190.

FA hat gegenüber dem Haftungsschuldner die **Amtspflicht,** für die rechtzeitige Zahlung Beitreibung oder Sicherstellung der StSchuld durch den StSchuldner zu sorgen, FG D'dorf EFG 80, 478; BFH BStBl 76, 579.

Die FinBeh handelt idR ermessensfehlerhaft, wenn sie ein Vorstandsmitglied als StHaftenden in Anspruch nimmt, das nach der internen Geschäftsverteilung innerhalb des Vorstandes für die Bearbeitung der StAngelegenheiten nicht verantwortlich ist, FG Bremen, EFG 81, 602. Für den Erlaß eines Haftungsbescheides gegen den **StHinterzieher** ist dagegen keine besondere Ermessensabwägung erforderlich, BFH BStBl 78, 508.

Bei der Anwendung des **§ 41 II ZG** ist das Ermessen der Behörde so eingeschränkt, daß im Regelfall der **Hauptverpflichtete** in erster Linie für die während des gemeinschaftlichen Versandverfahrens entstandene Zollschuld heranzuziehen ist und davon nur ausnahmsweise abgesehen werden kann, FG München EFG 82, 383; aA FG RhPf EFG 81, 263. Die Inanspruchnahme des **Hinterziehers** von **Einfuhrumsatzsteuer** als Haftungsschuldner ist nicht schon deshalb ermessensfehlerhaft, weil die Steuer im Falle ihrer Entrichtung von dem einführenden Unternehmer als **Vorsteuer** hätte abgezogen werden können, BFH BStBl 85, 688. Die Erhebung der Einfuhrumsatzsteuer sichert ebenso wie die der Umsatzsteuer auf jeder Wirtschaftsstufe den tatsächlichen Eingang der Steuern und ein gleichmäßiges Steueraufkommen. Sie ist, auch wenn entrichtete Einfuhrumsatzsteuer als Vorsteuer abgezogen werden kann, vom Gesetz gewollt, vgl § 15 Abs 1 Nr 2 UStG. Deshalb kommt es nicht darauf an, ob die Einfuhrumsatzsteuererhebung im Ergebnis aus der Sicht des staatlichen Aufkommens wirkungslos ist, BFH aaO. Es steht nicht im Belieben der Steuerpflichtigen zu bestimmen, an welcher Stelle innerhalb der Unternehmerkette Umsatzsteuer anfällt.

Bei der Inanspruchnahme des Arbeitgebers im Wege der **LSt-Haftung** muß das FA seine Ermessenserwägungen dann nicht kundtun, wenn der Arbeitgeber nach Abschluß einer LSt-Außenprüfung seine Zahlungsverpflichtung schriftlich **anerkennt.** Die Überprüfbarkeit der Ermessensausübung bleibt davon unberührt, BFH BStBl 82, 710.

Beim Erlaß eines LSt-Haftungsbescheides bedarf es keiner Ermessensprüfung, wenn der Arbeitgeber den Erlaß des Haftungsbescheides selbst **beantragt** hat, FG Hbg EFG 80, 342. Dem Haftungsschuldner, der die Nichtausübung des Ermessens rügt, muß sich den Rechtsgrundsatz von Treu und Glauben entgegenhalten lassen.

Die Inanspruchnahme des Arbeitgebers kann aber ermessenswidrig sein, wenn davon ausgegangen werden kann, daß der vom Arbeitgeber nicht versteuerte Lohn von den Arbeitnehmern im Rahmen der ESt-Veranlagung oder des LStJA versteuert wurde, FG RhPf EFG 83, 373.

§ 254 BGB ist auch im öffentlichen Recht **anwendbar.** Der dort niedergelegte allgemeine Rechtsgedanke wird auf alle Schadensersatz-, Aufopferungs-, Enteignungs- und Folgenbeseitigungsansprüche angwendet. Eine entsprechende Anwendung ist auch für diejenigen steuerlichen **Haftungstatbestände** geboten, denen Schadensersatzcharakter zukommt. Dies trifft für die Haftung der in §§ 34, 35 bezeichneten Personen nach § 69, die ein Verschulden voraussetzt sowie für die Haftung des **Steuerhinterziehers** und des Steuerhehlers nach §§ 71 und 72 zu. In diesen Fällen dürfte aber das Verschulden des Haftungsschuldners in der Regel derart überwiegen, daß eine Minderung der Haftungsschuld nicht gerechtfertigt erscheint (Kanzler aaO).

9. Abs 2. Haftungsbescheide gegen **Rechtsanwälte, Steuerberater** usw. Eine vergleichbare Regelung befand sich in § 109 II RAO und in § 69 II RE. Während aber nach der RAO der Erlaß eines Haftungsbescheides gegen die in Abs 2 genannten Personen davon abhängig war, daß gegen sie im **ehrengerichtlichen** oder **berufsgerichtlichen Verfahren** die Verletzung ihrer Berufspflichten festgestellt worden war, ist nach Abs 2 nur vorgesehen, daß die FinBeh der zuständigen **Berufskammer Gelegenheit** zu geben hat, die von ihrem Standpunkt für die Entscheidung über die Haftung bedeutsamen **Gesichtspunkte vorzubringen.** Diese Regelung steht im Zusammenhang mit der entspr Regelung in § 411 über den Erlaß von Bußgeldbescheiden gegen RAe, StBerater uä. Die Frist für die Stellungnahme soll regelmäßig 2 Monate betragen, AnwErl.

3. Abschnitt. Festsetzungs- und Feststellungsverfahren **§ 191**

Der Steuerberater uä muß **in Ausübung seines Berufes** gehandelt haben, vgl hierzu auch § 411 Anm 2. Hierzu zählt nicht nur die Tätigkeit als steuerlicher Berater, sondern zB auch ein Tätigwerden als gesetzlicher Vertreter, Testamentsvollstrecker, Nachlaßverwalter; *TK* Tz 5; BFH BStBl 57, 453; aA *Frotscher* Steuern im Konkurs, 1974, 19 f. Einem Rechtsanwalt, der in seiner Eigenschaft als **Konkursverwalter** Gegenstände der Konkursmasse veräußert, ohne die darauf entfallende USt an das FA zu entrichten, steht das Haftungsprivileg des Abs 2 nicht zu; vgl BFH BStBl 73, 832; aA FG SH EFG 79, 582. Die Tätigkeit eines RA als KV ist nicht in der von Abs 2 umfaßten beratenden Tätigkeit gleichzusetzen. Der KV übt für den Gemeinschuldner unternehmerische Funktionen aus, berät also nicht lediglich einen Mandanten bei dessen unternehmerischer Tätigkeit. Er ist daher einer angestellten Geschäftsführer einer KG vergleichbar, FG Nieders ZIP 82, 110. Das FG Nieders (EFG 82, 281) will einen als Konkursverwalter tätigem **Rechtsanwalt** das **Haftungsprivileg** nur dann zubilligen, wenn das die Haftung auslösende Ereignis der **typisch anwaltlichen** Tätigkeit zuzuordnen ist, so auch RFHE 40, 75. Das FG Niedersachsen begründet seine Entscheidung auch mit verfassungsrechtlichen Erwägungen. Es wäre nicht vertretbar, RÄen und Angehörigen der steuerberatenden Berufe das Haftungsprivileg wegen der Berufszugehörigkeit zuzuerkennen, während andere in gleicher Funktion tätige Personen dieses Privileg nicht genießen würden; aA FG Rheinland-Pfalz EFG 85, 426: Zur Berufsausübung zählten nicht nur die Tätigkeiten, die in § 33 StBerG aufgezählt seien. Würde man die in Berufsausübung gem Abs 2 in diesem Sinne verstehen, würde die Vorschrift praktisch bedeutungslos werden. Denn diese Tätigkeiten seien nur ausnahmsweise dazu geeignet, eine Haftung nach § 69 zu begründen. Die Haftung nach § 69 setze vielmehr voraus, daß der Angehörige der steuerberatenden Berufe nicht als Berater, sondern anstelle oder für den Steuerpflichtigen als gesetzlicher Vertreter usw tätig werde. Allerdings darf der Betreffende in solcher Funktion **nicht** etwa **hauptberuflich** in der Art eines Geschäftsführers oder Vorstandes tätig werden. Bei einem Steuerberater, der auch als Rechtsanwalt zugelassen ist, müsse sowohl die Steuerberaterkammer als auch die Rechtsanwaltskammer Gelegenheit zur Stellungnahme bekommen. Die Tätigkeit als Geschäftsführer oder Vorstand falle regelmäßig nicht in die Ausübung des Berufs. Abs 2 müsse entsprechend angewendet werden auf **Beratungs-** und **Prüfungsgesellschaften,** *TK* Tz 5.

Ist der Berufsangehörige vor Durchführung des Verfahrens gestorben, ist die Inanspruchnahme seiner Erben als Haftende idR ermessensfehlerhaft, FG Köln EFG 83, 101.

Regelung des Abs 2 gilt erst **ab 1. 1. 77;** für **vorher begründete Haftungstatbestände** sind die früheren Vorschriften des § 109 II RAO anzuwenden; *TK* Tz 5; FG Hessen EFG 78, 360.

10. Rechtsbehelfe. *Mösbauer* Der ordentliche außergerichtliche Rechtsschutz gegen Steuerhaftungsbescheide und die mit ihnen regelmäßig verbundenen Zahlungsaufforderungen, StBg 88, 314. Gegen den **Haftungsbescheid** ist der **Einspruch** gegeben, § 348 I Nr. 4. Der Haftende kann **alle Einwendungen** geltend machen, auch wenn der Bescheid gegen den persönlichen StSchuldner bestandskräftig ist, VGH Kassel NJW 81, 478; er

§ 191   4. Teil. Durchführung der Besteuerung

kann auch einwenden, daß die gegen den Stpfl festgesetzte Steuer zu hoch sei, ferner, daß die Voraussetzungen für seine Haftung nicht gegeben seien bzw daß die FB ermessensfehlerhaft gehandelt habe. § 166 enthält jedoch für Vertreter, Bevollmächtigte oder Parteien kraft Amtes eine Einschränkung insofern, als diese in der Lage waren, den StBescheid anzufechten, zB der Vater als Vertreter des Kindes, der geschäftsführende Gesellschafter usw. Eine gegen den Haftungsschuldner gerichtete **Drittwirkung** der Steuerfestsetzung wird in der Literatur nur für den Fall des § 166 bejaht (*TK* Tz 25; *Kühn/Kutter/Hofmann* Bemerkung 5). Auch ein **Duldungsverpflichteter** soll gegen den den Duldungsbescheid zugrundeliegenden Anspruch alle **Einwendungen** auch dann noch erheben können, wenn der Steuerschuldner wegen Bestandskraft des Steuerbescheides diese Einwendung nicht mehr geltend machen kann, vgl Schwarz, Abgabenordnung, Rdnr 74; *HHSP* Rdnr 148; *TK* Tz 26. Demgegenüber wird von *App* (BB 83, 309) unter Hinweis auf die hM im Zivilrecht die Auffassung vertreten, daß der **Duldungsverpflichtete** nach dem Anfechtungsgesetz keine Einwendungen mehr vorbringen könne, die der Schuldner bereits verloren habe. Nach der ständigen Rechtsprechung der Zivilgerichte (vgl BGH, NJW 61, 1463) hat der **Anfechtende** das Recht, in den vom Anfechtungsgegner erworbenen Gegenstand zu vollstrecken, wobei dieser mit allen Einwendungen ausgeschlossen wird, die auch der Schuldner nicht mehr geltend machen kann. Der BFH hat sich dieser Auffassung für das Steuerrecht angeschlossen, BFH BStBl 88, 408. Obwohl der Haftungs- wie auch der Duldungsbescheid in Abs 1 geregelt seien, rechtfertigen die Unterschiede zwischen Haftungs- und Duldungsbescheid auch Unterschiede bei der Zulassung von Einwendungen. Der **Duldungsbescheid** sei im Gegensatz zum Haftungsbescheid nicht Grundlage der Verwirklichung von Ansprüchen aus dem Steuerschuldverhältnis, vgl BVerwG BStBl 87, 475, der Anspruch gegen den Anfechtungsgegner kein Anspruch aus dem **Steuerschuldverhältnis** (§ 37 I). Eine Unterscheidung sei auch deswegen veranlaßt, weil ein **Duldungsbescheid** im Gegensatz zum Haftungsbescheid voraussetze, daß der **Steueranspruch** vorher **festgesetzt** worden sei. Da sich somit der Haftungsschuldner im Gegensatz zum Duldungsverpflichteten einer Inanspruchnahme ausgesetzt sehen könne, ohne daß der Erstschuldner sich vorher gegen eine Steuerfestsetzung habe wehren können, müßten dem **Haftenden** im Gegensatz zum Anfechtungsgegner grundsätzlich **alle Einwendungen** erhalten bleiben. Wenn der der Anfechtung zugrundeliegende Haftungsbescheid bestandskräftig geworden sei, könne der **Anfechtungsgegner** gegen diesen Haftungsbescheid und die Steuerfestsetzung, deren wegen er ergangen sei, **keine** Einwendungen mehr geltend machen. Wenn der **Erstschuldner** die im Haftungsbescheid geltend gemachten StSchulden teilweise während des finanzgericht Verfahrens **tilgt**, muß FA den **Haftungsbescheid** insoweit **ändern**, FG Bremen EFG 78, 209; mE ist fraglich ob diese zur RAO ergangene Entscheidung im Hinblick auf § 219 für die AO 77 anzuwenden ist.

Das Rechtsbehelfsverfahren gegen einen Haftungsbescheid erledigt sich nicht dadurch in der Hauptsache, daß die zugrundeliegenden StAnsprüche entfallen oder durch Zahlungen erlöschen, BFH BStBl 83, 544.

Eine **LSt-Außenprüfung** betrifft im eigentlichen Sinne die steuerlichen Verhältnisse Dritter, nämlich der Arbeitnehmer. Führt die Prüfung zu

Nachforderungen gegenüber dem Arbeitgeber, hat dieser die Wahl, die Nachforderungen zu übernehmen oder zu versuchen, sie auf die Arbeitnehmer abzuwälzen. Hat er sich die Abwälzung offengelassen, so steht neben dem Arbeitgeber auch den **Arbeitnehmern** das Recht zu, den an den Arbeitgeber gerichteten **Haftungsbescheid** anzufechten, BFH BStBl 73, 780. Der Haftungsbescheid entfaltet also **Drittwirkung** gegenüber den Arbeitnehmern. Dies gilt auch, wenn kein förmlicher Bescheid erteilt wurde, weil der Arbeitgeber das Prüfungsergebnis anerkannt hatte, FG Nieders EFG 82, 280.

Arbeitgeber können auch im Rahmen der **Lohnsteuerhaftung** für die vom Arbeitnehmer geschuldete **Kirchensteuer** als Haftungsschuldner in Anspruch genommen werden. Nach den Kirchensteuergesetzen der Länder ist gegen diese Inanspruchnahme nicht der Einspruch sondern der **Widerspruch** nach §§ 40, 68, 69 VwGO gegeben. Der Widerspruch ist aber nach Maßgabe der Kirchensteuergesetze insoweit unstatthaft, als die Einwendungen durch Anfechtung des Haftungsbescheids für die Einkommensteuer und Lohnsteuer geltend gemacht werden können.

§ 192 Vertragliche Haftung

Wer sich auf Grund eines Vertrages verpflichtet hat, für die Steuer eines anderen einzustehen, kann nur nach den Vorschriften des bürgerlichen Rechts in Anspruch genommen werden.

Durch die Formulierung wird klargestellt, daß lediglich die **Möglichkeit** der Inanspruchnahme des aufgrund des Vertrages Verpflichteten besteht, aber **keine** entspr **Verpflichtung** dazu. Eine befreiende **Schuldübernahme** kann nicht ohne weiteres daraus entnommen werden, daß das HZA sich mit der Verpflichtung des Spediteurs zur Bezahlung der Eingangsabgabeschuld des von ihm vertretenen Importeurs einverstanden erklärt und ihm dafür Zahlungsaufschub gewährt. Kann das HZA die Forderung gegen den Spediteur nicht durchsetzen, verstößt die an den Importeur gerichtete Aufforderung zur Zahlung der Eingangsabgaben grundsätzlich nicht gegen den Grundsatz von Treu und Glauben, BFH DB 81, 301.

Vierter Abschnitt. Außenprüfung

1. Unterabschnitt. Allgemeine Vorschriften

§ 193 Zulässigkeit einer Außenprüfung

(1) Eine Außenprüfung ist zulässig bei Steuerpflichtigen, die einen gewerblichen oder land- und forstwirtschaftlichen Betrieb unterhalten oder die freiberuflich tätig sind.

(2) Bei anderen als den in Absatz 1 bezeichneten Steuerpflichtigen ist eine Außenprüfung zulässig,
1. **soweit sie die Verpflichtung dieser Steuerpflichtigen betrifft, für Rechnung eines anderen Steuern zu entrichten oder Steuern einzubehalten und abzuführen oder**

§ 193 4. Teil. Durchführung der Besteuerung

2. wenn die für die Besteuerung erheblichen Verhältnisse der Aufklärung bedürfen und eine Prüfung an Amtstelle nach Art und Umfang des zu prüfenden Sachverhaltes nicht zweckmäßig ist.

Schrifttum: *Clooth* Zur Einheitlichkeit von Konzernprüfungen (§§ 13 ff BpO St), StBp 80, 259; *Rößler* Das Verwertungsverbot von auf unzulässige Weise erlangter Tatsachenkenntnisse und Beweismittel, StBp 80, 169; *Kellerbach* Die Betriebsprüfung, Stuttgart; *Ebert* Zulässigkeit einer Betriebsprüfung bei endgültiger (vorbehaltsloser) Steuerfestsetzung, StBp 81, 25; *Wenzig* Die Prüfungshandlungen, StBp 81, 73 ff, 117 ff, 193 ff, 241 ff; *ders,* Das pflichtgemäße Ermessen bei der Auswahl zur Betriebsprüfung, StuW 82, 321; *Zwank* Zur Prüfung umsatzsteuerlicher Sachverhalte im Rahmen von Lohnsteuer-Außenprüfungen, BB 82, 982; *Wenzig* Die steuerliche Betriebsprüfung DB 82, Beil 17; *Giesberts* Die steuerliche Betriebs- und Außenprüfung, 2. Aufl. 1982; *Wenzig* Das Verwertungsverbot, DStZ 82, 248; *Schneider* Steuerfiskus total oder der Zweck heiligt die Mittel, DStZ 82, 101; *Wendt* Probleme bei der landwirtschaftlichen Betriebsprüfung, Inf 82, 74; *Rößler* Verwertungsverbot bei fehlender Außenprüfungsanordnung, FR 81, 294; *Rössler* Häufige Fehler in Außenprüfungsanordnungen, BB 81, 1765; *Könemann* Steuerfestsetzung unter dem Vorbehalt der Nachprüfung als Voraussetzung für die Zulässigkeit einer Betriebsprüfung? DB 84, 1374; *Wenzig* Die Grenzen des Verwertungsverbots. DStZ 84. 172; *Wenzig* Die Systematik der Prüfungsmethoden, DB 85, 449; *Leineweber* Die Zulässigkeit einer Außenprüfung nach § 193 AO, DStR 85, 308; *Notthoff* Abgrenzung der Außenprüfung von sonstigen Ermittlungsmaßnahmen, DB 85, 1497; *Offerhaus* Zur Zulässigkeit einer „Bestandsaufnahmeprüfung" StBp 85, 190; *Sauer,* Unzulässigkeit einer Außenprüfung, soweit ausschließlich Steuerhinterziehung oder leichtfertige Steuerverkürzung in Frage steht, FR 85, 652; *Thiel* Steuerliche Betriebsprüfung im Rechtsstaat – Tipkes Engagement für die Außenprüfung, StuW 86, 1; *Papist* Zur Abgrenzung der Außenprüfung von den Einzelermittlungsmaßnahmen, DStR 86, 356; *Wagner* Zulässigkeit der Außenprüfung zur Feststellung von Steuerhinterziehung oder leichtfertiger Steuerverkürzung, StBp 86, 91; *Ritter* Steuerliche Betriebsprüfung aus Sicht der Unternehmen, BB 86, 2273; *Gottwald* Außenprüfungen durch Großbetriebsprüfungsstellen der Oberfinanzdirektionen, DStZ 87, 69; *Seer* Darf sich eine Außenprüfung nach § 193 Abs 1 AO auch auf die nichtbetrieblichen bzw freiberuflichen Verhältnisse erstrecken, DStR 87, 178; *Schmidt-Liebig* Steuerrechtliche Verwertungsverbote – eine kritische Würdigung der Rechtsprechung des Bundesfinanzhofs, BB 87, 2139; *Buciek* Nichtigkeit der Prüfungsanordnung und Verwertungsverbot, BB 87, 1274; *Papperitz* Von der Betriebsprüfung zur strafrechtlichen Ermittlung – typische Anlässe und Situationen –, DStZ 87, 55; *Sauer* Steuerliche Außenprüfung 1988; *Zacharias/Rinnewitz/Wiesbaum* Anordnung der Außenprüfung und Einschaltung der Steuerfahndung als gleichrangige Instrumente zur Ermittlung von Steuerstraftaten und Steuerordnungswidrigkeiten? DStZ 88, 609; *Pfeifer* Die Zulässigkeit der Außenprüfung bei Ehegatten, StWa 88, 189.

Übersicht

1. Inhalt
2. Zulässigkeit einer Außenprüfung
3. Liquiditätsprüfungen
4. Anspruch auf Durchführung einer Prüfung
5. Richtsatzprüfungen
6. Folgen des Verstoßes gegen §§ 193 ff
7. Teilnahmerecht der Gemeinden

1. Inhalt. Außenprüfung ist die frühere **Betriebsprüfung.** Als Außenprüfung müssen alle unter einer entsprechenden Prüfungsordnung durchgeführten Ermittlungen und solche Ermittlungsmaßnahmen angesehen werden, die auf die umfassende Prüfung der Besteuerungsgrundlagen ge-

4. Abschnitt. Außenprüfung **§ 193**

richtet sind. Durch die Verwendung des Begriffs Außenprüfung (Ap) wird deutlich gemacht, daß der Prüfung nicht nur **Betriebe** unterliegen, sondern uU auch die steuerlichen **Verhältnisse von Privatpersonen.** Die BpO von 1965 ist inzwischen durch die BpO v 17. 12. 87, BStBl 87 I 802 (abgedruckt hinter § 193) ersetzt worden; Merkblatt über die Rechte und Mitwirkungspflichten des Steuerpflichtigen bei der Außenprüfung vgl BdF Schreiben v 5. 8. 82 BStBl 82 I 656.

Die **BpO** BStBl 87 I 802 **gilt** aber **nicht für Sonderprüfungen, LSt-Außenprüfung, KapVerkStprüfung,** weil viele Bestimmungen auf diese Prüfungen nicht passen, zB §§ 3, 4, 13–19, vgl *Zwank* Die neue BpO (Steuer), StBp 78, 145. Dagegen sind die §§ 5–12 BpO auf **USt-Sonderprüfungen** sinngem anzuwenden, BdF BB 78, 1202.

Die entsprechende Regelung für den **Zoll** – PrüfungsDA-AO – für **Außenprüfung** und **StAufsicht** ist die der Vorschriftensammlung des BFin-Verw, Stoffgebiet Allg StRecht unter S 1310 veröffentlich.

Die Vorschriften §§ 193 ff gelten ferner **nicht** für die **Fahndungsprüfung** nach § 208 I, sofern die Fahndung nicht nach § 208 II Nr 1 eine Außenprüfung durchführt.

Maßnahmen nach §§ 85 ff sind keine Außenprüfung, *TK* vor § 193 Tz 2; FG Münster EFG 82, 111. Dies gilt auch für Einzelermittlungen, selbst wenn sie anläßlich einer Außenprüfung durchgeführt werden. Die Verwertung der Ergebnisse solcher Ermittlungen setzt keine Prüfungsanordnung voraus. Neben einer LSt-Außenprüfung kann auch gleichzeitig eine andere Außenprüfung durchgeführt werden, *Zwank* aaO 983.

Außenprüfungen, die sich nur auf bestimmte Sachverhalte beschränken, zB **Sonderprüfungen,** sind nicht als abschließende Prüfungen iSd § 164 I anzusehen, vgl *TK* Tz 9; *Koch* Anm 38; *Thiel* StuW 77, 240; aA *Achenbach* StBp 78, 122.

Dem FA kann es nicht verwehrt werden, anläßlich einer Außenprüfung beim Stpfl zusätzliche **Einzelermittlungen** für noch offenstehende Veranlagungen durchzuführen, TK § 194 Tz. 1; BFH BStBl 84, 790. Der Prüfer muß dann allerdings deutlich machen, daß die Auskünfte nicht mehr im Zusammenhang mit der Außenprüfung stehen.

2. Zulässigkeit einer **Außenprüfung.** Die Vorschrift unterscheidet zwischen Stpfl, die einen **gewerblichen** oder **land- und forstwirtschaftlichen Betrieb** unterhalten oder die **freiberuflich** tätig sind auf der einen Seite und anderen Stpfl. Bp kann auch gegenüber den **Erben** eines **Betriebsinhabers** angeordnet werden, BFH DB 78, 1576, unter Bezug auf § 8 StAnpG. Während bei den zuerst genannten Stpfl ohne weitere Voraussetzungen eine Ap durchgeführt werden kann, sind bei den anderen die Einschränkungen des Abs 2 zu beachten. Die Unterscheidung hat darin ihren Grund, daß bei den in Abs 1 Genannten die st Verhältnisse regelmäßig nur zutreffend anhand der geführten **Bücher** und **Aufzeichnungen** ermittelt werden können. Die FÄ entscheiden insoweit nach pflichtgem Ermessen, ob sie eine Ap durchführen oder nicht. Auch bei einer **Zusammenveranlagung** müssen die Prüfungsvoraussetzungen jeweils in der Person des zu prüfenden Ehegatten erfüllt sein, BFH BStBl 77, 18. Der Stpfl hat auch nach neuem Recht keinen **Anspruch** auf **Durchführung einer Ap, vgl BFH BStBl 70, 767. Ap ist unzulässig,** wenn sich aus ihr **keine steuerlichen**

Folgen ergeben können, zB nach Ablauf der Festsetzungsverjährung (vgl §§ 169–171); in diesen Fällen kommt allenfalls der Einsatz der Steufa in Betracht (vgl § 208), wenn Anhaltspunkte für das Vorliegen einer StVerkürzung oder StHinterziehung vorliegen und die längere Verjährungsfrist noch nicht abgelaufen ist, andererseits ist aber der **Verdacht**, daß Steuern verkürzt worden sind, **nicht** Voraussetzung für die Durchführung einer Ap, RFH RStBl 23, 117. Dem Erlaß einer **Prüfungsanordnung** steht aber nicht entgegen, daß Steueransprüche, die überprüft werden sollen, möglicherweise **verjährt** sind oder aus anderen Gründen nicht mehr durchgesetzt werden können, BFH BStBl 86, 433. Eine Außenprüfung ist schon dann zulässig, wenn zwar einer Verwertung der Außenprüfungsergebnisse Hindernisse entgegenstehen, aber **Verhältnisse Dritter** berührt sind, BFH BStBl 85, 566. Die Frage, ob **Verjährung** eingetreten ist oder ob andere Umstände dem Erlaß von Steuerbescheiden entgegenstehen, läßt sich häufig zuverlässig erst nach Abschluß einer **Außenprüfung** beurteilen, BFH BStBl 86, 433. **Sondervorschriften** für die Ap in § 42f EStG für die LohnSt, § 40ff KapverkSt, § 20 RennwLottG, § 73 II EStDV AufsichtsratSt, § 10 VersStG idF der EGAO. Die bloße Aufhebung des **Vorbehalts** der **Nachprüfung** (vgl § 164) führt nicht zum Verlust des Rechts des FA auf Durchführung einer Außenprüfung, FG Nbg, EFG 82, 55. Eine Außenprüfung kann auch nach einer **endgültigen,** vorbehaltlosen Steuerfestsetzung angeordnet werden (BFH BSTBl 86, 36; 87, 664); aA *Kammann/Rödl* (Die Unzulässigkeit von Außenprüfungen im Anschluß an vorbehaltlose Steuerfestsetzungen, DStR 82, 641): Vorbehaltlose StBescheide bauen auf einer abschließenden Prüfung des StFalles auf. Eine solche ist andererseits gerade das Ziel der Außenprüfung. Das FG Niedersachsen hält in diesen Fällen eine Außenprüfung nur bei Vorliegen besonderer Umstände für zulässig, FG Nieders EFG 84, 5.

Die Anordnung einer Ap in den Fällen des Abs 1 ist ohne weitere Voraussetzungen zulässig, FG Hbg EFG 79, 583. Zulässig ist die Prüfung aller für die Besteuerung maßgeblichen Verhältnisse, auch soweit diese nicht mit dem Betrieb oä zusammenhängen, FG Hbg EFG 79, 583.

Es ist unerheblich, ob der Stpfl nur geringe Einkünfte erzielt hat und hierüber keine Unterlagen oder Aufzeichnungen besitzt, BFH BStBl 82, 208. In die Prüfung können **alle StArten** einbezogen werden, für die die betrieblichen Verhältnisse Bedeutung haben können BFH BStBl 82, 208. Bei Anordnung einer Außenprüfung nach Abs I muß aber für das FA feststehen, daß der Stpfl tatsächlich in der in Abs 1 beschriebenen Weise tätig war, BFH BStBl 82, 208.

Eine Außenprüfung bei einem **Testamentsvollstrecker** kann nicht auf § 193 I gestützt werden, da er zwar Einkünfte aus selbständiger Arbeit hat, aber nicht freiberuflich tätig ist. Ob die steuerlichen Verhältnisse eines Testamentsvollstreckers in gleichem Maße prüfungsbedürftig sind wie diejenigen eines freiberuflich Tätigen, ist in diesem Zusammenhang unerheblich, BFH BStBl 82, 184 (Leitsatz).

Bei der **Auswahl** verfährt die FinBeh nach pflichtgemäßem Ermessen. Aus der Einräumung eines Ermessenspielraums ergibt sich, daß nicht alle Stpfl, bei denen eine Ap zulässig wäre auch tatsächliche zur Prüfung herangezogen werden müssen, FG Bremen EFG 82, 394; *HHSp* Anm 196. Für die Anordnung einer routinemäßigen Prüfung bei Stpfl, die unter

4. Abschnitt. Außenprüfung **§ 193**

§ 193 I fallen genügt im allgemeinen die Angabe der Rechtsgrundlage als Begründung, BFH BStBl 83, 287, *TK* § 196 Tz 2 mwN. Es bedeutet keinen Ermessensfehler, wenn andere vergleichbare Stpfl nicht geprüft werden, FG Bremen EFG 82, 394.

Die Verwaltung hat sich allerdings durch die BpO (St) weitgehend gebunden und kann, wenn sie davon abweicht, einen Ermessensverstoß begehen, FG Bremen EFG 82, 395. Wenn bei einem Stpfl **außerhalb** des allgemeinen **Prüfungsrhythmus** aus besonderen Anlaß eine Betriebsprüfung durchgeführt werden soll, so müssen hierfür **Gründe** in den betrieblichen Verhältnissen des Stpfl vorliegen. Die FinBeh hat hierbei zu überlegen, ob die erforderliche Aufklärung auch ohne Betriebsprüfung erreicht werden kann, BFH BStBl 85, 568.

Die Außenprüfung ist auch zulässig, wenn lediglich festgestellt werden soll, ob **Steuern** hinterzogen oder leichtfertig verkürzt worden sind (BFH BStBl 88, 113) und daher die verlängerte Festsetzungsfrist eingreift. Eine sich insoweit gegenseitig ausschließende Zuständigkeit von **Außenprüfung** und **Steuerfahndung** besteht nicht, BFH BStBl 88, 113. Es ist eine Frage der Zweckmäßigkeit und Praktikabilität und nicht der rechtlichen Zulässigkeit, mit welchen Mitteln oder auf welche Weise das FA seiner Ermittlungspflicht bei Verdacht einer Steuerstraftat nachkommt. Der Außenprüfer hat auch die Pflicht, bei dem Verdacht einer Steuerstraftat die Strafverfolgung aufzunehmen und ein Verfahren einzuleiten, vgl §§ 386 Abs 1 und 2, 385 Abs 1. Es ist durchaus zulässig, daß Ermittlungsmaßnahmen des Außenprüfers eine **Doppelfunktion** haben, nämlich die Ermittlung des steuerlichen und des strafrechtlichen Sachverhalts. Durch die Einleitung des **Strafverfahrens** werden die Befugnisse des FA nicht berührt. Es steht dem FA frei, das nach seiner Auffassung zweckmäßigste Mittel für die Feststellung der Besteuerungsgrundlagen, aus denen sich auch eine Steuerstraftat ergeben kann, auszuwählen. So kann es zweckmäßig und sinnvoll sein, auch bei Vorliegen eines Verdachtes einer Steuerstraftat eine Außenprüfung durchzuführen. Der anders lautenden Entscheidung des FG Nürnberg (EFG 84, 592) ist nicht zu folgen. Das FG Nürnberg hat die Auffassung vertreten, daß in diesen Fällen nur die **Steuerfahndung** die Prüfung durchführen könnte. § 193 stellt lediglich darauf ab, daß für die Besteuerung erhebliche Verhältnisse der Aufklärung bedürfen. Aus dieser Vorschrift ergibt sich nicht, daß die Ermittlung von hinterzogenen Steuern ausschließlich der Steuerfahndung vorbehalten ist.

Bei den in **Abs 2** Genannten ist eine Ap zulässig, soweit sie die **Verpflichtung** dieser Personen betrifft, für Rechnung eines anderen **Steuern** zu **entrichten** oder St einzubehalten (LSt-Außenprüfung); ferner, wenn der st Sachverhalt der **Aufklärung** bedarf und eine **Prüfung** an **Amtsstelle** nach Art und Umfang des zu prüfenden Sachverhalts nicht zweckmäßig ist, zB bei Stpfl mit umfangreichen und vielgestaltigen Einkünften. Die Außenprüfung kann **ohne** konkreten **Anlaß** angeordnet werden; sie ist nicht nur bei Stpfl mit umfangreichen und vielgestaltigen Einkünften zulässig. FG Hbg EFG 80, 3. Ein **Aufklärungsbedürfnis** besteht, wenn Anhaltspunkte bestehen, die es nach den Erfahrungen der FinVerw als möglich erscheinen lassen, daß der Stpfl erforderliche StErklärungen nicht, unvollständig oder unrichtig abgegeben hat. BFH BStBl 82, 208. Die FinBeh muß hierbei den

§ 193   4. Teil. Durchführung der Besteuerung

Grundsatz der Verhältnismäßigkeit beachten. Bei **zusammenveranlagten** Ehegatten ist Bp nur gegen den Ehegatten zulässig, in dessen Person die **Voraussetzungen** für die Durchführung der Bp vorliegen, *Martens* NJW 78, 1466; BFH BStBl 77, 18. Hierbei ist jedoch zu beachten, daß der Kreis der für eine Prüfung in Frage Kommenden durch § 193 II sehr weit gezogen ist. Ein **Aufklärungsbedürfnis** ist zB anzunehmen, wenn Anhaltspunkte bestehen, die es nach den Erfahrungen der Finanzverwaltung als möglich erscheinen lassen, daß der Steuerpflichtige erforderliche Steuererklärungen nicht, unvollständig oder unrichtig abgegeben hat. Ob eine Prüfung am **Amtsstelle** nicht zweckmäßig ist, entscheidet die Finanzbehörde nach pflichtgemäßen **Ermessen**. Sie muß dabei Art und Umfang des zu prüfenden Sachverhalts berücksichtigen. Bei beantragter Zusammenveranlagung kann wegen **stillschweigender Bevollmächtigung** Bp gegen beide Ehegatten gemeinsam und in einer Ausfertigung angeordnet werden, FG Düsseld EFG 77, 344. Theoretisch denkbar wäre es möglicherweise, daß sich die Ablaufhemmung nach § 171 IV nur auf die Verhältnisse des geprüften Ehegatten erstreckt. Die Regelung über die **Gemeinnk von Wohnungsbauunternehmen** schließt im WohnGemnkG **Prüfungsrecht** der FinBeh nicht aus, BFH DStZ B 77, 287. Auch ein **Verkehrsteuerprüfung** ist eine **Außenprüfung** iSd § 171.

Bei der Anordnung einer Prüfung auf Grund des **Abs 2 Nr 2** muß die Finanzbehörde berücksichtigen, daß die Außenprüfung für den Steuerpflichtigen eine erhebliche **Belastung** bedeutet. Aus dem Grundsatz der Verhältnismäßigkeit folgt daher, daß von der Außenprüfung Abstand genommen werden muß, wenn die gewünschte Aufklärung auch durch Maßnahmen der **Einzelermittlung** erreicht werden kann, BFH BStBl 86, 435.

Ein vorhandenes Aufklärungsbedürfnis reicht nur dann aus, wenn eine Prüfung an Amtsstelle nach Art und Umfang des zu prüfenden Sachverhalts nicht zweckmäßig ist. Insoweit trifft das FA eine Ermessensentscheidung, vgl BFH BStBl 86, 437. Aus dem Grundsatz der **Verhältnismäßigkeit** kann sich ergeben, daß das FA von einer Außenprüfung Abstand nehmen muß, wenn die gewünschte Aufklärung durch Einzelermittlungen erreicht werden kann, vgl BFH BStBl 85, 568.

Ob mit nicht unerheblichen **Steuernachforderungen** zu rechnen ist, muß bei gegen beide Ehegatten gerichteten Prüfungsanordnungen nach den individuellen Verhältnissen jedes **Ehegatten** beurteilt werden, BFH BStBl 86, 435.

Zu den steuerlichen Verhältnissen, die durch eine Außenprüfung ermittelt werden sollen, gehört aber auch die Frage, ob die bereits eine **Festsetzungsverjährung** eingetreten ist. Dies gilt insbesondere dann, wenn wegen Ablaufs der Strafverfolgungsverjährung ein Strafverfahren nicht mehr durchgeführt werden kann. Der Stpfl kann zwar durch die Außenprüfung nicht **gezwungen** werden, Tatsachen zu offenbaren, aus denen auf das Vorliegen einer Steuerhinterziehung zu schließen ist. Eine dahingehende Verpflichtung besteht für ihn aber auch nicht gegenüber der Steuerfahndung. Es ist jedenfalls nicht ausgeschlossen, daß es trotz der gegenüber den strafprozessualen Ermittlungsmöglichkeiten eingeschränkten Ermittlungsbefugnisse der Betriebsprüfung gelingt, im Einzelfall die Steuerhinterziehung nachzuweisen.

4. Abschnitt. Außenprüfung § 193

Für eine „**Bestandsaufnahmeprüfung**" etwa zum Ende eines Jahres fehlt es „als Maßnahme der allgemeinen Steueraufsicht" an einer rechtlichen Grundlage (BFH BStBl 85, 702).

Die Prüfungsermächtigung nach § 193 Abs 1 erklärt sich daraus, daß die steuerlichen Verhältnisse eines **Unternehmers** im allgemeinen erst durch Einsicht in die **Buchführung** kontrollieren lassen. Diese Voraussetzungen sind in der Regel nicht gegeben, soweit es sich um Besteuerungsmerkmale im privaten Bereich handelt. Die Ermittlung der steuerlichen betrieblichen Verhältnisse erfordert häufig auch ein Eindringen in den privaten Bereich, zB wenn es darauf ankommt, ob und in welchem Umfang bestimmte Vorgänge betrieblich oder privat anzusehen sind.

3. Die Vorschrift enthält keine Regelung über die Zulässigkeit sog **Liquiditätsprüfungen**. Derartige Prüfungen werden regelm im Zusammenhang mit Anträgen des Stpfl auf **Billigkeitsmaßnahmen** wie Stundung oder Erlaß der Steuer stehen. Falls der Stpfl insoweit seine Zustimmung zur Durchführung einer evtl notwendig werdenden Ap verweigert, wird dieser Umstand bei der Beweiswürdigung berücksichtigt werden können.

4. Der Gesetzgeber hat es nicht für vertretbar gehalten, dem Stpfl einen **Anspruch** auf **Durchführung** einer Ap zu geben. Es besteht weder ein Anspruch auf Durchführung noch auf Nichtdurchführung einer Bp, FG Bremen EFG 82, 394. Die Ap kann nur dann sinnvoll eingesetzt werden, wenn es die FinBeh weitgehend selbst in der Hand hat, wie sie ihren Prüfer einsetzt. Bei einem entspr Antrag des Stpfl werden allerdings im Rahmen der pflichtgemäßen Ermessensausübung die von ihm vorgetragenen Gründe zu berücksichtigen sein, zB Betriebsveräußerung oder Auseinandersetzung. Im übrigen hat es der Stpfl weitgehend in der Hand, sich durch entspr Vertragsgestaltungen abzusichern.

5. Die Vorschr enthält keine Regelung zur Frage der Zulässigkeit sog **Richtsatzprüfungen**. Diese Prüfungen können nur mit **Zustimmung** des Stpfl durchgeführt werden. Im übrigen können die anläßlich einer Ap gewonnenen Erkenntnisse selbstverständlich für die Ermittlung von Richtsätzen ausgewertet werden, soweit dabei das StGeheimnis gewahrt wird; so *Martens* NJW 78, 1466. Eine bereits durchgeführte **Richtsatzprüfung** schließt eine Außenprüfung für denselben Veranlagungszeitraum nicht aus, FG Nieders EFG 84, 590.

6. Folgen des **Verstoßes** gegen §§ 193f. Vgl Kalmes, Unzulässige Verwertung von rechtswidrig erlangten Tatsachen und Beweismitteln im Rahmen von Betriebsprüfungen DStZ 81, 427; gegen FG RhPf 5. Senat. Die Folgen einer **Verletzung** der **Vorschriften** der §§ 193 bis 203 sind unterschiedlich, je nachdem ob es sich um bloße **Ordnungsvorschriften** handelt oder ob ihre Bedeutung darüber hinausgeht; der Grundsatz des § 127, wonach die Verletzung von Verfahrensvorschriften unbeachtlich ist, wenn keine andere Entscheidung hätte getroffen werden können, greift grds nicht ein. Ein Verstoß gegen Form und Ordnungsvorschriften kann kein Verwertungsverbot begründen, *TK* Tz 7 b; *Völker* aaO 301. Der **BFH** hat bei einem **Verstoß** gegen die **BpO** ein **Verwertungsverbot** für möglich gehalten, BFH BStBl 73, 716. Nicht aber jeder Verstoß gegen die Vorschr der §§ 193–203 oder gegen die BpO führt dazu, daß die entspr Verfahrens-

§ 193 4. Teil. Durchführung der Besteuerung

handlung unwirksam ist. Soweit es sich um bloße Ordnungsvorschr handelt, ergeben sich aus ihrer Verletzung regelmäßig keine Folgen. Die Schutzvorschrift des § 136a StPO betrifft verwaltungsrechtlich gesehen nichtige Verwaltungsakte, Wenzig aaO 249. Nichtige Verwaltungsakte sind aber unwirksam, sodaß Prüfungsfeststellungen, die aufgrund eines nichtigen Verwaltungsaktes gewonnen wurden, wohl einem Verwertungsverbot unterliegen müßten. Die Verwaltung wird aber wohl nicht gehindert sein, die gleichen Feststellungen noch einmal mit Hilfe eines rechtmäßigen Verwaltungsaktes zu treffen. Dogmatisch betrachtet ist das abgabenrechtliche Verwertungsverbot Teil der verwaltungsrechtlichen Lehre von der Folgenbeseitigung und der Amtspflichtverletzung. Ermittlungsverbote sollen in §§ 4, 11 II BpO (alt) = § 4 BpO, §§ 101 ff AO enthalten sein, vgl *Schmidt* BB 70, 1390. Es fragt sich, ob diesen Regelungen tatsächlich eine solche Bedeutung zukommt. Hierbei ist insbesondere zu berücksichtigen, daß es sich bei der BpO um eine VerwAnweisung handelt, aus deren Verletzung man kaum derart weitgehende Folgerungen ziehen kann. Ein Steuerpflichtiger kann in der Regel die **Verwertung** der durch eine rechtswidrige Bp erlangten Kenntnisse nur verhindern, wenn die **Rechtswidrigkeit** der Prüfung gesondert **festgestellt** wird, BFH in ständiger Rechtsprechung, vgl BStBl 86, 2. Etwas anderes gilt für die Fälle, in denen die angebliche Rechtswidrigkeit von Prüfungsmaßnahmen nicht auf einen selbständig anfechtbaren Verwaltungsakt, wie zB einer Prüfungsanordnung beruht. In diesen Fällen kann auch noch im **Veranlagungsverfahren** eingewendet werden, daß die Prüfungsmaßnahme rechtswidrig gewesen sei (BFH BStBl 86, 2). Ein **Verwertungsverbot** kann allenfalls dann angenommen werden, wenn der Stpfl gegen die Prüfungsmaßnahme **Beschwerde** eingelegt hat und das Gericht die Unzulässigkeit der Prüfungshandlung feststellt, vgl BFH BStBl 73, 716; vgl auch *Mittelbach* StBp 74, 197 ff. Nur wirklich **schwerwiegende Rechtsverletzungen** der Behörde bei der Sachverhaltsermittlung rechtfertigen es, ein Verwertungsverbot anzunehmen und das Interesse der Allgemeinheit an der richtigen Besteuerung hintanzustellen, FG RhPf EFG 81, 604. Entscheidend ist ob Art und Gewicht des Normverstoßes ein Verwertungsverbot rechtfertigen, wenn das Beweisverwertungsverbot unmittelbar an die Normverletzung anknüpft, FG RhPf EFG 81, 604. Wird die Anordnung einer **LSt-Außenprüfung** auf Klage des Arbeitgebers **aufgehoben,** so kann das FA gleichwohl im Hinblick auf durch diese Prüfung erlangte Kenntnisse einen bestandskräftigen **EinkommenStBescheid** gegen den Arbeitnehmer nach § 173 I Nr 1 ändern. Ein **Verwertungsverbot** besteht insoweit nicht, BFH DStR 85, 188. Eine Verwertung gegenüber dem Arbeitgeber wäre aber unzulässig gewesen.

Nach Durchführung einer Außenprüfung kann die **Verwertung** der dadurch erlangten Erkenntnisse nur **verhindert** werden, wenn die **Rechtswidrigkeit** der Prüfungsanordnung festgestellt wird. Vorläufiger Rechtsschutz kann in diesem Stadium nur durch **Aussetzung der Vollziehung** der StBescheide, nicht aber durch eine einstweilige Anordnung erlangt werden, die den FA die Auswertung der Prüfungsfeststellungen untersagt, BFH BStBl 82, 659.

Ein Stpfl, der die Anordnung einer Außenprüfung beanstandet, muß die Anordnung mit der **Beschwerde** und Anfechtungsklage angreifen. Bei

4. Abschnitt. Außenprüfung § 193

Fortführung der Prüfung erledigt sich zwar die Anordnung, der Stpfl kann jedoch im Wege der **Fortsetzungsfeststellungsklage** (§ 100 I 4 FGO) den Ausspruch herbeiführen, daß die Prüfungsanordnung rechtswidrig war, BFH BStBl 78, 501; 79, 708. Eine solche Feststellung ist auch dann möglich, wenn die Prüfung bereits vor Erhebung der Klage durchgeführt war (BFH BStBl 79, 708). Die Feststellung der Rechtswidrigkeit hindert die Verwertung der Prüfungserkenntnisse (BFH DB 78, 1576). Sind die Prüfungsfeststellungen bereits in StBescheiden verwertet worden, so werden die aus ihnen gezogenen Folgerungen mittels Einspruchs und Klage gegen diese Bescheide beseitigt, BFH BStBl 79, 704. Für den Erlaß einer einstweiligen Anordnung, mit der dem FA die Auswertung der Prüfungsfeststellungen untersagt werden soll, ist bei dieser Gestaltung kein Raum.

Die **Rechtswidrigkeit** einer Prüfungshandlung hindert also die steuerliche **Auswertung** ihrer Ergebnisse im allgemeinen nicht, sofern nicht die Rechtswidrigkeit rechtskräftig, dh durch ein Gericht unanfechtbar festgestellt worden ist.

Ein einstweiliger Rechtsschutz gegen die steuerliche Auswertung einer möglicherweise rechtswidrigen Prüfungshandlung wird nicht gewährt, weil die Auswertung, sofern die StBescheide angefochten wurden, rückgängig gemacht werden müßten, sobald das Verwertungsverbot zur Verfügung steht. Das folgt aus § 124 II. **Ein Verwertungsverbot wird begründet, wenn die Willensfreiheit rechtswidrig beeinträchtigt wird**, vgl § 136a StPO.

Es wäre unsystematisch, den Folgen eines bestandskräftigen Verwaltungsakts den Bestand aberkennen zu wollen. Ein ohne Erfolg angefochtener Verwaltungsakt ist wirksam, auch wenn der Verwaltungsakt rechtswidrig wäre, *Wenzig* FR 81, 320.

Rechtswidrige **Ermittlungsmaßnahmen** können **wiederholt** werden und lösen dann kein Verwertungsverbot aus, BFH BStBl 86, 435.

7. Die **Gemeinden** können nach § 21 III FVG an einer Ap **teilnehmen,** wenn der Stpfl innerhalb der Gemeinde eine **Betriebstätte** unterhält oder **Grundbesitz** hat und die Ap im Gemeindebezirk durchgeführt wird; sie haben aber insoweit **keine Mitwirkungsrechte**. Ein MitwirkungsR hat aber das **Bundesamt für Fin,** § 5 I Nr 1, § 19 FVG. Ob die **Gemeinden** für die frühere **Lohnsumenst** ein **Außenprüfungsrecht** haben, hängt davon ab, inwieweit der Landesgesetzgeber ihnen deren **Verwaltung** übertragen hat, vgl Anm zu § 195. Teilweise wird die Auffassung vertreten, daß die in den Satzungen enthaltenen Vorschriften über Kontroll- und Betretungsrechte ausreichen, um eine entspr Steueraufsicht durch die Gemeinden sicherzustellen, vgl *Schwarz* Außenprüfungsrecht für Gemeinden bei der LohnsSt, NWB F 5, 879. Die Vorschriften über die **Außenprüfung** der AO werden für entspr **anwendbar** erklärt in den Ländern BaWü, Bayern, Rh-Pf und S-H; die kommunale Außenprüfung wird dagegen für nicht zulässig gehalten in NRW, Hessen, Niders und Saarl; vgl hierzu die entspr AO-AnwendungsG der Länder aus 1976 und 1977. Die **BpO** (BStBl 87 I 802) bezieht sich ledigl auf **Außenprüfungen** durch die **Landesfinanzbehörden.**

§ 193   4. Teil. Durchführung der Besteuerung

Allgemeine Verwaltungsvorschrift für die Betriebsprüfung – Betriebsprüfungsordnung (BpO)
Vom 17. Dezember 1987 (BStBl 87 I 802)

Nach Artikel 108 Abs. 7 des Grundgesetzes wird mit Zustimmung des Bundesrates folgende allgemeine Verwaltungsvorschrift erlassen:

Inhaltsübersicht

I. Allgemeine Vorschriften
§ 1 Anwendungsbereich der Betriebsprüfungsordnung
§ 2 Aufgaben der Betriebsprüfungsstellen
§ 3 Größenklassen
§ 4 Umfang der Betriebsprüfung

II. Durchführung der Betriebsprüfung
§ 5 Anordnung der Betriebsprüfung
§ 6 Schwergewicht der Betriebsprüfung
§ 7 Befragung von Betriebsangehörigen
§ 8 Kontrollmitteilungen
§ 9 Verdacht einer Steuerstraftat
§ 10 Verdacht einer Ordnungswidrigkeit
§ 11 Schlußbesprechung
§ 12 Prüfungsbericht und Auswertung der Prüfungsfeststellungen

III. Betriebsprüfung von Konzernen und sonstigen zusammenhängenden Unternehmen
§ 13 Konzernprüfung
§ 14 Leitung der Konzernprüfung
§ 15 Einleitung der Konzernprüfung
§ 16 Richtlinien zur Durchführung der Konzernprüfung
§ 17 Abstimmung und Freigabe der Konzernprüfungsberichte
§ 18 Betriebsprüfung bei sonstigen zusammenhängenden Unternehmen
§ 19 Betriebsprüfung bei Unternehmen ausländischer Konzerne

IV. Mitwirkung des Bundes an Betriebsprüfungen der Landesfinanzbehörden
§ 20 Art der Mitwirkung
§ 21 Auswahl der Betriebe und Unterrichtung über die vorgesehene Mitwirkung
§ 22 Mitwirkung durch Prüfungstätigkeit
§ 23 Prüfungsbericht
§ 24 Verfahren bei Meinungsverschiedenheiten zwischen dem Bundesamt für Finanzen und der Landesfinanzbehörde

V. Betriebsprüfer, Sachgebietsleiter für Betriebsprüfung, Prüferbesprechungen
§ 25 Verwendung von Beamten als Betriebsprüfer
§ 26 Verwendung von Verwaltungsangestellten als Betriebsprüfer
§ 27 Einsatz als Betriebsprüfer und Sachgebietsleiter für Betriebsprüfung
§ 28 Betriebsprüfungshelfer
§ 29 Prüferausweis
§ 30 Betriebsprüferbesprechungen
§ 31 Fach-(Branchen)prüferbesprechungen

4. Abschnitt. Außenprüfung § 193

VI. Karteien, Konzernverzeichnisse
§ 32 Betriebskartei
§ 33 Konzernverzeichnis
§ 34 Änderungen und Ergänzungen im Konzernverzeichnis

VII. Prüfungsgeschäftsplan, Jahresstatistik
§ 35 Aufstellung von Prüfungsgeschäftsplänen
§ 36 Jahresstatistik

VIII. Betriebsprüfungsarchiv, Richtsätze, Haupt- und Nebenorte
§ 37 Betriebsprüfungsarchiv
§ 38 Gliederung des Betriebsprüfungsarchivs
§ 39 Richtsätze
§ 40 Haupt- und Nebenorte

IX. Inkrafttreten
§ 41 Inkrafttreten

I. Allgemeine Vorschriften

§ 1. Anwendungsbereich der Betriebsprüfungsordnung

(1) Diese Verwaltungsvorschrift gilt für allgemeine Außenprüfungen (Betriebsprüfungen) der Landesfinanzbehörden und des Bundesamtes für Finanzen.

(2) Für besondere Außenprüfungen sind die §§ 5 bis 12 mit Ausnahme des § 5 Abs. 4 Satz 2 anzuwenden.

§ 2. Aufgaben der Betriebsprüfungsstellen

(1) Den Betriebsprüfungsstellen obliegen insbesondere Außenprüfungen bei Steuerpflichtigen, die einen gewerblichen oder land- und forstwirtschaftlichen Betrieb unterhalten oder die freiberuflich tätig sind.

(2) Den Betriebsprüfungsstellen können auch Außenprüfungen im Sinne des § 193 Abs 2 der Abgabenordnung, Sonderprüfungen sowie andere Tätigkeiten mit Prüfungscharakter, zB Liquiditätsprüfungen, übertragen werden; dies gilt nicht für Steuerfahndungsprüfungen.

(3) Zweck der Betriebsprüfung ist die richtige Ermittlung und Beurteilung der steuerlich bedeutsamen Sachverhalte, nicht die Erzielung von Mehrsteuern. Bei der Anordnung und Durchführung von Prüfungsmaßnahmen sind im Rahmen der Ermessensausübung die Grundsätze der Verhältnismäßigkeit der Mittel und des geringstmöglichen Eingriffs zu beachten.

(4) Die Finanzbehörde entscheidet nach pflichtgemäßem Ermessen, ob und wann eine Betriebsprüfung durchgeführt wird. Dies gilt auch, wenn der Steuerpflichtige wegen wirtschaftlicher Dispositionen, zB wegen einer Betriebsveräußerung oder Kapitalaufnahme, eine baldige Betriebsprüfung begehrt.

§ 193

§ 3. Größenklassen

Steuerpflichtige, die der Betriebsprüfung unterliegen, werden in die Größenklassen

Großbetriebe	(G),
Mittelbetriebe	(M),
Kleinbetriebe	(K) und
Kleinstbetriebe	(Kst)

eingeordnet. Der Stichtag, der maßgebende Besteuerungszeitraum und die Merkmale für diese Einordnung werden jeweils von den obersten Finanzbehörden der Länder im Benehmen mit dem Bundesminister der Finanzen festgelegt.

§ 4. Umfang der Betriebsprüfung

(1) Die Finanzbehörde bestimmt den Umfang der Betriebsprüfung nach pflichtgemäßem Ermessen.

(2) Bei Großbetrieben soll der Prüfungszeitraum an den vorhergehenden Prüfungszeitraum anschließen. Bei erstmaliger Prüfung bestimmt die Finanzbehörde den Zeitraum, auf den sich die Prüfung zu erstrecken hat.

(3) Bei anderen Betrieben soll der Prüfungszeitraum nicht über die letzten drei Besteuerungszeiträume, für die bis zur Unterzeichnung der Prüfungsanordnung Steuererklärungen für die Ertragsteuern abgegeben wurden, zurückreichen. Dies gilt nicht, wenn die Besteuerungsgrundlagen nicht ohne Erweiterung des Prüfungszeitraums festgestellt werden können oder mit nicht unerheblichen Steuernachforderungen oder nicht unerheblichen Steuererstattungen oder -vergütungen zu rechnen ist oder der Verdacht einer Steuerstraftat oder einer Steuerordnungswidrigkeit besteht.

(4) Für die Entscheidung, ob ein Unternehmen nach Absatz 2 oder Absatz 3 geprüft wird, ist grundsätzlich die Größenklasse maßgebend, in die das Unternehmen im Zeitpunkt der Prüfungsanordnung eingeordnet ist. Ist ein Betrieb zu Beginn des laufenden Prüfungsturnus in einen Großbetrieb umgestuft worden, so ist ausnahmsweise die Prüfung noch auf die Zeit zu beschränken, die sich bei sinngemäßer Anwendung des Absatzes 3 ergibt.

(5) In die Prüfung sollen der Einheitswert für das Betriebsvermögen und die Vermögensteuer auf den Stichtag am Ende des Prüfungszeitraums und – sofern nicht eine Anschlußprüfung durchgeführt wird – auch auf den Stichtag am Anfang des Prüfungszeitraums sowie gegebenenfalls auch die Feststellungen der gemeinen Werte von Aktien, Anteilen und Genußscheinen einbezogen werden.

4. Abschnitt. Außenprüfung　　　　　　　　　　　　**§ 193**

II. Durchführung der Betriebsprüfung

§ 5. Anordnung der Betriebsprüfung

(1) Die für die Besteuerung zuständige Finanzbehörde ordnet die Betriebsprüfung an. Die Anordnung kann auch der beauftragten Finanzbehörde übertragen werden.

(2) Die Prüfungsanordnung hat die Rechtsgrundlagen der Betriebsprüfung, die zu prüfenden Steuerarten und -vergütungen, zu prüfende bestimmte Sachverhalte und den Prüfungszeitraum zu enthalten. Ihr sind Hinweise auf die wesentlichen Rechte und Pflichten des Steuerpflichtigen bei der Betriebsprüfung beizufügen. Im Falle der abgekürzten Außenprüfung nach § 203 der Abgabenordnung ist der Steuerpflichtige hierüber zu unterrichten. Soll der Umfang einer Betriebsprüfung nachträglich erweitert werden, ist eine ergänzende Prüfungsanordnung zu erlassen.

(3) Die Mitteilung des voraussichtlichen Beginns der Betriebsprüfung, des Namens des Betriebsprüfers und eines Betriebsprüfungshelfers und andere prüfungsleitende Bestimmungen können mit der Prüfungsanordnung verbunden werden.

(4) Die Prüfungsanordnung und die Mitteilungen nach Absatz 3 sind dem Steuerpflichtigen angemessene Zeit vor Beginn der Prüfung bekanntzugeben, wenn der Prüfungszweck dadurch nicht gefährdet wird. In der Regel sind bei Großbetrieben 4 Wochen und bei Mittelbetrieben 2 Wochen angemessen.

(5) Wird beantragt, den Prüfungsbeginn zu verlegen, können als wichtige Gründe z. B. Erkrankung des Steuerpflichtigen, seines steuerlichen Beraters oder eines für Auskünfte maßgeblichen Betriebsangehörigen, beträchtliche Betriebsstörungen durch Umbau oder höhere Gewalt anerkannt werden. Dem Antrag des Steuerpflichtigen kann auch unter Auflage, z. B. Erledigung von Vorbereitungsarbeiten für die Prüfung, stattgegeben werden.

(6) Werden die steuerlichen Verhältnisse von Gesellschaftern und Mitgliedern sowie von Mitgliedern der Überwachungsorgane in die Betriebsprüfung einbezogen, so ist für jeden Beteiligten eine besondere Prüfungsanordnung zu erteilen.

(7) Die Vorlage von Büchern, Aufzeichnungen, Geschäftspapieren und anderen Unterlagen, die nicht unmittelbar den Prüfungszeitraum betreffen, kann ohne Erweiterung des Prüfungszeitraums verlangt werden, wenn dies zur Feststellung von Sachverhalten des Prüfungszeitraums für erforderlich gehalten wird.

§ 6. Schwergewicht der Betriebsprüfung

Die Betriebsprüfung ist auf das Wesentliche abzustellen, ihre Dauer auf das notwendige Maß zu beschränken. Die Betriebsprüfung hat sich in erster Linie auf solche Sachverhalte zu erstrecken, die zu endgültigen Steuerausfällen oder Steuererstattungen oder -vergütungen oder zu nicht unbedeutenden Gewinnverlagerungen führen können.

§ 193 4. Teil. Durchführung der Besteuerung

§ 7. Befragung von Betriebsangehörigen

(1) Der Steuerpflichtige ist zu Beginn der Prüfung darauf hinzuweisen, daß er Auskunftspersonen benennen kann. Ihre Namen sind aktenkundig zu machen. Die Auskunfts- und sonstigen Mitwirkungspflichten des Steuerpflichtigen erlöschen nicht mit der Benennung von Auskunftspersonen.

(2) Will der Betriebsprüfer im Rahmen seiner Ermittlungsbefugnisse nach § 200 Abs 1 Sätze 3 und 4 der Abgabenordnung Betriebsangehörige um Auskunft ersuchen, die nicht als Auskunftspersonen benannt worden sind, so soll er den Steuerpflichtigen rechtzeitig unterrichten, damit dieser gegebenenfalls andere Auskunftspersonen benennen kann.

§ 8. Kontrollmitteilungen

(1) Feststellungen, die nach § 194 Abs 3 der Abgabenordnung für die Besteuerung anderer Steuerpflichtiger ausgewertet werden können, sollen der zuständigen Finanzbehörde mitgeteilt werden. Soweit der Steuerpflichtige ein Auskunftsverweigerungsrecht nach § 102 der Abgabenordnung hat und hierauf nicht ausdrücklich verzichtet, hat die Fertigung von Kontrollmitteilungen zu unterbleiben.

(2) Das Auskunftsverweigerungsrecht der Angehörigen hindert die Fertigung von Kontrollmitteilungen nicht.

(3) Kontrollmaterial über Auslandsbeziehungen ist auch dem Bundesamt für Finanzen zur Auswertung zu übersenden.

§ 9. Verdacht einer Steuerstraftat

Ergibt sich während einer Betriebsprüfung der Verdacht einer Straftat, für deren Ermittlung die Finanzbehörde zuständig ist, so ist die für die Bearbeitung dieser Straftat zuständige Stelle unverzüglich zu unterrichten. Richtet sich der Verdacht gegen den Steuerpflichtigen, dürfen hinsichtlich des Sachverhalts, auf den sich der Verdacht bezieht, die Ermittlungen (§ 194 der Abgabenordnung) bei ihm erst fortgesetzt werden, wenn ihm die Einleitung des Strafverfahrens mitgeteilt worden ist. Der Steuerpflichtige ist dabei, soweit die Feststellungen auch für Zwecke des Strafverfahrens verwendet werden können, darüber zu belehren, daß seine Mitwirkung im Besteuerungsverfahren nicht mehr erzwungen werden kann. Die Belehrung ist unter Angabe von Datum und Uhrzeit aktenkundig zu machen und auf Verlangen schriftlich zu bestätigen.

§ 10. Verdacht einer Ordnungswidrigkeit

§ 9 gilt beim Verdacht einer Ordnungswidrigkeit sinngemäß; die Sätze 2 bis 4 gelten nicht, wenn von der Durchführung eines Bußgeldverfahrens nach § 47 des Gesetzes über Ordnungswidrigkeiten abgesehen wird.

§ 11. Schlußbesprechung

(1) Findet eine Schlußbesprechung statt, so sind die Besprechungspunkte und der Termin der Schlußbesprechung dem Steuerpflichtigen angemessene Zeit vor der Besprechung bekanntzugeben.

4. Abschnitt. Außenprüfung § 193

(2) Der Steuerpflichtige ist zu unterrichten, ob an der Schlußbesprechung ein für die Entscheidung über die Steuerfestsetzung zuständiger Amtsträger teilnimmt.

(3) Hinweise nach § 201 Abs 2 der Abgabenordnung sind aktenkundig zu machen.

§ 12. Prüfungsbericht und Auswertung der Prüfungsfeststellungen

(1) Wenn zu einem Sachverhalt mit einem Rechtsbehelf oder mit einem Antrag auf verbindliche Zusage zu rechnen ist, soll der Sachverhalt umfassend im Prüfungsbericht dargestellt werden.

(2) Ist bei der Auswertung des Prüfungsberichts beabsichtigt, von den Feststellungen der Betriebsprüfung wesentlich abzuweichen, so ist der Betriebsprüfungsstelle Gelegenheit zur Stellungnahme zu geben. Bei wesentlichen Abweichungen zuungunsten des Steuerpflichtigen soll auch diesem Gelegenheit gegeben werden, sich hierzu zu äußern.

(3) In dem durch die Prüfungsanordnung vorgegebenen Rahmen muß die Betriebsprüfung entweder durch Steuerfestsetzung oder Mitteilung über eine ergebnislose Prüfung abgeschlossen werden.

III. Betriebsprüfung von Konzernen und sonstigen zusammenhängenden Unternehmen

§ 13. Konzernprüfung

(1) Unternehmen, die zu einem Konzern gehören oder durch ein herrschendes Unternehmen verbunden sind, sind im Zusammenhang, unter einheitlicher Leitung und nach einheitlichen Gesichtspunkten zu prüfen, wenn die Außenumsätze der Konzernunternehmen insgesamt mindestens 50 Millionen DM im Jahr betragen. § 4 Abs 2 ist nicht anzuwenden.

(2) Zu einem Konzern gehören rechtlich selbständige Unternehmen, die unter einer einheitlichen Leitung stehen. Durch ein Beherrschungsverhältnis sind Unternehmen verbunden, wenn eine natürliche oder juristische Person, eine Mehrheit von Personen, eine Stiftung oder ein anderes Zweckvermögen unmittelbar oder mittelbar als Unternehmen einen beherrschenden Einfluß auf ein oder mehrere andere Unternehmen ausüben kann.

(3) Ein Unternehmen, das zu mehreren Konzernen gehört, ist mit dem Konzern zu prüfen, der die größte Beteiligung an dem Unternehmen besitzt. Bei gleichen Beteiligungsverhältnissen ist das Unternehmen für die Prüfung dem Konzern zuzuordnen, der in der Geschäftsführung des Unternehmens federführend ist.

§ 14. Leitung der Konzernprüfung

(1) Bei Konzernprüfungen soll die Finanzbehörde, die für die Betriebsprüfung des leitenden oder herrschenden Unternehmens zuständig ist, die Leitung der einheitlichen Prüfung übernehmen.

(2) Wird ein Konzern durch eine natürliche oder juristische Person, die selbst nicht der Betriebsprüfung unterliegt, beherrscht, soll die Finanzbe-

hörde, die für die Betriebsprüfung des wirtschaftlich bedeutendsten abhängigen Unternehmens zuständig ist, die Leitung der einheitlichen Prüfung übernehmen. Im Einvernehmen der beteiligten Finanzbehörden kann hiervon abgewichen werden.

§ 15. Einleitung der Konzernprüfung

(1) Die für die Leitung der Konzernprüfung zuständige Finanzbehörde regt die Konzernprüfung an und stimmt sich mit den beteiligten Finanzbehörden ab.

(2) Konzernunternehmen sollen erst dann geprüft werden, wenn die für die Leitung der Konzernprüfung zuständige Finanzbehörde um die Prüfung gebeten hat.

§ 16. Richtlinien zur Durchführung der Konzernprüfung

Die für die Leitung einer Konzernprüfung zuständige Finanzbehörde kann Richtlinien für die Prüfung aufstellen. Die Richtlinien können neben prüfungstechnischen Einzelheiten auch Vorschläge zur einheitlichen Beurteilung von Sachverhalten enthalten.

§ 17. Abstimmung und Freigabe der Konzernprüfungsberichte

Die Berichte über die Betriebsprüfungen bei Konzernunternehmen sind aufeinander abzustimmen und den Steuerpflichtigen erst nach Freigabe durch die für die Leitung der Konzernprüfung zuständige Finanzbehörde zu übersenden.

§ 18. Betriebsprüfung bei sonstigen zusammenhängenden Unternehmen

Eine einheitliche Prüfung kann, sofern ein besonderes Interesse besteht, auch durchgeführt werden
1. bei Konzernen, die die Umsatzgrenze des § 13 Abs 1 nicht erreichen,
2. bei Unternehmen, die nicht zu einem Konzern gehören, aber eng miteinander verbunden sind, z. B. durch wirtschaftliche oder verwandtschaftliche Beziehungen der Beteiligten, gemeinschaftliche betriebliche Tätigkeit.

Die §§ 13 bis 17 gelten entsprechend.

§ 19. Betriebsprüfung bei Unternehmen ausländischer Konzerne

(1) §§ 13 bis 18 gelten auch für die Prüfung mehrerer inländischer Unternehmen, die von einer ausländischen natürlichen oder juristischen Person, einer Mehrheit von Personen, einer Stiftung oder einem anderen Zweckvermögen geleitet oder beherrscht werden oder die mit einem ausländischen Unternehmen wirtschaftlich verbunden sind.

(2) Die Leitung der einheitlichen Prüfung soll die Finanzbehörde übernehmen, die für die Betriebsprüfung des wirtschaftlich bedeutendsten inländischen Unternehmens zuständig ist. Im Einvernehmen der beteiligten Finanzbehörden kann hiervon abgewichen werden.

4. Abschnitt. Außenprüfung § 193

IV. Mitwirkung des Bundes an Betriebsprüfungen der Landesfinanzbehörden

§ 20. Art der Mitwirkung

(1) Das Bundesamt für Finanzen wirkt an Betriebsprüfungen, die durch Landesfinanzbehörden durchgeführt werden, durch Prüfungstätigkeit und Beteiligung an Besprechungen mit.

(2) Art und Umfang der Mitwirkung werden jeweils von den beteiligten Behörden im gegenseitigen Einvernehmen festgelegt.

(3) Die Landesfinanzbehörde bestimmt den für den Ablauf der Betriebsprüfung verantwortlichen Prüfer.

§ 21. Auswahl der Betriebe und Unterrichtung über die vorgesehene Mitwirkung

(1) Die Landesfinanzbehörden übersenden dem Bundesamt für Finanzen die Prüfungsgeschäftspläne für Großbetriebe spätestens 10 Tage vor dem Beginn des Zeitraums, für den sie aufgestellt worden sind. Betriebe, bei deren Prüfung eine Mitwirkung des Bundesamts für Finanzen von den Landesfinanzbehörden für zweckmäßig gehalten wird, sollen kenntlich gemacht werden. Das Bundesamt für Finanzen teilt den Landesfinanzbehörden unverzüglich die Betriebe mit, an deren Prüfung es mitwirken will.

(2) Sobald die Landesfinanzbehörde den Prüfungsbeginn mitgeteilt hat, wird sie vom Bundesamt für Finanzen über die vorgesehene Mitwirkung unterrichtet.

§ 22. Mitwirkung durch Prüfungstätigkeit

Wirkt das Bundesamt für Finanzen durch Prüfungstätigkeit mit, so hat der Bundesbetriebsprüfer regelmäßig in sich geschlossene Prüfungsfelder zu übernehmen und diesen Teil des Prüfungsberichts zu entwerfen. Der Prüfungsstoff wird im gegenseitigen Einvernehmen auf die beteiligten Betriebsprüfer aufgeteilt.

§ 23. Prüfungsbericht

Hat das Bundesamt für Finanzen an einer Betriebsprüfung mitgewirkt, so erhält es eine Ausfertigung des Prüfungsberichts.

§ 24. Verfahren bei Meinungsverschiedenheiten zwischen dem Bundesamt für Finanzen und der Landesfinanzbehörde

Soweit Meinungsverschiedenheiten, die sich bei der Mitwirkung an Betriebsprüfungen zwischen dem Bundesamt für Finanzen und der Landesfinanzbehörde ergeben, von den Beteiligten nicht ausgeräumt werden können, ist den obersten Finanzbehörden des Bundes und des Landes zu berichten und die Entscheidung abzuwarten.

§ 193   4. Teil. Durchführung der Besteuerung

V. Betriebsprüfer, Sachgebietsleiter für Betriebsprüfung, Prüferbesprechungen

§ 25. Verwendung von Beamten als Betriebsprüfer

Die Verwendung eines Beamten als Betriebsprüfer, der grundsätzlich dem gehobenen Dienst angehören soll, ist – nach zweijähriger Veranlagungstätigkeit und einer mindestens sechsmonatigen Einarbeitung in der Betriebsprüfung – nur mit Einwilligung der obersten Landesfinanzbehörde oder der von ihr benannten Stelle zulässig. Diese kann Ausnahmen zulassen.

§ 26. Verwendung von Verwaltungsangestellten als Betriebsprüfer

(1) Verwaltungsangestellte, die bereits in der Steuerverwaltung tätig sind, können als Betriebsprüfer verwendet werden, wenn folgende Voraussetzungen erfüllt sind:
1. eine mindestens dreijährige zeitnahe Tätigkeit in der Veranlagung, davon eine mindestens neunmonatige qualifizierte Tätigkeit,
2. die Ablegung einer Prüfung nach Erfüllung der Voraussetzung zu Nummer 1 und
3. eine mindestens sechsmonatige Einarbeitung in der Betriebsprüfung.

(2) Andere Bewerber können als Verwaltungsangestellte in der Betriebsprüfung verwendet werden, wenn folgende Voraussetzungen erfüllt werden:
1. a) ein abgeschlossenes einschlägiges Hochschulstudium (Rechtswissenschaft, Wirtschaftswissenschaft, Versicherungsmathematik, Land- und Forstwirtschaft) oder
   b) eine kaufmännische oder sonstige einschlägige Grundausbildung mit vorgeschriebener Abschlußprüfung und der Nachweis mehrjähriger kaufmännischer, betriebswirtschaftlicher oder revisionstechnischer Tätigkeit,
2. die Ablegung einer Prüfung nach Erfüllung der Voraussetzung zu Nummer 1 Buchstaben a oder b,
3. eine mindestens zwölfmonatige zeitnahe Tätigkeit außerhalb der Betriebsprüfung, davon eine mindestens neunmonatige qualifizierte Tätigkeit in der Veranlagung sowie
4. eine mindestens sechsmonatige Einarbeitung in der Betriebsprüfung.

(3) Die Oberfinanzdirektion kann zu Absatz 1 und zu Absatz 2 Nr. 2 bis 4 im Einzelfall Ausnahmen zulassen.

(4) Ein Rechtsanspruch auf Zulassung zur Prüfung besteht nicht.

(5) Die schriftliche Prüfung besteht mindestens aus zwei unter Aufsicht anzufertigenden Arbeiten aus dem Buchführungs- und Bilanzwesen.

(6) Die mündliche Prüfung erstreckt sich auf die Grundzüge des Abgabenrechts, des bürgerlichen Rechts und des Handelsrechts, insbesondere des Buchführungs- und Bilanzwesens sowie des kaufmännischen Rechnungswesens.

4. Abschnitt. Außenprüfung § 193

§ 27. Einsatz als Betriebsprüfer und Sachgebietsleiter für Betriebsprüfung

(1) Beamte und Verwaltungsangestellte sollen nicht erstmals nach Vollendung des fünfundvierzigsten Lebensjahres ausschließlich als Betriebsprüfer eingesetzt werden. Der Beginn des Einsatzes als Betriebsprüfer ist aktenkundig zu machen.

(2) Sachgebietsleiter für Betriebsprüfung dürfen nur mit Einwilligung der Oberfinanzdirektion bestellt werden.

(3) Sachgebietsleiter für Betriebsprüfung und Betriebsprüfer dürfen nur mit Einwilligung der Oberfinanzdirektion für betriebsprüfungsfremde Aufgaben verwendet werden.

§ 28. Betriebsprüfungshelfer

Den Betriebsprüfern können Betriebsprüfungshelfer beigegeben werden. Der Betriebsprüfungshelfer hat nach den Weisungen des Betriebsprüfers zu verfahren.

§ 29. Prüferausweis

Für Sachgebietsleiter für Betriebsprüfung und Betriebsprüfer sind Ausweise auszustellen.
Der Ausweis soll enthalten:
Bezeichnung der ausstellenden Finanzbehörde,
Ort und Datum der Ausstellung,
laufende Nummer,
Funktionsbezeichnung (Betriebsprüfer/Sachgebietsleiter),
Amts- oder Dienstbezeichnung,
Vor- und Zuname,
Geburtstag,
Gültigkeitsdauer,
Lichtbild mit Dienststempel und eigenhändiger Unterschrift,
Befugnisse des Inhabers,
Unterschrift und Amts- oder Dienstbezeichnung des zur Ausstellung Befugten mit Dienststempel.

§ 30. Betriebsprüferbesprechungen

Die Sachgebietsleiter für Betriebsprüfung sollen mit den Betriebsprüfern ihrer Sachgebiete, die Oberfinanzdirektionen mit den Sachgebietsleitern für Betriebsprüfung oder mit den Betriebsprüfern ihrer Oberfinanzbezirke von Zeit zu Zeit Zweifelsfragen aus der praktischen Prüfungstätigkeit erörtern, sie über neuere Rechtsprechung und neueres Schrifttum unterrichten und Richtlinien für die weitere Arbeit geben.

§ 31. Fach-(Branchen-)Prüferbesprechungen

(1) Für die Fach-(Branchen-)Prüfer sind nach Bedarf Besprechungen durchzuführen. Hierbei sollen die Branchenerfahrungen ausgetauscht und verglichen, zweckmäßige Prüfungsmethoden, Kennzahlen und Formblätter für das prüfungstechnische Vorgehen entwickelt und gemeinsame Richtlinien erarbeitet werden.

§ 193   4. Teil. Durchführung der Besteuerung

(2) Dem Bundesamt für Finanzen soll Gelegenheit gegeben werden, an Fachprüferbesprechungen, die von den zuständigen Oberfinanzdirektionen (§ 40) durchgeführt werden, teilzunehmen.

VI. Karteien, Konzernverzeichnisse

§ 32. Betriebskartei

(1) Die Betriebsprüfungsstellen haben – gegebenenfalls unter Verwendung technischer Hilfsmittel, zB ADV, – über die Groß-, Mittel- und Kleinbetriebe eine Kartei (Betriebskartei) zu führen.

(2) Die Betriebskartei besteht aus der Namenskartei und der Branchenkartei. Die Namenskartei soll als alphabetische Suchkartei, die Branchenkartei nach den Nummern der Systematik der Wirtschaftszweige (Gewerbekennzahlen) geführt werden.

(3) Die Nebenbetriebe der Land- und Forstwirtschaft sind nur auf den Branchenkarteikarten der Hauptbetriebe zu vermerken.

(4) Für die Erfassung in der Betriebskartei ist jeweils die auf einen bestimmten Stichtag festgestellte Größenklasse der Betriebe – in der Regel für die Dauer von drei Jahren – maßgebend. Die Betriebe werden nach den Ergebnissen der Veranlagung, hilfsweise nach den Angaben in den Steuererklärungen in die Größenklassen eingeordnet. Fehler, die bei der Einordnung der Betriebe unterlaufen, können jederzeit berichtigt werden.

(5) Änderungen der die Größenklasse bestimmenden Betriebsmerkmale bleiben bis zur nächsten Einordnung in Größenklassen unberücksichtigt. Bei sonstigen Änderungen ist die Kartei fortzuschreiben. Bei Abgängen aufgrund von Sitzverlegung (Wohnsitz oder Sitz der Geschäftsleitung) sind die Karteikarten den Veranlagungsakten zur Versendung an die neu zuständige Finanzbehörde beizufügen; Zugänge von einer anderen Finanzbehörde und Neugründungen sind in der Betriebskartei zu erfassen.

§ 33. Konzernverzeichnis

(1) Jede Oberfinanzdirektion hat ein Verzeichnis der Konzerne im Sinne der §§ 13, 18 und 19 zu führen.
Das Konzernverzeichnis enthält die einzelnen Konzernübersichten und ist in die Abteilungen A und B zu gliedern.

(2) Liegt die Prüfungszuständigkeit für das leitende oder herrschende Unternehmen im Oberfinanzbezirk, so ist die Konzernübersicht in der Abteilung A zu führen; liegt sie in einem anderen Oberfinanzbezirk, so ist die Übersicht über die im eigenen Oberfinanzbezirk steuerlich erfaßten konzernabhängigen Unternehmen in der Abteilung B zu führen.

(3) Auf Zweigniederlassungen mit eigener Buchführung soll in der Konzernübersicht des Hauptbetriebs hingewiesen werden.

4. Abschnitt. Außenprüfung § 193

§ 34. Änderungen und Ergänzungen im Konzernverzeichnis

(1) Die Finanzämter haben Erkenntnisse, die Änderungen und Ergänzungen des Konzernverzeichnisses notwendig machen, der Oberfinanzdirektion mitzuteilen.

(2) Die Oberfinanzdirektion teilt die Änderungen und Ergänzungen in der Abteilung A den beteiligten Oberfinanzdirektionen und dem Bundesamt für Finanzen, die Änderungen und Ergänzungen in der Abteilung B nur der Oberfinanzdirektion mit, die die Konzernübersicht in der Abteilung A führt.

VII. Prüfungsgeschäftsplan, Jahresstatistik

§ 35. Aufstellung von Prüfungsgeschäftsplänen

(1) Die zur Prüfung vorgesehenen Fälle werden in regelmäßigen Abständen in Prüfungsgeschäftsplänen, die ergänzt werden können, zusammengestellt. Der Abstand darf bei Großbetrieben nicht kürzer als 6 Monate und nicht länger als 12 Monate sein. In den Prüfungsgeschäftsplänen ist auf Konzernzugehörigkeit hinzuweisen.

(2) Betriebe, deren Prüfung im vorgesehenen Zeitraum nicht begonnen worden ist, sind im nächsten Prüfungsgeschäftsplan zu kennzeichnen.

§ 36. Jahresstatistik

(1) Die Betriebsprüfungsstellen haben eine Jahresstatistik aufzustellen und der vorgesetzten Finanzbehörde nach dem vom Bundesminister der Finanzen bestimmten Muster vorzulegen.

(2) Die obersten Finanzbehörden der Länder teilen dem Bundesminister der Finanzen die Arbeitsergebnisse der Betriebsprüfung bis zum 10. Mai eines jeden Jahres mit. Dieser gibt das Gesamtergebnis in einer zusammengefaßten Veröffentlichung jährlich bekannt.

(3) In der Statistik werden die Zahl der eingesetzten Betriebsprüfer, die Zahl der durchgeführten Betriebsprüfungen und die Unterschiedsbeträge zwischen den Steuern vor der Betriebsprüfung und den bestandskräftig gewordenen Steuern nach der Betriebsprüfung erfaßt.

(4) Statistiken über die Prüfungsergebnisse der einzelnen Prüfer sind nicht zu führen.

VIII. Betriebsprüfungsarchiv, Richtsätze, Haupt- und Nebenorte

§ 37. Betriebsprüfungsarchiv

(1) Steuerliche, prüfungstechnische, branchentypische und allgemeine wirtschaftliche Erfahrungen sind den Oberfinanzdirektionen mitzuteilen. Die Oberfinanzdirektionen sammeln die Erfahrungen und werten sie in einem Betriebsprüfungsarchiv aus.

(2) Das Bundesamt für Finanzen teilt den Oberfinanzdirektionen Prüfungserfahrungen von allgemeiner Bedeutung mit.

§ 38. Gliederung des Betriebsprüfungsarchivs

(1) Das Betriebsprüfungsarchiv ist in eine Abteilung A und eine Abteilung B unterteilt.

(2) Die Abteilung A enthält – gegliedert in Zehnergruppen – das Material steuerlicher, prüfungstechnischer und wirtschaftlicher Art, das alle Berufs- und Wirtschaftszweige betrifft.

(3) Die Abteilung B enthält – geordnet nach den Nummern der Systematik der Wirtschaftszweige (Gewerbekennzahlen) – das die einzelnen Berufs- und Wirtschaftszweige betreffende Material steuerlicher, prüfungstechnischer und wirtschaftlicher Art.

§ 39. Richtsätze

Die Oberfinanzdirektionen ermitteln nach Ergebnissen von Betriebsprüfungen branchenbezogene Richtsätze zur Verprobung oder Schätzung von Umsätzen und Gewinnen.

Diese Richtsätze werden in Richtsatzsammlungen veröffentlicht.

§ 40. Haupt- und Nebenorte

Die zu Haupt- und Nebenorten für einzelne Berufs- oder Wirtschaftszweige bestimmten Oberfinanzdirektionen haben Unterlagen, die für die Besteuerung der betreffenden Berufs- oder Wirtschaftszweige von Bedeutung sind, zu sammeln und auszuwerten. Das Ergebnis der Auswertung wird den anderen Oberfinanzdirektionen und dem Bundesamt für Finanzen mitgeteilt. Die mit Haupt- und Nebenortaufgaben beauftragten Oberfinanzdirektionen wirken bei der Aufstellung der AfA-Tabellen mit.

IX. Inkrafttreten

§ 41. Inkrafttreten

Diese allgemeine Verwaltungsvorschrift tritt am Tage nach der Veröffentlichung im Bundesanzeiger in Kraft. Gleichzeitig tritt die allgemeine Verwaltungsvorschrift für die Betriebsprüfung – Betriebsprüfungsordnung (Steuer) – vom 27. April 1978 (BAnz Nr 82 vom 29. April 1978) außer Kraft.

§ 194 Sachlicher Umfang einer Außenprüfung

(1) ¹Die Außenprüfung dient der Ermittlung der steuerlichen Verhältnisse des Steuerpflichtigen. ²Sie kann eine oder mehrere Steuerarten, einen oder mehrere Besteuerungszeiträume umfassen oder sich auf bestimmte Sachverhalte beschränken. ³Die Außenprüfung bei einer Personengesellschaft umfaßt die steuerlichen Verhältnisse der Gesellschafter insoweit, als diese Verhältnisse für die zu überprüfenden einheitlichen Feststellungen von Bedeutung sind. ⁴Die steuerlichen Verhältnisse anderer Personen können insoweit geprüft werden, als der Steuerpflichtige verpflichtet war oder verpflichtet ist, für Rechnung dieser Personen Steuern zu entrichten oder Steuern einzubehalten und abzuführen; dies

4. Abschnitt. Außenprüfung § 194

gilt auch dann, wenn etwaige Steuernachforderungen den anderen Personen gegenüber geltend zu machen sind.

(2) Die steuerlichen Verhältnisse von Gesellschaftern und Mitgliedern sowie von Mitgliedern der Überwachungsorgane können über die in Absatz 1 geregelten Fälle hinaus in die bei einer Gesellschaft durchzuführende Außenprüfung einbezogen werden, wenn dies im Einzelfall zweckmäßig ist.

(3) Werden anläßlich einer Außenprüfung Verhältnisse anderer als der in Absatz 1 genannten Personen festgestellt, so ist die Auswertung der Feststellungen insoweit zulässig, als ihre Kenntnis für die Besteuerung dieser anderen Personen von Bedeutung ist oder die Feststellungen eine unerlaubte Hilfeleistung in Steuersachen betreffen.

Übersicht

1. Inhalt
2. Abs 1: Ermittlung der steuerlichen Verhältnisse des Steuerpflichtigen
3. Prüfung beim Steuerpflichtigen
4. Sachlicher Umfang der Prüfung
5. Prüfung bei anderen Personen
6. Prüfung bei Gesellschaftern
7. Ermessensentscheidung
8. Umfang der Prüfung
9. Kontrollmitteilungen

1. Inhalt. Die Vorschr regelt, **worauf** sich die **Ap erstrecken** darf. In Abs 3 wird klargestellt, daß **Kontrollmitteilungen** zulässig sind. Auch zur Erledigung eines **zwischenstaatlichen Rechts-** und **Amtshilfeersuchens** ist die Durchführung einer Ap zulässig, vgl § 117.

2. Abs 1. Die Ap dient der Ermittlung der **steuerlichen Verhältnisse des Stpfl**, bei dem die Ap durchgeführt wird. Auch gegen **Erben** als **Gesamtrechtsnachfolger** des StSchuldners kann eine Bp für die Zeit vor Erbfall angeordnet werden, BFH BStBl 78, 501. Die steuerlichen Verhältnisse **anderer Personen** können nur insoweit geprüft werden, als der Stpfl verpflichtet war oder ist, für diese **Steuern** zu **entrichten** oder Steuern einzubehalten und **abzuführen**, S 3. Die bei einem **Unternehmer** aufgrund des **Abs 1** angeordnete Bp kann sich auch auf **nichtbetriebliche** Sachverhalte erstrecken, BFH BStBl 86, 437; BStBl 82, 208. Die Prüfung kann sich auf diejenigen Steuerarten erstrecken, für die die betrieblichen Verhältnisse Bedeutung haben. Innerhalb dieser Prüfung können auch Besteuerungsmerkmale kontrolliert werden, die mit den betrieblichen Vorgängen nichts zu tun haben, BFH BStBl 82, 208; BStBl 86, 438 gegen die überwiegende Auffassung im Schrifttum, vgl *TK* § 194 Tz 1. Soweit eine Ap bei einer **Personengesellschaft** durchgeführt wird, umfaßt die Prüfung auch die Verhältnisse der **Gesellschafter,** aber nur insoweit, als sie für die einheitlichen Feststellungen von Bedeutung sind; die Prüfung erstreckt sich also nicht auf sonstige Einkünfte, die der Gesellschafter außerhalb der Gesellschaft erzielt, ferner nicht auf Sonderausgaben, Freibeträge usw, vgl BFH 79, 529. Es ist aber nach **Abs 2** zulässig, die Prüfung auf diese Verhältnisse auszudehnen. Hierzu bedarf es jedoch einer gesonderten Prüfungsanordnung (§ 196), die allerdings mit der Prüfungsanordnung gegen die Gesellschaft verbunden werden kann, vgl § 5 VI BpO. **Außenprüfung** bei **Notar** zur Prüfung der Verkehrssteuern ist **unzulässig,** FG Saarland EFG 77, 297.

3. Prüfung beim Steuerpflichtigen. Außenprüfung kann auch angeordnet werden, um festzustellen, **ob** der Stpfl einen gewerblichen Betrieb unterhält, FG RhPf EFG 80, 11.

4. Sachlicher Umfang der Prüfung. Die Prüfung muß sich nicht auf die Feststellung der **betrieblichen** Verhältnisse beschränken. Ziel der Prüfung ist die Ermittlung der StSchulden innerhalb der geprüften StArten. Hierbei müssen vielfach auch Besteuerungsmerkmale berücksichtigt werden, die mit den betrieblichen Vorgängen nichts zu tun haben, BFH BStBl 82, 208; 86, 437. Es kann auch die **VSt** in die Prüfung einbezogen werden.

Wenn Prüfer angewiesen ist, auf Sachverhalte zu achten, die für andere Steuern als diejenigen, auf die sich die Prüfung zu erstrecken hat, von Bedeutung sein können, so erstreckt sich die Bp nicht auf diese anderen Steuern, selbst wenn der Prüfer entsprechende Hinweise im Prüfungsbericht macht, BFH BStBl 79, 250.

5. Prüfung bei anderen Personen. Die Anordnung einer Außenprüfung nach Satz 4 ist nicht nur dann zulässig, wenn die **Verpflichtung** des Stpfl zur Einbehaltung der AbzugsSt zweifelsfrei **feststeht;** es reicht aus, wenn das FA bei der Anordnung vom Bestehen der Verpflichtung aus § 50a V EStG ausgehen konnte, FG Hbg EFG 81, 513.

6. Prüfung bei Gesellschaftern. Die Anordnung einer Außenprüfung bei einem **Gesellschafter** kann auf § 193 Abs 2 Nr 2 gestützt werden. Nach **Beendigung** der Außenprüfung bei einer Gesellschaft können die steuerlichen Verhältnisse des **Gesellschafters** nicht mehr in die Prüfung einbezogen werden, FG D'dorf EFG 81, 382.

Der Abs 2 hat keinen abschließenden Charakter in der Weise, daß eine Außenprüfung bei Gesellschaftern und Mitgliedern nur auf § 194 Abs 2 gestützt werden kann. Daneben behält § 193 Abs 2 Nr 2 seine eigenständige Bedeutung.

7. Ermessensentscheidung. In welchem **Umfang** im Einzelfall eine Prüfung angeordnet wird, steht im **Ermessen** der Finanzverwaltung, BFH BStBl 83, 286. Diese hat hierbei die BpO (St) zu beachten, durch die sie ihr Ermessen eingeschränkt hat.

Nach § 4 III BpO (St) soll bei anderen Betrieben als Großbetrieben der **Prüfungszeitraum** nicht über die drei letzten Besteuerungszeiträume zurückreichen. Etwas anderes gilt, wenn die Besteuerungsgrundlagen nicht ohne Erweiterung des Prüfungszeitraums festgestellt werden können oder mit nicht unerheblichen Steuernachforderungen oder nicht unerheblichen Steuererstattungen oder -vergütungen zu rechnen ist oder der Verdacht einer Steuerstraftat oder Steuerordnungswidrigkeit besteht. Mit nicht unerheblichen **Nachforderungen** ist zu rechnen, wenn sie wahrscheinlich sind, BFH BStBl 85, 350. Es müssen mehr Umstände für als gegen die Annahme sprechen; vage Vermutungen reichen nicht aus. Dies kann zB der Fall sein, wenn bereits die Prüfung des eingeschränkten Zeitraums nicht unerhebliche Nachforderungen ergeben hat und nach dem **Gesamtbild** zu erwarten ist, daß sich ähnliche Verhältnisse auch in den davorliegenden Jahren einstellen werden, vgl BFH BStBl 83, 286; *Frotscher* Die

4. Abschnitt. Außenprüfung **§ 194**

steuerliche Außenprüfung, 2. Auflage, 1980, 54. Die Ausdehnung einer Bp wegen nicht unerheblicher Steuernachforderungen setzt bei einem **Mittelbetrieb** voraus, daß mit Mehrsteuern von mindestens **3 000 DM** für das Kalenderjahr zu rechnen ist, BFH BStBl 88, 857. Ein maßgebender Mindestbetrag läßt sich aber nicht für alle Fälle festlegen, BFH BStBl 88, 857. Die **Beurteilung** ist grundsätzlich aus der Sicht der Verhältnisse im Zeitpunkt der **Anordnung** der **Erweiterung** vorzunehmen; bei einer Beschwerdeentscheidung sind die Verhältnisse maßgebend, wie sie zum Zeitpunkt dieser Entscheidung bestanden.

8. Der **Umfang** der **Prüfung** wird grunds durch die **Prüfungsanordnung** bestimmt. Will der Prüfer über die Anordnung hinausgehen, muß die Prüfungsanordnung entspr **erweitert** werden. Die Prüfung kann eine oder mehrere **StArten**, einen oder mehrere **Besteuerungszeiträume** umfassen, oder sich auf bestimmte Sachverhalte beschränken. Auch eine **Beschränkung** auf eine Steuerart ist zulässig, ebenso wie die Prüfung bestimmter Sachverhalte bei dieser Steuerart. So kann zB eine **Umsatzsteuersonderprüfung** auf den Vorsteuerabzug beschränkt werden, BFH BStBl 87, 486. Diese Regelung hat Bedeutung im Zusammenhang mit der Zulässigkeit der **Vorbehaltsfestsetzung** (§ 164) und der **Zulässigkeit** der **Änderung** eines StBescheids wegen **neuer Tatsachen**. § 173 II enthält eine Einschränkung der Änderungsmöglichkeiten nach Durchführung einer Ap, jedoch nur, **soweit** die Bescheide aufgrund einer Ap ergangen sind. Hinsichtlich solcher Tatsachen, die nicht Gegenstand der Prüfung gewesen sind, gilt die Einschränkung nicht.

Wird eine KG in eine GmbH **umgewandelt**, so kann das FA eine Außenprüfung der KG anordnen, die einen Zeitraum von 3 Jahren vor der Umwandlung umfaßt. Dies gilt auch, wenn bereits für die Zeit nach der Umwandlung eine Außenprüfung bei der GmbH angeordnet worden ist, FG Bremen EFG 83, 394.

Eine ESt-Nachforderung von ca 3300 DM kann die Annahme rechtfertigen, daß sich für die drei vorhergehenden Jahre ebenfalls nicht **unbeträchtliche Mehrsteuern** ergeben werden, FG Bremen EFG 83, 395. Die Frage der **Erheblichkeit** von zu erwartenden StNachforderungen ist unter Berücksichtigung der Umstände des Einzelfalles zu beantworten. Absolute Mindestbeträge sind kein geeignetes Abgrenzungsmerkmal, FG Bremen EFG 83, 395.

9. Abs 3. Kontrollmitteilungen. *Pauli* Grenzen für Kontrollmitteilungen, BB 86, 1130. Entgegen verschiedenen Forderungen ist keine gesetzliche Einschränkung der Zulässigkeit der **Auswertung** von **Kontrollmitteilungen** in den Fällen vorgesehen, in denen der Stpfl, wäre er Dritter, die **Auskunft** und Vorlage von Urkunden **verweigern** könnte (vgl §§ 101, 103, 104). Der Stpfl ist, soweit bei ihm eine Ap durchgeführt wird, nicht Dritter. Er hat als Stpfl auch mit Ausnahme des § 102 (Berufsgeheimnis) **kein Auskunfts-** und kein **VorlageverweigerungsR**, vgl § 8 II BpO. In den Fällen des § 102 hat die Fertigung von Kontrollmitteilungen zu unterbleiben, vgl § 8 I 2 BpO. Wenn der Stpfl verhindern will, daß Unterlagen gegenüber Dritten ausgewertet werden, muß er ggf das Risiko in Kauf nehmen, daß die FinBeh eine Schätzung zu seinen Lasten vornimmt oder den Abzug von Betriebsausgaben nicht zuläßt, vgl § 160. In gravierenden

§ 195   4. Teil. Durchführung der Besteuerung

Fällen dürfte es jedoch nicht zulässig sein, den Stpfl mit dem Mittel des **Verwaltungszwangs** (§§ 328 ff) zur Herausgabe der Unterlagen zu zwingen. Eine andere Lösung hätte uU zur Folge, daß die Vorschr des § 160 umgangen werden könnte, aA *Tipke* FR 66, 404 f.

Der **AnwErl** (Nr 4) bestimmt lediglich, daß die Fertigung von **Kontrollmitteilungen** zu unterbleiben hat, soweit der Stpfl ein Auskunftsverweigerung nach § 102 (Berufsgeheimnis) hat und hierauf **nicht** ausdrücklich **verzichtet**, § 8 I 2 BpO.

Nach Auffassung von *Pauli* (aaO) dürften **Kontrollmitteilungen** anläßlich einer Außenprüfung nur in solchen Fällen gefertigt werden, in denen **offensichtlich** der **Verdacht** besteht, daß ein Geschäftsvorfall bei einem Dritten steuerlich nicht ordnungsgemäß erfaßt werden wird (zB für Schmiergelder, branchenunübliche Vermittlungsprovisionen, Beratungshonorare, ungewöhnliche Abwicklungsarten oder Barzahlungen auf Wunsch des Empfängers). Unzulässig sei es dagegen, Kontrollmitteilungen allein für beliebige Stichproben zu nutzen. Die Auffassung von *Pauli* findet im Gesetz keine Stütze. Sie dürfte im übrigen im wesentlichen nur theoretische Bedeutung haben, weil ein Steuerpflichtiger, der sich gegen die Anfertigung von Kontrollmitteilungen wendet, regelmäßig den Verdacht weckt, er habe etwas zu verbergen.

Die **Kontrollmitteilungen** dürfen aber nicht dazu **mißbraucht** werden, eine Ap mit dem Ziel durchzuführen, die Verhältnisse Dritter zu prüfen. Darauf liefe zB die Fertigung von Kontrollmitteilungen bei **Banken** hinaus. Die Kontrollmitteilung darf lediglich ein **Nebenprodukt** bei der Ap sein, die Ap darf nicht darauf gerichtet sein, Kontrollmaterial zu beschaffen.

§ 195 Zuständigkeit

[1]**Außenprüfungen werden von den für die Besteuerung zuständigen Finanzbehörden durchgeführt.** [2]**Sie können andere Finanzbehörden mit der Außenprüfung beauftragen.** [3]**Die beauftragte Finanzbehörde kann im Namen der zuständigen Finanzbehörde die Steuerfestsetzung vornehmen und verbindliche Zusagen (§§ 204 bis 207) erteilen.**

Die Vorschr ist an sich selbverständlich. Die Außenprüfung ist ein Teil des Besteuerungsverfahren und unterliegt denselben Bestimmungen über die Zuständigkeit. S 2 läßt jedoch zu, daß **andere FinBehen** die Aufgaben der Außenprüfung übernehmen, daß zB besondere **PrüfungsFÄ** gebildet werden. Wenn nach Satz 2 ein **anderes FA** mit der Durchführung der Ausführung **beauftragt** wird, kann dieses auch die Prüfungsanordnung erlassen. Aus der Anordnung müssen sich jedoch die Gründe für die Beauftragung ergeben, BFH BStBl 88, 322.

Die Zuständigkeit des FA wird durch den innerdienstlichen Auftrag begründet. Der Auftrag muß den zu prüfenden Steuerpflichtigen und den sachlichen und zeitlichen Prüfungsumfang erkennen lassen. Diese Voraussetzungen können vom Gericht nach Anfechtung der Prüfungsanordnung überprüft werden, BFH BStBl 88, 322.

Der Entschluß der Finanzbehörde, die Außenprüfung nicht selbst durchzuführen, sondern durch ein anderes FA durchführen zu lassen, ist eine **Ermessensentscheidung,** BFH BStBl 88, 322.

4. Abschnitt. Außenprüfung § 196

Eine Prüfungsanordnung ist nicht deshalb unwirksam, weil das **Wohnsitzfinanzamt** des Gesellschafters die Prüfungsanordnung auf Anregung des **Betriebsfinanzamts** der Gesellschaft, an der der Gesellschafter beteiligt ist, erlassen hat, BFH BStBl 87, 248.

Ob die Finanzverwaltung eine **Großbetriebsprüfungsstelle** bei der OFD mit der Durchführung einer Außenprüfung beauftragen kann, ist jedoch zweifelhaft, BFH BStBl 86, 656. Außenprüfungen werden von den für die Besteuerung zuständigen **Finanzbehörden** durchgeführt. Das sind in erster Linie die **Finanzämter.** Zu den anderen Finanzbehörden gehört auch die OFD. Zu fragen ist allerdings, ob Satz 2 eventuell einschränkend ausgelegt werden muß, zB in der Erwägung, daß die OFD nach § 8 Abs 1 FVG die Finanzverwaltung in ihrem Bezirk leitet, während die Finanzämter nach § 17 Abs 2 FVG für die Verwaltung der Steuern zuständig sind, vgl *TK* § 195 Tz 4. Evt Bedenken sind jedoch nach Umwandlung dieser Stellen in FA für GroßBp – auch für anhängige Verfahren – beseitigt worden, BFH BStBl 87, 361.

Durch den vom FinAussch des BT hinzugefügten S 3 wird sichergestellt, daß die PrüfungsFÄ ggf auch die erforderlichen **StFestsetzungen** vornehmen können, sog **veranlagende Bp.** Inwieweit die Gemeinden Ap in bezug auf die Realst durchführen dürfen, richtet sich danach, inwieweit ihnen die Länder nach Art 108 IV 2 GG VerwAufgaben übertragen haben. Erstreckt sich die VerwBefugnis danach auch auf die Durchführung von Ap, gelten die §§ 193 ff auch für die Gemeinden, vgl § 1 II Nr 4. Für die außerger **RbhVerf** bei der **Realst** gelten die jeweil VerwVerfG und die VwGO, soweit die **Bescheide** von den **Gemeinden** erlassen worden sind, dh anstelle des Einspruchs tritt der Widerspruch und daran anschließend Klage vor dem VerwGericht. Will eine Gemeinde ihr Teilnahmerecht gem § 21 III FVG ausüben, muß sie ihre Teilnahme dem Stpfl gegenüber selbst anordnen, FG Köln EFG 82, 256.

§ 196 Prüfungsanordnung

Die Finanzbehörde bestimmt den Umfang der Außenprüfung in einer schriftlich zu erteilenden Prüfungsanordnung mit Rechtsbehelfsbelehrung (§ 356).

Geändert mit Wirkung ab 1. 1. 87 durch StBereinigG 1986 v 19. 12. 85, BGBl I, 2436.

Schrifttum: *Ehlers* Verwertungsverbot mit und ohne praktische Folgen, StBp 81, 97; *Kalmes* Unzulässige Verwertung von rechtswidrige erlangten Tatsachen und Beweismitteln im Rahmen von Betriebsprüfungen, DStZ 81, 427. *Wenzig* Das Verwertungsverbot FR 81, 558; *Wenzig* Mit dem Verwertungsverbot zu einer neuen Kleinbetragsregelung? FR 83, 315; Zum Verwertungsverbot vgl auch *Schneider* DStZ 82, 101 und *Kalmes* DStZ 82, 213; *Rössler* Verwertungsverbot bei fehlender Außenprüfungsanordnung, FR 81, 294; *Wenzig* Die rechtlichen Grundlagen des steuerlichen Verwertungsverbots, DStZ 83, 255; *Kretzschmar* Unstimmigkeiten in Verwaltungsvorschriften für die Bp (Ap) bei mutmaßlichen StSündern DStZ 83, 434; *Papperitz* Neue Urteile des Bundesfinanzhofs zur Anordnung von Außenprüfungen, DStR 83, 563; *Groh* Rechtsschutz gegen Betriebsprüfungen, DStR 85, 679; *Urban* Die Wiederholungsprüfung – Einschränkung des Verwertungsverbots, DB 88, 575; *Kaiser* Zur Notwendigkeit der Bestimmung der Funktion von steuerrechtlichen Verwertungsverboten, FR 88, 121; *Völker* Prüfungsanordnung und Fragen des Verwertungsverbotes DStZ 88, 299.

§ 196 4. Teil. Durchführung der Besteuerung

Übersicht
1. Inhalt
2. Großbetriebe
3. Anordnung der Prüfung
   a) Zuständigkeit
   b) Begründung
4. Prüfungsanordnung gegen Ehegatten
5. Folgen des Verstoßes gegen § 4 und 5 BpO
6. Anfechtung der Prüfungsanordnung
7. Ausdehnung oder Einschränkung der Prüfungsanordnung

1. Inhalt. Die **Formalisierung** der Prüfungsanordnung dient einmal dem Schutz des Stpfl, zum anderen aber auch der Vermeidung von Unklarheiten wegen der Wirkungen, die sich aus der Durchführung einer Ap ergeben, zB ist eine **Vorbehaltsfestsetzung** regelmäßig nicht mehr möglich, § 164 III 3, der Beginn einer Außenprüfung führt zur **Ablaufhemmung**, § 171 IV, nach einer Ap ist die **Berichtigung** wegen Bekanntwerdens **neuer Tatsachen** nur unter den Einschränkungen des § 173 II zulässig. Die Ablaufhemmung nach § 171 IV dürfte nur insoweit eintreten, wie die Prüfungsanordnung reicht. Eine **Erweiterung** der Prüfungsanordnung löst uE nur dann die Ablaufhemmung aus, wenn sie **vor Ablauf** der normalen **Festsetzungsfrist** bekanntgegeben worden ist. Prüfungsanordnung ist Verwaltungsakt (§ 118) und kann mit **Beschwerde** (§ 349) angefochten werden. Beschwerde hat keine aufschiebende Wirkung, vorläufiger Rechtsschutz ist aber durch Aussetzung der Vollziehung nach § 361 möglich, BFH BStBl 75, 197. Nach § 5 II 1 BpO hat die **Prüfungsanordnung** die **Rechtsgrundlage** der Außenprüfung, die zu prüfenden **StArten** und -vergütungen, zu prüfende **Sachverhalte,** den **Prüfungszeitraum,** den voraussichtl **Beginn,** den **Namen** des Prüfers und ggf des BpHelfers zu enthalten. **Überschreitung** des Umfang der Prüfung **ohne Änderung** der PrüfAnordnung macht die entspr Prüfungshandlungen rechtswidrig (*Martens* NJW 78, 1467), **StPfl muß** aber diese Abweichung umgehend **rügen,** wenn er nicht sein Anfechtungsrecht verwirken will, *Martens* aaO. Bei einer Einfuhrhandelsprüfung kann nach den Umständen des Falles die Angabe des Prüfungszeitraums mit „nicht verjährter Zeitraum" hinreichend bestimmt sein, BFH BStBl 86, 439.

Für Steuerbescheide ist eine schriftliche **Rechtsbehelfsbelehrung** zwingend vorgeschrieben (§ 157 Abs 1 AO). Nach der früheren Rechtslage konnte eine Prüfungsanordnung jedoch ohne Rechtsbehelfsbelehrung ergehen und noch innerhalb eines Jahres seit ihrer Bekanntgabe angefochten werden (§ 356 Abs 2 AO). Dies führte in der Praxis zunehmend zu Unsicherheiten für die Beteiligten und zu Schwierigkeiten für die prüfende Finanzbehörde, zumal eine rechtswidrige Prüfungsanordnung das Verbot der Auswertung von Prüfungsfeststellungen und damit Haushaltsausfälle nach sich ziehen kann. Zur Sicherung einer einheitlichen Rechtsanwendung ist daher im Rahmen des StBereinigG **ab 1. 1. 87** die **Rechtsbehelfsbelehrung** vorgeschrieben worden.

2. Bei **Großbetrieben** soll der **Prüfungszeitraum** an den vorhergehenden **anschließen,** § 4 II BpO, bei **anderen** Betrieben soll der Prüfungszeitraum **nicht über** die letzten **drei** Besteuerungszeiträume, für die vor Be-

4. Abschnitt. Außenprüfung § 196

kanntgabe der Prüfungsanordnung StErklärungen für die Ertragssteuern abgegeben wurden, zurückreichen (§ 4 III BpO). Die Prüfungsbeschränkung des § 4 II BpO gilt nicht für Unternehmen, die zu einem **Konzern** gehören oder durch ein herrschendes Unternehmen verbunden sind (§ 13 I BpO). Eine einheitliche Prüfung ist nach § 18 BpO nur für den Fall vorgesehen, daß dafür ein besonderes Interesse besteht. Das FA muß allerdings die **Abweichung** vom Normalprüfungszeitraum **begründen,** die Begründung kann jedoch in der Beschwerdeentscheidung nachgeholt werden, BFH BStBl 87, 361. Eine **Erweiterung** ist nach § 4 III 2 BpO **zulässig,** wenn die **Besteuerungsgrundlagen anders** nicht festgestellt werden können, mit **nicht unerheblichen Steuernachforderungen** oder Erstattungen zu rechnen ist oder der **Verdacht** einer **StStraftat** oder **StOrdnungswidrigkeit** besteht. Zur Frage der Erheblichkeit der StNachforderungen liegen zZt keine BFH-Urteile vor; FG SchlHol EFG 68, 543. Mehr als 1000 DM je StArt und Veranlassungszeitraum, FG D'dorf v 4. 12. 69; OFD Mü v 10. 2. 84 SO 401 – 1 St 315. Mehr als 600 DM. Vgl im übrigen Bp-Kartei OFD Köln und Münster DB 78, 1618. Im Regelfall sind gem § 4 III BpO die drei letzten Besteuerungszeiträume, für die vor der Prüfungsanordnung Steuererklärungen abgegeben worden sind, zu prüfen; hiervon kann in besonderen Fällen – zB bei einer **Betriebsaufgabe** abgewichen werden, BFH BStBl 84, 815. Zur **Einordnung** in **Größenklassen** vgl BdF-Schreiben BStBl 88 I 370 Stpfl hat Ermessensanspruch auf Beachtung des § 4 BpO, BFH BStBl 73, 74. Die Regelung ist eigentlich mit dem **Gleichheitsgrundsatz** nicht vereinbar, weil sie Großbetriebe einseitig schlechter stellt, vgl TK Tz 4 gleichwohl hat der BFH bei einem Verstoß gegen die Beschränkung der Prüfung ein **Verwertungsverbot** angenommen, vgl BFH BStBl 73, 716.

3. Anordnung der Prüfung. Zur **maschinellen** Erstellung von **Prüfungsanordnungen** vgl OFD Hannover vom 12. 10. 87, DStR 88, 114. Eine erst nach **Abschluß** der Prüfung erteilte Prüfungsanordnung ist rechtswidrig FG München EFG 82, 336, bzw gegenstandslos, FG Berlin EFG 85, 380. Anderenfalls wäre die Verletzung des Abs 1 S 1 praktisch bedeutungslos. Eine **fehlende Prüfungsanordnung** bewirkt zwar die Rechtswidrigkeit der Prüfung, ein Verwertungsverbot tritt jedoch nur bei einem schweren Verstoß gegen Schutzvorschriften ein. Ein derartiger schwerer Verstoß liegt bei Durchführung einer Prüfung ohne Aushändigung einer Prüfungsanordnung vor, FG Berlin EFG 88, 343.

Zu weitgehend allerdings FG RhPf EFG 82, 333. Die Prüfungsanordnung kann auch nicht mehr **nachgeholt** werden, weil es nicht deren Sinn und Zweck ist, rechtswidrige Ermittlungshandlungen nachträglich zu legalisieren oder die rechtlichen Voraussetzungen für eine Wiederholungsprüfung mit vorab feststehendem Ergebnis zu konstruieren.

Kommt der Prüfer während der Prüfung zu der Annahme, daß eine Gesellschaft des Inhabers des Unternehmens mit dessen Ehefrau besteht, muß eine Prüfungsanordnung gegen die Gesellschaft ergehen, auch wenn das FA erst nach Abschluß der Prüfung über das Vorliegen einer GbR entscheidet. FG RhPf EFG 81, 546.

a) Zuständigkeit. Die Anordnung einer Außenprüfung kann auch vom Leiter der **Bp-Stelle** veranlaßt und unterschrieben werden, BFH BStBl 83, 360; FG RhPf EFG 82, 335. Die Prüfungsanordnung wird von der für die

§ 196   4. Teil. Durchführung der Besteuerung

Besteuerung zuständigen FinBeh erlassen. Nach BFH BStBl 79, 162 entscheidet der Leiter der Bp-Stelle über die Erweiterung des Prüfungszeitraums. Dieser ist für die Entscheidungen über den Prüfungsablauf zuständig. Daher kann ihm die Entscheidung über die Einleitung der Außenprüfung nicht verwehrt sein. Die abweichende Meinung des FG RhPf (EFG 81, 5) ist weder mit dem Wortlaut noch mit dem Ziel der Einschlägigen Vorschriften der AO vereinbar. Die BpStelle ist ebenso Teil der FinBeh wie die Veranlagungsstelle. Die AO weist die Erteilung der Prüfungsanordnung keiner bestimmten Stelle innerhalb des FA zu.

Wenn der Sachgebietsleiter einer **AmtsBp** eine Prüfungsanordnung unterzeichnet, ist diese auch dann **rechtmäßig,** wenn der SGL nicht vom Vorsteher des FA beauftragt war, die Prüfungsanordnung zu erlassen, BFH BStBl 88, 233. Für den **Bekanntgabewillen** einer Behörde ist es ausreichend, wenn er von einem Bediensteten gemeldet wurde, der nach seiner Stellung zum Erlaß eines Verwaltungsakts befugt ist, vgl BFH BStBl 86, 832. Verstöße gegen **interne** Aufgabenzuweisungen wirken sich auf die **Rechtmäßigkeit** eines VA nicht aus, vgl BFH BStBl 81, 404.

b) Begründung der Anordnung. Die Anordnung einer Außenprüfung ist eine **Ermessensentscheidung,** die vom FA **nicht begründet** zu werden braucht, FG RhPf EFG 82, 334, rkr; aA FG RhPf EFG 81, 5. Die Begründung muß den Stpfl erkennen lassen, warum er gerade ausgewählt wurde, FG Berlin EFG 82, 603. Wenn die Prüfungsanordnung keine **Begründung** enthält, kann dieser Mangel gemäß § 126 Abs 1 Nr 2 dadurch geheilt werden, daß die entsprechenden Angaben in der **Beschwerdeentscheidung** nachgeholt werden, BFH BStBl 82, 208.

Bei Steuerpflichtigen, die nach § 193 I der Bp unterliegen, genügt zur Begründung der Prüfungsanordnung der Hinweis auf diese Vorschrift, zumindest dann, wenn der Steuerpflichtige sachkundig vertreten ist, BFH BStBl 83, 286, 621. Eine besondere Begründung der Prüfungsanordnung ist in diesen Fällen nur erforderlich, wenn die Prüfung außerhalb des allgemeinen Prüfungsrhytmus aus besonderem Anlaß stattfindet, BFH BStBl 85, 568, oder wenn die Außenprüfung über den in § 4 II BpOSt Zeitraum von drei Besteuerungszeiträumen ausgedehnt wird, BFH BStBl 83, 286. Dann muß die Begründung die vom FA angestellten Ermessenserwägungen erkennen lassen (BFH-Beschluß in BFH/NV 86, 710).

Anders als in den Fällen des Abs 1 ist in den Fällen des **Abs 2 Nr 2** eine Betriebsprüfung nicht ohne weiteres zulässig. Daher genügt der bloße Hinweis in der Prüfungsanordnung auf die §§ 193 ff als Begründung für die Außenprüfung nicht. Vielmehr muß sich aus der **Begründung** ergeben, daß die **Voraussetzungen** des Abs 2 Nr 2 vorliegen, daß nämlich die für die Besteuerung maßgeblichen Verhältnisse der Aufklärung bedürfen, zB wenn Anhaltspunkte dafür bestehen, daß der Steuerpflichtige seine Steuererklärung nicht vollständig oder mit unrichtigem Inhalt abgegeben hat. Außerdem muß die Begründung erkennen lassen, warum eine Prüfung an Amtsstelle nach Art und Umfang des zu prüfenden Sachverhalts nicht zweckmäßig ist. Hierbei muß das Finanzamt den Grundsatz der **Verhältnismäßigkeit** beachten und darlegen, daß die erforderliche Aufklärung nicht mit Maßnahmen der Einzelaufklärung erreicht werden kann.

4. Abschnitt. Außenprüfung   § 196

Ein Begründungsmangel kann auch in den Fällen des § 193 II Nr 2 dadurch geheilt werden, daß der Prüfer dem Steuerpflichtigen die Gründe für die Anordnung der Prüfung **mündlich** mitteilt, BFH BStBl 87, 248.

Der Umstand, daß ein Teil der Stpfl nicht lückenlos, sondern nur in Abständen geprüft wird, ist keine vom Gesetz vorgesehene vorteilhafte Rechtsfolge, sondern lediglich ein unvermeidlicher Reflex praktischer Unzulänglichkeit. Wird der „Vorteil" versagt oder beschnitten, berührt diese keine mögliche Rechtsposition. Der Eingriff ist vom Gesetz uneingeschränkt zugelassen. Eine weitere Rechtfertigung ist nach dem Zweck des Gesetzes nicht erforderlich. Auch die Tatsache daß die Betriebe in bestimmten Bundesländern häufiger geprüft werden als diejenigen in anderen Bundesländern, begründet nicht die Rechtswidrigkeit einzelner Außenprüfungsanordnungen, FG Düsseld EFG 84, 329. Das FA braucht grundsätzlich keine besonderen Anhaltspunkte für eine Prüfungsbedürftigkeit zu haben und darzulegen, FG RhPf EFG 82, 334. Nach FG Berl (EFG 83, 435) soll die Anordnung einer Ap, in der die FinBeh die Entscheidung über das Auswahlermessen nicht begründet, rechtswidrig sein. Zur Heilung der fehlenden Begründung durch mündliche Erläuterungen nach dem Beginn der Ap sei es notwendig, daß dem Stpfl oder seinem Bevollmächtigten die Gründe für das Auswahlermessen vor Beginn der Ap entweder schriftlich oder mündlich mitgeteilt worden seien, FG Berl EFG 83, 435. Demgegenüber hält das FG Köln (EFG 83 436) die Nennung der **Rechtsgrundlage** zur Begründung für **ausreichend**. Ein Begründungszwang ist nur insoweit zu beachten, als die Begründung zum Verständnis des Verwaltungsaktes erforderlich ist, vgl § 121 I. Darüberhinaus ist eine Begründung dann entbehrlich, wenn es sich um gleichartige Verwaltungsakte handelt, die in größerer Zahl erlassen werden, und die Beifügung einer näheren Begründung nach den Umständen nicht geboten ist, § 121 II Nr 3; ebenso *TK* Tz 2, *Wenzig* StuW 82, 341, FG RhPf EFG 82, 334. Ein Anspruch auf **gleichmäßige Handhabung** der Außenprüfung hinsichtlich der Häufigkeit besteht nicht, FG RhPf EFG 82, 334.

Es ist nicht erforderlich, daß die Gründe, von einer Außenprüfung bei dem Stpfl abzusehen, bei den anderen an ihrer Stelle, für den Betroffenen in sich schlüssig und nachvollziehbar sind. Der Zweck der Außenprüfungen erfordert es, daß sie – auch ohne daß besondere Umstände vorliegen – unterschiedlich häufig angeordnet werden können, daß ein Prüfungsturnus nicht vorhersehbar ist und daß Prüfungen Stichprobencharakter haben können, FG RhPf EFG 82, 334. In den Fällen des § 193 II Nr 2 muß die Begründung ergeben, daß die gewünschte Aufklärung durch Einzelermittlung nicht erreicht werden kann. Der Hinweis, daß beim **Ehegatten** des Steuerpflichtigen ohnehin eine Außenprüfung stattfinde, reicht nicht aus; BFH BStBl 86, 435. Es genügt nicht der Hinweis, daß bei zusammenveranlagten Eheleuten mit einer Überprüfung der steuerlichen Verhältnisse des einen Ehegatten **zweckmäßiger** Weise auch die Prüfung der steuerlichen Verhältnisse des anderen Ehegatten verbunden werde, BFH BStBl 87, 664.

Die Prüfungsanordnung hält sich nur dann nicht im Rahmen der gesetzlichen Grenzen, wenn **sachfremde Gründe** oder **Ziele** eine Rolle gespielt haben. Dies ist nicht schon dann der Fall, wenn das FA von dem sonst bei vergleichbaren Stpfl üblichen Prüfungsturnus abgewichen ist. Dies kann vielmehr vom Zweck der Außenprüfung gedeckt sein. FG RhPf

§ 196 4. Teil. Durchführung der Besteuerung

EFG 82, 334. Auch wenn Mißtrauen gegenüber dem Stpfl den Anstoß für die Prüfungsanordnung gibt, deutet dies nicht auf eine Sachfremdheit der Prüfungsanordnung hin, RG RhPf EFG 82, 334. Ermessensfehler, wenn die Verwaltung vor Erlaß von Prüfungsanordnungen die für diesen Zeitpunkt vom BMF und den zuständigen Landesfinanzminister bestimmten Abgrenzungsmerkmale für die Einteilung der betrieblichen Größenklassen nicht beachtet, FG Hessen EFG 85, 161.

Die in der Prüfungsanordnung enthaltene Bitte, für die Prüfung einen geeigneten **Raum** zur Verfügung zu stellen, ist weder eine rechtliche Regelung im Rahmen der Prüfungsanordnung noch ein selbständig anfechtbarer Verwaltungsakt, FG RhPf EFG 82, 334. Aus ihr ergibt sich noch nicht, daß das FA damit eine rechtlich verbindliche, also vollziehbare und durchsetzbare Regelung treffen will. Dies folgt aus § 200 II, wonach hinsichtlich des Prüfungsortes verschiedene Möglichkeiten zur Wahl stehen, wobei auch das Wahlrecht des Stpfl in Betracht kommt. Wenn aber noch Raum ist für Vorschläge und Einwendungen des Stpfl, ist in der Bitte keine verbindliche Regelung zu sehen, FG RhPf EFG 82, 334.

Die Festlegung des Ortes der Prüfung betrifft erst das Verfahren, das sich an eine Prüfungsanordnung anschließt und das deren Wirksamkeit voraussetzt; aA FG RhPf EFG 82, 335: Die Anordnung über den **Ort der Prüfung** ist ein selbständiger Verwaltungsakt. Seine etwaige Rechtswidrigkeit berührt nicht die Rechtmäßigkeit der Prüfungsanordnung, sie kann aber unabhängig davon durch gesonderte Anfechtung geltend gemacht werden. Das FA handelt **rechtswidrig,** wenn es unter Berufung auf § 200 II vom Stpfl die Bereitstellung eines Prüfungsraumes verlangt, ohne darauf hinzuweisen, daß das G nach Wahl des Stpfl auch die Prüfung an Amtsstelle ermöglicht, FG RhPf EFG 81, 5.

Mangelnde **Belehrung** über Rechte und Pflichten eines Steuerpflichtigen bei einer Außenprüfung macht die Prüfungsanordnung nicht rechtswidrig.

4. Prüfungsanordnung gegen Ehegatten. Eine gegen einen Ehegatten angeordnete Bp kann nicht ohne weitere Anordnung auf den anderen Ehegatten ausgedehnt werden, FG RhPf EFG 82, 333. Eine dennoch gegen diesen durchgeführte Bp soll rechtswidrig sein und zu einem Verwertungsverbot der hierbei festgestellten Tatsachen führen, FG RhPf EFG 82, 333. Daran ändere sich auch nichts dadurch, daß in den fraglichen Zeiträumen die Eheleute zusammenveranlagt worden seien. Damit werden die Eheleute steuerlich zu einer Einheit, vielmehr sind beide Ehegatten getrennt stpfl. Ihre Einkünfte sind zwar zusammenzurechnen, aber getrennt zu ermitteln, BFH BStBl 78, 416. Eine **stillschweigende Ausdehnung** bzw Anordnung der Prüfungsanordnung kann wegen der in § 196 angeordneten Schriftform nicht angenommen werden.

Stellt sich während der Außenprüfung bei einem (angenommenen) Einzelunternehmer heraus, daß eine **Mitunternehmerschaft** zwischen dem Unternehmer und seiner Ehefrau vorliegen kann, und unterbleibt eine besondere Prüfungsanordnung gegen die Eheleute in Mitunternehmereigenschaft, so führt dies nicht zu einem Verwertungsverbot hinsichtlich der Prüfungsergebnisse, FG RhPf EFG 83, 591 3. Sen. Das FG RhPf lehnt es insbesondere ab, aus der Vorschrift des § 136a StPO ein Verwertungsverbot herzuleiten. Die Vorschriften über die Prüfungsanordnung sind **Ord-**

4. Abschnitt. Außenprüfung § 196

nungsvorschriften, die einen Schutzzweck zugunsten des Stpfl verfolgen. Wenn dieser Schutzzweck durch einen Verfahrensfehler nicht wirklich beeinträchtigt wird, kommt ein Verwertungsverbot nicht in Frage; so auch BFH BStBl 84, 512. Es handelt sich insoweit um eine Auswertung der Ermittlungsergebnisse gegenüber Dritten.

5. Folgen des Verstoßes gegen §§ 4 und 5 BpO. Prüfungshandlungen ohne Prüfungsanordnungen sind nicht unwirksam, sondern rechtswidrig, Völker aaO, 302. Die Rspr des BFH hält an dem Grundsatz fest, daß **rechtswidrige** Prüfungshandlungen nicht ohne weiteres die darauf beruhenden **StBescheide rechtswidrig** machen, vgl BFH BStBl 69, 636; 73, 716; 75, 197; 75, 232; 78, 501. Etwas anderes gilt, wenn die Prüfungshandlung rechtskräftig als rechtswidrig **festgestellt** worden ist, BFH BStBl 82, 659. Die nachträgliche Rüge eines Verstoßes gegen §§ 4 III und 5 BpO (St) schließt die **Verwertung** der getroffenen Feststellungen grundsätzlich nicht aus FG Köln EFG 82, 277. Die **Ergänzung** der Prüfungsanordnung wäre jederzeit möglich gewesen, wenn der Stpfl die formlose Ausdehnung der Prüfung gerügt und sich nicht auf die Erweiterung der Prüfung eingelassen hätte. Dagegen vertritt das FG RhPf generell die Auffassung, daß auf rechtswidrige Weise erlangte **Außenprüfungsergebnisse** zu einem **Verwertungsverbot** führen, FG RhPf EFG 81, 547; FG RhPf EFG 81, 5; und zwar unabhängig davon, ob die Anordnung der Bp durch gerichtliche Entscheidung aufgehoben worden ist. Wenn eine **Prüfungsanordnung** wegen Verfahrensfehlern vom Gericht **aufgehoben** oder für rechtswidrig erklärt wird, kann das FA eine bereits abgeschlossene Prüfung aufgrund einer fehlerfrei erneuten Prüfungsanordnung **wiederholen**, BFH BStBl 86, 435: Gegen die Möglichkeit einer Wiederholungsprüfung insbesondere FG Rheinland-Pfalz, EFG 87, 5, sowie kritisch hierzu Urban, aaO. Die rechtswidrige Verschaffung von Tatsachenkenntnissen könne nicht auf rechtmäßige Weise **wiederholt** werden, denn die fraglichen Tatsachen seien nunmehr bereits bekannt und könnten nicht nochmals bekannt werden, EFG 81, 5. Jedenfalls sei im Verfahren gegen die aufgrund einer Bp geänderten StBescheide die inzidente Nachprüfung der bestandskräftigen Prüfungsanordnung möglich; so auch FG Münster EFG 82, 601; *HHSp* § 88 Anm 6; aA *TK* Tz 7; FG SchlHol EFG 74, 124. Vgl hierzu auch Anm 6.

6. Anfechtung der Prüfungsanordnung. *Meier* Verwirkung des Beschwerderechts gegen die Anordnung einer Außenprüfung durch bloße Duldung des Beginns bzw Durchführung der Außenprüfung, StBp 86, 17. Ist die Prüfungsanordnung nicht **angefochten**, können die aufgrund einer Außenprüfung festgestellten Tatsachen bei der StFestsetzung **verwertet** werden, sofern die Prüfungsanordnung nicht nichtig ist und kein Verstoß gegen ein Beweisermittlungsverbot vorliegt, FG RhPf II. Senat EFG 81, 603 gegen FG RhPf EFG 81, 5. Kritisch zur Entscheidung des II. Senats *Rößler* DStZ 82, 350 Anmerkung. Ist die Prüfungsanordnung bestandskräftig dann gilt der allgemeine Grundsatz des Verwaltungsrechts, daß ein solcher Verwaltungsakt ohne Rücksicht auf Fehler, die er enthalten mag, verbindlich ist und vollzogen werden kann (*Kopp* VerwVfG Vorbemerk 5 vor § 35; *TK* § 196 Rdnr 7).

Wird dagegen die Prüfungsanordnung angefochten und aufgehoben oder wird ihre Rechtswidrigkeit festgestellt, darf sie nicht mehr vollzogen

§ 196 4. Teil. Durchführung der Besteuerung

werden. Bei einer bereits vollzogenen Prüfung darf das Prüfungsergebnis nicht verwertet werden (vgl BFH BStBl 82, 659), nach dem Grundatz, daß die Folgen eines rechtswidrigen Verwaltungsakts rückgängig zu machen sind, vgl *Wolff-Bachof* S. 477. Wenn die Prüfungsfeststellungen bereits Eingang in den Steuerbescheid gefunden haben, müssen zur Beseitigung der daraus gezogenen Folgerungen zusätzlich die **Steuerbescheide angefochten** werden, vgl BFH BStBl 85, 579. Die Geltendmachung nur **formeller** Bedenken gegen eine Außenprüfungsanordnung verstößt gegen **Treu** und **Glauben**, wenn der sachkundig beratene Stpfl bei der Außenprüfung rügelos mitgewirkt hat, FG Köln EFG 84, 163.

Das **Anfechtungsrecht** gegenüber einer Prüfungsanordnung wird nicht dadurch **verwirkt**, daß sich der Steuerpflichtige zunächst widerspruchslos auf die Prüfung einläßt, BFH BStBl 86, 435. Ein Steuerpflichtiger hat an der Feststellung der Rechtswidrigkeit einer erledigten Prüfungsanordnung ein **berechtigtes Interesse**, wenn er damit die Auswertung der durch die Prüfung erlangten Kenntnisse verhindern will, BFH BStBl 87, 248.

7. **Ausdehnung** oder **Einschränkung** der Prüfungsanordnung ist durch Änderung der Anordnung möglich, BFH BStBl 73, 74. Nach § 121 I sind dem Stpfl, soweit es zum Verständnis erforderlich ist, die **Gründe** für die **Änderung** mitzuteilen. Das Fehlen der **Begründung** kann dadurch geheilt werden, daß die Begründung nachträglich zB in einer Beschwerdeentscheidung gegeben wird, BFH BStBl 83, 286. Zur **Begründung** der Erweiterung des Prüfungszeitraums kann es ausreichen, daß sich das FA auf Prüfungsfeststellungen bezieht, die dem Stpfl bereits bekannt sind, BFH BStBl 79, 162. UE handelt es sich bei der Erweiterung der Anordnung nicht um einen Widerruf des Verwaltungsakt nach § 131 (aA *Martens* NJW 78, 1467; Die steuerl Bp aus der Sicht des Beraters, 1978, S 29), sondern um einen **neuen Verwaltungsakt;** sonst müßten uU die Einschränkungen der Widerrufsmöglichkeit nach § 131 II beachtet werden.

Die Erweiterung des Prüfungszeitraums ist eine Ermessensentscheidung. Die Aufzählung der Fälle einer zulässigen Erweiterung des Prüfungszeitraums in § 4 III 2 BpO ist nur beispielhaft. Die Ermessenserwägungen müssen sich auf jeden einzelnen Veranlagungszeitraum gesondert beziehen, FG Hbg EFG 80, 102. Zur Erweiterung der Bp wegen nicht unerheblicher Nachforderungen oder Erstattungen genügt es, daß die Feststellung neuer Tatsachen durch die Bp möglich erscheint, BFH BStBl 80, 143. Eine Erweiterung der **LSt-Außenprüfung** ist unzulässig, wenn die Ergebnisse der Prüfung wegen § 173 II nicht hätten verwertet werden können, FG Niders EFG 82, 280. Das FA kann in jedem Fall aus Kenntnissen, die es bei einer Bp gewonnen hat, **Schlußfolgerungen** auf Gegebenheiten in **anderen Jahren** vor oder nach dem Prüfungszeitraum ziehen und daher einen Vorbehaltsbescheid entsprechend ändern, BFH BStBl 88, 2. Dem FA ist es nicht verwehrt, aus rechtmäßig erlangten Kenntnissen bestimmter Tatsachen in den Prüfungsjahren Schlußfolgerungen auf Tatsachen außerhalb des Prüfungszeitraums zu ziehen.

4. Abschnitt. Außenprüfung　　　　　　　　　　　　　　**§ 197**

§ 197 Bekanntgabe der Prüfungsanordnung

(1) ¹Die Prüfungsanordnung sowie der voraussichtliche Prüfungsbeginn und die Namen der Prüfer sind dem Steuerpflichtigen, bei dem die Außenprüfung durchgeführt werden soll, angemessene Zeit vor Beginn der Prüfung bekanntzugeben, wenn der Prüfungszweck dadurch nicht gefährdet wird. ²Der Steuerpflichtige kann auf die Einhaltung der Frist verzichten. ³Soll die Prüfung nach § 194 Abs. 2 auf die steuerlichen Verhältnisse von Gesellschaftern und Mitgliedern sowie von Mitgliedern der Überwachungsorgane erstreckt werden, so ist die Prüfungsanordnung insoweit auch diesen Personen bekanntzugeben.

(2) Auf Antrag der Steuerpflichtigen soll der Beginn der Außenprüfung auf einen anderen Zeitpunkt verlegt werden, wenn dafür wichtige Gründe glaubhaft gemacht werden.

Schrifttum: *Papperitz* Verlegung einer Außenprüfung auf Antrag des Steuerpflichtigen – § 197 Abs 2 AO, StBp 84, 193; *Offerhaus* Zur Adressierung einer Prüfungsanordnung, StBp 86, 212.

1. Inhalt. Der Stpfl soll **angemessene Zeit** vor Beginn der Ap von dem Bevorstehen der Ap **unterrichtet** werden. Diese Unterrichtung dient zugleich der Vermeidung von Störungen während der Ap und sichert zudem einen zügigen Ablauf der Prüfung. Welche Frist angemessen ist, richtet sich nach den Umständen des Einzelfalles. Die Frist soll es dem Steuerpflichtigen ermöglichen, sich auf die bevorstehende Prüfung **vorzubereiten**; er soll sich ohne unzumutbaren Aufwand auf die Prüfung einstellen können, HHSP Anm 38, 40f. Es kommt deshalb darauf an, welche Vorbereitungshandlungen die konkrete Prüfung vom Steuerpflichtigen verlangt, BFH BStBl 88, 413. In besonderen Fällen kann daher die Bekanntgabe der Prüfungsanordnung auch mit dem **Beginn** der **Prüfung** zusammenfallen. Dies gilt insbesondere für die Anordnung einer ergänzenden Prüfung.

Ein **Verzicht** auf die Einhaltung der Frist nach § 197 I S 1 liegt nicht bereits darin, daß der Steuerpflichtige sich erst nach Abschluß der Prüfung gegen die Rechtmäßigkeit der Prüfungsanordnung gewandt hat (BFH BStBl 86, 435). Eine **mündliche** Ankündigung der Prüfung reicht für das Ingangsetzen der Frist nicht aus, weil die Prüfungsanordnung schriftlich zu erteilen ist, BFH BStBl 88, 413. Auf die Einhaltung der Frist kann die **FinBeh** nur verzichten, wenn der Prüfungszweck gefährdet wäre, zB wegen des kurz bevorstehenden Ablaufs der Festsetzungsfrist, oder wenn der Stpfl auf die Einhaltung der Frist verzichtet. Soweit die Prüfung auch die persönlichen Verhältnisse der einzelnen **Gesellschafter** erfassen soll, ist auch diesen die Anordnung innerhalb der Frist bekanntzugeben. Dies gilt nicht, wenn sich die Prüfung lediglich auf die mit der einheitlichen Gewinnfeststellung zusammenhängenden Fragen beschränkt, § 194 II. Nach Auffassung des FG Düsseldorf (EFG 84, 534) muß eine Prüfungsanordnung, die sich gegen **zwei Steuerpflichtige** richtet, deutlich machen, in welcher **Eigenschaft** der einzelne Steuerpflichtige in Anspruch genommen werden soll. Ist dies nicht der Fall, ist die Prüfungsanordnung mangels hinreichender Bestimmtheit unwirksam.

Adressat der Prüfungsanordnung sind bei Personengesellschaften die **Gesellschaft** und nicht die einzelnen Gesellschafter, FG Münster EFG 82,

§ 197 4. Teil. Durchführung der Besteuerung

601; aA FG Rhpf (EFG 85, 160): Für die Bekanntgabe einer Prüfungsanordnung zur Prüfung von Gewinnfeststellungen ist § 183 AO einschlägig. In diesen Fällen werde zwar die Personengesellschaft als verfahrensrechtliches Rechtsobjekt behandelt, sachlich sei aber nicht sie, sondern deren Gesellschafter betroffen (BFH BStBl 77, 221; FG RhPf EFG 85, 160). Die Wirksamkeit von und das Feststellungsverfahren betreffenden Bescheiden erfordere daher grundsätzlich die Bekanntgabe an die betreffenden Gesellschafter (*TK* § 183 Tz 2). Die Anordnung kann auch gegenüber dem **Bevollmächtigten** bekanntgegeben werden, FG RhPf EFG 82, 335. Eine an den Ehemann und die nichtexistierende Ehefrau gerichtete Prüfungsanordnung soll insgesamt nichtig sein, FG Rheinland-Pfalz, EFG 86, 378. Hiergegen mit überzeugender Begründung Offerhaus, StBp 86, 212.

Bei der Bestimmung des Zeitpunktes, an dem eine Bp-Anordnung bekanntgegeben worden ist, ist § 108 III nicht anwendbar, FG Münster EFG 81, 483.

Der mitgeteilte **Prüfungsbeginn** muß lediglich der voraussichtliche sein, er kann ohne weiteres geändert werden. Die **Festlegung** des Prüfungsbeginns ist ein **VA;** die Prüfungsanordnung ist ein davon getrennter Vorgang. Der Stpfl ist nicht gezwungen, die Nichteinhaltung der angemessenen Frist des Abs 1 in dem Verfahren nach Abs 2 geltend zu machen, BFH BStBl 87, 408. Auch in der Bitte, Bücher und Belege geordnet bereitzuhalten, ist kein Verwaltungsakt, sondern nur ein Hinweis auf die gesetzlichen Mitwirkungspflichten zu sehen, FG RhPf EFG 82, 334. Die Regelung des FA, welche Person für das Amt gegenüber den Bürgern tätig werden soll, ist ebenfalls keine rechtliche Regelung gegenüber diesen Bürgern iS von Verwaltungsakten, *TK* § 196 Tz 2; FG RhPf EFG 82, 6. Bei **Zustellung** durch die Post an Eheleute hat der BFH die Übergabe je einer **Ausfertigung** des Schriftstücks an jeden der **Ehegatten** verlangt, BFH BStBl 76, 136. Ob diese Grundsätze auch gelten im Falle einer nichtförmlichen Bekanntgabe, kann fraglich sein. **Prüfungsanordnungen** gegen Eheleute können in einer Verfügung zusammengefaßt werden; AnwErl Nr 2. Zu ihrer Bekanntgabe genügt die Übersendung nur einer Ausfertigung, wenn die Eheleute durch die gemeinsame Abgabe von ESt-Erklärungen sich gegenseitig zur Empfangnahme im Besteuerungsverfahren ermächtigt haben, BFH BStBl 82, 208.

2. Abs. 2. Die **Verlegung** des Prüfungsbeginns auf **Antrag** des Stpfl soll vorgenommen werden, wenn dafür wichtige Gründe glaubhaft gemacht werden. Die Sollvorschrift bedeutet eine entspr Verpflichtung für die Verwaltung im Regelfall. Gegen die Verlegung des Prüfungsbeginns können allerdings im Einzelfall überwiegende öffentl Belange sprechen. Der Antrag muß **nicht** unbedingt **schriftlich** gestellt werden. Wichtige Gründe sind nur solche, die vom Normalfall deutlich abweichen. Der Stpfl muß Tatsachen vortragen, die das Vorhandensein solcher Gründe „wahrscheinlich" erscheinen lassen. Wenn trotzdem überwiegende **öffentliche Belange** gegen die Verlegung sprechen, kann der Antrag trotz Glaubhaftmachung abgelehnt werden. Hierfür reichen **innerorganisatorische Gründe** der Behörde regelmäßig nicht aus. Vorläufiger Rechtsschutz kann nur im Wege der einstweiligen Anordnung nach § 144 FGO gewährt werden. Der Stpfl braucht die Gründe für die Verlegung lediglich **glaubhaft** zu machen, also

4. Abschnitt. Außenprüfung §§ 198, 199

nicht zu beweisen. Es müssen aber „**wichtige**" Gründe sein. Wichtige Gründe für Hinausschieben des Prüfungsbeginns sind zB **Erkrankung** des Stpfl. seines st Beraters oder maßgeblichen Mitarbeiters; erhebliche **Betriebsstörungen** durch Umbau oder höhere Gewalt. Dem Antrag kann ggf unter **Auflagen**, zB Erledigung von Vorbereitungsarbeiten für die Prüfung, stattgegeben werden, AnwErl Nr 3.

§ 198 Ausweispflicht, Beginn der Außenprüfung

¹**Die Prüfer haben sich bei Erscheinen unverzüglich auszuweisen.** ²**Der Beginn der Außenprüfung ist unter Angabe von Datum und Uhrzeit aktenkundig zu machen.**

Die **Prüfer** haben sich beim Erscheinen unverzüglich **auszuweisen**. Unverzüglich bedeutet ohne schuldhaftes Zögern. Der **Beginn** der Ap ist mit Datum und Uhrzeit in den Akten festzuhalten. Der Zeitpunkt ist im Hinblick auf die Ablaufhemmung, § 171 IV, von Bedeutung. Das bloße Erscheinen des Prüfers, ohne daß dieser tatsächlich Prüfungshandlungen vornimmt oder zumindest an Ort und Stelle mit entspr Vorbereitungen beginnt, stellt noch nicht den Beginn der Prüfung dar. **Scheinhandlungen** sind für die Ablaufhemmung nach § 171 IV ohne Bedeutung. Die Prüfung wird begonnen, wenn der Prüfer ernsthaft die Prüfung aufnimmt, zB durch Besprechung mit Stpfl oder dem Bevollmächtigten. Prüfungsbeginn ist im Prüfungsbereich mitzuteilen, AnwErl. Die Vorschr bestimmt nicht, daß auch der Zeitpunkt des **Erscheinens** des **Prüfers** beim Stpfl aktenkundig zu machen ist. Dieser Zeitpunkt hat lediglich im Zusammenhang mit der **Selbstanzeige** (§ 371) eine Bedeutung.

§ 199 Prüfungsgrundsätze

(1) Der Außenprüfer hat die tatsächlichen und rechtlichen Verhältnisse, die für die Steuerpflicht und für die Bemessung der Steuer maßgebend sind (Besteuerungsgrundlagen), zugunsten wie zuungunsten des Steuerpflichtigen zu prüfen.

(2) Der Steuerpflichtige ist während der Außenprüfung über die festgestellten Sachverhalte und die möglichen steuerlichen Auswirkungen zu unterrichten, wenn dadurch Zweck und Ablauf der Prüfung nicht beeinträchtigt werden.

1. Inhalt. Die für das Besteuerungsverfahren geltenden Grundsätze werden in Abs 1 im Hinblick auf die Außenprüfung besonders verdeutlicht, vgl Darstellung der wesentl **Rechte** und **Pflichten** des Stpfl bei der Außenprüfung, BdF BStBl 79 I 115. Ausdrücklich hervorgehoben wird, daß die **tatsächlichen** und **rechtlichen** Verhältnisse **zugunsten** wie **zuungunsten** des Stpfl zu prüfen sind. Die Vorschrift geht insofern weiter als **§ 88 II**, der lediglich bestimmt, daß die für den Stpfl günstigen Umständen zu **berücksichtigen** sind. Nach § 199 I haben die FinBeh insoweit eine **Ermittlungspflicht**. Nicht bestimmt wird, daß die Ap auf das **Wesentliche** abzustellen, ihre Dauer auf das notwendige Maß zu **beschränken** und vornehmlich auf Sachverhalte zu erstrecken ist, die zu endgültigen StAusfällen oder nicht

§ 200　　　　　　　　　　　　4. Teil. Durchführung der Besteuerung

unbedeutenden Gewinnverlagerungen führen können. Diese Grundsätze werden zwar in der BpO (§ 6) anerkannt, gehören aber nicht in das Gesetz.

2. **Abs. 2** sichert dem Stpfl während der Prüfung ausreichendes **rechtliches Gehör** (§ 91, der insoweit modifiziert wird). Der Stpfl ist **während der Prüfung** über die Feststellungen sowie über die möglichen st Auswirkungen zu unterrichten, sofern der Prüfungsablauf nicht beeinträchtigt wird. Der Stpfl soll dadurch vor Überraschungen in der Schlußbesprechung geschützt werden. Die Unterrichtung ist auch deswegen geboten, weil der Stpfl uU gar nicht die Bedeutung evtl Fragen des Prüfers erkennt und möglicherweise sich zu seinen Lasten ungeschickt ausdrückt. Bei Verletzung des Abs 2 liegt **Verfahrensfehler** vor, der nach § 126 I Nr 3 **geheilt** werden kann. Er führt nicht zu einem Verwertungsverbot, vgl. *TK* Tz 6. Der Stpfl hat während der Außenprüfung keinen **klagbaren** Anspruch auf Bekanntgabe der **Ermittlungsergebnisse,** insbesondere von Aussagen der vom Prüfer gehörten Personen und auf Abhaltung einer Schlußbesprechung, FG RhPf EFG 84, 430 aA. *Bauer* Der Anspruch auf Herausgabe von Fotokopien während der Betriebsprüfung, DStR 88, 140. Nach Auffassung von *Bauer* (aaO) ergibt sich der Anspruch des Steuerpflichtigen auf **Herausgabe** von **Fotokopien** über eine Aussage Dritter aus § 93 VI S 4 iVm Art 103 GG. Der Steuerpflichtige könne seinen Anspruch im Wege der Verpflichtungsklage geltend machen.

§ 200 Mitwirkungspflichten des Steuerpflichtigen

(1) ¹Der Steuerpflichtige hat bei der Feststellung der Sachverhalte, die für die Besteuerung erheblich sein können, mitzuwirken. ²Er hat insbesondere Auskünfte zu erteilen, Aufzeichnungen, Bücher, Geschäftspapiere und andere Urkunden zur Einsicht und Prüfung vorzulegen und die zum Verständnis der Aufzeichnungen erforderlichen Erläuterungen zu geben. ³Sind der Steuerpflichtige oder die von ihm benannten Personen nicht in der Lage, Auskünfte zu erteilen, oder sind die Auskünfte zur Klärung des Sachverhaltes unzureichend oder versprechen Auskünfte des Steuerpflichtigen keinen Erfolg, so kann der Außenprüfer auch andere Betriebsangehörige um Auskunft ersuchen. ⁴§ 93 Abs. 2 Satz 2 und § 97 Abs. 2 gelten nicht.

(2) ¹Die in Absatz 1 genannten Unterlagen hat der Steuerpflichtige in seinen Geschäftsräumen oder, soweit ein zur Durchführung der Außenprüfung geeigneter Geschäftsraum nicht vorhanden ist, in seinen Wohnräumen oder an Amtsstelle vorzulegen. ²Ein zur Durchführung der Außenprüfung geeigneter Raum oder Arbeitsplatz sowie die erforderlichen Hilfsmittel sind unentgeltlich zur Verfügung zu stellen.

(3) ¹Die Außenprüfung findet während der üblichen Geschäfts- oder Arbeitszeit statt. ²Die Prüfer sind berechtigt, Grundstücke und Betriebsräume zu betreten und zu besichtigen. ³Bei der Betriebsbesichtigung soll der Betriebsinhaber oder sein Beauftragter hinzugezogen werden.

Schrifttum: Zur Frage, ob die FÄ mit der Durchführung von Außenprüfungen in den Räumen des Stpfl Art 13 GG verletzen vgl *Zutavern* und *Rößler* in StBp 80, 89 ff; *Wenzig* Verfassungsrechtliche Überlegungen zur Betriebsprüfung in den Geschäfts-

4. Abschnitt. Außenprüfung § 200

räumen des Steuerpflichtigen, StBp 80, 145 Entgegnung auf Rößler; *Kalmes* Außenprüfung in den Geschäfts- und Wohnräumen eines Steuerpflichtigen, StBp 80, 148; *Rößler* Nochmals; Verfassungsrechtliche Überlegungen zur Außenprüfung in den Geschäftsräumen des Steuerpflichtigen, StBp 80, 269. Erwiderung auf Wenzig und Kalmes; *Lohmeyer* Mitwirkungspflicht und Mitwirkungsverweigerung bei der steuerlichen Außenprüfung, Inf 80, 489; *Papperitz* Probleme im Zusammenhang mit der Auskunftspflicht der Beteiligten und anderer Personen bei der Durchführung einer Außenprüfung (§§ 200 I, 93 I AO) StBp 80, 245; *Wenzig* Die Auskunftsperson im Außenprüfungsverfahren, StuW 83, 247 ff; *Rössler* Die Durchführung von Außenprüfungen in den Räumen des Steuerpflichtigen, BB 80, 1634; *Papperitz* Die Durchführung einer Außenprüfung in den Geschäftsräumen des Steuerpflichtigen, BB 80, 674; *Voss-Jäger* Die Mitwirkung Dritter im Besteuerungsverfahren, insbesondere während einer Außenprüfung, DB 79, 131; *Suhr* Die Mitwirkungspflichten und Mitwirkungsverweigerungsrechte bei einer Außenprüfung nach der AO 77, StBp 78, 97; *Wenzig* Die Auskunftsperson im Außenprüfungsverfahren, StuW 83, 346.

Übersicht

1. Inhalt
2. Mitwirkungspflicht
3. Erläuterungen
4. Betriebsangehörige
5. Formlosigkeit der Auskunftersuchen
6. Ort der Vorlage
7. Zeit der Prüfung

1. Inhalt. Die Vorschr regelt die **Mitwirkungspflichten** des Stpfl bei der Ap. Der Prüfer ist auf Mitwirkung angewiesen. IdR wird nur der Stpfl oder die von ihm benannte Person in der Lage sein, die erforderlichen Auskünfte zu geben. Die Vorschriften modifiziert und ergänzt die allgemeinen Vorschriften über die Mitwirkung der Stpfl im Besteuerungsverfahren vgl Merkblatt über die wesentlichen Rechte und Mitwirkungspflichten des Stpfl bei der Außenprüfung, BMF AO-Kartei § 196 K 2.

2. Der Stpfl hat mitzuwirken. Die **Form** seiner **Mitwirkung** wird in den folgenden Sätzen präzisiert. Der Begriff „mitwirken" ist sehr umfassend. Die Grenze der Mitwirkungspflicht richtet sich nach der **Zumutbarkeit** des einzelnen, vgl § 90 I 3. Wieweit die Mitwirkungspflicht der Stpfl gehen soll, ist nach **pflichtgemäßem Ermessen** zu entscheiden. Hierbei ist auf die Notwendigkeit, die Zumutbarkeit und die Verhältnismäßigkeit abzustellen. Der Stpfl braucht nicht innerbetriebliches Personal für bloße **Beschleunigung** der Prüfung zur Verfügung zu stellen. *Maassen* DB 75, 2050; zB braucht er nicht die **EDV-Anlage** zur Programmierung neuen Prüfungsstoffs zur Vfg stellen, *Ehlers* DStR 78, 392. Die Inanspruchnahme der **EDV-Anlage** des Stpfl kommt grundsätzlich nur dann in Betracht, wenn die Buchführung unübersichtlich oder fehlerhaft ist, *Suhr* aaO. Stpfl ist nicht verpflichtet, dem Prüfer unentgeltlich Kopien der vorzulegenden Unterlagen zu überlassen noch besondere **Aufstellungen,** Auflistungen usw anzufertigen, *Martens* NJW 78, 1468 oder eine Nachkalkulation durchzuführen, BFH BStBl 82, 430. Die Ap ist vornehmlich eine **Buchprüfung.** Daher wird die Verpflichtung zur Vorlage von Büchern und Aufzeichnungen, Geschäftspapieren usw besonders hervorgehoben. Abweichend von der Regelung in § 93 II 2 kann die Vorlage von Büchern usw bereits verlangt werden, bevor der Stpfl um Auskunft gebeten wurde. Stpfl muß die vom Prüfer gewünschten Teile der Buchführung heraussuchen und herbeischaffen.

3. Der Stpfl hat darüber hinaus die zum **Verständnis** der Aufzeichnungen erforderlichen **Erläuterungen** zu geben. Diese Pflicht bezieht sich dem Wortlaut nach nur auf die Aufzeichnungen. Eine entspr Erläuterungspflicht für sonstige Geschäftsunterlagen kann sich ggf aber aus der allgemeinen Mitwirkungspflicht ergeben. Der Stpfl braucht diese Pflichten nicht selbst zu erfüllen, sondern kann ggf eine andere Person dafür benennen. Dies kann auch der steuerl Berater sein. Die FinBeh hat sich in erster Linie an diese Personen zu halten. Sie hat grundsätzlich kein Recht, den steuerl Berater von der Prüfung auszuschließen; sie hat sich im Regelfall an den steuerl Berater zu wenden (§ 80 III), sie kann sich an den Stpfl selbst wenden, soweit dieser zur Mitwirkung – wie hier – verpflichtet ist. Dies schließt aber das Recht des Stpfl nicht aus, seinen Berater als Beistand nach § 80 IV hinzuzuziehen. Die Auskunftspflicht des Stpfl erlischt nicht dadurch, daß er Auskunftspersonen benennt, AnwErl Nr 1. Behinderung der Ap kann StHinterziehung nach § 370 I Nr 2 sein.

4. Andere Betriebsangehörige dürfen erst dann um Auskunft ersucht werden, wenn der Stpfl oder die von ihm benannten Personen entweder nicht in der Lage sind, die erforderlichen Auskünfte zu geben oder wenn deren Auskünfte keinen Erfolg versprechen. Der Stpfl kann auch eine **Person** benennen die ein **Auskunftsverweigerungsrecht** hat. Wenn sie davon Gebrauch macht, ist sie offensichtlich nicht in der Lage, die Auskunft zu erteilen mit der Folge, daß sich das FA an andere Personen wenden kann, vgl *Wenzig* aaO 246. Die Formulierung in S 3 „die von ihm benannten Personen" ist nach Auffassung des Finanzausschusses der BT so auszulegen, daß darunter auch solche fallen, die im Laufe der Prüfung noch benannt werden. Wenn die Auskünfte des Stpfl oder der bisher von ihm benannten Personen nicht ausreichend sind, so soll der Prüfer zunächst den Stpfl zur Benennung einer **weiteren Auskunftsperson** auffordern; der Prüfer soll nicht ohne Kenntnis des Stpfl andere Betriebsangehörige ohne weiteres befragen dürfen, vgl § 7 BpO St. Nach *Martens* (NJW 78, 1468) hat der **Stpfl** nach allg Grunds des VerwRechts das **Recht** auf **Anwesenheit** bei der Befragung von Betriebsangehörigen, umstr. § 93 ist auch im Rahmen einer Bp **anwendbar**, sodaß ggf Dritte befragt werden können, FG Münster EFG 78, 522. Sind die Möglichkeiten des Abs 1 S 3 erschöpft, so kann der Außenprüfer auch an Nichtbeteiligte, dh an Außenstehende **Dritte** gem § 93 I 3 herantreten, allerdings nicht schon mit der Begründung, daß die Sachverhaltsaufklärung durch den Stpfl langwierig, zeitraubend und schwierig sei. Anders bei Unglaubwürdigkeit oder bewußter Verzögerungstaktik des Stpfl.

5. Ausschluß des §§ 93 II 2, 97 II. Der Ausschluß dieser Vorschr bedeutet, daß Auskunftsersuchen im Rahmen der Prüfung **nicht schriftlich** zu ergehen brauchen und daß die Vorlage von Urkunden nicht vorausgesetzt, daß die Auskünfte des Stpfl unzureichend sind. Diese Vorschriften wären mit den Besonderheiten der Ap nicht vereinbar.

6. In seinen **Geschäftsräumen** hat der Stpfl grundsätzlich die Unterlagen vorzulegen. Soweit ein zur Durchführung geeigneter Geschäftsraum nicht

4. Abschnitt. Außenprüfung § 200

vorhanden ist, ggf in seinen Wohnräumen, ggf auch an Amtstelle. Der Gesetzgeber geht davon aus, daß es immer möglich sein wird, mit dem Stpfl eine einvernehmliche Lösung zu erzielen. Die Ermächtigung zum Betreten von Wohn- und Geschäftsräumen ergibt sich aus § 200, FG RhPf EFG 80, 11. Die Vorlagepflicht soll sich nach FG RhPf (EFG 88, 539 nrk) grundsätzlich **nicht** auf **private** Kto-Auszüge erstrecken. Stpfl hat keinen Anspruch, daß die Ap in den Praxisräumen seines **StBeraters** durchgeführt wird, FG D'dorf EFG 80, 162. Die Inanspruchnahme von Räumen des Stpfl ist nur dann erforderlich iSd Rechtsprechung des BVerfG, wenn infolge Umfang und Beschaffenheit der Buchführung deren Verbringen an Amtsstelle unmöglich oder unzumutbar ist, FG RhPf EFG 80, 11. Die Bp in den Geschäftsräumen des Stpfl ist zwingendes Recht, soweit ein zu ihrer Durchführung geeigneter Geschäftsraum vorhanden ist. Prüfung in **Wohnräumen** des Stpfl ist nur mit dessen Zustimmung zulässig, FG D'dorf EFG 81, 382; *TK* Anm 3, *HHSp* Anm. 466; *Koch* Anm. 9; *Schwarz* Anm 4; EE zu § 99. Eine Bp-Anordnung könnte dann allerdings auf § 193 II Nr 2 gestützt werden. Über den Antrag auf Durchführung der Bp an einer anderen, als den genannten Örtlichkeiten, ist nach pflichtgemäßem Ermessen zu entscheiden, BFH BStBl 87, 360.

Der Stpfl hat daneben die Verpflichtung, einen zur Durchführung der Ap geeigneten Raum, oder Arbeitsplatz sowie die erforderlichen **Hilfsmittel** (Tisch, Stuhl, Lampe usw) unentgeltlich zur Verfügung zu stellen. Eine Prüfungsanordnung, die eine Außenprüfung „beim Stpfl" anordnet legt damit noch nicht den Ort der Prüfung fest, BFH BStBl 82, 208. Nach der Rspr der BVerfG (BVerfGE 32, 73 ff) folgt aus dem Begriff „Eingriffe und Beschränkungen" iSd Art 13 III GG daß Arbeits-, **Betriebs-** und **Geschäftsräume** von Behördenbeauftragten zur Erfüllung ihres gesetzlichen Auftrags unter folgenden Voraussetzungen betreten werden dürfen; 1. Vorliegen einer besonderen ges Ermächtigungsvorschrift 2. Betreten muß für den erlaubten Zweck erforderlich sein 3. Das Gesetz muß den Zweck des Betretens, Gegenstand und Umfang der zugelassenen Besichtigung und Prüfung deutlich erkennen lassen. 4. Betreten nur zu den normalen Geschäftszeiten.

Das Betreten ist bei Prüfungen kleinerer Art nicht erforderlich, weil das Verbringen der Buchführung mit Unterlagen an Amtsstelle möglich und zumutbar ist. Die gebotene verfassungskonforme Auslegung des § 200 II AO könnte dazu führen, daß die Prüfung bei fehlendem Einverständnis des Betroffenen grundsätzlich an Amtsstelle vorgenommen werden muß.

7. Die Ap findet während der üblichen **Geschäfts-** oder **Arbeitszeit** statt. Im Einvernehmen mit dem Stpfl kann die Prüfung ggf auch außerhalb dieser Zeiten durchgeführt werden. S 2 regelt das **Betretungsrecht** des Betriebsprüfers. Das GrundR der Unverletzlichkeit der Wohnung nach Art 13 GG wird dadurch nicht tangiert, *Tipke* DStR 67, 80. Die Betriebsbesichtigung ist keine Augenscheinseinnahme; aA *Martens* NJW 78, 1468 Anm 32; vgl auch BVerfGE 32, 54; Betreten von Arbeitsräumen durch Behördenbeauftragte für Prüfungs- oder Besichtigungszwecke ist zulässig.

§ 201 Schlußbesprechung

(1) ¹Über das Ergebnis der Außenprüfung ist eine Besprechung abzuhalten (Schlußbesprechung), es sei denn, daß sich nach dem Ergebnis der Außenprüfung keine Änderung der Besteuerungsgrundlagen ergibt oder daß der Steuerpflichtige auf die Besprechung verzichtet. ²Bei der Schlußbesprechung sind insbesondere strittige Sachverhalte sowie die rechtliche Beurteilung der Prüfungsfeststellungen und ihre steuerlichen Auswirkungen zu erörtern.

(2) Besteht die Möglichkeit, daß auf Grund der Prüfungsfeststellungen ein Straf- oder Bußgeldverfahren durchgeführt werden muß, soll der Steuerpflichtige darauf hingewiesen werden, daß die straf- oder bußgeldrechtliche Würdigung einem besonderen Verfahren vorbehalten bleibt.

Schrifttum: *Latsch-Honemann* Die Bedeutung der Schlußbesprechung (§ 201 AO) im Rahmen der steuerlichen Außenprüfung, StBp 80, 1; *Kretschmar* Verhalten des Betriebs(Außen)prüfers beim Verdacht von Straftaten/Ordnungswidrigkeiten, die nicht innerhalb der Ermittlungskompetenz der Finanzbehörde liegen, StBp 83, 241; *ders* Welche Aktenvermerke hat der Betriebs(Außen)Prüfer nach der Einleitung der Steuerstraf(-bußgeld-)verfahrens zu fertigen? StBp 83, 265; *Hildebrandt* Über Betriebsprüfung und Steuerstrafverfahren im Widersinn, BB 84, 1226; *Große* Die Schlußbesprechung – ein orientalischer Basar, StBp 86, 58.

Übersicht

1. Inhalt
2. Schlußbesprechung
3. Hinweis auf die straf- und bußgeldrechtliche Würdigung
4. Vereinbarungen

1. Inhalt. Die Schlußbesprechung soll dem Stpfl noch vor Erstellung des Prüfungsberichts **rechtliches Gehör** verschaffen. Der Stpfl muß ohnehin bereits während der Prüfung laufend über die Prüfungsfeststellungen nach § 199 II informiert werden. Die Schlußbesprechung erübrigt sich, wenn die Ergebnisse der Prüfung zu keinen Abweichungen gegenüber der bisherigen StFestsetzung führen. Das gleiche gilt, wenn der Stpfl auf die Schlußbesprechung verzichtet. Nach § 11 II BpO ist der **Stpfl zu unterrichten,** ob an Schlußbespr auch ein für die Entscheidung über die StFestsetzung **zuständiger Amtsträger** teilnimmt. Inwieweit jedoch eine **Einigung** mit diesem verbindlich für die StFestsetzung ist, ist noch nicht geklärt, vgl BFH BStBl 77, 623 mN: **Zusagen** im Rahmen einer **Schlußbesprechung,** die im Bericht nicht aufrechterhalten werden, haben **keine Bindungswirkung.**

2. Die Vorschrift geht über die in § 91 statuierte **Anhörungspflicht** hinaus. Nach § 91 I ist dem Stpfl lediglich Gelegenheit zu geben, sich zu den entscheidungserheblichen **Tatsachen** zu äußern. Nach § 201 I 2 sind nicht nur die Sachverhalte, sondern auch deren **rechtliche Beurteilung** sowie die steuerl Auswirkungen zu erörtern, dh mit dem Stpfl ist ein **Rechtsgespräch** zu führen. Die Besprechungspunkte und der Besprechungstermin sind dem Stpfl – ohne daß dies im Gesetz besonders betont wird – angemessene Zeit vor der Besprechung mitzuteilen, § 11 I BpO. Welche **Frist angemessen** ist, richtet sich nach den Umständen des Einzelfalls; hierbei wird zu berücksichtigen sein, daß der Stpfl ja bereits während der Prüfung über die

4. Abschnitt. Außenprüfung § 201

Prüfungsfeststellungen informiert werden soll. Unterbleibt die erforderliche Schlußbesprechung, so liegt ein **Verfahrensfehler** vor, der sich im StFestsetzungsverfahren auswirkt und daher zur Rechtswidrigkeit der entspr StFestsetzung führt, aA FG RhPf EFG 80, 108.

3. Hinweis auf die **straf- und bußgeldrechtliche Würdigung.** Die straf- und bußgeldrechtliche Würdigung gehört nicht zur Schlußbesprechung. Daher ist ggf ein entspr Hinweis erforderlich. Eine dem § 13 BpO (St) entspr Vorschr ist nicht in die AO aufgenommen worden. Danach sollte ein Prüfer bei Verdacht einer StStraftat den Stpfl unverzüglich darauf hinweisen, daß der Sachverhalt insoweit auch steuerstrafrechtl erforscht werde, daß es ihm freistehe, sich zu der Beschuldigung zu äußern oder nicht zur Sache auszusagen. Abgesehen davon, daß diese Darstellung sachlich nicht ganz richtig ist, ist auf folgendes hinzuweisen: Aus § 163 a IV StPO ergibt sich bereits eine **Belehrungspflicht,** sobald die erste Vernehmung des Beschuldigten bevorsteht. Daneben ist dem Stpfl nach § 397 III unverzüglich die **Einleitung des StStrafverfahrens** mitzuteilen. Außerdem bestimmt § 393 I, daß der Stpfl bereits **vor** der **Einleitung** eines **Steuerstrafverfahrens nicht zur Mitwirkung gezwungen** werden darf, wenn er sich dadurch wegen einer **St**Straftat oder StOrdnungswidrigkeit **belasten** würde. Nach § 393 I 4 ist der Stpfl über diese Rechtslage zu **belehren,** soweit hierzu Anlaß besteht; maW: Der Stpfl kann zwar strafrechtlich jede Aussage zur Sache verweigern, nicht aber auch steuerl seine Mitwirkungspflicht; die Mitwirkung der Stpfl darf nur nicht erzwungen werden. Eine darüber hinausgehende gesetzliche Regelung im Rahmen der Vorschriften über die Ap ist nicht erforderlich. Die Rechtslage ist in den neuen BpO (§§ 9, 10 BpO) klargestellt worden.

Der Prüfer handelt nicht rechtswidrig, wenn er die Einleitung eines Strafverfahrens unterläßt, weil er zweifelt, ob die Voraussetzungen des § 152 II StPO vorliegen, *Kopacek* BB 71, 1049.

4. Vereinbarungen zwischen Stpfl und FA Bp haben idR **keine Bindungswirkung,** weder für die Stpfl noch für das FA, BFH BStBl 63, 104, 212. Evtl kann sich aber eine Bindung aus dem Grundsatz von **Treu** und **Glauben** ergeben, wenn der Stpfl im Hinblick auf bestimmte Zusagen Dispositionen getroffen hat, vgl BFH BStBl 69, 120; 64, 587. **Faktische Vereinbarungen** werden allerdings beschränkt durch den Grundsatz der **Gesetzmäßigkeit** und Gleichmäßigkeit der Besteuerung. Ein Verhandlungsspielraum besteht daher für die Finanzverwaltung nur, soweit mehr als eine Entscheidung nach dem Gesetz möglich ist. Im Steuerrecht – insbesondere in Schätzungssachen – ist eine tatsächliche **Verständigung** über schwierig zu ermittelnde tatsächliche Umstände zulässig und bindend, BFH BStBl 85, 354. **Rechtsirrtümer,** die die FinBeh nach der Schlußbesprechung erkennt, können auch dann noch bei der Auswertung der Prüfungsfeststellungen richtiggestellt werden, wenn an der Schlußbesprechung der für die StFestsetzung zuständige Beamte teilgenommen hat, BFH aaO.

§ 202 Inhalt und Bekanntgabe des Prüfungsberichts

(1) ¹Über das Ergebnis der Außenprüfung ergeht ein schriftlicher Bericht (Prüfungsbericht). ²Im Prüfungsbericht sind die für die Besteuerung erheblichen Prüfungsfeststellungen in tatsächlicher und rechtlicher Hinsicht sowie die Änderungen der Besteuerungsgrundlagen darzustellen. ³Führt die Außenprüfung zu keiner Änderung der Besteuerungsgrundlagen, so genügt es, wenn dies dem Steuerpflichtigen schriftlich mitgeteilt wird.

(2) Die Finanzbehörde hat dem Steuerpflichtigen auf Antrag den Prüfungsbericht vor seiner Auswertung zu übersenden und ihm Gelegenheit zu geben, in angemessener Zeit dazu Stellung zu nehmen.

1. Inhalt. Die Vorschr erweitert das **rechtliche Gehör** gegenüber den Regelungen in §§ 91, 199 II, 201, der Stpfl wird ohnehin schon während der Prüfung und bei der Schlußbesprechung über die Prüfungsfeststellungen informiert. Der Prüfungsbericht braucht nicht die nach den Feststellungen des Prüfers zu zahlenden Steuern, sondern nur die für die Besteuerung **erheblichen Feststellungen** und die Änderung der Besteuerungsgrundlagen zu enthalten. Ein Prüfungsbericht ist nur dann nicht erforderlich, wenn die Prüfung zu keinen abweichenden Feststellungen geführt hat. Der Prüfungsbericht hat aber auch eine darüber hinausgehende Bedeutung, weil der Stpfl die Erteilung einer **verbindlichen Zusage** in bezug auf einen im Prüfungsbericht dargestellten Sachverhalt nach § 204 beantragen kann. Soweit der Stpfl einen solchen Antrag bereits gestellt hat, müßte uE insoweit ein Prüfungsbericht ergehen, auch wenn die Prüfung nicht zu abweichenden Feststellungen geführt hat. Der **Sachverhalt** ist im Prüfungsbericht umfassend **darzustellen,** wenn mit Antrag auf verbindl Zuage (§ 204) zu rechnen ist. AnwErl Nr 1. Die Angaben im Prüfungsbericht sollen dem Stpfl eine Nachprüfung ermöglichen und ihm rechtliches Gehör gewähren; daher reicht es nicht aus, wenn lediglich auf die Akten des FA verwiesen wird, FG D'dorf EFG 82, 393. Für den Innendienst oder spätere Besteuerungszeiträume bestimmte Mitteilungen des Außenprüfers brauchen nicht in den Prüfungsbericht aufgenommen zu werden, BFH BStBl 61, 290.

2. Abs. 2. Der Prüfungsbericht wird nur auf entspr **Antrag** des Stpfl vor seiner Auswertung **übersandt.** Für die Klage auf Übersendung eines Bp-Berichts ist der **FinRechtsweg** gegeben, BFH BStBl 81, 457. Aus § 89 ist zu entnehmen, daß die FinBeh ggf verpflichtet ist, den Stpfl auf sein Antragsrecht hinzuweisen. Wird ein solcher Antrag gestellt, ist dem Stpfl eine **angemessene Frist** zur Stellungnahme zu geben. Welche Frist angemessen ist, richtet sich nach den Umständen des Einzelfalles; hierbei werden der Umfang der Fragen, über die bei der Schlußbesprechung keine Einigung erzielt worden ist, sowie die Schwierigkeit der zu entscheidenden Fragen zu berücksichtigen sein. Der Antrag kann jedoch unabhängig vom Ausgang der Schlußbesprechung gestellt werden, also auch dann, wenn es in der Schlußbesprechung zu einer Einigung gekommen ist. Voraussetzung ist allerdings, daß überhaupt ein Prüfungsbericht erstellt wird. Wenn lediglich eine Mitteilung nach Abs 1 S 2 ergeht, entfällt insoweit auch das Antragsrecht des Stpfl. Der **frühere Gesellschafter** einer Personengesellschaft kann die Übersendung eines ungekürzten BpBerichts über die Verhältnisse

4. Abschnitt. Außenprüfung § 203

der Gesellschaft nicht beanspruchen, wenn der Prüfungszeitraum sich auch auf Zeitabschnitte nach seinem Ausscheiden erstreckt, die für seine Besteuerung ohne Bedeutung sind, BFH BStBl 81, 457. Gegen die **Auswertung** eines **BpBerichts** ist **einstweilige Anordnung nicht** gegeben, FG Bremen EFG 77, 386 nrk. Wenn bei **Auswertung** des BpBerichts von den Feststellungen des Prüfers **wesentl zuungunsten** des Stpfl **abgewichen** werden soll, ist diesem Gelegenheit zur **Äußerung** zu geben, § 12 II BpO.

§ 203 Abgekürzte Außenprüfung

(1) ¹Bei Steuerpflichtigen, bei denen die Finanzbehörde eine Außenprüfung in regelmäßigen Zeitabständen nach den Umständen des Falles nicht für erforderlich hält, kann sie eine abgekürzte Außenprüfung durchführen. ²Die Prüfung hat sich auf die wesentlichen Besteuerungsgrundlagen zu beschränken.

(2) ¹Der Steuerpflichtige ist vor Abschluß der Prüfung darauf hinzuweisen, inwieweit von den Steuererklärungen oder den Steuerfestsetzungen abgewichen werden soll. ²Die steuerlich erheblichen Prüfungsfeststellungen sind dem Steuerpflichtigen spätestens mit den Steuerbescheiden schriftlich mitzuteilen. ³§ 201 Abs. 1 und § 202 Abs. 2 gelten nicht.

1. Inhalt. Die Vorschr ermöglicht die Durchführung einer sog **abgekürzten Außenprüfung** bei Stpfl, die nicht turnusmäßig geprüft werden, also insb kleinere Betriebe und Stpfl ohne betriebliche Einkünfte. Die Vorschrift stellt einen wichtigen Beitrag im Rahmen der Neuorganisation des Besteuerungsverfahrens dar; sie ermöglicht die rasche Durchführung von Außenprüfungen, was insbesondere durch Abs 1 S 1 zum Ausdruck kommt, wonach sich die Prüfung auf die **wesentlichen Besteuerungsgrundlagen** zu beschränken hat. Die Möglichkeit der Beschleunigung des Prüfungsverfahrens liegt häufig auch im Interesse des Stpfl. Die abgekürzte Prüfung hat im übrigen aber die gleichen Wirkungen wie eine „normale" Ap, insb auch die **Ablaufhemmung** in § 171 IV, den Ausschluß der Änderungsmöglichkeit wegen neuer Tatsachen oder Beweismittel in § 173 II; sie kann auch Grundlage für eine **verb Zusage** nach §§ 204 bis 207 sein. Die abgekürzte Ap ist von der betriebsnahen Veranlagung zu unterscheiden. Die **betriebsnahe Veranlagung** wird mit Zustimmung des Stpfl bei diesem nach den Bestimmungen der §§ 93 ff durchgeführt, vgl *Martens* NJW 78, 1465.

2. Die Prüfung ist auf die **wesentlichen Besteuerungsgrundlagen** zu beschränken. Man wird allerdings aus dieser Vorschr nicht entnehmen können, daß eine weitergehende Prüfung ein Verwertungsverbot der dadurch aufgedeckten Tatsachen nach sich zieht; etwas anderes kann evtl gelten, wenn sich der Stpfl erfolgreich im gerichtlichen Verfahren gegen die Ausweitung der Prüfung gewehrt hat, vgl BFH BStBl 73, 542. Eine **Schlußbesprechung** nach § 201 I und die Übersendung des **Prüfungsberichts** schreibt das Gesetz nicht vor. Eine unangemessene Beeinträchtigung der Rechtsstellung des Stpfl liegt in dieser Regelung jedoch nicht. Denn der Hinweis auf die Abweichungen von den StFestsetzungen (Abs 2 S 1)

§ 204   4. Teil. Durchführung der Besteuerung

kommt praktisch einer Übersendung des Prüfungsberichts gleich. Im übrigen gilt auch bei einer abgekürzten Ap der Grundsatz des § 199 II, wonach der Stpfl während der Ap über die festgestellten Sachverhalte und die möglichen steuerlichen Auswirkungen zu unterrichten ist. Die Vorschrift des Abs 2 S 2, wonach die Prüfungsfeststellung spätestens mit den StBescheiden zu übersenden ist, kommt der Übersendung des Prüfungsberichts gleich. Sie läßt die Möglichkeit offen, die Prüfungsfeststellung ggf schon vor ihrer Auswertung zu übersenden.

2. Unterabschnitt. Verbindliche Zusagen auf Grund einer Außenprüfung

§ 204 Voraussetzung der verbindlichen Zusage

Im Anschluß an eine Außenprüfung soll die Finanzbehörde dem Steuerpflichtigen auf Antrag verbindlich zusagen, wie ein für die Vergangenheit geprüfter und im Prüfungsbericht dargestellter Sachverhalt in Zukunft steuerrechtlich behandelt wird, wenn die Kenntnis der künftigen steuerrechtlichen Behandlung für die geschäftlichen Maßnahmen des Steuerpflichtigen von Bedeutung ist.

Geändert mit Wirkung ab 1. 1. 87 durch StBereinigG 1986 v 19. 12. 85, BGBl I, 2436.

Schrifttum: *Kienemund* Zusagen der Finanzverwaltung DB 84, 1433; *Pfeiffer* Anspruch auf Erteilung einer verbindlichen Zusage außerhalb der gesetzlich normierten Fälle, DB 87, 2380; *Thiel* Vertrauensschutz im Besteuerungsverfahren DB 88, 1343.

Übersicht

1. Inhalt
2. Anschluß an eine Außenprüfung
3. Ermessensentscheidung
4. Antrag
5. Gegenstand der Zusage
6. Bedeutung für den Steuerpflichtigen
7. Rechtsbehelf
8. Übergangsregelung
9. Verbindliche Auskünfte außerhalb einer Außenprüfung

1. Inhalt. Die Vorschriften der §§ 204–207 beschränken sich auf eine Regelung über die **verbindliche Zusage** im Anschluß an eine **Außenprüfung.** Der Gesetzgeber ist der von verschiedenen Seiten gestellten Forderung nach einer allgemeinen Regelung über die **verbindliche Auskunft** nicht gefolgt, hat aber zum Ausdruck gebracht, daß er davon ausgehe, die Verwaltung werde auch in Zukunft ohne eine entspr ges Regelung in begründeten Fällen verbindliche Auskünfte erteilen, vgl hierzu Anm 9. In diesem Zusammenhang ist darauf hinzuweisen, daß dem BT bereits in der 5. Legislaturperiode ein **Entwurf** für eine gesetzliche Regelung der verbindlichen Auskunft vorgelegen hat. Dieser Entwurf enthielt jedoch Einschränkungen, die nach Auffassung der Bundesregierung zwar unverzichtbar waren, jedoch schließlich den Wert einer solchen gesetzlichen Regelung in Zweifel stellen mußten. Ua sah dieser Entwurf **keinen Rechtsanspruch** auf Erteilung einer verbindlichen Zusage vor, ferner war bestimmt, daß nur die in dem vorgeschriebenen förmlichen Verfahren

gegebenen Zusagen verbindlich sein sollten, schließlich war eine **Kostenpflicht** für die Auskunft vorgesehen. Dies alles führte schließlich dazu, daß auch bei den Befürwortern einer ges Regelung das Interesse an einer solchen Regelung nachließ. Es bleibt festzustellen, daß der Gesetzgeber durch die Einführung des Instituts der verbindlichen Zusage einen guten Schritt in Richtung auf eine allgemeine verbindliche Auskunft getan hat, damit aber noch nicht allen Wünschen gerecht geworden ist.
Verbindliche Zusagen zu Lasten Dritter sind nichtig, FG Nbg EFG 82, 594.

2. Im Anschluß an eine Außenprüfung kann die Zusage gegeben werden. Hierzu zählt auch die **abgekürzte Außenprüfung** nach § 203. Das Gesetz sagt nichts darüber, **wielange** ein entspr **Antrag** noch gestellt werden kann. Man wird insoweit dem AnwErl (Nr 2) folgen müssen, wonach zwischen **Prüfung** und **Antrag** ein **zeitlicher Zusammenhang** gewahrt bleiben muß. Der Stpfl ist gut beraten, wenn er schon rechtzeitig, möglichst während der Ap, zumindest darauf hinweist, daß er zu einem bestimmten Punkt eine verbindliche Zusage erteilt haben möchte. Stellt er den Antrag erst in der Schlußbesprechung, ist idR keine Zusage mehr zu erteilen, wenn nochmalige umfangreiche Prüfungshandlungen erforderlich sind, AnwErl Nr 2.

3. Ob die FinBeh dem Antrag auf Erteilung der Zusage entspricht, liegt in ihrem **pflichtgemäßen Ermessen.** FG Nieders EFG 82, 170. Bei der Frage, welchen Ermessensspielraum die Behörde hat, ist zu berücksichtigen, daß sich eine gewisse Einengung des Ermessens schon aus der Tatsache ergibt, daß das Institut der verbindlichen Zusage überhaupt im Gesetz geregelt worden ist. Ferner ist zu beachten, welche **Voraussetzungen** das Gesetz an die Erteilung der Zusage knüpft. Es muß die **Kenntnis** der künftigen st Behandlung für die **geschäftlichen Maßnahmen von Bedeutung** sein. Je umfangreicher die st Auswirkungen sind, desto größer ist das Interesse der Stpfl an der Kenntnis der künftigen st Beurteilung seiner geschäftlichen Maßnahmen; in gleichem Maße dürfte auch der Ermessensspielraum für die Verwaltung eingeengt sein. Stpfl muß ein berechtigtes Interesse an der Erteilung der Zusage haben. Liegen die übrigen im Gesetz aufgestellten Voraussetzungen nicht vor, so hat die FinBeh die Erteilung einer Zusage von vornherein abzulehnen, FG Nieders EFG 82, 170. Es kann aber Fälle geben, die sich nicht für eine verbindl Zusage nicht eignen, zB bei Auskünften über die künftige Angemessenheit von Verrechnungspreisen bei unübersichtlichen Marktverhältnissen, ferner, wenn eine allgemeine VerwVorschr oder eine Grundsatzentscheidung der BFH zu der Frage bevorsteht oder wenn die Zusage einen unverhältnismäßigen VerwAufwand erfordert, vgl AnwErl Nr 1.

Durch das **StBereinigG** ist ab **1. 1. 87** insofern eine Änderung eingetreten, als die bisherige **Kann-Vorschrift** durch eine **Sollbestimmung** ersetzt wird. Damit wird das Ermessen der Verwaltung erheblich eingeschränkt. Man wird davon ausgehen müssen, daß nach dem 1. 1. 87 verbindliche Zusagen im Anschluß an eine Außenprüfung nur **ausnahmsweise** abgelehnt werden können, vgl AnwendErl Nr 1 S 2.

§ 204

4. Die Zusage wird nur auf **Antrag** erteilt. Schriftform wird nicht gefordert, dürfte aber zweckmäßig sein. Unklarheiten gehen zu Lasten des Stpfl, BFH BStBl 61, 562. Nicht gefordert wird, daß der Stpfl den zu beurteilenden Sachverhalt eingehend darstellt; es dürfte uU zweckmäßig sein, den im Prüfungsbericht dargestellten Sachverhalt zu ergänzen, um Unklarheiten zu vermeiden.

5. Die Zusage wird erteilt über einen für die **Vergangenheit geprüften** und im **Prüfungsbericht dargestellten Sachverhalt.** Der zu beurteilende **Sachverhalt** muß für die Vergangenheit **geprüft** und im Prüfungsbericht **dargestellt** worden sein, *Koch* Rdnr 11. Der Stpfl sollte daher, um sicherzugehen, bei dem Prüfer darauf hinwirken, daß der Sachverhalt geprüft und auch möglichst eingehend im Prüfungsbericht dargestellt wird. Ergeben sich keine Abweichungen gegenüber den bisherigen Feststellungen, so genügt es nach § 202 I 2, wenn dies dem Stpfl schriftl mitgeteilt wird. Gerade in diesen Fällen wird aber der Stpfl nicht selten ein Interesse an einer verbindl Zusage haben. Insoweit müßte uE bei berechtigtem Interesse abweichend von § 202 I 2 doch eine entspr Darstellung im Prüfungsbericht gegeben werden. Im Verfahren über die Rechtmäßigkeit der **Ablehnung** der Zusage kann nicht geprüft werden, ob der Sachverhalt in „zusagegeeigneter" Weise hätte festgestellt und im Prüfungsbericht dargestellt werden müssen. FG Nieders EFG 82, 170. Das Begehren auf zusagegeeignete Prüfungsfeststellung und Darstellung des Sachverhalts muß ggf im Rahmen der Außenprüfung mit den dafür vorgesehenen Rechtsmitteln, dh evtl auch mit der Leistungsklage nach § 40 I FGO oder – vorläufig – durch einstweilige Anordnung gem § 114 FGO verfolgt werden, FG Nieders EFG 82, 170; *HHSp* Anm 100. Stpfl muß notfalls eine Erweiterung des Prüfungszeitraums beantragen. Zweifelhaft kann sein, ob Sachverhalte, die ständiger Wandlung unterliegen, überhaupt als für die Vergangenheit steuerrechtlich mit Wirkung für die Zukunft geprüft angesehen werden können vgl Nieders EFG 82, 170.

6. Für die **geschäftlichen Maßnahmen** muß die Kenntnis über die steuerliche Behandlung von Bedeutung sein. UE darf die Bestimmung jedoch nicht in dem Sinne verstanden werden, daß verbindl Zusagen nur in bezug auf st Verhältnisse eines Gewerbebetriebes usw erteilt werden. Die Ap kann nach § 193 II auch bei Personen durchgeführt werden, die keine Einkünfte aus Gewerbebetrieb, freiberufl Tätigkeit usw erzielen. Insoweit muß § 204 so ausgelegt werden, daß verbindl Zusagen auch gegenüber anderen Stpfl erteilt werden können, die fortlaufend bestimmte Einkünfte erzielen, zB aus Wertpapiergeschäften oder aus Vermietung und Verpachtung. Auch in diesen Fällen kann ein vergleichbar starkes Interesse an der Kenntnis der künftigen st Behandlung bestimmter immer wiederkehrender Sachverhalte gegeben sein.

7. Rechtsbehelf gegen die erteilte **Zusage** und gegen deren **Ablehnung** ist der Einspruch nach § 348 I Nr 6.

8. Übergangsregelung Art 97 § 12 EGAO. Die Vorschriften über die verbindliche Zusage aufgrund einer Ap sind anzuwenden, wenn die **Schlußbesprechung** nach dem 31. 12. 1976 stattfindet oder, falls eine solche nicht erforderlich ist, wenn dem Stpfl der Prüfungsbericht nach dem 31. 12. 1976 zugegangen ist.

4. Abschnitt. Außenprüfung **§ 204**

9. Verbindliche Auskünfte außerhalb der Ap.

Schrifttum: *Kurr* Die Zusicherung im Verwaltungs-, Steuer- und Zollrecht, ZfZ 86, 236; *Wilke* Gesetzliche Regelung der verbindlichen Zusage – Anmerkung zu der beabsichtigten, aber nicht erfolgten Änderung des § 204 AO, DStR 86, 426 mit Anmerkung von *Mittelsteiner*, aaO, 428; *Lausen* Verbindlicher Vorabbescheid in Steuerfragen – in Dänemark, DStZ 87, 147; *Sangmeister* Bindung des Finanzamts an eine Zusage, DStZ 87, 235; *Kaligin* Der Auskunftserlaß vom 24. 6. 1987, Anwendungsbereiche der verbindlichen Zusage, DStZ 88, 367, 426; *Rieckmann* Der Auskunftserlaß vom 24. 6. 1987, DStZ 88, 396; *Schmidt* Die Erteilung verbindlicher Zolltarifauskünfte nach Inkrafttreten des Harmonisierten Systems, ZfZ 88, 38; *Richter* Die neue Verwaltungsregelung zur verbindlichen Auskunft, 2. Aufl. 1988.

Der BT hat im schriftl Bericht (BT-DrS 7/4292) zum Ausdruck gebracht, er gehe davon aus, daß neben der in §§ 204 bis 207 geregelten verbindlichen Zusage auch in anderen Fällen von den FinBehen Auskünfte und Zusagen gegeben werden können und die entspr Praxis bei der Erteilung und Bewertung dieser Zusagen nicht geändert werde. Die Rspr hat in einer Reihe von Entscheidungen die Verbindlichkeit derartiger Auskünfte festgestellt. Nach den Grundsätzen von Treu und Glauben können verschiedene Gründe, wie zB Zusagen, widersprüchliches Verhalten des FA, Verwirkung usw einer Änderung des StBescheides entgegenstehen, BFH BStBl 69, 120. Dies gelte namentlich dann, wenn eine entspr Zusage Grundlage für wirtschaftliche Dispositionen des Stpfl war (BFH BStBl 64, 587), vgl auch *Oswald* DStR 68, 590. Der BFH verlangt allerdings **Schriftform** für die Zusage (BStBl 68, 145), offenbar aus Gründen der Beweiskraft, verneint allerdings gleichzeitig die Qualifikation der Zusage als Verwaltungsakt. In einem **Erledigungsvorschlag** des FA im Einspruchsverfahren ist grundsätzlich keine verbindliche Zusage zu sehen, BFH BStBl 88, 232.

Daneben gibt es noch die **Lohnsteueranrufungsauskunft** nach § 42e EStG, die Auskunft über Gewährung von **Berlinzulagen** für Arbeitnehmer nach § 29 IV 2 BerlinFG, die Auskunft über die Art der Anlage von **vermögenswirksamen** Leistungen nach § 14 VIII 3 5. VermBG, die Auskunft über **Bergmannsprämien** nach § 9 BergBDV sowie die verbindliche **Zolltarifauskunft** und sonstige Zusagen nach §§ 23 ff. ZG.

Schreiben betr. Auskunft mit Bindungswirkung nach Treu und Glauben (verbindliche Auskunft)
Vom 24. Juni 1987 (BStBl I S 474)

Unter Bezugnahme auf das Ergebnis der Erörterung mit den obersten Finanzbehörden der Länder gilt für verbindliche Auskünfte folgendes:
Die Finanzämter können nach Maßgabe der einschlägigen Rechtsprechung (vgl BFH-Urteile vom 4. August 1961, BStBl III S 562, vom 19. März 1981, BStBl II S 538, und vom 16. März 1983, BStBl II S 459) auch außerhalb der Regelungen der §§ 204 ff. AO und des § 42e EStG verbindliche Auskünfte über die steuerliche Beurteilung von genau bestimmten Sachverhalten erteilen, wenn daran im Hinblick auf die erheblichen steuerlichen Auswirkungen ein besonderes Interesse besteht.
Der Antrag auf Erteilung einer verbindlichen Auskunft ist schriftlich bei dem Finanzamt zu stellen, das bei Verwirklichung des Sachverhalts voraussichtlich zuständig sein würde. Er muß folgende Angaben enthalten:
– Die genaue Bezeichnung des Antragstellers (Name, Wohnort, ggf. Steuernummer),
– die Darlegung des besonderen steuerlichen Interesses,

§ 204   4. Teil. Durchführung der Besteuerung

- eine umfassende und in sich abgeschlossene Darstellung eines ernsthaft geplanten Sachverhalts (keine unvollständige, alternativ gestaltete oder auf Annahme beruhende Darstellung, Verweisung auf Anlagen nur als Beleg),
- eine ausführliche Darlegung des Rechtsproblems mit eingehender Begründung des eigenen Rechtsstandpunktes,
- die Formulierung konkreter Rechtsfragen (wobei globale Fragen nach den eintretenden Rechtsfolgen nicht ausreichen),
- die Erklärung, daß über den zur Beurteilung gestellten Sachverhalt bei keiner anderen Finanzbehörde eine verbindliche Auskunft beantragt wurde, sowie
- die Versicherung, daß alle für die Erteilung der Auskunft und für die Beurteilung erforderlichen Angaben gemacht wurden und der Wahrheit entsprechen.

Das Finanzamt ist nicht verpflichtet, eigens für die zu erteilende Auskunft Ermittlungen durchzuführen.

Bei der Auskunft hat das Finanzamt darauf hinzuweisen, daß die Auskunft
- nach Treu und Glauben Bindungswirkung nur entfaltet, wenn der später verwirklichte Sachverhalt von dem der Auskunft zugrunde gelegten Sachverhalt nicht abweicht,
- außer Kraft tritt, wenn die Rechtsvorschriften, auf denen die Auskunft beruht, geändert werden.

Verbindliche Auskünfte werden nicht erteilt in Angelegenheiten, bei denen die Erzielung eines Steuervorteils im Vordergrund steht (zB Prüfung von Steuersparmodellen, Feststellung der Grenzpunkte für einen Gestaltungsmißbrauch oder für das Handeln eines ordentlichen Geschäftsleiters).

Die Befugnis, nach pflichtgemäßem Ermessen auch in anderen Fällen die Erteilung verbindlicher Auskünfte abzulehnen, bleibt unberührt (zB wenn zu dem Rechtsproblem eine gesetzliche Regelung, eine höchstrichterliche Entscheidung oder eine Verwaltungsanweisung in absehbarer Zeit zu erwarten ist).

Diese Regelung ergeht zunächst zum Zwecke der Erprobung.

Dieses Schreiben wird in der AO-Kartei veröffentlicht.

Nach Auffassung von *Kaligin* (aaO) muß den Steuerpflichtigen in den zusagefähigen Fallkonstellationen grundsätzlich ein **Zusageanspruch** eingeräumt werden. Nur in **Ausnahmefällen** dürfe man zu dem Ergebnis kommen, daß die Finanzverwaltung aufgrund eines ihrer höherrangigen Interesses (zB Verwaltungsaufwand ist überproportional hinsichtlich des Umfangs der steuerlichen Auswirkungen beim Steuerpflichtigen) einen Zusageantrag ermessensfehlerfrei **ablehnen** kann. Daß eine solche Ausnahme vorliegt, muß die Finanzbehörde beweisen, *Kaligin*, aaO; HHSP Rdnr 76–78; TK Tz 7. Der Hinweis auf ein schwieriges umfangreiches Rechtsgebiet sei nicht geeignet, einen Zusageantrag abzulehnen. Nach dem Zusageerlaß sei die Finanzverwaltung verpflichtet, die dadurch notwendig gewordenen **Kapazitäten** für die Bearbeitung entsprechender Fälle im Vorfeld der Veranlagung durch geeignete organisatorische Maßnahmen sicherzustellen. Die Auffassung von *Pfeiffer* (aaO) der Steuerpflichtige habe nach den Grundsätzen pflichtgemäßer Ermessensausübung grundsätzlich einen Anspruch auf Erteilung der Zusage, sofern kein Mißbrauchsfall vorliegt, erscheint allerdings zu weitgehend.

Verbindliche Auskünfte sollen nicht erteilt werden, wenn der Steuerpflichtige nur ein Interesse an der Erzielung **steuerlicher Vorteile** hat. Dies soll zB gelten für Steuersparmodelle, für Fragen der Abgrenzung zu einem Gestaltungsmißbrauch. Die Finanzverwaltung möchte vermeiden, bei sog **Steuersparmodellen** auch noch kooperativ mitwirken zu müssen. Man will das Risiko der Anerkennung derartiger Konstruktionen den Steuerpflichtigen nicht abnehmen.

4. Abschnitt. Außenprüfung **§ 204**

Die Sonderregelung in § 42e EStG über die **Anrufungsauskunft** betr eine bloßen Wissenserklärung, vgl *Giloy* BB 77, 1139. An eine erteilte **Anrufungsauskunft** nach § 42e EStG ist das FA nach den Grundsätzen von Treu und Glauben **gebunden,** BFH BStBl 79, 451. Die Bindung gilt für den Arbnehmer und den Arbgeber und nicht nur für das LSt-Verfahren sondern auch für die Veranlagung. Gleichwohl ist die Auskunft kein Verwaltungsakt, sondern eine Wissenserklärung. Dagegen müssen Zusagen wohl als **Verwaltungsakt** anerkannt werden. Zusagen sind **Selbstverpflichtungserklärungen** einer Behörde, eine Regelung bestimmten Inhalts zu erlassen oder zu unterlassen; darin liegt aber bereits eine Regelung, vgl *Fichtelmann* Wesen und Bedeutung der Anrufungsauskunft, FR 80, 236.

Die **§§ 28 ff** AZO (Erteilung verbindlicher Zolltarifauskünfte) sind mit Wirkung zum 1. 1. 88 durch die 36. VO zur Änderung der AZO geändert worden. Die AZO ist insoweit an den gemeinsamen Zolltarif angepaßt worden.

Nach **§ 23 I ZG** werden verbindliche Zolltarifauskünfte über die Tarifstelle des Zolltarifs erteilt, der eine bestimmte Ware zugeordnet wird.

Auch eine **mündlich** erteilte Zusage soll verbindlich sein können, FG D'dorf EFG 81, 296; BFH BStBl 70, 352; *HHSp* § 204 Anm 115. Es soll auch nicht darauf ankommen, ob das FA die Erklärung als Auskunft oder als Zusage gegeben hat. Das FA soll auch durch die Zusage eines nicht zuständigen Sachbearbeiters gebunden sein, weil das FA ein schutzwürdiges Vertrauen des Stpfl achten muß. FG D'dorf EFG 81, 297. Es sei entscheidend, ob der Stpfl im Hinblick auf einen vom FA gesetzten **Vertrauenstatbestand** Maßnahmen ergriffen oder unterlassen hat, die er sonst nicht ergriffen oder unterlassen hätte.

Das FG Köln (EFG 84, 426) nimmt eine **Bindung** des FA an seine **Zusage** über die **Schätzung** der Einkünfte auch dann an, wenn diese nicht zu Dispositionen des Stpfl geführt hat. In dem gegebenen Fall erscheint diese Entscheidung richtig, weil der Stpfl veranlaßt werden sollte, Einzelnachweise über Betriebsausgaben zu unterlassen. Jede Zusage steht aber unter der stillschweigenden Voraussetzung, daß die bestehende Rechtslage sich nicht ändern wird. In diesem Fall muß das FA die Zusage nicht mit Wirkung für die Zukunft widerrufen, FG D'dorf EFG 81, 229.

Im Rahmen des **StBereinigG 1986** hat der Deutsche Bundestag in einer Entschließung die Bundesregierung aufgefordert, unverzüglich einen **Gesetzesentwurf** zur Einführung der **verbindlichen Zuage** ohne vorhergehende Außenprüfung zu erarbeiten. Die Bundesregierung soll hierbei auf die früheren Gesetzesentwürfe (DrS IV/2442 und V/885) zurückgreifen, BT-Drucks 10/4498. Hierbei sollte in einem neuen § 204 III eine **Gebührenregelung** eingefügt werden. Im Vorgriff auf die Beratungen auf Bundesebene hat sodann das Bayerische Finanzministerium einen **Zusageerlaß** vom 24. 6. 86 (OFD München, StEK AO § 204 Nr 1) herausgegeben. Dem folgte ein entsprechender Erlaß des Saarländischen Finanzministeriums (DB 87, 73). Beide Erlasse haben den Druck auf das Bundesfinanzministerium, einen bundeseinheitlichen Zusageerlaß herauszugeben, verstärkt. Dieser vorstehend abgedruckte Erlaß wurde am 24. 6. 87 verabschiedet (BStBl 87 I 474); er soll zunächst Erprobungszwecken dienen. Die dabei gewonnenen Erkenntnisse sollen Aufschluß darüber geben, ob die Verwaltungsregelung modifiziert oder aufgehoben wird oder ob eine ent-

§ 205

sprechende Regelung in die Abgabenordnung aufgenommen werden soll (vgl auch die Erläuterungen hierzu von *Krabbe* DB 87, 2067; *Pfeiffer* DB 87, 2380).

§ 205 Form der verbindlichen Zusage

(1) Die verbindliche Zusage wird schriftlich erteilt und als verbindlich gekennzeichnet.

(2) Die verbindliche Zusage muß enthalten:
1. **den ihr zugrunde gelegten Sachverhalt; dabei kann auf den im Prüfungsbericht dargestellten Sachverhalt Bezug genommen werden,**
2. **die Entscheidung über den Antrag und die dafür maßgebenden Gründe,**
3. **eine Angabe darüber, für welche Steuern und für welchen Zeitraum die verbindliche Zusage gilt.**

1. **Inhalt.** Die verb Zusage muß **schriftlich** erteilt werden und als **verbindlich gekennzeichnet** werden, anderenfalls hat sie keine Bindungswirkung. Schriftform ist aus Beweisgründen vorgeschrieben. Auch außerhalb der §§ 204–207 erteilte verbindliche Auskünfte haben nur bei Schriftform Bindungswirkung, dag FG D'dorf EFG 81, 299.

2. Wesentliche **Bestandteile** der verbindlichen Zusage sind
a) der **zugrundegelegte Sachverhalt.** Dies ist deswegen erforderlich, weil nur insoweit eine Bindungswirkung nach § 206 eintritt, als sich der später verwirklichte Sachverhalt mit dem zugrundegelegten deckt. Wenn der im Prüfungsbericht dargestellte Sachverhalt vollständig ist, kann insoweit auf den Bericht Bezug genommen werden. Es ist auch möglich, eine ergänzende Sachverhaltsdarstellung außerhalb des Prüfungsberichts zu geben und im übrigen auf den Prüfungsbericht zu verweisen.
b) die **Entscheidung** über den Antrag und die dafür maßgebenden **Gründe.** Die Entscheidung besteht in der Erklärung der FinBeh, wie der zugrundegelegte Sachverhalt künftig steuerlich behandelt werden wird. Die Zusage kann auch **Vorbehalte** und **Einschränkungen** enthalten, zB „vorbehaltlich einer Besprechung mit den obersten FinBehen der Länder"; insoweit wird die Bindungswirkung ausgeschlossen vgl BFH BStBl 61 III 562; AnwErl Nr 1 S 1. Die Hinzufügung von **Nebenbestimmungen** gem § 120 II ist zulässig; die **Befristung** wird in Nr 3 ausdrücklich erwähnt. So dürfte auch die Hinzufügung einer **Bedingung** iSd § 120 II Nr 2 zulässig sein, zB der Vorbehalt, daß sich die Rspr nicht ändert. Es stellt sich allerdings die Frage, ob damit nicht gegen § 120 III verstoßen wird, wonach eine Nebenbestimmung dem Zweck des Verwaltungsakts zuwiderlaufen darf; durch derartige Einschränkungen wird nämlich die verbindl Zusage für den Betroffenen uU wertlos. Es müssen ferner die für die Entscheidung maßgebenden **Gründe** angegeben werden; die Vorschr dürfte als Ausnahmeregelung des § 121 II zu verstehen sein. Während nach § 121 II ua auf die Begründung verzichtet werden kann, soweit einem Antrag entsprochen wird, schreibt § 205 generell die Begründung vor. Diese Regelung hat insofern ihre Berechtigung, als damit die FinBeh zu einer sehr sorgfältigen Prüfung angehal-

ten wird und im übrigen auch Unklarheiten über den Umfang der Zusage weitgehend vermieden werden können. Zur Begründung zählt mindestens die Angabe der maßgebenden **Rechtsvorschriften**. Diese Angabe hat schon im Hinblick auf § 207 I erhebliche Bedeutung, weil bei Änderung der maßgebenden RVorschriften die Bindungswirkung wieder entfällt.

c) Die **Angabe** darüber, für **welche Steuern** und für **welchen Zeitraum** die Zusage gilt, ist schon aus dem Erfordernis der ausreichenden Bestimmtheit des Verwaltungsakts notwendig. Aus der Formulierung ergibt sich im übrigen, daß eine Befristung der Zusage zweifellos zulässig ist.

§ 206 Bindungswirkung

(1) Die verbindliche Zusage ist für die Besteuerung bindend, wenn sich der später verwirklichte Sachverhalt mit dem der verbindlichen Zusage zugrunde gelegten Sachverhalt deckt.

(2) Absatz 1 gilt nicht, wenn die verbindliche Zusage zuungunsten des Antragstellers dem geltenden Recht widerspricht.

Wesentlich für die verbindliche Zusage ist die **Bindungswirkung** für spätere Veranlagungszeiträume. Die Bindungswirkung tritt aber nur ein, wenn der der Zusage zugrundegelegte **Sachverhalt** mit dem später zu beurteilenden Sachverhalt **deckt**. Es ist darüber hinaus nicht erforderlich, daß die Zusage zurückgenommen wird. **Geringfügige Abweichungen** von dem zugrundegelegten Sachverhalt lassen aber die Bindungswirkung nicht außer Kraft treten. Die Bindungswirkung tritt nur zugunsten des Stpfl ein. Der Stpfl ist an eine für ihn ungünstige Zusage nicht gebunden, selbst dann nicht, wenn er gegen diese erfolglos geklagt hat.

Auch wenn die Zusage des Vorstehers eines Finanzamts gegen zwingendes **Recht** verstößt, ist sie dennoch verbindlich, wenn der Steuerpflichtige die **Gesetzwidrigkeit** nicht kannte oder erkennen konnte, FG Köln vom 7. 6. 85, NJW 86, 1377 (nrk).

§ 207 Außerkrafttreten, Aufhebung und Änderung der verbindlichen Zusage

(1) Die verbindliche Zusage tritt außer Kraft, wenn die Rechtsvorschriften, auf denen die Entscheidung beruht, geändert werden.

(2) Die Finanzbehörde kann die verbindliche Zusage mit Wirkung für die Zukunft aufheben oder ändern.

(3) Eine rückwirkende Aufhebung oder Änderung der verbindlichen Zusage ist nur zulässig, falls der Steuerpflichtige zustimmt oder wenn die Voraussetzungen des § 130 Abs. 2 Nr. 1 oder 2 vorliegen.

Abs 3 geändert mit Wirkung ab 1. 1. 87 durch StBereinigG 1986 v 19. 12. 85, BGBl I, 2436.

1. Inhalt. Das Vertrauen in das Fortbestehen einer **gesetzlichen Regelung** wird durch die verbindliche Zusage nicht geschützt. Die Zusage tritt mit der Gesetzesänderung automatisch außer Kraft. Dies gilt aber nur für solche Änderungen, die in den Kern der bisherigen Regelung eingreifen,

§ 207

nicht zB bei nur unbedeutenden Änderungen, die für den zu beurteilenden Sachverhalt keine Bedeutung haben, insbesondere nicht bei im wesentlichen redaktionellen Überarbeitungen des Gesetzes. Auch nicht, wenn die entspr Bestimmung im Zuge einer Gesetzesnovellierung an einer anderen Stelle des Gesetzes eingeordnet wird, zB bei Übernahme einer Regelung aus der VO in das Gesetz. Die Vorschr spricht allerdings von Rechtsvorschriften, insofern dürfte sie auch anwendbar sein bei Änderung von Richtlinien, zB ESt-Richtlinien. Eine Änderung der Rechtsvorschriften kann allerdings gegebenenfalls Anlaß zu **Billigkeitsmaßnahmen** nach §§ 163, 222, 227 sein. Falls eine Norm für nicht im Einklang mit der **Verfassung** stehend erklärt wird, müßte uE der **Rechtsgedanke** des § 176 I Nr 1 oder 2 über den **Vertrauensschutz** entspr angewendet werden.

Die **verbindl Zolltarifauskunft** kann von der OFD im Rahmen ihres **pflichtgem Ermessens** jederzeit geändert oder aufgehoben werden; dies ergibt sich aus § 23 ZG iVm § 31 AZO, die Sonderregelungen gegenüber §§ 130, 131 darstellen, BFH HFR 78, 453. § 172 ist dag **nicht** anwendbar, weil durch die verbindl Zolltarifauskunft keine Steuer festgesetzt wird, so auch *Müller* ZfZ 77, 162.

Eine **verbindl Zolltarifauskunft erledigt** sich iSd § 100 I 4 FGO auch dann, wenn die gem § 23 III ZG durch Änderung der in ihr angewendet Rechtsvorschr außer Kraft tritt, BFH DStZ B 78, 175. Eine verbindl Zolltarifauskunft tritt auch dann außer Kraft, wenn nach ihrer Erteilung eine ErläuterungsVO, der EG-Kommission erlassen wird, die die für die Auskunft maßgebenden Rechtsgrundlagen ändert, BFH ZfZ 81, 244.

2. Abs 2. Die FinBeh kann die Zusage mit Wirkung für die **Zukunft** aufheben oder ändern. Das ist für einen Stpfl, der möglicherweise weitreichende Dispositionen für die Zukunft im Hinblick auf die Zusage getroffen hat, besonders bedauerlich. Die FinBeh wird diesen Umstand im Rahmen ihrer **Ermessensausübung** berücksichtigen müssen. Das Gesetz nennt keine Voraussetzungen, unter denen die FinBeh von der Aufhebung oder Änderung Gebrauch machen kann. Es ist davon auszugehen, daß die FinBeh hierfür triftige Gründe haben muß, zB wenn sich die steuerl Beurteilung des der Zusage zugrundeliegenden Sachverhalts durch Rspr oder Verwaltung zuungunsten des Stpfl ändert. Hierbei sind die Grundsätze über die **Ermessensausübung** zu beachten. Das Absehen von einer Aufhebung oder Änderung der Zusage kommt im wesentlichen in Betracht, wenn sich der Stpfl nicht mehr ohne erheblichen Aufwand bzw ohne beträchtl Schwierigkeiten von den getroffenen Dispositionen lösen kann, AnwErl Nr 2.

3. Rückwirkende Aufhebung oder Änderung ist nur zulässig, falls Stpfl **zustimmt** und die Voraussetzungen des § 130 II Nr 1 und 2 vorliegen. Das Wort „und" ist iS von „oder" zu verstehen. Dies ist durch das **StBereinigG**, allerdings erst mit Wirkung ab **1. 1. 87**, klargestellt worden. § 130 I Nr 1 bezieht sich auf den Fall, daß die Zusage von einer **sachlich unzuständigen** Behörde erteilt worden ist; über sachl Unzuständigkeit vgl Anm zu § 16. Nach § 130 I Nr 2 kann ein Verwaltungsakt zurückgenommen werden, wenn er durch **unlautere Mittel,** wie arglistige Täuschung, Drohung oder Bestechung erwirkt worden ist.

Fünfter Abschnitt. Steuerfahndung (Zollfahndung)

§ 208 Steuerfahndung (Zollfahndung)

(1) ¹Aufgabe der Steuerfahndung (Zollfahndung) ist
1. die Erforschung von Steuerstraftaten und Steuerordnungswidrigkeiten,
2. die Ermittlung der Besteuerungsgrundlagen in den in Nummer 1 bezeichneten Fällen,
3. die Aufdeckung und Ermittlung unbekannter Steuerfälle.

²Die mit der Steuerfahndung betrauten Dienststellen der Landesfinanzbehörden und die Zollfahndungsämter haben außer den Befugnissen nach § 404 Satz 2 erster Halbsatz auch die Ermittlungsbefugnisse, die den Finanzämtern (Hauptzollämtern) zustehen. ³In den Fällen der Nummern 2 und 3 gelten die Einschränkungen des § 93 Abs. 1 Satz 3, Abs. 2 Satz 2 und des § 97 Abs. 2 und 3 nicht; § 200 Abs. 1 Sätze 1 und 2, Abs. 2, Abs. 3 Sätze 1 und 2 gilt sinngemäß, § 393 Abs. 1 bleibt unberührt.

(2) Unabhängig von Absatz 1 sind die mit der Steuerfahndung betrauten Dienststellen der Landesfinanzbehörden und die Zollfahndungsämter zuständig
1. für steuerliche Ermittlungen einschließlich der Außenprüfung auf Ersuchen der zuständigen Finanzbehörde,
2. für die ihnen sonst im Rahmen der Zuständigkeit der Finanzbehörden übertragenen Aufgaben.

(3) Die Aufgaben und Befugnisse der Finanzämter (Hauptzollämter) bleiben unberührt.

Schrifttum: *Küffner* Doppelfunktion der Steuerfahndung, DStR 79, 243; *Pfaff* Außenprüfung und Steuerfahndung unter steuerlichem und steuerstrafrechtlichem Aspekt, StBp 80, 156; *Henneberg* Die Steuerfahndung, „Finanzstaatsanwaltschaft" oder Hilfsbeamter der Staatsanwaltschaft?, DStR 81, 215; *Kühnel* Die Steuerfahndung als Mittel der allgemeinen Steueraufsicht im unbekannten Steuerfall des § 208 AO 1977, DStZ 81, 95; *Wolter* Die Ergebnisse der Ermittlungen im Steuerstrafverfahren, BB 81, 236; *Schick* Steuerfahndung im Rechtsstaat, JZ 82, 125; *Lohmeyer* Die straf- und bußgeldrechtlichen Vorschriften der Betriebsprüfungsordnung, BlSozArbR 82, 190; *v. der Heydt* Die straf- und bußgeldrechtliche Würdigung von Ergebnissen einer Außenprüfung während oder nach der Schlußbesprechung ist rechtswidrig, Stbg 82, 5; *Hamacher* Aufgaben und Befugnisse der Steuerfahndung bei Ermittlungen nach § 208 Abs 1 Satz 1 Nr 1 und Nr 2 AO, DStZ 83, 493; *Hamacher* Aufgaben und Befugnisse der Steuerfahndung bei Ermittlungen nach § 208 Abs 1 Nr 1 und 2 AO – Zulässigkeit einer zwangsweisen Inpflichtnahme Dritter DStZ 83, 493; *Streck* Zur Qualifikation der Steuerfahndung, Kölner Steuerdialog 84, 5445; *Mösbauer* Steuerfahndung im Rechtsstaat, DStZ 86, 339; *Henneberg* Die formellen Voraussetzungen für die Prüfung des Steuerfahndungsdienstes nach § 208 Abs 1 Ziffer 3 AO, BB 86, 921; *Hamacher* Neue Rechtsprechung zu den Voraussetzungen von Ermittlungsmaßnahmen der Finanzbehörden, DStZ 87, 224; *Däntzer-Vanotti* Die Übertragung der Aufgaben der Steuerfahndung auf die Oberfinanzdirektion ist zulässig, DStZ 87, 345; *Sauer* Außenprüfung und Steuerfahndung, DStZ 88, 339; *Hamacher* Der hinreichende Anlaß für Ermittlungen – insbesondere Auswirkungen der neuen BFH-Rechtsprechung im Bereich der Kreditwirtschaft –, DStZ 88, 217; *Klos* Die Vorfeldermittlungen der Steuerfahndung im Spiegel der Rechtsprechung, wistra 88, 290; *Frick* Auskunftsersuchen der Steuerfahndung gem § 208 Abs 1 Satz 1 Nr 3 AO, BB 88, 109.

§ 208   4. Teil. Durchführung der Besteuerung

Übersicht

1. Inhalt
2. Abs 1 Nr 1: Erforschung von Steuerstraftaten und -ordnungswidrigkeiten
3. Abs 1 Nr 2: Ermittlung von Besteuerungsgrundlagen
4. Abs 1 Nr 3: Aufdeckung unbekannter Steuerfälle
5. Abs 1 Satz 2: Ermittlungsbefugnisse
6. Abs 1 Satz 3: Einschränkung von Vorschriften über das steuerliche Ermittlungsverfahren
7. Abs 2: Sonstige steuerliche Ermittlungen
8. Wirkung einer Fahndungsprüfung
9. Abs 3: Befugnisse der Finanzämter
10. Rechtsbehelfe

1. Inhalt. Die RAO und ebenso der RegEntw enthielten keine Regelung über die Aufgaben und **Befugnisse** der Steufa sowie über die bei Fahndungsmaßnahmen anzuwendenden **Verfahrensvorschriften.** Lediglich in § 439 = § 388 RE = § 404 AO 77 war bestimmt, daß die **Zollfahndungsämter** und die mit der Steuerfahndung betrauten Dienststellen der Landesfinanzbehörden sowie ihre Beamten im Strafverfahren wegen StStraftaten dieselben Rechte und Pflichten wie die Behörden und Beamten des **Polizeidienstes** nach den Vorschriften der StPO haben, und daß die StFahndungsbeamten **Hilfsbeamte** der StA sind. Das gleiche gilt für das **Bußgeldverfahren** (§ 497 I Nr 7 RAO, § 394 I Nr 9 RE, § 410 I Nr 9 AO 77). Darüber hinaus bestimmte **§ 15 FVG,** daß die Zollfahndungsämter zur Erforschung von StVergehen und StOrdnungswidrigkeiten auf dem Gebiete des Zolls sowie für die ihnen sonst übertragenen Aufgaben zuständig sind, daß sie im übrigen auch die Befugnisse haben, die den HZÄ bei der StAufsicht zustehen. Die **Steufastellen** der LandesFBen haben dagegen **keine Behördeneigenschaft;** in § 17 II 6 FVG wurde lediglich bestimmt, daß die Beamten des Steufa-Dienstes die Ermittlungsbefugnisse der Beamten der FÄ haben. Aus diesen Bestimmungen ergibt sich zumindest, daß der Steufa-Dienst nicht beschränkt ist auf ein Tätigwerden bei der Ermittlung von StStraftaten und StOrdnungswidrigkeiten, sondern darüber hinaus auch befugt ist, die Besteuerungsgrundlagen zu ermitteln. Die Steufa nimmt insbesondere Aufgaben der allgemeinen **Steueraufsicht** nach § 201 RAO (entspr § 85) war, dh Überwachungsaufgaben in Fällen, in denen noch keine hinreichenden Anhaltspunkte für die Einleitung eines StStraf- oder -bußgeldverfahrens vorliegen, ein solcher Verdacht aber auch nicht völlig auszuschließen ist.

Diese **Doppelfunktion** der Steufa kommt auch in § 393 I zum Ausdruck, aus dem hervorgeht, daß Ermittlungen der Besteuerungsgrundlagen neben den strafrechtlichen Ermittlungen weiterlaufen. Lediglich die **Rechtsstellung** des Betroffenen ist unterschiedlich, je nachdem ob es sich um Ermittlungen der Besteuerungsgrundlagen im steuerl Interesse oder um strafrechtliche Ermittlungen handelt, vgl insb *Jakob,* Rechtsfragen der Organisation und Funktion des Steuerfahndungsdienstes StuW 71, 297; *ders,* Zuständigkeitsprobleme im Steuerfahndungsrecht StuW 72, 115.

2. Abs 1 Nr 1. Als Hauptaufgabe der Steufa wird die **Erforschung** von **Steuerstraftaten** und **StOrdnungswidrigkeiten** hervorgehoben. Zum Begriff StStraftat vgl § 369 I, zum Begriff StOrdnungswidrigkeit vgl § 377. Hierin zeigt sich namentlich die Funktion der Steufahnder als Hilfsbeamter der StA. Die Steufa ist insoweit die Kripo der FinBeh.

5. Abschnitt. Steuerfahndung (Zollfahndung) **§ 208**

Nach Auffassung des BFH gehört zur Erforschung von Steuerstrafsachen gem § 208 Abs 1 Nr 1 zwangsläufig die Ermittlung der **Besteuerungsgrundlagen** BFH BStBl 83, 482. Die Annahme einer Steuerverkürzung setze voraus, daß der tatsächliche Steueranspruch nach Art und Höhe bestimmt, also zuvor aufgeklärt worden sei. Die Ermittlung der Besteuerungsgrundlagen gehöre also unmittelbar zur Erforschung der Steuerhinterziehung und sei deren nicht abtrennbarer Teil und daher keine Abgabenangelegenheit. Der BFH erkennt allerdings an, daß der Steuerfahndung das Recht zustehe, unter den Voraussetzungen des **§ 93 AO** Auskünfte von Dritten zu fordern. Mache sie davon allerdings Gebrauch, so nehme sie eine ihr für die Erforschung von Steuerstraftaten übertragene Befugnis wahr.

Nach § 393 Abs 1 Satz 1 AO richten sich die Rechte und Pflichten der Steuerpflichtigen und der Finanzbehörde im Besteuerungsverfahren und Steuerstrafverfahren nach den für das jeweilige Verfahren geltende Vorschriften. Nach § 393 Abs 1 Satz 2 und 3 sind jedoch im Besteuerungsverfahren **Zwangsmittel** gegen den Steuerpflichtigen unzulässig, sobald gegen diesen das Strafverfahren eingeläutet worden ist. Diese Regelung geht also eindeutig entgegen der Entscheidung des BFH von einem Nebeneinander des Strafverfahrens und des steuerlichen Ermittlungsverfahrens aus. Wird man im Verhältnis zum Steuerpflichtigen nach dem Prinzip des geringstmöglichen Eingriffs die Auffassung vertreten können, daß wegen der weitergehenden Rechte des Beschuldigten nach der Strafprozeßordnung die Steuerfahndung gegen diesen nur nach den Vorschriften der Strafprozeßordnung vorgehen darf, trifft diese Überlegung nicht zu, wenn es um die Auskunftspflichten **Dritter** geht. Die Rechte der Finanzbehörden gegenüber Dritten werden durch § 393 nicht eingeschränkt. Auskunftspflichtige Dritte stehen in einem latenten Pflichtverhältnis zur Finanzbehörde. Es ist nicht einsehbar, aus welchem Grund diesem (latenten) Pflichtverhältnis dadurch der Boden entzogen werden soll, daß gegen die Person, über deren steuerliche Verhältnisse eine Auskunft verlangt wird, ein Strafverfahren eingeleitet wird.

3. Nr 2 bestimmt, daß die Steufa **im Zusammenhang** mit der Erforschung von StStraftaten und StOrdnungswidrigkeiten auch die **Besteuerungsgrundlagen** für das Besteuerungsverfahren ermittelt. *Schick* (JZ 82, 125) empfiehlt eine äußerlich klare Trennung zwischen FinBehen und Strafverfolgungsbehörden. Diesen dürften keine Befugnisse im Besteuerungsverfahren übertragen werden.

Beide Verfahren lassen sich kaum voneinander trennen. Die Ermittlung der StStraftat setzt zunächst einmal voraus, daß festgestellt wird, in welcher Höhe und welche StSt verkürzt worden ist. Die Fahnder haben dann eine Doppelfunktion. Ihre Stellung erschöpft sich nicht in ihrer Eigenschaft als Hilfsbeamte der StA. Nur, soweit der Sachverhalt ausschließlich unter strafrechtlichen Gesichtspunkten ermittelt wird, zB bei Ermittlung der Schuldfrage, wird die Steufa allein im strafrechtlichen Interesse tätig. Die Rechtsstellung des Betroffenen wird dadurch nicht unangemessen beeinträchtigt, weil sich nach § 393 die Rechte und Pflichten des Betroffenen nach den jeweiligen Verfahrensbestimmungen richten. *Hamacher* (aaO) kommt richtigerweise zu dem Ergebnis, daß die Steufa auch nach Einlei-

§ 208 4. Teil. Durchführung der Besteuerung

tung eines StStrafverfahrens sich auf die Vorschriften der AO stützen, insoweit aber nicht mehr von den Zwangsmitteln der AO Gebrauch machen kann.

Bei Prüfungen nach Nr 1 und 2 kann die Prüfung durch die Steufa nicht weitergehen, als der Verdacht der StStraftat oder Ordnungswidrigkeit reicht. Der Begriff der **Tat** umfaßt nicht nur die konkrete Einzelverpflichtung, sondern den gesamten geschichtlichen Vorgang. Tathandlung ist zB die Einreichung der unrichtigen StErklärung, ohne Rücksicht darauf, ob sie neben unrichtigen auch zutreffende Einzelangaben enthält. Die Steufa-Prüfung kann sich dann auf den gesamten StAnspruch, der der Erklärung zugrundeliegt, erstrecken. So auch BFH BStBl 83, 482: Der Steufa steht das Recht zu, unter den Voraussetzungen des § 93 auch im Steuerstrafverfahren **Auskünfte von Dritten** zu fordern. Dies entspricht auch der Regelung in § 208 Abs 1 Nr 2 wie auch in § 393 Abs 1. Demgegenüber stellt das FG SchlHol (EFG 82, 284) fest, das Tätigwerden der Steufa in **doppelter Funktion** mit unterschiedlichen rechtlichen Beziehungen scheitere daran, daß der Steufa die Ermittlung der Besteuerungsgrundlagen nur insoweit übertragen sei, als es um die Erforschung von Steuerstraftaten und Steuerordnungswidrigkeiten gehe, die Erfüllung dieser Aufgaben aber wiederum ohne die Ermittlung von Besteuerungsgrundlagen gar nicht möglich sei, weil die objektive Tatbestandsmäßigkeit einer Steuerstraftat oder Steuerordnungswidrigkeit ohne die Ermittlung der Besteuerungsgrundlage gar nicht aufklärbar sei. Die Trennung beider Verfahren ist daher nur **theoretisch**, im konkreten praktischen Fall aber nur in verschiedenen zeitlichen Phasen, niemals aber gleichzeitig durchführbar. Dieselbe Person könne in ein und derselben Sache nicht gleichzeitig zur Mitwirkung verpflichtet und zur Verweigerung einer solchen Mitwirkung berechtigt sein. Daher müßten im konkreten Konfliktfall nach dem Prinzip der Rechtsgüterabwägung die individuellen Verteidigerrechte in den Vordergrund gestellt werden, während die auferlegten steuerlichen Mitwirkungspflichten als weniger schützenswert zurücktreten müßten. Es sei daher sachlich geboten, alle **Maßnahmen** der Steufa nach **Einleitung eines strafrechtlichen Ermittlungsverfahrens** als Maßnahmen strafrechtlicher Art anzusehen, unabhängig davon, wie sie im Einzelfall begründet und worauf sie formell gestützt worden seien. Andernfalls könnte die Steufa nach Belieben die Verfahrensart wechseln und dabei auch den Grundsatz, daß sich kein Beschuldigter im Strafverfahren selbst belasten müsse, praktisch außer Kraft setzen. Mit der Einleitung eines Strafverfahrens trete ein **Rollenwechsel des** Finanzamts von der Steuerbehörde zur Strafverfolgungsbehörde ein, vgl. BFH BStBl 77, 318; 81, 349, OLG Karlsruhe NJW 78, 1338. Auch der BFH (aaO) ist der Ansicht, daß die Steufa nach Einleitung eines Strafverfahrens stets als Strafverfolgungsbehörde tätig werde, unabhängig davon, auf welche Vorschriften sie ihre Maßnahme stütze. Die Zuständigkeit der Steuerfahndung im Zusammenhang mit der Ermittlung der Besteuerungsgrundlagen hängt nicht davon ab, daß gleichzeitig auch ein Steuerstrafverfahren durchgeführt wird. Die Steuerfahndung dürfte auch zuständig sein, wenn wegen der Steuerstraftat bereits **Verfolgungsverjährung** eingetreten ist, nicht aber die Festsetzungsfrist gem § 169 Abs 2. Das gleiche dürfte gelten, wenn die Steuerstraftat erst nach dem Tod des Steuerpflichtigen bekannt wird oder der Beschuldigte während der Ermittlungen nach Nr 1 und Nr 2

5. Abschnitt. Steuerfahndung (Zollfahndung) § 208

stirbt. Das gleiche gilt, wenn eine **Selbstanzeige** auf Vollständigkeit überprüft werden soll, unabhängig ob ein Verdacht für die Unvollständigkeit vorliegt oder nicht. Einer förmlichen Prüfungsanordnung gem § 196 AO bedarf es in diesen Fällen nicht, weil es sich insoweit nicht um eine Betriebsprüfung handelt. Das FG Nürnberg (EFG 84, 592) hält sogar die Anordnung einer **Außenprüfung** für unzulässig, soweit ausschließlich festgestellt werden soll, ob und inwieweit Steuerbeträge hinterzogen oder leichtfertig verkürzt worden sind. Insoweit sei es Aufgabe der Steuerfahndung, gem. § 208 Abs. 1 Nr. 2 AO die Besteuerungsgrundlagen zu ermitteln. Der Einsatz der Außenprüfung in derartigen Fällen dürfte aber entgegen dieser Entscheidung nicht ausgeschlossen sein. Die Steufa kann **sowohl** im Strafverfahren **als auch** im Besteuerungsverfahren tätig werden. Maßgebend ist, in welcher **Funktion** und in welchem Verfahren die FinB nach außen objektiv und eindeutig erkennbar tätig geworden ist oder tätig werden will, BFH BStBl 87, 440.

4. Nr 3 entspricht der Funktion der Steufa im Rahmen der **Steueraufsicht.** Wenn die Steufa ihrer Aufsichtsaufgabe gerecht werden will, muß sie nicht erst bei Verdacht einer StStraftat oder -ordnungswidrigkeit, sondern bereits dann tätig werden können, wenn Anlaß zur Annahme besteht, daß ein St-Fall der Aufklärung bedarf und zumindest die Möglichkeit einer strafbaren oder bußgeldbewehrten Handlung nicht von der Hand zu weisen ist. Sie bedarf dazu eines hinreichenden **Anlasses.** Es genügt, daß die Gefahr einer objektiven StVerkürzung besteht.

Die Steufa darf nach Nr 3 nur bei **hinreichendem Anlaß** tätig werden. Dieser liegt vor, wenn aufgrund konkreter Momente oder aufgrund allgemeiner Erfahrung eine Anordnung bestimmter Art angezeigt ist, BFH BStBl 88, 359. Es handelt sich um sog **Vorfeldermittlungen,** wie sie insbesondere für polizeiliches Tätigwerden typisch sind. Die Steufa darf zB eine **Zeitung** um Auskunft über Name und Adresse der Aufgeber einzelner **Chiffreanzeigen** ersuchen, in denen ausländische Immobilien von beträchtlichem Wert zum Verkauf angeboten werden, BFH BStBl 88, 359. Die Steufa kann aufgrund der Erfahrung, daß kostspielige Yachten oftmals steuerlich nicht erfaßt werden, die in den Verkauf der **Yachten** eingeschalteten **Makler** zur Angabe von Namen und Anschriften der **Yachteigner** auffordern, FG Hamburg ZfZ 88, 374.

Der Beginn von Ermittlungen nach Nr 3 kann noch nicht als Einleitung eines Straf- oder Bußgeldverfahrens im Sinne des § 33 II 2 FGO angesehen werden, BFH BStBl 88, 359. Nr 3 betrifft nicht nur den Fall, daß ein bisher unbekannter Sachverhalt ermittelt werden soll, sondern auch den, daß nach unbekannten Stpfl geforscht wird. Eine **Ermittlung ins Blaue** hinein liegt nicht vor, wenn die FinBeh Hinweise dafür hat, daß in einer bestimmten Branche oder Berufssparte bestimmte typische Fälle von Steuerhinterziehungen aufgetreten sind. Die Steufa kann grundsätzlich an ein Kreditinstitut ein **Sammelersuchen** um Auskunft über dessen Provisionszahlungen an alle in einer bestimmten Zeit für das Institut tätig gewordenen Kreditvermittler richten, BFH BStBl 87, 484. Nach Auffassung des BFH ergibt sich die grundsätzliche Zulässigkeit eines Sammelauskunftsersuchens auch aus der Wertung des Gesetzgebers. Nach § 85ff. können die Finanzbehörden zur Wahrnehmung ihrer Aufgabe, die gleichmäßige Erhebung der Steuer

§ 208 4. Teil. Durchführung der Besteuerung

sicherzustellen (§ 85), sich nach ihrem Ermessen **aller** gesetzlichen vorgesehenen **Beweismittel** bedienen. Zu diesen Beweismitteln gehöre auch das Auskunftsersuchen nach § 93 AO. Danach treffe auch jeden Dritten eine im wesentlichen uneingeschränkte Auskunftspflicht. Der Gesetzgeber habe damit deutlich gemacht, daß er das Interesse der Allgemeinheit an einer möglichst lückenloser Verhinderung von Steuerverkürzungen im Grundsatz höher wertet als das Interesse des unbeteiligten Dritten, unbehelligt von staatlichen Eingriffen zu bleiben. Daher könne davon ausgegangen werden, daß der Gesetzgeber Sammelauskunftsersuchen nicht von vornherein ausgeschlossen wissen wolle.

5. Abs 1 S 2 stellt klar, daß die Steufa nicht nur die sich aus § 404 S 2 1. HS ergebenden Befugnisse (Anordnung der Beschlagnahme, Durchsuchungen nach den für Hilfsbeamte der StA geltenden Vorschr) hat, sondern auch die **Ermittlungsbefugnisse** der FÄ im **Besteuerungsverfahren.** Gewisse Einschränkungen, die im Rahmen der Ermittlung der Besteuerungsgrundlagen von den FinBehen grundsätzlich zu beachten sind, gelten für die Steufa nicht, wie sich aus S 3 ergibt. Dies gilt zB für den sog **Bankenerlaß,** vgl Anm 7 zu § 102 sowie nunmehr gem § 30a, mindestens bei Ermittlungen nach Abs 1 Nr 1 und 2. Die Steufa hat nur die Ermittlungsbefugnisse der FÄ. Es ist fraglich, ob dazu auch die **Vollstreckungsrechte** gehören, dh ob die Steufa im Rahmen steuerlicher Ermittlungen ihre Anordnungen mit Zwangsmitteln (§ 328 ff) durchsetzen kann. Verneint man diese Frage, wäre für die Durchsetzung das jeweils zuständige FA, für das die Steufa tätig wird, zuständig. Der Steufa steht jedenfalls das Recht zu, unter den Voraussetzungen des § 93 auch im StStrafverfahren Auskünfte von Dritten zu fordern, BFH BStBl 83, 482.

6. Abs 1 S 3. Um zu verhindern, daß die Ermittlung der Besteuerungsgrundlagen im Zusammenhang mit der Erforschung von StStraftaten und StOrdnungswidrigkeiten oder im Zusammenhang mit der Aufdeckung und Ermittlung unbekannter StFälle in unangemessener Weise erschwert oder uU unmöglich gemacht wird, wird die Geltung einiger Vorschr über das StErmittlungsverfahren ausgeschlossen. Ua kann die Steufa andere Personen als den Stpfl schon dann um **Auskunft** ersuchen, wenn der Stpfl noch nicht befragt worden ist. Anderenfalls würden nicht selten die Ermittlungen der Steufa ins Leere gehen. Aus dem gleichen Grund wird davon abgesehen, dem Stpfl das Recht zu geben, schriftliche Erteilung des Auskunftsersuchens zu verlangen. Ferner muß die Steufa befugt sein, schon vor der Befragung des Stpfl und anderer Personen die **Vorlage** von **Büchern** und **Aufzeichnungen,** Geschäftspapieren usw zu verlangen. Andererseits bleiben gewisse **Mitwirkungspflichten** des Stpfl, soweit es um die Ermittlung der Besteuerungsgrundlagen geht, bestehen; dies wird durch die Bezugnahme auf verschiedene Vorschriften über die Ap klargestellt. Der Stpfl bleibt weiterhin im Rahmen der Ermittlungen der Besteuerungsgrundlagen zur Mitwirkung verpflichtet. Der Hinweis auf § 393 I stellt klar, daß seine Mitwirkung nur **nicht erzwungen** werden kann, wenn er sich dadurch wegen einer von ihm begangenen **Steuerstraftat** belasten müßte od gegen ihn bereits ein **Steuerstrafverfahren** oder ein **Bußgeldverfahren eingeleitet** worden ist. Die Bezugnahme auf § 393 I bedeutet auch, daß der Stpfl über diese Rechtslage, dh einerseits Weiterbe-

5. Abschnitt. Steuerfahndung (Zollfahndung) **§ 208**

stehen der Mitwirkungspflicht ohne Auskunftsverweigerungsrecht, andererseits Verbot der Anwendung von Zwangsmitteln, zu **belehren** ist, soweit hierzu Anlaß besteht. Text des Belehrungsschreibens vgl BdF-Schreiben v 14. 2. 79 BStBl 79 I 115. In den Fällen des Abs 1 Nr 2 und 3 ist regelmäßig ein solcher Anlaß gegeben. Gegen **Ablehnung** der **Akteneinsicht** in Fahndungsakten ist **Finanzrechtsweg** gegeben, BFH BStBl 77, 318.

7. Abs 2 stellt klar, daß die Fahndung auch **sonstige** steuerliche **Ermittlungen** einschließlich der Ap vornehmen darf, jedoch nur auf Ersuchen der zuständigen FinBeh. Daß die mit Fahndungsaufgaben betrauten Bediensteten der FinBeh **Betriebsprüfungen** durchführen dürfen, hat schon der BFH (BStBl 63, 49) anerkannt, dabei jedoch hervorgehoben, daß hiervon nur zurückhaltend Gebrauch gemacht werden soll. Die Betrauung von Fahndern mit Aufgaben der Ap ist deswegen nicht unproblematisch, weil ein Fahnder wohl eher dazu neigen dürfte, die Dinge zu sehr aus der Sicht der Fahndung zu sehen und hierbei vielleicht seine ihm bei der Ap übertragene Verpflichtung, den StFall auch zugunsten des Stpfl zu prüfen, vernachlässigen könnte. Die Frage, **wer** die **Steufa** mit der Durchführung einer **Ap beauftragen** kann, richtet sich nach der jeweiligen Organisation, dh danach, wer der Steufa übergeordnet ist. Wird die Steufa in einem **Rechtsbehelfsverfahren** tätig, ist über das Prüfungsergebnis eine Schlußbesprechung abzuhalten. Es handelt sich insoweit um eine Bp im Rechtsbehelfsverfahren. Hierbei muß die Steufa auch die für die Bp geltenden Vorschriften der BpO beachten. FG Hbg EFG 81, 325.

Nr 2 stellt klar, daß der Steufa auch **sonstige Aufgaben** zugewiesen werden können, allerdings nur insoweit, als es sich um Aufgaben handelt, für deren Wahrnehmung die FinBehen ohnehin zuständig sind, zB VollstrMaßnahmen, besonders StAufsichtsmaßnahmen.

8. Wirkung einer Steufa-Prüfung. Aus § 208 ist zu entnehmen, daß für Ermittlungen der Steufa zwar verschiedene Vorschr der Ap anwendbar sind, es aber insoweit nicht um eine Ap handelt. Zur inhaltlichen Bestimmtheit eines **Fahndungsberichts** vgl FG RhPf EFG 83, 505. Infolgedessen greift auch die Vorschr über die Ablaufhemmung (§ 171 IV) im Zusammenhang mit der Durchführung von Außenprüfungen nicht ein. In **§ 171 V** ist daher eine speziell auf die Fahndung zugeschnittene Regelung über die Ablaufhemmung aufgenommen worden. Auch § 171 VI könnte ggf einschlägig sein. Die Regelung ist deswegen erforderlich, weil zwar Fahndungsprüfungen häufig zu steuerl Mehrergebnissen führen, es aber nicht immer gelingt, insoweit eine StHinterziehung oder eine leichtfertige StVerkürzung mit der Folge einer längeren Festsetzungsfrist nachzuweisen. Ein solches Ergebnis ist insbesondere dann unbefriedigend, wenn die FinBeh bei Beginn der Ermittlungen durch die Steufa zu Recht davon ausgehen konnte, daß ihr der Nachweis einer strafbaren Handlung gelingen würde und daher auch keine Ap angeordnet hatte. Der BFH hat im übrigen in früheren Entscheidungen hinsichtlich der Frage der Verjährungsunterbrechung Maßnahmen der Fahndung einer Bp gleichgestellt. Diese Auffassung dürfte nach der Aufnahme einer Regelung über die Steufa in die AO jedoch jetzt nicht mehr zutreffen.

§ 208   4. Teil. Durchführung der Besteuerung

9. Abs 3 läßt die Aufgaben und Befugnisse der FÄ unberührt, dh das FA ist nicht gehindert, in der gleichen Sache wie die Steufa tätig zu werden od sich sogar bestimmte Ermittlungen vorzubehalten.

10. Rechtsbehelfe. Für eine Klage, die ein Bankinstitut gegen die während eines ststrafrechtlichen Ermittlungsverfahrens ergangene förmliche Aufforderung der Steufa **zur Auskunftserteilung** über bestimmte Geschäftsbeziehungen erhebt, ist der **ordentliche** Rechtsweg gegeben. Es handele sich bei der Aufforderung um einen **Justizverwaltungsakt** iSd § 23 EGGVG, FG SchlHol EFG 82, 284; BFH BStBl 83, 482. Nur so werde das mißliche Ergebnis vermieden, daß die Rechtmäßigkeit ein und derselben Maßnahme womöglich von verschiedenen Gerichtsbarkeiten zu prüfen und damit (teilweise) der sachnäheren ordentlichen Gerichtsbarkeit entzogen wäre mit der Folge zB für den Fall, daß dasselbe Auskunftsverlangen, wenn es von der StA stammen würde, von den ordentlichen Gerichten, wenn es dagegen von einer FinBeh ausginge, von der FG-Gerichtsbarkeit zu kontrollieren wäre, FG SchlHol EFG 82, 284. Es wäre in hohem Maße unzweckmäßig, für die Entscheidung über die Rechtmäßigkeit den Rechtsweg zu spalten, je nachdem, welchem Rechtsgebiet die im Einzelfall in erster Linie maßgebenden Rechtsvorschriften angehören. Daran ändert sich auch nichts dadurch, daß das Auskunftverlangen auf § 93 AO gestützt sei.

Strafrechtspflege ist nach § 23 EGGVG auch die Ermittlung und Erforschung strafbarer Handlungen nach den Vorschriften der StPO, und dies auch dann, wenn diese von den Polizeibehörden durchgeführt wird, BVerwGE 47, 255, 260. Für das steuerstrafrechtliche Ermittlungsverfahren könne nichts anderes gelten. Die Steufa ist – jedenfalls nach Einleitung eines Strafverfahrens – ebenfalls **Justizbehörde;** dieser Begriff ist im funktionellen Sinne zu verstehen, *Kleinknecht* StPO § 23 EGGVG Anm 2, BGH St 28, 206. *Zeller* (DStZ 84, 33) hat zu Recht darauf hingewiesen, daß zB die Rechtmäßigkeit einer Beschlagnahme oder einer **Durchsuchungsanordnung** durch das **Amtsgericht** überprüft werde. Insofern erscheine es nicht einleuchtend, daß nach Auffassung des BFH das **Oberlandesgericht** über die Rechtmäßigkeit eines für den Betroffenen viel weniger einschneidenen Auskunftsersuchens zu entscheiden hat. Es handelt sich insoweit nicht um einen Justizverwaltungsakt, sondern um eine Strafverfolgungsmaßnahme.

Der BFH führt dagegen aus: Auch wenn die Steufa nach Einleitung eines StStrafverfahrens ein Auskunftverlangen auf § 93 stütze, nehme sie eine ihr für die Erforschung von StStraftaten übertragenen Befugnisse wahr. Für die Frage des **Rechtswegs** könne es nicht darauf ankommen, in welchem Gesetz der Gesetzgeber diese Befugnis geregelt habe. Denn es könne Fälle geben, in denen sich ein und dieselbe Maßnahme sowohl nach den Vorschriften der AO als auch nach jenen der StPO rechtfertigen lasse, vgl BFH BStBl 81, 349. Der Rechtsweg dürfe aber nicht im Einzelfall der Disposition eines Beteiligten unterliegen.

Falls Abs 1 Nr 2 der Steufa Aufgaben bei der Ermittlung von Besteuerungsgrundlagen zuweise, die über die für das Strafverfahren notwendigen Ermittlungen hinausgehen, sei es denkbar, daß für die Entscheidung über die Rechtmäßigkeit solcher (für die Erforschung der StStraftat nicht erforderlichen) Maßnahme der Finanzrechtsweg gegeben sei.

6. Abschnitt. Steueraufsicht in besonderen Fällen § 209

Für die Frage des Rechtswegs gegen Maßnahmen der Steufa komme es darauf an, ob sich das Begehren nach seiner Rechtsnatur nicht auf die steuerrechtliche Seite der Tätigkeit der Steufa bezieht, sondern allein auf deren Tätigkeit bei der Erforschung von StStraftaten und StOrdnungswidrigkeiten, BFH BStBl 83, 482. Die Ermittlung der **Besteuerungsgrundlagen** gehöre unmittelbar zur Erforschung der StHinterziehung, sei deren nicht abtrennbarer Teil. Sie sei daher keine Abgabenangelegenheit, vgl auch BFHE 120, 571, BStBl 81, 349; BStBl 82, 352. Erwirkt das FA (Steufa) beim AG einen Durchsuchungs- und Beschlagnahmebeschluß kann ihm vom FG nicht durch einstweilige Anordnung aufgetragen werden, die erstellten Akten vorläufig nicht auszuwerten, FG RhPf EFG 79, 377. Es stehen insoweit nur die Rechtsmittel der StPO (§§ 94, 98, 105, 304) zur Verfügung, auch soweit die strafprozessualen Maßnahmen Auswirkungen im Besteuerungsverfahren haben. Es handelt sich insoweit nur um Reflexwirkungen. Für Angriffe, gegen ein **Auskunftsersuchen,** das der BMF im Besteuerungsverfahren ins europäische Ausland **weiterleiten** will, ist der Finanzrechtsweg gegeben, BFH BStBl 87, 440. Die Steufa kann sowohl im **StStrafverfahren** als auch im Besteuerungsverfahren tätig werden. Maßgebend ist, in welcher **Funktion** und in welchem Verfahren die FinBeh nach außen objektiv und eindeutig erkennbar **tätig** geworden ist oder tätig werden will, BFH BStBl 87, 440.

Für die Klage gegen ein Auskunftsersuchen, das die Steufa im Rahmen ihrer Befugnis nach **§ 208 I Nr 3**, unbekannte Steuerfälle zu ermitteln, an einen Dritten richtet, ist der **Finanzrechtsweg** gegeben, BFH BStBl 88, 359.

Sechster Abschnitt. Steueraufsicht in besonderen Fällen

§ 209 Gegenstand der Steueraufsicht

(1) Der Warenverkehr über die Grenze und in den Zollfreigebieten sowie die Gewinnung und Herstellung verbrauchsteuerpflichtiger Waren unterliegen der zollamtlichen Überwachung (Steueraufsicht).

(2) Der Steueraufsicht unterliegen ferner:
1. der Versand, die Ausfuhr, Lagerung, Verwendung, Vernichtung, Veredelung, Umwandlung und sonstige Bearbeitung oder Verarbeitung von Waren in einem Zoll- oder Verbrauchsteuerverfahren,
2. die Herstellung und Ausfuhr von Waren, für die ein Erlaß, eine Erstattung oder Vergütung von Zoll oder Verbrauchsteuer beansprucht wird.

(3) Andere Sachverhalte unterliegen der Steueraufsicht, wenn es gesetzlich bestimmt ist.

Schrifttum: *Mösbauer* Steueraufsicht im Bereich der Zölle und Verbrauchsteuern, DB 80, 1506 ff.; *Müller* Zollgebiet, Küstengewässer, Grenzgebiet ZfF 85, 290; *Mösbauer* Befugnisgrenzen der finanzbehördlichen Steueraufsicht (§§ 209 ff. AO); *Schultze* Harmonisierung der Vorschriften über Zollager und Freizonen, DB 88, 2331.

1. Inhalt. Die **Steueraufsicht** dient – anders als die Ap – nicht in erster Linie der Nachprüfung in der Vergangenheit liegender Sachverhalte, son-

§ 210 4. Teil. Durchführung der Besteuerung

dern der **laufenden Kontrolle** der in Betracht kommenden Betriebe und Unternehmen. StAufsicht wirkt daher in erster Linie präventiv. Die Notwendigkeit dieser Sonderregelung ergibt sich aus den Besonderheiten der **Zölle** und **Verbrauchsteuern**. Diese zeichnen sich namentlich dadurch aus, daß sie
a) im Gegensatz zu anderen St bestimmte Waren belasten. Die Waren haften dinglich für die entspr St; es besteht eine enge Verknüpfung zwischen den Waren und den auf ihnen ruhenden Abgaben;
b) im Verhältnis zum Warenwert meist besonders hoch sind und daher ein starker Anreiz zur StHinterziehung besteht. Dies gilt insbesondere für die VerbrauchSt.

Diese Eigenart der St macht es notwendig, die abgabepflichtigen Waren einer weitgehenden amtlichen Aufsicht zu unterstellen. Dies gilt für die **Herstellung, Bearbeitung, Verarbeitung** und die steuerbegünstigte **Verwendung** der Waren. Insoweit ist es erforderlich, den technischen Ablauf des Herstellungsprozesses zu überwachen. Zur Kontrolle wird im übrigen auch das kaufmännische Rechnungswesen benutzt. Die Kontrolle des Warenverkehrs über die Grenze dient darüber hinaus nicht nur der StAufsicht, sondern auch der Sicherung der **Ein-, Aus-** und **Durchfuhrverbote** und **-beschränkungen**. Diese Beschränkungen dienen teils **wirtschaftspolitischen** Zwecken (zB bei mengenmäßigen Beschränkungen), teilweise sind sie aber auch **ordnungspolitischer** Art (zB bei Vorschriften zum Schutz der Gesundheit usw).

2. Abs 1 zählt die wichtigsten Vorgänge auf, die der StAufsicht unterliegen. Gegenstand der StAufsicht ist ua die **zollamtliche Überwachung** des Warenverkehrs über die Grenze und in zollfreien Gebieten sowie die Gewinnung und Herstellung verbrauchstpfl Waren.

3. Abs 2. Nicht nur die Gewinnung und Herstellung verbrauchstpfl oder zollpfl Waren unterliegt der StAufsicht, sondern alle sonstigen Vorgänge in Zusammenhang mit der **Weiterverwendung** der Ware. Die Fälle der Nr 1 und 2 waren früher nicht ausdrücklich erwähnte Anwendungsfälle der StAufsicht. Es handelt sich um die Ausfuhr und Vernichtung von Waren in einem Zoll- oder VerbrauchStVerfahren. Ferner wurde klargestellt, daß auch die Herstellung und Ausfuhr von Waren, für die ein Erlaß beansprucht wird, der StAufsicht unterliegen.

4. Abs 3 verweist auf besondere ges Bestimmungen, wie sie in den meisten VerbrauchStG vorgesehen sind, wonach die Herstellungsbetriebe als solche der **Steueraufsicht** unterliegen. Die Blankettnorm des Abs 3 verweist zB auf gesetzliche Regelungen wie § 12 BierStG, § 12 SchaumwStG, § 10 I LeuchtmStG, § 30 TabStG, § 11 ZuckStG, § 10 SalzStG, § 12 II MineralölStG, § 7 II KaffeeStG § 7 IV TeeStG. Für diese Steuern gelten über § 209 III die §§ 210 ff ebenfalls.

§ 210 Befugnisse der Finanzbehörde

(1) Die von der Finanzbehörde mit der Steueraufsicht betrauten Amtsträger sind berechtigt, Grundstücke und Räume sowie Schiffe und andere Fahrzeuge von Personen, denen ein der Steueraufsicht unterliegender

6. Abschnitt. Steueraufsicht in besonderen Fällen § 210

Sachverhalt zuzurechnen ist, während der Geschäfts- und Arbeitszeiten zu betreten, um Prüfungen vorzunehmen oder sonst Feststellungen zu treffen, die für die Besteuerung erheblich sein können (Nachschau).

(2) ¹Der Nachschau unterliegen ferner Grundstücke und Räume sowie Schiffe und andere Fahrzeuge ohne zeitliche Einschränkung, wenn Tatsachen die Annahme rechtfertigen, daß sich dort Schmuggelwaren oder nicht ordnungsgemäß versteuerte verbrauchsteuerpflichtige Waren befinden oder dort sonst gegen Vorschriften oder Anordnungen verstoßen wird, deren Einhaltung durch die Steueraufsicht gesichert werden soll. ²Bei Gefahr im Verzug ist eine Durchsuchung von Wohn- und Geschäftsräumen auch ohne richterliche Anordnung zulässig.

(3) Die Amtsträger sind berechtigt, die der Nachschau unterliegenden Schiffe und anderen Fahrzeuge anzuhalten.

(4) ¹Wenn Feststellungen bei Ausübung der Steueraufsicht hierzu Anlaß geben, kann ohne vorherige Prüfungsanordnung (§ 196) zu einer Außenprüfung nach § 193 übergegangen werden. ²Auf den Übergang zur Außenprüfung wird schriftlich hingewiesen.

(5) ¹Wird eine Nachschau in einem Dienstgebäude oder einer nicht allgemein zugänglichen Einrichtung oder Anlage der Bundeswehr erforderlich, so wird die vorgesetzte Dienststelle der Bundeswehr um ihre Durchführung ersucht. ²Die Finanzbehörde ist zur Mitwirkung berechtigt. ³Ein Ersuchen ist nicht erforderlich, wenn die Nachschau in Räumen vorzunehmen ist, die ausschließlich von anderen Personen als Soldaten bewohnt werden.

1. **Inhalt.** In Übereinstimmung mit dem Recht der RAO haben die mit der StAufsicht betrauten Amtsträger das Recht, **Grundstücke** und Räume sowie Schiffe und andere Fahrzeuge während der Geschäfts- und Arbeitszeiten zu **betreten**, um Prüfungen vorzunehmen oder sonst Feststellungen zu treffen. Außerhalb der Geschäfts- und Arbeitszeiten besteht die Befugnis zur Betretung nur, wenn Tatsachen die Annahme rechtfertigen, daß sich an dem betreffenden Ort Schmuggelwaren oder nicht ordnungsgemäß versteuerte verbrauchstpfl Waren befinden. Die in § 210 genannten Befugnisse bestehen auch außerhalb eines Besteuerungsverfahrens. ZT enthalten die EinzelStG noch weitergehende Befugnisse, die der jeweiligen StArt entspr angepaßt sind, zB §§ 69ff ZG über Grenzaufsicht, §§ 43ff Branntweinmonopol G über die amtl Aufsicht. Der Zusammenhang mit § 209 verdeutlicht, daß § 210 nur zu Maßnahmen der StAufsicht aus dem Bereich der Zölle und VerbrauchSt berechtigt. Sonstige Feststellungen zB in Bezug auf Geräte, Gefäße und Leitungen, die der Herstellung, Bearbeitung, Verarbeitung, Lagerung, Beförderung oder Messung steuerpflichtiger Waren dienen oder dienen können, vgl auch § 212 I Nr 2.

Verpflichtet ist derjenige, dem ein der StAufsicht unterliegender Sachverhalt zuzurechnen ist, zB der Warenverkehr über die Grenze und in den Zollfreigebieten, § 2 III ZG. Ferner die Gewinnung oder technische Herstellung von **Waren**, deren Verbrauch einem **VerbrStG** unterliegt.

Eine **Nachschau** in unregelmäßigen Abständen ist **zumutbar**, ohne daß zwischen den einzelnen Aufsichtsmaßnahmen ein zeitlicher Mindestabstand eingehalten werden müßte, BVerwGE 37, 291; *Mösbauer* aaO, 1508.

2. Abs 2 regelt die sog **Verdachtsnachschau**, vgl § 193 II RAO. Diese ist aber im Gegensatz zu Abs 1 nur bei **konkreten Verdachtsmomenten** zulässig. Die Neufassung berücksichtigt im übrigen den Beschluß des Bundesverfassungsgerichts v 13. 10. 71 – 1 BvR 280/66 – zu Art 13 GG, wonach unter dem Begriff der **Wohnung** auch Geschäftsräume zu verstehen sind; der Schutz der Geschäftsräume ist aber weniger weit als der Schutz der Wohnung.

3. Abs 3 regelt das **Anhalterecht** von Schiffen und anderen Fahrzeugen. Bei Anwendung des Abs 3 sind die Grundsätze der **Verhältnismäßigkeit** zu beachten. Es wäre zB nicht gerechtfertigt, ohne konkreten Anlaß Straßensperren zu errichten, um in den angehaltenen Kraftfahrzeugen nach Schmuggelware zu fahnden. Die Amtsträger können nach § 13 FVG dabei den **Beistand** der **Gemeinde-** Ortspolizei- und sonstigen Ortsbehörden in Anspruch nehmen.

4. Abs 4 berücksichtigt, daß sich im Rahmen einer StAufsichtsmaßnahme die Notwendigkeit einer umfassenden **Außenprüfung** zur Überprüfung der Besteuerungsgrundlagen ergeben kann. Er bestimmt daher, daß ohne vorherige Prüfungsanordnung zu einer Ap nach §§ 193 ff übergegangen werden kann. Von einer vorherigen Prüfungsanordnung ist insbes dann abzusehen, wenn durch Einhaltung einer Frist uU die Festsetzungsfrist ablaufen würde. Erforderlich ist es aber, den Stpfl auf den Übergang zu Ap hinzuweisen. UE muß darüber hinaus in der Prüfungsanordnung bestimmt werden, auf welche Zeiträume und welche Sachverhalte und Steuern sich die Prüfung erstrecken soll, vgl § 196; so auch *Martens* NJW 78, 1465 Fn 7. Das ist ua wichtig für die Frage, inwieweit die **Ablaufhemmung** nach § 171 IV eintritt. Auch die sonstigen Vorschr über die Ap sind in diesem Falle anwendbar, auch die Vorschr über die verbindliche Zusage (§§ 204–207).

5. Abs 5. Soweit die StAufsicht Einrichtungen der **Bundeswehr** betrifft, wird sie auf Ersuchen von der vorgesetzten Dienststelle der Bundeswehr durchgeführt. Die FinBeh ist insoweit lediglich zur Mitwirkung berechtigt.

§ 211 Pflichten des Betroffenen

(1) ¹Wer von einer Maßnahme der Steueraufsicht betroffen wird, hat den Amtsträgern auf Verlangen Aufzeichnungen, Bücher, Geschäftspapiere und andere Urkunden über die der Steueraufsicht unterliegenden Sachverhalte und über den Bezug und den Absatz zoll- oder verbrauchsteuerpflichtiger Waren vorzulegen, Auskünfte zu erteilen und die zur Durchführung der Steueraufsicht sonst erforderlichen Hilfsdienste zu leisten. ² § 200 Abs. 2 Satz 2 gilt sinngemäß.

(2) Die Pflichten nach Absatz 1 gelten auch dann, wenn bei einer gesetzlich vorgeschriebenen Nachversteuerung verbrauchsteuerpflichtiger Waren in einem der Steueraufsicht unterliegenden Betrieb oder Unternehmen festgestellt werden soll, an welche Empfänger und in welcher Menge nachsteuerpflichtige Waren geliefert worden sind.

(3) Vorkehrungen, die die Ausübung der Steueraufsicht hindern oder erschweren, sind unzulässig.

6. Abschnitt. Steueraufsicht in besonderen Fällen § 212

1. Inhalt. Den Befugnissen der FinBeh stehen entspr **Mitwirkungspflichten** des Betroffenen gegenüber. Die Regelung entspr den vergleichbaren Bestimmungen über die AP. Dadurch wird der Grundsatz des § 97 II, wonach die **Vorlage** von **Urkunden** erst nach Befragung durch den Beteiligten verlangt werden soll, modifiziert. Abweichend von § 194 II RAO sind nicht nur Geschäftsbücher und Schriftstücke über Herstellung und Absatz von stpfl Erzeugnissen, sondern alle die Besteuerung betreffenden Unterlagen vorzulegen. Das Vorlagerecht hat nicht nur der Oberbeamte des Aufsichtsdienstes, sondern nunmehr auch die Beamten des mittleren Dienstes.

2. Abs 2 regelt den besonderen Fall, daß bei der **Einführung** einer neuen **VerbrauchSt** oder einer **Erhöhung** der **StSätze** die zu diesem Zeitpunkt bereits vorhandenen Waren einer **Nachversteuerung** unterworfen werden. Danach kann die FinBeh bei den Herstellern dieser Waren feststellen, an welche Abnehmer (Händler) die Waren geliefert worden sind. Das gleiche gilt für die Inhaber von StLagern, vgl zum bisherigen Recht BFH E 87, 543.

§ 212 Durchführungsvorschriften

(1) Der Bundesminister der Finanzen kann durch Rechtsverordnung zur näheren Bestimmung der im Rahmen der Steueraufsicht zu erfüllenden Pflichten anordnen, daß
1. bestimmte Handlungen nur in Räumen vorgenommen werden dürfen, die der Finanzbehörde angemeldet sind oder deren Benutzung für diesen Zweck von der Finanzbehörde besonders genehmigt ist,
2. Räume, Fahrzeuge, Geräte, Gefäße und Leitungen, die der Herstellung, Bearbeitung, Verarbeitung, Lagerung, Beförderung oder Messung steuerpflichtiger Waren dienen oder dienen können, auf Kosten des Betriebsinhabers in bestimmter Weise einzurichten, herzurichten, zu kennzeichnen oder amtlich zu verschließen sind,
3. der Überwachung unterliegende Waren in bestimmter Weise behandelt, bezeichnet, gelagert, verpackt, versandt oder verwendet werden müssen,
4. der Handel mit steuerpflichtigen Waren besonders überwacht wird, wenn der Händler zugleich Hersteller der Waren ist,
5. über die Betriebsvorgänge und über die steuerpflichtigen Waren sowie über die zu ihrer Herstellung verwendeten Einsatzstoffe, Fertigungsstoffe, Hilfsstoffe und Zwischenerzeugnisse in bestimmter Weise Anschreibungen zu führen und die Bestände festzustellen sind,
6. Bücher, Aufzeichnungen und sonstige Unterlagen in bestimmter Weise aufzubewahren sind,
7. Vorgänge und Maßnahmen in Betrieben oder Unternehmen, die für die Besteuerung von Bedeutung sind, der Finanzbehörde anzumelden sind,
8. von steuerpflichtigen Waren, von Waren, für die ein Erlaß, eine Erstattung oder Vergütung von Zoll oder Verbrauchsteuern beansprucht wird, von Stoffen, die zur Herstellung dieser Waren bestimmt sind, sowie von Umschließungen dieser Waren unentgeltlich Proben

entnommen werden dürfen oder unentgeltlich Muster zu hinterlegen sind.

(2) Die Rechtsverordnung bedarf, außer wenn sie die Biersteuer betrifft, nicht der Zustimmung des Bundesrates.

Abweichend von § 192 RAO und vom RegEntw enthält der Abs 1 eine abschließende Regelung. Besondere Ermächtigungen id EinzelStG werden durch die umfassenden Aufzählungen weitgehend entbehrlich.

§ 213 Besondere Aufsichtsmaßnahmen

[1]Betriebe oder Unternehmen, deren Inhaber oder deren leitende Angehörige wegen Steuerhinterziehung, versuchter Steuerhinterziehung oder wegen der Teilnahme an einer solchen Tat rechtskräftig bestraft worden sind, dürfen auf ihre Kosten besonderen Aufsichtsmaßnahmen unterworfen werden, wenn dies zur Gewährleistung einer wirksamen Steueraufsicht erforderlich ist. [2]Insbesondere dürfen zusätzliche Anschreibungen und Meldepflichten, der sichere Verschluß von Räumen, Behältnissen und Geräten sowie ähnliche Maßnahmen vorgeschrieben werden.

Die Vorschrift hat vornehmlich die **VerbrauchSt** Bedeutung. Die besonderen Aufsichtsmaßnahmen sind aber nur noch dann zulässig, wenn der **Betriebsinhaber** oder **leitende Angestellte** sich einer der aufgeführten StStraftaten schuldig gemacht hat. Aus dem Aufsichtszweck ergibt sich, daß es sich in concreto nur um eine Zoll- oder VerbrauchSt-Hinterziehung handeln kann, *Mösbauer* aaO, 1509.

Dies gilt auch, wenn eine rechtskräftig erkannte Strafe etwa aufgrund eines StraffreiheitsG erlassen wurde, vgl RFH RStBl 39, 651. Ist die **Strafe** aber bereits **getilgt** worden, greift insoweit ein **Verwertungsverbot** ein, das die Anwendbarkeit des § 213 ausschließt, BFH BStBl 53, 52.

Nicht von Bedeutung ist, in welchem Betrieb der leitende Angestellte die StHinterziehung begangen hat, *Mösbauer* aaO, 1509. Den besonderen Aufsichtsmaßnahmen kann sich aber der BetrInhaber ggf dadurch entziehen, daß er den betr Angestellten entläßt, *Mösbauer* aaO, 1509, *Schwarz* RNr 2. Voraussetzung ist ferner, daß die Maßnahme zur **Gewährleistung** einer wirksamen **StAufsicht erforderlich** ist. Die Straftat muß in Beziehung stehen zu Vorschr, deren Beachtung durch die Aufsicht sichergestellt werden soll. Die bes Aufsichtsmaßnahmen müssen sich auf die StArt beziehen, auf die sich die Tatbestandsverwirklichung bezogen hat, *Mösbauer* aaO, 1509. Es muß eine Bestrafung wegen StHinterziehung usw stattgefunden haben. Bei Tateinheit mit anderen Delikten muß die Hinterziehung usw ausdrücklich festgestellt worden sein (RFH StW 27 Nr 426). Es liegt im Ermessen der FinBeh, welche besonderen Aufsichtsmaßnahmen sie anordnen will. Die Maßnahme muß erforderlich und geeignet sein, die Einhaltung der Überwachungsbestimmungen künftig zu verhindern. Hierbei sind das **Übermaßverbot** und der Grundsatz der **Verhältnismäßigkeit** zu beachten. S 2 enthält lediglich eine beispielhafte Aufzählung möglicher Aufsichtsmaßnahmen; es können auch andere Anordnungen in Betracht kommen.

6. Abschnitt. Steueraufsicht in besonderen Fällen §§ 214, 215

§ 214 Beauftragte

¹Wer sich zur Erfüllung steuerlicher Pflichten, die ihm auf Grund eines der Steueraufsicht unterliegenden Sachverhaltes obliegen, durch einen mit der Wahrnehmung dieser Pflichten beauftragten Angehörigen seines Betriebes oder Unternehmens vertreten läßt, bedarf der Zustimmung der Finanzbehörden. ²Dies gilt nicht für die Vertretung in Eingangsabgabensachen im Zusammenhang mit der Zollbehandlung.

Die Bestellung eines **Beauftragten** wird in Übereinstimmung mit der bisher in den EinzelStG getroffenen Regelung für die Betriebsleiterbestellung (vgl § 31 TabStG, § 13 SchaumwStG) von der **Zustimmung** des HZA abhängig gemacht. Nur solchen Personen soll die Wahrnehmung der st Pflichten übertragen werden, die aufgrund ihrer betrieblichen Stellung, ihrer Kenntnisse und Fähigkeiten eine ordnungsgemäße Pflichterfüllung gewährleisten. Der bisherige mißverständliche Begriff des **Betriebsleiters** wird durch den Begriff des Beauftragten ersetzt. Fallengelassen ist die Einschränkung des § 190, wonach die Bestellung eines Beauftragten (Betriebsleiters) grunds nur zulässig ist, soweit der Inhaber den Betrieb nicht als Unternehmen nicht selbst leitet. Diese Einschränkung erschien der heutigen Entwicklung der Betriebe nicht mehr zu entsprechen. Für die **Vertretung** in **Eingangsabgabesachen** im Zusammenhang mit der Zollbehandlung ist die Zustimmung des HZA nicht erforderlich.

Es erscheint fraglich, ob der Beauftragte zu den in §§ 34, 35 genannten Personen gehört, nachdem § 34 im Gegensatz zu § 103 RAO nicht mehr die Bevollmächtigten erwähnt. Der Beauftragte dürfte weder ges Vertreter iSd § 34 noch Verfügungsberechtigter iSd § 35 sein. Dies hätte die – sicher vom Gesetzgeber nicht gewollte – Folge, daß die Haftungsvorschriften der §§ 69, 70 nicht eingreifen.

§ 215 Sicherstellung im Aufsichtsweg

(1) ¹Die Finanzbehörde kann durch Wegnahme, Anbringen von Siegeln oder durch Verfügungsverbot sicherstellen:
1. verbrauchsteuerpflichtige Waren, die ein Amtsträger vorfindet
    a) in Herstellungsbetrieben oder anderen anmeldepflichtigen Räumen, die der Finanzbehörde nicht angemeldet sind,
    b) im Handel ohne eine den Steuergesetzen entsprechende Verpackung, Bezeichnung, Kennzeichnung oder ohne vorschriftsmäßige Steuerzeichen,
2. Waren, die im Zollgrenzbezirk oder in Gebieten, die der Grenzaufsicht unterworfen sind, aufgefunden werden, wenn sie weder abgabenfrei noch nach den Umständen offenbar Freigut sind,
3. Waren, die in Gewässern oder Watten, die Zollfreigebiete sind, aufgefunden werden, wenn sie weder abgabenfrei sind noch nach den Umständen offenbar nach § 67 Abs. 2 des Zollgesetzes ausgesetzt werden durften,
4. die Umschließungen der in den Nummern 1 bis 3 genannten Waren,
5. Geräte, die zur Herstellung von verbrauchsteuerpflichtigen Waren bestimmt sind und die sich in einem der Finanzbehörde nicht angemeldeten Herstellungsbetrieb befinden.

§ 215 4. Teil. Durchführung der Besteuerung

²Die Sicherstellung ist auch zulässig, wenn die Sachen zunächst in einem Strafverfahren beschlagnahmt und dann der Finanzbehörde zur Verfügung gestellt worden sind.

(2) ¹Über die Sicherstellung ist eine Niederschrift aufzunehmen. ²Die Sicherstellung ist den betroffenen Personen (Eigentümer, Besitzer) mitzuteilen, soweit sie bekannt sind.

Schrifttum: *Schrömpges* Herausgabe- und Schadensersatzansprüche nach Sicherstellung gemäß §§ 14a MinÖStG, 215 AO? ZFZ 88, 73.

1. Inhalt. Die Besonderheiten der Zölle und VerbrauchSt machen es notwendig, neben den strafrechtl Regelungen über die **Beschlagnahme** und **Einziehung** noch eine besondere Sicherstellung und Einziehung im Aufsichtswege vorzusehen. **Sicherstellen** bedeutet Sichern der Verfügungsberechtigung, ggf auch die VfgMöglichkeit, *Mösbauer* aaO, 1510. Die Wegnahme oder das Anbringen eines **Siegels** stellt eine amtliche **Beschlagnahmehandlung** dar, durch die der Gewahrsam des Aufsichtsadressaten gebrochen und zugleich ein Gewahrsam der FinBeh begründet wird, *Mösbauer* aaO, 1510. Die Beschlagnahme nach § 215 wird durch die Möglichkeit einer Beschlagnahme nach §§ 375 II AO, 94 StPO nicht ausgeschlossen. Auch eine Beschlagnahme nach § 94 StPO wird nicht dadurch gehindert, daß die Sache bereits nach § 215 beschlagnahmt war, *HHSp* Anm 3.

2. Nr 1. Verbrauchstpfl Waren. Nach dem VerbrauchStG dürfen regelm verbrauchstpfl Waren nur in besonders **angemeldeten** Betrieben (vgl § 139) oder Räumen aufbewahrt werden. Um zu verhindern, daß die Waren entgegen den entspr Vorschriften aufbewahrt werden, wird bestimmt, daß diese Waren sichergestellt werden können. Das gleiche gilt für Waren, für die bestimmte **Verpackungen** oder die Verwendung von **StZeichen** vorgeschrieben sind. Im Handel sind Waren, wenn sie sich nicht mehr im Herstellungsbetrieb befinden, BFH HFR 65, 289. Sie sind nicht mehr im Handel, wenn sie bereits an den Verbraucher veräußert worden sind, RG St 57, 230.

3. Nr 2. Waren, die im Zollgrenzbezirk oder in Gebieten, die der Grenzaufsicht unterworfen sind, **aufgefunden** werden. Die Vorschr meint nicht herrenlose Sachen iSd § 965 BGB, sondern Sachen, die sich nicht erkennbar in Gewahrsam einer Person befinden. In den aufgeführten Fällen liegen bestimmte **Verdachtsmomente** vor, die darauf schließen lassen, daß es sich um „schwarz" hergestellte Waren oder um nicht ordnungsgemäß abgefertigtes Zollgut handelt.

Nr 3. Waren, die in Gewässern oder Watten, die Zollfreigebiete sind, aufgefunden werden. **Nr 4. Umschließungen** der Waren; die Formulierung stellt klar, daß nur die Umschließungen der in Abs 1 Nr 1 genannten Waren gemeint sind. **Nr 5.** Geräte zur Herstellung von verbrauchstpfl Waren in nicht angemeldeten (vgl § 139) Herstellungsbetrieben, zB Brennereigeräte.

4. Verfahren. Sicherstellung geschieht dadurch, daß die Sachen in Verwahrung genommen oder durch Siegel gekennzeichnet werden. Durch die Sicherstellung tritt öffentl-rechtl Verstrickung ein. Die Beiseiteschaffung,

6. Abschnitt. Steueraufsicht in besonderen Fällen § 216

Zerstörung usw der Sache ist nach § 137 StGB strafbar. Wenn die Voraussetzungen für die Einziehung nicht gegeben sind, hebt die FinBeh die Sicherstellung auf. **Rechtsbehelf** gegen Sicherstellung ist die Beschwerde nach § 349. Nach **Unanfechtbarkeit** der Sicherstellung hat der Bund ein **dingliches** Anwartschaftsrecht an den sichergestellten Sachen. Er kann daher analog § 985 BGB auch privatrechtlich gegen den Besitzer der Sachen vorgehen. Der Anspruch kann allerdings bei gutgläubigem Erwerb des Erwerbers erlöschen (vgl. Schrömpges, ZFZ 88, 73).

§ 216 Überführung in das Eigentum des Bundes

(1) ¹Nach § 215 sichergestellte Sachen sind in das Eigentum des Bundes überzuführen, sofern sie nicht nach § 375 Abs. 2 eingezogen werden. ²Für Fundgut gilt dies nur, wenn kein Eigentumsanspruch geltend gemacht wird.

(2) ¹Die Überführung sichergestellter Sachen in das Eigentum des Bundes ist den betroffenen Personen mitzuteilen. ²Ist eine betroffene Person nicht bekannt, so gilt § 15 Abs. 2 und 3 des Verwaltungszustellungsgesetzes sinngemäß.

(3) ¹Der Eigentumsübergang wird wirksam, sobald der von der Finanzbehörde erlassene Verwaltungsakt unanfechtbar ist. ²Bei Sachen, die mit dem Grund und Boden verbunden sind, geht das Eigentum unter der Voraussetzung des Satzes 1 mit der Trennung über. ³Rechte Dritter an einer sichergestellten Sache bleiben bestehen. ⁴Das Erlöschen dieser Rechte kann jedoch angeordnet werden, wenn der Dritte leichtfertig dazu beigetragen hat, daß die in das Eigentum des Bundes überführte Sache der Sicherstellung unterlag oder er sein Recht an der Sache in Kenntnis der Umstände erwarb, welche die Sicherstellung veranlaßt haben.

(4) ¹Sichergestellte Sachen können schon vor der Überführung in das Eigentum des Bundes veräußert werden, wenn ihr Verderb oder eine wesentliche Minderung ihres Wertes droht oder ihre Aufbewahrung, Pflege oder Erhaltung mit unverhältnismäßig großen Kosten oder Schwierigkeiten verbunden ist; zu diesem Zweck dürfen auch Sachen, die mit dem Grund und Boden verbunden sind, von diesem getrennt werden. ²Der Erlös tritt an die Stelle der Sachen. ³Die Notveräußerung wird nach den Vorschriften dieses Gesetzes über die Verwertung gepfändeter Sachen durchgeführt. ⁴Die betroffenen Personen sollen vor der Anordnung der Veräußerung gehört werden. ⁵Die Anordnung sowie Zeit und Ort der Veräußerung sind ihnen, soweit tunlich, mitzuteilen.

(5) ¹Sichergestellte oder bereits in das Eigentum des Bundes überführte Sachen werden zurückgegeben, wenn die Umstände, die die Sicherstellung veranlaßt haben, dem Eigentümer nicht zuzurechnen sind oder wenn die Überführung in das Eigentum des Bundes als eine unbillige Härte für die Betroffenen erscheint. ²Gutgläubige Dritte, deren Rechte durch die Überführung in das Eigentum des Bundes erloschen oder beeinträchtigt sind, werden aus dem Erlös der Sachen angemessen entschädigt. ³Im übrigen kann eine Entschädigung gewährt werden, soweit es eine unbillige Härte wäre, sie zu versagen.

§ 216   4. Teil. Durchführung der Besteuerung

1. Inhalt. Das Eigentum an zoll- und verbrauchstpfl Waren unterliegt einer herkömmlichen inhaltlichen Beschränkung iSd **Art 14 I GG**. Die Einziehung ist insoweit keine unzumutbare Beeinträchtigung des Eigentums. Wer zoll- oder verbrauchstpfl Waren erwirbt, muß sich darauf einrichten, daß er uU einen Rechtsverlust erleidet. Die Interessen der Rechtsinhaber werden dadurch geschützt, daß uU die sog **Härteklausel** des **Abs 5** eingreift und daß der gutgläubige Erwerb vor der Einziehung grunds geschützt bzw der gutgläubige Erwerber aus dem Erlös der zug des Bundes eingezogenen Waren angemessen entschädigt wird. Die Vorschr ist im übrigen weitgehend an die Einziehungsvorschriften des **StGB** angeglichen worden; dies zeigt sich insbesondere bei der Fassung des Abs 3.

2. Abs 1. Sichergestellte Sachen sind in das Eigentum des Bundes zu überführen, soweit nicht die Ausnahmeregelung des Abs 5 eingreift. Die Überführung in das Eigentum des Bundes kommt nicht in Betracht, wenn die Sachen nach § 375 II ohnehin eingezogen werden. Die Einziehung nach § 375 II kann angeordnet werden, wenn eine StHinterziehung, ein Bannbruch oder eine StHehlerei begangen worden ist und sich die Handlung auf diese Sachen bezieht. Im Gegensatz dazu setzt § 216 keine strafbare Handlung voraus. Meldet sich der Eigentümer, können ihm die Sachen unter den Voraussetzungen des Abs 5 zurückgegeben werden. Ggf ist zu prüfen, ob gegen den Eigentümer ein Straf- oder Bußgeldverfahren einzuleiten ist.

3. Abs 2 ordnet an, daß die Überprüfung in das Eigentum den betroffenen Personen **mitzuteilen** ist. Betroffen von der Einziehung sind sowohl der Eigentümer als auch der Besitzer der Sache (§ 215 II). Wenn die Betroffenen nicht bekannt sind, ist die Überführung nach § 15 II, III VwZG öffentl bekanntzumachen.

4. Abs 3. Die Überführung wird wirksam nach **Unanfechtbarkeit** der entspr Anordnung, bei Sachen, die mit dem Grund und Boden fest verbunden sind, erst mit der Trennung. Rechte Dritter (Pfand-, Besitzrechte usw) bleiben grunds bestehen. Deren Erlöschen kann angeordnet werden, wenn der **Dritte** mindestens **leichtfertig** dazu beigetragen hat, daß die Sache der Sicherstellung unterlag oder er sein Recht an der Sache in Kenntnis der Umstände erwarb, die die Sicherstellung veranlaßt haben.

5. Abs 4. Bei **verderblichen** Sachen kann eine Notveräußerung durchgeführt werden, zB bei Lebensmitteln. Das gleiche gilt für Sachen, deren Aufbewahrung und Pflege oder Erhaltung mit unverhältnismäßig hohen Kosten verbunden ist, zB bei Tieren usw. Vgl die Regelung in § 101a StPO. Der Erlös tritt insoweit an die Stelle der Sachen. Es sind die Vorschr der §§ 296 ff insoweit anzuwenden.

6. Abs 5 enthält eine **Milderungsregelung** für die Fälle, in denen dem Eigentümer die Umstände, die zur Sicherstellung geführt haben, nicht zuzurechnen sind, zB weil sie ihm gestohlen wurden. Das gleiche gilt, wenn die Überführung eine **unbillige Härte** für die Betroffenen darstellt. Darüber hinaus kann sogar eine Entschädigung gewährt werden, wenn es eine unbillige Härte wäre, sie zu versagen. **Gutgläubige Dritte,** deren Rechte durch die Überführung erloschen oder beeinträchtigt sind, haben einen Anspruch auf eine angemessene Entschädigung aus dem Erlös der Sachen.

§ 217 Steuerhilfspersonen

Zur Feststellung von Tatsachen, die zoll- oder verbrauchsteuerrechtlich erheblich sind, kann die Finanzbehörde Personen, die vom Ergebnis der Feststellung nicht selbst betroffen werden, als Steuerhilfspersonen bestellen.

Schrifttum: *Behrendorf/Bukies* Zollhilfspersonen AWD 73, 643.

Die Vorschr enthält eine allgemeine Regelung über die Bestellung von StHilfspersonen. Nach der RAO war diese Möglichkeit nur im Zollrecht (§ 75 IV ZG) und in einigen VerbrauchStG vorgesehen. Die Hilfspersonen werden im Interesse der FinBeh tätig; sie nehmen Überwachungs- und Kontrollfunktionen wahr, soweit es um die Feststellung von tatsächlichen Vorgängen geht. Zur Feststellung von Tatsachen, die zoll- und verbrauchsteuerrechtlich erheblich sind, kann die FinBeh auch natürliche **Personen, die vom Ergebnis der Feststellung nicht selbst betroffen werden, als Steuerhilfspersonen** bestellen.

Fünfter Teil
Erhebungsverfahren

Erster Abschnitt. Verwirklichung, Fälligkeit und Erlöschen von Ansprüchen aus dem Steuerschuldverhältnis

1. Unterabschnitt. Verwirklichung und Fälligkeit von Ansprüchen aus dem Steuerschuldverhältnis

§ 218 Verwirklichung von Ansprüchen aus dem Steuerschuldverhältnis

(1) ¹Grundlage für die Verwirklichung von Ansprüchen aus dem Steuerschuldverhältnis (§ 37) sind die Steuerbescheide, die Steuervergütungsbescheide, die Haftungsbescheide und die Verwaltungsakte, durch die steuerliche Nebenleistungen festgesetzt werden; bei den Säumniszuschlägen genügt die Verwirklichung des gesetzlichen Tatbestandes (§ 240). ²Die Steueranmeldungen (§ 168) stehen den Steuerbescheiden gleich.

(2) ¹Über Streitigkeiten, die die Verwirklichung der Ansprüche im Sinne des Absatzes 1 betreffen, entscheidet die Finanzbehörde durch Verwaltungsakt. ²Dies gilt auch, wenn die Streitigkeit einen Erstattungsanspruch (§ 37 Abs. 2) betrifft.

Schrifttum: *Müller* Erstattung und Erlaß von Eingangs- und Ausfuhrabgaben nach neuem Gemeinschaftsrecht, ZfZ 79, 290; *Baumdicker* Der Erlaß eines Abrechnungsbescheides nach § 218 Abs 2 AO, DStZ 82, 188; *Pump* Abrechnungsbescheide in der Praxis der steuerberatenden Berufe, DStR 88, 101; *Schuhmann* Der Abrechnungsbescheid, BB 88, 739.

Übersicht

1. Inhalt
2. Streitigkeiten iSd Abs 2
3. Gegenstand des Verwaltungsakts nach Abs 2
3a. Inhalt des Abrechnungsbescheids
4. Form des Verwaltungsakts
5. Rechtsbehelf
6. Abrechnung
7. Kleinbetragsregelung

1. Inhalt. Die Vorschrift stellt in Abs 1 fest, daß **Grundlage** für die **Verwirklichung** von Ansprüchen aus dem StSchuldverhältnis **Steuerbescheide** usw sind, vgl § 37 I. Durch den Bescheid wird der zunächst abstrakte Anspruch konkretisiert und damit realisiert. Der Begriff Verwirklichung soll klarstellen, daß nur die Einziehung und die Erstattung von dieser Vorschrift erfaßt werden. Der **StBescheid** wirkt damit, soweit er dem entstandenen Anspruch entspricht, **deklaratorisch,** im übrigen konstitutiv (*HHSp* vor § 218, Tz 1). Dies zeigt sich auch in der erhöhten Be-

1. Abschnitt. Ansprüche aus dem Steuerschuldverhältnis § 218

standskraft der StBescheide. Welche Steuer tatsächl zu zahlen ist, entscheidet sich letztlich nicht nach der Höhe des tatsächlich entstandenen Anspruchs, sondern nach dem StBescheid, ggf nach dessen gerichtl Bestätigung oder Abänderung. Dem entspricht auch die Regelung des § 37 II, wonach eine Steuer usw, die **ohne rechtl Grund** gezahlt worden ist, zurückzuzahlen ist; rechtl Grund iSd Bestimmung ist der Bescheid iSd § 218 I. Dies gilt auch dann, wenn der **rechtl Grund** für die Zahlung später – ganz oder teilweise – **wegfällt**, zB durch Änderung oder Aufhebung des Bescheides. Die Regelung bedeutet, daß ohne Vorliegen eines entsprechenden Bescheides der entsprechende **(Zahlungs-)Anspruch** nicht geltend gemacht werden kann, *HHSp* Tz 3. Die VSt-**Vorauszahlungsschuld** ist eine durch die endgültige Festsetzung der VSt **bedingte** St-Schuld und **entfällt**, wenn die VSt wegen Ablaufs der **Verjährungsfrist** nicht mehr **festgesetzt** werden kann, BFH BStBl 79, 461. Der **Verwaltungsakt** wirkt **konstitutiv**, wenn die Festsetzung von steuerl Nebenleistungen in das **Ermessen** der Verwaltung gestellt ist, *HHSp* Tz 5. Auch ein auf 0 DM lautender **Steuerbescheid** kann wegen des inneren Zusammenhangs mit einer einen Vorsteuerüberschuß ausweisenden **Umsatzsteuervoranmeldung** eine Leistungspflicht begründen, BFH BStBl 86, 776. Der auf 0 DM lautende Umsatzsteuerbescheid muß zu dem vorausgegangenen Umsatzsteuerbescheid in Beziehung gesetzt werden, der eine negative Steuerzahlungsschuld festgestellt hatte.

Bei den Säumniszuschlägen ist kein besonderer Verwaltungsakt erforderlich, sondern es genügt die Verwirklichung des gesetzlichen Tatbestandes (§ 240).

Eine **StAnmeldung** steht einem StBescheid gleich (S 2). Das bedeutet, daß auch die StAnmeldung Grundlage für die Geltendmachung der darin ausgewiesenen Steuerschuld ist.

Beantragt der Kläger neben der Aufhebung bzw Änderung des StBescheides die Verurteilung zur **Rückzahlung** der bereits entrichteten Steuer, dann ist das Rechtsschutzbedürfnis für diesen Antrag grundsätzlich als gegeben anzusehen, ohne daß der Kläger das Rechtsschutzinteresse besonders darlegen muß, FG Hbg EFG 80, 513. Der Anspruch ergibt sich aus § 100 I 2 FGO, wonach das Gericht auf Antrag auch aussprechen kann, daß die FinBeh die Vollziehung rückgängig machen muß, wenn der Verwaltungsakt bereits vollzogen ist. Die **Folgenbeseitigung** ist ein unselbständiger Annex zur Aufhebung des Verwaltungsakts, vgl *Redeker-v. Oertzen* VwGO 6. Aufl § 113 Rdnr 10. Das Rechtsschutzinteresse soll sich nach FG Hbg aaO daraus ergeben, daß die Anordnung über die Folgenbeseitigung für vorläufig vollstreckbar zu erklären ist. Der Ausschluß der vorläufigen Vollstreckbarkeit bei Anfechtungsklagen stehe im Zusammenhang damit, daß Anfechtungsurteile Gestaltungsurteile seien, die erst mit der formellen Rechtskraft die Gestaltungswirkung entfalten, vgl BGH BB 77, 895. Die Folgenbeseitigung betreffe die Vollziehung eines Verwaltungsakts nicht den Verwaltungsakt selbst.

Wegen der eingeschränkten Wirkung eines nicht rechtskräftigen Gestaltungsurteils braucht die entrichtete St bis zur Rechtskraft des Urteils nicht erstattet zu werden, FG Nieders EFG 69, 88. Anders ist es, wenn die Folgenbeseitigung im Urteil in der Form der Verpflichtung zur Rückzahlung der entrichteten Steuer angeordnet und dieser Anspruch für vorläufig vollstreckbar erklärt worden ist.

§ 218   5. Teil. Erhebungsverfahren

Zur Voraussetzung für die Errichtung sog **zentralisierter Finanzkassen,** FG BaWü EFG 80, 514. Die Ermächtigung zum Erlaß einer VO über die Einrichtung von zentralen Finanzkassen ergibt sich aus § 17 II 3 FVG.

2. Streitigkeiten iSd § 218 II. Abs 2 stellt klar, daß über **Streitigkeiten,** die das Bestehen oder Nichtbestehen von Zahlungsansprüchen betreffen, also die Verwirklichung der Ansprüche im Sinne des Abs 1, die **FinBeh** durch Verwaltungsakt entscheidet. Ist eine Steuer oder Steuervergütung ohne rechtlichen Grund gezahlt oder zurückgezahlt worden, so ist der Zahlungsempfänger verpflichtet, den Betrag zu erstatten. Auch über Streitigkeiten über diesen Erstattungsanspruch entscheidet die FinBeh durch Verwaltungsakt.

Der Stpfl hat die Möglichkeit, entweder den Bescheid nach Abs 2 S 1 zu verlangen oder die Schuld zu bezahlen und dann einen Erstattungsanspruch geltend zu machen. Er muß sich für eine dieser Möglichkeiten entscheiden; ein zweigleisiges Verfahren ist unzulässig (BFH, BStBl 73, 89). Der Erstattungsanspruch geht nicht verloren, wenn der Stpfl einen Bescheid nach Abs 2 S 1 nicht verlangt hat.

Ein Antrag, der zwar als **Teilerlaßantrag** bezeichnet ist, mit dem jedoch aus Rechtsgründen eine anderweitige Berechnung der Sz begehrt wird, stellt einen Antrag nach § 218 II dar, gegen dessen Ablehnung der Einspruch gegeben ist, FG Saarl EFG 82, 502. Auch ein **Zessionar** ist **Beteiligter** iSd § 218, denn durch die Abtretung ist er zumindest im eingeschränkten Umfang an die Stelle des Zedenten getreten, *TK* § 46 Tz 11; FG Berl EFG 83, 6. Eine wirksame **Abtretung** hat zur Folge, daß nicht mehr der Abtretende, sondern nur noch der **Abtretungsempfänger** den Verfügungsanspruch im eigenen Namen und aus eigenen Recht **geltend** machen kann, BFHE 123, 225; BStBl 86, 65. Über die Rechtstellung im Steuerfestsetzungsverfahren kann privatrechtlich allerdings nicht verfügt werden, vgl BFH BStBl 85, 330. Wenn das Steuerfestsetzungsverfahren jedoch rechtskräftig abgeschlossen ist und nur noch der reine **Erstattungszahlungsanspruch** umstritten ist, kann dieser Anspruch jedenfalls **abgetreten** werden, vgl BFH BStBl 86, 565. In diesem Falle kann nicht mehr der Abtretende, sondern nur noch der Abtretungsempfänger den **Erfüllungsanspruch** im eigenen Namen und aus eigenem Recht geltend machen, vgl BFHE 123, 225, 228. Die Erteilung von **Kontoauszügen** an Stpfl gehört zu den Amtshandlungen im Besteuerungsverfahren und ist daher nicht gebührenpflichtig, auch dann nicht, wenn der Kontoauszug auf Wunsch des Stpfl erteilt wird.

Bei einem **Streit** über die Frage, ob **Säumniszuschläge** entstanden sind, entscheidet die FinBeh durch Bescheid iSd § 218 II, BFH BStBl 79, 429. Die Frage, ob ein Anspruch aus dem StSchuldverhältnis entstanden ist, wird idR durch einen Bescheid iSd § 218 I entschieden, zB durch StBescheid. Bei den Sz gilt jedoch deshalb eine Ausnahme, weil für sie ein Bescheid iSd § 218 I nicht vorgesehen ist. Besteht daher Streit über die Säumniszuschläge, so wird durch den Bescheid des § 218 II nicht nur über die noch verbliebene Höhe des Anspruchs (Säumniszuschläge), sondern auch darüber entschieden, ob Sz überhaupt entstanden sind.

Durch Abs 2 wird das als **Drittschuldner** in Anspruch genommene **FA** nicht berechtigt, den von einem **VollstrGericht** erlassenen Pfändungs- und

1. Abschnitt. Ansprüche aus dem Steuerschuldverhältnis § 218

Überweisungsbeschluß durch Verwaltungsakt für unwirksam zu erklären, FG Nieders EFG 83, 389. Mit dem Bescheid entscheidet das FA allein über die Frage, ob ein festgesetzter Anspruch noch in vollem Umfang besteht oder durch Erfüllungstatbestände inzwischen ganz oder teilweise erloschen ist. Eine als Drittschuldner in Anspruch genommene FinBeh muß ihre Einwendungen gegen einen von ihr für nicht wirksam erachteten Pfändungs- und Überweisungsbeschluß gem § 766 ZPO bei dem Vollstreckungsgericht geltend machen. Dieses hat bei seiner Entscheidung auch die Vorschrift des § 46 VI zu beachten. Ggf kann das FA auch den gepfändeten Betrag **hinterlegen**, zB wenn eine Geldforderung für mehrere Gläubiger gepfändet worden ist.

3. Gegenstand des Verwaltungsaktes nach Absatz 2. Es wird nur darüber entschieden, inwieweit die in dem Steuerbescheid usw festgestellten Ansprüche aus dem Steuerschuldverhältnis noch bestehen oder erfüllt sind. Der Verwaltungsakt entscheidet also nur über den reinen **Zahlungsanspruch**, nicht über den im StBescheid festgesetzten StAnspruch. Streitigkeiten, die die **materielle Richtigkeit** eines geltend gemachten Anspruchs betreffen, können nicht Gegenstand eines Abrechnungsbescheides sein, vgl BFH BStBl 70, 444. Stpfl hat keinen Anspruch auf Erteilung eines **Konto-Auszugs** über die Abrechnung von StZahlungen mehrerer Jahre, sondern nur auf einen **Abrechnungsbescheid** über eine bestimmte Zahlungsverpflichtung, FG Nbg EFG 78, 581.

Bescheide nach Abs 2 können nicht nur bei Streitigkeiten im unmittelbaren Verhältnis zwischen dem FA und dem Steuerpflichtigen sondern auch bei **Streitigkeiten** im Verhältnis zwischen dem FA und **Dritten** ergehen, sofern es sich um Streitigkeiten über einen Anspruch iSd Abs 2 handelt, BFH BStBl 87, 802.

Ein gem § 218 II erlassener Bescheid über die **Festsetzung** von **Säumniszuschlägen** ist im Hinblick auf ein sich anschließendes Leistungsgebot ein Verwaltungsakt, dessen **Aussetzung** der Vollziehung angeordnet werden kann, FG Nieders EFG 83, 103.

3a. Inhalt des Abrechnungsbescheids. Der **Verwaltungsakt** nach Abs 2 hat in der Regel keinen **vollziehbaren** Inhalt, so daß eine **Aussetzung** der **Vollziehung** nicht in Betracht kommt, vgl *Koch* Tz 19. Etwas anderes gilt allerdings, wenn durch den Abrechnungsbescheid eine **Leistungspflicht** begründet wird, vgl BFH vom 17. 4. 84 StRK AO 1977, § 218 R. 5. So ist zB ein Abrechnungsbescheid, der eine durch **Aufrechnung** durch das FA geminderten Erstattungsanspruch des Steuerpflichtigen feststellt, ein vollziehbarer Verwaltungsakt, BFH BStBl 88, 43. Ein Abrechnungsbescheid entscheidet im Rahmen des Steuererhebungsverfahrens über die Verwirklichung von Ansprüchen aus dem Steuerschuldverhältnis. Die in ihm getroffenen Feststellungen binden den Steuerpflichtigen und die Finanzbehörde. Die Vollstreckung darf über die in ihm festgestellten Beträge nicht hinausgehen. Daraus folgt, daß er dann einer Vollziehung fähig ist, wenn in ihm das **Bestehen** eines **Anspruchs** gegen den Steuerpflichtigen **festgestellt** wird.

Abrechnung bzw Anrechnung von Vorauszahlungen oder StAbzugsbeträgen auf die JahresSt gehören zum StFestsetzungsverfahren, BFH BStBl

§ 218

87, 405. Die **StAnrechnung** ergeht im Rahmen eines von der StFestsetzung gesonderten VA (BFH BStBl 86, 186). Es handelt sich hierbei **nicht** um einen **Abrechnungsbescheid** iSd Abs 2, weil nicht über bereits entstandene Streitigkeiten über das Erlöschen von Zahlungsansprüchen entschieden wird (vgl BFH BStBl 85, 216). Es ist vielmehr ein **deklaratorischer** VA dessen Wirkung sich in einem Leistungsgebot oder in einer Erstattungsverfügung äußert.

Einwendungen die sich gegen einen bestandskräftigen **Steuerbescheid** richten, können nicht gegen einen Abrechnungsbescheid erhoben werden, BFH BStBl 86, 776.

4. Form des Verwaltungsakts. Eine bestimmte **Form** ist **nicht** vorgeschrieben, wenn auch Schriftform die Regel sein dürfte. Das gleiche gilt für die Rechtsbehelfsbelehrung. Der Abrechnungsbescheid muß die Forderungen des FA nach StArt, Jahren und Beträgen aufgegliedert bezeichnen, BFH BStBl 79, 714; FGRhPf EFG 82, 445. Abrechnungsbescheide im Sinne des Abs 2 für zusammenveranlagte Eheleute können nicht in der Form eines zusammengefaßten Bescheides nach § 155 III ergehen, FG Köln, EFG 88, 344.

5. Rechtsbehelf. Gegen den Verwaltungsakt ist Einspruch gemäß § 348 Abs 1 Nr 9 AO gegeben. Entscheidend sind die Verhältnisse im Zeitpunkt des Ergehens des Verwaltungsaktes (BFH, BStBl 71, 498). Bleibt das FA untätig, so kann Untätigkeitsklage erhoben werden. Wird der Bescheid nach Abs 2 **unanfechtbar,** so wirkt er ebenfalls entweder **konstitutiv** oder deklaratorisch, er ist jedenfalls insoweit verbindlich; seine Änderungsmöglichkeit richtet sich nach §§ 129–131. Ein Verwaltungsakt, mit dem das FA feststellt, daß eine St noch nicht erloschen sei, ist **nicht vollziehbar;** ein entsprechender Aussetzungsantrag ist unzulässig. Dies gilt jedenfalls, soweit der Verwaltungsakt nur feststellt, daß die St nicht gezahlt wurde und die StSchuld nicht erloschen ist, FG Berlin EFG 81, 328; FG München EFG 79, 161. Eine auf **Steuererstattung** gerichtete **Leistungsklage** ist nur begründet, wenn der Erstattungsanspruch durch einen Bescheid im Sinne des § 218 Abs 1 festgesetzt worden ist. BFH BStBl 86, 702. In dem gegebenen Fall war streitig, ob ein dem Steuerpflichtigen nach einem Einkommensteuerbescheid zustehender Erstattungsanspruch durch Verrechnung mit Steuerschulden erloschen war.

6. Abrechnung. Die Abrechnung über Vorauszahlungen wird regelmäßig im Zusammenhang mit dem Erlaß eines StBescheides erteilt. Sie ist kein Verwaltungsakt iS des § 218 II. Nach der Entscheidung des BFH vom 16. 10. 86 (BStBl 87, 405) handelt es sich bei einer mit dem Steuerbescheid verbundenen **Abrechnung** von **USt-Vorauszahlungen** um einen **VA** in Form eines Leistungsgebots oder einer Erstattungsverfügung, der nur unter den einschränkenden Voraussetzungen des § 130 II zu ungunsten des Steuerpflichtigen berichtigt werden könne. Damit ist der BFH von der früheren Verwaltungsauffassung abgewichen, wonach eine Berichtigung zwar zeitlich befristet, im übrigen aber uneingeschränkt möglich sein soll.

Nach der Rechtsprechung des BFH zur RAO handelte es sich bei der Anrechnung von Vorauszahlungen und Steuerabzugsbeträgen um Verfügungen im Sinne von § 93 RAO, die jederzeit bis zum Ablauf der Verjährungsfrist berichtigt werden konnten (vgl BFH BStBl 77, 805). Enthält die

1. Abschnitt. Ansprüche aus dem Steuerschuldverhältnis §219

Abrechnung Fehler, sind diese uE idR nach § 129 zu berichtigen. Ändert das FA die **Anrechnung** von **LSt** und macht es zugleich einen Erstattungsanspruch geltend, so ist, wenn der Stpfl hiergegen Beschwerde einlegt, über das Bestehen des Erstattungsanspruchs im **Beschwerdeverfahren** und nicht durch Erteilung eines (weiteren) **Abrechnungsbescheids** nach § 218 II zu entscheiden, FG Nieders EFG 84, 430. Die Erteilung eines Abrechnungsbescheids setzt voraus, daß der Erstattungsanspruch nicht bereits Gegenstand eines zuvor erteilten anderen schon angefochtenen VA ist.

7. Kleinbetragsregelung. Kleinbeträge von weniger als **5 DM** bezogen auf eine StNr können zusammen mit der nächsten Zahlung an die FinKasse entrichtet werden, Tz 1 der Kleinbetragsregelung für das Erhebungsverfahren, v 15. 1. 82 BStBl 82 I 197.

Kleinstbeträge von weniger als **1 DM** werden weder erhoben noch erstattet. Bei Abrechnung mehrerer Ansprüche in einem Bescheid gilt diese Betragsgrenze für den Gesamtbetrag, Tz 5 der Kleinbetragsregelung für das Erhebungsverfahren, BStBl 82, 197.

§ 219 Zahlungsaufforderung bei Haftungsbescheiden

¹**Wenn nichts anderes bestimmt ist, darf ein Haftungsschuldner auf Zahlung nur in Anspruch genommen werden, soweit die Vollstreckung in das bewegliche Vermögen des Steuerschuldners ohne Erfolg geblieben oder anzunehmen ist, daß die Vollstreckung aussichtslos sein würde.** ²**Diese Einschränkung gilt nicht, wenn die Haftung auf § 6 Abs. 1, 3 und 5, § 8 Abs. 3, § 40a Abs. 1 oder auf § 41 Abs. 2, 5 und 8 des Zollgesetzes beruht oder darauf, daß der Haftungsschuldner Steuerhinterziehung oder Steuerhehlerei begangen hat oder gesetzlich verpflichtet war, Steuern einzubehalten und abzuführen oder zu Lasten eines anderen zu entrichten.**

1. Inhalt. Diese Vorschrift enthält **einschränkende Bestimmungen** für die Inanspruchnahme von **Haftungsschuldnern** auf Zahlung. Es wird nur die Inanspruchnahme des Haftungsschuldners auf Zahlung, **nicht** aber der **Erlaß** des **Haftungsbescheides** selbst geregelt. Während in § 191 die Fragen des Erblasses eines Haftungsbescheides geregelt sind, bestimmt § 219, unter welchen Voraussetzungen aufgrund eines Haftungsbescheides die Zahlung verlangt werden kann. Liegen die Voraussetzungen des § 219 bei Erlaß des Haftungsbescheides vor, so kann die **Zahlungsaufforderung** mit dem Haftungsbescheid **verbunden** werden. Anderenfalls muß das Eintreten der Voraussetzungen des § 219 abgewartet werden, ehe eine Zahlungsaufforderung ergehen darf. Die Zahlungsaufforderung nach § 219 ist ein selbständiger **Verwaltungsakt,** gegen den die Beschwerde statthaft ist, Mösbauer StBg 88, 319.

2. Sekundäre Inanspruchnahme. Nach S 1 kann der Haftungsschuldner aufgrund des Haftungsbescheides, soweit nichts anderes bestimmt ist, nur in Anspruch genommen werden, soweit die **Vollstreckung** in das **bewegliche** Vermögen des StSchuldners ohne Erfolg geblieben ist oder aussichtslos erscheint. Diese Einschränkung ergibt sich aus dem Grundsatz, daß der Haftende grundsätzlich nur nach dem StSchuldner für die Steuerschuld

§ 220

5. Teil. Erhebungsverfahren

einzustehen hat. Die Regelung geht zurück auf die Rspr des RFH und BFH, wonach sich die vorherige Inanspruchnahme des Erstschuldners aus den Grundsätzen der **Ermessensanwendung** ergeben soll, vgl BFH BStBl 73, 573.

Der Begriff **StSchuldner** in S 1 ist im umfassenden Sinne zu verstehen, er bezeichnet nicht nur den eigentl Steuerschuldner sondern den sog Erstschuldner, vgl *TK* Tz 2. Vollstreckungsversuch ins **unbewegl** Vermögen des StSchuldners wird nicht gefordert; Inanspruchnahme des Haftenden trotz ausreichenden unbewegl Vermögens des Erstschuldners kann **ermessensfehlerhaft** sein, vgl *TK* Tz 3.

Verstoß gegen § 219 I macht Inanspruchnahme **fehlerhaft** und damit anfechtbar (Beschwerde nach § 349); gegen den Haftungsbescheid nach § 191 ist dagegen der Einspruch gegeben.

3. Ausnahmen von dem Grundsatz der nachrangigen Haftung. S 2 enthält einige Ausnahmen, die sich aus der Besonderheit bestimmter Haftungstatbestände ergeben. Den in S 2 genannten Fällen ist gemeinsam, daß hier der **Haftende** ausschließlich oder ganz überwiegend zur **Entstehung** der Steuerschuld **beigetragen** hat. Das gilt für die Fälle der Haftung nach § 6 I und V, § 9 III, § 41 II und VII ZG sowie der Haftung des StHinterziehers, des StHehlers und des StAbzugsverpflichteten. Personen, die aufgrund dieser Vorschrift haften, können sofort in Anspruch genommen werden, ohne daß sich die FinBeh zunächst an den Steuerschuldner wenden muß. Dies bedeutet jedoch nur, daß in diesen Fällen ein Haftender ohne die erschwerenden Voraussetzungen des S 1 in Anspruch genommen werden **darf**. Ob die Behörde das tut, bleibt aber dennoch eine Ermessensentscheidung, FG RhPf EFG 81, 263. Das gilt auch für die häufig vorkommenden Haftungsfälle der §§ 69, 71 und der Haftung für **AbzugsSt,** vgl §§ 42 d, 45 VI, 50 a V EStG. StHinterziehung § 370, StHehlerei § 374. Gleichwohl kann es auch in diesen Fällen der Ausübung pflichtgemäßen Ermessens entsprechen, sich zunächst an den Steuerschuldner zu halten. **Anstifter** oder **Gehilfen** fallen nicht darunter (vgl TK Tz 5).

§ 220 Fälligkeit

(1) **Die Fälligkeit von Ansprüchen aus dem Steuerschuldverhältnis richtet sich nach den Vorschriften der Steuergesetze.**

(2) ¹Fehlt es an einer besonderen gesetzlichen Regelung über die Fälligkeit, so wird der Anspruch mit seiner Entstehung fällig, es sei denn, daß in einem nach § 254 erforderlichen Leistungsgebot eine Zahlungsfrist eingeräumt worden ist. ²Ergibt sich der Anspruch in den Fällen des Satzes 1 aus der Festsetzung einer Steuer, einer Steuervergütung oder einer steuerlichen Nebenleistung, so tritt die Fälligkeit nicht vor Bekanntgabe der Festsetzung ein.

1. Inhalt. Die Vorschrift verzichtet auf eine bis ins einzelne ergehende Regelung der Fälligkeit. Sie verweist vielmehr auf die **einzelnen StGesetze.** Für den Fall, daß diese Gesetze keine Fälligkeitsregel enthalten, bestimmt Abs 2 S 1 entsprechend § 271 I BGB, daß der Zahlungsanspruch mit seiner **Entstehung fällig** wird, es sei denn, daß in dem **Leistungsgebot**

1. Abschnitt. Ansprüche aus dem Steuerschuldverhältnis § 220

– wie allgemein üblich – eine Zahlungsfrist bewilligt wird. Ergibt sich der Zahlungsanspruch in den Fällen des S 1 – wie es meistens der Fall sein wird – aus einer **Steuerfestsetzung,** so tritt die Fälligkeit nicht vor **Bekanntgabe** der Festsetzung ein. Die Vorschrift gilt auch für Ansprüche des Stpfl.

2. Fälligkeit in den Einzelsteuergesetzen. In den Einzelsteuergesetzen ist zB in § 35 I EStG 1975, §§ 36 IV 1, 37 I, 41a I 2, 44 III 2, 45 V 2 EStG 1975, §§ 20, 21, 23 VStG, §§ 28, 29, 31 GrStG, §§ 19, 20, 26 GewStG, § 13 UStG, § 16 GrErwStG, § 27 KVStG, § 8 VersStG, §§ 13, 19 Rennwu-Lott-StG, § 10 WechStG, § 4 WechStDVO, § 12 KraftStG, § 6 Feuerschutz StG, § 37 I ZollG, § 6 BierStG, § 7 LeuchtmittelStG, § 5 MinöStG, § 8 TabakStG, § 7 ZuckerStG, die Fälligkeit geregelt. Die sog **Veranlagungssteuern** werden nicht vor ihrer Festsetzung fällig.

3. Fehlen einer gesetzlichen Regelung. Bei Fehlen einer ges Regelung wird Anspruch mit seiner **Entstehung** fällig; zur Entstehung des Anspruchs vgl § 38. Soweit steuerl **Nebenleistungen** von der FinBeh nach Ermessen festgesetzt werden, entstehen diese erst mit dem entsprechenden Bescheid; insoweit ist es gleichgültig, ob man auf sie Abs 2 S 1 oder S 2 anwenden will, aA *TK* Tz 4.

4. Keine Fälligkeit vor Bekanntgabe der Steuerfestsetzung, Abs 2 S 2. Daß Ansprüche auf Zahlung festgesetzt werden müssen, wenn sie verwirklicht werden sollen, ergibt sich aus § 218 I; aus Abs 2 S 2 folgt dann, daß sie auch nicht vor Festsetzung fällig werden. Der Anspruch wird, wenn keine Zahlungsfrist gesetzt wird oder sich aus dem Gesetz eine besondere Fälligkeit ergibt, **sofort fällig;** dies gilt zB für Ansprüche des Stpfl.

5. Wirkung der Fälligkeit. Die fällige Leistung ist zu erbringen und kann gemäß § 249 erzwungen werden. Vom Fälligkeitstage an werden Säumniszuschläge erhoben (§ 240). Fällige StForderungen sind nach Maßgabe des § 61 I Nr 2 KO im Konkursverfahren bevorrechtigt. Auch vor Fälligkeit kann geleistet werden. Die Leistung kann jedoch nicht verlangt werden (vgl *Merck,* Steuerschuldrecht, S 96, und BFH BStBl 54, 26).

6. Steuervergütung, Herabsetzung der Steuer. Steueranmeldungen, die zu einer Steuervergütung oder zu einer Herabsetzung der bisher festgesetzten Steuer führen, stehen einer Steuerfestsetzung unter dem Vorbehalt der Nachprüfung erst gleich, wenn die FinBeh zustimmt (§ 168). Die angemeldeten Überschüsse werden nach § 220 II S 2 nicht vor diesem Zeitpunkt fällig. **Rechnet** der **Steuerpflichtige** mit den Überschüssen gegen Steuerschulden **auf,** so gilt insoweit der **Tag** der **Einreichung** der StAnmeldung als Fälligkeitstag der StVergütung/-Erstattung, BdF BStBl 79 I 360 (abweichend von EE AO 77).

7. Zur Frage des Hinausschiebens der Fälligkeit vgl die Ausführungen zu § 222.

§§ 221, 222

§ 221 Abweichende Fälligkeitsbestimmung

¹Hat ein Steuerpflichtiger eine Verbrauchsteuer oder die Umsatzsteuer mehrfach nicht rechtzeitig entrichtet, so kann die Finanzbehörde verlangen, daß die Steuer jeweils zu einem von der Finanzbehörde zu bestimmenden, vor der gesetzlichen Fälligkeit aber nach Entstehung der Steuer liegenden Zeitpunkt entrichtet wird. ²Das gleiche gilt, wenn die Annahme begründet ist, daß der Eingang einer Verbrauchsteuer oder der Umsatzsteuer gefährdet ist; an Stelle der Vorverlegung der Fälligkeit kann auch Sicherheitsleistung verlangt werden. ³In den Fällen des Satzes 1 ist die Vorverlegung der Fälligkeit nur zulässig, wenn sie dem Steuerpflichtigen für den Fall erneuter nicht rechtzeitiger Entrichtung angekündigt worden ist.

1. Inhalt. Hat ein Steuerpflichtiger **mehrfach** eine VerbrauchSt oder die USt nicht rechtzeitig entrichtet oder erscheint der Eingang dieser St als gefährdet, so kann die FinBeh nach dieser Vorschrift einen abweichenden, **vor** der gesetzlichen **Fälligkeit** liegenden **Fälligkeitszeitpunkt** bestimmen oder **Sicherheit** verlangen. Sofern die FinBeh hiervon Gebrauch machen will, muß sie dies dem Steuerpflichtigen vorher androhen.

Gleiche Regelung in § 46 IV ZG: **Einmalige Säumnis** reicht nicht aus („mehrfach"), wohl aber nicht vollständige Entrichtung, *TK* Tz 2. Androhung kann aber bereits nach einmaliger Säumnis ergehen.

Es ist nicht erforderlich, daß die Säumnis in **aufeinanderfolgenden** Fälligkeitsterminen auftritt; diese Frage kann aber ggf im Rahmen der Ermessensentscheidung von Bedeutung sein, vgl FG Saarland EFG 74, 563, zB wenn der Stpfl ständig die Schonfrist nach § 240 III ausnutzt.

2. Zweck. Die Vorschrift dient der Sicherung des Steueraufkommens gegenüber säumigen Zahlern. Es steht im Ermessen des FA, ob es von dieser Vorschrift Gebrauch macht. Das FA muß nach Billigkeit und Zweckmäßigkeit verfahren (so *TK* Tz 4). Die Fälligkeit darf nicht vor Entstehung der Steuerschuld gelegt werden. Das gleiche gilt für die **Sicherheitsleistung** (anders die 1. Aufl), vgl *TK* Tz 4, wie sich aus dem Wortlaut der Bestimmung ergibt („an Stelle ... kann auch Sicherheitsleistung verlangt werden"). Erzwingung der Sicherheit nach § 336. Es ist ernstlich zweifelhaft, ob das FA nach Satz 2 eine **Sicherheitsleistung** für eine noch **nicht entstandene Umsatzsteuerschuld** verlangen darf, BFH BStBl 87, 830.

3. Rechtsweg. Gegen die Vorverlegung der Fälligkeit und die Anforderung einer Sicherheitsleistung ist **Beschwerde** gemäß § 349 ergeben, ebenfalls gegen die Ankündigung nach S 3.

§ 222 Stundung

¹Die Finanzbehörden können Ansprüche aus dem Steuerschuldverhältnis ganz oder teilweise stunden, wenn die Einziehung bei Fälligkeit eine erhebliche Härte für den Schuldner bedeuten würde und der Anspruch durch die Stundung nicht gefährdet erscheint. ²Die Stundung soll in der Regel nur auf Antrag und gegen Sicherheitsleistung gewährt werden.

1. Abschnitt. Ansprüche aus dem Steuerschuldverhältnis § 222

Schrifttum: *Gerber* Lohnsteuer – kein Anspruch aus dem Steuerschuldverhältnis? DB 84, 954; *Sangmeister* Die Stundung von Steuerforderungen aufgrund nichtfälliger Gegenansprüche des Steuerschuldner, DStZ 84, 504; *Pump* Die Stundung und sog. stundungsgleiche Rechtsinstitute, DStZ 85, 587; *Carl* Stundung von Lohnsteuer gegenüber Arbeitnehmer und Arbeitgeber DB 88, 826; *Schuhmann* Unbedenklichkeitsbescheinigung bei Stundung und Aussetzung der Vollziehung des Grunderwerbsteuerbescheides (§ 22 GrEStG), DStZ 87, 140.

Übersicht

1. Inhalt
2. Anwendungsbereich
3. Voraussetzungen der Stundung
4. Erhebliche Härte
5. Persönliche Stundungsgründe
6. Sachliche Stundungsgründe
   a) Steuernachforderungen
   b) Normenkontrollverfahren
   c) Abführungssteuern
   d) Aufrechnungserklärung
   e) Gegenansprüche
   f) Beteiligung an Abschreibungsgesellschaften
   g) Investitionszulage
7. Stundungswürdigkeit
8. Gefährdung des Anspruchs und Sicherheitsleistung
9. Stundungsverfügung
10. Entscheidung über Stundung
11. Zuständige Behörde
12. Wirksamwerden der Stundung
13. Wirkung der Stundung
14. Widerruf der Stundung
15. Rechtsbehelfe
16. Stundung und Sonderausgaben
17. Strafrechtliche Folgen

1. Inhalt. Die Vorschrift regelt die Stundung entsprechend § 127 RAO. Voraussetzung für die Stundung ist eine in der **Einziehung** bei Fälligkeit liegende **erhebliche Härte**. Der **Anspruch** darf durch die Stundung nicht **gefährdet** erscheinen. Eine Stundung soll regelmäßig nur auf **Antrag** und gegen **Sicherheitsleistung** gewährt werden. Von der regelmäßigen Sicherheitsleistung wird vor allem abgesehen werden können, wenn kleinere Beträge gestundet werden oder wenn die Stundung nur einen kurzen Zeitraum betrifft und keinerlei Gefährdung des Anspruchs zu besorgen ist.

2. Anwendungsbereich. Die Vorschrift betrifft alle Zahlungsansprüche aus dem Steuerschuldverhältnis. Ihr Anwendungsbereich ist jedoch, ohne daß dies im GesWortlaut zum Ausdruck kommt, auf Ansprüche des **Steuerberechtigten** beschränkt. Sie ist jedoch nicht anwendbar auf die Einbehaltung von Abzugsteuern; die Voraussetzung für eine Einschränkung der Einbehaltungspflicht des Arbeitgebers sind in § 39a EStG abschließend geregelt, FG Niedersachsen EFG 78, 570; BFH BStBl III 57, 329; vgl die Diskussion zwischen *Gerber* und *Brockhoff* über die **Stundung der LSt** in DB 79, 471. *Brockhoff* schließt aus dem gegenüber § 127 RAO geänderten Wortlaut („Ansprüche aus dem StSchuldverhältnis"), daß auch die LSt gegenüber der Arbeitnehmer gestundet werden könne, übersieht uE dabei

§ 222   5. Teil. Erhebungsverfahren

aber, daß das Gesetz in § 222 nur einen ganz bestimmten Anspruch meint, nämlich den Zahlungsanspruch; dies ergibt sich aus der Stellung des § 222 im Teil „Erhebungsverfahren". Die Vorschrift gilt für **alle St**, auch für **Zölle** und **VerbrauchSt**, ferner für die ErbSt trotz der Sonderregelung in § 28 ErbStG. Spezialgesetzliche Bestimmungen enthalten § 39 RennwLottAB; §§ 54, 57 LAG; § 9 AbsicherG. Für Geldstrafen gilt § 42 StGB, für Bußgelder §§ 18, 93 OWiG iVm § 412 II 2.

Die Anwendung der Vorschrift auf **örtl Verbrauch- und AufwandSt** und **Kommunalabgaben** richtet sich nach den jeweiligen LandesG; das gleiche gilt für die **KiSt** nach Maßgabe der LaKiG. **Stundung von LSt** gegenüber **Arbeitnehmern** kommt nicht in Betracht, FG Nieders EFG 78, 570.

Stundung und Aussetzung der Vollziehung bei Einlegung eines Rechtsbehelfs schließen sich nicht aus (vgl *TK* Tz 2).

3. Voraussetzungen der Stundung. Das Gesetz nennt zwei Voraussetzungen für die Stundung:
1. die Einziehung bei Fälligkeit muß eine **erhebliche Härte** für den Schuldner bedeuten und
2. der **Anspruch darf** durch die Stundung **nicht gefährdet** erscheinen.

Als formelle Voraussetzung ist in der Regel ein **Antrag** erforderlich. Beide Voraussetzungen müssen erfüllt sein (BFH, BStBl 51, 292). Ein **Stundungsantrag** reicht grundsätzlich nicht aus, um eine **einstweilige Einstellung** der ZV erlangen zu können, BFH VII B 22/82 v 29. 9. 82. Anders ggf wenn der Antrag Aussicht auf Erfolg hat.

4. Erhebliche Härte. Die Entscheidung über die Stundung ist eine mit einem **unbestimmten Rechtsbegriff** gekoppelte **Ermessensentscheidung,** vgl Anm 11 zu § 163; BFH BStBl 77, 587; aA *TK* Tz 17. *TK* ist aber insoweit zuzustimmen, als bei Bejahung der erheblichen Härte das Ermessen sehr eingeschränkt ist.

Inhalt und Grenzen des Ermessens werden nach BFH durch den Begriff der erheblichen Härte umgrenzt. Erhebliche Härte setzt voraus, daß die **Verhältnisse** beim Stpfl **ungünstiger** liegen als bei anderen. Existenzgefährdung ist nicht Voraussetzung, es genügen ernsthafte **Zahlungsschwierigkeiten,** die der Stpfl auch nicht in zumutbarer Weise, zB durch Aufnahme eines Kredits, überwinden kann; **Kreditaufnahme** ist grundsätzlich zumutbar. Rückläufige **Gewinnermittlung** reicht nicht allein aus, jedoch kann die Stundung ggf auch als **antizyklische Konjunkturmaßnahme** eingesetzt werden, *Orlopp* Stundung von Steuern, NWB F 2 S 5029.

Gericht hat zu prüfen, ob die **Grenzen** des Ermessens überschritten sind oder von dem Ermessen in einer dem Zweck der Ermächtigung nicht entsprechenden Weise Gebrauch gemacht ist. Maßgeblich sind die **Verhältnisse** im Zeitpunkt der **Entscheidung,** FG Hess EFG 68, 22, 136.

Auf die Gewährung der Stundung nach **§ 28 ErbStG** besteht ein **Rechtsanspruch,** OFD Köln StEK ErbStG § 28 Nr 7. Ein **Anspruch** auf Stundung der Erbschaftsteuer gem § 28 ErbStG 1974 besteht **nicht,** wenn der Erwerber die Steuer für den Erwerb vom Vertriebsvermögen entweder aus dem erworbenen weiteren Vermögen oder aus seinem eigenen Vermögen aufbringen kann, BFH BStBl 88, 730. Nach § 28 I ErbStG 1974 ist in Fällen, in denen zum Erwerb Betriebsvermögen gehört, dem Erwerber die darauf

1. Abschnitt. Ansprüche aus dem Steuerschuldverhältnis **§ 222**

entfallende Erbschaftsteuer auf Antrag bis zu sieben Jahren verzinslich insoweit zu stunden, als dies zur **Erhaltung** des Betriebs notwendig ist. Dabei bleibt § 222 AO unberührt.

Der Begriff **erhebliche Härte und Unbilligkeit der Einziehung** in § 227 sind nicht inhaltsgleich (vgl BVerwG BStBl 60, 157; unklar jedoch BFH BStBl 57, 408; 58, 153; 65, 466; TK Tz 5). Stundung ist nur möglich, wenn spätere Leistungsfähigkeit erwartet werden kann. Liegt dauernde Zahlungsunfähigkeit vor, so ist die Frage des Erlasses zu prüfen.

Jede Steuerzahlung entzieht dem Steuerpflichtigen Mittel und bedeutet eine gewisse Härte, allgemeine Härte ist keine erhebl Härte, BFH BStBl 77, 436. Eine **erhebliche Härte** liegt erst dann vor, wenn die Steuerzahlung zu wirtschaftlichen Schwierigkeiten führen würde. Bei der Frage, ob Stundung oder Erlaß angebracht ist, ist auch zu berücksichtigen, daß die Stundung nur die steuerliche Leistungspflicht hinausschiebt und in Zukunft zu einer stärkeren steuerlichen Verpflichtung führt, weil dann die gestundeten und die dann fälligen Leistungen zu zahlen sind.

Man unterscheidet ebenso wie bei der abweichenden StFestsetzung nach § 163 und beim Erlaß nach § 227 zwischen **persönlichen** und **sachlichen Stundungsgründen.**

5. Persönliche Stundungsgründe. Eine erhebliche Härte kann in den persönlichen Verhältnissen des Steuerpflichtigen liegen. War zB der Steuerpflichtige längere Zeit **krank** und hat daher erhebliche **geschäftliche Verluste** gehabt, kann die Einziehung eine unbillige Härte bedeuten. Auch sind **Nachforderungen** bei **Saisonbetrieben** außerhalb der Saison sehr oft mit erheblichen Härten verbunden (vgl BFH BStBl 66, 694). Es liegt nicht deshalb eine erhebliche Härte vor, weil der Steuerpflichtige zur Bezahlung seiner Steuerschulden Bankkredite in Anspruch nehmen muß (BFH BStBl 61, 71). Die **Stundungsgründe** sind nachzuweisen (BFH BStBl 61, 292). Ein geeignetes Mittel ist der **Liquiditätsstatus,** der die Vermögenswerte in kurzfristig realisierbare und nicht kurzfristig realisierbare Vermögenswerte aufteilt (BFH BStBl 66, 694). Bei einer Stundung aus persönlichen Gründen ist zu berücksichtigen, ob der Stpfl evt seine Zahlungsschwierigkeiten **selbst verursacht** hat, zB durch hohe **Privatentnahmen,** Aufwendungen zur Erlangung von StVorteilen, Rabatten usw, vgl BFH BStBl 58, 153; FG Hbg DStR 54, 207. Auch die **Einstellung** des Stpfl gegenüber seinen steuerl Verpflichtungen spielt eine Rolle, FG Hessen EFG 77, 128. Bei **Stundung** von Vermögensabgabe ist auf die Einkünfte und das Gesamtvermögen beider Eheleute abzustellen, BVerfG BStBl I, 61, 63; ebenso BFH bei Erlaß HFR 64, 257.

6. Sachliche Stundungsgründe. a) Steuernachforderungen. StNachforderungen aufgrund einer Bp, auf die sich Stpfl nicht rechtzeitig einrichten konnte, vgl BFH BStBl 74, 307. Bei **Abschlußzahlungen** ist grundsätzlich ein strenger Maßstab anzulegen, BFH aaO. Anders evtl, wenn Vorauszahlungen kurz vor dem Vorauszahlungstermin erheblich erhöht werden und ggf noch mit hohen Abschlußzahlungen zeitlich zusammentreffen, BFH BStBl 75, 15. **Einkommensvorauszahlungen** können zum nächsten Vorauszahlungszeitpunkt ohne Einhaltung einer Frist **erhöht** werden. Bei auftretenden Härten kann Stundung in Betracht kommen, BFH BStBl 82, 105. Die Zusammenballung des Gewinns bei **Saisonbetrieb** ist kein Grund

§ 222

für die Stundung von Vorauszahlungen, FG Nieders EFG 82, 571. Es ist den Stpfl zuzumuten, **Rücklagen** zu bilden, die in die Zeit saisonbedingter Liquiditätsschwierigkeiten fallen.

b) Normenkontrollverfahren vor BVerfG rechtfertigt allein noch **keine Stundung**, FG Hbg EFG 59, 175. Anders ggf wenn **Steuer** nur unter **Vorbehalt der Nachprüfung** oder vorläufig festgesetzt ist und Stundungsantrag praktisch einem Aussetzungsantrag gleichkommt, BFH BStBl 63, 445; 64, 54 betr USt-Vorauszahlungen wegen Verfassungswidrigkeit der SpinnwebZusatzSt. Unter gewissen Voraussetzungen kann eine Stundung als eine mögliche **Maßnahme** zur Gewährung **vorläufigen Rechtsschutzes** angesehen werden, vgl BFH BStBl 84, 492, zB in Fällen, in denen vorläufiger Rechtsschutz gegen die Ablehnung der Herabsetzung von Einkommensteuervorauszahlungen begehrt wird. Dies gilt allerdings nur dann, wenn der Steuerpflichtige beim FG in einem Verfahren auf Erlaß einer einstweiligen Anordnung einen entsprechenden Antrag gestellt hat. Voraussetzung ist ferner, daß der Steuerpflichtige gegen die Bemessungsgrundlagen der Vorauszahlungen Einwendungen erhebt.

c) Abführungssteuern. Erhebliche Härte ist idR bei **Steuern** zu **verneinen**, die der Stpfl nur **einzubehalten** und **weiterzuleiten** hat, zB LSt, KapErtragSt, USt, BefördSt, *Koch* Tz 4; gegen diese Einschränkung *HHSp* Anm 15; *TK* Tz 7. Etwas anderes dürfte gelten, wenn der Stpfl die entspr Beträge nicht einbehalten und keine Möglichkeit mehr hat, die Steuern abzuwälzen. **USt** können ggf dann stundbar sein, wenn die **öffentlichen Auftraggeber** ihrer **Zahlungsverpflichtungen** gegenüber dem Stpfl nicht rechtzeitig nachkommen. Die Einziehung angemeldeter **LSt** bei Fälligkeit ist keine erhebliche Härte, denn es handelt sich hierbei nicht um St des Arbeitgebers, sondern um die seiner Arbeitnehmer. Die Abführung solcher Fremdgelder, die dem Arbeitgeber nur **treuhänderisch** für diesen Zweck anvertraut sind, schmälern nicht das Vermögen und die Liquidität des Arbeitgebers, da er diese Mittel nicht für eigene Zwecke verwenden darf, BFH VI R 130/81.

Nach Auffassung von Carl (aaO) steht der Pflicht des **Arbeitgebers** zur **Einbehaltung** der **Lohnsteuer** kein stundbarer Anspruch des Fiskus gegenüber. Die **Zahlungspflicht** des Arbeitgebers ergebe sich bereits aus dem **Arbeitsvertrag** mit dem Arbeitnehmer. § 41a I Nr 2 EStG enthalte als Ausfluß der „Dienstleistungspflichten" des Arbeitgebers im Lohnsteuerabzugsverfahren lediglich eine „Empfängerbestimmung" dergestalt, daß der Arbeitgeber einen Teil des dem Arbeitnehmer zustehenden Bruttolohns nicht an diesen, sondern an den Fiskus abzuführen habe. Mit der Abführung dieses – auf einem bürgerlich-rechtlichen Verhältnis beruhenden – Lohnbestandteils an das FA erlösche die Steuerschuld des Arbeitnehmers analog § 267 BGB, die entsprechende Lohnzahlungspflicht des Arbeitgebers analog § 362 II BGB. Somit stehe auch der **Abführungspflicht** des **Arbeitgebers kein stundbarer Anspruch** des Fiskus aus dem Steuerschuldverhältnis gegenüber. Ein stundbarer Anspruch des Fiskus gegenüber dem Arbeitgeber entstehe **erst** mit einem entsprechenden **Haftungsanspruch**.

Wenn der Arbeitgeber die **Lohnsteuer** an den Fiskus **zahlt**, überweist er einen **Lohnbestandteil**, der seinen Rechtsgrund im bürgerlichen Recht findet, Möhr DB 77, 997.

Nach Auffassung von Carl (aaO) kommt eine **Stundung** des **Lohnsteueranspruchs** nur gegenüber dem Arbeitnehmer in Frage und nur aus Gründen, die dem Rechtsverhältnis des Fiskus zum Arbeitnehmer entspringen. Wenn die Steuer dem Arbeitnehmer gestundet werde, habe der Arbeitgeber Nettolohn plus Lohnsteuer an den Arbeitnehmer auszuzahlen.

d) Aufrechnungserklärung. Bei **Aufrechnungserklärung** durch den Stpfl ist deren Wirksamkeit bereits im Stundungsverfahren zu prüfen, weil Stundung das Bestehen eines Zahlungsanspruchs voraussetzt, vgl BFH BStBl 66, 355. Stundung **nicht** allein wegen **Wertminderungen** und Vermögensverlusten sowie solchen Verlusten, die den einkommensmindernd berücksichtigt werden, BFH BStBl 74, 582, sofern nicht dadurch die Liquidität des Stpfl in einer Weise beeinträchtigt wird, die die Einziehung als erhebliche Härte erscheinen lassen.

e) Gegenansprüche. Die Stundung darf nicht zu einer **Änderung** der **Fälligkeitsbestimmung** führen, so daß grundsätzlich der Umstand, daß der Stpfl mit **späteren Rückzahlungen** oder **Aufrechnungsmöglichkeiten** rechnen kann, nicht zu berücksichtigen ist. Aber auch hier gilt der allgemeine Rechtsgrundsatz, wonach arglistig derjenige handelt, der fordert, was er sogleich zurückzugeben hat, vgl BFH BStBl 65, 466. Erhebliche Härte liegt vor, wenn der zu zahlende Betrag mit einer an Sicherheit grenzenden Wahrscheinlichkeit **alsbald** zu **erstatten** sein wird, BFH BStBl 82, 307. Das gleiche soll nach FG Münster (EFG 74, 476) gelten, wenn sich aus einer vom Stpfl eingereichten **StErklärung** ein **Erstattungsanspruch** ergibt und die FinBeh aus von ihr zu vertretenden Gründen die Veranlagung noch nicht durchgeführt hat; der Stpfl hat dann einen Anspruch auf **Stundung** der laufenden ESt-**Vorauszahlungen.** Voraussetzung für eine Stundung wegen eines zuerwartenden Steuererstattungsanspruchs ist aber mindestens das Vorliegen der entsprechenden **Steuererklärung** mit den erforderlichen Unterlagen, FG BaWü EFG 84, 267. Es kann aber nicht Aufgabe des FA sein, in einem Stundungsverfahren zu prüfen, welche **Erfolgsaussichten** der Stpfl in einem anderen Rechtsstreit gegen das FA hat. Eine schwierige und zeitraubende Überprüfung der Gegenforderung braucht das FA nicht vorzunehmen, FG Bremen EFG 81, 487. Das FA handelt ermessensfehlerfrei, wenn es eine Stundung fälliger Vorauszahlungen mit der Begründung ablehnt, daß eine **Gegenforderung** nicht mit Sicherheit oder wenigstens mit großer Wahrscheinlichkeit **feststeht**, zB wenn zur Begründung lediglich vorgetragen wird, dem Steuerpflichtigen stehe ein – vom FA bisher nicht anerkannter – **Vorsteuerüberschuß** zu, BFH BStBl 85, 450. Keine erhebliche Härte, wenn über den vermeintlichen Gegenanspruch auf Erstattung bereits bezahlter USt im Erlaßverfahren wegen behaupteter Verfassungswidrigkeit der Umsatzbesteuerung noch ein **Revisionsverfahren** beim BFH schwebt, FG Nürnberg EFG 82, 390.

Stundung ist eine mögliche Maßnahme zur Gewährung vorläufigen Rechtsschutzes, BFH BStBl 75, 778; DB 77, 478. Da für eine einstweilige Stundung nach § 114 FGO die Glaubhaftmachung durch den Stpfl genügt, daß er wahrscheinlich mit einer Erstattung rechnen kann, muß dieser Prüfungsmaßstab auch für das Verwaltungsverfahren wegen einer Stundung gelten, FG München EFG 81, 610.

§ 222 5. Teil. Erhebungsverfahren

Eine erhebliche sachliche Härte kann die Einziehung einer St dann darstellen, wenn die Erfüllung von Ansprüchen aus einem StSchuldverhältnis begehrt wird und diesen **alsbald** zu **erstattende** Ansprüche gegenüberstehen, zB dann wenn der Stpfl dartut, daß mit einer gewissen Wahrscheinlichkeit die zu zahlende St demnächst zu erstatten sein wird, BFH BStBl 63, 445. Es ist ermessensfehlerhaft, die Stundung laufender Steuern abzulehnen, wenn mit **Sicherheit** davon auszugehen ist, daß der Stpfl aufgrund eines Rechtsmittels, das dieselbe StArt betrifft, vollen Erfolg haben wird und er mit erheblichen StErstattungen rechnen kann, BFH BStBl 64, 54. Das Gleiche gilt bei Gegenansprüchen aus einer **Enteignung**, wenn die Entschädigung die StForderung überschreitet und die Unterlassung der Zahlung mit Treu und Glauben nicht vereinbar ist, BFH BStBl 65, 466. Es genügt aber nicht, daß nur eine ungewisse oder unbestimmte **Aussicht** auf Erstattung der St besteht. Anders, wenn zZt der StEinziehung der Gegenanspruch bereits nach Grund und Höhe rechtlich und tatsächlich schlüssig belegt ist und in naher Zeit fällig wird.

f) Beteiligung an Abschreibungsgesellschaften. Erhebliche **Härte,** wenn Stpfl **Steuer bezahlen** soll, aber nach den gegebenen Umständen mit **überwiegender Wahrscheinlichkeit** zu erwarten ist, daß die StFestsetzung demnächst zu seinen Gunsten **geändert** wird, FG Nieders EFG 78, 493. Das gleiche kann gelten, wenn der Stpfl **Verluste** aus der **Beteiligung** an einer **Abschreibungsgesellschaft** geltend macht, die vom FA noch nicht festgestellt worden sind, obwohl die entspr **Erklärungen** bereits vorliegen, vgl BFH DB 77, 478. Bei der Beteiligung an **Verlustzuweisungsgesellschaften** kommt eine Stundung bestandskräftig festgesetzter Abschlußzahlungen nur in Betracht, soweit die fälligen St aufgrund eines noch ausstehenden Feststellungsbescheides mit an Sicherheit grenzender Wahrscheinlichkeit zu erstatten sind. Davon kann nur ausgegangen werden, wenn seitens des BetriebsFA eine abschließende **Beurteilung** in der Weise stattgefunden hat, daß der Erlaß des entsprechenden Feststellungsbescheides bevorsteht, vgl BdF-Schreiben v 14. 5. 82, BStBl 82 I 550 Tz 6.2. Anspruch auf Stundung von **Kfz-Steuern,** wenn substantiiert begründet behauptet wird, daß ein mindest ebenso hoher **Erstattungsanspruch an ESt** besteht, FG SchlHol EFG 76, 41; wenn das Vorliegen des Gegenanspruchs ohne schwierige Nachprüfungen als begründet erkennbar ist, FG SchlHol aaO. Die Frage der StGläubigerschaft spielt also keine Rolle.

g) Investitionszulage. Antrag auf Stundung wegen **Investitionszulage** kann frühestens mit **Ablauf** des **Kalenderjahres** der Anschaffung oder Herstellung gestellt werden, vgl BdF BStBl 77 I 255 Tz 83; Mindestvoraussetzung für Stundung wegen **Verlustrücktrags** ist, Einreich der StErklärung mit allen Unterlagen für das Verlustjahr und keine Bedenken gegen die Richtigkeit der Erklärung zumindest nach oberflächlicher Prüfung, BdF BStBl 76 I 418, 420 Tz 11.

7. Stundungswürdigkeit. Keine Stundung, wenn Stpfl sein **Leistungsunvermögen** selbst **herbeigeführt** hat, FG Hessen EFG 77, 128; durchgeführte betriebsnotwendige **Investitionen** schaden jedoch nicht, BFH BStBl 74, 307.

8. Gefährdung des Anspruchs und Sicherheitsleistung. Ob eine Gefährdung des Anspruchs besteht, ist ein unbestimmter Rechtsbegriff. Eine Ge-

1. Abschnitt. Ansprüche aus dem Steuerschuldverhältnis § 222

fährdung des Anspruchs liegt vor, wenn er zu dem späteren hinausgeschobenen Fälligkeitszeitpunkt nicht mehr oder nur unter Schwierigkeiten realisiert werden kann (vgl *TK* Tz 8). Wegen der Art und Möglichkeit der Sicherheitsleistung vgl § 241 ff. FA handelt **nicht ermessensfehlerhaft,** wenn es vor Entscheidung **Angebot** einer Sicherheit **verlangt,** BFH BStBl 66, 293. Insbes bei **kurzfristigen Stundungen** wird aber häufig keine Sicherheit verlangt. Trotz Gefährdung kann **ohne** Sicherheit gestundet werden, wenn anderenfalls die **Steuer erlassen** oder **niedergeschlagen** werden müßte, *BRK* Anm 3 III zu § 127 RAO. Gefährdung ist auch nicht anzunehmen, wenn Tatsachen mit großer Wahrscheinlichkeit dafür sprechen, daß **Steuer nicht** in der bisher festgesetzten Höhe **geschuldet** wird, FG Berlin EFG 73, 456. Begehrt ein Steuerpflichtiger mit Hinweis auf seine **wirtschaftliche,** finanzielle und familiäre Situation die **Stundung** seiner nicht unbeträchtlichen Steuerrückstände mit einer **Tilgungslaufzeit** von mindestens zehn Jahren ohne Sicherheitsleistung, kann sich die **Gefährdung** des Steueranspruchs dadurch ergeben, daß sich der Steuergläubiger in eine einseitige Bindung bezüglich der Tilgungsmodalitäten begeben würde, die ihn in der Wahrnehmung der fiskalischen Interessen behindern könnte, BFH BStBl 88, 514.

9. Stundungsverfügung. Die Stundung geschieht in der Regel auf **Antrag,** ein Antrag ist jedoch nicht zwingend erforderlich, wegen der Zinsregelung idR aber nur mit Zustimmung – ggf unterstellter – des Stpfl denkbar. Der Antrag kann vor oder nach Fälligkeit gestellt werden. Die Stundung kann **rückwirkend** erfolgen. Der Antrag ist hinreichend zu **begründen** (BFH, BStBl 61, 292). Ein **Erlaßantrag** schließt in der Regel als **Hilfsantrag** den Antrag auf **Stundung** ein (so *TK* Tz 9 und OFD Hannover DStZ 62, 18 Ziff 5). Stundungsantrag **erledigt** sich **nicht** durch **Erlöschen** des Anspruchs, FG RhPf EFG 78, 3. **Antrag** ist für Stundung nach §§ **54, 57 LAG** erforderlich.

FA muß ggf auf den Stpfl einwirken, daß dieser die **Begründung** für Stundungsantrag **nachholt** oder **ergänzt,** FG Hessen EFG 77, 128; ggf muß ein **Finanzstatus** vorgelegt werden, BFH BStBl 66, 694. Die Regelung, wonach bei einem **rechtzeitig** gestellten Stundungsantrag, der **nach Eintritt** der **Fälligkeit abgelehnt** wird, dem Stpfl idR eine kurze **Frist** zur Zahlung bewilligt werden soll (vgl Erl des hessischFinMin v 27. 2. 1962, DB 62, 491), ist weiter **anzuwenden.**

10. Entscheidung über die Stundung. Stundung ist **Ermessensentscheidung,** BFH BStBl 77, 587. Entscheidung über Stundung kann nach § 120 II mit **Nebenbestimmung,** zB Befristung, Bedingung, Vorbehalt des Widerrufs versehen werden.

Bei **rückwirkender Stundung** werden Rechtsfolgen, die wegen Fristüberschreitung eingetreten sind, mit Ausnahme der durchgeführten Vollstreckungsmaßnahmen (§ 257 I Nr 4, II), wieder beseitigt. Zur Frage der bei der Vollstreckung eines StBescheids zu beachtenden Amtspflichten, wenn der StSchuldner um Stundung nachgesucht hat, BGH NVwZ 82, 393. **Rückwirkung** geboten, wenn Antrag rechtzeitig gestellt, die Verwaltung aber erst nach Fälligkeit entschieden hat. Bei Antragstellung **nach** Fälligkeit kommt Stundung grundsätzlich erst ab Antragstellung in Frage; wenn rechtzeitig gestellter Antrag erst nach Fälligkeit abgelehnt wird, soll

§ 222 5. Teil. Erhebungsverfahren

der Stpfl idR eine kurze **neue Zahlungsfrist** gesetzt werden, falls Antrag nicht offensichtl unbegründet war, vgl BdF BStBl 71 I 121 unter IV; NRW StEK AO 77 § 222 Nr 8. **Maßgebend** für die **Ablehnung** einer Stundung ist der **Zeitpunkt**, in dem das **Stundungsbegehren erstmals** abgelehnt wird. Die **Beschwerdeentscheidung**, mit der die Beschwerde gegen die Ablehnung einer Stundung zurückgewiesen wird, ist keine erneute Ablehnung des Stundungsantrages. Damit wird lediglich über die Rechtmäßigkeit der ursprünglichen Ablehnung entschieden, BFH BStBl 86, 122.

11. Zuständige Behörde. Die Vorschriften der **Stundungsordnung** (§§ 2 und 15) gelten nicht mehr. Maßgebend sind die **Zuständigkeitsregeln** der Länder, soweit es sich um St handelt, die von den **Landesfinanzbehörden** verwaltet werden. Es gelten **einheitliche Zuständigkeitsgrenzen**, vgl gleichlautende Ländererlasse v 2. 8. 82 (BStBl I, 688, **FA** bis 150000 DM, darüber bis zu 6 Monaten; **OFD** bis 400000 DM, darüber bis zu 12 Monaten. Zustimmung des BdF ist einzuholen bei Beträgen über 750000 DM, die länger als 24 Monate gestundet werden sollen; BdF BStBl 82 I 901. Für **LAG-Abgaben** bleibt es bei den früheren Regelungen.

Für **KiSt** sind die FÄ idR zuständig, wenn zugleich auch ESt gestundet wird; anderenfalls entscheiden die Kirchen, vgl die LaKiG.

Für die **Zuständigkeitsgrenzen** gilt folgendes: **Jede Steuerart** und jeder **Veranlagungszeitraum** sind für sich zu betrachten. **Vorauszahlungen** dürfen nicht auf Jahresbetrag umgerechnet werden. Bei **Steuern verschiedener Art und Höhe** entscheiden hinsichtl aller Beträge die für den Höchstbetrag zuständige Stelle. Steuerliche **Nebenleistungen** sind dem Hauptbetrag nicht hinzuzurechnen.

FÄ und **OFDen** sind unabhängig von der Zuständigkeit berechtigt, Stundung **abzulehnen.**

12. Wirksamwerden der Stundung. Die Stundung ist ein einseitiger Verwaltungsakt, er wird mit **Zugang** wirksam. Als begünstigender Verwaltungsakt ist die Stundung auch **rückwirkend** möglich. Inwieweit bereits verwirkte **Säumniszuschläge** bestehen bleiben, muß durch Verfügung ausdrücklich entschieden werden. Sofern eine Verfügung unterbleibt, bleiben die Säumniszuschläge bestehen. Die Stundung kann **befristet** werden auf einen bestimmten Tag oder auf eine bestimmte Zeit.

13. Wirkung der Stundung. Die Stundung ist ein einseitiger Verwaltungsakt, der die **Fälligkeit hinausschiebt;** Säumniszuschläge fallen danach nicht mehr an. Bei **rückwirkender** Stundung bleiben bereits durchgeführte **Vollstreckungsmaßnahmen** bestehen, sofern nicht ausdrückl ihre Aufhebung angeordnet ist vgl § 257 II 3; **Zwangshypotheken** werden nicht automatisch zu Eigentümer-Grundschulden, aA *TK* Tz 9. Nach **Ablauf** der Stundung wird **St** erneut **fällig, Mahnung** ist nicht erforderlich. **Schonfrist** des § 240 III gilt aber auch dann. Durch die Stundung wird die **Zahlungsverjährung** in Höhe des gestundeten Betrages unterbrochen, § 231 I, II, IV. Für die Dauer einer gewährten Stundung werden nach § 234 **Zinsen** erhoben.

14. Widerruf der Stundung. Stundung kann unter den Voraussetzungen des § 130 II oder § 131 II **zurückgenommen** oder **widerrufen** werden. Der Widerruf einer Stundung ist ein **vollziehbarer Verwaltungsakt.** Die Aus-

1. Abschnitt. Ansprüche aus dem Steuerschuldverhältnis § 222

setzung der Vollziehung der Widerrufsverfügung hindert die Wirkung der Rücknahme der Stundung, vgl BFH BStBl 82, 608. **Widerrufsvorbehalt** rechtfertigt Widerruf nur insoweit, als dieser dem Gesetzeszweck und der Billigkeit entspricht, FG Nieders EFG 76, 207; Anm 3 zu § 131; **Änderung** der **Rechtsansicht** der Behörde über Rechtmäßigkeit und Zweckmäßigkeit sowie andere Würdigung des Sachverhalts reichen nicht aus. **Widerrufsvorbehalt** muß sachlich **gerechtfertigt** sein; er ist selbständig anfechtbar, BFH BStBl 65, 721. Widerrufsverfahren kann **ausgesetzt** werden, BFH BStBl 68, 743. Eine **Verpflichtung** des Stpfl, eine Verbesserung seiner Vermögenslage **anzuzeigen**, kann sich mE nicht aus § 153 II ergeben, weil sich diese Vorschrift nur auf StErklärungen bezieht, vgl *Orlopp* NWB F 2 S 5029.

15. Rechtsbehelfe. Gegen die **Ablehnung** eines Antrags auf Stundung und gegen den Widerruf der Stundung ist **Beschwerde** gegeben. Gegen die ablehnende Beschwerdeentscheidung ist Verpflichtungsklage nach § 40 FGO zulässig, vgl *TK* § 40 FGO Tz 8. Grundlagen der Beschwerdeentscheidung sind die Verhältnisse zum Zeitpunkt der Beschwerdeentscheidung (BFH BStBl 67, 49). Der Streitwert beträgt 10 vH des Stundungsbetrages (BFH BStBl 55, 56; 63, 76). In Stundungssachen kann vorläufiger Rechtsschutz im Wege der einstweiligen Anordnung gewährt werden, BFH BStBl 82, 307. **Ablehnung** eines Stundungsantrags ist **kein vollziehbarer Verwaltungsakt** und kann daher auch nicht ausgesetzt werden, FG RhPf EFG 79, 610. Vorläufiger Rechtsschutz nur durch einstweilige Anordnung möglich. Ein solcher Antrag wäre aber idR unzulässig, weil er die Entscheidung in der Hauptsache vorwegnähme. Die einstweilige Anordnung würde allerdings lediglich die Stundung bis zur Entscheidung in der Hauptsache aussprechen, wäre daher nur vorübergehender Natur. Der Anordnungsanspruch muß allerdings glaubhaft gemacht werden. Hierzu reicht es bei einer Ermessensentscheidung nicht aus darauf hinzuweisen, eine günstige Entscheidung sei rechtlich möglich.

Nach HHSp (Anm 28) soll grundsätzlich ein **Rechtsanspruch** auf **Belassung** der gewährten Stundung bestehen, weil ihr Widerruf nur unter den in **§ 130 II, III, § 131 II AO** aufgeführten Voraussetzungen zulässig sei. Daher sei gegen den **Widerruf** der Stundung der **Einspruch** gegeben, falls sich nicht die FinBeh den jederzeitigen Widerruf vorbehalten habe.

Keine Erledigung der Rechtsbehelfe durch Zahlung FG Bremen EFG 77, 386. Wenn der Tenor des ablehnenden Beschlusses dem Antragsteller **fernmündlich** bekanntgegeben ist, kann er nicht mehr geändert werden. Nachträgliches Vorbringen ist dann nicht mehr zu berücksichtigen, BFH DB 78, 1772.

16. Stundung und Sonderausgaben. Stundung steht einer **Kreditaufnahme** gleich und kann daher Auswirkungen auf die steuerl Berücksichtigung von **Sonderausgaben** haben. Es kommt aber darauf an, aus welchen Gründen die Stundung erfolgte. Stundung von Vorauszahlungen, weil sie die endgültige StSchuld decken, ist zB unschädlich. Das Kreditaufnahmeverbot ist jedoch durch das StRefG 1990 aufgehoben worden.

§ 223 5. Teil. Erhebungsverfahren

17. Strafrechtliche Folgen. Wahrheitswidrige Stundungsbegründung kann **StHinterziehung** nach § 370 in Form der nichtgerechtfertigten Erlangung von StVorteilen sein, ggf als Versuchshandlung.

§ 223 Zahlungsaufschub

Bei Zöllen und Verbrauchsteuern kann die Zahlung fälliger Beträge auf Antrag des Steuerschuldners gegen Sicherheitsleistung hinausgeschoben werden, soweit die Steuergesetze dies bestimmen.

1. Inhalt. Der Zahlungsaufschub ist ein Rechtsinstitut des **Zoll- und Verbrauchsteuerrechts.** Die Vorschrift überläßt die Einzelregelung den Zoll- und StG. Gegenüber der RAO ist die Vorschrift als Kannvorschrift formuliert. Ständiger Zahlungsaufschub ist möglich; dann Anschreibung der aufgeschobenen Beträge im sog Aufschubbuch, vgl FR 55, 528.

2. Wirkung des Zahlungsaufschubs. Durch den Zahlungsaufschub wird wie durch die Stundung die Fälligkeit hinausgeschoben. **Vorverlegung** der **Fälligkeit** nach § 221 und Zahlungsaufschub schließen sich gegenseitig aus, *Hensel* Stundung, Aussetzung der Vollziehung, Zahlungsaufschub, StuW 28, 411.

3. Anwendungsbereich. Der Zahlungsaufschub kann nur bei Zöllen und Verbrauchsteuern gewährt werden, soweit dies in den Einzelgesetzen bestimmt ist. Die wichtigste Regelung befindet sich in § 37 ZollG. Wegen der Art der Sicherheitsleistung vgl §§ 241 ff. Zahlungsaufschub **bis zum 15.** des auf die Entstehung des Zolls folgenden Monats, § 37 II 1 ZG; gilt nach § 21 AbschErhebG auch für Abschöpfungen; **bis zum 15. des 2.** auf die Entstehung der St folgenden KalMonats nach § 5 I 2, 3 KaffeeStG, § 5 I 2, 3 TeeStG; **bis zum 15. des 5.** auf die Fälligkeit folgenden Monats nach §§ 80 IV, 91a BranntwMonG. Zahlungsaufschub ist ausgeschlossen bei BierSt, EssigsäureSt, LeuchtmittSt, MinölSt, SalzSt, TabakSt, SchaumwSt.

4. Sicherheitsleistung. Nach § 37 II 2 ZG kann die OFD in Einzelfällen auf Sicherheitsleistung verzichten. Sicherheitsleistung ist im übrigen zwingend vorgeschrieben.

5. Aufhebung und Änderung richten sich nach §§ 130, 131, wobei wohl nur § 131 I Nr 2 in Frage kommen dürfte, weil insoweit ein Rechtsanspruch besteht, *TK* Tz 5, ggf auch noch § 131 I Nr 3.

6. Rechtsbehelf. Gegen die Versagung und den Widerruf des Zahlungsaufschubs ist **Beschwerde** gegeben. Gegen die Versagung des Zahlungsaufschubs nach § 129 RAO war der Einspruch gegeben, weil auf die Gewährung des Zahlungsaufschubs ein Rechtsanspruch bestand (BFH BStBl 70, 634; *TK* Tz 6).

1. Abschnitt. Ansprüche aus dem Steuerschuldverhältnis § 224

2. Unterabschnitt. Zahlung, Aufrechnung, Erlaß

§ 224 Leistungsort, Tag der Zahlung

(1) ¹Zahlungen an Finanzbehörden sind an die zuständige Kasse zu entrichten. ²Außerhalb des Kassenraumes können Zahlungsmittel nur einem Amtsträger übergeben werden, der zur Annahme von Zahlungsmitteln außerhalb des Kassenraumes besonders ermächtigt worden ist und sich hierüber ausweisen kann.

(2) Eine wirksam geleistete Zahlung gilt als entrichtet:
1. bei Übergabe oder Übersendung von Zahlungsmitteln am Tag des Eingangs,
2. bei Überweisung oder Einzahlung auf ein Konto der Finanzbehörde und bei Einzahlung mit Zahlschein, Zahlkarte oder Postanweisung an dem Tag, an dem der Betrag der Finanzbehörde gutgeschrieben wird,
3. bei Vorliegen einer Einzugsermächtigung
am Fälligkeitstag.

(3) ¹Zahlungen der Finanzbehörden sind unbar zu leisten. ²Der Bundesminister der Finanzen und die für die Finanzverwaltung zuständigen obersten Landesbehörden können für ihre Geschäftsbereiche Ausnahmen zulassen. ³Als Tag der Zahlung gilt bei Überweisung oder durch Postscheck der dritte Tag nach der Hingabe oder Absendung des Auftrages an die Bundespost oder an das Kreditinstitut oder, wenn der Betrag nicht sofort abgebucht werden soll, der dritte Tag nach der Abbuchung.

(4) ¹Die zuständige Kasse kann für die Übergabe von Zahlungsmitteln gegen Quittung geschlossen werden. ²Absatz 2 Nr. 1 gilt entsprechend, wenn bei der Schließung von Kassen nach Satz 1 am Ort der Kasse eine oder mehrere Zweiganstalten der Deutschen Bundesbank oder, falls solche am Ort der Kasse nicht bestehen, ein oder mehrere Kreditinstitute ermächtigt werden, für die Kasse Zahlungsmittel gegen Quittung anzunehmen.

Übersicht

1. Inhalt
2. Zeitpunkt der Zahlung an die Finanzbehörde
3. Abbuchungsermächtigung
4. Zeitpunkt der Zahlung durch die Finanzbehörde
5. Schließung der Finanzkassen für den Barzahlungsverkehr
6. Rechtsnatur der Zahlung
7. Zuständige Kasse
8. Zahlungen an Amtsträger außerhalb der Kasse
9. Unbarer Zahlungsverkehr
10. Zahlung durch Dritte
11. Steuerverweigerung

1. Inhalt. Abs 1 ordnet an, daß alle Zahlungen an Finanzbehörden an die **zuständige Kasse** zu entrichten sind (vgl bisher § 122 II S 1 RAO) vgl auch vorläufige Buchungsordnung für die Finanzämter bei Einsatz automatischer Datenverarbeitungsanlagen – BuchO-ADV –, BMF-Schreiben vom

§ 224 5. Teil. Erhebungsverfahren

20. 10. 87, BStBl I, 590. **Barzahlungen** außerhalb des Kassenraums dürfen nur an Amtsträger geleistet werden, die hierzu besonders ermächtigt worden sind und sich hierüber ausweisen können. Diese Vorschrift dient vorwiegend den besonderen Belangen der Zollbehörden. Sie bestimmt, **wo Zahlungen** zu leisten sind, **wie** sie geleistet werden können und **wann** eine wirksam geleistete Zahlung als erfolgt gilt. Aus ihr ergibt sich, daß Zahlungen **bar** einschließlich durch **Scheck,** durch **Überweisung** oder durch Erteilung einer **Einzugsermächtigung** geleistet werden können. Die Zahlung bringt den Anspruch zum Erlöschen, vgl § 47. In entsprechender Anwendung des § **362 BGB** mußte es zulässig sein, daß das FA im Wege eines **öffentlich-rechtlichen Vertrags** ggf zB **Kunstgegenstände an Zahlung** statt entgegennimmt. Auch **Dritte** können wirksam zahlen, vgl § 48, der StSchuldner hat insoweit kein Widerspruchsrecht, *TK* Tz 2. **Zahlung** unter **Vorbehalt** führt nicht zum Erlöschen des Anspruchs, BGH NJW 72, 1750. Vorbehalt kann nicht als **Rechtsbehelf** gedeutet werden, BFH HFR 61, 19.

Kosten der Zahlung trägt nach § 270 I BGB der Schuldner. Der Gläubiger hat Gefahr und Kosten zu tragen, wenn er nach Entstehung des Anspruchs Wohnsitz oder Ort der Niederlassung ins Ausland verlegt, vgl § 270 III BGB.

2. Zeitpunkt der Zahlung an die FinBeh. Abs 2 entspricht § 3 StSäumG. Er bestimmt den Zeitpunkt einer wirksam geleisteten Zahlung an die FinBeh. Diese Vorschrift ist vor allem bedeutsam für die Berechnung von Zinsen und Säumniszuschlägen. Maßgebend ist der Tag der **Gutschrift** oder der Tag des **Eingangs von Zahlungsmitteln.** Die darin liegende Abweichung von Zivilrecht wird aus Praktikabilitätsgründen beibehalten, da der Zeitpunkt des Zahlungseinganges von der FinBeh ohne Schwierigkeiten festgestellt werden kann, was nicht in gleicher Weise für den Zeitpunkt der Absendung oder Abbuchung gilt, dem im Zivilrecht besondere Bedeutung zukommt; Regelung weicht von § 270 BGB ab. Durch die in § 240 III vorgesehene **Schonfrist** wird der Steuerschuldner ausreichend geschützt, falls er die Zahlungsfrist wegen eines längeren Übermittlungsweges kurzfristig überschreitet. Zahlungsmittel sind auch **Schecks** und **Postüberweisungsaufträge.** Fiktion gilt nur, wenn die Kasse den Scheck annimmt und dieser auch eingelöst wird, BFH BStBl 71, 94. Dies gilt aber nur bei inländischem Geld und auf DM lautenden Schecks. Die Vorschrift ändert nichts daran, daß bei Zahlung mit Scheck der Zahlungsvorgang erst mit Einlösung des Schecks durch die angewiesene Bank beendigt ist, der Tag des Eingangs des Schecks ist Zahlungstag nur bei Einlösung des Schecks. **Anspruch erlischt** dann bereits mit der Hingabe des Schecks, nicht erst mit Gutschrift, aA *TK* Tz 7. **Unrichtige Verbuchung** ändert nichts an rechtzeitiger Entrichtung, **unrichtige Kontenbezeichnung** durch den StSchuldner nur, wenn richtige Zuordnung nicht möglich war, vgl BGH NJW 72, 1750.

3. Zeitpunkt der Zahlung bei Abbuchungsermächtigung. Abs 2 Nr 3 stellt sicher, daß **Verzögerungen** bei der Einziehung aufgrund einer Einzugsermächtigung nicht zu Lasten des Steuerpflichtigen gehen. Lastschrift muß aber eingelöst werden.

1. Abschnitt. Ansprüche aus dem Steuerschuldverhältnis § 224

4. Zeitpunkt der Zahlung durch die FinBeh. Abs 3 betrifft eine dem Abs 2 entsprechende Regelung für die **Auszahlungen** durch die FinBeh. S 1 sieht im Interesse der Verwaltungsvereinfachung und Kostenersparnis vor, daß Auszahlungen der FinBeh **unbar** zu leisten sind. Durch die in S 2 vorgesehene Möglichkeit, Ausnahmen zuzulassen, wird sichergestellt, daß besondere Umstände, die eine Barauszahlung in Einzelfällen oder in Gruppen von Fällen notwendig erscheinen lassen, berücksichtigt werden können. Da hier jedoch der Tag des Zahlungseingangs beim Zahlungsempfänger nur mit Schwierigkeiten feststellbar ist, ist ein **fiktiver Tag des Zahlungseingangs beim Zahlungsempfänger** angenommen worden, und zwar regelmäßig der **dritte Tag** nach Absendung des Zahlungsauftrages. Die Regelung gilt nur, wenn die Absendung des Zahlungsauftrags wirksam erfolgt ist. Sie stellt keine Fiktion dahingehend auf, daß die Schuld auch dann erloschen ist, wenn eine Überweisung fehlgelaufen ist.

5. Schließung der Finanzkassen für den Barzahlungsverkehr. In Abs 4 wird festgelegt, daß **Finanzkassen** sowohl für den Einzahlungsverkehr wie auch für den Auszahlungsverkehr **geschlossen** werden können. Die Bestimmung dient der Rationalisierung des Kassenwesens. Es war festgestellt worden, daß der Barzahlungsverkehr bei den Finanzkassen ständig zurückgeht und zum Teil unter 5 vH des gesamten Zahlungsverkehrs liegt. Dieser geringe Teil der Barabwicklung der Zahlungen erforderte einen unverhältnismäßig hohen sachlichen und personellen Verwaltungsaufwand. Es müssen Kassenräume mit Schaltern unterhalten und bestimmte Sicherungsvorkehrungen getroffen werden. In der Vorschrift ist im Hinblick auf das in § 17 Bundesbankgesetz verankerte Prinzip der zentralen Kassenhaltung bestimmt worden, daß im Falle der **Schließung** von Finanzkassen für den Barzahlungsverkehr primär die **Zweiganstalten der Deutschen Bundesbank** mit der Ersatzannahme betraut werden.

6. Rechtsnatur der Zahlung. Die Zahlung bringt die Zahlungsschuld zum Erlöschen. Sie kann vor Fälligkeit geleistet werden (BFH BStBl 54, 26).

7. Zuständige Kasse. Als zuständige Kasse ist die Kasse anzusehen, die bei dem zuständigen FA besteht oder die Kasse, die nach Abs 4 bestimmt worden ist.

8. Zahlungen an Amtsträger außerhalb des Kassenraums. Zahlungen an Amtsträger außerhalb des Kassenraums haben grundsätzlich keine befreiende Wirkung (BFH BStBl 54, 131). An einen Amtsträger außerhalb des Kassenraums kann nur mit befreiender Wirkung gezahlt werden, wenn dieser zur **Annahme** von Zahlungsmitteln besonders **ermächtigt** worden ist, zB die **Vollziehungsbeamten** nach §§ 285 II, 292 I; vgl auch §§ 37 I 2, 74 II 1 ZG Zahlung an Kasse der **Zollstelle**.

9. Unbarer Zahlungsverkehr. Die schuldbefreiende Wirkung im unbaren Zahlungsverkehr tritt ein mit Gutschrift auf dem Bank- oder Postscheckkonto der FinBeh. Bei Angabe eines **falschen Kontos** durch den Empfänger hat der **Überweisungsempfänger** gegenüber dem Überweisenden in zurechenbarer Weise einen **Rechtsschein** geschaffen mit der Folge, daß der Überweisende in Anlogie zu § 170 ff BGB von seiner Schuld befreit

§ 225　　　　　　　　　　　　　　　　　5. Teil. Erhebungsverfahren

wird, *Canaris* Komm zum HGB 4. Aufl Bd III/3 Rdnr 485, 472; FG BaWü EFG 84, 378. Der **Steuerpflichtige** trägt die Verlustgefahr für einen Steuererstattungsbetrag, den das FA auf ein Konto überwiesen hat, das der Steuerpflichtige in der Steuererklärung angegeben hat, aber von ihm schon vorher aufgelöst und von der Bank sodann auf eine andere Person umgeschrieben worden ist, BFH BStBl 88, 41. Zwar trifft im Regelfall bei der **Geldübermittlung** den **Schuldner** die **Verlustgefahr** (vgl § 1 Abs 1 des Gesetzes über Zahlungen aus öffentlichen Kassen vom 21. 12. 38, das allerdings durch Artikel 18 und Artikel 42 Abs II des Zweiten Rechtsbereinigungsgesetz vom 16. 12. 86 mit Wirkung vom 1. 1. 87 aufgehoben worden ist (BGBl I 86, 2441). Gibt der Steuerpflichtige ein **falsches Konto** an, kann er nicht die nochmalige Zahlung des verlorenen Betrages verlangen. Dem steht der Grundsatz von **Treu und Glauben** entgegen. Er gebietet, daß im Rechtsverkehr jeder auf die berechtigten Belange des anderen angemessene Rücksicht nimmt und sich mit seinem eigenen Verlangen, auf das der andere vertraut, nicht im Widerspruch setzt.

Bei Vorliegen einer **Einzugsermächtigung** tritt die schuldbefreiende Wirkung am Fälligkeitstag ein, es muß jedoch am Fälligkeitstage ein Abbuchen des aufgrund der Einziehungsermächtigung angeforderten Betrages möglich sein.

10. Zahlung durch Dritte. Die Vorschrift stellt lediglich auf die geleistete Zahlung ab, nicht auf denjenigen, der die Zahlung geleistet hat. Zahlung durch Dritte ist zulässig, § 267 BGB findet entsprechende Anwendung (BFH BStBl 67, 650).

11. Steuerverweigerung. Schrifttum: *Woring* Keine Steuerverweigerung aus Gewissensgründen – eine Erwiderung zu Paul Tiedemann, DStZ 86, 457; *Tiedemann* Steuerverweigerung aus Gewissensgründen StuW 88, 69.

Es besteht **kein Widerstandsrecht** in Form des **Steuerboykotts** gegen die Verwendung von Haushaltsmitteln für die Streitkräfte, FG Köln NJW 85, 3014.

In einer sogenannten Kammerentscheidung des **Bundesverfassungsgerichts** vom 9. 10. 86 – 1 BvR 1013/86 – führt das Bundesverfassungsgericht aus, daß das **Budgetrecht** des Parlaments als einer der vornehmsten Rechte der Volksvertretung in einer parlamentarischen Demokratie auch das Recht umfasse, bei der Verabschiedung des Haushaltsplans der verfassungsrechtlichen Grundentscheidung für eine militärische Verteidigung Rechnung zu tragen. Damit sei ein **Grundrecht** des einzelnen Bürgers, die Verwendung seines Steueraufkommens für bestimmte Haushaltstitel, insbesondere für Zwecke der militärischen Verteidigung zu untersagen, nicht zu vereinbaren (vgl hierzu die Kontroverse zwischen Tiedemann (DStZ 1986, 457) und Woring (DStZ 1986, 536).

§ 225 Reihenfolge der Tilgung

(1) Schuldet ein Steuerpflichtiger mehrere Beträge und reicht bei freiwilliger Zahlung der gezahlte Betrag nicht zur Tilgung sämtlicher Schulden aus, so wird die Schuld getilgt, die der Steuerpflichtige bei der Zahlung bestimmt.

1. Abschnitt. Ansprüche aus dem Steuerschuldverhältnis § 225

(2) ¹Trifft der Steuerpflichtige keine Bestimmung, so werden mit einer freiwilligen Zahlung, die nicht sämtliche Schulden deckt, zunächst die Geldbußen, sodann nacheinander die Zwangsgelder, die Steuerabzugsbeträge, die übrigen Steuern, die Kosten, die Verspätungszuschläge, die Zinsen und die Säumniszuschläge getilgt. ²Innerhalb dieser Reihenfolge sind die einzelnen Schulden nach ihrer Fälligkeit zu ordnen; bei gleichzeitig fällig gewordenen Beträgen und bei den Säumniszuschlägen bestimmt die Finanzbehörde die Reihenfolge der Tilgung.

(3) Wird die Zahlung im Verwaltungswege erzwungen (§ 249) und reicht der verfügbare Betrag nicht zur Tilgung aller Schulden aus, derentwegen die Vollstreckung oder die Verwertung der Sicherheiten erfolgt ist, so bestimmt die Finanzbehörde die Reihenfolge der Tilgung.

1. Inhalt. Die Vorschrift entspricht § 123 RAO. Nach Abs 1 bestimmt der Stpfl die zu tilgenden Schulden, wenn eine Zahlung zur Tilgung aller Schulden nicht ausreicht.

2. Geltungsbereich. Die Vorschrift gilt für alle Ansprüche aus dem Steuerschuldverhältnis.

3. Wahlrecht des Steuerschuldners. Der Steuerschuldner hat nur bei freiwilliger Zahlung ein Wahlrecht, welche Schuld durch den gezahlten Betrag getilgt werden soll Stpfl kann Bestimmung nicht rückwirkend ändern, FG Münster EFG 79, 13. Freiwillig ist die Zahlung auch dann noch, wenn sie zur Abwendung einer unmittelbar bevorstehenden Pfändung oder sonstigen Vollstreckungsmaßnahme geleistet wird (so *TK* Tz 2). Die Bestimmung muß nicht bei der Zahlung, sie kann auch **vor** der Zahlung erfolgen. **Aufrechnung** ist keine Zahlung, *TK* Tz 1. Bestimmung kann **formlos**, ggf auch konkludent getroffen werden. **Zahlung** unter **Vorbehalt** der Bestimmung fällt nicht unter Abs 2 *TK* Tz 3. Ob die Bestimmung **angefochten** werden kann – so *TK* Tz 3 gegen *Kühn/Kutter* Anm 2 – ist umstritten. Widerruf ist nicht möglich. Auch wenn **Dritter** zahlt (§ 48) kann er bestimmen.

4. Fehlen einer Bestimmung. Fehlt es an einer Bestimmung, so werden bei **freiwilliger** Zahlung zunächst die Geldbußen, sodann die Zwangsgelder, die Steuerabzugsbeträge, die übrigen Steuern, die Kosten, die Verspätungszuschläge, die Zinsen und die Steuersäumniszuschläge getilgt. Für die hier vorgesehene Reihenfolge ist der Gesichtspunkt maßgebend, daß zunächst die den Steuerpflichtigen am stärksten belastenden Schulden getilgt werden sollen. In zweiter Linie ist die **Fälligkeit** der Schuld entscheidend.

Abs 2 ist zwingend; die FinBeh kann hiervon nicht abweichen, der Stpfl kann hiervon nachträglich keine abweichende Bestimmung treffen, weil die Schuld in der angegebenen Reihenfolge bereits erloschen ist. Entscheidung der FinBeh nach Abs 2 S 2 ist **Verwaltungsakt.** Das FA darf Steuerleistungen nicht so verrechnen, daß für den Betroffenen ein Rückstand entsteht, der bußgeldrechtliche Folgen hat, OLG Köln wistra 83, 163. Den Steuern stehen die Ansprüche auf **Rückzahlung** der St oder **StVergütungen** gleich, *TK* Tz 5.

5. Kein Bestimmungsrecht bei erzwungener Zahlung. Wenn die Zahlung im Verwaltungswege erzwungen wird (§ 249 AO), entscheidet die

§ 226

Behörde nach ihrem Ermessen. Die FinBeh hält sich zweckmäßigerweise an die Reihenfolge des Abs 2.

§ 226 Aufrechnung

(1) Für die Aufrechnung mit Ansprüchen aus dem Steuerschuldverhältnis sowie für die Aufrechnung gegen diese Ansprüche gelten sinngemäß die Vorschriften des bürgerlichen Rechts, soweit nichts anderes bestimmt ist.

(2) Mit Ansprüchen aus dem Steuerschuldverhältnis kann nicht aufgerechnet werden, wenn sie durch Verjährung oder Ablauf einer Ausschlußfrist erloschen sind.

(3) Die Steuerpflichtigen können gegen Ansprüche aus dem Steuerschuldverhältnis nur mit unbestrittenen oder rechtskräftig festgestellten Gegenansprüchen aufrechnen.

(4) Für die Aufrechnung gilt als Gläubiger oder Schuldner eines Anspruches aus dem Steuerschuldverhältnis die Körperschaft, die die Steuer verwaltet.

Abs 4 geändert mit Wirkung ab 1. 1. 1987 durch SteuerbereiniungsG 1986 v 19. 12. 85, BGBl I, 2436.

Schrifttum: *Ebsen* Öffentlich-rechtliche Aufrechnung und Forderungsdurchsetzung durch Verwaltungsakt, DÖV 82, 389; *Hetzer* Vorläufiger Rechtsschutz gegen Aufrechnung durch Finanzbehörden, DB 85, 2315; *Hüdepohl* Aufrechnung des Finanzamts nach Aufteilung der Steuerschuld von Ehegatten?, BB 86, 370; *Hundt-Eßwein* Die Aufrechnungserklärung als Verwaltungsakt – zugleich eine Besprechung des BFH-Urteils vom 2. 4. 87, VII R 148/83 – DStR 87, 575; *Pump* Der Verrechnungsvertrag gemäß § 226 AO, DStR 87, 616; *Bublitz* Zum Erfordernis der Kassenidentität gemäß § 395 BGB bei der Aufrechnung gegen Steuerschulden, DStR 88, 313.

Übersicht

1. Inhalt
2. Geltungsbereich
3. Rechtsnatur der Aufrechnung
4. Voraussetzung der Aufrechnung
   a) Gegenseitigkeit
   b) Erfüllbarkeit
   c) Erfüllbarkeit der Aktivforderung, Fälligkeit der Passivforderung
   d) Gleichartigkeit der Forderung
5. Aufrechnung durch den Steuergläubiger
6. Aufrechnung durch den Steuerschuldner
   a) Fälligkeit des Erstattungsanspruchs
   b) Unbestrittene Gegenforderung
   c) Erfordernis der Kassenidentität
7. Form der Aufrechnungserklärung
8. Wirkung der Aufrechnung
9. Rechtsbehelf
10. Abs 4: Gläubiger/Schuldner-Eigenschaft beim Fiskus
11. Aufrechnungsvertrag
12. Aufrechnung mit gestundeter Forderung

1. Inhalt. Abs 1 bestimmt, daß die Aufrechnung **mit** steuerlichen Ansprüchen und **gegen** solche Ansprüche grundsätzlich die Vorschriften des

1. Abschnitt. Ansprüche aus dem Steuerschuldverhältnis § 226

bürgerlichen Rechts gelten. Abweichend von § 390 S 2 BGB kann jedoch nach Abs 2 mit steuerlichen Ansprüchen **nicht** aufgerechnet werden, wenn sie durch **Verjährung** oder beim Ablauf einer Ausschlußfrist erloschen sind. Die Regelung des § 390 S 2 BGB wäre nicht sachgerecht, weil sie davon ausgeht, daß durch die Verjährung nur eine Einrede entsteht. Im öffentlichen Recht bringt aber die Verjährung den Anspruch zum Erlöschen, vgl § 232.

Abs 3 entspricht § 124 RAO. Die **Steuerpflichtigen** können danach gegen steuerrechtliche Ansprüche nur mit **unbestrittenen** oder **rechtskräftig** festgestellten Gegenansprüchen aufrechnen.

Abs 4 klärt die Frage, ob jeweils die **steuerberechtigte** oder die **verwaltende** Körperschaft als Gläubiger oder Schuldner anzusehen ist dahin, daß auf die **Verwaltungshoheit** abzustellen ist. Mit Wirkung ab **1. 1. 87** ist **Gläubiger** oder Schuldner sowohl die **verwaltende** als auch die **ertragsberechtigte** Körperschaft.

2. Geltungsbereich. Die Vorschrift gilt für die Aufrechnung sowohl durch den **StGläubiger** als auch durch den **StSchuldner**; der Abs 3 hat jedoch nur für die Aufrechnung durch den StSchuldner Bedeutung. Sie läßt eine Aufrechnung mit oder gegen sämtliche Ansprüche aus dem Steuerschuldverhältnis (§ 37) zu. Das BFH-Urt v 3. 4. 1973 (BStBl 1973, 602), das dem Steuerpflichtigen nur die Aufrechnung gegen Steuerforderungen, nicht gegen steuerliche Nebenleistungen gestattete, ist dadurch überholt. **Nicht** zu den Ansprüchen aus dem StSchuldverhältnis gehören **Bußgelder, Strafen** und Kosten für Bußgeld- oder Strafverfahren. Insoweit sind die Vorschriften des BGB unmittelbar anwendbar.

3. Rechtsnatur der Aufrechnung. Die Aufrechnung ist die wechselseitige Tilgung zweier gleichartiger Forderungen aufgrund einseitiger Erklärung eines der Beteiligten. Sie ist für sich allein rechtsgeschäftliche Ausübung eines Gestaltungsrechts und **kein VA**, BFH BStBl 87, 536. Die Aufrechnungserklärung ist nötig (kein automatisches Erlöschen), wirkt aber auf den Augenblick zurück, in dem sich die Forderungen zum ersten Mal aufrechenbar gegenüberstanden (Aufrechnungslage). Sie wirkt wie Erfüllung (RGZ 120, 282). Der Gesetzgeber hat sich entsprechend der neuen Rechtsprechung für eine sinngemäße Anwendung der §§ 387 ff. BGB entschieden (vgl BFH BStBl 69, 168; FG Hamburg EFG 72, 550).

4. Voraussetzung der Aufrechnung. Voraussetzung ist, daß die Forderungen **gegenseitig, gleichartig** und **fällig** sind.

Für die Aufrechnung gelten sinngemäß die Vorschriften des Bürgerlichen Gesetzbuches (§§ 387–396). § 390 S 2 BGB wird durch § 226 II ausgeschlossen. Eine gem § 55 KO zulässige Aufrechnung kann unter den Voraussetzungen der §§ 29 ff KO anfechtbar sein, BGHZ 58, 108.

a) Gegenseitigkeit. Das Erfordernis der Gegenseitigkeit bedeutet, daß **Schuldner** und **Gläubiger identisch** sein müssen.

aa) Gegenseitigkeit auf Seiten des Fiskus. Auf Seiten des Fiskus wird die Gläubiger/Schuldner-Eigenschaft dahin fingiert, daß dies die Körperschaft ist, die die St **verwaltet**; es kommt also nicht mehr auf die Ertragshoheit an. Durch das StBereinigG ist insofern eine Änderung eingetreten, als ab

§ 226

1. 1. 87 nicht nur die verwaltende sondern **auch** die **ertragsberechtigte Körperschaft** Gläubigerin ist. Identität kann auch durch **Abtretung** des Anspruchs hergestellt werden, BFH BStBl 76, 549. Andererseits wird dem Schuldner durch die Abtretung eine bestehende Aufrechnungsmöglichkeit nicht genommen, vgl § 406 BGB. Nach Auffassung der FinVerw war es **zulässig,** daß das **FA** seine **anteilige** Ansprüche **an** den **Bund abtritt** und die Verwaltung der aufzurechnenden StForderungen zB dem Bundesamt für Finanzen überläßt, das nach § 5 I Nr 2 FVG für die Entlastung von deutschen AbzugsSt sowie für die Vergütung der KörperschSt zuständig ist, FinMin NRW BB 77, 1239; AO – K Nr 2, aA *TK* Tz 11. Diese Frage ist seit dem 1. 1. 87 nicht mehr von Bedeutung.

Das FA kann gegen einen LSt-Erstattungsanspruch auch dann nicht mit einer Forderung einer **anderen Körperschaft** des öffentlichen Rechts aufrechnen, wenn es von dieser um die Vollstreckung der Forderung ersucht worden ist, BFH BStBl 84, 185. § 252 regelt lediglich wer als Gläubiger im Vollstreckungsverfahren gilt.

Gegenseitigkeit fehlt bei der Aufrechnung einer dem Landesarbeitsamt (Bundesanstalt für Arbeit) zustehenden Forderung gegen einen vom Land geschuldeten LSt-Erstattungsanspruch, FG Berlin, EFG 83, 158. Die Gegenseitigkeit wird auch nicht durch ein an das FA gerichtetes Vollstreckungsersuchen begründet, da § 252 nur im Vollstreckungsverfahren, nicht aber für die Aufrechnung gilt.

bb) Gegenseitigkeit auf Seiten des Steuerpflichtigen. Nach ständiger Rspr des BFH steht, wenn **Eheleute** zusammenveranlagt werden, ein etwaiger Erstattungsanspruch demjenigen Ehegatten zu, der die zu erstattende St an das FA **gezahlt** hat, HFR 62, 235; BStBl 70, 351; 71, 119. Vergl auch § 37 II, wonach derjenige einen Erstattungsanspruch hat, auf dessen Rechnung die Zahlung bewirkt worden ist. Daraus, daß zusammenveranlagte Ehegatten als Stpfl behandelt werden (§ 26 b EStG), sei nicht zu entnehmen, Ehegatten seien für die entspr Erstattungsansprüche Gesamtgläubiger. Sie bleiben auch bei Zusammenveranlagung **getrennte StSubjekte.** Es muß also ggf ermittelt werden, wer im Einzelfall gezahlt hat, *HHSp* § 37 Anm 55; *TK* § 37 Tz 20. Dies gilt auch, wenn zB der Erstattungsanspruch nur durch Geltendmachung von Verlusten des anderen Ehegatten entstanden ist. Das Bestehen einer **Gesamtgläubigerschaft** ergibt sich auch nicht aus § 36 IV 3 EStG, wonach die Auszahlung auch für und gegen den anderen Ehegatten wirkt. Diese Bestimmung gibt dem FA nur eine **Befugnis** zur Auszahlung, regelt aber nicht welcher der Ehegatten die Auszahlung fordern darf.

Nach §§ 268 ff bleibt das Gesamtschuldverhältnis der Ehegatten als solches unberührt; lediglich die Vollstreckung ist gem §§ 268, 278 auf die **aufgeteilten Beträge** beschränkt. Es stellt sich die Frage, ob diese Beschränkung auch eine Aufrechnung hindert. Die Aufrechnung ist **keine Vollstreckungsmaßnahme,** sondern eine Maßnahme der Erhebung. Nach Auffassung von Hüdepohl (aaO) muß der Begriff „Vollstreckung" in den Aufteilungsvorschriften nach deren Sinn und Zweck erweitert ausgelegt werden und auch die Aufrechnung umfassen (so auch FG Münster EFG 84, 164).

Wenn der Steuerpflichtige einen **Erstattungsanspruch** an einen Dritten **abtritt,** wird dadurch dem FA die im Zeitpunkt der Abtretung bestehende

1. Abschnitt. Ansprüche aus dem Steuerschuldverhältnis § 226

Möglichkeit der Aufrechnung grundsätzlich nicht genommen, BFH BStBl 86, 506; *TK* Tz 10. Dies gilt jedoch dann nicht, wenn das FA bei Erwerb seiner Forderung, mit der es aufrechnen will, von der Abtretung Kenntnis hatte oder wenn die Forderung erst nach der Erlangung der Kenntnis und später als die abgetretene Forderung fällig geworden ist (§ 406 BGB). Das FA kann während des **Konkursverfahrens** einer KG nicht mit einer Forderung gegen die KG, für die der Kommanditist haftet (weil er die Einlage noch nicht erbracht hat) gegen einen StErstattungsanspruch des **Kommanditisten** aufrechnen. Die Ausübung der Aufrechnungserklärung ist während des Konkursverfahrens Sache des Konkursverwalters (§ 171 HGB), FG Münster EFG 81, 329 BFH BStBl 84, 795.

b) Erfüllbarkeit der Aktivforderung, Fälligkeit der Passivforderung. Die Forderungen brauchen nicht aus der gleichen Schuld herzurühren. Es ist nicht erforderlich, daß auch der **Gegenanspruch** aus dem StSchuldverhältnis stammen muß, FG Münster EFG 81, 273. Zum Erfordernis der **Kassenidentität** bei Aufrechnung durch den Stpfl vgl Anm 6.

c) Gleichartigkeit der Forderung. Die Forderungen müssen beide auf Geld lauten. Nicht gleichartig sind zB eine Geldforderung und eine Forderung auf Darlehensauszahlung (RG 52, 303). Es kommt nicht darauf an, ob der Gegenanspruch ebenfalls ein Anspruch aus dem StSchuldverhältnis ist. Der Stpfl kann grundsätzl auch mit **Forderungen** aus **Vertrag** oder ä unter den Voraussetzungen des Abs 3 aufrechnen; umgekehrt gilt das Gleiche.

d) Fälligkeit der Forderung. Der Anspruch, mit dem aufgerechnet wird, muß **fällig** sein; zur Frage der Fälligkeit vgl § 220. Aufrechnung **vor** Fälligkeit der eigenen Forderung ist **unwirksam,** sie wird nicht durch Eintritt der Fälligkeit geheilt, FG Berlin EFG 76, 45. Anders, wenn der Aufrechnungsgegner **zustimmt,** BFH BStBl 73, 66. Die FÄ rechnen allerdings teilweise mit noch nicht fälligen Forderungen gegen **Steuerguthaben** auf. Die Verrechnung soll aber grundsätzlich auf die Fälle beschränkt werden, in denen in der Abrechnung eines oder mehrerer gleichzeitiger Steuerbescheide Guthaben mit künftig fällig werdenden Forderungen zusammentreffen. Damit wird das gleichzeitige Hin- und Hersenden von Geld vermieden.

5. Aufrechnung durch den StGläubiger. Die Forderung des **Aufrechnungsgegners** (Stpfl) muß bestehen, braucht aber nicht fällig zu sein, vgl § 387. Entstehung der St oder der StErstattung vgl § 38. Wenn **mehrere** zur Aufrechnung geeignete **Forderungen** vorhanden sind, kann das FA die Forderungen bestimmen, die gegeneinander aufgerechnet werden sollen. Das FA ist nicht gehalten, seine Ansprüche nach der Billigkeit zu ordnen oder zunächst die älteren Ansprüche zum Erlöschen zu bringen, BFH BStBl 88, 117. Die in § 225 Abs 2 bestimmte **Reihenfolge** bei der Tilgung gilt nur dann, wenn der Steuerpflichtige bei freiwilliger Zahlung keine Bestimmung trifft, welche Schuld mit seiner Leistung getilgt werden soll. Bei **Stundung** muß Stundung vor Aufrechnung widerrufen werden, vgl hierzu § 222 Anm 14. Wenn Stundung unter Vorbehalt des Widerrufs bewilligt wurde, ist der Umstand, daß der Stpfl später einen Erstattungsanspruch erworben hat, ein **Widerrufsgrund,** vgl BFH BStBl 73, 513. Der

§ 226 5. Teil. Erhebungsverfahren

BFH hat in seinem Urteil vom 2. 4. 87 (BStBl 536) seine bisherige Auffassung, die **Aufrechnung** sei ein **VA** ausdrücklich **aufgegeben.** Der BFH hält trotzdem eine gegen eine Aufrechnungsverfügung eingelegte **Beschwerde** für zulässig, wenn die Aufrechnungserklärung auch materiell-rechtlich die Ausübung eines „schuldrechtlichen" Gestaltungsrechts darstellt. Dem Steuerpflichtigen müsse die Möglichkeit verbleiben, die förmliche Maßnahme der Finanzbehörde auf dem Finanzrechtsweg überprüfen zu lassen (BFH BStBl 87, 384); vgl auch FG München EFG 84, 103. Die Erklärung werde nicht aus einer hoheitlichen Position abgegeben, sie ergehe auf einer gleichgeordneten rechtlichen Ebene. Sie kann gegen **Treu** und **Glauben** verstoßen, wenn sie auf die Ausnutzung einer lediglich formalen Rechtsposition hinausläuft, BFH BStBl 77, 393. Aufrechnung ist unzulässig, wenn FinBeh mit Forderung aufrechnen will, die auf einer für verfassungswidrig festgestellten Norm beruht, BFH BStBl 67, 381. Aufrechnung mit **privatrechtl** Forderung ist dagegen auch nach der früheren Rspr des BFH **Willenserklärung.**

Wird einem FA, das zunächst nur für die Erledigung der **Kassengeschäfte** mehrerer FÄ zuständig war, die Erhebung von St für mehrere FÄ übertragen, so ist es, wenn nicht eine dahingehende Ausnahmeregelung besteht, auch für den Erlaß von **Aufrechnungserklärungen** zuständig, FG Hbg EFG 82, 57. Das FA kann gegen ESt-Erstattungsansprüche auch dann aufrechnen, wenn diese allein auf Verlustvorträgen beruhen, FG Münster EFG 82, 472. Die Aufrechnung des FA gegen **LSt Erstattungsanspruch** ist idR keine **unzulässige Rechtsausübung,** BFH BStBl 83, 541. Wenn der LSt-Pflichtige Gefahr läuft, seinen Erstattungsanspruch durch Pfändung eines Dritten zu verlieren, ist nicht einzusehen, weshalb der Staat nicht aufrechnen darf, FG Münster EFG 82, 472.

Wenn ein Steuerpflichtiger sich in einem gerichtlichen Verfahren vor dem Finanzgericht durch einen Anwalt oder Steuerberater vertreten läßt und den evtl. **Kostenerstattungsanspruch** an seinen Prozeßbevollmächtigten **abtritt,** verstößt das Finanzamt mit einer Aufrechnungserklärung wegen rückständiger Einkommensteuern gegen die Kostenfestsetzung nicht gegen **Treu** und **Glauben.** Die Aufrechnungserklärung dürfte auch keine Verletzung des grundrechts gleichen Rechts aus Artikel 103 Abs. 1 GG darstellen. Eine wirksame Aufrechnung mit bestrittenen Ansprüchen auf Sz setzt voraus, daß die Sz durch Verwaltungsakte festgesetzt worden sind. Dies folgt aus § 218 II 1, FG Hbg EFG 81, 327. Durch die **Kleinbetragsregelung** für das Erhebungsverfahren wird die Möglichkeit der Aufrechnung oder Umbuchung nicht ausgeschlossen, Tz 4 der Kleinbetragsregelung BStBl 82, I 197.

6. Aufrechnung durch den StSchuldner. a) Aufrechnung mit **Erstattungsanspruch** setzt voraus, daß dieser **fällig** ist. Fälligkeit tritt nicht vor Festsetzung ein, vgl § 220 II 2. Ergibt sich der Anspruch des Stpfl aus einer **StAnmeldung,** so tritt die Fälligkeit nicht vor der **Zustimmung** der FinBeh ein, vgl § 168 S 2, sofern nicht die Zustimmung als allgemein erteilt gilt. Für Zwecke der Aufrechnung wird aber aus **Billigkeitsgründen** zugelassen, daß insoweit der Erstattungs- oder Vergütungsanspruch bereits mit der **Einreichung** der **StAnmeldung** als fällig gilt, frühestens jedoch mit der Entstehung des Anspruchs.

1. Abschnitt. Ansprüche aus dem Steuerschuldverhältnis § 226

b) Die **Forderung** des Stpfl muß **unbestritten** oder rechtskräftig festgestellt sein, Abs 3. Das Erfordernis der Kassenidentität (§ 395 BGB) wird durch § 226 nicht ausgeschlossen, vgl BdF BStBl 76 I 576; aA *TK* Tz 6; vgl hierzu unter c). Es kann sich bei der Forderung des Stpfl um einen **zivilrechtl** oder sonstigen öffentl-rechtl Anspruch handeln. Lediglich **formelhaftes** Bestreiten der Forderung reicht nicht aus, FG Rh-Pf EFG 73, 349.

Bestritten werden kann die Forderung des Stpfl, soweit es sich um einen Anspruch aus dem StSchuldverhältnis handelt, von der FinBeh, im übrigen von der Behörde, die für die Entscheidung über den Anspruch zuständig ist, so *TK* Tz 15; aA FG RhPf EFG 73, 349 und 1. Aufl. Bei Aufrechnung mit einem **Gegenanspruch,** für dessen Feststellung das FA nicht zuständig ist, und der auch noch nicht gegenüber der zuständigen Behörde geltend gemacht worden ist, kann das FA die Aufrechnung mit der Begründung ablehnen, das Bestehen des Gegenanspruchs sei fragwürdig, BFH BStBl 79, 690. Der BFH hält insoweit an seiner früheren Auffassung (vgl BFH BStBl 55 III 32) nicht mehr fest, daß Gegenansprüche nur dann als bestritten angesehen werden können, wenn sie **substantiiert** abgelehnt werden. Wird die noch nicht rechtskräftig festgesetzte Gegenforderung später durch Verwaltungsakt oder Urteil herabgesetzt, so verliert die Aufrechnung insoweit ihre rechtliche Wirkung (FG Berlin EFG 69, 46). **Erkennt** die **FinBeh** die Aufrechnungserklärung **nicht an,** hat der Stpfl die Möglichkeit, einen **Abrechnungsbescheid** nach § 218 zu beantragen.

c) Erfordernis der Kassenidentität. Nach Abs 1 gelten für die Aufrechnung gegen Ansprüche aus dem Steuerschuldverhältnis die Vorschriften des Bürgerlichen Rechts sinngemäß, soweit nichts anderes bestimmt ist. Für die Frage der **Kassenidentität** ist nichts anderes bestimmt. Daher muß davon ausgegangen werden, daß das Erfordernis der Kassenidentität ebenfalls bei § 226 eingreift, vgl *Bublitz* aaO. **§ 395 BGB** hatte den Zweck, die Verwaltungsabläufe zu vereinfachen und gleichzeitig eine ordnungsgemäße öffentliche Kassenführung zu sichern. Daß diese Regelung sich einseitig zu Lasten privater Personen auswirkt, hat der Gesetzgeber in Kauf genommen. Im übrigen ist die Anwendbarkeit des § 395 BGB im sonstigen öffentlichem Recht offenbar unbestritten, vgl *Bublitz* aaO unter Hinweis auf Pietzner VerwArch 83, 64.

Die **Anwendbarkeit** des § 395 BGB im Steuerrecht ist allerdings **umstritten.** Verneint wird sie zB durch das FG Schleswig-Holstein (EFG 86, 215), das FG Hamburg (EFG 87, 596) und durch das FG München (EFG 88, 98), wenn auch mit unterschiedlicher Begründung.

Kassen im Sinne des § 395 BGB sind alle **Amtsstellen** mit selbständiger Kassenverwaltung, RGZ 82, 236; maßgebend ist die Kassenidentität im Zeitpunkt der Aufrechnungserklärung, RGZ 124, 159.

7. Form der Aufrechnungserklärung. Bestimmte Form für Aufrechnungserklärung ist **nicht** vorgeschrieben. Der Stpfl sollte die Forderungen, gegen die er aufrechnen will, genau bezeichnen. Trifft er **keine Bestimmung,** ist fraglich, ob § 225 II eingreift, dag *TK* Tz 18. Für die Auffassung von *TK* spricht, daß § 226 I generell auf die Vorschriften des bürgerl Rechts verweist. Bei Aufrechnung des FA gegen den Abtretungsempfänger eines StErstattungsanspruchs soll das FA nicht durch einen VA aufrechnen können, BFH BStBl 68 II 384.

§ 226 5. Teil. Erhebungsverfahren

8. Wirkung. Die Aufrechnung bringt die gegenseitigen Forderungen zum **Erlöschen,** § 47, und zwar zu dem Zeitpunkt, an dem sie sich zum ersten Mal aufrechenbar gegenüber standen, vgl § 389 BGB. **Säumniszuschläge** fallen dadurch aber nicht rückwirkend wieder weg, weil sich an der einmal eingetretenen Säumnis nichts ändert; § 240 I 4 ist jedoch entgegen *TK* Tz 20 nicht einschlägig. Rechnet das FA mit einer StForderung gegen einen später fälligen Erstattungsanspruch auf, erlischt die Forderung des FA erst bei Fälligkeit des Erstattungsanspruchs. SZ bleiben bis dahin bestehen, AO-K § 226 Nr 1 Tz 3. Bei den **Zinsen** kommt es darauf an, ob der Zinslauf mit dem Erlöschen des Anspruchs endet, oder ob an einen anderen Zeitpunkt angeknüpft wird. Nach § 234 werden für die Dauer einer **Stundung** Zinsen erhoben, es kommt also nicht auf den Zeitpunkt des Erlöschens an; daher entfallen Stundungszinsen auch nicht rückwirkend durch die Aufrechnung, aA *TK* Tz 20 gegen *Kühn/Kutter* Anm 3c. Das gleiche gilt für **Hinterziehungszinsen;** der Zinslauf endet nach § 235 III nur und erst mit der **Zahlung** der hinterzogenen St. **Aussetzungszinsen** nach § 237 werden ebenfalls bis zu dem Tag erhoben, an dem die Aussetzung endet; eine Aufrechnung wirkt sich daher auch hier nicht aus. Die **Rückwirkung** der Aufrechnung nach § 389 BGB geht jedenfalls nicht über den Zeitpunkt der Fälligkeit des Erstattungsanspruchs des Stpfl hinaus, AnwendErl Nr 2 zu § 226.

9. Rechtsbehelf. Gegen die Aufrechnung durch die FinBeh ist, obwohl es sich nicht um einen VA handelt (vgl Anm 5), die **Beschwerde** nach § 349 gegeben, danach **Anfechtungsklage,** FG Hbg EFG 83, 486. Einwendungen gegen den festgesetzten Anspruch selbst sind im Einspruchsverfahren geltend zu machen. Wenn das FA die **Aufrechnungserklärung des Stpfl** nicht als wirksam ansieht, wird die Forderung beigetrieben. Soweit über die **Wirksamkeit** der Aufrechnung gestritten wird, muß ein **Abrechnungsbescheid** nach § 218 II erlassen werden, der mit dem Einspruch anfechtbar ist (vgl *TK* § 118 Tz 4; *Schwarz,* AO Tz 8, *TK* Tz 19).

Erstattung umstrittener **Vorsteuern** oder deren **Verrechnung** kann nicht im Wege der **einstweiligen Anordnung** begehrt werden; vorläufiger Rechtsschutz ist nicht dazu da, im Zahlungsverkehr zwischen FA und Stpfl vollendete Tatsachen zu schaffen, FG BaWü EFG 78, 6.

10. Gläubiger/Schuldner-Eigenschaft beim Fiskus. Nach Abs 4 gilt als Gläubiger/Schuldner die Körperschaft, die die St verwaltet. Es kommt also auf die Verwaltungshoheit an, FG Nieders EFG 81, 545. Durch die Änderung des Abs 4 im Rahmen des StBereinigG wird ab **1. 1. 87** neben der **Verwaltungshoheit** auch auf die **Ertragshoheit** abgestellt. Abs 4 gilt auch für die Aufrechnung mit einer zivilrechtlichen Forderung gegen einen StErstattungsanspruch, FG Berlin EFG 83, 6.

11. Der Aufrechnungsvertrag. Wenn Aufrechnung nicht möglich ist, weil es zB an der Gegenseitigkeit oder an der Fälligkeit der Forderung, mit der aufgerechnet werden soll, fehlt, kann auch ein **Verrechnungsvertrag** geschlossen werden, BFH BStBl 73, 66. Hierfür genügt es, daß die Parteien über die zur Verrechnung bzw Aufrechnung gestellten Forderungen verfügen können. Die zu verrechnenden Forderungen müssen allerdings rechtsgültig sein (vgl *Palandt/Heinrichs,* BGB, 45. Auflage, § 387 Anm 8).

Angebot zum Verrechnungsvertrag kann auch in einer **Umbuchung** gesehen werden, FG RhPf EFG 70, 405. Ein **Verrechnungsvertrag** zur Umbuchung von Vorsteuerüberschüssen aus Umsatzsteuervoranmeldungen auf Steuerrückstände steht kraft Gesetzes unter der **auflösenden Bedingung,** daß das Guthaben durch die Festsetzung der Jahressteuer bestätigt wird, BFH BStBl 87, 8. Zur Frage des Abschlusses eines **obligatorischen Verrechnungsvertrages** und der Aufrechenbarkeit im Falle der Abtretung von Erstattungsansprüchen vgl BFH, BStBl 85, 278.

12. Aufrechnung mit einer gestundeten Forderung. Die Aufrechnung mit einer gestundeten Steuerforderung setzt voraus, daß der Aufrechnungserklärung ein wirksamer Widerruf der Stundung vorangegangen ist vgl Anm 5.

§ 227 Erlaß

(1) **Die Finanzbehörden können Ansprüche aus dem Steuerschuldverhältnis ganz oder zum Teil erlassen, wenn deren Einziehung nach Lage des einzelnen Falles unbillig wäre; unter den gleichen Voraussetzungen können bereits entrichtete Beträge erstattet oder angerechnet werden.**

(2) ¹**Die Befugnisse nach Absatz 1 stehen der obersten Finanzbehörde der Körperschaft, die die Steuer verwaltet, oder den von ihr bestimmten Finanzbehörden zu.** ² **§ 203 Abs. 5 des Lastenausgleichsgesetzes bleibt unberührt.**

Schrifttum: *Ossola* Verfassungsrechtliche Ansprüche auf steuerliche Billigkeitsmaßnahmen, Inf 81, 391; *Bormann* Überprüfung der Rechtmäßigkeit von Steuerbescheiden im Erlaßverfahren, DStR 83, 565; *Buciek* Erlaß von Säumniszuschlägen in Konkursfällen, DB 86, 1492; *Kapp* Der Billigkeitserlaß bei der Erbschaftsteuer, DStZ 88, 46.

Übersicht

1. Inhalt
2. Bedeutung
3. Anwendungsbereich
4. Voraussetzung
5. Kein Antragserfordernis
6. Unbilligkeit der Einziehung
7. Interessenabwägung
8. Ermessensentscheidung
9. Zeitpunkt der unbilligen Härte
10. Persönliche und sachliche Billigkeit
11. Persönliche Billigkeitsgründe
    a) Erlaßbedürftigkeit
    b) Erlaßwürdigkeit
12. Sachliche Billigkeitsgründe
    a) Übermaß des Gesetzes
    b) Einzelfälle
13. Rücknahme und Widerruf des Erlasses
14. Zuständigkeit
15. Richtlinien
16. Rechtsbehelf

§ 227   5. Teil. Erhebungsverfahren

1. Inhalt. Die **Erhebung** der Steuer kann **unbillig** sein. Für diese Fälle sah § 131 RAO den Steuererlaß vor, der bereits bei der Steuerfestsetzung, aber auch nach der Steuerfestsetzung im Erhebungsverfahren gewährt werden konnte. Die Vorschrift über den Erlaß wurde geteilt. Für das Festsetzungsverfahren gilt § 163 und für das Erhebungsverfahren § 227. Dieser regelt den Erlaß. Erlaß der festgesetzten Steuer gilt also nur im Erhebungsverfahren. § 163 dürfte vornehmlich bei **Sachunbilligkeit** in Betracht kommen, aber auch **persönliche** Billigkeitsgründe können bereits bei der **StFestsetzung** berücksichtigt werden.

2. Bedeutung. Der Gesetzgeber muß im Steuerrecht typisieren, wenn es ihm gelingen soll, vielfältiger Lebensverhältnisse durch eine einheitliche und daher notwendig gewisse tatsächliche Verschiedenheiten vernachlässigende Regelung Herr zu werden (BVerfGE 3, 135). Dieser Gedanke hat für Steuergesetze besondere Bedeutung, weil sie, um praktikabel zu sein, **typisieren,** also geringfügigere oder nur in besonders gelagerten Fällen auftretende Ungleichheiten in Kauf nehmen müssen. Es kommt hinzu, daß das Gewicht eines Steuernachteils sich nicht aus der einzelnen Norm selbst zu ergeben braucht, sondern möglicherweise erst im Zusammenhang des ganzen Gesetzes oder sogar einer Gruppe von Gesetzen richtig ermessen werden kann (BVerfGE 13, 341).

Jede pauschale Besteuerung bringt gewisse Ungleichheiten mit sich, denn sie läßt die individuelle Besonderheit des einzelnen steuerpflichtigen Vorgangs außer acht und begnügt sich mit der Typengerechtigkeit aufgrund eines typischen Tatbestandes. Darin liegt jedoch noch kein Verstoß gegen den Gleichheitssatz (BVerfGE 9, 13).

Dem Gesetzgeber muß soviel Gestaltungsfreiheit zugestanden werden, daß er sich an der durchschnittlichen Lebenserfahrung orientieren darf. Um aber die aus der Typisierung herrührenden unbilligen Härten im Einzelfall auszugleichen, sind § 163 und § 227 unerläßlich. Der Grundsatz der **Gesetzmäßigkeit** der Verwaltung verlangt, daß für die Abweichung von der allgemeinen Norm eine Sondernorm bestehen muß (vgl BVerwG StW 59, Nr 250; DStZE 63, 526, mwHinw).

Der Erlaß stellt einen Verzicht auf eine rechtskräftig festgestellte StForderung dar, also die **Begünstigung** eines einzelnen Stpfl zu **Lasten** der **Allgemeinheit.** BFH BStBl 58, 153.

3. Anwendungsbereich. Aufgrund der vorstehenden Vorschrift können **Ansprüche** aus dem **Steuerschuldverhältnis** erlassen, bereits entrichtete Beträge erstattet oder angerechnet werden. Die Vorschrift gilt für alle Ansprüche aus dem Steuerschuldverhältnis. Sie ist damit im Wortlaut gegenüber § 131 RAO erweitert, der sich nur auf Steuern bezog. Es muß sich um **Ansprüche** aus dem **StSchuldverhältnis** handeln. Persönliche Leistungen, wie zB die Pflicht zur Abgabe von Erklärungen, können nicht Gegenstand eines Erlasses sein, TK Tz 3. Insoweit können sich aber ggf Einschränkungen aus dem Grundsatz der pflichtgemäßen Ermessensausübung ergeben.

Auch die **Rückforderung** bereits gezahlter St kann ggf im Erlaßwege gefordert werden, wenn die Einziehung im Zeitpunkt der Zahlung unbillig war, BFH BStBl 77, 127. Allerdings können sich **Einschränkungen** hinsichtlich des Anwendungsbereichs aus **Eigenarten** bestimmter St und deren Erhebung ergeben.

1. Abschnitt. Ansprüche aus dem Steuerschuldverhältnis § 227

Die Billigkeitsentscheidung setzt das Bestehen eines **StSchuldverhältnisses** zwischen dem Betroffenen und der Verwaltung voraus. Damit sind Billigkeitserstattungen gegenüber Personen, die nicht in einem StSchuldverhältnis stehen, ausgeschlossen, BFH BStBl 83, 51. Der BFH hat allerdings auch anerkannt, daß die Behörde bei ihrer Entscheidung über einen Billigkeitsantrag des StSchuldners auch Gründe berücksichtigen muß, die in der Person eines Dritten, des wirtschaftlich von der St Betroffenen, liegen, BFHE 125, 129.

Eine nationale Zollbehörde ist nicht berechtigt, **gemeinschaftsrechtlich** geschuldete **Abgaben** nach nationalem Recht aus Billigkeitsgründen zu **erlassen** oder zu erstatten, EuGH v 28. 6. 77 – Rs 118/76. Hierunter fallen Zölle, Abschöpfungen Währungsausgleichbeträge, nicht daß EinfUSt und andere VerbrauchSt. Im Hinblick auf diese Rspr des EuGH ist der Abgabenerlaß aus Billigkeitsgründen neu geregelt worden durch die **VO** (EWG) Nr 1430/79 des Rates v 2. 7. 79 über die **Erstattung** und den **Erlaß** von **Eingangs-** oder **Ausfuhrabgaben** (ABl Nr L 175/1 ff) – ErstattungsVO –; durch die VO (EWG) Nr 1574/80 der Kommission v 20. 6. 80 zur Durchführung von Art 16 und 17 der ErstVO (ABl Nr L 161/3); ferner durch Dienstanweisungen des BdF v 16. 6. 80 und v 3. 7. 80 in VSF- Nachrichten N 1980 und N 3180. Die Neuregelungen sind am 1. 7. 80 in Kraft getreten. Wegen Einzelheiten vgl *Koch,* Abgabenerlaß aus Billigkeitsgründen – Nacherhebung von Abgaben, DB 81, 445 f.

4. Voraussetzung. Voraussetzung für einen Erlaß ist, daß die **Erhebung** der Steuer nach Lage des Einzelfalles **unbillig** wäre. Damit wird die Formulierung der RAO übernommen. Der Ausdruck „unbillig" bringt besser als der in § 31 II Nr 3 HGRG und § 59 I Nr 3 BHO verwendete Begriff der besonderen Härte zum Ausdruck, daß nicht nur bei persönlicher Unbilligkeit, sondern auch bei Sachunbilligkeit von der Verwirklichung des Steueranspruchs abgesehen werden kann.

5. Kein Antrag erforderlich. Der Erlaß ist nicht zwingend von einem entsprechenden Antrag abhängig, wenn auch ein Antrag regelmäßig vorliegen wird.

6. Unbilligkeit der Einziehung. Es läßt sich nicht allgemein festlegen, wann eine Unbilligkeit iSd § 227 vorliegt; vgl hierzu Anm 4–7 zu § 163. Die Vorschrift will eine Abweichung von der Typengerechtigkeit ermöglichen, wenn die Verwirklichung des Gesetzes im einzelnen Falle zu Unrecht führte. Negativ ist zu sagen, daß über diese Vorschrift **keine Korrektur** des Gesetzes allgemein zulässig ist. Denn das allgemeine Billigkeitsrecht kann nicht mehr gebieten als der allgemeine **Gleichheitssatz** (BVerfGE 15, 146).

Das Verbot der Korrektur des Gesetzgebers schließt ein, daß grundsätzlich davon auszugehen ist, daß die Einziehung einer Steuer nicht unbillig ist, die Unbilligkeit bildet vielmehr die Ausnahme. Die Billigkeitsmaßnahmen nach §§ 163, 227 sind nicht dazu da, **wirtschaftspolitische, sozialpolitische** oder sonstige nicht steuerliche Ziele zu verfolgen, BFH BStBl 78, 42. Die Verwaltung würde sonst in die Aufgaben des Gesetzgebers eingreifen. Andererseits werden die o g Ziele in zunehmendem Maße über die StGesetze verfolgt, so daß die vorstehende Auffassung wohl nicht ausnahmslos gelten dürfte, vgl *HHSp* § 163 Anm 6; *Koch/Höllig* NWB F 2, 3345 III 3.

§ 227

7. Interessenabwägung. Bei der Prüfung des Erlasses sind die Interessen der Allgemeinheit und die Interessen des Einzelnen gegeneinander abzuwägen. Nach hM kann auch der **Finanzbedarf** des Fiskus berücksichtigt werden, vgl *HHSp* Anm 11. Das **FA** hat im Interesse der Allgemeinheit grundsätzlich die **Pflicht**, StAnsprüche auch zwangsweise **durchzusetzen.** Die Wahrnehmung dieser Pflicht ist nicht schon deshalb unbillig, weil sie zu einer erheblichen wirtschaftlichen Beeinträchtigung des StSchuldners führt, vgl *TK* Tz 45.

8. Ermessensentscheidung. Nach Auffassung des Gemeinsamen Senats der obersten Gerichtshöfe des Bundes ist die Entscheidung über den Billigkeitserlaß eine Ermessensentscheidung. Die Gerichte können daher nur entscheiden, ob es innerhalb des Beurteilungsspielraums der Behörde liegt, die Unbilligkeit der Härte zu verneinen, vgl hierzu Anm 3 zu § 222 und Anm 10 zu § 163. Die Behörde muß vor Ablehnung des Erlaßantrages aus persönlichen Gründen die privaten Vermögensverhältnisse des Stpfl umfassend prüfen; anderenfalls begeht sie einen Ermessensfehlgebrauch in Form der **Ermessensunterschreitung,** FG BaWü EFG 82 115. Nimmt die Verwaltung aufgrund des gleichen StEntstehungstatbestandes hinsichtlicher mehrerer St einen Stpfl in Anspruch, und erläßt sie die eine St vollständig, die andere aber nur teilweise, so müssen die Erwägungen erkennbar sein, die zum vollständigen Erlaß der einen St geführt haben bzw es müssen die Gründe dargelegt werden, die trotzdem nur einen teilweisen Erlaß der anderen St rechtfertigen, FG D'dorf EFG 83, 269.

Bei der Entscheidung über den Billigkeitserlaß von **Säumniszuschlägen** müssen die FinBeh die Gründe, die zu einem vorangegangenen Vollstreckungsaufschub geführt haben, in ihre Ermessenserwägungen einbeziehen, FG RhPf EFG 83, 270. Die Maßnahmen nach § 258 setzen nicht voraus, daß dem VollstrSchuldner die Zahlung der Steuer absolut unmöglich ist.

Es ist ein **Ermessensfehler,** wenn ein Antrag auf **Erstattung** im Billigkeitswege nur deshalb abgelehnt wird, weil die Ansprüche aus dem StSchuldverhältnis **verjährt** seien, FG BaWü EFG 84, 358.

9. Zeitpunkt der unbilligen Härte. Für die Frage, ob eine unbillige Härte vorliegt, ist der **Zeitpunkt** der **letzten Verwaltungsentscheidung** maßgebend (BFH, BStBl 62, 204; 65, 495; 66, 211; 67, 661; 72, 649; 919). Im finanzgerichtlichen Verfahren ist bei der Entscheidung über die Verpflichtungsklage auf den Zeitpunkt der letzten mündlichen Verhandlung abzustellen.

10. Persönliche und sachliche Billigkeit. Die Unbilligkeit kann in der **Person** des Steuerpflichtigen oder in der **Sache** selbst liegen. Sachliche Billigkeitsgründe hat die Rechtsprechung anerkannt, soweit nach dem erklärten oder mutmaßlichen Willen des Gesetzgebers auf dem in Frage kommenden Steuerrechtsgebiet angenommen werden kann, daß der Gesetzgeber die im Billigkeitsweg zu entscheidende Fragen – hätte er sie geregelt – im Sinne des beabsichtigten Erlasses entschieden hätte (BFH BStBl 59, 11 und 70, 607).

11. Persönliche Billigkeitsgründe. a) Vgl hierzu auch § 163 Anm 7. Das sind solche, die sich aus den **persönlichen** Verhältnissen des Stpfl ergeben **(Erlaßbedürftigkeit).** Diese liegen vor, wenn entweder die **Fortführung**

1. Abschnitt. Ansprüche aus dem Steuerschuldverhältnis § 227

eines **Unternehmens** des Stpfl oder dessen notwendiger Lebensunterhalt vorübergehend oder dauernd **gefährdet** würde, *Koch/Höllig* NWB F 2 S 3345 unter III 1 a; BFH BStBl 72, 918. Nur **vorübergehender** Vermögensverlust ist grunds kein Erlaßgrund, sondern rechtfertigt ggf eine **Stundung**. Persönliche Billigkeitsgründe sind bei **St**, die an die **Leistungsfähigkeit** anknüpfen, wie zB ESt eher denkbar als bei sog **ObjektSt** und Verkehrst, vgl BFH BStBl 72, 649. Dies gilt insbes, wenn der Stpfl die St auf andere **abwälzen** kann oder sie von Dritten **einbehält**, BFH BStBl 75, 727. Dies schließt aber nicht aus, daß die FinBeh auch bei ObjektSt verfassungsrechtl gezwungen ist, die Steuer zu erlassen, BFH BStBl 77, 512 betr **LohnsSt**.

Ein Erlaß stellt die **Begünstigung** eines einzelnen Schuldners zu Lasten der Allgemeinheit dar, so daß von ihm gewisse **Einschränkungen** seines **privaten Aufwandes** verlangt werden muß, BFH BStBl 78, 237. Dem Stpfl ist zuzumuten, einen **Kredit** aufzunehmen und ggf auch seine **Vermögenssubstanz anzugreifen**. Beim Erlaß von **ESt** sind auch die **Verhältnisse** des **Ehegatten** zu berücksichtigen; dies gilt jedenfalls bei der Zusammenveranlagung, BVerfG BStBl 78 I, 63.

Ein Billigkeitserlaß ist nur gerechtfertigt, wenn die wirtschaftliche **Notlage** durch die **Inanspruchnahme** selbst **verursacht** würde, BFH BStBl 75, 727, dh, wenn die Erhebung der Steuer eine wesentliche **Ursache** für die **Existenzgefährdung** darstellen würde. Die Existenzgefährdung muß gerade durch die Erhebung der St verursacht oder entscheidend mitverursacht sein, vgl *HHSp* § 163 Anm 11; aA *TK* § 227 Tz 43. Der Erlaß muß **geeignet** sein, die Verhältnisse des Betriebs in absehbarer Zeit zu normalisieren, vgl BVerwGE 10, 191; KStZ 69, 76, 77. Wenn die wirtschaftliche Lage aber bereits aufgrund anderer Umstände so ungünstig war, daß der Stpfl überhaupt nicht in der Lage war, die StSchuld zu bezahlen, würde sich ein Billigkeitserlaß für den Stpfl nicht auswirken und allenfalls seinen Gläubigern zugute kommen. Für diesen Fall bietet hingegen die in § 261 geregelte Niederschlagung das geeignete Instrument zur Regelung der Rechtsbeziehungen zwischen dem Stpfl und dem FA. Auch diese Vorschrift ginge ins Leere, wollte man an die wirtschaftliche Notlage allein ein Recht auf Billigkeitsmaßnahmen anknüpfen. Daher kein Erlaßgrund, wenn bei der gesamten Höhe der Schulden des Stpfl der **Erlaß** der StSchulden kaum einen wirtschaftlichen **Vorteil** bringt (FG Hessen EFG 81, 218) oder wenn sich ein Erlaß wegen **Zahlungsunfähigkeit** nicht **auswirken** kann oder der Erlaß von Steuern begehrt wird, die zuvor auf Dritte abgewälzt worden sind, FG Nürnberg EFG 82, 326. Erlaß und Stundung kommen erst dann in Betracht, wenn dies nach der Vermögenssituation **beider Ehegatten** angemessen ist, BVerfGE 12, 180, 190.

Nach Auffassung des Bundesverfassungsgerichts ist es berechtigt, bei der Stundung, ähnlich wie bei anderen staatlichen Hilfsmaßnahmen zur Deckung des notwendigen Lebensbedarfs, für nicht getrennt lebende Ehegatten den Lebensbedarf und die zu seiner Deckung vorhandenen Mittel einheitlich zu berücksichtigen. Dies entspreche der familienrechtlichen Unterhaltsregelung, wonach Ehegatten verpflichtet sind, zu dem gemeinsamen Unterhalt beizutragen. Der BFH ist einer Erlaßsache dieser Betrachtungsweise gefolgt (HFR 64, 257, ihr folgen auch die Meinungen in der Literatur, vgl *HHSp* Anm 9; *TK* Anm 46; *Kühn-Kutter* Anm 4. Die Ableh-

§ 227

nung des Erlasses von St ist nicht ermessenswidrig, wenn die Bestreitung des notwendigen Lebensunterhalts des ASt unter Berücksichtigung der **Einkommens- und Vermögensverhältnisse** des **Ehegatten** nicht gefährdet ist, BFH BStBl 82, 530. Der Antragsteller kann sich in einem solchen Fall nicht darauf berufen, es müsse ihm soviel belassen werden, daß er zur Absicherung einer bescheidenen Lebensführung eine Versicherung über sofort fällige Leibrentenbezüge begründen könne, BFH BStBl 82, 530. Wenn jedoch ein Steuerpflichtiger trotz Überschreitens der normalen Altersgrenze mangels ausreichender **Altersversorgung** noch zu einer Erwerbstätigkeit gezwungen ist, so kann ein Erlaß von Steuern aus Billigkeitsgründen geboten sein, um dem Steuerpflichtigen nicht die erforderlichen Mittel für **zukunftssichernde** Maßnahmen insbesondere zum Abschluß einer Rentenversicherung gegen Einmalprämie zu entziehen, BFH BStBl 87, 612. Bei einem **GewSt-Erlaß** aus persönlichen Billigkeitsgründen ist es ermessensfehlerhaft, wenn das FA die Einkommens- und Vermögensverhältnisse des Ehegatten des Stpfl mit einbezieht und den Erlaß ablehnt, FG Hbg EFG 82, 90, betr einen Sonderfall. Trotz vorhandenen Vermögens kann ein Erlaß der auf den **Betriebsaufgabegewinn** entfallenden Steuer aus persönlichen Billigkeitsgründen geboten sein, wenn der Stpfl auf das ihm verbliebene Vermögen für seinen Unterhalt angewiesen ist. Ihm ist dann soviel zu erlassen, daß er in der Lage bleibt, eine Versicherung über sofort fällige Leibrentenbezüge gegen eine Einmalprämie abzuschließen, und zwar in einer Höhe, die ihm eine bescheidene Lebensführung ermöglicht, BFH BStBl 81, 726.

Während eines **Konkursverfahrens** besteht grundsätzl keine Erlaßbedürftigkeit, FG BaWü EFG 78, 4; der Erlaß würde nämlich dann den anderen Gläubigern zugute kommen. Maßgebend für den Erlaß aus persönlichen Gründen, sind grundsätzl die Verhältnisse des Gemeinschuldners. Das Ziel, die Masse zugunsten der nachrangigen Gläubiger zu bereichern, ist kein Erlaßgrund. Der Konkursverwalter ist nicht befugt einen Erlaßantrag mit dem Ziel zu stellen, daß dem Vollstreckungsschuldner nach Abschluß des Konkurses der Aufbau einer **neuen Existenz** gegeben werden soll, denn dieser Vorgang berührt nicht die Masse. Kein persönlicher Billigkeitsgrund, wenn die Billigkeitsmaßnahme wirtschaftlich einem Dritten (zB dem Bürgen) zugute käme, FG Hbg EFG 82, 113. Auch nicht, wenn ein gerichtlicher Vergleich geschlossen wurde und die Vergleichsgläubiger auf einen Teil ihrer Forderungen verzichtet haben. Das FA nimmt, da seine Forderungen im Konkurs (noch!) bevorrechtigt sind, am gerichtlichen Vergleichsverfahren nicht teil, § 26 I VglO. Diese gesetzlich eingeräumte Vorrangstellung des StGläubigers ginge ins Leere, wollte man an den Abschluß eines gerichtlichen Vergleichs allein zwangsläufig ein Recht auf Billigkeitsmaßnahmen anknüpfen, FG Nürnberg EFG 82, 326.

Erlaß von **USt** käme evtl in Betracht bei einem unerwarteten vom Betroffenen nicht zu vertretenden Vermögensverfall, oder ein Katastrophenschaden von solchem Ausmaß, daß die Tatsache der Vereinnahmung hinter der Zahlungspflicht zurückgestellt werden könnte, FG Nürnberg EFG 82, 328.

b) Beim Erlaß aus persönlichen Gründen muß noch die **Erlaßwürdigkeit** hinzukommen, vgl § 163 Anm 7. **Bestrafung** des Stpfl weg StHinter-

1. Abschnitt. Ansprüche aus dem Steuerschuldverhältnis   **§ 227**

ziehung schließt Erlaßwürdigkeit nicht in jedem Fall aus, BFH BStBl 61, 288. Schuldhafte Herbeiführung einer wirtschaftl Notlage, zB zu hohe **Entnahmen,** sind dag idR schädlich, vgl BFH BStBl 64, 225. Ein Stpfl, der in einem Zeitraum von rd 9 Jahren seine StSchulden auf 92 000 DM anwachsen läßt, sich nicht ausreichend um die Abdeckung der Rückstände bemüht und darüberhinaus seine StErklärungspflichten vernachlässigt, verstößt in eindeutiger Weise gegen die Interessen der Allgemeinheit, FG Bremen EFG 84, 10. Ein Stpfl ist zwar nicht verpflichtet eine Arbeit aufzunehmen, um StRückstände abzutragen. Er kann jedoch nicht erwarten, daß ihm St erlassen werden, wenn er ohne zwingenden Grund aus persönlichen Erwägungen heraus von einer **Erwerbstätigkeit** absieht, die ihm möglich und zumutbar wäre, FG Berlin EFG 81, 609. Trotz fehlender Erlaßwürdigkeit kann ein Erlaß geboten sein, wenn die Vollstreckung der Forderung **existenzvernichtend** sein kann. Es muß das Allgemeininteresse, festgesetzte Abgaben einzuziehen, gegen die Pflichtverletzung des Stpfl ausreichend abgewogen werden, BFH 9. 3. 83 I R 93/81. Beim Erlaß der **Vermögensabgabe** gem § 203 V LAG iVm § 131 RAO/227 AO 77 ist ein selbstverschuldeter **Vermögensverlust** nicht zu berücksichtigen, BFH BStBl 78, 237.

12. Sachliche Billigkeitsgründe. a) Vgl § 163 Anm 5 u 6. Dies sind idR Fälle, in denen eine **Besteuerung** nach dem Gesetz zu einem **vom Gesetzgeber** offensichtl <u>nicht gewollten Ergebnis</u> führt, vgl BFH BStBl 77, 127. ZB: Es können nicht Verluste im Privatvermögen, wie Spareinlagen usw, die steuerl nicht berücksichtigt werden, im Wege des Erlasses berücksichtigt werden, BFH BStBl 67, 37. Das gleiche gilt im Falle der **Versäumung** gesetzl **Fristen,** BFH BStBl 68, 663, namentl der Anfechtungsfristen, BFH BStBl 77, 771. Umstände, die dem **Besteuerungszeck** entsprechen oder die der Gesetzgeber bewußt in Kauf genommen hat, rechtfertigen keinen Erlaß aus Billigkeitsgründen. **Ordnungspolitische** Gesichtspunkte, insbesondere Maßnahmen der Wirtschaftspolitik können nicht über steuerrechtliche Billigkeitsmaßnahmen verwirklicht werden, BFH BStBl 70, 696; BVerwG BStBl 75, 679; FG Hbg EFG 81, 274; aA *HHSp* § 163 Tz 16; *Koch* § 227 Rdnr 23. Sachliche Unbilligkeit liegt aber vor, wenn ein steuerlicher Vergünstigungstatbestand unter dem Zwang politischer Verhältnisse nicht verwirklicht werden kann, FG SchlHol EFG 81, 582. Auch können Gründe, die im **FestsetzVerfahren** oder im **Rechtsbehelfsverfahren** hätten geltend gemacht werden können, nur in Ausnahmefällen im Erlaßverfahren berücksichtigt werden, zB wenn die StFestsetzung offensichtlich unrichtig ist und den Stpfl **kein Verschulden** trifft, daß er die Gründe erst **verspätet** vorbringt, BFH BStBl 77, 15. Ggf ist hierbei auch das **Verhalten** der **Behörde** zu berücksichtigen, BFH BStBl 76, 359.

Es gibt auch keinen Anspruch auf **Gleichbehandlung** im Unrecht; Einschränkungen dieses Grundsatzes können sich aber daraus ergeben, daß es anderenfalls zu unerträglichen Wettbewerbsnachteilen des von der unrechtmäßigen Begünstigung Ausgeschlossenen kommen würde, FG Hbg EFG 81, 276. Ein Stpfl kann daher in bestimmten Fällen trotz Fehlens einer Sachunbilligkeit aus Gründen der **Gleichbehandlung** Steuererlaß verlangen, BFH BStBl 76, 697.

§ 227

5. Teil. Erhebungsverfahren

b) Einzelfälle.

EG-Abgaben. Bei **EG-Abgaben** ist ein Billigkeitserlaß aus sachlichen Gründen grundsätzl **unzulässig,** anders wenn die Gründe in den **Formalitäten** der Erhebung der Abgabe zusammenhängen oder sich aus **Treu** und **Glauben** ergeben, FG Hbg EFG 78, 393.

Einkommensteuer. Der Verlust privater Einlagen auf einem Sparkonto rechtfertigt keinen Erlaß aus sachlichen Billigkeitsgründen, BFH DB 81, 1445. Verlust privater Bankeinlagen können weder als Werbungskosten noch im Billigkeitswege aus sachlichen Gründen berücksichtigt werden, FG Köln EFG 81, 396. Die Besteuerung **öffentlicher Zuschüsse** zur Liquiditätsstärkung eines Betriebes widerspricht weder der Systematik noch den Wertungen des EStG; ein **Steuererlaß** wegen sachlicher Unbilligkeit ist deshalb **nicht** gerechtfertigt, BFH BStBl 88, 324. Die volle einkommensteuerliche Erfassung von **Kapitalerträgen** widerspricht dem Gleichheitsgrundsatz, wenn das Kapital in Jahren der Erwerbstätigkeit angesammelt wurde und als Quelle der **Altersversorgung** dienen soll und die gesamte Kapitalerträge für die Altersversorgung benötigt werden, FG Berl EFG 94, 481.

Bei **Ausfall** der bei einer **GeschVeräußerung** vereinbarten **Kaufpreisforderung** ist die darauf entfallende Steuer zu **erlassen,** FG Berlin EFG 77, 265. Die Einziehung erhöhter ESt infolge **Zusammenballung** von **Kapitalzinsen** für mehrere KalJahre ist sachl **nicht** unbillig, FG SchlHol EFG 78, 436.

Erbschaftsteuer. *Kapp* (aaO) hält die Praxis der Finanzverwaltung, Erbschaftsteuer fast nie aus **sachlichen** Billigkeitsgründen zu erlassen, für fragwürdig. Angebracht sei ein solcher Erlaß insbesondere, wenn durch Transferierungsschwierigkeiten Währungsverluste oder sonstige Werteinbußen eintreten.

Gewerbesteuer. Erheb der **Gewerbesteuer,** die im wesentl durch die **Hinzurechnung** von Dauerschulden und entspr Zinsen entsteht, obwohl Gewinn nur gering ist, ist **nicht** sachlich unbillig, BVerwG HFR 78, 70.

Grunderwerbsteuer. Kein Erlaß der **GrErwerbSt,** wenn infolge vorhersehbarer Nichterschließung des Grundstücks die 5-Jahresfrist nicht eingehalten werden konnte, BFH BStBl 73, 862, oder weil der Wert des Grundstücks nicht den Erwartungen entsprach, BFH BStBl 77, 807; anders uU, wenn Grundstück zur **Rettung** eines **Grundpfandrechts** erworben wurde, BFH BStBl 77, 123. Einziehung der **GrundErwSt** ist **nicht** sachl unbillig, wenn der Erwerb sich als **unwirtschaftlich** erweist, BFH BStBl 77, 807.

Grundsteuer. Die Einziehung der aus Anlaß des Wegfalls der GrundSt-Vergünstigung nachgeforderten GrundSt ist nicht deshalb sachlich unbillig, weil der Eigentümer den Nachforderungsbescheid so spät erhalten hat, daß er die GrundSt nicht noch als Betriebskosten auf den Mieter **abwälzen** kann, BVerwG DVBl 82, 1053.

Die Einziehung der ungekürzten GrundSt ist nur dann unbillig iSd § 33 I 2 GrStG wenn das Gesamtunternehmen im Erlaßzeitraum ein negatives Betriebsergebnis erzielt hat und die Position der GrundSt innerhalb des Aufwands von nicht nur geringfügigem Gewicht ist, BVerwG MDR 83, 259. Es handelt sich um eine den §§ 163, 227 AO vorgehende, diese jedoch nicht ausschließende Spezialvorschrift.

1. Abschnitt. Ansprüche aus dem Steuerschuldverhältnis § 227

Rechtsfehler. Nachprüfung **unanfechtbar** gewordener StBesch im Erlaßwege grunds nicht möglich, BFH BStBl 77, 771. **Keine Unbilligkeit** bei der VSt-Veranlagung wenn Stpfl den **Einheitswertbescheid** trotz Kenntnis eines schwebenden Revisionsverfahrens hat bestandskräftig werden lassen, FG Niders EFG 77, 97; **keine** sachliche Unbilligkeit, wenn der Stpfl **Frist** für Einleg des **Rechtsmittels** versäumt, weil die Behörde die Rechtslage falsch beurteilt hatte und somit die Rechtslage für den Stpfl aussichtslos erschien, FG Hbg EFG 78, 200.

Billigkeitserlaß wegen Rechtsfehlers bei bestandskräftigen Entscheidungen nur, wenn die StFestsetzung eindeutig fehlerhaft gewesen ist, dh, wenn ein bestimmter Sachverhalt nur eine einzige rechtliche Würdigung zuläßt, FG Saarland EFG 79, 267. Der Billigkeitserlaß ist grundsätzlich nicht dazu bestimmt, die Folgen schuldhafter **Versäumung** einer **Rechtsbehelfsfrist** auszugleichen, BFH BStBl 81, 611; BStBl 87, 614. Bestandskräftig festgesetzte St können im Billigkeitsverfahren nach § 227 nur dann sachlich überprüft werden, wenn die StFestsetzung **offensichtlich** und eindeutig **falsch** ist und wenn es dem Stpfl nicht möglich und nicht zumutbar war, sich gegen die Fehlerhaftigkeit rechtzeitig zu wehren. Mangelnde **Zumutbarkeit** liegt nicht schon dann vor, wenn die Einlegung von Rechtsbehelfen im Hinblick auf eine – später **geänderte** – höchstrichterliche **Rechtsprechung** oder wegen entschuldbarer **Rechtsunkenntnis** unterblieben ist, BFH BStBl 88, 512; FG Hamburg EFG 85, 102. Der Verwaltung ist die Überprüfung der materiellen Richtigkeit bestandskräftiger Steuerbescheide im Billigkeitsverfahren nur dann zumutbar, wenn nicht ein **arbeitsaufwendiges** Unternehmen ist, sondern die **Unrichtigkeit** bereits **offensichtlich** und eindeutig feststeht. Beruht eine fehlerhafte StFestsetzung auf unzureichenden Angaben des Stpfl, ist eine sachliche Überprüfung im vorstehenden Sinn idR ausgeschlossen, BFH BStBl 81, 611. Wenn im Verfahren über die StFestsetzung über Billigkeitsmaßnahmen nach § 163 I AO von Amts wegen nicht entschieden wurde, liegt kein Verwaltungsakt vor, dessen Bestandskraft die Verfolgung der Billigkeitsgründe im Verfahren nach § 227 hindern könnte, BVerwG DÖV 82, 946.

Änderung der Rechtsprechung. Änderung der Rspr rechtfertigt ebenfalls nicht ohne weiteres, die Rspr auf bereits rechtskräftige Veranlagungen anzuwenden, BVerfG HFR 77, 256. **Anpassungsregelungen** sind jedoch allgemein üblich; vgl hierzu BFH BStBl 79, 455. Das gleiche gilt, wenn das **BVerfG** eine Norm für **verfassungswidrig** erklärt, denn nach § 79 II BVerfGG hat die Rechtskraft Vorrang vor der materiellen Gerechtigkeit. Es ist aber ermessensfehlerhaft, wenn eine Erstattung von St aus sachlichen Billigkeitsgründen wegen Änderung der Rspr nur in solchen StFällen möglich sein soll, die im Zeitpunkt der Veröffentlichung des Urteils noch nicht abgeschlossen, dh unanfechtbar geworden sind, BFH BStBl 81, 82. Die Änderung der Rechtsprechung kann aber einen Erlaß rechtfertigen oder sogar zwingend machen (FG Hamburg EFG 85, 102), selbst wenn die Bescheide bereits bestandskräftig sind oder wenn es ohne den Erlaß zu groben **Wettbewerbsverzerrungen** kommen würde.

Säumniszuschläge. Erhebung von **Säumniszuschlägen** ist **unbillig,** wenn Schuldner zahlungsunfähig ist, die Ausübung von Druck auf ihn also sinnlos ist, BFH BStBl 75, 727; BStBl 84, 415. Wenn ein Steuerschuldner

§ 227 5. Teil. Erhebungsverfahren

über einen gewissen Zeitraum hinweg **zahlungsunfähig** und überschuldet im Sinne des Insolvenzrechts ist, so ist ein **Erlaß** der in diesem Zeitraum angefangenen Säumniszuschläge regelmäßig **geboten.** Der Erlaß kann insbesondere nicht daran scheitern, daß er nicht dem Schuldner selbst, sondern lediglich dessen sonstigen Gläubigern zugute kommen würde, vgl *Buciek* aaO S 1493.

Tabaksteuer. Die FinBeh darf den Erlaß von TabStAusgleich dessen Erhebung wegen Vernichtung der als Rohtabak besteuerten Bearbeitungsabfälle dem Sinn des § 27 TabStG widersprechen würde, nicht ablehnen, FG Berlin EFG 81, 535.

Umsatzsteuer. Einziehung von USt, die wegen teilweiser Uneinbringlichkeit der Forderung von der nach § 17 II UStG berichtigten Bemessungsgrundlage erhoben wird, ist keine unbillige Härte, FG Nieders EFG 80, 573; BFH BStBl 84, 71. Wenn aufgrund eines gerichtlichen Vergleichs die Vorsteuern gem § 17 UStG berichtigt werden müssen, ist deren Rückforderung keine unbillige sachliche Härte, FG Nürnberg EFG 82, 326. Ein Billigkeitserlaß von SonderUSt nach § 227 kann nicht allein aus dem Gesichtspunkt gewährt werden, daß der Unternehmer bei Ausfuhrlieferungen kein kostendeckendes Entgelt erzielt hat, BFH BStBl 79, 293.

Verbrauchsteuern. Kein Erlaßgrund, wenn Unternehmer **VerbrauchSt** oder **Nachsteuer** nicht mehr auf Verbraucher abwälzen kann, BVerfG HFR 78, 116 oder wenn **ausländischer StVorteil** durch inländische Besteuerung **verloren** geht, BFH BStBl 77, 125.

Zinsen. Die Herabsetzung der St auf 0 DM gem § 164 II rechtfertigt nicht den Erlaß von zuvor gem § 237 rechtswirksam entstandenen und festgesetzten **Aussetzungszinsen** aus sachlichen Billigkeitsgründen FG Nieders EFG 84, 432.

13. Rücknahme und Widerruf des Erlasses. Die **Rücknahme** und der **Widerruf** des Erlasses richten sich nach den §§ 130, 131; etwas anderes gilt für Billigkeitsmaßnahmen nach **§ 163,** die nach unserer Auffassung dem **Festsetzungsverfahren** zuzurechnen sind und daher den Änderungsvorschriften der §§ 172 ff unterliegen. Durch den **Erlaß erlischt** die StSchuld. Da ein **Widerruf** nach § 131 nur mit **Wirkung** für die **Zukunft** zulässig ist, kann durch einen Widerruf auch nicht der einmal wirksam gewordene Erlaß wieder beseitigt werden. Daher ist ein **Erlaß** unter **Widerrufsvorbehalt** auch **nicht** mit dem Wesen des Erlasses vereinbar, vgl *Koch/Höllig* NWB F 2 S 3362; Gutachten des OFH StRK RAO § 96 R 1. Auch ein **vorläufiger Erlaß** ist nicht zulässig, BFH BStBl 72, 83. Infolgedessen kann auch die **nachträgliche Verbesserung** der **Liquiditätslage** des Stpfl nicht zu einer Aufhebung des Erlasses führen, EinfErl AO Nr 3 zu § 131. Daher kommt eine Beseitigung des Erlasses nur in Form einer **rückwirkenden Rücknahme** nach § 130 II in Betracht, insbes dann, wenn der Stpfl den Erlaß durch **unlautere Mittel,** wie arglistige Täuschung, Drohung oder Bestechung oder durch unvollständige oder unrichtige Angaben erwirkt hat, vgl BFH BStBl 75, 677; es reicht aus, daß der Stpfl Angaben macht, deren Unrichtigkeit er kennt. Er braucht nicht zu wissen, daß das FA diesen Angaben besondere Bedeutung beimißt. Es muß nur ein ursächlicher Zusammenhang bestehen; der Vorsatz des Stpfl braucht sich nicht auf

1. Abschnitt. Ansprüche aus dem Steuerschuldverhältnis **§ 227**

den Kausalzusammenhang zu beziehen. Ohne Bedeutung soll nach BFH (BStBl 61, 488) sogar sein, ob die Vfg auch ohne das unlautere Mittel erlangt worden wäre.

14. Zuständigkeit. Für die **Besitz-** und **VerkehrSt** haben die Länder einheitliche Regelungen getroffen, vgl BdF v 15. 12. 82 BStBl I 901, sowie gleichlautende Erlasse der obersten FinBeh der Länder v 2. 8. 82 BStBl I 688. § 163 Anm 15. Für **Zölle, Abschöpfungen** und **VerbrauchSt** gelten die Billigkeitsrichtlinien 1974, abgedruckt in VSF – Allg StRecht – S 1000 Nr 2 zu § 163 AO 77. Dem **BfF** sind die Befugnisse bis zu einem Betrag von 200000 DM übertragen worden, BdF v 28. 10. 82 BStBl I 809. Für den Erlaß von **KiSt** sind idR die **FÄ** zuständig, soweit sie zugleich auch ESt erlassen, im übrigen richtet sich die Zuständigkeit nach den KiStG der Länder, vgl Bremen BStBl 78 I 139, Hamburg BStBl 77 I 195; Saarl BStBl 77 I 437.

15. Richtlinien. a) Im RegE war noch ein Absatz 3 vorgesehen, der vom Vermittlungsausschuß des BT und BR gestrichen wurde. Danach sollten für bestimmte Gruppen von gleichgelagerten Fällen für die entsprechende Anwendung von Abs 2 Richtlinien aufgestellt werden können. Der BR war der Auffassung, daß die Richtlinien der Bundesregierung der Zustimmung des BR bedürfen, soweit die Verwaltung den Landesfinanzbehörden oder Gemeinden obliegt. Die Besonderheit des föderalen Verhältnisses dürfte nach Ansicht des BR nicht durch eine einheitliche Regelung für alle Arten des Weisungsrechts verwischt werden. Die BundesReg hat sich gegen eine derartige – ihrer Meinung nach – einseitige Festschreibung des Länderstandpunktes ausgesprochen. Die vorliegende Fassung klammert die Frage aus, wieweit das **Weisungsrecht** des **Bundesfinanzministers** nach Art 108 III GG reicht. Ohne ausdrückliche Erwähnung der Zulässigkeit **allgemeiner Verwaltungsvorschriften** sind diese im Rahmen der Vorschrift zulässig. Dies ergibt sich aus der **Weisungsbefugnis** der vorgesetzten Behörde. Ob entsprechende Richtlinien der Bundesregierung der Zustimmung des BR bedürfen, ist zwischen Bund und Ländern umstritten, s oben. Eine Lösung dieser Streitfrage wird dadurch umgangen, daß sich die Länder gegenüber dem Bund verpflichtet haben, Billigkeitsrichtlinien nur mit Zustimmung des BdF zu erlassen.

b) Die **Richtlinien** müssen sich nach **Inhalt** und **Zweck** innerhalb der durch §§ 163 und 227 gezogenen **Grenzen** halten, zB bei **Unwetterkatastrophen** uä, vgl DB 78, 1104. Diese Richtlinien sind aber nur auf diejenigen anzuwenden, die tatsächl betroffen sind, vgl *Kühn/Kutter* Anm 9b. Die Richtlinien binden die **Gerichte** nicht. Sie enthalten sog Regelfälle, bei denen das Vorliegen einer unbilligen Härte allgemein unterstellt werden kann. Dies schließt nicht aus, aus besonderen Gründen im Einzelfall eine Billigkeitsmaßnahme zu versagen, BFH BStBl 78, 283. Eine Bindung für die Gerichte kann sich ggf aus dem Gesichtspunkt der **Gleichbehandlung** ergeben, BFH BStBl 72, 649; 77, 190. Die Verwaltung macht von der Richtlinienbefugnis ua Gebrauch in Form sog **Übergangsregelungen** oder **Anpassungsregelungen,** die der Vermeidung von Härten dienen sollen, falls sich die Rspr ändert oder die Rspr von der bisherigen Verwaltungsübung abweicht, vgl BFH BStBl 73, 94. Diese Fälle werden allerdings nunmehr weitgehend bereits von § 176 erfaßt.

§ 228

16. Rechtsbehelf. Eine den Erlaß ablehnende Verfügung muß begründet und mit einer Rechtsbehelfsbelehrung versehen werden. Gegen die Ablehnung des Erlaßantrages ist **Beschwerde** und gegen eine ablehnende Beschwerde Verpflichtungsklage an das FG gegeben. Bei **Verpflichtungsklage** auf Erlaß einer StSchuld kommt es auf die Sach- und Rechtslage im Zeitpunkt der **letztinstanzl VerwEntscheidung** an; ergibt sich, daß der von der Behörde zugrundegelegte Sachverhalt unrichtig ist, ist die ablehnende VerwEntscheidung aufzuheben und erneute Bescheidung anzuordnen. Das Gericht hat nicht darüber zu befinden, ob die Behörde auch bei Kenntnis des richtigen Sachverhalts ebenso entschieden hätte, weil es damit eine eigene Ermessensentscheidung träfe. Die Behörde kann auch die erforderlichen Ermessenserwägungen nicht im finanzgerichtl Verfahren nachholen und die Begründung der Ermessensentscheidung gleichsam nachschieben oder auswechseln, vgl auch § 126 I Nr 2, II, FG BaWü EFG 78, 474.

3. Unterabschnitt. Zahlungsverjährung

§ 228 Gegenstand der Verjährung, Verjährungsfrist

¹**Ansprüche aus dem Steuerschuldverhältnis unterliegen einer besonderen Zahlungsverjährung.** ²**Die Verjährungsfrist beträgt fünf Jahre.**

1. Inhalt. Die AO 77 unterscheidet zwischen der **Festsetzungsverjährung** (vgl §§ 169–171), dh der Verjährung des noch nicht festgesetzten Anspruchs, und der sog **Zahlungsverjährung,** dh der Verjährung des festgesetzten, auf Zahlung gerichteten Anspruchs. Dies kommt in der Überschrift zum 3. Unterabschnitt zum Ausdruck. Sowohl die Festsetzungsverjährung als auch die Zahlungsverjährung beziehen sich auf **Ansprüche** des **StGläubigers** und des **StSchuldners. Ausschlußfristen** für die Geltendmachung von Erstattungsansprüchen des Stpfl kennt die AO nicht mehr, vgl Anm 2 zu § 169 und §§ 150 ff RAO.

Die **Verjährungsfrist** beträgt beim **Zahlungsanspruch** einheitlich fünf Jahre. Angesichts der Tatsache, daß es sich hier regelmäßig um die Verjährung konkretisierter Zahlungsansprüche handelt, auf die sich die Schuldner einstellen können, ist es sachgerecht, eine nicht zu kurze Verjährungsfrist zu wählen. § 53 II VwVfG sieht sogar für Ansprüche aus unanfechtbaren Verwaltungsakten die dreißigjährige Verjährungsfrist des § 218 I BGB vor. Die Zahlungsverjährung beträgt **einheitlich** 5 Jahre unabhängig davon, um welche Ansprüche aus dem StSchuldverhältnis es sich handelt; die Dauer der **Festsetzungsverjährung** hängt dagegen davon ab, um welche St es sich handelt und ob ggf die St **hinterzogen** oder **leichtfertig** verkürzt worden ist. Bei der **zwischenstaatlichen Amtshilfe** im Erhebungsverfahren richten sich die **Verjährungsfragen** ausschließlich nach dem Recht des Staates, in dem die ersuchende Behörde ihren Sitz hat. Maßnahmen einer ausländischen Behörde haben für die Unterbrechung der Verjährung die gleiche Wirkung wie entsprechende Maßnahmen einer deutschen StBehörde.

Bei Ansprüchen aus dem Steuerschuldverhältnis, die zur **Konkurstabelle** festgestellt worden sind, richtet sich die **Zahlungsverjährung** nach der **AO** (fünf Jahre) und nicht nach konkursrechtlichen Vorschriften (30 Jahre),

1. Abschnitt. Ansprüche aus dem Steuerschuldverhältnis **§ 229**

BFH BStBl 88, 865. Eine andere Auffassung ließe sich nur vertreten, wenn die Steuerforderung mit ihrer Anmeldung zur Konkurstabelle ihre Eigenschaft als öffentlich-rechtliche Forderung verlöre.

2. Wirkung der Verjährung. Anders als im bürgerlichen Recht bewirkt die Verjährung das Erlöschen des Anspruchs durch Zeitablauf (§§ 47, 232). Im bürgerlichen Recht steht dem Schuldner lediglich ein Leistungsverweigerungsrecht zu (§ 222 I BGB).

3. Verwirkung von Steueransprüchen. Eine Verwirkung kann nur unter besonderen Umständen angenommen werden (vgl BFHE 88, 42).

§ 229 Beginn der Verjährung

(1) ¹**Die Verjährung beginnt mit Ablauf des Kalenderjahres, in dem der Anspruch erstmals fällig geworden ist.** ²**Sie beginnt jedoch nicht vor Ablauf des Kalenderjahres, in dem die Festsetzung oder die Aufhebung oder Änderung der Festsetzung eines Anspruchs aus dem Steuerschuldverhältnis wirksam geworden ist, aus der sich der Anspruch ergibt; eine Steueranmeldung steht einer Steuerfestsetzung gleich.**

(2) Ist ein Haftungsbescheid ohne Zahlungsaufforderung ergangen, so beginnt die Verjährung mit Ablauf des Kalenderjahres, in dem der Haftungsbescheid wirksam geworden ist.

1. Inhalt. Die Zahlungsverjährung **beginnt** nach Abs 1 S 1 grundsätzlich mit Ablauf des KalJahres, in dem der Anspruch erstmals **fällig** geworden ist. Da der Anspruch bei den sog **FälligkeitsSt** schon fällig wird, bevor die Steuer angemeldet oder festgesetzt worden ist (vgl zB §§ 18 II, S 1 und 2, III, S 4 UStG, § 6 I BierStG), die Steueranmeldung oder Steuerfestsetzung aber erst die Voraussetzung für die Durchsetzung des Anspruchs schafft, bestimmt S 2, daß die Verjährung auch bei früherer Fälligkeit des Anspruchs **nicht** vor Ablauf des KalJahres beginnt, in dem die **StFestsetzung,** die Aufhebung oder Änderung der StFestsetzung oder die StAnmeldung **wirksam** geworden ist, aus der sich der Anspruch ergibt. Durch einen **unwirksamen** StBescheid wird die Zahlungsverjährung nicht in Lauf gesetzt, BFH BStBl 82, 276.

2. Fälligkeit. Zur Fälligkeit vgl § 220. Bei **Erstattungsansprüchen** des Stpfl, die sich aus einer StFestsetzung oder Festsetzung einer StVergütung ergeben, tritt die Fälligkeit nicht vor **Bekanntgabe** der Festsetzung ein, BFH BStBl 76, 438, dh die Verjährung beginnt mit Ablauf des KalJahres, in dem der Bescheid bekanntgegeben ist. Etwas anderes gilt, wenn der Erstattungsanspruch sich ohne vorherige Festsetzung ergibt, wie zB bei **Doppelzahlung** oder Zahlung nach Eintritt der Verjährung. Beginn der Verjährung des Rückzahlungsanspruchs mit Ablauf des KalJahres der Zahlung, vgl *Koch* Rz 4.

Bei **StAnmeldungen,** die zu einer **Zahllast** des Stpfl führen, beginnt die Zahlungsverjährung mit Ablauf des KalJahres, in dem die Anmeldung eingereicht ist, denn die Anmeldung steht einer StFestsetzung unter Vorbehalt der Nachprüfung gleich, vgl § 168. Führt die Anmeldung zu einer **StErstattung** oder Vergütung, ist für Beginn der Verjährung der Zeit-

§ 230 5. Teil. Erhebungsverfahren

punkt der Zustimmung der FinBeh maßgebend, vgl AnwendErl zu § 168 Nr 3.

Wird eine **StFestsetzung** durch das **FG aufgehoben** oder **geändert**, so wird die Aufhebung oder Änderung mit der Rechtskraft des Urteils wirksam. Erst mit Rechtskraft treten die rechtlichen Wirkungen von Gestaltungsurteilen ein, zu denen auch das auf Anfechtungsklage ergehende Urteil gehört. Ergibt sich aus der gerichtl Aufhebung oder Änderung eines StBescheides ein **Erstattungsanspruch** des Stpfl, so beginnt die Verjährung mit Ablauf des Kalenderjahres, in dem das Urteil rechtskräftig geworden ist. Theoretisch denkbar ist der Fall, daß hinsichtl der **Vorauszahlungen** bereits die **Zahlungsverjährung** eingetreten ist, bevor die **endgültig** zu zahlende Steuer festgesetzt worden und damit die **Abschlußzahlung** fällig geworden ist. UE ist in diesem Fall davon auszugehen, daß durch die Anforderung der Steuer die Verjährung nur hinsichtl des durch die Vorauszahlungen nicht gedeckten Betrages in Gang gesetzt wird. Die Verjährung der bereits verjährten Beträge kann nicht durch die spätere StFestsetzung wieder aufleben.

3. Zahlungsverjährung bei Haftungsbescheiden, Abs 2. Haftungsbescheide können ergehen, ohne daß der Haftungsschuldner gleichzeitig zur Zahlung aufgefordert wird, vgl §§ 191, 219. Dies kann zB notwendig sein, wenn der Ablauf der Festsetzungsfrist gegenüber dem Haftenden droht (vgl Anm 3 zu § 191), die Voraussetzungen für die Inanspruchnahme des Haftenden auf Zahlung nach § 219 aber noch nicht vorliegen. Nach der Regelung des Abs 1 würde die Verjährung uU über Gebühr hinausgeschoben und erst mit der Zahlungsaufforderung gegenüber dem Haftungsschuldner beginnen. Die **Zahlungsverjährung** gegenüber dem **Haftenden** beginnt daher in diesen Fällen mit Ablauf des Kalenderjahres in dem der **Haftungsbescheid wirksam** geworden ist. Enthält der Haftungsbescheid sogleich auch eine Zahlungsaufforderung, ist für den Beginn der Verjährung dagegen der Abs 1 maßgebend.

§ 230 Hemmung der Verjährung

Die Verjährung ist gehemmt, solange der Anspruch wegen höherer Gewalt innerhalb der letzten sechs Monate der Verjährungsfrist nicht verfolgt werden kann.

1. Inhalt. Die Verjährung ist nach dieser dem § 146 RAO entspr Vorschrift gehemmt, solange der Anspruch wegen **höherer Gewalt** innerhalb der letzten sechs Monate der Verjährungsfrist nicht verfolgt werden konnte. Dadurch wird der Ablauf der Verjährung um den Ruhenszeitraum verlängert. Dieser Zeitraum kann unterschiedlich lang sein, längstens jedoch sechs Monate.

2. Begriff der höheren Gewalt. Höhere Gewalt ist im wesentlichen dasselbe wie unabwendbarer Zufall in § 233 ZPO, nämlich ein außergewöhnliches Ereignis, das unter den gegebenen Umständen auch durch äußerste, nach Lage der Sache vom Betroffenen zu erwartende Sorgfalt nicht verhütet werden kann (RG 101, 95 mit RG 158, 361). Geringstes **eigenes Verschulden** schließt höhere Gewalt aus. Beispiele: Plötzlich auftretende Krankheit ohne daß Möglichkeit zur Vorsorge bestand (RG JW 1912, 384), Krieg, Naturkatastrophen und andere unabwendbare Zufälle; vgl auch Anm 2 zu § 171.

§ 231 Unterbrechung der Verjährung

(1) ¹Die Verjährung wird unterbrochen durch schriftliche Geltendmachung des Anspruches, durch Zahlungsaufschub, durch Stundung, durch Aussetzung der Vollziehung, durch Sicherheitsleistung, durch Vollstreckungsaufschub, durch eine Vollstreckungsmaßnahme, durch Anmeldung im Konkurs und durch Ermittlungen der Finanzbehörde nach dem Wohnsitz oder dem Aufenthaltsort des Zahlungspflichtigen. ²§ 169 Abs. 1 Satz 3 gilt sinngemäß.

(2) ¹Die Unterbrechung der Verjährung durch Zahlungsaufschub, durch Stundung, durch Aussetzung der Vollziehung, durch Sicherheitsleistung, durch Vollstreckungsaufschub, durch eine Vollstreckungsmaßnahme, die zu einem Pfändungspfandrecht, einer Zwangshypothek oder einem sonstigen Vorzugsrecht auf Befriedigung führt, oder durch Anmeldung im Konkurs dauert fort, bis der Zahlungsaufschub, die Stundung, die Aussetzung der Vollziehung oder der Vollstreckungsaufschub abgelaufen, die Sicherheit, das Pfändungspfandrecht, die Zwangshypothek oder ein sonstiges Vorzugsrecht auf Befriedigung erloschen oder das Konkursverfahren beendet worden ist. ²Wird gegen die Finanzbehörde ein Anspruch geltend gemacht, so endet die hierdurch eingetretene Unterbrechung der Verjährung nicht, bevor über den Anspruch rechtskräftig entschieden worden ist.

(3) Mit Ablauf des Kalenderjahres, in dem die Unterbrechung geendet hat, beginnt eine neue Verjährungsfrist.

(4) Die Verjährung wird nur in Höhe des Betrages unterbrochen, auf den sich die Unterbrechungshandlung bezieht.

1. Inhalt. Die Vorschrift regelt die Unterbrechung der Zahlungsverjährung. Sie entspricht weitgehend dem § 147 RAO. Abs 1 S 1 zählt die einzelnen Unterbrechungstatbestände auf. Die Aufzählung ist abschließend. Der hier verwendete Ausdruck des Zahlungspflichtigen stellt klar, daß der Zahlungsanspruch bereits konkretisiert, dh festgesetzt sein muß, dh es muß entweder ein Leistungsgebot ergangen sein, ein Leistungsbefehl bestehen oder ein Arrest (§ 324) angeordnet sein, *Koch/Domann* NWB F 2 S 3333. Die Festsetzung der St allein genügt nicht. Nach Abs 1 S 2 genügt es bei einer schriftlichen Unterbrechungshandlung für den Eintritt der Unterbrechung, wenn das entsprechende Schriftstück vor Ablauf der Verjährungsfrist die FinBeh verlassen hat bzw bei öffentlicher Zustellung wenn zu diesem Zeitpunkt der Aushang erfolgt ist, vgl § 169 I 3.

2. Schriftliche Geltendmachung des Anspruchs. Die schriftliche Geltendmachung des Anspruchs kann durch Steuerbescheid usw, schriftliche Mahnung und Postnachnahme geschehen. Regelmäßig wird aber durch die mit diesen Bescheiden verbundene **Zahlungsaufforderung** die Zahlungsverjährung **erst in Lauf gesetzt**. Anders als die RAO kennt näm-

§ 231

lich die AO 77 keine einheitliche Verjährung, sondern unterscheidet zwischen **Festsetzungs-** und **Zahlungsverjährung**.

3. Schriftliche Geltendmachung eines Anspruchs durch den Steuerpflichtigen. Zu den Unterbrechungshandlungen nach Abs 1 gehört auch die schriftliche Geltendmachung eines Anspruchs durch den Steuerpflichtigen. Die dadurch eingetretene Verjährungsunterbrechung dauert fort, bis über den Antrag rechtskräftig entschieden ist, vgl Abs 2 S 1. Eine entsprechende Regelung für den Steuerfiskus ist nicht erforderlich. Macht dieser einen Anspruch – zB durch Leistungsgebot – geltend, so ist er jederzeit in der Lage, die Vollstreckung zu betreiben. Die durch die Zahlungsaufforderung eingetretene Unterbrechung der Verjährung braucht nicht länger anzudauern.

4. Dauer der Unterbrechung, Abs 2. Das Ende der Unterbrechung wird durch Abs 2 gesetzl geregelt. Die entsprechenden **Unterbrechungshandlungen** müssen **abgelaufen** sein, entweder durch Zeitablauf oder durch Rücknahme oder Widerruf, vgl §§ 130, 131. Eine **Sicherheit** erlischt mit ihrer Rückgabe oder Verwertung, ein **Pfändungspfandrecht** durch Aufhebung der Pfändung oder Verwertung des Pfandgegenstandes.

Einzelne Unterbrechungshandlungen:

a) Zahlungsaufschub vgl § 223.

b) Stundung vgl § 222.

c) Aussetzung der Vollziehung vgl § 361. Sie unterbricht die Verjährung ohne Rücksicht darauf, ob sie das FA oder das Gericht angeordnet hat.

d) Sicherheitsleistung. Sicherheitsleistung unterbricht die Verjährung nur dann, wenn sie nach Beginn der Verjährungsfrist geleistet wurde, BFH BStBl 80, 306. Die Arten der Sicherheitsleistungen ergeben sich aus § 241.

e) Vollstreckungsaufschub. Unter Vollstreckungsaufschub ist die einstweilige Einstellung oder Beschränkung der Vollstreckung nach § 258 zu verstehen.

f) Vollstreckungsmaßnahmen. Unter Vollstreckungsmaßnahmen sind alle Maßnahmen zu verstehen, die mit Beginn der Zwangsvollstreckung darauf gerichtet sind, den Anspruch zwangsweise durchzusetzen, zB Sachpfändung, fruchtloser Pfändungsversuch, Abholung und Versteigerung, Vorladung zum Offenbarungseid, Amtshilfeersuchen an die Vollstreckungsstelle eines anderen FA, Eintragung einer Zwangshypothek.

g) Anmeldung im Konkurs. Die Unterbrechung durch Anmeldung im Konkurs dauert fort, bis der Konkurs beendigt ist. Die Unterbrechung gilt als nicht erfolgt, wenn die Anmeldung zurückgenommen wird. Der Konkurs endet durch Aufhebung oder Einstellung (§§ 163, 207 ff. KO).

h) Ermittlungen der Finanzbehörden nach dem Wohnsitz und dem Aufenthaltsort. Diese Ermittlungen unterbrechen die Verjährung nur, wenn sie von FinBeh vorgenommen werden. Die Ermittlungen müssen sich auf Wohnsitz oder Aufenthaltsort des Zahlungspflichtigen richten. Bloße Vorladung oder Entgegennahme von Mitteilungen genügen nicht (FG Bremen, EFG 68, 266).

2. Abschnitt. Verzinsung, Säumniszuschläge § 233

5. Wirkung der Unterbrechung. Mit Ende des Jahres, in dem die Unterbrechung endet, beginnt eine **neue, 5jährige** Verjährungsfrist.

6. Umfang der Unterbrechung. Die Verjährung wird nur in dem Umfang unterbrochen, in dem der Anspruch geltend gemacht wird. Wird eine zu geringe Forderung im Konkurs angemeldet, so gilt die Verjährung nur für die geringe Forderung.

7. Übergangsregelung. Nach Art 97 § 14 I EGAGO gelten die Vorschriften über die Zahlungsverjährung für alle Ansprüche, deren Verjährung nach d 31. 12. 1976 beginnt. Für vorher fällige Ansprüche verbleibt es bei den bisherigen Vorschriften, jedoch wird die Verjährung nach dem 31. 12. 76 nur nach der AO 77 gehemmt oder unterbrochen.

§ 232 Wirkung der Verjährung

Durch die Verjährung erlöschen der Anspruch aus dem Steuerschuldverhältnis und die von ihm abhängenden Zinsen.

1. Inhalt. Durch die Verjährung **erlischt** der **Zahlungsanspruch** mit den von ihm abhängenden Zinsen. Das bürgerliche Recht gibt nur eine Einrede (§ 222 BGB). Die AO hat also die seit dem AOÄndG v 15. 9. 65 bestehende Rechtslage übernommen. Es besteht danach auch **nicht** mehr eine sog **Naturalobligation.** Auch eine **Aufrechnung** ist nicht mehr möglich. Nur der **Hauptanspruch** und die von ihm abhängigen **Zinsen** erlöschen. Für die sonstigen steuerl **Nebenleistungen** laufen selbständige Verjährungsfristen, unabhängig vom Hauptanspruch, zB SZ, VerspZuschläge. Nach § 148 RAO erlosch dagegen der Hauptanspruch mit seinen Nebenansprüchen. § 232 gilt anders als § 148 RAO sowohl für **Ansprüche** des **StGläubigers** als auch für solche des **Stpflichtigen,** kennt andererseits aber auch keine **Ausschlußfristen** für die Geltendmachung von Erstattungsansprüchen des Stpfl, vgl Anm 4 zu § 169 und Anm 1 zu § 228.

2. Zahlung nach Erlöschen. Wird nach Erlöschen des Anspruchs auf das Steuerschuldverhältnis gezahlt, kann Erstattung verlangt werden.

Zweiter Abschnitt. Verzinsung, Säumniszuschläge

1. Unterabschnitt. Verzinsung

Vorbemerkung zu § 233

Der Gesetzgeber hatte eingehend geprüft, ob eine Vollverzinsung der Ansprüche aus dem Steuerschuldverhältnis eingeführt werden soll. Er hat hierbei nicht die Problematik verkannt, die sich einerseits daraus ergibt, daß Lohnsteuerzahler und zur Einkommensteuer veranlagte Steuerpflichtige hinsichtlich des Zeitpunkts der Entrichtung ihrer Steuern unterschiedlich behandelt werden und die andererseits darin besteht, daß der Fiskus bei verspäteter Steuerzahlung Steuersäumniszuschläge verlangt, während er für verspätete Erstattung keinen Ausgleich gewährt. Der Gesetzgeber der

§ 233

AO 77 war jedoch der Auffassung, daß eine Vollverzinsung erst dann von den Steuerverwaltungen der Länder ohne übermäßigen zusätzlichen Verwaltungsaufwand bewältigt werden kann, wenn im ganzen Bundesgebiet das vollintegrierte Verfahren einer automatisierten Steuerfestsetzung und Steuererhebung eingeführt ist. Da die verwaltungsmäßigen Voraussetzungen zur Durchführung dieses Verfahrens noch nicht in allen Bundesländern gegeben sind, kam die Einführung der Vollverzinsung zum 1. Januar 1977 nicht in Betracht. Durch eine Entschließung des Deutschen Bundestages, die dem Gesetzesbeschluß angefügt wurde, wurde die Bundesregierung aufgefordert, bei den Ländern darauf hinzuwirken, daß diese die verwaltungsmäßigen Voraussetzungen für die Einführung der Verzinsung von Steuerschulden und Steuerguthaben zum frühest möglichen Zeitpunkt schaffen. Die Bundesregierung ist gleichzeitig ersucht worden, dem Deutschen Bundestag bis zum 1. Januar 1978 über die Möglichkeit der Einführung der Verzinsung der Steuerschulden und Steuerguthaben zu berichten. Dieser Bericht (BT-Drucks 8/1410) kommt zu der Auffassung, daß die Voraussetzungen für die Einführung der Vollverzinsung nicht vor Mitte der 80iger Jahre geschaffen werden können. Im Rahmen des **Steuerreformgesetzes (aaO)** ist jedoch die Einführung der **Vollverzinsung** verwirklicht worden. Hierzu sei auch auf die Erläuterungen zu **§ 233a** verwiesen.

§ 233 Grundsatz

¹**Ansprüche aus dem Steuerschuldverhältnis (§ 37) werden nur verzinst, soweit dies gesetzlich vorgeschrieben ist.** ²**Ansprüche auf steuerliche Nebenleistungen (§ 3 Abs. 3) und die entsprechenden Erstattungsansprüche werden nicht verzinst.**

Schrifttum: *Lohmeyer* Einzelheiten zur Verzinsung von Steuern, Inf 82, 183.

1. Inhalt. Ansprüche aus dem Steuerschuldverhältnis (vgl § 37) werden nur verzinst, wenn dies gesetzlich **vorgeschrieben** ist (vgl zum alten Recht § 4 StSäumG). In Betracht kommen die **Stundungszinsen,** die **Hinterziehungszinsen,** die **Prozeßzinsen auf Erstattungsbeträge** und die Zinsen bei **Aussetzung der Vollziehung** sowie ab 1989 die Verzinsung von Nachzahlungen und Erstattungen (hierzu § 233).

S 2 enthält den Grundsatz, daß die steuerlichen Nebenleistungen und die entsprechenden Erstattungsansprüche nicht verzinst werden. Weitere Zinsvorschriften in §§ 5 VI InvestzulG, § 19 IX BerlinFG, §§ 75, 111 BranntwMonG. Für Lastenausgleichsabgaben ist in den §§ 105 bis 107 LAG eine Verzinsung angeordnet. Die Zinsvorschriften sind nach Maßgabe des Landesgesetzes auch anwendbar auf die **örtlichen Verbrauch-** und **AufwandSt;** sie gelten aber nicht in Berlin, vgl AO-AnwendG idF v 10. 5. 77 GVBl 77, 922. Die Anwendung auf die **KiSt** ist unterschiedlich geregelt; im allg werden Hinterziehungszinsen nicht erhoben.

2. Gesamtschuldverhältnisse. Ohne daß dies besonders ausgesprochen wird, geht das Gesetz davon aus, daß bei Gesamtschuldverhältnissen Zinsen nur einmal gefordert werden können. Dies gilt auch für das Verhältnis des Steueranspruchs zum Haftungsanspruch.

2. Abschnitt. Verzinsung, Säumniszuschläge § 233a

§ 233a Verzinsung von Steuernachforderungen und Steuererstattungen

(1) Führt die Festsetzung der Einkommen-, Körperschaft-, Vermögen-, Umsatz- oder Gewerbesteuer zu einer Steuernachforderung oder Steuererstattung, ist diese nach Maßgabe der folgenden Absätze zu verzinsen. Dies gilt nicht für die Festsetzung von Vorauszahlungen und Steuerabzugsbeträgen.

(2) Der Zinslauf beginnt 15 Monate nach Ablauf des Kalenderjahrs, in dem die Steuer entstanden ist. Er beginnt für die Einkommensteuer 21 Monate nach diesem Zeitpunkt, wenn die Einkünfte aus Land- und Forstwirtschaft bei der erstmaligen Steuerfestsetzung die anderen Einkünfte überwiegen. Er endet mit der Fälligkeit der Steuernachforderung oder Steuererstattung, spätestens vier Jahre nach seinem Beginn.

(3) Maßgebend für die Zinsberechnung ist die festgesetzte Steuer, vermindert um die anzurechnenden Steuerabzugsbeträge, um die anzurechnende Körperschaftsteuer und um die festgesetzten Vorauszahlungen (Unterschiedsbetrag). Bei der Vermögensteuer ist als Unterschiedsbetrag für die Zinsberechnung die festgesetzte Steuer, vermindert um die festgesetzten Vorauszahlungen oder die bisher festgesetzte Jahressteuer, maßgebend. Ein Unterschiedsbetrag zugunsten des Steuerpflichtigen ist nur bis zur Höhe des zu erstattenden Betrages zu verzinsen; die Verzinsung beginnt frühestens mit dem Tag der Zahlung.

(4) Die Festsetzung der Zinsen soll mit der Steuerfestsetzung verbunden werden.

(5) Wird die Steuerfestsetzung oder die Anrechnung von Steuerbeträgen aufgehoben oder geändert, ist eine bisherige Zinsfestsetzung zu ändern. Maßgebend für die Zinsberechnung ist der Unterschiedsbetrag zwischen der festgesetzten Steuer und der vorher festgesetzten Steuer, jeweils vermindert um die anzurechnenden Steuerabzugsbeträge und um die anzurechnende Körperschaftsteuer. Dem sich hiernach ergebenden Zinsbetrag sind bisher festzusetzende Zinsen hinzuzurechnen; bei einem Unterschiedsbetrag zugunsten des Steuerpflichtigen entfallen darauf festgesetzte Zinsen. Im übrigen gilt Absatz 3 Satz 3 entsprechend.

(6) Die Absätze 1 bis 5 gelten bei der Durchführung des Lohnsteuer-Jahresausgleichs entsprechend.

Schrifttum: *Böcker* Verzinsung von Steuernachforderungen und Steuererstattungen, DStZ 88, 560.

Übersicht

1. Allgemeines
2. Anwendungsbereich
3. Beginn des Zinslaufs
4. Ende des Zinslaufs
5. Zinsberechnung
6. Zinssatz
7. Berechnung der Nachzahlungszinsen
8. Erstattungszinsen
9. Änderung der Zinsfestsetzung

§ 233a

10. Vermögensteuer
11. Verzinsung beim Lohnsteuerjahres-Ausgleich
12. Verhältnis zu SZ und Zinsen nach §§ 235, 236, 237
13. Verbindung mit der Steuerfestsetzung
14. Steuerliche Behandlung der Zinsen
15. Zeitlicher Anwendungsbereich

1. Allgemeines. Durch das **Steuerreformgesetz 1990** ist eine Regelung über die sog **Vollverzinsung** eingeführt worden, die treffender mit „Verzinsung vor Fälligkeit" (*Krabbe*, DB 88, 1719) zu bezeichnen wäre. Die bisherige Zinsregelung der AO kannte mit Ausnahme der Hinterziehungszinsen eine Verzinsung nur ab Fälligkeit. Während der Entstehungszeitpunkt der Steuern gesetzlich festgelegt und für alle Steuerpflichtigen gleich ist, tritt die **Fälligkeit** in der Regel nicht vor **Festsetzung** der entsprechenden Bescheide oder vor Anmeldung der Steuern ein. Die Fälligkeit ist also abhängig vom Zeitpunkt der Abgabe der Steuererklärung und von der Bearbeitungszeit im FA. Bei Steuerpflichtigen, die der Bp unterliegen, liegt häufig zwischen dem Entstehungszeitpunkt der Steuer und der Fälligkeit der Abschlußzahlung aufgrund der Feststellungen der Bp ein Zeitraum von mehreren Jahren, ohne daß dies nach dem bisherigen Recht zinsmäßige Folgen für den Steuerpflichtigen hat. Entsprechendes gilt für Steuererstattungen. Das Fehlen einer Regelung über die Vollverzinsung führte zu einer faktischen Ungleichbehandlung der Steuerpflichtigen und dazu, daß Steuerpflichtige mit zu erwartenden hohen Abschlußzahlungen ein Interesse daran haben mußten, die Abgabe ihrer Steuererklärung und damit die Steuerfestsetzung möglichst weit hinaus zu schieben. Die sog Vollverzinsung soll insoweit einen gewissen Ausgleich schaffen.

Gegen die Einführung der Vollverzinsung sind erhebliche Einwendungen geltend gemacht worden.

Der Gesetzgeber hat sich nicht zuletzt wegen der vorgetragenen Bedenken für eine nur **eingeschränkte Verzinsung** ausgesprochen, bei der der Zinslauf erst **15 Monate nach Entstehung** der Steuer beginnen und spätestens nach vier Jahren seit Entstehung enden soll. Darüberhinaus sollen die **Nachzahlungszinsen** steuerlich **abziehbar** sein, während **Erstattungszinsen als Einkünfte** aus **Kapitalvermögen** zu versteuern sind (vgl Art 1 Nr 11 Buchst a Doppelbuchstabe cc). Das gleiche gilt für Stundungs- und Aussetzungszinsen.

2. Abs 1 Anwendungsbereich. Die Vollverzinsung gilt nur für die **Einkommen-, Körperschaft-, Vermögen-, Umsatz-** und **Gewerbesteuer,** dh für die laufend veranlagten Steuern. Bei diesen ist auch der zeitliche Abstand zwischen Entstehung und Fälligkeit der Steuer meist entsprechend groß. Wegen der Karenzfrist von 15 Monaten käme der Vollverzinsung bei den übrigen Steuern auch nur eine geringe Bedeutung zu, weil diese idR innerhalb von 15 Monaten seit Entstehung festgesetzt und damit fällig werden. Aus dem gleichen Grund sind auch **Vorauszahlungen** und **Steuerabzugsbeträge** von der Verzinsung ausgenommen. Dies gilt auch für Abzugsteuern und für Steuervergütungen, denn insoweit fehlt es an einer Steuerfestsetzung, die nach Abs 1 Voraussetzung für die Verzinsung ist. § 233a ist ferner nicht auf **Haftungsansprüche** anzuwenden, weil es insoweit an einer Steuerfestsetzung fehlt.

2. Abschnitt. Verzinsung, Säumniszuschläge   § 233 a

3. Abs 2 Beginn des Zinslaufs. Die Regelung gilt für Ansprüche, die nach dem **31. 12. 88** entstehen, dh alle Ansprüche, die bis zum Ablauf des Jahres 1988 entstehen, fallen nicht darunter. Der Zinslauf beginnt **15 Monate** nach Ablauf des Kalenderjahres, in dem die **Steuer entstanden** ist. Das bedeutet, daß die Zinsregelung, zB erst die **ESt 1989** erfaßt und die entsprechenden Ansprüche erst ab dem **1. 4. 91** zu verzinsen sind. Wenn allerdings bei der ESt die Einkünfte aus **Land-** und **Forstwirtschaft** überwiegen, tritt an die Stelle der 15-monatigen eine **21-monatige** Karenzzeit.

Die **VSt** für **1989** entsteht am 1. 1. 89. Gleichwohl beginnt auch hier die Karenzzeit erst vom Ende des Kalenderjahres 1989 zu laufen, so daß auch bei der VSt 1989 der Zinslauf erst am **1. 4. 91** beginnt. Für die Frage, ob die Einkünfte aus Land- und Forstwirtschaft überwiegen, kommt es auf die Einkünfte an, die der **erstmaligen Veranlagung** für dieses Jahr zugrunde gelegt werden. Spätere Änderungen des Steuerbescheids wirken sich nicht aus.

Grund für diese Regelung ist, daß bei den **Land-** und **Forstwirten** auch die Einkommensteuererklärungen später abzugeben sind und bei der Gewinnermittlung zeitanteilig der Gewinn des folgenden Kalenderjahres bereits mit erfaßt wird.

4. Abs 2 S 3 Ende des Zinslaufs. Der Zinslauf endet mit **Fälligkeit** der **Nachforderung/Erstattung** spätestens jedoch nach vier Jahren. Fälligkeit vgl in § 220. Die Fälligkeit ergibt sich entweder aus den Einzelsteuergesetzen oder, wenn diese eine entsprechende Regelung nicht enthalten, aus § 220 II.

Der Gesetzgeber hat für das Ende des Zinslaufs nicht an den Zeitpunkt des **Erlöschens** des Anspruchs angeknüpft. Die getroffene Regelung soll es ermöglichen, daß die Zinsen bereits im Zusammenhang mit der **Steuerfestsetzung maschinell berechnet** werden können. Aus dem Zeitpunkt der Steuerfestsetzung kann man den Fälligkeitszeitpunkt ermitteln, während der Zeitpunkt des Erlöschens (Tilgung) des Anspruchs bis dahin noch nicht feststeht. Nach Fälligkeit des Anspruchs kommen andere Regelungen zum Zuge, jedenfalls soweit es sich um Steuernachforderungen handelt, wie zB die Regelung über **Säumniszuschläge (§ 240), Stundungszinsen (§ 234)** und **Aussetzungszinsen (§ 237).**

Nachzahlungen werden **einen Monat** nach Bekanntgabe des Bescheides fällig.

Für **Erstattungen** fehlen entsprechende Regelungen, so daß diese gemäß § 220 II 2 mit der **Bekanntgabe** des Bescheides **fällig** werden. Daher ist der Zinszeitraum unterschiedlich lang, je nachdem, ob es sich um eine Nachforderung oder um eine Erstattung handelt. Die Begrenzung des Zinslaufs auf höchstens vier Jahre trägt dem Umstand Rechnung, daß es häufig nicht am Steuerpflichtigen liegt, wenn die endgültige Steuer erst aufgrund einer Bp in großem zeitigem Abstand zur Entstehung der Steuer festgesetzt wird.

5. Abs 3 Zinsberechnung. Maßgebend für die Zinsberechnung ist die **festgesetzte Steuer.** Davon sind **abzuziehen** die **anzurechnenden Steuerabzugsbeträge,** die anzurechnende **Körperschaftsteuer** und die festgesetzten **Vorauszahlungen.** Daraus ergibt sich der sog „**Unterschiedsbetrag**". Dieser Unterschiedsbetrag bildet die **Grundlage** für die Zinsberechnung. Bei der **Vermögensteuer** ist Unterschiedsbetrag die festgesetzte Steuer,

§ 233a   5. Teil. Erhebungsverfahren

vermindert um die festgesetzten Vorauszahlungen oder die bisher festgesetzte Jahressteuer.

Es handelt sich bei der Regelung über die Nachzahlungszinsen um eine sog **Sollverzinsung,** dh man geht nicht von den tatsächlich entrichteten, sondern von den festgesetzten Beträgen aus.

6. Zinssatz. Der Zinssatz beträgt für jeden **vollen Monat** des Zinslaufs **0,5 vH (§ 238).** Zinsen **unter 20 DM** werden nicht festgesetzt (§ 239 II).

7. Berechnung der Nachzahlungszinsen nach § 233a III. Beispiel aus der Regierungsbegründung (BT-Drucks 11/2157 S 195):

ESt 1989
a) Vorauszahlungen   26000 DM
b) Steuerfestsetzung 1989 vom 7. 12. 91, fällig am 10. 1. 92   40000 DM
Unterschiedsbetrag (Mehr)   14000 DM
Nachzahlungszinsen für die Zeit vom 1. 4. 91–31. 12. 91
(9 Monate × 0,5 v.H. von 14000 DM)   630 DM

8. Abs 3 S 3 Erstattungszinsen. Bei Erstattungszinsen wird vom Prinzip der Sollverzinsung zugunsten der „**Istverzinsung**" abgewichen. Verzinst wird nur der zu erstattende Betrag. Die Verzinsung beginnt auch nicht generell 15 Monate nach Entstehung der Steuern, sondern **frühestens** mit dem **Tag** der **Zahlung.** Eine andere Regelung könnte dazu führen, daß der Steuerpflichtige Zinsen erhält für einen Zeitraum, in dem er die entsprechende Steuer noch gar nicht entrichtet hatte und ihm uU hierfür **weder Säumniszuschläge** noch **Stundungszinsen** berechnet worden sind, zB, weil das FA auf deren Erhebung verzichtet hatte.

Falls auf das **Vorsoll Nachzahlungszinsen** festgesetzt worden sind, sind diese rückgängig zu machen.

Beispiel aus der Regierungsbegründung (BT-Drucks 11/2157, S 195):

ESt 1989
a) Vorauszahlungen
    darauf am 10. 6. 91 10000 DM gezahlt   26000 DM
b) Steuerfestsetzung 1989 vom 7. 12. 91,
    fällig am 10. 12. 91   0 DM
Unterschiedsbetrag (Weniger)   26000 DM
zu erstatten 10000 DM
Erstattungszinsen für die Zeit vom 10. 6. 91–9. 12. 91
(6 Monate × 0,5 v.H. von 10000 DM)   300 DM

Freiwillige Zahlungen gehören **nicht** zum **Vorsoll.** Andernfalls hätte es der Steuerpflichtige in der Hand, das FA als zinsgünstiges Kreditinstitut zu verwenden.

Beispiel aus der Regierungsbegründung aaO, S 196:

ESt 1989
a) Festgesetzte Vorauszahlungen   26000 DM
    freiwillige Vorauszahlung 4000 DM; sowohl festgesetzte wie freiwillige Vorauszahlungen wurden vor Beginn des Zinslaufs geleistet
b) Steuerfestsetzung 1989 vom 7. 12. 91, fällig am 10. 12. 91   0 DM
Unterschiedsbetrag (Weniger)   26000 DM
zu erstatten 30000 DM
Erstattungszinsen für die Zeit vom 1. 4. 91–30. 11. 91
(8 Monate × 0,5 v.H. von 26000 DM)   1040 DM

2. Abschnitt. Verzinsung, Säumniszuschläge § 233a

Nur die **festgesetzten Steuervorauszahlungen** sind von der festgesetzten Steuer abzuziehen. Der Steuerpflichtige hat also keine Möglichkeit, durch freiwillige Zahlungen die Berechnungsgrundlage bei Nachzahlungszinsen zu vermindern oder bei Erstattungszinsen zu erhöhen. Er kann aber eine **Anpassung der Vorauszahlungen** beantragen und zwar bei der Einkommen-, Körperschafts- und Gewerbesteuer noch bis zum Ende des auf das Veranlagungsjahr folgende Kalenderjahr. Ist das nicht möglich, kann ggf eine **Vorbehaltsfestsetzung** nach § 164 beantragt werden.

9. Abs 5 Änderung der Zinsfestsetzung bei Aufhebung oder Änderung der Steuerfestsetzung oder der Anrechnung von Steuerbeträgen. Grundlage für die Zinsberechnung in diesen Fällen ist der **Unterschiedsbetrag** zwischen der (neu) festgesetzten Steuer und der bisher festgesetzten Steuer, jeweils vermindert um die anzurechnenden Steuerabzugsbeträge und die anzurechnende Körperschaftsteuer.

Die Formulierung „Anrechnung von Steuerbeträgen" soll die Steuerabzugsbeträge sowie die anzurechnende Körperschaftsteuer erfassen. Ändert sich deren Höhe, wird eine bereits erfolgte Zinsfestsetzung ebenfalls geändert. Wenn bei einer erstmaligen Zinsfestsetzung die Anrechnung von Steuerbeträgen unterblieben ist, wird die Zinsfestsetzung nach den für Steuerbescheide geltenden Bestimmungen berichtigt, aufgehoben oder geändert (vgl § 239 I 1). Auf derartige Fälle ist § 233a V 1 nicht anwendbar.

Zu den anzurechnenden Steuerbeträgen gehören nicht mehr die festgesetzten Vorauszahlungen, weil diese bereits bei der vorangegangenen Zinsberechnung berücksichtigt worden sind. Dem so errechneten Zinsbetrag sind bisher festzusetzende Zinsen hinzuzurechnen.

Bei Änderung der Steuerfestsetzung **zuungunsten** des Steuerpflichtigen sind die auf das **Mehrsoll** entfallenden Zinsen vom Beginn des Zinslauf an (Abs 2 S 1: 15 Monate nach Entstehung der Steuer) zu berechnen. War die aufgrund der vorangegangenen Steuerfestsetzung zu zahlende Steuer vor Ablauf der Karenzfrist fällig und deswegen keine Nachzahlungszinsen festgesetzt worden, kann es durch die Nachforderung aufgrund der geänderten Festsetzung zur erstmaligen Festsetzung von Nachzahlungszinsen kommen.

Bei einer **Erstattung** infolge **Änderung** des **Steuerbescheides** ist der zu erstattende Betrag ebenfalls vom Ablauf der Karenzzeit an, frühestens jedoch vom Zeitpunkt der **Zahlung** an (Abs 5 S 4 iVm Abs 3 Satz 3) zu verzinsen. Wenn das Vorsoll nicht bezahlt war, entfällt auch eine Verzinsung. War das Vorsoll verspätet gezahlt, bleiben die eventuell entstandenen Säumnisfolgen oder Stundungszinsen bestehen. Falls jedoch auf das **Mindersoll Nachzahlungszinsen** berechnet wurden, wird die vorangegangene Zinsberechnung insoweit rückgängig gemacht.

Beispiel aus der Regierungsbegründung (aaO):

ESt 1989
a) Vorauszahlungen   26 000 DM
   gezahlt innerhalb der Karenzfrist
b) Steuerfestsetzung 1989 vom 7. 12. 91, fällig 10. 1. 92   40 000 DM
Unterschiedsbetrag (Mehr)   14 000 DM
darauf am 10. 6. 92 14 000 DM gezahlt

§ 233 a

Nachzahlungszinsen für die Zeit vom 1. 4. 91–31. 12. 91
(9 Monate × 0,5 v. H. von 14 000 DM)   630 DM
c) Änd. Steuerfestsetzung 1989 vom 7. 10. 92, fällig 10. 10. 92   30 000 DM
Unterschiedsbetrag (Weniger)   10 000 DM
gegenüber Steuerfestsetzung vom 7. 12. 91 (vgl b)
zu erstatten 10 000 DM
Erstattungszinsen für die Zeit vom 10. 6. 92–9. 10. 92
(4 Monate × 0,5 v. H. von 10 000 DM)   − 200 DM
bisher festgesetzte Nachzahlungszinsen   630 DM
Korrektur dieser Zinsen auf Unterschiedsbetrag von 10 000 DM für
die Zeit vom 1. 4. 91–31. 12. 91
(9 Monate × 0,5 v. H. von 10 000 DM)   − 450 DM
verbleibende Nachzahlungszinsen   180 DM

insgesamt festzusetzende Zinsen (Erstattungszinsen 200 DM und verbleibende Nachzahlungszinsen 180 DM)   − 20 DM

Wenn das zu erstattende **Mindersoll** in Teilbeträgen gezahlt wurde, sind die Erstattungszinsen jeweils für den entsprechenden Teilbetrag zu errechnen.

Schwierig gestaltet sich die Zinsberechnung auch dann, wenn die Steuerfestsetzung mehrfach geändert wird.

Bei einer **Änderung** durch das **Gericht** gem § 100 I 1, 21 FGO ist zu beachten, daß die gerichtliche Entscheidung ein **Gestaltungsurteil** bildet mit der Folge, daß die Änderung erst mit ihrer **Rechtskraft** wirksam wird. Dieser Zeitpunkt ist daher für die Zinsberechnung maßgebend. Bei **Aufhebung ohne Entscheidung** in der Sache gem § 100 II 2 FGO kommt es auf die **erneute Entscheidung** des FA an.

10. Abs 3 S 2 Vermögensteuer. Die Begriffe Aufhebung und Änderung der Festsetzung sind auf die Verhältnisse bei der Vermögensteuer nicht uneingeschränkt übertragbar. Das VStG verwendet (im übrigen) die Begriffe **Haupt-, Neu-** und **Nachveranlagung.** Es handelt sich hierbei um **Fortschreibungen** auf spätere Veranlagungsstichtage. Der Zinsberechnung ist die bisher festgesetzte Steuer, vermindert um die festgesetzten Vorauszahlungen und die festgesetzte Jahressteuer zugrunde zu legen. Bei Neu- und Nachveranlagungen sind die bisher festgesetzten Zinsen zu berücksichtigen. Da die VSt jeweils am 1. Januar eines Jahres entsteht, verlängert sich die **Karenzzeit** praktisch auf **27 Monate,** so daß Fälle, in denen eine Verzinsung gem § 233 a in Betracht käme, sehr selten sein dürften.

11. Abs 6 Verzinsung beim Lohnsteuer-Jahresausgleich. Die Verzinsung von Erstattungen im LStJA wird nach den gleichen Grundsätzen durchgeführt. In diesem Fall ist der **Erstattungsbetrag** zugleich auch der der Verzinsung zugrunde zu legende Betrag. Bei einer Änderung des LStJA zum Nachteil des Steuerpflichtigen ist insoweit der **Erstattungszins rückgängig** zu machen und ggf der nachzufordernde Betrag zu verzinsen.

12. Verhältnis der Zinsen nach § 233 a zu den Säumniszuschlägen und den Zinsen nach §§ 235, 236, 237

a) Säumniszuschläge. Nachforderungszinsen und Säumniszuschläge schließen sich gegenseitig aus, weil Nachforderungszinsen auf nicht fällige

2. Abschnitt. Verzinsung, Säumniszuschläge § 233a

Steuern erhoben werden, während Säumniszuschläge die Fälligkeit der Zurechnungssteuerforderung voraussetzen.

Etwas anderes gilt bei **Erstattungszinsen**, weil gem § 240 I 4 verwirkte Säumniszuschläge durch eine Aufhebung der Änderung der bisherigen Steuerfestsetzung nicht berührt werden. **Beispiel:**

ESt 1989
Vorauszahlungen für 1989 werden erstmals nach Ablauf des Veranlagungszeitraums am 25. 2. 90 festgesetzt und zwar in Höhe von   26 000 DM
Fälligkeit 28. 3. 90
Zahlung am 1. 8. 91
Säumniszuschläge für die Zeit vom 1. 4. 90 bis 31. 7. 91
(16 Monate)   4 160 DM
Steuerfestsetzung 1989 vom 7. 10. 91   0
Unterschiedsbetrag (weniger)   26 000 DM
Erstattungszinsen für die Zeit vom 1. 8. 91 bis 1. 10. 91
(2 Monate × 0,5 vH von 26 000 DM) =   260 DM
Verbleibende Säumniszuschläge   4 160 DM

Nach Auffassung von *Krabbe* DB 88, 1722) kommt für die **Säumniszuschläge, die nach** Ablauf der **Karenzzeit** (ab 1. 4. 91 bis 1. 8. 91) entstanden sind, dh für 4 Monate eine **Billigkeitsmaßnahme** in Betracht, „so daß die Gesamtbelastung mit Säumniszuschlägen und Zinsen für diesen Zeitraum auf 1 vH gemindert wird".

Beispiel: ESt 1989
a) Vorauszahlungen bei Fälligkeit bezahlt   26 000 DM
b) Steuerfestsetzung vom 7. 12. 90   40 000 DM
Unterschiedsbetrag   14 000 DM
Fällig am 10. 1. 91, aber gestundet bis 31. 3. 91
Zahlung am 1. 8. 91
Säumniszuschläge vom 1. 4. bis 31. 7. 91
(4 Monate × 1 vH von 14 000 DM) =   560 DM
c) Änderung der Steuerfestsetzung 1989 am 7. 10. 92   30 000 DM
Unterschiedsbetrag gegenüber Steuerfestsetzung vom 7. 12. 90
fällig 10. 10. 92   10 000 DM
Zu erstatten   10 000 DM
Erstattungszinsen für die Zeit vom 1. 8. 91 bis 1. 10. 92
(14 Monate × 0,5 vH von 10 000 DM) =   − 700 DM
d) nochmalige Änderung der Steuerfestsetzung 1989   50 000 DM
vom 7. 9. 93, fällig 10. 10. 93
Unterschiedsbetrag (mehr)   20 000 DM
Nachzahlungszinsen für die Zeit vom 1. 4. 91 bis 30. 9. 93
(30 Monate × 0,5 vH von 20 000 DM) =   3 000 DM

Die bisher festgesetzten **Erstattungszinsen** in Höhe von 700 DM werden **verrechnet** mit den **Nachzahlungszinsen** in Höhe von 3 000 DM. Im Ergebnis bedeutet das, daß der Steuerpflichtige für den Zeitraum und in der Höhe, in dem/in der er die endgültig festgesetzte Steuer bereits bezahlt hatte, nicht mit Nachzahlungszinsen belastet wird, die **Säumniszuschläge** für die Zeit nach Ablauf der Karenzzeit (1. 4. 91) bis zur Zahlung treten aber **neben** die auf den gleichen Zeitraum entfallenden **Nachzahlungszinsen**. Krabbe (DB 88, 1722) ist darin zu folgen, daß insoweit die Nachzahlungszinsen entfallen müssen.

b) Stundungszinsen. Ebenso wie bei den Säumniszuschlägen ist eine **Überschneidung** mit **Nachzahlungszinsen** ausgeschlossen, weil Stun-

§ 233a

5. Teil. Erhebungsverfahren

dungszinsen erst für die Zeit nach erstmaliger Fälligkeit entstehen, Nachzahlungszinsen aber mit Fälligkeit der Nachzahlung enden. Überschneidungen sind aber möglich, wenn eine gestundete Steuer zunächst herabgesetzt, aber später wieder in der ursprünglichen Höhe festgesetzt wird.

Beispiel: ESt 89
a) Vorauszahlungen   26 000 DM
b) Steuerfestsetzung 1989 am 26. 2. 91   40 000 DM
   Unterschiedsbetrag   14 000 DM
   fällig am 31. 3. 91
   gestundet vom 1. 4. 91 bis zum 30. 11. 91
   Stundungszinsen für die Zeit vom 1. 4. 91 bis 30. 11. 91
   (8 Monate × 0,5 vH von 14000 DM) =   560 DM
   Zahlung am 1. 12. 91
c) Änderung der Steuerfestsetzung 89 vom 7. 6. 92   30 000 DM
   Unterschiedsbetrag (weniger) gegenüber Steuerfestsetzung vom
   26. 2. 91   10 000 DM
   Zu erstatten 10 000 DM
   Erstattungszinsen für die Zeit vom 1. 12. 91 bis 7. 6. 92
   (6 Monate × 0,5 vH von 10000 DM)   − 600 DM
d) nochmalige Änderung der Steuerfestsetzung 1989 vom 7. 3. 93   50 000 DM
   fällig am 10. 4. 93
   Unterschiedsbetrag (mehr)   20 000 DM
   Nachzahlungszinsen für die Zeit vom 1. 4. 91 bis 31. 3. 93
   (24 Monate × 0,5 vH von 20000 DM)   2 400 DM

Auch hier entstehen nach dem Gesetzeswortlaut für den Zeitraum vom 1. 4. 91 bis 30. 11. 91 sowohl **Stundungszinsen** als auch **Nachzahlungszinsen.** *Krabbe* (DB 1988, 1722) hält hier zu Recht **Billigkeitsmaßnahmen** für angebracht und weist daraufhin, daß Stundungszinsen ohnehin erlassen werden sollten, wenn die gestundete Steuer später herabgesetzt wird (vgl hierzu auch Koch in § 234 Tz 14). Nach *TK* (§ 34 Tz 7) ist in diesen Fällen der Zinsbescheid zu ändern. Ob der Steuerbescheid allerdings **Grundlagenbescheid** für den Zinsbescheid ist, ist vom BFH noch nicht entschieden worden. Der BFH hat für Aussetzungszinsen auf einer Vorbehaltsfestsetzung nach § 164 eine Änderung des Zinsbescheides gem § 175 I 1 Nr 2 für geboten erachtet (vgl BFH BStBl 88, 229).

c) Hinterziehungszinsen. Vgl Anm 6a zu § 235.

d) Prozeßzinsen. Vgl Anm 10a zu § 236.

e) Aussetzungszinsen. Eine **Überschneidung** der Nachzahlungszinsen mit Aussetzungszinsen **scheidet aus,** weil Aussetzungszinsen die Fälligkeit des ausgesetzten Betrages voraussetzen. **Erstattungszinsen** nach § 233a können ebenfalls nicht anfallen, weil sie nur auf bezahlte Beträge entstehen können.

13. Abs 4 Verbindung mit Steuerfestsetzung. Die Festsetzung der Zinsen soll mit der Steuerfestsetzung verbunden werden. Insoweit gelten die Vorschriften über Steuerbescheide entsprechend. Dies gilt für die **Form** und den **Inhalt** des Bescheides und für dessen **Änderungsmöglichkeiten.** Falls die der Zinsfestsetzung zugrundeliegende Steuerfestsetzung geändert wird, ergeben sich die Folgen dieser Änderung aus **§ 233a V,** der als lex specialis die Regelung des § 175 ausschließt (*Krabbe* DB 88, 1722). **Rechtsbehelf** gegen den Zinsbescheid ist der Einspruch (§ 348 I Nr 10); gegen den

2. Abschnitt. Verzinsung, Säumniszuschläge §234

Zinsbescheid der **Gemeinden** der **Widerspruch** (§ 69 VwGO). Wird die Vollziehung des zugrundeliegenden Steuerbescheides ausgesetzt, ist auch die **Vollziehung** des Zinsbescheides auszusetzen (vgl *TK* § 69 FGO Tz 4).

14. Steuerliche Behandlung der Zinsen. Zinsen auf **Betriebsteuern** (Gewerbesteuer, Umsatzsteuer) sind schon nach geltendem Recht steuerlich zu berücksichtigen. Soweit es sich jedoch um **Hinterziehungszinsen** handelt, wird ihr Abzug als Betriebsausgabe mit Wirkung vom Veranlagungszeitraum 1990 ausgeschlossen (§ 4 V 1 Nr 8a EStG idF des Steuerreformgesetzes 1990).

Abweichend vom Regierungsentwurf (Art 1 Nr 2 RE – BT-Drucks 11/2157) sind **Nachzahlungszinsen** auf Personensteuern als **Sonderausgaben** oder bei der Körperschaftsteuer als Betriebsausgaben abzugsfähig. Dies gilt auch für **Stundungs-** und **Aussetzungszinsen, nicht** jedoch für **Hinterziehungszinsen,** Verspätungszuschläge und Säumniszuschläge (§ 12 Nr 3, § 10 Nr 2 KStG idF des Steuerreformgesetzes 1990). **Erstattungszinsen** sind dagegen **Einkünfte** aus **Kapitalvermögen,** bzw bei Körperschaften Betriebseinnahmen. Nach § 8 **Nr 11** GewStG idF des Steuerreformgesetzes 1990 erhöhen als Betriebsausgaben abgezogene Nachzahlungszinsen den Gewerbeertrag.

14. Zeitlicher Anwendungsbereich. Nach § 15 IV EGAO gelten die Vorschriften der AO über die Vollverzinsung für alle Ansprüche aus dem Steuerschuldverhältnis, die **nach** dem **31. 12. 88** entstehen. Nach dem Wortlaut dieser Bestimmung wären **Erstattungsansprüche** auch bereits insoweit zu verzinsen, als sie Steuern früherer Jahre betreffen. Dies ist aber nach der Begründung des Gesetzes nicht gewollt. Die Verzinsung sollte erstmals auf Steuernachforderungen und Steuererstattungen für das Jahr 1989 Anwendung finden und frühestens ab 1. 4. 91 einsetzen.

Es ist umstritten, **wann** ein **Erstattungsanspruch** entsteht. Nach wohl herrschender Meinung ist dies der Zeitpunkt der förmlichen Aufhebung oder Änderung eines Steuerbescheides (vgl *HHSP* § 37 Anm 54). Nach *TK* (§ 37 Tz 14) entsteht der Erstattungsanspruch zwar latent bereits mit der Zahlung der Steuer, er erwachse jedoch erst mit der Aufhebung/Änderung des Bescheides zu einem Zahlungsanspruch.

Deswegen sind durch das HaushaltsbegleitG, im Rahmen der **Änderung** des EGAO, in § 15 IV die Worte „Ansprüche aus dem Steuerverhältnis" durch das Wort „Steuern" ersetzt worden. Damit wird klargestellt, daß **Nachzahlungs- und Erstattungszinsen** frühestens ab 1. 4. 91 für die nach dem 31. 12. 88 entstehenden Steuern zu zahlen sind.

§234 Stundungszinsen

(1) **Für die Dauer einer gewährten Stundung von Ansprüchen aus dem Steuerschuldverhältnis werden Zinsen erhoben.**

(2) **Auf die Zinsen kann ganz oder teilweise verzichtet werden, wenn ihre Erhebung nach Lage des einzelnen Falles unbillig wäre.**

(3) ¹**Die Befugnisse nach Absatz 2 stehen der obersten Finanzbehör-**

§ 234

de der Körperschaft, die die Steuer verwaltet, für die die Zinsen zu erheben sind, oder den von ihr bestimmten Finanzbehörden zu. ²§ 203 Abs. 5 des Lastenausgleichsgesetzes bleibt unberührt.

Übersicht

1. Inhalt
2. Anwendung auf Prämiengesetze und andere Gesetze
3. Bemessung der Stundungszinsen
4. Beginn des Zinslaufs
5. Ende des Zinslaufs
6. Zinsberechnung nur für volle Monate
7. Gesonderte Berechnung für jeden Anspruch
8. Kleinbetragsregelung
9. Stundung in Raten
10. Anschlußstundung
11. Abrundung
12. Verzicht auf Stundungszinsen
13. Zinsschuldner
14. Schriftlicher Zinsbescheid
15. Aufhebung und Änderung des Zinsbescheids
16. Rechtsmittel gegen Zinsfestsetzung
17. Übergangsregelung

1. Inhalt. Für die Zeit nach dem 31. 12. 1976 sind für gestundete Steuern jeder Art **Stundungszinsen** zu erheben (Art 97 § 15 I EGAO). Soweit Steuern vor dem 1. 1. 1977 über den 31. 12. 1976 hinaus zinslos gestundet worden sind, gilt dies als Verzicht auf Zinsen nach § 234 II (Art 97 § 15 II EGAO).

Stundungen, die nach dem 31. 12. 1976 **bekanntgegeben** werden, lösen eine Zinspflicht für den Stundungszeitraum nach Inkrafttreten der neuen AO aus.

Nach dem früheren Recht wurden für die sog Veranlagungssteuern einschließlich der Grundsteuer Stundungszinsen nicht erhoben, während sie für andere Steuern vorgesehen waren. Diese unterschiedliche Behandlung hat zu der Frage geführt, ob die Regelung gegen Art 3 I GG verstößt. Dies ist von der Rechtsprechung verneint worden (OFD Münster DStZE 65, 236; FG D'dorf EFG 65, 292). Jedenfalls war die unterschiedliche Behandlung sachlich nicht gerechtfertigt und ist deshalb nicht beibehalten worden. Es ist vielmehr generell die Erhebung von Stundungszinsen vorgesehen worden.

2. Anwendung auf Prämiengesetze und andere Gesetze. Wird ein Anspruch auf Rückforderung von Arbeitnehmer-Sparzulage, Spar-Prämie, Wohnungsbau-Prämie oder Bergmanns-Prämie gestundet, so sind – da die Vorschriften über die Steuervergütung entsprechend gelten – Stundungszinsen zu erheben (§ 234 iVm § 37 I). Bei der **Investitionszulage** wird die Regelung über die Stundungszinsen durch die weitergehende Zinspflicht nach § 5 VII InvZulG verdrängt.

3. Bemessung der Stundungszinsen. Stundungszinsen werden für die **Dauer** der **gewährten Stundung** erhoben. Ihre Höhe ändert sich nicht, wenn der Steuerpflichtige vor oder nach dem Zahlungstermin zahlt, der in der Stundungsverfügung festgelegt ist (Sollverzinsung). Allerdings kann,

2. Abschnitt. Verzinsung, Säumniszuschläge § 234

wenn die gestundete Forderung mindestens einen Monat vor Ende der Stundung getilgt wird (auch durch Aufrechnung), auf bereits festgesetzte **Stundungszinsen** auf Antrag nach § 234 II **verzichtet** werden, soweit sie auf einen Zeitraum entfallen, der nach der Tilgung liegt; vgl AnwErl Nr 2. Zinsen werden nach § 234 nur bei **Stundung** erhoben; **Zahlungsaufschub** nach § 223 und **Vollstreckungsaufschub** nach § 258 lösen keine Zinspflicht aus. Bei der Zinsberechnung ist von jeder **Einzelforderung** auszugehen, (AnwErl Nr 7 zu § 234) nicht von dem Gesamtrückstand. Es ist daher zu trennen nach **Steuerarten**, innerhalb der StArt nach **Besteuerungszeiträumen** (Teilzeiträumen bei Vorauszahlungen), **Abschlußzahlungen** und **Zinsbeginn**. Dies wirkt sich bei der **Abrundung** und bei der Anwendung der **Kleinbetragsregelung** aus.

4. Beginn des Zinslaufs. Der Zinslauf beginnt bei den Stundungszinsen an dem ersten Tag, für den die Stundung **wirksam** wird (§ 238 I S 2 iVm § 234 I). Bei einer Stundung ab Fälligkeit beginnt der Zinslauf am Tage nach Ablauf der ggf nach § 108 III verlängerten Zahlungsfrist. **Beispiele** s AnwErl § 234 Nr 4:
1. Fälligkeitstag ist der 11. 3. 1977 (Freitag). Der Zinslauf beginnt am 12. 3. 1977 (Sonnabend).
2. Fälligkeitstag ist der 12. 3. 1977 (Sonnabend). Die Zahlungsfrist endet nach § 108 Abs 3 erst am 14. 3. 1977 (Montag). Der Zinslauf beginnt am 15. 3. 1977 (Dienstag).

Wenn im Zinsbescheid ein **bestimmter Tag** als Beginn genannt wird, wird dieser bei der Zinsberechnung mitgezählt, *Höllig* DStZ A 77, 285.

5. Ende des Zinslaufs. Der Zinslauf endet mit Ablauf des letzten Tages, für den die Stundung ausgesprochen worden ist. Dieser Tag ist der Zinsberechnung auch zugrunde zu legen, wenn er ein Samstag, Sonntag oder ein gesetzlicher Feiertag ist, s AnwErl § 234 Nr 5:
1. Die Steuer ist bis zum 18. 3. 1977 (Freitag) gestundet. Der Zinslauf endet am 18. 3. 1977.
2. Die Steuer ist bis zum 19. 3. 1977 (Sonnabend) gestundet. Der Zinslauf endet am 19. 3. 1977. Eine erst am 21. 3. 1977 (Montag) geleistete Zahlung gilt aber noch als rechtzeitige Tilgung; Säumniszuschläge entstehen nicht.

Wegen der Berechnung vgl auch AnwErl zu § 238 Nr 1.

6. Zinsberechnung nur für volle Monate. Stundungszinsen sind nur für volle Monate zu zahlen; angefangene Monate bleiben außer Ansatz. **Beispiele** s AnwErl zu § 234 Nr 6:

Ende der ursprünglichen Zahlungsfrist	Beginn des Zinslaufs	Infolge Stundung hinausgeschobene Fälligkeit = Ende des Zinslaufs	Voller Monat
10. 3. 1977 (Do)	11. 3. 1977 (Fr)	10. 4. 1977 (So)	ja
10. 3. 1977 (Do)	11. 3. 1977 (Fr)	9. 4. 1977 (Sb)	nein
31. 1. 1977 (Mo)	1. 2. 1977 (Di)	28. 2. 1977 (Mo)	ja
29. 1. 1977 (Sb)	1. 2. 1977 (Di)	27. 2. 1977 (So)	nein
25. 2. 1977 (Fr)	26. 2. 1977 (Sb)	25. 3. 1977 (Fr)	ja
31. 3. 1977 (Do)	1. 4. 1977 (Fr)	30. 4. 1977 (Sb)	ja

§ 234
5. Teil. Erhebungsverfahren

7. Gesonderte Berechnung für jeden Anspruch. Zu verzinsen ist der jeweils gestundete Anspruch aus dem Steuerschuldverhältnis (§ 37) mit Ausnahme der Ansprüche auf steuerliche Nebenleistungen (§ 233 Satz 2). Die Zinsen sind für jeden Anspruch (Einzelforderung) besonders zu berechnen. Bei der Zinsberechnung sind die Ansprüche zu trennen, wenn Steuerart, Zeitraum (Teilzeitraum) oder der Tag des Beginns des Zinslaufs voneinander abweichen. **Beispiele** s AnwErl zu § 234 Nr 7:
1. Einkommensteuervorauszahlungen I/77 und II/77;
2. das Finanzamt hat am 1. 3. 1977 eine Einkommensteuerabschlußzahlung für 1974 von 4920 DM festgesetzt; es berichtigt eine offenbare Unrichtigkeit und setzt am 1. 4. 1977 weitere 850 DM fest.

8. Kleinbetragsregelung. Die Kleinbetragsregelung des § 239, wonach Zinsen unter 20 DM nicht erhoben werden, ist auf die für eine Einzelforderung berechneten Zinsen anzuwenden. **Beispiel** s AnwErl zu § 234 Nr 8:

Es werden ab Fälligkeit jeweils für einen Monat gestundet:
Einkommensteuervorauszahlung . . . . 3900,— DM = 19,50 DM
Rückforderung der Arbeitnehmer-Sparzulage der Ehefrau . . . . 187,20 DM = —,50 DM
Rückforderung der Arbeitnehmer-Sparzulage des Ehemanns . . . . 187,20 DM = —,50 DM
Vermögensteuerabschlußzahlung . . . . 1200,— DM = 6,— DM
Zinsen werden nicht festgesetzt, da sie für keine der Einzelforderungen 20 DM erreichen.

9. Stundung in Raten. Sollen mehrere Ansprüche in Raten gestundet werden, so ist bei der Festlegung der Raten möglichst zunächst die Tilgung der **Ansprüche** anzuordnen, für die **keine Stundungszinsen** erhoben werden. Sodann wird die Forderungen in der Reihenfolge ihrer **Fälligkeit** zu ordnen; bei gleichzeitig fällig gewordenen Forderungen soll die **niedrigere** Forderung zuerst getilgt werden. Dies gilt nicht, wenn die Sicherung der Ansprüche eine andere Tilgungsfolge erfordert. **Beispiel** s AnwErl zu § 234 Nr 10; abgedruckt auf Seite 783.

10. Anschlußstundung. Bei einer Anschlußstundung sind die Zinsen **unabhängig** vom alten Zinsbescheid, von dem Tag, der auf den bisherigen Stundungstermin folgt, **neu festzusetzen**, so daß die Vorschriften über die **Abrundung** und **Kleinbetrag** nochmals anzuwenden sind, vgl *Höllig,* Stundungszinsen nach der AO 77, DStZ A 77, 287; es handelt sich also nicht um eine Änderung der früheren StundungsVfg, vgl auch OFD München v 15. 7. 77 – SO 461 – 4 St 44. Etwas anderes kann gelten, wenn die Voraussetzungen für die rückwirkende Rücknahme der früheren StundungsVfg nach § 130 II vorliegen, vgl *Höllig* aaO.

11. Abrundung. Wegen der Vorschrift über die Abrundung (vgl § 238 II) kann sich bei Stundungen ein sog **Abrundungsrest** ergeben. Die Abrundung soll bei der zu stundenden Forderung und **nicht** bei den einzelnen **Stundungsraten** vorgenommen werden. Nach der bundeseinheitl Regelung (BdF BStBl 76 I 738) soll der sog Abrundungsrest bei der letzten Rate abgezogen werden, dh es wird unterstellt, daß dieser Rest bei der letzten Rate zinsfrei entrichtet wird. Aus praktischen Gründen soll die Stundung so ausgesprochen werden, daß die Raten, mit Ausnahme der letzten, auf

2. Abschnitt. Verzinsung, Säumniszuschläge § 234

Stundungsantrag vom 15. 6. 1977; Stundungsverfügung vom 25. 6. 1977; gewährte Stundung; ab Fälligkeitstag.
Zu zahlen sind: 1 Rate zu 2981 DM am 10. 7., 1 Rate zu 3000 DM am 10. 8. und 1 Rate zu 15920 DM am 10. 9.

Es werden gestundet	Fällig am	Betrag	Tilgung 10. 7. 77	Rest	Tilgung 10. 8. 77	Rest	Tilgung 10. 9. 77	Rest
ESt IV/76	10. 12. 76	850	850	0				
KiSt*) IV/76	10. 12. 76	85	85	0				
ESt I/77	10. 3. 77	570	570	0				
KiSt*) I/77	10. 3. 77	57	57	0				
ESt 1975	20. 5. 77	10820	0	10820	0	10820	10820	0
VerSP 1975	20. 5. 77	20	20	0				
KiSt*) 1975	20. 5. 77	1082	1082	0				
USt 1975	20. 5. 77	7630	100	7530	3000	4530	4530	0
VerSP 1975	20. 5. 77	160	160	0				
ESt II/77	10. 6. 77	570	0	570	0	570	570	0
KiSt*) II/77	10. 6. 77	57	57	0				
		21901	2981	18920	3000	15920	15920	0

Zins- berechnung	Fälligkeit	Zahlungs- termin	Betrag	Zins- monate	v. H.			Zinsen
ESt IV/76	10. 12. 76	10. 7. 77	850	6	3	v.	800	24,—
ESt I/77	10. 3. 77	10. 7. 77	570	4	2	v.	500	entfällt
ESt 1975	20. 5. 77	10. 9. 77	10820	3	1,5	v.	10800	162,—
USt 1975	20. 5. 77	10. 7. 77	100	1	0,5	v.	100	—,50
USt 1975	20. 5. 77	10. 8. 77	3000	2	1	v.	3000	30,—
USt 1975	20. 5. 77	10. 9. 77	4530	3	1,5	v.	4500	67,50
ESt II/77	10. 6. 77	10. 9. 77	570	3	1,5	v.	500	entfällt
								284,—

(Kleinbetrag)

(Kleinbetrag)

*) Es wurde davon ausgegangen, daß die Kirchensteuer nach landesrechtlichen Vorschriften nicht verzinst wird.

§ 234
5. Teil. Erhebungsverfahren

durch 100 ohne Rest teilbare DM-Beträge festgelegt werden, vgl **Beispiele** im AnwErl zu § 234 Nr 9:

1. Es werden 4215 DM in 3 Monatsraten gestundet.

1. Rate 1400 DM;	Zinsen = 7 DM
2. Rate 1400 DM;	Zinsen = 14 DM
3. Rate 1415 DM;*)	Zinsen = 21 DM
festzusetzende Zinsen	= 42 DM

*) Die Zinsberechnung erfolgt von 1415 ./. 15 = 1400 DM

2. Es werden 4215 DM in 3 Monatsraten ausnahmsweise nicht auf hundert Deutsche Mark ohne Rest teilbare Beträge gestundet.

1. Rate 1405 DM;	Zinsen = 7,02 DM
2. Rate 1405 DM;	Zinsen = 14,05 DM
3. Rate 1405 DM;*)	Zinsen = 20,85 DM
festzusetzende Zinsen	= 41,92 DM

*) Die Zinsberechnung erfolgt von 1405 ./. 15 = 1390 DM

12. Verzicht auf Stundungszinsen, Abs 2 und 3. Auf die Erhebung von Stundungszinsen kann aus **Billigkeitsgründen** verzichtet werden, vgl hierzu Erläut zu §§ 163 und 227. Auch hier kann sich die Unbilligkeit aus **persönl** oder **sachl** Gründen ergeben. Stundung wegen zu erwartender **Erstattung** kann Erhebung von Zinsen unbillig machen, TK Tz 8, zumal, solange eine **Vollverzinsung** nicht eingeführt war, der Erstattungsanspruch nicht verzinst wird. Zinsverzicht kann bereits zusammen mit der Stundung ausgesprochen werden. Verzicht auf Zinsen, wenn mehr als **einen Monat vor Fälligkeit** des gestundeten Betrages gezahlt wird, AnwErl § 234 Nr 2.

Persönliche Billigkeitsgründe liegen zB vor bei längerer **Erwerbslosigkeit,** bei schwerer **Krankheit** eines Unternehmers eines Einmannbetriebes, bei **Naturkatastrophen,** bei hohen Forderungsausfällen im Konkurs und bei **Sanierungsmaßnahmen,** wenn allgemein ein Zinsmoratorium gewährt wird, vgl *Höllig* DStZ A 77, 287, ggf auch bei kurzfristiger Stundung kleinerer Beträge eines sonst pünktlichen StZahlers. Zum Verzicht auf StZinsen bei bisher pünktl StZahlern vgl FM Ba-Wü DStZ B 77, 107. Zu beachten ist, daß nach § 156 II auch ein Verzicht auf Stundungszinsen zulässig ist, wenn die **Kosten** der Einziehung einschließlich der Festsetzung außer Verhältnis zu dem Zinsbetrag stehen.

Sachliche Billigkeitsgründe. Entscheidung über Verzicht auf StZinsen, kann uU zurückgestellt werden, wenn Steuer wegen eines **Musterprozesses** gestundet wird.

Für die **Zuständigkeit** gelten die Regelungen über den Erlaß, vgl Anm 16 zu § 163.

13. Zinsschuldner. Zinsschuldner ist derjenige, dem die Stundung bewilligt wird, das kann zB auch der **Abzugsverpflichtete** sein. Die gesetzlichen Vertreter usw nach §§ 34, 35 werden dag nicht Zinsschuldner, können aber ggf als Haftende nach §§ 69 ff in Betracht kommen.

14. Schriftlicher Zinsbescheid. Die Stundungszinsen werden bei Gewährung der Stundung durch schriftlichen Zinsbescheid festgesetzt. Sofern nicht besondere Umstände des Einzelfalls eine andere Regelung erfordern, sind die Stundungszinsen zusammen mit der letzten Stundungsrate fällig zu stellen. Bei einer Aufhebung oder Änderung der Stundungsverfügung sind

2. Abschnitt. Verzinsung, Säumniszuschläge § 235

die auf ihr beruhenden Zinsbescheide nach §§ 239 I S 1, 175 Nr 1 aufzuheben oder zu ändern. Die Stundungsverfügung ist gegenüber den Zinsbescheiden ein **Grundlagenbescheid** iSd § 171 X. **Beispiel** s AnwErl § 234 Nr 3:

Das Finanzamt hat am 10. 3. 1977 eine am 25. 2. 1977 fällige Einkommensteuerforderung von 3600 DM ab Fälligkeit gestundet. Der Betrag ist in 12 gleichen Monatsraten von 300 DM, beginnend am 1. 4. 1977 zu zahlen. Die Zinsen von 117 DM sind zusammen mit der letzten Rate am 1. 3. 1978 zu erheben.
Das Finanzamt erfährt im August 1977, daß eine wesentliche Verbesserung der Vermögensverhältnisse des Schuldners eingetreten ist. Es widerruft deshalb die Stundung nach § 131 Abs 2 Nr 3 und stellt den gesamten Restbetrag von 2100 DM zum 1. 9. 1977 fällig.
Der Zinsbescheid ist nach § 175 Abs 1 Satz 1 Nr 1 zu ändern. Die Zinsen in Höhe von insgesamt 85,50 DM sind zum 1. 9. 1977 zu erheben.

15. Aufhebung und Änderung des Zinsbescheids. Aufhebung und Änderung nach §§ 172 ff; vgl § 239 I 1, der auf die Vorschriften über die StFestsetzung verweist.

16. Rechtsmittel gegen Zinsfestsetzung. Gegen die **StundungsVfG** ist die **Beschwerde,** gegen den **Zinsbescheid** ist der **Einspruch** zulässig, vgl § 348 I Nr 10. Die Fassung des § 348 I Nr 10 spricht von VAen über Zinsen. Fraglich ist, ob hierunter auch **Entscheidungen** über den **Verzicht** auf Zinsen nach § 234 II fallen, so *Rogowski* DB 77, 273. Dieser Auffassung wird man mE allenfalls zustimmen können, für den Fall, daß die Billigkeitsentscheidung zusammen mit dem Zinsbescheid getroffen wird, vgl *Höllig* DStZ A 78, 289.

17. Übergangsregelung. Ist die Stundung vor dem 1. 1. 77 bewilligt worden, richtet sich die Zinspflicht noch nach § 127 a RAO, vgl Art 97 § 15 II.

§ 235 Verzinsung von hinterzogenen Steuern

(1) ¹Hinterzogene Steuern sind zu verzinsen. ²Zinsschuldner ist derjenige, zu dessen Vorteil die Steuern hinterzogen worden sind. ³Wird die Steuerhinterziehung dadurch begangen, daß ein anderer als der Steuerschuldner seine Verpflichtung, einbehaltene Steuern an die Finanzbehörde abzuführen oder Steuern zu Lasten eines anderen zu entrichten, nicht erfüllt, so ist dieser Zinsschuldner.

(2) ¹Der Zinslauf beginnt mit dem Eintritt der Verkürzung oder der Erlangung des Steuervorteils, es sei denn, daß die hinterzogenen Beträge ohne die Steuerhinterziehung erst später fällig geworden wären. ²In diesem Fall ist der spätere Zeitpunkt maßgebend.

(3) ¹Der Zinslauf endet mit der Zahlung der hinterzogenen Steuern. ²Für eine Zeit, für die ein Säumniszuschlag verwirkt, die Zahlung gestundet oder die Vollziehung ausgesetzt ist, werden Zinsen nach dieser Vorschrift nicht erhoben.

(4) Zinsen nach § 233 a, die für denselben Zeitraum festgesetzt wurden, sind anzurechnen.

Abs 4 angefügt durch Art 15 Nr 4 des SteuerreformG 1990 (BGBl 1988 I S 1093)

§ 235

Schrifttum: *Gast-de Haan* Berechnung von Hinterziehungszinsen – zur Bedeutung des Kompensationsverbotes (§ 370 IV 3 AO) im materiellen Steuerrecht – wistra 88, 298.

Übersicht

1. Inhalt
2. Voraussetzung der Verzinsung
3. Umfang der Verzinsung
4. Schuldner der Hinterziehungszinsen
5. Beginn des Zinslaufs
6. Ende des Zinslaufs
6a. Anrechnung von Zinsen
7. Festsetzung der Zinsen
8. Verjährung

1. Inhalt. Die Vorschrift entspricht § 4 StSäumG. Der Gesetzgeber hat davon abgesehen, eine Verzinsung auch für Fälle der **leichtfertigen StVerkürzung** einzuführen. Bei einer Ausdehnung der Zinsen auf leichtfertig, verkürzte Steuern würde sich ein außerordentlicher Arbeitsaufwand ergeben, vor allem daraus, daß die Verfolgung leichtfertiger Steuerverkürzungen dem Opportunitätsprinzip unterliegt. In vielen Fällen wäre deshalb die Frage, ob leichtfertig oder nur leicht fahrlässig gehandelt worden ist, lediglich im Hinblick auf eine mögliche Verzinsung zu entscheiden. Im übrigen kann bei der Verhängung eines Bußgelds der wirtschaftliche Vorteil der Steuerverkürzung nach § 17 IV OWiG entzogen werden.

Anregungen, die Hinterziehungszinsen im Hinblick auf die **Verfallregelung** in § 73 StGB abzuschaffen, ist nicht entsprochen worden. Einmal werden nicht immer entsprechende Nutzungen gezogen. Zum anderen ist zB eine Verfallerklärung nicht möglich, wenn ein Strafverfahren infolge **Selbstanzeige** nicht durchgeführt werden kann.

2. Voraussetzung der Verzinsung. Die Verzinsung kommt für die Zeit ab 1. 1. 1966 in Betracht (§ 9 II StSäumG). Das gilt auch für Hinterziehungen, die vor dem 1. 1. 1966 vollendet worden sind (BFH BStBl 1970, 556). Die neu eingeführte Verzinsung von verkürzten **Vorauszahlungen** (zB Umsatzsteuervorauszahlungen) oder Abschlagzahlungen gilt erstmals ab 1. 1. 1977.

Es muß eine **vollendete Steuerhinterziehung** vorliegen, dh es müssen sowohl der objektive als auch der subjektive Tatbestand erfüllt sein (BFH, BStBl 76, 260).

Versuchte Steuerhinterziehung. Anstiftung und Beihilfe zur Steuerhinterziehung lösen keine Zinspflicht aus (so *TK* Tz 2; *Franzen* DStR 65, 320; aA betreffend die Beihilfe BFH BStBl 75, 129).

Gilt nicht bei **Bannbruch** nach § 372, **StHehlerei** nach § 374 oder leichtf StVerkürzung nach § 378, wohl aber bei gewerbsm oder gewaltsamen **Schmuggel** nach § 373, soweit er als StHinterziehung begangen wird, *TK* Tz 2.

Strafrechtliche Verurteilung des StHinterziehers ist nicht erforderlich (BFH BStBl 74, 125). Daß eine StHinterziehung vorliegt, hat das FA festzustellen (BFH BStBl 74, 125). Die Verzinsung knüpft an den Steueranspruch an, so wie ihn das FA durch seine StFestsetzung gestaltet hat, nicht auf die Steuerbeträge, die das Strafgericht als hinterzogen festgestellt hat,

2. Abschnitt. Verzinsung, Säumniszuschläge   § 235

BFH Beschl v 28. 1. 81 – VIII B 68/79. Zinsen sind zB auch dann festzusetzen, wenn der Täter wirksam **Selbstanzeige** erstattet hat oder wenn der Strafverfolgung anderer Hindernisse entgegenstehen (zB Tod oder Flucht des Täters, Amnestie, Verjährung). Der Zinsanspruch wird auch nicht dadurch beeinträchtigt, daß das **Strafverfahren** wegen Geringfügigkeit **eingestellt** worden ist. Das **FA** ist bei der Festsetzung der Zinsen an die Feststellungen der **Strafgerichte nicht gebunden.**

3. Umfang der Verzinsung. Zu verzinsen sind die hinterzogenen Steuerbeträge. Die Verzinsung geht nur soweit, wie die Steuern hinterzogen sind. Hinterziehungszinsen fallen z. B. nicht an, soweit auf nicht erklärte Einkünfte aus Kapitalvermögen bereits **KapErtrSt** entrichtet worden ist, FG München EFG 84, 267. Es ist fraglich, ob bei der Berechnung der Hinterziehungszinsen auch das **Kompensationsverbot** des § 370 IV 3 zu berücksichtigen ist (verneinend FG Köln, wistra 88, 316). Wenn man die Frage bejaht, hätte dies zur Folge, daß eine Steuer verzinst werden muß, die nicht geschuldet wird und die auch nicht festgesetzt werden kann, vgl *Gast-de Haan* aaO; *Schwarz* Anm 7. Es würde ferner bedeuten, daß – weil nach Abs 3 Satz 1 der Zinslauf mit der Zahlung der hinterzogenen Steuern endet – der Steuerpflichtige den Zinslauf für nicht geschuldete Beträge nicht durch Zahlung beenden könnte, vgl *Gast-de Haan* wistra 88, 299. § 370 IV 3 gilt bei der Festsetzung der Steuer nicht, *Gast-de Haan* wistra 88, 299.

§ 370 IV 3 ist eine Ergänzung des Verkürzungsbegriffs für rein strafrechtliche Zwecke. Nachträgliche Steuerermäßigungsgründe beeinträchtigen die Verkürzung nur strafrechtlich nicht, auf die Zinsverpflichtung nach § 235 ist die Regelung jedoch nicht übertragbar, FG Köln aaO.

4. Schuldner der Hinterziehungszinsen. Zinsschuldner ist der StSchuldner, auch wenn er an der StHinterziehung nicht mitgewirkt hat, BFH BStBl 82, 689. Schuldner ist derjenige, zu dessen **Gunsten** die St hinterzogen worden sind, Abs 1 S 2. St können auch zug eines anderen hinterzogen werden, vgl § 370 Anm 3. Für **StAbzugsverpflichtete** und diejenigen, die verpflichtet sind, für Rechnung eines anderen zu entrichten (vgl §§ 34, 35, § 7 I 2 VersStG) enthält S 3 eine Sonderregelung. **Zinsen** auf hinterzogene Steuern können im Hinblick auf das **Abzugsverbot** von ua Geldbußen nach **§ 4 V Nr 8 EStG** nicht als **Betriebsausgaben** abgezogen werden (vgl Art 1 Nr 4 Buchst c Steuerreformgesetz 1990).

5. Beginn des Zinslaufs. Vgl hierzu § 370 IV. Es kommt darauf an, wann die St verkürzt worden ist. Dies ist idR der Zeitpunkt der Bekanntgabe des entsprechenden StBescheides. Da regelmäßig Abschlußzahlungen erst einen Monat nach Bekanntgabe des StBescheides fällig werden, beginnt der Zinslauf nach Abs 2 2. SH nicht vor Ablauf des Fälligkeitstages. Bei **FälligkeitsSt** ist der ges Fälligkeitstag maßgebend, BFH BStBl 56 I 441. Wenn Stpfl **keine Erklärung** abgegeben hat, kommt es darauf an, zu welchem Zeitpunkt die Veranlagung abgeschlossen ist, vgl Anm 12b zu § 370.

6. Ende des Zinslaufs Abs 3. Der Zinslauf endet mit **Zahlung** der hinterzogenen St; danach hätte eine **Aufrechnung,** die nach § 389 BGB zurückwirkt, keinen Einfluß auf den Zinslauf, aA *TK* Tz 6.

§ 236   5. Teil. Erhebungsverfahren

6a. Abs 4 Anrechnung von Zinsen. Abs 4 wurde durch Artikel 15 Nr 4 des **Steuerreformgesetzes** 1990 eingeführt. Die Änderung hängt mit der Einführung der sog **Vollverzinsung** gem § 233a zusammen.

Durch die Vollverzinsung kann es zu **Überschneidungen** zwischen Hinterziehungs- und Nachforderungszinsen kommen. Während nach § 235 der Zinslauf mit dem Eintritt der Verkürzung beginnt, beginnt die Verzinsung von Steuernachzahlungen gem § 233a II 1 erst 15 Monate nach Ablauf des Kalenderjahres, in dem die Steuer entstanden ist. Nach § 235 III endet der Zinslauf grundsätzlich auch erst mit der Zahlung der hinterzogenen Steuer, während der Zinslauf nach § 233a II 3 bereits mit Fälligkeit der Nachforderung endet. **Abs 4** sieht daher vor, daß **Zinsen nach § 233a** auf die **Hinterziehungszinsen anzurechnen** sind. Dies bedeutet, daß auch in den Fällen des § 235 Nachzahlungszinsen grundsätzlich zu berechnen sind.

7. Festsetzung der Zinsen. Zinsen werden wie Steuern festgesetzt, vgl § 239.

8. Verjährung. Vgl § 239; auch hier wird zwischen **Festsetzungs-** und **Zahlungsverjährung** unterschieden.

§ 236 Prozeßzinsen auf Erstattungsbeträge

(1) ¹Wird durch eine rechtskräftige gerichtliche Entscheidung oder auf Grund einer solchen Entscheidung eine festgesetzte Steuer herabgesetzt oder eine Steuervergütung gewährt, so ist der zu erstattende oder zu vergütende Betrag vorbehaltlich des Absatzes 3 vom Tag der Rechtshängigkeit an bis zum Auszahlungstag zu verzinsen. ²Ist der zu erstattende Betrag erst nach Eintritt der Rechtshängigkeit entrichtet worden, so beginnt die Verzinsung mit dem Tag der Zahlung.

(2) Absatz 1 ist entsprechend anzuwenden, wenn
1. sich der Rechtsstreit durch Aufhebung oder Änderung des angefochtenen Verwaltungsaktes oder durch Erlaß des beantragten Verwaltungsaktes erledigt
oder
2. eine rechtskräftige gerichtliche Entscheidung oder ein unanfechtbarer Verwaltungsakt, durch den sich der Rechtsstreit erledigt hat,
   a) zur Herabsetzung der in einem Folgebescheid festgesetzten Steuer,
   b) zur Herabsetzung der Gewerbesteuer nach Änderung des Gewerbesteuermeßbetrages
führt.

(3) Ein zu erstattender oder zu vergütender Betrag wird nicht verzinst, soweit dem Beteiligten die Kosten des Rechtsbehelfs nach § 137 Satz 1 der Finanzgerichtsordnung auferlegt worden sind.

(4) Zinsen nach § 233a, die für denselben Zeitraum festgesetzt wurden, sind anzurechnen.

Abs 4 angefügt durch Art 15 Nr 4 des StReformG 1990 BGBl 1988 I S 1093.

Übersicht

1. Inhalt
2. Anwendungsbereich

2. Abschnitt. Verzinsung, Säumniszuschläge § 236

3. Anspruchsvoraussetzungen
   a) Herabsetzung einer festgesetzten Steuer
   b) Gewährung einer Steuervergütung
4. Gerichtliche Entscheidung
   a) durch eine gerichtliche Entscheidung
   b) aufgrund einer gerichtlichen Entscheidung
   c) Aufhebung oder Änderung des Verwaltungsaktes
   d) Folgebescheid
5. Zu verzinsender Betrag
6. Beginn und Ende des Zinslaufs
7. Entstehung der Zinsen
8. Ausschluß der Zinsen
9. Von Amts wegen
10. Abrundung
10a. Anrechnung von Zinsen
11. Verjährung
12. Realsteuer

1. Inhalt. Die Formulierung entspricht § 4b StSäumG idF des Dritten Gesetzes zur Änderung des StBerG vom 24. 6. 1975 (BGBl I, 1509). Abs 2 stellt klar, daß der Kläger Zinsen auch dann beanspruchen kann, wenn die in einem nicht angegriffenen **Folgebescheid** festgesetzte St herabgesetzt wird und zu erstatten ist, wobei in diesem Fall gleichgestellt wird, daß Klage gegen den **Einkommen-(Körperschaft-)steuerbescheid** Erfolg hat und deshalb nach Änderung des **Gewerbestmeßbescheides** auch die GewSt herabzusetzen und zu erstatten ist. Die ausdrückliche Erwähnung dieses zweiten Falles sollte Zweifeln vorbeugen, die sich daraus ergeben können, daß die Rechtsprechung den Einkommen-(Körperschaft-)stbescheid nicht als Grundlagenbescheid für den GewStmeßbescheid ansieht.

Die Vorschrift erfaßt nur StErstattungs- und StVergütungsansprüche. Nach *TK* Tz 1 wird durch die Regelung des § 236 ein **Folgenbeseitigungs-** oder **Schadensersatzanspruch** nicht ausgeschlossen. Das StaatshaftungsG schloß dag einen darüber hinausgehenden Schadensersatz für Zinsen, Zinsverluste und Aufwendungen zur Rechtsverfolgung oder -verteidigung bei nicht vorsätzl Pflichtverletzung grundsätzl aus. Diese Regelung ist aber infolge der Entscheidung des BVerfG nicht in Kraft getreten.

2. Anwendungsbereich. Die Regelung bezieht sich nur auf **St-** und **StVergütungsansprüche**, nicht auf steuerliche **Nebenleistungen**; auf andere Ansprüche, zB Prämien und Zulagen nur, soweit die Vorschriften der AO anzuwenden sind. Erstattungszinsen sind auch bei der **KiSt** zu entrichten. Sie werden von dem zuständigen FA zu Lasten der Kirchenbehörden gezahlt (vgl die KiStG der Länder). Bei Rechtsstreitigkeiten über Haftungsbescheide sind keine Prozeßzinsen zu zahlen, FG Hbg EFG 83, 56. Für einen vor dem 1. 1. 77 bei Gericht anhängig gewordenen und nach dem 31. 12. 76 abgeschlossenen Rechtsstreit entstehen Prozeßzinsen ab dem Tag der Rechtshängigkeit ausschließlich nach Maßgabe des § 236 AO 77, BFH BStBl 85, 546.

3. Anspruchsvoraussetzungen. a) Es muß eine **festgesetzte Steuer** herabgesetzt oder eine **StVergütung** gewährt – oder erhöht – worden sein. Erhebt ein Stpfl **Zahlungsklage**, weil das FA unbestrittene StGuthaben nicht auszahlt, so stehen dem Stpfl Zinsen ab Rechtshängigkeit bis zur

§ 236

Zahlung jedenfalls dann nicht zu, wenn sie für einen Zeitraum von weniger als einen Monat und in einer Höhe von weniger als 20 DM zu berechnen wären, FG Hbg EFG 83, 215. Eine **StFestsetzung** liegt nicht vor, wenn die St durch Verwendung von **Stemplern** oder **Stzeichen** entrichtet wird oder wenn sie im Wege des StAbzugs einbehalten wird. Hierbei ist aber zu beachten, daß die **StAnmeldung** einer StFestsetzung gleichsteht, § 168.

Nach *TK* (Tz 2) soll die Vorschrift nicht allg für **StErstattungen** gelten, zB für den **LStJA**. Diese Auffassung ist mE nicht haltbar, weil auch im Rahmen des LStJA zunächst die St berechnet werden muß und sich erst aus dieser Berechnung der LStJA ergibt, vgl Anm 4 zu § 37; vgl auch BFH BStBl 71, 740; 76, 497. So auch OFD Münster v 30. 6. 80 mit der Begründung, die Herabsetzung eines positiven StBetrages entspreche der Heraufsetzung eines Erstattungsbetrags im LStJA. Ob man aber auch eine Verzinsung bejahen muß für den Fall, daß im LSt-Ermäßigungsverfahren auf Grund eines Einspruchs ein höherer Freibetrag eingetragen wird, wie in FR 80, 384 gefordert wird, erscheint zweifelhaft, denn dadurch kommt es lediglich zu einer gesonderten Feststellung von Besteuerungsgrundlagen, die nicht zu einer Herabsetzung der Steuer führt.

Nach FG D'dorf v 31. 3. 78 – VI 255/75 S – sind dagegen Prozeßzinsen nach § 111 FGO auch dann zu gewähren, wenn das FG einen Bescheid aufhebt, der eine **KapErtrStErstattung** aufgrund Art 13 III eines DBA abgelehnt hat, BFH BStBl 82, 150. Diese Entscheidung hat uE auch Auswirkungen auf die Erstattungen im LStA-Verfahren. Nach § 168 steht eine StAnmeldung einer StFestsetzung gleich. Danach müßten nach § 236 auch Rechtsbehelfszinsen gewährt werden, wenn im Rechtsbehelfsverfahren die **angemeldete St** herabgesetzt wird. Etwas anderes kann uE auch nicht für den Fall der Erhöhung der im **LStJA** zu erstattenden Steuer gelten, so OFDen Düsseldorf, Köln, Münster, AO-Kartei NW § 236 K 1; vgl auch BFH BStBl 82, 215. aA zum alten Recht BFH BStBl 68, 287 gegen FG Nieders EFG 69, 414. Wenn sich die **Erhöhung des LStJA** aus einer Erhöhung der anzurechnenden LSt- Abzugsbeträge im Rahmen der ESt-Veranlagung ergibt, kommt es darauf an, ob diese Anrechnung dem Festsetzungsverfahren oder dem Erhebungsverfahren zugerechnet wird, wie die hM es annimmt. Nur im ersten Fall läge eine Änderung der StFestsetzung vor. Für die Auffassung des FG D'dorf (aaO) spricht nach neuem Recht die Bestimmung des § 155 I 3.

b) Gewährung einer Steuervergütung. Gewährung einer StVergütung liegt auch vor, wenn eine bereits gewährte Vergütung erhöht wird, *TK* Tz 3. Der Wortlaut des § 236 läßt eine Verzinsung nicht zu, wenn vor Gericht um Erstattungen aus Rechts- oder Billigkeitsgründen gestritten wird, vgl BFH BStBl 76, 497. Der BFH hat allerdings eine entsprechende Anwendung der Vorschrift zB bei einem Anspruch aus Gewährung einer Wohnungsbau-Prämie zugelassen, weil es sich hierbei um einen Vergütungsähnlichen Anspruch handele, BFH BStBl 73, 550. §§ 236 und 238 sind auf **Ausfuhrvergütungen** nach Gemeinschaftsrecht nicht anwendbar; insoweit können nur in entsprechender Anwendung der §§ **288, 291 BGB** Prozeßzinsen verlangt werden, BFH BStBl 87, 368.

4. Gerichtliche Entscheidung usw. Zu der Herabsetzung der St muß es gekommen sein

2. Abschnitt. Verzinsung, Säumniszuschläge § 236

a) durch eine rechtskräftige **gerichtliche Entscheidung;** Keine Prozeßzinsen, wenn **Sprungklage** vom Gericht an FA zur Durchführung des Vorverfahrens abgegeben worden ist und die Streitsache vom FA erledigt wird, FG Münster EFG 80, 477. Die durch die Sprungklage eingetretene Rechtshängigkeit ist durch die Abgabe an das FA wieder entfallen, damit war das finanzgerichtl Verfahren formell und materiell rechtskräftig abgeschlossen. Auf eine Erledigung im normalen Einspruchsverfahren ist § 236 nicht anwendbar. Verzinsung würde nur eintreten, wenn ein bei Gericht anhängiges Verfahren durch Aufhebung oder Änderung des angefochtenen Verwaltungsaktes beendet wird. Eine Verzinsung nach § 236 kommt nur für **Erstattungsansprüche** in Betracht, die **als solche rechtshängig** gewesen sind, BFH BStBl 88, 600. Eine entsprechende Anwendung des § 236 auf Erstattungsansprüche, die Gegenstand eines nach § 363 I **ausgesetzten** Rechtsbehelfsverfahrens waren, ist nicht möglich, BFH aaO.

Zwar liegt in der **Ablehnung** der **Erstattungsbeträge** durch das BfF zugleich eine Steuerfestsetzung insoweit vor, als die Rechtmäßigkeit der ursprünglichen Festsetzung für Rechnung des ausländischen Gläubigers durch Verwaltungsentscheidung bestätigt wird. Eine **Steuer** wird nur dann aufgrund einer gerichtlichen Entscheidung **herabgesetzt,** wenn die Finanzbehörde die Steuer nach Aufhebung des angefochtenen Bescheides durch das Gericht gemäß § 100 I 1 und I 2 FGO weisungsgemäß festsetzt. In dem der Entscheidung zugrundeliegenden Verfahren hatte das BfF einen Antrag auf Erstattung von **Kapitalertragsteuer** abgelehnt und den hiergegen eingelegten Einspruch unter Hinweis auf ein beim Finanzgericht anhängigen Klageverfahren, in dem es um die Frage der beschränkten oder unbeschränkten Einkommensteuerpflicht ging, gemäß § 363 I ausgesetzt. **Erstattungsansprüche,** die ohne Änderung einer Steuerfestsetzung erst aufgrund eines Rechtsstreits über einen Abrechnungsbescheid entstehen, sind nicht zu verzinsen, BFH BStBl 87, 702.

b) **aufgrund** einer rechtskräftigen **gerichtlichen Entscheidung,** zB in den Fällen, in denen das Gericht nach § 100 I S 1 oder II S 2 FGO den angefochtenen Verwaltungsakt aufhebt oder das FA die Steuer niedriger festsetzt oder eine (höhere) Steuervergütung gewährt;

c) durch **Aufhebung** oder **Änderung** des angefochtenen Verwaltungsaktes sowie durch Erlaß des beantragten Verwaltungsaktes, wenn sich der Rechtsstreit bei Gericht dadurch erledigt.;

d) durch einen sog **Folgebescheid** nach § 175 I Nr 1 oder § 35 b GewStG in den Fällen, in denen sich der Rechtsstreit bei Gericht gegen den **Grundlagenbescheid** (zB Feststellungsbescheid, Steuermeßbescheid) durch (Buchst a) oder aufgrund (Buchst b) einer gerichtlichen Entscheidung bzw durch einen Verwaltungsakt (Buchst c) rechtskräftig erledigt.

Nach der Neufassung ist es nicht mehr erforderlich, daß es sich bei dem Grundlagenbescheid um eine **gesonderte Feststellung** von Besteuerungsgrundlagen handelt; es genügt jeder für eine StFestsetzung **verbindliche Verwaltungsakt** iSd § 171 Abs 10, also auch ein Verwaltungsakt einer anderen Behörde, vgl Anm 3 zu § 175.

5. Zu verzinsender Betrag. Zu verzinsen ist die zuviel entrichtete Steuer oder die zuwenig gewährte StVergütung. Falls der Rechtsbehelf zwar zu

§ 236

einer Herabsetzung der St oder zu einer Gewährung (Erhöhung) der Steuervergütung führt, nicht aber oder in gleichem Umfang zu einer StErstattung oder StVergütung, kommt insoweit eine Verzinsung nicht in Betracht. **Prozeßzinsen** auf erstattete **Grunderwerbsteuer** sind Einnahmen aus **Kapitalvermögen** und keine Einnahmen aus Vermietung und Verpachtung, BFH BStBl 86, 557.

6. Beginn und Ende des Zinslaufs. Erstattungszinsen sind für die Zeit vom **Tage der Rechtshängigkeit,** frühestens jedoch vom Tage der Zahlung des Steuerbetrages an bis zum Tage der Auszahlung des zu verzinsenden Steuer- oder Steuervergütungsbetrages zu berechnen. Wird ein Erstattungsbetrag mit Zustimmung des Stpfl auf ein **Verwahrungskonto** als Sicherheit für einen umstrittenen Anspruch des FA gebucht, hat der Stpfl keinen Anspruch auf Prozeßzinsen, FG Hbg EFG 83, 56. Ein Anspruch nach § 236 entsteht nur dann, wenn der Stpfl Leistungen bewirkt hatte, die die Erfüllung der St bewirken sollen. Eine Sicherheitsleistung ist keine Erfüllung. Der Zinslauf beginnt bereits vom **Tag** der Rechtshängigkeit an, nicht erst vom Ablauf des Tages der Rechtshängigkeit, BFH BStBl 74, 408. Rechtshängig ist die Streitsache erst mit dem Tag, in dem die Klage bei Gericht erhoben wird (§ 66 I iVm § 64 I FGO). Wird die Klage zur Fristwahrung beim FA angebracht (§ 47 II FGO), ist die Streitsache mit dem Tage der Anbringung zwar anhängig, nicht aber rechtshängig. Auch in diesem Fall wird die Streitsache erst mit dem Eingang der Klage beim Gericht rechtshängig. Das gleiche gilt bei einer Sprungklage (§ 45 I FGO) (vgl *TK* Tz 6 Rdnr 4). Die Einlegung der Klage bei der Behörde wahrt die Frist, aber führt noch nicht zur Rechtshängigkeit (vgl BFH BStBl 71, 529). Die **Rechtshängigkeit** muß sich auf den **Betrag** beziehen, der als Folge des Prozesses schließlich **erstattet** wird, BFH BStBl 75, 370; es genügt nicht, daß die Steuer wegen eines Musterprozesses, den ein anderer geführt hat herabgesetzt wird.

7. Entstehung der Zinsen. Der Anspruch auf Erstattungszinsen entsteht mit der **Rechtskraft** des Urteils des Gerichts oder des geänderten Verwaltungsaktes. Zu beachten ist, daß ein **Vorbescheid** des Gerichts nur dann als Urteil wirkt, wenn von dem am Rechtsstreit Beteiligten innerhalb der Frist eines Monats nach Zustellung ein Antrag auf mündliche Verhandlung nicht gestellt wird (§ 90 III S 3 FGO).

8. Ausschluß der Zinsen, Abs 3. Die Zahlung von Erstattungszinsen entfällt, soweit durch Entscheidung des Gerichts einem **Steuerpflichtigen** die **Kosten** des Verfahrens nach § 137 S 1 FGO **auferlegt** worden sind, weil die Herabsetzung der Steuer oder die Gewährung (Erhöhung) der Steuervergütung auf Tatsachen beruht, die dieser früher hätte geltend machen oder beweisen können.

9. Von Amts wegen. Die Zahlung von Erstattungszinsen hat von Amts wegen zu erfolgen. Antrag nicht erforderlich.

10. Abrundung. Der zu verzinsende Betrag ist auf volle 100.– DM nach unten abzurunden. Hat der Steuerpflichtige die zu erstattende Steuerschuld in Raten entrichtet, wird die Abrundung nur einmal bei der Rate mit der kürzesten Laufzeit vorgenommen.

2. Abschnitt. Verzinsung, Säumniszuschläge § 237

10a. Abs 4 Anrechnung von Zinsen. Abs 4 wurde durch den Art 15 Nr 4 des **Steuerreformgesetzes 1990** eingeführt. Die Änderung hängt mit der Einführung der sog. **Vollverzinsung** gem § 233a zusammen. Sie entspricht der für die Hinterziehungszinsen nach § 235 IV ebenfalls durch das Steuerreformgesetz getroffenen Regelung.
Durch die Vollverzinsung kann es zu **Überschneidungen** zwischen **Prozeßzinsen** nach § 236 und **Erstattungszinsen** nach § 233a I 2 III 3 kommen. Abs 4 schreibt daher vor, daß Erstattungszinsen nach § 233a, die für den selben Zeitraum festgesetzt wurden, auf die Prozeßzinsen anzurechnen sind.

11. Verjährung. Auch hier ist zu unterscheiden zwischen der **Festsetzungs- und der Zahlungsverjährung**, vgl § 239 und § 228. Wenn **Antrag** gestellt ist, läuft die Festsetzungsfrist für die Zinsen nicht ab, bevor über den Antrag unanfechtbar entschieden worden ist, vgl § 171 III; aA *TK* Tz 14 möglicherweise infolge einer Verwechslung des § 171 III mit § 170 III.

12. Realsteuer. Bei den Realsteuern obliegt die Zahlung von Erstattungszinsen den Gemeinden. Diesen sind deshalb – soweit erforderlich – die zur Berechnung und Festsetzung der Zinsen notwendigen Daten mitzuteilen.

§ 237 Zinsen bei Aussetzung der Vollziehung

(1) ¹Soweit ein förmlicher außergerichtlicher Rechtsbehelf oder eine Anfechtungsklage gegen einen Steuerbescheid, eine Steueranmeldung oder einen Verwaltungsakt, der einen Steuervergütungsbescheid aufhebt oder ändert, oder gegen eine Einspruchsentscheidung über einen dieser Verwaltungsakte endgültig keinen Erfolg gehabt hat, ist der geschuldete Betrag, hinsichtlich dessen die Vollziehung des angefochtenen Verwaltungsaktes ausgesetzt wurde, zu verzinsen. ²Satz 1 gilt entsprechend, wenn nach Einlegung eines förmlichen außergerichtlichen oder gerichtlichen Rechtsbehelfs gegen einen Grundlagenbescheid (§ 171 Abs. 10) oder eine Rechtsbehelfsentscheidung über einen Grundlagenbescheid die Vollziehung eines Folgebescheides ausgesetzt wurde.

(2) ¹Zinsen werden erhoben vom Tag des Eingangs des außergerichtlichen Rechtsbehelfs bei der Behörde, deren Verwaltungsakt angefochten wird, oder vom Tag der Rechtshängigkeit beim Gericht an bis zum Tag, an dem die Aussetzung der Vollziehung endet. ²Ist die Vollziehung erst nach dem Eingang des außergerichtlichen Rechtsbehelfs oder erst nach der Rechtshängigkeit ausgesetzt worden, so beginnt die Verzinsung mit dem Tag, an dem die Wirkung der Aussetzung der Vollziehung beginnt.

(3) Absätze 1 und 2 sind entsprechend anzuwenden, wenn nach Aussetzung der Vollziehung des Einkommensteuerbescheides, des Körperschaftsteuerbescheides oder eines Feststellungsbescheides die Vollziehung eines Gewerbesteuermeßbescheides oder Gewerbesteuerbescheides ausgesetzt wird.

(4) § 234 Abs. 2 und 3 gelten entsprechend.

Abs 1 neu gefaßt mit Wirkung ab 1. 1. 87 durch StBereinigG 1986 v 19. 12. 85, BGBl I, 2436; Abs 2 S 2 neu gefaßt durch StReformG 1990 v 25. 6. 88 BGBl I 1093.

§ 237   5. Teil. Erhebungsverfahren

Übersicht

1. Inhalt
2. Anwendungsbereich
3. Anspruchsvoraussetzungen
4. Zu verzinsender Betrag
5. Umfang der Verzinsung
   a) Unterliegen des Steuerpflichtigen
   b) Rücknahme des Rechtsbehelfs
   c) Erledigung des Rechtsstreits
6. Beginn und Ende der Verzinsung
7. Stundung, Vollstreckungsaufschub
8. Schuldner der Zinsen
9. Verzicht auf Zinsen

1. Inhalt. Die Vorschrift regelt die Prozeßzinsen bei **Aussetzung** der **Vollziehung.** Sie entspricht § 112 FGO. Die Zinsregelung wurde aus Gründen der steuerlichen Gleichbehandlung (Einführung der allgemeinen Verzinsung von Stundungsbeträgen) auf das **außergerichtliche Rechtsbehelfsverfahren** ausgedehnt. Da auch eine Einspruchsentscheidung allein Gegenstand eines gerichtlichen Verfahrens sein kann, wurde Abs 1 entsprechend ergänzt. Abs 3 bewirkt zusammen mit Abs 1, daß auch dann Aussetzungszinsen zu zahlen sind, wenn die Vollziehung eines nicht angefochtenen **Folgebescheides** im Hinblick auf den Rechtsstreit und den **Grundlagenbescheid** ausgesetzt wird, und der Rechtsbehelfsführer im Verfahren bezüglich des Grundlagenbescheides unterliegt; dabei wird diesem Fall gleichgestellt, daß der Rechtsbehelf gegen den Einkommen-(Körperschaft)steuerbescheid gerichtet war und – nach Aussetzung der Vollziehung des **Gewerbesteuermeßbescheides** – die Gemeinde den Gewerbesteuermeßbescheid ausgesetzt hatte. Diese Formulierung vermeidet die zu § 236 II dargestellten Auslegungszweifel. Die Verweisung in Abs 4 stellt verwaltungsmäßige Gleichbehandlung von Stundungs- und Aussetzungszinsen sicher. Durch **Neufassung** des Abs 1 S 2 im Rahmen des **StBereinigG** ist klargestellt worden, daß im Falle der Anfechtung von **Grundlagenbescheiden** sich nicht nur auf Grundlagenbescheide iSd §§ 179ff bezieht, sondern auch auf solche Grundlagenbescheide, die von **anderen Behörden** erlassen wurden und für die FinBeh verbindlich sind. Die Regelung ist ab **1. 1. 87** anzuwenden.

2. Anwendungsbereich. Die Zinsregelung bezieht sich auf **Steuer** und **StVergütungen,** gilt daher nicht für steuerl Nebenleistungen, und Haftungsansprüche; sie gilt für **Prämien** und **Zulagen,** weil auf diese die Vorschriften über StVergütungen anwendbar sind, vgl die entspr Bestimmungen der PrämienG. Dem StBescheid steht die StAnmeldung gleich. Bei der **KiSt** werden Aussetzungszinsen nicht erhoben (vgl die KiStG der Länder). Bei den **Realsteuern** obliegt die Festsetzung der Aussetzungszinsen den Gemeinden. Diesen sind deshalb – soweit erforderlich – die für die Berechnung und Festsetzung der Zinsen notwendigen Daten mitzuteilen.

3. Anspruchsvoraussetzungen. Der **Rechtsbehelf** muß **erfolglos** gewesen sein. Dies ist bei rechtskräftiger **Abweisung** des Rechtsbehelfs oder bei dessen **Rücknahme** der Fall. Zinspflicht tritt ein, „**soweit**" der Rechtsbehelf endgültig keinen Erfolg gehabt hat. Der **Zinsanspruch entsteht** bereits

2. Abschnitt. Verzinsung, Säumniszuschläge § 237

mit der endgültigen Erfolglosigkeit des Rechtsbehelfs und nicht mit der Erfolglosigkeit einer anschließend erhobenen **Verfassungsbeschwerde**. Wenn trotzdem entgegen § 361 II mit Rücksicht auf die Verfassungsbeschwerde Aussetzung der Vollziehung gewährt worden ist, entsteht – bei Erfolglosigkeit – kein Zinsanspruch, BFH BStBl 87, 320.

4. Zu verzinsender Betrag. Zu verzinsen ist der geschuldete Betrag, hinsichtlich dessen die Vollziehung des angefochtenen Verwaltungsaktes oder eines Folgebescheides ausgesetzt wurde. Verfügt FA die zinslose Aussetzung der Vollziehung ist es gehindert, später vom Stpfl Prozeßzinsen zu fordern, FG München EFG 79, 111. Bei teilweiser Aussetzung der Vollziehung eines angefochtenen Verwaltungsakts bezieht sich die Zinspflicht nur auf den ausgesetzten Steuerbetrag. Die Vollziehung eines mit einem Rechtsbehelf angegriffenen Steuerbescheids, eines – nicht angefochtenen – **Folgebescheides,** eines Bescheides über die Rückforderung einer StVergütung oder – nach Aussetzung der Vollziehung eines ESt-, KSt- oder Feststellungsbescheides – eines GewStMeßbescheides oder GewStBescheides muß nach § 361 oder nach § 69 FGO ausgesetzt worden sein.

5. Umfang der Verzinsung. Aussetzungszinsen sind zu erheben, „soweit" ein Einspruch oder eine Anfechtungsklage endgültig erfolglos geblieben ist. Das bedeutet, daß Aussetzungszinsen immer dann zu erheben sind, wenn:

a) der **Steuerpflichtige** aufgrund einer bestandskräftigen Einspruchsentscheidung oder aufgrund eines rechtskräftigen gerichtlichen Urteils ganz oder teilweise **unterlegen** ist;

b) das **Einspruchsverfahren** oder gerichtliche Verfahren nach der Rücknahme des Einspruchs, der Klage oder der Revision rechtskräftig **abgeschlossen** wird;

c) der angefochtene Verwaltungsakt – ohne dem Rechtsbehelfsantrag voll zu entsprechen – geändert wird und sich der Rechtsstreit dadurch endgültig erledigt.

Nach *TK* Tz 4, soll, wenn der Stpfl in erster Instanz obsiegt, in der **Revision** aber keinen Erfolg hat, eine Verzinsung für die Zeit zwischen der erstinstanzlichen Entscheidung und der zweitinstanzlichen Entscheidung nicht stattfinden; dieser Auffassung steht uE entgegen, daß das Anfechtungsurteil Gestaltungswirkung hat und diese erst bei Rechtskraft eintritt.

6. Beginn und Ende der Verzinsung. Aussetzungszinsen sind vom Tage des **Eingangs des außergerichtlichen Rechtsbehelfs** oder von der **Rechtshängigkeit** an bis zu dem Tage zu erheben, an dem die nach § 361 oder nach § 69 FGO gewährte Aussetzung der Vollziehung endet. Der Tag des Eingangs oder der Rechtshängigkeit wird mitgezählt. Wird die Aussetzung der Vollziehung erst später gewährt, werden Zinsen erst vom Tage des Beginns der Vollziehungsaussetzung erhoben. Hat das FA die Notwendigkeit und die Dauer der Aussetzung zu vertreten, kann es **unbillig** sein, **Aussetzungszinsen** zu erheben, FG D'dorf EFG 84, 104.

7. Stundung, Vollstreckungsaufschub. Aussetzungszinsen sind nicht zu erheben, wenn die Fälligkeit des streitigen Steueranspruchs zB aufgrund einer **Stundung** (§ 222) oder eines **Vollstreckungsaufschubs** (§ 258) hinausgeschoben war. In diesen Fällen entstehen jedoch idR Stundungszinsen oder Säumniszuschläge.

8. Schuldner der Zinsen. Schuldner der Zinsen ist der Steuerschuldner. Bei Gesamtschuldnern hat nur derjenige die Zinsen zu zahlen, der die Anfechtungsklage erhoben hat (BFH BStBl 75, 129).

9. Verzicht auf Zinsen. Die Voraussetzungen, unter denen auf die Festsetzung der Zinsen verzichtet werden kann, decken sich mit den Voraussetzungen nach § 163 I.

Eine **lange Verfahrensdauer** vor dem BFH ist **kein Grund** für einen Verzicht auf Aussetzungszinsen (FG München, StuW 84, 379; FG Niedersachsen EFG 86, 271). § 69 FGO gestattete es den Finanzgerichten, die Vollziehung eines Steuerbescheides mit der Maßgabe aufzuheben, daß in der Vergangenheit entstandene **Säumniszuschläge** entfallen, BFH BStBl 87, 389. Der BFH läßt es in dieser Entscheidung allerdings dahingestellt, ob dann **Aussetzungszinsen** gefordert werden können.

Bei einer **rückwirkenden Aussetzung**/Aufhebung der Vollziehung ist nicht der Tag der Bekanntgabe der Aussetzungsverfügung, sondern derjenige Tag, auf den die Aussetzungsmaßnahme rückwirkt, für den Beginn des Zinslaufs maßgebend.

Gegen Billigkeitsentscheidungen nach § 237 IV iVm § 234 II ist die **Beschwerde** gegeben. Dies gilt auch dann, wenn die Entscheidung zugleich mit der Zinsfestsetzung in einem Bescheid getroffen wurde, BFH BStBl 88, 402. Billigkeitsmaßnahmen, die im Rahmen von Steuerfestsetzungen getroffen werden, sind nicht mit dem Einspruch sondern mit der Beschwerde anzufechten (ständige Rechtsprechung, vgl BFH BStBl 81, 319). Von diesen Grundsätzen ist auch auszugehen, wenn bei der Festsetzung von Aussetzungszinsen im selben Bescheid darüber befunden wird, ob entsprechend einem Antrag des Steuerpflichtigen auf die Erhebung dieser Zinsen aus Billigkeitsgründen ganz oder teilweise verzichtet wird. Dem kann nicht entgegengehalten werden, daß § 348 I Nr 10 (Einspruch gegen Verwaltungsakte über Zinsen und Kosten) sei lex spezialis zu § 348 I Nr 2 (Ausnahme für Billigkeitsmaßnahmen nach § 163). So *TK,* § 239 Tz 6; *HHSP,* § 234 Anm 10; *Kühn/Kutter/Hofmann* § 239 Bemerkung 4. Vielmehr handelt es sich bei § 348 I Nr 2 um einen allgemeinen Rechtsgrundsatz, der in allen Fällen des § 348 I zu beachten ist.

§ 238 Höhe und Berechnung der Zinsen

(1) ¹Die Zinsen betragen für jeden Monat einhalb vom Hundert. ²Sie sind von dem Tag an, an dem der Zinslauf beginnt, nur für volle Monate zu zahlen; angefangene Monate bleiben außer Ansatz.

(2) Für die Berechnung der Zinsen wird der zu verzinsende Betrag jeder Steuerart auf volle hundert Deutsche Mark nach unten abgerundet.

Übersicht

1. Inhalt
2. Monatszeitraum
3. Stundungszinsen

2. Abschnitt. Verzinsung, Säumniszuschläge § 239

4. Abrundung
5. Kleinbetragsregelung

1. Inhalt. Die Vorschrift entspricht § 5 StSäumG.
Nach Abs 1 beträgt der Zins 0,5 vH für jeden vollen Monat des Zinslaufs. Für die Berechnung der Zinsen ist der zu verzinsende Betrag auf 100 DM nach unten abzurunden.

2. Monatszeitraum. Nur volle Monate des Zinslaufs sind zu verzinsen. Die §§ 187 ff BGB sind anzuwenden. Angefangene Monate bleiben außer Ansatz. **Beispiele** für Stundungszinsen s AnwendErl § 234 Nr 6. Fällt das **Ende** des Zinslaufs auf einen **Sonntag**, einen ges Feiertag oder einen Sonnabend, so tritt zwar für die Fälligkeit an Stelle dieses Tages der nachfolgende Werktag (§ 108 III), für die **Berechnung** des Zinslaufs und bei der Prüfung der Frage, ob ein voller Monat vorliegt, sind die Sonntage usw aber mit **einzubeziehen**, vgl AnwendErl § 238 Nr 1.

3. Stundungszinsen. Vgl hierzu Anm 6–11 zu § 234. Berechnung der **Stundungszinsen** nach § 238 II bei Gewährung von **Ratenzahlungen,** vgl BdF BStBl 76 I 738.

4. Abrundung. Abzurunden ist jeweils der **Gesamtbetrag** jeder **StArt,** soweit der **Beginn** des **Zinslaufs** der **gleiche** ist. Ausnahmsweise kommt die Abrundung der Einzelforderung in Betracht, wenn anderenfalls der Verwaltungsaufwand zu groß wäre (§ 156 II); dies gilt zB bei den Stundungszinsen, vgl AnwendErl zu § 234 Nr 8; vgl AnwendErl zu § 238 Nr 2.

5. Kleinbetragsregelung. Die Kleinbetragsregelung des § 239, wonach Zinsen unter 20.– DM nicht erhoben werden, ist auf die für eine Einzelforderung berechneten Zinsen anzuwenden. Zur Anwendung der Kleinbetragsgrenze auf **Stundungszinsen** vgl EinfErl zu § 234 Nr 9 und Anm 11 zu § 234.

§ 239 Festsetzung der Zinsen

(1) ¹Auf die Zinsen sind die für die Steuern geltenden Vorschriften entsprechend anzuwenden, jedoch beträgt die Festsetzungsfrist ein Jahr. ²Die Festsetzungsfrist beginnt:
1. in den Fällen des § 233a mit Ablauf des Kalenderjahrs, in dem die Steuer festgesetzt, aufgehoben oder geändert worden ist,
2. in den Fällen des § 234 mit Ablauf des Kalenderjahres, in dem die Stundung geendet hat,
3. in den Fällen des § 235 mit Ablauf des Kalenderjahres, in dem die Festsetzung der hinterzogenen Steuern unanfechtbar geworden ist, jedoch nicht vor Ablauf des Kalenderjahres, in dem ein eingeleitetes Strafverfahren rechtskräftig abgeschlossen worden ist,
4. in den Fällen des § 236 mit Ablauf des Kalenderjahres, in dem die Steuer erstattet oder die Steuervergütung ausgezahlt worden ist,
5. in den Fällen des § 237 mit Ablauf des Kalenderjahres, in dem ein außergerichtlicher Rechtsbehelf oder eine Anfechtungsklage endgültig erfolglos geblieben ist.

Die Festsetzungsfrist läuft in den Fällen des § 233a nicht ab, solange

§ 239

die Steuerfestsetzung sowie ihre Aufhebung oder Änderung noch zulässig ist.

(2) Zinsen werden nur dann festgesetzt, wenn sie mindestens zwanzig Deutsche Mark betragen.

Abs 1 S 2 geändert durch das StReformG v 25. 7. 88, BGBl I 1093.

Übersicht

1. Inhalt
2. Anwendung der Vorschriften über die Steuerfestsetzung
3. Schriftlicher Bescheid
4. Anwendung der Vorschriften über die Festsetzungsfrist
5. Rechtsbehelf
6. Kleinbetragsregelung
7. Steuerliche Behandlung

1. Inhalt. Die Vorschrift stellt in Abs 1 S 1 klar, daß auf die Zinsen die für **Steuern** geltenden **Vorschriften** entsprechend anzuwenden sind. Die **Festsetzungsfrist** beträgt jedoch nur **ein Jahr**. S 2 Nrn 1 bis 5 regelt den **Beginn** der **Festsetzungsfrist** nach den Sonderheiten der verschiedenen Zinsen. Die Festsetzungsfrist für die **Stundungszinsen** beginnt mit Ablauf des Kalenderjahres, in dem die Stundung geendet hat. Die Festsetzungsfrist für die **Hinterziehungszinsen** beginnt nach Nr 3 mit Ablauf des Kalenderjahres, in dem die Festsetzung der hinterzogenen Steuern unanfechtbar geworden ist, jedoch nicht vor dem rechtskräftigen Abschluß eines eingeleiteten Steuerstrafverfahrens. Erst dann ist eine abschließende Beurteilung darüber möglich, ob und inwieweit Steuern hinterzogen worden sind. Nach Nr 4 beginnt die Festsetzungsfrist für **Prozeßzinsen** auf Erstattungsbeträge mit Ablauf des Kalenderjahres, in dem der Erstattungsbetrag und die Steuervergütung ausgezahlt worden ist. Für die **Aussetzungszinsen nach § 237** kommt es nach Nr 5 auf den Ablauf des Kalenderjahres an, in dem die Anfechtungsklage oder der außergerichtliche Rechtsbehelf endgültig erfolglos geblieben ist. Die jetzige **Nr 1** wurde im Zusammenhang mit **§ 233a (Vollverzinsung)** durch das **StReformG** eingefügt. Für Nachzahlungszinsen und Erstattungszinsen beginnt die Festsetzungsfrist mit Ablauf des Kalenderjahrs, in dem die St festgesetzt oder die bisherige Steuerfestsetzung aufgehoben oder geändert wurde.

2. Anwendung der Vorschriften über die Steuerfestsetzung. Auf die Zinsen sind die für St geltenden Vorschriften entsprechend anzuwenden. Dies gilt namentl für die Vorschriften über die **StFestsetzung** (§§ 155 ff) einschließlich der Bestimmungen über die **Aufhebung** und **Änderung** von Bescheiden (§§ 172 ff). Bei den Stundungszinsen ist der **Stundungsbescheid Grundlagenbescheid** iSd § 171 X für den Zinsbescheid.

Der Regelung des § 239 I kommt vorwiegend **verfahrensrechtl** Bedeutung zu. Die Vorschrift des § 71, wonach der **StHinterzieher** auch für die Hinterziehungszinsen haftet, steht der Auffassung von *TK* zumindest nicht entgegen, weil sich die Hinterziehungshandlung nicht auf die Zinsen nach § 235 bezieht und insoweit ihre ausdrückliche Erwähnung gerechtfertigt ist.

Bei der Frage der **Haftung** muß man mE unterscheiden, ob sich die die **Haftung** begründete Handlung auf die **Zinsen** selbst bezieht oder nur auf die St, auf die Zinsen entstanden sind.

2. Abschnitt. Verzinsung, Säumniszuschläge **§ 240**

3. Schriftlicher Bescheid. Zinsen werden durch schriftlichen Zinsbescheid festgesetzt. Es gelten die für Steuern geltenden Vorschriften. Der Mindestinhalt des Zinsbescheids richtet sich nach §§ 157 I S 2 und 3, 119 III und IV. Der Bescheid kann nach §§ 129, 172 bis 177 berichtigt werden.

4. Anwendung der Vorschriften über die Festsetzungsfrist. Die Festsetzungsfrist (vgl § 169) beträgt für alle Zinsen **1 Jahr;** sie verlängert sich auch nicht dadurch, daß Zinsen **hinterzogen** oder **leichtfertig** verkürzt werden. Der **Ablauf** der Festsetzungsfrist kann ggf nach § 171 **hinausgeschoben** werden; eine **Anlaufhemmung** nach § 170 kommt **nicht** in Betracht. Bei den **Stundungszinsen** beginnt die FestsFrist mit Ablauf des KalJahres, in dem die Stundung geendet hat; maßgebend dürfte hier die in der StundungsVfg gesetzte Frist sein, so daß eine **vorzeitige Zahlung** grunds **keinen** Einfluß auf den Beginn der FestsFrist haben dürfte, aA *TK* Tz 4. Ebenso wird man bei **Ratenzahlungen** nicht auf die Fälligkeit der jeweiligen Rate abstellen können, denn es wird hier nicht die einzelne Rate gestundet sondern der Gesamtbetrag; aA *TK* Tz 4. Der neu angefügte **Satz 3** ist im Zusammenhang mit **§ 233a** I 1 zu sehen. Nach dieser Bestimmung ist die bisherige Zinsfestsetzung aufzuheben oder zu ändern, wenn die Steuerfestsetzung oder die Anrechnung von Steuerbeträgen aufgehoben oder geändert wird. Dies setzt voraus, daß die Frist für die Festsetzung der Zinsen nicht abläuft, solange noch eine Steuerfestsetzung sowie ihre Aufhebung oder Änderung zulässig ist. Für die **Zahlungsverjährung** gelten die Vorschriften der §§ 228 ff; die Zahlungsverjährung beträgt einheitlich **5 Jahre.**

5. Rechtsbehelf. Gegen den Zinsbescheid ist der **Einspruch** nach § 348 I Nr 10 gegeben; falls die **Gemeinde** die Zinsen festsetzt, ist **Widerspruch** nach § 69 VwGO zulässig.

6. Kleinbetragsregelung Abs 2. Durch § 239 II wird § 156 II nicht ausgeschlossen, *TK* Tz 8. Maßgebend ist der Zinsanspruch für die jeweilige **Einzelforderung,** EinfErl Nr 9 zu § 234 betreffend die Stundungszinsen.

7. Steuerliche Behandlung. Zinsen auf zurückzuzahlende **Investitionszulagen** nach § 5 VII InvZulG, § 19 IX BerlFG sind **Betriebsausgaben,** obwohl die Zulage als solche keine Betriebseinnahme ist; Nieders BB 78, 109. Vgl im übrigen Anm 14 zu § 233a.

Schrifttum: *Euler/Krüger* Warum Steuerzinsen abziehbar sein müssen, BB 1988, 1016; *Dziadkowski* Zur steuerlichen Behandlung von Zinsen für nicht abzugsfähige Steuern, DB 88, 2069.

2. Unterabschnitt. Säumniszuschläge

§ 240 Säumniszuschläge

(1) ¹Wird eine Steuer nicht bis zum Ablauf des Fälligkeitstages entrichtet, so ist für jeden angefangenen Monat der Säumnis ein Säumniszuschlag von eins vom Hundert des rückständigen auf hundert Deutsche Mark nach unten abgerundeten Steuerbetrages zu entrichten. ²Das gleiche gilt für zurückzuzahlende Steuervergütungen. ³Die Säumnis nach Satz 1 tritt nicht ein, bevor die Steuer festgesetzt oder angemeldet wor-

§ 240

5. Teil. Erhebungsverfahren

den ist. ⁴Wird die Festsetzung einer Steuer oder Steuervergütung aufgehoben oder geändert, so bleiben die bis dahin verwirkten Säumniszuschläge unberührt.

(2) Säumniszuschläge entstehen nicht bei steuerlichen Nebenleistungen.

(3) Ein Säumniszuschlag wird bei einer Säumnis bis zu fünf Tagen nicht erhoben.

(4) ¹In den Fällen der Gesamtschuld entstehen Säumniszuschläge gegenüber jedem säumigen Gesamtschuldner. ²Insgesamt ist jedoch kein höherer Säumniszuschlag zu entrichten als verwirkt worden wäre, wenn die Säumnis nur bei einem Gesamtschuldner eingetreten wäre.

Schrifttum: *Höllig* Säumniszuschläge bei der Aufrechnung mit Steuererstattungs- und Steuervergütungsansprüchen, DStZ 79, 304.

Übersicht

1. Inhalt
2. Anwendungsbereich
3. Voraussetzung der Verwirkung der Säumniszuschläge
4. Fälligkeit
5. Schonfrist
6. Säumniszuschläge bei der Aufrechnung
7. Keine Säumnis vor Festsetzung oder Anmeldung
8. Kein Verschulden
9. Keine Änderung des Säumniszuschlags
10. Nichterhebung von Säumniszuschlägen bei Antrag auf Aussetzung oder Stundung
11. Erlaß von Säumniszuschlägen
12. Berechnung der Säumniszuschläge
13. Abrundung
14. Schuldner der Säumniszuschläge
15. Gesamtschuldner
16. Verjährung
17. Rechtsbehelf
18. Haftung für Säumniszuschläge
19. Behandlung der Säumniszuschläge im Konkurs

1. Inhalt. Die Vorschrift regelt die Säumniszuschläge im wesentlichen entspr § 1 StSäumG. Der Säumniszuschlag wird bei **nicht rechtzeitiger Zahlung einer fälligen Steuer** oder einer zurückzuzahlenden Steuervergütung erhoben. Er ist ein dem Steuerrecht eigenes Druckmittel zur Durchsetzung von titulierten Zahlungsansprüchen des Steuerfiskus, BFH BStBl 76, 262. Ein Säumniszuschlag entsteht deshalb nicht, bevor die Steuer festgesetzt oder angemeldet worden ist. Der Säumniszuschlag beträgt für jeden angefangenen Monat der Säumnis 1 vH des auf 100 DM nach unten abgerundeten säumigen Betrages. Im Hinblick auf § 3 III, wonach Säumniszuschläge zu steuerlichen Nebenleistungen erklärt worden sind, ist klargestellt, daß bei Aufhebung oder Änderung einer Steuerfestsetzung die bis dahin verwirkten Säumniszuschläge bestehen bleiben. Abs 2 stellt klar, daß Säumniszuschläge **nicht** bei steuerlichen **Nebenleistungen** entstehen.

2. Anwendungsbereich. Die Vorschrift gilt für die **RealSt**, auch wenn diese von den Gemeinden verwaltet werden, vgl § 1 II Nr 5. Für die **örtli-**

2. Abschnitt. Verzinsung, Säumniszuschläge **§ 240**

chen Verbrauch- und **AufwandSt** nach Maßgabe der LandesG; für die Feuersch- und GrunderwerbSt nach § 3 EGAO, Anhang 1. Ferner gilt § 240, soweit die AO sonst für entspr anwendbar erklärt worden ist, zB in den **Prämien-** und **ZulagenG**. Auf **KiSt** ist § 240 überwiegend nicht anwendbar mit Ausn von Bayern und NRW. Die Vorschrift gilt auch für den **Haftungsschuldner,** denn auch dieser schuldet im Ergebnis die Leistung von Steuern, FG Hbg EFG 83, 437; *TK* Tz 6.

3. Voraussetzung der Verwirkung des Säumniszuschlags. Säumnis tritt ein, wenn die Steuer oder die zurückzuzahlende Steuervergütung nicht bis zum Ablauf des Fälligkeitstages entrichtet wird. Sofern – wie bei den **Fälligkeitsteuern** – die Steuer ohne Rücksicht auf die erforderliche Steuerfestsetzung oder Steueranmeldung fällig wird, tritt die Säumnis nicht ein, bevor die Steuer festgesetzt oder die Steueranmeldung abgegeben worden ist. Wegen der Einzelheiten vgl AnwendErl Nr 1. Säumniszuschläge sind **nicht** zu entrichten, wenn Verspätungszuschläge, Zinsen, Säumniszuschläge, Zwangsgelder und Kosten (steuerliche **Nebenleistungen**) nicht rechtzeitig gezahlt werden.

4. Fälligkeit. Begriff der **Fälligkeit** vgl § 220. Fälligkeit wird durch **Stundung** nach § 222, **Zahlungsaufschub** nach § 223 und **Aussetzung** der **Vollziehung** nach § 361 und § 69 FGO hinausgeschoben; hierbei können aber **Stundungszinsen** nach § 234 und **Aussetzungszinsen** nach § 237 entstehen. **Vollstreckungsaufschub** nach § 258 ändert dagegen nichts an der Fälligkeit, so daß entgegen der zum StSäumG zT vertretenen Auffassung weiter Säumniszuschläge entstehen. Auch bei einem mitgeteilten **VollstrAufschub** fallen Säumniszuschläge an, BFH BStBl 79, 429; dagegen *Weber-Grellet,* DB 80, 37, der für eine Verzinsung der aufgeschobenen Ansprüche in analoger Anwendung der §§ 233 ff eintritt. Inwieweit allerdings in diesen Fällen auf die Säumniszuschläge aus **Billigkeitsgründen** verzichtet werden muß (vgl BFH BStBl 75, 727) ist eine andere Frage. Keinen Einfluß auf die Säumniszuschläge hat grunds auch die **Niederschlagung** nach § 261. Wenn das **FG** die **Vollziehung rückwirkend** ab Fälligkeit aussetzt, der **BFH** dagegen den Aussetzungsbeschluß wieder **aufhebt,** entstehen **Säumniszuschläge** jedenfalls soweit, als sie auf die Zeit **vor** Ergehen des **Aussetzungsbeschlusses** entfallen, BFH BStBl 75, 452; der Aussetzungsbeschluß entfällt nämlich mit Wirkung ex tunc. Wenn das **FG** die **Vollziehung** eines StBescheides **aufhebt,** der **BFH** aber wiederum den **Aussetzungsbeschluß** des FG **aufhebt,** so können idR für die Zeit von Ergehen des Aussetzungsbeschlusses bis zur Entscheidung des BFH keine Säumniszuschläge erhoben werden, BFH BStBl 79, 58. Die Aufhebung der Vollziehung eines StBescheides läßt die bis dahin verwirkten Säumniszuschläge unberührt, FG Hessen EFG 82, 446. Die Fälligkeit der StForderung entfällt damit nicht rückwirkend. Die Aussetzung der Vollziehung kann auch rückwirkend, dh vom Fälligkeitstag an verfügt werden.

5. Schonfrist, Abs 3. Abs 3 hat die früher in der Verordnung zum StSäumG vom 15. 8. 1961 (BGBl I, 1299) enthaltene Regelung über Schonfristen in das Gesetz übernommen.

Für **FÄ** die nach dem sog **saldierenden** Kassenverfahren arbeiten, gelten weiterhin die in §§ 2 und 3 StSäumnVO enthaltenen **Sonderregelungen**

§ 240

bis zum 31. 12. 1980, vgl § 16 II EGAO, vgl hierzu im einzelnen *Höllig* NSt S 33 Nr 21/1978. Die **Schonfrist** ist **von Amts wegen** zu berücksichtigen. Sie gilt für alle StZahlungen, auch wenn diesen eine **Stundung** uä vorangegangen war. Bei Zahlung nach Ablauf der Schonfrist ist Säumniszuschlag ab Fälligkeit zu berechnen, denn durch sie wird die Fälligkeit nicht geändert.

Fällt die **Fälligkeit** auf einen **Sonntag**, gesetzl Feiertag oder einen Samstag, beginnt die **Schonfrist** mit Ablauf des folgenden **Werktages,** sofern dieser kein Samstag usw ist.
Beispiel: Fälligkeit 30. 9. 78 (Samstag); Beginn der Schonfrist mit Ablauf des 2. 10. 78 (Montag), dh am 3. 10. 78.

Das gleiche gilt für den **Ablauf** der Schonfrist.
Beispiel: wie oben Ende der Schonfrist am 7. 10. 78 (Samstag); Verlängerung nach § 108 III bis zum 9. 10. 78; Säumniszuschlag entsteht nicht, wenn die St bis zum Ablauf des 9. 10. 78 gezahlt wird.

Für sog **FälligkeitsSt,** bei denen die StAnmeldung erst nach Ablauf des Fälligkeitstages abgegeben wird, vgl die Ausführungen im EinfErl zu § 240, vgl auch die **Beispiele** bei *Höllig* aaO unter J.

Mißbrauch der Schonfrist liegt zB vor, wenn der Stpfl die angemeldete St nicht gleichzeitig mit der Abgabe der **StAnmeldung** zahlt, sondern die Zahlung nochmals bewußt um weitere 5 Tage hinauszögert. In diesen Fällen können Verspätungszuschläge festgesetzt werden.

Bei der Konzentration der Finanzkassen können erhebliche Schwierigkeiten dadurch entstehen, daß die Stpfl die StAnmeldungen bei dem Veranlagungs-FA zusammen mit einem Scheck einreichen. Diese Schecks müßten aus Billigkeitsgründen als rechtzeitig eingereicht gelten.

6. Säumniszuschläge bei der Aufrechnung. Vgl hierzu Anm 8 zu § 226. UE hat die **Aufrechnung keine** Wirkung auf die **vor Wirksamwerden** der Aufrechnungserklärung entstandenen **SZ,** selbst wenn die Aufrechnung nach § 389 BGB zurückwirkt; so auch *TK* Tz 20 zu § 226. Bei **StAnmeldungen,** die zu einer Erstattung oder Vergütung führen und daher der **Zustimmung** der FinBeh bedürfen, wird aus **Billigkeitsgründen** zugelassen, daß im Falle der Aufrechnung die Forderung des Stpfl als im Zeitpunkt der **Einreichung** der StErklärung als fällig gilt, jedoch nicht vor Ablauf des Anmeldungszeitraums, FinSen Bremen DStZB 77, 115.

7. Keine Säumnis vor Festsetzung oder Anmeldung, Abs 1 S 3. Säumniszuschläge entstehen **nicht, bevor** die entspr St **festgesetzt** oder **angemeldet** worden ist. Dies gilt auch bei den sog **FälligkeitsSt,** dh St bei denen sich die Fälligkeit unabhängig von ihrer Festsetzung unmittelbar aus dem Gesetz ergibt, vgl hierzu Anm 4. Eine **StAnmeldung** steht nach § 168 einer **StFestsetzung** gleich; SZ können daher auch bei FälligkeitsSt nicht vor Einreichung der StAnmeldung entstehen. Werden zusammen mit der **Nachzahlung** aufgrund einer Jahresveranlagung rückständige **Vorauszahlungen** mit angefordert, handelt es sich insoweit **nicht** um **Nachzahlungen.**

8. Kein Verschulden. Säumniszuschläge **entstehen kraft Gesetzes** ohne Rücksicht auf ein Verschulden des Steuerpflichtigen, BFH BStBl 86, 122. Entschuldbarkeit der Säumnis ist kein Erlaßgrund, BFH BStBl 81, 608.

2. Abschnitt. Verzinsung, Säumniszuschläge **§ 240**

Abweichende Beurteilung kann geboten sein, wenn die FB die Zahlungsverzögerung durch ihr eigenes Verhalten verursacht hat, der Stpfl aber alles ihm nach den Umständen Zumutbare getan hat, BFH BStBl 76, 359. Zu weitgehend FG Hbg: Geht die Zahlung ohne Verschulden des Stpfl erst nach Ablauf der Schonfrist ein, besteht ein Rechtsanspruch auf vollen Erlaß der entstandenen Sz, EFG 80, 4. Dem Stpfl dürfe nicht der verzögerte Postlauf bei der Übersendung eines Schecks angelastet werden, FG Hbg aaO. Ist der Steuerschuldner zweifelsfrei **überschuldet** und zahlungsunfähig, so sind Säumniszuschläge, die nach diesem Zeitpunkt entstanden sind, aus Gründen sachlicher Unbilligkeit nach § 227 zu erlassen (BFH BStBl 75, 727).

9. Keine Änderung des Säumniszuschlags. Im Falle der **Aufhebung** oder **Änderung** der Steuerfestsetzung bleiben die bis dahin verwirkten SZ bestehen. Das gilt auch, wenn die ursprüngliche, für die Bemessung der Säumniszuschläge maßgebende Steuer in einem **Rechtsbehelfsverfahren** herabgesetzt wird. Der Beschluß des GrS v 8. 12. 1975 (BStBl 1976, 262) ist daher überholt. Satz 4 verletzt nicht den verfassungsrechtlichen Grundsatz der Verhältnismäßigkeit, FG Hbg EFG 83, 437.

Säumniszuschläge für verspätet geleistete **Vorauszahlungen** sind auch dann zu entrichten, wenn später die Steuerschuld durch Vorauszahlungsanpassung oder durch endgültigen Veranlagungsbescheid auf einen niedrigeren Betrag als die Summe der einjährigen Vorauszahlungen festgesetzt wird und daher der Unterschiedsbetrag dem Steuerschuldner zu erstatten ist (vgl BVerwG, BStBl 74, II, 279). Abs 1 S 4 gilt nur im StFestsetzungsverfahren; eine analoge Anwendung im StErhebungsverfahren ist unzulässig, FG Saarland EFG 82, 502.

10. Nichterhebung von SZ bei erfolglosem Antrag auf Aussetzung oder Stundung. Es wird idR eine kurze Nachfrist gesetzt. Ähnlich wenn erst das FG den Aussetzungs- oder Stundungsantrag bewilligt, BdF-Schreiben v 27. 12. 77 DB 78, 234, BB 78, 82. Wird ein Antrag auf Aussetzung der Vollziehung **rechtzeitig** beantragt, aber erst nach Fälligkeit abgelehnt, so ist im allgemeinen eine Frist zur Entrichtung der rückständigen St zu bewilligen, Erl NRW v 8. 7. 77 - S 0622-4 - V A 1. Eine Erhebung von SZ kann uU unterbleiben, wenn ein vom Stpfl gestellter **Aussetzungsantrag** abgelehnt worden ist, er aber in der **Hauptsache obsiegt**. Die Einziehung von Sz für die Zeit der Säumigkeit wd des Laufs eines erfolglosen Antrags auf Aussetzung der Vollziehung widerspricht an sich nicht den Wertungen des Gesetzes.

11. Erlaß von SZ. Vgl BdF BStBl 71 I 121 unter Tz 7. Gründe: plötzliche **Erkrankung** ohne Möglichkeit, einen Vertreter mit der Vornahme der Zahlung zu beauftragen; offenbares **Versehen;** sonstige Fälle persönlicher oder sachl Härte. Bei offensichtlicher **Zahlungsunfähigkeit** sind SZ nicht zu erheben, weil der Zweck, Druck auf den Stpfl auszuüben, damit nicht erreicht werden kann, BFH BStBl 75, 727; EinfErl Nr 5 zu § 240. Dies kann auch bei **VollstreckAufschub** oder **Niederschlagung** nach §§ 258 oder 261 der Fall sein. Der vollständige oder teilweise Erlaß von Sz ist aus Gründen sachlicher Unbilligkeit geboten, wenn und soweit eine eingetretene **Zahlungsunfähigkeit** auch nach längerer Zeit nicht durch Verbesse-

§ 240 5. Teil. Erhebungsverfahren

rung der Einkommens- und Vermögensverhältnisse wieder behoben worden ist, FG Münster EF 82, 227. Ein Erlaß von SZ aus Billigkeitsgründen muß aber nicht schon dann ausgesprochen werden, wenn der Stpfl nach seinen Vermögens- und Einkommensverhältnissen nicht in der Lage ist, sämtliche Verpflichtungen bei Fälligkeit sofort zu begleichen, FG Berlin EFG 81, 608. Die Einziehung festgesetzter Sz ist trotz mitgeteilten **Vollstreckungsaufschubs** nicht generell unbillig. Es ist vielmehr in jedem Einzelfall zu prüfen, ob in der Einziehung eine sachliche oder persönliche Unbilligkeit liegt, FG Nieders EFG 82, 3. Der Zweck des Sz wird jedenfalls dann nicht verfehlt, wenn der Vollstreckungsaufschub wegen eines Liquiditätsengpasses und nicht wegen Zahlungsunfähigkeit bewilligt wurde. Ein dem Steuerpflichtigen **mitgeteilter Vollstreckungsaufschub** (§ 258) hindert nicht das Entstehen von Säumniszuschlägen, BFH BStBl 85, 489. Mit dem Vollstreckungsaufschub wird lediglich zeitweilig auf die zwangsweise Durchsetzung des Zahlungsanspruchs verzichtet, aber die Fälligkeit der Steuerforderung nicht berührt. Allerdings kann die **Anforderung** von Säumniszuschlägen in diesem Fall **unangemessen** sein, wenn die einstweilige Verschonung von der Zwangsvollstreckung anstelle einer – an sich möglichen oder gebotenen – Stundung gewährt wurde, BFH aaO. Dies gilt vor allem dann, wenn zB Ratenzahlung als Maßnahme im Sinne des § 258 eingeräumt wurde, um auf die Leistungsfähigkeit des Steuerpflichtigen für einen längeren Zeitraum Rücksicht zu nehmen. Wenn dabei die vereinbarten Raten die äußerste Grenze der Zahlungspflichtigkeit des Steuerpflichtigen erreicht haben, verlieren idR die Sonderzuschläge als Druckmittel hinsichtlich der Zahlung des gesamten Steuerbetrages ihren Zweck, insbesondere, wenn der Steuerpflichtige bei Einräumung des Vollstreckungsschutzes nicht auf das Weiterlaufen der Säumniszuschläge hingewiesen wurde. Unter Berücksichtigung des zusätzlichen Zwecks der SZ als Gegenleistung für das Hinausschieben der Zahlung liegt es allerdings auch in solchen Fällen nahe, nur einen Teilerlaß der SZ auszusprechen. Als Maßstab kann hier die Höhe der Stundungszinsen gelten, BFH BStBl 85, 489. Ein Sz ist nicht schon deshalb wegen sachlicher Unbilligkeit zu erlassen, weil ein bei Steuerfälligkeit vorhandener Gegenanspruch nach Ablauf der Schonfrist aufrechenbar wird und der Stpfl damit aufrechnet, BFH BStBl 82, 225.

12. Berechnung der SZ. SZ werden für jeden **angefangenen** Monat (nicht KalMonat) der Säumnis berechnet. **Beispiel** bei *Höllig* NSt S 31 Nr 21/1978: Fälligkeit 20. 10.; Zahlung am 21. 11.; Säumnismonat beginnt am 21. 10. und endet am 20. 11. 78, 2. Säumnismonat beginnt am 21. 11.; daher SZ für 2 Monate verwirkt. Nach Festsetzung der Jahressteuer werden Säumniszuschläge auf die in der Abschlußzahlung enthaltenen rückständigen Vorauszahlungen nach der bisherigen Fälligkeit weiter berechnet.

13. Abrundung. Jede rückständige **StForderung** wird **selbständig** abgerundet, zB getrennt nach **Vorauszahlungen** und **Abschlußzahlungen,** StForderungen für **verschiedene Jahre** usw. Zeitpunkt der Tilgung vgl § 224. Sz von insgesamt weniger als 10 DM, die unter einer StNr nachgewiesen werden, sollen idR nicht gesondert angefordert werden; sie können jedoch zusammen mit anderen Beträgen angefordert werden, Tz 2 der Kleinbetragsregelung für das Erhebungsverfahren, BStBl 82, I 197.

2. Abschnitt. Verzinsung, Säumniszuschläge § 240

14. Schuldner der Säumniszuschläge. Schuldner der SZ ist derjenige, der seiner Zahlungsverpflichtung nicht pünktlich nachkommt; dies kann auch der **StAbzugsverpflichtete** sein.

15. Gesamtschuldner. Abs 4 bringt eine Sonderregelung für die Fälle der Gesamtschuldnerschaft. Dem Charakter der Säumniszuschläge als Druckmittel entspricht es, bei jedem säumigen Gesamtschuldner Säumniszuschläge entstehen zu lassen. Dies kann jedoch zu unverhältnismäßig hohen Steuersäumniszuschlägen führen. Deshalb bestimmt S 2, daß **insgesamt** kein höherer Säumniszuschlag zu entrichten ist, als verwirkt worden wäre, wenn die Säumnis nur bei **einem Gesamtschuldner** eingetreten wäre.

16. Verjährung. SZ entstehen **kraft G** und werden mit ihrer **Entstehung** fällig, vgl § 220 II 1. Sie unterliegen daher nur der **5jährigen Zahlungsverjährung**, unabhängig von der Verjährung des Hauptanspruchs.

17. Rechtsbehelf. Gegen die Anforderung von SZ in Form eines Leistungsgebots gem § 254 I und die Ablehnung des Erlasses von SZ ist die **Beschwerde** gegeben. Werden Sz durch Verwaltungsakt, zB durch Abrechnungsbescheid, festgesetzt, kann **Einspruch** erhoben werden, BFH BStBl 79, 429. Die Verwirkung von SZ kann nach den Vorschriften über die **Aussetzung** und **Aufhebung** der Vollziehung angefochtener Verwaltungsakte durch das Gericht der Hauptsache **aufgehoben** werden, BFH BStBl 77, 645. Die **Entstehung** der kraft Gesetz entstandenen SZ kann **nicht** im Wege des § 69 FGO **ausgesetzt** werden. Es besteht unter dem Gesichtspunkt der Ermessenseinengung kein Rechtsanspruch darauf, Säumniszuschläge zu erlassen, wenn die Säumnis entschuldbar ist, FG Hamburg EFG 85, 591. Aussetzung der Vollziehung kann sich nur auf den Verwaltungsakt beziehen, der auf Grund eines Gesetzes ergangen ist. Die **Aufhebung** der Vollziehung des Verwaltungsaktes erstreckt sich auch auf die bereits entstandenen SZ, weil durch die Aussetzung der Vollziehung die Fälligkeit aufgehoben wird, FG Hbg EFG 79, 67.

Die Aussetzung der Vollziehung und die Anordnung, die Vollziehung des Hauptanspruchs aufzuheben, haben keine Rückwirkung BFH BStBl 77, 645.

18. Haftung für Säumniszuschläge. *Buciek,* Erlaßsituation und Haftungsverfahren, DB 86, 2254. **Haftung** für SZ tritt nur ein, soweit sich die Haftung nicht nur auf St und StVergütungen beschränkt. Soweit das Gesetz von Ansprüchen aus dem StSchuldverhältnis spricht, zB in §§ 69 und 72, wird auch für **SZ** gehaftet, sofern auf diese die **Haftungsvoraussetzungen** zutreffen. In § 69 letzter Satz wird außerdem ausdrücklich bestimmt, daß die Haftung sich auch auf die durch die Pflichtverletzung entstandenen SZ erstreckt. Buciek (aaO) tritt dafür ein, daß in Fällen, in denen der **Hauptschuldner** aus **sachlichen** Gründen **Erlaß** der Säumniszuschläge verlangen könnte, dies dem **Haftungsschuldner** ebenfalls unmittelbar zugute kommen müsse.

19. Behandlung der Säumniszuschläge im Konkurs. SZ nehmen am Konkurs teil, sind aber **nicht** nach § 61 I Nr 2 KO **bevorrechtigt**, BFH BStBl 74, 17; 83, 489; aA FG München, EFG 81, 116, weil SZ nach § 3 III als steuerliche Nebenleistungen bezeichnet werden und damit öffentliche

Abgaben sind. SZ sind ein Druckmittel eigener Art und insoweit nicht mit den Abgaben iSd § 61 I Nr 2 KO zu vergleichen; daran hat sich auch nichts dadurch geändert, daß SZ in § 1 III als steuerl Nebenleistungen bezeichnet werden.

Dritter Abschnitt. Sicherheitsleistung

Vorbemerkung vor §§ 241 ff.

Die Vorschriften regeln wie früher §§ 132 bis 141 RAO nur die **Art** und das **Verfahren** der Sicherheitsleistung. Wann und ggfs in welcher Höhe Sicherheit zu leisten ist, ist in anderen Vorschriften der AO (vgl §§ 109 II, 165 I, 221, 222, 223, 361 II) oder in den Einzelsteuergesetzen (vgl zB §§ 20 V, 37 II ZG, § 9 II und III MinÖlStG geregelt. Allgemein muß die Anordnung der Sicherheitsleistung vom Grundsatz der Verhältnismäßigkeit beherrscht sein (BVerfG StRK FGO § 69 RdNr 171). Die Höhe der Sicherheitsleistung muß bestimmt oder bestimmbar angegeben werden (BFH BStBl 74, 118; *TK* vor § 241 RdNr 2). Die Erzwingung von Sicherheiten richtet sich nach § 336, ihre Verwertung nach § 327.

Die AO sagt nichts darüber aus, wer die **Kosten** der Sicherheitsleistung zu tragen hat. Da die Sicherheitsleistung grundsätzlich die Gegenleistung für dem Stpfl gewährte Vorteile (zB Zahlungsaufschub, Fristverlängerung) ist, fallen die Kosten immer dem Stpfl zur Last. Sie können daher zB, wenn sie im Interesse der Aussetzung der Vollziehung eines Steuerbescheides aufgewendet worden sind, im Hauptverfahren, mit dem der Stpfl die Aufhebung des Steuerbescheides erreicht, nicht erstattet werden (BFH BStBl 72, 429 und 573; FG Münster EFG 79, 317).

Die §§ 241 ff entsprechen nur zT den Regelungen des BGB über Sicherheitsleistungen (s §§ 232 bis 240 BGB). Sie gehen auch mehr ins Einzelne als die Regelungen im Prozeßrecht über die prozessuale Sicherheitsleistung (vgl § 108 ZPO). Für den Bereich der Bundesfinanzverw sind sie durch eine **Dienstanweisung** noch näher konkretisiert worden (s Vorschriftensammlung der Bundesfinanzverw – VSF – Allgemeines Steuerrecht S 1450). Diese Dienstanweisung gilt laut AnwendErl zur AO (BStBl 87 I 664 zu §§ 241 bis 248) bei der Verw der Besitz- und Verkehrsteuern durch die Landesfinanzbehörden entsprechend und dürfte auch darüber hinaus Bedeutung haben.

Im gerichtlichen Aussetzungsverfahren sind §§ 241 ff nicht anwendbar, da sich prozessuale Sicherheiten nach § 155 FGO iVm §§ 108 ff ZPO regeln (FG RhPf EFG 85, 187).

§ 241 Art der Sicherheitsleistung

(1) Wer nach den Steuergesetzen Sicherheit zu leisten hat, kann diese erbringen
1. **durch Hinterlegung von im Geltungsbereich dieses Gesetzes umlaufenden Zahlungsmitteln bei der zuständigen Finanzbehörde,**
2. **durch Verpfändung der in Absatz 2 genannten Wertpapiere, die von dem zur Sicherheitsleistung Verpflichteten der Deutschen Bundes-**

3. Abschnitt. Sicherheitsleistung § 241

bank oder einem Kreditinstitut zur Verwahrung anvertraut worden sind, das zum Depotgeschäft zugelassen ist, wenn dem Pfandrecht keine anderen Rechte vorgehen. ²Die Haftung der Wertpapiere für Forderungen des Verwahrers für ihre Verwahrung und Verwaltung bleibt unberührt. ³Der Verpfändung von Wertpapieren steht die Verpfändung von Anteilen an einem Sammelbestand nach § 6 des Gesetzes über die Verwahrung und Anschaffung von Wertpapieren vom 4. Februar 1937 (Reichsgesetzbl. I S. 171), zuletzt geändert durch das Einführungsgesetz zum Strafgesetzbuch vom 2. März 1974 (Bundesgesetzbl. I S. 469), gleich,
3. durch eine mit der Übergabe des Sparbuches verbundene Verpfändung von Spareinlagen bei einem Kreditinstitut, das im Geltungsbereich dieses Gesetzes zum Einlagengeschäft zugelassen ist, wenn dem Pfandrecht keine anderen Rechte vorgehen,
4. durch Verpfändung von Forderungen, die in einem Schuldbuch des Bundes, eines Sondervermögens des Bundes oder eines Landes eingetragen sind, wenn dem Pfandrecht keine anderen Rechte vorgehen,
5. durch Bestellung von
    a) erstrangigen Hypotheken, Grund- oder Rentenschulden an Grundstücken oder Erbbaurechten, die im Geltungsbereich dieses Gesetzes belegen sind,
    b) erstrangigen Schiffshypotheken an Schiffen, Schiffsbauwerken oder Schwimmdocks, die in einem im Geltungsbereich dieses Gesetzes geführten Schiffsregister oder Schiffsbauregister eingetragen sind,
6. durch Verpfändung von Forderungen, für die eine erstrangige Verkehrshypothek an einem im Geltungsbereich dieses Gesetzes belegenen Grundstück oder Erbbaurecht besteht, oder durch Verpfändung von erstrangigen Grundschulden oder Rentenschulden an im Geltungsbereich dieses Gesetzes belegenen Grundstücken oder Erbbaurechten, wenn an den Forderungen, Grundschulden oder Rentenschulden keine vorgehenden Rechte bestehen,
7. durch Schuldversprechen, Bürgschaft oder Wechselverpflichtungen eines tauglichen Steuerbürgen (§ 244).

(2) Wertpapiere im Sinne von Absatz 1 Nr. 2 sind
1. Schuldverschreibungen des Bundes, eines Sondervermögens des Bundes, eines Landes, einer Gemeinde oder eines Gemeindeverbandes,
2. Schuldverschreibungen zwischenstaatlicher Einrichtungen, denen der Bund Hoheitsrechte übertragen hat, wenn sie im Geltungsbereich dieses Gesetzes zum amtlichen Börsenhandel zugelassen sind,
3. Schuldverschreibungen der Deutschen Genossenschaftsbank, der Deutschen Siedlungs- und Landesrentenbank, der Deutschen Ausgleichsbank, der Kreditanstalt für Wiederaufbau und der Landwirtschaftlichen Rentenbank,
4. Pfandbriefe, Kommunalobligationen und verwandte Schuldverschreibungen,
5. Schuldverschreibungen, deren Verzinsung und Rückzahlung vom Bund oder von einem Land gewährleistet werden.

§ 241 5. Teil. Erhebungsverfahren

(3) **Ein unter Steuerverschluß befindliches Lager steuerpflichtiger Waren gilt als ausreichende Sicherheit für die darauf lastende Steuer.**
Abs 2 Nr 3 geändert durch das StReformG v 25. 7. 88, BGBl I 1093.

Übersicht
1. Inhalt der Vorschrift
2. Zahlungsmittel
3. Wertpapiere
4. Spareinlagen
5. Schuldbuchforderungen
6. Bestellung von Grundpfandrechten und Schiffspfandrechten
7. Verpfändung von Grundpfandrechten
8. Steuerbürgen
9. Arten der Wertpapiere
10. Lager unter Steuerverschluß

1. Inhalt. Die Vorschriften der RAO über die Sicherheitsleistungen (§§ 132 bis 141) sind gründlich überarbeitet worden. Die Vorschrift nennt diejenigen Sicherheiten, unter denen der zur Sicherheitsleistung Verpfl wählen kann und die die FinBeh **annehmen muß.** Die Annahme anderer Sicherheiten steht nach § 245 im Ermessen der Finanzverwaltung. Die Annahmewerte bestimmen sich in allen Fällen nach § 246.

2. Zahlungsmittel. Hinterlegt werden können nach Abs 1 Nr 1 nur noch im Geltungsbereich der AO umlaufende Zahlungsmittel. Unter umlaufenden Zahlungsmitteln im Sinne dieser Vorschrift sind die geltenden Noten der Deutschen Bundesbank und die geltenden Bundesmünzen zu verstehen. Bei Schecks und Postschecks gilt die Sicherheitsleistung erst als erbracht, wenn die Schecks eingelöst und der Betrag der Kasse oder Zahlstelle der FinBeh gutgeschrieben worden ist (VSF – S 1450 Abs 9). Die Zahlungsmittel sind zum Nennwert anzunehmen (Annahmewert). Die Wirkung der Hinterlegung ergibt sich aus § 242.

3. Wertpapiere. Während in § 132 I Nr 2 bis 6 RAO die Hinterlegung der Wertpapiere vorgesehen war, ist nunmehr nur noch die **Verpfändung** bankverwahrter Wertpapiere eine zwingend anzunehmende Sicherheit. Der Grund liegt darin, daß die Kreditinstitute am ehesten in der Lage sind, Wertpapiere sachgemäß zu verwahren, die Zinsen einzuziehen und die aufgerufenen Wertpapiere zur Einlösung zu bringen. Hinterlegung ist allerdings weiterhin gemäß § 245 nach Ermessen der FinBeh möglich. Das verwahrende Kreditinstitut muß nach § 32 Kreditwesengesetz zum Depotgeschäft zugelassen sein.

Die Verpfändung geschieht nach den **Vorschr des BGB** (§§ 1292, 1293 iVm § 1205 BGB). Da das verwahrende Kreditinstitut im Besitz der Wertpapiere bleibt, ist nach § 1205 II BGB neben der Einigung zwischen FinBeh und Sicherheitsleistenden über die Verpfändung auch die Abtretung des Herausgabeanspruchs an die FinBeh und die Anzeige der Verpfändung an das Kreditinstitut erforderlich. Die Abtretung des Herausgabeanspruchs kann durch schlüssige Handlung erfolgen (*Palandt,* BGB, § 931 Anm 2c). Nach Abs 19 VSF – S 1450 hat der Sicherheitleistende daher bei der FinBeh eine schriftl Verpfändungserkl, einen vom Kreditinstitut ausgestellten Hinterlegungsschein und eine an das Kreditinstitut gerichtete Anzeige über die Verpfändung der Wertpapiere einzureichen.

3. Abschnitt. Sicherheitsleistung **§ 241**

Durch die Verpfändung muß ein **erstrangiges Pfandrecht** bestellt werden. Maßgebend für die Rangfolge ist der Zeitpunkt der Bestellung des Pfandrechts (§ 1209 BGB), so daß nicht bereits andere Rechte an den Wertpapieren bestehen dürfen, auch nicht solche der verwahrenden Bank aus den Geschäftsbeziehungen mit dem Sicherheitleistenden. Ausgenommen sind nur Rechte, insbes Pfand- und Zurückbehaltungsrechte, die zur Sicherung der Forderungen des Kreditinstituts aus der Verwahrung und Verwaltung der Wertpapiere bestehen oder bestellt worden sind (vgl § 4 I S 2 DepotG). Weitere Einschränkungen und Voraussetzungen für die Sicherheitsleistung durch Verpfändung von Wertpapieren ergeben sich aus §§ 241 II und 243. Bei der nach § 241 II zugelassenen Verpfändung von Anteilen an einem Sammelbestand nach § 6 DepotG muß es sich um einen Sammelbestand von Wertpapieren handeln, die die Voraussetzungen der §§ 241 II und 243 erfüllen.

4. Spareinlagen. Anders als § 132 I Nr 8 RAO erklärt Nr 3 des § 241 Spareinlagen **aller Kreditinstitute,** die im Geltungsbereich der AO zum Einlagengeschäft zugelassen sind, als zur Sicherheit geeignet. Die Verpfändung von Spareinlagen richtet sich nach § 1280 BGB (*Palandt*, BGB, § 1280 A 1). Erforderlich ist daher ein Verpfändungsvertrag zwischen Sicherheitleistendem und FinBeh und **Anzeige** des Sicherheitleistenden an das Kreditinstitut von ihm (s dazu Abs 22 VSF – S 1450). Die erforderliche Erstrangigkeit der Verpfändung kann dabei durch Bescheinigung des Kreditinstituts nachgewiesen werden, weil dem Kreditinstitut etwaige Vorverpfändungen hätten angezeigt werden müssen (vgl VSF aaO). Während nach § 1208 BGB für die Wirksamkeit der Verpfändung von Spareinlagen keine Übergabe des Sparbuchs erforderlich ist, verlangt Nr 3 für die Sicherheitsleistung zusätzlich die Übergabe des Sparbuchs.

5. Schuldbuchforderungen. Abs 1 Nr 4 betrifft die Verpfändung von Forderungen, die in ein Schuldbuch eingetragen sind. Neben dem Schuldbuch des Bundes kommen nur Schuldbücher der Länder (nicht Gemeinden) in Betracht, für welche die Länder nach EGBGB 97 die Gesetzgebungskompetenz haben. Die Vorschr des Abs I Nr 4 hat keine Bedeutung für die **Staatsanleihen,** für die Schuldverschreibungen ausgestellt, für die Schatzwechsel oder Schatzanweisungen. Da für diese Briefschulden Wertpapiere ausgestellt sind, fallen sie unter Nr 2. Nr 4 betrifft die Forderungen, für die keine Wertpapiere oder nur echte Namenspapiere (s § 243 Nr 3). ausgegeben worden sind und die durch Eintragung in das Schuldbuch der öffentlichen Körperschaft zu Schuldbuchforderungen geworden sind. Für die Verpfändung der Schuldbuchforderungen sind das **ReichsschuldbuchGes** idF v 31. 5. 1910 und die entspr Landesgesetze maßgebend. Danach ist neben der Verpfändungserklärung und ihrer Annahme eine Eintragung der FinBeh als Pfandgläubiger mit einer Verfügungsbeschränkung zu ihren Gunsten in das Schuldbuch erforderlich (s näher Abs 28 VSF – S 1450).

6. Bestellung von Grundpfandrechten und Schiffspfandrechten. Zu den Begriffen der in Nr 5 genannten Grundpfandrechte s §§ 1113, 1191, 1199 BGB, zu ihrer Bestellung §§ 873, 1115 ff BGB. Es muß sich um **erstrangige Rechte** handeln. Nachrangige Rechte können nur nach § 245

§ 241

als Sicherheit angenommen werden. Die Bestellung der Grundpfandrechte kann erhebliche Kosten verursachen, die stets den Sicherheitleistenden treffen (s Vor § 241). Für die Schiffspfandrechte gilt das Gesetz über Rechte an eingetragenen Schiffen und Schiffsbauwerken (SchiffsRG) v 15. 11. 1940 (RGBl I 1499).

7. Verpfändung von Grundpfandrechten. Nach Nr 6 muß die FinBeh außer der Verpfändung von Grund- und Rentenschulden als Sicherheit nur die Verpfändung von Forderungen annehmen, die durch eine **Verkehrshypothek** gesichert sind. Forderungen, für die eine Sicherungshypothek (s dazu §§ 1184, 1185 BGB) besteht, sind keine zwingend anzunehmende Sicherheiten. Die Verkehrshypothek kann eine **Brief- oder Buchhypothek** sein (s dazu § 1116 BGB). Die Verpfändung einer durch eine Buchhypothek gesicherten Forderung erfolgt nach §§ 1274, 1154 III, 873 BGB durch Einigung (Verpfändungserklärung und Annahme der FinBeh) und Eintragung der Verpfändung in das Grundbuch. Bei einer Briefhypothek ist die Grundbucheintragung grunds nicht erforderl, sondern die Briefübergabe reicht nach §§ 1274, 1154 I BGB aus, wenn die Verpfändungserklärung schriftl abgegeben wird (vgl dazu Abs 34 VSF – S 1450). Die Verpfändung von Grund- und Rentenschulden erfolgt außer in den Fällen des § 1195 BGB nach § 1291 BGB ebenso wie die Verpfändung von Hypothekenforderungen, je nachdem, ob es sich um Buch- oder Briefgrundschulden handelt. Es muß sich jeweils um erstrangige Rechte handeln. Für die Kosten gilt das Gleiche wie oben zu Nr 5.

8. Steuerbürgen. Nr 7 regelt nur die **Arten der zwingend anzunehmenden Sicherheitsleistungen** durch einen Steuerbürgen. Wer Steuerbürge sein kann, bestimmt sich näher nach § 244. Bei den Arten der Sicherheitsleistung handelt es sich um Schuldversprechen iS von § 780 BGB (Schriftform erforderl), Bürgschaften nach §§ 765 ff BGB (nach § 766 BGB ebenfalls Schriftform erforderlich) oder Wechselverpflichtungen aus Art 28 und 78 WG (s im einzelnen zur Sicherheitsleistung des Steuerbürgen Abs 36 bis 54 VSF – S 1450).

9. Arten der Wertpapiere. In Abs II werden die Wertpapiere genannt, die zur Verpfändung nach Abs I Nr 2 geeignet sind. Es geht um **Schuldverschreibungen**, die von der öffentl Hand ausgestellt oder garantiert sind oder die wie die Pfandbriefe besonders strengen Deckungs- oder Gläubigerschutzvorschriften unterliegen. Es kommt nicht darauf an, daß die Wertpapiere ausdrückl als Schuldverschreibungen bezeichnet sind, sondern, daß sie es ihrem Wesen nach sind. So gehören zB auch Schatzwechsel dazu, weil es sich ihrem Wesen nach um Orderschuldverschreibungen handelt. Aus § 243 Nr 3 ergibt sich, daß Namenspapiere, die nicht durch Indossament übertragen werden, nicht erfaßt werden. Ferner fallen nicht unter Abs II zB Aktien, Industrieobligationen oder Sparbriefe. Sie könne allerdings nach § 245 als Sicherheit angenommen werden.

10. Lager unter Steuerverschluß. Die Vorschr entspricht § 132 IV RAO. Das Lager unter Steuerverschluß kann nur für die auf den **Waren des Lagers** lastenden Steuern als Sicherheit dienen.

3. Abschnitt. Sicherheitsleistung **§§ 242, 243**

§ 242 Wirkung der Hinterlegung von Zahlungsmitteln
¹Zahlungsmittel, die nach § 241 Abs. 1 Nr. 1 hinterlegt werden, gehen in das Eigentum der Körperschaft über, der die Finanzbehörde angehört, bei der sie hinterlegt worden sind. ²Die Forderung auf Rückzahlung ist nicht zu verzinsen. ³Mit der Hinterlegung erwirbt die Körperschaft, deren Forderung durch die Hinterlegung gesichert werden soll, ein Pfandrecht an der Forderung auf Rückerstattung der hinterlegten Zahlungsmittel.

Die Bestimmung über den Eigentumsübergang in S 1 gilt nur für die nach § 241 I Nr 1 hinterlegten, dh für die **in der Bundesrepublik umlaufenden Zahlungsmittel.** Sie gehen auch dann in das Eigentum der Körperschaft, der die FinBeh angehört, über, wenn der Hinterleger nicht Eigentümer oder zur Hinterlegung nicht berechtigt ist (RGZ 112, 224; *TK* RNr 5). An Fremdwährungen, die die FinBeh nach § 245 annehmen kann, entsteht nur ein Pfandrecht (vgl VSF – S 1450 Abs 11). S 2, der die Verzinsung des Anspruchs auf Rückforderung der in das Eigentum der öffentl Hand übergegangenen Zahlungsmittel ausschließt, setzt als selbstverständlich voraus, daß ein solcher Rückforderungsansp besteht (*TK* RNr 8; *HHSp* RNr 3). Der hinterlegte Betrag ist also zurückzuzahlen, wenn der Anlaß für die Sicherheitsleistung fortgefallen ist. Das nach S 3 bestehende Pfandrecht am Rückzahlungsanspr sichert gegen vorzeitige Rückforderung, aber auch bei Abtretung des Rückzahlungsanspruchs an einen Dritten.

§ 243 Verpfändung von Wertpapieren
¹Die Sicherheitsleistung durch Verpfändung von Wertpapieren nach § 241 Abs. 1 Nr. 2 ist nur zulässig, wenn der Verwahrer die Gewähr für die Umlauffähigkeit übernimmt. ²Die Übernahme dieser Gewähr umfaßt die Haftung dafür,
1. daß das Rückforderungsrecht des Hinterlegers durch gerichtliche Sperre und Beschlagnahme nicht beschränkt ist,
2. daß die anvertrauten Wertpapiere in den Sammellisten aufgerufener Wertpapiere nicht als gestohlen oder als verloren gemeldet und weder mit Zahlungssperre belegt noch zur Kraftloserklärung aufgeboten oder für kraftlos erklärt worden sind,
3. daß die Wertpapiere auf den Inhaber lauten, oder, falls sie auf den Namen ausgestellt sind, mit Blankoindossament versehen und auch sonst nicht gesperrt sind, und daß die Zinsscheine und die Erneuerungsscheine bei den Stücken sind.

Die Vorschrift, die § 133 RAO entspricht, enthält Regelungen, die die Umlauffähigkeit und damit die Verwertbarkeit verpfändeter Wertpapiere gewährleisten sollen. Das verwahrende Kreditinstitut muß die Gewähr für die Umlauffähigkeit übernehmen. Welche Kreditinstitute als geeignete Verwahrer in Betracht kommen, ergibt sich aus § 241 I Nr 2 (s § 241 A 3). Übernimmt das Kreditinstitut die Gewähr, wird es **schadensersatzpflichtig,** wenn die in S 2 Nr 1 bis 3 aufgeführten Bedingungen bei den verpfändeten Wertpapieren nicht gegeben sind. Schadensersatz ist in

§ 244

Höhe der Annahmewerte gem § 246 und für alle der FinBeh durch einen etwaigen erfolglosen Verwertungsversuch entstehenden Kosten zu leisten.

§ 244 Taugliche Steuerbürgen

(1) ¹Schuldversprechen, Bürgschaften und Wechselverpflichtungen aus Artikel 28 oder 78 des Wechselgesetzes sind als Sicherheit nur geeignet, wenn sie
1. von Personen abgegeben oder eingegangen sind, die ein der Höhe der zu leistenden Sicherheit angemessenes Vermögen besitzen und ihren allgemeinen Gerichtsstand im Geltungsbereich dieses Gesetzes haben,
2. im Falle der Bürgschaft den Verzicht auf die Einrede der Vorausklage enthalten.

²Sicherungsgeber und Sicherungsnehmer dürfen nicht wechselseitig füreinander Sicherheit leisten und auch nicht wirtschaftlich miteinander verflochten sein.

(2) ¹Kreditinstitute, die im Geltungsbereich dieses Gesetzes zum Geschäftsbetrieb zugelassen sind, und Versicherungsunternehmungen, die geschäftsmäßig Sicherheit für andere leisten und eine Niederlassung im Geltungsbereich dieses Gesetzes haben, kann die Finanzbehörde allgemein als Steuerbürge zulassen. ²Bei der Zulassung ist ein Höchstbetrag festzusetzen (Bürgschaftssumme). ³Die gesamten Verbindlichkeiten aus Schuldversprechen, Bürgschaften und Wechselversprechen, die der Steuerbürge gegenüber der Finanzverwaltung übernommen hat, dürfen nicht über die Bürgschaftssumme hinausgehen.

Schrifttum: *Friedrich* Bürgschaften für Steuerschulden, StuW 1979, 259.

Übersicht

1. Inhalt der Vorschrift.
2. Bedeutung der Steuerbürgschaft
3. Wirtschaftlich verflochtene Unternehmen als Steuerbürgen
4. Allgemeine Steuerbürgen
5. Zulassung als allgemeiner Steuerbürge

1. Inhalt. In § 241 I Nr 7 ist bestimmt, daß Schuldversprechen, Bürgschaften oder Wechselverpflichtungen eines tauglichen Steuerbürgen zu den sogen Muß-Sicherheiten gehören (s § 241 A 8). Die Vorschr des § 244 regelt näher, **wer** im Einzelfall oder allgemein **tauglicher Steuerbürge ist,** dh, wer in den genannten Formen für andere Sicherheit leisten kann. Die Regelung über die Steuerbürgen war früher, allerdings mit größerem Ermessensspielraum für die FinBeh, in den §§ 26 bis 29 der Stundungsordnung v 29. 1. 1923 (RGBl I 75) enthalten. Die nunmehr in die AO übernommene Regelung entspricht im wesentlichen dem bisher in der Praxis geübten Verfahren.

2. Bedeutung der Steuerbürgschaft. Die Bürgschaftserklärung, das Schuldversprechen oder die Wechselverpflichtung hat eine **Doppelwirkung.** Im Verhältnis zum Steuerpflichtigen liegt darin eine Form der Sicherheitsleistung (vgl BFH BStBl 60, 259). Die Annahme oder Ablehnung der Annahme als Sicherheit ist ein **Verwaltungsakt.** Der Stpfl hat gegen die

3. Abschnitt. Sicherheitsleistung **§ 245**

Ablehnung das Rechtsmittel der Beschwerde nach § 349 (*TK* RNr 3). Dem Steuerbürgen (anders bei allgem Steuerbürgen, s unten) steht kein Rechtsmittel zu. Im Verhältnis zw Steuergläubiger und Bürgen, Versprechendem oder Bezogenem entsteht bei Annahme als Sicherheit ein **privates Rechtsverhältnis** (BFH BStBl 64, 218; FG Karlsruhe EFG 62, 239). Es finden die Vorschr des bürgerl Rechts Anwendung, beim Schuldversprechen zwischen Steuergläubiger und Versprechendem die §§ 780 ff BGB, bei Bürgschaft §§ 765 ff BGB und bei Wechselhingabe die Vorschriften des WG. Die Ansprüche daraus muß die FinBeh auf dem Zivilrechtsweg verfolgen.

3. Wirtschaftlich verflochtene Unternehmen als Steuerbürgen. Abs I S 2 entspricht der Verwaltungspraxis und auch der RSpr (vgl BFH BStBl 64, 217) unter Geltung der RAO. Das Verbot, wonach Sicherungsgeber und Sicherungsnehmer nicht wirtschaftl untereinander verflochten sein dürfen, betrifft insbes **Mutter- und Tochtergesellschaften,** darüber hinaus alle Fälle, in denen sich das Aktienkapital oder die Geschäftsanteile eines Unternehmens überwiegend in der Hand eines anderen Unternehmens befinden. Andererseits liegt eine wirtschaftl Verflechtung noch nicht vor, wenn ein Unternehmen zu einem untergeordneten Teil an einem anderen beteiligt ist. Das Verbot des Abs I S 2 gilt **nur** für die Fälle des Abs I, also **bei Einzelsteuerbürgschaften.** Nach Abs II zugelassene allgemeine Steuerbürgen können auch dann Steuerbürgschaften für einen Stpfl leisten, wenn sie wirtschaftl mit diesem verflochten sind. Die wirtschaftl Verflechtung ist dann allerdings bei der Bemessung der Bürgschaftssumme zu berücksichtigen (VSF – S 1450 Abs 38).

4. Allgemeine Steuerbürgen. Während die Rechtsbeziehungen zwischen Steuergläubiger und Einzelsteuerbürgen rein privatrechtl sind, ist das Verhältnis zwischen FinBeh und allgemeinem Steuerbürgen **öffentl rechtl** (BFH BStBl 64, 217; *TK* RNr 12). Die Zulassung als allgemeiner Steuerbürge ist ein Verwaltungsakt gegenüber dem Steuerbürgen. Die Ablehnung der Zulassung kann daher durch Beschwerde und anschließend im Finanzrechtsweg angefochten werden. Das gilt auch bei einem Antrag auf Erhöhung der Bürgschaftssumme. Die im Rahmen der Bürgschaftssumme vom allgem Steuerbürgen abgegebenen Schuldversprechen, Bürgschaften oder die auf ihn gezogenen Wechsel schaffen wieder privatrechtl Rechtsbeziehungen zwischen Steuergläubiger und Steuerbürgen. Die Verpflichtungen daraus muß die FinBeh notfalls im Zivilrechtsweg einklagen (s oben A 2).

5. Zulassung als allgemeiner Steuerbürge. Die Entscheidung, ob jemand als allgemeiner Steuerbürge zugelassen wird, liegt ebenso wie die Festsetzung der Bürgschaftssumme im Ermessen der zuständigen Behörde (vgl *TK* RNr 12). Es können allerdings nur noch Kreditinsitute oder Versicherungsunternehmen zugelassen werden. Die Zulassung sonstiger Kaufleute ist nicht mehr möglich.

§ 245 Sicherheitsleistung durch andere Werte

¹**Andere als die in § 241 bezeichneten Sicherheiten kann die Finanzbehörde nach ihrem Ermessen annehmen.** ²**Vorzuziehen sind Vermögens-**

§ 246 5. Teil. Erhebungsverfahren

gegenstände, die größere Sicherheit bieten oder bei Eintritt auch außerordentlicher Verhältnisse ohne erhebliche Schwierigkeit und innerhalb angemessener Frist verwertet werden können.

Schrifttum: *Pfaff* Die Sicherungsübereignung als steuerliches Sicherungsmittel, DStR 1965, 459; 502; 530; 561; *Salch* Die Sicherung von Abgabeansprüchen durch Annahme von gesperrten Sparbüchern, FR 1969, 13.

1. Inhalt. Die Vorschrift dient der Berücksichtigung der Belange des zur Sicherheitsleistung Verpflichteten, der nicht immer in der Lage ist, entspr der Vorschrift des § 241 Sicherheit zu leisten. Eine andere Sicherheit darf daher nur im Rahmen **pflichtgem Ermessens** abgelehnt werden (vgl *TK* RNr 1). Die FinBeh handelt aber nicht ermessensfehlerhaft, wenn sie eine Sicherheit nach § 245 ablehnt, weil der Stpfl Sicherheit nach § 241 leisten kann (*HHSp* RNr 6).

2. Anwendungsfälle. Als Sicherheitsleistung nach § 245 kann zB die Verpfändung von beweglichen Sachen in Betracht kommen. Anders als die **Sicherungsübereignung** (s dazu *Palandt*, BGB, § 930 A 4) kann die Verpfändung nach § 1205 BGB allerdings nicht durch Einräumung des mittelbaren Besitzes erfolgen, sondern der Sicherheitleistende muß die Sache der FinBeh übergeben (*Palandt*, BGB, § 1205 A 1). Eine größere Rolle spielt im Rahmen des § 245 daher die Sicherungsübereignung, bei der die FinBeh einerseits ein weitergehendes Recht als das Pfandrecht erhält, der Sicherheitleistende andererseits die Sache (zB das Kfz) aber weiter nutzen kann. Ein weiterer wichtiger Anwendungsfall ist die Verpfändung von Wertpapieren, (zB Aktien, Industrieobligationen) die nicht unter § 241 fallen (s dort A 3 und 9). Neben diesen Beispielen dürfte die im Schrifttum erörterte **Hinterlegung von Sparbüchern** oder **Kfz-Briefen** eine geringere Rolle spielen. Da die FinBeh nach S 2 des § 245 die Möglichkeit wählen muß, die größere Sicherheit bietet, wird sie zusätzlich zu der Hinterlegung des Sparbuchs die Verpfändung der Spareinlage (§ 241 Nr 1) oder zusätzlich zur Hinterlegung des Kfz-Briefes die Sicherungsübereignung des Fahrzeugs fordern. Bei Sparbüchern kann auch eine Verbesserung der Sicherheit durch die Annahme gesperrter Sparbücher erreicht werden (*TK* RNr 3, *Salch* FR 69, 13). Sparbuch oder Kfz-Brief allein bringen nur begrenzte Sicherheit. Die Hinterlegung des Sparbuchs hindert nur die Geltendmachung der Forderung durch den Berechtigten, die Hinterlegung des Kfz-Briefes behindert die Verwertung (Verkauf usw) durch den Eigentümer (s dazu *HHSp* RNr 3 und 4).

§ 246 Annahmewerte

[1]Die Finanzbehörde bestimmt nach ihrem Ermessen, zu welchen Werten Gegenstände als Sicherheit anzunehmen sind. [2]Der Annahmewert darf jedoch den bei einer Verwertung zu erwartenden Erlös abzüglich der Kosten der Verwertung nicht übersteigen. [3]Er darf bei den in § 241 Abs. 1 Nr. 2 und 4 aufgeführten Gegenständen und bei beweglichen Sachen, die nach § 245 als Sicherheit angenommen werden, nicht unter den in § 234 Abs. 3, § 236 und § 237 Satz 1 des Bürgerlichen Gesetzbuches genannten Werten liegen.

3. Abschnitt. Sicherheitsleistung **§ 246**

1. Inhalt. Die Annahmewerte waren früher in der seit 1969 nicht mehr geltenden **Stundungsordnung** (§§ 20 bis 24) v 29. 1. 1923 (RGBl I, 75) durch Rechtsvorschr festgelegt. § 246 überläßt demgegenüber die Bestimmung der Annahmewerte dem pflichtgem Ermessen der FinBeh. In S 2 wird das Ermessen allerdings durch eine allgemeine **Obergrenze** für die Annahmewerte eingeschränkt. S 3 bestimmt, daß bei Wertpapieren und Schuldbuchforderungen sowie bewegl Sachen bestimmte im BGB genannte Werte als **Untergrenze** nicht unterschritten werden dürfen. Das sind bei Wertpapieren und Schuldbuchforderungen drei Viertel des Kurswertes (§§ 234 III, 236 BGB), bei bewegl Sachen zwei Drittel des Schätzwertes (§ 237 BGB).

2. Richtlinien. Intern sind für die Ermessensausübung der FinBeh in der bereits öfter zitierten **Dienstanweisung des BdF** (VSF – S 1450) Richtlinien erlassen worden (zum Geltungsbereich s Vorbem zu § 241). Danach werden verzinsliche Schatzanweisungen des Bundes, eines Sondervermögens des Bundes oder eines Landes, die an einer Börse im Geltungsbereich der AO amtlich nicht notiert sind, zu 80 vH des Nennwertes als Sicherheit angenommen. Bundesschatzbriefe sind zum Nennwert anzunehmen. Unverzinsliche Schatzanweisungen des Bundes oder eines Landes werden bei einer Laufzeit von höchstens 6 Monaten mit 95 vH und bei einer Laufzeit von höchstens einem Jahr mit 90 vH des Nennwertes bewertet. Für jedes weitere Jahr der Laufzeit vermindert sich der Annahmewert um 5 vH. Der Annahmewert anderer festverzinslicher Wertpapiere ist, wenn sie an einer Börse im Geltungsbereich der AO amtlich notiert werden, gleich 75 vH des Kurswertes. Der Annahmewert sonstiger festverzinslicher Wertpapiere ist höchstens gleich dem Nennwert festzusetzen; er soll in der Regel 75 vH des Kurswertes gleichartiger an der Börse notierter Wertpapiere nicht übersteigen. Den Annahmewert nichtfestverzinslicher Wertpapiere bestimmt die FinBeh nach ihrem Ermessen. Die nichtfestverzinslichen Wertpapiere dürfen bei längerfristigen Bewilligungen höchstens mit dem Nennwert als Sicherheit angenommen werden (s zu den Annahmewerten VSF – S 1450 Abs 15 bis 18). Entsprechendes gilt für die Verpfändung von Schuldbuchforderungen iS von § 241 I Nr 4 (VSF – S 1450 Abs 27). Sparguthaben werden bis zur Höhe ihrer Einlagen als Sicherheit angenommen (VSF – S 1450 Abs 23). Bei der Bestellung von Hypotheken, Grund- oder Rentenschulden (§ 241 I Nr 5) sowie bei der Verpfändung von Forderungen, die durch solche Rechte gesichert sind (§ 241 Nr 6), ist nicht nur die Höhe des Grundpfandrechts, sondern auch der Grundstückswert wichtig. Für die Bewertung gelten die landesrechtl Vorschriften. Dabei können die VO über Grundsätze für die Ermittlung des Verkehrswertes von Grundstücken idF v 15. 8. 1972 (BGBl I, 1416) und die Richtlinien für die Ermittlung des Verkehrswertes von Grundstücken idF v 27. 7. 1973 (Beilage 29/73 zum BAnz Nr 182 v 27. 9. 1973) als Anhalt dienen (VSF – S 1450 Abs 30).

§ 247 Austausch von Sicherheiten

Wer nach den §§ 241 bis 245 Sicherheit geleistet hat, ist berechtigt, die Sicherheit oder einen Teil davon durch eine andere nach den §§ 241 bis 244 geeignete Sicherheit zu ersetzen.

Der Steuerschuldner hat nach § 241 die Wahl, welche Sicherheit er leisten will. § 247 will ihm diese Wahlmöglichkeit auch belassen, falls er zuvor eine andere Sicherheit gewählt hat. Wenn der Schuldner aber eine Sicherheit durch eine solche ersetzen will, die er nach § 245 nicht frei wählen kann, sondern zu deren Wahl er der Zustimmung der FinBeh bedarf, so ist der Austausch auch nur mit Zustimmung der FinBeh möglich. Die FinBeh entscheidet hier nach pflichtgemäßem Ermessen. Die Ersetzung kann auch dann erfolgen, wenn die Sicherheit gem § 336 erzwungen worden ist (*TK* zu § 247).

§ 248 Nachschußpflicht

Wird eine Sicherheit unzureichend, so ist sie zu ergänzen oder es ist anderweitige Sicherheit zu leisten.

Die Vorschrift regelt die Fälle, in denen eine Sicherheit erst **nach der Sicherheitsleistung** unzureichend geworden ist. Nicht erfaßt werden die Fälle, in denen die FinBeh von vornherein eine unzureichende Sicherheit verlangt oder angenommen hat und aus diesem Grunde später eine höhere oder anderweitige Sicherheit fordert. In einem solchen Fall handelt es sich um eine Änderung des Verwaltungsaktes, mit dem die Sicherheitsleistung festgestellt worden ist, oder sogar des Verwaltungsaktes, der von der Sicherheitsleistung abhängig gemacht worden ist (vgl *HHSp* RNr 2). Da die Änderung des Verwaltungsaktes in Wirklichkeit die Rücknahme des alten und den Erlaß eines neuen Verwaltungsaktes bedeutet, gilt § 130, insbes Abs II dieser Best (s dazu § 130 A 5). Unter die Vorschr des § 248 fällt sowohl der Tatbestand, daß die Sicherheit nachträglich wegen einer Erhöhung der zu sichernden Forderung unzureichend wird, als auch der Fall, daß der Wert einer Sicherheit gesunken ist. Wertpapiere können zB auf Grund sinkender Börsenkurse als Sicherheit nicht mehr ausreichen. Wegen eines unerheblichen Sinkens des Börsenkurses bedarf es allerdings noch keiner Ergänzung der Sicherheit. Ob der Wertverlust so erheblich ist, daß eine Nachschußpflicht besteht, entscheidet die FinBeh nach pflichtgem Ermessen (VSF – S 1450 Abs 61).

Sechster Teil
Vollstreckung

Erster Abschnitt. Allgemeine Vorschriften

Vorbemerkungen zu § 249

Die Vorschriften über das VollstrVerfahren enthalten sachlich nur **verhältnismäßig wenige Änderungen gegenüber dem früheren Recht.** Im wesentlichen geht es bei den Änderungen um eine Anpassung an die zwischenzeitliche Entwicklung, insbes im Hinblick auf die neueren VollstrGesetze der Länder. Außerdem sind die in verschiedenen Teilen der RAO enthaltenen Bestimmungen über die Vollstr von Geldforderungen (§§ 325 ff RAO) und anderen Forderungen (§ 202 RAO) nunmehr ebenso wie die vollstreckungsrechtl Vorschriften außerhalb der RAO (Regelungen in der AufteilungsVO v 8. 11. 63 – BGBl I, 785; Gesetz über die Kosten der ZwVollstr nach der RAO v 12. 4. 1961 – BGBl I 429) im sechsten Teil der AO zusammengefaßt worden.

Der sechste Teil gilt **nur für die Vollstreckung** der Ansprüche **des Steuerfiskus.** Der StPfl kann Ansprüche, die er gegen den Steuerfiskus hat, nur auf Grund gerichtl Entscheidung vollstrecken. Hierfür gelten die §§ 151 bis 154 FGO.

Die Vorschriften des sechsten Teils der AO bilden eine **eigenständige Regelung** gegenüber der Vollstr nach der ZPO. Allerdings verweisen eine Reihe von Vorschriften (vgl zB §§ 262 bis 266) auf Bestimmungen der ZPO, so daß häufig eine unmittelbare Verbindung gegeben ist. Darüber hinaus entspricht ein Teil der Vorschriften den Bestimmungen der ZPO (vgl zB §§ 281 bis 283 und §§ 803, 804, 806 ZPO) oder es treten ähnliche Fragen auf wie im VollstrR der ZPO. Hier bietet der Rückgriff auf das VollstrRecht der ZPO eine unerläßliche Hilfe bei der Anwendung der AO.

Eigenständig ist das VollstrR des sechsten Teils der AO grundsätzlich gegenüber dem übrigen VerwVollstrR, das in den **Verwaltungsvollstreckungsgesetzen** des Bundes und der Länder geregelt ist. Aber auch hier gibt es enge Verzahnungen. So regelt sich nach § 5 VerwVG (Bund) die Vollstr wegen Geldforderungen weitgehend nach dem VollstrR der AO (s auch § 19 VerwVG wegen der Kosten).

Die AO ist grundsätzlich auch bei der Vollstreckungshilfe bei ausländischen Steuerforderungen im Geltungsbereich der AO anzuwenden. Es besteht aber nur dann eine Pflicht zur Amtshilfe gegenüber ausländischen Behörden, wenn und soweit entsprechende Abkommen bestehen. Aus diesen Abkommen können sich dann auch gewisse Besonderheiten gegenüber der AO ergeben (vgl § 2). Für die Vollstreckung von Forderungen im Zusammenhang mit Maßnahmen, die Bestandteil des Finanzierungssystems des Europäischen Ausrichtungs- und Garantiefonds für die Landwirtschaft sind, sowie für Abschöpfungen, Zölle, Verbrauchsteuern, die als Eingangsabgaben geschuldet werden, und Umsatzsteuern gilt das **EG-Beitreibungsgesetz** v 10. 8. 1979 (BGBl I S 1429), geändert durch Gesetz v

§ 249 6. Teil. Vollstreckung

7. 8. 1981 (BGBl I S 807). Nach § 2 dieses Gesetzes findet für die Vollstreckung dieser Forderungen ebenfalls die AO Anwendung. Besonderheiten gelten hinsichtlich der Vollstreckungsbehörden, Auskünfte und Zustellungen, Voraussetzungen der Vollstreckung, Vorrechte im Konkurs, Rechtsbehelfe und Sicherungsmaßnahmen.

Der im sechsten Teil geregelte Katalog möglicher Maßnahmen ist abschließend festgelegt. Allgemein gilt für alle Maßnahmen der Verwaltungsgrundsatz der **Verhältnismäßigkeit der Mittel**. Es haben daher Maßnahmen zu unterbleiben, deren Wirkung über das öffentliche Interesse an der Vollstreckung erheblich hinausgehen (BGH NJW 73, 894; *TK* § 249 RNr 7). Das bedeutet aber nicht, daß die Vollstreckung geringfügiger Forderungen, bei denen die Kosten der Vollstreckung höher sind als die Forderung, unzulässig ist (LG Wuppertal, NJW 80, 297; vgl auch LG Konstanz NJW 80, 297). Eine Grenze ergibt sich allerdings aus § 261 (s dort A 3). Die FinBeh ist gegenüber dem VollstrSchuldner verpflichtet, so schonend wie möglich vorzugehen (BFH HFR 64 308; *Möllinger* AO, S 327; *TK* § 249 RNr 7; *KKH* § 249 Anm C 6). Deshalb sind zB sogen Überpfändungen nach § 281 II verboten. Die Verletzung des Grundsatzes der Verhältnismäßigkeit macht die VollstrMaßnahmen allerdings nicht nichtig, sondern nur anfechtbar (vgl für die Überpfändung BFH BStBl 73, 513).

Als Verwaltungsvorschriften zu den §§ 249 ff sind die Allgemeine Verwaltungsvorschrift über die Durchführung der Vollstreckung nach der Abgabenordnung (**Vollstreckungsanweisung – VollstrA**) v 13. 3. 1980 (BStBl I 112) und die Allgemeine Verwaltungsvorschrift für Vollziehungsbeamte der Finanzverwaltung (**Vollziehungsanweisung – VollzA**) v 20. 4. 1980 (BStBl I 194) ergangen.

§ 249 Vollstreckungsbehörden

(1) ¹Die Finanzbehörden können Verwaltungsakte, mit denen eine Geldleistung, eine sonstige Handlung, eine Duldung oder Unterlassung gefordert wird, im Verwaltungsweg vollstrecken. ²Dies gilt auch für Steueranmeldungen (§ 168). ³Vollstreckungsbehörden sind die Finanzämter und die Hauptzollämter; § 328 Abs. 1 Satz 3 bleibt unberührt.

(2) Zur Vorbereitung der Vollstreckung können die Finanzbehörden die Vermögens- und Einkommensverhältnisse des Vollstreckungsschuldners ermitteln.

Schrifttum: *Eberlein* Überblick über die Zwangsvollstreckung durch Finanzbehörden, DStZ 85, 120; *Pump* Die Sachverhaltsermittlung im Vollstreckungsrecht – ein Beitrag zur Erläuterung des § 249 Abs 2 Abgabenordnung, StW 86, 66; *App* Verwaltungsvollstreckung wegen Geldleistungen, JuS 87, 203.

Übersicht

1. Inhalt der Vorschrift
2. Verwaltungsakt
3. Geldleistungen
4. Sonstige Handlung
5. Duldung
6. Unterlassung

1. Abschnitt. Allgemeine Vorschriften **§ 249**

7. Ansprüche des Steuerfiskus
8. Örtliche Zuständigkeit
9. Ermittlung der Vermögensverhältnisse

1. Inhalt. Gemäß Abs I ist es nur zulässig, VerwAkte nach den Vorschr des sechsten Teils zu vollstrecken (zur Vollstr von Entscheidungen der Finanzgerichte s § 150 FGO). Es muß sich außerdem um VerwAkte handeln, die der Vollstr zugänglich sind, dh die VerwAkte müssen ein Tun, Dulden oder Unterlassen fordern. Die wichtigsten hierunter fallenden VerwAkte sind die StBescheide. Es wird ausdrücklich klargestellt, daß auch aus einer StAnmeldung, die einer StFestsetzung unter Vorbehalt der Nachprüfung gleichsteht, vollstreckt werden kann. Abs II, wonach die FinBeh zur Vorbereitung der Vollstr die Vermögens- und Einkommensverhältnisse des VollstrSchuldners ermitteln können, entspr § 325 S 2 RAO. Die Vorschr ist geeignet, das VollstrVerfahren zu erleichtern und die Zahl der eidesstattlichen Versicherungen zur Erhärtung der Vermögensverzeichnisse zu verringern. Damit liegt sie auch im Interesse der StPfl. Abs I 3 überträgt die **sachl Zuständigkeit** für die Vollstr wegen Geldforderungen in allen Fällen den FÄ oder HZÄ. Für andere Forderungen gilt § 328 I 3.

2. Verwaltungsakt. Der Begriff des VerwAktes ergibt sich aus § 118. Er hat sich im allgemeinen VerwR entwickelt und entspr der Definition in § 5 VerwVfG (s im einzelnen Erl zu § 118). **Nicht entscheidend** ist, daß der VerwAkt bereits **bestandskräftig** ist (*Frotscher* DStR 76, 1658). Auch angefochtene Steuerbescheide, Steuerbescheide unter Vorbehalt und vorläufige Steuerbescheide sind grundsätzl vollstreckbar.

3. Geldleistungen. VerwAkte, in denen eine Geldleistung gefordert wird, sind nicht nur Bescheide über die **Hauptschuld**, sondern auch die Forderung von **Nebenleistungen** iS v § 3 III. Eine Forderung auf Nebenleistungen ist aber nur vollstreckbar, wenn sie in einem VerwAkt, dh in dem Bescheid über die Hauptforderung oder in einem gesonderten Bescheid festgesetzt und gefordert worden ist. Ansprüche auf Geldleistungen, die nach § 218 ohne besondere Festsetzung verwirklicht werden können (Säumniszuschläge, Steueranmeldungen), sind aufgrund des Leistungsgebots (§ 254) vollstreckbar (*KKH*, Anm 2). Auch **Haftungsbescheide** nach § 191 I sind VerwAkte, in denen eine Geldleistung gefordert wird (vgl *Baumbach-Lauterbach*, ZPO, Grundz vor § 803 A 1). Früher war in § 325 RAO die Bestimmung enthalten, daß die Geldleistungen nach den Steuergesetzen geschuldet werden müssen. Diese Bestimmung ist entfallen. Es muß sich aber weiterhin um Geldleistungen handeln, die in einem VerwAkt festgesetzt worden sind, der dem Recht der AO unterliegt. In anderen Fällen (zB Erhebung anderer Abgaben als Steuern) findet das VollstrR der AO nur Anwendung, wenn dies gesetzl besonders vorgesehen ist (zB § 5 VerwVG Bund).

4. Sonstige Handlung. Der Begriff sonstige Handlung ist sehr weit gefaßt; er umfaßt ua die Abgabe von StErklärungen, ordnungsmäßige und fristgerechte (BFH BStBl 51, 209; 58, 339), Anforderungen von Bilanzen (BFH BStBl 52, 106), Angabe von Außenständen zwecks Pfändung (RFH StW 29, Nr 766; RStBl 31, 328), Anordnungen im Zollgrenzbezirk (§ 69 IV 2 ZollG), Aufforderung an Arbeitgeber, LohnSt einzubehalten (RFH

§ 249 6. Teil. Vollstreckung

RStBl 30, 584), Vorlage von Geschäftsbüchern in Geschäftsräumen (RFH, Gr S, E 36, 38). Sonstige Handlung kann auch die Stellung von Sicherheiten sein.

5. Duldung. Zu unterscheiden ist zwischen **echter und unechter Duldungspflicht** (vgl TK RNr 4). Die unechte Duldungspflicht steht neben der Leistungspflicht. Leistet der Schuldner nicht, muß er die Vollstr in sein Vermögen dulden. Die Zulässigkeit der Vollstr ergibt sich dann unmittelbar aus dem Leistungsbescheid. Es bedarf keines besonderen auf die Duldung gerichteten VerwAktes. VerwAkte, die die Duldung der Vollstr fordern, sind daher nur in den Fällen echter Duldungspflicht notwendig (s Erl zu § 191 I).

6. Unterlassung. UnterlassungsPfl sind negative HandlungsPfl, so zB Gebot, ein stillgelegtes Kfz nicht zu benutzen oder Gebot, innerhalb der ZwVollstr die gepfändeten Sachen nicht zu entstricken.

7. Ansprüche des Steuerfiskus. Der sechste Teil der AO gilt nur für die Vollstr von Anspr des Steuerfiskus. Will der Bürger gegen den Staat vollstrecken, muß er den Gerichtsweg beschreiten, um sich einen Titel zu beschaffen (s Vorbem vor § 249). Aus der Zuständigkeit der FinBeh ergibt sich die Zuständigkeit nur für die Vollstr der von den FinBeh erlassenen VerwAkte. Sonstige VerwAkte können lediglich im Wege der Amtshilfe vollstreckt werden.

8. Örtliche Zuständigkeit. Abs I 3 regelt die **sachliche Zuständigkeit** für die Vollstr wegen Geldforderungen. Danach ist die FA oder HZA auch dann für die Vollstr zuständig, wenn der VerwAkt von einer anderen (zB einer höheren) Behörde erlassen worden ist. Die Frage, welches der sachlich zuständigen FÄ oder HZÄ im Einzelfall **örtlich zuständig** ist, bestimmt sich unmittelbar nach §§ 17 ff. Eine besondere örtliche Zuständigkeit im VollstrVerfahren gibt es nach § 284 IV für die Abnahme von eidesstattlichen Versicherungen. Für die Vollstreckung von anderen Geldforderungen als Forderungen aus einem Steuerschuldverhältnis sind die Finanzbehörden nur aufgrund besonderer gesetzlicher Zuweisung zuständig. So ist die Zuständigkeit für die Durchführung der Vollstreckung wegen öffentlich-rechtl Geldforderungen der Sozialbehörden nach § 66 I 1 SGB X v 1. 1. 1981 an von den bisher zuständigen Kommunalkassen auf die HZÄ übergegangen, soweit die Sozialbehörden nicht selbst vollstrecken oder sich für die Vollstreckung nach der ZPO entscheiden. Zur Zuständigkeit für die Beitreibung von Geldforderungen nach Landesrecht s Bayer StMF v 22. 4. 1981 (DStZ E 81, 195 mit Übersicht).

9. Ermittlung der Vermögensverhältnisse. Die Ermittlung der Vermögens- und Einkommensverhältnisse des VollstrSchuldners geschieht in erster Linie durch Anforderungen von Einkommens- und Vermögensaufstellungen. Diese Vermögens- und Einkommensaufstellungen können sowohl bei dem Arbeitgeber als auch bei den Geschäftsbanken eingeholt werden. **Auskunftsverweigerungsrechte** Dritter bestehen im Rahmen der §§ 101 ff (zum Bankgeheimnis s § 102 A 7). Im übrigen gelten allgemein für die Ermittlungsbefugnisse die Verfahrensvorschriften der §§ 78 bis 133 (*Koch* RNr 8).

1. Abschnitt. Allgemeine Vorschriften § 250

§ 250 Vollstreckungsersuchen

(1) ¹Soweit eine Vollstreckungsbehörde auf Ersuchen einer anderen Vollstreckungsbehörde Vollstreckungsmaßnahmen ausführt, tritt sie an die Stelle der anderen Vollstreckungsbehörde. ²Für die Vollstreckbarkeit des Anspruchs bleibt die ersuchende Vollstreckungsbehörde verantwortlich.

(2) ¹Hält sich die ersuchte Vollstreckungsbehörde für unzuständig oder hält sie die Handlung, um die sie ersucht worden ist, für unzulässig, so teilt sie ihre Bedenken der ersuchenden Vollstreckungsbehörde mit. ²Besteht diese auf der Ausführung des Ersuchens und lehnt die ersuchte Vollstreckungsbehörde die Ausführung ab, so entscheidet die Aufsichtsbehörde der ersuchten Vollstreckungsbehörde.

Übersicht

1. Inhalt der Vorschrift
2. Sonderfall der Amtshilfe
3. Voraussetzungen der Amtshilfe
4. Inhalt des Vollstreckungsersuchens
5. Negativer Kompetenzkonflikt
6. Stellung der ersuchenden Behörde
7. Stellung der ersuchten Behörde
8. Kosten der Amtshilfe

1. Inhalt. Die Vorschrift entspricht dem § 331 RAO. Sie regelt die Fälle, daß ein FA oder HZA um **Amtshilfe** bei der Vollstr ersucht. Wird ein FA oder HZA auf Grund allgem Amtshilfepfl oder nach besonderen Gesetzen für andere Behörden als FÄ oder HZÄ tätig, so muß die Frage, wer VollstrSchuldner ist und welche Voraussetzungen für die Zulässigkeit von VollstrMaßnahmen gelten, nach dem für die anderen Behörden geltenden Recht beurteilt werden. Das gilt grundsätzlich auch für die Durchführung der Vollstr. § 5 VwVG verweist insoweit allerdings auf die Vorschriften der AO (vgl BFH BStBl 76, 581).

VollstrHilfe für Behörden anderer Staaten kann geleistet werden, wenn darüber Abkommen mit diesen Staaten bestehen (s Zusammenstellung bei *HHSp* § 250 RNr 28; *TK* RNr 8; vgl BMF-Erl BStBl I 77, 33). Zu beachten ist auch das EG-Beitreibungsgesetz (s näher vor § 249).

2. Sonderfall der Amtshilfe. Allgemeine Pfl zur Amtshilfe ergibt sich aus Art 35 GG. Nach Art 35 GG haben alle Behörden des Bundes und der Länder sich gegenseitig Amtshilfe zu leisten (vgl dazu *Schmidt-Bleibtreu/Klein*, GG, Art 35 Rdnr 4). § 250 gibt im Rahmen der Amtshilfe die spezielle Ermächtigung. Die Bestimmung ist auch eine **Spezialvorschr** gegenüber §§ 111 ff. Auf die allgemeinen Regelungen der AO über die Amtshilfe kann daher nur zurückgegriffen werden, wenn sich aus § 250 keine Besonderheiten ergeben.

3. Voraussetzungen der Amtshilfe. § 250 sagt nichts darüber aus, in welchen Fällen ein FA oder HZA um Amtshilfe ersuchen kann. Insoweit gilt § 112 I. Aus Abs II des § 250 ergibt sich, daß die ersuchte Behörde anders als nach § 112 II die Amtshilfe nur ablehnen kann, wenn sie die Handlung, um die sie ersucht wird, für unzulässig hält oder wenn sie sich

821

§ 250

für unzuständig hält. Der Auffassung, daß § 250 auch nichts darüber aussage, wann die ersuchte Behörde zur Amtshilfe verpflichtet sei (*TK* RNr 4), kann daher nicht gefolgt werden. Die allgemein für die Amtshilfe geltende Einschränkung, daß Amtshilfe nicht geleistet zu werden braucht, wenn die Hilfeleistung die Erfüllung der eigenen Aufgaben der FinBeh ernstlich gefährden würde oder wenn eine andere Behörde die Amtshilfe einfacher oder mit wesentlich geringerem Aufwand leisten könnte, gilt deshalb hier nicht. Die Voraussetzungen der Amtshilfe ergeben sich daher aus den **Vorschriften** der §§ 16 ff **über die Zuständigkeit**. Amtshilfe kann notwendig werden, wenn der VollzBeamte der zuständigen VollstrBehörde außerhalb des Bezirks seiner Behörde tätig werden müßte. Die ersuchte Behörde kann die Amtshilfe ablehnen, wenn ihre VollstrBeamten ebenfalls außerhalb ihres Bezirks tätig werden müßten.

4. Inhalt des Vollstreckungsersuchens. Das VollstrErsuchen ist eine interne VerwMaßnahme und kein VerwAkt. Es richtet sich nicht an einen außenstehenden Dritten, sondern an eine andere Behörde. Das VollstrErsuchen kann konkret sein, eine konkrete Maßnahme bezeichnen, es kann aber auch allgemein sein, die zweckmäßigste Maßnahme zur Vollstr zu ergreifen (VollstrA Abschn 8 Abs 2). Das VollstrErsuchen kann nicht vom VollstrSchuldner angegriffen werden (BVerwG NJW 61, 332; *TK* RNr 3). Der VollstrSchuldner kann aber gegen das VollstrErsuchen bereits einen Antrag nach § 258 stellen, da es für die Anwendbarkeit des § 258 nicht darauf ankommt, ob das VollstrErsuchen selbständig anfechtbar ist. Es kann daher gegen das VollstrErsuchen eine einstweilige Anordnung auf Einstellung der Vollstr nach § 258 beantragt werden (BFH/NV 87, 222).

5. Negativer Kompetenzkonflikt. Wenn sich eine ersuchte VollstrBehörde für unzuständig hält, die ersuchende Behörde aber die Zuständigkeit bejaht, entscheidet über die Ausführung des Ersuchens die Aufsichtsbehörde der ersuchten VollstrBehörde. Diese Regelung ist notwendig, weil evtl eine gemeinsame obere Behörde uU nicht gegeben ist, wenn es sich bei der FinVerw um Landesverw handelt. Sollte ein FA des einen Landes das FA eines anderen Landes ersuchen, so kann der negative Kompetenzkonflikt nicht durch eine gemeinsame Aufsichtsbehörde entschieden werden.

6. Stellung der ersuchenden Behörde. Die Einschaltung einer anderen VollstrBehörde im Wege der Amtshilfe ändert **nichts an der Gläubigerstellung** (BFH BStBl 84, 185; *TK* RNr 4; *Möllinger,* AO, S 329). Gläubiger der zu vollstreckenden Forderung bleibt also die Körperschaft, der die ersuchende Behörde angehört. Die Fiktion des § 252 ändert daran nichts. Nach Abs I 2 hat die ersuchte Behörde auch nicht zu prüfen, ob die Voraussetzungen für die Vollstreckbarkeit des VerwAktes gegeben sind. Die Verantwortung dafür bleibt bei der ersuchenden Behörde. Diese Regelung betrifft aber **nur das Innenverhältnis** zwischen den beiden Behörden. Daraus kann also nicht für das Außenverhältnis zu dem VollstrSchuldner gefolgert werden, daß es für die Rechtmäßigkeit der Vollstr unerheblich sei, ob die VollstrVoraussetzungen vorliegen. Der VollstrSchuldner kann sich folglich gegenüber der ersuchten Behörde auf das Fehlen eines Leistungsbescheids berufen (BFH BStBl 86, 731). Da § 250 nur das Innenverhältnis regelt, sind in Durchführung eines VollstrErsuchens des FA erwachsene

1. Abschnitt. Allgemeine Vorschriften **§ 251**

Ersatzansprüche Dritter nicht gegen die ersuchende, sondern gegen die ersuchte Behörde geltend zu machen (BFH/NV 88, 417).

7. Stellung der ersuchten Behörde. Die ersuchte Behörde wird dagegen voll **verantwortlich für die VollstrMaßnahmen,** die sie durchführt. Sie kann alle VollstrMaßnahmen vornehmen, die sie für erforderlich hält. Daher kann sie auch Antrag auf Durchsuchung stellen (FG SchlHol EFG 80, 372). Sie hat zwar nicht zu prüfen, ob die Voraussetzungen für den Beginn der Vollstr (§ 254) vorliegen. Zuständig wird sie aber für die Einstellung oder Beschränkung der VollstrMaßnahmen (§ 257), um die sie ersucht worden ist. Etwaige Rechtsmittel gegen die von der ersuchten Behörde durchgeführten VollstrMaßnahmen sind daher gegen die ersuchte Behörde zu richten, die zB auch Gegner einer Widerspruchsklage nach § 262 ist (*TK* RNr 4).

8. Kosten der Amtshilfe. Die Kosten der Amtshilfe sind in § 115 geregelt. Die ersuchende FinBeh hat der ersuchten Behörde für die Amtshilfe keine VerwGebühr zu entrichten. Auslagen hat sie der ersuchten Behörde auf Anforderung zu erstatten, wenn sie im Einzelfall 50 DM übersteigen. Leisten Behörden desselben Rechtsträgers einander Amtshilfe, so werden die Auslagen nicht erstattet. Diese Regelung schafft Klarheit über die Kosten der Amtshilfe im Hinblick auf die Haushaltswahrheit (vgl *Klein,* AO 1977, DStR 76, 63).

§ 251 Vollstreckbare Verwaltungsakte

(1) **Verwaltungsakte können vollstreckt werden, soweit nicht ihre Vollziehung ausgesetzt oder die Vollziehung durch Einlegung eines Rechtsbehelfs gehemmt ist (§ 361; § 69 der Finanzgerichtsordnung).**

(2) [1]**Unberührt bleiben die Vorschriften der Konkursordnung und der Vergleichsordnung sowie § 79 Abs. 2 des Gesetzes über das Bundesverfassungsgericht.** [2]**Die Finanzbehörde ist berechtigt, in den Fällen des § 164 Abs. 2 und des § 194 der Konkursordnung sowie des § 85 Abs. 1 der Vergleichsordnung gegen den Schuldner im Verwaltungswege zu vollstrecken.**

(3) **Macht die Finanzbehörde im Konkursverfahren einen Anspruch aus dem Steuerschuldverhältnis als Konkursforderung geltend, so stellt sie erforderlichenfalls die Konkursforderung und ein Konkursvorrecht durch schriftlichen Verwaltungsakt fest.**

Schrifttum: *App* Zum Konkursantrag des Finanzamts, DStZ 1983, 235; *ders* Die verfahrensrechtliche Stellung des Anfechtungsgegners bei der Gläubigeranfechtung durch das Finanzamt, BB 1983, 309; *ders* Nochmals: Zum Konkursantrag der Finanzämter, DStZ 1984, 323; *ders* Das Rechtsbehelfsverfahren gegen Feststellungsbescheide der Finanzbehörden nach § 251 Abs 3 der Abgabenordnung, BB 85, 861; *ders* Sind Konkursanträge der Finanzbehörden (auch) Verwaltungsakte? Erwiderung auf den Beitrag von Lippross (DB 85, 2482), DB 86, 990; *ders* Konkursantrag vor bestandskräftiger Festsetzung der Steuerforderung? Ergänzende Anmerkung zu Uhlenbrock in DStZ 86, 39, DStZ 86, 487; *Bücheler* Umsatzsteuer in Sequestration und Konkurs, DStR 1980, 780; *Endres* Zur Vorsteuer auf Kreditoren im Konkurs, BB 86, 854; *Frotscher* Steuern im Konkurs, 2. Aufl 1983; *Geist* Insolvenzen und Steuern, 3. Aufl 1980; *Heilmann* Der Lohnsteueranspruch des Finanzamts im Konkurs, NJW 1982,

§ 251 6. Teil. Vollstreckung

420; *Keuk* Die Lohnsteuer im Konkurs des Arbeitgebers, DB 1973, 2029; *Lippross* Rechtsschutz gegen Konkursanträge der Finanzbehörden, DB 85, 2482; *ders* Sind Konkursanträge der Finanzbehörden (auch) Verwaltungsakte? – Replik auf die Erwiderung von App (DB 86, 990), DB 86, 991; *Netzer* Umsatzsteuerrechtliche Fragen im Konkurs, UStR 1977, 65; *Uhlenbruck* Der Konkursantrag der Finanzbehörden, BB 1972, 1266; *ders* Der ordnungsmäßige Konkursantrag des Finanzamts gegen den Steuerschuldner, DStZ 86, 39; *Urban* Verwaltungsakte der Steuerbehörde im Konkursverfahren, DStZ 1984, 165; *Veltins* Die Abführung der Lohnsteuer im Konkurs des Arbeitgebers, DStR 1982, 127; *Wilke* Umsatzsteuer im Konkurs, DStZ 1983, 235.

Übersicht

1. Inhalt der Vorschrift
2. Steuerforderungen im Konkurs
    a) Konkursfreie Forderungen
    b) Massekosten- und Masseschuldenforderungen
    c) Forderungen, für die abgesonderte Befriedigung verlangt werden kann
    d) Steuerforderungen, die gegen eine zur Konkursmasse gehörende Forderung aufgerechnet werden können
    e) Konkursforderungen
3. Notwendigkeit der Feststellung
4. Steuerforderungen im Vergleichsverfahren
5. Durchsetzung von Steuerforderungen nach dem Anfechtungsgesetz

1. Inhalt. Abs I stellt klar, daß die Vollstreckbarkeit eines VerwAktes nicht von seiner Bestandskraft abhängt. Die Vollziehung eines StVerwAktes wird regelmäßig nicht durch die Einlegung eines außergerichtl RBehelfs oder die Erhebung einer Klage gehemmt (Ausnahme: § 361 IV, § 69 IV FGO). Erst die Aussetzung der Vollziehung beseitigt die Vollstreckbarkeit. Vollstreckungsmaßnahmen sind allerdings in der Regel so lange zu unterlassen, als über den Antrag auf Aussetzung der Vollziehung noch nicht entschieden ist (FG Düsseldorf EFG 79, 162; FG RhPf EFG 84, 105; *TK* RNr 2; vom Grundsatz her aA, aber im Ergebnis ähnlich *Koch* RNr 4; aA auch BFH BStBl 80, 399; BFH/NV 86, 138; vgl auch § 258 Anm 3). Das gilt aber nicht, wenn der Antrag völlig aussichtslos ist oder offensichtlich nur ein Hinausschieben der Vollstreckung bezwecken soll oder Gefahr im Verzuge ist (FM NRW, StEK § 361 Nr 2; vgl auch unten § 258 A 3).

Abs II und III befassen sich mit den Steuerforderungen im Konkurs- oder Vergleichsverfahren. Außerdem wird klargestellt, daß VerwAkte, die auf einer vom BVerfG für nichtig erklärten Rechtsnorm beruhen, nicht vollstreckt werden dürfen. Diese Einschränkung der Vollstreckbarkeit gilt nur, wenn die Nichtigkeit der Rechtsnorm vom BVerfG nach § 31 II BVerfGG mit Gesetzeskraft festgestellt worden ist. Hält ein anderes Gericht eine Rechtsnorm, die nicht zum Zuständigkeitsbereich des BVerfG gehört (zB vorkonstitutionelles Recht, VerwVorschriften), für verfassungswidrig, können VerwAkte, die hierauf beruhen, aber nicht Gegenstand des gerichtl Verfahrens waren, weiter vollstreckt werden (*Frotscher* BB 76, 1659).

Die Regelung in Abs II über die Steuerforderungen im Konkurs- oder Vergleichsverfahren läßt die Bestimmungen der KO und VglO als völlig eigenständige Regelungen (vgl BFH BStBl 75, 208) unangetastet und räumt ihnen den **Vorrang gegenüber den Regelungen der AO ein.** Dieser

1. Abschnitt. Allgemeine Vorschriften **§ 251**

Vorrang galt schon nach der RAO, war aber nicht ausdrücklich geregelt. Eine **Vollstr** nach den Vorschriften des sechsten Teils der AO ist daher gem §§ 14, 15 KO, § 47 VglO **nach Eröffnung des Konkurs- oder Vergleichsverfahrens** für Steuerforderungen, die vor Eröffnung des Verfahrens begründet waren, **nicht** mehr **möglich**, (vgl BFH BStBl 84, 545; 84, 602; 88, 124). Für Vergleichsverfahren gilt das allerdings nur mit Einschränkungen (s unten A 4).

Nach Abschluß der Verfahren kann aber aus den Auszügen aus der Konkurstabelle oder dem Gläubigerverzeichnis wie aus vollstreckbaren Urteilen wieder nach der AO vollstreckt werden. Das wird in Abs II 2 klargestellt.

Abs III eröffnet für Streitigkeiten über die Steuerforderungen und über ein etwaiges Vorrecht dieser Forderungen im Konkurs den **Finanzrechtsweg**. Das entspricht ebenfalls der früheren Rechtslage nach der RAO, nachdem der BGH seine RSpr aufgegeben hatte, wonach über das Konkursvorrecht von Steuerforderungen die ordentlichen Gerichte zu entscheiden hatten (vgl BGHZ 55, 224).

2. Steuerforderungen im Konkurs. Ein Konkursverfahren wird nach § 103 KO nur auf Antrag eröffnet. Antragsberechtigt ist der Gemeinschuldner und jeder Gläubiger. Der **Konkursantrag** kann daher auch **von der FinBeh** wegen Steuerforderungen gestellt werden. Die FinBeh muß dazu nach § 105 KO die Steuerforderung und die Zahlungsunfähigkeit des Schuldners glaubhaft machen (näher zu Form und Inhalt des Antrags VollstrA Abschn 59). Es gilt der allgemeine Grundsatz der Verhältnismäßigkeit (s oben vor § 249). Die FinBeh darf daher zB ernstliche Zweifel an der Rechtmäßigkeit der Steuerfestsetzung nicht unbeachtet lassen (FG Bad-Württ EFG 79, 4; Hess FG EFG 82, 419; *TK* RNr 8). Der **Antrag der FinBeh** ist im Konkursverfahren eine Verfahrenshandlung wie der Antrag eines jeden anderen Gläubigers. Gegenüber dem StSchuldner handelt es sich aber um einen VerwAkt, der mit der **Beschwerde** nach § 349 angefochten werden kann (Hess FG EFG 79, 350; *HHSp* RNr 132a; *Koch* RNr 10; *Lippross* DB 85, 2482; 86, 991; aA FG RhPf EFG 87, 103; *TK* RNr 8; *App* DStZ 84, 323; DB 86, 990). Ein Konkursantrag kann bis zu dem Zeitpunkt zurückgenommen werden, in dem der Beschluß über die Eröffnung des Konkursverfahrens wirksam geworden ist; auf dessen Rechtskraft kommt es nicht an (BGH BB 78, 597; FG D'dorf EFG 73, 550). Nur bis zu diesem Zeitpunkt ist daher auch die Beschwerde zulässig, da ihr nachher überhaupt nicht mehr abgeholfen werden kann (BFH BStBl 78, 313). Da sich der vorläufige Rechtsschutz nicht in der Aussetzung der Vollziehung des Verwaltungsaktes erschöpfen kann, sondern zugleich eine einstweilige Regelung hinsichtlich der Verfahrenshandlung im Konkursverfahren (Rücknahme des Konkursantrages) erfolgen muß, kann vorläufiger Rechtsschutz gegen den Konkursantrag nur durch einstweilige Anordnung nach § 114 FGO und nicht durch Aussetzung der Vollziehung nach § 361 und nach § 69 FGO gewährt werden (Hess FG EFG 82, 419; FG RhPf EFG 87, 103; *TK* RNr 8; *Frotscher* Steuern im Konkurs, 164; aA Hess FG EFG 79, 350; *Koch*, § 256 RNr 21; *Sangmeister* DStR 79, 26; offen gelassen in BFH/NV 88, 762; gegen die Zulässigkeit des Finanzrechtswegs überhaupt *Kalmes* DStZ 83, 188).

825

§ 251

Wird auf den Antrag eines Antragsberechtigten das Konkursverfahren eröffnet, so hat das auf die Entstehung von Steueransprüchen, die steuerrechtl Art der Einkünfte und die Berechnung von deren Höhe keinen Einfluß. Die Eröffnung des Konkursverfahrens bewirkt in steuerrechtl Hinsicht **keine Trennung des Vermögens des Gemeinschuldners und der Konkursmasse.** Zur weiterhin bestehenden StSchuldnerschaft des Gemeinschuldners vgl Erl zu § 43. Es ist nur eine Veranlagung durchzuführen, in die sämtliche Einkünfte einzubeziehen sind, die der Gemeinschuldner und bei Zusammenveranlagung sein Ehegatte vor oder nach der Konkurseröffnung im Veranlagungszeitraum bezogen hat (RFH RStBl 38, 669; BFH BStBl 78, 357).

Die Konkurseröffnung hat aber tiefgreifende **Auswirkungen** auf die Geltendmachung der Steuerforderungen. Das Steuerfestsetzungsverfahren wird unterbrochen (RFHE 19, 357; FG Münster EFG 75, 228; FG Rheinl-Pfalz EFG 78, 471). Das Gleiche gilt analog § 240 ZPO für das Rechtsmittelverfahren und den Lauf der Rechtsmittelfristen (RFHE 18, 144; BFH BStBl 51, 192; 63, 383; 70, 665; 76, 506; 78, 165, 472; *TK* RNr 12 mwNachw). Die Unterbrechung tritt jedoch nicht bei Konkurseröffnung durch ein ausländisches Konkursgericht ein (BFH BStBl 78, 56). Allerdings wird jedenfalls im Bereich der EG durch ein in einem EG-Staat angeordnetes Konkursverfahren das in Deutschland belegene Vermögen eines Ausländers dem Zugriff der deutschen FinBeh entzogen (OLG D'dorf ZIP 82, 1341). Str ist, ob die Unterbrechung des Steuerfestsetzungs- und Rechtsmittelverfahrens nur gegenüber dem Konkursverwalter oder gleichzeitig auch gegenüber dem Gemeinschuldner eintritt (bejahend RFHE 18, 145; *TK* RNr 12 mwN, ablehnend RFHE 21, 9; BFH BStBl 51, 192; 63, 383; *HHSp* RNr 138). Da keine Trennung des Vermögens des Gemeinschuldners und der Konkursmasse erfolgt, ist Unterbrechung auch gegenüber Gemeinschuldner anzunehmen, so daß Steuerfestsetzungsverfahren gegen ihn nicht fortzusetzen sind. Vor allem hat die Konkurseröffnung, wie oben unter A 1 schon erwähnt worden ist, Auswirkungen **auf die Vollstr der Steuerforderungen.** Hierbei ist genau zu unterscheiden zw:

a) Konkursfreie Forderungen. Das sind zB Steueransprüche aus nicht massebezogenen Tätigkeiten oder Rechtsgeschäften des Gemeinschuldners nach Konkurseröffnung, aus der Veräußerung freigegebener Massegegenstände, Steuern des Ehegatten (BFH BStBl 78, 356 mw Nachw) sowie die in § 63 KO genannten Forderungen. Diese Forderungen nehmen nicht am Konkursverfahren teil und können weiterhin nach den normalen Regelungen festgesetzt und gegen den Gemeinschuldner (nicht in die Konkursmasse) vollstreckt werden.

Zu beachten ist, daß der Gemeinschuldner **konkursfreies Vermögen** haben kann, in das wegen solcher Forderungen vollstreckt werden kann. Konkursfrei sind die Gegenstände (Sachen, Forderungen, Geld), die der Gemeinschuldner (zB aus einem Arbeitsverhältnis) nach Konkurseröffnung aus nicht massebezogenen Tätigkeiten oder Geschäften erworben hat. Zu dem konkursfreien Vermögen gehören auch zB die Ansprüche des Gemeinschuldners auf Erstattung von Lohnsteuerbeträgen aus einer Arbeitnehmertätigkeit nach Konkurseröffnung, die auf Grund einer späteren ESt-Veranlagung wegen der Möglichkeit des Verlustabzugs aus der frühe-

1. Abschnitt. Allgemeine Vorschriften **§ 251**

ren gewerblichen Tätigkeit entstehen (BFH BStBl 77, 393). Zur Behandlung von Einkommensteuererstattungsansprüchen, die nicht auf einem Neuerwerb nach Konkurseröffnung beruhen, s unten unter e.

Wegen anderer als der konkursfreien Forderungen kann zwar nach § 14 KO nicht in das konkursfreie Vermögen vollstreckt werden. Wichtig ist aber, daß das Aufrechnungsverbot des § 55 KO nicht gilt (BGH NJW 71, 1563; BFH BStBl 77, 393). Gegen zum konkursfreien Vermögen gehörende Forderungen kann daher auch mit Konkursforderungen **aufgerechnet** werden (BFH BStBl 77, 393). In dem genannten Beispielsfall des Anspruchs auf Erstattung von Lohnsteuerbeträgen hat der BFH die Aufrechnung allerdings als rechtsmißbräuchlich angesehen, weil dadurch der Lohnsteuerpflichtige allein auf Grund der Technik des Lohnsteuerverfahrens gegenüber anderen Einkommensteuerpflichtigen benachteiligt wird. Die Auffassung des BFH ist nicht überzeugend (*Koch,* RNr 8), da der grundsätzliche Ausschluß der Berücksichtigung von Verlusten im Lohnsteuerabzugsverfahren verfassungsrechtl nicht zu beanstanden ist (BVerfG HFR 77, 252).

b) Massekosten- und Masseschuldenforderungen. Massekosten sind Aufwendungen, die für Eröffnung und Durchführung des KonkVerfahrens entstehen, Masseschulden die Aufwendungen, die erforderlich sind, um die Konkursmasse hereinzubringen (*HHSp* RNr 111; s näher §§ 58, 59 KO). Die **Abgrenzung** zwischen Massekosten und Masseschulden kann im einzelnen sehr **schwierig** sein. Die Unterscheidung wird nur wichtig, wenn die Konkursmasse zur Befriedigung aller Massegläubiger nicht ausreicht. Dann gehen nach § 60 KO die Masseschulden den Massekosten vor. Die meisten Steuerforderungen, die nach der Konkurseröffnung begründet werden, sind Massekosten (*TK* RNr 23). Zu den Massekosten gehören zB Steuern, die auf einem Massegrundstück lasten (zB Grundsteuer) oder die sich aus der Weiterführung des Betriebs des Gemeinschuldners ergeben (USt, GewSt). Ferner fällt darunter die ESt oder KSt, die aus der Verwaltung oder Verwertung der Konkursmasse (zB aus der Weiterführung des Betriebs oder aus Vermietung und Verpachtung) herrührt (RFHE 44, 166; 48, 176; BFH BStBl 64, 70; FG Münster EFG 73, 219; *TK* RNr 23). Dagegen zählt die ESt, die aus der Veräußerung von Grundstücken aus der Konkursmasse entsteht, zu den Masseschulden (aA BFH BStBl 84, 602; offen gelassen in BFH BStBl 78, 356), ferner die GrErwSt, die in diesen Fällen entsteht (BFH BStBl 76, 77; *HHSp* RNr 161; *TK* RNr 23; *Frotscher* Steuern im Konkurs, 16; BFH BStBl 70, 382). Veräußert der Konkursverwalter allerdings ein Grundstück, für das der Gemeinschuldner GrErwSt-Befreiung in Anspruch genommen hat, unbebaut weiter, so gehört die Forderung auf Nachsteuer weder zu den Masseschulden noch zu den Massekosten (BFH BStBl 76, 77; FG D'dorf EFG 80, 463). Diese Nachforderung gehört nicht einmal zu den bevorrechtigten Konkursforderungen nach § 61 Nr 2 KO, da sie im Zeitpunkt der Konkurseröffnung zwar begründet aber noch nicht entstanden war (BFH BStBl 81, 758). Zu den Masseschulden wird ferner zB die LSt auf nach der Konkurseröffnung gezahlte Löhne (auch bei Zahlung von rückständigen Löhnen) gerechnet (BFH BStBl 58, 319; 75, 621; *TK* RNr 23 mwN, str).

Wichtiger als die Unterscheidung der Massekostenforderungen von den

§ 251 6. Teil. Vollstreckung

Masseschuldenforderungen ist die Abgrenzung beider Forderungsarten gegenüber den übrigen Konkursforderungen. Weder zu den Massekosten noch den Masseschulden zählen Steuern, die durch die Veräußerung von Gegenständen aus den KonkMasse entstehen, wenn diese Veräußerung nicht vom Konkursverwalter, sondern von einem absonderungsberechtigten Gläubiger betrieben wird (BFH BStBl 78, 356). Veräußert der Konkursverwalter Vermögensgegenstände sowohl im Interesse absonderungsberechtigter Gläubiger als auch der Konkursmasse, so gehört die daraus entstandene Einkommensteuer nur insoweit zu den Masseschulden (nach Auffassung des BFH zu den Massekosten) als der Veräußerungserlös zur Masse gelangt ist (BFH BStBl 84, 602). Keine Massekosten oder Masseschulden sind ferner zB gegeben, wenn der Konkursverwalter im Rahmen seines Wahlrechts nach § 17 KO die weitere Erfüllung eines Werkvertrages über die Lieferung eines auf einem fremden Grundstück zu errichtenden Bauwerks ablehnt. Die Umsatzsteuerforderungen, die dann für die Lieferung der bis zur Konkurseröffnung fertiggestellten Gebäudeteile entstehen, sind Konkursforderungen, die nur zur Tabelle angemeldet werden können. Wählt der KonkVerw dagegen die Erfüllung des Vertrages, so gehört die Umsatzsteuer für die spätere Lieferung des dann fertiggestellten Bauwerks zu den Masseschulden (BFH BStBl 78, 483; BdF BStBl I 79, 624). Konkursforderungen und keine Masseforderungen sind Umsatzsteuerforderungen, die im Zeitraum einer Sequestration vor Konkurseröffnung (§ 106 KO) durch den späteren Konkursverwalter entstanden sind (FG BaWü EFG 83, 318; FG RhPf EFG 85, 483; *Bücheler* DStR 80, 71). Zu den Konkursforderungen und nicht zu den Massekosten oder Masseschulden rechnet schließlich die bei Lohnzahlungen vor Konkurseröffnung nicht einbehaltene oder abgeführte Lohnsteuer (s aber unten unter e.)

Steuerforderungen, die zu den Massekosten oder Masseschulden gehören, sind auf Grund eines gegen den KonkVerw gerichteten Bescheides festzusetzen (BFH BStBl 70, 830; *TK* RNr 23). Sie sind aus der KonkMasse vorweg zu berichtigen. Für ihre Entrichtung hat der KonkVerw nach § 34 zu sorgen und haftet gem § 69 dafür persönlich. Wird daher ein gegen den Konkursverwalter gerichteter StBescheid, mit dem StForderungen als Masseforderungen geltend gemacht werden, auf den Zeitraum nach der Konkurseröffnung beschränkt, so handelt es sich nicht um eine unzulässige Besteuerung für einen im Gesetz nicht vorgesehenen abgekürzten Besteuerungszeitraum, sondern um die zulässige Kenntlichmachung, daß sich der StBescheid auf Masseansprüche beschränkt (BFH BStBl 88, 190).

c) Forderungen, für die abgesonderte Befriedigung verlangt werden kann. Zu unterscheiden von den eigentlichen Konkursforderungen sind schließlich diejenigen, für die die FinBeh abgesonderte Befriedigung nach §§ 47ff KO verlangen kann. Das gilt zB für Steuerforderungen, für die Sicherheitsleistung durch Bestellung bzw Verpfändung von Grundpfandrechten, Forderungen oder Sachen erbracht worden ist. Hier kann die Berichtigung der Steuerforderungen nach den **normalen Verwertungsvorschriften für Pfandrechte** erfolgen.

d) Steuerforderungen, die gegen eine zur Konkursmasse gehörende Forderung aufgerechnet werden können. Aufrechnung kommt vor allem bei bestehenden Steuererstattungsansprüchen des Gemeinschuldners in Be-

1. Abschnitt. Allgemeine Vorschriften **§ 251**

tracht. Es ist aber das **Aufrechnungsverbot** des § 55 KO zu beachten. Die Steuerforderung und die Gegenforderung (zB Steuererstattungsanspr) müssen beide vor Konkurseröffnung entstanden sein. Die Fälligkeit der Steuerforderung ist nicht erforderlich (§§ 54, 65 KO).

Wie bereits dargelegt worden ist, kann eine Aufrechnung auch gegen Forderungen erfolgen, die zum konkursfreien Vermögen des Gemeinschuldners gehören (s oben unter a). Hier gilt auch nicht § 55 KO. Zu beachten ist aber, daß die Fiktion der Fälligkeit nach § 65 KO und auch die Ausnahmevorschr des § 54 KO insoweit nicht gilt. Bei der Aufrechnung gegenüber Forderungen aus dem konkursfreien Vermögen des Gemeinschuldners gelten also die allgemeinen Vorschriften des § 226 iVm § 387 BGB. Die Steuerforderung muß folglich fällig sein (BFH BStBl 61, 188).

e) Konkursforderungen. Die übrigen Steuerforderungen sind als Konkursforderungen **zur Tabelle anzumelden.** Zu diesen zur Tabelle anzumeldenden Konkursforderungen zählen zB die nach § 17 II 1 UStG entstehenden Ansprüche auf Rückgängigmachung des Vorsteuerabzugs, soweit der Gemeinschuldner den Vorsteuerabzug in nicht bezahlten Rechnungen vorgenommen hatte (*TK* RNr 16). Einzubeziehen sind in die Anmeldung zur Konkurstabelle nach § 3 I KO **alle Forderungen,** die zur Zt. der Eröffnung des Konkursverfahrens **begründet waren** (vgl auch unten Anm 3). Entscheidend sind **nicht** die steuerlichen Begriffe der **Entstehung** und der **Fälligkeit** (s §§ 38 und 220). Ob es sich um eine Konkursforderung handelt, hängt vielmehr allein davon ab, ob zu dem Zeitpunkt der Eröffnung des Konkursverfahrens der Rechtsgrund für die Entstehung des Steueranspruchs gelegt war (BFH BStBl 75, 208; 76, 77; 78, 356). Der die Forderung begründende Tatbestand muß bereits vollständig verwirklicht sein, also abgeschlossen sein (BFH BStBl 87, 200; *TK* RNr 16). So kommt es zB bei einer Umsatzsteuerforderung auf den Zeitpunkt der Lieferung oder Leistung und nicht auf den Ablauf des Voranmeldezeitraums nach § 18 UStG an (BFH NJW 56, 1775; *TK* RNr 16; *Möllinger,* AO, S 348). Ebenso ist zB bei der ESt nicht das Ende des Veranlagungszeitraums maßgebend, sondern die Erfüllung der einzelnen für die Höhe des Jahreseinkommens maßgebenden Besteuerungsmerkmale (zB die Abwicklung eines bestimmten Geschäfts) im Laufe des Veranlagungszeitraums (BFH BStBl 84, 602).

Noch nicht fällige Forderungen **(betagte Forderungen)** sind abzüglich eines **Abzinsungsbetrages** nach § 65 II KO zur Konkurstabelle anzumelden, es sei denn, daß sie auf Grund gesetzlicher Vorschr verzinslich sind (zB bei Stundung nach § 234 oder hinterzogene Steuern nach § 235). Säumniszuschläge haben keinen Zinscharakter und können daher nicht das Erfordernis der Abzinsung beseitigen (BFH BStBl 75, 590).

Die steuerl Konkursforderungen genießen bei der Erfüllung aus der KonkMasse **Vorrechte.** Nicht abgeführte Lohnsteuer von Arbeitslöhnen, die vor der Konkurseröffnung entstanden sind, sind Teile des Arbeitslohnes. Die Forderung des FA gehört daher zu den nach § 61 Nr 1 KO bevorrechtigten Forderungen (BFH BStBl 75, 621; OFD München StEK § 251 Nr 1). Im übrigen genießen Steuerforderungen ein Vorrecht nach **§ 61 Nr 2 KO,** soweit sie im letzten Jahr vor der Konkurseröffnung fällig geworden sind oder nach § 65 KO als fällig gelten. Wird der persönlich haftende

§ 251

Gesellschafter einer KG für deren StSchuld in Anspruch genommen, steht dem StGläubiger im Konkurs des persönlich haftenden Gesellschafters das Konkursvorrecht nur zu, wenn nicht nur die Haftungsschuld sondern auch die StSchuld innerhalb eines Jahres vor Eröffnung des Konkursverfahrens über das Vermögen des Gesellschafters fällig geworden ist bzw als fällig geworden gilt (FG BadWürtt EFG 86, 61). Maßgebend ist die erste Fälligkeit der Forderungen. Durch Stundung Zahlungsaufschub oder Aussetzung der Vollziehung nach Eintritt der Fälligkeit wird die Jahresfrist also nicht hinausgeschoben (FG D'dorf EFG 77, 290; *TK* RNr 29 mw Nachw). Bei Stundung, Zahlungsaufschub und Aussetzung der Vollziehung vor der ersten Fälligkeit gilt dies nur, wenn der StPfl einen Rechtsanspruch auf diese Vergünstigungen hat (*TK* aaO; *HHSp* RNr 89f; str). Die Fälligkeit eines Anspruchs setzt voraus, daß er entstanden ist (vgl § 220). Der USt-Anspruch (einschließlich des Vorsteuerrückforderungsanspruchs nach § 17 II UStG) für den Voranmeldungszeitraum, in dem über das Vermögen eines Unternehmers der Konkurs eröffnet worden ist, ist nicht bevorrechtigt, weil er erst nach Konkurseröffnung entstanden ist (BFH BStBl 75, 755; FG Nieders EFG 82, 541). Im übrigen gilt für den Fälligkeitstermin der Rückforderung abgezogener Vorsteuerbeträge bei der Umsatzsteuer folgendes:

Der Anspr auf Rückforderung abgezogener VorstBeträge entsteht mit dem Eintritt der Berichtigungspflicht nach Änderung der Bemessungsgrundlage für einen stpfl Umsatz. Die Fälligkeit dieses Anspr hat zur Voraussetzung, daß der VorstAbzug durch Voranmeldung oder Jahreserklärung berichtigt wurde oder daß das FA unter Berücksichtigung der geänderten Bemessungsgrundlage die Vorauszahlungen festgesetzt oder die Jahresveranl durchgeführt hat. Das Konkursvorrecht des angemeldeten Anspr auf Rückzahlung abgezogener VorstBeträge bleibt erhalten, auch wenn die Forderung schon zu einem früheren Zeitpunkt als in dem Jahr vor Konkurseröffnung entstanden ist und das FA vor diesem Jahreszeitraum von der Möglichkeit keinen Gebrauch gemacht hat, die pflichtwidrig unterlassene Berichtigung durch VorauszBescheid oder Jahresveranlagung zu ersetzen (BFH BStBl 75, 755).

Steuersäumniszuschläge und die anderen **steuerl Nebenleistungen** nehmen am Konkurs teil, sind aber mit **Ausnahme der Zinsen nicht bevorrechtigt** (BFH BStBl 74, 17; 83, 489; *TK* RNr 26; vgl auch BFH BStBl 76, 262). Die Gegenmeinung, wonach diese Rspr des BFH zur RAO durch §§ 3 III, 37 I und 257 III überholt sei (BGH UStR 75, 82; FG München EFG 81, 116; *HHSp* RNr 69; *Möllinger,* AO, S 349), vermag nicht zu überzeugen. Die Frage entscheidet sich allein nach § 61 Nr 2 KO. Die AO erkennt voll das Vorrecht der KO an und sagt nichts darüber aus, welche steuerl Nebenleistungen im Konkurs geltend gemacht werden können und das Konkursvorrecht genießen. Überhaupt nicht können Geldstrafen, Geldbußen sowie Zwangsgelder im Konkurs geltend gemacht werden (§ 63 Nr 3 KO). Zu den ausgeschlossenen Zwangsgeldern zählen die Zwangsgelder nach § 329 (*TK* RNr 28; *HHSp* RNr 73).

3. Notwendigkeit der Feststellung. Steuerbescheide sind nach Eröffnung des Konkursverfahrens **nicht** mehr **zulässig**. Grundlagenbescheide (Feststellungs- und Steuermeßbescheide) können aber nach Eröffnung des

1. Abschnitt. Allgemeine Vorschriften § 251

Konkursverfahrens noch ergehen, da in ihnen keine Steuern gefordert werden (BFH BStBl 85, 650; BFH/NV 87, 343; VollstrA Abschn 58 Abs 1; *HHSp* RNr 56; aA FG Rheinland-Pfalz EFG 78, 473). Sie sind an den Konkursverwalter zu richten (BFH BStBl 85, 650; BFH/NV 87, 343).

Die Steuerforderungen sind zur Konkurstabelle anzumelden. Ein Bescheid über eine im Konkursverfahren angemeldete Forderung ist nur notwendig, wenn die Forderung im Prüfungstermin durch den Konkursverwalter oder einen Konkursgläubiger bestritten wird. Der Bescheid ist kein Steuerbescheid, sondern ein **sonstiger VerwAkt** und **entspr einem Feststellungsurteil** iS von §§ 146, 147 KO (*HHSp* RNr 197; *TK* RNr 5 m w Nachw). Gegenstand des Feststellungsverfahrens kann nur eine Forderung sein, die mit der nach § 139 KO angemeldeten und nach § 141 KO zur Erörterung gestellten Forderung identisch ist. Diese Forderungsidendität hat das FA im Feststellungsbescheid deutlich zu machen (BFH BStBl 84, 545; BFH/NV 88, 287). Eine im Konkursverfahren nach Grund und Höhe angemeldete, jedoch bestritten gebliebene Umsatzsteuerforderung kann daher in dem Feststellungsbescheid und in dem sich anschließenden Rechtsbehelfsverfahren nicht gegen eine andere Umsatzsteuerforderung ausgetauscht werden (BFH BStBl 87, 471). Grund der Forderung ist bei der Umsatzsteuer der einzelne Lebenssachverhalt, der den gesetzlichen Tatbestand erfüllt hat, denn bei der Umsatzsteuer entstehen anders als etwa bei der Einkommensteuer die sich aus der Verwirklichung der im UStG enthaltenen Tatbestände ergebenden StBeträge, unbeschadet der Zusammenfassung bei der StBerechnung, gesondert. Das bedeutet aber schließlich, daß die wirksame Anmeldung einer nicht titulierten Umsatzsteuerforderung zur Tabelle die Angabe und nähere Beschreibung der umsatzsteuerrechtlich erheblichen Sachverhalte erfordert. Ausreichend, aber auch erforderlich ist in der Regel die Bezeichnung der Umsatzsteuerforderung nach Betrag und Zeitraum (BFH BStBl 88, 124). Bei den in einen Feststellungsbescheid aufgenommenen Forderungen, die auf unterschiedlichen materiell-rechtlichen Entstehungsgründen beruhen, handelt es sich anders als bei der StVeranlagung nicht um unselbständige Besteuerungsgrundlagen, sondern um jeweils **selbständig zu beurteilende** Feststellungsakte (BFH BStBl 88, 199). Da der Feststellungsbescheid kein vollziehbarer Verwaltungsakt ist, kommt keine Aussetzung der Vollziehung in Betracht (FG RhPf UStR 83, 157). Auch eine einstweilige Anordnung nach § 114 FGO mit dem Ziel, eine bevorrechtigte Forderung außer Ansatz zu lassen, ist unzulässig. Es würden endgültig irreparable Störungen des Konkursverfahrens eintreten (FG RhPf EFG 82, 503). Er ist auch dann erforderlich, wenn vorher bereits ein Steuerbescheid oder ein Leistungsgebot der FinBeh über die Steuerforderung vorliegt (*HHSp* RNr 196). Gegen den Feststellungsbescheid, in dem auch das Konkursvorrecht festgestellt werden kann, ist ausschließlich der Finanzrechtsweg gegeben (so schon zur RAO BFHE 106, 419).

§ 251 III ist auf die **Gemeinden nicht** anwendbar. Sie können bestrittene StForderungen daher nicht durch Bescheid feststellen (VGH Kassel, ZKF 86, 61).

4. Steuerforderungen im Vergleichsverfahren. Im **Vergleichsverfahren** können **weiterhin Steuerbescheide** gegen den Schuldner ergehen (vgl zur StSchuldnerschaft Erl zu § 43). VollstrMaßnahmen sind nach § 47 Ver-

§ 252 6. Teil. Vollstreckung

glO iVm § 26 VerglO für die Steuerforderungen, die ein Vorrecht im Konkurs genießen (s oben A 2), ebenfalls weiter unbeschränkt möglich (vgl BFH BStBl 76, 581). Für andere steuerl Ansprüche können während des Vergleichsverfahrens nach § 47 VerglO keine VollstrMaßnahmen erfolgen.

5. Durchsetzung von Steuerforderungen nach dem Anfechtungsgesetz. Nach dem Gesetz betreffend die Anfechtung von Rechtshandlungen eines Schuldners außerhalb des Konkursverfahrens (AnfG) idF v 20. 5. 1898 (RGBl S 709) kann die FinBeh zum Zwecke der Befriedigung einer Steuerforderung bestimmte Rechtshandlungen des Steuerschuldners (zB Rechtshandlungen mit Gläubigerbenachteiligungsabsicht, die Gläubiger benachteiligende Verträge mit Ehegatten im letzten Jahr, Geschenke im letzten Jahr) außerhalb des Konkurses anfechten. Der Empfänger eines in anfechtbarer Weise erlangten Gegenstandes hat aufgrund eines mit der Anfechtungserklärung verbundenen Leistungsgebots der FinBeh die **Vollstreckung** in den Gegenstand **zu dulden** (BFH BStBl 78, 663; 79, 756). Der Rückgewähranspruch nach §§ 3 und 11 AnfG geht also auf Duldung der Zwangsvollstreckung (FG RhPf EFG 82, 391). Wenn die Rückgewähr in Natur, dh die Ermöglichung der Zwangsvollstreckung aus tatsächlichen oder rechtlichen Gründen nicht möglich ist, verwandelt sich der Rückgewähranspruch in einen summenmäßigen Anspruch auf Wertersatz, also einen Geldanspruch (*Böhle/Stammschräder*, AnfG 5. Aufl, § 7 Anm III 10).

§ 252 Vollstreckungsgläubiger

Im Vollstreckungsverfahren gilt die Körperschaft als Gläubigerin der zu vollstreckenden Ansprüche, der die Vollstreckungsbehörde angehört.

Die Vorschr löst die bereits in der RAO bestehenden ähnlichen Bestimmungen der §§ 344 I; 362 I 1; 365 II 2; 368 III 3; 372 I 1 und 3 ab. Mit der Vorschrift wird ganz allgemein die Körperschaft, der die VollstrBehörde angehört, **als Gläubiger fingiert.** Diese Körperschaft erwirbt also die Pfandrechte an bewegl und unbewegl Sachen sowie das Pfändungspfandrecht an Forderungen. Damit wird das VollstrVerfahren vor allem in den Fällen erleichtert, in denen die Finanzverwaltung der Länder nach Art 108 GG Bundessteuern (zB VersSt) oder Bund und Ländern gemeinsam zustehende Steuern (ESt, KSt, USt) oder in denen die HZÄ Landessteuern (Biersteuer) verwalten.

Die Gläubigerfiktion gilt aber auch in den Fällen, in denen eine VollstrBehörde gem § 252 auf Ersuchen einer anderen VollstrBehörde vollstreckt oder auch für solche Ansprüche, die auf Grund besonderer gesetzl Bestimmungen nach der AO beigetrieben werden (zB Kirchensteuer). Durch die Fiktion wird insbesondere die Rechtsverfolgung aus Pfändungspfandrechten einfacher. Auch Dritten wird die Verfolgung ihrer Rechte erleichtert, zB in den Fällen der §§ 262 und 293. Der Dritte braucht keine Ermittlungen darüber anzustellen, gegen wen er als VollstrGläubiger zu klagen hat.

Eine **Aufrechnung** durch die FinBeh ist nicht Teil des Vollstreckungs-, sondern Teil des Erhebungsverfahrens. Für die Aufrechnung gilt daher die Gläubigerfiktion des § 252 nicht (BFH BStBl 84, 185).

1. Abschnitt. Allgemeine Vorschriften §§ 253, 254

§ 253 Vollstreckungsschuldner

Vollstreckungsschuldner ist derjenige, gegen den sich ein Vollstreckungsverfahren nach § 249 richtet.

Die Vorschr definiert den Begriff des VollstrSchuldners **rein verfahrensrechtl** und nicht materiellrechtl. So ist VollstrSchuldner nicht nur der StSchuldner, sondern auch der Haftungsschuldner (§§ 69 ff) sowie der Duldungsschuldner (§ 77). Es kommt auch nicht darauf an, ob die rechtl Voraussetzungen für ein Vorgehen im VollstrVerfahren gegeben sind, sondern nur darauf, ob die Behörde in diesem Verfahren einen der in § 249 genannten VerwAkte durchsetzen will (vgl VollstrA Abschn 3). Der Begriff des VollstrSchuldners ist zB wichtig für die Adressaten des Leistungsgebots nach § 254 oder der Mahnung nach § 259 sowie von Zwangsmitteln nach §§ 328 ff, ferner zB für die Frage, wer nach §§ 337 ff die Kosten zu tragen hat.

§ 254 Voraussetzungen für den Beginn der Vollstreckung

(1) ¹Soweit nichts anderes bestimmt ist, darf die Vollstreckung erst beginnen, wenn die Leistung fällig ist und der Vollstreckungsschuldner zur Leistung oder Duldung oder Unterlassung aufgefordert worden ist (Leistungsgebot) und seit der Aufforderung mindestens eine Woche verstrichen ist. ²Das Leistungsgebot kann mit dem zu vollstreckenden Verwaltungsakt verbunden werden. ³Ein Leistungsgebot ist auch dann erforderlich, wenn der Verwaltungsakt gegen den Vollstreckungsschuldner wirkt, ohne ihm bekanntgegeben zu sein. ⁴Soweit der Vollstreckungsschuldner eine von ihm auf Grund einer Steueranmeldung geschuldete Leistung nicht erbracht hat, bedarf es eines Leistungsgebotes nicht.

(2) ¹Eines Leistungsgebotes wegen der Säumniszuschläge und Zinsen bedarf es nicht, wenn sie zusammen mit der Steuer beigetrieben werden. ²Dies gilt sinngemäß für die Vollstreckungskosten, wenn sie zusammen mit dem Hauptanspruch beigetrieben werden.

Schrifttum: *Carl* Leistungsbescheid und Leistungsgebot als Voraussetzungen der Zwangsvollstreckung bei nicht rechtsfähigen Personenvereinigungen, DB 85, 1783; *App* Kein Leistungsgebot gegen Gesellschafter einer Gesellschaft aufgrund eines gegen die Gesellschaft gerichteteten Steuerbescheids, BB 85, 2319.

Übersicht

1. Inhalt der Vorschrift
2. Fälligkeit der Leistung
3. Zwangsvollstreckung vor Leistungsgebot
4. Rechtsnatur und Form des Leistungsgebots
5. Inhalt des Leistungsgebots
6. Ablauf der Wochenfrist
7. Wirkung gegenüber Dritten
8. Ausnahmen vom Erfordernis des Leistungsgebots

1. Inhalt. Die Vorschr, die sachl § 326 III RAO entspricht, macht den Beginn der Vollstr allgemein von drei Voraussetzungen abhängig: der **Fälligkeit** der Leistung, Vorliegen eines **Leistungsgebots** und Ablauf einer

§ 254

Frist von 1 Woche seit Bekanntgabe des Leistungsgebots. S 2 und 3 des Abs I stellen klar, daß das Leistungsgebot mit dem zu vollstreckenden VerwAkt verbunden werden kann und daß es eines Leistungsgebots auch dann bedarf, wenn der zu vollstreckende VerwAkt (insbesondere in den Fällen der Gesamtrechtsnachfolge) ohne Bekanntgabe gegen den VollstrSchuldner wirkt. Abs I 4 und Abs II regeln Ausnahmen von dem Erfordernis eines Leistungsgebots.

2. Fälligkeit der Leistung. Die Fälligkeit der Leistung ergibt sich nach § 220 I regelmäßig aus den Einzelsteuergesetzen. Wenn darin eine Regelung fehlt, ist nach § 220 II die **Entstehung des Anspruchs** oder der Ablauf einer im Leistungsgebot eingeräumten Leistungsfrist maßgebend.

3. Zwangsvollstreckung vor Leistungsgebot. Eine entgegen der Bestimmung des § 254 ohne Leistungsgebot vorgenommene VollstrMaßnahme ist unheilbar nichtig (BFH BStBl 53, 312; 62, 321; 79, 589; *TK* RNr 14; *KKH* Anm 2; aA *HHSp* RNr 20). Sie ist zur Beseitigung des Rechtsscheins aufzuheben. Die Aufhebung muß also auch dann erfolgen, wenn später die Bekanntgabe des Leistungsgebots nachgeholt wird (BFH BStBl 53, 312). Zu den Rechtsfolgen bei Verstoß gegen die Wochenfrist s unten Anm 6.

4. Rechtsnatur und Form des Leistungsgebotes. Das Leistungsgebot ist ein **VerwAkt**, der den Ausspruch der Behörde enthält, daß jemand steuerrechtl etwas leisten soll (so *TK* RNr 3; *KKH* Anm 2; str, vgl *HHSp* RNr 8 mw Nachw). Dieser VerwAkt ist nach § 122 dem VollstrSchuldner bekanntzugeben. Gegen das Leistungsgebot als VerwAkt ist Beschwerde gegeben. Die Vollziehung des Leistungsgebots kann nach § 361 ausgesetzt werden. Vollstreckungsmaßnahmen dürfen dann nicht mehr stattfinden (BFH BStBl 76, 258; FG BaWü EFG 80, 262; *TK* RNr 14). Eine besondere Form ist für das Leistungsgebot nicht vorgesehen. Meist wird das Leistungsgebot allerdings nach Abs I 2 des § 254 mit dem StBescheid verbunden, so daß sich schon deswegen gem § 157 die Schriftform ergibt. Eine Vollstreckungsankündigung kann als Leistungsgebot ausgelegt werden, wenn sie den notwendigen Inhalt eines Leistungsgebots enthält (FG BaWü EFG 80, 262; *TK* RNr 4).

5. Inhalt des Leistungsgebots. Das Leistungsgebot muß den **VollstrSchuldner**, **Gegenstand** und **Grund der Leistung** sowie Angaben darüber enthalten, **wann, wo und wie die** Leistung zu bewirken ist. Ein von der FinBeh übersandter Kontoauszug erfüllt diese Voraussetzungen nicht (BFH BStBl 77, 83). Wichtig ist, daß in den Fällen, in denen in einen Gegenstand vollstreckt werden soll, der mehreren gemeinschaftl gehört (zB Erbengemeinschaft), das Leistungsgebot an alle Mitinhaber zu richten und bekanntzumachen ist, wenn nicht einer der Fälle der §§ 263 ff gegeben ist. Bei Zusammenveranlagung von **Ehegatten** muß das Leistungsgebot grundsätzlich an beide Ehegatten ergehen, wenn in das gesamte Vermögen der Eheleute vollstr werden soll (vgl Erl zu § 263; ferner BMF-Schreiben, DStR 76, 158). Aufgrund eines gegen eine **Personengesellschaft** gerichteten StBescheids (vgl § 118 Anm 2a) kann nicht ein Leistungsgebot gegen einen Gesellschafter als Gesamtschuldner ergehen (*App* DB 85, 2319).

1. Abschnitt. Allgemeine Vorschriften § 255

6. Ablauf der Wochenfrist. Für die Berechnung der Wochenfrist gelten nach § 108 I die **Vorschr des BGB**. Der erste Tag der Frist ist nach § 187 I BGB der Tag, der auf die Bekanntgabe des Leistungsgebots folgt. Für die Berechnung des Zeitpunktes der Bekanntgabe gilt § 122 II. Anders als das Fehlen des Leistungsgebots macht die Nichtbeachtung der Wochenfrist Vollstreckungsmaßnahmen nicht nichtig, sondern nur aufhebbar (BFH BStBl 79, 589; *HHSp* RNr 44; *TK* RNr 14).

7. Wirkung gegenüber Dritten. Obwohl der Gesamtrechtsnachfolger eines Steuerschuldners unanfechtbare Steuerfestsetzungen gegen sich gelten lassen muß, ist nach § 254 I 3 ein neues Leistungsgebot gegenüber ihm erforderlich. Gegen den Erben ist daher ein neues Leistungsgebot auch dann erforderlich, wenn die Zwangsvollstreckung gegen den Erblasser bereits begonnen hatte (*HHSp* RNr 32; *TK* RNr 8).

8. Ausnahmen vom Erfordernis des Leistungsgebots. Die Ausnahmen des Abs I 4 betreffen die Fälle, in denen der VollstrSchuldner zB die USt-Voranmeldung (§ 18 UStG) oder die LohnSt-Anmeldung (§ 41a EStG) abgegeben hat, aber nicht zahlt. Die Ausnahme gilt nicht, wenn der VollstrSchuldner weder eine Anmeldung abgibt, noch zahlt. Hier muß der zu zahlende Betrag von der FinBeh festgesetzt und bekanntgegeben werden und ein Leistungsgebot ergehen (*Kussmann-Hoppe-Müller*, Vollstreckung, 3. Aufl S 48). Ebenso ist ein Leistungsgebot erforderlich, wenn die FinBeh eine höhere Steuer festsetzt als angemeldet worden ist. Das Leistungsgebot muß hier über den Unterschiedsbetrag ergehen (*TK* RNr 9; *HHSp* RNr 46; *Koch*, RNr 9).
In der Ausnahmeregelung des Abs II für die **steuerl Nebenleistungen** werden nicht die Verspätungszuschläge (§ 152) und die Zwangsgelder (§ 329) genannt. Für die Verspätungszuschläge ist eine Ausnahmeregelung nicht erforderl, weil sie nach § 152 III regelmäßig mit der Steuer, also im Steuerbescheid festgesetzt werden und das Leistungsgebot über die Steuern sich daher auch auf Zuschläge bezieht. Werden die Verspätungszuschläge ausnahmsweise gesondert festgesetzt, ist auch ein Leistungsgebot erforderlich. Bei der Vollstr von Zwangsgeldforderungen muß immer ein Leistungsgebot ergehen.

§ 255 Vollstreckung gegen juristische Personen des öffentlichen Rechts

(1) ¹Gegen den Bund oder ein Land ist die Vollstreckung nicht zulässig. ²Im übrigen ist die Vollstreckung gegen juristische Personen des öffentlichen Rechts, die der Staatsaufsicht unterliegen, nur mit Zustimmung der betreffenden Aufsichtsbehörde zulässig. ³Die Aufsichtsbehörde bestimmt den Zeitpunkt der Vollstreckung und die Vermögensgegenstände, in die vollstreckt werden kann.

(2) Gegenüber öffentlich-rechtlichen Kreditinstituten gelten die Beschränkungen des Absatzes 1 nicht.

1. Inhalt. Die Vorschr regelt die Vollstr gegen jur Personen des öff Rechts.

§ 256　　　　　　　　　　　　　　　　　　6. Teil. Vollstreckung

2. Bund und Land. Das VollstrVerbot des Abs I betrifft nur Bund und Land. Das sind **unmittelbare Bundes- oder Landesbehörden.** Zu den unmittelbaren Bundesbehörden zählen auch Postscheckämter und Postsparkassenämter (Abschn 18 Abs 1 VollstrA).

Gemeinden, die im System des Grundgesetzes Teile der Länder sind, fallen nicht unter das VollstrVerbot. Sie gehören zu den jur Personen des öffentl Rechts, die der Staatsaufsicht unterliegen und gegen die nach Abs I 2 mit Zustimmung der Aufsichtsbehörden vollstr werden kann (AO-EinfErl BStBl 76, 623). Aufsichtsbehörden sind die für die Rechtsaufsicht der Gemeinden zuständigen Landesbehörden. Andere jur Personen des öffentl Rechts, die von Abs I 2 erfaßt werden, sind zB Sozialversicherungsträger, Handelskammern usw.

Im AO EinfErl (BStBl 76, 623) wurde die Auffassung vertreten, daß allgem auch kath oder evang **Kirchengemeinden** dazu gehören. Diese im AnwErl nicht mehr enthaltene Regelung war bedenklich, da die Kirchen nicht der Staatsaufsicht unterliegen. Die Verleihung der Rechte einer Körperschaft des öffentl Rechts an die Religionsgesellschaften ist Ausdruck der besonderen Bedeutung dieser Religionsgemeinschaften, die sie zwar über Religionsgemeinschaften des Privatrechts erhebt, sie aber keinen besonderen Kirchenhoheit des Staates oder einer gegenüber privatrechtl Gemeinschaften gesteigerten Staatsaufsicht unterwirft (BVerfGE 18, 387; vgl auch *Schmidt-Bleibtreu/Klein* GG, Art 140 RNr 5). Auch hinsichtl ihrer vermögensrechtl Verhältnisse besteht nicht allgemein eine Staatsaufsicht (s *Marx,* in: HdBuch des Staatskirchenrechts Bd II S 127). Die Kirchengemeinden unterliegen allenfalls dann der Staatsaufsicht, wenn dies in Konkordaten bestimmt ist (*HHSp* RNr 5).

Das Erfordernis der Zustimmung zu VollstrMaßnahmen gegen jur Personen des öffentl Rechts soll bewirken, daß die Aufsichtsbehörde ggf ihren Einfluß zwecks Zahlung der Rückstände geltend macht, so daß nur in seltenen Ausnahmefällen die Zustimmung zur Vollstr erforderlich sein wird.

3. Öffentlich-rechtliche Kreditinstitute. Zu den öffentl-rechtl Kreditinstituten, gegen die eine Vollstr ohne die Einschränkungen des Abs I möglich ist, zählen zB die Sparkassen und Landesbanken.

§ 256 Einwendungen gegen die Vollstreckung

Einwendungen gegen den zu vollstreckenden Verwaltungsakt sind außerhalb des Vollstreckungsverfahrens mit den hierfür zugelassenen Rechtsbehelfen zu verfolgen.

Schrifttum: *App* Der Rechtsschutz des Vollstreckungsschuldners, NWB Fach 2, 4597 (8/1986); *Eggesiecker* Schutzmaßnahmen gegen fiskalischen Vollstreckungsdrang, DStR 1978, 331; *Pump* Ist die Vollstreckung aus anfechtbaren Steuerbescheiden durch das FA zulässig, Information StW 88, 457; *Kowalewsky* Zweckdienliche Anträge auf Einstellung, Beschränkung und Aufhebung der Vollstreckung, NWB Fach 2, 5073 (30/1988); *Schenke* Vollstreckungsrechtsschutz im Steuerrecht bei materiellrechtlichen Einwendungen gegen den zu vollstreckenden Anspruch, StuW 1969, 693.

1. Inhalt. Die Vorschr entspricht § 327 I RAO. Sie befaßt sich hauptsächl mit Einwendungen des VollstrSchuldners. Einwendungen Dritter sind in

1. Abschnitt. Allgemeine Vorschriften **§ 256**

§ 262 erfaßt. Es kommen aber auch Einwendungen Dritter im Rahmen des § 256 gegen VollstrMaßnahmen in Betracht, nämlich dann, wenn sie sich gegen die Art und Weise von VollstrMaßnahmen richten. Aus § 256 ergibt sich, daß im VollstrVerfahren **nur Einwendungen gegen die Vollstr selbst** und nicht gegen den zu vollstreckenden VerwAkt geltend gemacht werden können.

2. Unzulässige Einwendungen. Einwendungen, die außerhalb des VollstrVerfahrens zu verfolgen sind, können sich zunächst einmal gegen die StSchuld als solche richten, zB, daß der gesetzl Tatbestand ganz oder nur teilweise verwirklicht sei. Es ist aber auch an Einwendungen des Haftungsschuldners zu denken. Ferner betreffen Einwendungen gegen das Leistungsgebot (§ 254) nicht das VollstrVerfahren. Auch die Verfassungswidrigkeit der StFestsetzung kann im VollstrVerfahren nicht geltend gemacht werden (BayVGH, B 1963, 306).

3. Zulässige Einwendungen. Im VollstrVerfahren können nur Einwendungen gegen die einzelne VollstrMaßnahme, ihre Anordnung und Aufrechterhaltung sowie gegen Art und Weise der Durchführung erhoben werden (so *TK* RNr 3). Angreifbar sind dabei nur **VerwAkte** im Rahmen der Vollstr, nicht daher zB die innerdienstl VollstrAnordnung, das VollstrErsuchen nach § 250 oder die Mahnung nach § 259 (*TK* RNr 4). Deshalb kann es auch grundsätzlich keine Rechtsbehelfe vor Beginn der Vollstr geben. Ausnahmsweise können jedoch drohende VollstrMaßnahmen nach § 114 FGO vorläufig abgewendet werden (BFH BStBl 67, 142; 77, 83; 77, 161; FG D'dorf EFG 74, 211; *TK* RNr 6). Unter Umständen kann auch ein Rechtsschutzbedürfnis für eine vorbeugende Feststellungs- oder Unterlassungsklage bestehen (BFH BStBl 76, 296; 79, 24; *TK* RNr 6). Als Rechtsbehelf zur Geltendmachung der Einwendungen ist regelmäßig die **Beschwerde** nach § 349 gegeben (Ausnahmen zB Einspr gegen Aufteilungsbescheide nach § 279 oder Festsetzung von VollstrKosten nach § 337, § 348 I Nr 8 und 10). Erforderl ist aber immer, daß es sich bei der angegriffenen VollstrMaßnahme um einen **VerwAkt** handelt (s näher die Erl zu den einzelnen Vorschr über VollstrMaßnahmen).

4. Einwendungen nach Beendigung der Vollstreckung. Ob auch gegen bereits beendete VollstrMaßnahmen (zB nach Verwertung gepfändeter Sachen) noch Rechtsbehelfe zulässig sind, ist str (bejahend *HHSp* RNr 40 ff; ablehnend FG Berlin EFG 87, 197; *TK* RNr 7; *Koch* RNr 15; wohl auch BFH/NV 86, 611; ferner, allerdings noch vor Inkrafttreten der FGO, BFH BStBl 54, 87; BFH HFR 62, 205). Wie sich aus § 100 I 4 FGO ergibt, hindert die Vollziehung eines VerwAktes nicht die nachträgliche Rückgängigmachung. Das kann nicht nur im FG-Verfahren, sondern muß auch im Rechtsbehelfsverfahren nach der AO gelten. Es kann nicht angehen, daß die VollstrBehörde durch schnelle Schaffung vollendeter Tatsachen dem VollstrSchuldner den Rechtsbehelf nehmen kann. Außerdem gibt es VollstrMaßnahmen (zB Durchsuchung einer Wohnung), die ihrer Natur nach nur nachträglich angegriffen werden können. Gegen sie muß daher eine Rechtsbehelfsmöglichkeit bestehen (vgl BFH BStBl 77, 183). Erkennt man die Möglichkeit eines außergerichtl Rechtsbehelfs gegen vollzogene VollstrMaßnahmen nicht an, müßte auf jeden Fall die **Möglichkeit** einer Fest-

§ 257   6. Teil. Vollstreckung

stellungsklage nach § 41 FGO zugebilligt werden (vgl FG Berlin EFG 75, 18; 87, 197; *TK* RNr 7 mwN).

Ein Antrag auf Aussetzung der Vollziehung nach § 361 kann nach beendigter Vollstr nicht mehr gestellt werden. Jedoch kann die Ablehnung eines bereits vorher gestellten Antrags auf VollzAussetzung im Rechtsbehelfsverfahren nachgeprüft werden (vgl § 69 III 4 FGO).

§ 257 Einstellung und Beschränkung der Vollstreckung

(1) Die Vollstreckung ist einzustellen oder zu beschränken, sobald
1. **die Vollstreckbarkeitsvoraussetzungen des § 251 Abs. 1 weggefallen sind,**
2. **der Verwaltungsakt, aus dem vollstreckt wird, aufgehoben wird,**
3. **der Anspruch auf die Leistung erloschen ist,**
4. **die Leistung gestundet worden ist.**

(2) ¹**In den Fällen des Absatzes 1 Nr. 2 und 3 sind bereits getroffene Vollstreckungsmaßnahmen aufzuheben.** ²**Ist der Verwaltungsakt durch eine gerichtliche Entscheidung aufgehoben worden, so gilt dies nur, soweit die Entscheidung unanfechtbar geworden ist und nicht auf Grund der Entscheidung ein neuer Verwaltungsakt zu erlassen ist.** ³**Im übrigen bleiben die Vollstreckungsmaßnahmen bestehen, soweit nicht ihre Aufhebung ausdrücklich angeordnet worden ist.**

Übersicht

1. Inhalt der Vorschrift
2. Vollstreckbarkeitsvoraussetzungen des § 251 I weggefallen
3. Verwaltungsakt aufgehoben
4. Der Anspruch auf Leistung erloschen
5. Stundung der Leistung
6. Entscheidung

1. Inhalt. In Abs I sind die Fälle genannt, die zur Einstellung oder Beschränkung der Vollstr führen. Abweichend hiervon verlangte das frühere Recht in diesen Fällen nach § 327 II RAO vorläufige Leistung. Um eine Einstellung der Vollstr handelt es sich dann, wenn der gesamte steuerl Anspr, der in dem zu vollstreckenden VerwAkt festgelegt ist, nicht weiter vollstr wird. Eine Beschränkung der Vollstr liegt dann vor, wenn der Anspr nur zum Teil nicht mehr vollstr wird.

Obwohl es anders als nach § 258 nicht um eine einstweilige, sondern **endgültige Einstellung** oder Beschränkung geht, steht nur bei Aufhebung des zu vollstreckenden VerwAktes oder bei Erlöschen des Anspruchs auf Leistung fest, daß nicht später (zB bei Nichtzahlung nach Ablauf der Stundungsfrist) erneut eine Vollstr des VerwAktes einzuleiten ist. Nur in diesen Fällen sind daher nach Abs I die bereits getroffenen VollstrMaßnahmen rückgängig zu machen. In allen anderen Fällen bleiben diese bestehen, und es unterbleiben nur weitere VollstrMaßnahmen. Nach Abs III 3 kann aber auch in diesen Fällen eine Aufhebung der VollstrMaßnahmen erfolgen. Die Entscheidung steht im Ermessen der VollstrBehörde (BFH/NV 87, 219). Abs II 2 zieht die Folgerung daraus, daß die Rechtswirkungen eines Anfechtungsurteils, das ein Gestaltungsurteil ist, erst mit seiner Rechtskraft eintreten.

1. Abschnitt. Allgemeine Vorschriften § 257

Die **Ablösung von Vorauszahlungsbescheiden** durch den Jahresbescheid führt nicht dazu, daß die aufgrund der Vorauszahlungsbescheide getroffenen VollstrMaßnahmen aufzuheben sind. Die Voraussetzungen des § 257 II für eine Aufhebung liegen nicht vor. Die VollstrMaßnahmen bleiben daher bestehen und weitere VollstrMaßnahmen finden nunmehr ihre Grundlage in dem Jahresbescheid (BFH BStBl 85, 370).

2. Vollstreckbarkeitsvoraussetzungen des § 251 I weggefallen. Die Vollstreckbarkeitsvoraussetzungen des § 251 I sind weggefallen, wenn die Vollziehung des VerwAktes ausgesetzt (§ 361 II und § 69 II FGO) oder die Vollziehung durch Einlegung eines RBehelfs gehemmt (§ 361 IV und § 69 IV FGO) ist.

3. Verwaltungsakt aufgehoben. Der VerwAkt kann aufgehoben werden durch die Behörde selbst, die ihn erlassen hat, oder durch einen Gerichtsentscheid. Durch einen Gerichtsentscheid ist der VerwAkt erst dann aufgehoben, wenn die Entscheidung rechtskräftig geworden ist.

4. Der Anspruch auf Leistung erloschen. Der Anspr auf Leistung ist erloschen, wenn die Leistung erbracht oder die Steuer nach § 227 erlassen worden ist. Ebenso ist der Anspr bei wirksamer **Aufrechnung** (§ 226) erloschen. Die Aufrechnung ist keine VollstrMaßnahme (BFH BStBl 67, 381; 84, 185; *HHSp* RNr 15). Deshalb muß die Aufrechnungslage nach § 226 IV zwischen Leistungspflichtigem und der Körperschaft derjenigen Behörde bestehen, die den zu vollstreckenden VerwAkt erlassen hat. Ist diese Behörde von der VollstrBehörde verschieden, (auch in den Fällen des § 250), reicht eine Aufrechnungslage zwischen VollstrBehörde und Leistungspflichtigem trotz § 252 nicht aus (vgl Erl zu § 252). Ferner führt die **Verjährung** nach § 232 anders als nach § 222 BGB zu einem Erlöschen des Anspruchs. Schließlich ist der Anspruch dann erloschen, wenn die Norm auf Grund deren die Leistung zu erbringen ist, als **verfassungswidrig** aufgehoben wurde.

5. Stundung der Leistung. Die Stundung der Leistung richtet sich nach § 222. Der Stundung steht der Zahlungsaufschub nach § 223 gleich (*TK* RNr 6; *HHSp* RNr 28; *Koch* RNr 3).

6. Entscheidung. Die Entscheidung über die Einstellung oder Beschränkung der Vollstr trifft die VollstrBehörde, während für Entscheidungen, die nach Abs I Voraussetzung für die Aufhebung der Vollstr sind (zB Aufhebung des VerwAktes), die FinBeh zuständig ist, die den zu vollstreckenden VerwAkt erlassen hat.

Die VollstrBehörde hat **von Amts wegen** zu entscheiden, wenn ihr Voraussetzungen für die Einstellung oder Beschränkung der Vollstr bekannt werden. Der VollstrSchuldner kann aber auch einen Antrag stellen. Gegen die Ablehnung des Antrags ist der Rechtbehelf der Beschwerde gegeben.

Eine (vorläufige) Einstellung oder Beschränkung der Vollstr kann auch im Wege der **einstweiligen Anordnung** nach § 114 FGO erreicht werden. Dazu muß glaubhaft gemacht werden, daß die Voraussetzungen des § 257 gegeben sind (BFH/NV 88, 423).

§ 258

§ 258 Einstweilige Einstellung oder Beschränkung der Vollstreckung

Soweit im Einzelfall die Vollstreckung unbillig ist, kann die Vollstreckungsbehörde sie einstweilen einstellen oder beschränken oder eine Vollstreckungsmaßnahme aufheben.

Schrifttum: *Pump* Typische Fehler bei Anträgen und Verhandlungen, die auf die Gewährung von Vollstreckungsaufschub gem § 258 AO gerichtet sind, StB 85, 45; *App* Der Sicherungsnehmer beim Vollstreckungsaufschub nach § 258 AO; *Pump* Die Stundung und sog stundungsgleiche Rechtsinstitute – Eine Abgrenzung zwischen Stundung, rückwirkender Stundung und Vollstreckungsaufschub, DStZ 85, 587; *App* Der Antrag auf Vollstreckungsaufschub, StWK Gruppe 2, 2301 (3/1987); *Pump* Fehler des Steuerberaters im Vollstreckungsverfahren, Information StW 87, 268; *Ronig* Lösung von Liquiditätsproblemen durch Zahlungsvereinbarungen mit den Finanzbehörden, Information StW 87, 289; *Orlopp* Stundung von Steuern, NWB Fach 2, 5029 (23/1988); *Kowalewsky* Zweckdienliche Anträge auf Einstellung, Beschränkung und Aufhebung der Vollstreckung, NWB Fach 2, 5073 (30/1988); *Pump* Ist die Vollstreckung aus anfechtbaren Steuerbescheiden des FA zulässig? Information StW 88, 457; *Pump* Darf Vollstreckungsaufschub nach § 258 allein aus Zweckmäßigkeitsgesichtspunkten gewährt werden, DB 88, 2484.

1. Inhalt. Die Vorschr entspricht § 333 RAO. Sie gibt die Möglichkeit des sog VollstrAufschubs. Der VollstrAufschub ist von vornherein **vorläufig**, dh, er ist aufzuheben, wenn die Billigkeitsgründe wegfallen. Eine Maßnahme nach § 258 kann daher nur in Betracht kommen, wenn **vorübergehend** Umstände vorliegen, die eine Vollstr unbillig erscheinen lassen, (BVerwG BStBl 75, 679; BFH/NV 86, 68; 86, 479; 87, 20). Dauerhafte Maßnahmen sieht die Vorschr nicht vor. Ist die Vollstr schlechthin unbillig, so ist der Erlaß nach § 227 geboten (BFH/NV 86, 68). Die Vorschr ermöglicht es folglich nur, unangemessene Nachteile durch **kurzfristiges Abwarten** abzuwenden (BFH/NV 86, 478; 88, 422). Nach FG Düsseldorf (EFG 88, 455) soll § 258 keine einstweilige Einstellung der Vollstr über die Dauer eines Jahres hinaus erlauben. Die drohende Vernichtung der Existenz des VollstrSchuldners vermag daher eine vorübergehende Einstellung der Vollstr nicht zu rechtfertigen (BFH/NV 86, 68; 86, 479; 88, 422). Anders kann dies nur sein, wenn in solchen Fällen in Kürze eine entscheidende Verbesserung der wirtschaftlichen Situation des VollstrSchuldners zu erwarten ist (vgl BFH/NV 88, 422).

2. Stundung, Aussetzung der Vollziehung und einstweilige Einstellung der Zwangsvollstreckung. Ein auf Aussetzung der Vollziehung nach § 69 III FGO gerichtetes Verfahren schließt ein RSchutzbedürfnis für eine Klage gegen die Ablehnung der einstweiligen Einstellung der Vollstr nicht aus (BFH BStBl 71, 114). Ebenso schließen sich ein Stundungsantrag und der Antrag auf einstweilige Einstellung der Vollstr nicht aus. Die Ablehnung des VollstrAufschubs ist bei einem noch laufenden Stundungsverfahren dann ermessensfehlerhaft, wenn die FinBeh mit einer gewissen Wahrscheinlichkeit von einem Erfolg des Stundungsantrags ausgehen mußte (BFH v 10. 11. 81 VII R 92/8). Der VollstrSchuldner kann sich, um VollstrMaßnahmen zu verhindern, sogar schon auf § 258 berufen, bevor die VollstrBehörde konkrete VollstrMaßnahmen ergriffen hat (BFH BStBl 77, 104 *TK* RNr 2; *KKH* Anm 2).

Es muß jedoch genau zwischen Anträgen auf **Stundung, Aussetzung**

1. Abschnitt. Allgemeine Vorschriften § **258**

der Vollz und **VollstrAufschub unterschieden** werden. Das ist einmal für die **Zuständigkeit** für die Entscheidung wichtig, weil die VollstrBehörde und innerhalb einer FinBeh die VollstrStelle nur über den VollstrAufschub zu entscheiden hat. Zum anderen sind **die Folgen unterschiedlich.** Bei Stundung und Aussetzung der Vollz sind nach §§ 234, 237 Zinsen zu zahlen. Für den VollstrAufschub sind nach § 240 Säumniszuschläge zu erheben, weil der VollstrAufschub die Fälligkeit der Forderung unberührt läßt (BFH BStBl 79, 429; BFH/NV 87, 696; 88, 411; VollstrA Abschn 7 Abs 3; OFD Bremen StEK § 258 Tz 1; *HHSp* RNr 9; aA *Felix/Streck,* StEK § 258 Tz 1). Es widerspricht auch nicht ohne weiteres den Wertungen des Gesetzes, wenn die während der Einstellung der Vollstr entstandenen Säumniszuschläge eingezogen werden (BFH/NV 87, 684; 88, 411; aA *TK* § 240 Tz 22). Bei einem Verfahren über den Erlaß solcher Säumniszuschläge sind aber je nach Lage des Einzelfalles die Gründe, die zu dem VollstrAufschub geführt haben, mitzuberücksichtigen. So hat die Ermessensentscheidung über den Erlaß der Säumniszuschläge zu berücksichtigen, ob bei Fälligkeit verspätet gezahlter StSchulden eine Erlaß- oder Stundungssituation bestand (BFH BStBl 85, 489; BFH/NV 87, 684).

Die Wertung, welche dieser Maßnahmen beantragt ist, ist eine **Frage der Antragsauslegung.** Während eines außergerichtl Rechtsbehelfsverfahrens oder eines Klageverfahrens eingehende Anträge werden in der Regel als Anträge auf Aussetzung der Vollz zu werten sein. Ferner kann davon ausgegangen werden, daß Anträge auf VollstrAufschub im allgemeinen nur aus Anlaß von konkreten VollstrMaßnahmen gestellt werden. Bei Anträgen, denen keine VollstrMaßnahmen vorausgegangen sind, kann daher unterstellt werden, daß es sich um Stundungsanträge handelt, wenn sich nicht aus dem jeweiligen Antrag eindeutig etwas anderes ergibt.

3. Voraussetzung der Einstellung oder Beschränkung der Vollstrekkung. Zunächst muß die ZwVollstr bereits angeordnet sein und ZwVollstr muß entweder insgesamt oder die einzelne Maßnahme unbillig sein. „**Unbillig**" ist ein unbestimmter Rechtsbegriff (FG Berlin EFG 80, 57), der die Grenzen des Ermessens der VollstrBehörde absteckt (*KKH* Anm 2; vgl auch *TK* RNr 3, die bei Unbilligkeit regelmäßig Verdichtung des Ermessens auf nur eine mögliche Entscheidung annehmen). Die einstweilige Einstellung oder Beschränkung der Vollstr ist also in das **Ermessen** der VollstrBehörde gestellt (BFH BStBl 85, 194). Es geht hier nicht darum, ob die Einziehung der St unbillig ist, sondern ob die ZwVollstr unbillig ist. Unbilligkeit ist im Einzelfall anzunehmen, wenn die Vollstr dem Schuldner einen unangemessenen Nachteil bringen würde, der durch kurzfristiges Abwarten oder durch eine andere VollstrMaßnahme vermieden werden könnte (BFH/NV 86, 478; FG Berlin EFG 87, 283; Abschn 7 II VollstrA). Eine Unbilligkeit ist daher nicht schon dann gegeben, wenn die Vollstr möglicherweise unangemessene nachteilige Folgen hat. Die Folgen müssen vielmehr durch kurzfristiges Abwarten oder ein anderes Vorgehen vermieden werden können (BFH/NV 87, 222). In das Tatbestandsmerkmal der Unbilligkeit dürfen dabei nicht Merkmale des § 361 II AO oder des § 69 FGO hineininterpretiert werden (BFH BStBl 85, 194). Einwendungen gegen den StBescheid können nach § 256 ohnehin nicht im Verfahren nach § 258 geltend gemacht werden (BFH/NV 87, 223; 87, 801). Die Gründe für

§ 258

Maßnahmen nach § 258 können nur die Art und Weise, den Umfang oder den Zeitpunkt der Vollstr betreffen (BFH/NV 86, 139).

Die Auffassung, daß VollstrMaßnahmen unbillig sind, solange noch nicht über einen Antrag auf Aussetzung der Vollziehung entschieden ist, es sei denn, daß besondere Umstände sie erforderlich machen (FG RhPf EFG 84, 105; s auch näher Erl zu § 251 A 1), ist vom BFH nicht geteilt worden (BFH BStBl 80, 399; BFH/NV 86, 138). Der BFH leitet aus § 361 I AO und § 69 I FGO her, daß der Antrag auf Aussetzung der Vollziehung die Vollziehung des StBescheides und damit seine Vollstr noch nicht hemmen kann. Wenn Bescheide noch unanfechtbar geworden sind, so leitet sich daraus allein jedenfalls noch keine Unbilligkeit der Vollstr her (BFH/NV 87, 801). Eine Vollstr ist aber dann als unzulässige Rechtsausübung unbillig und ermessensfehlerhaft, wenn der Betrag der Vollstr sogleich zurückgezahlt werden müßte (BFH BStBl 85, 194). Der VollstrSchuldner kann sich deshalb darauf berufen, daß er einen Erlaß- oder Stundungsantrag gestellt hat und die Voraussetzungen hierfür vorliegen (vgl auch unten Anm 4) oder daß in Kürze eine Verrechnungssituation bestehen wird (vgl BFH BStBl 85, 194). Es besteht die Möglichkeit, daß eine einzelne Maßnahme der ZwVollstr unbillig, andere aber billig sind. Auch kommt es nicht darauf an, ob der StPfl die Notlage selbst verschuldet hat (vgl Thomas/Putzo § 765a ZPO, A 3b). Bei **Anerbieten von Ratenzahlungen** kann die Vollstr unbillig sein. Das gilt aber nur dann, wenn mit hinreichender Wahrscheinlichkeit erwartet werden kann, daß der VollstrSchuldner seine Zusage einhalten wird, und wenn nach der Höhe der angebotenen Raten mit einer kurzfristigen (s oben Anm 1) Tilgung der StSchuld gerechnet werden kann (FG Düsseldorf EFG 88, 455).

4. Kein Antrag erforderlich. Über die einstweilige Einschränkung oder Beschränkung der Vollstr entscheidet die VollstrBehörde und innerhalb einer FinBeh die VollstrStelle. Ein Antrag ist nicht erforderl, aber mögl. Wird ein Antrag gestellt, muß die Entscheidung darüber durch Bescheid, dh durch **VerwAkt** ergehen. Dieser VerwAkt ist nach § 349 mit der Beschwerde anfechtbar (BFH BStBl 77, 104; *TK* RNr 4). Eine Klage kann nicht über den vor der FinBeh gestellten Antrag hinausgehen (FG Berlin EFG 87, 283). Wenn kein Antrag gestellt und der von Amts wegen angeordnete VollstrAufschub dem VollstrSchuldner nicht mitgeteilt wird, ist diese innerdienstliche Anordnung kein VerwAkt (*Kussmann-Hoppe-Müller*, Vollstreckung, 3. Aufl S 63). In jedem Fall tritt eine **Unterbrechung der Verjährung** ein, da § 231 (zB Verjährungsunterbrechung durch Ermittlungen) nicht auf VerwAkte abstellt (*HHSp* RNr 9). Der VollstrAufschub kann auch als vorläufiger Rechtsschutz **im Wege einstweiliger Anordnung** durch das FG gewährt werden (BFH BStBl 85, 194; FG Rheinland Pfalz EFG 78, 437; FG BaWü EFG 80, 8; vgl auch FG Saarl EFG 85, 382, wo eine solche einstweilige Anordnung erst als zulässig angesehen wird, wenn der Antragsteller vorher erfolglos bei FB das Verfahren nach § 258 betrieben hat). Umstritten ist, ob das FG dabei ein eigenes Ermessen (sog Interimsermessen) ausüben darf oder ob es die Ablehnung des VollstrAufschubs durch die FinBeh nur auf Ermessensfehler überprüfen kann (vgl BFH BStBl 77, 587). Der BFH hat diese Frage bisher in ständiger Rspr offen gelassen (vgl BFH/NV 86, 101; 86, 198; 86, 478; 87, 184; 87, 223; 87, 555;

2. Abschnitt. Vollstreckung wegen Geldforderungen   § 259

88, 314; 88, 423). Im Ergebnis hat er dabei allerdings zutreffend jeweils eigene Ermessenserwägungen angestellt. Zu der erforderlichen **Glaubhaftmachung** eines Anordnungsanspruchs gehört es, daß zumindest eine gewisse Wahrscheinlichkeit besteht, daß der Umstand eintritt, der die Unbilligkeit der VollstrMaßnahme begründen sollen (BFH/NV 86, 479; 88, 314; 88, 423). So sind VollstrMaßnahmen vor endgültiger Entscheidung über einen Erlaß- oder Stundungsantrag nur dann unbillig, wenn mit einer gewissen Wahrscheinlichkeit mit dem beantragten Erlaß oder der beantragten Stundung zu rechnen ist (BFH/NV 86, 68; 86, 198; 86, 349; 87, 20; 87, 555). Das Rechtsschutzinteresse auf den Erlaß einer einstweiligen Anordnung entfällt, wenn die gepfändete Sache bereits verwertet (BFH/NV 86, 611) oder die eidesstattliche Versicherung geleistet worden ist (BFH/NV 87, 109).

Zweiter Abschnitt. Vollstreckung wegen Geldforderungen

1. Unterabschnitt. Allgemeine Vorschriften

§ 259 Mahnung

¹Der Vollstreckungsschuldner soll in der Regel vor Beginn der Vollstreckung mit einer Zahlungsfrist von einer Woche gemahnt werden. ²Als Mahnung gilt auch ein Postnachnahmeauftrag. ³Einer Mahnung bedarf es nicht, wenn der Vollstreckungsschuldner vor Eintritt der Fälligkeit an die Zahlung erinnert wird. ⁴An die Zahlung kann auch durch öffentliche Bekanntmachung allgemein erinnert werden.

Schrifttum: *Pump* Der Postnachnahmeauftrag in der Vollstreckungspraxis, StBp 87, 210.

1. Inhalt. Die Vorschr entspricht im wesentl § 341 RAO. Neu ist die Möglichkeit, statt der Mahnung vor Fälligkeit eine Zahlungserinnerung zu übersenden. Dies ist vor allem dann bedeutsam, wenn vorbereitete Einzahlungsunterlagen mit übersandt werden.

Die in der Vorschr vorgeschriebene Mahnung ist noch **keine Maßnahme der Vollstr** (BFH BStBl 72, 494; *HHSp* RNr 5; *TK* RNr 2), wie sich aus den Worten „vor Beginn der Vollstreckung" ergibt. Zuständig für die Mahnung ist im Fall des VollstrErsuchens (§ 250) somit die FinBeh, die das Leistungsgebot erlassen hat. Innerhalb einer FinBeh erfolgt die Mahnung durch die Kasse und nicht durch die VollstrStelle. Eine unterlassene Mahnung kann aber durch die VollstrBehörde bzw VollstrStelle nachgeholt werden. Vorausgegangen sein müssen der Mahnung nach § 254 das Leistungsgebot und der Ablauf der Schonfrist (*TK* RNr 4; KKH Anm 4). Außerdem muß die Leistung fällig sein. Bei Beträgen von weniger als 5 DM ist von der Mahnung abzusehen. Beträge von 5 bis 19,99 DM werden idR nach Ablauf eines Jahres gemahnt (Tz 3 der Kleinbetragsregelung für das Erhebungsverfahren, BStBl 82 I 197). Das heißt aber nicht, daß alle Beträge, die danach angemahnt werden, weil sie über den Grenzen liegen, auch vollstreckt werden. Hier ist § 261 zu beachten (s dort A 3).

843

2. Rechtsnatur der Mahnung. Die Mahnung ist die behördl Erinnerung des StPfl an seine Pflicht, fällige Geldbeträge zu leisten. Es handelt sich **nicht** um einen **VerwAkt** (*TK* RNr 2; *HHSp* RNr 3), die Mahnung ist daher nicht selbständig anfechtbar. Etwas anderes kann nur gelten, wenn noch kein Leistungsgebot vorausgegangen ist und die Mahnung daher das Leistungsgebot ersetzt. Dann verlangt § 259 aber eine nochmalige Mahnung (*HHSp* RNr 4; *TK* RNr 2). Fehlende Mahnung hindert nicht die RWirksamkeit der VollstrMaßnahme (BFH BStBl 70, 291). Die Vorschr ist nur eine Sollvorschr. Beruht allerdings das Fehlen der Mahnung auf einem Ermessensfehler, ist die ohne Mahnung erfolgte VollstrMaßnahme anfechtbar (*TK* RNr 10; *Koch* RNr 8; *HHSp* RNr 8). Ein Ermessensfehler ist anzunehmen, wenn das Unterbleiben der Mahnung ohne sachgerechten Grund erfolgt (*TK* RNr 10). Im übrigen kann es **berechtigte Gründe für** ein **Unterlassen der Mahnung** geben, zB wenn durch sie der VollstrErfolg gefährdet wird oder wenn der Schuldner schon bei der Stundung auf die Folgen einer nicht rechtzeitigen Zahlung hingewiesen worden ist. Unterbleibt die Mahnung ohne berechtigten Grund, kann sich nach § 346 die Kostenfreiheit von VollstrMaßnahmen ergeben, wenn diese im Falle der Mahnung gar nicht notwendig geworden wären (*Koch* RNr 8).

In der Mahnung soll eine **Frist** von 1 Woche zur Zahlung gesetzt werden. Die Frist berechnet sich nach §§ 187 bis 193 BGB. Die in der Mahnung gesetzte Frist schiebt nicht die Fälligkeit der Forderung (§ 220) hinaus. Es können daher Säumniszuschläge nach § 240 entstehen. Als schriftliche Geltendmachung des Zahlungsanspruchs unterbricht die Mahnung die Verjährung nach § 231 I (s Erl dort). Das Mahnverfahren ist kostenfrei; lediglich die Kosten eines Postnachnahmeauftrages sind vom VollstrSchuldner zu tragen (§ 337 II).

§ 260 Angabe des Schuldgrundes

Im Vollstreckungsauftrag oder in der Pfändungsverfügung ist für die beizutreibenden Geldbeträge der Schuldgrund anzugeben.

Schrifttum: *Borggrewe* Die Wahrung des Steuergeheimnisses bei der Durchführung von Forderungspfändungen durch die Finanzbehörden, DStZ 1981, 55; *Carl* Die Angabe des Schuldgrundes in der Pfändungsverfügung – § 260 AO – Anmerkung zum Urteil des BFH vom 8. Februar 1983 VII R 93/76 in BStBl 83, 435, DStZ 85, 430.

1. Inhalt. Die Vorschrift bestimmt, daß im VollstrAuftrag (§ 285 II) oder in der Pfändungsverfügung (§ 309) der Schuldgrund für die beizutreibenden Geldbeträge anzugeben ist. Der RegEntw sah noch vor, daß für den Fall Erleichterungen gewährt werden, daß der VollstrSchuldner durch Kontoauszug über Entstehung, Fälligkeit und Tilgung seiner Schuld genau unterrichtet wurde. Sie stimmte inhaltl in vollem Umfang mit § 334 RAO überein. Diese Regelung ist als Dauerregelung nicht übernommen worden. Eine entspr Übergangsregelung bis zum 31. 12. 1980 ist im EGAO (Art 97 § 17, s Anh 1) enthalten.

2. Schuldgrund. Angabe des Schuldgrundes bedeutet, daß **erkennbar** sein muß, **wegen welcher Forderung** vollstr wird. Angegeben werden müssen daher die Höhe der Forderung, die Steuerart (zB ESt) und bei

2. Abschnitt. Vollstreckung wegen Geldforderungen § 261

Steuern, die für bestimmte Zeiträume erhoben werden, auch die Zeiträume, für die Beträge geschuldet werden (BFH BStBl 64, 22; 83, 435; krtisch *Carl* DStZ 85, 430). Zu beachten ist aber der durch das Steuerbereinigungsgesetz 1986 eingefügte § 309 II, wonach in der an den Drittschuldner zuzustellenden Pfändungsverfügung der beizutreibende Geldbetrag nur in einer Summe, ohne Angabe der Steuerarten und der Zeiträume, für die er geschuldet wird, bezeichnet werden soll. Das ändert aber nichts daran, daß der VollstrSchuldner weiterhin umfassend über Art, Höhe und Zeitraum der Pfändung zugrunde liegenden Ansprüche zu unterrichten ist (Begr zu Entwurf Steuerbereinigungsgesetz 1985, BRDr 140/84 S 49).

3. Fehlen der Angaben. Die Angabe des Schuldgrundes ist **zwingend**. Der VollstrAuftrag, der die Angabe nicht enthält, ist zwar kein angreifbarer VerwAkt (s § 285 A 3). Die auf Grund des VollstrAuftrags ergriffenen VollstrMaßnahmen sind aber fehlerhaft zustande gekommen. Ebenso ist die Pfändungsverfügung mit einem Mangel behaftet, wenn sie die Angaben nicht enthält. VollstrMaßnahmen oder die Pfändungsverfügung sind wirksam, aber anfechtbar (BFH BStBl 64, 22; *HHSp* RNr 8; *TK* RNr 5; *Koch* RNr 4).

Eine **Heilung** ist **möglich** (*TK* RNr 5). § 126 I Nr 2 kann entspr angewandt werden, weil die Angabe des Schuldgrundes ganz ähnlich wie der Begründungszwang nach § 121 dem Zweck dient, dem VollstrSchuldner oder Drittschuldner die Wahrnehmung seiner Rechte zu ermöglichen.

4. Lex specialis zu § 30. Die Vorschr ist lex specialis zu § 30. Sie gibt die Möglichkeit, **das StGeheimnis** zu durchbrechen. Denn aufgrund der Pfändungsverfügung wird dem Drittschuldner mitgeteilt, wie viel St der VollstrSchuldner schuldet. Wenn der Drittschuldner nicht unter dem StGeheimnis steht, ist er nicht gehindert, diesen Betrag anderen Personen mitzuteilen. Durch die oben (A 2) erwähnte neue Regelung in § 309 II wird die Problematik allerdings erheblich gemindert, da dem Drittschuldner nicht mehr die Art und der Zeitraum der der Pfändung zugrunde liegenden Ansprüche mitzuteilen ist (vgl zu der Problematik *TK* RNr 4 und *Borggrewe* DStZ 81, 55).

§ 261 Niederschlagung

Ansprüche aus dem Steuerschuldverhältnis dürfen niedergeschlagen werden, wenn feststeht, daß die Einziehung keinen Erfolg haben wird, oder wenn die Kosten der Einziehung außer Verhältnis zu dem Betrag stehen.

Übersicht

1. Inhalt der Vorschrift
2. Begriff der Niederschlagung
3. Voraussetzungen der Niederschlagung
4. Zuständigkeit für Niederschlagung

1. Inhalt. Die in der Vorschr geregelte Niederschlagung ist **zu unterscheiden von VollstrAufschub** nach § 257. Während der VollstrAufschub aus Billigkeitsgründen ausschließl mit Rücksicht auf die Interessen des

§ 261
6. Teil. Vollstreckung

VollstrSchuldners erfolgt, geht es bei der Niederschlagung in erster Linie um die **interessen der Verwaltung.** Der Verw soll unnötiger bzw aussichtsloser VerwAufwand erspart werden. Die Niederschlagung kann daher nicht „beantragt" werden. Da sie in der Regel nicht mitgeteilt wird, entfaltet sie anders als der VollstrAufschub, der zumindest bei Vorliegen eines Antrags durch VerwAkt beschieden wird (s § 254 A 4), keine unmittelbare Außenwirkung. Der Begriff „Ansprüche aus dem StSchuldverhältnis" steht im Zusammenhang mit der in § 37 geschaffenen Legaldefinition.

2. Begriff der Niederschlagung. Niederschlagung ist ein innerdienstl Rechtsakt und begründet kein subj Recht des StPfl. Sie führt dazu, daß innerdienstl angeordnet wird, daß der Anspr aus dem StSchuldverhältnis nicht mehr beigetrieben wird. Diese Anordnung kann jederzeit wieder aufgehoben werden. Die Niederschlagung führt nicht zum Erlaß, der StAnspr erlischt durch die Niederschlagung nicht. Er kann jederzeit erneut geltend gemacht werden (*TK* RNr 6 mwN).

Die Niederschlagung soll, da sie lediglich eine innerbehördliche Maßnahme darstellt, dem VollstrSchuldner nicht mitgeteilt werden. Wird sie dennoch mitgeteilt, hat ihre Bekanntgabe nicht die Wirkung einer Stundung bzw eines Erlasses (FG Hamburg EFG 59, 179; *TK* RNr 6; str, vgl *HHSp* RNr 12). Um Mißdeutungen und Berufungsmöglichkeiten auf diese Mißdeutungen zu vermeiden, sollte die Mitteilung, wenn sie ausnahmsweise aus Gründen in der Person des Schuldners erfolgt, eindeutig zum Ausdruck bringen, daß eine Vollstr nur unterbleibt, solange sich die wirtschaftliche Lage des Schuldners nicht bessert. Da die Niederschlagung nicht als Stundung oder Erlaß wirkt, hat sie **keinen Einfluß auf** die **Fälligkeit der Forderung.** An sich wären daher nach § 240 Säumniszuschläge zu entrichten. Ihre Erhebung würde aber dem Zweck als Druckmittel zuwider laufen, wenn die Ausübung eines Drucks auf den Schuldner offensichtlich keinen Erfolg mehr verspricht, weil ihm die rechtzeitige Zahlung unmöglich ist (*HHSp* RNr 11; *TK* RNr 6, *Koch* RNr 6; vgl BFH 75, 727).

Durch die Niederschlagung wird die Verjährung nicht unterbrochen. Das gilt auch dann, wenn die Niederschlagung dem VollstrSchuldner mitgeteilt wird, weil die Niederschlagung nach dem klaren Wortlaut in § 231 nicht gemeint ist (*TK* RNr 6; aA *HHSp* RNr 10). Niedergeschlagen werden können auch die steuerl **Nebenleistungen** iS von § 3 III. **Bußgelder** nach §§ 409 ff werden jedoch **nicht** erfaßt. Gem § 412 II gilt für die Vollstr von Bußgeldern § 95 OWiG. Diese Bestimmung ist lex specialis zu § 261, hat aber im wesentlichen die gleichen Wirkungen (*TK* RNr 3; *HHSp* RNr 15; aA *Koch* RNr 3).

3. Voraussetzungen der Niederschlagung. Es muß feststehen, daß die Einziehung keinen Erfolg haben wird oder daß die Kosten der Einziehung außer Verhältnis zu dem Betrag stehen. Die Erfolglosigkeit wird idR angenommen, wenn ein VollstrVersuch keinen Erfolg gehabt hat und die Überprüfungen der Vermögensverhältnisse des StSchuldners ergeben haben, daß die ZwVollstr auch in Zukunft erfolglos bleiben wird. Die bloße Existenzgefährdung reicht nicht für eine Niederschlagung, ist aber möglicherweise Erlaßgrund nach § 227 (*HHSp* RNr 18; *TK* RNr 4; *Koch* RNr 3). Im **Konkursverfahren** können nicht bevorrechtigte bestandskräftige Forderungen schon vor Beendigung des Konkurses niedergeschlagen wer-

2. Abschnitt. Vollstreckung wegen Geldforderungen **§ 262**

den, wenn deutlich ist, daß die Konkursmasse nicht einmal ausreicht, um die bevorrechtigten Forderungen zu befriedigen. Auch bei bevorrechtigten Forderungen kann eine Niederschlagung in Betracht kommen, wenn abzusehen ist, in welcher Höhe mit einer Befriedigung gerechnet werden kann.

Wann die Kosten der Einziehung außer Verhältnis zu dem Betrag stehen, ist Tatfrage. Nach der Praxis der FinVerw stehen die Kosten der Einziehung außer Verhältnis zu dem Betrag, wenn der gesamte rückständige Betrag 20 DM nicht überschreitet, oder, falls der Aufenthalt des VollstrSchuldners unbekannt ist, werden idR StSchulden von 100 DM niedergeschlagen, weil die Kosten der Ermittlung höher sind als der einzuziehende Betrag (vgl im einzelnen KleinbetragsVO v 10. 12. 80, BGBl I S 2255; vgl auch Abschn 15 VollstrA).

4. Zuständigkeit für Niederschlagung. Zuständig für die Niederschlagung ist die VollstrBehörde. Interne VerwErlasse regeln in Bund und Ländern unterschiedl, bis zu welcher Höhe des Betrages die FinBeh allein, die OFD oder der jeweilige Minister die Niederschlagung genehmigen muß. Für die Länder gelten gleichlautende Erlasse der obersten Finanzbehörden v 2. 8. 1982 (BStBl I 688).

§ 262 Rechte Dritter

(1) ¹Behauptet ein Dritter, daß ihm am Gegenstand der Vollstreckung ein die Veräußerung hinderndes Recht zustehe oder werden Einwendungen nach den §§ 772 bis 774 der Zivilprozeßordnung erhoben, so ist der Widerspruch gegen die Vollstreckung erforderlichenfalls durch Klage vor den ordentlichen Gerichten geltend zu machen. ²Als Dritter gilt auch, wer zur Duldung der Vollstreckung in ein Vermögen, das von ihm verwaltet wird, verpflichtet ist, wenn er geltend macht, daß ihm gehörende Gegenstände von der Vollstreckung betroffen seien. ³Welche Rechte die Veräußerung hindern, bestimmt sich nach bürgerlichem Recht.

(2) Für die Einstellung der Vollstreckung und die Aufhebung von Vollstreckungsmaßnahmen gelten die §§ 769 und 770 der Zivilprozeßordnung.

(3) ¹Die Klage ist ausschließlich bei dem Gericht zu erheben, in dessen Bezirk die Vollstreckung erfolgt. ²Wird die Klage gegen die Körperschaft, der die Vollstreckungsbehörde angehört, und gegen den Vollstreckungsschuldner gerichtet, so sind sie Streitgenossen.

Schrifttum: *App* Widerspruch und Vormerkung zur Sicherung von Vollstreckungsmaßnahmen im Grundbuch, DStZ 86, 167; *Carl* Das „Widerspruchsverfahren" im Rahmen des § 262 AO, DStZ 1984, 455; *Picker* Die Drittwiderspruchsklage usw, 1981.

Übersicht

1. Inhalt der Vorschrift
2. Bedeutung
3. Verhältnis zu § 293
4. Dritter
5. Ziel der Klage

§ 262

6. Vorverfahren
7. Zulässigkeitsvoraussetzungen
8. Die Veräußerung hindernde Rechte
   a) Eigentum
   b) Beschränkte dingliche Rechte
   c) Schuldrechtliche Ansprüche auf den Gegenstand
   d) Treuhandverhältnisse
   e) Sondervermögen
   f) Besitz
9. § 772 ZPO (Widerspruchsklage bei Veräußerungsverbot)
10. Wirkung der Einwendungen
11. Berechtigter
12. § 773 (Nacherbfolge und Widerspruchsklage)
13. Voraussetzungen
14. Wirkung
15. § 774 ZPO (Widerspruchsklage des Ehegatten)
16. Voraussetzungen
17. Wirkung
18. § 769 ZPO (Einstweilige Anordnungen zur Zwangsvollstreckung)
19. Anwendungsbereich
20. § 770 ZPO (Einstweilige Anordnungen im Urteil)
21. Anwendungsbereich

1. Inhalt. Die Vorschr entspricht dem § 328 RAO. Sie **stimmt** im wesentlichen **mit § 771 ZPO überein.** Abweichend vom Wortlaut des § 771 ZPO sieht allerdings Abs I 1 nur „erforderlichenfalls" eine Klage vor. Außerdem enthält Abs II nicht die Regelung des § 771 III 2 ZPO, wonach die einstweilige Aufhebung von getroffenen VollstrMaßnahmen auch ohne Sicherheitsleistung erfolgen kann. Abweichend von § 771 ZPO ergibt sich schließlich aus Abs III 2 die Besonderheit, daß die Klage nicht gegen den Gläubiger des Anspruchs, wegen dessen vollstr wird, zu richten ist, sondern in Übereinstimmung mit § 252 gegen die Körperschaft, der die VollstrBehörde angehört.

Abs I 2 und 3, wonach auch die Duldungsschuldner Dritte sein können und wonach sich die die Veräußerung hindernden Rechte nach bürgerlichem Recht bestimmen, enthalten dagegen nur Klarstellungen einer Rechtslage, die im Zivilprozeßrecht auch ohne ausdrückliche Regelung in § 771 ZPO gilt.

2. Bedeutung. Nach der Vorschrift soll Gegenstand der Vollstr nur das Vermögen sein, das dem VollstrSchuldner gehört. Dabei sind weniger förmliche Gesichtspunkte als die **wirtschaftliche Zugehörigkeit** zum Vermögen des VollstrSchuldners entscheidend (OLG Hamm NJW 77, 1159; *Baumbach-Lauterbach,* ZPO, § 771 A 1). Bei einer Einmann-GmbH kann sich der Inhaber daher nicht auf die förmliche Verschiedenheit der beiden Rechtspersonen berufen (OLG Hamm aaO; *Baumbach-Lauterbach,* ZPO, § 771 A 6; *Thomas-Putzo,* ZPO § 771 A 6; *TK* RNr 4).

3. Verhältnis zu § 293. Hat ein Dritter ein **Pfand- oder Vorzugsrecht** an einer gepfändeten Sache, ist zu unterscheiden. Wenn der Dritte **nicht im Besitz** der Sache ist, hat er nur die Möglichkeit, nach § 293 vorzugehen. Der Inhaber eines Pfand- und Vorzugsrechtes, der sich im Besitz (auch mittelbarem Besitz) der Sache befindet, hat sowohl die Rechte aus § 262 als auch aus § 293 (vgl Erl zu § 293). Er kann nach § 262 die Vollstr abwenden;

2. Abschnitt. Vollstreckung wegen Geldforderungen **§ 262**

er kann aber auch die Vollstr dulden und nach § 293 vorzugsweise Befriedigung aus dem Erlös verlangen (*HHSp* RNr 43; im ZivilprozeßR allgem M, s *Thomas-Putzo,* ZPO, § 850 A 1).

4. Dritter. Dritter ist derjenige, der die Vollstr in den Vermögensgegenstand nicht dulden muß. So kann Dritter auch der StSchuldner selbst sein, wenn wegen seiner Schulden in ein von ihm verwaltetes Fremdvermögen vollstreckt wird; so zB bei Vollstr gegen einen Testamentsvollstrecker wegen eigener Schulden in von ihm verwalteten Nachlaß. Ebenso kann er widersprechen, wenn wegen Forderungen, die gegen das von ihm verwaltete Vermögen gerichtet sind, in sein eigenes Vermögen vollstr wird. Auch Ehegatten sind bei der ZwVollstreckung in ihr Vermögen Dritte, wenn nicht infolge Zusammenveranlagung beide selbst StSchuldner sind. Zu beachten ist aber § 263 (s die Erl dort).

5. Ziel der Klage. Ebenso wie im Zivilprozeßrecht muß sich die Klage darauf richten, die getroffene **VollstrMaßnahme** (zB die Pfändung) in den Gegenstand, der zum Vermögen des Dritten gehört, **für unzulässig zu erklären** (*HHSp* RNr 35; *Thomas-Putzo,* ZPO, § 771 A 1). Anträge, die anders lauten, aber das gleiche Ziel verfolgen, sind entspr auszulegen. Beklagter kann bei diesem Klageantrag naturgemäß nur derjenige sein, der die Vollstr betreibt, wobei Abs III als Beklagten die Körperschaft vorschreibt, der die VollstrBehörde angehört. Gegen den **VollstrSchuldner** ist ein solcher Klageantrag **unzulässig.** Er kann aber sachl rechtl (zB auf Herausgabe) verklagt werden (*HHSp* RNr 37). Nach Abs III 2 sind beklagte Körperschaft und der VollstrSchuldner in diesem Fall **Streitgenossen.**

6. Vorverfahren. Aus dem Wortlaut, wonach die Klage nur „erforderlichenfalls" zu erheben ist, kann **nicht** auf die **Notwendigkeit** eines vorherigen **außergerichtl Rechtsbehelfsverfahrens** geschlossen werden. Die Vorschr geht zwar offenbar davon aus, daß die Einwendungen zunächst bei der VollstrBehörde erhoben werden sollen, ehe der Klageweg beschritten wird. Es handelt sich aber nicht um ein förmliches Rechtsbehelfsverfahren iSv §§ 347 ff. Die Klage ist also auch zulässig ohne vorherigen erfolglosen Widerspruch bei der VollstrBehörde (str wie hier *HHSp* RNr 40; *TK* RNr 14; *Carl* DStZ 84, 455 mw Nachw). Da es sich im Verhältnis zum Dritten nicht um ein hoheitliches Verwaltungsverfahren handelt, scheidet die eidliche Vernehmung gem. § 94 oder die Annahme einer eidesstattlichen Versicherung gem § 95 vom Dritten aus (BFH BStBl 79, 538; aA *Carl* aaO). Ebenso kann es keine Beschwerde nach § 349 gegen eine die Freigabe ablehnende Entscheidung der VollstrBehörde geben *(HHSp* aaO; aA *Carl* aaO mw Nachw). Dem Widersprechenden fallen dann, wenn er sofort das Gericht anruft, ohne zuvor bei der VollstrBehörde seine Rechte anzumelden und einen Bescheid abzuwarten, nach § 93 ZPO die Prozeßkosten zur Last, wenn der Klageanspruch sofort von der VollstrBehörde anerkannt wird.

§ 262 schließt im übrigen eine Beschwerde Dritter nach § 349 nicht völlig aus. Mit der Beschwerde kann der Dritte aber nur gegen die Art und Weise der Vollstr vorgehen und nicht Einwendungen geltend machen, die nach §§ 262 oder 293 oder als Herausgabeansprüche oder Schadensersatzansprüche nach §§ 812, 839 BGB zu verfolgen sind (*TK* RNr 3).

§ 262

7. Zulässigkeitsvoraussetzungen. Die Klage ist zulässig, wenn die **Vollstr** in den nicht zum Vermögen des VollstrSchuldners gehörenden Gegenstand **begonnen** hat (zB durch Pfändung einer Sache oder Durchsuchung einer Wohnung). Die Vollstr darf andererseits noch nicht beendet sein (*HHSp* RNr 21; *Thomas-Putzo*, ZPO, § 771 A 5 c). Andernfalls ist nur noch eine sachl rechtl Klage (zB aus §§ 823 oder 812 BGB) möglich. Nicht erforderlich ist, daß die VollstrMaßnahme wirksam ist. So wird zB auch bei gepfändeten Forderungen, die in Wirklichkeit wegen Unwirksamkeit der Pfändung nicht betroffen sind, die Anwendbarkeit von § 771 ZPO bejaht (OLG Hamburg MDR 59, 933), was auch für § 262 gelten muß.

Ausschließl zuständig ist nach Abs III des § 262 das Gericht, in dessen Bezirk die VollstrMaßnahme erfolgt. Die Frage, ob AG oder LG zuständig ist, richtet sich nach § 23 Nr 1 GVG. Nach §§ 2 und 3 iVm § 5 ArbGG kann statt der Zuständigkeit der ordentlichen Gerichte auch die Zuständigkeit eines Arbeitsgerichts gegeben sein.

8. Die Veräußerung hindernde Rechte. Die Veräußerung hindernde Rechte im Wortsinn gibt es nicht. Es sind Rechte gemeint, die bewirken, daß der Gegenstand nicht zum Vermögen des VollstrSchuldners gehört. Im wesentlichen kommen folgende Anwendungsbereiche in Betracht.

a) Eigentum. Auch **auflösend bedingtes Eigentum,** ferner Miteigentum (RG 144, 241) sind die Veräußerung hindernde Rechte. Bei Miteigentum gilt das allerdings nur, soweit in die Sache als solche und nicht in den ideellen Bruchteil (zB Pfändung des Miteigentumsanteils) vollstr wird (BayOLG NJW 71, 2341). Bedeutsam ist in diesem Zusammenhang ferner der **Eigentumsvorbehalt** einschl des sogen verlängerten Eigentumsvorbehalts. Ist beim Eigentumsvorbehalt VollstrSchuldner der Vorbehaltskäufer, so kann der Vorbehaltsverkäufer widersprechen (BGH 54, 218). Die VollstrBehörde kann die Forderung des Vorbehaltsverkäufers gegen den Käufer allerdings erfüllen und so die Klage nach § 262 abwenden (LG Köln, DB 81, 884; *Baumbach-Lauterbach*, ZPO, § 771 A 6). Die VollstrBehörde kann auch das Anwartschaftsrecht des Vorbehaltskäufers pfänden, was bei Zahlung der letzten Kaufpreisrate aber nicht automatisch zum Pfandrecht an der Sache führt (*HHSp* RNr 19). Andererseits kann aber auch der Vorbehaltskäufer wegen seines Anwartschaftsrechtes widersprechen, wenn der Vorbehaltsverkäufer VollstrSchuldner ist (BGH 55, 27). Zur Pfändung **sicherungsübereigneter Sachen** s unten unter Treuhandverhältnisse.

Ebenso wie das Eigentum an Sachen berechtigt die **Inhaberschaft von Rechten** (Rechte aller Art wie zB Forderung, Gesamthandsanteil) zum Widerspruch, wenn dieses Recht unmittelbar von der Vollstr betroffen ist (RG 49, 347; BGH NJW 77, 384). Das gilt dann, wenn in das dem Dritten zustehende Recht vollstr wird (zB Pfändung einer nicht dem VollstrSchuldner zustehenden Forderung).

b) Beschränkte dingliche Rechte. Bei Vollstr in einen Gegenstand, an dem ein beschränktes dingl Recht (zB Pfandrecht, Erbbaurecht, Nießbrauch, Hypothek) eines Dritten besteht, hat dieser Dritte nur dann ein Widerspruchsrecht, **wenn** sein **dingl Recht** durch die Vollstr **beeinträchtigt wird** (zB Wegnahme der Sache, an der Pfandrecht besteht). Das ist in der Regel nicht der Fall, wenn eine Sache gepfändet wird, an der bereits

2. Abschnitt. Vollstreckung wegen Geldforderungen § 262

Pfandrechte bestehen. Diese Pfandrechte sind vorrangig und geben mangels Beeinträchtigung kein Widerspruchsrecht (*Baumbach-Lauterbach,* ZPO, § 771 A 6). Ebenso liegt in der Eintragung einer Zwangshypothek keine Beeinträchtigung der bereits bestehenden Grundpfandrechte, weil diese vorrangig sind.

c) Schuldrechtliche Ansprüche auf den Gegenstand. Schuldrechtl Ansprüche geben nach allgem M nur insoweit ein Recht zum Widerspruch, als es sich um **Herausgabeansprüche** auf die Überlassung von Gegenständen handelt (zB Miete, Pacht, Leihe, Verwahrung, Auftrag), **nicht** aber insoweit, als es sich um **Verschaffungsansprüche** (zB aus Kauf) handelt (RG 84, 216; *Thomas-Putzo,* ZPO, § 771 A 6d). Bei Verschaffungsansprüchen gehört der Gegenstand zum Vermögen des Schuldners und ist aus diesem zu leisten.

d) Treuhandverhältnisse. Es ist grundsätzlich der Anspruch des Treugebers gegen den Treuhänder in Bezug auf den Gegenstand ein Recht iSv § 262 (BGH 11, 41). Das ist bei der **uneigennützigen Treuhand** ganz hM (vgl *Baumbach-Lauterbach,* ZPO, § 771 A 6). So kann bei Inkassozession der Treugeber der Vollstr in die Forderung beim Treuhänder widersprechen, umgekehrt der Treuhänder der Vollstr gegen Treugeber nicht (*TK* RNr 10). Bei Rechtsanwälten können Mandanten dann widersprechen, wenn Mandantengelder auf Anderkonto gebracht worden sind (BGH NJW 71, 559).

Sehr str ist die Rechtslage bei **eigennütziger Treuhand,** insbesondere bei **Sicherungsübereignung** (vgl *Palandt,* BGB, Einf 7 B bb vor § 929; *Baumbach-Lauterbach,* ZPO, § 771 A 6). Zutreffend ist von folgender Rechtslage auszugehen: Der Sicherungsnehmer kann wegen seines Eigentums Widerspruchsklage erheben, wenn Vollstr gegen Sicherungsgeber erfolgt (RG 124, 73; BGH 12, 234; 72, 146; BGH NJW 81, 1835). Die Gegenmeinung gibt nur Klage auf vorzugsweise Befriedigung nach § 293 (so zB *Baumbach-Lauterbach* aaO; *TK* RNr 6). Andererseits kann aber auch der Sicherungsgeber der Pfändung der zur Sicherheit übereigneten Sache widersprechen, wenn die Vollstr gegen den Sicherungsnehmer erfolgt. Das gilt nicht erst dann, wenn die gesicherte Forderung erfüllt und der Anspr auch Rückübereignung entstanden ist (BGH NJW 78, 1859; aA zB *Thomas-Putzo,* ZPO, § 771 A 6d). Das Widerspruchsrecht besteht aber nur bis zu dem Zeitpunkt, von dem an der Sicherungsnehmer die Sache verwerten darf (BGH aaO; *TK* RNr 6).

e) Sondervermögen. Der Verwalter fremden Vermögens (zB Konkursverwalter, Nachlaßverwalter usw) kann Vollstr wegen seiner privaten StSchulden in Sondervermögen oder andererseits von Schulden seines privaten Vermögens in das Sondervermögen widersprechen (s oben A 4).

f) Besitz. Besitz ist kein Recht iSv Abs I. Für unbewegl Sachen ist das hM; für bewegl Sachen muß das gleiche gelten, weil aus dem Besitz als bloß tatsächl Verhältnis nicht folgt, daß die Sache, wie gefordert, zum Vermögen des Schuldners gehört (*Thomas-Putzo,* ZPO, A 6f; aA *HHSp* RNr 19; *TK* RNr 7; *Baumbach-Lauterbach,* ZPO, § 771 A 6).

§ 262

9. § 772 ZPO [Widerspruchsklage bei Veräußerungsverbot]

Solange ein Veräußerungsverbot der in den §§ 135, 136 BGB bezeichneten Art besteht, soll der Gegenstand, auf den es sich bezieht, wegen eines persönlichen Anspruchs oder aufgrund eines infolge des Verbots unwirksamen Rechtes nicht im Wege der Zwangsvollstreckung veräußert oder überwiesen werden. Aufgrund des Veräußerungsverbotes kann nach Maßgabe des § 771 Widerspruch erhoben werden.

Unter diese Vorschr fallen nur **relative Veräußerungsverbote,** die zugunsten bestimmter Personen wirken (§§ 135, 136 BGB). Veräußerungsverbote nach § 135 BGB kommen kaum vor (*Palandt,* BGB, § 135 A 1). Keine Veräußerungsverbote iSv § 135 BGB enthalten §§ 399 (BGH 40, 160), 717, 719 BGB (BGH 13, 183; aA für § 719 RG 92, 401) und die Verfügungsbeschränkungen nach §§ 1365 ff, 1423 ff, 1643 ff, 1812 ff und 2211 BGB (*Palandt* aaO; vgl auch *TK* RNr 11 mwN). Wichtiger sind daher die behördlichen Veräußerungsverbote nach § 136 BGB. Dazu gehören insbesondere das Veräußerungsverbot nach § 106 KO, § 23 ZVG, § 59 VerglO und durch eine einstweilige Verfügung (§ 938 II). Nicht darunter fallen Konkurs (wegen § 14 KO), Vormerkung (§ 883 BGB), Widerspr (§ 899 BGB), alle absoluten Veräußerungsverbote, da sie unter § 134 BGB fallen.

Das Veräußerungsverbot muß wirksam erlassen sein und noch bestehen und die ZwVollstr muß wegen eines Anspruchs auch aus einem StSchuldverhältnis betrieben werden.

10. Wirkung der Einwendungen.
Die Einwendung wirkt nur, wenn sie geltend gemacht wird. Auch wenn dagegen verstoßen wird, sind alle ZwVollstrMaßnahmen wirksam. Ablehnen soll das VollstrOrgan lediglich **die Veräußerung** (Versteigerung § 817, freihändiger Verkauf § 825, ZwVersteigerung § 35 ZVG) **und Überweisung** (§ 835 d). Die Pfändung kann nicht abgelehnt werden, sie folgt im Range nur nach. Ist Gegenstand eine Forderung, darf dagegen nicht aufgerechnet werden (RG 80, 33).

11. Berechtigter.
Zur Widerspruchsklage berechtigt ist der, der durch das Veräußerungsverbot geschützt wird.

12. § 773 ZPO [Nacherbfolge und Widerspruchsklage]

Ein Gegenstand, der zu einer Vorerbschaft gehört, soll nicht im Wege der Zwangsvollstreckung veräußert oder überwiesen werden, wenn die Veräußerung oder Überweisung im Falle des Eintritts der Erbnachfolge nach § 2115 BGB dem Nacherben gegenüber unwirksam ist. Der Nacherbe kann nach Maßgabe des § 771 ZPO Widerspruch erheben.

13. Voraussetzungen.
Der Gegenstand der ZwVollstr muß zu einem Nachlaß gehören, bei dem Nacherbfolge (§ 2100 BGB) angeordnet, aber noch nicht eingetreten ist. Die Veräußerung bzw Überweisung muß nach § 2115 BGB unwirksam werden, wenn die Nacherbfolge eintritt. Die Vorschrift **gilt nicht,** wenn wegen StForderungen vollstr wird, **die den Nachlaß betreffen,** ferner dann nicht, wenn in einen Erbschaftsgegenstand auf Grund eines dingl Rechts vollstreckt wird, das bei Eintritt der Nacherbfolge gegen den Nacherben wirkt (RG 133, 264; *TK* RNr 12; *HHSp* RNr 26).

14. Wirkung.
Die Wirkung ist die gleiche wie bei § 772 ZPO. Verhindert werden kann wiederum **nur die Veräußerung und Überweisung,**

2. Abschnitt. Vollstreckung wegen Geldforderungen § 262

nicht aber die Pfändung oder Eintragung einer Zwangshypothek (s oben A 11). Pfändung und Zwangshypothek können aber nach § 262 beseitigt werden, sobald Nacherbfall eingetreten ist (*HHSp* RNr 26).

15. § 774 ZPO [Widerspruchsklage des Ehegatten]
Findet nach § 741 die Zwangsvollstreckung in das Gesamtgut statt, so kann ein Ehegatte nach Maßgabe des § 771 Widerspruch erheben, wenn das gegen den anderen Ehegatten ergangene Urteil in Ansehung des Gesamtgutes ihm gegenüber unwirksam ist.

16. Voraussetzungen. Die Vorschr betrifft nur den **Sonderfall bei der ehelichen Gütergemeinschaft,** daß der Ehegatte, der das Gesamtgut nicht oder nicht allein verwaltet, selbständig ein Erwerbsgeschäft betreibt. Nach § 741 ZPO (im Rahmen der AO anwendbar nach § 263) kann wegen StForderungen, die das Erwerbsgeschäft betreffen, in das Gesamtgut vollstr werden (s § 263 A 11). § 774 ZPO ergänzt diese Regelung für die Fälle, in denen die Rechtsverbindlichkeiten des Ehegatten, der das Erwerbsgeschäft betreibt, nach § 1341 BGB ausnahmsweise nicht gegen das Gesamtgut wirken. Anwendungsfälle sind: Eintragung eines Widerspruchs des anderen Ehegatten gegen den Betrieb des Erwerbsgeschäfts in das Güterrechtsregister, Nichtkenntnis des anderen Ehegatten vom Betrieb des Erwerbsgeschäftes, Nichtvorliegen einer Geschäftsschuld.
Die Vorschr kann **keine Anwendung** finden, wenn die Ehegatten auf Grund Zusammenveranlagung Gesamtschuldner sind.

17. Wirkung. Die Wirkung ist die Gleiche wie bei §§ 772, 773 ZPO. Anders als bei diesen Vorschr kann aber nicht nur gegen die Veräußerung oder Überweisung, sondern gegen alle VollstrMaßnahmen vorgegangen werden.

18. § 769 ZPO [Einstweilige Anordnungen zur Zwangsvollstreckung]
Das Prozeßgericht kann auf Antrag anordnen, daß bis zum Erlaß des Urteils über die in den §§ 767, 768 bezeichneten Einwendungen die Zwangsvollstreckung gegen oder ohne Sicherheitsleistung eingestellt oder nur gegen Sicherheitsleistung fortgesetzt werde und daß Vollstreckungsmaßregeln gegen Sicherheitsleistung aufzuheben seien.
Die tatsächlichen Behauptungen, die den Antrag begründen, sind glaubhaft zu machen.
In dringenden Fällen kann das Vollstreckungsgericht eine solche Anordnung erlassen unter Bestimmung einer Frist, innerhalb der die Entscheidung des Prozeßgerichts beizubringen sei. Nach fruchtlosem Ablauf der Frist wird die Zwangsvollstreckung fortgesetzt.
Die Entscheidung über diese Anträge kann ohne mündliche Verhandlung ergehen.

19. Anwendungsbereich. Die Vorschr ermöglicht es, wenn der Dritte beim FA fruchtlos die Freigabe verlangt hat, durch einstweilige Anordnung diese Freigabe vorläufig zu erreichen. Zuständig für diese einstweilige Anordnung ist das Prozeßgericht, das für die Widerspruchsklage zuständig wäre. Das RSchutzbedürfnis für diese einstweilige Anordnung besteht nur, wenn das FA nicht freiwillig dem Widerspruch des Dritten Rechnung trägt. In dringenden Fällen kann entspr § 769 II ZPO **auch die VollstrBehörde** die Vollstr oder eine VollstrMaßnahme **einstweilen aussetzen.** Dann sind die etwaigen späteren Anordnungen des Gerichts aber für die VollstrBehörde bindend (*HHSp* RNr 39).

§ 263

6. Teil. Vollstreckung

Da § 771 III 2 ZPO in § 262 nicht übernommen ist, kann die **Aufhebung** von VollstrMaßnahmen im Wege der einstweiligen Anordnung **nicht ohne Sicherheitsleistung** erfolgen. Für die Sicherheiten gelten §§ 108 ff ZPO und §§ 240 ff AO, da es sich um prozessuale Sicherheiten handelt (*TK* RNr 21).

Gegen die einstweilige Anordnung oder ihre Ablehnung ist das Rechtsmittel der **sofortigen Beschwerde** nach § 793 ZPO zulässig (OLG Hamburg FamRZ 82, 622; str vgl *Baumbach-Lauterbach,* ZPO, § 769 A 3 B mwN).

20. § 770 [Einstweilige Anordnungen im Urteil]

Das Prozeßgericht kann in dem Urteil, durch das über die Einwendungen entschieden wird, die in den vorstehenden Paragraphen bezeichneten Anordnungen erlassen oder die bereits erlassenen Anordnungen aufheben, abändern oder bestätigen. Für die Anfechtung einer solchen Entscheidung gelten die Vorschriften des § 718 entsprechend.

21. Anwendungsbereich. Mit Erlaß des Urt treten die Anordnungen nach § 769 außer Kraft. Durch § 770 können dann einstweilige Anordnungen erlassen werden, die bis zur RKraft wirken und mit ihr außer Kraft treten. Die Entscheidung ergeht im Urt auf Antrag oder von Amts wegen. Ebenso wie nach § 769 ZPO kann die einstweilige Aufhebung von VollstrMaßnahmen nicht ohne Sicherheitsleistung erfolgen. Da die Entscheidung nach § 770 ZPO Teil des Urteils ist, ist sie zusammen mit diesem und mit dessen Rechtsmitteln anfechtbar.

§ 263 Vollstreckung gegen Ehegatten

Für die Vollstreckung gegen Ehegatten sind die Vorschriften der §§ 739, 740, 741, 743 und 745 der Zivilprozeßordnung entsprechend anzuwenden.

Übersicht

1. Inhalt der Vorschrift
2. § 739 ZPO (Zwangsvollstreckung gegen Ehegatten)
3. Anwendungsbereich
4. Wirkung
5. § 740 ZPO (Zwangsvollstreckung in das Gesamtgut)
6. Anwendungsbereich
7. Alleinverwaltung
8. Gemeinschaftliche Verwaltung
9. Fehlen des erforderlichen Verwaltungsaktes
10. § 741 ZPO (Zwangsvollstreckung in das Gesamtgut bei Erwerbsgeschäften)
11. Anwendungsbereich
12. Voraussetzungen der Zwangsvollstreckung
13. Fehlen der Voraussetzungen
14. § 743 ZPO (Zwangsvollstreckung in das Gesamtgut der beendeten Gütergemeinschaft)
15. Anwendungsbereich
16. Voraussetzung der Vollstreckung
17. Fehlen der Voraussetzungen
18. § 745 ZPO (Zwangsvollstreckung und vollstreckbare Ausfertigung bei fortgesetzter Gütergemeinschaft)
19. Anwendungsbereich

2. Abschnitt. Vollstreckung wegen Geldforderungen § 263

1. Inhalt. Die Vorschrift regelt Besonderheiten bei der Vollstreckung gegen Ehegatten. Es handelt sich **nicht** um eine **umfassende Regelung.** Allgemein gilt vielmehr, insbes beim gesetzl Güterstand der Zugewinngemeinschaft, daß nur in das Vermögen des Ehegatten vollstreckt werden darf, der aus dem Steuerschuldverhältnis zur Leistung verpflichtet ist. Wenn trotzdem in das Vermögen des anderen Ehegatten vollstreckt wird, hat dieser die Rechte aus § 262.

Besonderheiten gelten nach § 263 nur, soweit die **Eigentumsvermutung des § 1362 BGB** reicht (§ 793 ZPO) und bei der **Gütergemeinschaft** (§§ 740, 741, 743 und 745 ZPO). In diesen besonderen Fällen wirkt der steuerl Anspruch gegen den einen Ehegatten unmittelbar gegen den anderen. Eines Leistungsgebots bedarf es nur gegen den Ehegatten, der StSchuldner ist, nicht gegen den anderen. Der andere ist unmittelbar auf Grund des Leistungsgebots zur Duldung der Vollstreckung verpflichtet (Ausnahme § 743 ZPO und die unten bei A 7 behandelten Fälle). Es kann aber auch auf Grund der Duldungspflicht ein gesondertes Leistungsgebot ergehen. Das kann dann wichtig sein, wenn der andere Ehegatte selbständiger VollstrSchuldner werden soll, um ihn zB zur Abgabe einer eidesstattlichen Versicherung nach § 284 zu verpflichten (*HHSp* vor §§ 263 bis 267 RNr 2).

Liegen die Voraussetzungen der in § 263 genannten ZPO-Vorschr für die Drittwirkung des Leistungsgebots nicht vor (zB bei Vollstreckung in das Vorbehaltsgut) oder kann die Vermutung des § 1362 widerlegt werden, kann der Ehegatte, der nicht StSchuldner ist, nach § 262 vorgehen (*HHSp* RdNr 8; *TK* RNr 2).

Werden die Bedingungen verletzt, die die genannten ZPO-Vorschriften an die Zulässigkeit von VollstrMaßnahmen gegen den nicht aus der StForderung verpflichteten Ehegatten stellen (zB in Rahmen des § 740 ZPO nur Vollstreckung in das Gesamtgut), so ist gegen die VollstrMaßnahme die **Beschwerde** und der **Finanzrechtsweg** gegeben. Dieser Weg und der Weg nach § 262 können auch nebeneinander bestehen (zB bei Vollstreckung nach § 741 trotz Eintragung eines Einspruchs in das Güterregister, vgl § 262 A 17). Wichtig ist, daß die Vorschrift nur Bedeutung hat, wenn sich die StForderung nur gegen einen Ehegatten richtet. Bei **Zusammenveranlagung** haften die Eheleute nach § 44 I 1 als Gesamtschuldner, so daß in jedem Fall (Ausnahme nach Aufteilung der Schuld) sowohl in das Vermögen jedes einzelnen als auch in das Gesamtgut vollstreckt werden kann. Voraussetzung ist nach § 254 (s § 254 A 5) nur, daß gegen beide Eheleute ein Leistungsgebot ergangen ist, ggfs in einem zusammengefaßten StBescheid nach § 155 II.

2. § 739 ZPO [Zwangsvollstreckung gegen Ehegatten]

Wird zugunsten des Gläubigers eines Ehemannes oder des Gläubigers einer Ehefrau gemäß § 1362 des Bürgerlichen Gesetzbuchs vermutet, daß der Schuldner Eigentümer beweglicher Sachen ist, so gilt, unbeschadet der Rechte Dritter, für die Durchführung der Zwangsvollstreckung nur der Schuldner als Gewahrsamsinhaber und Besitzer.

3. Anwendungsbereich. Die Vorschrift ist **bei allen Güterständen** (vgl. §§ 1363, 1414, 1415 BGB), bei Gütergemeinschaft (§ 1415 BGB) jedoch nur für Sonder- und Vorbehaltsgut (§§ 1417, 1418 BGB) **anwendbar.** Für

§ 263   6. Teil. Vollstreckung

das Gesamtgut gelten die §§ 740 bis 745 ZPO. Sie ist **nur insoweit** anwendbar, als die **Vermutung des § 1362 BGB reicht.** 739 gilt nicht für Sachen, die der andere Ehegatte in Besitz hat, wenn die Ehegatten tatsächl (gleich aus welchen Gründen) getrennt leben (§ 1362 I 2 BGB). Die Vorschrift ist auch nicht auf eheähnliche Lebensgemeinschaften entsprechend anwendbar (*TK* RNr 2; *Baumbach-Lauterbach,* ZPO, § 739 A 1; aA *Weimar* JR 82, 324). Sie gilt auch nicht für die ausschließl zum persönl Gebrauch eines Ehegatten bestimmten Sachen, so zB für Kleidungsstücke, Schmuck, Armbanduhren, Arbeitsgeräte. Belanglos ist, welcher der Ehegatten die Sache in Besitz oder Gewahrsam hat. Ob das Auto nur zum persönl Gebrauch bestimmt ist oder nicht, ist Tatfrage (LG Essen NJW 62, 2307). Pfändung eines Autos, für das der KfzBrief auf den Namen des anderen Ehegatten lautet, ist daher in der Regel unzulässig (*Baumbach-Lauterbach,* ZPO, § 739 A 3 C). Die Vermutung gilt auch nicht für Sachen, die zu einem vom Haushalt räuml getrennten Erwerbsgeschäft gehören, das ein Ehegatte erkennbar als alleiniger Inhaber betreibt. § 739 gilt nur bei Ehegatten. Er gilt nicht, wenn andere Personen, zB Kinder und sonstige Angehörige in der Wohnung Sachen des Ehegatten in Besitz haben. Er gilt auch **nur bei bewegl Sachen.** Neben der Sachpfändung besteht bei gemeinschaftl Eigentum des Ehegatten die Möglichkeit der Pfändung des Miteigentumsanteils. Hierbei ist § 739 bedeutungslos.

4. Wirkung. Die Vorschrift verhindert, daß sich bei Vollstreckung gegen einen Ehegatten der andere Ehegatte auf den im Normalfall mit der Ehe verbundenen Mitbesitz oder Mitgewahrsam an den Sachen der beiden Eheleute beruft. Ohne die Vorschr wäre eine Pfändung dieser Sache nach § 286 IV nur möglich, wenn der andere Ehegatte zur Herausgabe bereit wäre. Auch wenn man den Besitz an bewegl Sachen entgegen der hier vertretenen Auffassung (s § 262 A 8f) als ein die Veräußerug hinderndes Recht iSv § 262 ansieht, ist jedenfalls im Rahmen des § 263 eine Geltendmachung ausgeschlossen.

Die Eigentumsvermutung des § 1362 BGB, an die § 739 ZPO anknüpft, ist **widerlegbar.** Dazu muß der Ehegatte, gegen den sich der StBescheid und das Leistungsgebot nicht richtet, den Weg des § 262 gehen (vgl BGH NJW 76, 238). Gelingt die Widerlegung nicht, wird unwiderlegbar vermutet, daß der VollstrSchuldner Alleinbesitz und Alleingewahrsam hat. Die Vermutung des **§ 739 ZPO** ist also **unwiderlegbar.**

5. § 740 ZPO [Zwangsvollstreckung in das Gesamtgut.]

Leben die Ehegatten in Gütergemeinschaft und verwaltet einer von ihnen das Gesamtgut allein, so ist zur Zwangsvollstreckung in das Gesamtgut ein Urteil gegen diesen Ehegatten erforderlich und genügend.

Verwalten die Ehegatten das Gesamtgut gemeinschaftlich, so ist die Zwangsvollstreckung in das Gesamtgut nur zulässig, wenn beide Ehegatten zur Leistung verurteilt sind.

6. Anwendungsbereich. Anders als § 739 ZPO gilt die Vorschrift nicht nur bei Vollstreckung in bewegl Sachen, sondern **für jede Art der Vollstreckung.** Es muß sich um eine bestehende Gütergemeinschaft handeln (§§ 1414 ff BGB). Ist die Gütergemeinschaft erst eingetreten, nachdem ein Leistungsgebot gegen den das Gesamtgut nicht oder nicht allein verwaltenden Ehegatten ergangen ist, ist die Vollstreckung in das Gesamtgut zwar

2. Abschnitt. Vollstreckung wegen Geldforderungen § 263

auch zulässig. Es bedarf aber eines besonderen, den Vorschr der §§ 727, 730 bis 732 ZPO entsprechenden Leistungsgebots, das dem anderen Ehegatten bekannt zu geben ist. Das Gleiche gilt für die Vollstreckung in das Gesamtgut aus einem Leistungsgebot, welches vor Beendigung der Gütergemeinschaft rechtsbeständig geworden ist und danach vollstreckt werden soll (§§ 742, 744 ZPO).
Die Vorschr gilt nur bei Vollstreckung in das Gesamtgut (§ 1416 BGB), nicht aber hinsichtlich des Sonder- und Vorbehaltsguts und nicht in den Fällen des § 741 ZPO, der die Vollstreckung in das Gesamtgut bei einem Erwerbsgeschäft regelt.

7. Alleinverwaltung. Bei Alleinverwaltung (s dazu § 1421 BGB) ist ein Bescheid gegen den verwaltenden Ehegatten notwendig und genügend. Es ist daneben kein Bescheid gegen den nichtverwaltenden Ehegatten nötig. Er würde auch nicht ausreichen. Die vollstreckbaren VerwAkte ergeben sich aus § 251.

8. Gemeinschaftliche Verwaltung. Wird das Gesamtgut gemeinschaftl verwaltet, so ist Vollstreckung nur mögl, wenn sich der VerwAkt gegen beide Ehegatten richtet. Das Leistungsgebot muß sich gegen beide Ehegatten richten. Ein Leistungsbescheid gegen den einen und ein Duldungsbescheid gegen den anderen Ehegatten reichen nicht aus (LG München DGVZ 82, 188; *Baumbach-Lauterbach,* ZPO, § 740 A 2 B; *Thomas-Putzo,* ZPO, § 740 A 3; *TK* RNr 3; aA *Tiedke* FamRZ 75, 539). Zur Zusammenveranlagung s oben A 1.

9. Fehlen des erforderlichen Verwaltungsaktes. Fehlt der VerwAkt gegen den verwaltenden Ehegatten, so ist die Zwangsvollstreckung unzulässig und darf nicht durchgeführt werden. Beide Ehegatten haben die Möglichkeit der **Beschwerde** und anschließend des **Finanzrechtswegs.** Die **Klagemöglichkeit nach § 262** ist gegeben, wenn ein Ehegatte geltend macht, daß das Gesamtgut nach den Vorschriften des BGB nicht für den Anspruch haftet (*Baumbach-Lauterbach,* ZPO, § 740 A 4).

10. § 741 ZPO [Zwangsvollstreckung in das Gesamtgut bei Erwerbsgeschäften]

Betreibt ein Ehegatte, der in Gütergemeinschaft lebt und das Gesamtgut nicht oder nicht allein verwaltet, selbständig ein Erwerbsgeschäft, so ist zur Zwangsvollstreckung in das Gesamtgut ein gegen ihn ergangenes Urteil genügend, es sei denn, daß zur Zeit des Eintritts der Rechtshängigkeit der Einspruch des anderen Ehegatten gegen den Betrieb des Erwerbsgeschäfts oder der Widerruf seiner Einwilligung zu dem Betrieb im Güterrechtsregister eingetragen war.

11. Anwendungsbereich. Die Vorschrift ist wie § 740 ZPO nur bei bestehender Gütergemeinschaft und Zwangsvollstreckung in das Gesamtgut anwendbar. Sie gilt ebenso wie § 740 ZPO für jede Art der Zwangsvollstreckung.

12. Voraussetzungen der Zwangsvollstreckung. Der Ehegatte, der nicht oder nur gemeinschaftl das Gesamtgut verwaltet (§ 1421 BGB), muß selbständig ein Erwerbsgeschäft betreiben; Erwerbsgeschäft ist jedes Gewerbe, aber auch jeder freie Beruf. Es darf kein Einspr oder Widerruf im Güterrechtsregister eingetragen sein (§§ 1431 III, 1456 III, 1417 BGB). Der

§ 263 6. Teil. Vollstreckung

Widerspruch muß bei Erlaß des VerwAktes, aufgrund dessen die Vollstreckung betrieben wird, eingetragen sein. Die Zwangsvollstreckung ist andernfalls aufgrund des VerwAktes zulässig, auch wenn sich die Sachen in Gewahrsam des anderen Ehegatten befinden (*Baumbach-Lauterbach*, ZPO, § 741 A 2 D).

13. Fehlen der Voraussetzungen. Liegen die Voraussetzungen nicht vor (anderer Ehegatte betreibt nicht selbst Erwerbsgeschäft; im Güterrechtsregister eingetragener Einspr), so ist die **Beschwerde** und erforderlichenfalls der **Finanzrechtsweg** gegeben (s oben A 1).

14. § 743 ZPO [Zwangsvollstreckung in das Gesamtgut der beendeten Gütergemeinschaft]
Nach Beendigung der Gütergemeinschaft ist vor der Auseinandersetzung die Zwangsvollstreckung in das Gesamtgut nur zulässig, wenn beide Ehegatten zu der Leistung oder der eine Ehegatte zu der Leistung und der andere zur Duldung der Zwangsvollstreckung verurteilt sind.

15. Anwendungsbereich. Die Gütergemeinschaft kann durch Vertrag (§ 1408 BGB), Urteil (§§ 1449, 1470 BGB) oder Auflösung der Ehe beendet werden.
Da bei beendeter Gütergemeinschaft eine gemeinsam verwaltete Gesamthand fortbesteht, bis auseinandergesetzt ist (§ 1472 BGB), ist die Vorschr erforderl. Sie ist nur solange relevant, als das Gesamtgut noch nicht auseinandergesetzt ist. Für erst nach Beendigung der Gütergemeinschaft entstehende StSchulden haftet das Gesamtgut allerdings nicht mehr (*HHSp* RNr 19).

16. Voraussetzung der Vollstreckung. Es müssen entweder ein oder zwei getrennte VerwAkte **gegen beide Ehegatten** vorliegen. Anders als nach § 740 II ZPO braucht es sich nicht in beiden Fällen um einen Leistungsbescheid zu handeln, sondern es kann nach § 191 I auch ein Duldungsbescheid gegen einen der Ehegatten ergehen (*TK* RNr 5).

17. Fehlen der Voraussetzungen. Liegt ein VerwAkt gegen beide Ehegatten nicht vor, ist die **Beschwerde** und der **Finanzrechtsweg** gegeben. Wenn dagegen einer der Ehegatten geltend machen will, daß das Gesamtgut nicht haftet, muß er den Weg des § 262 gehen.

18. § 745 ZPO [Zwangsvollstreckung und vollstreckbare Ausfertigung bei fortgesetzter Gütergemeinschaft]
Im Falle der fortgesetzten Gütergemeinschaft ist zur Zwangsvollstreckung in das Gesamtgut ein gegenüber dem überlebenden Ehegatten ergangenes Urteil erforderlich und genügend.
Nach der Beendigung der fortgesetzten Gütergemeinschaft gelten die Vorschriften der §§ 743, 744 mit der Maßgabe, daß an die Stelle des Ehegatten, der das Gesamtgut allein verwaltet, der überlebende Ehegatte, an die Stelle des anderen Ehegatten die anteilsberechtigten Abkömmlinge treten.

19. Anwendungsbereich. Die fortgesetzte Gütergemeinschaft tritt nach dem Tod eines der in Gütergemeinschaft lebenden Ehegatten ein, aber nicht automatisch, sondern nur kraft Vereinbarung im Ehevertrag (§ 1489 BGB). Da der überlebende Ehegatte dann allein verwaltet, entspr die Regelung dem § 740 I ZPO.

2. Abschnitt. Vollstreckung wegen Geldforderungen §§ 264, 265

§ 264 Vollstreckung gegen Nießbraucher

Für die Vollstreckung in Gegenstände, die dem Nießbrauch an einem Vermögen unterliegen, ist die Vorschrift des § 737 der Zivilprozeßordnung entsprechend anzuwenden.

1. Inhalt. Die Vorschrift zieht für die Vollstr die Folgerung aus der Haftungsvorschr des § 1086 BGB. Sie betrifft **nur Nießbrauch am gesamten Vermögen** (§§ 1085 ff BGB). Nießbrauch an einzelnen Sachen (§§ 1030 ff BGB) oder Rechten (§§ 1086 ff BGB) wird nicht erfaßt.

2. § 737 ZPO [Zwangsvollstreckung bei Vermögensnießbrauch]

Bei dem Nießbrauch an einem Vermögen ist wegen der vor der Bestellung des Nießbrauchs entstandenen Verbindlichkeiten des Bestellers die Zwangsvollstreckung in die dem Nießbrauch unterliegenden Gegenstände ohne Rücksicht auf den Nießbrauch zulässig, wenn der Besteller zu der Leistung und der Nießbraucher zur Duldung der Zwangsvollstreckung verurteilt ist.

Das gleiche gilt bei dem Nießbrauch an einer Erbschaft für die Nachlaßverbindlichkeiten.

3. Anwendungsbereich. Der Anspruch aus dem Steuerschuldverhältnis muß vor der Bestellung des Nießbrauchs an dem Vermögen oder der Erbschaft (§ 737 II ZPO) des StSchuldners entstanden sein (*Baumbach-Lauterbach,* ZPO, § 737 A 2; *TK* RNr 1). Für den Zeitpunkt der **Entstehung** der Forderung gelten die gleichen Grundsätze **wie im Konkursrecht** (*Palandt,* BGB, § 1086 A 2a). Es reicht aus, wenn vor dem Zeitpunkt der Nießbrauchsbestellung der Rechtsgrund für die Entstehung der Forderung bereits gelegt ist (s § 251 A 2e). Soweit der Nießbraucher an verbrauchbaren Sachen Eigentum erlangt hat, kann der nach § 1086 S 2 BGB bestehende Wertersatzanspr gepfändet werden.

Es muß neben dem VerwAkt, aufgrund dessen die Vollstreckung betrieben wird, ein weiterer VerwAkt auf Duldung gegen den Nießbraucher erlassen werden.

§ 265 Vollstreckung gegen Erben

Für die Vollstreckung gegen Erben sind die Vorschriften der §§ 1958, 1960 Abs. 3, § 1961 des Bürgerlichen Gesetzbuches sowie der §§ 747, 748, 778, 779, 781 bis 784 der Zivilprozeßordnung entsprechend anzuwenden.

Übersicht

1. Inhalt der Vorschrift
2. § 1958 BGB (Schutz des vorläufigen Erben)
3. § 1960 III BGB (Sicherung des Nachlasses)
4. § 1961 BGB (Prozeßpflegschaft)
5. § 747 ZPO (Zwangsvollstreckung in einen Nachlaß bei Erbengemeinschaft)
6. § 748 ZPO (Zwangsvollstreckung bei Testamentsvollstrecker)
7. § 778 ZPO (Zwangsvollstreckung vor Erbschaftsannahme)
8. § 779 ZPO (Tod des Schuldners nach begonnener Zwangsvollstreckung)
9. § 781 ZPO (Beschränkte Haftung in der Zwangsvollstreckung)
10. § 782 ZPO (Einreden des Erben gegen Nachlaßgläubiger)
11. § 783 ZPO (Einreden des Erben gegen persönliche Gläubiger)
12. § 784 ZPO (Zwangsvollstreckung bei Nachlaßkonkurs oder Nachlaßverwaltung)

§ 265   6. Teil. Vollstreckung

1. Inhalt. Diese Vorschrift regelt die Besonderheiten der Vollstreckung im Falle der Erbfolge. Für die Vollstreckung gegen Erben sind eine Reihe von Vorschr des BGB und der ZPO sinngem anwendbar. Damit wird auch hier sichergestellt, daß bei der VerwVollstr nicht anders verfahren wird, als bei der Vollstreckung nach der ZPO.
Die Einreden nach §§ 2014, 2015 BGB werden nicht mehr wie nach altem Recht (§ 327 II 2 RAO) eingeschränkt. In diesen Fällen sind nach § 782 ZPO sichernde Maßnahmen ohnehin zulässig.

2. § 1958 BGB [Schutz des vorläufigen Erben]
Vor der Annahme der Erbschaft kann ein Anspruch, der sich gegen den Nachlaß richtet, nicht gegen den Erben gerichtlich geltend gemacht werden.

Die Schwebezeit bis zur Annahme oder bis zum Ablauf der Ausschlußfrist soll der vorläufige Erbe zur Überlegung und Prüfung des Nachlasses verwenden. Er ist daher vor der gerichtl Inanspruchnahme geschützt und zur Fortsetzung eines durch Tod des Erblassers unterbrochenen Prozesses nicht verpflichtet (§ 239 V ZPO; vgl *Palandt,* BGB § 1958 A 1).
Auf die AO übertragen, bedeutet dies, daß bis zur Annahme der Erbschaft oder bis zum Ablauf der Sechs-Wochenfrist des § 1944 BGB **wegen Nachlaßverbindlichkeiten kein vollstreckbarer VerwAkt,** dh kein Steuerbescheid und vor allem kein Leistungsgebot ergehen darf (*HHSp* RNr 4). Bereits gegen den Erblasser ergangene StBescheide wirken allerdings nach § 45 ohne weiteres gegen den Erben. Nicht zulässig ist aber das nach § 254 I 3 in diesen Fällen erforderliche besondere Leistungsgebot gegen den Erben. Die Verweisung auf § 1958 BGB richtet sich also nicht erst gegen die eigentliche Vollstreckung, sondern verhindert bereits, daß die Voraussetzungen für den Beginn der Vollstreckung eintreten (*HHSp* RNr 4; *TK* RNr 2).
Will die Behörde trotzdem vor Annahme der Erbschaft oder Ablauf der Ausschlagungsfrist die Voraussetzungen der Vollstreckung schaffen, muß sie nach § 1961 BGB vorgehen (s unten A 4), wenn nicht ohnehin nach § 1960 BGB ein Nachlaßpfleger eingesetzt ist oder der Nachlaß der Testamentsvollstreckung unterliegt (§ 748 ZPO, s unten A 6). Die Vollstreckung ist dann nur in den Nachlaß möglich (§ 778 ZPO, s unten A 7). Eine Vollstreckung, die z.Z.des Todes des Schuldners gegen ihn bereits begonnen hatte, kann ohne weiteres in den Nachlaß fortgesetzt werden (§ 779 ZPO, s unten A 8).
Nachlaßverbindlichkeiten sind nach §§ 1987 ff BGB die Steuerschulden, die vom Erblasser herrühren, ferner die Erbfallschulden, die aus Anlaß des Erbfalls entstehen (Erbschaftsteuer) und schließlich die Nachlaßerbenschulden, die sich aus der notwendigen Verwaltung des Nachlasses (zB Lohn- und Umsatzsteuer aus Fortführung von Erwerbsgeschäft) ergeben (*Palandt,* BGB, § 1967 A 2, 3 u 4).

3. § 1960 III BGB [Sicherung des Nachlasses]
Die Vorschrift des § 1958 findet auf den Nachlaßpfleger keine Anwendung.

Der Nachlaßpfleger wird vom Nachlaßgericht bestellt. Seine Aufgabe besteht ausschließl in der Wahrung der Interessen einer bestimmten oder doch bedingt bestimmten Person, also in einer wirkl Vertretung. In diesem Rahmen ist er gesetzl Vertreter des zukünftigen Erben (RG 106, 46). Der

2. Abschnitt. Vollstreckung wegen Geldforderungen § 265

Nachlaßpfleger kann einen Prozeß über den Nachlaß führen. Er kann, wenn es zur ordnungsmäßigen Verw und Erhaltung des Nachlasses, etwa zur Verhütung von Schäden, unnötigen Prozessen und Kosten geboten ist, vorhandene Nachlaßgläubiger befriedigen und hierzu Nachlaßgegenstände veräußern (BGH DRiZ 66, 395), jedoch nur nach Kräften des Nachlasses und unter Berücksichtigung der beschränkten Erbenhaftung (vgl. *Palandt*, aaO § 1960, A 5 Cb).

Besteht eine Nachlaßpflegschaft, kann somit ein StBescheid gegen den Nachlaßpfleger ergehen. Ferner kann ein Leistungsbescheid erlassen werden, der auch für den Fall der Nichtzahlung auf Duldung der Vollstreckung in das Nachlaßvermögen gerichtet ist (s § 191 A 2). Die Schwebezeit des § 1958 BGB steht dem nicht entgegen. Der Nachlaßpfleger hat im Rahmen der vorgenannten Pflichten zu entscheiden, ob er den steuerl Anspr erfüllt oder die Vollstreckung duldet. Für die Vollstreckung gilt § 778 ZPO (s unten A 7).

Ebenso wie bei Nachlaßpflegschaft kann die VollstrBehörde bei Nachlaßverwaltung (§ 1984 II BGB) und bei Testamentsvollstreckung (§ 748 ZPO, s unten A 7) die notwendigen VerwAkte schon vor Annahme der Erbschaft und Ablauf der Ausschlagungsfrist erlassen.

4. § 1961 BGB [Prozeßpflegschaft]

Das Nachlaßgericht hat in den Fällen des § 1960 Abs. 1 einen Nachlaßpfleger zu bestellen, wenn die Bestellung zum Zwecke der gerichtlichen Geltendmachung eines Anspruchs, der sich gegen den Nachlaß richtet, von dem Berechtigten beantragt wird.

Da § 1958 gemäß § 1960 III auf den Nachlaßpfleger keine Anwendung findet, wird den Nachlaßgläubigern durch § 1961 die Möglichkeit gegeben, ihre Ansprüche auch vor Annahme der Erbschaft zu verfolgen. Der Antrag bedarf keiner Form und muß von einem Berechtigten ausgehen, der die Absicht, einen Anspruch gegen den Nachlaß gerichtet geltend zu machen, vorgibt (vgl *Palandt*, § 1961 BGB). Auf die AO übertragen bedeutet dies, daß die FinBeh mit der Begründung, einen StBescheid oder Leistungsgebot gegen den Nachlaß erlassen zu wollen, die Nachlaßpflegschaft beantragen kann.

5. § 747 ZPO [Zwangsvollstreckung in einen Nachlaß bei Erbengemeinschaft]

Zur Zwangsvollstreckung in einen Nachlaß ist, wenn mehrere Erben vorhanden sind, bis zur Teilung ein gegen alle Erben ergangenes Urteil erforderlich.

Grund der Vorschrift ist die Gesamthandberechtigung der Miterben (§§ 2032 I und 2033 II BGB). Die Vorschr gilt nur bei Zwangsvollstreckung in einen Nachlaß, sofern er einer Erbengemeinschaft (§ 2032 BGB) zusteht und bis zur vollzogenen Auseinandersetzung (vgl § 2042 BGB). Die Zwangsvollstreckung darf beim Tode des Erblassers noch nicht begonnen haben; falls sie vorher begann, gilt § 779 ZPO. Der vollstreckbare Anspruch ist idR eine Nachlaßverbindlichkeit, kann aber auch ein anderer Anspr sein, für den die Erben aus demselben RGrund als Gesamtschuldner haften (BGHZ 53, 110). Voraussetzung ist, daß ein vollstreckbarer VerwAkt gegen alle Miterben vorliegt. Ein bereits gegen den Erblasser ergangener VerwAkt wirkt allerdings nach § 45 gegen alle Miterben. In diesem

§ 265　　　　　　　　　　　　　　　　　　6. Teil. Vollstreckung

Fall muß sich aber das nach § 254 I 3 noch erforderliche Leistungsgebot gegen alle Miterben richten und allen Miterben bekannt gemacht werden (s § 254 A 5). Erforderlich ist nicht ein einheitlicher VerwAkt gegen alle Miterben. Es genügen auch inhaltlich gleiche VerwAkte gegen die einzelnen Miterben (BGHZ 53, 113; *Baumbach-Lauterbach,* ZPO, § 747 A 2). Fehlt der vollstreckbare VerwAkt oder das Leistungsgebot gegen einen Miterben, ist die Zwangsvollstreckung unzulässig (vgl *Thomas/Putzo,* § 747 ZPO Anm 4).

6. § 748 ZPO [Zwangsvollstreckung bei Testamentsvollstreckern]

Unterliegt ein Nachlaß der Verwaltung eines Testamentsvollstreckers, so ist zur Zwangsvollstreckung in den Nachlaß ein gegen den Testamentsvollstrecker ergangenes Urteil erforderlich und genügend.

Steht dem Testamentsvollstrecker die Verwaltung einzelner Nachlaßgegenstände zu, so ist die Zwangsvollstreckung in diese Gegenstände nur zulässig, wenn der Erbe zu der Leistung, der Testamentsvollstrecker zur Duldung der Zwangsvollstreckung verurteilt ist.

Zur Zwangsvollstreckung wegen eines Pflichtteilanspruchs ist im Falle des Abs. 1 wie im Falle des Abs. 2 ein sowohl gegen den Erben als gegen den Testamentsvollstrecker ergangenes Urteil erforderlich.

Ist Testamentsvollstreckung angeordnet, gilt § 748 ab dem Tode des Erblassers. Dem Erben fehlt die Verfügungsbefugnis. Der vollstreckbare VerwAkt muß sich gegen den Testamentsvollstrecker richten (BFH BStBl 88, 120). Ein Titel gegen den Erben ist entbehrl. Ist bereits ein vollstreckbarer VerwAkt gegen den Erben ergangen, genügt ein Duldungs-Bescheid gegen den Testamentsvollstrecker (so *Thomas/Putzo,* § 749, A 2; vgl auch BFH BStBl 88, 120). Bei beschränkter Verw sind StBescheid und Leistungsgebot gegen Erben und Leistungsgebot (*Baumbach-Lauterbach,* ZPO, § 748 A 2 A) oder Duldungsbescheid gegen Testamentsvollstrecker erforderlich.

7. § 778 ZPO [Zwangsvollstreckung vor Erbschaftsannahme]

Solange der Erbe die Erbschaft nicht angenommen hat, ist eine Zwangsvollstreckung wegen eines Anspruchs, der sich gegen den Nachlaß richtet, nur in den Nachlaß zulässig.

Wegen einer Verbindlichkeit des Erben ist eine Zwangsvollstreckung in den Nachlaß vor Annahme der Erbschaft nicht zulässig.

§ 780 gilt für jede Art von Zwangsvollstreckung in Vermögen. Der Erbe darf die Erbschaft noch nicht angenommen haben. Solange ist sein Vermögen und der Nachlaß getrennt zu behandeln. Wegen Nachlaßverbindlichkeiten kann vor der Annahme nur in den Nachlaß und nur, wenn ein Nachlaßpfleger, Testamentsvollstrecker oder Nachlaßverwalter vorhanden ist, vollstreckt werden. Nach der Annahme kann auch gegen den Erben in dessen übriges Vermögen und in den Nachlaß vollstreckt werden (vgl *Thomas/Putzo,* § 778 A 2).

8. § 779 ZPO [Tod des Schuldners nach begonnener Zwangsvollstreckung]

Eine Zwangsvollstreckung, die zur Zeit des Todes des Schuldners gegen ihn bereits begonnen hatte, wird in seinem Nachlaß fortgesetzt.

Ist bei einer Vollstreckungshandlung die Zuziehung des Schuldners nötig, so hat, wenn die Erbschaft noch nicht angenommen oder wenn der Erbe unbekannt oder es

2. Abschnitt. Vollstreckung wegen Geldforderungen § 265

ungewiß ist, ob er die Erbschaft angenommen hat, das Vollstreckungsgericht auf Antrag des Gläubigers dem Erben einen einstweiligen besonderen Vertreter zu bestellen. Die Bestellung hat zu unterbleiben, wenn ein Nachlaßpfleger bestellt ist oder wenn die Verwaltung des Nachlasses einem Testamentsvollstrecker zusteht.

Die Zwangsvollstreckung muß vor dem Tode des Schuldners begonnen haben, wenn nicht, gilt § 778 I ZPO. **Begonnen** hat die **Vollstreckung** dann, **wenn** einzelne VollstrMaßnahmen nach außen hin erkennbar eingeleitet worden sind (zB Pfändungsverfügung, Vorzeigen des Vollstr-Auftrags usw, vgl *HHSp* Vor § 259 RNr 9). Es dürfen nicht nur die begonnenen ZwVollstrMaßnahmen durchgeführt werden, sondern können auch neue eingeleitet und es kann in andere Nachlaßgegenstände vollstreckt werden. Die Vorschr betrifft die Zwangsvollstreckung **im Ganzen und nicht einzelne VollstrMaßnahmen** (hM, vgl *Thomas-Putzo,* ZPO, § 779 A 1; *TK* RNr 8).

In den Fällen des Abs II darf die Vollstreckung erst fortgesetzt werden, wenn der Vertreter bestellt ist. Die Vertretung ist umfassend für alle bei der Vollstreckung notwendigen Handlungen, insbes auch Rechtsbehelfe. Fälle, in denen die Zuziehung des Schuldners und somit vor Annahme der Erbschaft oder Ablauf der Ausschlagungsfrist eine Vertreterbestellung notwendig ist, sind zB §§ 286 III, 307 I 2, 309 I 2.

9. § 781 ZPO [Beschränkte Haftung in der Zwangsvollstreckung]

Bei der Zwangsvollstreckung gegen den Erben des Schuldners bleibt die Beschränkung der Haftung unberücksichtigt, bis aufgrund derselben gegen die Zwangsvollstreckung von dem Erben Einwendungen erhoben werden.

Beschränkte Erbenhaftung ist gegeben bei Nachlaßverwaltung und Nachlaßkonkurs (§ 1975 BGB), Erschöpfungseinreden (§§ 1973, 1974 BGB), Dürftigkeitseinreden (§§ 1990, 1992 BGB) und für die Einreden aus § 2059 BGB bei Miterben. Solange diese beschränkte Erbenhaftung nicht von Erben als Einwendung gegen die Vollstreckung geltend gemacht wird, bleibt sie unberücksichtigt. Es findet die Vollstreckung in den Nachlaß und das gesamte übrige Vermögen des Erben statt.

Die sinngemäße Anwendung von § 781 ZPO im Rahmen der AO bedeutet, daß die Einwendungen im Rechtsbehelfsverfahren nach der AO (gem § 349 als **Beschwerde**) und erforderlichenfalls im **Finanzrechtsweg** geltend zu machen sind (*HHSp* RNr 3 und § 266 RNr 2; *TK* RNr 9). Vor Einlegung der Beschwerde kann selbstverständlich versucht werden, durch formlose Gegenvorstellungen bei der VollstrBehörde eine Berücksichtigung der Einwendungen zu erreichen.

10. § 782 ZPO [Einreden des Erben gegen Nachlaßgläubiger]

Der Erbe kann aufgrund der ihm nach den §§ 2014, 2015 BGB zustehenden Einreden nur verlangen, daß die Zwangsvollstreckung für die Dauer der dort bestimmten Fristen auf solche Maßregeln beschränkt wird, die zur Vollziehung eines Arrestes zulässig sind. Wird vor dem Ablauf der Frist die Eröffnung des Nachlaßkonkurses beantragt, so ist auf Antrag die Beschränkung der Zwangsvollstreckung auch nach dem Ablauf der Frist aufrechtzuerhalten, bis über die Eröffnung des Konkursverfahrens rechtskräftig entschieden ist.

Die Vorschr betrifft die **aufschiebenden Einreden** der §§ 2014 und 2015 BGB, während es sich im Gegensatz dazu bei den Einwendungen der beschränkten Erbenhaftung nach § 781 ZPO um endgültige Einwendungen

§ 266
6. Teil. Vollstreckung

handelt. Nach § 2014 BGB kann der Erbe die Berichtigung von Nachlaßverbindlichkeiten bis zu 3 Monaten nach Annahme der Erbschaft, jedoch höchstens bis zur Errichtung des Inventars verweigern. Nach § 2015 BGB steht ihm dieses Verweigerungsrecht bis zur Beendigung eines Aufgebotsverfahrens zu. Die aufschiebenden Einreden sind ebenso wie bei § 781 im Wege der **Beschwerde** und erforderlichenfalls im **Finanzrechtsweg** geltend zu machen (*TK* RNr 10).

11. § 783 ZPO [Einreden des Erben gegen persönliche Gläubiger]

In Ansehung der Nachlaßgegenstände kann der Erbe die Beschränkung der Zwangsvollstreckung nach § 782 auch gegenüber den Gläubigern verlangen, die nicht Nachlaßgläubiger sind, es sei denn, daß er für die Nachlaßverbindlichkeiten unbeschränkt haftet.

Für Nachlaßverbindlichkeiten gilt § 782 ZPO, für sonstige Verbindlichkeiten des Erben, die in den Nachlaß vollstreckt werden sollen, § 783 ZPO.

12. § 784 ZPO [Zwangsvollstreckung bei Nachlaßkonkurs oder Nachlaßverwaltung]

Ist eine Nachlaßverwaltung angeordnet oder der Nachlaßkonkurs eröffnet, so kann der Erbe verlangen, daß Maßregeln der Zwangsvollstreckung, die zugunsten eines Nachlaßgläubigers in sein nicht zum Nachlaß gehörendes Vermögen erfolgt sind, aufgehoben werden, es sei denn, daß er für die Nachlaßverbindlichkeit unbeschränkt haftet.

Im Falle der Nachlaßverwaltung steht dem Nachlaßverwalter das gleiche Recht gegenüber Maßregeln der Zwangsvollstreckung zu, die zugunsten eines anderen Gläubigers als eines Nachlaßgläubigers in den Nachlaß erfolgt sind.

Abs I der Vorschr ist in Zusammenhang mit § 781 ZPO zu sehen. Es wird bestimmt, was mit den bereits erfolgten VollstrMaßnahmen in das nicht zum Nachlaß gehörende Vermögen des Erben zu geschehen hat, wenn dieser mit seinen Einwendungen nach § 781 ZPO durchdringt. Die Vorschrift gilt über Nachlaßverwaltung und Nachlaßkonkurs hinaus entspr für die anderen oben unter A 9 genannten Fälle beschränkter Haftung des Erben (hM, s *Thomas-Putzo,* ZPO, § 784 zu Abs I).

§ 266 Sonstige Fälle beschränkter Haftung

Die Vorschriften der §§ 781 bis 784 der Zivilprozeßordnung sind auf die nach § 1489 des Bürgerlichen Gesetzbuches eintretende beschränkte Haftung, die Vorschrift des § 781 der Zivilprozeßordnung ist auf die nach den §§ 419, 1480, 1504 und 2187 des Bürgerlichen Gesetzbuches eintretende beschränkte Haftung entsprechend anzuwenden.

Übersicht

1. Inhalt der Vorschrift
2. § 1489 BGB (Persönl. Haftung für die Gesamtgutsverbindlichkeiten)
3. § 419 BGB (Schuldmitübernahme infolge vertraglicher Vermögensübernahme)
4. § 1480 BGB (Haftung nach der Teilung gegenüber Dritten)
5. § 1504 BGB (Haftungsausgleich der Abkömmlinge)
6. § 2187 BGB (Umfang der Haftung)

2. Abschnitt. Vollstreckung wegen Geldforderungen   § 266

1. Inhalt. Die Anwendungsfälle der Vorschrift unterscheiden sich grundlegend von denen des § 265. Bei der in § 265 geregelten Vollstreckung gegen Erben geht es im Grundsatz um Fälle der Gesamtrechtsnachfolge. Der Erbe wird nach § 45 selbst StSchuldner und ist daher durch einen StBescheid in Anspruch zu nehmen (s § 45 A 3 und § 255 A 1). In § 266 handelt es sich dagegen nicht um Gesamtrechtsnachfolge, sondern nur um die Haftung für steuerl Verbindlichkeiten anderer Personen (§ 419 BGB) oder bestimmter Vermögensmassen (Gesamtgut, Nachlaß). Grundlage der Vollstreckung ist daher regelmäßig ein **Haftungsbescheid** nach § 191 I mit einer Zahlungsaufforderung nach § 219 (*HHSp* RNr 4). Hinzukommen muß das Leistungsgebot nach § 254 (*TK* RNr 1).

Die Einwendungen der Haftungsbeschränkung sind in entspr Anwendung des § 781 ZPO ebenso wie in den Fällen des § 265 durch **Beschwerde** gegen VollstrMaßnahmen und erforderlichenfalls im **Finanzrechtsweg** geltend zu machen, wenn formlose Gegenvorstellungen bei der VollstrBehörde nichts nützen (*TK* RNr 1). Die Vollstreckung muß also grundsätzlich begonnen haben. Hier muß allerdings die Androhung von VollstrMaßnahmen genügen, weil der VollstrSchuldner vor seiner Inanspruchnahme als Haftungsschuldner weder in einem Steuer- noch VollstrVerhältnis wegen des steuerl Anspruchs gestanden hat und daher in der Lage sein muß, möglichst frühzeitig auf Haftungsbeschränkung hinzuweisen und möglicherweise irreparablen Schaden zu vermeiden (*HHSp* RNr 3). Es muß auch zulässig sein, daß in den Fällen, in denen die Haftungsbeschränkungen bekannt sind, von vornherein entspr § 780 ZPO nur ein Duldungsbescheid erlassen wird, der die Haftungsbeschränkung berücksichtigt (*HHSp* RNr 4).

2. § 1489 BGB [Persönl. Haftung für die Gesamtgutsverbindlichkeit]

Für die Gesamtgutsverbindlichkeiten der fortgesetzten Gütergemeinschaft haftet der überlebende Ehegatte persönlich.

Soweit die persönliche Haftung den überlebenden Ehegatten nur infolge des Eintritts der fortgesetzten Gütergemeinschaft trifft, finden die für die Haftung des Erben für die Nachlaßverbindlichkeiten geltenden Vorschriften entsprechende Anwendung; an die Stelle des Nachlasses tritt das Gesamtgut in dem Bestande, den es zur Zeit des Eintritts der fortgesetzten Gütergemeinschaft hatte.

Eine persönliche Haftung der anteilsberechtigten Abkömmlinge für die Verbindlichkeiten des verstorbenen oder des überlebenden Ehegatten wird durch die fortgesetzte Gütergemeinschaft nicht begründet.

Bedeutung hat im Rahmen des § 266 vor allem die Haftungsbeschränkung nach Abs II der BGB-Vorschr. Die von dieser Bestimmung betroffene persönliche Haftung infolge des Eintritts der fortgesetzten Gütergemeinschaft, ist dann gegeben, wenn der verstorbene Ehegatte vorher verwaltungsberechtigt und daher persönl haftbar war (§ 1437 II BGB). In diesem Fall hat der überlebende Ehegatte alle die zu § 265 A 9 genannten Möglichkeiten der Haftungsbeschränkung, zB Gesamtgutskonkurs nach § 1975 BGB, Erschöpfungseinreden nach §§ 1973, 1975 BGB usw (*Palandt*, BGB, § 1489 A 2).

§ 266

6. Teil. Vollstreckung

3. § 419 BGB [Schuldmitübernahme infolge vertraglicher Vermögensübernahme]

Übernimmt jemand durch Vertrag das Vermögen eines anderen, so können dessen Gläubiger, unbeschadet der Fortdauer der Haftung des bisherigen Schuldners, von dem Abschluß des Vertrages an ihren zu dieser Zeit bestehenden Anspruch auch gegen den Übernehmer geltend machen

Die Haftung des Übernehmers beschränkt sich auf den Bestand des übernommenen Vermögens und den ihm aus dem Vertrag zustehenden Anspruch. Beruft sich der Übernehmer auf die Beschränkung seiner Haftung, so finden die für die Haftung des Erben geltenden Vorschriften der §§ 1990, 1991 entsprechende Anwendung.

Die Haftung des Übernehmers kann nicht durch Vereinbarung zwischen ihm und dem bisherigen Schuldner ausgeschlossen oder beschränkt werden.

Grundgedanke des § 419 ist, daß das Aktivvermögen des Schuldners die natürl Grundlage für die ihm eingeräumten Kredite ist (BGH 27, 260), also das Schutzbedürfnis des Gläubigers, der seine Befriedigung aus dem übertragenen Vermögen in der Hand des Erwerbers in gleicher Weise soll erhalten können, wie wenn die Übertragung nicht stattgefunden hätte (RG 130, 37; vgl *Palandt*, § 419, Anm 1).

4. § 1480 BGB [Haftung nach der Teilung gegenüber Dritten]

Wird das Gesamtgut geteilt, bevor eine Gesamtgutsverbindlichkeit berichtigt ist, so haftet dem Gläubiger auch der Ehegtte persönlich als Gesamtschuldner, für den z. Z. der Teilung eine solche Haftung nicht besteht. Seine Haftung beschränkt sich auf die ihm zugeteilten Gegenstände; die für die Haftung des Erben geltenden Vorschriften der §§ 1990, 1991 sind entsprechend anzuwenden.

Die Vorschrift regelt die Folgen, wenn die Gesamtgutsverbindlichkeiten entgegen § 1475 BGB nicht vor der Teilung des Gesamtguts berichtigt werden. Auch der Ehegatte, für den vorher eine solche Haftung nicht bestand, kann danach persönl als Haftungsschuldner für die StSchulden des Gesamtguts in Anspruch genommen werden. Er kann dann zwar gegen VollstrMaßnahmen die Einwendung erheben, daß das ihm Zugeteilte zur Befriedigung des steuerl Anspruchs nicht ausreicht, muß dann aber das Zugeteilte nach § 1990 BGB zur Vollstreckung herausgeben.

5. § 1504 BGB [Haftungsausgleich der Abkömmlinge]

Soweit die anteilsberechtigten Abkömmlinge nach § 1480 den Gesamtgutgläubigern haften, sind sie im Verhältnis zueinander nach der Größe ihres Anteils an dem Gesamtgut verpflichtet. Die Verpflichtung beschränkt sich auf die ihnen zugeteilten Gegenstände; die für die Haftung des Erben geltenden Vorschriften der §§ 1990, 1991 finden entsprechende Anwendung.

Die Vorschrift regelt das Innenverhältnis, wenn im Falle der Beendigung der fortgesetzten Gütergemeinschaft die Abkömmlinge nach § 1480 BGB haften. Sie ist für die Vollstreckung der steuerl Ansprüche (Außenverhältnis) nur insoweit von Bedeutung, als die Abkömmlinge wie nach § 1480 die Haftung auf die ihnen zugeteilten Gegenstände beschränken können (*TK* RNr 6).

6. § 2187 BGB [Umfang der Haftung]

Ein Vermächtnisnehmer, der mit einem Vermächtnis oder einer Auflage beschwert ist, kann die Erfüllung auch nach Annahme des ihm zugewendeten Vermächtnisses insoweit verweigern, als dasjenige, das er aus dem Vermächtnis erhält, zur Erfüllung nicht ausreicht.

2. Abschnitt. Vollstreckung wegen Geldforderungen § 267

Tritt nach § 2161 ein anderer an die Stelle des beschwerten Vermächtnisnehmers, so haftet er nicht weiter, als der Vermächtnisnehmer haften würde.

Die für die Haftung des Erben geltenden Vorschriften des § 1992 finden entsprechende Anwendung.

Ebenso wie der Erbe kann der beschwerte Vermächtnisnehmer die Haftung auf das ihm Zugewendete beschränken.

§ 267 Vollstreckungsverfahren gegen nichtrechtsfähige Personenvereinigungen

¹**Bei nichtrechtsfähigen Personenvereinigungen, die als solche steuerpflichtig sind, genügt für die Vollstreckung in deren Vermögen ein vollstreckbarer Verwaltungsakt gegen die Personenvereinigung.** ²**Dies gilt entsprechend für Zweckvermögen und sonstige einer juristischen Person ähnliche steuerpflichtige Gebilde.**

Schrifttum: *App* Kein Leistungsgebot gegen Gesellschafter einer Gesellschaft aufgrund eines gegen die Gesellschaft gerichteten Steuerbescheids, BB 85, 2319; *Carl* Leistungsbescheid und Leistungsgebot als Voraussetzung der Zwangsvollstreckung bei nicht rechtsfähigen Personenvereinigungen, BB 86, 1269.

1. Inhalt. Die Vorschrift lehnt sich an § 735 ZPO an, der die Voraussetzungen der Vollstreckung in das Vermögen eines nicht rechtsfähigen Vereins regelt. Über § 735 ZPO hinaus erfaßt § 267 **alle nicht rechtsfähigen Personenvereinigungen,** die als solche steuerpflichtig sind (s unten A 3).

2. Adressat des vollstreckbaren Verwaltungsaktes. Der vollstreckbare VerwAkt muß gegen die nichtrechtsfähige Personenvereinigung gerichtet sein (BFH BStBl 87, 325; s auch näher oben § 122 Anm 2a). Mit diesem VerwAkt kann gegen die nichtrechtsfähige Personenvereinigung vollstreckt werden, aber **nur in das Vermögen der Personengemeinschaft,** das seine Organe als solche in Gewahrsam haben, ferner in Forderungen (RG 76, 278). Sollen die Mitglieder der Personengemeinschaft mit ihrem persönlichen Vermögen für Steuerschulden der Personengemeinschaft in Anspruch genommen werden, muß ein Haftungsbescheid nach § 191 erlassen werden (s dort A 2 zum Umfang der persönlichen Haftung).

3. Personenvereinigungen. Unter die Vorschr fallen zB nichtrechtsfähige Vereine, Gesellschaften nach § 705 BGB, soweit sie als solche steuerpfl sind, ferner OHG und KG, bei denen nach § 124 II HGB der VerwAkt sogar zwingend gegen die Gesellschaft zu richten ist, schließlich nichtrechtsfähige Stiftungen und Anstalten nach §§ 80ff BGB (vgl *HHSp* RNr 14).

2. Unterabschnitt. Aufteilung einer Gesamtschuld

Vorbemerkung zu §§ 268ff.

Beschränkung der Vollstreckung in den Fällen der Zusammenveranlagung.

Die Vorschrift über die Beschränkung der Vollstreckung zu einer St von Einkommen und zur VermSt entspr weitgehend der AuftVO vom 8. 11. 1963 (BGBl I, 785).

Es handelt sich zwar um ziemlich komplizierte Regelungen. Der Gesetzgeber hat aber trotzdem nach eingehender Prüfung an den Regelungen der AuftVO festgehalten. Würde es die Aufteilungsvorschriften nicht geben, so könnten die zusammen zu veranlagenden Personen die Zusammenveranlagung von dem Preis der gesamtschuldnerischen Haftung wählen. Der Splitting-Tarif bei der ESt käme ihnen nur zugute, wenn sie die gesamtschuldnerische Haftung in Kauf nähmen. Dieses Ergebnis war für den Gesetzgeber nicht vertretbar. Hinzu kam, daß die Zusammenveranlagung bei der VermSt obligatorisch ist.

Im übrigen müßte bei Fortfall des Aufteilungsverfahrens auf Einwendungen von seiten des als Gesamtschuldner haftenden Ehegatten hin gleichwohl geprüft werden, ob und inwieweit die Inanspruchnahme der zusammen zu veranlagenden Personen gerechtfertigt ist (vgl BVerfE 6, 66 ff; 12, 151). Hierbei würde auch berücksichtigt werden müssen, inwieweit die Einkünfte bzw die Vermögensteile auf den Gesamtschuldner entfallen (s Begr EAO 74 BT-Dr VI/1982 vor §§ 252 ff).

§ 268 Grundsatz

Sind Personen Gesamtschuldner, weil sie zusammen zu einer Steuer vom Einkommen oder zur Vermögensteuer veranlagt worden sind, so kann jeder von ihnen beantragen, daß die Vollstreckung wegen dieser Steuern jeweils auf den Betrag beschränkt wird, der sich nach Maßgabe der §§ 269 bis 278 bei einer Aufteilung der Steuern ergibt.

Schrifttum: *Schlücking* Beschränkung der Vollstreckung durch Aufteilung einer Gesamtschuld, DStR 85, 141; *Hüdepohl* Aufrechnung des Finanzamts nach Aufteilung der Steuerschuld von Ehegatten – Zum Urteil des FG Münster vom 25. 8. 1983 III 5489/81, BB 86, 370; *Pump* Zusammenveranlagung bei der Einkommensteuer – Aufteilungsbescheid und Aufrechnung, Information StW 87, 481.

1. Inhalt. Die Vorschrift ist im Zusammenhang zu sehen mit der Regelung über Gesamtschuldner in § 44. Von den dort aufgeführten Möglichkeiten zur Entstehung einer Gesamtschuld betrifft § 268 **nur die Zusammenveranlagung** und hier wiederum **nur die Einkommen- und Vermögensteuer.** Auf andere Fälle der Zusammenveranlagung wie bei der Vermögensabgabe nach dem LAG oder den landesgesetzl geregelten Kirchensteuern ist die Vorschrift nicht anwendbar. Jedoch folgt hier aus dem allgemeinen verfassungsrechtlichen Verbot der Benachteiligung von Ehegatten die Pflicht zur proportionalen Aufteilung der Schuld nach entsprechenden Grundsätzen (BVerfGE 12, 151; *HHSp* RNr 9, 10; *TK* RNr 1 mwN). Bei der Einkommensteuer gibt es eine Zusammenveranlagung nur bei Ehegatten, bei der Vermögensteuer dagegen auch bei Eltern und Kindern (s § 271 Anm 1). Zweck des § 268 ist es, die einzelnen Zusammenveranlagten im Fall der Vollstreckung nicht schlechter zu stellen als einen nicht zusammenveranlagten Steuerpflichtigen.

2. Begriff der Gesamtschuld. Der Begriff der Gesamtschuld ist aus dem bürgerl Recht entnommen und in § 421 BGB definiert: „Schulden mehrere eine Leistung in der Weise, daß jeder die ganze Leistung zu bewirken verpflichtet, der Gläubiger aber die Leistung nur einmal zu fordern berechtigt ist (Gesamtschuldner), so kann der Gläubiger die Leistung nach seinem

2. Abschnitt. Vollstreckung wegen Geldforderungen § **269**

Belieben von jedem der Schuldner ganz oder zu einem Teil fordern. Bis zur Bewirkung der ganzen Leistung bleiben sämtliche Schuldner verpflichtet."

3. Wirkung der Gesamtschuld. Aus obiger Vorbemerkung zu den Aufteilungsvorschr und aus A 1 ergibt sich, daß die FinBeh anders als nach § 421 ohnehin nicht völlig frei wäre, nach ihrem Belieben von jedem der Zusammenveranlagten die ganze Leistung zu fordern. § 44 I S 2 iV mit § 268 hält bei der Zusammenveranlagung die für die Gesamtschuld geltenden Grundsätze jedoch wenigstens im Prinzip aufrecht. Es wird den Zusammenveranlagten überlassen, eine Aufteilung der Schuld zu beantragen. Solange keiner der Zusammenveranlagten davon Gebrauch macht, kann die FinBeh von jedem der beiden die ganze Leistung fordern und in das Vermögen jedes der beiden Ehegatten wegen der ganzen Leistung vollstrecken. Ein **Arrestgrund** besteht jedoch nicht gegenüber dem zusammenveranlagten Ehegatten, auf den im Aufteilungsverfahren keine anteilige Steuer entfallen würde (FG Münster EFG 88, 216; vgl auch unten § 324 Anm 2). Ein mit seinem Ehegatten zur ESt zusammenveranlagter Stpfl kann im Hinblick auf die Folgen einer Aufteilung der StSchuld auch dann **beschwert** sein, wenn das FA abweichend von der StErklärung seine Einkünfte zugunsten jener des Ehegatten erhöht hat, die Gesamtsteuerschuld aber gleich geblieben ist. Die Beschwer entfällt jedoch, sobald ein Antrag auf Aufteilung wegen vollständiger Tilgung der Steuer nicht mehr zulässig ist (BFH BStBl 87, 94).

Wird vor vollständiger Tilgung der Steuer ein Antrag gestellt, besteht ein **Rechtsanspruch auf die Aufteilung.** Die Aufteilung wirkt nicht nur für die Vollstreckung, sondern die ursprüngl Gesamtschuld wird danach wieder zu einer Teilschuld (s §§ 44 A 4; *TK* RNr 3; aA *HHSp* RNr 8; unklar BFH BStBl 88, 406; s näher oben § 44 Anm 4). Ansonsten können die §§ 268 ff bei der Steuerfestsetzung aber keine Anwendung finden. Sie lassen sich zB auch nicht für die Berechnung der Rückforderungsbeträge bei zu Unrecht an Ehegatten nach LStJA gezahlten Erstattungsbeträge heranziehen (FG Berlin EFG 87, 53).

4. Antragserfordernis. Zur Aufteilung ist immer ein **Antrag erforderl.** Eine Aufteilung ohne Anträge wäre unzulässig. Das schließt nicht aus, daß die VollstrBeh im Rahmen ihres Ermessens die Vollstreckung beschränkt (*TK* RNr 4). Str ist, ob eine **Pflicht der FinBeh** besteht, **auf die Antragsmöglichkeit hinzuweisen** (vgl *HHSp* RNr 6). Ein solcher Hinweis dürfte in geeigneten Fällen (zB Ehescheidung) zwar angebracht sein. Eine Hinweispflicht besteht jedoch nicht (BFH BStBl 76, 572).

§ 269 Antrag

(1) Der Antrag ist bei dem im Zeitpunkt der Antragstellung für die Besteuerung nach dem Einkommen oder dem Vermögen zuständigen Finanzamt schriftlich zu stellen oder zur Niederschrift zu erklären.

(2) [1] Der Antrag kann frühestens nach Bekanntgabe des Leistungsgebots gestellt werden. [2] Nach vollständiger Tilgung der rückständigen Steuer ist der Antrag nicht mehr zulässig. [3] Der Antrag muß alle Angaben enthalten, die zur Aufteilung der Steuer erforderlich sind, soweit sich diese Angaben nicht aus der Steuererklärung ergeben.

§ 270

Die Vorschrift entspricht § 1 I–III AuftVO. Die **Formerfordernisse** des Abs I sind **zwingend**. Ein Antrag kann daher nicht als schlüssige Handlung aus irgendwelchen in anderem Zusamenahng stehenden Äußerungen herausgelesen werden (vgl BFH BStBl 76, 572; *TK* RNr 3; *HHSp* RNr 4). Der Antrag kann nach Abs II S 1 schon vor Beginn der Vollstreckung, jedoch nicht vor der nach § 254 für den Beginn der Vollstreckung erforderlichen Bekanntgabe des Leistungsgebots gestellt werden (FG BadWürtt EFG 86, 433; *TK* RNr 4; *KKH* Anm 3). Ein vorher gestellter Antrag wird nicht durch nachträgliche Bekanntgabe des Leistungsgebots geheilt (*HHSp* RNr 6). Dabei kann es immer nur um die Aufteilung noch nicht gezahlter Steuern gehen. Der Antrag ist daher zwar noch nach teilweiser Tilgung für den Rest der Steuerschuld, nicht aber mehr nach vollständiger Tilgung zulässig. Zur Bedeutung des Zeitpunkts der Antragstellung für die Berechnung der Höhe der rückständigen Steuer s § 276, zu Vollstreckungsmaßnahmen während des Schwebezustandes zw Antrag und Aufteilungsentscheidung § 277.

Die Verletzung der Angabepflichten nach Abs II S 3 macht den Antrag nicht unwirksam. Der Antragsteller ist zu den erforderlichen Angaben aufzufordern. Kommt er dem nicht nach, muß die Finanzbehörde die Aufteilungsgrundlagen notfalls schätzen (*HHSp* RNr 11; *TK* RNr 5). Außerdem hat die FinBeh eine Ermittlungsbefugnis nach § 249 II (*Koch* RNr 3).

§ 270 Allgemeiner Aufteilungsmaßstab

¹**Die rückständige Steuer ist nach dem Verhältnis der Beträge aufzuteilen, die sich bei getrennter Veranlagung nach Maßgabe des § 26a des Einkommensteuergesetzes und der §§ 271 bis 276 ergeben würden. ²Dabei sind die tatsächlichen und rechtlichen Feststellungen maßgebend, die der Steuerfestsetzung bei der Zusammenveranlagung zugrunde gelegt worden sind, soweit nicht die Anwendung der Vorschriften über die getrennte Veranlagung zu Abweichungen führt.**

Die Vorschrift entspricht den §§ 3 und 4 I AuftVO. Zur Aufteilung der Steuer ist eine **fiktive getrennte Veranlagung** durchzuführen. Diese getrennte Veranlagung richtet sich bei der Einkommensteuer nach § 26a EStG. Für die Vermögensteuer enthält § 271 Regelungen, weil im VStG die Zusammenveranlagung vorgeschrieben ist (§ 14 VStG) und es somit dort keine Vorschr über getrennte Veranlagung gibt. Bei der fiktiven Veranlagung sind die **Besteuerungsgrundlagen** aus dem Zusammenveranlagungsbescheid **unverändert zu übernehmen.** Das gilt selbst dann, wenn die Besteuerungsgrundlagen falsch angesetzt oder zugeordnet worden sind oder wenn das Finanzamt Tatbestandsmerkmale im Zeitpunkt der Aufteilung zB wegen geänderter Rechtsprechung anders beurteilen würde als bei der Zusammenveranlagung (*HHSp* RNr 3; *TK* RNr 3; *Koch* RNr 5).

Aufteilungsschlüssel für die rückständige Steuer ist das Verhältnis der Beträge, die sich bei der fiktiven getrennten Veranlagung für die Ehegatten (bei der VSt auch für die Eltern und Kinder) ergeben.

2. Abschnitt. Vollstreckung wegen Geldforderungen **§ 271**

§ 271 Aufteilungsmaßstab für die Vermögensteuer

Die Vermögensteuer ist wie folgt aufzuteilen:
1. Für die Berechnung des Vermögens und der Vermögensteuer der einzelnen Gesamtschuldner ist vorbehaltlich der Abweichungen in den Nummern 2 und 3 von den Vorschriften des Bewertungsgesetzes und des Vermögensteuergesetzes in der Fassung auszugehen, die der Zusammenveranlagung zugrunde gelegen hat.
2. Wirtschaftsgüter eines Ehegatten, die bei der Zusammenveranlagung als land- und forstwirtschaftliches Vermögen oder als Betriebsvermögen dem anderen Ehegatten zugerechnet worden sind, werden als eigenes land- und forstwirtschaftliches Vermögen oder als eigenes Betriebsvermögen behandelt.
3. Schulden, die nicht mit bestimmten, einem Gesamtschuldner zugerechneten Wirtschaftsgütern in wirtschaftlichem Zusammenhang stehen, werden bei den einzelnen Gesamtschuldnern nach gleichen Teilen abgesetzt, soweit sich ein bestimmter Schuldner nicht feststellen läßt.

1. Inhalt. Die Vorschrift entspricht § 5 Nrn 1 bis 3 AuftVO. § 5 Nr 4 AuftVO ist nicht übernommen worden, weil die dortige Anknüpfung an das zivilrechtliche Eigentum zu Ungerechtigkeiten führen kann und daher besser auf das wirtschaftl Eigentum abzustellen ist (s Begr zu § 255 des AO-Entwurfs von 1971 – BTDr VI/1982). Bei der Vermögensteuer ist die **Zusammenveranlagung zwingend,** und zwar nicht nur nach § 14 I Nr 1 VStG für Ehegatten, sondern nach § 14 I Nr 2, II auch für Eltern und Kinder im Rahmen der Haushaltsbesteuerung. In all diesen Fällen kommt eine Aufteilung in Betracht. Wie bei der Einkommensteuer ist dann eine fiktive getrennte Veranlagung durchzuführen, wobei sich das Nähere aus Nr 1 bis 3 ergibt. Der Aufteilungsschlüssel ist nach § 270 der gleiche wie bei der ESt.

2. Nr 1. Die Nr 1 verweist für die Berechnung des Vermögens und der Vermögensteuer der einzelnen Gesamtschuldner auf die Vorschr des BewG und des VStG, die allerdings in den Fällen des § 14 VStG keine getrennte Veranlagung kennen. Vermögenswerte und Schulden sind also bei dem Gesamtschuldner anzusetzen, dem sie nach dem BewG und VStG steuerl zuzurechnen wären, wenn keine Zusammenveranlagung vorgeschrieben wäre. Die Klarstellung, daß dabei von der zur Zeit der Zusammenveranlagung geltenden Rechtslage auszugehen ist, entspr § 270 S 2.

3. Nr 2. Die Nr 2 enthält eine Ausnahme von den Vorschriften des BewG. Nach § 26 BewG werden die dem einen Ehegatten gehörenden Wirtschaftsgüter unter bestimmten Voraussetzungen dem land- und forstwirtschaftl Vermögen oder dem Betriebsvermögen des anderen Ehegatten zugeordnet, obwohl diese Wirtschaftsgüter für sich betrachtet zum sonstigen Vermögen iSv § 110 BewG gehören würden. Im Aufteilungsverfahren wird dieses Vermögen dagegen dem Ehegatten zugerechnet, dem es gehört (vgl *HHSp* RNr 4, 5; *TK* RNr 3).

4. Nr 3. Die Nr 3 schreibt für die Zuordnung der Schulden drei Schritte vor. Zunächst muß das FA prüfen, welcher der Zusammenveranlagten

§ 272

Schuldner ist, was bei der Zusammenveranlagung nicht erforderl war. Läßt sich das nicht feststellen, muß geprüft werden, ob die Schuld mit einem Wirtschaftsgut in wirtschaftlichem Zusammenhang steht, das bei der fiktiven getrennten Veranlagung einem der Veranlagten zugerechnet worden ist. Erst wenn auch eine solche Zuordnung nicht möglich ist, kann die Schuld nach gleichen Teilen abgesetzt werden.

§ 272 Aufteilungsmaßstab für Vorauszahlungen

(1) [1]Die rückständigen Vorauszahlungen sind im Verhältnis der Beträge aufzuteilen, die sich bei einer getrennten Festsetzung der Vorauszahlungen ergeben würden. [2]Ein Antrag auf Aufteilung von Vorauszahlungen gilt zugleich als Antrag auf Aufteilung der weiteren im gleichen Veranlagungszeitraum fällig werdenden Vorauszahlungen und einer etwaigen Abschlußzahlung. [3]Nach Durchführung der Veranlagung ist eine abschließende Aufteilung vorzunehmen. [4]Aufzuteilen ist die gesamte Steuer abzüglich der Beträge, die nicht in die Aufteilung der Vorauszahlungen einbezogen worden sind. [5]Dabei sind jedem Gesamtschuldner die von ihm auf die aufgeteilten Vorauszahlungen entrichteten Beträge anzurechnen. [6]Ergibt sich eine Überzahlung gegenüber dem Aufteilungsbetrag, so ist der überzahlte Betrag zu erstatten.

(2) Werden die Vorauszahlungen erst nach der Veranlagung aufgeteilt, so wird der für die veranlagte Steuer geltende Aufteilungsmaßstab angewendet.

Die Vorschrift entspricht wörtlich § 6 AuftVO. Nach ihr sind die rückständigen Vorauszahlungen nach dem gleichen Prinzip aufzuteilen wie nach § 270 die zusammenveranlagte ESt und VSt. Es ist eine **fiktive getrennte Festsetzung** der Vorauszahlung vorzunehmen. Die rückständigen Vorauszahlungen sind dann nach dem Verhältnis der sich bei dieser fiktiven Festsetzung ergebenden Beträge aufzuteilen. Es werden immer nur die im Zeitpunkt der Antragstellung rückständigen und nicht auch bereits geleistete Vorauszahlungen aufgeteilt. Bei Antragstellung nach Einleitung der Vollstreckung gilt § 276 II.

Der nach § 268 erforderliche Antrag zwingt nach Abs 1 S 2 dazu, nicht nur die rückständigen Vorauszahlungen, sondern alle weiteren im Veranlagungszeitraum fällig werdenden Vorauszahlungen und auch eine etwaige Abschlußzahlung aufzuteilen. Aus Vereinfachungsgründen können als Vorauszahlungen im Sinne der Vorschrift auch die noch nicht fälligen Vierteljahresbeträge nach § 20 VStG behandelt werden (*TK* RNr 1; *HHSp* RNr 7; *Koch* RNr 2). Die Aufteilung der Abschlußzahlung erfolgt in dem nach S 3 vorgeschriebenen abschließenden Aufteilung. In diese abschließende Aufteilung ist die bereits erfolgte **Aufteilung der Vorauszahlungen unverändert zu übernehmen.** Das ist wichtig wegen etwa angefallener Säumniszuschläge, an denen sich also durch die abschließende Aufteilung nichts ändert. Die Aufteilung der Abschlußzahlung ergibt sich aus der Differenz zwischen den Beträgen, die in der abschließenden Aufteilung der gesamten Steuer abzgl der bei Antragstellung bereits geleisteten Vorauszahlungen gem § 270 auf die einzelnen

2. Abschnitt. Vollstreckung wegen Geldforderungen §§ 273, 274

Zusammenveranlagten entfallen, und den Beträgen, die sich bei der Aufteilung der Vorauszahlungen für die einzelnen Zusammenveranlagten ergeben haben.

Die Vorauszahlungen werden nach Abs II nur dann in dem gleichen Verhältnis aufgeteilt wie die veranlagte gesamte Steuer, wenn die Aufteilung der Vorauszahlungen erst nach der Veranlagung erfolgt.

§ 273 Aufteilungsmaßstab für Steuernachforderungen

(1) Werden Steuern auf Grund einer Änderung einer Steuerfestsetzung nachgefordert, so ist die aus der Nachforderung herrührende rückständige Steuer im Verhältnis der Mehrbeträge aufzuteilen, die sich bei einem Vergleich der berichtigten getrennten Veranlagungen mit den früheren getrennten Veranlagungen ergeben.

(2) Der in Absatz 1 genannte Aufteilungsmaßstab ist nicht anzuwenden, wenn die bisher festgesetzte Steuer noch nicht getilgt ist.

Die Vorschrift entspricht § 7 AuftVO. Sie fordert **zwei fiktive Berechnungen.** Einmal ist die berichtigte Zusammenveranlagung fiktiv getrennt durchzuführen. Zum anderen ist die frühere Veranlagung ohne die Berichtigung fiktiv getrennt vorzunehmen, falls das noch nicht geschehen ist. Die Aufteilung der Steuernachforderung ergibt sich aus dem Verhältnis der Differenzen der bei diesen beiden fiktiven Veranlagungen auf die einzelnen Zusammenveranlagten entfallenden Beträge.

Das gilt nach Abs II aber nur, wenn die in der früheren Veranlagung festgesetzte Steuer schon vollständig getilgt ist. Sonst muß ein Änderungsbescheid nach § 280 I Nr 2 ergehen. Ein solcher Änderungsbescheid muß auch ergehen, wenn wegen der ursprünglich festgesetzten Steuer bereits ein Aufteilungsbescheid ergangen ist (*HHSp* RNr 2; *TK* RNr 2; *KKH* Anm 1). Diese Fälle betrifft § 273 nämlich nicht (*TK* RNr 1). Dieser Änderungsbescheid muß die Nachforderung und den gesamten der ursprüngl Aufteilung zugrunde liegenden Steuerbetrag erfassen (s § 280 A 3).

§ 274 Besonderer Aufteilungsmaßstab

¹Abweichend von den §§ 270 bis 273 kann die rückständige Steuer nach einem von den Gesamtschuldnern gemeinschaftlich vorgeschlagenen Maßstab aufgeteilt werden, wenn die Tilgung sichergestellt ist. ²Der gemeinschaftliche Vorschlag ist schriftlich einzureichen oder zur Niederschrift zu erklären; er ist von allen Gesamtschuldnern zu unterschreiben.

Die Vorschrift entspricht § 8 AuftVO. Sie läßt einen anderen als den in den §§ 270 bis 273 vorgeschriebenen Aufteilungsmaßstab zu, wenn sich die Zusammenveranlagten auf einen solchen Maßstab einigen. Die Zusammenveranlagten haben aber **keinen Rechtsanspruch** auf Annahme des gemeinschaftlich vorgeschlagenen Aufteilungsmaßstabes durch das FA. Die Annahme steht vielmehr im Ermessen des FA. Das FA darf den Vorschlag nur dann annehmen, wenn sichergestellt ist, daß die nach der Aufteilung auf den einzelnen Zusammenveranlagten entfallenden Beträge rechtzeitig gezahlt werden. Andernfalls könnten die Zusammenveranlagten einen solchen Auf-

§§ 275, 276   6. Teil. Vollstreckung

teilungsmaßstab wählen, der zur geringsten Vollstreckungsbeschränkung bei dem Gesamtschuldner führt, der keine oder nur geringwertige vollstreckbare Gegenstände besitzt (vgl *HHSp* RNr 3). Macht das FA aber von § 274 Gebrauch, ist es an den vorgeschlagenen Schlüssel gebunden (*HHSp* RNr 4; *TK* RNr 2; *Koch* RNr 4). Die Sicherstellung der Zahlung kann auch durch Sicherheitsleistung erfolgen.

§ 275 Abrundung

¹Der aufzuteilende Betrag ist auf volle Deutsche Mark nach unten abzurunden. ²Die errechneten aufgeteilten Beträge sind so auf den nächsten durch zehn Deutsche Pfennige teilbaren Betrag auf- oder abzurunden, daß ihre Summe mit dem der Aufteilung zugrunde liegenden Betrag übereinstimmt.

Die Vorschrift entspricht § 9 AuftVO und enthält für die Aufteilung eine besondere Abrundungsregelung. Sie schreibt für den **aufzuteilenden Betrag Abrundung** auf volle DM und für die **aufgeteilten Beträge Auf- oder Abrundung** vor, wobei die auf- oder abgerundeten Beträge zusammen genau den (abgerundeten) aufzuteilenden Betrag ergeben müssen.

§ 276 Rückständige Steuer, Einleitung der Vollstreckung

(1) Wird der Antrag vor Einleitung der Vollstreckung bei der Finanzbehörde gestellt, so ist die im Zeitpunkt des Eingangs des Aufteilungsantrages geschuldete Steuer aufzuteilen.

(2) Wird der Antrag nach Einleitung der Vollstreckung gestellt, so ist die im Zeitpunkt der Einleitung der Vollstreckung geschuldete Steuer, derentwegen vollstreckt wird, aufzuteilen.

(3) Steuerabzugsbeträge und getrennt festgesetze Vorauszahlungen sind in die Aufteilung auch dann einzubeziehen, wenn sie vor der Stellung des Antrages entrichtet worden sind.

(4) Zur rückständigen Steuer gehören auch Säumniszuschläge, Zinsen und Verspätungszuschläge.

(5) Die Vollstreckung gilt mit der Ausfertigung der Rückstandsanzeige als eingeleitet.

(6) ¹Zahlungen, die in den Fällen des Absatzes 1 nach Antragstellung, in den Fällen des Absatzes 2 nach Einleitung der Vollstreckung von einem Gesamtschuldner geleistet worden sind oder die nach Absatz 3 in die Aufteilung einzubeziehen sind, werden dem Schuldner angerechnet, der sie geleistet hat oder für den sie geleistet worden sind. ²Ergibt sich dabei eine Überzahlung gegenüber dem Aufteilungsbetrag, so ist der überzahlte Betrag zu erstatten.

1. Inhalt. Die Vorschrift entspricht bis auf Abs III und der wegen Abs III notwendigen Ergänzung des Abs VI dem § 11 AuftVO. Sie regelt den maßgebenden Zeitpunkt für die **Bestimmung der Höhe** des **aufzuteilenden Betrages** (Abs. I, II und V) und legt fest, **welche Beträge** dabei **einzubeziehen** sind (Abs. III und IV) und welche Zahlungen auf die **aufgeteilten Beträge anzurechnen** sind.

2. Abschnitt. Vollstreckung wegen Geldforderungen § 276

2. Maßgebender Zeitpunkt. Nach § 269 II S 1 kann der Aufteilungsantrag bereits nach Bekanntgabe des Leistungsangebots gestellt werden, also vor Einleitung der Vollstr. Wird der Antrag so frühzeitig gestellt, ist der aufzuteilende Betrag die rückständige Steuer im Zeitpunkt des **Eingangs des Antrags** beim FA. Bei Antragstellung, das ist nach Abs I Eingang des Antrags, erst nach **Einleitung der Vollstreckung,** ist maßgebender Zeitpunkt die Einleitung der Vollstr. Dabei wird die Einleitung der Vollstr nach Abs V fiktiv auf die Ausfertigung der Rückstandsanzeige vorverlegt, obwohl es sich materiell noch nicht um die Einleitung der Vollstr handelt (*HHSp* RNr 10).

Alle in diesen Zeitpunkten **geschuldete Steuer** ist aufzuteilen. **Fälligkeit** ist **nicht erforderlich.** Es gehören daher auch gestundete Beträge oder Forderungen, deren Vollziehung ausgesetzt ist, dazu (*Koch* DStZ A 63, 359; *HHSp* RN 5. *TK* RNr 2).

3. Einzubeziehende Beträge. Die Vorschrift des Abs III über die Einbeziehung von vor den maßgebenden Zeitpunkten geleisteten Zahlungen ist neu. Früher kamen diese Zahlungen auch den anderen Gesamtschuldnern zugute, weil insoweit die Steuer nicht rückständig war und nur der rückständige Betrag aufgeteilt wurde. Nunmehr wird die rückständige Steuer um diese Beträge erhöht. Die Bestimmung gilt aber nur für **Steuerabzugsbeträge** (LSt, KapErtrSt) und für **getrennt festgesetzte Vorauszahlungen.** Bei zusammen festgesetzten Vorauszahlungen gilt § 272. Hier sind die vor der Antragstellung geleisteten Vorauszahlungen auf keinen Fall mehr in die Aufteilung einzubeziehen, auch nicht bei der abschließenden Aufteilung. Abs III des § 276 hat also hinsichtlich der Vorauszahlungen nur Bedeutung, wenn diese getrennt festgesetzt waren und die Ehegatten erst später in der Steuererklärung die Zusammenveranlagung wählen. Getrennt festgesetzte Vorauszahlungen sind demnach nur die Vorauszahlungen, die aufgrund einer StBerechnung festgesetzt wurden, die den Regelungen der getrennten Veranlagung zur ESt oder einer Alleinveranlagung zur VSt entsprach. Die Voraussetzungen liegen dagegen nicht bereits dann vor, wenn die Vorauszahlungen mit einem nur an einen der Gesamtschuldner gerichteten Bescheid oder wenn sie wegen der Einkünfte nur einer der Gesamtschuldner festgesetzt worden sind (Hess FG EFG 85, 592).

Die Vorschrift des Abs IV über die Einbeziehung von Säumniszuschlägen, Zinsen und Verspätungszuschlägen stellt nunmehr eindeutig eine Rechtslage klar, die früher str war (vgl. *HHSp* RNr 8). Sie zeigt, daß der Gesetzgeber auch schon vor der Einfügung des § 155 III 2 durch das StBereinigG 1986 von der Möglichkeit ausgegangen ist, Nebenleistungen, also auch Verspätungszuschlägen, gegenüber Gesamtschuldnern in einem Betrag festzusetzen (BFH/NV 88, 279; vgl auch näher § 155 Anm 5).

4. Anzurechnende Beträge. Die Anrechnung der nach Antragstellung oder nach Einleitung der Vollstr geleisteten Zahlungen und der nach Abs III einzubeziehenden Zahlungen auf die aufgeteilten Beträge bewirkt, daß diese Zahlungen nicht mehr den anderen Gesamtschuldnern zugute kommen. Bei demjenigen, der geleistet hat, wird der nach der Aufteilung auf ihn entfallende Steueranteil gekürzt. Die Zahlungen brauchen nicht freiwillig geleistet zu sein (*TK* RNr 7). Auch beigetriebene Beträge oder durch Aufrechnung getilgte Forderungen werden angerechnet (*HHSp* RNr 12).

Durch die Anrechnung entfällt rückwirkend die Rechtsfolge des § 44 II 1 (*HHSp* RNr 11; *TK* RNr 7).

§ 277 Vollstreckung

Solange nicht über den Antrag auf Beschränkung der Vollstreckung unanfechtbar entschieden ist, dürfen Vollstreckungsmaßnahmen nur soweit durchgeführt werden, als dies zur Sicherung des Anspruchs erforderlich ist.

Die Vorschrift entspricht inhaltlich § 12 AuftVO. Sie schreibt die **vorläufige Beschränkung** der Vollstr bis zur unanfechtbaren Entsch über den Aufteilungsantrag vor. Es sind nur noch die **zur Sicherung** des Anspruchs erforderlichen Vollstreckungsmaßnahmen zulässig. Bewegliche Sachen dürfen daher zB noch gepfändet, aber nicht mehr verwertet werden. Überhaupt sind alle nicht mehr rückgängig zu machenden Vollstreckungsmaßnahmen zu unterlassen. Bereits ergriffene Vollstreckungsmaßnahmen, die zur bloßen Sicherung des Anspruchs nicht erforderlich sind, müssen aufgehoben werden (*HHSp* RNr 3). Zu den zulässigen Sicherungsmaßnahmen gehört das Arrestverfahren nach §§ 324 ff.

Die Sicherungsmaßnahmen können sich aber immer noch bei einem einzelnen Schuldner auf den **gesamten Steueranspruch** beziehen. Erst die Aufteilung bewirkt die Veränderung der Gesamtschuld zu einer Teilschuld (s § 268 A 3). Bis dahin bleiben die Zusammenveranlagten vorläufig Gesamtschuldner. Der Aufteilungsantrag führt nicht dazu, daß die Fälligkeit der Forderung hinausgeschoben wird. Jeder Gesamtschuldner bleibt weiterhin verpflichtet, seine Steuerschulden termingerecht zu zahlen (*Koch* RNr 2). Es fallen daher auch Säumniszuschläge an.

§ 278 Beschränkung der Vollstreckung

(1) Nach der Aufteilung darf die Vollstreckung nur nach Maßgabe der auf die einzelnen Schuldner entfallenden Beträge durchgeführt werden.

(2) ¹Werden einem Steuerschuldner von einer mit ihm zusammen veranlagten Person in oder nach dem Veranlagungszeitraum, für den noch Steuerrückstände bestehen, unentgeltlich Vermögensgegenstände zugewendet, so kann der Empfänger über den sich nach Absatz 1 ergebenden Betrag hinaus bis zur Höhe des gemeinen Werts dieser Zuwendung für die Steuer in Anspruch genommen werden. ²Dies gilt nicht für gebräuchliche Gelegenheitsgeschenke.

1. Inhalt. Abs I entspricht § 14 AuftVO. Die Vorschrift ist im Zusammenhang mit § 277 zu sehen. § 277 beschränkt nicht die Höhe der zu vollstreckenden Steuerforderung gegen die einzelnen Zusammenveranlagten, läßt dafür aber nur vorläufige Sicherungsmaßnahmen zu. Dagegen ist nach § 278 die **Vollstr nur noch in beschränkter Höhe**, andererseits jedoch mit endgültigen, nicht mehr rückgängig zu machenden Vollstreckungsmaßnahmen zulässig. Während § 277 bis zum Zeitpunkt der Unanfechtbarkeit des Aufteilungsbescheides Anwendung findet, gilt § 278 danach.

Abs II entspricht § 6 IV StAnpG. Er soll Umgehungen durch unentgeltliche Übertragung von Vermögensgegenständen auf den anderen Gesamtschuldner entgegenwirken, auf den bei der Aufteilung ein geringerer StBetrag entfallen ist, (vgl BFH BStBl 84, 287). S 2 des Abs II, der gebräuchliche Gelegenheitsgeschenke nicht zu mißbräuchlichen Vermögensübertragungen zählt, stellt nur ausdrücklich etwas klar, was auch früher schon ohne ausdrückliche Regelung angenommen wurde (s *Koch* DStZ A 58, 259).

2. Wirkung der Beschränkung. Nach Unanfechtbarkeit des Aufteilungsbescheides können die vorläufigen Sicherungsmaßnahmen in eine endgültige Vollstr übergeleitet werden. Selbstverständlich können auch neue VollstrMaßnahmen gegen die Zusammenveranlagten ergriffen werden. Sie müssen insgesamt gegen den einzelnen Schuldner aber immer auf die Höhe des auf ihn aufgeteilten Betrages begrenzt bleiben. **Soweit Sicherungsmaßnahmen** im Rahmen des § 277 über diese Begrenzung **hinausgegangen sind,** müssen sie **aufgehoben** werden.

Ein neues Leistungsgebot aufgrund des Aufteilungsbescheides ist nicht erforderlich. Die Vollstreckbarkeit ergibt sich bereits aus dem ursprüngl Leistungsgebot über die Gesamtschuld (*HHSp* RNr 2, 3; *TK* RNr 1).

3. Mißbräuchliche Vermögensübertragungen. Werden Vermögensübertragungen iS von Abs II vorgenommen, erhöhen sich im Verhältnis zur VollstrBehörde die auf den Empfänger entfallenden Aufteilungsbeträge um den gemeinen Wert der Zuwendungen (zum gemeinen Wert der Zuwendung eines grundschuldbelasteten Grundstücks vgl. BFH BStBl 84, 287). Die **Vollstreckungsbeschränkung vermindert** sich entsprechend. Dadurch wird der in dem Aufteilungsbescheid festgelegte Aufteilungsschlüssel aber nicht berührt, was wegen der Anrechnung von Zahlungen wichtig ist. Die VollstrBehörde hat lediglich wie vorher bei der Gesamtschuld erweiterte VollstrMöglichkeiten. Deswegen ist auch **keine Änderung des Aufteilungsbescheides** nach § 280 möglich (*HHSp* RNr 7).

Unter die unentgeltlichen Zuwendungen fallen auch die sogen gemischten Schenkungen, bei denen die Übertragung zwar nicht unentgeltlich, aber weit unter dem gemeinen Wert erfolgt ist (*TK* RNr 2). Die unentgeltliche Übertragung muß nach dem Veranlagungszeitraum des § 25 EStG bzw § 12 VStG geschehen sein.

Die Minderung der Vollstreckungsbeschränkung wirkt kraft Gesetzes. Ein **besonderer Bescheid** darüber ist also nicht erforderl (*Koch* DStZ A 58, 259; BFH BStBl 84, 287; *TK* RNr 2, *HHSp* RNr 7, wo aber ein solcher Bescheid für zweckmäßig gehalten wird). Der Schuldner kann gegen VollstrMaßnahmen über den im Aufteilungsbescheid festgesetzten Aufteilungsbetrag hinaus unmittelbar mit der Beschwerde vorgehen (*TK* RNr 2).

§ 279 Form und Inhalt des Aufteilungsbescheides

(1) ¹Über den Antrag auf Beschränkung der Vollstreckung ist nach Einleitung der Vollstreckung durch schriftlichen Bescheid (Aufteilungsbescheid) gegenüber den Beteiligten einheitlich zu entscheiden. ²Eine Entscheidung ist jedoch nicht erforderlich, wenn keine Vollstreckungsmaßnahmen ergriffen oder bereits ergriffene Vollstreckungsmaßnahmen wieder aufgehoben werden.

§ 280

(2) ¹Der Aufteilungsbescheid hat die Höhe der auf jeden Gesamtschuldner entfallenden anteiligen Steuer zu enthalten; ihm ist eine Belehrung beizufügen, welcher Rechtsbehelf zulässig ist und binnen welcher Frist und bei welcher Behörde er einzulegen ist. ²Er soll ferner enthalten:
1. die Höhe der aufzuteilenden Steuer,
2. den für die Berechnung der rückständigen Steuer maßgebenden Zeitpunkt,
3. die Höhe der Besteuerungsgrundlagen, die den einzelnen Gesamtschuldnern zugerechnet worden sind, wenn von den Angaben der Gesamtschuldner abgewichen ist,
4. die Höhe der bei getrennter Veranlagung (§ 270) auf den einzelnen Gesamtschuldner entfallenden Steuer,
5. die Beträge, die auf die aufgeteilte Steuer des Gesamtschuldners anzurechnen sind.

Die Vorschrift entspricht im wesentlichen § 13 AuftVO. Der Aufteilungsbescheid nach Abs I S 1 hat nur **deklaratorischen Charakter** (ähnlich wie ein Steuerbescheid), da jeder von dem Zusammenveranlagten einen Rechtsanspr auf die Aufteilung hat (*HHSp* RNr 2, 3; *TK* RNr 1). Es handelt sich um eine deklaratorische rückwirkende Feststellung über die Höhe des auf den einzelnen Gesamtschuldner entfallenden Steueranteils.

Um zu vermeiden, daß über vorsorgl gestellte Anträge auf Aufteilung der StSchuld entschieden wird, ohne daß es zu einer VollstrMaßnahme kommt, bestimmt S 2, daß eine Entscheidung über den Antrag nicht erforderl ist, wenn keine VollstrMaßnahmen ergriffen oder ergriffene VollstrMaßnahmen wieder aufgehoben werden.

Bei dem nach Abs II vorgeschriebenen Inhalt des Aufteilungsbescheids geht es im wesentlichen um die in den §§ 270 ff geregelten Berechnungsgrundlagen für die Aufteilung. Dadurch wird dem Zusammenveranlagten eine Überprüfung und ggfs die Anfechtung ermöglicht. S 2 des Abs II ist nur eine Sollvorschrift. Abweichend von § 13 III AuftVO wird die Zustellung des Aufteilungsbescheides nicht mehr vorgeschrieben. Er ist nach § 122 bekanntzugeben.

Gegen den Aufteilungsbescheid ist nach § 348 I Nr 8 der **Einspruch** gegeben. Es kann dabei um die Art der Aufteilung und die damit verbundenen VollstrBeschränkungen gehen. Wie sich aus § 270 S 2 ergibt, sind Einwendungen gegen die Steuerfestsetzung selbst unzulässig (*TK* RNr 3).

§ 280 Änderung des Aufteilungsbescheides

(1) Der Aufteilungsbescheid kann außer in den Fällen des § 129 nur geändert werden, wenn
1. nachträglich bekannt wird, daß die Aufteilung auf unrichtigen Angaben beruht und die rückständige Steuer infolge falscher Aufteilung ganz oder teilweise nicht beigetrieben werden konnte,
2. sich die rückständige Steuer durch Änderung der Steuerfestsetzung erhöht oder vermindert.

(2) Nach Beendigung der Vollstreckung ist eine Änderung des Aufteilungsbescheides nicht mehr zulässig.

2. Abschnitt. Vollstreckung wegen Geldforderungen   **§ 280**

1. Inhalt. Die Vorschrift entspricht § 14 AuftVO. Sie ist **lex specialis** zu §§ 130 ff, 172 ff. Änderungen von Aufteilungsbescheiden können daher nur nach § 280 erfolgen, der **abschließend** ist. Die einzige Ausnahme sind Änderungen wegen offenbarer Unrichtigkeit, da die Anwendung des § 129 in § 280 ausdrücklich zugelassen ist.

2. Unrichtige Angaben. Abs 1 ist im Zusammenhang mit § 269 II S 3 zu sehen. Danach hat der Antragsteller im Antrag alle für die Aufteilung erforderl Angaben zu machen. Erweisen sich diese Angaben nach Erlaß des Aufteilungsbescheides als unrichtig, ist eine Änderung des Bescheides möglich, wenn die unrichtigen Angaben zu einer falschen Aufteilung geführt haben und deshalb die rückständige Steuer ganz oder teilweise nicht beigetrieben werden konnte. Dabei ist es **unerheblich**, ob die unrichtigen Angaben auf **Verschulden** des Antragstellers beruhen oder nicht. Eine Änderung des Bescheides muß auch dann möglich sein, wenn der Antragsteller seiner Mitwirkungspflicht nicht nachgekommen und daher das FA bei eigenen Ermittlungen oder Schätzungen zu unrichtigen tatsächlichen Feststellungen gekommen ist (vgl Erl zu § 269). Die Vorschrift ist ferner anwendbar, wenn das FA unrichtige Angaben aus dem Steuerfestsetzungsverfahren übernommen hat. Führt das allerdings zu einer Änderung der Steuerfestsetzung, gilt Abs I Nr 2.

3. Änderung der Steuerfestsetzung. Abs I Nr 2 steht in **Konkurrenz zu § 273.** Diese Bestimmung geht als speziellere Regelung Abs I Nr 2 vor (*HHSp* RNr 8; *TK* R Nr 1). Da der Anwendungsbereich des § 273 erst einsetzt, wenn die ursprünglich festgesetzte Steuer völlig getilgt ist (§ 273 II), kommt Abs I Nr 2 bei Steuernachforderungen nur zur Anwendung, wenn der Nachforderung noch Steuer aus der ursprüngl Festsetzung rückständig ist. Dagegen gilt Abs I Nr 2 immer, wenn die ursprüngl festgesetzte Steuer vermindert wird, da hier keine Konkurrenz zu § 273 besteht.

Bei einer Änderung der Aufteilung nach Abs I Nr 2 ist nicht nur die Steuernachforderung oder -minderung zusammen mit der im Zeitpunkt des Änderungsbescheides noch rückständigen Steuer aus der ursprünglichen Festsetzung neu aufzuteilen. Die Neuaufteilung muß vielmehr rückwirkend bis zu den Zeitpunkten des § 276 I und II die Nachforderung oder Minderung zusammen mit dem **gesamten der ursprünglichen Aufteilung** zugrunde liegenden Betrag erfassen. (*HHSp* RNr 9; *TK* RNr 1). Das ist schon aus Gründen der Anrechnung der zwischenzeitlichen Zahlungen geboten.

4. Beendigung der Vollstreckung. Das Verbot der Änderung der Aufteilung nach Abs II besteht erst, wenn die Vollstr **endgültig nach § 257 eingestellt** worden ist. Die einstweilige Einstellung oder Aufhebung von VollstrMaßnahmen nach § 258 oder die Niederschlagung nach § 261 führen noch nicht zu dem Verbot (*HHSp* RNr 12; *TK* RNr 2). Ggfs kann nach Beendigung der Vollstr noch ein Ergänzungsbescheid erlassen werden.

§ 281   6. Teil. Vollstreckung

3. Unterabschnitt. Vollstreckung in das bewegliche Vermögen

I. Allgemeines

§ 281 Pfändung

(1) Die Vollstreckung in das bewegliche Vermögen erfolgt durch Pfändung.

(2) Die Pfändung darf nicht weiter ausgedehnt werden, als es zur Deckung der beizutreibenden Geldbeträge und der Kosten der Vollstreckung erforderlich ist.

(3) Die Pfändung unterbleibt, wenn die Verwertung der pfändbaren Gegenstände einen Überschuß über die Kosten der Vollstreckung nicht erwarten läßt.

Übersicht
1. Inhalt der Vorschrift
2. Bewegliches Vermögen
3. Pfändung
4. Überpfändung
5. Zwecklose Pfändung

1. Inhalt. Die Vorschrift entspricht § 343 RAO und stimmt wörtl mit § 803 ZPO überein. Abs I bestimmt, daß die Vollstr in das bewegl Vermögen durch Pfändung erfolgt. Abs II verbietet die Überpfändung. Nach Abs III sind zwecklose Pfändungen zu unterlassen.

2. Bewegliches Vermögen. Zum bewegl Vermögen gehören sowohl **Sachen** (körperl Gegenstände) iSv § 90 BGB als auch Forderungen und **andere Vermögensrechte**. Bei den Sachen muß es sich um bewegl Sachen handeln. Bewegliche Sachen iS v § 281 sind alle Sachen, die nicht nach § 322 der Vollstr in das unbewegliche Vermögen unterliegen (s Erl zu § 322).

3. Pfändung. Pfändung ist ein **Verwaltungsakt** (BVerwG NJW 1961, 332; BFH BStBl 87, 251 für die Wegnahme von Sachen oder die Anbringung von Pfandsiegeln) mit privatrechtl Wirkungen (BGH NJW 69, 493). Pfändung bewirkt Beschlagnahme zum Zwecke der Befriedigung des Gläubigers. Allerdings ist die Pfändung beweglicher Gegenstände kein der Vollziehung fähiger Verwaltungsakt. Nach der Pfändung beweglicher Gegenstände ist als vorläufiger Rechtsschutz die einstweilige Anordnung nach § 114 FGO gegeben (FG Saarland EFG 79, 241; vgl auch BFH BStBl 87, 251; FG Münster EFG 86, 302). Zu näheren Einzelheiten der Wirkung der Pfändung, insbes zu Pfandverstrickung und zur Entstehung des Pfändungspfandrechts s Erl zu § 282, zur Ausführung der Pfändung s §§ 285 ff und 309 ff.

4. Überpfändung. Überpfändung liegt dann vor, wenn der Wert der gepfändeten Gegenstände die beizutreibenden Geldforderungen und Kosten der ZwVollstr übersteigen. Das Verbot der Überpfändung gilt sowohl für die beweglichen Sachen als auch für Forderungen und andere Vermögensrechte. Der Wert ist vom Vollziehungsbeamten oder bei Forderungen

2. Abschnitt. Vollstreckung wegen Geldforderungen § 282

und anderen Vermögensrechten von der VollstrBehörde **zu schätzen.** Bei den Sachen rechnet daher der Vollziehungsbeamte den von ihm geschätzten, voraussichtlich erzielbaren Wert der Pfandstücke laufend zusammen und vergleicht diese Summe mit dem beizutreibenden Betrag, um Überpfändungen zu vermeiden (Abschn 41 Abs 1 VollzA). Bei Forderungen kann der tatsächliche Wert niedriger sein als der Nennwert (*TK* RNr 5; s auch die Erl unten zu § 309 A 8). Entscheidend ist eine wirtschaftliche Betrachtungsweise (BGH DB 82, 2684). Eine Überpfändung ist nur dann gegeben, wenn die bereits vorher getroffenen Vollstreckungsmaßnahmen mit einiger Sicherheit ausreichen. Das ist zB dann nicht anzunehmen, wenn die VollstrBehörde bisher nur eine zukünftige Forderung gepfändet hat, die mit dem erkennbaren Risiko der Nichtentstehung oder eines vorzeitigen Wegfalls belastet ist (BGH aaO). Bei dem Verbot der Überpfändung handelt es sich im übrigen um eine Sollvorschr (BFH BStBl 73, 513). Das **Verbot** gilt daher nicht **uneingeschränkt,** zB dann nicht, wenn nur solche pfändbare Sachen vorhanden sind, deren einzelner Wert die Höhe der beizutreibenden Forderung übersteigt, oder wenn wegen Einwendungen gegen die Pfändung zweifelhaft ist, welche Pfandstücke zur Deckung der beizutreibenden Forderung verwendbar sind (*TK* RNr 5).

Unzulässige Überpfändung macht die Pfändung **nicht nichtig,** sondern ledigl anfechtbar mit der Beschwerde nach § 349. Im Rahmen des Anfechtungsverfahrens ist die vom VollzBeamten vorgenommene Schätzung des Werts voll nachprüfbar (*TK* RNr 5). Anfechtung kann zur Aufhebung der Pfändungsverfügung führen, soweit eine Überpfändung vorliegt. Ist die gepfändete Forderung schon beigetrieben, steht dem StSchuldner ein Anspr auf Rückzahlung der durch die Überpfändung dem Gläubiger zugeflossenen Beträge zu. Zweifelhaft ist, ob gegen derartige Rückzahlungsanspr aufgerechnet werden kann. § 393 BGB bestimmt, daß gegen eine Forderung aus einer vorsätzl begangenen unerlaubten Handlung die Aufrechnung nicht zulässig ist. Ob eine Überpfändung eine Amtspflichtverletzung und damit eine unerlaubte Handlung darstellt, hat der BFH offengelassen (BFH BStBl 73, 513). Jedenfalls gehört zu einer unerlaubten Handlung eine schuldhafte Überpfändung (§ 839 BGB, Art 34 GG). Daran wird es in den meisten Fällen fehlen, da sich der Wert einer Sache oder eines Rechtes häufig nur schwer genau schätzen läßt.

5. Zwecklose Pfändung. Abs III verbietet die Pfändung, wenn nach Schätzung der VollstrBehörde oder des VollzBeamten ein **Überschuß über die Kosten der Vollstreckung** bei Verwertung der Pfandsachen nicht zu erwarten ist. Ein zu erwartender geringer Überschuß reicht für die Pfändung aus (*HHSp* RNr 17; *Baumbach-Lauterbach,* ZPO, § 803 A 5; aA *TK* RNr 7).

§ 282 Wirkung der Pfändung

(1) Durch die Pfändung erwirbt die Körperschaft, der die Vollstreckungsbehörde angehört, ein Pfandrecht an dem gepfändeten Gegenstand.

(2) Das Pfandrecht gewährt ihr im Verhältnis zu anderen Gläubigern dieselben Rechte wie ein Pfandrecht im Sinne des Bürgerlichen Gesetz-

§ 282

buches; es geht Pfand- und Vorzugsrechten vor, die im Konkurs diesem Pfandrecht nicht gleichgestellt sind.

(3) **Das durch eine frühere Pfändung begründete Pfandrecht geht demjenigen vor, das durch eine spätere Pfändung begründet wird.**

Übersicht

1. Inhalt der Vorschrift
2. Pfandverstrickung
3. Pfändungspfandrecht
4. Rang des Pfandrechts
5. § 48 KO (Rechtsgeschäftliches Pfandrecht)
6. § 49 KO (Sonstige Absonderungsberechtigte)

1. Inhalt. Die Vorschrift entspricht § 344 RAO und ähnelt § 804 ZPO. Das PfändungspfandR erwirbt jedoch nach § 252 die Körperschaft, der die VollstrBehörde angehört.

2. Pfandverstrickung. Die Pfandverstrickung ist die rechtl Gebundenheit des gepfändeten Gegenstandes, kraft der die Verfügungsmacht auf den Staat übergeht und dem VollstrSchuldner entzogen wird, soweit es die Durchführung der ZwVollstr erfordert (so *TK* RNr 1 und *Rosenberg*, ZPR, § 190 II 2a). Es entsteht ein Verfügungsverbot iSv §§ 135, 136 BGB. Voraussetzung der Pfandverstrickung ist die ordnungsgemäße Pfändung.

Die Verstrickung endet mit Beendigung der Verwertung, mit Rückgabe der Pfandsache sowie mit Aufhebung der ZwVollstr. Auch der gutgläubige Erwerb der gepfändeten Sache beendet die Verstrickung (§ 936 BGB, s *Thomas-Putzo*, ZPO, § 804 A 2).

3. Pfändungspfandrecht. Das Pfändungspfandrecht **entsteht allein durch die Pfandverstrickung.** Es ist also im Gegensatz zum bürgerl rechtl Pfandrecht nicht akzessorisch, sondern entsteht und besteht unabhängig von Bestand der vollstreckbaren Forderung (hM s *TK* RNr 5; *Thomas-Putzo*, ZPO, § 804 A 2, 3; aA zB *Lent-Jauering*, Zwangsvollstreckungs- und Konkursrecht, 19. Aufl, § 16 III c). Das Pfändungspfandrecht entsteht auch dann, wenn die gepfändete Sache nicht dem VollstrSchuldner gehört.

Dritten gegenüber gewährt das Pfändungsrecht die gleichen Rechte, wie sie nach den Vorschriften des BGB für durch Rechtsgeschäft bestellte Pfandrechte bestehen (an Sachen nach §§ 1204 ff BGB, an Rechten §§ 1272 ff BGB).

4. Rang des Pfandrechts. Für den Rang mehrerer Pfändungspfandrechte untereinander gilt nach Abs III das **Prioritätsprinzip.** Das frühere Recht geht späteren Rechten vor. Gleichzeitige Pfandrechte haben gleichen Rang. Dieses Prioritätsprinzip gilt aber nicht nur im Verhältnis zu anderen Pfändungspfandrechten, sondern auch gegenüber durch Rechtsgeschäft bestellten Pfandrechten und allen Pfand- und Vorzugsrechten, die im Konkurs diesen Pfandrechten gleichgestellt sind. Den übrigen Pfand- und Vorzugsrechten geht das Pfändungspfandrecht nach Abs II vor.

5. § 48 KO [Rechtsgeschäftliches Pfandrecht]

Gläubiger, welche an einem zur Konkursmasse gehörenden Gegenstand ein durch Rechtsgeschäft bestelltes Pfandrecht haben, können aus den ihnen verpfändeten Ge-

2. Abschnitt. Vollstreckung wegen Geldforderungen §§ 283, 284

genständen abgesonderte Befriedigung wegen ihrer Pfandforderung verlangen, zunächst wegen der Kosten, dann wegen der Zinsen, zuletzt wegen des Kapitals.

6. § 49 KO [Sonstige Absonderungsberechtigte]

(1) Den im § 48 bezeichneten Pfandgläubigern stehen gleich:
1. die *Reichskasse,* die Staatskassen und die Gemeinden sowie die Amts-, Kreis- und Provinzialverbände wegen öffentlicher Abgaben, in Ansehung der zurückgehaltenen oder in Beschlag genommenen zoll- und steuerpflichtigen Sachen;
2. diejenigen, welche an gewissen Gegenständen ein gesetzliches oder ein durch Pfändung erlangtes Pfandrecht haben; das dem Vermieter und dem Verpächter nach den §§ 559, 581, 585 des Bürgerlichen Gesetzbuchs zustehende Pfandrecht kann in Ansehung des Miet- oder Pachtzinses für eine frühere Zeit als das letzte Jahr vor der Eröffnung des Verfahrens, sowie in Ansehung des dem Vermieter oder dem Verpächter infolge der Kündigung des Verwalters entstehenden Entschädigungsanspruchs nicht geltend gemacht werden; das Pfandrecht des Verpächters eines landwirtschaftlichen Grundstück unterliegt in Ansehung des Pachtzinses der Beschränkung nicht;
3. diejenigen, welche etwas zum Nutzen einer Sache verwendet haben, wegen des den noch vorhandenen Vorteils nicht übersteigenden Betrags ihrer Forderung aus der Verwendung, in Ansehung der zurückbehaltenen Sache;
4. diejenigen, welchen nach dem Handelsgesetzbuche in Ansehung gewisser Gegenstände ein Zurückbehaltungsrecht zusteht.

(2) Die im Absatz 1 Nr 1 bezeichneten Rechte gehen den im Absatz 1 Nr 2 bis 4 und den im § 48 bezeichneten Rechten vor; dies gilt nicht gegenüber den Pfandrechten der Schiffsgläubiger (§ 754 des Handelsgesetzbuchs).

§ 283 Ausschluß von Gewährleistungsansprüchen

Wird ein Gegenstand auf Grund der Pfändung veräußert, so steht dem Erwerber wegen eines Mangels im Recht oder wegen eines Mangels der veräußerten Sache ein Anspruch auf Gewährleistung nicht zu.

Schrifttum: *Dorner* Der Gewährleistungsausschluß nach § 283 der Abgabenordnung dargestellt anhand der Problematik bei Sachmängeln, BB 1982, 2065.

1. Inhalt. Die Vorschrift entspricht in ihrem Wortlaut § 806 ZPO; die Abweichungen gegenüber § 347 RAO sind nur redaktioneller Art.

2. Anwendungsbereich. Die Vorschrift ist anwendbar bei Veräußerung, das ist jede Verwertung von Sachen und Rechten. Es kann sich somit um die öffentl Versteigerung gem § 296, den freihändigen Verkauf nach § 302 oder die Verwertung gem §§ 305, 317 handeln. Stets muß eine Pfändung zugrunde liegen.

Sach- und RMängel sind die in den §§ 440 I und 559 BGB aufgeführten Mängel, also auch das Fehlen zugesicherter Eigenschaften.

3. Amtspflichtverletzung. Die auf einer Amtspflichtverletzung beruhenden Ansprüche werden durch die Vorschrift nicht berührt.

§ 284 Eidesstattliche Versicherung

(1) ¹Hat die Vollstreckung in das bewegliche Vermögen des Vollstreckungsschuldners zu einer vollständigen Befriedigung nicht geführt oder ist anzunehmen, daß eine vollständige Befriedigung nicht zu erlan-

§ 284

gen sein wird, so hat der Vollstreckungsschuldner der Vollstreckungsbehörde auf Verlangen ein Verzeichnis seines Vermögens vorzulegen und für seine Forderungen den Grund und die Beweismittel zu bezeichnen.
²Aus dem Vermögensverzeichnis müssen auch ersichtlich sein:
1. die im letzten Jahre vor dem ersten zur Abgabe der eidesstattlichen Versicherung anberaumten Termin vorgenommenen entgeltlichen Veräußerungen des Vollstreckungsschuldners an seinen Ehegatten, vor oder während der Ehe, an seine oder seines Ehegatten Verwandte in auf- oder absteigender Linie, an seine oder seines Ehegatten voll- und halbbürtigen Geschwister oder an den Ehegatten einer dieser Personen,
2. die im letzten Jahre vor dem ersten zur Abgabe der eidesstattlichen Versicherung anberaumten Termin von dem Vollstreckungsschuldner vorgenommenen unentgeltlichen Verfügungen, sofern sie nicht gebräuchliche Gelegenheitsgeschenke zum Gegenstand hatten,
3. die in den letzten zwei Jahren vor dem ersten zur Abgabe der eidesstattlichen Versicherung anberaumten Termin von dem Vollstreckungsschuldner vorgenommenen unentgeltlichen Verfügungen zugunsten seines Ehegatten.

³Sachen, die nach § 811 Nr. 1, 2 der Zivilprozeßordnung der Pfändung offensichtlich nicht unterworfen sind, brauchen in dem Vermögensverzeichnis nicht angegeben zu werden, es sei denn, daß eine Austauschpfändung in Betracht kommt.

(2) ¹Der Vollstreckungsschuldner hat zu Protokoll an Eides Statt zu versichern, daß er die von ihm verlangten Angaben nach bestem Wissen und Gewissen richtig und vollständig gemacht habe. ²Die Vollstreckungsbehörde kann von der Abnahme der eidesstattlichen Versicherung absehen.

(3) ¹Ein Vollstreckungsschuldner, der die in dieser Vorschrift oder die in § 807 der Zivilprozeßordnung bezeichnete eidesstattliche Versicherung abgegeben hat, ist, wenn die Abgabe der eidesstattlichen Versicherung in dem Schuldnerverzeichnis (§ 915 der Zivilprozeßordnung) noch nicht gelöscht ist, in den ersten drei Jahren nach ihrer Abgabe zur nochmaligen eidesstattlichen Versicherung nur verpflichtet, wenn anzunehmen ist, daß er später Vermögen erworben hat oder daß ein bisher bestehendes Arbeitsverhältnis mit ihm aufgelöst worden ist. ²Die Vollstreckungsbehörde hat von Amts wegen festzustellen, ob im Schuldnerverzeichnis eine Eintragung darüber besteht, daß der Vollstreckungsschuldner innerhalb der letzten drei Jahre eine eidesstattliche Versicherung abgegeben hat oder daß gegen ihn die Haft zur Erzwingung der Abgabe der eidesstattlichen Versicherung angeordnet ist.

(4) ¹Für die Abnahme der eidesstattlichen Versicherung ist die Vollstreckungsbehörde zuständig, in deren Bezirk sich der Wohnsitz oder Aufenthaltsort des Vollstreckungsschuldners befindet. ²Liegen diese Voraussetzungen bei der Vollstreckungsbehörde, die die Vollstreckung betreibt, nicht vor, so kann sie die eidesstattliche Versicherung abnehmen, wenn der Vollstreckungsschuldner zu ihrer Abgabe bereit ist.

2. Abschnitt. Vollstreckung wegen Geldforderungen § 284

(5) ¹Die Ladung zu dem Termin zur Abgabe der eidesstattlichen Versicherung ist dem Vollstreckungsschuldner selbst zuzustellen. ²Bestreitet der Vollstreckungsschuldner die Verpflichtung zur Abgabe der eidesstattlichen Versicherung, so entscheidet die Vollstreckungsbehörde über seine Einwendungen, die die Vollstreckung betreibt. ³Die Abgabe der eidesstattlichen Versicherung erfolgt erst nach Eintritt der Unanfechtbarkeit dieser Entscheidung. ⁴Die Vollstreckungsbehörde kann jedoch die Abgabe der eidesstattlichen Versicherung vor Eintritt der Unanfechtbarkeit anordnen, wenn bereits frühere Einwendungen unanfechtbar verworfen worden sind.

(6) ¹Nach der Abgabe der eidesstattlichen Versicherung hat die Vollstreckungsbehörde dem nach § 899 der Zivilprozeßordnung zuständigen Amtsgericht Namen, Vornamen, Geburtstag, Beruf und Anschrift des Vollstreckungsschuldners sowie den Tag der Abgabe der eidesstattlichen Versicherung zur Aufnahme in das Schuldnerverzeichnis mitzuteilen und eine beglaubigte Abschrift des Vermögensverzeichnisses zu übersenden. ²§ 915 Abs. 2 bis 4 der Zivilprozeßordnung ist anzuwenden.

(7) ¹Ist der Vollstreckungsschuldner ohne ausreichende Entschuldigung in dem zur Abgabe der eidesstattlichen Versicherung anberaumten Termin vor der in Absatz 4 Satz 1 bezeichneten Vollstreckungsbehörde nicht erschienen oder verweigert er ohne Grund die Vorlage des Vermögensverzeichnisses oder die Abgabe der eidesstattlichen Versicherung, so kann die Vollstreckungsbehörde, die die Vollstreckung betreibt, das nach § 899 der Zivilprozeßordnung zuständige Amtsgericht um Anordnung der Haft zur Erzwingung der eidesstattlichen Versicherung ersuchen. ²Die §§ 902, 904 bis 910, 913 bis 915 der Zivilprozeßordnung sind sinngemäß anzuwenden.

(8) Lehnt das Amtsgericht das Ersuchen der Vollstreckungsbehörde ab, die Haft anzuordnen, so ist die sofortige Beschwerde nach der Zivilprozeßordnung gegeben.

Schrifttum: *Morgenstern* Verhältnismäßigkeitsgrundsatz und Erzwingungshaft zur Abgabe einer eidesstattlichen Versicherung, NJW 1979, 2277; *Streck/Rainer* Die Abgabe der eidesstattlichen Versicherung von dem Finanzamt kann durch Rechtsbehelfe hinausgeschoben werden, Stbg 86, 22; *Hundt-Eßwein* Die Abnahme der eidesstaatlichen Versicherung nach § 284 AO, DStZ 87, 298.

Übersicht

1. Inhalt der Vorschrift
2. Voraussetzung
3. Dreijahresfrist
4. Anordnende Stelle
5. Vermögensverzeichnis
6. Weigerung der Abgabe
7. Rechtsbehelfe
8. Vorschriften der ZPO, die sinngemäß anzuwenden sind

1. Inhalt. Das in der Vorschrift geregelte Verfahren zur Abgabe einer eidesstattlichen Versicherung zur Bekräftigung eines Vermögensverzeichnisses ist **an die Stelle des früheren Offenbarungseides** getreten. Das entspricht der Rechtslage im Zivilprozeßrecht aufgrund des Gesetzes zur Än-

§ 284

derung des Rechtspflegergesetzes, des Beurkundungsgesetzes und zur Umwandlung des Offenbarungseides in eine eidesstattliche Versicherung v 27. 6. 1970 (BGBl I, 411).

Angesichts der Tatsache, daß die Abnahme einer eidesstattlichen Versicherung nach § 807 ZPO durch die Gerichte den Rechtspflegern und nicht mehr den Richtern obliegt, hat es der Gesetzgeber nicht für erforderl gehalten im Verfahren nach der AO die Abnahme der eidesstattlichen Versicherung den Amtsgerichten vorzubehalten. Der VollstrSchuldner ist verpflichtet, eine eidesstattliche Versicherung gegenüber der VollstrBehörde abzugeben. Kommt er dieser Verpflichtung nicht nach, so kann das **Amtsgericht** unmittelbar um Anordnung der Erzwingungshaft ersucht werden. Auch bei Erzwingungshaft wird die eidesstattliche Versicherung ausschl vor der VollstrBehörde abgegeben.

2. Voraussetzung. Die Pflicht der eidesstattlichen Versicherung besteht, wenn die **Vollstr versucht** worden ist und dabei entweder keine pfändbaren Gegenstände vorgefunden worden sind oder die Verwertung der gepfändeten Gegenstände **nicht zur vollständigen Befriedigung** geführt hat. Es braucht nur die Vollstr in das bewegliche Vermögen versucht worden zu sein. Ein VollstrVersuch in das unbewegliche Vermögen ist nicht erforderl. Ein vorheriger VollstrVersuch ist nur dann überflüssig, wenn von vornherein anzunehmen ist, daß keine Maßnahme der Vollstr (auch in das unbewegliche Vermögen) zur vollständigen Befriedigung führt (*TK* RNr 1).

Anhaltspunkte für die Annahme, daß der VollstrSchuldner Vermögen verborgen halte (s früher § 73 II BeitrO), sind nicht erforderlich. Eine andere Frage ist es, ob die VollstrBehörde im Rahmen ihres **pflichtgem Ermessens** nur bei einer solchen Annahme eine eidesstattliche Versicherung verlangt (vgl dazu OFD Bremen StEK § 284 Nr 1).

Die Pflicht zur Abgabe der eidesstattlichen Versicherung trifft den **Vollstreckungsschuldner.** Ist der VollstrSchuldner nicht selbst handlungsfähig (§ 79), ist die eidesstattliche Versicherung von Vertretern des VollstrSchuldners abzugeben (VollstrA Abschn 52 Abs 6). Die Pflichten des Vertreters richten sich insoweit nach §§ 34 und 35 (*TK* RNr 3).

3. Dreijahresfrist. Ein VollstrSchuldner ist zur **nochmaligen** eidesstattlichen Versicherung in den ersten drei Jahren nach ihrer Abgabe nur verpflichtet, wenn anzunehmen ist, daß er später Vermögen erworben hat oder daß ein bisher bestehendes Arbeitsverhältnis mit ihm gelöst worden ist. Der VollstrSchuldner kann sich dabei auch auf eine eidesstattliche Versicherung im Rahmen eines zivilprozeßrechtl VollStrVerfahrens berufen, nicht jedoch zB auf eine eidesstattliche Versicherung nach § 125 KO (*TK* RNr 2).

Die Schutzfrist gilt nicht, wenn der VollstrSchuldner im Schuldnerverzeichnis nach § 915 ZPO bereits gelöscht ist. Das kann vor Ablauf der drei Jahre geschehen sein, wenn der Gläubiger, der die vorherige eidesstattliche Versicherung betrieben hat, befriedigt worden ist (§ 915 II ZPO). Der VollstrSchuldner kann sich ferner dann nicht auf die Schutzfrist berufen, wenn das Vermögensverzeichnis unvollständig oder ungenau war. Die in diesem Fall erforderliche Ergänzung (LG *Frankenthal* Rpfleger 81, 383) und die eidesstattliche Versicherung des ergänzten Verzeichnisses ist kein neues Verfahren, sondern die Fortsetzung des alten. Das Gleiche gilt, wenn das

2. Abschnitt. Vollstreckung wegen Geldforderungen § 284

Vermögensverzeichnis unwahre Angaben enthält (LG Düsseldorf MDR 75, 673; *Thomas-Putzo,* ZPO, § 807 A 3e; *Baumbach-Lauterbach,* ZPO, § 807 A 3 H).

4. Anordnende Stelle. Die Anordnung der eidesstattlichen Versicherung geschieht durch die zuständige **VollstrBehörde.** Für die Abnahme der eidesstattlichen Versicherung ist die VollstrBehörde zuständig, in deren Bezirk sich der **Wohnsitz** oder **Aufenthaltsort** des VollstrSchuldners befindet. Wenn der VollstrSchuldner seinen Wohnsitz oder Aufenthalt nicht im Bezirk der anordnenden VollstrBehörde hat, muß diese somit die zuständige VollstrBehörde gem § 250 um Abnahme der eidesstattlichen Versicherung ersuchen. Das Ersuchen kann sich auch auf die Stellung des Antrags auf Erlaß eines Haftbefehls nach Abs VII erstrecken (OFD Bremen StEK § 284 Nr 1). Nicht notwendig ist das Ersuchen, wenn der VollstrSchuldner zur Abgabe der eidesstattlichen Versicherung vor der örtl unzuständigen Behörde bereit ist.

5. Vermögensverzeichnis. Es muß das **gesamte Aktivvermögen** des Schuldners umfassen. Die VollstrBehörde soll erkennen können, welche weiteren Möglichkeiten der Vollstr bestehen (LG Mönchengladbach MDR 82, 504; *Baumbach-Lauterbach,* ZPO, § 807 A 3 A). Aufzuführen sind daher alle geldwerten Sachen und Rechte, ohne Rücksicht auf die Höhe des Wertes, das sind bewegl Sachen, unbewegl Sachen, Forderungen, sonstige Rechte; unentgeltl Veräußerungen an den Ehegatten und unentgelt Veräußerungen, wie sie in I Nr 1 bis 3 aufgeführt sind. Es ist gleichgültig, ob die Sachen pfändbar oder unpfändbar sind (BGH LM 10 zu § 807 ZPO) oder in wessen Besitz sich die Sachen befinden. Eine Ausnahme besteht nach dem durch das Ges zur Änderung zwangsvollstreckungsrechtl Vorschr v 1. 2. 1979 (BGBl I S 127) eingefügten Satz 3 des § 284 I nur für Sachen, die nach § 811 Nr 1, 2 ZPO offensichtlich unpfändbar sind (s § 295 A 4). Bei Forderungen sind auch künftige (BGH NJW 58, 427), bedingte, zweifelhafte, uneinbringliche und unpfändbare (BGH, LM 10 zu § 807 ZPO) anzugeben. Zu den sonstigen Rechten zählen zB beschränkte dingl Rechte, AnwartschaftsRechte, Erbanteile, geldwerte Mitgliedschaftsrechte, wie zB GmbH-Anteile.

6. Weigerung der Abgabe. Weigert sich der VollstrSchuldner, das Vermögensverzeichnis oder die eidesstattliche Versicherung abzugeben, so kann sie durch das **Amtsgericht durch Haftanordnung erzwungen** werden. Die Erzwingungshaft verstößt nicht gegen die Verfassung (BVerfGE 61, 134). Ein Vorgehen der VollstrBehörde nach § 328 ist nicht möglich (*TK* RNr 9; aA hinsichtlich der Vorlage des Vermögensverzeichnisses *KKH* Anm 2). Zuständig ist das nach § 899 ZPO zuständige Amtsgericht.

§ 899 ZPO: „Für die Abnahme der eidesstattlichen Versicherung in den Fällen der §§ 807, 883 ist das Amtsgericht, in dessen Bezirk der Schuldner im Inland seinen Wohnsitz oder in Ermangelung eines solchen seinen Aufenthalt hat, als Vollstreckungsgericht zuständig."

Das Amtsgericht wird im Wege der Amtshilfe tätig. Deshalb ist das Ersuchen der VollstrBehörde auch kein VerwAkt (vgl § 250 A 4; BVerwG NJW 61, 332; *Gaul,* JZ 79, 496, 501; FinMin BadWürtt DB 86, 1952; 87, 1613; aA BFH BStBl 56, 228; 85, 197; *HHSp* RNr 48; *TK* RNr 9). Die andere Auffassung des BFH ist insofern nicht konsequent, als der BFH das Ersuchen um Anordnung der Ersatzzwangshaft in Fällen, in denen eine Zwangsgeldfestsetzung nicht durchgesetzt werden kann, nicht als Verwaltungsakt ansieht (BFH/NV 87, 669). Wenn im Interesse eines größtmöglichen Rechtsschutzes solche Ersuchen als Verwaltungsakte gewertet werden (vgl oben § 118 Anm 5f, vgl auch unten § 334 Anm 5), sollte es in allen vergleichbaren Fällen geschehen. Das Gericht muß bei seiner Entscheidung allgemein den Grundsatz der Verhältnismäßigkeit beachten (BVerfGE 61, 134 mwN). Keine Erzwingungshaft kann daher bei feststehender Leistungsunfähigkeit des VollstrSchuldners angeordnet werden (BVerfGE aaO). Der Grundsatz der Verhältnismäßigkeit verbietet aber nicht allgemein eine Erzwingungshaft wegen geringer Forderungen, da der VollstrSchuldner die Haft ja jederzeit durch Abgabe der eidesstattlichen Versicherung abwenden kann (BVerfGE 43, 106f; 48, 401). Anders als bei **Amtshilfe** unter Finanzbehörden (s § 114) hat das AG dabei allerdings auch zu prüfen, ob der VollstrSchuldner nach den Vorschriften der AO wirklich zur Abgabe der eidesstattlichen Versicherung verpflichtet ist. Das ergibt sich aus Art 104 II GG (*TK* RNr 9). Gegen Ablehnung des Amtshilfeersuchens durch das Amtsgericht hat die VollstrBehörde daher nach Abs VIII das Rechtsmittel der sofortigen Beschwerde gem § 577 ZPO. Ist der VollstrSchuldner nach Anordnung der Erzwingungshaft bereit, die eidesstattliche Versicherung abzugeben, ist für die Abnahme wieder die VollstrBehörde zuständig. Wenn diese nicht erreichbar ist (zB an Sonntagen), muß das Amtsgericht unter sinngem Anwendung von § 902 I ZPO die eidesstattliche Versicherung abnehmen. Für die Vollziehung der Haftanordnung ist nach Abs VII S 2 iVm § 909 der Gerichtsvollzieher zuständig (LG Duisburg ZIP 81, 1140). Das FA hat dabei dem Gerichtsvollzieher die Höhe der offenen StSchuld mitzuteilen; denn wenn der Gerichtsvollzieher die Befugnis der Entgegennahme von Zahlungen gem § 755 ZPO sachgemäß ausüben will, muß er Kenntnis von der Höhe der Verbindlichkeit des VollstrSchuldners haben (LG Limburg, NJW-RR 88, 704). Die Aussetzung einer einmal angeordneten Erzwingungshaft fällt nicht mehr in die Zuständigkeit des Amtsgerichts, sondern der VollstrBehörde (*TK* RNr 9 mwN).

7. Rechtsbehelfe. Einwendungen gegen das Verlangen der eidesstattlichen Versicherung kann der VollstrSchuldner nicht sofort im Wege der Beschwerde geltend machen. nach Abs V 2 hat **über die Einwendung** die **VollstrBehörde zu entscheiden.** Erst die Ablehnung der Einwendungen durch die VollstrBehörde kann mit der Beschwerde angefochten werden. Die Beschwerde hat **aufschiebende Wirkung,** da die Abgabe der eidesstattlichen Versicherung nach Abs V 3 grundsätzlich erst nach Unanfechtbarkeit der Entscheidung der VollstrBehörde über die Einwendungen erfolgt (BFH BStBl 85, 198).

8. Vorschriften der ZPO, die sinngemäß anzuwenden sind:

§ 902 ZPO [Abgabe der eidesstattlichen Versicherung durch Verhaftete]

(1) Der verhaftete Schuldner kann zu jeder Zeit bei dem Amtsgericht des Haftortes beantragen, ihm die eidesstattliche Versicherung abzunehmen. Dem Antrag ist ohne Verzug stattzugeben.

2. Abschnitt. Vollstreckung wegen Geldforderungen § 284

(2) Nach Abgabe der eidesstattlichen Versicherung wird der Schuldner aus der Haft entlassen und der Gläubiger hiervon in Kenntnis gesetzt.

§ 904 ZPO [Unzulässige Haft]

Die Haft ist unstatthaft:
1. gegen Mitglieder des Bundestages, eines Landtages oder einer zweiten Kammer während der Tagung, sofern nicht die Versammlung die Vollstreckung genehmigt,
2. (weggefallen).
3. gegen den Kapitän, die Schiffsmannschaft und alle übrigen auf einem Schiff angestellten Personen, wenn sich das Schiff auf der Reise befindet und nicht in einem Hafen liegt.

§ 905 ZPO [Haftunterbrechung]

Die Haft wird unterbrochen:
1. gegen Mitglieder des Bundestages, eines Landtages oder einer zweiten Kammer für die Dauer der Tagung, wenn die Versammlung die Freilassung verlangt,
2. (weggefallen).

§ 906 ZPO [Haftaufschub]

Gegen einen Schuldner, dessen Gesundheit durch die Vollstreckung der Haft einer nahen und erheblichen Gefahr ausgesetzt wird, darf, solange dieser Zustand dauert, die Haft nicht vollstreckt werden.

§ 908 ZPO [Haftbefehl]

Das Gericht hat bei Anordnung der Haft einen Haftbefehl zu erlassen, in dem der Gläubiger, der Schuldner und der Grund der Verhaftung zu bezeichnen sind.

§ 909 ZPO [Verhaftung]

Die Verhaftung des Schuldners erfolgt durch einen Gerichtsvollzieher. Der Haftbefehl muß bei der Verhaftung dem Schuldner vorgezeigt und auf dessen Begehren abschriftlich mitgeteilt werden.

§ 910 ZPO [Anzeige vor Verhaftung]

Vor der Verhaftung eines Beamten, eines Geistlichen oder eines Lehrers an öffentlichen Unterrichtsanstalten ist der vorgesetzten Dienstbehörde von dem Gerichtsvollzieher Anzeige zu machen. Die Verhaftung darf erst erfolgen, nachdem die vorgesetzte Behörde für die dienstliche Vertretung des Schuldners gesorgt hat. Die Behörde ist verpflichtet, ohne Verzug die erforderlichen Anordnungen zu treffen und den Gerichtsvollzieher hiervon in Kenntnis zu setzen.

§ 913 ZPO [Haftdauer]

Die Haft darf die Dauer von 6 Monaten nicht übersteigen. Nach Ablauf der 6 Monate wird der Schuldner von Amts wegen aus der Haft entlassen.

§ 914 ZPO [Wiederholte Verhaftung]

(1) Ein Schuldner, gegen den wegen Verweigerung des Abgabe der eidesstattlichen Versicherung nach § 807 dieses Gesetzes oder nach § 284 der Abgabenordnung eine Haft von sechs Monaten vollstreckt ist, kann auch auf Antrag eines anderen Gläubigers von neuem zur Abgabe einer solchen eidesstattlichen Versicherung durch Haft nur angehalten werden, wenn glaubhaft gemacht wird, daß der Schuldner später Vermögen erworben hat oder daß ein bisher bestehendes Arbeitsverhältnis mit dem Schuldner aufgelöst ist.

(2) Diese Vorschrift ist nicht anzuwenden, wenn seit der Beendigung der Haft drei Jahre verstrichen sind.

§ 915 ZPO [Schuldnerverzeichnis]

(1) Das Vollstreckungsgericht hat ein Verzeichnis der Personen zu führen, die vor ihm die in § 807 erwähnte eidesstattliche Versicherung abgegeben haben oder gegen

§ 285

6. Teil. Vollstreckung

die nach § 901 die Haft angeordnet ist; in dieses Verzeichnis sind auch die Personen aufzunehmen, die eine eidesstattliche Versicherung nach § 332 RAO abgegeben haben. Die Vollstreckung einer Haft in dem Verzeichnis ist zu vermerken, wenn sie 6 Monate gedauert hat.

(2) Wird die Befriedigung des Gläubigers, der gegen den Schuldner das Verfahren zur Abnahme der eidesstattlichen Versicherung betrieben hat, nachgewiesen oder sind seit dem Schluß des Jahres, in dem die Eintragung in das Verzeichnis erfolgt ist, 3 Jahre verstrichen, so hat das Vollstreckungsgericht auf Antrag des Schuldners dessen Löschung in dem Schuldnerverzeichnis anzuordnen. Die Eintragung wird dadurch gelöscht, daß der Name des Schuldners unkenntlich gemacht oder das Verzeichnis vernichtet wird.

(3) Über das Bestehen oder Nichtbestehen einer bestimmten Eintragung ist jedermann auf Antrag Auskunft zu erteilen; es kann auch die Einsicht in das Verzeichnis gewährt werden.

(4) Abschriften aus dem Verzeichnis dürfen nur erteilt oder entnommen werden, sofern die Einhaltung der in Absatz 2 vorgesehenen Löschungsfrist gesichert erscheint. Die Veröffentlichung des Verzeichnisses in Druckerzeugnissen, die jedermann zugänglich sind, ist nicht gestattet. Die näheren Vorschriften trifft der Bundesminister der Justiz mit Zustimmung des Bundesrates.

II. Vollstreckung in Sachen

§ 285 Vollziehungsbeamte

(1) Die Vollstreckungsbehörde führt die Vollstreckung in bewegliche Sachen durch Vollziehungsbeamte aus.

(2) Dem Vollstreckungsschuldner und Dritten gegenüber wird der Vollziehungsbeamte zur Vollstreckung durch schriftlichen Auftrag der Vollstreckungsbehörde ermächtigt; der Auftrag ist vorzuzeigen.

Übersicht

1. Inhalt der Vorschrift
2. Vollziehungsbeamte
3. Vollstreckungsauftrag
4. Legitimation durch Vollstreckungsauftrag
5. Inhalt des Vollstreckungsauftrags

1. Inhalt. Die Vorschrift entspricht § 334 RAO. Sie ist entfernt vergleichbar mit §§ 753, 754 ZPO. Die VollstrBehörde braucht sich in ihrer Eigenschaft als VollstrGläubiger in der Regel nicht eines anderen VollstrOrgans wie des Gerichtsvollziehers zu bedienen, sondern ist selbst VollstrOrgan. Der Vollziehungsbeamte ist daher im allgemeinen Angehöriger, zumindest aber Gehilfe der VollstrBehörde (vgl *TK* RNr 1).

Dem VollzBeamten wird in der Vorschrift die Vollstr in **bewegliche Sachen** zugewiesen. Zum Begriff der bewegl Sachen s § 281 A 2 und § 286 A 2. Nicht zuständig ist der VollzBeamte daher für die Vollstr in Forderungen und Rechte sowie in das unbewegliche Vermögen. Er kann allerdings unter Umständen nach § 317 bei der Verwertung von Forderungen und anderen Vermögensrechten eingesetzt werden (*TK* RNr 1).

2. Vollziehungsbeamte. VollzBeamte sind Personen, deren sich die VollstrBehörde zur Durchführung der VollstrMaßnahmen bedient. Es muß sich **nicht um Beamte** im beamtenrechtl Sinne handeln. Es sollen aber idR Beamte im beamtenrechtl Sinne sein. Angestellte sollen nur in Ausnahmefällen eingesetzt werden.

Für die VollzBeamten gilt die Allgemeine Verwaltungsvorschrift für Vollziehungsbeamte der Finanzverwaltung (Vollziehungsanweisung – VollzA) v 29. 4. 1980 (BStBl I 194), die ihrem Wesen nach eine allgemeine Verwaltungsvorschr iS v Art 108 VII GG ist.

3. Vollstreckungsauftrag. Der VollstrAuftrag ist ein behördeninterner Vorgang, der allerdings Legitimationswirkung nach außen hat. Es handelt sich daher **nicht um einen VerwAkt** (*TK* RNr 2). Er ist folglich nicht selbständig anfechtbar. Die Anfechtung kann sich immer nur gegen VollstrMaßnahmen richten, die aufgrund des Auftrags ergriffen worden sind.

Der VollstrAuftrag ist schriftl zu erteilen und von der VollstrBehörde auszustellen. Der VollstrBeamte darf nur aufgrund eines derartigen Auftrages VollstrMaßnahmen ergreifen. Hat der VollstrBeamte ohne schriftl Auftrag gepfändet, so ist die Pfändung nicht unwirksam, denn die **Schriftlichkeit** des VollstrAuftrages ist **keine** wesentl **Voraussetzung** für die Entstehung des Pfandrechts. Die Pfändung ist nicht einmal dann nichtig, wenn überhaupt kein VollstrAuftrag vorliegt (*TK* RNr 3). In beiden Fällen sind die vorgenommenen VollstrHandlungen aber anfechtbar mit der Beschwerde nach § 349.

4. Legitimation durch Vollstreckungsauftrag. Der VollstrAuftrag ist unaufgefordert **vorzuzeigen.** Die Legitimationswirkung tritt erst mit Vorzeigen ein. Ein VollstrSchuldner braucht die ZwVollstr nur zu dulden, wenn der VollzBeamte den Auftrag vorzeigt (*TK* RNr 3).

5. Inhalt des Vollstreckungsauftrages. Der Inhalt des VollstrAuftrages war früher in § 41 BeitrO bestimmt. Diese Vorschr ist durch das EGAO (Art 96 Nr 10) aufgehoben worden. Nunmehr ist der nähere Inhalt des VollstrAuftrags in Abschn 34 VollstrA (s dazu Vorbem zu § 249) festgelegt. Diese Regelung in einer Verwaltungsvorschrift hat innerdienstliche Bindung. Vom Zweck des VollstrAuftrags her muß er jedenfalls allgemeinrechtl Gegenstand und Umfang der Vollstr und die beteiligten Personen angeben (*TK* RNr 5).

§ 286 Vollstreckung in Sachen

(1) **Sachen, die im Gewahrsam des Vollstreckungsschuldners sind, pfändet der Vollziehungsbeamte dadurch, daß er sie in Besitz nimmt.**

(2) ¹**Andere Sachen als Geld, Kostbarkeiten und Wertpapiere sind im Gewahrsam des Vollstreckungsschuldners zu lassen, wenn die Befriedigung hierdurch nicht gefährdet wird.** ²**Bleiben die Sachen im Gewahrsam des Vollstreckungsschuldners, so ist die Pfändung nur wirksam, wenn sie durch Anlegung von Siegeln oder in sonstiger Weise ersichtlich gemacht ist.**

(3) **Der Vollziehungsbeamte hat dem Vollstreckungsschuldner die Pfändung mitzuteilen.**

§ 286

(4) Diese Vorschriften gelten auch für die Pfändung von Sachen im Gewahrsam eines Dritten, der zu ihrer Herausgabe bereit ist.

Übersicht

1. Inhalt der Vorschrift
2. Sachen
3. Gewahrsam
4. Gewahrsam Dritter
5. Rechte Dritter
6. Durchführung der Pfändung
7. Begriff und Wirkung der Pfändung
8. Mitteilung an Vollstreckungsschuldner
9. Inhalt der Pfändungsniederschrift

1. Inhalt. Die Vorschrift regelt die **Einzelheiten** der Pfändung von Sachen durch den VollzBeamten. Sie entspr voll inhaltlich § 348 RAO und §§ 808, 809 ZPO.

2. Sachen. Unter Sachen sind **körperliche Gegenstände** zu verstehen, die nicht der ZwVollstr in das unbewegl Vermögen unterliegen, dazu gehören auch Inhaberpapiere, Namenspapiere und Früchte auf dem Halm. Auch die sogen kleinen Inhaberpapiere wie Eisenbahnfahrkarten, Eintrittskarten, Postwertzeichen, Versicherungsmarken usw fallen darunter (*TK* RNr 8). Zu indossablen Orderpapieren s § 312.

Rektapapiere, bei denen das Recht aus dem Papier dem verbrieften Recht folgt, und Legitimationspapiere (insbesondere Sparkassenbücher) werden im Wege der sog **Hilfspfändung** neben der entscheidenden Forderungspfändung weggenommen. Nach Abschn 32 IV, 50 VollzA bedarf der VollzBeamte zu dieser Wegnahme eines besonderen VollstrAuftrags. Ebenso wird bei der Pfändung eines Kfz der KfzBrief weggenommen (hier ohne das Erfordernis eines bes VollstrAuftrags, s Abschn 46 II VollzA).

3. Gewahrsam. Der Gewahrsam ist die rein tatsächliche Herrschaft über die Sache, und begrifflich vom Besitz des **BGB verschieden.** In der Sache besteht aber weitgehend eine Übereinstimmung mit dem unmittelbaren Besitz (§ 854 BGB). Mittelbarer Besitz (§ 868 BGB), der tatsächlich nicht ausgeübte Erbenbesitz (§ 857 BGB) stellen jedoch keinen Gewahrsam her. Mitbesitz (§ 866 BGB) wird zwar in der Regel auch Mitgewahrsam bedeuten, setzt das aber nicht zwingend voraus. Außerdem findet bei Mitgewahrsam Abs IV Anwendung (s unten). Der Besitzdiener (§ 855 BGB) hat im allgemeinen keinen Gewahrsam (*Baumbach-Lauterbach,* ZPO, § 808 Anm 3 A; *Thomas-Putzo,* ZPO, § 808 A 2; differenzierend *TK* RNr 2; *HHSp* RNr 3).

Gewahrsam hat zB der Wohnungsinhaber an den Gegenständen der Wohnung. Haben jedoch andere Personen unter Ausschluß des Wohnungsinhabers, zB Untermieter, andere Räume allein inne, so haben diese den Gewahrsam, nicht der Wohnungsinhaber. An einem Kraftfahrzeug hat derjenige Gewahrsam, der es gerade führt (*Thomas-Putzo,* ZPO, § 808 A 2 c), es sei denn, er führt es als Besitzdiener für jemand anders. Am Inhalt von Banksafes hat nur der Kunde Gewahrsam. Bei Mitverschluß der Bank muß notfalls der Anspruch des Kunden auf Mitwirkung der Bank gepfändet werden (*TK* RNr 2; *HHSp* RNr 9).

2. Abschnitt. Vollstreckung wegen Geldforderungen § 286

Bei **Ehegatten** gilt § 263 (s d Erl dort). Hier ist insbesondere die Gewahrsamsvermutung des § 739 ZPO zu beachten.

4. Gewahrsam Dritter. Während Abs I allgemein die Pfändung von Sachen zuläßt, die sich im Gewahrsam des VollstrSchuldners befinden, erlaubt Abs IV die Pfändung von Sachen im Gewahrsam eines Dritten nur dann, wenn der Dritte zur Herausgabe bereit ist. Gewahrsam eines Dritten besteht auch bei **Mitgewahrsam** von VollstrSchuldner und Dritten. Verweigert bei Mitgewahrsam der Dritte die Zustimmung, kann die Pfändung des Anteils des VollstrSchuldners nach § 321 erfolgen (*Baumbach-Lauterbach*, ZPO, § 808 Anm 3 A). Verletzung von Abs IV macht die Pfändung aber nicht unwirksam, sondern nur anfechtbar mit der Beschwerde nach § 349 (*TK* RNr 3).

5. Rechte Dritter. Werden Sachen gepfändet, die Dritten gehören oder an denen Rechte Dritter bestehen, so ist die Pfändung wirksam und nicht mit der Beschwerde anfechtbar. Der Dritte muß sein Recht nach § 262 oder § 293 verfolgen. Der VollzBeamte hat in der Regel auch garnicht zu prüfen, ob Rechte Dritter bestehen. Nur, wenn ganz offenkundig ist, daß die Sache einem Dritten gehört, hat er von der Pfändung abzusehen (*TK* RNr 4; *Baumbach-Lauterbach*, ZPO, § 808 Anm 1 A; Abschn 43 V VollzA).

6. Durchführung der Pfändung. Die Pfändung erfolgt dadurch, daß der VollzBeamte die Sachen **in Besitz nimmt** oder die Sachen im Gewahrsam des VollstrSchuldners beläßt, aber durch Anlegung von **Siegeln** oder in sonstiger Weise ersichtlich gemacht wird, daß die Pfändung erfolgt ist.

In sonstiger Weise kann geschehen durch Anheften einer vom VollstrBeamten gesiegelten und unterschriebenen Pfandanzeige an einer Stelle, die den Pfandsachen räumlich nahe ist. Es geht auch durch Aufstellen von Tafeln.

Das Anlegen von Siegeln muß **haltbar** und so auffällig sein, daß bei gewöhnlicher Aufmerksamkeit das Siegel zu erkennen ist (OLG Königsberg JW 30, 1737). Die Verletzung dieser grundlegenden Formvorschriften für die Durchführung der Pfändung macht die Pfändung unwirksam (allgem Meinung, vgl *TK* RNr 13). Es entsteht somit auch kein Pfändungspfandrecht. Fällt das Siegel später ab oder wird es unzulässigerweise entfernt, so besteht die Pfändung fort (RG 161, 114).

In Besitz zu nehmen hat der VollzBeamte Geld, Kostbarkeiten und Wertpapiere. Geld sind auch ausländische Zahlungsmittel (*TK* RNr 7). Kostbarkeiten sind die im Verhältnis zu ihrer Größe besonders wertvollen Sachen wie zB Kunstwerke, Sachen aus Edelmetall oder Edelstein oder Antiquitäten (*Thomas-Putzo*, ZPO, § 813 A 2a). Zum Begriff der Wertpapiere s Anm 2. Nach Abschn 46 I VollzA hat der VollzBeamte in der Regel auch Kraftfahrzeuge und KfzAnhänger in Besitz zu nehmen, weil davon ausgegangen wird, daß die Befriedigung des VollstrGläubigers gefährdet ist, wenn das Fahrzeug im Gewahrsam des VollstrSchuldners verbleibt.

7. Begriff und Wirkung der Pfändung. Zu Begriff und Wirkung der Pfändung vgl §§ 281 und 282, dort auch zur Verwaltungsakteigenschaft der Pfändung durch Wegnahme von Sachen oder Anbringung von Pfandsiegeln (s § 281 Anm 3).

§ 286

8. Mitteilung an Vollstreckungsschuldner. Die Mitteilung des VollzBeamten nach III kann **mündlich** erfolgen. Sofern eine mündliche Mitteilung nicht möglich ist, geschieht dies durch Übersendung des Pfändungsprotokolls. Nichtbefolgen von III berührt die Wirksamkeit die Pfändung nicht.

9. Inhalt der Pfändungsniederschrift. Nach § 291 ist über die Pfändung wie über jede andere VollstHandlung eine Niederschrift aufzunehmen. Diese Niederschrift muß die in § 291 vorgeschriebenen Angaben enthalten (s auch § 290). Darüber hinaus schreibt Abschn 48 I VollzA (s dazu § 285 A 2) für die Pfändungsniederschrift u a folgende Angaben vor:

1. Die **Uhrzeit,** zu der die Pfändung erfolgt;
2. den **beizutreibenden Betrag** (die beizutreibenden Beträge) und die darauf entfallenden Zinsen, Säumniszuschläge und Kosten;
3. die **genaue Bezeichnung** der gepfändeten Sachen;
4. den gewöhnl **Verkaufswert** (dem im freien Verkehr am Ort für Sachen gleicher Art und Güte durchschnittl erzielbaren Preis) und den Schätzwert (den bei einer Versteigerung voraussichtl erzielbaren Erlös) der einzelnen gepfändeten Sachen; dabei sollen die Schätzwerte, die der VollzBeamte für die einzelnen Sachen ansetzt, zusammengerechnet werden, damit eine Überpfändung vermieden wird;
5. die **Art,** wie der VollzBeamte die Pfändung **kenntlich** gemacht hat (zB durch Pfandzeichen); hat der VollzBeamte eine Pfandanzeige angebracht, so soll er die gepfändeten Sachen gemäß Nrn 3 und 4 einzeln aufführen und bewerten sowie der Niederschrift eine Durchschrift der Pfandanzeige beifügen;
6. das mit einem Hüter oder Verwahrer bei deren Bestellung **Vereinbarte;**
7. der **Grund,** weshalb der VollzBeamte Pfandstücke aus dem Gewahrsam des VollstrSchuldners entfernt hat, sofern es sich nicht um Geld, Wertpapiere, Postsparbücher, Wertzeichen oder Kostbarkeiten handelt;
8. die genaue Bezeichnung der durch **Hilfspfändung** nach Abschn 31 IV weggenommenen Beweisurkunden;
9. die **Lage des Grundstücks** und seinen ungefähren Flächeninhalt, wenn der VollzBeamte Früchte gepfändet hat, die vom Boden noch nicht getrennt sind, sowie den Zeitpunkt, wann die Reife der Früchte voraussichtlich eintritt;
10. den **Inhalt** des von einem Sachverständigen (insb einem landwirtschaftlichen Sachverständigen) erstatteten **Gutachtens,** wenn es nicht schriftl abgegeben wurde, und gegebenenfalls den Grund, warum der VollzBeamte dem Gutachten nicht gefolgt ist;
11. den **Namen des Verkäufers** oder Sicherungsnehmers, die diesen gegenüber bestehende Restschuld des VollstrSchuldners und die Tilgungsvereinbarungen, wenn der VollstrSchuldner unter Vorlage des Vertrages geltend macht, daß die gepfändete Sache unter Eigentumsvorbehalt geliefert oder vom VollstrSchuldner sicherungshalber einem Dritten (Sicherungsnehmer) übereignet worden ist.

2. Abschnitt. Vollstreckung wegen Geldforderungen § 287

§ 287 Befugnisse des Vollziehungsbeamten

(1) Der Vollziehungsbeamte ist befugt, die Wohn- und Geschäftsräume sowie die Behältnisse des Vollstreckungsschuldners zu durchsuchen, soweit dies der Zweck der Vollstreckung erfordert.

(2) Er ist befugt, verschlossene Türen und Behältnisse öffnen zu lassen.

(3) Wenn er Widerstand findet, kann er Gewalt anwenden und hierzu um Unterstützung durch Polizeibeamte nachsuchen.

(4) Für die richterliche Anordnung einer Durchsuchung ist das Amtsgericht zuständig, in dessen Bezirk die Durchsuchung vorgenommen werden soll.

Abs. 4 angefügt durch Gesetz v 20. 8. 1980 (BGBl I S 1545).

Schrifttum: *Bauer* Betretungs- und Durchsuchungsrechte des Vollziehungsbeamten gemäß § 287 AO, Art. 13 GG, DStR 1979, 579; *Bischof* Die vollstreckungsrichterliche Durchsuchungsanordnung (§ 758 ZPO) in der gerichtlichen Praxis, DStR 1983, 522; *Koch* Befugnisse der Finanzämter zum Betreten von Geschäfts- und Wohnräumen, NWB Fach 2, 4463 (15/1985); *Korber* Zur verwaltungsgerichtlichen Gestattung der Wohnungsdurchsuchung in der Vollstreckung, BayVBl 1983, 68; *Kottmann* Die Durchsuchung von Wohnungen zur Vollstreckung öffentlich-rechtlicher Geldforderungen, DÖV 1980, 899; *Rößler* Zwangsvollstreckung und Unverletzlichkeit der Wohnung, NJW 1979, 2157; 1981, 25; 1983, 661; *Schmidt-Bleibtreu* Nochmals zum Richtervorbehalt bei Durchsuchungen im Rahmen der Zwangsvollstreckung, DB 1981, 1917; *Schneider* Die vollstreckungsrichterliche Durchsuchungsanordnung, NJW 1980, 2377.

Übersicht

1. Inhalt der Vorschrift
2. Verfassungsrechtliche Problematik
3. Durchsuchung
4. Öffnen von Türen und Behältnissen
5. Gewalt
6. Richterliche Anordnung

1. Inhalt. Die Vorschrift regelt die **Durchsuchungsbefugnis** des Vollz-Beamten entspr § 335 RAO und § 758 ZPO.

2. Verfassungsrechtliche Problematik. Problematisch war die Vereinbarkeit der Vorschrift mit **Art 13 GG**. Nach Abs II des Art 13 GG dürfen Durchsuchungen von Wohnungen außer bei Gefahr im Verzug nur durch den Richter angeordnet werden. Art 13 III läßt Eingriffe und Beschränkungen u a auf Grund eines Gesetzes auch zur Verhütung dringender Gefahren für die öffentliche Sicherheit und Ordnung zu. Str war zunächst, ob § 287 an Abs II oder Abs III des Art 13 GG zu messen ist. Es gibt gewichtige aus der Entstehungsgeschichte und dem Zweck der Grundgesetzbestimmung abgeleitete Argumente, daß Art 13 II nur strafverfahrensrechtliche Durchsuchungen betrifft (u a von *Mangoldt-Klein,* GG, Art 13 A IV 2; *Bonner Kommentar* zu GG, Art 13 RNr 110). Nach dieser Auffassung ist für alle VerwEingriffe, also auch für Durchsuchungen von Wohnungen durch Verwaltungsbehörden, Art 13 Abs III maßgebend.

Folgt man dieser Auffassung, ist § 287 damit zu rechtfertigen, daß es um eine Verhütung dringender Gefahren für die öffentliche Sicherheit und

§ 287
6. Teil. Vollstreckung

Ordnung i S von Art 13 III GG geht. Die öffentliche Ordnung ist nur dann nicht gefährdet, wenn gesichert ist, daß die titulierten Ansprüche auch durchgesetzt werden (Begr zu EAO 1974, BTDr VI/1982 zu § 270).

Letztlich ist die Anwendung des Abs III des Art 13 GG auf Durchsuchungen durch VerwBehörden angesichts des klaren Wortlauts des Art 13 II GG, der sich auf alle staatlichen Durchsuchungen bezieht, nicht überzeugend. § 287 ist daher an Art 13 II zu messen (*Schmidt-Bleibtreu/Klein,* GG, Art 13 RNr 4; *v Münch,* GG, Art 13 RNr 19; *TK* RNr 3). Keinesfalls ist § 287 aber deshalb nichtig, weil keine richterliche Anordnung der Durchsuchung vorgeschrieben ist. In Betracht kommen kann allerdings der Zwang zu einer verfassungskonformen Auslegung in der Weise, daß der VollzBeamte bzw seine Behörde vor der Durchsuchung eine richterliche Anordnung einzuholen haben.

Der Gesetzgeber hatte trotz der verfassungsrechtl Bedenken die früher in § 335 RAO enthaltene Regelung in die AO 1977 übernommen. Er hielt also die **Durchsuchung** auch **ohne richterl Anordnung** für **verfassungsmäßig** (s Begr zu EAO 1974 aaO). Die Begründung wurde darin gesehen, daß der GG-Gesetzgeber bei Erlaß des GG § 335 RAO und ähnliche Regelungen über VerwaltungsvollstrVerfahren vorgefunden hat und daran offenbar nichts ändern wollte und daß das Verwaltungsverfahren nach der AO ähnliche rechtsstaatl Garantien aufweist wie eine gerichtl Anordnung (vgl auch *Maunz-Dürig-Herzog-Scholz,* GG, Art 13 RNr 13ff). Überzeugender erscheint es, davon auszugehen, daß der Gesetzgeber bei einer Durchsuchung nach der AO allgemein eine Gefahr im Verzuge i S von Art 13 II GG angenommen hat und deswegen keine richterl Anordnung für erforderl hielt. Der VollstrSchuldner könnte pfändbare Sachen beiseite schaffen, wenn der VollzBeamte, nachdem er den VollstrSchuldner aufgesucht und ergebnislos zur Zahlung aufgefordert hat, erst eine richterliche Anordnung einholen müßte.

Das **BVerfG** hat demgegenüber grundlegend festgestellt, daß die Wohnungsdurchsuchung auch bei der Zwangsvollstr nach der AO außer bei Gefahr im Verzuge der richterlichen Anordnung bedarf (BVerfGE 51, 97ff zu § 758 ZPO und BVerfGE 57, 346ff ausdrücklich zu § 287 AO). Die Durchsuchungsanordnung muß für die Gläubiger vorliegen (BVerfG WM 87, 1021). Damit folgt das BVerfG dem Grundsatz, daß Grundrechte nach dem Grundsatz der größtmöglichen juristischen Wirkungskraft auszulegen sind. Durch das Gesetz zur Änderung des EStGesetzes, des KStGesetzes und anderer Gesetze v 20. 8. 1980 (BGBl I 1545) ist daher der Abs IV an § 287 angefügt worden (s zu diesem Abs näher unten Anm 6).

3. Durchsuchung. Durchsuchung im Sinne von Art 13 II GG, die somit einer richterlichen Anordnung bedarf, ist das ziel- und zweckgerichtete Suchen staatlicher Organe nach Personen oder Sachen oder zur Ermittlung eines Sachverhalts, um etwas aufzuspüren, was der Inhaber der Wohnung von sich aus nicht offenlegen oder herausgeben will (BVerfGE 51, 107; BVerwGE 28, 287ff; 47, 37). Bei der Durchsuchung im Rahmen des § 287 geht es vor allem um das Ziel, pfändbare Gegenstände aufzufinden und für die beabsichtigte Zwangsvollstreckung zu finden. Die Durchsuchung ist danach **mehr als** das bloße **Betreten** der Wohnung. Das bloße Betreten der Wohnung ohne den Zweck der Durchsuchung richtet sich daher nicht nach

2. Abschnitt. Vollstreckung wegen Geldforderungen **§ 287**

§ 287. Das bedeutet aber nicht, daß ein Betreten der Wohnung des VollstrSchuldners ohne weiteres möglich wäre. Das Betreten der Wohnung fällt zwar nicht unter Art 13 II GG. Es handelt sich aber um Eingriffe und Beschränkungen im Sinne von Art. 13 III GG (BVerfG 32, 73). Nach obigen Erwägungen unter 2. könnte das bloße Betreten der Wohnung ohne richterliche Anordnung der Durchsuchung damit gerechtfertigt werden, daß es bei der Vollstreckung von Steuerforderungen immer um eine Verhütung dringender Gefahren für die öffentliche Sicherheit und Ordnung geht. Das BVerfG zieht die Grenzen für die Betretungsrechte von Wohnungen jedoch sehr eng. Bei Wohnräumen greift danach das Grundrecht des Art. 13 I GG, „in Ruhe gelassen zu werden", voll durch, so daß ein Betretungsrecht für Vollzugsbeamte außer bei Gefahr im Verzug ohne richterliche Anordnung nicht bestehen dürfte (ebenso *TK* RNr 2). Bei Betriebs- und Geschäftsräumen wertet das BVerfG den Schutzzweck des Art 13 GG aber geringer, da diesen Räumen eine größere Offenheit nach außen eigen ist (BVerfGE 32, 75). Hier reicht eine besondere gesetzliche Ermächtigungsgrundlage aus, die den Zweck des Betretens, den Gegenstand und den Umfang der zugelassenen Besichtigung und Prüfung deutlich erkennen läßt. Ob § 249 I und 287 eine solche „besondere" gesetzliche Grundlage für das Betreten zum Zwecke der Vollstreckung sind (so *TK* RNr 2), ist sehr zweifelhaft. Der Vollziehungsbeamte darf die Betriebs- und Geschäftsräume allenfalls ohne richterliche Durchsuchungsanordnung betreten, um zu erkunden, ob der VollstrSchuldner freiwillig zur Zahlung oder freiwillig zur Gestattung der Durchsuchung bereit ist.

Wie oben dargelegt worden ist, setzt der Begriff der Durchsuchung voraus, daß der VollstrSchuldner nicht von sich aus die Gegenstände, in die vollstreckt werden kann, offenlegen oder herausgeben will. Gestattet daher der VollstrSchuldner dem Vollziehungsbeamten **freiwillig** das Betreten der Wohnung und die Pfändung von Sachen oder die Suche nach pfändbaren Gegenständen, so liegt schon begrifflich kein Fall des § 287 vor, für den eine richterliche Anordnung erforderlich ist (vgl LG Hannover und LG Köln DGVZ 79, 183, 184; *Baumbach-Lauterbach,* ZPO, § 758 A 2 B). Im übrigen kann ohnehin auf den Grundrechtsschutz verzichtet werden (*Kottmann,* DÖV 80, 902 m w N). Das Einverständnis muß aber in dem Bewußtsein erklärt werden, das Betreten der Wohnung auch verweigern zu können. Es ist also eine entsprechende Belehrung durch den Vollziehungsbeamten erforderlich (FG BadWürtt EFG 88, 99; *Kottmann* aaO m w N).

Da der Verhältnismäßigkeitsgrundsatz zu beachten ist, und außerdem für die gerichtliche Anordnung der Durchsuchung ein Rechtsschutzbedürfnis bestehen muß, wird jedenfalls für die Vollstreckung nach der ZPO allgemein gefordert, daß die Vollstreckung zunächst **ohne richterliche Anordnung versucht** werden muß, es sei denn, daß bereits bekannt ist, daß der VollstrSchuldner den Zutritt zur Wohnung verwehren wird (LG Hannover, DGVZ 81, 39; *Thomas-Putzo,* ZPO, § 758 A 2 e; *Baumbach-Lauterbach,* ZPO, § 758 A 2 B m w N). Die richterliche Anordnung zur Durchsuchung kann jedoch nicht von einem ergebnislosen VollstrVersuch zur Nachtzeit oder an Sonn- und Feiertagen abhängig gemacht werden (LG Zweibrücken, DGVZ 79, 185). Außerdem ist Vorsicht geboten, da der ergebnislose Versuch des Vollziehungsbeamten, sich Zutritt zu der Woh-

§ 287 6. Teil. Vollstreckung

nung zu verschaffen, leicht den VollstrSchuldner veranlassen könnte, pfändbare Sachen vor der richterlichen Anordnung der Durchsuchung beiseite zu schaffen. Deshalb ist nach Auffassung des BVerfG auch keine Anhörung des VollstrSchuldners vor der richterlichen Anordnung der Durchsuchung erforderlich, wenn dadurch der Vollstreckungserfolg gefährdet würde (BVerfGE 57, 359). Nach dem Gebot der Verhältnismäßigkeit braucht die Durchsuchung auch **nicht die letzte Möglichkeit** der Vollstr zu sein, nachdem vorher alle anderen Vollstreckungsversuche erfolglos versucht worden sind (KG NJW 82, 2326; *Rößler,* NJW 83, 661). Die Erteilung einer Durchsuchungsermächtigung kann deshalb nicht generell davon abhängig gemacht werden, daß vorher eine mögliche Immobiliarvollstr versucht worden ist (KG aaO). Es ist vielmehr eine Abwägung der verschiedenen VollstrMöglichkeiten erforderlich. Schließlich kann auch nicht eine Durchsuchung allein deswegen als unverhältnismäßig angesehen werden, weil es nur um eine geringe Forderung geht (OLG D'dorf NJW 80, 1171; *Schneider,* NJW 80, 2384 m w N). Gerade bei geringen Forderungen hat der VollstrSchuldner in der Regel auch ohne weiteres die Möglichkeit, die Vollstr durch Zahlung abzuwenden. Allerdings ist in solchen Fällen eine besonders sorgfältige Abwägung erforderlich, da die Schutzinteressen des Schuldners bei geringen Forderungen erhöhte Bedeutung gewinnen (*Schneider* aaO m w N; vgl auch BVerfGE 51, 173; BFH BStBl 80, 399).

Voraussetzung für die Durchsuchung einer Wohnung ist immer, daß der VollstrSchuldner Gewahrsam an ihr hat. In Räumen des Untermieters hat der Schuldner keinen Gewahrsam. Mitgewahrsam des VollstrSchuldners an einer Wohnung (zB Wohnung der Ehefrau, Freundin oder eines Freundes) reicht aber aus (vgl LG Koblenz DGVZ 82, 90; *Baumbach-Lauterbach,* ZPO, § 758 A 3 A; *TK* RNr 6; *Schneider,* NJW 80, 2380 m w N; aA *Kottmann* DÖV 80, 902). Fehlt es am Gewahrsam des VollstrSchuldners dürfen die Räume nur mit Zustimmung des Gewahrsamsinhabers betreten oder durchsucht werden.

Die Begriffe „Wohn- und Geschäftsräume" umschreiben den Begriff **„Wohnung" iS von Art 13 GG.** In diesem Sinne handelt es sich neben Wohnräumen um alle gemischt genutzten Räume, Arbeits-, Betriebs- und Geschäftsräume einschl Garten, Hof usw, sowie überhaupt jedes befriedete Besitztum (BVerfGE 32, 54 ff; *Schmidt-Bleibtreu/Klein,* GG, Art 13 RNr 3; *TK* Rnr 6).

Für das Öffnen der Behältnisse ist keine richterliche Anordnung erforderlich. Ebenso ist für Taschenpfändung keine richterliche Anordnung erforderlich (OLG Köln ZIP 80, 386).

Behältnisse sind Möbelstücke, Taschen, Kassenschränke.

4. Öffnen von Türen und Behältnissen. Das Öffnen von Türen und Behältnissen muß **fachgerecht** geschehen. Die Verhältnismäßigkeit der Mittel ist hier zu beachten. Der Schaden muß so gering wie möglich gehalten werden (BGH NJW 57, 544).

5. Gewalt. Der VollstrBeamte darf Gewalt anwenden und sich dabei der **Polizei** bedienen. Voraussetzung ist, daß er Widerstand vorfindet. Ernstzunehmende Androhung von Tätlichkeiten reicht aus (*TK* RNr 10). Vgl. dazu § 288 Anm 2.

2. Abschnitt. Vollstreckung wegen Geldforderungen   § 288

6. Richterliche Anordnung. Durch die Einführung des Abs 4 (s oben unter 2.) ist der frühere Streit, ob die Amtsgerichte oder Finanzgerichte für die richterliche Anordnung zuständig sind (für Finanzgerichte BFH BStBl 77, 183; 80, 86; 80, 399; 80, 408; 80, 658; für Amtsgericht FG Nieders EFG 80, 32; Hess FG EFG 80, 8), zugunsten der Amtsgerichte entschieden worden. Die Amtsgerichte verfahren dabei nach dem **Verfahrensrecht der ZPO** und nicht der FGO (KG NJW 82, 2326; *TK* RNr 4; aA *Rößler*, NJW 81, 25). Gegen die Entscheidungen der Amtsgerichte ist der Rechtsmittelzug der ZPO eröffnet (KG aaO). Das richtige Rechtsmittel gegen eine ohne vorherige Anhörung erlassene richterliche Durchsuchungsanordnung ist daher die VollstrErinnerung gem § 766 ZPO und nicht die sofortige Beschwerde nach § 793 ZPO (KG NWB Fach 1, 148 – 21/1986 –). Das zuständige Amtsgericht hat zu prüfen, ob die formellen allgemeinen VollstrVoraussetzungen vorliegen (BFH 80, 399; *TK* RNr 4; *Rößler*, NJW 83, 661). Der zu vollstreckende VerwAkt selbst ist in diesem Rahmen nicht nachprüfbar (vgl BVerfGE 57, 134). Die richterliche Durchsuchungsanordnung braucht dem VollstrSchuldner nicht zugestellt zu werden (BFH BStBl 80, 399). Vorherige Bekanntgabe der Durchsuchungsanordnung ist jedoch geboten, wenn eine VollstrVereitelung nach den Umständen des Einzelfalls nicht zu erwarten ist (FG Hessen, EFG 80, 112). Nach FG BadWürtt (EFG 88, 102) soll eine aufgrund einer Durchsuchungsanordnung des Amtsgerichts vom FA ausgebrachte Sachpfändung nicht deshalb rechtswidrig sein, weil auf Rechtsmittel des VollstrSchuldners hin das Landgericht feststellt, daß die Durchsuchungsanordnung nicht unter Beachtung der vorgeschriebenen Form erlassen wurde und deshalb rechtswidrig ist. Diese Auffassung ist bedenklich, weil damit der Rechtsschutz nach der ZPO unterlaufen wird.

§ 288 Zuziehung von Zeugen

Wird bei einer Vollstreckungshandlung Widerstand geleistet oder ist bei einer Vollstreckungshandlung in den Wohn- oder Geschäftsräumen des Vollstreckungsschuldners weder der Vollstreckungsschuldner noch eine Person, die zu seiner Familie gehört oder bei ihm beschäftigt ist, gegenwärtig, so hat der Vollziehungsbeamte zwei Erwachsene oder einen Gemeinde- oder Polizeibeamten als Zeugen zuzuziehen.

1. Inhalt. Die Vorschrift deckt sich weitgehend mit § 336 RAO und § 759 ZPO. Sie erfaßt zwei Fälle, und zwar den Fall, daß bei einer VollstrHandlung Widerstand geleistet wird, und den Fall, daß der VollstrSchuldner oder ihm nahe stehende Personen nicht anwesend sind.

2. Widerstand. Widerstand ist gegeben, wenn die Durchführung der VollstrHandlung nicht ohne Gewalt möglich erscheint, auch **schon bei** ernstzunehmender **Androhung** von Tätlichkeiten oder wenn nach früheren Erfahrungen mit Tätlichkeiten zu rechnen ist (*TK* § 287 RNr 10). Die in diesem Fall gebotene Zuziehung von Zeugen steht neben der Möglichkeit nach § 287 III, den Widerstand mit Hilfe von Polizeibeamten zu brechen.

3. Anwesenheit. Die Anwesenheit bezieht sich direkt auf die VollstrHandlungen. Bei anwesenden Familienmitgliedern braucht es sich nicht

§ 289

6. Teil. Vollstreckung

um Angehörige im engeren Sinne zu handeln. Es können auch Familienmitglieder wie zB Pflegekinder sein, die mit in der Familie des VollstrSchuldners leben und wirtschaftl von ihm abhängig sind (*TK* RNr 1). Die anwesenden Familienmitglieder oder Beschäftigten des VollstrSchuldners müssen **erwachsen** (nicht volljährig) sein. Das bedeutet, sie müssen von ihrer äußeren Erscheinung her den Eindruck machen, daß sie eine Vorstellung von der Bedeutung des Vorgangs haben (VGH Mannheim NJW 78, 719).

4. Wohnung. Der Begriff Wohnung entspr **Art 13 I GG;** umfaßt auch Arbeits-, Betriebs- und Geschäftsräume.

5. Zeuge. Der Zeuge muß erwachsen iSv obigen Ausführungen unter 3. sein. Er erhält eine Entschädigung nach dem ZeuSEntschG. Die Entschädigung wird als Auslage nach § 344 I Nr 7 erhoben (*HHSp* RNr 107).

6. Folgen von Verstößen. Verstöße gegen die Vorschr machen die **VollstrHandlung anfechtbar** mit der Beschwerde nach § 349, jedoch nicht, wenn der VollzBeamte gehindert wird, Polizeibeamte oder Zeugen beizuziehen (BGHSt 5, 93; *TK* RNr 3).

§ 289 Zeit der Vollstreckung

(1) Zur Nachtzeit (§ 188 Abs. 1 der Zivilprozeßordnung) sowie an Sonntagen und staatlich anerkannten allgemeinen Feiertagen darf eine Vollstreckungshandlung nur mit schriftlicher Erlaubnis der Vollstreckungsbehörde vorgenommen werden.

(2) Die Erlaubnis ist bei der Vollstreckungshandlung vorzuzeigen.

1. Inhalt. Die Vorschrift entspricht § 337 RAO. Sie macht VollstrHandlungen zur Nachtzeit oder an Sonn- und Feiertagen von besonderen formalen Voraussetzungen abhängig.

2. Nachtzeit. Die Nachtzeit umfaßt in dem Zeitraum v 1. 4. bis 30. 9. die Stunden von 9 Uhr abends bis 4 Uhr morgens und in dem Zeitraum v 1. 10. bis 31. 3. die Stunden von 9 Uhr abends bis 6 Uhr morgens.

3. Feiertage. Die Feiertage richten sich nach LandesR. Es sind nur die **gesetzl** Feiertage gemeint.

4. Schriftliche Erlaubnis. Die schriftliche Erlaubnis gilt nur für die einzelne VollstrHandlung. Es können jedoch mehrere VollstrHandlungen durch **eine Verfügung** erlaubt werden. Die VollstrBehörde entscheidet über die Erlaubnis nach ihrem Ermessen. Wie bei allen VollstrHandlungen ist der Grundsatz der Verhältnismäßigkeit zu beachten. In der Regel ist es daher erforderlich, daß ein vergeblicher VollstrVersuch während der üblichen Arbeitszeit an einem Werktag vorausgegangen ist (LG Trier DGVZ 81, 13; *Baumbach-Lauterbach,* ZPO, § 761 A 1 B).

5. Mangelnde Erlaubnis. VollstrHandlungen ohne die erforderl Erlaubnis sind **anfechtbar.** (*TK* RNr 3, *HHSp* RNr 7).

2. Abschnitt. Vollstreckung wegen Geldforderungen §§ 290, 291

§ 290 Aufforderungen und Mitteilungen des Vollziehungsbeamten

Die Aufforderungen und die sonstigen Mitteilungen, die zu den Vollstreckungshandlungen gehören, sind vom Vollziehungsbeamten mündlich zu erlassen und vollständig in die Niederschrift aufzunehmen; können sie mündlich nicht erlassen werden, so hat die Vollstreckungsbehörde demjenigen, an den die Aufforderung oder Mitteilung zu richten ist, eine Abschrift der Niederschrift zu senden.

1. Inhalt. Die Vorschrift entspricht § 339 RAO und § 763 ZPO. Sie regelt die **Form**, in der mit VollstrHandlungen zusammenhängende **Aufforderungen** und **Mitteilungen** zu machen sind.

2. Aufforderungen, Mitteilungen. Welche Aufforderungen und Mitteilungen der VollzBeamte zu geben hat, ergibt sich aus Sinn und Zweck der Vollstr. ZB die Aufforderung zur freiwilligen Zahlung, die Aufforderung zum Öffnen von Türen und Behältnissen oder die Mitteilungen nach §§ 286 III, 307 I S 2.

3. Form der Niederschrift. Die zu übersendende Abschrift braucht nicht beglaubigt zu sein, einfacher Brief genügt (*TK* RNr 4). Zum Inhalt der Niederschrift s § 291 und hinsichtlich der Pfändungsniederschrift § 286 A 10.

§ 291 Niederschrift

(1) Der Vollziehungsbeamte hat über jede Vollstreckungshandlung eine Niederschrift aufzunehmen.

(2) Die Niederschrift muß enthalten:
1. Ort und Zeit der Aufnahme,
2. den Gegenstand der Vollstreckungshandlung unter kurzer Erwähnung der Vorgänge,
3. die Namen der Personen, mit denen verhandelt worden ist,
4. die Unterschriften der Personen und die Bemerkung, daß nach Vorlesung oder Vorlegung zur Durchsicht und nach Genehmigung unterzeichnet sei,
5. die Unterschrift des Vollziehungsbeamten.

(3) Hat einem der Erfordernisse unter Absatz 2 Nr. 4 nicht genügt werden können, so ist der Grund anzugeben.

1. Inhalt. Die Vorschrift entspricht § 338 RAO und § 762 ZPO. Sie schreibt dem VollzBeamten aus **Gründen der Beweissicherung** zwingend die Aufnahme einer Niederschrift über jede Vollstreckungshandlung vor.

2. Wesen der Niederschrift. Die Niederschrift ist eine **öffentl Urkunde** iSv § 415 ZPO und § 348 StGB (RGSt 60, 27). Da sie nur der Beweissicherung dient, macht die Verletzung der Pflicht zur Aufnahme einer Niederschrift die Vollstreckungshandlung **nicht anfechtbar**. Bei der Anschlußpfändung nach § 307 ist die Niederschrift allerdings Voraussetzung für die Wirksamkeit der Pfändung.

3. Vollstreckungshandlungen. VollstrHandlungen sind alle Handlungen, die der VollzBeamte zum **Zwecke der ZwVollst** vornimmt (vgl. *TK*

§ 292   6. Teil. Vollstreckung

§ 291 RNr 2). Dazu gehören zB Betreten der Wohnung, Durchsuchung der Wohnung, Pfändung, Wegschaffen gepfändeter Sachen usw.

Nähere Einzelheiten über die Niederschrift bei den verschiedenen VollstrHandlungen sind in der VollzA, insbesondere dort in Abschn 20, geregelt (vgl dazu § 285 A 2; zu weiteren Einzelheiten der Pfändungsniederschrift s § 286 A 10).

§ 292 Abwendung der Pfändung

(1) Der Vollstreckungsschuldner kann die Pfändung nur abwenden, wenn er den geschuldeten Betrag an den Vollziehungsbeamten zahlt oder nachweist, daß ihm eine Zahlungsfrist bewilligt worden ist oder daß die Schuld erloschen ist.

(2) Absatz 1 gilt entsprechend, wenn der Vollstreckungsschuldner eine Entscheidung vorlegt, aus der sich die Unzulässigkeit der vorzunehmenden Pfändung ergibt oder wenn er eine Post- oder Bankquittung vorlegt, aus der sich ergibt, daß er den geschuldeten Betrag eingezahlt hat.

1. Inhalt Die Vorschrift entspricht § 354 RAO. Sie ist im Zusammenhang mit §§ 251, 257, 258, 298 zu sehen. Nach diesen Bestimmungen entscheidet über die Aussetzung der Vollziehung, den VollstrAufschub oder über die Einstellung der Vollstr die VollstrBehörde oder sogar die Veranlagungsstelle oder das FG. Haben solche Entscheidungen, weil sie zB erst kurzfristig vorher ergangen sind, noch nicht ihren Niederschlag in einer Rücknahme des VollstrAuftrags gefunden, könnte dem VollstrSchuldner durch die Fortsetzung der Vollstr ein unabwendbarer Schaden entstehen. Vor allem könnte die Einstellung der Vollstr nach § 258 durch die VollstrBehörde zu spät kommen, wenn der VollstrSchuldner zB erst kurz vor oder sogar erst bei Tätigwerden des VollzBeamten die Schuld getilgt hat. Der VollstrSchuldner hat daher unter den Voraussetzungen des § 292 einen **Rechtsanspruch** darauf, daß die VollstrHandlungen des VollzBeamten nicht fortgesetzt werden. Ein Verstoß dagegen macht die VollstrHandlungen **anfechtbar** (*HHSp* RNr 4).

Der Anspruch geht auf **Abwendung der Pfändung.** Das Betreten oder Durchsuchen von Wohnungen ist zu unterlassen. Von noch nicht ausgeführten Pfändungen ist abzusehen. Gepfändete Sachen sind nicht zu verwerten oder die Verwertung einzustellen (vgl § 296 I). Dagegen geht der Anspruch nicht auf Aufhebung bereits getroffener VollstrMaßnahmen (*HHSp* RNr 5).

Die Vorschr gilt nur für die Pfändung von Sachen (aA *TK* RNr 41). Für die Forderungspfändung besteht nicht ein entsprechendes Bedürfnis, weil die Entscheidungen über VollstrHandlungen hier ohnehin von der VollstrBehörde getroffen werden, die auch die meisten der oben genannten Entscheidungen, zB über die Einstellung der Vollstr, trifft.

2. Abs I. Zur Zahlung an den VollzBeamten durch Scheck s §§ 25 und 26 VollzA (vgl dazu § 285 A 2). Der Nachweis von Zahlungsfristen kann durch Vorlage von Stundungsverfügungen nach § 222 oder Zahlungsaufschub nach § 223 erbracht werden. Das Erlöschen der Schuld kann durch

2. Abschnitt. Vollstreckung wegen Geldforderungen § 293

Zahlungsnachweis (zB Quittung der Finanzkasse) oder durch Erlaßbescheide nach §§ 163, 227 nachgewiesen werden. Zwar kann die Schuld auch durch Aufrechnung (§ 226) oder durch Verjährung (§ 232) erloschen sein. Diese Erlöschensgründe sind aber nicht ohne weiteres nachzuweisen, weil sie häufig mit komplizierten Rechtsfragen verbunden sind. Der VollstrSchuldner kann sie daher nicht im Rahmen des § 292, sondern gem § 256 nur als Einwendung außerhalb des VollstrVerfahrens geltend machen (*HHSp* RNr 16).

3. Abs II. Entscheidungen, aus denen sich die Unzulässigkeit der vorzunehmenden Pfändung ergibt, können **Entscheidungen** der **Veranlagungsstelle** nach § 361 II oder nach § 69 II FGO oder des **FG** nach § 69 III FGO über die Aussetzung der Vollz sowie Entscheidungen nach §§ 257, 258 über die Einstellung oder Beschränkung der Vollstr sein. Es kann sich auch um endgültige Entscheidungen oder einstweilige Anordnungen der Zivilgerichte im Rahmen des § 262 handeln, da sich aus diesen Entscheidungen ebenfalls die Unzulässigkeit weiterer Vollstr ergibt oder ergeben kann (s § 262 A 5). Auf § 57 II der aufgehobenen BeitrO (Art 96 Nr 10 EGAO), der für die zivilgerichtl Entscheidungen etwas anderes vorsah, kann angesichts des klaren Wortlauts des § 292 nicht mehr zurückgegriffen werden (aA *HHSp* RNr 17).
Als Postquittung iSv Abs II dient jede nach PostR zulässige Einzahlungsquittung, insbesondere auf Postanweisung, Zahlkarte, Lastschriftzettel und Einlieferungsbuch, Bankquittung sind auch die mit Annahmestempel der Bank versehenen Durchdrucke von Überweisungsformularen. Der bloße Durchdruck von Überweisungsträgern ohne Annahmestempel der Bank ist keine Bankquittung. Allerdings reicht die Vorlage eines solchen Durchdrucks aus, wenn der entsprechende Kontoauszug der Bank beigefügt ist (*TK* RNr 7).

§ 293 Pfand- und Vorzugsrechte Dritter

(1) ¹Der Pfändung einer Sache kann ein Dritter, der sich nicht im Besitz der Sache befindet, auf Grund eines Pfand- oder Vorzugsrechtes nicht widersprechen. ²Er kann jedoch vorzugsweise Befriedigung aus dem Erlös verlangen ohne Rücksicht darauf, ob seine Forderung fällig ist oder nicht.

(2) ¹Für eine Klage auf vorzugsweise Befriedigung ist ausschließlich zuständig das ordentliche Gericht, in dessen Bezirk gepfändet worden ist. ²Wird die Klage gegen die Körperschaft, der die Vollstreckungsbehörde angehört, und gegen den Vollstreckungsschuldner gerichtet, so sind sie Streitgenossen.

1. Inhalt. Die Vorschrift entspricht § 346 RAO. Sie stimmt ferner mit § 805 ZPO überein. § 805 IV ZPO, der eine Anordnung des Gerichts zur Hinterlegung des Erlöses zuläßt und einstw Anordnungen regelt, ist allerdings nicht übernommen. Diese Möglichkeiten gibt es also in den nach AO betriebenen VollstrVerfahren nicht. Das Gericht kann somit im Rahmen des § 293 **keine einstweiligen Anordnungen** treffen (*HHSp* RNr 16). Das ist anders als nach § 262 (s dort RNr 19).

§ 294

Die Vorschrift des § 293 steht im übrigen in engem Zusammenhang mit § 262. Es handelt sich um eine **mindere Widerspruchsklage** (*Baumbach-Lauterbach*, ZPO, § 805 Anm 2 A). Der Dritte, der ein Pfand- oder Vorzugsrecht an der Sache geltend macht und sich **nicht im Besitz** der Sache befindet, hat nur die Möglichkeit dieser mindern Widerspruchsklage. Der Pfandgläubiger, der Besitz (auch Mitbesitz oder mittelbaren Besitz) an der Sache hat, kann dagegen nach § 262 vorgehen. Er kann sich aber auch mit einem Vorgehen nach § 293 begnügen und hat somit beide Möglichkeiten (s näher § 262 A 3).

2. Geltungsbereich. Die Vorschrift gilt nur bei **Pfändung bewegl Sachen** und von Früchten auf dem Halm, nicht bei ZwVollstr in unbewegl Sachen und bei Pfändung von Forderungen und Rechten. Dem Dritten steht ein Ablösungsrecht gem § 268 BGB zu (RGZ 146, 317).

3. Umfang des Rechtes. Das Recht der **vorzugsweisen Befriedigung** gibt dem Dritten den Anspr auf Befriedigung aus dem Reinerlös. Verwertung kann der Dritte nicht verhindern. Der Anspr auf bevorzugte Befriedigung aus dem Reinerlös besteht unabhängig davon, ob die durch das Pfand- oder Vorzugsrecht gesicherte Forderung fällig ist oder nicht. Die Forderung ist bei mangelnder Fälligkeit aber entspr §§ 1133, 1127 BGB abzuzinsen (*HHSp* RNr 10).

Die Klage auf vorzugsweise Befriedigung ist eine prozessuale **Gestaltungsklage**. Der Tenor des Urteils wird lauten, daß der Dritte vor dem StGläubiger aus dem Reinerlös zu befriedigen ist. Zur Frage eines Vorverfahrens und der Zulässigkeit der Klage gilt das Gleiche wie zu § 262 (s dort A 6 und 7).

Pfand- und Vorzugsrechte sind die in den §§ 48 und 49 KO (*Thomas-Putzo*, ZPO, § 805 A 8 d) aufgeführten Rechte, also insbesondere alle Vertragspfandrechte, gesetzl Pfandrechte und Pfändungspfandrechte. Ferner das kaufmännische Zurückbehaltungsrecht nach §§ 369, 370 HGB. Das Sicherungseigentum ist nicht nach § 293, sondern nach § 262 zu behandeln (sehr str, s § 262 A 8 d).

4. Vorrang. Das Recht auf bevorzugte Befriedigung besteht nur, wenn das Recht vorrangig ist. Zum Rang der Pfand- und Vorzugrechte s § 282 A 4.

§ 294 Ungetrennte Früchte

(1) ¹Früchte, die vom Boden noch nicht getrennt sind, können gepfändet werden, solange sie nicht durch Vollstreckung in das unbewegliche Vermögen in Beschlag genommen worden sind. ²Sie dürfen nicht früher als einen Monat vor der gewöhnlichen Zeit der Reife gepfändet werden.

(2) Ein Gläubiger, der ein Recht auf Befriedigung aus dem Grundstück hat, kann der Pfändung nach § 262 widersprechen, wenn nicht für einen Anspruch gepfändet ist, der bei der Vollstreckung in das Grundstück vorgeht.

2. Abschnitt. Vollstreckung wegen Geldforderungen § 294

Übersicht

1. Inhalt der Vorschrift
2. Früchte auf dem Halm
3. Voraussetzung der Pfändung
4. Zeitpunkt der Pfändung
5. Widerspruchsklage
6. Recht auf Befriedigung aus dem Grundstück

1. Inhalt. Die Vorschrift entspricht inhaltl § 349 RAO und § 810 ZPO. Sie behandelt eine Ausnahme. Die ungetrennten Früchte, auch **Früchte auf dem Halm** genannt, sind nach §§ 93, 94 BGB wesentliche Bestandteile des Grundstücks. Sie dürfen daher an sich nicht der Vollstr in das bewegl, sondern nur der Vollstreckung in das unbewegl Vermögen nach §§ 322 ff unterliegen. § 294 erweitert in Übereinstimmung mit § 322 iVm § 865 II S 2 ZPO die Vollstr in das bewegl Vermögen auf diese Früchte.

Dementsprechend gelten auch die für das bewegl Vermögen geltenden Vorschriften des § 295 iVm §§ 811 ff. ZPO über die **Unpfändbarkeit von Sachen** für diese Früchte. Im Rahmen des § 294 dürfen daher nicht gepfändet werden: nach § 295 iVm § 811 Nr 2 ZPO Früchte, die als Nahrungsmittel für den VollstrSchuldner, seine Familie und Hausangehörigen für die Dauer von vier Wochen erforderl sind, ferner nach § 295 iVm § 811 Nr 4 ZPO Früchte, die als landwirtschaftl Erzeugnisse zur Fortführung der Landwirtschaft des VollstrSchuldners bis zu der Zeit erforderlich sind, zu der gleiche oder ähnliche Erzeugnisse voraussichtlich gewonnen werden können (allg M, s *HHSp* RNr 8; *Thomas-Putzo*, ZPO, § 810 A 1 c). Letztere Früchte wären auch schon nach § 322 iVm § 865 I S 1 ZPO, § 98 Nr 2 BGB als Zubehör des Grundstücks nicht pfändbar.

2. Früchte auf dem Halm. Wie sich aus § 294 I S 2 ergibt, werden abweichend von § 99 BGB nur solche Früchte erfaßt, die periodisch geerntet werden, zB Ackerfrüchte, Obst, Gras usw, nicht aber Holz, Torf, Steine und dgl (allg M, s *HHSp* RNr 4; *Baumbach-Lauterbach*, ZPO, § 810 A 1 B).

3. Voraussetzung der Pfändung. Voraussetzung der Pfändung ist, daß die Früchte nicht durch Vollstr in das **unbewegl Vermögen** nach §§ 20, 21, 148 ZVG (Zwangsversteigerung oder Zwangsverwaltung) in Beschlag genommen worden sind. Zu beachten ist, daß im Falle der Zwangsversteigerung (anders nach § 148 I ZVG bei der Zwangsverwaltung) bei Pachtverhältnissen an dem Grundstück nach § 21 III ZVG die dem Pächter zustehenden Früchte nicht erfaßt werden. Sie können also gegenüber dem Pächter als VollstrSchuldner trotz Beschlagnahme des Grundstücks gepfändet werden (*HHSp* RNr 5, *TK* RNr 4). Der Verstoß gegen das Pfändungsverbot nach Beschlagnahme macht die Pfändung unwirksam (*TK* RNr 4).

4. Zeitpunkt der Pfändung. Die Pfändung darf frühestens einen Monat vor gewöhnlicher **Reifezeit** erfolgen. Was gewöhnliche Reifezeit ist, bestimmt sich nach Fruchtart und Durchschnittserfahrung der betreffenden Gegend und Lage. Wird vorzeitig gepfändet, ist die Pfändung anfechtbar. Der Mangel wird aber geheilt, wenn die Pfändung später den zulässigen Zeitpunkt erreicht (*HHSp* RNr 9), ohne vorher aufgehoben worden zu sein.

§ 295

5. Widerspruchsklage. Abs II macht deutlich, daß trotz der Pfändungsmöglichkeit die Früchte weiter im Rahmen des unbeweglichen Vermögens haften. Wer gegenüber dem Pfändungspfandrecht **vorrangige Rechte** auf Befriedigung aus dem Grundstück hat, kann die Drittwiderspruchsklage nach § 262 erheben. Ein Realgläubiger kann auch das mindere Recht nach § 293 geltend machen (*Baumbach-Lauterbach*, ZPO, § 810 A 3).

6. Recht auf Befriedigung aus dem Grundstück. Wer ein Recht auf Befriedigung aus dem Grundstück und mit welchem Rang hat, ergibt sich aus **§ 10 ZVG**:

(1) Ein Recht auf Befriedigung aus dem Grundstück gewähren nach folgender Rangordnung, bei gleichem Range nach dem Verhältnis ihrer Beträge:
1. der Anspruch eines die Zwangsverwaltung betreibenden Gläubigers auf Ersatz seiner Ausgaben aus dem Grundstück zur Erhaltung oder nötigen Verbesserung des Grundstücks, im Falle der Zwangsversteigerung jedoch nur, wenn die Verwaltung bis zum Zuschlage fortdauert und die Ausgaben nicht aus den Nutzungen des Grundstücks erstattet werden können;
2. bei einem land- oder forstwirtschaftlichen Grundstück die Ansprüche der zur Bewirtschaftung des Grundstücks oder zum Betrieb eines mit dem Grundstück verbundenen land- oder forstwirtschaftlichen Nebenerwerbs angenommenen, in einem Dienst- oder Arbeitsverhältnis stehenden Personen, insbesondere des Gesindes, der Wirtschafts- und Forstbeamten, auf Lohn, Kostgeld und andere Bezüge wegen der laufenden und aus dem letzten Jahr rückständigen Beträge;
3. die Ansprüche auf Entrichtung der öffentlichen Lasten des Grundstücks wegen der aus den letzten vier Jahren rückständigen Beträge; wiederkehrende Leistungen, insbesondere Grundsteuern, Zinsen, Zuschläge oder Rentenleistungen, sowie Beträge, die zur allmählichen Tilgung einer Schuld als Zuschlag zu den Zinsen zu entrichten sind, genießen dieses Vorrecht nur für die laufenden Beträge und für die Rückstände aus den letzten zwei Jahren. Untereinander stehen öffentliche Grundstückslasten, gleichviel ob sie auf Bundes- oder Landesrecht beruhen, im Range gleich. Die Vorschriften des § 112 I und der §§ 113 und 116 des Gesetzes über den Lastenausgleich vom 14. August 1952 (BGBl. I S. 446) bleiben unberührt;
4. die Ansprüche aus Rechten an dem Grundstück, soweit sie nicht infolge der Beschlagnahme dem Gläubiger gegenüber unwirksam sind, einschließlich der Ansprüche auf Beträge, die zur allmählichen Tilgung einer Schuld als Zuschlag zu den Zinsen zu entrichten sind; Ansprüche auf wiederkehrende Leistungen, insbesondere Zinsen, Zuschläge, Verwaltungskosten oder Rentenleistungen, genießen das Vorrecht dieser Klage nur wegen der laufenden und der aus den letzten zwei Jahren rückständigen Beträge;
5. der Anspruch des Gläubigers, soweit er nicht in einer der vorhergehenden Klassen zu befriedigen ist;
6. die Ansprüche der vierten Klasse, soweit sie infolge der Beschlagnahme dem Gläubiger gegenüber unwirksam sind;
7. die Ansprüche der dritten Klasse wegen der älteren Rückstände;
8. die Ansprüche der vierten Klasse wegen der älteren Rückstände.

(2) Das Recht auf Befriedigung aus dem Grundstück besteht auch für die Kosten der Kündigung und der die Befriedigung aus dem Grundstück bezweckenden Rechtsverfolgung.

§ 295 Unpfändbarkeit von Sachen

¹Die §§ 811 bis 812 und 813 Abs. 1 bis 3 der Zivilprozeßordnung sowie die Beschränkungen und Verbote, die nach anderen gesetzlichen Vorschriften für die Pfändung von Sachen bestehen, gelten entsprechend.

2. Abschnitt. Vollstreckung wegen Geldforderungen § 295

²**An die Stelle des Vollstreckungsgerichts tritt die Vollstreckungsbehörde.**

Übersicht
1. Inhalt der Vorschrift
2. Anwendungsbereich
3. Maßgebender Zeitpunkt
4. Vorschriften der ZPO, die entsprechend gelten

1. Inhalt. Die Vorschrift behandelt die **Unpfändbarkeit** von Sachen entspr § 350 RAO. Sie verweist auf die Vorschriften der §§ 811 bis 813 I bis III ZPO. Andere gesetzliche Pfändungsverbote oder Beschränkungen, die ebenfalls entsprechend anwendbar sind, sind zB § 863 ZPO oder § 23 PostG (weitere Beispiele s *HHSp* RNr 40 ff). Im übrigen dürfen alle Sachen, die nicht veräußert werden dürfen (zB Lebensmittel iSv § 8 II LebmG), auch nicht gepfändet werden (*Koch* RNr 8).

2. Anwendungsbereich. Die Vorschr gilt nur für die **Vollstreckung wegen Geldforderungen.** Die Vollstreckung wegen Handlungen, Duldungen oder Unterlassungen nach § 328 ff oder die Erzwingung von Sicherheiten werden daher nicht erfaßt (*HHSp* RNr 5). Außerdem muß es sich um die **Pfändung von Sachen** handeln, wie die Stellung der Vorschr im Rahmen der Bestimmungen über die Vollstr in Sachen zeigt. Die Vorschr findet daher an sich auch keine Anwendung auf die Pfändung von Herausgabeansprüchen nach § 318, da hier die Regelungen über Forderungspfändungen gelten. Hier ist jedoch wegen des im § 295 zum Ausdruck kommenden allgemeinen Schutzzwecks mit der hM im Zivilprozeßrecht anzunehmen, daß die Sache, um deren Herausgabe es geht, nicht zugunsten des VollstrSchuldners unpfändbar sein darf (BFH BStBl 76, 737; *Thomas-Putzo,* ZPO, § 847 A 1 b; einschränkend *HHSp* RNr 6). Auf die Unpfändbarkeit in der Person des Drittschuldners kommt es nicht an.

Die Vorschr ist von Amts wegen anzuwenden. Wegen des sozialpolitischen Zwecks der Unpfändbarkeit ist ein **Verzicht** des VollstrSchuldners, auf den Pfändungsschutz **unwirksam** (BayObLG NJW 50, 697; OLG Bamberg MDR 81, 50; LG Oldenburg, DGVZ 80, 39; *TK* RNr 4; *HHSp* RNr 9; *Thomas-Putzo,* ZPO, § 811 A 1 d; aA *Baumbach-Lauterbach,* ZPO, § 811 A 1 Cb).

3. Maßgebender Zeitpunkt. Str ist, ob es allein darauf ankommt, ob die Unpfändbarkeit im Zeitpunkt der Pfändung gegeben ist oder ob auch **spätere Änderungen der Umstände** zu berücksichtigen sind. Im Rechtsbehelfs- und späteren Klageverfahren wird überwiegend auf die Verhältnisse im Zeitpunkt der Entscheidung über den Rechtsbehelf oder die Klage abgestellt (BFH BStBl 52, 90, 152; 76, 257; *HHSp* RNr 11; *Stein-Jonas,* ZPO, § 811 II 4 m w Nachw; aA *TK* RNr 4). Dann kann aber außerhalb des Rechtsbehelfsverfahrens nichts anderes gelten. Die Pfändung ist daher aufzuheben, wenn die Sache später unpfändbar wird. Die von der gegenteiligen hM (s *Thomas-Putzo* aaO; *Baumbach-Lauterbach,* ZPO, § 811 A 2B) geäußerte Befürchtung, der VollstrSchuldner könne durch Verkauf von Sachen dann nachträglich selbst die Unpfändbarkeit herbeiführen, müßte genauso für das Rechtsbehelfsverfahren gelten.

§ 295
6. Teil. Vollstreckung

Umgekehrt kommt eine Aufhebung nicht mehr in Betracht, wenn die Sache zunächst unpfändbar war, der Mangel aber später geheilt worden ist (OLG D'dorf NJW 78, 2603 m w Nachw; aA OLG Frankfurt NJW 78, 2397).

In jedem Fall gilt, daß die Pfändung einer unpfändbaren Sache die Pfändung **nicht wirkungslos, sondern** nur mit der Beschwerde **anfechtbar** macht (OLG Düsseldorf NJW 78, 2603).

4. Vorschriften der ZPO, die entsprechend gelten:
§ 811 ZPO [Unpfändbare Sachen]

Folgende Sachen sind der Pfändung nicht unterworfen:
1. die dem persönlichen Gebrauch oder dem Haushalt dienenden Sachen, insbesondere Kleidungstücke, Wäsche, Betten, Haus- und Küchengeräte, soweit der Schuldner ihrer zu einer seiner Berufstätigkeit und seiner Verschuldung angemessenen, bescheidenen Lebens- und Haushaltsführung bedarf; ferner Gartenhäuser, Wohnlauben und ähnliche Wohnzwecken dienende Einrichtungen, die der Zwangsvollstreckung in das bewegliche Vermögen unterliegen und deren der Schuldner oder seine Familie zur ständigen Unterkunft bedarf;
2. die für den Schuldner, seine Familie und seine Hausangehörigen, die ihm im Haushalt helfen, auf vier Wochen erforderlichen Nahrungs-, Feuerungs- und Beleuchtungsmittel oder, soweit für diesen Zeitraum solche Vorräte nicht vorhanden und ihre Beschaffung auf anderem Wege nicht gesichert ist, der zur Beschaffung erforderliche Geldbetrag;
3. Kleintiere in beschränkter Zahl sowie eine Milchkuh oder nach Wahl des Schuldners statt einer solchen insgesamt zwei Schweine, Ziegen oder Schafe, wenn diese Tiere für die Ernährung des Schuldners, seiner Familie oder Hausangehörigen, die ihm im Haushalt, in der Landwirtschaft oder im Gewerbe helfen, erforderlich sind; ferner zur Fütterung und zur Streu auf vier Wochen erforderlichen Vorräte oder, soweit solche Vorräte nicht vorhanden sind und ihre Beschaffung für diesen Zeitraum auf anderem Wege nicht gesichert ist, der zu ihrer Beschaffung erforderliche Geldbetrag;
4. bei Personen, die Landwirtschaft betreiben, das zum Wirtschaftsbetrieb erforderliche Gerät und Vieh nebst dem nötigen Dünger sowie die landwirtschaftlichen Erzeugnisse, soweit sie zur Sicherung des Unterhalts des Schuldners, seiner Familie und seiner Arbeitnehmer oder zur Fortführung der Wirtschaft bis zur nächsten Ernte gleicher oder ähnlicher Erzeugnisse erforderlich sind;
4a. bei Arbeitnehmern in landwirtschaftlichen Betrieben die ihnen als Vergütung gelieferten Naturalien, soweit der Schuldner ihrer zu seinem und seiner Familie Unterhalt bedarf;
5. bei Personen, die aus ihrer körperlichen oder geistigen Arbeit oder sonstigen persönlichen Leistungen ihren Erwerb ziehen, die zur Fortsetzung dieser Erwerbstätigkeit erforderlichen Gegenstände;
6. bei den Witwen und minderjährigen Erben der unter Nr. 5 bezeichneten Personen, wenn sie die Erwerbstätigkeit für ihr Rechnung durch einen Stellvertreter fortführen, die zur Fortführung dieser Erwerbstätigkeit erforderlichen Gegenstände;
7. Dienstkleidungsstücke sowie Dienstausrüstungsgegenstände, soweit sie zum Gebrauch des Schuldners bestimmt sind, sowie bei Beamten, Geistlichen, Rechtsanwälten, Notaren, Ärzten und Hebammen die zur Ausübung des Berufes erforderlichen Gegenstände einschließlich angemessener Kleidung;
8. bei Personen, die wiederkehrende Einkünfte der in den §§ 850 bis 850h bezeichneten Art beziehen, ein Geldbetrag, der dem der Pfändung nicht unterworfenen Teil der Einkünfte für die Zeit von der Pfändung bis zu dem nächsten Zahlungstermin entspricht;
9. die zum Betrieb einer Apotheke unentbehrlichen Geräte, Gefäße und Waren;

10. die Bücher, die zum Gebrauch des Schuldners und seiner Familie in der Kirche oder Schule oder einer sonstigen Unterrichtsanstalt oder bei der häuslichen Andacht bestimmt sind;
11. die in Gebrauch genommenen Haushaltungs- und Geschäftsbücher, die Familienpapiere sowie die Trauringe, Orden und Ehrenzeichen;
12. künstliche Gliedmaßen, Brillen und andere wegen körperlicher Gebrechen notwendige Hilfsmittel, soweit diese Gegenstände zum Gebrauch des Schuldners und seiner Familie bestimmt sind;
13. die zur unmittelbaren Verwendung für die Bestattung bestimmten Gegenstände;
14. nicht zur Veräußerung bestimmte und im häuslichen Bereich gehaltene Hunde und andere Tiere, wenn ihr Wert 500 Deutsche Mark nicht übersteigt.

§ 811a ZPO [Austauschpfändung]

(1) Die Pfändung einer nach § 811 Nr. 1, 5 und 6 unpfändbaren Sache kann zugelassen werden, wenn der Gläubiger dem Schuldner vor der Wegnahme der Sache ein Ersatzstück, das dem geschützten Verwendungszweck genügt, oder den zur Beschaffenheit eines solchen Ersatzstückes erforderlichen Geldbetrag überläßt; ist dem Gläubiger die rechtzeitige Ersatzbeschaffung nicht möglich oder nicht zuzumuten, so kann die Pfändung mit der Maßgabe zugelassen werden, daß dem Schuldner der zur Ersatzbeschaffung erforderliche Geldbetrag aus dem Vollstreckungserlös überlassen wird (Austauschpfändung).

(2) Über die Zulässigkeit der Austauschpfändung entscheidet das Vollstreckungsgericht auf Antrag des Gläubigers durch Beschluß. Das Gericht soll die Austauschpfändung nur zulassen, wenn sie nach Lage der Verhältnisse angemessen ist, insbesondere wenn zu erwarten ist, daß der Vollstreckungserlös den Wert des Ersatzstückes erheblich übersteigen werde. Das Gericht setzt den Wert eines vom Gläubiger angebotenen Ersatzstückes oder den zur Ersatzbeschaffung erforderlichen Geldbetrag fest. Bei der Austauschpfändung nach Absatz 1 Halbsatz 1 ist der festgesetzte Betrag dem Gläubiger aus dem Vollstreckungserlös zu erstatten; er gehört zu den Kosten der Zwangsvollstreckung.

(3) Der dem Schuldner überlassene Geldbetrag ist unpfändbar.

(4) Bei der Austauschpfändung nach Absatz 1 Halbsatz 2 ist die Wegnahme der gepfändeten Sache erst nach Rechtskraft des Zahlungsbeschlusses zulässig.

§ 811b ZPO [Vorläufige Austauschpfändung]

(1) Ohne vorgängige Entscheidung des Gerichts ist eine vorläufige Austauschpfändung zulässig, wenn eine Zulassung durch das Gericht zu erwarten ist. Der Gerichtsvollzieher soll die Austauschpfändung nur vornehmen, wenn zu erwarten ist, daß der Vollstreckungserlös den Wert des Ersatzstückes erheblich übersteigen wird.

(2) Die Pfändung ist aufzuheben, wenn der Gläubiger nicht binnen einer Frist von zwei Wochen nach Benachrichtigung von der Pfändung einen Antrag nach § 811a Abs. 2 bei dem Vollstreckungsgericht gestellt hat oder wenn ein solcher Antrag rechtskräftig zurückgewiesen ist.

(3) Bei der Benachrichtigung ist dem Gläubiger unter Hinweis auf die Antragsfrist und die Folgen ihrer Versäumung mitzuteilen, daß die Pfändung als Austauschpfändung erfolgt ist.

(4) Die Übergabe des Ersatzstückes oder des zu seiner Beschaffung erforderlichen Geldbetrages an den Schuldner und die Fortsetzung der Zwangsvollstreckung erfolgen erst nach Erlaß des Beschlusses gemäß § 811a Abs. 2 auf Anweisung des Gläubigers. § 811a Abs. 4 gilt entsprechend.

§ 811c ZPO [Vorwegpfändung]

(1) Ist zu erwarten, daß eine Sache demnächst pfändbar wird, so kann sie gepfändet werden, ist aber im Gewahrsam des Schuldners zu belassen. Die Vollstreckung darf erst fortgesetzt werden, wenn die Sache pfändbar geworden ist.

§ 296

(2) Die Pfändung ist aufzuheben, wenn die Sache nicht binnen eines Jahres pfändbar geworden ist.

§ 812 ZPO [Hausratspfändung]
Gegenstände, die zum gewöhnlichen Hausrat gehören und im Haushalt des Schuldners gebraucht werden, sollen nicht gepfändet werden, wenn ohne weiteres ersichtlich ist, daß durch ihre Verwertung nur ein Erlös erzielt werden würde, der zu dem Wert außer allem Verhältnis steht.

§ 813 ZPO [Schätzung]
(1) Die gepfändeten Sachen sollen bei der Pfändung auf ihren gewöhnlichen Verkaufswert geschätzt werden. Die Schätzung des Wertes von Kostbarkeiten soll einem Sachverständigen übertragen werden. In anderen Fällen kann das Vollstreckungsgericht auf Antrag des Gläubigers oder des Schuldners die Schätzung durch einen Sachverständigen anordnen.

(2) Ist die Schätzung des Wertes bei der Pfändung nicht möglich, so soll sie unverzüglich nachgeholt und ihr Ergebnis nachträglich in der Niederschrift über die Pfändung vermerkt werden.

(3) Zur Pfändung von Früchten, die von dem Boden noch nicht getrennt sind, und zur Pfändung von Gegenständen der in § 811 Nr. 4 bezeichneten Art bei Personen, die Landwirtschaft betreiben, soll ein landwirtschaftlicher Sachverständiger zugezogen werden, sofern anzunehmen ist, daß der Wert der zu pfändenden Gegenstände den Betrag von 1000 Deutsche Mark übersteigt.

§ 296 Verwertung

(1) Die gepfändeten Sachen sind auf schriftliche Anordnung der Vollstreckungsbehörde öffentlich zu versteigern, und zwar in der Regel durch den Vollziehungsbeamten; § 292 gilt entsprechend.

(2) Bei Pfändung von Geld gilt die Wegnahme als Zahlung des Vollstreckungsschuldners.

Übersicht

1. Inhalt der Vorschrift
2. Anordnung der Versteigerung
3. Öffentliche Versteigerung
4. Rechtsnatur der Versteigerung
5. Wegnahme von Geld
6. Rechtsbehelfe

1. Inhalt. Die Vorschrift entspricht weitgehend § 351 RAO. Daß das gepfändete Geld vom VollzBeamten an die VollstrBehörde abzuliefern ist, ist selbstverständlich und bedarf nicht mehr wie in § 351 RAO einer besonderen gesetzl Regelung. Ferner entspr die Vorsch im wesentlichen §§ 814 und 815 III ZPO. Sie schreibt für den Regelfall die Verwertung der gepfändeten Sachen durch öffentliche Versteigerung vor. **Ausnahmen** sind geregelt in Abs II und in §§ 300 III 2, 302 und 305.

§ 296 ist für den Bereich der Bundesfinanzverwaltung durch **verwaltungsinterne Richtlinien** näher konkretisiert worden (VerwertR v 4. 8. 77, VSF S 1625). Allgemein für die Finanzverwaltung sind nähere Regelungen in Abschn 51 ff VollzA enthalten.

2. Anordnung der Versteigerung. Die öffentliche Versteigerung ist von der VollstrStelle durch schriftlichen **Versteigerungsauftrag** anzuordnen. Bei Verstößen dagegen ist die Verwertung durch Versteigerung unzulässig. Anders als der VollstrAuftrag nach § 285 II ist der Versteigerungsauftrag wegen der Außenwirkung ein **VerwAkt** (*HHSp* RNr 18; *TK* RNr 2). Dieser VerwAkt ist gem § 122 dem VollstrSchuldner bekannt zu geben.

3. Öffentliche Versteigerung. Öffentl Versteigerung bedeutet einen öffentlichen Verkauf, bei dem das Publikum zur Abgabe von Geboten im gegenseitigen Wettbewerb aufgefordert wird (*HHSp* RNr 6). Öffentl ist die Versteigerung nur, wenn **jeder zugelassen** ist, soweit es Raum und Ordnung gestatten (*Baumbach-Lauterbach*, ZPO, § 814 A 1).

4. Rechtsnatur der Versteigerung. Versteigerung ist die Zwangsübertragung des Eigentums kraft Hoheitsaktes durch den VollzBeamten nach Art des Verkaufs (vgl. *Rosenberg*, Zivilprozeßrecht, § 191 IV 3 a). Es handelt sich somit nicht um einen Pfandverkauf iSv §§ 1228 ff BGB. Versteigerung ist staatl Hoheitsakt, VollzBeamter handelt nur als Beamter (RGZ 156, 395). Der Ersteher erwirbt Eigentum ungeachtet guten oder bösen Glaubens (hM, s *HHSp* RNr 17; *Stein-Jonas*, ZPO, § 814 A 1; aA *Wieczorek*, ZPO, § 814 Anm B II). Alle Rechte, die an der Sache bestanden haben, erlöschen. Voraussetzung ist allerdings, daß die Vollstr überhaupt zulässig ist, weil die Versteigerung eine ZwVollstrMaßnahme ist. Die Verwertung darf nicht dauernd oder auf Zeit ausgeschlossen sein. Der Ersteher erwirbt auch dann Eigentum, wenn die Pfändung unwirksam und aufgehoben ist (RGZ 104, 300; aA die hM, s *HHSp* RNr 18; *TK* RNr 3; *Rosenberg*, Zivilprozeßrecht, § 191 IV 3 a; *Stein-Jonas*, ZPO, § 814 A 1). Das folgt aus dem hoheitlichen Charakter der Eigentumsübertragung (s § 299 A a). Nur dann, wenn der Ersteher Kenntnis von der fehlenden Pfandverstrickung hat, dürfte der Eigentumserwerb ausgeschlossen sein (*Lindacher* JZ 70, 360).

5. Wegnahme von Geld. Unter Geld iS von Abs II sind nur Banknoten und Münzen der Bundesrepublik Deutschland zu verstehen, da nur dieses Geld unmittelbar der Berichtigung von Forderungen der FinBeh dienen kann. Ausländisches Geld, das nach § 286 ebenfalls wegzunehmen ist (s dort A 7), muß nach § 303 verwertet werden (*HHSp* RNr 26). Briefmarken können entspr Abs II des § 296 behandelt werden.

Das Geld, das mit Wegnahme nach Abs II als Zahlung gilt, geht unmittelbar in das Eigentum des VollstrGläubigers über (*HHSp* RNr 29; aA *TK* RNr 4).

6. Rechtsbehelfe. Bis zur Beendigung der Verwertung kann der VollstrSchuldner gegen die im VollstrVerfahren getroffenen Verwertungsmaßnahmen ebenso wie gegen den Versteigerungsauftrag (s oben A 2) Beschwerde nach § 349 einlegen. Unwirksam und daher auch noch nach Beendigung der Verwertung zu beachten ist die Versteigerung nur, wenn sie unter wesentlichen Formverstößen wie Versteigerung ohne Versteigerungsauftrag oder unter Verletzung des Grundsatzes der Öffentlichkeit erfolgt ist (s oben A 2 und 3). In diesen Fällen hat der Ersteher kein Eigentum an der Sache erworben.

§ 297 Aussetzung der Verwertung

Die Vollstreckungsbehörde kann die Verwertung gepfändeter Sachen unter Anordnung von Zahlungsfristen zeitweilig aussetzen, wenn die alsbaldige Verwertung unbillig wäre.

1. Inhalt. Die Vorschrift behandelt die Aussetzung der Verwertung aus **Billigkeitsgründen.** Sie entspr vollinhaltlich § 351a RAO. Eine ähnliche Vorschr, allerdings mit enger umschriebenen Voraussetzungen gibt es in § 813a ZPO. Im Grunde handelt es sich bei § 297 nur um einen Unterfall des § 258, der auch für die Verwertung gilt, da die Verwertung Teil der Vollstr ist. Die VollstrBehörde kann daher auch ohne Anordnung einer Zahlungsfrist den Weg nach § 258 gehen (*TK* RNr 1). Da § 297 nach den tatbestandlichen Voraussetzungen und dem Rechtsschutzziel § 258 entspricht, kann ebenso wie dort **vorläufiger** gerichtlicher **Rechtsschutz** nur über den Antrag auf Erlaß einer einstweiligen Anordnung erreicht werden (BFH BStBl 85, 194; vgl § 258 Anm 4).

2. Unbilligkeit der alsbaldigen Verwertung. Die Vorschrift findet nur Anwendung, wenn die **alsbaldige Verwertung** unbillig wäre. Ist eine Verwertung schlechthin unbillig, zB wegen der Art der Pfandsache (zB Familienandenken), gilt die Vorschrift nicht. Hier kann aber eine Anwendung des § 258 in Betracht kommen (*HHSp* RNr 5). Eine alsbaldige Verwertung ist dann unbillig, wenn unverzüglich oder innerhalb der in Aussicht genommenen Zahlungsfrist die Zahlung des Schuldners zu erwarten ist.

3. Anordnung einer Zahlungsfrist. Die VollstrBehörde muß bei der zeitweiligen Aussetzung eine Zahlungsfrist anordnen. Die Anordnung hat zwar stundungsartigen Charakter. Da es sich der Sache nach aber nicht um eine Stundung, sondern um einen VollstrAufschub nach § 258 handelt, fallen nicht Zinsen nach §§ 234, 237, sondern Säumniszuschläge nach § 240 an.

§ 298 Versteigerung

(1) Die gepfändeten Sachen dürfen nicht vor Ablauf einer Woche seit dem Tag der Pfändung versteigert werden, sofern sich nicht der Vollstreckungsschuldner mit einer früheren Versteigerung einverstanden erklärt oder diese erforderlich ist, um die Gefahr einer beträchtlichen Wertverringerung abzuwenden oder unverhältnismäßige Kosten längerer Aufbewahrung zu vermeiden.

(2) ¹Zeit und Ort der Versteigerung sind öffentlich bekanntzumachen; dabei sind die Sachen, die versteigert werden sollen, im allgemeinen zu bezeichnen. ²Auf Ersuchen der Vollstreckungsbehörde hat ein Gemeindebediensteter oder ein Polizeibeamter der Versteigerung beizuwohnen.

(3) Bei der Versteigerung gilt § 1239 Abs. 1 Satz 1 und Abs. 2 des Bürgerlichen Gesetzbuches entsprechend.

1. Inhalt. Die Vorschrift regelt **Einzelheiten** der Versteigerung gepfändeter Sachen entspr den §§ 352 und 353 RAO. Der Zuschlag wird allerdings erst in § 299 behandelt. In der ZPO entspricht § 816 I, II, IV der Regelung.

2. Abschnitt. Vollstreckung wegen Geldforderungen § 299

2. Wochenfrist. Die Wochenfrist ist eine **Schutzfrist** für den VollstrSchuldner. Er soll Gelegenheit haben, die Versteigerung abzuwenden und seine Schuld freiwillig zu begleichen. Aber auch Dritten soll Gelegenheit gegeben werden, etwaige Rechte nach §§ 262, 293 wahrzunehmen.

Die Wochenfrist kann nur durch die Ausnahme nach Abs I abgekürzt werden. Es muß entweder das Einverständnis des VollstrSchuldners gegeben sein oder die **Abkürzung** muß **erforderlich** sein, um die Gefahr einer beträchtl Wertminderung abzuwenden oder unverhältnismäßige Kosten längerer Aufbewahrung zu vermeiden. Abkürzung ist erforderl, wenn zB **Verderb der Sache** zu befürchten ist oder wenn aufgrund der Aufbewahrung hohe Aufbewahrungskosten oder Fütterungskosten entstehen.

3. Öffentliche Bekanntmachung. Öffentliche Bekanntmachung muß jeder öffentlichen Versteigerung vorausgehen. Ziel der öffentlichen Bekanntmachung ist es, daß möglichst viele Bieter erscheinen. Je nach Art der Pfandsachen und dem zu erwartenden Interesse können Anschlag am Dienstgebäude, oder Inserat in Tages- oder Fachzeitungen zweckmäßig sein (*TK* RNr 2). Der Ort der Versteigerung ist nicht wie in § 816 II ZPO vorgeschrieben, sondern liegt im Ermessen der VollstrBehörde.

4. Folgen von Verstößen. Die Nichteinhaltung der Wochenfrist macht die Versteigerung nicht unwirksam, aber **anfechtbar.** Nach Abschluß der Verwertung werden Rechtsbehelfe aber gegenstandslos. Es können aber Ansprüche nach § 839 BGB in Betracht kommen (*HHSp* RNr 4).

Wird die Versteigerung jedoch nicht öffentlich bekannt gemacht, ist sie wegen eines schweren Verfahrensverstoßes unwirksam (s § 296 A 3 und 6; aA *TK* RNr 2; *Baumbach-Lauterbach*, ZPO, § 816 A 3 B; *Thomas-Putzo*, ZPO, zu § 816, die alle nur Anfechtbarkeit und Amtspflichtverletzung annehmen).

5. Mitbietungsrecht der Beteiligten. Der **Pfandgläubiger** und der **Eigentümer** können bei der Versteigerung nach Abs III iVm § 1239 BGB mitbieten. Das Gebot des Eigentümers darf zurückgewiesen werden, wenn nicht der Betrag bar hinterlegt wird. Das gleiche gilt von dem Gebot des Schuldners, wenn das Pfand für eine fremde Schuld haftet. Ersteht der Eigentümer, so hält er die ihm schon gehörende Pfandsache lastenfrei, er kauft die **Lastenfreiheit** (s § 296 Anm 4).

§ 299 Zuschlag

(1) Dem Zuschlag an den Meistbietenden soll ein dreimaliger Aufruf vorausgehen; die Vorschriften des § 156 des Bürgerlichen Gesetzbuches sind anzuwenden.

(2) Die Aushändigung einer zugeschlagenen Sache darf nur gegen bare Zahlung geschehen.

(3) ¹Hat der Meistbietende nicht zu der in den Versteigerungsbedingungen bestimmten Zeit oder in Ermangelung einer solchen Bestimmung nicht vor dem Schluß des Versteigerungstermins die Aushändigung gegen Zahlung des Kaufgeldes verlangt, so wird die Sache anderweitig versteigert. ²Der Meistbietende wird zu einem weiteren Gebot

§ 299
6. Teil. Vollstreckung

nicht zugelassen; er haftet für den Ausfall, auf den Mehrerlös hat er keinen Anspruch.

(4) ¹Wird der Zuschlag dem Gläubiger erteilt, so ist dieser von der Verpflichtung zur baren Zahlung so weit befreit, als der Erlös nach Abzug der Kosten der Vollstreckung zu seiner Befriedigung zu verwenden ist. ²Soweit der Gläubiger von der Verpflichtung zur baren Zahlung befreit ist, gilt der Betrag als von dem Schuldner an den Gläubiger gezahlt.

Übersicht

1. Inhalt der Vorschrift
2. Anwendung des § 156 BGB
3. Zuschlag
4. Gebot
5. Eigentumsübergang
6. Fehlen der Zahlungsbereitschaft des Meistbietenden
7. Zuschlag an Vollstreckungsgläubiger

1. Inhalt. Die Vorschrift entspricht § 353 RAO. Anders als diese RAO-Bestimmung, die auf § 817 I bis XIII ZPO verweist, ist sie allerdings ausformuliert.

Sie regelt, wie die Pfandsache im Rahmen der Versteigerung **veräußert** wird. Dabei sind zwei Vorgänge zu unterscheiden, einmal der **Zuschlag,** der im Zivilrecht dem schuldrechtlichen Vertrag bzw dessen Zustandekommen vergleichbar ist, zum andern die **Aushändigung,** der im Zivilrecht die dingliche Eigentumsübertragung aufgrund des schuldrechtlichen Vertrages entspricht. Diese Parallelen zum Zivilrecht dürfen aber nicht zu dem Schluß verleiten, daß die Veräußerung im Rahmen der Versteigerung privatrechtl zu beurteilen sei. Die gesamte Veräußerung hat vielmehr **öffentl-rechtl Charakter** (hM, s *Baumbach-Lauterbach,* ZPO, § 817 Anm 1 A).

2. Anwendung des § 156 BGB. Für das Zustandekommen des **öffentl-rechtl Vertrages** verweist die Vorschrift auf § 156 BGB. Danach kommt bei einer Versteigerung „der Vertrag erst durch den Zuschlag zustande. Ein Gebot erlischt, wenn ein Überangebot abgegeben oder die Versteigerung ohne Erteilung des Zuschlags geschlossen wird."

Bei Versteigerungen gelten als **Vertragsantrag** die auf die Aufforderung des Versteigerer abgegebenen **Gebote,** als **Vertragsannahme** der **Zuschlag;** der Bieter hat daher keinen Anspr auf den Zuschlag. Die Bindung an den Antrag durch das Gebot besteht bis zur Abgabe eines höheren Gebotes unabhängig von dessen Gültigkeit oder bis zum Schluß der Versteigerung. Wichtig für die Versteigerung sind daher die gesetzlichen und etwaige weitere Versteigerungsbedingungen, die der VollzBeamte nach Abschn 54 I VollzA nach Eröffnung des Versteigerungstermins bekanntzugeben hat. Die gesetzl **Versteigerungsbedingungen** ergeben sich im wesentlichen aus §§ 283, 299, 300, 301 und § 156 BGB (*TK* RNr 2; s zu den Versteigerungsbedingungen auch Abschn 53 VollzA). Die Beteiligten können nen abweichende Regelungen vereinbaren. Das geschieht idR dadurch, daß der Versteigerer solche feststellt und die Bieter durch die Tatsache des Mitbietens sich einverstanden erklären. Von den gesetzl Versteigerungsbe-

2. Abschnitt. Vollstreckung wegen Geldforderungen **§ 300**

dingungen darf der VollzBeamte jedoch nur hinsichtlich der Entrichtung des beim Zuschlag genannten Betrages (zB Einräumung einer Zahlungsfrist) und mit vorheriger Zustimmung der VollstrStelle abweichen (Abschn 54 II VollzA). Anhand der Rechtslage im bürgerl Recht lassen sich die in § 299 verwendeten zentralen Begriffe des Zuschlags und des Gebots näher bestimmen.

3. Zuschlag. Der Zuschlag ist die **Annahme** des Meistgebotes und führt zu dem Vertrag, der öffentl-rechtl Charakter hat. Er kommt zwischen Staat und Meistbietendem zustande.

4. Gebot. Ist eine Prozeßhandlung, **Meistgebot** das höchste abgegebene Gebot, es gibt kein Recht auf Zuschlag (vgl *Thomas-Putzo* § 817 Anm 3).

5. Eigentumsübergang. Die Vorschr des § 299 weist für den Eigentumsübergang anders als für den zugrundeliegenden Vertrag nicht auf die entspr Vorschriften des BGB hin. Die hier vergleichbaren §§ 929 ff. BGB gelten daher nicht. Der **Eigentumsübergang** tritt allein **aufgrund der ordnungsmäßigen Aushändigung** der versteigerten Sache ein. Voraussetzung ist dabei, daß die Barzahlung geleistet worden ist und daß die Versteigerung nicht unter schweren Formfehlern (zB keine Öffentlichkeit) erfolgt ist (s § 296 Anm 2, 3 und 6, § 298 Anm 4).

Aushändigung ist die reale Übergabe der Sache. Es bestehen allerdings keine Bedenken, § 931 BGB ausnahmsweise dann entspr anzuwenden, wenn sich die Sache nicht am Ort der Versteigerung befindet. Hier muß die Übertragung des mittelbaren Besitzes genügen (*HHSp* RNr 20 m w Nachw).

6. Fehlen der Zahlungsbereitschaft des Meistbietenden. Bei mangelnder Zahlungsbereitschaft des Meistbietenden kommt es nach Abs III nicht zur Aushändigung der Sache. Er wird auch anders als beim schuldr Vertrag nicht am Vertrag festgehalten, sondern die Sache wird anderweitig versteigert. Andererseits **haftet** er aber **auf Ausfall,** auf den Mehrerlös hat er keinen Anspruch.

7. Zuschlag an Vollstreckungsgläubiger. Die Vorschrift des Abs IV, die die Ersteigerung durch den VollstrGläubiger betrifft, dürfte keine große Bedeutung haben, weil die VollstrBehörde wohl kaum mitbieten wird. Eine Anwendung kommt allerdings in Betracht, wenn ein anderer Gläubiger nach § 308 II die Vollstr betreibt. Handelt es sich allerdings um einen Gläubiger, der die Vollstr nach den Regeln der ZPO betreibt, würde nach § 817 IV ohnehin das gleiche gelten.

§ 300 Mindestgebot

(1) ¹**Der Zuschlag darf nur auf ein Gebot erteilt werden, das mindestens die Hälfte des gewöhnlichen Verkaufswertes der Sache erreicht (Mindestgebot).** ²**Der gewöhnliche Verkaufswert und das Mindestgebot sollen bei dem Ausbieten bekanntgegeben werden.**

(2) ¹**Wird der Zuschlag nicht erteilt, weil ein das Mindestgebot erreichendes Gebot nicht abgegeben worden ist, so bleibt das Pfandrecht bestehen.** ²**Die Vollstreckungsbehörde kann jederzeit einen neuen Ver-**

§ 300
6. Teil. Vollstreckung

steigerungstermin bestimmen oder eine anderweitige Verwertung der gepfändeten Sachen nach § 305 anordnen. ³Wird die anderweitige Verwertung angeordnet, so gilt Absatz 1 entsprechend.

(3) ¹Gold- und Silbersachen dürfen auch nicht unter ihrem Gold- oder Silberwert zugeschlagen werden. ²Wird ein den Zuschlag gestattendes Gebot nicht abgegeben, so können die Sachen auf Anordnung der Vollstreckungsbehörde aus freier Hand verkauft werden. ³Der Verkaufspreis darf den Gold- oder Silberwert und die Hälfte des gewöhnlichen Verkaufswertes nicht unterschreiten.

1. Inhalt. Die Vorschrift nennt zwei Werte, die bei der Veräußerung im Wege der Vollstr nicht unterschritten werden dürfen, und zwar die Hälfte des gewöhnl Verkaufswertes der Sache (Mindestgebot) und bei Gold- und Silbersachen zusätzl der Gold- und Silberwert. Sie entspricht vollinhaltl § 354 RAO und § 817a ZPO.

2. Mindestgebot. Das Mindestgebot ist in Abs. I **legal definiert.** Gewöhnlicher Verkaufswert ist der Preis, der bei freiem Verkauf erfahrungsgemäß erzielt wird, wobei die allgemeinen wirtschaftlichen, örtlichen und zeitlichen Verhältnisse zu berücksichtigen sind. Der gewöhnliche Verkaufswert ist nach § 295 iVm § 813 ZPO schon bei der Pfändung der Sache zu schätzen. Zur Zuziehung von Sachverständigen s § 813 I S 2 und III ZPO (abgedr unter § 295 Anm 4). Die Zuziehung eines Sachverständigen sollte überhaupt immer dann erfolgen, wenn es sich um wertvolle oder schwer zu bewertende Sachen handelt (s Abschn 51 V S 2 VollzA). Gegebenenfalls ist der Börsenmarktpreis anzusetzen. Gläubiger und Schuldner können geringeres Gebot vereinbaren (aA OLG München NJW 59, 1832; wie hier *Thomas/Putzo,* ZPO, § 818; *TK* RNr 1). Es müssen aber auch etwaige andere Pfandgläubiger zustimmen.

3. Neuer Versteigerungstermin. Wird ein Mindestgebot nicht erreicht, darf der Zuschlag nicht erteilt werden. **PfandR bleibt** bestehen. Es kann jederzeit ein neuer Versteigerungstermin auch an einem anderen Ort angesetzt werden, um weitere Verwertungsversuche zu machen. Es kann aber auch anderweitige Verwertung der gepfändeten Sachen nach § 305 angeordnet werden. Bei dem neuen Termin oder der anderweitigen Verwertung darf aber wiederum das Mindestgebot nicht unterschritten werden. Läßt sich auch dabei und evtl in einem weiteren Verwertungsversuch das Mindestgebot nicht erreichen, kann der VollstrSchuldner **mittels Beschwerde** die **Aufhebung der Pfändung** verlangen (*HHSp* RNr 10; *Stein-Jonas,* ZPO, § 817 A III).

4. Verstöße. Verstöße gegen die Vorschrift berühren die Wirksamkeit von Zuschlag und Ablieferung nicht. Sie können aber **Schadensersatz**forderungen nach § 839 BGB auslösen (vgl. *Thomas/Putzo,* ZPO, § 818 A 2). Anders ist es nur, wenn der VollzBeamte den Zuschlag unter dem Mindestgebot erteilt, obwohl der VollstrSchuldner dazu nicht sein Einverständnis erklärt hat. Dann erlangt der Ersteigerer kein Eigentum (*HHSp* RNr 7; *Baumbach-Lauterbach,* ZPO, § 817a A 1).

2. Abschnitt. Vollstreckung wegen Geldforderungen §§ 301, 302

§ 301 Einstellung der Versteigerung

(1) Die Versteigerung wird eingestellt, sobald der Erlös zur Deckung der beizutreibenden Beträge einschließlich der Kosten der Vollstreckung ausreicht.

(2) Die Empfangnahme des Erlöses durch den versteigernden Beamten gilt als Zahlung des Vollstreckungsschuldners, es sei denn, daß der Erlös hinterlegt wird (§ 308 Abs. 4).

1. Inhalt. Die Vorschrift regelt die **Einstellung** der Versteigerung nach Deckung der beizutreibenden Beträge und der Kosten. Sie entspr § 354a RAO und §§ 818, 819 ZPO.

2. Zu I Einstellung der Versteigerung. Die Vorschrift setzt eine **Mehrheit** von zu versteigernden **Sachen** voraus. Der Erlös muß auch die Ansprüche von Gläubigern decken, die im Anschluß gepfändet haben (§ 307). Das gilt aber nur für diejenigen Anschlußpfandgläubiger, für die die Wochenfrist nach § 298 I nach der Anschlußpfändung abgelaufen ist.

3. Zu II Erlös. Erlösempfang durch den VollstrBeamten gilt als **Zahlung** des VollstrSchuldners. Der Staat wird Eigentümer des Geldes bei Ablieferung an den VollstrBeamten, nicht erst, wenn dieser das Geld an der Kasse abgeliefert hat (ebenso *HHSp* RNr 10; aA *TK* RNr 2). Anders als bei PfandR im Zivilprozeß ist das PfandR im Steuerrecht mit der Zahlung des Erlöses an den VollstrBeamten erloschen. Der Erlös ist in der Hand eines annahmeberechtigten Beamten und damit im Eigentum des Staates. Das PfandR setzt sich an dem Erlös nicht fort.

4. Hinterlegung des Erlöses. Bei Hinterlegung des Erlöses nach § 308 IV gilt die Zahlung des VollstrSchuldners erst und in der Höhe als erfolgt, als die VollstrBehörde einen Betrag aus dem Verteilungsverfahren erhält.

§ 302 Wertpapiere

Gepfändete Wertpapiere, die einen Börsen- oder Marktpreis haben, sind aus freier Hand zum Tageskurs zu verkaufen; andere Wertpapiere sind nach den allgemeinen Vorschriften zu versteigern.

1. Inhalt. Die Vorschrift enthält Besonderheiten der Verwertung gepfändeter Wertpapiere, die einen Börsen- oder Marktpreis haben. Sie entspricht § 355 RAO und § 821 ZPO.

2. Begriff Wertpapiere. Wertpapiere iSv § 302 sind nur solche, bei denen das **Recht aus dem Papier** dem **Recht am Papier** folgt (dh, das Recht nur durch Vorlage einer Urkunde ausgeübt werden kann), insbesondere Aktien, Investmentanteile, Immobilienzertifikate, Inhaberschuldverschreibungen, zB Pfandbriefe, Kommunalobligationen, ferner ausländische Banknoten, auch auf den Inhaber lautende Grund- und Rentenschuldbriefe. Keine Wertpapiere sind Sparkassenbücher, Hypothekenbriefe, Schuldscheine; diese sind Legitimationspapiere. Für sie kommt zwar eine Hilfspfändung in Betracht. Entscheidend ist hier aber die Forderungspfändung nach § 309. Nicht unter § 302 fallen ferner Wechsel und andere durch

§ 303   6. Teil. Vollstreckung

Indossament übertragbare Papiere, die nach § 312 im Wege der Forderungspfändung gepfändet werden. Für sonstige Namenspapiere gilt § 302 (*TK* RNr 1). Zu beachten ist bei Namenspapieren aber § 303.

3. Börsen- und Marktpreis. Wertpapiere mit Börsen- und Marktpreis sind zum Tageskurs zu verkaufen. **Bezahlnotiz** ist maßgebend, nicht Geld- oder Briefnotiz. Die Wochenfrist des § 298 I gilt beim freihändigen Verkauf nicht (*HHSp* RNr 14).

4. Papiere ohne Börsen- und Marktpreis. Das sind nicht an Börsen notierte Wertpapiere, Inhabergrundschuldbriefe und Lotterielose (*Thomas-Putzo*, ZPO, § 821 Anm 1 b). Papiere ohne Börsen- und Marktpreis sind wie bewegl Sachen zu versteigern oder nach § 305 zu verwerten.

§ 303 Namenspapiere

Lautet ein gepfändetes Wertpapier auf einen Namen, so ist die Vollstreckungsbehörde berechtigt, die Umschreibung auf den Namen des Käufers oder, wenn es sich um ein auf einen Namen umgeschriebenes Inhaberpapier handelt, die Rückverwandlung in ein Inhaberpapier zu erwirken und die hierzu erforderlichen Erklärungen anstelle des Vollstreckungsschuldners abzugeben.

1. Inhalt. Die Vorschrift ermächtigt die VollstrBehörde, die für die Übertragung gepfändeter Namenspapiere erforderlichen Handlungen vorzunehmen. Sie entspricht § 357 RAO und den §§ 822 und 823 ZPO. Nicht unter die Vorschrift fallen Namenspapiere über Forderungen, die nach § 312 gepfändet werden.

2. Bedeutung. Die **Umschreibung** der auf den Namen lautenden Papiere ist für die Übertragung erforderlich, weil das verbriefte Recht demjenigen zusteht, dessen Name auf dem Papier angegeben ist. Die Übergabe des Papiers allein genügt nicht. Die VollstrBehörde setzt bei Übertragung von Namenspapieren das Indossament oder die Abtretungserklärung auf das Papier oder auf eine mit diesem verbundene Anlage. Die Umschreibung kann durch Indossament oder durch Abtretungserklärung erfolgen. Letzteres ist die gewöhnl Form bei Namenspapieren. Eine solche **Antretungserklärung** würde etwa lauten: „Aufgrund Zuschlags am Versteigerungstermin vom ... abgetreten an Herrn XY in Stuttgart, den ..., FA Stuttgart-Süd (Vollstreckungsstelle). Im Auftrag" (vgl *Liemann/Schwarz*, Steuerbeitreibungsrecht Bd 1, § 64 Anm 14). Bei Namensaktien hat die VollstrStelle nach Maßgabe des § 61 AktG die Umschreibung in dem Aktienbuch bewirken zu lassen und sodann das mit dem Vermerk der Umschreibung versehene Papier dem Ersteigerer oder dem Käufer auszuhändigen.

3. Inhaberpapiere außer Kurs. Ist ein Inhaberpapier durch Einschreibung auf den Namen oder in anderer Weise außer Kurs gesetzt, so kann der VollstrBeamte durch die VollstrStelle ermächtigt werden, die **Wiederinkurssetzung** zu erwirken und die hierzu erforderlichen Erklärungen an Stelle des Schuldners abzugeben. Ist die gepfändete Aktie aufgrund einer Bestimmung im Gesellschaftsvertrag zu einer Namensaktie umgewandelt worden, so kann der VollstrBeamte die zur Zurückverwandlung erforder-

2. Abschnitt. Vollstreckung wegen Geldforderungen §§ 304, 305

liche Erklärung des Aktionärs abgeben. Der Vorstand der AG hat die Umwandlung zu bewirken; im Weigerungsfalle ist vor den ordentlichen Gerichten zu klagen (vgl. *Liemann/Schwarz,* Steuerbeitreibungsrecht, Bd 1 § 64 Anm 13).

§ 304 Versteigerung ungetrennter Früchte
¹Gepfändete Früchte, die vom Boden noch nicht getrennt sind, dürfen erst nach der Reife versteigert werden. ²Der Vollziehungsbeamte hat sie abernten zu lassen, wenn er sie nicht vor der Trennung versteigert.

1. **Inhalt.** Die Vorschrift entspricht § 356 RAO und § 824 ZPO. Sie ist im Zusammenhang mit § 294 zu sehen. Die nach § 294 gepfändeten Früchte dürfen vor oder nach der Ernte, aber nicht vor der Reife versteigert werden.

2. **Bedeutung.** Es soll vorzeitige Verwertung der Früchte vor der Reife verhindert werden. Reife ist **tatsächl Reife.** Der Ersteher erwirbt Eigentum mit Barzahlung und Übergabeerklärung, abweichend von § 93 BGB. Die Früchte werden **nach der Pfändung wie bewegl Sachen** behandelt (*Baumbach-Lauterbach,* ZPO, § 824 Anm 1 A). Sie verlieren bis zur Trennung aber nicht wirklich ihren Charakter als wesentliche Bestandteile des Grundstücks. Eine nach der Pfändung oder sogar nach der Eigentumsübertragung erfolgende Beschlagnahme durch Zwangsversteigerung oder Zwangsverwaltung geht daher vor, außer beim Pächter (*Thomas-Putzo,* ZPO, zu § 824). Der neue Eigentümer kann dann die Früchte nicht mehr ernten. Er kann aber sein Eigentum nach § 37 Nr 4 ZVG anmelden und notfalls im Wege der Drittwiderspruchsklage nach § 771 ZPO geltend machen.

§ 305 Besondere Verwertung
Auf Antrag des Vollstreckungsschuldners oder aus besonderen Zweckmäßigkeitsgründen kann die Vollstreckungsbehörde anordnen, daß eine gepfändete Sache in anderer Weise oder an einem anderen Ort, als in den vorstehenden Paragraphen bestimmt ist, zu verwerten oder durch eine andere Person als den Vollziehungsbeamten zu versteigern sei.

1. **Inhalt.** Die Vorschrift entspricht § 398 RAO und § 825 ZPO. Regelfall der Verwertung bleibt nach §§ 296ff die Versteigerung. Nur in den §§ 300 III 2 und 302 sieht die AO eine Verwertung durch freihändigen Verkauf vor. § 305 nimmt diesen Bestimmungen den zwingenden Charakter und läßt allgemein aus Zweckmäßigkeitsgründen eine andere Art der Verwertung zu. Zweck dieser Regelung ist es, durch die Verwertung der Sache einen möglichst hohen Erlös zu erbringen.

2. **Voraussetzung der anderweitigen Verwertung.** Antrag des VollstrSchuldners oder besondere Zweckmäßigkeitsgründe und Anordnung durch die VollstrBehörde. Auch bei der Entscheidung über den Antrag des VollstrSchuldners sind letztlich Zweckmäßigkeitsgründe maßgebend, da die VollstrBehörde dem Antrag nicht zu entsprechen braucht. Der Voll-

§ 306 6. Teil. Vollstreckung

strSchuldner hat **keinen Rechtsanspr** auf anderweitige Verwertung (*HHSp* RNr 6; *TK* RNr 6). Entscheidet die VollstrBehörde von sich aus, gilt § 91 (Begr EAO 74, BTDr VI/1982 zu § 288). Die Entscheidung der VollstrBehörde kann mit der **Beschwerde** nach § 349 angegriffen werden.

3. Inhalt der Anordnung. Inhalt der Anordnung kann sein Verwertung der Sache in **anderer Weise** oder an einem **anderen Ort** oder durch eine andere Person als den VollzBeamten. Andere Weise kann sein freihändiger Verkauf, aber wohl keine Übereignung an den VollstrGläubiger (*HHSp* RNr 20; *TK* RN 1). Eine andere Person kann zweckmäßig sein, wenn es sich um Kunstgegenstände handelt, daß ein Kunstauktionator eingeschaltet wird. Ein anderer Ort kann zweckmäßig sein, wenn zB Landmaschinen in einem Industrieort oder Industriemaschinen auf dem Lande oder Kunstgegenstände in dörflicher Umgebung versteigert werden. Da § 298 anders als § 816 II ZPO ohnehin keinen Versteigerungsort vorschreibt (s § 298 Anm 3), handelt es sich insoweit nur um eine Klarstellung.

4. Rechtsnatur der Verwertung. Übereignet **VollzBeamter**, ist Vertrag öff-rechtl, übereignet eine **andere Person**, eine Privatperson, so ist Vertrag privat-rechtl (vgl *Thomas/Putzo*, § 835, A 4 und *TK* RNr 4). Es gilt aber § 283 (*TK* RNr 4 und 5).

§ 306 Vollstreckung in Ersatzteile von Luftfahrzeugen

(1) **Für die Vollstreckung in Ersatzteile, auf die sich ein Registerpfandrecht an einem Luftfahrzeug nach § 71 des Gesetzes über Rechte an Luftfahrzeugen erstreckt, gilt § 100 des Gesetzes über Rechte an Luftfahrzeugen; an die Stelle des Gerichtsvollziehers tritt der Vollziehungsbeamte.**

(2) **Absatz 1 gilt für die Vollstreckung in Ersatzteile, auf die sich das Recht an einem ausländischen Luftfahrzeug erstreckt, mit der Maßgabe, daß die Vorschriften des § 106 Abs. 1 Nr. 2 und Abs. 4 des Gesetzes über Rechte an Luftfahrzeugen zu berücksichtigen sind.**

1. Inhalt. Die Vorschrift hat kein Vorbild in der RAO. Auch in der ZPO gibt es keine vergleichbare Vorschrift. Sie berücksichtigt die vollstrekkungsrechtl Sondervorschriften des Gesetzes über die Rechte an Luftfahrzeugen (LuftRG) v. 26. 2. 1959 (BGBl I 57).

2. Bedeutung. Zu verstehen ist die Vorschrift im Zusammenhang mit § 322 I 1, wonach in die Luftfahrzeugrolle eingetragene Luftfahrzeuge oder nach Löschung in der Luftfahrzeugrolle noch im Register für Pfandrechte an Luftfahrzeugen eingetragene Luftfahrzeuge der **Vollstr in das unbewegl Vermögen** unterliegen. Daraus folgt, daß sich das Registerpfandrecht (§ 1 LuftRG) nach § 322 I 2 iVm § 865 I ZPO wie eine Hypothek ua auf Bestandteile und Zubehör des Luftfahrzeugs erstreckt. Das Registerpfandrecht kann nach § 68 LuftRG auf Ersatzteile erweitert werden, die in das Eigentum des Luftfahrzeugeigentümers gelangt sind und in einem bestimmten Ersatzteillager im In- oder Ausland lagern. Nach § 322 I 2 iVm § 865 II ZPO (vgl auch § 294) kann trotzdem in die vom Registerpfandrecht erfaßten Ersatzteile wie in das bewegl Vermögen vollstr werden,

2. Abschnitt. Vollstreckung wegen Geldforderungen § 307

solange sie nicht auf Grund der Vollstr in das unbewegl beschlagnahmt worden sind.

3. Sondervorschrift für die Verwertung. Für diese Vollstr in die Ersatzteile nach den Vorschr für die Vollstr in das bewegl Vermögen gelten nach § 306 besondere Vorschr (für inländische Flugzeuge § 100 LuftRG, für ausländische Flugzeuge § 106 I und IV LuftRG). Sie beziehen sich insbesondere auf die Festsetzung des Mindestgebots und die Verteilung des Erlöses. Zuständig für die danach vorzunehmende Festsetzung des Mindestgebots ist nicht die VollstrBehörde, sondern das VollstrGericht, und zwar das für den Sitz des Luftfahrtbundesamtes zuständige Amtsgericht Braunschweig (*HHSp* RNr 4).

§ 307 Anschlußpfändung

(1) ¹Zur Pfändung bereits gepfändeter Sachen genügt die in die Niederschrift aufzunehmende Erklärung des Vollziehungsbeamten, daß er die Sache für die zu bezeichnende Forderung pfändet. ²Dem Vollstreckungsschuldner ist die weitere Pfändung mitzuteilen.

(2)¹Ist die erste Pfändung für eine andere Vollstreckungsbehörde oder durch einen Gerichtsvollzieher erfolgt, so ist dieser Vollstreckungsbehörde oder dem Gerichtsvollzieher eine Abschrift der Niederschrift zu übersenden. ²Die gleiche Pflicht hat ein Gerichtsvollzieher, der eine Sache pfändet, die bereits im Auftrag einer Vollstreckungsbehörde gepfändet ist.

Übersicht

1. Inhalt der Vorschrift
2. Durchführung der Anschlußpfändung
3. Begriff der Anschlußpfändung
4. Verständigung der Beteiligten

1. Inhalt. Die Vorschrift entspricht im wesentlichen § 359 RAO und § 826 ZPO. Sie behandelt die nochmalige Pfändung einer bereits gepfändeten Sache wegen einer anderen Forderung als bei der vorhergehenden Pfändung. Die VollstrGläubiger von Erst- und Anschlußpfändung können gleich oder verschieden sein. Es muß sich aber immer um denselben VollstrSchuldner handeln (LG Berlin DGVZ 83, 93). **Zu unterscheiden** davon ist die **Nachpfändung,** bei der wegen derselben Forderung andere Sachen bei dem VollstrSchuldner gepfändet werden, weil die erste Pfändung unwirksam oder unzureichend war. Nicht unter die Vorschrift fallen auch die Fälle der **Mehrpfändung** des § 308 V, in denen eine Sache für verschiedene Gläubiger gleichzeitig gepfändet wird.

2. Durchführung der Anschlußpfändung. Für die Anschlußpfändung bedarf es anders als nach § 286 **nicht** der **Inbesitznahme** durch den **Vollz-Beamten** oder der Anbringung eines Pfandsiegels. Es genügt die Erklärung der Pfändung in der Niederschrift nach § 291. Die in Abs I 2 und Abs II vorgeschriebenen Anzeigen und Mitteilungen berühren die Wirksamkeit der Anschlußpfändung nicht. Entscheidend ist aber, daß es sich wirklich um eine Anschlußpfändung und nicht um eine Erstpfändung han-

921

§ 308

delt. Das ist nur der Fall, wenn die vorausgegangene Pfändung wirksam ist. Bei späterem Wegfall der Wirksamkeit der Pfandverstrickung aus der Erstpfändung fällt auch die Wirksamkeit der Anschlußpfändung weg (*HHSp* RNr 6). Da auch bei einer Anschlußpfändung statt des vereinfachten Verfahrens eine normale Pfändung nach § 287 zulässig ist, empfiehlt es sich daher in zweifelhaften Fällen, eine normale Pfändung vorzunehmen (Abschn 47 III VollzA; *TK* RNr 2; *Baumbach-Lauterbach*, ZPO, § 826 Anm 2 B).

Das **Verbot der Überpfändung gilt** bei der Anschlußpfändung **nicht**. Befindet sich die Sache im Gewahrsam eines Dritten, braucht dieser anders als nach § 286 IV nicht herausgabebereit zu sein, da sein Besitz durch die Anschlußpfändung nicht berührt wird (hM, s *HHSp* RNr 7; *Baumbach-Lauterbach*, ZPO, § 826 Anm 2 B; aA *TK* RNr 4).

3. Begriff der Anschlußpfändung. Die Anschlußpfändung ist die Pfändung einer bereits gegen den gleichen Schuldner gepfändeten Sache. Sie gibt ein **selbständiges PfandR** dem Range nach dem vorherigen PfandR. Auch die Anschlußpfändung gibt dem StGläubiger ein VerwertungsR. Die Zuständigkeit für die Versteigerung, auch für die etwaige anderweitige Verwertung nach §§ 300 III 2, 302 oder 305 liegt aber allein bei dem Erstpfändenden. Der Erstpfändende muß die Verwertung betreiben, auch wenn er dem Gläubiger gestundet hat, wenn dies der Anschlußpfändende verlangt (s. § 308 A 3). Fällt die erste Pfändung weg, tritt die Anschlußpfändung an deren Stelle.

4. Verständigung der Beteiligten. Anders als früher nach § 359 II RAO ist für die Übersendung von Abschriften der Pfändungsniederschrift an andere VollstrBehörden oder Gerichtsvollz, die frühere Pfändungen vorgenommen haben, die förmliche Zustellung nicht vorgeschrieben. Es kann jeweils der angemessene Weg der Übersendung von Abschriften der Niederschrift gewählt werden. Zu Verstößen gegen die Verständigungspflicht s oben A 2. Das Unterlassen der Verständigung kann aber eine Amtspflichtverletzung sein, da die Anschlußpfändung bei der Verwertung unberücksichtigt bleibt, wenn der Verwertende davon nichts weiß (*TK* RNr 6).

§ 308 Verwertung bei mehrfacher Pfändung

(1) **Wird dieselbe Sache mehrfach durch Vollziehungsbeamte oder durch Vollziehungsbeamte und Gerichtsvollzieher gepfändet, so begründet ausschließlich die erste Pfändung die Zuständigkeit zur Versteigerung.**

(2) **Betreibt ein Gläubiger die Versteigerung, so wird für alle beteiligten Gläubiger versteigert.**

(3) **Der Erlös wird nach der Reihenfolge der Pfändungen oder nach abweichender Vereinbarung der beteiligten Gläubiger verteilt.**

(4) ¹**Reicht der Erlös zur Deckung der Forderungen nicht aus und verlangt ein Gläubiger, für den die zweite oder eine spätere Pfändung erfolgt ist, ohne Zustimmung der übrigen beteiligten Gläubiger eine andere Verteilung als nach der Reihenfolge der Pfändungen, so ist die Sachlage unter Hinterlegung des Erlöses dem Amtsgericht, in dessen**

2. Abschnitt. Vollstreckung wegen Geldforderungen § 308

Bezirk gepfändet ist, anzuzeigen. ²Der Anzeige sind die Schriftstücke, die sich auf das Verfahren beziehen, beizufügen. ³Für das Verteilungsverfahren gelten die §§ 873 bis 882 der Zivilprozeßordnung.

(5) Wird für verschiedene Gläubiger gleichzeitig gepfändet, so finden die Vorschriften der Absätze 2 bis 4 mit der Maßgabe Anwendung, daß der Erlös nach dem Verhältnis der Forderungen verteilt wird.

Übersicht
1. Inhalt der Vorschrift
2. Zuständige Vollstreckungsbehörde
3. Betreiben der Versteigerung
4. Erlös der Verwertung
5. Kosten der Versteigerung
6. Entsprechend anzuwendende Vorschriften der ZPO

1. Inhalt. Die Vorschrift behandelt die Verwertung in den Fällen von **Anschlußpfändungen** und **Mehrpfändungen** (zu den Begriffen s § 307 Anm 1) in weitgehender Übereinstimmung mit § 360 RAO. Sie entspr § 827 ZPO. Geregelt wird nicht nur das Zusammentreffen verschiedener Gläubiger in VerwaltungsvollstrVerfahren, sondern auch das Zusammentreffen von Vollstreckungen nach der AO und der ZPO. Sie ergänzt insofern die ZPO, die keine solche Regelung enthält, sondern sich nur mit dem Zusammentreffen mehrerer Pfändungen nach der ZPO befaßt.

2. Zuständige Vollstreckungsbehörde. Zuständig für den Zeitraum nach der Pfändung bis zum Abschluß der Verwertung ist gesetzl der VollzBeamte oder Gerichtsvollzieher, der dieselbe mehrfach gepfändete Sache als **Erster** gepfändet hat. Es sind nicht nur VollzBeamte der FinBeh, sondern auch VollzBeamte der Gemeinden und anderer öff-rechtl Körperschaften und Anstalten gemeint.

Die beteiligten VollstrBehörden und Gerichtsvollzieher können sich über die Zuständigkeit einigen. Es ist dann aber die Zustimmung aller Gläubiger und des Schuldners erforderlich (*TK* RNr 2; *Baumbach-Lauterbach*, ZPO, § 827 Anm 1 B).

3. Betreiben der Versteigerung. Jeder der beteiligten Gläubiger kann die ZwVollstr betreiben, dh, er kann die zuständige VollstrBehörde oder den Gerichtsvollz, die die Erstpfändung vorgenommen haben, zur Versteigerung oder anderweitigen Verwertung zwingen. Der Erstpfändende der Versteigerung oder anderweitige Verwertung durchführen muß, kann sich nicht darauf berufen, daß er Stundung gewährt oder die Vollz ausgesetzt hat (*HHSp* RNr 6). Nach § 308 II hat er für alle beteiligten Gläubiger zu verwerten. Beteiligt sind dabei nur Pfändungspfandgläubiger. Gläubiger, die andere Rechte, auch vertragl Pfandrechte, an der Sache haben, müssen ihr Recht nach §§ 262, 293 bzw §§ 771, 805 ZPO verfolgen.

Bei gleichzeitigen Mehrfachpfändungen von verschiedenen VollzBeamten oder Gerichtsvollziehern (s unten unter 4.) besteht keine Zuständigkeitsregelung für die Versteigerung. Es kann also jeder der beteiligten VollzBeamten und Gerichtsvollzieher die Versteigerung durchführen, so daß letztlich derjenige zuständig ist, der zuerst mit der Verwertung beginnt, sofern es nicht zu einer Einigung über die Zuständigkeit kommt (*TK* RNr 2).

§ 308

4. Erlös der Verwertung. Sind für die Forderungen der beteiligten Gläubiger mehrere Sachen gepfändet worden, so darf die Versteigerung erst eingestellt werden, **wenn die Forderungen aller Gläubiger** gedeckt sind. Reicht dazu der Erlös aller gepfändeten Sachen nicht aus oder ist nur eine Sache gepfändet worden, deren Versteigerungserlös nicht ausreicht, so ist zu unterscheiden zwischen den Fällen der Anschlußpfändung und der Mehrfachpfändungen. Bei Anschlußpfändungen wird der Erlös nach Abs III nach der Reihenfolge der Pfändungen und bei Mehrfachpfändungen gem Abs V nach dem Verhältnis der Forderungen verteilt. Mehrfachpfändungen kommen in Betracht, wenn der VollzBeamte bei Amtshilfe die Forderungen mehrerer VollstrGläubiger pfändet oder mit einem GerVollz gleichzeitig bei einem VollstrSchuldner zur Pfändung eintrifft. Die VollstrGläubiger können sich über eine von Abs III und V abweichende Verteilung einigen. Zuständig für die Verteilung ist immer die VollstrBehörde und nicht der VollzBeamte.

5. Kosten der Versteigerung. Die Versteigerungskosten betreffen alle Gläubiger und sind deshalb **vorweg** abzuziehen. Die den einzelnen Gläubigern entstandenen Kosten der ZwVollstr teilen den Rang der Forderung des jeweiligen Gläubigers. Bei Streit über die Verteilung greift das Verfahren der ZPO ein. Das Amtsgericht, in dessen Bezirk gepfändet worden ist, hat die Verteilung unter entspr Anwendung der §§ 873 bis 878 ZPO vorzunehmen.

6. Entsprechend anzuwendende Vorschriften der ZPO

§ 873 ZPO [Verteilungsgericht]

Das zuständige Amtsgericht (§§ 827, 853, 854) hat nach Eingang der Anzeige über die Sachlage an jeden der beteiligten Gläubiger die Aufforderung zu erlassen, binnen zwei Wochen eine Berechnung der Forderung an Kapital, Zinsen, Kosten und sonstigen Nebenforderungen einzureichen.

§ 874 ZPO [Teilungsplan]

(1) Nach Ablauf der zweiwöchigen Frist wird von dem Gericht ein Teilungsplan angefertigt.

(2) Der Betrag der Kosten des Verfahrens ist von dem Bestand der Masse vorweg in Abzug zu bringen.

(3) Die Forderung eines Gläubigers, der bis zur Anfertigung des Teilungsplanes der an ihn gerichteten Aufforderung nicht nachgekommen ist, wird nach der Anzeige und deren Unterlagen berechnet. Eine nachträgliche Ergänzung der Forderung findet nicht statt.

§ 875 ZPO [Terminbestimmung]

(1) Das Gericht hat zur Erklärung über den Teilungsplan sowie zur Ausführung der Verteilung einen Termin zu bestimmen. Der Teilungsplan muß spätestens drei Tage vor dem Termin auf der Geschäftsstelle zur Einsicht der Beteiligten niedergelegt werden.

(2) Die Ladung des Schuldners zu dem Termin ist nicht erforderlich, wenn sie durch Zustellung im Ausland oder durch öffentliche Zustellung erfolgen müßte.

§ 876 ZPO [Termin]

Wird in dem Termin ein Widerspruch gegen den Plan nicht erhoben, so ist dieser zur Ausführung zu bringen. Erfolgt ein Widerspruch, so hat sich jeder dabei beteiligte Gläubiger sofort zu erklären. Wird der Widerspruch von den Beteiligten als begründet anerkannt oder kommt anderweit eine Einigung zustande, so ist der Plan demgemäß zu berichtigen. Wenn ein Widerspruch sich nicht erledigt, so wird der Plan insoweit ausgeführt, als er durch den Widerspruch nicht betroffen wird.

§ 877 ZPO [Säumnisfolgen]

(1) Gegen einen Gläubiger, der in dem Termin weder erschienen ist noch vor dem Termin bei dem Gericht Widerspruch erhoben hat, wird angenommen, daß er mit der Ausführung des Planes einverstanden sei.

(2) Ist ein in dem Termin nicht erschienener Gläubiger bei dem Widerspruch beteiligt, den ein anderer Gläubiger erhoben hat, so wird angenommen, daß er diesen Widerspruch nicht als begründet anerkenne.

§ 878 ZPO [Widerspruchsklage]

(1) Der widersprechende Gläubiger muß ohne vorherige Aufforderung binnen einer Frist von einem Monat, die mit dem Terminstag beginnt, dem Gericht nachweisen, daß er gegen die beteiligten Gläubiger Klage erhoben habe. Nach fruchtlosem Ablauf dieser Frist wird die Ausführung des Planes ohne Rücksicht auf den Widerspruch angeordnet.

(2) Die Befugnis des Gläubigers, der dem Plan widersprochen hat, ein besseres Recht gegen den Gläubiger, der einen Geldbetrag nach dem Plan erhalten hat, im Wege der Klage geltend zu machen, wird durch die Versäumnis der Frist und durch die Ausführung des Planes nicht ausgeschlossen.

§ 879 ZPO [Zuständigkeit für Widerspruchsklage]

(1) Die Klage ist bei dem Verteilungsgericht und, wenn der Streitgegenstand zur Zuständigkeit der Amtsgerichte nicht gehört, bei dem Landgericht zu erheben, in dessen Bezirk das Verteilungsgericht seinen Sitz hat.

(2) Das Landgericht ist für sämtliche Klagen zuständig, wenn seine Zuständigkeit nach dem Inhalt der erhobenen und in dem Termin nicht zur Erledigung gelangten Widersprüche auch nur bei einer Klage begründet ist, sofern nicht die sämtlichen beteiligten Gläubiger vereinbaren, daß das Verteilungsgericht über alle Widersprüche entscheiden solle.

§ 880 ZPO [Urteil]

In dem Urteil, durch das über einen erhobenen Widerspruch entschieden wird, ist zugleich zu bestimmen, an welche Gläubiger und in welchen Beträgen der streitige Teil der Masse auszuzahlen sei. Wird dies nicht für angemessen erachtet, so ist die Anfertigung eines neuen Planes und ein anderweites Verteilungsverfahren in dem Urteil anzuordnen.

§ 881 ZPO [Versäumnisurteil]

Das Versäumnisurteil gegen einen widersprechenden Gläubiger ist dahin zu erlassen, daß der Widerspruch als zurückgenommen anzusehen sei.

§ 882 ZPO [Weiteres Verfahren nach Urteil]

Auf Grund des erlassenen Urteils wird die Auszahlung oder das anderweite Verteilungsverfahren von dem Verteilungsgericht angeordnet.

III. Vollstreckung in Forderungen und andere Vermögensrechte

§ 309 Pfändung einer Geldforderung

(1) Soll eine Geldforderung gepfändet werden, so hat die Vollstreckungsbehörde dem Drittschuldner schriftlich zu verbieten, an den Voll-

§ 309
6. Teil. Vollstreckung

streckungsschuldner zu zahlen, und dem Vollstreckungsschuldner schriftlich zu gebieten, sich jeder Verfügung über die Forderung, insbesondere ihrer Einziehung, zu enthalten (Pfändungsverfügung).

(2) ¹Die Pfändung ist bewirkt, wenn die Pfändungsverfügung dem Drittschuldner zugestellt ist. ²Die an den Drittschuldner zuzustellende Pfändungsverfügung soll den beizutreibenden Geldbetrag nur in einer Summe, ohne Angabe der Steuerarten und der Zeiträume, für die er geschuldet wird, bezeichnen. ³Die Zustellung ist dem Vollstreckungsschuldner mitzuteilen.

Abs 2 S 2 eingefügt mit Wirkung ab 1. 1. 87 durch StBereinigG 1986 v 19. 12. 85, BGBl I, 2436.

Schrifttum: *Anders* Pfändung von Geldforderungen durch das Finanzamt, NWB F 2 4029–4030; *App* Neue Wege bei der Vollstreckung rückständiger Steuerforderungen, StWA 1982, 81; *Bauer* Die Zulässigkeit von Globalpfändungen durch die Finanzverwaltung, DStR 1982, 280; *Berger* Pfändung von Girokontenguthaben, ZIP 1980, 946; 1981, 853; *Carl* Die Pfändung von Girokonten, DStR 88, 765; *Denck* Einwendungsverlust bei pfändungswidriger Zahlung des Drittschuldners an den Schuldner? NJW 1979, 2375; *Forgach* Die Pfändung „künftiger Eingänge" und das Prioritätsprinzip beim Bankenkontokorrent, DB 1974, 1852; *Gröger* Die zweifache Doppelpfändung des Kontokorrents, BB 1984, 25; *Kraemer* Die Kontopfändung, NWB Fach 2, 5015 (15/1988); *Ploch* Pfändbarkeit der Kreditlinie, DB 86, 1961; *Pump* Prüfung der Abwehrmöglichkeiten gegen Pfändungsverfügungen des Finanzamts NSt 1987/19 Pfändung-Darst 1; *Rixecker* Der Irrtum des Drittschuldners über den Umfang der Lohnpfändung, JurBüro 1982, 1761; *Stober* Forderungspfändung, 6. Aufl 1981; *Zwikker* Die Pfändung kontokorrent zugehöriger Forderungen, DB 1984, 1713.

Übersicht

1. Inhalt der Vorschrift
2. Begriff der Pfändung
3. Anwendungsbereich
4. Zuständigkeit
5. Pfändbarkeit
6. Geldforderungen des VollstrSchuldners
7. Durchführung
8. Wirkung der Pfändung
9. Rechtsbehelfe
10. Aufhebung der Pfändungsverfügung

1. Inhalt. Die Vorschrift entspricht § 361 RAO. Anders als nach § 361 RAO ist jedoch in der Pfändungsverfügung nicht mehr auszusprechen, daß die VollstrBehörde die Forderung einziehen kann. Die **Einziehung der Forderung** wird in § 314 gesondert behandelt. Die Unterscheidung zwischen Pfändungsverfügung und Einziehungsverfügung entspr der Regelung in der ZPO (vgl. dort § 829 und § 835). Regelmäßig aber werden beide Verfügungen miteinander verbunden werden (vgl § 314 II).

Das Verfahren der Pfändung von Geldforderungen ist im übrigen eng an die betreffenden Vorschriften der ZPO angelehnt. Eine Vorpfändung wie nach § 845 ZPO gibt es allerdings nicht. Abs 2 Satz 2 ist aus Gesichtspunkten des Datenschutzes durch das StBereinigG 1986 eingefügt worden.

2. Begriff der Pfändung. Die Pfändung ist ein **VerwAkt** (s näher § 281 A 3).

2. Abschnitt. Vollstreckung wegen Geldforderungen § 309

3. Anwendungsbereich. Die Vorschrift gilt für die Pfändung von **Geldforderungen.** Die Geldforderung kann auch auf ausländische Währung lauten, weil im Zweifel anzunehmen ist, daß die Forderung nicht auf Verschaffung ausländischer Geldsorten (dann gilt § 318), sondern auf Zahlung eines in ausländischer Währung berechneten Geldbetrages gerichtet ist (*Stein-Jonas,* ZPO, vor § 803 Anm I 1). Hat der Drittschuldner allerdings seinen Wohnsitz oder Aufenthalt im Ausland, muß für das Zahlungsverbot die Rechtshilfe des betr Staates in Anspruch genommen werden (vgl *HHSp* RNr 40). Wohnt der VollstrSchuldner im Ausland, der Drittschuldner dagegen im Inland, ist die Pfändung ohne weiteres möglich (*HHSp* RNr 66; *TK* RNr 10).

Nicht unter die Vorschrift fallen **Geldforderungen, die** der **ZwVollstr in das unbewegliche Vermögen unterliegen.** Das sind nach § 1123 BGB Miet- und Pachtzinsforderungen aus einem Grundstück, das vermietet oder verpachtet und mit einer Hypothek belastet ist. § 309 bleibt aber auch bei solchen Forderungen anwendbar, solange sie nicht zugunsten des Hypothekengläubigers in Beschlag genommen worden sind (§ 1124 BGB). Die Beschlagnahme zugunsten des Hypothekengläubigers kann im Wege der Liegenschaftsvollstr (Anordnung der Zwangsverwaltung) oder durch Pfändung der Forderung geschehen (*HHSp* RNr 37; *Palandt,* BGB, § 1123 A 3).

Für hypothekarisch gesicherte Geldforderungen und für Forderungen aus indossablen Wertpapieren gibt es Sondervorschr in den §§ 310 bis 312. Entspr gilt § 309 bei der Pfändung des Anspruchs auf Herausgabe von Sachen (§ 318) und bei der Vollstr in andere Vermögensrechte (§ 321).

Anders als bei der Pfändung von bewegl Sachen (§ 307) gibt es für die Vollstr in Forderungen keine besonderen Vorschr über die Anschlußpfändung. Sie erfolgt daher ebenfalls nach § 309 (*Baumbach-Lauterbach,* ZPO, § 829 Anm 2 D). Der Rang richtet sich nach § 282 III nach dem Zeitvorrang.

4. Zuständigkeit. Während bei der Pfändung von Sachen der VollzBeamte, dem die Pfändung obliegt, in der Regel nur innerhalb seines FinBeh-Bezirks tätig werden darf und die VollstrBehörde daher bei außerhalb des Bezirks gelegenen Sachen nach § 250 um Amtshilfe ersuchen muß, bestehen bei der Pfändung von Forderungen solche Schranken nicht. Die Pfändung erfolgt durch die nach § 249 I S 3 sachlich zuständige und nach §§ 17 ff örtlich zuständige VollstrBehörde. Das ist in der Regel die FinBeh, die den VerwAkt über die zu vollstreckende Geldforderung erlassen hat, nach § 19 bei Steuern vom Einkommen oder vom Vermögen natürlicher Personen das **FA am Wohnsitz des VollstrSchuldners.**

5. Pfändbarkeit. Pfändbar ist jede Geldforderung, die besteht, wenn auch noch bedingt, befristet oder von einer Gegenleistung abhängig, es sei denn, es besteht ein Pfändungsverbot nach § 319. Nach Auffassung des BFH ist die Rechtmäßigkeit einer Pfändungs- und Überweisungsverfügung allerdings nicht von der Klärung der Frage abhängig, ob die Forderung besteht (BFH BStBl 84, 740) oder ob sie dem VollstrSchuldner zusteht (BFH/NV 86, 478) oder etwa abgetreten ist (BFH/NV 88, 344). Diese Auffassung ändert nichts daran, daß die Pfändung in solchen Fällen ins Leere geht und somit wirkungslos bleibt (BGH DB 71, 1961; 86, 1717;

§ 309

87, 778). In Wirklichkeit liegt also ein Fall der Unpfändbarkeit vor. Es wird lediglich die Pflicht nach § 316 ausgelöst. Auch künftige Forderungen sind pfändbar, wenn und soweit bestimmt oder bestimmbar. Zwischen VollstrSchuldner und Drittschuldner muß schon eine Rechtsbeziehung bestehen, aus der die künftige Forderung nach Art und Person des Drittschuldners bestimmt werden kann (BGHZ 53, 32; HHSp RNr 14; *Baumbach-Lauterbach,* ZPO, § 829 Anm 1 A). Entscheidend ist, daß die **Pfändung bestimmt** ist (s dazu unten unter 7.); ihr Inhalt kann bedingt sein. Fehlt es an diesen Voraussetzungen und besteht noch keine Forderung oder solche Rechtsbeziehung, ist die Pfändung unwirksam.

Kontokorrentguthaben werden mit dem bei Zustellung der Pfändungsverfügung zu ziehenden Saldo erfaßt (§ 357 HGB). Das Wesen der Kontokorrentabrede besteht nämlich darin, daß die in die laufende Rechnung aufgenommenen beiderseitigen Ansprüche und Leistungen am Tage des periodischen Rechnungsabschlusses durch Anerkennung des Saldos als Einzelforderungen untergehen; übrig bleibt alsdann nur ein Anspruch aus dem Saldoanerkenntnis, der als neue, auf einem selbständigen Verpflichtungsgrund beruhende, vom früheren Schuldgrund losgelöste Forderung an die Stelle der bisherigen Einzelforderungen tritt (BGHZ 50, 279; 80, 172). Die Pfändung in das laufende Kontokorrent bewirkt daher, daß das Konto lediglich buchungstechnisch und auch nur im Verhältnis zwischen Bank/Sparkasse und VollstrGläubiger auf den Zeitpunkt der Pfändung vorläufig abgeschlossen wird (sog **Zustellungssaldo**). Die kontokorrentgebundenen Einzelforderungen werden deshalb nicht erfaßt, sondern nur die Saldoforderung. Die Einzelforderungen sind als reine Rechnungsposten kontokorrentgebunden und damit nicht pfändbar (BFH BStBl 84, 419; BGHZ 80, 172; 84, 325; 84, 371; BGH DB 85, 1018). Der Anspruch auf Gutschrift auf dem Konto ist zwar auch pfändbar, hat aber nur den Charakter einer Hilfspfändung, die die weitere Pfändung des Anspruchs auf Auszahlung des Saldos erfordert (BFH aaO, BGH DB 85, 1018). Die Pfändung des Guthabens aus einem Kontokorrentverhältnis erstreckt sich nicht ohne weiteres auch auf künftige Rechnungsabschlüsse. Auch der **künftige Saldo** ist zwar pfändbar, die Pfändung muß aber gesondert ausgesprochen werden. Sie richtet sich auch nicht nach § 357 HGB, sondern nach den allgemeinen Vorschriften über die Pfändung und Überweisung von Geldforderungen. Die Pfändung erfaßt dann das sich beim nächsten vertraglichen Abschluß ergebende Guthaben (BGHZ 50, 279; 80, 172). Die Pfändung braucht sich nicht auf den ersten künftigen Habensaldo zu beschränken, sondern kann auch auf weitere künftige Habensalden erstreckt werden (vgl BGH NJW 82, 2192; FG RhPf EFG 80, 534 m w Nachw). Bei der Pfändung der künftigen Kontokorrentguthaben verstößt der VollstrSchuldner nicht gegen das Verfügungsverbot, wenn er das Kontokorrentkonto zwischen den Rechnungsabschlüssen auch weiterhin mit Wirkung für den künftigen Saldo belastet (HHSp RNr 22).

Sehr str ist, ob diese Rechtslage bei **Girokonten** anders ist. Einerseits wird ein Girokonto in der Regel ebenfalls als Kontokorrent geführt (BGH NJW 82, 2192). Andererseits liegt die Besonderheit darin, daß der Kontoinhaber nach dem Girovertrag Anspruch auf laufende Auszahlung von Tagesguthaben sowie auf Durchführung von Überweisungen an Dritte

2. Abschnitt. Vollstreckung wegen Geldforderungen § 309

hat. Der BGH hat nunmehr in zwei grundlegenden Entscheidungen festgestellt, daß dieser Anspruch nicht auf eine persönliche Dienstleistung gerichtet ist, der nach § 613 S 2 BGB unübertragbar und unpfändbar ist, sondern der Pfändung unterliegt (BGH NJW 82, 2192; BGH NJW 82, 2193). Der BFH hat sich dieser Rspr angeschlossen (BFH BStBl 84, 419). Die Pfändung des Girokontos führt, wenn sie alle Rechte umfaßt, zu einer faktischen Kontensperre. Es dürfen keine Soll- sondern nur noch Habenbuchungen vorgenommen werden (*Carl* DStR 88, 765). Bei Pfändung des Anspruchs auf Durchführung von Überweisungen an Dritte muß aber eine Deckungsgrundlage in Form eines Guthabens oder eines Kredits vorhanden sein (BGH DB 85, 1018). Die Pfändung des künftigen Kontokorrentsaldos umfaßt allerdings nicht konkludent auch die Pfändung des Anspruchs auf laufende Auszahlung von Tagesguthaben aus dem Girokonto sowie auf Durchführung von Überweisungen (BGHZ 80, 172). Diese Pfändung muß vielmehr ebenfalls gesondert ausgesprochen werden (zur Bestimmtheit s unten unter 7.) Die Pfändung wird auch nicht durch ein vertragliches Abtretungsverbot im Girovertrag gehindert (BGH NJW 82, 2192). Die Pfändung des Anspruchs auf Durchführung von Überweisungen an Dritte erfaßt auch etwaige Abbuchungen aufgrund Abbuchungsermächtigung, sodaß nicht mehr zu Lasten des VollstrGläubigers über das Konto verfügt werden kann, außer für Zinsen und Kontoführungsgebühren der Bank/Sparkasse (BGH NJW 82, 2193).

Auch Anderkonten des VollstrSchuldners können gepfändet werden. Dem Dritten bleibt dann der Weg des § 262 (*Thomas-Putzo*, ZPO, § 829 A 2a, vgl auch oben Erl zu § 262 A 8d). Bei Pfändung von Konten ist immer Voraussetzung, daß das **Konto bereits eingerichtet** ist.

Bei **Kreditzusagen** einer Bank kann der Anspruch auf Auszahlung der Darlehensvaluta gegen die Bank gepfändet werden (*Baumbach-Lauterbach*, ZPO, Grdz § 704 Anm 9; *App* StWa 82, 82). Es muß aber eine konkrete Zusage vorliegen. Die bloße Duldung von Überziehungen ohne Zusagen begründet keine pfändbaren Forderungen (BGH DB 85, 1018). Str ist, ob auch die Kreditlinie beim sog **Dispositionskredit** pfändbar ist (bejahend zB OLG Köln ZIP 83, 810; LG Düsseldorf JurBüro 82, 1426; 85, 470; ablehnend ua LG Münster WM 84, 1312). Da es beim Abruf dieses Kredits um ein persönliches Gestaltungsrecht des Schuldners geht, wird man Pfändbarkeit erst nach Abruf des Schuldners annehmen können (*Ploch* DB 86, 1961 mwN; für allgemeine Pfändbarkeit eines privaten Dispositionskredites *Carl* DStR 88, 765). Die Auszahlung der Darlehensbeträge darf allerdings nicht einer bestimmten Zweckbindung des Darlehens iSv § 399 BGB widersprechen. Zur Bedeutung des § 399 BGB für die Pfändbarkeit von Forderungen s näher § 319 A 12. Handelt es sich um einen Kredit für den Betrieb des VollstrSchuldners, wird in der Regel nur die allgemeine Zweckbindung bestehen, daß der Kredit im Betrieb des VollstrSchuldners verwendet wird. Die Auszahlungsansprüche können dann wegen Betriebssteuern (zB LSt, USt), nicht aber wegen persönl Steuerrückstände (zB ESt, KiSt) gepfändet werden. Verbucht die Bank die Kreditauszahlungen in der Weise, daß nicht der jeweilige Auszahlungsanspruch dem Konto gutgeschrieben, sondern das Konto nur mit dem ausgezahlten Betrag belastet wird, kann sich die Bank weder darauf berufen, daß kein pfändbares Guthaben besteht, noch darauf, daß es sich um ein Kontokorrentkonto handelt

§ 309

und erst das beim nächsten vertraglichen Abschluß bestehende Guthaben gepfändet werden kann. Die Pfändung der Ansprüche auf Auszahlung bezieht sich nicht auf das Kontokorrentkonto oder ein anderes Konto des VollstrSchuldners und die daraus herrührenden Ansprüche gegen die Bank, sondern auf die Kreditzusage und die sich daraus ergebenden Kreditauszahlungsansprüche.

Allein in den Rahmen des § 309 gehört auch die Pfändung von **Sparguthaben.** Die Pfändung des Sparbuchs ist hierfür nicht erforderlich, aber auch nicht ausreichend. Sie geschieht allerdings meist zusätzlich im Wege der Hilfspfändung (s § 302 A 2). Auch Forderungen aus prämienbegünstigten Sparverträgen können gepfändet werden. Es handelt sich allerdings in der Regel um eine künftige Forderung, die nicht vor Ablauf der Festlegungsfrist fällig ist. Für die Pfändung von **Postspargutguthaben** und Auszahlungsansprüchen aus Postscheckguthaben ist die SonderVorschr des § 23 PostG zu beachten. Für Postspargutguthaben s auch § 312 S 2. Pfändbar nach § 309 sind schließlich Versicherungsansprüche (zu beachten aber § 319 iVm §§ 850 III, 850b Nr 4) und ferner zB **Ansprüche gegen die öffentl Hand.** Dazu gehören Steuererstattungsansprüche. Die Pfändung von Steuererstattungsansprüchen dürfte allerdings keine große Rolle spielen, weil die VollstrBehörde bei Bestehen solcher Ansprüche meistens mit den zu vollstreckenden Ansprüchen aufrechnen kann.

Bei allen zu pfändenden Forderungen ist zu beachten, daß sie pfändbar sein müssen, dh, es dürfen keine Beschränkungen und **Pfändungsverbote** nach § 319 bestehen. Zu den Einzelheiten der Beschränkungen und Pfändungsverbote zB auch zu der Pfändbarkeit von **Sozialleistungsansprüchen** s Erl zu § 319. Im Zusammenhang des § 309 ist wichtig, daß Verstöße gegen die Beschränkungen und Verbote die Pfändung nicht unwirksam, sondern nur anfechtbar machen, vgl Erl zu § 319 A 1 (BGH NJW 79, 2045; OLG Düsseldorf NJW 78, 2603; OLG Hamm MDR 79, 149; *Stein-Jonas,* ZPO, § 829 A I 1 b und § 850 A VI b; *Baumbach-Lauterbach,* ZPO, Einf §§ 850–852 A 1 E; bestr vgl *HHSp,* § 319 RNr 10; *TK* § 319 RNr 2). Die Rechtslage ist insoweit die Gleiche wie bei der Pfändung unpfändbarer Sachen (s § 295 A 4). Wie bei der Pfändung unpfändbarer Sachen ist **Heilung möglich,** wenn die unpfändbare Forderung später pfändbar wird (OLG Düsseldorf NJW 78, 2603). Ob das auch für Lohnsteuererstattungsansprüche gilt, die entgegen dem Verbot des § 46 VI schon vor der Entstehung (nach §§ 42, 38 EStG iV m §§ 36 I, 38 I EStG mit Ablauf des Jahres) gepfändet worden sind, war sehr streitig (bejahend OLG Düsseldorf NJW 78, 2603; ablehnend OLG Frankfurt NJW 78, 2398; *Wilke* NJW 78, 2380). Nach der Neufassung von § 46 VI ist die Pfändbarkeit eindeutig zu verneinen (s näher § 46 Anm 8 a).

6. Geldforderung des VollstrSchuldners. Die Geldforderungen müssen dem VollstrSchuldner zustehen. Das ist grundlegend anders als bei der Sachpfändung, bei der nach § 286 nur Gewahrsam des VollstrSchuldners erforderlich ist. Eine Pfändung einer dem VollstrSchuldner nicht zustehenden Forderung geht ins Leere und ist daher unwirksam (*Baumbach-Lauterbach,* ZPO, § 829 Anm 1 B m w Nachw; aA BFH BStBl 84, 740; vgl dazu oben Anm 1).

2. Abschnitt. Vollstreckung wegen Geldforderungen § 309

7. **Durchführung.** Es ergeht schriftliche **Pfändungsverfügung.** Für sie ist folgendes vorgeschrieben:
a) genaue Bezeichnung der gepfändeten Forderung. Die Forderung muß in dem Pfändungsbeschluß so genau bezeichnet werden, daß ihre Identität eindeutig festgestellt werden kann (BGH Rpfleger 80, 183; BGH NJW 83, 886; BFH DB 83, 1080). Es muß auch für Dritte erkennbar sein, welche Forderung des VollstrSchuldners gegen den Drittschuldner Gegenstand der Pfändung sein soll. Deshalb muß der Rechtsgrund der gepfändeten Forderung wenigstens **in allgemeinen Umrissen** angegeben sein (BGH NJW 83, 886 m w Nachw). Übermäßige Anforderungen sind allerdings bei der Bezeichnung der Forderung, die gepfändet werden soll, nicht zu stellen, weil die VollstrBehörde in der Regel die Verhältnisse des VollstrSchuldners nur oberflächlich kennt. Ungenauigkeiten bei der Bezeichnung der Forderung sind deshalb unschädlich, wenn sie nicht Anlaß zu Zweifeln geben, welche Forderung des VollstrSchuldners gemeint ist (BGH aaO).
Bei der Pfändung von Bankkonten (s dazu oben unter 5.) muß die Pfändung also mit hinreichender Deutlichkeit erkennen lassen, ob bei einem Girokonto der Zustellungssaldo, der künftige Saldo bei dem nächsten vertraglichen Abschluß oder den nächsten vertraglichen Abschlüssen oder die künftigen Ansprüche auf Auszahlung des Tagesguthabens sowie auf Durchführung von Überweisungen an Dritte oder alles zusammen gepfändet werden sollen. Die Angabe der Nummer des Girokontos ist nicht erforderlich (BGH NJW 83, 2193). Führt die Bank **mehrere Konten** des VollstrSchuldners, so können auch die Ansprüche des Schuldners auf Auszahlung gegenwärtiger und künftiger Salden und Tagesguthaben ohne nähere Bezeichnung des Girokontos gepfändet werden (LG Oldenburg ZIP 82, 51). Ausreichend ist zB die Formulierung „alle gegenwärtigen und zukünftigen Saldoansprüche aus den Kontokorrentverhältnissen sämtlicher Konten sowie alle gegenwärtigen und zukünftigen Ansprüche des Schuldners auf Gutschrift aller Eingänge, auf fortlaufende Auszahlung der Guthaben sowie auf Durchführung von Überweisungen an Dritte" (vgl. BGH NJW 83, 2193; vgl auch die kürzeren, zum Teil aber nicht unbedenklichen Formulierungen bei *Baumbach-Lauterbach,* ZPO, § 829 A 2 Ca). Die Formulierung, wonach die angeblichen Forderungen des VollstrSchuldners aus Bankverbindung an die Y-Bank gepfändet werden, genügt nicht den Forderungen an die Bestimmtheit der Forderung (OLG Frankfurt NJW 81, 468).
b) den beizutreibenden Geldbetrag **in einer Summe.** Die Rechtsprechung des BFH verlangte, daß die beizutreibenden Beträge nach Grund und Höhe und bei den Steuern, die für bestimmte Zeiträume erhoben werden, auch nach Zeiträumen anzugeben waren (BFH BStBl 54, 22; 83, 435). Diese Rechtsprechung ist insoweit überholt, als in § 398 II ein neuer Satz 2 eingefügt worden ist, wonach die an den Drittschuldner zuzustellende Pfändungsverfügung nur noch den beizutreibenden Geldbetrag in einer Summe, ohne Angaben der Steuerarten und der Zeiträume, für die er geschuldet wird, bezeichnen soll. Dem VollstrSchuldner sind aber weiterhin die vom BFH geforderten Angaben zu machen (s unten unter f).

§ 309

c) Verbot an den Drittschuldner, an den VollstrSchuldner noch zu zahlen. Das Verbot ist für die Wirksamkeit der Pfändung wesentlich. Ein Verstoß macht die Pfändung unwirksam (*Baumbach-Lauterbach*, ZPO, § 829 Anm 2 Cc).

d) Gebot an den VollstrSchuldner, sich jeder Verfügung über die Forderung, insbesondere ihrer Einziehung, zu enthalten. Fehlen dieses schriftlichen Gebots berührt die Wirksamkeit der Pfändung jedoch nicht (RGZ 112, 348).

e) Zustellung der Pfändungsverfügung an den Drittschuldner. Die Zustellung erfolgt nach dem VwZG. In der Regel wird die Post durch Postzustellungsurkunde zugestellt (Abschn 41 VII 1 VollstrA). Mit der Zustellung an den Drittschuldner ist die Pfändung nach § 309 II Satz 1 bewirkt.

f) Mitteilung der Zustellung und des Zustellungstags an den VollstrSchuldner. Förmliche Zustellung an VollstrSchuldner ist also anders als nach § 829 II 2 ZPO nicht erforderlich. Nach § 309 II 3 braucht also nicht einmal die Pfändungsverfügung selbst dem VollstrSchuldner mitgeteilt zu werden. Auf die Wirksamkeit der Pfändung ist es daher ohne Einfluß, ob die Pfändungsverfügung dem VollstrSch mitgeteilt worden ist (BFH BStBl 87, 251; FG Saarl EFG 87, 395). Abschn 41 VIII VollstrA schreibt diese Mitteilung aber vor. Wenn die Pfändungsverfügung den beizutreibenden Betrag nur noch in einer Summe enthält (s oben), müssen dem VollstrSchuldner aufgrund des Schutzcharakters des § 260 zusätzliche Angaben gemacht werden über Art, Höhe und Zeitraum der der Pfändung zugrundeliegenden Ansprüche (s oben unter b und § 260 A 1). Der Schuldner muß wissen, wegen welcher zeitlich abgegrenzter Ansprüche gegen ihn vollstreckt wird, weil es ihm erst dadurch ermöglicht wird, Einwendungen gegen den zu vollstreckenden Anspruch geltend zu machen (BFH BStBl 54, 22; 83, 435). Unterlassen der Mitteilung macht Pfändung zwar nicht unwirksam, aber anfechtbar. Heilung ist möglich (vgl § 260 Anm 3).

8. Wirkung der Pfändung. Durch die Pfändung entsteht ein **Dreiecksverhältnis.** Das Verhältnis zwischen VollstrBehörde und VollstrSchuldner ist öffentrechtl Natur. Zwischen VollstrSchuldner und Drittschuldner bleibt bei Pfändung einer privatrechtl Forderung das Verhältnis privatrechtl, wird allerdings durch die Pfändung beeinflußt. Ebenso sind in diesem Falle die Beziehungen zwischen VollstrBehörde und Drittschuldner privatrechtl. Die VollstrBehörde muß daher nach Anordnung der Einziehung (§ 314) die gepfändete Forderung notfalls im Zivilrechtsweg verfolgen, wenn der Drittschuldner nicht zahlt. Zu beachten ist § 316 III iVm § 841 ZPO.

Den dabei erreichten Titel muß sie nach der ZPO durch den Gerichtsvollzieher vollstrecken lassen. Sie kann ihn nicht selbst vollstrecken. Die Wirkung der Pfändung tritt ein, Pfandverstrickung und PfändungspfandR, wenn die **Pfändungsverfügung** dem **Drittschuldner** zugestellt ist. Die Forderung wird so gepfändet, wie sie bei Zustellung der Pfändungsverfügung besteht. Die Pfändung erfaßt nicht nur die Hauptforderung, sondern **auch Nebenansprüche** auf Zinsen und **sonstige Nebenrechte** sowie Sicherungsrechte (zB Pfandrechte), die für die Forderung bestehen (*Baumbach-Lauterbach*, ZPO, § 829 Anm 4 B). Bei der Pfändung einer zukünftigen

2. Abschnitt. Vollstreckung wegen Geldforderungen   § 309

Forderung kommt es auf den Zeitpunkt der Entstehung der Forderung an. Das Pfändungspfandrecht wirkt dann jedoch auf den Zeitpunkt der Pfändung mit der Folge zurück, daß Verfügungen des VollstrSchuldners über die künftige Forderung oder auch vorzeitige Leistungen des Drittschuldners gegenüber dem VollstrGläubiger unwirksam sind (*HHSp* RNr 13).

Die Pfändung erstreckt sich auf die **ganze Forderung.** Das gilt auch dann, wenn die Forderung, wegen der vollstreckt wird, geringer ist. Darin liegt nicht ohne weiteres ein Verstoß gegen das Verbot der Überpfändung (s § 281 A 4). Die VollstrBehörde kennt nämlich in der Regel weder die Zahlungsfähigkeit des Drittschuldners noch dessen etwaige Einwendungen. Besteht allerdings darüber Klarheit, ist eine Teilpfändung vorzunehmen. Um eine solche handelt es sich dann, wenn die Forderung „in Höhe" eines bestimmten Betrages gepfändet wird (*TK* RNr 18; *Stein-Jonas,* ZPO, § 829 Anm IV 3b; *Baumbach-Lauterbach,* ZPO, § 829 Anm 4 B; aA RGZ 151, 279; *HHSp* RNr 67 m w Nachw). Bei der Teilpfändung bleibt ein pfändungsfreier Rest.

Auf Grund der Pfändung darf der **VollstrSchuldner keine Verfügungen** mehr über die Forderung vornehmen, die das Pfandrecht beeinträchtigen. Es handelt sich um ein relatives Verfügungsverbot i S v §§ 136, 135 BGB. Der VollstrSchuldner darf aber weiterhin alles tun, was der Befriedigung des VollstrGläubigers dienlich ist, zB auf Feststellung der Forderung klagen, sie im Konkurs anmelden, einen Arrest erwirken oder durch Kündigung die Fälligkeit herbeiführen (*KKH* Anm 5).

Die **Drittschuldner** darf nicht mehr an den VollstrSchuldner zahlen. Leistet er trotzdem, erlischt im Verhältnis zum VollstrSchuldner die Forderung, weil dieser noch Inhaber des Anspruchs ist. Der VollstrBehörde gegenüber wird er jedoch wegen §§ 135, 136 BGB nicht befreit (*Thomas-Putzo,* ZPO, § 829 Anm 6d). Nur, wenn er die Pfändung nicht kannte (zB bei Ersatzzustellung), wird er nach hM ausnahmsweise befreit (*Thomas-Putzo* aaO). Im übrigen kann der Drittschuldner nach § 372 BGB hinterlegen.

Eine vor der Pfändung bestehende Aufrechnungsmöglichkeit bleibt dem Drittschuldner jedoch gem § 392 BGB erhalten (eingehend *Denck* NJW 79, 2375). Im übrigen kann der Drittschuldner nur aus eigenem Recht Einwendungen erheben, zB die Pfändungsverfügung sei unwirksam oder die Forderung bestehe nicht.

9. Rechtsbehelfe. Der VollstrSchuldner kann die Pfändung mit der Beschwerde nach § 349 anfechten. Für Einwendungen gegen den VerwAkt, der vollstreckt worden ist, gilt § 256. Vorläufiger Rechtsschutz gegen Forderungspfändungen ist nicht durch einstweilige Anordnung, sondern durch Aussetzung der Vollziehung zu gewähren (FG BaWü EFG 80, 8). Will allerdings bei Pfändung laufender Geldleistungen der VollstrSchuldner im Wege vorläufigen Rechtsschutzes die einstweilige weitere Auszahlung der Leistungen an ihn erreichen, kommt nur eine einstweilige Anordnung in Betracht (FG BaWü EFG 81, 432).

Der Drittschuldner kann gegen formelle Mängel der Pfändung ebenfalls Beschwerde einlegen (*HHSp* RNr 110). Die materiell rechtl begründete Unpfändbarkeit der Forderung (zB Nichtabtretbarkeit und daher Unpfändbarkeit nach § 319 iVm §§ 851 II ZPO und § 399 BGB), kann er nicht

§ 310

im Beschwerdewege, sondern nur einredeweise im Zivilrechtsverfahren geltend machen (RG 146, 290; BAG NJW 77, 75; BGH MDR 78, 747). In den Zivilrechtsweg gehören auch Einwendungen gegen die Forderung, in die vollstreckt worden ist.

10. Aufhebung der Pfändungsverfügung. Über die Aufhebung der Pfändungsverfügung ist im Gesetz nichts gesagt. Aus dem Grundsatz der Verhältnismäßigkeit ist die Verw gehalten, die Pfändungsverfügung aufzuheben, wenn die Rückstände **bezahlt** sind. Nach Abschn 44 III 2 VollstrA ist die Pfändungsverfügung auch aufzuheben, wenn es nicht angebracht ist, gegen den Drittschuldner vorzugehen.

§ 310 Pfändung einer durch Hypothek gesicherten Forderung

(1) ¹Zur Pfändung einer Forderung, für die eine Hypothek besteht, ist außer der Pfändungsverfügung die Aushändigung des Hypothekenbriefes an die Vollstreckungsbehörde erforderlich. ²Die Übergabe gilt als erfolgt, wenn der Vollziehungsbeamte den Brief wegnimmt. ³Ist die Erteilung des Hypothekenbriefes ausgeschlossen, so muß die Pfändung in das Grundbuch eingetragen werden; die Eintragung erfolgt auf Grund der Pfändungsverfügung auf Ersuchen der Vollstreckungsbehörde.

(2) Wird die Pfändungsverfügung vor der Übergabe des Hypothekenbriefes oder der Eintragung der Pfändung dem Drittschuldner zugestellt, so gilt die Pfändung diesem gegenüber mit der Zustellung als bewirkt.

(3) ¹Diese Vorschriften gelten nicht, soweit Ansprüche auf die in § 1159 des Bürgerlichen Gesetzbuches bezeichneten Leistungen gepfändet werden. ²Das gleiche gilt bei einer Sicherungshypothek im Fall des § 1187 des Bürgerlichen Gesetzbuches von der Pfändung der Hauptforderung.

Übersicht

1. Inhalt der Vorschrift
2. Geltungsbereich
3. Drittschuldner
4. Wirksamkeit der Pfändung
5. Kein öffentlicher Glaube des Grundbuchs
6. Rückständige Nebenleistungen
7. Hypothek für Inhaber- und Orderpapiere

1. Inhalt. Die Vorschrift ist im Zusammenhang mit §§ 1153 II und 1274 BGB zu sehen. Danach kann eine durch Hypothek gesicherte **Forderung nicht ohne die Hypothek** (Ausnahme bei Höchstbetragshypothek nach § 1190 III BGB) und die Hypothek nicht ohne die Forderung übertragen oder verpfändet werden. Die AO läßt daher auch keine getrennte Pfändung zu, sondern stellt in § 310 neben § 309 zusätzliche Erfordernisse auf, die Pfändung der Hypothek zusammen mit der Forderung gewährleisten.

2. Geltungsbereich. Die Vorschrift gilt nur, wenn zZ der Pfändung der Forderung eine **Hypothek** bereits **besteht**. Die Forderung wird nach § 309 gepfändet und die Sicherung nach § 310. Es ist also immer sowohl eine

2. Abschnitt. Vollstreckung wegen Geldforderungen § 310

Pfändungsverfügung nach § 309 als auch ein Vorgehen nach § 310 erforderlich. Die in § 309 II vorgeschriebene Zustellung der Pfändungsverfügung an den Drittschuldner ist allerdings nach § 310 für die Wirksamkeit der Pfändung belanglos (*Baumbach-Lauterbach*, ZPO, § 830 Anm 5). Sie hat aber im Rahmen des Abs II des § 310 Bedeutung. Entsteht die Hypothek, nachdem die Forderung gepfändet ist, wird sie von der Pfändung erfaßt, ohne, daß es eines Vorgehens nach § 310 bedarf (*TK* RNr 2). Unter die Vorschr fallen Verkehrshypotheken (§§ 1113 ff BGB), Sicherungshypotheken (§§ 1184 ff BGB) und Höchstbetragshypotheken (§ 1190 BGB). Auch bei Höchstbetragshypotheken ist also eine Pfändung der Forderung ohne die Hypothek nicht möglich, obwohl die Forderung nach § 1190 IV BGB ohne die Hypothek übertragen werden könnte.

Die Vorschrift gilt nach § 321 Abs 6 auch für die Vollstr in Reallasten, Grundschulden und Rentenschulden. Zu diesen Rechten, insbes auch zur Pfändung einer Eigentümergrundschuld, s dort.

3. Drittschuldner. Drittschuldner ist sowohl der persönl Schuldner des VollstrSchuldners als auch der Eigentümer des belasteten Grundstücks.

4. Wirksamkeit der Pfändung. Die Pfändung ist wirksam, wenn der **Brief übergeben** wird, oder wenn der Brief durch den VollzBeamten weggenommen wird. Die VollstrBehörde muß **unmittelbaren Besitz** an dem Brief erlangen. Nicht genügend ist daher die nur vorübergehende Überlassung des Briefes, die Einräumung des mittelbaren Besitzes nach § 930 BGB oder die Abtretung des Herausgabeanspruchs (§§ 870, 931 BGB) sowie die Einräumung des Mitbesitzes nach § 1206 BGB, auch nicht eine Vereinbarung nach § 1117 II BGB (s *HHSp* RNr 18). Ausreichend ist aber die Hinterlegung des Briefes unter Verzicht auf Rücknahme, wenn die VollstrBehörde einverstanden ist (RGZ 135, 272; *HHSp* RNr 17). Ist der VollstrSchuldner zur Übergabe des Briefes nicht bereit und kann der Brief auch nicht durch den VollzBeamten weggenommen werden, kann gemäß § 315 II die Übergabe nach §§ 328 ff erzwungen werden (*Koch* RNr 4; aA *TK* RNr 5; *KKH* Anm 2). Wenn sich der Brief im Besitz eines Dritten befindet, so kann die VollstrBehörde nach § 315 IV unmittelbar (im Zivilrechtsweg) den Anspr des VollstrSchuldners auf Herausgabe geltend machen, ohne daß es eines gesonderten Pfändungs- und Überweisungsbeschlusses bedarf. Die Pfändung wird erst wirksam, wenn der Dritte den Brief herausgibt. Bei Verlust oder Vernichtung des Briefes muß der Anspr auf Kraftloserklärung (§ 1162 BGB) und Ausstellung eines neuen Briefes nach § 321 gepfändet werden (*HHSp* RNr 20). Bei der Buchhypothek ist die Pfändung wirksam, wenn der Pfändungsvermerk in das Grundbuch eingetragen ist. Eine Eintragungsbewilligung des VollstrSchuldners ist nicht erforderlich. Die Eintragung erfolgt auf Grund eines Ersuchens der VollstrBehörde nach § 38 GBO (*HHSp* RNr 27). Einzutragen ist der VollstrGläubiger und nicht die VollstrBehörde (*TK* RNr 6; aA *HHSp* RNr 27).

5. Kein öffentlicher Glaube des Grundbuchs. Der öffentliche Glaube des Grundbuchs schützt nur den rechtsgeschäftlichen Erwerber (§ 892 BGB), **nicht** den **Pfändungspfandgläubiger** (*Palandt*, BGB, § 892 A 3a). Die FB kann also nicht gutgläubig Inhaber der Hypothek werden.

§ 311

6. Rückständige Nebenleistungen. Nach Abs. III gelten die Vorschriften nicht, soweit Ansprüche auf die in **§ 1159 BGB** bezeichneten Leistungen gepfändet werden. Für die Pfändung dieser Leistungen gilt allein § 309.

§ 1159 BGB

(1) Soweit die Forderung auf Rückstände von Zinsen oder anderen Nebenleistungen gerichtet ist, bestimmt sich die Übertragung sowie das Rechtsverhältnis zwischen dem Eigentümer und dem Gläubiger nach den für die Übertragung von Forderungen geltenden allgemeinen Vorschriften. Das gleiche gilt für den Anspruch auf Erstattung der Kosten, für die das Grundstück nach § 1118 haftet.

(2) Die Vorschriften des § 892 finden auf die im Absatz 1 bezeichneten Ansprüche keine Anwendung.

7. Hypothek für Inhaber- und Orderpapiere. Die Vorschriften finden auch **keine Anwendung** bei einer Sicherungshypothek für Inhaber- und Orderpapiere. Hier erfolgt die Pfändung nach § 312 und bei Inhaberpapieren nach §§ 286 ff.

§ 1187 BGB

Für die Forderung aus einer Schuldverschreibung auf den Inhaber, aus einem Wechsel oder aus einem anderen Papier, das durch Indossament übertragen werden kann, kann nur eine Sicherungshypothek bestellt werden. Die Hypothek gilt als Sicherungshypothek, auch wenn sie im Grundbuch nicht als solche bezeichnet ist. Die Vorschrift des § 1154 Abs. 3 findet keine Anwendung.

§ 311 Pfändung einer durch Schiffshypothek oder Registerpfandrecht an einem Luftfahrzeug gesicherten Forderung

(1) Die Pfändung einer Forderung, für die eine Schiffshypothek besteht, bedarf der Eintragung in das Schiffsregister oder das Schiffsbauregister.

(2) Die Pfändung einer Forderung, für die ein Registerpfandrecht an einem Luftfahrzeug besteht, bedarf der Eintragung in das Register für Pfandrechte an Luftfahrzeugen.

(3) ¹Die Pfändung nach den Absätzen 1 und 2 wird auf Grund der Pfändungsverfügung auf Ersuchen der Vollstreckungsbehörde eingetragen. ²§ 310 Abs. 2 gilt entsprechend.

(4) ¹Die Absätze 1 bis 3 sind nicht anzuwenden, soweit es sich um die Pfändung der Ansprüche auf die in § 53 des Gesetzes über Rechte an eingetragenen Schiffen und Schiffsbauwerken und auf die in § 53 des Gesetzes über Rechte an Luftfahrzeugen bezeichneten Leistungen handelt. ²Das gleiche gilt, wenn bei einer Schiffshypothek für eine Forderung aus einer Schuldverschreibung auf den Inhaber, aus einem Wechsel oder aus einem anderen durch Indossament übertragbaren Papier die Hauptforderung gepfändet ist.

(5) Für die Pfändung von Forderungen, für die ein Recht an einem ausländischen Luftfahrzeug besteht, gilt § 106 Abs. 1 Nr. 3 und Abs. 5 des Gesetzes über Rechte an Luftfahrzeugen.

1. Inhalt. Die Vorschrift ist neu gegenüber der RAO, entspricht aber der in § 830a ZPO, § 99 I Nr 3, V des Gesetzes über Rechte an Luftfahrzeugen getroffenen Regelung. Danach werden Forderungen, die durch eine

2. Abschnitt. Vollstreckung wegen Geldforderungen   **§ 312**

Schiffshypothek oder ein Registerpfandrecht an einem Luftfahrzeug gesichert sind, ganz ähnlich wie durch eine Buchhypothek gesicherte Forderungen gepfändet.

2. Durchführung der Pfändung. Der Pfändungsbeschluß wird durchgeführt, indem die Pfändung in das Schiffsbauregister oder das Register für Pfandrechte an Luftfahrzeugen **eingetragen** wird. Die Pfändungsverfügung ersetzt die Eintragungsbewilligung. Muß das Register **berichtigt** werden, zB, weil der Schuldner nicht als **Gläubiger** der Schiffshypothek oder des Registerpfandrechts eingetragen ist, kann es die VollstrStelle beantragen. Abs IV entspr § 310 III. Die in S 1 des Abs IV genannten Leistungen (§ 53 SchiffsRG und § 53 LuftRG) sind die gleichen wie in § 1159 BGB (rückständige Zinsen oder andere Nebenleistungen), die allein nach § 309 gepfändet werden.

§ 312 Pfändung einer Forderung aus indossablen Papieren

¹Forderungen aus Wechseln und anderen Papieren, die durch Indossament übertragen werden können, werden dadurch gepfändet, daß der Vollziehungsbeamte die Papiere in Besitz nimmt. ²Dies gilt entsprechend für die Pfändung des Postsparguthabens oder eines Teils dieses Guthabens.

1. Inhalt. Die Vorschrift entspricht voll inhaltlich § 363 RAO und § 831 ZPO. Die in ihr geregelte Pfändung von indossablen Papieren ergibt sich bereits aus § 286. Die indossablen Papiere sind **Wertpapiere** (zum Begriff s § 286 Anm 2 und § 302 Anm 2) und werden daher **wie bewegl Sachen** gepfändet. Insoweit enthält § 312 nur eine Klarstellung. Die Stellung der Vorschr im Rahmen der Bestimmungen über die Pfändung von Forderungen besagt aber darüber hinaus, daß die Verwertung dieser gepfändeten Papiere nicht nach den §§ 296 ff, sondern nach den Vorschriften über die Verwertung von Forderungen (§§ 314 ff) zu erfolgen hat. Es muß also die Einziehung der Forderung verfügt werden (*TK* RNr 5). Für die Pfändbarkeit gelten § 319 iVm §§ 850 bis 852 ZPO (*TK* RNr 4).

2. Durchführung der Pfändung. Die Pfändung wird dadurch bewirkt, daß der VollzBeamte die **Papiere in Besitz** nimmt. Eine Pfändungsverfügung nach § 309 ist nicht erforderlich und auch wirkungslos. Es gilt § 286 III, dh, der VollzBeamte hat dem VollstrSchuldner die Pfändung mitzuteilen (*HHSp* RNr 7). Nichtbeachtung berührt allerdings die Wirksamkeit der Pfändung nicht (s § 286 Anm 8). Für die Verwertung der Forderung aus dem indossablen Papier ist aber eine **Einziehungsverfügung** nach § 314 **notwendig**.

Nach dem Grundsatz, daß von der Pfändung von Sachen abzusehen ist, wenn sie offenkundig einem Dritten gehören (s § 286 Anm 6), hat die Pfändung der indossablen Papiere zu unterbleiben, wenn der VollstrSchuldner nach dem Inhalt des Papiers nicht Berechtigter ist (*Thomas-Putzo*, ZPO, § 831 Anm 1).

3. Geltungsbereich der Vorschrift. Die Vorschrift gilt nur für indossable Papiere über Forderungen, dh, nicht für **Namensaktien**, insbesondere also für **Wechsel** und **Schecks** jeder Art (wegen Blankowechsel vgl *Schmalz*

§§ 313, 314   6. Teil. Vollstreckung

NJW 64, 141). Sie gilt weiter für kaufmännische Orderpapiere (§ 363 HGB). Diesem gleichgestellt ist das Postsparbuch (§ 23 IV PostG).

§ 313 Pfändung fortlaufender Bezüge

(1) Das Pfandrecht, das durch die Pfändung einer Gehaltsforderung oder einer ähnlichen in fortlaufenden Bezügen bestehenden Forderung erworben wird, erstreckt sich auch auf die Beträge, die später fällig werden.

(2) ¹Die Pfändung eines Diensteinkommens trifft auch das Einkommen, das der Vollstreckungsschuldner bei Versetzung in ein anderes Amt, Übertragung eines neuen Amts oder einer Gehaltserhöhung zu beziehen hat. ²Dies gilt nicht bei Wechsel des Dienstherrn.

1. Inhalt. Die Vorschrift behandelt den Umfang der Pfändung von fortlaufenden Bezügen entspr § 364 RAO und den §§ 832 und 833 ZPO. Das PfändungspfandR erstreckt sich ua auf **später fällige** Beträge. Zu beachten ist § 319 iVm § 850 ZPO (s § 319 Anm 2).

2. Anwendungsbereich. Die Vorschrift ist anwendbar bei einer einheitlichen Rechtsbeziehung, aus der **fortlaufend Leistungen** fällig werden, wie zB Arbeits- und Dienstverhältnisse, Ruhegehalt, Provision eines Handelsvertreters, Zinsen, Miete und Pacht (*Baumbach-Lauterbach,* ZPO, § 832 Anm 1 A). Kurze Unterbrechung, insbes wenn saisonbedingt, schadet nicht (LG Lübeck NJW 54, 1125).

3. Wirkung der Pfändung. Sofern eine Rate wirksam gepfändet ist, erstreckt sich die Pfändung auch auf die **künftig fällig** werdenden Raten. Die künftig fällig werdenden Beträge werden automatisch erfaßt, ohne daß es wie sonst bei künftigen Forderungen einer ausdrücklichen Bestimmung in der Pfändungsverfügung bedarf (*HHSp* RNr 2; *Thomas-Putzo,* ZPO, § 832 Anm 2).

Nach Abs II erstreckt sich die Pfändung eines Diensteinkommens auch auf das Einkommen, das der VollstrSchuldner bei **Versetzung** in ein anderes Amt oder ein neues Amt oder einer Gehaltserhöhung zu beziehen hat. Bei Wechsel des Dienstherrn ist neu zu pfänden (vgl AG Stuttgart DGVZ 73, 61). Dienstherr ist, wer Lohn oder Gehalt zahlt (zB Bund, Land, AG). Kein Wechsel des Dienstherrn ist gegeben, wenn Dienstherr lediglich die Rechtsform wechselt (zB Umwandlung in GmbH).

§ 314 Einziehungsverfügung

(1) ¹Die Vollstreckungsbehörde ordnet die Einziehung der gepfändeten Forderung an. ²§ 309 Abs. 2 gilt entsprechend.

(2) Die Einziehungsverfügung kann mit der Pfändungsverfügung verbunden werden.

(3) Wird die Einziehung eines bei einem Geldinstitut gepfändeten Guthabens eines Vollstreckungsschuldners, der eine natürliche Person ist, angeordnet, so gilt § 835 Abs. 3 Satz 2 der Zivilprozeßordnung entsprechend.

2. Abschnitt. Vollstreckung wegen Geldforderungen   **§ 314**

1. Inhalt. Die in der Vorschrift geregelte Einziehung einer gepfändeten Forderung entspr der Überweisung zur Einziehung nach § 835 ZPO. Durch die getrennte Regelung der Pfändung und der Einziehung wird die unterschiedl Bedeutung beider Rechtsinstitute klar herausgestellt. Die Einziehungsverfügung kann jedoch nach Abs II mit der Pfändungsverfügung verbunden werden, was regelmäßig der Fall sein wird. Für die Wirksamkeit der Einziehungsverfügung gilt § 309 II entsprechend, dh, die Wirksamkeit ist nur von der Zustellung an den Drittschuldner, nicht aber von der Mitteilung an den VollstrSch abhängig (vgl § 309 Anm 7f und FG Saarl EFG 87, 395).

2. Wirkung der Einziehungsverfügung. Die Überweisung ist der normale Weg, die Forderung zu verwerten. Die Einziehungsverfügung bewirkt **keinen Vermögensübergang** (BGH 82, 31). Sie steht auch nicht der Abtretung der Forderung gleich (RGZ 128, 85). Sie ist nur Grundlage für den StGläubiger, die Forderung im eigenen Namen geltend zu machen. Aufgrund der Einziehungsverfügung kann die VollstrBehörde die Leistung des Drittschuldners vor den ordentl Gerichten einklagen. Sie kann die Leistung **nicht im Verwaltungswege** erzwingen (*TK* § 315 RNr 1; s auch oben § 309 Anm 8). Die VollstrBehörde kann alle Rechte geltend machen, die im Recht des VollstrSchuldners begründet sind und den Zweck haben, die Leistung des Drittschuldners herbeizuführen (BGH 82, 31). Sie kann daher zB die Forderung kündigen (RGZ 76, 276), mit eigenen Forderungen aufrechnen (RGZ 58, 105), auf Feststellung oder Leistung klagen (dann zu beachten § 316 III iVm § 841 ZPO), nicht aber zB über die Forderung durch Erlaß oder Abtretung verfügen, Stundung oder sonstige Zahlungserleichterungen gewähren oder Vergleiche abschließen, es sei denn, daß sie die Forderung in voller Höhe des überwiesenen Betrages auf die zu vollstreckende Forderung anrechnet (*HHSp* RNr 7 und 8).

3. Bankguthaben. Nach Abs III (eingef durch Ges v 28. 2. 78 – BGBl I, 333 –) darf bei der Einziehung von Bankguthaben des VollstrSchuldners das Geldinstitut **erst zwei Wochen nach** der Zustellung der Einziehungsverfügung leisten oder den gepfändeten Betrag hinterlegen. Damit soll dem VollstrSchuldner die Möglichkeit gegeben werden, die Rechte aus der neuen Pfändungsschutzbestimmung des § 850k ZPO (s bei § 319) wahrzunehmen. Nach dieser ZPO-Bestimmung kann bei einem Bankguthaben, auf das wiederkehrende Lohn- oder Gehaltszahlungen überwiesen werden, die Aufhebung der Pfändung insoweit beantragt werden, als das Guthaben dem pfändungsfreien Teil der Einkünfte für die Zeit von der Pfändung bis zu dem nächsten Zahlungstermin entspricht. Die Zwei-Wochenfrist gilt aber nicht nur für solche Bankguthaben, sondern allgem für Bankguthaben natürl Personen (*HHSp* RNr 14; *TK* RNr 5; *Hartmann* NJW 78, 609). Es kommt auch nicht auf die Art des Kontos an. Auch Spar- und Festgeldkonten fallen darunter (*TK* RNr 5). Die Entscheidung über die Aufhebung der Pfändung trifft die VollstrBehörde.

Der entspr anzuwendende **§ 835 III 2 ZPO** lautet:

> Wird ein bei einem Geldinstitut gepfändetes Guthaben eines Schuldners, der eine natürliche Person ist, dem Gläubiger überwiesen, so darf erst zwei Wochen nach der Zustellung des Überweisungsbeschlusses an den Drittschuldner aus dem Guthaben an den Gläubiger geleistet oder der Betrag hinterlegt werden.

§ 315

§ 315 Wirkung der Einziehungsverfügung

(1) ¹Die Einziehungsverfügung ersetzt die förmlichen Erklärungen des Vollstreckungsschuldners, von denen nach bürgerlichem Recht die Berechtigung zur Einziehung abhängt. ²Sie genügt auch bei einer Forderung, für die eine Hypothek, Schiffshypothek oder ein Registerpfandrecht an einem Luftfahrzeug besteht. ³Zugunsten des Drittschuldners gilt eine zu Unrecht ergangene Einziehungsverfügung dem Vollstreckungsschuldner gegenüber solange als rechtmäßig, bis sie aufgehoben ist und der Drittschuldner hiervon erfährt.

(2) ¹Der Vollstreckungsschuldner ist verpflichtet, die zur Geltendmachung der Forderung nötige Auskunft zu erteilen und die über die Forderung vorhandenen Urkunden herauszugeben. ²Die Vollstreckungsbehörde kann die Urkunden durch den Vollziehungsbeamten wegnehmen lassen oder ihre Herausgabe nach den §§ 328 bis 335 erzwingen.

(3) Werden die Urkunden nicht vorgefunden, so hat der Vollstreckungsschuldner auf Verlangen der Vollstreckungsbehörde zu Protokoll an Eides Statt zu versichern, daß er die Urkunden nicht besitze, auch nicht wisse, wo sie sich befinden. ²Die Vollstreckungsbehörde kann die eidesstattliche Versicherung der Lage der Sache entsprechend ändern. ³§ 284 Abs. 4, 5, 7 und 8 gilt sinngemäß.

(4) Hat ein Dritter die Urkunde, so kann die Vollstreckungsbehörde auch den Anspruch des Vollstreckungsschuldners auf Herausgabe geltend machen.

1. Inhalt. Die Vorschrift behandelt die **rechtl Wirkungen** der Einziehungsverfügung. Sie entspr sachlich § 365 RAO und zum Teil § 836 ZPO.

2. Bedeutung der Einziehungsanordnung. Die Einziehungsanordnung hat nur Wirkung, wenn die Pfändung wirksam ist.

3. Ersatz förmlicher Erklärungen. Da die Übertragung einer Forderung nach § 398 BGB keiner besonderen Form bedarf, ist Abs I 1 des § 315 insoweit bedeutungslos (*HHSp* RNr 3). Förmliche Erklärungen des VollstrSchuldners sind in den Fällen des S 2 des Abs I erforderlich. So ist zur **Übertragung einer Hypothek** nach § 1154 BGB eine schriftl Abtretungserklärung und die Übergabe des Hypothekenbriefes erforderlich. Zur Übergabe des Hypothekenbriefes, die bereits für die Wirksamkeit der Pfändung notwendig ist, s § 310. Die schriftl Abtretungserklärung wird durch § 315 ersetzt.

Bei Wechseln und anderen indossablen Papieren (Pfändung nach § 312) ersetzt die Einziehungsverfügung das sogen Inkasso- oder Prokura-Indossament (Art 18 WG) und kann auf das Papier gesetzt werden (*HHSp* RNr 5).

4. Schutz des Drittschuldners. Abs I S 3 schützt den Drittschuldner, wenn er eine zu Unrecht ergangene Einziehungsverfügung erfüllt gegenüber dem VollstrSchuldner. Dieser kann sich eventuell wegen Amtspflichtverletzung schadlos halten.

2. Abschnitt. Vollstreckung wegen Geldforderungen § 316

5. Hilfspflichten des VollstrSchuldners. Als Hilfspflichten des VollstrSchuldners werden genannt:
a) Auskunftspflicht über die Forderung,
b) Herausgabe von Urkunden über die Forderung (auch bloße Beweisurkunden),
c) Pflicht zur Abgabe einer eidesstattl Versicherung.

6. Erzwingung der Auskunfts- und Herausgabepflicht. Die Herausgabe von Urkunden kann erzwungen werden. Die VollzBeamte kann die Urkunden wegnehmen oder nach den §§ 328 bis 335 erzwingen. Trotz des etwas unklaren Wortlauts, wonach sich die Erzwingungsmöglichkeit nach den §§ 328 bis 335 nur auf die Herausgabe der Urkunden bezieht, kann auch die Erfüllung der Auskunftspflicht nach diesen Vorschriften erzwungen werden (*TK* RNr 7; *KKH* Anm 4).

7. Herausgabeanspruch gegen Dritte. Befindet sich eine Urkunde im Besitz eines Dritten, so kann die VollstrBehörde den Herausgabeanspruch des VollstrSchuldners gegen den Dritten unmittelbar geltend machen. Einer gesonderten Einziehungsverfügung bedarf es anders als nach § 886 ZPO nicht. Der Anspruch muß notfalls im Zivilrechtsweg verfolgt werden. Die §§ 328 bis 325 gelten im Verhältnis zum Dritten nicht.

§ 316 Erklärungspflicht des Drittschuldners

(1) ¹Auf Verlangen der Vollstreckungsbehörde hat ihr der Drittschuldner binnen zwei Wochen, von der Zustellung der Pfändungsverfügung an gerechnet, zu erklären:
1. ob und inwieweit er die Forderung als begründet anerkenne und bereit sei, zu zahlen,
2. ob und welche Ansprüche andere Personen an die Forderung erheben,
3. ob und welcher Ansprüche die Forderung bereits für andere Gläubiger gepfändet sei.

²Die Erklärung des Drittschuldners zu Nummer 1 gilt nicht als Schuldanerkenntnis.

(2) ¹Die Aufforderung zur Abgabe dieser Erklärung kann in die Pfändungsverfügung aufgenommen werden. ²Der Drittschuldner haftet für den Schaden, der aus der Nichterfüllung seiner Verpflichtung entsteht. ³Er kann zur Abgabe der Erklärung durch ein Zwangsgeld angehalten werden; § 334 ist nicht anzuwenden.

(3) Die §§ 841 bis 843 der Zivilprozeßordnung sind anzuwenden.

Schrifttum: *Milatz* Die Erklärungspflicht des Drittschuldners gegenüber der Vollstreckungsbehörde, BB 86, 572.

1. Inhalt. Die Vorschrift regelt die Erklärungspflicht des Drittschuldners. Sie weicht insoweit von § 366 RAO und auch von § 840 ZPO ab, als sie ausdrückl bestimmt, daß der Drittschuldner zur Abgabe der Erklärungen durch ein **Zwangsgeld** angehalten werden kann. Gleichzeitig wird jedoch klargestellt, daß die Erklärungen des Drittschuldners auf die Frage, ob und inwieweit er die Forderung als begründet anerkenne und bereit sei, zu zahlen, weder ein Anerkenntnis iSv § 781 BGB noch ein sog deklarato-

§ 316

risches Schuldanerkenntnis darstellen. Damit kann der Drittschuldner auch diese Frage ohne jedes rechtliche Risiko beantworten.

Da der BGH nunmehr die Pfändung künftiger Habensalden, auch Tagessalden, für zulässig erklärt hat (s § 309 Anm 5), ist nunmehr entgegen FG BaWü (EFG 81, 112) auch die **Auskunft eines Kreditinstituts** über den Kontostand bei Pfändung von künftigen Kontokorrentguthaben erzwingbar (vgl. BGH ZIP 83, 34).

2. Form der Erklärung. Der Drittschuldner kann die Fragen schriftlich oder mündlich zu Protokoll beantworten. Die Frage nach dem Anerkenntnis der Forderung und der Zahlungsbereitschaft braucht der Drittschuldner nur zu bejahen oder ganz oder teilweise zu verneinen. Eine Begründung für die Verneinung braucht er nicht zu geben (*TK* RNr 2; *HHSp* RNr 8; *KKH* Anm 3). Str ist, ob die Bejahung oder Verneinung eine Willenserklärung (so *TK* RNr 2; *KKH* Anm 3) oder Wissenserklärung (so BGH NJW 78, 44; BGH 83, 308; *Koch* RNr 3) ist. Eine Wissenserklärung kann nur vorliegen, wenn der Drittschuldner über die bloße Bejahung oder Verneinung hinaus Tatsachen zur Begründung angibt.

3. Schadensersatzpflicht des Drittschuldners. Schadensersatzpflicht des Drittschuldners besteht nur bei Verschulden (BGH 79, 275; BGH MDR 83, 308; *Baumbach-Lauterbach*, ZPO, § 840 Anm 3; aA *HHSp* RNr 14; *TK* RNr 8; *Stein-Jonas*, ZPO, § 840 Anm 3). Die Beweispflicht für das Nichtverschulden liegt beim Drittschuldner (BGH 79, 225). Die Nichterfüllung kann völlige Nichterfüllung, verspätete, unrichtige oder unvollständige Erklärung beinhalten. Die Antwort auf die Frage zu Abs Nr 1 kann aber nur zur Schadensersatzpflicht führen, soweit es sich um eine Wissenserklärung (s oben unter 2.) handelt (*TK* RNr 8). Bei falschen Angaben kann außerdem Steuerhinterziehung in Betracht kommen (BGH BStBl 76, 445).

4. Pflicht zur Streitverkündung

§ 841 ZPO

Der Gläubiger, der die Forderung einklagt, ist verpflichtet, dem Schuldner gerichtlich den Streit zu verkünden, sofern nicht eine Zustellung im Ausland oder eine öffentliche Zustellung erforderlich wird.

5. Verzögerte Beitreibung

§ 842 ZPO

Der Gläubiger, der die Beitreibung einer ihm zur Einziehung überwiesenen Forderung verzögert, haftet dem Schuldner für den entstandenen Schaden.

6. Verzicht des Pfandgläubigers

§ 843 ZPO

Der Gläubiger kann auf die durch Pfändung und Überweisung zur Einziehung erworbenen Rechte unbeschadet seines Anspruchs verzichten. Die Verzichtleistung erfolgt durch eine dem Schuldner zuzustellende Erklärung. Die Erklärung ist auch dem Drittschuldner zuzustellen.

2. Abschnitt. Vollstreckung wegen Geldforderungen §§ 317, 318

§ 317 Andere Art der Verwertung

¹Ist die gepfändete Forderung bedingt oder betagt oder ihre Einziehung schwierig, so kann die Vollstreckungsbehörde anordnen, daß sie in anderer Weise zu verwerten ist; § 315 Abs. 1 gilt entsprechend. ²Der Vollstreckungsschuldner ist vorher zu hören, sofern nicht eine Bekanntgabe außerhalb des Geltungsbereiches des Gesetzes oder eine öffentliche Bekanntmachung erforderlich ist.

1. **Inhalt.** Die Vorschrift entspricht § 367 RAO und § 844 ZPO. In S 2 wird entspr dem Vorbild in § 844 II ZPO bestimmt, daß der VollstrSchuldner vor der Anordnung einer anderweitigen Verwertung grundsätzlich anzuhören ist. Die Anordnung der anderweitigen Verwertung kann statt der Einziehungsverfügung nach § 314 ergehen. Ist vorher bereits eine Einziehungsverfügung ergangen, wird sie durch die Anordnung nach § 317 ersetzt (*HHSp* RNr 4). Anders als nach § 305 bei der besonderen Verwertung von Sachen reichen bloße Zweckmäßigkeitserwägungen für die anderweitige Verwertung von Forderungen nicht aus.

2. **Voraussetzungen.** Voraussetzungen für die anderweitige Verwertung sind,
a) daß die Forderung **bedingt** ist, dh daß sie von einem zukünftigen ungewissen Ereignis abhängig ist (§ 158 BGB) oder
b) daß die Forderung **betagt** ist. Betagt ist eine Forderung, wenn sie erst zu einem späteren Zeitpunkt fällig wird. Der betagten Forderung stehen künftige Forderungen gleich (vgl *TK* § 367 Rdnr 1) oder
c) daß die Einziehung der Forderung **schwierig** sein muß. Wann dieser Fall vorliegt, bestimmt sich nach den Umständen des Einzelfalles. Die Einziehung ist aus anderen Gründen schwierig, wenn zB der Drittschuldner zahlungsunfähig ist oder wenn die Forderung von einer Gegenleistung abhängig ist und die Gegenleistung noch nicht erbracht wurde. Auch die Verwirklichung der Rechtsstellung aus einem GmbH-Anteil ist schwierig (vgl *Petermann* Rechtspfleger 73, 387).

3. **Rechtsnatur der Anordnung.** Die Anordnung ist ein Verwaltungsakt. Er kann ohne Antrag ergehen. Die Anordnung steht im Ermessen der VollstrBehörde und kann zB den freihändigen Verkauf oder die öffentliche Versteigerung enthalten. Auch Überweisung an Zahlungsstatt zum Schätzwert ist mögl. Dagegen ist die Frage, ob die Voraussetzungen für die anderweitige Verwertung vorliegen, eine Rechtsfrage, die gerichtlich voll nachprüfbar ist (*TK* RNr 1).

4. **Rechtsmittel gegen die Anordnung.** Gegen die Anordnung ist das Rechtsmittel der Beschwerde gegeben.

§ 318 Ansprüche auf Herausgabe oder Leistung von Sachen

(1) Für die Vollstreckung in Ansprüche auf Herausgabe oder Leistung von Sachen gelten außer den §§ 309 bis 317 die nachstehenden Vorschriften.

(2) ¹Bei der Pfändung eines Anspruchs, der eine bewegliche Sache betrifft, ordnet die Vollstreckungsbehörde an, daß die Sache an den

§ 318　　　　　　　　　　　　　　　　　　　　　　6. Teil. Vollstreckung

Vollziehungsbeamten herauszugeben sei. ²Die Sache wird wie eine gepfändete Sache verwertet.

(3) ¹Bei Pfändung eines Anspruchs, der eine unbewegliche Sache betrifft, ordnet die Vollstreckungsbehörde an, daß die Sache an einen Treuhänder herauszugeben sei, den das Amtsgericht der belegenen Sache auf Antrag der Vollstreckungsbehörde bestellt. ²Ist der Anspruch auf Übertragung des Eigentums gerichtet, so ist dem Treuhänder als Vertreter des Vollstreckungsschuldners aufzulassen. ³Mit dem Übergang des Eigentums auf den Vollstreckungsschuldner erlangt die Körperschaft, der die Vollstreckungsbehörde angehört, eine Sicherungshypothek für die Forderung. ⁴Der Treuhänder hat die Eintragung der Sicherungshypothek zu bewilligen. ⁵Die Vollstreckung in die herausgegebene Sache wird nach den Vorschriften über die Vollstreckung in unbewegliche Sachen bewirkt.

(4) Absatz 3 gilt entsprechend, wenn der Anspruch ein im Schiffsregister eingetragenes Schiff, ein Schiffsbauwerk oder Schwimmdock, das im Schiffsbauregister eingetragen ist oder in dieses Register eingetragen werden kann oder ein Luftfahrzeug betrifft, das in der Luftfahrzeugrolle eingetragen ist oder nach Löschung in der Luftfahrzeugrolle noch in dem Register für Pfandrechte an Luftfahrzeugen eingetragen ist.

(5) ¹Dem Treuhänder ist auf Antrag eine Entschädigung zu gewähren. ²Die Entschädigung darf die Vergütung nicht übersteigen, die durch die Verordnung über die Geschäftsführung und die Vergütung des Zwangsverwalters vom 16. Februar 1970 (Bundesgesetzbl. I S. 185) festgesetzt worden ist.

Schrifttum: *App* Widerspruch und Vormerkung zur Sicherung von Vollstreckungsmaßnahmen im Grundbuch, DStZ 86, 167.

Übersicht

1. Inhalt der Vorschrift
2. Anwendung der §§ 309 ff
3. Herausgabe und Leistung
4. Bewegliche Sache
5. Unbewegliche Sache
6. Schiffe etc

1. Inhalt. Abs I bis III der Vorschrift entsprechen § 368 RAO und den §§ 846, 847 ZPO. Neu ist Abs IV, der auf § 887a ZPO, Art 3 des Gesetzes zur Änderung des Gesetzes über Rechte an eingetragenen Schiffen und Schiffsbauwerken, der Schiffsregisterordnung und des Gesetzes über die Zwangsversteigerung und Zwangsverwaltung v 4. 12. 1968 (BGBl I 1295) und § 99 I des Gesetzes über Rechte an Luftfahrzeugen zurückgeht. Abs V entspr § 342a III RAO.

Die in der Vorschr geregelte Vollstr in Ansprüche auf Herausgabe oder Leistung von Sachen (Fahrnis, Liegenschaften, Schiffe, Luftfahrzeuge) gehört zur Vollstr in das **begwegl Vermögen**. Das gilt auch dann, wenn sich der Anspruch auf unbewegl Sachen richtet. Die Grenze des § 322 iVm § 866 III ZPO gilt daher nicht. Bei bewegl Sachen findet die

2. Abschnitt. Vollstreckung wegen Geldforderungen **§ 318**

Vorschr nur Anwendung, wenn der Dritte nicht zur Herausgabe bereit ist. Sonst gilt § 286 IV (*TK* RNr 8).

2. Anwendung der §§ 309 ff. Die Vorschrift trifft für die Pfändung der Ansprüche auf Herausgabe oder Leistung von Sachen lediglich **zusätzliche Regelungen** zu den §§ 309 bis 317. Zunächst gilt für die Pfändung der Ansprüche daher § 309 und bei indossablen Papieren § 310. Die Wirksamkeit der Pfändung richtet sich allein nach diesen Vorschriften. Die in § 318 II und III vorgeschriebene Anordnung der Herausgabe der Sachen an den VollzBeamten bzw an den Treuhänder ist für die Wirksamkeit der Pfändung ohne Bedeutung (allgem M, s *Stein-Jonas*, ZPO, § 847 Anm II 1; *HHSp* RNr 12). Auf Grund der Anordnung tritt bei bewegl Sachen nur an die Stelle des Rechts bzw der Pflicht des Drittschuldners zur Hinterlegung oder zur gemeinschaftlichen Leistung an VollstrBehörde und VollstrSchuldner das Recht und die Pflicht, zur Herausgabe und Leistung an den VollzBeamten (*HHSp* RNr 12; *Stein-Jonas*, ZPO, § 847 Anm III; aA *Baumbach-Lauterbach*, ZPO, § 847 A 2 B).

Zu dem Inhalt der Pfändungsverfügung und den Voraussetzungen für ihre Wirksamkeit ist somit auf die Erl zu §§ 309 ff, insbes zu § 309, zu verweisen. Für die Verwertung des gepfändeten Anspruchs auf Herausgabe oder Leistung von Sachen ist folglich auch eine **Einziehungsverfügung** nach § 314 **erforderlich.**

3. Herausgabe und Leistung. Herausgabe bedeutet **Besitzübertragung;** Leistung bedeutet **Übereignung.** Die Anspr können dingl oder schuldrechtl sein. Einer der bedeutsamsten Fälle ist der Anspr auf Rückübereignung einer vom Schuldner sicherungsübereigneten Sache (vgl hierzu *Noack* DGVZ 72, 81), s näher Erl zu § 321 Anm 2.

4. Bewegliche Sache. Die Vorschr ist anwendbar bei Herausgabe und Leistungsanspruch in bezug auf bewegl Sachen, auch von Wertpapieren. Die Sache darf zugunsten des Schuldners nicht unpfändbar sein (s dazu näher § 295 Anm 2; BFH BStBl 76, 737; *TK* RNr 2 m w Nachw). Mit Pfändung des Anspr ist nur der Herausgabeanspruch, nicht die Sache selbst gepfändet. Der Drittschuldner darf nur an den **VollzugsBeamten** herausgeben. Ist der Drittschuldner trotz Pfändung des Herausgabeanspruchs nicht zur Herausgabe der Sache bereit, kann der VollzBeamte die Sache nicht wegnehmen oder pfänden. Die VollstrBehörde muß den Anspruch in dem dafür gegebenen Rechtsweg verfolgen (vgl § 309 Anm 8; § 314 Anm 2). Dabei ist § 316 III iVm § 841 ZPO zu beachten. Mit Herausgabe der Sache an den VollzBeamten erwirbt die VollstrBehörde ein Pfandrecht an der Sache (allgem M, s *Baumbach-Lauterbach*, ZPO, § 847 Anm 2c). Die Sache wird dann wie eine gepfändete Sache verwertet.

5. Unbewegliche Sachen. Die Vorschr gilt für Ansprüche auf Herausgabe von unbeweglichen Sachen und Ansprüche auf Eigentumsübertragung an unbeweglichen Sachen. So ist nach der Vorschr zB pfändbar das vertraglich vorbehaltene Recht des Schenkers, vom Beschenkten den unentgeltlich übertragenen Grundbesitz jederzeit zurückfordern zu können (FG Nürnberg EFG 87, 597). Eine Pfändung eines Herausgabeanspruchs ist jedoch begrifflich ausgeschlossen, wenn der VollstrSchuldner in Besitz der Sache ist (BFH BStBl 76, 737). Bloßer Mitbesitz des VollstrSch führt aber

§ 319

zur Anwendung des § 318 I und III und nicht zur Anwendung des § 321 (FG Nürnberg EFG 87, 597). Bei Pfändung eines Anspruches, der eine unbewegl Sache betrifft, wird diese nicht an die VollstrBehörde, sondern an einen **Treuhänder,** den das Amtsgericht der belegenen Sache auf Antrag der VollstrBehörde bestimmt, herausgegeben. Die Treuhänderbestellung erfolgt durch das **Amtsgericht** nur auf Antrag der VollstrBehörde. Amtsgericht der belegenen Sache ist das Gericht, in dessen Bezirk das Grundstück liegt. Der Treuhänder ist zur Annahme seines Amtes frei. Die Vergütung bestimmt die VollstrBehörde entspr § 153 ZVG. Die in Abs VI 2 genannte VO über die Geschäftsführung und die Vergütung des Zwangsverwalters gibt dafür nur gewisse Grundlagen, nennt aber außer bei der Verwaltung von Grundstücken, die durch Vermietung oder Verpachtung genutzt werden, keine bestimmten Beträge (s §§ 23 bis 28 der VO).

Die Pfändung eines Herausgabeanspruchs (zB wenn Eigentümer Nutzung einem Dritten überlassen hat) ist mit Herausgabe an den Treuhänder vollzogen und erledigt. Eine Sicherungshypothek entsteht nicht. Ist der Pfändung auf einen Anspr **auf Übertragung des Eigentums** gerichtet, so ist dem Treuhänder als Vertreter des VollstrSchuldners aufzulassen. Mit Eigentumserwerb des Treuhänders entsteht kraft Gesetzes für den Gläubiger, die Körperschaft, der die VollstrBehörde angehört, eine Sicherungshypothek für die Forderung. Die Eintragung in das Grundbuch dient nur der Berichtigung des Grundbuchs (*HHSp* RNr 25). Die Bewilligung hat der Treuhänder zu geben. Die Vollstr in die herausgegebene Sache erfolgt nach den Bestimmungen über die ZwVollstr in unbewegl Sachen, dh durch ZwVersteigerung oder ZwVerw.

5. Schiffe etc. Abs III gilt entspr, wenn der Anspruch ein im Schiffsregister eingetragenes Schiff, ein Schiffsbauwerk oder Schwimmdock, das im Schiffsregister eingetragen ist oder in dieses Register eingetragen werden kann, oder ein Luftfahrzeug betrifft.

§ 319 Unpfändbarkeit von Forderungen

Beschränkungen und Verbote, die nach §§ 850 bis 852 der Zivilprozeßordnung und anderen gesetzlichen Bestimmungen für die Pfändung von Forderungen und Ansprüchen bestehen, gelten sinngemäß.

Schrifttum: *Adam-Lerner-Ried* Pfändungsschutz für Arbeitseinkommen, 12. Aufl 1978; *Buciek* Vollstreckung mit Steuerforderungen nach §§ 850f ZPO, DB 88, 882; *Eberhardt* Die Pfändung von Sozialleistungsansprüchen, § 54 SGB I, DGVZ 1980, 120; *Hornung* Billigkeitspfändung von Sozialleistungsansprüchen, Rpfleger 1981, 423; 1982, 45; *Mümmler* Pfändung von Sozialgeldleistungen für nicht privilegierte Geldforderungen, JurBüro 1982, 961; *Schoele* Die Lohnpfändung, 3. Aufl 1978; *Schmeken* Rechtsmittel bei der Pfändung von Sozialleistungen, ZIP 1982, 1295.

Übersicht

1. Inhalt der Vorschrift
2. Begriff des Arbeitseinkommens
3. Absolut unpfändbare Beträge
4. Bedingt unpfändbare Beträge
5. Umfang der Unpfändbarkeit
6. Pfändbarkeit bei Unterhaltsansprüchen

2. Abschnitt. Vollstreckung wegen Geldforderungen **§ 319**

7. Berechnung des pfändbaren Arbeitseinkommens
8. Änderung des unpfändbaren Betrages
9. Änderung der Unpfändbarkeitsvoraussetzungen
10. Verschleiertes Arbeitseinkommen
11. Unpfändbarkeit bei sonstigen Vergütungen
12. Kontenschutz
13. Unpfändbare Forderungen
14. Pfändungsschutz für Landwirte
15. Pfändungsschutz bei Miet- und Pachtzinsen
16. Beschränkt pfändbare Forderungen
17. Ansprüche nach dem Sozialgesetzbuch
18. Pfändbarkeit der Sozialleistungsansprüche

1. Inhalt. Die Vorschrift entspricht § 369 RAO. Sie schreibt die sinngemäße Anwendung der Pfändungsverbote und -beschränkungen vor, die nach der ZPO und anderen Gesetzen bestehen.

Die danach sinngemäß geltenden Verbote und Beschränkungen der ZPO betreffen vor allem **Arbeitseinkommen** und ähnliche dem Lebensunterhalt dienende Einkünfte §§ 850 bis 850k und 851a ZPO. Bei Forderungen aus **landwirtschaftlichen Erzeugnissen** und bei **Miet- und Pachtzinsen** wird die weitere Bewirtschaftung des landwirtschaftlichen Betriebs bzw des vermieteten oder verpachteten Grundstücks gesichert (§§ 851a und 851b ZPO). Ferner werden die Pfändung **nicht übertragbarer Forderungen** ausgeschlossen (§ 851 ZPO) und Besonderheiten bei **Pflichtteilsansprüchen** und Schenkungen geregelt (§ 852 ZPO). Von den in anderen Gesetzen als der ZPO enthaltenen Pfändungsbeschränkungen und -verboten ist hauptsächlich § 54 SGB Allg T zu nennen, der die Pfändung von **Sozialleistungen** regelt (s näher unten A 17f).

Die Pfändungsverbote und -beschränkungen sind **von Amts wegen zu beachten** (RGZ 151, 285; BFH BStBl 79, 429). Das gilt auch in den Fällen (§§ 850i, 850k, 851a und 851b ZPO), in denen nach der ZPO der Pfändungsschutz nur auf Antrag des VollstrSchuldners erfolgt und das VollstrGer allenfalls (s §§ 851a II und 851b II ZPO) bei offenkundigem Vorliegen der Voraussetzungen für den Pfändungsschutz von der Pfändung absieht (aA *TK* RNr 2). Diese Bestimmungen haben in VollstrVerfahren nach der ZPO, bei dem das VollstrGer als neutrales VollstrOrgan zwischen dem die Vollstr betreibenden Gläubiger und dem VollstrSchuldner steht, eine wichtige Funktion für die Beweislastverteilung (s *Stein-Jonas*, ZPO, § 850 A VI 1). Im VollstrVerfahren nach der AO nimmt VollstrBehörde zugleich die Funktionen des VollstrGläubigers und des VollstrOrgans wahr. Das muß mit einer weitergehenden Ermittlungspflicht verbunden sein (vgl *HHSp* RNr 93).

Anders als nach § 843 ZPO besteht kein Anhörungsverbot des VollstrSchuldners, allerdings auch **keine Anhörungspflicht** (außer § 850b III ZPO). Kann die VollstrBehörde aus ihren Akten oder anderweitig nicht feststellen, ob die Voraussetzungen für die Pfändbarkeit gegeben sind, kann es angebracht sein, den VollstrSchuldner zu hören. Die Anhörung steht in pflichtgem Ermessen der VollstrBehörde (*HHSp* § 30d RNr 41 und 42).

Die **Verletzung der Pfändungsverbote** und -beschränkungen macht die Pfändung nicht unwirksam (s § 309 A 5), sondern nur **anfechtbar.** Es ent-

§ 319

steht sowohl die **Pfandverstrickung** als auch ein **Pfändungspfandrecht** (letzteres sehr str, wie hier BGH NJW 79, 2045; *Stein-Jonas,* ZPO, § 850 A VI 3; *Baumbach-Lauterbach,* ZPO, Einf §§ 850–852 A 1 E; *Thomas-Putzo,* ZPO, § 850 A 1e; aA BAG NJW 77, 76; RG 151, 285; *HHSp* RNr 10; *TK* RNr 2). Unwirksamkeit der Pfändung ist nur bei wesentlichen Formverstößen oder bei Fehlen der Voraussetzungen für eine Vollstr überhaupt gegeben (BGH NJW 76, 851; OLG D'dorf NJW 78, 2603).

2. Begriff des Arbeitseinkommens

§ 850 ZPO

(1) Arbeitseinkommen, das in Geld zahlbar ist, kann nur nach Maßgabe der §§ 850a bis 850i gepfändet werden.

(2) Arbeitseinkommen im Sinne dieser Vorschrift sind die Dienst- und Versorgungsbezüge der Beamten, Arbeits- und Dienstlöhne, Ruhegelder und ähnliche nach dem einstweiligen oder dauernden Ausscheiden aus dem Dienst- oder Arbeitsverhältnis gewährte fortlaufende Einkünfte, ferner Hinterbliebenenbezüge sowie sonstige Vergütungen für Dienstleistungen aller Art, die die Erwerbstätigkeit des Schuldners vollständig oder zu einem wesentlichen Teil in Anspruch nehmen.

(3) Arbeitseinkommen sind auch die folgenden Bezüge, soweit sie in Geld zahlbar sind:
a) Bezüge, die ein Arbeitnehmer zum Ausgleich für Wettbewerbsbeschränkungen für die Zeit nach Beendigung seines Dienstverhältnisses beanspruchen kann;
b) Renten, die auf Grund von Versicherungsverträgen gewährt werden, wenn diese Verträge zur Versorgung des Versicherungsnehmers oder seiner unterhaltsberechtigten Angehörigen eingegangen sind.

(4) Die Pfändung des in Geld zahlbaren Arbeitseinkommens erfaßt alle Vergütungen, die dem Schuldner aus der Arbeits- oder Dienstleistung zustehen, ohne Rücksicht auf ihre Benennung oder Berechnungsart.

Für die Pfändung des Arbeitseinkommens gilt § 313. § 850 ZPO ist von **Amts wegen** zu beachten (s oben A 1) und beruht auf sozialpolitischen Erwägungen.

Unter **Arbeitseinkommen** fallen alle Bezüge aus einem jetzigen oder früheren Arbeits- oder Dienstverhältnis im weitesten Sinne (vgl *TK* RNr 6; *Baumbach-Lauterbach,* ZPO, § 850 A 2 AuF). Nicht entscheidend ist, ob ein Arbeitsvertrag vorliegt, daher werden zB auch Bezüge eines Vorstandsmitglieds einer Aktiengesellschaft (BGH NJW 81, 2466) oder Ansprüche des Kassenarztes aus dem Kassenarztverhältnis (BFH BStBl 51, 58; OLG D'dorf MDR 53, 559) erfaßt. Bezüge von selbständigen Tätigen (Handwerkern, Ärzten usw) fallen im übrigen unter § 850i ZPO.

Fortgezahlte Bezüge (bei Krankheit, Urlaubsentgelt und Urlaubsabgeltung; zum Urlaubsgeld s unten § 850a Nr. 2 ZPO) gehören zum Arbeitseinkommen. Ebenso unterliegen Ansprüche aus Sozialleistungen mit Lohnersatzfunktion (Kurzarbeitergeld, Schlechtwettergeld, Wintergeld) der Einzelvollstr, soweit sie den pfändungsfreien Betrag übersteigen, gem § 53 III SGB abgetreten und verpfändet werden können (LG Dortmund ZIP 81, 783; s dazu und zum Arbeitslosengeld näher unten unter 17.). LStJA ist kein Arbeitseinkommen und unterliegt nicht der Beschränkung der §§ 850ff (vgl **Stöber** Rechtspfleger 73, 116; s auch § 309 A 5).

Der Anspruch auf **vermögenswirksame Leistungen** ist Arbeitseinkommen und unübertragbar (§ 12 VIII Viertes VermBG) sowie wegen § 851

2. Abschnitt. Vollstreckung wegen Geldforderungen § 319

ZPO unpfändbar. Kein Arbeitseinkommen und frei pfändbar ist das angelegte Geld, insb das Sparguthaben (LG Essen MDR 73, 323). Ebenfalls frei pfändbar ist die Arbeitnehmersparzulage (BAG 77, 75; LG Siegen Rechtspfleger 73, 185 m Anm von *Stöber*).

3. Absolut unpfändbare Bezüge
§ 850a ZPO

Unpfändbar sind
1. zur Hälfte die für die Leistung von Mehrarbeitsstunden gezahlten Teile des Arbeitseinkommens;
2. die für die Dauer eines Urlaubs über das Arbeitseinkommen hinaus gewährten Bezüge, Zuwendungen aus Anlaß eines besonderen Betriebsereignisses und Treugelder, soweit sie den Rahmen des Üblichen nicht übersteigen;
3. Aufwandsentschädigungen, Auslösungsgelder und sonstige soziale Zulagen für auswärtige Beschäftigungen, das Entgelt für selbstgestelltes Arbeitsmaterial, Gefahrenzulagen sowie Schmutz- und Erschwerniszulagen, soweit diese Bezüge den Rahmen des Üblichen nicht übersteigen;
4. Weihnachtsvergütungen bis zum Betrage der Hälfte des monatlichen Arbeitseinkommens, höchstens aber bis zum Betrage von 470 Deutsche Mark;
5. Heirats- und Geburtsbeihilfen, sofern die Vollstreckung wegen anderer als der aus Anlaß der Heirat oder der Geburt entstandenen Ansprüche betrieben wird;
6. Erziehungsgelder, Studienbeihilfen und ähnliche Bezüge;
7. Sterbe- und Gnadenbezüge aus Arbeits- oder Dienstverhältnissen;
8. Blindenzulagen.

Die aufgeführten Bezüge bleiben bei der Berechnung des pfändbaren Einkommens **außer Betracht** und dürfen nicht für sich allein gepfändet werden. Die Pfändung des Arbeitseinkommens erstreckt sich nicht auf sie. Das gilt auch dann, wenn darüber in der Pfändungsverfügung nichts gesagt ist (*HHSp* RNr 53).

4. Bedingt unpfändbare Bezüge
§ 850b ZPO

(1) Unpfändbar sind ferner
1. Renten, die wegen einer Verletzung des Körpers oder der Gesundheit zu entrichten sind;
2. Unterhaltsrenten, die auf gesetzlicher Vorschrift beruhen, sowie die wegen Entziehung einer solchen Forderung zu entrichtenden Renten;
3. fortlaufende Einkünfte, die ein Schuldner aus Stiftungen oder sonst auf Grund der Fürsorge und Freigiebigkeit eines Dritten oder auf Grund eines Altenteils oder Auszugsvertrags bezieht;
4. Bezüge aus Witwen-, Waisen-, Hilfs- und Krankenkassen, die ausschließlich oder zu einem wesentlichen Teil zu Unterstützungszwecken gewährt werden, ferner Ansprüche aus Lebensversicherungen, die nur auf den Todesfall des Versicherungsnehmers abgeschlossen sind, wenn die Versicherungssumme 3600 Deutsche Mark nicht übersteigt.

(2) Diese Bezüge können nach den für Arbeitseinkommen geltenden Vorschriften gepfändet werden, wenn die Vollstreckung in das sonstige bewegliche Vermögen des Schuldners zu einer vollständigen Befriedigung des Gläubigers nicht geführt hat oder voraussichtlich nicht führen wird und wenn nach den Umständen des Falles, insbesondere nach der Art des beizutreibenden Anspruchs und der Höhe der Bezüge, die Pfändung der Billigkeit entspricht.

(3) Das Vollstreckungsgericht soll vor seiner Entscheidung die Beteiligten hören.

§ 319
6. Teil. Vollstreckung

Die in der Vorschrift genannten Einkünfte bleiben ebenso wie die nach § 850a ZPO bei der Berechnung des pfändbaren Einkommens außer Betracht. Die VollstrBehörde kann aber unter den Voraussetzungen des Abs II **konstitutiv die Pfändung zulassen.** In diesem Fall werden die Einkünfte wie pfändbares Arbeitseinkommen behandelt. Sie werden auch nach § 850 IV zusammengerechnet (vgl *HHSp* RNr 55). Nicht unter die Vorschrift fallen Leistungen, die vom SGB erfaßt werden (zB Renten aus der gesetzl Rentenversicherung oder Unfallversicherung). Für diese Leistung geht die Spezialbestimmung des § 54 SGB AllgT vor (s dazu unten A 17f).

5. Umfang der Unpfändbarkeit
§ 850c ZPO

(1) Arbeitseinkommen ist unpfändbar, wenn es, je nach dem Zeitraum, für den es gezahlt wird, nicht mehr als
- 754,— Deutsche Mark monatlich,
- 174,— Deutsche Mark wöchentlich oder
- 34,80 Deutsche Mark täglich

beträgt.

Gewährt der Schuldner auf Grund einer gesetzlichen Verpflichtung seinem Ehegatten, einem früheren Ehegatten oder einem Verwandten oder nach §§ 1615l, 1615n des Bürgerlichen Gesetzbuchs der Mutter eines nichtehelichen Kindes Unterhalt, so erhöht sich der Betrag, bis zu dessen Höhe Arbeitseinkommen unpfändbar ist, auf bis zu
- 2028,— Deutsche Mark monatlich,
- 468,— Deutsche Mark wöchentlich oder
- 93,60 Deutsche Mark täglich,

und zwar um
- 338,— Deutsche Mark monatlich,
- 78,— Deutsche Mark wöchentlich oder
- 15,60 Deutsche Mark täglich

für die erste Person, der Unterhalt gewährt wird, und um je
- 234,— Deutsche Mark monatlich,
- 54,— Deutsche Mark wöchentlich oder
- 10,80 Deutsche Mark täglich

für die zweite bis fünfte Person.

(2) Übersteigt das Arbeitseinkommen den Betrag, bis zu dessen Höhe es je nach der Zahl der Personen, denen der Schuldner Unterhalt gewährt, nach Absatz 1 unpfändbar ist, so ist es hinsichtlich des überschießenden Betrages zu einem Teil unpfändbar, und zwar in Höhe von drei Zehnteln, wenn der Schuldner keiner der in Absatz 1 genannten Personen Unterhalt gewährt, zwei weiteren Zehnteln für die erste Person, der Unterhalt gewährt wird, und je einem weiteren Zehntel für die zweite bis fünfte Person. Der Teil des Arbeitseinkommens, der 3302 Deutsche Mark monatlich, 762 Deutsche Mark wöchentlich, 152,40 Deutsche Mark täglich übersteigt, bleibt bei der Berechnung des unpfändbaren Betrages unberücksichtigt.

(3) Bei der Berechnung des nach Absatz 2 pfändbaren Teils des Arbeitseinkommens ist das Arbeitseinkommen gegebenenfalls nach Abzug des Absatz 2 pfändbaren Betrages, wie aus der Tabelle ersichtlich, die diesem Gesetz als Anlage 2 beigefügt ist, nach unten abzurunden, und zwar bei Auszahlung für Monate auf einen durch 20 Deutsche Mark, bei Auszahlung für Wochen auf einen durch 5 Deutsche Mark oder bei Auszahlung für Tage auf einen durch 1 Deutsche Mark teilbaren Betrag. Im Pfändungsbeschluß genügt die Bezugnahme auf die Tabelle.

(4) Hat eine Person, welcher der Schuldner auf Grund gesetzlicher Verpflichtung Unterhalt gewährt, eigene Einkünfte, so kann das Vollstreckungsgericht auf Antrag des Gläubigers nach billigem Ermessen bestimmen, daß diese Person bei der Berech-

2. Abschnitt. Vollstreckung wegen Geldforderungen § 319

nung des unpfändbaren Teils des Arbeitseinkommens ganz oder teilweise unberücksichtigt bleibt; soll die Person nur teilweise berücksichtigt werden, so ist Absatz 3 Satz 2 nicht anzuwenden.

Die Vorschrift legt den unpfändbaren Teil des Arbeitseinkommens fest. Für die Praxis ist dieser Teil in eine **amtl Tabelle★** [1]umgerechnet worden (Abs III), aus der sich für das jeweilige Gehalt und anhand der Zahl der unterhaltsberechtigten Personen der pfändbare Betrag ablesen läßt. Dabei ist immer vom Nettoeinkommen auszugehen, das sich nach § 850e ZPO errechnet.

Nach Abs III 2 genügt in der Pfändungsverfügung die Bezugnahme auf diese Tabelle (Pfändung in Höhe des sich aus der Tabelle ergebenden Betrages). Die Zahl der Unterhaltsberechtigten braucht in der Verfügung nicht angegeben zu werden, da sie der Drittschuldner aus der Lohnsteuerkarte entnehmen kann (Stöber Rpfleger 74, 77; Baumbach-Lauterbach, ZPO, § 850c Anm 3 C). Der Drittschuldner darf dann davon ausgehen, daß der VollstrSchuldner den in der Lohnsteuerkarte angegebenen Personen auch tatsächlich Unterhalt zahlt. Wird tatsächlich kein Unterhalt gezahlt, kann die VollstrBehörde höher pfänden (BAG DB 83, 1263).

6. Pfändbarkeit bei Unterhaltsansprüchen

§ 850d ZPO

(1) Wegen der Unterhaltsansprüche, die kraft Gesetzes einem Verwandten, dem Ehegatten, einem früheren Ehegatten oder nach §§ 1615l, 1615n des Bürgerlichen Gesetzbuchs der Mutter eines nichtehelichen Kindes zustehen, sind das Arbeitseinkommen und die in § 850a Nr. 1, 2 und 4 genannten Bezüge ohne die in § 850c bezeichneten Beschränkungen pfändbar. Dem Schuldner ist jedoch so viel zu belassen, als er für seinen notwendigen Unterhalt und zur Erfüllung seiner laufenden gesetzlichen Unterhaltspflichten gegenüber den dem Gläubiger vorgehenden Berechtigten oder zur gleichmäßigen Befriedigung der dem Gläubiger gleichstehenden Berechtigten bedarf; von den in § 850a Nr. 1, 2 und 4 genannten Bezügen hat ihm mindestens die Hälfte des nach § 850a unpfändbaren Betrages zu verbleiben. Der dem Schuldner hiernach verbleibende Teil seines Arbeitseinkommens darf den Betrag nicht übersteigen, der ihm nach den Vorschriften des § 850c gegenüber nicht bevorrechtigten Gläubigern zu verbleiben hätte. Für die Pfändung wegen der Rückstände, die länger als ein Jahr vor dem Antrag auf Erlaß des Pfändungsbeschlusses fällig geworden sind, gelten die Vorschriften dieses Absatzes insoweit nicht, als nach Lage der Verhältnisse nicht anzunehmen ist, daß der Schuldner sich seiner Zahlungspflicht absichtlich entzogen hat.

(2) Mehrere nach Absätze 1 Berechtigte sind mit ihren Ansprüchen in folgender Reihenfolge zu berücksichtigen, wobei mehrere gleich nahe Berechtigte untereinander gleichen Rang haben:
a) die minderjährigen unverheirateten Kinder, der Ehegatte, ein früherer Ehegatte und die Mutter eines nichtehelichen Kindes mit ihrem Anspruch nach §§ 1615l, 1615n des Bürgerlichen Gesetzbuchs; das Vollstreckungsgericht kann das Rangverhältnis der Berechtigten zueinander auf Antrag des Schuldners oder eines Berechtigten nach billigem Ermessen in anderer Weise festsetzen; das Vollstreckungsgericht hat vor seiner Entscheidung die Beteiligten zu hören;
b) die übrigen Abkömmlinge, wobei die Kinder den anderen vorgehen;
c) Verwandte aufsteigender Linie, wobei die näheren Grade den entfernteren vorgehen.

---

[1] ★ Abgedruckt in den Loseblattsammlungen „Schönfelder, Deutsche Gesetze" (Nr. **100**, Anlage) und „Steuergesetze" (Nr. **835**, Anlage).

§ 319

6. Teil. Vollstreckung

(3) Bei der Vollstreckung wegen der in Absatz 1 bezeichneten Ansprüche sowie wegen der aus Anlaß einer Verletzung des Körpers oder der Gesundheit zu zahlenden Renten kann zugleich mit der Pfändung wegen fälliger Ansprüche auch künftig fällig werdendes Arbeitseinkommen wegen der dann jeweils fällig werdenden Ansprüche gepfändet und überwiesen werden.

Die Vorschrift verringert den Pfändungsschutz gegenüber Unterhaltsansprüchen. Sie hat daher für das VollstrVerfahren nach der AO **keine unmittelbare Bedeutung.** Mittelbare Bedeutung kann sie dann gewinnen, wenn Pfändungen nach der AO mit Pfändungen für Gläubiger solcher Unterhaltsansprüche zusammentreffen (s § 850e Nr. 4 ZPO).

An der Rangfolge nach § 282 III ändert sich dann zwar nichts. Hat der Gläubiger iSv § 850d ZPO aber nur den nach § 850c ZPO pfändbaren Betrag gepfändet und kommt die VollstrBehörde deshalb nicht mehr zum Zuge, kann sie den Gläubiger auf die nach § 850 d ZPO pfändbaren Beträge verweisen (s unten § 850e Nr. 4 ZPO). Über den dazu erforderl Antrag muß das VollstrGericht entscheiden (*HHSp* RNr 70 m w Nachw).

7. Berechnung des pfändbaren Arbeitseinkommens
§ 850e ZPO

Für die Berechnung des pfändbaren Arbeitseinkommens gilt folgendes:
1. Nicht mitzurechnen sind die nach § 850a der Pfändung entzogenen Bezüge, ferner Beträge, die unmittelbar auf Grund steuerrechtlicher oder sozialrechtlicher Vorschriften zur Erfüllung gesetzlicher Verpflichtungen des Schuldners abzuführen sind. Diesen Beträgen stehen gleich die auf den Auszahlungszeitraum entfallenden Beträge, die der Schuldner
    a) nach den Vorschriften der Sozialversicherungsgesetze zur Weiterversicherung entrichtet oder
    b) an eine Ersatzkasse oder an ein Unternehmen der privaten Krankenversicherung leistet, soweit sie den Rahmen des Üblichen nicht übersteigen.
2. Mehrere Arbeitseinkommen sind auf Antrag vom Vollstreckungsgericht bei der Pfändung zusammenzurechnen. Der unpfändbare Grundbetrag ist in erster Linie dem Arbeitseinkommen zu entnehmen, das die wesentliche Grundlage der Lebenshaltung des Schuldners bildet.
2a. Mit Arbeitseinkommen sind auf Antrag auch Ansprüche auf laufende Geldleistungen nach dem Sozialgesetzbuch zusammenzurechnen, soweit nach den Umständen des Falles, insbesondere nach den Einkommens- und Vermögensverhältnissen des Leistungsberechtigten, der Art der beizutreibenden Anspruches sowie der Höhe und der Zweckbestimmung der Geldleistung, die Zusammenrechnung der Billigkeit entspricht. Das Vollstreckungsgericht soll vor seiner Entscheidung den Leistungsberechtigten und den Gläubiger hören; § 54 Abs 6 Satz 1 und 2 des Ersten Buches Sozialgesetzbuch gilt entsprechend. Für eine Verfügung des Leistungsberechtigten über das Arbeitseinkommen und die Ansprüche auf laufende Geldleistungen nach dem Sozialgesetzbuch gilt § 54 Abs 6 Satz 3 des Ersten Buches Sozialgesetzbuch entsprechend. Der unpfändbare Grundbetrag ist, soweit die Pfändung nicht wegen gesetzlicher Unterhaltsansprüche erfolgt, in erster Linie den laufenden Geldleistungen nach dem Sozialgesetzbuch zu entnehmen. Ansprüche auf Geldleistungen für Kinder dürfen mit Arbeitseinkommen nur zusammengerechnet werden, soweit sie nach § 54 Abs 4 des Ersten Buches Sozialgesetzbuch gepfändet werden können.
3. Erhält der Schuldner neben seinem in Geld zahlbaren Einkommen auch Naturalleistungen, so sind Geld- und Naturalleistungen zusammenzurechnen. In diesem Falle ist der in Geld zahlbare Betrag insoweit pfändbar, als der nach § 850c unpfändbare Teil des Gesamteinkommens durch den Wert der dem Schuldner verbleibenden Naturalleistungen gedeckt ist.

2. Abschnitt. Vollstreckung wegen Geldforderungen § 319

4. Trifft eine Pfändung, eine Abtretung oder eine sonstige Verfügung wegen eines der in § 850d bezeichneten Ansprüche mit einer Pfändung wegen eines sonstigen Anspruchs zusammen, so sind auf die Unterhaltsansprüche zunächst die gemäß § 850d der Pfändung in erweitertem Umfang unterliegenden Teile des Arbeitseinkommens zu verrechnen. Die Verrechnung nimmt auf Antrag eines Beteiligten das Vollstreckungsgericht vor. Der Drittschuldner kann, solange ihm eine Entscheidung des Vollstreckungsgerichts nicht zugestellt ist, nach dem Inhalt der ihm bekannten Pfändungsbeschlüsse, Abtretungen und sonstigen Verfügungen mit befreiender Wirkung leisten.

Die Vorschrift bestimmt in Nr 1, daß bei der nach § 850c ZPO erfolgenden Berechnung des pfändbaren Teils des Arbeitseinkommens vom **Nettoeinkommen** auszugehen ist. Von vornherein außer Betracht bleiben daher nicht nur die in Nr 1 genannten unpfändbaren Bezüge nach § 850a ZPO, sondern auch sonstige unpfändbare Bezüge nach § 851 (zB vermögenswirksame Leistungen s Erl oben zu § 850 ZPO) und die nicht zum Arbeitseinkommen zählenden Bezüge nach § 850b ZPO, sofern nicht von Abs II des § 850b ZPO Gebrauch gemacht wird.

Die in Nr 2 vorgeschriebene Zusammenrechnung gilt auch bei Bezügen von mehreren Drittschuldnern. Zu Nr 4 vgl Erl oben zu § 850d ZPO.

8. Änderung des unpfändbaren Betrages

§ 850f ZPO

(1) Das Vollstreckungsgericht kann dem Schuldner auf Antrag von dem nach den Bestimmungen der §§ 850c, 850d und 850i pfändbaren Teil seines Arbeitseinkommens einen Teil belassen, wenn
a) besondere Bedürfnisse des Schuldners aus persönlichen oder beruflichen Gründen oder
b) der besondere Umfang der gesetzlichen Unterhaltspflichten des Schuldners, insbesondere die Zahl der Unterhaltsberechtigten
dies erfordern und überwiegende Belange des Gläubigers nicht entgegenstehen.

(2) Wird die Zwangsvollstreckung wegen einer Forderung aus einer vorsätzlich begangenen unerlaubten Handlung betrieben, so kann die Vollstreckungsgericht auf Antrag des Gläubigers den pfändbaren Teil des Arbeitseinkommens ohne Rücksicht auf die in § 850c vorgesehenen Beschränkungen bestimmen; dem Schuldner ist jedoch so viel zu belassen, wie er für seinen notwendigen Unterhalt und zur Erfüllung seiner laufenden gesetzlichen Unterhaltspflicht bedarf.

(3) Wird die Zwangsvollstreckung wegen anderer als der in Absatz 2 und in § 850d bezeichneten Forderungen betrieben, so kann das Vollstreckungsgericht in den Fällen, in denen sich das Arbeitseinkommen des Schuldners auf mehr als monatlich 2340 Deutsche Mark (wöchentlich 540 Deutsche Mark, täglich 108 Deutsche Mark) beläuft, über die Beträge hinaus die Pfändbarkeit unter Berücksichtigung der Belange des Gläubigers und des Schuldners nach freiem Ermessen festsetzen. Dem Schuldner ist jedoch mindestens so viel zu belassen, wie sich bei einem Arbeitseinkommen von monatlich 2340 Deutsche Mark (wöchentlich 540 Deutsche Mark, täglich 108 Deutsche Mark) aus 850c ergeben würde.

Nach der Vorschrift kann die VollstrBehörde nach ihrem Ermessen die Pfändungsfreigrenzen unter den Voraussetzungen des Abs I heraufsetzen und unter den Voraussetzungen der Abs II und III herabsetzen. Die VollstrBehörde kann und muß ggfs die Voraussetzungen des Abs I auch ohne Antrag von Amts wegen berücksichtigen, wenn sie Kenntnis davon hat (s oben Anm 1). In den Fällen des Abs II und III kommt ein Antrag des VollstrGläubigers wegen Identität von VollstrGläubiger und VollstrBehörde ohnehin nicht in Betracht. Das Antragserfordernis nach Abs I bedeu-

§ 319   6. Teil. Vollstreckung

tet aber, daß der VollstrSch eine entgegen der Vorschr vorgenommene Pfändung nicht gleich mit der Beschwerde angreifen kann, sondern zunächst versuchen muß, bei der VollstrBehörde eine **Änderung der Pfändungsverfügung** zu erreichen.

Abs II kann für die VollstrBehörde in Fällen der Steuerhinterziehung Bedeutung haben (auch für die Hinterziehungszinsen, vgl FG BadWürtt EFG 87, 598). Das gilt aber nur, wenn auf den privatrechtl Anspruch nach § 823 II BGB iVm § 370 oder § 826 BGB zurückgegriffen wird (s § 370 Anm 5; einschränkend *App* DStZ 84, 280). Die öffentlrechtl Ansprüche aus der Steuerhinterziehung (zB Geldstrafe) sind keine Schadensersatzansprüche wegen unerlaubter Handlung (*HHSp* RNr 76).

9. Änderung der Unpfändbarkeitsvoraussetzungen

§ 850g ZPO

Ändern sich die Voraussetzungen für die Bemessung des unpfändbaren Teils des Arbeitseinkommens, so hat das Vollstreckungsgericht auf Antrag des Schuldners oder des Gläubigers den Pfändungsbeschluß entsprechend zu ändern. Antragsberechtigt ist auch ein Dritter, dem der Schuldner kraft Gesetzes Unterhalt zu gewähren hat. Der Drittschuldner kann nach dem Inhalt des früheren Pfändungsbeschlusses mit befreiender Wirkung leisten, bis ihm der Änderungsbeschluß zugestellt wird.

Die Vorschrift betrifft nur die Fälle, in denen die VollstrBehörde selbst den Pfändungsfreibetrag bzw den pfändbaren Teil des Arbeitseinkommens festgesetzt hat. Eine Blankettverfügung nach § 850 III 2 ZPO erstreckt sich automatisch auf die geänderten Verhältnisse.

10. Verschleiertes Arbeitseinkommen

§ 850h ZPO

(1) Hat sich der Empfänger der vom Schuldner geleisteten Arbeiten oder Dienste verpflichtet, Leistungen an einen Dritten zu bewirken, die nach Lage der Verhältnisse ganz oder teilweise eine Vergütung für die Leistung des Schuldners darstellen, so kann der Anspruch des Drittberechtigten insoweit auf Grund des Schuldtitels gegen den Schuldner gepfändet werden, wie wenn der Anspruch dem Schuldner zustände. Die Pfändung des Vergütungsanspruchs des Schuldners umfaßt ohne weiteres den Anspruch des Drittberechtigten. Der Pfändungsbeschluß ist dem Drittberechtigten ebenso wie dem Schuldner zuzustellen.

(2) Leistet der Schuldner einem Dritten in einem ständigen Verhältnis Arbeiten oder Dienste, die nach Art und Umfang üblicherweise vergütet werden, unentgeltlich oder gegen eine unverhältnismäßig geringe Vergütung, so gilt im Verhältnis des Gläubigers zu dem Empfänger der Arbeits- und Dienstleistungen eine angemessene Vergütung als geschuldet. Bei der Prüfung, ob diese Voraussetzungen vorliegen, sowie bei der Bemessung der Vergütung ist auf alle Umstände des Einzelfalles, insbesondere die Art der Arbeits- und Dienstleistung, die verwandtschaftlichen oder sonstigen Beziehungen zwischen dem Dienstberechtigten und dem Dienstverpflichteten und die wirtschaftliche Leistungsfähigkeit des Dienstberechtigten Rücksicht zu nehmen.

Die Vorschrift fingiert bei sog Lohnschiebungen, daß ein Lohnanspruch dem Schuldner überhaupt oder in größerer Höhe als vereinbart zusteht. Es genügt die **objektive Sachlage.** Benachteiligungsabsicht von Seiten des VollstrSchuldners oder Drittschuldners ist nicht erforderl (BGH NJW 79, 1602; *Thomas-Putzo,* ZPO, § 850h A 1d; *TK* RNr 31).

2. Abschnitt. Vollstreckung wegen Geldforderungen § 319

11. Unpfändbarkeit bei sonstigen Vergütungen

§ 850i ZPO

(1) Ist eine nicht wiederkehrend zahlbare Vergütung für persönlich geleistete Arbeiten oder Dienste gepfändet, so hat das Gericht dem Schuldner auf Antrag so viel zu belassen, als er während eines angemessenen Zeitraums für seinen notwendigen Unterhalt und den seines Ehegatten, seines früheren Ehegatten, seiner unterhaltsberechtigten Verwandten oder der Mutter eines nichtehelichen Kindes nach §§ 1615l, 1615n des Bürgerlichen Gesetzbuchs bedarf. Bei der Entscheidung sind die wirtschaftlichen Verhältnisse des Schuldners, insbesondere seine sonstigen Verdienstmöglichkeiten, frei zu würdigen. Dem Schuldner ist nicht mehr zu belassen, als ihm nach freier Schätzung des Gerichts verbleiben würde, wenn sein Arbeitseinkommen aus laufendem Arbeits- oder Dienstlohn bestände. Der Antrag des Schuldners ist insoweit abzulehnen, als überwiegende Belange des Gläubigers entgegenstehen.

(2) Die Vorschriften des Absatzes 1 gelten entsprechend für Vergütungen, die für die Gewährung von Wohngelegenheit oder eine sonstige Sachbenutzung geschuldet werden, wenn die Vergütung zu einem nicht unwesentlichen Teil als Entgelt für neben der Sachbenutzung gewährte Dienstleistungen anzusehen ist.

(3) Die Vorschriften des § 27 des Heimarbeitsgesetzes vom 14. März 1951 (Bundesgesetzbl. I S. 191) bleiben unberührt.

(4) Die Bestimmungen der Versicherungs-, Versorgungs- und sonstigen gesetzlichen Vorschriften über die Pfändung von Ansprüchen bestimmter Art bleiben unberührt.

Die VollstrBehörde hat die Vorschrift von Amts wegen zu beachten (s oben A 1). Zur Bedeutung des in der Vorschrift vorgeschriebenen Antragserfordernisses im VollstrVerfahren nach der AO s oben Erl zu § 850g ZPO.

Während §§ 850c bis 850g ZPO den Pfändungsschutz bei Lohn- und Gehaltsforderungen regeln, hat Abs I der Vorschr des § 850i ZPO vor allem Bedeutung für die **selbständig Tätigen** (freie Berufe, zB Ärzte, Rechtsanwälte, Handwerker usw). Nach Abs III iVm § 27 Heimarbeitsgesetz gilt allerdings bei Bezügen iS des Heimarbeitsgesetzes grundsätzlich § 850c ZPO. Abs IV stellt den Vorrang von Spezialvorschriften über die Pfändung in anderen Gesetzen klar. Vorrang haben damit vor allem §§ 54 und 55 SGB AllgT (s dazu unten A 17f).

12. Kontenschutz

§ 850k ZPO

(1) Werden wiederkehrende Einkünfte der in den §§ 850 bis 850b bezeichneten Art auf das Konto des Schuldners bei einem Geldinstitut überwiesen, so ist eine Pfändung des Guthabens auf Antrag des Schuldners vom Vollstreckungsgericht insoweit aufzuheben, als das Guthaben dem der Pfändung nicht unterworfenen Teil der Einkünfte für die Zeit von der Pfändung bis zum nächsten Zahlungstermin entspricht.

(2) Das Vollstreckungsgericht hebt die Pfändung des Guthabens für den Teil vorab auf, dessen der Schuldner bis zum nächsten Zahlungstermin dringend bedarf, um seinen notwendigen Unterhalt zu bestreiten und seine laufenden gesetzlichen Unterhaltspflichten gegenüber den dem Gläubiger vorgehenden Berechtigten zu erfüllen oder die dem Gläubiger gleichstehenden Unterhaltsberechtigten gleichmäßig zu befriedigen. Der vorab freigegebene Teil des Guthabens darf den Betrag nicht übersteigen, der dem Schuldner voraussichtlich nach Absatz 1 zu belassen ist. Der Schuldner hat glaubhaft zu machen, daß wiederkehrende Einkünfte der in den §§ 850 bis 850b bezeichneten Art auf das Konto überwiesen worden sind und daß die Voraussetzungen des Satzes 1 vorliegen. Die Anhörung des Gläubigers unterbleibt, wenn der damit verbundene Aufschub dem Schuldner nicht zuzumuten ist.

§ 319   6. Teil. Vollstreckung

(3) Im übrigen ist das Vollstreckungsgericht befugt, die in § 732 Abs. 2 bezeichneten Anordnungen zu erlassen.

Diese durch das Vierte Gesetz zur Änderung der Pfändungsfreigrenzen v 28. 2. 1978 (BGBl I, 333) neu geschaffene Vorschrift war der Grund für die Einfügung des § 314 III in die AO (vgl § 314 A 3). Sie löst die frühere Streitfrage, ob sich der Pfändungsschutz für Arbeitseinkommen in das Kontoguthaben des Arbeitnehmers fortsetzt.

Die Vorschrift gilt **nur für wiederkehrende Leistungen** iS von §§ 850 bis 850b ZPO, also nicht zB für die Fälle des § 850i ZPO. Der Kontenschutz gilt nur für das Konto des Arbeitnehmers selbst und nicht bei Überweisung auf das Konto eines anderen wie zB der Ehefrau (*HHSp* RNr 81).

13. Unpfändbare Forderungen
§ 851 ZPO

(1) Eine Forderung ist in Ermangelung besonderer Vorschriften der Pfändung nur insoweit unterworfen, als sie übertragbar ist.

(2) Eine nach § 399 des Bürgerlichen Gesetzbuchs nicht übertragbare Forderung kann insoweit gepfändet und zur Einziehung überwiesen werden, als der geschuldete Gegenstand der Pfändung unterworfen ist.

Die Vorschrift steht in Wechselbeziehung mit **§ 400 BGB**, wonach eine Forderung, die nicht pfändbar ist, auch nicht übertragbar ist. Nach § 851 ZPO sind unpfändbar Forderungen, die auf Grund gesetzlicher Vorschriften nicht übertragen werden können. Beispiele sind Ansprüche auf Bergmannsprämien (§ 5 Bergmannsprämiengesetz), Ansprüche auf vermögenswirksame Leistungen (§ 12 VIII Viertes Vermögensbildungsgesetz) oder die Rechte bzw Ansprüche nach §§ 717 S 1, 847 I 2 BGB.

Abs II läßt allerdings in den **Fällen des § 399 BGB** in bestimmten Grenzen die Pfändung und Überweisung von nicht übertragbaren Forderungen zu. Nach § 399 BGB kann eine Forderung nicht abgetreten werden, wenn die Leistung an einen anderen als den ursprünglichen Gläubiger nicht ohne Veränderung ihres Inhalts erfolgen kann oder wenn die Abtretung durch Vereinbarung mit dem Schuldner ausgeschlossen ist. Zu den Leistungen, die an einen anderen als den ursprünglichen Gläubiger nicht ohne Veränderung des Inhalts möglich sind, gehören auch die von der Sache her oder durch Absprache zweckgebundenen Ansprüche. Es würde aber zu weit führen, alle diese Ansprüche der Pfändung und Einziehung zu unterwerfen. Zweck der Zulassung der Pfändung nach der Vorschr ist es nur, Absprachen zwischen VollstrSchuldner und Drittschuldner zu Lasten von etwaigen VollstrGläubigern zu verhindern. Entgegen dem zu weit gehenden Wortlaut des § 851 II ZPO sind daher unpfändbar Ansprüche, die von **der Sache her zweckgebunden** sind oder bei denen sich der VollstrSchuldner dem Drittschuldner gegenüber **treuhänderisch** gebunden hat, die ihm zufließenden Mittel zu bestimmten Zwecken zu verwenden (BGH MDR 78, 747). Solche Ansprüche können nur im Rahmen ihrer Zweckbestimmung gepfändet werden (*Baumbach-Lauterbach*, ZPO, § 851 Anm 2 B).

2. Abschnitt. Vollstreckung wegen Geldforderungen § 319

14. Pfändungsschutz für Landwirte

§ 851a ZPO

(1) Die Pfändung von Forderungen, die einem die Landwirtschaft betreibenden Schuldner aus dem Verkauf von landwirtschaftlichen Erzeugnissen zustehen, ist auf seinen Antrag vom Vollstreckungsgericht insoweit aufzuheben, als die Einkünfte zum Unterhalt des Schuldners, seiner Familie und seiner Arbeitnehmer oder zur Aufrechterhaltung einer geordneten Wirtschaftsführung unentbehrlich sind.

(2) Die Pfändung soll unterbleiben, wenn offenkundig ist, daß die Voraussetzungen für die Aufhebung der Zwangsvollstreckung nach Absatz 1 vorliegen.

Die Vorschrift schützt Landwirte zusätzlich zu § 811 Nr 4 ZPO (s § 295 AO). Der VollstrSchutz wird auf Forderungen aus dem Verkauf der nach § 811 Nr 4 ZPO in bestimmten Grenzen unpfändbaren landwirtschaftl Erzeugnisse ausgedehnt.

15. Pfändungsschutz bei Miet- und Pachtzinsen

§ 851b ZPO

(1) Die Pfändung von Miet- und Pachtzinsen ist auf Antrag des Schuldners vom Vollstreckungsgericht insoweit aufzuheben, als die Einkünfte für den Schuldner zur laufenden Unterhaltung des Grundstücks, zur Vornahme notwendiger Instandsetzungsarbeiten und zur Befriedigung von Ansprüchen unentbehrlich sind, die bei einer Zwangsvollstreckung in das Grundstück dem Anspruch des Gläubigers nach § 10 des Gesetzes über die Zwangsversteigerung und die Zwangsverwaltung vorgehen würden. Das gleiche gilt von der Pfändung von Barmitteln und Guthaben, die aus Miet- oder Pachtzinszahlungen herrühren und zu den in Satz 1 bezeichneten Zwecken unentbehrlich sind.

(2) Die Vorschriften des § 813a Abs. 2, 3 und Abs. 5 Satz 1 und 2 gelten entsprechend. Die Pfändung soll unterbleiben, wenn offenkundig ist, daß die Voraussetzungen für die Aufhebung der Zwangsvollstreckung nach Absatz 2 vorliegen.

Die Vorschrift schützt ausschließlich den Unterhalt und die Erhaltung des Grundstücks und nicht den Unterhalt oder die Vermögenserhaltung des VollstrSchuldners.

16. Beschränkt pfändbare Forderungen

§ 852 ZPO

(1) Der Pflichtteilsanspruch ist der Pfändung nur unterworfen, wenn er durch Vertrag anerkannt oder rechtshängig geworden ist.

(2) Das gleiche gilt für den nach § 852 des Bürgerlichen Gesetzbuchs dem Schenker zustehenden Anspruch auf Herausgabe des Geschenkes sowie für den Anspruch eines Ehegatten aus der Ausgleich des Zugewinns.

Die in der Vorschrift genannten Ansprüche sind unbeschränkt übertragbar und wären daher an sich nach § 851 ZPO ohne weiteres pfändbar. Davon abweichend verhindert § 852 ZPO, daß die Ansprüche durch Pfändung und Einziehung entgegen dem Willen des Berechtigten geltend gemacht werden.

17. Ansprüche nach dem Sozialgesetzbuch. Wie oben bereits mehrfach erwähnt worden ist, gilt für die Pfändung von Sozialleistungsansprüchen die Spezialvorschr des **§ 54 Sozialgesetzbuch,** Allgemeiner Teil (SGB I). Diese Spezialvorschr erfaßt alle unter das SGB fallenden Sozialleistungen. Eine Ausnahme bilden die Ansprüche nach dem Bundessozialhilfegesetz,

§ 319
6. Teil. Vollstreckung

da das Pfändungsverbot des § 4 I 2 BSHG auch nach Inkrafttreten des SGB weiter besteht (s Art II § 14 SGB I). Unter § 54 SGB I fallen somit (s §§ 18 ff SGB I):
Leistungen der Ausbildungsförderung,
Leistungen der Arbeitsförderung, ua Arbeitslosengeld, Arbeitslosenhilfe und Konkursausfallgeld,
zusätzliche Leistungen für Schwerbeschädigte,
Leistungen der gesetzlichen Krankenversicherung,
Leistungen der gesetzlichen Unfallversicherung,
Leistungen der gesetzlichen Rentenversicherung, einschl Altershilfe für Landwirte,
Versorgungsleistungen bei Gesundheitsschäden (Bundesversorgungsgesetz und darauf Bezug nehmende Gesetze),
Kindergeld,
Wohngeld,
Leistungen der Jugendhilfe und
Leistungen zur Eingliederung Behinderter.
Zu den erfaßten Gesetzen s im einzelnen Art II § 1 SGB I.
Bei der Pfändung von Sozialleistungsansprüchen im Zuständigkeitsbereich der Bundesanstalt für Arbeit ist die Bundesanstalt Drittschuldner. Der Pfändungs- und Überweisungsbeschluß kann an die Bundesanstalt für Arbeit oder an den Direktor des zuständigen Arbeitsamtes zugestellt werden (OlG Karlsruhe, RPfleger 82, 387).

18. Pfändbarkeit der Sozialleistungsansprüche

§ 54 SGB I

(1) Ansprüche auf Dienst- und Sachleistungen können nicht gepfändet werden.

(2) Ansprüche auf einmalige Geldleistungen können nur gepfändet werden, soweit nach den Umständen des Falles, insbesondere nach den Einkommens- und Vermögensverhältnissen des Leistungsberechtigten, der Art des beizutreibenden Anspruchs sowie der Höhe und der Zweckbestimmung der Geldleistung, die Pfändung der Billigkeit entspricht.

(3) Ansprüche auf laufende Geldleistungen können wie Arbeitseinkommen gepfändet werden
1. wegen gesetzlicher Unterhaltsansprüche,
2. wegen anderer Ansprüche nur, soweit die in Absatz 2 genannten Voraussetzungen vorliegen und der Leistungsberechtigte dadurch nicht hilfebedürftig im Sinne der Vorschriften des Bundessozialhilfegesetzes über die Hilfe zum Lebensunterhalt wird.

(4) Ein Anspruch des Leistungsberechtigten auf Geldleistungen für Kinder (§ 48 Abs. 1 Satz 2) kann nur wegen gesetzlicher Unterhaltsansprüche eines Kindes, das bei der Festsetzung der Geldleistungen berücksichtigt wird, gepfändet werden. Für die Höhe des pfändbaren Betrages bei Kindergeld gilt:
1. Gehört das unterhaltsberechtigte Kind zum Kreis der Kinder, für die dem Leistungsberechtigten Kindergeld gezahlt wird, so ist die Pfändung bis zu dem Betrag möglich, der bei gleichmäßiger Verteilung des Kindergeldes auf jedes dieser Kinder entfällt. Ist das Kindergeld durch die Berücksichtigung eines weiteren Kindes erhöht, für das einer dritten Person Kindergeld oder dieser oder dem Leistungsberechtigten eine andere Geldleistung für Kinder zusteht, so bleibt der Erhöhungsbetrag bei der Bestimmung des pfändbaren Betrages des Kindergeldes nach Satz 1 außer Betracht.
2. Der Erhöhungsbetrag (Nummer 1 Satz 2) ist zugunsten jedes bei der Festsetzung

2. Abschnitt. Vollstreckung wegen Geldforderungen § 319

des Kindergeldes berücksichtigten unterhaltsberechtigten Kindes zu dem Anteil pfändbar, der sich bei gleichmäßiger Verteilung auf alle Kinder, die bei der Festsetzung des Kindergeldes zugunsten des Leistungsberechtigten berücksichtigt werden, ergibt.

(5) Ein Anspruch auf Erziehungsgeld und ein Anspruch auf vergleichbare Leistungen der Länder können nicht gepfändet werden.

(6) Kommt es für die Zulässigkeit einer Pfändung eines Anspruchs auf Geldleistungen darauf an, ob die Pfändung der Billigkeit entspricht oder ob der Leistungsberechtigte durch die Pfändung nicht hilfebedürftig im Sinne der Vorschriften des Bundessozialhilfegesetzes über die Hilfe zum Lebensunterhalt wird, sollen der Leistungsberechtigte und der Gläubiger vor der Entscheidung über die Pfändung unter Hinweis auf die Rechtsfolgen aus Satz 2 und 3 innerhalb einer zu bestimmenden Frist gehört werden. Trägt der Leistungsberechtigte innerhalb der bestimmten Frist keine Tatsachen vor, die gegen die Billigkeit der Pfändung sprechen oder die den Annahme rechtfertigen, daß er durch die Pfändung hilfebedürftig im Sinne der Vorschriften des Bundessozialhilfegesetzes über die Hilfe zum Lebensunterhalt wird, kann davon ausgegangen werden, daß die Pfändung zulässig ist. Eine Verfügung des Leistungsberechtigten über den Anspruch nach dem Zeitpunkt, zu dem ihm vom Vollstreckungsgericht oder von der Vollstreckungsbehörde Gelegenheit gegeben worden ist, sich zu erklären, ist dem Gläubiger gegenüber bis zur Pfändung unwirksam; sie bleibt auch bis zum Eintritt der Unanfechtbarkeit der die Pfändung ablehnenden Entscheidung oder sonstigen Erledigung des Verfahrens, die dem Leistungsberechtigten mitzuteilen ist, unwirksam. Die Entgegennahme fälliger Beträge bleibt hiervon unberührt.

Wichtig ist insbes Abs III der Vorschrift, der eine Pfändung von laufenden Geldleistungen **wie Arbeitseinkommen** zuläßt. Pfändbarkeit wie Arbeitseinkommen bedeutet, daß die Pfändungsschutzbestimmungen der §§ 850a bis 850k ZPO Anwendung finden.

Die Zulässigkeit der Pfändung der laufenden Geldleistungen ist allerdings ebenso wie die Pfändung einer einmaligen Geldleistung nach Abs II von einer Billigkeitsprüfung abhängig, die auf die **Vermögensverhältnisse des VollstrSchuldners**, die **Art des beizutreibenden Anspruchs** sowie **Höhe und Zweckbestimmung der Leistungsansprüche** abzustellen hat. Dabei kann davon ausgegangen werden, daß die von der VollstrBehörde zu vollstreckenden öffentlrechtl Ansprüche von ihrer Art her unter Billigkeitsgesichtspunkten grundsätzlich eine Pfändung zulassen. Die Zweckbestimmung der zu pfändenden Geldleistungsansprüche läßt unter dem Gesichtspunkt der Billigkeit in der Regel dann eine Pfändung zu, wenn die Geldleistungen **Lohnersatzfunktion** haben; d. h. wenn sie wie Arbeitseinkommen den laufenden Lebensunterhalt des VollstrSchuldners und seiner Familie decken sollen (BGH DB 85, 860; OLG Celle NJW 77, 1641; aA LG Koblenz MDR 78, 236). Das ist bei den folgenden Sozialleistungen anzunehmen: (s dazu OFD Bremen STEK § 309 Nr 1):

Unterhaltsgeld für Fortbildung und Umschulung nach § 44 AFG,
Kurzarbeitergeld, Wintergeld,
Schlechtwettergeld,
Arbeitslosengeld, Arbeitslosenhilfe,
Krankengeld, laufendes Mutterschaftsgeld,
Renten wegen Minderung der Erwerbsfähigkeit, Berufsunfähigkeit, Erwerbsunfähigkeit und Alters (vgl BGH DB 85, 860) sowie an Hinterbliebene.

Die Zweckbestimmung steht in der Regel einer Pfändung entgegen, wenn die Sozialleistungen bestimmte Mehraufwendungen (besondere Be-

§ 319
6. Teil. Vollstreckung

dürfnisse, so BGH DB 85, 860) des VollstrSchuldners decken sollen (zB Pflegegeld, Pflegezulage, Zuschüsse für Fortbildungs-Umschulungslehrgänge nach § 45 AFG). In den anderen Fällen, in denen die Zweckbestimmung der Pfändung nicht entgegensteht, die Billigkeit der Pfändung wegen Lohnersatzfunktion aber auch nicht allgemein zu bejahen ist, müssen besondere Billigkeitsgründe für die Pfändung sprechen. Die frühere Streitfrage, ob unter diesen Voraussetzungen auch das **Kindergeld** pfändbar ist (so noch BFH BStBl 82, 677), ist durch die Einfügung des neuen Abs 4 in § 54 I SGB durch das Erste Gesetz zur Änderung des Sozialgesetzbuchs v 20. 8. 1988 (BGBl I 1046) nunmehr eindeutig verneint worden. Der BFH hatte allerdings vorher bereits seine Auffassung, daß das Kindergeld wegen StForderungen pfändbar sei, aufgegeben (BFH BStBl 87, 598; vgl auch BFH/NV 88, 14; 88, 80, dort auch zur Klagebefugnis der Bundesanstalt für Arbeit als Drittschuldner; vgl ferner BVerwGE 77, 139). Damit ist die in der Vorauflage vertretene Auffassung über die Pfändbarkeit des Kindergeldes überholt.

Über die Billigkeitsprüfung hinaus verlangt § 54 III Nr 2 SGB I, daß der VollstrSchuldner nicht hilfebedürftig im Sinne der Vorschriften des BSHG über die Hilfe zum Lebensunterhalt werden darf. Dem VollstrSchuldner müssen also die **Regelsätze der Sozialhilfe** verbleiben. Diese Voraussetzung ist derzeit allerdings regelmäßig ohne Bedeutung, denn die wie bei der Pfändung von Arbeitseinkommen zu berücksichtigenden Freibeträge nach § 850c ZPO liegen praktisch immer oberhalb der Regelsätze der Sozialhilfe, so daß von Ausnahmen abgesehen der Schuldner nicht hilfebedürftig iSv § 54 III Nr 2 SGB I werden kann (BGHZ 92, 339; BFH BStBl 87, 598). Wenn der VollstrSchuldner neben den unpfändbaren Sozialleistungen noch Arbeitseinkommen hat, ist dieses im Rahmen der durch § 54 III Nr 2 iVm Abs II SGB I geforderten Prüfung, ob nach den Umständen des Falles die Pfändung des Anspruchs auf Sozialleistungen der Billigkeit entspricht, zu berücksichtigen. Es findet eine Zusammenrechnung statt. Insgesamt müssen zumindest bei der Pfändung die für Arbeitseinkommen vorgesehenen Grenzen des § 850c ZPO eingehalten werden. Der unpfändbare Betrag ist dann allerdings nach § 850e Nr 2a ZPO in erster Linie den Sozialleistungen zu entnehmen (anders noch BFH BStBl 82, 677).

Für die VollstrVerfahren nach der ZPO ist sehr str, wieweit der VollstrGläubiger die oben genannten Voraussetzungen für die Pfändung von Sozialleistungsansprüchen darlegen oder glaubhaft machen und das VollstrGer eine Prüfung von Amts wegen vornehmen muß (vgl jeweils mit zum Teil voneinander abweichenden Meinungen OLG Celle NJW 77, 1641; OLG Düsseldorf NJW 77, 1642; OLG Frankfurt MDR 78, 323; LG Koblenz MDR 78, 236; LG Kleve MDR 78, 584). Die Rechtspr zum Verfahren nach der ZPO läßt sich nicht ohne weiteres auf das VollstrVerfahren nach der AO übertragen, weil die VollstrBehörde hier ohnehin eine weitergehende Ermittlungspflicht hat als das VollstrGer nach der ZPO (s oben A 1). Die VollstrBehörde (und auch das FG, vgl BFH BStBl 82, 677) hat die Voraussetzungen des § 54 SGB I von Amts wegen zu prüfen (entspr der überwiegenden M für die ZPO). In der Pfändungsverfügung ist daher in allgemeiner Form festzustellen, daß die Prüfung erfolgt ist. Der durch das Erste Gesetz zur Änderung des Sozialgesetzbuchs v 20. 8. 1988 (BGBl I

2. Abschnitt. Vollstreckung wegen Geldforderungen § 320

1046) eingefügte Abs 6 des § 54 I SGB sieht nunmehr eine vorherige Anhörung des Leistungsberechtigten und des VollstrGläubigers vor.

§ 55 SGB I enthält eine zusätzliche Schutzvorschr für die **KontenPfändung** und die Pfändung von Bargeld. Danach ist eine auf das Konto des VollstrSchuldners überwiesene Sozialleistung für die Dauer von 7 Tagen ab Gutschrift nicht pfändbar. Nach dieser Frist sind auch aus unpfändbaren Leistungen stammende Beträge über den in § 55 SGB I vorgesehenen Sockelbetrag hinaus pfändbar (Hess FG EFG 85, 272).

§ 320 Mehrfache Pfändung einer Forderung

(1) Ist eine Forderung durch mehrere Vollstreckungsbehörden oder durch eine Vollstreckungsbehörde und ein Gericht gepfändet, so sind die §§ 853 bis 856 der Zivilprozeßordnung und § 99 Abs. 1 Satz 1 des Gesetzes über Rechte an Luftfahrzeugen entsprechend anzuwenden.

(2) Fehlt es an einem Amtsgericht, das nach den §§ 853 und 854 der Zivilprozeßordnung zuständig wäre, so ist bei dem Amtsgericht zu hinterlegen, in dessen Bezirk die Vollstreckungsbehörde ihren Sitz hat, deren Pfändungsverfügung dem Drittschuldner zuerst zugestellt worden ist.

Übersicht
1. Inhalt der Vorschrift
2. Mehrfache Pfändung eines Anspruchs auf Geldleistungen
3. Mehrfache Pfändung eines Anspruchs auf bewegliche Sachen
4. Mehrfache Pfändung eines Anspruchs auf unbewegliche Sachen
5. Mehrfache Pfändung eines Anspruchs auf Schiffe
6. Klage bei mehrfacher Pfändung
7. Pfändung von Ansprüchen auf Luftfahrzeuge

1. Inhalt. Die Vorschrift entpricht § 370 RAO. Sie gilt nur bei mehrfachen Pfändungen, **nicht** aber bei Zusammentreffen von **Pfändung und Abtretung.** In letzterem Fall kann der Drittschuldner gem § 372 BGB hinterlegen (vgl RG JW 34, 2333; *TK* RNr 1).

Verwiesen wird in der Vorschr auf die Regelungen der ZPO über die mehrfache Forderungspfändung. Bei den Regelungen der ZPO ist zu unterscheiden zwischen mehrfacher Pfändung eines Anspruchs auf Geldleistungen, eines Anspruchs auf bewegl Sachen oder eines Anspruchs auf unbewegl Sachen.

2. Mehrfache Pfändung eines Anspruchs auf Geldleistungen
§ 853 ZPO

Ist eine Geldforderung für mehrere Gläubiger gepfändet, so ist der Drittschuldner berechtigt und auf Verlangen eines Gläubigers, dem die Forderung überwiesen wurde, verpflichtet, unter Anzeige der Sachlage und unter Aushändigung der ihm zugestellten Beschlüsse an das Amtsgericht, dessen Beschluß ihm zuerst zugestellt ist, den Schuldbetrag zu hinterlegen.

Der Drittschuldner ist berechtigt, sobald mehrfach gepfändet ist, den Schuldbetrag zu **hinterlegen.** Auf Verlangen der VollstrBehörde nach Zustellung der Einziehungsverfügung gem § 314 oder eines Pfandgläubigers,

§ 320   6. Teil. Vollstreckung

dem die Forderung gem § 835 ZPO überwiesen worden ist, muß der Drittschuldner hinterlegen. Die Pflicht besteht allerdings nur, wenn der Drittschuldner ohne die Pfändung verpflichtet wäre, an den VollstrSchuldner zu leisten. Der Drittschuldner hat also alle Einwendungen, die ihm auch sonst gegen den VollstrSchuldner zustehen (*TK* RNr 5). Hinterlegt wird zugunsten aller Pfandgläubiger. Mit der Hinterlegung erlischt das Schuldverhältnis, der Drittschuldner zahlt befreiend.

Wenn sich die Pfandgläubiger auf die Verteilung des hinterlegten Betrages verständigen, wird er an sie ausbezahlt, wenn sie sich gegenseitig die Auszahlung bewilligen (§ 13 II Nr 1 HinterlO). Voraussetzung ist allerdings, daß die Einziehungsverfügung zugestellt bzw Überweisungsbeschluß ergangen ist. Verständigen sich die Gläubiger nicht und reicht der hinterlegte Betrag zur Befriedigung aller Pfandgläubiger nicht aus, so sagt § 853 ZPO selbst über das weitere Verfahren nichts aus. Die Vorschr des § 320 AO enthält anders als § 308 IV 3 auch keinen Hinweis, daß die §§ 873 ff ZPO anwendbar sind. Es kann aber davon ausgegangen werden, daß die Verweisung in § 320 AO auf § 853 ZPO auch die Rechtsfolgen dieser ZPO-Bestimmung umfaßt. Nach § 872 ZPO findet daher das Verteilungsverfahren nach §§ 873 bis 882 ZPO statt (*TK* RNr 9).

3. Mehrfache Pfändung eines Anspruchs auf bewegliche Sachen
§ 854 ZPO

(1) Ist ein Anspruch, der eine bewegliche körperliche Sache betrifft, für mehrere Gläubiger gepfändet, so ist der Drittschuldner berechtigt und auf Verlangen eines Gläubigers, dem der Anspruch überwiesen wurde, verpflichtet, die Sache unter Anzeige der Sachlage und unter Aushändigung der ihm zugestellten Beschlüsse dem Gerichtsvollzieher herauszugeben, der nach dem ihm zuerst zugestellten Beschluß zur Empfangnahme der Sache ermächtigt ist. Hat der Gläubiger einen solchen Gerichtsvollzieher nicht bezeichnet, so wird dieser auf Antrag des Drittschuldners von dem Amtsgericht des Ortes ernannt, wo die Sache herauszugeben ist.

(2) Ist der Erlös zur Deckung der Forderungen nicht ausreichend und verlangt der Gläubiger, für die die zweite oder eine spätere Pfändung erfolgt ist, ohne Zustimmung der übrigen beteiligten Gläubiger eine andere Verteilung als nach der Reihenfolge der Pfändungen, so hat der Gerichtsvollzieher die Sachlage unter Hinterlegung des Erlöses dem Amtsgericht anzuzeigen, dessen Beschluß dem Drittschuldner zuerst zugestellt ist. Dieser Anzeige sind die Schriftstücke beizufügen, die sich auf das Verfahren beziehen.

(3) In gleicher Weise ist zu verfahren, wenn die Pfändung für mehrere Gläubiger gleichzeitig bewirkt ist.

Anstatt Hinterlegung ist **Herausgabe an** den von der **Vollstreckungsbehörde** bezeichneten VollzBeamten (§ 318 II) oder den Gerichtsvollzieher notwendig. An die Vollstreckungsbehörde bzw den VollzBeamten wird herausgegeben, wenn diese zeitlich zuerst eine Pfändungs- oder Einziehungsanordnung zugestellt hat. An den Gerichtsvollzieher wird herausgegeben, wenn durch den zuerst zugestellten Pfändungsbeschluß Herausgabe an den Gerichtsvollzieher angeordnet worden ist.

Mit der Herausgabe gehen die **Pfandrechte** am Anspruch **auf die Sache** über und zwar in der Reihenfolge der Anschlußpfändungen (*Baumbach-Lauterbach*, ZPO, § 854 Anm 1 B). Die Sache ist daher wie eine nach der AO gepfändete Sache zu behandeln und zu verwerten. Es gilt § 308.

2. Abschnitt. Vollstreckung wegen Geldforderungen § 320

4. Mehrfache Pfändung eines Anspruchs auf unbewegliche Sachen
§ 855 ZPO

Betrifft der Anspruch eine unbewegliche Sache, so ist der Drittschuldner berechtigt und auf Verlangen eines Gläubigers, dem der Anspruch überwiesen wurde, verpflichtet, die Sache unter Anzeige der Sachlage und unter Aushändigung der ihm zugestellten Beschlüsse an den von dem Amtsgericht der belegenen Sache ernannten oder auf seinen Antrag zu ernennenden Sequester herauszugeben.

Bei mehrfacher Pfändung eines Anspruchs auf eine unbewegl Sache ist statt an die VollstrBehörde oder den Gerichtsvollzieher an einen Sequester (Treuhänder) herauszugeben. Die Rechtsfolgen der Herausgabe richten sich für die VollstrBehörde nach § 318 III. Die Sicherungshypotheken für die Pfandgläubiger entstehen in der Reihenfolge der Pfändungen (*Baumbach-Lauterbach*, ZPO, § 855 A 1).

5. Mehrfache Pfändung eines Anspruchs auf Schiffe
§ 855 a ZPO

(1) Betrifft der Anspruch ein eingetragenes Schiff, so ist der Drittschuldner berechtigt und auf Verlangen eines Gläubigers, dem der Anspruch überwiesen wurde, verpflichtet, das Schiff unter Anzeige der Sachlage und unter Aushändigung der Beschlüsse dem Treuhänder herauszugeben, der in dem ihm zuerst zugestellten Beschluß bestellt ist.

(2) Absatz 1 gilt sinngemäß, wenn der Anspruch ein Schiffsbauwerk betrifft, das im Schiffsbauregister eingetragen ist oder in dieses Register eingetragen werden kann.

Die Regelung für die Pfändung von Ansprüchen auf Schiffe oder Schiffsbauwerke entspricht der für die Pfändung von Ansprüchen auf unbewegl Sachen.

6. Klage bei mehrfacher Pfändung
§ 856 ZPO

(1) Jeder Gläubiger, dem der Anspruch überwiesen wurde, ist berechtigt, gegen den Drittschuldner Klage auf Erfüllung der nach den Vorschriften der §§ 853 bis 855 diesem obliegenden Verpflichtungen zu erheben.

(2) Jeder Gläubiger, für den der Anspruch gepfändet ist, kann sich dem Kläger in jeder Lage des Rechtsstreits als Streitgenosse anschließen.

(3) Der Drittschuldner hat bei dem Prozeßgericht zu beantragen, daß die Gläubiger, welche die Klage nicht erhoben und dem Kläger sich nicht angeschlossen haben, zum Termin zur mündlichen Verhandlung geladen werden.

(4) Die Entscheidung, die in dem Rechtsstreit über den in der Klage erhobenen Anspruch erlassen wird, ist für und gegen sämtliche Gläubiger wirksam.

(5) Der Drittschuldner kann sich gegenüber einem Gläubiger auf die ihm günstige Entscheidung nicht berufen, wenn der Gläubiger zum Termin zur mündlichen Verhandlung nicht geladen worden ist.

Macht die VollstrBehörde von der Klagemöglichkeit Gebrauch, muß sie dem VollstrSchuldner nach § 316 III iVm § 841 ZPO den Streit verkünden. Wenn bereits ein anderer Pfandgläubiger die Klage erhoben hat, kann die VollstrBehörde nicht mehr selbständig Klage erheben, sondern nur noch die Rechte aus Abs II des § 856 ZPO geltend machen (*Thomas-Putzo*, ZPO, § 856 A 2).

7. Pfändung von Ansprüchen auf Luftfahrzeuge
§ 99 Gesetz über Rechte an Luftfahrzeugen vom 26. 2. 1959 (BGBl I, 57)

Die Vorschriften in den §§ 58, 266, 325 Abs. 4, §§ 592, 688 Abs. 1, §§ 787, 794 Abs. 1 Nr. 5, §§ 800a, 830a, 837a, 855a, 864, 875, 870a ausgenommen dessen Abs. 3 Satz 1 zweiter Halbsatz und in §§ 895, 938, 941 der Zivilprozeßordnung gelten sinngemäß mit der Maßgabe, daß an die Stelle des eingetragenen Schiffes das in der Luftfahrzeugrolle eingetragene Luftfahrzeug oder an die Stelle der Schiffshypothek das Registerpfandrecht an einem Luftfahrzeug tritt; § 98 Abs. 2 Satz 2 gilt auch hierbei.

Durch die Verweisung auf § 855a ZPO wird die Pfändung von Ansprüchen auf Luftfahrzeuge mit der Pfändung von Ansprüchen auf Schiffe gleich behandelt.

§ 321 Vollstreckung in andere Vermögensrechte

(1) Für die Vollstreckung in andere Vermögensrechte, die nicht Gegenstand der Vollstreckung in das unbewegliche Vermögen sind, gelten die vorstehenden Vorschriften entsprechend.

(2) Ist kein Drittschuldner vorhanden, so ist die Pfändung bewirkt, wenn dem Vollstreckungsschuldner das Gebot, sich jeder Verfügung über das Recht zu enthalten, zugestellt ist.

(3) Ein unveräußerliches Recht ist, wenn nichts anderes bestimmt ist, insoweit pfändbar, als die Ausübung einem anderen überlassen werden kann.

(4) Die Vollstreckungsbehörde kann bei der Vollstreckung in unveräußerliche Rechte, deren Ausübung einem anderen überlassen werden kann, besondere Anordnungen erlassen, insbesondere bei der Vollstreckung in Nutzungsrechte eine Verwaltung anordnen; in diesem Fall wird die Pfändung durch Übergabe der zu benutzenden Sache an den Verwalter bewirkt, sofern sie nicht durch Zustellung der Pfändungsverfügung schon vorher bewirkt ist.

(5) Ist die Veräußerung des Rechts zulässig, so kann die Vollstreckungsbehörde die Veräußerung anordnen.

(6) Für die Vollstreckung in eine Reallast, eine Grundschuld oder eine Rentenschuld gelten die Vorschriften über die Vollstreckung in eine Forderung, für die eine Hypothek besteht.

(7) Die §§ 858 bis 863 der Zivilprozeßordnung gelten sinngemäß.

Übersicht

1. Inhalt der Vorschrift
2. Bedeutung
3. Drittschuldner
4. Reallasten, Grundschulden und Rentenschulden
5. Pfändung und Verwertung einer Schiffspart
6. Pfändung von Gesamthandsanteilen
7. Pfändung von Gesamtgutsanteilen
8. Pfändungsbeschränkungen bei Erbschaftsnutzungen

2. Abschnitt. Vollstreckung wegen Geldforderungen § 321

1. Inhalt. Die Vorschrift behandelt die Vollstreckung in andere Vermögensrechte als die in den vorstehenden Vorschriften angesprochenen, die nicht Gegenstand der Vollstreckung in das unbewegl Vermögen sind. Sie entspricht § 371 RAO und den §§ 857 bis 863 ZPO.

2. Bedeutung. Sie umfaßt **alle Vermögensrechte,** dh geldwerte Rechte, die nicht Geld- oder Sachforderungen sind, zB Anteilsrechte an Gesellschaften, OHG und Kommanditgesellschaft, GmbH, Genossenschaft, Nachlaß, Gesamtgut an Sachen und Rechten (s dazu aber unten A 7), Miteigentumsanteil, jedoch nicht Miteigentumsanteil an Grundstücken, der der Vollstreckung in das unbewegl Vermögen unterliegt (§ 322 iVm § 864 II ZPO), Urheber-, Patent- und Verlagsrechte, beschränkte dingliche Rechte, sonstige Rechte, zB auf Bestellung und Übertragung von Rechten sowie Bestellung von Sicherheiten. Auch **Anwartschaftsrechte** auf das Eigentum an bewegl Sachen und an Grundstücken fallen unter die Vorschr. Der Anspruch auf Rückübereignung einer sicherungsübereigneten Sache ist nach § 321, und nicht nach § 318 zu pfänden, wenn sich die Sache im Gewahrsam des VollstrSchuldners befindet (BFH BStBl 76, 737). Sonst ist nach § 318 zu verfahren (s § 318 A 3). Die Unterscheidung ist wichtig, weil bei Pfändung des Herausgabeanspruchs nach § 318 die Sache selbst pfändbar sein muß (s § 295 A 2 und § 318 A 4). Bei Pfändung nach § 321 gilt dies nicht. Zur Verwertung der Sache, bedarf es in diesem Fall allerdings noch einer Pfändung der Sache selbst (Doppelpfändung). Erst dabei ist dann auch die Pfändbarkeit der Sache zu prüfen (BFH aaO).

Es muß sich um selbständige Rechte, nicht um unselbständige handeln; so kann zB der KfzBrief als unselbständiges Recht nur zusammen mit dem Hauptrecht gepfändet werden (BFH BStBl 76, 737). Es müssen pfändbare Rechte sein. Unpfändbar sind zB Familienrechte und familienrechtl Ansprüche, das Namensrecht, Mitgliedschaftsrechte an Vereinen. Nicht zu den Vermögensrechten gehören ferner Handlungsmöglichkeiten wie Kündigungsrecht und Abtretungsrecht oder die Befugnis zur Ausübung eines Berufs oder Gewerbes sowie öffentlich-rechtliche Ansprüche auf hoheitliches Tätigwerden wie zB Eintragungen durch das Grundbuchamt (vgl *TK* RNr 1; *Baumbach-Lauterbach,* ZPO, § 857 A 1 B).

Unveräußerliche Rechte, die nach Abs III des § 321 gepfändet werden können, sind zB der Nießbrauch (s § 1059 BGB) oder das Gebrauchsrecht des Mieters oder Pächters, wenn der Vermieter oder Verpächter der Gebrauchsüberlassung zustimmt oder wenn er ein Überlassungsrecht (zB Untermiete) eingeräumt hat (*Baumbach-Lauterbach,* ZPO, Grdz § 704 A 9). Letzteres gilt auch für beschränkt persönliche Dienstbarkeiten (s § 1092 BGB). Auch ein Jagdpachtrecht (das Jagdausübungsrecht) ist nur pfändbar, wenn der Verpächter eine generelle Erlaubnis erteilt hat, daß der Pächter die Nutzungsrechte aus dem Jagdpachtvertrag auf eine dritte Person übertragen darf (BFH/NV 88, 413 mwN). Bei Nießbrauch und beschränkt persönlicher Dienstbarkeit ist jeweils das Recht als Gesamtrecht (der Nießbrauch als solcher und nicht nur die Ausübung) pfändbar (BGH 62, 133; *Baumbach-Lauterbach,* ZPO, Grdz § 704 A 9; aA *Palandt,* BGB, § 1059 A 3 m w Nachw).

3. Drittschuldner. Im Rahmen des § 321 ist Drittschuldner im **weitesten Sinne** zu verstehen. Es ist jeder Dritte, dessen Recht von der Pfändung berührt wird (zB Miterbe, Miteigentümer, der Vorbehaltsverkäufer, wenn Anwartschaftsrecht gepfändet wird – s *Thomas-Putzo,* ZPO, § 857 A 3a –). Bei einer **Gesellschaft bürgerlichen Rechts** oder einer Personenhandelsgesellschaft ist im Falle der Pfändung eines Anteils am Gesellschaftsvermögens die Gesamthand Drittschuldner. Die Zustellung an den geschäftsführenden Gesellschafter reicht daher aus (BGH NJW 86, 1991; offen gelassen in BFH BStBl 87, 251 mwN). Wenn kein geschäftsführender Gesellschafter vorhanden ist, muß eine Zustellung gegenüber allen Gesellschaftern erfolgen. Bei einer **GmbH** ist diese Drittschuldner der in ihr bestehenden Gesellschaftsanteile (FG Hamburg EFG 86, 608). Nur wenn ein solcher Drittschuldner fehlt, ist nach Abs II des § 321 Pfändung allein auf Grund Zustellung an den VollstrSchuldner wirksam. Es ist daher Vorsicht geboten. Die VollstrBehörde sollte eher zu viel als zu wenig tun (vgl *Baumbach-Lauterbach,* ZPO, § 857 A 2).

4. Reallasten, Grundschulden und Rentenschulden. Abs VI verweist für die Vollstreckung in Reallasten (§§ 1105 ff BGB), Grundschulden (§§ 1191 ff BGB) und Rentenschulden (§§ 1199 ff BGB) auf § 310. Ist für eine Grund- oder Rentenschuld allerdings ein Grundschuldbrief auf den Inhaber ausgestellt, ist dieser nach § 286 zu pfänden und nach § 302 zu verwerten (s § 302 A 2). Bei Reallasten sind die Pfändungsbeschränkungen bzw -verbote der §§ 1110 und 1111 II BGB zu beachten. Zur Pfändung der in Abs VI genannten Grundpfandrechte ist also außer der Pfändungsverfügung die Aushändigung des Briefes oder die Eintragung im Grundbuch erforderlich. Anders als bei der Hypothek sind die Grundpfandrechte des Abs VI aber nicht vom Bestehen einer Forderung abhängig. Die Pfändung einer Grundschuld erfaßt daher nicht ohne weiteres die zugrunde liegende Forderung. Die Forderung kann selbständig nach § 309, auch zugleich mit der Grundschuld (in einer Verfügung) gepfändet werden. Die Pfändung einer **Eigentümergrundschuld** nach § 1163 BGB erfolgt nach den Regeln für die Pfändung einer Grundschuld. Hier reicht die Zustellung der Pfändungsverfügung an den VollstrSchuldner (*Baumbach-Lauterbach,* ZPO, § 857 Anm 5 C). Ist allerdings ein Brief ausgestellt, muß dieser weggenommen werden. Wenn sich der Brief im Besitz eines nicht zur Herausgabe bereiten Dritten befindet, muß die VollstrBehörde nach § 315 IV vorgehen (vgl BGH NJW 79, 2045). Anders als nach §§ 883, 886 ZPO, die bei der zivilprozeßrechtl Vollstr anzuwenden sind (*Thomas-Putzo,* ZPO, § 830 A 3 b), bedarf es keines besonderen Pfändungs- und Überweisungsbeschlusses (s § 315 A 7). Schwierig wird das Verfahren bei der Pfändung von Eigentümergrundschulden, die durch teilweise Rückzahlung der hypothekarisch gesicherten Forderung entstanden sind, da hier Miteigentum am Anspruch auf Aufhebung der Gemeinschaft an dem Brief usw gepfändet werden muß (*TK* RNr 9, die deshalb allein Zustellung der Pfändungsverfügung an den VollstrSchuldner ausreichen lassen wollen; ebenso *Stein-Jonas,* ZPO, § 857 Anm II 6).

5. Pfändung und Verwertung einer Schiffspart
§ 858 ZPO

(1) Für die Zwangsvollstreckung in die Schiffspart (§§ 489 ff. des Handelsgesetzbuchs) gilt § 857 mit folgenden Abweichungen:

2. Abschnitt. Vollstreckung wegen Geldforderungen § 321

(2) Als Vollstreckungsgericht ist das Amtsgericht zuständig, bei dem das Register für das Schiff geführt wird.

(3) Die Pfändung bedarf der Eintragung in das Schiffsregister; die Eintragung erfolgt auf Grund des Pfändungsbeschlusses. Der Pfändungsbeschluß soll dem Korrespondentreeder zugestellt werden; wird der Beschluß diesem vor der Eintragung zugestellt, so gilt die Pfändung ihm gegenüber mit der Zustellung als bewirkt.

(4) Verwertet wird die gepfändete Schiffspart im Wege der Veräußerung. Dem Antrag auf Anordnung der Veräußerung ist ein Auszug aus dem Schiffsregister beizufügen, der alle das Schiff und die Schiffspart betreffenden Eintragungen enthält; der Auszug darf nicht älter als eine Woche sein.

(5) Ergibt der Auszug aus dem Schiffsregister, daß die Schiffspart mit einem Pfandrecht belastet ist, das einem anderen als dem betreibenden Gläubiger zusteht, so ist die Hinterlegung des Erlöses anzuordnen. Der Erlös wird in diesem Fall nach den Vorschriften der §§ 873 bis 882 verteilt; Forderungen, für die ein Pfandrecht an der Schiffspart eingetragen ist, sind nach dem Inhalt des Schiffsregisters in den Teilungsplan aufzunehmen.

6. Pfändung von Gesamthandanteilen
§ 859 ZPO

(1) Der Anteil eines Gesellschafters an dem Gesellschaftsvermögen einer nach § 705 des Bürgerlichen Gesetzbuchs eingegangenen Gesellschaft ist der Pfändung unterworfen. Der Anteil eines Gesellschafters an den einzelnen zu dem Gesellschaftsvermögen gehörenden Gegenständen ist der Pfändung nicht unterworfen.

(2) Die gleichen Vorschriften gelten für den Anteil eines Miterben an dem Nachlaß und an den einzelnen Nachlaßgegenständen.

7. Pfändung von Gesamtgutsanteilen
§ 860 ZPO

(1) Bei dem Güterstand der Gütergemeinschaft ist der Anteil eines Ehegatten an dem Gesamtgut und an den einzelnen dazu gehörenden Gegenständen der Pfändung nicht unterworfen. Das gleiche gilt für den fortgesetzten Gütergemeinschaft von den Anteilen des überlebenden Ehegatten und der Abkömmlinge.

(2) Nach der Beendigung der Gemeinschaft ist der Anteil an dem Gesamtgut zugunsten der Gläubiger des Anteilsberechtigten der Pfändung unterworfen.

8. Pfändungsbeschränkung bei Erbschaftsnutzungen
§ 863 ZPO

(1) Ist der Schuldner als Erbe nach § 2338 des Bürgerlichen Gesetzbuchs durch die Einsetzung eines Nacherben beschränkt, so sind die Nutzungen der Erbschaft der Pfändung nicht unterworfen, soweit sie zur Erfüllung der dem Schuldner, seinem Ehegatten, seinem früheren Ehegatten oder seinen Verwandten gegenüber gesetzlich obliegenden Unterhaltspflicht und zur Bestreitung seines standesgemäßen Unterhalts erforderlich sind. Das gleiche gilt, wenn der Schuldner nach § 2338 des Bürgerlichen Gesetzbuchs durch die Ernennung eines Testamentsvollstreckers beschränkt ist, für seinen Anspruch auf den jährlichen Reinertrag.

(2) Die Pfändung ist unbeschränkt zulässig, wenn der Anspruch eines Nachlaßgläubigers oder ein auch dem Nacherben oder dem Testamentsvollstrecker gegenüber wirksames Recht geltend gemacht wird.

(3) Diese Vorschriften gelten entsprechend, wenn der Anteil eines Abkömmlings an dem Gesamtgut der fortgesetzten Gütergemeinschaft nach § 1513 Abs. 2 des Bürgerlichen Gesetzbuchs einer Beschränkung der im Absatz 1 bezeichneten Art unterliegt.

§ 322

4. Unterabschnitt. Vollstreckung in das unbewegliche Vermögen

§ 322 Verfahren

(1) ¹Der Vollstreckung in das unbewegliche Vermögen unterliegen außer den Grundstücken die Berechtigungen, für welche die sich auf Grundstücke beziehenden Vorschriften gelten, die im Schiffsregister eingetragenen Schiffe, die Schiffsbauwerke und Schwimmdocks, die im Schiffsbauregister eingetragen sind oder in dieses Register eingetragen werden können, sowie die Luftfahrzeuge, die in der Luftfahrzeugrolle eingetragen sind oder nach Löschung in der Luftfahrzeugrolle noch in dem Register für Pfandrechte an Luftfahrzeugen eingetragen sind. ²Auf die Vollstreckung sind die für die gerichtliche Zwangsvollstreckung geltenden Vorschriften, namentlich die §§ 864 bis 871 der Zivilprozeßordnung und das Gesetz über die Zwangsversteigerung und die Zwangsverwaltung anzuwenden. ³Bei Stundung und Aussetzung der Vollziehung geht eine im Wege der Vollstreckung eingetragene Sicherungshypothek jedoch nur dann nach § 868 der Zivilprozeßordnung auf den Eigentümer über und erlischt eine Schiffshypothek oder ein Registerpfandrecht an einem Luftfahrzeug jedoch nur dann nach § 870a Abs. 3 der Zivilprozeßordnung sowie § 99 Abs. 1 des Gesetzes über Rechte an Luftfahrzeugen, wenn zugleich die Aufhebung der Vollstreckungsmaßnahme angeordnet wird.

(2) Für die Vollstreckung in ausländische Schiffe gilt § 171 des Gesetzes über die Zwangsversteigerung und die Zwangsverwaltung, für die Vollstreckung in ausländische Luftfahrzeuge § 106 Abs. 1, 2 des Gesetzes über Rechte an Luftfahrzeugen sowie die §§ 171h bis 171n des Gesetzes über Zwangsversteigerung und die Zwangsverwaltung.

(3) ¹Die für die Vollstreckung in das unbewegliche Vermögen erforderlichen Anträge des Gläubigers stellt die Vollstreckungsbehörde. ²Sie hat hierbei zu bestätigen, daß die gesetzlichen Voraussetzungen für die Vollstreckung vorliegen. ³Diese Fragen unterliegen nicht der Beurteilung des Vollstreckungsgerichts oder des Grundbuchamts. ⁴Anträge auf Eintragung einer Sicherungshypothek, einer Schiffshypothek oder eines Registerpfandrechts an einem Luftfahrzeug sind Ersuchen im Sinne des § 38 der Grundbuchordnung und des § 45 der Schiffsregisterordnung.

(4) Zwangsversteigerung und Zwangsverwaltung soll die Vollstreckungsbehörde nur beantragen, wenn festgestellt ist, daß der Geldbetrag durch Vollstreckung in das bewegliche Vermögen nicht beigetrieben werden kann.

(5) Soweit der zu vollstreckende Anspruch gemäß § 10 Abs. 1 Nr. 3 des Gesetzes über die Zwangsversteigerung und Zwangsverwaltung den Rechten am Grundstück im Rang vorgeht, kann eine Sicherungshypothek unter der aufschiebenden Bedingung in das Grundbuch eingetragen werden, daß das Vorrecht wegfällt.

Schrifttum: *Balser-Bögner* Vollstreckung im Grundbuch, 6. Aufl 1981; *Stöber-Zeller* Zwangsvollstreckung in das unbewegliche Vermögen, 4. Aufl 1979; *Wolff* Zwangsversteigerungs- und Zwangsverwaltungsrecht, 2. Aufl 1983.

2. Abschnitt. Vollstreckung wegen Geldforderungen **§ 322**

Übersicht
1. Inhalt der Vorschrift
2. Unbewegliches Vermögen
   a) Grundstücke
   b) Berechtigungen
   c) Grundstücksbestandteile
   d) Grundstückserzeugnisse
   e) Grundstückszubehör
   f) Bruchteile von Grundstücken
   g) Schiffe, Schiffsbauwerke und Schwimmdocks
   h) Luftfahrzeuge
3. Verweisung auf ZPO und ZVG
4. Antragsteller
5. Arten der Vollstreckung in das unbewegliche Vermögen
6. Subsidiarität von Zwangsversteigerung und Zwangsverwaltung
7. Sicherungshypothek nach Abs V
8. Die Zivilprozeßvorschriften

1. Inhalt. Die Vorschrift regelt in Anlehnung an § 372 RAO die Vollstr in das unbewegl Vermögen. Dabei wird näher geregelt, was im einzelnen der Vollstr in das unbewegl Vermögen unterliegt. Anders als § 281, der die Vollstr in das bewegliche Vermögen regelt, enthält § 322 also eine Abgrenzung des unbewegl Vermögens. Daraus ergibt sich als Umkehrschluß dann auch die Abgrenzung des bewegl Vermögens. Es handelt sich um alle Gegenstände, die nicht der Vollstr in das unbewegl Vermögen unterliegen (s § 281 A 1).

2. Unbewegliches Vermögen. Nach der Vorschr gehören zum unbewegl Vermögen:

a) Grundstücke.

b) Berechtigungen, für welche die sich auf Grundstücke beziehenden Vorschr gelten. Die wichtigsten Fälle sind Erbbaurechte (s § 11 ErbbRVO) und Wohnungseigentum (s WEG). Ferner gehören dazu bestimmte im EGBGB der landesgesetzl Regelung vorbehaltene Berechtigungen wie zB das Bergwerkseigentum (s Art 67 EGBGB).

c) Grundstücksbestandteile. Nach § 322 I iVm § 865 ZPO umfaßt die Vollstr in das unbewegl Vermögen auch die Gegenstände, auf die sich bei Grundstücken die Hypothek bezieht. Das sind nach § 1120 BGB wesentliche Bestandteile des Grundstücks, Erzeugnisse und Zubehör. Wesentliche Bestandteile eines Grundstücks sind nach § 94 BGB ua die mit dem Grund und Boden fest verbundenen Sachen (Ausnahme Scheinbestandteile nach § 95 BGB), insbes Gebäude. Zu den wesentlichen Bestandteilen der Grundstücke zählen auch die wesentlichen **Bestandteile der Gebäude.** Das sind nach § 94 II BGB die zur Herstellung des Gebäudes eingefügten Sachen, zB Fenster, Türen, Treppen, Zentralheizungsanlagen, Wasser- und Lichtleitungen, Waschbecken, Toiletten, Badewannen, idR aber nicht Lampen, Warmwasserboiler, Teppiche, Verkleidungen. Bei Maschinen, Einbaumöbeln und dergl ist entscheidend, ob sie und das Bauwerk aufeinander abgestimmt sind (vgl *TK* RNr 7; *Palandt*, BGB, § 94 A 4).

Diese Bestandteile können, solange sie mit dem Grundstück oder Gebäude fest verbunden sind, nicht Gegenstand besonderer Rechte sein (§ 93

§ 322 6. Teil. Vollstreckung

BGB) und daher immer nur von der Vollstr in das unbewegl Vermögen mitumfaßt werden und nicht Gegenstand der Vollstr in das bewegliche Vermögen sein. Das wird in § 1120 BGB als selbstverständlich vorausgesetzt. Sie unterliegen nach § 1120 BGB aber auch dann noch der Vollstr in das unbewegl Vermögen, wenn sie vom Grundstück oder Gebäude getrennt worden sind und mit der Trennung Eigentum des GrundstEigentümers oder des Eigenbesitzers (§ 872 BGB) geworden sind. In diesem Fall unterliegen sie aber nach § 322 iVm § 865 II ZPO **auch der Vollstreckung in das bewegl Vermögen,** solange nicht ihre Beschlagnahme im Wege der Vollstr in das unbewegl Vermögen erfolgt ist. Das gilt allerdings nicht, wenn die Sachen mit der Trennung Zubehör des Grundstücks geworden sind (s unten).

d) Grundstückserzeugnisse. Dazu gehören die unmittelbaren Früchte des Grundstücks wie Obst, Pflanzen, Bäume, aber auch die Ausbeute wie zB Kohle, Kies, Sand, Ton usw. Sie gelten nach § 94 BGB als Bestandteile des Grundstücks. Für die Vollstr in diese Erzeugnisse gilt daher das Gleiche wie bei den sonstigen Bestandteilen. In die sogen Früchte auf dem Halm (periodisch geerntete Früchte) kann jedoch nach Maßgabe des § 294 schon vor der Trennung vom Boden wie in bewegl Sachen vollstreckt werden (s Erl zu § 294).

e) Grundstückszubehör. Das sind nach § 97 BGB bewegl Sachen, die, ohne Bestandteile des Grundstücks zu sein, dem wirtschaftl Zweck der Hauptsache zu dienen bestimmt sind und zu ihr in einem dieser Bestimmung entsprechenden räumlichen Verhältnis stehen (BGH BB 79, 1740). Eine bloß vorübergehende Trennung ändert daran nichts. (*Baumbach-Lauterbach,* ZPO, § 865 A 28). Beispiele sind: Einrichtung einer Gastwirtschaft, Hotelomnibus, Maschinen im Fabrikgrundstück, Rohstoffvorräte, nicht aber Waren oder Fertigerzeugnisse einer Fabrik, ferner nach § 98 BGB bei einem landwirtschafl Betrieb das zum Wirtschaftsbetrieb bestimmte Gerät oder Vieh sowie die landwirtschaftl Erzeugnisse, die zur Fortführung des Betriebs bis zur nächsten Ernte benötigt werden (s näher *Palandt,* BGB, Erl zu §§ 97, 98 BGB).

Das Zubehör unterliegt **niemals der Vollstr in das bewegl Vermögen** (§ 322 iVm § 865 II 1 ZPO), sondern immer nur der Vollstr in das unbewegl Vermögen.

f) Bruchteile von Grundstücken. Miteigentumsanteile nach § 1008 BGB unterliegen wie Grundstücke der Vollstreckung in das unbewegliche Vermögen, nicht aber zB Gesamthandseigentum. Das gilt nach § 864 II 2. Altern auch dann noch, wenn ein Anteil belastet ist, der VollstrSchuldner aber später Alleineigentümer geworden ist (*Thomas-Putzo,* ZPO, § 864 A 3).

g) Schiffe, Schiffsbauwerke und Schwimmdocks. Es muß sich um **im Schiffsregister eingetragene** Schiffe handeln. Die Schiffsbauwerke und Schwimmdocks müssen ebenfalls im Schiffsregister eingetragen sein oder zumindest eingetragen werden können. Unter Schwimmdocks sind fertige und im Bau befindliche Schwimmdocks zu verstehen (vgl §§ 73a und 73b der Schiffsregisterordnung).

2. Abschnitt. Vollstreckung wegen Geldforderungen **§ 322**

h) Luftfahrzeuge. Was Luftfahrzeuge sind, bestimmt sich nach § 1 II LuftverkG. Die Luftfahrzeuge müssen in der Luftfahrzeugrolle oder im Register für Pfandrechte an Luftfahrzeugen eingetragen sein. Andernfalls unterliegen sie der Vollstr in das bewegl Vermögen.

3. Verweisung auf ZPO und ZVG. Die Verweisung in Abs I auf die Vorschr der ZPO und des Gesetzes über die Zwangsversteigerung und ZwVerw ist so gefaßt, daß auf die Vollstr in das unbewegl Vermögen **sämtliche** für die gerichtl Zwangsvollstr geltenden Vorschr Anwendung finden. Die ZPO enthält auch eine Regelung für die Vollstr in Schiffe, Schiffsbauwerke und Schwimmdocks (§ 870a). Für die Vollstr in Luftfahrzeuge gilt § 99 I LuftRG (abgedruckt unter A 7 zu § 320).
S 3 des Abs I ist im Zusammenhang mit § 257 II 3 und § 361 (s dort A 4) zu sehen. Bei VollstrAufschub wegen Stundung und bei Aussetzung der Vollz bleiben die bereits ergriffenen VollstrMaßnahmen erhalten, wenn sie nicht besonders aufgehoben werden. Demgemäß kann eine Sicherungshypothek auch nur dann zu einer Eigentümergrundschuld werden oder eine Schiffshypothek oder ein Registerpfandrecht an einem Luftfahrzeug erlöschen, wenn die Aufhebung der VollstrMaßnahme angeordnet wird.

4. Antragsteller. Bei den Anträgen, die nach Abs III von der **VollstrBehörde** gestellt werden können, handelt es sich im wesentlichen um den Antrag nach § 867 I ZPO auf Eintragung einer Sicherungshypothek, den Antrag auf Zwangsversteigerung nach § 15 ZVG und den Antrag auf Zwangsverwaltung nach § 146 iVm § 15 ZVG. Die Stellung eines solchen Antrags durch die VollstrBehörde ist der Rechtsnatur nach ein **Amtshilfeersuchen** (*TK* RNr 17). Das VollstrGer oder das Grundbuchamt können daher die erforderliche Bestätigung der VollstrBehörde über das Vorliegen der gesetzl Voraussetzungen für die Vollstr nicht nachprüfen (vgl *Baumbach-Lauterbach*, ZPO, § 867 A 1 C).
Aus der Rechtsnatur der von der VollstrBehörde gestellten Anträge folgt auch, daß es sich um **VerwAkte** handelt (BFH BStBl 65, 735; 87, 236; 88, 566; BFH/NV 87, 663; FG Düsseldorf EFG 88, 394; vgl auch näher § 118 Anm 5f). Dagegen hat der VollstrSchuldner die Möglichkeit der Beschwerde nach § 349. Gegen die auf Grund des Ersuchens getroffenen Maßnahmen des VollstrGer oder des Grundbuchamts sind aber nur die **Rechtsmittel der Zivilvollstr** gegeben (OLG Hamm NWB Fach 1, 82 (11/1984); BayObLG, BB 84, 1071; *TK* RNr 18).

5. Arten der Vollstreckung in das unbewegliche Vermögen. Die Vollstr in das unbewegl Vermögen erfolgt nach § 322 iVm § 866 I ZPO durch Eintragung einer **Sicherungshypothek** (Antrag auf Eintragung bereits Akt der Vollstr, BFH BStBl 83, 653), durch **Zwangsversteigerung** oder **Zwangsverwaltung.** Die Zwangsversteigerung und Zwangsverwaltung sind durch das ZVG geregelt.

6. Subsidiarität von Zwangsversteigerung und Zwangsverwaltung. Abs IV ist abweichend von § 372 II RAO als **Sollbestimmung** gefaßt. Damit kann Fällen Rechnung getragen werden, in denen die Vollstr in das bewegl Vermögen den VollstrSchuldner härter trifft als die ZwVersteigerung. In diesen Fällen muß eine VollstrMaßnahme mögl sein, ohne daß erst festgestellt werden muß, daß die Vollstr in das bewegl Vermögen erfolglos

§ 322

ist. Nach der ZPO und dem ZVG ist die **Fruchtlosigkeit** der ZwVollstr in das bewegl Vermögen auch **nicht Voraussetzung** für eine ZwVersteigerung oder ZwVerw (vgl Begr EAO 1974, BTDr VI/1982 zu § 305).

Für die Eintragung einer Sicherungshypothek gilt der Subsidiaritätsgrundsatz nicht. Hier ist aber die Untergrenze von 500 Mark (§ 322 iVm § 866 III ZPO) zu beachten.

Im übrigen gilt allgemein für die Vollstr in das unbewegl Vermögen der von der VollstrBehörde bei allen VollstrMaßnahmen zu beachtende Grundsatz der **Verhältnismäßigkeit** (s Vorbem zu § 249). Eine Versteigerung eines Grundstücks wegen geringfügiger Abgabeforderungen verletzt grundsätzlich den Verhältnismäßigkeitsgrundsatz (BGH BB 73, 682; aA *Stöber-Zeller,* Zwangsvollstr in das unbewegl Vermögen, S 4).

7. Sicherungshypothek nach Abs V. Abs V hat nur Bedeutung für Steuern, die als **öffentl Last** auf dem Grundbesitz ruhen (s dazu § 77 A 3). Das sind Grundsteuern (§ 12 GrStG) und Hypothekengewinnabgabe (§ 111 LAG). Die Vorschr gilt ferner für andere auf dem Grundbesitz ruhende öffentliche Abgabelasten, für die die AO auf Grund besonderer gesetzl Regelung gilt. Für solche auf dem Grundbesitz ruhenden Lasten übernimmt Abs V die Regelung des § 51a der Preußischen VO über die Verw-Zwangsverfahren idF der Novelle v 12. 7. 1933 (PreußGS 252), die auch in die nach dem Krieg übergegangenen LandesvollstrG übernommen worden ist. Soweit ein zu vollstreckender Anspr aufgrund des § 10 I Nr 3 ZVG als öffentliche Last Vorrang genießt (bei einmaligen Lasten die aus den letzten 4 Jahren rückständigen Beträge und bei wiederkehrenden Lasten die laufenden und die aus den letzten zwei Jahren rückständigen Beträge) kann eine Sicherungshypothek unter der aufschiebenden Bedingung eingetragen werden, daß der Vorrang entfällt. Diese Vorschr ist deshalb bedeutsam, weil im allgemeinen angenommen wird, daß für eine öffentliche Last eine Zwangshypothek nicht bestellt werden kann. Dies kann aber dann nicht gelten, wenn die **Rangstellung** des § 10 I Nr 3 ZVG **nicht mehr gegeben** ist. Für diesen Fall muß ein Bedürfnis anerkannt werden, den dann nur noch in der 7. Rangklasse zu befriedigenden Anspr durch eine ZwHypothek in der 4. Rangklasse zu sichern (vgl hierzu auch *Fischer* in NJW 1955, 1583f, 1585 erste Spalte).

8. Die Zivilprozeßvorschriften

§ 864 [Gegenstand der Immobiliarzwangsvollstreckung]

(1) Der Zwangsvollstreckung in das unbewegliche Vermögen unterliegen außer den Grundstücken die Berechtigungen, für welche die sich auf Grundstücke beziehenden Vorschriften gelten, die im Schiffsregister eingetragenen Schiffe und die Schiffsbauwerke, die im Schiffsbauregister eingetragen sind oder in dieses Register eingetragen werden können.

(2) Die Zwangsvollstreckung in den Bruchteil eines Grundstücks, einer Berechtigung der im Abs 1 bezeichneten Art oder eines Schiffes oder Schiffsbauwerks ist nur zulässig, wenn der Bruchteil in dem Anteil eines Miteigentümers besteht oder wenn sich der Anspruch des Gläubigers auf ein Recht richtet, mit dem der Bruchteil als solcher belastet ist.

2. Abschnitt. Vollstreckung wegen Geldforderungen § 322

§ 865 [Umfang und Verhältnis zur Mobiliarzwangsvollstreckung]

(1) Die Zwangsvollstreckung in das unbewegliche Vermögen umfaßt auch die Gegenstände, auf die sich bei Grundstücken und Berechtigungen die Hypothek, bei Schiffen oder Schiffsbauwerken die Schiffshypothek erstreckt.

(2) Diese Gegenstände können, soweit sie Zubehör sind, nicht gepfändet werden. Im übrigen unterliegen sie der Zwangsvollstreckung in das bewegliche Vermögen, solange nicht ihre Beschlagnahme im Wege der Zwangsvollstreckung in das unbewegliche Vermögen erfolgt ist.

§ 866 [Arten der Zwangsvollstreckung; Mindestbetrag der Zwangshypothek]

(1) Die Zwangsvollstreckung in ein Grundstück erfolgt durch Eintragung einer Sicherungshypothek für die Forderung, durch Zwangsversteigerung und durch Zwangsverwaltung.

(2) Der Gläubiger kann verlangen, daß eine dieser Maßregeln allein oder neben den übrigen ausgeführt werde.

(3) Eine Sicherungshypothek (Abs 1) darf nur für einen Betrag von mehr als fünfhundert Deutsche Mark eingetragen werden; Zinsen bleiben dabei unberücksichtigt, soweit sie als Nebenforderung geltend gemacht sind. Auf Grund mehrerer demselben Gläubiger zustehender Schuldtitel kann eine einheitliche Sicherungshypothek eingetragen werden.

§ 867 [Zwangshypothek]

(1) Die Sicherungshypothek wird auf Antrag des Gläubigers in das Grundbuch eingetragen; die Eintragung ist auf dem vollstreckbaren Titel zu vermerken. Mit der Eintragung entsteht die Hypothek. Das Grundstück haftet auch für die dem Schuldner zur Last fallenden Kosten der Eintragung.

(2) Sollen mehrere Grundstücke des Schuldners mit der Hypothek belastet werden, so ist der Betrag der Forderung auf die einzelnen Grundstücke zu verteilen; die Größe der Teile bestimmt der Gläubiger.

§ 868 [Erwerb der Zwangshypothek durch den Eigentümer]

(1) Wird durch eine vollstreckbare Entscheidung die zu vollstreckende Entscheidung oder ihre vorläufige Vollstreckbarkeit aufgehoben oder die Zwangsvollstreckung für unzulässig erklärt oder deren Einstellung angeordnet, so erwirbt der Eigentümer des Grundstücks die Hypothek.

(2) Das gleiche gilt, wenn durch eine gerichtliche Entscheidung die einstweilige Einstellung der Vollstreckung und zugleich die Aufhebung der erfolgten Vollstreckungsmaßregeln angeordnet wird oder wenn die zur Abwendung der Vollstreckung nachgelassene Sicherheitsleistung oder Hinterlegung erfolgt.

§ 869 [Zwangsversteigerung und Zwangsverwaltung]

Die Zwangsversteigerung und die Zwangsverwaltung werden durch ein besonderes Gesetz geregelt.

§ 870 [Grundstücksgleiche Rechte]

Auf die Zwangsvollstreckung in eine Berechtigung, für welche die sich auf Grundstücke beziehenden Vorschriften gelten, sind die Vorschriften über die Zwangsvollstreckung in Grundstücke entsprechend anzuwenden.

§ 870a [Zwangsvollstreckung in ein eingetragenes Schiff]

(1) Die Zwangsvollstreckung in ein eingetragenes Schiff oder in ein Schiffsbauwerk, das im Schiffsbauregister eingetragen ist oder in dieses Register eingetragen werden kann, erfolgt durch Eintragung einer Schiffshypothek für die Forderung oder durch Zwangsversteigerung.

(2) § 866 Abs 2, 3, § 867 gelten entsprechend.

§ 323 6. Teil. Vollstreckung

(3) Wird durch eine vollstreckbare Entscheidung die zu vollstreckende Entscheidung oder ihre vorläufige Vollstreckbarkeit aufgehoben oder die Zwangsvollstreckung für unzulässig erklärt oder deren Einstellung angeordnet, so erlischt die Schiffshypothek; § 57 Abs 3 des Gesetzes über Rechte an eingetragenen Schiffen und Schiffsbauwerken vom 15. November 1940 (RGBl I S 1499) ist anzuwenden. Das gleiche gilt, wenn durch eine gerichtliche Entscheidung die einstweilige Einstellung der Zwangsvollstreckung und zugleich die Aufhebung der erfolgten Vollstreckungsmaßregeln angeordnet wird oder wenn die zur Abwendung der Vollstreckung nachgelassene Sicherheitsleistung oder Hinterlegung erfolgt.

§ 871 [Vorbehalt für Landesrecht]
Unberührt bleiben die landesgesetzlichen Vorschriften, nach denen, wenn ein anderer als der Eigentümer einer Eisenbahn oder Kleinbahn den Betrieb der Bahn kraft eigenen Nutzungsrechts ausübt, das Nutzungsrecht und gewisse dem Betriebe gewidmete Gegenstände in Ansehung der Zwangsvollstreckung zum unbeweglichen Vermögen gehören und die Zwangsvollstreckung abweichend von den Vorschriften des Bundesrechts geregelt ist.

§ 323 Vollstreckung gegen den Rechtsnachfolger

¹Ist nach § 322 eine Sicherungshypothek, eine Schiffshypothek oder ein Registerpfandrecht an einem Luftfahrzeug eingetragen worden, so bedarf es zur Zwangsversteigerung aus diesem Recht nur dann eines Duldungsbescheides, wenn nach der Eintragung dieses Rechts ein Eigentumswechsel eingetreten ist. ²Satz 1 gilt sinngemäß für die Zwangsverwaltung aus einer nach § 322 eingetragenen Sicherungshypothek.

1. Inhalt. Mit der Eintragung einer Sicherungshypothek, einer Schiffshypothek oder eines Registerpfandrechts an Luftfahrzeugen ist nach der ZPO die ZwVollstr aus dem Titel, auf Grund dessen die Sicherungshypothek eingetragen worden ist, beendet. Damit ist der Gläubiger aber noch nicht befriedigt. Will er mit dem Rang der Sicherungshypothek die ZwVersteigerung oder ZwVerw betreiben, muß er dazu einen besonderen dingl Titel erwirken (*Thomas-Putzo*, ZPO § 867 A 5 b und d). Davon abweichend bestimmt § 323, daß ein besonderer Duldungsbescheid der VollstrBehörde nur ergehen muß, wenn das Grundstück, Schiff oder Luftfahrzeug nach Eintragung der Sicherungshypothek veräußert worden ist. Ist das nicht der Fall, kann die ZwVersteigerung oder ZwVerw aus dem VerwAkt betrieben werden, für den die Sicherungshypothek eingetragen worden ist.

2. Bestehenbleiben der Hypothek. Die Veräußerung des belasteten Grundstücks hindert die Zwangshypothek nicht. Der VollstrSchuldner bleibt persönl Schuldner. Der Erwerber ist nur dinglicher Schuldner. Er muß die ZwVollstr in das Grundstück dulden, hat aber ein Ablösungsrecht (§§ 1150 iVm 268 BGB).

3. Rechtsgeschäftlich bestellte Sicherungshypotheken. Für rechtsgeschäftlich bestellte Sicherungshypotheken gilt die Vorschr nicht. Sie verlangt ausdrücklich, daß die Sicherungshypothek im ZwVerfahren eingetragen wurde. Aus einer rechtsgeschäftlich bestellten Sicherungshypothek kann die VollstrBehörde die ZwVersteigerung oder ZwVerw nur mit dem Range der Sicherungshypothek betreiben, wenn sie einen zivilprozessualen dinglichen Titel hat.

2. Abschnitt. Vollstreckung wegen Geldforderungen § 324

5. Unterabschnitt. Arrest

§ 324 Dinglicher Arrest

(1) ¹Zur Sicherung der Vollstreckung von Geldforderungen nach den §§ 249 bis 323 kann die für die Steuerfestsetzung zuständige Finanzbehörde den Arrest in das bewegliche oder unbewegliche Vermögen anordnen, wenn zu befürchten ist, daß sonst die Beitreibung vereitelt oder wesentlich erschwert wird. ²Sie kann den Arrest auch dann anordnen, wenn die Forderung noch nicht zahlenmäßig feststeht oder wenn sie bedingt oder betagt ist. ³In der Arrestanordnung ist ein Geldbetrag zu bestimmen, bei dessen Hinterlegung die Vollziehung des Arrestes gehemmt und der vollzogene Arrest aufzuheben ist.

(2) ¹Die Arrestanordnung ist zuzustellen. ²Sie muß begründet und von dem anordnenden Bediensteten unterschrieben sein.

(3) ¹Die Vollziehung der Arrestanordnung ist unzulässig, wenn seit dem Tag, an dem die Anordnung unterzeichnet worden ist, ein Monat verstrichen ist. ²Die Vollziehung ist auch schon vor der Zustellung an den Arrestschuldner zulässig, sie ist jedoch ohne Wirkung, wenn die Zustellung nicht innerhalb einer Woche nach der Vollziehung und innerhalb eines Monats seit der Unterzeichnung erfolgt. ³Bei Zustellung im Ausland und öffentlicher Zustellung gilt § 169 Abs. 1 Satz 3 entsprechend. ⁴Auf die Vollziehung des Arrestes finden die §§ 930 bis 932 der Zivilprozeßordnung sowie § 99 Abs. 2 und § 106 Abs. 1, 3 und 5 des Gesetzes über Rechte an Luftfahrzeugen entsprechende Anwendung; an die Stelle des Arrestgerichts und des Vollstreckungsgerichts tritt die Vollstreckungsbehörde, an die Stelle des Gerichtsvollziehers der Vollziehungsbeamte. ⁵Soweit auf die Vorschriften über die Pfändung verwiesen wird, sind die entsprechenden Vorschriften dieses Gesetzes anzuwenden.

Schrifttum: *Blumers* Arrest und Arresthypothek nach der AO 1977, BB 1977, 190; *Bruschke* Anfechtung, Änderung und Aufhebung von Arrestanordnungen, BB 84, 719; *Herdegen* Arrestvollziehung und richterliche Durchsuchungsanordnung, NJW 1982, 368; *Klos* Haftungsfragen bei Steuerarrest, Information StW 87, 124; *Schuhmann* Die Voraussetzungen des dinglichen Arrests im Steuerrecht, DStZ 1981, 457; *ders.* Vollziehung des dinglichen Arrests und Rechtsschutz, DStZ 1982, 34; *Schwarz* Die Haftung des Steuerfiskus bei ungerechtfertigtem Arrest, FR 83, 181.

Übersicht

1. Inhalt der Vorschrift
2. Begriff des Arrestes
3. Voraussetzungen für den Arrest
4. Zuständigkeit für den Arrest
5. Anordnung des Arrests
6. Vollziehungsfrist
7. Abwendung der Vollziehung
8. Rechtsbehelfe
9. Haftung bei unzulässigem Arrest
10. Bezugnahme auf §§ 930–932 ZPO sowie §§ 99 Abs II und 106 Abs I, II und V des Gesetzes über Rechte an Luftfahrzeugen

§ 324

1. Inhalt. Die Vorschrift entspricht im wesentlichen § 378 RAO. Ähnlich sind die §§ 916, 917, 923 und 929 II ZPO. Geregelt wird der dingliche Arrest. Der persönliche Arrest ist in § 326 geregelt.

2. Begriff des Arrestes. Arrest ist das Mittel zur Sicherung künftiger Geldvollstr (*Rosenberg,* Zivilprozeßrecht § 211 I). Der Arrest ist keine Befriedigungs-, sondern **Sicherungsmaßnahme,** er verhindert, daß der Stpfl einen bestehenden Zustand ändert, um die zukünftige ZwVollstr zu gefährden. Der Arrest hat daher nur vorläufigen Charakter (BFH BStBl 74, 119).

3. Voraussetzungen für den Arrest. Zulässig ist der Arrest nur zur Sicherung der Vollstr von Geldforderungen. Es muß feststehen oder zumindest die überwiegende Wahrscheinlichkeit bestehen (s dazu unten), daß der **Arrestanspruch** besteht. Aus dem als wahrscheinlich angenommenen Tatbestand muß sich allerdings immer ein rechtlich einwandfreier Anspruch ergeben (BGH WM 86, 204). Für künftige Ansprüche ist kein Arrest zulässig (*TK* RNr 3; *Schuhmann* DStZ 81, 498 m w Nachw; im ZivilprozeßR str, wie hier *Thomas-Putzo,* ZPO, § 916 A 2; aA *Baumbach-Lauterbach,* ZPO, § 916 A 3 D). Der Arrest dient der Sicherung einer **bestimmten** Steuerforderung. Deshalb kann weder die Oberfinanzdirektion noch das FG im Klageverfahren den Arrestanspruch austauschen, weil andernfalls eine neue Arrestanordnung und damit ein gegenüber dem angefochtenen VerwAkt erlassen würde (BFH BStBl 83, 401; *KKH* Anm 7; aA FG Köln EFG 82, 283; *TK* RNr 18; *HHSp* RNr 88). Daraus ergibt sich für die nach § 119 erforderliche Bestimmtheit der Arrestanordnung, daß die Ansprüche individuell bezeichnet sein müssen. Die betragsmäßige Bestimmung der einzelnen Abgabeforderungen ist nicht erforderlich. Es reicht die Angabe der Höhe der Arrestsumme aus (FG München EFG 85, 478; vgl auch oben § 119 Anm 2). Die Höhe der Geldforderung braucht nach Abs I 2 noch nicht bekannt zu sein. Die Forderung kann auch bedingt oder betagt sein.

Ein **Arrestgrund** ist gegeben, wenn bei objektiver Würdigung der gesamten Umstände die Besorgnis gerechtfertigt ist, daß ohne die Arrestordnung die künftige Vollstr des Anspruchs vereitelt oder wesentl erschwert wird. Die Absicht des Schuldners, den Arrestgläubiger zu benachteiligen oder Vermögensgegenstände seinem Zugriff zu entziehen, ist nicht erforderlich (BFH BStBl 78, 548). Die Regelung des § 917 II ZPO, wonach es als zureichender Arrestgrund anzusehen ist, wenn die Vollstr im Ausland erfolgen müßte, ist in die AO nicht übernommen worden. Die Tatsache, daß bei Unterbleiben des Arrestes die Vollstr des VerwAktes im Ausland erfolgen muß, ist daher allein niemals ein Arrestgrund. Verbringt der Schuldner sein Vermögen allerdings ins Ausland, so daß im Inland kein Vermögen verbleibt, kann ein Arrestgrund gegeben sein (BFH BStBl 62, 258; *TK* RNr 4). Im übrigen sind Arrestgründe ua: Verschwendungssucht oder leichtfertige Geschäftsführung des Schuldners, Verschleuderung, auffallende Belastung oder Veräußerung des Vermögens, häufiger Wechsel des Wohnsitzes (*Thomas-Putzo,* ZPO, § 917 A 1), steuerunehrliches Verhalten, wenn Anhaltspunkte dafür sprechen, daß der Arrestschuldner auch die Vollstr der StAnsprüche vereiteln oder wesentlich erschweren werde (BFHE 56, 225; BFH v 11. 11. 80 – VII R 94/97).

Kein Arrestgrund sind allein schlechte Vermögensverhältnisse (*TK* RNr 4; *Thomas-Putzo*, ZPO, § 917 A 1), daher auch nicht die Gefahr, daß eine spätere Vollstr mangels pfändbaren Vermögens erfolglos sein wird (FG Stuttgart EFG 66, 200). Es muß eine schlechte Vermögenslage erst bevorstehen (BGH VersR 75, 763; *Baumbach-Lauterbach*, ZPO, § 917 A 1 C m w Nachw). Ein Arrestgrund besteht auch nicht gegenüber dem zusammenveranlagten Ehegatten, auf den im Aufteilungsverfahren gem §§ 268 ff keine anteilige St entfallen würde. Ist der Ehegatte nämlich bereit, für die aus der Einkunftserzielung des anderen Ehegatten entstandenen StSchulden einzustehen, besteht keine Gefahr der Erschwerung oder Vereitelung der Vollstr. Besteht andererseits diese Bereitschaft nicht, wird im Ergebnis eine Vollstr gegen diesen Ehegatten nicht möglich sein (FG Münster EFG 88, 216).

Die Tatsachen, die den Arrestgrund auf den Zeitpunkt des Ergehens der Arrestanordnung belegen, können im Beschwerdeverfahren oder im Klageverfahren **erweitert oder ersetzt** werden. Es können sogar solche Gründe nachgeschoben werden, die der FinBeh bei Anordnung des Arrests überhaupt nicht bekannt waren oder die erst später entstanden sind (BFH BStBl 83, 401).

Der Arrestgrund fällt weg, wenn ein vollstreckbares Leistungsgebot ergangen ist, die Frist des § 254 I verstrichen, der Schuldner gem § 259 erfolglos gemahnt und der Anspr fällig ist (*TK* RNr 4 m w Nachw). Ergeht das Leistungsgebot erst nach Anordnung und Vollz des Arrests, wird das Arrestverfahren in **das** normale **VollstrVerfahren übergeleitet** (BFH BStBl 68, 832; BFH/NV 87, 702). Die Verwertung der im Arrestverfahren erlangten Sicherheiten erfolgt nach § 327. Die Arrestanordnung wird damit gegenstandslos und ein über die Anordnung schwebender Rechtsstreit ist in der Hauptsache für erledigt zu erklären (BFHE 93, 405; BFH/NV 87, 702; FG Münster EFG 75, 77; FG D'dorf EFG 75, 270). Einem neuen Rechtsstreit über die Arrestanordnung fehlt das Rechtsschutzbedürfnis (aA FG Berlin EFG 68, 426; *TK* RNr 31; *Blumers* BB 77, 190). Ein Rechtsschutzbedürfnis kann nur noch für Dritte bestehen, deren Rang durch den möglicherweise unrechtmäßigen Arrest verschlechtert worden ist.

Arrestanspruch und Arrestgrund müssen im VollstrVerfahren nach der ZPO glaubhaft gemacht werden (§ 920 II ZPO). Das läßt sich auf das Arrestverfahren nach der AO, wo die FinBeh selbst den Arrest anordnet, nicht übertragen. Hier kann aber ebenfalls nicht gefordert werden, daß Arrestanspr und Arrestgrund mit Sicherheit feststehen müssen. Es reicht aber auch nicht eine nur „hinreichende Wahrscheinlichkeit" (aA *TK* RNr 6 und 7; ferner BFH HFR 63, 450; BGH WM 86, 204). Es muß zumindest eine **überwiegende Wahrscheinlichkeit bestehen** (FG D'dorf EFG 78, 60; FG Hamburg EFG 63, 368; *Blumers* BB 77, 190). Abschn 54 I VollstrA fordert das „glaubhafte" Bestehen des Arrestanspruchs (vgl auch BFH BStBl 83, 401).

4. Zuständigkeit für den Arrest. Nach Abs I ist abweichend von § 249 für die Anordnung des Arrests immer die für die StFestsetzung zuständige FinBeh zuständig. Die Vollziehung des Arrests ist dagegen Sache der VollstrBehörden (innerhalb der FÄ und HZÄ die VollstrStellen), die die Befugnisse nach §§ 249, 284 haben (*TK* RNr 20).

§ 324

5. Anordnung des Arrests. Die in Abs II vorgeschriebene Zustellung der Arrestanordnung richtet sich nach dem VwZG. Da die Anordnung nach Abs II 2 unterschrieben sein muß, muß sie schriftlich ergehen. Die ferner vorgeschriebene Begründung muß Arrestanspruch und Arrestgrund erfassen. Es müssen daher sowohl die Tatsachen angegeben werden, aus denen sich der Anspruch ergibt, als auch die Tatsachen, nach denen zu befürchten ist, daß ohne den Arrest die Beitreibung des Anspruchs vereitelt oder wesentlich erschwert wird. Bloße Wiedergabe des Gesetzeswortlauts genügt nicht (BFH BStBl 52, 90; *TK* RNr 12). Die Begründung kann aber im Rechtsstreit bis zum Schluß der mündl Verhandlung nachgeholt werden. Die Anordnung kann ohne vorherige Anhörung des Schuldners ergehen (*Schuhmann* DStZ 81, 500).

6. Vollziehungsfrist. Zur Wahrung der in Abs III 1 genannten Frist reicht es, wenn **mit der Vollziehung** innerhalb der Frist **begonnen worden ist** (zB erfolgloser Pfändungsversuch, Vorladung zur eidesstattl Versicherung). Nach Ablauf der Vollziehungsfrist kommt eine Aussetzung bzw Aufhebung der Vollziehung der Arrestanordnung daher nur noch gegen Sicherheitsleistung in Betracht. Eine erneute Vollziehung wäre nämlich wegen Ablaufs der Frist unzulässig, so daß die Arrestanordnung ihrer Wirkung beraubt würde (FG Köln EFG 88, 524). Sind innerhalb der Frist VollstrMaßnahmen eingeleitet worden, so können nach Fristablauf noch andere, neue VollstrMaßnahmen vorgenommen werden. Sie müssen aber mit der fristgerecht eingeleiteten Maßnahme wirtschaftlich und zeitlich eine Einheit bilden (OLG München NJW 68, 708; *TK* RNr 21; *Thomas-Putzo*, ZPO, § 929 A 2 m w Nachw).

Abs III S 3 bestimmt, daß es bei Zustellungen im Ausland und bei öffentlichen Zustellungen für die Fristwahrung darauf ankommt, daß die Arrestanordnung vor Fristablauf den Bereich der für die StFestsetzung zuständigen FinBeh verlassen hat, bzw daß bei öffentl Zustellungen bis zu diesem Zeitpunkt der Aushang erfolgt ist. Hierdurch soll vermieden werden, daß als Folge einer Verzögerung der Zustellung – insbesondere bei Auslandszustellungen und bei Zustellungen durch öffentliche Bekanntgabe – die Vollziehung der Arrestanordnung möglicherweise wirkungslos ist.

7. Abwendung der Vollziehung. Der Schuldner kann die Vollziehung des Arrests durch Hinterlegung des gem Abs I 3 in der Arrestanordnung zu nennenden Geldbetrages abwenden. Es ist nur die Vollziehung auszusetzen und rückgängig zu machen, **nicht** aber die **Arrestanordnung aufzuheben**. Andernfalls bestände für die Hinterlegung des Geldbetrages kein Rechtsgrund mehr (*TK* RNr 13). Über den Wortlaut des Abs I 3 hinaus kann statt der Hinterlegung des Geldbetrages auch nach Maßgabe der §§ 241 ff Sicherheit geleistet werden (*TK* RNr 22).

8. Rechtsbehelfe. Die Arrestanordnung ist ein VerwAkt und kann daher nach § 349 mit der Beschwerde angefochten werden. Unabhängig davon kann sie aber auch nach § 45 II FGO sofort mit der Klage angefochten werden. Es können auch Beschwerdeverfahren und Klage nebeneinander betrieben werden. Für die Zulässigkeit der Klage ist es dann nicht erforderlich, daß das Vorverfahren abgeschlossen ist (FG D'dorf EFG 78, 60). Zur

2. Abschnitt. Vollstreckung wegen Geldforderungen § 324

Möglichkeit, im Beschwerde- oder Klageverfahren den Arrestanspruch auszutauschen oder Tatsachen für den Arrestgrund nachzuschieben s oben A 3.

9. Haftung bei unzulässigem Arrest. Erweist sich die Anordnung des Arrests als von Anfang an ungerechtfertigt, so ist dem Schuldner unabhängig vom Verschulden des den Arrest anordnenden Beamten der aus der Vollziehung des Arrestes oder aus der Sicherheitsleistung entstandene Schaden zu ersetzen. Das ergibt sich aus der entsprechenden Anwendung von § 945 ZPO (BGHZ 30, 123; 63, 227; *TK* RNr 19; aA *Schwarz* NJW 76, 216; FR 83, 181; *HHSp* RNr 10ff). Der Gesetzgeber hat diese ZPO-Bestimmung nur deshalb nicht ausdrücklich in die AO übernommen, weil die Anwendung durch die Rspr ohnehin gesichert war und die Frage der Staatshaftung allgemein durch ein Staatshaftungsgesetz neu geregelt werden soll (s Begr EAO 74, BTDr VI/1982 zu §§ 307 bis 309). Für den Schadensersatzanspruch ist der Rechtsweg zu den ordentlichen Gerichten gegeben (BGHZ 30, 77; 63, 277; BGH Rpfleger 81, 18). Ansprüche wegen Eingriffs in das Eigentum (enteignungsgleicher Eingriff) kommen nicht in Betracht (BGH WM 86, 204).

Gegenüber dem Schadensersatzanspruch nach § 945 ZPO kann ggf der Einwand des mitwirkenden Verschuldens nach § 254 BGB geltend gemacht werden, zB wenn der Betroffene durch Äußerungen gegenüber dem FA den Eindruck der Gefährdung der Vollstreckung erweckt hat (BGH NJW 78, 2024).

10. Bezugnahme auf §§ 930–932 ZPO sowie §§ 99 Abs II und 106 Abs I, III und V des Gesetzes über Rechte an Luftfahrzeugen.

§ 930 [Vollziehung in Fahrnis und Forderungen]
(1) Die Vollziehung des Arrestes in bewegliches Vermögen wird durch Pfändung bewirkt. Die Pfändung erfolgt nach denselben Grundsätzen wie jede andere Pfändung und begründet ein Pfandrecht mit den im § 804 bestimmten Wirkungen. Für die Pfändung einer Forderung ist das Arrestgericht als Vollstreckungsgericht zuständig.

(2) Gepfändetes Geld und ein im Verteilungsverfahren auf den Gläubiger fallender Betrag des Erlöses werden hinterlegt.

(3) Das Vollstreckungsgericht kann auf Antrag anordnen, daß eine bewegliche körperliche Sache, wenn sie der Gefahr einer beträchtlichen Wertverringerung ausgesetzt ist oder wenn ihre Aufbewahrung unverhältnismäßige Kosten verursachen würde, versteigert und der Erlös hinterlegt werde.

§ 931 [Vollziehung in eingetragenes Schiff]
(1) Die Vollziehung des Arrestes in ein eingetragenes Schiff oder Schiffsbauwerk wird durch Pfändung nach den Vorschriften über die Pfändung beweglicher Sachen mit folgenden Abweichungen bewirkt:

(2) Die Pfändung begründet ein Pfandrecht an dem gepfändeten Schiff oder Schiffsbauwerk; das Pfandrecht gewährt dem Gläubiger im Verhältnis zu anderen Rechten dieselben Rechte wie eine Schiffshypothek.

(3) Die Pfändung wird auf Antrag des Gläubigers vom Arrestgericht als Vollstreckungsgericht angeordnet; das Gericht hat zugleich das Registergericht um die Eintragung einer Vormerkung zur Sicherung des Arrestpfandrechts in das Schiffsregister oder Schiffsbauregister zu ersuchen; die Vormerkung erlischt, wenn die Vollziehung des Arrestes unstatthaft wird.

§ 324   6. Teil. Vollstreckung

(4) Der Gerichtsvollzieher hat bei der Vornahme der Pfändung das Schiff oder Schiffsbauwerk in Bewachung und Verwahrung zu nehmen.

(5) Ist zur Zeit der Arrestvollziehung die Zwangsversteigerung des Schiffes oder Schiffsbauwerks eingeleitet, so gilt die in diesem Verfahren erfolgte Beschlagnahme des Schiffes oder Schiffsbauwerks als erste Pfändung im Sinne des § 826; die Abschrift des Pfändungsprotokolls ist dem Vollstreckungsgericht einzureichen.

(6) Das Arrestpfandrecht wird auf Antrag des Gläubigers in das Schiffsregister oder Schiffsbauregister eingetragen; der nach § 923 festgestellte Geldbetrag ist als der Höchstbetrag zu bezeichnen, für den das Schiff oder Schiffsbauwerk haftet. Im übrigen gelten der § 867 und der § 870a Abs 3 entsprechend, soweit nicht vorstehend etwas anderes bestimmt ist.

§ 932 [Arresthypothek]

(1) Die Vollziehung des Arrestes in ein Grundstück oder in eine Berechtigung, für welche die sich auf Grundstücke beziehenden Vorschriften gelten, erfolgt durch Eintragung einer Sicherungshypothek für die Forderung; der nach § 923 festgestellte Geldbetrag ist als der Höchstbetrag zu bezeichnen, für den das Grundstück oder die Berechtigung haftet. Ein Anspruch nach § 1179a oder § 1179b des Bürgerlichen Gesetzbuchs steht dem Gläubiger oder im Grundbuch eingetragenen Gläubiger der Sicherungshypothek nicht zu.

(2) Im übrigen gelten die Vorschriften des § 866 Abs 3 Satz 1 und der §§ 867, 868.

(3) Der Antrag auf Eintragung der Hypothek gilt im Sinne des § 929 Abs 2, 3 als Vollziehung des Arrestbefehls.

§ 99 Abs 2 Gesetz über Rechte an Luftfahrzeugen vom 25. 2. 59 (BGBl I S 57)

Die Vollziehung des Arrestes in ein Luftfahrzeug, das in der Luftfahrzeugrolle oder im Register für Pfandrechte an Luftfahrzeugen eingetragen ist, wird dadurch bewirkt, daß der Gerichtsvollzieher das Luftfahrzeug in Bewachung und Verwahrung nimmt und ein Registerpfandrecht für die Forderung eingetragen wird; die Bewachung und Verwahrung unterbleibt, soweit nach den Vorschriften des Gesetzes über die Unzulässigkeit der Sicherungsbeschlagnahme von Luftfahrzeugen vom 17. 3. 35 (RGBl I, 385) eine Pfändung unzulässig ist. In der Eintragung des Registerpfandrechts ist der nach § 923 der ZPO festgestellte Geldbetrag als Höchstbetrag zu bezeichnen, für den das Luftfahrzeug haftet. Im übrigen gelten die Vorschriften des § 867 und des § 870a Abs 3 Satz 1 Halbs 1 Satz 2 der ZPO sinngemäß. Der Antrag auf Eintragung des Registerpfandrechts gilt im Sinne des § 929 Abs 2 Satz 2 der ZPO als Vollziehung des Arrestbefehls.

§ 106 Abs 1, 3 und 5 Gesetz über Rechte an Luftfahrzeugen

Abs 1. Es sind sinngemäß anzuwenden
1. auf die Zwangsvollstreckung in ausländische Luftfahrzeuge die Vorschriften für Luftfahrzeuge, die in der Luftfahrzeugrolle eingetragen sind,
2. auf die Zwangsvollstreckung in Ersatzteile, auf die sich das Recht an einem ausländischen Luftfahrzeug erstreckt, die Vorschriften für Ersatzteile, auf die sich das Registerpfandrecht an einem ausländischen Luftfahrzeug erstreckt,
3. auf die Zwangsvollstreckung in eine Forderung, für die ein Recht an einem ausländischen Luftfahrzeug besteht, die Vorschriften für die Zwangsvollstreckung in eine Forderung, für die ein Registerpfandrecht im Register für Pfandrechte an Luftfahrzeugen eingetragen ist, soweit sie nicht die Eintragung in der Luftfahrzeugrolle oder im Register für Pfandrechte an Luftfahrzeugen voraussetzen.

Abs 2 ...

Abs 3. Bei der Vollziehung des Arrestes in ein ausländisches Luftfahrzeug tritt an die Stelle der Eintragung eines Registerpfandrechts die Pfändung. Die Pfändung begründet ein Pfandrecht an dem gepfändeten Luftfahrzeug; das Recht gewährt dem Gläubiger im Verhältnis zu anderen Rechten dieselben Rechte wie ein Registerpfandrecht.

2. Abschnitt. Vollstreckung wegen Geldforderungen §§ 325, 326

Abs 4 ...

Abs 5. Wird über ein Recht im Sinne des § 103 nach der Beschlagnahme verfügt oder ist die Verfügung nach Art IV des Genfer Abkommens vom 19. Juni 1948 (BGBl 1959 II S 129) anzuerkennen, so ist sie dem Gläubiger gegenüber wirksam, es sei denn, daß der Schuldner im Zeitpunkt der Verfügung Kenntnis von der Beschlagnahme hatte.

§ 325 Aufhebung des dinglichen Arrestes

Die Arrestanordnung ist aufzuheben, wenn nach ihrem Erlaß Umstände bekannt werden, die die Arrestanordnung nicht mehr gerechtfertigt erscheinen lassen.

1. **Inhalt.** Die Vorschrift hat ihr Vorbild in § 927 ZPO. Sie ist neu gegenüber der RAO. Geregelt wird der Fall, daß eine Arrestanordnung rechtmäßig ergangen oder jedenfalls nicht angegriffen worden ist und **nachher** Umstände bekannt werden, die die Anordnung nicht mehr gerechtfertigt erscheinen lassen.

2. **Maßgebliche Umstände.** Die Änderung der Umstände kann betreffen den Arrestanspr, zB Erlöschen, Obsiegen in einem steuergerichtl Verfahren, oder den Arrestgrund, zB Möglichkeit der ZwVollstr im Inland oder Abgabe eines Offenbarungseides, Sicherheitsleistung. Die Arrestanordnung ist auch dann aufzuheben, wenn sie nicht mehr vollziehbar ist zB wegen Ablaufs der Frist nach Abs III 1 oder wegen Eröffnung des Konkurs- oder Vergleichsverfahrens (*Thomas-Putzo*, ZPO, § 927 A 2d).

§ 326 Persönlicher Sicherheitsarrest

(1) ¹Auf Antrag der für die Steuerfestsetzung zuständigen Finanzbehörde kann das Amtsgericht einen persönlichen Sicherheitsarrest anordnen, wenn er erforderlich ist, um die gefährdete Vollstreckung in das Vermögen des Pflichtigen zu sichern. ²Zuständig ist das Amtsgericht, in dessen Bezirk die Finanzbehörde ihren Sitz hat oder sich der Pflichtige befindet.

(2) In dem Antrag hat die für die Steuerfestsetzung zuständige Finanzbehörde den Anspruch nach Art und Höhe sowie die Tatsachen anzugeben, die den Arrestgrund ergeben.

(3) ¹Für die Anordnung, Vollziehung und Aufhebung des persönlichen Sicherheitsarrestes gelten § 921 Abs. 1 und die §§ 922 bis 925, 927, 929, 933, 934 Abs. 1, 3 und 4 der Zivilprozeßordnung sinngemäß. ²§ 911 der Zivilprozeßordnung ist nicht anzuwenden.

(4) Für Zustellungen gelten die Vorschriften der Zivilprozeßordnung.

Übersicht

1. Inhalt der Vorschrift
2. Subsidiarität des persönlichen Arrests
3. Voraussetzungen für den persönlichen Arrest
4. Vorschriften der ZPO

§ 326
6. Teil. Vollstreckung

1. Inhalt. Die Vorschrift behandelt den persönlichen Sicherheitsarrest entspr § 379 RAO. Der **persönliche Sicherheitsarrest** führt zu einer Freiheitsentziehung. Deshalb kann seine Anordnung wegen Art 104 II GG **nur** durch den **Richter** erfolgen, während beim dinglichen Arrest aus Gründen der Sachnähe die FinBeh zuständig sind. Das Amtsgericht wird daher auch **nicht im Wege der Amtshilfe** tätig. Es hat die Voraussetzungen für die Anordnung des persönlichen Arrestes selbständig zu prüfen und hat notfalls auf Grund der Angaben der FinBeh (s Abs II) eigene Ermittlungen anzustellen (*TK* RNr 3).

2. Subsidiarität des persönlichen Arrestes. Der persönliche Arrest ist nur subsidiär. Andere Mittel zur Sicherung dürfen nicht gegeben sein, namentlich der dingliche Arrest (vgl *TK* RNr 1).

3. Voraussetzungen für den persönlichen Arrest. Es müssen die Voraussetzungen des § 324 gegeben sein. Vorliegen muß daher ein **Arrestanspruch** und ein **Arrestgrund**. Für Beides muß die **überwiegende Wahrscheinlichkeit** gegeben sein (s § 324 A 2). Wird der persönliche Arrest trotz Fehlens der Voraussetzungen angeordnet, gilt § 945 ZPO entsprechend (s § 324 A 9).

4. Vorschriften der ZPO

§ 921 [Entscheidung über das Arrestgesuch]

(1) Die Entscheidung kann ohne mündliche Verhandlung ergehen.

§ 922 [Arresturteil und Arrestbeschluß]

(1) Die Entscheidung über das Gesuch ergeht im Falle einer mündlichen Verhandlung durch Endurteil, anderfalls durch Beschluß.

(2) Den Beschluß, durch den ein Arrest angeordnet wird, hat die Partei, die den Arrest erwirkt hat, zustellen zu lassen.

(3) Der Beschluß, durch den das Arrestgesuch zurückgewiesen oder vorherige Sicherheitsleistung für erforderlich erklärt wird, ist dem Gegner nicht mitzuteilen.

§ 923 [Abwendungsbefugnis]

In dem Arrestbefehl ist ein Geldbetrag festzustellen, durch dessen Hinterlegung die Vollziehung des Arrestes gehemmt und der Schuldner zu dem Antrag auf Aufhebung des vollzogenen Arrestes berechtigt wird.

§ 924 [Widerspruch]

(1) Gegen den Beschluß, durch den ein Arrest angeordnet wird, findet Widerspruch statt.

(2) Die widersprechende Partei hat in dem Widerspruch die Gründe darzulegen, die sie für die Aufhebung des Arrestes geltend machen will. Das Gericht hat Termin zur mündlichen Verhandlung von Amts wegen zu bestimmen. Ist das Arrestgericht ein Amtsgericht, so ist der Widerspruch unter Angabe der Gründe, die für die Aufhebung des Arrestes geltend gemacht werden sollen, schriftlich oder zum Protokoll der Geschäftsstelle zu erheben.

(3) Durch Erhebung des Widerspruchs wird die Vollziehung des Arrestes nicht gehemmt. Das Gericht kann aber eine einstweilige Anordnung nach § 707 treffen; § 707 Abs 1 Satz 2 ist nicht anzuwenden.

§ 925 [Entscheidung auf Widerspruch]

(1) Wird Widerspruch erhoben, so ist über die Rechtmäßigkeit des Arrestes durch Endurteil zu entscheiden.

2. Abschnitt. Vollstreckung wegen Geldforderungen § 327

(2) Das Gericht kann den Arrest ganz oder teilweise bestätigen, abändern oder aufheben, auch die Bestätigung, Abänderung oder Aufhebung von einer Sicherheitsleistung abhängig machen.

§ 927 [Aufhebung wegen veränderter Umstände]

(1) Auch nach der Bestätigung des Arrestes kann wegen veränderter Umstände, insbesondere wegen Erledigung des Arrestgrundes oder auf Grund des Erbietens zur Sicherheitsleistung die Aufhebung des Arrestes beantragt werden.

(2) Die Entscheidung ist durch Endurteil zu erlassen; sie ergeht durch das Gericht, das den Arrest angeordnet hat, und wenn die Hauptsache anhängig ist, durch das Gericht der Hauptsache.

§ 929 [Vollstreckungsklausel, Vollziehungsfrist]

(1) Arrestbefehle bedürfen der Vollstreckungsklausel nur, wenn die Vollziehung für einen anderen als den in dem Befehl bezeichneten Gläubiger oder gegen einen anderen als den in dem Befehl bezeichneten Schuldner erfolgen soll.

(2) Die Vollziehung des Arrestbefehls ist unstatthaft, wenn seit dem Tage, an dem der Befehl verkündet oder der Partei, auf deren Gesuch er erging, zugestellt ist, ein Monat verstrichen ist.

(3) Die Vollziehung ist vor der Zustellung des Arrestbefehls an den Schuldner zulässig. Sie ist jedoch ohne Wirkung, wenn die Zustellung nicht innerhalb einer Woche nach der Vollziehung und vor Ablauf der für diese im vorhergehenden Absatz bestimmten Frist erfolgt.

§ 933 [Vollziehung des persönlichen Arrestes]

Die Vollziehung des persönlichen Sicherheitsarrestes richtet sich, wenn sie durch Haft erfolgt, nach den Vorschriften der §§ 904 bis 913 und, wenn sie durch sonstige Beschränkung der persönlichen Freiheit erfolgt, nach den vom Arrestgericht zu treffenden besonderen Anordnungen, für welche die Beschränkungen der Haft maßgebend sind. In den Haftbefehl ist der nach § 923 festgestellte Geldbetrag aufzunehmen.

§ 934 [Aufhebung der Arrestvollziehung]

(1) Wird der in dem Arrestbefehl festgestellte Geldbetrag hinterlegt, so wird der vollzogene Arrest von dem Vollstreckungsgericht aufgehoben.

(3) Die in diesem Paragraphen erwähnten Entscheidungen können ohne mündliche Verhandlung ergehen.

(4) Gegen den Beschluß, durch den der Arrest aufgehoben wird, findet sofortige Beschwerde statt.

6. Unterabschnitt. Verwertung von Sicherheiten

§ 327 Verwertung von Sicherheiten

¹**Werden Geldforderungen, die im Verwaltungsverfahren vollstreckbar sind (§ 251), bei Fälligkeit nicht erfüllt, kann sich die Vollstreckungsbehörde aus den Sicherheiten befriedigen, die sie zur Sicherung dieser Ansprüche erlangt hat.** ²**Die Sicherheiten werden nach den Vorschriften dieses Abschnitts verwertet.** ³**Die Verwertung darf erst erfolgen, wenn dem Vollstreckungsschuldner die Verwertungsabsicht bekanntgegeben und seit der Bekanntgabe mindestens eine Woche verstrichen ist.**

1. Inhalt. Die Vorschrift entspricht im wesentlichen § 381 RAO. Sie behandelt die Verwertung von Sicherheiten, die die VollstrBehörde zur Sicherung von Geldforderungen erlangt hat. Erlangt haben kann die Voll-

§ 327

strBehörde die Sicherheiten zwangsweise (nach § 324 oder § 336) oder nach Maßgabe der §§ 241 ff. All diese Fälle werden von § 327 erfaßt.

2. Umfang der Geldforderungen. Im VerwVerfahren vollstreckbar sind alle Anspr, die nach den StGesetzen geschuldet werden. Es sind die gleichen, für die der Arrest angeordnet werden kann. Durch S 1 wird klargestellt, daß Sicherheiten nur zur Befriedigung derjenigen Forderung verwertet werden können, für die die **Sicherheit bestellt** oder sonst erlangt worden ist. Die VollstrBehörde kann sich also nicht auch noch wegen anderer Steuerforderungen gegen den Sicherheitgeber aus den Sicherheiten befriedigen. Ist der Anspr, für den die Sicherheiten geleistet worden sind, erloschen (zB durch Zahlung) und will die VollstrBehörde wegen anderer Forderungen in die Sicherheiten vollstrecken, muß sie sie unter den normalen Voraussetzungen pfänden (*TK* RNr 3).

3. Voraussetzungen der Verwertung. Der **Gegenstand,** der verwertet werden soll, muß **pfändbar** sein. Das ergibt sich aus der Verweisung auf die Vorschr des Abschnitts über die Vollstreckung (FG D'dorf DStZE 61, 252; *TK* RNr 4; aA Nieders FG DStZE 60, 340).

Nach S 3 muß die Verwertungsabsicht bekannt gegeben worden sein und mindestens eine Woche verstrichen sein. Die Nichteinhaltung der Schonfrist ändert nichts am Eigentumserwerb des Erstehers, kann aber Schadensersatzpflichten auslösen (RGZ 156, 359; KKH Anm 3). Die Bekanntgabe der Verwertungsabsicht ist eine **Sonderform des Leistungsgebots** nach § 254 (*TK* RNr 5). Daher ist für die Verwertung kein Leistungsgebot nach § 254 erforderlich. Andererseits ist die Verwertungsankündigung auch immer erforderlich, auch dann, wenn zB bei Steuerbürgschaft (§§ 241 I Nr 7, 244) ein Dritter in Anspruch genommen werden soll (*TK* RNr 3; aA *HHSp* § 381 RAO RNr 4).

Schließlich muß die Forderung fällig sein.

4. Durchführung der Verwertung. Die Verwertung erfolgt nach den allgemeinen Vorschriften. Sachen sind nach § 296 zu versteigern oder nach § 305 zu verwerten, Wertpapiere nach § 302. Bei Steuerbürgschaft muß der Dritte im ordentlichen Rechtsweg in Anspruch genommen werden. Hat die VollstrBehörde nur mittelbaren Besitz (zB bei Sicherungseigentum) muß sie die Sache pfänden und wegnehmen lassen (*TK* RNr 7).

Dritter Abschnitt. Vollstreckung wegen anderer Leistungen als Geldforderungen

1. Unterabschnitt. Vollstreckung wegen Handlungen, Duldungen oder Unterlassungen

Vorbemerkung zu § 328

Die bisher in § 202 RAO geregelte Vollstreckung wegen Handlungen, Duldungen oder Unterlassungen wird nunmehr in Anlehnung an die §§ 6 bis 16 VwVG innerhalb der vollstreckungsrechtl Vorschriften geregelt. Auffallend ist dabei, daß die AO anders als §§ 883 ff ZPO keine ausdrückli-

3. Abschnitt. Vollstreckung wegen anderer Leistungen **§ 328**

chen Vorschriften über die Vollstr zur Herausgabe von Sachen kennt. In der AO, in der es um steuerliche Ansprüche, dh in erster Linie um Geldforderungen geht, besteht für eine gesonderte Regelung kein Bedürfnis. Falls Sachen herauszugeben sind (s zB § 315 II), enthalten häufig die betreffenden Vorschriften entsprechende Regelungen (s zB auch § 336). Im übrigen ist die Herausgabe einer Sache eine vom Pflichtigen vorzunehmende Handlung und kann daher nach §§ 328 ff erzwungen werden (*HHSp* vor § 328 RNr 9).

Die Erzwingung von Handlungen, Duldungen oder Unterlassungen ist Teil des VollstrVerfahrens. Es gelten daher die allgemeinen Vorschriften für die Vollstreckung der §§ 249 bis 258, soweit sich nicht aus den §§ 328 ff etwas anderes ergibt. Eine Besonderheit ist zB die von § 249 I 3 abweichende Regelung über die VollstrBehörde (s § 328 I 3). Anders als nach § 253 heißt der zur Handlung, Duldung oder Unterlassung Verpflichtete nicht VollstrSchuldner, sondern Pflichtiger.

§ 328 Zwangsmittel

(1) ¹Ein Verwaltungsakt, der auf Vornahme einer Handlung oder auf Duldung oder Unterlassung gerichtet ist, kann mit Zwangsmitteln (Zwangsgeld, Ersatzvornahme, unmittelbarer Zwang) durchgesetzt werden. ²Für die Erzwingung von Sicherheiten gilt § 336. ³Vollstreckungsbehörde ist die Behörde, die den Verwaltungsakt erlassen hat.

(2) ¹Es ist dasjenige Zwangsmittel zu bestimmen, durch das der Pflichtige und die Allgemeinheit am wenigsten beeinträchtigt werden. ²Das Zwangsmittel muß in einem angemessenen Verhältnis zu seinem Zweck stehen.

Schrifttum: *Felix* Erzwingung von Finanzbefehlen, die eine Untersagung aussprechen, StuW 1960, 238; *Ritter* Zur Anwendung von Zwangsmitteln, ZfZ 1966, 139; *Wilhelm* Finanzzwang und Unterlassen, StB 1973, 145; *App* Verwaltungsvollstreckung wegen Handlungen, Duldungen oder Unterlassungen, JuS 87, 455.

Übersicht

1. Inhalt der Vorschrift
2. Handlung, Duldung oder Unterlassung
3. Rechtsnatur des Zwangs
4. Voraussetzung für die Anwendung von Zwangsmitteln

1. Inhalt. Die Vorschrift enthält in Abs I im Klammerzusatz einen **ausschließlichen Katalog** der Maßnahmen, die zur Erzwingung von Handlungen, Duldungen oder Unterlassungen getroffen werden dürfen. Andere Maßnahmen als Zwangsgeld, Ersatzvornahme oder unmittelbarer Zwang sind also nicht zulässig. Für die Erzwingung von Sicherheiten gilt nach Abs I 2 die Vorschr des § 336. Insoweit handelt es sich nur um eine Klarstellung. Ein Vorgehen nach § 328 ff wird deshalb nicht ausgeschlossen (s Begr EAO 74, zu § 311; ebenso *HHSp* RNr 3, aA *TK* RNr 2; *KKH* § 336 Anm 3). Die Ausschließlichkeit des Katalogs bedeutet andererseits aber nicht, daß diese Maßnahmen auch in allen Fällen der Erzwingung von Handlungen, Duldungen oder Unterlassungen ergriffen werden können.

§ 328
6. Teil. Vollstreckung

So kann zB die Versicherung an Eides statt im Rahmen des § 95 gem Abs VI des § 95 nicht nach §§ 328 ff erzwungen werden. Bestehen im Rahmen der Vorschriften über die Vollstr wegen Geldforderungen besondere Regelungen über die Erzwingung von Handlungen (zB §§ 284 VII, 315 II, 318 II), so sind diese maßgebend.

Allgemein gilt für die Anwendung und Auswahl der Zwangsmittel der für alle VollstrMaßnahmen bedeutsame Grundsatz der **Verhältnismäßigkeit** (s Vorbem § 249). Das wird in Abs II der Vorschr besonders hervorgehoben.

2. Handlung, Duldung oder Unterlassung. Beispiele für erzwingbare Handlungen sind: Mitwirkungspflichten nach §§ 90, 135, Anzeigepflichten nach §§ 137 bis 139; Buchführungspflichten nach §§ 140 ff usw, ferner zB allgemein die Abgabe von Steuererklärungen ordnungsmäßig und fristgerecht, soweit eine Verpflichtung dazu besteht (BFH BStBl 51, 209).

Als erzwingbare Unterlassungen kommen zB in Betracht: verbotene Verfügung über Sachen und Forderungen nach §§ 76, 309 I (*HHSp* RNr 13); nach § 5 Steuerberatungsgesetz untersagte geschäftsmäßige Hilfeleistung in Steuersachen. Als Duldungspflichten können erzwungen werden das Betreten von Grundstücken und Räumen gem § 99.

All diese Pflichten können nur erzwungen werden, wenn ihre Erfüllung dem Pflichtigen möglich und von seinem Willen abhängig ist (*HHSp* RNr 20, 21). Ferner könen von einem Pflichtigen keine Mitwirkungshandlungen erzwungen werden, durch die er gezwungen würde sich selbst wegen einer von ihm begangenen Steuerstraftat oder Steuerordnungswidrigkeit zu belasten (§ 393 I 2). Ist daher erkennbar, daß die bisher unterlassenen Mitwirkungshandlungen den Tatbestand einer StStraftat oder -ordnungswidrigkeit erfüllen können, so muß in der Androhungsverfügung und Festsetzungsverfügung auf § 393 I 2 hingewiesen werden (FG Berlin EFG 539).

3. Rechtsnatur des Zwangs. Die Zwangsmittel nach § 328 sind reine, in die Zukunft wirkende **Beugemittel.** Es handelt sich nicht um Strafe oder Buße. Daher gilt nicht das Legalitätsprinzip, sondern die Anwendung der Zwangsmittel steht im Ermessen der FinBeh. Ferner ist **kein Verschulden** des Pflichtigen erforderlich (OLG Köln MDR 82, 589; *HHSp* vor § 328 RNr 18; *TK* RNr 16; *Baumbach-Lauterbach,* ZPO, § 888 Anm 2 B; aA, allerdings zu dem anders lautenden § 95 RAO, BFH BStBl 67, 401). Aus dem Streit im Zivilprozeßrecht, ob für die Festsetzung von Ordnungsmitteln nach § 890 ZPO ein Verschulden notwendig ist (bejahend zB OLG Hamm MDR 78, 585; ablehnend *Baumbach-Lauterbach,* ZPO, § 890 Anm E), läßt sich für das VollstrVerfahren nach der AO nichts herleiten. Bei § 890 ZPO geht es um die Ahndung von Ungehorsamsfolgen (vgl *Thomas-Putzo,* ZPO, § 890 A 2), bei allen Zwangsmitteln des § 328 aber um bloße Beugemittel (s § 335).

Strafe oder Buße und Zwangsmittel können deshalb auch nebeneinander verhängt werden oder nacheinander verhängt werden (hM, s *TK* RNr 16; *HHSp* Vor § 328 RNr 20). Die Zwangsmittel können anders als Strafen auch jur Person treffen (BFH BStBl 82, 141).

3. Abschnitt. Vollstreckung wegen anderer Leistungen **§§ 329, 330**

4. Voraussetzung für die Anwendung von Zwangsmitteln. Vollstreckt werden kann immer nur ein VerwAkt. Der Pflichtige muß daher durch einen VerwAkt zu der Handlung, Duldung oder Unterlassung aufgefordert worden sein. Es muß zusätzlich oder damit verbunden gem § 254 ein Leistungsgebot ergangen und eine Woche verstrichen sein. Selbstverständlich müssen die Voraussetzungen des § 251 gegeben sein.

VollstrBehörde ist dann anders als nach § 249 I 3 immer die Behörde, die das Leistungsgebot erlassen hat. Zu den **Rechtsbehelfen** gegen die VollstrMaßnahmen s Erl zu §§ 332 und 333.

§ 329 Zwangsgeld

Das einzelne Zwangsgeld darf fünftausend Deutsche Mark nicht übersteigen.

1. Inhalt. Die Vorschrift entspricht § 202 I S 1 RAO. Die von § 202 RAO abweichende Verwendung des Begriffes „Zwangsgeld" dient der Anpassung an die Terminologie des VwVG.

2. Mehrfache Festsetzung. Das Zwangsgeld darf zur Durchsetzung einer bestimmten Anordnung mehrfach festgesetzt werden, bei mehrfacher Festsetzung kann der Gesamtbetrag von 5000 DM überstiegen werden, jede einzelne Festsetzung darf 5000 DM jedoch nicht übersteigen (*HHSp* RNr 5; *KKH* Anm 2).

§ 330 Ersatzvornahme

Wird die Verpflichtung, eine Handlung vorzunehmen, deren Vornahme durch einen anderen möglich ist (vertretbare Handlung), nicht erfüllt, so kann die Vollstreckungsbehörde einen anderen mit der Vornahme der Handlung auf Kosten des Pflichtigen beauftragen.

1. Inhalt. Die Vorschrift entspricht wörtlich § 10 VwVG. Anders als früher in § 202 VI RAO ist nicht mehr die Möglichkeit vorgesehen, daß die Kosten der Ausführung im voraus eingezogen werden können. Die in der Vorschr geregelte Ersatzvornahme ist nur gegeben, wenn **ein anderer** mit der Vornahme der Handlung beauftragt wird. Handelt die Behörde durch einen eigenen Bediensteten, handelt es sich um einen Fall des § 331 (*TK* RNr 3).

2. Ersatzvornahme nur bei Handlungen. Die Ersatzvornahme kommt nur in Betracht bei Durchsetzung **vertretbarer Handlungen**, nicht bei Duldungen oder Unterlassungen. In Betracht kommen zB die Aufstellung von Bilanzen oder die Fertigung von steuerlich relevanten Aufzeichnungen (*KKH* Anm 2). Der Dritte, der die Ersatzvornahme vornimmt, tritt in Beziehungen zur Behörde, nicht zum Stpfl. Die Rechtsbeziehung zwischen Drittem und Behörde sind zivilrechtl Natur. Die der FinBeh durch die Beauftragung entstehenden Kosten sind Auslagen iSv § 344 I Nr 8.

§§ 331, 332

§ 331 Unmittelbarer Zwang

Führen das Zwangsgeld oder die Ersatzvornahme nicht zum Ziele oder sind sie untunlich, so kann die Finanzbehörde den Pflichtigen zur Handlung, Duldung oder Unterlassung zwingen oder die Handlung selbst vornehmen.

1. Inhalt. Die Vorschrift entspricht wörtlich § 12 VwVG. Durch die Formulierung wird zum Ausdruck gebracht, daß unmittelbarer Zwang stets das letzte Mittel zur Durchsetzung des VerwAkts sein soll.

2. Begriff. Unmittelbarer Zwang ist Einsatz körperlicher Gewalt oder von Hilfsmitteln körperlicher Gewalt gegen Personen oder Sachen. Diese Art unmittelbarer Zwang kommt nur zur Durchsetzung unvertretbarer Handlungen in Betracht. Dagegen kann die in der Vorschr ebenfalls unter den unmittelbaren Zwang eingeordnete Ersatzvornahme durch die Behörde selbst begrifflich nur zur Erzwingung vertretbarer Handlungen erfolgen.

3. Beispiele unmittelbaren Zwangs. Zwangsvorführung des Stpfl, Öffnen von Behältnissen oder Räumen, um den Zutritt zur Betriebsprüfung oder zur Nachschau zu erzwingen.

4. UZwG. Für VollzBeamte des Bundes gilt bei der Anwendung unmittelbaren Zwangs das Gesetz über den unmittelbaren Zwang bei Ausführung öffentlicher Gewalt durch Vollzugsbeamte des Bundes (UZwG) v 10. 3. 61 (BGBl I 165), geändert durch Ges v 25. 6. 69 (BGBl I 645) und 2. 3. 74 (BGBl I 469) und die dazu ergangenen Verwaltungsanordnung v 3. 10. 77 (VSF 08031).

§ 332 Androhung der Zwangsmittel

(1) [1]Die Zwangsmittel müssen schriftlich angedroht werden. [2]Wenn zu besorgen ist, daß dadurch der Vollzug des durchzusetzenden Verwaltungsaktes vereitelt wird, genügt es, die Zwangsmittel mündlich oder auf andere nach der Lage gebotene Weise anzudrohen. [3]Zur Erfüllung der Verpflichtung ist eine angemessene Frist zu bestimmen.

(2) [1]Die Androhung kann mit dem Verwaltungsakt verbunden werden, durch den die Handlung, Duldung oder Unterlassung aufgegeben wird. [2]Sie muß sich auf ein bestimmtes Zwangsmittel beziehen und für jede einzelne Verpflichtung getrennt ergehen. [3]Zwangsgeld ist in bestimmter Höhe anzudrohen.

(3) [1]Eine neue Androhung wegen derselben Verpflichtung ist erst dann zulässig, wenn das zunächst angedrohte Zwangsmittel erfolglos ist. [2]Wird vom Pflichtigen ein Dulden oder Unterlassen gefordert, so kann das Zwangsmittel für jeden Fall der Zuwiderhandlung angedroht werden.

(4) Soll die Handlung durch Ersatzvornahme ausgeführt werden, so ist in der Androhung der Kostenbetrag vorläufig zu veranschlagen.

Abs 1 S 2 neu gefaßt mit Wirkung ab 1. 1. 87 durch StBereinigG 1986 v 19. 12. 85, BGBl I, 2436.

3. Abschnitt. Vollstreckung wegen anderer Leistungen §332

Schrifttum: *Brandenberg* Geltendmachung der ursprünglichen Rechtswidrigkeit des zu vollstreckenden Verwaltungsakts bei Vollstreckungsmaßnahmen gemäß §§ 328 ff AO, DStZ 1980, 69.

Übersicht

1. Inhalt der Vorschrift
2. Rechtsnatur der Androhung
3. Inhalt der Androhung
4. Wiederholte Androhung
5. Rechtsbehelfe

1. Inhalt. Die Vorschrift entspricht § 13 VwVG. Abs I hat seinen Vorläufer in § 202 IX RAO. Bevor ein Zwangsmittel angewandt wird, muß dem Stpfl unter Androhung des Zwangsmittels eine **angemessene Frist** zur Vornahme der von ihm geforderten Handlung, Unterlassung oder Duldung gesetzt werden und das Zwangsmittel angedroht werden.

Die Androhung des Zwangsmittels entspricht etwa der Mahnung nach § 259 bei der Vollstr wegen Geldforderungen. Eine Mahnung braucht der Androhung daher nicht vorauszugehen. Die Androhung ist aber zusätzlich zu dem Leistungsgebot nach § 254 (s § 328 A 4) erforderlich, kann allerdings nach Abs II 1 damit verbunden werden. Anders als die Mahnung nach § 259 ist die **Androhung** des Zwangsmittels **zwingend**. Fehlt die Androhung, ist die Festsetzung eines Zwangsmittels (§ 333) rechtswidrig und muß aufgehoben werden (*HHSp* RNr 3). Das gleiche gilt, wenn die Androhung keine Frist oder eine unangemessen kurze Frist enthält. Eine solche Androhung ist rechtsunwirksam (*HHSp* RNr 6).

2. Rechtsnatur der Androhung. Die Androhung eines Zwangsmittels ist ein selbständiger **Verwaltungsakt** (*TK* RNr 3; *HHSp* RNr 3). Bei wiederholter Androhung gem Abs III gilt das für jede Androhung.

3. Inhalt der Androhung. Die Androhung muß für jede zu vollstreckende Handlung, Duldung oder Unterlassung eines der drei möglichen Zwangsmittel und bei Zwangsgeld eine bestimmte Höhe androhen (Abs II 2 und 3). Die FinBeh darf sich also weder die Wahl des Zwangsmittels vorbehalten, noch kann sie kumulativ gleichzeitig mehrere Zwangsmittel androhen (*TK* RNr 6). Die Androhung muß nach Abs II 2 getrennt für jede einzelne Verpflichtung ergehen. Der Zweck dieser Bestimmung, dem Pflichtigen die Folgen der Nichterfüllung der Pflicht für jeden einzelnen Fall gesondert klar zu machen, wird nicht hinreichend erreicht, wenn die Androhungen für mehrere Pflichten, wenn auch deutlich voneinander getrennt, in einem Schriftstück ergehen. Die Androhungen müssen daher in gesonderten Schriftstücken erfolgen (*Späth* DStR 78, 372; aA *TK* RNr 7; *HHSp* RNr 8).

Die Androhung kann bei Gefahr der Vereitelung des Vollzugs des durchzusetzenden VerwAkts auch **mündlich** und aufgrund der Änderung des § 332 I 2 durch das StBereinigG 1986 auch auf andere nach der Lage gebotene Weise erfolgen. Die Erweiterung berücksichtigt, daß in bestimmten Fällen Zwangsmittel nur auf „andere Weise" angedroht werden können (zB im Grenzaufsichtsdienst der Zollverwaltung beim Anhalten eines schmuggelverdächtigen Fahrzeugs mit Winkerkelle bzw durch Warnschüsse), wenn die mündliche Androhung nicht verstanden oder nicht wahrgenommen werden kann (s BTDr 10/1636 S 50). Zur eventuellen Hinweispflicht in der Androhung auf § 393 I 2 s § 328 Anm 2.

4. Wiederholte Androhung. Nach Abs III kann wegen derselben Verpflichtung eine erneute Androhung erfolgen, wenn die gesetzte Frist verstrichen ist, ohne daß der Pflichtige seiner Verpflichtung nachgekommen ist. Das angedrohte Zwangsmittel kann hierbei gewechselt oder die Androhung des Zwangsgeldes erhöht werden (*TK* RNr 13). Nicht erforderlich ist, daß das vorher angedrohte Zwangsmittel bereits nach § 333 festgesetzt oder sogar vollstreckt worden ist (OVG Berlin NJW 68, 1108). Geht es um ein Dulden oder Unterlassen kann nach Abs III 2 von vornherein für jeden Fall der Zuwiderhandlung ein Zwangsmittel angedroht werden.

5. Rechtsbehelfe. Als VerwAkte sind die Androhungen der Zwangsmittel nach § 349 mit der Beschwerde anfechtbar. Bei wiederholten Androhungen können auch nur einzelne der Androhungen selbständig angefochten werden. In ständiger Rspr zu § 202 RAO hat der BFH die Auffassung vertreten, daß der Beschwerdeführer mit der Beschwerde gegen die Androhung oder auch erst gegen die Festsetzung von Zwangsmitteln auch noch **Mängel des zugrundeliegenden VerwAktes,** der vollstreckt wird, geltend machen kann (BFH BStBl 55, 120, 178; 61, 572). Nach Auffassung des BFH gilt das auch dann, wenn der zugrunde liegende VerwAkt unanfechtbar geworden ist. Dieser Auffassung kann nicht mehr gefolgt werden, da sie klar § 256 widerspricht (BFH BStBl 82, 371; *TK* § 328 RNr 21; *HHSp* vor § 328 RNr 12 ff; *Brandenberg* DStZ 80, 69). Das schließt allerdings nicht aus, daß die Beschwerde gegen die Festsetzungsverfügung als auch gegen die Anordnungsverfügung gerichtet angesehen und auch über deren Rechtmäßigkeit entschieden wird, falls die Anordnungsverfügung nicht bereits unanfechtbar georden ist (BFH BStBl 82, 371).

§ 333 Festsetzung der Zwangsmittel

Wird die Verpflichtung innerhalb der Frist, die in der Androhung bestimmt ist, nicht erfüllt oder handelt der Pflichtige der Verpflichtung zuwider, so setzt die Finanzbehörde das Zwangsmittel fest.

1. Inhalt. Die Vorschrift entspricht wörtlich § 14 S 1 VwVG. Sie verlangt zusätzlich zu dem Leistungsgebot nach § 254 und der Androhung von Zwangsmitteln nach § 332 noch eine gesonderte Festsetzung des Zwangsmittels. Anders als für die Androhung der Zwangsmittel ist für die Festsetzung keine besondere Form vorgeschrieben. Es gilt § 119 und für die Bekanntgabe § 122.

2. Rechtsnatur und Voraussetzungen. Die Festsetzung des Zwangsmittels ist ebenso wie die Androhung ein selbständiger **VerwAkt** (OVG Münster OVGE 14, 219; *TK* RNr 1; *HHSp* RNr 2 ff m w Nachw; im allgemeinen VerwVollstrR str). Es handelt sich allerdings nur um den **Vollzug** der vorausgegangenen Androhung ohne nochmalige Ermessensausübung (FG Berlin EFG 88, 395).

Das Zwangsmittel darf nicht vor Ablauf der in der Androhung bestimmten Frist festgesetzt werden. Erforderlich ist ferner, daß der Pflichtige auch nach Ablauf der Frist **im Zeitpunkt der Festsetzung** des Zwangsmittels seine Verpflichtung noch nicht erfüllt hat oder ihr noch zuwider handelt. Die Festsetzung muß in einer angemessenen Frist nach Ablauf der Androhungsfrist erfolgen, innerhalb deren der Pflichtige noch nach Treu und Glauben mit der Durchsetzung der Zwangsmittel rechnen kann. Andernfalls kann die Festsetzung verwirkt sein oder zumindest eine stillschweigende Fristverlängerung angenommen werden (RFHE 6, 135; *TK* RNr 3; *Helmke* DStZ 73, 312; *HHSp* RNr 8).

Es darf nur das Zwangsmittel festgesetzt werden, das angedroht worden ist. Die FinBeh ist allerdings nicht gehindert, ein geringeres Zwangsgeld, als angedroht, festzusetzen.

3. Rechtsbehelfe. Gegen die Festsetzung als VerwAkt ist die Beschwerde nach § 349 gegeben. Der zugrunde liegende VerwAkt, der mit der Festsetzungsverfügung durchgesetzt werden soll, kann mit dieser Beschwerde nicht angegriffen werden (s § 332 Anm 5). Anderes kann nur gelten, wenn der zugrunde liegende VerwAkt noch nicht unanfechtbar ist und die Beschwerde als Rechtsmittel gegen diesen VerwAkt ausgelegt werden kann.

§ 334 Ersatzzwangshaft

(1) ¹Ist ein gegen eine natürliche Person festgesetztes Zwangsgeld uneinbringlich, so kann das Amtsgericht auf Antrag der Finanzbehörde nach Anhörung des Pflichtigen Ersatzzwangshaft anordnen, wenn bei Androhung des Zwangsgeldes hierauf hingewiesen worden ist. ²Ordnet das Amtsgericht Ersatzzwangshaft an, so hat es einen Haftbefehl auszufertigen, in dem die antragstellende Behörde, der Pflichtige und der Grund der Verhaftung zu bezeichnen sind.

(2) ¹Das Amtsgericht entscheidet nach pflichtgemäßem Ermessen durch Beschluß. ²Örtlich zuständig ist das Amtsgericht, in dessen Bezirk der Pflichtige seinen Wohnsitz oder in Ermangelung eines Wohnsitzes seinen gewöhnlichen Aufenthalt hat. ³Gegen den Beschluß des Amtsgerichts ist die sofortige Beschwerde nach der Zivilprozeßordnung gegeben.

(3) ¹Die Ersatzzwangshaft beträgt mindestens einen Tag, höchstens zwei Wochen. ²Die Vollziehung der Ersatzzwangshaft richtet sich nach den §§ 904 bis 906, 909 und 910 der Zivilprozeßordnung und den §§ 171 bis 175 des Strafvollzugsgesetzes.

(4) Ist der Anspruch auf das Zwangsgeld verjährt, so darf die Haft nicht mehr vollstreckt werden.

Abs 3 S 2 neu gefaßt mit Wirkung ab 1. 1. 87 durch StBereinigG 1986 v 19. 12. 85, BGBl I, 2436.

Übersicht

1. Inhalt der Vorschrift
2. Voraussetzungen der Anordnung
3. Prüfung durch das Amtsgericht
4. Vollziehung der Haft
5. Rechtsbehelfe

§ 334

1. Inhalt. Die Vorschrift behandelt die **Umwandlung** eines gegen eine natürliche Person festgesetzten Zwangsgeldes in Ersatzzwangshaft im Falle seiner Uneinbringlichkeit. Für die Anordnung der Ersatzzwangshaft ist in Übereinstimmung mit § 202 I RAO und abweichend von § 16 VwVG das **Amtsgericht** zuständig.

2. Voraussetzungen der Anordnung. Das festgesetzte Zwangsgeld muß uneinbringlich sein. Hier sind **strenge Maßstäbe** anzulegen. Auch nach erfolglosen VollstrVersuchen muß noch gewissenhaft geprüft werden, ob noch irgendwelche VollstrMöglichkeiten (auch in das unbewegl Vermögen) bestehen. Erst, wenn das zu verneinen ist, darf die FinBeh die Ersatzzwangshaft beantragen und das Amtsgericht sie anordnen (*HHSp* RNr 8).

Der Pflichtige muß bei Androhung des Zwangsgeldes auf die Möglichkeit der Ersatzzwangshaft hingewiesen worden sein. Andernfalls ist die Ersatzzwangshaft nur zulässig, wenn die Androhung des Zwangsgeldes nach § 332 mit Fristsetzung und nunmehr mit dem Hinweis auf die Möglichkeit der Ersatzzwangshaft wiederholt wird (*TK* RNr 3).

Der Pflichtige muß im Zeitpunkt der Anordnung der Handlung, Duldung oder Unterlassung, die er schuldet, noch nicht erbracht haben. Sonst entfällt nach § 335 das Zwangsgeld und damit auch die Ersatzzwangshaft.

3. Prüfung durch das Amtsgericht. Das Amtsgericht hat nicht zu prüfen, ob der VerwAkt, zu dessen Vollstr das Zwangsgeld festgesetzt worden ist, rechtmäßig ist. Dafür ist allein das FG im Rahmen der FGO zuständig. Deshalb kann das Amtsgericht auch nicht prüfen, ob die Festsetzung des Zwangsgeldes rechtmäßig ist (*TK* RNr 5; *HHSp* RNr 4). Der Prüfung durch das Amtsgericht unterliegt, ob ein erzwingbarer VerwAkt vorliegt, ob der Pflichtige seiner Verpflichtung noch nicht nachgekommen ist und ob das Zwangsgeld uneinbringlich ist. Vor allem hat es im pflichtgemäßen Ermessen über die Voraussetzungen des § 328 zu befinden (*TK* aaO).

4. Vollziehung der Haft. Die in Abs III für entsprechend anwendbar erklärten Vorschr der ZPO betreffen hauptsächlich Haftbeschränkungen für bestimmte Personengruppen (zB Parlamentarier, Beamte). Wichtig ist, daß die Verhaftung des Pflichtigen nach § 909 ZPO durch den GerVollz zu erfolgen hat.

Die durch das StBereinigG 1986 erfolgte Änderung des Abs III (Streichung von § 907 ZPO und Einfügung der Verweisung auf §§ 171–175 Strafvollzugsgesetz) ist rein redaktioneller Art. Sie berücksichtigt, daß § 907 ZPO durch § 186 des Strafvollzugsgesetzes v 16. 3. 1976 (BGBl I 581) aufgehoben worden ist und sich der Vollzug der Ersatzzwangshaft nunmehr nach den §§ 171–175 Strafvollzugsgesetz richtet (BTDr 10/1636 S 50).

5. Rechtsbehelfe. Der Antrag der FinBeh auf Anordnung der Ersatzzwangshaft durch das Amtsgericht ist ein VerwAkt und kann daher mit der Beschwerde angefochten werden (*HHSp* RNr 7; aA BFH/NV 87, 669; vgl auch oben § 118 Anm 5f und § 284 Anm 6). Der Beschluß des Amtsgerichts kann sowohl von der FinBeh als auch von dem Pflichtigen nach Abs II 2 mit der sofortigen Beschwerde nach der ZPO (§ 577 ZPO) angegriffen werden.

3. Abschnitt. Vollstreckung wegen anderer Leistungen §§ 335, 336

§ 335 Beendigung des Zwangsverfahrens

Wird die Verpflichtung nach Festsetzung des Zwangsmittels erfüllt, so ist der Vollzug einzustellen.

Inhalt. Die Vorschrift enthält einen sich aus dem Charakter des Zwangsverfahrens als **Beugemittel** ergebenden Grundsatz, der bisher nach § 202 IV S 2 RAO für die Erzwingungshaft galt. Sie ordnet nur die **Einstellung** des weiteren Vollzugs und nicht die Aufhebung bereits getroffener VollstMaßnahmen an. Bereits gezahlte oder beigetriebene Zwangsgelder erhält der Pflichtige nicht zurück. Bereits entstandene Kosten für eine Ersatzvornahme schuldet er weiter.

Unter Einstellung des Vollzugs ist das Absehen von jeder Maßnahme zur Vereinnahmung des Zwangsgeldes zu verstehen, zB Annahme, Verbuchung, Mahnung, Aufrechnung, Beitreibung (vgl BFH BStBl 77, 838). Hieraus folgt, daß die Zwangsgeldbeträge, die erst nach der Erfüllung der Schuld gezahlt werden, von Amts wegen zurückerstattet werden müssen.

2. Unterabschnitt. Erzwingung von Sicherheiten

§ 336 Erzwingung von Sicherheiten

(1) Wird die Verpflichtung zur Leistung von Sicherheiten nicht erfüllt, so kann die Finanzbehörde geeignete Sicherheiten pfänden.

(2) ¹Der Erzwingung der Sicherheit muß eine schriftliche Androhung vorausgehen. ²Die §§ 262 bis 323 sind entsprechend anzuwenden.

Die Vorschrift, die die Erzwingung von Sicherheiten regelt, setzt wie § 375 RAO voraus, daß eine Pflicht zur Bestellung von Sicherheiten besteht. Hierunter fallen nicht die Fälle, in denen VerwAkte (zB Stundung nach § 222, Aussetzung des Vollz nach § 361 II) von der Sicherheitsleistung abhängig gemacht werden. Hier steht es dem Pflichtigen frei, ob er die Sicherheit erbringt, um den VerwAkt zu erreichen. Bedeutung hat die Vorschr zB in den Fällen des § 221.

Die Erzwingung der Sicherheiten erfolgt durch **Pfändung.** Pfändung ist dabei im weitesten Sinne zu verstehen. Der Hinweis auf die §§ 262 bis 323 umfaßt nämlich auch die Vollstreckung in das unbewegl Vermögen (§ 322). Es kommt daher auch die Eintragung einer Sicherungshypothek in Betracht (*TK* RNr 8).

Statt der Pfändung oder, wenn diese nicht ausreicht, kann die FinBeh auch nach §§ 328 bis 335 vorgehen (s § 328 A 1).

Androhung und Pfändung nach § 336 sind selbständig **anfechtbare VerwAkte** (*KKH* Anm 4). Bei der Androhung handelt es sich aber nicht um einen unter § 69 FGO fallenden vollziehbaren VerwAkt. Vorläufiger Rechtsschutz kann daher nur im Wege der einstweiligen Anordnung nach § 114 FGO gewährt werden (BFH BStBl 79, 381).

§ 337

6. Teil. Vollstreckung

Vierter Abschnitt. Kosten

Vorbemerkung. Im vierten Abschnitt sind die Regelungen über Kostentragungspflicht und über Art, Entstehung, Höhe und Erhebung der VollstrKosten zusammengefaßt. Die Vorschriften entsprechen nahezu unverändert § 342 RAO und dem Gesetz über die Kosten der Zwangsvollstreckung nach der RAO.

§ 337 Kosten der Vollstreckung

(1) **Die Kosten der Vollstreckung (Gebühren und Auslagen) fallen dem Vollstreckungsschuldner zur Last.**

(2) ¹**Für das Mahnverfahren werden keine Kosten erhoben.** ²**Jedoch hat der Vollstreckungsschuldner die Kosten zu tragen, die durch einen Postnachnahmeauftrag (§ 259 Satz 2) entstehen.**

Schrifttum: *App* Die Kostenvorschriften der Abgabenordnung 1977, StW 85, 84; *Kraemer* Kosten im Vollstreckungsverfahren, DStZ 88, 515.

1. Inhalt. Die Vorschrift regelt entsprechend § 342 RAO die **Kostentragungspflicht** für VollstrKosten.

2. Anwendungsbereich. Zunächst ergibt sich aus der Vorschr der Grundsatz, daß für das **VollstrVerfahren** Kosten geltend gemacht werden, **nicht** aber für das **Mahnverfahren** (Ausnahme Postnachnahmeauftrag). Unter Mahnverfahren ist die Mahnung nach § 259, ferner die der Mahnung ungefähr entsprechende Androhung von Zwangsmitteln nach § 332 (vgl dort A 1) zu verstehen.

Wie § 346 II zeigt, muß dem Kostenschuldner der Kostenansatz in genauer Höhe bekannt gegeben werden. Die Kosten können dann nach den normalen Regeln für die Vollstr wegen Geldforderungen (§§ 259 ff) vollstreckt werden. Eines Leistungsgebotes bedarf es nach § 254 II nicht, wenn die Kosten zusammen mit der Hauptforderung vollstreckt werden.

Aus dem für alle VollstrMaßnahmen geltenden Erfordernis der Verhältnismäßigkeit der VollstrMaßnahmen (s Vorbem § 249) folgt, daß eine Kostenpflicht nur dann entsteht, wenn die kostenpflichtige **VollstrMaßnahme notwendig** ist (*Koch* RNr 2). Das ergibt sich auch aus § 346 I, da die Verletzung des Gebots der Verhältnismäßigkeit der Maßnahmen eine unrichtige Sachbehandlung ist (s § 346 A 2).

Die Kostenpflicht besteht weiter, wenn das Leistungsgebot für den Hauptanspruch später wegfällt, sofern die Vollstreckung selbst rechtmäßig war. Einwendungen gegen die Rechtmäßigkeit des Leistungsgebots betreffen nicht die Rechtmäßigkeit des VollstrVerfahrens (s §§ 256, 361), so daß die FinBeh zu Recht vollstrecken durfte (*Liman/Schwarz*, Steuerbeitreibungsrecht, Bd I, 513; aA *HHSp* RNr 23).

3. Kostenarten. Nach dem Klammerzusatz in Abs I kommen als Kostenarten nur **Gebühren** und **Auslagen** in Betracht. Gebühren sind begrifflich Geldleistungen, die von der Verwaltung als Gegenleistung für ein Verwaltungshandeln erhoben werden (vgl BVerfGE 7, 254; 20, 269; *Schmidt-Bleib-*

4. Abschnitt. Kosten §§ 338, 339

treu/Klein, GG, Art 105 RNr 7). Dabei handelt es sich um Gegenleistungen für den allgemeinen Aufwand, den das VollstrVerfahren erfordert (zB Beamtengehälter, Bürokosten, Reisekosten usw). Sie werden nach dem allgemeinen Kostendeckungsprinzip pauschal ohne Rücksicht darauf erhoben, ob und in welcher Höhe im Einzelfall ein Aufwand für das Verw-Handeln entsteht (*HHSp* RNr 2 und § 338 RNr 2). Auslagen sind dagegen tatsächliche Aufwendungen im Einzelfall, die der VollstrBehörde zu ersetzen sind.

Soweit die Zivilgerichte für die Durchführung von VollstrMaßnahmen im Rahmen der AO zuständig sind (zB Anordnung der Erzwingungshaft), sind die Kosten nach dem Gerichtskostengesetz oder nach der Kostenordnung zu erheben (*TK* RNr 2).

4. Kostenschuldner. Kostenschuldner ist immer der VollstrSchuldner. Das ist nach § 253 derjenige, gegen den sich das VollstrVerfahren richtet, unabhängig davon, ob er auch Schuldner des zu vollstreckenden Steueranspruchs ist.

§ 338 Gebührenarten

Im Vollstreckungsverfahren werden Pfändungsgebühren (§ 339), Wegnahmegebühren (§ 340) und Verwertungsgebühren (§ 341) erhoben.

Die Vorschrift zählt **abschließend** die Gebührenarten auf, die dann in den folgenden Vorschriften näher bestimmt werden.

§ 339 Pfändungsgebühr

(1) Die Pfändungsgebühr wird erhoben:
1. für die Pfändung von beweglichen Sachen, von Früchten, die vom Boden noch nicht getrennt sind, von Forderungen aus Wechseln oder anderen Papieren, die durch Indossament übertragen werden können, und von Postspareinlagen,
2. für die Pfändung von Forderungen, die nicht unter Nummer 1 fallen, und von anderen Vermögensrechten.

(2) Die Gebühr entsteht:
1. sobald der Vollziehungsbeamte Schritte zur Ausführung des Vollstreckungsauftrages unternommen hat,
2. mit der Zustellung der Verfügung, durch die eine Forderung oder ein anderes Vermögensrecht gepfändet werden soll.

(3) [1]Die Gebühr bemißt sich nach der Summe der zu vollstreckenden Beträge. [2]Die durch die Pfändung entstehenden Kosten sind nicht mitzurechnen. [3]Bei der Vollziehung eines Arrestes bemißt sich die Pfändungsgebühr nach der Hinterlegungssumme (§ 324 Abs. 1 Satz 3).

(4) Die Höhe der Gebühr richtet sich nach der Gebührentabelle zu § 13 Abs. 1 des Gesetzes über Kosten der Gerichtsvollzieher; in den Fällen des Absatzes 1 Nr. 1 wird die volle Gebühr, in den Fällen des Absatzes 1 Nr. 2 werden zwei Drittel der Gebühr, aufgerundet auf volle Deutsche Mark, erhoben.

§ 339

(5) Die halbe Gebühr wird erhoben, wenn
1. ein Pfändungsversuch erfolglos geblieben ist, weil pfändbare Gegenstände nicht vorgefunden wurden,
2. die Pfändung in den Fällen des § 281 Abs. 3 dieses Gesetzes sowie der §§ 812 und 851 b Abs. 1 der Zivilprozeßordnung unterbleibt.

(6) ¹Die volle Gebühr wird erhoben, wenn
1. durch Zahlung an den Vollziehungsgeamten die Pfändung abgewendet wird oder
2. auf andere Weise Zahlung geleistet wird, nachdem sich der Vollziehungsbeamte an Ort und Stelle begeben hat.
²Wird die Pfändung auf andere Weise abgewendet, wird keine Gebühr erhoben.

(7) Werden wegen desselben Anspruchs mehrere Forderungen, die nicht unter Absatz 1 Nr. 1 fallen, oder andere Vermögensrechte gepfändet, so wird die Gebühr nur einmal erhoben.

Abs 4 und 6 neu gefaßt mit Wirkung ab 1. 1. 87 durch StBereinigG 1986 v 19. 12. 85, BGBl I, 2436.

Übersicht

1. Inhalt der Vorschrift
2. Entstehung
3. Bemessungsgrundlage
4. Halbe Gebühr
5. Abwendung der Pfändung
6. Gebühren für die Pfändung von Sachen (Abs I Nr 1)
7. Gebühren für die Pfändung von Forderungen und Rechten (Abs I Nr 2)

1. Inhalt. Die Vorschr behandelt die Pfändungsgebühr im Anschluß an § 3 AOVKG. Allerdings hat das StBereinigG 1986 einige Änderungen gegenüber dem früheren AOVKG gebracht.

2. Entstehung. Die Gebühr entsteht, wenn sich die Ausführungshandlungen des VollzBeamten erkennbar auf bestimmte VollstrAufträge beziehen oder bei der Pfändung von Forderungen oder Rechten mit der Zustellung der Pfändungsverfügung. Sie entsteht nur einmal, wenn der VollzBeamte mehrere Pfändungshandlungen für denselben Auftrag ausführt.

3. Bemessungsgrundlage. Es ist von der Summe der zu vollstreckenden Beträge auszugehen. Wird nur wegen eines Teilbetrags vollstreckt, so ist Bemessungsgrundlage der Teilbetrag. Maßgebend ist die Tabelle (s unter 6). Keine erhöhten Gebühren entstehen bei längerdauernden Amtshandlungen oder für Pfändungen zur Nachtzeit oder an Sonn- und Feiertagen.

4. Halbe Gebühr. Eine halbe Gebühr wird erhoben bei erfolglosem Pfändungsversuch. Voraussetzung ist, daß der VollzBeamte an Ort und Stelle gewesen ist und versucht hat, den Auftrag durchzuführen. Beispielsfälle: pfändbare Gegenstände werden nicht gefunden, von der Verwertung ist kein Überschuß über die Kosten zu erwarten, die Verwertung des

4. Abschnitt. Kosten § 339

pfändbaren Hausrats würde nur einen Erlös erzielen, der zu dem Wert außer Verhältnis steht, Unterbleiben der Pfändung von Barmitteln aus Miet- und Pachtzinszahlungen bei Vorliegen von VollstrSchutzvoraussetzungen.

5. Abwendung der Pfändung. Es wird keine Gebühr erhoben, wenn sich der VollzBeamte an Ort und Stelle begeben hat und der VollstrSchuldner ihm nachweist, daß er seine Stundungsfrist eingehalten oder die Schuld bezahlt hat, bevor sich der VollzBeamte an Ort und Stelle begeben hat. Bei Abwendung der Pfändung durch Zahlung, nachdem sich der Gerichtsvollzieher an Ort und Stelle begeben hat, wird die volle Gebühr erhoben.

6. Gebühren für die Pfändung von Sachen (Abs I Nr 1).

Tabelle zu § 13 I GVKostG

„Die volle Gebühr beträgt bei einem Gegenstandswert
bis zu   300 Deutsche Mark einschließlich 10 Deutsche Mark
bis zu   600 Deutsche Mark einschließlich 15 Deutsche Mark
bis zu   1000 Deutsche Mark einschließlich 20 Deutsche Mark
bis zu   2000 Deutsche Mark einschließlich 30 Deutsche Mark
bis zu   3000 Deutsche Mark einschließlich 40 Deutsche Mark
bis zu   4000 Deutsche Mark einschließlich 50 Deutsche Mark
bis zu   5000 Deutsche Mark einschließlich 60 Deutsche Mark
bis zu   6000 Deutsche Mark einschließlich 70 Deutsche Mark
bis zu   7000 Deutsche Mark einschließlich 80 Deutsche Mark
bis zu   8000 Deutsche Mark einschließlich 90 Deutsche Mark
bis zu   9000 Deutsche Mark einschließlich 100 Deutsche Mark
bis zu 10000 Deutsche Mark einschließlich 110 Deutsche Mark
von dem Mehrbetrag für je 2000 Deutsche Mark 10 Deutsche Mark. Werte über 10000 Deutsche Mark sind auf volle 2000 Deutsche Mark aufzurunden.

7. Gebühren für die Pfändung von Forderungen und Rechten (Abs I Nr 2).

Anlage zu § 339 IV AO i. d. F. bis 31. 12. 1986

Pfändungsgebühren für Pfändungen nach § 339 Abs. 1 Nr. 2 AO

bis zu	100 Deutsche Mark einschließlich	1,– Deutsche Mark
bis zu	150 Deutsche Mark einschließlich	1,50 Deutsche Mark
bis zu	200 Deutsche Mark einschließlich	2,– Deutsche Mark
bis zu	300 Deutsche Mark einschließlich	3,– Deutsche Mark
bis zu	400 Deutsche Mark einschließlich	4,– Deutsche Mark
bis zu	500 Deutsche Mark einschließlich	5,– Deutsche Mark
bis zu	600 Deutsche Mark einschließlich	6,– Deutsche Mark
bis zu	700 Deutsche Mark einschließlich	6,75 Deutsche Mark
bis zu	800 Deutsche Mark einschließlich	8,25 Deutsche Mark
bis zu	1000 Deutsche Mark einschließlich	9,– Deutsche Mark
bis zu	1100 Deutsche Mark einschließlich	9,75 Deutsche Mark
bis zu	1200 Deutsche Mark einschließlich	10,50 Deutsche Mark
bis zu	1300 Deutsche Mark einschließlich	11,25 Deutsche Mark
bis zu	1400 Deutsche Mark einschließlich	12,– Deutsche Mark
bis zu	1500 Deutsche Mark einschließlich	12,75 Deutsche Mark
bis zu	1600 Deutsche Mark einschließlich	13,50 Deutsche Mark
bis zu	1700 Deutsche Mark einschließlich	14,25 Deutsche Mark
bis zu	1800 Deutsche Mark einschließlich	14,75 Deutsche Mark

§ 340

bis zu 1 900 Deutsche Mark einschließlich	15,25 Deutsche Mark
bis zu 2 000 Deutsche Mark einschließlich	15,75 Deutsche Mark
bis zu 2 300 Deutsche Mark einschließlich	16,75 Deutsche Mark
bis zu 2 600 Deutsche Mark einschließlich	17,75 Deutsche Mark
bis zu 2 900 Deutsche Mark einschließlich	18,75 Deutsche Mark
bis zu 3 200 Deutsche Mark einschließlich	19,75 Deutsche Mark
bis zu 3 500 Deutsche Mark einschließlich	20,75 Deutsche Mark
bis zu 3 800 Deutsche Mark einschließlich	21,75 Deutsche Mark
bis zu 4 100 Deutsche Mark einschließlich	22,75 Deutsche Mark
bis zu 4 400 Deutsche Mark einschließlich	23,75 Deutsche Mark
bis zu 4 700 Deutsche Mark einschließlich	24,75 Deutsche Mark
bis zu 5 000 Deutsche Mark einschließlich	25,75 Deutsche Mark
bis zu 5 400 Deutsche Mark einschließlich	27,— Deutsche Mark
bis zu 5 800 Deutsche Mark einschließlich	28,25 Deutsche Mark
bis zu 6 200 Deutsche Mark einschließlich	29,50 Deutsche Mark
bis zu 6 600 Deutsche Mark einschließlich	30,75 Deutsche Mark
bis zu 7 000 Deutsche Mark einschließlich	32,— Deutsche Mark
bis zu 7 400 Deutsche Mark einschließlich	33,25 Deutsche Mark
bis zu 8 200 Deutsche Mark einschließlich	35,75 Deutsche Mark
bis zu 8 600 Deutsche Mark einschließlich	37,— Deutsche Mark
bis zu 9 000 Deutsche Mark einschließlich	38,25 Deutsche Mark
bis zu 9 500 Deutsche Mark einschließlich	39,50 Deutsche Mark
bis zu 10 000 Deutsche Mark einschließlich	40,75 Deutsche Mark
bis zu 10 800 Deutsche Mark einschließlich	42,— Deutsche Mark
bis zu 11 600 Deutsche Mark einschließlich	43,25 Deutsche Mark
bis zu 12 400 Deutsche Mark einschließlich	44,50 Deutsche Mark
bis zu 13 200 Deutsche Mark einschließlich	45,75 Deutsche Mark
bis zu 13 200 Deutsche Mark einschließlich	44,75 Deutsche Mark
bis zu 14 000 Deutsche Mark einschließlich	47,— Deutsche Mark
bis zu 14 800 Deutsche Mark einschließlich	48,25 Deutsche Mark
bis zu 15 600 Deutsche Mark einschließlich	49,50 Deutsche Mark
bis zu 16 400 Deutsche Mark einschließlich	50,75 Deutsche Mark

Die Gebühren für die Pfändung von Forderungen richteten sich früher nach der obigen Tabelle, die § 339 IV als Anlage beigefügt war. Dadurch wurden bei der Pfändung beweglicher Sachen einerseits und der Pfändung von Forderungen und anderen Vermögensrechten andererseits unterschiedliche Gebühren erhoben. Durch das StBereinigG 1986 ist diese **Gebührentabelle mit Wirkung ab 1. 1. 1987 aufgehoben** und auf eine eigene Gebührentabelle für die Forderungspfändung verzichtet worden. Die Gebühren für die Pfändung von Forderungen und anderen Vermögensrechten sind danach nach Abs IV ebenfalls aus der Tabelle zu § 13 I GVKG zu entnehmen, indem von den dort aufgeführten Gebühren zwei Drittel erhoben werden.

§ 340 Wegnahmegebühr

(1) [1]**Die Wegnahmegebühr wird für die Wegnahme beweglicher Sachen einschließlich Urkunden in den Fällen der §§ 310, 315 Abs. 2 Satz 2, §§ 318, 321, 331 und 336 erhoben.** [2]**Dies gilt auch dann, wenn der Vollstreckungsschuldner an den zur Vollstreckung erschienenen Vollziehungsbeamten freiwillig leistet.**

(2) § 339 Abs. 2 Nr. 1 ist entsprechend anzuwenden.

(3) **Die Höhe der Wegnahmegebühr richtet sich nach § 22 Abs. 1 Satz 1 des Gesetzes über Kosten der Gerichtsvollzieher.**

(4) Sind die in Absatz 1 bezeichneten Sachen nicht aufzufinden, so wird für den Wegnahmeversuch nur die halbe Gebühr erhoben.

1. Inhalt. Die Wegnahmegebühr ist in dieser Vorschrift entsprechend § 4 AOVKG geregelt.

2. Fälle der Wegnahme. Die Vorschr nennt abschließend die VollstrHandlungen, für die eine Wegnahmegebühr erhoben wird. Es handelt sich im wesentlichen um Wegnahme des Hypothekenbriefs, Wegnahme von Urkunden über eine gepfändete Forderung, Wegnahme einer Urkunde beim VollstrSchuldner über Herausgabeanspruch einer Sache bei Pfändung dieses Herausgabeanspruchs (s *TK* RNr 2; *HHSp* RNr 11), Wegnahme von Urkunden über Vermögensrecht, Wegnahme im Wege des unmittelbaren Zwangs, Wegnahme von Sachen zur Erzwingung von Sicherheiten. Wegnahme liegt nicht vor, wenn der VollzBeamte einen im Gewahrsam des VollstrSchuldners belassenen gepfändeten Gegenstand zum Zweck der Versteigerung oder Verwertung abholt.

Die Wegnahmegebühr entsteht, wenn der VollzBeamte Schritte zur Ausführung des Wegnahmeauftrags unternommen hat.

Bei **Hilfspfändung** entsteht die Wegnahmegebühr nur, wenn die Hilfspfändung gerechtfertigt ist (vgl *Liman/Schwarz,* Das Steuerbeitreibungsrecht Bd 1, 547).

3. § 22 I 1 GVKostenG
Für die Wegnahme beweglicher Sachen einschließlich ihrer Übergabe wird eine Gebühr von 15 Deutsche Mark erhoben.

§ 341 Verwertungsgebühr

(1) Die Verwertungsgebühr wird für die Versteigerung und andere Verwertung von Gegenständen erhoben.

(2) Die Gebühr entsteht, sobald der Vollziehungsbeamte oder ein anderer Beauftragter Schritte zur Ausführung des Verwertungsauftrages unternommen hat.

(3) ¹Die Gebühr bemißt sich nach dem Erlös. ²Übersteigt der Erlös die Summe der zu vollstreckenden Beträge, so ist diese maßgebend. ³Die Höhe der Gebühr beträgt das Zweieinhalbfache der Gebühr für Pfändungen nach § 339 Abs. 1 Nr. 1.

(4) ¹Wird die Verwertung abgewendet (§ 296 Abs. 1 zweiter Halbsatz), so ist § 339 Abs. 6 Satz 1 mit der Maßgabe anzuwenden, daß ein Viertel der vollen Gebühr, höchstens sechzig Deutsche Mark, erhoben wird; im übrigen wird keine Gebühr erhoben. ²Die Gebühr bemißt sich nach dem Betrag, der bei einer Verwertung der Gegenstände voraussichtlich als Erlös zu erzielen wäre (Schätzwert). ³Absatz 3 Satz 2 gilt sinngemäß.

1. Inhalt. Die Vorschrift, die die Verwertungsgebühr behandelt, entspricht § 5 AOVKG. Aus Abs II, der auf Handlungen des VollzBeamten abstellt, sowie aus Abs III 2, der an die Gebühr für die Pfändung von Sachen anknüpft, ergibt sich, daß die Vorschr im wesentlichen nur die **Verwertung von Sachen** und indossablen Wertpapieren betrifft. Für die Verwertung von gepfändeten Forderungen durch ihre Einziehung entsteht

§ 342

daher keine Verwertungsgebühr. Nur, wenn in den Fällen des § 317 eine andere Art der Verwertung in Form von Verkauf oder Versteigerung einer Forderung durch den VollzBeamten angeordnet wird, kann auch für die Verwertung von Forderungen eine Verwertungsgebühr anfallen (*HHSp* RNr 3).

Die Höhe der Gebühr für die Verwertung gepfändeter Sachen ist unabhängig davon, ob die Verwertung durch Versteigerung oder zB nach § 305 erfolgt. Die Höhe der Gebühr ist auch gleich, wenn die Verwertung durch eine andere Person (zB durch einen Auktionator) als den VollzBeamten geschieht. Die VollstrBehörde kann die Unkosten dafür nicht als Auslagen geltend machen (*HHSp* RNr 8; *TK* RNr 2; aA *Müller* StWA 61, 123). Die Verwertungsgebühr wird auch für die Verwertung von Sicherheiten nach § 327 erhoben.

2. Abwendung der Verwertung. Anders als § 339 VI enthält Abs IV des § 341 keine unterschiedliche Regelung für die Abwendung der Verwertung durch Zahlung oder in anderer Weise. Es fällt daher auch dann nur die ermäßigte Gebühr an, wenn die Verwertung durch Zahlung an den VollzBeamten abgewendet wird. Andererseits ist die ermäßigte Gebühr aber auch in dem Fall zu erheben, wenn zB die Verwertung durch Zahlung an die Finanzkasse abgewendet worden ist, bevor der VollzBeamte am Ort der Versteigerung erschienen ist (aA *HHSp* RNr 11; *TK* RNr 4). Entscheidend ist nach Abs II allein, ob der VollzBeamte schon Schritte zur Ausführung des Verwertungsauftrags unternommen hat. Nur, wenn vor solchen Schritten die Verwertung abgewendet wird, entsteht keine Verwertungsgebühr.

3. Höhe der Gebühr. Nach Abs III 2 beträgt die Verwertungsgebühr das zweieinhalbfache der Beträge, die sich aus der Tabelle zu § 13 I GVKostG (s § 339 A 5) ergeben. Bemessungsgrundlage ist der Bruttoerlös, dh der Erlös ohne Abzug der Verwertungsgebühr und der Verwertungsauslagen (*HHSp* RNr 9;, *TK* RNr 3), es sei denn, daß die zu vollstreckenden Beträge geringer sind. Ähnlich wie bei der Pfändungsgebühr entsteht die Gebührenschuld nur einmal für die Durchführung eines Verwertungsauftrags. Das gilt auch dann, wenn auf Grund verschiedener VollstrAufträge gepfändete Sachen eines VollstrSchuldners versteigert werden, und selbst dann, wenn sich die Versteigerung über mehrere Tage hinzieht (*Koch* RNr 5).

§ 342 Mehrheit von Schuldnern

(1) Wird gegen mehrere Schuldner vollstreckt, so sind die Gebühren, auch wenn der Vollziehungsbeamte bei derselben Gelegenheit mehrere Vollstreckungshandlungen vornimmt, von jedem Vollstreckungsschuldner zu erheben.

(2) ¹Wird gegen Gesamtschuldner wegen der Gesamtschuld bei derselben Gelegenheit vollstreckt, so werden Pfändungs-, Wegnahme- und Verwertungsgebühren nur einmal erhoben. ²Die in Satz 1 bezeichneten Personen schulden die Gebühren als Gesamtschuldner. ³Wird die Vollstreckung einer Gesamtschuld nach den §§ 268 bis 278 beschränkt, so ermäßigen sich die bis dahin entstandenen Gebühren entsprechend.

4. Abschnitt. Kosten §§ 343, 344

1. Inhalt. Die Vorschrift entspricht § 6 AOVKG und regelt die Kostenerhebung bei der Vollstreckung gegen mehrere Schuldner.

2. Grundsatz. Abs I der Vorschrift setzt zunächst als selbstverständlich voraus, daß bei Pfändungen und Verwertungen, die sich gegen verschiedene VollstrSchuldner richten und die zeitlich und örtlich nichts miteinander zu tun haben, jeder VollstrSchuldner die Gebühr schuldet, die aus der gegen ihn gerichteten VollstrMaßnahme entstanden ist. Das ergibt sich ohne weiteres aus § 337. Die Vorschr des § 342 Abs I stellt nur klar, daß in den Fällen, in denen der VollzBeamte bei derselben Gelegenheit (zB im zeitlichen Zusammenhang stehende Pfändung von Sachen verschiedener VollstrSchuldner in einem Warenlager) VollstrMaßnahmen gegen mehrere VollstrSchuldner richtet, nichts anderes gelten kann. Da es um verschiedene VollstrSchuldner geht, handelt es sich um verschiedene VollstrAufträge oder VerwertungsAufträge, so daß jeder VollstrSchuldner die Gebühren für die gegen ihn gerichtete VollstrMaßnahme zahlen muß.

3. Gesamtschuld. Abs II trifft eine Sonderregelung für die Gesamtschuld iSv § 44. Soweit die VollstrMaßnahmen gegen die Gesamtschuldner zeitlich und örtlich nicht im Zusammenhang stehen (zB Pfändungsversuch zunächst bei einem der Gesamtschuldner und am nächsten Tag bei dem anderen), ergeben sich keine Besonderheiten. Jeder hat die Kosten der gegen ihn gerichteten VollstrMaßnahme zu tragen. Wird dagegen gegen Gesamtschuldner (zB gegen Ehegatten) bei derselben Gelegenheit vollstreckt, wird die Gebühr nur einmal erhoben. Bei derselben Gelegenheit heißt, daß die Vollstreckungshandlungen wegen ihres räumlichen und zeitlichen Zusammenhangs als Einheit aufgefaßt werden müssen (*TK* RNr 1; *Koch* RNr 3). Unterbrechung und Fortsetzung zu einem späteren Zeitpunkt schadet nicht (*HHSp* RNr 10).

In den **Aufteilungsfällen** der §§ 268 bis 278 tritt eine entsprechende Ermäßigung der von den Gesamtschuldnern geschuldeten Gebühren ein (S 3). Die getroffene Regelung entspr § 6 I AOVKG, erweitert sie jedoch auf alle Fälle der **Gesamtschuld.**

§ 343 Abrundung

Ergeben sich bei der Berechnung der Gebühr Pfennigbeträge, so sind sie auf einen durch zehn teilbaren Betrag abzurunden.

Die Vorschrift betrifft nur Gebühren. Auslagen werden nicht abgerundet. Bei den Gebühren wird nicht die Bemessungsgrundlage, sondern die Gebühr abgerundet. Im Gegensatz zu § 47 AOVKG werden die Beträge nicht mehr auf Pfennigbeträge, sondern auf durch **zehn teilbare** Beträge abgerundet.

§ 344 Auslagen

(1) Als Auslagen werden erhoben:
1. Schreibauslagen für nicht von Amts wegen zu erteilende Abschriften. Die Schreibauslagen betragen für jede Seite unabhängig von der Art der Herstellung eine Deutsche Mark,

§ 345

2. Fernsprechgebühren im Fernverkehr, Telegrafen- und Fernschreibgebühren,
3. Postgebühren für Zustellungen durch die Post mit Postzustellungsurkunde und für Nachnahmen; wird durch die Behörde zugestellt (§ 5 des Verwaltungszustellungsgesetzes), so werden die für Zustellungen durch die Post mit Zustellungsurkunde entstehenden Postgebühren erhoben,
4. Kosten, die durch öffentliche Bekanntmachung entstehen,
5. Entschädigungen der zum Öffnen von Türen oder Behältnissen sowie zur Durchsuchung von Vollstreckungsschuldnern zugezogenen Personen,
6. Kosten der Beförderung, Verwahrung und Beaufsichtigung gepfändeter Sachen, Kosten der Aberntung gepfändeter Früchte und Kosten der Verwahrung, Fütterung und Pflege gepfändeter Tiere,
7. Beträge, die als Entschädigung an Zeugen, Auskunftspersonen und Sachverständige (§ 107) sowie an Treuhänder (§ 318 Abs. 5) zu zahlen sind,
8. andere Beträge, die auf Grund von Vollstreckungsmaßnahmen an Dritte zu zahlen sind, insbesondere Beträge, die bei der Ersatzvornahme oder beim unmittelbaren Zwang an Beauftragte und an Hilfspersonen gezahlt werden und sonstige durch Ausführung des unmittelbaren Zwanges oder Anwendung der Ersatzzwangshaft entstandene Kosten.

(2) ¹Werden Sachen, die bei mehreren Vollstreckungsschuldnern gepfändet worden sind, in einem einheitlichen Verfahren abgeholt und verwertet, so werden die Auslagen, die in diesem Verfahren entstehen, auf die beteiligten Vollstreckungsschuldner verteilt. ²Dabei sind die besonderen Umstände des einzelnen Falles, vor allem Wert, Umfang und Gewicht der Gegenstände, zu berücksichtigen.

Die Vorschrift regelt die Erhebung von Auslagen entsprechend § 8 AOVKG. Die Aufzählung der Auslagen ist **abschließend**. Andere Auslagen können nicht erhoben werden. Die Auslagen dürfen nur dann geltend gemacht werden, wenn die VollstrHandlungen gegenüber dem VollstrSchuldner notwendig waren (s dazu § 337 A 2; ferner *HHSp* RNr 4).

§ 345 Reisekosten und Aufwandsentschädigungen

Im Vollstreckungsverfahren sind die Reisekosten des Vollziehungsbeamten und Auslagen, die durch Aufwandsentschädigungen abgegolten werden, von dem Vollstreckungsschuldner nicht zu erstatten.

Inhalt. Die Vorschrift stimmt mit § 9 AOVKG überein. Sie geht davon aus, daß die VollzBeamten für ihre Reisekosten pauschale Aufwandsentschädigungen erhalten. Diese werden durch die Gebühren abgegolten und dürfen daher nicht als Auslagen geltend gemacht werden. Dadurch wird gewährleistet, daß VollstrSchuldner nicht allein deswegen unterschiedlich behandelt werden, weil der Anreiseweg des VollzBeamten unterschiedlich lang ist.

4. Abschnitt. Kosten § 346

§ 346 Unrichtige Sachbehandlung, Festsetzungsfrist

(1) Kosten, die bei richtiger Behandlung der Sache nicht entstanden wären, sind nicht zu erheben.

(2) ¹Die Frist für den Ansatz der Kosten und für die Aufhebung und Änderung des Kostenansatzes beträgt ein Jahr. ²Sie beginnt mit Ablauf des Kalenderjahres, in dem die Kosten entstanden sind. ³Einem vor Ablauf der Frist gestellten Antrag auf Aufhebung oder Änderung kann auch nach Ablauf der Frist entsprochen werden.

1. **Inhalt.** Abs I der Vorschrift entspricht § 11 I AOVKG. Die Festsetzungsfrist beträgt nach Abs II ein Jahr. Das entspricht dem bisherigen Recht (§ 144 I S 2 RAO). Für die Aufhebung und Änderung von Kostenansätzen gelten die §§ 129 bis 132.

2. **Unrichtige Sachbehandlung.** Nach hM ist eine unrichtige Sachbehandlung dann gegeben, wenn eine VollstrMaßnahme rechtlich unzulässig oder offensichtlich unnötig war (*Koch* RNr 2). Dabei wird insbes zu den vergleichbaren Vorschriften der freiwilligen Gerichtsbarkeit (§§ 8 I GKG, 16 KostO und 11 I GVKostG) überwiegend die Auffassung vertreten, daß die rechtliche Unzulässigkeit einer VollstrMaßnahme allein nicht eine unrichtige Sachbehandlung bedeute, sondern daß es sich um offen zutage liegende Verstöße handeln müsse (vgl *HHSp* RNr 2; *TK* RNr 2, jeweils mwNachw). Dieser Auffassung, die also sowohl bei den Rechtsverstößen als auch bei unnötigen Maßnahmen auf **offensichtliche Verstöße** abstellt, kann nicht gefolgt werden. Die VollstrBehörden, die Gläubiger- und Vollstreckungsfunktion in sich vereinigen, sind zu einer sorgfältigen Beachtung der Rechtsnormen und des Grundsatzes der Verhältnismäßigkeit der VollstrMaßnahmen (vgl ua Vor § 249) verpflichtet. Die hM nimmt daher auch an, daß Gebühren und Auslagen **nur bei notwendigen VollstrMaßnahmen** erhoben werden können (s *HHSp* § 337 RNr 9; § 345 RNr 4; *Koch* § 337 RNr 2). Dann kann für § 346, der nur die Konsequenzen aus dieser Rechtslage zieht, nichts anderes gelten. Eine unrichtige Sachbehandlung liegt folglich immer dann vor, wenn sich herausstellt (zB auf Grund einer späteren Gerichtsentscheidung), daß eine VollstrMaßnahme rechtlich nicht zulässig oder daß sie nicht notwendig war. Auf die Offensichtlichkeit kommt es nicht an. Dagegen ist keine unrichtige Sachbehandlung gegeben, wenn der vollstreckte Anspruch sich nicht als rechtmäßig erweist (s § 337 A 2). Ebenso kann die Aussetzung oder Aufhebung der Vollziehung nach § 361 nicht rückwirkend die Vollstreckungskosten beseitigen (s § 361 A 4).

3. **Kostenansatz.** Abs II geht davon aus, daß die Kosten in einem **selbständigen VerwAkt** festzusetzen sind. Für diesen VerwAkt gelten die allgemeinen Vorschriften der §§ 119 ff. Er ist anfechtbar mit dem Einspruch nach § 348 I Nr 10.

Siebenter Teil
Außergerichtliches Rechtsbehelfsverfahren

Vorbemerkung zu §§ 347 ff.

Während im allgemeinen Verwaltungsrecht das außergerichtliche Rechtsbehelfsverfahren in der VerwGO geregelt ist, wird daran festgehalten, im Steuerrecht das außergerichtliche Rechtsbehelfsverfahren nicht in der FGO, sondern in der AO zu regeln. Motiv dafür war einmal, daß eine einheitliche VerwGO für alle Verfahrensarten des öffentl Rechts angestrebt wird und daher größere Änderungen der FGO zZt nicht zweckmäßig sind (s Begr EAO 74, BTDr VI/1982 Vor § 330). Hauptgrund war zum andern die Erwägung, daß das außergerichtliche Rechtsbehelfsverfahren als Fortsetzung des Verwaltungsverfahrens und daher seinem Wesen nach als Verwaltungsverfahren anzusehen ist (s weiter unten).

1. Allgemeines. Die im 7. Teil enthaltenen Vorschriften über das außergerichtliche Rechtsbehelfsverfahren lehnen sich weitgehend an die bisherigen Bestimmungen der RAO an. Entsprechend der historischen Entwicklung, die sich in der RAO niedergeschlagen hat, gibt es weiterhin eine Zweiteilung des außergerichtlichen Rechtsbehelfsverfahrens. Diese Zweiteilung hat sich in der Praxis bewährt. Der Einspruch ist nach § 348 vornehmlich in den **reinen Rechtsangelegenheiten** gegeben. Über ihn entscheidet die Ausgangsbehörde. Die Beschwerde (§ 349), die zur nächsthöheren Behörde führt, ist dagegen vor allem bei **Ermessensentscheidungen** gegeben. Dadurch wird erreicht, daß der angefochtene VerwAkt in diesen Fällen von einer zweiten Behörde auf seine Zweckmäßigkeit nachgeprüft wird. Das ist auch im Interesse einer einheitlichen Ermessensausübung wichtig.

Anders als nach der RAO ist das außergerichtliche Rechtsbehelfsverfahren **nicht mehr kostenpflichtig.** Damit soll die Gleichbehandlung von Verw und Stpfl im außergerichtlichen Rechtsbehelfsverfahren erreicht werden. **Beide Seiten** haben ihre eigenen **Kosten** zu tragen, wobei für die Stpfl nach § 10 I Nr 8 EStG die Möglichkeit besteht, StBeratungskosten als Sonderausgaben abzuziehen, soweit sie nicht ohnehin Betriebsausgaben oder Werbungskosten sind. Die Neuregelung gilt für alle Rechtsbehelfsentscheidungen, die nach dem 31. 12. 1976 rechtskräftig geworden sind (Art 97 § 16 II EGAO). Die Kostenerstattung nach **§ 139 FGO,** auch für das außergerichtliche Vorverfahren **bleibt bestehen** (EinfErl BStBl 76, 624). Durch die Kostenfreiheit, die sich ebenfalls vom allgemeinen VerwaltungsverfahrensR unterscheidet (s § 67 VwVfG), wird das außergerichtliche Rechtsbehelfsverfahren praktisch als **verlängertes Besteuerungsverfahren** behandelt. Dies ist sachgerecht. Ist zB ein StBescheid unter Vorbehalt der Nachprüfung ergangen, so kann der Stpfl sofort Einspruch einlegen. Er kann aber auch ein evtl Änderungsbegehren zu einem späteren Zeitpunkt in Form eines Antrags auf Änderung oder Aufhebung des Vorbehaltsbescheides geltend machen. In beiden Fällen geht es materiell um die gleiche

1. Abschnitt. Zulässigkeit der Rechtsbehelfe **Vor § 347**

Sache. Es ist nur folgerichtig, wenn beide Verfahren kostenmäßig gleich behandelt werden, dh kostenfrei sind. Die Nähe des außergerichtlichen Rechtsbehelfsverfahrens zum vorangegangenen VerwVerfahren zeigt sich auch darin, daß der angefochtene VerwAkt in jedem Verfahren nicht nur auf seine Rechtmäßigkeit, sondern auch auf seine Zweckmäßigkeit überprüft wird, soweit ein **Ermessensakt** vorliegt.

Obwohl das außergerichtliche Rechtsbehelfsverfahren als verlängertes Besteuerungsverfahren behandelt wird, ist es doch auch **Vorverfahren für ein gerichtliches Verfahren.** In der Regel ist nach § 44 FGO eine Klage vor dem FG erst zulässig, wenn das außergerichtliche Rechtsbehelfsverfahren durchgeführt worden ist. Ausnahmen gibt es nur, wenn kein außergerichtliches Rechtsbehelfsverfahren vorgesehen ist (s § 349 III) oder wenn die FinBeh bei einem mit der Beschwerde anfechtbaren VerwAkt mit einer sofortigen Anfechtungsklage (sogen Sprungklage) einverstanden ist (§ 45 FGO). Außerdem ist eine Klage nach § 46 FGO ohne Abschluß eines Vorverfahrens zulässig, wenn über einen außergerichtlichen Rechtsbehelf ohne Mitteilung eines Grundes in angemessener Frist nicht entschieden worden ist.

2. Anwendungsbereich. Ab 1. 1. 1977 gilt für das außergerichtl Rechtsbehelfsverfahren grunds **neues Recht.** Auch Verfahren, die am 1. 1. 1977 bereits anhängig waren, werden nach den Vorschr der neuen AO zu Ende geführt (Art 97 § 1 EGAO 1977). Für die Zulässigkeit und die Art der außergerichtlichen Rechtsbehelfe sowie für die Zuständigkeit zur Entscheidung bleibt jedoch das alte R maßgebend, wenn ein VerwAkt angefochten wird, der vor dem 1. 1. 1977 wirksam geworden ist (Art 97 § 18 I EGAO 1977).

3. Abgrenzung. Das in den §§ 347 ff geregelte Verfahren ist das **förmliche Rechtsbehelfsverfahren.** Es ist abzugrenzen von
– den in der AO nicht geregelten, **nicht förmlichen Rechtsbehelfen** (Gegenvorstellung, Sachaufsichtsbeschwerde, Dienstaufsichtsbeschwerde)
– von der Anregung, einen VerwAkt aufzuheben oder zu ändern (§§ 129–132, 172–177).

Der förmliche Rechtsbehelf unterscheidet sich nach Wegfall der Kostenpflicht für das außergerichtl Rechtsbehelfsverfahren von den nicht förmlichen Rechtsbehelfen nur noch in folgenden Punkten:
– Der förml Rechtsbehelf **hindert** den Eintritt der formellen und materiellen **Bestandskraft.**
– Er ist an eine **Frist** gebunden (§ 355).
– Er **verpflichtet** die FinBeh zur Entscheidung. Allerdings wird allgemein angenommen, daß nach Art 17 GG auch nicht förmliche Rechtsbehelfe, wenn sie schriftl eingereicht werden, beschieden werden müssen. Dieser Bescheid ist dann jedoch kein VerwAkt, gegen den eine Klagemöglichkeit gegeben ist (BVerwG JZ 76, 682; *Schmidt-Bleibtreu/Klein*, GG, Art 17 RNr 7; *TK* vor § 347 RNr 15). Nur, wenn die Eingaben einen beleidigenden herausfordernden Inhalt haben, brauchen sie nicht bearbeitet zu werden (BVerfGE 2, 225).
– Der förmliche Rechtsbehelf kann schließlich zur **Verböserung** führen (§ 367 II 2). Der Verböserung kann der StPfl aber durch rechtzeitige Rücknahme des Rechtsbehelfs entgehen.

§ 347   7. Teil. Außergerichtliches Rechtsbehelfsverfahren

Da der förmliche Rechtsbehelf die Rechte des Stpfl umfassender wahrt als der nicht förmliche, ist nach neuem Recht in Zweifelsfällen ein förmlicher Rechtsbehelf anzunehmen.

Erster Abschnitt. Zulässigkeit der Rechtsbehelfe

§ 347 Zulässigkeit der Rechtsbehelfe

(1) Die Rechtsbehelfe dieses Teils sind gegeben:
1. in Abgabenangelegenheiten, auf die dieses Gesetz Anwendung findet,
2. in Verfahren zur Vollstreckung von Verwaltungsakten in anderen als den in Nummer 1 bezeichneten Angelegenheiten, soweit die Verwaltungsakte durch Bundesfinanzbehörden oder Landesfinanzbehörden nach den Vorschriften dieses Gesetzes zu vollstrecken sind,
3. in öffentlich-rechtlichen und berufsrechtlichen Streitigkeiten über Angelegenheiten, die durch den Ersten Teil, den Zweiten und den Sechsten Abschnitt des Zweiten Teils und den Ersten Abschnitt des Dritten Teils des Steuerberatungsgesetzes geregelt werden,
4. in anderen durch die Finanzbehörden verwalteten Angelegenheiten, soweit die Vorschriften über die außergerichtlichen Rechtsbehelfe durch Gesetz für anwendbar erklärt worden sind oder erklärt werden.

(2) ¹Abgabenangelegenheiten sind alle mit der Verwaltung der Abgaben einschließlich der Abgabenvergütungen oder sonst mit der Anwendung der abgabenrechtlichen Vorschriften durch die Finanzbehörden zusammenhängenden Angelegenheiten einschließlich der Maßnahmen der Bundesfinanzbehörden und der Finanzbehörden des Landes Berlin zur Beachtung der Verbote und Beschränkungen für den Warenverkehr über die Grenze; den Abgabenangelegenheiten stehen die Angelegenheiten der Verwaltung der Finanzmonopole gleich. ²Die Vorschriften des Absatzes 1 finden auf das Straf- und Bußgeldverfahren keine Anwendung.

Übersicht

1. Inhalt der Vorschrift
2. Abgabenangelegenheiten
3. Vollstreckung von Verwaltungsakten durch Bundes- oder Landesfinanzbehörden
4. Öffentlich-rechtliche und berufsrechtliche Streitigkeiten über Steuerberatungsangelegenheiten
5. Gesetzliche Erweiterung
   a) Bundesgesetze
   b) Landesgesetze
   c) Gesetze zur Durchführung von Rechtsvorschriften der EG

1. Inhalt. Einspruch und Beschwerde sind wie bisher in **allen** Abgabenangelegenheiten gegeben, auf welche die AO Anwendung findet, sowie in den in § 347 I Nr 2 bis 4 AO genannten anderen Angelegenheiten. Die Vorschrift entspricht mit geringen Abweichungen § 228 RAO. Inhaltlich werden die gleichen Angelegenheiten erfaßt wie in **§ 33 FGO**. Diese in-

1. Abschnitt. Zulässigkeit der Rechtsbehelfe §347

haltliche Übereinstimmung mit § 33 FGO ist erforderlich, weil das außergerichtliche Rechtsbehelfsverfahren der AO die Vorstufe für das finanzgerichtliche Verfahren ist.

2. Abgabenangelegenheiten. Nach Abs I Nr 1 sind die Rechtsbehelfe zunächst in allen Abgabenangelegenheiten gegeben, auf die die AO aus sich selbst heraus Anwendung findet. Der unmittelbare Anwendungsbereich der AO ist in § 1 bestimmt. Daraus ergibt sich, daß die AO **für Steuern** gilt und **nicht** etwa für **Abgaben aller Art** (zB Gebühren, Beiträge usw). Zu Einzelheiten s die Erl zu §§ 1 und 3. Die Steuern müssen auf Bundesgesetzen oder Recht der EG beruhen und von Bundes- oder Landesfinanzbehörden verwaltet werden. Für die von den Gemeinden verwalteten Realsteuern gelten die Vorschriften der AO über das außergerichtliche Rechtsbehelfsverfahren gem § 1 II nicht mit Ausnahme der §§ 351 und 361 I 2 und III. Bei Eintragungen auf der Lohnsteuerkarte, für die die Gemeinden zuständig sind, haben über den Rechtsbehelf nicht die FÄ sondern die Gemeinden zu entscheiden (FG RhPF EFG 80, 343; *TK* RNr 2).

In Abs II werden die mit den Abgabenangelegenheiten zusammenhängenden Angelegenheiten definiert, auf die ebenfalls die Vorschriften über außergerichtliche Rechtsbehelfe Anwendung finden. Die **Finanzmonopole** werden den Steuern gleichgestellt. Ausgenommen von der Anwendung der §§ 347 ff werden Straf- und Bußgeldverfahren nach den §§ 369 ff. Hier gelten für Rechtsmittel die Vorschriften der StPO und des OWiG.

3. Vollstreckung von Verwaltungsakten durch Bundes- oder Landesfinanzbehörden. Nach Abs I Nr 2 sind die außergerichtlichen Rechtsbehelfe der AO auch gegeben, wenn Finanzbehörden des Bundes oder der Länder in anderen als von der AO unmittelbar erfaßten Steuerangelegenheiten VerwAkte vollstrecken. Die Vollstreckung solcher anderer Verwaltungsakte kann den Finanzbehörden **durch Gesetz übertragen** sein. Wichtigstes Beispiel ist § 4 Buchst b VwVG des Bundes, wonach alle öffentlichrechtlichen Geldforderungen des Bundes von den VollstrBehörden der Bundesfinanzverwaltung vollstreckt werden, soweit nicht von einer obersten Bundesbehörde im Einvernehmen mit dem BMI besondere VollstrBehörden bestimmt sind. Das VwVG des Bundes gilt gemäß § 66 I 1 SGB X, Art II § 40 des Gesetzes vom 18. 8. 1980 (BGBl I 1469) auch für die Vollstreckung zugunsten der Sozialbehörden des Bundes und der bundesunmittelbaren Sozialversicherungsträger. § 66 I 1 SGB X erfaßt sowohl Geldforderungen, für die der Sozialrechtsweg gegeben ist, als auch Forderungen, für die der Verwaltungsrechtsweg gegeben ist (vgl § 62 SGB X). Wird die Vollstreckung dieser Sozialforderungen nach § 4b VwVG von den HZÄ durchgeführt, eröffnet § 347 I Nr 2 das Rechtsbehelfsverfahren nach der AO gegen die VollstrHandlungen. Entsprechend dürfte nach § 33 I Nr 2 FGO der Finanzrechtsweg gegeben und der Verwaltungs- oder Sozialgerichtsweg verdrängt sein. Ein anderes Beispiel für § 347 I Nr 2 ist das EG-Beitreibungsgesetz (s vor § 249). Ein weiterer Anwendungsfall ist zB § 25 VwZG Bayern für Geldforderungen des Freistaates Bayern. Die Rechtsbehelfe können sich immer nur gegen die Vollstreckungshandlungen und nicht gegen den zu vollstreckenden VerwAkt richten (*Ziemer-Haarmann-Lohse,* Rechtsschutz in Steuersachen, Rz 1081). Sie können auch immer nur so weit gehen, wie der Verantwortungsbereich der FinBeh als VollstrBe-

1007

§ 347

hörde reicht, in der Regel also nicht die Frage betreffen, ob die Voraussetzungen für die Vollstreckbarkeit des VerwAktes vorliegen.

Die Vollstreckung der VerwAkte braucht der FinBeh nicht notwendig durch Gesetz übertragen worden zu sein (vgl *HHSp* RNr 12; aA *Ziemer-Haarmann-Lohse,* Rechtsschutz in Steuersachen, Rz 1086). Es kommt auch die Vollstreckung auf Grund von Vereinbarungen und vor allem im Wege der **Amtshilfe** in Betracht, da sich die Durchführung der Amtshilfe nach dem Recht der AO richtet und die FinBeh für die Art und Weise der Durchführung verantwortlich ist (s § 114, § 250 A 1).

4. Öffentlich-rechtliche und berufsrechtliche Streitigkeiten über Steuerberatungsangelegenheiten. Es handelt sich um die Vorschr über Hilfeleistung in StSachen (insb Befugnis, Verbot und Untersagung der Hilfeleistung, Verbot der Werbung, Verbot der Vereinbarung eines Erfolgshonorars, Angelegenheiten der Lohnsteuervereine). Der in Bezug genommene 2. Abschn des 2. Teils des StBerG behandelt die Voraussetzungen für die **Berufsausübung**, insb das **Prüfungswesen**, die **Bestellung** zum StBerater und die **Anerkennung** als StBeratungsgesellschaft sowie Rücknahme und Widerruf der Bestellung oder Anerkennung. Für die Klage einer StBeraterkammer gegen die Anerkennung einer StBeratungsgesellschaft durch das Landesfinanzministerium ist daher der Finanzrechtsweg gegeben. Nach § 349 II Nr 1 hat die Klage in diesem Fall ohne Vorverfahren zu erfolgen (BFH BStBl 87, 346). Berufsrechtliche Streitigkeiten der **Wirtschaftsprüfer** gehen an die VerwGerichte. Im 6. Abschn des 2. Teils ist die Zusammenführung der stberatenden Berufe, insb die Übergangsvorschr, geregelt. Der 1. Abschn des 3. Teils des StBerG betrifft schließlich die Zwangsmittel, insbesondere das Zwangsgeld, die die Behörde anwenden darf, um eine Untersagung der Hilfe in StSachen oder Aufsichtsmaßnahmen durchzusetzen.

Nicht erfaßt werden die Angelegenheiten, die mit der **Organisation des Berufs** zusammenhängen, insb die Angelegenheiten der Berufskammer einschließlich Beitragsangelegenheiten.

5. Gesetzliche Erweiterung. Abs I Nr 4 weist auf die Möglichkeit hin, durch Gesetz den 7. Teil der AO auch in anderen Angelegenheiten für anwendbar zu erklären. Hiervon ist in einer Reihe von Fällen Gebrauch gemacht worden. Nr 4 läßt Einspruch oder Beschwerde nach der AO insbes gegen VerwAkte zu, die auf Grund folgender Gesetze ergehen:

a) **Bundesgesetze**
   Berlinförderungsgesetz (§ 19 VII),
   Investitionszulagengesetz (§ 5 V),
   Wohnungsbau-Prämiengesetz (§ 8 I),
   Sparprämiengesetz (§ 5 b I),
   Bergmanns-Prämiengesetz (§ 5 a I),
   Fünftes Vermögensbildungsgesetz (§ 14 I).

b) **Landesgesetze**
   Einige Kirchensteuergesetze der Länder, die die Anwendung der AO vorschreiben (Bayern, Hamburg, NRW, Saarland). In diesen Fällen kann bei Entscheidungen einer obersten Kirchenbehörde in einer KiStAngelegenheit auch § 349 III Nr 1 entsprechend anwendbar sein, so-

1. Abschnitt. Zulässigkeit der Rechtsbehelfe § 348

daß der Finanzrechtsweg ohne Vorverfahren gegeben ist (BFH BStBl 76, 735; FG BadWürtt EFG 88, 130).

c) **Gesetze zur Durchführung von Rechtsvorschriften der EG**
Festsetzungen von zB Ausfuhrerstattungen, Einfuhrsubventionen, Erzeuger- oder Käuferprämien auf Grund der Durchführungsgesetze EWG Getreide, Rindfleisch, Milch und Milcherzeugnisse, Schweinefleisch (s § 29 des Gesetzes zur Durchführung gemeinsamer Marktorganisationen).

Nach solchen Gesetzen kann die AO auch auf Abgaben anwendbar sein, die **keine Steuern** oder Zölle sind. So ist die AO nach § 8 II des Gesetzes über die Durchführung gemeinsamer Marktorganisationen auf Abgaben im Rahmen von Produktionsregelungen (zB Milchgarantiemengenabgabe) anzuwenden. Die Anmeldung, die für die Milchgarantiemengenabgabe maßgebend ist, gilt daher nach § 168 als Steuerfestsetzung, gegen die nach § 348 I Nr 1 der Einspruch und der Finanzrechtsweg gegeben ist (BFH BStBl 85, 553; FG Hamburg EFG 85, 354).

§ 348 Einspruch

(1) Gegen die folgenden Verwaltungsakte ist, auch soweit sie für Zwecke der Vorauszahlungen erteilt werden, als Rechtsbehelf der Einspruch gegeben:
1. **Steuerbescheide und Steuervergütungsbescheide (§ 155) sowie Steueranmeldungen (§ 168),**
2. **Feststellungsbescheide (§ 179), Steuermeßbescheide (§ 184), Zerlegungsbescheide (§ 188) und Zuteilungsbescheide (§ 190) sowie alle anderen Verwaltungsakte, die für die Festsetzung von Steuern verbindlich sind, ausgenommen die Billigkeitsmaßnahmen nach § 163,**
3. **Verwaltungsakte über Steuervergünstigungen, auf deren Gewährung oder Belassung ein Rechtsanspruch besteht,**
4. **Haftungsbescheide und Duldungsbescheide (§ 191),**
5. **verbindliche Zolltarifauskünfte,**
6. **verbindliche Zusagen nach § 204,**
7. **Verwaltungsakte, durch die auf Grund des Gesetzes über das Branntweinmonopol ein Kontingent festgesetzt wird (Kontingentbescheide),**
8. **Aufteilungsbescheide (§ 279),**
9. **Verwaltungsakte nach § 218 Abs. 2,**
10. **Verwaltungsakte über Zinsen und Kosten,**
11. **Verwaltungsakte nach § 251 Abs. 3.**

(2) In den Fällen des Absatzes 1 ist der Einspruch auch gegeben, wenn ein Verwaltungsakt aufgehoben oder geändert oder ein Antrag auf Erlaß, Aufhebung oder Änderung eines Verwaltungsaktes abgelehnt wird.

Schrifttum: *App* Der richtige Rechtsbehelf gegen Haftungsbescheide wegen Verspätungszuschlägen, DStR 85, 147; *Lohmeyer* Billigkeitsmaßnahmen bei der Steuerfestsetzung, ZKF 85, 80; *Haas* Aspekte zu der Steuerfestsetzung unter dem Vorbehalt der Nachprüfung, Festschr f H. v. Wallis, 1985, S 453; *App* Das Rechtsbehelfsverfahren gegen Feststellungsbescheide der Finanzbehörden nach § 251 Abs 3 der Abgabenordnung, BB 85, 861; *ders* Wie wehrt man sich gegen Haftungsbescheide? STWK

§ 348   7. Teil. Außergerichtliches Rechtsbehelfsverfahren

Gruppe 2, 2289 (16/1986); *Giller* Rechte und Rechtsschutz des Steuerpflichtigen in der Außenprüfung, DDZ 87, F 41; *Milatz* Zutreffender Rechtsbehelf gegen die Entscheidung, Zinsen aus Billigkeitsgründen abweichend festzusetzen, StW 87, 139; *Streck* Die Praxis des Steuerstreits und der steuerlichen Einigung, Harzburger Protokoll 1987, 305.

Übersicht

1. Inhalt der Vorschrift
2. Einzelfälle
3. Erlaß, Aufhebung oder Änderung eines Verwaltungsaktes

1. Inhalt. Die Vorschrift zählt **erschöpfend** alle VerwActe auf, gegen die als Rechtsbehelf der Einspruch gegeben ist. Anders als bisher ist der Einspruch nunmehr auch der zulässige Rechtsbehelf gegen Vorauszahlungsbescheide, einschließlich als StFestsetzung unter Vorbehalt wirkenden StAnmeldung (zB UStVoranmeldungen, LSt-Anmeldungen). Die Neuregelung findet auf Vorauszahlungsbescheide **Anwendung, die nach dem 31. 12. 1976** bekanntgegeben worden sind (EinfErl BStBl 76, 624). Abweichend von der RAO ist der Einspr auch in den Fällen der verbindlichen Zusage nach einer **Außenprüfung** (Abs I Nr 6) und in den Fällen gegeben, in denen nach § 218 über Streitigkeiten im Erhebungsverfahren entschieden wird (Abs I Nr 9), ferner bei allen **Zins- und Kosten**bescheiden (Abs I Nr 10).

Wegen der erschöpfenden Aufzählung ist gegen Verwaltungsakte, die nicht von § 348 erfaßt werden, nach § 349 die Beschwerde gegeben. Der BFH wendet § 348 allerdings bei **Rechtsvorschriften der EG**, die es bei Erlaß der AO noch nicht gab und die deshalb nicht berücksichtigt werden konnten, entsprechend an, wenn es bei dem Rechtsmittel allein um die Rechtmäßigkeit des zugrundeliegenden StBescheids und nicht um die Überprüfung einer Ermessensentscheidung geht. So ist die Entscheidung des HZA über einen Antrag nach Art 2 II der Verordnung (EWG) Nr 1430/79 des Rates v 2. 8. 1979 über die Erstattung von Eingangs- oder Ausfuhrabgaben (Erstattungs/Erlaß-VO) mit dem Einspruch angreifbar (BFHE 142, 212).

2. Einzelfälle.
a) **Unter § 348 I Ziff 1 AO fallen schriftliche, mündliche oder in anderer Weise erlassene StBescheide** (§§ 157, 119 II). Wenn eine St für mehrere Veranlagungszeiträume in einem zusammengefaßten StBesch festgesetzt wird, so handelt es sich für jeden Veranlagungszeitraum um eine besondere StFestsetzung, die für sich angefochten werden kann. Wird ein solcher Bescheid in vollem Umfang angefochten, so liegen ebensoviele Rechtsbehelfe vor, als der StBescheid StFestsetzungen enthält (BFH StRK § 228 AO R 20). Auch StFestsetzungen **unter Vorbehalt (§ 164) und vorläufige** StFestsetzungen gehören zu den StBescheiden. Vorbehalts- oder Vorläufigkeitsvermerk können aber nicht selbständig angefochten werden, sondern immer nur der Bescheid als solcher. Es kann aber die Aufhebung dieser Nebenbestimmungen beantragt werden. Gegen den einen solchen Antrag ablehnenden Bescheid ist gem § 348 II der Einspruch gegeben (AnwErl zu § 348 Abschn 2). Wenn der Vorbehalt der Nachprüfung oder der Vorläufigkeitsvermerk aufgehoben werden, ist gegen die dann endgültige StFestsetzung uneingeschränkt

1. Abschnitt. Zulässigkeit der Rechtsbehelfe § 348

der Einspruch gegeben. Gegen die Aufhebung der Nebenbestimmung in der Einspruchsentscheidung ist sofortige Klage, nicht aber ein erneuter Einspruch zulässig (BFH BStBl 84, 85). Das in § 42d IV Nr 2 EStG vorgesehene Anerkenntnis der Zahlungsverpflichtung durch den Arbeitgeber nach einer LStAußenprüfung ist keine der in § 348 I Nr 1 AO genannten StAnmeldungen. Will der Arbeitgeber seiner Zahlungspflicht nicht nachkommen, muß das FA einen Haftungsbescheid erlassen, der dann mit dem Einspruch anfechtbar ist (BFH BStBl 87, 198; BFH/NV 87, 287). Übersendet die FinBeh Unterlagen, durch die sie den Anschein erweckt, daß sie einen StBescheid bekanntgeben will, so ist der dagegen erhobene Einspruch zulässig, auch wenn der restliche Teil des Bescheids erst später zugestellt wird (BFH BStBl 83, 543). Zu den StBescheiden gehören **auch** die **StErstattungsbescheide,** zB im Lohnsteuerjahresausgleichsverfahren (§ 42 V EStG).

StBescheide sind ferner **Steuerfestsetzungen unter Vorbehalt der Nachprüfung** (§ 164) und die **vorläufige Steuerfestsetzung** (§ 165). Diese Bescheide können also als Ganzes mit dem Einspr angefochten werden. Bei dieser Anfechtung kann auch geltend gemacht werden, daß der Vorbehalt oder die Vorläufigkeitserklärung nicht berechtigt seien (§ 164 A 9; § 165 A 6; *TK* RNr 2). Es können aber nicht der Nachprüfungsvorbehalt oder der Vorläufigkeitsvermerk selbständig und getrennt angefochten werden, da sie unselbständige Teile der StBescheide sind (vgl BFHE 132, 5; BFH BStBl 84, 85; aA *Haarmann* DStZ 77, 84). Beantragt der StPfl bei einer Steuerfestsetzung unter Vorbehalt oder einer vorläufigen Steuerfestsetzung die Aufhebung dieser Nebenbestimmungen, so ist gegen den ablehnenden Bescheid nach Abs II ebenfalls der Einspruch gegeben. Bei Aufhebung des Vorbehalts oder des Vorläufigkeitsvermerks kann der StPfl gegen die dann endgültige Steuerfestsetzung uneingeschränkt Einspr einlegen (EinfErl BStBl 76, 624). Gegen die Aufhebung des Nachprüfungsvorbehalts und der Vorläufigkeitserklärung in einer Einspruchsentscheidung ist nicht ein erneuter Einspruch, sondern nur die Klage gegeben (BFH BStBl 84, 85; aA FG Köln EFG 83, 98; *Seitrich* DB 84, 1904).

Gegen **StAnmeldungen** (§§ 167, 168), zB LStAnmeldungen, USt- Voranmeldungen, ist stets der Einspruch gegeben.

b) Unter Abs I Nr 2 fallen alle **Grundlagenbescheide** (s im einzelnen die Erl zu den in Nr 2 angegebenen Vorschriften). In Einheitswertbescheiden, die nach § 19 III BewG Feststellungen über die Art der wirtschaftlichen Einheit, bei Grundstücken über die Grundstücksart, bei Betriebsgrundstücken über den gewerblichen Betrieb und über die Zurechnung enthalten, sind diese einzelnen Feststellungen Gegenstand je eines Verwaltungsaktes und selbständig mit dem Einspruch anfechtbar (BFH BStBl 87, 292; vgl auch oben § 180 Anm 2). Durch die **Ausnahme der Billigkeitsmaßnahmen** nach § 163 macht der Gesetzgeber deutlich, daß er diese Billigkeitsentscheidungen als selbständige VerwAkte ansieht. Ist also eine Steuerfestsetzung mit einer Billigkeitsmaßnahme verbunden (§ 163 I 3), ist gegen die Ermessensentscheidung Beschwerde, im übrigen Einspr zu erheben (BFH BStBl 81, 319; BdF-Schreiben StEK AO § 163 Nr 3). Im Hinblick auf diese Rechtslage ist es den Finanzgerichten verwehrt, im Rahmen eines Rechtsstreits über das Veranlagungsverfah-

§ 348 7. Teil. Außergerichtliches Rechtsbehelfsverfahren

ren Billigkeitsgesichtspunkte zu berücksichtigen (BFH/NV 86, 91). Die gesetzlich vorgesehene **Zweigleisigkeit** des Verfahrens entspricht der schon vor Inkrafttreten der AO bestehenden Verwaltungsauffassung. Str war allerdings auch unter der Geltung der AO noch, ob die Zweigleisigkeit auch für die mit einer **Zinsfestsetzung** verbundene abweichende Zinsfestsetzung aus Billigkeitsgründen (zB nach § 234 II oder 237 IV) gilt. Die Verwaltung nahm hier einheitlich Zinsbescheide nach § 348 I Nr 10 und daher ein eingleisiges Verfahren an (s AnwErl zu § 348 Abschn 7, BStBl I 1987, 664; ebenso FG Berlin EFG 86, 270; aA FG München EFG 84, 432; FG Hamburg EFG 86, 590; *Milatz* StW 87, 139). Der BFH hat nunmehr (BStBl 88, 402) klargestellt, daß auch bei Billigkeitsentscheidungen bei Zinsfestsetzungen das zweigleisige Verfahren gilt. Der AnwErl ist entsprechend geändert worden (BMF-Schreiben v 7. 7. 88, DB 88, 1631). Nr 2 geht insofern der Nr 10 des § 348 vor. Das zweigliesige Verfahren ist auch bei Billigkeitsmaßnahmen im Rahmen des § 50 VII EStG zu beachten (FG München EFG 88, 478). Zu der Rechtslage, wenn fälschlich statt im Beschwerdeverfahren im Einspruchverfahren über einen Rechtsbehelf entschieden wird s § 349 Anm 1.

c) Abs I Nr 3 betrifft nur **selbständige VerwAkte** über Steuervergünstigungen. Wird daher zB eine Vergünstigung nach § 3 Zonenrandförderungsgesetz im Rahmen eines ESt-Bescheides abgelehnt, ist nicht ein Fall des Abs I Nr 3 gegeben, sondern der ESt-Bescheid muß nach Nr 1 mit dem Einspr angefochten werden. Es handelt sich nicht um eine Billigkeitsentscheidung im Sinne von Nr 2, sondern es besteht ein Rechtsanspr auf die Vergünstigung (FG SchlHol EFG 77, 299; aA BFH BStBl 76, 11).

Nr 3 findet Anwendung, wenn die Vergünstigung in einem gesonderten VerwAkt abgelehnt worden ist (FG SchlHol EFG 77, 519).

Auf die Vergünstigung muß ein **Rechtsanspruch** bestehen. VerwAkte über Steuervergünstigungen auf Grund von Ermessensentscheidungen (zB §§ 222, 223, 227) sind nicht mit Einspruch, sondern mit der Beschwerde nach § 349 anfechtbar (*TK* RNr 4; aA BFH BStBl 70, 634). Anwendungsfälle für § 348 I Nr 3 sind zB die Eintragung eines Freibetrages auf der Lohnsteuerkarte (*HHSp* RNr 22; *KKH* A 2c; aA *TK* RNr 4, die Nr 1 für gegeben halten) oder die Ablehnung eines Erlaßantrages nach § 3 I Nr 1 KfzStG (BFH BStBl 77, 849).

d) Die Vorschrift des Abs I Nr 4 in Verbindung mit dem Einleitungssatz von Abs I stellt klar, daß auch gegen **Haftungsbescheide über Vorauszahlungen** der Einspr gegeben ist. Die aufgrund der früheren Rechtslage vertretene gegenteilige Rechtsauffassung ist damit überholt.

Der Rechtsbehelf des Einspruchs ist nunmehr auch gegen Haftungsbzw Duldungsbescheide, die auf bürgerlichem Recht beruhen (zB § 419 BGB, §§ 25, 28 I, 128 HGB) zulässig. Die in § 229 Ziff 5 RAO enthaltene Beschränkung auf Haftungs-/Duldungsbescheide „aufgrund von Abgabengesetzen" ist weggefallen.

Die Inanspruchnahme des Haftungsschuldners nach § 219 ist kein Haftungsbescheid, sondern setzt einen Haftungsbescheid nach § 191 voraus, aus dem der Haftungsschuldner nur subsidiär in Anspruch genommen werden darf (s § 219 A 1). Das Leistungsgebot nach § 254 an den Haf-

1. Abschnitt. Zulässigkeit der Rechtsbehelfe § 348

tungsschuldner kann also nur mit der Beschwerde nach § 349 angefochten werden. Wenn Haftungsbescheid und Leistungsgebot in einem Bescheid miteinander verbunden sind, bedeutet das eine Zweigleisigkeit des Verfahrens (*TK* RNr 5; *Koch* RNr 8).

e) Zu Nr 5 s § 23 ZG und §§ 28 ff AZO. Es handelt sich um Bescheide besonderer Art, die den Antragsteller vor Nachforderungen aus Gründen abweichender Tarifierung schützen (BFH BStBl 57, 123). Wird auf eine verbindliche Zolltarifauskunft eine geänderte Zolltarifauskunft begehrt, so kann ein daraufhin wiederum in Form einer verbindlichen Zolltarifauskunft ergangener Bescheid den Anforderungen an eine Einspruchsentscheidung genügen, sodaß dagegen sofort die Klage möglich ist (BFHE 150, 253).

f) Zu den Ziffern 6, 8, 9 und 11 s die Erl zu den einzelnen in den Ziffern genannten Vorschriften. Bei den in StBescheiden enthaltenen Anrechnungen von Vorauszahlungen oder einbehaltenen StAbzugsbeträgen handelt es sich nicht um in Nr 9 genannte Abrechnungsbescheide nach § 218 II. Trotzdem handelt es sich um selbständige Verwaltungsakte (s oben § 118 Anm 5 c), die Abrechnungsbescheiden ähnlich sind. Nr 9 ist daher entsprechend anzuwenden (vgl FG Hamburg EFG 86, 509).

g) Nr 7 betr das Brennrecht der Eigenbrennereien.

h) Nach Abs I Ziff 10 ist gegen den **Zinsbescheid** der Einspruch gegeben. Dies gilt auch, soweit der Zinsbescheid die Verzinsung von Vorauszahlungen betrifft. Weisungen, die in bestimmten Fällen (zB bei Vorauszahlungs-Zinsbescheiden) als zulässigen Rechtsbehelf die Beschwerde vorsahen, sind überholt und aufgehoben worden. Zu den VerwAkten über Zinsen, gegen die der Einspr gegeben ist, gehören nicht abweichende Zinsfestsetzungen aus **Billigkeitsgründen** (s oben unter 2 b).

Bei den in Abs I Ziff 10 bezeichneten Kosten handelt es sich, soweit die StVerw betroffen ist, um die Kosten nach §§ 347 ff (Kosten der Vollstr). Nicht darunter fallen die Kosten nach §§ 408, 410 I Ziff 12 **(Kosten des Straf- und Bußgeldverfahrens),** ferner nicht die Versagung der Kostenerstattung nach erfolgreichem Einspruch (FG Hamburg EFG 85, 103).

3. Erlaß, Aufhebung oder Änderung eines Verwaltungsaktes. Abs II nennt nur die Aufhebung, Änderung oder die Ablehnung von Anträgen auf Erlaß, Aufhebung oder Änderung von einspruchsfähigen VerwAkten und gibt in diesen Fällen ebenfalls das Einspruchsrecht. Die **Berichtigung** nach § 129 wegen offenbarer Unrichtigkeit oder die Ablehnung einer solchen Berichtigung wird nicht erwähnt. Für eine andere Handhabung der Berichtigung ist aber kein Grund ersichtlich. Wie bereits oben bei den Erl zu § 129 (A 6) ausgeführt, ist daher ebenfalls der Einspruch gegeben (BFH BStBl 84, 511; AnwErl zu § 348 Abschn 6; BdF-Schreiben StEK AO § 129 Nr 4; *TK* RNr 2; aA *KKH*, § 129 A 6).

Die Vorschr betrifft nur die Änderung von Verwaltungsakten zuungunsten des Stpfl. Ein nur die **Teilrücknahme** des ursprünglichen Verwaltungsakts aussprechender Änderungsbescheid ist ebenso wie das darin enthaltene (eingeschränkte) Leistungsgebot nicht selbständig anfechtbar (FG BadWürtt EFG 88, 57).

§ 349 Beschwerde

(1) ¹Gegen andere als die in § 348 aufgeführten Verwaltungsakte ist als Rechtsbehelf die Beschwerde gegeben. ²Dies gilt nicht für Entscheidungen über einen außergerichtlichen Rechtsbehelf.

(2) ¹Die Beschwerde ist außerdem gegeben, wenn jemand geltend macht, daß über einen von ihm gestellten Antrag auf Erlaß eines Verwaltungsaktes ohne Mitteilung eines zureichenden Grundes binnen angemessener Frist sachlich nicht entschieden worden ist. ²Entscheidungen über einen außergerichtlichen Rechtsbehelf gelten nicht als Verwaltungsakte in diesem Sinne.

(3) Die Beschwerde ist nicht gegeben gegen
1. Verwaltungsakte der obersten Finanzbehörden des Bundes und der Länder sowie der Bundesmonopolverwaltung für Branntwein und der Monopolverwaltung für Branntwein Berlin,
2. Entscheidungen des Zulassungsausschusses und des Prüfungsausschusses der Oberfinanzdirektionen in Angelegenheiten des Steuerberatungsgesetzes.

Abs 3 Nr 1 kursiver Satzteil gestrichen mit Wirkung ab 1. 1. 87 durch StBereinigG 1986 v 19. 12. 85, BGBl I, 2436.

Schrifttum: *Lippross* Rechtsschutz gegen Konkursanträge der Finanzbehörden, DB 85, 2482; *Meier* Aktuelle Fragen aus der Praxis der Außenprüfung – Verwirkung des Beschwerderechts gegen die Anordnung einer Außenprüfung durch bloße Duldung des Beginns bzw der Durchführung der Außenprüfung, StBp 86, 17; *Glücksmann* Rechtsschutz im Steuerrecht, Information StW 86, 172; *Lohmeyer* Verwirkung des Beschwerderechts gegen eine Prüfungsanordnung, DB 86, 1753; *Giller* Rechte und Rechtsschutz des Steuerpflichtigen in der Außenprüfung, DDZ 87, F 41; *Streck* Die Praxis des Steuerstreits und der steuerlichen Einigung, Harzburger Protokoll 1987, 305.

1. Inhalt. Die Vorschrift entspricht im wesentlichen § 230 RAO. Abs I stellt sicher, daß gegen jeden VerwAkt entweder der Einspr oder die Beschwerde gegeben ist. Ein VerwAkt, der nicht unter § 348 fällt, wird von § 349 erfaßt, wenn nach § 347 das außergerichtl Rechtsbehelfsverfahren gegeben ist. Nimmt das FA **irrtümlich** an, daß der angefochtene Verwaltungsakt unter § 348 falle und entscheidet es im Einspruchsverfahren, statt eine Entscheidung der OFD im Beschwerdeverfahren herbeizuführen (zur richtigen Auslegung des Rechtsbehelfs s unten § 357 Anm 4), so kann im anschließenden Klageverfahren nicht in der Sache selbst entschieden werden. Die Einspruchsentscheidung ist vielmehr aufzuheben, damit nunmehr eine Beschwedeentscheidung durch die OFD getroffen werden kann, falls das FA der Beschwerde nicht abhilft (BFH BStBl 88, 402). Nach FG Hamburg (EFG 86, 509) soll diese Folge aber auf Fälle beschränkt sein, in denen es um Ermessensentscheidungen geht. Bei Fällen, in denen die Finanzverwaltung striktes Recht anzuwenden hat, soll es dagegen für die Zulässigkeit der Sachentscheidung des Gerichts unerheblich sein, ob statt der Beschwerdeentscheidung eine Einspruchsentscheidung ergangen ist. Diese Auffassung ist bedenklich, da der Stpfl bei Anwendbarkeit des § 349 auch in Fällen strikter Gesetzesanwendung einen Anspruch auf Überprüfung des Verwaltungsaktes durch die übergeordnete Behörde hat. Wird in einer

1. Abschnitt. Zulässigkeit der Rechtsbehelfe **§ 349**

Einspruchsentscheidung erstmalig eine Billigkeitsentscheidung getroffen und in der Rechtsmittelbelehrung nicht auf die dagegen gegebene Beschwerde hingewiesen, so ist der Stpfl in einem irrtümlich dagegen angestrengten Klageverfahren so zu stellen, als wenn das Rechtsmittel die vermeintliche Wirkung gehabt hätte. Unter Umdeutung der Klage in eine Beschwerde ist die Klage gegen die Einspruchsentscheidung abzuweisen. Die Kosten sind gem § 137 II FGO dem FA aufzuerlegen, und es ist nunmehr eine Entscheidung über die Beschwerde herbeizuführen. Unschädlich für die Zulässigkeit einer Klage ist es dagegen, wenn irrtümlich auf einen Rechtsbehelf hin eine Beschwerdeentscheidung getroffen wird, obwohl das richtige Verfahren das Einspruchsverfahren gewesen wäre. Hier ist die Sache sowohl von der den Verwaltungsakt erlassenden Behörde (Nichtabhilfe der Beschwerde) als auch von der übergeordneten Behörde (Beschwerdeentscheidung) überprüft worden, sodaß der Stpfl ein Mehr an Rechtsschutz erhalten hat, als ihm zustand.

Abs II gewährleistet, daß der StPfl nicht durch Untätigkeit der FinBeh ohne Rechtsschutz bleibt. Anders als der Einspruch (s § 45 FGO) kann die Beschwerde nicht durch sofortige Klage übersprungen werden.

2. Umfassendes Beschwerderecht. Der Anwendungsbereich des Abs I erstreckt sich auf alle von § 348 nicht erfaßten **VerwAkte** im Sinne von § 118. Beispiele sind die Ablehnung von Stundungs- und Erlaßanträgen, die Festsetzung von Verspätungszuschlägen sowie VollstrMaßnahmen. Ein wichtiges Anwendungsgebiet für die Beschwerde sind auch Maßnahmen im Rahmen der Außenprüfung. Die von mehreren FG angenommene **Verwirkung des Beschwerderechts** gegen die Prüfungsanordnung, wenn sich der Stpfl widerstandslos auf die Prüfung eingelassen oder sogar daran mitgewirkt hat (FG Köln EFG 84, 163; FG Hamburg EFG 85, 435; FG BadWürtt EFG 85, 434; FG Saarl EFG 86, 60), ist vom BFH verneint worden (BFH BStBl 86, 435). Zum Begriff und zur Abgrenzung der VerwAkte s näher die Erl zu § 118.

3. Untätigkeitsbeschwerde. Die Untätigkeitsbeschwerde nach Abs II ist **auch** dann gegeben, wenn einer der **in § 348 genannten VerwAkte** beantragt worden ist. In Satz 2 ist ausdrücklich klargestellt, daß die Untätigkeitsbeschwerde nicht erhoben werden kann, wenn über einen Einspr nach § 348 oder eine Beschwerde nach § 349 nicht entschieden wird. Für **Untätigkeit im außergerichtlichen Rechtsbehelfsverfahren** gilt § 46 FGO, wonach in diesem Fall die Untätigkeitsklage erhoben werden kann. Über § 230 II RAO hinaus wird nunmehr in Abs II ausdrücklich geregelt, daß die Untätigkeitsbeschwerde nur gegeben ist, wenn die Antragsbearbeitung „**ohne Mitteilung** eines zureichenden Grundes" nicht in angemessener Frist erfolgt ist.

Was unter einem zureichenden Grund und einer angemessenen Frist zu verstehen ist, hängt von den Umständen des jeweiligen Einzelfalles ab, hinsichtlich der Frist dürfte eine Anlehnung an § 46 I S 2 FGO zulässig sein (ebenso *HHSp* RNr 16; aA *TK* RNr 13). Wird die Beschwerde zu früh erhoben, kann die Unzulässigkeit geheilt sein, wenn bis zur Beschwerdeentscheidung eine angemessene Frist ohne Tätigwerden der FinBeh verstrichen ist (*TK* RNr 13; *KKH* Anm 4). Eine Untätigkeitsbeschwerde ist nicht zulässig, solange sich der Stpfl mit einer Zurückstellung der Entscheidung über seinen Antrag einverstanden erklärt hat.

Im Gegensatz zu § 236 II RAO ist die Untätigkeitsbeschwerde jetzt unbefristet (§ 355 II).

4. Ausschluß der Beschwerdemöglichkeit. In den Fällen des Abs III ist unmittelbar die Klage gegeben.

§ 350 Beschwer

Befugt, Rechtsbehelfe einzulegen, ist nur, wer geltend macht, durch einen Verwaltungsakt oder dessen Unterlassung beschwert zu sein.

Schrifttum: *Mittelbach* Beschwer bei zu niedriger Steuerfestsetzung, DStZ A 1975, 435; *Ritzer* Beschwer bei unrichtiger Bilanzierung, BB 1976, 1022; *Lippross* Verfahrensrechtliche Folgen der Zusammenveranlagung zur Einkommensteuer; DB 84, 1850; *Röckl* Die Anfechtung von Lohnsteuerhaftungsbescheiden durch den Arbeitnehmer, BB 85, 265.

Übersicht
1. Inhalt der Vorschrift
2. Geltendmachung der Beschwer
3. Beschwer in der Verfügung
4. Steuerliche Beschwer
5. Getrennte Prüfung für jeden Veranlagungszeitraum

1. Inhalt. Die Vorschrift entspricht § 231 RAO. Sie entspricht auch weitgehend **§ 40 II FGO.** Anders als nach § 40 FGO braucht aber **keine Rechtsverletzung**, sondern **nur** eine **Beschwer** geltend gemacht zu werden. Beschwert ist jemand bei Ermessensentscheidungen der Behörden bereits dann, wenn zwar die Grenzen des Ermessens nicht überschritten worden sind, gleichwohl aber innerhalb der Ermessensgrenzen eine dem Stpfl günstige Entscheidung möglich ist. Hier liegt **keine Rechtsverletzung** vor, die nach § 102 FGO Erfolg haben könnte. Ein außergerichtlicher Rechtsbehelf aber könnte erfolgreich sein, wenn die entscheidende Behörde zu einer anderen Ermessensausübung gelangt (Begr EAO 74, BTDr VI/1982 zu § 333; AnwErl zu § 350 Abschn 1; *TK* RNr 2).

2. Geltendmachung der Beschwer. Für die Zulässigkeit des Rechtsbehelfs kommt es nicht darauf an, daß die Beschwer wirklich vorliegt, sondern sie muß nur **schlüssig vorgetragen** werden (BFH BStBl 81, 698). Das wirkliche Vorliegen der Beschwer ist keine Frage der Zulässigkeit, sondern der Begründetheit des Rechtsbehelfs (BFH BStBl 71, 654; *Ziemer-Haarmann-Lohse-Beermann,* Rechtsschutz in Steuersachen, Bd I Rz 1369ff). Die Schlüssigkeit der Beschwer ist von Amts wegen zu prüfen. Da jedoch die meisten StVerwAkte ohne weiteres eine Beschwer zum Inhalt haben, liegt in solchen Fällen in der bloßen Anfechtung des VerwAktes die Geltendmachung einer Beschwer, ohne daß es besonderer Ausführungen bedarf (BFH BStBl 73, 120; *TK* RNr 8). Aus diesem Grunde ist ein Rechtsbehelf gegen einen belastenden Verwaltungsakt in der Regel auch dann zulässig, wenn er nicht begründet wird. Eine Substantiierung des Rechtsbehelfs ist vor allem nur dann erforderlich, wenn die Beschwer des Rechtsbehelfsführers anhand des angefochtenen Verwaltungsakts nicht ohne weiteres erkennbar ist (BFH BStBl 86, 243).

1. Abschnitt. Zulässigkeit der Rechtsbehelfe **§ 350**

Beschränkt sich der Stpfl bei der Begründung seines Rechtsbehelfs ausschließlich und abschließend auf Einwendungen, die nicht den Regelungsgehalt des angegriffenen Verwaltungsaktes betreffen, so ist der Rechtsbehelf unzulässig. Der Verwaltungsakt wird mit Ablauf der Rechtsbehelfsfrist bestandskräftig (FG München EFG 88, 381), da der Rechtsbehelfsführer keine Beschwer durch den Verwaltungsakt geltend gemacht hat. Diese Frage ist allerdings von der Frage zu unterscheiden, ob ein Folgebescheid mit Einwendungen gegen den Grundlagenbescheid angegriffen werden kann (s dazu unten § 351 Anm 3). Hier ist der Rechtsbehelfsführer durch den aufgrund des Grundlagenbescheids ergangenen Folgebescheids eindeutig beschwert.

3. Beschwer in der Verfügung. Die Beschwer kann regelmäßig nur in dem **Ergebnis eines** VerwAktes – zB in der Höhe der festgestellten Einkünfte –, **nicht** jedoch in den **Gründen**, die zu diesem Ergebnis geführt haben, liegen (BFH BStBl 52, 289; 64, 70; 72, 465; 75, 858). An einer Beschwer fehlt es daher zB, wenn die FinBeh einen Bilanzansatz in der eingereichten Bilanz anders beurteilt, ohne daß das im Streitjahr Folgen für das Ergebnis der StFestsetzung hat (BFH BStBl 72, 465; 74, 522; 75, 206). Die Gründe stellen regelmäßig nur dann eine Beschwer dar, wenn sie ausnahmsweise für andere Steuern und steuerliche Maßnahmen bindend sind (BFH BStBl 64, 70).

Ferner liegt grundsätzlich keine Beschwer vor, wenn zwar die Steuerpflicht bejaht, die Steuer aber auf 0,– DM festgesetzt wird (BFH BStBl 77, 352; BFH/NV 86, 689; str, s die Nachw bei *Ziemer-Haarmann-Lohse-Beermann*, Rechtsschutz in Steuersachen, Bd I Rz 1392). Ebenso kann mangels Beschwer ein Bescheid in der Regel nicht angefochten werden, wenn wegen eines Verlustes die Steuer auf 0,– DM festgesetzt wird (BFH StRK § 232 RAO, R 3a; s aber auch unten Anm 5). Etwas anderes gilt bei einer StFestsetzung auf 0,– DM, wenn eine Vergütung begehrt wird (AnwErl zu § 350 Abschn 3). Außerdem kann der Stpfl durch die Feststellung eines Verlustvortrags oder Verlustrücktrags im Feststellungsjahr beschwert sein (AnwErl zu § 350 Abschn 5). Durch den Ansatz eines Verlustes in dem das Verlustentstehungsjahr betreffenden KStBescheid wird aber keine Besteuerungsgrundlage mit Bindungswirkung für die KSt im Verlustabzugsjahr festgestellt (BFH BStBl 88, 463; s auch Erl zu § 182).

Bei der Zusammenveranlagung fehlt es für denjenigen Ehegatten an der Beschwer, dem der Bescheid nicht bekannt gegeben worden ist (BFH DB 84, 98). Ein mit seinem Ehegatten zusammen zur ESt veranlagter Stpfl kann im übrigen im Hinblick auf die Folgen einer Aufteilung der StSchuld schon dann beschwert sein, wenn das FA abweichend von der StErklärung seine Einkünfte zugunsten jener des Ehegatten erhöht hat, die Gesamtschuld aber gleich geblieben ist. Die Beschwer entfällt jedoch, wenn ein Aufteilungsantrag nicht mehr möglich ist (BFH BStBl 87, 94; s auch Erl zu § 268). Bei einheitlichen Feststellungsbescheiden kann ein Beteiligter, dessen Rechtsbehelfsbefugnis nicht durch § 352 I beschränkt ist, schon dann Einspruch einlegen, wenn der Feststellungsgescheid durch Bekanntgabe gegenüber anderen Beteiligten existent geworden ist (BFG BStBl 81, 33; 88, 855). Eine Beschwer ist bei Feststellungsbescheiden auch dann gegeben, wenn sich der Stpfl gegen die Art und die Zurechnung von Einkünf-

§ 351

ten wehrt (FG RhPf EFG 85, 247). Ist aber offensichtlich, daß die im Feststellungsbescheid getroffenen Feststellungen für einen Feststellungsbeteiligten keine steuerlichen Auswirkungen haben (zB wegen fehlender EStPflicht), so fehlt dem Rechtsbehelf dieses Feststellungsbeteiligten das Rechtsschutzinteresse (FG Düsseldorf EFG 85, 251).

Die Beschwer kann auch **erstmals in der Einspruchsentscheidung** liegen. Der Stpfl braucht dann gegen diese Einspruchsentscheidung nicht erneut ein Vorverfahren durchzuführen, sondern kann unmittelbar Anfechtungsklage erheben (BFH BStBl 88, 377).

4. Steuerliche Beschwer. Das außergerichtl Vorverfahren ist grundsätzlich nur dazu bestimmt, steuerliche Streitfragen zu klären (s BFH BStBl 61, 38). Die Beschwer muß also auf steuerlichem Gebiet gegeben sein, die Rspr hat bisher nahezu ausnahmslos außersteuerliche Gesichtspunkte unberücksichtigt gelassen (vgl BFH/NV 86, 289, wo der Stpfl geltend gemacht hatte, die Veranlagungsart habe Einfluß auf die Bewilligung der Arbeitslosenhilfe).

Ausnahmsweise können aber außersteuerliche Gesichtspunkte zu einer Beschwer führen, wenn der Bescheid oder die ihm zugrunde liegenden Feststellungen **bindende Wirkungen für andere Verfahren** haben (*TK* RNr 2; *Ziemer-Haarmann-Lohse-Beermann*, Rechtsschutz in Steuersachen, Bd I Rz 1389 mw Nachw). **Niemals kann ein bloßes wirtschaftliches Interesse am Wegfall der festgestellten Besteuerungsgrundlage** oder der festgesetzten Steuer eine Beschwer rechtfertigen. Es muß sich immer um ein rechtlich geschütztes Interesse handeln (BFH BStBl 78, 383).

5. Getrennte Prüfung für jeden Veranlagungszeitraum. Ob eine Beschwer vorliegt, ist für jeden Veranlagungszeitraum gesondert zu prüfen und zu entscheiden, es sei denn, in einer StFestsetzung werden Entscheidungen getroffen, die auch für spätere Veranlagungszeiträume oder für andere StArten maßgeblich sind oder werden können (BFH StRK § 232 AO R 31). Demgemäß liegt eine Beschwer auch bei Festsetzung einer nach Auffassung des Stpfl **zu niedrigen Steuer** vor, wenn sich diese Festsetzung in späteren Veranlagungszeiträumen (zB wegen Bilanzzusammenhangs) im Ergebnis zu seinen Ungunsten auswirken kann (BFH BStBl 64, 120; 67, 215; 73, 323; 76, 492; 76, 501; 82, 211).

§ 351 Bindungswirkung anderer Verwaltungsakte

(1) Verwaltungsakte, die unanfechtbare Verwaltungsakte ändern, können nur insoweit angegriffen werden, als die Änderung reicht, es sei denn, daß sich aus den Vorschriften über die Aufhebung und Änderung von Verwaltungsakten etwas anderes ergibt.

(2) Entscheidungen in einem Grundlagenbescheid (§ 171 Abs. 10) können nur durch Anfechtung dieses Bescheides, nicht auch durch Anfechtung des Folgebescheides, angegriffen werden.

Schrifttum: *Beckermann* Die Anfechtung von Änderungsbescheiden, StWA 1973, 23; *Söhn* Anfechtung von Folgebescheiden, StuW 74, 50; *Kulla* Gedanken zur Auswirkung der §§ 177 und 351 AO auf geänderte Steuerbescheide, DStZ 1980, 51; *Macher* Die beschränkte Anfechtbarkeit von Steuerverwaltungsakten, StuW 85, 83; *Alexander*

1. Abschnitt. Zulässigkeit der Rechtsbehelfe **§ 351**

Änderung von Änderungsbescheiden, StW 88, 1; *Lück* Unrichtigkeiten im Verhältnis zwischen Grundlagen- und Folgebescheid, DStZ 88, 281; *Günther* Zur Zulässigkeit eines Einspruchs und eines Antrags auf Aussetzung der Vollziehung gegen einen Folgebescheid, NSt 1988/14 Rechtsbehelfsverfahren-Folgebescheid-Darst 1.

Übersicht
1. Inhalt der Vorschrift
2. Rechtsbehelf nur, soweit Änderung reicht
3. Grundlagenbescheid

1. Inhalt. Die Vorschrift bestimmt für alle VerwAkte, auch soweit gegen sie die Beschwerde gegeben ist *(TK* RNr 1; aA BdF-Schreiben StEK AO § 351 Nr 1), daß sie auf Grund einer Änderung nur insoweit angegriffen werden können, als die **Änderung** reicht. Bei der Änderung eines unanfechtbaren VerwAktes zugunsten des Stpfl ist grundsätzlich ein Rechtsbehelf nicht gegeben. Das gilt jedoch nicht, wenn sich aus den Berichtigungsvorschriften ein Rechtsanspruch auf Berichtigung ergibt.

Beispiel:
a) Ein StBescheid wird nach § 173 I Nr 1 zuungunsten des Stpfl geändert. Der Stpfl kann mit dem Einspruch geltend machen, daß Tatsachen iS des § 173 I Nr 2 unberücksichtigt geblieben sind, die die Mehrsteuern im Ergebnis nicht nur ausgleichen, sondern sogar zu einer **Erstattung** führen.

b) Ein StBescheid wird nach § 173 I Nr 2 zugunsten des Stpfl geändert. Der Stpfl kann mit dem Einspruch geltend machen, daß Tatsachen, die zu einer **weitergehenden Erstattung** führen, unberücksichtigt geblieben sind.

2. Rechtsbehelf nur, soweit Änderung reicht. Abs I ersetzt § 232 I RAO.

Die in § 229 I RAO enthaltene Beschränkung auf einspruchsfähige Verfügungen ist in Abs I nicht übernommen worden, so daß die Vorschr für alle VerwAkte gilt (s oben A 1). Der letzte Halbsatz des Abs I hat lediglich klarstellende Bedeutung. Abs I wird ergänzt durch § 177.

Es ist nicht von Bedeutung, ob der Stpfl die Gründe, die er gegen den Änderungsbescheid geltend macht, bereits gegen den früheren Bescheid hätte vorbringen können oder nicht (BFH BStBl 64, 373). Die Prüfung darf sich auch nicht auf die vom Stpfl gegen den Änderungsbescheid geltend gemachten Gründe beschränken. Der Änderungsbescheid ist vielmehr in den Grenzen des § 351 I **unter allen rechtlichen Gesichtspunkten,** auch solchen, die den vorangegangenen geänderten Bescheid betreffen und im Änderungsbescheid fortwirken, zu überprüfen (BFH/NV 87, 433; *TK* Tz 9). Im Rahmen eines Rechtsbehelfsverfahrens gegen einen Änderungsbescheid, der einen bestandskräftigen Feststellungsbescheid ändert, kann aber nicht mehr über Fragen entschieden werden, die in dem ursprünglichen Feststellungsbescheid bereits bestandskräftig festgestellt worden sind und von dem Änderungsbescheid nicht betroffen werden. So kann im Verfahren über einen Bescheid, mit dem die Höhe eines festgestellten Einheitswerts geändert worden ist, nicht mehr entschieden werden, ob ein Gewerbebetrieb unterhalten wird und deshalb überhaupt ein Einheitswert

§ 351 7. Teil. Außergerichtliches Rechtsbehelfsverfahren

des Betriebsvermögens festzustellen ist (BFH/NV 86, 388). Allerdings ist ein Rechtsmittel gegen einen Änderungsbescheid auch insoweit zulässig, als dieser Besteuerungsgrundlagen des ursprünglichen formell bestandskräftigen Bescheids übernimmt, wenn der ursprüngliche Bescheid unter dem Vorbehalt der Nachprüfung stand oder wegen dieser Besteuerungsgrundlagen mit einem Vorläufigkeitsvermerk versehen war und der ursprüngliche Bescheid mit dem Änderungsbescheid endgültig geworden ist (vgl FG Berlin EFG 86, 298; FG Hamburg EFG 86, 430; und oben § 348 Anm 2a). Alles, was ein Stpfl nach Abs I im Rechtsbehelfsverfahren erreichen kann, kann bereits vor Erlaß des Änderungsbescheides berücksichtigt werden. Das FA kann also von dem Erlaß eines Änderungsbescheides **absehen**, wenn sicher ist, daß dieser aufgrund von zulässigen Einwendungen des Stpfl wieder aufzuheben wäre (BFH BStBl 66, 156).

Abs I findet keine Anwendung, wenn die StFestsetzung nach § 164 unter dem Vorbehalt der Nachprüfung oder soweit sie nach § 165 vorläufig durchgeführt worden ist. Die Vorschr gilt ebenfalls nicht für die nach den §§ 130, 131 korrigierten oder für ersatzlos aufgehobene Verwaltungsakte. Auf korrigierte Lohnsteuerhaftungsbescheide ist § 351 I somit nicht anwendbar (BFH BStBl 84, 791). Dagegen ist Abs I zu beachten, wenn ein Verwaltungsakt nach § 129 berichtigt worden ist, da kein Grund ersichtlich ist, die Bestandskraft des ursprünglichen Verwaltungsakts bei einer Berichtigung außer acht zu lassen (AnwErl zu § 351 Abschn 3).

3. Grundlagenbescheid. Abs II entspricht im Ergebnis § 232 II bis IV RAO. Die AO enthält keine generelle Erläuterung des im Gegensatz zu dem **Begriff** des Grundlagenbescheids stehenden Begriff des Folgebescheids. Wie sich aus dem Zusammenhang der Vorschriften der §§ 182 I, 171 X, 175 I Nr 1 und 351 II ergibt, verwendet die AO den Begriff Folgebescheid für Verwaltungsakte, die die Regelungen eines Feststellungsbescheids, StMeßbescheids oder eines sonstigen für die Festsetzung einer St verbindlichen Verwaltungsakts (Grundlagenbescheid) als bindend übernehmen (BFH BStBl 88, 600). So ist zB ein Zinsbescheid im Verhältnis zu dem StBescheid mit dem die gestundete St festgesetzt worden ist, Folgebescheid (FG Hamburg EFG 86, 106).

Hat der Stpfl statt des Grundlagenbescheides den Folgebescheid angefochten, so ist der Rechtsbehelf idR **umzudeuten** (*TK* RNr 2). Bei Fristversäumnis ist ggf zu prüfen, ob Wiedereinsetzung in den vorigen Stand (§ 110) zu gewähren ist. Wenn der Grundlagenbescheid unanfechtbar geworden ist und eine Wiedereinsetzung in den vorigen Stand nicht möglich ist, kann er durch das Rechtsmittel gegen den Folgebescheid nicht mehr angegriffen werden. Das Rechtsmittel gegen den Folgebescheid ist daher **unzulässig**, sofern darin nur Mängel des Grundlagenbescheides geltend gemacht werden (Nieders FG EFG 82, 446; FG Hamburg EFG 83, 104; 86, 627; FG Münster EFG 82, 338; FG Bremen EFG 83, 332; FG Köln EFG 84, 267; FG Berlin EFG 86, 610; *TK* RNr 3; *Ziemer-Haarmann-Lose-Beermann,* Rechtsschutz in Steuersachen, Bd I Rz 1458; aA *HHSp* RNr 19). Nachdem es zunächst den Anschein hatte, daß der BFH seine gegenteilige Auffassung angesichts des klaren Wortlauts des § 351 II aufgeben würde (vgl BFH BStBl 85, 3), hält er nunmehr unverändert daran fest, daß eine lediglich mit Einwendungen gegen den Grundlagenbescheid begründete Klage gegen

1. Abschnitt. Zulässigkeit der Rechtsbehelfe § 352

einen Folgebescheid nicht als unzulässig abzuweisen ist, sondern die Klage zunächst nur unbegründet ist (BFH BStBl 88, 142; BFH/NV 86, 168). Falls der Grundlagenbescheid bereits angefochten oder noch anfechtbar ist, soll es im Ermessen des Gerichts stehen, ob es das Klageverfahren gem § 74 FGO aussetzt oder aber die Klage als unbegründet abweist (BFH BStBl 79, 678; 84, 580; 88, 142). Die Auffassung des BFH ist wenig überzeugend. Andererseits vertritt er nämlich die Auffassung, daß ein Antrag auf **Aussetzung der Vollziehung**, der mit Zweifeln an der Rechtmäßigkeit der Entscheidungen im Grundlagenbescheid begründet wird, unzulässig ist (BFH BStBl 88, 240; BFH/NV 86, 709; 88, 146). Dieser Auffassung, die dann aber auch für die Anfechtung des Folgebescheids gelten muß, ist zuzustimmen. Dabei ist die überlange Dauer des Verfahrens zur Erlangung einstweiligen Rechtsschutzes hinsichtlich des Grundlagenbescheids keine unbillige Härte, die eine Aussetzung der Vollziehung des Folgebescheids rechtfertigen könnte (BFH/NV 88, 146; FG Bremen EFG 83, 332; FG Münster EFG 83, 537; FG Köln EFG 84, 267; aA FG Hamburg EFG 83, 104). Ebensowenig vermögen verfassungsrechtliche Einwendungen gegen den Grundlagenbescheid die Aussetzung der Vollz des Folgebescheids zu rechtfertigen (BFHE 148, 84). Vorläufiger Rechtsschutz gegen den Folgebescheid mit Einwendungen gegen den Grundlagenbescheid kann auch nicht durch einstweilige Anordnung des Gerichts erreicht werden (aA FG Saarl EFG 85, 32), da anderenfalls gleichsam durch die Hintertür dasselbe Ergebnis wie die Aussetzung der Vollz des Folgebescheids erreicht würde. Die Vorschr, daß Entscheidungen im Grundlagenbescheid nur durch Anfechtung dieses Bescheids und nicht durch Anfechtung des Folgebescheids angefochten werden können, gilt auch dann, wenn die FinBeh zunächst einen Steuerbescheid erlassen hat und in der Folge den Grundlagenbescheid nachholt (BFH BStBl 78, 632; 85, 3). Das gilt auch dann, wenn in dem Grundlagenbescheid der Gewinn in derselben Höhe festgestellt wird wie in dem vorausgegangenen Steuerbescheid (BFH 85, 3). Voraussetzung ist aber immer, daß überhaupt ein Grundlagenbescheid ergangen und dieser **Grundlagenbescheid wirksam** geworden ist. Der Rechtsbehelf gegen einen Folgebescheid ist daher zulässig, wenn der Stpfl geltend macht, der zugrundeliegende Grundlagenbescheid sei nicht wirksam zugestellt worden (BFH BStBl 86, 477). Ebenso ist ein Rechtsmittel auf Aussetzung der Vollziehung des Folgebescheids, der mit ernstlichen Zweifeln an der wirksamen Bekanntgabe des geänderten Grundlagenbescheids begründet wird, zulässig (BFH BStBl 88, 660).

§ 352 Rechtsbehelfsbefugnis bei einheitlichen Feststellungsbescheiden

(1) Einen Einspruch in Angelegenheiten, die einen einheitlichen Feststellungsbescheid über Einkünfte aus Gewerbebetrieb, über den Einheitswert eines gewerblichen Betriebes oder über wirtschaftliche Untereinheiten von gewerblichen Betrieben betreffen, können die folgenden Personen einlegen:
1. soweit es sich darum handelt, wer an dem festgestellten Betrag beteiligt ist und wie dieser sich auf die einzelnen Beteiligten verteilt: jeder Gesellschafter oder Gemeinschafter, der durch die Feststellungen hierzu berührt wird,

§ 352 7. Teil. Außergerichtliches Rechtsbehelfsverfahren

2. soweit es sich um eine Frage handelt, die einen Gesellschafter oder Gemeinschafter persönlich angeht:
der Gesellschafter oder Gemeinschafter, der durch die Feststellungen über die Frage berührt wird,
3. im übrigen:
nur die zur Geschäftsführung berufenen Gesellschafter oder Gemeinschafter.

(2) Sind in anderen als den Fällen des Absatzes 1 einheitliche Feststellungsbescheide gegen Mitberechtigte ergangen, so ist jeder Mitberechtigte befugt, Einspruch einzulegen.

Schrifttum: *Streck/Rainer* Bei Einspruchsentscheidungen in Gewinnfeststellungssachen ist zu prüfen, ob das Finanzamt auch tatsächlich über den eingelegten Einspruch des zutreffenden Einspruchsführers entschieden hat; andernfalls ist bereits aus diesem Grund Klage geboten, Stbg 86, 70; *dies* Rechtsbehelfsbefugnis des geschäftsführenden Gesellschafters betr. gesonderten Gewinnfeststellungsbescheid, Stbg 87, 353; *Olbertz* Rechtsbehelfsbefugnis bei einheitlichen Feststellungsbescheiden – § 352 AO, DB 88, 733.

Übersicht
1. Inhalt der Vorschrift
2. Verfassungsrechtliche Bedenken
3. Rechtsbehelfsbefugnis der geschäftsführenden Gesellschafter
4. Rechtsbehelfsbefugnis der anderen Gesellschafter
5. Anwendung auf Billigkeitsmaßnahmen
6. Einspruchsrecht aller Mitberechtigten

1. Inhalt. Die Vorschrift entspricht § 233 RAO und stimmt im **Wortlaut** mit **§ 48 FGO** überein. Sie regelt die Rechtsbehelfsbefugnis in den Fällen, in denen ein Feststellungsbescheid einheitlich gegen mehrere Personen ergeht (§ 179 II S 2). In diesen Fällen richtet sich der Feststellungsbescheid gegen alle beteiligten Personen, so daß an sich auch alle diese Personen die Rechtsbehelfsbefugnis hätten. Abs I des § 352 schränkt die Rechtsbehelfsbefugnis jedoch ein, wenn der Feststellungsbescheid Einkünfte aus Gewerbe, den Einheitswert eines Gewerbebetriebes oder wirtschaftliche Untereinheiten von gewerblichen Betrieben betrifft. Der BFH (BStBl 85, 519; 87, 197) wendet die Vorschr entsprechend auch auf die KG an, wenn diese mangels Ausübung eines Handelsgewerbes als Gesellschaft des bürgerlichen Rechts zu werten ist (Schein-KG). Da es um eine Einschränkung der Rechtsbehelfsbefugnis geht, bestehen gegen die Analogie Bedenken (gegen Analogie aus Gründen des § 48 II FGO auch *Gräber/von Groll,* FGO, 2. Aufl., § 48 Tz 11 mwN). Nach Abs I Nr 3 sind nur die zur **Geschäftsführung berufenen** Gesellschafter oder Gemeinschafter zum Einspr befugt, es sei denn, daß der Rechtsbehelf nur die Beteiligung der Mitberechtigten an dem festgestellten Betrag betrifft (Abs I Nr 1) oder nur Fragen berührt, die ledigl einen Gesellschafter oder Gemeinschafter angehen (Abs I Nr 2).

2. Verfassungsrechtliche Bedenken: Gegen die gleichlautende Vorschrift des § 48 FGO sind wiederholt auf Art 19 Abs IV GG gestützte verfassungsrechtl Bedenken erhoben worden (s die näheren Nachw bei *Gräber/von Groll,* FGO, 2. Aufl, § 48 RNr 7). Diese Bedenken sind nicht über-

1. Abschnitt. Zulässigkeit der Rechtsbehelfe **§ 352**

zeugend und der Gesetzgeber ist ihnen bei der Aufnahme des § 352 in die AO nicht gefolgt. Die Begr zum EAO 74 (BTDr VI/1982 zu § 335) führt dazu aus:
Die verfassungsrechtl Bedenken, die das FG Hamburg in seinem Vorlagebeschluß vom 20. 8. 1970 (EFG 1969, 508) gegen den gleichlautenden § 48 FGO erhoben hat, werden nicht geteilt. Das BVerfG hat anerkannt, daß sachgerechte prozeßrechtl Vertretungsregelungen mit Art 19 IV GG zu vereinbaren sind (BVerfGE 10, 268). Eine solche Regelung liegt hier vor.
In den Fällen des Abs I werden die nicht geschäftsführenden Gesellschafter oder Gemeinschafter durch Geschäftsführer „vertreten". Die Regelung beinhaltet eine Art **Prozeßstandschaft**. Sie ist auch sachgerecht. Wer unter Ausschluß der hierzu nicht berechtigten Gesellschafter oder Gemeinschafter berechtigt ist, für eine Gesellschaft oder Gemeinschaft die Geschäfte zu führen, womit auch die Führung der Geschäftsbücher verbunden ist, der muß auch allein berechtigt sein, Rechtsbehelfe einzulegen, die der Feststellung des von ihm verwalteten Gesellschafts- oder Gemeinschaftsvermögens oder der von ihm erwirtschafteten Gewinne dienen. Der nicht geschäftsführende Gesellschafter oder Gemeinschafter muß die dabei erzielten Ergebnisse genauso gegen sich gelten lassen, wie er die von den Geschäftsführern erzielten Geschäftsergebnisse hinzunehmen hat. Ihm bleiben nur **interne Ansprüche** gegen die Geschäftsführer.

3. Rechtsbehelfsbefugnis der geschäftsführenden Gesellschafter. Die geschäftsführenden Gesellschafter sind in allen Fällen zur Einlegung von Rechtsbehelfen befugt. Das gilt **auch in den Fällen des Abs I Nr 1 und 2,** in denen auch die anderen Gesellschafter eine Rechtsbehelfsbefugnis haben. Die Rechtsbehelfsbefugnis der geschäftsführenden Gesellschafter für die Gesellschaft besteht selbst dann, wenn insoweit Interessen der Gesellschaft oder ihre eigenen Interessen an sich nicht berührt sind (BFH BStBl 65, 464; 68, 122; 72, 672; 73, 238; aA *TK* § 48 FGO RNr 5; *Ziemer-Birkholz*, FGO, § 48 A 9).
Die Vorschrift spricht nur von den zur Geschäftsführung berufenen Gesellschaftern. Im Zivilrecht wird streng zwischen **Geschäftsführungsbefugnis**, dh der Befugnis zur Führung der Geschäfte im Innenverhältnis (s § 709 BGB, § 114 HGB), und dem **Vertretungsrecht**, dh dem Recht zur Vertretung Dritten gegenüber (s § 714 BGB, 125 HGB), unterschieden. Trotz des Wortlauts des § 352 ist auch die Vertretungsbefugnis für die Rechtsbehelfsbefugnis nach Abs I Nr 3 zu fordern (BFH BStBl 72, 672; 73, 676; 77, 506; 84, 318; 85, 519; 86, 408; *Gräber/von Groll*, FGO, 2. Aufl § 48 RNr 20 mw Nachw). Kann das Geschäftsführungs- und Vertretungsrecht nach dem Gesellschaftsvertrag nur von mehreren Gesellschaftern gemeinsam ausgeübt werden, können sie auch nur gemeinsam Rechtsbehelfe einlegen (BFH BStBl 72, 672). Die vertretungsberechtigten Gesellschafter handeln dabei immer im Namen der Gesellschaft und nicht im eigenen Namen (BFH BStBl 72, 672; 73, 676; 74, 436; FG BadWürtt EFG 88, 147; aA *KKH* Anm 3 f).

4. Rechtsbehelfsbefugnis der anderen Gesellschafter. Die nicht vertretungsberechtigten Gesellschafter haben nur in den **Ausnahmefällen** des Abs I Nr 1 und 2 die Rechtsbehelfsbefugnis. Ein Fall der Nr 1 ist zB gegeben, wenn streitig ist, ob eine Person an einer Gesellschaft oder Gemeinschaft beteiligt ist. Fälle der Nr 2 liegen zB vor, wenn es um die Frage geht, ob ein Beteiligter Sonderbetriebsausgaben oder Sonderbetriebseinnahmen hat.

Im übrigen ist ein nicht zur Geschäftsführung berufener Gesellschafter selbst dann nicht zur Einlegung von Rechtsmitteln befugt, wenn der geschäftsführende Gesellschafter von sich aus die werbende Tätigkeit einstellt, die Angestellten entläßt und die Eröffnung des Konkurses über das Vermögen der Gesellschaft mangels Masse abgelehnt worden ist (BFH BStBl 75, 495).

Die Beschränkung der Rechtsmittelbefugnis entfällt für Gesellschafter, die aus der Gesellschaft ausgeschieden sind (BFH BStBl 72, 672). Ferner sind alle Gesellschafter zur Einlegung von Rechtsmitteln befugt, wenn die Gesellschaft aufgelöst oder das Konkursverfahren über das Vermögen der Gesellschaft eröffnet worden ist (BFH BStBl 58, 285; 67, 790; 75, 774).

5. Anwendung auf Billigkeitsmaßnahmen. In den Feststellungsbescheiden des Abs I können auch Billigkeitsentscheidungen getroffen werden. Solche Billigkeitsmaßnahmen sind auch dann nicht mit dem Einspruch, sondern nur mit der Beschwerde anfechtbar, wenn sie Bestandteil des Feststellungsbescheids sind (s § 348 A 2b). Der Wortlaut des § 352 I stellt nur auf einspruchsfähige Entscheidungen ab. Trotzdem muß vom Zweck der Vorschr her die Beschränkung der Rechtsmittelbefugnis **auch für Beschwerden gegen Billigkeitsentscheidungen** gelten, wenn eine solche Entscheidung entweder im Feststellungsbescheid selbst oder gesondert dazu erfolgt (AnwErl zu § 352).

6. Einspruchsrecht aller Mitberechtigten. In anderen als den in I genannten Fällen hat jeder Mitberechtigte das Recht, Einspruch einzulegen. Es sind dies zB die Fälle der **einheitlichen Feststellung** von Einkünften aus Land- und Forstwirtschaft, freiberuflicher Tätigkeit oder Vermietung und Verpachtung. Hier werden einzelne Mitberechtigte regelmäßig nicht unter Ausschluß der anderen Beteiligten zur Geschäftsführung berufen sein. Im übrigen wird das Einspruchsrecht nicht dadurch beeinträchtigt, daß Berechtigte die Befugnis, ihre Rechte wahrzunehmen, auf andere übertragen haben. Über die Rechtsstellung im Steuerfestsetzungsverfahren oder im Verfahren über die einheitliche und gesonderte Feststellung von Besteuerungsgrundlagen kann nicht privatrechtlich verfügt werden. Eine gewillkürte Prozeßstandschaft ist nicht zulässig (BFH BStBl 81, 696 mw Nachw).

§ 353 Rechtsbehelfsbefugnis des Rechtsnachfolgers

Wirkt ein Feststellungsbescheid über einen Einheitswert, ein Grundsteuermeßbescheid oder ein Zerlegungs- oder Zuteilungsbescheid über einen Grundsteuermeßbetrag gegenüber dem Rechtsnachfolger, ohne daß er diesem bekanntgegeben worden ist (§ 182 Abs. 2, § 184 Abs. 1 Satz 4, §§ 185 und 190), so kann der Rechtsnachfolger nur innerhalb der für den Rechtsvorgänger maßgebenden Rechtsbehelfsfrist Einspruch einlegen.

1. Inhalt. Die Vorschrift zieht die für das Rechtsbehelfsverfahren notwendigen Folgerungen aus der quasi dinglichen Wirkung von Feststellungsbescheiden über einen Einheitswert, von GrStMeßbescheiden oder von Zerlegungs- und Zuteilungsbescheiden über Grundsteuermeßbeträge (vgl § 182 Anm 2). Der Rechtsnachfolger, gegen den die genannten Bescheide gem §§ 182 II, 184 I 4, 185 und 190 unmittelbar wirken, ist zur Einlegung eines Einspr befugt. Dies würde sich auch schon aus § 350 ergeben. Insoweit enthält S 1 des § 353 entspr § 234 RAO lediglich eine Klarstellung.

2. Rechtsbehelfsfrist. Für den Rechtsnachfolger läuft eine besondere Rechtsbehelfsfrist, wenn ihm der Feststellungsbescheid nach § 182 II S 2 **bekanntzugeben** ist. Wirkt der Feststellungsbescheid gegen ihn ohne besondere Bekanntgabe, so muß er einen Einspruch innerhalb der für den Rechtsvorgänger geltenden Rechtsbehelfsfrist einlegen. Ist diese Frist bereits abgelaufen, so muß er die Unanfechtbarkeit hinnehmen. Zu den einzelnen Fällen, die sich im zeitlichen Ablauf unterscheiden lassen, s AnwErl zu § 353 (BStBl 87, 664).

§ 354 Rechtsbehelfsverzicht

(1) ¹**Auf Einlegung eines Rechtsbehelfs kann nach Erlaß des Verwaltungsaktes verzichtet werden.** ²**Der Verzicht kann auch bei Abgabe einer Steueranmeldung für den Fall ausgesprochen werden, daß die Steuer nicht abweichend von der Steueranmeldung festgesetzt wird.** ³**Durch den Verzicht wird der Rechtsbehelf unzulässig.**

(2) ¹**Der Verzicht ist gegenüber der zuständigen Finanzbehörde schriftlich oder zur Niederschrift zu erklären; er darf keine weiteren Erklärungen enthalten.** ²**Wird nachträglich die Unwirksamkeit des Verzichts geltend gemacht, so gilt § 110 Abs. 3 sinngemäß.**

Schrifttum: *Rößler* Tatsächliche Verständigung und Rechtsmittelverzicht, DStZ 88, 375; *Baur* Vereinbarungen in der Schlußbesprechung – Vorteile und Risiken, BB 88, 602.

1. Inhalt. Die Vorschrift entspricht § 50 FGO (vgl auch § 514 ZPO). Abweichend von § 235 RAO ist nach der Vorschr der Rechtsbehelfsverzicht nur **nach Erlaß** des VerwAktes, dafür aber bei allen VerwAkten zulässig. Nur für StAnmeldungen kann der Rechtsbehelfsverzicht bereits bei Abgabe der StAnmeldung für den Fall ausgesprochen werden, daß die St nicht abweichend von der StAnmeldung festgesetzt wird. Dies entspr § 235 I S 3 RAO.

2. Zuständige Behörde. Der Verzicht ist gegenüber der zuständigen FinBeh auszusprechen. Empfangsbehörde des Verzichts bei einem Zuständigkeitswechsel nach Erlaß des VerwAkts ist das jetzt **zuständig gewordene FA.** Bei einer Zuständigkeitsvereinbarung gem § 26 S 2 ist der Verzicht gegenüber der das VerwVerfahren fortführenden Behörde zu erklären (s dazu BMF-Schreiben DStZB 78, 371; *HHSp* RNr 12; aA *TK* RNr 9, die § 357 II anwenden wollen).

Der Verzicht auf eine Beschwerde kann nicht gegenüber der Beschwerdebehörde, sondern immer nur gegenüber der sachlich und örtlich zuständigen, der Beschwerdebehörde nachgeordneten FinBeh erklärt werden (s

§ 355 7. Teil. Außergerichtliches Rechtsbehelfsverfahren

BMF-Schreiben aaO). Dies ergibt sich daraus, daß – im Gegensatz zu § 257 II 2, § 358, § 360 I, § 363 und § 368 II – in § 354 nicht der Begriff der „zur Entscheidung berufenen FinBeh" verwendet wird. Bei einem Wechsel der örtlichen Zuständigkeit ist demgemäß der Verzicht auf die Beschwerde ebenfalls gegenüber dem neu zuständigen FA zu erklären.

Der Verzicht kann **schriftlich** oder **zur Niederschrift** erklärt werden. Er muß eindeutig sein. Wird ein Rechtsstreit vor dem FG aufgrund eines Änderungsbescheides in der Hauptsache für erledigt erklärt, so liegt darin noch kein Verzicht auf einen Rechtsbehelf gegen den Änderungsbescheid (BFH BStBl 81, 5). Der Änderungsbescheid kann aber nur noch in den Grenzen des § 351 I angefochten werden (FG Berlin EFG 87, 627). Lehnt das FA den Erlaß des zugesagten Änderungsbescheids ab, kann der Rechtsstreit mit dem Antrag fortgesetzt werden, das FA zum Erlaß des Änderungsbescheides zu verpflichten (BFH BStBl 88, 121). Er darf nicht von einer Bedingung abhängig gemacht werden (*TK* RNr 7) und keine weiteren Erklärungen enthalten (Abs II 1). Wegen des Verbots weiterer Erklärungen ist der schriftliche Rechtsbehelfsverzicht nur wirksam, wenn er in einer gesonderten Erklärung ausgesprochen und unterschrieben wird (BFH BStBl 84, 513). Eine **Verständigung** über schwierig zu ermittelnde tatsächliche Umstände zwischen den Beteiligten kann auch ohne eine solche gesonderte Erklärung dazu führen, daß die tatsächlichen Umstände von den Beteiligten nicht mehr mit Rechtsmitteln angegriffen werden können. Ein Verzicht im Sinne des § 354 liegt hierin nicht, da nicht insgesamt auf ein Rechtsmittel in der betreffenden StAngelegenheit verzichtet wird (s oben § 78 Anm 4).

3. Berechtigter. Verzichten kann, wer befugt ist, den Rechtsbehelf einzulegen. Bei zusammen veranlagten Ehegatten kann jeder für sich den Verzicht erklären. Ist ein Angehöriger der steuerberatenden Berufe mit der Wahrnehmung der steuerlichen Angelegenheiten beauftragt, so umfaßt die Vollmacht auch die Befugnis auf Rechtsbehelfsverzicht (BFH BStBl 53, 288).

4. Keine Rücknahme des Verzichts. Als öffentl-rechtl Willenserklärung kann der Rechtsbehelfsverzicht nicht zurückgenommen werden, **Anfechtung** wegen Irrtums ist **nicht möglich** (*TK* RNr 11). Wird Unwirksamkeit des Verzichts geltend gemacht, etwa wegen Täuschung oder Drohung und sonstiger unlauterer Beeinflussung durch die Behörden oder weil die Rechtsmittelbelehrung fehlte, geht das nur binnen Jahresfrist seit dem Ende der versäumten Frist. Später kann der Verzicht nicht mehr zurückgenommen werden.

Zweiter Abschnitt.
Allgemeine Verfahrensvorschriften

§ 355 Rechtsbehelfsfrist

(1) ¹**Die Rechtsbehelfe gegen einen Verwaltungsakt sind innerhalb eines Monats nach Bekanntgabe des Verwaltungsaktes einzulegen.** ²**Ein Rechtsbehelf gegen eine Steueranmeldung ist innerhalb eines Monats**

2. Abschnitt. Allgemeine Verfahrensvorschriften § 355

nach Eingang der Steueranmeldung bei der Finanzbehörde, in den Fällen des § 168 Satz 2 innerhalb eines Monats nach Bekanntwerden der Zustimmung, einzulegen.

(2) Die Beschwerde nach § 349 Abs. 2 ist unbefristet.

Schrifttum: *Bink* Rechtsbehelfseinlegung schon vor Bekanntgabe des Verwaltungsaktes, DB 1983, 1626.

Übersicht

1. Inhalt der Vorschrift
2. Sonderregelung für Steueranmeldungen
3. Beginn der Frist
4. Berechnung der Frist

1. Inhalt. Die Vorschrift entspricht § 236 RAO. Im Gesetzgebungsverfahren ist zwar erwogen worden, die Rechtsbehelfsfrist auf 3 Monate zu verlängern. Im Interesse der **Rechtseinheit mit der FGO** und **VwGO** ist aber an der Frist von 1 Monat festgehalten worden (s Begr zu EAO 74, BTDr VI/1982 zu § 338). Die Frist gilt **nicht** für die Anfechtung von **nichtigen Verwaltungsakten** (vgl oben § 125 Anm 5). Ein nichtiger Verwaltungsakt kann keine Rechtswirkungen nach §§ 355, 358 haben (BFH BStBl 86, 834).

2. Sonderregelung für Steueranmeldungen. Abs I 2 enthält die notwendige Sonderregelung für die Anfechtung von Steueranmeldungen. Gewisse Schwierigkeiten ergeben sich daraus, daß der Stpfl bei Übersendung der StAnmeldung durch die Post den genauen Tag des Eingangs bei der FinBeh nicht kennt. In diesem Fall kann der StPfl die Übermittlungsdauer in Anlehnung an § 122 II schätzen, wobei er statt der starren Regelung aber die konkreten Umstände in Betracht ziehen muß (*TK* RNr 2; *KKH* A 3).

Bei StAnmeldungen, die zu einer StVergütung oder zu einem Mindersoll führen, beginnt die Frist erst mit der **Bekanntgabe der** (formfreien) Zustimmung der FinBeh zu laufen. Wenn die Zustimmung allgemein erteilt wurde, dürfte dem StPfl nicht bekannt sein, ob er zu den Fallgruppen gehört, für die eine allgemeine Zustimmung vorliegt. Die Frist beginnt dann in der Regel erst mit der Auszahlung der Steuervergütung oder des Mindersolls zu laufen (AnwErl zu § 355).

3. Beginn der Frist. Die Frist des Abs I S 1 beginnt mit Ablauf des Tages der Bekanntgabe (§ 122 II bis IV) bzw. mit **Ablauf des Tages der Zustellung** (§ 122 V) des VerwAkts. Bei einer Bekanntgabe nach § 122 II bzw einer Zustellung nach § 4 I VwZG gilt die Bekanntgabe (Zustellung) idR mit dem dritten Tag nach der Aufgabe zur Post als bewirkt. Sollte ein Rechtsbehelf vor Ablauf der Drei-Tage-Frist eingelegt werden, ist davon auszugehen, daß sich dieser zunächst unzulässige Rechtsbehelf mit Ablauf der Drei-Tage-Frist in einen zulässigen Rechtsbehelf umwandelt.

Im übrigen ist ein bereits vor Bekanntgabe des VerwAktes eingelegter Rechtsbehelf unzulässig und muß wiederholt werden (BFH BStBl 74, 433; 83, 548; *HHSp* RNr 3, *Bink* DB 83, 1626; aA FG D'dorf EFG 73, 120; FG Hamburg EFG 74, 552; *TK* RNr 2). Ein vorher eingelegter Rechtsbehelf kann aber zulässig sein, wenn die FinBeh durch Übersendung von Unterla-

§ 355 7. Teil. Außergerichtliches Rechtsbehelfsverfahren

gen den Anschein eines STBescheides erweckt (s § 348 Anm 2). Außerdem kann ein früherer Gesellschafter einer Personengesellschaft einen die Zeit vor seinem Ausscheiden aus der Gesellschaft betreffenden Gewinnfeststellungsbescheid auch dann anfechten, wenn ihm dieser Bescheid nicht bekanntgegeben wurde und daher ihm gegenüber noch nicht wirksam geworden ist. Denn der Bescheid ist bereits mit der Bekanntgabe an den geschäftsführenden Gesellschafter oder an die verbliebenen Gesellschafter existent geworden (BFH BStBl 88, 855).

Werden bei der Zustellung des VerwAktes **zwingende Zustellungsvorschriften verletzt,** so gilt nach § 9 I VwZG als in dem Zeitpunkt zugestellt, in dem der Empfangsberechtigte den VerwAkt tatsächlich erhalten hat. § 9 II, wonach die Heilung der Zustellungsmängel nicht eintritt, wenn mit der Zustellung eine Frist für die Erhebung einer Klage, eine Berufungs-, Revisions- oder Rechtsmittelbegründungsfrist beginnt, gilt für die Einspruchsfrist nicht (BFH BStBl 77, 247). Legt der StPfl keinen Einspruch ein, läuft aber keine Klagefrist. Der VerwAkt kann daher innerhalb der gesamten Verjährungsfrist noch mit der Sprungklage nach § 45 FGO angegriffen werden, ohne daß es einer Zustimmung der FinBeh bedarf (BFH aaO). Die Vorschr des § 9 II über die Heilung von Zustellungsmängeln gilt nicht für die Bekanntgabe von Verwaltungsakten. Hier kann aber eine Heilung durch die Zustellung der Einspruchsentscheidung eintreten (s näher oben § 122 Anm 2).

Eine dem § 84 RAO entsprechende Vorschr, nach der in bestimmten Fällen eine Anlaufhemmung der Rechtsbehelfsfrist eintrat, enthält die AO nicht mehr.

4. Berechnung der Frist. Für die Berechnung der Frist gelten die Vorschriften der §§ 187 bis 193 BGB entsprechend, soweit nicht in § 108 II bis V etwas anderes bestimmt ist.

Widersprechen sich der für die Fristberechnung regelmäßig maßgebliche Postaufgabevermerk des FA und der Poststempel auf dem Briefumschlag, so ist das aus dem **Poststempel** ersichtliche Datum maßgeblich (BFH BStBl 63, 25; 77, 523). Wegen näherer Einzelheiten zu dem Zeitpunkt der Bekanntgabe wird auf die Erl zu § 122 (s dort insbesondere Anm 4) verwiesen. Eine **fehlende Datumsangabe** auf dem StBescheid berührt weder dessen Wirksamkeit noch den Beginn der Rechtsbehelfsfrist (BFH/NV 88, 72). Es ist Sache des Stpfl, das Datum des Eingangs eines Verwaltungsakts festzuhalten. Die Rechtsbehelfsfrist beginnt daher auch dann zu laufen, wenn ein maschinell gefertigter StBescheid statt eines kalendermäßigen Datums den Vermerk „Datum des Poststempels" trägt (BFH/NV 87, 12; vgl auch § 157 Anm 3). Der Eingangsstempel des FA auf dem Rechtsbehelfschreiben erbringt idR den vollen Beweis für Zeit und Ort des Eingangs des Rechtsbehelfs. Der Gegenbeweis ist möglich, mit ihm muß jedoch die Möglichkeit der Richtigkeit des Eingangsvermerks ausgeschlossen werden (BFH BStBl 73, 271). Die Frist endet um 24.00 Uhr des letzten Tages der Frist (RFH RStBl 1936, 994). Wirft der StPfl die Rechtsbehelfsschrift daher erst am frühen Morgen nach Fristablauf in den Hausbriefkasten des FA ein, so kann er nicht geltend machen, das FA habe bisher alle vor Dienstbeginn eingeworfenen Sendungen mit dem Eingangsstempel des Vortags versehen (FG D'dorf EFG 78, 106). Sind allerdings an dem

2. Abschnitt. Allgemeine Verfahrensvorschriften § 356

Nachtbriefkasten des FA keine Vorrichtungen angebracht, die eine Kontrolle ermöglichen; ob der Rechtsbehelf vor 24 Uhr oder danach eingeworfen worden ist, muß das FA die am Morgen dem Briefkasten entnommenen Schriftstücke so behandeln, als seien sie noch vor Ablauf des Vortages eingeworfen (BFH BStBl 88, 111; vgl auch näher oben § 110 Anm 3f). Die durch den Abdruck des normalen Eingangsstempels des FA statt durch den sog Frühleerungsstempels begründete Vermutung, daß ein Rechtsbehelfsschreiben erst nach Dienstbeginn dort eingegangen sei, kann durch das Darlegen und Glaubhaftmachen eines anderen Geschehensablaufs widerlegt werden (FG Nürnberg EFG 83, 537).

§ 356 Rechtsbehelfsbelehrung

(1) Ergeht ein Verwaltungsakt schriftlich, so beginnt die Frist für die Einlegung des Rechtsbehelfs nur, wenn der Beteiligte über den Rechtsbehelf und die Finanzbehörde, bei der er einzulegen ist, deren Sitz und die einzuhaltende Frist schriftlich belehrt worden ist.

(2) ¹Ist die Belehrung unterblieben oder unrichtig erteilt, so ist die Einlegung des Rechtsbehelfs nur binnen eines Jahres seit Bekanntgabe des Verwaltungsaktes zulässig, es sei denn, daß die Einlegung vor Ablauf der Jahresfrist infolge höherer Gewalt unmöglich war oder eine schriftliche Belehrung dahin erfolgt ist, daß ein Rechtsbehelf nicht gegeben sei. ²§ 110 Abs. 2 gilt für den Fall höherer Gewalt sinngemäß.

Schrifttum: *Kutschka* Die Rechtsbehelfsbelehrung zu Einheitswertbescheiden, DStR 86, 27.

1. **Inhalt.** Die Vorschrift entspricht § 237 RAO. Entgegen dem bisherigen Recht gilt die Pflicht zur Rechtsbehelfsbelehrung auch dann, wenn ein VerwAkt schriftlich ergeht, ohne daß dies vorgeschrieben ist.

2. **Fehlende oder fehlerhafte Belehrung.** Die Rechtsbehelfsfrist beginnt nicht zu laufen, wenn die vorgeschriebene Belehrung fehlt oder unrichtig ist. Unrichtig ist auch unvollständig. Nicht entscheidend ist, ob die Unrichtigkeit zuungunsten oder zugunsten des StPflichtigen gegeben ist. Wird daher in der Belehrung eine zu lange Frist (zB wegen falscher Angabe über Fristbeginn) genannt, beginnt die Frist nicht zu laufen (BFH BStBl 84, 84; aA BFHE 56, 415; *KKH* Anm 4). Zwar nicht fehlerhaft, aber Grund für eine **Wiedereinsetzung** in den vorigen Stand kann eine Rechtsbehelfsbelehrung sein, die lediglich eine unklare Gesetzesformulierung (zB das Wort „angebracht" in der Belehrung über die Klagemöglichkeit) unreflektiert übernimmt und daher nicht einen auch für den Laien unmißverständlichen Inhalt hat (FG Köln EFG 85, 132). Dazu ist jedoch nicht erforderlich, daß die Rechtsbehelfsbelehrung auf den konkreten Einzelfall zugeschnitten ist. Es genügt vielmehr, daß dem Adressaten des Bescheides eine abstrakte Belehrung über die vorgeschriebene Anfechtungsfrist gegeben wird und die Übertragung der allgemeinen Kriterien auf den konkreten Einzelfall der Verantwortlichkeit des Rechtssuchenden überlassen bleibt (BFH/NV 87, 12; 88, 72 mwN).

Bei Änderung angefochteter VerwAkte nach Klageerhebung braucht nicht auf die Antragsmöglichkeit gem § 68 FGO hingewiesen zu werden (AO-Kartei § 356 Karte 1).

§ 357 7. Teil. Außergerichtliches Rechtsbehelfsverfahren

Werden zwei selbständige VerwAkte in einem Vordruck zusammengefaßt (zB Grundstückseinheitswert und Grundsteuermeßbetrag), so muß sich die Belehrung unmißverständlich auf beide Bescheide beziehen (*TK* zu § 356). Problematisch ist deshalb die Rechtsbehelfsbelehrung auch bei den Einheitswertbescheiden selbst, da diese insbesondere bei Betrieben nach der Rspr des BFH gem § 19 III BewG (vgl BFH BStBl 87, 292; und oben § 157 Anm 3) in der Regel mehrere Verwaltungsakte zusammenfassen (vgl *Kutschka* DStR 86, 27; und *ders* Anm zu dem BFH-Urteil in BStBl 87, 292, DStR 87, 578).

Einem Ausländer braucht nur eine Rechtsmittelbelehrung in deutscher Sprache erteilt zu werden (BFH BStBl 76, 440).

3. Notwendiger Inhalt der Belehrung.
a) **Schriftliche** Belehrung über den Rechtsbehelf,
b) Angabe der **Behörde,** bei der Rechtsbehelf anzubringen ist
c) Angabe der **Frist** einschl Beginn der Frist.

4. Jahresfrist nach Abs II. Abs II 1 geht dem § 110 vor. Eine Wiedereinsetzung in den vorigen Stand ist daher bei Versäumung der Jahresfrist nicht möglich (BFH BStBl 86, 21).

§ 357 Einlegung der Rechtsbehelfe

(1) ¹Die Rechtsbehelfe sind schriftlich einzureichen oder zur Niederschrift zu erklären. ²Es genügt, wenn aus dem Schriftstück hervorgeht, wer den Rechtsbehelf eingelegt hat. ³Einlegung durch Telegramm ist zulässig. ⁴Unrichtige Bezeichnung des Rechtsbehelfs schadet nicht.

(2) ¹Der Einspruch oder die Beschwerde ist bei der Finanzbehörde anzubringen, deren Verwaltungsakt angefochten wird oder bei der ein Antrag auf Erlaß eines Verwaltungsaktes gestellt worden ist. ²Die Beschwerde kann auch bei der zur Entscheidung berufenen Finanzbehörde eingelegt werden. ³Ferner genügt es, wenn ein Rechtsbehelf, der sich gegen die Feststellung von Besteuerungsgrundlagen oder gegen die Festsetzung eines Steuermeßbetrages richtet, bei der zur Erteilung des Steuerbescheides zuständigen Behörde angebracht wird. ⁴Der Rechtsbehelf ist in den Fällen der Sätze 2 und 3 der zuständigen Finanzbehörde zu übermitteln. ⁵Die schriftliche Anbringung bei einer anderen Behörde ist unschädlich, wenn der Rechtsbehelf vor Ablauf der Rechtsbehelfsfrist einer der Behörden übermittelt wird, bei der er nach den Sätzen 1 bis 3 angebracht werden kann.

(3) ¹Bei der Einlegung soll der Verwaltungsakt bezeichnet werden, gegen den der Rechtsbehelf gerichtet ist. ²Es soll angegeben werden, inwieweit der Verwaltungsakt angefochten und seine Aufhebung beantragt wird. ³Ferner sollen die Tatsachen, die zur Begründung dienen, und die Beweismittel angeführt werden.

Übersicht

1. Inhalt der Vorschrift
2. Bedeutung
3. Notwendiger Inhalt
4. Auslegung

2. Abschnitt. Allgemeine Verfahrensvorschriften §357

5. Begriff „Behörde"
6. Unzuständige Behörde
7. Anhängigkeit
8. Bedingungsfeindlich
9. Kein Antrags- und Begründungszwang
10. Keine Begrenzung

1. Inhalt. Die Vorschrift entspricht § 238 RAO. Danach sind die Rechtsbehelfe schriftlich einzureichen oder zur Niederschrift zu erklären. Die Einlegung durch Telegramm ist zulässig Abs II regelt im einzelnen, bei welcher Behörde der Rechtsbehelf anzubringen ist und in welchen Fällen eine fehlerhafte Anbringung geheilt wird. Abs III enthält eine SollVorschrift über die Angaben, die bei der Einlegung der Rechtsbehelfe gemacht werden sollen.

2. Bedeutung. Das außergerichtl Vorverfahren ist von engen und kleinlichen Formvorschriften weitgehend frei. Im Interesse der Rechtssicherheit und der prozessualen Klarheit müssen aber auch in diesem Verfahren Erklärungen mindestens so abgegeben werden, daß Mißverständnisse und Schwierigkeiten in der Auslegung vermieden werden (BFH BStBl 64, 590). Der **Wille des Stpfl**, eine Entscheidung anzugreifen, muß aus der Erklärung ersichtlich sein (BFH BStBl 61, 445). Es muß erkennbar sein, daß der Stpfl eine Beschwer geltend macht (vgl BFH/NV 86, 511). Die Nichtbezeichnung als formellen Rechtsbehelf ist ebenso unschädlich wie die unrichtige Bezeichnung eines Einspr als Beschwerde oder umgekehrt.

3. Notwendiger Inhalt. Nach der Rspr des BFH hängt die Wirksamkeit eines eingelegten Rechtsbehelfs nicht von einer konkreten genauen Bezeichnung des angefochtenen Verwaltungsakts ab (aA FG RhPf EFG 83, 215). Es ist lediglich erforderlich, daß sich die Zielrichtung des Begehrens aus der Rechtsbehelfsschrift, die schriftlich oder zur Niederschrift gegeben wird, in der Weise ergibt, daß sich der angesprochene Verwaltungsakt aus dem Inhalt der Rechtsbehelfsschrift entweder selbst ermitteln läßt oder Zweifel oder Unklarheiten am Gewollten durch Rückfrage beseitigt werden können (BFH BStBl 87, 5 mwN). Die Auslegung der Rechtsbehelfsschrift spielt hierbei eine erhebliche Rolle (s dazu unten Anm 4). Aus der Rechtsbehelfsschrift muß sich aber hinreichend klar ergeben, wer die Verwaltungsentscheidung angreift. Bei Zusammenveranlagung muß feststehen, welcher Ehegatte sich beschwert fühlt und die Nachprüfung begehrt. Ein von einem Ehegatten eingelegter Rechtsbehelf hat nicht ohne weiteres die Wirkung eines bei Zusammenveranlagung auch von dem anderen Ehepartner eingelegten Rechtsbehelfs. Selbst wenn man in solchen Fällen eine Ermächtigung des den Rechtsbehelf einlegenden Ehepartners durch den anderen Ehepartner annimmt, muß der das Rechtsmittel einlegende Ehepartner eindeutig zum Ausdruck bringen, daß er den Rechtsbehelf auch für den anderen Ehegatten einlegt (BFH BStBl 85, 296; BFH/NV 86, 733; 88, 23). Legt allerdings ein Ehegatte, der zugleich als StBerater tätig ist, gegen einen Zusammenveranlagungsbescheid Einspruch ein, so wirkt dies auch für den anderen Ehegatten, wenn er im Einspruchsschreiben als Betroffene beide Eheleute nennt. Unschädlich ist es dann, wenn er im Text nur die Ich-Form verwendet, denn durch diese Formulierung bringt er zum Ausdruck, daß er für die Ehefrau als bevollmächtigter StBerater handelt (FG

Nürnberg EFG 86, 474). Einspruch wegen KiSt im zusammengefaßten Bescheid bedeutet nicht, daß gegen ESt Einspruch eingelegt wird (FG Düsseldorf EFG 79, 267). Eine bloße Ankündigung, den Rechtsbehelf einlegen zu wollen, reicht nicht aus.

4. Auslegung. Ggf ist durch **Auslegung oder Umdeutung** der wirkliche Wille des Stpfl zu erforschen. Es ist eine möglichst weitgehende Auslegung erforderlich. Dabei ist davon auszugehen, daß der Rechtsbehelfsführer den Rechtsbehelf eingelegt hat, der zu dem angestrebten Erfolg führt (BFH BStBl 59, 51; 87, 5; vgl auch BFH BStBl 67, 533; 79, 173). Es ist darauf abzustellen, welcher Verfahrensweg den Belangen des Stpfl am besten entspricht (BFH BStBl 87, 5; FG Hamburg EFG 86, 266). Die zur **Auslegung von Willenserklärungen** entwickelten Grundsätze sind entsprechend heranzuziehen. Analog § 133 BGB ist demgemäß nicht an dem buchstäblichen Sinn des Ausdrucks in der Rechtsbehelfsschrift zu haften, sondern es ist der in der Schrift verkörperte Wille anhand aller erkennbaren Umstände zu ermitteln. Ggf muß auch auf Umstände zurückgegriffen werden, die außerhalb der auszulegenden Erklärung liegen, jedoch einen Rückschluß auf den erklärten Willen erlauben (BFH/NV 87, 178 mwN). Eine Grenze liegt aber immer darin, daß die Rechtsbehelfsschrift überhaupt auslegungsfähig ist. Hieran fehlt es, wenn die Erklärung nach Wortlaut und Zweck einen eindeutigen Inhalt hat (BFH/NV 87, 359 mwN). Der Bildungsgrad des Stpfl kann in diesem Zusammenhang eine gewisse Rolle spielen. Von einem Angehörigen der steuerberatenden Berufe muß grundsätzlich eine klare Ausdrucksweise bei der Rechtsbehelfseinlegung erwartet werden.

Die Rechtsbehelfsbehörde hat ggf eine Klärung durch Rückfrage bei dem StPfl herbeizuführen (BFH BStBl 58, 154).

5. Begriff „Behörde". Unter Behörde anstelle der Bezeichnung FinBeh werden **alle steuererhebenden Verwaltungen,** auch wenn sie keine FinBeh iS des § 6 sind, verstanden.

Der Einspr oder die Beschwerde ist bei der Behörde anzubringen, deren VerwAkt angefochten wird. Auch in den Fällen, in denen nach Erlaß des VerwAktes ein Wechsel der örtlichen Zuständigkeit eingetreten ist, muß der Einspr oder die Beschwerde also bei der Behörde eingelegt werden, die ursprünglich zuständig war und den VerwAkt erlassen hat. Die Beschwerde kann auch bei der Behörde eingelegt werden, die darüber nach § 368 II zu entscheiden hat. Bei Feststellungsbescheiden ist die Einlegung des Rechtsbehelfs gegen diese Bescheide auch bei der Behörde möglich, die für die Erteilung des Folgebescheids zuständig ist.

6. Unzuständige Behörde. Wird der Rechtsbehelf bei einer unzuständigen Behörde eingelegt, so reicht es aus, wenn der Rechtsbehelf vor Ablauf der Rechtsmittelfrist bei einer der Behörden eingeht, bei der er nach Abs II S 1 bis 3 angebracht werden kann. Das Risiko trägt der StPfl. Das gilt auch in dem Fall, daß ein Einspruch bei einem Wechsel der örtlichen Zuständigkeit entgegen § 357 II 1 bereits bei der nach § 367 I 2 zur Entscheidung berufenen anderen FinBeh eingelegt wird (AnwErl § 357 Abschn 2). Wenn sich die unzuständige Behörde allerdings unvertretbar lange Zeit für die Weiterleitung an zuständige Behörde läßt, kommt

2. Abschnitt. Allgemeine Verfahrensvorschriften **§ 358**

Wiedereinsetzung in den vorigen Stand in Betracht (*TK* RNr 10; *KKH* Anm 4c; aA FG Nürnberg EFG 81, 162).

7. Anhängigkeit. Mit **Eingang des Rechtsbehelfs** bei der zuständigen Behörde ist der Rechtsbehelf anhängig. Nach § 171 III 2 wird eine Ablaufhemmung für die Festsetzungsfrist des § 169 ausgelöst. Für den wirksamen Zugang seines Rechtsbehelfs innerhalb der Rechtsbehelfsfrist trifft den Stpfl die **Feststellungslast** (BFH/NV 88, 115).

8. Bedingungsfeindlich. Ein außergerichtlicher Rechtsbehelf kann nicht wirksam unter einer Bedingung eingelegt werden. Es ist aber stets zu prüfen, ob wirklich eine Bedingung vorliegt. Ein vorsorglich eingelegter Rechtsbehelf ist nicht unter einer Bedingung eingelegt und daher voll wirksam.

9. Kein Antrags- und Begründungszwang. Im Einspruchs-/Beschwerdeverfahren besteht kein Antrags- bzw Begründungszwang. Die Bestimmungen des Abs III 2 und 3 sind nur Sollvorschriften. Das Unterlassen der dort vorgesehenen Angaben kann jedoch Bedeutung hinsichtlich der amtl Ermittlungspflicht haben. Die Behörde hat dann ihrer Ermittlungspflicht in der Regel genügt, wenn sie an Hand der Akten den VerwAkt auf Fehler in tatsächlicher und rechtlicher Hinsicht überprüft (BFH BStBl 65, 464; *TK* RNr 9).

10. Keine Begrenzung. An den in Abs III 2 vorgesehenen Antrag ist die FinBeh nicht gebunden. Es ist nicht zulässig, durch einen Rechtsbehelfsantrag das Verfahren auf bestimmte Streitpunkte zu begrenzen. Der Antrag hat aber Bedeutung für die Festsetzungsverjährung nach § 171 II (*TK* RNr 8; *HHSp* RNr 20).

§ 358 Prüfung der Zulässigkeitsvoraussetzungen

¹**Die zur Entscheidung über den Rechtsbehelf berufene Finanzbehörde hat zu prüfen, ob der Rechtsbehelf zulässig, insbesondere in der vorgeschriebenen Form und Frist eingelegt ist.** ²**Mangelt es an einem dieser Erfordernisse, so ist der Rechtsbehelf als unzulässig zu verwerfen.**

1. Inhalt. Die Vorschrift entspricht § 239 RAO, stellt jedoch in S 1 durch Ersetzung des Wortes „und" durch das Wort „insbesondere" klar, daß die Einhaltung der vorgeschriebenen Form und Frist gleichfalls zu den Zulässigkeitsvoraussetzungen gehört.

2. Zulässigkeitsvoraussetzungen im einzelnen.
a) **Zulässigkeit der Rechtsbehelfe** nach der AO (§ 347),
b) Vorliegen einer **Beschwer** (§ 350), evtl Grenzen der Angreifbarkeit eines VerwAktes gem § 351,
c) **Zuständigkeit** der FinBeh (§§ 367 I, 368),
d) **Handlungsfähigkeit** des Stpfl (§ 79 iVm § 365 I),
e) **Rechtsbehelfsbefugnis** des Stpfl (Hinweis zB auf § 352),
f) **Nichtvorliegen** eines **Rechtsbehelfsverzichts** (§ 354 I letzter S),
g) **Nichtvorliegen** einer **Rücknahme** eines eingelegten Rechtsbehelfs (§ 362 I S 2),

§ 359

h) ggf ausreichende **Vertretungsmacht**.
i) Einhaltung der **Rechtsbehelfsfrist** (§ 355),
k) Beachtung der **Form** für Rechtsbehelfe (§ 357 I).

3. Prüfung der Zulässigkeit. Die Prüfung der Zulässigkeit eines Rechtsbehelfs obliegt der Behörde, die nach §§ 367, 368 für die Entscheidung über den Rechtsbehelf zuständig ist. Liegen in einem Rechtsbehelfsverfahren alle Zulässigkeitsvoraussetzungen vor, ist idR in der Rechtsbehelfsentscheidung lediglich zum Ausdruck zu bringen, daß der Rechtsbehelf zulässig ist. Fehlt eine Zulässigkeitsvoraussetzung, so ist der Rechtsbehelf mit entsprechender Begründung als **unzulässig** zu **verwerfen** (§ 358 I S), ohne daß Ausführungen in materiell-rechtl Hinsicht erfolgen. Eine gegen die Verwerfung als unzulässig gerichtete Klage ist dagegen vom FG nicht als unzulässig, sondern als unbegründet abzuweisen (BFH BStBl 84, 791 mw Nachw zur zunächst unterschiedlichen Rspr des BFH). Das bedeutet aber nicht, daß dann das Klagebegehren in vollem Umfang sachlich-rechtlich nachgeprüft werden kann. Stellt sich vielmehr im finanzgerichtlichen Verfahren die Unanfechtbarkeit des den Gegenstand des Verfahrens bildenden Bescheids heraus, so ist die Klage ohne nähere Sachprüfung als unbegründet abzuweisen (BFH aaO).

Zulässigkeit ist im Rechtsbehelfsverfahren nach AO jedenfalls **Sachentscheidungsvoraussetzung.** Es kann keine Sachentscheidung ergehen, wenn die Zulässigkeit des Rechtsbehelfs nicht gegeben ist (*HHSp* RNr 7; *KKH* Anm 4).

Andere Auffassung von *Tipke-Kruse*. *TK* RNr 12 vertreten die Ansicht, daß bei fraglicher Zulässigkeit des Rechtsbehelfs ohne weiteres die Entscheidung ergehen könne, „es kann dahingestellt bleiben, ob der Rechtsbehelf zulässig ist, jedenfalls ist er unbegründet". Demgegenüber hat der BFH festgestellt, daß die Zulässigkeit nur dahingestellt bleiben dürfe, wenn der Rechtsbehelf eindeutig und offensichtlich sachlich unbegründet sei (BFH BStBl 65, 68). Die Zurückweisung eines Rechtsbehelfs als unbegründet statt als unzulässig ist daher ein Verfahrensmangel, der allerdings noch nicht die isolierte Aufhebung der Einspruchsentscheidung rechtfertigt (BFH/NV 87, 359).

§ 359 Beteiligte

Beteiligte am Verfahren sind:

1. **wer den Rechtsbehelf eingelegt hat,**
2. **wer zum Verfahren hinzugezogen worden ist.**

Eine entsprechende ausdrückliche Vorschr gab es in der RAO nicht. Die Vorschrift regelt nur, wer Beteiligter am Verfahren ist. Die Stellung der Beteiligten im Verfahren und ihre Rechte ergeben sich aus anderen Vorschriften (s §§ 363 II, 365 II, 366). Nr 1 der Vorschrift enthält etwas Selbstverständliches. Nr 2 bezieht sich auf § 360. Der Beteiligtenbegriff im Rechtsbehelfsverfahren weicht von dem Begriff der Beteiligten im Besteuerungsverfahren (§ 78) und im Zerlegungsverfahren (§ 186) ab.

Daß sich die Beteiligten durch Bevollmächtigte vertreten lassen können, ergibt sich aus § 80.

2. Abschnitt. Allgemeine Verfahrensvorschriften § 360

§ 360 Hinzuziehung zum Verfahren

(1) ¹Die zur Entscheidung über den Rechtsbehelf berufene Finanzbehörde kann von Amts wegen oder auf Antrag andere hinzuziehen, deren rechtliche Interessen nach den Steuergesetzen durch die Entscheidung berührt werden, insbesondere solche, die nach den Steuergesetzen neben dem Steuerpflichtigen haften. ²Vor der Hinzuziehung ist derjenige zu hören, der den Rechtsbehelf eingelegt hat.

(2) Wird eine Abgabe für einen anderen Abgabenberechtigten verwaltet, so kann dieser nicht deshalb hinzugezogen werden, weil seine Interessen als Abgabenberechtigter durch die Entscheidung berührt werden.

(3) ¹Sind an dem streitigen Rechtsverhältnis Dritte derart beteiligt, daß die Entscheidung auch ihnen gegenüber nur einheitlich ergehen kann, so sind sie hinzuzuziehen. ²Dies gilt nicht für Mitberechtigte, die nach § 352 nicht befugt sind, Einspruch einzulegen.

(4) Wer zum Verfahren hinzugezogen worden ist, kann dieselben Rechte geltend machen, wie derjenige, der den Rechtsbehelf eingelegt hat.

Schrifttum: *Fichtelmann* Zuziehung/Beiladung zum Verfahren, wenn nur einer der Ehegatten im Falle der Zusammenveranlagung die Steuerfestsetzung angefochten hat, FR 71, 260; *Beck* Die Hinzuziehung gem. § 360 AO (§ 241 RAO) im Falle der Zusammenveranlagung von Ehegatten, StuW 1977, 47; *Hellinger* Die notwendige Beiladung im Steuerprozeß bei zusammenzuveranlagenden Ehegatten, BB 1977, 1196; *Huxol* Hinzuziehung von Ehegatten zum außergerichtlichen Rechtsbehelfsverfahren, DStR 82, 285; *Eberl* Hinzuziehung von Ehegatten bei Zusammenveranlagung, DStR 83, 418; *Lohmeyer* Die Beiladung bzw Hinzuziehung Dritter im gerichtlichen und außergerichtlichen Streitverfahren, WPg 83, 526; *Meyer* Zur Frage der Hinzuziehung bzw Beiladung bei zur Einkommensteuer zusammenveranlagten Ehegatten, FR 84, 30; *Lippross* Verfahrensrechtliche Folgen der Zusammenveranlagung zur Einkommensteuer, DB 84, 1850; *Eberl* Hinzuziehung und Beiladung bei Zusammenveranlagung zur Einkommensteuer – Erwiderung zu DB 1984, 1850, DB 84, 2382; *Lohmeyer* Beiladung und Hinzuziehung Dritter im Steuerstreitverfahren, DB 86, 201; *Rößler* Konsequenzen aus der unterlassenen Hinzuziehung im Einspruchsverfahren – Anmerkung zum Urteil des BFH II R 228/82 vom 17. Juli 1985, DStZ 86, 71; *Völker* Notwendige Beiladung bei Personengesellschaften mit Publikumsbeteiligung, DStZ 86, 297; *Rößler* Nochmals – Notwendige Beiladung bei Personengesellschaften mit Publikumsbeteiligung, DStZ 86, 435; *Olbertz* Die Hinzuziehung gem § 360 AO, DB 88, 1292.

Übersicht

1. Inhalt der Vorschrift
2. Zweck
3. Notwendige und einfache Hinzuziehung
4. Verfahrensweise
5. Wirkung der Hinzuziehung
6. Unterlassen der Hinzuziehung

1. Inhalt. Die Vorschrift regelt die Zuziehung Dritter zum Verfahren in Übereinstimmung mit § 241 RAO. Entsprechend der Vorschr des **§ 60 FGO** für die Beiladung wird zwischen notwendiger und einfacher Zuziehung unterschieden. Voraussetzung der Hinzuziehung ist immer, daß das Verfahren anhängig ist.

§ 360

2. Zweck. Die Hinzuziehung dient dem Zweck, in das Verfahren Dritte als Beteiligte einzubeziehen, die nicht den Rechtsbehelf eingelegt haben oder Gegner des Rechtsbehelfsverfahrens sind, denen gegenüber aber die Entscheidung zweckmäßig oder auch notwendig **bindende Wirkung** haben soll.

3. Notwendige und einfache Hinzuziehung. Zu unterscheiden ist zwischen der notwendigen Hinzuziehung gem III und der einfachen Hinzuziehung gem Abs I.

a) Die Hinzuziehung ist dann **notwendig,** wenn um einen VerwAkt gestritten wird, der **gleichzeitig** mehrere Stpfl betrifft und deshalb ihnen gegenüber stets einheitlich sein muß. Da die Änderung eines solchen Bescheides in die Rechte sämtlicher Betroffenen unmittelbar eingreift, müssen sie, auch soweit sie keinen Rechtsbehelf eingelegt haben, an dem Verfahren beteiligt werden.
Liegen die Voraussetzungen einer notwendigen Hinzuziehung vor, so hat diese auch dann zu erfolgen, wenn der den Rechtsbehelf führende Stpfl und der Hinzuziehende gegensätzliche Interessen verfolgen. Beispiele sind die **Feststellung von Einheitswerten,** an deren Gegenstand mehrere beteiligt sind, oder die **einheitliche Gewinnfeststellung** bei Mitunternehmern. Notwendig hinzuzuziehen sind bei der einheitlichen Gewinnfeststellung die **Mitunternehmer,** die den Bescheid nicht angefochten haben. Die Hinzuziehung hat nur dann zu unterbleiben, wenn die anfechtungsberechtigte Person unter keinem denkbaren Gesichtspunkt vom Ausgang des Rechtsbehelfsverfahrens betroffen werden kann (vgl BFH BStBl 75, 236; 82, 474). Bei Streit darüber, ob eine Mitunternehmerschaft besteht, sind sämtliche angeblichen Mitunternehmer hinzuzuziehen (BFH BStBl 82, 216; 86, 525; BFH/NV 86, 475). Bei Rechtsbehelfen der Gesellschaft ist die Beschränkung der Rechtsbehelfsbefugnis durch § 352 zu beachten. Es sind nur diejenigen Gesellschafter hinzuzuziehen, die selbst rechtsbehelfsbefugt sind. Ausgeschiedene Gesellschafter sind aber immer hinzuzuziehen, auch dann, wenn es um Fragen geht, für die nur die geschäftsführenden Gesellschafter rechtsmittelbefugt sind (BFH BStBl 74, 220; 78, 503), es sei denn daß die wirtschaftliche und rechtliche Stellung der Ausgeschiedenen nicht berührt wird. Wenn Gesellschafter wegen sie persönlich betreffender Fragen Rechtsmittel einlegen (vgl § 352 I Nr 3), ist in der Regel die Gesellschaft hinzuzuziehen (BFH BStBl 72, 672; 80, 586), sofern sie beteiligtenfähig ist (vgl BFH BStBl 86, 311). Das StGeheimnis wird durch die Hinzuziehung nicht verletzt, da Abs III die Befugnis zur Offenbarung der Verhältnisse des Rechtsbehelfsführers verleiht (zB einheitliche und gesonderte Feststellung von Besteuerungsgrundlagen).

b) Voraussetzung der einfachen Hinzuziehung gem Abs I ist, daß durch die Entscheidung über den Rechtsbehelf **steuerrechtl Interessen** eines Dritten berührt werden. Das kann zB beim Grundstücksverkäufer in Rechtsbehelfsverfahren des Grundstückserwerbers gegen die Grunderwerbsteuer der Fall sein, ferner in Fällen, in denen jemand neben dem StPfl, der den Rechtsbehelf eingelegt hat, haftet. Daher kann der Arbeitgeber in einem Rechtsstreit zugezogen werden, den der Arbeitnehmer wegen nicht abgeführter Lohnsteuer führt, weil er als Haftender in Betracht kommt (vgl *HHSp* RNr 6). Führt der Arbeitnehmer ein Rechtsbehelfsverfahren gegen den an den Arbeitgeber gerichteten Haftungsbescheid, ist die Hinzuziehung des Arbeitgebers notwendig (BFH BStBl 73, 780). Wenn dagegen der Arbeitgeber den Rechtsbehelf führt, geht es bei dem Arbeitnehmer wiederum nicht um eine notwendige, sondern eine einfache Hinzuziehung (BFH BStBl 80, 210). In solchen Fällen liegt die Hinzuziehung im Ermessen (§ 5) der Behörde; der Stpfl kann durch seinen Antrag eine Anregung zur Hinzuziehung geben. Die einfache Hinzuziehung dient zum einen der Prozeßökonomie, indem sie die Führung mehrerer Verfahren in der gleichen Angelegenheit überflüssig macht, und soll zum anderen verhindern, daß derselbe Sachverhalt im Verhältnis zu verschiedenen Stpfl jeweils unterschiedlich behandelt wird.

c) Legt einer von mehreren **Gesamtschuldnern** (§ 44) einen Rechtsbehelf ein, so liegt grundsätzlich kein Fall einer notwendigen Hinzuziehung vor, da die Bescheide gegen Gesamtschuldner nicht einheitlich bleiben müssen. Ob eine Hinzuziehung der Gesamtschuldner möglich ist, hängt von den Umständen des Einzelfalls ab.

Ein besonderes Problem bietet in diesem Zusammenhang die Hinzuziehung im Falle der **Zusammenveranlagung von Ehegatten.** Legt im Falle der Zusammenveranlagung nur einer der Ehegatten gegen den EStBescheid Einspruch ein, so ist zunächst zu prüfen, ob der Einspr nicht zugleich auch im Namen des anderen Ehegatten eingelegt worden ist (vgl auch oben § 357 A 3). Wenn das auch nach einer eventuellen Rückfrage zu verneinen ist, stellt sich die Frage der Hinzuziehung des anderen Ehegatten zum Verfahren. An sich sind die Eheleute im Falle der Zusammenveranlagung Gesamtschuldner iSv § 41 I. Der gegen sie ergehende Bescheid ist nicht ein einziger Bescheid, sondern es handelt sich um in einem Bescheid zusammengefaßte rechtlich selbständige Bescheide. Trotzdem weist die Zusammenveranlagung gegenüber der normalen Gesamtschuldnerschaft Besonderheiten auf. Es wird über Werbungskosten und Sonderausgaben beider Ehegatten befunden und die berücksichtigungsfähigen außergewöhnlichen Belastungen bestimmen sich nach den Einkünften beider Ehegatten. Das kann aber nicht dazu führen, daß deswegen immer eine notwendige Hinzuziehung anzunehmen ist (aA FG Berlin EFG 77, 75; *Ziemer-Haarmann-Lohse-Beermann* Rechtsschutz in Steuersachen, Rz 2178; *KKH* Anm 2b). Der Ehegatte, der keinen Rechtsbehelf eingelegt hat, kann sich durch einen Aufteilungsantrag nach § 268 schützen. Andererseits kann aber auch nicht angenommen werden, daß in keinem Fall eine notwendige oder einfache Zuziehung geboten ist (aA *Gräber-Koch* FGO, 2. Aufl, § 60 Tz 62; *Schmidt-Glanegger* EStG, 7. Aufl, § 26b Anm 5 mwN; *Beck* StuW 77, 47). Grundsätzlich ist zwar wie bei allen Gesamtschuldnern auch bei zusammenveranlagten Ehegatten keine Hinzuziehung notwendig. Eine Hinzuziehung ist jedoch erforderlich, wenn der andere Ehegatte eigene Einkünfte hat, weil er dann auch im Falle der Aufteilung der Gesamtschuld wegen des nach § 279 I 1 erforderlichen einheitlichen Aufteilungsbescheides unmittelbar durch die Rechtsbehelfsentscheidung betroffen wird (vgl BFH BStBl 69, 343; vgl aber auch BFH BStBl 77, 321). Die Rechtsprechung nimmt darüber hinaus die Notwendigkeit

§ 360 7. Teil. Außergerichtliches Rechtsbehelfsverfahren

einer Hinzuziehung an, wenn sich die Interessen der Ehegatten einander widerstreiten (BFH BStBl 66, 327). In diesem Fall dürfte es sich aber nicht um einen Fall der notwendigen, sondern der einfachen Hinzuziehung handeln (vgl zum Problemkreis auch *Hellinger* BB 77, 1196; *Lipross* DB 84, 1853; *Eberl* DB 84, 2382 jeweils m ausf Nachw).

4. Verfahrensweise
a) Vor jeder Hinzuziehung ist der den Rechtsbehelf führende Stpfl von dieser Absicht in Kenntnis zu setzen und ihm **Gelegenheit zur Stellungnahme** zu geben. Für die einfache Hinzuziehung ist dies in Abs I letzter Satz angeordnet. Diese Verfahrensweise ist jedoch auch bei der notwendigen Hinzuziehung einzuhalten, damit der Rechtsbehelfsführer die Möglichkeit erhält, durch Rücknahme seines Rechtsbehelfs die Hinzuziehung und die damit verbundene Offenbarung seiner steuerl Verhältnisse zu vermeiden.
b) die Hinzuziehung muß dem Betroffenen ausdrücklich erklärt werden. Die bloße Aufforderung zur Stellungnahme reicht nicht aus. IdR sollte die Hinzuziehungserklärung einen Hinweis auf die Rechte des Hinzugezogenen (Abs IV) und die Wirkung der Hinzuziehung enthalten. Dem Hinzugezogenen sind das **Vorbringen** der übrigen Beteiligten sowie das Ergebnis etwaiger von Amts wegen durchgeführter Ermittlungen **mitzuteilen**. Die Hinzuziehung ist ein **VerwAkt**, der durch Beschwerde nach § 349 angefochten werden kann (*TK* RNr 3).
c) Da der Hinzugezogene gem § 359 Nr 2 Beteiligter ist, muß die Entscheidung über den Rechtsbehelf gem § 366 auch ihm zugestellt werden. Die Rechtsbehelfsentscheidung muß im Rubrum sämtliche Beteiligten, also auch die Hinzugezogenen aufführen.

5. Wirkung der Hinzuziehung
a) Die Wirkung der Hinzuziehung ist in Abs IV geregelt. Der Hinzugezogene kann während des Rechtsbehelfsverfahrens **dieselben Rechte** geltend machen, wie derjenige, der den Rechtsbehelf eingelegt hat. Voraussetzung ist jedoch, daß das Rechtsbehelfsverfahren anhängig ist. Nach Rücknahme des Rechtsbehelfs kann er das Verfahren nicht fortsetzen (RFH RStBl 1938, 1085).
b) Die Erledigung des Verfahrens durch Abhilfebescheid gem § 172 I Nr 2 ist allerdings im Fall einer notwendigen Hinzuziehung nur zulässig, wenn neben dem Rechtsbehelfsführer auch der **Hinzugezogene zustimmt** oder dadurch seinem Antrag der Sache nach entsprochen wird (BFH StRK § 239 RAO R 9).
c) Die **Entscheidung** über den Rechtsbehelf muß der **Hinzugezogene gegen sich** gelten lassen. Diese Wirkung der Hinzuziehung ist zwar in Abs IV im Gegensatz zu § 241 IV RAO nicht mehr ausdrücklich angeordnet, sie ergibt sich jedoch daraus, daß der Hinzugezogene gem § 359 Beteiligter ist. Der Hinzugezogene kann daher auch Klage erheben (FG RhPf EFG 82, 229).

6. Unterlassen der Hinzuziehung
a) Unterbleibt eine einfache Hinzuziehung, so führt dies lediglich dazu, daß der Nichthinzugezogene durch die Entscheidung **nicht gebunden** wird.

2. Abschnitt. Allgemeine Verfahrensvorschriften § 361

b) Wird eine notwendige Hinzuziehung unterlassen, so liegt ein **wesentlicher Verfahrensmangel** (§ 100 II FGO) vor. Zu der Frage, welche Folgerungen daraus zu ziehen sind, ist die Rspr des BFH nicht einheitlich. Übereinstimmend gehen die BFH-Entscheidungen davon aus, daß der nicht Hinzugezogene im anschließenden gerichtlichen Verfahren beizuladen ist. Überwiegend gehen die Entscheidungen dann dahin, daß das gerichtliche Verfahren auszusetzen ist, damit das FA den notwendig Hinzuzuziehenden die Einspruchsentscheidung noch nachträglich zustellen kann, um ihnen Gelegenheit zur Klageerhebung zu geben. Wenn sie Klage erheben, geht das Verfahren ohnehin weiter. Andernfalls ist der Mangel der Hinzuziehung geheilt (BFH BStBl 85, 675; 86, 778; 87, 302; BFH/NV 88, 91; gegen Heilungsmöglichkeit FG RhPf EFG 80, 535; 84, 58; FG Düsseldorf EFG 81, 490; zustimmend zu BFH, aber gegen Notwendigkeit der Beiladung schon vor Aussetzung des Verfahrens FG RhPf EFG 86, 300). Der IV. und der VIII. Senat des BFH wollen dagegen nach der Beiladung ohne weiteres eine Sachentscheidung des Gerichts zulassen, wenn der Beigeladene keine isolierte Aufhebung der Einspruchsentscheidung verlangt. Dagegen soll die Einspruchsentscheidung im Falle eines solchen Verlangens isoliert aufzuheben sein, sofern der Beigeladene ein berechtigtes Interesse an einer erneuten Entscheidung der FinBeh unter seiner Beteiligung darlegen kann (BFH BStBl 83, 21; 85, 711; BFH/NV 86, 70; ähnlich FG Hamburg EFG 88, 281). Es bleibt abzuwarten, wie sich die beiden unterschiedlichen Auffassungen kombinieren wird. Jedenfalls ist die Aussetzung des Verfahrens zum Zwecke der Zustellung der Einspruchsentscheidung nicht erforderlich, wenn der Beigeladene darauf verzichtet (FG BadWürtt EFG 88, 480).

§ 361 Aussetzung der Vollziehung

(1) ¹Durch Einlegung des Rechtsbehelfs wird die Vollziehung des angefochtenen Verwaltungsaktes vorbehaltlich des Abstzes 4 nicht gehemmt, insbesondere die Erhebung einer Abgabe nicht aufgehalten. ²Entsprechendes gilt bei Anfechtung von Grundlagenbescheiden für die darauf beruhenden Folgebescheide.

(2) ¹Die Finanzbehörde, die den angefochtenen Verwaltungsakt erlassen hat, kann die Vollziehung ganz oder teilweise aussetzen; § 367 Abs. 1 Satz 2 gilt sinngemäß. ²Auf Antrag soll die Aussetzung erfolgen, wenn ernstliche Zweifel an der Rechtmäßigkeit des angefochtenen Verwaltungsaktes bestehen oder wenn die Vollziehung für den Betroffenen eine unbillige, nicht durch überwiegende öffentliche Interessen gebotene Härte zur Folge hätte. ³Die Aussetzung kann von einer Sicherheitsleistung abhängig gemacht werden.

(3) ¹Soweit die Vollziehung eines Grundlagenbescheides ausgesetzt wird, ist auch die Vollziehung eines Folgebescheides auszusetzen. ²Der Erlaß eines Folgebescheides bleibt zulässig. ³Über die Sicherheitsleistung ist bei der Aussetzung eines Folgebescheides zu entscheiden, es sei denn, daß bei der Aussetzung der Vollziehung des Grundlagenbescheides die Sicherheitsleistung ausdrücklich ausgeschlossen worden ist.

§ 361 7. Teil. Außergerichtliches Rechtsbehelfsverfahren

(4) ¹Durch Einlegung eines außergerichtlichen Rechtsbehelfs gegen die Untersagung des Gewerbebetriebes oder der Berufsausübung wird die Vollziehung des angefochtenen Verwaltungsaktes gehemmt. ²Die Finanzbehörde, die den Verwaltungsakt erlassen hat, kann die hemmende Wirkung durch besondere Anordnung ganz oder zum Teil beseitigen, wenn sie es im öffentlichen Interesse für geboten hält; sie hat das öffentliche Interesse schriftlich zu begründen. ³ § 367 Abs. 1 Satz 2 gilt sinngemäß.

Abs 4 S 1 zweiter Halbsatz gestrichen mit Wirkung ab 1. 1. 87 durch StBereinigG 1986 v 19. 12. 85, BGBl I, 2436.

Schrifttum: *Eggesiecker/Eisenach/Schürner* Aussetzung der Vollziehung für den Lohnsteuerzahler, FR 1981, 215; *Elsner* Aussetzung der Vollziehung – Anspruch und Wirklichkeit, BB 1979, 104; *Felix* Verlangen nach Sicherheitsleistung bei Aussetzung der Vollziehung, DStR 87, 543; *Günther* Die Zulässigkeit eines Einspruchs und eines Antrags auf Aussetzung der Vollziehung gegen einen Folgebescheid, NSt 1988/14 Rechtsbehelfsverfahren-Folgebescheide-Darst 1; *Gürsching* Zur summarischen Prüfung von Rechtsfragen im Vollziehungsaussetzungsverfahren, DStR 88, 573; *Hampel* Beseitigung von verwirkten Säumniszuschlägen auch durch Aussetzung (Aufhebung) der Vollziehung möglich, ZfZ 87, 329; *Heckt* Aussetzung der Vollziehung im Folgebescheid, DB, 2532; *Hild* Eintragung eines Lohnsteuerfreibetrags durch einstweilige Anordnung, DStR 1981, 249; *Hoffmann-Fölkersamb* Wann ist Aussetzung der Vollziehung wirtschaftlich sinnvoll, BB 88, 112; *Huxol* Kommt eine AdV nach § 361 Abs 3 Satz 1 der AO in Betracht, wenn sich eine steuerliche Auswirkung erst über den Verlustrücktrag bzw -vortrag (§ 10d EStG) ergibt? DStR 87, 283; *Klauser* Rückwirkung der Aussetzung bzw Aufhebung der Vollziehung? FR 1983, 188; *Klemp* Vorläufiger Rechtsschutz in Steuersachen, DStR 1974, 443; *Klenk* Ist die Klage gegen einen Verlustfeststellungsbescheid eine Anfechtungs- oder Verpflichtungsklage, BB 1978, 1666; *Kwasek* Aussetzung der Vollziehung nach § 242 RAO (§ 361 AO 77) und § 69 FGO, StW 1976, 132; *ders*. Vollziehbarkeit von Verwaltungsakten, StW 1980, 86; *Mennacher* Die Aussetzung der Vollziehung im Vorverfahren und bei Gericht, DStR 1982, 399; *Pelke* Vorläufiger Rechtsschutz bei Verlusten an Personengesellschaften, StW 1977, 334.; *Schrömbges* Kann die Finanzbehörde die Aussetzung der Vollziehung des Steuerbescheids jederzeit aufheben oder ändern? DB 88, 77; *ders* Der Begriff der „ernstlichen Zweifel" im abgabenrechtlichen Aussetzungsverfahren, DB 88, 1418; *Schuhmann* Unbedenklichkeitsbescheinigung bei Stundung und Aussetzung der Vollziehung des Grunderwerbsteuerbescheids (§ 22 GrEStG), DStZ 87, 140; *Stuhldreier* Vorläufiger Rechtsschutz im Verfahren über Lohnsteuerermäßigung, FR 1983, 479; *ders* Nochmals: Aussetzung der Vollziehung im Verfahren über Lohnsteuerermäßigung, FR 1984, 359.

Übersicht

1. Inhalt der Vorschrift
2. Zweck
3. Voraussetzungen der Aussetzung der Vollziehung
4. Aufhebung der Vollziehung
5. Sicherheitsleistung
6. Zuständige Behörde
7. Grundlagenbescheid – Folgebescheid
8. Verhältnis von § 361 zu § 69 FGO

1. Inhalt. Die Vorschr regelt die Aussetzung der Vollziehung durch die FinBeh während des außergerichtl Rechtsbehelfsverfahrens. Daneben gilt § 69 FGO (siehe dazu unten A 8).

Abs I enthält den **Grundsatz,** daß im AbgabenR die Einlegung eines Rechtsbehelfs grundsätzlich keine aufschiebende Wirkung hat. Gem Abs II

2. Abschnitt. Allgemeine Verfahrensvorschriften § 361

kann die Behörde im Einzelfall die Vollziehung aussetzen. Diese Regelung gilt jedoch nicht in den Fällen des Abs IV, für die der Gesetzgeber entspr der ansonsten im VerwR geltenden Regelung angeordnet hat, daß Verw-Akte solange nicht vollstreckt werden dürfen, wie Rechtsbehelfsverfahren anhängig sind, es sei denn, daß ausnahmsweise die sofortige Vollziehung angeordnet worden ist.

2. Zweck. Die in Abs I enthaltene Abweichung von der Regelung des einstweiligen Rechtsschutzes im übrigen VerwR hat ihren Grund darin, daß eine Abgabenleistung, von der sich später herausstellt, daß sie zu Unrecht erfolgt ist, ohne Schwierigkeiten durch Erstattung der Geldbeträge rückgängig gemacht werden kann. Außerdem soll durch diese Regelung verhindert werden, daß Stpfl nur deshalb einen Rechtsbehelf einlegen, um dadurch eine **Stundungswirkung zu erreichen.**

3. Voraussetzungen der Aussetzung der Vollziehung

a) Die Aussetzung der Vollziehung setzt zunächst voraus, daß es sich um einen **vollziehbaren VerwAkt** handelt. Dies ist dann nicht der Fall, wenn um Verfügungen gestritten wird, durch die lediglich Vergünstigungen abgelehnt oder nicht antragsgemäß gewährt werden, wie zB bei Beschwerden gegen die Ablehnung eines Stundungs- oder Erlaßantrages (BFH BStBl 67, 142). Die Eintragung eines **Freibetrages auf der LStKarte** ist aber ähnlich wie ein Verlustfeststellungsbescheid, gegen den vorläufiger Rechtsschutz ebenfalls im Wege der Aussetzung der Vollz zu gewähren ist (s näher unten Anm 7), ein vollziehbarer Verwaltungsakt. Bei teilweiser Ablehnung der Eintragung eines Freibetrags auf der LStKarte ist deshalb vorläufiger Rechtsschutz durch Aussetzung der Vollz zu gewähren (BFH BStBl 87, 344; aA noch BFH DStZ 85, 259), ebenso wie gegen die überhöhte Festsetzung von Vorauszahlungen (BFH aaO). Eine Aussetzung der Vollz kann auch **nicht** erfolgen bei angefochtenen StBescheiden, die eine **Steuererstattung** vorsehen (BFH BStBl 75, 239; 75, 240). Auf Grund dieses Bescheides fordert die FB nämlich keine Leistung, so daß dem StPfl, der mit seinem Rechtsbehelf eine höhere Erstattung anstrebt, außer dem Versagen von Zinsverlusten (s dazu aber § 111 FGO) durch das Abwarten der Entscheidung über den Rechtsbehelf keine Nachteile entstehen. Zur Frage, ob bei Grundlagenbescheiden eine Aussetzung der Vollz möglich ist, wenn mit der Anfechtung eine höhere Verlustfeststellung begehrt wird, s unten A 7. Eine Aussetzung der Vollz bei Steuererstattungsbescheiden ist aber möglich, wenn zunächst (zB in einem Bescheid unter Vorbehalt der Nachprüfung) ein höherer Erstattungsbetrag festgesetzt worden ist und dann auf Grund des endgültigen Bescheides über einen niedrigeren Erstattungsbetrag vom StPfl eine Nachzahlung zu leisten ist *(Kwasek* StW 76, 132; 80, 85). Ebenso ist ein **Abrechnungsbescheid**, der nach Aufrechnung des FA geminderten Erstattungsanspruch des Stpfl feststellt, ein vollziehbarer Verwaltungsakt (BFH BStBl 88, 43; BFH/NV 88, 617). Hat das FA abweichend von der StErklärung keine negative StSchuld, sondern die Umsatzsteuer auf Null festgesetzt, kann aus den obigen Gründen nicht mit dem Antrag auf Aussetzung der Vollziehung die einstweilige Festsetzung einer negativen Steuerschuld begehrt werden, um die entsprechende Auszahlung von Steuerbeträgen zu erreichen

§ 361   7. Teil. Außergerichtliches Rechtsbehelfsverfahren

(BFH BStBl 82, 149). Die Festsetzung der Umsatzsteuer auf Null durch endgültigen Bescheid ist aber dann ein vollziehbarer VerwAkt, wenn der vorläufige StBescheid eine negative StSchuld festgesetzt hatte (BFH BStBl 75, 239). Änderungen von anfechtbaren StBescheiden zuungunsten des StPflichtigen sind ebenfalls vollziehbare VerwAkte. Dagegen kann es keine Aussetzung der Vollziehung eines zugunsten des StPflichtigen ergangenen Änderungsbescheides geben (FG Köln EFG 83, 8). Auch die Ablehnung der Änderung eines unanfechtbaren StBescheides gem § 175 I Nr 2 ist einer Aussetzung der Vollziehung nicht zugänglich (BFH BStBl 71, 334). Entscheidend für eine Vollziehbarkeit ist immer, daß der VerwAkt dem StPflichtigen eine Leistungspflicht bzw Belastung auferlegt (*Kwasek* StW 80, 89). So ist zB der Ausschluß vom Bezug steuerbegünstigten Heizöls ein vollziehbarer VerwAkt (FG Hbg EFG 80, 203). Bescheide über **Eingangsabgaben**, die bei der Abfertigung festgesetzt worden sind, sind zwar vollziehbare Verwaltungsakte. Der BFH verneint hier in der Regel aber ein berechtigtes Interesse an vorläufigem Rechtsschutz (BFH BStBl 86, 717 mwN).

b) Grundsätzlich ist außerdem erforderlich, daß die Verfügung, deren Vollziehung ausgesetzt werden soll, **angefochten** worden ist. Nach Anfechtung ist über die Aussetzung der Vollz auch solcher StBescheide zu entscheiden, die bis zum Abschluß des Entscheidungsverfahrens der Verwaltung über die Aussetzung der Vollz (Beschwerdeentscheidung) den angefochtenen StBescheid ändern oder ersetzen, soweit damit den Gründen des Aussetzungsantrags nicht entsprochen wird (FG BadWürtt EFG 86, 6). Wird der Rechtsbehelf gegen den angefochtenen Verwaltungsakt **zurückgenommen, endet** eine bereits verfügte Aussetzung der Vollz, ohne daß es einer gesonderten Aufhebung der Aussetzungsverfügung bedarf (BFH BStBl 86, 475). Ledigl in Fällen des Abs III ist die Aussetzung der Vollziehung eines Folgebescheides auch dann noch möglich, wenn dieser schon bestandskräftig ist.

c) Die Aussetzung der Vollziehung steht im **Ermessen** der Behörde. Ist eine der beiden Voraussetzungen des Abs II erfüllt, so ist die Behörde jedoch idR zur Aussetzung verpflichtet (BFH BStBl 67, 123; 67, 199; BFH DB 84, 1123). Ein Antrag ist nicht erforderlich, zwingt aber die FB zur Prüfung. Er ist auch dann zulässig, wenn die Behörde dem StPfl vorher bereits VollstrAufschub gewährt hat (FG Hbg EFG 80, 361).

aa) Die Vollziehung soll dann ausgesetzt werden, wenn ernstliche Zweifel an der Rechtmäßigkeit eines Bescheides bestehen. Das ist dann der Fall, wenn eine summarische Prüfung ergibt, daß neben für die Rechtmäßigkeit sprechenden Umständen **gewichtige** gegen die Rechtmäßigkeit sprechende Gründe zutage treten, die Unentschiedenheit oder Unsicherheit in der Beurteilung der Rechtsfrage oder Unklarheit in der Beurteilung der Tatfrage bewirken (BFH, BStBl 67, 182; 75, 239, 78; 579; 86, 475; BFH/NV 86, 261; 86, 264; 88, 190). Ernstliche Zweifel sind immer gegeben, wenn die maßgebliche Rechtsfrage von zwei obersten Bundesgerichten oder vom BFH selbst unterschiedlich entschieden worden ist (BFH BStBl 69, 145; 86, 490). Hängt die Rechtmäßigkeit davon ab, ob der StPflichtige eine Steuerhinterziehung begangen hat, ist zu prüfen, ob ernstliche Zweifel an der Begehung der Straftat bestehen (BFH BStBl 79, 570).

2. Abschnitt. Allgemeine Verfahrensvorschriften § 361

Es ist also keineswegs erforderlich, daß überwiegende Gründe für die Unrechtmäßigkeit des VerwAktes sprechen. Bestehen allerdings zB bei Einheitswertbescheiden ernstliche Zweifel an der Rechtmäßigkeit der Feststellung nur zu bestimmten Stichtagen, ist die Aussetzung der Vollz auf diese Stichtage zu beschränken (BFH BStBl 87, 326). Die Zweifel an der Rechtmäßigkeit können sich auch auf die Verfassungsmäßigkeit der zugrunde liegenden Norm beziehen (BVerfG BStBl 61, 63; BFH BStBl 64, 54; 66, 79; OFD D'dorf STEK § 361 Rz 1; *HHSp* RNr 21). An die Zweifel hinsichtlich der Verfassungsmäßigkeit sind dabei keine strengeren Anforderungen zu stellen als im Falle der Geltendmachung fehlerhafter Rechtsanwendung (BFH DB 84, 1124). Jedoch kann das öffentliche Interesse die Aussetzung der Vollziehung dann hindern, wenn die Aussetzung in ihren praktischen Auswirkungen über den Einzelfall hinaus einem zeitweiligen Außerkraftsetzen der Norm insgesamt gleichkäme und eine Entscheidung des Bundesverfassungsgerichts über die Norm alsbald zu erwarten ist (BFH DB 84, 1125). Im übrigen ist die Anwendung des § 361 aber nicht deshalb ausgeschlossen, weil das Bundesverfassungsgericht unter den in § 32 BVerfGG genannten Voraussetzungen einen Zustand durch einstweilige Anordnung regeln kann (BFH DB 84, 1124). Nach endgültiger Erfolglosigkeit des abgabenrechtlichen bzw finanzgerichtlichen Rechtsmittels (Bestandskraft des angefochtenen Verwaltungsakts) kann bei Erhebung einer **Verfassungsbeschwerde** aber keine Aussetzung der Vollz mehr für die Zeit von Erhebung der Verfassungsbeschwerde bis zur Entscheidung darüber gewährt werden (BFH BStBl 87, 320).

Die Gefährdung des StAnspruchs ist, wenn ernstliche Zweifel an der Rechtmäßigkeit des StAnspruchs bestehen, kein Grund, die Aussetzung der Vollz abzulehnen. Die Aussetzung der Vollz kann dann von einer Sicherheitsleistung abhängig gemacht werden. In NRW sind die FinBeh angewiesen, ihren Ermessensspielraum stets voll zugunsten des StPfl auszunutzen (s OFD Köln StEK § 361 Rz 2). Das muß auch in anderen Bundesländern die Grundlage für die Ermessensausübung der FinBeh sein.

bb) Nach Abs II soll die Vollziehung auch dann ausgesetzt werden, wenn sie für den Betroffenen eine **unbillige** Härte zur Folge hätte, die nicht durch ein überwiegendes öffentl Interesse geboten ist. Eine unbillige Härte iS dieser Vorschr liegt dann vor, wenn dem Stpfl durch die Vollziehung des VerwAktes Nachteile entstehen würden, die über die eigentliche Leistung hinausgehen und nicht oder nur schwer wieder gut zu machen sind oder wenn sogar die wirtschaftliche Existenz des Stpfl gefährdet wäre (BFH BStBl 67, 255; BFH/NV 87, 277). Im Falle der Zusammenveranlagung von Eheleuten ist eine unbillige Härte nicht darin zu sehen, daß EStForderungen, die sich aus der Versagung eines beantragten Verlustausgleichs für die im Gewerbebetrieb des Ehemannes erzielten Verluste ergeben, im Verhältnis zwischen den Eheleuten allein die Ehefrau treffen, weil nur sie im maßgeblichen Veranlagungszeitraum positive Einkünfte erzielt hat (BFH/NV 87, 277). Eine unbillige Härte ist idR in der Vollziehung von VerwAkten zu sehen, die auf Vornahme einer

§ 361   7. Teil. Außergerichtliches Rechtsbehelfsverfahren

Handlung, Duldung oder Unterlassung gerichtet sind (sogen Finanzbefehle, § 328), da der Vollzug solcher Anordnung nicht mehr rückgängig gemacht werden kann.

cc) Grundsätzlich sind die beiden Alternativen des Abs II selbständig. Hat der Rechtsbehelf jedoch offensichtlich überhaupt keine Aussicht auf Erfolg, so kommt auch dann, wenn die Erhebung der St eine unbillige Härte darstellen würde, eine Aussetzung der Vollziehung nicht in Betracht (vgl *Hild* Der Steuerberater 80, 254), sondern allenfalls eine **Stundung** gem § 222.

4. Aufhebung der Vollziehung. Obwohl § 361 ebenso wie § 69 II FGO – im Gegensatz zu § 69 III S 4 FGO – die Aufhebung der Vollziehung nicht vorsieht, hat der BFH entschieden, daß auch im Rahmen eines Aussetzungsverfahrens nach § 361 die Aufhebung der Vollziehung erfolgen kann (BFH BStBl 79, 698). Nicht eindeutig geklärt ist, ob die Aussetzung bzw Aufhebung der Vollziehung ex tunc oder ex nunc wirken. Nach der zunächst vom BFH vertretenen Auffassung wirken sowohl die Aussetzung der Vollz als auch die Aufhebung der Vollz ex nunc (BFH BStBl 77, 645). Allerdings hat der BFH auch schon früher durch die Aufhebung der Vollz eine im Ergebnis rückwirkende Aufhebung der Säumniszuschläge angenommen (ablehnend daher *Klauser* FR 83, 188). Dieser Auffassung des BFH ist zuzustimmen. Da die Säumniszuschläge ihrer Natur nach Druckmittel sind, um die rechtzeitige Entrichtung der Steuern zu erreichen (BFH BStBl 55, 399; 77, 645), hat die Verwirkung der Säumniszuschläge die Vollziehbarkeit des StBescheides zur Voraussetzung. Die FinBeh kann diese Vollziehbarkeit mit der Aussetzung der Vollziehung des VerwAktes rückwirkend beseitigen (OFD Bremen StEK § 361 Rz 4). Nunmehr billigt der BFH der Aufhebung der Vollz bei Säumniszuschlägen eindeutig rückwirkende Wirkung zu (BFH BStBl 87, 389). Danach kommt es für die Bestimmung des Zeitpunkts, von dem an die Wirkungen der Vollz aufzuheben sind, darauf an, ab wann ernstliche Zweifel an der Rechtmäßigkeit des Bescheides erkennbar waren (BFH aaO; ebenso FG BadWürtt EFG 86, 6). Es ist sogar davon auszugehen, daß der Antrag auf Aussetzung der Vollz bei einer späteren Entscheidung regelmäßig auch den Antrag auf Aufhebung der Vollz der inzwischen verwirkten Säumniszuschläge umfaßt (FG BadWürtt aaO). Nicht eindeutig ist aber immer noch, ob der BFH seine nunmehrige Rspr zur Rückwirkung der Aufhebung der Vollz auf die Säumniszuschläge beschränken will oder ob sie allgemeine Bedeutung hat. Die vom BFH angeführten Gründe für die Rückwirkung bei Säumniszuschlägen sprechen für eine allgemeine Möglichkeit der Rückwirkung der Aufhebung der Vollz, sodaß von dieser Rechtslage auszugehen ist (für eine rückwirkende Aufhebung der Vollz auch FG Hamburg EFG 79, 76; FG München EFG 86, 412). Im Falle der Aufhebung der Vollziehung sind aber bei Vorliegen der Voraussetzungen des § 237 Aussetzungszinsen zu zahlen, obwohl § 237 nur die Aussetzung und nicht die Aufhebung der Vollziehung nennt. Da die Aufhebung der Vollziehung als vom Regelungsgehalt der Aussetzung der Vollziehung mit umfaßt gelten muß, ist die Aufhebung als eine besondere Form der Aussetzung anzusehen. Wegen der Wirkung ex tunc fallen die Zinsen bei der Aufhebung der Vollz rückwirkend an (so überzeugend FG München EFG 86, 412; offen gelassen in BFH BStBl 87,

2. Abschnitt. Allgemeine Verfahrensvorschriften **§ 361**

389). Vollstreckungskosten können durch eine Aufhebung der Vollziehung nicht rückwirkend beseitigt werden (BFH BStBl 70, 291; *HHSp* § 346 RNr 7; *TK* RNr 2).

Bei Aufhebung der Vollziehung ist die Behörde verpflichtet, den Zustand wiederherzustellen, der vor der Vollziehung bestand. Vor der Aufhebung der Vollziehung **freiwillig gezahlte Steuerbeträge** sind daher ebenso wie beigetriebene Beträge zurückzuzahlen (BFH BStBl 77, 838; OFD Köln, StEK § 361 Rz 3). Das gilt aber nicht, soweit die Leistungspflicht auf einem anderen Verwaltungsakt beruht. Zahlungen, die aufgrund vorangegangener Anmeldungen geleistet worden sind, können daher nicht zurückgezahlt werden (BFH BStBl 69, 685). Ebenso dürfen geleistete Vorauszahlungsbeträge oder aufgrund eines Erstbescheides gezahlte Beträge nicht zurückgezahlt werden. Deshalb kann eine Aussetzung der Vollz auch nicht hinsichtlich der durch StAbzug erhobenen LSt oder KapErtSt oder geleisteter Vorauszahlungen angeordnet werden (BFH BStBl 81, 35; 81, 767; 82, 657; 87, 179). Das gleiche gilt hinsichtlich der Anrechnung der KSt (BFH BStBl 87, 179). Im übrigen kann im Wege der Aussetzung (Aufhebung) der Vollziehung nicht die Erstattung von Steuern angeordnet werden, wenn ernstlich zweifelhaft ist, ob die Steuer im Zeitpunkt des berichtigten StBescheides bereits verjährt war und die Steuer bereits vor Erlaß des berichtigten Bescheides gezahlt war (BFH BStBl 80, 517).

Bereits getroffene VollstrMaßnahmen dürfen nicht aufgehoben werden (§ 257 II). Pfändungen bleiben daher erhalten. Es darf nur nicht weiter verwertet werden.

5. Sicherheitsleistung. Gemäß Abs II letzter Satz kann die Behörde die Aussetzung der Vollziehung von einer **Sicherheitsleistung** abhängig machen. Die Entscheidung, ob die Aussetzung der Vollz gegen oder ohne Sicherheitsleistung ausgesprochen werden soll, ist eine gerichtlich nur auf Ermessensfehler nachprüfbare **Ermessensentscheidung** (FG München EFG 88, 155). Aussetzung und Anordnung der Sicherheitsleistung sind eine Einheit (BFH BStBl 79, 666; FG Nieders EFG 82, 4; aA *TK* § 69 FGO RNr 7 a). Bei Einwendungen gegen die Anordnung der Sicherheitsleistung ist daher auch zu prüfen, ob überhaupt die Voraussetzungen für die Vollziehungsaussetzung vorliegen. Geht es um die Aussetzung von Grundlagen- und Folgebescheiden (Abs III), so obliegt die Entscheidung über die Sicherheitsleistung allein der für den **Folgebescheid** zuständigen Stelle (Abs III S 3). Um den Stpfl über die Möglichkeit einer Sicherheitsforderung nicht im Unklaren zu lassen, sollte in den Verfügungen über die Aussetzung von Grundlagenbescheiden regelmäßig darauf hingewiesen werden, daß die Aussetzung der Vollziehung des (näher bezeichneten) Folgebescheides von einer Sicherheitsleistung abhängig gemacht werden kann.

6. Zuständige Behörde. Für die Aussetzung der Vollziehung ist das FA zuständig, das den angefochtenen **VerwAkt** erlassen hat. Ist jedoch zwischenzeitlich ein Zuständigkeitswechsel eingetreten, hat das neu zuständig gewordene FA über die Aussetzung der Vollziehung zu befinden (Hinweis auf § 367 I S 2). Das **ursprüngl zuständige FA** kann das Verfahren jedoch weiterführen, wenn dies unter Wahrung der Interessen der Beteiligten der Verfahrensvereinfachung dient und das neu zuständig gewordene FA zustimmt (§ 26).

§ 361 7. Teil. Außergerichtliches Rechtsbehelfsverfahren

7. Grundlagenbescheid – Folgebescheid. Abs III geht davon aus, daß auch die Vollz eines Grundlagenbescheides ausgesetzt werden kann. Es handelt sich um einen vollziehbaren VerwAkt, weil auf seiner Grundlage ein Folgebescheid ergehen und vollzogen werden kann. Die Aussetzung der Vollziehung kann somit unstreitig erfolgen, wenn es sich um einen **positiven Feststellungsbescheid** handelt. Gegen eine Aussetzung der Vollz bestehen auch keine Bedenken, wenn ein **positiver Gewinnfeststellungsbescheid durch** einen **negativen ersatzlos aufgehoben** wird. In diesem Fall ist eine Vollziehungsaussetzung möglich mit der Wirkung, daß der ursprüngliche positive Bescheid vorläufig weiter in Kraft bleibt (BFH BStBl 76, 598).

Verlustfeststellungsbescheide können ohne Zweifel dann in der Vollziehung ausgesetzt werden, wenn sie einen vorausgegangenen Verlustfeststellungsbescheid, der einen höheren Verlust feststellte, ändern oder wenn in Folgebescheiden, die vor dem Verlustfeststellungsbescheid ergangen sind, bereits ein höherer Verlust (zB nach Maßgabe der Steuererklärung) berücksichtigt worden ist (BFH BStBl 74, 220; 78, 16). Problematisch war, ob auch darüber hinaus bei Verlustfeststellungsbescheiden eine Aussetzung der Vollziehung erfolgen kann. Aus den obigen Erwägungen zu den Steuererstattungsansprüchen (s oben Anm 3) folgt an sich, daß nicht im Wege der Aussetzung der Vollziehung vorläufig ein höherer Verlust berücksichtigt werden kann. Trotzdem hat der BFH unter Aufgabe seiner früheren Rechtspr (vgl BFH BStBl 75, 240; 78, 15; 78, 584) entschieden, daß vorläufiger Rechtsschutz durch Aussetzung der Vollziehung des Feststellungsbescheids (nicht durch einstweilige Anordnung) zu gewähren ist, wenn die Feststellung eines höheren Verlustes begehrt wird, als ihn das FA in seiner einen Feststellungsbescheid betreffenden Einspruchsentscheidung zugrunde gelegt hat (BFH BStBl 79, 567; 80, 66). Das gilt nach der Rechtspr des BFH auch dann, wenn der Verlust auf Null festgesetzt worden ist und mit der Anfechtung die Feststellung eines Verlustes begehrt wird (BFH BStBl 81, 99). Ebenso hat der BFH die Aussetzung der Vollziehung auch dann für den allein zulässigen vorläufigen Rechtsschutz erklärt, wenn in einem Feststellungsbescheid zugleich die Mitunternehmerschaft einzelner Personen abgelehnt wurde (BFH BStBl 80, 697). Der GrS des BFH hat nunmehr klargestellt, daß gegenüber **allen negativen Gewinnfeststellungsbescheiden** vorläufiger Rechtsschutz durch Aussetzung der Vollz zu gewähren ist (BStBl 87, 637). Aussetzung der Vollz ist daher auch der richtige vorläufige Rechtsschutz gegenüber isolierten Ablehnungsbescheiden, in denen die Voraussetzung der Mitunternehmerschaft verneint wird (BFH GrS aaO; aA noch BFH BStBl 80, 212). Aussetzung der Vollz ist als vorläufiger Rechtsschutz ferner bei der Feststellung eines Verlusts, der nach § 15 a I EStG nicht mit positiven anderen Einkünften des Stpfl ausgeglichen werden kann, sondern gem § 15 a II EStG die Gewinne des Kommanditisten in späteren Jahren mindert, zu gewähren (BFH BStBl 88, 617).

Die Aussetzung die Vollziehung eines Grundlagenbescheides löst die Aussetzung der Vollziehung eines darauf beruhenden Folgebescheides aus. Vor der Aussetzung der Vollziehung des Grundlagenbescheides kann der Folgebescheid nicht aufgrund von Einwendungen gegen den Grundlagenbescheid ausgesetzt werden. Anträge auf Aussetzung der Vollz die nur mit Einwendungen gegen den Grundlagenbescheid begründet werden, sind

2. Abschnitt. Allgemeine Verfahrensvorschriften § 361

daher unzulässig, es sei denn, daß Einwendungen gegen die Wirksamkeit des Grundlagenbescheids (zB fehlende Bekanntgabe) geltend gemacht werden (s näher oben § 351 Anm 3). Über die Sicherheitsleistung ist erst bei der Aussetzung der Vollziehung des Folgebescheides zu entscheiden. In dem VerwAkt, mit dem der Grundlagenbescheid ausgesetzt wird, kann allerdings bestimmt werden, daß der Folgebescheid ohne Sicherheitsleistung auszusetzen ist. Diese Regelung ist insbesondere für das Verhältnis der RealStMeßbescheide zu den RealStBescheiden von Bedeutung. Die Entscheidung über die Sicherheitsleistung kann idR den Gemeinden überlassen werden.

Bei Einkommensteuerbescheiden war umstritten, ob und in welchem Umfang die Vollz des Bescheides (als Folgebescheid) im Rechtsbehelfsverfahren auszusetzen ist, wenn der StPfl einen Verlust aus einer Beteiligung geltend macht, der Grundlagenbescheid über die Feststellung des Verlusts durch das Betriebsstättenfinanzamt aber noch nicht ergangen ist. Der I. Senat des BFH hielt es für ernstlich zweifelhaft, ob überhaupt der Folgebescheid vor dem Grundlagenbescheid ergehen durfte. Nach der Auffassung des I. Senats war daher im Rechtsbehelfsverfahren jeweils die Aussetzung der Vollziehung des gesamten EStBescheides geboten (BFH BStBl 78, 579). Zutreffend hielt dagegen der IV. Senat des BFH den Folgebescheid vor dem Grundlagenbescheid für möglich. Diese Rechtsfrage ist durch die Einfügung des Abs II in § 155 im Sinne des IV. Senats geklärt worden. Zur Prüfungskompetenz des FA hinsichtlich der gesondert festzustellenden Besteuerungsgrundlagen bei Erlaß des Folgebescheides vor dem Grundlagenbescheid s oben § 115 Anm 4.

8. Verhältnis von § 361 zu § 69 FGO. Wie bereits in A 1 erwähnt worden ist, **gilt § 69 FGO neben § 361.** Der Stpfl kann also im Rechtsmittelverfahren einen Antrag auf Aussetzung der Vollz bei der FinBeh stellen und bei Ablehnung gem § 349 Beschwerde einlegen. Gegen die Beschwerdeentscheidung kann dann Klage beim FG erhoben werden. Der StPfl kann aber nach § 69 III FGO sofort einen Antrag beim FG stellen (BFH BStBl 68, 199). Der GrS des BFH hat an dieser sog Zweigleisigkeit des Verfahrens trotz ablehnender Entscheidungen einiger FG (s FG München EFG 81, 579; FG Düsseldorf EFG 82, 524) und Kritik im Schrifttum festgehalten, da § 69 III FGO nicht die allgemeinen Vorschriften über die Klagearten verdrängt (BFH BStBl 85, 587 mwN; ebenso BFH/NV 87, 277). Hat allerdings der StPfl im Verfahren über die Aussetzung der Vollz eines VerwAktes gegen die ablehnende Beschwerdeentscheidung der OFD Klage beim FG erhoben, so ist, während dieses Verfahren schwebt, ein Antrag auf Aussetzung der Vollziehung nach § 69 III FGO unzulässig (BFH BStBl 77, 647).

Während der Geltung des **Gesetzes zur Entlastung der Gerichte** in der Verwaltungs- und Finanzgerichtsbarkeit (BGBl 78 I, 446, verlängert in BGBl 83 I, 1515) ist die Anrufung des Gerichts gemäß § 69 III FGO allerdings erheblich eingeschränkt. Sie ist nur dann zulässig, wenn das Finanzamt den Aussetzungsantrag abgelehnt hat, das Finanzamt zu erkennen gegeben hat, es werde nicht aussetzen, wenn das Finanzamt in angemessener Frist nicht entschieden hat oder aus sonstigen wichtigen Gründen die sofortige Anrufung des Finanzgerichts geboten ist. Letzteres ist zB der Fall, wenn die Vollstr bereits begonnen hat (BFH BStBl 86, 236).

§ 362 Rücknahme des Rechtsbehelfs

(1) ¹Der Rechtsbehelf kann bis zur Bekanntgabe der Entscheidung über den Rechtsbehelf zurückgenommen werden. ²§ 357 Abs. 1 und 2 gilt sinngemäß.

(2) ¹Die Rücknahme hat den Verlust des eingelegten Rechtsbehelfs zur Folge. ²Wird nachträglich die Unwirksamkeit der Rücknahme geltend gemacht, so gilt § 110 Abs. 3 sinngemäß.

1. Inhalt. Die Vorschrift entspricht § 243 RAO. Sie regelt die Rücknahme des Rechtsbehelfs, die **vom Verzicht** auf einen Rechtsbehelf (§ 354) **zu unterscheiden** ist. Der Verzicht erfolgt vor, die Rücknahme dagegen nach Einlegung eines Rechtsbehelfs. Die Rücknahme ist bis zur Bekanntgabe der Entsch über den Rechtsbehelf zulässig. Sie ist an die Form- und Zuständigkeitsvorschriften für die Einlegung des Rechtsbehelfs gebunden und kann daher nicht formlos erfolgen. Sie muß zwar nicht ausdrücklich erklärt werden. Die betreffende Äußerung muß aber schon im Hinblick auf die mit der Rücknahme verbundene Folge des Verlustes des eingelegten Rechtsbehelfs mit hinreichender Deutlichkeit erkennen lassen, daß das Rechtsbehelfsbegehren nicht weiter verfolgt wird (BFH/NV 87, 344; vgl auch BFH/NV 87, 359).

2. Folgen der Rücknahme. Die Rücknahme betrifft nach dem klaren Wortlaut des Abs II **nur den eingelegten Rechtsbehelf.** Solange die Rechtsbehelfsfrist noch läuft, kann folglich ein neuer Rechtsbehelf eingelegt werden (AnwErl zu § 362 Abschn 1).

3. Unwirksamkeit der Rücknahme. Die Rücknahme kann nicht mit einer Bedingung verbunden werden. Der Vorbehalt der Berichtigung von Rechenfehlern ist keine eigentliche Bedingung, die die Rücknahme unwirksam machen würde (FG RhPf EFG 84, 106). Sie kann nicht widerrufen, zurückgenommen oder wegen Irrtums angefochten werden (*TK* RNr 6). Die Rücknahme kann aber unwirksam sein. Beispiele sind außer Verletzung der Formvorschr: Vorübergehende Störung der Geistestätigkeit und daher fehlende Rechtsbehelfsfähigkeit bei der Rücknahme (BFH BStBl 77, 434); unrichtige Belehrung über die Erfolgsaussichten des Rechtsbehelfs bei Rechtsunkundigen (BFH BStBl 59, 294; 62, 107), nicht aber bei fachkundigen Bevollmächtigten (BFH BStBl 69, 52); unzulässige Beeinflussung des Rechtsbehelfsführers (*Ziemer-Haarmann-Lohse-Beermann*, Rechtsschutz in Steuersachen, Bd I Rz 3351 m w Nachw).

Die Unwirksamkeit der Rechtsbehelfsrücknahme kann in sinngemäßer Anwendung des § 110 III idR binnen eines Jahres – gerechnet vom Eingang der Rücknahmeerklärung bei der Behörde – geltend gemacht werden.

Eine **Teilrücknahme** des Rechtsbehelfs ist nicht zulässig, da die Rechtsbehelfsbehörde die Sache nach § 367 II S 1 stets in vollem Umfang erneut prüfen muß (*TK* RNr 3; aA *KKH* A 5, die bei teilbaren VerwAkten Teilrücknahme für zulässig halten).

2. Abschnitt. Allgemeine Verfahrensvorschriften § 363

§ 363 Aussetzung des Verfahrens

(1) Die zur Entscheidung berufene Finanzbehörde kann, wenn die Entscheidung des Rechtsbehelfs ganz oder zum Teil von dem Bestehen oder Nichtbestehen eines Rechtsverhältnisses abhängt, das den Gegenstand eines anhängigen Rechtsstreits bildet oder von einem Gericht oder einer Verwaltungsbehörde festzustellen ist, anordnen, daß die Entscheidung bis zur Erledigung des anderen Rechtsstreits oder bis zur Entscheidung des Gerichts oder der Verwaltungsbehörde ausgesetzt wird.

(2) Die zur Entscheidung berufene Finanzbehörde kann das Verfahren mit Zustimmung des Beteiligten, der den Rechtsbehelf eingelegt hat, ruhen lassen, wenn das aus wichtigen Gründen zweckmäßig erscheint.

Schrifttum: *Gast- de Haan* Ermessensschranken bei der Aussetzung des Besteuerungsverfahrens gem § 363 AO, DStZ 83, 254.

1. Inhalt. Die Vorschrift entspr in ihrem Abs I dem § 244 RAO und § 74 FGO. Abs II enthält eine ähnliche Regelung wie § 251 ZPO, der über § 155 FGO auch für die FGO gilt.
Geregelt wird in Abs I die **Aussetzung des Verfahrens,** die **ohne Zustimmung** des Rechtsbehelfsführers möglich ist, und in Abs II das **Ruhen des Verfahrens,** das **nur mit Zustimmung** des Rechtsbehelfsführers angeordnet werden kann. Davon zu unterscheiden ist die **Unterbrechung des Verfahrens,** zB durch Tod des Rechtsbehelfsführers oder Eröffnung des Konkursverfahrens über sein Vermögen. Darüber enthält die AO keine Regelung. Nach allgemeiner Meinung sind aber insoweit die §§ 239ff. ZPO entspr anzuwenden (*TK* RNr 1; *HHSp* RNr 13; *Koch* RNr 11).

2. Aussetzung des Verfahrens. Die Entscheidung muß ganz oder zum Teil vom Bestehen oder Nichtbestehen eines Rechtsverhältnisses abhängen. Dabei muß es sich um **konkrete Rechtsbeziehungen** des privaten oder öffentl Rechts zwischen verschiedenen Rechtspersonen handeln (*HHSp* RNr 3). Reine Rechts- und Auslegungsfragen, die zB in einem Musterprozeß anhängig sind, gehören nicht dazu, sondern können nach Abs II nur zum Ruhen des Verfahrens führen (BFH BStBl 74, 274; 75, 211). Das gilt auch für Rechtsfragen, die dem BVerfG vorliegen.
Beispiele, die unter § 363 fallen sind: Entscheidung über eine Steuerstraftat, aber nicht, wenn es im Steuerstrafverfahren um die Vorklärung schwieriger steuerrechtlicher Fragen geht, für die die Finanzgerichtsbarkeit kompetenter ist (*Gast-de Haan* DStZ 83, 254); Entscheidung, ob StPfl Eigentümer eines Grundstücks ist; Entscheidung der VerwBehörde über Anerkennung steuerbegünstigten Wohnraums.
Nicht erforderlich ist, daß die FinBeh an die Entscheidung des Gerichts oder der anderen Behörde, die über das Bestehen oder Nichtbestehen des Rechtsverhältnisses zu entscheiden hat, gebunden ist (vgl *HHSp* RNr 7). Die Entscheidung über die Aussetzung des Verfahrens steht im **Ermessen der FinBeh.** Eine entsprechende Anwendung des § 236 auf Erstattungsansprüche, die Gegenstand eines nach § 363 I ausgesetzten Verfahrens waren, ist nicht möglich (BFH BStBl 88, 600; BFH/NV 88, 619).

3. Ruhen des Verfahrens. Für das Ruhenlassen des Verfahrens sind allein **Zweckmäßigkeitserwägungen** maßgebend. Anwendungsfälle sind vor allem gegeben, wenn der Ausgang von Musterprozessen vor dem BFH oder dem BVerfG abgewartet werden soll (s oben A 2). Es handelt sich wiederum um eine **Ermessensentscheidung** der FinBeh, die allerdings an die Zustimmung des Rechtsbehelfsführers gebunden ist. Das Ruhen des Verfahrens hat keinen Einfluß auf die Frist für die Untätigkeitsklage nach § 46 I 1 FGO. Nach Wegfall des Grundes für das Ruhen des Verfahrens ist vielmehr jeweils zu prüfen, ob noch ein zureichender Grund für das Hinausschieben der Rechtsbehelfsentscheidung gegeben ist (FG BadWürtt EFG 86, 30).

4. Rechtsbehelfe. Sowohl die Ablehnung eines Antrags des Rechtsbehelfsführers auf Aussetzung oder Ruhenlassen des Verfahrens als auch die Anordnung der Aussetzung oder des Ruhenlassens sind VerwAkte, die mit Rechtsbehelfen (Beschwerde) angefochten werden können (str, wie hier FG Hamburg EFG 77, 90; *TK* RNr 4; *Ziemer-Haarmann-Lohse-Beermann,* Rechtsschutz in Steuersachen, Bd I Rz 2742; *Koch* RNr 7 und 10; aA BFH BStBl 59, 311; *HHSp* RNr 12; *KKH* A 4 und 5).

§ 364 Mitteilung der Besteuerungsunterlagen

Den Beteiligten sind, soweit es noch nicht geschehen ist, die Unterlagen der Besteuerung auf Antrag oder, wenn die Begründung des Rechtsbehelfs dazu Anlaß gibt, von Amts wegen mitzuteilen.

Die Vorschrift entspricht § 245 RAO. Sie ist Ausfluß des **Rechts auf Gehör,** sie ist zwingend. Das Recht auf Gehör ist Bestandteil des rechtsstaatlich geordneten VerwVerfahrens (zu § 364). Recht auf Akteneinsicht ist nicht gegeben. Die FinBeh kann jedoch nach ihrem Ermessen Akteneinsicht gewähren (BFH BStBl 65, 675; *TK* zu § 364). Sie muß jedenfalls alle Unterlagen mitteilen, die geeignet sind, das Ergebnis des Verfahrens zu beeinflussen, wie zB Beweismittel und Beweisergebnisse, Bewertungs- und Schätzungsunterlagen sowie Berechnungsgrundlagen. Dem als Haftenden in Anspr Genommenen ist der Inhalt der Akten insoweit zugänglich zu machen, als die zu offenbarenden Verhältnisse für die Heranziehung als Haftender erheblich sein könnten (BFH BStBl 73, 119).

§ 365 Anwendung von Verfahrensvorschriften

(1) Für das Verfahren über den außergerichtlichen Rechtsbehelf gelten im übrigen die Vorschriften sinngemäß, die für den Erlaß des angefochtenen oder des begehrten Verwaltungsaktes gelten.

(2) In den Fällen des § 93 Abs. 5, des § 96 Abs. 7 Satz 2 und der §§ 98 bis 100 ist den Beteiligten und ihren Bevollmächtigten und Beiständen (§ 80) Gelegenheit zu geben, an der Beweisaufnahme teilzunehmen.

(3) Wird der angefochtene Verwaltungsakt geändert oder ersetzt, so wird der neue Verwaltungsakt Gegenstand des Rechtsbehelfsverfahrens.

Überschrift neu gefaßt, Abs 3 angefügt mit Wirkung ab 1. 1. 1987 durch SteuerbereinigG 1986 v 19. 12. 85, BGBl I, 2436.

Schrifttum: *Guth* Abwehrmaßnahmen bei der Korrektur von Steuerbescheiden, StW 88, 1.

2. Abschnitt. Allgemeine Verfahrensvorschriften § 365

1. Inhalt. Die Vorschrift, die § 246 RAO entspricht, dient lediglich der Klarstellung. Sie verweist ergänzend auf die Vorschriften über das Besteuerungsverfahren. Das außergerichtl Rechtsbehelfsverfahren ist ein verlängertes VerwVerfahren. Da nach dieser Vorschrift auch § 80 – **Bevollmächtigte oder Beistände** – im außergerichtlichen Rechtsbehelfsverfahren anwendbar ist, bedurfte es einer dem § 240 RAO entspr Regelung nicht mehr.

Durch ein durch das St-BereinigG 1986 neu eingefügten Abs III soll verhindert werden, daß der Rechtsbehelfsführer ohne Einlegung eines erneuten Rechtsbehelfs aus dem außergerichtlichen Rechtsbehelfsverfahren hinausgedrängt wird, wenn der ursprüngliche VerwAkt geändert oder durch einen neuen VerwAkt ersetzt wird (BTDr 10/1636, S 51).

2. Umfassende Prüfungspflicht. Auf den Einspr oder die Beschwerde hat die FinBeh die angefochtene Verfügung umfassend zu prüfen.

3. Teilnahme an Beweisaufnahme. Abs II bestimmt, daß in Fällen, in denen
a) ein **Auskunftspflichtiger** (§ 93) mündl Auskunft zu erteilen hat,
b) ein **Gutachten** (§ 96) mündl erstattet wird oder in denen
c) eine **Beweisaufnahme** nach den §§ 98 (Einnahme des Augenscheins), 99 (Betreten von Grundstücken und Räumen) oder 100 (Vorlage von Wertsachen) stattfindet,
den Beteiligten und ihren Bevollmächtigten und Beiständen Gelegenheit zur Teilnahme an der Beweisaufnahme zu geben ist.

4. Änderung oder Ersetzung des VerwAktes. Im Fall der Änderung oder Ersetzung des VerwAktes bleibt nach Abs III das **Rechtsbehelfsverfahren anhängig**. Für den Teilwiderruf oder die Teilrücknahme gilt das ohnehin, da in diesen Fällen der VerwAkt – wenn auch eingeschränkt – bestehen und damit auch der Rechtsbehelf anhängig bleibt. Im Falle eines Änderungs- oder Ersetzungsbescheides braucht also nicht erneut Einspruch eingelegt zu werden. Das gilt auch dann, wenn während des Rechtsbehelfsverfahrens ein vorläufiger Bescheid (Vorbehalt der Nachprüfung oder Vorläufigkeitsvermerk) durch einen endgültigen Bescheid ersetzt wird (FG Köln EFG 86, 570). Dies wird nunmehr durch den neuen Abs III klargestellt (s oben Anm 1). Damit wird der bisherigen Rechtspr des BFH (s BFH BStBl 75, 514; 76, 551; 77, 517; 80, 165) und der hM (s *TK* § 367 RNr 8; *Koch* § 367 RNr 6) Rechnung getragen. Die bisher im Schrifttum vertretene Gegenmeinung (*KKH* § 367, 14. Aufl, Anm 4 d) ist damit überholt. Die Vorschrift findet allerdings keine Anwendung auf den Fall, daß ein Vorauszahlungsbescheid durch den Jahressteuerbescheid ersetzt wird. Hier kann trotz Rechtmäßigkeit des Jahressteuerbescheids der Vorauszahlungsbescheid rechtswidrig sein, so daß der Rechtsbehelfsführer ein Interesse an der Fortsetzung des Rechtsbehelfsverfahrens gegen den Vorauszahlungsbescheid haben kann (*Ziemer-Haarmann-Lohse-Beermann*, Rechtsschutz in Steuersachen, Tz 2377/11; offen gelassen in BFH BStBl 88, 484).

§ 366 Zustellung der Rechtsbehelfsentscheidung

¹Die Entscheidung über den Rechtsbehelf ist schriftlich abzufassen und den Beteiligten zuzustellen. ²Sie ist zu begründen und mit einer Rechtsbehelfsbelehrung zu versehen.

Schrifttum: *Frenkel* Form, Inhalt und Bekanntgabe außergerichtlicher Rechtsbehelfsentscheidungen (§ 366 AO), DStR 1980, 558.

1. Inhalt. Die Vorschrift entspricht § 247 RAO.

Die Zustellung der Rechtsbehelfsentscheidung richtet sich nach dem VwZG. Da § 17 VwZG durch das EGAO aufgehoben worden ist, kann durch die Post nur noch mit **Zustellungsurkunde** (§ 3 VwZG) oder durch **eingeschriebenen Brief** (§ 4 VwZG) zugestellt werden; die Bekanntgabevorschriften der AO (§ 122 I bis IV AO) finden mithin in bezug auf Rechtsbehelfsentscheidungen keine Anwendung.

Nach § 2 II S 1 VwZG hat die Behörde die Wahl zwischen den einzelnen Zustellungsarten des VwZG. Hat der Stpfl einen Bevollmächtigten bestellt, ist § 8 VwZG uneingeschränkt zu beachten; diese Vorschr geht bei förmlichen Zustellungen den §§ 80 III, 122 I letzter S vor. Außer in den Fällen des § 8 I 3 VwZG muß die Zustellung an alle Beteiligten erfolgen. Hat ein StBerater gegen einen StBescheid im Namen des Stpfl, aber ohne Nachweis schriftlicher Vollmacht Rechtsbehelf eingelegt, so kann die FinBeh ihm als dem bestellten Vertreter im Sinne des § 8 I 1 VwZG die Rechtsbehelfsentscheidung wirksam zustellen. Dies gilt selbst dann, wenn der Stpfl einen Rechtsanwalt mit der Anfertigung der Rechtsbehelfsbegründung und der späteren Klageerhebung beauftragt hat (BFH BStBl 86, 547). Vgl im übrigen zur Zustellung oben § 122 Anm 7.

2. Schriftform. Die Entscheidung muß schriftlich abgefaßt werden. Sie ist zu begründen und mit einer **Rechtsmittelbelehrung** zu versehen. Da die Entscheidung ein VerwAkt ist, muß § 119 III beachtet werden.

3. Sinn der Begründung. Die Beteiligten werden in die Lage versetzt, die für die Entscheidung maßgeblichen Gesichtspunkte zu erfahren. Die entscheidende Stelle wird gezwungen, das **Für und Wider** gründlich zu erwägen.

Durch die Begründung wird die Entscheidung nachprüfbar. Die nächste Instanz weiß, was die vorherige Instanz zu der Entscheidung geführt hat.

4. Inhalt der Begründung. Die Begründung muß die zugrunde liegenden **Erwägungen** in tatsächlicher und rechtlicher Hinsicht darlegen und dem Beschwerde- oder EinsprFührer zeigen, welche Berechnungen der Entscheidung zugrunde liegen. Die Bezugnahme auf die rechtliche Würdigung des FG in einem im gleichen Verfahren ergangenen Aussetzungsbeschluß und auf eigene schriftsätzliche Rechtsausführungen im Aussetzungsverfahren genügt in der Regel den Anforderungen an die Begründung der Einspruchsentscheidung, sofern die entscheidungserheblichen Vorschriften in der Einspruchsentscheidung selbst genannt sind (FG München EFG 85, 351). Vorsicht ist bei Tatbestandsverweisungen geboten (vgl BFH BStBl 75, 671). Im übrigen genügt auch eine unzutreffende Begründung der Begründungspflicht (BFH/NV 87, 359).

3. Abschnitt. Besondere Verfahrensvorschriften **§ 367**

5. Rechtsbehelfsbelehrung. Der notwendige Inhalt der Rechtsbehelfsbelehrung und die Folgen ihres Unterbleibens ergeben sich aus § 55 FGO.

Dritter Abschnitt. Besondere Verfahrensvorschriften

§ 367 Entscheidung über den Einspruch

(1) Über den Einspruch entscheidet die Finanzbehörde, die den Verwaltungsakt erlassen hat, durch Einspruchsentscheidung. ²Ist für den Steuerfall nachträglich eine andere Finanzbehörde zuständig geworden, so entscheidet diese Finanzbehörde; § 26 Satz 2 bleibt unberührt.

(2) ¹Die Finanzbehörde, die über den Einspruch entscheidet, hat die Sache in vollem Umfang erneut zu prüfen. ²Der Verwaltungsakt kann auch zum Nachteil dessen, der den Einspruch eingelegt hat, geändert werden, wenn dieser auf die Möglichkeit einer verbösernden Entscheidung unter Angabe von Gründen hingewiesen und ihm Gelegenheit gegeben worden ist, sich hierzu zu äußern. ³Einer Einspruchsentscheidung bedarf es nur insoweit, als die Finanzbehörde dem Einspruch nicht abhilft.

(3) ¹Richtet sich der Einspruch gegen einen Verwaltungsakt, den eine Behörde auf Grund gesetzlicher Vorschrift für die zuständige Finanzbehörde erlassen hat, so entscheidet die zuständige Finanzbehörde über den Einspruch. ²Auch die für die zuständige Finanzbehörde handelnde Behörde ist berechtigt, dem Einspruch abzuhelfen.

Schrifttum: *Apitz* Die Möglichkeit der Änderung zum Nachteil des Steuerpflichtigen im Rahmen des Einspruchsverfahrens – Verböserung, § 367 Abs. 2 AO, DStR 85, 101; *App* Form und Inhalt von Einspruchsentscheidungen, StW 88, 69; *Daumke* Zur Verböserung bei Einsprüchen gegen Vorbehaltsbescheide, DStR 1984, 517; *Fichtelmann* Änderung von Steuerbescheiden während des Einspruchsverfahrens, DStZA 1975, 123; *Högl* Bedarf es eines erneuten Einspruchs gegen Änderungsbescheide während des Einspruchsverfahrens. DStZA 1976, 102; *Mennacher* Die Entscheidung über den Einspruch, (§ 367 AO), BB 1980, 1209; *Mittelbach* Änderung angefochtener Steuerbescheide im Einspruchsverfahren, DStR 1974, 715; *Seitrich* Wann ist das FA an einer Verböserung gehindert? BB 88, 1799; *Zinn* Die Verböserung – Eine sprachkritische Anmerkung, Stbg 87, 321.

Übersicht

1. Inhalt der Vorschrift
2. Zuständige Behörde für die Entscheidung
3. Verlängertes Verwaltungsverfahren
4. Abhilfe durch Entsprechen
5. Berichtigung
6. Verbinden von Rechtsbehelfen
7. Absatz III
8. Gebührenfreiheit des Einspruchsverfahrens

1. Inhalt. Die Vorschrift entspricht § 248 RAO. Die bisherige Streitfrage, ob eine Zuständigkeitsänderung während des Einspruchsverfahrens Einfluß auf die Zuständigkeit für die Entscheidung über den Einspr hat (s *Schuhmann* FR 73, 346), ist nunmehr allerdings eindeutig geklärt.

§ 367   7. Teil. Außergerichtliches Rechtsbehelfsverfahren

2. Zuständige Behörde für die Entscheidung. Die Zuständigkeit für die Entscheidung über den Einspruch geht anders als nach § 348 für die Beschwerde nicht auf die höhere Behörde über, sondern es entscheidet die Behörde, die den VerwAkt erlassen hat. Geht die **örtliche Zuständigkeit** nach den §§ 17ff nach Erlaß des VerwAktes **auf eine andere Behörde über,** wird **diese zuständig.** Eine Zuständigkeitsvereinbarung nach § 26 S 2 bleibt aber möglich. Die Regelung über den Zuständigkeitswechsel gilt auch für den Zuständigkeitswechsel durch Änderung der FA-Bezirksgrenzen oder Übertragung von Verwaltungsaufgaben (BdF v 15. 10. 79, BStBl I 642). Keine Anwendung findet die Regelung allerdings bis einschl Veranlagungszeitraum 1987 für das Rechtsbehelfsverfahren über LStJA oder eine Arbeitnehmerveranlagung, wenn der StPfl seinen Wohnsitz oder gewöhnlichen Aufenthalt nach dem 31. 12. in den Bezirk eines anderen FA verlegt (§§ 42c II, 46 VI EStG, BdF aaO). Für die Jahre ab 1988 sind diese Sonderregelungen aber durch das Steuerreformgesetz 1990 aufgehoben worden (s oben Erl zu § 19 Anm 2).

3. Verlängertes Verwaltungsverfahren. Abs II hält daran fest, daß das EinsprVerfahren ein verlängertes VerwVerfahren darstellt; die FinBeh hat den VerwAkt in vollem Umfang erneut zu prüfen und kann diesen auch zum Nachteil des Stpfl ändern. Die FinBeh muß aber dem Stpfl zuvor Gelegenheit geben, zu der geplanten **Verböserung Stellung zu nehmen.** Es muß daher klar zum Ausdruck gebracht werden, daß die Einspruchsentscheidung zu einem ungünstigeren Ergebnis führen kann als der angefochtene Bescheid (FG D'dorf EFG 79, 110; HessFG EFG 88, 60). In dem Hinweis müssen die Gründe angegeben werden, die zur Verböserung führen können. Es ist allerdings nicht erforderlich, daß im vollen Umfang die Gründe genannt werden, warum in jedem einzelnen Punkt der VerwAkt verbösert werden kann (FG Nürnberg EFG 79, 161). Der Hinweispflicht wird aber nicht schon dadurch genügt, daß das FA eine bestimmte Sachbehandlung im Bescheid als unzutreffend bezeichnet und den StPfl auffordert, die Erfolgsaussichten seines Einspruchs zu überprüfen (FG BaWü EFG 79, 584). Die Mitteilung der Gründe für eine mögliche Verböserung wird den Erfordernissen des § 367 II nur dann gerecht, wenn diese Gründe in Verbindung mit der Steuerfestsetzung für den Einspruchsführer objektiv und nachprüfbar erkennen lassen, in welcher Beziehung und in welchem Umfang das FA seine der Steuerfestsetzung zugrunde liegende Auffassung geändert hat (BFH BStBl 84, 177). Zwischen Verböserungshinweis und Verböserungsentscheidung muß eine angemessene Frist liegen, damit der Einspruchsführer sich äußern kann (*TK* RNr 6; *KKH* A 4b). Eine verbösernde Entscheidung darf auch bei Mitteilung von Gründen für die Verböserung so lange nicht ergehen, als noch sachliche Rückfragen des Einspruchsführers unbeantwortet sind (BFH BStBl 84, 177). Durch den Verböserungshinweis erhält der Stpfl die Möglichkeit, seinen Einspr zurückzunehmen. Eine Verböserung ist dann nur noch möglich, wenn Berichtigungsvorschr der AO (§§ 129, 130ff., 172ff.) die Änderung des VerwAkts zum Nachteil des Stpfl erlauben (BFH BStBl 87, 417; s auch unten Anm 5). Im Einspruchsverfahren gegen einen Änderungsbescheid ist eine Verböserung nur beschränkt zulässig. Die volle Überprüfung ist hier auf den Änderungsrahmen beschränkt. Es kann daher zu keiner Gesamtaufrollung der

3. Abschnitt. Besondere Verfahrensvorschriften **§ 367**

Steuerfestsetzung kommen (FG D'dorf EFG 83, 537). Kommt es zur Wiederaufrollung eines Steuerfalles nach § 173, ist das FA an eine in einem vorausgegangenen Rechtsmittelverfahren zugunsten des StPfl vertretene Rechtsauffassung gebunden (BGH BStBl 65, 388). Der Grundsatz der Selbstbindung der Verwaltung kann aber nur zugunsten und nicht zuungunsten des StPfl wirksam werden. Der StPfl kann hier sein früheres im Einspruchsverfahren verfolgtes Begehren wieder aufnehmen (BFH BStBl 79, 530). Ist ein Einspr unzulässig, kann auch keine Verböserung erfolgen (*TK* RNr 6).

Unterläßt die FinBeh den Hinweis auf die Möglichkeit einer verbösernden Entscheidung, liegt ein wesentlicher Verfahrensmangel iS von § 100 II 2 FGO vor. Die Sache muß im Falle einer Klage in der Regel vom FG an die FinBeh zurückverwiesen werden, damit die Möglichkeit zur Rücknahme des Einspruchs wieder eröffnet wird (BFH BStBl 59, 472; 61, 53).

Die Pflicht zur Überprüfung des VerwAktes im vollen Umfang verpflichtet die FinBeh nicht, einen Vorbehalt der Nachprüfung (§ 164) in der Einspruchsentscheidung aufzuheben und den Bescheid damit in einen endgültigen umzuwandeln. Die FinBeh ist nur zu einer erneuten und nicht zu einer „abschließenden Prüfung" iS von § 164 verpflichtet (BFH BStBl 80, 527; BFH/NV 86, 715; 87, 808; AnwErl zu § 367 Abschn 5). Der Vorbehalt der Nachprüfung (ebenso ein Vorläufigkeitsvermerk) bleibt sogar erhalten, wenn er im Einspruchsbescheid nicht ausdrücklich aufgehoben wird. Einer Wiederholung im Einspruchsbescheid bedarf es daher nicht (BFH BStBl 85, 448). Ein Einspruchsbescheid, der den Vorbehalt der Nachprüfung oder Vorläufigkeitsvermerk unangetastet läßt, kann vom FG nicht mit der Begründung aufgehoben werden, der Sachverhalt sei noch nicht genügend geklärt (BFH/NV 88, 552). Die Aufhebung des Vorbehalts im Rahmen der Einspruchsentscheidung kann im Einzelfall zwar eine Verböserung sein. Der Stpfl wird dadurch aufgrund der Besonderheiten des Einspruchsverfahrens aber nicht schlechter gestellt, als er ohne Einspruch steht. Die Zurücknahme des Einspruchs kann das FA daher auch nicht hindern, den Vorbehalt gem § 163 III aufzuheben. Eines Hinweises auf die Verböserungsmöglichkeit bedarf es insoweit deshalb nicht (aA FG Saarl EFG 86, 478). Ebenso bedarf es keines Verböserungshinweises, wenn ein unter Vorbehalt der Nachprüfung stehender Bescheid in der Einspruchsentscheidung verbösert wird und der Vorbehalt aufrecht erhalten bleibt (aA BFH BStBl 80, 527; FG RhPf EFG 88, 60). Ein Verböserungshinweis kann nämlich allgemein entfallen, wenn eine andere Änderungsmöglichkeit gegeben ist (FG Berlin EFG 88, 345). Wegen der Aufhebung eines Vorbehalts in einer Einspruchsentscheidung braucht diese nicht etwa erneut mit einem Rechtsbehelf angegriffen zu werden, sondern es kann und muß sofort Klage erhoben werden (BFH BStBl 84, 85). Ebenso wie ein Nachprüfungsvorbehalt in dem Einspruchsbescheid aufgehoben werden kann, ist es zulässig, einen VerwAkt erstmalig in der Rechtsbehelfsentscheidung mit der Nebenbestimmung des Nachprüfungsvorbehalts zu versehen (vgl BFH BStBl 75, 592). In diesem Fall ist aber ein Verböserungshinweis erforderlich. Eine Verböserung liegt nur dann nicht vor, wenn eine spätere auf § 164 II gestützte Änderung den Stpfl nicht mehr schlechter stellen kann, als er durch den Erstbescheid gestellt wurde (Hess FG EFG 86, 540). Aus der Pflicht zur Überprüfung des VerwAktes in vollem Umfang ergibt sich

§ 367   7. Teil. Außergerichtliches Rechtsbehelfsverfahren

auch das Recht der FB, zur Beseitigung von Formfehlern im Einspruchsverfahren einen inhaltsgleichen fehlerfreien Bescheid zu erlassen (FG Nürnberg EFG 85, 269).

Zum **Inhalt** der Einspruchsentscheidung kann auf die Erl zu § 366, zur Adressierung und zur Heilung von etwaigen Bekanntgabemängeln des angegriffenen Verwaltungsakts durch Zustellung der Einspruchsentscheidung auf die Erl zu § 122 verwiesen werden. Eine verbindliche Zolltarifauskunft, die eine vorher erteilte verbindliche Zolltarifauskunft ersetzt, kann unter Umständen den Anforderungen an eine Einspruchsbescheid genügen (s näher § 348 Anm 2e). Eine Einspruchsentscheidung auf einen Einspruch der Gesellschafter einer Personengesellschaft ist unwirksam, wenn sie sich gegen die Gesellschaft richtet und diese steuerrechtlich ein anderes Rechtssubjekt ist als die Gesellschafter (BFH BStBl 88, 377). Verstirbt ein Stpfl während des Einspruchsverfahrens, so muß die Einspruchsentscheidung an dessen Gesamtrechtsnachfolger ergehen. Eine an den Erblasser gerichtete Einspruchsentscheidung ist unwirksam (BFH/NV 88, 213). Bei unwirksamer Einspruchsentscheidung kann diese aber noch während des FG-Verfahrens nachgeholt werden (BFH aaO).

4. Abhilfe durch Entsprechen. Einer Einspruchsentscheidung bedarf es nur insoweit, als die FinBeh nicht durch Aufhebung oder Änderung des angefochtenen VerwAkts dem EinsprAntrag entspricht. Die FinBeh kann dem EinsprAntrag ganz oder teilweise **abhelfen.** Bei teilweiser Abhilfe muß eine EinsprEntscheidung ergehen, soweit nicht abgeholfen ist. Die Vorschr des § 367 II 3 regelt nur, wann eine Einspruchsentscheidung nicht mehr erforderlich ist. Sie beschränkt die Teilabhilfe aber keineswegs auf das Einspruchsverfahren. Außerhalb des Einspruchsverfahrens (z. B. im finanzgerichtlichen Verfahren) richtet sich die Teilabhilfe nach § 172 I Nr 2 (BFH BStBl 84, 414). Eines erneuten Einspruchs gegen den Änderungsbescheid bedarf es nicht (s Erl zu § 365 A 4).

5. Berichtigung. Nach § 132 gelten die Vorschriften über Rücknahme und Widerruf, Aussetzung und Änderung von VerwAkten auch während des außergerichtl Rechtsbehelfsverfahrens. Das FA kann deshalb einen angefochtenen VerwAkt **ungeachtet** des schwebenden **Rechtsbehelfsverfahrens** nach den einschlägigen Berichtigungsvorschriften der AO aufheben oder ändern. Zur Frage, ob in solchen Fällen ein Verböserungshinweis erforderlich ist, wenn die Aufhebung oder Änderung im Einspruchsbescheid selbst erfolgt, s oben Anm 3.

Beispiel:
Das FA erhält während des EinsprVerfahrens eine Mitteilung des Betriebs-FA, wonach bestimmte, bisher nicht berücksichtigte Einkünfte gesondert festgestellt worden sind. Das FA ändert den angefochtenen EStBescheid nach § 175 Nr 1.

Der anhängige Einspruch **erledigt** sich durch den Änderungsbescheid **nicht** (s Erl zu § 365 A 4). Der Änderungsbescheid verleiht dem angefochtenen StBescheid lediglich einen anderen Inhalt. Das FA hat aufgrund des anhängigen Einspruchs im Rahmen der nach § 367 II S 1 gebotenen umfassenden Prüfung der Sache auch etwaige Mängel des Änderungsbescheids zu berücksichtigen.

3. Abschnitt. Besondere Verfahrensvorschriften § 368

6. **Verbinden von Rechtsbehelfen.** Die Verbindung von Rechtsbehelfen war weder in der RAO in der vom 1. 1. 1966 an gültigen Fassung vorgesehen, noch enthält die AO eine Bestimmung hierüber. Gleichwohl dürfte sie zulässig sein. Sie kommt in Frage in Fällen, in denen nur eine einheitliche Entscheidung ergehen kann oder in denen eine Verbindung zweckmäßig ist. § 30 ist zu beachten.

7. **Abs III** trägt der Änderung des FVG durch das FinanzanpassungsG v 30. 8. 1971 (BGBl I, 1426) Rechnung. Er betrifft ua Fälle, in denen eine **Zollstelle** oder eine **Grenzkontrollstelle** aufgrund des § 18 FVG für ein FA handelt.

8. Das Einspruchsverfahren ist **gebührenfrei.**

§ 368 Entscheidung über die Beschwerde

(1) ¹Die Finanzbehörde, deren Verwaltungsakt mit der Beschwerde angefochten ist oder von der mit der Beschwerde der Erlaß eines Verwaltungsaktes begehrt wird, kann der Beschwerde abhelfen; § 367 Abs. 1 Satz 2 gilt sinngemäß. ²Der Beschwerde kann auch die Behörde abhelfen, die den angefochtenen Verwaltungsakt auf Grund gesetzlicher Vorschrift für die zuständige Finanzbehörde erlassen hat oder von der begehrt wird, daß sie auf Grund gesetzlicher Vorschrift für die zuständige Finanzbehörde einen Verwaltungsakt erläßt.

(2) ¹Wird der Beschwerde nicht abgeholfen, so ist sie der zur Entscheidung berufenen Finanzbehörde vorzulegen. ²Über die Beschwerde entscheidet die nächsthöhere Behörde durch Beschwerdeentscheidung. ³In den Fällen des Absatzes 1 Satz 2 entscheidet die der zuständigen Finanzbehörde vorgesetzte Behörde.

1. **Inhalt.** Die Vorschrift entspricht § 249 RAO. Es wurden jedoch in Abs I S 1 die Worte „oder von der mit der Beschwerde der Erlaß eines Verwaltungsaktes begehrt wird" neu aufgenommen, um den in § 349 II geregelten Fall der „Untätigkeitsbeschwerde" zu berücksichtigen.

2. **Abhilfe durch die erlassende Behörde.** Nach Abs I kann die FinBeh, deren VerwAkt mit der Beschwerde angegriffen wird, der Beschwerde abhelfen. Bei einem Zuständigkeitswechsel gilt dies für die zuständig gewordene FinBeh. Wenn der angegriffene VerwAkt auf Grund gesetzlicher Vorschriften von einer anderen Behörde für die zuständige Behörde erlassen worden ist (s § 367 A 6), können sowohl diese andere Behörden als auch die zuständige Behörde der Beschwerde abhelfen. Im Falle der Änderung oder Ersetzung des angefochtenen Bescheids bleibt das Rechtsmittelverfahren ebenso wie beim Einspruchsverfahren nach § 365 III anhängig, so daß keine neue Beschwerde eingelegt zu werden braucht.

3. **Entscheidung durch die Beschwerdebehörde.** Wird der Beschwerde nicht abgeholfen, so entscheidet nach Abs II die **nächsthöhere Behörde** durch Beschwerdeentscheidung, gegen die Klage vor dem FG zulässig ist. Zur Frage, welche Rechtsfolgen eintreten, wenn fälschlich statt durch Beschwerdeentscheidung durch Einspruchsbescheid entschieden wird, s näher oben § 349 Anm 1.

Wenn bei einem Zuständigkeitswechsel (s A 2) eine Beschwerde anhängig ist, der nicht abgeholfen wird, kommt es darauf an, ob die Beschwerde schon vor Eintritt des Zuständigkeitswechsels der höheren Behörde vorgelegt worden ist. In diesem Fall soll diese höhere Behörde über die Beschwerde zu entscheiden, unabhängig davon, ob durch den Zuständigkeitswechsel möglicherweise eine andere nächsthöhere Behörde zuständig geworden ist. Es ist von der Möglichkeit des § 26 S 2 Gebrauch zu machen (BMF-Schreiben v 15. 10. 79 – BStBl 79, 642 –). Ist dagegen bei Zuständigkeitswechsel die Beschwerde noch nicht der nächsthöheren Behörde vorgelegt worden, ist das Verfahren an die neu zuständige Behörde abzugeben, damit diese gegebenenfalls von ihrer Abhilfebefugnis Gebrauch macht. Bei Nichtabhilfe ist dann die dieser Behörde vorgesetzte Behörde für die Beschwerdeentscheidung zuständig (BMF aaO).

4. Keine Verböserung. Eine Verböserung ist im Beschwerdeverfahren nicht zulässig (*TK* RNr 4; *KKH* A 5). Es kann ggf nur geprüft werden, ob außerhalb des Beschwerdeverfahrens eine **Rücknahme** oder ein **Widerruf** des VerwAktes zulässig ist.

5. Das Beschwerdeverfahren ist **gebührenfrei**.

Achter Teil
Straf- und Bußgeldvorschriften;
Straf- und Bußgeldverfahren

Erster Abschnitt. Strafvorschriften

Vorbemerkung

Der Achte Teil der AO 77 stimmt weitgehend mit dem Dritten Teil der RAO überein. Die Bundesregierung hatte von einer grundlegenden Erneuerung insoweit abgesehen, weil das StStrafrecht bereits durch die beiden Gesetze zur Änderung strafrechtlicher Vorschriften der Reichsabgabenordnung und anderer Gesetze v 10. 8. 1967 (BGBl I 877) und v 12. 8. 1968 (BGBl I 959) weitgehend reformiert worden war. Die Vorschriften des Achten Teils stellen keine abschließende Regelung des StStrafrechts dar. Vielmehr gelten, soweit im Achten Teil oder in anderen StGesetzen nichts Abweichendes bestimmt ist, das StGB, die StPO, das GVG und andere allgemeine Gesetze über das StrafR und das Strafverfahren sowie das Gesetz über Ordnungswidrigkeiten. Vgl *Henneberg* Steuerstraf- und Bußgeldrecht nach der AO 77, BB 76, 1554; *Lohmeyer* Die Straf- und Bußgeldvorschriften der AO 77, DStZ A 76, 239. Neu hinzugekommen ist die Regelung über die strafbefreiende **Selbstanzeige** bei **Kapitaleinkünften** und -vermögen durch ein besonderes Gesetz im Rahmen des **Steuerreformgesetzes** 1990 (kommentiert im Anhang zu § 371).

§ 369 Steuerstraftaten

(1) Steuerstraftaten (Zollstraftaten) sind:
1. Taten, die nach den Steuergesetzen strafbar sind,
2. der Bannbruch,
3. die Wertzeichenfälschung und deren Vorbereitung, soweit die Tat Steuerzeichen betrifft,
4. die Begünstigung einer Person, die eine Tat nach den Nummern 1 bis 3 begangen hat.

(2) Für Steuerstraftaten gelten die allgemeinen Gesetze über das Strafrecht, soweit die Strafvorschriften der Steuergesetze nichts anderes bestimmen.

Schrifttum: *Pfaff* Anwendung der StGB-Vorschriften, StBp 80, 262; *Frisch* Tatbestandsprobleme bei der Strafvollstreckungsvereitelung, NJW 83, 2471.

1. Inhalt. Die Vorschrift enthält eine Definition der **Steuerstraftaten** und erklärt im Abs 2 die allgemeinen Gesetze über das StrafR für anwendbar. Zu beachten ist, daß nach § 2 JGG die allgemeinen Vorschriften des StGB nur gelten, soweit das **JGG** nichts anderes bestimmt. Die Regelung der AO hat daher im wesentlichen nur ergänzende Bedeutung. Sie enthält Sonder-

§ 369
8. Teil. Straf- und Bußgeldvorschriften

tatbestände und Abweichungen von den Regeln des allgemeinen Strafrechts, zB über die Selbstanzeige. Die Bezeichnung einer Tat als StStraftat hat Bedeutung für die **Ermittlungsbefugnisse** der FinBeh; soweit es sich um eine StStraftat handelt, ist die FinBeh für die strafrechtl Ermittlungen im Rahmen der §§ 385 ff zuständig. Die mit **Geldbuße** bedrohten **Zuwiderhandlungen** gegen StGesetze werden als **Steuerordnungswidrigkeiten (§ 377)** bezeichnet, vgl *Henneberg* Zur Reform des Steuerstraf- und Ordnungswidrigkeitenrechts durch das EGStGB, BB 74, 705; *Pfaff* Änderungen des Straf- und Strafverfahrensrechts durch das EGStGB, DStR 75, 305.

2. Abs 1 Nach der Fassung des **Abs 1 Nr 1** kommt es darauf an, daß es sich um Taten handelt, die nach den **Steuergesetzen** strafbar sind. Dies hat zur Folge, daß für den Bruch des **Steuergeheimnisses** (§ 30) nicht mehr die besonderen Strafvorschr der AO gelten; die Strafbarkeit des StGeheimnisbruches, ergibt sich seit dem 1. 1. 75 aus § 355 StGB, während die Verpflichtung der Amtsträger, das StGeheimnis zu wahren, weiterhin in der AO (§ 30) geregelt bleibt. Die Finanzbehörden dürfen auch nicht mehr für die Verfolgung der Verletzung des StGeheimnisses zuständig (§ 386).

3. Nr 2 entspr dem früheren § 391 I Nr 2 RAO. **Bannbruch** vgl § 372.

4. Nr 3 (Wertzeichenfälschung) ist im Rahmen des EGStGB neu aufgenommen worden. Die Notwendigkeit dieser Regelung ergibt sich daraus, daß der Tatbestand der **Steuerzeichenfälschung** (früher § 399 RAO) nicht mehr in der AO enthalten ist, er wird seit Inkrafttreten des EGStGB von der Vorschrift über die Wertzeichenfälschung mit erfaßt, § 148–150 idF des Art 19 EGStGB. Die Bedeutung der Nr 3 liegt darin, daß sie die **Wertzeichenfälschung** und ihre Vorbereitung ausdrücklich zur **Steuerstraftat** erklärt, soweit die Tat **Steuerzeichen** betrifft.

5. Nr 4 entspricht dem § 391 I Nr 4 RAO. Nach den bis zum Inkrafttreten des EGStGB geltenden Vorschriften des StGB waren sowohl die sachliche **Begünstigung** als auch die persönliche Begünstigung in einer Vorschrift zusammengefaßt (§ 257 StGB). Die sachliche Begünstigung besteht in einem Beistandleisten mit dem Ziel, dem Straftäter die aus der Tat gezogenen Vorteile sichern zu helfen, die persönliche Begünstigung besteht in einem Beistandleisten mit dem Ziel, den Täter der Bestrafung zu entziehen. Die beiden Begehungsweisen werden nach dem EGStGB in zwei verschiedenen Vorschr geregelt. Seit dem 1. 1. 75 wird zwischen der Begünstigung, dh der bisherigen sachlichen Begünstigung (§ 257 StGB), und der **Strafvereitelung,** dh der bisher als persönliche Begünstigung bezeichneten Begünstigung (§ 258 EGStGB) unterschieden. Da nach § 369 I Nr 4 nur die in § 257 StGB geregelte (sachliche) Begünstigung zur StStraftat erklärt wird, die Strafvereitelung nach § 258 StGB jedoch nicht, bedeutet dies, daß die Strafvereitelung keine StStraftat ist und infolgedessen auch insoweit die Finanzbehörden keine strafrechtl Ermittlungsbefugnisse mehr haben. Eine **Strafvereitelung** ist nicht gegeben, wenn der Täter aufgrund falscher rechtlicher Beurteilung eine Ordnungswidrigkeit für eine rechtswidrige Vortat hält und vor der Polizei in Strafvereitelungsabsicht unrichtige Angaben macht; es liegt vielmehr ein Wahnvergehen vor, BayObLG NJW 81, 772.

6. Absatz 2 entspricht dem § 391 II RAO.

1. Abschnitt. Strafvorschriften **§ 370**

§ 370 Steuerhinterziehung

(1) Mit Freiheitsstrafe bis zu 5 Jahren oder mit Geldstrafe wird bestraft, wer
1. den Finanzbehörden oder anderen Behörden über steuerlich erhebliche Tatsachen unrichtige oder unvollständige Angaben macht,
2. die Finanzbehörden pflichtwidrig über steuerlich erhebliche Tatsachen in Unkenntnis läßt oder
3. pflichtwidrig die Verwendung von Steuerzeichen oder Steuerstemplern unterläßt

und dadurch Steuern verkürzt oder für sich oder einen anderen nicht gerechtfertigte Steuervorteile erlangt.

(2) Der Versuch ist strafbar.

(3) ¹In besonders schweren Fällen ist die Strafe Freiheitsstrafe von sechs Monaten bis zu zehn Jahren. ²Ein besonders schwerer Fall liegt in der Regel vor, wenn der Täter
1. aus grobem Eigennutz in großem Ausmaß Steuern verkürzt oder nicht gerechtfertigte Steuervorteile erlangt,
2. seine Befugnisse oder seine Stellung als Amtsträger mißbraucht,
3. die Mithilfe eines Amtsträgers ausnutzt, der seine Befugnisse oder seine Stellung mißbraucht, oder
4. unter Verwendung nachgemachter oder verfälschter Belege fortgesetzt Steuern verkürzt oder nicht gerechtfertigte Steuervorteile erlangt.

(4) ¹Steuern sind namentlich dann verkürzt, wenn sie nicht, nicht in voller Höhe oder nicht rechtzeitig festgesetzt werden; dies gilt auch dann, wenn die Steuer vorläufig oder unter Vorbehalt der Nachprüfung festgesetzt wird oder eine Steueranmeldung einer Steuerfestsetzung unter Vorbehalt der Nachprüfung gleichsteht. ²Steuervorteile sind auch Steuervergütungen; nicht gerechtfertigte Steuervorteile sind erlangt, soweit sie zu Unrecht gewährt oder belassen werden. ³Die Voraussetzungen der Sätze 1 und 2 sind auch dann erfüllt, wenn die Steuer, auf die sich die Tat bezieht, aus anderen Gründen hätte ermäßigt oder der Steuervorteil aus anderen Gründen hätte beansprucht werden können.

(5) Die Tat kann auch hinsichtlich solcher Waren begangen werden, deren Einfuhr, Ausfuhr oder Durchfuhr verboten ist.

(6) ¹Die Absätze 1 bis 5 gelten auch dann, wenn sich die Tat auf Eingangsabgaben bezieht, die von einem anderen Mitgliedstaat der Europäischen Gemeinschaften verwaltet werden oder die einem Mitgliedstaat der Europäischen Freihandelsassoziation oder einem mit dieser assoziierten Staat zustehen. ²Sie gelten unabhängig von dem Recht des Tatortes auch für Taten, die außerhalb des Geltungsbereiches dieses Gesetzes begangen werden.

Schrifttum: *Giemulla* Konkurrenzen im Steuerstrafrecht, Inf 79, 292; *Fuhrhop* Abgrenzung der Steuervorteilserschleichung von Betrug und Subventionsbetrug, NJW 80, 1261; *Pfaff* Straftaten (Zulagen, Prämien, Vorspiegelung unwahrer Angaben)

§ 370 8. Teil. Straf- und Bußgeldvorschriften

StBp 81, 209; *Pfaff* Rechtsfragen aus dem Wirtschaftsstrafrecht, insbesondere zum Subventionsbetrug beim sog Berliner Modell, StBp 81, 232; *Lohmeyer* Aus der neueren Rechtsprechung zu § 370 AO, Inf 81, 241; *Behrendt* Der Tatbegriff im materiellen und formellen Steuerstrafrecht, ZStW 94 (1982), 888; *Göggerle* Zur Frage des geschützten Rechtsguts im Tatbestand der Steuerhinterziehung, BB 82, 1851; *Bilsdorfer* Zum Lohnsteuerabzug bei bestimmten Einnahmen von Bardamen, DStR 82, 78; *Kretzschmar* Steuerhinterziehung bei Übereignung von Sicherungsgut, DStR 82, 646; *Lohmeyer* Steuerliche Bilanzdelikte und ihre Strafrechtliche Würdigung, BlStSoz ArbR 82, 29; *Gerauer* Die Abzugsfähigkeit von Strafverteidigungskosten sowie Geldstrafen und Geldbußen als Werbungskosten bzw Betriebsausgaben, FR 82, 611; dazu auch *Rössler* Das Gesetzesverständnis des BFH FR 82, 613; *Kretzschmar* Hingabe ungedeckter Schecks an die Finanzbehörde, DStR 82, 550; *Meine* Beitragsvorenthaltung und Lohnsteuerverkürzung bei nicht genehmigter Arbeitnehmerüberlassung, wistra 83, 134; *Frick* Zollstrafrecht in der Praxis des Steuerberaters, DStR 83, 346; *Bilsdorfer* Die Nichtabgabe der Steuererklärungen in den Jahren 1977 bis 1979 als strafrechtlich relevantes Verhalten, BB 83, 960; *Reiß* Hinterziehung von Steuern, die der Fiskus nicht erhebt, wistra 83, 55; *Ulsenheimer* Zur Frage der StHinterziehung durch StUmgehung, wistra 83, 12; *Ulmer* Die verspätete Abgabe von StErklärungen im StStrafrecht, wistra 83, 22; *Bilsdorfer* Die Investitionshilfeabgabe in steuerstraf- und bußgeldrechtlicher Sicht, DStR 83, 262; *Kohlmann/Brauns* Nochmals: Betrug bei der Inanspruchnahme von Investitionszulage, FR 79, 479; *Kunert* Zur Rückwirkung des milderen Steuerstrafgesetzes, NStZ 82, 276; *Paufler* Abzugsfähigkeit von Geldzahlungen zur Einstellung eines Strafverfahrens, DB 82, 301; *Pelchen* Die Verwertung steuerrechtlicher Schätzungen im Strafverfahren, MDR 82, 10; *Gast-de Haan* Objektive StVerkürzung bei auflösend bedingtem Sonderausgabenabzug FR 82, 588; *Meine* Das Strafmaß bei der Steuerhinterziehung – Eine Untersuchung von Verurteilungen in Hamburg in den Jahren 1977–1980 MSchrKrim 82, 342; *Kohlmann* Parteienfinanzierung „unter den Augen" der Behörden, wistra 83, 207; *Otto* Können Parteispenden Betriebsausgaben sein? wistra 83, 213; *Volk* Die Parteispenden-Problematik – Materielles Steuerstrafrecht nach geltendem Recht, wistra 83, 219; *Lüderser* Die Parteispendenproblematik im Steuerrecht und Steuerstrafrecht-Vorsatz und Irrtum, wistra 83, 223; *Otto* Beweisverbote aus steuerrechtlicher Mitwirkungspflicht? wistra 83, 233; *Samson* Möglichkeiten einer legislatorischen Bewältigung der Parteispendenproblematik, wistra 83, 235; *Schäfer* Amnestie für verdeckte Parteispenden durch Änderung des Steuerrechts? wistra 83, 167; *App* Erleichterte Pfändung von Arbeitseinkommen nach Steuerhinterziehung, DStZ 84, 280; *Schäfer* Die strafrechtliche Bedeutung des Betriebsausgabencharakters der Parteispenden, BB 84, 973; *Ulsenheimer* Die strafrechtliche Bedeutung des Betriebsausgabencharakters der Parteispenden, BB 84, 227; *Strahlschmidt* Steuerhinterziehung, Beitragsvorenthaltung und Betrug im Zusammenhang mit illegaler Beschäftigung, wistra 84, 209; *Richupan* Messung der Steuerhinterziehung, Finanzierung und Entwicklung 1984 Nr. 4 S. 38; *Streck* Der Steuerhinterzieher als Mandat, BB 84, 2205; *Rüping* Blankettnormen als Zeitgesetze, NStZ 84, 450; *Blumers* Ernsthafte Zweifel an der Rechtmäßigkeit in Parteispendenverfahren, DB 83, 2667; *Meine* Die Schätzung der Lohnsteuer und der Sozialversicherungsbeiträge in Lohnsteuer- und Beitragsverkürzungsfällen, wistra 85, 100; *Groh* Die steuerrechtliche Grundlagen der Parteispendenverfahren, NJW 85, 5993; *Streck* Steuerfestsetzung unter Vorbehalt der Nachprüfung und Steuerhinterziehung, NStZ 85, 17; *Tiedemann* Die gesetzliche Milderung im Steuerstrafrecht, Köln 1985; *Gössel* Probleme notwendiger Teilnahme bei Betrug, Steuerhinterziehung und Subventionsbetrug, wistra 85, 125; *Meilicke* Wird das Steuerstrafrecht für die Steuerpraxis zum russischen Roulette? BB 84, 1885; *Lohmeyer* Zur Strafbarkeit der Erlangung nicht gerechtfertigter Steuervorteile, StB 84, 277; *Müller* Goldgeschäfte der Zahnärzte – ihre steuerstrafrechtliche Beurteilung, DStR 84, 683; *Meine* Die Schätzung der Lohnsteuer in Lohnsteuerkürzungsfällen, wistra 85, 100; *Firgau* Strafrechtsschutz für überschießende Steuereinnahmen? wistra 86, 247; *Streck/Schwethelm* „Tatsächliche Verständigungen" und § 370 DStR 86, 713; *Duske* Steuerstrafrechtlicher Schutz gegen unredliche Konkurrenten durch die Finanzbehörden, DStR 87, 253; *Spriegel* Probleme der Schätzung im Steuer-

1. Abschnitt. Strafvorschriften **§ 370**

strafverfahren, wistra 87, 48; *Felix* Steuerhinterziehung bei mittelbarer Parteienfinanzierung über eine als gemeinnützig anerkannte Organisation, FR 87, 73; *Joecks* Haftung des Steuerhinterziehers, wistra 87, 248; *Blumers* Grenzen der Sachaufklärungspflicht in Steuererklärungen, DB 87, 807; *Lohmeyer* Steuerstrafrechtliche Risiken bei der Außenprüfung, Inf 87, 173.

Übersicht
1. Inhalt
2. Tatbestand, Blankettgesetz, Zeitgesetz
3. Anwendungsbereich
4. Subventionsbetrug
5. Täter
5a. Steuerberater als Täter
5b. Beamter als Täter
6. Abs 1 Nr 1: Tathandlungen
7. Anforderung an Anklageschriften und Urteil
8. Abgrenzung zum Betrug
9. Abs 1 Nr 2: In-Unkenntnis-Lassen
10. Nichtabgabe von Steuererklärungen bis zum 1. 1. 80
11. Abs 1 Nr 3: Nichtverwendung von Steuerzeichen oder Steuerstemplern
12. Verkürzung von Steuern
13. Erlangung nichtgerechtfertigter Steuervorteile
14. Abs 2: Versuch
15. Abs 3: Besonders schwere Fälle
16. Abs 4: Eintritt der Steuerverkürzung
17. Vorteilsausgleichsverbot
18. Vollendung der Tat
19. Abs 5: Einfuhr, Ausfuhr oder Durchfuhr
20. Abs 6: Eingangsabgaben
21. Subjektiver Tatbestand
22. Verbotsirrtum
23. Tatbestandsirrtum
24. Strafe
25. Teilnahme
26. Strafbemessung bei mehreren Gesetzesverletzungen
    a) Tateinheit
    b) Fortgesetzte Handlung
    c) Tatmehrheit
    d) Einheitliche Tat
27. Konkurrenzfragen.

1. Inhalt. Die Fassung unterscheidet sich von § 392 RAO insbesondere dadurch, daß sie eindeutig festlegt, welche **Handlung** oder **Unterlassung** den Tatbestand der **Steuerhinterziehung** erfüllt. Damit soll insbesondere dem Verfassungsgrundsatz des Artikels 103 II GG mehr Rechnung getragen werden, als es nach der bisherigen Blankettvorschr des § 392 RAO der Fall war. Die **Tathandlung** besteht darin, den **zuständigen Behörden** über **steuerlich erhebliche Tatsachen unrichtige** oder **unvollständige Angaben** gemacht oder daß diese Behörden **pflichtwidrig** über derartige Tatsachen in **Unkenntnis** gelassen worden sind. Ferner wird als Tathandlung die **pflichtwidrige Unterlassung** der Verwendung von **Steuerzeichen** erwähnt. Das bisherige ungeschriebene Tatbestandsmerkmal der **StUnehrlichkeit**, das von der Rspr zur Eingrenzung des bisher sehr allgemein gehaltenen Tatbestandsumschreibung entwickelt worden war, hat künftig keine Bedeutung mehr. Der Tatbestand der **Zweckentfremdung** (vgl

§ 370 8. Teil. Straf- und Bußgeldvorschriften

§ 392 II RAO) ist nicht in das Gesetz aufgenommen worden, weil sich die Strafbarkeit in diesen Fällen bereits aus § 153 iVm § 370 I Nr 2 ergibt. Kritisch zur Neufassung insb *Schleeh* StHinterziehung nach dem Entwurf einer AO, StuW 72, 310. Neufassung ist anwendbar auf Taten, die nach dem 31. 12. 76 begangen werden, § 2 I StGB. **Geschütztes Rechtsgut** gem § 370 ist der **Anspruch** des Staates auf den vollen **Ertrag** an jeder einzelnen Steuerart (*Kohlmann* Rdnr 9; *Franzen/Gast/Samson* Rdnr 10a, BayObLG NStZ 81, 147).

2. Tatbestand, Blankettgesetz, Zeitgesetz

Schrifttum: *Kunert* Zur Rückwirkung des milderen Steuerstrafgesetzes – Nicht nur ein Beitrag zur Parteispendenaffäre – NStZ 82, 276; *Danzer* Steuer- und strafrechtliche Aspekte der Parteienfinanzierung durch Spenden Die Aktiengesellschaft 82, 57; *Franzheim* Parteispenden – Steuerhinterziehung – Straffreiheit, NStZ 82, 137; *Frick* Zuwendungen an politische Parteien in steuerrechtlicher Sicht, BB 83, 1336; *Ulsenheimer* Das Madaus-Urteil des AG Köln, NJW 85, 1929; *Bergmann* Zeitliche Geltung und Anwendbarkeit von Steuerstrafvorschriften – ein Beitrag zur Parteispendenproblematik – NJW 86, 233.

Der Tatbestand der StHinterziehung setzt voraus, daß die FinBeh über **steuerlich erhebliche** Tatsachen getäuscht und daß dadurch Steuern **verkürzt** werden. Die Merkmale „steuerlich erhebliche Tatsachen" und „Steuern verkürzt" werden im Einzelnen durch die Vorschriften der EinzelStG ausgefüllt. Es handelt sich insoweit daher um eine sog **Blankettnorm**. Bei Blankettatbeständen sind für die Beurteilung, ob eine Gesetzesänderung iSd § 2 III StGB vorliegt, auch die ausfüllenden Vorschriften heranzuziehen. Für die Frage, ob ein **Zeitgesetz** iSd § 2 IV StGB vorliegt, dh für die Frage, ob bei einer Änderung des Gesetzes das Milderungsgebot des § 2 III StGB nicht gilt, ist der Charakter der ausfüllenden Norm maßgebend. Der BGH (BGHSt 20, 177) hat im Zusammenhang mit einer Änderung des MinÖStG den Zeitcharakter dieser Änderungen bejaht; vgl hierzu, insbesondere zu der sog Spendenaffäre *Franzheim* NStZ 82, 137; Kunert, NStZ 82, 276. *Kunert* (aaO) ist allerdings der Meinung, daß die Besteuerungsvorschriften, die im Zusammenhang mit der Parteienfinanzierung stehen, als blankettausfüllende Vorschriften zum Tatbestand der StHinterziehung gehören, die nicht den Charakter eines Zeitgesetzes hätten. Demgegenüber ist allerdings darauf hinzuweisen, daß jedenfalls bei den VeranlagungsSt der Grundsatz der **Abschnittsbesteuerung** gilt. Maßgebend ist daher immer nur das StGesetz, das für den entsprechenden StAbschnitt gilt. Künftige Änderungen des StGesetzes ändern daran nichts. Danach richtet sich auch die Frage der Strafbarkeit einer StHinterziehung. Auch diese richtet sich nach dem für den Besteuerungsabschnitt geltenden Recht. Die Frage, ob Angaben gegenüber der FinBeh falsch waren und ob dadurch eine StVerkürzung eingetreten ist, kann nur nach den Voraussetzungen beurteilt werden, die für den jeweiligen Zeitpunkt maßgebend waren. Durch Änderung des StGesetzes für einen späteren Zeitraum, tritt zwangsläufig keine Milderung für die davor liegenden Zeiträume iSd § 2 III StGB ein.

Die Änderung einer StNorm ändert nichts daran, ob jemand den Tatbestand einer StHinterziehung ggf erfüllt hat. Er hat zB unrichtige Angaben gemacht und dadurch Steuern verkürzt. Der Tatbestand der StHinterziehung ändert sich durch Änderung des materiellen StRechts nicht. Ist ein

1. Abschnitt. Strafvorschriften **§ 370**

Gesetz, das nur für eine bestimmte Zeit gelten soll, auf während seiner Geltung begangenen Taten grundsätzlich auch dann anzuwenden, wenn es außer Kraft getreten ist, so wäre es weder nach § 2 Abs 1 bis 4 StGB noch vom Gerechtigkeitsgedanken her sinnvoll, bei der strafrechtlichen Prüfung ein Gesetz für unbeachtlich zu erklären, dessen Fortgeltung der Gesetzgeber für bestimmte Steuerzeiträume angeordnet hat, BGH wistra 87, 139.

Ein Zeitgesetz ist nicht nur ein kalendermäßig begrenztes Gesetz. Es genügt vielmehr, wenn das Gesetz nach seinem Inhalt eine nur als vorübergehend gedachte Regelung treffen will, *Dreher/Tröndle* § 2 Rdnr 13. Beim **EStG** und **KStG** ergibt sich aus Inhalt und Zielsetzung dieser Gesetze, daß sie nur für bestimmte Zeitverhältnisse gelten, AG Bochum NJW 85, 1968.

3. Die Vorschrift bezieht sich auf **Steuern.** Begriff der Steuern vgl § 3 I. Die Vorschrift dürfte auch auf steuerliche **Nebenleistungen** (§ 3 III) anwendbar sein, vgl § 1 III; aA *Franzen/Samson* RNr 16, mit Ausnahme der Zinsen wegen § 239 I 1. **StHinterziehung** begeht danach zB auch derjenige, der durch unrichtige Angaben die Nichtfestsetzung eines **Verspätungszuschlags** oder die Nichterhebung von Säumniszuschlägen (SZ) erreicht. Das ist aber umstritten, vgl BayOLG DB 81, 777; **Sz** fallen nicht unter den Begriff der Steuern; sie sind vielmehr ein Druckmittel eigener Art zur Durchsetzung fälliger Steuern, BFH BStBl 79, 58. Der Gesetzgeber hat in § 1 III AO bestimmt, daß auf steuerliche Nebenleistungen die Vorschriften der AO sinngemäß anzuwenden sind, daß aber der Dritte bis Sechste Abschnitt des Vierten Teils der AO nur gilt, soweit dies bestimmt wird. Damit hat er aber nicht die steuerlichen Strafvorschriften des Achten Teils der AO dergestalt erweitert, daß nunmehr nicht nur Steuern, sondern auch steuerliche Nebenleistungen von ihnen erfaßt werden. Eine Erstreckung der Strafvorschriften auf Sz unter dem Gesichtspunkt der sinngemäßen Anwendung kann in Betracht, wenn Sinn und Zweck der Strafvorschriften gleichermaßen auf Sz übertragen werden könnten, wenn die Rechtsschutzinteressen, wenn auch nicht identisch, so doch zumindest gleichgerichtet wären. Dies ist aber nicht der Fall. § 370 schützt das öffentliche Interesse des Staates am vollständigen und rechtzeitigen Aufkommen der einzelnen StArten (BGH ZfZ 58, 145/147) nicht jedoch allgemein einen Zahlungsanspruch des Fiskus. Sz sollen nur der Verwirklichung eines feststehenden Zahlungsanspruchs dienen, sie sind selbst ein Druckmittel. Dann wäre insoweit der Betrugstatbestand des § 263 StGB erfüllt. Die Vorschrift ist nach dem **EGAO 77** ferner anwendbar auf **Prämien-** und **ZulagenG,** vgl § 8 II WohnBauPG, § 5b II SparPG, § 5a BergmPG, § 13 II 3. VermBG. Ferner auf **Zulagen** nach dem **BerlinFG,** soweit es sich nicht um Investitionszulagen handelt, vgl § 29a BerlinFG idF des Art 5 Nr 6 EGAO. Bisher wurde die Erschleichung von Prämien und Zulagen nach § 263 StGB bestraft. **Nicht** anwendbar ist die Vorschrift auf die **Investitionszulagen** nach dem BerlinFG und dem InvZulG. Insoweit greift der Tatbestand des **§ 264 StGB über** den **Subventionsbetrug** ein. Im Rahmen des 1. WiKG (BGBl 76 I, 2034) ist aber geregelt, daß insoweit die **Finanzbehörden** die gleichen **Ermittlungsbefugnisse** wie bei den **StStraftaten** haben, vgl § 20 BerlinFG,

§ 370

8. Teil. Straf- und Bußgeldvorschriften

§ 5a InvZulG. § 370 ist ferner anwendbar auf die **Monopolhinterziehung** nach § 122 BranntwMonG; auf Abgaben, die nach den Rechtsakten des Rates oder der Kommission oder aufgrund des MOG hinsichtlich Marktordnungswaren zu erheben sind, nach § 31 I MOG.

Bei der Hinterziehung von **Monopolabgaben** ist das Strafrecht der AO nur im Falle des Monopolausgleichs, der bei der Einfuhr zu erheben ist und daher eine Eingangsabgabe iSd § 1 III ZG ist, anzuwenden. Im übrigen gilt das Monopolstrafrecht nach §§ 119ff BranntwMG. Nach § 128 I BrtwMG sind die §§ 369 II, 375 I, 376, 371 auch auf die Monopolhinterziehung anwendbar. Durch Art 19 des **StBereinigG** tritt mit Wirkung ab 1. 1. 87 eine Änderung ein. Soweit sich die Strafvorschriften des Monopols mit den entsprechenden Vorschriften der AO decken, werden sie aus Gründen der Rechtsvereinheitlichung und zugunsten einer umfassenden Anwendbarkeit der Abgabenordnung **aufgehoben**. Die bisher geltenden Vorschriften behandelten die Monopolhinterziehung, die Monopolhehlerei und die Verkürzung von Monopoleinnahmen, dh im wesentlichen die BranntweinSt (§ 84 BranntwMonG) und der Branntweinaufschlag (§ 78). Hierzu gehören aber auch der ablieferungspflichtige Branntwein selbst (§ 121 Nr 1) und die Monopolvergünstigungen iSd § 121 Nr 3. Der abgabenrechtliche Teil der Monopoleinnahmen wird ab 1. 1. 87 durch die entsprechenden **Straf- und Bußgeldvorschriften** der AO erfaßt. Im übrigen wird ein Verstoß gegen die **Ablieferungspflicht** nicht mehr als Monopol- oder Steuerhinterziehung sondern gem § 126 **BranntwMonG** (neu) nur noch als **Ordnungswidrigkeit** geahndet werden. Ohne eine solche Regelung würde dem BranntwMonopol die Erfüllung einer Aufgabe als Marktordnungsstelle erschwert. Eine entsprechende Regelung für den Bereich des **Kornbranntweins**, der an die Deutsche Kornbranntwein-Verwertungsstelle abzuliefern ist, gibt es bereits in § 126 I Nr 4 BranntwMonG. Die **Erschleichung** von **Monopolvergünstigungen** (zB Gewährung eines überhöhten Übernahmegeldes) fällt ab 1. 1. 87 allein unter den **Betrugstatbestand.** Das Erschleichen von Erstattungen von anderen Subventionen nach dem **MOG** wird nach § 264 StGB erfaßt.

4. Subventionsbetrug nach § 264 StGB. § 370 ist nicht anwendbar, soweit es sich um **Investitionszulagen** nach dem BerlFG und dem InvZulG handelt. Insoweit greift der Tatbestand des § 264 StGB über den Subventionsbetrug ein. Soweit die Investitionszulagen zeitlich befristet sind, war strittig, ob durch Stornierung einer Bestellung bei gleichzeitiger Neubestellung, der Tatbestand des Subventionsbetrugs erfüllt war. Die Rspr hat diese Frage überwiegend bejaht. Mit „Bestellung" iSd § 4b InvZulG kann nur die erste Bestellung gemeint sein. Unveränderte **Neubestellung** bei gleichzeitiger Stornierung der ersten Bestellung ist mit § 42 AO iVm § 5 VI InvZulG nicht vereinbar, OLG Frankfurt, wistra 82, 239. Eine Bestellung iSd § 4b InvZulG ist bei einem nicht formgebundenen Rechtsgeschäft schon dann abgegeben, wenn ein mündliches Kaufangebot mit Bindungswillen erfolgt ist, auch wenn der Empfänger ein Angebot innerbetrieblich – ohne Kenntnis des Bestellenden – keine Bindungswirkung beilegt, OLG Celle, NJW 82, 1407; wistra 82, 81. Eine Täuschungshandlung liegt vor, wenn der ASt eine Zweitbestellung als Investitionsbeginn angibt und dabei eine gleichlautende, vor dem Stichtag lautende Bestellung ver-

1. Abschnitt. Strafvorschriften **§ 370**

schweigt, OLG Koblenz, NJW 80, 1586. Auch wer Beträge aus haushaltsrechtlich gebundenen Mitteln erschleicht, ohne zu der im Gesetz vorgesehenen begünstigten Bevölkerungsgruppe zu gehören, fügt dem Staat Schaden zu, weil dadurch die zweckgebundenen Mittel verringert werden ohne daß der erstrebte Zweck erreicht wird, BGHSt 19, 37, 45; BGH wistra 82, 229.

Es handelt sich in den og Fällen zT um eine **Gesetzesumgehung.** Diese ist wegen der Tatbestandsgarantie und des Analogieverbots in Art 103 II GG grundsätzlich nicht strafbar und es wäre eine „Umgehung dieser Verfassungsnorm, wollte man jeden Straftatbestand gedanklich um das Verbot seiner Umgehung ergänzen", Tiedemann, Strafbare Erschleichung von Investitionszulagen, NJW 80, 1557 ff, 1559. Allerdings werden Umgehungshandlungen durch § 42 AO steuerlich für unwirksam erklärt; es fragt sich aber, ob eine pauschale Verweisung auf die Vorschriften der AO zB in § 5 VI InvZulG 75, ausreicht, um „dem Rechtsunterworfenen ohne Zuhilfnahme spezieller Kenntnisse, die wohl bei den mit der Sache befaßten Verwaltungsbehörden und Gerichten, nicht aber beim Rechtsunterworfenen vorausgesetzt werden können," die Erkenntnis des vom Gesetzgeber gewollten zu verschaffen, Tiedemann aaO 1559. Für strafrechtlich bedeutsame Verweisungen sind gesteigerte Anforderungen an die inhaltliche Bestimmtheit zu stellen, BayVerfGHE nF Bd 4, 90 (103, 106). Verschiedene Gerichte haben daher die Auffassung vertreten, daß das InvZulG 75 Umgehungen und Mißbräuche nicht mit hinreichender Deutlichkeit ausschloß, vgl Hinweise bei Tiedemann aaO Anm 28. Subventionsbetrug liegt auch dann vor, wenn der Subventionsgeber keine Bezeichnung nach § 264 VII StGB getroffen hat, OLG München, NJW 82, 457. Unrichtige oder unvollständige Angaben über subventionserhebliche Tatsachen sind dann nicht vorteilhaft iSd § 264 I Nr 1 StGB, wenn die Subventionsvoraussetzungen unabhängig von ihnen gegeben sind, OLG Karlsruhe, MDR 81, 159. Die Straflosigkeit des **versuchten Subventionsbetruges** hindert nicht die Verurteilung wegen versuchten Betruges, BGH wistra 87, 23.

5. Täter

Schrifttum: *Pump* Zur steuerlichen und steuerstrafrechtlichen Verantwortlichkeit des Strohmannes als Gewerbetreibender, DStZ 86, 537; *Pump* Probleme durch Strohmann mit Aktivitäten im Steuerrecht, wistra 88, 221.

Täter der StHinterziehung kann nicht nur der **Steuerschuldner,** sondern auch jeder **Dritte** sein, sofern er die tatbestandlichen Voraussetzungen erfüllt (BGH St 23, 319, 322). Die Steuerhinterziehung ist jedenfalls in der Form des § 370 I Nr 1 **kein Sonderdelikt,** das die Eigenschaft als Steuerpflichtiger voraussetzt (Franzen/Gast/Samson RdNr 11 f), und bei gemeinschaftlicher Tatbegehung jeder Beteiligte sich den Tatbeitrag des einen als eigenen zurechnen lassen muß (§ 25 II StGB, BGH wistra 86, 263). Täter kann daher auch ein **Drittschuldner** sein, der eine falsche Drittverschuldenerklärung abgegeben hat, auch ein Drittschuldner, der eine falsche Versicherung an Eides Statt über aufrechnende Schadensersatzforderungen abgibt, BGH NJW 76, 525. Nach RGSt 62, 329 scheidet der Drittschuldner als StHinterzieher aus, wenn er überhaupt keine Erklärung abgegeben hat. Das gleiche gilt für **auskunftspflichtige Dritte.**

Wenn ein Buchhalter, der Einnahmen aus nicht verbuchten Geschäften unterschlägt, es unterläßt, den SchadenersAnspr gegen sich zu aktivieren (vgl BGH ZfZ 61, 268), ohne daß der Geschäftsinhaber hiervon Kenntnis hat, so kann der Buchhalter als mittelbarer Täter einer StHinterziehung in Betracht kommen. Für die Verantwortlichkeit des **Strohmannes** reicht es uU aus, daß er die von ihm abzugebenden Steuererklärungen blind unterschreibt (bedingter Vorsatz), vgl *Pump* DStZ 86, 537.

5a. Steuerberater als Täter

Schrifttum: *Meier* Obliegt dem Steuerberater eine Korrekturpflicht gem § 153 Abs 1 AO, StB 85, 329; *Lohmeyer* Der Steuerberater als Täter oder Teilnehmer einer Steuerzuwiderhandlung, Stbg 85, 297; *Brenner* Muß der Steuerberater die Steuererklärung berichtigen, wenn er zum Nutzen seines Mandanten Steuern verkürzt hat?, BB 87, 1856.

Wenn der Steuerberater erkennt, daß der Stpfl steuerunehrlich handelt, so muß er alles tun, um den Stpfl davon abzuhalten. Gelingt ihm dies nicht, muß er uU sein Mandat niederlegen, vgl OLG Celle DStZ 61, 125.

Die **Berichtigungspflicht** eines **Steuerberaters,** der zugunsten seines Mandanten Steuern verkürzt hat, ergibt sich zwar nicht aus § 153 sondern aus seiner Garantenstellung, die er in seiner Eigenschaft als Steuerberater eingenommen hat (*Brenner* BB 87, 1856). Nach § 13 StGB kann jemand nach den Grundsätzen der Begehungstat bestraft werden, wenn er den strafrechtlich unerwünschten Erfolg durch rechtswidriges Unterlassen herbeiführt. Wenn der Steuerberater daher erkennt, daß eine Steuererklärung unrichtig ist und er die Unrichtigkeit zumindest mitverursacht hat, muß er eine möglicherweise daraus folgende Steuerverkürzung durch eine Berichtigungserklärung abwenden. Denn die Berichtigungspflicht nach § 153 I Nr 1 trifft nicht nur den Steuerpflichtigen selbst, sondern auch denjenigen, der im Sinne des § 378 dessen steuerliche Angelegenheiten wahrgenommen hat, OLG Koblenz wistra 83, 270.

Die strafrechtliche Verantwortung eines Steuerberaters hängt, soweit es um seine Beteiligung an Steuervergehen oder Ordnungswidrigkeiten seines Mandanten geht, von seiner Kenntnis oder zumindest leichtfertig herbeigeführten Unkenntnis der den Vorwurf gegen den Steuerpflichtigen begründenden tatsächlichen Umstände sowie von Inhalt und **Umfang** des ihm erteilten **Auftrages** ab (OLG Karlsruhe wistra 86, 189). Im allgemeinen deckt sich der Umfang seiner Pflichten gegenüber den Finbehörden mit seinen bürgerlichen Pflichten gegenüber dem Auftraggeber (*Franzen/Gast/Samson* § 378 RNr 38, *Hohlmann* RNr 23). Je weitergehender der Steuerpflichtige den Berater mit der Wahrnehmung seiner steuerlichen Belange betraut hat, wächst auch die Verantwortlichkeit des Beraters. Die Frage, ob der Berater verpflichtet ist, die ihm vom Mandanten gemachten **Angaben** nach Vollständigkeit und Richtigkeit zu **prüfen** oder ob es genügt, wenn er die Unterlagen und Angaben lediglich rechnerisch und rechtlich auswertet, richtet sich nach der Ausgestaltung des Beratungsauftrages (*Franzen/Gast/Samson* § 378 RNr 39).

Wenn die Tätigkeit des Beraters ausschließlich in der Erstellung der Handels- und Steuerbilanz sowie in der Beratung und Erstellung der Steuererklärung bestanden hat und sich der Berater im Rahmen dieses Auftrages hält, darf er die ihm vom Steuerpflichtigen übergebenen Un-

1. Abschnitt. Strafvorschriften § 370

terlagen und erteilten Auskünfte in der Regel **ungeprüft** verwerten, wenn nicht besondere **Unstimmigkeiten** erkennbar sind oder aus anderen Gründen Anlaß zur Nachprüfung besteht (OLG Karlsruhe wistra 86, 189; OLG Bremen StrVert 85, 283, 284; *Kohlmann* § 378 RNr 71). Dabei ist davon auszugehen, daß der Steuerberater seiner Funktion nach als Helfer des Steuerpflichtigen und nicht als Sachbearbeiter der Finbeh tätig wird (BGH vom 26. Januar 1954, zitiert bei *Henneberg* Entscheidungen zum Recht der Steuerverfehlungen, Stichwort steuerberatende Berufe, Sorgfaltspflicht, Seite 8; OLG Bremen aaO, *Kohlmann* aaO, RNr 72). Er braucht deshalb seinem Auftraggeber nicht von vornherein mit **Mißtrauen** zu begegnen (*Franzen/Gast/Samson* § 378 RNr 39, RGSt 68, 411, 413).

5 b. Beamter als Täter

Schrifttum: *Weyand* Steuerhinterziehung unter Beteiligung von Amtsträgern der Finanzbehörde, wistra 88, 180.

Auch **Beamte** können Täter einer StHinterziehung sein (RG RStBl 34, 728) wenn sie im Rahmen ihrer Zuständigkeit handeln. Zumindest kann in der Duldung der Hinterziehung Beihilfe gesehen werden, OLG Bremen, ZfZ 50, 367; vgl auch BGH St 7, 149. Daß die Vorschrift auch auf Amtsträger anwendbar ist, ergibt sich mittelbar aus Abs 3 Nr 1. Nach *Franzen/Gast/Samson* ist Voraussetzung mindestens Unkenntnis der zuständigen **Beamten;** es könne daher nur derjenige Fall gemeint sein, daß der Täter als **Amtsträger** auf den entscheidenden Beamten einwirke, vgl *Franzen/Gast/Samson* RNr 209. Der BR hatte in seiner Stellungnahme zum RegEntwurf angeregt, den Abs 1 entspr zu ergänzen und dabei klarzustellen, daß die Pflichtverletzung eines Amtsträgers als StStraftat bestraft werden könne, vgl BT-Drs VI/1982. Der FinAusschuß des BT hielt eine solche Ergänzung nicht für erforderlich, weil die nach den Vorschr des StGB bestehenden Möglichkeiten zur Bestrafung eines ungetreuen Amtsträgers, insb § 266 StGB, dafür ausreichten, vgl 5. Bericht der Arbeitsgruppe „AO-Reform" des FinAusschußBT v 5. 7. 72.

Nach Auffassung des AG Saarbrücken (wistra 88, 202) begeht ein Bediensteter der Finbeh eine Steuerhinterziehung, wenn er durch die Bearbeitung der von ihm falsch ausgefüllten Steuererklärungen zu Unrecht Erstattungen an Steuerpflichtige bewirkt. *Weyand* (wistra 88, 182) stellt zu Recht die Frage, ob in diesem Fall der Tatbestand der Steuerhinterziehung gegeben sein könne, denn es sei offenkundig, daß hier ein Bediensteter mit dem Wissen der Unrichtigkeit der von ihm für die Antragsteller ausgefüllten Anträge den betreffenden Personen nicht zustehende Erstattungen hat zukommen lassen.

Das AG Saarbrücken (wistra 88, 202) hält dann keinen besonders schweren Fall der Steuerhinterziehung im Sinne des Abs 3 Nr 2 für gegeben, wenn der Täter zwar seine Befugnisse oder seine Stellung als Amtsträger mißbraucht, der Verkürzungsbetrag jedoch unter 1700 DM liege.

6. Tathandlung

Schrifttum: *Hilgers* Täuschung und/oder Unkenntnis der Finanzbehörde: notwendige Voraussetzung der Strafbarkeit wegen Steuerhinterziehung, Diss Köln 1985; *Irrgang* Steuerhinterziehung durch Abweichung von der Auffassung der Finanzverwaltung oder höchstrichterlicher Rechtsprechung, DB 88, 781; *Niemann* Welche

§ 370 8. Teil. Straf- und Bußgeldvorschriften

Rechtsauffassung ist der Steuererklärung zugrunde zu legen, StB 88, 92; *Wessling* Steuerhinterziehung durch Nichtbeachtung der LStR bei Ermittlung des Arbeitslohns durch den Arbeitgeber, FR 88, 605.

Die Tat besteht nach **Abs 1 Nr 1** darin, daß der Täter den **Finanzbehörden** oder **anderen Behörden** über steuerlich erhebliche Tatsachen **unrichtige** oder **unvollständige** Angaben macht. Diese Fassung wird den Anforderungen des Art 103 II GG besser gerecht als die des § 392 RAO, die von Rspr durch die Entwicklung des ungeschriebenen Tatbestandsmerkmals der „**Steuerunehrlichkeit**" eingeschränkt werden mußte. Es ist nicht erforderlich, daß die unrichtigen oder unvollständigen Angaben gegenüber den Finanzbehörden gemacht werden. Auch unrichtige oder unvollständige Angaben gegenüber **anderen Behörden** können zu einer StVerkürzung führen, soweit die Feststellungen der anderen Behörden für eine in Besteuerungsverfahren zu treffende Entscheidung bedeutsam sind (vgl zB die Anerkennung von Wohnungen als stbegünstigt nach dem 2. WoBauG). Das Gesetz legt also eindeutig fest, worin es das strafbare Verhalten sieht, nämlich in einer **Verletzung** der **Erklärungspflichten,** dies kommt auch durch den Abs 4 zum Ausdruck, in dem das Tatbestandsmerkmal des **Verkürzens** näher umschrieben wird. **Fälschung** von Posteinlieferungsscheinen zum **Nachweis** von Unterhaltszahlungen, die **tatsächlich** in bar geleistet wurden, ist **keine Steuerhinterziehung,** OLG Stuttgart Justiz 78, 287. Wenn eine Ausgabe zu Recht als Betriebsausgabe gebucht wurde, der Steuerpflichtige aber nur über den **Ausgabengrund** unrichtige Angaben macht, liegt eine Steuerverkürzung nicht vor. Die **Nichtzahlung** einer Steuer scheidet regelmäßig als StHinterziehung aus. Bei den sog **FälligkeitsSt** hat der Stpfl in erster Linie die Pflicht, die zu zahlende Steuer **selbst** zu **berechnen** und **anzumelden**. In der Verletzung dieser Pflicht liegt die StHinterziehung, vgl Abs 4 StHinterziehung kann daher nicht durch **Anwendung** von **Gewalt** etwa gegen den Vollziehungsbeamten begangen werden, so bereits RGSt 79, 10. Es wird nicht gefordert, daß die entspr **Angaben** in einer **StErklärung** gemacht werden. Eine **Täuschungshandlung** setzt das Gesetz nicht voraus (vgl BGHSt 24, 178, 182; BayObLG wistra 82, 283; *HHSp* RNr 39, *Koch* RNr 7; *Franzen/Gast/Samson* RNr 91 f), dürfte aber wohl im Hinblick auf das Tatbestandsmerkmal des Verkürzens notwendige Voraussetzung für die StHinterziehung sein. Dies dürfte nur dann nicht gelten, wenn zB bei der Einreichung einer StErklärung die FinBeh gar nicht in eine Prüfung eingetreten ist, infolgedessen auch nicht getäuscht werden konnte, insbes bei StAnmeldungen.

Bei einem **Abweichen** von der Auffassung der Finanzverwaltung oder **höchstrichterlichen Rechtsprechung** kommt es auf den subjektiven Tatbestand an. Ggf kann dadurch eine bedingt vorsätzliche Steuerhinterziehung oder auch eine leichtfertige Steuerverkürzung realisiert worden sein. In der Literatur wird aber die Auffassung vertreten, daß ein solches Verhalten strafrechtlich nicht relevant ist, weil Verwaltungsvorschriften und Entscheidungen der Gerichte für den Steuerpflichtigen nicht bindend seien. Eine Strafverfolgung würde gegen Artikel 103 II GG verstoßen, wenn der Steuerpflichtige von der Richtigkeit seiner entgegenstehenden Meinung überzeugt sei, so unterliege er einem Tatbestandsirrtum, der den Vorsatz ausschließe.

Die Rechtsprechung verlangt allerdings, daß der Steuerpflichtige seine

1. Abschnitt. Strafvorschriften **§ 370**

abweichende Auffassung in der Steuererklärung **kenntlich** macht. Die Kenntlichmachung dürfte auch in Anlagen zu Steuererklärungen möglich und zulässig sein, vgl *Irrgang* DB 88, 781.

Die Beschreibung der verschiedenen Methoden, Steuern zu hinterziehen, ist als solche nicht strafbar, selbst dann nicht, wenn sie mit dem Ziel geschieht, die angesprochenen Personen zur StHinterziehung zu verleiten. Nach § 111 StGB steht nur das öffentliche **Auffordern** zu einer Straftat unter Strafe. Dies setzt die erklärte Einwirkung auf einen anderen mit dem erkennbaren Willen des Auffordernden voraus, von diesem ein bestimmtes Tun oder Unterlassen zu fordern (RGSt 47, 411; *Dreher*, § 111 StGB Rdnr 2) und muß über die bloße Befürwortung der Tat hinausgehen, BGHSt 28, 314. Anders als bei der Anstiftung reicht zB das Anreizen zur Fassung des Tatentschlusses nicht aus, OLG Köln MDR 83, 338.

Die **StUmgehung** ist als solche nicht strafbar. Der Stpfl handelt aber pflichtwidrig, wenn er die FinBeh daran hindert, die Umgehung zu erkennen. Hat der Stpfl allerdings insoweit alle entscheidungserheblichen Umstände mitgeteilt, erkennt aber die FinBeh die Umgehung nicht, greift § 370 nicht ein.

Der Straftatbestand der StHinterziehung ist auch im Zusammenhang mit einer **StUmgehung durch Gewinnverlagerung** ausreichend bestimmt, BGH MDR 82, 426, wistra 82, 108. Auch das Strafrecht kann nicht darauf verzichten, allgemeine Begriffe zu verwenden, die auslegungsbedürftig sind; andernfalls wäre der Gesetzgeber nicht in der Lage, der Vielgestaltigkeit des Lebens Herr zu werden, vgl BVerfGE 37, 208.

Das Vorlegen von **Scheinrechnungen** zur Verhinderung eines Zwischenverfahrens nach **§ 160** begründet noch keine Strafbarkeit wegen Steuerhinterziehung, soweit es sich um die Hinterziehung eigener Steuern handelt, BGH wistra 86, 109. Zur Strafbarkeit eines Zahnarztes, dem vorgeworfen wird, **Goldeinkäufe** zu Unrecht als steuermindernde Betriebsausgaben angesetzt zu haben, OLG Schleswig wistra 87, 34. Zur Frage der Steuerverkürzung durch Nichtabgabe der **vierteljährlichen Umsatzsteuervoranmeldung** durch den Steuerberater und der darauffolgenden unterlassenen Leistung der entsprechenden **Vorauszahlungen** durch den Steuerpflichtigen vgl OLG Koblenz wistra 87, 263. Die **Ergänzung** einer **Rechnung** ohne gesonderten Steuerausweis durch den Rechnungsempfänger ist grundsätzlich nicht zulässig. Das Vorliegen einer Rechnung mit gesondertem Steuerausweis ist materiell-rechtliche **Voraussetzung** des Anspruchs vom **Vorsteuerabzug,** BayObLG wistra 88, 76. Zur Frage des **Inhalts** der **Rechnung** im Zusammenhang mit der Geltendmachung von **Vorsteuerabzügen,** insbesondere zur Frage der Bezeichnung des Leistungsgegenstandes, vgl BGH wistra 88, 309, 314 m Anm von *Franzheim,* wistra 88, 315. Wird eine **Ware** in gemeinschaftlichen Versandverfahren nach der VO (EWG) 222/77 über die Ordnungswidrigkeit der Nichtgestellung hinaus der **zollamtlichen Überwachung** entzogen, so kann eine Steuerstraftat nach § 370 in Betracht kommen, OLG Stuttgart wistra 88, 80.

Eine StHinterziehung kann auch noch im **Erhebungs-** und **Beitreibungsverfahren** begangen werden, soweit die Voraussetzungen des Abs 1 insb Nr 1 vorliegen, zB bei Erschleichung einer Stundung durch unrichtige Angaben über die Vermögensverhältnisse, durch Abwendung der Vollstreckung, indem der Stpfl Zahlungsunfähigkeit vortäuscht usw. Die Er-

1071

§ 370 8. Teil. Straf- und Bußgeldvorschriften

läuterung des Begriffs „**Verkürzen**" in **Abs 4** schließt jedenfalls die Annahme einer Verkürzung außerhalb der StFestsetzung nicht aus. Zur Frage der StHinterziehung durch Zahlung mit ungedeckten Schecks vgl *Bornemann* FR 72, 535. Wenn mit einem ungedeckten Scheck neben Steuern auch steuerliche Nebenleistungen bezahlt werden, so stellt die Tat nicht ausschließlich eine StStraftat dar; daher soll in diesem Fall die selbständige Ermittlungskompetenz der FinBeh nicht gegeben sein, *Kretzschmar* DStR 82, 552. Zumindest liegt zB in der Erreichung einer **Stundung,** eines Absehens von der **Vollstreckung,** die Erlangung eines nicht gerechtfertigten **Steuervorteils**; StHinterziehung durch Vortäuschen der Zahlungsunfähigkeit vgl BGH BStBl I 56, 441. Wenn der Stpfl mit der Wahrnehmung seiner steuerlichen Angelegenheiten einen anderen betraut hat, insb einen **StBerater,** entbindet dies den StPfl nicht von seiner eigenen steuerlichen Verantwortung. Er muß diese Personen sorgfältig auswählen und im Rahmen des Möglichen überwachen (RG RGStBl 30, 246; BGH BStBl 55, 366; RGSt 61, 186).

7. Anforderungen an Anklageschrift und Urteil. In der Anklage muß der Tatvorwurf in persönlicher, sachlicher und rechtlicher Hinsicht ausreichend abgegrenzt werden. In StStrafsachen können idR aber Tatablauf, Schuldumfang und Umfang der Tatbeteiligung mehrerer Täter an einer oder mehrere StStraftaten nicht schon durch die bloße Angabe der betroffenen StArt und der Summe der jeweils verkürzten Steuern hinreichend deutlich gemacht werden. Dazu gehört vielmehr die – wenn auch kurze – Darstellung der tatsächlichen Grundlagen des materiellen **StAnspruchs,** über dessen Verkürzung entschieden werden soll, die Angabe, durch welches **Täterverhalten** und für welchen in Betracht kommenden **StAbschnitt** die Erklärungspflichten verletzt wurden, sowie ein Vergleich der gesetzlich geschuldeten St mit derjenigen, die durch die Tat tatsächlich festgesetzt wurde. Im Urteil müssen die materiellen Steueransprüche, über deren Verkürzung zu entscheiden ist, dem Grunde und der Höhe nach selbständig geprüft werden. Erst der Vergleich der gesetzlich geschuldeten Steuer mit der tatsächlich angemeldeten ergibt den Verkürzten Betrag. Die Angabe nur der **Summe** der verkürzten Steuer im Urteil reicht nicht aus, OLG D'dorf wistra 84, 154. Die Urteilsgründe müssen vielmehr nicht nur die Summe der verkürzten Steuern, sondern auch deren **Berechnung** im einzelnen enthalten, BGH wistra 86, 23; OLG D'dorf wistra 87, 307, 356. Sind aber bei der Hinterziehung von **Umsatzsteuer** sämtliche Rechnungen mit den darin ausgewiesenen Vorsteuerbeträgen **fingiert** und ergibt sich das Ausmaß der Steuerverkürzung ohne weiteres als Saldo von Umsatzsteuer und Vorsteuern, ist eine solche detaillierte Berechnung nicht geboten, BGH wistra 87, 71. Zu den Anforderungen an ein tatrichterliches Urteil in dem die Höhe der verschwiegenen Einkünfte durch eine **Geldrechnung** festgelegt wird, BGH wistra 86, 173. Bei mehreren Beteiligten muß erkennbar werden, welches Tun bei dem einzelnen Gegenstand der Aburteilung sein soll, OLG D'dorf wistra 82, 159. Zur Frage tatrichterlicher Feststellungen bei **LStHinterziehung** im Rahmen unerlaubter Arbeitnehmerüberlassung, BGH wistra 84, 182.

8. Abgrenzung zum Betrug. Es liegt Betrug vor und keine StHinterziehung, wenn der gesamte StVorgang zum Zwecke der Täuschung der Be-

1. Abschnitt. Strafvorschriften **§ 370**

hörden erfunden und Gegenstand einer Vorspiegelung iS des § 263 StGB ist. BGH NJW 72, 1287; BGH MDR 75, 947. Dies gilt zB, wenn die Ausfuhr von Waren lediglich vorgetäuscht worden ist, um Umsatzsteuervergünstigungen zu erschleichen. Es gilt daher der allgemeine Tatbestand des Betruges, BGH wistra 86, 172. Der Betrug ist **vollendet**, sobald der Sachbearbeiter des FA die nach § 168 erforderliche Zustimmungserklärung abgezeichnet und den mit der Zustimmung versehenen Vorgang zur kassenmäßigen Erledigung in den Geschäftsgang gegeben hat, BayObLG wistra 88, 35.

Anders allerdings, wenn innerhalb eines tatsächlich laufenden Unternehmens **neben** tatsächlichen Geschäftsvorfällen auch Geschäftsvorfälle fingiert werden, weil hier ein relevanter Steuervorgang als Anknüpfungspunkt vorhanden ist (vgl BGH NJW 62, 2311; BB 75, 727; MDR 80, 107). Nachdem der Tatbestand der StHinterziehung allerdings in der Formulierung an den Betrugstatbestand (§§ 263, 264 StGB) angeglichen worden ist, erscheint fraglich, ob diese Rspr noch weiter aufrechterhalten werden kann.

Nach Auffassung von *Würthwein* (wistra 86, 258) ist ein Steuerdelikt immer dann und stets zu bejahen, wenn der vom Täter erstrebte Vorteil auf Steuergesetzen beruht, unabhängig davon, ob ein Unternehmen ernsthaft geführt wird oder nicht (*Würthwein* aaO). Dies müsse auch in Fällen von ungerechtfertigten **Lohnsteuererstattungen** im Zusammenhang mit dem Lohnsteuerjahresausgleich gelten, zB wenn der Lohnsteuerausgleich für nicht existente oder verstorbene Personen geltend gemacht wird.

Nach Auffassung von *Würthwein* erscheine auch nicht einsehbar, welcher Unterschied darin liegen soll, ob ein umsatzsteuerlicher Vorgang innerhalb eines laufenden Geschäftsbetriebes fingiert wird oder aber ob die fingierten Geschäfte die erste und einzige Tätigkeit des vorgegebenen Geschäftsbetriebs sein sollen (vgl auch *Müller* NJW 77, 746).

Aus strafrechtlicher Sicht hat diese Frage insbesondere Bedeutung dafür, daß bei Annahme eines **Betruges** eine **Selbstanzeige** nach § 371 **nicht** möglich ist. § 370 ist ebenso wie § 263 StGB **Schutzgesetz** iSd § 823 II BGB, ferner kommen Ansprüche aus § 826 BGB sowie aus 812 BGB in Betracht. In diesen Fällen konkurriert also ein öffentlrechtl Anspr mit einem privatrechtlichen. Der Gläubiger (FinBeh) kann aber nicht wahlweise den ordentlichen Rechtsweg oder den VerwRechtsweg beschreiten. Welches Gericht zuständig ist, richtet sich grunds danach, durch welche für das Klagebegehren in Anspruch genommenen Rechtssätze der Sachverhalt entscheidend geprägt wird, BGH NJW 68, 893. Wenn jedoch der **Schadenersatzanspruch** nur mit dem konkurrierenden, normalerweise verdrängten privatrechlichen Anspruch geltend gemacht werden kann, ist ein **Zurückgreifen** auf den **privatrechtlichen** Anspr zulässig, vgl BGH NJW 67, 156. Dies gilt zB, wenn nur mit einem zivilrechtlichen Titel der Anspruch **im Ausland** vollstreckt werden kann, vgl OLG D'dorf v 13. 5. 69 – 4 U 229/68.

9. Abs 1 Nr 2. Pflichtwidriges **In-Unkenntnis-Lassen** der FinBeh. Voraussetzung ist das Bestehen einer entspr Pflicht gegenüber der FinBeh. Es muß eine FinBeh pflichtwidrig in Unkenntnis gelassen worden sein. Wenn eine andere Behörde in das Besteuerungsverfahren eingeschaltet worden ist

§ 370

(zB im Bescheinigungsverfahren nach § 6b EStG oder § 4 AIG) handelt es sich bei dieser nicht um eine FinBeh. Eine Pflicht zB zur Berichtigung vorher abgegebener Erklärungen könnte sich dann ggf aus dem Gesichtspunkt der **Garantenpflicht** aus vorangegangenem Tun (unechtes Unterlassungsdelikt) ergeben. Es ist allerdings richtig, daß die Garantenpflicht aus vorangegangenem Tun für das Steuerrecht in § 153 für die Hauptfälle eine Sonderregelung erfahren hat, so *Franzen/Gast/Samson* RZ 129 zu § 370. Eine solche Pflicht besteht zB nach § 137 für nicht natürliche Personen, nach § 138 für denjenigen, der einen Betrieb eröffnet, nach § 139 für die Hersteller verbrauchsteuerpflichtiger Waren. Das Tatbestandsmerkmal des Verkürzens ist in diesen Fällen zB erfüllt, wenn es die FinBeh aus Unkenntnis unterläßt, gegen den Stpfl Vorauszahlungen festzusetzen. **Erklärungspflichtig** sind nach § 149 diejenigen, die dazu nach den Bestimmungen der EinzelStG verpflichtet sind oder zur Abgabe der Erklärung aufgefordert werden. Zur **Berichtigung** von **Erklärungen** ist nach § 153 ein **Stpfl** verpflichtet, wenn er erkennt, daß eine von ihm oder für ihn abgegebene **Erklärung unrichtig** oder **unvollständig** ist. Einem Staatsbürger ist im allgemeinen bekannt, daß eine **Anzeigepflicht** gegenüber dem FA besteht, wenn die **Voraussetzungen** für eine gewährte Steuervergünstigung nachträglich **weggefallen** sind, BGH wistra 86, 219. Die Verpflichtung besteht auch für den **Gesamtrechtsnachfolger** und die nach §§ 34 und 35 für den **Stpfl** handelnden Personen. Die **steuerlichen Berater** und andere für den Stpfl handelnden Personen sind zwar nach § 153 nicht ausdrücklich zur Berichtigung der Erklärung verpflichtet, eine solche Verpflichtung ergibt sich aber ebenfalls aus dem Gesichtspunkt der **Haftung für vorangegangenes Tun** (vgl BGH DStZ 67, 32), jedenfalls dann, wenn sie die Unrichtigkeit der Erklärung zu vertreten haben. Die **Gestellungspflicht** des „Hauptverpflichteten" kann als **Rechtspflicht** im Sinne des § 370 I **Nr 2** durch konkludentes Handeln, zB Aushändigung der Ware mit den Versandscheinpapieren zur Beförderung über die Grenze, auf den Warenempfänger übertragen werden, OLG Stuttgart wistra 88, 80.

Keine Steuerhinterziehung liegt vor, wenn der Stpfl vom FA **gepfändete Sachen veräußert**, weil er nicht verpflichtet ist, das FA über sein Vorhaben aufzuklären, vgl *Kretzschmer* DStZ 82, 304. Der Stpfl erfüllt aber den Tatbestand des § 136 StGB (Verstrickungsbruch) und des § 288 StGB (Vollstreckungsvereitelung).

10. Nichtabgabe von Steuererklärungen bis zum 1. 1. 1980.

Schrifttum: *Lammerding* Nichtabgabe von Jahres-Steuererklärungen in strafrechtlicher Sicht, DB 82, 1346; *Henneberg* Bedarf es, insbesondere bei Fälligkeitssteuern, zum Schutze des Steueranspruchs des Straftatbestandes „Steuerhinterziehung auf Zeit"? Inf 80, 292.

Die Rspr hat die Regelung des § 149 in der bis zum 31. 12. 79 geltenden Fassung als nicht ausreichend für die Pflicht zur Abgabe der StErklärungen angesehen. Es stellt sich die Frage, ob in diesen Fällen auch eine versuchte StHinterziehung vorliegt.

Wenn der StSchuldner nicht von dem Versehen des Gesetzgebers wußte und sich irrtümlich zur Abgabe der ESt-Erklärung für verpflichtet hielt, kann er wegen **versuchter StHinterziehung** – sog untauglicher Versuch – bestraft werden, KG Berlin wistra 82, 196 unter Hinweis auf BGH NJW

1. Abschnitt. Strafvorschriften **§ 370**

80, 1005; *KKH* Anm 8 a. Sein Vorsatz muß aber auch die Möglichkeit umfassen, daß sein Verhalten infolge zu niedriger Schätzung hätte zu einer StVerkürzung führen können.

Das Tatbestandsmerkmal „pflichtwidrig" sei ein Veweisungsbegriff, der sich auf spezielle, außerhalb des eigentlichen Tatbestandes der StHinterziehung liegende Rechtsvorschriften (hier: Normierung von Erklärungspflichten und -fristen) beziehe. Über diese Rechtsvorschriften, nicht über den Anwendungsbereich des § 370 AO habe der Angeklagte geirrt. Der Rechtsirrtum über die Reichweite eines Tatbestandes stelle einen Verbotsirrtum bzw ein Wahndelikt dar. Dem Rechtsirrtum im Vorfeld des Tatbestandes soll hingegen versuchsbegründende Bedeutung zukommen, vgl *Herzberg* Das Wahndelikt in der Rechtsprechung des BGH, JuS 80, 469 ff, 472 ff.

11. Abs 1 Nr 3. Nichtverwendung von **StZeichen** oder **StStemplern.** Diese Regelung wird durch die Nr 1 und 2 nicht erfaßt, eine entspr Verpflichtung ergibt sich zB aus dem TabStG. Die **Zeichenfälschung** wird im übrigen nicht mehr als bes Tatbestand aufgeführt. Die Strafbarkeit richtet sich nach § 148 StGB; die Wertzeichenfälschung ist aber StStraftat, soweit sie sich auf StZeichen bezieht, vgl § 369 I Nr 3.

12. Verkürzung von St, vgl Anm zu Abs 4. StHinterziehung ist ein **Erfolgsdelikt;** tritt der Erfolg nicht ein, kann ggf **Versuch** angenommen werden, BFH NJW 53, 1841. Eine StHinterziehung hinsichtlich solcher Steuern, die die FinVerw nicht erheben wird, ist ausgeschlossen; es fehlt an der Kausalität des Verhaltens für die StVerkürzung, auch wenn die Nichterhebung der Steuer durch die FinVerw rechtswidrig ist, *Reiß* wistra 83, 59. Schätzungen des FA gem § 162 darf der Strafrichter nur zugrundelegen, wenn er von ihrer Richtigkeit überzeugt ist, wistra 86, 65.

Zeitliche Verkürzungen bewirken idR nur einen **Verspätungsschaden,** *Göggerle* aaO. Bei FälligkeitsSt liegt grundsätzlich nur eine zeitliche Verkürzung vor, weil dem FA die Existenz des Unternehmens bekannt ist und daher nur ein Verspätungsschaden eintreten kann, Göggerle aaO. Dem FA stehen regelmäßig andere Druckmittel zur Durchsetzung von StAnmeldungen zur Verfügung; ggf kann es die Besteuerungsgrundlagen durch Außenprüfung selbst ermitteln. Als verkürzter Betrag ist regelmäßig der aus dem Zinsvorteil bestehende Hinterziehungsgewinn anzusehen.

Ob und in welchem **Umfang** eine Steuerverkürzung eingetreten ist, ergibt sich aus dem Vergleich zwischen der Steuer, die aufgrund der unwahren Angaben festgesetzt wurde und der Steuern, die zu erheben gewesen wäre, wenn anstelle der unrichtigen die der Wahrheit entsprechenden Angaben zugrunde gelegt werden, BGH wistra 86, 23. Bei verdeckten **Parteispenden** hängt die Höhe der Steuerverkürzung davon ab, ob die Leistung der Partei ungekürzt erreicht, BGH wistra 87, 139. Die Frage, ob und in welchem Umfang sogenannte gezielte Parteispenden als Betriebsausgaben abziehbar sein können, hat der BGH (aaO) allerdings nicht entschieden.

Bei der **Lohnsteuerhinterziehung** ist von den ggf durch Sachverständige zu ermittelnden **Erfahrungswerten** auszugehen und nicht generell auf die Steuerklases VI zurückzugreifen, BGH wistra 86, 23. Die **Lohnsteuerklasse** VI gilt bei Arbeitnehmern, die nebeneinander von mehreren Arbeit-

§ 370   8. Teil. Straf- und Bußgeldvorschriften

gebern Arbeitslohn beziehen, für die Einbehaltung der Lohnsteuer aus dem zweiten und weiteren Dienstverhältnissen. Solange der Arbeitnehmer dem Arbeitgeber eine Lohnsteuerkarte schuldhaft nicht vorlegt, hat der Arbeitgeber die Lohnsteuer nach der Steuerklasse VI zu ermitteln (**§ 39c II 1 EStG**). Die Regelung des § 39e EStG gilt jedoch nur für die Durchführung des laufenden Lohnsteuerabzugs im jeweiligen Kalenderjahr. Beim **Lohnsteuer-Jahresausgleich** sind jedoch die tatsächlichen Verhältnisse des Arbeitnehmers zugrunde zu legen mit der Folge, daß die durch die Anwendung der Steuerklasse VI eingetretenen Nachteile wieder rückgängig gemacht werden. Hiervon muß auch der Strafrichter ausgehen bei der Berechnung der **auf Dauer entzogenen** Lohnsteuer, BGH wistra 86, 23. **Wirken** Arbeitgeber und Arbeitnehmer zum Zwecke der Lohnsteuerhinterziehung **einverständlich zusammen,** so liegt in der Vereinbarung, daß ein bestimmtes Arbeitsentgelt voll und ohne Abzüge ausgezahlt wird, in der Regel eine **Nettolohnabrede,** wenn das Arbeitsentgelt dem Arbeitnehmer mit der Auszahlung auf Dauer ungekürzt verbleiben soll, BGH wistra 87, 102.

Bei **verdeckter Gewinnausschüttung** kommt Hinterziehung der Körperschaftsteuer nur vom Betrag der verdeckten Ausschüttung, nicht von einem um die fiktive Körperschaftsteuer erhöhten Betrag in Betracht, OLG Düsseldorf wistra 87, 354.

Der für **Ausfuhrlieferungen** vorgeschriebene **Nachweis** durch Belege ist tatbestandliche Voraussetzung der UmsatzSt-Befreiung. Dies gilt auch dann, wenn der Nachweis steuerlich noch zu einem späteren Zeitpunkt geführt werden kann, vgl BFHE 130, 118. Eine StVerkürzung liegt nur dann nicht vor, wenn der Stpfl das FA in der StAnmeldung über den wahren Sachverhalt aufklärt und es in die Lage versetzt, die Vervollständigung des Nachweises zu überwachen, BGH NJW 83, 1274. Zur Hinterziehung von **Eingangsabgaben** wenn **Drittlandware,** die bei ihrer Einfuhr in die DDR zollamtlich zum freien Verkehr abgefertigt worden ist, durch die DDR durchgeschleust und von dort unter Verschleierung ihrer Herkunft als Ware mit **DDR-Ursprung** im Rahmen des innerdeutschen Handels in die Bundesrepublik verbracht wird, BGH wistra 83, 192.

13. Erlangung nichtgerechtfertigter **StVorteile.** Der Vorteil darf nicht gerechtfertigt sein. Dies ist der Fall, wenn das Gesetz diesen für den tatsächlichen Sachverhalt nicht vorsieht. Es ist nicht erforderlich, daß der StVorteil in Form eines VerwAktes gewährt wird, auch die **Niederschlagung** nach § 261 oder die Einstellung der Vollstreckung nach § 258 kann ein StVorteil sein. Die Hingabe eines ungedeckten Schecks kann StHinterziehung in Form der Vorteilserschleichung sein, wenn die FinBeh dadurch veranlaßt werden soll, von Vollstreckungsmaßnahmen abzusehen, BGH DStZ B 61, 123. Dies gilt auch dann, wenn der Stpfl erst nach Hingabe des Schecks den Entschluß faßt, das Guthaben anderweitig zu verwenden, vgl *Pfaff* StWa 64, 164. Der Stpfl wäre verpflichtet, diesen Umstand der FinBeh mitzuteilen. Weitere **Beispiele** für StVorteile: Gewährung einer **StBefreiung,** Eintragung eines **StFreibetrages** auf der LStKarte, Herabsetzung einer **StVorauszahlung, Stundung** einer Steuer, **Verlängerung** der Abgabefrist. Wer die Herabsetzung der Einkommensteuer**vorauszahlung** auf 0 wegen eines Berlindarlehens beantragt, aber gleichzeitig verschweigt, daß

1. Abschnitt. Strafvorschriften **§ 370**

sich das Einkommen erhöht, verschafft sich damit einen ungerechtfertigten Steuervorteil, OLG Stuttgart wistra 87, 263.

14. Versuch (Abs 2).

Schrifttum: *Burkhardt* Zur Abgrenzung von Versuch und Wahndelikt im Steuerstrafrecht, wistra 82, 178; *Höser* Vorbereitungshandlung und Versuch im Steuerstrafrecht 1984.

Der **Versuch** der StHinterziehung ist **strafbar** (Abs 2). Der Versuch einer Straftat ist nach § 23 I StGB nur strafbar, wenn das Gesetz es ausdrücklich – wie in § 370 II – bestimmt. Der **Versuch** kann **milder bestraft** werden als die vollendete Tat (§ 23 II StGB). Eine Straftat versucht, wer nach seiner Vorstellung von der Tat zur Verwirklichung des Tatbestandes unmittelbar ansetzt (§ 22 StGB). Dazu gehören alle solche Handlungen, „die vermöge ihrer notwendigen Zusammengehörigkeit mit der **Tatbestandshandlung** für die **natürliche Auffassung** als deren **Bestandteil** erscheinen", *Frank*, Das Strafgesetzbuch für das Deutsche Reich 1931. Nach der heute herrschenden individuell-objektiven Theorie soll die Frage, ob ein solcher Zusammenhang besteht, nach dem **Täterplan** zu beurteilen sein, vgl BGH St 26, 201. Beantragung eines **Kraftstoffausweises** über höher als tatsächl mitgeführte Treibstoffmenge stellt bereits Versuch der Eingangsabgabenhinterziehung dar, BayObLG, JR 78, 38. Die Erklärung eines Reisenden, keine anmeldepflichtigen Waren mitzuführen, ist nicht schon deswegen nur als versuchte StHinterziehung zu werten, weil dem Zollbeamten bereits vorher von der ausländischen Grenzdienststelle mitgeteilt worden war, der Reisende habe sich die Ausfuhr von Waren bestätigen lassen, BayOLG JZ 82, 811. Der Versuch ist von der **Vorbereitung** zu unterscheiden. Die Vorbereitung liegt vor dem Versuchsstadium und ist, soweit im Gesetz nichts anderes bestimmt ist, nicht strafbar, vgl RGSt 51, 341. **Vorbereitungshandlung** ist auch noch das Ausfüllen der unrichtigen StErklärung, Versuch beginnt erst mit deren Einreichung. Vorbereitung ist auch noch die **unrichtige Verbuchung,** BGH BB 66, 107, das Ausstellen unrichtiger Belege usw, ferner Absprache mit Geschäftsfreunden über oR-Geschäfte; OLG D'dorf, wistra 87, 354. Aber: Bereits in der Verbuchung überhöhter Eingangsrechnungen zusammen mit der Abgabe entsprechen unrichtiger USt-Voranmeldungen kann ein Versuch der Hinterziehung der VeranlagungsSt, GewerbeSt, ESt bzw KÖSt liegen, BGH Beschl v 22. 3. 80, BB 80, 1032 mit Anm von *Meine*. Bisher war davon ausgegangen, daß der Versuch erst mit der Einreichung der unrichtigen StErklärung einsetzt, das Erstellen einer unrichtigen Buchführung dagegen nur straflose Vorbereitungshandlung sei. Kaufvertrag über Grundstück mit zu niedriger Kaufpreisangabe, RGSt 60, 6. Bei **Nichtabgabe** von Steuererklärungen beginnt eine versuchte Steuerverkürzung erst in dem Zeitpunkt, zu dem bei pflichtgemäßem Verhalten die **Steuererklärung** spätestens hätte **abgegeben** werden müssen, OLG Düsseldorf, wistra 87, 354.

Werden bei der Einreise in die BRD auf einem ins Ausland vorgeschobenen Zollabfertigungsplatz mitgeführte Waffen nicht gestellt, so liegt zwar vollendete Zollverkürzung, nicht aber vollendete unerlaubte Einfuhr von Waffen vor, OLG Köln NStZ 82, 293 mit krit Anmerkung von *Seelig*.

Der **Versuch** wird durch die **Vollendung** der Tat **abgeschlossen**, zB wenn entspr den Angaben des Stpfl die Steuer zu niedrig festgesetzt wird,

§ 370 8. Teil. Straf- und Bußgeldvorschriften

BGH BStBl 55 I, 359. Von der **Vollendung** ist die **Beendigung** der Tat zu unterscheiden. Die StHinterziehung ist zB beendet, sobald der Täter alles erreicht hat, was er erreichen wollte, zB dann, wenn nicht mehr damit zu rechnen ist, daß die Tat noch entdeckt werden wird, zB wenn das FA den StFall durch StFestsetzung abschließt. Die Unterscheidung ist deswegen wichtig, weil bis zur **Beendigung** noch **Beihilfe** geleistet werden kann und der Beginn der Verjährung erst einsetzt, wenn die Tat beendet ist. Durch die Beendigung wird das Tatunrecht tatsächlich abgeschlossen, BGHSt 20, 196. Durch die Abgabe einer unrichtigen USt-Voranmeldung ist die Tat noch nicht abgeschlossen. Die Verkürzung ist nicht vor dem Zeitpunkt **beendet,** in dem sich der Täter die erlangten Vorteile durch die jährliche Veranlagung gesichert hat, BGH, wistra 83, 70; *HHSp* § 370 Rdnr 78, 127, 129.

Bei der **LSt** handelt es sich um eine FälligkeitsSt, bei deren Hinterziehung die rechtliche Vollendung und die tatsächliche Beendigung zusammenfallen, BGH, wistra 83, 70. Nach der Vollendung und tatsächlichen Beendigung der durch „**Verdieselung**" von steuerbegünstigtem **Heizöl** durch einen Vorlieferanten begangenen StHinterziehung kann für eine erneute „Verdieselung" nur der Tatbestand der **StHehlerei** in Betracht kommen, BGH ZfZ 80, 88.

Wenn der Täter wegen eines **Irrtums** über das geltende Steuerrecht zu Unrecht annimmt, er verkürze Steuern, kann dieser Irrtum wegen des fehlenden Handlungsunwertes nur zum **Wahndelikt** führen. Bei normativ verweisenden Tatbestandsmerkmalen liegt ein zum Wahndelikt führender Irrtum immer dann vor, wenn die Täterwertung von der gesetzlichen Wertung zuungunsten des Täters abweicht, *Reiß* Untauglicher Versuch und Wahndelikt, wistra 86, 199.

15. Abs 3. Besonders schwere Fälle. Der Tatbestand der StHinterziehung sieht eine **Strafverschärfung** für besonders schwere Fälle vor, für die die Freiheitsstrafe 6 Monate bis zu 10 Jahren beträgt. Für die vergleichbaren Fälle des Betruges und des SubventBetruges nach § 264 StGB besteht eine solche Strafverschärfung bereits. Damit soll deutlich gemacht werden, daß die StHinterziehung hinsichtlich ihrer Gefährlichkeit und ihrer Strafwürdigkeit nicht geringer als der Betrug zu werten ist; dies gilt insbesondere deswegen, weil die Grenzen zwischen StHinterziehung und Betrug zT flüssig sind. **Satz 2** erläutert Satz 1 durch **Regelbeispiele;** dadurch soll die Rechtsanwendung erleichtert werden. Dies bedeutet aber nicht, daß nur bei Vorliegen dieser Regelbeispielsfälle ein besonders schwerer Fall vorliegt. Auf der anderen Seite ist nicht schon ein besonders schwerer Fall gegeben, wenn die Regeltatbestände erfüllt werden („in der Regel"). Die Tat muß unter Berücksichtigung aller Umstände die erfahrungsgemäß vorkommenden und deshalb vom Gesetz für den Spielraum des ordentlichen **Strafrahmens** schon bedachten Fälle der **Strafwürdigkeit so weit übertreffen,** daß der ordentliche Strafrahmen nicht ausreicht, BGH v 18. 4. 78 – 5 StR 692/77. Der besondere Strafrahmen des Abs 3 gilt auch für den **gewerbsmäßigen Schmuggel** in Form der Eingangsabgabenhinterziehung, nicht aber für die gewerbsmäßige Hehlerei, BGH wistra 84, 27. Kommt eine Verurteilung wegen strafverschwerender Umstände in Betracht, muß ein Hinweis nach § 265 II StPO gegeben werden, BGH NJW 80, 714.

Nr 1. Grober Eigennutz und **Verkürzung in großem Ausmaß.** Das

1. Abschnitt. Strafvorschriften § 370

Gesetz sagt nicht, was unter Eigennutz zu verstehen ist. Eine StHinterziehung zugunsten eines anderen dürfte jedenfalls nicht darunter fallen. Hinzu kommen muß aber eine Verkürzung in großem Ausmaß. Nicht jede eigennützige Verkürzung fällt darunter, sondern nur eine Verkürzung aus **grobem Eigennutz.** Grober Eigennutz kann nur dann bejaht werden, wenn das in den Umständen der Steuerhinterziehung zum Ausdruck kommenden **Gewinnstreben** das bei jedem Steuerstraftäter vorhandene Gewinnstreben **deutlich übersteigt,** BGH wistra 84, 227. Zur Frage des groben Eigennutzes vgl BGH, wistra 85, 228. Das Regelbeispiel des Abs 3 Nr 1 ist nur erfüllt, wenn beide Merkmale (Handeln aus grobem Eigennutz und Steuerhinterziehung im großem Ausmaß) gleichzeitig vorliegen, BGH NStZ 85, 459.

Nr 2. Mißbrauch der Befugnisse als Amtsträger. Aus dieser Bestimmung ist zu entnehmen, daß auch der Amtsträger selbst Täter der StHinterziehung sein kann, zB wenn ein nicht zur Entscheidung befugter Bediensteter bescheinigt, daß bestimmte Belege vorgelegen hätten, aus denen sich eine StErmäßigung ergibt, wenn ein Betriebsprüfer stschädliche Feststellungen nicht in seinem Bericht vermerkt usw, wenn ein Sachbearbeiter der LStStelle wahrheitswidrig bescheinigt, daß der LStJA rechtzeitig eingereicht worden ist.

Nr 3. Ausnutzung der Mithilfe eines **Amtsträgers.** In diesem Fall muß sich der Täter bewußt sein, daß der Amtsträger seine Befugnisse mißbraucht, daß er mithilft. Geht der Täter davon aus, daß der Amtsträger die Unrichtigkeit der Erklärung übersieht oä, erkennt er also gar nicht, daß der Amtsträger mithilft, greift der Strafverschärfunggrund nicht ein. Ein besonders schwerer Fall im Sinne des Abs 3 Nr 3 soll dann **nicht** gegeben sein, wenn der Täter bei einer Verkürzung von rund 20 000 DM die Mithilfe eines Amtsträger, der seine Befugnisse oder seine Stellung mißbraucht, ausnutzt, LG Saarbrücken, wistra 88, 202. Weyand (wistra 88, 184) weist uE zu Recht darauf hin, daß die entscheidenden Gründe für die erhöhte Strafandrohung in den Fällen der Nr 2 und 3 die beträchtlichen Schädigungsmöglichkeiten und das unabdingbar notwendige umfassende Vertrauen des Dienstherrn in seine Bediensteten seien. Angesichts dieser Überlegung verbleibe für die Berücksichtigung von **Wertgrenzen** bei Verkürzungsbeträgen kein Raum. Dem könnte allerdings entgegengehalten werden, daß, wie sich aus Abs 3 S 2 ergibt, die Nrn 2 und 3 nur Regelbeispiele für die Annahme besonders schwerer Fälle darstellen.

Nr 4. Verwendung **nachgemachter** oder **verfälschter Belege.** Es handelt sich hierbei nicht um sachlich unrichtige Belege, die dem Täter zur Verfügung gestellt sind, zB über Bewirtungsspesen, sondern um solche **Belege, die vom Täter** oder in dessen Auftrag nachgemacht oder verfälscht worden sind, zB Anfertigung einer Rechnung über eine Reparatur, die gar nicht stattgefunden hat. **Verfälschung:** Eigenmächtige Erhöhung eines Rechnungsbetrages ua. Der Täter muß fortgesetzt gehandelt haben. Ein Fortsetzungszusammenhang ist aber nicht erforderlich, vielmehr genügt ein wiederholtes Tätigwerden. Es reicht aber nicht aus, daß der Täter unechte Belege in seine Buchhaltung einführt, auch wenn er später auf deren Grundlage unwahre Bilanzen aufstellt und unrichtige StErklärungen abgibt. Der Tatbestand setzt voraus, daß der Täter die unechten Belege fortgesetzt zur **Tatbegehung** verwendet. Das ist nicht schon dann der Fall,

§ 370   8. Teil. Straf- und Bußgeldvorschriften

wenn er den unrichtigen Inhalt der Belege in seine StErklärung einfließen läßt. Anders jedoch wenn der Täter die Belege dem FA einreicht oder einem Prüfer vorlegt, BGH MDR 83, 422.

16. Abs 4: Eintritt der Steuerverkürzung.
Schrifttum: *Haas* Gleichstellung von Versuch und Vollendung im StStrafrecht? BB 80, 1855.

Abs 4 entspricht im wesentlichen § 393 III RAO. Er regelt den Eintritt der StVerkürzung für besonders wichtige Fälle. Es kommt danach darauf an, daß **Steuern nicht, nicht in voller Höhe** oder **nicht rechtzeitig festgesetzt** worden sind. Ausdrücklich wird klargestellt, daß dies auch für eine **vorläufige** oder eine Festsetzung unter Vorbehalt der Nachprüfung gilt, auch für die **Steueranmeldung**, die einer StFestsetzung unter Vorbehalt der Nachprüfung gleichsteht (vgl §§ 164, 165, 167, 168). **Steuervorteile** sind auch **Steuervergütungen**. Sie sind erlangt, soweit sie zu Unrecht gewährt oder belassen werden.

In Fällen der unerlaubten **Arbeitnehmerüberlassung** ist der Unternehmer nach den Vorschriften des Arbeitnehmerüberlassungsgesetzes nicht als Arbeitgeber anzusehen (BGHSt 31, 32, 35 ff). Dies läßt aber seine steuerrechtlichen, insbesondere seine **lohnsteuerrechtlichen Pflichten** unberührt (BFH wistra 82, 234; BGHSt 33, 35, 36).

17. Vorteilsausgleichsverbot.
Schrifttum: *Meine* Das Vorteilsausgleichsverbot in § 370 Abs 4 S 3 AO 77, wistra 82, 129; *Bildsdorfer* Das Kompensationsverbot des § 370 IV 3 AO, DStZ 83, 447; *Wassmann* Das Kompensationsverbot gem § 370 Abs 4 S 3 AO, ZfZ 87, 162; *Meine* Der Vorteilsausgleich beim Subventionsbetrug, wistra 88, 13; *Gast-de Haan* Berechnung von Hinterziehungszinsen – zur Bedeutung des Kompensationsverbotes (§ 370 IV 3 AO) im materiellen Steuerrecht – wistra 88, 298.

Für die Beurteilung der Tat ist es nach **Satz 3** ohne Bedeutung, ob die Steuer aus **anderen Gründen** hätte **ermäßigt** oder der **Steuervorteil** aus anderen Gründen hätte beansprucht werden können. „Andere Gründe" sind **Tatsachen**, auf die sich der Täter zur Rechtfertigung seines Verhaltens im Strafverfahren beruft, obwohl er sie im Besteuerungsverfahren nicht vorgebracht hat, BFH wistra 87, 139. Wenn es also nur um die **rechtliche Beurteilung** ein und desselben Vorgangs handelt, greift das Kompensationsverbot nicht ein. Bei der **Hinterziehung** von **USt** sind unterlassene **Vorsteuerabzüge** ein „anderer Grund" iSd Abs 4 S 3, BGH HFR 78, 421. Es kommt also nicht darauf an, ob die infolge der unrichtigen Angaben festgesetzte Steuer der nach dem Gesetz geschuldeten tatsächlich entsprechen. Damit wird praktisch eine **Versuchshandlung** zu einem vollendeten StDelikt gemacht. Bei der Umsatzsteuer gilt das Vorteilsausgleichsverbot zwar auch für den Vorsteuerabzug, jedoch sind die entsprechenden Vorsteuern bei der **Strafzumessung** zugunsten des Angeklagten zu berücksichtigen, BGH wistra 85, 225. Bei einer Verurteilung wegen Umsatzsteuerhinterziehung muß das Urteil die Berechnung der verkürzten Umsatzsteuer und die Behandlung der Vorsteuern erkennen lassen, BGH wistra 85, 225 (betreffend Strafzumessung). Die Vorsteuern müssen bei der Strafzumessung als schadensmindernde Faktoren zugunsten des Angeklagten berücksichtigt werden.

Nach *Wassmann* (ZfZ 87, 162) liegt bei richtiger Einordnung der Steuer-

1. Abschnitt. Strafvorschriften **§ 370**

hinterziehung als Erfolgsdelikt ein **untauglicher Versuch** vor, wenn der Steuerpflichtige mit Verletzensvorsatz unrichtige Angaben macht, zugleich aber ihm nicht bewußte Steuerermäßigungsgründe nicht geltend macht. Wenn durch das Kompensationsverbot der untaugliche Versuch bestraft werden sollte, so wäre eine derartige Regelung überflüssig, da die Strafbarkeit des untauglichen Versuchs nach den §§ 22, 23 III StGB gesetzlich geregelt ist. Die Bedeutung des Abs IV 3 liegt darin, daß der Strafrichter nicht den gesamten StFall darauf nachprüfen muß, ob sich nicht evtl aus bisher nicht berücksichtigten Umständen eine StErmäßigung ergibt, die den durch die Hinterziehung erzielten Vorteil wieder egalisieren, vgl BGH BStBl 61 I, 495. Nicht um andere Gründe soll es sich handeln, wenn Steuerminderungen sich ohne weiteres von Rechtswegen ergeben hätten falls der Täter anstelle der unrichtigen die der Wahrheit entsprechenden Angaben gemacht hätte, *Meine* aaO S 130 mit Nachweisen.

Das Kompensationsverbot hindert es in der Regel nicht, eine verdeckte **Parteispende,** die als Sonderausgabe geltend gemacht worden ist, im Strafverfahren darauf zu prüfen, ob es sich insoweit um eine **Betriebsausgabe** handelt, BGH wistra 87, 139.

Ein unmittelbarer Zusammenhang soll zwischen den nicht verbuchten Geschäften und den Anschaffungskosten der verkauften Ware und den Provisionsaufwendungen für den Verkäufer bestehen, BGH StRK AO 77 § 370 R 1. Kein Zusammenhang dagegen zwischen den nicht verbuchten Geschäften und den Anschaffungskosten anderer als der „schwarz" verkauften Ware, vgl BGH StRK AO 77 § 370 R 3. Die Vorschrift besagt nicht, daß dem Täter solche StVorteile vorenthalten werden dürften, die ihm schon aufgrund seiner richtigen Angaben oder jedenfalls auch dann ohne weiteres zugestanden hätten, wenn er anstelle der unrichtigen die der Wahrheit entsprechenden Angaben gemacht hätte, BGH MDR 79, 772. Der gem **§ 10d EStG** nF vorzunehmende Abzug der Konkursverluste unterliegt ebenfalls dem **Kompensationsverbot.** Steuervorteile, die dem Täter auch dann zugestanden hätten, wenn er richtige Angaben gemacht hätte, sind ihm nur dann nicht vorzuenthalten, wenn sie mit den verschleierten Tatsachen in einem **unmittelbaren wirtschaftlichen Zusammenhang** stehen. Frühere **Betriebsverluste** stehen aber mit den späteren **Gewinnen** in **keinem** Zusammenhang, BGH wistra 84, 183; gegen Bayerisches OBLG wistra 82, 199; vgl auch *Meine* Vorteilsausgleichsverbot und Verlustabzug, wistra 85, 9. Auch wenn das Kompensationsverbot eingreift, will der BGH die entsprechenden Beträge bei der **Strafzumessung** unter dem Gesichtspunkt der verschuldeten Auswirkungen der Tat berücksichtigen, BGH UStR 78, 151. Der BGH hat die verkürzte USt bei der Ermittlung der verkürzten ESt zum Abzug zugelassen wegen des engen wirtschaftlichen Zusammenhangs zwischen Umsätzen, Gewinn und Gewerbeertrag BGHSt 7, 337, 346. Bei Verkürzung von USt unter gleichzeitigem Unterlassen des **Vorsteuerabzugs** sollen die unterlassenen Vorsteuerabzüge dagegen einen anderen Grund iS von S 3 beinhalten, BGH HFR 78, 421. Bei der Ermittlung des durch eine ESt-Hinterziehung entstandenen Schadens sind die Gewerbe- und KöSt als mindernd zu berücksichtigen, falls der Täter bei wahrheitsgemäßer Angabe zu entrichten gehabt hätte, BGH HFR 79, 207. Das **Kompensationsverbot** greift **nicht** ein, wenn sich die StMinderung wegen engen wirtschaftlichen Zusammenhangs ohne weiteres von Rechts wegen ergeben hätte, falls der Täter richtige Angaben gemacht hätte, BGH wistra 88, 356, betr Abzug von Werbungskosten im Zusammenhang mit nicht erklärten Einnahmen.

18. Vollendung der Tat.

Schrifttum: *Kuhlmann* Beendigung der Steuerhinterziehung und Außenprüfung, wistra 87, 287.

Für die **Vollendung** der Tat reicht es aus, daß die Steuer nicht, nicht in voller Höhe oder nicht rechtzeitig festgesetzt worden ist, vgl BGH St 7, 336. Die Festsetzung wird wirksam, sobald sie dem Stpfl bekanntgegeben worden ist, vgl § 124. **Täuschung** der Behörde ist nicht Voraussetzung, es genügt die zu niedrige StFestsetzung. Dies ergibt sich aus der 2. Satzhälfte, in der klargestellt wird, daß auch eine **vorläufige** StFestsetzung oder eine **Vorbehaltsfestsetzung** (§ 164) das Tatbestandsmerkmal des Verkürzens erfüllen kann. Das gleiche gilt für die StAnmeldung (§§ 148, 149), vgl *Franzen/Gast/Samson* RNr 25. Damit ist eine früher umstrittene Frage vom Gesetzgeber entschieden worden. Es kommt daher nicht mehr darauf an, ob die FinBeh sich über die Richtigkeit der StErklärung überhaupt Gedanken gemacht hat; entscheidend ist, daß es infolge der Erklärung zu einer unrichtigen Festsetzung auch in Form einer StAnmeldung oder Vorbehaltsfestsetzung gekommen ist. Normalerweise fallen **Vollendung** und **Beendigung** der Steuerhinterziehung zeitlich zusammen. Das LG Hamburg (zitiert bei *Kuhlmann,* wistra 87, 287) hat die Auffassung vertreten, daß bei Steuerpflichtigen, die der **Außenprüfung** unterliegen, die Tat erst dann **beendet** sei, wenn auch die Außenprüfung beendet und der aufgrund der Außenprüfung geänderte Steuerbescheid für die betreffenden Jahre und Steuern bekanntgegeben sei. Das LG Hamburg begründet seine Auffassung damit, daß der Steuerpflichtige – zur endgültigen Sicherung des Taterfolges – entschlossen sei, auch in der Außenprüfung unrichtige Angaben zu machen und den Betriebsprüfer über die tatsächlichen Besteuerungsgrundlagen zu täuschen. Die Auffassung des LG Hamburg würde aber dazu führen, daß der Eintritt der Verfolgungsverjährung auf unbestimmte Zeit verschoben wird. Man wird vielmehr mit *Kuhlmann* (aaO wistra 87, 287) davon ausgehen müssen, daß es sich bei der Täuschung des Betriebsprüfers um eine **Nachtat** zur vollendeten und beendeten Steuerhinterziehung handelt und diese nicht straffrei ist, weil der Verfolgung der Vortat nicht das Verfahrenshindernis der Verjährung entgegensteht. Bei **Fälligkeitssteuern** fallen regelmäßig Versuch, Vollendung und Beendigung zusammen. Bei einer unrichtigen **USt-Voranmeldung**, die zu einem USt-Erstattungsanspruch führt, ist die StHinterziehung erst nach **Zustimmung** der FinB gem § 168 S 2 vollendet, BGH wistra 88, 355. Bei **AnmeldeSt** (FälligkeitsSt) liegt StHinterziehung auch dann vor, wenn der Stpfl den angemeldeten **Betrag** zwar **zahlt**, aber keine Anmeldung einreicht, vgl *Franzen,* DStR 65, 190. Gibt der Stpfl **keine Erklärung** ab oder reicht er die **Erklärung verspätet** ein, liegt **vollendete** Hinterziehung vor, wenn die FinBeh eine zu niedrige StFestsetzung im Wege der **Schätzung** nach § 162 vornimmt. Wenn der Hinterzieher die strafbare Handlung weiterführt, um ihren Erfolg zu sichern, endet die Steuerhinterziehung erst, wenn der Steuervorteil eingetreten oder gesichert ist. Bei einer zu niedrigen Schätzung ist die Steuerverkürzung mit der Bekanntgabe des Bescheides vollendet und auch beendet. Liegt die Schätzung zu hoch, liegt Versuch vor. Unabhängig davon ist StHinterziehung gegeben, wenn Schätzung erst in einem Zeitpunkt erfolgt, in dem die Veranlagungen der anderen Stpfl nach dem Geschäftsgang beendet war, vgl BGH BStBl 56 I, 441. OLG Celle MDR 65, 504; Die Tat ist in dem Zeitpunkt vollendet, in dem die Veranlagungsarbeiten spätestens abgeschlossen worden wären, BGH NJW 81, 1970; abweichend OLG Hamburg (NJW 66, 843), wonach Vollendung bereits angenommen werden muß, wenn 90% der Stpfl veranlagt worden sind. Bei **Nichtabgabe** von **Steueranmeldungen** tritt Verkürzung bereits nach Ablauf des Voranmeldungszeitraums ein; Nachreichung der Anmeldung kann aber ggf Selbstanzeige sein, vgl *Franzen/Gast/Samson* RNr 135. Eine vollendete Steuerhinterziehung kann auch im **Beitreibungsverfahren** begangen werden, BGH wistra 86, 26.

19. Abs 5: Einfuhr, Ausfuhr oder Durchfuhr. Abs 5 entspricht wörtlich dem § 393 IV RAO. Er ist 1933 in den seinerzeitigen § 396 IV RAO eingefügt worden, um eine zwischen dem RG und dem RFH bestehende Streitfrage iSd RFH verbindlich zu entscheiden.

Seit Einführung des gemeinsamen Zolltarifs ist ein Mitgliedstaat der EG nicht mehr befugt, Zölle auf eingeschmuggelte und nach ihrer Entdeckung vernichtete **Betäubungsmittel** zu erheben, EuGH NStZ 81, 185. Hängt aber die Möglichkeit der unschädlichen Verwendung letztlich von der nationalen Gesetzgebung ab, ergibt sich aus § 40 AO, daß der vom EuGH für die Zollerhebung nach dem Gemeinsamen Zolltarif aufgestellte Grundsatz nicht mit der Wirkung auf die EinfUSt übertragen werden kann, daß bei der Einfuhr von Heroin eine StSchuld nicht entstünde. Vielmehr ist nach § 40 davon auszugehen, daß der StTatbestand des § 1 I Nr 4 UStG auch die unerlaubte Einfuhr von Heroin erfaßt – ebenso wie der nachfolgende Weiterverkauf im Inland einen steuerbaren Umsatz darstellen kann. Wenn jemand, der illegal Betäubungsmittel einführen will, diese ordnungsgemäß deklariert, wird die Einfuhr verhindert werden. Nach dem Grundsatz von „nemo tenetur" wird man davon ausgehen müssen, daß dann strafrechtliche Verfolgungsmaßnahmen ausgeschlossen sein müssen. Fraglich ist aber schon, ob angesichts der Identität von Überwachungsbehörde überhaupt eine Deklaration verlangt werden darf, vgl *Reiß* wistra 83, 56. Hiervon geht allerdings Abs 5 aus.

Die **Einfuhr** von widerrechtlich mit geschützten Warenzeichen versehenen Waren ist Teil des **Inverkehrbringens** solcher Waren im Sinne von § 24 ZG, AG München, wistra 86, 232.

Durch § 17 I 2 ZG soll aus Erleichterungsgründen abgabenrechtlich der Einwand abgeschnitten werden, daß der nichtgeprüfte Teil einer Ware von anderer zollrechtlich günstiger Beschaffenheit sei, als die zur Probeuntersuchung entnommene Ware (BFHE 112, 93). Nur dann, wenn der Zollbeteiligte nachweist, daß der nichtgeprüfte Teil der Ware anders beschaffen ist, ist die Vermutung des § 17 I 2 ZG als widerlegt anzusehen. Es handelt sich dabei aber nicht um eine **Strafvorschrift** der Steuergesetze im Sinne von § 369 II, weil damit nur das zollrechtliche Verfahren erleichtert werden soll. Demgegenüber gilt für den Schuldnachweis im Steuerstrafverfahren der allgemeine Grundsatz der freien Beweiswürdigung (§ 261 StPO). An

§ 370   8. Teil. Straf- und Bußgeldvorschriften

Beweisregeln oder Beweisvermutungen ist der Tatrichter nicht gebunden (vgl *Kohlmann,* Rdnr 154; *Franzen/Gast/Samson,* § 385 Rdnr 17). § 17 I 2 ZG hat im Strafverfahren keine Geltung, BGH wistra 87, 292.

20. **Abs 6: Eingangsabgaben.** Abs 6 entspricht dem § 392 V RAO. Er stellt die Verkürzung von Eingangsabgaben, die von einem anderen Mitgliedstaat der EG verwaltet werden, unter Strafe. **Eingangsabgaben** sind nach § 1 III ZG **Zölle** einschließlich der **Abschöpfungen,** die **USt** und die anderen für eingeführte Waren zu erhebenden **VerbrauchSt. Abschöpfungen** sind Abgaben, die bei der Einfuhr nach VOen des Rats der EG erhoben werden, § 1 AbschG, BGBl I 62, 453. Der frühere § 392 V RAO konnte im Verhältnis zu Frankreich nicht angewendet werden, weil nach seinem Satz 2 Voraussetzung war, daß nach dem Recht des anderen Mitgliedstaates eine spätere Verurteilung wegen derselben Tat nicht mehr zulässig ist. In Frankreich gilt aber der Grundsatz „ne bis in idem" nicht. Frankreich kennt auch nicht den Grundsatz, daß eine vollstreckte Strafe auf eine spätere Verurteilung wegen derselben Tat anzurechnen ist. Die Vorschrift soll eine Bestrafung der **Abgabenhinterziehung** im **Rahmen** der **EG** ermöglichen; sie ist schon deswegen erforderlich, weil im zunehmenden Maße dazu übergegangen wird, die Ertragshoheit über die EG-Abgaben auf die EG zu übertragen. Die Vorschrift sieht eine **Bestrafung** auch dann vor, wenn die **Tathandlung außerhalb** des Geltungsbereichs der AO vollzogen worden ist. Diese Regelung entspricht dem § 6 StGB (Auslandstaten gegen international geschützte Rechtsgüter). Ebenso wie bei § 6 StGB stellt sich auch hier die Frage, wie eine doppelte Bestrafung vermieden werden kann. In der Praxis wird es allerdings meistens darauf hinauslaufen, daß der Täter nur in dem Staat bestraft werden kann, in dem er sich aufhält oder aufgegriffen wird. Im deutschen Recht kann nach § 153c StPO die Staatsanwaltschaft von der **Verfolgung** von Straftaten **absehen,** die außerhalb des räumlichen Geltungsbereichs des Gesetzes begangen sind, wenn wegen der Tat im Ausland schon eine Strafe gegen den Beschuldigten vollstreckt worden ist, und die im Inland zu erwartende Strafe nach Anrechnung der ausländischen nicht ins Gewicht fällt. Insoweit gilt das **Legalitätsprinzip nicht.** Wenn der Täter dag im **Inland gehandelt** hat, der **Erfolg** aber im **Ausland** eingetreten ist, ist die Tat als **Inlandstat** zu behandeln, so daß § 153c StPO dann nicht gilt. Im übrigen kann das Gericht nach **§ 51 III StGB die im Ausland vollstreckte Strafe auf die neue Strafe anrechnen.**

Die Hinterziehung von **Eingangsabgaben,** die von anderen Mitgliedsländern der EG verwaltet werden, kann nur nach den Absätzen 1 bis 5 des **§ 370, nicht** aber auch nach **§ 373** bestraft werden (BGH wistra 87, 293; *Bender,* Das Zoll- und Verbrauchsteuerstrafrecht, 5. Aufl Tz 64, 3; *Franzen/ Gast/Samson* Rdnr 17 gegen Rdnr 5 zu § 373).

Die **zweite Alternative** des Satzes 1 bezieht sich auf folgenden Sachverhalt. Zwischen den Mitgliedstaaten der EG und den sog Rest-EFTA-Staaten (Island, Österreich, Schweden, Schweiz und Norwegen) sowie Finnland, das mit der EFTA assoziiert ist, ist vereinbart worden, daß die jeweiligen **nationalen Steuerstraf-** und **Bußgeldvorschriften** auf Zuwiderhandlungen gegen die von den **anderen Staaten verwalteten** präferenzberechtigten **Abgaben** erstreckt werden (vgl Art 17 des Protokolls Nr 3 zum Interimsabkommen EG-Österreich und in Art 17 des Protokolls Nr 3 zu

1. Abschnitt. Strafvorschriften **§ 370**

dem Abkommen zwischen der EG einerseits und jedem der nicht beigetretenen Rest-EFTA-Staaten, ABl der EG Nr L 300/1 v 31. 12. 1972 und Art 6 des Beschlusses Nr 4/73 des Gemischten Ausschusses EG-Österreich Abl der EG Nr L 160/6 v 18. Juni 1973). Eine solche Vereinbarung war notwendig, weil die **Erklärungen** des **Ausführers** über die **Vorzugsbehandlung** einer Ware im **Ausfuhrstaat** abgegeben wird und im Einfuhrstaat zur Gewährung einer Zollvergünstigung führt. Im **Einfuhrstaat** kann aber der Ausführer nicht belangt werden. Deshalb ist es zur Unterbindung von Mißbräuchen erforderlich, eine Ahndung im Ausfuhrstaat zu ermöglichen. Absatz 6 betrifft **jede Hinterziehung** von **Eingangsabgaben**. Er ist bei EFTA-Staaten nicht einschränkend dahin auszulegen, daß nur solche Eingangsabgaben erfaßt würden, die aufgrund unrichtiger Verzollungsunterlagen (Ware stammt aus der EG und ist deshalb präferenzberechtigt) nicht erhoben werden, OLG Hamburg, wistra 87, 266. Die Vorschrift macht keinen Unterschied zwischen Eingangsabgaben mit **Präferenzen** und sonstigen Eingangsabgaben. Diese sind, soweit sie einem Mitglied der europäischen Freihandelszone zustehen, umfassend dem Schutz der deutschen Strafrechtsordnung unterworfen worden (*Leise,* Steuerverfehlungen, § 370 Anm 5; *HHSp,* Rdnr 63, *Franzen/Gast/Samson,* Rdnr 17 ff; *Kohlmann,* Rdnr 9.8).

21. Subjektiver Tatbestand.
Schrifttum: *Bilsdorfer* Die Bedeutung von Schätzungen für das Steuerstraf- und Ordnungswidrigkeitenrecht, DStZ 82, 298; *Marschall* Bedeutung der Schätzung im Steuerstrafverfahren, DStR 79, 587.

Der Täter muß **vorsätzlich** handeln, vgl § 15 StGB. Vorsatz bedeutet **Wissen** und **Wollen** der **Tatbestandsmerkmale.** Der Täter muß die nach Gegenstand, Zeit und Ort bestimmte Handlung zumindest in allen wesentlichen Beziehungen, wenn auch nicht in allen Einzelheiten der Ausführung, in seinen Vorstellungen und in seinen Willen aufgenommen haben (RGSt 70, 258). Der Täter muß das **Bewußtsein** haben, daß sein Verhalten steuerunehrlich ist und zu einer Beeinträchtigung des staatlichen StAnspruchs führt mit anderen Worten, er muß seine steuerliche Verpflichtung und den konkreten StAnspruch des Staates kennen. Irrt er sich hierüber, so handelt es sich um einen **Tatbestandsirrtum** iS des § 16 StGB, der die Schuld ausschließt (OLG Celle DStR 56, 443). Ein **Irrtum** über das **Bestehen** des Steueranspruchs schließt den Vorsatz aus, BGH wistra 86, 174 (betreffend Vorsteuerberechtigung).

Greift § 370 nicht ein, weil Vorsatz nicht festgestellt werden kann, so ist je nach Lage des Falles eine **leichtfertige** Tat gemäß **§ 378** in Betracht zu ziehen. § 378 wirkt in solchen Fällen wie ein Auffangtatbestand, BGH wistra 88, 196; *Franzen/Gast/Samson* § 378 Rdnr 5; *Koch* § 378 Rdnr 2. Zum Inhalt des **Vorsatzes** gehört, daß der Täter den nach **Grund** und **Höhe** bestimmten StAnspruch kennt oder wenigstens für **möglich** hält und ihn auch verkürzen will, vgl OLG Karlsruhe ZfZ 78, 338. Daß er die **Höhe** des Anspruchs lediglich **erkennen kann,** reicht dafür **nicht** aus, vgl BGH Beschl v 5. 4. 78 – 5 StR 48/78. ZB muß der Täter wissen, daß die **Angaben,** die er gemacht hat, **unrichtig** oder **unvollständig** sind, daß dadurch eine **StVerkürzung** eintreten kann. Diese Voraussetzungen und Folgen muß er **wollen** oder zumindest billigend **in Kauf nehmen** (bedingter Vor-

1085

§ 370 8. Teil. Straf- und Bußgeldvorschriften

satz). Eine **Absicht** verlangt das Gesetz – ebenso wie die RAO – nicht. Der Täter handelt zB auch dann vorsätzlich, wenn er mit seiner StErklärung nur jemand anders, zB seinen Geschäftspartner täuschen will. Vorsatz scheidet aus, wenn der Täter einen Umstand nicht kennt, der zum gesetzlichen Tatbestand gehört, vgl § 16 StGB. Er kann aber ggf wegen leichtfertiger Verkürzung nach § 378 bestraft werden. Besondere Vorsicht ist geboten bei sog freien Schätzungen, wenn der FinBeh überhaupt keine Unterlagen für die Schätzung zur Verfügung stehen. Derartige Schätzungen dürften aber relativ selten sein, weil man zumindest aus dem Aufwand des Stpfl für seine Lebensführung Anhaltspunkte für die Höhe seines Einkommens gewinnen kann. Strafrechtlich nicht verwertbar sind sog **Sicherheitszuschläge**, die insbesondere bei nichtordnungsgemäßer Buchführung gemacht werden. Bei steuerrechtlichen Vorgängen, die mit Kenntnis und bei ausdrücklicher Billigung der zuständigen Finanzbehörden abgewickelt werden, entfällt mindestens der subjektive Tatbestand der StHinterziehung, LG München DStZ 82, 482. Die Finanzierung politischer Parteien entsprechend dem BFH-Gutachten v 17. 5. 52 (BStBl 52 III 228) erfüllt bereits deshalb nicht den Tatbestand der StHinterziehung, weil die Verwaltungspraxis der Finanzbehörden nach diesen Grundsätzen stets verfahren ist, LG München DStZ 82, 483, mit Anm von *Streck* und *Felix*. Es bestehen ernstliche Zweifel, ob die subjektiven Tatbestandsmerkmale einer Steuerhinterziehung (Vorsatz- und Unrechtsbewußtsein) in einem Fall der mittelbaren **Parteienfinanzierung** über eine Organisation gegeben sind, BFH FR 87, 71, mit Anm von *Felix*. Grundsätzlich trägt jedoch der **Spender** das **Risiko** dafür, daß alle Voraussetzungen für die Abzugsfähigkeit der Spende gegeben sind. Eine Ausnahme von diesem Grundsatz gilt aber dann, wenn der Spender aufgrund eines besonderen Verhaltens der FinBeh darauf vertrauen darf, daß die Voraussetzungen für die Abzugsfähigkeit der Spende in der Person des Empfängers vorliegen, FG Bremen, wistra 86, 186.

22. Verbotsirrtum. Zur Frage des Verbotsirrtums vgl *Schünemann*, NJW 80, 736; *Felix,* Verbotsirrtum bei Parteispenden? DStZ 84, 621; *Schlüchter,* Zur Irrtumslehre im Steuerstrafrecht, wistra 85, 43 ff, 94; *Reiß*, Tatbestandsirrtum und Verbotsirrtum bei der Steuerhinterziehung, wistra 87, 161. **Verbotsirrtum liegt** vor, wenn dem Täter die Einsicht, Unrecht zu tun, fehlt und er diesen Irrtum nicht vermeiden konnte, vgl § 17 StGB. Ein Verbotsirrtum kann angenommen werden, wenn der Täter trotz Kenntnis des Bestehens des Steueranspruchs das Verbot, unrichtige oder unvollständige Angaben zu machen, nicht kennt, zB wenn sich der Steuerpflichtige über die Berechtigung zum **Vorsteuerabzug** unwiderlegt geirrt hat, BGH wistra 86, 220. Ein Verbotsirrtum ist dann unvermeidbar, wenn der Täter nach den Umständen und nach der seinem Lebens- und Berufskreis zuzumutenden Anspannungen des Gewissens die Einsicht in das Unrechtmäßige seines Tuns nicht zu gewinnen vermag. Dem Rat seines Rechtsanwalts kann er regelmäßig vertrauen, wenn der Sachverhalt von diesem umfassend geprüft worden ist, OLG Bremen, NStZ 81, 265. Verbotsirrtum liegt aber **nicht** schon dann vor, wenn ein Gewerbetreibender sich von den in eigener Rechtsabteil tätigen Juristen über die strafrechtl **Unbedenklichkeit** seines Verhaltens hat **beraten** lassen, KG JR 78, 166. Das Vertrauen auf die Rechtmäßigkeit einer von einer politischen Partei empfohlenen mittelbaren

1. Abschnitt. Strafvorschriften **§ 370**

Parteienfinanzierung begründet ebenfalls keinen unvermeidbaren Verbotsirrtum, AG D'dorf NJW 85, 1971. Ein Verbotsirrtum könnte zB bei den sog **Schätzungslandwirten** angenommen werden, dh bei solchen Landwirten, die an sich buchführungspflichtig sind, tatsächlich aber keine Bücher führen. Für diese gaben die OFDen jährlich Vfgen an die FÄ heraus, in denen Richtsätze für die Schätzung enthalten waren, vgl OFD München v 28. 11. 74 StEK § 13 EStG Nr 23, OFD Münster v 15. 3. 76 StEK § 13 EStG Nr 264. Außer der Schätzung ergaben sich für die Landwirte keinerlei Folgen aus der Nichtbeachtung der Buchführungspflicht. Aus der jahrelangen **Tolerierung** dieses Verhaltens konnten die Landwirte uU den Schluß ziehen, ihr Verhalten sei steuerlich nicht zu beanstanden, vgl hierzu *Diekmann/Sachenbacher* Zur Strafbarkeit der Schätzungslandwirte wegen Steuerhinterziehung, BB 78, 1208 ff. Der Verbotsirrtum hat für das StStrafrecht nur eine geringe Bedeutung. Der Stpfl darf zB nicht einfach bei einer rechtl umstrittenen Frage die für ihn günstigste Auffassung für sich in Anspruch nehmen, OLG Köln MDR 54, 374.

23. Tatbestandsirrtum. Der Täter befindet sich in einem im Rahmen des § 370 beachtlichen Tatbestandsirrtum, wenn er sich über das Vorliegen eines Tatbestandsmerkmals, von dem das Bestehen des in § 370 vorausgesetzten StAnspruchs abhängt, irrt, BayObLG DB 81, 874. **Tatbestandsirrtum** kann zB vorliegen, wenn sich der Beschuldigte unwiderlegt einläßt, er habe sich über die Berechtigung zum **Vorsteuerabzug** geirrt, BGH wistra 86, 220.

24. Strafe.
Schrifttum: *Birmanns* Die Strafzumessung im Steuerstrafverfahren, DStR 81, 647; *Meyer* Probleme bei der Berechnung der Höhe des Tagessatzes gem § 40 II StGB, MDR 81, 275; *Mösle* Zum Strafzumessungsrecht, NStZ 81, 425; NStZ 82, 453; *Bilsdorfer* Zur Bemessung von Geldstrafen bei StHinterziehung, NWB F. 13, 605; *Bruns* Grundprobleme des Strafzumessungsrechts, ZStrW 82, 94; *Mösl* Zum Strafzumessungsrecht NStZ 83, 160; *Mösl* Zum Strafzumessungsrecht, NStZ 84,492; *Köpp* Grundfragen der Strafzumessung bei Zolldelikten, insbesondere im Reiseverkehr, DStR 84, 363; *Köpp* Steuergeheimnis und Strafzumessung im Zoll- und Steuerstrafverfahren, ZFZ 84, 329; *Pfaff* Zur Praxis der Strafzumessung, StBp 85, 230; *Meine* Empirische Erkenntnisse über die Strafzumessung, wistra 86, 94; *Blumers* Strafen wegen Steuerhinterziehung, wistra 87, 1; *Wieczorek* Bestimmung der Tagessatzhöhe und Steuergeheimnis, wistra 87, 173; *Weyand* Beauftragung eines Steuerberater als Weisung gem. § 56c StGB? DStZ 88, 556; *Streng* Mittelbare Strafwirkungen und Strafzumessung – zur Bedeutung strafdisziplinarrechtlicher Folgen einer Verurteilung für die Bejahung minderschwerer Fälle – NStZ 88, 485; *Krehl* Vermögensberücksichtigung bei der Geldstrafenbemessung NStZ 88, 62.

a) Das Gesetz droht, abgesehen von den Fällen des Abs 3, **Freiheitsstrafe** bis zu 5 Jahren oder Geldstrafe an. Die **Geldstrafe** wird in **Tagessätzen** verhängt, § 40 StGB. Trotz der Alternativfassung ist es zulässig, neben der Freiheitsstrafe eine **Geldstrafe** zu verhängen, wenn sich der Täter durch die Tat **bereichert** oder zu bereichern versucht hat und die Verhängung einer Geldstrafe auch unter Berücksichtigung der persönlichen und wirtschaftlichen Verhältnisse des Täters angebracht ist, vgl § 41 StGB. Nach § 41 StGB ist für die zusätzliche Verhängung einer Geldstrafe neben einer Freiheitsstrafe außer der Bereicherung Voraussetzung, daß dies unter Berücksichtigung der persönlichen und **wirtschaftlichen Verhältnisse** des Täters

§ 370
8. Teil. Straf- und Bußgeldvorschriften

angebracht ist. Eine **Bereicherung** iSd § 41 StGB liegt auch dann vor, wenn die aus der Tat unmittelbar erlangten Vermögensvorteile nicht dem **Täter,** sondern einem **Dritten** zufließen, der Täter hierfür aber einen **anderweitigen Vermögensvorteil** erhält, BGH wistra 83, 252. An Stelle einer **uneinbringlichen** Geldstrafe tritt **Freiheitsstrafe,** wobei einem Tagessatz ein Tag Freiheitsstrafe entspricht, vgl § 43 StGB. Bei Bildung einer **Gesamtstrafe** (§ 54 StGB) kann die Zahl der **Tagessätze** bis zu **720** betragen, § 54 II 2 StGB. Die Geldstrafe beträgt mindestens **5** und wenn das Gesetz nichts anderes bestimmt, höchstens **360** volle **Tagessätze.** Ein **Tagessatz** beträgt mindestens **2** und **höchstens 10000** Deutsche Mark, § 40 II S 2 StGB.

Die Vollstreckung verhängter **Freiheitsstrafen** kann **ausgesetzt** werden. Grundsätzlich sind Freiheitsstrafen bis zu sechs Monaten immer auszusetzen, wenn zu erwarten ist, daß der Verurteilte sich die Bestrafung zu einer Warnung dienen lassen wird und nicht zu befürchten ist, daß er erneut Straftaten begeht. Höhere Strafen bis zu einem Jahr werden vollstreckt, wenn es die Verteidigung der Rechtsordnung gebietet. Bei Vorliegen besonderer Umstände können auch Strafen bis zu zwei Jahren ausgesetzt werden. Die nach § 56a StGB festzusetzende **Bewährungszeit** beträgt mindestens zwei und höchstens fünf Jahre. Dem Verurteilten können nach **§§ 56b und c StGB Auflagen** und **Weisungen** erteilt werden, die bei Nichterfüllung den **Widerruf** der Strafaussetzung nach sich ziehen können. Zu den nach § 56b II StGB möglichen Auflagen zählen die Anordnung der **Wiedergutmachung** des angerichteten Schadens, die Zahlung eines **Geldbetrages** an die Staatskasse oder eine gemeinnützige Einrichtung oder die Erbringung sonstiger **gemeinnütziger Leistungen.**

Die Aufzählung der nach § 56c StGB zulässigen Weisungen ist nicht abschließend.

Aus **Art 6** der **Konvention** zum Schutze der **Menschenrechte** (Beschleunigungsgebot) kann nicht hergeleitet werden, es dürfe wegen **überlanger Verfahrensdauer** auf eine bloße **Verwarnung** mit Strafvorbehalt erkannt werden, obgleich die Voraussetzungen des § 59 StGB nicht vorliegen, BGHSt JR 78, 247.

Eine im prozeßrechtlichen Sinn selbständige Tat, die nicht Gegenstand der Anklage ist, darf strafschärfend auch berücksichtigt werden, wenn die StA insoweit nach § 154 I StPO (Unwesentliche Nebenstraftaten) von der Verfolgung abgesehen hat, BGHSt 30, 165; kritisch hierzu *Terhorst* JR 82, 247.

Bei der Frage der **Strafaussetzung** zur Bewährung können als Strafmilderungsgründe in Betracht kommen das Alter des nichtvorbestraften Täters, sein strafloses Verhalten nach der Tat, die Beendigung der Tat aus eigenem Antrieb, ferner daß er die zur Begleichung der StSchulden erforderlichen Mittel zur Verfügung gehalten und die Steuern nachbezahlt hat, daß er die Tat zugegeben und sein Verhalten bereut hat, daß seit der Tat längere Zeit vergangen ist und der Täter lange Zeit unter dem Druck der drohenden Verurteilung gestanden hat. Es ist zu prüfen ob die Gesamtheit der Strafmilderungsgründe ein solches Gewicht hat, daß eine Strafaussetzung gerechtfertigt ist, BGH wistra 82, 228. Besondere Umstände im Sinne von § 56 II StGB können auch das umfassende **Geständnis** und die darin zum Ausdruck gekommene Schuldeinsicht und **Reue** sein, BGH wistra 87, 211.

Wenn allerdings ein leugnender Beschuldigter den Schaden wieder gut-

1. Abschnitt. Strafvorschriften **§ 370**

macht oder sich dazu bereit erklärt, so könnte dies als Schuldeingeständnis gewertet werden und damit seine Verteidigungsposition gefährden. Ein solches Verhalten nach der Tat kann von ihm nicht mit der Folge erwartet werden, daß ihm schon deswegen bloßes Unterlassen zur **Strafschärfung** gereicht, BGH, NStZ 81, 343; wistra 87, 251.

Zur Frage der **Strafaussetzung** zur Bewährung, wenn der Täter wegen Steuerhinterziehung zu einer Freiheitsstrafe von zwei Jahren verurteilt worden ist, BGH, wistra 87, 251.

b) Zur Bemessung der **Höhe** des einzelnen **Tagessatzes** sind eine Reihe von Entscheidungen ergangen, die jedoch zT zu unterschiedlichen Ergebnissen kommen. Für die Bemessung der Höhe eines Tagessatzes lassen sich **keine starren Regeln** aufstellen, BGHSt 27, 212, NJW 77, 1439 mit kritischer Anm von *Zipf* in JR 78, 163. Es gibt **keine** allgemeine **Regel,** daß das **Nettoeinkommen** eines allein verdienenden **Ehegatten** für die Bemessung des Tagessatzes gleichmäßig auf **beide** Ehegatten zu **verteilen** ist, BGHSt 27, 228; aA *Frommel* NJW 78, 862. Man wird hierbei von folgenden **Grundsätzen** ausgehen können. Verpflichtungen, die idR jeder Täter hat – wie zB Aufwendungen für Wohnung, Verpflegung und Kleidung – bleiben unberücksichtigt. Angemessen zu berücksichtigen sind jedoch alle Unterhaltsverpflichtungen, OLG Celle NJW 75, 2029. Bei der Bemessung der Tagessatzhöhe sind **Unterhaltszahlungen** grundsätzlich in ihrem tatsächlichen Umfang und nicht nur mit einem als angemessen erscheinenden fiktiven Betrag zu berücksichtigen, BayObLG NStZ 88, 499. Zur Berücksichtigungsfähigkeit von **ausbildungsbedingten Kosten** bei der Bemessung der Tagessatzhöhe vgl OLG Karlsruhe NStZ 88, 500. Bei einer mehrere Monate andauernden **Erwerbslosigkeit** kann bei der Bestimmung der Höhe eines Tagessatzes idR von einem Nettoeinkommen ausgegangen werden, das dem durchschnittlich zu erwartenden Einkommen entspricht oder nahekommt. Die Höhe der **Arbeitslosenunterstützung** hat insofern regelmäßig nur geringe Bedeutung, OLG Hamburg NJW 75, 2030. Der Umstand, daß zZt der Entscheidung der Täter **keine Einkünfte** hat, steht der Verhängung einer Geldstrafe nicht entgegen. Je mehr das Nettoeinkommen sich dem Existenzminimum nähert, desto eher darf der Tatrichter bei der Berechnung des Tagessatzes auch sonst nicht zu berücksichtigende Aufwendungen berücksichtigen, OLG Hamm NJW 80, 2480. Es ist abzustellen auf den Zeitpunkt, in dem die Geldstrafe zu zahlen ist. Hierbei ist eine Verschuldung durch Rückzahlungsverpflichtungen angemessen zu berücksichtigen, um die Gefahr der Entsozialisierung des Täters möglichst zu vermeiden, BGH MDR 76, 678. Bei einem **Studenten** kann nicht ohne weiteres unterstellt werden, daß er in der Lage ist, etwas hinzuzuverdienen, OLG Frankfurt NJW 76, 635; vgl auch OLG Köln NJW 76, 636. Bloße **Erwerbsaussichten** sind bei der Bestimmung des zukünftigen Nettoeinkommens nur zu berücksichtigen, wenn ihre **Realisierung** mit Sicherheit für den Zeitraum zu erwarten ist, in dem die Geldstrafe zu bezahlen ist. Auch bei Tätern, die kein feststellbares Einkommen haben, kann ausgehend von seinem Lebenszuschnitt, die Höhe des Tagessatzes auf mehr als zwei DM festgesetzt werden, OLG Hbg JR 82, 161. Ratenzahlung auf den Preis für Verkauf einer Gaststätte sind nur in Höhe des **Zinsanteils** Einkommen; **Schuldzahlungen,** die **nicht** als **Tilgungsleistungen** der Ansammlung von

§ 370 8. Teil. Straf- und Bußgeldvorschriften

Vermögen dienen, vermindern in **voller** Höhe die **Vermögenseinkünfte** des Täters, OLG Hamm JR 78, 165. Bei der Bemessung des Tagessatzes sind **Sachbezüge** in die Berechnung einzubeziehen, wenn sie die sonst notwendigen Kosten für den Lebensunterhalt ersetzen, OLG Hamm NJW 76, 1221. Vom monatlichen Nettoeinkommen kann nicht unter Zugrundelegung der monatlichen Arbeitstage der Tagessatz errechnet werden; es müssen vielmehr auch die arbeitsfreien Tage einbezogen werden, BGH v 2. 2. 79 – 2 StR 654/78. Zum Geldstrafensystem des StGB vgl *Horn* NJW 74, 678, vgl auch *Frank* Das Nettoeinkommen im Sinne des § 40 II 2 StGB, MDR 76, 626; *ders,* Probleme der Tagessatzhöhe im neuen Geldstrafensystem, NJW 76, 2329. Zur Berechnung der Tagessatzhöhe, BayObLG JR 78, 28 mit Anm von *Frank*. Ein **Rechtsmittel** kann idR auf die **Bemessung** der **Tagessatzhöhe** einer Geldstrafe **beschränkt** werden, BGH St 27, 70.

Das **Steuergeheimnis** gilt auch innerhalb des FA selbst. Wenn zB einem GmbH-Geschäftsführer vorgeworfen wird, unrichtige Lohnsteueranmeldungen abgegeben zu haben, so wird er idR durch das Steuergeheimnis davor geschützt, daß zur Bestimmung der Tagessatzhöhe seine eigenen **Einkommensteuerakten** herangezogen werden (*Wieczorek,* wistra 87, 173). Nach *Köpp* (aaO) sind die Hauptzollämter befugt, im Strafverfahren bei den Finanzämtern **Auskünfte** über die **Einkommensverhältnisse** des Beschuldigten einzuholen und diese Kenntnisse bei der Beantragung eines Strafbefehls bei der Ermittlung des zu verhängenden Tagessatzes zu verwerten. Die Verpflichtung des FA zur Auskunft ergebe sich aus § 161 StPO iVm § 30 IV Nr 1 AO. Die Frage, ob die **Höhe** des einzelnen **Tagessatzes** bei hoher Tagessatzanzahl **herabgesetzt** werden kann (so BGHSt 26, 325; LG Waldshut-Tiengen MDR 77, 420; OLG Hbg MDR 78, 243) ist umstritten; gegen Anpassung insb *Meyer* MDR 78, 444. Auch eine besonders hohe Zahl von Tagessätzen kann nur dann die Höhe des einzelnen Tagessatzes beeinflussen, wenn sie zu einer unangemessenen wirtschaftlichen Bedrückung des Täters führt, BGH St 26, 325, 331. Die freimütige Offenlegung des tatsächlichen Nettoeinkommens kann in keinem Fall ein für die Bemessung der Tagessatzhöhe geeigneter Gesichtspunkt sein, BGH 14. 10. 80 – 1 StR 437/80. Bei einer **geringen** Zahl von **Tagessätzen** kann die sich aus einem Tagessatz von 2 DM ergebende Höhe der Geldstrafe in einem unangemessenen Verhältnis zur Bedeutung der Tat stehen und damit außerhalb des tatrichterl Ermessens liegen, OLG Hbg NJW 78, 1171 mit Anm von *Naucke*. Bei der Berechnung der Tagessatzhöhe sind auch potentielle Vermögenserträgnisse des Angeklagten zu berücksichtigen, OLG Celle NStZ 83, 315, insbesondere zur Frage, unter welchen Voraussetzungen ein größeres Vermögen neben dem Nettoeinkommen zu berücksichtigen ist, dazu Anm von *Schöch* aaO.

Bei der Beurteilung, ob generell und in welchem Umfang **Vermögen** bei Bestimmung der Tagessatzhöhe berücksichtigt werden darf, sei große Zurückhaltung geboten und das Vermögen nur insoweit heranzuziehen, als seine Nichtberücksichtigung eine unangemessene **Bevorzugung** darstellen würde, BayObLG wistra 87, 227. Nach dem Sinn des Gesetzes soll eine Ungleichbehandlung von Einkommens- und Vermögensmillionären vermieden werden, nicht jedoch der besonders getroffen werden, der von seinem Einkommen Ersparnisse gebildet hat. Zu berücksichtigen sind daher nicht kleine und mittlere Vermögen (*Dreher/Tröndle,* StGB § 40

1. Abschnitt. Strafvorschriften **§ 370**

Rdnr 22; BayObLG 75, 74, 76). Andererseits können große Vermögen eine Rolle spielen, wenn sie zwar nicht zur Erzielung von Einnahmen, sondern zur Wertsteigerung angelegt sind, Erträge also erzielbar wären (OLG Celle, NStZ 83, 315). Die Geldstrafe dient nicht dazu, Vermögensteile wegzunehmen oder zu konfiszieren (OLG Hamm, NJW 68, 2258). Es soll Einkommen, nicht aber das Vermögen entzogen werden, aus dem das Einkommen fließt.

c) Bei der **Strafzumessung** ist die **Höhe der verkürzten** Steuer zu berücksichtigen. BGH HFR 79, 110. Für die Höhe der schuldangemessenen Strafe ist die Höhe der StVerkürzung maßgebend, die ihren Niederschlag im Hinterziehungsgewinn findet. Hierbei ist – jedenfalls bei nur zeitlicher Verkürzung – nicht der Gesamtbetrag der verspätet entrichteten Steuer maßgebend, sondern der dem Fiskus erwachsene Verspätungsschaden. In den Urteilsgründen muß nicht nur die Summe der verkürzten St sondern auch deren Berechnung im einzelnen enthalten sein, BGH BB 80, 1090. Die Finanzverwaltung hat zT Strafrahmensätze entwickelt, die maßgeblich an die Höhe der hinterzogenen Beträge anknüpfen, vgl *Göggerle* Probleme der Strafzumessung bei den Hinterziehungstatbeständen des § 370, DStR 81, 308. Ein Verzicht auf die Strafrahmensätze ist nicht geboten, sondern im Gegenteil ihre Anwendung unter dem Gesichtspunkt der Gleichbehandlung unerläßlich. Der in Abs 1 normierte Grundtatbestand ist die auf Dauer angelegte Verkürzung von VeranlagungsSt, charakteristische Begehungsweise ist die Täuschungshandlung des Täters. *Göggerle* spricht sich insbesondere für einen erheblichen Abschlag von den Strafrahmensätzen bei verkürzten FälligkeitsSt aus (DStR 81, 312). Wenn dem Täter sein betrügerisches Vorgehen durch sorgloses und nachlässiges Verhalten des FA erleichtert worden ist, kann dies bei der Strafzumessung berücksichtigt werden, BGH wistra 83, 145. Eine Bindung an die Feststellungen im Veranlagungsverfahren besteht nicht. Allerdings kann nach § 396 I das Strafverfahren ausgesetzt werden bis das Besteuerungsverfahren abgeschlossen ist. Über die Aussetzung kann auch die FinBeh, soweit sie die Ermittlungsverfahren selbständig durchführt, anstelle der StA entscheiden, § 396 II. Der Strafrichter muß ggf die Höhe der verkürzten Beträge **schätzen**; hierbei sind aber strengere Maßstäbe als nach § 162 anzuwenden, BGH BStBl 56 I, 441.

Zwingend vorgeschriebene beamtenrechtliche **Disziplinarmaßnahmen** einer Bestrafung dürfen bei der Festsetzung der Strafe nicht unberücksichtigt bleiben, BGH NStZ 82, 507. Im Rahmen der Strafzumessung müssen auch mögliche **ehrengerichtliche** Folgen berücksichtigt werden, BGH wistra 86, 217. Die Nebenfolge des **Verlustes** der **Beamtenrechte** ist auch bei der Strafrahmenwahl zu berücksichtigen, BGH NStZ 88, 494.

Birmanns (aaO) weist darauf hin, daß gem § 46 II StGB namentlich die **Beweggründe** und Ziele des Täters bei der Strafzumessung berücksichtigt werden müssen, also zB die wirtschaftliche Not des Täters, sein Versuch, sein Unternehmen vor dem Konkurs zu retten oder sein Wunsch, „schnell reich zu werden". Erst danach komme es auf die Frage an, ob der Täter die Verkürzung der ESt auf Dauer oder den Zahlungstermin für die USt durch die Abgabe einer unrichtigen Voranmeldung vorläufig verschieben wollte und damit nur den Zinsvorteil des vorübergehend entzogenen Betrages im

§ 370
8. Teil. Straf- und Bußgeldvorschriften

Auge hatte. In diesem Zusammenhang sei es zulässig, die objektive Schadenshöhe einerseits und den beabsichtigten Vorteil andererseits in die Strafbemessung einzubringen. Es müsse ferner geprüft werden, welche Beweggründe den Täter zu der Hinterziehung veranlaßt hätten, ob ihn die Konkurrenz oder die marktwirtschaftlichen Gegebenheiten ihn aus seiner Sicht gedrängt haben, die StHinterziehung zu wagen. Es spielte auch eine Rolle, ob die Tat von langer Hand vorbereitet und gut durchdacht durchgeführt worden oder der Täter einer plötzlichen Versuchung erlegen sei. Es sei zu fragen, wie stark der bei der Tat aufgewendete Wille war, wie sorgfältig die Tat geplant war, wie hartnäckig er sein Vorhaben durchsetzte, welchen Umfang der Tatzeitraum hatte. Ferner ob der Täter mit falschen Urkunden gearbeitet, sich durch Mahnungen, Schätzungen und Sz hat beeindrucken lassen. Von daher meldet *Birmanns* starke Bedenken gegen die Strafrahmentabellen der Finanzverwaltung an.

Gegen eine **Personenhandelsgesellschaft** kann gemäß § 30 I Nr 1 OWiG als Nebenfolge eine Geldbuße festgesetzt werden, wenn ihr vertretungsberechtigter Gesellschafter eine Ordnungswidrigkeit begangen hat, durch die Pflichten verletzt worden sind, welche die Personenhandelsgesellschaft treffen. Wird das Verfahren gegen den vertretungsberechtigten Gesellschafter gemäß § 47 OWiG eingestellt, kann gegen die Gesellschaft eine Geldbuße selbständig festgesetzt werden (§ 30 IV OWiG). Ausreichende Grundlage für die Festsetzung einer **Geldbuße** nach § 30 OWiG ist bei einer GmbH und Co KG, daß der Geschäftsführer der GmbH die Zuwiderhandlung begangen hat, BGH wistra 86, 72.

d) Nach den Vorschriften über den **Verfall** (§§ 73 ff StGB) kann neben der Strafe dem Täter auch der **rechtswidrig erlangte Vermögensvorteil** entzogen werden; vgl *Pfaff* Verfall im Steuerstrafverfahren, StBp 80, 115. Die Einziehung gem § 74 II Nr 1 StGB ist Nebenstrafe und daher Teil der Strafzumessung, die eine Gesamtbetrachtung erfordert, BGH wistra 83, 188.

Ob die Verfallregelung des § 73 I 2 StGB im **StRecht praktisch** werden kann, ist jedoch zweifelhaft: bejahend *Bender* ZfZ 76, 141; *Herold* ZfZ 75, 303; *Brenner* DRiZ 77, 204; dag *Bäckermann* ZfZ 76, 366; LG Aachen NJW 78, 385. Ein **Verfall** ist nach dem Gesetz dann **ausgeschlossen,** wenn dem **Verletzten** aus der Tat ein **Anspruch** erwachsen ist, dessen Erfüllung den aus der Tat erlangten Vermögensvorteil beseitigen oder mildern würde. Dem Staat als StGläubiger und Verletzten iSd Bestimmung steht regelmäßig gegen den Hinterzieher ein entspr Anspruch zu; bereits die **Möglichkeit** dessen **Inanspruchnahme** steht an sich der Anordnung des Verfalls entgegen. Der Gesetzgeber wollte vermeiden, daß durch den **Verfall** uU dem **zivilrechtl Geschädigten** die Möglichkeit der Durchsetzung seines **Schadenersatzanspruchs** genommen wird. Für die Richtigkeit der Auffassung v *Bender* usw spricht, daß der **Anspruch** des **Fiskus nicht aus der Tat** erwachsen ist, sondern sich selbständig durch die **Verwirklichung** des **Steuertatbestande** ergeben hat. Etwas anderes kann allenfalls gelten für den **Haftungsanspruch** gegenüber einem Teilnehmer oder hinsichtlich der Hinterziehungszinsen. Daher müßten die Finanzbehörden auch befugt sein, Maßnahmen zur **Sicherung** des Verfalls im Wege der **Beschlagnahme** nach § 111b StPO zu ergreifen, aA LG Aachen NJW 78, 385, vgl auch

1. Abschnitt. Strafvorschriften § 370

Bender ZfZ 78, 268. Die Voraussetzungen des § 73 I 1 StGB sind bei der StHinterziehung gegeben. Allerdings besteht der Vermögensvorteil nicht in einem bestimmten Geldbetrag. Der aus der StHinterziehung unmittelbar erlangte Vermögensvorteil liegt vielmehr in den durch Nichterfüllung fälliger StAnsprüche ersparten Aufwendungen. Das Ersparen von Aufwendungen stellt aber keinen Vermögensvorteil dar, dessen Verfall angeordnet werden könnte. Es bliebe hier lediglich die Möglichkeit, den Verfall des Wertersatzes (§ 73a StGB) anzuordnen. Das ist aber zweifelhaft, weil dem Verletzten – dem Staat – aus der Tat ein Anspruch erwachsen ist, dessen Erfüllung den aus der Tat erlangten Vermögensvorteil beseitigt. Die im Schrifttum teilweise vertretene Auffassung, der Staat könne nicht Verletzter iSd § 73 I 2 StGB sein (Brenner, DRiZ 77, 204; *Bender,* ZfZ 76, 141) ist umstritten. Denn dann hätte der Täter, der die hinterzogene St an den StFiskus nachzuentrichten hat, den Betrag nochmals nach einer richterlichen Verfallanordnung an den Justizfiskus abzuführen, vgl LG Aachen NJW 78, 385. Fraglich ist, ob dennoch Maßnahmen zur **Sicherung der** hinterzogenen Steuern auf der Grundlage von § 111b III iVm Abs 1 StPO möglich sind. Eine Sicherstellung der durch die rechtswidrige Tat erlangten Vermögensvorteile im Wege der sog **Zurückgewinnungshilfe** ist auch dann zulässig, wenn der Verfall – wie bei der StHinterziehung – nur deshalb nicht zum Zuge kommt, weil die Erfüllung der aus der Tat erwachsenen Ansprüche des Verletzten den Vermögensvorteil beseitigen würde. Vgl hierzu Anm 16 zu § 399. Das Verbot des § 73 I 2 StGB gilt auch für die in § 73 II 2 StGB genannten **Surrogate,** BGH wistra 86, 66.

Die Verurteilung wegen StHinterziehung rechtfertigt nicht die Anordnungen des Berufsverbots nach § 70 StGB, KG JR 80, 247. Die strafbare Handlung muß ein Ausfluß der beruflichen Tätigkeit selbst sein oder wenigstens mit der regelmäßigen Gestaltung der Berufsausübung in Beziehung gesetzten Verhalten betreffen, BGH St 22, 146.

Nach der Vorschrift über den Verfall (§ 73 StGB) lassen sich aber mindestens der **Veräußerungserlös** bei beschlagnahmten leichtverderbl Waren sowie **ersparte Zinsen,** die ohne die Hinterziehung hätten gezahlt werden müssen, abschöpfen, vgl *Brenner* StW 78, 70. Soll nach unerlaubtem **Handeltreiben** mit **Betäubungsmitteln** der **Gewinn** für **verfallen** erklärt werden, so sind bei dessen Ermittlung nicht nur die Einkaufspreise abzuziehen sondern sämtliche gewinnmindernden **Unkosten,** BGH NStZ 88, 496.

e) Steuerliche Behandlung der Geldstrafen usw. Zur Abzugsfähigkeit beruflich veranlaßter Geldstrafen und Geldbußen sowie damit zusammenhängender Verteidigungsaufwendungen, *Göggerle* BB 81, 969. Weder Geldstrafen noch Geldbußen noch Kosten des Straf- und Bußgeldverfahrens können bei beruflicher Veranlassung als **Betriebsausgaben** oder Werbungskosten abzugsfähig sein, Bergmann BB 81, 2001. Aufwendungen für die **Strafverteidigung** können dann Werbungskosten sein, wenn der strafrechtliche Schuldvorwurf, gegen den sich der Stpfl zur Wehr setzt, durch sein berufliches Verhalten veranlaßt gewesen ist, BFH BStBl 82, 467. Diese Entscheidung ist aber inzwischen durch Änderung des EStG überholt, vgl Anm 3 zu § 40. Das in § 12 Nr 4 EStG normierte **Abzugsverbot** für in einem Strafverfahren festgesetzte **Geldstrafen** verstößt nicht gegen das verfassungsrechtliche **Rückwirkungsverbot,** FG Berlin NJW 85, 1045.

§ 370

25. Teilnahme.

Schrifttum: *Otto* Anstiftung und Beihilfe, JuS 82, 557; *Gössel* Probleme notwendiger Teilnahme bei Betrug, Steuerhinterziehung und Subventionsbetrug, wistra 85, 125; *Meyer-Arndt* Parteispendenfälle: Mittelbare Täterschaft von Vereinsorganen und guter Glaube der Spender, DB 86, 987.

a) Mittäterschaft liegt vor bei gemeinschaftlichem Handeln in bewußtem und gewolltem Zusammenwirken, BGH BB 66, 170, vgl § 25 II StGB. Nach der Rspr kommt es für die Frage, ob jemand als Täter oder Teilnehmer einer Tat anzusehen ist, auf den **Willen** des **Beteiligten** an, ob er den Täterwillen oder den Teilnehmerwillen hatte, vgl BGHSt 18, 87. Die hM im Schrifttum stellt dag auf die **objektive Tatherrschaft** ab, vgl *Roxin,* Täterschaft, 1975. Täter kann auch der **mittelbare Täter** sein, der sich zur Durchführung der Tat eines anderen als Werkzeug bedient, indem dieser zB in einem Tatbestandsirrtum handelt, fahrlässig handelt usw, vgl BGHSt 31, 84. Mittelbare Täterschaft ist zB anzunehmen, wenn der Arbeitnehmer den Arbeitgeber über den vorzunehmenden StAbzug täuscht, vgl BayObLG GA 71, 23. Zur Frage der Steuerhinterziehung in mittelbarer Täterschaft im Zusammenhang mit sog **Parteispenden** vgl FG Köln wistra 87, 154.

Mittäter einer Steuerhinterziehung kann auch jemand sein, der selbst weder Steuerschuldner noch sonst Steuerpflichtiger in Bezug auf die hinterzogenen Steuern ist, BGH wistra 86, 263 (betreffend unerlaubter **Arbeitnehmerüberlassung**). Mittäter einer Steuerhinterziehung durch **Unterlassen** kann nur sein, wer zur Aufklärung steuerlich erheblicher Tatsachen besonders **verpflichtet** ist, BGH wistra 87, 147. Grober Eigennutz kann auch darin liegen, daß sich der Täter durch Steuerhinterziehung einen Ausgleich für Steuerschulden schaffen will, denen er sich selbst ausgesetzt hat, BGH wistra 87, 148.

b) Anstifter, § 26 StGB. Anstifter ist derjenige, der einen anderen zu der Tat veranlaßt, BGH BB 64, 161.

c) Gehilfe ist, wer vorsätzlich einen anderen zu dessen vorsätzlich begangener rechtswidrigen Tat Hilfe geleistet hat. Der Gehilfe unterscheidet sich von dem Mittäter dadurch, daß er die Tat eines anderen unterstützt, der die Tatherrschaft hat. Strafbare Beihilfe kann bereits bei der **Vorbereitung** der Haupttat geleistet werden, sofern sie später in das Stadium des strafbaren Versuchs gelangt, BGH wistra 86, 26. Der Gehilfe muß zwar einen bestimmten Tatbestand in seinen wesentlichen Merkmalen vor Augen haben. Nicht erforderlich ist dagegen, daß der Gehilfe Vorstellungen hat, wie die Haupttat in allen Einzelheiten aussehen soll, BGH wistra 82, 228. Die Abwicklung von Geschäftsvorfällen über sog **CpD-Konten** ist verboten, wenn der Name des Beteiligten bekannt ist und für ihn bereits ein entsprechendes Konto geführt wird. Ein Bankangestellter, der Schecks über CpD-Konten auszahlt und weiß, daß die entsprechenden Beträge sogleich ganz oder teilweise auf das private Girokonto des Kunden eingezahlt werden, kann sich der **Beihilfe** zur Steuerhinterziehung schuldig machen, LG D'dorf wistra 85, 201. Nicht jede Mitwirkung – etwa eines **Arbeitnehmers** – beim Umsatz in Kenntnis der dieser nachfolgenden Umsatzsteuerhinterziehung durch den Steuerpflichtigen ist als Beihilfe zur Steuerhinterziehung zu würdigen. Etwas anderes kann aber dann gelten,

1. Abschnitt. Strafvorschriften **§ 370**

wenn das ganze Unternehmen, an dem ein Helfer mitwirkt, ausschließlich darauf abzielt, einen Gewinn durch Steuerhinterziehung zu erreichen. In einem solchen Fall kann die dem Umsatzgeschäft nachfolgende Hinterziehung der darauf zu zahlenden Steuern rechtlich nicht losgelöst von jenem betrachtet werden; vielmehr stellt sich das Umsatzgeschäft lediglich als eine zur Zielerreichung unerläßliche Vorbereitung der angestrebten Steuerhinterziehung dar, BGH wistra 88, 261. Ob es sich bei der Beihilfe um einen besonders schweren Fall handelt, muß aufgrund einer eigenen Gesamtbewertung festgestellt werden, die auch die Teilnehmerrolle mit würdigt; vgl *Dreher* § 46 StGB Rn 49; BGH Beschl v 4. 1. 83 5 StR 737/82. Bleibt zweifelhaft, ob der Betreffende den Täter zu dessen Tat angestiftet oder ob er ihm nur Beihilfe geleistet hat, so ist er wegen Beihilfe zu verurteilen, BGH NStZ 83, 165. Die **Anstiftung** hat einen höheren Unwertcharakter, wie sich daraus ergibt, daß der Anstifter gleich dem Täter bestraft wird.

Zur Frage der **Abgrenzung** von **Mittäterschaft** und **Beihilfe** bei der Steuerhinterziehung vgl BGH wistra 87, 106.

26. Strafbemessung bei **mehreren Gesetzesverletzungen.**

Schrifttum: *Werle* Die Konkurrenz bei Dauerdelikt, Fortsetzungstat und zeitliche gestreckte Gesetzesverletzung, Berlin 1981; *Bilsdorfer* Fortsetzungszusammenhang bei Nichtabgabe und Abgabe von unrichtigen StErklärungen, DStR 82, 132 ff; *Kniffka* Aspekte der Tateinheit bei Steuerhinterziehung, wistra 86, 89.

a) Tateinheit liegt vor, wenn dieselbe Handlung mehrere Strafgesetze verletzt oder dasselbe StrafGesetz mehrmals verletzt, vgl § 52 StGB. In diesem Fall wird nur auf eine Strafe erkannt. Die Strafe wird aus dem Gesetz entnommen, das die schwerste Strafe androht.

Für die Annahme einer Tateinheit/Tatmehrheit kommt es darauf an, ob die **mehrfachen Gesetzesverletzungen** durch **dieselbe Handlung** begangen wurden, § 52 I StGB 75. Bei Hinterziehung **mehrerer Steuerarten** liegen auch mehrere selbständige Taten vor, es sei denn, die Abgabe mehrerer Steuererklärungen fällt im äußeren Vorgang zusammen und die Erklärungen enthalten übereinstimmend unrichtige Angaben über die Steuergrundlagen. Bereits früher hatte der BGH (4. Senat v 28. 11. 57, abgedruckt bei *Henneberg,* Entscheid zum Recht der StVerfehlungen 2. Aufl Teil A „Tateinheit – Tatmehrheit") an dem Erfordernis der Übereinstimmung der erklärten Besteuerungsgrundlagen festgehalten und daher zB **Tateinheit** zwischen fortgesetzter **USt** – einerseits und ESt-, **GewSt-**Hinterziehung andererseits verneint, vgl hierzu *Meine* BB 78, 1309. Der zweite Strafsenat des BGH (wistra 85, 103) hält an seiner Rechtsprechung, daß zur Annahme von Tateinheit es ausreichend sei, wenn der Täter bei Abgabe einer falschen Erklärung davon ausgehe, daß FA werde sie auch bei der Festsetzung der anderen Steuerart verwerten, nicht mehr fest (vgl BGHSt 33, 163). Bei Verkürzung **verschiedener** Steuern kann **Tateinheit** nur dadurch hergestellt werden, daß die Hinterziehungen durch **dieselbe Erklärung** bewirkt wird oder durch Erklärungen in gleichzeitig abgegebenen Formblättern. Entscheidend ist dabei, daß die Abgabe der mehreren Steuererklärungen im äußeren Vorgang zusammenfällt und überdies in den Erklärungen **übereinstimmende** unrichtige Angaben über die Steuergrundlagen enthalten sind, BGH wistra 86, 189.

1095

§ 370 8. Teil. Straf- und Bußgeldvorschriften

Kniffka (wistra 86, 89) hält die Entscheidung des BGH für dogmatisch wohl richtig in der Sache jedoch für bedauerlich. Der Täter wolle nicht tatmehrheitlich den Ertrag aus jeder einzelnen Steuer angreifen, sondern sein einheitlicher Wille sei darauf gerichtet, das Steueraufkommen als einem steuerrechtlich relevanten Sachverhalt zu mindern. Es komme ihm auf einen Gesamterfolg an. Hierbei sei es gleichgültig, ob er Umsatz- und Einkommensteuererklärung am selben Tag abgebe oder zeitlich auseinanderfallend. Es sei nicht einzusehen, warum in einem Falle Tateinheit, im anderen Tatmehrheit vorliegen solle.

Handlungen im **Vorfeld** der Abgabe von Steuererklärungen, zB unrichtige Verbuchungen, sind **Vorbereitungshandlungen.** Die **Ausführungshandlung** beginnt erst mit der Abgabe der **Steuererklärung**, BGH wistra 86, 189, aA *Kniffka* (wistra 86, 89): Mit der Verfälschung der Buchführung setze der Täter gleichzeitig zur Tathandlung an. **Idealkonkurrenz** kann auch nicht dadurch begründet werden, daß **Teilidentität** der **Vorbereitungshandlung** vorliegt, wie etwa durch die Fälschung von Geschäftsbüchern zum Zwecke der Steuerhinterziehung, vgl BGH NJW 85, 1967, 1968.

Mehrere Senate des BGH hatten versucht, auch bei zeitlich auseinanderliegenden Erklärungen von Tateinheit auszugehen, wenn die Steuerhinterziehung des Täters hinsichtlich mehrerer Steuerarten einem **Gesamtplan** entsprach und die zeitlich auseinanderliegenden Erklärungen **übereinstimmende unrichtige** Angaben über die Steuergrundlagen enthielten, vgl BGH wistra 84, 177; wistra 83, 187; wistra 82, 226; BGHSt 6, 81; BB 78, 1302.

Gleichzeitigkeit des Handelns oder Unterlassens verbindet verschiedene StHinterziehung für sich allein noch nicht zur Tateinheit. Eine solche Verbindung ist aber möglich, wenn sich die Ausführungshandlungen ganz oder teilweise decken, zB wenn mehrere gleichzeitig abgegebene StErklärungen dieselben falschen Angaben enthalten, BGH wistra 82, 145, wenn eine falsche Erklärung förmlich für mehrere StArten abgegeben wird.

Der **Entschluß**, bezüglich **keiner** der verschiedenartigen Steuer eine **Steuererklärung** abzugeben, begründet noch **keine Tateinheit** zwischen den einzelnen Steuerhinterziehungen, BGH wistra 85, 66. Auch bei Unterlassungen ist die Frage, ob Tateinheit besteht, nach § 52 StGB zu beurteilen (BGH St 18, 376, 379).

Auch in Fällen des Vorliegens von zwei echten **Unterlassungsdelikten** scheidet in der Regel Tateinheit aus, wenn pflichtgemäßes Handeln des Täters mehrere Betätigungen gegenüber zwei verschiedenen Adressaten erfordert, so daß es an der für Tateinheit notwendigen gänzlichen oder teilweisen Deckungsgleichheit der „Ausführungshandlungen" fehlt, OLG Düsseldorf, wistra 87, 191.

b) Fortgesetzte Handlung, vgl *Volk* Fortsetzungszusammenhang und Verjährungsbeginn im Steuerstrafrecht, DStR 83, 343. *Kohlmann* Vorschnelle Annahme von Fortsetzungszusammenhang im Steuerstrafrecht, FR 85, 517; *Mitsch* Dauerdelikt und Strafklagenverbrauch, MDR 88, 1005.

Von einer **fortgesetzten Handlung** spricht man, wenn mehrere natürliche Handlungen zu einer einzigen Handlung im Rechtssinn zusammengefaßt werden, *Dreher/Tröndle* vor § 52 Anm 25. Es ist die stückweise Ver-

1. Abschnitt. Strafvorschriften **§ 370**

wirklichung eines **einheitlichen Vorsatzes,** vgl BGHSt 19, 323. Voraussetzung für die Annahme einer fortgesetzten Tat ist die Gleichartigkeit der Einzelakte, die Verletzung desselben Rechtsgut und der Gesamtvorsatz (vgl *Dreher/Tröndle,* StGB vor § 52 Anm 25 ff; *Lackner,* StGB vor § 52 Anm 3a). Wann bei einer fortgesetzten Tat der erforderliche **Gesamtvorsatz** gegeben ist, läßt sich nicht schematisch beurteilen. Entscheidend sind die Gesamtumstände und die besondere Sachlage. Ist der Täter auf ein konkretes Gesamtergebnis seines Tuns fixiert, so sind an die Bestimmtheit der Rechtsgutsträger, des Ortes und der Zeit der Tatausführung geringere Anforderungen zu stellen, BGH NStZ 82, 285 (Leitsatz). Die Annahme einer fortgesetzten Handlung ist nur gerechtfertigt, wenn der erforderliche Gesamtvorsatz zur Überzeugung des Tatrichters feststeht; anderenfalls muß der Angeklagte wegen mehrerer selbständiger Taten verurteilt werden, BGH NStZ 83, 311 Ls. Der **allgemeine Entschluß,** eine Reihe **gleichartiger** Straftaten zu begehen, reicht nicht aus, um den für die fortgesetzte Handlung erforderlichen Gesamtvorsatz zu begründen, BGH wistra 88, 66. Ein Gesamtvorsatz liegt dann vor, wenn der Tatentschluß sämtliche Teile der geplanten Handlungsreihe in den wesentlichen Teilen ihrer künftigen Gestaltung umfaßt. Er muß den späteren Ablauf der einzelnen Akte zwar nicht in allen Einzelheiten aber jedenfalls insoweit vorwegbegleiten, als das zu verletzende Rechtsgut und sein Träger sowie Ort, Zeit und ungefähre Begehungsart in Betracht kommen (BGH NJW 83, 2827).

Ein **Gesamtvorsatz,** der für die Bejahung einer fortgesetzten Handlung notwendig ist, ist auch bei einer Einkommensteuerhinterziehung über viele Jahre rechtlich nicht ausgeschlossen, jedoch müssen hier besonders sorgfältige Feststellungen zur inneren Tatseite getroffen werden, BGH wistra 88, 193.

Eine St kann fortgesetzt hinterzogen werden, wenn der **einheitliche Vorsatz** des Täters die geplante Handlungsreihe in den wesentlichen Grundzügen ihrer künftigen Gestaltung erfaßt und nicht lediglich dahin geht, je nach Entwicklung des Einnahmen unrichtige StErklärungen abzugeben, BGH wistra 83, 70. Bei einer fortgesetzten Handlung ist es zwar nicht erforderlich, jeden einzelnen Teilakt nach Art, Zeit und etwaigen Modalitäten genau zu bezeichnen. IdR muß aber ermittelt werden, von welcher festgestellten Mindestzahl der Einzelakte ausgegangen ist. Dies ist nur dann entbehrlich, wenn sich der Mindestschuldumfang auch ohne solche Zahlenangaben entnehmen läßt oder wenn die Tatzeit aufgrund genauer Angaben über Beginn und Ende unmißverständlich eingegrenzt ist, BGH NStZ 83, 326. Innerhalb einer fortgesetzten Handlung **gehen** die **Einzelakte,** die nur bis zum Versuch gediehen sind, in der vollendeten Tat **auf;** es handelt sich insoweit um eine **einzige Handlung,** BGH NJW 57, 1288. Eine Verurteilung wegen teils vollendeter und teils fortgesetzter Handlung ist daher ausgeschlossen. Eine fortgesetzte StHinterziehung kann auch dadurch begangen werden, daß der Täter über steuerliche erhebliche Tatsachen in einigen Fällen unrichtige oder unvollständige, in anderen Fällen gar keine Angaben macht, BGH NJW 82, 247. Es können auch solche Einzelhandlungen Bestandteil einer fortgesetzten Handlung sein, die der Täter zwar nicht von vornherein, aber doch noch vor Beendigung des letzten ursprünglich geplanten Teilaktes einer fortgesetzten Tat in sein Vorhaben mit einbezieht, BGHSt 23, 33. Die Einzelakte der fortgesetzten

§ 370

8. Teil. Straf- und Bußgeldvorschriften

Handlung müssen gleichartig sein, dh sie müssen dasselbe rechtliche Verbot verletzen, in ihrer Ausführung ähnlich sein und in einem gewissen zeitlichen Zusammenhang stehen, vgl BGHSt 8, 34. Bei der Annahme einer Steuerhinterziehung durch eine fortgesetzte Tat – dh eine Handlung im Rechtssinne – muß der **Gesamtvorsatz** sämtliche Teile der Handlungsreihe als Teilstücke eines einheitlichen Geschehens so umfassen, daß die einzelnen Teilakte als unselbständige Bestandteile einer Tat erscheinen, OLG Köln wistra 88, 274. Der Unterschied zum sog **Fortsetzungsvorsatz** liegt darin, daß der Entschluß zur Fortsetzung beim Gesamtvorsatz spätestens vor Abschluß des vorangegangenen Teilaktes gefaßt sein muß (*Schönke/Schröder*, 22. Aufl Vorbemerkung §§ 52 ff Rdn 53). Die bloß unbestimmte Absicht, bei sich bietender Gelegenheit gleichartige – sei es auch auf eine bestimmte Begehungsart konkretisierte – Straftaten zu begehen, genügt dafür nicht, *Lackner*, vor § 52 Anm 3 a.

Die Frage des Fortsetzungszusammenhangs ist von entscheidender Bedeutung, wenn es darum geht, ob Verjährung eingetreten ist oder nicht. Bei Vorliegen einer fortgesetzten Handlung wird der Täter nur wegen einer Tat iSd StGB verurteilt. Die Verurteilung erfaßt alle Einzelakte der fortgesetzten Handlung, auch wenn sie dem Richter nicht bekannt waren, BGHSt 15, 272.

Bei einer Verurteilung wegen einer fortgesetzten Handlung tritt der **Strafklageverbrauch** für alle vor der Verkündung des letzten tatrichterlichen Urteils oder vor Erlaß des rechtskräftig gewordenen Strafbefehls begangenen und in den Fortsetzungszusammenhang gehörenden Taten ein, ohne Rücksicht darauf, ob das Gericht sie gekannt oder berücksichtigt hat oder nicht, *Dreher/Tröndle* StGB 42. Aufl vor §§ 52 ff Rdnr 39). Eine rechtskräftige Entscheidung bildet eine Zäsur. Neue Taten können daher weder in dem bereits abgeurteilten Fortsetzungszusammenhang einbezogen werden noch steht ihrer Verfolgung die Rechtskraft des Urteils entgegen (OLG Düsseldorf, StrVert 84, 425). Bleibt **zweifelhaft**, ob zwei fortgesetzte Handlungen, die zeitlich, räumlich und nach Art ihrer Begehung getrennte Vorgänge betreffen, durch einen beide umfassenden **Gesamtvorsatz** zu einer einzigen fortgesetzten Handlung verbunden sind, führt die Aburteilung der einen Fortsetzungstat **nicht** zum **Verbrauch** der **Strafklage** wegen der anderen Tat, BGH MDR 88, 1068.

Die **prozessuale Behandlung** der fortgesetzten Tat durch die Rspr ist allerdings **inkonsequent**. ZB wird die **Strafklage** bei einem **Freispruch** nur für die untersuchten Einzelhandlungen als verbraucht angesehen. Ferner wird die Verfolgung nicht berührter Teilakte dann als zulässig angesehen, wenn der Erstrichter nur wegen eines **Einzelaktes** verurteilt hat, ohne zu erkennen, daß es sich um den Teilakt einer Fortsetzungstat handelte. Nach **Rechtskraft** eines Urteils **begangene Einzelakte** desselben Fortsetzungszusammenhangs können ohne Rücksicht auf die Rechtskraft des Urteils verfolgt werden. Sie gelten als neue prozessuale Tat (BGHSt 9, 324, 326), kritisch hierzu *Neuhaus*, wistra 88, 60. Im **Strafbefehlsverfahren** ist es nach der Rspr des BVerfG (BVerfGE 3, 248) sogar zulässig, die bestrafte Tat wegen der eingeschränkten Kognitionsmöglichkeit des Gerichts nochmals zum Gegenstand einer Verurteilung zu machen. FortsZusammenhang ist bei der StHinterziehung regelmäßig nur möglich, wenn die einzelnen Teilakte dieselbe StArt betreffen, vgl BGH ZfZ 65, 81, vgl auch *Bauer*, Fortset-

1. Abschnitt. Strafvorschriften **§ 370**

zungstat und Strafklageverbrauch im StStrafrecht, DStR 76, 18. Fortsetzungszusammenhang soll nach dem BayObLG auch möglich sein zwischen **EinkommensSt und KöSt,** weil die StArten eine derartige Verwandtschaft aufweisen, daß trotz Verschiedenheit der Rechtsgrundlagen durch die Hinterziehung lediglich ein Rechtsgut als angegriffen erscheint, MDR 82, 955; vgl auch BGH bei *Herlan* GA 59, 50. Die Abgabe einer unrichtigen USt-Jahreserklärung kann Einzelakt einer Fortsetzungstat (BGH NJW 80, 2591) aber auch eine selbständige Handlung sein (*Franzen/Gast/Samson* Rdnr 230); eine mitbestrafte Nachtat ist sie nicht, BGH wistra 82, 145. Die Annahme eines Fortsetzungszusammenhangs ist nicht möglich zwischen Täter- und Beihilfehandlungen, BGH MDR 81, 455. Volk (aaO) tritt für eine Einschränkung des Fortsetzungszusammenhangs im StStrafrecht ein, nicht zuletzt wegen der Folgen für den Beginn der Strafverfolgungsverjährung.

c) Tatmehrheit. Grundsätzlich bilden mehrere unrichtige Erklärungen zu **verschiedenen Steuern** selbständige Taten, es sei denn, sie wurden jeweils durch dieselbe körperliche Handlung abgegeben und enthielten jeweils mindestens eine übereinstimmende unrichtige Angabe (BGHSt 33, 163; *Franzen/Gast/Samson* § 370 Rdnr 226, 227). Hat jemand mehrere Straftaten begangen, die gleichzeitig abgeurteilt werden, ohne daß Fortsetzungszusammenhang oder Tateinheit vorliegt, so wird auf eine **Gesamtstrafe** erkannt, vgl § 53 StGB. Die Gesamtstrafe wird durch **Erhöhung** der verwirkten **höchsten Strafe** gebildet, vgl § 54 StGB. Auch bei der Nichtabgabe verschiedener StAnmeldungen gilt nichts anderes, auch wenn die Unterlassung von einem einheitl Vorsatz getragen wird, BGHSt 18, 376, 379. Unterläßt es der Täter, eine Mehrzahl verschiedener Handlungen, zB LSt- und USt-Anmeldungen, vorzunehmen, so liegt **Tatmehrheit** vor, BGH 1. 8. 79 – 3 StR 239/79 –.

d) Prozessualer Tatbegriff.

Schrifttum: *Neuhaus* Materielle Handlungseinheit und prozessuale Tatidentität – zugleich ein Beitrag zu OLG Köln, wistra 86, 273ff, wistra 88, 57; *Neuhaus* Der strafprozessuale Tatbegriff und seine Identität MDR 88, 1012.

Unabhängig von der Frage, ob Tateinheit oder Tatmehrheit vorliegt, kann die Frage erheblich sein, ob ggf eine **einheitliche Tat** iSd § 264 StPO anzunehmen ist. Die Frage ist im Hinblick auf das Gebot des „ne bis in idem" (vgl Art 103 II GG) von Bedeutung. Tat iSd Art 103 III GG ist der geschichtliche und damit zeitlich und sachverhaltlich begrenzte Vorgang, auf welchen Anklage und Eröffnungsbeschluß hinweisen und innerhalb dessen der Angeklagte einen Straftatbestand verwirklicht haben soll. Der Begriff der Tateinheit (§ 52 StGB) ist von dem **Tatbegriff** des Art 103 III GG zu trennen, BVerfG NStZ 81, 230. Der **prozessuale Tatbegriff** ist nicht identisch mit dem des materiellen Rechts. Eine einheitliche Handlung im Sinne des § 52 StGB stellt jedoch zugleich eine Tat im prozessualen Sinne dar (BGH NStZ 84, 135; BayObLG NStZ 86, 173; *Kleinknecht/Meyer,* StPO 37. Aufl § 264 Rdnr 6). Das Verfahren müßte wegen Verbrauchs der Strafklage eingestellt werden, wenn die Tat bereits Gegenstand einer anderen Verurteilung gewesen ist, vgl BGHSt 23, 141. Nach § 264 I StPO ist Gegenstand der Urteilsfindung die in der Anklage bezeichnete Tat, wie sie sich in dem Ergebnis der Hauptverhandlung darstellt. Tat iSd

1099

§ 370

8. Teil. Straf- und Bußgeldvorschriften

§ 264 StPO ist „der vom Eröffnungsbeschluß betroffene Vorgang einschließlich aller damit zusammenhängenden und darauf bezüglichen Vorkommnisse und tatsächlichen Umstände, die geeignet sind, das in diesen Bereich fallende Tun der Angeklagten unter irgendeinem rechtlichen Gesichtspunkt als strafbar erscheinen zu lassen, also das Gesamtverhalten des Angeklagten, soweit es mit dem durch den Eröffnungsbeschluß bezeichneten geschichtlichen Vorkommnis nach der Auffassung des Lebens einen einheitlichen geschichtlichen Vorgang bildet, ohne Rücksicht darauf, ob sich bei der rechtlichen Beurteilung eine oder mehrere strafbare Handlungen statt oder neben der im Eröffnungsbeschluß bezeichneten Straftat ergeben". Bei Tatmehrheit wird eine Tatidentität iSd § 264 StPO nicht schon dadurch geschaffen, daß der Täter mehrere Straftaten in seinem Gesamtplan aufgenommen hat. **Zeitlich** weit **auseinanderliegende** Einzelakte, die sich evtl auch noch in der Begehungsweise unterscheiden, stellen bei natürlicher Betrachtung keinen geschichtlichen Geschehensablauf dar, der den Begriff der „Tat" iSd § 264 StPO kennzeichnet, BGH MDR 88, 1068. Bei **StHinterziehung** und **Nichtabführung** von Sozialversicherungsbeiträgen ist regelmäßig **Tatmehrheit** anzunehmen, weil der Täter mehrere, wenn auch gleichartige Handlungspflichten gegenüber verschiedenen VerwBehörden verletzt, vgl *Franzen/Gast/Samson* RNr 241. Dies schließt die Annahme einer Tat iSd § 264 StPO aber nicht ohne weiteres aus. Erforderlich ist dafür jedoch ein **enger sachlicher Zusammenhang** der mehreren Straftaten, BGHSt 23, 141. Dies wäre der Fall, wenn die Taten so miteinander verknüpft sind, daß keine von ihnen für sich allein verständlich abgehandelt werden könne und ihre getrennte Aburteilung als unnatürliche Aufspaltung eines einheitlichen Lebensvorgangs empfunden würde, BGHSt 13, 21. Nichtabführung von **Lohnsteuer** und Voreinthaltung von **Beitragsteilen** zur **Sozialversicherung** stellen auch dann keine einheitliche Tat im Sinne von § 264 StPO dar, wenn die Unterlassungen auf einem Gesamtplan beruhen und sich auf Lohnsteuerbeitragsteile derselben Arbeitnehmer beziehen. Der Unrechts- und Schuldgehalt der **Steuerverkürzung** und des **Betrugs** gegenüber den **Sozialversicherungsträgern** läßt sich unabhängig voneinander beurteilen. Es reicht nicht aus, daß allen Taten ein Gesamtplan zugrunde liegt (BayObLG NStZ 86, 173 gegen OLG Zweibrücken, NJW 75, 128, 129).

Verschleiert jemand im Rahmen seines Gewerbebetriebs laufend Lohnzahlungen, so sind bei sachlich rechtlicher Tatmehrheit **Lohnsteuerhinterziehungen** einerseits sowie Voreinthaltung von Arbeitnehmeranteilen zur **Sozialversicherung** und zur Bundesanstalt für Arbeit andererseits **mehrere Taten** im prozessualen Sinne. Dies gilt auch dann, wenn der Täter den Betrieb von vornherein darauf angelegt hat, Arbeitnehmer illegal zu beschäftigen, BGH wistra 87, 349. Weder ein Gesamtplan noch ein zeitliches Zusammentreffen reichen für sich allein aus, zwei sachlich rechtlich im Verhältnis der Tatmehrheit zueinander stehende Handlungen als einheitliche Tat im prozessualen Sinne erscheinen zu lassen (BGHSt 23, 141; NStZ 83, 87). Auch Gleichzeitigkeit oder Identität von Vorbereitungshandlungen reichen zur Annahme einer solchen Verknüpfung nicht aus (vgl BGH bei *Holtz,* MDR 85, 92). Eine andere Auffassung würde gerade auf eine Begünstigung von Straftätern hinauslaufen,

1. Abschnitt. Strafvorschriften   § 370

die durch Aufbau und Einsatz eines kriminellen Unternehmens bedeutende verbrecherische Energie entfalten (BGH wistra 87, 349).

Dagegen OLG Düsseldorf (wistra 87, 191): Bei einem von vornherein auf illegale Beschäftigung von Arbeitnehmer abzielenden Betrieb, der seine Löhne auf der Grundlage von Nettolohnabreden „schwarz" auszahlt und diese Auszahlung laufend verschleiert, liegt verfahrensrechtlich Tatidentität von Lohnsteuerhinterziehung und Beitragsvorenthaltung vor, soweit die Tat sich auf dieselben Arbeitnehmer innerhalb derselben Zeiträume beziehen. Es liegt hier allerdings schon Tateinheit im materiellen Sinne (§ 52 StGB) vor (vgl BGH NStZ 81, 72). Auch bei der Hinterziehung von **Lohn-** und **Umsatzsteuern** handelt es sich nicht um dieselbe Tat im Sinne des § 264 StPO, OLG Köln, wistra 86, 273. Die Verkürzung von Umsatzsteuern und von Lohnsteuer sind auch nicht innerlich in einer Weise miteinander verknüpft, daß eine getrennte Aburteilung in verschiedenen erstinstanzlichen Verfahren als unnatürliche Aufspaltung eines einheitlichen Lebensvorgangs empfunden wurde. Zwischen beiden Steuerarten und -pflichten des Steuerpflichtigen besteht kein innerer Zusammenhang dieser Art. Sie knüpfen jeweils an völlig unterschiedliche Sachverhalte an (Umsätze und Leistungen eines Unternehmers einerseits und Einkünfte aus nichtselbständiger Arbeit andererseits), OLG Köln, wistra 86, 273.

Das OLG Köln (v 30. 8. 77 – Ss 436/77 – ZuFBl 78 Nr 7/8 S 48) hat die Frage ob **eine** Tat iSd § 264 StPO vorliegt bei **Zusammentreffen** von **Hinterziehung** von **Besitz-** und Verkehrsteuern und **Zöllen** und Verbrauchsteuern andererseits; uE zu Recht verneint, weil sich die Taten durch ihre Begehungsart **unterscheiden** und nicht so miteinanderverknüpft sind, daß ihre Aburteilung in verschiedenen Verfahren eine unnatürliche Aufspaltung eines einheitlichen Lebensvorgangs bedeuten würde (BGHSt 23, 141).

Auf die Fragwürdigkeit der vom BGH vertretenen Auffassung, daß eine materiellrechtliche **Handlung nach § 52 StGB** auch **eine Tat im prozessualen** Sinne bildet, hat Neuhaus (wistra 88, 58) hingewiesen (vgl auch OLG Hamm NStZ 86, 278). Der **Strafklageverbrauch** sei nicht immer die zwingende Konsequenz der Idealkonkurrenz.

Tateinheit in § 52 StGB und Tatidentität im Prozeßrecht erfüllen verschiedene Zwecke. Durch die Konkurrenzlehre soll lediglich verhindert werden, daß bei dem Zusammentreffen mehrerer Gesetzesverletzungen die Addition aller in Betracht kommenden Freiheitsstrafen das Maß der Schuld des Täters übersteigt (Neuhaus, wistra 88, 59 unter Hinweis auf BVerfGE 56, 22, 30). Der Begriff der **Tatidentität** bezwecke lediglich, die **Grenzen** der **materiellen Rechtskraft** abzustecken (vgl BVerfGE 56, 22, 31). Würden jedoch Handlungs- und Tatbegriff trotz dieser unterschiedlichen Zielsetzung miteinander vermischt, so werde insbesondere bei zeitlich gestreckter Gesetzesverletzung Tatidentität künstlich geschaffen, obwohl bei natürlicher Betrachtungsweise von einem einheitlichen Geschehen nicht mehr gesprochen werden könne. Art 103 III GG wolle lediglich verhindern, daß jemand aufgrund desselben Sachverhalts zweimal vor Gericht gestellt werde (Neuhaus aaO; vgl auch BVerfGE 12, 62, 66).

Bei einer **fortgesetzten Handlung** gilt folgendes: Wenn der Beschuldigte wegen einer Fortsetzungstat angeklagt, aber **freigesprochen** worden ist, so soll die **Strafklage** nur hinsichtlich der tatsächlich untersuchten Einzel-

§ 371 8. Teil. Straf- und Bußgeldvorschriften

handlungen verbraucht sein (BGH NStZ 84, 231; *Schönke/Schröder* vor §§ 52 ff Rdnr 72). Wenn der Angeklagte wegen einer oder mehrerer selbständiger Straftaten verurteilt worden ist und das Gericht den **Fortsetzungszusammenhang verkannt** hat, ist die Strafklage insoweit verbraucht, aber das Zweitgericht sei nicht gehindert, nun wegen dieser fortgesetzten Tat erneut zu verhandeln und ggf zu bestrafen (vgl BGH NJW 85, 1174, 1. Senat gegen BGH NJW 85, 1173, 2. Senat).

27. Konkurrenzfragen. § 370 geht dem allgemeinen **Betrugstatbestand** des § 263 StGB vor. Das gleiche gilt gegenüber dem **Subventionsbetrug** nach § 264 StGB (Grundsatz der Spezialität). Ferner treten gegenüber § 370 die **Gefährdungstatbestände** des § 379 f zurück (Grundsatz der Subsidiarität). **Mitbestrafte Vortaten,** wie Vorbereitungshandlungen oder der Versuch gehen in der Bestrafung wegen StHinterziehung auf. Das gleiche gilt für die **mitbestrafte Nachtat,** die lediglich in der Sicherung der durch die Vortat erlangten Stellung besteht, zB wenn unrichtige USt-Voranmeldungen eingereicht, deren Angaben in der JahresStErklärung nur noch einmal zusammengefaßt worden sind, vgl BGHSt 10, 232. Vgl im übrigen *Lohmeyer,* Konkurrenzfragen bei der StHinterziehung, DStZA 75, 142.

Eine **Bankrotthandlung** ist auch dann keine mitbestrafte Nachtat der vorher begangenen Steuerhinterziehungen, wenn es sich bei den durch die Steuerunehrlichkeit betroffenen Finanzbehörden tatsächlich um die einzigen im Konkursverfahren berührten Gläubiger handelt, BGH wistra 87, 29. Durch die Bankrotthandlung wird der durch die Steuerhinterziehung herbeigeführte Schaden erweitert, jedenfalls dann, wenn der Täter nicht wegen einer im Beitreibungsverfahren begangenen Steuerhinterziehung sondern wegen Abgabe falscher Steuererklärungen Steuerhinterziehung begangen hat.

Wenn ein **Finanzbeamter** im Einspruchsverfahren Steuern bewußt falsch festsetzt, begeht er keine **Rechtsbeugung,** OLG Celle wistra 86, 227; BGHSt 24, 326. Bei der Steuerveranlagung handelt es sich nicht um die Leitung oder Entscheidung einer Rechtssache im Sinne von **§ 336 StGB,** auch wenn die Verwaltung nach Art 20 III GG an Gesetz und Recht gebunden ist. Auch der Finanzbeamte, der über einen Einspruch entscheidet, entscheidet nicht „wie ein Richter". Beim **Einspruchsverfahren** handelt es sich um die Wiederholung des ursprünglichen Verwaltungsverfahrens, um ein verlängertes Veranlagungsverfahren, das nicht zuletzt der Selbstkontrolle der Finbehörde dient.

Der Amtsträger einer Verwaltungsbehörde trifft keine Entscheidungen ähnlich wie ein Richter. Hierfür reicht es nicht aus, daß er im Rahmen der Erledigung seiner Verwaltungsaufgaben ebenfalls Recht anzuwenden hat, BGH wistra 87, 29.

§ 371 Selbstanzeige bei Steuerhinterziehung

(1) Wer in den Fällen des § 370 unrichtige oder unvollständige Angaben bei der Finanzbehörde berichtigt oder ergänzt oder unterlassene Angaben nachholt, wird insoweit straffrei.

**(2) Straffreiheit tritt nicht ein, wenn
1. vor der Berichtigung, Ergänzung oder Nachholung**

1. Abschnitt. Strafvorschriften § 371

a) ein Amtsträger der Finanzbehörde zur steuerlichen Prüfung oder zur Ermittlung einer Steuerstraftat oder einer Steuerordnungswidrigkeit erschienen ist oder
b) dem Täter oder seinem Vertreter die Einleitung des Straf- oder Bußgeldverfahrens wegen der Tat bekanntgegeben worden ist oder
2. die Tat im Zeitpunkt der Berichtigung, Ergänzung oder Nachholung ganz oder zum Teil bereits entdeckt war und der Täter dies wußte oder bei verständiger Würdigung der Sachlage damit rechnen mußte.

(3) Sind Steuerverkürzungen bereits eingetreten oder Steuervorteile erlangt, so tritt für einen an der Tat Beteiligten Straffreiheit nur ein, soweit er die zu seinen Gunsten hinterzogenen Steuern innerhalb der ihm bestimmten angemessenen Frist entrichtet.

(4) [1]Wird die in § 153 vorgesehene Anzeige rechtzeitig und ordnungsmäßig erstattet, so wird ein Dritter, der die in § 153 bezeichneten Erklärungen abzugeben unterlassen oder unrichtig oder unvollständig abgegeben hat, strafrechtlich nicht verfolgt, es sei denn, daß ihm oder seinem Vertreter vorher die Einleitung eines Straf- oder Bußgeldverfahrens wegen der Tat bekanntgegeben worden ist. [2]Hat der Dritte zum eigenen Vorteil gehandelt, so gilt Absatz 3 entsprechend.

Schrifttum: *Göggerle* Inwieweit werden StHinterziehungen durch Vertretungsorgane zu Unrecht iSd § 371 III begangen, GmbHRdsch 80, 173; *Brenner* Schließt die wirksame Selbstanzeige (§§ 371, 378 III AO) die Bußgeldtatbestände der §§ 379ff AO aus, StW 81, 147; **Pfaff** § 378 AO: Leichtfertige Steuerverkürzung, bußgeldbefreiende Selbstanzeige, StBp 81, 259; *Pfaff* Straf- und Bußgeldbefreiung bei Steuerzuwiderhandlungen, DStZ 82, 361; *Lenckner/Schumann/Winkelbauer* Grund und Grenzen der strafrechtlichen Selbstanzeige im Steuerrecht und das Wiederaufleben der Berichtigungsmöglichkeit im Fall der Außenprüfung, wistra 83, 123, 172; *Theil* Probleme beim Umgang mit der Selbstanzeige in der Praxis, BB 83, 1274; *Baur* Zur Tatentdeckung bei der Selbstanzeige, BB 83, 498; Zur Frage der steuerlichen Behandlung der Beraterkosten im Zusammenhang mit der Selbstanzeige vgl *Seithel*, DStR 80, 155; *Dietz*, Zur Tatentdeckung bei der Selbstanzeige, BB 83, 1207; *Bilsdorfer* Aktuelle Probleme der Selbstanzeige, wistra 84, 93ff; *Garbers* Selbstanzeige durch Einreichung der Umsatzsteuerjahreserklärung? wistra 84, 49; *Zöbeley* Zur Verfassungsmäßigkeit der strafbefreienden Selbstanzeige bei Steuerhinterziehung, DStZ 84, 198; *Streck* Praxis der Selbstanzeige, NJW 85, 9; *Holper* Die steuerrechtliche Selbstanzeige: ein Sonderfall des Rücktritts vom vollendeten Delikt, Diss Würzburg 1981; *Späth* Belehrungspflichten eines Steuerberaters gegenüber einem Mandanten, StB 84, 336; *Ziervogel/Lauppe-Assmann* Die Umsatzsteuer-Jahreserklärung als Selbstanzeige, wistra 85, 142; *Brauns* Die Auslegung des § 371 AO im Spannungsfeld strafrechtlicher und steuerpolitischer Zielsetzungen, wistra 85, 171; *Mösbauer* Straffreiheit trotz Steuerhinterziehung? DStZ 85, 325; *Franzen* Grenzen der strafbefreienden Selbstanzeige, wistra 86, 210; *Schmidt-Liebig* Wiederholungsprüfung und Selbstanzeige, StBp 87, 245; *Wrenger* Probleme der Selbstanzeige nach §§ 371, 378 Abs 3 AO, DB 87, 2325; *Winkelbauer* Die strafbefreiende Selbstanzeige im Beitragsstrafrecht (§ 266a Abs 5 StGB), wistra 88, 16; *Zacharias/Rinnewitz/Spahn* Zu den Anforderungen an eine strafbefreiende Selbstanzeige unter besonderer Berücksichtigung des Grundsatzes der Vollständigkeit der selbstangezeigten hinterzogenen Beträge, DStZ 84/88, 391; *Samson* Steuerhinterziehung, nemo tenetur und Selbstanzeige – eine Dokumentation, wistra 88, 130; *Hoffschmidt* Über die Rechtfertigung der strafbefreienden Selbstanzeige im Steuerstrafrecht, Diss Bielefeld 1988.

§ 371 8. Teil. Straf- und Bußgeldvorschriften

Übersicht

StrbEG
s. Anhang

1. Inhalt
2. Geltungsbereich für die Straffreiheit
3. Voraussetzungen
4. Teilnehmer
5. Zuständigkeit
6. Erscheinen des Amtsträgers
   a) Begriff des Amtsträgers
   b) Erscheinen des Amtsträgers
   c) Steuerliche Prüfung
   d) Prüfungsumfang
   e) Rechtswidrige Prüfungsanordnung
   f) Wiederaufleben des Selbstanzeigerecht
7. Einleitung eines Straf- oder Bußgeldverfahrens
8. Entdeckung der Tat
9. Zahlung der hinterzogenen Steuern
   a) Zahlungsverpflichteter
   b) Nachzahlungsfrist
   c) Rechtsbehelf gegen Fristsetzung
10. Straffreiheit zugunsten Dritter

1. Inhalt. Die Vorschrift über die **Selbstanzeige** bei StHinterziehung ist im wesentlichen unverändert aus der RAO übernommen worden. Sie stellt klar, daß die Straffreiheit nicht bereits dann ausgeschlossen wird, wenn der Täter irrigerweise annimmt, daß die Tat im Zeitpunkt der Berichtigung, Ergänzung oder Nachholung der Angaben bereits entdeckt war. Die Regelung über die Strafbefreiung nach dem **Gesetz über die strafbefreiende Erklärung** von Einkünften aus **Kapitalvermögen** (SteuerreformG 1990 vom 25. Juli 1988) ist im **Anhang** kommentiert.
Im übrigen war nach der RAO die Straffreiheit davon abhängig, daß der Täter die **verkürzten Steuern,** die er **schuldet,** innerhalb einer ihm bestimmten Frist entrichtet. Das bedeutet, daß jemand, der nicht StSchuldner ist, allein durch die Selbstanzeige Straffreiheit erlangen konnte. Diese Regelung war in den Fällen nicht sachgerecht, wo der Täter die eigentlichen Vorteile aus der Tat gezogen hat. Die strafbefreiende Selbstanzeige unterscheidet sich von dem **Rücktritt** nach dem StGB dadurch, daß ein strafbefreiender Rücktritt nach § 24 StGB nur im **Versuchsstadium** der Handlung möglich ist. Ferner muß der Täter **freiwillig** die weitere **Ausführung** der Tat **aufgeben** oder deren Vollendung **verhindern.** Wenn die Tat ohne sein Zutun nicht vollendet wird, tritt die Straflosigkeit nur ein, wenn der Täter sich freiwillig und ernsthaft bemüht, die Vollendung zu verhindern. Im übrigen kennt das StGB keine dem § 371 vergleichbare Vorschrift über die Wiedergutmachung, vgl aber § 264 IV StGB (Subventionsbetrug). Nach Auffassung des AG Saarbrücken (NStZ 83, 176) ist § 371 I und III mit dem GG nicht vereinbar. Die Privilegierung ausschließlich des StHinterziehers gegenüber dem Betrüger (§§ 263, 264) entspreche nicht dem grundgesetzlichen Wertmaßstab der Sachgemäßheit, weil § 371 aus finanziellen Erwägungen und aus dem fiskalischen Bemühen heraus geschaffen wurde, bisher verheimlichte StQuellen zu erschließen, vgl BGHSt 12, 100f. Dies seien sachfremde Erwägungen, die sich mit der Gerechtigkeit nicht vereinbaren ließen. Der BGH hält die Bedenken des AG Saarbrücken für unbegründet, wistra 83, 197. Das BVerfG hat den Vorlagebeschluß des AG

1. Abschnitt. Strafvorschriften **§ 371**

Saarbrücken als **unzulässig** angesehen, BVerfGE 64, 251. Bei dem § 371 ging es dem Gesetzgeber insbesondere darum, daß der Täter seine steuerlichen Pflichten nachträglich erfüllt, daß auf diese Weise bisher verheimlichte StQuellen erschlossen werden (vgl BGHSt 12, 100f, kritisch *Kopacek* NJW 1970, 2099, *Kratzsch* StuW 74, 68). Außerdem soll dem Täter durch die Möglichkeit der Selbstanzeige die **Rückkehr** zur **StEhrlichkeit** erleichtert werden (BGHSt 3, 375). Es kommt bei der Selbstanzeige auch nicht darauf an, ob sie freiwillig geschieht. Sie kommt auch demjenigen Täter zugute, der aus Furcht vor einer bevorstehenden Entdeckung handelt. Das Gesetz stellt auch hinsichtlich derjenigen Gründe, die eine strafbefreiende Selbstanzeige ausschließen, auf objektiv nachprüfbare Umstände ab. Das Risiko des Täters wird dadurch eingeschränkt, daß ihm objektive Gründe für den Ausschluß der Straffreiheit entweder bekannt sein müssen oder er bei verständiger Würdigung der Sachlage hätte damit rechnen müssen, daß die Tat bereits entdeckt war.

2. Die Vorschrift regelt die **Voraussetzungen** für die Straffreiheit im Falle der **StHinterziehung,** dh für die vorsätzliche Verkürzung von Steuern. Ähnliche Regelung bei der **leichtfertigen StVerkürzung** in § 378. Gilt nur bei StHinterziehung, nicht auch zB bei Bannbruch uä. § 371 ist auch auf die Hinterziehung des **Monopolausgleichs** und der **EssigsäureSt** anzuwenden. Ferner gilt § 371 für die **Monopolhinterziehung** vgl 128 I BranntwMonG iV mit §§ 119–121 BranntwMonG. Ferner nach § 31 MOG für Hinterziehung von Abgaben auf **Marktordnungswaren,** nach § 14 AbwG für **Abwasserabgaben.** Er geht über § 24 StGB (Rücktritt) hinaus, weil er praktisch die Möglichkeit eines strafbefreienden **Rücktritts vom vollendeten Delikt** eröffnet. Gilt ferner nicht für die Begünstigung (§ 257 StGB) zu einer StHinterziehung, für die StHehlerei (§ 374) und die Wertzeichenfälschung, soweit sie sich auf StZeichen bezieht, vgl § 369 I Nr 3; ferner **nicht** für **nichtsteuerliche Straftaten,** selbst wenn diese mit der StHinterziehung im engen Zusammenhang stehen (*Franzen/Gast/Samson* RNr 24). Gegen den Ausschluß der Vorschrift im Falle des Bannbruchs vgl *HHSp* § 395 RAO, Anm 3. § 371 ist auf zu Unrecht in Anspruch genommene **Investitionszulagen** nach § 5a InvZulG und § 19 BerlFG nicht anwendbar; vielmehr enthält § 264 IV StGB eine Sonderregelung über die tätige Reue, die allerdings nach Auszahlung einer Subvention eine tätige Reue nicht mehr zuläßt.

3. Voraussetzung für die Straffreiheit.

Schrifttum: *Pfaff* Selbstanzeige durch Einreichung der Umsatzsteuer- bzw Einkommensteuer-Jahreserklärung? StBp 86, 88.

Die **unrichtigen** oder **unvollständigen Angaben** müssen **nachgeholt** werden. In der Aufforderung an das FA, eine Bp vorzunehmen, liegt noch keine Selbstanzeige. Der StPfl muß einen eigenen **wesentlichen Beitrag** leisten, damit die Steuer richtig festgesetzt werden kann (OLG Schleswig FR 51, 358, BGHSt 3, 373). Stpfl muß gewisse **Tätigkeit** entfalten, die in Richtung einer Berichtigung und Ergänzung der bisherigen Angaben und der Nachholung von Angaben liegt. FA muß dadurch in der Lage sein, **ohne** langwierige große **Nachforschungen** den Sachverhalt vollends aufzuklären, BGH NJW 74, 2293. Der Stpfl kann auch die nachzumeldenden Beträ-

§ 371

ge durch Schätzung ermitteln, BGH NJW 74, 2293. Hierbei wird man jedoch fordern müssen, daß der Stpfl die Grundlagen seiner Schätzung angibt und damit dem FA eine Überprüfung ermöglicht, *Bilsdorfer* DStZ 82, 303. Enthält die Berichtigung wieder **neue erhebliche Unrichtigkeiten**, so ist sie iSd § 371 nicht wirksam, BGH BB 78, 698 mit Anm *Leise*, der mE zu Recht darauf hinweist, daß nach dem GesWortlaut auch eine „**Teilselbstanzeige**" möglich sein müßte („insoweit"). Dies gilt jedoch nicht, wenn sich Stpfl zu seinen **ungunsten** geirrt hat, BGH St NJW 74, 2293. Ob der Stpfl die unrichtige oder **mangelhafte Berichtigung verschuldet hat**, ist unerheblich, BGHSt DB 77, 1342. Trifft das FA die Feststellung der Unvollständigkeit durch Ermittlungen im Besteuerungsverfahren beim Stpfl, ohne diesen auf die Zweifel aufmerksam zu machen, greift ein Verwertungsverbot nach § 136a StPO ein, *Bilsdorfer* DStZ 82, 302. An einem Mitwirken des Stpfl fehlt es zB, wenn sich darauf beschränkt, die vom Betriebsprüfer festgestellten Nachforderungen anzuerkennen, OLG Hamm DB 61, 968. Wenn die verkürzten Steuern überhaupt nicht ermittelt werden können, weil die Buchführung des Stpfl unzureichend ist, ist eine Selbstanzeige mit strafbefreiender Wirkung nicht möglich, BayObLG DStZ B 63, 112; aA *Franzen/Gast/Samson* RNr 38. Wird nach unrichtigen USt-Voranmeldungen eine berichtigte JahresStErklärung abgegeben, ist darin eine Selbstanzeige zu sehen, vgl FG Hbg DB 65, 1159 jedenfalls, wenn der Stpfl dem FA auf Befragen ohne weitere langwierige Erörterungen und Ermittlungen die Gründe für den Unterschiedsbetrag darlegen kann, OLG Hbg NJW 70, 1385. Die **USt-Jahreserklärung** kann aber nur dann eine Selbstanzeige hinsichtlich der unterlassenen Umsatzsteuervoranmeldungen sein, wenn der Stpfl in ihr über alle Besteuerungsgrundlagen so greifbare Angaben macht, daß das FA in die Lage versetzt wird, aufgrund dieser Angaben ohne langwierige Ermittlungen die Steuer so zu veranlagen, als wäre die StErklärung von vornherein ordnungsgemäß abgegeben worden, LG Hbg wistra 83, 267. Material für die Festsetzung der monatlichen Vorauszahlungen wird durch eine JahresumsatzStErklärung nur geliefert, wenn sich die Umsätze zeitlich auf die einzelnen Monate verteilen lassen, LG Hbg wistra 83, 266. Im Erg erkennt die Möglichkeit einer Selbstanzeige durch Abgabe der **Umsatzsteuer-Jahreserklärung** ohne weiteres an, auch wenn diese keinen Hinweis darauf enthält, auf welche Voranmeldung der Mehrbetrag entfällt. Die Vorteile der Selbstanzeige seien allein in dem Bestreben des Staates gewährt worden, in den Besitz aller ihm geschuldeten St zu gelangen (BGHSt 12, 100, 101) und nicht auch im Hinblick auf die **Hinterziehungszinsen**, insbesondere deren richtige Berechnung. Schließlich sei zu berücksichtigen, daß das FA leicht die entsprechenden Angaben durch Rückfragen beim Stpfl hätte erlangen können. **Abgabe** der **StErklärung** allein reicht aus, wenn Stpfl dem FA bisher nicht bekannt war, OLG Frankfurt NJW 62, 974. In anderen Fällen muß zumindest zum Ausdruck kommen, daß die Erklärung an Stelle der bisherigen treten soll, *Franzen/Gast/Samson* RNr 46. Auch die nachträgliche **Einreichung** einer bis dahin **unterlassenen StErklärung** kann eine Selbstanzeige darstellen, jedoch könnte eine entsprechende Straffreiheit dadurch ausgeschlossen sein, daß die Tat bereits entdeckt war, vgl Abs 2 Nr 2; vgl hierzu OLG Hbg NJW 70, 1385. In der Regel erfordert die „Entdeckung" jedoch, daß die Tat auch in ihrem subjektiven Gehalt wahrgenommen

1. Abschnitt. Strafvorschriften **§ 371**

wurde; daran wird es häufig fehlen. Die Kenntnis der Nichteinreichung der StErklärung dürfte hierfür nicht ausreichen. Auf der anderen Seite sind an die Selbstanzeige auch keine zu hohen Anforderungen zu stellen; es kann bei Hinterziehung von **Lohnsteuern** uU genügen, wenn der Stpfl den hinterzogenen Betrag schätzt, BGH vom 5. 9. 74 – 4 StR 369/74. Wenn jemand durch unrichtige Angaben die **Herabsetzung** der **Einkommensteuervorauszahlungen** erreicht, später aber eine richtige Einkommensteuerjahreserklärung abgibt, so liegt darin eine strafbefreiende Selbstanzeige, auch wenn nicht darauf hingewiesen wird, daß die Angaben zur Festsetzung der Vorauszahlungen unrichtig waren, OLG Stuttgart wistra 87, 263 mit zustimmender Anmerkung von *Bilsdorfer* wistra 87, 265. Wenn in der kommentarlosen Einreichung einer korrekten Umsatzsteuerjahreserklärung eine wirksame Selbstanzeige gesehen werde (vgl *Kohlmann* RNr 51; *Franzen/Gast/Samson* RNr 47; OLG Hamburg MDR 85, 696; OLG Frankfurt NJW 62, 974) und dasselbe gelte für die nachträgliche Einreichung von Lohnsteueranmeldungen (OLG Celle BB 71, 205), müsse dies auch für die Einkommensteuerjahreserklärung gelten. AA LG Stuttgart wistra 84, 197: Durch die Selbstanzeige müsse mit genügender Klarheit zum Ausdruck kommen, daß die bisherigen **Angaben unrichtig** oder unvollständig seien und daß an deren Stelle die richtigen und vollständigen Angaben treten sollten. Das FA müsse aufgrund der neuen Angaben in der Lage sein, die Steuer richtig zu veranlagen oder eine bereits erfolgte Veranlagung zu berichtigen. Allein aufgrund der Angaben in der Jahres-Erklärung könne das FA nicht erkennen, ob die Herabsetzung der Vorauszahlungen durch unrichtige oder unvollständige Angaben erschlichen werden oder ob das Jahresergebnis auf eine nicht vorausgesehene günstige Einkommensentwicklung zurückzuführen sei. **Widerruf** der Selbstanzeige führt zum Wegfall der Straffreiheit, vgl RG St 75, 261 und hM.

Die Selbstanzeige ist nur möglich hinsichtlich solcher **StHinterziehungen,** die bereits **begangen** sind. Für geplante StHinterziehungen ist sie wirkungslos (BGH DStR 1966, 150f; *HHSp* RNr 12). Bei einer **fortgesetzten Handlung,** bei der ein Teil der Handlung vor, ein Teil der Handlung jedoch nach der Selbstanzeige durchgeführt worden ist, bleibt der Selbstanzeige hinsichtlich der nach ihr begangenen Taten ohne Wert. Die Grundsätze des Fortsetzungs-Zusammenhangs gehen aber nicht soweit, daß die Selbstanzeige auch hinsichtlich der vor ihr begangenen Taten unwirksam ist (*Franzen/Gast/Samson* RNr 32; OLG Bremen NJW 1970, 1382). Strafbefreiung durch Selbstanzeige ist auch für Teile einer fortgesetzten Handlung möglich, BGH NJW 74, 2293.

Für den **Zeitpunkt der Berichtigung** ist maßgeblich, wann das FA in der Lage war, von der Selbstanzeige Kenntnis zu nehmen, vgl BayObLG DB 81, 778.

Mit dem Einwurf der Selbstanzeige in den **Hausbriefkasten** des FA ist eine Berichtigung erfolgt, unabhängig davon, ob ein Vertreter der Behörde von ihr tatsächlich Kenntnis erlangt hat, BayObLG StB 81, 184.

Auch nach einer Selbstanzeige kann ein **Strafverfahren gem § 397 eingeleitet** werden, weil Straffreiheit nur unter den Voraussetzungen des § 371 III eintritt. Daher kann also bis zur fristgerechten Zahlung wegen des Verdachts der Steuerstraftat ermittelt werden, LG Hamburg, wistra 88, 317; aA HHSp Rdnr 48 zu § 371.

§ 371   8. Teil. Straf- und Bußgeldvorschriften

4. Selbstanzeige kann jeder **Teilnehmer** an der Tat erstatten, sie kann auch durch einen Vertreter, zB durch den StBerater, erstattet werden, BGHSt 3, 373. Dagegen ist eine Selbstanzeige in **Geschäftsführung ohne Auftrag** nicht möglich, hM vgl BayObLG NJW 54, 244, *Franzen/Gast/ Samson* RNr 56, es sei denn, daß die Selbstanzeige dem wirklichen oder mutmaßlichen Willen eines anderen Tatbeteiligten entspricht, zB wenn beide zur Selbstanzeige entschlossen waren und angenommen hatten, daß die Anzeige des einen auch zugunsten des anderen wirkt, *Franzen/Gast/ Samson* RNr 60. **Verdeckte Vollmacht** ist aber wohl denkbar. *Franzen/ Gast/Samson* wollen das Erfordernis einer besonderen Vollmacht und eines ausdrücklichen Auftrags auf diejenigen Fälle beschränken, in denen der **Anzeigeerstatter** an der Tat nicht beteiligt war (aaO RNr 59). Selbstanzeige durch einen Mittäter ist ebenfalls nicht ohne weiteres auch zugunsten der anderen Beteiligten möglich, BGHSt BStBl 55 I, 359, siehe aber Abs 4. Die Möglichkeit der Selbstanzeige kommt im allgemeinen nicht dem **Begünstiger** zugute („in den Fällen des § 370"), vgl *Franzen/Gast/Samson* § 369 RNr 180. Die Selbstanzeige ist ein **persönlicher Strafaufhebungsgrund** (*Kohlmann,* Steuerstrafrecht, § 395 RAO Anm 3). Daraus folgt, daß die Rechtswohltat des § 371 grundsätzlich nur demjenigen zugute kommt, der in seiner Person die Voraussetzung für die Strafbefreiung der Selbstanzeige erfüllt. Hat Hinterzieher **oR-Geschäfte** getätigt, die auch beim Geschäftspartner nicht verbucht werden, braucht er zur Selbstanzeige nur seine eigene Verfehlung aufzudecken; **Nennung** des **Geschäftspartners** ist **nicht** erforderlich. Etwas anderes gilt jedoch, wenn er zugleich **Mittäter** bei der Tat des anderen ist. Weigert sich der Stpfl jedoch, den Namen des Geschäftspartners preizugeben, kann er uU wegen **Begünstigung** nach § 257 StGB belangt werden. Dies gilt jedenfalls, soweit er nicht als Beteiligter an der Tat des anderen in Betracht kommt, vgl hierzu *Franzen/Gast/ Samson* RNr 41. Die Selbstanzeige wirkt auch nicht auf **andere StVergehen** oder **nichtsteuerliche Straftaten,** die im Verhältnis zur StHinterziehung in **Tateinheit** oder **Tatmehrheit** stehen (BGH St 12, 100f), zB wenn der StHinterzieher zugleich zum Zwecke der StHinterziehung eine Urkundenfälschung begangen hat. Ein StBerater, der eine StHinterziehung seines Mandanten entdeckt, ist mit Rücksicht auf die Mandantentreue gehalten, sich auf eine Empfehlung an den Mandanten zu beschränken, eine Selbstanzeige zu erstatten. Wenn der Mandant dieser Empfehlung nicht folgt, kann der StBerater ggf das Mandat niederlegen. Ist der StBerater jedoch selbst an der StHinterziehung beteiligt, so ist StBerater nicht gehindert, bei Weigerung seines Mandanten eine Selbstanzeige für seine Person vorzunehmen (*Franzen/Gast/Samson* RNr 59).

Wenn der **Gehilfe** einer Steuerhinterziehung praktisch nicht in der Lage ist, dem FA die zutreffenden Besteuerungsgrundlagen zu offenbaren, so reicht es für eine wirksame Selbstanzeige aus, wenn er dem FA lediglich mitteilt, **daß** bestimmte Steuererklärungen **unrichtig** sind, OLG Hamburg wistra 86, 116, mit kritischer Anmerkung von *Bublitz* wistra 86, 117.

5. Die **Selbstanzeige** muß an die **örtlich** und **sachl zuständige FinBeh** erstattet werden; bei Erstattung gegenüber einer anderen Behörde kommt es für die Frage der Rechtzeitigkeit auf den Eingang bei der zuständigen Behörde an, aA *Franzen/Gast/Samson* RNr 65. Es fragt sich, ob derartig strenge Anforderungen dem Zweck der Selbstanzeige, verborgene Steuerquellen zu offenbaren, gerecht werden, insbesondere wenn noch gefordert wird, daß die Selbstanzeige bei der zuständigen Veranlagungsstelle erstattet werden muß.

6. Abs 2 Nr 1.

Schrifttum: *Felix* Der durchsuchende Staatsanwalt als Ausschlußgrund für die strafaufhebende Selbstanzeige, BB 85, 1781; *Arendt* Die Ausschlußgründe bei der Selbstanzeige (§ 371 Abs 2 AO) ZfZ 85, 267; *Pfaff* Straffreiheit durch Selbstanzeige bei Steuerhinterziehung für sämtliche Steuerarten bei Erscheinen des Außenprüfers, StBp 85, 231; *Pfaff* Selbstanzeige nach Erscheinen eines Amtsträgers zur steuerlichen Prüfung, StBp 87, 187; *Joecks* Möglichkeiten der Selbstanzeige in der Außenprüfung, StBG 87, 284.

Die **Straffreiheit ist ausgeschlossen,** wenn ein **Amtsträger** zur Prüfung erschienen ist; demgegenüber wird bei leichtfertiger StVerkürzung nach § 378 III eine Selbstanzeige erst nach Einleitung eines StStraf- oder Bußgeldverfahrens ausgeschlossen. Erschienen ist ein Amtsträger, sobald er die Räume des Stpfl, bei denen die Prüfung vorgenommen werden soll, betreten hat, vgl OLG Oldenburg NJW 53, 1847. Die Auffassung würde allerdings bedeuten, daß der Stpfl dem Prüfer noch an der **Haustür** die berichtigte **Erklärung aushändigen** könnte. Die bloße Ankündigung der Prüfung reicht für den Ausschluß der Straffreiheit nicht aus, *Franzen/Gast/Samson* RNr 77.

a) Begriff des Amtsträgers. Der Staatsanwalt ist kein Amtsträger der FinBeh. Auch die ihn begleitenden Beamten der Steufa sollen dies nach *Felix* (aaO) nicht sein, weil sie in ihrer Eigenschaft als Hilfsbeamte der Staatsanwaltschaft erscheinen. Sie dürften trotzdem auch Amtsträger der FinBeh sein, wie sich aus § 208 I Nr 2 ergibt.

b) Erscheinen des Amtsträgers. Der Begriff des „Erscheinens" ist vom Beginn der Prüfung unabhängig. Der Prüfer bleibt auch dann erschienen, wenn er die **Prüfung unterbricht** und sich wieder entfernt, zB, weil der Steuerpflichtige die geforderten Unterlagen nicht sofort vorlegen kann, *Franzen/Gast/Samson* RNr 78, 79.

c) Zur steuerlichen Prüfung muß der Amtsträger erschienen sein; dafür reichen bloße Scheinhandlungen, die lediglich der Ablaufhemmung der Verjährung dienen sollen, nicht aus, vgl die Erl zu § 171 IV, auch nicht das Erscheinen, ohne daß ernsthafte Prüfungshandlungen geplant sind, oder die Terminsvereinbarung, *Pfaff* DStZ 82, 362. Weitere Sperrwirkungen haben die Betriebsbesichtigungen, die Vorbesprechung, die Verschiebung der Prüfung oder die Verhinderung der Prüfung. **Richtsatzprüfungen,** die nicht zugleich Bp-Prüfungen sind, reichen nicht aus. Der Umfang der Sperrwirkung hängt nach der Formalisierung der Prüfungsanordnung von dem Prüfungsauftrag (§ 196) ab. Zur steuerlichen Prüfung erscheint ein Amtsträger auch dann, wenn er an Ort und Stelle einzelne Maßnahmen zur **Aufklärung** eines bestimmten Sachverhalts durchführen insbesondere gem § 97 Einsicht in die Unterlagen über ein Bankkonto nehmen will, BayObLG wistra 87, 77 (betr betriebsnahe Veranlagung ohne Prüfungsanordnung). Die Entscheidung des BayObLG scheint zu weitgehend. Sie wird dem Zweck des § 371, bisher unbekannte Steuerquellen zu erschlie-

§ 371 8. Teil. Straf- und Bußgeldvorschriften

ßen, nicht gerecht. **Einzelne** gezielte **Ermittlungsmaßnahmen,** wie zB die Einsichtnahme in bestimmte Geschäftspapiere oder einzelne Konten sind keine Außenprüfung (*TK* § 171 Tz 12; *HHSp* § 171 RNr 17).

Steuerliche Prüfung im Sinne des § 371 ist jede rechtmäßige Maßnahme der Finbeh, die der Ermittlung und Erfassung der steuerlichen Verhältnisse eines Steuerpflichtigen dient und das Ziel gehöriger, dh die richtige und vollständige Steuerfestsetzung verfolgt, *HHSp* RNr 80, *Kohlmann* RNr 125. Auch die Nachschau nach § 210 im Rahmen der Steueraufsicht ist eine Prüfung in diesem Sinne.

d) Prüfungsumfang. Sachverhalte, die nach der Prüfungsanordnung nicht geprüft werden sollen und auch nicht geprüft werden, sind von der Selbstanzeige nicht ausgeschlossen, *Pfaff* DStZ 82, 363; BayObLG wistra 85, 117, DStR 85, 668. *Franzen/Gast/Samson* (RNr 85) stellen dag auf den **Sachzusammenhang** ab; dieser sei zB gegeben zwischen lohn- und einkommensteuerl Sachverhalten. Die **zeitliche** Begrenzung des Prüfungsauftrags dürfe nicht entscheidend sein, vgl *Franzen/Gast/Samson* RNr 88. Nur soweit dieser reicht oder erweitert wird, wird die Straffreiheit ausgeschlossen. Durch das Erscheinen eines Amtsträgers der Finbeh zur steuerlichen Prüfung wird die Straffreiheit nur für diejenigen Steuerarten ausgeschlossen, auf welche sich die Prüfungsanordnung nach § 196 erstreckt, BayObLG wistra 85, 117; DStR 85, 668; LG Verden wistra 86, 228. Beim Erscheinen eines Amtsträgers zum Zwecke der Außenprüfung richtet sich der **Umfang** der **Sperre** für eine Selbstanzeige nach dem Inhalt der **Prüfungsanordnung,** BGH wistra 88, 151 mit Anmerkung von *Franzen* wistra 88, 194.

Nicht erfaßt werden Zeiträume und Steuerarten, die nicht in der Anordnung angegeben sind, aA *Franzen* wistra 86, 210. Nach Auffassung von *Franzen* (aaO) sind Prüfungsanordnungen für das Steuerstrafrecht ohne Bedeutung, da sie dem Entdeckungsdrang eines Prüfers strafrechtlich keine Grenzen setzen. *Franzen* tritt dafür ein, auf den **Sachzusammenhang** abzustellen. Ein solcher bestehe immer dann, wenn **Besteuerungsgrundlagen** für verschiedene Steuern teilweise **identisch** sind oder jedenfalls aus den Grundlagen einer Steuer auf eine andere Steuer schließen lassen, zB Kapitalvermögen bei der Vermögensteuer und Einkünfte aus Kapitalvermögen bei der Einkommensteuer. Ob es auf diese Weise gelingt, zu einer zweifelsfreien Abgrenzung hinsichtlich der Sperrwirkung zu kommen, erscheint allerdings zweifelhaft.

Auch nach *Wrenger* (DB 87, 2325) muß sich die Sperrwirkung auf alle Sachverhalte erstrecken, die bei der jeweiligen Prüfung typischerweise **entdeckungsgefährdet** sind. Der Begriff der Tat in § 371 Abs 2 ist nicht im verfahrensrechtlichen Sinne zu verstehen. Ist für einen beschränkten Zeitraum eine Bp angeordnet und ein Strafverfahren eingeleitet worden, bleibt eine Selbstanzeige für die anderen nicht in diesen Zeitraum fallenden **Teile** einer **fortgesetzten** Handlung möglich, LG Verden wistra 86, 228. Sperrwirkung bezieht sich jedoch nur auf den zu prüfenden Stpfl und ggf dessen Betriebsangehörige, nicht gegen außenstehende Beteiligte, *Franzen/Gast/Samson* RNr 81. Bei einer Körperschaft ist nur bei der Prüfung typischerweise entdeckungsgefährdeten und in Ausübung des Betriebs begangenen StVerfehlungen nach Erscheinen des Prüfers nicht mehr Gegen-

1. Abschnitt. Strafvorschriften § 371

stand einer Selbstanzeige sein, OLG D'dorf StB 82, 105. Wenn bei einem Unternehmer, der sich auf Mineralöltransporte spezialisiert hat, eine Durchsuchung wegen Verdachts der **MinöStHinterziehung** erfolgt, wird damit auch zugleich eine strafbefreiende Selbstanzeige wegen **USt-Hinterziehung** ausgeschlossen. Die Sperrwirkung ergibt sich hier aus Abs 2 Nr 1 Buchst a, BGH DB 83, 2289.

e) Rechtswidrige Prüfungsanordnung. Die herrschende Meinung hält eine Selbstanzeige im Falle einer **rechtswidrigen Prüfungsanordnung** auch dann noch für möglich, wenn der Betriebsprüfer aufgrund der Prüfungsanordnung bereits erschienen war. Bis zum erneuten Erscheinen des Prüfers aufgrund einer rechtmäßigen Prüfungsanordnung sei daher eine Selbstanzeige noch möglich.

f) Wiederaufleben des Selbstanzeigerechts. Nach erfolglosem **Abschluß** der Prüfung durch das FA **lebt** das Selbstanzeigerecht wieder **auf** (Erl FinMin NRW v 23. 4. 57 FR 59, 91; *Franzen/Gast/Samson* RNr 112 ff mwN; *Firnhaber* S 88 f; dag *Mattern* DStR 52, 78, *Kohlmann* RNr 128), allerdings nicht schon nach Abschluß der Schlußbesprechung, sondern erst nach Absenden der **Berichtigungsbescheide** an den Steuerpflichtigen.

7. Abs 2 Nr 1 b. Einleitung eines **Straf-** oder **Bußgeldverfahrens.**

Schrifttum: *Frick* Selbstanzeige nach Einleitung des Ermittlungsverfahrens bei fortgesetzter Steuerhinterziehung? DStR 86, 429; *Teske* Die Bekanntgabe der Einleitung eines Straf- oder Bußgeldverfahrens (§ 371 Abs 1 Nr 1 b AO) durch Durchsuchungsbeschlüsse, wistra 88, 287.

Die Tatsache der **Einleitung** eines solchen Verfahrens schließt die Strafbefreiung **nicht** aus, sondern erst die **Bekanntgabe** der Einleitung zur Frage der Einleitung des Straf- oder Bußgeldverfahrens vgl § 397, **"Wegen der Tat"** muß das Verfahren eingeleitet worden sein. Tat iSd Vorschrift ist die Abgabe einer falschen oder die pflichtwidrige Nichtabgabe einer StErklärung, *Schröder/Delhey* Betriebsprüfungsordnung, S 244. Wenn eine einzige **Steuererklärung** hinsichtlich **zweier Einkunftsarten** lückenhaft ist, liegt eine **einzige Tat** im materiell-strafrechtlichen Sinne vor, LG Hamburg wistra 88, 317; *Franzen/Gast/Samson* § 370 RNr 226; OLG Hamburg NJW 70, 1385. Wortlaut und der im Wortlaut zum Ausdruck kommende Wille des Gesetzgebers sollen dafür sprechen, den Begriff der Tat in § 371 II im Sinne des materiellen Strafrechts, vielleicht sogar im Sinne der Strafprozeßordnung zu verstehen, LG Hamburg wistra 88, 319. Diese Auffassung würde allerdings dem steuerpolitischen Zweck der Selbstanzeige zuwiderlaufen, weil sie zB eine Selbstanzeige für sämtliche für die Besteuerung maßgebenden Sachverhalte derselben StArt und desselben Veranlagungszeitraums ausschließen würde, obwohl sich die Einleitung des Verfahrens nur auf einen bestimmten Komplex, zB Zinseinnahmen, bezieht. Es muß vielmehr auf die materiellen Mitwirkungspflichten, nicht auf die Form, in der die Mitwirkungspflichten zu erfüllen sind, abgestellt werden, vgl *Pfaff* DStZ 82, 363. **Tat** ist daher die **Nichterfüllung** bestimmter konkreter Mitwirkungspflichten hinsichtlich einzelner Besteuerungsgrundlagen, die zu StVerkürzung führen.

Bei einer **fortgesetzten Handlung** kann eine Selbstanzeige noch für die Zeitabschnitte erstattet werden, für die die Einleitung des Verfahrens noch

§ 371   8. Teil. Straf- und Bußgeldvorschriften

nicht bekanntgegeben war (OLG Frankfurt NJW 70, 1385; BGH NJW 74, 2293). Nur der in der Einleitung des Strafverfahrens bekanntgegebene **Einzelakt** führt zum Ausschluß der Straffreiheit. Das Institut des Fortsetzungszusammenhangs ist von der Rechtsprechung aus praktischen Gründen für Zwecke der Strafzumessung entwickelt worden. Dennoch kann man die zu einer Einheit zusammengefaßten Einzelakte auch dann noch in eine Mehrzahl von Taten aufspalten, wenn man sie unter anderen Aspekten betrachtet (*Frick* DStR 86, 429).

Für die Anwendung des § 371 gilt daher nicht der **strafprozessuale Tatbegriff** (anders die 3. Auflage). AA LG Stuttgart wistra 85, 203: § 371 bezieht sich auf das Strafverfahren mit der Folge, daß der Strafprozessor als Tatbegriff gilt, insoweit sei eine Selbstanzeige wegen eines Teilaktes einer fortgesetzten Handlung nicht mehr möglich, wenn wegen der übrigen im Fortsetzungszusammenhang stehenden Taten die Einleitung bereits bekanntgegeben worden sei. Ebenso wie es dem Steuerhinterzieher zugute komme, daß sich die Rechtskraft des Urteils sowohl auf die entdeckten als auch unerkannten Einzelheiten der Hinterziehungstat erstrecke, so wirke sich auf der anderen Seite zu seinem Nachteil aus, daß wegen eines von der Bekanntgabe der Verfahrenseinleitung nicht erfaßten Tatteils eine strafbefreiende Selbstanzeige nicht eintreten könne.

Die Sperrwirkung ergreift aber auch andere St, die mit der St, auf die sich die Sperrwirkung bezieht, im engen Zusammenhang stehen, BGH wistra 83, 146, betr MinÖSt und USt. Hat der Stpfl auch noch andere Steuern hinterzogen, die nicht Gegenstand des eingeleiteten Strafverfahrens sind, so wird insoweit die Strafbefreiung nicht ausgeschlossen. Etwas anderes gilt nur, wenn durch **dieselbe Tat** auch noch andere Steuern verkürzt worden sind, zB ESt und GewSt, *Franzen/Gast/Samson* RNr 109.

Persönlicher Umfang der Sperrwirkung hängt davon ab, wem die **Einleitung bekannt** gegeben ist. Eine **richterliche Handlung** in einem Verfahren gegen **Unbekannt** richtet sich nicht gegen einen **bestimmten** Täter, wenn im Laufe des Verfahrens mehrere Beschuldigte vernommen worden sind (BGHSt 2, 54, 55). Die richterliche Handlung braucht den Täter nicht namentlich zu bezeichnen, es müssen jedoch bereits **Merkmale** bekannt sein, die den Täter individuell **bestimmen** und ihn von allen anderen in Betracht kommenden unterscheiden. Hierfür reicht es nicht aus, wenn der Täter durch die richterliche Handlung erst noch ermittelt werden soll (BGHSt 24, 321). Unter Umständen kann es genügen, wenn der Täter auf Grund der bei den Akten befindlichen Unterlagen bestimmt werden kann (vgl OLG Karlsruhe wistra 87, 228).

8. Tatentdeckung (Abs 2 Nr 2).

Schrifttum: *Bilsdorfer* Der Zeitpunkt der Tatentdeckung bei verspäteter Abgabe von StAnmeldungen BB 82, 670; *Göggerle/Frank* Entdeckung der Tat bei der Selbstanzeige gem § 371 II Nr 2 der Abgabenordnung, BB 84, 398; *Henneberg* Die Entdeckung der Tat im Steuerstrafrecht, BB 84, 1679; *Brenner* Kein Ausschluß der Selbstanzeige, wenn der konkrete Täter noch nicht entdeckt ist, DStZ 84, 478; *Göggerle/Frank* Entdeckung der Tat bei der Selbstanzeige gemäß § 371 Abs 2 Nr 2 der Abgabenordnung, BB 84, 398; *Blumers* Zur Auslegung des § 371 AO am Beispiel „Tatentdeckung", wistra 85, 85; *Winkelbauer* Kontrollmitteilung und strafbefreiende Selbstanzeige (§ 371 AO) wistra 86, 100; *Pfaff* Entdeckung der Tat durch Kontrollmitteilung? StBp 86, 89.

1. Abschnitt. Strafvorschriften **§ 371**

Entdeckung der Tat namentlich durch die FinBeh. Für die Sperrwirkung muß auf den Begriff der Tat abgestellt werden, wie er in Abs 2 Nr 1b verwandt wird. Entdeckt ist die Tat nicht schon bei bloßem **Tatverdacht.** Ein bloßer **Anfangsverdacht** reicht für eine Entdeckung **nicht** aus (BGH NStZ 83, 415; 85, 126). Dieser bedarf vielmehr der Konkretisierung, die dann gegeben ist, wenn bei vorläufiger Tatbewertung die Wahrscheinlichkeit eines verurteilenden Erkenntnisses gegeben ist, BGH NStZ 83, 415. Das Merkmal der Tatentdeckung erfordert mehr als die Kenntnis von Anhaltspunkten, die zur Einleitung eines Ermittlungsverfahrens Anlaß geben könnten, selbst wenn die Wahrscheinlichkeit späterer Aufklärung gegeben ist. Maßgebend ist auch nicht der Zeitpunkt, in dem die FinBeh zu der Schlußfolgerung kommt, es sei eine StVerkürzung vorgenommen worden. **Entdeckt** ist eine Steuerstraftat nicht schon beim Bekanntwerden von Tatsachen, die zur **Einleitung** von Ermittlungen **Anlaß** geben können, sondern erst dann, wenn **Anhaltspunkte** ermittelt sind, die eine vorläufige Tatbewertung im Sinne der Wahrscheinlichkeit eines **verurteilenden Erkenntnisses** ermöglichen (BGH wistra 85, 74). Entdeckung liegt vor, wenn durch die Kenntnis von der Tat eine solche Lage geschaffen wird, die bei vorläufiger Tatbewertung die **Verurteilung** des Betroffenen **wahrscheinlich** macht, BGH wistra 88, 308. Kenntnis von dem fruchtlosen Ablauf der Erklärungsfrist ist noch keine Entdeckung, OLG Hbg NJW 70, 1385. Nach OLG Celle (BB 71, 205) kann dagegen die verspätete Abgabe einer StAnmeldung nicht mehr als strafbefreiende Selbstanzeige gewertet werden, wenn das FA die Nichtabgabe der Anmeldungen bereits registriert und der Strafsachenstelle mitgeteilt hat. Dieser Auffassung haben sich *Dietz* (DStR 81, 372) und *Bilsdorfer* (BB 82, 670) angeschlossen. Nach der hM ist dagegen unter der Tatentdeckung mehr zu verstehen als ein bloßes Verdachtschöpfen (*HHSp* Anm 108 ff; ähnlich *Leise* Anm 9 c III, *Suhr* S 367; *Franzen/Gast/Samson* Anm. 120; *Herdemerten* NJW 70, 1385; OLG Hbg NJW 70, 1385; BayObLG StBp 71, 273). Auch wenn es ein Unternehmen zu **Schätzungen** kommen läßt, spricht das allein noch nicht für die Annahme, daß die StHinterziehung **entdeckt** ist. Es müssen vielmehr konkrete Anhaltspunkte vorliegen, daß der Stpfl selbst **vorsätzlich** gehandelt hat, OLG Celle, wistra 84, 116.

Für den Fall, daß ein Stpfl **keine USt-Voranmeldungen oder LSt-Anmeldungen abgegeben** hat, ist daher eine strafbefreiende Selbstanzeige auch dann noch möglich, wenn dem FA bewußt war, daß Umsätze erzielt und Arbeitnehmer beschäftigt waren, sofern nicht hinlängliche Anhaltspunkte für das Bestehen einer StSchuld und für den Vorsatz der StHinterziehung gegeben sind, *Franzen/Gast/Samson* RNr 371. Nicht allein die Kenntnis von der Nichtabführung der StErklärung, sondern erst die Gesamtwürdigung des Sachverhalts entscheidet darüber, ob die Tat entdeckt ist, *Pfaff* DStZ 82, 364. Es müssen die näheren Umstände der Nichtabgabe der StErklärung bekannt sein. Die Tatsache, daß das FA das Ausbleiben fälliger StAnmeldungen und Steuerzahlungen bemerkt, sie angemahnt und bei weiterem Untätigbleiben des Stpfl nach Schätzung der Besteuerungsgrundlagen die StSchuld festgesetzt hat, soll als rein steuerliche Maßnahme für die Annahme einer wirksamen Selbstanzeige unschädlich sein, weil die Tat iSd § 370 hierdurch noch nicht entdeckt ist, *HHSp* Anm 111; *Franzen/Gast/Samson* RNr 123; *Suhr/Naumann*, 3. Aufl 77 S 367. Die Tat

§ 371

muß also objektiv und subjektiv entdeckt sein, *HHSp* Anm 110. Das ist mehr als Verdacht schöpfen, *HHSp* Anm 110. *Göggerle/Frank* (BB 84, 401) sprechen sich für ein **Verwertungsverbot** aus, wenn die FÄ die rückständigen Voranmeldungen unter **Androhung** von **Zwangsgeld anmahnen,** obwohl sie eigentlich ein StStrafverfahren hätten einleiten müssen.

Es ist allerdings schlecht einzusehen, weshalb nicht auch bereits der „schlichte Tatverdacht" iSd § 152 II StPO und nicht erst der hinreichende Tatverdacht iSd § 170 I, § 203 StPO ausreichend sein soll, wenn bereits die Einleitung eines Strafverfahrens und deren Bekanntgabe, für die einfacher Tatverdacht genügt, ausreicht, um die Strafbefreiung auszuschließen. *Dietz* (NJW 81, 372) verweist mit einem gewissen Recht darauf, daß im allgemeinen Strafrecht bei der tätigen Reue eine Straffreiheit nicht vorgesehen ist, und bei der Brandstiftung die Auslegung dahin geht, daß eine Entdeckung bereits dann vorliegt, wenn ein nicht zum Kreis des Täters gehöriger unbeteiligter Dritter von dem zugrundeliegenden Sachverhalt soviel wahrgenommen und von seinem kriminellen Unrechtsgehalt soviel erkannt hat, daß von ihm erwartet werden kann, daß er die Strafverfolgung veranlassen werde (vgl BGH St 24, 49) oder daß auf seine Wahrnehmungen ein StStrafverfahren gegründet werden kann. Mithin genügt nicht der schlichte Tatverdacht iSd § 152 II StPO, andererseits ist aber auch nicht volle Gewißheit erforderlich, RGSt 71, 243; *HHSp* RNr 109 und 110; *Franzen/Gast/Samson* RNr 120/121; *Bilsdorfer* BB 82, 672 mwN.

Wenn bei Ausbleiben der StErklärung die Besteuerungsgrundlagen schätzt, liegt darin nach hM noch keine Tatentdeckung.

Kündigt ein **Steuerfahnder** an, wegen eines konkreten Geschäfts das private Girokonto des Steuerpflichtigen überprüfen zu wollen, sind auch die sonstigen über dieses Giro-Konto ohne Rechnung abgewickelten Geschäfte entdeckungsgefährdet. Eine Selbstanzeige hinsichtlich dieser Geschäfte ist dann nicht mehr möglich, OLG Celle, wistra 85, 84. So gesehen kann uU auch eine **Kontrollmitteilung** Mittel der Tatentdeckung sein, wenn sie bei vorläufiger Bewertung die Wahrscheinlichkeit einer Verurteilung wegen Steuerhinterziehung begründet, so jedenfalls LG Koblenz wistra 85, 204. Dies dürfte jedenfalls dann gelten, wenn durch die Kontrollmitteilung das Vorhandensein gewerblicher Einkünfte aufgedeckt wird, die aus der eingereichten Steuererklärung nicht ersichtlich waren. Die Kontrollmitteilung kann jedenfalls dann zur Tatentdeckung führen, wenn sie bei Vergleich mit den Steuerakten keinen anderen Schluß zuläßt, als das Steuern verkürzt worden sind, *Winkelbauer* wistra 86, 100. Zur Tatentdeckung gehört nicht, daß zB Täter oder Teilnehmer oder alle Einzelakte einer fortgesetzten Handlung oder das volle Maß der Steuerverkürzung bekannt sind. Wesentlich ist die Kenntnis vom **Kern** eines **geschichtlichen Vorgangs,** der die tatsächlichen Merkmale der Steuerhinterziehung enthält.

Wird eine Selbstanzeige wegen bislang unentdeckter **Einzelakte** einer **fortgesetzten Steuerhinterziehung** erstattet, so ist insoweit Straffreiheit möglich, auch wenn andere Einzelakte der fortgesetzten Tat bereits entdeckt waren, BGH wistra 87, 342.

Bei Entdeckung durch andere Behörden und Privatpersonen wird man darauf abstellen müssen, ob damit zu rechnen ist, daß diese ihre Kenntnisse an die zuständige FinBeh weitergeben oder nicht, vgl *Maaßen* FR 54, 293; OLG Hamm NJW 63, 1561. Hierbei ist zu berücksichtigen, daß **Behörden** nach § 116 grundsätzlich zur **Anzeige** von StStraftaten **verpflichtet** sind. Als **Tatentdecker** kommt jeder in Frage, der die Tat entdecken kann, *Blumers* aaO, 88, mit Ausnahme der Teilnehmer, Vertrauenspersonen Familienangehörige usw vgl OLG Hamm BB 63, 459; *HHSp* RNr 113. Als Tatentdecker scheiden solche Personen aus, die zum **Vertrauenskreis** des Täters gehören oder die **bevollmächtigt** sind, für ihn tätig zu werden, BGH NStZ 88, 413 wistra 88, 308. Man wird nach der Rechtsauffassung des BGH (wistra 83, 193) davon ausgehen müssen, daß als Tatentdecker nur diejenigen in Frage kommen, die die Tat in der geforderten objektiven und subjektiven Weise entdecken, vgl *Blumers* aaO, 88.

Die Entdeckung der Tat durch eine **andere Behörde**, in dem gegebenen Fall der Schweizer Polizei, schließt eine Strafanzeige nur dann aus, wenn dadurch eine Lage geschaffen wird, nach der bei vorläufiger Tatbewertung eine Verurteilung des Beschuldigten wahrscheinlich ist, BGH wistra 87, 342, wistra 87, 293. In Fällen **internationaler Rechtshilfe** kann sich eine solche Lage nicht erst zu dem Zeitpunkt ergeben, in dem sich die ausländischen Behörden zur Bewilligung der Rechtshilfe entschließen. Sie kann auch schon mit der Auffindung von Unterlagen selbst zusammenfallen. Entscheidend sind hierbei die Umstände des Falles, insbesondere die Wahrscheinlichkeit der Rechtshilfegewährung; vgl hierzu die Anmerkung von *Franzen* wistra 87, 341. *Franzen* weist daraufhin, daß die bloße **Entdeckungsgefahr** der Finanzbehörde noch keine Aussicht bietet, den ihr unbekannten Steueranspruch zu realisieren, daher müßte eigentlich entscheidend sein, wann die (inländische) **Behörde** Kenntnis von der Tat erlangt. § 371 spreche auch nicht von der Entdeckungsgefahr, sondern von der Entdeckung. *Franzen* kommt aber in dem zitierten Fall zur selben Auffassung wie der BGH.

Die Fassung stellt im übrigen klar, daß eine vom Täter lediglich **vermutete Entdeckung** der Tat die Strafbefreiung nicht ausschließt. Vgl auch *Pfaff* DStZ A 76, 426.

9. Zahlung der hinterzogenen Steuern (Abs 3).

Schrifttum: *Franzen* Selbstanzeige und Nachzahlung fremder Steuern (§ 371 Abs 3 AO), DStR 83, 323; *Meine* Die Nachzahlungspflicht des GmbH-Geschäftsführers bei der Selbstanzeige einer Steuerstraftat nach altem und neuem Recht, wistra 83, 59; *Dumke* Zur Nachentrichtungspflicht für hinterzogene Steuern, BB 81, 117 ff; *Pfaff* Dauer der Nachzahlungsfrist im Falle der Selbstanzeige nach § 371 Abs 3 AO, StBp 87, 133.

a) Zahlungsverpflichteter. Nach § 395 III RAO war Voraussetzung für die Strafbefreiung, daß der **StSchuldner** die hinterzogene Steuer nachzahlte. Diese Regelung war in den Fällen nicht sachgerecht, wo der Täter die eigentlichen Vorteile aus der Tat gezogen hatte. Dies gilt zB für den Fall der **VerbrauchstHinterziehung** durch Diebstahl aus einem Herstellungsbetrieb. In diesem Fall wird nicht der Dieb, sondern der Hersteller StSchuldner. Der Abs 3 stellt daher darauf ab, ob die Steuern zugunsten des Täters hinterzogen worden sind.

Ob Steuern zugunsten des Täters hinterzogen wurden, ist nicht nach steuerrechtlichen Gesichtspunkten sondern nach **wirtschaftlicher** Betrachtungsweise zu beurteilen, BGH NJW 80, 248. Entscheidend ist, wem die **unmittelbaren Vorteile** der Tat zugeflossen sind. Dementsprechend müß-

§ 371 8. Teil. Straf- und Bußgeldvorschriften

te auch bei einem Gesellschafter einer jur Person Straffreiheit nur dann eintreten, wenn er die von ihm hinterzogene Steuer nachentrichtet; denn die Vorteile der Tat kommen auch ihm zugute, wenn auch StSchuldner die jur Person ist, vgl *Franzen/Gast/Samson* RNr 133, *Kohlmann* RNr 88. *Bringewat* JZ 80, 347: Der unmittelbare Steuervorteil für die Gesellschaft bewirke zwar auch einen mittelbaren Vorteil für den Gester, dieser sei aber ein lediglich wirtschaftlicher Vorteil. *Bringewat* ist entgegenzuhalten, daß sich aus dem Wortlaut des § 371 III nicht eindeutig entnehmen läßt, der durch den Täter der StHinterziehung gezogene Vorteil müsse ein unmittelbarer sein. Es ist auch nicht richtig, daß sich in der Entscheidung des BGH (aaO) zugrundeliegenden Fall der kriminelle Gehalt der Verhaltensweise der Buchhalterin in der Veruntreuung der Firmengelder erschöpft. Eine Nachzahlungspflicht als Voraussetzung für die Straffreiheit ist aber wohl nicht gegeben, wenn zB der Geschäftsführer einer GmbH, an der seine Angehörigen beteiligt sind, StHinterziehung begeht. Entgegen der Auffassung des BGH, liegt nach *Reiß* (NJW 80, 1291) kein unmittelbar durch die StHinterziehung bewirkter Vorteil vor, wenn der Täter sich den hinterzogenen Betrag erst durch einen weiteren Zueignungsakt, zB Unterschlagung, verschafft. Zur Frage der Straffreiheit nach Selbstanzeige eines **GmbH-Geschäftsführers** vgl OLG Stuttgart wistra 84, 239. Maßgeblich ist nicht, daß die Hinterziehung unmittelbar kausal geworden ist für einen steuerlichen Vorteil des Hinterziehers (so HHSp RNr 52), vielmehr kommt es darauf an, ob bei **wirtschaftlicher Betrachtung** der unmittelbare Vorteil aus der Tat dem Hinterzieher zugeflossen ist (BGHSt 29, 37), oder die Tat nur zu einem allenfalls mittelbaren Vorteil für den Hinterzieher geführt hat.
Steuerlicher Vorteil und wirtschaftlicher Vorteil können auseinanderfallen, BGH NJW 80, 248, zB wenn ein Buchhalter falsche USt-Erklärungen abgibt und die entspr Beträge entnimmt. **Kein unmittelbarer** Vorteil ist dagegen, wenn der Buchhalter die StHinterziehung zugunsten des Unternehmens begeht, um seinen Arbeitsplatz zu behalten, weil die Tat den wirtschaftlichen Zusammenbruch des Unternehmens hinausschiebt, BGH aaO; BGH wistra 87, 343. Eine andere Beurteilung kann Platz greifen, wenn der Betreffende am Gesellschaftsvermögen beteiligt ist, **Tantiemen** oder sonstige **gewinnabhängige** Leistungen enthält.
Personen, die in sozial abhängiger Stellung aus vermeintlicher Treuepflicht zum Arbeitgeber bei einer Steuerhinterziehung mitwirken, soll die Umkehr mit der Folge der Straffreiheit leichter gemacht werden (BGHSt 29, 37 ff, 42).
Meine (wistra 83, 59) tritt dafür ein den Begriff „zu seinen Gunsten" weit auszulegen. Hierunter fielen nicht nur steuerliche Vorteile, sondern Vorteile jeglicher Art. Nach § 14 I StGB ist ein Gesetz, nachdem besondere persönliche Merkmale die Strafbarkeit begründen, auch auf Organe juristischer Personen, auf vertretungsberechtigte Gesellschafter von Personenhandelsgesellschaften und auf gesetzliche Vertreter anzuwenden, wenn diese Merkmale zwar nicht bei ihnen aber bei den Vertretenen vorliegen. Von daher kann zB auch der GmbH-Geschäftsführer die Schuldnereigenschaft der GmbH zugerechnet werden, dh er wäre so zu behandeln als wäre er selbst der StSchuldner und als hätte er die Steuern zu seinen eigenen Gunsten hinterzogen, *Meine* wistra 83, 62. Voraussetzung ist, daß der Vertreter in dieser Funktion tätig geworden ist; aA *Dumke* aaO.

1. Abschnitt. Strafvorschriften **§ 371**

Nachzahlen muß der Täter, wenn und soweit er Nutznießer der StHinterziehung ist, *Franzen* DStR 83, 323. Nachzahlen muß daher auch der Gesellschafter einer Ein-Mann-GmbH. Kein Zwang zur Nachzahlung besteht für firmentreue Angestellte, StBerater und Vermögensverwalter, soweit nicht ausnahmsweise der im fremden Interesse bewirkte rechtswidrige StVorteil in anderer Form auf sie übergangen ist, *Franzen* aaO. Demnach sind zu eigenen Gunsten auch die Steuern hinterzogen, die der geschäftsführende Alleingesellschafter einer Körperschaft zu deren Vorteil verkürzt, *Pfaff* DStZ 82, 365; *Franzen/Gast/Samson* Tz 133. Der EinfErl ist durch BMF-Schreiben vom 21. 9. 81 geändert worden, BStBl 81 I 625. Nr 3. Er lautet nunmehr wie folgt: „Die Entrichtung der hinterzogenen Steuern ist nicht mehr Straffreiheitsvoraussetzung nur für den Täter, der die Steuer schuldet, sondern für alle an der Tat Beteiligten (Täter, Anstifter, Gehilfen) zu deren unmittelbarem wirtschaftlichen Vorteil (vgl BGH HFR 79, 537) Steuern hinterzogen worden sind". Ohne Nachentrichtung wird allein auf Grund einer Selbstanzeige bereits straffrei, wer als Tatbeteiligter Steuern hinterzieht, aus der Tat selbst jedoch keinen eigenen steuerl Vorteil gewinnt, *Bringewat* Der Staatssäckel als Kriterium der Gesetzesauslegung, JZ 80, 347. Wenn der Steuerpflichtige schon wegen schuldhafter **Nichtabführung** von **Lohnsteuer** gesamtschuldnerisch **haftet**, so liegt auf der Hand, daß er auch in diesem Umfang die Steuern **zu seinen Gunsten** hinterzogen hat, BGH wistra 85, 104 mit Anm von *Joecks* wistra 85, 151. Bei der wirksamen Selbstanzeige eines **GmbH-Geschäftsführers** ist der Erlaß eines **Haftungsbescheides** für die zugunsten der Gesellschaft hinterzogenen Umsatzsteuer nicht erforderlich, LG Stuttgart wistra 88, 36 gegen OLG Stuttgart wistra 84, 239.

b) **Nachzahlungsfrist.** *App* Die Bedeutung allgemeiner Zahlungsfristen für die strafbefreiende Wirkung einer Selbstanzeige, DStR 87, 37. Die Fassung stellt klar, daß die **Frist angemessen** sein muß. Bei der Bemessung der Zahlungsfrist ist neben der Höhe der geschuldeten Leistung idR die besondere wirtschaftliche Lage des Verkürzungstäters zu berücksichtigen, jedoch sind der Zahlungsfrist sowohl nach strechtlichen wie nach st-politischen Gesichtspunkten Grenzen gezogen. Die Frist ist allein nach strafrechtlichen Gesichtspunkten festzusetzen; es besteht zu der steuerlichen Zahlungsfrist keine notwendige Abhängigkeit. Das zeigt sich ua im Konkurs, in dem das FA dem Stpfl keine steuerliche Frist mehr setzen darf, wohl aber eine Frist nach § 371 III, *Leise* Anm 10 C 1; *Kohlmann* RNr 95; *Pfaff*, Kommentar zur steuerlichen Selbstanzeige, 181 mwN. Im Allgemeinen wird die Frist nicht länger als auf 6 Monate zu bemessen sein. AG Saarbrücken DStZ 83, 414 mit Anmerkung von *Bilsdorfer*. Bei der Festsetzung der Nachzahlungsfrist darf die Finbeh auf **Ermittlungen** zu den aktuellen persönlichen und finanziellen **Verhältnissen** des Steuerpflichtigen nicht verzichten. Dabei sind nicht geringere Anforderungen zu stellen, als dies im Rahmen einer Stundung üblich und geboten ist, LG Koblenz wistra 86, 79.

Bei einem offensichtlich zahlungsfähigen Täter ist dem Täter eine angemessene Frist zu setzen, in der er die Möglichkeit erhält, sich um Fremdmittel zu bemühen. Einer unangemessenen Dauer stehen auch hier die Besonderheiten des staatlichen Strafanspruchs und der strafverfahrens-

§ 371 8. Teil. Straf- und Bußgeldvorschriften

rechtlichen Belange entgegen. Der zwischen Nachmeldung (Selbstanzeige) und Fristsetzung verstrichene Zeitraum, in dem der Täter bereits sich auf die zu erwartende Nachzahlung einrichten konnte, darf bei der Fristbemessung berücksichtigt werden. Kann der Täter die Nachzahlung nicht innerhalb einer vertretbaren Frist erfüllen, so muß er sich die Strafe als Folge rechtswidrigen Tuns ebenso zurechnen lassen wie ein Täter, der trotz tätiger Reue den Schaden nicht mehr abwenden konnte (OLG Karlsruhe BB 74, 1514). Vgl auch *Ehlers* Praktische Hinweise zur Selbstanzeige, DStR 74, 695. Abs 3 verlangt zur wirksamen Festsetzung keinen **Haftungsbescheid.** Die Frist nach Abs 3 hat eine rein **strafrechtliche** Bedeutung und steht zu den steuerlichen Zahlungsfristen nicht in einer notwendigen Abhängigkeit (BFH BStBl 82, 352; *Franzen/Gast/Samson* RNr 143); vgl hierzu die Anmerkung von *Kramich* wistra 88, 37. Nach Eröffnung eines **Konkursverfahrens** können dem Gemeinschuldner **steuerliche Fristen** nicht mehr gesetzt werden. Dagegen ist eine **Fristbestimmung** nach § 371 III auch im Konkursfall zulässig und erforderlich (BFH BStBl 82, 353). Die Frist nach § 371 III ist zu trennen von der steuerlichen Frage, wie die hinterzogenen Steuern bei einem Haftungsschuldner realisiert werden können, vgl *Kramich* aaO.

Zu den Steuern gehören nicht die erst durch **Haftungsbescheid** gegen den StHinterzieher begründeten **Haftungsansprüche,** *Franzen/Gast/Samson* RNr 133, wohl aber die steuerlichen **Nebenleistungen,** soweit diese hinterzogen worden sind, aA *Franzen/Gast/Samson* RNr 136, vgl § 1 III.

c) Rechtsbehelf gegen Fristsetzung. Für Streitigkeiten um die Festsetzung einer Frist zur Entrichtung verkürzter Steuern ist der **Finanzrechtsweg nicht** gegeben, BFH BStBl 82, 352. Der BGH hat offengelassen, ob ein Rechtsweg gegen die Fristsetzung überhaupt gegeben ist, solange ein Strafverfahren noch nicht eröffnet ist. Dies verneinen FG München EFG 77, 384 *Schuhmann* DStZ A 78, 48; aA *Hübner* in HHSp § 371 RNr 17. Rechtsmittel folgt nach *Franzen/Gast/Samson* aus Art 19 IV GG, aaO RNr 145; aA FG Hessen EFG 73, 389: Angemessenheit der Frist ist allein im Strafverfahren zu beurteilen. Zuständig ist das für die **Eröffnung** des **Hauptverfahrens** zuständige **Gericht.** Eine unzumutbar kurze Frist würde eine Art Strafersatz darstellen, wozu die Finbeh nach § 371 nicht befugt sind. Das Strafgericht hat zu prüfen, ob die gesetze Frist angemessen war. Falls nicht, kann das Strafgericht auch noch während des Strafverfahrens – also auch im Laufe der Hauptverhandlung – die Frist verlängern oder neu festsetzen, *Kohlmann* RNr 107; aA AG Saarbrücken (DStZ 83, 414) das den Antrag auf gerichtliche Entscheidung nach Art 19 IV GG iVm §§ 305 ff StPO für zulässig hält. Zuständig für die Entscheidung sei nicht der Ermittlungsrichter beim AG sondern das für die Eröffnung des gerichtlichen Hauptverfahrens zuständige Gericht, dh idR das AG. Für diese Auffassung sprechen zumindest prozeßökonomische Gründe. Es wäre unrationell, wenn die Angemessenheit der Frist erst im Rahmen der gerichtlichen Prüfung zB des beantragten Strafbefehls oder gar in der gerichtlichen Entscheidung über die Zulassung der Anklage geprüft würde. Dies wäre auch für den Beschuldigten eine unzumutbare Belastung.

Ist die Frage der Angemessenheit zu bejahen, so tritt Straffreiheit nur ein, wenn die hinterzogenen Beträge fristgerecht nachgezahlt werden.

1. Abschnitt. Strafvorschriften **§ 372**

Sachlich zuständig für die Fristsetzung ist die Stelle, die für das StStrafverfahren zuständig ist; diese sollte sich aber mit der für die Festsetzung der St zuständigen Stelle verständigen, damit nicht unterschiedl Fristen bestimmt werden. Dies gilt namentl für den Fall der Stundung.

10. Abs 4 entspricht § 395 IV RAO. Nach § 153 I 2 haben der **Gesamtrechtsnachfolger** eines Stpfl und die nach §§ 34 und 35 für den Gesamtrechtsnachfolger oder den Stpfl **handelnden Personen** die Pflicht zur **Berichtigung** unrichtiger oder unvollständiger Erklärungen. Die Fassung bezieht sich jedoch nicht nur auf diese früher in § 117 RAO genannten Personen, sondern auch auf **den Stpfl** selbst. Danach müßte die Rechtswohltat künftig auch dem Stpfl zugute kommen, wenn zB ein Verfügungsberechtigter iSd § 35 eine solche Berichtigung vornimmt. Sinn dieser Bestimmung ist es zu verhindern, daß jemand, der nach § 153 eine Erklärung nachholt oder berichtigt, dadurch einen anderen, der die Erklärung nicht oder eine unrichtige Erklärung abgegeben hat, der Strafverfolgung aussetzt. Er könnte anderenfalls mit Rücksicht auf den anderen evtl davon absehen, eine entspr Erklärung abzugeben. Deswegen soll auch der Dritte von der Strafverfolgung verschont werden, es sei denn, daß ihm oder seinem Vertreter vorher wegen der Tat die **Einleitung** eines **Straf-** oder **Bußgeldverfahrens** bekanntgegeben worden ist. Die in § 153 statuierte Berichtigungspflicht bezieht sich anders als § 117 RAO nicht mehr auf die **Erwerber** von **Unternehmen**, auf deren Betrieb seine StPflicht gegründet ist, sowie auf **Sondernachfolger** im **Grundvermögen** und Betriebsvermögen. Aus dem Wortlaut der Bestimmung ist auch nicht zu entnehmen, daß bei Vorhandensein mehrerer Berichtigungspflichtiger (zB mehrere TV oder KV) die Berichtigung der „ehrlichen" unter ihnen, den anderen „unehrlichen" nicht zugute käme (anders *Pfaff*, Handbuch der Rspr zum Strafrecht, § 395 RAO RNr 278). Im Gegenteil ist aus der Fassung zu schließen, daß zB auch bei mehreren Stpfl (zB persönl haft Gesellschafter) die rechtzeitige Berichtigung auch dem anderen, der die Berichtigung bewußt unterlassen hat, zugute kommt. An die sog Fremdanzeige werden aber geringere Anforderungen gestellt als an die Selbstanzeige. Es wird nur die **rechtzeitge Erstattung** der **Anzeige** verlangt, **nicht** aber die erforderliche **Richtigstellung**. Der S 2 war bisher in § 395 IV nicht enthalten. Wenn der Dritte, dem die Anzeige zugute kommt, zum eigenen Vorteil gehandelt hat, so wird er nur straffrei, wenn er die entspr Steuer nachzahlt; Abs 3 ist entspr anzuwenden.

§ 372 Bannbruch

(1) **Bannbruch begeht, wer Gegenstände entgegen einem Verbot einführt, ausführt oder durchführt, ohne sie der zuständigen Zollstelle ordnungsgemäß anzuzeigen.**

(2) **Der Täter wird nach § 370 Absatz 1, 2 bestraft, wenn die Tat nicht in anderen Vorschriften als Zuwiderhandlung gegen ein Einfuhr-, Ausfuhr- oder Durchfuhrverbot mit Strafe oder Geldbuße bedroht ist.**

Schrifttum: *Brenner* Bannbruch – auch fahrlässiger – „Fossil" oder Notwendigkeit, ZfZ 80, 240; *Arendt* Strafbarkeit des „agent provocateur? ZfZ 81, 172; Übersicht über Schrifttum und Rechtsprechung zur Rauschmittelkriminalität unter besonderer

§ 372

Berücksichtigung von Zollstraftaten bei *Harbusch* und *Kretschmer*, ZfZ 81, 234; *Christiansen* Bannbruch auf vorgeschobenen Zollstellen, ZfZ 82, 66; *Bender* Das Zoll- und Verbrauchsteuerstrafrecht mit Verfahrensrecht, 5. Aufl 1981; *Prittwitz*, Einfuhr und Durchfuhr von Betäubungsmitteln, NStZ 83, 351.

Übersicht

1. Inhalt
2. Verbot der Einfuhr usw
3. Tathandlung
4. Vorsatz
5. Abs 2: Subsidiaritätsklausel
6. Konkurrenz zu § 370

1. Inhalt. Die Vorschrift behandelt den **Bannbruch**, dh die verbotswidrige Einfuhr, Ausfuhr oder Durchfuhr von Gegenständen ohne **ordnungsgemäße Gestellung.** Die Fassung entspricht mit einer geringen redaktionellen Abweichung dem § 396 RAO. Im Abs 1 ist der Begriff „gestellen" durch den Begriff **„anzeigen"** ersetzt worden. Damit wird klargestellt, daß nicht nur die Verletzung der für das Zollrecht typischen Gestellungspflicht, sondern **jede Verletzung** einer der Zollstelle gegenüber bestehenden **Anzeigepflicht** (zB in Bezug auf Ein-, Aus-, Durchfuhrverbote und -beschränkungen) unter Strafe gestellt wird. Diese Verbote dienen zu einem großen Teil nichtsteuerlichen Zwecken, insbesondere gesundheitspolitischen, wirtschaftspolitischen Zwecken. Ein Verstoß gegen diese Bestimmungen wird deswegen nach den Bestimmungen der AO geahndet, weil insoweit regelmäßig die Zollbehörden die Grenzaufsicht durchführen. Die Pflicht für die Zollverwaltung zur Überwachung der Verbote und Beschränkungen für den Warenverkehr über die Grenze ergibt sich aus § 1 I ZG. § 385 gilt auch, wenn die Tat nach einem anderen als eine StG geahndet wird, *Brenner* aaO, 240. Die Vorschrift tritt aber regelmäßig gegenüber dem § 370 zurück, wie weil die Subsidiaritätsklausel des Abs 2 eingreift. Die Bezeichnung einer Tat als **Bannbruch** hat Bedeutung für die **Anwendung des § 373 II,** der eine Strafverschärfung vorsieht; auch wenn die Tat in der einfachen Begehungsform nach nichtsteuerlichen Gesetzen geahndet wird und/oder nur eine Ordnungswidrigkeit darstellt, vgl zB BGH St NJW 73, 1707.

Nicht anzuwenden ist § 372 bei Verstoß gegen **Verbringungsverbote,** die nur aus **Straftatbeständen** des StGB herzuleiten sind und auf Verbringungsverbote wettbewerbsrechtlichen Charakters, vgl *Franzen/Gast/Samson* RNr 6 und 7. **Einfuhrverbote** bestehen zB im KriegswaffenG, im BetäubungsmittelG, im FleischbeschauG.

2. Verbot der Einfuhr usw. Es ist gleichgültig, ob sich das Verbot aus einem Gesetz oder aus einer VO ergibt. **Einfuhr** ist das Verbringen aus fremden Hoheitsgebieten in das Gebiet der BRD, einschließlich Westberlin, soweit das Verbot sich auf dieses Gebiet erstreckt. Hierzu gehören auch Zollanschlüsse, dh Hoheitsgebiete, die aufgrund eines Staatsvertrages dem Zollgebiet der BRD angeschlossen sind (§ 2 II), sowie **Zollfreigebiete** § 2 III AZO, namentl deutsche Schiffe und Luftfahrzeuge in Gebieten, die zu keinem Zollgebiet gehören, die Insel **Helgoland, Freihäfen.** Umstritten ist die Behandlung von Zollausschlüssen (§ 2 II AZO) und vorgeschobenen

1. Abschnitt. Strafvorschriften § 372

Zollstellen. Diese werden allerdings nach § 2 VII ZG dem deutschen Zollgebiet zugerechnet, vgl hierzu bejahend BayOLG, ZfZ 71, 117 gegen *Bender* ZfZ 68, 15 ff Tz 101, 2c. Entsprechende Regelungen werden aufgrund eines Staatsvertrages getroffen, zB Deutschland/Schweiz (v 1. 6. 61 BGBl II 62, 877, BGBl II 64, 675) Deutschland/Niederlande (v 25. 8. 60 BGBl II 1281, BGBl II 6, 2316). Danach kann die Tat auch schon **vor Überschreiten** der Hoheitsgrenze vollendet werden, vgl OLG Oldenburg ZfZ 74, 50. Bannbruch liegt bereits vor, wenn der Einführer die Ware bei einer in einem Nachbarstaat gelegenen deutschen Zollstelle nicht ordnungsgemäß angemeldet hat, unabhängig davon ob die Vorschriften über die Einfuhrverbote und -beschränkungen eine dem § 2 VII ZG entsprechende Regelung enthalten. Ähnliche Abkommen bestehen mit Belgien, Frankreich, Luxemburg, Dänemark und Österreich, vgl hierzu BayObLG ZfZ 71, 117. **Durchfuhr** ist das Verbringen von Gegenständen, ohne daß diese Gegenstände in dem Gebiet, in dem die Durchfuhr stattfindet, in den freien Verkehr gelangen. Übersicht über **Ein-, Ausfuhr-** und **Durchfuhrverbote** bei *Franzen/Gast/Samson* RNr 19.

3. Die **Tathandlung** besteht in einer **nicht ordnungsgemäßen** Anzeige, zB dadurch, daß überhaupt keine Anzeige, bei der Anzeige falsche Angaben über die Ware gemacht oder die Grenzkontrollstellen umgangen werden. Eine Täuschung des Zollgrenzbeamten reicht daher aus, ist aber nicht in jedem Fall Voraussetzung für die Tathandlung. Für den **Reiseverkehr** gelten erleichterte Bestimmungen über die Anzeige; Reisende haben eine Anzeigepflicht nur, wenn sie vom Zollbeamten gefragt werden, ob sie gestellungspflichtige Waren mit sich führen, vgl zur Gestellungspflicht § 6 ZG, §§ 12, 13 AZO. **§ 80 ZG** gilt für den Bannbruch nicht, weil § 80 ZG nur auf spezielle Zollstraftaten anwendbar ist, worunter der Bannbruch nicht fällt, *Bender* aaO Tz 95 VI f.

4. Bestrafung setzt **vorsätzliches Handeln** voraus. Vorsatz muß sich auch auf das **Verbot** der **Einfuhr** usw beziehen. Kannte der Täter das Verbot nicht, liegt **Tatbestandsirrtum** iSd § 59 StGB vor, wodurch Vorsatz entfällt. **Versuch** ist strafbar, vgl Verweisung auf § 370 II in Abs 2. Zur Frage der Vollendung der Tat vgl BGH NJW 73, 814; BGH St 3, 44. **Selbstanzeige** nach § 371 ist für den Bannbruch nicht vorgesehen, einige Verbotsgesetze enthalten aber vergleichbare Vorschriften, zB § 16 III KriegswaffenG. Verfahrensrechtlich wird der Bannbruch in der Praxis nicht als Steuerstraftat behandelt, wenn die Bestrafung nach dem Verbotsgesetz erfolgt. Hiergegen zu Recht *Bender* aaO Tz 95 VI g.

5. Abs 2. Subsidiaritätsklausel. Bestrafung nach § 370 I, II kommt nur in Betracht, wenn die Tat nicht nach anderen Vorschriften als Zuwiderhandlung gegen ein Einfuhr-, Ausfuhr- oder Durchführungsverbot mit Strafe oder mit Geldbuße bedroht ist. Es reicht aus, daß eine entspr Norm besteht. Auch eine Bußgeldvorschrift schließt den § 372 aus. Dies soll nach hM selbst dann gelten, wenn lediglich eine Versuchshandlung nach § 372 vorliegt, die entspr Bußgeldvorschrift aber den Versuch nicht ahndet, vgl *Franzen/Gast/Samson* RNr 38. UE steht diese Auffassung nicht im Einklang mit der Gesetzesfassung, die voraussetzt, daß die (konkrete) Tat mit Strafe oder Geldbuße bedroht ist.

§ 373   8. Teil. Straf- und Bußgeldvorschriften

6. Konkurrenz ist möglich mit § 370. Strafe ist ohnehin aus § 370 I, II zu entnehmen. Die Tat bleibt auch dann Bannbruch und damit StStraftat, wenn eine Bestrafung wegen der Subsidiaritätsklausel des Abs 2 nicht nach § 370 in Betracht kommt, aA *Franzen/Gast/Samson* RNr 49. Die **Subsidiaritätsklausel** gilt **nicht**, wenn § 373 eingreift; § 373 ist selbst dann anzuwenden, wenn die Tat in einfacher Ausführung nur als **Ordnungswidrigkeit** zu bestrafen wäre, vgl *Franzen/Gast/Samson* RNr 39. Da für die meisten Ein-, Aus- und Durchführungsverbote selbständige Straf- und Bußgeldvorschriften bestehen, kommt § 372 zZt nur bei Zuwiderhandlungen gegen § 3 **BranntwMonG** und früher § 2 **ZündwMonG** zur Anwendung. **Tateinheit** ferner möglich mit Schiffsgefährdung durch Bannware nach § 297 StGB. **Selbstanzeige** nach § 371 nicht möglich. § 80 ZG über die Nichtverfolgung von Zollstraftaten und Zollordnungswidrigkeiten im Reiseverkehr soll nach *Franzen/Gast/Samson* (RNr 52) auf den **Bannbruch** nicht anwendbar sein; dag spricht uE die Fassung des § 80 ZG, der ausdrückl auf § 369 Bezug nimmt; nach § 369 I Nr 2 ist aber auch der Bannbruch Zollstraftat; aA *Bender* aaO. Unter den Voraussetzungen des § 80 ZG besteht ein in jeder Lage des Verfahrens zu beachtendes Verfahrenshindernis, OLG Hbg ZfZ 62, 244. Statt dessen ist ein Ausgleich in Form eines Zollzuschlags vorgesehen, § 57 VII ZG. Unabhängig davon besteht die Möglichkeit der Einstellung wegen Geringfügigkeit. Die Ware darf nicht mehr als 240 DM wert sein; maßgebend ist der Marktpreis im Inland. Dies gilt insbesondere für die Einfuhr von Rauschgift. Bei Mittäterschaft hat jeder die gesamte Ware eingeschwärzt, mit der Folge, daß der Wert der gesamten Ware zusammengezählt werden muß, *Bender* aaO Tz 87 III f. Die Ware darf aber nicht durch besondere Vorrichtungen verheimlicht oder an schwer zugänglichen Stellen versteckt gehalten werden. § 80 ZG greift nicht ein, wenn innerhalb von 6 Monaten nochmals eine Zollstraftat begangen wird.

§ 373 Gewerbsmäßiger, gewaltsamer und bandenmäßiger Schmuggel

(1) Wer gewerbsmäßig Eingangsabgaben hinterzieht oder gewerbsmäßig durch Zuwiderhandlungen gegen Monopolvorschriften Bannbruch begeht, wird mit Freiheitsstrafe von drei Monaten bis zu fünf Jahren bestraft.

(2) Ebenso wird bestraft, wer
1. **eine Hinterziehung von Eingangsabgaben oder einen Bannbruch begeht, bei denen er oder ein anderer Beteiligter eine Schußwaffe bei sich führt,**
2. **eine Hinterziehung von Eingangsabgaben oder einen Bannbruch begeht, bei denen er oder ein anderer Beteiligter eine Waffe oder sonst ein Werkzeug oder Mittel bei sich führt, um den Widerstand eines anderen durch Gewalt oder Drohung mit Gewalt zu verhindern oder zu überwinden, oder**
3. **als Mitglied einer Bande, die sich zur fortgesetzten Begehung der Hinterziehung von Eingangsabgaben oder des Bannbruchs verbunden hat, unter Mitwirkung eines anderen Bandenmitglieds die Tat ausführt.**

1. Abschnitt. Strafvorschriften § 373

Schrifttum: *Pfaff* Gewerbsmäßiger, gewaltsamer und bandenmäßiger Schmuggel, ZfZ 81, 7; *Montenbruck* Zum Verhältnis von Steuerhinterziehung und gewerbsmäßigem Schmuggel, wistra 87, 7.

Übersicht
1. Inhalt
2. Anwendungsbereich
3. Gewerbsmäßigkeit
4. Hinterziehung von Eingangsabgaben
5. Zuwiderhandlungen gegen Monopolvorschriften
6. Strafverschärfungsgründe
   a) Beisichführen einer Schußwaffe
   b) Mitführen einer sonstigen Waffe
   c) Bandenmäßige Begehung
7. Teilnahme
8. Versuch
9. Konkurrenzfragen

1. Inhalt. Die Vorschrift sieht für den **gewerbsmäßigen** usw **Schmuggler** gegenüber § 370 I eine **Strafverschärfung** vor, nämlich Freiheitsstrafe von 3 Monaten bis zu 5 Jahren. **Abs 2** weicht gegenüber dem § 397 II RAO in einigen Punkten ab und ist dem Wortlaut des § 244 StGB über den Diebstahl mit Waffen und den Bandendiebstahl angepaßt. Abs 1 ist **eingeschränkt** worden auf die gewerbsmäßige Hinterziehung von **Eingangsabgaben** sowie auf **Bannbruch** durch gewerbsmäßiges Zuwiderhandeln gegen Monopolvorschriften. **Nicht** mehr unter Abs 1 fallen gewerbsmäßiges Zuwiderhandeln gegen sonstige Ein-, Aus- und Durchfuhrverbote, vgl BGH ZNFBl 78, 27. So führt zB die gewerbsmäßige **Einfuhr von Heroin** nicht zur Strafschärfung wegen gewerbsmäßigen Bannbruchs, BGH HFR 78, 341; Strafschärfung aber nach § 11 IV Nr 4 BtMG.

2. Die Bestimmung enthält **keinen Sondertatbestand,** sondern lediglich eine **Strafschärfung;** diese Feststellung hat Bedeutung im Hinblick auf § 28 StGB über persönliche Strafschärfungsgründe (vgl BGH St 12, 226).
§ 373 ist anzuwenden, auch wenn eine Tat bei **einfacher** Tatausführung nach **anderen** Vorschriften als die AO und den StG mit Strafe bedroht ist oder nur als **Ordnungswidrigkeit** geahndet werden kann, vgl *Franzen/Gast/Samson* § 372 RNr 6 mwN.
§ 373 ist **nicht** anzuwenden, wenn ein VerbotsG bereits von sich aus **Strafverschärfungsgründe** enthält, wie zB § 11 IV Nr 4 iVm § 11 I Nr I, 2 und 6a BetäubmG im Fall gewerbsmäßigen oder bandenmäßigen Handelns.

3. Gewerbsmäßig handelt nicht nur derjenige, der berufsmäßig um des Erwerbs willen tätig wird, sondern nach der Rspr auch derjenige, der die Absicht hat, sich durch wiederholte Begehung eine fortlaufende Einnahmequelle mindestens von einiger Dauer zu verschaffen (BGH St 10, 217). Gewerbsmäßigkeit setzt **eigennütziges** Handeln voraus, anderenfalls kann ggf Beihilfe zur fremden Tat vorliegen, BGH ZfZ 54, 311. Geldwerte Vermögensvorteile reichen allerdings aus. **Wiederholungsabsicht** kann sogar bei einer **fortges** Handlung, die in mehreren Einzelakten begangen wird, fehlen, BGH St 26, 4. Es ist nicht erforderlich, daß es sich um die einzige oder überwiegende Erwerbsquelle handelt. Schon eine einzelne

§ 373 8. Teil. Straf- und Bußgeldvorschriften

Handlung kann für die Annahme der Gewerbsmäßigkeit ausreichen, wenn der Täter die Absicht der Wiederholung hat (RG St 58, 19). Nicht jede fortgesetzte Handlung ist eine gewerbsmäßige, vgl OLG Köln ZfZ 52, 373. Handelt nur einer der Täter gewerbsmäßig, die anderen Teilnehmer dagegen nicht, so treffen die strafschärfenden Wirkungen nur auf den einen Täter zu, vgl § 28 II StGB.

4. Hinterziehung von Eingangsabgaben; das sind Zölle und Abschöpfungen (vgl § 1 III ZG; BGH NJW 73, 1562), auch die **EinfuhrumsatzSt,** ferner die bei der Einfuhr von verbrauchstpfl Waren zu erhebenden **VerbrauchSt** (Tabak, Kaffee).

5. Zuwiderhandlungen gegen **Monopolvorschriften.** Nur der Bannbruch, der durch Zuwiderhandlungen gegen Monopolvorschriften (zB Branntwein, Zündwaren) begangen wird fällt nach der Fassung unter § 373; vgl hierzu § 122 bis § 128 BranntweinmonopG idF des Art 26 EGAO. Damit ist die Frage, ob § 373 auch eingreift, wenn wegen der Subsidiaritätsklausel des § 372 II die Strafe oder Geldbuße aus außerhalb der AO geregelten Gesetzen zu nehmen ist (vgl *Franzen/Gast/Samson* § 372 RNr 39) an Bedeutung verloren. Für die übrigen Fälle des gewerbsmäßigen Bannbruchs hat der Gesetzgeber keine Strafschärfung vorgesehen, weil hierfür kein Bedürfnis bestehe (vgl Begründung zu § 356 RE BT-Drs VI/1982). Siehe aber die Regelung in Abs 2.

6. Abs 2 setzt nicht voraus, daß der Täter gewerbsmäßig handelt. Er enthält vielmehr **Strafverschärfungsgründe** für diejenigen Fälle, in denen die Begehungsweise zu einer besonderen **Gefährdung** der **Grenzaufsichtsbeamten führt.**

a) **Nr 1.** Der **Schmuggel,** bei dem der Täter oder ein anderer Beteiligter eine **Schußwaffe** bei sich führt, fällt ohne weiteres unter die Strafverschärfung. Zum **Beisichführen** reicht es aus, wenn der Täter bei der Tat dem Beamten die Waffe entreißt und sie behält, BGH NJW 76, 248. Schußwaffe ist eine Waffe, bei der ein Geschoß durch den Lauf getrieben wird (§ 1 I WaffG). Darunter fallen auch Luftgewehre (aA für Luftpistolen BGH St 26, 167) mit Platzpatronen (aA BGH v 28. 7. 72 zit bei *Dallinger* MDR 72, 925) geladene Waffen. Gaspistolen, BGH St 24, 136; aA *Lackner* § 244 StGB Anm 2b. Waffe muß **funktionsfähig** sein; Attrappe reicht daher nicht aus, BGH St 20, 194. Es kommt nicht darauf an, ob der Täter die Waffe gebrauchen wollte oder nicht, sondern es wird abgestellt auf die besondere Gefährlichkeit des Mitführens einer Schußwaffe, BGH St 24, 136. Im Gegensatz zu Abs 1 bezieht sich Abs 2 auf **jede Art** des **Bannbruchs,** dh nicht nur auf den Bannbruch durch Zuwiderhandlung gegen MonopolG.

b) **Nr 2.** Das Mitführen einer **sonstigen Waffe** wirkt dagegen nur dann strafschärfend, wenn damit der **Widerstand** eines anderen **verhindert** oder **überwunden** werden soll. Die Regelung entspr weitgehend § 397 II Nr 2 RAO. **Waffen:** Gegenstände, die dem Zweck dienen, andere Menschen zu verletzen (BGH NJW 65, 2115), zB Hieb-, Stoß- oder Stichwaffen, Schlagringe. Auch **Scheinwaffen** und -werkzeuge fallen darunter, vgl BGH zu § 250 I Nr 2 StGB, BGH NStZ 81, 436 mN gegen hL. **Mittel:** Tränengas, chemische Mittel, mit Äther getränktes Taschentuch, Säuren, evtl auch

1. Abschnitt. Strafvorschriften **§ 373**

Pfeffer. Zu den sonstigen Waffen gehören auch eine Gaspistole (BGH St 24, 136), eine mit Platzpatronen geladene Waffe (a A *Franzen/Gast/Samson* § 373 RNr 23; aA BGH NJW 76, 248). Unter die sonstigen **Werkzeuge** fallen Sachen, die nicht als Waffe gedacht sind, aber als solche benutzt werden können, zB Schraubenschlüssel (BGH NJW 68, 2386), ggf auch ein Hund (BGH St 14, 152). Werkzeug kann auch uU der Schuh am Fuß des Täters sein. Es macht nach der Neufassung keinen Unterschied, ob der Beteiligte sein Ziel durch **Gewalt** oder durch **Drohung** mit **Gewalt** erreichen will. Dem Überwinden von Widerstand wird das **Verhindern** von Widerstand gleichgestellt. Unter den Begriff des **anderen** fällt jeder, der den Täter an der Ausführung hindern will oder könnte. Ob das **Vortäuschen** einer **Waffe** unter den Begriff der Drohung mit Gewalt fällt (so BGH St 24, 339) ist umstr, vgl *Franzen/Gast/Samson* RNr 27, die auf die objektive Gefährlichkeit abstellen.

Gewalt gegen **Sachen** reicht **nicht** aus, vgl *Franzen/Gast/Samson* RNr 27.

c) **Nr 3** ist dem Wortlaut des § 244 I Nr 3 StGB angenähert. Es genügt für den Begriff der **Bande,** daß sich zwei Personen (BGH St 23, 239) verbunden haben (nach anderer Auffassung gehören mind 3 Personen zu einer Bande, vgl Dreher § 244 StGB Anm 10) und die Tat gemeinsam ausführen. Zur Auslegung des Begriffs der fortgesetzten Begehung können die Grundsätze über den **Fortsetzungszusammenhang** herangezogen werden, wenn auch nicht eine fortgesetzte Tat im techn Sinne gemeint ist. Es genügt die Begehung mehrerer selbständiger Taten, die im einzelnen noch ungewiß sind, RG St 52, 209. Die Planung **eines fortgesetzten** Bannbruchs soll nicht genügen, vgl RG St 66, 238; BGH St BGH GA 1974, 308); diese Auffassung erscheint aber sehr formalistisch. Die Gefährlichkeit der bandenmäßigen Begehung dürfte nicht geringer sein, wenn die Mitglieder der Bande auf Grund eines Gesamtvorsatzes den Bannbruch etappenweise begehen. Lose Übereinkunft, ähnl Taten bei Gelegenheit zu wiederholen, reicht aus, BGH GA 74, 308. **Mitglied** einer Bande ist, wer sich mit anderen dahin vereinbart hat, die Tat gemeinsam auszuführen, dies kann auch stillschweigend geschehen, auch noch während der Tatausführung, RG St 54, 246. Zusammenwirken nur bei **Vorbereitungshandlung** reicht **nicht** aus (BGH St 7, 291), sondern muß sich beziehen auf die Zeit nach Beginn der Ausführung. Die Tat muß unter **Mitwirkung** eines **anderen Bandenmitglieds** ausgeführt sein. In welcher Form das andere Mitglied mitwirkt, als Teilnehmer, Gehilfe oder Anstifter, ist ohne Bedeutung. Wer nur zur fortgesetzten Begehung von Schmuggel **anstiftet,** ist **nicht Bandenmitglied** und kann daher auch nicht wegen Anstiftung zu § 373 bestraft werden, vgl BGH St 12, 220.

7. Teilnahme. Die Frage, ob bei Teilnahme an der Tat in Form der Beihilfe die Milderungsvorschrift des § 49 II StGB anwendbar ist, hat der GrS des BGH (BGH St 12, 220) bejaht. Nach § 49 II StGB kann das Gericht bis zum gesetzlichen Mindestmaß (hier 3 Monate) der angedrohten Strafe herabgehen oder statt Freiheitsstrafe auf Geldstrafe erkennen, wenn es nach einem Gesetz, das auf § 49 StGB verweist (§ 369 II), die Strafe nach seinem Ermessen mildern kann. Die **Milderungsbestimmung** ist in § 27 II StGB enthalten. Umstritten ist die Frage, ob ein Teilnehmer, der nicht

1125

§ 374   8. Teil. Straf- und Bußgeldvorschriften

Bandenmitglied ist, nur wegen Teilnahme an dem Grunddelikt (so BGH St 12, 220) oder wegen Teilnahme zu § 373 II Nr 3 zu bestrafen ist (so *Schönke/Schröder* § 244 StGB RNr 15). UE handelt es sich bei der Vorschrift des § 373 um ein „besonderes persönliches Merkmal" iSd § 28 II StGB. Anwendung des **§ 80 ZG** (Absehen von Strafe bei Begehung im Reiseverkehr) wird von hM ausgeschlossen; einschränkt *Franzen/Gast/Samson* RNr 47. Die **Gewerbsmäßigkeit** bei der Eingangsabgabenhinterziehung nach § 373 I verschärft als besonderes **persönliches Merkmal** die Strafe im Verhältnis zur Strafe, die § 370 I androht. Der qualifizierte Tatbestand des gewerbsmäßigen Schmuggels ist daher auf den **Gehilfen** nur anwendbar, wenn er selbst gewerbsmäßig gehandelt hat, BGH wistra 87, 30.

8. Versuch

Schrifttum: *Seelig* Strafbarkeit des versuchten Schmuggels in einem qualifizierten Fall (373), ZfZ 81, 8.

Die Vorschrift bildet keinen selbständigen Straftatbestand, sondern enthält lediglich Strafverschärfungsgründe; daher ist der Versuch eines qualifizierten Schmuggels auch ohne ausdrückliche Bestimmung strafbar, *Franzen/Gast/Samson* § 369 RNr 49; *Kohlmann* Rz 43; aA *Bäckermann*, StStraftaten und StOrdnungswidrigkeiten, 1979, 78. Dagegen *Seelig* aaO: Der Versuch des schweren Schmuggels ist allein nach § 372 zu ahnden. *Seelig* vertritt die Auffassung, daß § 373 einen selbständigen Straftatbestand enthält, ua deshalb, weil die hM den § 371 nicht auf § 373 anwenden will. Mangels gesetzlicher Bestimmung der Strafbarkeit des Versuchs könne daher der Versuch des § 373 nicht bestraft werden.

9. Konkurrenzfragen. Tateinheit mit § 370 oder § 372 ist begrifflich nicht möglich (BGHSt ZfZ 56, 275), möglich zwischen Bandenschmuggel und Diebstahl, sowie zwischen gewaltsamen Schmuggel und Widerstand gegen die Staatsanwalt nach § 113 StGB. Der besondere Strafrahmen des **§ 370 III** gilt auch für den Tatbestand des **gewerbsmäßigen Schmuggels** in der Form der Eingangsabgabenhinterziehung, nicht dagegen für den der gewerbsmäßigen Steuerhehlerei, BGHSt 32, 95. Verhängung einer **Geldstrafe** neben der **Freiheitsstrafe** ist unter den Voraussetzungen des § 41 StGB möglich. Zur Frage der Verhängung einer Geldstrafe an Stelle einer Freiheitsstrafe vgl § 47 II StGB.

§ 374 Steuerhehlerei

(1) Wer Erzeugnisse oder Waren, hinsichtlich deren Verbrauchsteuern oder Zoll hinterzogen oder Bannbruch nach § 372 Abs. 2, § 373 begangen worden ist, ankauft oder sonst sich oder einem Dritten verschafft, sie absetzt oder abzusetzen hilft, um sich oder einen Dritten zu bereichern, wird nach § 370 Abs. 1 und 2, wenn er gewerbsmäßig handelt, nach § 373 bestraft.

(2) Absatz 1 gilt auch dann, wenn Eingangsabgaben hinterzogen worden sind, die von einem anderen Mitgliedstaat der Europäischen Gemeinschaften verwaltet werden oder die einem Mitgliedstaat der Europäischen Freihandelsassoziation oder einem mit dieser assoziierten Staat zustehen; § 370 Abs. 6 Satz 2 ist anzuwenden.

1. Abschnitt. Strafvorschriften **§ 374**

Übersicht

1. Inhalt
2. Gegenstand der Hehlerei
3. Bannbruch als Vortat
4. Beendigung der Vortat
5. Vorsatz des Vortäters
6. Keine Ersatzhehlerei
7. Tathandlung
8. Innerer Tatbestand
9. Konkurrenzfragen

1. Inhalt. Die Vorschrift behandelt die **Steuerhehlerei** entsprechend § 398 RAO. Sie entspricht dem Wortlaut des § 259 StGB idF des EGStGB. Die Strafandrohung ist dem § 370 I, II, bei gewerbsmäßigem Handeln dem § 373 zu entnehmen. Tatunrecht besteht in der **Restitutionsvereitelung**, vgl *Franzen/Gast/Samson* § 374 RNr 2.

2. Es muß sich um **Erzeugnisse** oder **Waren** handeln, hinsichtlich derer VerbrauchSt oder Zoll hinterzogen worden ist. Die Verwendung der Worte Erzeugnisse oder Waren erklärt sich aus dem unterschiedlichen Sprachgebrauch in den Zoll- und VerbrauchStG. Es stellt sich die Frage, ob die Vorschrift auch auf **Eingangsabgaben** anzuwenden ist, namentlich auf Abschöpfungen. Dagegen spricht der Wortlaut des § 373, der den Begriff der Eingangsabgaben verwendet. Für die Anwendung der Vorschrift in Fällen, in denen die Vortat Abschöpfungen betrifft, spricht, daß nach § 3 Abschöpfungen den Zöllen gleichgestellt sind und im übrigen nach § 2 I AbschöpfungserhebungsG die für Zölle sowie Zollvergehen und Zollordnungswidrigkeiten geltenden Vorschriften anzuwenden sind. Ferner ist davon auszugehen, daß als Vortat nicht nur VerbrauchSt, die bei der **Entfernung** aus dem Herstellungsbetrieb, sondern auch solche, die bei der **Einfuhr** entstehen, in Betracht kommen. Das gleiche müßte gelten für die **EinfUmsSt**, auf die die Vorschriften über die Zölle anwendbar sind, vgl auch *Franzen/Gast/Samson* RNr 6.

Für den Bereich der **Monopolhehlerei** bestand bisher in § 124 BranntwMonG ein spezielles Gesetz, das insoweit dem § 374 AO vorging. Diese Bestimmung ist aber durch das StBereinigG mit Wirkung **ab 1. 1. 87** aufgehoben worden. Nunmehr gilt also auch bei **Monopolhinterziehung** § 374 AO.

3. Bannbruch als Vortat. Hierbei ist die **Subsidiaritätsklausel** des § 373 II zu beachten. Die Fassung nimmt ausdrücklich Bezug auf Abs 2 des § 372 (anders § 398 RAO). Daraus ist zu entnehmen, daß wegen StHehlerei nur bestraft werden kann, wenn sich die **Strafdrohung** für den **Vortäter** aus **§ 370 I** oder **II** ergibt; so auch *Franzen/Gast/Samson* RNr 6. Daher scheiden die Bannbruchfälle, die nach anderen Vorschriften als nach den §§ 372 Abs 2 und 373 AO 1977, zB nach § 11 BTMG als Zuwiderhandlungen gegen ein Einfuhr-, Ausfuhr- oder Durchfuhrverbot mit Strafe oder Geldbuße bedroht sind, als Vortat für eine Steuerhehlerei aus, BGH v 19. 5. 78 – 4 StR 134/78 – ZNFBl 79 Nr 3 S 21. Die bisherige hM unterschied danach, ob in den Fällen, in denen die Strafandrohung wegen der Subsidiaritätsklausel des § 372 II sich aus nichtsteuerl Bestimmungen ergibt, diese eine Strafe oder lediglich ein Bußgeld androhen. Wenn sich aus anderen Vor-

§ 374 8. Teil. Straf- und Bußgeldvorschriften

schriften eine Bestrafung ergab, reichte dieser Umstand für die Anwendung des § 398 RAO aus. Wenn die andere Bestimmung lediglich ein Bußgeld androhte, schied eine Bestrafung nach § 398 RAO aus, weil es nicht gerechtfertigt schien, den Haupttäter lediglich mit einem Bußgeld zu belegen, denjenigen aber, der den vom Vortäter geschaffenen Zustand aufrechterhält, dagegen zu bestrafen (vgl *Franzen/Gast/Samson* RNr 6; aA OLG Hbg NJW 66, 2226). Es kommt nicht darauf an, daß der Hehler die Ware unmittelbar von dem Vortäter erwirbt. Auch die **nachfolgenden Hehler** sind nach § 374 zu bestrafen, denn das Gesetz stellt nur darauf ab, daß **hinsichtlich** der **Waren StHinterziehung** oder **Bannbruch** begangen worden ist. Daher kommt auch **StHehlerei** als **Vortat** mittelbar in Betracht, vgl zum § 259 StGB BGHSt 2, 362.

4. Die **hM** geht davon aus, daß die in Abs 1 genannten **Vortaten** hinsichtlich des **objektiven Tatbestandes abgeschlossen** sein müssen. Man unterscheidet zwischen der rechtlichen **Vollendung,** dh Zeitpunkt, in dem sämtliche Tatbestandsmerkmale erfüllt sind, und die Beendigung der Tat, dh Zeitpunkt, in dem die Ware in Sicherheit gebracht ist. Erst nach Beendigung der Tat kann StHehlerei begangen werden, anderenfalls liegt ggf Beihilfe zur Vortat vor, vgl BGHSt 3, 41. Die Rspr neigt allerdings dazu, die Anwendung des Hehlereitatbestandes vorzulegen, vgl BGHSt 13, 403 gegen Hamburg NJW 66, 2227. Bei **fortgesetzter Vortat** kommt es auf die Beendigung der einzelnen Teilhandlungen an, RGSt 30, 163.

5. Der **Vortäter** muß mindestens mit **natürlichem Vorsatz** gehandelt haben, BGHSt 4, 78, auf die Schuldfähigkeit kommt es nicht an, BGHSt 1, 47, auch nicht darauf, ob der Vortäter in einem entschuldbaren Verbotsirrtum gehandelt hat, vgl *Dreher* § 259 StGB Anm 4. Handelt der **Vortäter** dagegen ohne Vorsatz, zB in einem **Tatbetandsirrtum,** scheidet Bestrafung wegen Hehlerei aus.

6. Die **Handlung** muß sich auf die **Waren** beziehen, hinsichtlich deren Hinterziehung oder Bannbruch begangen worden ist, sie gilt nicht für Ersatzsachen (BGHSt 9, 137). Sog. **Ersatzhehlerei,** dh Hehlerei an Sachen die an Stelle der ursprüngl Sache getreten sind, ist nicht möglich, hM.

7. Die **Handlung** kann bestehen in einem **Ankaufen.** Dies ist nur eine Unterart des Sichverschaffens. Ankauf reicht daher nur aus, wenn der Täter sich eigenen Besitz verschafft hat, Abschluß des **Kaufvertrages genügt nicht,** RG St 73, 105. **Sichverschaffen** ist die Herstellung einer vom Vortäter abgeleiteten tatsächlichen Herrschaftsgewalt über die Sache im Zusammenwirken mit dem Vorbesitzer, RGSt 64, 326. **Diebstahl** fällt daher nicht darunter, vgl BGHSt 10, 151. Erwerb eines **Pfandscheins** stellt ein Sichverschaffen dar, wenn der Erwerber dadurch über die Sache soll verfügen können, BGHSt 27, 160, **Absetzen** der Ware ist die rechtsgeschäftliche Weitergabe, zB Verkauf an einem Dritten; es kommt nicht darauf an, ob dieser bösgläubig ist oder nicht, vgl BGHSt 15, 57. Verpfändung reicht aus, RGSt 17, 392. **Hilfe** beim **Absetzen:** Darunter fällt jede unterstützende Tätigkeit zum Absatz, auch wenn es nicht zum Absatz kommt, BGHSt 22, 207, zB durch Rat in bezug auf die Verwertung (BGHSt 9, 139), nicht aber schon Mitgenuß der Ware (BGHSt 9, 137). Hehlerei in Form der **Absatzhilfe** kann auch begehen, wer die Absatzbe-

1. Abschnitt. Strafvorschriften § 374

mühungen eines Zwischenhändlers unterstützt, BGH JR 80, 213. Hehlerei ist die Aufrechterhaltung des durch die Vortat geschaffenen rechtswidrigen Vermögenszustandes durch einverständliches Zusammenwirken mit dem Vortäter.

Absatzhilfe besteht in der Unterstützung des Vortäters in dessen Bemühen, die bemakelte Sache weiterzuschieben, BGHSt 26, 362. Vortäter kann auch ein Hehler sein, der die Sache in Kenntnis der strafbaren Herkunft erworben hat und sie nun weiterveräußern will, BGHSt 27, 45. Die Absatzhilfe ist auch dann vollendet, wenn es nicht zu einem Absatzerfolg kommt, BGHSt 26, 358. **Vorbereitende** Tätigkeit zum Absatz einer gestohlenen Sache ist bereits Hehlerei iSd Förderns, BGH NJW 78, 2042; BGH NJW 80, 2204.

8. Zum **inneren Tatbestand** gehört das Bewußtsein, daß hinsichtl der Ware eine StHinterziehung oder ein Bannbruch begangen worden ist. **Bedingter Vorsatz** reicht aus, sofern der Täter die Möglichkeit in Betracht zieht, BGHSt 7, 137. Ferner muß hinzutreten die Absicht, sich oder einen Dritten zu **bereichern;** ob es dazu kommt, ist nicht entscheidend, RGSt 56, 100. Bereicherung liegt in einem Vermögensvorteil; ein solcher scheidet aus, wenn der Täter die Sache anderswo zum gleichen Preis hätte kaufen können, RGSt 58, 122, zB bei Ankauf von Betäubungsmitteln zu Schwarzmarktpreisen zum Eigenverbrauch, OLG Stuttgart MDR 77, 161; OLG D'dorf NJW 78, 600. Nicht erforderl ist aber, daß die Bereicherung unmittelbar aus der Tathandlung stammt, vgl. *Schönke/Schröder* § 259 StGB Anm 48. **Bereicherungsabsicht** iSd § 374 im Zusammenhang mit dem Erwerb von Betäubungsmitteln ist erst gegeben, wenn durch den Erwerb nicht nur immaterielle Bedürfnisse befriedigt werden sollen, sondern ein wirtschaftliches Interesse verfolgt wird, BGH NStZ 81, 147. Der illegale Erwerb von Betäubungsmitteln zum **Eigenverbrauch** begründet für sich allein noch nicht die Bereicherungsabsicht. Ein wirtschaftl Interesse liegt aber dann vor, wenn und soweit die Betäubungsmittel zur gewinnbringenden Weiterveräußerung erworben werden. In einem solchen Fall kann die Bereicherungsabsicht nicht allein deshalb verneint werden, weil die Einfuhr verboten ist. Einen Vermögensvorteil kann unter besondern Umständen auch erstreben, wer beim Erwerb von Waren, die im legalen Handel nicht erhältlich sind, nicht nur immaterielle Bedürfnisse befriedigen will, sondern trotz Bezahlung eines überhöhten Kaufpreises auch ein wirtschaftliches Interesse verfolgt, zB bei Hamsterkäufen über den augenblicklichen Eigenbedarf hinaus, um erwartete Preissteigerungen einzufangen. Grundsätzlich ist aber Steuerhehlerei bei Erwerb von Betäubungsmitteln zum Eigenbedarf nur unter besonderen Umständen anzunehmen, BGH DB 80, 370.

9. Konkurrenzfragen. Beteiligung an Vortat als Anstifter oder Gehilfe schließt Anwendung des § 374 nicht aus, vgl BGHSt 7, 134f. Wer Steuerhehlerei durch Ankauf von Schmuggelware begangen hat, kann wegen des späteren Absatzes nicht mehr bestraft werden (**mitbestrafte Nachtat**). Absatzhilfe eines bis dahin nichtbeteiligten Dritten ist dagegen stafbare **Teilnahme** an der **Nachtat** (BGH NJW 75, 2109). **Monopolhehlerei** nach § 124 BranntwMonG geht als das speziellere Gesetz vor.

Wahlfeststellung zwischen § 370 und § 374 ist zulässig, vgl BGHSt 4, 128.

Selbstanzeige ist nicht vorgesehen.

§ 375

§ 375 Nebenfolgen

(1) Neben einer Freiheitsstrafe von mindestens einem Jahr wegen
1. Steuerhinterziehung,
2. Bannbruchs nach § 372 Abs. 2, § 373,
3. Steuerhehlerei oder
4. Begünstigung einer Person, die eine Tat nach den Nummern 1 bis 3 begangen hat,

kann das Gericht die Fähigkeit, öffentliche Ämter zu bekleiden, und die Fähigkeit, Rechte aus öffentlichen Wahlen zu erlangen, aberkennen (§ 45 Abs. 2 des Strafgesetzbuches).

(2) ¹Ist eine Steuerhinterziehung, ein Bannbruch nach § 372 Abs. 2, § 373 oder eine Steuerhehlerei begangen worden, so können
1. die Erzeugnisse, Waren und andere Sachen, auf die sich die Hinterziehung von Verbrauchsteuer oder Zoll, der Bannbruch oder die Steuerhehlerei bezieht, und
2. die Beförderungsmittel, die zur Tat benutzt worden sind,

eingezogen werden. ²§ 74a des Strafgesetzbuches ist anzuwenden.

Übersicht

1. Inhalt
2. Nebenfolgen
3. Voraussetzung
4. Anwendungsbereich
5. Amtsverlust und Verlust des passiven Wahlrechts
6. Einziehung
7. Anwendung des § 73a StGB

1. Inhalt. Als **Nebenfolge** einer StStraftat sieht die Vorschrift den Verlust der Amtsfähigkeit und der Wählbarkeit (Abs 1) sowie die Einziehung von Waren usw (Abs 2) vor.

2. Bei den Nebenfolgen handelt es sich im **Abs 1** um **Nebenstrafen** (*Franzen/Gast/Samson*, § 375 RNr 8) oder um **Sicherungsmaßregeln** mit Strafcharakter (Abs 2).

3. Voraussetzung nach **Abs 1** ist die Verhängung einer **Freiheitsstrafe** von mindestens einem Jahr wegen einer der in Abs 1 genannten Straftaten. Dies gilt auch, wenn die Tat mit einer anderen in Tateinheit zusammentrifft. Dagegen soll es nicht genügen, wenn die Jahresgrenze erst durch eine **Gesamtstrafe** aus mehreren unter einem Jahr liegenden Strafen zustande gekommen ist (*Franzen/Gast/Samson* RNr 20). Ohne Bedeutung ist dagegen, ob die Strafe wegen **vollendeten** oder **versuchten** Delikts ergangen ist.

4. Der **Anwendungsbereich** erstreckt sich auf die **StHinterziehung** (§ 370), auf den **Bannbruch**, soweit die Strafe aus § 370 I oder II zu entnehmen ist, auf den gewerbsmäßigen, gewaltsamen und bandenmäßigen **Schmuggel** (§ 373) sowie auf die **Begünstigung** einer Person, die eine Tat nach den Nrn 1 bis 3 begangen hat. Unter den Begriff der **Begünstigung**

1. Abschnitt. Strafvorschriften **§ 375**

fällt nur die sog **sachliche Begünstigung** nach § 257 StGB, die, soweit sie sich auf StStraftaten bezieht, **Steuerstraftat** ist (§ 369 I Nr 4). Die **persönliche** Begünstigung, die seit Inkrafttreten des EGStGB am 1. 1. 75 ein selbständiger Tatbestand geworden ist (§ 258 StGB; Strafvereitelung), fällt nicht darunter. Ebenfalls nicht die Verletzung des **StGeheimnisses** nach § 355 StGB, für die allerdings in § 358 StGB eine Sonderregelung über die Aberkennung der Fähigkeit, öffentliche Ämter zu bekleiden, besteht. § 375 I ist nach § 128 I **BranntwMonG** entsprechend anzuwenden; anstelle des § 375 II gelten die selbständigen Einziehungsvorschriften des § 123 BranntwMonG sowie nach § 40 ZündwMonG die des § 42 ZündwMonG.

5. Die **Nebenfolge** besteht in der **Aberkennung** der Fähigkeit, öffentl Ämter zu bekleiden und Rechte aus öffentl Wahlen zu erlangen. Nach § 45 II StGB kann das Gericht dem Verurteilten für die Dauer von 2 bis 5 Jahren diese Fähigkeiten aberkennen, soweit das Gesetz (§ 375) dies besonders vorsieht. Der sog **Amtsverlust** ist verbunden mit dem Verlust der entspr Rechtsstellung und Rechte. Er bezieht sich jedoch nur auf Ämter in der BRD. Für RAe, StBerater usw enthalten die entspr Berufsordnungen Sonderregelungen. Auch der Verlust des **passiven Wahlrechts** ist mit dem Verlust der Rechtsstellung und Rechte verbunden, anders nur § 47 BWahlG für **BT-Abgeordnete**, bei denen der Ältestenrat entscheidet. Daneben kann auch gem §§ 61, 70–71 StGB unter den dort näher beschriebenen Voraussetzungen ggf ein **Berufsverbot** verhängt werden.

6. **Abs 2 Einziehung.** Die Vorschrift schafft die Möglichkeit, Sachen einzuziehen, auch ohne daß sie Werkzeug oder Produkt der Straftat sind. Der Einziehung unterliegen aber nur die entsprechenden **Waren** oder **Beförderungsmittel**, nicht aber auch die Behältnisse der Sachen, vgl BGHSt 7, 78. Diese können aber ggf nach § 74 StGB eingezogen werden. Einziehung als Nebenfolge einer **Ordnungswidrigkeit** kommt nur in Betracht, wenn das **Gesetz** dies ausdrückl **zuläßt**, zB nach § 18 III BierStG und nach § 42 I ZündwMonG. Beförderungsmittel sind nur Fahrzeuge und Tiere, die der Fortbewegung der Sachen dienten, nicht aber andere Transportmittel, die lediglich zum Transport der Sachen benutzt wurden (RGSt 68, 44). Bei der Einziehung ist allerdings der Verhältnismäßigkeitsgrundsatz zu beachten.

Die **Beförderungsmittel** müssen zur Ausführung der Tat **benutzt** worden sein. Ein Bannbruch „nach § 372 II, § 373" liegt vor, wenn der Täter mangels einer Straf- oder Bußgeldandrohung im Verbotsgesetz, dh dem Gesetz, das die Einfuhr, Ausfuhr oder Durchfuhr verbietet, nach § 370 I, II wegen StHinterziehung zu bestrafen ist, ferner wenn der Täter wegen gewerbsmäßigen Monopolbannbruchs (§ 373 II Nr 1 und 2) oder bandenmäßigen Bannbruchs (§ 37 II Nr 3) zu bestrafen ist. Durch die Beschränkung auf Bannbruchfälle der vorstehend genannten Art wird erreicht, daß sich die Grundlage für eine Einziehung wegen Bannbruchs nur noch in den Fällen aus der AO ergibt, in denen auch die Bestrafung aus der AO erfolgt. Wenn der Täter des Bannbruchs dagegen nach dem Verbotsgesetz bestraft wird, so kann sich die Einziehung nur auf eine Vorschrift dieses Verbotsgesetzes oder eine Einziehungsvorschrift des StGB, zB §§ 74 I, 74d StGB, gründen. Nach § 150 StGB sind ua **gefälschte Steuerzeichen** und die in § 149 StGB bezeichneten **Fälschungsmittel einzuziehen**. Die Einziehung

1131

ist hier zwingend vorgeschrieben; der Grundsatz der Verhältnismäßigkeit (§ 74b StGB) gilt hier nicht.

Nach § 74 I StGB können auch lediglich zur **Vorbereitung** gebrauchte oder zur Begehung oder Vorbereitung bestimmte Gegenstände eingezogen werden. Dies gilt zB für nicht benutzte Beförderungsmittel.

Unabhängig davon, auf welche Vorschrift die Einziehung begründet wird, ist sie jedenfalls nur zulässig, wenn der Täter oder Teilnehmer zZt der Entscheidung Eigentümer der Sache oder Inhaber des Rechts ist (§ 74 II Nr 1 StGB) oder der Gegenstand nach seiner Art und den Umständen die Allgemeinheit gefährdet oder der Gefahr besteht, daß er zur Begehung rechtswidriger Taten dienen wird (§ 74 II Nr 2 StGB). Wenn **Branntwein** mit der Begründung **sichergestellt** worden ist, daß er unerlaubt eingeführt wurde, besteht nach Rücknahme der Sicherstellungs-Vfg idR ein **berechtigtes Interesse** an der Feststellung, daß der Verwaltungsakt rechtswidrig gewesen ist. Dies gilt insbesondere, wenn die Sicherstellung während eines **strafrechtl Ermittlungsverfahrens** wegen des Verdachts eines Bannbruchs angeordnet worden ist, BFH ZfZ 78, 279.

7. Anwendung des § 74a StGB. Die Verweisung auf § 74a StGB hat zur Folge, daß die Gegenstände abweichend von § 74 II Nr 1 StGB auch dann eingezogen werden können, wenn derjenige, dem sie zZt der Entscheidung gehören oder zustehen, **a)** wenigstens **leichtfertig** dazu beigetragen hat, daß die Sache Mittel oder Gegenstand der Tat oder ihrer Vorbereitung gewesen ist oder **b)** die Gegenstände in **Kenntnis** der Umstände, welche die Einziehung zugelassen hätten, in verwerflicher Weise erworben hat. Diese Regelung weicht von § 74 StGB ab, wonach grundsätzlich eine Einziehung nur zulässig ist, wenn die Gegenstände zZt der Entscheidung dem Täter oder Teilnehmer gehören. Zu beachten ist jedoch, daß nach § 74b StGB bei der Frage der Einziehung der Grundsatz der Verhältnismäßigkeit zu beachten ist. Zulässig ist auch ggf die Einziehung des **Wertersatzes** gem § 74c StGB. Die Einziehung des Wertersatzes kann nach § 76 StGB auch nachträglich angeordnet werden; auch eine selbständige Anordnung ist nach § 76a StGB zulässig.

§ 376 Unterbrechung der Verfolgungsverjährung

Die Verjährung der Verfolgung einer Steuerstraftat wird auch dadurch unterbrochen, daß dem Beschuldigten die Einleitung des Bußgeldverfahrens bekanntgegeben oder diese Bekanntgabe angeordnet wird.

Schrifttum: *Herdemerten* Beginn der Verjährung bei Steuerhinterziehung, wistra 85, 98; *Pfaff* Strafverfolgungsverjährung bei Steuerzuwiderhandlungen, StBp 86, 258; *Heuer* Unterbricht ein Durchsuchungsbeschluß gegen die Verantwortlichen eines Unternehmens die Verjährung? wistra 87, 170; *Reiche* Verjährungsunterbrechende Wirkung finanzbehördlicher oder fahndungsdienstlicher Ermittlungsmaßnahmen hinsichtlich allgemeiner Strafdelikte, insbesondere bei tateinheitlichem Zusammentreffen mit Steuerstraftaten, wistra 88, 329.

1. Abschnitt. Strafvorschriften **§ 376**

Übersicht
1. Inhalt
1a. Unterbrechungshandlung
1b. Bestimmtheit der Unterbrechungshandlung
2. Wesen der Verjährung
3. Beginn der Verjährung
4. Unterbrechungswirkung

1. Inhalt. Ebenso wie nach § 78c StGB bereits die **Anordnung** der **Bekanntgabe** der Einleitung des Strafverfahrens die **Verfolgungsverjährung** unterbricht, gilt für StStraftaten eine gleiche Regelung auch im Zusammenhang mit der **Anordnung** der **Bekanntgabe** eines **Bußgeldverfahrens**. Im übrigen ergibt sich die Frage der Verfolgungsverjährung bei StStraftaten aus § 78 II Nr 4 StGB. Die Vorschr berücksichtigt damit die besonderen Umstände bei der Aufdeckung von StStraftaten. Ohne sie wäre es häufig erforderlich, eine richterliche Maßnahme, zB eine Vernehmung herbeizuführen, obwohl zur Aufklärung der Sache eine Vernehmung durch die Strafsachenstelle der FinBeh ausreichend erscheint. Beachte, daß nach § 78c I Nr 1 StGB bereits die erste **Vernehmung** des Beschuldigten, sei es durch die StA oder die Polizei (Steufa), die Bekanntgabe, daß gegen ihn das Ermittlungsverfahren eingeleitet ist und bereits die Anordnung dieser Vernehmung oder Bekanntgabe die Verfolgungsverjährung unterbricht. Eine Einleitung des Steuerstrafverfahrens auf **hektographiertem** Schreiben, das lediglich einen allgemeinen **formelhaften Text** und keinen Hinweis auf eine tatsächliche Grundlage enthält, führt nicht zur Unterbrechung der Verjährung, OLG Hamburg, wistra 87, 189. Es kommt nach § 78c II StGB bei einer schriftlichen Anordnung auf den Zeitpunkt an, in dem die **Anordnung unterzeichnet** ist, sofern das Schriftstück alsbald in den Geschäftsgang gelangt. Der Beschluß, der einer Bank zur Auflage macht, der StA Auskunft zu erteilen, Einblick in Kontenbewegungen zu gewähren und der anstelle einer Durchsuchungsanordnung erlassen wird, stellt keine richterliche Beschlagnahme- und Durchsuchungsanordnung iSd § 78c I Nr 4 StGB dar, LG Kaiserslautern, NStZ 81, 438.

Die Unterbrechungshandlungen dürfen nur vorgenommen werden, um das Verfahren zu fördern nicht aber nur, um den Eintritt der Verjährung zu verhindern.

Beauftragt die StA die **Kriminalpolizei**, den Beschuldigten verantwortlich zu **vernehmen**, so unterbricht dies die Verfolgungsverjährung unabhängig davon, ob diese Anordnung notwendig oder zweckmäßig war und ob sie überhaupt durchgeführt wurde, BGH wistra 86, 24.

Ohne **Kompetenz** durchgeführte Ermittlungen sind rechtswidrig, *Reiche,* wistra 88, 335; *HHSp* RNr 82; *Kohlmann* RNr 27; *Bilsdorfer* BB 83, 2113. Ob eine solche Maßnahme aber an einem besonders schweren Mangel leidet und für sie auf keine vertretbare Weise eine gesetzliche Grundlage gefunden werden kann und sie daher nichtig ist (so *Reiche,* wistra 88, 335; *HHSp* RNr 82, 117, § 404 RNr 43; *Kretzschmar,* DStR 85, 28, 30), ist uE nicht zweifelsfrei. Allerdings wird in der Rechtsprechung schon bei fehlender funktioneller **richterlicher** Zuständigkeit eine Unterbrechungswirkung verneint, vgl OLG Hamm NJW 79, 884, sofern es sich nicht nur um eine geschäftsplanmäßige Unzuständigkeit handelt, vgl OLG Koblenz

§ 376   8. Teil. Straf- und Bußgeldvorschriften

NJW 68, 2393. Weil die FinBeh auch bei **Tateinheit** nur für den steuerstrafrechtlichen Sachverhalt zuständig sind, beschränken sich Unterbrechungshandlungen auch nur auf diesen Sachverhalt, vgl *Reiche* aaO 336 unter Hinweis auf BGHSt 16, 354, 359. *Reiche* weist ferner darauf hin, daß Unterbrechungshandlungen nur hinsichtliche solcher Taten Unterbrechungswirkung haben, auf die sich der richterliche **Strafverfolgungswille** erstreckt, vgl BGH bei *Dallinger* MDR 70, 897. Die FinBeh hätten hinsichtlich allgemeiner Straftaten keinen solchen Verfolgungswillen und wenn sie ihn hätten, sei dies unbeachtlich, weil eine entsprechende Ermittlungskompetenz fehle. Die Befugnisse der Fahndung können auch nicht durch Auftrag der Sta erweitert werden, *Kohlmann* § 404 RNr 55; *Reiche,* wistra 88, 334, weil eine Behörde ihre Kompetenz nicht aus eigener Machtvollkommenheit auf eine andere Stelle delegieren kann, *HHSp* § 404 RNr 20; vgl auch OLG Frankfurt wistra 87, 32.

1a. Unterbrechungshandlung. Nach **§ 78c I 1 Nr 1 StGB** wird die Verjährung ua durch die **Bekanntgabe** an den Beschuldigten, daß gegen ihn das Ermittlungsverfahren **eingeleitet** ist oder durch die Anordnung dieser Bekanntgabe unterbrochen.

Die Einleitung des Steuerstrafverfahrens mittels eines **Formblattes**, in dem lediglich pauschale und zeitlich **nicht präzisierte** Vorwürfe gemacht werden, ist nicht geeignet, die Verjährung zu unterbrechen, BayObLG wistra 88, 81.

In Fällen **illegaler Arbeitnehmerüberlassung** unterbricht der Erlaß eines **Durchsuchungsbeschlusses** wegen des Verdachts der fortgesetzten **Umsatzsteuerhinterziehung** nicht die Verjährung hinsichtlich der **Lohnsteuerhinterziehung** (BGH wistra 88, 23), weil die Lohnsteuerhinterziehung **prozessual** eine **selbständige** Tat ist (BGH wistra 88, 23). Sie war daher nicht Gegenstand der Durchsuchungsanordnung.

1b. Bestimmtheit der Unterbrechungshandlung. Nach Auffassung des BGH muß sich die richterliche Handlung gegen einen **bestimmten Täter** richten. Durchsuchungsbeschlüsse, die sich pauschal gegen die Verantwortlichen einer **Firma** richten, erfüllen nicht das Bestimmtheitsgebot des § 78c IV StGB, BGHSt 4, 135.

Die Verjährung wird durch jede richterliche Beschlagnahme oder Durchsuchungsanordnung unterbrochen, allerdings nur gegenüber **demjenigen,** auf den sich die **Handlung bezieht**. Anhaltspunkte dafür, auf welche Personen sich die Unterbrechungshandlung bezieht, können aus dem Verfahrensstand zum Zeitpunkt der Maßnahme sowie aus einem etwaigen Antrag der zuständigen Verfolgungsbehörde gewonnen werden (vgl BGH GA 61, 239; OLG Hamm NJW 81, 24, 25). Im Ermittlungsverfahren gegen die verantwortlichen eines Unternehmens kann bei einem **Großbetrieb** mit seinen zahlreichen Verantwortlichen nicht eine Verjährungsunterbrechung über sämtliche im Durchsuchungsbeschluß nicht näher benannte **Verantwortliche** eintreten. Etwas anderes muß allerdings gelten, wenn es sich um den **Komplementär** einer KG oder den **Gesellschafter-Geschäftsführer** einer Einmann-GmbH handelt, vgl auch *Heuer* wistra 87, 170. Eine Durchsuchungsanordnung unterbricht die Verjährung nicht nur dann, wenn der **Tatverdächtige** bereits namentlich **bekannt** ist. Es reicht vielmehr aus, daß von diesem Tatverdächtigen bereits **Merkmale** bekannt

1. Abschnitt. Strafvorschriften **§ 376**

sind, die ihn bestimmen und die ihn von allen anderen **Tatverdächtigen**, auf die diese Merkmale nicht zutreffen, **unterscheiden**. Die Unterscheidungsmerkmale müssen allerdings in seiner Person und nicht lediglich in der ihm zur Last gelegten Tat liegen, OLG Karlsruhe wistra 87, 228; *Göhler* OWiG, § 33 Rdnr 54; *Schönke/Schröder* StGB, § 78 c Rdnr 24.

2. Wesen der Verjährung (§ 78 I StGB). Die Verjährung schließt die Ahndung der Tat und die Anordnung von Maßnahmen der Besserung und Sicherung, den Verfall und die Einziehung und Unbrauchbarmachung aus, vgl § 11 I Nr 8 StGB. Die Verletzung des Anspruchs auf eine gerichtliche Entscheidung binnen angemessener Frist (Art 6 I 1 MRK) begründet kein Verfahrenshindernis, BGH NStZ 82, 291; BGHSt 24, 239. Die **Verjährungsfrist** beträgt bei StStraftaten **5 Jahre**, vgl § 78 III Nr 4 StGB, und zwar unabhängig davon, ob für besonders schwere Fälle eine höhere Strafe vorgesehen ist (§ 78 IV StGB), wie zB in § 370 III. Auch wenn Untreue und StHinterziehung tateinheitlich zusammentreffen, bestimmt sich die Verjährung für jede Gesetzesverletzung gesondert, BGH wistra 82, 188.

3. Beginn der Verjährung § 78 a StGB. Die Verjährung beginnt, sobald die **Tat** einschließlich des tatbestandsmäßigen Erfolges **beendet** ist. Vollendung der Tat, dh Erfüllung des ges Tatbestandes reicht nicht aus. Beendet ist die Tat erst, wenn das Tatunrecht seinen tatsächlichen Abschluß erreicht hat, vgl BGHSt 20, 196. Wird die Steuerhinterziehung durch positives Tun bewirkt, beginnt die Verjährung, wenn aufgrund einer unrichtigen Steuererklärung die Steuer zu niedrig festgesetzt und der Bescheid dem Steuerpflichtigen bekanntgegeben ist. Der Versuch einer Steuerhinterziehung ist mit der Einreichung einer unrichtigen Steuererklärung beendet, vgl RGSt 76, 334. Die überwiegende Meinung in der Strafrechtsliteratur geht davon aus, daß mit der Erfüllung des gesetzlichen Tatbestandes die Tat **vollendet** ist, während die Beendigung erst eintritt, wenn das Tatunrecht seinen tatsächlichen Abschluß gefunden hat (vgl Dreher-Tröndle § 22 StGB Rz 6). Von daher müßte man die Vollendung an den Zeitpunkt des § 370 Abs 4 anknüpfen, während die **Beendigung** erst eintritt, wenn dem Hinterzieher der Vorteil nach den Bestimmungen des Steuerverfahrens endgültig verbleibt. Dies würde bedeuten, daß die Tat erst dann beendet wäre, wenn der Steuerpflichtige nicht mehr mit einer Änderung des entsprechenden Bescheides rechnen muß. Dieser Zeitpunkt ist spätestens gegeben, wenn, die **Festsetzungsverjährung eingetreten ist.**

Die durch Verkürzung der USt-Vorauszahlungen vollendete USt-Hinterziehung wird durch die Übernahme der unrichtigen Angaben in die JahresUStErklärung weiter vertieft, *HHSp* § 370 RNr 78. Die Tat ist daher frühestens mit der Abgabe der falschen JahresStErklärung beendet. Für Verjährungsbeginn ist Zeitpunkt des **Erfolgseintritts** maßgebend, BGHSt 11, 119. Zum tatbestandsmäßigen Erfolg bei StHinterziehung gehört, daß ein geringerer StBetrag festgesetzt wird. Beim **Versuch** ist abzustellen auf den Zeitpunkt, in dem die Tätigkeit, die zum Erfolg führen sollte, endet, vgl RGSt 72, 150, dh mit dem Ende der Tätigkeit, die der Tatvollendung dienen soll, BGH wistra 88, 185. Bei der Festsetzung einer **Verlustquote** im gesonderten Gewinnfeststellungsbescheid ist die StHinterziehung erst mit der Bekanntgabe des letzten **ESt-Bescheids** für die Kommanditisten **beendet**, BGH NStZ 84, 414 m Anm v *Streck*. Wenn eine **Abschreibungs-**

1135

§ 376

gesellschaft Steuerverkürzungen zugunsten der Gesellschafter begeht, beginnt die Verjährung, wenn der **letzte** unrichtige **Einkommensteuerbescheid** durch ein WohnsitzFA ergeht, BGH wistra 86, 257. Bei **fortgesetzter Handlung** beginnt die Verjährung erst mit der Beendigung der letzten Tathandlung, vgl BGHSt 24, 218. Bei sog unechten Unterlassungsdelikten, zB Unterlassung der Berichtigung einer StErklärung, Nichtabgabe der StErklärung, dh bei Delikten, bei denen sich die Pflicht zum Handeln nicht aus einer Strafbestimmung ergibt, gilt das Gleiche wie bei den Erfolgsdelikten, dh regelmäßig beginnt die Verjährung erst mit Eintritt des Erfolges, zB der StVerkürzung.

Bei **echten Unterlassungsdelikten** beginnt die Verjährung, sobald die Pflicht zum Handeln fortfällt (*Dreher/Tröndle* § 78a StGB Rz 8). Nach der herrschenden Meinung soll aber bei **Steuerverkürzung** durch **Unterlassen** die Verjährung erst bei Einleitung eines Strafverfahens beginnen, nicht aber bereits durch Zugang eines Schätzungsbescheides oder durch Abschluß der Veranlagungsarbeiten des Finanzamtes (vgl *Kohlmann* Rn 17 mit weiteren Nachweisen). Demgegenüber weisen *Franzen/Gast/Samson* (RNr 13) zu Recht darauf hin, daß die herrschende Meinung zu unvertretbaren Ungleichbehandlungen von Steuerverkürzungen durch aktives Tun einerseits und Unterlassen andererseits führt. Nach ihrer Auffassung beginnt auch bei steuerlichen Unterlassungsdelikten die Verfolgungsverjährung entweder mit Zugang eines Schätzungsbescheides oder mit **Abschluß** der **Veranlagungsarbeiten** bei dem zuständigen Finanzamt. **Schätzt** das FA vor Abschluß der allgemeinen Veranlagungsarbeiten die Besteuerungsgrundlagen und ist die **Schätzung** zu **niedrig**, so ist die Tat mit der Bekanntgabe des Steuerbescheides vollendet. Bei einer zu hohen Schätzung liegt nur ein Versuch vor, weil der beabsichtigte Erfolg nicht eingetreten ist.

Auch für **Gehilfen** beginnt Verjährung erst nach **Beendigung** der Haupttat. Bei **Fortsetzungstaten** ist aber hiervon eine Ausnahme zu machen, wenn die Beihilfe und der Vorsatz der Gehilfen sich nur auf einzelne Teile dieser Fortsetzungstat erstrecken und die Gehilfentätigkeit vor Beendigung der Haupttat aufhört (BGHSt 20, 227).

Nach Eintritt der Strafverfolgungsverjährung ist die **Einziehung** im selbständigen Verfahren ausgeschlossen, OLG München JZ 82, 652 im Anschluß an OLG Hamm MDR 80, 1039.

4. Nach jeder **Unterbrechung** beginnt die **Verjährung** von **neuem.** Die Unterbrechungswirkung bezieht sich auf die gesamte Tat iSd § 264 StPO, BGHSt 22, 105, 106. Wenn sich die Unterbrechungshandlung auf eine bestimmte StArt bezog, wird gleichzeitig auch die Verjährung hinsichtlich einer damit in engem tatsächlichen Zusammenhang stehenden StStraftat unterbrochen, BGH wistra 83, 146. Die Verfolgung ist jedoch spätestens verjährt, wenn seit dem Zeitpunkt, in dem die Tat beendet ist oder ein zum Tatbestand gehörender Erfolg (zB bei § 370 die Verkürzung) eingetreten ist, das **Doppelte** der gesetzlichen **Verjährungsfrist** verstrichen ist (§ 78c III iVm § 78a StGB). Hierbei ist jedoch § 78b III StGB zu beachten. Wenn vor Ablauf der Verjährung ein **Urteil** des ersten Rechtszugs ergangen ist, läuft die Verjährungsfrist nicht vor dem Zeitpunkt ab, in dem das Verfahren rechtskräftig abgeschlossen ist. Bei **Einstellung** des Verfahrens

2. Abschnitt. Bußgeldvorschriften § 377

nach § 153a StPO gegen **Auflagen ruht** die **Verjährung,** vgl § 153a III StPO. Für Verjährung der **Strafvollstreckung** gelten die §§ 79–79b StGB.

Zweiter Abschnitt. Bußgeldvorschriften

§ 377 Steuerordnungswidrigkeiten

(1) Steuerordnungswidrigkeiten (Zollordnungswidrigkeiten) sind Zuwiderhandlungen, die nach den Steuergesetzen mit Geldbuße geahndet werden können.

(2) Für Steuerordnungswidrigkeiten gelten die Vorschriften des Ersten Teils des Gesetzes über Ordnungswidrigkeiten, soweit die Bußgeldvorschriften der Steuergesetze nichts anderes bestimmen.

Schrifttum: *Bilsdorfer* Das Recht der Steuerordnungswidrigkeiten im Überblick, Steuer Stud 82, 225; *Göhler* Die Beteiligung an einer unvorsätzlich begangenen Ordnungswidrigkeit, wistra 83, 242.

1. **Inhalt.** Eine Reihe von StVergehen wurde im Rahmen des 2. AO StrafÄndG v 12. 8. 68 (BGBl I 953) in **StOrdnungswidrigkeiten** umgewandelt, zB die leichtfertige StVerkürzung § 378, die StGefährdung § 379, die Gefährdung von AbzugSt § 380, die VerbrauchStGefährdung § 381, die Gefährdung von Eingangsabgaben § 382; ferner eine Reihe von VerbrauchStZuwiderhandlungen sowie die nicht mehr in der AO geregelte unbefugte Hilfeleistung in StSachen, § 160 StBerG. § 377 ist als Parallelbestimmung zu § 369 zu sehen. Während aber § 369 nur bestimmte dort genannte Tatbestände zu StStraftaten erklärt, erklärt § 377 alle Zuwiderhandlungen, die nach dem StG mit Geldbuße geahndet werden können, zu StOrdnungswidrigkeiten. Zu StGesetzen iS dieser Bestimmung zählen nicht nur die folgenden Vorschriften der AO, §§ 378–382, sondern auch andere, insbesondere EinzelStG. Gesetz idS ist jede Rechtsnorm, dh auch VO oder Satzung.

2. Die Formulierung, **„die geahndet werden können",** macht deutlich, daß im Bereich des Ordnungswidrigkeitenrechts das **Opportunitätsprinzip** gilt, dh das Verfahren kann jederzeit eingestellt werden, § 47 I OWiG. Es steht im pflichtgem **Ermessen** der Verfolgungsbehörde, ob sie eine Ordnungswidrigkeit verfolgt. Im Gegensatz dazu gilt bei Straftaten das Legalitätsprinzip.

3. Die **Geldbuße** trägt im Gegensatz zur Strafe kein „sozialethisches Unwerturteil", vgl BVerfGE 9, 167, 171.

4. **Abs. 2.** Für Ordnungswidrigkeiten gelten die Vorschriften des **Ersten Teils** des OWiG, soweit nicht die Bußgeldvorschriften der Steuergesetze etwas anderes bestimmen. Die Vorschriften der AO weichen von den Bestimmungen des OWiG in folgenden Punkten ab; **Verfolgungsverjährung** § 384, **Schuldform** (Leichtfertigkeit statt Fahrlässigkeit) §§ 378–381, **Höhe der Geldbuße** §§ 378–382. In einem **subjektiven Bußgeldverfahren** hat die richterliche Durchsuchungsanordnung nach § 33 I Nr 4 OWiG, die sich erkennbar nur gegen einen **Einzelkaufmann** richtet, der zugleich Geschäftsführer und Gesellschafter einer denselben Familiennamen wie seine

§ 378   8. Teil. Straf- und Bußgeldvorschriften

Einzelfirma führenden GmbH ist, keine verjährungsunterbrechende Wirkung gegenüber dieser **GmbH**. Dies gilt auch dann, wenn später die Verfahrensbeteiligung der GmbH mit dem Ziel, gegen diese nach § 30 I OWiG eine Geldbuße festzusetzen, angeordnet wird, OLG Karlsruhe wistra 87, 115.

5. Als wichtigste Vorschrift des OWiG, die im Rahmen der §§ 377ff besondere Bedeutung haben, sind zu nennen: § 8 **Begehen durch Unterlassen**, § 9 **Handeln für einen anderen**, § 10 **Vorsatz und Fahrlässigkeit**, § 11 **Irrtum**, § 12 **Verantwortlichkeit**, § 13 **Versuch**, § 14 **Beteiligung**, § 18 **Zahlungserleichterungen**, § 19 **Tateinheit**, § 20 **Tatmehrheit**, § 21 **Zusammentreffen** von **Straftat** und **Ordnungswidrigkeit**, §§ 22–29 **Einziehung**, § 31 **Geldbuße** gegen **jur Personen** und **Personenvereinigungen**, §§ 31–34 **Verjährung**. Eine Beteiligung an der Ordnungswidrigkeit eines anderen gem § 14 I OWiG setzt voraus, daß der andere vorsätzlich handelt, BGH wistra 83, 161; OLG Köln NJW 79, 826; *Göhler* § 14 RNr 5; aA OLG Koblenz NStZ 82, 473.

§ 378 Leichtfertige Steuerverkürzung

(1) ¹Ordnungswidrig handelt, wer als Steuerpflichtiger oder bei Wahrnehmung der Angelegenheiten eines Steuerpflichtigen eine der in § 370 Abs. 1 bezeichneten Taten leichtfertig begeht. ²§ 370 Abs. 4 bis 6 gilt entsprechend.

(2) Die Ordnungswidrigkeit kann mit einer Geldbuße bis zu hunderttausend Deutsche Mark geahndet werden.

(3) ¹Eine Geldbuße wird nicht festgesetzt, soweit der Täter unrichtige oder unvollständige Angaben bei der Finanzbehörde berichtigt oder ergänzt oder unterlassene Angaben nachholt, bevor ihm oder seinem Vertreter die Einleitung eines Straf- oder Bußgeldverfahrens wegen der Tat bekanntgegeben worden ist. ²§ 371 Abs. 3 und 4 gilt entsprechend.

Schrifttum: *Pfaff* § 378 AO: Leichtfertige Steuerverkürzung, Bußgeldbefreiende Selbstanzeige, StBp 81, 259; *Kretzschmar* zum Begriff der leichtfertigen Steuerverkürzung (§ 378 AO) DStZ 83, 58; *Reitz* Die bußgeldrechtliche Verantwortung des steuerlichen Beraters, DStR 84, 91; *Bublitz* Die Kausalität bei der leichtfertigen Steuerverkürzung durch den Steuerberater und sonstige Dritte, DStR 84, 435.

Übersicht

1. Inhalt
2. Wahrnehmung der Angelegenheiten eines Steuerpflichtigen
3. Tatbestand
4. Leichtfertigkeit
5. Konkurrenzfragen
6. Geldbuße
7. Selbstanzeige
8. Verfolgungsverjährung

1. Inhalt. Die Vorschrift stimmt mit § 404 RAO sachlich überein. Während die vorsätzliche StVerkürzung nach § 370 als Straftat zu ahnden ist, wird die **leichtfertige Verkürzung** nur als **Ordnungswidrigkeit** geahndet. Der Täterkreis ist gegenüber § 370 enger gezogen. Nach § 370 kommt

2. Abschnitt. Bußgeldvorschriften **§ 378**

jeder als Täter in Betracht, der für sich und einen anderen Steuern verkürzt. Unter § 378 kann dagegen nur die Stpfl selbst oder derjenige, der die Angelegenheiten eines Stpfl wahrnimmt, fallen. Beachte, daß nach § 9 OWiG auch vertretungsberechtigte Organe einer jur Person und Mitglieder eines solchen Organs, vertretungsberechtigte Gesellschafter einer Personenhandelsgesellschaft sowie gesetzliche Vertreter belangt werden können, auch wenn das Merkmal „Steuerpflichtiger" auf sie nicht zutrifft. Das gleiche gilt nach § 9 II OWiG unter den dort genannten Voraussetzungen für Betriebsleiter und besonders Beauftrage. Begriff des Stpfl s § 33. Die bisherige Vorschrift über die leichtfertige Verkürzung von **Monopoleinnahmen** (§ 125 BranntwMonG) wurde durch Art 19 **StBereinigG** mit Wirkung vom **1. 1. 87** aufgehoben. Danach gilt also auch für den Bereich der Monopoleinnahmen § 378 AO.

2. Wahrnehmung der Angelegenheiten eines Stpfl. Darunter fällt bei weiter Auslegung jede Person, die für den Stpfl tätig wird, also derjenige, der dem Stpfl bei der Erledigung seiner steuerlichen Angelegenheiten Hilfe leistet, vgl RGSt 57, 218. Die Frage, inwieweit der **Steuerl Berater** zur **Prüfung** der Unterlagen des Stpfl verpflichtet ist, richtet sich nach dem Umfang seines **Auftrages.** Hierbei ist zu berücksichtigen, daß der steuerliche Berater grundsätzlich nicht als Prüfer des FA tätig wird und seinem Auftraggeber nicht mit Mißtrauen zu begegnen braucht, vgl *Franzen/Gast/Samson* § 378 RNr 39. Seine Sorgfaltpflichten sind höher, wenn er zB auch die Buchführung übernimmt. *Reitz* (aaO) schließt eine bußgeldrechtliche Verantwortlichkeit des Steuerberaters aus, wenn er lediglich an einer vom Stpfl unterzeichneten Erklärung mitgewirkt und hierbei leichtfertig gehandelt hat. Nach der herrschenden Meinung kommt der **Steuerberater** als Täter im Sinne des § 378 auch dann in Betracht, wenn er gegenüber dem FA überhaupt nicht in Erscheinung tritt, sondern sich seine Tätigkeit in der **steuerlichen Beratung** und in der Vornahme von buchführungs- und steuerlichen Abschlußarbeiten einschließlich der Steuererklärung beschränkt. Ob man hier allerdings eine mittelbare Täterschaft des Beraters (so *Bublitz* aaO) annehmen kann, erscheint zweifelhaft, weil die allgemeine Strafrechtslehre eine mittelbare Täterschaft bei Fahrlässigkeitsdelikten nicht kennt. Da der Begriff des Stpfl außerordentlich weit gefaßt ist, kommen als Personen, die unter die 2. Alternative fallen, eigentlich nur diejenigen in Betracht, die dem Stpfl bei der Erfüllung seiner steuerlichen Pflichten Hilfe leisten. Es ist nicht erforderlich, daß der Betroffene nach außen hin tätig wird, RGSt 57, 218. Der Begriff der **Wahrnehmung** setzt allerdings ein gewisses **selbständiges Handeln** voraus, RG JW 31, 2311. Es scheiden daher als Täter **Auskunftspersonen** aus, sofern sie nicht die Auskunft für den Stpfl geben, ferner **Amtsträger** der FinBeh. Diese Personen können allerdings StHinterziehung nach § 370 begehen, vgl BGHZ ZfZ 55, 90 betr den Leiter einer LohnStStelle. Die **Berichtigungspflicht** nach § 153 I Nr 1 trifft nicht nur den Stpfl selbst sondern auch denjenigen, der iSd § 378 dessen steuerliche Angelegenheit **wahrgenommen** hat OLG Koblenz, wistra 83, 270.

3. Alle Tatbestandsmerkmale des § 370, mit Ausnahme des subjektiven, müssen erfüllt sein. Im Rahmen des § 378 ist aber, anders als nach § 370, erforderlich, daß der Erfolg, dh die Verkürzung der Steuer eintritt.

§ 378 8. Teil. Straf- und Bußgeldvorschriften

Denn § 13 II OWiG bestimmt, daß der **Versuch** nur geahndet werden kann, wenn das Gesetz dies ausdrücklich bestimmt; § 378 verweist nicht auf § 370 II. Die entspr Anwendung des § 370 I bedeutet, daß der Täter leichtfertig unrichtige Angaben gemacht hat, daß er leichtfertig die Abgabe von Erklärungen unterlassen hat usw.

4. Leichtfertigkeit stellt einen gegenüber der Fahrlässigkeit gesteigerten Grad der Schuld dar, vgl BGH DStZ B 64, 178. Leichtfertig handelt, wer die Sorgfalt außer acht läßt, zu der er nach den besonderen Umständen des Falles und seinen persönlichen Fähigkeiten und Kenntnissen verpflichtet und imstande ist, obwohl sich ihm hätte aufdrängen müssen, daß dadurch eine StVerkürzung eintreten wird, der *Kohlmann* RNr 49 mwN. Leichtfertigkeit ist zu unterscheiden von der **bewußten Fahrlässigkeit,** *Franzen/Gast/Samson* RNr 29. Es kommt hierbei nicht auf die Einsichtsfähigkeit eines Durchschnittsbürgers, sondern auf die des betr Täters an, vgl *Lohmeyer* StuW 63, 773; BGH BStBl 55, 359. Die Leichtfertigkeit ist nicht zu verwechseln mit dem **bedingten Vorsatz.** Beim bedingten Vorsatz hält der Täter die Tatbestandsverwirklichung für möglich und nimmt sie billigend in Kauf, vgl BGHSt 7, 363. Bei der **bewußten Fahrlässigkeit** erkennt er zwar die Möglichkeit der rechtswidrigen Tatbestandsverwirklichung, vertraut aber darauf, sie werde nicht eintreten, vgl BGHSt 10, 369. Die Leichtfertigkeit unterscheidet sich von dem Begriff der **groben Fahrlässigkeit** des Zivilrechts dadurch, daß sie auf die individuellen Eigenschaften des Täters abstellt. Je mehr die Höhe des erklärten StEinkommens von den wirklich zu versteuernden Einkünften abweicht, um so eher muß vom Stpfl erwartet werden, daß ihm diese Diskrepanz und damit der Fehler in der Erklärung auffällt, *Franzen/Gast/Samson* RNr 30. Ein vielbeschäftigter Geschäftsmann darf grundsätzlich darauf vertrauen, daß ein sorgfälig ausgewählter und überwachter, in StSachen geschulter Angestellter die StErklärungen des Betriebs wie auch seine eigenen vollständig und richtig vorbereiten wird. Dies enthebt ihn jedoch nicht von der eigenen Sorgfalt. Es muß auch von ihm erwartet werden, daß er sich in großen Umrissen über seine Einkommensverhältnisse auf dem laufenden hält und im Rahmen dieser Kenntnis darauf achtet, daß die Erklärungen frei von Fehlern sind, vgl § 150 II. Zwischen dem Grad der Fahrlässigkeit und dem Umfang der StVerkürzung muß eine gewisse Wechselbeziehung bestehen. Im Bereich der verdeckten **Parteienfinanzierung** kann sich der Spender ebenfalls dann nicht auf eigene Unkenntnis berufen, wenn er nach seiner Stellung und Beziehung zum Spendenempfänger unschwer Einblick in dessen Verwendungspraxis gewinnen und sich Klarheit darüber beschaffen kann, ob Verdachtsmomente über eine satzungswidrige Verwendung der Spenden zutreffen, BGH NStZ 88, 276.

5. Konkurrenzfragen. Wenn durch ein und dieselbe Tat mehrere Bußgeldvorschriften verletzt werden, so liegt Tateinheit vor. Es wird nur eine Geldstrafe festgesetzt, deren Höhe sich nach der höchsten Geldbußenandrohung richtet (§ 19 OWiG). Bei Tatmehrheit wird dagegen, anders als nach StGB, eine Gesamtstrafe vorsieht, für jede einzelne Handlung eine gesonderte Geldbuße verhängt (§ 20 OWiG); insoweit gilt das Kumulationsprinzip. Fortsetzungszusammenhang zwischen meh-

2. Abschnitt. Bußgeldvorschriften § 378

reren leichtfertigen StVerkürzungen ist begrifflich nicht möglich, vgl BGHSt DStZ B 53, 103; DStZ B 60, 130.

Möglich ist aber uU die Annahme eines **fahrlässigen Dauerdelikts** zB in Fällen, in denen es der Stpfl ein für allemal versäumt, sich die nötigen Kenntnisse seiner StPflicht zu verschaffen, vgl BGHSt DStZ B 60, 130. Diese Rspr wird in der Literatur kritisiert, insbesondere deshalb, weil sie ein Dauerdelikt nur annimmt bei Unterlassungstaten, vgl hierzu *Franzen/ Gast/Samson* § 50; *Lohmeyer* ZfZ 63, 358. Die Gefährdungstatbestände der §§ 379–382 treten gegenüber § 378 zurück.

6. Geldbuße bis zu **100 000 DM**, mindestens 5 DM (§ 17 I OWiG). Das Höchstmaß der Geldbuße kann nach § 17 IV OWiG überschritten werden, um den wirtschaftlichen Vorteil, den der Täter aus der Ordnungswidrigkeit gezogen hat, abzuschöpfen. Als Geldbuße wird idR ein Betrag zwischen 10% und 20% der verkürzten St angesetzt, vgl *Tiedemann* NJW 62, 657.

Ein Mandant kann uU von seinem StBerater die **Erstattung** für eine gezahlte Strafe (Bußgeld) verlangen, wenn dieser ihn zu der StHinterziehung nicht nur durch unverbindlichen Rat oder eine unerlaubte Handlung veranlaßt hat, sondern durch eine schuldhafte Verletzung seiner vertraglichen Verpflichtungen, deren Inhalt dahin ging, den Täter vor der Begehung einer solchen Straftat durch Warnungen oder ähnliche Hinweise zu schützen. Die Haftung des StB erstreckt sich nicht mehr darauf, den Mandanten vor solchem Schaden (hier Bußgeld) zu bewahren, der ihm entsteht, weil er – der Mandant – seine eigenen öffentl-rechtl Verpflichtungen dem FA gegenüber, nämlich den StB zur ordnungsgemäßen Erfüllung seiner Pflichten anzuhalten und ihn zu überwachen, verletzt hat, OLG Koblenz DStR 81, 237.

7. Abs. 3 eröffnet – wie § 371 für die StHinterziehung – die Möglichkeit einer **bußgeldbefreienden Selbstanzeige,** soweit der Täter unrichtige oder unvollständige Angaben bei der FinBeh berichtigt oder ergänzt oder unterlassene Angaben nachholt; vgl *Pfaff*, Straf- und Bußgeldfreiheit bei Steuerzuwiderhandlungen, DStZ 82, 361; *Müller* Selbstanzeige bei leichtfertiger StVerkürzung durch Anerkennung der Bp-Ergebnisses?, DB 81, 1480. 371 und 378 III gelten auch für die Verkürzung von Monopoleinnahmen, Abgaben auf Marktordnungswaren, Abwasserabgaben sowie für die ungerechtfertigte Inanspruchnahme von Sparprämien, WoBauPrämien, ANSparzulagen, Bergmannsprämie, vgl § 128 II BranntwMonG RGBl 22, I 405 § 31 I MOG BGBl 72 I 1617, § 14 AbwAbG BGBl 76 I 2721.

Die Rechtfertigung der Selbstanzeige erklärt sich nur mit ihrem außerstrafrechtlichen ausschließlich steuerpolitischen Zweck, *Franzen/Gast/Samson* RNr 58. Hinsichtlich der **Anforderungen** an eine Selbstanzeige vgl die Erl zu § 371. Die **Möglichkeit** einer Selbstanzeige **entfällt** nach § 378 III aber – anders als nach § 371 – nicht schon, wenn ein Amtsträger der FinBeh zur steuerl Prüfung oder zur Ermittlung einer StStraftat oder StOWi erschienen ist, sondern nur dann, wenn dem Täter die **Einleitung eines Straf-** oder **Bußgeldverfahrens** wegen der Tat bekanntgegeben worden ist. Eine Selbstanzeige ist daher auch noch dann möglich, wenn ein Prüfer der FinBeh die Tat bereits entdeckt hatte, zB im Rahmen einer Ap; einschränkend allerdings *Franzen/Gast/Samson* RNr 58: Der Stpfl darf nicht in

1141

§ 378   8. Teil. Straf- und Bußgeldvorschriften

der Selbstanzeige Feststellungen verwerten, die der Prüfer aufgrund eigener Ermittlungen bereits getroffen hat. Der Bußgeldbefreienden Selbstanzeige soll nach BayObLG (DB 81, 874) nicht entgegenstehen, daß das gesamte Ausmaß einer leichtfertigen StVerkürzung im Zeitpunkt der Selbstanzeige bereits von einem Betriebsprüfer **entdeckt** war. Entscheidend sei, ob der Stpfl seine unrichtigen Angaben berichtigt habe. Der BGH (St 3, 373) schließt ebenfalls eine **Selbstanzeige nach Aufdeckung** der Tat **durch** den **Prüfer** nicht aus, allerdings müsse der Täter einen **wesentlichen Beitrag** zur Ermöglichung der richtigen StFestsetzungen leisten, um in den Genuß der Selbstanzeige zu kommen, zB dadurch, daß er wahrheitsgemäße und vollständige Angaben zur Feststellung der steuerlichen Tatbestände macht, durch die das Ermittlungsergebnis des Prüfers nicht nur unwesentlich ergänzt wird. Es können auch Prüfungsergebnisse gemeinsam erarbeitet, Inventuren richtiggestellt oder bestimmte Vorgänge nachgebucht werden. Oder der Täter unterstützt den Prüfer durch die Beibringung von Kontoauszügen bei der Gewinnfeststellung. Unterstützung ist insbesondere dann gegeben, wenn der Prüfer ohne den Beitrag des StPfl die St überhaupt nicht oder nur unter erheblichen Schwierigkeiten richtig feststellen kann.

Nach einer weit verbreiteten Auffassung soll es allerdings genügen, daß der Täter in seiner Berichtigungserklärung das vom Prüfer festgestellte Ergebnis übernimmt, *Firnhaber,* Die strafbefreiende Selbstanzeige im StRecht, Ddorf 1962, 72; *Hartung* Steuerstrafrecht, 3. Aufl, S 183; *Kopacek* Strafbefreiende Selbstanzeige bei StDelikten, 1967, S 67; *List* Selbstanzeige im StStrafrecht 1961, S 54.

Eine Mitverwertung der vom Prüfer erarbeiteten Ergebnisse ist jedenfalls zulässig, der Stpfl muß aber einen **wesentlichen Beitrag** zur Aufdeckung der Tat leisten, *Franzen/Gast/Samson* Anm 58; *Pfaff,* Kommentar zur steuerlichen Selbstanzeige 1977, S 250.

Dabei ist zu berücksichtigen, daß der Stpfl im Falle einer leichtfertigen StVerkürzung von der Unrichtigkeit oder Unvollständigkeit seiner Angaben keine Kenntnis hat und diese Kenntnis in aller Regel erst durch eine finanzamtliche Prüfung erhalten wird. Würde man für eine Selbstanzeige nach § 378 III nur die Mitteilung von solchen Tatsachen genügen lassen von denen die FinBeh noch keine Kenntnis hat, wäre für eine Anwendung dieser Vorschrift nur noch wenig Raum, vgl BayObLG v 30. 3. 78 – 3 Ob OWi 11/78, zit bei *Müller* DB 81 1484.

Eine bußgeldbefreiende Selbstanzeige kann gegenüber einem Außenprüfer wd der Prüfung wirksam erstattet werden, und zwar für StSachen und die Zeiträume, auf die sich die Prüfung erstreckt, BayObLG MDR 81, 427, wistra 85, 117. Die Anzeige braucht nicht beim Leiter des FA oder den von ihm zur Entgegennahme von Erklärungen bestimmten Stellen angebracht werden könnte.

Die Gefahr eines Mißbrauchs der Selbstanzeige wird durch § 153 eingeschränkt, wonach der Täter einer leichtfertigen StVerkürzung, sobald er die Unrichtigkeit der von ihm abgegebenen Erklärung erkennt, zu deren Berichtigung verpflichtet ist. Kommt er dieser Verpflichtung nicht unverzüglich nach, begeht er StHinterziehung und kann nur noch über § 371 Strafbefreiung erlangen. Eine Selbstanzeige durch einen Dritten ohne Auftrag dürfte nicht möglich sein, da Abs 3 auf den **Täter** abstellt, vgl *Franzen/*

Gast/Samson RNr 59. Man wird die Frage, ob bei leichtfertiger **LohnSt-verkürzung** nach § 378 I der **Arbeitgeber** durch seine Anzeige nach § 41d I Nr 2 EStG auch **Bußgeldfreiheit** erlangen kann, wohl mit *Pfaff* (DStR 78, 137) bejahen müssen, obwohl der Arbgeber weder StSchuldner ist, noch zur Haftung herangezogen werden kann. Eine Ahndung wegen Gefährdung der Abzugsteuern nach § 380 ist dagegen nicht ausgeschlossen. Die Abgabe einer **Jahresumsatzsteuererklärung** mit richtigen Umsatzzahlen auch ohne gleichzeitige Nachholung der unterlassenen Voranmeldungen stellt eine bußgeldbefreiende Selbstanzeige dar, OLG Hbg BB 85, 1779 m Anm von *Koops*.

8. Abweichend von § 31 II OWiG tritt die **Verfolgungsverjährung** erst nach 5 Jahren ein, § 384. Die durch **Nichtabgabe** einer StErkl bewirkte leichtfertige StVerkürzung ist als unechtes **Unterlassungsdelikt** in dem Zeitpunkt **vollendet** und beendet, in dem im regelmäßigen Geschäftsgang die steuerl Veranlag des Täters genau wie die der anderen Stpfl beendet gewesen und ein StBescheid zugestellt worden wäre. Damit beginnt die Verfolgungsverjährung nach § 31 II OWiG. AA OLG D'dorf BB 81, 1037: Eine **Dauerordnungswidrigkeit** durch Unterlassen ist erst dann beendet, wenn die Verpflichtung zur Vornahme einer Handlung entfällt.

Ein rechtskräftiges Urteil oder ein rechtskräftiger Bußgeldbescheid unterbricht die Dauerordnungswidrigkeit. Wenn der Betroffene auch dann noch nicht seine Verpflichtung erfüllt, beginnt eine neue Tat, die wiederum geahndet werden kann, OLG Düsseld BB 81, 1037, vgl hierzu kritisch *Schickedanz* NJW 82, 320f; dag *Papenberg* NJW 82, 1977. Mit dem Außerkrafttreten eines **Zeitgesetzes** ist die bußgeldrechtl relevante Tat beendet, so daß die Verfolgungsverjährung spätestens damit beginnt, OLG Karlsruhe NStZ 81, 264.

§ 379 Steuergefährdung

(1) ¹Ordnungswidrig handelt, wer vorsätzlich oder leichtfertig
1. Belege ausstellt, die in tatsächlicher Hinsicht unrichtig sind, oder
2. nach Gesetz buchungs- oder aufzeichnungspflichtige Geschäftsvorfälle oder Betriebsvorgänge nicht oder in tatsächlicher Hinsicht unrichtig verbucht oder verbuchen läßt

und dadurch ermöglicht, Steuern zu verkürzen oder nicht gerechtfertigte Steuervorteile zu erlangen. ²Satz 1 Nr. 1 gilt auch dann, wenn Eingangsabgaben verkürzt werden können, die von einem anderen Mitgliedstaat der Europäischen Gemeinschaften verwaltet werden oder die einem Staat zustehen, der für Waren aus den Europäischen Gemeinschaften auf Grund eines Assoziations- oder Präferenzabkommens eine Vorzugsbehandlung gewährt; § 370 Abs. 6 Satz 2 ist anzuwenden.

(2) Ordnungswidrig handelt, wer vorsätzlich oder leichtfertig
1. **der Mitteilungspflicht nach § 138 Abs. 2 nicht, nicht vollständig oder nicht rechtzeitig nachkommt,**
2. **die Pflicht zur Kontenwahrheit nach § 154 Abs. 1 verletzt.**

(3) Ordnungswidrig handelt, wer vorsätzlich oder fahrlässig einer

§ 379   8. Teil. Straf- und Bußgeldvorschriften

Auflage nach § 120 Abs. 2 Nr. 4 zuwiderhandelt, die einem Verwaltungsakt für Zwecke der besonderen Steueraufsicht (§§ 209 bis 217) beigefügt worden ist.

(4) Die Ordnungswidrigkeit kann mit einer Geldbuße bis zu zehntausend Deutsche Mark geahndet werden, wenn die Handlung nicht nach § 378 geahndet werden kann.

Schrifttum: *Schäfer* Die Verletzung der Buchführungspflicht in der Rechtsprechung des BGH, wistra 86, 200.

Übersicht

1. Inhalt
2. Ausstellen unrichtiger Belege
3. Unrichtige Verbuchung
4. Eignung zur Steuerverkürzung
5. Gefährdung von Eingangsabgaben
6. Subjektiver Tatbestand
7. Mitteilung über Auslandbeziehungen
8. Kontenwahrheit
9. Auflagen zum Zwecke der Steueraufsicht
10. Konkurrenzfragen
11. Geldbuße

1. Inhalt. Die Vorschrift behandelt die **Steuergefährdung,** soweit sie nicht als Gefährdung der **AbzugSt,** der **VerbrauchSt** oder der **Eingangsabgaben** in den §§ 380–382 geregelt wird. Bei Monopolabgaben gilt Sondervorschrift des § 126 II Nr 1 BranntwMonG. **Abs 1** stimmt sachlich mit § 405 I RAO überein; er behandelt die **Ausstellung unrichtiger Belege** und die Verletzung von **Buchführungs-** und **Aufzeichnungspflichten. Abs 1 S 2** erfaßt nicht nur falsche Erklärungen zum Nachteil von **EftaStaaten,** sondern auch zum Nachteil aller übrigen Staaten, die für Waren aus den EG aufgrund eines Assoziations- oder Präferenzabkommens eine **Vorzugsbehandlung** gewähren. Darunter fallen fast alle Staaten des Mittelmeerraums. **Abs 3** ist an die Stelle des § 203 RAO getreten, soweit darin ein **Sicherungsgeld** angedroht war. Das Sicherungsgeld wurde durch das Bußgeld ersetzt.

2. Abs 1 Nr 1 behandelt das **Ausstellen** sachlich unrichtiger **Belege.** Nicht erforderlich ist, daß es sich um **Buchungsunterlagen** handelt; auch **Spendenquittungen** uä fallen darunter. Täter kann hierbei jeder sein, ggf auch Privatpersonen. Der Empfänger des Belegs kann Beteiligter iSd § 14 OWiG sein, es sei denn, daß sich seine Tätigkeit auf die Entgegennahme des Belegs beschränkt, vgl BGHSt 10, 386. In diesem Fall ist er lediglich notwendiger Teilnehmer. Unter **Beleg** sind **Schriftstücke** zu verstehen, die geeignet sind, einen steuerlich erheblichen Vorgang zu beweisen, vgl *Franzen/Gast/Samson* RNr 9. Es können ggf auch **Eigenbelege** sein, sofern sie als Buchungsunterlage in Betracht kommen, zB wenn Entnahmen als Betriebsausgaben deklariert werden, *Franzen/Gast/Samson* RNr 11. Der Begriff des **Ausstellers** setzt voraus, daß der Beleg **ausgehändigt** wird; erst dadurch ermöglicht der Täter nur die StVerkürzung. Wenn **Beleg unrichtig** ist und auch der Name des Ausstellers gefälscht ist, kommt nach § 21 OWiG nur Bestrafung nach § 267 StGB in Betracht, *Franzen/Gast/Samson* RNr 12.

2. Abschnitt. Bußgeldvorschriften § 379

3. Abs 1 Nr 2. Unrichtige Verbuchung. Auch hier kommt als Täter nicht nur der Stpfl in Betracht, sondern jeder, der die Möglichkeit hat, Buchungen vorzunehmen, vgl *Suhr* NWB 70, F 13, 453/454. Zur Frage, was **buchungs-** oder **aufzeichnungspflichtig** ist, vgl §§ 140, 142–144. Die entspr Pflicht muß sich aus einem Gesetz ergeben; Gesetz ist jede Rechtsnorm (§ 4), also auch eine VO. Rückwirkende **Bewilligung** einer **Erleichterung** nach § 148 wirkt nicht als Rechtfertigungsgrund. Verletzung von **Aufbewahrungspflichten** fällt **nicht** unter Nr 2, obwohl zB die Vernichtung von Büchern der Nichtaufzeichnung in der Wirkung gleichkommt, vgl *Franzen/Gast/Samson* § 379 RNr 18. Bei Übertragung der Buchführung auf einen anderen muß der Pflichtige bei **Auswahl** und **Überwachung** die erforderliche Sorgfalt walten lassen, *Franzen/Gast/Samson* RNr 21.

4. Die **Tat** muß objektiv **geeignet** sein, **Steuern zu verkürzen;** die Absicht des Täters braucht sich darauf nicht zu erstrecken. Entscheidend ist die objektive Eignung, vgl *Pfaff* StBp 72, 142. Es kommt auch nicht darauf an, daß tatsächlich eine Verkürzung eintritt. Das gleiche gilt für die nicht gerechtfertigte Erlangung von **Steuervorteilen.**

5. Gefährdung von **Eingangsabgaben** vgl § 370 VI. **Abs 1 S 2** erfaßt nicht nur falsche Erklärungen zum Nachteil eines EftaStaates, sondern auch solche zum Nachteil aller anderen Staaten, die für Waren aus den EG auf Grund eines Assoziations- oder Präferenzabkommens eine Vorzugsbehandlung gewähren, wie zB die meisten Mittelmeerstaaten. Es ist geplant, in die Abkommen mit diesen Staaten eine Verpflichtung zur Aufnahme einer vergleichbaren Bestimmung über die Ahndung falscher Erklärungen im Präferenzverkehr aufzunehmen (vgl Art 17 Protokoll Nr 3 zum Abkommen EG-Israel, ABl der EG Nr L 136/3 v 28. 5. 75). Erklärungen zum Nachteil der Mittelmeerstaaten werden lediglich als Ordnungswidrigkeit geahndet, da deren Rechts- und VerwSystem nur bedingt mit dem der EG-Mitgliedstaaten vergleichbar ist.

6. Der Täter muß **vorsätzlich** oder **leichtfertig** handeln; diese Voraussetzung bezieht sich sowohl auf die **Unrichtigkeit** des Belegs usw als auch auf die **Eignung** der StVerkürzung.

7. Abs 2 Nr 1 bezieht sich auf die Pflicht zur **Mitteilung** bestimmter **Auslandsbeziehungen** nach § 138 II. Auch die **unvollständige** Erfüllung dieser Pflicht stellt eine Ordnungswidrigkeit dar.

8. Abs 2 Nr 2. Pflicht zur **Kontenwahrheit** nach § 154 I; siehe Anm dort. Zu den Schließfächern zählen nach *Franzen/Gast/Samson* (RNr 37) nicht die Postschließfächer. Der Verdacht, eine Bank habe zugunsten eines Bankkunden Konten unter Verletzung des § 154 AO angelegt, rechtfertigt nicht den Verdacht, die Bank habe auch zugunsten weiterer Bankkunden Konten auf falschen Namen angelegt, LG Köln StrVert 83, 56. Diese Auffassung dürfte mit der Realität nicht übereinstimmen.

9. Abs 3 ersetzt die bisherige Regelung über das **Sicherungsgeld.** Durch die Bezugnahme auf § 120 II Nr 4 wird näher konkretisiert, auf welche Nebenbestimmung sich die Vorschrift bezieht.

§ 380

10. Konkurrenzfragen. § 379 tritt als Gefährdungsdelikt hinter § 378 sowie hinter § 370 zurück, sobald es zu einer Verletzung des geschützten Rechtsguts kommt, vgl § 21 OWiG. Dies gilt auch, wenn die Tat nur als Beihilfe zur StHinterziehung geahndet werden kann, *Franzen/Gast/Samson* RNr 52. Die VerbrauchsStgefährdung iSd § 381 geht der allg StGefährdung nach § 379 vor.

11. Geldbuße beträgt im Höchstfall 10000 DM, bei **leichtfertiger** Begehungsweise 5000 DM, vgl § 17 II OWiG. **Selbstanzeige** ist nach § 379 nicht mehr möglich. Das ist insofern ungereimt, als beim vollendeten Delikt nach § 378 Selbstanzeige zulässig ist, eine Ahndung nach § 379 müßte daher ebenfalls ausgeschlossen sein, vgl BGHSt 14, 378, zumindest müßte das Verfahren nach § 47 OWiG eingestellt werden.

§ 380 Gefährdung der Abzugsteuern

(1) Ordnungswidrig handelt, wer vorsätzlich oder leichtfertig seiner Verpflichtung, Steuerabzugsbeträge einzubehalten und abzuführen, nicht, nicht vollständig oder nicht rechtzeitig nachkommt.

(2) Die Ordnungswidrigkeit kann mit einer Geldbuße bis zu zehntausend Deutsche Mark geahndet werden, wenn die Handlung nicht nach § 378 geahndet werden kann.

Schrifttum: *Schäfer* Die Strafbarkeit des Arbeitgebers bei Nichtzahlung von Sozialversicherungsbeiträgen für versicherungspflichtige Arbeitnehmer, wistra 82, 96.

1. Inhalt. Die Vorschrift entspricht § 406 RAO. Sie behandelt die Verletzung einer **Doppelverpflichtung.** Sie ist anwendbar, sobald eine der genannten Verpflichtungen nicht erfüllt wird. Die entspr Pflichten ergeben sich aus dem EinzelStG, vgl §§ 38–42f EStG, §§ 43–45b EStG, § 50a EStG iVm §§ 73a, 73i EStDV. Verpflichtung zum StAbzug ist verfassungsgemäß, vgl BVerfG HFR 77, 295. Vorschrift ist auf **KiSt** nicht anwendbar; ausgenommen Nieders KiStRG § 6 I. Die verschiedenen sozialversicherungsrechtlichen Tatbestände über das **Veruntreuen** von **Arbeitsentgelt** und durch eine einheitliche und erweiterte Regelung in einem neuen Tatbestand in das Strafgesetzbuch überführt worden (Art 1 Nr 5 des 2. WiKG). Danach wird mit Freiheitsstrafe bis zu 5 Jahren bestraft, wer als Arbeitgeber die Beiträge des Arbeitnehmers zur Sozialversicherung oder zur Bundesanstalt für Arbeit der Einzugsstelle vorenthält. Ebenso wird bestraft, wer als Arbeitgeber sonst Teile des Arbeitsentgelts, die er für den Arbeitnehmer an einen anderen zu zahlen hat, dem Arbeitnehmer einbehält, sie jedoch an den anderen nicht zahlt. Dies gilt jedoch nicht für die Teile des Arbeitsentgelts, die als LohnSt einbehalten werden.

2. Verpflichtet zur **Einbehaltung** und **Abführung** von StAbzugsbeträgen ist zB der Arbeitgeber hinsichtlich der LohnSt, nicht dagegen der Unternehmer hinsichtlich der vereinnahmten USt, weil er insoweit selbst StSchuldner ist. Der Anwendungsbereich der Vorschrift ist der durch die Einführung des UmsatzStAbzugsverfahrens (§§ 51–58 EStDV 1980) erheblich erweitert worden. Zum USt-Abzugsverfahren vgl BdF-Schreiben v 1. 6. 81 BStBl 81, I 491. Bei den **Abzugsbeträgen** handelt es sich um Teile des Lohnes, die dem zum Abzug Verpflichteten nicht gehören, sondern von ihm nur treuhänderisch verwaltet werden, BGHSt 2, 183. § 380 bezieht sich **nicht** auf die Verpflichtung, die Abzugsteuern richtig und vollständig **anzumelden;** ein Verstoß gegen diese Verpflichtung ist ggf nach § 370 oder § 378 zu ahnden. Unter **Einbehalten** ist die **Nichtauszahlung** der Beträge an den StSchuldner zu verstehen, vgl *Kohlmann* RNr 20.

In Fällen **unerlaubter** Überlassung von **Leiharbeitnehmern** ist Arbeitgeber iSd § 529 I, 1428 I **RVO,** § 225 I **AFG** allein der **Entleiher.** Der unerlaubt handelnde Verleiher kann wegen seiner Unterlassung, Arbeitnehmer-Beitragsteile an die berechtigte Kasse abzuführen, nicht nach diesen Vorschriften betraft werden, BGH NStZ 82, 383.

3. Hinsichtlich der **subjektiven** Seite der Tat wird **Vorsatz** oder **Leichtfertigkeit** gefordert. Der Abzugspflichtige kann sich nicht darauf berufen, daß seine Mittel nicht zur Zahlung der LohnSt ausgereicht hätten, BGHSt 2, 338. Er hat **sicherzustellen,** daß er neben dem Arbeitslohn auch die entspr LohnSt bezahlen kann; anderenfalls muß er die Nettolöhne entspr kürzen, vgl RGSt 40, 235.

4. Selbstanzeige ist in § 380 **nicht vorgesehen.** Sie ist auch deswegen schon begrifflich nicht möglich, weil sich die Verletzungshandlung nicht auf die Erklärungspflicht, sondern nur auf die Zahlungspflicht bezieht. Begeht der Täter gleichzeitig StHinterziehung, tritt die Bestimmung des § 380 insoweit zurück, lebt aber wieder auf, sobald die Möglichkeit einer Bestrafung nach § 370 zB infolge einer Selbstanzeige nach § 371 wegfällt, vgl § 21 II OWiG (OLG Frankfurt NJW 68, 263, BayObLG NJW 81, 1055). Stundung ist Rechtfertigungsgrund.

§ 381 Verbrauchsteuergefährdung

(1) Ordnungswidrig handelt, wer vorsätzlich oder leichtfertig Vorschriften der Verbrauchsteuergesetze oder der dazu erlassenen Rechtsverordnungen
1. **über die zur Vorbereitung, Sicherung oder Nachprüfung der Besteuerung auferlegten Pflichten,**
2. **über Verpackung und Kennzeichnung verbrauchsteuerpflichtiger Erzeugnisse oder Waren, die solche Erzeugnisse enthalten, oder über Verkehrs- oder Verwendungsbeschränkungen für solche Erzeugnisse oder Waren oder**
3. **über den Verbrauch unversteuerter Waren in den Freihäfen zuwiderhandelt, soweit die Verbrauchsteuergesetze oder die dazu erlassenen Rechtsverordnungen für einen bestimmten Tatbestand auf diese Bußgeldvorschrift verweisen.**

(2) Die Ordnungswidrigkeit kann mit einer Geldbuße bis zu zehntausend Deutsche Mark geahndet werden, wenn die Handlung nicht nach § 378 geahndet werden kann.

1. Inhalt. Die Vorschrift entspricht mit Ausnahme des Abs 1 Nr 1 dem § 407 RAO. Es wird nicht mehr auf die **Erklärungs-** und **Anzeigepflichten** abgestellt, sondern auch **andere Pflichtverletzungen** können künftig als Ordnungswidrigkeiten in Betracht kommen.

§ 381

2. Die Vorschrift greift nur ein, soweit die **VerbrauchStG** oder die dazu erlassenen VOen auf sie verweisen. **VerbrStG** sind: BierStG, BranntwMonG, KaffeeStG, LeuchtmStG, MinöStG, SalzStG, SchaumwStG, TabakStG, TeeStG, ZuckStG. Ferner enthält § 126 II Nr 2 BranntwMonG eine besondere Bußgeldvorschrift, die anzuwenden ist auf den Branntweinaufschlag (vgl § 128 BranntwMonG), der MonopAusgleich (§ 126 I Nr 11 BranntwMonG), EssigsäureST (§ 126 I Nr 2 und 12 BranntwMonG). Soweit die Vorschrift eingreift, gilt § 381 nicht. § 381 ist ferner dann nicht anzuwenden, soweit die VerbrStG Einfuhrtatbestände enthalten; sind aber § 382.

Verweisungen auf § 381 enthalten zB § 14 MinöStG idF v 4. 8. 80: Ordnungswidrig handelt, wer ohne Erlaubnis Mineralöl herstellt, § 19 BierStG, § 96 BierStDB, § 95 TabStG, § 116a TabStDB, § 23b SchaumwStDB, § 29a LeuchtmVO, § 26a ZuckStDB, § 22b SalzStDB, § 14 SBefrO, § 24b SpielkStDB, § 38 TabStDB, § 14 ZuckStBefrO, § 23b ZündwStDB.

3. Abs 1 Nr 1. Nach der Neufassung fallen hierunter alle **Pflichten** über die zur Vorbereitung, Sicherung oder Nachprüfung der Besteuerung, dh auch die Buchführungspflichten, Anschreibepflichten, Pflichten über die Aufbewahrung, Sicherung von Waren uä.

4. Abs 1 Nr 2. Vorschrift über **Verpackung, Kennzeichnung, Verkehrs- oder Verwendungsbeschränkungen. Verpackungsvorschriften** enthalten zB § 68 I 2 BierStDB, § 6 S 2 TabStG. **Kennzeichnungsvorschriften** sind in einer Reihe von Bestimmungen der TabStDB enthalten. **Verkehrsbeschränkungen** in § 48, § 51 II TabStG, § 25 I 1 LeuchtmStDB. **Verwendungsbeschränkung:** § 12 III 1 BierStG.

5. Abs 1 Nr 3. Der Verbrauch unversteuerter Waren in Freihäfen ist grundsätzlich verboten, vgl § 2 I 3 TabStG, § 4 ZuckStDB, § 2 SalzStDB, § 4 BierStDB, § 2 SchaumwStDB, § 2 LeuchtmStDB, § 4 MinöStG. Freihäfen sind Zollfreigebiete; sie gehören nicht zum Erhebungsgebiet für die VerbrSt, vgl § 2 III Nr 3 59–66, 86 ZG, § 1 TabStG, § 1 I ZuckStG, SalzStG, BierStDB, § 1 III KaffeeStG, TeeStG. Zu den unversteuerten Waren gehören solche, bei denen im Falle der Einfuhr in das Erhebungsgebiet eine Steuer entstehen würde. § 5 I **KaffeeStG** und § 5 I **TeeStG** verweisen allgemein auf die Vorschriften für **Zölle** und verbieten gleichzeitig den Verbrauch unversteuerter Waren in Freihäfen. Verstoß hiergegen kann daher bereits bei **leichter** Fahrlässigkeit nach § 382 I Nr 2 u II iVm § 63 ZG geahndet werden; Verbrauch von unversteuertem Tabak dagegen nur nach § 381 I Nr 3 bei Leichtfertigkeit, vgl *Franzen/Gast/Samson* § 381 RNr 22. Soweit die VerbrStG **Befreiungsvorschriften** vorsehen, ist der Verbrauch im Freihafen unter den gleichen Voraussetzungen zulässig. Vorschriften über das Verbot des Verbrauchs unversteuerter Waren in Freihäfen sind in einer Reihe von Durchführungsbestimmungen zu den VerbrauchStG enthalten. Sondervorschriften bestehen für den alten Freihafen Hamburg, in dem der gewerbliche Verbrauch erlaubt ist, vgl § 62 IV ZG.

6. Für die **Ahndung** ist erforderlich, daß in den VerbrStG oder den entspr VOen für einen bestimmten Tatbestand auf § 381 verwiesen wird, vgl § 19 BierStG, § 94 TabStG. Die 3. VO zur Änderung von DurchfBe-

2. Abschnitt. Bußgeldvorschriften § 382

stimmungen zu den VerbrauchStG vom 21. 4. 77 (BGBl I 77, 607) die der neuen Rechtslage Rechnung trägt, ist erst am 1. 5. 77 in Kraft getreten, Art 10.

Die in Abs 1 vorgeschriebene **Verweisung** ist nach Art 97 § 20 EGAO **nicht** erforderlich soweit die Vorschriften der dort genannten Gesetze und VOen vor dem 1. 10. 68 erlassen worden sind; eine gleiche Formulierung enthält sZt auch Art 12 IV 2. AOStrafÄndG. ZZt des Erlasses der EGAO waren aber entsprechende Verweisungen in sämtlichen VerbrauchStG und VOen auf § 407 RAO enthalten, insofern brauchte der Rückverweisungsvorbehalt durch Art 97 § 20 EGAO gar nicht aufgehoben zu werden.

7. Als **Täter** kommen der **Betriebsinhaber** oder der **Betriebsleiter** (Beauftragter) in Betracht, in den Fällen des Abs 1 Nr 1 auch jeder andere. Vgl auch die Bestimmung des § 9 OWiG über die Rechtsfolgen des Handelns für einen anderen.

8. Die **Geldbuße** beträgt höchstens **10000 DM**, bei **leichtfertigem** Handeln **5000 DM**, vgl § 17 II OWiG. **Selbstanzeige** nach § 371 oder § 378 ist nicht vorgesehen.

9. Konkurrenzfragen, § 379 tritt gegenüber § 381, § 381 tritt gegenüber § 382 zurück, ferner gegenüber § 370 und – wie ausdrücklich in Abs 2 bestimmt – auch gegenüber § 378. Dies gilt auch für Verstöße gegen Aufzeichnungs- und **Buchführungspflichten,** die in VerbrauchStG und entspr RVOen vorgeschrieben sind, auch für Handlungen die vor dem 1. 1. 77 beendet wurden, denn wegen des **Rückverweisungsvorbehalts** und wegen der kürzeren Verjährungsfrist ist § 381 I Nr 1 gegenüber § 379 I Nr 2 das mildere Gesetz (§ 377 II AO, § 4 III OWiG), vgl *Gast/de Haan* DB 77, 1290.

10. Verjährung tritt nach § 31 II Nr 2 in **2 Jahren** ein; die in § 384 vorgesehene fünfjährige Verjährungsfrist gilt nicht für § 381.

§ 382 Gefährdung der Eingangsabgaben

(1) Ordnungswidrig handelt, wer als Pflichtiger oder bei der Wahrnehmung der Angelegenheiten eines Pflichtigen vorsätzlich oder fahrlässig Vorschriften der Zollgesetze, der dazu erlassenen Rechtsverordnungen oder der Verordnungen des Rates oder der Kommission der Europäischen Gemeinschaften zuwiderhandelt, die
1. für die Erfassung des Warenverkehrs über die Grenze oder für die in den §§ 9, 40a und 41 des Zollgesetzes genannten Arten der Zollbehandlung,
2. für die Zollfreigebiete, für den Zollgrenzbezirk oder für die der Grenzaufsicht unterworfenen Gebiete
gelten, soweit die Zollgesetze, die dazu oder die auf Grund von Absatz 4 erlassenen Rechtsverordnungen für einen bestimmten Tatbestand auf diese Bußgeldvorschrift verweisen.

(2) Absatz 1 ist auch anzuwenden, soweit die Zollgesetze und die dazu erlassenen Rechtsverordnungen für Verbrauchsteuern sinngemäß gelten.

(3) Die Ordnungswidrigkeit kann mit einer Geldbuße bis zu zehntausend Deutsche Mark geahndet werden, wenn die Handlung nicht nach § 378 geahndet werden kann.

§ 382   8. Teil. Straf- und Bußgeldvorschriften

(4) **Der Bundesminister der Finanzen kann durch Rechtsverordnungen die Tatbestände der Verordnungen des Rates oder der Kommission der Europäischen Gemeinschaften, die nach den Absätzen 1 bis 3 als Ordnungswidrigkeiten mit Geldbuße geahndet werden können, bezeichnen, soweit dies zur Durchführung dieser Rechtsvorschriften erforderlich ist und die Tatbestände Pflichten zur Gestellung oder Vorführung von Waren, zur Abgabe von Erklärungen oder Anzeigen, zur Aufnahme von Niederschriften sowie zur Ausfüllung oder Vorlage von Zolldokumenten oder zur Aufnahme von Vermerken in solchen Dokumenten betreffen.**

1. Inhalt. Die Vorschrift erfaßt nicht nur die Verletzung von **Vorschriften der Zollgesetze** und der dazu ergangenen Rechtsverordnungen, sondern auch die Verletzung der Verordnungen des **Rates oder der Kommission** der EG. Der Tatbestand wird konkretisiert durch eine Rückverweisungsklausel in den Zollgesetzen.

2. Abs 1 enthält eine **Bußgeldandrohung** für Zuwiderhandlungen gegen Vorschriften der ZollG einschließlich der dazu ergangenen Verordnungen. Zu den **Zollgesetzen** zählen neben dem ZollG die Allgemeine Zollordnung, die VO über die Zollgrenze (VZZ) v 22. 12. 61 (BGBl I 2141), das TruppenzollG v 17. 1. 63 (BGBl I 51) sowie die DVO dazu v 1. 7. 63 (BGBl I 451), das AbschöpfungserhebungsG v 25. 7. 62 (BGBl I 453), die AbschöpfungsVO v 26. 11. 68 (BGBl II 1043), das UStG, die EinfuhrumsatzSt-BefreiungsVO v 16. 11. 67 (BGBl I 1149) sowie die VerbrauchStG, soweit sie Einfuhrtatbestände enthalten. Die **Zuwiderhandlung** muß sich unmittelbar **aus dem Gesetz** oder einer **VO ergeben,** es reicht nicht aus, daß sich das Ge- oder Verbot aus einer entspr VfG der FinBeh aufgrund eines Gesetzes ergibt. **Ordnungswidrig** sind auch Zuwiderhandlungen gegen die in Abs 1 bezeichneten Pflichten, wenn sie auf **EG-Verordnungen** beruhen. Dies gilt namentlich für die **Nichtgestellung von Zollgut** nach einem **gemeinschaftlichen Versandverfahren** gem der VO (EWG) 542/69. Die Anwendbarkeit des § 382 muß jedoch durch eine nationale Rechtsverordnung nach Abs 4 besonders bestimmt werden. Nach **§ 382 I** kann die **Gefährdung** von **Eingangsabgaben** nur dann als Ordnungswidrigkeit geahndet werden, wenn in **Rechtsvorschriften** für einen bestimmten Tatbestand auf diese Vorschrift **verwiesen wird.** Die EG-Verordnung 222/77 enthält weder eine Verweisung, noch eine eigene Bußgeldvorschrift. Deswegen war es erforderlich, für die Ahndung von Verstößen gegen **Gemeinschaftsrecht** eine zusätzliche Regelung in **Abs 4** zu treffen. Der Bundesminister der Finanzen hat in **§ 148 b AZO** im einzelnen bestimmt, welche Verstöße gegen die VO 222/77 ordnungswidrig im Sinne des § 382 sind. Dies schließt jedoch nicht aus, die Verletzung der EG-VO als **Steuerstraftat** zu verfolgen, wenn **Eingangsabgaben** nicht gefährdet, sondern **verkürzt** worden sind. § 382 tritt gegenüber § 372 zurück, weil die Bußgeldvorschrift nur subsidiär gilt (§ 377 II, § 21 I OWiG) bzw nach allgemeinen Regeln der Gefährdungstatbestand vom Verkürzungstatbestand aufgesogen wird (*HHSp* § 370 Rdnr 149). Der **Verkürzungserfolg** tritt ein, wenn die Legalisierung des Abgabeanspruchs vom Täter verhindert oder erschwert wird (BGHSt 24, 178). Wenn die Ware allerdings weiter

2. Abschnitt. Bußgeldvorschriften **§ 382**

verwertet wird, wird sie auch im gemeinschaftlichen Versandverfahren entzogen im Sinne des § 57 I ZG.

Mit der Formulierung „bei Wahrnehmung der Angelegenheiten eines Pflichtigen" wird erreicht, daß auch der Beförderer im Zollgutversandverkehr, der nicht Zollbeteiligter ist und auch nicht unter § 9 OWiG fällt, als Täter in Betracht kommt. In der **Nr 1** sind die geschützten Rechtsgüter im einzelnen genannt; es handelt sich um Bestimmungen über die **Arten der Zollbehandlung,** zB die Abfertigung zum freien Verkehr, der Zollgutversand sowie die Zollgutveredelung. Die Vorschrift bezieht sich nur auf die **Gefährdung** der **Eingangsabgaben,** also nicht auf sonstige Verbote oder Beschränkungen der Ein-, Aus- oder Durchfuhr von Waren. Sie betrifft ferner nicht nur **Zölle** und **Abschöpfungen,** sondern auch **VerbrauchSt,** soweit diese an der Grenze erhoben werden, ferner auch die **Einfuhr-UmsSt.** § 9 ZG bezieht sich auf die **Arten** der Zollbehandlung. Zollgut kann abgefertigt werden zum freien Verkehr oder zu einem besonderen Zollverkehr (Zollgutversand, Zollgutlagerung, Zollgutveredelung, Zollgutumwandlung oder Zollgutverwendung): Zollgut kann unter zollamtlicher Überwachung ausgeführt oder vernichtet werden (§ 9 II ZG). § 40a ZG betrifft die **Zollbehandlung** ohne Abfertigung. Danach kann Zollgut durch **Anschreibung** in den freien Verkehr oder in ein Zollgutlager, Veredelungsverkehr usw übergeführt werden, vgl hierzu § 80a AZO. § 41 ZG betrifft den **Zollgutversand,** dh die Beförderung von Zollgut, vgl §§ 81 ff AZO. Die Fassung nennt im übrigen nicht mehr einen bestimmten Täterkreis, weil sich dieser bereits aus den zollrechtlichen Vorschriften ergibt. Der Begriff der Wahrnehmung der Angelegenheiten eines Pflichtigen ist weit auszulegen, vgl RGSt 57, 218. Es ist auf die tatsächlichen Verhältnisse abzustellen, nicht auf eine im Innenverhältnis evtl bestehende Verpflichtung, vgl *Lohmeyer* ZfZ 65, 330. Die Vorschrift bezieht sich nur auf Eingangsabgaben. **Ausfuhrabgaben** werden von ihr also nicht erfaßt. Dies müßte auch gelten, soweit im Rahmen der EG-Marktordnungen derartige Ausfuhrabgaben erhoben werden. Eine entspr Rechtsgrundlage für die Erhebung von Ausfuhrabgaben ist in § 5 MOG enthalten; danach sind Ausfuhrabgaben Zölle iSd AO. Nach § 17 MOG sind die Vorschriften, die zur Sicherung und bei der Erhebung von Zöllen beim Verbringen von Waren in das Zollgebiet gelten, zur Sicherung und bei der Erhebung von Ausfuhrabgaben sinngemäß anzuwenden.

3. Zollfreigebiete, vgl § 2 II ZG a) deutsche Schiffe oder Luftfahrzeuge in Gebieten, die zu keinem Zollgebiet gehören, b) Helgoland, c) Freihäfen, d) Gewässer und Watten zwischen der Hoheitsgrenze und der Zollgrenze an der Küste (jeweilige Strandlinie). Die Zollgrenze kann durch VO an der Küste bis zur Hoheitsgrenze vorverlegt werden, um die zollamtliche Überwachung zu vereinfachen. **Zollgrenzbezirk** (vgl § 68 ZG) erstreckt sich bis zu einer Tiefe von 15 km. Er wird durch die Zollbinnenlinie, die durch RVO festgelegt wird, begrenzt. Regelungen über Beschränkungen im Zollgrenzbezirk finden sich in §§ 69–72 ZG.

4. Die Vorschrift ist nur bei entspr **Rückverweisung** anwendbar: Die Übergangsregelung der Art 12 IV AOStrafÄndG hat im Rahmen des § 382 keine Bedeutung mehr, weil sowohl das ZG als auch die AZO entspr Verweisungen enthalten, vgl § 79a ZG, § 148a AZO.

§ 383   8. Teil. Straf- und Bußgeldvorschriften

5. Abs 2. Die sinngemäße Geltung der Zollgesetze ist vorgeschrieben in § 5 I KaffeeStG, § 5 I TeeStG, § 21 II UStG für die EinfUSt. Die übrigen VerbrStG enthalten zT für das Verfahren abweichende Sondervorschriften, mit der Folge, daß insoweit das Zollrecht nicht gilt, auch nicht § 382 I.

6. Abs 4 ermächtigt den BdF durch VO, die Tatbestände der in Abs 1 genannten Verordnungen des Rates oder der Kommission der EG zu bezeichnen, die nach § 382 mit Bußgeld geahndet werden können. Eine solche Ermächtigung war notwendig, weil Abs 1 auf die Verordnungen des Rates oder der Kommission verweist, und diese keine eigenen Bußgeldbestimmungen enthalten. Abs 4 nennt im einzelnen die Tatbestände, die für eine Bußgeldbewahrung in Betracht kommen. Es handelt sich um Pflichten zur Gestellung oder Vorführung von Waren zur Abgabe von Erklärungen oder Anzeigen, zur Aufnahme von Niederschriften sowie zur Ausfüllung oder Vorlage von Zolldokumenten oder zur Aufnahme von Vermerken in solchen Dokumenten, vgl § 148 a AZO.

7. Im Gegensatz zu § 381 genügt nach § 382 bereits **einfache Fahrlässigkeit** zur Erfüllung des Tatbestandes. Diese Regelung erscheint im Hinblick darauf, daß nach § 378 eine vollendete StVerkürzung lediglich Leichtfertigkeit voraussetzt, nicht ausgewogen, vgl hierzu *HHSp* § 408 RAO Anm 24, *Franzen/Gast/Samson* § 382 RNr 28.

8. Strafe, vgl zu § 381. **Selbstanzeige** ist **nicht vorgesehen.** § 382 geht dem § 381 vor. **Verjährung** tritt abweichend von § 384 nach § 31 II Nr 2 OWiG in **2 Jahren** ein. Nach § 80 ZG werden leichtere Zollstraftaten oder Ordnungswidrigkeiten nicht verfolgt, wenn diese im **Reiseverkehr** über die Grenze im Zusammenhang m der Zollbehandlung begangen werden und sich die Tat auf Waren bezieht, die weder zum Handel noch zur gewerblichen Verwendung bestimmt und insgesamt nicht mehr als 240 DM wert sind.

§ 383 Unzulässiger Erwerb von Steuererstattungs- und Vergütungsansprüchen

(1) Ordnungswidrig handelt, wer entgegen § 46 Abs. 4 Satz 1 Erstattungs- oder Vergütungsansprüche erwirbt.

(2) Die Ordnungswidrigkeit kann mit einer Geldbuße bis zu hunderttausend Deutsche Mark geahndet werden.

1. Inhalt. Die entspr Bestimmung der RAO war im Rahmen des 3. ÄnderungsG zum StBeratungsG (BGBl 75 I 1509) in das Gesetz aufgenommen worden, vgl hierzu *Völzke* DB 75, 1283. Sie soll bestimmten Erscheinungsformen der Wirtschaftskriminalität, insbesondere Mißbräuchen bei der **LohnSt-Hilfe** entgegentreten. Dem Gesetzgeber ging es insbesondere darum, die Koppelung von anderen Geschäften, zB Kreditgeschäften, mit der steuerl Beratung von Arbeitnehmern zu unterbinden.

2. Zum Begriff des **Erstattungs-** oder **Vergütungsanspruchs** vgl § 37. **Erwerb** einer **Forderung** geschieht durch **Abtretung.** Der Erstattungsoder Vergütungsanspruch geht jedoch nicht schon mit der Abtretung an

3. Abschnitt. Strafverfahren **§ 385**

den Abtretungsempfänger über, sondern erst, wenn der bisherige Gläubiger der zuständigen FinBeh die **Abtretung anzeigt,** vgl § 46 II. Das gleiche gilt für die Verpfändung nach § 46 VI. Über Form der Anzeige vgl § 46 III.

3. § 46 IV 1 verbietet den **geschäftsmäßigen** Erwerb. Es genügt zur Geschäftsmäßigkeit, daß der Täter selbständig und in Wiederholungsabsicht handelt, vgl RGSt 77, 16. Unzulässig ist der Erwerb zum Zwecke der Einziehung oder sonstigen Verwertung auf eigene Rechnung, dh zB Forderungskauf, Erwerb zum Zwecke der Einziehung oder Weiterveräußerung. Einziehung für Rechnung des Abtretenden fällt nicht darunter. Eine **Sicherungsabtretung** fällt nicht unter § 383, vgl § 46 IV 2.

4. Handlungen der **Vertreter** von **jur Personen** oder **Personenhandelsgesellschaften** werden den handelnden Personen zugerechnet, obwohl sie, weil nicht selbständig tätig werdend, insoweit nicht gewerbsmäßig handeln können, vgl § 9 OWiG.

5. Nur **vorsätzliches** Handeln fällt unter § 383, § 10 OWiG. Der **Versuch** wird nicht geahndet, vgl § 13 II OWiG. Die Bußgeldandrohung betrifft im übrigen auch nur den **Abtretungsempfänger,** nicht den Abtretenden. Die entspr Regelung des § 409a RAO ist am 1. 7. 75 in Kraft getreten.

§ 384 Verfolgungsverjährung

Die Verfolgung von Steuerordnungswidrigkeiten nach den §§ 378 bis 380 verjährt in fünf Jahren.

Die **Verfolgungsverjährung** für die genannten Ordnungswidrigkeiten wird entspr der für Straftaten geltenden Regelung bemessen. Sie weicht von der im OWiG enthaltenen Regelung entscheidend ab. Gerechtfertigt erscheint die Regelung zumindest im Hinblick auf § 378 (leichtfertige StVerkürzung), der sich von der StHinterziehung nur durch das subjektive Tatbestandsmerkmal der Leichtfertigkeit unterscheidet. Der Nachweis vorsätzlichen Handelns ist häufig schwer zu erbringen; falls die Verjährungsfrist insoweit nicht der für StStraftaten geltenden angeglichen würde, hätte dies praktisch zur Folge, daß die leichtfertige StVerkürzung nicht geahndet werden könnte. Die Regelung ist auch deswegen nicht ungerechtfertigt, weil regelmäßig steuerl Verfehlungen erst nach Jahren, häufig aufgrund einer Bp, aufgedeckt werden können.

Dritter Abschnitt. Strafverfahren

1. Unterabschnitt. Allgemeine Vorschriften

§ 385 Geltung von Verfahrensvorschriften

(1) Für das Strafverfahren wegen Steuerstraftaten gelten, soweit die folgenden Vorschriften nichts anderes bestimmen, die allgemeinen Gesetze über das Strafverfahren, namentlich die Strafprozeßordnung, das Gerichtsverfassungsgesetz und das Jugendgerichtsgesetz.

§ 385 8. Teil. Straf- und Bußgeldvorschriften

(2) Die für Steuerstraftaten geltenden Vorschriften dieses Abschnitts, mit Ausnahme des § 386 Abs. 2 sowie der §§ 399 bis 401, sind bei dem Verdacht einer Straftat, die unter Vorspiegelung eines steuerlich erheblichen Sachverhaltes gegenüber der Finanzbehörde oder einer anderen Behörde auf die Erlangung von Vermögensvorteilen gerichtet ist und kein Steuerstrafgesetz verletzt, entsprechend anzuwenden.

Schrifttum: *Blumers* Anweisungen für das Steuerstaf- und Bußgeldverfahren, DB 82, 1641; *Zeller* Entwurf der Anweisungen für das Straf- und Bußgeldverfahren (Steuer) DStZ 82, 243 und 293 ff; *Hamacher* Anmerkungen zum Entwurf einer Anweisung für das Straf- und Bußgeldverfahren (Steuer), DStZ 82, 494; *Streck* Rechtsgefährdende Verschlußsache: Anweisung der Finanzminister für das Steuerstrafverfahren, StrVert 82, 244; *Kretzschmar* Die Ermittlungsbefugnis der Finanzbehörde bei sog Vorspiegelungstaten, DStR 83, 734; *von Fürstenberg* Die neuen Anweisungen für das Straf- und Bußgeldverfahren, DStR 85, 455, 507; *Pump* Die Mitteilungspflicht gemäß Nr 127 ASB als Verletzung strafprozessualer Grundsätze, wistra 87, 205.

Übersicht

1. Inhalt
2. Legalitätsprinzip
3. Ziel und Umfang der Ermittlungen
4. Beweissicherung
5. Rechtshilfe
6. Rechtshilfe mit der Schweiz
7. Vortäuschung eines Steuerschuldverhältnisses

1. Inhalt. Für das Strafverfahren in StSachen gelten die **allgemeinen Verfahrensvorschriften** des **Strafverfahrensrechts,** soweit in der AO nichts anderes bestimmt ist. Die AO verzichtet auf eine in sich abgeschlossene Regelung des Strafverfahrensrechts. Es gelten danach die StPO, das GVG, das JGG, das IRG (BGBl 82 I 2071), das BundeszentralregisterG v 18. 3. 71 idF der Bekanntgabe v 22. 7. 76 BGBl I 2005, das Gesetz über die Entschädigung von Zeugen und Sachverständigen idF v 1. 10. 69 BGBl I 1756, zuletzt geändert durch Gesetz v 22. 11. 76 BGBl I 3221, Menschenrechtskonvention v 4. 11. 1950 (Zustimmungsgesetz v 7. 8. 52 BGBl II 685, 953), Bundesrechtsanwaltsordnung v 13. 1. 69 (BGBl I 25). Im übrigen gelten auch die Richtlinien für das Strafverfahren v 1. 1. 84, die Richtlinien für den Verkehr mit dem Ausland in strafrechtlichen Angelegenheiten v 18. 9. 84 (BAnz Nr 176), die Anordnung über Mitteilungen in Strafsachen v 15. 11. 78 (BAnz Nr 215). Die Länder, mit Ausnahme von Bayern, Ba-Wü und SchlHol haben im übrigen die **Anweisungen für das Straf- und Bußgeldverfahren** (Steuer) in Kraft gesetzt, vgl Hessen v 15. 10. 84 Staatsanzeiger für das Land Hessen S 2314.

Die Verfahrensvorschriften gelten auch bei Verfahren gegen **Monopolstraftaten** (§ 132 BranntwMonG). Ab 1. 1. 87 trat aber eine Änderung durch Art 19 des **StBereinigG** ein. Die besonderen **Strafvorschriften** nach dem **BranntwMonG** wurden **gestrichen.** An ihre Stelle treten die

3. Abschnitt. Strafverfahren **§ 385**

Strafvorschriften der AO. Insofern bedarf es daher im BranntwMonG keines besonderen Hinweises auf die §§ 385 ff AO. Das **Erschleichen** von **Monopolvergünstigungen** (bisher § 121 Nr 3 BranntwMG) fällt nunmehr unter den **Betrugstatbestand.** Wegen des engen Zusammenhangs, in dem die Tatbestände der Steuerhinterziehung und des Erschleichens von Monopolvergünstigungen miteinander stehen, ist in **§ 128 I BranntwMonG** eine Regelung vorgesehen, die dem **§ 385 II** entspricht.

Aus der Geltung der allgemeinen Gesetze über das Strafverfahren ergibt sich das

2. Legalitätsprinzip. Die Finanzbehörde ist gemäß § 152 Abs 2 StPO verpflichtet, im Rahmen ihrer Zuständigkeit wegen aller verfolgbarer Straftaten ohne ansehen der Personen einzuschreiten, sofern zureichende tatsächliche Anhaltspunkte vorliegen.

3. Ziel und Umfang der Ermittlungen. Ziel der Ermittlung ist es, eine Entscheidung darüber zu treffen, ob und in Bezug auf welchen Sachverhalt sowie nach welcher Strafbestimmung die öffentliche Klage ggf durch Stellung eines Antrages auf Anlaß eines Strafbefehls oder ein Antrag nach § 406 Abs 2, geboten erscheint oder ob das Verfahren einzustellen ist. Es gilt der Grundsatz der freien Gestaltung des Ermittlungsverfahrens.

Das Ermittlungsverfahren dient der Klärung eines Verdachts. In seiner Natur liegt, daß es nicht von Beginn an „offen", dh unter Bekanntgabe aller ermittelten oder auch nur den Anfangsverdacht begründenden Tatsachen geführt werden kann. Der Beschuldigte bleibt aber, falls das Ermittlungsverfahren nicht zuvor eingestellt wird, über die Verdachtsgründe allenfalls vorläufig im Unklaren.

4. Beweissicherung. Die Finanzbehörde hat zugunsten des Beschuldigten für die Erhebung und Sicherung der Beweise Sorge zu tragen, deren Verlust zu befürchten ist (§§ 399, 402 AO, § 160 Abs 2, § 163 Abs 1 StPO). Hierzu gehört zB ferner die Sicherstellung von Gegenständen, die als Beweismittel für die Untersuchung von Bedeutung sein können sowie ggf die Veranlassung einer richterlichen Vernehmung.

5. Rechtshilfe

Schrifttum: *Ostendorf* Die Informationsrechte der Strafverfolgungsbehörden gegenüber anderen staatlichen Behörden im Widerstreit mit deren strafrechtlichen Geheimhaltungspflichten, DRiZ 81, 4; *Habenicht* Rechtshilfeverkehr mit der Schweiz und Liechtenstein auch in sog Fiskalsachen? wistra 82, 173; *Vogler* Die Bedeutung der Rechtsweggarantie des Grundgesetzes für den Rechtsschutz in Rechtshilfesachen, NJW 82, 468; *Motsch* Praxis und Theorie des Verfahrens nach § 15 RHG, JZ 82, 584; *Linke* Aktuelle Fragen der Rechtshilfe in Strafsachen, NStZ 82, 416; *Wilkitzki* „Rechtshilfe durch Vollstreckung" (§§ 48 ff, 71 IRG), JR 83, 227; *Grützner/Pötz* Internationaler Rechtshilfeverkehr in Strafsachen 2. Aufl; *Vogler* Das neue Gesetz über die internationale Rechtshilfe in Strafsachen, NJW 83, 2114; *Petry* Die Zusammenarbeit der Zollverwaltungen und § 66 des Gesetzes über die internationale Rechtshilfe in Strafsachen, ZfZ 86, 258.

Am 1. 7. 83 ist das Gesetz über die internationale Rechtshilfe in Strafsachen (**IRG**, BGBl 82 I 2071) in Kraft getreten. Auslieferung, Durchlieferung und sonstige Rechtshilfe kann auch ohne Bestehen einer völkerrechtlichen Vereinbarung geleistet werden. Die **Vollstreckungshilfe** kann dagegen nur aufgrund einer völkerrechtlichen Vereinbarung iSd Art 59 II GG geleistet werden, vgl § 48 Nr 2 RG.

Nach § 74 IRG entscheidet über ausländische Rechtshilfeersuchen und über die Stellung von Ersuchen an ausländische Staaten um Rechtshilfe der BMJ im Einvernehmen mit dem AA und mit anderen Bundesministern, deren Geschäftsbereich von der Rechtshilfe betroffen wird. Im Rahmen der Rechtshilfe in StStrafsachen ist dies der BdF. Wegen der besonderen Verhältnisse zu angrenzenden Staaten wird zB im Verhältnis zu Österreich der unmittelbare Verkehr der OFDen im Amtshilfeverfahren zugelassen. Die Verwertung einer durch justizielle Rechtshilfe (für ein Strafverfahren) erlangten Auskunft ist auch in jedem anderen Verfahren, zB Besteuerungsverfahren, des ersuchenden Staates zulässig, wenn nicht der ersuchte Staat abweichende Bedingungen gemacht hat. Dies gilt auch dann noch, wenn die Anklage im Strafverfahren zurückgenommen worden ist.

Am 17. 3. 78 wurde ein Zusatzprotokoll zum **Europäischen Übereinkommen** über Rechtshilfe in Strafsachen (BGBl 76 II 1799) und ein (zweites) Zusatzprotokoll zum Europäischen Auslieferungsübereinkommen zur Unterzeichnung aufgelegt, die eine obligatorische Ausdehnung von Rechtshilfe und Auslieferung auf fiskalische Straftaten – einschl Devisenvorschriften – vorsehen. Dieses Zusatzprotokoll ist bisher (Januar 1986) aber noch nicht in Kraft getreten.

Das Europäische Übereinkommen über die Rechtshilfe in Strafsachen vom 20. 4. 59 ist von nahezu allen Mitgliedstaaten des Europarates in Kraft gesetzt worden.

Das **Europäische Übereinkommen** über die **Rechtshilfe** in Strafsachen ist nur auf Ersuchen von **Justizbehörden** anwendbar (Art 1 Abs 1 EURHübK). Wer Justizbehörde iS dieses Übereinkommens ist, kann nach Art 24 EURHübK von jedem Vertragsstaat bestimmt werden. Die Bundesrepublik Deutschland hat hiervon Gebrauch gemacht. Aus der deutschen Erklärung zu Art 24 (BGBl II 1976, 1799) folgt, daß Behörden der **Finanzverwaltung** einschließlich der Steuerfahndungsstellen **keine Justizbehörden** sind. Deutsche Finanzbehörden können deshalb Ersuchen nach dem Europäischen Übereinkommen über die Rechtshilfe in Strafsachen nicht selbständig erledigen oder stellen. Sie müssen die jeweils zuständigen **Staatsanwaltschaften** gem § 386 Abs 4 AO einschalten. Besonderheiten können sich allerdings im Einzelfall aus **Zusatzverträgen** zu dem Übereinkommen ergeben zB gem Art IV Abs 2 des deutsch-österreichischen Zusatzvertrages (BGBl 1975 II 1157; 1976 II 1818).

Soweit im Einzelfall ausnahmsweise ein **unmittelbarer Rechtshilfeverkehr** nach dem Europäischen Übereinkommen über die Rechtshilfe in Strafsachen iVm einem Zusatzvertrag möglich ist, kann die erbetene Rechtshilfehandlung jedoch nur dann geleistet bzw um Durchführung einer Rechtshilfehandlung ersucht werden, wenn die nach deutschem Recht innerstaatlich zuständige Bewilligungsbehörde vorher eingewilligt hat.

Die Schweiz hat sich das Recht vorbehalten, „in besonderen Fällen" Rechtshilfe nur unter der Bedingung zu leisten, „daß die Ergebnisse der in der Schweiz durchgeführten Erhebungen und die in herausgegebenen Akten oder Schriftstücken enthaltenen Auskünfte ausschließlich für die Auf-

3. Abschnitt. Strafverfahren **§ 385**

klärung und Beurteilung derjenigen strafbaren Handlung verwendet werden dürfen, für die die Rechtshilfe bewilligt wird".
In der Praxis sind Vorbehalte dieser Art bisher auf fiskalische Straftaten gemacht worden.
Im Auslieferungsverkehr nach dem Europäischen Auslieferungsübereinkommen ist – entgegen § 4 Nr 1 DAG die Auslieferung grundsätzlich auch dann zulässig, wenn die **Gegenseitigkeit** nicht verbürgt ist. Sie ist insoweit in das Ermessen der Regierung gestellt, BGH NStZ 81, 263.
Ist die Herausgabe der Gegenstände an die zuständige Stelle des ausländischen Staates nach § 66 I Nr 1 IRG bereits erfolgt, so ist ein Antrag nach § 61 I 2 2. Alternative IRG nur dann zulässig, wenn der Antragsteller an der Feststellung, daß die Voraussetzungen für die Leistung der Rechtshilfe nicht gegeben waren, ein berechtigtes Interesse hat, BGH wistra 85, 236.

6. Rechtshilfe mit der Schweiz. *Blumers/Siebenthal* Steuerstrafrechtliche Ermittlungen deutscher Behörden in der Schweiz, DB 84, 261. Am 1. 1. 83 ist in der Schweiz das neue schweizerische RechtshilfeG (IRSG) in Kraft getreten. Nach Art 3 III dieses Gesetzes kann künftig einem Ersuchen um „kleine Rechtshilfe" entsprochen werden, wenn Gegenstand des Verfahrens ein „Abgabebetrug" ist; vgl hierzu *Frei* Die Rechtshilfe bei Abgabenbetrug gem Art 3 Abs 3 des neuen Rechtshilfegesetzes, in Archiv für Schweizerisches Abgaberecht, 50. Band, Heft 7 Januar 1982, S 337. StBetrug idS ist aber nicht mit der StHinterziehung identisch; diese wird nur dann angenommen, wenn der Stpfl gegenüber den StBehörden mit **Täuschungsmitteln,** zB mit gefälschten Urkunden arbeitet, vgl *Habenicht*, Rechtshilfeverkehr mit der Schweiz und Liechtenstein auch in sog Fiskalsachen? wistra 82, 214. Weder mit der Schweiz noch mit Liechtenstein findet ein **Auslieferungsverkehr** statt. Für die sonstige Rechtshilfe gilt folgendes: Die Schweiz leistet in Fiskalsachen grundsätzlich keine Rechtshilfe zum Nachteil des Beschuldigten. Sie hat sich aber seit dem Inkrafttreten der EÜR vorbehalten, Rechtshilfe zugunsten eines Verfolgten zu leisten, vgl Art 63 V des IRSG. Ob diese Voraussetzungen vorliegen, entscheidet die Schweiz nach eigenem Ermessen.
Wegen dieses Vorbehalts müssen die Ermittlungen auch auf die in der Schweiz befindlichen Beweismittel erstreckt werden. Beweismittel können daher nicht mehr generell gem § 244 III StPO wegen Unerreichbarkeit des Beweismittels abgelehnt werden, vgl *Habenicht* wistra 82, 221. Ist die Schweiz zur Rechtshilfe und in der Schweiz lebender Zeuge zum Erscheinen in der Hauptverhandlung bereit, muß seine Vernehmung durch das erkennende Gericht erfolgen. Anderenfalls kann von seiner Vernehmung wegen Unerreichbarkeit des Beweismittels abgesehen werden, wenn nur sein persönliches Erscheinen in der Hauptverhandlung zur Erforschung der Wahrheit beitragen kann. Der Begriff **„Abgabenbetrug"** wird in Art 14 des Schweizer Bundesgesetzes über das Verwaltungsstrafrecht (SR 313.0) verwendet. Er beinhaltet eine arglistige **Irreführung** durch Vorspiegelung oder Unterdrückung von Tatsachen oder durch arglistige Benutzung eines Irrtums. Hierunter dürfte die StHinterziehung, die unter Verwendung von gefälschten Geschäftsbüchern, Bilanzen, Gewinn- und Verlustrechnungen zählen. Auch die Verwendung von sog Gefälligkeitsrechnungen dürfte dazu zählen. Dagegen würde nicht erfaßt werden das

§ 385   8. Teil. Straf- und Bußgeldvorschriften

bloße falsche Ausfüllen der StErklärung, ohne daß weitere Verschleierungshandlungen vorliegen.

Die im Rechtshilfeverfahren mit der Schweiz erlangten **Beweise** dürfen nur in dem Strafverfahren **verwendet** werden, das im Rechtshilfeersuchen genannt ist. Die Verwendung für andere Steuern oder Abgaben ist ohne vorherige Zustimmung der schweizerischen Behörden nicht zulässig. Kommt es im Strafverfahren zu einem Schuldspruch, können die Ergebnisse der Rechtshilfe auch im **Veranlagungsverfahren** verwendet werden. Erfolgt dagegen ein **Freispruch** oder wird das Strafverfahren eingestellt, so ist die Verwendung im Veranlagungsverfahren nicht zulässig. Bei der Erledigung von Rechtshilfeersuchen prüfen die schweizerischen Behörden, ob nach schweizerischem Recht eine Strafverfolgung in der Schweiz wegen absoluter **Verjährung** ausgeschlossen wäre. Ist dies der Fall, wird Rechtshilfe nicht gewährt.

Gegenüber der einfachen StHinterziehung hat das **Schweizer Bankgeheimnis** stets Vorrang. Die Kantone können aber den StBetrug einem gemeinrechtlichen Delikt gleichstellen, zB Zürich, Genf und Basel, sodaß insoweit den Banken kein Auskunftsverweigerungsrecht zusteht.

Zu den **Fiskaldelikten** im Sinne des Artikel III der schweizerischen IRSG gehört **nicht** der **Subventionsbetrug** nach § 264 StGB, Schweizerisches Bundesgericht wistra 86, 177.

Nach Artikel III IRSG wird einem Ersuchen um Auslieferung dann nicht entsprochen, wenn Gegenstand des Verfahrens eine Tat ist, die auf eine Verkürzung fiskalischer Abgaben gerichtet erscheint oder Vorschriften über währungs-, handels- oder wirtschaftspolitische Maßnahmen verletzt. Der Subventionsbetrug fällt nicht unter diese Bestimmung.

Wenn zwischen Auslieferungsdelikten und fiskalischen Tatbeständen eine **Verbindung** besteht, so ist nicht ausschlaggebend, auf welcher Gruppe das Schwergewicht liegt: Die Auslieferung für die gemeinrechtlichen Tatbestände ist zu bewilligen unter der Bedingung, daß der Verfolgte für die **Fiskaldelikte** nicht bestraft werden darf und daß diese auch nicht als Strafverschärfungsgrund berücksichtigt werden dürfen.

Vorladungen in Fiskalsachen an der in der Schweiz wohnhafte Personen zum Erscheinen als Zeugen vor deutschen Gerichten können nach dem schweizer RechtshilfeG zugestellt werden, wenn der Zeuge als Entlastungszeuge aufgeboten wird oder seit dem 1. 1. 83 auch, wenn es sich um einen Fall von **Abgabebetrug** handelt. Die vorgeladene Person kann aber nicht zum Erscheinen in Deutschland gezwungen werden, vgl Art 8 EuropRechtshilfeübereinkommen.

Als Rechtshilfehandlungen gelten ua die Zustellung von Schriftstücken, alle Arten von Beweiserhebung, die Herausgabe von Akten, die Durchsuchung von Personen und Räumen, die Beschlagnahme, die Gegenüberstellung und Durchlieferung von Personen durch die Schweiz, Art 63 II IRSG. Diese Form der internationalen Zusammenarbeit wird oft auch kleine Rechtshilfe genannt.

Liechtenstein leistet auch nach dem Inkrafttreten des EÜR keine Rechtshilfe in Fiskalsachen. Wird dem Verfolgten neben einer gemeinrechtlichen Tat auch eine Fiskaltat zur Last gelegt, leistet Liechtenstein nur für die gemeinrechtliche Tat Rechtshilfe. Der hierbei angebrachte Spezialitätsvorbehalt bewirkt ein Beweisverwertungsverbot. Nach Art 63 V des

3. Abschnitt. Strafverfahren § 386

schweizerischen RechtshilfeG kann die **akzessorische Rechtshilfe** jedenfalls zur Entlastung eines Verfolgten auch in Fiskalsachen zulässig sein.

Zu den strafprozessualen Befugnissen der FinBehörden vgl im Einzelnen die Erläuterungen zu § 399.

7. Abs 2. Die Vorschrift soll sicherstellen, daß die FinBeh für das **Ermittlungsverfahren** auch dann **zuständig** sind, wenn der gesamte **Sachverhalt** zum Zwecke der Erlangung einer StErstattung oder StVergütung lediglich **vorgetäuscht** worden ist, ohne daß ein StSchuldverhältnis bestanden hat. Diese Fälle sind bisher von der Rspr als **Betrug** und nicht als StHinterziehung geahndet worden (vgl BGH NJW 72, 1287). In diesen Fällen war zumindest fraglich, ob die Ermittlungsbefugnisse der FinBeh sich auch auf diese Straftaten erstreckten und ob die Regelung über das **StGeheimnis** uU einer Weitergabe der im Ermittlungsverfahren gewonnenen Kenntnisse an die Strafverfolgungsbehörden entgegensteht. Der Abs 2 erfaßt auch die Fälle, in denen in einer falschen Steuererklärung **Angaben** gemacht werden, die nicht nur für steuerliche Fragen, sondern darüber hinaus auch für **außersteuerliche** Fragen maßgeblich sind, bei denen an die Besteuerung angeknüpft wird; Beispiel: Auszahlung einer **Wohnungsbauprämie** oder **Sparzulage** (vgl dazu auch *HHSp* § 385 Rdnr 8 ff). Die **FinBehörden** können künftig auch in diesen Fällen die **Ermittlungen durchführen.** Sie werden hierbei aber **nicht selbständig** tätig, was durch den Ausschluß des § 386 II deutlich wird, sondern haben insoweit die Stellung, die den **Hilfsbeamten** der StA zustehen. Sie nehmen daher auch nicht die Rechte und Pflichten wahr, die der StA im Ermittlungsverfahren zustehen (§ 383 I), können auch keinen Antrag auf Erlaß eines Strafbefehls nach § 400 sowie auf Anordnung von Nebenfolgen im selbständigen Verfahren nach § 401 stellen. Die Einschränkung der Befugnisse der FinBeh erschien deswegen gerechtfertigt, weil in den in Betracht kommenden Fällen ohnehin meist auch andere nichtsteuerliche Straftaten vorliegen, insb Urkundenfälschung, so daß die selbständige Ermittlungsbefugnis schon nach § 386 II Nr 1 nicht gegeben wäre.

§ 386 Zuständigkeit der Finanzbehörde bei Steuerstraftaten

(1) ¹Bei dem Verdacht einer Steuerstraftat ermittelt die Finanzbehörde den Sachverhalt. ²Finanzbehörde im Sinne dieses Abschnitts ist das Hauptzollamt, das Finanzamt und das Bundesamt für Finanzen.

(2) Die Finanzbehörde führt das Ermittlungsverfahren in den Grenzen des § 399 Abs. 1 und der §§ 400, 401 selbständig durch, wenn die Tat
1. ausschließlich eine Steuerstraftat darstellt oder
2. zugleich andere Strafgesetze verletzt und deren Verletzung Kirchensteuern oder andere öffentlich-rechtliche Abgaben betrifft, die an Besteuerungsgrundlagen, Steuermeßbeträge oder Steuerbeträge anknüpfen.

(3) Absatz 2 gilt nicht, sobald gegen einen Beschuldigten wegen der Tat ein Haftbefehl oder ein Unterbringungsbefehl erlassen ist.

(4) ¹Die Finanzbehörde kann die Strafsache jederzeit an die Staatsanwaltschaft abgeben. ²Die Staatsanwaltschaft kann die Strafsache jeder-

§ 386

zeit an sich ziehen. ³In beiden Fällen kann die Staatsanwaltschaft im Einvernehmen mit der Finanzbehörde die Strafsache wieder an die Finanzbehörde abgeben.

Schrifttum: *Kretzschmar* Umfang der finanzbehördlichen Ermittlungsbefugnis bei einer allgemeinen Straftat in Tateinheit mit einer Steuerstraftat, DStR 83, 641; *Kretzschmar* Ermittlungsbefugnis der Finanzbehörde als Folge der Verfolgungsbeschränkung durch die Staatsanwaltschaft (§ 154a StPO)? DStZ 83, 499; *Kratzsch* Strafverfahren und Bußgeldverfahren in Steuersachen, NSt 83 Fach Steuerstrafrecht; *Bilsdorfer* Ermittlungsbefugnisse der Finanzbehörde in Nicht-Steuerstrafsachen, BB 83, 2112; *Rittmann* Evokations- und materielles Prüfungsrecht der Staatsanwaltschaft, wistra 84, 52; *Kretzschmar* Die Ermittlungsbefugnis von Finanzbehörden (Finanzamt) und Staatsanwaltschaft in Strafsachen, NJW 85, 24; *Gramich* Limitierung der selbständigen Ermittlungskompetenz des Finanzamts iSd § 386 Abs 1 S 2 Nr 1 Abgabenordnung oder Verbrauch der Strafklage? wistra 88, 251; *Klos/Weyand* Probleme der Ermittlungszuständigkeit und Beteiligungsrechte der Finanzbehörde im Steuerstrafverfahren, DStZ 88, 615; *Lührs* Ermittlungskompetenz der Finanzbehörde, Mitwirkung im Strafbefehlsverfahren, Beteiligung in sonstigen Fällen, StWa 88, 177.

Übersicht

1. Inhalt
2. Grenzen der Strafverfolgungskompetenz
3. Selbständige Ermittlungsbefugnis
4. Abs 2 Nr 2: Kirchensteuern
5. Abs 4: Abgabe an die Staatsanwaltschaft
6. Begnadigungsrecht

1. Inhalt. Im allgemeinen Strafverfahren ist **Ermittlungsbehörde** die StA, im StStrafverfahren dagegen in erster Linie das **FA**. Zum Begriff der **Steuerstraftat** vgl § 369. Die Fassung stellt klar, daß unter dem Begriff **Finanzbehörde** iS des dritten Abschnitts das HZA, das FA und das Bundesamt für Finanzen zu verstehen sind (§ 2 I Nr 2, § 1 I 2 FVG). Die OFD ist keine Ermittlungsbehörde, sie kann allenfalls im Wege der Dienstaufsicht tätig werden. **Ermittlung** des Sachverhalts ist iSd Erforschens nach § 160 I, § 163 I StPO zu verstehen (*Göhler,* Beilage zum BAnz Nr 152 v 16. 8. 67 – G 1989 A – S 2 Anm 10). Das **Bundesamt** für **Finanzen** kommt als Ermittlungsbehörde in Betracht, soweit ihm nach § 5 I FVG Aufgaben der StVerwaltung übertragen worden sind, wie zB die Kapitalertragsteuererstattung. Die FinBeh tritt insoweit an die Stelle der StA, sie ist insoweit auch nicht an Ersuchen oder Weisungen der StA gebunden. Der Grund für die Durchbrechung des Ermittlungsmonopols der StA liegt darin, daß auf diese Weise die besondere Sachkunde der FA genutzt wird und sich Verdachtsmomente über StStraftaten meist im Besteuerungsverfahren ergeben. Besteuerungsverfahren und StStrafverfahren lassen sich häufig nicht genau voneinander trennen. Die Rechte und Pflichten der Betroffenen richten sich nach den für das jeweilige Verfahren geltenden Vorschr, vgl § 393 I 1.

2. Die **Strafverfolgungskompetenz** des **FA** reicht jedoch nur bis zur **Erhebung der öffentlichen Klage.** Sie besteht ferner nicht, sobald gegen einen Beschuldigten wegen der Tat ein **Haftbefehl** oder ein **Unterbringungsbefehl** erlassen ist (Abs 3).

3. Voraussetzung für die selbständige **Ermittlungsbefugnis** ist, daß die Tat ausschließlich eine **StStraftat** darstellt, zum Begriff s § 369. Der Tatbe-

3. Abschnitt. Strafverfahren **§ 386**

griff ist nicht im sachlich-rechtlichen Sinn der §§ 52, 53 StGB sondern im prozessualen Sinn von § 264 StPO zu verstehen, *Kretzschmar* aaO. In der RAO hieß es „ausschließlich Steuerstrafgesetze verletzt oder". Durch die Formulierung soll klargestellt werden, daß die FinBeh das Ermittlungsverfahren auch dann selbständig durchführen, wenn sich die Strafbarkeit einer Tat zwar nicht aus den StStrafG ergibt, die Tat aber gleichwohl eine **Steuerstraftat** ist. Dies gilt für die im StGB (§ 148) geregelte **Wertzeichenfälschung,** soweit sie StZeichen betrifft, und für die **Begünstigung** (§ 257 StGB) einer Person, die eine StStraftat begangen hat. Es fallen auch Verstöße gegen die **Prämien- und Zulagengesetze** darunter, weil auf diese die Vorschriften über **Steuervergütungen** sinngemäß anwendbar sind, vgl zu § 370 Anm 2. Das gleiche gilt für die Verfolgung einer Straftat nach § 264 StGB, soweit sie sich auf InvZul bezieht, vgl § 5 a InvZulG, § 20 BerlinFG. Ferner fallen Verstöße gegen KommunalstGesetze darunter, soweit die AO über die Anwendungsgesetze der Länder anzuwenden ist.

4. Abs 2 Nr 2. Wenn die Tat zugleich **andere Strafgesetze** verletzt und deren Verletzung **Kirchensteuern** oder andere öffrechtl Abgaben betrifft, die an Besteuerungsgrundlagen anknüpfen. Es handelt sich hierbei um die Fälle der sog Tateinheit. Die Vorschrift hat insbesondere Bedeutung für Beiträge an die Industrie- und Handelskammern oder Handwerkskammern, deren Höhe sich nach dem GewStMeßbetrag richtet. Da es sich hierbei nicht um Steuern handelt, ist eine Hinterziehung dieser Abgaben als Betrug zu werten. Gleichwohl besteht auch insoweit die Ermittlungskompetenz der FÄ bei Tateinheit mit StStraftaten. Würde eine solche Vorschr in der AO fehlen, hätte dies zur Folge, daß in allen Fällen der Hinterziehung von ESt, die regelmäßig auch eine Hinterziehung der KiSt darstellt, die Ermittlungskompetenz auf die StA übergehen würde, womit die Ermittlungskompetenz der FinBeh praktisch wieder weitgehend beseitigt würde. Die Ermittlungskompetenz des FA besteht im übrigen auch bei Tatmehrheit, zB wenn jemand durch zwei selbständige Handlungen eine Urkundenfälschung und eine StHinterziehung begangen hat. Man wird die Frage, ob die FinBeh bei einem Zusammentreffen von einer StStraftat mit einer nichtsteuerlichen Straftat, auch die nichtsteuerliche Tat ermitteln darf, mit *Kretzschmar* (DStR 83, 643) bejahen müssen. Hierfür ist nicht die vorherige Abgabe der Sache an die StA erforderlich. Die FinBeh ist in diesen Fällen zu unselbständigen Ermittlungen befugt. Sie hat insoweit die Rechte und Pflichten wie die Behörden des Polizeidienstes nach der StPO, vgl § 402 I. Wie diese darf sie Steuerstraftaten erforschen und alle keinen Aufschub gestattenden Anordnungen treffen, um die Verdunkelung der Sache zu verhüten, vgl § 163 I 1 StPO. Innerhalb dieses Rahmens kann die FinBeh wie die Polizei ohne einen besonderen Auftrag tätig werden. Im übrigen liegt es in ihrem Ermessen, ob sie die Sache zuvor der StA zur Einholung weiterer Weisungen vorlegt. Sie kann auch zunächst ihre Ermittlungen zu Ende führen und dann erst durch Übersendung der Verhandlungen (vgl § 163 II StPO) die StA von der Tat in Kenntnis setzen.

5. Abs 4 Abgabe an die StA.

Schrifttum: *Scheu* Evokations- und materielles Prüfungsrecht der Staatsanwaltschaft, wistra 83, 136; *Liebl* Schwerpunkt-Staatsanwaltschaften zur Bekämpfung der

§ 386 8. Teil. Straf- und Bußgeldvorschriften

Wirtschaftskriminalität, wistra 87, 13; *Beitlich* Sind Schwerpunktstaatsanwaltschaften zur Bekämpfung der Wirtschaftskriminalität ineffektiv und für ihre Aufgaben ungeeignet? wistra 87, 279.

Die FinBeh kann die Strafsache jederzeit an die StA abgeben, ebenso kann auch die StA die Sache jederzeit an sich ziehen. Ob von diesen Möglichkeiten Gebrauch gemacht wird, ist nach pflichtgemäßem Ermessen zu entscheiden. Sie kann angebracht sein, wenn die strafrechtliche Seite besondere Schwierigkeiten aufweist. Die StA kann die Übernahme nicht ablehnen. Eine **Rückgabe** an die FinBeh ist nur im **Einvernehmen** mit der FinBeh möglich.

Falls die FinBeh eine Strafsache an die **Staatsanwaltschaft** abgeben darf oder diese die Sache an sich ziehen kann, liegt eine durch Gesetz für zulässig erklärte **Offenbarung** vor; die Offenbarung ist daher **nicht unzulässig**, *Kretzschmar* aaO, *Kohlmann* Rdnr 25, *Leise* Rdnr 6 B; aA *HHSp* Rdnr 101, *Koch* Rdnr 25; *Franzen/Gast/Samson* Tz 40

Auch nach Übergabe an oder Übernahme durch die StA kann die StA die FinBeh nach § 161 StPO mit den Ermittlungen beauftragen. Kompetenzüberschreitung der FinBeh führt dazu, daß die Amtsrichter einen Strafbefehlsantrag des FA als unzulässig zurückweisen müßte (*Suhr/Naumann*, Steuerstrafrecht, 2. Aufl Nr 153). Die der FinBeh eingeräumte Ermittlungskompetenz berührt das Ermittlungs- und Anklagemonopol der StA nicht, weil die FinBeh insoweit lediglich stellvertretend für die StA tätig wird. Das Ermittlungs- und Anklagemonopol der StA wird durch das Evokationsrecht gesichert, *Scheu* aaO.

Für eine Klage auf Aufhebung der Abgabe einer StStrafsache an die Staatsanwaltschaft ist der Finanzrechtsweg ausgeschlossen (BFH BStBl 72, 286), weil es sich insoweit um eine Maßnahme des Verwaltungssteuerstrafverfahrens iSd § 33 II 2 FGO handelt.

Dem BFH ist jedoch insoweit nicht zu folgen, als er unter Organisationsgesichtspunkten, die Zuständigkeit der **VerwGerichte** und nicht die der **ordentl Gerichte** gem § 23 EGGVG für gegeben hält, vgl *Henneberg* DB 73, 1469.

Nach **§ 23 EGGVG** entscheiden auf Antrag die ordentl Gerichte über die Rechtmäßigkeit der Anordnungen, Vfgen und sonstigen Maßnahmen, die von **Justizbehörden** zur Regelung einzelner Angelegenheiten auf dem Gebiet ... der Strafrechtspflege getroffen werden. Antragsfrist 1 Monat. Entscheidung durch einen Strafsenat beim OLG.

6. Begnadigungsrecht. Die Ausübung des **Begnadigungsrechts** regelt sich nach Landesrecht. Zuständig ist idR der Ministerpräsident, der diese Befugnis jedoch übertragen kann, vgl zB Erlaß des MinPräs SchlHol v 11. 12. 72 (Amtsbl SchlHol 1972, 826): Für Geldbußen die von den FÄ verhängt werden ist der FM zuständig, für die von den Strafgerichten verhängten Strafen und Geldbußen der JustizMin. Der FinMin kann diese Befugnis weiter übertragen, vgl Erl FM SchlHol v 22. 8. 80 BStBl 80 I 644. Zur Frage der Ausübung des Gnadenrechts und des Verfahrens in Gnadensachen bei Geldbußen die von den FÄ verhängt worden sind, vgl Erlaß FM BaWü vom 9. Juli 1985, BStBl I 85, 490.

3. Abschnitt. Strafverfahren §§ 387, 388

§ 387 Sachlich zuständige Finanzbehörde

(1) Sachlich zuständig ist die Finanzbehörde, welche die betroffene Steuer verwaltet.

(2) ¹Die Zuständigkeit nach Absatz 1 kann durch Rechtsverordnung einer Finanzbehörde für den Bereich mehrerer Finanzbehörden übertragen werden, soweit dies mit Rücksicht auf die Wirtschafts- oder Verkehrsverhältnisse, den Aufbau der Verwaltungsbehörden oder andere örtliche Bedürfnisse zweckmäßig erscheint. ²Die Rechtsverordnung erläßt, soweit die Finanzbehörde eine Landesbehörde ist, die Landesregierung, im übrigen der Bundesminister der Finanzen. ³Die Rechtsverordnung des Bundesministers der Finanzen bedarf nicht der Zustimmung des Bundesrates. ⁴Die Landesregierung kann die Ermächtigung auf die für die Finanzverwaltung zuständige oberste Landesbehörde übertragen.

1. Die **sachliche Zuständigkeit** einer FinBeh bei der Verfolgung von Straftaten richtet sich danach, welches FA die Steuer, auf die sich die StStraftat bezieht, verwaltet. Das sind bei den Zöllen und Verbrauchsteuern die HZÄ, bei den Besitz- und Verkehrsteuern die FÄ. Häufig sind auch bestimmte StArten (zB Kapitalverkehr-, Erbschaftsteuer) bei einzelnen FÄ konzentriert (vgl im übrigen §§ 13, 19, 21 FVG). Unter den Begriff „Steuerstraftat" fällt nicht mehr die Verletzung des **Steuergeheimnisses**, nachdem die entspr Strafvorschriften im Rahmen des EGStGB in das StGB übergeführt worden sind (§ 355 StGB).

2. Nach **Abs 2** können im Verordnungswege sog **gemeinsame Strafsachenstellen** für jeweils mehrere FÄ geschaffen werden. Die Ermittlungskompetenz wird in vielen Fällen daher für die beteiligten FÄ von den gemeinsamen Strafsachenstellen ausgeübt. Jedoch haben die angeschlossenen FÄ weiterhin das Recht des ersten Zugriffs und die besonderen Befugnisse der Hilfsbeamten der StA (§ 399 II).

§ 388 Örtlich zuständige Finanzbehörde

(1) Örtlich zuständig ist die Finanzbehörde,
1. in deren Bezirk die Steuerstraftat begangen oder entdeckt worden ist,
2. die zur Zeit der Einleitung des Strafverfahrens für die Abgabenangelegenheiten zuständig ist oder
3. in deren Bezirk der Beschuldigte zur Zeit der Einleitung des Strafverfahrens seinen Wohnsitz hat.

(2) ¹Ändert sich der Wohnsitz des Beschuldigten nach Einleitung des Strafverfahrens, so ist auch die Finanzbehörde örtlich zuständig, in deren Bezirk der neue Wohnsitz liegt. ²Entsprechendes gilt, wenn sich die Zuständigkeit der Finanzbehörde für die Abgabenangelegenheit ändert.

(3) Hat der Beschuldigte im räumlichen Geltungsbereich dieses Gesetzes keinen Wohnsitz, so wird die Zuständigkeit auch durch den gewöhnlichen Aufenthaltsort bestimmt.

1. **Inhalt.** Die AO enthält hinsichtlich der **örtl Zuständigkeit** der FinBeh bei der Ermittlung von StStraftaten eine abschließende Regelung, die im

§§ 389, 390

Gegensatz zur örtlichen Zuständigkeit der StA (§ 143 GVG) nicht von der örtlichen Zuständigkeit des Gerichts abhängig ist; so auch *Franzen/Gast/Samson* RNr 2.

2. Als **örtlich zuständige Finanzbehörde** (FA) kommen in Betracht
1. das BegehungsFA (vgl § 7 StPO)
2. das EntdeckungsFA
3. das für die Besteuerung zuständige FA
4. das WohnsitzFA, dh das FA, in dessen Bezirk der Beschuldigte zZt der Einleitung des Strafverfahrens seinen Wohnsitz hat (Zeitpunkt der Einleitung vgl § 397)
5. das WohnsitzFA bei Änderung des Wohnsitzes nach Einleitung des StStrafverfahrens (Abs 2)
6. das für die Besteuerung zuständige FA im Falle einer Änderung der Zuständigkeit des FA nach Einleitung des StStrafverfahrens
7. in Ermangelung eines Wohnsitzes auch das FA, in dessen Bezirk der Besch seinen gewöhnlichen Aufenthalt hat.

Welches von diesen FÄ im Einzelfall das Ermittlungsverfahren durchführt, richtet sich nach § 390.

§ 389 Zusammenhängende Strafsachen

¹Für zusammenhängende Strafsachen, die einzeln nach § 388 zur Zuständigkeit verschiedener Finanzbehörden gehören würden, ist jede dieser Finanzbehörden zuständig. ²§ 3 der Strafprozeßordnung gilt entsprechend.

Bei **zusammenhängenden** Strafsachen ist jedes nach § 388 örtlich zuständige FA zuständig. Der Zusammenhang kann ein persönlicher oder ein sachlicher sein. Ein persönlicher Zusammenhang ist gegeben, wenn eine Person im Verdacht steht, mehrere StStraftaten begangen zu haben, ein sachlicher Zusammenhang besteht, wenn an einer StStraftat mehrere Personen als Täter, Teilnehmer, Begünstigter oder Hehler beteiligt sind. Die Vorschrift bezieht sich jedoch nur auf die örtliche Zuständigkeit. Eine Verbindung bei verschiedener sachlicher Zuständigkeit der FÄ scheidet aus.

Handlungen des örtlich unzuständigen FA sind nicht ohne weiteres unwirksam (vgl § 20 StPO). Die Unzuständigkeit kann nicht mehr gerügt werden, sobald ein Haftbefehl ergangen ist.

§ 390 Mehrfache Zuständigkeit

(1) Sind nach den §§ 387 bis 389 mehrere Finanzbehörden zuständig, so gebührt der Vorzug der Finanzbehörde, die wegen der Tat zuerst ein Strafverfahren eingeleitet hat.

(2) ¹Auf Ersuchen dieser Finanzbehörde hat eine andere zuständige Finanzbehörde die Strafsache zu übernehmen, wenn dies für die Ermittlungen sachdienlich erscheint. ²In Zweifelsfällen entscheidet die Behörde, der die ersuchte Finanzbehörde untersteht.

Bei **mehrfacher Zuständigkeit** sollen die Ermittlungen von der FinBeh durchgeführt werden, die wegen der Tat **zuerst** ein **Strafverfahren** einge-

3. Abschnitt. Strafverfahren **§ 391**

leitet hat. Die Zuständigkeit der anderen FinBehörden wird dadurch allerdings nicht berührt; aA *Franzen/Gast/Samson* RNr 2. Die Regelung ist vergleichbar derjenigen, die für das Besteuerungsverfahren getroffen worden ist (§ 25). Die nach Abs 1 zuständige FinBeh kann jederzeit die Sache an eine andere zuständige FinBeh abgeben.

§ 391 Zuständiges Gericht

(1) ¹Ist das Amtsgericht sachlich zuständig, so ist örtlich zuständig das Amtsgericht, in dessen Bezirk das Landgericht seinen Sitz hat. ²Im vorbereitenden Verfahren gilt dies, unbeschadet einer weitergehenden Regelung nach § 58 Abs. 1 des Gerichtsverfassungsgesetzes, nur für die Zustimmung des Gerichts nach § 153 Abs. 1 und § 153a Abs. 1 der Strafprozeßordnung.

(2) ¹Die Landesregierung kann durch Rechtsverordnung die Zuständigkeit abweichend von Absatz 1 Satz 1 regeln, soweit dies mit Rücksicht auf die Wirtschafts- oder Verkehrsverhältnisse, den Aufbau der Verwaltungsbehörden oder andere örtliche Bedürfnisse zweckmäßig erscheint. ²Die Landesregierung kann diese Ermächtigung auf die Landesjustizverwaltung übertragen.

(3) Strafsachen wegen Steuerstraftaten sollen beim Amtsgericht einer bestimmten Abteilung zugewiesen werden.

(4) Die Absätze 1 bis 3 gelten auch, wenn das Verfahren nicht nur Steuerstraftaten zum Gegenstand hat; sie gelten jedoch nicht, wenn dieselbe Handlung eine Straftat nach dem Betäubungsmittelgesetz darstellt, und nicht für Steuerstraftaten, welche die Kraftfahrzeugsteuer betreffen.

Abs 4 geändert durch Art 5 des Gesetzes zur Neuordnung des Betäubungsmittelrecht v 28. 7. 81, BGBl I 681, 702.

Übersicht

1. Inhalt
2. Sachliche Zuständigkeit des Amtsgerichts
3. Zuständigkeit mehrerer Amtsgerichte
4. Abs 1 Satz 2: Erweiterung der Zuständigkeit durch Rechtsverordnung
5. Abs 2: Abweichende Zuständigkeit
6. Abs 3: Abteilung für Wirtschaftsstraftaten
7. Zuständigkeit bei Zusammenhang mit anderen Strafsachen

1. Inhalt. Die Vorschrift regelt die **örtliche Zuständigkeit** der **Amtsgerichte** in StStrafsachen, wenn die Amtsgerichte sachlich zuständig sind. Die Amtsgerichte sind für StStraftaten sachlich zuständig, sofern nicht im Einzelfall eine höhere Strafe als drei Jahre Freiheitsstrafe, die Unterbringung in einer Heilanstalt und die Anordnung der Sicherungsverwahrung zu erwarten ist oder die StA wegen der besonderen Bedeutung des Falles Anklage zum Landgericht erhebt (§§ 24, 25, 28 GVG).

2. Auch **außerhalb** der **Hauptverhandlung** richtet sich die sachliche Zuständigkeit des AG nach dem GVG (§ 1 StPO); außerhalb der Hauptverhandlung entscheidet jedoch stets der Amtsrichter allein (§ 30 II GVG).

§ 391 8. Teil. Straf- und Bußgeldvorschriften

Hierzu gehören zB Untersuchungshandlungen (§§ 162, 165 StPO), also Anordnung von Beschlagnahmen, Durchsuchungen (§§ 98, 105 StPO), Beweiserhebungen (§ 166 StPO, §§ 115, 136 StPO), Haftbefehl (§§ 114ff, 125ff StPO). Ferner ist der Amtsrichter zuständig für die **Eröffnung des Hauptverfahrens** oder für die Zustimmung zur Einstellung des Verfahrens (§§ 203, 204, 153 I, 153a I StPO). Der Amtsrichter ist ferner zuständig für den Erlaß eines Strafbefehls (§ 407 StPO).

3. Das nach § 391 **zuständige Amtsgericht** läßt sich aus der Vorschrift allein nicht bestimmen. Eine solche Bestimmung ist erst unter Zuhilfenahme der allgemeinen Vorschrift über den Gerichtsstand möglich, (§§ 7ff StPO; *HHSp* RNr 54). Da die einzelnen Gerichtsstände des Tatortes, des gegenwärtigen oder des letzten Wohnsitzes, des gewöhnlichen Aufenthalts und des Ergreifungsorts auseinanderfallen können, aber selbständig nebeneinander bestehen, kommen nach § 391 durchaus **mehrere Amtsgerichte** als örtlich zuständige Gerichte in Betracht. Das **Konkurrenzverhältnis** wird nach §§ 12 bis 14 StPO entschieden; regelmäßig kommt es darauf an, bei welchem Gericht die Untersuchung zuerst eröffnet worden ist. Im übrigen sind die Vorschriften über die Zuständigkeit der FinBeh bei der Ermittlungstätigkeit und die Vorschriften über die örtliche Zuständigkeit des Gerichts nach der StPO nicht deckungsgleich. Für das Verfahren von der Einleitung der Ermittlungen (§ 397, § 160 StPO) an bis zu ihrem Abschluß (§ 170 StPO) gelten grundsätzlich die allgemeinen Vorschriften über die örtliche Zuständigkeit. Für richterliche **Untersuchungshandlung** sind danach örtlich zuständig der Amtsrichter, in dessen Bezirk die Handlung vorzunehmen (§§ 162, 165, 166 StPO), zB die Durchsuchung oder die Beschlagnahmung auszuführen ist, für den Erlaß eines **Haftbefehls** oder **Unterbringungsbefehls** der Amtsrichter des Aufenthaltsortes des Beschuldigten (§§ 125, 126a StPO), für die **Vorführung** eines Verhafteten vgl §§ 115, 115a, 131 StPO; für die Vorführung eines **vorläufig Festgenommenen:** der Amtsrichter des Festnahmeorts (§ 128 StPO); für die **Vernehmung** des Beschuldigten, eines Zeugen oder Sachverständigen regelmäßig der Amtsrichter des Wohnorts des zu Vernehmenden. Die **Zuständigkeit des zentralen Amtsgerichts** im vorbereiteten Verfahren gilt nur für die **Zustimmung** des Gerichts zu einer **Einstellung** des Verfahrens nach § 153 Abs 1 und § 153a Abs 1 StPO.

4. Abs 1 S 2 läßt eine weitergehende Regelung nach § 58 I GVG zu. Danach darf das Landesrecht durch eine Rechtsverordnung aufgrund des § 58 I GVG die Zuständigkeit des **Zentralamtsgerichts** im vorbereiteten Verfahren erweitern.

5. Abs 2 läßt zu, daß die **Landesregierung** durch **Rechtsverordnung** eine von Abs 1 abweichende Zuständigkeit der Amtsgerichte in StStrafsachen bestimmt.

6. Abs 3 enthält eine gesetzliche **Weisung** an die **Gerichtspräsidien** über die Geschäftsverteilung bei den Amtsgerichten. Durch die **StVÄG 1979** sind die Worte „beim Landgericht einer bestimmten Strafkammer" gestrichen worden, weil § 74c I Nr 3 GVG nunmehr eine echte **Vollkompetenz** der für StStrafsachen zuständigen **WiStrafkammer** vorsieht. Der bisher in § 391 IV geregelte Vorrang des für StStrafsachen zuständigen Spruchkör-

3. Abschnitt. Strafverfahren § 392

pers am Landgericht ist durch § 74e GVG übernommen worden; nur das Schwurgericht geht ihm seinerseits vor. Der frühere § 74c GVG, der nur die Ermächtigung zum Erlaß einer VO über die Übertragung von Verfahren der sog Wirtschaftskriminalität auf ein Landgericht für die Bezirke mehrerer Landgerichte vorsah, ist in eine echte **Zuständigkeitsregelung umgewandelt** worden. Die Zuständigkeit gilt nunmehr auch für vor die große Strafkammer gehörende Berufungssachen; dies war früher umstritten. Danach müssen alle **Wirtschaftsstrafsachen** bei einer großen Strafkammer des Landgerichts konzentriert werden. Alle Straftaten iSd Abs 1 des § 74c GVG müssen einer, und erst nach deren Auslastung, einer weiteren großen Strafkammer zugewiesen werden. Ausgenommen sind nur **Kfz-Steuerdelikte** und **Betäubungsmitteldelikte**.

7. Das für StStraftaten zuständige Amtsgericht ist nach **Abs 4** auch dann allein zuständig, wenn die StStraftat mit anderen Straftaten in einem Verfahren zusammen behandelt wird; so auch *Franzen/Gast/Samson* RNr 10, 28. Ein sachlicher Zusammenhang mit anderen Straftaten ist nicht erforderlich (kritisch hierzu *HHSp* RNr 24). Die Zuständigkeit des zentralen Amtsgerichts erstreckt sich jedoch nicht auf StStraftaten, die die Kfz-St oder Betäubungsmittel betreffen (Abs 4 2. HS). Der Grund für diese Regelung ist, daß derartige StVergehen häufig vorkommen und in den meisten Fällen auch mit Delikten anderer Art (Kfz-Diebstahl und -Gebrauchsentwendung) zusammenhängen. Außerdem ist die rechtliche Beurteilung von Straftaten gegen das Kfz-StGesetz meistens nicht schwierig.

§ 392 Verteidigung

(1) Abweichend von § 138 Abs. 1 der Strafprozeßordnung können auch Steuerberater, Steuerbevollmächtigte, Wirtschaftsprüfer und vereidigte Buchprüfer zu Verteidigern gewählt werden, soweit die Finanzbehörde das Strafverfahren selbständig durchführt; im übrigen können sie die Verteidigung nur in Gemeinschaft mit einem Rechtsanwalt oder einem Rechtslehrer an einer deutschen Hochschule führen.

(2) § 138 Abs. 2 der Strafprozeßordnung bleibt unberührt.

Schrifttum: *Bilsdorfer* Steuerfahndung und Verteidigung, Inf 84, 419; *Molketin* Zur Anwendung des § 140 Abs 2 StPO in Wirtschaftsstrafsachen, wistra 86, 97; *Pump* Typische Probleme für den Steuerberater als Verteidiger in Ermittlungsverfahren, wistra 86, 242; *Kloß* Akteneinsichtsrecht: Eingeschränkt durch das Steuergeheimnis? Inf 86, 415; *Mösbauer* Der Steuerberater als Steuerstrafverteidiger, Inf 88, 169.

Übersicht

1. Inhalt
2. Alleinverteidigung durch Angehörige der steuerberatenden Berufe
3. Verteidigung
4. Akteneinsicht des Verteidigers
5. Gemeinschaftliche Verteidigung

1. Inhalt. Nach § 137 StPO kann der Beschuldigte sich in jeder Lage des Verfahrens des **Beistandes** eines **Verteidigers** bedienen. § 392 erweitert den in § 138 I StPO genannten Kreis von Verteidigern um die **Angehörigen**

§ 392 8. Teil. Straf- und Bußgeldvorschriften

der **steuerberatenden Berufe. Diese können im Ermittlungsverfahren** der **FinBeh** selbständig als Verteidiger tätig werden, im übrigen sind sie zur Verteidigung nur in **Gemeinschaft** mit einem **Rechtsanwalt** oder einem **Rechtslehrer** an einer deutschen Hochschule befugt. **Voraussetzung** für die selbständige Tätigkeit der Angehörigen der steuerberatenden Berufe ist jedoch, daß die FinBeh das Strafverfahren selbständig durchführt, vgl hierzu § 386 II. Dies gilt zB im Strafbefehlsverfahren bis zum Übergang der Strafverfolgungskompetenz auf die StA, dh bis zum Einspruch oder zur Anberaumung der Hauptverhandlung; im Verfahren über die Anordnung von Nebenfolgen, im selbständigen Verfahren nach § 401 bis zur Stellung des entspr Antrags. Im übrigen können nach § 138 II StPO auch **andere Personen** als Rechtsanwälte und Hochschullehrer allein als **Wahlverteidiger** auftreten, wenn das **Gericht** dies **genehmigt.** Unter diesen Voraussetzungen ist es auch möglich, daß auch Angehörige der steuerberatenden Berufe in der Hauptverhandlung selbständig die Verteidigung durchführen (*Kohlmann,* Steuerstrafrecht, V 176). Der Steuerpflichtige sollte es sich allerdings überlegen, ob ihm der Steuerberater als Zeuge im Strafverfahren nicht besser dienen kann.

2. Die selbständige Befugnis zur alleinigen Verteidigung endet für die Angehörigen der steuerberatenden Berufe, mit Ausnahme der ohnehin zur Verteidigung in Strafsachen nach § 138 StPO zugelassenen RAe, in dem Augenblick, in dem die **Staatsanwaltschaft** oder das **Gericht** mit der Strafsache befaßt ist. Zur Wirksamkeit eines von einem Steuerberater gegen einen Strafbefehl eingelegten Einspruchs *Gehre* DStR 76, 601: Aus § 392 I ist nunmehr zu schließen, daß der Steuerberater und Steuerbevollmächtigten befugt sind, als Alleinverteidiger gegen einen Strafbefehl Einspruch einzulegen, umstr. Im **gerichtlichen** Bußgeldverfahren über StOrdnungswidrigkeiten können Angehörige steuerberatender Berufe die Verteidigung nur in Gemeinschaft mit einem Anwalt oder einem Rechtslehrer führen. Rechtsmittelerklärungen können sie allein nicht wirksam abgeben, OLG Hbg BB 68 658.

3. **Verteidigung.** Der Beschuldigte kann sich des Beistandes eines Verteidigers bedienen (§ 137 Abs. 1 StPO). Solange die Finanzbehörde aufgrund des § 386 Abs. 2 das Ermittlungsverfahren selbständig durchführt, kommen als Verteidiger außer Rechtsanwälten und Rechtsbelehrern (§ 138 Abs. 1 StPO) auch Steuerberater, Steuerbevollmächtigte, Wirtschaftsprüfer und vereidigte Buchprüfer in Betracht (§ 392 Abs. 1 AO). Nicht zulässig ist die Verteidigung mehrerer Beschuldigter durch einen gemeinschaftlichen Verteidiger (§ 146 StPO).

Der gewählte Verteidiger hat sich auf Verlangen durch schriftliche Vollmacht auszuweisen, sofern der Beschuldigte die Bevollmächtigung nicht angezeigt hat oder er nicht zusammen mit dem Verteidiger erscheint.

Wenn jemand trotz der Schwere der gegen ihn erhobenen Vorwürfe mangels finanzieller Mittel einen Verteidiger nicht beauftragen kann, so hat er nach **§ 140 II StPO** die Möglichkeit, sich durch einen von Amts wegen **beigeordneten Verteidiger** vertreten zu lassen. Die Beiordnung geschieht durch den Vorsitzenden des zuständigen Gerichts.

Schon während des Vorverfahrens kann von der StA der Antrag auf Bestellung eines **Pflichtverteidigers** gestellt werden, wenn die Vorausset-

3. Abschnitt. Strafverfahren **§ 392**

zungen des § 140 II StPO vorliegen. Zur Frage, wann bei einem Verfahren wegen Steuerhinterziehung die Bestellung eines Pflichtverteidigers geboten ist, vgl OLG Celle wistra 86, 233 mit Anmerkung von *Molketin*.

Bei einer **Vernehmung** des Beschuldigten durch die **Bustra** hat der Verteidiger ein Recht auf **Anwesenheit**; er ist rechtzeitig vor dem Vernehmungstermin zu benachrichtigen (§ 163a Abs. 3 Satz 2, § 168c Abs. 1 und 5 StPO). Bei der Vernehmung des Beschuldigten durch die **Steufa** hat der Verteidiger kein Anwesenheitsrecht. Ihm kann jedoch die Anwesenheit gestattet werden. Dies gilt auch für sonstige Ermittlungsverhandlungen von Bustra und Steufa (zB Zeugenvernehmung).

Der anwesende Verteidiger hat ein **Hinweis-** und **Fragerecht**. Ungeeignete oder nicht zusammengehörende Fragen können jedoch zurückgewiesen werden.

Der Verteidiger hat im übrigen das Recht zur **Anwesenheit** bei einer **richterlichen Vernehmung** von Zeugen und Sachverständigen und bei der richterlichen **Augenscheinseinnahme, nicht** dagegen bei der Vernehmung des **Beschuldigten**. Dieses Recht hat er nur, wenn der Beschuldigte von der StA oder der Bußgeld- und Strafsachenstelle zur Vernehmung vorgeladen wird. Der Verteidiger hat ein Hinweis- und Fragerecht. Er hat keinen Anspruch auf Anwesenheit bei einer **Zeugenvernehmung** durch die Ermittlungsbehörde sowie bei einer **Durchsuchung**.

4. Akteneinsicht des Verteidigers

Schrifttum: *Schäfer* Die Grenzen des Rechts auf Akteneisicht durch den Verteidiger, NStZ 84, 203; *Pfaff* Akteneinsicht in Steuerstrafakten nach Abschluß des Steuerstrafverfahrens, StBp 87, 110.

Vor Abschluß der Ermittlungen (§ 169a StPO) ist dem Verteidiger Einsicht in die **Niederschriften** über die Vernehmungen des Beschuldigten, über richterliche Untersuchungshandlungen, bei denen der Verteidiger anwesend sein darf, sowie in Sachverständigengutachten zu gewähren (§ 147 Abs 3 StPO). Die Einsichtnahme in die übrigen Vorgänge sowie die Besichtigung von Beweisstücken kann verwehrt werden, wenn dies den Untersuchungszweck gefährden könnte (§ 147 Abs 2 StPO). Mit Abschluß der Ermittlungen ist dem Verteidiger uneingeschränkt Akteneinsicht zu gewähren und die Besichtigung von Beweisstücken zu gestatten. Handakten sowie andere innerdienstliche Vorgänge, z. B. verwaltungsinterne Vermerke, die dem Gericht nicht vorgelegt werden, sind von der Akteneinsicht auszuschließen (vgl Nr 187 Abs 2 RiStBV). Dazu zählen aber nicht die Steuerfahndungsakten, ebenso wie die polizeilichen Spurenakten. Der Antrag ist an die **Strafsachenstelle,** nicht an die Steufa zu richten, bzw nach Abgabe an die Staatsanwaltschaft an diese.

Aus § 147 I StPO ergibt sich nach der hM, daß der **Beschuldigte** selbst ein solches Recht nicht hat. Andererseits ist es aber auch nicht unzulässig, dem Beschuldigten Akteneinsicht zu gewähren, OLG Zweibrücken NJW 77, 1699. Ihm können auch Abschriften oder Ablichtungen der Akten ausgehändigt werden, *Kleinknecht* StPO § 147 Tz 8. Unter besonderen Umständen kann es ausnahmsweise geboten sein, dem Beschuldigten selbst Akteneinsicht zu gewähren, OLG Zweibrücken NJW 77, 1699.

Nach § 147 IV StPO sollen dem Verteidiger grundsätzlich die Akten mit Ausnahme der Beweisstücke zur Einsichtnahme in sein Büro mitgegeben

§ 392   8. Teil. Straf- und Bußgeldvorschriften

werden. Zu den erwähnten **Beweisstücken** zählen zB die Tatwaffe oder die gefälschte Urkunde, nicht aber die gesamten Geschäftsunterlagen eines Beschuldigten.

Der Verteidiger darf dem Beschuldigten zu Verteidigungszwecken mitteilen, was er aus den Akten und Beweismitteln erfahren hat. Er darf auch Aktenauszüge und Abschriften dem Mandanten überlassen, BGHSt 29, 99, 102. Dies gilt aber nicht, wenn dadurch der Untersuchungszweck gefährdet würde, zB bei einer bevorstehenden Durchsuchung, *Löwe-Rosenberg* StPO § 147 Rdnr 8; *Kleinknecht* StPO § 147 Rdnr 15. In diesem Fall kann aber auch dem Verteidiger bereits die Akteneinsicht versagt werden, vgl § 147 II StPO. Trotz Gefährdung des **Untersuchungszwecks** darf aber dem Verteidiger die Akteneinsicht nicht in die in § 147 III StPO aufgeführten Schriftstücke verweigert werden. Hierzu zählen die Niederschriften über die Vernehmung des Beschuldigten und über solche richterliche Untersuchungshandlungen, bei denen dem Verteidiger die Anwesenheit gestattet worden ist oder hätte gestattet werden müssen, sowie die Gutachten von Sachverständigen.

Gegen die Verweigerung der Akteneinsicht durch die StA ist nach hM kein förmliches Rechtsmittel, sondern nur die **Dienstaufsichtsbeschwerde** gegeben. Auch der Antrag auf gerichtliche Entscheidung ist nicht zulässig, *Meyer-Goßner* NStZ 82, 357 mwN, aA OLG Celle NStZ 83, 379. Die **Ablehnung** der Einsichtnahme in die das laufende Ermittlungsverfahren betreffenden **Akten** durch die **StA** gem § 147 II StPO ist im Verfahren nach §§ 23 ff EGGVG nicht überprüfbar, OLG Hamm, MDR 84, 514. Es handelt sich bei der Verweigerung der Akteneinsicht im laufenden Ermittlungsverfahren nicht um einen Justizverwaltungsakt, sonden um eine Prozeßhandlung. Die Versagung der **Akteneinsicht** durch die Staatsanwaltschaft ist keine gem § 23 EGGVG nachprüfbare Maßnahme einer Justizbehörde im Verwaltungsbereich, sondern eine **Prozeßhandlung**, zu deren Überprüfung das Verfahren nach den §§ 23 ff EGGVG nicht geschaffen ist, vgl BVerfG NJW 85, 1019 sowie *Franzen/Gast/Samson* RNr 38 a. Die Gewährung von **Akteneinsicht** an **Dritte** ist dagegen nicht als Prozeßhandlung der Staatsanwaltschaft zu werten. Damit ist sie aber einer gerichtlichen Nachprüfung nicht entzogen. Nur die eigentliche Strafverfolgungstätigkeit der Staatsanwaltschaft unterliegt keiner gerichtlichen Nachprüfung im Verfahren nach den nach §§ 23 ff EGGVG. Ausgenommen von der gerichtlichen Nachprüfung im Verfahren nach den §§ 23 ff EGGVG sind als sog Prozeßhandlungen alle Maßnahmen, die die eigentliche Ermittlungs- und Strafverfolgungstätigkeit der Staatsanwaltschaft ausmachen, die auf die Rechtsprechung der Gerichte ausgerichtet ist (vgl BVerfG NStZ 84, 228). Hängt die Einsicht in die Akten mit der Gestaltung des geführten Verfahrens nicht zusammen, kann sie daher nicht der Strafverfolgungstätigkeit der Staatsanwaltschaft zugeordnet werden. Ihrer Rechtsnatur nach ist die Einsichtsgewährung in diesen Fällen daher eine Regelung mit dem Charakter eines **Justizverwaltungsaktes** (OLG Koblenz ZIP 85, 565). Die Auslegung des § 23 EGGVG, wonach es sich bei der Versagung der Akteneinsicht durch die Staatsanwaltschaft um eine Prozeßhandlung handelt, zu deren Überprüfung das Verfahren nach dem §§ 23 ff EGGVG nicht geschaffen ist, ist verfassungsrechtlich unbedenklich (BVerfG Beschluß vom 28. 12. 1984 MDR 85, 378).

3. Abschnitt. Strafverfahren **§ 392**

Das Akteneinsichtsrecht des Verteidigers, das gem § 147 StPO zur Gewährung einer sachgerechten Verteidigung uneingeschränkt ist, schließt auch die Einsicht in den **Strafregisterauszug** ein.

Das Akteneinsichtsrecht bezieht sich auf die Vollständigen Akten und Aktenteile, die die StA dem Gericht als möglicherweise bedeutsam für das Verfahren und die Entscheidung über die Schuld und Straffrage zugeleitet hat, die das Gericht angelegt oder zur Erfüllung seiner Aufklärungspflicht (§ 244 II StPO) beigezogen hat. Es umfaßt nicht nur die Akten, die die StA dem Gericht mit der Anklageerhebung vorgelegt hat (§ 199 II StPO), sondern auch alle sonstigen verfahrensbezogenen Vorgänge, die zu den Akten genommen worden sind, einschließlich sämtlicher Beiakten, vgl BGHSt 30, 131 (138); OLG Koblenz NJW 81, 1570; *Löwe/Rosenberg* § 147 Rdnr 4 und 5; BVerfG 7. 12. 82 2 BvR 900/82.

Das Akteneinsichtsrecht erstreckt sich aber nicht auf „**Nebenprotokollbände**", bei denen es sich lediglich um Mitschriften zur Unterstützung des Gerichts handelt, OLG Karlsruhe NStZ 82, 299.

Das Akteneinsichtsrecht des Verteidigers bezieht sich auf die mit der Anklageerhebung vorgelegten, die in Fortführung der Ermittlungsakten nach Anklageerhebung entstandenen Aktenteile und die vom Gericht herangezogenen oder von der StA nachgereichten Beiakten, *Löwe/Rosenberg*, StPO § 147 Rdnr 4; *Eb. Schmidt*, Lehrkommentar II § 147 Rdnr 5.

Die **Nebenprotokollbände** sind auch nicht durch ihre bloße Übersendung an die StA und ihre Weiterleitung an den BGH zum Bestandteil der Akten geworden. **Gerichtsinterne** Akten unterliegen nur dann dem Akteneinsichtsrecht, wenn sie bewußt zu den Akten genommen werden; es reicht nicht, wenn sie lediglich versehentlich zu den Akten gelangen. Zum Umfang des Akteneinsichtsrechts des Verteidigers vgl BGH NStZ 81, 361 mit Anmerkung von *Dünnebier* StrVert 81, 504; OLG Karlsruhe Justiz 80, 417; OLG Koblenz NJW 81, 1570. Vgl auch *Meyer-Goßner* Die Behandlung kriminalpolizeilicher Spurenakten im Strafverfahren, NStZ 82, 353: Die Polizei ist verpflichtet, ihre „Verhandlungen" der StA zu übersenden, dh die von ihr angelegten Vorgänge der StA zumindest auf Anforderung zugänglich zu machen. Eine entsprechende Verpflichtung der StA gegenüber dem Gericht besteht nicht. Diese muß vielmehr prüfen, was sie zum Bestandteil der Akten gegen den Beschuldigten macht. Sie darf kein be- oder entlastendes Material zurückhalten, aber auch kein bedeutungsloses Material in den Akten belassen, *Meyer-Goßner,* aaO 362.

Die Verteidigung kann auf Grund ihrer Stellung Einsicht in alle relevanten Akten verlangen. Es ist nicht entscheidend, ob sich die Akten bei der StA, dem Gericht oder einer Behörde befinden. Die Einsicht darf dem Verteidiger nur aus den gleichen Gründen wie der StA und dem Gericht versagt werden, vgl § 96 StPO. Polizeiliche **Spurenakten,** auf welche die StA in der Anklageschrift ausdrücklich Bezug nimmt, unterliegen dem Einsichtsrecht des Verteidigers. Das gleiche gilt für solche Spurenakten, die die Polizei der StA zu Verwertung übersandt hat. Damit gehören solche Spurenakten zu den der StA vorliegenden Ermittlungsakten, die mit der Erhebung der Anklage auch dem Gericht vorzulegen waren, OLG Koblenz NJW 81, 1570; vgl *Wasserburg* Einsichtsrecht des Verteidigers in kriminalpolizeiliche Spurenakten, NStZ 81, 211.

Im **vorbereitenden** Verfahren entscheidet die StA auch dann über die

§ 393   8. Teil. Straf- und Bußgeldvorschriften

Gewährung der Akteneinsicht, wenn sich die Akten zu einer richterlichen Handlung bei Gericht befinden, OLG Hamm NStZ 82, 348.

Den **Sachverständigen** kann die Finanzbehörde **Akteneinsicht** und Besichtigung der Beweismittel nach pflichtgemäßem Ermessen gewähren (§ 80 Abs 2 StPO). **Zeugen** und deren Beistände, der Anzeigeerstatter und sein Bevollmächtigter haben kein Recht auf Akteneinsicht. Vor der Einsichtnahme oder der Besichtigung von Beweisstücken ist zu prüfen, ob sich aus ihm **Verhältnisse Dritter** ergeben, die dem Steuergeheimnis unterliegen. Hat der Dritte die Finanzbehörde nicht von der Wahrung des Steuergeheimnisses entbunden, ist eine Offenbarung und somit eine Einsichtnahme nur zulässig, soweit die Beweisstücke der Staatsanwaltschaft oder Gericht vorgelegt werden. Lehnen FA und OFD nach **Einstellung** eines Steuerstrafverfahrens die Einsichtnahme in eine vom FA geführte Akte ab, in der im wesentlichen die Ermittlungsergebnisse einer Steuerfahndungsprüfung enthalten sind, so ist für die hiergegen gerichtete Klage der **Finanzrechtsweg** gegeben, BFH BStBl 77, 318; so auch *Pfaff* (StBp 87, 110).

5. Die **gemeinschaftliche Verteidigung** mit einem RA (Abs 1 HS 2) ist nicht von einer Genehmigung abhängig. Der steuerliche Berater hat insoweit die gleichen Rechte wie der RA, das Recht auf Akteneinsicht (§ 147 StPO) sowie das Recht, Erklärungen in der Hauptverhandlung abzugeben (§ 257 II StPO). Wenn die Angehörigen der steuerberatenden Berufe die Verteidigung nur gemeinsam mit einem Rechtsanwalt oder Rechtslehrer führen können, ist die Mittelgebühr des § 83 I Nr 2 und II Nr 2 BRAGO idR eine angemessene Vergütung, KG NStZ 82, 207.

§ 393 Verhältnis des Strafverfahrens zum Besteuerungsverfahren

(1) ¹Die Rechte und Pflichten der Steuerpflichtigen und der Finanzbehörde im Besteuerungsverfahren und im Strafverfahren richten sich nach den für das jeweilige Verfahren geltenden Vorschriften. ²Im Besteuerungsverfahren sind jedoch Zwangsmittel (§ 328) gegen den Steuerpflichtigen unzulässig, wenn er dadurch gezwungen würde, sich selbst wegen einer von ihm begangenen Steuerstraftat oder Steuerordnungswidrigkeit zu belasten. ³Dies gilt stets, soweit gegen ihn wegen einer solchen Tat das Strafverfahren eingeleitet worden ist. ⁴Der Steuerpflichtige ist hierüber zu belehren, soweit dazu Anlaß besteht.

(2) ¹Soweit die Staatsanwaltschaft oder dem Gericht in einem Strafverfahren aus den Steuerakten Tatsachen oder Beweismittel bekannt werden, die der Steuerpflichtige der Finanzbehörde vor Einleitung des Strafverfahrens oder in Unkenntnis der Einleitung des Strafverfahrens in Erfüllung steuerrechtlicher Pflichten offenbart hat, dürfen diese Kenntnisse gegen ihn nicht für die Verfolgung einer Tat verwendet werden, die keine Steuerstraftat ist. ²Dies gilt nicht für Straftaten, an deren Verfolgung ein zwingendes öffentliches Interesse (§ 30 Abs. 4 Nr. 5) besteht.

Schrifttum: *Stürner* Strafrechtliche Selbstbelastung und verfahrensförmige Wahrheitsermittlung, NJW 81, 1757; *Reiß* Gesetzliche Auskunftsverweigerungsrechte bei Gefahr der Strafverfolgung in öffentlichrechtlichen Verfahren, NJW 82, 2540; *Rengier* Aushöhlung der Schweigebefugnis des auch steuerlich belangten Beschuldigten durch „nachteilige" Schätzung der Besteuerungsgrundlagen? BB 85, 720; *Meine* Die Reich-

3. Abschnitt. Strafverfahren **§ 393**

weite des Verwertungsverbots nach § 393 Abs 2 AO, wistra 85, 186; *Lohmeyer* Die Bedeutung des § 393 Abs 1 AO, DB 86, 85; *Müller* Steuergeheimnis und Verwertungsverbot bei nichtsteuerlichen Straftaten, DStR 86, 699; *Lüer* Steuergeheimnis und Verwertungsverbot bei nichtsteuerlichen Straftaten, DStR 86, 699; *Schleifer* Zum Verhältnis von Besteuerungs- und Steuerstrafverfahren, wistra 86, 250; *Seer* Der Konflikt zwischen dem Schweigerecht des Beschuldigten im Steuerstrafverfahren und seiner Mitwirkungspflicht im Besteuerungsverfahren, StB 87, 128; *Rüster* Rechtsstaatliche Probleme im Grenzbereich zwischen Besteuerungsverfahren und Strafverfahren, wistra 88, 49.

Übersicht

1. Inhalt
2. Unzulässigkeit von Zwangsmitteln
3. a) Verbot der Selbstbelastung
   b) Aussageverweigerungsrecht nach der StPO
   c) Zwangsmittel nach der AO und Der StPO
   d) Freiwillige Mitteilungen
   e) Folgen der Nichtmitwirkung
4. Zwangsmittel gegenüber Dritten
5. Verwertungsverbot
6. a) Belehrungspflicht
   b) Folgen einer unterlassenen Belehrung
7. a) Verwertung von Steuerakten durch das Gericht oder die Staatsanwaltschaft
   b) Tatsachen, die vor Einleitung des Strafverfahrens offenbart wurden
   c) Begriff des Offenbarens
   d) Fernwirkung des Verwertungsverbots
   e) Grenzen des Verwertungsverbots
   f) Umfang des Verwertungsverbots
   g) Zwingendes öffentliches Interesse

1. Inhalt. Die Vorschrift regelt das **Verhältnis** des **Besteuerungs-** zum **StStrafverfahren.** Aus ihr ergibt sich, daß das **Besteuerungsverfahren neben** dem **StStrafverfahren** grundsätzlich weiterläuft vgl Anm 3 zu § 208. Nur die Rechtstellung des Stpfl ist verschieden, je nachdem, ob die Ermittlungen im Interesse der Besteuerung oder der Strafverfolgung geführt werden. Beide Verfahren lassen sich in der Praxis nur schwer voneinander trennen, zumal die Ermittlungen meist von denselben Beamten durchgeführt werden. Nach § 208 I sind die **Steuerfahnder** nicht nur für die Erforschung von Straftaten, sondern auch für die Ermittlung der Besteuerungsgrundlagen in diesen Fällen zuständig. Der Stpfl hat zwar nach den Bestimmungen der StPO das **Recht,** jede **Aussage** zur **Sache** zu verweigern. Im Besteuerungsverfahren bleibt er aber auch nach Einleitung eines Strafverfahrens zur Mitwirkung weiter verpflichtet, seine Mitwirkung kann nur nicht erzwungen werden. Praktisch läuft diese Regelung darauf hinaus, daß der Stpfl auch im BestVerfahren ein Auskunftsverweigerungsrecht hat, jedoch können, weil die Mitwirkungspflicht rechtlich weiter bestehen bleibt, aus der Tatsache, daß er nicht mehr mitwirkt, gegen ihn steuerlich nachteilige Folgerungen im Rahmen der Beweiswürdigung gezogen werden, zB im Rahmen einer Schätzung. Würde man in diesen Fällen die Mitwirkungspflicht des Stpfl beseitigen, so dürften, da ja keine Mitwirkungspflicht verletzt wird, gegen den Stpfl keine belastenden Unterstellungen vorgenommen werden. Das würde bedeuten, daß der strafrechtliche Grundsatz „im Zweifel für den Angeklagten" auch im steuerlichen Ermitt-

1173

§ 393

lungs- und Aufsichtsverfahren gelten würde. Damit würde der Stpfl, der zugleich Beschuldigter ist, gegenüber den anderen ehrlichen Stpfl bessergestellt werden. Die Problematik dieser Vorschr liegt darin, daß der Stpfl grundsätzlich gegenüber der FinBeh eine **Offenbarungspflicht** hat. Eine solche Pflicht hat er zB nicht, wenn er einem Polizisten gegenübertreten würde. Damit stellt sich im Besteuerungsverfahren im besonderen Maße das Problem, ob und wann der Stpfl über seine Rechte **belehrt** werden muß, wenn der Prüfer einen strafrechtlich beachtlichen Sachverhalt entdeckt. Die Nahtstelle zwischen der Tätigkeit als **Betriebsprüfer** und dem Beginn der Verfolgung einer **strafbaren Handlung** ist sicher außerordentlich schwer zu ziehen. Im allgemeinen wird man sagen können, daß Fragen des Betriebsprüfers, die dazu dienen, die Bp abzuschließen, dem Besteuerungsverfahren zuzurechnen sind. Erforscht dagegen der Prüfer die subjekte Seite eines möglicherweise strafrechtlich relevanten Sachverhalts, dürfte es sich insoweit um eine Maßnahme der Strafverfolgung handeln. Die Gefahr, daß der Stpfl gezwungen wird, sich selbst wegen einer StStraftat zu bezichtigen, sollte allerdings nicht zu hoch eingeschätzt werden. Im allgemeinen wird der Stpfl wissen, wann eine derartige Gefahr besteht und sich entsprechend verhalten. Er wird mit großer Wahrscheinlichkeit alles vermeiden wollen, was einen strafrechtl Verdacht auf ihn lenken würde. Insofern wird er insbesondere bei Fragen, die auf die subjektive Seite der Tat gerichtet sind, sich über die Bedeutung seiner Aussagen im klaren sein; kritisch zur Neufassung *Rogall* Die Mißachtung des Verbots der Selbstbelastung im Abgabenrecht, ZPR 75, 278.

2. Unzulässigkeit von Zwangsmitteln. *Teske* Das Verhältnis von Besteuerungs- und Steuerstrafverfahren unter besonderer Berücksichtigung des Zwangsmittelverbotes (§ 393 Abs 1 Satz 2 und S 3 AO). Die Fassung verbietet die Anwendung von Zwangsmitteln nicht erst **nach Einleitung des Strafverfahrens, sondern bereits dann, wenn der Stpfl gezwungen** würde, **sich** selbst wegen einer von ihm begangenen StStraftat oder StOrdnungswidrigkeit **zu belasten.** Die Verpflichtung zur **Mitwirkung** in Bezug auf **nichtsteuerliche Straftaten** bleibt also bestehen, denn insoweit wird der Stpfl regelmäßig durch das StGeheimnis (§ 30) vor nachteiligen nichtsteuerlichen Folgen geschützt. Über die Problematik, die sich für den Stpfl durch die gegenüber dem bisherigen Recht erweiterten Durchbrechungsmöglichkeiten des StGeheimnisses ergeben können, vgl § 30 Anm 4 d. Der Stpfl tut gut daran, wenn er strafbare Handlungen, die steuerlich von Bedeutung sind, zB wirtschaftskriminelle Handlungen, gegenüber dem FA mitteilt, weil er dann durch die Regelung über das StGeheimnis vor einer Weitergabe dieser Kenntnisse an die Strafverfolgungsbehörden geschützt wird; werden diese Tatsachen erst durch ein StStraf- oder Bußgeldverfahren aufgedeckt, steht deren Weitergabe an die Strafverfolgungsbehörden nach § 30 IV Nr 4 Buchst a nichts entgegen.

Die Gefahr, daß zB ein Prüfer die Einleitung des StStrafverfahrens hinauszögert, um sich die Möglichkeit der Anwendung von Zwangsmitteln nach der AO zu erhalten, dürfte nach der Erweiterung der Regelung über das Verbot der Anwendung von Zwangsmitteln nicht mehr gegeben sein.

Betretungs- und Besichtigungsrechte usw, die Durchführung einer Nachschau nach §§ 209 ff dürften durch S 2 nicht ausgeschlossen worden

3. Abschnitt. Strafverfahren **§ 393**

sein, weil sich der Stpfl durch diese Maßnahmen nicht selbst wegen einer StStraftat belasten würde; Zweifelnd *Franzen/Gast/Samson* RNr 23. Schwierig ist die Frage, wie zu verfahren ist, wenn die FinBeh gar nicht erkennt, daß sich der Stpfl uU durch die Beantwortung einer Frage wegen einer StStraftat selbst belasten würde und daher dem untätigen Stpfl mit der Festsetzung eines Erzwingungsgeldes droht. In diesen Fällen wäre es wohl immer angebracht, bereits bei der **Androhung** eines **Erzwingungsgeldes** den Stpfl über die sich aus § 393 I ergebende Rechtslage zu belehren. Der Stpfl müßte zumindest erklären, aus welchen Gründen er seine Mitwirkung verweigert; hierbei dürfen aber an den Inhalt einer solchen Erklärung keine zu hohen Anforderungen gestellt werden, denn es wäre mit der Regelung sicher nicht vereinbar, wenn sich der Stpfl durch diese Erklärung praktisch indirekt wegen einer StStraftat belasten müßte. Insofern dürfte auch die Einführung eines „echten" Auskunftsverweigerungsrechts des Stpfl nicht geeignet sein, um ihn der Strafverfolgung zu entziehen. Der Beschuldigte wird dann nämlich ebenfalls die Gründe für das bestehende Aussageverweigerungsrecht darlegen müssen und damit die Einleitung eines StStrafverfahrens geradezu provozieren.

3. a) *Rengier* Aushöhlung der Schweigebefugnis des auch steuerlich belangten Beschuldigten durch „nachteilige" Schätzung der Besteuerungsgrundlagen? BB 85, 720. Das Verbot der Anwendung von Zwangsmitteln greift nur ein, wenn sich der Stpfl **selbst** wegen einer von ihm begangenen StStraftat **belasten** würde. Das Verbot gilt also **nicht**, wenn er zB einen seiner **Angehörigen** belasten würde; dies gilt jedenfalls, soweit der Stpfl in seiner Eigenschaft als Stpfl und nicht als Dritter um Auskunft ersucht wird. Verlangt zB ein Prüfer vom Stpfl Auskunft über bestimmte Geschäftsbeziehungen und müßte der Stpfl durch die Auskunft seinen Angehörigen wegen einer von diesem begangenen StStraftat belasten, so gilt das Verbot der Anwendung von Zwangsmitteln nicht. Der Stpfl könnte mit den Mitteln des Verwaltungszwangs, zB durch die Auferlegung eines Erzwingungsgeldes gezwungen werden, die verlangte Auskunft zu geben. Hierbei ist allerdings zu beachten, daß die FinBeh möglicherweise durch die Anwendung von Zwangsmitteln das ihr eingeräumte pflichtgemäße Ermessen überschreitet; denn die Mitwirkungspflicht der Stpfl hat ihre Grenze an der Zumutbarkeit im Einzelfall, vgl § 90. Von verschiedenen Autoren wird sogar die Auffassung vertreten, daß über den Wortlaut der AO hinaus kein Staatsbürger gezwungen werden könne, sich oder seine Angehörigen einer strafbaren Handlung zu bezichtigen (vgl *Hartz* DB 55, 64; *TK* § 170 RAO Anm 10) und daher insoweit ein **Auskunftsverweigerungsrecht** zugebilligt werden müsse. *Teske* (wistra 88, 212) weist daraufhin, daß das Zwangsmittelverbot dem Wortlaut nach nur die Fälle erfasse, in denen der Steuerpflichtige „sich selbst" belasten müßte. Gemessen am **grundgesetzlich** garantierten **Schweigerecht**, daß auch Angehörige schütze, erscheine die Vorschrift daher lückenhaft. Die FinBeh dürfte aber nicht gehindert sein, den Umstand, daß der Stpfl nicht mitwirkt, für Zwecke der Besteuerung im Rahmen der Beweiswürdigung zuungunsten der Stpfl zu berücksichtigen.

b) Das **strafprozessuale Recht** des Beschuldigten, jede Auskunft zur Sache zu verweigern (§ 136a StPO), würde dem Stpfl kaum etwas nützen,

§ 393
8. Teil. Straf- und Bußgeldvorschriften

wenn die FinBeh jederzeit auf die allgemeinen Vorschriften über die Mitwirkungspflichten des Stpfl zurückgreifen könnte, mit anderen Worten: den Stpfl unter Hinweis auf diese auch im StStrafverfahren weiter bestehenden Pflichten zur Mitwirkung zwingen könnte. Daher bestimmt Abs 1 S 3, daß die Mitwirkungspflicht des Stpfl vom Zeitpunkt der **Einleitung** des **StStrafverfahren** nicht mehr erzwungen werden kann. Das Verbot der Anwendung von Zwangsmitteln schließt auch die **Androhung** von **Zwangsmitteln** aus, zB Androhung von Erzwingungsgeld. Ist das Strafverfahren nur wegen eines bestimmten Sachverhalts eingeleitet worden, zB wegen nicht erfaßter Kasseneinnahmen, so können wegen der anderen Sachverhalte, die nicht Gegenstand des Strafverfahrens sind, weiterhin Zwangsmittel angewendet werden. Dies gilt aber nur insoweit, als nicht der vorangegangene Satz eingreift, dh soweit sich nicht der Stpfl durch seine Mitwirkung wegen einer von ihm begangenen weiteren StStraftat oder Ordnungswidrigkeit belasten würde.

c) Das Gesetz schließt nur die **Anwendung** von **Zwangsmitteln** des **Besteuerungsverfahrens** aus; die Anwendung von **strafprozessualen Zwangsmitteln** gegen den Stpfl wird dagegen nicht gehindert, soweit die StPO derartige Zwangsmittel zuläßt, zB Durchsuchung, Beschlagnahme usw.

d) Alles, was der **Stpfl** trotz der Regelung in § 393 für Zwecke des Besteuerungsverfahrens **freiwillig mitteilt,** kann auch für das StStrafverfahren verwendet werden und umgekehrt.

e) Folgen der Nichtmitwirkung. Nur die Anwendung von Zwangsmitteln ist verboten, gleichwohl bleiben rechtlich die steuerlichen Mitwirkungspflichten bestehen. Das kann sich bei der Beweiswürdigung im Besteuerungsverfahren auswirken *Franzen/Gast/Samson* RNr 30. Verfassungsrechtlich dürften gegen diese rechtliche Folgerung keine Bedenken bestehen. Nur die erzwingbare Auskunftspflicht ist als Eingriff in die Handlungsfreiheit und als Beeinträchtigung des Persönlichkeitsrechts iSd Art 2 I GG zu beurteilen, BVerfG NJW 81, 1431.

In diesem Sinne ist § 393 gerade keine erzwingbare Auskunftsnorm, denn ihre Verletzung führt etwa zu möglichen steuerlichen Nachteilen, vgl *Reiß* NJW 82, 2541. Ungeachtet des im öffentlich-rechtlichen Verfahren geltenden Untersuchungsgrundsatzes kann, wenn der Betroffene von seinem Auskunftsverweigerungsrecht Gebrauch macht und dadurch eine Aufklärung verhindert, diese Tatsache zu Lasten des sich Weigernden gehen, *Reiß* NJW 82, 2541; *Stürner* NJW 81, 1762. *Rengier* (aaO) tritt dafür ein, daß ein StBescheid, der auf nachteiligen **Schätzungen** infolge der Mitwirkungsverweigerung beruht, grundsätzlich erst ergehen sollte, wenn das Straf- oder Bußgeldverfahren rechtskräftig **abgeschlossen** ist.

Der Auffassung von *Teske* (wistra 88, 214), daß die **Androhung** einer Schätzung eine „**Zwangs**"-Ausübung darstelle, die für das verfassungsrechtlich garantierte Schweigerecht relevant sei, kann nicht gefolgt werden. Von einem Zwang zur Selbstbezichtigung könnte allenfalls dann gesprochen werden, wenn die Finbeh die Androhung einer **bewußt** zu **hohen Schätzung** (Strafschätzung) einsetzt, um den Steuerpflichtigen zur Mitwirkung zu veranlassen. Das Gesetz selbst sieht in **§ 393 I 4** vor, daß der Steuerpflichtige über die Rechtslage, die sich aus der Regelung des Abs 1

3. Abschnitt. Strafverfahren §393

ergibt, zu **belehren** ist, soweit dazu Anlaß besteht. Wenn die FinBeh den Steuerpflichtigen daher auf die Möglichkeit einer belastenden Schätzung hinweist, erfüllt sie nur eine sich aus dem Gesetz ergebende Verpflichtung. Selbst wenn man in der Belehrung nach Abs 1 Satz 4 mit dem Hinweis auf eine nachteilige Schätzung einen Zwang sehen würde, so handelt es sich hierbei eben **nicht** um die **rechtswidrige** Ausübung von Zwangsvmitteln.

Der wirtschaftliche Druck einer eventuell ungünstigen Schätzung ist nicht so stark, um als „verbotener Zwang zur Selbstbezichtigung" angesehen werden zu können, *Rüster* wistra 88, 49.

Rengier (aaO) tritt ebenfalls der Auffassung, aus der Verweigerung der Mitwirkung im Besteuerungsverfahren dürften keine nachteiligen Schätzungen hergeleitet werden, zu Recht entgegen. Das **Bundesverfassungsgericht** nimmt nämlich eine Verletzung des Grundsatzes der Selbstbezichtigungsfreiheit nur dann an, wenn strafrechtlich verwertbare Aussagen unter staatlichem Zwang erlangt werden. Dies ist aber nach Abs 1 S 2 und 3 gerade nicht der Fall.

Die in den jeweiligen Gesetzen vorgesehenen Maßnahmen des **Verwaltungsrechts,** wie zB Untersagungsverfügungen, Nichterteilung von Genehmigungen usw dürfen also getroffen werden. Dabei kann die Berufung auf das Auskunftsverweigerungsrecht für das Verwaltungsverfahren durchaus negativ gewürdigt werden. Die Auskunftsverweigerungsrechte schließen staatlichen Zwang bei Gefahr der Strafverfolgung aus, gewähren aber nicht Schutz vor anderen Rechtsnachteilen, *Stürner* NJW 81, 1762. Auch *Rüster* (wistra 88, 50) weist darauf hin, daß es ein ausnahmsloses Gebot, daß sich niemand in einem Verfahren zu einer strafrechtlich belastenden Mitwirkung gezwungen werden dürfte, nicht gebe (unter Hinweis auf BVerfG 55, 144, 150; 56, 37, 41 ff). **Art 2 I GG** schreibt keinen lückenlosen Schutz gegen staatlichen Zwang zur Selbstbezichtigung vor ohne Rücksicht darauf, ob keine schutzwürdigen Belange Dritter beeinträchtigt werden. Unzumutbar und mit der Würde des Menschen unvereinbar wäre ein **Zwang,** durch eigene **Aussagen** die Voraussetzungen für eine strafgerichtliche Verurteilung oder die Verhängung entsprechender Sanktionen liefern zu müssen, BVerfG wistra 88, 302. Handelt es sich dagegen um Auskünfte zur Erfüllung eines berechtigten **Informationsbedürfnisses** ist der Gesetzgeber befugt, die Belange der verschiedenen Beteiligten gegeneinander abzuwägen (BVerfGE 56, 37, 49).

4. § 248 RAO schloß die **Anwendung** von **Zwangsmitteln nach Einleitung** des StStrafverfahrens schlechthin aus, nicht nur gegenüber dem betr Stpfl. Demgegenüber wird nach § 393 die Anwendung von Zwangsmitteln nur gegenüber dem Stpfl selbst ausgeschlossen. Daraus ist zu schließen, daß gegenüber **Dritten** die Anwendung von Zwangsmitteln nicht unzulässig ist *Franzen/Gast/Samson* RNr 30. Für die Auffassung spricht auch § 208 I. Aus § 208 I 2 und 3 ergibt sich, daß die FinBeh, soweit es um die Ermittlung der Besteuerungsgrundlagen im Rahmen eines **Strafverfahrens** geht, die gleichen **Ermittlungsbefugnisse** hat wie in einem **Besteuerungsverfahren.** Daher ist davon auszugehen, daß auch nach Einleitung eines StStrafverfahrens, soweit die Besteuerungsgrundlagen ermittelt werden, **Dritte** mit den Mitteln des Verwaltungszwangs zur **Mitwirkung** nach den Vorschriften der **AO** angehalten werden können. Man wird diese

§ 393   8. Teil. Straf- und Bußgeldvorschriften

Rechtslage dahin modifizieren müssen, daß in Fällen, indenen es ganz oder überwiegend um die strafrechtliche Seite der Ermittlungen geht, die auskunftspflichtigen Dritten nur nach den Vorschriften der StPO zur Auskunft gezwungen werden können. Es ist nicht einzusehen, aus welchem Grund die Ermittlungsrechte des Besteuerungsverfahrens der FinBeh gegenüber Dritten eingeschränkt werden oder nicht mehr gelten sollen, nur weil gegen den Stpfl ein Strafverfahren eingeleitet worden ist. Die Ermittlungsbefugnisse der StPO haben nur insoweit ihre eigene Bedeutung, als nicht nach anderen Vorschriften wie zB der AO Ermittlungen zulässig sind. Ihre Zulässigkeit im Strafverfahren wird aber gegenüber Dritten an keiner Stelle ausgeschlossen. Etwas anderes kann nur gelten, wenn die Ermittlungen nicht im Besteuerungsinteresse, sondern ausschließlich im Interesse der Strafverfolgung vorgenommen werden. Denn insoweit stehen der FinBeh die sich aus §§ 85 ff ergebenden Ermittlungsbefugnisse nicht zur Verfügung.

5. Wenn der Stpfl entgegen § 393 I S 2 und 3 doch zur Mitwirkung gezwungen worden ist, müßten die so festgestellten Sachverhalte nach den Grundsätzen der StPO (§ 136a III) einem Verwertungsverbot unterliegen.

6. a) Das Gesetz sieht eine **Belehrungspflicht** über die sich aus § 393 I ergebende Rechtslage vor. Die Belehrung ist zu erteilen, soweit dazu **Anlaß** besteht. Der BT hatte die Vorstellung, daß dem Stpfl schon möglichst frühzeitig eine entspr Belehrung erteilt werden sollte, um ihn vor nachteiligen Folgen einer in Unkenntnis der Rechtslage abgegebenen Erklärung zu schützen. Der FA des BT hat in seinem Bericht die Erwartung ausgesprochen, daß eine entspr Belehrung regelmäßig zu Beginn einer Prüfung schriftlich und in verständlicher Form dem Stpfl erteilt wird; Text des Belehrungsschreibens s BdF-Schreiben BStBl 82 I 656

b) Die bloße **Unterlassung** der **Belehrung** nach § 393 I 4 führt **nicht** zu einem **Verwertungsverbot** der so gewonnenen Erkenntnisse (BGHSt 22, 172). *Franzen/Gast/Samson* RNr 42. Ein Verwertungsverbot besteht nur für solche Aussagen, die unter Verletzung des § 136a StPO zustandegekommen sind, vgl § 136a III StPO. Dies gilt namentlich für die **Täuschung** des Stpfl, zB über seine Mitwirkungspflicht, und deren Erzwingbarkeit, etwa wenn dem Stpfl vorgespiegelt wird, die Vernehmung betreffe nicht ihn, sondern einen Dritten. Die unterbliebene **Belehrung** des Stpfl über die Nichterzwingbarkeit seiner Mitwirkung nach § 393 machen das **Mitwirkungsersuchen zwar rechtswidrig,** aber wohl nicht nichtig, *Wenzig* das Verwertungsverbot, FR 81, 348 ff. Das **Verwertungsverbot kann ein neues diesmal rechtmäßiges Prüfungsverfahren nicht** hindern, sofern nicht inzwischen **die Feststellungsverjährung eingetreten ist.** Das Verwertungsverbot des § 136a StPO gilt im übrigen nur für die entspr Aussage, nicht für Erkenntnisse, die aufgrund einer sonstigen Mitwirkung des Stpfl, zB Vorlage von Urkunden usw, gewonnen worden sind. Das Beweisverwertungsverbot erzeugt **keine** sog **Fernwirkung:** Wenn zB der Stpfl über seine Rechtsstellung im StStrafverfahren getäuscht wird und er daraufhin Auskünfte gibt, die zum Auffinden von selbständigen Beweismitteln führen, so sind diese Beweismittel von dem Verwertungsverbot nicht betroffen (vgl *Kleinknecht*, StPO, § 136a Anm 5). Der Beteiligte muß im Verwal-

3. Abschnitt. Strafverfahren **§ 393**

tungsverfahren seine Rechte geltend machen, der Beschuldigte steht im **Strafverfahren unter richterlicher Obhut,** *Wenzig* FR 81, 351.

7. a) Abs 2 entspricht dem § 248 II RAO, ist jedoch im Hinblick auf die nach § 30 IV übernommene Definition des **zwingenden öffentlichen Interesses** kürzer gefaßt worden. Die Vorschrift zieht die notwendige Konsequenz aus der Regelung über das **StGeheimnis** einerseits und der **Pflicht** des Stpfl, **strafbare Handlungen** steuerlich relevanter Art gegenüber dem FA zu offenbaren, andererseits. Er wird grundsätzlich durch das StGeheimnis davor geschützt, daß die von ihm mitgeteilten Tatsachen anderen Behörden, insbesondere Strafverfolgungsbehörden, gegenüber weitergegeben werden. Im Rahmen der Durchführung eines StStrafverfahrens ist es aber uU nicht vermeidbar, daß aus den StAkten der **StA** oder dem **Gericht** Kenntnisse über **nichtsteuerliche** Straftaten, die der Stpfl dem FA gegenüber offenbart hat, bekannt werden. StA und Gerichte sind zwar ihrerseits in diesem Fall an das StGeheimnis gebunden (§ 30 II Nr 1), diese Bindung bezieht sich aber nur auf das Verbot der unzulässigen **Offenbarung;** sie sind nach § 30 nicht gehindert, diese Tatsachen für die Verfolgung einer nichtsteuerlichen Straftat gegen den Stpfl **auszuwerten:** Das **Verwertungsverbot** des § 30 II bezieht sich seinem Inhalt nach nur auf **Betriebs-** oder **Geschäftsgeheimnisse.** Andererseits sind auch die FinBehörden durch das StGeheimnis nicht gehindert, für Zwecke der Durchführung eines StStrafverfahrens die StAkten der StA oder dem Gericht vorzulegen, vgl § 30 IV Nr 1, § 386 IV. Dem Schutzgedanken des StGeheimnisses kann daher nur in der Weise entsprochen werden, daß für die sich aus den StAkten ergebenden Tatsachen oder Beweismittel, die auf das Vorliegen einer nichtsteuerl Straftat schließen lassen, ein **Verwendungsverbot** eingeführt wird. Zur Problematik der Vorschrift insbes *Immesberger* NJW 69, 2127 und FR 70, 320; *Ehlers* FR 70, 324.

b) Das **Verwendungsverbot** bezieht sich auf solche **Tatsachen** oder **Beweismittel,** die Stpfl **vor Einleitung** des **Strafverfahrens** oder in **Unkenntnis** der Einleitung des Verfahrens in **Erfüllung steuerlicher Pflichten** offenbart hat, dh zu einem Zeitpunkt, in dem der Stpfl noch vollen Umfangs zur Mitwirkung verpflichtet war oder glaubte, verpflichtet zu sein. Voraussetzung ist jedoch weiter, daß der Stpfl in **Erfüllung steuerlicher Pflichten** gehandelt hat. Das ist zB nicht der Fall, wenn der Stpfl die Tatsache oder Beweismittel im Zuge einer Selbstanzeige n § 371 offenbart hat; aA *Franzen/Gast/Samson* RNr 53.

c) Unter den Begriff des **Offenbarens** fallen nur die **eigenen Erklärungen** des StPfl im Besteuerungsverfahren (*HHSp* § 428 RAO Anm 4). Auf der anderen Seite sind die von dem Stpfl vorgelegten oder überreichten Urkunden wie Handelsbücher, Aufzeichnungen und sonstige Schriftstücke und die von ihm im Besteuerungsverfahren benannten Auskunftspersonen unter den Begriff der **Beweismittel** zu fassen (so *HHSp* aaO Anm 39). Daraus ist zu folgern, daß der Begriff des Offenbarens nicht nur auf die eigenen Erklärungen des Stpfl beschränkt werden kann. Vielmehr muß diese Vorschrift dahin ausgelegt werden, daß alles, was der Stpfl zumindest durch eigenes Zutun und möglicherweise auch durch bloßes Dulden der Einsichtnahme in Bücher und Unterlagen der FinBeh zur Kenntnis gebracht hat, im Sinne dieser Bestimmung vom Stpfl offenbart worden ist.

§ 393 8. Teil. Straf- und Bußgeldvorschriften

Entscheidend für die Anwendung des Absatzes 2 ist, ob Quelle der Tatsachen oder Beweismittel die Steuerakten sind, nicht dagegen, auf welchem Wege die Tatsachen oder Beweismittel der StA oder dem Gericht bekanntgeworden sind, OLG Stuttgart, wistra 86, 191. Der Stpfl muß jedoch **in Erfüllung** einer **steuerlichen Pflicht** gehandelt haben. Es stellt sich die Frage, ob darunter auch solche Angaben des Stpfl fallen, die zB in einem **Steuererstattungs-** oder **Vergütungsverfahren** gemacht worden sind. Grundsätzlich ist davon auszugehen, daß der Stpfl nicht verpflichtet ist, eine StVergütung oder Erstattung zu **beantragen** ebenso *Franzen/Gast/ Samson* RNr 52. Macht er jedoch von dieser Möglichkeit Gebrauch, so entsteht für ihn die steuerliche Pflicht, insoweit wahrheitsgemäße Angaben zu machen.

d) Umstritten ist die Frage, ob und inwieweit das **Beweisverwendungsverbot** eine sog **Fernwirkung** entfaltet. Wenn zB die StAkten Anlaß geben zu weiteren Ermittlungen in Bezug auf nichtsteuerliche Straftaten, so sollen nach einer verbreiteten Auffassung die so gewonnenen Erkenntnisse nicht dem Verwendungsverbot unterliegen (vgl *HHSp* § 428 RAO Anm 36; aA ua *Pfaff* StBp 71, 90). Es ist zwar richtig, daß die Strafverfolgungsbehörden durch § 393 II nicht gehindert sind, aufgrund des Akteninhalts eigene Nachforschungen anzustellen, jedoch wird man den Begriff der Beweismittel im Interesse des Stpfl ziemlich weit ziehen müssen. Beweismittel, die sich aus den StAkten ergeben, dürfen nicht für die Verfolgung einer nichtsteuerlichen Straftat verwendet werden; dies dürfte eine Verwendung zum Zwecke weiterer Nachforschungen ebenfalls ausschließen. Nach Auffassung von *Lüer* (DStR 86, 699) hat das Verwertungsverbot des § 393 Fernwirkung, dh die StA darf nicht aufgrund der aus den StAkten gewonnenen Erkenntnisse eigene Ermittlungen anstellen.

e) Das **Verwendungsverbot** bezieht sich nur auf die **Tatsachen** und **Beweismittel**, die aus den **StAkten** bekannt werden. Sind sie der Strafverfolgungsbehörde aus anderen Quellen bekannt, ist die StA insoweit nicht an der Strafverfolgung gehindert.

f) Die Tatsachen und Beweismittel dürfen **nicht gegen** den Stpfl verwendet werden. Eine Verwendung **gegen Dritte** ist danach nicht ausgeschlossen. Die Regelung ist also weniger weit als die Regelung über das StGeheimnis in § 30. Während nach § 30 I grundsätzlich auch **Verhältnisse** eines **Dritten** durch das StGeheimnis geschützt werden, wird der Dritte im Rahmen des § 393 II nicht vor der Verfolgung wegen einer nichtsteuerlichen Straftat geschützt, zB nicht der Hehler, der mit dem Stpfl in geschäftlichen Beziehungen gestanden hat. Wenn der Stpfl die entspr Einnahmen aus diesen Geschäften gegenüber der FinBeh offenbart hat, wäre er vor der Verfolgung wegen der Hehlereigeschäfte nach § 393 II geschützt, nicht aber sein Geschäftspartner, selbst wenn dieser die Einnahmen aus diesen Geschäften der Besteuerung unterworfen hatte. Steht das Steuerdelikt in **Tatmehrheit** zu dem nichtsteuerlichen Straftatbestand und handelt es sich um eine Tat im Sinne des § 264 StPO, so ist die Frage, ob die Kenntnisse über den nichtsteuerlichen Straftatbestand der Staatsanwaltschaft gegenüber offenbart werden dürfen nach § 30 IV Nr 4 und 5 und nicht nach § 386 zu entscheiden, *Müller* DStR 86, 699.

3. Abschnitt. Strafverfahren § 394

g) Das Verwendungsverbot gilt nicht für **Straftaten,** an deren Verfolgung ein **zwingendes öffentliches Interesse** besteht, vgl hierzu die Erl zu § 30 IV Nr 5. *Franzen/Gast/Samson* halten diese Regelung für verfassungswidrig (RNr 69–73). Die hM vertritt im übrigen die Auffassung, daß das Verwendungsverbot auch dann nicht eingreift, wenn der Stpfl mit der Verwendung **einverstanden** ist; anders die Regelung im § 136a III StPO. Dieser Fall ist nicht anders zu beurteilen, als wenn der Stpfl einer Durchbrechung des StGeheimnisses zustimmt. Die Vorschrift soll nach *Rüster* (wistra 88, 56) verfassungskonform in der Weise auszulegen sein, daß **nicht erzwungene** selbstbelastende Angaben zur Verfolgung gravierender **außersteuerlicher Straftaten** nur unter Beachtung des **Verhältnismäßigkeitsgrundsatzes** verwertet werden dürfen. Tatsächlich **erzwungene** strafrechtlich belastende Angaben sollen dagegen einem strafrechtlichen **Verwertungsverbot** unterliegen. Bei der Frage, ob die Offenbarungs- und Verwertungsbefugnisse der §§ 30 IV Nr 5, 393 II 2 **verfassungsmäßig** sind, sollte man sich darüber klar sein, daß die strafrechtliche Verwertung einer pflichtgemäß erbrachten selbstbelastenden Aussage kaum jemals eintritt. Der Fall, daß sich ein Steuerpflichtiger in Erfüllung gesetzlicher Pflicht eines Deliktes der Schwerkriminalität bezichtigt, dürfte noch nicht bekannt geworden sein, vgl *Rüster* wistra 88, 51. Das Bundesverfassungsgericht hat in dem Volkszählungsurteil (BVerfGE 65, 1 ff) ausgeführt, daß ein überwiegendes Allgemeininteresse, das den freien Informationsaustausch zwischen Behörden rechtfertige, regelmäßig dann zu verneinen sei, wenn die Daten durch Selbstbezichtigung erlangt seien.

§ 394 Übergang des Eigentums

¹Hat ein Unbekannter, der bei einer Steuerstraftat auf frischer Tat betroffen wurde, aber entkommen ist, Sachen zurückgelassen und sind diese Sachen beschlagnahmt oder sonst sichergestellt worden, weil sie eingezogen werden können, so gehen sie nach Ablauf eines Jahres in das Eigentum des Staates über, wenn der Eigentümer der Sachen unbekannt ist und die Finanzbehörde durch eine öffentliche Bekanntmachung auf den drohenden Verlust des Eigentums hingewiesen hat. ²§ 15 Abs. 2 Satz 1 des Verwaltungszustellungsgesetzes gilt entsprechend. ³Die Frist beginnt mit dem Aushang der Bekanntmachung.

1. Inhalt. Nach der neuen Terminologie des StGB wird unter „**Verfall**" nur noch die **Entziehung** des aus der Tat gezogenen **Vermögensvorteils** verstanden. Die Vorschrift dient der Vereinfachung des Verfahrens in den Fällen, in denen ein auf frischer Tat betroffener Schmuggler sich unter Zurücklassung des Schmuggelgutes dem Zugriff der Zollbeamten entzogen hat. Der § 378 EAO 1974 BT-Drs 7/79 wurde nicht mit übernommen, weil nunmehr § 111c VI StPO eine abschließende Regelung über die **Rückgabe sichergestellter** oder **beschlagnahmter** Sachen enthält.

2. Der **Übergang des Eigentums** tritt kraft Gesetzes ein, wenn die folgenden Voraussetzungen gegeben sind. Es muß eine **StStraftat** begangen worden sein; hierbei genügt es, wenn ein entspr begründeter Verdacht vorliegt. Der **Täter** oder der Teilnehmer muß von einer zur Wahrnehmung von Zoll-, Steuer- oder Monopolgesetzen verpflichteten Person; aA *Fran-*

§ 394

zen/*Gast*/*Samson* RNr 7 hierbei beobachtet, dh er muß auf frischer Tat betroffen worden sein (vgl hierzu § 127 StPO). Der der Straftat Verdächtige muß entkommen sein, dh er muß sich dem Zugriff der Strafverfolgungsbehörden in der Weise entzogen haben, daß gegen ihn kein Strafverfahren eingeleitet werden kann; der Täter muß **Sachen** bei sich geführt haben, auf deren Einziehung wegen des mutmaßlich begangenen Strafvergehens erkannt werden könnte, die entspr Sachen müssen sichergestellt worden sein; die FinBeh muß durch öffentliche Bekanntmachung auf die drohende Entziehung des Eigentums hingewiesen haben.

3. Sicherstellung von Gegenständen wird in der **StPO** unter dem Titel „Beschlagnahme" (§§ 94 ff StPO) geregelt. Man unterscheidet drei Formen der amtlichen Sicherstellung: die amtliche **Inverwahrnahme** (§ 94 I StPO), die **Erzwingung** der **Herausgabe** (§ 95 II StPO), die **Beschlagnahmung** (§ 94 II StPO). Sichergestellt werden können Gegenstände, die als **Beweismittel** für die Untersuchung von Bedeutung sein können. Erzeugnisse und Waren und andere Sachen, auf die sich die Hinterziehung von VerbrauchSt oder Zoll, der Bannbruch oder die StHehlerei bezieht, sowie die Beförderungsmittel, die zur Tat benutzt worden sind in Fällen, in denen eine StHinterziehung, ein Bannbruch oder eine StHehlerei begangen worden ist (§ 375 II). Voraussetzung für eine Sicherstellung ist eine **Untersuchung** (§ 94 I StPO), dh ein wegen eines konkreten Verdachts der Behörde eingeleitetes Verfahren (*Peters,* Strafrecht S 377). Die **Erzwingung** der **Herausgabe** nach § 95 II iVm § 70 StPO ist gegenüber dem Beschuldigten selbst allerdings nicht zulässig. Gegen den **Beschuldigten** selbst kann jedoch die **Beschlagnahme** angeordnet werden. Die Befugnis zur **Anordnung** der **Beschlagnahme** steht grundsätzlich nur dem **Richter** zu, bei Gefahr im Verzug allerdings auch der StA und ihren **Hilfsbeamten** (§ 98 I a StPO). Dies gilt auch für die FinBeh, soweit sie das Ermittlungsverfahren selbständig durchführt, aber auch für die einzelnen Bediensteten der FinBeh, soweit sie Hilfsbeamte der Staatsanwaltschaft sind.

4. Zu beachten ist, daß in § 94 StPO durch das EGStGB die Worte „oder der Einziehung unterliegen" gestrichen worden sind. Das **Einziehungsverfahren** richtet sich nunmehr nach den §§ 111 b ff StPO. Nach § 111 b StPO können **Gegenstände** und andere **Vermögensteile** sichergestellt werden, wenn dringende Gründe für die Annahme vorhanden sind, daß die Voraussetzung für ihren **Verfall** oder ihre **Einziehung** vorliegen. Die §§ 94 ff haben daher nur noch Bedeutung für die Sicherstellung von Beweismitteln. Die Sicherstellung von Beweismitteln führt lediglich dazu, daß diese Gegenstände eine Zeit lang der tatsächlichen Einwirkung des Beschuldigten entzogen werden, dagegen wird durch die **Sicherstellung** wegen **Verfalls** oder Einziehung auch die **rechtsgeschäftliche Verfügungsmöglichkeit** des Beschuldigten eingeschränkt. Ferner soll, soweit der Vermögensvorteil des Täters oder Teilnehmers in einem bestimmten Gegenstand besteht oder bestimmte Gegenstände der Einziehung unterliegen, die Sicherstellung stets, also nicht nur in den in § 94 II StPO bezeichneten Fällen, im Wege der Beschlagnahme des Gegenstandes erfolgen (§ 111 b II 1 StPO). Die Beschlagnahme nach § 111 b hat daher die Wirkung eines Veräußerungsverbots iSd § 136 BGB (§ 111 c V).

3. Abschnitt. Strafverfahren §§ 395, 396

5. Wird der **Täter** innerhalb der Jahresfrist **bekannt**, so ist gegen ihn ein **Strafverfahren** durchzuführen, in dem auch über die Einziehung der Sachen zu entscheiden ist. Bleibt der Täter unbekannt, verfallen die Sachen dem Staat. Meldet sich ein **Dritter**, dem die Gegenstände gehören, ist zu prüfen, ob die Voraussetzungen für die Einziehung ihm gegenüber gegeben sind, vgl hierzu § 375. Die Einziehung kann im **selbständigen Verfahren** angeordnet werden, vgl § 401.

§ 395 Akteneinsicht der Finanzbehörde

¹**Die Finanzbehörde ist befugt, die Akten, die dem Gericht vorliegen oder im Falle der Erhebung der Anklage vorzulegen wären, einzusehen sowie beschlagnahmte oder sonst sichergestellte Gegenstände zu besichtigen.** ²**Die Akten werden der Finanzbehörde auf Antrag zur Einsichtnahme übersandt.**

Für den Fall, daß das **Ermittlungsverfahren** von der StA durchgeführt wird, kann die FinBeh die dem Gericht vorliegenden **Akten** oder die **Akten**, die im Falle der Erhebung der Anklage dem Gericht vorzulegen wäre, **einsehen** und **sichergestellte** und beschlagnahmte **Gegenstände** besichtigen. Dieses Recht entspricht dem Akteneinsichtsrecht des Verteidigers nach § 147 I StPO. Es soll die FinBeh in die Lage versetzen, die verkürzten StBeträge nachzuerheben und im übrigen seine Mitwirkungsrechte im Verfahren bei der StA und vor dem Gericht wahrzunehmen.

§ 396 Aussetzung des Verfahrens

(1) Hängt die Beurteilung der Tat als Steuerhinterziehung davon ab, ob ein Steueranspruch besteht, ob Steuern verkürzt oder ob nichtgerechtfertigte Steuervorteile erlangt sind, so kann das Strafverfahren ausgesetzt werden, bis das Besteuerungsverfahren rechtskräftig abgeschlossen ist.

(2) Über die Aussetzung entscheidet im Ermittlungsverfahren die Staatsanwaltschaft, im Verfahren nach Erhebung der öffentlichen Klage das Gericht, das mit der Sache befaßt ist.

(3) Während der Aussetzung des Verfahrens ruht die Verjährung.

Schrifttum: *Brenner* Zur Verfahrensaussetzung nach § 396 AO, BB 80, 1321; *Blumers* Aussetzung des Strafverfahrens nach § 396 AO am Beispiel Spenden, DB 83, 1571; *Felix* Das „Spenden-Urteil" des BFH VIII R 324/82 und die Aussetzung der Steuerstrafverfahren, FR 85, 31; *Isensee* Aussetzung des Steuerstrafverfahrens-rechtsstaatliche Ermessensdirektiven, NJW 85, 1007; *Schlüchter* Verfahrensaussetzung nach § 396 AO als Funktion des Prozeßzwecks, JR 85, 360; *Borgmann* Steuerstrafrechtspflege durch die Finanzgerichtsbarkeit, Kölner Steuerdialog 85, 5922; *Heuer* Die Rechtspflicht zur Aussetzung des Steuerstrafverfahrens bei divergenzgeneigten Vorfragen – § 396 AO im System der Rechtsordnung, DStZ 85, 291; *Carlé* Zur Aussetzung des Strafverfahrens nach § 396 AO, DStZ 85, 284; *Pfaff* Die Unterbrechung der Verjährung und die Aussetzung des Verfahrens, StBp 86, 260; *Meine* Absolute Verfolgungsverjährung und Aussetzung nach § 396 AO, wistra 86, 58; *Reiss* Widersprechende Entscheidung von Straf- und Finanzgerichten in denselben Rechtssachen, StuW 86, 68; *Weidemann* Die strafrechtliche Vorfragenkompetenz des Finanzgerichts: Zum Bardamenfall des FG Köln, DStZ 87, 64; *Pfaff* Aussetzung des Verfahrens nach § 396 AO, StBp 87, 158.

§ 396

1. Inhalt. Nach dieser Vorschrift kann das **Strafverfahren ausgesetzt** werden, wenn die Beurteilung der Tat zunächst von der Vorfrage abhängt, ob ein StAnspruch besteht, ob Steuern verkürzt oder ob nichtgerechtfertigte StVorteile erlangt sind. Die Aussetzung kann solange dauern, bis das Besteuerungsverfahren rechtskräftig abgeschlossen ist. Ob von der Möglichkeit der Aussetzung des Verfahrens Gebrauch gemacht wird, ist nach pflichtgemäßem Ermessen zu entscheiden. Eine zwingende Notwendigkeit zur Aussetzung des Verfahrens besteht nicht, weil der Strafrichter an die finanzgerichtliche Entscheidung nicht gebunden ist. Eine Aussetzung wegen Beweisschwierigkeiten wäre nicht zulässig, *Brenner* aaO, ebensowenig eine automatische Aussetzung.

Nach der Entscheidung des BVerfG vom 4. April 1985 (DStZ 85, 283) **muß** das Strafgericht im Falle schwieriger nichtstrafrechtlicher Vorfragen das Verfahren **aussetzen**, wenn dadurch angesichts einer öffentlichen Hauptverhandlung für den Angeklagten schwere Nachteile vermieden werden können. Insofern ist das Ermessen des Strafgerichts bei der Entscheidung über die Aussetzung eingeengt. Dies gilt insbesondere, wenn die Aussetzung durch den Beschuldigten beantragt wird. Bei der Frage, ob ein Strafverfahren auszusetzen ist, darf das Gericht auch berücksichtigen, daß eine neue Hauptverhandlung vor Ablauf des doppelten der gesetzlichen **Verjährungsfrist** dann voraussichtlich nicht mehr abgeschlossen werden kann, BGH wistra 88, 263.

Wenn das spätere **finanzgerichtliche** Urteil eine Verletzung des Steueranspruchs verneint, so bildet diese Entscheidung keine neue Tatsache im Sinne des **§ 359 Nr 5 StPO,** so daß ein **Wiederaufnahmeantrag** auf diese Bestimmung nicht gestützt werden kann. Nach der Entscheidung des OLG Hamm (NJW 78, 283) soll bei besonders kompliziertem Sachverhalt eine Rechtspflicht zur Aussetzung bestehen.

Eine besondere **Form** ist für die Aussetzungsverfügung nicht vorgeschrieben. Ein entsprechender Vermerk in der Ermittlungsakte dürfte genügen.

2. Anders als nach § 442 RAO wird zugelassen, daß die **Aussetzung** bereits im **Ermittlungsverfahren** angeordnet werden kann. Nach § 442 RAO konnte ebenso wie nach § 262 StPO das Verfahren nur durch das Gericht ausgesetzt werden. Die nunmehr vorgesehene Regelung soll verhindern, daß das Strafverfahren auch bei einer unklaren Beurteilung der ihm zugrunde liegenden Besteuerungsgrundlagen fortgesetzt wird und diese erst im strafgerichtlichen Verfahren geklärt werden. Über die **Aussetzung entscheidet** im **Ermittlungsverfahren** die StA; sofern das Ermittlungsverfahren von der FinBeh selbständig durchgeführt wird, die FinBeh (vgl § 386 II). Nach Erhebung der öffentlichen Klage entscheidet über die Aussetzung das Gericht. Ablehnung der Aussetzung des Strafverfahrens durch Gericht unterliegt **nicht** der **Beschwerde,** OLG Hamm NJW 78, 283.

3. Rechtsmittel/Verjährung. Gesondertes Rechtsmittel gegen Nichtaussetzung ist **nicht** gegeben. Gegen die Ablehnung eines Aussetzungsbegehrens gibt es keine **Beschwerde** nach § 305 I StPO, weil sie mit den nachfolgenden Sachentscheidungen in engen Zusammenhang steht (*Pfaff* StBp 87, 158); die Entscheidung kann daher nur mit Rechtsmittel gegen das Urteil

3. Abschnitt. Strafverfahren **§ 397**

angegriffen werden, OLG Hamm NJW 78, 283 aA *Franzen/Gast/Samson* RNr 26. Ablehnung ist jedoch allein kein Revisionsgrund, OLG Hamm aaO. Die **Beschwerde** gegen einen **Aussetzungsbeschluß** soll ausnahmsweise dann zulässig sein, wenn der Aussetzungsbeschluß im Einzelfall der Vorbereitung des Urteils nicht dienlich und deshalb ohne inneren Zusammenhang mit ihm ist und nur verfahrenshemmend und verzögernd wirkt, oder wenn er überhaupt gesetzwidrig ist, weil die Voraussetzungen des § 396 nicht vorliegen, zB wenn die FinBeh selbst erklärt, mit ihrer Entscheidung im Besteuerungsverfahren bis zum rechtskräftigen Abschluß des StStrafverfahrens warten zu wollen, OLG Karlsruhe JR 85, 387 mit Anm von *Schlüchter*. Auch wenn das FA das Verfahren ausgesetzt hat, kann die StA nach § 386 IV 2 das Verfahren jederzeit an sich ziehen und das Verfahren weiterbetreiben, *Brenner* aaO. Umstritten ist, ob § 396 III auch anwendbar ist, wenn die StStraftat zu einer anderen Straftat in Tateinheit (§ 52 StGB) steht. UE ist diese Frage zu bejahen (aA *Brenner* aaO), weil es sich trotzdem immer noch um ein StStrafverfahren handelt und Abs 3 insoweit keine Einschränkung auf die eigentl steuerliche Straftat macht.

Die steuerstrafrechtliche Regelung des Abs 3 hat **Vorrang** vor **§ 78 II Nr 3 StGB** mit der Folge, daß die **absolute Verjährung** nach zehn Jahren nicht eintritt, wenn das Verfahren wegen Aussetzung nach § 396 ruht, OLG Karlsruhe NStZ 85, 227; aA *Franzen/Gast/Samson* § 396 Rdnr 29, § 376 Rdnr 40. Nach § 78 c III 3 StGB wird die Zeit des Ruhens nach § 78 b I StGB nicht in die absolute Frist eingerechnet. Eine entsprechende Bestimmung fehlt in § 396. **§ 378 c III 3 StGB** dürfte nur **deklaratorischen** Charakter haben, weil die Regelung selbstverständlich ist und sich ohnehin bei vernünftiger Auslegung ergibt.

2. Unterabschnitt. Ermittlungsverfahren

I. Allgemeines

§ 397 Einleitung des Strafverfahrens

(1) Das Strafverfahren ist eingeleitet, sobald die Finanzbehörde, die Polizei, die Staatsanwaltschaft, einer ihrer Hilfsbeamten oder der Strafrichter eine Maßnahme trifft, die erkennbar darauf abzielt, gegen jemanden wegen einer Steuerstraftat strafrechtlich vorzugehen.

(2) Die Maßnahme ist unter Angabe des Zeitpunktes unverzüglich in den Akten zu vermerken.

(3) Die Einleitung des Strafverfahrens ist dem Beschuldigten spätestens mitzuteilen, wenn er dazu aufgefordert wird, Tatsachen darzulegen oder Unterlagen vorzulegen, die im Zusammenhang mit der Straftat stehen, derer er verdächtig ist.

Schrifttum: *Pütz* Die Anfangsphase des Steuerstrafverfahrens, StbKRep 82, 231; *Marx* Einleitung des Steuerstrafverfahrens durch hektrographierte Schreiben, wistra 87, 107; *Weyand* Nochmals: Einleitung des Steuerstrafverfahrens durch hektrographierte Schreiben, wistra 87, 283.

§ 397

8. Teil. Straf- und Bußgeldvorschriften

Übersicht
1. Inhalt
2. Einleitung des Verfahrens
3. Zeitpunkt der Einleitung und Selbstanzeige
4. Einleitungsbefugnis
5. Verdacht
6. Erkennbare strafrechtliche Maßnahme
7. Abs 2: Aktenvermerk
8. Mitteilung der Einleitung
9. Wirkungen der Einleitung

1. Inhalt. Die Vorschrift regelt die Frage, in welchem Zeitpunkt das **Strafverfahren eingeleitet** ist. Hierbei wird auf **objektive Merkmale** abgestellt. Damit wird verhindert, daß die FinBeh die Einleitung des Strafverfahrens hinauszögert. Das Strafverfahren ist eingeleitet, sobald eine der in Abs 1 genannten Behörden oder die Hilfsbeamten der StA eine **Maßnahme** treffen, die **erkennbar** darauf **abzielt**, gegen jemanden wegen einer **Steuerstraftat strafrechtlich vorzugehen.** zum Begriff der StStraftat vgl § 369.

2. Das Abstellen auf **objektive Merkmale** dient dem Schutz des Stpfl und ergibt sich aus der unterschiedlichen Rechtsstellung des Stpfl im Strafverfahren und im steuerlichen Ermittlungsverfahren (vgl § 393 I). Im **Besteuerungsverfahren** ist der Stpfl zur **Mitwirkung**, insbesondere zur Erteilung von Auskünften verpflichtet, diese Pflicht kann ggf nach §§ 328 ff erzwungen werden. Im **Strafverfahren** dagegen entfällt die Mitwirkungspflicht des Stpfl; er kann abwarten, bis ihm die Straftat, derer er beschuldigt wird, nachgewiesen wird, er kann nicht gezwungen werden, zu seiner Überführung mitzuwirken. Die Besonderheiten des steuerlichen Strafverfahrens liegen darin, daß grunds die Ermittlungen im Besteuerungsverfahren und im Strafverfahren von derselben Behörde durchgeführt werden. Beide Verfahren können nebeneinander laufen. § 393 I stellt klar, daß auch nach **Einleitung** eines Steuerstrafverfahrens die **Pflichten** des Stpfl im Besteuerungsverfahren unberührt bleiben, lediglich die Möglichkeit, diese **Mitwirkungspflichten zu erzwingen**, ist **ausgeschlossen.** Diese Konstruktion ist deswegen erforderlich, um sicherzustellen, daß aus der Weigerung des Stpfl, an der Feststellung der Besteuerungsgrundlagen mitzuwirken, ggf bei der Beweiswürdigung im **Besteuerungsverfahren** ungünstige Folgerungen gegen ihn gezogen, insb diese Umstand im Rahmen einer Schätzung nach § 162 berücksichtigt werden kann. Zur Entwicklung des § 382 vgl *Kohlmann* V RdNr 59.
Sdrenka (Stbg 86, 126) rügt, daß zunehmend von den Steuerfahndungsstellen Steuerstrafverfahren auch in Fällen eingeleitet werden, denen Rechtsfragen zugrundeliegen. Hierbei gehe man dann davon aus, daß Rechtsfragen im Rahmen einer Steuererklärung üblicherweise vom **steuerlichen Berater** behandelt werden und deshalb auch gegen diesen ein steuerstrafrechtliches Ermittlungsverfahren eingeleitet werden müsse, so daß das **Beschlagnahmeverbot** des § 97 II 2 StPO außer Kraft trete. Dies führe zu einer Aushöhlung des Rechtsschutzes des Beschuldigten im Steuerstrafverfahren.

3. Die Frage, **wann** ein **Steuerstrafverfahren eingeleitet** worden ist, wurde zunächst vornehmlich unter dem Blickwinkel gesehen, wielange

3. Abschnitt. Strafverfahren **§ 397**

eine **strafbefreiende Selbstanzeige** (§ 371) erstattet werden konnte. Die jetzige Fassung geht auf das AO-StrafÄndG v 10. 8. 67 (BGBl I 877) zurück; hierbei wurde sie aus dem Zusammenhang mit der Selbstanzeige gelöst und weiter verobjektiviert.

4. Einleitungsbefugnis. FinBeh ist nach den Zuständigkeitsvorschriften das FA. Das FA handelt durch seine Bediensteten, also alle Verwaltungsangehörigen, nicht nur Vorsteher, Vertreter oder Sachgebietsleiter, sondern auch die Betriebsprüfer (so *Henneberg* DB 1969, 1811; aA *Kulla* DB 1968, 2236), ferner die Steuer- und Zollfahndungsbeamten als Hilfsbeamte der StA (vgl § 404). Fraglich ist, ob eine Einleitung iSd § 397 auch dann vorliegt, wenn zB die **Polizei** wegen Vergehens gegen das BetäubungsmittelG vorgeht. Im Interesse des Stpfl wird man den Kreis derjenigen, die das Verfahren einleiten können, möglichst weit zu ziehen haben.

5. Es kommt für die Frage der Einleitung des Strafverfahrens nicht darauf an, ob ein **konkreter Verdacht** gegen den Stpfl vorliegt, wenn auch nur bei Vorliegen solcher Verdachtsmomente das Verfahren eingeleitet werden soll. Die Wirksamkeit der Einleitung hängt jedoch nicht davon ab. Ein **Verdacht** besteht, wenn zureichende tatsächliche **Anhaltspunkte** für eine Steuerstraftat vorliegen. Die bloße Möglichkeit einer schuldhaften Steuerverkürzung begründet noch keinen Verdacht. Vgl *Kühne* Die Definition des Verdachts als Voraussetzung strafprozessualer Zwangsmaßnahmen, NJW 79, 617.

6. Erkennbar strafrechtliche Maßnahme. Einleitung ist tatsächlicher Vorgang, dh Durchführung strafrechtlicher Untersuchungshandlungen (*Suhr/Naumann* Tz 158 d). Maßnahmen, die nur der Aufklärung eines steuerlich erheblichen Sachverhalts dienen sollen, reichen nicht aus (*Loose* DStZA 1967, 280). Eindeutig erkennbar sind zB **Durchsuchungen** und **Beschlagnahmen,** vorläufige **Festnahmen** und Verhaftungen sowie die verantwortliche Vernehmung des Beschuldigten nach § 163a StPO. Schwierig ist dagegen die Abgrenzung bei solchen Maßnahmen, die sowohl dem Besteuerungsverfahren wie dem StStrafverfahren zugerechnet werden können, dh bei sog neutralen Maßnahmen. § 397 stellt darauf ab, ob die Maßnahmen **objektiv erkennbar** darauf abzielen. Der Begriff der „erkennbar strafrechtlichen Schritten dienenden Maßnahme" ist weit zu fassen, erkennbar muß nur sein, daß die zuständige Stelle im strafrechtlichen Bereich tätig werden will, zB durch Durchsuchung oder Beschlagnahme oder durch Ladung zu einer verantwortlichen Vernehmung des Beschuldigten. **Einzelfälle:** Vorladung des Stpfl zwecks Aufklärung über bestimmte Bilanzfragen kann Auskunft im Besteuerungsverfahren sein oder eine Beschuldigtenvernehmung nach §§ 136, 163a StPO. Das FA muß den Stpfl in diesem Fall darüber **aufklären,** in welcher Eigenschaft er gehört wird, und ihn ggf über seine Rechte (§ 136a StPO) belehren. Für den Betriebsprüfer besteht eine solche **Belehrungspflicht** bereits nach § 9 BpO. Die Belehrung allein dürfte noch keine Maßnahme iS des § 397 I darstellen (*Suhr/Naumann* Tz 158 d; aA *Kohlmann*, StStrafR, V 65, *Leise* § 432 RAO Anm 5 A III b), wenn sie idR auch mit einer solchen zeitlich zusammentreffen dürfte. Aussage des Stpfl **ohne** vorgeschriebene **Belehrung** macht die Aussage **nicht unverwertbar** (umstr aA *Kohlmann* aaO,

§ 397

HHSp Tz 64), es sei denn, der Stpfl ist getäuscht worden. **Geständnis,** das unter **Zusicherung der** Haftverschonung durch PolBeamten entlockt wurde, ist wegen Verstoßes gegen § 136a StPO **nicht verwertbar;** dies führt aber grundsätzlich **nicht** zu einer **Fernwirkung** des **Verwertungsverbotes,** LG Aachen NJW 78, 2256; *Kleinknecht,* StPO, § 136a Rdnr 21. Nicht jede **innerdienstliche** Mitteilung der VeranlagStelle an die StrafsStelle über den vagen Verdacht einer StHinterziehung leitet das StStrafverfahren ein, vielmehr handelt es sich hierbei um bloße Vorbereitungshandlungen. Auch nicht der Hinweis in der Schlußbesprechung, daß die strafrechtliche Würdigung einem besonderen Verfahren vorbehalten bleibt (vgl § 201 II). Hält dagegen die BpStelle den Verdacht einer StHinterziehung für begründet und gibt sie deswegen die Akten an die Strafsachenstelle ab, so ist das Strafverfahren damit eingeleitet, weil hier bereits eine intensive Prüfung durch das FA vorliegt (*Kohlmann* V 65).

7. Abs 2. Aktenvermerk. Der vorgeschriebene Vermerk über den Zeitpunkt der Maßnahme iS des Abs 1 ist lediglich *deklaratorischer* Art, er dient der Beweissicherung. Für die Frage, wann das Verfahren tatsächlich eingeleitet worden ist, hat er keine Bedeutung.

8. Abs 3. Mitteilung der Einleitung. Auch die Mitteilung der Einleitung hat für den Zeitpunkt der Einleitung keine Bedeutung. Die Behörde kann durchaus zunächst von einer entspr Mitteilung absehen, etwa um das Ermittlungsergebnis nicht zu gefährden oder den Stpfl nicht unnötig zu beunruhigen. Sie entscheidet hierbei nach pflichtgemäßem Ermessen. Mitteilungspflicht jedoch, sobald Stpfl zur Mitwirkung an der Aufklärung aufgefordert wird, weil nach Einleitung des Strafverfahrens seine Mitwirkungspflicht entfällt (§§ 136, 163 StPO, § 393 I).

9. Wirkungen der Einleitung. Stpfl wird zum Beschuldigten und hat die ihm nach der StPO zustehenden Rechte. Soweit der Sachverhalt auch für das **Besteuerungsverfahren** ermittelt wird, bleibt seine **Mitwirkungspflicht** zwar bestehen, kann aber nicht erzwungen werden (§ 393 I); besondere StAufsichtsrechte des FA nach §§ 209 ff bleiben jedoch bestehen, weil der Beschuldigte gegenüber anderen Stpfl nicht bessergestellt werden soll (vgl *Kohlmann* V 69 für die Nachschau gemäß §§ 191–193 RAO mit der Begründung, daß die Nachschau einer Durchsuchung nach § 102 ff StPO vergleichbar sei, die ein aktives Mitwirken des Beschuldigten nicht erfordere). Die neue AO sieht demgegenüber jedoch mit Ausnahme der besonderen StAufsichtsmaßnahmen keine Nachschau mehr vor. Man wird daher davon ausgehen können, daß das FA nach Einleitung des StStrafverfahrens im Besteuerungsverfahren alle solche Maßnahmen nach §§ 209 ff wird ergreifen können, die kein Mitwirken des Stpfl erfordern. Nach Mitteilung der Einleitung des Strafverfahrens ist eine strafbefreiende **Selbstanzeige** nicht mehr möglich (§ 371 II Nr 1 b, § 378 II). Durch die Mitteilung der Einleitung des StStrafverfahrens tritt **Unterbrechung** der **Verfolgungsverjährung** ein (vgl zu § 376). Durch die **Einleitung** des Steuerstrafverfahrens auf **hektographierten** Schreiben, die lediglich einen **allgemeinen formelhaften Text** und keine Hinweise auf eine tatsächliche Grundlage enthalten, wird die Verjährung nicht unterbrochen, OLG Hamburg wistra 87, 189. Derartige Schreiben müssen, um eine Unterbrechungswirkung hervorzu-

3. Abschnitt. Strafverfahren § 398

rufen, den Beschuldigten „ins Bild setzen", so daß dieser ersehen kann, daß und weshalb gegen ihn ein Ermittlungsverfahren eingeleitet worden ist (BGHSt 30, 215; *Dreher/Tröndle* § 78 c StGB, Rdnr 9). Zumindest muß der betreffende Tatzeitraum angeführt werden. Der Beschuldigte muß ersehen können, daß und **weshalb** ein **Ermittlungsverfahren** gegen ihn eingeleitet worden ist. Eine zusammenfassende, die angeklagten Straftaten schon in den Verdacht einbeziehende Kennzeichnung genügt aber, wenn der Verfahrensgegenstand erst im Laufe der weiteren Ermittlungen seine Konkretisierung erfahren kann, BGHSt Bd 30, 215.

§ 398 Einstellung wegen Geringfügigkeit

¹**Die Staatsanwaltschaft kann von der Verfolgung einer Steuerhinterziehung, bei der nur eine geringwertige Steuerverkürzung eingetreten ist oder nur geringwertige Steuervorteile erlangt sind, auch ohne Zustimmung des für die Eröffnung des Hauptverfahrens zuständigen Gerichts absehen, wenn die Schuld des Täters als gering anzusehen wäre und kein öffentliches Interesse an der Verfolgung besteht.** ²**Dies gilt für das Verfahren wegen einer Steuerhehlerei nach § 374 und einer Begünstigung einer Person, die eine der in § 375 Abs. 1 Nr. 1 bis 3 genannten Taten begangen hat, entsprechend.**

1. Inhalt. Die Vorschrift ist als Folgeänderung des § 153 I 2 StPO idF des EGStGB durch Art 161 Nr 22 EGStGB in die RAO aufgenommen worden. Nach § 153 I 2 StPO kann die StA bei einem **Vergehen**, das gegen **fremdes Vermögen** gerichtet ist und nicht mit einer im Mindestmaß erhöhten Strafe bedroht ist und das nur einen **geringen Schaden** verursacht hat, von der Verfolgung auch ohne Zustimmung des Gerichts absehen, wenn die **Schuld** des Täters als **gering** anzusehen wäre und kein öffentliches Interesse an der Verfolgung besteht. Da die StHinterziehung ein betrugsähnlicher Tatbestand zum Nachteil des Staates ist, erschien es angemessen, bei einer nur geringfügigen **StVerkürzung** oder **Vorteilserschleichung** die Einstellung des Verfahrens durch die StA im gleichen Umfang vorzusehen.

2. Einstellungmöglichkeiten nach StPO vgl § 399 Anm 19–22. Die Möglichkeit der Einstellung hat im Rahmen des § 398 auch die FinBeh. Die Vorschrift bezieht sich nur auf die **StHinterziehung**, die (sachliche) **Begünstigung** und die **StHehlerei**, nicht dagegen auf die **StZeichenfälschung** und den **Bannbruch**. Aus dem Gesetz ist nicht zu entnehmen, in welchen Fällen Geringfügigkeit angenommen werden kann. Eine **Feststellung** der Schuld des Täters ist **nicht erforderlich** („als gering anzusehen wäre"). Ob im Einzelfall ein öffentliches Interesse an der Verfolgung besteht, ist von Fall zu Fall zu beurteilen.

II. Verfahren der Finanzbehörde bei Steuerstraftaten

§ 399 Rechte und Pflichten der Finanzbehörde

(1) Führt die Finanzbehörde das Ermittlungsverfahren auf Grund des § 386 Abs. 2 selbständig durch, so nimmt sie die Rechte und Pflichten wahr, die der Staatsanwaltschaft im Ermittlungsverfahren zustehen.

(2) [1]Ist einer Finanzbehörde nach § 387 Abs. 2 die Zuständigkeit für den Bereich mehrerer Finanzbehörden übertragen, so bleiben das Recht und die Pflicht dieser Finanzbehörden unberührt, bei dem Verdacht einer Steuerstraftat den Sachverhalt zu erforschen und alle unaufschiebbaren Anordnungen zu treffen, um die Verdunkelung der Sache zu verhüten. [2]Sie können Beschlagnahmen, Notveräußerungen, Durchsuchungen, Untersuchungen und sonstige Maßnahmen nach den für Hilfsbeamte der Staatsanwaltschaft geltenden Vorschriften der Strafprozeßordnung anordnen.

Schrifttum: *Spitz* Auskunftspflichten- Bankgeheimnis-Beschlagnahme/Durchsuchung – Zeugenvernehmung im Strafverfahren. Die Rechtsstellung der FinBeh sowie der Steufa im StStrafverfahren, DStR 81, 428; *Benfer* Anordnung von Grundrechtseingriffen durch Richter und StA und die Verpflichtung zum Vollzug, NJW 81, 1245; *Ulrich* Die Durchsetzung des Legalitätsprinzips und des Grundrechts der Gleichheit aller vor dem Gesetz in der Praxis der Staatsanwaltschaften, ZRP 82, 169; *Krekeler* Probleme der Verteidigung in Wirtschaftsstrafsachen, KÖSDI 82, 4873; *ter Veen* Die Zulässigkeit der informatorischen Befragung, StrVert 83, 293; *Hildebrandt* Betriebsprüfung und Steuerstrafverfahren, StBp 82, 267; *Käbisch* Zum Vorgehen der Steuerfahndung gem § 73 ff StGB, § 111b StPO; *Lohmeyer* Die Bedeutung des Beschlagnahmeverbots des § 97 StPO für den Wirtschaftsprüfer, Wpg 82, 610; *Felix/Streck/Korn* Baden-Badener Verhaltensgrundsätze bei Zugriff von Steuerstrafverfolgern auf Informationen und Unterlagen des Steuerberatungsmandats, KÖSDI 82, 4873; *Otto* Beweisverbote aus steuerrechtlicher Mitwirkungspflicht? wistra 83, 233; *Kramer* Die Beschlagnahmefähigkeit von Behördenakten im Strafverfahren, NJW 84, 1502; *Kerl* Staatsanwalt und Sozialgeheimnis, NJW 84, 2444; *Schoreit* Verwaltungsstreit um Kriminalakten, NJW 85, 169; *Sieg* Zum Anwesenheitsrecht des Verteidigers bei polizeilichen Vernehmungen des Beschuldigten – de lege lata, de lege ferenda? MDR 85, 195.

Übersicht

1. Inhalt
2. Begriff der Finanzbehörde
3. Befugnisse der StA
4. Weitere Rechte des FA im Ermittlungsverfahren
5. Vernehmung des Beschuldigten
6. Nichterscheinen des Beschuldigten
7. Vernehmung von Zeugen
8. Zeugnisverweigerungsrechte
9. Antrag auf Vornahme richterlicher Untersuchungshandlungen
10. Anordnung der Durchsuchung und Beschlagnahme
11. Durchsuchung
12. Beschlagnahme
12a. Zufallsfunde
13. Beschlagnahme bei Rechtsanwälten usw
14. Beweisverwertungsverbote
15. Beschlagnahme und Auskunftsverlangen gegenüber Behörde
16. Sicherstellung

3. Abschnitt. Strafverfahren **§ 399**

17. Rechtsschutz bei strafprozessualen Eingriffen von StA (FA) und Polizei (Steufa)
18. Abschluß des Ermittlungsverfahrens
19. Einstellung nach § 170 Abs 2 StPO
20. Einstellung nach §§ 153 StPO, 398 AO
21. Einstellung nach § 153a StPO
22. Einstellung in sonstigen Fällen
23. Antrag auf Erlaß eines Strafbefehls
24. Stellung der Finanzbehörde im staatsanwaltschaftlichen Ermittlungsverfahren
25. Antrag auf Anordnung von Nebenfolgen im selbständigen Verfahren
26. Tateinheit mit anderen Straftaten
27. Gemeinsame Strafsachenstellen

1. Inhalt. Bei Durchführung des ErmittlVerfahrens nach § 386 II hat die FinBeh die Rechte und Pflichten, die der StA im Ermittlungsverfahren zustehen. Die für die StA geltenden Regelungen in den Richtlinien für das Strafverfahren v 1. 1. 80 (allgem Teil, 1. Abschnitt) sind entspr anzuwenden. Für die Organisation gelten jedoch die Vorschriften des FVG und nicht die §§ 141–151 GVG. Vgl im übrigen *Lohmeyer,* Das Ermittlungsverfahren bei StZuwiderhandlungen, StBeratung 74, 361; *Henneberg,* Zur Beachtung der Grundsätze des Strafverfahrensrechts durch die FinVerwaltung in StStrafsachen, Inf Gruppe 11, 74, 341. Zur Frage **der Auslieferung** wegen StHinterziehung vgl *Kohlmann/Gilmillan* DStZ A 78, 403.

2. FinBeh iSd Bestimmung sind auch die **Hauptzollämter** und die **Zollfahndungsämter** (§ 11 Nr 2 FVG); die Zollfahndungsämter und die mit der **Steufa** betrauten **Dienststellen** der Landes-FinBehörden haben jedoch nach § 404 im wesentlichen nur die Befugnisse, die den Hilfsbeamten der StA, dh der Polizei zustehen. Die FinBeh unterliegt daher insoweit dem Legalitätsprinzip (§ 152 II StPO), dh sie ist zur Verfolgung verpflichtet, kann aber unter den in §§ 153–154c StPO und § 398 genannten Voraussetzungen das Verfahren auch einstellen. FinBeh ist wie die StA zur Objektivität verpflichtet und muß auch die zur Entlastung dienenden Umstände ermitteln (§ 160 II StPO).

3. Befugnisse der StA (FinBeh). Die Anordnung von **Zwangsmaßnahmen** (körperliche Untersuchungen, Beschlagnahmen, Durchsuchungen und vorläufige Festnahmen) ist grundsätzlich dem **Richter** vorbehalten (§§ 81a II, 81c I, 98 I, 100 I, 105 I, 127 II StPO). Nur bei **Gefahr im Verzug** kann auch die StA (FinBeh) die Anordnung treffen. Zu den **Beschlagnahmeverboten** vgl Anm 12 und 13. Die zwangsweise **Vorführung** des Beschuldigten (§ 134 StPO), von Zeugen (§ 51 StPO) kann ebenfalls durch die StA (FinBeh – Strafsachen – Stelle, nicht Steufa) vorgenommen werden, vgl §§ 161a, 163a StPO. Nach § 161a StPO, der durch das 1. Gesetz zur Reform des Strafverfahrensrechts v 9. 12. 74 eingefügt worden ist, sind **Zeugen** und **Sachverständige verpflichtet,** auf Ladung vor der StA zu erscheinen und zur Sache auszusagen. Die StA kann ggf auch die **zwangsweise Vorführung** der Zeugen durchsetzen, vgl § 161a StPO iVm § 51 I 3 StPO. Die zwangsweise Vorführung der Sachverständigen ist dagegen unzulässig. Es ist also nicht erforderlich, ggf eine richterliche Entscheidung herbeizuführen. Danach trifft es auch nicht mehr zu, daß das **Bankgeheimnis** nur gegenüber dem Richter nicht geltend gemacht werden kann, vgl *Kleinknecht,* StPO, § 53 Anm 1. Die **Kreditinstitute** können sich gegen-

§ 399 8. Teil. Straf- und Bußgeldvorschriften

über der StA (FinBeh) nicht mehr auf das Bankgeheimnis berufen, wenn Auskünfte eingeholt werden oder Bankangehörige als Zeugen oder Sachverständige vernommen werden sollen. Über **Rechtsmittel** gegen Maßnahmen der Strafverfolgungsbehörden vgl Anm 17.

4. Weitere Rechte des FA im Ermittlungsverfahren. Die FinBeh kann nach § 161 StPO von allen öffentlichen Behörden **Auskunft** verlangen, Ermittlungen jeder Art selbst vornehmen oder durch die Behörden des Polizeidienstes vornehmen lassen. Sie kann beim Amtsrichter **Antrag** auf **Vornahme** von richterlichen Untersuchungshandlungen stellen, zB wenn eine Auskunftsperson nicht freiwillig erscheint oder wenn eine eidliche Vernehmung angebracht ist (§ 162 I StPO).

5. Vernehmung des Beschuldigten

Schrifttum: *Ricke* Hinweis- und Belehrungspflichten bei Vernehmungen im Strafverfahren, ZfZ 87, 2; *Schäfer* Das Recht des Beschuldigten auf Gehör im Ermittlungsverfahren, wistra 87, 165; *Pump* Die Bedeutung des Geständnisses im Steuerstrafverfahren, StBp 87, 107; *Eisenberg* Zur besonderen Qualität „richterlicher Vernehmung" im Ermittlungsverfahren NStZ 88, 488.

Auf Ladung der **Bustra** ist der Beschuldigte verpflichtet, vor dieser zu erscheinen (§ 163a Abs 3 Satz 1 StPO), wenn sie das Ermittlungsverfahren selbständig durchführt. Der Beschuldigte ist nicht verpflichtet, vor der **Steuerfahndung** zur Vernehmung zu erscheinen. Er ist auch nicht verpflichtet, zur Sache auszusagen. Dieses Aussageverweigerungsrecht bezieht sich nicht auf die Angabe zur Person. In geeigneten Fällen kann es ausreichen, daß sich der Beschuldigte und Zeugen **schriftlich** äußern.

Sofern nicht Einstellung des Verfahrens in Betracht kommt, hat die FinBeh den Beschuldigten spätestens vor Abschluß der Ermittlungen zu vernehmen (§ 163a StPO). Hierbei sind die §§ 136, 136a StPO zu beachten (Eröffnung, welche Tat ihm zur Last gelegt wird, Hinweis, daß es ihm freisteht, sich zu der Beschuldigung zu äußern und jederzeit seinen Verteidiger zu befragen). Die Freiheit der Willensentschließung darf nicht beeinträchtigt werden.

Versäumt der Steuerfahnder bei einer Vernehmung des Beschuldigten den nach § 163a IV 2, § 136 I 2 StPO gebotenen Hinweis, so führt das nicht zu einem **Verwertungsverbot** der Aussage des Beschuldigten, BGH MDR 83, 857. § 136 StPO enthält ein solches Verbot nicht. Der Gesetzgeber hat es auch bei Änderungen der StPO nicht vorgesehen. Eine entsprechende Anwendung des § 252 StPO kommt wegen der grundsätzlichen Unterschiede in der verfahrensrechtlichen Stellung von Zeugen und Beschuldigten nicht in Betracht. § 136a III 2 ist nicht entsprechend anwendbar. Die Vorschrift erfaßt nur solche Aussagen des Beschuldigten, bei denen seine **Aussagefreiheit** durch unzulässige Mittel beeinträchtigt worden ist. Das versehentliche Unterlassen eines Hinweises auf das Schweigerecht ist damit nicht zu vergleichen. Insbesondere liegt hierin auch keine **Täuschung,** diese setzt auch bewußte Irreführung voraus, *Löwe/Rosenberg* § 136a Rdnr 31; *Kleinknecht* (36. Aufl) § 136a Rdnr 8. Nach der Rechtsprechung des BGH darf nur diejenige Aussage des Beschuldigten nicht verwertet werden, die durch ein § 136a I StPO verbotenes Mittel herbeigeführt wurde; eine **spätere Aussage,** bei der kein unzulässiger Druck mehr ausgeübt wurde, ist dagegen voll verwertbar (BGHSt 2, 129; 27, 355; 32, 68; NStZ 88, 419).

3. Abschnitt. Strafverfahren **§ 399**

Dem Beschuldigten ist Gelegenheit zu geben, die Verdachtsgründe auszuräumen (§§ 163a I, 4; 136 I und II StPO); das setzt deren Bekanntgabe voraus, BVerfG Beschl v 8. 11. 83 2 BvR 1138/83.

Vgl auch *Hildebrandt* Verwertungsverbote für Tatsachen oder Beweismittel im Strafverfahren und im Besteuerungsverfahren, DStR 82, 20. Es führt auch nicht zu einem Verwertungsverbot gemäß § 136a StPO, wenn der Betriebsprüfer die nach § 397 II gebotene **Mitteilung** der Einleitung des Strafverfahrens aus Versehen oder infolge Rechtsirrtums **unterläßt**. Ebenfalls nicht bei Verstößen gegen § 54 StPO oder gegen die Belehrungspflichten gemäß § 136, 55 StPO, § 393 I 4 AO.

Verwertungsverbot dagegen bei Verstoß gegen die Vorschriften über die **Zeugnisverweigerungsrechte** aus persönlichen oder beruflichen Gründen sowie gegen die darauf beruhenden Beschlagnahmeverbote. Auf das **Besteuerungsverfahren** haben die strafprozessualen Verwertungsverbote allerdings grundsätzlich keinen Einfluß. Es ist nicht unzulässig, eine Person, die zum Kreis der Tatverdächtigen gehört, informatorisch zur Klärung der Frage anzuhören, ob gegen sie förmlich auch als Beschuldigte zu ermitteln ist, BGH NStZ 83, 86. Die Äußerungen aus einer **informatorischen Befragung** können dem Beschuldigten vorgehalten werden, wenn er später – nach ordnungsgemäßer Belehrung – zur Sache aussagt, BGH NStZ 83, 86.

Nach der Rspr des BGH (NJW 80, 1533) ist iSd § 252 StPO ein Zeuge schon dann vernommen worden, wenn ihn die Polizei formlos (informatorisch) über den Ermittlungsgegenstand befragt hat. Es schien dagegen bisher unstreitig, daß die sog informatorische Befragung zur Feststellung, wer als Beschuldigter und wer als Zeuge in Betracht kommt, keine Vernehmung im eigentlichen Sinne ist, weil es sich hierbei lediglich um eine der Einleitung eines Ermittlungsverfahrens vorgeordnete Phase des „Herumfragens", handelt, vgl *Kleinknecht* § 163 StPO Rdnr 9; *Göhler* OWiG § 59 Rdnr 18. Deshalb dürfen nach ständiger Rspr die informatorisch erfolgten Äußerungen des Beschuldigten selbst gegen ihn verwertet werden, vgl BGHSt 22, 170; aA *Haubrichs* Informatorische Befragung von Beschuldigten und Zeugen, NJW 81, 803.

6. Nichterscheinen des Beschuldigten. Der **Beschuldigte** ist nach § 163a III StPO verpflichtet, auf Vorladung vor der Bustra (nicht aber vor der Steufa) zu erscheinen, ggf kann die Bustra den Beschuldigten vorführen oder durch den Richter vernehmen lassen (§ 162 StPO). Der Beschuldigte muß vor der Bustra erscheinen, auch wenn er nicht aussagen will; nach §§ 133 II, 163a StPO kann er ggf vorgeführt werden.

Erscheint der Beschuldigte auf Ladung der **Bustra** nicht, kann entweder die Ladung wiederholt oder der Beschuldigte daraufhingewiesen werden, man gehe davon aus, daß er keinen Wert auf eine Äußerung lege und daß das Verfahren nunmehr zur Erhebung der öffentlichen Klage an die Staatsanwaltschaft abgegeben oder Strafbefehl beantragt werde. Ferner kann ihm nochmals Gelegenheit gegeben werden, sich schriftlich zu äußern (§ 163a Abs 1 Satz 1 StPO) oder eine **richterliche Vernehmung** beantragt oder der Beschuldigte zur **Fahndung** ausgeschrieben werden. Im übrigen kann auch seine **Vorführung** angeordnet werden (§ 163a Abs 3 Satz 2; §§ 134, 135 StPO).

§ 399 8. Teil. Straf- und Bußgeldvorschriften

Erscheint der Beschuldigte auf Ladung der **Steufa** nicht, kann er durch die Bustra zum Erscheinen vor der **Bustra** geladen werden, wenn die Finanzbehörde das Verfahren selbständig durchführt. Im übrigen könnte die Ladung wiederholt werden, dem Beschuldigten Gelegenheit zu schriftlichen Äußerung gegeben oder richterlichen Vernehmung durch die Bustra beantragt werden.

7. Zeugenvernehmung

Schrifttum: *Thomas* Der Zeugenbeistand im Strafprozeß, NStZ 82, 489; *Lauer* Auskunftspflichten der Kreditinstitute, Inf 81, 137; *Brenner* Der V-Mann, das bekannte unbekannte Wesen im Strafverfahren, ZfZ 84, 358; *Lengert* Nochmals: Der V-Mann, das bekannte unbekannte Wesen im Strafverfahren, ZfZ 85, 103; *Rick* Hinweis- und Belehrungspflicht bei Vernehmungen von Zeugen durch Beamte des Zollfahndungsdienstes, ZfZ 87, 6.

Zeugen sind verpflichtet, auf Ladung der **Bustra** vor dieser zu erscheinen und zur Sache auszusagen (§ 161a Abs 1 Satz 1 StPO), wenn die FinB das Ermittlungsverfahren selbständig durchführt. Sie sind dagegen nicht verpflichtet, vor der Steuerfahndung zur Vernehmung zu erscheinen.

Angehörige des öffentlichen Dienstes bedürfen für ihre Aussagen in dienstlichen Angelegenheiten einer Genehmigung ihres Dienstvorgesetzten (§ 54 StPO).

Der Zeuge ist über sein **Zeugnisverweigerungsrecht** zu belehren, wenn Anhaltspunkte für ein solches Recht erkennbar sind (§ 52 Abs 3 StPO). Die Belehrung nach § 55 Abs 2 StPO muß spätestens erfolgen, sobald Anhaltspunkte dafür erkennbar werden, daß der Zeuge seine Aussage sich selbst oder einen nahen Angehörigen in die Gefahr der Verfolgung wegen einer Straftat oder Ordnungswidrigkeit bringen würde. Ein Zeuge braucht bei der Ladung zur Vernehmung **nicht** darüber **belehrt** zu werden, daß er nicht verpflichtet ist, einer Vorladung zur Aussage bei der **Steufa** zu folgen.

Erscheint der Zeuge auf Ladung der Bustra nicht, können ihm die durch sein Ausbleiben verursachten **Kosten** auferlegt und gegen ihn ein Ordnungsgeld festgesetzt werden, wenn sein Ausbleiben ungenügend entschuldigt ist (§ 161a Abs 2 Satz 1, § 51 Abs 1 Satz 1 und 2 StPO). Ferner kann **Vorführung** des Zeugen angeordnet (§ 161a Abs 2 Satz 1, § 51 Abs 1 Satz 3 StPO) oder die **richterliche Vernehmung** beantragt werden (§ 162 Abs 1 Satz 1 StPO). Die Festsetzung eines **Ordnungsgeldes**, die Auferlegung der Kosten und zwangsweise Vorführung dürfen nur angeordnet werden, wenn in der Ladung auf sie hingewiesen wurde (§ 48 StPO).

Zeugenaussagen über die Mitteilung eines ungenannten **V-Mannes** können nicht zum Nachteil des Angeklagten verwertet werden, OLG Frankfurt NJW 76, 1986.

8. Zeugnisverweigerungsrechte.

Die Gefahr **disziplinarrechtlicher** Verfolgung begründet kein Auskunftsverweigerungsrecht des Zeugen, OLG Hbg MDR 84, 335. Richtet sich ein einheitliches Strafverfahren gegen mehrere Beschuldigte, steht der Zeuge aber nur zu einem von ihnen in einem Angehörigenverhältnis, so ist er zur Verweigerung des Zeugnisses gegenüber allen Beschuldigten befugt, soweit der Sachverhalt, zu dem er aussagen soll, auch seinen Angehörigen betrifft, BGH NStZ 84, 176.

Es ist **nicht** unzulässig, eine Person, die zum Kreis der Tatverdächtigen

3. Abschnitt. Strafverfahren **§ 399**

gehört, **informatorisch** zur Klärung der Frage **anzuhören,** ob gegen sie förmlich als Beschuldigte zu ermitteln ist, BGH v 27. 10. 82 – 3 StR 364/82 – ZNFBl 84 Nr 11.

Die Zeugnisverweigerung eines Angehörigen darf nicht gegen den Angeklagten verwertet werden, BGHSt 22, 113. Dies gilt auch dann, wenn der Angehörige nur Angaben macht, die für die Beurteilung der Tatfrage ohne Bedeutung sind, sich im übrigen aber auf sein Aussageverweigerungsrecht beruft, BGH MDR 81, 157.

Macht ein Zeuge in der Hauptverhandlung von seinem **Aussageverweigerungsrecht** Gebrauch, dürfen nach § 252 StPO auch seiner früheren Aussagen **nicht verlesen** werden. Die Angaben dürfen auch nicht auf andere Weise verwertet werden, zB durch Vernehmung des Vernehmungsbeamten, hM *Kleinknecht* StPO § 252 Rdnr 5ff; BayObLG NJW 83, 1132. Frühere Äußerungen gegenüber Privatpersonen dürfen verwertet werden, BGH NJW 80, 1553. Der Begriff der Vernehmung ist weit auszulegen und umfaßt auch die informatorische Befragung.

Die Aussage eines Angehörigen des Angeklagten darf auch dann nicht durch Anhörung des Vernehmungsrichters verwertet werden, wenn er von diesem bei der Vernehmung als Mitbeschuldigter nicht nur nach § 136 I StPO, sondern auch nach § 51 I Nr 1 StPO belehrt worden ist, BGH GA 79, 144.

Bei der **richterlichen Vernehmung** eines Zeugen oder Sachverständigen ist der StA, dem Beschuldigten und dem Verteidiger die **Anwesenheit** gestattet, vgl § 168 c II StPO.

Ein sich im Ausland an einem bekannten Ort aufhaltender **Zeuge** darf dann als **unerreichbar** angesehen werden, wenn nur seine Vernehmung in der Hauptverhandlung zur Erforschung der Wahrheit beizutragen vermag, eine solche aber nicht erreichbar ist, weil die ausländische Behörde eine Überstellung ablehnt, BGH NJW 83, 527. Zeugen, die der Tatbeteiligung verdächtig sind, sind ggf im Wege der Rechtshilfe unter Hinweis auf den Strafverfolgungsschutz des Art 12 III EuRHÜbK zu laden, BGH NJW 83, 528.

Dem RA und dem StB steht das **Zeugnisverweigerungsrecht** des § 53 I Nr 3 StPO nicht für Kenntnisse zu, die sie in ihrer Eigenschaft als Aufsichtsratsmitglieder einer Firma erlangt haben, OLG Celle NJW 83, 1573.

Die **Banken** haben im Zivilprozeß ein Zeugnisverweigerungsrecht gemäß 383 I Nr 6 ZPO, eine vergleichbare Vorschrift fehlt aber in der StPO.

Der Schutz des § 53 I Nr 5 StPO erstreckt sich nicht auf selbst recherchiertes Material, da nicht der **Journalist** als Informant seiner Zeitung sondern nur der Kontakt nach außen geschützt ist, LG Hannover NStZ 81, 154.

Das **Postgeheimnis** begründet im Strafverfahren grundsätzlich ein Aussage- und Vernehmungsverbot. Eine richterliche Zeugenvernehmung ist insoweit nur in dem Umfang zulässig, in dem eine Beschlagnahme nach § 99 StPO zum gleichen Ergebnis führen würde. Der Schutz des Postgeheimnisses findet dort seine Grenze, wo die Post nicht mehr Aufgaben der postalischen Beförderung wahrnimmt. Verkehrsfremde Tätigkeiten der Post, insbesondere die Abwicklung von **Bankgeschäften** durch das **Postscheckamt,** unterliegen nicht dem Postgeheimnis, *Kurth* Zeugnispflicht und Postgeheimnis, NStZ 83, 541.

1195

§ 399   8. Teil. Straf- und Bußgeldvorschriften

9. Antrag auf Vornahme richterlicher Untersuchungshandlungen. *Weyand* Zur Beantragung richterlicher Untersuchungshandlungen durch die Finanzbehörde, DStZ 88, 191. Die Bustra kann die Vornahme richterlicher Untersuchungshandlungen, zB die eidliche Vernehmung von Zeugen, beim Amtsgericht beantragen (§ 162 StPO). Der Antrag auf Vornahme einer richterlichen Untersuchungshandlung soll regelmäßig nur dann gestellt werden, wenn diese aus besonderen Gründen für erforderlich gehalten werden, zB weil der **Verlust** eines **Beweismittels** droht oder ein Geständnis festzuhalten ist (§ 254 StPO) oder, wenn eine Straftat nur durch Personen bewiesen werden kann, die zur Verweigerung des Zeugnisses berechtigt sind. Grundsätzlich berechtigt ein **Anfangsverdacht** bereits zur Durchsuchung und Beschlagnahme, jedoch ist hierbei der Grundsatz der **Verhältnismäßigkeit** zu beachten. Bei der Prüfung, ob eine Durchsuchungsanordnung rechtmäßig war, ist ausschließlich auf die Verdachtsmomente abzustellen, die im Zeitpunkt der Anordnung vorgelegen haben, nicht auf solche, die erst im Laufe der Durchsuchung bekanntgeworden sind. Wird bei einem Steuerstrafverfahren auch der **Bankverkehr** eines Steuerpflichtigen berührt, so kann es sinnvoll sein, der Steufa eine **Bankvollmacht** zu erteilen, um den Erlaß eines Durchsuchungs- und Beschlagnahmebeschlusses nach § 103 StPO zu verhindern. So wird vermieden, daß die Bank etwas über den dem Ermittlungsverfahren zugrundeliegenden Sachverhalt erfährt. In diesem Zusammenhang ist darauf hinzuweisen, daß ein Zeuge gemäß § 161a Abs 1 StPO nur verpflichtet ist, vor der Bustra zu erscheinen und auszusagen, nicht dagegen vor der Steuerfahndung.

10. Anordnung der Durchsuchung/Beschlagnahme. Durchsuchungen und Beschlagnahmen dürfen grundsätzlich nur durch den **Richter** angeordnet werden (§ 98 Abs 1, § 105 Abs 1 StPO). Der Antrag auf Erlaß eines Durchsuchungsbeschlusses oder auf Anordnung der Beschlagnahme ist bei dem Amtsgericht zu stellen, in dessen Bezirk die Amtshandlung vorzunehmen ist. Wird eine richterliche Anordnung für die Vornahme von Untersuchungshandlungen in mehr als einem Bezirk für erforderlich gehalten, so sind die Anträge bei dem Amtsgericht zu stellen, in dessen Bezirk die beantragende Stelle ihren Sitz hat (§ 162 Abs 1 Satz 2 StPO).

a) Form der Anordnung. Eine bestimmte **Form** ist für die Durchsuchungsanordnung **nicht** vorgeschrieben. Sie kann daher auch telegrafisch, mündlich, telefonisch oder sogar stillschweigend erlassen werden. Schriftform ist allerdings üblich, schon aus Gründen des Schutzes des Betroffenen (vgl BVerfGE 20, 225).

b) Antragsbefugnis. Antragsbefugt ist die Bustra nicht die Steufa. Die **Steufa** kann nicht wirksam einen Antrag auf Anordnung der Durchsuchung und Beschlagnahme stellen, LG Freiburg wistra 87, 155. Dag AG Kempten: In eigenständigen Steuerstrafverfahren ist die **Finbehörde**, die steuerstrafrechtliche Aufgaben und Befugnisse wahrnimmt, berechtigt, Anträge auf Durchsuchung und Beschlagnahme bei Gericht zu stellen. Steuerfahndungsstelle und Strafsachenstelle sind nur **unselbständige Abteilungen** des FA und als solche nicht antragsbefugt. Die **Zeichnungsbefugnis** innerhalb des FA richtet sich nach der FaGO, AG Kempten wistra 86, 271.

Zur Anordnung der **Postbeschlagnahme** (§ 99 StPO) ist nur der Rich-

3. Abschnitt. Strafverfahren **§ 399**

ter, bei Gefahr im Verzug auch die Bustra befugt (§ 100 StPO). Ist die Beschlagnahme von der Bustra angeordnet worden, so ist binnen dreier Tagen die Bestätigung des Richters einzuholen (§ 100 Abs 2 StPO).

Aus § 85 dürfte sich die Zulässigkeit von **Kontrollmitteilungen** ergeben, wenn bei der zollamtlichen Überprüfung eines Pkw Unterlagen vorgefunden werden, die auf das Vorhandensein eines Kontos zB in der Schweiz hindeuten. Werden diese Unterlagen an versteckter Stelle gefunden, ergäbe sich ohnehin aus § 116 die Befugnis zur Weitergabe dieser Informationen an die Steuerverwaltung. Für den Fall, daß gegen den Betreffenden wegen eines Zolldelikts bereits ein **Strafverfahren** eingeleitet worden ist, regelt sich die Frage der Weitergabe derartiger Unterlagen nach § 108 StPO (Zufallsfunde).

c) Inhalt des Antrags. Der Antrag ist zu begründen. Die Begründung muß tatsächliche Angaben über den Inhalt des Tatvorwurfs enthalten. Bei Anträgen auf Durchsuchung bestimmt die Strafverfolgungsbehörde den Umfang des Tatsachenmaterials, aus dem sich der Anfangsverdacht ergibt. Das überprüfende Gericht ist nicht berechtigt und verpflichtet, selbständig alle verfügbaren Akten auf Verdachtsmomente durchzusehen. Zur Begründung eines Beschlagnahmebeschlusses muß bei Verdacht einer StStraftat wenigstens die Art der hinterzogenen Steuern, den Tatzeitraum und eine gewisse Konkretisierung der Tatsachen enthalten, auf die sich der Vorwurf stützt, LG Köln v 25. 4. 83 117 Qs 83. Außerdem sind die Art und der denkbare Inhalt der Beweismittel, dem die Durchsuchung gilt, anzugeben. Soweit eine genaue Bezeichnung des gesuchten Beweismaterials nicht möglich ist, sind die Beweismittel annäherungsweise zu beschreiben (vgl BVerfGE 42, 212). In dem Antrag ist auch die Stelle anzugeben, deren Beamte mit der Durchsuchung beauftragt werden sollen.

In dem Antrag auf **Beschlagnahmeanordnung** sind die Gegenstände, die beschlagnahmt werden sollen, so konkret anzugeben, daß Zweifel nicht entstehen. Läßt sich erst aufgrund der Durchsuchung bestimmen, welche Gegenstände zu beschlagnahmen sind, und ist aus diesem Grunde eine Beschlagnahme nicht angeordnet worden, kann ggf eine Beschlagnahme wegen Gefahr im Verzuge in Betracht kommen.

Nur bei in Gefahr im Verzuge können auch das Finanzamt oder der Steuerfahndungsbeamte eine Durchsuchung oder Beschlagnahme anordnen (§§ 98 Abs 1, 105 Abs 1 StPO). Keiner Durchsuchungsanordnung bedarf es, wenn die Einsicht gestattet wird. **Gefahr im Verzug** besteht, wenn eine richterliche Anordnung nicht eingeholt werden kann, ohne daß der Zweck der Maßnahme gefährdet würde. Ob dies der Fall ist, entscheidet der zuständige Amtsträger aus seiner Überzeugung. Ist ein Gegenstand ohne richterliche Anordnung beschlagnahmt worden, soll innerhalb von 3 Tagen die **richterliche Bestätigung** beantragt werden, wenn bei der Beschlagnahme weder der davon Betroffene noch ein erwachsener Angehöriger anwesend waren oder wenn der Betroffene und im Falle seiner Abwesenheit ein erwachsener Angehöriger des Betroffenen gegen die Beschlagnahme ausdrücklich Widerspruch erhoben haben (§ 98 Abs 2 Satz 1 StPO).

d) Anforderungen an die Bestimmtheit des Antrags. Bei der Beschlagnahme **umfangreicher Unterlagen,** deren Sicherstellung im Wirtschaftsstrafverfahren in der Regel unumgänglich ist, muß eine gewisse **Unbe-**

§ 399   8. Teil. Straf- und Bußgeldvorschriften

stimmtheit in Kauf genommen werden, weil die Bezeichnung jedes Stückes Papieres sonst zu einem zu umfangreichen Beschlagnahmebeschluß führen würde; die Beschlagnahme von „vorgefundenen Beweismitteln" ist aber in jedem Fall zu unbestimmt, LG Oldenburg wistra 87, 38.

Die **StA** aber auch die **Steufa** haben das Recht, alle bei der Durchsuchung vorgefundenen **Papiere** – soweit sie nicht offensichtlich bedeutungslos oder beschlagnahmefrei sind – daraufhin **durchzulesen,** ob sie als **Beweismittel** in Betracht kommen. Zu diesem Zweck können die Papiere mitgenommen werden. In der **Mitnahme** und im **Durchlesen** liegt noch keine **Beschlagnahme,** vielmehr dient dies dazu, daß eine Auslese getroffen werden kann, welches Papier als Beweismittel in Betracht kommt. Insoweit muß dann die Beschlagnahme gem § 98 StPO beim Richter beantragt werden. Bedeutungslose oder beschlagnahmefreie Papiere sind dem Inhaber **zurückzugeben** *(Kleinknecht/Meyer,* § 110 StPO, Rdnr 2). Die Beantragung der Beschlagnahme bei Gericht ist deswegen erforderlich, weil in diesem Fall Gefahr im Verzuge nicht mehr gegeben sein kann, LG Oldenburg wistra 87, 38. Bei dem Antrag an das AG ist genügend Zeit, die beweiserheblichen Papiere hinreichend zu bestimmen und die Beweisbedeutung für das Verfahren darzulegen.

11. Durchsuchung

Schrifttum: *Kniffka* Die Durchsuchung von Kreditinstituten im Steuerstrafverfahren, wistra 87, 309.

Die **Durchsuchung** der **Wohnung** und anderer Räume, der Person und der ihr gehörenden Sachen ist zulässig bei dem **Tatverdächtigen** zum Zwecke seiner Ergreifung oder Auffindung von Beweismitteln, wenn zu vermuten ist, daß die Durchsuchung zur Auffindung von Beweismitteln führen wird (§ 102 StPO), bei **anderen Personen** nur zum Zwecke der Ergreifung des Beschuldigten oder zur Verfolgung von Spuren einer Straftat oder zur Beschlagnahme **bestimmter** Gegenstände, falls Tatsachen den Schluß rechtfertigen, daß die gesuchte Person, Spur oder Sache sich in den zu durchsuchenden Räumen befinden; diese Beschränkung gilt nicht für Räume, die der Beschuldigte während der Verfolgung betreten hat in dem er ergriffen worden ist (§ 103 StPO). Ein Zeugnisverweigerungsrecht steht der Durchsuchung nicht entgegen.

Wohnungen und **Räume** im Sinne des § 102 StPO sind alle Räumlichkeiten, die der Tatverdächtige tatsächlich innehat, gleichgültig, ob er Allein- oder **Mitinhaber** ist *(Kleinknecht/Meyer* 37. Aufl § 102 StPO Tz 7). § 102 StPO verliert deshalb nicht seine Bedeutung als Eingriffsgrundlage, wenn **Eltern** Mitinhaber der tatsächlichen Herrschaft über Räumlichkeiten sind, die von ihrem **Sohn** bewohnt werden, der einer Straftat verdächtig ist.

Die Anordnung der Durchsuchung der Wohnung des Beschuldigten erlaubt es nicht, **Papiere** zu durchsuchen, die ohne weiteres seinem **Ehegatten** zuzuordnen sind. Dies soll sogar dann gelten, wenn der Ehegatte einer Teilnahme verdächtig ist, LG Saarbrücken NStZ 88, 424.

§ 105 II StPO verlangt die Hinzuziehung von **Zeugen** bei der Durchsuchung, wenn diese nicht in Anwesenheit eines Richters oder eines Staatsanwalts stattfindet. Dies gilt allerdings nur, wenn die Hinzuzie-

3. Abschnitt. Strafverfahren **§ 399**

hung möglich ist. Sie ist zB nicht möglich, wenn durch den mit der Hinzuziehung der Zeugen eintretenden **Zeitverlust** der Erfolg der Durchsuchung in Frage gestellt würde, BGH wistra 86, 114.

Die Hinzuziehung von Durchsuchungszeugen ist **zwingend** vorgeschrieben, allerdings kann auf die Hinzuziehung **verzichtet** werden. Ein **Verstoß** gegen diese Bestimmung führt allerdings **nicht** zu einem **Verwertungsverbot**, OLG Celle ZfZ 86, 88.

Ein Hilfsbeamter der StA kann die ihm zunächst einverständlich gestattete **Untersuchung fortsetzen,** wenn der Betroffene sein **Einverständnis zurückgezogen** hat und angesichts seines Verhaltens eine richterliche Anordnung ohne Gefährdung des Untersuchungszwecks nicht mehr eingeholt werden kann, BGH wistra 86, 114.

Eine Beschlagnahme, die unter Mißachtung des Anwesenheitsrechts des Beschuldigten (§ 106 I 1 StPO) durchgeführt wurde, hat **nicht** ein **Verwertungsverbot** zur Folge, BGH NStZ 83, 375. Auch eine widerrechtliche Beeinträchtigung des Beschuldigten in seinem Anwesenheitsrecht ändert nichts an der Rechtmäßigkeit der Durchsuchung oder der Beschlagnahme. Der Zweck des § 106 I 1 StPO besteht jedenfalls nicht darin, der Urteilsfindung Beweismittel zu entziehen. Es gibt auch keinen allgemeinen Grundsatz, wonach Fehler im Verfahren die Unverwertbarkeit der dabei gewonnenen Erkenntnisse begründen. Die Widerspruchsfrist beginnt mit dem Ablauf des Tages der Beschlagnahme (§ 42 StPO). Zuständig ist das Amtsgericht, in dessen Bezirk die Beschlagnahme stattgefunden hat (§ 98 Abs 2 Satz 5 StPO). Eine Durchsuchung ist rechtswidrig, wenn an ihr (sachkundige) Angestellte der potentiell **Geschädigten** teilnehmen, OLG Hamm wistra 87, 230.

12. Beschlagnahme

Schrifttum: *Sieg* Aushändigung von Kopien beschlagnahmter Unterlagen, wistra 84, 172; *Klos* Die Beschlagnahme von Geld durch die Steuerfahndung, wistra 87, 121.

Beschlagnahmt werden können Gegenstände, die als **Beweismittel** für die Untersuchung von Bedeutung sein können (§ 94 StPO), sowie Briefsendungen und Telegramme auf der Post und in Telegrafenanstalten, die an den Beschuldigten gerichtet sind oder bei denen aus bestimmten Tatsachen zu schließen ist, daß sie für ihn bestimmt sind oder von ihm herrühren oder beweiserheblich sein können (§ 99 StPO). Bei der richterlichen Beschlagnahmeanordnung muß zumindest andeutungsweise zum Ausdruck kommen, aufgrund welcher Umstände Anlaß zu der Annahme besteht, der beschlagnahmte Gegenstand werde demnächst als Beweismittel zu benutzen sein, OLG D'dorf StrVert 83, 407.

Gegenstände können durch Beschlagnahme **sichergestellt** werden, wenn aus dringenden Gründen anzunehmen ist, daß die Voraussetzungen für ihren **Verfall** oder ihre **Einziehung** vorliegen (§ 111b StPO). Aber nur der aus der Steuerstraftat unmittelbar konkret gezogene **Gewinn** soll abgeschöpft werden. In einem steuerstrafrechtlichen Ermittlungsverfahren ist es kaum möglich, einen solchen Zusammenhang zwischen den vorgefundenen Vermögensgegenständen und dem Tatererfolg herzustellen.

Die **Papiere** des von der Durchsuchung Betroffenen können von der Bustra (§ 110 Abs 1 StPO) und von der Steufa (§ 404 Satz 2 AO) durchgesehen werden. Zu den Papieren gehört das gesamte private und geschäftli-

1199

§ 399

che Schriftgut, im Wege der Analogie aber auch Tonträger, Filme und Datenträger. Verschlossene Briefe dürfen geöffnet und gelesen werden, soweit dies für den Untersuchungszweck erforderlich erscheint. Die **Durchsicht** von **Papieren** nach § 110 StPO gehört noch zur **Durchsuchung**, solange sie nicht beendet ist, Kleinknecht-Meyer § 105 StPO Rdnr 15; BGH NJW 73, 2035; LG Göttingen, Strafverteidiger 82, 364.

Dem von der Durchsuchung Betroffenen ist nach deren Beendigung auf Verlangen ein **Verzeichnis** der in Verwahrung oder in Beschlag genommenen Gegenstände und, falls nicht verdächtiges gefunden wird, eine Bescheinigung hierüber zu geben (§ 107 StPO). Die Beschlagnahme ist aufzuheben, wenn ihr Grund weggefallen ist (vgl *Aachenbach* Polizeiliche Inverwahrnahme und strafprozessuales Veräußerungsverbot, NJW 82, 2809; *Hoffmann* Reicht unser Beschlagnahmerecht noch aus? MDR 84, 617; *Schäfer* Die Rückgabe beschlagnahmter Beweismittel nach Rechtskraft des Urteils, wistra 84, 136; *Sieg* Aushändigung von Kopien beschlagnahmter Unterlagen, wistra 84, 172.

Der **Grundsatz der Verhältnismäßigkeit** gilt auch bei der Entscheidung über die Anordnung bzw Aufrechterhaltung einer Beschlagnahme im Ermittlungs- und Strafverfahren. Ggf müssen **Kopien** angefertigt und entweder die Kopien oder die Originale zurückgegeben werden, *Koch* wistra 83, 63.

Nach hM ist eine Beschlagnahme nicht generell unwirksam, wenn der Durchsuchungsbeschluß fehlerhaft war, LG Wiesbaden NJW 79, 175, *Kleinknecht* StPO § 105 Tz 4; aA *Kühne* NJW 79, 1053.

§ 94 II StPO wird durch § 95 I StPO ergänzt, wonach der Besitzer des Gegenstands verpflichtet ist, diesen auf Verlangen vorzulegen und **auszuliefern**. Praktisch wird die Vorschrift nach hM lediglich in den Fällen, in denen zwar feststeht, daß sich ein Beweismittel im Gewahrsam einer Person befindet, der Gegenstand aber bei einer Durchsuchung nicht gefunden werden konnte oder der Ort des Gewahrsams nicht zu ermitteln ist, *Löwe/Rosenberg* aaO Rdnr 1; vgl hierzu die ablehnende Auffassung von *Kurth* NStZ 83, 328.

Die StA kann aber nicht nach § 95 I StPO Herausgabe von Unterlagen von einer Bank verlangen, LG Bonn NStZ 83, 327; aA *Kleinknecht* § 95 StPO Rdnr 1 a. Teilweise wird die Auffassung vertreten, das Herausgabeverlangen könne nur von Amtspersonen gestellt werden, die den herauszugebenden Gegenstand auch beschlagnahmen können, dh die StA nur bei Gefahr im Verzug, *Löwe/Rosenberg* § 95 StPO Rdnr 6; LG Bonn NStZ 83, 327; *Kleinknecht* § 95 StPO Rdnr 1a. Die StA ist bei Gefahr im Verzug befugt, die als Beweismittel dienenden Kontounterlagen des Beschuldigten von dem Kontoführenden Kreditinstitut gem § 95 StPO herauszuverlangen. In allen anderen Fällen ist die Herausgabe ebenso wie die Beschlagnahme von Kontounterlagen durch Beschluß des zuständigen Richters anzuordnen, LG Bonn ZIP 82, 1432. Auch Beamte der **Steuerfahndung** können wirksam die Herausgabe von Kontounterlagen verlangen, LG Arnsberg wistra 85, 205.

Der Begriff der **Gegenstände** iSd § 94 StPO umfaßt auch **behördliche Akten** und Schriftstücke als körperliche Gegenstände, soweit diesen für das weitere Verfahren eine mögliche Beweisbedeutung zukommt, LG Koblenz wistra 83, 166.

3. Abschnitt. Strafverfahren **§ 399**

Durchsuchungsmaßnahmen der Steufa sind **rechtswidrig,** wenn sie sich auf Vorgänge erstrecken, die mit dem in der richterlichen Anordnung ausdrücklich genannten Durchsuchungszweck in keinem Zusammenhang stehen, LG Bonn ZIP 80, 805; DStR 80, 519. Wird ein richterlicher Durchsuchungsbeschluß auf **bestimmte Gegenstände** beschränkt, aber entgegen dieser Beschränkung auch anderes Material beschlagnahmt, so kann insoweit ein **Verwertungsverbot** für Informationen bestehen, die der Steufa auf diese Weise zur Kenntnis gekommen sind, LG Bonn DStR 80, 519. Bei der Frage nach dem Verwertungsverbot kommt es darauf an, wie schwerwiegend der Rechtsverstoß ist, den die Fahndung begangen hat und in welchem Verhältnis die durch den Rechtsverstoß aufgedeckte Straftat zu dem Rechtsverstoß steht. Ein Verwertungsverbot ist um so notwendiger, weil dem Stpfl idR kein Rechtsschutz gegen die Durchsuchung gewährt wird.

Beschlagnahmte Sachen werden in **amtliche Verwahrung** genommen. Wenn sie für Zwecke der Strafverfolgung nicht mehr benötigt werden, sind sie an den letzten Gewahrsamsinhaber wieder **herauszugeben,** BGH NJW 79, 425. Die Steufa handelt zB rechtswidrig, wenn sie die Sache zur Pfändung an ein VollstrFA desselben Landes herausgibt; eine solche Pfändung ist rechtswidrig, FG BaWü EFG 79, 532. Zulässig müßte aber wohl eine Pfändung des Herausgabeanspruchs sein.

Nach § 107, 2 StPO ist dem Beschuldigten auf Verlangen ein **Verzeichnis** der in Verwahrung oder in Beschlag genommenen Gegenstände zu geben. Hierbei müssen die Gegenstände nach Art und Zahl aufgeführt werden, *Löwe/Rosenberg* § 107 StPO Rdnr 3. Umstritten ist, ob zB die Angabe „3 Ordner mit Schriftwechsel" genügt, oder ob die Anzahl der Blätter angegeben werden muß, so *Krekeler* wistra 83, 46.

Gegen die Weigerung des durchsuchenden Beamten, ein ordnungsgemäßes Verzeichnis zu erteilen, ist ein Rechtsmittel nach der StPO nicht gegeben. Zulässig ist aber wohl neben der Dienstaufsichtsbeschwerde der Antrag auf gerichtliche Entscheidung nach § 23 EGGVG, *Löwe/Rosenberg* § 107 StPO Rdnr 6.

Nach Abschluß der Durchsuchung ist eine **Beschwerde** gegen die richterliche Durchsuchungsanordnung grundsätzlich wegen prozessualer Überholung unzulässig, BVerfG NJW 79, 154.

12a. Zufallsfunde.

Schrifttum: *Bandemer* Zufallsfunde bei Zollkontrolle – Zweifel in der Zwangslage, wistra 88, 136.

Werden bei einer Durchsuchung Gegenstände gefunden, die zwar in keiner Beziehung zu der Straftat stehen, wegen der die Durchsuchung stattfindet, die aber auf andere, auch nicht steuerliche Straftaten hindeuten **(sog Zufallsfunde)** sind sie einstweilen in Beschlag zu nehmen (§ 108 StPO). Zur Frage der Behandlung von sog Zufallsfunden vgl insbesondere *Kniffka* wistra 87, 309.

§ 108 StPO läßt mit Unterstützung des Legalitätsprinzips die Beschlagnahme gerade durch solche Stellen zu, die dazu selbst nicht befugt sind, *Löwe/Rosenberg* Kommentar zur StPO § 108 Rdnr 10; *Bandemer* wistra 88, 139. Wenn die **Fahndung** auf **Zufallsfunde** stößt, sind diese in Beschlag zu nehmen, unabhängig davon, ob ein Steuerdelikt oder ein **Nicht-Steuerde-**

1201

§ 399

8. Teil. Straf- und Bußgeldvorschriften

likt vorliegt, vgl *Bandemer* aaO; *HHSp* § 30 Rdnr 73; *Bilsdorfer* wistra 84, 8; *Ehlers* BB 79, 1514.

Die **vorläufige Beschlagnahme** solcher Unterlagen, die nicht zur Aufklärung des Tatverdachts gegen den Beschuldigten dienen, ist **unzulässig,** wenn die Unterlagen nicht zufällig gefunden wurden, sondern **planmäßig** nach ihnen gesucht wurde (*Kniffka* wistra 87, 313; LG Bremen wistra 84, 241; LG Bonn NJW 81, 293). § 108 StPO enthält keine Rechtsgrundlage dafür, anläßlich einer Durchsuchung nach Gegenständen Umschau zu halten, die Anlaß sein könnten, ein weiteres Strafverfahren einzuleiten, LG Arnsberg ZIP 84, 889.

Die Frage, inwieweit die zu Unrecht als Zufallsfunde beschlagnahmten Beweismittel **verwertet** werden dürfen, ist bisher von der Rechtsprechung nicht geklärt. Man wird hierbei darauf abstellen können, ob die Ermittlungsbehörde ihre Befugnisse bewußt mißbraucht oder im guten Glauben gehandelt hat und ob das Beweismittel auch auf andere Weise hätte gewonnen werden können (vgl LG Bonn NJW 81, 293; BGH NJW 71, 1097). Bei bewußtem **Mißbrauch** der Befugnisse sollte allerdings ein Verwertungsverbot angenommen werden (*Kniffka* wistra 87, 313). In diesem Fall sind die erlangten Unterlagen und Beweismittel an den Betroffenen herauszugeben und entsprechende Aktenunterlagen zu vernichten (BVerfG NJW 77, 1493; LG Bremen wistra 84, 241).

13. Beschlagnahme bei Rechtsanwälten, Steuerberatern und anderen zur Zeugnisverweigerung Berechtigten.
Schrifttum: *Birmanns* MDR 81, 102; *Gulzow* Beschlagnahme von Unterlagen der Mandanten bei deren Rechtsanwälten, Wirtschaftsprüfern und Steuerberatern, NJW 81, 265; *Koch* Die Beschlagnahme von Geschäftsunterlagen im Wirtschaftsstrafverfahren und der Grundsatz der Verhältnismäßigkeit, wistra 83, 63; *Höser* Die Beschlagnahme von Buchführungsunterlagen bei dem Steuerberater, MDR 82, 535; Zur Frage der Zulässigkeit der Beschlagnahme von Mandantenunterlagen bei StBeratern, Wi-Prüfern oder RAen vgl *Kohlmann* WP 82, 70; *Brenner* Zur Beschlagnahmefähigkeit von Buchhaltung und Bilanzen beim Steuerberater, BB 84, 137; *Schäfer* Die Beschlagnahme von Handelsbüchern beim Steuerberater, wistra 85, 12; *Bauwens* Beschlagnahme von Buchführungsunterlagen beim Steuerberater, wistra 85, 179; *Hauser* Aktuelle Fragen zum schweizerischen Bankgeheimnis, JZ 85, 871; *Birner* Zur Beschlagnahme von Mandantenunterlagen, StB 85, 13; *Klos* Grenzen des Beschlagnahmeschutzes bei Angehörigen steuerberatender Berufe, Inf 85, 553; *Pestke* Die Beschlagnahme von Buchhaltungsunterlagen beim Steuerberater, StbS 86, 39; *Göggerle* Durchsuchungen und Beschlagnahmen bei Angehörigen der rechts- und steuerberatenden Berufe, BB 86, 41; *Quermann* Durchsuchung und Beschlagnahme beim steuerlichen Berater, wistra 88, 254; *Bauwens* Schutz der Mandantenakten bei Durchsuchungen in der Kanzlei des Steuerberaters, wistra 88, 100.

Nach § 97 I StPO ist die **Beschlagnahme** unzulässig, wenn es sich handelt um schriftliche **Mitteilungen** zwischen dem Beschuldigten und Personen iSd §§ 52, 53 I Nr 1–3 a, um bestimmte **Aufzeichnungen** dieser Personen, um andere Gegenstände, einschließlich der **ärztlichen Untersuchungsbefunde,** auf die sich das **Zeugnisverweigerungsrecht** dieser Personen bezieht.

Ist eine Beschlagnahme **unzulässig,** ist auch eine **Durchsuchung** nicht zulässig.

3. Abschnitt. Strafverfahren **§ 399**

a) Andere Gegenstände (§ 97 Abs 1 Nr 3 StPO). § 97 I StPO ist als **Ausnahmevorschrift eng** auszulegen. Das Zeugnisverweigerungsrecht iSd § 97 I Nr 3 StPO (andere Gegenstände, auf die sich das **Zeugnisverweigerungsrecht** der in § 53 I Nr 1–3 a StPO Genannten erstreckt) setzt voraus, daß die zeugnisverweigerungsberechtigte Person **Zeuge** hinsichtlich des Gegenstandes sein kann. Nach dem Grundsatz der Unmittelbarkeit des Beweismittels kann sie aber nur dann Zeuge sein, wenn der Gegenstand (Schriftstück uä) allein die **verkörperlichten eigenen Wahrnehmungen** des Zeugen enthält. **Geschäftsunterlagen** des Beschuldigten gehören daher nicht zu den Gegenständen iSd § 97 I Nr 3 StPO.

„**Andere Gegenstände**" sind nur solche, die erst durch das geschützte Vertrauensverhältnis hervorgebracht worden sind, LG Stuttgart wistra 85, 41. Das Zeugnisverweigerungsrecht des Steuerberaters gilt nur für solche Unterlagen, die im Rahmen des durch den Beratervertrag geschaffenen **Vertrauensverhältnisses** entstanden sind. **Buchführungsunterlagen** und Belege werden dagegen in der Regel in der Firma des Steuerpflichtigen angefertigt und gehören deswegen nicht dazu. Eine andere Auffassung würde eine Art „Asylrecht" des Beschuldigten für das Beiseiteschaffen von Beweismitteln geschaffen, LG Stuttgart aaO.

Bei der Beschlagnahme von Unterlagen eines **Steuerberaters** kann unterschieden werden, ob es sich um Unterlagen zum Zwecke der **Steuerberatung** (beschlagnahmefrei) oder für die Führung der Bücher (beschlagnahmefähig) handelt, die der Stpfl diesem übergeben hat.

Das Beschlagnahmeverbot kann nach dem Sinn des § 97 StPO nur eingreifen, wenn die Gegenstände dem Steuerberater in seiner besonderen **beruflichen Eigenschaft** anvertraut worden sind, *Quermann* aaO, 256.

b) Buchführungsunterlagen. Die Frage, ob Buchhaltungsunterlagen, die dem **StBerater** übergeben worden sind, bei diesem beschlagnahmt werden können, ist umstritten, wird aber von der wohl hM uE zu Recht bejaht, wenn auch mit unterschiedlicher Begründung. Hierbei wird zT darauf verwiesen, daß sich aus der Aufzählung der geschützten Gegenstände in § 97 I StPO ergebe, daß nur solche nicht beschlagnahmt werden dürften, die nach ihrem Aussagegehalt zu dem **Vertrauensverhältnis** gehörten, das zu dem Beschuldigten bestehe, *Kleinknecht* § 97 StPO Rdnr 3. Der Gegenstand müsse innerhalb dieses Vertrauensverhältnisses entstanden sein, er muß eigene **Wahrnehmungen** des Zeugen in **vergegenständlichter Form** enthalten. Dies treffe auf Buchführungsunterlagen usw eben nicht zu, LG Braunschweig NJW 78, 2108; aA LG München NJW 84, 1191. Andere sehen die Buchführungsunterlagen bei Steuer- und Wirtschaftsstraftaten als **Tatwerkzeuge** iSd § 97 II 3 StPO an, vgl *Freund* NJW 76, 2002; LG Stuttgart NJW 76, 230; *Gehre* NJW 77, 710. Dies gelte zumindest, wie unrichtig sind, der Täter dies wisse und sich die Unrichtigkeit zunutze mache; OLG Hbg MDR 81, 603; *Heilmaier* DStR 80, 519; *Lohmeyer* Wpg 82, 614. Es handele sich hierbei um Gegenstände, die zur Begehung einer Straftat gebraucht oder bestimmt seien. Bei der Frage, unter welchen Voraussetzungen Gegenständen diese Eigenschaft zukomme, sei die zu dem gleichlautenden § 74 I StGB entstandene Rspr und Lit heranzuziehen (*Löwe/Rosenberg* § 97 StPO Rdnr 32; *Freund* NJW 76, 2002). Darin sei anerkannt, daß der Einziehung auch solche Gegenstände unterliegen,

1203

§ 399   8. Teil. Straf- und Bußgeldvorschriften

die nur der **Vorbereitung** der Tat gedient haben (BGHSt 13, 311; *Dreher* Rdnr 7 zu § 74 StGB). Dies sei der Fall, wenn die Angeklagten im Verdacht stehen, unrichtige StErklärungen veranlaßt und dadurch StStraftaten begangen zu haben.
Die Beschlagnahmefreiheit wird auch mit dem Argument abgelehnt, daß der StBerater keinen **Alleingewahrsam** über die Unterlagen habe. Gewahrsam iSd StPO liege dann vor, wenn der Anwalt usw die tatsächliche alleinige Verfügungsmacht über die ihm anvertrauten Unterlagen haben sollte, *Löwe/Rosenberg* StPO 71, § 97 IV 1. Eine solche Verfügungsmacht zB des StBeraters kann nach *Birmanns* (Die Beschlagnahme von Buchführungsunterlagen beim StBerater, MDR 81, 102ff) nicht anerkannt werden, weil er die Unterlagen nur vorübergehend übernommen habe und zur Rückgabe an den Mandanten verpflichtet sei. Der Mandant habe Mitgewahrsam. Auf der gleichen Linie liegt die Entscheidung des BGH v 4. 8. 64 – BGHSt 19, 374 –, wonach Beschlagnahmeverbote nicht eingreifen, wenn der Steuerberater die Sachherrschaft über ein Beweismittel gemeinsam mit dem Tatverdächtigen ausübt, denn er muß dann auf Grund der Sachherrengemeinschaft gegen sich die Eingriffe dulden, denen auch der Beschuldigte unterliegt.
Beschlagnahmefrei, dh nicht der Beschlagnahme unterliegend sind dagegen Gegenstände, die der StBerater in seinen **Handakten** führt. Dies gilt auch, wenn er diese an andere Stellen, zB die StBeraterkammer weitergibt. Nur wenn die **Sachherrschaft** über ein Beweismittel **gemeinsam** mit dem Tatverdächtigen ausgeübt wird, entfällt das Beschlagnahmeverbot, BGHSt 19, 374; OLG Celle MDR 52, 376; *Kleinknecht* § 97 StPO Rdnr 11; aA *Höser* aaO: Der Anspruch des Mandanten auf Herausgabe begründe keine tatsächliche Sachherrschaft. Die Beschlagnahme von **Mandantenunterlagen**, die sich im Mitgewahrsam eines StBeraters befinden, verstößt nicht gegen verfassungsrechtliche Grundsätze; es liegt insbesondere kein Verstoß gegen das Willkürverbot (Art 3 I GG) und gegen die Berufsfreiheit (Art 12 I GG) vor, BVerfG Beschl v 5. 4. 79 veröff in Mitteilungsblatt der StBeraterkammer Köln 10–12/79, s 57. *Birmanns* aaO, weist zusätzlich darauf hin, daß sich für die Zulässigkeit der Beschlagnahme ua daraus ergebe, daß die **Buchführung** kein Privileg der steuerberatenden Berufe mehr sei, vgl Beschl BVerfG v 18. 6. 80, MDR 81, 113. Endgültig fertiggestellte **Jahresabschlüsse** unterliegen daher nicht dem Schutz des § 397 I Nr 3 StPO und sind beschlagnahmefähig, LG Stuttgart wistra 88, 40. Soweit der Kaufmann die Pflicht zur Buchführung und den entsprechenden Aufbewahrungs- und Vorlegungspflichten (§§ 238ff, 257ff HBG) dadurch erfüllt, daß er die Führung der Bücher und die **Aufbewahrung** der Belege seinem Steuerberater überläßt, dieser also lediglich die gesetzlichen Pflichten des Kaufmanns erfüllt, stellt diese Dienstleistung des Steuerberaters **keine** originäre **steuerberatende Tätigkeit** dar und wird dementsprechend auch nicht von dem im Gesetz festgelegten Vertrauensschutz umfaßt, LG Stuttgart, wistra 88, 40; BVerfG NJW 81, 33. Buchführungsunterlagen, die dem Steuerberater vom Mandaten überlassen wurden, sind nur insoweit beschlagnahmefrei, als sie **Korrespondenz** mit dem Mandanten und Unterlagen, die vom Steuerberater zum Zwecke der Auswertung mit **Anmerkungen** versehen wurden, darstellen, LG München wistra 88, 326.
Die **Buchführung** des Beschuldigten unterliegt nicht dem Beschlagnah-

3. Abschnitt. Strafverfahren § 399

meverbot, denn das durch die steuerberatende Tätigkeit begründete Vertrauensverhältnis umfaßt nicht die Erstellung der Buchführung LG München wistra 85, 41. Das Recht auf Wahrung des Berufsgeheimnisses aufgrund eines Vertrauensverhältnisses kann nicht weiterreichen, als die im Interesse des Gemeinwohls hochrangig anzusetzenden gesetzlichen Bestimmungen über die Pflichten des Kaufmanns zur ordnungsgemäßen Buchführung. Die Unterlagen sind nur **Grundlage** der eigentlichen Beratung; sie geben über den Inhalt der Beratung keinen Aufschluß. Der Gewerbliche Unternehmer ist zur Buchführung verpflichtet, er kann sich insoweit Dritter bedienen. Die Einschaltung Dritter kann aber nicht zur Umgehung der dem Stpfl gesetzlich obliegenden Verpflichtungen führen. Daher ist ein StBerater, dessen sich der Stpfl für die Erstellung der Buchführung bedient, insoweit nicht anders zu behandeln als ein Angestellter, der für den Stpfl die Bücher führt, vgl 104 II AO. Die Erstellung der Buchführung ist kein Bestandteil des **Steuerberatungsverhältnisses**, sondern dessen Grundlage. Ein Zurückbehaltungsrecht wegen restlicher Honorarforderungen steht der Beschlagnahme ebenfalls nicht entgegen, denn private Rechte Dritter hindern die Beschlagnahme nicht, *Löwe/Rosenberg* StPO 23. Aufl § 94 Anm 5 u 17), LG Münster ZNFBl 80, 80. Hierfür spricht ua, daß das Buchführungsprivileg der steuerberatenden Berufe nicht mehr besteht, BVerfG BB 82, 596. Das geschäftsmäßige Kontieren von Belegen kann Personen nicht untersagt werden, die eine kaufmännische Gehilfenprüfung bestanden haben, BVerfG BStBl 80 II 706. Die **Kontierung** ist kein Fall der Steuerberatung; die dem Steuerberater insoweit überlassenen Unterlagen unterliegen daher **nicht dem Beschlagnahmeverbot**, LG Saarbrücken wistra 84, 200; LG Darmstadt NStZ 88, 286; LG Hildesheim wistra 88, 327. Die Handelsbilanz unterliegt nicht mehr dem Zeugnisverweigerungsrecht sondern der Beschlagnahme, wenn sie vom Stpfl als ordnungsgemäß erstellt abgenommen worden ist (§ 640 BGB). Damit tritt die Handelsbilanz aus dem vertraulichen privaten Geschäftsbesorgungsverhältnis zwischen Stpfl und StBerater heraus und unterliegt der öffentlichen Aufbewahrungs- und Vorlagepflicht gem §§ 38ff HGB, wobei die Aufbewahrung durch einen StBerater gerade der Erfüllung der handelsrechtlichen Aufbewahrungspflicht dienen kann und ihr jedenfalls nicht entgegensteht (*Kleinknecht/Meyer* StPO § 92 Rdnr 10).

Nach *Kohlmann* handelt es sich bei den Buchführungsunterlagen dagegen eindeutig um „**andere Gegenstände**". Das Beschlagnahmeverbot könne aber dadurch leicht unterlaufen werden, daß der Berater in den Kreis der Teilnehmer usw einbezogen werde. Dann bleibe nur die Berufung auf dem Verhältnismäßigkeitsgrundsatz, aus dem sich ergebe, daß der staatliche Eingriff unter Würdigung aller Umstände erforderlich und geeignet sein muß und nicht außer Verhältnis zur Bedeutung der Sache und zur Stärke des Verdachts stehen dürfe. Es handele sich bei den Unterlagen auch nicht immer um **Tatwerkzeuge;** diese lägen nur dann vor, wenn die Gegenstände in einer unmittelbaren Beziehung zur Tatbegehung gestanden hätten und sich der Täter die besonderen Vorteile eben dieses Werkzeugs zunutze gemacht haben müsse. Auch nach der Entscheidung des LG Koblenz (Stbg 85, 7) erstreckt sich das Beschlagnahmeprivileg auch auf **Buchführungsunterlagen** beim Steuerberater, es sei denn, daß gegen diesen der Verdacht der **Beteiligung** an der **Steuerhinterziehung** oder der Verdacht der Straf-

§ 399 8. Teil. Straf- und Bußgeldvorschriften

vereitelung vorliegt. Nr 58 der Anweisung für das Straf- und Bußgeldverfahren erklärt diese Unterlagen jedoch für beschlagnahmefähig. Vgl auch LG Stade wistra 86, 41: Die Unterlagen haben durch die Übergabe an den Steuerberater im Rahmen des Mandantenverhältnisses die Qualität von **Mandanteninformationen** erworben, die in ihrem Aussagegehalt den Kernbereich des schutzwürdigen Geheimhaltungsinteresses des beschuldigten Mandanten betreffen, nämlich dessen Vermögenslage, LG Stade aaO.

Wenn dagegen zum Mandanten ein Verteidigungsmandat bestehe, überlagere das Recht auf unbeschränkten und unüberwachten Verteidigerverkehr (§ 148 StPO) das Beschlagnahmeprivileg und seine Einschränkungen. Dies gelte auch dann, wenn es sich bei den Unterlagen um Tatwerkzeuge handele.

Der sog **Bankenerlaß** (jetzt: § 30a) steht einer Durchsuchung von Bankräumen nach §§ 102, 103 StPO und einer Beschlagnahme von Geschäftspapieren einer Bank nicht entgegen *Franzen/Gast/Samson* RNr 46. Einschränkungen können sich jedoch aus dem Grundsatz der **Verhältnismäßigkeit** ergeben, LG Hbg NJW 78, 958. Über den Wortlaut des § 161 StPO hinaus kann auch die Polizei Auskunft von öffentlichen Behörden verlangen, *Löwe/Rosenberg* § 161 StPO Rdnr 14. Hierunter fallen auch Geldinstitute des öffentlichen Rechts, zB Sparkassen Girozentralen, vgl BGHSt 19, 21.

Richterl Beschlagnahme von **Akten** des **Arbeitsamtes** ist zulässig, LG Marburg JZ 78, 618 = NJW 78, 2306.

Krankenpapiere werden von dem Beschlagnahmeverbot des § 97 I StPO nur dann erfaßt, wenn der behandelte Patient Beschuldigter in einem Strafverfahren ist, LG Hildesheim NStZ 82, 394.

Notarielle Urkunden, deren Erstellung zum Kernbereich notarieller Tätigkeit gehört, sind beschlagnahmefrei. Die Niederschrift hat zumindest den Charakter einer Aufzeichnung iSd § 97 I Nr 2 StPO des Notars. Sie sind auch keine Tatwerkzeuge, weil der Täter idR nur eine Ausfertigung der Urschrift im Rechtsverkehr verwendet, LG Köln MDR 81, 690. Die Beschlagnahme von **notariellen Bauverträgen** bei einem Notar und von **Notaranderkonten,** über die die vertraglichen Verpflichtungen aus diesen Urkunden abgewickelt werden, ist zulässig. § 97 StPO steht dem nicht entgegen, LG Darmstadt wistra 87, 232. Die bloße Abwicklung von Verträgen, die selbst für die Kenntnisnahme Dritter bestimmt sind, könne keine neuen „anderen Umstände" schaffen, die ihrerseits wieder einer besonderen Geheimhaltung unterliegen könnten.

Handakten eines **Anwalts,** die zulässigerweise beschlagnahmt wurden, weil gegen den Anwalt der Verdacht der Teilnahme an der Straftat bestand, können auch dann noch verwertet werden, wenn der Verdacht gegen den Anwalt inzwischen entfallen ist, BGH NStZ 83, 85.

Die **Patientenkartei** eines Zahnarztes, dem StHinterziehung vorgeworfen wird, kann als Beweismittel beschlagnahmt werden, LG Koblenz NJW 83, 2100; **Handakten** eines RA werden von dem Beschlagnahmeverbot nur dann erfaßt, wenn der Mandant selbst Beschuldigter ist, LG Koblenz MDR 83, 778; **Leserbriefe** sind Beiträge für den redaktionellen Teil einer Zeitschrift und daher von der Beschlagnahme ausgeschlossen, KG JR 83, 382.

3. Abschnitt. Strafverfahren § 399

14. Beweisverwertungsverbote. Die Frage, ob für **Beweismittel,** die aus einer unzulässigen Durchsuchung herrühren, ein **Verwertungsverbot** besteht, ist umstritten; bejahend *Grünewald* JZ 66, 489 ff, 496, *Kühne* NJW 79, 1053; verneinend *Eb Schmidt* StPO Nachträge I 1967, § 105 Anm 2, *Müller* StPO vor § 94 Anm 26. Eine Mittelmeinung differenziert nach der Schwere des Rechtsverstoßes, *Kleinknecht* StPO § 105 Anm 13. Die Frage eines strafprozessualen **Verwertungsverbots** stellt sich ua in den Fällen, in denen gegenüber dem Beschuldigten die **Verfahrenseinleitung nicht bekanntgegeben** wurde, der Beschuldigte über sein **Aussageverweigerungsrecht nicht belehrt** (§§ 136 Abs 1, 163a StPO) oder nicht über seine Rechtsstellung gem § 393 Abs 1 Satz 4 unterrichtet wurde. Die herrschende Literaturmeinung (vgl *Pfaff* StBp 83, 9; 80, 156; *Hildebrandt* StBp 82, 267) erkennt ein solches Verwertungsverbot nur dann an, wenn die Aussagen des Beschuldigten auf einer **Täuschung** des Prüfers beruhen. Dieses würde voraussetzen, daß der Prüfer wissentlich oder absichtlich oder einen erkannten Irrtum des Beschuldigten über seine weitere Mitwirkung ausnutzt (vgl *Möllinger* StBp 79, 193). *Streck* (Bp 80, 1537) ist allerdings der Meinung, daß es auf die subjektive Seite des Prüfers für die Frage der Annahme einer Täuschung gar nicht ankomme. Der BGH (NJW 83, 2205) verneint ein Verwertungsverbot jedenfalls bei einem **Versehen** des Prüfers. Die Frage, wie eine bewußte Irreführung des Beschuldigten zu beurteilen ist, läßt der BGH (aaO) allerdings offen; sie dürfte ohnehin nicht von praktischer Bedeutung sein.

In den genannten Fällen wird von der überwiegenden Literaturmeinung ein **Verwertungsverbot** auch für **steuerliche Zwecke** grundsätzlich verneint. Nach Auffassung des BFH (BStBl 84, 513, 285 NWN) hat die Rechtswidrigkeit einer **Prüfungshandlung** nur dann Bedeutung, wenn die **Rechtswidrigkeit** der Maßnahme gerichtlich festgestellt ist oder der Verwaltungsakt **nichtig** ist. Die Rspr verneint bei bloßen **Formverstößen ein Verwertungsverbot, zieht es aber zT** in Erwägung, für den Fall, daß zB eine Durchsuchung aus schwerwiegenden Gründen rechtswidrig war, KG NJW 72, 169, LG Wiesbaden NJW 79, 175. Im Einzelfall ist das Interesse des Staates an der Tataufklärung gegen das Interesse des betroffenen Bürgers am Schutz seiner Persönlichkeitssphäre abzuwägen, vgl BGHSt 19, 325; 24, 125. Hierbei ist auch von Bedeutung, wie **schwer der begangene Rechtsverstoß wiegt und ob staatliche Zwangsbefugnisse bewußt mißbraucht wurden** und ob das Beweismittel auch auf **gesetzmäßigem Wege hätte gewonnen werden können,** vgl BGHSt 24, 130 f. Bei der Frage nach den Konsequenzen rechtswidriger Durchsuchungsmaßnahmen kann nicht außer Betracht bleiben, daß dem Betroffenen idR gegen die **Durchsuchung selbst kein Rechtsschutz gewährt wird.**

Für Beweismittel, die die Steufa infolge eines Verstoßes des durch Art 13 GG garantierten Rechts auf Unverletzlichkeit der Wohnung sichergestellt hat, besteht dann ein Verwertungsverbot, wenn dem betroffenen Bürger aufgrund des beschlagnahmten Materials zwar eine Steuerhinterziehung zur Last gelegt werden könnte, die mutmaßliche Tat aber nicht **ein Gewicht hat,** das im Falle einer Verurteilung eine Freiheitsstrafe rechtfertigen würde, LG Bonn ZIP 80, 805 = NJW 81, 292 = StBp 81, 99.

Der Durchsuchungsbeschluß trug in dem vom LG Bonn entschiedenen Fall den Zusatz: „Die Durchsuchung dient allein dem Zweck, Bankbelege

1207

§ 399

8. Teil. Straf- und Bußgeldvorschriften

des Jahres 1974, das Namensregister und die Mandantenakte x aufzufinden." Das LG Bonn führt aus: „Die Beschlagnahme von Gegenständen, die mit dem fraglichen Konto in keinem Zusammenhang stehen, ist unzulässig, weil sich die Steufa auf rechtswidrige Weise, nämlich unter Überschreitung der ihr vom AG eingeräumten Durchsuchungsbefugnis, den Zugang zu ihnen verschafft hat. Der Beschluß des AG gestattete die Durchsuchung nur zu dem Zweck, drei genau bezeichnete Unterlagen aufzufinden, die für die Untersuchung im Zusammenhang mit dem Bankkonto von Bedeutung waren." Es kann dem **Verhältnismäßigkeitsgrundsatz** entsprechen, daß eine Durchsuchung zunächst einmal in den Praxis- oder Geschäftsräumen durchgeführt wird und erst danach in den Wohnräumen, LG Bonn ZIP 80, 805. Es handele sich hierbei auch nicht um sog **Zufallsfunde,** weil nach den Unterlagen planmäßig gesucht worden sei.

Das Landgericht *Bremen* (wistra 84, 241) hat bei einer unzulässig **ausgeweiteten** Durchsuchung die **Verwertung** der sichergestellten Beweismittel für unzulässig erklärt, wenn der prozessuale **Verstoß** so **schwerwiegend** gewesen sei, daß nach Abwägung aller Umstände das Interesse des Staates an der Tataufklärung gegenüber dem Interesse des betreffenden Bürgers am Schutze seiner Persönlichkeitsphäre zurücktreten müsse. In diesem Fall hatte die Kriminalpolizei im Zusammenhang mit der Ermittlung eines allgemeinen Deliktes die Steuerfahndung zur Teilnahme an der Durchsuchung aufgefordert, weil sie vermutete, daß der Beschuldigte auch Steuerstraftaten begangen habe. Tatsächlich bestand aber nicht einmal der Anfangsverdacht gegen den Beschuldigten hinsichtlich einer Steuerstraftat. Damit ist für die Anwendung des **§ 108 StPO** nach Auffassung des LG Bremen kein Raum gewesen.

Das Landgericht *Arnsberg* (Beschluß vom 27. 6. 1983 ZFN 1984, Nr. 1/ 2, 9) hat ebenfalls ein **Verwertungsverbot** angenommen für Erkenntnisse, die bei einer Durchsuchung einer Bank nach Einsichtnahme in sog **CpD-Konten** gewonnen wurden, soweit sie Geschäftsbeziehungen der Bank zu anderen Personen als den im Durchsuchungsbeschluß genannten Beschuldigten betrafen. Das Landesgericht Arnsberg erkennt zwar an, daß es den Steuerfahndern nicht verwehrt war, auch Kenntnisse von Buchungsvorgängen zu nehmen, die die Geschäftsbeziehungen der Bank zu anderen Personen als den Beschuldigten betrafen. Diese Kenntnisnahme mußte zwangsläufig erfolgen, weil in den CpD-Konten wahllos hintereinander Geschäftsvorfälle enthalten sein können, die sowohl die Beschuldigten wie auch andere Personen betreffen können. Damit ließ es sich einfach nicht vermeiden, daß die Beamten auch Kenntnis von Buchungen erhielten, die mit dem Strafverfahren gegen die Beschuldigten in keinem Zusammenhang standen. Dies habe der Gesetzgeber auch gebilligt, wie sich aus § 110 Abs 1 StPO ergäbe, wonach die Durchsicht von Papieren der Staatsanwaltschaft und der Steuerfahndung übertragen sei. Diejenigen Papiere aber, die mit der Sache nicht zusammenhängen, sind unverzüglich an den Betroffenen herauszugeben und dürften nicht beschlagnahmt werden (vgl *Löwe-Rosenberg* § 110 StPO Rz 13). Die Fahnder durften daher das **Gedankengut** derartiger Eintragungen sich nicht aneignen, um es später auswerten zu können. Es handele sich auch nicht um einen **Zufallsfund** im Sinne des § 108 StPO. Diese Vorschrift biete keine Rechtsgrundlage dafür, anläßlich einer Durchsuchung auch nach anderen Gegenständen Umschau zu halten,

3. Abschnitt. Strafverfahren § 399

die vielleicht Anlaß sein könnten, ein weiteres Strafverfahren einzuleiten (*Löwe-Rosenberg* § 108 StPO Rz 1). Zur Frage eines eventuellen Verwertungsverbotes müßten die **Interessen des Staates** an der Aufklärung strafbarer Handlungen gegen das Interesse des betroffenen Bürgers am Schutz seiner **Persönlichkeitssphäre** oder, wie hier, gegen das Interesse der Bank am Schutz des **Bankgeheimnisses** abgewogen werden. Hierbei sei darauf abzustellen, welches Gewicht die aufzuklärende Tat habe, wie schwer der begangene Rechtsverstoß sei, ob staatliche **Zwangsbefugnisse** bewußt **mißbraucht** oder im guten Glauben angewandt worden seien und das Beweismittel auch auf gesetzlichem Wege hätte gewonnen werden können. Eine andere Beurteilung müßte wohl Platz greifen, wenn in einem Verfahren gegen die verantwortlichen **Bankangestellten** wegen **Beihilfe** zur Steuerhinterziehung ermittelt wird. Demgegenüber stellt das LG Bonn im Beschluß vom 30. 11. 1981 (ZFN 83, Nr. 3/4, 36) fest, daß der Bestand der Beschlagnahme nicht von der Rechtmäßigkeit der Durchsuchung abhängig sei (Hinweis auf *Kleinknecht/Meyer* § 105 StPO Tz. 4). Etwas anderes gelte lediglich in besonderen Ausnahmefällen, in denen die Durchsuchung unter krasser **Verletzung** von **Grundrechten** des Durchsuchten durchgeführt worden sei. Eine solche Verletzung soll aber selbst dann nicht ohne weiteres angenommen werden können, wenn bei einer unzulässigen Durchsuchung in das Grundrecht der **Unverletzlichkeit** der **Wohnung** eingegriffen worden sei. Es sei abzuwägen zwischen dem **Schutzbedürfnis** der **Grundrechte** Einzelner und dem durch das Interesse der Allgemeinheit am Schutz der Grundrechte begrenzten und an dem Einzelfall in Betracht kommenden Tat und Recht gemessenen Interesse des Staates an der Strafverfolgung (Hinweis auf OLG Karlsruhe NJW 73, 208). Die Frage der Beweiseignung lasse sich anhand der konkreten Fragestellung beantworten, ob der **Ermittlungsrichter,** wäre er rechtzeitig vor der Durchsuchung angegangen worden, die Durchsuchung in der tatsächlich – ohne Durchsuchungsbeschluß – vorgenommenen Art und Weise angeordnet hätte oder nicht. Hätte der Richter einen **Durchsuchungsbeschluß** erlassen, bestünden keine Bedenken, die im Rahmen der unzulässigen bei ohne richterlichen Durchsuchungsbeschluß vorgenommenen Durchsuchung sichergestellten Unterlagen als beweisgeeignet anzusehen. Denn in diesem Falle beruhe die Unzulässigkeit der Durchsuchung lediglich auf einer Verkennung des Begriffs der „Gefahr in Verzug". Zum Zeitpunkt der Durchsuchung lagen alle Voraussetzungen für den Erlaß eines richterlichen Durchsuchungsbeschlusses zum Zwecke der Auffindung von Beweismaterial wegen des Verdachts der Beihilfe zur Steuerhinterziehung durch Bankangestellte vor. Im Hinblick auf diesen neuen Verdacht hätten alle Voraussetzungen für eine Durchsuchung nach § 102 StPO vorgelegen und die Steuerfahnder vor der Fortsetzung der Durchsuchungen einen richterlichen Durchsuchungsbeschluß erhalten können.

Ein **Verwertungsverbot** besteht nicht für Beweise, die durch Einsatz eines **V-Mannes** im Zusammenhang mit der Bekämpfung des organisierten Verbrechertums auf dem Gebiete der Wirtschaftskriminalität erlangt wurden, LG Heilbronn NJW 85, 874.

Ein durch zulässige **Abhörmaßnahmen** aufgedecktes Gespräch, das den Verdacht einer Straftat begründet, kann auch dann verwertet werden, wenn sich dieser Verdacht nicht bewahrheitet, der Gesprächsinhalt jedoch den Tatbestand eines anderen Strafgesetzes erfüllt, BVerfG NJW 88, 1075.

§ 399   8. Teil. Straf- und Bußgeldvorschriften

Zur **Fernwirkung** eines Beweisverwertungsverbots vgl insbes OLG Köln NJW 79, 1216. Ein Beweisverwertungsverbot gilt jedenfalls nicht zugunsten **Dritter**, denen gegenüber die Grundrechtsverletzung nicht vorgenommen wurde (betr Telefonüberwachung). Das Beweisverwertungsverbot des § 7 Gesetz zu Art 10 GG erfaßt nicht nur solche Kenntnisse und Unterlagen, die unmittelbar durch die nach § 1 Gesetz zu Art 10 GG angeordneten Maßnahmen erlangt worden sind, sondern auch auf solche, zu denen diese Kenntnisse und Unterlagen erst den Weg gewiesen haben, BGH NJW 80, 1700. Die Benutzung mittelbar erlangter Beweismittel ist nur zur Erforschung und Verfolgung von Katalogtaten gestattet. Eine generelle **Fernwirkung** von Verwertungsverboten hat der BGH allerdings nicht anerkannt.

15. Beschlagnahme und Auskunftsverlangen gegenüber Behörden. Der Begriff „**Gegenstände**" iSd § 94 StPO umfaßt auch behördliche Akten, soweit diesen eine mögliche Beweisbedeutung zukommt, vgl LG Bremen NJW 55, 1850; LG Hannover NJW 59, 351; LG Koblenz v 22. 7. 82 – 105 Js (wi) 21.604/82 –. Bei **wichtigem öffentl Interesse** an der Verfolgung des Strafanspruchs ist Anordnung der Beschlagnahme von **Behördenakten** zulässig, LG Darmstadt NJW 78, 901. Die Beschlagnahmevorschriften der StPO sind auch gegenüber Behörden unter bestimmten Voraussetzungen anwendbar, vgl LG Marburg NJW 78, 2306; LG D'dorf NJW 78, 903; LG Darmstadt NJW 78, 901, dagegen LG Wuppertal NJW 78, 902 mit der Begründung, daß eine Behörde dem Gericht nicht untergeordnet sei und nicht der Zwangsgewalt des Gerichts unterstehe, ferner *Walter* NJW 78, 868; *Ostendorf* DRiZ 81, 4; *Loewe/Rosenberg/Meyer* StPO 23. Aufl § 96 Tz 2; KG, JR 80, 476. Die §§ 94ff StPO stellen Eingriffsermächtigungen dar. Aus den Vorschriften läßt sich nicht entnehmen, daß ohne genauere Regelungen der Voraussetzungen, des Verfahrens und der möglichen Zwangsmittel den Strafverfolgungsorganen über die Möglichkeit der Amtshilfe hinaus Zwangsrechte gegen Behörden eingeräumt werden sollten. In der gegenwärtigen Verfassungsordnung stellen gerichtliche Eingriffe in die Verwaltungstätigkeit keine Fremdkörper mehr dar. Mit dem Verfassungsgrundsatz der **Gewaltentrennung** ist ein Rechtszwang auf die Verwaltung durch gerichtliche Entscheidungen vereinbar. Die allgemeine Pflicht zur **Amtsverschwiegenheit** steht nicht entgegen, wie sich aus den §§ 161, 54 I, § 96 StPO ergibt. Die Prüfung, ob sich ein Verdacht bestätigt, fällt ausschließlich in den Zuständigkeitsbereich der beschlagnahmebefugten Ermittlungsbehörden. Wenn sich der Verdacht nicht bestätigt, ist ggf auch ein Beweisverwertungsverbot anzunehmen.

§ 35 SGB gibt weder ein Recht noch eine Pflicht zur Verschwiegenheit gegenüber einem Auskunftersuchen der StA gemäß § 161 StPO, LG D'dorf NJW 78, 903.

§ 6 PostG, wonach Auskunft über Postscheck- oder Postspargutgaben nur mit Zustimmung des Postscheckteilnehmers oder in Fällen einer gesetzlichen Auskunftpflicht gegeben werden darf, steht einem **Auskunftverlangen** nach § 161 StPO **nicht entgegen;** das Postgeheimnis greift insoweit nicht ein. Das **Postscheckkonto** genießt nicht den Vorrang des Postgeheimnisses, sondern entspricht dem privatrechtl Bankgeheimnis.

3. Abschnitt. Strafverfahren § 399

Es berechtigt daher nicht zur Aussageverweigerung vor der StA, LG Frankfurt NJW 80, 1478.

Nach dem Sinn der Vorschrift des § 11 I **BStatG** gilt die Geheimhaltungspflicht zunächst nur für solche Auskünfte, die ausschließlich für statistische Zwecke abgegeben worden sind. Bei der Ausfuhrerklärung kann der Auskunftpflichtige aber nicht darauf vertrauen, daß seine Erklärung weder den Zoll- noch den Finanz- oder Strafverfolgungsbehörden bekannt werden, weil er diese Erklärung ja gerade gegenüber der Zollbehörde abgibt, die sie an das Bundesamt für Statistik weiterleitet. Es ist nicht einzusehen, weshalb eine Erklärung, die zunächst keinerlei Geheimnisschutz vor den Strafverfolgungsbehörden genießt, nur durch die Versendung an einen anderen Ort, nämlich an das Statistische Bundesamt, einen umfassenden Geheimnisschutz erlangen sollte.

16. Sicherstellung.

Schrifttum: *Hilger* § 290 StPO – ein weiterer Weg der „Zurückgewinnungshilfe" neben § 111b III StPO?, NStZ 82, 374.

Nach § 111b III StPO ist eine **Sicherstellung** der „**Vermögensvorteile**" des Beschuldigten möglich, die dieser durch eine Straftat erlangt hat. Die Sicherstellung erfolgt durch **Beschlagnahme** oder Arrest unmittelbarer oder mittelbarer Tatvorteile zugunsten desjenigen, der aus der Tat einen Anspruch auf Ausgleich des erlittenen Schadens erlangt hat, *Kleinknecht* § 111b StPO Rdnr 14; *Dreher/Tröndle* StGB § 73 Rdnr 6. Das hierfür vorgesehene Verfahren ist allerdings sehr kompliziert und unübersichtlich, vgl §§ 111e III und IV, 111c, 111d, 111g I–III, 111h, 111k StPO.

Umstritten ist, ob im Falle der Steuerhinterziehung zugunsten des verletzten Fiskus eine sog **Zurückgewinnungshilfe** nach § **111b Abs 3 StPO** zulässig ist, ob insbesondere bei Durchsuchungen vorgefundene **Vermögenswerte** (zB Bargeld, Schmuck, Wertpapiere usw) nach § 111c Abs 1 StPO **beschlagnahmt** werden können oder ob Forderungen Bankguthaben usw. nach § 111c Abs 3 StPO gepfändet werden können.

Die **Zurückgewinnungshilfe** nach § 111b Abs 3 StPO kommt in Betracht, wenn dringende Gründe für die Annahme vorhanden sind, daß die **Voraussetzungen** für ihren **Verfall** vorliegen und der Verfall nach § 73 Abs 1 Satz 2 StGB nur deswegen nicht möglich ist, weil hierdurch die Erfüllung eines Anspruchs, der einem Verletzten aus der Tat erwachsen ist, beseitigt oder gemindert würde. Nach der wohl herrschenden Meinung ist im Falle der Steuerhinterziehung auch der **Fiskus Verletzter** in diesem Sinne (vgl insbesondere LG Aachen NJW 78 385). Der Verfall nach § 73 Abs 1 StGB erstreckt sich grundsätzlich auf alle Vermögensvorteile. Hierunter fallen bewegliche Sachen, Immobilien aber auch dingliche obligatorische Rechte, sowie Vermögensvorteile ohne Substrat, wie zB das Ersparen von Aufwendungen. Der Verfall und damit auch die Zurückgewinnungshilfe erstreckt sich jedoch nur auf die **Vermögensvorteile, die unmittelbar** für die Tat oder aus der Tat **erlangt** sind. Dies wird insbesondere aus § 73 Abs 2 StGB gefolgert, wonach mittelbare Vorteile nur in zwei Fällen für den Verfall in Betracht kommen, nämlich soweit es sich um gezogene Nutzungen oder Ersatzgegenstände handelt. Ein Vermögensvorteil ist aus der Tat erlangt, wenn er dem Tatbeteiligten unmittelbar aus der Tat erwachsen ist. Vergegenständlichte Vermögensvorteile, dh Vermögensvor-

§ 399 8. Teil. Straf- und Bußgeldvorschriften

teile mit Substrat und ihre Surrogate werden sichergestellt nach § 111 c StPO. Andere Vermögensvorteile werden sichergestellt im Wege des dinglichen Arrestes nach § 111 d StPO. § 111 b Abs 1 StPO unterscheidet zwischen Gegenständen und anderen Vermögensvorteilen. Zu den **Vermögensvorteilen ohne Substrat** gehören nach der herrschenden Meinung namentlich auch das **Ersparen** von **Aufwendungen**. Gegenstände können als Surrogat im Sinne des § 73 Abs 2 StGB nur dann verfallen und über § 111 c StPO sichergestellt werden, wenn der aus der Tat erlangte **Vermögensvorteil** einmal ein **bestimmter Gegenstand** war. Demgegenüber ist der Verfall von Vermögensvorteilen ohne Substrat von vornherein auf einen Wertersatz gerichtet. Dies gilt auch dann, wenn der Täter dadurch in der Lage war, wertvolle Anschaffungen zu machen und sich Gegenstände mit Substrat angeschafft hat. **Zahlungsansprüche** wegen nur rechnerisch erfaßbarer Vermögensvorteile können aber nur durch den dinglichen Arrest nach § 111 d StPO und nur über diese Arrestanordnung durch Beschlagnahme und Pfändung gesichert werden. Soweit der **Steuerhinterzieher** durch die Tat, dh durch die zu niedrige Festsetzung der Steuer **Aufwendungen spart,** dürfte ein Fall des § 73 a StPO vorliegen und die Sicherstellung des Verfalls nur über den **dinglichen Arrest** nach § 111 d StPO und nicht im Wege der Beschlagnahme und Pfändung nach § 111 c StPO zulässig sein. Etwas anderes könnte gelten bei der erschlichenen **Steuererstattung,** insbesondere bei der Erstattung von Vorsteuerbeträgen. Hier könnte man in der Tat von einem vergegenständlichen Vermögensvorteil ausgehen. Nach § 111 e StPO ist zur **Anordnung des Arrestes** grundsätzlich der **Strafrichter** befugt, bei Gefahr im Verzuge auch der Staatsanwalt. Hierbei ist jedoch binnen einer Woche die **richterliche Bestätigung** herbeizuführen. Wegen des dinglichen Arrestes verweist § 111 d StPO auf die Bestimmungen der ZPO. Nach den danach anwendbaren § 917 ZPO muß zu besorgen sein, daß ohne Verhängung des Arrestes, die Vollstreckung vereitelt oder wesentlich erschwert werden würde. Ferner muß nach § 920 Abs 1 ZPO der **Arrestantrag** einen genauen **Geldbetrag** beziffern. Im übrigen ist auch bei der Anordnung des Arrestes nach § 111 d StPO ein besonderes **Rechtsschutzbedürfnis** erforderlich. Die Anordnung des Arrestes ist nur geboten, soweit der Verletzte dieser Hilfe bedarf. Die **Finanzbehörde** hat aber die Möglichkeit, selbst einen dinglichen Arrest nach **§ 324 AO** auszusprechen. Daher käme unter dem Gesichtspunkt des Rechtsschutzbedürfnisses eine Anordnung des Arrestes durch den Strafrichter oder die Staatsanwaltschaft wohl nur in Betracht, wenn der dingliche Arrest nach § 324 AO zu spät kommen würde.

Daneben gibt es aber noch einen anderen – einfacheren – Weg zur Wahrung der Interessen des Gläubigers. Nach §§ 290, 292 StPO kann das im Geltungsbereich der StPO befindliche Vermögen eines Abwesenden **beschlagnahmt** werden, wenn Anklage erhoben ist und Verdachtsgründe vorliegen, die den Erlaß eines Haftbefehls rechtfertigen würden. Damit soll allerdings in erster Linie der Täter veranlaßt werden, sich der deutschen Gerichtsbarkeit zu stellen, nicht aber in gleicher Weise das Interesse des Gläubigers geschützt werden. Eine Beschränkung der Beschlagnahme auf die Tatvorteile sieht das Gesetz nicht vor. Durch die Beschlagnahme tritt ein Verfügungsverbot ein, vgl § 292 StPO, und zwar ein absolutes iSd § 134 BGB. Der nach § 292 II StPO einzusetzende Pfleger darf Verbind-

3. Abschnitt. Strafverfahren § 399

lichkeiten erfüllen, wenn eine sachgerechte Verwaltung dies erfordert. Entscheidend ist, daß dem Abwesenden kein Vermögen zugeführt wird. Auch Gläubiger sind nicht gehindert, zur Befriedigung ihrer titulierten Forderungen in das Vermögen zu vollstrecken.

17. Rechtsschutz bei strafprozessualen Eingriffen von StA (FA) und Polizei (Steufa).

Schrifttum: *Rieß/Thym* Rechtsschutz gegen strafprozessuale Zwangsmaßnahmen, GA 81, 189 ff; *Lohmeyer* Schutz gegen Maßnahmen der Steuerfahndung, Stbg 83, 130; *Dörr* Rechtsschutz gegen vollzogene Durchsuchungen und Beschlagnahmen im Strafermittlungsverfahren, NJW 84, 2258; *Mayer/Wegelin* Der Rechtsschutz im Ermittlungsverfahren wegen Steuerhinterziehung: Theorie und Wirklichkeit, DStZ 84, 244; *Ricke* Zur Zulässigkeit einer Entscheidung über eine bereits ausgeführte Durchsuchung und die über die Art und Weise der Durchführung einer Durchsuchung, ZfZ 86, 88; *Sdrenka* Grundrechtseingriffe im Steuerstrafverfahren – Rechtsschutz gegen strafprozessuale Grundrechtsverletzung DStR 86, 703.

Die Frage des **Rechtswegs** und des zulässigen Rechtsmittels gegen **strafprozessuale Maßnahmen** der StA und der Polizei ist lange strittig gewesen. Inzwischen hat der **BGH** (NJW 78, 1003) insofern eine Klärung herbeigeführt, als er **generell**, ggf unter **entsprechender Anwendung** des § 98 II 2 StPO einen **Antrag** auf **richterliche Entscheidung** für gegeben hält. Während gegen richterliche Anordnungen die **Beschwerde** nach § 304 StPO zulässig ist, fehlt für Maßnahmen der **Strafverfolgungsbehörden** eine einheitlich klare Regelung. Lediglich in §§ 98 II 2 (Beschlagnahme), 111e II 3 (Beschlagnahme zum Zwecke des Verfalls oder der Einziehung), § 132 III 2 (Maßnahmen gegen Personen ohne festen Wohnsitz oder Aufenthalt) ist vorgesehen, daß der Beschuldigte Antrag auf gerichtl Entscheidung stellen kann. Das gleiche gilt für die §§ 161a III 1, 163a III 3 StPO (Ladung von Zeugen und des Beschuldigten durch die StA). Hierbei handelt es sich aber **nicht** um die **Einlegung eines Rechtsmittels** (vgl *Schenke* Rechtsschutz bei strafprozessualen Eingriffen von StA und Polizei, NJW 76, 1816, 1822), denn der Richter entscheidet nicht über die Rechtmäßigkeit der Maßnahme, sondern darüber, ob die **Aufrechterhaltung** der Maßnahme im Augenblick seiner Entscheidung noch **gerechtfertigt** und auch zweckmäßig ist. Im übrigen kann über § 98 II 2 StPO usw nicht über die Rechtmäßigkeit bereits **erledigter Maßnahmen** entschieden werden.

Nach BGH (NJW 78, 1013) ist auch der **Antrag** nach § 98 II 2 StPO nach **Erledigung** der Maßnahme nicht generell unzulässig, sondern nur dann, wenn der Betroffene nur ideell durch das Bewußtsein beeinträchtigt wurde, einem möglicherweise ungerechtfertigten Eingriff ausgesetzt gewesen zu sein. Anders bei **Wiederholungsgefahr** oder bei **Diskriminierungswirkung** des erledigten Eingriffs; kritisch hierzu *Ehlers* BB 78, 1517. Eine **Aufhebung** des Durchsuchungsbefehls nach Durchführung der Durchsuchung ist nicht mehr möglich, BGH aaO; kritisch hierzu *Winklbauer* Der Rechtsschutz gegen die Durchsuchung einer Steuerberaterkanzlei, DStR 78, 693. Die **nachträgliche** Entscheidung über die Zulässigkeit einer bereits **ausgeführten Durchsuchung** ist der Durchsuchungsanordnung so ähnlich, daß der Rechtsbehelf gemäß § 98 II StPO entsprechend anzuwenden ist.

Für Maßnahmen der **Polizei (Steufa)** als Strafverfolgungsbehörde gilt nichts anderes. Das BVerwG (NJW 75, 893) hatte bereits insoweit die

§ 399 8. Teil. Straf- und Bußgeldvorschriften

Zuständigkeit der **Verwaltungsgerichte** verneint und im Hinblick auf die Funktion der Polizei als staatsanwaltschaftl Ermittlungsorgan auf den Rechtsweg **nach §§ 23 EGGVG** verwiesen. Das OLG Karlsruhe (NJW 76, 1417) hat zwar insoweit die Eigenschaft der Polizei als Justizbehörde bejaht, gleichwohl aber den Rechtsweg nach § 23 EGGVG nicht für zulässig gehalten, weil es sich nicht um einen **Justizverwaltungsakt** sondern um eine Prozeßhandlung handele. Der Rechtsweg nach § 23 EGGVG dürfte danach nur insoweit eröffnet sein, als es um die **Art und Weise** der **Vollstreckung** von Maßnahmen der Strafverfolgung geht, nicht aber auch um die **Rechtmäßigkeit der Anordnung.** Der Rechtsweg nach §§ 23 ff EGGVG ist nicht gegeben zur Prüfung der Rechtmäßigkeit der **Einleitung** eines staatsanwaltschaftlichen **Ermittlungsverfahrens** gegen den Antragsteller, OLG Karlsruhe NStZ 82, 434, mit Anm von *Rieß*.

Art 19 IV GG eröffnet grundsätzlich keinen Rechtsschutz gegen die üblichen Einzelmaßnahmen eines strafrechtlichen Ermittlungsverfahrens, die lediglich die abschließende Verfügung – die Anklageerhebung oder die Verfahrenseinstellung – vorbereiten. Für diese staatsanwaltschaftlichen Prozeßhandlungen gilt sonach nichts anderes, als was für die behördlichen Verfahrenshandlungen durch § 44a VwGO und die Verfahrenshandlungen der Bußgeldbehörden durch § 62 I 2 OWiG ausdrücklich und ohne Verstoß gegen Art 19 IV GG gesetzlich geregelt ist.

Lediglich soweit die Ermittlungshandlungen in **Grundrechte** eingreifende **Zwangsmaßnahmen** sind, wird der Rechtsweg zum Gericht als eröffnet angesehen, zB bei staatsanwaltschaftlichen **Durchsuchungsanordnungen** nach § 103 StPO und bei vorläufiger Festnahme (BGH NJW 78, 1013; BGHSt 28, 57; 28, 206; GA 81, 223). Aber auch in diesen Fällen wird nicht der Rechtsweg nach §§ 23 ff EGGVG eröffnet, sondern auf die prozessualen Rechtsbehelfe der Strafprozeßordnung verwiesen, vgl *Rieß-Thym* GA 81, 189 ff, 199 ff. Nur zur Prüfung der Rechtmäßigkeit der Art und Weise der **Vollziehung** einer erledigten Maßnahme wird unter gewissen Voraussetzungen der Rechtsweg nach §§ 23 ff EGGVG eröffnet, *Rieß-Thym* aaO 206.

Soweit **Art und Weise** der bereits abgeschlossenen Vollziehung einer Durchsuchungsanordnung im Hinblick auf ein aus besonderen Gründen des Einzelfalles gegebenes Rechtsschutzbedürfnis gerichtlicher Überprüfung zugänglich sind, ist dafür die Zuständigkeit des OLG nach §§ 23 ff EGGVG gegeben, BGH NJW 79, 882. Der Vorwurf verzögerlicher Bearbeitung eines staatsanwaltschaftlichen Ermittlungsverfahrens unterliegt nicht der gerichtlichen Überprüfung nach §§ 23 ff EGGVG, OLG Hamm NStZ 83, 38. Zur Überprüfung der Rechtmäßigkeit des **Antrages** der StA auf Erlaß einer **Durchsuchungs-** oder **Beschlagnahmeanordnung** ist der Rechtsweg nach § 23 EGGVG nicht eröffnet, OLG Karlsruhe Justiz 80, 94. Einen **Durchsuchungsbeschluß,** der eine als Dritte angegangene **Bank** betrifft, kann der Beschuldigte, dessen **Kunde** der Bank ist, **nicht anfechten,** LG Köln 25. 4. 83 117 Qs 3/83.

Hält das **Finanzgericht** den zu ihm beschrittenen Rechtsweg für unzulässig und **verweist** die Sache an ein Gericht der **ordentlichen Gerichtsbarkeit,** weil es diesen Rechtsweg für gegeben hält, so tritt Bindungswirkung nur insoweit ein, als damit der Rechtsweg zum Finanzgericht ausgeschlossen ist, OLG Düsseldorf wistra 85, 123. Gegen **Presseverlautbarungen** der

3. Abschnitt. Strafverfahren § 399

StA über das Ergebnis eines von ihr geführten strafrechtlichen Ermittlungsverfahrens ist der Rechtsweg zu den **Verwaltungsgerichten** gegeben, BVerwG NStZ 88, 513. Es handelt sich um eine öffentlich rechtliche Streitigkeit nicht verfassungsrechtlicher Art, die nicht durch Bundesgesetz einem anderen Gericht ausdrücklich zugewiesen ist (§ 40 I 1 VwGO). § 23 I EGGVG weist den ordentlichen Gerichten eine Entscheidungsbefugnis nur über die spezifisch **justizmäßigen** Maßnahmen der Justizbehörden zu, um zu verhindern, daß Gerichte zweier verschiedener Gerichtszweige Verwaltungsstreitigkeiten desselben Rechtsgebiets entscheiden. Wegen dieser Beschränkung sind alle nicht spezifischen justizmäßigen Verwaltungsmaßnahmen, die eine Justizbehörde in ihrem Zuständigkeitsbereich trifft, von der Rechtswegregelung der §§ 179 VwGO, 23 ff EGGVG ausgenommen. Die StA wird **nicht** auf dem Gebiet der **Strafrechtspflege** tätig, wenn sie über ein strafrechtliches Ermittlungsverfahren gegenüber der **Presse berichtet.**

18. Abschluß des Ermittlungsverfahrens. Die Bustra kann das selbständig durchgeführte Ermittlungsverfahren durch **Einstellung,** Antrag auf Anordnung von **Nebenfolgen** im selbständigen Verfahren, Antrag auf Erlaß eines **Strafbefehls** oder durch Vorlage an die Staatsanwaltschaft abschließen. Soll das Verfahren nicht eingestellt werden, ist der Beschuldigte spätestens vor dem Abschluß der Ermittlungen zu **vernehmen.** In einfachen Sachen genügt es, daß ihm Gelegenheit zur schriftlichen Äußerung gegeben wird (§ 163a Abs 1 StPO).

19. Einstellung nach § 170 Abs 2 StPO. Geben die Ermittlungen keinen genügenden Anlaß zur Erhebung der öffentlichen Klage, weil zB eine Verurteilung des Beschuldigten nicht mit Wahrscheinlichkeit zu erwarten ist oder sich der **Verdacht** als unbegründet erweist, wird das Verfahren eingestellt. Das gleiche gilt, wenn der Verurteilung ein **Verfahrenshindernis** entgegensteht, zB weil die Tat verjährt ist (§§ 78 bis 78c StGB), der Täter vom Versuch zurückgetreten ist (§ 24 StGB) oder wenn dem Täter ein Rechtfertigungs- oder Schuldausschließungsgrund zur Seite steht. In extremen **Ausnahmefällen,** in denen eine andere Verfahrensbeendigung nicht möglich ist, ist in einer **überlangen Verfahrensdauer** ein Verfahrenshindernis, abgeleitet aus dem Rechtsstaatsgebot des Grundgesetzes zu sehen, LG Düsseldorf NStZ 88, 427 (vgl aber BGHSt 24, 239; 27, 247 der mit der überwiegenden Meinung mit der Literatur ein Verfahrenshindernis bei einer Verletzung des Beschleunigungsgebots nicht annimmt). Vgl dagegen BVerfG NJW 84, 967, die die Rechtsprechung des BGH kritisiert; ferner OLG Koblenz NJW 72, 404 und Rechtsprechungsübersicht von *Pfeiffer/Miebach* NStZ 87, 19. Das Steuerstrafverfahren ist auch einzustellen, wenn dem Beschuldigten nach dem Ermittlungsergebnis nur eine Steuerordnungswidrigkeit anzulasten ist. Das Verfahren kann wieder aufgenommen werden, wenn hierzu Anlaß besteht. Das Legalitätsprinzip wird eingeschränkt durch das **Opportunitätsprinzip,** wonach unter den in §§ 153 ff StPO genannten Voraussetzungen die StA und die FinBeh von der Verfolgung absehen können. Durch die **gerichtliche Einstellung** des Verfahrens tritt ein **Verbrauch** der **Strafklage** ein, so daß Straftaten, die im Zusammenhang mit der Steuerhinterziehung stehen, nicht noch nachträglich geahndet werden können. Dies gilt auch für Teile der **fortgesetzten Handlung,** die erst nach der Einstellung entdeckt werden.

1215

§ 399
8. Teil. Straf- und Bußgeldvorschriften

20. Einstellung nach § 153 Abs 1 Satz 1 StPO, § 398 AO. Die **Bustra** kann mit **Zustimmung** des für die Eröffnung des Hauptverfahrens zuständigen **Gerichts** von der Verfolgung einer Straftat absehen, wenn die **Schuld** des Täters als **gering** anzusehen wäre und kein öffentliches Interesse an der Verfolgung besteht. Nach **§ 398** kann die Bustra das Verfahren unter den gleichen Voraussetzungen **ohne Zustimmung** des Gerichts einstellen, wenn im übrigen bei einer Steuerhinterziehung nur eine geringwertige Steuerverkürzung eingetreten ist oder nur geringwertige Steuervorteile erlangt wurden. Dies gilt entsprechend in einem Verfahren wegen Begünstigung einer Person, die eine der in § 375 Abs 1 Nr 1–3 genannten Taten begangen hat (§ 398 Satz 2). Die Erteilung oder Versagung der Zustimmung des Gerichts zur Einstellung des Verfahrens nach § 153 I StPO ist nicht mit der Beschwerde anfechtbar, LG Ellwangen JZ 80, 365.

Auch die Weigerung der **Staatsanwaltschaft** eine Einstellung eines noch schwebenden Strafverfahrens gem §§ 153 ff StPO zuzustimmen, ist nicht im Verfahren nach dem §§ 23 ff EGGVG anfechtbar, OLG Hamm NStZ 85, 472. Die Schuld ist als gering anzusehen, wenn sie bei einem Vergleich mit Steuerstraftaten gleicher Art nicht unerheblich unter dem Durchschnitt liegt. Eine Feststellung der Schuld ist nicht erforderlich; es genügt, daß für sie eine gewisse Wahrscheinlichkeit besteht. Das Verfahren kann wieder aufgenommen werden, wenn hierzu Anlaß besteht.

21. Einstellung nach § 153a StPO.

Schrifttum: *Heuer* „Sonstige Auflagen" bei der Einstellung der Steuerstrafverfahren nach § 153a StPO, DStZ 85, 243; *Grezesch* Auflagen gemäß § 153a StPO als Spenden, wistra 85, 183; *Pfaff* „Sonstige Auflagen" bei der Einstellung des Steuerstrafverfahrens nach § 153a StPO, StBp 86, 86; *Weyand* Zur Einstellung von Steuerstrafverfahren gegen Geldauflage, Inf 88, 49.

§ 153a StPO erlaubt es der StA, **vorläufig** von der **Erhebung** der **öffentlichen Klage abzusehen,** wenn das für die Eröffnung des Hauptverfahrens zuständige **Gericht** und der **Beschuldigte zustimmen,** und gleichzeitig dem Beschuldigten gewisse **Auflagen,** insbesondere die der Wiedergutmachung des angerichteten Schadens zu machen. Unzulässig wäre dagegen die Auflage, auf ein **Rechtsmittel** im finanzgerichtlichen Verfahren zu **verzichten. Einstellung** nach § 153a StPO ist nur **zulässig,** wenn die Voraussetzungen für sofortige Einstellung nach § 153 StPO nur deshalb nicht gegeben sind, weil ein öffentl Interesse an Strafverfolgung besteht, *Kleinknecht* § 153a StPO Anm 3. Im **Bußgeldverfahren** gilt § 153a nicht. Maß der Schuld muß aufgrund der Ermittlungen als gering beurteilt werden können; es muß insoweit **hinreichender Tatverdacht** bestehen. *Kleinknecht* aaO Anm 7. Auflagen und Weisungen haben **keinen Strafcharakter,** sie werden auch nicht im **Zentralregister** eingetragen (Ausnahmen: Verstöße gegen StVG). Trotzdem kann nicht bei **Zusammentreffen** mit **OWi** diese verfolgt werden, *Kleinknecht* § 153a StPO Anm 35. Soweit die **FinBeh** das Ermittlungsverfahren durchführt und **Strafbefehlsantrag** stellen kann, kann auch sie das Verfahren nach § 153a I StPO vorläufig einstellen, jedoch nur mit **Zustimmung** des Gerichts, *Kleinknecht* aaO Anm 37 und 9; aA *Klein/Orlopp,* 1. Aufl. Auch bei vorläufiger Einstellung ist nachträgliches **objektives Verfahren** grundsätzlich möglich, *Kleinknecht* aaO Anm 57. Nach **verspäteter** oder teilweise **Auflagenerfüllung** ist eine **erneute Ein-**

3. Abschnitt. Strafverfahren § 399

stellung nach § 153a oder nach § 153 StPO grundsätzlich zulässig. Es kommt hierbei auf das Verschulden an. Wenn nicht eingestellt wird, können erbrachte Leistungen nicht auf die Strafe angerechnet, aber bei der Strafzumessung berücksichtigt werden, vgl *Schmid* JR 79, 53. Die **Verfahrenseinstellungen** als solche gem § 153a II StPO ist **unanfechtbar**, auch bezüglich der Kosten – und Auslagenentscheidung, OLG Hbg MDR 84, 425. Werden die Auflagen nach § 153a nicht erfüllt, kann gegen den Wiederaufnahmebeschluß keine Beschwerde eingelegt werden; die Entscheidung kann nur mit dem Rechtsmittel gegen das Urteil angefochten werden, OLG Stuttgart MDR 80, 250.

Bei Einstellung des Verfahrens gem § 153a StPO nach Erfüllung der Auflagen können diejenigen Teile der nunmehr als fortgesetzte Handlung gewerteten Straftat verfolgt werden, die von der Einstellung nicht umfaßt sind, BGH NStZ 84, 231.

Nach Auffassung von *Grezesch* (aaO wistra 85, 183) ist eine **Spende** im Sinne des § 153a I Nr 2 StPO gemäß § 10b EStG steuerlich **abzugsfähig,** weil die Auflagen nach § 153a StPO keinen Strafcharakter haben. Dieser Auffassung kann mit *Göhler* (wistra 85, 219) nicht gefolgt werden.

Nach § 12 Nr 4 EStG idF vom 25. Juli 1984 (BGBl 84, 1006, BStBl I 84, 401) können Leistungen zur Erfüllung von Auflage in einem Strafverfahren, die nicht lediglich der Wiedergutmachung des durch die Tat angerichteten Schadens dienen, weder bei den einzelnen Einkommensarten noch beim Gesamtbetrag der Einkünfte abgezogen werden. Es ist verfassungsrechtlich nicht zu beanstanden, daß durch Gesetz vom 25. Juli 1984 (BGBl I 1984, S 1006) der **Abzug** von **Geldauflagen** gem § 153a StPO als **Betriebsausgaben** auch mit Wirkung für die Vergangenheit ausgeschlossen worden ist; das Gesetz kodifizierte damit lediglich eine bereits bestehende Rechtsüberzeugung, BFH wistra 86, 225.

Ein generelles **Rückwirkungsverbot** für Gesetze läßt sich aus dem Grundgesetz nicht entnehmen (BVerfGE 3, 58, 150; BFH BStBl 86, 518). Ein solches Verbot ergibt sich lediglich für den Bereich des Strafrechts aus **Art 103 Abs 2 GG**. Im übrigen ergeben sich allerdings Grenzen durch das Rechtsstaatsprinzip, zu dessen wesentlichen Elementen die Rechtssicherheit gehört. Rechtssicherheit bedeutet Vertrauensschutz. In diesem Vertrauen wird der Bürger enttäuscht, wenn der Gesetzgeber an bereits abgeschlossene Tatbestände nachträglich ungünstigere Folgen knüpft, vgl BVerfGE 45, 142, 167. Das **Vertrauen** ist jedoch **nicht schutzwürdig,** wenn der Bürger mit der Neuregelung rechnen mußte, das geltende Recht unklar und verworren war, das Vertrauen einer ungültigen Rechtsnorm galt oder wenn zwingende Gründe des Gemeinwohls die Rückwirkung rechtfertigen (BVerfGE 13, 261, 272). Eine rückwirkende Regelung ist dann unbedenklich, wenn sie lediglich eine bereits in der Vergangenheit herrschende Rechtsüberzeugung kodifiziert.

22. Einstellung in sonstigen Fällen. a) Die StA kann nach § **153b** **StPO** von der Erhebung der öffentlichen Klage absehen, wenn die Voraussetzungen vorliegen, unter denen das Gericht von der Strafe absehen kann. Dies ist nach § 60 StGB der Fall, wenn die Folgen der Tat, die den Täter getroffen haben, so schwer sind, daß die Verhängung einer

1217

§ 399

Strafe offensichtlich verfehlt wäre, sofern nicht der Täter eine Freiheitsstrafe von mehr als einem Jahr verwirkt hat.

b) Nach § 153 c StPO kann von der Verfolgung von **Auslandsstraftaten** abgesehen werden, wenn wegen der Tat im Ausland schon eine Strafe gegen den Beschuldigten vollstreckt worden ist und die im Inland zu erwartende Strafe nach Anrechnung der ausländischen nicht ins Gewicht fiele.

c) Die §§ 153 d und 153 e StPO beziehen sich auf **politische Straftaten** und haben für das Besteuerungsverfahren keine Bedeutung.

d) Die §§ 154, 154 a StPO regeln die Fälle **relativer Geringfügigkeit,** bei denen die Straftat im Verhältnis zu einer damit im Zusammenhang stehenden anderen Straftat nicht ins Gewicht fällt. Sie sind durch das StVÄG 1979 (BGBl 78 I 1645) mit Wirkung v 1. 1. 79 erheblich erweitert worden. Vorher war eine Verfahrenseinstellung nur bei einzelnen Taten, abtrennbaren Teilen einer Tat oder einzelnen Gesetzesverletzungen zulässig, deren mögliche Rechtsfolge neben einer anderen Strafe oder Maßregel nicht ins Gewicht fallen.

Die **Einstellungspraxis** ist damit **erweitert** worden. Falls die Bildung einer Gesamtstrafe in Betracht kommt, ist auf die Auswirkungen der auszuscheidenden Tat auf die zu erwartende Gesamtstrafe abzustellen.

Durch die Fassung wird ferner klargestellt, daß die **Einstellungsmöglichkeit** nicht voraussetzt, daß die **Ermittlungen** weitgehend **abgeschlossen** sind.

Der Einstellungsbeschluß nach § 154 II StPO ist unanfechtbar, OLG D'dorf NJW 81, 833. Hat das Gericht gemäß § 154 II StPO das Verfahren beschränkt, darf es die ausgeschiedenen Teile der Tat ohne erneute Einbeziehung in das Verfahren nur dann im Rahmen der Beweiswürdigung gegen den Angeklagten verwenden, wenn es ihn vorher ausdrücklich auf diese Möglichkeit hingewiesen hat, BGH NJW 83, 1504. Vorläufig **ausgeschiedene Tatteile** bleiben bis zur Rechtskraft der gerichtlichen Sachentscheidung **rechtshängig** und – nach Wiedereinbeziehung – auch verfolgbar, BGH wistra 88, 185.

Die Regelung des **§ 154 a StPO** bedeutet, daß es, wenn die Gesamtsituation es angezeigt läßt, möglich ist, von einer Reihe **gleichwertiger** Taten, die zueinander in **Fortsetzungszusammenhang** stehen, einen nicht unerheblichen Teil dieser Taten einzustellen. Die Regelung hat auch für die Fälle Bedeutung, in denen durch **eine Tat** mehrere Gesetzesverletzungen begangen werden. Tatbestände, denen die Strafe nicht entnommen wird, können häufiger ausgeschieden werden, weil die zu erwartende **Strafe** nicht **beträchtlich** ins Gewicht fällt, vgl § 52 I StGB. Aber auch der Straftatbestand mit der **schwersten Strafandrohung** kann ausgeschieden werden, wenn die aus ihm zu entnehmende Strafe nur unbeträchtlich höher ist als die Strafe aus der Gesetzesverletzung mit der milderen Strafandrohung. Nach § 154 a StPO ausgeschiedene Tatteile können gemäß § 154 a III 1 StPO in jeder Lage des Verfahrens wieder **einbezogen** werden. Das hat im Hinblick auf § 264 StPO grundsätzlich zu geschehen, wenn das Gericht ohne die Wiedereinbeziehung zum Freispruch kommen würde (BGHSt 22, 105; 29, 315) oder wenn ohne sie die Frage der Verjährung nicht abschließend beurteilt werden kann, BGH NJW 80, 2821.

3. Abschnitt. Strafverfahren **§ 399**

e) Nach § 45 JGG kann der StA von der Verfolgung bei Straftaten **Jugendlicher** absehen, wenn er die Ahndung durch Urteil für entbehrlich hält und der Beschuldigte gesteht. Zum Verhältnis von § 45 JGG zu den §§ 153 ff StPO vgl *Bohnert* NJW 80, 1927.

23. Antrag auf Erlaß eines Strafbefehls. Bieten die Ermittlungen genügenden Anlaß zur Erhebung der öffentlichen Klage und ist die Strafsache zur Behandlung im Strafbefehlsverfahren geeignet, kann Antrag auf Erlaß eines Strafbefehls (§ 400) gestellt werden. Eine Erledigung im Strafbefehlsverfahren ist nicht möglich, wenn die Verhängung einer **Freiheitsstrafe** erforderlich erscheint, zB stets dann, wenn ein besonders schwerer Fall der Steuerhinterziehung vorliegt.

Der Antrag auf Erlaß eines Strafbefehls darf erst gestellt werden, wenn dem Beschuldigten rechtliches Gehör gewährt worden ist und er Gelegenheit hatte, sich zu dem Ermittlungsergebnis zu äußern. Der **Antrag** ist an das zuständige **Amtsgericht** zu übersenden.

Ist die Sache für das Strafbefehlsverfahren nicht geeignet, so sind die Akten der Staatsanwaltschaft vorzulegen.

24. Stellung der Finanzbehörde im staatsanwaltschaftlichen Ermittlungsverfahren. Führt die StA das Ermittlungsverfahren in Strafsachen durch, hat die Bustra nur dieselben Rechte und Pflichten wie die Behörden der Polizeidienste nach der Strafprozeßordnung, insbesondere nach § 161 und § 163 StPO sowie die Befugnisse nach § 399 Abs 2 Satz 2 AO. Beschuldigte Zeugen und Sachverständige sind dann nicht verpflichtet, auf Ladung der Bustra vor ihr zu erscheinen. Die Befugnis zur Durchsicht der Papiere des Beschuldigten hat in diesen Fällen neben der Staatsanwaltschaft nur die Steufa, nicht aber auch die Bustra.

Die Bustra kann an Ermittlungen der Staatsanwaltschaft oder der Polizei teilnehmen (§ 403 Abs 1 Satz 1). Der Vertreter der Bustra ist berechtigt, Fragen an beschuldigte Zeugen und Sachverständige zu stellen (§ 403 Abs 1 Satz 3).

25. Antrag auf Anordnung von Nebenfolgen im selbständigen Verfahren. Die Bustra kann nach pflichtgemäßem Ermessen beantragen, den **Verfall** oder die **Einziehung** (§§ 73 bis 75 StGB) selbständig anzuordnen oder eine Geldbuße gegen eine juristische Person oder eine Personenvereinigung selbständig festzusetzen (§ 401). Das Verfahren richtet sich nach den §§ 440, 442 Abs 1, 444 Abs 3 StPO.

26. Tateinheit mit anderen Straftaten. Die **StA** und nicht die FinBeh führt das **Ermittlungsverfahren** durch, wenn **Tateinheit** zwischen **StVergehen** und **anderen Straftaten** besteht (Ausnahmen, wenn die Tat zugleich andere Strafgesetze verletzt, deren Verletzung KiSt oder andere öffentlichrechtl Abgaben betrifft, die an Besteuerungsgrundlagen anknüpfen, zB Beiträge zu Industrie- und Handelskammern), oder wenn gegen den Beschuldigten wegen der Tat ein **Haft-** oder **Unterbringungsbefehl** erlassen worden ist. Wird der Haftbefehl aufgehoben, entsteht die Ermittlungskompetenz des FA wieder von neuem, vgl § 386 III.

27. Nach **§ 387 II** kann die **sachliche** Zuständigkeit in StStrafsachen für die Bezirke mehrerer FinBehörden auf ein FA durch RVO übertragen

1219

werden. Die Vorschrift ermöglicht die Errichtung **gemeinsamer Strafsachenstellen,** wie sie jedoch bereits vor Inkrafttreten dieser Bestimmung (früher § 422 II RAO) bestanden haben. § 399 II (bisher § 433 II RAO) läßt die sachliche Zuständigkeit der angeschlossenen FÄ in gewissem Umfang bestehen, insofern, als sie weiterhin das Recht des ersten Zugriffs und die besonderen Befugnisse der Hilfsbeamten der StA haben. Auch Betriebsprüfer kann Verfahren einleiten, vgl § 9 BpO. Diese Rechte bleiben auch bestehen, wenn die StA die Ermittlungen durchführt (vgl § 402 II).

§ 400 Antrag auf Erlaß eines Strafbefehls

Bieten die Ermittlungen genügenden Anlaß zur Erhebung der öffentlichen Klage, so beantragt die Finanzbehörde beim Richter den Erlaß eines Strafbefehls, wenn die Strafsache zur Behandlung im Strafbefehlsverfahren geeignet erscheint; ist dies nicht der Fall, so legt die Finanzbehörde die Akten der Staatsanwaltschaft vor.

Schrifttum: *Achenbach* Der BGH zur Rechtskraft des Strafbefehls, NJW 79, 2021; *Weller/Schmied* Strafbefehlsverfahren und Vereinbarungen „im Strafverfahren", wistra 84, 207.

1. Inhalt. Ebenso wie die StA unter den Voraussetzungen des § 407 StPO einen **Antrag** auf Erlaß eines **Strafbefehls** stellen kann, steht diese Befugnis auch der FinBeh als Ermittlungsbehörde zu. Dieses Recht ist seinerzeit ua im Hinblick auf die Strafbefugnis der FÄ im Unterwerfungsverfahren eingeführt worden. Der Antrag ist an das **Gericht** zu richten; uE bestehen aber auch keine Bedenken, den Antrag ans Gericht **über die StA** zu leiten; eine Kontrollfunktion darf damit aber nicht verbunden werden. Durch die Änderung im Rahmen des StVÄG 79 wurde die Bezeichnung „Strafrichter" durch die Bezeichnung **„Richter"** ersetzt, weil zum Erlaß des **Strafbefehls** nicht mehr allein der **Strafrichter** (der nach § 25 GVG allein entscheidende Richter bei AG in Strafsachen) sondern auch der **Vorsitzende** des Schöffengerichts (§ 30 II GVG) befugt ist.

Dadurch, daß bei Zuständigkeit des Schöffengerichts der Strafbefehl vom Vorsitzenden des Schöffengerichts erlassen wird, wird vermieden, daß bei einer evtl Hauptverhandlung nach § 408 II sich ein anderer Richter in die Sache einarbeiten muß. **Voraussetzungen:**

a) Die Ermittlungen müssen genügend Anlaß zur Erhebung der öffentlichen Klage bieten;

b) die Strafsache muß zur Behandlung im Strafbefehlsverfahren geeignet sein. Dies ist der Fall bei

aa) **Hinreichendem Tatverdacht** iSd § 203 StPO, dh eine Verurteilung des Beschuldigten ist mit einiger Wahrscheinlichkeit zu erwarten (*Löwe/Rosenberg* § 203 StPO Anm 2).

bb) allen StStraftaten, soweit Geldstrafe usw oder Einziehung beantragt wird. Nicht geeignet sind rechtlich oder tatsächlich schwierige Sachen, Sachen, bei denen mit einem Einspr des Beschuldigten zu rechnen ist. Amtsrichter hat dem Antrag zu entsprechen, wenn keine Bedenken entgegenstehen.

3. Abschnitt. Strafverfahren **§ 400**

2. Das **Strafbefehlsverfahren** unterscheidet sich im wesentlichen von Strafverfahren dadurch, daß vorherige Anhörung des Beschuldigten nach § 33 III StPO nicht erforderlich ist, eine Hauptverhandlung nur stattfindet, wenn der Beschuldigte gegen den Strafbefehl Einspruch einlegt (§ 411 StPO). Im übrigen hat der Richter, wenn er Bedenken gegen den Erlaß des Strafbefehls hat, nach § 408 II StPO die Möglichkeit, Hauptverhandlung anzuberaumen. Zur **Kennzeichnung** einer zu ahndenden StHinterziehung im Strafbefehl gehört die (kurze) **Darstellung** der tatsächlichen **Grundlagen** des materiellen StAnspruchs über dessen Verkürzung entschieden werden soll, die Angabe wie und wann Erklärungspflichten verletzt wurden und ein Vergleich der gesetzlich geschuldeten St mit der aufgrund der Hinterziehung festgesetzten, OLG Düsseldorf, wistra 88, 365. Gegen **Ablehnung** des Erlasses eines Strafbefehls ist **sofortige Beschwerde** gegeben, vgl § 210 II StPO.

3. Zu den **verfassungsrechtlichen Bedenken des** Strafbefehlsverfahrens insbesondere unter dem Gesichtspunkt des rechtlichen Gehörs vgl *Kohlmann* aaO V 358ff; *ders*, über die eingeschränkte Geltung des Grundsatzes „ne bis in idem" unter V 360ff.

4. Im **Strafbefehlsverfahren** zulässige **Strafen** und **Maßregeln** sind Geldstrafe, Verwarnung mit Strafvorbehalt, Verfall, Einbeziehung, Vernichtung, Unbrauchbarmachung, Bekanntgabe der Verurteilung, Geldbuße gegen eine juristische Person oder Personenvereinigung.

5. Einziehung. Nach § 375 II können bei StHinterziehung, Bannbruch oder StHehlerei Erzeugnisse usw und Beförderungsmittel eingezogen werden. Das FA kann nach § 401 den Antrag auf selbständige Anordnung der Einziehung stellen. Das gleiche gilt für die Anordnung des **Verfalls** und die Festsetzung einer Geldbuße gegen eine juristische Person oder Personenvereinigung.

6. Sachliche Zuständigkeit für den Erlaß eines Strafbefehls liegt beim **Amtsgericht.** Entscheidung trifft der Richter als Einzelrichter oder als Vorsitzender des Schöffengerichts. Durch die Änderung des § 407 I StPO im Rahmen des **StVÄG 1979** wird in verfassungsrechtlich einwandfreier Weise der Erlaß eines Strafbefehls auch in solchen Verfahren ermöglicht, die deshalb zur Zuständigkeit des **Schöffengerichts** gehören, weil sie nicht von minderer Bedeutung iSd § 25 Nr 3 GVG sind. Nach dem früheren Recht konnte nur der Strafrichter, dh der Einzelrichter in Strafsachen, einen Strafbefehl erlassen, wobei zweifelhaft war, ob er dabei auf seine für das ordentliche Verfahren in § 25 GVG beschriebene Zuständigkeit beschränkt war. Die Neufassung stellt klar, daß bei **Vergehen** ein Strafbefehl in allen Verfahren möglich ist, die zur **Zuständigkeit des Strafrichters** (§ 25 GVG) oder des **Schöffengerichts** (§§ 24, 28 GVG) gehören, sofern der Strafbann des Strafbefehlsverfahrens (§ 407 II StPO) eingehalten wird. Örtlich zuständig ist das AG, in dessen Bezirk das Landgericht seinen Sitz hat (§ 391 I). Legt der Beschuldigte gegen den Strafbefehl **Einspruch** ein, so wird nach § 411 I StPO Termin zur Hauptverhandlung anberaumt. In der Hauptverhandlung muß die Anklage von der StA vertreten werden, die Zuständigkeit der FinBeh erlischt (§ 406 I).

§ 401　　　　　　　　　　　　8. Teil. Straf- und Bußgeldvorschriften

7. Strafklageverbrauch durch Strafbefehl. Strafbefehle führen wegen ihres summarischen Charakters nur zu einer **beschränkten Rechtskraft** (BVerfGE 3, 254). Es ist zulässig, die Tat unter dem Gesichtspunkt erhöhter Strafbarkeit wegen eines im Strafbefehl nicht abgeurteilten Delikts weiter zu verfolgen, sofern zu dem im Strafbefehl abgeurteilten Delikt noch eine selbständige Straftat hinzukommt, BGHSt 9, 10; NJW 78, 2519. Tritt erst **nach rechtskräftiger Erledigung** eines Strafbefehlsvefahren ein Umstand ein, der die Bestrafung wegen eines schwereren Vergehens begründen würde, steht der erneuten Strafverfolgung die Rechtskraft des Strafbefehls ebenso wie bei einem Urteil entgegen, BVerfG NStZ 84, 325. Hat der Strafrichter den Antrag auf Erlaß eines **Strafbefehls** rechtskräftig **abgelehnt**, so ist auch ein **Bußgeldverfahren** wegen derselben Tat nur noch auf Grund neuer Tatsachen oder Beweismittel zulässig, BayObLG NStZ 83, 418. Das Gericht hätte gemäß § 82 I OWiG bereits die Tat unter dem rechtlichen Gesichtspunkt von Ordnungswidrigkeiten prüfen müssen, auch wenn es eine Straftat nicht für erwiesen hielt. Das Gericht hätte entweder die StA zur Rücknahme des Strafbefehlsantrags veranlassen oder, falls diese auf ihrem Antrag beharrt hätte, nach § 408 II StPO unter Hinweis auf die Veränderung des rechtlichen Gesichtspunkts Termin zur Hauptverhandlung anberaumen müssen. Ein rechtskräftiger Strafbefehl wegen **fortgesetzter Umsatzsteuerverkürzung** führt nicht zum Strafklageverbrauch hinsichtlich der **Lohnsteuerverkürzung** und der Vorenthaltung von **Sozialversicherungsbeiträgen** für den gleichen Zeitraum. Zwischen diesen Taten bestehen weder Tateinheit im Sinne des materiellen Rechts noch handelt es sich um eine Tat im Sinne des § 264 StPO, OLG Köln wistra 86, 273. Ein rechtskräftiger Strafbefehl wegen einer **Fortsetzungstat** hindert die Verfolgung der vor Erlaß begangenen, in den Fortsetzungszusammenhang gehörenden Einzelakte. Bei der Beurteilung eines eventuellen Strafklageverbrauchs ist das spätere Gericht an die **Qualifizierung** des Verhaltens im früheren Verfahren als Fortsetzungstat **nicht gebunden**, OLG Köln wistra 86, 273. Ein **Strafbefehl,** der versehentlich keine Festsetzung von **Rechtsfolgen** enthält, ist **unwirksam** und unbeachtlich. Auch wenn gegen ihn nicht rechtzeitig Einspruch erhoben wird, kann ein neuer Strafbefehl in Bezug auf denselben Tatvorwurf ergehen, OLG D'dorf wistra 84, 200.

§ 401 Antrag auf Anordnung von Nebenfolgen im selbständigen Verfahren

Die Finanzbehörde kann den Antrag stellen, die Einziehung oder den Verfall selbständig anzuordnen oder eine Geldbuße gegen eine juristische Person oder eine Personenvereinigung selbständig festzusetzen (§§ 440, 442 Abs. 1, § 444 Abs. 3 der Strafprozeßordnung).

1. Inhalt. Die FinBeh kann **Antrag** auf **selbständige Anordnung** von **Nebenfolgen** stellen. Das Verfahren richtet sich nach §§ 440, 441, 442 StPO und nach den entsprechend anwendbaren §§ 431–436, 439 StPO (vgl § 440 III StPO). Voraussetzung für den Antrag ist, daß die Einziehung gesetzlich zugelassen und nach dem Ergebnis der Ermittlungen zu erwarten ist (§ 440 I StPO). Im Antrag muß der einzuziehende Gegenstand ange-

3. Abschnitt. Strafverfahren **§ 401**

geben werden. Die Regelung bezieht sich nur auf das selbständige Einziehungsverfahren.

2. Für die Entscheidung **zuständig** ist das **Gericht**, das im Falle der Strafverfolgung einer bestimmten Person zuständig wäre (§ 441 I 1 StPO). Für das Verfahren über die **selbständige Einziehung** ist auch zuständig das Gericht, in dessen Bezirk der **Gegenstand sichergestellt** worden ist (§ 441 I 2 StPO). Das Gericht entscheidet durch **Beschluß** (§ 441 II StPO), nach mündlicher Verhandlung durch Urteil, wenn die StA oder sonst ein Beteiligter es beantragt oder das Gericht es anordnet; das Verfahren richtet sich dann nach den Vorschriften über die Hauptverhandlung (§ 441 III StPO). Findet mündliche Verhandlung statt, endet die Zuständigkeit der FinBeh, die Verhandlung wird von der StA wahrgenommen.

3. Sachliche Voraussetzungen der Einziehung und des Verfalls (§§ 73ff StGB). Die Einziehung hat präventive Sicherungsfunktion (vgl *Baumann*, Strafrecht, Allg Teil S 730). Diese Funktion wird dadurch verdeutlicht, daß die Einziehung auch bei tatsächlichen Verfolgungs- oder Verurteilungshindernissen im selbständigen Verfahren angeordnet werden kann. Dies gilt auch dann, wenn der einzuziehende Gegenstand im Eigentum einer anderen Person als der des Täters steht (vgl § 74a StGB).

Einziehung ist aber auch **Nebenstrafe**. Überwiegt der Nebenstrafencharakter, so ist die Einziehung nur zulässig, wenn der Täter wegen einer rechtswidrigen und schuldhaften Tat zu einer Hauptstrafe verurteilt worden ist; überwiegt die Sicherungsfunktion, genügt das Vorliegen einer rechtswidrigen Tat. Nach der AO kann die Einziehung angeordnet werden, wenn eine StHinterziehung, ein Bannbruch oder eine StHehlerei begangen worden ist (§ 375 II).

4. Das **Verfahren** bei der **Einziehung** ist überwiegend in der StPO geregelt (§§ 430 ff StPO). Die §§ 430–439 StPO beziehen sich auf Einziehungsverfahren, die gegen bestimmte Personen gerichtet ist (subjektives Verfahren), die §§ 440, 441 StPO auf das sog objektive oder selbständige Verfahren. Die Verfahrensvorschriften der §§ 430–439 StPO beziehen sich überwiegend auf die Frage der Beteiligung eines Dritten, dem der Gegenstand gehört oder angeblich gehört.

5. Geldbuße gegen **juristische Personen** oder eine Personenvereinigung, § 444 StPO iVm § 401 AO. Nach § 407 II Nr 1 StPO kann in einem **Strafbefehl** auch eine **Geldbuße** gegen eine **juristische Person** oder eine Personenvereinigung festgesetzt werden. Diese Möglichkeit ist gegeben, wenn jemand als vertretungsberechtigtes Organ der juristischen Person oder der Personenvereinigung eine Straftat begeht, durch die Pflichten der juristischen Person verletzt werden oder durch die die juristische Person oder Personenvereinigung bereichert worden ist oder bereichert werden sollte (§ 26 I OWiG). Ein selbständiges Verfahren gegen die juristische Person findet nur in den Fällen des § 30 IV OWiG statt, dh wenn wegen der Straftat aus tatsächlichen Gründen keine bestimmte Person verfolgt oder verurteilt werden kann, oder wenn das Gericht von Strafe absieht oder das Verfahren auf Grund einer Vorschrift eingestellt wird, die dies nach dem Ermessen der Verfolgungsbehörde oder des Gerichts zuläßt. Außerdem ist auf § 130 OWiG hinzuweisen, der die Möglichkeit eröffnet, Inhaber

§§ 402, 403 8. Teil. Straf- und Bußgeldvorschriften

von **Betrieben** mit einer Geldbuße zu belegen, wenn sie ihre Aufsichtspflichten verletzt haben und es dadurch zu einer Pflichtverletzung durch einen Arbeitnehmer kommt wegen einer Pflicht, die den Inhaber als solchen trifft.

III. Stellung der Finanzbehörde im Verfahren
der Staatsanwaltschaft

§ 402 Allgemeine Rechte und Pflichten der Finanzbehörde

(1) Führt die Staatsanwaltschaft das Ermittlungsverfahren durch, so hat die sonst zuständige Finanzbehörde dieselben Rechte und Pflichten wie die Behörden des Polizeidienstes nach der Strafprozeßordnung sowie die Befugnisse nach § 399 Abs. 2 Satz 2.

(2) Ist einer Finanzbehörde nach § 387 Abs. 2 die Zuständigkeit für den Bereich mehrerer Finanzbehörden übertragen, so gilt Absatz 1 für jede dieser Finanzbehörden.

1. Inhalt. Die Vorschrift regelt die **Rechte** und **Pflichten** der **FinBeh** in den Fällen, in denen die StA das Ermittlungsverfahren durchführt, vgl hierzu § 386.

2. Die **FinBeh** hat idR die Rechte und Pflichten wie die **Behörden** des **Polizeidienstes nach der StPO** sowie die Befugnisse nach § 399 II 2. Dies gilt sowohl, wenn die StA von Anfang an das Ermittlungsverfahren durchgeführt hat, als auch, wenn die Zuständigkeit der StA erst später begründet worden ist.

3. Rechte und **Pflichten** des **Polizeidienstes**, §§ 161, 163 StPO. Die StA kann die FinBeh um Ermittlungshandlungen aller Art ersuchen (Ausnahme: eidliche Vernehmung). FÄ haben nach § 163 StPO **strafbare Handlungen** zu **erforschen** und alle keinen Aufschub gestattenden Anordnungen zu treffen, um die Verdunkelung der Sache zu verhüten. Ihre Ermittlungen haben sie unverzüglich der StA mitzuteilen. Nach § 399 II 2 kann die FinBeh auch im Ermittlungsverfahren der StA bei Gefahr im Verzug **Beschlagnahmungen, Notveräußerungen, Durchsuchungen** und **Untersuchungen** nach den für die Hilfsbeamten der StA geltenden Vorschriften der StPO vornehmen. Dies gilt auch für die einzelnen FinBehörden für den Fall, daß eine gemeinsame Strafsachenstelle gegründet worden ist. Der FinBeh steht also nach § 163 I StPO das sog Recht des ersten Zugriffs zu.

§ 403 Beteiligung der Finanzbehörde

(1) ¹**Führt die Staatsanwaltschaft oder die Polizei Ermittlungen durch, die Steuerstraftaten betreffen, so ist die sonst zuständige Finanzbehörde befugt, daran teilzunehmen.** ²**Ort und Zeit der Ermittlungshandlungen sollen ihr rechtzeitig mitgeteilt werden.** ³**Dem Vertreter der Finanzbehörde ist zu gestatten, Fragen an Beschuldigte, Zeugen und Sachverständige zu stellen.**

3. Abschnitt. Strafverfahren § 404

(2) Absatz 1 gilt sinngemäß für solche richterlichen Verhandlungen, bei denen auch der Staatsanwaltschaft die Anwesenheit gestattet ist.

(3) Der sonst zuständigen Finanzbehörde sind die Anklageschrift und der Antrag auf Erlaß eines Strafbefehls mitzuteilen.

(4) Erwägt die Staatsanwaltschaft, das Verfahren einzustellen, so hat sie die sonst zuständige Finanzbehörde zu hören.

1. Inhalt. Die Vorschrift sichert die **Beteiligung** der FinBeh bei Ermittlungshandlungen der **StA** und der **Polizei.** Damit die FinBeh ihre Rechte wahrnehmen kann, bestimmt Abs I 2, daß Ort und Zeit der Ermittlungen der FinBeh rechtzeitig mitgeteilt werden sollen. **Satz 3** des Abs 1 gibt der FinBeh das **Recht Fragen** an den Beschuldigten, Zeugen oder Sachverständigen zu richten. Dieser Regelung entspricht es, daß auf der Seite des Beschuldigten neben dem RA auch ein Angehöriger der steuerberatenden Berufe mitwirken kann.

2. Abs 2. Das Teilnahmerecht und das Recht, Fragen zu stellen, besteht für die FinBeh für solche richterlichen Handlungen, bei denen der StA die Anwesenheit gestattet ist. Die Teilnahme am Schlußgehör (bisher § 169b StPO) entfällt, nachdem das Schlußgehör abgeschafft worden ist (StPO ÄndG).

3. Abs 4. Anhörung des FA. Die StA hat das FA zu hören, wenn sie erwägt, das Verfahren einzustellen (über die Fälle, die für eine Einstellung in Frage kommen, vgl §§ 153 ff StPO). Dies gilt auch, ohne daß dies im Gesetz besonders erwähnt wird, wenn die StA von der Strafverfolgung absehen oder die Strafverfolgung beschränken will.

IV. Steuer- und Zollfahndung

§ 404 Steuer- und Zollfahndung

¹**Die Zollfahndungsämter und die mit der Steuerfahndung betrauten Dienststellen der Landesfinanzbehörden sowie ihre Beamten haben im Strafverfahren wegen Steuerstraftaten dieselben Rechte und Pflichten wie die Behörden und Beamten des Polizeidienstes nach den Vorschriften der Strafprozeßordnung.** ²**Die in Satz 1 bezeichneten Stellen haben die Befugnisse nach § 399 Abs. 2 Satz 2 sowie die Befugnis zur Durchsicht der Papiere des von der Durchsuchung Betroffenen (§ 110 Abs. 1 der Strafprozeßordnung); ihre Beamten sind Hilfsbeamte der Staatsanwaltschaft.**

Schrifttum: *Brenner* Außenprüfer, Steuerfahnder, Finanzamt und Staatsanwaltschaft als Strafverfolgungsorgane, StBp 80, 221; *Jobski* Zu den Rechten der Zollfahndung bei Durchsuchungen, ZfZ 80, 300; *Mein* Fragen der Zusammenarbeit zwischen Steuerfahndung und Polizei nach der AO 1977, StBp 80, 131; *Wolter* Die Befugnisse der Steuerfahndung im Steuerstrafverfahren, BB 81, 236; *Laule* Steuerfahndung bei Dritten, DStZ 84, 599; *Bilsdorfer* Zusammenarbeit der Steuerfahndung mit anderen Dienststellen, StBp 84, 272; *Sdrenka* Steuerfahndung – eine Gefahr für den modernen Rechtsstaat? StBg 86, 126; *Pump* Steuerstrafrechtlicher Schutz durch die Finanzbehörden wegen unredlichen Konkurrenten, DStZ 86, 605; *Pump* Observation durch die Steuerfahndung, wistra 87, 54; *Klos* Sammelauskunftsersuchen der Steuerfahndung an

§ 404   8. Teil. Straf- und Bußgeldvorschriften

Banken, Zeitschrift für Steuer und Studium 87, 302; *Bröke* Muß der Fahndungsbeamte den Beschuldigten im steuerstrafrechtlichen Ermittlungsverfahren zusätzlich zum Auskunftsverweigerungsrecht gemäß § 136 StPO auch noch über ein Auskunftsverweigerungsrecht gemäß § 101 AO belehren? wistra 87, 254.

Übersicht

1. Inhalt
2. Doppelfunktion der Steuerfahndung
3. Organisation der Fahndung
4. Rechte und Pflichten der Steuerfahndung
5. Ermittlungsbefugnisse der Beamten des Polizeidienstes
6. Befugnisse nach § 399 Abs 2 Satz 2
7. Durchsicht der Papiere
8. Hilfsbeamte der Staatsanwaltschaft
9. Fahndungsbeamte als Hilfsbeamte der Staatsanwaltschaft
10. Örtliche Zuständigkeit der Fahndung
11. Sachliche Zuständigkeit der Fahndung
12. Grenzüberschreitende Tätigkeit der Steuerfahndung
13. Rechtsschutz gegen Maßnahmen der Steuerfahndung

1. Inhalt. Die Vorschrift entspricht mit einer geringfügigen redaktionellen Abweichung dem § 439 RAO. Bei den Beratungen des Entwurfs zur AO stand im Vordergrund die Frage der Schaffung einer **Aufgabennorm** der St- und Zollfahndung. Eine entspr Vorschrift findet sich in § 208. Danach ist **Aufgabe** der **Steuerfahndung** (Zollfahndung).
a) die **Erforschung** von **StStraftaten** und **StOrdnungswidrigkeiten**. Hierzu zählen auch Straftaten iSd § 385 II;
b) die **Ermittlung** der **Besteuerungsgrundlagen** in den in Nr 1 bezeichneten Fällen;
c) die **Aufdeckung** und Ermittlung **unbekannter StFälle**. Die mit der Steufa betrauten Dienststellen der Landesjustizbehörden und die Zollfahndungsämter können im übrigen nach § 208 II auch andere Aufgaben wahrnehmen, insb Außenprüfungen durchführen, vgl im übrigen die Erläuterungen zu § 208. Daneben ging es bei den Beratungen um die Schaffung einer Vorschrift, die sicherstellte, daß auch **Fahndungsprüfungen,** ähnlich wie die Außenprüfungen, zu einer **Ablaufhemmung** der Festsetzungsfrist führten. Diese Vorschrift ist in § 171 V enthalten.

2. Die **Steuerfahndung** hat, wie sich deutlich aus § 208 ergibt, eine **Doppelfunktion.** Sie hat nicht nur die Aufgabe, StStrafsachen und StOrdnungswidrigkeiten zu ermitteln, sondern sie ermittelt gleichzeitig insoweit auch die Besteuerungsgrundlagen, trifft also Feststellungen, die eigentlich dem Besteuerungsverfahren vorbehalten sind *Franzen/Gast/Samson* RNr 22. Daß beide Verfahren StStraf- und Besteuerungsverfahren, zugleich nebeneinander herlaufen und regelmäßig auch von denselben Bediensteten durchgeführt werden, ergibt sich im übrigen auch aus § 393 I. Die Steufa nimmt auch eine bedeutende Rolle im Rahmen der **Steueraufsicht** wahr; dies kommt in § 208 I Nr 3 zum Ausdruck. Es handelt sich hierbei um sog **Vorfeldermittlungen,** wie sie für die Polizei typisch sind, dh um Fälle, in denen zwar gewisse Anhaltspunkte für das Vorliegen einer StStraftat gegeben sind, andererseits ein entspr konkreter Verdacht noch nicht vorliegt *Franzen/Gast/Samson* RNr 27.

3. Abschnitt. Strafverfahren **§ 404**

3. Organisation der Steuer-(Zoll)fahndung vgl hierzu *Jakob* StuW 71, 297. Ein einheitliches Organisationsmodell für die Steufa besteht nicht. Während **Zollfahndungsämter** nach § 6 Nr 4 örtliche Bundesfinanzbehörden sind, fehlt es für die Steufa an einer vergleichbaren Bestimmung. Die Steufa ist eine **unselbständige** Dienststelle innerhalb der Finanzverwaltung. Demgegenüber wird der **Strafsachenstelle** die unmittelbare Wahrnehmung staatsanwaltschaftlicher Aufgaben zuerkannt und ihr damit „de facto selbständige Behördenstruktur verliehen", vgl *Cratz* wistra 86, 272. Die Vorschriften des FVG über die Zollfahndungsämter (§ 1 II, § 15 FVG) sind durch das EGAO aufgehoben worden (Art 1 EGAO). Nunmehr bestimmt § 12 I FVG idF der EGAO, daß der BdF den Bezirk und den Sitz der HZÄ und der Zollfahndungsämter bestimmt. Die Länderregelungen über die Steufa sind uneinheitlich. Es sind im wesentlichen drei **Organisationsmodelle** anzutreffen. In einigen Bundesländern ist der SteufaDienst als Außenstelle der OFD eingerichtet. Der Leiter der SteufaStelle ist zugleich Referent bei der OFD. Der örtliche Zuständigkeitsbereich deckt sich mit dem Bezirk der OFD. In anderen Bundesländern bestehen dagegen überbezirkliche Fahndungsstellen, die den einzelnen FinBehörden angegliedert sind und dem Weisungsrecht des jeweiligen Behördenleiters unterstehen. Ihre örtliche Zuständigkeit erstreckt sich auf den Bezirk aller angeschlossenen FÄ. Nach einer anderen Form wird der SteufaDienst organisatorisch verselbständigt. Die Steufa ist dort in einem eigenen Amt zusammengefaßt. Dieses Organisationsmodell nähert sich dem für die Zollfahndungsstellen der Bundesfinanzverwaltung. Nach Art 84 I GG regeln die Länder grundsätzlich die Einrichtung der Behörden und das VerwVerfahren bei der Ausführung von Bundesgesetzen, soweit nicht Bundesgesetze mit Zustimmung des BR etwas anderes bestimmen. Das Organisationsrecht steht also grundsätzlich den Ländern zu. Die Frage, ob die den Ländern zugesprochene Organisationsgewalt durch ein Landesgesetz oder im Wege einer VerwVorschr der Landesregierung auszuüben ist, richtet sich nach Landesverfassungsrecht. Soweit feststellbar, ist aber nach den Landesverfassungen ein Gesetzesvorbehalt insoweit nicht vorgesehen; anders Bayern, das eine entspr VO erlassen hat. Daher ist davon auszugehen, daß **SteufaDienststellen** auch durch **VerwVorschrift** errichtet werden können. Festzuhalten ist, daß **SteufaStellen** im Gegensatz zu den Zollfahndungsämtern **keine Behördeneigenschaft** haben. Soweit der SteufaDienst im strafrechtlichen Ermittlungsverfahren tätig wird, ist er nach seiner Organisation, seinen persönlichen und sachlichen Mitteln den **Polizeibehörden,** nicht etwa der Staatsanwaltschaft gleichzusetzen. Ähnlich wie die Polizeibeamten sind die SteufaBeamten nach § 386, § 397 berechtigt und nach dem Legalitätsprinzip verpflichtet, im Falle des Verdachts das Strafverfahren einzuleiten und die zur Erforschung des Sachverhalts erforderlichen Maßnahmen zu treffen. Es handelt sich hierbei um das sog Recht und die Pflicht zum **ersten Zugriff.** Das Vorgehen der Steufa ist in der Methode und der Zielsetzung der **Kriminalpolizei** zu vergleichen (*Henneberg* DB 69, 1811, vgl auch *Walter* Zur rechtlichen Stellung der Steufa in der Strafverfolgung, Inf 75, 472 Gr 12, 406).

4. Rechte und Pflichten der Steufa. § 404 gibt den Zollfahndungsämtern und den mit der Steufa betrauten Dienststellen der Landesfinanzbehör-

§ 404 — 8. Teil. Straf- und Bußgeldvorschriften

den im Strafverfahren wegen StStraftaten dieselben Rechte und Pflichten wie die **Behörden** und **Beamten** des **Polizeidienstes** nach den Vorschriften der StPO. Die Befugnisse werden auch den Beamten dieser Stellen verliehen. Die zusätzliche Erwähnung der Beamten bedeutet, daß diese insoweit selbständig und ohne Auftrag ihrer Dienststelle tätig werden können und müssen. Die Rechte und Pflichten der Beamten des **Polizeidienstes** bestehen aber nur im **Strafverfahren** wegen **StStraftaten**. Nur mit dieser Einschränkung ist § 163 StPO (Behörden und Beamte des Polizeidienstes haben Straftaten zu erforschen und alle keinen Aufschub gestattenden Anordnungen zu treffen, um die Verdunkelung der Sache zu verhüten) entspr der Steufa anzuwenden. § 404 gibt der Steufa gewisse **strafprozessuale Befugnisse** und polizeiliche Pflichten, erweitert aber nicht den Umfang der **sachlichen Zuständigkeit** der Steufa auf die Ermittlung nichtsteuerl Strafsachen. Der Fahndungsbeamte würde seine Befugnisse überschreiten, wenn er auch in nichtsteuerl Strafsachen ermitteln würde. Seine sachliche Zuständigkeit geht nicht weiter als die sachliche Zuständigkeit der Behörde, der er angehört. Daher könnte auch nicht die StA unter Berufung auf die Hilfsbeamteneigenschaft des Fahndungsbeamten diesen für die Ermittlung nichtsteuerl Strafsachen einsetzen, etwa nachdem die StA die Strafsache an sich gezogen hat. Dies gilt selbst dann, wenn die nichtsteuerliche Straftat mit der StStraftat konkurriert (umstr). Die früher in § 15 FVG enthaltene Begrenzung der Zuständigkeit der **Zollfahndungsämter** auf StVergehen und -ordnungswidrigkeiten, die sich auf die von den HZÄ verwalteten Steuern beziehen, enthält § 208 I nicht mehr. Gleichwohl ist davon auszugehen, daß sich ihre **Zuständigkeit** auf den Bereich der **Zollverwaltung** beschränkt; der Gesetzgeber wollte insoweit keine Ausdehnung der Zuständigkeit vornehmen. Dies ergibt sich auch aus § 387 (sachlich zuständige FinBeh). Die **Befugnisse** der Zollfahndungsämter und Dienststellen der Steufa gehen andererseits auch **nicht über** den in § 404 umschriebenen Umfang hinaus, dh sie können nicht anstelle der FinBeh Antrag auf Erlaß eines Strafbefehls oder auf selbständige Einziehung oder Verfall stellen (§§ 400, 401), können nicht die Rechte der FinBeh im gerichtlichen Verfahren wahrnehmen (§ 407), können das Verfahren nicht nach § 153 I, § 153a, § 154d oder § 170 II StPO einstellen und nicht von der Verfolgung nach §§ 153b, 153c, 154, 154b, 154c StPO absehen, die Verfolgung auf einzelne Tatteile beschränken (§ 154a StPO) oder die Zustimmung zur Einstellung des Verfahrens oder Beschränkung der Strafverfolgung erteilen oder beantragen. Die Steufa hat kein selbständiges Recht, richterliche Ermittlungshandlungen zu beantragen, LG Berlin wistra 88, 203; LG Freiburg wistra 87, 155. Die **Steufa** ist auch nicht befugt, **einen Antrag** auf **Durchsuchung** und **Beschlagnahme** zu stellen (vgl LG Hildesheim BB 81, 356), denn diese Befugnis hat nur die StA bzw die **BuStra**, nicht aber die Steufa, weil sie nur die Befugnisse der Hilfsbeamten der StA hat. AA AG Kempten wistra 86, 271 mit Anmerkung von *Cratz* wistra 86, 272: Der **Leiter** des **Sachgebietes** Steuerfahndung beim **FA** muß gleich dieser Behörde auch die **Befugnisse** wahrnehmen, die die **Behörde** als FA hat, das auch zur Verfolgung von Steuerstraftaten zuständig ist. Dies ist aber allenfalls eine Sache der **innerdienstlichen** Geschäftsverteilung, die das AG nichts angeht. Eine andere Beurteilung könnte allerdings Platz greifen, wenn die Fahndungsbeamten beim FA für weitere FA-Bezirke zuständig sind.

3. Abschnitt. Strafverfahren **§ 404**

Die Zuständigkeitsteilung zwischen Finbeh und Steuerfahndungsstellen könne auch **nicht** durch **innerbehördliche** Verfügungen dadurch umgangen werden, daß die **Sachgebietsleitung** über die Strafsachenstelle und die Steuerfahndungsstelle dem selben Beamten übertragen werde, LG Freiburg wistra 87, 155. Eine entsprechende Beschlagnahmeanordnung des AG wäre unwirksam, vgl LG Hildesheim aaO; LG Frankfurt NJW 68, 118. Der **Leiter** der **Steufa** ist aber nicht grundsätzlich befugt, bei Verhinderung des Leiters der Straf- und Bußgeldsachenstelle als dessen geschäftsordnungsmäßiger **Vertreter** einen Antrag auf Erlaß eines Durchsuchungs- und Beschlagnahmebeschlusses zu stellen, vgl LG Stuttgart wistra 88, 328. Bei **Eilbedürftigkeit** bleibt die Möglichkeit, Durchsuchungen oder Beschlagnahmen ggf wegen Vorliegens von Gefahr im Verzug **ohne richterliche Anordnung** durchzuführen oder eine entsprechende Anordnung durch einen **Richter** als **Notstaatsanwalt** anzuregen (§§ 163 II 2, 165 StPO).

Die Regelung des § 161a StPO, wonach **Zeugen** und **Sachverständige** verpflichtet sind, auf Ladung vor der StA (FinBeh) zu erscheinen und auszusagen, gilt nur für die **StA** und die **FinBeh**, soweit diese staatsanwaltschaftl Befugnisse wahrnimmt. Sie gilt zB **nicht** für die **Steufa** als Kriminalpolizei der FinVerw *Franzen/Gast/Samson* RNr 51. Aus der Eigenschaft der Steuerfahnder als Hilfsbeamter der StA ergibt sich nicht, daß auch sie die Befugnisse aus § 161a StPO haben. Sie können aber kraft ausdrücklichen Auftrages **für die StA** (FinBeh) diese **Befugnisse ausüben**, dh sie können unter diesen Voraussetzungen ggf auch **Zeugenvernehmungen** bei Kreditinstituten durchführen, ohne daß die Bank ihnen gegenüber sich auf das **Bankgeheimnis** berufen könnte, vgl *Prost* Bankgeheimnis und neues Strafprozeßrecht, NJW 76, 214.

5. Ermittlungsbefugnisse der Beamten des Polizeidienstes. Die Ermittlungsbefugnisse der Steufa und ihrer Beamten richten sich zunächst nach den Vorschriften der StPO über die Rechte und Pflichten des Polizeidienstes. Dazu gehören

a) die Entgegennahme von **Anzeigen**, § 158 StPO,

b) das Recht und die Pflicht, im Auftrag des StA (FinBeh) von öffentlichen **Behörden Auskunft** zu verlangen und **Ermittlungen** jeder Art (ausgenommen die eidliche Vernehmung) zu führen, § 161 StPO.

c) die **Erforschung strafbarer StZuwiderhandlungen** sowie Maßnahmen zur Verhütung der Verdunkelung der Sache, § 163 I StPO,

d) **Vernehmung** von Beschuldigten, Zeugen, Sachverständigen, § 163a I, IV, V StPO,

e) **vorläufige Festnahme** von auf frischer Tat Betroffenen oder Verfolgten bei Fluchtverdacht oder Unklarheit über ihre Person, § 127 I StPO,

f) Festnahme von **Tatverdächtigen**, wenn Gründe für einen Haft- oder Unterbringungsbefehl bestehen und Gefahr im Verzug vorliegt (§§ 112, 126a, 127 II StPO) *Franzen/Gast/Samson* RNr 54,

g) Absehen von der **Anordnung** der **vorläufigen Festnahme** in den Fällen des § 127a,

h) Erlaß eines **Steckbriefs** gegen den Beschuldigten; dies gilt jedoch nur für die Fahndungsstelle, nicht für den einzelnen Beamten, § 131 II StPO,

i) **Sicherstellung** von Gegenständen, die dem Verfall oder der Einzie-

§ 404   8. Teil. Straf- und Bußgeldvorschriften

hung unterliegen oder als Beweismittel in Betracht kommen, §§ 94, 98 I, §§ 111 b, e StPO,

k) Durchführung **erkennungsdienstlicher Maßnahmen,** § 81 b StPO,

l) Pflicht zur **Übersendung** der **Verhandlungen** an die StA, ggf das Gericht § 163 II StPO. Vgl *Görgen* Strafverfolgungs- und Sicherheitsauftrag der Polizei, ZRP 76, 59; *Lohmeyer* Die Anwendung allgemeiner Verfahrensvorschriften bei der Verfolgung und StZuwiderhandlungen, DStR 74, 279.

6. Befugnisse nach § 399 II 2. Anordnung von **unaufschiebbaren Maßnahmen,** um die Verdunkelung der Sache zu verhüten. Die Befugnis steht jedoch nur den **Fahndungsstellen** zu. Die Fahndungsbeamten selbst haben diese Befugnis ohnehin schon in ihrer Eigenschaft als Hilfsbeamte der StA.

7. Durchsicht der **Papiere** des von der Durchsuchung Betroffenen (§ 110 I StPO). Nach § 110 I StPO steht die Durchsicht der Papiere der **StA** zu. Zu den Papieren iSd § 110 I StPO zählen Unterlagen und Aufzeichnungen aller Art, auch **Tonträger,** Filme, Mikrofilme, Lochkarten, Lochstreifen, Magnetbänder und Platten, dh die sog **technischen Papiere,** *Quermann,* aaO, 258. Nach § 110 II StPO dürfen andere Beamte die aufgefundenen Papiere nur dann durchsehen, wenn der Inhaber die Durchsicht genehmigt. Genehmigt er die Durchsicht nicht, müssen die Beamten die Papiere in einem versiegelten Umschlag an die StA abliefern. Die Befugnis zur Durchsicht der Papiere wird nach § 404, 2 abweichend von § 110 StPO auch den Fahndungsstellen erteilt. Dies gilt auch für die einzelnen Fahndungsbeamten, soweit diese für die Fahndungsstelle tätig werden *Franzen/Gast/Samson* RNr 62.

8. Hilfsbeamte der StA haben neben den in Anm 5 genannten Rechten und Pflichten noch folgende Befugnisse:

a) Anordnung der **körperl Untersuchung** der Beschuldigten oder anderer Personen, falls durch die Einholung einer richterl Entscheidung der Untersuchungserfolg gefährdet wäre (§ 81 a II, § 81 c V StPO).

b) Anordnung der **Beschlagnahme** einziehbarer, dem Verfall unterliegender oder als Beweismittel in Betracht kommender Sachen bei Gefahr im Verzug (§ 94 II, § 98 I StPO). Man unterscheidet zwischen der **Beweisbeschlagnahme** nach § 94 StPO und der sog **vollstreckungssichernden Beschlagnahme** nach §§ 111 b–1111 StPO; Ziel: **Verfallanordnung, Einziehungsanordnung,** der Geldstrafen des Wertersatzes und der Verfahrenskosten, Sicherung der künftigen Vollstreckung. Beschlagnahme wirkt wie **Veräußerungs-** und **Verfügungsverbot** (§ 111 c V StPO). Richterl Bestätigung ist aber erforderlich (§ 98 II, III StPO). Dies gilt jedoch nicht für die Beschlagnahme des Postverkehrs des Beschuldigten (§§ 99, 100 StPO). Umstritten ist, ob sich die **Sachhaftung** nach § 76 AO an den Surrogaten der beschlagnahmten Sache nach deren Rückgabe oder Veräußerung oder an der Sache selbst fortsetzt, vgl hierzu *Litzig* Sicherstellung, Beschlagnahme, Notveräußerung und Erlegung des Wertes, ZfZ 77, 139. Derselbe hält die Beweismittelbeschlagnahme für vorrangig gegenüber der Sachhaftung nach § 76. Beachte, daß nach § 97 StPO Gegenstände, die sich im Gewahrsam von Personen befinden, die nach den dort aufgeführten Bestimmungen ein Zeugnisverweigerungsrecht haben (zB Steuerberater), von der Be-

3. Abschnitt. Strafverfahren § 404

schlagnahme ausgenommen sind (vgl hierzu § 399 Anm 13); die Beschränkung der Beschlagnahme gilt aber nicht, wenn die Betreffenden einer Teilnahme oder einer Begünstigung, Strafvereitelung oder Hehlerei in Bezug auf die Tat verdächtig sind oder wenn es sich um Werkzeuge oder Produkte der Straftat handelt, § 97 II 2 StPO. Nach LG Stuttgart (NJW 76, 2030) sind Buchhaltungsunterlagen in Händen des StBeraters nicht beschlagnahmefähig, denn sie dienen nur mittelbar der Tatausführung. Dagegen *Freund* NJW 76, 2002. Die Entscheidung des LG Stuttgart dürfte auf das StStrafrecht uE nicht anwendbar sein (vgl hierzu § 339 Anm 13). Für die Anordnung von Maßnahmen nach §§ 94, 95, 103 StPO (Bankauskunft zur Abwendung der Durchsuchung und Beschlagnahme) wegen fortgesetzter StHinterziehung genügt **„einfacher Anfangsverdacht",** der zureichende tatsächliche Anhaltspunkte (§ 152 II StPO) voraussetzt. Daneben bedarf es keiner weiteren Konkretisierung des Verdachts, LG Braunschweig vom 18. 8. 77 – 16 Qs 80/77 – abgedruckt in Zentr FahndNachr 3/4/78.

c) **Notveräußerung** nach § 111e II, III StPO.

d) **Durchsuchung** bei Tat- oder Teilnahme-Verdächtigen bei Gefahr im Verzug (§§ 102ff, 105 I StPO).

e) Anordnung der **Sicherheitsleistung und Bestellung eines Zustellungsbevollmächtigten,** falls Beschuldigter keinen festen inländischen Wohnsitz oder Aufenthalt hat und keine Haftgründe gegen ihn bestehen, sofern Gefahr im Verzug gegeben ist (§ 132 II StPO).

f) Die Möglichkeit der **Telefonüberwachung** besteht zwar bei Verdacht einer Steuerstraftat nicht (vgl §§ 100a und b StPO), aber sämtliche aus dieser Überwachung gewonnenen Erkenntnisse sind verwertbar, *Schünemann* NJW 78, 406.

g) Hilfsbeamte der StA sind zur vorläufigen Festnahme außer unter den Voraussetzungen des § 127 I StPO auch befugt, wenn die Voraussetzungen für den Erlaß eines Haftbefehls od Unterbringungsbefehls vorliegen und Gefahr im Verzug besteht (§ 127 II StPO). Der Festgenommene muß jedoch unverzüglich dem Amtsrichter zur Vernehmung und zum Erlaß eines Haftbefehls vorgeführt werden.

9. Fahndungsbeamte als Hilfsbeamte der StA. Über die Befugnisse der Hilfsbeamten der StA vgl Anm 8. Während bei allgemeinen Strafsachen die strafprozessuale Ermittlungsfunktion von Anfang an ausschließlich bei der StA liegt, wird die Ermittlungszuständigkeit in StStrafsachen nach § 368 I grundsätzlich den FinBehörden als eigene Aufgabe unter eigener Verantwortung übertragen. Insoweit wird also das Ermittlungsmonopol der StA für den steuerl Bereich durchbrochen. Solange die FinBeh das Ermittlungsverfahren selbständig durchführt, sind die Fahndungsbeamten Hilfsbeamte der FinBeh und nicht der StA; aA *Franzen/Gast/Samson* RNr 64. Die StA hat in diesem Stadium des Verfahrens gegenüber den Fahndern noch keine Weisungs- und Aufsichtsrechte. Erst wenn die Sache an die StA abgegeben worden ist oder von der StA an sich gezogen wurde, endet die strafprozessuale Funktion der FinBeh; der Fahnder ist von da an funktionell als Organ der StA, nämlich als Hilfsbeamter der StA, tätig und insoweit nur deren Weisungen unterworfen. Die **Steufa** ist **nicht Herrin** des Ermittlungsverfahrens, sie ist verpflichtet, nach § 163 II StPO nach Abschluß der Ermittlungen die Vorgänge ohne Verzug an die **Strafsachenstelle** zu übersenden.

§ 404   8. Teil. Straf- und Bußgeldvorschriften

Sie kann das Verfahren **nicht** nach § 170 II **einstellen** oder die Einstellung nach §§ 153 ff StPO anregen, *Henneberg* DB 73, 1471.

10. Örtliche Zuständigkeit der Fahndung. Der BFH hat die Auffassung vertreten, daß die **Zuständigkeitsvorschriften** der §§ 19 ff (§§ 71 ff RAO) auf die Steufa **nicht anwendbar** sind und daß eine Norm über die örtliche Zuständigkeit der Steufa nicht zu bestehen braucht (BStBl 63, 49). Die Zuständigkeit sei nach Ermessensgrundsätzen von der Verwaltung zu entscheiden, jedenfalls innerhalb ein und desselben Landes. Denn der Aufgabenbereich der Steufa werde vom Gesetz her nicht auf einen bestimmten örtlichen Bezirk beschränkt. Der BFH läßt damit das Bestehen mehrerer nach örtlichen Gesichtspunkten abgegrenzter Behörden für die Frage der Zuständigkeit der Steufa außer Betracht, nach seiner Auffassung endet die Zuständigkeit der Fahndungsstelle erst an der jeweiligen Landesgrenze. Gegen die Auffassung des BFH insb *Jakob* StuW 72, 118. Ob die Frage der örtlichen Zuständigkeit der Fahndungsstellen durch einen bloßen Organisationsakt oder nur durch Gesetz oder VO geregelt werden kann, richtet sich vornehmlich nach LandesverfassungsR. Eine entspr auf §§ 20, 21 II FVG, 422 II RAO gestützte VO ist in Bayern geschaffen worden (VO v 29. 10. 66 und 11. 12. 67 GVBl 67, 49, 505). Der BFH befaßt sich in seiner Entscheidung (BStBl 63, 49) nicht mit der Frage der **örtlichen Zuständigkeit** der Steufa im Rahmen der **strafprozessualen** Aufgaben; offenbar sah er keinen Grund, hier eine Differenzierung vorzunehmen.

11. Sachliche Zuständigkeit der Fahndung. Die sachliche Zuständigkeit ergibt sich zunächst mittelbar aus § 404, wonach die Fahndung im Strafverfahren wegen StStraftaten die Rechte und Pflichten des Polizeidienstes hat, ferner aus § 386 I, § 387 I sowie aus § 208. Die Fahndung ist also nicht zuständig für die Verfolgung **nichtsteuerlicher Straftaten** vgl *Franzen/Gast/Samson* RNr 66. Ferner ist aus § 388 I zu entnehmen, daß StFahnder nicht Aufgaben der Zollfahndung und umgekehrt wahrnehmen dürfen.

12. Grenzüberschreitende Tätigkeit der Steuerfahndung. Jedes Bundesland ist in seiner Verwaltungshoheit grundsätzlich auf sein eigenes Gebiet beschränkt (BVerfGE 11, 6). Es stellt sich daher die Frage, ob ein an sich örtlich und sachlich zuständiger Fahnder ggf Fahndungsmaßnahmen auch in einem anderen Bundesland durchführen kann. Hierbei ist zu beachten, daß der BFH (BStBl 73, 198) für die Gemeinschaftssteuern eine besondere **Verbandskompetenz** eines Bundeslandes für sein Gebiet verneint hat, vgl hierzu Anm 3 zu § 17. In der Praxis werden Fahndungsbeamte eines Landes jedenfalls regelmäßig in einem anderen Bundesland tätig, zumindest soweit es um die Ausübung der Besteuerungsfunktion geht. Dagegen wird die Auffassung vertreten, daß die strafprozessualen Rechte des Fahnders sich nur auf das jeweilige Landesgebiet beziehen. Die Länder haben für den Bereich der Polizei entspr Abkommen getroffen, wonach Polizeibeamte bei der Verfolgung mit Strafe bedrohter Handlungen auch Ermittlungen in einem anderen Land an Ort und Stelle durchführen können (vgl Abkommen über die erweiterte Zuständigkeit der Polizei der Bundesländer bei der Strafverfolgung v 6. 1. 69). Ein entspr Abkommen besteht für die Steufa nicht. Das Abkommen im Polizeibereich ist auch nicht etwa deswegen auf die Steufa anzuwenden, weil der Steufa in § 404 gewisse polizeiliche Befug-

3. Abschnitt. Strafverfahren § 404

nisse verliehen werden. *Jakob* (StuW 72, 121) schließt die **Zulässigkeit** grenzüberschreitenden Tätigwerdens der Steufa daraus, daß anderenfalls das ertragsberechtigte Land uU seinen StAnspruch nicht realisieren könne. Auch das andere Bundesland, in dem die Ermittlungsmaßnahmen durchgeführt werden sollen, könne dies nicht, weil seinen FinBehörden insoweit die örtliche Zuständigkeit fehle (aaO S 121). Er kommt zu dem Schluß, daß, soweit ein FA örtlich zuständig ist, es auch Amtshandlungen in einem anderen Bundesland vornehmen könne aA *Franzen/Gast/Samson* RNr 70.

Die Frage der Verbandskompetenz stellt sich im Zusammenhang mit einem anderen in der Praxis anzutreffenden Verfahren, bei dem Fahndungsbeamte eines Landes zugleich auch für ein anderes Bundesland tätig werden, dh dessen Fälle gleich miterledigen (zB Fahndungsstellen für bestimmte Berufsgruppen, zB Künstler). Gegen ein solches **„fahndungsrechtliches Kondominium"** bestehen nach *Jakob* (aaO) Bedenken. Insoweit dürfte aber durch das EGAO die Möglichkeit einer rechtlichen Absicherung derartiger Vereinbarungen geschaffen sein, als nämlich nach § 17 III FVG idF des EGAO die Länder ermächtigt werden, aufgrund eines Staatsvertrages **Zuständigkeiten** auf ein FA oder eine besondere LandesFinBeh außerhalb des Landes **zu übertragen**. Damit wird die Möglichkeit eröffnet, über die jeweiligen Landesgrenzen hinaus **zentrale SteufaStellen** zu schaffen. Die **Informationszentrale** für den **SteufaDienst** in Wiesbaden gehört übrigens nicht dazu, weil sie keine eigenen Zuständigkeiten hat, sondern sich auf die Sammlung von Daten und die Auskunfterteilung beschränkt. Nach wie vor unzulässig dürfte jedoch ein Verstoß gegen die **funktionelle** Seite der **Verbandskompetenz** sein, indem zB **Zollfahndungsstellen** des Bundes Steueransprüche eines **Landes** verfolgen (vgl *Jakob* aaO).

13. Rechtsschutz gegen Maßnahmen der Steuerfahndung. *Kreutziger* Rechtsschutz gegen Maßnahmen der Steuerfahndung, DStZ 87, 346. Nach hM ist der Rechtsweg nach §§ 23 ff EGGVG bei **Strafverfolgungsmaßnahmen** nicht gegeben, weil es sich insoweit nicht um **Justizverwaltungsakte** sondern um **Prozeßhandlungen** handelt, vgl OLG Karlsruhe NJW 76, 1417 mwN gegen *Schenke* (NJW 76, 1816). Der BGH (NJW 78, 1013) will die Vorschrift des § 98 II 2 StPO über die Herbeiführung einer **richterl Entscheidung** gegen eine Beschlagnahmeanordnung der StA auch auf Haussuchungen, körperliche Durchsuchungen und körperl Untersuchungen entsprechend anwenden (vgl *Kern-Roxin* § 29 D; *Amelung* NJW 78, 1013, vgl hierzu § 399 Anm 17). Im **steuerstrafrechtlichen Ermittlungsverfahren** sind auch **Einspruch** und **Beschwerde** gemäß § 347 II 2 ausgeschlossen, weil es sich nicht um eine Abgabenangelegenheit handelt. **Prozeßhandlungen**, die der Einleitung, Durchführung oder Beendigung eines Steuerstrafverfahrens dienen, könnten strafprozessual nur angegriffen werden, wenn dies in der StPO ausdrücklich vorgesehen ist, zB bei Beschlagnahme und Durchsuchungsanordnungen und der zwangsweisen Vorführung des Beschuldigten. Hiergegen ist die Beschwerde gemäß §§ 304 ff StPO zulässig. Nach Auffassung des BFH (BStBl 83, 482) ist das FA im strafrechtlichen Ermittlungsverfahren als Justizbehörde anzusehen. Soweit es sich bei den Ermittlungsmaßnahmen der Steufa um **Justizverwaltungsakte** handelt, können gemäß § 23 I EGGVG mit der Beschwerde angefochten werden.

§ 404

8. Teil. Straf- und Bußgeldvorschriften

§ 23 EGGVG läßt nicht die Nachprüfung **strafrechtl Maßnahmen** der FinBeh zu, zB nicht für alle Maßnahmen der StA (StrafsStelle), die nicht als Justizverwaltungsakte sondern als **Prozeßhandlungen** anzusehen sind, *Kleinknecht* § 23 EGGVG Anm 1 a. Diese können, weil sie das Urteil über einen strafrechtl Sachverhalt und damit über Schuld oder Unschuld des Angeklagten vorbereiten sollen, nur im Rahmen des **Strafverfahrens** durch den **ordentlichen Richter** überprüft werden, OLG Karlsruhe NJW 65, 1445. Im Verfahren nach § 23 EGGVG kann aber die Schuldfrage nicht geprüft werden. **Prozeßhandlungen** sind danach alle Maßnahmen, die die Strafsachenstelle zur **Einleitung, Durchführung** und **Beendigung** des Verfahrens unternimmt, zB **Einleitung** des Verfahrens, die im Rahmen dieses Verfahrens getroffenen **Ermittlungsmaßnahmen** und Handlungen. Ferner Verweigerung der **Einsichtnahme** in **Ermittlungsakten** gegenüber Verteidiger; Entscheidung über **Beweisanträge** des Verteidigers; Rechtmäßigkeit einer **Zeugenvernehmung; Abgabe der Sache an die StA;** Antrag auf Erlaß eines **Strafbefehls.** Rechtsweg nach § 23 EGGVG ist aber zulässig, soweit die Strafsachenstelle in **Ausführung** einer **Prozeßhandlung** bestimmte Maßnahmen ergreift, *Henneberg* DB 73, 1471; zB wenn bei Vernehmung des Beschuldigten die **Anwesenheit seines Verteidigers** nicht gestattet wird, wenn der Verteidiger das Recht zur **Einsicht** in die **Protokolle** der **Vernehmung** des Beschuldigten verweigert wird, wenn nach **Abschluß** des Verfahrens **Beweismittel** nicht **herausgegeben** werden oder dem Betroffenen die Einsicht in Ermittlungsakten, die er im Hinblick auf einen Zivilprozeß benötigt, verwehrt wird, OLG Bamberg JVBl 65, 142.

§ 23 EGGVG ist auch anwendbar, wenn die Steufa zur **Durchführung** eines **richterl Beschlusses** oder einer von der StA oder StrafsStelle angeordneten **Prozeßhandlung,** wie Durchsuchung, Beschlagnahme, Festnahme tätig wird, weil es sich insoweit um eine **Vollstreckungshandlung** handelt, vgl *Henneberg* DB 73, 1472; zB wenn Beschuldigter daran gehindert wurde, während der richterl angeordneten Durchsuchung seinen Verteidiger anzurufen oder die Räume zu verlassen, vgl OLG Stuttgart, Sammlung *Henneberg* Teil B „Durchsuchung" S 25. Falls aber die **Steufa** aus **eigenem Entschluß** tätig wird, handelt es sich um eine **prozeßgestaltende** Maßnahme; der Weg über § 23 EGGVG ist nur gegeben, wenn die **Art und Weise** der Durchführung angegriffen wird.

Für die Verfolgung des Anspruchs auf **Einsicht** in die **Strafakten** der Bußgeld- und StrafsStelle ist der FinRechtsweg geben, BFH ZNFBl 78, 28; etwas anderes gilt nur, wenn dieser **Anspruch** im **Laufe** eines **Strafverfahrens** geltend gemacht wird.

Wenn die Steufa in einem Steuerstrafverfahren für sich keine weitergehenden Rechte in Anspruch nimmt als ihr gem § 404 zustehen würden, so fehlt es an einem berechtigten **Feststellungsinteresse** für den Antrag einer Bank, daß das Auskunftsverlangen der Steufa rechtswidrig gewesen, jedenfalls aber nicht mit Zwangsmitteln durchsetzbar sei, OLG Hamm NJW 86, 2961.

Wenn die Steufa im **Auftrage** der StA tätig wird, so entscheidet die StA insoweit auch über **Dienstaufsichtsbeschwerden.**

3. Abschnitt. Strafverfahren   § 405

V. Entschädigung der Zeugen und der Sachverständigen

§ 405 Entschädigung der Zeugen und der Sachverständigen
¹Werden Zeugen und Sachverständige von der Finanzbehörde zu Beweiszwecken herangezogen, so werden sie nach dem Gesetz über die Entschädigung von Zeugen und Sachverständigen entschädigt. ²Dies gilt auch in den Fällen des § 404.

Schrifttum: *Schneider* Die Kostenerstattungspflicht gegenüber Kreditinstituten im Falle gerichtlicher und Behördlicher Beschlagnahmen und Auskunftsersuchen, Beilage Nr 17/79 zu DB H 43; *Hakenbeck* Die Kostenerstattungspflicht des FA als Rechtsfolge der Inanspruchnahme von Banken im Rahmen steuerlicher oder strafrechtlicher Ermittlungen gegen Dritte, BB 81, 1636; *Spitz* Die Kostenerstattungspflicht gegenüber auskunftpflichtigen Dritten im Falle finanzbehördlicher Auskunftsersuchen; die Entschädigung von Zeugen im Steuerstrafverfahren sowie die Kostenerstattung im Falle gerichtlicher und Behördlicher Beschlagnahme, DStR 81, 617 ff und 644 ff; *Masthoff* Entschädigung von Geldinstituten für Auslagen bei Beschlagnahmeanordnungen oder Auskunftsersuchen, wistra 82, 100 (mit Überblick über die Rechtsprechung); *Sannwald* Entschädigungsansprüche von Kreditinstituten gegenüber auskunftsersuchenden Ermittlungsbehörden, NJW 84, 2495.

1. Inhalt. Nach dem **Gesetz** über die **Entschädigung** von **Zeugen und Sachverständigen** wird eine **Entschädigung** nur gewährt, wenn ein Zeuge oder Sachverständiger durch das Gericht oder durch die StA herangezogen worden ist. Eine Vernehmung vor der Polizei oder durch die Hilfsbeamten der StA führt danach nicht zu einer Entschädigungspflicht. Die Vorschrift soll auch für die Fälle, in denen Zeugen und Sachverständige von den FinBehörden herangezogen worden sind, einen Anspruch auf Entschädigung begründen. **Banken** haben in entsprechender Anwendung des ZuSEG Anspruch auf **Erstattung** der **Aufwendungen,** die ihnen im Rahmen eines staatsanwaltschaftl Ersuchens dadurch entstanden sind, daß sie **von Dritten Auskünfte** eingeholt und diese zusammen mit Buchungsbelegen ausgewiesen haben, OLG Schleswig SchlHA 78, 123; JurBüro 78, 1368, vgl auch bei § 107. Wird eine Bank im Zusammenhang mit der Beschlagnahme von Kontounterlagen von der StA beauftragt, von dritten Kreditinstituten ergänzende Unterlagen anzufordern, ist sie für diese Tätigkeit als Sachverständiger zu entschädigen, OLG Frankfurt ZIP 82, 1312. Die Zeugenentschädigung umfaßt nicht die Kosten, die dem Zeugen dadurch entstehen, daß er sich zur Vernehmung in der mündlichen Verhandlung von einem **RA** begleiten läßt, FG Hbg EFG 82, 157.

2. Die Beschlagnahme von Urkunden kann abgewendet werden dadurch, daß entspr Ablichtungen gefertigt werden. Ob in diesen Fällen eine **Entschädigung** zu gewähren ist, ist höchst **umstritten.** Für eine Entschädigung in analoger Anwendung des ZuSEG sprechen sich insbesondere *Schneider* (aaO) und *Hakenbeck* (aaO) und *Sannwald* (aaO); aA *Franzen/Gast/Samson* RNr 12 aus. Teilweise wird eine Entschädigung nur für die Fertigung von Fotokopien, nicht aber für das **Heraussuchen** von Unterlagen gewährt. Wenn ein Kreditinstitut zur **Abwendung** der angeordneten **Durchsuchung** und Beschlagnahme durch eigene **Angestellte** Konto- und andere **Geschäftsunterlagen** heraussucht, zusammenstellt und ablichtet, hat es für die von seinen Angestellten aufgewendete **Arbeitszeit** und die

§ 405 8. Teil. Straf- und Bußgeldvorschriften

dabei entstandenen notwendigen **Auslagen** einen Anspruch auf Entschädigung in analoger Anwendung des § 1 I, §§ 2, 8, 11 ZuSEG, LG Stuttgart wistra 87, 38; vgl auch OLG Hamburg NStZ 1981, 107; OLG Celle WM 1981, 1288; LG Bochum WM 1980, 752; LG Lübeck WM 1980, 754; LG Frankfurt NStZ 1982, 336; LG Hildesheim NStZ 1982, 336; LG Berlin – Beschluß vom 6. 9. 1984 – 519 Qs 10/84 –; LG Ulm – Beschluß vom 29. 4. 1983 – 1 KLs 29/81 –; OLG Stuttgart StB 84, 55; vgl auch OLG Hamm NStZ 1981, 106, beschränkt auf über die Herausgabe hinausgehende Tätigkeiten wie Fertigung von Aufstellungen, Listen und Auswertung von Belegen. Verschiedene Staatsanwaltschaften gewähren eine Entschädigung nach den Grundsätzen über den enteignungsgleichen Eingriff. Die Finanzbehörden sind grundsätzlich bereit, eine Entschädigung in schwerwiegenden Fällen und zB für zusätzliche Leistungen, wie zB bei zusätzlichen Erläuterungen von Unterlagen, zu gewähren. Eine Klärung durch den Gesetzgeber ist zur Zeit nicht zu erwarten; vgl aber BT-Druck 7/976 S 102.

Das OLG Hamburg (NStZ 81, 107) hält eine **analoge** Anwendung des **ZuSEG** deswegen für geboten, weil die Bank ähnlich wie ein Zeuge, der zur Vorbereitung einer Aussage aus seinen Geschäftsbüchern Unterlagen heraussucht und Kopien fertigt, Aufwendungen zu machen hat. Es komme auch nicht darauf an, ob die Unterlagen aufgrund eines Beschlagnahmebeschlusses oder aufgrund eines Auskunftsersuchens herausgegeben würden. Entscheidend sei, daß hier einem Nebenbeteiligten bei der Erfüllung gesetzlicher Pflichten Kosten entstünden, die über das hinausgingen, was man ihm billigerweise im Rahmen der staatsbürgerlichen Pflichten verlangt werden könne. Die Pflicht zur unentgeltlichen Reproduktion von Unterlagen gemäß § 47a HGB gelte nicht gegenüber den Ermittlungsbehörden, so auch LG Coburg WM 79, 902; LG München NStZ 81, 107. Für eine analoge Anwendung des ZuSEG sprechen sich ferner das LG Bochum (DB 80, 875), das LG Nürnberg-Fürth (JurBüro 80, 417), das LG Frankfurt (JurBüro 81, 738), das LG Saarbrücken (DB 82, 2131) das OLG Frankfurt (NJW 81, 1682) und das OLG D'dorf (wistra 85, 123) aus. Das LG Hildesheim (DB 82, 695) führt in diesem Zusammenhang aus, daß die Banken nicht zum Kreis der Auskunftspflichtigen nach § 93 gehörten, die nach § 107 in entsprechender Anwendung des ZuSEG zu entschädigen seien vgl BGH BB 81, 1142. Auch § 97 Abs 3 Satz 2 iVm § 147 Abs 5 greife in der Regel nicht ein. Die entschädigungslose Vorlagepflicht nach dieser Vorschrift sei nämlich gegenüber der Auskunftspflicht nach § 93 subsidiär (§ 97 Abs 2). Eine entschädigungslose Inanspruchnahme nach § 97 komme daher erst nach einer entschädigungspflichtigen Inanspruchnahme nach § 93 in Betracht. Durch Vorlage eines Durchsuchungs- und Beschlagnahmebeschlusses dokumentiere die FinBeh, daß sie auf der Grundlage des Strafverfahrensrechts vorstellig werde. Die Bank erleide einen Eingriff in ihren eingerichteten und ausgeübten Gewerbebetrieb, der so gravierend sei, daß er nicht mehr aus Gründen der Sozialbindung des Eigentums entschädigungslos hingenommen werden könne. Der Gesetzgeber der AO habe erst im Falle unvollständiger, unrichtiger oder verweigerter Auskunft (§ 97 II) eine Entschädigungspflicht verneint, vgl § 97 III 2, § 147 V. Eine unterschiedliche Behandlung der Banken wäre willkürlich; für die Bank sei die von ihr verlangte Tätigkeit dieselbe, ob sie nun mit Mitteln des Besteuerungs- oder des Strafverfahrens in Anspruch genommen wird.

3. Abschnitt. Strafverfahren § 405

Demgegenüber wird die **Entschädigung** für die Vorlage von lesbaren Reproduktionen von Buchführungsunterlagen, die auf Bildträgern aufbewahrt werden, von den meisten OLG **verneint;** vgl OLG Düsseldorf NStZ 83, 32; OLG Stuttgart (RPfleger 83, 46); OLG Braunschweig (Nieders RPfleger 82, 68); OLG Karlsruhe (MDR 82, 605); OLG München JurBüro 82, 891; OLG Braunschweig ZIP 82, 830; OLG D'dorf (JZ 85, 544); BGH NStZ 1982, 118; OLG Bremen NJW 1976, 685; OLG Schleswig JurBüro 1980, 1548; OLG Nürnberg NJW 1980, 1861; OLG Bamberg JurBüro 1979, 1686; OLG Stuttgart, Beschluß vom 25. 9. 1981 – 2 Ws 40/81 –, vom 3. 9. 1982 – 4 Ws 187/82 – und vom 3. 12. 1982 – 4 Ws 377/82. § 47a HGB gelte in jedem Verfahren, OLG Düsseldorf NStZ 82, 32; anderer Ansicht OLG Hamburg WM 81, 26; LG Coburg WM 79, 902; OLG Frankfurt WM 79, 1135; LG Frankfurt NStZ 82, 336. Eine Erstattung der einem Kreditinstitut zur Abwendung der Beschlagnahme aufgewandten **Personal-** und **Sachkosten** für das Heraussuchen und Ablichten von Unterlagen lehnt auch der **BGH** ab (NStZ 82, 118). Aus § 1 Abs 1 ZuSEG folge, daß nicht jeglicher durch die Heranziehung entstehende Vermögensnachteile ausgeglichen werde, zB könne der Verdienstausfall im einzelnen wesentlich höher sein, als der Entschädigungshöchstsatz, dessen Überschreitung nicht zulässig sei. Auch der Kreis der Entschädigungsberechtigten sei genau abgegrenzt. Ebenso lehnen eine Entschädigung für Kopien ab: OLG Braunschweig ZIP 83, 830; OLG Hamburg NStZ 81, 107; OLG Schleswig JurBüro 78, 1368; OLG Oldenburg JurBüro 81, 407; OLG Hamm NStZ 81, 106. Von einem entschädigungspflichtigen Eingriff in einen eingerichteten ausgeübten Gewerbebetrieb könne nur dann gesprochen werden, wenn in die **Substanz** des Betriebes eingegriffen und damit der Eigentümer gehindert werde, von dem Gewerbebetrieb den bestimmungsgemäßen Gebrauch zu machen, OLG Düsseldorf RPfleger 83, 45 unter Hinweis auf BGH NJW 75, 1880. Die Banken sind aber in entsprechender Anwendung des ZuSEG wegen der Kosten zu entschädigen, die ihnen dadurch entstehen, daß sie über die Herausgabeverpflichtung hinausgehende Leistungen, wie Erstellung neuer **Listen, Auswertung** von **Buchungsbelegen** und Einholung der **Auskünfte** Dritter erbringen, OLG Hamm NStZ 81, 106. Eine Entschädigung der Kreditinstitute sieht die VFG der OFD Nürnberg vom 10. 10. 84, AO – Kartei S 0256–12/St24 auch nur für den Fall der **Auskunfterteilung** vor; so auch für die **schriftliche Auskunft** LG Koblenz wistra 85, 207, **Banken** sind verpflichtet, kostenlos Unterlagen aller Art, herauszusuchen und ggf zu fotokopieren. Diese Handlungen nehmen sie im **eigenen Interesse** vor, um die Durchsuchung abzuwenden bzw möglichst reibungslos ablaufen zu lassen. Von einem Bankinstitut könne aber nicht erwartet werden, daß es kostenlos **außerordentliche Leistungen** erbringt, zB Aufstellungen anfertigt, Kontoauszüge bearbeitet und Buchungsbelege auswertet. Derartige Leistungen gingen über die Erfüllung bloßer staatsbürgerlicher Pflichten hinaus und entsprechen der zeitlichen Inanspruchnahme eines Zeugen. Eine analoge Anwendung des § 2 II ZuSEG ist daher bei diesen Tätigkeiten gerechtfertigt, LG Berl JR 84, 174. Einen Sonderfall behandelt das LG Duisburg für den Fall einer Durchsuchung bei einer **Datenverarbeitungsorganisation**. Erbringe eine Datenverarbeitungs-Organisation, deren Buchführungsunterlagen in einem Ermittlungsverfahren gegen einen Mandanten beschlag-

1237

§ 405　　　　　　　　　　8. Teil. Straf- und Bußgeldvorschriften

nahmt worden seien über die Duldung und Herausgabepflicht hinausgehende Leistungen, indem sie edv-mäßig erfaßte und aufgearbeitete **Daten ausdruckt,** sei sie entspr § 11 ZuSEG zu entschädigen, LG Duisburg ZIP 85, 250. Das LG Duisburg hält mE zu Recht die abweichende Rechtsprechung über Entschädigungsansprüche der Banken für nicht entsprechend anwendbar. Anders als bei einer Bank seien bei der Datenverarbeitungsorganisation keine **schriftliche Unterlagen** vorhanden. Der Beschlagnahmebeschluß verpflichtete sie nur zur **Duldung** der **Ermittlungen,** nicht aber zur aktiven Mithilfe, auf die die StA aber angewiesen sei. Sie habe Leistungen erbracht, die über ihre Pflichten hinausgingen. § 47a HBG sei im Verhältnis zwischen der Datenverarbeitungsorganisation und ihren Mitgliedern, in dem diese sich gerade zur Erfassung und Aufbereitung von übermittelten Daten verpflichtete, nicht anzuwenden.

3. Entschädigungspflichtiger. Entschädigungspflichtiger ist das heranziehende Gericht, die StA oder die Behörde. Im selbständigen Ermittlungsverfahren der FinBeh tritt diese an die Stelle der StA; sie ist daher Heranziehender und hat die Entschädigung aus ihrem Haushalt zu leisten und dem aburteilenden Gericht mitzuteilen. Im Ermittlungsverfahren der StA, hat die FinBeh die Stellung der Polizei, § 402 I. Die StA hat auch dann die Entschädigung zu leisten, wenn die FinBeh Zeugen usw im Auftrag oder mit vorheriger Billigung der StA herangezogen hat, vgl OFD Nürnberg v 7. 4. 83 S 0725 – 3/St 41.

4. Rechtsbehelf. Zur Durchsetzung von Entschädigungsansprüchen, die ein Bankinstitut geltend macht, wenn es Auskunft über Konten gegeben hat, um damit eine von der Steufa beantragte richterliche Durchsuchung und Beschlagnahme zu vermeiden, ist der **Finanzrechtsweg** nicht gegeben, BFH BStBl 81, 349. Nach § 33 II 2 FGO sind die Vorschriften des § 33 I FGO auf das Straf- und Bußgeldverfahren nicht anzuwenden. Dies gilt auch dann, wenn die Steufa den Antrag an das Amtsgericht deswegen für erforderlich gehalten hat, um die genauen Vermögensverhältnisse des Beschuldigten ermitteln zu können. Denn auch bei der Erforschung von Steuerstraftaten iSd § 208 I Nr 1 müssen bei dem hier vorliegenden Verdacht einer StHinterziehung notwendigerweise die Besteuerungsgrundlagen ermittelt werden, weil nur so festgestellt werden kann, ob St iSd § 370 verkürzt worden sind. Entscheidend sei für die Frage des Rechtswegs, in welcher Funktion und in welchem Verfahren die Steufa bei ihrem Antrag an das Amtsgericht tätig geworden ist. Daran ändert sich auch nichts dadurch, daß die Bank die Beschlagnahme der Unterlagen durch Auskunfterteilung abwenden konnte; aA VG Kassel BB 83, 300: Sobald das StStrafverfahren eingeleitet ist, ist bei Streitigkeiten wegen Kostenerstattung nach der AO allein der Verwaltungsrechtsweg eröffnet.

Nach Einleitung eines Straf- oder Bußgeldverfahrens tritt ein **Rollenwechsel** des FA (von der Steuerbehörde zur Strafverfolgungsbehörde) ein. Die Ermittlungsmaßnahmen betreffen damit nach Ansicht des BFH keine Abgabenangelegenheiten. Das gilt insoweit auch für die Erstattungsansprüche bezüglich der Auslagen, die dem von den Ermittlungsmaßnahmen Betroffenen entstanden sind. Nach Auffassung des FG Hessen (ZIP 82, 828) soll in diesen Fällen der Rechtsweg zu den **Verwaltungsgerichten** eröffnet sein, wenn die Steufa im Zeitpunkt des Auskunftsersuchens bereits

3. Abschnitt. Strafverfahren § 406

ein Straf- und Bußgeldverfahren gegen den Stpfl eingeleitet hatte, weil es sich bei der Geltendmachung des Kostenerstattungsanspruchs um eine öffentlich-rechtliche Streitigkeit handele, für die die Zuständigkeit des FG ausdrücklich ausgeschlossen sei. Die allgemeine Rechtswegzuweisung öffentlich-rechtlicher Streitigkeiten zu den Verwaltungsgerichten werde hier nicht durch die spezielle Regelung der §§ 23 ff EGGVG verdrängt. Die Steufa sei nicht als Justizbehörde tätig geworden (anders zB OLG Stuttgart NJW 72, 2146; OLG Karlsruhe NJW 78, 1338).

Das **FA** selbst ist am Verfahren über die Entschädigung von Zeugen und Sachverständigen nach § 16 ZSEG nicht beteiligt und kann daher auch **keine Beschwerde** einlegen, OLG München RPfleger 82, 317.

3. Unterabschnitt. Gerichtliches Verfahren

§ 406 Mitwirkung der Finanzbehörde im Strafbefehlsverfahren und im selbständigen Verfahren

(1) Hat die Finanzbehörde den Erlaß eines Strafbefehls beantragt, so nimmt sie die Rechte und Pflichten der Staatsanwaltschaft wahr, solange nicht nach § 408 Abs. 3 Satz 2 der Strafprozeßordnung Hauptverhandlung anberaumt oder Einspruch gegen den Strafbefehl erhoben wird.

(2) Hat die Finanzbehörde den Antrag gestellt, die Einziehung oder den Verfall selbständig anzuordnen oder eine Geldbuße gegen eine juristische Person oder eine Personenvereinigung selbständig festzusetzen (§ 401), so nimmt sie die Rechte und Pflichten der Staatsanwaltschaft wahr, solange nicht mündliche Verhandlung beantragt oder vom Gericht angeordnet wird.

Abs 1 redaktionell geändert durch Art 10 des Strafverfahrensänderungsgesetzes 1987 vom 27. Januar 1987, BGBl I, 475.

1. Inhalt. Nach §§ 400, 401 kann die FinBeh Antrag auf Erlaß eines Strafbefehls und auf Anordnung von Nebenfolgen im selbständigen Verfahren stellen. § 406 regelt die Frage, wielange die FinBeh im **Strafbefehlsverfahren** die Rechte der StA wahrnimmt, nämlich solange, wie nicht nach § 408 II StPO die Hauptverhandl anberaumt oder Einspruch gegen den Strafbefehl eingelegt ist. (Zum Strafbefehlsverfahren vgl § 400). Nach § 408 II StPO hat der Amtsrichter Hauptverhandlung anzuberaumen, wenn er Bedenken hat, ohne Hauptverhandlung zu entscheiden. Ebenso, wenn er eine andere als die beantragte Strafe, Nebenfolge oder Maßnahme der **Sicherung** oder **Besserung** festsetzen oder über die Strafaussetzung zur Bewährung abweichend vom Antrag der FinBeh entscheiden will und die FinBeh bei ihrem Antrag beharrt. Nach § 411 I StPO wird bei rechtzeitigem Einspruch Hauptverhandlung anberaumt. Die sachliche Zuständigkeit des FA endet also in dem Augenblick, wo das Strafverfahren in die Hauptverhandlung einmündet.

2. Abs 2 regelt eine früher nicht ausdrücklich geregelte Frage. Die **Rechtsstellung** der **FinBeh** bei dem Antrag, die Einziehung oder den Verfall eines Gegenstandes selbständig anzuordnen oder eine Geldbuße gegen

1239

§ 407　　　　　　　　　　　　8. Teil. Straf- und Bußgeldvorschriften

eine juristische Person oder eine Personenvereinigung selbständig festzusetzen, ist ähnlich derjenigen, die die FinBeh beim Erlaß eines Strafbefehls einnimmt. Wegen Einzelheiten über das Antragsrecht auf Anordnung von Nebenfolgen im selbständigen Verfahren vgl § 401.

§ 407 **Beteiligung der Finanzbehörde in sonstigen Fällen**

(1) ¹**Das Gericht gibt der Finanzbehörde Gelegenheit, die Gesichtspunkte vorzubringen, die von ihrem Standpunkt für die Entscheidung von Bedeutung sind.** ²**Dies gilt auch, wenn das Gericht erwägt, das Verfahren einzustellen.** ³**Der Termin zur Hauptverhandlung und der Termin zur Vernehmung durch einen beauftragten oder ersuchten Richter (§§ 223, 233 der Strafprozeßordnung) werden der Finanzbehörde mitgeteilt.** ⁴**Ihr Vertreter erhält in der Hauptverhandlung auf Verlangen das Wort.** ⁵**Ihm ist zu gestatten, Fragen an Angeklagte, Zeugen und Sachverständige zu richten.**

(2) Das Urteil und andere das Verfahren abschließende Entscheidungen sind der Finanzbehörde mitzuteilen.

1. **Inhalt.** Das frühere **Nebenklagerecht** des FA (§ 472 RAO aF) ist durch das AO-StrafÄndG v 10. 8. 1967 beseitigt worden. Die FinBeh hat lediglich **Anspruch,** daß ihr **Gelegenheit** gegeben wird, die Gesichtspunkte vorzubringen, die nach ihrem Standpunkt für die Entscheidung von Bedeutung sind. Die FinBeh ist ferner zu **hören,** wenn das Gericht erwägt, das Verfahren einzustellen (über die Möglichkeiten der Einstellung vgl §§ 153 ff StPO).

2. Die früher umstrittene Frage, ob das **Anhörungsrecht** der FinBeh auch ein eigenes **Fragerecht** umfaßt, wird ausdrücklich bejaht (S 4). Die FinBeh ist aber nicht befugt, in der Hauptverhandlung **prozessuale Anträge,** zB Beweisanträge zu stellen, sondern sie ist insoweit auf die Zusammenarbeit mit der StA angewiesen. Ein eigenes Erklärungsrecht nach § 257 II StPO steht der FinBeh auch jetzt nicht zu.

3. **Folgen** der **Verletzung** des Rechts auf Anhörung oder des Rechts, Fragen zu stellen: Angeklagter und StA (aber nicht die FinBeh selbst) können diesen **Verfahrensverstoß** unter dem Gesichtspunkt der Verletzung der Aufklärungspflicht nach § 344 II StPO rügen. Voraussetzung ist, daß bei der Anhörung des Vertreters des FA eine weitere Sachaufklärung zu erwarten gewesen wäre.

Ohne daß dies im Gesetz ausdrücklich erwähnt wird, gilt das Anhörungsrecht auch, wenn das Gericht die **vorläufige Einstellung** des Verfahrens oder die **Beschränkung der Strafverfolgung** nach § 154a StPO erwägt.

4. Damit die FinBeh ihre Rechte aus § 407 wahrnehmen kann, ist es erforderlich, daß ihr der **Termin zur Hauptverhandlung** mitgeteilt wird. Dies gilt auch für den Termin zur Vernehmung von Zeugen, Sachverständigen sowie des Angeklagten durch einen beauftragten oder ersuchten Richter. Diese Vernehmungen sind als vorweggenommene Teile der Hauptverhandlung anzusehen.

3. Abschnitt. Strafverfahren **§ 408**

5. Der frühere § 443 RAO (= § 391 EAO 74 BT-Drs 7/79) ist weggefallen, weil das **Verfahren gegen Abwesende** durch das EGStGB beseitigt worden ist. Der Wegfall der entspr Vorschrift der StPO (bisher §§ 276 bis 284 StPO) folgte aus dem Fortfall der Übertretungen im materiellen Strafrecht. Von Ausnahmen abgesehen war die Anwendung der Vorschr über die Hauptverhandlung gegen Abwesenden nur bei Übertretungen zulässig.

4. Unterabschnitt. Kosten des Verfahrens

§ 408 Kosten des Verfahrens

[1]Notwendige Auslagen eines Beteiligten im Sinne des § 464a Abs. 2 Nr. 2 der Strafprozeßordnung sind im Strafverfahren wegen einer Steuerstraftat auch die gesetzlichen Gebühren und Auslagen eines Steuerberaters, Steuerbevollmächtigten, Wirtschaftsprüfers oder vereidigten Buchprüfers. [2]Sind Gebühren und Auslagen gesetzlich nicht geregelt, so können sie bis zur Höhe der gesetzlichen Gebühren und Auslagen eines Rechtsanwalts erstattet werden.

1. Inhalt. Die Vorschrift verweist hinsichtlich der **Kosten** des **Verfahrens** auf die entspr Regelung für das Strafverfahren. Ergänzend sind die Vorschriften der §§ 464–473 StPO sowie die §§ 74, 104 I Nr 12, 109 II JGG heranzuziehen.

2. Nach § 464 StPO muß jedes **Urteil,** jeder Strafbefehl und jede eine Untersuchung einstellende Entscheidung eine Bestimmung darüber treffen, wer die Kosten des Verfahrens trägt. Die Entscheidung über die **notwendigen Auslagen** trifft das Gericht in dem Urteil oder in dem Beschluß, der das Verfahren abschließt. Zu den notwendigen Auslagen eines Beteiligten gehören nach § 464a II StPO die **Gebühren** und Auslagen eines **Rechtsanwalts,** soweit sie nach § 91 II ZPO zu erstatten sind. Die Kosten des Verfahrens und die notwendigen Auslagen des Angeschuldigten fallen der Staatskasse zur Last, wenn der Angeschuldigte freigesprochen oder die Eröffnung des Hauptverfahrens gegen ihn abgelehnt wird oder das Verfahren gegen ihn eingestellt wird, § 467 I StPO.

3. § 408 **erweitert** für das Strafverfahren den Begriff der **notwendigen Auslagen.** Nicht nur die Gebühren und Auslagen eines **Rechtsanwalts,** sondern auch diejenigen des **steuerl Beraters,** der im Strafverfahren für den Stpfl tätig geworden ist, gehören zu den notwendigen Auslagen, vgl *Pannicke* Über die Notwendigkeit von Auslagen für Rechtsanwälte und Steuerberater bei gemeinschaftlicher Verteidigung im gerichtlichen Steuerstraf- und Steuerordnungswidrigkeitenverfahren, StB 82, 132. Über die Befugnis der genannten Personen zur **Verteidigung** vgl § 392. Diese Kosten können auch **neben** den **Kosten** für die Hinzuziehung eines **Rechtsanwalts** erstattet werden, wenn der steuerl Berater die **Verteidigung** in **Gemeinschaft** mit einem RA geführt hat, vgl § 392 I 2. Halbsatz. Sind jedoch mehrere steuerl Berater tätig gewesen, so gilt auch für die steuerl Berater § 92 II 2 ZPO: Die Kosten sind nur insoweit zu erstatten, als sie die Kosten **eines** Rechtsanwalts nicht übersteigen oder als in der Person des RA ein Wechsel eintreten mußte.

Vierter Abschnitt. Bußgeldverfahren

Vorbemerkungen

1. Durch das **Zweite Gesetz** zur **Änderung strafrechtlicher** Vorschriften der Reichsabgabenordnung und anderer Gesetze (AOStrafÄndG) v 12. 8. 1968 (BGBl I, 953) wurden eine Anzahl **leichterer Steuervergehen** in **Steuerordnungswidrigkeiten** umgewandelt worden. Zugleich trat das neue Gesetz über Ordnungswidrigkeiten (OWiG) v 24. 5. 1968 (BGBl I, 481) in Kraft. Die AO enthält kein eigenständiges Verfahrensrecht über Ordnungswidrigkeiten. Sie beschränkt sich auf wenige Sonderregelungen und begnügt sich im übrigen mit einer Generalverweisung (§ 410). Danach sind auf das Bußgeldverfahren wegen StOrdnungswidrigkeiten die verfahrensrechtlichen Vorschriften des OWiG (§§ 35 ff) entspr anzuwenden. Neben diesen Vorschriften sind zahlreiche Sonderbestimmungen der AO über das **Strafverfahren** in StStrafsachen für entspr anwendbar erklärt worden (§ 410 I Nr 1 bis 12). Die entspr Anwendung der Vorschriften des StStrafverfRechts ergibt sich aus der Doppelstellung der FinBeh als Bußgeldbehörde und als Ermittlungsbehörde in StStrafsachen.

2. Auch das **OWiG** enthält keine erschöpfende Regelung des Bußgeldverfahrens, sondern § 46 I OWiG erklärt die Vorschriften der StPO, des GVG und des JGG subsidiär für entspr anwendbar. Diese Verweisungstechnik macht das VerfahrensR in StOrdnungswidrigkeiten außerordentlich unübersichtlich.

3. Auszugehen ist zunächst von §§ 409 bis 413; danach sind die Vorschriften der §§ 385 ff, soweit sie im Katalog des § 410 erwähnt sind, heranzuziehen. Danach sind die §§ 35 ff OWiG anzuwenden, dann die in § 46 I OWiG genannten allgemeinen Gesetze.

4. Steuerordnungswidrigkeiten (Zollordnungswidrigkeiten) sind Zuwiderhandlungen, die nach den StGesetzen mit Geldbuße geahndet werden können (vgl § 377). Die einzelnen **Bußgeldtatbestände** sind in §§ 378–383 enthalten.
Für **Monopolordnungswidrigkeiten** war in § 132 **BranntwMonG** bestimmt, daß die §§ 409–412 entsprechend gelten. Durch Art 19 des **StBereinigG** ist aber mit Wirkung ab 1. 1. 87 ua die Vorschrift über die leichtfertige Verkürzung von Monopoleinnahmen ersatzlos aufgehoben worden. Insoweit ist künftig § 378 unmittelbar anwendbar. Die Anwendung der Vorschriften über das **Bußgeldverfahren** könnte aber bei dem bestehenbleibenden Ordnungswidrigkeitenkatalog des **§ 126 BranntwMonG** zweifelhaft sein, weil das Branntweinmonopol nicht nur die Erhebung von Branntweinabgaben, sondern auch der Regelung der nationalen Marktordnung dient. Wegen des Sachzusammenhangs und zur Vermeidung von Zweifelsfragen wird deshalb in **§ 128 II BranntwMonG** (neu) bestimmt, daß die Vorschriften der **§§ 409 bis 412** bei allen **Monopolordnungswidrigkeiten** anzuwenden sind.

4. Abschnitt. Bußgeldverfahren §§ 409, 410

§ 409 Zuständige Verwaltungsbehörde

¹Bei Steuerordnungswidrigkeiten ist zuständige Verwaltungsbehörde im Sinne des § 36 Abs. 1 Nr. 1 des Gesetzes über Ordnungswidrigkeiten die nach § 387 Abs. 1 sachlich zuständige Finanzbehörde. ²§ 387 Abs. 2 gilt entsprechend.

Die für die **Strafverfolgung** sachlich **zuständige FinBeh** ist auch für das **Bußgeldverfahren** wegen **Steuerordnungswidrigkeiten** zuständige Verw-Behörde iSd § 36 I Nr 1 OWiG. Danach ist sachlich zuständige die FinBeh, die die betreffende Steuer verwaltet. Nach § 409 iVm § 387 II kann die Zuständigkeit durch RechtsVO einer FinBeh für den Bereich mehrerer FinBehörden übertragen werden.

§ 410 Ergänzende Vorschriften für das Bußgeldverfahren

(1) Für das Bußgeldverfahren gelten außer den verfahrensrechtlichen Vorschriften des Gesetzes über Ordnungswidrigkeiten entsprechend:
1. die §§ 388 bis 390 über die Zuständigkeit der Finanzbehörde,
2. § 391 über die Zuständigkeit des Gerichts,
3. § 392 über die Verteidigung,
4. § 393 über das Verhältnis des Strafverfahrens zum Besteuerungsverfahren,
5. § 396 über die Aussetzung des Verfahrens,
6. § 397 über die Einleitung des Strafverfahrens,
7. § 399 Abs. 2 über die Rechte und Pflichten der Finanzbehörde,
8. die §§ 402, 403 Abs. 1, 3 und 4 über die Stellung der Finanzbehörde im Verfahren der Staatsanwaltschaft,
9. § 404 Satz 1 und Satz 2 erster Halbsatz über die Steuer- und Zollfahndung,
10. § 405 über die Entschädigung der Zeugen und der Sachverständigen,
11. § 407 über die Beteiligung der Finanzbehörde und
12. § 408 über die Kosten des Verfahrens.

(2) Verfolgt die Finanzbehörde eine Steuerstraftat, die mit einer Steuerordnungswidrigkeit zusammenhängt (§ 42 Abs. 1 Satz 2 des Gesetzes über Ordnungswidrigkeiten), so kann sie in den Fällen des § 400 beantragen, den Strafbefehl auf die Steuerordnungswidrigkeit zu erstrecken.

Schrifttum: *Bender* Der Verfall im Bußgeldrecht (§ 22a OWiG) ZfZ 87, 34; *Kupsch* Das neue Ordnungswidrigkeitenrecht NJW 87, 352.

Übersicht

1. Inhalt
2. Zuständigkeit
3. Zuständigkeit der Staatsanwaltschaft
4. Stellung der Finanzbehörde bei der Verfolgung einer Ordnungswidrigkeit durch die Staatsanwaltschaft
5. Zuständigkeit des Gerichts
6. Grundsätze des Bußgeldverfahrens
7. Staatsanwaltschaft als Verfolgungsbehörde
8. Rechtsstellung des Betroffenen

§ 410 8. Teil. Straf- und Bußgeldvorschriften

9. Prozeßvoraussetzungen und Prozeßhindernisse
10. Durchführung des Ermittlungsverfahrens
11. Rechtsstellung Dritter
12. Vorläufiger Charakter des Bußgeldbescheids
13. Einspruchsfrist
14. Verfahren vor dem Amtsgericht
15. Rechtsmittel gegen Entscheidungen im Bußgeldverfahren
16. Übergang vom Bußgeld- zum Strafverfahren
17. Wirkung der Unanfechtbarkeit des Bußgeldbescheides
18. Abs 2: Strafbefehl und Ordnungswidrigkeit

1. **Inhalt.** Abweichend vom früher geltenden Recht wird bestimmt, daß auch § 399 II im Bußgeldverfahren entspr anwendbar ist; es handelt sich insoweit um die Beseitigung eines Redaktionsversehens.

2. **Zuständig** für die Verfolgung von Ordnungswidrigkeiten ist die VerwBehörde, soweit nicht die Zuständigkeit der StA bestimmt ist oder an deren Stelle für einzelne Verfolgungsmaßnahmen der Richter berufen ist (§ 35 I OWiG). Unter dem Begriff **„Verfolgung"** wird die eigenverantwortliche Ermittlungstätigkeit verstanden, unter „Ahndung" (§ 35 II 2 OWiG) versteht man die Festsetzung der vom Gesetz für die Ordnungswidrigkeit angedrohten Rechtsfolgen (*Göhler* § 35 OWiG Anm 2, 3). Die sachliche Zuständigkeit für die Verfolgung und Ahndung von StOrdnungswidrigkeiten ist im § 409 abweichend von § 36 OWiG geregelt. Für die Verfolgung von **StStraftaten** und **StOrdnungswidrigkeiten** ist daher sachlich dasselbe FA zuständig. Die **örtliche Zuständigkeit** ist ebenso wie die bei StStraftaten geregelt (§ 388 bis 390). Örtlich zuständig ist danach die FinBeh, in deren Bezirk die StOrdnungswidrigkeit begangen oder entdeckt worden ist, die für die Abgabenangelegenheit zuständig ist, oder in deren Bezirk der Betroffene zZ der Einleitung des Bußgeldverfahrens seinen Wohnsitz hat. Nach dem OWiG besteht keine ausschließliche Zuständigkeit der VerwBehörden im Bußgeldverfahren. ZB ist nach § 40 OWiG die **StA** im **Strafverfahren** für die **Verfolgung** der Tat auch unter dem rechtl Gesichtspunkt einer Ordnungswidrigkeit zuständig. Nach § 41 OWiG gibt die VwBehörde die Sache an die StA ab, wenn Anhaltspunkte für das Vorliegen einer Straftat gegeben sind. Nach § 42 OWiG kann die **StA** bis zum Erlaß des Bußgeldbescheides die **Verfolgung** der Ordnungswidrigkeit **übernehmen,** wenn sie eine Straftat verfolgt, die mit der Ordnungswidrigkeit im **Zusammenhang** steht. Der Zusammenhang kann ein sachlicher (Beteiligung mehrerer an einer Tat) oder ein persönlicher (mehrere Taten eines Täters) sein. In diesem Zusammenhang ist aber darauf hinzuweisen, daß die **FinBeh** in StStrafsachen auch gleichzeitig **Verfolgungsbehörde** ist, so daß insoweit eine Abgabe an die StA regelmäßig nicht in Betracht kommt.

Die FinBeh ist auch für die **Ahndung** der Ordnungswidrigkeiten zuständig, falls nicht das Gericht zuständig ist (§ 35 II OWiG). Ein von einer **sachlich** unzuständigen **Behörde** erlassener Bußgeldbescheid führt zur Einstellung des gerichtlichen Verfahrens nach § 206 a StPO, OLG D'dorf MDR 82, 957. Das **Gericht** ist **zuständig** nach **Einspruch** gegen den Bußgeldbescheid, oder wenn die StA die Verfolgung übernommen hat (§ 45 OWiG). Die VerwBehörde gibt die Sache an die StA ab, wenn Anhaltspunkte dafür vorhanden sind, daß die Tat eine Straftat ist (§ 41 OWiG). Im

4. Abschnitt. Bußgeldverfahren **§ 410**

übrigen ist die StA im Strafverfahren für die Verfolgung der Tat auch unter dem rechtlichen Gesichtspunkt einer Ordnungswidrigkeit zuständig, § 40 OWiG. Die StA kann auch bis zum Erlaß des Bußgeldbescheids die Verfolgung der Ordnungswidrigkeit übernehmen, wenn sie eine Straftat verfolgt, die mit einer Ordnungswidrigkeit zusammenhängt (§ 42 OWiG).

3. Für das **Verfahren** wegen einer StOrdnungswidrigkeit ist darauf hinzuweisen, daß die FinBeh grundsätzlich auch für die **Verfolgung** von StStraftaten zuständig ist (§ 386 II). Die **StA** ist daher für die Verfolgung von StOrdnungswidrigkeiten nur dann zuständig, wenn der Sachverhalt Anhaltspunkte für das Vorliegen einer StStraftat und einer Ordnungswidrigkeit gibt und außerdem die **Ermittlungskompetenz** hinsichtlich der StStraftat nicht der FinBeh obliegt. Dies ist zB der Fall, wenn die StA von ihrem Recht, die Sache jederzeit an sich zu ziehen, Gebrauch macht (§ 386 IV 2). Verneint jedoch die StA das Vorliegen einer StStraftat, so gibt sie die Sache wieder an die FinBeh zurück (§ 41 II OWiG). Das gleiche gilt, wenn die StA das Verfahren nur wegen der Straftat einstellt oder in den Fällen des § 42 OWiG die Verfolgung nicht übernimmt, aber Anhaltspunkte für das Vorliegen einer Ordnungswidrigkeit gegeben sind (§ 43 OWiG). Um evtl Meinungsverschiedenheiten zwischen StA und FinBeh auszuräumen, ob eine Tat StStraftat oder StOrdnungswidrigkeit ist, bestimmt § 44 OWiG, daß die VerwBehörde insoweit an die Entschließung der StA gebunden ist.

4. Stellung der FinBeh bei **Verfolgung** der Ordnungswidrigkeit durch **die StA**. Das sonst für die Bußgeldsache zuständige FA hat dieselben Rechte wie die Behörden des Polizeidienstes nach der StPO und die Befugnisse nach §§ 399 II, 402. § 402 entspricht im übrigen der Regelung in § 63 OWiG über die Beteiligung der VerwBehörde im allg Verfahren wegen Ordnungswidrigkeiten. Nach § 399 II 2 dürfen die zuständigen FinBehörden **Beschlagnahmen** (§ 98 StPO), **Notveräußerungen** (§§ 81a, 81c StPO) nach den für Hilfsbeamte der StA geltenden Vorschriften anordnen, dh regelmäßig nur bei Gefahr im Verzug. § 81a I 2 StPO (körperliche Eingriffe, Blutproben) ist allerdings im Bußgeldverfahren eingeschränkt: Nur die Entnahme von Blutproben und andere geringfügige Eingriffe sind zulässig. Im **gerichtlichen** Verfahren geht die **Zuständigkeit** von der VerwBehörde auf die **StA** über (§ 69 OWiG nach Einspruch gegen den Bußgeldbescheid, § 85 IV OWiG im Wiederaufnahmeverfahren, § 87 IV OWiG im Nachverfahren [§ 439 StPO] gegen einen Bußgeldbescheid).

5. Zuständigkeit des **Gerichts** für die Ahndung von StOrdnungswidrigkeiten: Nach Einspruch gegen den Bußgeldbescheid (§§ 71 ff OWiG), nach Übernahme der Verfolgung durch die StA wegen Zusammenhangs mit StStraftaten (§ 45 OWiG), nach Antrag der FinBeh, den Strafbefehl auf die mit einer StStraftat zusammenhängende StOrdnungswidrigkeit zu erstrecken (§ 410 II), im Wiederaufnahmeverfahren (§ 85 IV 1 OWiG), im Nachverfahren (§ 87 IV 2 OWiG), im Strafverfahren, soweit es auf den rechtlichen Gesichtspunkt einer StOrdnungswidrigkeit ankommt (§ 82 OWiG). Zuständig ist das Amtsgericht (§ 68 OWiG) bzw das für die Verurteilung wegen der StStraftat zuständige Gericht. Für das Bußgeldverfahren ist die **Zuständigkeit** des Gerichts nicht in den §§ 7 ff StPO, sondern in § 410 geregelt. Danach ist ua § 391 anzuwenden, dh zuständig ist das AG, in

§ 410 8. Teil. Straf- und Bußgeldvorschriften

dessen Bezirk das LG seinen Sitz hat, BGH JZ 84, 104. Die Konzentrationsvorschrift des § 391 geht auch hier vor. Durch die Zuweisung aller betreffenden Verfahren an das Amtsgericht, in dessen Bezirk das LG seinen Sitz hat, soll sichergestellt werden, daß sie durch Richter bearbeitet werden, die über besondere Fachkenntnisse verfügen.

6. Grundsätze des Bußgeldverfahrens. Das Verfahren ist weitgehend infolge der Verweisung in § 410 dem StStrafverfahren angeglichen. Die FinBeh hat als Verfolgungsbehörde, soweit nichts anderes bestimmt ist, dieselben **Rechte** und **Pflichten** wie die StA bei der Verfolgung von Straftaten (§ 46 II OWiG). Es gilt daher der **Untersuchungsgrundsatz** (§ 160 II StPO). Im Bußgeldverfahren gilt jedoch nicht das **Legalitätsprinzip**, sondern das **Opportunitätsprinzip** (§ 47 OWiG). Es unterliegt daher dem **pflichtgemäßen** Ermessen der Behörde, ob sie das Verfahren einleiten oder auch wieder einstellen will. Ein Verfolgungszwang besteht nicht. Für das gerichtl Verfahren gilt das gleiche. Hält das Gericht eine Ahndung nicht für geboten, so kann es das Verfahren mit Zustimmung der StA einstellen, wobei die FinBeh zu hören ist (§ 410 I Nr 11). Über die bei der Ausübung des pflichtgemäßen Ermessens zu beachtenden Grundsätze vgl *Göhler* OWiG Anm 2 A b zu § 47 OWiG. Zu beachten ist insbesondere der Gleichheitsgrundsatz; der Betroffene kann sich jedoch nicht darauf berufen, daß in einem gleichgelagerten Fall die FinBeh das Verfahren eingestellt hat (hM). Das Gericht kann auch eine höhere als die im Bußgeldbescheid festgesetzte Geldbuße verhängen; ein Hinweis nach § 46 I OWiG, § 265 II StPO ist nicht geboten, OLG Hamm NJW 80, 1587. Die Verfolgungsbehörden unterliegen der Weisungsbefugnis ihrer vorgesetzten Behörde. Ein Einstellungsbeschluß des Gerichts ist unanfechtbar (§ 47 II 2 OWiG). Einstellungsverfügung der FinBeh führt nicht zum **Verbrauch der Verfolgungsmöglichkeit.** Auch ohne Bekanntwerden neuer Gesichtspunkte kann das Verfahren jederzeit wieder aufgenommen werden; vgl § 170 II StPO, für den dasselbe gilt. **Einstellungsbeschluß des Gerichts** hat jedoch eingeschränkte Rechtskraft (vgl *Göhler* aaO Anm 5 J zu § 47). Bei **Einstellung** nach §§ 153 II, 153 a II StPO durch das Gericht hinsichtlich einer **nichtsteuerlichen Straftat**, zB Diebstahl, ist auch **Strafklageverbrauch** wegen einer damit evtl zusammenhängenden **StOrdnungswidrigkeit** eingetreten, vgl *Göhler* Anm 6 B zu § 21 OWiG. Eine Reihe von Zwangsmaßnahmen sind im Bußgeldverfahren nicht zulässig, zB nicht Anstaltsunterbringung (§ 81 StPO), Verhaftung (§§ 112 ff StPO), Beschlagnahme von Postsendungen und Telegrammen sowie Auskunftsersuchen über Umstände, die dem Post- und Fernmeldegeheimnis unterliegen. Ein Klageerzwingungsverfahren findet nicht statt (§ 46 III). Nach **§ 22a OWiG** (eingeführt durch das 2. Gesetz zur Bekämpfung der Wirtschaftskriminalität v 15. 5. 86) können **illegale Vermögensvorteile**, die aus einer Ordnungswidrigkeit erlangt sind, verfallen. Tatbestandsmäßiges und rechtswidriges Verhalten reicht aus. Der Verfall ist ggf steuerlich absetzbar, die Geldbuße hingegen nicht.

7. Wenn die **StA Verfolgungsbehörde** ist, hat die **FinBeh** ein **Akteneinsichtsrecht** (§ 49 OWiG). Maßnahmen der VerwBehörde sind demjenigen, an den sich diese Maßnahmen richten, formlos bekanntzugeben (§ 50 OWiG). Im gerichtlichen Verfahren ergibt sich dies aus § 35 StPO iVm

4. Abschnitt. Bußgeldverfahren § 410

§ 46 I OWiG. Zustellung ist jedoch erforderlich, soweit durch die Bekanntgabe eine Rechtsmittelfrist in Gang gesetzt wird (Bußgeldbescheid § 67 OWiG, Kostenentscheidung § 108 I OWiG, nachträgliche Einziehungsanordnung § 100 II OWiG). Die **Zustellung** im Bußgeldverfahren wegen StOrdnungswidrigkeiten richtet sich immer nach dem **VerwaltungszustellungsG** des **Bundes,** auch wenn die Zustellung von Landesfinanzbehörden vorgenommen wird (§ 412 I). Hierbei sind jedoch die besonderen Regelungen des § 51 II–V OWiG zu beachten. Hervorzuheben ist hierbei, daß auch bei Vorliegen einer schriftlichen Vollmacht des **Verteidigers** nicht zwingend **Zustellung** an diesen vorgeschrieben ist, vgl § 51 V 2 OWiG, anders § 8 I 2 VwZG. **Wiedereinsetzung** in den vorigen Stand bei Versäumung einer Rechtsbehelfsfrist gegen den Bescheid einer VerwBehörde richtet sich nach §§ 44–47 StPO (§ 52 I OWiG).

8. Rechtsstellung des Betroffenen: Rechtliches Gehör, Recht zur Stellung von Beweisanträgen, Grundsatz „in dubio pro reo". Recht, einen Verteidiger zu nehmen (§ 46 I OWiG iVm § 137 I StPO); eine entspr Hinweispflicht besteht jedoch nicht (§ 55 II OWiG). Ebenso wie im StStrafverfahren dürfen auch Angehörige der **steuerberatenden Berufe** solange allein die **Verteidigung** übernehmen, wie die FinBeh für die Verfolgung und Ahndung zuständig ist (*Kohlmann,* Steuerstrafrecht V 536, 175 ff).

9. Prozeßvoraussetzungen und **Prozeßhindernisse** des **Strafverfahrens** gelten entsprechend im Bußgeldverfahren. Immunität von Abgeordneten (Art 46 II GG) gilt jedoch nicht, weil sich diese nur auf Kriminalstrafen bezieht (hM, *Cramer,* Grundbegriffe des Rechts der Ordnungswidrigkeiten 1971, 131 ff). Eine als StOrdnungswidrigkeit rechtskräftig geahndete Tat kann aber später noch als StStraftat verfolgt werden (vgl einerseits § 84 II OWiG, andererseits § 86 I 1 OWiG), der Bußgeldbescheid ist jedoch in diesem Falle aufzuheben.

10. Durchführung des Ermittlungsverfahrens. Festnahme (§ 54 OWiG) nur zulässig, wenn jemand auf frischer Tat getroffen oder verfolgt wird und seine Person nicht sofort festgestellt werden kann. Förmliche **Vernehmung** entfällt, jedoch kann sich ihre Notwendigkeit aus dem Grundsatz des rechtl Gehörs ergeben (*Kohlmann* aaO V 549). Äußerung kann auch schriftlich erfolgen (*Bock* DB 1968, 1331). Es genügt, wenn dem Betroffenen Gelegenheit gegeben wird, sich zu äußern (§ 55 OWiG). Die Anordnung der Versendung des **Anhörungsbogens** an den Betroffenen unterbricht diesem gegenüber die **Verjährung,** wenn er der Ordnungswidrigkeit beschuldigt wird, dieser also nicht erst ermittelt werden soll, OLG Hamm NStZ 81, 225.

11. Rechtstellung Dritter. Zeugen und Sachverständige sind verpflichtet, auf Ladung der FinBeh zu erscheinen und zur Sache auszusagen (§ 161a StPO), sie können hierzu durch Ordnungsstrafen angehalten werden (§ 161a II StPO).

12. Ebenso wie der Strafbefehl hat der **Bußgeldbescheid vorläufigen Charakter.** Bei Einspruch des Betroffenen wird der Bescheid hinfällig. Er begrenzt lediglich für das sich anschließende gerichtl Verfahren den Untersuchungsgegenstand (*Kohlmann* aaO V 564), Bußgeldbescheid hat nur noch die Bedeutung einer Beschuldigung (*Göhler* aaO Anm 4 vor § 65).

§ 410 8. Teil. Straf- und Bußgeldvorschriften

13. Einspruchsfrist gegen Bußgeldbescheid: 1 Woche nach Zustellung § 67 OWiG. Einspruch kann auch **fernmündlich** zur Niederschrift bei der Behörde eingelegt werden, BGH NJW 80, 1290. Einlegung schriftlich oder zu Protokoll bei der VerwBehörde. Einspruch hat keinen Devolutiveffekt, dh das Verfahren geht nicht automatisch auf die höhere Instanz über. Ihm fehlt daher eine für ein Rechtsmittel typische Eigenschaft. Nach Einspruch hat die FinBeh zu prüfen, ob eine andere rechtliche Beurteilung geboten ist. Sie kann den Bußgeldbescheid zurücknehmen (§ 69 I 2 OWiG), kann aber auch nach Rücknahme des Bescheides einen neuen Bescheid erlassen, für den das **Verböserungsverbot nicht** gilt. Hält FinBeh am Bescheid fest, muß es die Akten der StA vorlegen (§ 69 I 1 OWiG). Diese ist dann Verfolgungsbehörde. Über den **Einspruch** entscheidet das **Amtsgericht**.

14. Verfahren vor dem **Amtsgericht** richtet sich nach den Vorschriften der StPO über den Strafbefehl (§ 71 OWiG). Die Entscheidung braucht jedoch nicht immer durch **Urteil** aufgrund mündlicher Verhandlung, sondern kann auch im schriftlichen Verfahren durch **Beschluß** ergehen (§ 72 OWiG). Der Betroffene braucht auch nicht in der Hauptverhandlung zu erscheinen (§ 73 I OWiG, anders § 230 I StPO), falls nicht der Richter das persönliche Erscheinen angeordnet hat (§ 73 II OWiG). Nur in diesem Fall kann der Betroffene vorgeführt werden (§ 74 II 2 OWiG). Auch die **StA** ist **nicht verpflichtet,** an der **Hauptverhandlung teilzunehmen** (§ 75 I 1 OWiG).

15. Rechtsmittel gegen Entscheidungen im Bußgeldverfahren. Grundsätzlich finden auch hier die Vorschriften der StPO Anwendung (vgl §§ 296–303 StPO). Auch die StA ist als Verfolgungsbehörde zur Anfechtung gerichtlicher Entscheidungen befugt (§ 296 I StPO). Beschlüsse und Verfügungen mit selbständiger Bedeutung sind mit Beschwerde anfechtbar. Dagegen sind die Vorschriften über **Berufung** und **Revision** im Bußgeldverfahren nicht anwendbar, weil in den §§ 79, 80 OWiG Sonderregelung vorgesehen ist. Die **Rechtsbeschwerde** ist auf bestimmte Fälle eingeschränkt, sie wird vor allem bei weniger bedeutsamen Ordnungswidrigkeiten ausgeschlossen.
Rechtsbeschwerdefrist: 1 Woche; einzulegen beim AG. Beginn mit der Verkündung des Urteils oder mit der Zustellung des Beschlusses (§ 79 IV OWiG). Rechtsbeschwerde hemmt Rechtskraft der Entscheidung (§ 343 StPO). **Beschwerdegericht** ist regelmäßig das OLG. Das Beschwerdegericht entscheidet regelmäßig ohne mündliche Verhandlung durch Beschluß (§ 79 IV OWiG). Im übrigen kann die Rechtsbeschwerde vom Beschwerdegericht zugelassen werden (§§ 79 I 2, 80 OWiG). Die Zulassung setzt einen entsprechenden Antrag voraus (Zulassungsbeschwerde § 80 I OWiG).

16. Übergang vom Bußgeld- zum Strafverfahren (§ 81 OWiG). Das Gericht ist im Bußgeldverfahren an die rechtliche Beurteilung der Tat als Ordnungswidrigkeit nicht gebunden. Es kann den Betroffenen auch wegen derselben Tat mit einer Strafe belegen. Der Betroffene ist jedoch zuvor auf die Änderung des rechtlichen Gesichtspunkts hinzuweisen. Mit dem Hinweis tritt der **Übergang** zum **Strafverfahren** ein. Nach hM kann trotzdem noch **Einspruch zurückgenommen** werden, solange die Hauptverhandlung zur Sache noch nicht begonnen hat, aA BayObLG DB 75, 2063.

4. Abschnitt. Bußgeldverfahren § 411

17. Nach Eintritt der **Unanfechtbarkeit** des Bußgeldbescheides tritt materielle Rechtskraft ein, dh sie hindert die nochmalige Verfolgung der Tat als Ordnungswidrigkeit. Eine **Verfolgung** der Tat als **Straftat** ist jedoch nicht ausgeschlossen (§ 84 I OWiG). Dagegen steht ein rechtskräftiges Urteil über die Tat als Ordnungswidrigkeit ihrer Verfolgung als Straftat entgegen (§ 82 II OWiG). Nach § 84 II OWiG hindert nur ein **rechtskräftiges** Buß**Urteil** die Verfolgung derselben Tat als Straftat; aA *Brenner* ZfZ 78, 269, wegen der Strafverfolgungskompetenz der FinBeh, die insoweit der StA gleichsteht. Brenner will daher dem **Bußgeldbescheid** einer **FinBeh** die gleichen Rechtskraftwirkungen wie einem Strafbefehl beimessen.

18. Abs. 2. Die **FinBeh** kann, wenn es gegen den Stpfl den Erlaß eines **Strafbefehls** beantragen will (§ 400), zugleich beantragen, daß der Strafbefehl auf die **StOrdnungswidrigkeit** erstreckt wird. Voraussetzung ist, daß ein Zusammenhang zwischen der StOrdnungswidrigkeit und der StStraftat besteht. Nach § 42 I OWiG kann die **StA** bis zum Erlaß eines Bußgeldbescheides die **Verfolgung** der Ordnungswidrigkeit übernehmen, wenn sie eine Straftat verfolgt, die mit der Ordnungswidrigkeit zusammenhängt. Dieser Zusammenhang besteht, wenn jemand sowohl einer Straftat als auch einer Ordnungswidrigkeit oder wenn hinsichtlich derselben Tat **eine Person** einer Straftat und eine **andere** einer Ordnungswidrigkeit beschuldigt wird. Der Strafbefehlsantrag ist wegen der Ordnungswidrigkeit auf eine bestimmte Geldbuße zu richten (vgl *Göhler* OWiG, § 64 Anm 1). Wenn bei mehreren Tätern der eine nur eine Ordnungswidrigkeit begangen hat, so bleibt dieser Betroffene iSd OWiG, auch wenn die Geldbuße im Strafbefehlsverfahren ausgesprochen wird.

§ 411 Bußgeldverfahren gegen Rechtsanwälte, Steuerberater, Steuerbevollmächtigte, Wirtschaftsprüfer oder vereidigte Buchprüfer

Bevor gegen einen Rechtsanwalt, Steuerberater, Steuerbevollmächtigten, Wirtschaftsprüfer oder vereidigten Buchprüfer wegen einer Steuerordnungswidrigkeit, die er in Ausübung seines Berufs bei der Beratung in Steuersachen begangen hat, ein Bußgeldbescheid erlassen wird, gibt die Finanzbehörde der zuständigen Berufskammer Gelegenheit, die Gesichtspunkte vorzubringen, die von ihrem Standpunkt für die Entscheidung von Bedeutung sind.

Schrifttum: *Bilsdorfer* § 411 AO – eine „Muß"-, eine „Soll"- oder eine „Kann"-Vorschrift?, DStR 83, 26.

1. Inhalt. Abweichend von § 448 RAO genügt es zum Erlaß eines **Bußgeldbescheides** gegen einen **Angehörigen** der **steuerberatenden Berufe**, daß der zuständigen **Berufskammer Gelegenheit** gegeben wird, die Gesichtspunkte vorzubringen, die von ihrem Standpunkt für die Entscheidung von Bedeutung sind. In diesem Zusammenhang verstößt es nicht gegen das **Steuergeheimnis**, wenn der zuständigen Kammer **Einsicht** in die **Bußgeldakten** des steuerl Beraters gegeben wird; soweit Teile der Akten vom Mandanten stammen, gilt dies nur für solche Tatsachen, die für die Beurteilung erforderlich sind; so auch *Franzen/Gast/Samson* Rdnr 13. Da die Regelung als Schutzvorschrift für den Angehörigen der steuerbera-

§ 412

tenden Berufe gedacht ist, müßte der Berufsangehörige auch darauf verzichten können, daß die Berufskammer unterrichtet wird, *Bilsdorfer* aaO. Nach § 448 RAO war der Erlaß eines Bußgeldbescheides in den Fällen regelmäßig davon abhängig, daß gegen den Betroffenen zuvor eine **ehrengerichtliche** oder **berufsgerichtliche Maßnahme** verhängt oder ihm durch den Vorstand der **Berufskammer** eine **Rüge** erteilt worden war. Der BR hatte sich in seinen Empfehlungen generell gegen eine derartige Vorschrift ausgesprochen. Der BT ist dem BR insoweit gefolgt, als der Erlaß eines Bußgeldbescheides nicht mehr davon abhängig sein soll, ob gegen den Berufsangehörigen zuvor eine ehrengerichtliche oder berufsgerichtliche Maßnahme verhängt oder ihm durch den Vorstand der Berufskammer eine Rüge erteilt worden ist. Er hielt diese Regelung, für die es in der Rechtsordnung keine Parallele gibt, für nicht systemgerecht und unter dem Gesichtspunkt der Gleichbehandlung für nicht unproblematisch. Die vorgeschlagene Regelung reicht nach Auffassung des BT aus, um den Sachverstand der Berufskammern für das Bußgeldverfahren nutzbar zu machen. Eine gewisse Berechtigung ist der immer noch durch die Neuregelung verbleibenden Sonderstellung der steuerberatenden Berufe insofern nicht abzusprechen, als die Grenze zwischen vorsätzlicher und leichtfertiger StVerkürzung fließend ist und die Beurteilung, ob ein StBerater leichtfertig gehandelt hat, nur getroffen werden kann, wenn man seine sich aus dem Berufsrecht ergebenden Pflichten und deren Umfang kennt. Diese Frage zu beurteilen, sind in erster Linie die zuständigen Berufskammern berufen. Die Entscheidung des Gesetzgebers entspricht einer Tendenz in der Gesetzgebung, das ehrengerichtliche Verfahren hinter anderen staatlichen Sanktionen zurücktreten zu lassen, vgl § 115b BRAO, wonach von einer ehrengerichtlichen Ahndung grundsätzlich abzusehen ist, wenn gegen den Betroffenen bereits eine Strafe oder Geldbuße festgesetzt worden ist.

2. In Ausübung des **Berufes** muß die StOrdnungswidrigkeit begangen sein. Dies ist der Fall, wenn jemand durch Übernahme bestimmter Aufgaben dokumentiert, daß ihre Erledigung in den Tätigkeitsbereich fällt, dem er sich für Dauer, Zeit oder Wiederkehr verschrieben hat (RGSt 77, 15). Im Einzelfall kann die Abgrenzung schwierig sein, wenn zB Tätigkeiten ausgeübt werden, die zwar gewisse Rechtskenntnis erfordern, aber nicht zu den eigentlichen beruflichen Aufgaben gehören, zB Testamentsvollstreckung, Vormundschaft uä. Bei der **Beratung** in StSachen muß die Ordnungswidrigkeit begangen worden sein. Dies kann auch bei der Beantwortung von steuerlichen Fragen in einem anderen Zusammenhang der Fall sein, zB im Rahmen eines Strafverfahrens, bei der Beratung über steuerl günstige Vertragsgestaltungen.

3. Anwendung. Aus § 4 III OWiG ist zu entnehmen, daß auf StOrdnungswidrigkeiten, die vor Inkrafttreten der AO 77 begangen worden sind, noch die Regelung des § 448 RAO anzuwenden ist.

§ 412 Zustellung, Vollstreckung, Kosten

(1) [1]**Für das Zustellungsverfahren gelten abweichend von § 51 Abs. 1 Satz 1 des Gesetzes über Ordnungswidrigkeiten die Vorschriften des Verwaltungszustellungsgesetzes auch dann, wenn eine Landesfinanzbe-**

4. Abschnitt. Bußgeldverfahren § 412

hörde den Bescheid erlassen hat. ²§ 51 Abs. 1 Satz 2 und Absatz 2 bis 5 des Gesetzes über Ordnungswidrigkeiten bleibt unberührt.

(2) ¹Für die Vollstreckung von Bescheiden der Finanzbehörden in Bußgeldverfahren gelten abweichend von § 90 Abs. 1 und 4, § 108 Abs. 2 des Gesetzes über Ordnungswidrigkeiten die Vorschriften des Sechsten Teils dieses Gesetzes. ²Die übrigen Vorschriften des Neunten Abschnitts des Zweiten Teils des Gesetzes über Ordnungswidrigkeiten bleiben unberührt.

(3) Für die Kosten des Bußgeldverfahrens gilt § 107 Abs. 4 des Gesetzes über Ordnungswidrigkeiten auch dann, wenn eine Landesfinanzbehörde den Bußgeldbescheid erlassen hat; an Stelle des § 19 des Verwaltungskostengesetzes gelten § 227 Abs. 1 und § 261 dieses Gesetzes.

1. Zustellung. Nach § 51 I 1 OWiG gelten die Vorschriften des VwZG, wenn eine VerwBehörde des Bundes den Bescheid erlassen hat, im übrigen die entsprechenden landesrechtlichen Zustellungsvorschriften. Diese Regelung hätte für das Bußgeldverfahren der FinBeh zur Folge, daß Bußgeldbescheide der Zollbehörden das ZustellungsG des Bundes, für Bußgeldbescheide der LandesFinBeh bei den Besitz- und VerkehrSt das jeweilige LandeszustellungsG gelten würde. Abs 1 S 1 bestimmt, abweichend von der Regelung des OWiG, daß sich die **Zustellung** von Bußgeldbescheiden ausschließlich nach dem ZustellungsG des Bundes richtet, auch wenn der Bußgeldbescheid von einer LandesFinBeh erlassen worden ist. § 51 I 2 OWiG bleibt unberührt. Nach dieser Bestimmung genügt es bei Ausfertigung eines Bußgeldbescheides mittels automatischer Einrichtungen, daß das Schriftstück mit dem Abdruck des Dienstsiegels der VerwBehörde versehen ist. Die ebenfalls anwendbaren Vorschriften des § 51 II–V OWiG betreffen die Frage, an wen zugestellt wird und wie zu verfahren ist, wenn der Betroffene einen Verteidiger gewählt hat.

2. Abs 2. Vollstreckung. Nach § 90 I und IV OWiG richtet sich die Vollstreckung von Bußgeldbescheiden nach dem VerwVollstreckungsG, wenn eine VwBehörde des Bundes den Bußgeldbescheid erlassen hat, im übrigen nach den LandesvollstreckungsG. Das gleiche gilt nach § 108 II OWiG für die Vollstreckung der Kosten des Bußgeldverfahrens. Demgegenüber bestimmt **Abs 2**, daß für die Vollstreckung von Bescheiden der FinBeh in Bußgeldverfahren die **Vollstreckungsvorschriften** der **AO** gelten. Unberührt bleiben allerdings die übrigen Vorschriften über die Vollstreckung von Bußgeldentscheidungen, §§ 89 bis 104 OWiG.

3. Abs 3. Kosten. Nach § 108 IV OWiG sind für die **Niederschlagung der Kosten** bei unrichtiger Sachbehandlung sowie für die **Niederschlagung**, den **Erlaß**, die **Verjährung** und die **Erstattung** von Kosten § 14 II sowie die §§ 19–21 des Verwaltungskostengesetzes anzuwenden, wenn eine VerwBehörde des Bundes den Bußgeldbescheid erlassen hat. Anderenfalls gelten die entsprechenden landesrechtl Vorschr. Nach § 412 III sind die entsprechenden Vorschriften des VerwaltungskostenG des Bundes auch anzuwenden, wenn eine Landesfinanzbehörde den Bußgeldbescheid erlassen hat. § 14 II VwKostenG betrifft die **Nichterhebung** von Kosten im Falle unrichtiger Sachbehandlung, § 19 VwKostG die **Stundung, Niederschlagung** und den **Erlaß** von Kosten, § 20 VwKostG die **Verjährung** von

Kosten, § 21 VwKostG die Erstattung überzahlter oder zu Unrecht erhobener Kosten. An die Stelle des § 19 VwKostG treten die §§ 227 I (Erlaß) und 261 (Niederschlagung). **§ 222** (Stundung) wird nicht erwähnt. Seine Erwähnung ist überflüssig, weil nach § 93 I OWiG über die Bewilligung von Zahlungserleichterungen die VollstrBehörde entscheidet. VollstrBehörde ist nach Abs 2 die FinBeh.

Neunter Teil
Schlußvorschriften

§ 413 Einschränkung von Grundrechten

Die Grundrechte auf körperliche Unversehrtheit und Freiheit der Person (Artikel 2 Abs. 2 des Grundgesetzes), des Briefgeheimnisses sowie des Post- und Fernmeldegeheimnisses (Artikel 10 des Grundgesetzes) und der Unverletzlichkeit der Wohnung (Artikel 13 des Grundgesetzes) werden nach Maßgabe dieses Gesetzes eingeschränkt.

Im Hinblick auf Art 19 I 2 GG werden die Grundrechte aufgeführt, die durch Vorschriften des Gesetzes berührt werden.

§ 414 Berlin-Klausel

¹Dieses Gesetz gilt nach Maßgabe des § 12 Abs. 1 und des § 13 Abs. 1 des Dritten Überleitungsgesetzes vom 4. Januar 1952 (Bundesgesetzbl. I S. 1) auch im Land Berlin. ²Rechtsverordnungen, die auf Grund dieses Gesetzes erlassen werden, gelten im Land Berlin nach § 14 des Dritten Überleitungsgesetzes.

§ 415 Inkrafttreten

(1) Dieses Gesetz tritt am 1. Januar 1977 in Kraft, soweit die folgenden Absätze nichts anderes bestimmen.

(2) § 19 Abs. 5, § 117 Abs. 5, § 134 Abs. 3, § 139 Abs. 2, § 150 Abs. 6, § 156 Abs. 1, § 178 Abs. 3, § 212, § 382 Abs. 4, § 387 Abs. 2 und § 391 Abs. 2 treten am Tage nach der Verkündung in Kraft.

(3) Die §§ 52 und 55 sind erstmals ab 1. Januar 1984 anzuwenden.

Abs 1 geändert, Abs 3 eingefügt durch das Parteienfinanzierungsgesetz v 22. 12. 83, BGBl I, 1577.

Im Regierungsentwurf war als Termin für das Inkrafttreten der 1. 1. 74 vorgesehen. Der Abs 2 betrifft Verordnungsermächtigungen. Die entsprechende Ermächtigung muß im Zeitpunkt des Erlasses der VO bereits gelten; eine nachträgliche Heilung durch das spätere Inkrafttreten der Ermächtigung wäre nicht möglich.

Anhang 1

Einführungsgesetz zur Abgabenordnung (EGAO 1977)

Vom 14. Dezember 1976

(BGBl. I S. 3341; BStBl. I S. 694, ber. BGBl. 1977 I S. 667)
Geändert durch Gesetze v 17. 12. 1982 (BGBl. I S. 1777),
v 19. 12. 1985 (BGBl. I S. 2436), v 25. 7. 1988 (BGBl. I S. 1093) und Gesetz v 20. 12. 1988 (BGBl. I S. 2262).

– Auszug –

Art. 97 Übergangsvorschriften[1]

§ 1[2] Begonnene Verfahren

(1) Verfahren, die am 1. Januar 1977 anhängig sind, werden nach den Vorschriften der Abgabenordnung zu Ende geführt, soweit in den nachfolgenden Vorschriften nichts anderes bestimmt ist.

(2) Durch das Steuerbereinigungsgesetz 1986 vom 19. Dezember 1985 (BGBl. I S. 2436) geänderte oder eingefügte Vorschriften sowie die auf diesen Vorschriften beruhenden Rechtsverordnungen sind auf alle bei Inkrafttreten dieser Vorschriften anhängigen Verfahren anzuwenden, soweit nichts anderes bestimmt ist. Soweit die Vorschriften die Bekanntgabe von schriftlichen Verwaltungsakten regeln, gelten sie für alle nach dem Inkrafttreten der Vorschriften zur Post gegebenen Verwaltungsakte.

(3) Die durch Artikel 15 des Steuerreformgesetzes 1990 vom 25. Juli 1988 (BGBl. I S. 1093) geänderten Vorschriften sind auf alle bei Inkrafttreten dieser Vorschriften anhängigen Verfahren anzuwenden, soweit nichts anderes bestimmt ist.

§ 1a[2] Steuerlich unschädliche Betätigungen

Die Vorschrift des § 58 Nr. 7 der Abgabenordnung über steuerlich unschädliche Betätigungen in der Fassung des Steuerbereinigungsgesetzes 1986 ist erstmals ab 1. Januar 1985 anzuwenden.

---

[1] Die Finanzgerichte haben bei Rechtsbehelfen gegen Berichtigungsbescheide, die vor Inkrafttreten der AO ergangen sind, noch das alte Recht anzuwenden; sie haben zu prüfen, ob die Verwaltung das zum damaligen Zeitpunkt gültige Recht richtig angewandt haben, FG Neustadt EFG 77, 346. Seit 1. 1. 1977 ist nach Vorschriften der AO 77 zu prüfen, ob ein Verfahren wegen der noch fehlenden gesonderten Feststellung von Besteuerungsgrundlagen auszusetzen ist, BFH BStBl 78, 265.
[2] § 1 bish. Wortlaut wird Abs. 1, Abs. 2 angefügt, §§ 1a bis 1c eingefügt durch Gesetz vom 18. 12. 1985 (BGBl. I S. 2436). § 1 Abs. 3 angefügt durch Gesetz vom 25. 7. 1988 (BGBl. I S. 1093).

§ 1b[1] Krankenhäuser

Die Vorschrift des § 67 Abs. 1 der Abgabenordnung über die Zweckbetriebseigenschaft eines Krankenhauses in der Fassung des Steuerbereinigungsgesetzes 1986 ist erstmals ab 1. Januar 1986 anzuwenden.

§ 1c[1] Sportliche Veranstaltungen

Die Vorschrift des § 67a der Abgabenordnung über die Zweckbetriebseigenschaft sportlicher Veranstaltungen sowie die Folgeänderungen des § 68 Nr. 7 der Abgabenordnung in der Fassung des Steuerbereinigungsgesetzes 1986 sind erstmals ab 1. Januar 1986 anzuwenden.

§ 2 Fristen

Fristen, deren Lauf vor dem 1. Januar 1977 begonnen hat, werden nach den bisherigen Vorschriften berechnet, soweit in den nachfolgenden Vorschriften nichts anderes bestimmt ist. Dies gilt auch in den Fällen, in denen der Lauf einer Frist nur deshalb nicht vor dem 1. Januar 1977 begonnen hat, weil der Beginn der Frist nach § 84 der Reichsabgabenordnung hinausgeschoben worden ist.

§ 3 Grunderwerbsteuer, Feuerschutzsteuer

(1) Die Abgabenordnung und die Übergangsvorschriften dieses Artikels gelten auch für die Grunderwerbsteuer und die Feuerschutzsteuer; abweichende landesrechtliche Vorschriften bleiben unberührt. Soweit die Grunderwerbsteuer nicht von Landesfinanzbehörden verwaltet wird, gilt § 1 Abs. 2 der Abgabenordnung sinngemäß.

(2)[2] *(aufgehoben)*

§§ 4–7[2] *(aufgehoben)*

§ 8 Verspätungszuschlag

Die Vorschriften des § 152 der Abgabenordnung über Verspätungszuschläge sind erstmals auf Steuererklärungen anzuwenden, die nach dem 31. Dezember 1976 einzureichen sind; eine Verlängerung der Steuererklärungsfrist ist hierbei nicht zu berücksichtigen. Im übrigen gilt § 168 Abs. 2 der Reichsabgabenordnung mit der Maßgabe, daß ein nach dem 31. Dezember 1976 festgesetzter Verspätungszuschlag höchstens zehntausend Deutsche Mark betragen darf.

§ 9 Aufhebung und Änderung von Verwaltungsakten

Die Vorschriften der Abgabenordnung über die Aufhebung und Änderung von Verwaltungsakten sind erstmals anzuwenden, wenn nach dem 31. Dezember 1976 ein Verwaltungsakt aufgehoben oder geändert wird. Dies gilt auch dann, wenn der aufzuhebende oder zu ändernde Verwaltungsakt vor dem 1. Januar 1977 erlassen worden ist. Auf vorläufige Steuerbescheide nach § 100 Abs. 1 der Reichsabgabenordnung ist § 165 Abs. 2 der Abgabenordnung, auf Steuerbescheide nach § 100 Abs. 2 der Reichsabgabenordnung und § 28 des Erbschaftsteuergesetzes in der vor dem 1. Ja-

---

[1] §§ 1b und 1c eingefügt durch Gesetz vom 18. 12. 1985 (BGBl. I S. 2436).
[2] § 3 Abs. 2 und §§ 4 bis 7 aufgehoben durch Gesetz vom 17. 12. 1982 (BGBl. I S. 1777).

nuar 1974 geltenden Fassung ist § 164 Abs. 2 und 3 der Abgabenordnung anzuwenden.

§ 10 Festsetzungsverjährung

(1) Die Vorschriften der Abgabenordnung über die Festsetzungsverjährung gelten erstmals für die Festsetzung sowie für die Aufhebung und Änderung der Festsetzung von Steuern, Steuervergütungen und – soweit für steuerliche Nebenleistungen eine Festsetzungsverjährung vorgesehen ist – von steuerlichen Nebenleistungen, die nach dem 31. Dezember 1976 entstehen. Für vorher entstandene Ansprüche gelten die Vorschriften der Reichsabgabenordnung über die Verjährung und über die Ausschlußfristen weiter, soweit sie für die Festsetzung einer Steuer, Steuervergütung oder steuerlichen Nebenleistung, für die Aufhebung oder Änderung einer solchen Festsetzung oder für die Geltendmachung von Erstattungsansprüchen von Bedeutung sind; § 14 Abs. 2 dieses Artikels bleibt unberührt.

(2) Absatz 1 gilt sinngemäß für die gesonderte Feststellung von Besteuerungsgrundlagen sowie für die Festsetzung, Zerlegung und Zuteilung des Steuermeßbetrages. Bei der Einheitsbewertung tritt an die Stelle des Zeitpunkts der Entstehung des Steueranspruchs der Zeitpunkt, auf den die Hauptfeststellung, die Fortschreibung, die Nachfeststellung oder die Aufhebung eines Einheitswertes vorzunehmen ist.

(3)[1] Wenn die Schlußbesprechung oder die letzten Ermittlungen vor dem 1. Januar 1987 stattgefunden haben, beginnt der nach § 171 Abs. 4 Satz 4 der Abgabenordnung zu berechnende Zeitraum am 1. Januar 1987.

(4)[2] Die Vorschrift des § 171 Abs. 14 der Abgabenordnung gilt für alle bei Inkrafttreten des Steuerbereinigungsgesetzes 1986 noch nicht abgelaufenen Festsetzungsfristen.[2]

§ 10a[2] Erklärungspflicht

Die Vorschriften des § 181 Abs. 2 der Abgabenordnung über Erklärungspflichten gelten in der Fassung des Steuerbereinigungsgesetzes 1986 auch für noch nicht abgegebene Feststellungserklärungen, die Zeiträume oder Zeitpunkte vor dem 1. Januar 1987 betreffen.

§ 11[2] Haftung

(1) Die Vorschriften des §§ 69 bis 76 und 191 Abs. 3 bis 5 der Abgabenordnung sind anzuwenden, wenn der haftungsbegründende Tatbestand nach dem 31. Dezember 1976 verwirklicht worden ist.

(2) Die Vorschriften der Abgabenordnung über Haftung sind in der Fassung des Steuerbereinigungsgesetzes 1986 anzuwenden, wenn der haf-

---

[1] § 10 Abs. 3 und 4 angefügt, § 10a eingefügt, § 11 bish. Wortlaut wird Abs. 1, Abs. 2 angefügt durch Gesetz vom 19. 12. 1985 (BGBl. I S. 2436).
[2] Die Verjährung eines vor dem 1. Januar 1977 entstandenen Steueranspruchs wird nach Artikel 97 § 10 I 2 Halbsatz 1 EGAO i. V. m. § 147 RAO durch die einem wirksamen Steuerbescheid beigefügte schriftliche Zahlungsaufforderung in Höhe des angeforderten Betrages unterbrochen. Die Verjährungsunterbrechung bleibt auch dann bestehen, wenn der Bescheid später aufgehoben oder geändert wird, BFH BStBl. 88, 723. Der Senat teilt auch nicht die Ansicht, daß § 147 nach dem 31. Dezember 1976 nicht mehr anwendbar sei, weil es sich dabei nicht um eine Vorschrift handele, die ausschließlich für die Steuerfestsetzung von Bedeutung sei, vgl. hierzu aber § 169 Anm. 1.

tungsbegründende Tatbestand nach dem 31. Dezember 1986 verwirklicht worden ist.

§ 12 Verbindliche Zusagen auf Grund einer Außenprüfung

Die Vorschriften der Abgabenordnung über verbindliche Zusagen auf Grund einer Außenprüfung (§§ 204 bis 207) sind anzuwenden, wenn die Schlußbesprechung nach dem 31. Dezember 1976 stattfindet oder, falls eine solche nicht erforderlich ist, wenn dem Steuerpflichtigen der Prüfungsbericht nach dem 31. Dezember 1976 zugegangen ist.

§ 13 Sicherungsgeld

Die Vorschriften des § 203 der Reichsabgabenordnung sind auch nach dem 31. Dezember 1976 anzuwenden, soweit die dort genannten besonderen Bedingungen vor dem 1. Januar 1977 nicht eingehalten wurden. Auf die Verwaltungsakte, die ein Sicherungsgeld festsetzen, ist § 100 Abs. 2 der Finanzgerichtsordnung nicht anzuwenden.

§ 14 Zahlungsverjährung

(1) Die Vorschriften der Abgabenordnung über die Zahlungsverjährung gelten für alle Ansprüche im Sinne des § 228 Satz 1 der Abgabenordnung, deren Verjährung nach § 229 der Abgabenordnung nach dem 31. Dezember 1976 beginnt.

(2) Liegen die Voraussetzungen des Absatzes 1 nicht vor, so gelten für die Ansprüche weiterhin die bisherigen Vorschriften über Verjährung und Auschlußfristen. Die Verjährung wird jedoch ab 1. Januar 1977 nur noch nach den §§ 230 und 231 der Abgabenordnung gehemmt und unterbrochen. Auf die nach § 321 Abs. 3 der Abgabenordnung beginnende neue Verjährungsfrist sind die §§ 228 bis 232 der Abgabenordnung anzuwenden.

§ 15[1] Zinsen

(1) Zinsen entstehen für die Zeit nach dem 31. Dezember 1976 nach den Vorschriften der Abgabenordnung. Aussetzungszinsen entstehen nach § 237 der Abgabenordnung in der Fassung des Steuerbereinigungsgesetzes 1986 auch, soweit der Zinslauf vor dem 1. Januar 1987 begonnen hat.

(2) Ist eine Steuer über den 31. Dezember 1976 hinaus zinslos gestundet worden, so gilt dies als Verzicht auf Zinsen im Sinne des § 234 Abs. 2 der Abgabenordnung.

(3) Die Vorschriften des § 239 Abs. 1 der Abgabenordnung über die Festsetzungsfrist gelten in allen Fällen, in denen die Festsetzungsfrist auf Grund dieser Vorschrift nach dem 31. Dezember 1977 beginnt.

(4) Die Vorschriften der §§ 233a, 235, 236 und 239 der Abgabenordnung in der Fassung von Artikel 15 Nr. 3 bis 5 und 7 des Steuerreformgesetzes 1990 vom 25. Juli 1988 (BGBl. I S. 1093) gelten für alle Steuern, die nach dem 31. Dezember 1988 entstehen.

---

[1] § 15 Abs. 1 Satz 2 angefügt durch Gesetz vom 19. 12. 1985 (BGBl. I S. 2436); Abs. 4 angefügt durch Gesetz v 25. 7. 1988 (BGBl. I S. 1093); geändert durch Gesetz v 20. 12. 1988 (BGBl. I S. 2262).

§ 16 Säumniszuschläge

(1) Die Vorschriften des § 240 der Abgabenordnung über Säumniszuschläge sind erstmals auf Säumniszuschläge anzuwenden, die nach dem 31. Dezember 1976 verwirkt werden.

(2) Bis zum 31. Dezember 1980 gilt für die Anwendung des § 240 der Abgabenordnung bei den Finanzämtern, die von dem obersten Finanzbehörden der Länder dazu bestimmt sind, Rationalisierungsversuche im Erhebungsverfahren durchzuführen, folgendes:
1. Abweichend von § 240 Abs. 1 der Abgabenordnung tritt bei der Einkommensteuer, der Körperschaftsteuer, der Gewerbesteuer, der Vermögensteuer, der Grundsteuer, der Vermögensabgabe, der Kreditgewinnabgabe und der Umsatzsteuer für die Verwirkung des Säumniszuschlages an die Stelle des Fälligkeitstages jeweils der auf diesen folgende 20. eines Monats. § 240 Abs. 3 der Abgabenordnung gilt nicht.
2. Werden bei derselben Steuerart innerhalb eines Jahres Zahlungen wiederholt nach Ablauf des Fälligkeitstages entrichtet, so kann der Säumniszuschlag vom Ablauf des Fälligkeitstages an erhoben werden; dabei bleibt § 240 Abs. 3 der Abgabenordnung unberührt.
3. Für die Berechnung des Säumniszuschlages wird der rückständige Betrag jeder Steuerart zusammengerechnet und auf volle hundert Deutsche Mark nach unten abgerundet.

§ 17 Angabe des Schuldgrundes

Für die Anwendung des § 260 der Abgabenordnung auf Ansprüche, die bis zum 31. Dezember 1980 entstanden sind, gilt folgendes:

Hat die Vollstreckungsbehörde den Vollstreckungsschuldner durch Kontoauszüge über Entstehung, Fälligkeit und Tilgung seiner Schulden fortlaufend unterrichtet, so genügt es, wenn die Vollstreckungsbehörde die Art der Abgabe und die Höhe des beizutreibenden Betrages angibt und auf den Kontoauszug Bezug nimmt, der den Rückstand ausweist.

§ 17a[1] Pfändungsgebühren

Die Höhe der Pfändungsgebühren richtet sich
1. in den Fällen des § 339 Abs. 1 Nr. 1 der Abgabenordnung nach dem Gebührenrecht, das in dem Zeitpunkt gilt, in dem der für die Erhebung der Gebühr maßgebende Tatbestand erfüllt wird,
2. in den Fällen des § 339 Abs. 1 Nr. 2 der Abgabenordnung nach dem Gebührenrecht, das in dem Zeitpunkt gilt, in dem die Pfändungsverfügungen den Bereich der Vollstreckungsbehörde verlassen hat.

§ 18 Außergerichtliche Rechtsbehelfe

(1) Wird ein Verwaltungsakt angefochten, der vor dem 1. Januar 1977 wirksam geworden ist, bestimmt sich die Zulässigkeit des außergerichtlichen Rechtsbehelfs nach den bisherigen Vorschriften; ist über den Rechtsbehelf nach dem 31. Dezember 1976 zu entscheiden, richten sich die Art des außergerichtlichen Rechtsbehelfs sowie das weitere Verfahren nach den neuen Vorschriften.

---

[1] § 17a eingefügt, § 19 Überschrift neu gefaßt, § 19 bish. Wortlaut wird Abs. 1, Abs. 2 bis 6 angefügt durch Gesetz vom 19. 12. 1985 (BGBl. I S. 2436).

Anh 1   Einführungsgesetz

(2) Nach dem 31. Dezember 1976 ist eine Gebühr für einen außergerichtlichen Rechtsbehelf nur noch dann festzusetzen, wenn die Voraussetzungen für die Festsetzung einer Gebühr nach § 256 der Reichsabgabenordnung bereits vor dem 1. Januar 1977 eingetreten waren.

§ 19[1] Buchführungspflicht bestimmter Steuerpflichtiger

(1) Bis zum Inkrafttreten der Abgabenordnung ist § 161 der Reichsabgabenordnung mit folgender Maßgabe anzuwenden:
Beträgt der nach § 13a des Einkommensteuergesetzes ermittelte Gewinn aus Land- und Forstwirtschaft in einem Wirtschaftsjahr, das nach dem 31. Dezember 1973 beginnt, für den einzelnen Betrieb mehr als 12 000 Deutsche Mark, so tritt dadurch die Verpflichtung, Bücher zu führen und auf Grund jährlicher Bestandsaufnahmen regelmäßig Abschlüsse zu machen, nicht ein, es sei denn, die Voraussetzungen des § 141 der Abgabenordnung liegen vor.

(2) Die Vorschrift des § 141 Abs. 1 Nr. 1 der Abgabenordnung in der Fassung des Steuerbereinigungsgesetzes 1986 findet auf Umsätze der Kalenderjahre, die nach dem 31. Dezember 1983 beginnen, Anwendung.

(3) Die Vorschrift des § 141 Abs. 1 Nr. 2 der Abgabenordnung in der Fassung des Steuerbereinigungsgesetzes 1986 findet auf Feststellungszeitpunkte, die nach dem 31. Dezember 1983 liegen, Anwendung.

(4) Die Buchführungspflicht nach § 141 Abs. 1 der Abgabenordnung endet mit Ablauf des Wirtschaftsjahres, das auf das Wirtschaftsjahr folgt, in dem die Finanzbehörde feststellt, daß die Voraussetzungen des § 141 Abs. 1 der Abgabenordnung in der Fassung des Steuerbereinigungsgesetzes 1986 nicht mehr vorliegen.

(5) Eine Mitteilung über den Beginn der Buchführungspflicht ergeht nicht, wenn die Voraussetzungen des § 141 Abs. 1 der Abgabenordnung für Kalenderjahre oder Feststellungszeitpunkte, die vor dem 1. Januar 1984 liegen, erfüllt sind, jedoch nicht die Voraussetzungen des § 141 Abs. 1 der Abgabenordnung in der Fassung des Steuerbereinigungsgesetzes 1986 im Kalenderjahr 1984 oder bei Feststellungszeitpunkten im Jahr 1984.

(6) Für die Anwendung der Vorschrift des § 141 Abs. 1 Satz 2 der Abgabenordnung in der Fassung des Steuerbereinigungsgesetzes 1986 gelten die Artikel 23 Abs. 1 und 5, Artikel 24 Abs. 1 bis 5 und Artikel 28 Abs. 1 des Einführungsgesetzes zum Handelsgesetzbuch enthaltenen Übergangsvorschriften zum Bilanzrichtlinien-Gesetz entsprechend. An die Stelle des Geschäftsjahres tritt das Wirtschaftsjahr.

§ 20 Verweisungserfordernis bei Blankettvorschriften

Die in § 381 Abs. 1, § 382 Abs. 1 der Abgabenordnung vorgeschriebene Verweisung ist nicht erforderlich, soweit die Vorschriften der dort genannten Gesetze und Rechtsverordnungen vor dem 1. Oktober 1968 erlassen sind.

---

[1] § 19 Überschrift neu gefaßt, § 19 bish. Wortlaut wird Abs. 1, Abs. 2 und 6 angefügt durch Gesetz v 19. 12. 1985 (BGBl. I S. 2436).

Art. 98 Verweisungen
Soweit in Rechtsvorschriften auf Vorschriften verwiesen wird, die durch dieses Gesetz aufgehoben werden, treten an deren Stelle die entsprechenden Vorschriften der Abgabenordnung.

Art. 99 Ermächtigungen
...

Art. 102 Inkrafttreten
(1) Dieses Gesetz tritt am 1. Januar 1977 in Kraft, soweit nichts anderes bestimmt ist.
(2) ...
(3) ...

Anhang 2

Gesetz über die strafbefreiende Erklärung von Einkünften aus Kapitalvermögen und von Kapitalvermögen (StrbEG)

Vom 25. Juli 1988
(BGBl. I S. 1093; 1128)[1]

§ 1 Strafbefreiende Erklärung

(1) Wer bis 31. Dezember 1990 bei der Finanzbehörde für die Besteuerung der Einkünfte aus Kapitalvermögen erhebliche Angaben in der Steuererklärung für 1986 und 1987 richtig und vollständig macht oder für die Veranlagungszeiträume ab 1986 nachholt, berichtigt oder ergänzt (strafbefreiende Erklärung), wird auch für weiter zurückliegende Zeiträume straffrei, soweit auf Einkünfte aus Kapitalvermögen entfallende Steuern hinterzogen worden sind. ²Die Wirkungen der strafbefreienden Erklärung treten auch dann ein, wenn nach dem 13. Oktober 1987 bis zum Inkrafttreten dieses Gesetzes in für Veranlagungszeiträume ab 1986 abgegebenen Steuererklärungen, Berichtigungserklärungen (§ 153 AO), Selbstanzeigen (§§ 371, 378 Abs. 3 AO) oder sonstigen Erklärungen Angaben enthalten sind, die den Anforderungen des Satzes 1 genügen. ³Die Sätze 1 und 2 gelten entsprechend für die Angaben zur Besteuerung des Kapitalvermögens, aus dem die Einkünfte geflossen sind. ⁴Straffrei werden auch die mit dem Erklärenden zusammen veranlagten Personen und im Fall der strafbefreienden Erklärung eines inzwischen volljährigen Kindes die bisherigen gesetzlichen Vertreter.

(2) Sind Steuerverkürzungen bereits eingetreten, so treten die Wirkungen des Absatzes 1 nur ein, wenn die für Veranlagungszeiträume ab 1986 hinterzogene Einkommen- oder Vermögensteuer innerhalb einer von der Finanzbehörde dem Erklärenden bestimmten angemessenen Frist entrichtet wird.

(3) Eine strafbefreiende Erklärung im Sinne des Absatzes 1 ist auch für zurückliegende Zeiträume ausgeschlossen, wenn
1. vor der strafbefreienden Erklärung ein Amtsträger der Finanzbehörde zur Prüfung der Einkommen- oder Vermögensteuer oder zur Ermittlung einer Steuerstraftat oder Steuerordnungswidrigkeit erschienen ist; dies gilt bis zum Abschluß der Prüfung oder der Ermittlungen; oder
2. vor der strafbefreienden Erklärung dem Täter oder seinem Vertreter die Einleitung eiens Straf- oder Bußgeldverfahrens wegen Hin-

---
[1] Das „Amnestiegesetz" ist Art. 17 des StReformG vom 25. 7. 1988 (BGBl. I S. 1093).

StrbEG Anh 2

terziehung oder leichtfertiger Verkürzung von Einkommen- oder Vermögensteuer bekannt gegeben worden ist oder
3. die Tat im Zeitpunkt der strafbefreienden Erklärung ganz oder zum Teil bereits entdeckt war und der Täter dies wußte oder bei verständiger Würdigung der Sachlage damit rechnen mußte.

(4) Bei einer leichtfertigen Steuerverkürzung (§ 378 der Abgabenordnung) durch unvollständige oder unrichtige Angabeder Einkünfte aus Kapitalvermögen oder des Kapitalvermögens, aus dem die Einkünfte geflossen sind, gelten die Absätze 1 bis 3 entsprechend.

Schrifttum: *Bellstedt* Änderungen der Kapitalertragsteuer, Übernahme des Bankenerlasses in die AO und Steueramnestie nach dem Steuerreformgesetz 1990, DB 88, 2119; *Bilsdorfer* Die Steueramnestie – Chancen auch für Steuerehrliche StBp 88, 276; *Bilsdorfer/Geckle/Neufang* Steueramnestie – was tun? München 1988; *Dietz* Zur Anwendbarkeit des sog Nacherklärungsgesetzes zugunsten von „Steuerehrlichen" und bestimmten Körperschaften, DStR 88, 771; *Felix* Zum körperschaftsteuerlichen Geltungsbereich der Zins-Steueramnestie, BB 88, 1717; *Krabbe* Änderungen des Steuerverfahrensrechts durch das Steuerreformgesetz 1990, DB 88, 1668; *Meier* Das Gesetz über die strafbefreiende Erklärung von Einkünften aus Kapitalvermögen und von Kapitalvermögen FR 88, 571; *Meilicke* Steueramnestie 1990 – Auch eine Mausefalle, Gastkommentar DB 88 Nr. 38; *Müller* Steueramnestie – Risiko nach Erklärung von Kapitaleinkünften? DStR 88, 700; *Neyer* Steuererlaß auf Einkünfte aus Kapitalvermögen, DStR 88, 674; *Rainer* Beratungsfragen zum Gesetz über die strafbefreiende Erklärung DStR 88, 706; *Späth* Steueramnestie und Nacherhebungsverzicht bei Einführung der Quellensteuer, DStZ 88, 527; *Unvericht* Die Begünstigung steuerehrlichen Verhaltens durch Art 17 des StRefG 1990, DB 88, 2327; *Voßmeyer* Was bringt die „Zins/Steueramnestie" für die steuerliche Praxis? StBg 88, 248; *Balke* Zins-Steueramnestie auch für Steuerehrliche? FR 89, 33; *Carl/Klos* Steuerreformgesetz 1990: Straffreiheitsgesetz auf dem Prüfstand, wistra 89, 1; *Heinicke* in Schmidt EStG, 8. Aufl 89 § 20 EStG Anm 60ff; *Neckels* Strafbefreiende Erklärung und Bankgeheimnis DStZ 89, 8, 65, 90; *Tipke* Die rechtliche Misere der Zinsbesteuerung BB 89, 157; *Zacharias/Rinnewitz/Spahn* Risiken und Widersprüche bei einer strafbefreienden Erklärung nach dem sogenannten „Steueramnestiegesetz" DStZ 89, 84.

Übersicht

1. Allgemeines
2. Anwendungsbereich
3. Erklärung oder Nacherklärung
   a) 1. Alternative. Richtige Erklärung für 1986 und 1987
   b) 2. Alternative. Berichtigung von Erklärungen ab 1986
   c) Vermögensteuer
4. Nacherklärung/Nacherklärungsfrist
5. Abs 1 S 4. Von der Straffreiheit erfaßte Personen
6. Abs 2 Nachzahlungsfrist
7. Abs 3 Ausschluß der Straffreiheit
   a) Nr 1 Erscheinen eines Amtsträger
   b) Nr 2 Bekanntgabe der Einleitung eines Straf- oder Bußgeldverfahrens
   c) Nr 3 Tatentdeckung
8. Abs 4 Anwendung auf leichtfertige Steuerverkürzung

1. Allgemeines. Das sog **Nacherklärungsgesetz** ist Bestandteil des Steuerreformgesetzes 1990 (dort Artikel 17). Es gilt nur für eine bestimmte Zeit. Deswegen ist darauf verzichtet worden, die Bestimmungen in die AO einzufügen.

Die Regelung ist im Zusammenhang mit der Einführung der sog **klei-**

nen **Kapitalertragsteuer** zu sehen. Der Gesetzgeber wollte den Steuerpflichtigen die Möglichkeit eröffnen, ihre möglicherweise nur aus Unkenntnis nicht erklärten Kapitaleinkünfte nunmehr dem FA gegenüber offenzulegen, ohne uU mit Nachforderungen für sämtliche vergangenen zehn Jahre rechnen zu müssen und ohne Gefahr, wegen Steuerhinterziehung oder leichtfertiger Steuerverkürzung verfolgt zu werden.

Die Regelung über die **Selbstanzeige gem § 371** bleibt neben der Regelung über die Nacherklärung bestehen, wird aber von dieser zeitlich befristet überlagert.

Beim **BVerfG** sind bereits zwei Verfahren anhängig in denen es um die **Verfassungsmäßigkeit** der Amnestieregelung, namentlich um die steuerlich unterschiedliche Behandlung im Vergleich zu den bisher Steuerehrlichen geht (AZ 2 BvR 16/88 und das durch den Vorlagebeschluß des FG Münster ausgelöste Verfahren); vgl hierzu **§ 2 Anm 2 d**.

2. Anwendungsbereich. Die Regelung gilt für die **ESt** und die **VSt** jedoch nur insoweit, als es sich um **Einkünfte** aus **Kapitalvermögen** oder bei der VSt um **Kapitalvermögen** handelt. § 1 I umfaßt **nicht** die **Körperschaft**steuer und die **Erbschaft**steuer. Nach Auffassung von *Felix* (BB 88, 1717) soll das Gesetz auch auf **Körperschaften** ausgedehnt werden können, jedenfalls wenn diese nicht nach HGB zur Buchführung verpflichtet sind und im Rahmen einer Vermögensverwaltung wie natürliche Personen **Einkünfte aus KapVermögen** erzielen können, so auch *Rainer* aaO; § 8 I KStG; Abschn. 26 II 2 und 3 KStR. Nach *Rainer* (aaO) kommt die strafbefreiende Erklärung für alle in § 20 I Nr 1–8 und § 20 II Nr 1–3 EStG einzeln aufgeführten Einkünfte in Betracht. Dh sowohl für Zinsen als auch für Gewinnanteile aus Aktien, GmbH-Anteilen, typisch stillen Beteiligungen, Einnahmen aus partiarischen Darlehen usw. Das gleiche gelten für offene oder verdeckte **Gewinnausschüttungen,** die ebenfalls zu den Einkünften aus Kapitalvermögen zählen. Wenn zB aus einer GmbH „Entnahmen" getätigt wurden, so entfielen in Bezug auf die Einkommensteuer Strafbarkeit und Steuerfestsetzung, wenn nur für 1986 und 1987 die verdeckten Gewinnausschüttungen vollständig erklärt würden. Soweit das Gesetz jedoch **belastende** Regelungen enthalte, wie zB die Nachzahlungspflicht nach § 1 II oder den Ausschluß der Straffreiheit nach § 1 III, greife das strafrechtliche **Analogieverbot** ein, mit der Folge, daß die Ausschlußgründe nicht eingreifen könnten. Dieser Auffassung ist *Dietz* (aaO) unter Hinweis auf den ausdrücklichen Gesetzeswortlaut uE zu Recht entgegengetreten. Kapitaleinkünfte, die zu den **Betriebseinnahmen** zählen, fallen nicht darunter, ebenso nicht das Kapitalvermögen, das zum **Betriebsvermögen** zählt, *Krabbe* aaO 1669. Diese Auffassung kommt allerdings im Gesetzeswortlaut nicht zum Ausdruck, vgl *Meilicke* aaO; *Carl/Klos* aaO. Nach *Heinicke* (aaO Anm 62) ist die Frage, ob Einkünfte nach § 20 I EStG auch dann begünstigt sind, wenn sie über **§ 20 III EStG** einer anderen Einkunftsart zuzurechnen sind, zu bejahen, schon um die Ungleichheit im Rahmen zu halten. Bei den betrieblichen Kapitaleinkünften ist die Möglichkeit, diese Einkünfte gegenüber dem FA zu verheimlichen, geringer, weil die Unternehmer insoweit mit einer Aufdeckung durch die Bp rechnen müssen. Sie umfaßt nur die Einkünfte gem **§ 20 I** und **II EStG** nicht nach Abs. 3 (anzurechnende oder zu vergütende KöSt). Dies gilt auch für ausländische Kapitaleinkünfte.

Die Regelung gilt nicht für die **Einkünfte,** die die Ansammlung des Vermögens, aus dem die Kapitaleinkünfte geflossen sind, ermöglicht haben. Andernfalls hätte der Gesetzgeber auch Einkünfte in die begünstigende Regelung einbeziehen müssen, die in anderen Vermögen angelegt worden sind (vgl *Krabbe* aaO). Daher besteht auch **kein Verwertungsverbot** für Kenntnisse, die aufgrund der Nacherklärung erlangt worden sind. Insoweit besteht nur die Möglichkeit, Straf- oder Bußgeldfreiheit über § 371 oder § 378 III zu erlangen. In diesen Fällen können aber uU Nachforderungen für die vergangenen zehn Jahre, bei Fortsetzungszusammenhang auch darüber hinaus entstehen.

Nachforschungen über die **Herkunft** von KapVermögen sollen aber nur angestellt werden, wenn „greifbare Umstände darauf hindeuten, daß das KapVermögen aus unversteuerten Einkünften herrührt. Sodann soll der Stpfl im Regelfall unter Fristsetzung zur Klärung des Sachverhalts aufgefordert und auf die **Möglichkeit** der **Selbstanzeige** hingewiesen werden. Erst nach Ablauf dieser neuen Frist soll die Sache an die für das Straf- und Bußgeldverfahren zuständige Stelle abgegeben werden", BMF-Schreiben Tz 4.4.2.

3. Erklärung oder Nacherklärung. Voraussetzung für die Straf- und Bußgeldfreiheit ist die richtige und vollständige Erklärung der Kapitaleinkünfte für die Veranlagungszeiträume **1986** und **1987** oder die Berichtigung oder Nacherklärung der entsprechenden Einkünfte. Eine bestimmte **Form** ist nicht vorgeschrieben, jedoch wird man, soweit es sich um eine Steuererklärung handelt, **Schriftform** verlangen müssen. Voraussetzung ist aber, daß die **Erklärung richtig** und **vollständig** ist. Ist dies nicht der Fall, treten die Rechtswohltaten des § 1 S 1 und des § 2 des Gesetzes nicht ein. Abweichend hiervon lassen § 371 und § 378 III auch eine **Teilselbstanzeige** zu („soweit"). Es kommt nicht darauf an, ob den Steuerpflichtigen ein **Verschulden** an einer nur teilweisen Richtigstellung trifft. Man wird aber mit *Krabbe* (aaO, 1969), eine unwesentliche Unrichtigkeit bei gleichzeitigem mangelndem Verschulden als unschädlich ansehen.

a) 1. Alternative. Richtige Erklärung für 1986 und 1987. Die Regelung gilt auch für diejenigen, die ohnehin schon ihre **Kapitaleinkünfte** für die Veranlagungszeiträume **1986** und **1987 richtig erklärt** haben. Es wäre mit dem Gerechtigkeitsgefühl nicht vereinbar, wenn man diesen Personenkreis von der Regelung ausgeschlossen hätte, dh wenn wahrheitsgemäß abgegebene Erklärungen nachteilige Folgen hinsichtlich der Straffreiheit für die vorangegangenen Zeiträume gehabt hätten. Wird für den Veranlagungszeitraum **1986** erstmalig eine **richtige** und vollständige Erklärung abgegeben, tritt **Straffreiheit erst** ein, wenn auch für den Veranlagungszeitraum **1987** eine vollständige und richtige Steuererklärung vorliegt. Wenn der Betreffende ab 1988 wieder unrichtige Erklärungen abgibt, ist dies für den Eintritt der Rechtswohltat des § 1 bezüglich der Jahre bis 1985 unschädlich (*Voßmeyer* aaO). Allerdings sind dem FA wegen der vorangegangenen Erklärungen die Verhältnisse des Steuerpflichtigen bekannt, so daß die Möglichkeit der Tatentdeckung für die Zukunft größer geworden ist. Der Steuerpflichtige kann aber auch in diesem Fall bis zum 31. 12. 1990 seine Erklärungen berichtigen und dann in den Genuß der Straffreiheit für „weiter zurückliegende Zeiträume" kommen. Wer für **1986** und **1987** von Anfang an **richtige** Erklärungen abgibt, erreicht Straffreiheit, auch wenn die Erklärung für 1988 unrichtig ist und nicht berichtigt wird (*Heinicke* aaO Anm 63 a). Steuern werden nur für die Jahre 1986 bis 1988 festgesetzt. Unrichtige oder unvollständige Angaben über Kapitalerträge in den Veranlagungszeiträumen 1988 und 1989 sind unschädlich.

Geht eine **richtige** Erklärung für 1986 **vor** dem **14. 10.** 87 ein, ist dies unschädlich, wenn später für 1987 eine richtige Erklärung eingereicht wird, *Heinicke* aaO Anm 65 a; *Müller* aaO; *Krabbe* DB 88, 1669; Kritisch zur Gesetzgebung *Carl/Klos* aaO.

Wenn bei Abgabe der StErklärung 1987 Anhaltspunkte dafür bestehen, daß KapEinkünfte oder KapVermögen nicht richtig erklärt wurden, hat die FinB dem Stpfl eine **Frist** für eine evtl strafbefreiende Erklärung zu setzen.

Die „zukünftige Wohltat" (*Bellstedt* aaO 2127) kommt allen zugute, die bis zum 31. 12. 1990 richtige StErklärungen für 1986 und 1987 abgibt oder die entsprechenden Erklärungen berichtigt.

b) 2. Alternative. Berichtigung von Erklärungen ab 1986. Nach der **zweiten Alternative** kommt es darauf an, daß sämtliche Erklärungen für Veranlagungszeiträume ab 1986, die bis zum Zeitpunkt der Berichtigungserklärung abzugeben sind (BMF-Schreiben Tz 2.1.3), berichtigt werden. Im Höchstfalle komme daher **Berichtigungserklärungen** für die Veranlagungszeiträume **1986** bis **1989** in Betracht. Wenn aber bisher nur die Steuererklärung 1986 unrichtige Angaben über die Kapitaleinkünfte enthalten hat, so reicht deren Berichtigung aus, um in den Genuß der Straffreiheit zu kommen. Daran ändert sich auch nichts, wenn zB für den Veranlagungszeitraum 1987 erneut eine falsche Erklärung abgegeben wird, vgl. *Voßmeyer* aaO, vgl aber *Heinicke* (aaO Anm 63 a). Werden zunächst falsche Erklärungen für **86** und **87** abgegeben, die später berichtigt werden, müssen auch die falschen **späteren** Erklärungen bis zum 31. 12. 90 berichtigt werden.

Wird eine Steuererklärung für **1986 berichtigt,** ist für die Straffreiheit eine richtige und vollständige Steuererklärung für den Veranlagungszeitraum 1987 nicht erforderlich, wenn die individuelle Frist für die Abgabe der Steuererklärung 1987 noch nicht abgelaufen ist.

Wenn der Steuerpflichtige eine unrichtige Erklärung für **1986 berichtigt,** aber für 1987 eine unrichtige, ohne nachfolgende Berichtigung, Erklärung abgibt, tritt Straffreiheit nur für 1986 und die davor liegenden Zeiträume ein. Wenn er aber für 1986 richtig erklärt hat, muß er nach dem Wortlaut des Gesetzes auch für 1987 richtig erklären, um in den Genuß der Straffreiheit zu kommen (Beispiel bei *Krabbe* aaO, 1969). Dies erscheint nicht ganz folgerichtig.

Wird eine Steuererklärung für den Veranlagungszeitraum **1987 berichtigt,** und ist die Steuererklärung für den Veranlagungszeitraum 1986 unvollständig oder fehlerhaft, ist Voraussetzung für die **Straffreiheit** u. a., daß auch die Steuererklärung für den Veranlagungszeitraum **1986 berichtigt** oder ergänzt wird.

Enthält die **Nacherklärung** nach § 1 wiederum **unrichtige** Angaben, tritt die Strafbefreiung nicht ein. In diesem Fall ist ggf zu prüfen, ob möglicherweise eine **Selbstanzeige** nach § 371 vorliegt, weil diese auch teilweise erstattet werden kann („insoweit"). Der Steuerpflichtige würde dann insoweit straffrei, dh soweit er Angaben gemacht hat und soweit sich die Angaben auf die entsprechenden Jahre beziehen (*Müller* aaO).

Wenn für das Jahr 1986 unrichtige Steuererklärungen abgegeben worden sind, die im Jahre 1987 berichtigt werden, tritt Straffreiheit für 1986 und die davorliegenden Jahre ein. Eine Berichtigung der Steuerfestsetzungen für die Jahre vor 1986 unterbleibt. Dieser Steuerpflichtige ist daher bessergestellt als derjenige, der von vornherein eine richtige Steuererklärung für das Jahr 1986 abgegeben hat, weil dieser auch für das Jahr 1987 eine richtige Steuererklärung abgeben muß, um in den Genuß der Straffreiheit und das Absehen von der Steuerfestsetzung für die Jahre vor 1986 zu kommen (*Müller* aaO).

c) Vermögensteuer. Wenn der Steuerpflichtige nur seine **Erklärungen** bezüglich der **Kapitaleinkünfte** berichtigt, nicht aber auch seine Erklärungen bezüglich des **Kapitalvermögens**, erreicht er Straffreiheit nur wegen der Einkommensteuer-, nicht aber auch für die Vermögensteuerhinterziehung (§ 1 I 3). Es dürfte aber grundsätzlich unschädlich sein, wenn der Steuerpflichtige zunächst nur seine Kapitaleinkünfte nacherklärt und später (aber innerhalb der Frist bis zum 31. 12. 1990) auch seine VSt-Erklärung berichtigt. Voraussetzung ist allerdings, daß insoweit die Steuerhinterziehung noch nicht entdeckt und auch noch kein Steuerstrafverfahren eingeleitet war. Die Finbehörde ist uE uU gehalten, den Steuerpflichtigen gem § **89** darauf hinzuweisen, daß die Berichtigung seiner ESt-Erklärung für die VSt nicht ausreicht.

4. Nacherklärung/Nacherklärungsfrist. Eine richtige oder überhöhte **Schätzung** durch den Stpfl müßte ausreichen, nicht jedoch der Hinweis auf die Unrichtigkeit der früheren Erklärung, Angabe des Sparkontos oder stillschweigende Nachzahlung, *Heinicke* aaO Anm 63a.

Die Berichtigungserklärung kann auch durch einen **Vertreter** abgegeben werden im Namen des Vertretenen, allerdings nicht ohne dessen Kenntnis oder gegen dessen Willen, *Heinicke* aaO Anm 63d.

Die Nacherklärung muß bis zum **31. 12. 1990** abgegeben sein. UE ist hier § **108 III** anzuwenden, so daß die Frist erst mit Ablauf des folgenden Werktages des Jahres 1991 abläuft, wenn der 31. 12. 1990 auf einen Samstag, Sonntag oder gesetzlichen Feiertag fällt.

Die Nacherklärung kann schon vor Inkrafttreten des Gesetzes, nämlich **nach dem 13. 10. 1987** (§ 1 I 2) abgegeben sein, weil zahlreiche Steuerpflichtige bereits nach Ankündigung der Regelung durch die Bundesregierung von der Möglichkeit der Nacherklärung Gebrauch gemacht haben.

Die strafbefreiende Erklärung soll bereits mit **Eingang** bei **irgendeiner** Finanzbehörde wirksam abgegeben sein. Zuständig für die Entgegennahme der strafbefreienden Erklärung ist an sich die **Veranlagungsstelle** des für die Besteuerung zuständigen Finanzamts.

Die **Ankündigung** einer Nacherklärung oder eine **vorläufige** Erklärung reicht nicht aus (BMF-Schreiben Tz 2.6).

5. Abs 1 S 4. Von der Straffreiheit erfaßte Personen. Die Straffreiheit erstreckt sich auch auf die mit dem Erklärenden **zusammenveranlagten Personen** und auf die ehemals gesetzlichen Vertreter einer inzwischen volljährigen Person, wenn diese die Nacherklärung abgegeben hat. Wenn die betreffenden Personen nicht in allen einschlägigen Veranlagungszeiträumen zusammenveranlagt worden sind, müssen im maßgebenden Zeitpunkt für beide Ehegatten Nacherklärungen abgegeben werden. Beispiel (bei *Krabbe* aaO, S 1670): Zusammenveranlagung 1986, getrennte Veranlagung 1987. M berichtigt 1988 die Erklärung 1986 und 1987. F berichtigt Erklärung für 1987 nicht. M erhält Straffreiheit für 1986 und 1987 und die davor liegenden Zeiträume. Nach *Krabbe* (aaO) soll F nicht in den Genuß der Straffreiheit für 1986 und frühere Jahre kommen. Diese Auffassung steht uE nicht im Einklang mit dem Gesetzestext, denn das Gesetz stellt darauf ab, daß Angaben für Veranlagungszeiträume ab 1986 nachgeholt werden. Ist dies der Fall, tritt Straffreiheit für die weiter (als 1986) zurückliegenden Zeiträume ein. Es müßte daher Straffreiheit für F bezüglich der Veranlagungszeiträume 1986 und früher eintreten. Das Gesetz verlangt nicht, daß sowohl die Erklärung für 1986 als auch die für 1987 berichtigt werden muß.

Sind die Ehegatten **vor 1986 getrennt** veranlagt, ab 1986 aber zusammenveranlagt worden, reicht es für die Straffreiheit für die Veranlagungszeiträume vor 1986 beider aus, wenn nur einer der Ehegatten eine Nacherklärung abgibt. Anders bei Zusammenveranlagung vor 1986, aber getrennter Veranlagung ab 1986.

§ 1 I 4 geht § 2 I 3 als spezielle Regelung vor mit der Folge, daß in den Fällen der Zusammenveranlagung die Erklärung auch dann strafbefreiend wirkt, wenn der andere **Ehegatte** zwischenzeitlich **verstorben** ist, aber noch mit dem Erklärenden zusammenveranlagt wird. Für die Straffreiheit nach der **ersten Alternative** ist es aber erforderlich, daß sowohl für 1986 als auch für 1987 eine Zusammenveranlagung durchzuführen ist. Denkbar ist es jedoch, daß nach § 33 ErbStG das Kreditinstitut bereits das Vorhandensein von Kapitalvermögen mitgeteilt hat und insoweit die **Tat** bereits **entdeckt** sein könnte.

Wird die Nacherklärung vom **Berater** des Steuerpflichtigen abgegeben, erstreckt sich die Straffreiheit auch auf den steuerlichen Berater, falls dieser an der Verkürzung beteiligt sein sollte.

Auch ein möglicher **Haftungsschuldner** kann die strafbefreiende Erklärung abgeben.

6. Abs 2 Nachzahlungsfrist. Wenn die Steuerverkürzungen bereits eingetreten sind, ist Voraussetzung für die Straffreiheit, daß die für die Veranlagungszeiträume ab 1986 hinterzogenen Steuern innerhalb einer von der Finbehörde bestimmten **angemessenen Frist** entrichtet werden. Die Regelung entspricht dem § 371 III, allerdings fehlen die Worte „zu seinen Gunsten hinterzogenen Steuern". Bei einer Steuerhinterziehung **zugunsten Dritter** tritt daher die Wirkung des Gesetzes nur ein, wenn die Steuern ab 1986 fristgerecht entrichtet werden. **Zahlung** durch **Dritte** reicht aus, *Heinicke* aaO Anm 62e. Es kann sich uE hierbei nur um die Steuern handeln, die sich aufgrund der vom Steuerpflichtigen abgegebenen Erklärungen ergeben. Hat zB der Steuerpflichtige für 1986 bis 1988 unrichtige Steuererklärungen abgegeben, eine Nacherklärung aber nur für 1986 und 1987 eingereicht mit der Folge, daß auch nur für 1986 und 1987 eine Nachzahlungsfrist gesetzt wird, kommt er uE trotzdem in den Genuß der Straffreiheit, wenn er innerhalb der Frist zahlt.

Die Frist soll von der für die **Veranlagung** zuständigen Dienststelle (nicht die Bußgeld- oder Strafsachenstelle) gesetzt werden. Zugleich ist der **Stpfl** über die Folgen der Nichteinhaltung der Frist zu **belehren,** BMF-Schreiben Tz 2.11. Die Frist kann nach § 109 ggf auch rückwirkend **verlängert** werden, BMF-Schreiben Tz 2.11. **Wiedereinsetzung** nach § 110 scheidet aus. Die Rechtsprechung zur Selbstanzeige ist auf die Fristsetzung nach § 1 II nicht übertragbar. Als außergerichtlicher **Rechtsbehelf** gegen die Fristsetzung soll die **Beschwerde** nach § 349 gegeben sein.

7. Abs 3 Ausschluß der Straffreiheit. Die Regelung entspricht dem § 371 II.

a) Nr 1 Erscheinen eines Amtsträgers. Vgl hierzu § 371 Anm 6. In der Gesetzesfassung wird anders als in § 371 II Nr 1 Buchstabe a klargestellt, daß der Amtsträger zur **Prüfung** der **ESt** oder **VSt** erschienen sein muß. Ist er zur Ermittlung einer Steuerstraftat oder Ordnungswidrigkeit erschienen, sieht das Gesetz diese Einschränkung nicht vor. Wenn sich der Prüfungsauftrag zB nur auf die Veranlagungszeiträume 1983 bis 1985 erstreckte, müßte bei Berichtigung der Erklärung ab 1986 Straffreiheit noch für 1986 und 1982 und früher möglich sein. Insoweit ist bei der Auslegung die Rechtsprechung und Literatur zu § 371 mit heranzuziehen. Anders BMF-Schreiben Tz 2.10.2: Auf den Prüfungszeitraum kommt es nicht an. *Heinicke* (aaO Anm 65 a aa) hält ebenfalls die Auffassung der FinVerw und der hM, wonach es nicht darauf ankommen soll, ob die Sperrmaßnahme die Jahre vor 1986 oder danach betrifft, für zweifelhaft.

Wenn sich die Prüfung auf die Veranlagungszeiträume vor 1986 erstreckte, wird dadurch die Möglichkeit einer **Nacherklärung** für die Jahre ab 1986 nicht ausgeschlossen. Die Nacherklärung muß sich nur auf die Jahre ab 1986 beziehen, für die Jahre vor 1986 ergibt sich lediglich eine Rechtsfolge aus der strafbefreienden Erklärung (so mit schlüssiger Begründung *Müller* aaO, 703). Diese Auffassung ergibt sich aus dem Gesetzeszweck, den Steuerpflichtigen eine goldene Brücke in die Steuerehrlichkeit zu schlagen. Der Gesetzeswortlaut läßt allerdings auch eine andere Auslegung zu.

Bezieht sich die **Prüfung** auf die Jahre **ab 1986,** bleibt für eine strafbefreiende Erklärung kein Raum mehr, *Heinicke* aaO Anm 65a) bb). Wenn eine Prüfung für die Jahre ab 1986 bereits begonnen hatte, bevor die Steuererklärungen für 1986 abgegeben wurden, kann der Steuerpflichtige auch durch die Abgabe von richtigen Steuererklärungen für das Jahr 1987 nicht mehr in den Genuß des Nacherklärungsgesetzes kommen.

Wie bei der Selbstanzeige muß man davon ausgehen, daß die Möglichkeit zu einer **strafbefreienden Erklärung** wieder **auflebt,** wenn die **Betriebsprüfung abgeschlossen** worden ist.

Ist allerdings für die Jahre vor 1986 die **Einleitung** eines **Straf-** oder **Bußgeldverfahrens** bekanntgegeben worden, wird dadurch die strafbefreiende Erklärung ausgeschlossen. Der Weg in die Steuerehrlichkeit ohne das Risiko eines Strafverfahrens ist verbaut, wenn ein solches Verfahren bereits eingeleitet wurde (*Müller* aaO, 703).

Die Sperrwirkung soll nach *Heinicke* (aaO) mit dem tatsächlichen **Abschluß** der **Ermittlungen** vor Ort und nicht erst nach Schlußbesprechung, Prüfungsbericht oder Erlaß des StBescheides enden, aA BMF-Schreiben Tz 2.10.2.

b) Nr 2 Bekanntgabe der Einleitung eines Straf- oder Bußgeldverfahrens betr Einkommen- oder Vermögensteuer. Vgl § 371 Anm 7. Es stellt sich auch hier die Frage, auf welchen Zeitraum sich die Einleitung des Straf- oder Bußgeldverfahrens beziehen muß. UE ist hier abzustellen auf die Veranlagungszeiträume 1986 und 1987. Denn auf diese Veranlagungszeiträume bezieht sich die Nacherklärung. Ist also für Veranlagungszeiträume vor 1986 ein Straf- oder Bußgeldverfahren eingeleitet worden, ist uE damit die Möglichkeit einer strafbefreienden Selbstanzeige gem § 1 des Nacherklärungsgesetzes nicht ausgeschlossen.

Für den Ausschluß der strafbefreienden Erklärung nach § 1 III Nr 2 ist es bei Einleitung eines Straf- oder Bußgeldverfahrens nicht erforderlich, daß sich die **Tat,** wegen der ein Straf- oder Bußgeldverfahren eingeleitet wurde, auf Einkünfte aus **Kapitalvermögen** und/oder aus Kapitalvermögen aus dem die Einkünfte geflossen sind, bezieht, BMF-Schreiben Tz 2.10.4.

c) Nr 3 Tatentdeckung. Die Regelung entspricht § 371 II Nr 2, vgl dazu § 371 Anm 8. Hier müßte das bereits unter b) gesagte ebenfalls gelten. Wenn also die Tat bezüglich der Veranlagungszeiträume vor 1986 entdeckt war, schließt dies die Möglichkeit einer strafbefreienden Selbstanzeige nicht aus.

Unter „Tat" im Sinne **dieser** Vorschrift ist eine Steuerhinterziehung oder Steuerverkürzung zu verstehen, die aus der unrichtigen Angabe oder Nichtangabe von Einkünften aus Kapitalvermögen oder Kapitalvermögen, aus dem die Einkünfte geflossen sind, folgt, BMF-Schreiben Tz 2.10.5.
Bei **Selbstanzeige** vor dem **14. 10. 1987** ist die Tatentdeckt, eine strafbefreiende Erklärung daher ausgeschlossen, BMF-Schreiben Tz 2.10.5.

8. Abs 4 Anwendung auf leichtfertige Steuerverkürzungen. Nach § **378 III** ist die Bußgeldfreiheit nur ausgeschlossen, wenn die Einleitung eines Straf- oder Bußgeldverfahrens wegen der Tat bekanntgegeben worden ist. Nach § 1 Nr 4 des Nacherklärungsgesetzes gelten insoweit aber die gleichen Voraussetzungen wie bei der Steuerhinterziehung, dh Ausschluß der Bußgeldfreiheit bereits bei Erscheinen eines Amtsträgers oder Entdeckung der Tat. Neben Abs 4 ist jedoch § 378 III subsidiär anzuwenden.

§ 2 Absehen von Steuerfestsetzung

(1) Im Fall einer strafbefreienden Erklärung nach § 1 Abs. 1 werden die auf die Einkünfte aus Kapitalvermögen und auf das Kapitalvermögen entfallenden Steuern für Veranlagungszeiträume vor 1986 nicht festgesetzt, wenn insoweit nach § 1 Straffreiheit eintritt oder eine Geldbuße nicht festgesetzt wird. Satz 1 ist sinngemäß anzuwenden, soweit die auf die Einkünfte aus Kapitalvermögen entfallenden Einkommensteuer oder auf das Kapitalvermögen entfallende Vermögensteuer weder vorsätzlich noch leichtfertig verkürzt worden ist. Sätze 1 und 2 gelten nicht für Steuerschulden, die nach § 45 der Abgabenordnung auf den Erklärenden übergegangen sind.

(2) Werden in Steuererklärungen für Veranlagungszeiträume ab 1987 Einkünfte aus Kapitalvermögen oder wird in ihnen Kapitalvermögen im Sinne des § 1 Abs. 1 angegeben, ohne daß solche Einkünfte oder solches Kapitalvermögen zugleich für vorangegangene Veranlagungszeiträume

ab 1986 nach § 1 Abs. 1 strafbefreiend erklärt werden, und bestehen Anhaltspunkte dafür, daß solche Einkünfte oder solches Vermögen in Steuererklärungen für solche Veranlagungszeiträume unrichtig oder unvollständig angegeben worden sind, hat die Finanzbehörde für die strafbefreiende Erklärung nach § 1 Abs 1 eine angemessene Frist zu setzen.

Schrifttum: s. bei § 1

Übersicht

1. Inhalt
2. Absehen von der Steuerfestsetzung
   a) Steuerhinterziehung oder leichtfertige Steuerverkürzung
   b) Keine Steuerhinterziehung oder leichtfertige Steuerverkürzung
   c) Kein Erstattungsanspruch
   d) Verfassungsrechtliche Problematik
3. Absehen von der StFestsetzung in Zusammenveranlagungsfällen
4. Nachzahlungszinsen in Fällen der Gesamtrechtsnachfolge
5. Hinterziehungszinsen
6. Haftung
7. Abs 2. Frist für die strafbefreiende Erklärung
8. Festsetzungsfrist

1. Inhalt. Die Vorschrift regelt, daß bei einer strafbefreienden Erklärung nach § 1 **des Nacherklärungsgesetzes** auch die entsprechenden Steuern nicht festgesetzt werden, soweit sie auf Veranlagungszeiträume entfallen, die vor 1986 enden. Klargestellt wird, daß dies auch gilt, soweit den Steuerpflichtigen an der Unrichtigkeit der bisherigen Erklärungen kein Verschulden trifft, er also weder vorsätzlich noch leichtfertig gehandelt hatte. Bei einer **Selbstanzeige** gem § 371 ist dagegen eine Nacherhebung der hinterzogenen Steuern noch für die zurückliegenden **zehn Jahre** zulässig (vgl § 169 II 2). Die entsprechenden Steuern für die Zeit ab 1986 müssen aber entrichtet werden, ggf zuzüglich eventueller **Hinterziehungszinsen**.

Durch die Regelung des Abs 1 werden die auf die Zeit vor 1986 entfallenden Steuern nicht zum Erlöschen gebracht. Erlöschen tritt erst mit Ablauf der Festsetzungsfrist ein. Allerdings besteht insoweit ein Verfahrenshindernis, das die Festsetzung der entsprechenden Steuern hindert. Insoweit kommt auch kein **Leistungsgebot** gem § 218 I 1 zustande. Danach ist die Festsetzung der Einkommensteuer wegen der Einkünfte aus Kapitalvermögen für die betreffenden Veranlagungszeiträume nicht mehr möglich. Dies gilt zB auch dann, wenn im Rahmen einer Außenprüfung für die betroffenen Veranlagungszeiträume zB eine **verdeckte Gewinnausschüttung** festgestellt wird, und die Kapitalgesellschaft die Körperschaftsteuer zahlen muß. Gleichzeitig muß sie aber dem Empfänger der Gewinnausschüttung die **Bescheinigung** nach § 44 KStG erteilen. Der Empfänger kann die Körperschaftsteuer auf seine Einkommensteuer anrechnen, aA BMF-Schreiben Tz 3.2.1 unter Hinweis auf § 36 II EStG, Abschn 213g I EStR. Trotzdem entsteht beim Empfänger der Kapitalerträge weder wegen der Gewinnausschüttung noch wegen der bescheinigten Körperschaftsteuer eine Einkommensteuerschuld (Beispiel bei *Späth* aaO).

Für die **Nacherhebung** der Steuern ist es ohne Bedeutung, wenn für die Veranlagungszeiträume **1988** und **1989** eine **Selbstanzeige oder** eine strafbefreiende Erklärung im Sinne des § 1 des Nacherklärungsgesetzes abgegeben wird.

Strafrechtlich kann es **günstiger** sein, wenn bezüglich der Jahre 1988 und 1989 eine **Erklärung** im Sinne des **§ 1** des Nacherklärungsgesetzes abgegeben wird, weil in **Zusammenveranlagungsfällen** auch der Ehegatte in den Genuß der Straffreiheit kommt, wenn er selbst die Erklärung nicht abgegeben hat. Demgegenüber ist die Selbstanzeige nach § **371** ein **persönlicher Strafaufhebungsgrund** und wirkt daher nur zugunsten des Erklärenden (*Müller* aaO; *Blumers/Frick/Müller* Betriebsprüfungshandbuch Kap K RZ 405).

2. Absehen von der Steuerfestsetzung. Bei einer wirksamen strafbefreienden Erklärung ist für Veranlagungszeiträume **vor 1986** von der Festsetzung von Steuern abzusehen, soweit diese auf Einkünfte aus KapVermögen und auf das entsprechende KapVermögen entfallen.

Nach § 2 Abs 1 sind **zwei Fallgruppen** zu unterscheiden.

a) Es ist **Steuerhinterziehung** oder **leichtfertige** Steuerverkürzung begangen worden und aufgrund der strafbefreienden Erklärung Straf- oder Bußgeldfreiheit eingetreten.

In diesem Fall ist von der StFestsetzung nur abzusehen, wenn die **verkürzte St** (ab 1986) **innerhalb** der gesetzten **Frist entrichtet** wird.

Wenn im Stpfl nach dem 13. 10. 1987 bereits eine wirksame strafbefreiende Erklärung, ggf auch in Form einer Selbstanzeige nach § 371, abgegeben und das FA **daraufhin** die entsprechende Steuer (uU auch für die Jahre vor 1986) festgesetzt hat, ist die **StFestsetzung** für die Jahre vor 1986 entsprechend zu **ändern** oder **aufzuheben**. Wenn bereits **Bestandskraft** eingetreten war, ist die Steuer insoweit aus sachlichen Billigkeitsgründen zu **erlassen**, BMF-Schreiben Tz 3.2.2.

Wenn aber die **Steuer** für die Jahre **vor 1986** bereits **vor Abgabe** der strafbefreienden Erklärung festgesetzt worden ist, soll sich nach dem BMF-Schreiben (Tz 3.2.3) **kein Anspruch** auf **Änderung** der StFestsetzung ergeben, auch nicht in Fällen der Vorbehaltsfestsetzung oder der vorläufigen Festsetzung.

Wenn für Veranlagungszeiträume **vor 1986 Steuerfestsetzungen** noch **nicht** erfolgt sind, der Stpfl aber seine Einkünfte aus KapVermögen bereits **erklärt** hat oder diese sonst bekannt geworden sind und der Stpfl dann eine strafbefreiende Erklärung (für 1986/87) abgibt, wird ebenfalls **nicht** von der StFestsetzung **abgesehen,** BMF-Schreiben Tz 3.2.3. Ein Erlaß aus sachlichen Billigkeitsgründen kommt nicht in Betracht.

b) Es liegt **keine Steuerhinterziehung** oder leichtfertige Steuerverkürzung vor (Abs 1 S 2). In diesen Fällen ist **§ 2 S 1 sinngemäß** anzuwenden. Dies bedeutet, daß zumindest eine **objektive** Steuerverkürzung vorliegen muß. In der Regierungsbegründung heißt es: „Nach S 2 gilt dies auch, wenn der Steuerpflichtige hinsichtlich einer Steuerverkürzung nicht schuldhaft gehandelt hat, sich zB in einem nicht vermeidbaren Verbotsirrtum befand". Daher ist die Auffassung, daß auch die Steuerpflichtigen, die bisher schon ihre Einkünfte aus Kapitalvermögen und das entsprechende Kapitalvermögen ordnungsgemäß erklärt haben, die **Steuern** für die Zeit vor 1986 **zurückverlangen** können, **unzutreffend** (anders *Streck* im Handelsblatt vom 14. 9. 1988).

Wenn nur die **subjektiven Voraussetzung** einer StHinterziehung oder leichtfertigen StVerkürzung fehlen, bedarf es uE auch keine **strafbefreienden** Erklärung iSd § 1. Infolgedessen müßte auch eine **Fristsetzung** nach § 1 II StrEG entfallen. Daher müßte für die Nichtfestsetzung der Steuer eigentlich schon die bloße **Nacherklärung genügen.** Die FinVerw leitet allerdings aus der Verweisungskette des Satzes 2 iVm mit Satz 1 her, daß auch in diesen Fällen von einer StFestsetzung (für vor 1986) **nicht abzusehen** ist, wenn – bei verkürzten Steuern die **Frist** nach § 1 II StrEG nicht eingehalten wird oder – die **Ausschlußgründe** nach § 1 III StrEG eingreifen, BMF-Schreiben Tz 3.2.1. Für die Auffassung der Verwaltung spricht allerdings, daß man damit Ermittlungen nach der subjektiven Seite vermeiden will.

c) Kein Erstattungsanspruch zugunsten der bisher ehrlichen Steuerpflichtigen. Wer bisher zutreffend seine Einkünfte aus Kapitalvermögen und das entsprechende Kapitalvermögen erklärt hat, hat keinen Anspruch darauf, daß ihm die darauf entfallenden Steuerbeträge für die Zeit vor 1986 erstattet werden (vgl *Krabbe* aaO, DB 88, 1671). Der Gesetzgeber hat insoweit eine Verletzung des **Gleichheitsgrundsatzes** nicht angenommen, sondern in der Regelung ein legitimes und verfassungsrechtlich unbedenkliches Mittel gesehen, um zu einer seit langem kritisierten Grauzone des Steuerrechts für mehr Steuerehrlichkeit zu sorgen (vgl Bericht des FA BT-Drucks 11/2529). Der Auffassung von *Neyer* (aaO) – ebenso *Streck* Handelsblatt v 14. 9. 1988, 8 und in Capital September 1988; *Rainer* DStR 88, 706; *Geckle* Handelsblatt v 7. 10. 1988; *Friedemann* FAZ v 19. 10. 1988, 14; *Späth* aaO –, die auf das Kapitalvermögen entfallenden Steuern müßten aus Billigkeitsgründen erlassen werden, kann nicht gefolgt werden. Der Gesetzgeber hat sich insoweit zu einer eindeutigen Regelung entschlossen; vgl Antwort der BuReg in DStZ/E 88, 338; *Meier,* FR 88, 571; *Dietz* aaO.

Nach *Rainer* (aaO) ergibt sich aus dem Gesetzeswortlaut, daß auch Steuerpflichtige, die in den Jahren **vor 1986** ihre Kapitaleinkünfte **richtig** angegeben haben, insoweit von der Einkommensteuer befreit werden müssen. Es soll hierbei nicht darauf ankommen, ob diese Steuern bereits festgesetzt waren oder ob sie noch festzusetzen wären. Ab Inkrafttreten des Artikels 17 Steuerreformgesetz 1990 stehe fest, daß sie nicht festzusetzen seien. Soweit die rechtliche Möglichkeit bestehe, seien entsprechende Festsetzungen aufzugeben oder zu ändern.

Der Steuerehrliche kann nach dem auszulegenden Wortlaut des § 2 I zumindest für noch nicht bestandskräftige Feststellungszeiträume eine Erstattung des ESt und VSt verlangen, *Carl/Klos* aaO.

Wegen Überstimmbarkeit des Gesetzeszwecks muß dem Gesetzgeber unterstellt werden, er habe eine **verfassungskonforme** Regelung treffen wollen. Aus dem **Gleichheitsgrundsatz** ist zu folgen, daß die ehrlichen wie die unehrlichen KapEigner begünstigt werden sollten, *Balke* aaO; ebenso *Heinicke* aaO Anm 64 a) cc).

Sinn des Gesetzes ist, Versäumnisse der Vergangenheit auf sich beruhen zu lassen, wenn die Voraussetzungen nach § 1 und 2 vorliegen. Deswegen kann **sinngemäße Anwendung** nur bedeuten, daß vor 1986 zumindest objektiv unrichtige Erklärungen abgegeben worden sein müssen. Diese Auffassung wird auch von den FGen Niedersachsen (v 5. 10. 88 – VII 516/

86 – FR 88, 667, Nichtzulassungsbeschwerde eingelegt), Düsseldorf (Beschluß v 16. 1. 89 – 14 V 558/88 A – DB 89, 255) und Münster (Beschluß v 17. 1. 89 – X 8251/86 E) geteilt.

Für eine **verfassungskonforme Auslegung** des § 2 I 2 ist nach Auffassung des FG D'dorf (DB 89, 255) kein Raum, weil diese ihre Grenze dort finde, wo sie mit dem Wortlaut des Gesetzes und dem klar erkennbaren Willen des Gesetzgebers in Widerspruch treten würde (Hinweis auf BVerfGE 8, 97, 111; 72, 278, 295).

d) Verfassungsrechtliche Problematik. Die bisher **Steuerehrlichen** können einen Erstattungsanspruch nicht mit der Behauptung begründen, die bisherige Besteuerung der Zinseinkünfte sei verfassungswidrig, weil die bisherige Praxis der FÄ den Grundsatz der Gesetzmäßigkeit der Verwaltung und den Gleichheitsgrundsatz verletze, vgl FG Nieders aaO. Die Festsetzung von St beruht entscheidend auf den steuerlichen Erklärungspflichten, nicht aber auf der Ermittlungstätigkeit der FÄ. Ein Vollzugsdefizit der FinVerw kann nicht Maßstab der Rechtsanwendung sein, BFH BStBl 86, 233, 236.

Mit der in § 2 I 2 gesetzlich angeordneten **Analogie** soll nur erreicht werden, daß auf eine Nacherhebung auch bei solchen Stpfl verzichtet wird, die nur objektiv Steuern verkürzt haben, vgl FG Nieders aaO.

Die genannten Gerichte halten die Regelung des § 2 allerdings für **verfassungswidrig** (Verletzung des Gleichbehandlungsgrundsatzes; Erschütterung des Vertrauens in die Rechtstaatlichkeit gesetzgeberischer Maßnahmen); so auch *Unverricht* (aaO); *Carl/Klos* (aaO); *Heinke* (aaO Anm 64a) dd). Der bisher Steuerehrliche könnte aber aus einer möglichen Verfassungswidrigkeit des § 2 nichts für sich herleiten. Zum einen werden bestandskräftige StFestsetzungen durch eine Verfassungsgerichtsentscheidung nicht berührt. Zum anderen würde eine solche Entscheidung nur zum Wegfall der Regelung, nicht aber zur Schaffung eines bisher nicht bestehenden Erstattungsanspruchs führen. Die Verfassungswidrigkeit dieser Bestimmung ändere aber nichts daran, daß Einkünfte aus KapVermögen zu versteuern seien. Es sei daher nicht entscheidungserheblich, ob § 2 verfassungswidrig sei. FG Nieders (aaO); *Unverricht* (aaO). Kritisch hierzu die Anm von *Felix*, FR 88, 669. Es dürfte auch nicht damit zu rechnen sein, daß das Gericht selbst eine Ausdehnung der zeitlich beschränkten StErhebung auf die bisher Steuerehrlichen bestimmen werde. Nach Auffassung des FG Münster v 17. 1. 89 könnte aber bei Feststellung der Unvereinbarkeit mit dem Grundgesetz durch das BVerfG der dann zur Neuregelung aufgerufene **Gesetzgeber** möglicherweise eine Regelung treffen, die auch den Kläger in dem anhängigen Verfahren begünstigen würde.

3. Absehen von der Steuerfestsetzung in Zusammenveranlagungsfällen. Es kommt hierbei darauf an, ob **zugunsten des Ehegatten** ebenfalls für alle Veranlagungszeiträume ab 1986 wirksame Nacherklärungen vorliegen (vgl § 1 I 4). Ist das nicht der Fall, sind Steuern für die Zeit vor 1986 festzusetzen. Dies gilt auch dann, wenn dieser in den betreffenden Zeiträumen mit dem Nacherklärenden zusammenveranlagt worden ist.

Die Steuer wird nur gegen den anderen Ehegatten festgesetzt, unabhängig davon, ob die Einkünfte aus Kapitalvermögen einem oder beiden Ehegatten zuzurechnen sind (vgl. *Krabbe* aaO, DB 88, 1671). Infolge der Zusammenveranlagung haften jedoch beide Ehegatten als Gesamtschuldner. Ggf sollte der in Anspruch genommene Ehegatte nachträglich getrennte Veranlagung beantragen (*Krabbe* aaO unter Hinweis auf *Blümich/ Falk* EStG § 26 Rdnr 48 ff). Nach Auffassung von *Krabbe* soll auch eine **Aufteilung** mit entsprechender Anwendung der §§ **268 ff** in Betracht kommen, obwohl nur einer der Gesamtschuldner veranlagt worden sei, so auch BMF-Schreiben Tz 3.2.4.

4. Nachzahlung in Fällen der Gesamtrechtsnachfolge.

a) Wenn der Erblasser für Zeiträume ab 1986 in der Zeit vom 14. 10. 1987 bis 31. 12. 1990 eine Nacherklärung abgegeben hat, ist von einer Festsetzung der entsprechenden Steuern vor 1986 abzusehen.

b) Gibt erst der Erbe eine entsprechende Nacherklärung ab, wird auf die Festsetzung der verkürzten Beträge gem § 2 I 1 nicht verzichtet. Grund: Es ist davon auszugehen, daß die FA durch die Anzeige des Kreditinstituts gem § **33** ErbStG von den bisher verschwiegenen Kapitaleinkünften erfährt, mit anderen Worten, daß die Tat iSd § 1 III Nr 3 bereits entdeckt ist. Dies soll nach *Krabbe* (DB 88, 1671) allerdings dann nicht gelten, wenn nach dem Tod des Erblassers zu dessen Gunsten nach § 1 I 3 eine Nacherklärung abgegeben wird. Dann gelte die Nacherklärung als von dem Verstorbenen abgegeben. UE steht diese Auffassung nicht im Einklang mit § 2 Abs 1 III. In dem von *Krabbe* aufgeführten Beispiel (Zusammenveranlagung 1986 und 1987, Tod eines Ehegatten 1987, überlebender Ehegatte gibt Nacherklärung für 1986 und 1987 ab) ist uE das Ergebnis richtig, ergibt sich aber aus § 2 I 1 iVm § 1 I 4 des Gesetzes.

5. Hinterziehungszinsen. Hinterziehungszinsen fallen nur an, soweit objektiv und subjektiv eine Steuerhinterziehung vorliegt und die Steuer nacherhoben wird. Dies folgt aus der Akzessorietät der Hinterziehungszinsen.

Soweit die St nach Abs 1 nicht festgesetzt wird, dh für die Zeit vor 1986, können auch keine **Hinterziehungszinsen** festgesetzt werden, BMF-Schreiben TZ 3.3.

6. Haftung. Soweit die Steuer nach § 2 I nicht festzusetzen ist, soll grundsätzlich auch keine Haftung für die Steuerschuld eintreten. Dies gilt allerdings nicht für die Haftung nach § 71, es sei denn, daß für den Haftungsschuldner Straffreiheit nach dem StbEG eintritt, BMF-Schreiben Tz 3.4.

7. Abs 2 Frist für die strafbefreiende Erklärung. Werden die Einkünfte aus Kapitalvermögen für Veranlagungszeiträume ab 1987 richtig erklärt, ohne daß zugleich eine strafbefreiende Nacherklärung ab 1986 abgegeben wird, muß die Finbehörde für die strafbefreiende Erklärung nach § 1 I eine angemessene Frist setzen, wenn Anhaltspunkte dafür bestehen, daß die entsprechenden Erklärungen unrichtig oder unvollständig waren. Es handelt sich insoweit um eine nobile officium, das sich bereits aus § 89 (dort allerdings nur als Sollvorschrift) ergibt. Es stellt sich die Frage, ob durch die Fristsetzung der Finbehörde die Frist gem § 1 S 1 des Gesetzes (31. 12. 1990) verlängert werden kann. UE ist diese Frage zu verneinen, weil in § 1 kein Hinweis auf § 2 II enthalten ist.

Versäumt die Finbehörde einen entsprechenden Hinweis trotz einschlägiger Verdachtsmomente, liegt eine **Amtspflichtverletzung** vor, die uE ein **Verwertungsverbot** für die Zeiträume vor 1986 auslösen kann. Dies gilt zumindest dann, wenn das FA den Steuerpflichtigen bewußt nicht aufgeklärt und sich der Steuerpflichtige in einem unvermeidbaren Irrtum befunden hat.

8. Festsetzungsfrist. Nach der berichtigenden Erklärung kann die Steuer noch ein Jahr nach Eingang der Erklärung festgesetzt werden (**§ 171 IX;** vgl auch § 171 VII).

§ 3 Berlin-Klausel

Dieses Gesetz gilt nach Maßgabe des § 12 Abs. 1 und des § 13 Abs. 1 des Dritten Überleitungsgesetzes auch im Land Berlin.

§ 3 enthält die übliche **Berlinklausel.**

Anlage
BMF-Schreiben vom 9. 12. 1988 (BStBl. I S. 524)
betr. Gesetz über die strafbefreiende Erklärung von Einkünften aus Kapitalvermögen und von Kapitalvermögen

Inhaltsübersicht

1 **Allgemeines**
2 **Voraussetzungen der strafbefreienden Erklärung**
2.1 Strafbefreiende Erklärung (§ 1 Abs. 1 Satz 1 StrbEG)
2.2 Sachlicher Geltungsbereich
2.3 Persönlicher Geltungsbereich
2.4 Zugang
2.5 Form und Inhalt
2.6 Richtige und vollständige Angaben
2.7 Besonderheiten bei Angaben zum Kapitalvermögen
2.8 Besonderheiten bei der Zusammenveranlagung
2.9 Anwendungszeitraum
2.10 Ausschlußgründe
2.11 Fristsetzung und Nachzahlung

3 **Rechtsfolgen**
3.1 Straf-/Bußgeldfreiheit
3.2 Absehen von Steuerfestsetzung
3.3 Festsetzung von Hinterziehungszinsen
3.4 Haftung

4 **Verfahren**
4.1 Zuständigkeit
4.2 Prüfung der Erklärung
4.3 Ergänzung der Erklärung
4.4 Ermittlungspflicht
4.5 Abgabe an die für das Straf- und Bußgeldverfahren zuständige Stelle

Unter Bezugnahme auf das Ergebnis der Erörterung mit den obersten Finanzbehörden der Länder gelten für die Anwendung des StrbEG die folgenden Grundsätze:

1 **Allgemeines**
Nach dem Gesetz über die strafbefreiende Erklärung von Einkünften aus Kapitalvermögen und von Kapitalvermögen – StrbEG – (Artikel 17 des Steuerreformgesetzes

1990 vom 25. Juli 1988, BGBl. I S. 1093 [S. 1128]; BStBl I S. 224 [259]) sollen diejenigen, die – anders als bisher – ihre Einkünfte aus Kapitalvermögen und ggf. ihr Kapitalvermögen richtig versteuern, nicht mit nachteiligen Folgen für die Vergangenheit rechnen müssen.

Nach einer wirksamen strafbefreienden Erklärung unterbleiben Ermittlungen hinsichtlich der Einkünfte aus Kapitalvermögen und des Kapitalvermögens, straf-/bußgeldrechtliche Schritte sowie die Festsetzung von Steuern für Zeiträume vor 1986.

Ziel des Gesetzes ist es, den Steuerpflichtigen unter für sie einfach erkennbaren und zu verwirklichenden Voraussetzungen den Weg in die Steuerehrlichkeit zu erleichtern.

2 Voraussetzungen der strafbefreienden Erklärung
2.1 Strafbefreiende Erklärung (§ 1 Abs. 1 Satz 1 StrbEG)

2.1.1 Eine strafbefreiende Erklärung i. S. des § 1 Abs. 1 Satz 1 StrbEG liegt vor, wenn nach dem 13. Oktober 1987 und vor dem 1. Januar 1991 hinsichtlich der Einkünfte aus Kapitalvermögen und/oder des entsprechenden Kapitalvermögens
– für 1986 und 1987 richtige und vollständige Erklärungen abgegeben werden (erste Alternative) oder
– für Veranlagungszeiträume ab 1986 richtige und vollständige Angaben nachgeholt bzw. die Steuererklärungen berichtigt oder ergänzt werden (zweite Alternative).

2.1.2 Eine strafbefreiende Erklärung i. S. des § 1 Abs. 1 Satz 1 StrbEG nach der ersten Alternative ist gegeben, wenn
– für 1986 und 1987 die Einkünfte aus Kapitalvermögen und/oder das Kapitalvermögen in Steuererklärungen angegeben werden,
– für 1986 erstmals eine Steuererklärung abgegeben worden ist, sobald auch für 1987 eine Steuererklärung vorliegt; Tz. 4.3.3 gilt sinngemäß,
– für 1987 eine Steuererklärung und – ggf. nach Aufforderung gem. § 2 Abs. 2 StrbEG – für 1986 erstmals eine Steuererklärung abgegeben worden ist.

Es genügt, wenn anstelle einer Steuererklärung die Einkünfte aus Kapitalvermögen und/oder das Kapitalvermögen in einer besonderen schriftlichen Erklärung angegeben werden. Die Angaben müssen richtig und vollständig sein.

2.1.3 Eine strafbefreiende Erklärung nach der zweiten Alternative liegt vor, wenn für Veranlagungszeiträume ab 1986 bereits abgegebene Erklärungen, in denen die Einkünfte aus Kapitalvermögen und/oder das Kapitalvermögen, aus denen die Einkünfte geflossen sind, nicht oder nicht zutreffend angegeben worden sind, nunmehr berichtigt oder ergänzt und noch ausstehende Erklärungen nachgeholt werden. Dies setzt voraus, daß in allen für Veranlagungszeiträume ab 1986 bis zum Zeitpunkt der strafbefreienden Erklärung abzugebenden Steuererklärungen die unzutreffenden/fehlenden Angaben über die Einkünfte aus Kapitalvermögen und/oder über das Kapitalvermögen richtig und vollständig nachgeholt oder ergänzt bzw. berichtigt werden.

Beispiele:
– Wird eine Steuererklärung für 1986 **berichtigt**, liegt eine strafbefreiende Erklärung vor, wenn die individuelle, nicht die gesetzliche Frist für die Abgabe der Steuererklärung für 1987 noch nicht abgelaufen ist. Eine strafbefreiende Erklärung für 1987 ist hier nicht erforderlich.
– Werden für 1986 eine richtige und vollständige, aber für die nachfolgenden Jahre unvollständige bzw. fehlerhafte Steuererklärungen abgegeben, liegt eine strafbefreiende Erklärung erst vor, wenn die nachfolgenden Steuererklärungen berichtigt bzw. ergänzt werden.
– Wird eine Steuererklärung für **1987** berichtigt und ist die Steuererklärung für **1986** unvollständig bzw. fehlerhaft, liegt eine strafbefreiende Erklärung erst vor, wenn – ggf. nach Aufforderung gem. § 2 Abs. 2 StrbEG – auch die Steuererklärung für den Veranlagungszeitraum **1986** berichtigt bzw. ergänzt werden.

2.2 Sachlicher Geltungsbereich

Eine strafbefreiende Erklärung ist nur bei der Einkommensteuer und Vermögenssteuer, nicht dagegen bei der Erbschaftsteuer und der Körperschaftsteuer möglich.

Die strafbefreiende Erklärung gilt nur für Einkünfte aus Kapitalvermögen und für

Kapitalvermögen, aus dem die Einkünfte geflossen sind, nicht dagegen für andere Einkunftsarten, auch wenn es sich um Erträge aus Vermögen handelt, sowie für anderes Vermögen. Sie umfaßt daher nur die Einkünfte i. S. des § 20 Abs. 1 und 2 EStG, nicht die Einkünfte i. S. des § 20 Abs. 3 EStG. Auch ausländische Einkünfte aus Kapitalvermögen fallen unter § 1 Abs. 1 StrbEG.

2.3 **Persönlicher Geltungsbereich**
Eine strafbefreiende Erklärung kann abgeben, wer
– steuer-, erklärungs- oder berichtigungspflichtig ist,
– steuerlich in Anspruch genommen werden kann (z. B. der Haftungsschuldner),
– als Tatbeteiligter in Betracht kommt.
Wegen der Abgabe einer strafbefreienden Erklärung durch Dritte vgl. Tz. 4.2.

2.4 **Zugang**
Die strafbefreiende Erklärung ist mit Eingang bei einer Finanzbehörde (§ 6 AO) abgegeben. Wird die Erklärung nicht bei der für die Veranlagung zuständigen Finanzbehörde eingereicht, ist sie dem zuständigen Veranlagungsfinanzamt zuzuleiten.

2.5 **Form und Inhalt**
Soweit eine strafbefreiende Erklärung nicht in einer Steuererklärung oder besonderen Erklärung (Tz. 2.1.2) enthalten ist, ist sie an keine Form gebunden. Bei mündlichen Erklärungen ist eine Niederschrift aufzunehmen.
Auf die Bezeichnung der Erklärung kommt es nicht an. Eine „Selbstanzeige" kann ganz oder teilweise eine strafbefreiende Erklärung, eine „strafbefreiende Erklärung" kann ganz oder teilweise eine Selbstanzeige enthalten.

2.6 **Richtige und vollständige Angaben**
Richtig und vollständig sind die Angaben, wenn sie den tatsächlichen und rechtlichen Verhältnissen entsprechen. Nur zum Teil richtige oder unvollständige Angaben genügen nicht.
Wird in der Erklärung wahrheitsgemäß angegeben, daß
– keine steuerpflichtigen Kapitalerträge angefallen sind oder kein steuerpflichtiges Kapitalvermögen vorhanden ist,
– die Einkünfte aus Kapitalvermögen unter dem Sparer-Freibetrag und dem Werbungskostenpauschbetrag liegen (z. B. „unter 800,– DM" bei einer Einkommensteuerzusammenveranlagung) oder
– die Kapitaleinkünfte oder das Kapitalvermögen negativ sind,
reicht dies für eine richtige und vollständige Erklärung aus.
Wird eine Erklärung erst auf Anforderung der Finanzbehörde abgegeben, schließt dies die Wirksamkeit der strafbefreienden Erklärung nicht aus, sofern kein Ausschlußgrund i. S. des § 1 Abs. 3 StrbEG vorliegt.
Es genügt nicht, daß eine strafbefreiende Erklärung angekündigt oder eine „vorläufige" Erklärung eingereicht wird. In diesen Fällen soll – entsprechend § 2 Abs. 2 StrbEG – eine Frist für die Abgabe der richtigen und vollständigen oder „endgültigen" Erklärung gesetzt werden.

2.7 **Besonderheiten bei Angaben zum Kapitalvermögen**
Hinsichtlich der Vermögensteuer kann Gegenstand einer strafbefreienden Erklärung nur das Kapitalvermögen sein, aus dem Kapitalerträge i. S. von Tz. 2.2 im Erklärungszeitraum oder in der Vergangenheit geflossen sind. Eine strafbefreiende Erklärung ist darüber hinaus auch möglich, wenn das Kapitalvermögen erst in Zukunft zu Erträgen führt (z. B. Zerobonds).
Ist – wie im Regelfall – nur für den Hauptveranlagungszeitpunkt eine Vermögensteuererklärung erforderlich, erfüllt die richtige und vollständige Vermögensteuererklärung auf den 1. Januar 1986 die Voraussetzung für die strafbefreiende Erklärung nach § 1 Abs. 1 Satz 1 (erste Alternative) StrbEG.

2.8 **Besonderheiten bei der Zusammenveranlagung**
Werden Personen im Fall der ersten Alternative des § 1 Abs. 1 Satz 1 StrbEG (Tz. 2.1.2) für 1986 und 1987 und im Fall der zweiten Alternative (Tz. 2.1.3) für 1986 und alle weiteren Jahre, für die eine strafbefreiende Erklärung abgegeben werden kann, zusammenveranlagt, wirkt die strafbefreiende Erklärung einer Person für alle mit ihr zusammenveranlagten Personen. Enthält die strafbefreiende Erklärung richtige und

vollständige Angaben nur für eine Person oder einige der zusammenveranlagten Personen, wirkt sie nur für diese Person bzw. Personen. Sind die Personen im Falle der ersten Alternative nur für 1986 oder nur für 1987 zusammenveranlagt worden und hat eine von ihnen die strafbefreiende Erklärung abgegeben, treten die Wirkungen des Gesetzes nur ein, wenn jeder Betroffene im Jahr der Nichtzusammenveranlagung für sich richtige und vollständige Angaben macht. Entsprechendes gilt für die zweite Alternative.

Werden im Fall der ersten Alternative 1986 und 1987 unterschiedliche Personen zusammenveranlagt, wirkt die strafbefreiende Erklärung nur für die jeweils zusammenveranlagten Personen. Die nicht zusammenveranlagte Person muß, um die Wirkung des Gesetzes zu erlangen, ihrerseits richtige und vollständige Angaben machen. Entsprechendes gilt im Fall der zweiten Alternative.

Es ist unerheblich, ob in den Jahren vor 1986 eine Zusammenveranlagung stattgefunden hat.

Beispiele:
− A wird 1986 mit B und 1987 mit C zusammenveranlagt. A, B und C haben bisher ihre Einkünfte aus Kapitalvermögen unrichtig erklärt. A erklärt die Kapitaleinkünfte 1986 für sich und B, 1987 für sich und C richtig und vollständig. Die strafbefreiende Erklärung gilt für A. B kommt in den Genuß des Gesetzes nur, wenn er für 1987, C, wenn er für 1986 die Kapitaleinkünfte richtig und vollständig erklärt.
− A und B, die 1986 und 1987 zusammenveranlagt werden, haben für 1985 und frühere Jahre ihre Einkünfte aus Kapitalvermögen unrichtig erklärt. A erklärt die Einkünfte aus Kapitalvermögen von A und B für die Veranlagungszeiträume 1986 und 1987 richtig und vollständig. Die strafbefreiende Erklärung erstreckt sich auch auf B.
− A und B haben für 1985 ihre Kapitaleinkünfte nicht vollständig erklärt. Sie werden für 1986 auf Grund einer zutreffenden Steuererklärung zusammenveranlagt. 1987 findet eine getrennte Veranlagung statt. A gibt die Kapitaleinkünfte zutreffend, B unrichtig an.
Eine strafbefreiende Erklärung liegt nur für A, nicht für B vor.

In Fällen der Zusammenveranlagung wirkt die strafbefreinde Erklärung auch für zwischenzeitlich verstorbene, aber noch mitdem Erklärenden zusammenzuveranlagende Personen.

Beispiel:
Die in den Veranlagungszeiträumen ab 1986 zusammenveranlagten A und B haben bisher ihre Einkünfte aus Kapitalvermögen unrichtig erklärt. B stirbt 1988. A berichtigt die Erklärungen ab 1986.
Die strafbefreiende Erklärung wirkt für die Eheleute.

A war mit dem 1986 verstorbenen B verheiratet. A und B hatten vor 1986 ihre Einkünfte aus Kapitalvermögen unzutreffend erklärt. A erklärt für 1986 und 1987 die beiden zugeflossenen Kapitaleinkünfte richtig und vollständig. Im Jahre 1986 findet eine Zusammenveranlagung statt, für 1987 wird A gem. § 32a Abs. 6 Nr. 1 EStG veranlagt. Da die Wirkungen der Zusammenveranlagung nur im Jahre 1986 bestehen, liegen für B die Voraussetzungen des Gesetzes nicht vor. Die B betreffende Steuer ist auf für Zeiträume vor 1986 festzusetzen.

2.9 Anwendungszeitraum
Eine strafbefreiende Erklärung kann nur nach dem 13. Oktober 1987 und vor dem 1. Januar 1991 abgegeben werden. Maßgebend ist der Zeitpunkt des Eingangs der Erklärung bei der Finanzbehörde. Wurde die Steuererklärung für das Jahr 1986 vor dem 14. Oktober 1987 und wurde oder wird die Steuererklärung für 1987 nach dem 13. Oktober 1987 richtig und vollständig abgegeben, ist von einer wirksamen strafbefreienden Erklärung auszugehen.

2.10 Ausschlußgründe

2.10.1 § 1 Abs. 3 StrbEG deckt sich nur teilweise mit den Ausschlußgründen bei der Selbstanzeige gem. § 371 Abs. 2 AO.

2.10.2 Eine strafbefreiende Erklärung ist nach § 1 Abs. 3 **Nr. 1 (erste Alternative)** StrbEG ausgeschlossen, wenn ein Amtsträger zur Prüfung der Einkommensteuer und/oder der Vermögensteuer erschienen ist. Dies gilt unabhängig vom Prüfungszeitraum. Die Prüfung allein von Lohnsteuer, Kapitalertragsteuer und anderen Steuern sowie sonstige Prüfungen sind kein Ausschlußgrund.

Eine strafbefreiende Erklärung ist wieder möglich, sobald die Finanzbehörde die auf Grund der Außenprüfung erstmals erlassenen, geänderten oder berichtigten Einkommen- und/oder Vermögensteuerbescheide bekanntgegeben oder das Prüfungsverfahren durch eine Mitteilung gem. § 202 Abs. 1 Satz 3 AO abgeschlossen hat (vgl. BGH, Beschluß vom 15. Januar 1988 – 3 StR 465/87 –, Zeitschrift für Wirtschaft, Steuer, Strafrecht – wistra – 1988 Seite 151).

2.10.3 Eine strafbefreiende Erklärung ist nach § 1 Abs. 3 **Nr. 1 (zweite Alternative)** StrbEG bis zum Abschluß der Ermittlungen ausgeschlossen, wenn ein Amtsträger erschienen ist, um wegen einer Steuerstraftat oder Steuerordnungswidrigkeit, gleich welcher Art, zu ermitteln.

2.10.4 Entsprechend muß nach § 1 Abs. 3 **Nr. 2** StrbEG die Einleitung eines Straf- oder Bußgeldverfahrens wegen Hinterziehung oder leichtfertiger Verkürzung von Einkommen- oder Vermögensteuer bekanntgegeben worden sein. Nicht erforderlich ist, daß sich die „Tat" auf Einkünfte aus Kapitalvermögen und/oder auf Kapitalvermögen, aus dem die Einkünfte geflossen sind, bezieht.

2.10.5 Tat i. S. des § 1 Abs. 3 **Nr. 3** StrbEG ist eine Steuerhinterziehung oder leichtfertige Steuerverkürzung, die sich aus der unrichtigen oder Nichtangabe von Einkünften aus Kapitalvermögen oder Kapitalvermögen, aus dem die Einkünfte geflossen sind, ergibt. Das Jahr der Steuerverkürzung ist dabei ohne Bedeutung.

Für die Frage, wann eine Tat entdeckt ist, gilt das gleiche wie bei der Selbstanzeige. Die Tat ist nicht schon dann entdeckt, wenn sich lediglich Anhaltspunkte i. S. des § 2 Abs. 2 StrbEG ergeben (vgl. Tz. 4.3.2).

Mit Abgabe einer Selbstanzeige vor dem 14. Oktober 1987 ist die Tat – auch wenn die Selbstanzeige nur einen Teil betrifft – entdeckt, eine strafbefreiende Erklärung damit ausgeschlossen.

2.10.6 Bei leichtfertiger Steuerverkürzung ist anders als bei § 378 Abs. 3 AO die strafbefreiende Erklärung auch mit dem Erscheinen des Amtsträgers sowie in den Fällen des § 1 Abs. 3 Nr. 3 StrbEG ausgeschlossen.

2.10.7 Ist einer der Tatbestände des § 1 Abs. 3 Nr. 1 bis 3 StrbEG erfüllt, ist die strafbefreiende Erklärung für Zeiträume ab 1986 ausgeschlossen. Der Ausschluß wirkt auch für die Zeiträume davor.

2.11 Fristsetzung und Nachzahlung

Ist ab 1986 Einkommen- oder Vermögensteuer verkürzt worden, ist Voraussetzung für die Straffreiheit und das Absehen von der Steuerfestsetzung, daß die Steuer fristgerecht entrichtet wird. Die Frist setzt die für die Veranlagung zuständige Stelle.

Mit der Fristsetzung ist eine schriftliche Belehrung über die Folgen einer nicht fristgerechten Nachzahlung zu erteilen.

Angemessen ist die Frist, in der der Steuerpflichtige unter Ausschöpfung seiner Möglichkeiten billigerweise die auf Grund seiner Angaben nachzufordernde Steuer entrichten kann. Im allgemeinen wird die im Leistungsangebot zum Steuerbescheid gesetzte Monatsfrist auch die angemessene Frist i. S. des § 1 Abs. 2 StrbEG sein.

Die Frist kann nach Maßgabe des § 109 AO – ggf. auch rückwirkend – verlängert werden. Eine Wiedereinsetzung in den vorigen Stand (§ 110 AO) kommt nicht in Betracht.

Als außergerichtlicher Rechtsbehelf gegen die Fristsetzung ist die Beschwerde (§ 349 AO) gegeben.

3 Rechtsfolgen
3.1 Straf-/Bußgeldfreiheit
Mit fristgerechter Entrichtung der ab 1986 verkürzten Steuer tritt Straf-/Bußgeldfreiheit ein. Ist Einkommensteuer und/oder Vermögensteuer ab 1986 nicht verkürzt, tritt Straf-/Bußgeldfreiheit mit Abgabe der wirksamen strafbefreienden Erklärung ein. Die Straf-/Bußgeldfreiheit erstreckt sich auf die Jahre der Nacherklärung wie auch auf die Vergangenheit.

Sind die Angaben nicht richtig und vollständig, treten die Wirkungen der strafbefreienden Erklärung nicht ein. Wegen einer Selbstanzeige siehe Tz. 4.2.

3.2 Absehen von Steuerfestsetzung
3.2.1 Im Fall einer wirksamen strafbefreienden Erklärung ist für Veranlagungszeiträume vor 1986 von der Festsetzung von Steuern abzusehen, die auf die Einkünfte aus Kapitalvermögen und auf das Kapitalvermögen, aus dem die Einkünfte geflossen sind, entfallen. Ist die Steuerverkürzung bereits eingetreten, gilt dies nur, wenn die verkürzte Steuer innerhalb der gesetzten Frist entrichtet wird (§ 1 Abs. 2 StrbEG).

Fehlen die subjektiven Voraussetzungen einer Steuerhinterziehung oder leichtfertigen Steuerverkürzung, ist von der Steuerfestsetzung abzusehen, soweit die Einkünfte aus Kapitalvermögen und/oder das Kapitalvermögen für die Zeit vor 1986 nicht oder nicht vollständig erklärt worden sind (§ 2 Abs. 1 Satz 2 StrbEG). Von einer Steuerfestsetzung ist auch in diesen Fällen nicht abzusehen, wenn
– bei verkürzten Steuern die Frist nach § 1 Abs. 2 StrbEG nicht eingehalten wird oder
– die Abschlußgründe nach § 1 Abs. 3 StrbEG eingreifen.

Wird von der Festsetzung der Steuer auf Einkünfte aus Kapitalvermögen abgesehen, ist die Anrechnung der Kapitalertragsteuer und der Körperschaftsteuer ausgeschlossen (vgl. § 36 Abs. 2 EStG; Abschn. 213g Abs. 1 EStR).

Soweit Steuern nicht festgesetzt werden, sind die Einkünfte und/oder das Vermögen auch nicht mittelbar zu berücksichtigen (z. B. bei außergewöhnlichen Belastungen, § 33 EStG).

3.2.2 Ist die Steuer auf Grund einer nach dem 13. Oktober 1987 abgegebenen wirksamen strafbefreienden Erklärung bereits festgesetzt worden, ist die Steuerfestsetzung für Veranlagungszeiträume vor 1986 entsprechend zu ändern oder aufzuheben. Ist bereits Bestandskraft eingetreten, ist die auf die Einkünfte auf Kapitalvermögen und auf das Kapitalvermögen entfallende Steuer aus sachlichen Billigkeitsgründen zu erlassen (§ 227 AO).

3.2.3 Ist eine Steuer auf Einkünfte aus Kapitalvermögen und/oder Kapitalvermögen für Veranlagungszeiträume vor 1986 bereits vor Abgabe der strafbefreienden Erklärung festgesetzt worden, ergibt sich aus § 2 Abs. 1 Satz 2 StrbEG keinAnspruch auf Änderung oder Aufhebung der Steuerfestsetzung. Dies gilt insbesondere auch bei Steuerfestsetzungen unter Vorbehalt der Nachprüfung oder bei vorläufigen Steuerfestsetzungen. Ist die Steuer für Veranlagungszeiträume vor 1986 noch nicht festgesetzt worden, ist aber vor Abgabe der strafbefreienden Erklärung eine Steuererklärung unter Angabe der Einkünfte/des Vermögens abgegeben worden oder eine Steuererklärung insoweit berichtigt worden oder sind die Einkünfte/das Vermögens sonst bekanntgeworden, wird nicht von der Steuerfestsetzung abgesehen. In den vorgenannten Fällen kommt eine Billigkeitsmaßnahme aus sachlichen Gründen (§§ 163, 227 AO) nicht in Betracht.

3.2.4 Liegen strafbefreiende Erklärungen nicht für alle zusammenveranlagten Personen vor (s. Tz. 2.8), ist die Steuer gegen die Personen, für die keine strafbefreiende Erklärung vorliegt, für Veranlagungszeiträume vor 1986 auch insoweit in voller Höhe festzusetzen, als sie in diesen Zeiträumen mit anderen Personen zusammenveranlagt werden, für die strafbefreiende Erklärungen abgegeben worden sind. Die Personen gegen die die Steuern festgesetzt werden, können jedoch beantragen, die Vollstreckung auf den Betrag zu beschränken, der sich bei einer Aufteilung der Steuer ergibt (§§ 268 ff. AO). Auf diese Möglichkeit ist hinzuweisen (§ 89 AO).

3.2.5 Steuern, die im Wege der Gesamtrechtsnachfolge auf den Erklärenden übergegangen sind, sind festzusetzen. Reicht ein Erbe z. B. eine strafbefreiende Erklärung für die Jahre ab 1986 ein, ist nur von der Festsetzung der Steuern abzusehen, die in seiner

Person (also nach Eintritt des Erbfalls) entstanden sind. Die Verpflichtung des Erben, die Steuererklärung des Erblassers nach § 153 AO zu berichtigen, bleibt unberührt.

Hat der Erblasser selbst noch keine strafbefreiende Erklärung abgegeben, ist auch nach Eintritt des Erbfalls die Festsetzung der Steuer in seiner Person entstanden ist, ausgeschlossen. Dasselbe gilt, wenn eine strafbefreiende Erklärung nach § 1 Abs. 1 Satz 4 StrbEG zugunsten des Erblassers wirkt (s. Tz. 2.8).

Soweit für den Erblasser keine strafbefreiende Erklärung vorliegt, kann die Steuer in voller Höhe gegen den Erben als Gesamtrechtsnachfolger für Zeiträume vor 1986 auch insoweit noch festgesetzt werden, als der Erbe für diese Zeiträume mit dem Erblasser zusammenveranlagt wird. Auf Antrag wird die Zwangsvollstreckung nach den §§ 268ff. AO beschränkt. Auf diese Möglichkeit ist hinzuweisen (§ 89 AO).

3.3 Festsetzung von Hinterziehungszinsen

Soweit die Steuer nach § 2 Abs. 1 StrbEG nicht festzusetzen ist, sind auch keine Hinterziehungszinsen hierfür festzusetzen. Für die Zeit ab 1986 schließt § 2 Abs. 1 StrbEG die Verzinsung hinterzogener Steuern nicht aus.

3.4 Haftung

Soweit die Steuer nach § 2 Abs. 1 StrbEG nicht festzusetzen ist, kann auch ein Haftungsschuldner nicht in Anspruch genommen werden. Dies gilt nicht für die Haftung nach § 71 AO, es sei denn, daß für den Haftungsschuldner Straffreiheit nach dem StrbEG eintritt.

4 Verfahren
4.1 Zuständigkeit

Zuständig für die Bearbeitung von strafbefreienden Erklärungeneinschließlich Fristsetzungen nach § 1 Abs. 2 und § 2 Abs. 2 StrbEG ist die für die Besteuerung des Steuerpflichtigen zuständige Veranlagungsstelle. Sind die Einkünfte aus Kapitalvermögen und ggf. das Kapitalvermögen einheitlich und gesondert festzustellen, hat das hierfür zuständige Finanzamt dem Wohnsitzfinanzamt mitzuteilen, daß eine strafbefreiende Erklärung abgegeben worden ist.

4.2 Prüfung der Erklärung

Alle nach dem 13. Oktober 1987 und vor dem 1. Januar 1991 eingegangenen oder eingehenden Steuererklärungen, Berichtigungserklärungen (§ 153 AO), Selbstanzeigen – auch soweit sie den Tatbestandsmerkmalen der §§ 371, 378 Abs. 3 AO nicht genügt haben – sowie sonstige Erklärungen sind daraufhin zu prüfen, ob sie die Voraussetzungen des § 1 Abs. 1 Sätze 1 und 2 StrbEG erfüllen.

Bei Erklärungen, die nicht die Voraussetzungen des Gesetzes erfüllen, ist zu prüfen, ob sie als Selbstanzeigen zu werten sind.

Wird die Erklärung von einem Dritten i. S. des § 80 AO (z. B. steuerlicher Berater) abgegeben, ist bei Anhaltspunkten für eine Beteiligung des Dritten an der unzutreffenden Erklärung der Kapitaleinkünfte oder des Vermögens davon auszugehen, daß die strafbefreiende Erklärung auch im Namen des Dritten abgegeben wird.

Gibt ein Steuerpflichtiger die Erklärung ab und bestehen konkrete Anhaltspunkte, die zu einer Einleitung eines Straf- oder Bußgeldverfahrens gegen einen Dritten führen könnten, ist zu klären, ob sie auch für den Dritten abgegeben worden ist.

4.3 Ergänzung der Erklärung

4.3.1 Erscheint eine Erklärung unvollständig, ist unter Fristsetzung Gelegenheit zu geben, die erforderlichen Angaben nachzuholen (§ 89 AO).

Die Finanzbehörde soll dem Steuerpflichtigen Gelegenheit geben, binnen einer angemessenen Frist eine strafbefreiende Erklärung abzugeben, wenn

– sich aus einer Erklärung, z. B. aus einem Antrag auf Erteilung einer NV-Bescheinigung, Anhaltspunkte ergeben, daß für Veranlagungszeiträume ab 1986 Einkünfte aus Kapitalvermögen und/oder Kapitalvermögen nicht oder nicht vollständig angegeben worden sind,
– in Fällen der Tz. 2.8 für eine Person eine strafbefreiende Erklärung nicht für alle maßgebenden Veranlagungszeiträume vorliegt,

– nur für die Einkommensteuer eine strafbefreiende Erklärung abgegeben wird und sich danach Anhaltspunkte dafür ergeben, daß die Vermögensteuererklärung unrichtig sein kann bzw. eine Vermögensteuererklärung abzugeben wäre.

4.3.2 Eine Fristsetzung ist in entsprechender Anwendung des § 2 Abs. 2 StrbEG auch geboten, wenn für den vorausgegangenen Veranlagungszeitraum ab 1986 überhaupt keine Steuererklärung abgegeben worden ist und Anhaltspunkte dafür bestehen, daß unter Berücksichtigung der Einkünfte aus Kapitalvermögen und/oder des Kapitalvermögens eine Steuererklärung hätte abgegeben werden müssen.
Anhaltspunkte i. S. des § 2 Abs. 2 StrbEG liegen vor, wenn es nach den Umständen des Einzelfalls möglich ist, daß Einkünfte aus Kapitalvermögen oder Kapitalvermögen, aus dem die Einkünfte geflossen sind, nicht, unrichtig oder unvollständig angegeben worden sind. Der Verdacht einer verfolgbaren Steuerstraftat oder Ordnungswidrigkeit ist nicht erforderlich. Auch nach Ablauf der Frist des § 2 Abs. 2 StrbEG ist eine strafbefreiende Nacherklärung noch möglich, sofern nicht die Ausschlußgründe des § 1 Abs. 3 StrbEG vorliegen.

4.3.3 Hat die Finanzbehörde Fristen zur Abgabe oder Ergänzung einer strafbefreienden Erklärung gesetzt, soll sie vor Ablauf der Frist – soweit nicht zwingende Gründe entgegenstehen – von Maßnahmen absehen, die die strafbefreiende Erklärung ausschließen.

4.4 Ermittlungspflicht

4.4.1 Bei strafbefreienden Erklärungen kann davon ausgegangen werden, daß die Einkünfte aus Kapitalvermögen und/oder das Kapitalvermögen richtig und vollständig (nach-)erklärt worden sind. Es gelten insoweit die allgemeinen Ermittlungsgrundsätze (AO-Anwendungserlaß zu § 88 AO). Ermittlungen sollen nur angestellt werden, wenn greifbare Anhaltspunkte für die Unrichtigkeit oder Unvollständigkeit der „strafbefreienden" Erklärung vorliegen.

4.4.2 Ergeben sich aus einer strafbefreienden Erklärung Anhaltspunkte dafür, daß andere Einkünfte oder Vermögenswerte in nicht verjährten Veranlagungszeiträumen vor 1986 nicht versteuert worden sind, gelten ebenfalls die allgemeinen Grundsätze. Nachforschungen über die Herkunft von Kapitalvermögen sollen nur angestellt werden, wenn greifbare Umstände darauf hindeuten, daß das Kapitalvermögen aus unversteuerten Einkünften herrührt. Sodann soll der Steuerpflichtige im Regelfall unter Fristsetzung zur Klärung des Sachverhalts aufgefordert und auf die Möglichkeit der Selbstanzeige hingewiesen werden. Erst nach Ablauf dieser neuen Frist soll die Sache an die für das Straf- und Bußgeldverfahren zuständige Stelle abgegeben werden.

4.4.3 Stellt sich nachträglich heraus, daß die strafbefreiende Erklärung nicht nur unwesentlich unrichtig oder unvollständig war, sind unterbliebene Steuerfestsetzungen nachzuholen und ist die Sache an die für die Strafverfolgung zuständige Stelle abzugeben.

4.5 Abgabe an die für das Straf- und Bußgeldverfahren zuständige Stelle

Ergeben sich Anhaltspunkte für einen Ausschluß der strafbefreienden Erklärung nach § 1 Abs. 3 StrbEG oder für eine Selbstanzeige, entscheidet darüber die für das Straf- und Bußgeldverfahren zuständige Stelle.
Ist die Frist des § 1 Abs. 2 StrbEG fruchtlos verstrichen, übernimmt die für das Straf- und Bußgeldverfahren zuständige Stelle das Verfahren, sofern der Verdacht einer Steuerhinterziehung oder einer leichtfertigen Steuerverkürzung besteht. Hält diese Stelle die bisher gesetzte Frist für unangemessen, hat sie eine Nachfrist zu setzen (auf Tz. 2.11 wird hingewiesen).

Sachverzeichnis

Die halbfett gedruckten Zahlen bezeichnen die Paragraphen der AO,
die mageren Zahlen die jeweiligen Anmerkungen

Abführung von Steuern
für Rechnungen Dritter **33**
Abgaben
Anwendungsbereich auf **1**, 1
Begriff **347**, 2
Abgekürzte Außenprüfung
Allgemeines **203**, 1
Rechtsfolgen **203**, 2
Abhilfe
Beschwerde **368**, 2
Einspruch **367**, 4
Ablaufhemmung
Allgemeines **171**, 1 ff
Antragstellung **171**, 4
Anzeige **171**, 10
ausgesetzte Steuerfestsetzung **171**, 9
Außenprüfung **171**, 5
Begriff **171**, 1
Berichtigungserklärung **171**, 10
Erbschaftannahme **171**, 13
Erstattungsansprüche **171**, 15
Geschäftsunfähigkeit **171**, 12
Grundlagenbescheid **171**, 11
hinterzogene oder leichtfertig verkürzte Steuern **171**, 8
höhere Gewalt **171**, 2
Konkursverfahren **171**, 14
Nachlaß **171**, 13
offenbare Unrichtigkeit **171**, 3
Selbstanzeige **171**, 10
sonstige Ermittlungen **171**, 7
Steuerfahndung **171**, 6
Steuerordnungswidrigkeiten **171**, 8
Steuervergehen **171**, 8
Übergangsregelung **171**, 16
vorläufige Steuerfestsetzung **171**, 9
Zollfahndung **171**, 6
Ablehnung
von Amtsträgern **83**
von Ausschußmitgliedern **84**
von Verwaltungsakten, Einspruch **384**, 3
Abrechnung

Verwaltungsakt **118**, 5 c; **157**, 2, **361**, 3 a
Abrechnungsbescheid
Allgemeines **218**, 3, 6, 8
bei anderen Erlöschensgründen **47**, 3
Aufhebung und Änderung **172**, 1
über geleistete Vorauszahlungen **155**, 9; **157**, 2
Inhalt des ... **218**, 3 a
bei Zusammenveranlagung **155**, 5
Abrundung
des Aufteilungsbetrages **275**
bei Säumniszuschlägen **240**, 3
von Steuern **156**, 1–2
von Vollstreckungsgebühren **343**
bei Zinsen **238**, 4
Abschöpfungen
Festsetzungsfrist **169**, 1, 8
örtliche Zuständigkeit **23**, 1
Steuerhinterziehung **370**, 1, 2, 6
Steuern i. S. der AO **1**, 2
Abschreibungsgesellschaften 180, 5
Abtretung
von Ansprüchen auf Erstattung oder Vergütung **46**, 1, 4, 6
Anzeige **46**, 3
geschäftsmäßiger Erwerb **46**, 6
Rechtsstellung des Abtretungsempfängers **46**, 7
Schuldnerschutz **46**, 8
Voraussetzungen **46**, 3
Abweichende Fälligkeitsbestimmung 221, 1 f
Abzugsteuern
Gefährdung von ... **380**, 1 ff
Adoption
Angehörige **15**, 1, 2 e
Akteneinsicht
Behörden **31**
der Finanzbehörde **395**
Gemeinden **187**
Recht auf ... **91**, 2

1285

Sachverzeichnis

halbfette Ziffern = §§

Rechtsbehelfsverfahren **364**
Strafverfahren **395**
des Verteidigers **392**, 4
Allgemeine Verwaltungsvorschriften und Vertrauensschutz **176**, 6
Allgemeinheit 52, 2
Gemeinnützige Zwecke **52**, 1; **53**, 1
Allgemeinverfügung
Anhörung **91**, 5d
Begriff **118**, 4b
Bekanntgabe **122**, 5
Altenheim
einer steuerbegünstigten Körperschaft **68**, 2
Altenhilfe 52, 5 (14)
Amnestie
bei Zinseinkünften **Anhang II**
Amateursportvereine **76a**, 2
Amtshilfe
anderer Behörden **6**
Ausnahmen **105**, 1f
Auswahl der Behörde **113**
Begriff **111**, 3
Durchführung **114**, 1ff
Kosten **115**
Pflicht zur ... **111**, 1ff
Rechtsbehelf bei ... **112**, 6; **117**, 2
Verweigerung **112**, 3
bei Vollstreckung **250**, 1ff
Voraussetzungen **112**, 2–6
zwischenstaatliche **117**, 1ff
Amtspflichtverletzung eines Amtsträgers
Haftung **32**
Amtssprache **87**, 1f
Amtsträger
Akteneinsicht **187**
Ausschließung und Ablehnung **82**, 2f
Begriff **7**
Haftungsbeschränkung **32**
Steuergeheimnis **30**, 2
Analogie 4, 9
Anbauverzeichnis 142
Änderung
Antrag auf ... **172**, 5
des Aufteilungsbescheides **280**
Begriff **vor 130, 131**, 1, 3
vor Bekanntgabe **124**, 2

im Einspruchsverfahren **132**, 1ff
Erstattungsanspruch nach ... von Steuerbescheiden **37**, 3
Folgebescheid **175**, 3
Grenze **173**, 4b
bei neuen Tatsachen und Beweismitteln **173**, 1ff
Rechtsfehler **177**, 1ff
des Sachverhalts **175**, 5
Steueranmeldung **168**, 2, 3
von Steuerbescheiden **172**, 1ff
Übergangsregelung **172**, 6
verbindliche Zusagen **207**, 2
Vertrauensschutz **176**, 1ff
Vorbehaltsbescheide **164**, 3
widerstreitende Steuerfestsetzung **174**, 1ff
der Zerlegung **189**
Änderungsbescheid
Anfechtung **351**, 2
Änderungsmitteilung
für Personenstandsaufnahme **136**
Anfechtbare Rechtsgeschäfte
steuerliche Berücksichtigung **41**, 1
Anfechtung
Änderungsbescheid **351**, 2
Beschränkung der ... **351**
durch Dritte **350**, 1
Grundlagenbescheid **351**, 3
Anfechtungsgesetz 251, 5
Angehörige
Auskunftsverweigerungsrecht **101**, 1
Ausschluß vom Verfahren **82**, 3
Begriff **15**, 1ff
Pflegekinder/-eltern **15**, 2f
Anhalterecht 210, 3
Anhörung 91, 1
Nachholung der ... **126**, 2c
Anlaufhemmung
bei gesonderter Feststellung **181**, 1, 2, 3
Anmeldung
s. auch Steueranmeldung von Herstellungsbetrieben verbrauchsteuerpflichtiger Waren **139**
Annahmewerte
von Sicherheiten **246**
Anpassungsregelungen 163, 6
Anrechnung
als Verwaltungsakt **118**, 5c; **156**, 11; **157**, 2

1286

magere Ziffern = Anmerkungen

Sachverzeichnis

Anscheinsbeweis 88, 4; **91**
Anschlußpfändung
Allgemeines, Durchführung, Begriff **307**, 1 ff
Einstellung der Versteigerung **301**, 2
Niederschrift **307**, 2
Verwertung bei ... **308**, 1 ff
Ansprüche
s. auch Erstattungsanspruch, Haftungsanspruch, Steueranspruch, Steuervergütungsanspruch
Abtretung von Erstattungsansprüchen **46**, 2 ff
Entstehung der ... aus dem Steuerschuldverhältnis **38**, 1
Erfüllung durch Dritte **48**, 1
Erlöschen **47**
Pfändung von Erstattungsansprüchen **46**, 1 ff
auf steuerliche Nebenleistung **37**, 2
aus dem Steuerschuldverhältnis **37**, 1 ff
Übergang von Ansprüchen auf Gesamtrechtsnachfolger **45**, 2 ff
Verpfändung von Erstattungsansprüchen **46**, 1 ff
Ansprüche aus dem Steuerschuldverhältnis
Begriff **37**, 2 ff
Erlöschen **47**
Fälligkeit **220**
Streitigkeiten über **218**, 2
Verwirklichung **218**
Verzinsung **233**, 1 ff
Anstalt
Pflichten des Geschäftsführers **34**, 1
Antrag
Beginn des Verwaltungsverfahrens **86**
Berichtigung **171**, 3
auf Erlaß, Aufhebung, Änderung **172**, 6
in fremder Sprache **87**, 3
Wiedereinsetzung in den vorigen Stand **110**, 6
Anwendungsbereich der Abgabenordnung
für landesrechtlich geregelte Steuern **1**, 3
für Realsteuern **1**, 5

Anzeige
der Abtretung oder Verpfändung **46**, 3
Beginn der Festsetzungsfrist **170**, 4
der Erwerbstätigkeit **138**, 2, 3, 4
der Hersteller verbrauchsteuerpflichtiger Waren **139**
von Steuerstraftaten **116**, 1 ff
Anzeigepflichten
und Festsetzungsverjährung **170**, 3
der nicht natürlichen Personen **137**
Arbeitnehmer
als Steuerschuldner bei der Lohnsteuer **43**
Arbeitsgemeinschaften
gesonderte Feststellung **180**, 7
Arbeitskräfte
Gestellung von ... **58**, 3 a
Arrest
Bestimmtheit der Anordnung **119**, 2
dinglicher **324**, 2 ff; **325**, 2 ff
persönlicher **326**, 2 ff
Aufbewahrung
von Unterlagen **147**, 1 ff
Aufbewahrungsfrist
von Buchführungsunterlagen und Aufzeichnungen **147**, 7
Aufenthalt
s. gewöhnlicher Aufenthalt
Aufhebung
s. auch Änderung
Antrag auf **172**, 5
Begriff **vor 130**, **131**, 1
von Bescheiden wegen sachlicher Unzuständigkeit **172**, 4 b
Erstattungsanspruch nach ... **37**, 3
von Steuerbescheiden **172**, 1 ff
Verbrauchsteuern **172**, 3
von Verwaltungsakten im Rechtsbehelfsverfahren **367**, 4
vorläufige Bescheide **172**, 2
wegen neuer Tatsachen **173**, 1
bei widerstreitender Steuerfestsetzung **174**, 1 ff
Zollbescheide **172**, 3, 4
Zustimmung **172**, 5 a
Auflagen
bei Einstellung des Strafverfahrens **399**, 21
bei Verwaltungsakten **120**, 13

1287

Sachverzeichnis

halbfette Ziffern = §§

Widerruf bei Nichterfüllung von ... **131**, 4
Aufrechnung
Allgemeines **226**, 1 f
bei Abtretung von Erstattungsansprüchen **45**, 5
Erklärung **118**, 5 g
Erlöschensgrund bei Ansprüchen **47**, **257**, 4
Voraussetzung **226**, 4
Wirkung **226**, 8
Aufsichtsmaßnahmen
besondere **213**
Aufsichtsratsprotokolle
Vorlage von **97**, 2
Aufteilung einer Gesamtschuld
Abrundung **275**, 1
Änderung des Aufteilungsbescheides **280**, 1 ff
Anrechnung von Zahlungen **276**
Antrag **269**
Aufteilungsbescheid **279**
Aufteilungsmaßstab für die ESt **270**
Aufteilungsmaßstab für Steuernachforderungen **273**
Aufteilungsmaßstab für die VSt **271**
Aufteilungsmaßstab für Vorauszahlungen **272**
aufzuteilender Steuerbetrag **276**, 1 ff
Beschränkung der Vollstreckung **278**, 1 ff
besonderer Aufteilungsmaßstab **274**
Grundsatz **268**
Sicherung des Anspruchs **277**
Aufteilungsbescheid
Änderung des ... **280**
Einspruch gegen ... **348**
Vollstreckung **279**
Aufteilungsmaßstab
s. Aufteilung einer Gesamtschuld
Aufwandsentschädigung des Vollziehungsbeamten 345
Aufwandsteuern
s. Verbrauchsteuern
Aufzeichnungen
s. auch Buchführung
Aufbewahrungsfrist **147**, 7
Augenschein **92**, 2; **98**
Begriff **145**
für steuerbegünstigte Zwecke **63**, 1

Augenscheinnahme 92, 2; **98**, 1 ff
Ausgeschlossene Personen 82, 1 ff
Ausfuhrabgaben
Änderung von Bescheiden über ... **172**, 4
Auskunft 89
durch Betriebsangehörige **200**, 4
verbindliche ... s. Zusagen
Wiedereinsetzungsgrund **110**, 3 c
Auskunftsersuchen 93, 1 ff; **102**, 2 c; **118**, 5 b
Auskunftserteilung
bei der Außenprüfung **200**, 3 ff
Form der ... **93**, 5
Auskunftspflicht 93, 1 f
Beschränkung der ... bei Beeinträchtigung des öffentlichen Wohls **106**
Informationspflicht **93**, 6
bei der Steueraufsicht **211**, 1
Auskunftspflichtige
Entschädigung **107**
Auskunftsverweigerungsrecht
Allgemeines **102**, 1
der Angehörigen **101**, 1 f
Banken **102**, 7
Berufsgeheimnis **102**, 1
bei Gefahr der Strafverfolgung **103**, 1 ff
der Presseangehörigen **102**, 3
der Rechtsanwälte **102**, 3
der Steuerberater **102**, 3
und Steuergeheimnis **103**, 3, 5
des Steuerpflichtigen **30**, 1, 4 d; **103**, 5
im Strafverfahren **393**, 1 ff
Unterlassung der Belehrung **103**, 3
über Vermögensverhältnisse Dritter **349**, 2
Verzicht auf ... **103**, 3
Vorlagepflicht trotz ... **104**, 3
Auslagen
bei Vollstreckung **337**, 3; **344**, **345**
Zollbehörden **178**
Ausländische Körperschaften
steuerbegünstigte Zwecke **52**, 2 b
Auslandsbeamte
gewöhnlicher Aufenthalt **9**, 5
Zuständigkeit **19**, 2
Auslegung
von Rechtsbehelfen **357**, 4
von Steuergesetzen **4**, 6

magere Ziffern = Anmerkungen

Sachverzeichnis

von Verwaltungsakten **119**, 1; **124**, 3
Auslegungsgrundsätze 4, 7, 8
Aussageverweigerungsrecht
bei der Außenprüfung **200**, 2; **194**, 4
Ausschließlichkeit
Allgemeines **56**; **59**, 2 ff
Ausnahmen **58**
Ausschließung von Amtsträgern 82, 1 f
Ausschlußfrist 108, 1
Ausschußmitglieder 82, 6
Ablehnung von . . . **84**
Außenprüfung
s. auch Betriebsprüfung
abgekürzte . . . **203**, 1 ff
Ablaufhemmung **171**, 5
Anordnung **196**
Antrag auf Durchführung **193**, 4
Aufhebung und Änderung von StBescheiden nach Durchführung einer . . . **173**, 8
Ausdehnung **196**, 3
Auskunft durch Betriebsangehörige **200**, 4
Ausweispflicht **198**
Beginn der . . . **197**, 1; **198**
Begriff **193**, 1
Bekanntgabe der Außenprüfungsordnung **197**, 1
Beschränkung auf das Wesentliche **199**, 1
Betretungsrecht **200**, 6
Erweiterung **196**, 3
Gemeinden, Teilnahmerecht **193**, 7
durch die Gemeinden **195**
bei Gesellschaftern **194**, 2; **197**, 1
Grundsätze **199**
Hinweis auf straf- und bußgeldrechtliche Würdigung **201**, 3
Kontrollmitteilungen **194**, 4
Lohnsteuer, Versicherungssteuer **193**, 1
Maßnahmen als Verwaltungsakte **118**, 5 d
bei Mitgliedern **194**, 2; **197**, 1
Mitwirkungspflicht des Steuerpflichtigen **200**, 1 ff
Ort der . . . **200**, 6
Prüfungsanordnung **121**, 2; **122**, 2 b; **196**, 1 ff; **194**, 3; **197**, 1 ff

Prüfungsauftrag **118**, 5 a; **196**, 3
Prüfungsbericht **118**, 5 d; **202**, 1 ff
Raum, Hilfsmittel **200**, 6
rechtliches Gehör **199**, 2; **201**, 2
Rechtsbehelfe **196**, 1
Schlußbesprechung **201**, ff
Sonderprüfungen **193**, 3, 4
Steuerbescheide aufgrund einer . . . **173**, 16
Teilnahmerechte der Gemeinden **193**, 7
Übergang von der Steueraufsicht zur . . . **210**, 4
Umfang **1949**, 1 ff; **196**, 2, 3; **173**, 17
verbindliche Zusage **202**, 1; **203**, 1; **204–206**
Verdacht einer Steuerstraftat (-ordnungswidrigkeit) **201**, 3
Vereinbarungen während Schlußbesprechung **201**, 4
Zulässigkeit **193**, 1 ff
Zusagen, verbindliche **204**, 2
Zuständigkeit **195**
Außenprüfer
Ausweispflicht **198**
Aussetzung
Ablaufhemmung für Steuerfestsetzung **171**, 9
Steuerfestsetzung **165**, 1 ff
im Strafverfahren **396**, 1, 2
Aussetzung des Verfahrens
im Rechtsbehelfverfahren **363**, 2
Aussetzung der Vollziehung
Aussetzungszinsen **237**
Folgebescheid **361**, 7
Grundlagenbescheid **361**, 7
der Prüfungsordnung **196**, 1
Sicherheitsleistung **361**, 5
Steuermeßbescheid **361**, 7
bei Steuervergütungsbescheid **316**, 3
unbillige Härte **361**, 3 c
Unterbrechung der Verjährung **231**, 7
von Verlustfeststellungsbescheiden **361**, 7
Voraussetzungen **361**, 3
Wirkung **361**, 4
Zinsen **237**
Zuständigkeitswechsel **361**, 6
Aussetzungszinsen
s. auch Zinsen

Sachverzeichnis
halbfette Ziffern = §§

Beginn der Festsetzungsfrist **239**, 1
Dauer des Zinslaufs **237**, 4
Zinspflicht **237**
Austauschpfändung 295
Austauschverträge 79, 4
Autonome Satzung **4**, 5 c

Banken
Erstattung der Aufwendungen **107**, 1; **405**, 1
Bankenerlaß
Allgemeines **85**; **102**, 7
Steuerfahndung **208**, 5
Bankengeheimnis 30 a
s. auch Bankenerlaß
Bankguthaben
Einziehung von ... **314**, 3
Pfändung von ... **309**, 5
Bankquittung 292, 3
Bannbruch
Steuerstraftat **369**, 3; **372**
Barverkehr
Verbuchung **146**, 2, 10
Basisgesellschaften **42**, 9 c
Bauausführungen 12, 5 e
Bauherrengemeinschaft
gesonderte Feststellung **180**, 8, 9
Zuständigkeit **18**, 2 d
Beamte
Schweigepflicht **105**, 2
Beauftragte 214
Bedingung
Ansprüche auf Verbrauchsteuern **50**
Eintritt einer auflösenden ... als Erlöschensgrund **47**; **50**, 1
bei VAen **120**, 2
Bedürftigkeit
als Voraussetzung für Anerkennung mildtätiger Zwecke **53**, 1
Befangenheit
von Amtsträgern **83**
von Ausschußmitgliedern **83**
von Sachverständigen **96**, 2, 3
Beförderungsmittel
Einziehung **375**, 6
Befriedigung
vorzugsweise **293**, 3
Befristung
von Verwaltungsakten **120**, 3

Befugnisse
der Finanzbehörde **210**
Begründung
außergerichtliche Rechtsbehelfe **357**, 9
Rechtsbehelfsentscheidung **366**
Steuerbescheid **157**, 2
Verwaltungsakt **121**, 1 ff
Begünstigung
Steuerstraftat **369**, 5
Behörden
Auskunftspflicht **93**, 1 ff
Begriff **6**
Handlungsfähigkeit **79**, 5
Schweigepflicht gegenüber Finanzbehörden **105**, 2 ff
Beistand 80, 4, 5; **365**, 1
Beiträge 3, 7
Beitreibungsgesetz EG vor 249
Bekanntgabe
Allgemeinverfügung **122**, 5
an Gesellschaften **183**, 3
der Prüfungsanordnung **197**, 1
Steuerbescheide **157**, 4
Verwaltungsakte **122**, 1 ff; **124**, 1 ff
Bekanntmachung
öffentliche **122**, 5
öffentliche ... bei Überführung in das Eigentum des Bundes **216**, 3
Belehrungspflicht 393, 6; **399**, 5
Benennung von Gläubigern
und Zahlungsempfängern **160**
Beratung **89**, 3
Bergmannsprämien
Steuerhinterziehung **370**, 2
Bergwerke 12, 5 d
Berichtigung
von Erklärungen **171**, 3
offenbarer Unrichtigkeiten **129**, 1 ff
Pflicht zur ... von Erklärungen **153**, 1 f
von Rechtsfehlern **177**, 1 ff
Berlinförderungsgesetz
Ermittlungskompetenz im Strafverfahren **386**, 3
Steuerhinterziehung **370**, 2
Berufsgeheimnisse
Schutz durch Auskunftsverweigerungsrecht **102**, 1 ff
Beschlagnahme 399, 12

magere Ziffern = Anmerkungen

Sachverzeichnis

bei Behörden **399**, 15
von Buchführungsunterlagen **399**, 8, 13
Handakten **399**, 13
Krankenpapiere **399**, 13
Post **399**, 10
bei Rechtsanwälten **399**, 13
verbrauchsteuer- oder zollpflichtiger Waren **76**, 3
Beschlagnahmeanordnung
durch Finanzbehörden **399**, 3, 14; **402**, 3
gegenüber Steuerberatern usw. **399**, 7, 8
durch die Steufa **208**, 5; **404**, 8
Beschuldigter
Belehrung des ... **399**, 5
Nichterscheinen **399**, 6
Vernehmung des ... **399**, 5
Beschwer
Begriff **350**, 1 ff
durch zu niedrige Steuerfestsetzung **350**, 4
Steuerfestsetzung auf 0 DM **350**, 3
Beschwerde
Abhilfe **368**, 2
Allgemeines **349**, 1 ff
Angelegenheiten des Steuerberatungsgesetzes **347**, 5
Einlegung **357**, 1
Entscheidung **368**, 1 ff
Rücknahme **362**
gegen die Überführung in das Eigentum des Bundes **216**, 4
Untätigkeit der Behörde **349**, 3
gegen die Vollstreckung **256**, 2
Besitz- und Verkehrsteuern
Festsetzungsfrist **169**, 8 b
Bestandsaufnahme
Fehlmengen **161**
Bestandskraft 172 ff
Bestechungsgelder
Abzugsfähigkeit **40**, 1
Besteuerung
Gleichmäßigkeit **3**, 10; **4**, 5 e; **5**, 5
Grundsätze **85**
Besteuerungsgrundlagen
Feststellung von ... **179**, 1 ff
Mitteilung von ... **31**
Schätzung **162**, 1 ff

Steuerbescheid **157**, 3
Besteuerungsverfahren
Verhältnis zum Strafverfahren **393**, 1 ff
Bestimmtheit
von Verwaltungsakten **119**, 1
Beteiligte
Anhörung **91**
Auskunftspflicht **93**, 1 ff
Auskunftsverweigerungsrecht **103**, 1 ff
Ausschluß vom Verfahren **82**, 3
im außergerichtlichen Rechtsbehelfsverfahren **359**
Begriff **78**, 1 f
Mitwirkungspflichten **90**, 2, 3
im Zerlegungsverfahren **186**
Betrieb
Buchführungspflicht bei Übernahme eines ... **141**, 3
Betriebsangehörige
Auskunft von ... **200**, 4
Betriebsaufspaltung 14, 3 d; **65**, 1
Betriebsbesichtigung
bei der Außenprüfung **200**, 7
Betriebsgeheimnis
Steuergeheimnis **30**, 3 f
Betriebsleiter 214
Betriebsnahe Veranlagung
Begriff **195**; **203**, 1
Verhältnis zur abgekürzten Außenprüfung **203**, 2
Betriebsprüfung
s. Außenprüfung
Betriebsprüfungsordnung (Steuer)
Neufassung **193**, 1; **193**, Anhang
Betriebsstätte
Außensteuerrecht **12**, 1
Begriff **12**, 1 ff
Erdölunternehmen **12**, 5 d
Erkundung von Bodenschätzen **12**, 5 d
Gewerbesteuer **12**, 1
Zerlegung der Gewerbesteuer **12**, 1
Betriebsübernahme
Haftung bei **75**
Betrug
Steuerhinterziehung **370**, 5
Beurteilungsspielraum 5, 4

1291

Sachverzeichnis halbfette Ziffern = §§

Bevollmächtigter
Allgemeines **80**, 1 ff
Bekanntgabe von Verwaltungsakten **80**, 3; **122**, 3
im Rechtsbehelfsverfahren **359**; **365**, 1
Steuerpflichtiger **33**, 6; **35**, 1
Bewegliches Vermögen 281, 2
Beweis
durch eidesstattliche Versicherung **95**, 7
durch Urkunden **97**, 1 ff
Beweisaufnahme
Teilnahme der Beteiligten im Rechtsbehelfsverfahren **365**, 3
Beweiskraft
der Buchführung **158**
Beweislast
für Haftungssumme **69**, 5
für Mißbrauch **42**, 8
und Mitwirkungspflicht **90**, 2
objektive **88**, 2
für offenbare Unrichtigkeit **129**, 1
Umkehr der . . . **161**
für Verschulden bei Haftung **69**, 8
bei Wiedereinsetzung in vorigen Stand **110**, 2
Beweismittel 92, 1 f
neue **173**, 5
Verwertungsverbot **92**, 2; **399**, 14
Beweiswürdigung 92, 2
Bezüge
anrechnungspflichtige . . . von Hilfsbedürftigen **53**, 4
Bilanzänderung 175, 5
Bildträger
Aufbewahrung **147**, 6
Bildung und Erziehung
Förderung **52**, 5 (2)
Billigkeit
Begriff **163**, 4
einzelne -gründe **163**, 6
sachliche und persönliche **163**, 5, 6, 7
Billigkeitsmaßnahmen
kein Einspruch gegen Entscheidung über . . . **348**, 4 c
im Festsetzungsverfahren **163**, 1 ff
bei Prämien und Zulagen **163**, 3
bei Realsteuern **163**, 15
Richtlinien **163**, 16

Rücknahme, Widerruf **vor 130**, **131**, 2
bei steuerlichen Nebenleistungen **163**, 2
bei Steuermeßbescheiden **163**, 11, 15; **184**, 5
bei Steuervergütungen **163**, 3
bei Stundungszinsen **234**, 2
im Vollstreckungsverfahren **258**
bei Zöllen und Verbrauchsteuern **163**, 15
Zuständigkeit für . . . **163**, 16
Bindungswirkung
anderer Verwaltungsakte als Steuerbescheide **175**, 3
unanfechtbarer Verwaltungsakte und Grundlagenbescheide **351**
Blindenfürsorge 68, 6
Bodenschätze 12, 5 d
Briefkastenfirmen 42, 8
Bücher
Begriff **147**, 2
Buchführung
mittels ADV-Anlage **146**, 1, 7; **147**, 6
Anforderung **145**
in ausländischer Währung **146**, 4
Barverkehr **146**, 2, 10
Beschlagnahme **399**, 7, 8, 13
Beweiskraft **158**
Bücher **147**, 2
freiwillige . . . **146**, 8
Grundsätze **146**, 10
lebende Sprache **146**, 4
Lesbarmachung von Daten **146**, 7; **147**, 6
Mängel **146**, 11
Ordnungsvorschriften **146**, 1 ff
Ort **146**, 3
Verständlichkeit **145**
Verwendung von Symbolen, Abkürzungen usw. **146**, 4
Vorlage **97**, 1 f
Buchführungspflicht
Aufzeichnung des Warenausgangs **144**, 1 ff
Aufzeichnung des Wareneingangs **143**
Beginn **141**, 6
bestimmter Steuerpflichtiger **141**, 1 ff
Erleichterungen **148**

magere Ziffern = Anmerkungen **Sachverzeichnis**

Freie Berufe **141**, 4
Land- und Forstwirte **141**, 3
Mitteilung der Finanzbehörde **118**, 5a; **141**, 6
bei Übernahme eines Betriebs **141**, 7
Buchführungs- und Aufzeichnungspflichten
nach anderen Gesetzen **140**, 2, 3, 4
des Handelsrechts **140**, 4
Verletzung von **379**, 1
Buchungen
Begriff **146**, 2
Erfordernisse **146**, 2
Veränderung **146**, 5
Bundesamt für Finanzen
Beschwerde gegen Entscheidungen **349**, 3
Bundesfinanzbehörden
Begriff **6**
Geltung der AO **1**, 1
Bundesliga 67a, 1, 2, 7
BundespflegesatzVO 67, 2
Bundestagsmitglieder
Auskunftsverweigerungsrecht **102**, 3b
Bürgschaft
als Sicherheitsleistung **241**, 7; **244**
Büroversehen
Wiedereinsetzung in den vorigen Stand **110**, 2c
Bußgeldverfahren
Ablaufhemmung für Steuerfestsetzung **171**, 8
Allgemeines **vor 409** ff
bei Angehörigen der steuerberatenden Berufe **411**, 1 ff
Kosten **412**, 3
Übergang zum Strafverfahren **410**, 16
Vollstreckung **412**, 2
Zuständigkeit **409**
Zustellung **412**, 1
Bußgeldvorschriften 377 ff

COM-Verfahren
Rechtsgrundlage **147**, 6
CpD-Konto
Zufallsfunde **399**, 14

Daten
unbefugter Abruf von **30**, 3h

Datenträger
Aufbewahrung **147**, 6
Buchung **146**, 6, 7
Denkmalpflege
Förderung **52**, 5 (3); **57**, 1
Dingliche Wirkung
der Einheitswertbescheide **182**, 2; **353**, 1
Doppelbesteuerungsabkommen 1, 2; **117**, 3
Dritte
Hinzuziehung **174**, 8; **360**, 1 ff
Leistung durch ... **48**
Rechte Dritter in der Vollstreckung **262**, 1 ff
vertragliche Haftung **48**, 2
Drittes Vermögensbildungsgesetz
Steuerhinterziehung **370**, 2
Drittschuldner
Begriff **309**, 1 ff; **310**, 3; **321**, 3
Drittwiderspruchsklage **262**, 1 ff
Erklärungspflicht **316**, 1 ff
bei Pfändung von Ansprüchen gegen den Fiskus **46**, 9
Drittwirkung
Steuerfestsetzung **166**, 1 ff
Duldung der Zwangsvollstrekkung 77, 1 f; **249**, 5
Duldungsbescheid 191, 1, 2e
Einspruch **348**, 2
gegen Rechtsnachfolger **323**, 1
Rücknahme, Widerruf **Vor 130**, **131**, 2
Duldungspflicht 77, 1 f; **249**, 5
Durchführungsvorschriften
im Rahmen der Steueraufsicht **212**
Durchsuchung
als Einleitung des Steuerstrafverfahrens **397**, 6
durch FA im Strafverfahren **399**, 10, 11
durch Steufa **404**, 8 d
durch Vollziehungsbeamten **287**, 1 ff

EG-Recht
EG-Amtshilfe-Gesetz **117**, 3
Geltung der AO **1**, 1; **2**, 3
Rechtsbehelf **348**, 1
Widerspruch zu nationalem Recht **1**, 7

1293

Sachverzeichnis

halbfette Ziffern = §§

Ehegatten
Bekanntgabe gesonderter Feststellungen **183**, 8
Hinzuziehung **360**, 2c
Verträge zwischen ... **41**, 3
Eidesstattliche Versicherung
durch Beteiligte **95**, 1
Voraussetzungen, Verfahren **284**, 1 ff
Eidliche Vernehmung 94
Eigenbesitz
Zurechnung von Wirtschaftsgütern **39**, 7
Eigentum
Übergang des ... **394**
Eigentümer
wirtschaftlicher **39**, 1
Zurechnung von Wirtschaftsgütern **39**, 2 ff
Eigentumsübergang
bei Überführung in das Eigentum des Bundes **216**, 2 ff
Eigenwirtschaftliche Zwecke 55, 2 ff
Einfuhr
unerlaubte ... **370**, 19
Einfuhrumsatzsteuer
Zuständigkeit **21**, 1; **23**, 1
Eingangsabgaben
Gefährdung **382**, 1 ff
Hinterziehung **370**, 20
Einheitswert
gesonderte Feststellung **180**, 1
Feststellungsfrist **169**, 7; **181**, 2, 3
Einkommen
anrechnungspflichtiges ... von Hilfsbedürftigen **53**, 5
Einkommensteuer
Zuständigkeit **19**, 1 ff
Einlegung
der Rechtsbehelfe **357**
Einleitung des Strafverfahrens 397, 1 ff
als Ausschluß der Selbstanzeige **371**, 7
Befugnis zur ... **397**, 4
Wirkung der ... **397**, 9
Einnahmeerzielung 3, 9
Einspruch
Abhilfe **367**, 4
Einlegung **357**
Entscheidung **367**, 1 ff

kein ... gegen Entscheidung über Billigkeitsmaßnahmen **348**, 4c
Rücknahme **362**
Verböserung **367**, 2
gegen Verwaltungsakte **348**, 1 ff
Verzicht **354**
gegen Vorauszahlungsbescheide **348**, 4e
Zulässigkeit **348**, 1; **358**, 2
Zuständigkeit **367**, 2
Einspruchsentscheidung
Zuständigkeit **26**, 2
Einstellung
des Strafverfahrens **398**, **399**, 19 ff
der Versteigerung **301**, 1 ff
der Vollstreckung **257**, 1 ff
einstweilige ... der Vollstreckung **258**, 1 ff
Einwendungen
des Vollstreckungsschuldners **256**, 1 ff
Dritter gegen Vollstreckung **256**, 1; **262**, 1 ff
Einziehung
Verhältnis zur Überführung in das Eigentum des Bundes **216**, 2
Einziehungsverfügung 309, 1; **314**, 1 f
Wirkung **315**, 1 ff
Empfangsbevollmächtigter
bei einheitlicher Feststellung **183**, 1 ff
bei Verwaltungsakt **122**, 3; **123**, 1 ff
Empfangsbote 122, 3
Entschädigung
der Auskunftpflichtigen und Sachverständigen **107**
bei Überführung in das Eigentum des Bundes **216**, 6
Entstehung
der Ansprüche aus dem Steuerschuldverhältnis **38**
Erstattungsanspruch **38**, 3d
Haftungsanspruch **38**, 3b
steuerliche Nebenleistungen **38**, 3c
Voraussetzung für Abtretung, Verpfändung, Pfändung von Erstattungsansprüchen **46**, 1, 8
Entwicklungshilfe 52, 5 (4)
Erbbaurecht 39, 4
Erben
Haftung für Schulden **45**, 3

magere Ziffern = Anmerkungen

Sachverzeichnis

Vollstreckung gegen... **45**, 3f
Erbeneinrede 265, 13
Erbengemeinschaft
Bekanntgabe von Verwaltungsakten **122**, 2c
Gesamtrechtsnachfolge **45**, 3a
Erbfolge
Gesamtrechtsnachfolge **45**, 3
Umfang der Haftung bei... **45**, 3e
Erbschaftskäufer 45, 3d
Erbschaftsteuer
Beginn der Festsetzungsfrist **170**, 6
Ergänzungsbescheid 179, 5
Erholungsheime 68, 2
Erholungszwecke 52, 5
Erklärungen
Berichtigung **153**, 1f
Erklärungspflicht
des Drittschuldners **316**, 1 ff
Erklärungstheorie 124, 3
Erlaß
s. auch Billigkeitsmaßnahmen
Erlöschensgrund **47**
bei Gesamtschuldnern **44**, 5
persönliche Erlaßgründe **227**, 10, 11
Rechtsbehelf **227**, 16
Rücknahme **227**, 13
sachliche Erlaßgründe **163**, 5; **227**, 12
von Stundungszinsen **234**, 5 ff
Voraussetzungen **227**, 4
Zuständigkeit **227**, 2, 14
Erleichterungen
bei der Buchführung **148**
Erlöschen
von Ansprüchen aus dem Steuerschuldverhältnis **47**
durch Verjährung **169**, 232
von Verbrauchsteuern **50**, 1
Ermessen
Begriff **5**, 2
Begründung der Entscheidung **5**, 8; **121**, 2
bei Einleitung des Verwaltungsverfahrens **86**
Entschließungs- und Auswahlermessen **5**, 4
Ermessensfehler **5**, 7
Grundsatz **5**
Nachprüfbarkeit **5**, 9
Ermessensentscheidung

Auswirkung auf Entstehung von Ansprüchen **38**, 3c
bei Billigkeitsmaßnahmen **163**, 10
bei Inanspruchnahme von Gesamtschuldnern **44**, 3
Ermittlungen
Ablaufhemmung für Steuerfestsetzung **171**, 7
Rechtmäßigkeit (Zulässigkeit) **85**, **93**, 1
Ermittlungsbefugnis
der Vollstreckungsbehörden **249**
Ermittlungspflichten
Umfang **88**, 2
Verletzung **88**, 3
Ermittlungsverfahren
Abschluß des... **399**, 19
Einstellung des... **399**, 19
Ernstliche Zweifel 361, 3c
Ersatzvornahme 330, 1, 2
Ersatzzustellung 123, 7
Ersatzzwangshaft 118, 5 f; **334**, 1 f
Erstattungsanspruch
s. auch Steuererstattungsanspruch
Abtretung, Verpfändung, Pfändung **46**, 2 ff
als Anspruch aus dem Steuerschuldverhältnis **37**, 3, 5
Entstehungszeitpunkt **38**, 3 d
Festsetzungsverjährung **169**, 5; **170**, 1
Gläubiger des... **37**, 4
Verzinsung **233**, 236
Zahlungsverjährung **169**, 5; **228**
Erstattungszinsen
Beginn der Festsetzungsfrist **239**
Erzwingungshaft
zur Abgabe einer eidesstattlichen Versicherung **284**, 6
Evidenztheorie 125, 2
Explorationsvorhaben 12, 5d

Fälligkeit 220, 1 f; **254**, 2
abweichende **221**, 1
Fälligkeitssteuern
Beginn der Zahlungsverjährung **229**
Fahndungsstellen (Steuer und Zoll)
s. auch Steuerfahndung
Befugnisse **208**, **404**
Hemmung der Festsetzungsfrist **171**, 6

1295

Sachverzeichnis

halbfette Ziffern = §§

Fahrlässigkeit 73, 2
Familienangehörige
Verträge zwischen ... **41**, 2b, 3; **42**, 9d
Fehleraufdeckung
Steuerbescheid **172**, 1
Fehlerhaftigkeit
Begriff **130**, 2
Fehlmengen
bei Bestandsaufnahmen **161**
Festsetzung
von Steuern s. Steuerfestsetzung
abweichende ... **163**, 1ff
von Steuermeßbeträgen **184**, 1
von Zinsen **239**
von Zwangsmitteln **333**
Festsetzungsfrist
Ablaufhemmung **171**
Anlaufhemmung **170**, 1ff
Anlaufhemmung bei Zinsen **239**, 4
Antrag auf Freistellung **169**, 4
Antrag auf Steuerfestsetzung **169**, 4
Beginn **170**
Begriff **169**, 2, 3
Besitz- und Verkehrssteuern **169**, 7b
Dauer **169**, 7
Erbschaft **170**, 6
Erstattungsanspruch **169**, 4
Folgen des Ablaufs **169**, 10
Freistellungsbescheide **169**, 4
Grundsteuer **170**, 5
Haftungsbescheide **169**, 7; **170**, 1; **191**, 4
Investitionszulagen **169**, 6
leichtfertige Steuerverkürzung **169**, 7d
offenbare Unrichtigkeit **169**, 5
Prämiengesetze **169**, 6
Schenkungsteuer **170**, 6b
sonstige Ansprüche **169**, 6
Steuerhinterziehung **169**, 7c
Steuervergütung **169**, 6
Steuerzeichen **170**, 3c
Übergangsregelung **169**, 10
Vermögensteuer **170**, 5
für Vollstreckungskosten **346**, 3
Wahrung der ... **169**, 8
Wechselsteuer **170**, 7
Wirkung **169**, 9
bei Zinsen **239**

für Zölle und Verbrauchsteuern **169**, 7a; **170**, 3a, d
Zweckzuwendung **170**, 6c
Festsetzungsverjährung
s. Festsetzungsfrist
Feststellungsbescheid
Allgemeines **179**, 2
Anfechtung bei Rechtsnachfolge **353**, 1f
Bekanntgabe **122**, 2a; **179**, 4
Besteuerungsgrundlagen **157**, 3
Einspruch **348**, 2
als Grundlagenbescheid **175**, 2
im Konkursverfahren **179**, 1; **251**, 3
Rechtsbehelfsbefugnis **352**, 1ff
Feststellungsfrist
gesonderte Feststellungen **181**, 2; **169**, 7
Feststellungslast
s. Beweislast
Feuerschutz 52, 5 (10)
Feuerschutzsteuer
Geltung der AO **1**, 4
Finanzbehörden
Begriff **6**
Beteiligung **403**, **407**
Mitwirkung im Strafbefehlsverfahren **406**
Rechte und Pflichten der ... im Strafverfahren **399**
sachliche Zuständigkeit **16**, 2
Stellung der F. im staatsanwaltschaftlichen Ermittlungsverfahren **399**, 24; **402**
Finanzgericht
eidliche Vernehmung **94**, 1ff
Finanzkassen
Schließung für Barzahlung **224**, 5
Fiskus
als Gläubiger und Schuldner von Ansprüchen **37**, 2f
Förderung der Allgemeinheit 52, 2
Folgebescheid
Anfechtung **351**, 3
Aufhebung und Änderung **175**, 4
Aussetzung der Vollziehung **361**, 5
Begriff **182**, 1
vor Grundlagenbescheid **155**, 4
Hemmung der Festsetzungsfrist **171**, 11

magere Ziffern = Anmerkungen

Sachverzeichnis

Forderungen
unpfändbare **319**
Form
Steuerbescheid **157**, 1 ff
Verwaltungsakt **119**, 2
Formfehler
Folgen **125**, 2; **127**, 1 ff
Heilung **126**, 1 ff
bei Rechtsgeschäften **41**, 2
Fortgesetzte Handlung 370, 18 b
Fotokopien
Entschädigung für Kosten **107**
Herausgabe durch FA **118**, 5 e
Freiberuflich Tätige
Aufzeichnungspflichten **141**, 1; **146**
freiwillig geführte Bücher und Aufzeichnungen **141**, 4
gesonderte Feststellungen **180**, 4
Sozietät **180**, 4
Zuständigkeit **19**, 4
Freistellung von Steuern
Bescheid **155**, 3, 10
Frist
s. auch Rechtsbehelfsfrist Ablaufhemmung **171**
Antrag auf Wiedereinsetzung **110**, 6 a
Begriff **108**, 1
Berechnung **108**, 2 f, **122**, 4 b
Ende **108**, 34
Festsetzungsfrist, Grundsatz **170**, 1 ff
gesetzliche **108**, 1; **110**, 1
Rechtsbehelfe **355**
Rechtsbehelfsbelehrung **356**
für Steuerfestsetzung **169**
Verlängerung **109**, 1–3
Wochenfrist bei Versteigerung **298**, 2
Zahlungsfrist **297**, 3
Fristbeginn
Antrag in fremder Sprache **87**, 5
bei fremdsprachigen Anträgen **87**, 5
Fristenkontrollbuch 110, 4 f
Fristüberschreitung
Wiedereinsetzung in den vorigen Stand **110**, 1 ff
Fristverlängerung
Steuererklärung **149**, 2
Fristwahrung
Festsetzungsfrist **169**, 9
Früchte auf dem Halm
s. ungetrennte Früchte

Fürsorgepflicht 89, 1 f
Fußballsport 55, 3; **68**, 10

Gebühren 178, 2
Begriff **3**, 6; **337**, 3
Rechtsbehelfsverfahren **vor 347**, 1
der Vollstreckung **338**
der Vollstreckung, Abrundung **343**
Gefahr im Verzuge
Absehen von Anhörung **91**, 5 a
unaufschiebbare Maßnahmen **82**, 5
Zuständigkeit **29**
Gehaltspfändung 313, 2
Geistliche
Auskunftsverweigerungsrecht **102**, 3 a
Geldbußen
Abzugsfähigkeit **40**, 1
Übergang auf Erben **45**, 3 c
Geldstrafen
s. auch Geldbußen
steuerliche Behandlung **370**, 24 e
Geltungsbereich der AO
s. Anwendungsbereich
Gemeinde
Außenprüfung **195**, **193**, 7
Mitteilungspflicht der Finanzbehörden **184**, 7
Rechtsbehelfsbefugnis **184**, 7
Zerlegungsverfahren **186**
Gemeinnützige Körperschaft
Anerkennung **51**, 3; **59**; **118**, 5 c
s. auch Gemeinnützige Zwecke
Gemeinnützige Zwecke
s. auch Steuerbegünstigte Zwecke
Allgemeines **52**, 2 ff
ausländische Körperschaft **52**, 2 b
Einzelfälle **52**, 2 b
Förderung der Allgemeinheit **52**, 2 b
gemeinnützige Wohnungsunternehmen **51**, 2
Motorsport **52**, 3
politische Zwecke **52**, 2 b
Rechtsfolgen **51**, 2, 4
Spenden **52**, 2 b
Gemeinnützigkeitsrecht 51, 1 f
Reformüberlegungen **Vor 51**, 7
Gemeinschafter
Hinzuziehung **360**, 3 c
Rechtsbehelfsbefugnis **352**, 2 f

Sachverzeichnis

halbfette Ziffern = §§

Gerichtsentscheidung
Beginn der Zahlungsverjährung **229**, 1
Gesamtaufrollung 173, 1
Gesamtgläubiger 37, 5
Gesamtgut
Vollstreckung in ... **263**, 5 f
Gesamthand
Zurechnung von Wirtschaftsgütern **39**, 8
Gesamtrechtsnachfolge
Drittwirkung der Steuerfestsetzung **166**, 2
Fälle **45**
Haftung des Erben **45**, 3
Pflicht zur Berichtigung von Steuererklärungen **153**, 2
Übergang von Steuerschuldverhältnissen **45**, 1 ff
verfahrensrechtliche Stellung **45**, 1
Gesamtschuld
Aufteilung (Grundsatz) **268**, 1 ff
Aufteilungsmaßstab **270, 271, 272, 273, 274**
Gesamtschuldner
Ausgleich im Innenverhältnis **44**, 1
Ermessen **44**, 1 ff
Erstattungsanspruch **37**, 4
Haftender und StSchuldner **33**, 4
Inanspruchnahme **44**, 3
bei Kosten der Vollstreckung **342**, 1 ff
Schuldner und Haftender **44**, 1, 2
Steuerbescheid **155**, 3
Wirkung bestimmter Tatsachen **44**, 5
bei Zusammenveranlagung **44**, 1
Gesamtschuldnerschaft
Entrichtung von Säumniszuschlägen **240**, 1
Fälle **44**, 2
unechte **44**, 1
Geschäftsbetrieb, wirtschaftlicher 14
Geschäftseinrichtung 12, 2
Geschäftsfähigkeit 79, 2, 3
Geschäftsführer
Erlöschen der Vertretungsmacht **36**
Haftung **69**, 1
Pflichten **34**, 1
Rechtsbehelfsbefugnis **352**, 2 f
als Steuerpflichtiger **34**, 1

Geschäftsführung
Anknüpfung für Zuständigkeit **21**
gemeinnützige Körperschaft **63**
Geschäftsgeheimnis
als Steuergeheimnis **30**, 3 f
Geschäftsleitung
Begriff **10**
Geschäftsmäßiger Erwerb
von Ansprüchen aus dem Steuerschuldverhältnis **46**, 6
Geschäftsräume
Betretungsrecht **99**, 7
Durchsuchung von ... **287**, 1 ff
Geschäftsunfähige
Ablaufhemmung **171**, 2
Gesellige Veranstaltungen vor 51, 5; **68**, 8
Gesellschaft des bürgerlichen Rechts
Bekanntgabe von Verwaltungsakten **122**, 2a
Pflichten des Geschäftsführers **34**, 1 f
Pflichten der Gesellschafter **34**, 1
Gesellschafter
Hinzuziehung **360**, 3
Rechtsbehelfsbefugnis **352**, 2f
Gesetz
Begriff **4**
Gesetzgebungskompetenz **1**, 2
im formellen und materiellen Sinn **4**, 3
Rückwirkung **4**, 5a
Gesetzeslücken 4, 8
Gesetzlicher Vertreter
Erlöschen der Vertretungsmacht **36**
Haftung **69**, 1
Pflichten **34**, 1
Verspätungszuschlag **152**, 6
Gesetzwidriges Verhalten
steuerliche Berücksichtigung **40**, 1
Gesonderte Feststellung
Adressat **119**, 2; **179**, 4
Allgemeines **179**, 1 ff
Anwendung der Vorschriften über Steuerfestsetzung **181**, 1 ff
Bauherrengemeinschaften **180**, 5
Einheitswerte **180**, 1
Einkünfte **180**, 2, 3
Empfangsbevollmächtigte **183**, 1
Festsetzungsfrist **169**, 7

magere Ziffern = Anmerkungen

Sachverzeichnis

Feststellungsfrist **181**, 1, 2
Nachholung **179**, 5
Progressionsvorbehalt **180**, 8
sonstiges Vermögen **180**, 4
Unterbeteiligungen **179**, 4
Wirkung **179**, 3; **182**, 1
Gesonderte Feststellung von Besteuerungsgrundlagen 179, 1
einheitliche und . . . **179**, 4
Zuständigkeit **18**, 1 ff
Gewährleistungsansprüche
Ausschluß **283**, 1 ff
Gewahrsam
des Vollstreckungsschuldners **286**, 4
Dritter **286**, 5
Gewerbebetrieb
gesonderte Feststellung **18**, 2b
wirtschaftlicher Geschäftsbetrieb **14**
Zuständigkeit **19**, 4
Gewerbesteuer
Anwendung der AO **1**, 1, 5
Betriebsstätte **12**, 1
Gebühren für Stundung **1**, 5
als Realsteuer **3**, 1
Zuständigkeit **22**, 1
Gewerbliche Unternehmer
Begriff **141**, 1
Buchführungspflicht **141**, 3
Gewinnabsicht 14
Gewohnheitsrecht
als Rechtsquelle **4**, 5 g
Gewöhnlicher Aufenthalt
Auslandsbeamte **9**, 5; **123**, 1
Begriff **9**, 2
ohne g. A. im Geltungsbereich der AO **123**, 2
Sechsmonatsfrist **9**, 3 f
Gläubiger
Benennung **160**, 1 ff
von Erstattungsansprüchen **37**, 3
Fiskus als . . . **37**, 2
im Vollstreckungsverfahren **252**, 1
Glaubhaftmachung
Wiedereinsetzungsgründe **110**, 6 c
Gleichheitsgrundsatz 3, 10; **4**, 5 f; **5**, 5
Gleichmäßigkeit der Besteuerung 3, 10
Ermessen **5**, 5
Gesetzesauslegung **5**, 5

Grobe Fahrlässigkeit
Begriff **69**, 8
Grunderwerbsteuer
Anwendung der AO **1**, 4
Verjährungsbeginn **170**, 3
Grundlagenbescheid
Ablaufhemmung für Steuerfestsetzung **171**, 11
Anfechtung **348**, 2; **351**, 3
Aussetzung der Vollziehung **361**, 7
Bindungswirkung **171**, 175, 1–3; **351**, 3
Grundpfandrechte
als Sicherheitsleistung **241**, 6
Grundrechte 1, 7
Grundschulden
als Sicherheitsleistung **241**, 6
Grundsteuer
Anwendung der AO **1**, 5
Beginn der Festsetzungsfrist **170**, 5
als Realsteuer **3**
Zuständigkeit **22**, 1
Grundstücke
Betretung **99**, 2
Sicherheitsleistung **241**, 6
Vollstreckung in . . . **322**, 2
Grundstücksgesellschaften
gesonderte Feststellung **18**, 2 d; **182**, 2 d
Gutachten
Verweigerung der Erstattung **104**, 1, 3

Haftender
s. auch Gesamtschuldner
als Steuerpflichtiger **33**, 2 ff
Haftung
s. auch Haftungsanspruch
Akzessorietät **33**, 4
Amtsträger **32**
Angehörige **74**, 2
Angehörige steuerberatender Berufe **69**, 4; **191**, 6
Betriebsübernehmer **75**, 1 f
Eigentümer von Gegenständen **74**, 1 f
Erben **45**, 3
Ermessen **219**, 4; **191**, 1
Gesamtschuldner **33**, 4
der Gesellschafter **191**, 2 d
kraft Gesetzes **191**, 2

Sachverzeichnis

halbfette Ziffern = §§

gesetzliche Vertreter **34**, 1
Haftungssumme **69**, 5
für Lohnsteuern **191**, 2d
bei Organschaft **73**, 1 ff
Sachhaftung **76**, 1
Steuerhinterzieher und -hehler **71**, 1 f
Subsidiarität **33**, 2
Übergangsregelung **69**, 9
Verfahren **191**; **192**, 1 f
Verfügungsberechtigte **69**, 2
Verletzung der Pflicht zur Kontenwahrheit **72**, 1 f
vertragliche **192**
vertragliche ... Dritter **48**
Vertretener **70**, 1 f
Vertreter **69**, 1–4
bei wesentlicher Beteiligung **74**, 1 f
Zahlungsaufforderung **219**, 1 f
Haftungsanspruch
Anspruch aus dem Steuerschuldnerverhältnis **37**, 2 f
Entstehungszeitpunkt **38**, 3 b
aufgrund Vertrages **48**, 2
Haftungsbescheid
Ablaufhemmung **191**, 3
keine Anwendung der Vorschr. über StBescheid **155**, 1; **191**, 1
Aufhebung und Änderung **172**, 1; **191**, 4
Bestimmtheit **119**, 2
Einspruch **348**, 2
Festsetzungsfrist **169**, 7; **191**, 5, 6
Form **191**, 1, 3
gegen Rechtsanwälte u. Steuerberater **191**, 9
Rechtsbehelf **191**, 10
Rücknahme, Widerruf **vor 130**, **131**, 2
Zahlungsaufforderung **219**
Zuständigkeit **24**
Haftungsbeschränkung 266
Haftungsschuldner
Inanspruchnahme **44**, 3
Handels- oder Geschäftsbrief
Aufbewahrung **147**, 6, 7
Begriff **147**, 3
Handlungsfähigkeit 79, 1 f
Hauptfeststellung
Feststellungsfrist **181**, 2
Hausrat
Pfändung **295**

Heilung 16, 3; **126**, 1 ff
Heimatgedanke 52, 5 (7)
Hemmung
Festsetzungsverjährung **171**
Zahlungsverjährung **230**
Herausgabeanspruch 315, 6; **318**, 2 ff
Hilfe in Steuersachen 80, 5
Hilfsbeamte der StA **404**, 9
Hilfsbedürftigkeit 53; **66**, 6
wirtschaftliche **53**, 2, 5
Hinterlegung
des Erlöses **301**, 4
Wirkung **242**
Hinterziehungszinsen
s. auch Zinsen
Beginn der Festsetzungsfrist **239**, 1
Zinslauf **235**, 3, 4
Zinspflicht **235**, 2 ff
Zinsschuldner **235**, 1
Hinterzogene Steuern
Festsetzungsfrist **169**, 8 c
Verzinsung **235**
Hinzugezogener
Beteiligter **359**; **360**, 3
Hinzuziehung
Ehegatten **360**, 3
einfache **360**, 3
Heilung der unterlassenen ... **360**, 6
notwendige **360**, 3
widerstreitende Steuerfestsetzung **175**, 8
Wirkung **360**, 5
Zweck **360**, 2
Höhere Gewalt
Ablaufhemmung **171**, 2; **230**, 3
Antragsfrist für Wiedereinsetzung **110**, 7
Holdinggesellschaften
Anerkennung **42**, 4 b
Hypothek
Sicherheitsleistung **241**, 6

Illegale Arbeitnehmerüberlassung
191, 2 c
Illegale Beschäftigung 370, 26 d
Mitteilung zur Bekämpfung der ...
31 a
Inanspruchnahme der Zollbehörden 178

magere Ziffern = Anmerkungen

Sachverzeichnis

Informationspflicht
bei Auskünften **90**, 3
Inland
steuerbegünstigte Zwecke **52**, 2b
Investitionszulagen
Bescheid **155**, 8
Ermittlungsbefugnis im Strafverfahren **386**, 3
Steuerhinterziehung **370**, 2
Unterschrift unter Antrag **150**, 4

Jugendherberge 68, 3
Jugendhilfe 52, 5 (13); **68**, 7
Jugendreisen 66, 3
Juristische Personen
Bekanntgabe von Verwaltungsakten **122**, 2a
Pflichten der gesetzlichen Vertreter **34**, 1ff

Kapitalgesellschaften 51, 3
Kapitalvermögen
Einkünfte aus K. und Strafbefreiung Anhang II
Vermögensverwaltung **14**
Karnevalsvereine 52, 5 (7)
Kassen, s. Finanzkassen
Kassenidentität 226, 6c
Kindergärten 68, 3
Kinderheime 68, 3
Kirchensteuer
Geltung der AO **1**, 2
Kirchliche Zwecke
s. auch steuerbegünstigte Zwecke
Allgemeines **54**, 2ff
Rechtsfolgen **51**, 4
Spenden **51**, 4
Kleinbetragsgrenze
bei Steuerfestsetzung **156**, 1
bei Zinsen **239**, 1
Kommanditgesellschaft
Konkurs
Einspruch **348**
Feststellungsbescheid über Steuerforderung **251**, 3
Steuerforderungen im ... **251**, 2ff
Konkursantrag
als Verwaltungsakt **118**, 5f; **122**, 2; **251**, 3
Konkursforderung

Feststellung **251**, 3
Konkursverfahren
Ablaufhemmung **171**, 14
gesonderte Feststellung von Besteuerungsgrundlagen **179**, 1; **251**, 3
Unterbrechung der Verjährung **231**, 4
Konkursverwalter
steuerliche Pflichten **34**, 2
Kontenschutz bei Pfändung **319**, 12
Kontenwahrheit
Haftung **72**
Steuergefährdung **379**, 8
Verpflichtung zur ... **154**, 1ff
Verletzung **72**
Kontingentbescheid 172, 1
Aufhebung und Änderung **172**, 1
Einspruch **348**
Kontrollmitteilungen 93a
anderer als Finanzbehörden **93a**, 1ff
gegen Angehörige **101**, 2
Banken **102**, 7
Rechtsgrundlage **85**; **88**, 2; **194**, 8
Steuergeheimnis **30**, 4a
Körperschaft
Anzeigepflicht **137**
ausländische **52**, 2b
Betriebe gewerblicher Art **51**, 1, 14
des Gemeinnützigkeitsrechts **51**, 4
des öffentlichen Rechts **58**, 2b; **62**
wirtschaftlicher Geschäftsbetrieb **14**, **64**, **65**, 1
Zuständigkeit **20**
Kostbarkeiten
Pfändung **300**
Kosten
außergerichtliches Rechtsbehelfsverfahren **vor 347**, 1
Bußgeldverfahren **412**, 3
gerichtliches Rechtsbehelfsverfahren **232**, 2
steuerliche Nebenleistung **3**
Strafverfahren **408**, 2ff
der Übersetzung **87**, 3
Vollstreckung **337**
Zollbehörden **178**
Kostenarten
bei Vollstreckung **337**, 3
Kostenbescheid
Einspruch **348**
Kostenschuldner

Sachverzeichnis

halbfette Ziffern = §§

bei Vollstreckung **337**, 4
Mehrheit **342**, 1 ff
Krankenfahrten 66, 3
Krankenhaus
Begriff **67**, 2
einer natürlichen Person **67**, 1
einer steuerbegünstigten Körperschaft **67**, 1
KrankenhausfinanzierungsG 68, 2c
Krankenpapiere
Beschlagnahme **399**, 13
Kreditinstitut
Steuerfahndung **208**, 5
Kriegsgräberfürsorge 52, 5 (14)
Kulturelle Veranstaltung 68, 7
Kunstgegenstände
Hingabe von ... an Zahlung Statt **224**, 1
Kunst und Kultur 52, 5 (3)

Landesfinanzbehörden
Begriff **6**
Geltung der AO **1**, 3
Landschaftspflege 52, 5 (8)
Land- und Forstwirte
Anbauverzeichnis **142**
Buchführungspflicht **141**, 1, 2
Aufzeichnung des Warenausgangs **144**, 1
Zuständigkeit **19**, 4
Lastenausgleich 1, 7
Leasing 39, 1 f
Leichtfertige Steuerverkürzung
Ablaufhemmung für Steuerfestsetzung **171**, 8
Begriff **378**, 2
Festsetzungsfrist **169**, 8 d
Leistung durch Dritte 48
Leistungsanspruch
auf Sachen **318**, 2
Leistungsfähigkeitsprinzip 3, 11
Leistungsgebot
Allgemeines **254**, 4 ff
gegen Gesamtrechtsnachfolger **254**, 1
bei Steueranmeldungen **167**, 2
Steuerbescheid **157**, 2
Leistungsort **224**, 1 ff
Lesbarmachung
von Daten **146**, 7; **147**, 6

Liquidatoren
steuerliche Pflichten **34**, 2
Liquiditätsprüfungen
Durchführung **193**, 3
Lizenzspieler 68, 7
Lohnpfändung 313
Lohnsteuer
Erstattungsberechtigter **37**, 3
Haftungsbescheid **173**, 17 a
Steuerpflichtiger **33**, 1
Lohnsteuer-Jahresausgleich
Abtretung **46**, 2 ff
Bescheid **155**, 3; **169**, 5
Lotterien 68, 6
Luftfahrzeug
Pfändung von Ansprüchen auf ... **320**, 7
Pfändung von Registerpfandrecht an ... **311**, 1 f
Vollstreckung in ... **322**, 2
Luftfahrzeugersatzteile
Pfändung **306**, 1 ff

Mahnung 259, 1, 2
Mantelkauf 42, 9 b
Marktorganisationsgesetz
Subventionsbetrug **370**, 2
Mehrfache Pfändung einer Forderung 320, 1 ff
Mehrpfändungen 307, 1; **308**, 1 ff
Meldebehörden
Änderungsmitteilung für Personenstandsaufnahme **136**
Milderungserlasse 4, 5 d
Mildtätige Körperschaften
s. Mildtätige Zwecke
Mildtätige Zwecke
s. auch Steuerbegünstige Zwecke
Allgemeines **53**, 1; **58**, 2
Spenden **51**, 4
Minderbemittelte 53, 2
Mindestgebot
bei Versteigerung **300**, 1 ff
Mißbrauch
von rechtlichen Gestaltungsmöglichkeiten **42**, 2 ff
und Steuerhinterziehung **42**, 6
Mitberechtigte
Hinzuziehung **360**, 3
Rechtsbehelfsbefugnisse **352**

magere Ziffern = Anmerkungen

Sachverzeichnis

Mittäterschaft 370, 25a
Mitunternehmerschaft
Bekanntgabe von Verwaltungsakten 122, 2a
Beginn der Buchführungspflicht 141, 6a
gesonderte Gewinnfeststellung 179, 4; 180, 4
Mitwirkendes Verschulden 69, 8
Mitwirkungspflicht
bei Auslandssachverhalten 90, 4
bei Außenprüfung 200, 1ff
der Beteiligten 88, 1; 90, 1f
bei Sachverhalten in der DDR 90, 4
und Steuergeheimnis 30, 4e, dd
der Steuerpflichtigen bei Steuerfahndung 208, 6
Verhältnismäßigkeit 30, 4e, dd
Monopolhinterziehung 370, 2

Nacherklärungsgesetz Anhang II
Nachforderungsbescheid 173, 3, 17b; 191, 2c
Nachlaß
Ablaufhemmung 171, 13
Nachlaßverwalter
steuerliche Pflichten 34, 2
Nachpfändung 307, 1
Nachschau
Allgemeines 210, 2
Bundeswehr 210, 5
Nachtbriefkasten 108, 3; 110, 3f
Nachversteuerung
Pflichten im Rahmen der Steueraufsicht 211, 2
Namenspapiere
Pfändung, Verwertung 303, 1ff
s. auch Wertpapiere
Natürliche Personen
Gemeinnützigkeitsrecht 51, 4
Pflichten der gesetzlichen Vertreter 34, 1
Naturschutz 52, 5 (8)
Nebenbestimmung
Fristverlängerung 109, 3
zum Verwaltungsakt 120, 1ff
Nebenfolgen
Anordnung 401, 1f
Antrag auf Anordnung von 399, 25
bei Steuerstraftaten 375, 1ff

Nebenleistungen
s. Steuerliche Nebenleistungen
Neue Tatsachen
Änderungsbeschränkung 351, 1
Änderung der Rechtsprechung 173, 13a
Antrag 173, 5, 13
Aufhebung oder Änderung von Steuerbescheiden 173, 1ff
Ermittlungspflicht 173, 7
bei Schätzung 173, 6
Verwertungsverbot 173, 10
von einigem Gewicht 173, 4
Wahlrecht 173, 5
Nichtige Rechtsgeschäfte
steuerliche Behandlung 41, 1, 2; 40, 5
Nichtigkeit
der Abtretung oder Verpfändung von Ansprüchen 46, 1
von Gesetzen 176, 3
von Verwaltungsakten 125, 1ff
Nichtrechtsfähige Personenvereinigungen
Pflichten der Geschäftsführer 34, 1
Pflichten der Mitglieder oder Gesellschafter 34, 1
Nichtrechtsfähige Vermögensmassen
Pflichten der Geschäftsführer 34, 1
Pflichten der Vermögensinhaber 34, 2
Nichtveranlagung
Bescheid 155, 10
Nichtveranlagungsverfügung 118, 4; 155, 3
Niederschlagung
und Erlaß 163, 9
Vollstreckungsverfahren 261, 2ff
Niederschrift
über Pfändung 291, 1ff
Nießbrauch 39, 4
Notare
Anzeigepflichten 102, 6
Notveräußerung
sichergestellter Sachen 216, 8
Nummernkonten 154, 5

Offenbare Unrichtigkeit
Berichtigung 129, 1f
Festsetzungsfrist 169, 6
Verhältnis zu § 124 124, 3

1303

Sachverzeichnis

halbfette Ziffern = §§

Offenbarungseid
s. Eidesstattliche Versicherung
Offene-Posten-Buchhaltung 147, 2
Rechtsgrundlage **146**, 6
Öffentliche Bekanntgabe 122, 5
Öffentliche Last 77, 1 ff
Öffentliches Gesundheitswesen 52,
  5 (12)
Öffentlichrechtlicher Vertrag 78, 4
Organisationsunterlagen
Aufbewahrung **147**, 2 e
Organschaft
Haftung **73**, 1 ff

Partei kraft Amtes
Pflichten **34**, 2
Parteipolitische Zwecke 52, 2
Personengesellschaft
Bekanntgabe von Verwaltungsakten
  122, 2 a
Personenstandsaufnahme
Änderungsmitteilung **136**
Personenstands- und Betriebsaufnahme
Änderungsmitteilung **136**
durch die Gemeinden **134**, 2, 3, 4
Mitwirkungspflicht **135**
für Zwecke der Gemeinden **134**, 2
Personenvereinigung
i. S. des Gemeinnützigkeitsrechts **51**, 4
Pfandrecht
Reihenfolge **282**, 3; **308**, 1
Pfandsiegel
Anbringung, Beschädigung **286**, 5
Pfand- und Vorzugsrechte
Dritter **293**, 1 ff
Pfändung
Abwendung der **292**, 1 ff
Allgemeins **281**, 1 ff
von Arbeitseinkommen **319**, 2, 3, 5 ff
Aussetzung der Verwertung **297**, 1 f
Austauschpfändung **295**, 3
Eidesstattliche Versicherung **284**, 1 ff
Erstattungsansprüche **46**, 8
Finanzbehörde als Drittschuldner **46**, 9
einer Forderung aus indossablen Papieren **312**, 1 f
Geldforderung **309**
Gewährleistungsansprüche **283**, 1 ff

Hausrat **295**, 6
Hypothekenforderung **310**, 1 ff
Kontokorrentguthaben **309**, 5
Kostbarkeiten **286; 295**, 7
Kreditzusagen **309**, 5
von Lohn und Gehalt **313**, 2
Luftfahrzeugersatzteile **306**
mehrfache . . . **308**, 1 ff; **320**, 2 ff
Niederschrift **286**, 10; **291**, 1 ff; **307**, 1
Registerpfandrecht an einem Luftfahrzeug **311**, 1
Sachen **286**, 1 ff
Schätzung des Verkaufswerts **295**, 7
Schiffshypothek **311**, 1
Sozialleistungsansprüche **309**, 5; **319**, 1, 16 f
Spartguthaben **309**, 5
Steuervergütungsansprüche **46**, 2 ff; **309**, 5
Überpfändung **281**, 4
ungetrennte Früchte **294**, 1 ff; **304**, 1 ff
Unterhaltsansprüche **319**, 6
Unterlassung **281**, 4
Verstrickung **282**, 2
Verwertung **296**, 1 ff
Vorwegpfändung **295**, 5
Wechselforderungen **312**, 1
Wertpapiere **286**, 3; **302**, 2; **303**, 1 ff
Widerstand . . . **288**, 1 ff
Wirkung **282**, 1 ff
Zeugen **288**, 4
zwecklose . . . **281**, 5
Pfändungsgebühr 339, 1 ff
Pfändungspfandrecht 282, 3
Rang des . . . **282**, 4
Pfändungsverbote
s. Unpfändbarkeit
Pfändungsverfügung
Angabe des Schuldgrundes **260**, 1, 2
Geldforderung **309**, 7
Pflanzenzucht 52, 5
Pflegeheime 68, 2
Pflegekinder/-eltern 15, 2 f
Pfleger 79, 6
Pflichten
Steueraufsicht **211**
Politische Zwecke 52, 2 b
Postbeschlagnahme 399, 10
Postfach 108, 3; **110**, 3 f; **122**, 4 d
Postgeheimnis 105, 6; **399**, 8

magere Ziffern = Anmerkungen

Sachverzeichnis

Postlagernde Sendungen
Zugangsvermutung **122**, 4d
Postquittung 292, 3
Prämien
Festsetzung **155**, 5
Rückforderung **155**, 7
Presseangehörige
Auskunftsverweigerungsrecht **102**, 3e
Vorlageverweigerungsrecht **104**, 2
Prozeßzinsen 236
s. auch Zinsen
auf Erstattungsbeträge **236; 233a**
Prüfer, Ausweispflicht **198**
Prüfung
Rechtsbehelfsverfahren **367**, 2
Prüfungsanordnung
Ablaufhemmung **171**, 5
Anfechtung **196**, 6
Aussetzung der Vollziehung **196**, 1
Begründung **196**, 3b
Bekanntgabe **197**, 1ff
gegen Ehegatten **196**, 4
Erweiterung **196**, 7
Form **196**, 1
Inhalt **196**, 1ff
rechtswidrige **196**, 5
Verwaltungsakt **118**, 5d; **196**, 1
Zuständigkeit **196**, 3a
Prüfungsauftrag
Außenprüfer **196**, 1ff
Prüfungsausschuß
Klage gegen Entscheidungen **349**, 1, 4
Prüfungsbericht
bei Außenprüfung **202**, 1ff
kein Verwaltungsakt **118**, 5d
Prüfungsgrundsätze 199

Räume
Betretungsrecht **99**, 1f
Realsteuern
Anwendung der AO **1**, 5
Aussetzung der Vollziehung **361**, 7
Begriff **3**, 1
Zuständigkeit **22**, 1ff
Rechenzentren 6
Rechte
Dritter bei Überführung in Eigentum des Bundes **216**, 1, 6
Rechtlicher Grund
Erstattung bei Wegfall **37**, 3
Rechtliches Gehör
Allgemeines **91**, 1f
Außenprüfung **199**, 2; **201**, 1; **202**, 1
bei Umdeutung **128**, 5
Rechtsanspruch
Hinzuziehung **360**, 1, 6
auf Steuervergünstigung, Einspruch **348**
Rechtsanwälte
Aktenvorlageverweigerungsrecht **104**, 1
Auskunftsverweigerungsrecht **102**, 3c
Erkrankung **110**, 4c
Sorgfaltspflichten zur Fristwahrung **110**, 4
Rechtsbehelf
Arten **347**, 1
Einlegung **357**, 1ff
nicht förmliche ... **vor 347**, 3
Rücknahme **362**, 1f
Verbindung von ... **367**, 6
Wirkung vor **347**, 1
Zulässigkeit **347; 358**, 1f
Rechtsbehelfsbefugnis
Gesellschafter **352**, 3f
Rechtsnachfolger **353**, 1f
Rechtsbehelfsbelehrung
deutsche Sprache **356**, 2
Folgen unterbliebener ... **157**, 2; **356**, 2
Rechtsbehelfsentscheidung **366**
Steuerbescheid **157**, 2
Voraussetzung für Fristbeginn **356**, 2
Rechtsbehelfsentscheidung
Beschwerde **368**, 3
Einspruch **367**
Zustellung **366**, 1ff
Rechtsbehelfsfrist
Beginn **355**, 3; **356**, 2; **108**, 2
Beginn bei Steueranmeldung **355**, 2
Ende **108**, 2f
Untätigkeitsbeschwerde **355**, 3
bei fehlender Rechtsbehelfsbelehrung **356**, 2
Versäumung **110**, 4
Wiedereinsetzung in den vorigen Stand **110**
Rechtsbehelfsverfahren

1305

Sachverzeichnis

halbfette Ziffern = §§

Aufhebung, Änderung, Rücknahme, Widerruf von Verwaltungsakten **347**, 3; **367**, 4
außergerichtliches **347**, 2 ff
Aussetzung **363**, 2
Entscheidung **367**; **368**
Kostenfreiheit **347**, 4
Ruhen **363**, 3
Übergangsregelung **Anhang 1** Art. 97 § 18
Unterbrechung **363**, 1
Zulässigkeitsvoraussetzungen **358**, 1
Rechtsbehelfsverlust
bei Rücknahme **362**, 2
Rechtsbehelfsverzicht
Steueranmeldung **354**, 1
Unwirksamkeit **354**, 5
Zulässigkeit **354**, 1
Rechtsfähigkeit 33, 5
Rechtsfehler
Berichtigung **177**, 1 ff
Rechtsfortbildung 4, 8
Rechtsgeschäfte
anfechtbare **41**, 1
steuerliche Berücksichtigung Unwirksamkeit der **41**, 1 ff
Rechtsgespräch 91, 1
Rechtshilfe
Europäisches Übereinkommen **385**, 5
internationale **385**, 5
mit der Schweiz **385**, 6
zwischenstaatliche **117**, 1 ff
Rechtshilfeabkommen 2, 1 f
Rechtsmittel
gegen Maßnahmen der Strafverfolgungsorgane **399**, 9
gegen Maßnahmen der Steufa **404**, 13
Rechtsnachfolger
Bekanntgabe von Verwaltungsakten **122**, 5 e
Einheitswertbescheide **182**, 2
Rechtsbehelfsbefugnis **353**, 1 f
Vollstreckung gegen ... **323**, 1
Wirkung von Feststellungsbescheiden **182**, 2
Rechtsnorm
s. Gesetz
Einteilung **4**, 5
Rangordnung **4**, 4
Rechtsprechung
Änderung der **176**, 3
Rechtsschutz bei strafprozessualen Eingriffen **399**, 17
Rechtswidrigkeit
Verwaltungsakt **130**, 2
Regelsatz 53, 5
Registerpfandrecht
an Luftfahrzeug
Pfändung **311**, 1 f
Religion
Förderung der ... **52**, 5 (4); **54**, 2
Religionsgemeinschaft 54, 1
Religiöse Zwecke 52, 2 b; **54**, 2
Richter als Amtsträger 7
Richtlinien 227, 15
Rechtsnorm **4**, 5 e
Richtsätze 162, 2
Richtsatzprüfungen **193**, 5
Rückforderung
Prämien **155**, 5
Steuervergütung **155**, 5
Rückforderungsanspruch 37, 6
Rückforderungsvorbehalt 47, 2
Rückgabe
Urkunden und Sachen **133**, 1 f
Rückgängigmachung
von Rechtsgeschäften **41**, 1, 2 d; **175**, 4, 6
Rücklagen
steuerbegünstigte Körperschaft **58**, 6; **68**, 13
Rücknahme
Rechtsbehelf **362**, 1 ff
Übergangsregelung **vor 130**; **131**, 5
Verwaltungsakte **130**, 1 ff
Verwaltungsakte im Rechtsbehelfsverfahren **132**, 1 ff
Rückwirkendes Ereignis 175, 5
Rückwirkung
von Gesetzen **4**, 5 a
Gestaltung eines Sachverhalts **38**, 4
eines Steuergesetzes **163**, 5
Rückzahlung
ohne rechtlichen Grund **37**, 3
Ruhen
Rechtsbehelfsverfahren **363**, 3

Sachen
Unpfändbarkeit **295**, 1 ff
Vollstreckung in ... **286**, 1 ff

magere Ziffern = Anmerkungen

Sachverzeichnis

Sachverständige
Ablehnung **96**, 3
Entschädigung **96**, 7; **107; 405**
Steuergeheimnis **30**, 2b
Satzung
satzungsgemäße Vermögensbindung **61**, 1; **62**
steuerbegünstigte Zwecke **59; 60**
Säumniszuschläge
bei Aufhebung oder Änderung der Steuerfestsetzung **240**, 9
Bemessungsgrundlage **240**, 2
Erlaß **240**, 11
Fälligkeit **240**, 4
bei Fälligkeitsteuern **240**, 3
bei Gesamtschuldnerschaft **240**, 1
Haftung für **69**, 6; **240**, 18
Höhe **240**, 1
Rechtsnatur **240**, 1
Schonfrist **240**, 3, 5
steuerliche Nebenleistungen **240**, 6
bei Steuernachforderung **240**, 1
bei Stundung **240**, 10
Übergangsregelung **Anhang 1** Art. 97 § 16
Verjährung **240**, 16
Verwirkung **240**, 3
Vollstreckung **254**
Schätzung
von Besteuerungsgrundlagen **162**
bei Buchführungsmängeln **146**, 12; **158**
Steuermethoden **162**, 2
Voraussetzungen **90**, 2; **162**, 5
Scheingeschäft 41, 3
Scheinhandlung 41, 4
Schenkung
bei Vollstreckung **278**
Schenkungsteuer
Beginn der Festsetzungsfrist **170**, 6b
Schiffe als Betriebsstätte 12, 2
Vollstreckung in ... **322**, 2, 7
Schiffshypothek
Pfändung einer durch ... gesicherten Forderung **311**, 1 f
als Sicherheitsleistung **241**, 6
Schlußbesprechung
bei Außenprüfung **201**, 1 ff
Vereinbarungen während der ... **201**, 4

Schmiergelder
Abzugsfähigkeit **40**, 1
Zahlung an Ausländer **160**, 1
Schmuggel 373, 1 ff
Schonfrist
bei Säumniszuschlägen **240**, 1
Schreibfehler 129, 2
Schuldbuchforderungen
als Sicherheitsleistung **241**, 5
Schuldgrund
Angabe des ... **260**, 1 ff
Schuldner
s. auch Gesamtschuldner
von Ansprüchen aus dem Steuerschuldverhältnis **37**, 2 f
Gesamtrechtsnachfolge **45**, 1 ff
Vollstreckung **253**
Schullandheime 68, 3
Schwarzarbeit
und Steuergeheimnis **31 a**, 2
Schweigepflicht öffentlicher Stellen 105, 1 f
Selbstanzeige
Ablaufhemmung für Steuerfestsetzung **171**, 10
Geltungsbereich **371**, 2
Steuerhinterziehung **371**, 1 ff
Straffreiheit **171**, 4
Teilnehmer **371**, 4
Voraussetzungen **371**, 3
Zahlungsfrist **371**, 9
zugunsten Dritter **371**, 10
zuständige Behörde **371**, 5
Selbstbelastung 393, 1, 2, 3a
Selbstberechnung 164, 1; **167; 168**
Selbstlosigkeit
Allgemeines **55**, 2 ff
Ausnahmen **58**, 2 ff
als Voraussetzung für Anerkennung mildtätiger Zwecke **53**, 1
Selbstversorgungseinrichtungen 68, 4
Sicherheiten
Annahmewerte **246**, 1 ff
Austausch **247**
Erzwingung von ... **328**, 1; **336**
Rückgabe **242**
Verwertung von ... **327**, 1 ff
Sicherheitsarrest
persönlicher **326**, 1 ff

Sachverzeichnis

halbfette Ziffern = §§

Sicherheitsleistung
Allgemeines vor **241**, 1–3
durch andere Werte **245**, 1 ff
Annahmewerte **241**, 1 ff
Arten **241**, 1 ff; **245**
Aussetzung der Vollziehung **361**, 3
Grundpfandrechte **241**, 6
Hinterlegung von Zahlungsmitteln **241**, 2; **242**
Nachschußpflicht **248**
Schuldbuchforderungen **241**, 5
Spareinlagen **241**, 4
Steuerbürge **241**, 8; **244**, 1 ff
Unterbrechung der Verjährung **231**, 5, 13
Wertpapiere **241**, 9; **243**
Sicherstellung 399, 16; **394**, 3
Sicherstellung im Aufsichtsweg
betroffene Waren **215**, 2
Überführung in Eigentum des Bundes **216**
Verfügungsverbot **215**, 4
Wegnahme **215**, 4
Sicherungsabtretung 45, 6
Sicherungseigentum
bei Pfändung **262**, 8
Sicherungshypothek **322**, 4, 7
Zurechnung von Wirtschaftsgütern **39**, 6
Sittenwidriges Handeln
steuerliche Behandlung **40**, 2
Sitz
Anknüpfung für Zuständigkeit **21**
Begriff **11**, 2
Körperschaft **11**, 2
Sozialgeheimnis 105, 3
Sozialversicherung
Mitteilungen an ... **31**
Spareinlagen
Pfändung **309**, 5
für Sicherheitsleistung **241**, 4
Spar-Prämiengesetz
Geltungsbereich der AO **1**, 2
Steuerhinterziehung **370**, 2
Speicherbuchführung
Rechtsgrundlage **146**, 1, 6
Spenden 51, 4
Bescheinigung **51**, 4
Sammelverein **58**, 2a
Sport
Begriff und Förderung **52**, 5 (17); **56**; **59**, 9
Sportler
bezahlte und unbezahlte ... **67a**, 5c
Sportliche Veranstaltung 67a; **68**, 7
Sportvereine Vor 51; **67a**, 5
Staatsanwaltschaft
Abgabe an ... **386**, 5
Aussetzung des Verfahrens **396**, 2
Befugnisse **399**, 3
Verwertung von Steuerakten **393**, 7
Staatshaftungsgesetz 32, 3
Ständiger Vertreter
Begriff **13**
Statistik
Steuererklärung **150**, 6
Steuerabzugsbeträge
Abrechnung über **118**, 5c; **157**, 2; **361**, 3a
Berücksichtigung bei Einziehung **218**, 8
Haftung **75**, 1
Steueranmeldung
Änderung **168**, 2
Anfechtung **348**, 2; **355**, 3
Beginn der Festsetzungsfrist **170**, 2
Begriff **150**, 2
Einspruch **348**
Rechtsbehelfsfrist **355**, 2
Rechtsbehelfsverzicht **354**, 2
Steuerfestsetzung bei ... **167**, 1 ff
Verfahren **168**, 1
Wirkung **168**, 3, 4
Steueranspruch
als Anspruch aus dem Steuerschuldverhältnis **37**, 1
Steueraufsicht
Allgemeines **209**
Anhalterecht **210**, 3
Beauftragte **214**
Befugnisse der Finanzbehörde **210**
Besondere Aufsichtsmaßnahmen **213**
Betretungsrecht **210**, 1
Bundeswehr **210**, 5
Durchführungsvorschriften **212**
Gegenstand **209**
Pflichten des Betroffenen **211**
Sicherstellung **215**
Steuerfahndung **208**, 1, 7

magere Ziffern = Anmerkungen

Sachverzeichnis

Steuerhilfspersonen **217**
Übergang zur Außenprüfung **210**, 4
Verdachtsnachschau **210**, 2
Steuerbegünstigte Zwecke
Allgemeines **51**, 1
Altenheim **68**, 2
Aufzeichnungen **63**, 1
Ausschließlichkeit **56**; **58**, 2ff; **59**
Geschäftsführung **59**; **63**, 1 ff
gesellige Veranstaltungen **58**, 8
Grabpflege **58**, 4
Hilfsbedürftigkeit **53**, 4 f
Kapitalanteile der Mitglieder **55**, 4
Krankenhaus **67**, 1 ff
kulturelle Veranstaltungen **68**, 7
Lotterien **68**, 6
Mittel der Körperschaft **55**, 3; **58**, 2
Rechtsfolgen **51**, 4
Rücklage **58**, 5
Sacheinlagen **55**, 4
satzungsmäßige Vermögensbindung **59**; **61**, 2, 3; **62**
Selbstlosigkeit **55**, 2ff; **59**
Spenden **51**, 4
sportliche Veranstaltungen **67a**
Überlassung von Arbeitskräften **58**, 3
Überlassung von Räumen **58**, 2
Unmittelbarkeit **57**, 2ff; **58**, 1
Unterhalt des Stifters **58**, 4
Vermögensbindung **55**, 6; **61**, 1ff; **62**; **63**, 2
Werkstätten für Behinderte **68**, 4
wirtschaftlicher Geschäftsbetrieb **14**; **64**; **65**, 1 ff
zeitliche Voraussetzungen **60**; **61**, 3; **63**, 2
Zweckbetrieb **65**, 1; **14**; **66**, 1; **67**, 1ff; **68**, 2ff
Steuerbegünstigung, Wegfall der Voraussetzungen **175**, 6
Steuerberatende Berufe
Abgabefrist für StErklärungen **149**, 2
Haftung **69**, 3, 9; **81**, 7; **191**
Sorgfaltspflicht bei Fristwahrung **110**, 4
Verschulden bei Verspätungszuschlag **152**, 2
Steuerberater
Auskunftsverweigerungsrecht **102**, 3c

Beschlagnahme bei ... **399**, 13
Erkrankung **110**, 4c
Haftung **71**
Vorlagepflicht **104**, 3
Steuerberaterkammer 347, 4
Steuerberaterprüfung
Prüfungsausschüsse **82**, 6; **84**; **349**, 1, 4
Entscheidungsbegründung **121**, 2
Steuerberatungsgesetz
Rechtsbehelfe in Angelegenheiten des ... **347**, 3; **349**, 4
Steuerbescheid
s. auch Steuerfestsetzung
Aufhebung und Änderung **172**, 1 ff; **173–175**
Begriff **155**, 1 ff
Begründung **157**, 2, 3
Bekanntgabe **157**, 4
Bestandskraft **172**, 1
Bestimmtheit **119**, 2
Einspruch **348**, 2
Erstattungsanspruch bei Änderung oder Aufhebung **37**, 2
Fehleraufdeckung **173**, 1
Form **157**, 1
Gesamtschuldner **155**, 4
Grundlage für Erhebungsverfahren **218**, 1
Inhalt **157**, 2–4
Leistungsgebot **157**, 2
neue Beweismittel **173**, 1 ff
neue Tatsachen **173**, 1 ff
Rechtsbehelfsbelehrung **157**, 2
Vertrauensschutz **176**, 1 ff
Wirksamkeit **155**, 6
Wirkung **155**, 1
Zustellung **157**, 4
Steuerbürge
als Sicherheitsleistung **241**, 7; **244**, 1 ff
Steuererklärung
Aufnahme an Amtsstelle **151**
Beginn der Festsetzungsfrist **170**, 1 ff
Begriff **149**, 1
Berichtigung **153**, 1
Form **150**, 2, 7
Frist **149**, 2
Fristverlängerung **149**, 2
vorläufige **150**, 1
Steuererklärungspflicht

1309

Sachverzeichnis

halbfette Ziffern = §§

Steuerpflichtiger aufgrund . . . **33**, 1
Steuererstattungsanspruch
Anspruch aus dem Steuerschuldverhältnis **37**, 2
Antrag **169**, 4, 5; **170**, 1
Entstehung **38**, 3 d
Bescheid **155**, 3
unzulässiger Erwerb **383**, 1 ff
Steuerfähigkeit
s. Rechtsfähigkeit
Steuerfahndung
Ablaufhemmung **171**, 6; **208**, 8
Allgemeines **208**; **404**
Aufgaben im Besteuerungsverfahren **208**, 1, 3
Aufgaben im Strafverfahren **208**, 2; **404**, 2 ff
Außenprüfung **208**, 7
Banken **208**, 5
Befugnisse **208**, 6; **404**, 4 ff
Beschlagnahmeanordnung **404**, 8
Durchsicht der Papiere **404**, 7
Ermittlungskompetenz bei anderen Straftaten **208**, 6; **404**, 11
Grenzüberschreitende Tätigkeit der . . . **404**, 12
Mitwirkungspflicht des Steuerpflichtigen **208**, 6
Organisation **208**, 1; **404**, 3
Rechte und Pflichten der **404**, 4
Rechtsmittel gegen Maßnahmen der . . . **399**, 9; **404**, 13; **208**, 10
Steueraufsicht **208**, 4
Verhältnis zum Strafverfahren **208**, 3
Vorfeldermittlungen **208**, 4
Wirkung einer Prüfung durch . . . **208**, 8
Zuständigkeit **404**, 10–12
Steuerfestsetzung
s. auch Steuerbescheid
Absehen von . . . **156**, 1 ff
abweichende **163**, 1 ff
Antrag auf . . . **155**, 1; **169**, 4
Aussetzung **165**, 1 ff
Beginn der Festsetzungsfrist **170**, 1 f
Drittwirkung **166**, 1 ff
Festsetzungsfrist **169**, 1 ff
Freistellungsanspruch **155**, 3
gesonderte Feststellung **181**, 1
steuerbegünstigte Körperschaften **61**, 2

Verjährung **169**
Vorbehalt der Nachprüfung **164**, 1 ff
Vorläufigkeit **165**, 1 ff
widerstreitende . . . **174**, 1 ff
Steuerbegünstigung, Wegfall der Voraussetzungen **175**, 6
Steuerfreistellung 155, 3
Antrag **169**, 1
Festsetzungsfrist **169**, 5
Steuergefährdung 379, 1 ff
Steuergeheimnis
Abzugsverpflichtete **30**, 2 d
bei Anhörung **91**, 5
Anwendungsbereich **30**, 1, 3
Auskunftsverweigerungsrecht **103**, 5
Befugnis zur Offenbarung **30**, 4 ff
Datenabruf **30**, 6
Datenschutzbeauftragter **30**, 4 b
Geltung für Realsteuern **1**, 5
Geschäftsgeheimnisse **30**, 3 f
Gesellschafter, ausgeschiedener **30**, 4 a
Kirchen **30**, 2 c, 4 d, bb
Mitteilung von Besteuerungsgrundlagen **31**
Offenbarungsbefugnis und Verwertungsverbot **393**, 7
Parlament **30**, 4 b
Rechnungshöfe **30**, 4 a
Richtigstellung **30**, 4 g
für Sachverständige **30**, 2 b
Schutzobjekte **30**, 3
Steuerstraftat **369**, 2
Strafverfahren **30**, 4 d
Verbrechen **30**, 4 e, bb
Vergleichsbetriebe **30**, 4 a
Verletzung des . . . **30**, 7
Verwertung **30**, 3 g
V-Mann **30**, 3 c
Zweck **30**, 1
Zwingendes öffentliches Interesse **30**, 4 e
Steuerhehlerei 374, 1 ff
Steuerhilfspersonen 217
Steuerhinterziehung
Abgrenzung zum Betrug **370**, 8
Ablaufhemmung **171**, 8
Allgemeines **370**, 1 f
Anstifter **370**, 25 b
Arbeitnehmerüberlassung **370**, 16
Auslandstaten **370**, 14

magere Ziffern = Anmerkungen

Sachverzeichnis

Beamter als Täter 370, 5
Beihilfe 370, 25 c
bei Beitreibung 370, 6
besonders schwere Fälle 370, 11
Dritter als Täter 370, 5
Eingangsabgaben 370, 20
einheitliche Tat 370, 26 d
Erfolgsdelikt 370, 8
Festsetzungsfrist **169**, 8 c
Fortgesetzte Handlung 370, 26 b
Haftung **71**
Irrtum 370, 15
Mittäter 370, 25 a
Nichtabgabe von Steuererklärungen 370, 10
Selbstanzeige **371**, 1 ff
Steuern 370, 2
Steuerunehrlichkeit 370, 1, 4
Steuervorteil 370, 13
Steuerzeichen 370, 11
Strafe 370, 24
Strafverschärfung 370, 11
Strohmann 370, 5
Stundung 370, 4
Tagessatzsystem 370, 16 a
Tateinheit 370, 26 a
Täter 370, 3
Tathandlungen 370, 4 ff
Tatmehrheit 370, 26 c
Täuschungshandlung 370, 4
Teilnahme 370, 25
durch Unterlassen 370, 12
Verfall 370, 16 d
Verkürzung 370, 16 ff
Versuch 370, 10, 12, 14
Verwendung von Steuerzeichen und Steuerstemplern 370, 7
Vollendung 370, 18
vorläufige Steuerfestsetzung 370, 12 a
Wahndelikt 370, 14
Zweckentfremdung 370, 1
Zulagengesetze 370, 2
Steuerklauseln 175, 6
Steuerliche Nebenleistungen
Anspruch auf... 37, 2
Anwendung der AO **1**, 6
Bescheid **155**, 5
Entstehungszeitpunkt **38**, 3 c
Festsetzungsfrist **169**, 7
keine Säumniszuschläge 240, 6

und Steuerhinterziehung 370, 2
Verzinsung 233, 1
Steuermeßbescheid
Aussetzung der Vollziehung 361, 7
Einspruch **348**
als Grundlagenbescheid **175**, 2
Verhältnis zu Zerlegungsbescheid **185**, 1
Steuermeßbeträge
Festsetzung **184**, 2
Grundsteuer **184**, 4
Mitteilungen von... **31**
Zuteilung **190**
Steuern
Anspruch aus dem Steuerschuldverhältnis **37**, 2
Begriff **3**, 2 ff
Geltung der AO **1**, 2 ff
Steuerordnungswidrigkeiten
Begriff **377**, 1 ff
Steuerpflichtiger
Begriff **33**, 1, 5
Mitwirkungspflicht bei Bp **200**
Steuerrechtsfähigkeit 33, 5
Steuerschuldner
Begriff **43**
Gesamtrechtsnachfolge **45**, 1 ff
als Steuerpflichtiger **33**, 5
Steuerschuldverhältnis
Allgemeines **37**, 2 ff
Ansprüche aus... **37**, 1 ff
Leistung durch Dritte **48**
Verjährung **232**
Wirkungen der Gesamtrechtsnachfolge **45**, 1 ff
Zinsen **233**
Steuerstempler
Beginn der Festsetzungsfrist **170**, 3 c
Steuerfestsetzung bei... **167**, 4
Steuerstraftat vor 369; 369, 1; **370 ff**
Steuerstraftaten 369, 2 ff
Zuständigkeit der Finanzbehörde **386, 387, 388, 389, 390**
Zuständigkeit des Gerichts **391**
Steuerstrafverfahren
Ablaufhemmung für Steuerfestsetzung **171**, 8
Einleitung des **397**
Einstellung **399**, 19, 20, 21, 22
Steuerumgehung 42, 1 ff

1311

Sachverzeichnis
halbfette Ziffern = §§

Verhältnis zum Scheingeschäft **41**, 5
und Steuerhinterziehung **370**, 4
Steuerunehrlichkeit
Steuerhinterziehung **370**, 4
Steuervergünstigung
Einspruch **348**
Gemeinnützigkeitsrecht **51**, 2ff; **52**, 2ff; **53**, 1ff; **59**; **60**; **61**, 1ff; **63**, 2; **64**
Steuervergütung
Anspruch **37**, 2
Beginn der Festsetzungsfrist **170**, 4
Festsetzung **155**, 3
Gläubiger **33**, 5; **43**
Rückforderung **155**, 5
unzulässiger Erwerb **383**, 1ff
Steuervergütungsanspruch
Abtretung, Verpfändung, Pfändung **46**, 1ff; **309**, 5
als Anspruch aus dem Steuerschuldverhältnis **38**, 3a
Entstehungszeitpunkt **38**, 3a
Steuervergütungsbescheid
Aussetzung der Vollziehung **361**, 3
Einspruch **348**
Steuerverkürzung, leichtfertige **378**
Steuerverweigerung 224, 11
Steuervorteil
Erlangung **370**, 13
Steuerzeichen 167
Beginn der Festsetzungsfrist **170**, 3c
Fälschung **369**, 4
Nichtverwendung **370**, 11
Steuerfestsetzung bei ... **167**, 1ff
Steuerpflichtiger **33**, 7
Steuerzeichenfälschung **369**, 4
Stichprobeninventur 146, 1, 10; **147**, 2
Stiftung
Allgemeines **55**, 4; **58**, 4
Pflichten des Geschäftsführers bei der nichtrechtsfähigen ... **34**, 2
Pflichten der Vermögensinhaber bei der nichtrechtsfähigen ... **34**, 2
Strafbefehl 400, 1ff
Antrag **399**, 23
Strafbefreiende Erklärung, Gesetz über **Anhang II**
Strafe bei Steuerhinterziehung **370**, 24

Strafklagenverbrauch bei Strafbefehl **400**, 7
Strafvereitelung
Steuerstraftat **369**, 5
Strafverfahren
Akteneinsicht **395**
Allgemeines **385 ff**
Anwendung von Zwangsmitteln **393**, 2ff
Aussetzung **396**, 1, 2
Belehrungspflicht **393**, 6
Beteiligung der Finanzbehörde **403**, 2f; **407**, 2f
Eigentumsübergang **394**, 1ff
Einleitung **397**, 1ff
Einstellung **398**, 2
Entschädigung **405**, 1, 2
Ermittlungskompetenz **386**, 2ff
Kosten **408**, 1ff
mehrfache Zuständigkeit **390**
örtliche Zuständigkeit **388**, 1f
Rechte und Pflichten der Finanzbehörden **399**, 1f
sachliche Zuständigkeit **387**, 1f
Verfahrensvorschriften **385**, 1f
Verhältnis zum Besteuerungsverfahren **393**, 1ff
Verteidigung **392**, 1, 2
Verwertungsverbot **393**, 6b, 7b, 7d, e, g
zusammenhängende Strafsachen **389**
zuständiges Gericht **391**, 1
Strafverfolgung
Auskunftsverweigerungsrecht bei Gefahr der ... **103**
Strafverfolgungsorgane
Rechtsmittel gegen Maßnahmen **399**, 9; **404**, 13
Stundung
Gründe **222**, 3–6
und Steuerhinterziehung **370**, 4
Unterbrechung der Verjährung **231**, 6
Voraussetzungen **222**, 4
Wesen **222**, 3
Widerruf **Vor 130**, **131**, 2; **222**, 14
Zinsen **234**
Zuständigkeit **222**, 11
Stundungszinsen
s. auch Zinsen

magere Ziffern = Anmerkungen

Sachverzeichnis

Beginn der Festsetzungsfrist **239**, 1
Berechnung **234**, 4
Subventionsbetrag 370, 4

Tat
einheitliche Tat **370**, 18 d
Tateinheit 370, 26 a
Tatentdeckung 371, 8
Tatmehrheit 370, 26 c
Tatsachen, neue **173**
Teilnahme
an Steuerhinterziehung **370**, 25
Teilrücknahme 124, 4
Telefonüberwachung 404, 8 f
Termin
Begriff **108**, 5
Testamentsvollstrecker
Bekanntgabe von Verwaltungsakten **122**, 2 e
Inanspruchnahme für Steuerschuld **45**, 3 b
steuerliche Pflichten **34**, 2
Tierschutz 52, 5 (8)
Tilgung 225, 1 f
Todeserklärung
Maßgeblichkeit des Zeitpunkts der Rechtskraft **49**
Treuhänderschaft
Anerkennung **41**, 5
Nachweis **159**, 1 ff
Treuhandverhältnis
gesonderte Gewinnfeststellung **179**, 4
Zurechnung von Wirtschaftsgütern **39**, 5
Treu und Glauben 4, 5 h
bei Vereinbarungen im Rahmen der Bp **201**, 4
Typisierende Betrachtungsweise 4, 10

Überführung
in das Eigentum des Bundes **216**
Übergang
von Verbrauchsteuerschuld **50**, 2
Übergangsregelung
Änderung von Steuerbescheiden **172**, 6
Billigkeitsmaßnahmen **163**, 5; **176**, 1
Festsetzungsverjährung **169**, 11
Rechtsbehelfsverfahren **vor 347**, 2

Rücknahme **vor 130**, 5
für vorläufige Steuerbescheide **164**, 9; **165**, 7
Widerruf **vor 130**; **131**, 5
für Zahlungsverjährung **169**, 11
Übermaßverbot 5, 1, 5
Überpfändung 281, 4
Übersetzung
fremdsprachiger Anträge **87**, 5
Urkunden **97**, 2
Überwachung 209
Übungsleiter vor 51, 6 d; **55**, 3
Umdeutung
Verwaltungsakt **128**, 1 ff
Umgehungsgeschäfte 41, 5
Umsatzsteuer
Zuständigkeit **21**, 5
Umweltschutz
Gemeinnützigkeit **52**, 3, 5 (9)
Unbedingtwerden des Steueranspruchs
bei Verbrauchsteuern **50**, 1
Unbestimmter Rechtsbegriff 5, 4
Unbillige Härte 361, 3 c
Unbilligkeit
der Einziehung **227**, 6
der alsbaldigen Verwertung **297**, 2
Ungetrennte Früchte
Pfändung **294**, 1 ff; **304**, 1 f
Unlautere Mittel 172, 5 d
Unmittelbarer Zwang 331, 2
Unmittelbarkeit
Allgemeines **57**
Ausnahmen **58**, 2 ff
Dachorganisationen **57**, 2
Hilfspersonen **57**, 1
Unpfändbare Forderungen 319, 1 ff
Unpfändbarkeit
von Sachen **295**, 1 ff
ungetrennte Früche **294**, 1 ff
Unrichtige Sachbehandlung
bei Vollstreckung **346**, 1 ff
Untätigkeitsbeschwerde
Frist **355**, 3
Zulässigkeit **349**, 3
Untätigkeitsklage 355, 3
Unterbeteiligung
geheime ... **30**, 4 a
gesonderte Gewinnfeststellung **179**, 4
Unterbrechung

1313

Sachverzeichnis

halbfette Ziffern = §§

Rechtsbehelfsverfahren **363**, 2
Zahlungsverjährung **231**
Untergang
verbrauchsteuerpflichtiger Waren **50**, 3
Unterlagen
fremdsprachige **87**, 3
Kosten der Übersetzung **97**, 2
Vorlagepflicht **97**, 1 ff
Unterlassungspflicht 249, 6
Unternehmereinheit 33, 6
Unterschrift
von Abtretungsanzeigen **46**, 3
Bilanz **146**, 10
Steuererklärungen **150**, 1, 5
Verwaltungsakte **119**, 4, 5; **125**, 2
Untersuchungsgrundsatz 88, 1 f
Untersuchungshandlungen, richterliche **399**, 9
Unwirksame Rechtsgeschäfte
Arten **41**, 2
steuerliche Berücksichtigung **41**, 6
Unwirksamkeit
Rechtsbehelfsverzicht **354**, 5
Rechtsgeschäft **41**, 2
Urkunden
Rückgabe **133**
Vorlagepflicht **97**, 1 f

Veranlagende Betriebsprüfung
Verfahren **203**, 1
Veräußerung hindernde Rechte 262, 8
Veräußerungsverbote 262, 9
Verbindliche Zusage
Allgemeines **204**, 1–5
Antrag **204**, 4
Anwendungsbereich **204**, 2
Außerkrafttreten, Aufhebung, Änderung **207**, 1 ff
Ausschluß der Berufung auf . . . **4**, 5 h
Bindungswirkung **206**
Ermessensentscheidung **204**, 3–9
Form **205**, 1 ff
Rechtsbehelf **204**, 7
Verfahrensfragen **89**, 3
Verwaltungsakte **118**, 4, 5 a
Voraussetzungen **204**, 3
Zuständigkeit **204**, 9
Verböserung

im Einspruchsverfahren **367**, 3
keine . . . im Beschwerdeverfahren **368**, 4
Verbotsirrtum 370, 22
Verbrauchs- und Aufwandsteuern
örtliche Geltung der AO **1**, 2
Verbrauchsteuerbescheide
Änderung wegen neuer Tatsachen **173**, 2
Aufhebung und Änderung **172**, 13
Zuständigkeit **23**, 1
Verbrauchsteuergefährdung 381, 1 ff
Verbrauchsteuern
Erlöschen und Unbedingtwerden **50**
Festsetzungsfrist **169**, 8
Übergang der -schuld **50**, 2
Verbrauchsteuerpflichtige Waren
bedingte Steuervergünstigungen und Steuerschulden **50**, 1
Untergang **50**, 1
Verwendung entgegen der vorgesehenen Zweckbestimmung **50**, 3
Verbrauchsteuervergütung
Festsetzungsfrist **169**, 8
Verdachtsnachschau 210, 2
Verein
Körperschaft **51**, 3
Pflichten des Geschäftsführers beim nichtrechtsfähigen . . . **34**, 1
Pflichten der Mitglieder beim nichtrechtsfähigen . . . **34**, 1
Vereinbarungen
im Rahmen der Bp **201**, 4
s. auch Vergleich
Verfahren
Beginn **86**
Verfahrensfehler
Folgen **127**, 1 ff
Heilung **126**, 1 ff
Verfall als Nebenstrafe **370**, 24 c, d; **399**, 16
Verfahrenshandlungen
als Verwaltungsakte **118**, 5 e; **122**, 2
Verfassungsbeschwerde
Aussetzung der Vollziehung **361**, 1
Verfolgungsverjährung
Steuerordnungswidrigkeiten **384**, 1
Steuerstraftaten **376**, 1 ff
Unterbrechung der **376**, 4

magere Ziffern = Anmerkungen

Sachverzeichnis

Verfügungsberechtigter
Begriff **35**, 2
Erlöschen der Verfügungsmacht **36**
Haftung **69**, 1
bei Konten **154**, 3
Pflichten **35**, 1 ff
Verspätungszuschlag **152**, 6
Verfügungsmacht
Fortdauer von Pflichten beim Erlöschen **36**
Vergleich
über Steueransprüche **38**, 5; **78**, 4
über zu ermittelnde Sachverhaltsfragen **38**, 5; **78**, 4; **354**, 2
Vergleichsbetriebe 30, 4a; **91**, 2
Vergleichsverfahren
Steuerforderungen **251**, 4
Vergleichsverwalter
steuerliche Pflichten **34**, 5
Vergütung
von Steuern **43**
Vergütungsanspruch, unzulässiger Erwerb von **383**
Verhältnismäßigkeit 5, 5; **85**; **vor 241**; **vor 249**
eines Auskunftsverlangens **93**, 1
Verjährung
s. auch Festsetzungsverjährung, Zahlungsverjährung
Allgemeines **169**, 1 ff; **228**, 1
von Ansprüchen aus Steuerschuldverhältnis **228**
Beginn **229**
Erlöschensgrund **47**
Hemmung **230**
Steuerfestsetzung **169**
Unterbrechung **231**
Wirkung **232**
Verjährungsfrist
Beginn nach Unterbrechung **231**, 3
bei Zahlungsverjährung **228**, 1
Verkürzung von Steuern **370**, 12
Verlustfeststellungsbescheid
Aussetzung der Vollziehung **361**, 7
Vermächtnisnehmer
kein Erbe **45**, 3d
Vermietung und Verpachtung
gesonderte Feststellung von Einkünften **180**, 4
Vermögensverwaltung **14**

Vermögensbindung 55, 3, 6; **61**, 1 ff; **62**; **63**, 2
Vermögensmassen
Anzeigepflicht **137**
Handlungsfähigkeit **97**, 4
i. S. des Gemeinnützigkeitsrechts **51**, 4
Vermögensteuer
Beginn der Festsetzungsfrist **170**, 5
Zuständigkeit **19**, 1 ff
Vermögensverhältnisse
Ermittlung **249**, 9
Vermögensverwalter
Pflichten **34**, 2
Vermögensverwaltung 14; **vor 51**, 4; **65**, 1
Vermögensverzeichnis 284
Vernehmung
s. eidliche Vernehmung
des Beschuldigten **399**, 5
des Zeugen **399**, 7
Verordnung
Begriff **4**, 5 b
Verpfändung
von Ansprüchen aus dem Steuerschuldverhältnis **46**, 1 ff
von Forderungen **241**, 5
Schuldnerschutz **46**, 7
Voraussetzungen **46**, 2 ff
Verrechnungsvertrag 45, 3, 6; **226**, 11
Verschollenheit 33, 5
Verschulden
grobes **173**, 14
Wiedereinsetzung in den vorigen Stand **110**, 2 ff
Versicherung an Eides Statt 95
Verspätungszuschlag
Berechnung **152**, 2
Entstehung **152**, 5
Festsetzung **152**, 4
Festsetzungsfrist **152**, 4
bei gesonderter Feststellung **152**, 10
Rechtsbehelf **152**, 8
Rücknahme oder Änderung **152**, 7
steuerliche Nebenleistung **3**
Widerruf **vor 130**, **131**, 2
zusammengefaßter Bescheid **155**, 5
Verständigung
s. Vergleich

1315

Sachverzeichnis

halbfette Ziffern = §§

Versteigerung
Anordnung 296, 2
Einstellung 301, 1 ff
bei mehrfacher Pfändung 308, 1 ff
Mindestgebot 300, 1 ff
öffentlich 296, 3; 298, 3
ungetrennte Früchte 304, 1 f
Wochenfrist 298, 2
Zuschlag 299, 1 ff
Verstrickung
bei Pfändung 282, 2
Versuch 370, 10, 12
Rücktritt vom ... 371, 1
Verteidiger 392
Akteneinsicht des 392, 4
Angehörige der steuerberatenden Berufe als 392, 1
Verteidigung 392
gemeinschaftliche 392, 5
Vertrag, öffentlichrechtlich 78, 4
Vertrauensschutz
in allgemeinen Verwaltungsvorschriften 176, 6
bei Änderung der Rechtsprechung 176, 3
bei Steuerbescheiden 176, 1 ff
Vertreter
s. auch gesetzlicher Vertreter, Vertretungsmacht
Ausschluß vom Verfahren 82, 3
Bekanntgabe von Verwaltungsakten 122, 2 f
Bestellung von Amts wegen 81, 1 f
ständiger 13
Wiedereinsetzung in den vorigen Stand 110, 2 c
Vertretungsmacht
Fortdauer von Pflichten bei Erlöschen 36
Verwaltungsakt
Adressierung 119, 2; 125, 2
Aufhebung und Änderung vor 130; 131, 1
Auslegung 119, 1
Begriff 118, 2–3
Begründung 121, 1 ff
begünstigender ... 130, 5
Bekanntgabe 122, 1 ff
belastender ... 130, 5
Bestimmtheit 119, 2–4

Datumsangabe 119, 4; 157, 2
Doppelwirkung 130, 5
Empfangsbevollmächtigter 123, 1 ff
Entstehung 124, 2
Fehlerhaftigkeit 130, 2
Form 119, 2 f
formularmäßiger ... 119, 5; 121, 4
Heilung 126, 1 ff
Inhalt 119, 1 ff
Nebenbestimmungen 120, 1 ff
nichtiger 125, 1 ff
offenbare Unrichtigkeit 129, 1 ff
Rechtsbehelfe 347 ff
Rechtmäßigkeit 131
Rechtswidrigkeit 130, 2, 10
Rücknahme 130, 4
Umdeutung 128, 1 ff
Unterschrift 119, 4, 5
vollstreckbarer ... 251, 1 f
Widerruf 131, 1 ff
Wirksamkeit 124, 1 ff
Zustellung 122, 7
Verwaltungserlasse
Rechtsnormqualität 4, 4, 5 d
Verwaltungsverfahren
Einleitung auf Antrag 86
Ermessen der Finanzbehörde 86
Verwaltungsvorschriften
s. Richtlinien
Verwertung
s. auch Pfändung; Versteigerung
andere ... einer Forderung 317, 1 ff
Aussetzung der ... 297, 1 ff
besondere 305, 1 ff
bei mehrfacher Pfändung 308, 1 ff
von Sicherheiten 327, 1 ff
Unbilligkeit der alsbaldigen ... 297, 2
Verwertungsgebühr 341, 1 ff
Verwertungsverbot 90, 2; **399**, 14
bei Auskunftsersuchen 93, 3
von Beweisen 92, 2
Fernwirkung 393, 7 d
in nichtsteuerlichen Gesetzen 105, 5
nach Kartellgesetz 105, 6
im Strafverfahren 393, 7
bei Unterlassen der Belehrung 103, 3; 399, 5
bei Verstoß gegen Bp-Vorschriften 193, 6
Verwirkung

magere Ziffern = Anmerkungen **Sachverzeichnis**

als Erlöschensgrund bei Ansprüchen 4, 5i
von Steueransprüchen 228, 3
Verzicht
auf Auskunftsverweigerungsrecht 103, 3
auf Verzinsung 234, 2
Verzinsung
Allgemeines vor 233
Zulässigkeit 233, 1 ff
Völkerrechtliche Vereinbarungen
Vorrang 2, 1 f
Volkshochschulen 68, 14
Vollmacht
Umfang 80, 2
Vollstreckung
in andere Vermögensrechte 321, 1 ff
Beschränkung 258, 3; 257, 1 ff
Beschränkung bei Aufteilung einer Gesamtschuld 278, 1 ff
Beschränkung bei Gesamtschuldnern 268, 1 ff
beschränkte Haftung in der ... 266, 1 ff
Billigkeitsmaßnahmen 258, 2
gegen den Bund 255, 2
in Bruchteile von Grundstücken 322, 2 f
im Bußgeldverfahren 412, 2
wegen Duldungen 328, 1 ff
gegen Ehegatten 262, 17; 263, 1 ff
Einleitung 276, 1 ff
Einstellung 258, 1; 257, 1 ff
Einwendungen 256, 2 ff; 262, 1 ff
gegen Erben 265, 1 ff
wegen Geldleistungen 249, 3
gegen eine Gemeinde 255, 2
in Grundschulden 321, 4
bei Haftungsbeschränkung 266, 1 ff
gegen Kirchengemeinden 255, 2
bei Konkurs 251, 2 ff
gegen ein Land 255, 2
in Luftfahrzeuge 322, 2 g
gegen Nießbraucher 264, 2, 3
gegen nichtrechtsfähige Personenvereinigungen 267, 1 ff
gegen öffentlich-rechtliche Kreditinstitute 255, 3
in Reallasten 321, 4
Rechtsbehelf 256, 1

gegen Rechtsnachfolger 323, 1
in Rentenschuld 321, 4
in Sachen 286, 1 ff
in Schiffen 322, 2, 7
bei Schenkung 278
Sicherungsmaßnahmen bei Aufteilung einer Gesamtschuld 277
wegen sonstiger Handlungen 249, 4; 328, 1 ff
in unbewegliches Vermögen 322, 1 ff
unrichtige Sachbehandlung 346
wegen Unterlassung 328, 1 ff
Verbot der ... 255, 1
Voraussetzungen für Beginn 254, 1 ff
Zeit 289, 1 ff
gegen Zweckvermögen 267, 1, 2
Vollstreckungsanweisung vor 249
Vollstreckungaufschub 258, 1 ff
Unterbrechung der Verjährung 231, 6
Vollstreckungsauftrag
Angabe des Schuldgrundes 260, 1, 2
für Vollziehungsbeamten 285, 2
Vollstreckungsbehörden 249, 1 ff
Vollstreckungsersuchen 250, 1 f
Vollstreckungsgebühren 338
Abrundung 343
Gesamtschuldner 342, 2 ff
mehrere Schuldner 342, 2
Vollstreckungsgläubiger 252
Vollstreckungshandlung
Niederschrift 291
Vollstreckungskosten
bei unrichtiger Sachbehandlung 346
Vollstreckungsschuldner 337
Vollstreckungsmaßnahme
Unterbrechung der Verjährung 231, 5
Vollstreckungsschuldner 253
Vollstreckungsschutz
für Dritte 262, 1 f
Vollverzinsung vor 233, 233 a
Vollziehungsanweisung
für Vollziehungsbeamte vor 249; 285, 2
Vollziehungsaussetzung 361, 1 ff
Vollziehungsbeamter
Aufforderungen, Mitteilungen 290, 2
Auftrag 285

1317

Sachverzeichnis

halbfette Ziffern = §§

Befugnisse **287**, 1 ff
Vorauszahlungen **218**, 8
Abrechnung geleisteter **118**, 5 c; **155**, 9; **157**, 2; **361**, 3 a
Vorauszahlungsbescheid **172**, 1; **173**, 3
Einspruch **348**
Vorbehalt der Nachprüfung
Aufhebung **174**, 6
Festsetzungsfrist **169**, 8 b
Steuerfestsetzung **164**, 1 ff
Vorbehaltsfestsetzung **164**
Anfechtbarkeit **164**, 4
Berichtigungsantrag **164**, 5
Festsetzungsfrist **164**, 5
Zulässigkeit **164**, 2
Vorfeldermittlungen **208**, 4
Vorlage von Urkunden **97**, 1 f
Vorläufige Steuerfestsetzung **165**, 1 f
Ablaufhemmung **171**, 9
Vorläufigkeit
Steuerfestsetzung **165**, 1 ff
Vorsatz
Begriff **69**, 8
Vorstandsprotokolle
Vorlagepflicht **97**, 2
Vorteilsausgleichsverbot 370, 17
Vorwegpfändung
Voraussetzungen **295**, 5
Vorzugsrechte Dritter **293**

Währungsausgleichsabgaben **1**, 7
Währungsausgleichsbeträge **1**, 7
Warenausgang
gesonderte Aufzeichnung **144**, 1 ff
Warenausgangsbuch **140**, 5
Wareneingang
Aufzeichnung **143**
Wareneingangsbuch **140**, 5
Warenlager **12**, 5 c
Wechselsteuer
Beginn der Festsetzungsfrist **170**, 3 c
Wegfall
Erstattungsanspruch bei ... des rechtlichen Grundes **37**, 3
Wegnahmegebühr **340**, 1 ff
Werkstätten für Behinderte **68**, 5
Wertpapiere **241**, 3
s. auch Pfändung von ...

Pfändung, Verwertung **286**, 3; **302**, 2; **303**, 2
Sicherheitsleistung **241**, 3, 8; **243**
Wertsachen
Vorlage **100**
Wertzeichenfälschung
Steuerstraftat **369**, 4
Wesentliche Beteiligung
Haftung **74**, 1 ff
Wettbewerbsverbot
steuerbegünstigte Körperschaften **65**, 3
Widerruf
im Rechtsbehelfsverfahren **132**, 1 ff
Übergangsregelung **vor 130**; **131**, 5
der verbindlichen Zusage **207**, 2
Verwaltungsakt **131**, 1 ff
Widerrufsvorbehalt **120**, 2
Widerspruch
im Vollstreckungsverfahren **262**, 1
Widerspruchsklage
im Vollstreckungsverfahren **262**, 16
Widerstand
gegen Vollstreckungshandlungen **288**, 2
Widerstreitende Steuerfestsetzung **174**, 1 ff
Wiedereinsetzung in den vorigen Stand
wegen Abwesenheit **110**, 3 a
von Amts wegen **110**, 3
Antrag **110**, 3
Arbeitsüberlastung **110**, 3 a
Ausländer **110**, 3 a
Begründungsfehler **126**, 4
Büroversehen **110**, 2 c
falsche Adressierung **110**, 3 c
Frist **110**, 3
Geschäftsreise **110**, 2 b
Gründe **110**, 2
Krankheit **110**, 2 c
Lohnsteuerjahresausgleich **110**, 3 c
Mandatsniederlegung **110**, 4 b
Nachholung der versäumten Handlung **110**, 6 d
Organisationsmangel **110**, 2 c
Rechtsentscheidung **110**, 4
Rechtsirrtum **110**, 3 c
kein selbständiger Verwaltungsakt **118**, 5 c

magere Ziffern = Anmerkungen

Sachverzeichnis

Sorgfalt **110**, 3 b
unklare Rechtsbehelfsbelehrung **356**, 2
Urlaubsreise **110**, 2 b
Verschulden **110**, 2
Verschulden eines Angestellten **110**, 2 c
Verschulden des Vertreters **110**, 2 c
Verzögerung im Postverkehr **110**, 2 a
Wiedervereinigung 52, 5 (6)
Wirksamkeit
Steuerbescheid **155**, 6
Verwaltungsakt **124**, 1 ff
Wirkung der Verjährung 232, 1 f
Wirtschaftliche Betrachtungsweise
Geltung **4**, 6; **39**, 1
Wirtschaftlicher Geschäftsbetrieb
Allgemeines **14**
Besteuerung **64**; **65**, 1
sportliche Veranstaltungen **67a**, 1, 5
steuerbegünstigte Körperschaften **14**; **53**, 2; **64**
Wirtschaftliches Eigentum 39, 1
Wirtschaftsgüter
Zurechnung **39**, 1 ff
Wirtschaftskriminalität
Subventionsbetrug **370**, 2
1. WiKG **370**, 2
Wirtschaftsprüfer
Auskunftsverweigerungsrecht **102**, 3
Bußgeldverfahren gegen ... **411**, 1 f
Haftungsprivileg **191**, 6
Wirtschaftsstraftat 30, 4 e, cc
Wissenschaft und Forschung 52, 5 (1)
Wohlfahrtspflege 66, 1 ff; **52**, 3
Wohnräume
Betreten von ... **99**, 7; **291**, 3; **292**, 1
Durchsuchung von ... **287**, 1 ff; **291**, 3; **292**, 1
Wohnung 122, 7
Wohnsitz
Begriff **8**, 2
internationales Steuerrecht **8**, 5
ohne W. im Geltungsbereich der AO **123**, 2
örtliche Zuständigkeit **8**, 1
Wechsel **18**, 26
Wohnsitzfinanzamt 19, 1 ff

Wohnungsbau-Prämiengesetz
Geltung der AO **1**, 3, 4
Steuerhinterziehung **370**, 1 ff
Wohnungsinhaber
Personenstandsaufnahme **135**
Wohnungsunternehmen
Gemeinnützigkeit **51**, 2; **61**, 3

Zahlung
als Erlöschensgrund bei Ansprüchen **47**
Kontrollmitteilungen **93a**, 4 d
ohne Rechtsgrund **37**, 3
Rechtsnatur **224**
Tag der ... **224**, 2, 4
unzeitgemäße **42**, 9 f
an Vollziehungsbeamten **292**, 2
Zahlungsanspruch
Unterbrechung der Verjährung **231**, 2 ff
Verjährung **228**; **232**
Zahlungsaufforderung bei Haftungsbescheiden 219, 2 ff
Zahlungsaufschub
Verjährungsunterbrechung **231**, 5
Zölle und Verbrauchsteuern **223**, 1
Zahlungsempfänger
Benennung **160**, 1 ff
Zahlungserinnerung 259, 1
Zahlungsfrist
Anordnung **297**, 3
Zahlungsmittel
Sicherheitsleistungen **241**, 2; **242**
Zahlungstag
Bedeutung für Säumniszuschläge **224**, 4; **240**, 2
im Steuerrecht **224**, 1
Zahlungsverjährung 228
Allgemeines **169**, 2, 3, 5
Beginn **229**
Hemmung **230**
Übergangsregelung **169**, 11
Unterbrechung **231**, 1 ff, 13
Wirkung **232**
Zahlungsvorbehalt
s. Rückforderungsvorbehalt
Zahnärzte
Auskunftsverweigerungsrecht **102**, 3
Zeichnungsbefugnis 118, 5; **119**, 4
Zerlegung

1319

Sachverzeichnis

halbfette Ziffern = §§

Änderung **189**
von Meßbeträgen **185**
Nachholung **189**
Zerlegungsbescheid
Einspruch **348**
Inhalt **188**
Zerlegungsverfahren
Akteneinsicht **187**
Beteiligte **186**
Zeugen
Entschädigung von . . . **405**
bei Pfändung **288**, 1 ff
Vernehmung **399**, 7
Vorführung von **399**, 4
Zeugnisverweigerungsrecht 399, 8
Zinsen
Abrundung **238**, 4
Ansprüche auf . . . **233**
bei Aussetzung der Vollziehung **237**
Beginn der Festsetzungsfrist **239**, 1
Berechnung **238**, 3 f
Bescheid **239**, 3
Dauer der Festsetzungsfrist **239**, 1
Einspruch gegen Zinsbescheid **348**, 2
Erstattungszinsen **233 a**
Festsetzung **239**
hinterzogene Steuern **235**
Höhe **238**, 3
Kleinbetragsgrenze **238**, 6
Nacherklärung **Anhang II**
Nachzahlung **233 a**
Prozeßzinsen **236**
Rechtsnatur **239**, 1
Schuldner **234**, 13
steuerliche Nebenleistung **3**
Stundungszinsen **234**
Verzicht **234**, 2; **237**, 9
Zivilschutz 52, 5 (11)
Zollamtliche Überwachung 209
Zollbehörden
Zölle und Verbrauchsteuern
Aufhebung und Änderung von . . .
-Bescheiden **172**, 3; **173**, 2
Festsetzungsfrist **169**, 8
Steuerhinterziehung **370**, 2
als Steuern **3**
Zuständigkeit **23**, 1
Zollfahndung
s. Steuerfahndung
Zolltarifauskunft

Aufhebung und Änderung 172, 1
Zugangsvermutung 122, 4 c; **123**, 1
Zufallsfunde 30, 4 d, aa
Zulagen
s. Prämien
Zulässigkeit
Rechtsbehelf **347**; **350**
Zulässigkeitsvoraussetzungen
Außenprüfung **193**, 1
Beschwerde **349**
Einspruch **348**
Offenbarung bei Steuergeheimnis **30**, 4 ff
Pfändung von Erstattungsansprüchen **46**, 1 ff
Rechtsbehelfe **358**, 2
Zulassungsausschuß
Klage gegen Entscheidungen **349**, 4
Zurechnung
ges. Feststellung **179**, 4
Verschollenheit **49**
Wirtschaftsgüter **39**, 2 ff
Zurückgewinnungshilfe 399, 16
Zusagen verbindliche
Ausschluß der Berufung auf . . . **4**, 5 k
Außerkrafttreten **207**, 2, 3
Bindungswirkung **206**
Einspruch **348**
Form **205**, 1 ff
Verfahrensfragen **89**, 3
Verwaltungsakte **118**, 4, 5 a
Voraussetzungen **204**, 2 f
Zusammenveranlagung von Ehegatten
Anzeigepflicht für Einkünfte des Ehegatten **153**, 2
Bekanntgabe von Verwaltungsakten **118**, 2; **122**, 2 b, 3; **155**, 7
Beschränkung der Vollstreckung bei
. . . **268** ff
gegenseitige Vollmacht **80**, 2
Gesamtschuld bei . . . **44**, 4
Steuerbescheide **155**, 5, 7
Zuschlag
in der Versteigerung **299**, 1 ff
Zuständigkeit
Abschöpfungen **23**
Auslandsbeamte **19**, 2
Bauherrngemeinschaften **18**, 2 d
Beschwerdeentscheidung **368**, 3

magere Ziffern = Anmerkungen

Sachverzeichnis

Besteuerung von Körperschaften 20
Bußgeldverfahren **409**
Einfuhrumsatzsteuer **23**, 1
Einkommensteuer **19**; **20**; **367**, 1
für Einlegung der Rechtsbehelfe **357**, 5 f
Ersatzzuständigkeit **24**
ESt und VSt natürlicher Personen **19**, 2 ff
Fehler **17**, 2
funktionelle **16**, 4
Gefahr im Verzug **29**
gesonderte Feststellung **18**, 1 ff
Grundstücksfonds **18**, 2 d
Hafungsbescheid **24**
Kompetenzkonflikt **29**, 1
Körperschaften **20**
Lagefinanzamt **18**, 2 a
Mehrfaches **25**; **390**
örtliche ... **17**, 1 ff
örtliche ... im Strafverfahren **388**, 2
örtliche ... im Vollstreckungsverfahren **349**, 8
Personenvereinigungen **20**
Realsteuern **22**
sachliche ... **16**, 1 ff
sachliche ... im Strafverfahren **387**, 1
sachliche ... im Vollstreckungsverfahren **249**, 1, 8
Umsatzsteuer **21**
verbandsmäßige **16**, 5; **17**, 3
Verbrauchsteuer **23**
Vermögensteuer **19**; **20**
bei Vollstreckungsersuchen **250**, 1 ff
Wohnsitzfinanzamt **19**, 2
Zölle und Verbrauchsteuern **23**
Zuständigkeitsfehler 16, 3; **17**, 2; **172**, 4 b
Zuständigkeitsstreit 28
Zuständigkeitsvereinbarung 27, 2
Zuständigkeitswechsel 26, 1 ff
Aussetzung der Vollziehung **361**, 6
Beschwerdeentscheidung **368**, 2, 3
Einspruchsentscheidung **367**, 2
Zustellung
im Bußgeldverfahren **412**, 1
Pfändung von Erstattungsansprüchen **46**, 8 d
Rechtsbehelfsentscheidung **366**, 1 ff
Steuerbescheid **157**, 4
Verwaltungsakt **122**, 2, 4, 7

Zustimmung
der Finanzbehörde bei der Vertretung **214**
des Steuerpflichtigen zur Änderung von Steuerbescheiden **172**, 4
Zuteilungsbescheid
Begriff **190**
Einspruch **348**
Zuteilungsverfahren 190
Zuziehung
zum Rechtsbehelfsverfahren s. Hinzuziehung
Zwang
unmittelbarer **331**, 1
Zwangsgeld
bei Erklärungspflicht des Drittschuldners **316**, 1
steuerliche Nebenleistung **3**
Höchtbetrag **329**
Verhältnis zu Verspätungszuschlag **152**, 9
Zwangshypothek
Eintragung **322**, 7
Unterbrechung der Verjährung **231**, 10
Zwangsmittel
Allgemeines **328**, 1
Androhung von ... **332**, 1 f
im Besteuerungsverfahren **103**, 5
Festsetzung **333**, 1 ff
im Strafverfahren **393**, 2 ff
Zwangsverfahren
Beendigung **335**
Zwangsversteigerung 322, 4, 7
Antrag als Verwaltungsakt **118**, 5 f; **122**, 2
Zwangsverwalter
steuerliche Pflichten **34**, 2
Zwangsverwaltung 322, 4, 7
Zweckbetrieb
Allgemeines **65**, 1 ff; **14**
Arten **65**, 2; **68**
Krankenhaus **67**
Wohlfahrtspflege **66**; **52**, 3
Zweckvermögen
Begriff **79**, 4
Pflichten des Geschäftsführers beim nichtrechtsfähigen ... **34**, 2
Zweigniederlassung 12, 5 b
Zwischenstaatliche Rechts- und Amtshilfe 117, 1 ff

Glanegger/Güroff
Gewerbesteuergesetz

Kommentar. Erläutert von Dr. Peter Glanegger und Georg Güroff, beide Richter am Finanzgericht

1988. XVII, 677 Seiten. In Leinen DM 98,–
ISBN 3-406-31617-4

Die Gewerbesteuer stellt mit einem **Steueraufkommen von rd. 34 Mrd. DM** einen bedeutenden Kostenfaktor für die Unternehmen dar. **Richtige Gesetzesanwendung** und **optimale Beratung** lohnen sich deshalb im sprichwörtlichen Sinne. Durch diesen neuen Kommentar wird dieses komplizierte Spezialgebiet für alle Anwender optimal erschlossen.

Besondere Schwerpunkte des »Glanegger/Güroff« bilden:
- **Erhebung und Verwaltung** der Gewerbesteuer
- **Rechtsschutz** (Finanzrechtsweg/Verwaltungsrechtsweg, deshalb wichtig auch für Rechtsanwälte!)
- **Gewerbesteuer als Objektsteuer** (mit ABC der gewerblichen Tätigkeiten; Betriebsaufspaltung; gewerblich geprägte Personengesellschaft; Organschaft; handelsrechtliche Gestaltungsmöglichkeiten)
- **Steuerbefreiungen** (insbesondere die Befreiung gemeinnütziger Unternehmen)
- **Persönliche Steuerpflicht** (Unternehmerbegriff; Unternehmerwechsel; Mitunternehmerschaft; Haftung)
- **Gewinnermittlung** (gewerbesteuerfreier Aufgabe- und Veräußerungsgewinn; Mitunternehmerschaft; Gesamthandsbetriebsvermögen; Umwandlungsvorgänge)
- **Hinzurechnungen beim Gewerbeertrag** (mit ABC der Dauerschulden; stille Gewinnanteile; Miet- und Pachtzinsen mit ABC-Darstellung)
- **Kürzungen des Gewerbeertrags** (Betrieblicher Grundbesitz; Schachtelbeteiligungen)
- Gewerbeverlust und Verlustvortrag durch **Mantelkauf**
- **Gewerbekapital** (Schuldzinsen, Gesellschaftsanteile, Stichtagsprinzip)
- Gewerbesteuerliche **Zerlegung**
- Im Anhang: **Regierungsentwurf des Steuerreformgesetzes 1990** mit den gewerbesteuerrechtlichen Änderungen (Mantelkauf, Dauerschulden und Dauerschuldzinsen).

Diesen neuen Kommentar benötigen alle Steuerberater, Wirtschaftsprüfer, Rechtsanwälte, die Finanzverwaltung, Finanz- und Verwaltungsgerichte, Gewerbebetriebe und Gemeinden.

Verlag C. H. Beck München

Gräber · FGO
Finanzgerichtsordnung
mit Nebengesetzen

Begründet von Dr. Fritz Gräber†, Vors. Richter am BFH a. D. Bearbeitet von Rüdiger von Groll, Richter am BFH in München, Dr. Hanns-Reimer Koch, Vors. Richter am FG in Kiel, Reinhild Ruban, Richterin am BFH in München

**2., völlig neubearbeitete Auflage. 1987
XXVII, 969 Seiten. In Leinen DM 138,–**
ISBN 3-406-32127-5

Der richtigen Behandlung eines FG-Verfahrens kommt nach dem **Wegfall der Streitwertrevisionen** erhöhte Bedeutung zu.

Daß fast ein Drittel aller beim BFH eingehenden Nichtzulassungsbeschwerden unzulässig ist, zeigt die besondere Notwendigkeit gründlicher Information. Die Neuauflage des »Gräber« trägt diesem Umstand Rechnung:

- Besondere **Berücksichtigung des materiellen Rechts** und dessen prägender Bedeutung für das Verfahrensrecht
- **Verfahren im ersten Rechtszug** (§§ 63–94 FGO)
- **Zulassung der Revision** (§ 115 FGO)
- **Vorläufiger Rechtsschutz:** Aussetzung der Vollziehung (§ 69 FGO) einerseits und Einstweilige Anordnungen (§ 114 FGO) andererseits
- **Kostenrecht** (§§ 135 ff. FGO) mit ausführlicher Darstellung der **Streitwertermittlung** (ABC des Streitwerts)
- **Prozeßkostenhilfe** (§ 142 FGO)
- Kommentierung der finanzgerichtlichen Entlastungsgesetze **VGFGEntlG** und **BFHEntlG**
- Erläuterung der Bestimmungen anderer Gesetze, auf die die FGO an vielen Stellen Bezug nimmt: **VwZG, AO, ZPO und GVG**

Die Autoren:
Die Autoren – Richter am Finanzgericht bzw. am Bundesfinanzhof – sind erfahrene Kenner des finanzgerichtlichen Verfahrensrechts.

Verlag C. H. Beck München

1285